Martin und Thomas Barkemeier

Indien – der Norden

Lieber Martin,
gerne unterstützen wir dein großes Reisevorhaben und hoffen, dass du darin einen hilfreichen Wegbegleiter hast.

Deine Seb— und Carolin

„Indien ist eine kulturelle Einheit inmitten von Vielfalt, ein Bündel von Widersprüchen, zusammengehalten von starken, unsichtbaren Fäden. Um sie herum ist die flüchtige Eigenart einer alten Legende; ihr Geist ist von etwas verzaubert. Sie ist ein Mythos, ein Traum und eine Vision, und doch sehr real und gegenwärtig."
Jawaharlal Nehru

Impressum

Martin und Thomas Barkemeier
**REISE KNOW-How Indien – der Norden
mit Mumbai und Goa**

erschienen im
REISE KNOW-How Verlag Peter Rump GmbH
Osnabrücker Str. 79
33649 Bielefeld

© Peter Rump 1994, 1996, 1998, 2000, 2004, 2007, 2010
**8., neu bearbeitete und komplett aktualisierte
Auflage 2013**

Alle Rechte vorbehalten.

Gestaltung
Umschlag: G. Pawlak, P. Rump (Layout);
   Caroline Tiemann (Realisierung)
Inhalt: Günter Pawlak (Layout);
   Caroline Tiemann (Realisierung)
Fotos: Martin (mb) und Thomas (tb) Barkemeier
Titelfoto: Thomas Barkemeier
Karten: Catherine Raisin, Thomas Buri,
   Bernhard Spachmüller (Atlas und hintere
   Umschlagklappe), der Verlag

Lektorat
   Caroline Tiemann

Druck und Bindung
   Media-Print, Paderborn

ISBN 978-3-8317-2225-9
Printed in Germany

Dieses Buch ist erhältlich in jeder Buchhandlung
Deutschlands, der Schweiz, Österreichs, Belgiens
und der Niederlande.
Bitte informieren Sie Ihren Buchhändler
über folgende Bezugsadressen:
Deutschland
   Prolit GmbH, Postfach 9, D-35461 Fernwald (Annerod)
   sowie alle Barsortimente
Schweiz
   AVA Verlagsauslieferung AG
   Postfach 27, CH-8910 Affoltern
Österreich
   Mohr Morawa Buchvertrieb GmbH
   Sulzengasse 2, A-1230 Wien
Niederlande, Belgien
   Willems Adventure, www.willemsadventure.nl

Wer im Buchhandel trotzdem kein Glück hat,
bekommt unsere Bücher auch über unseren
Büchershop im Internet: www.reise-know-how.de

Wir freuen uns über Kritik, Kommentare
und Verbesserungsvorschläge, gern auch
per E-Mail an info@reise-know-how.de.

Alle Informationen in diesem Buch sind von
den Autoren mit größter Sorgfalt gesammelt
und vom Lektorat des Verlages gewissenhaft
bearbeitet und überprüft worden.

Da inhaltliche und sachliche Fehler nicht
ausgeschlossen werden können, erklärt der
Verlag, dass alle Angaben im Sinne der
Produkthaftung ohne Garantie erfolgen
und dass Verlag wie Autoren keinerlei
Verantwortung und Haftung für inhaltliche
und sachliche Fehler übernehmen.

Die Nennung von Firmen und ihren Produkten und ihre Reihenfolge sind als Beispiel
ohne Wertung gegenüber anderen anzusehen. Qualitäts- und Quantitätsangaben sind
rein subjektive Einschätzungen der Autoren
und dienen keinesfalls der Bewerbung von
Firmen oder Produkten.

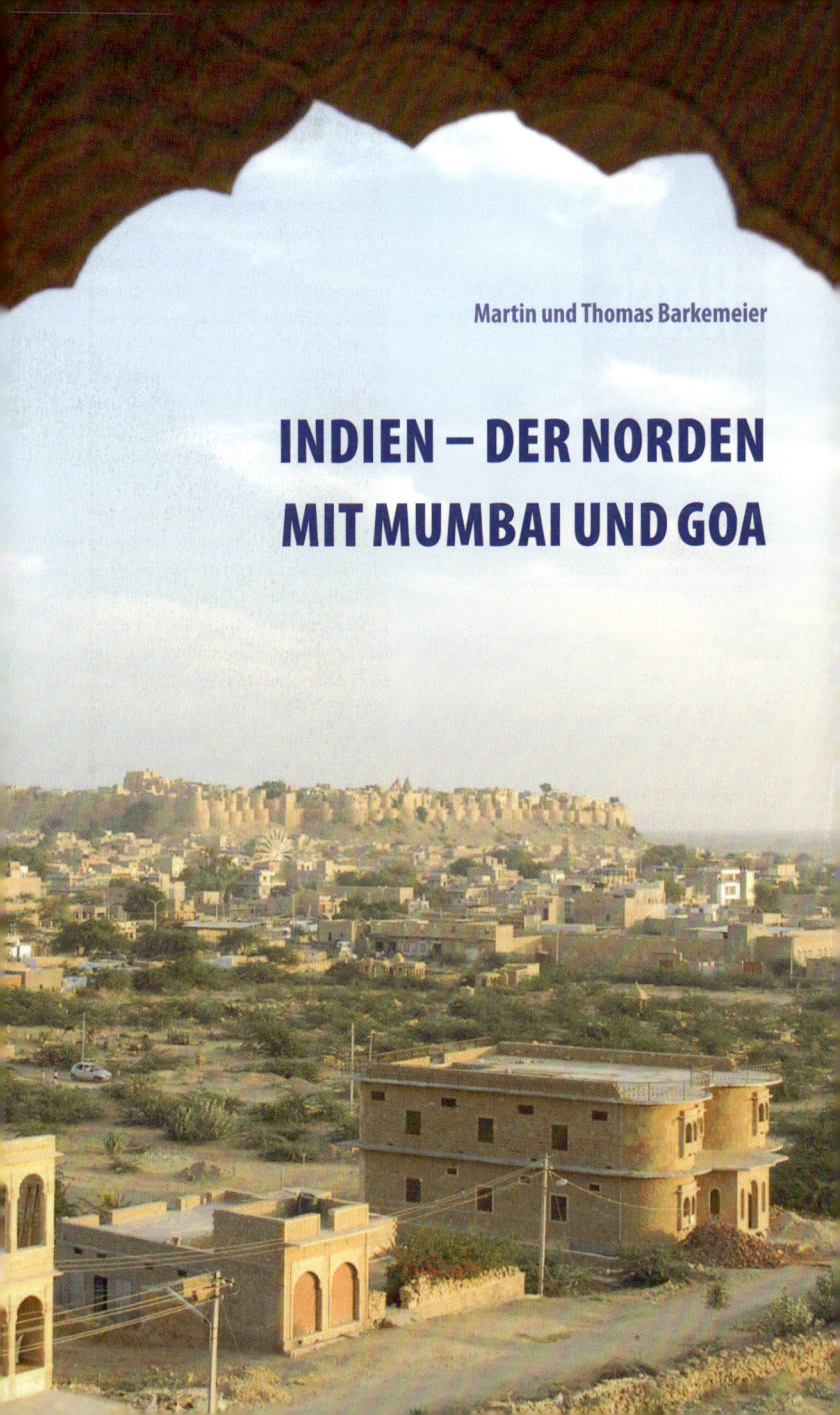

Martin und Thomas Barkemeier

INDIEN – DER NORDEN MIT MUMBAI UND GOA

Vorwort

Indien ist im wahrsten Sinne des Wortes ein erstaunliches Land. Es beherbergt mehr als eine Milliarde Menschen, hat 23 offiziell anerkannte Sprachen und sieben verschiedene Religionen. Fast die Hälfte aller als bitterarm eingestuften Menschen der Erde lebt in Indien, gleichzeitig ist es Heimat von vier der zehn reichsten Männer. Indien heißt Kontrast: Internetcafés neben Ochsenkarren, Jeans neben Saris, Kastengesellschaft neben Spaßgesellschaft, spirituelle Weltabgewandtheit neben religiösem Fanatismus.

Indien ist überwältigend – im Positiven wie im Negativen. Es entzieht sich in seiner Vielschichtigkeit und Widersprüchlichkeit jeglicher Pauschalisierung. Kein Land ist in seinen Lebensäußerungen so exzessiv und von einer derart elementaren Sinnlichkeit. Alles ist immer gleichzeitig richtig und falsch – und genau darin liegt seine Stärke.

Allein die territoriale Größe mit einer Ausdehnung von 3.200 km von Nord nach Süd bzw. 3.000 km von West nach Ost macht deutlich, dass Indien ein Land von kontinentalen Ausmaßen ist: Übertragen auf Europa, entspricht dies einer Fläche vom Nordkap bis nach Belgrad und von Brüssel bis Moskau.

Doch selbst bei der hier vorgenommenen Unterteilung in Nord- und Südindien (eigener Band) sind die beiden Landesteile für sich genommen so mannigfaltig wie der Vielvölker-Kontinent Europa. Dies gilt insbesondere für den Norden, der von den Bergen des Himalaya über die Wüsten Rajasthans bis zu den Palmenküsten Gujarats jede nur erdenkliche Landschaftsform aufzuweisen hat. Mindestens ebenso vielfältig ist das Völkergemisch, wobei die Unterschiede zwischen den Punjabis im Norden, den Gujaratis im Westen und den Bengalen im Osten ebenso gravierend

Auf der Reise zu Hause
www.reise-know-how.de

- Ergänzungen nach Redaktionsschluss
- kostenlose Zusatzinformationen und Downloads
- das komplette Verlagsprogramm
- aktuelle Erscheinungstermine
- Newsletter abonnieren

Bequem einkaufen im Verlagsshop

Oder Freund auf Facebook werden

sind wie die zwischen Letten, Franzosen, Deutschen und Italienern. Bedenkt man zudem, dass hier 13 eigenständige Sprachen gesprochen werden, wird verständlich, dass man es im Grunde bei Nordindien mit mehreren Ländern in einem zu tun hat.

So bietet der Norden des Landes für jeden Geschmack etwas. Während Kulturinteressierte auf den Spuren einer Jahrtausende alten Zivilisation wandeln können, bieten sich für Natur- und Wanderfreunde Trekkingrouten ganz unterschiedlicher Länge und Schwierigkeit an. Tierfreunde können in den 23 Nationalparks auf Pirsch gehen, Fotofans bietet sich von den farbenfrohen Festen Rajasthans bis zum meistfotografierten Bauwerk der Erde, dem Taj Mahal, eine unbegrenzte Auswahl an Motiven. Die indische Küche zählt zu den abwechslungsreichsten der Erde. Indien ist obendrein eines der preisgünstigsten Reiseländer – eigentlich lässt sich kaum ein faszinierenderes Reiseziel denken.

Dies ist jedoch nur eine Seite der indischen Realität. In keinem anderen Land liegen Schönheiten und Scheußlichkeiten derart nah beieinander. Bezaubernde Landschaften, märchenhafte Paläste und friedvolle Religiosität auf der einen Seite, Dreck, Bettler, Menschenmassen und religiöser Fanatismus andererseits verwirren viele Touristen. Hinzu kommen die Reisestrapazen, die der Individualreisende auch heute noch auf sich nehmen muss, trotz unübersehbarer Verbesserungen in der Infrastruktur während der letzten Jahre. Die scheinbar nicht enden wollenden Zug- und Busfahrten, Staub, Lärm und Hitze, eine schwerfällige Bürokratie sowie die Kluft zwischen unermesslichem Reichtum und namenlosem Elend zehren an den Nerven.

Indien ist kein leichtes Reiseland, man muss es sich erarbeiten. Hierzu bedarf es Zeit und Geduld. In jedem Fall zwingt es zur Auseinandersetzung, auch mit sich selbst. Wer sich dieser Herausforderung stellt und so unvoreingenommen wie möglich reist, ohne die sonst übliche Gewohnheit, alles sofort etikettieren und bewerten zu müssen, wird immer wieder in dieses widersprüchliche und lebensvolle „Sehnsuchtsland Indien" zurückkehren wollen. Begeben wir uns auf die Reise durch ein Land, welches uns fast zu jeder Minute lehrt, dass eine der schönsten Fähigkeiten des Menschen das Staunen ist.

Martin und *Thomas Barkemeier*

Inhalt

Vorwort	4
Kartenverzeichnis	10
Zu diesem Buch	11
Was man unbedingt wissen sollte	13
Routenvorschläge	14

🟧 Delhi 16

Eine alte Dame mit modernem Antlitz	18
Orientierung	19
Geschichte	19
Sehenswertes	21
Praktische Tipps	43

🟨 Rajasthan 74

Rajasthan – Im Reich der Maharajas 77

Jaipur	78
Samode	102
Bharatpur	103
Alwar	108
Deeg	110
Sariska-Nationalpark	111
Ranthambore-Nationalpark	113
Ajmer	118
Pushkar	123
Kota	132
Bundi	136
Chittorgarh	143
Udaipur	149
Kumbhalgarh	167
Ranakpur	168
Dungarpur	171
Mount Abu	171
Jodhpur	179
Osian	189
Khimsar	190
Jaisalmer	191
Khuri	206
Bikaner	207
Nagaur	212

Shekhawati 215

Jhunjhunu	216
Mandawa	218
Ramgarh	221
Fatehpur	222
Sikar	224
Nawalgarh	225

🟩 Der Norden 228

Punjab und Haryana 231

Chandigarh	232
Sultanpur Bird Sanctuary	241
Amritsar	241
Pathankot	251

Himachal Pradesh 253

Dalhousie	254
Chamba	256
Bharmour	258
Dharamsala und Mc Leod Ganj	259
Shimla	274
Mandi	284
Kullu	285
Manikaran	288
Naggar	289
Manali	290

🟩 Uttar Pradesh, Uttarakhand 298

Uttar Pradesh – Die Ganges-Ebene 301

Agra	302
Fatehpur Sikri	323

Mathura	328
Vrindavan (Brindaban)	330
Lucknow	332
Gorakhpur	343
Kushinagar	344
Sunauli	345
Allahabad	346
Varanasi (Benares)	354
Sarnath	371

Uttarakhand – Kumaon und Garhwal — 375

Dehra Dun	377
Mussoorie	380
Haridwar	383
Rajaji-Nationalpark	390
Rishikesh	391
Corbett-Nationalpark	399
Nainital	402
Almora	407
Ranikhet	409
Kausani	410
Bageshwar und die Gletscher Pindari und Milam	411
Garhwal	413

■ Der Osten — 420

Bihar und Jharkhand — 423

Patna	424
Raxaul	432
Nalanda	432
Rajgir	433
Gaya	435
Bodhgaya	438
Jharkhand	445

Orissa — 449

Bhubaneshwar	450
Puri	459
Konark	466
Chilika-See	468

Westbengalen — 471

Kalkutta (Kolkata)	472
Sunderbans-Schutzgebiet	499
Bishnupur	500
Malda und English Bazaar	501
Siliguri und New Jalpaiguri	502
Darjeeling	507
Kalimpong	523

Sikkim — 527

Gangtok	528
Klöster in Sikkim	535

Nordost-Provinzen — 539

Assam	540
Meghalaya	549
Weitere Bundesstaaten	552

■ Madhya Pradesh — 554

Madhya Pradesh – Zentralindien — 557

Gwalior	558
Shivpuri	565
Jhansi	566
Orchha	568
Khajuraho	572
Satna	582
Jabalpur und Marble Rocks	582
Pench Tiger Reserve	585
Kanha-Nationalpark	586
Bandhavgarh-Nationalpark	589
Bhopal	590
Pachmarhi	597
Sanchi	601
Ujjain	605
Indore	609
Mandu	615
Maheshwar	620
Omkareshwar	622

Exkurse

Rajasthan
Rettung in letzter Sekunde –
Project Tiger ... 116
Kamelsafaris in die Wüste Thar ... 204
Havelis – die Paläste der Kaufleute ... 223

Der Norden
Die „Spielzeugeisenbahn"
am Himalaya – mit dem Toy Train
von Kalka nach Shimla ... 283
Das Kashmir-Problem –
Gefahr auch für Touristen ... 297

Uttar Pradesh, Uttarakhand
Mythos Taj Mahal – Unbekanntes
vom bekanntesten Bauwerk der Erde ... 306
Akhbar der Große –
der geniale Analphabet ... 320

Der Osten
Zwischen Hoffen und Bangen –
Armut in Indien ... 474
Die Verlierer des Fortschritts –
Indiens Ureinwohner
vom Aussterben bedroht ... 546

Madhya Pradesh
Bhopal ist überall –
Umweltzerstörung in Indien ... 598

Gujarat
Zwischen Anspruch und Wirklichkeit –
Mahatma Gandhis Lehre
von der Gewaltlosigkeit ... 666
Exkursionen zu den ethnischen
Minderheiten des Rann of Kutch ... 684

Mumbai
Mehrunissas Klagen werden
nicht erhört – Mumbai vertreibt
seine Slumbewohner ... 692

Vor der Reise
Ganesha, steh mir bei! – oder vom
Abenteuer des Gewöhnlichen ... 808

Praktische Reisetipps A–Z
Die nationale Leidenschaft: Kricket ... 828
Ruhe mitten im Chaos – Impressionen
auf einem indischen Bahnhof ... 852

Land und Leute
Die heilige Kuh –
geschlagene Heilige ... 870
Brahmanen und Unberührbare –
die Kasten zwischen
Tradition und Auflösung ... 874
Korruption: Aufruhr gegen
die tödliche Krake ... 888
Vom Schmuddelkind zum
hofierten Star – Indien auf
dem Weg zur Wirtschaftsmacht ... 896
Mitgiftmord und andere
Grausamkeiten – Frauen in Indien ... 900
330.000 Möglichkeiten –
die indische Götterwelt ... 908

Inhalt

■ Gujarat — 624

Gujarat – Zu Unrecht im Abseits — 627
Ahmedabad — 628
Bhavnagar — 641
Palitana — 644
Insel Diu — 646
Veraval und Somnath — 654
Sasan-Gir-Nationalpark — 657
Junagadh — 659
Porbandar — 664
Dwarka — 665
Jamnagar — 669
Rajkot — 672
Bhuj — 676
Mandvi — 685

■ Mumbai — 686

Stadt der Träume und Alpträume — 688
Orientierung — 689
Geschichte — 690
Sehenswertes — 691
Praktische Tipps — 702
Insel Elephanta — 725

■ Goa — 726

Goa – Strandparadies mit Hippie-Tradition — 729
Allgemeine Reisetipps — 732
Panaji — 736
Old Goa — 745
Mapusa — 749
Fort Aguada und Candolim — 751
Calangute und Baga — 756
Anjuna — 762
Vagator und Chapora — 765
Arambol — 769
Margao (Magdaon) — 773
Dudhsagar Falls — 776
Benaulim — 777
Palolem — 782
Agonda — 788

■ Vor der Reise — 790
(unter Mitarbeit von E. H. M. Gilissen)

Diplomatische Vertretungen — 792
Informationsstellen — 792
Indien im Internet — 793
Ein- und Ausreisebestimmungen — 794
Anreise — 796
Geldfragen — 799
Reisegepäck — 804
Gesundheitsvorsorge — 807
Versicherungen — 810

■ Praktische Reisetipps A–Z — 812

Behinderte — 814
Einkaufen und Souvenirs — 814
Elektrizität — 817
Essen und Trinken — 817
Fotografieren — 824
Frauen unterwegs — 825
Internet — 826
Mit Kindern reisen — 826
Medizinische Versorgung — 827
Nachtleben — 829
Öffnungszeiten, Post — 830
Sicherheit — 831
Telefonieren — 836
Trekking — 838
Unterkunft — 839
Verhaltenstipps — 843
Verkehrsmittel — 845
Zeitungen und Zeitschriften — 861
Zeitverschiebung — 861

Karten

Nordindien **Umschlag vorn**
Routenvorschläge u. Kapitelübersicht 14

Agra	310
– Taj Ganj	317
Ahmedabad	634
Ajmer	120
Allahabad	350
Amritsar	248
Anjuna	764
Arambol	770
Benaulim	778
Bharatpur	104
Bhopal	591
Bhuj	680
Bikaner	210
Bodhgaya	440
Bhubaneshwar	454
Bundi	141
Calangute und Baga	758
Chandigarh	236
Chapora und Vagator	766
Chittorgarh	147
Darjeeling	510
– Zentrum	514
Delhi	22
– Connaught Place	46
– New Delhi	32
– Old Delhi	28
– Pahar Ganj	52
– Qutb Minar	40
Dharamsala	260
Diu	647
Diu-Stadt	652
Fatehpur Sikri	325
Fort Aguada und Candolim	755
Gangtok	530
Gaya	435
Goa	731
Guwahati	542
Gwalior	561
Haridwar	388
Indore	612
Jaipur	80
Jaisalmer	192
– Fort	196
Jhunjhunu	217
Jodhpur	184
Junagadh	662
Kalkutta (Kolkata)	478
– BBD Bagh	482
– Chowringhee	492
Khajuraho	578
Kota	134
Lucknow	334
Manali	293
Mandu Fort	617
Mapusa	751
Margao	775
McLeod Ganj	268
Mount Abu	175
Mumbai (Bombay)	letzte Buchseite
– Zentrum	Umschlag hinten
– Colaba	708
Nainital	403
Old Goa	747
Palolem	786
Panaji	740
Patna	426
Puri	462
Pushkar	130
Rajkot	673
Rishikesh	394
Sarnath	372
Shimla	280
Siliguri	504
Udaipur	156
– Altstadt	162
Ujjain	606
Varanasi	361
– Altstadt	364

Inhalt, Zu diesem Buch

■ Land und Leute 862

Geografie	864
Klima und Reisezeit	866
Flora und Fauna	868
Geschichte	872
Staat und Verwaltung	890
Wirtschaft	892
Tourismus	897
Bevölkerung	898
Sprache	902
Religionen	905
Feste und Feierlichkeiten	921
Architektur	923
Film	928
Literatur	931
Malerei	932
Musik	933
Tanz	935
Traditionelle Kleidung und Schmuck	938

■ Anhang 942

Glossar	944
Reise-Gesundheits-Information Indien	950
Literaturtipps	954
Hilfe!	962
Wichtige Bahnverbindungen	964
Register	974
Die Autoren	980

■ Atlas nach 980

Zu diesem Buch

Bahnverbindungen

Zusätzlich zu den Hinweisen zu Verkehrsverbindungen in den Ortsbeschreibungen findet sich eine detaillierte **Auflistung wichtiger Bahnverbindungen** im Anhang.

Preise

Mehr noch als bei anderen Ländern steht ein Reiseführer Indien in der Gefahr, dass die genannten Preise im Moment der Drucklegung schon wieder überholt sind. Unglücklicherweise gilt dies besonders für die Tourismusindustrie. Vor allem im Hotelwesen, aber auch bei öffentlichen Verkehrsmitteln ist in den nächsten Jahren mit saftigen Aufschlägen zu rechnen.

Obwohl die meisten der hier genannten Preise auf dem Stand vom Sommer 2012 beruhen, liegt man sicher nicht falsch, wenn man ein paar Prozente hinzurechnet. Eintrittspreise werden nur dann aufgeführt, wenn sie mindestens 10 Rs betragen.

Indische Begriffe und Schreibweisen

Es ist verwirrend: Selbst in Indien gibt es **verschiedene Schreibweisen** für einen Ortsnamen, entweder mehr oder weniger korrekt der offiziellen Transkription oder der englischen Schreibweise folgend. Im Deutschen wiederum wird beispielsweise der *Maharadscha* immer häufiger in der englischen Weise geschrieben: *Maharaja*. Daher wird in diesem Buch die linguistisch korrekte Transkription für Begriffe aus dem Hindi übernommen. Nur gelegentlich, vor allem bei Namen und bei bekannten Begriffen, wird die englische Schreibweise benutzt.

Häufig benutzte indische Begriffe sind in einem **Glossar** im Anhang des Buches erklärt, **geografische Begriffe** stehen in einem Kasten im Kapitel „Land und Leute: Geografie".

Ladakh und Kashmir

Das einstige Himalaya-Königreich Ladakh im äußersten Norden des Landes gehört zwar politisch zu Indien, ansonsten hat es jedoch kaum etwas mit dem Mutterland gemeinsam. In diesem Buch wird das Gebiet nur knapp behandelt. Im REISE KNOW-HOW Verlag ist jedoch ein Reiseführer unter dem Titel „Ladakh & Zanskar" von *Jutta Mattausch* erschienen, in dem auch die Trekkingmöglichkeiten in Ladakh eingehend beschrieben werden.

Atlas

Nordindien ist am Ende des Buches in einem Atlas im Maßstab 1: 4,5 Mio. dargestellt. Im Reiseteil wird bei allen beschriebenen Orten auf den Atlas verwiesen, damit sich der Ort auf der Karte schnell finden lässt, z.B. **XII/A2**. Dabei verweist die römische Zahl auf die Seite, Buchstaben und arabische Ziffern geben das Planquadrat an.

„Highlight"

Mit „Highlight" sind Orte und Sehenswürdigkeiten gekennzeichnet, die von besonderem touristischen Interesse sind, die **kulturellen und landschaftlichen Höhepunkte** Nordindiens. Aufgeführt sind die lohnendsten Ziele, die von den meisten Reisenden angesteuert werden. Bei der Planung der eigenen Reiseroute sollte man die „Highlights" auf keinen Fall auslassen.

„Der besondere Tipp"

Als „besonderer Tipp" sind in den Ortsbeschreibungen jene Orte markiert, die nicht auf der üblichen Route der meisten Nordindienreisenden liegen. Es sind **spezielle Empfehlungen der Autoren**, die nicht weniger sehenswert sind als die „Highlights". Manchmal handelt es sich um Orte oder Gegenden, die wegen ihrer besonderen Atmosphäre einen Besuch lohnen.

▷ Black Monkeys sind nicht aggressiv

Abkürzungen

1. Kl.	Erste Klasse
2. Kl.	Zweite Klasse
Abf.	Abfahrt
AC	Air Condition (Klimatisierung)
Ank.	Ankunft
ATM	Automatic Teller Machine (Geldautomat)
Av.	Avenue
Bldg.	Building
DZ	Doppelzimmer
del.	Deluxe-Bus
Exp.	Expresszug/-bus
EZ	Einzelzimmer
GPO	General Post Office (Hauptpost)
ISD/STD	Telefonamt
ITDC	ind. Tourismusorganisation
ord.	Ordinary (einfacher) Bus
Rd.	Road (Straße)
Rs	Rupies
St.	Street (Straße)

Was man unbedingt wissen sollte

Touristen aus Deutschland, Österreich und der Schweiz benötigen ein **Visum,** das vor Reisebeginn bei Agenturen, die die indischen Botschaften und Konsulate vertreten, beantragt werden muss. Das Touristenvisum gilt sechs Monate von Beginn der Ausstellung und berechtigt zur mehrmaligen Aus- und Einreise.

Etliche **Fluggesellschaften** fliegen die Strecke Frankfurt – Delhi bzw. Frankfurt – Mumbai (Bombay) direkt. Die Flugdauer beträgt etwa acht Stunden.

Impfungen sind nicht vorgeschrieben. Ausnahme: Bei Anreise aus einem Gelbfiebergebiet wird ein gültiger Internationaler Impfpass mit dem Nachweis einer Gelbfieberimpfung verlangt. Dennoch sind neben einer **Malaria-Prophylaxe** besonders eine **Tetanus-Impfung** und eine Impfung gegen die in Indien weit verbreitete **Tollwut** angeraten.

Wegen der enormen Größe des Landes und unterschiedlicher geografischer Bedingungen gibt es große **Temperaturunterschiede.** Speziell von November bis Februar kann es in den nördlichen Regionen empfindlich kühl werden, sodass zumindest ein dicker Pullover ins Gepäck gehört. Insgesamt gelten die Monate **Oktober bis März** wegen der geringen Niederschläge und der ausgeglichenen Temperaturen als **beste Reisezeit.**

Lingua Franca im Vielvölkerstaat Indien ist **Englisch.** Wiewohl man sich in den großen Städten und in touristischen Gegenden damit gut verständigen kann, ist man auf dem Land zuweilen noch auf Körpersprache angewiesen.

Routenvorschläge

Indien ist nicht nur ein Land mit kontinentalen Ausmaßen, sondern auch derart reich an kulturellen und landschaftlichen Höhepunkten, dass sich der Reisende immer wieder vor die Qual der Wahl gestellt sieht. Einerseits möchte man so viel wie möglich sehen, andererseits aber nicht durch das Land hetzen und reinen „Abhak-Tourismus" betreiben. Letztlich ist dieses Problem nicht zu lösen, es sei denn, man hat mehrere Monate Zeit oder entschließt sich, das Land häufiger zu besuchen. Am sinnvollsten ist es, sich auf eine Region zu konzentrieren, um diese in einer Art **Baukas-**

Routenvorschläge

Tour 1 – von Delhi über Agra nach Rajasthan
Tour 2 – von Delhi nach Norden
Tour 3 – von Delhi über Agra nach Osten
Tour 4 – von Delhi über Agra nach Zentralindien
Tour 5 – von Delhi über Agra nach Gujarat

bende Angelegenheit sind. Eine Durchschnittsgeschwindigkeit von 40 km/h auf Indiens Straßen ist schon viel. Das gleiche gilt für die Bahn, abgesehen von den modernen Zügen wie etwa dem Shatabti-Express. Dementsprechend viel Zeit sollte man einplanen.

Außer Tour 2 ist keine der angegebenen Reiserouten in weniger als einem Monat zu schaffen. Doch wer mit der in Indien stets hilfreichen Reisephilosophie „Man reist doch nicht, um anzukommen" unterwegs ist, dem kann all dies eigentlich nichts anhaben.

Tour 1 – von Delhi über Agra nach Rajasthan (S. 74):
Delhi – Agra – Sariska-Nationalpark – Jaipur – Puskhar – Jodhpur – Jaisalmer – Mt. Abu – Ranakpur – Udaipur – Chittorgarh – Bundi – Ranthambore-Nationalpark (– Khajuraho: Anschluss an Tour 3 und 4)

Tour 2 – von Delhi nach Norden (S. 228):
Delhi – Amritsar – Dharamsala – Manali – Shimla – Chandigarh – Corbett-Nationalpark – Lucknow (– Varanasi: Anschluss an Tour 3)

Tour 3: von Delhi über Agra nach Osten (S. 420):
Delhi – Agra – Gwalior – Khajuraho – Varanasi – Patna – Bodhgaya – Darjeeling – (Sikkim) – Kalkutta – Bhubaneshwar – Puri

Tour 4 – von Delhi über Agra nach Zentralindien (Madhya Pradesh S. 554):
Delhi – Agra – Gwalior – Bhopal – Khajuraho – Kanha-Nationalpark – Jabalpur – Bhopal – Sanchi – Indore – Mandu (– Ahmedabad: Anschluss an Tour 5)

Tour 5 – von Delhi über Agra nach Gujarat (S. 624):
Delhi – Agra – Jaipur – Udaipur – Ahmedabad – Bhavnagar – Palitana – Diu – Sasan-Gir-Nationalpark – Junagadh – Porbandar – Dwarka – Bhuj (– Jaisalmer: Anschluss an Tour 1)

tensystem mit weiteren Gebieten zu kombinieren. Genau dies versuchen die fünf hier vorgeschlagenen Reiserouten.

Da für fast alle Indientouristen der Besuch des **Taj Mahal** ein „Muss" darstellt, ist Agra außer bei Tour 2 in allen Routen integriert. Bei der Reiseplanung sollte man bedenken, dass Individualreisen in Indien eine zeitrau-

➲ Highlight*:
Rotes Fort | 24
Jamia Masjid | 28
Nizamuddin | 36

➲ Der besondere Tipp*:
Qutb Minar | 38

*Diese Tipps erkennt man im Buch an der gelben Hinterlegung im Kapitel.

Orientierung | 19
Geschichte | 19
Sehenswertes | 21
Praktische Tipps | 43

Die zweitgrößte Stadt Indiens besteht im Grunde genommen aus zwei Städten: der alten Mogul-Hauptstadt Old Delhi und dem von den Briten angelegten New Delhi. So vereint die Metropole in ihrem Kern zwei völlig unterschiedliche Welten und zieht ihren Reiz aus dem Kontrast: „the best of both worlds".

Delhi

◁ Kofferträger am Bahnhof von Delhi

Delhi

V/D2

– eine alte Dame mit modernem Antlitz

Delhi, Neu-Delhi, Alt-Delhi oder vielleicht sogar Dilli? Dass Namen mehr als nur Schall und Rauch sind, verdeutlicht Indiens Hauptstadt beispielhaft. Der Oberbegriff *Delhi* umfasst die gesamte Metropole mit ihren fast **14 Millionen Einwohnern.** Politisch und historisch korrekt heißt die nach Mumbai zweitgrößte Stadt des Landes seit ein paar Jahren wieder **Dilli** (s.u.: „Geschichte"). Um was für eine Stadt handelt es sich aber dabei? Um dies beurteilen zu können, kommt es entscheidend darauf an, in welchem Teil der Metropole man sich aufhält.

Wie kaum eine andere Stadt setzt sich Delhi aus zwei gänzlich unterschiedlichen Stadtteilen zusammen. Da ist einmal **Old Delhi,** angelegt und geprägt von den Moguln, denen es vom 12. bis zum 18. Jh. als Hauptstadt diente und die hier mit dem Roten Fort und der Jamia Masjid zwei imposante architektonische Beispiele ihrer imperialen Macht hinterließen. Mit seinen engen, verwinkelten Altstadtgassen voller kleiner Geschäfte, seinen Märkten und Menschenmassen ist Old Delhi eine typisch indisch anmutende Stadt.

Einen krassen Gegensatz hierzu bildet **New Delhi,** das von den Briten mit der 1911 erfolgten Verlegung der Hauptstadt Britisch Indiens von Kalkutta nach Delhi am Reißbrett konzipierte wurde. Mit seinen weitläufigen Alleen, großzügigen Parkanlagen und modernen Verwaltungsgebäuden wirkt es äußerst großzügig, sachlich und nüchtern.

Dieser Kontrast macht auch den Reiz der Stadt gerade für diejenigen Besucher aus, die zum ersten Mal nach Indien kommen. Man gewinnt einen Einblick in das vom prallen Leben scheinbar berstende Old Delhi, kann sich jedoch danach wieder in die Ruhe und Überschaubarkeit New Delhis zurückziehen.

In dieser hochinteressanten Mischung aus alt und neu, aus islamischen und europäischen Einflüssen liegt einer der Hauptanziehungspunkte Delhis. Gleichzeitig ist es mit seinen immer mehr das Stadtbild bestimmenden Hochhäusern, den modernen Einkaufszentren, einer U-Bahn und den immer größere Ausmaße annehmenden Verkehrsstaus ein Spiegelbild des modernen Indien. Lange als grau und langweilig verschrien, hat sich Delhi in den letzten Jahren mächtig ins Zeug gelegt. Die Stadt hat sich herausgeputzt und kommt schick und modern daher.

So ergibt sich unter dem Motto „The best of both worlds" die Möglichkeit einer allmählichen Annäherung an den indischen Alltag. Besonders günstig ist es, an einem Samstag in Delhi anzukommen, um am Sonntag, dem einzigen Tag der Woche, an dem die Straßen frei passierbar sind, an einer der vom Tourist Office durchgeführten Stadtrundfahrten teilzunehmen. Der Montag bietet sich an, um die gerade in Delhi besonders zügig und effizient zu erledigenden Dinge wie Zugticketerwerb oder Taxianmietung, Sim-Kartenkauf und Geldwechsel zu erledigen. Falls genügend Zeit bleibt, sollte man die hervorragenden Einkaufsmöglichkeiten nutzen, da die Auswahl hier so vielfältig wie in keiner anderen Stadt Indiens ist. So lässt sich das Angenehme mit dem Nützlichen verbinden.

Orientierung

Trotz seiner enormen Ausdehnung ist Delhi eine recht übersichtliche Stadt. Signifikant ist die Unterteilung in das typisch indische **Old Delhi** und das weiträumige, eher europäisch anmutende **New Delhi.** Die Straßen Desh Bandhu Gupta und Jawaharlal Nehru Marg, gleich nördlich des **Bahnhofs** von New Delhi, markieren die Grenze zwischen den beiden Stadtteilen. Das **Rote Fort** und die **Jamia Masjid** mit der alten Prachtstraße Chandni Chowk bilden die Wahrzeichen von Old Delhi, welches im Kern mit der von *Shah Jahan* im 17. Jh. erbauten siebten Hauptstadt übereinstimmt. **Pahar Ganj,** ein besonders bei Individualtouristen beliebtes Basar-Viertel mit unzähligen Hotels, welches sich westlich an die New Delhi Railway Station anschließt, bildet eine Art Puffer zwischen New und Old Delhi.

Dreh- und Angelpunkt von New Delhi ist der vor einigen Jahren in **Rajiv Chowk** umbenannte, kreisrunde **Connaught Place,** von dem acht Ausfallstraßen in alle Himmelsrichtungen abzweigen. Der nach Süden abzweigende Janpath, die bekannteste Verbindungsstraße, führt in das Anfang dieses Jahrhunderts von den Briten angelegte Regierungsviertel. **Rajpath,** eine breite, von weitläufigen Grünanlagen gesäumte Prachtstraße, verbindet den auf einem Hügel erbauten **Präsidentenpalast Rashtrapati Bhawan** mit dem All India War Memorial oder **India Gate,** wie es üblicherweise genannt wird, einer Art Arc de Triomphe von Delhi. Verglichen mit dem ebenso quirligen wie chaotischen Old Delhi wirkt dieser Bereich wie eine gepflegte Gartenstadt. Dies gilt insbesondere für die sich südlich an das Regierungsviertel anschließenden feinen Wohngegenden wie Lodi Colony, Defense Colony und Haus Khas. Hier befindet sich auch eine Reihe von exquisiten Hotels, Restaurants und Geschäften.

Westlich davon liegt das elegante **Diplomatenviertel Chanakyapuri,** wo die meisten Botschaften angesiedelt sind. Noch einmal 23 km weiter südwestlich befindet sich der **Indira-Gandhi-Flughafen.**

Südwestlich Delhis in dem ehemaligen Dorf **Gurgaon** und damit eigentlich schon außerhalb der Stadtgrenzen in Haryana wird seit einigen Jahren eine **neue Stadt** aus Stahl, Glas und Beton in atemberaubender Geschwindigkeit aus dem Boden gestampft, deren Hochhäuser schon jetzt ein neues Wirtschafts- und Finanzzentrum vor den Toren der Stadt bilden. Hier haben inzwischen fast alle **Fluggesellschaften** ihre Büros.

Geschichte

Etwas salopp formuliert, könnte man sagen, dass Delhi gar nicht anders konnte, als zur bedeutendsten Stadt des indischen Subkontinents aufzusteigen. Die seit Anfang des 10. Jh. vom Norden her einfallenden islamischen Eroberer aus Zentralasien mussten zwangsläufig durch dieses schmale Nadelöhr zwischen der Wüste Thar im Südwesten und den Himalayaketten im Nordosten, um in die fruchtbare Ebene des Ganges und Yamuna, die unmittelbar südlich von Delhi beginnt, zu gelangen. Aus dieser quasi naturbedingten **Schlüsselposition** leitet sich auch ihr ursprünglicher **Name Dilli** (Schwelle) ab. Hatte man diese Stadt erobert, war man gleichzeitig Herr über die strategische Schlüsselstellung des Landes und hatte damit den entscheidenden Grundstein seiner Macht gesetzt. Da ist es nur geschichtlich korrekt, wenn die Stadt im Zeichen ihrer linguistischen Entkolonialisierung seit ein paar Jahren wieder offiziell ihren alten Namen trägt.

Obwohl sie als Indraprastha bereits im „Mahabharata" erwähnt wurde, erlangte die Stadt erst mit der Eroberung durch den afghanischen Feldherrn *Mohammed-e-Ghur* (1150–1206 n. Chr.), der hier seine neue **Hauptstadt** errichtete, wirkliche historische Bedeutung. Auffälligstes Zeugnis dieser Epoche ist die 13 km südlich der heutigen Stadt gelegene Siegessäule Qutb Minar, die der erste Sultan Delhis errichten ließ. Dies war jedoch nur die erste von insgesamt sechs weiteren Hauptstädten, die die islamischen Herrscher während der folgenden sieben Jahrhunderte im Großraum Delhi errichteten.

Allah-ud-Dhin, dritter Herrscher der Khalji-Dynastie und Sultan Delhis von 1296 bis 1321, gründete mit **Sirri** die zweite Hauptstadt. Die ersten drei Herrscher aus der darauffolgenden Thuglaq-Dynastie, einem ursprünglich aus der Türkei stammenden Volk, errichteten zwischen 1321 und 1388 mit **Thuglaqabad, Jahanpanah** und **Firuzabad** die Hauptstädte drei bis fünf. Es vergingen weitere 200 Jahre, bis der afghanische Feldherr *Sher Shah* (1540–45), der den zweiten Großmogul *Humayun* besiegt hatte, mit **Purana Qila** die sechste Hauptstadt innerhalb der Grenzen Delhis errichten ließ. 1638 legte *Akhbars* Enkel *Shah Jahan* mit dem Bau des Roten Forts und der zwölf Jahre später errichteten Jamia Masjid, der größten Moschee Indiens, den Grundstein für **Shahjahanbad,** die siebte Hauptstadt, deren Grenzen mit denen des heutigen Old Delhi übereinstimmen. Da er jedoch von seinem Sohn *Aurangzeb* 1658 abgesetzt und gefangengenommen wurde, konnte er seinen ursprünglichen Plan, die Hauptstadt von Agra nach Delhi zu verlegen, letztlich nicht verwirklichen.

Nach dem fehlgeschlagenen Versuch Aurangzebs, die Grenzen des Reiches auch auf Südindien zu erweitern, verfiel die Macht der Moguln zunehmend. Das hierdurch entstandene **Machtvakuum** nutzten wiederum beutehungrige Feldherrn aus dem Norden, um die Schatzkammer Delhi zu plündern. So entführte der Perser *Nadir Shah,* nachdem er die Stadt 1739 erstürmt hatte, den unermesslich wertvollen Pfauenthron aus dem Roten Fort. Sein Nachfolger *Ahmed Shah Durani* überfiel die ehemalige Mogul-Hauptstadt sogar dreimal innerhalb weniger Jahrzehnte.

Nach einem kurzen Intermezzo durch die Marathen schwangen sich schließlich die **britischen Kolonialherren** 1803 als die neuen Statthalter Delhis auf. Vom 11. Mai bis 17. Dezember 1857 war Delhi dann ein letztes Mal Mittelpunkt blutiger Machtkämpfe, als die Stadt von meuternden indischen Soldaten während der ersten Unabhängigkeitsschlacht in ihre Gewalt gebracht wurde. Nach erheblichen Verlusten auf beiden Seiten konnten die Briten noch einmal die Oberhand behalten.

1911, nachdem sie die Hauptstadt Britisch Indiens von Kalkutta nach Delhi verlegt hatten, begannen sie damit, **New Delhi,** die achte und vorläufig letzte Hauptstadt, innerhalb weniger Jahre aus dem Boden zu stampfen. Dabei gehört es zu den vielen ironischen Kapiteln der Weltgeschichte, dass sie gerade zu einem Zeitpunkt mit dem Bau der Stadt begannen, als Gandhis Bewegung der Nichtzusammenarbeit die Grundlagen ihres Imperiums zunehmend in Frage stellte.

Unmittelbar nach Erlangung der **Unabhängigkeit** stand zur Debatte, ob die Hauptstadt der Republik nicht an einen anderen, zentraler gelegenen Ort verlegt werden sollte. Delhi liegt nur 350 km von der pakistanischen Grenze entfernt, und die enormen Spannungen zwischen diesen beiden Erzfeinden, die sich später in zwei Kriegen entluden, ließen diese geografische Nähe äußerst problematisch erscheinen. Außerdem benötigte das indische Punjab eine neue Hauptstadt, da dessen frühere Hauptstadt Lahore nach der Teilung des indischen Subkontinents nun zu Pakistan gehörte. So hätte es sich angeboten, das von den Flüchtlingen aus Westpunjab überschwemmte Delhi zur neuen Landeshauptstadt des Punjab zu erklären. Letztlich ließ man jedoch wegen der zu erwartenden Kosten und aus Traditionsgründen von den Plänen ab und stampfte stattdessen die postmoderne Retortenstadt Chandigarh als neue Hauptstadt des Punjab aus dem Boden. Die meisten der Flüchtlinge blieben jedoch in Delhi und gelten heute als die führenden Geschäftsleute der Hauptstadt.

Sehenswertes

Stadtführungen

Da die meisten Touristen nur kurze Zeit in der Hauptstadt Indiens bleiben und zudem die Hauptsehenswürdigkeiten recht weit über das Stadtgebiet versteut liegen, ist eine Stadtrundfahrt sicherlich die bequemste Möglichkeit, in kurzer Zeit viel zu sehen. Bei den im folgenden Abschnitt genannten Preisen sind die Eintrittsgelder zu den Sehenswürdigkeiten nicht enthalten.

Delhi Tourism & Transport Development Corporation (DTTDC, Baba Kharak Singh Marg, ca. 100 m westlich des Connaught Place, Tel.: 55390009, 23363607, www.delhitourism.nic.in, 7–21 Uhr, am internationalen Flughafen: 25675609, 8–21 Uhr) bietet täglich zwei Stadtrundfahrten in klimatisierten Bussen an. Beide zusammen kosten 310 Rs, jeweils nur eine Hälfte 207 Rs. Die **Vormittagstour** von 9 bis 13.30 Uhr mit Gandhi Smriti, Laxmi-Narayan-Tempel, Bahai-Tempel (außer sonntags, dann stattdessen Sadar-Jung-Grabmal) und Qutb Minar. Das Regierungsviertel mit dem Rashtrapati Bhawan wird nur im Vorbeifahren gestreift.

Die **Nachmittagstour** (14.15–17.15 Uhr) umfasst Lal Qila (Rotes Fort, außer Mo, dann Purana Qila/Old Fort), Jama Masjid (Blick vom Roten Fort), Raj Ghat und Humayun's Grab. Shakti Sthal und Feroz Shah Kotla werden nur im Vorbeifahren besichtigt. Wie zu erkennen, ist Montag, besonders für die Nachmittagstour, nicht der ideale Tag für die Stadtrundfahrt. Eintrittspreise zu den Sehenswürdigkeiten und eventuelle Gebühren für Kamera/Video sind nicht im Preis enthalten. Die Touren starten an der Baba Kharak Singh Marg.

Eine neue **Hop-on-Hop-off-Tour** vom DTTPC verkehrt täglich außer Mo im 30-Minuten-Abstand zwischen 7.30 und 20 Uhr und passiert alle wichtigen Sehenswürdigkeiten Delhis (300 Rs, Tel.: 1280).

Außerdem gibt's dreimal wöchentlich eine **Tagestour** (7 bis 22 Uhr, inkl. Frühstück und Abendtee) nach **Agra** im klimatisierten Bus (1.130/980 Rs Erw./Kind, auch hier sind die Eintrittspreise extra zu zahlen) mit Taj Mahal, Rotem Fort in Agra sowie Sikandra. Eine kombinierte, dreitägige **Agra-Jaipur-Tour** per Bahn findet zweimal wöchentlich (Di und Fr um 7 Uhr) statt und kostet inkl. Unterkunft und Verpflegung 4.800/4.350 Rs (Erw./Kind). Tikkets für die genannten Touren können auch am Flughafen (Tel.: 2575609, 8–21 Uhr) gekauft werden.

Von DTTPC wird zudem eine **Abendtour** speziell zu beleuchteten Sehenswürdigkeiten veranstaltet (tgl. außer Mo, 150 Rs, 19 bis 22.30 Uhr), die auch die Sound & Light Show des Roten Forts beinhaltet. Alle Touren starten vom Central Reservation Office und werden in klimatisierten Bussen durchgeführt. DTTDC hat viele weitere Büros in der Stadt, die unten im Abschnitt „Information" aufgelistet sind.

Etwa zweistündige **Fußwanderungen** (50 Rs, Bezahlung vor Ort, Start Sa und So um 8 Uhr) von Intach Delhi Chapter (Tel.: 24641304, 24632262, www.intachdelhichapter.org) unter kundiger Führung durch verschiedene Teile Delhis, die „Heritage Walks", sind eine interessante Erfahrung. Neben Old Delhi werden auch andere Stadtviertel wie Hauz Khas, Nizamuddin oder Lodi-Gärten im Süden Sa bzw. So erwandert. Außerdem können Wunschtouren arrangiert werden, diese müssen etwa eine Woche im Voraus angemeldet werden.

Frühmorgens, wenn der Verkehr dies noch nicht unmöglich macht, startet **Delhi by Cycle** (Tel.: (0)9811 723720, www.delhibycycle.com) mehrere **Fahrradtou-**

Delhi Übersicht

Unterkunft
1. Tibetan Colony (Wongdhen House, Peace House, Lhasa House, White House)
2. The Maidens
4. Bajaj Indian Home Stay
7. Master G.H.
9. Shanti Home
11. ITC Maurya
12. Hotel Taj Palace
20. Amarya Villa
21. Zenith Inn, Radisson Blu Delhi
23. Chhoti Haveli
26. Amarya Haveli
28. Svelte

Essen und Trinken
3. Saravana Bhavan
11. Bukhara Rest.
17. Gourmet Gallery, Tasveer, Whispering Bamboo
19. Geoffrey's
24. Olive

Delhi Übersicht

Ausschnitte S. 28, 32, 46, 52

25 Gunpowder, Kunzum Travel Café

Nachtleben
2 Cavalry Bar
8 24/7
11 Jazz Bar
12 My Kind of Place
17 On the Rocks, Lizard Lounge
22 Haze
25 TLR

Verkehr
3 Inter State Bus Terminus (ISBT)
6 Jhandewalan Cycle Market
10 ISBT Sarai Kale Khan

Einkaufen
5 Karol Bagh Market
13 Dilli Haat Market
14 INA Market
15 South Extension Market I
16 South Extension Market II
18 Ansal Plaza
27 Select Citywalk Mall

ren: einmal die „Shah Jahan Tour" (inkl. *chai* und *Mughal breakfast*, Dauer 3 Std.) durch die Gassen von Old Delhi, dann die „Yamuna Tour", die auch eine Bootsfahrt auf dem Yamuna einschließt. Desweiteren die „Raj Tour", die sowohl Old Delhi als auch New Delhi umfasst. Alle Fahrradausflüge kosten 1.450 Rs. Treffpunkt: 6.30 Uhr an der Asaf Ali Rd. gegenüber dem Delite Cinema am Südrand von Old Delhi nahe dem Turkman Gate in einem Parkhaus.

Außerdem werden zum gleichen Preis 2x tgl. etwa 15 km weite **Radausflüge** (6.30 und 13.45 Uhr) durch Süd-Delhi u.a. inkl. Khan Market, Lodi Garden und durch das faszinierende Viertel Nizamuddin angeboten. Treffpunkt hierfür ist in Nizamuddin 300 m westlich des Bahnhofs Nizamuddin, nicht ganz leicht zu finden beim Inayat Khans Dargarh.

Das **Hope Project** (T127 Hazrat Nizamuddin, Tel.: 24353006, www.hopeprojectindia. org) offeriert 90-minütige **Fußwanderungen durch Nizamuddin** im Südosten Delhis. Da hier Einblicke in wenig touristische, traditionelle Gebiete gewährt werden, ist zurückhaltende Kleidung angeraten. Nimmt man freitags teil, sollte man sich im Anschluss beim Dargarh die faszinierenden abendlichen Qawwali-Gesänge der Sufis nicht entgehen lassen. Die Erlöse der Wanderungen unterstützen das Hope Project.

Ein weiteres Charity Project ist **Salaam Baalak Trust** (Gali Chandiwali, Pahar Ganj, Tel.: 23584164, (0)9910 099348, www.salaambaalaktrust.com/street_walk_delhi.asp, Mo–Sa ab 10 Uhr) in Pahar Ganj. Das Besondere dieser zweistündigen Ausflüge ebenfalls per pedes ist der Umstand, dass sie von **ehemaligen Straßenkindern** geleitet werden, die, vom Trust ausgebildet, einen Einblick in ansonsten von Touristen nicht erlebbare Lebensumstände geben. Slums werden nicht betreten. Auch hier geht der Erlös (etwa 200–300 Rs sollte man spenden) an die Organisation.

> Jamia Masjid

Highlight: Rotes Fort

„Wenn es ein Paradies gibt, ist es hier, ist es hier, ist es hier." Diesen Spruch ließ *Shah Jahan* in der Mitte des von ihm erbauten und 1648 nach neunjähriger Bauzeit fertig gestellten **Lal Qila** oder Roten Forts anbringen. Zweifellos gehört diese gewaltige **Festungsanlage** aus rotem Sandstein am östlichen Ufer des Yamuna zu den Prunkstücken des Mogul-Reiches.

Vom unvorstellbaren Reichtum und märchenhaften Glanz, den die Gebäude einmal ausstrahlten, ist heute jedoch nur wenig erhalten geblieben. Bei den wiederholten Beutezügen nach dem Tod des letzten Großmogul *Aurangzeb* 1707 wurde alles mitgenommen, was nicht niet- und nagelfest war. Die mangelhafte Instandhaltung seitens der indischen Behörden ist ein weiterer Grund für den reichlich verblichenen Glanz vergangener Tage. So verlassen die meisten der täglich über 10.000 Besucher dieses meistbesuchte Bauwerk Delhis weit weniger euphorisch, als sie es beim Anblick der von außen imposanten Anlage betreten hatten.

Obwohl das Fort mit einer Breite von 360 m und einer Länge von 1,2 km weitaus größer ist als jenes in Agra, wirkt es mit seiner riesigen, fast 2,5 km langen, von geschwungenen Zinnen und Türmen umlaufenden Festungsmauer wegen seiner flachen Lage eher zierlich und elegant. Dieser Eindruck bestätigt sich im Inneren, wurde das Rote Fort doch von Shah Jahan großzügig und wie aus einem Guss geschaffen, während sein Äquivalent in Agra während der Regierungszeit mehrerer Herrscher entstand und viele ineinander verschachtelte Gebäude aufweist. Insgesamt wirkt das Lal Qila eher wie eine befestigte Palastanlage und unterscheidet sich so von den Trutzburgen früherer Jahre.

Hierin spiegelt sich das gewachsene **Selbstbewusstsein der Großmoguln,** die es sich im Bewusstsein ihrer über ein Jahrhundert gefestigten Machtposition nun leisten konnten, neben den militärischen Notwendigkeiten auch ihre künstlerischen Ambitionen zu verwirklichen. Hierzu trug vor allem der für Shah Jahan so charakteristische, von Eleganz und Harmonie geprägte Kunstgeschmack mit seiner Vorliebe für weißen Marmor als Baumaterial bei, der seine perfekteste Ausprägung im fünf Jahre später fertiggestellten Taj Mahal fand. Nur etwa 20 % der Anlage sind heute der Öffentlichkeit zugänglich, der große Rest wird von öffentlichen Verwaltungen und der indischen Armee beansprucht.

Der Zugang zum Lal Qila erfolgt durch das **Lahore Gate,** benannt nach der heute in Pakistan gelegenen Hauptstadt des ehemaligen Punjab. Von hier führt der Weg in den Arkadengang **Chatta Chowk.** Früher diente dieser kleine Basar den Hofdamen als willkommene Abwechslung in ihrem sonst recht eintönigen, von der Außenwelt abgeschlossenen Leben. Waren damals Juwelen und Saris die begehrtesten Kaufobjekte, werden heute entsprechend der veränderten Käuferschicht Getränke, Filme und Souvenirs feilgeboten. Was geblieben ist, sind die fürstlichen Preise.

Das sich anschließende dreigeschossige **Trommelhaus** (Nagaar Khana) bildete das Eingangstor zum eigentlichen Palastbereich. Sein Name rührt daher, dass hier täglich fünfmal zu festgesetzten Zeiten eine Willkommensmelodie gespielt wurde. Alle Besucher mussten ihre Elefanten oder Pferde zurücklassen, bevor sie ins Palastinnere weitergehen durften. Die deutlich erkennbaren Blumenornamente an den roten Sandsteinwänden waren früher mit Goldfarbe bemalt. Im oberen Stock ist heute das **Indian War Museum** untergebracht (täglich außer Fr 10–17 Uhr).

Die offene **Gartenanlage** zwischen dem Trommelhaus und der dahinter gelegenen öffentlichen Empfangshalle **Diwan-e-Am** war einst von einem Gebäudekarree eingefasst, das jedoch den erbitterten Kämpfen des Februaraufstands 1857 zum Opfer fiel. Auf ei-

434in mb

Gate No. 1

Spaziergang vom Roten Fort zur Jamia Masjid

Eine pralle Mischung berstender Geschäftigkeit, inbrünstiger Religiosität und der chaotischen Fülle des indischen Alltagslebens – all dies bietet der etwa 3 km lange Spaziergang vom Haupteingang des Roten Forts entlang der alten Prachtstraße **Chandni Chowk** und ihrer Seitenstraßen zur großen Freitagsmoschee, der Jamia Masjid, zwei Stunden „Indien pur", die man sich nicht entgehen lassen sollte.

Hat man die täglich von Tausenden stinkender und hupender Fahrzeuge befahrene Netaji Subash Marg lebend überquert, trifft man an der linken (südwestlichen) Ecke des Chandni **Chowk auf den Digambara-Jain-Tempel.** Die Statue von *Mahavira,* dem Gründer der Religionsgemeinschaft, steht im bunt ausgeschmückten ersten Stock. Auf dem Tempelgelände findet sich auch ein **Vogel-Krankenhaus,** welches das (alle Lebewesen betreffende) höchste Glaubensgebot der Jains, Gewaltlosigkeit und Nächstenliebe, auf beeindruckende Weise in die Tat umsetzt.

Bei den gleich nebenan unter den Arkaden des Chandni Chowk von Straßenverkäufern angebotenen Devotionalien und Blumen decken sich die Gläubigen für den Besuch des **Gauri-Shankar-Tempels** ein. Im Inneren des Shiva-Tempels tritt einem die bunte Vielfalt der indischen Götterwelt entgegen. Auf dem weißen Marmorstuhl im Innenhof soll sich der hochverehrte Hindu-Heilige *Bhagwat Swaroup* fünfzig Jahre aufgehalten haben. Ein Foto und seine Sandalen erinnern an den Geistlichen.

Weiter entlang des Chandni Chowk, der in der Mogulzeit von einem Kanal durchzogen und von repräsentativen Kaufmannshäusern und Gärten flankiert war, vorbei an der Esplanade Road, zweigt gegenüber dem von großen Filmplakaten überragten Kumar-Kino die kleine **Gasse Dariba Kalan** ab. Der Name („Straße des unvergleichlichen Diamanten") ist noch heute aktuell, werden hier doch seit *Shah Jahans* Zeiten in erster Linie **Gold und Juwelen** verkauft. Die Verarbeitung der nach Gewicht berechneten Steine lässt meist zu wünschen übrig, doch für das „eye shopping" ist die Gasse sicherlich interessant.

Wieder zurück zum heutzutage von Menschen, Verkehr und Abgasen überfluteten Chandni Chowk, ist der **Sikh-Tempel Sisganj Gurudwara** bereits das dritte Gotteshaus von unterschiedlichen Religionsgemeinschaften, welches man auf kurzer Strecke finden kann – ein anschauliches Beispiel für den ethnischen und religiösen Schmelztiegel Alt-Delhis. Dass dieses unmittelbare Nebeneinander verschiedener Religionsmeinschaften immer wieder Anlass für blutige Auseinandersetzungen war, zeigt die Tatsache, dass das Gotteshaus an jener Stelle errichtet wurde, wo der 10. Sikh-Guru auf Anweisung nem Marmorthron sitzend, der von einem hübschen Dach überspannt wird, hielt der Herrscher öffentliche Audienzen ab und nahm Beschwerden entgegen. Die sehr schönen Einlegearbeiten, die die Wände hinter dem Thron schmücken und von dem florentinischen Künstler *Urstin de Bourdeaux* stammen sollen, wurden erst 1903 auf Befehl des Vizekönigs *Lord Curzon* wieder hier platziert, nachdem sie zuvor mehrere Jahre in London ausgestellt waren.

Hat man den Diwan-e-Am hinter sich gelassen, gelangt man auf eine große **Rasenfläche,** an deren östlichem Ende sich von Süd

sung Aurangzebs exekutiert worden war. Die von tiefer Religiosität gekennzeichnete Atmosphäre im Inneren des Tempels, in dem ohne Unterbrechung aus dem heiligen Buch der Sikhs rezitiert wird, lohnt auf jeden Fall einen Besuch.

Der schräg gegenüber gelegene Fountain Chowk verdeutlicht, dass auch die Europäer ihre Herrschaft auf Gewalt gründeten. Hier ließen die Briten 1857 zum Zeichen ihres Sieges und des Endes der Mogul-Dynastie zwei Körper zur Schau stellen: die des Sohnes und des Enkels des letzten Mogul-Herrschers, beide waren von ihnen getötet worden.

Bevor man in den südlich vom Chandni Chowk abzweigenden Kinari Bazaar abbiegt, sollte man noch bei dem etwa 50 m davor befindlichen **Ghantewala Sweet Shop** anhalten. Der Ende des 18. Jh. eröffnete Laden, in dem immer noch die Originalrezepte für Süßes aus der Mogulzeit Verwendung finden sollen, gilt als der beste seiner Art in Delhi.

Folgt man dem mit bunt ausstaffierten Geschäften flankierten **Kinari Bazaar,** der ersten Adresse in Delhi für Hochzeits-Accessoires, bis zum Ende, so befindet man sich wieder auf etwa halber Länge des Dariba Kalan, von wo es nur noch wenige Minuten zur **Jamia Masjid** sind.

nach Nord mit dem Rücken zur Fortmauer fünf Gebäude reihen.

Im **Mumtaz Mahal,** einem aus sechs Räumen bestehenden Marmorpalast, der früher den Haremsdamen diente, ist heute ein archäologisches Museum aus der Mogul-Zeit untergebracht. Nur die wenigsten Besucher schenken den zum Teil hervorragenden, aber leider auch vernachlässigten Exponaten der einzelnen Großmoguln von *Babur* bis *Aurangzeb* genügend Beachtung.

In der Mitte des auf einer erhöhten Plattform gelegenen **Rang Mahal,** der ebenfalls für die Konkubinen des Herrschers erbaut wurde, steht ein Marmorbrunnen der von den Wassern des sogenannten Paradiesflusses gespeist wurde. Dieser mit Rosenwasser gefüllte Nahir-e-Bihisht zog sich vom Rang Mahal bis zum Hammam im Norden durch alle Gebäude. Auch von den ursprünglich die Innenwände schmückenden Wandbemalungen – daher sein Name „Palast der Farben" – ist kaum etwas erhalten.

Der **Privatpalast** (Khas Mahal) diente dem Herrscher als Schlaf-, Wohn- und Gebetshaus. Vom sich an die östliche Wand anschließenden achteckigen **Turm** (Muthamman Burj) zeigte sich *Shah Jahan* jeden Morgen, bevor er seine Amtsgeschäfte aufnahm.

Am meisten Fantasie, um die ehemalige Pracht wieder hervorzuzaubern, benötigt der Besucher in der Halle der Privataudienz **Diwan-e-Khas**. Hier ließ Shah Jahan auch jenen eingangs zitierten Spruch anbringen. Das ehemalige Schmuckstück des Forts, den legendären **Pfauenthron** aus purem Gold, Juwelen und einen dahinter platzierten Papagei aus reinem Smaragd entführte der Perser *Nadir Shah* nach seiner Erstürmung Delhis im Jahre 1739. Er diente seitdem den Schahs von Persien als Thron.

Aus dem Brunnen der nördlich die Palastreihe abschließenden **königlichen Bäder** (Hammam) soll einst Rosenwasser gesprudelt sein. Erwähnenswert ist noch die von Shah Jahans Nachfolger *Aurangzeb* erbaute **Perl-Moschee** (Moti Masjid) mit ihren drei ursprünglich kupferverzierten Kuppeln. Aurangzeb war es auch, der seinen Vater kurz vor Vollendung der Bauarbeiten absetzte und im Roten Fort von Agra einkerkerte. Seinem Traum vom Paradies war damit ein abruptes Ende beschieden.

■ **Öffnungszeiten:** Geöffnet ist das Fort 9–18.30 Uhr außer Mo, Eintritt: 250 Rs, Video 25 Rs. Eine interessante einstündige Ton- und Dia-Show (60 Rs), die die ereignisreiche Geschichte des Roten Forts nachzeichnet, findet tgl. um 19.30 Uhr (Nov. bis Jan.), 20.30 Uhr (Feb. bis Apr.) bzw. 21 Uhr (Mai bis Aug.) in englischer Sprache statt. Metrostation Chandni Chowk.

Sunehri Masjid

Wenige Meter südlich des Roten Forts an der Netaji Subash Marg war auch die Sunehri Masjid Schauplatz der von religiöser Intoleranz geprägten Geschichte Delhis. Auf dem Dach der im 18. Jh. erbauten **Moschee** soll der persische Feldherr *Nadir Shah* 1739 nach der Eroberung der Hauptstadt gestanden haben, um das Massakrieren der Bevölkerung durch seine Soldaten zu beobachten.

Highlight: Jamia Masjid

Keine Kosten und Mühen scheute Akhbars Enkel Shah Jahan während seiner dreißigjährigen Amtszeit, um seine große Leidenschaft, die Architektur, mit gewaltigen Bauwerken in die Tat umzusetzen. Ob die enormen Kosten, die dieses Hobby verschlang, nicht für sinnvollere Zwecke hätten eingesetzt werden können, bleibt dahingestellt, doch unzweifelhaft verdankt die Nachwelt dem fünften und vorletzten Großmogul einige der großartigsten Monumente der Mogul-Herrschaft. Hierzu zählt zweifelsohne auch die aus rotem Sandstein gefertigte Jamia Masjid, die Shah Jahan nach sechsjähriger Bauzeit und einem Kos-

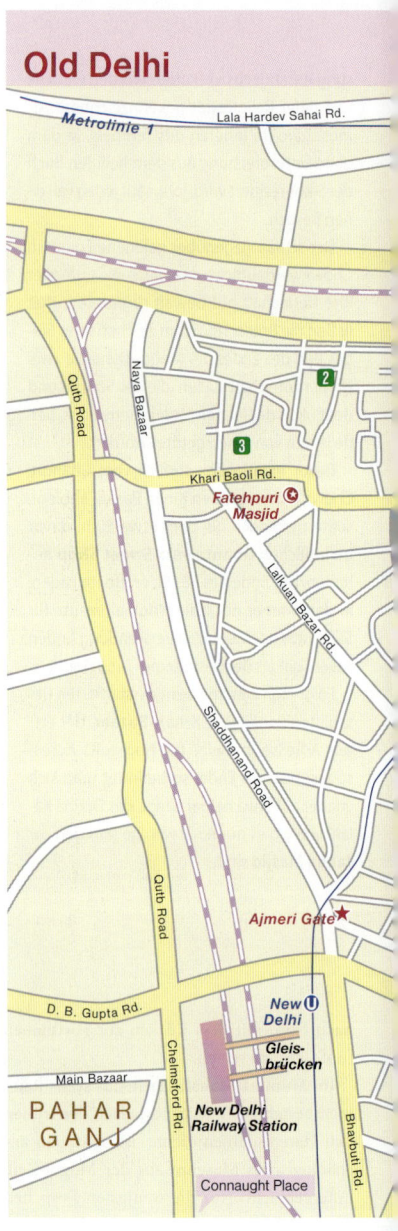

tenaufwand von 1 Mio. Rupien 1650 einweihen konnte.

Unübersehbar überragt diese nur knapp einen Kilometer südwestlich des Roten Forts gelegene, **größte Moschee Indiens** die quirligen Basarviertel Old Delhis. Durch ihre herausragende Platzierung auf einem kleinen Felsen wirkt sie noch imposanter, als sie es mit ihren 40 m hohen Minaretten ohnehin schon ist.

Eine breite Freitreppe, von deren Stufen sich einem ein schöner Blick zurück auf das Fort bietet, führt zu ihr empor. Hat man das gewaltige Eingangstor durchquert, befindet man sich im 90 x 90 m großen Innenhof, der über 20.000 Gläubigen Platz bietet. Das Bild der auf der Westseite gelegenen 21 x 27 m großen Gebetshalle mit ihren aus schwarzem und weißem Marmor gestalteten Kuppeln und ihren elf Bögen erinnert in seiner Mischung aus Größe und Leichtigkeit an das Taj Mahal.

Für 100 Rs besteht die Möglichkeit, das südliche Minarett zu besteigen, von wo sich **ein beeindruckender Blick** über New Delhi und Old Delhi bietet. Allerdings auch nur dann, wenn der Zugang nicht mal wieder aus Sicherheitsgründen gesperrt ist oder, was mindestens ebenso häufig der Fall ist, der Smog die Aussicht vernebelt. Hier holen zwei der größten Probleme des neuzeitlichen Indien die große Mogul-Vergangenheit wieder ein: Terrorismus und Umweltverschmutzung.

■**Öffnungszeiten:** Grundsätzlich empfiehlt sich der Besuch der Moschee am Vormittag (8.30–12.30 Uhr, nachmittags 13.45 bis kurz vor Sonnenuntergang), da Nicht-Moslems am Nachmittag während der Gebete häufig vor verschlossenen Türen stehen. Frauen haben zum Minarett (geöffnet 9–17.30 Uhr) – aus welchen Gründen auch immer – nur in Begleitung eines Mannes Zutritt. Eintritt inkl. Minarett 300 Rs. Gelegentlich werden an den Toren trotz angemessener Kleidung den ganzen Körper bedeckende Umhänge verkauft. Dies scheint eher als Einkommensquelle zu dienen, als religiöse Zwecke zu erfüllen. Metrostation Chawri Bazaar.

Raj Ghat

Nur wenige Gehminuten vom Roten Fort und der Jamia Masjid entfernt liegt in einer sehr schön gepflegten, langgestreckten Parkanlage am Ufer des Yamuna die **Gedenkstätte** für die politischen Führer des unabhängigen Indiens. *Jawaharlal Nehru,* Indiens erster Premierminister, wurde 1964 im Shanti Vani (Friedenspark) verbrannt, seine Tochter *Indira Gandhi* und ihre beide Söhne *Rajiv* und *Sanjay Gandhi* etwas weiter südlich. Ein schlichter, schwarzer Marmorblock am südlichen Ende des Parks markiert die Stelle, an der *Mahatma Gandhi,* Indiens große Seele, nach seiner Ermordung 1948 beigesetzt wurde. Jeden Freitag, dem Wochentag seines Todes, findet im Raj Ghat eine kleine Gedenkfeier statt. Wie jedoch die das angenehm bescheidene Monument überragenden riesigen Schornsteine eines nahen Kraftwerks nur allzu deutlich dokumentieren, wird hier eines Mannes gedacht, dessen Ideale im heutigen Indien kaum noch etwas gelten.

Gegenüber befindet sich das **National Gandhi Museum** (Tel.: 2331 1793, Eintritt frei) mit Erinnerungsstücken und Fotos aus dem Leben *Gandhis.*

■**Öffnungszeiten** (beide): täglich außer Mo 9.30–17.30 Uhr.

Feroz Shah Kotla

Vom Raj Ghat etwa 500 m weiter Richtung Süden auf der anderen Seite der Mahatma Gandhi Road finden sich die Überreste jener fünften Hauptstadt **Firnzabad**, die *Feroz Shah* aus der Thuglaq-Dynastie 1354 errichten ließ. Viel ist jedoch heute nicht mehr zu bewundern, da die Steine des Forts in späteren Jahrhunderten als Baumaterial für andere Bauwerke verwendet wurden. Neben den Überresten einer großen Moschee und eines schönen Brunnens ist die 13 m hohe Verdiktsäule Kaiser Ashokas zu sehen, die Feroz Shah im 14. Jh. von Ambala im heutigen Punjab hierher transportieren ließ.

■ **Eintritt:** 100 Rs, Video 25 Rs, Sonnenauf- bis Sonnenuntergang geöffnet.

Connaught Place (Rajiv Chowk)

Hat man die beschriebenen Sehenswürdigkeiten hinter sich gelassen, gelangt man zu dem am nördlichen Ende New Delhis gelegenen Connaught Place, dem ökonomischen und touristischen **Zentrum der Stadt.** Zum Gedenken an den bei einem Attentat ums Leben gekommenen früheren Ministerpräsidenten wurde er in Rajiv Chowk umbenannt, die meisten verwenden jedoch weiterhin den alten Namen. Zunächst fällt es schwer, sich auf dem riesigen, kreisrunden Platz mit seiner Einheitsarchitektur zurechtzufinden.

Am besten orientiert man sich an der Aufteilung in zwölf Blöcke, wobei die Buchstaben A bis F den inneren Kreis und die von G bis N den äußeren bezeichnen. Eine weitere Orientierungsmöglichkeit bieten die insgesamt acht **sternförmig** vom Platz in alle Himmelsrichtungen verlaufenden Straßen.

Schon die exakte Einteilung lässt erkennen, dass man sich nicht mehr im chaotischen, typisch indischen Old Delhi, sondern im von den Briten am Reißbrett genauestens durchgeplanten New Delhi befindet. Wie es sich für das an Klarheit und Effizienz orientierte mitteleuropäische Denken gehört, ist hier alles wohlgeordnet, alles an seinem Platz. Auch die unzähligen noblen Geschäfte, Banken und Restaurants wirken eher europäisch denn indisch, alles ist nur vom Feinsten. *It's a rich man's world,* und so finden sich hier fast ausschließlich westliche Touristen und Mitglieder der indischen Mittel- und Oberschicht.

Auf den Gehwegen unterhalb der Arkadengänge des inneren Zirkels finden sich zahlreiche **Bücher- und Zeitschriftenstände,** bei denen es nicht nur z.T. erstaunlich anspruchsvolle Literatur zu kaufen gibt, sondern auch Zeitschriften und Magazine aus Europa, wie etwa Spiegel und Stern. Ständig wird man von **Straßenhändlern** angesprochen, die einem von Sonnenbrillen über Taschentücher bis zum Flugticket scheinbar alles verkaufen können. Auch der in der Mitte des Platzes gelegene Park bietet nur für kurze Zeit eine Verschnaufpause, da man hier sehr schnell mit den Rufen „Soft drink, Sir" oder „Shoe shine" konfrontiert wird.

Touristisch wichtig ist ist der südlich vom Connaught Place verlaufende **Janpath.** An dieser Straße finden sich das Tourist Office, unzählige Verkaufsstände und einige Hotels. Metrostation Rajiv Chowk.

Jantar Mantar

Ein etwa zehnminütiger Fußweg entlang der Sansad Marg (Parliament Street) vom Connaught Place führt zur ersten der insgesamt fünf **Sternwarten** (von 9 Uhr bis Sonnenuntergang geöffnet), die der begeisterte Astronom *Jai Singh II.* (1699–1743), Maharaja von Jaipur, 1724 errichten ließ. Die in einem hübschen Palmenhain gelegenen, überdimensionalen rosaroten Beobachtungsinstrumente bilden mit ihrer archaischen Ausstrahlung einen interessanten Kontrast zu den umliegenden modernen Hotel- und Bürobauten. Auf-

fälligstes, weil größtes Instrument des Observatoriums ist, wie schon in Jaipur zu sehen, die steil aufragende Sonnenuhr (Prince of Dials). Wer an detaillierteren Informationen zu den einzelnen Bauwerken interessiert ist, sollte sich einer der regelmäßig stattfindenden Gruppenführungen anschließen.

■ **Eintritt:** 100 Rs. Metrostation Patel Chowk.

Regierungsviertel

Wer die Sansad Marg weiter Richtung Südosten geht, stößt schließlich nach gut 2 km auf den **Rajpath**. Diese von breiten Grünflächen gesäumte **Prachtstraße** verbindet mit dem India Gate am östlichen und dem Rashtrapati Bhawan am westlichen Ende die beiden Hauptgebäude des von den Engländern in den

1920er Jahren aus dem Boden gestampften Regierungsviertels.

Kaum eine andere Hauptstadt hat eine derart eindrucksvolle Darstellung imperialer Macht aufzuweisen wie Delhi, die vor kolonialem Selbstbewusstsein nur so strotzt. Wie für die Ewigkeit scheinen die imposanten, aus gelbem Sandstein erbauten Regierungsbauten gebaut zu sein. Wie schnell sich jedoch das Blatt der Geschichte manchmal wendet und überkommene Machtstrukturen quasi über Nacht von nationalen Unabhängigkeitsbewegungen hinweggespült werden, zeigte sich nur eineinhalb Jahrzehnte nach Beendigung der Bauarbeiten. Die Ewigkeit währte letztlich nur 16 Jahre, als sich die englischen Hausherren 1947 unvermittelt in ihrem Mutterland wiederfanden und dafür die indischen Nationalisten in die Räume der Kolonialgebäude einzogen.

So residiert in dem palastähnlichen **Rashtrapati Bhawan** heute auch nicht mehr der englische Vizekönig, sondern der indische Staatspräsident. An den von einer gewaltigen Kuppel gekrönten, 340 Räume umfassenden Prachtbau schließt im Westen ein 130 ha großer Mogul-Garten an, für dessen makellose Pflege zu Zeiten der britischen Kolonialherrschaft über 400 Gärtner verantwortlich zeichneten. Leider muss man sich mit einem Blick durch das schmiedeeiserne Tor begnügen, da der Präsidentenpalast ganzjährig unter Ausschluss der Öffentlichkeit steht. Die Zufahrt zum Palast wird zu beiden Seiten von staatlichen Regierungsgebäuden flankiert, die das Innen-, Außen- und Finanzministerium beherbergen.

Von hier führt die Straße leicht abwärts auf den imposanten Rajpath, Bühne großer Staatsempfänge und vor allem der einzigartigen Parade zum Unabhängigkeitstag am 26. Januar jedes Jahres.

Am östlichen Ende steht das **All India War Memorial,** besser bekannt unter dem Namen **India Gate.** Die Wände dieses 42 m hohen Triumphbogens tragen die Namen von 85.000 Soldaten, die im Ersten Weltkrieg ihr Leben ließen. Der Blick zurück durch diesen indischen Arc de Triomphe über den Rajpath auf den in der Ferne kaum zu erkennenden Präsidentenpalast vermittelt noch einmal einen Eindruck sowohl vom ehemaligen Glanz als auch dem Scheitern des britischen Raj.

Der Rajpath (Metrostation Central Secretariat) ist bequem durch die Metrolinie 2 von Connaught Place und Old Delhi aus zu erreichen. Geht man in östlicher Richtung und dann vom India Gate die Tilak Marg nach Nordosten, ist man von dort mit Metrolinie 3 (Station Pragati Maidan) schnell wieder am Connaught Place und, eine Station weiter, am Westrand von Pahar Ganj (Metrostation RK Ashram Marg).

Purana Qila (Altes Fort)

Südöstlich vom India Gate an der Mathura Rd. finden sich auf einem Hügel die Überreste des vom afghanischen Feldherrn *Sher Shah* erbauten alten Forts, welches archäologischen Funden zufolge an der Stelle des alten Indraprashtra errichtet worden sein soll. Betritt man die Festungsanlage durch das südliche, zweigeschossige Humayun-Tor, stößt man auf einen achteckigen roten Sandsteinturm, den Sher Mandal. Dem zweiten Großmogul *Humayun* (1520–1556) wurde dieser Bau, den er später in eine Bibliothek umfunktionierte, 1556 zum Verhängnis, als er auf einer der Treppenstufen ausrutschte und sich dabei so schwere Verletzungen zuzog, dass er wenig später verstarb. Ein später errichteter **See** vor dem Fort lädt zum Tretbootfahren ein.

In unmittelbarer Nähe steht die 1541 von Sher Shah errichtete **Qila-e-Kuhna-Moschee,** herrlich kombiniert aus rotem Sandstein mit schwarzem und weißem Marmor. Der im Innern reich verzierte Bau befindet sich in einem erstaunlich guten Zustand und gilt als hervorragendes Beispiel des Übergangs vom Lodi- zum Mogul-Baustil.

■ **Eintritt:** 100 Rs, Video 25 Rs. Metrostation Pragati Maidan.

Humayun-Mausoleum

Nur knapp 2 km südlich vom Purana Qila befindet sich das Grabmal *Humayuns*, welches im Auftrag seiner Frau 1565, neun Jahre nach seinem Tod, vollendet wurde. Das Mausoleum mit seiner 43 m hoch aufragenden Marmor-

kuppel gilt als **Prototyp der Mogul-Mausoleen** und schönstes Bauwerk der frühen Mogul-Epoche. Das nach einem ähnlichen Plan erbaute Taj Mahal zeigt diesen Baustil in seiner Hochblüte ein Jahrhundert später. Es gibt sogar Kunstkenner, die die harmonischen Proportionen von Humayuns Grab der verfeinerten Eleganz des Taj Mahal vorziehen.

Bei der Rückkehr aus seinem persischen Exil hatte Humayun eine große Zahl von Architekten in seinem Gefolge, die der bis dahin stark von hinduistischen Einflüssen geprägten Baukunst ganz neue, **islamische Elemente** verliehen. Besonders deutlich wird dies am Portalbogen beziehungsweise der rein dekorativen Zwecken dienenden Blendnische. Auch die bis dahin von den hinduistischen Baumeistern in Anlehnung an ihre jahrtausendealte Tradition vornehmlich verwendeten Architrave, Pfeiler und Konsolen werden nun zunehmend von selbsttragenden Bögen ersetzt. Daneben fällt die später für die Mogul-Architektur so charakteristische zentrale Bedeutung der das Hauptgebäude umgebenden **Gartenanlage** ins Auge. Dieser erste Mogulgarten auf indischem Boden verleiht dem Bau trotz seiner Größe etwas Leichtes und Verspieltes.

Hier wurde auch erstmals eine **Scheinkuppel** (in Persien schon seit dem 13. Jh. bekannt) errichtet. Die auf einem hohen Tambour ruhende Kuppel leitet den Blick auf den Zentralbau, welcher ansonsten durch die stark ausgeprägten Eckbauten viel von seiner Wirkung verloren hätte. Wie die Chattris an den Eckpunkten des Obergeschosses zeigen, wurden von der Witwe Humayuns beim Bau des Grabmals jedoch auch einige typisch hinduistische Bauelemente verwendet, die der Auflockerung des quadratischen Sandsteinbaus dienen.

Von der Terrasse der Grabstätte, in der neben seiner Frau noch über 100 weitere Mitglieder der Familie beigesetzt sind, bietet sich

Humayun-Mausoleum

ein schöner Blick ins Umland. Besonders stimmungsvoll ist ein Besuch am späteren Nachmittag, wenn die Abendsonne den Prachtbau in weiches Licht hüllt.

Kurz vor Verlassen der Parkanlage lohnt noch ein Besuch des links vom Hauptweg hinter einer Mauer gelegenen Grabmals von *Isa Khan*, eines einflussreichen Mitglieds des Hofstaates von Humayun.

■ **Eintritt:** 250 Rs, Video 25 Rs, Sonnenauf- bis Sonnenuntergang geöffnet. Metrostation JL Nehru Stadium.

Highlight: Nizamuddin

Auf der gegenüberliegenden Seite des Humayun-Grabes führt eine Straße in einen Ortsteil, der einen ganz eigentümlichen Charakter bewahrt hat: Tief verschleierte Frauen huschen durch die schmalen Gassen, das Murmeln von Koranschülern ist zu hören, die Metzger verkaufen Rindfleisch. Eindrucksvoll auch die Qawwali-Gesänge der Sufis nach den Abendgebeten am Freitag. Nizamuddin (Hazrat-Nizam-ud-din-Aulia) heißt dieser faszinierende Stadtteil, der sich um das **Grab** des muslimischen Heiligen *Shaik Nizam-ud-din-Chisti* gruppiert, der hier 1325 verstarb.

Das Zentrum der Chisti-Verehrung, einer Familie von Heiligen und Höflingen, die ursprünglich aus dem Iran stammen und im 12. Jh. nach Indien kamen, liegt in Ajmer. Das Originalgrab existiert zwar nicht mehr (der heutige marmorne Kuppelbau stammt aus dem Jahre 1562), doch nach dem Tode des Heiligen entwickelte sich das gesamte Areal zu einer Art moslemischem „Prominentenfriedhof", sodass sich dort heute viele weitere **Grabstätten bedeutender Persönlichkeiten** finden. So etwa das Grab von Shah Jahans Tochter *Jahanara*, die ihrem Vater auch während der Zeit seiner Gefangenschaft durch seinen Sohn Aurangzeb im Roten Fort in Agra zur Seite stand.

Im Norden des Stadtteils liegt der noch heute hoch verehrte Urdu-Dichter *Ghalib* (1797–1869) begraben. Das älteste Gebäude ist die 1325 von *Ala-ud-Din-Khalji* erbaute rote **Sandsteinmoschee Jamaat Klana**. Ebenfalls aus dem 14. Jh. stammt ein großer Stufenbrunnen am Nordtor.

Safdar-Jang-Mausoleum

Als architektonischen Schwanengesang des im Zerfall begriffenen Mogul-Imperiums könnte man diese südöstlich der Diplomatenenklave Chanakyapuri an der Aurobindo Marg gelegene Grabstätte bezeichnen. Der 1753 vom *Nawab von Audh* für seinen Vater *Safdar Jang* errichtete zweigeschossige Grabbau weist mit dem ihn umgebenden weitläufigen, von Wasserläufen durchzogenen Park, dem terrassenförmigen Unterbau, schönen Marmorintarsien und bemaltem Stuck sowie dem Kuppeldach alle typischen Elemente der Mogul-Architektur auf. Doch insgesamt fehlt ihm die sonst so charakteristische Leichtigkeit und so scheint sich in ihm schon der nahende Untergang der 250-jährigen Dynastie zu spiegeln.

■ **Eintritt:** 100 Rs, Video 25 Rs, tgl. von Sonnenauf- bis Sonnenuntergang geöffnet. Metrostation Jor Bagh.

Lodi-Gärten

Einen interessanten Kontrast zum Mausoleum Safdar Jangs bilden die in den nur wenige Meter entfernten Lodi-Gärten gelegenen **Grabstätten** der Sayyid- (1451–1526) und Lodi-Dynastien (1414–1451), den beiden Herrscherhäusern Delhis vor der Machtübernahme der Mogul-Dynastie. Die Mausoleen weisen bereits deutliche Merkmale der späteren Mogul-Architektur auf. Unübersehbar sind z.B. die Ähnlichkeiten des Grabmals *Mohammed Shahs* (1434–1444), Herrschers der Sayyid-Dynastie, mit dem gut 100 Jahre später erbauten **Bara Gumbad,** einer Grabstätte mit angeschlossener Moschee. Hier beeindrucken v.a. die schönen Stuckarbeiten, farbige Ziegel und die auffälligen Koraninschriften. Weitere Gräber sind die von Mohammed Shahs Vorgänger *Mubarak Shah* (1433) sowie diejenigen *Sikander Lodis* (1517) und *Ibrahim Lodis* (1526). Hübsch auch die vielen umherstolzierenden **Pfauen und Schmetterlinge.**

■**Öffnungszeiten:** tgl. von 6 bis 20 Uhr. Metrostation Jor Bagh oder Khan Market.

Hauz Khas

Die **Parkanlage** Hauz Khas ist eine herrliche Oase der Ruhe im hektischen Delhi mit einer Vielzahl von Vögeln und Nischen zum Entspannen. Mit seinen Sehenswürdigkeiten und dem direkt anschließenden Tierpark sowie dem **Hauz Khas Village** (siehe „Einkaufen") sollte es einen Ausflug wert sein (am Wochenende sehr überlaufen).

Einst diente der im 13. Jh. von *Allauddin Khilji* gebaute, **künstliche See,** nach dem Hauz Khas benannt ist, dem Siri Fort, der zweiten Hauptstadt Delhis, als Wasserspeicher. Neben dem See erhebt sich der von Feroz Shah im 14. Jh. in Auftrag gegebene Kuppelbau der Madrasa (Religionsschule) und **Feroz Shahs Grabmal,** dessen heutige Ruine einst mit goldenen Kuppeln und reich verziertem Stuck gekrönt war. Einige weitere Grabmäler der Tughlaq- und Lodi-Ära sind auf der Anlage verteilt. Metrostation Hauz Khas oder Green Park.

Lakshmi-Narayan-Tempel

Der knapp 2 km westlich vom Connaught Place gelegene Lakshmi-Narayan-Tempel ist nicht zuletzt deshalb Bestandteil der vom Tourist Office angebotenen Stadtrundfahrt, weil er einer der ganz wenigen typisch nordindischen Tempelbauten ist. Der aus rotem Sandstein errichtete, 1938 von *Mahatma Gandhi* eingeweihte Tempel gefällt nicht nur wegen seiner harmonischen Formgebung, sondern auch durch die Vielzahl bunter Götterstatuen. Neben den beiden Hauptgottheiten Narayan (Vishnu in seiner Form als Weltenhüter) und dessen Frau Lakshmi (Göttin des Wohlstands) findet man unter anderem Shiva und Parvati sowie den Glücksgott Ganesha. Der häufig für das Bauwerk verwendete Name Birla-Mandir rührt von seinem Stifter, dem Industriellen *Birla*, her.

Bahai House of Worship

Architektonisch äußerst spektakulär wirkt dieser in Form einer Lotusblüte erbaute **Tempel** inmitten von neun Wasserbecken, etwa 9 km südöstlich vom Connaught Place im Bezirk Kalkaji gelegen (Tel.: 26444029). In Indien leben fast ein Viertel der weltweit 4,4 Mio. Anhänger der Bahai-Religion, die Mitte des 19. Jh. vom Perser *Baha-ullah* (pers.: Glanz Gottes) gegründet wurde. Entsprechend der Glaubensphilosophie des Bahaismus, die keine Unterschiede oder Vorurteile gegenüber Rasse und Geschlecht kennt, finden sich im sehr anmutigen Tempelinnern Menschen aller Nationen, die in friedvoller Atmosphäre beten und meditieren.

■**Öffnungszeiten:** tgl. außer Mo 9 bis 17.30 Uhr, fotografieren ist innerhalb des Tempelgeländes nicht erlaubt. Metrostation Kalkaji Mandir.

Gurdwara Bangla Sahib

Etwa einen Kilometer südwestlich des Connaught Place an der Ashoka Rd. ist dieser **Tempel** ein schönes Beispiel der **Sikh-Baukunst,** wartet er doch mit den charakteristischen goldenen Kuppeln und dem typischen quadratischen Tempelteich auf, dessen Wasser heilende Kräfte zugesprochen werden. Beindruckend ist die spirituelle Atmosphäre dieses ansonsten eher unscheibaren Gotteshauses. Auch westliche Besucher sind hier willkommen (bei dezenter Bekleidung), die eine fachkundige Einführung in die Sikh-Religion erhalten, wenn sie sich beim Informationsbüro melden.

■ **Öffnungszeiten:** Tgl. von Sonnenauf- bis Sonnenuntergang geöffnet. Metrostation Patel Chowk.

Der besondere Tipp: Qutb Minar

Den Grundstein islamischer Herrschaft über Indien, die schließlich über sieben Jahrhunderte andauern sollte, legte der vom Sklaven zum Feldherrn aufgestiegene *Qutb-ud-Din-Aibak,* als er 1193 auf den Trümmern der von ihm eroberten Rajputen-Festung Lalkot seine neue Hauptstadt errichtete. Nach dem Tode seines Herrn, des afghanischen Eroberers *Muhammed-e-Ghur,* gründete er sein eigenes Sultanat und markierte damit den Beginn des Sultanats von Delhi, welches bis zum Aufkommen der Großmoguln Mitte des 16. Jh. die führende Macht Nordindiens darstellte. Als Zeichen seines historischen Erfolges über den letzten in Delhi regierenden Hindu-Fürsten *Prithviraj Chauhan* errichtete er den Qutb Minar, eine 72,50 m hohe, sich nach oben verjüngende **Siegessäule** aus rotem Sandstein, 13 km südlich vom heutigen Stadtzentrum.

Er selbst erlebte jedoch nur die Fertigstellung des ersten von heute fünf durch vorspringende Balkone unterteilten Stockwerken. Das zweite und dritte wurde von seinem Schwiegersohn und Nachfolger *Iltutmish* (1210–1235) hinzugefügt. *Firoz Shah* aus der Thuglaq-Dynastie war es schließlich, der das stolze Bauwerk 1368 vollendete, indem er zwei weitere Stockwerke aufsetzte, nachdem die Spitze zuvor durch einen Blitzeinschlag beschädigt worden war.

Leider darf der an der Basis 15 m, an der Spitze jedoch nur 2,50 m Durchmesser aufweisende, 73 m hohe Turm nicht mehr bestiegen werden, seitdem vor einigen Jahren mehrere Schulkinder bei einer im Innern ausgebrochenen Panik ums Leben kamen. Hier findet im Oktober/November täglich zwischen 18.30 und 20 Uhr eine informative **Sound and Lightshow** statt, Eintritt 250 Rs. Ebenfalls im Oktober/November ist auf dem Gelände das **Qutb Festival.**

Sechs Jahre früher als beim Qutb Minar wurde bereits mit dem Bau der zu Füßen der Siegessäule liegenden **Quwat-ul Islam-Masjid** (Macht-des-Islam-Moschee) begonnen. Zum Bau dieses ersten islamischen Sakralbaus auf indischem Boden verwendete der wenig zimperliche Feldherr Materialien von insgesamt 27 zuvor zerstörten Hindu- und Jain-Tempeln. Hieraus erklärt sich auch die zunächst recht merkwürdig anmutende Tatsache, dass viele der verwendeten Säulen mit Hindu-Göttern verziert sind.

Kunsthistorisch besonders interessant ist auch die nicht zu übersehende Handschrift der am Bau der Moschee beteiligten Hindu-Steinmetze. Statt der in der persischen Architektur Verwendung findenden Spitzbögen, Kuppeln und Gewölbe bauten die hinduistischen Architekten in der ihnen seit Jahrtausenden bekannten Kragtechnik, in der vor allem Architrave, Konsolen und Pfeiler die bestimmenden Elemente sind. Die Vermischung der beiden Stilrichtungen sollte sich später zu einem ganz eigenen, dem sogenannten **indosarazenischen Baustil** entwickeln, dessen beste architektonische Beispiele heute in Ahmedabad im Bundesstaat Gujarat zu sehen sind.

Die Moschee erfuhr im Laufe der Jahrhunderte vielfache **Erweiterungen**, wobei sich vor allem *Ala-ud-din* auszeichnete, der neben dem großen Innenhof im Osten auch das beeindruckende Alai Darwaza, den heutigen Haupteingang der Anlage, hinzufügte. Er war es auch, der, den gewachsenen Ausmaßen der Moschee entsprechend, eine zweite, wesentlich größere Siegessäule (Alai Minar) hinzufügen wollte. Der Basisdurchmesser von 27 m lässt darauf schließen, dass eine gewaltige Höhe von etwa 150 m geplant war. Bei seinem

◁ ▷ Grabmal und Säule am Qutb Minar

Tode war jedoch erst eine Höhe von 27 m erreicht. Seine Nachfolger wagten es nicht, dieses waghalsige Bauvorhaben zu Ende zu führen, und so findet sich der klägliche Überrest seiner Großmannssucht heute etwas nördlich der Moschee.

Das wohl schönste Gebäude der Anlage ist das **Grabmal von Iltutmish,** des Schwiegervaters und Nachfolgers von *Qutb-ud-Din-Aibak*. Der Kenotaph des von 1210 bis 1235 regierenden Iltutmish steht in der Mitte einer 9 m² hohen Grabkammer, deren hohe Wände mit wunderschönen Reliefs, Inschriften, Arabesken und geometrischen Mustern verziert sind. Die größte Aufmerksamkeit bei den täglich Tausenden von Besuchern erregt die im Hof der Moschee stehende 7 m hohe **eiserne Säule.** Herkunft und genaues Entstehungsdatum sind unbekannt, auch wenn vermutet wird, dass sie ursprünglich in Bihar zur Zeit des Gupta-Königs *Chandragupta* (375–413 n. Chr.) vor einem Vishnutempel gestanden haben soll. Bis heute ist ungeklärt, warum die Säule eineinhalb Jahrtausende ohne einen Rostflecken überstehen konnte. Kein Wunder also, dass diesem rätselhaften Objekt magische Kräfte zugesprochen werden.

■ **Öffnungszeiten:** tgl. von Sonnenauf- bis Sonnenuntergangaußer, Eintritt 250 Rs, Video 25 Rs. Eine Riksha vom Connaught Place sollte nicht mehr als 150 Rs für Hin- und Rückfahrt mit einstündiger Wartezeit kosten. Beste Möglichkeit: Per Metro bis zur Station Outb Minar. Von dort zum einige Kilometer entfernten Qutb Minar per Riksha (20 Rs). Das Wochenende sollte, wenn möglich, wegen starken Zulaufs als Besuchszeit gemieden werden.

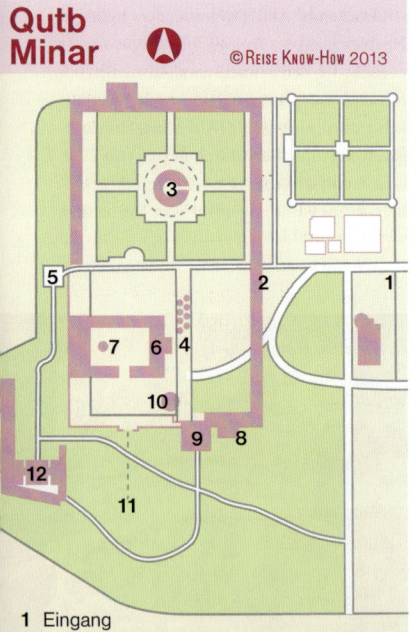

1 Eingang
2 Erweiterung Ala-ud-din-Khalji
3 Alai Minar
4 Erweiterung Iltutmish
5 Mausoleum von Iltutmish
6 Quwwat-ul-Islam-Moschee
7 Eisen-Säule
8 Mausoleum von Imam Zamin
9 Alai Dawarza
10 Qutb Minar
11 Aussichtspunkt
12 Grabmal von Ala-ud-din-Khalji

Tughlaqabad

Das großräumige, von mächtigen Festungsmauern umgebene Ruinengelände beinhaltet die spärlichen Überreste der 3. Stadt Delhis. Da der Erbauer *Ghiyas-ud-din-Thuglaq* (1321–25) noch vor Beendigung der Bauarbeiten starb, ist die **Festungsstadt** mit einem Gesamtumfang von 6 km nie richtig genutzt worden. Zwar ist heute keines der ursprünglichen Gebäude mehr erhalten, doch es ist gerade der Kontrast zwischen dem auf einem Felshügel gelegenen Ruinenareal mit dem bei klarer Sicht deutlich in der Ferne sichtbaren Delhi, welches den eigentlichen Reiz der Anlage ausmacht.

Gegenüber dem Eingang zum Ruinengelände ist das über einen Damm zu erreichende **Mausoleum von Ghiyas-ud-din-Thuglaq**, ein elegant-quadratischer Kuppelbau aus rotem Sandstein, einen Abstecher wert. Von den Mauern der Grabanlage lässt sich ein Ausblick auf die Festung Adilabad genießen, die von seinem Sohn erbaut wurde.

■**Öffnungszeiten:** 8.30–17.30 Uhr, Eintritt 100 Rs, Video 25 Rs. Am besten mit der Metro (Station Tughlaqabad) zu erreichen. Per Riksha ca. 250 Rs vom Janpath für Hin- und Rückfahrt mit Wartezeit zum etwa 12 km südlich des Connaught Place gelegenen Geländes.

Begumpur

Weitere Sehenswürdigkeiten liegen etwa 15 km südlich vom Connaught Place nicht weit von der Sri Aurobindo Marg. Die vielkuppelige **Begumpur Masjid** thront mit ihrem riesigen Innenhof auf einer Plattform. Die von *Feroz Shah Tughlaqs* erstem Minister geschaffene Moschee ist heute verlassen. Die Frontseite ragt hoch auf, die Hofseiten sind durch Arkadenbögen gegliedert.

Nördlich der Moschee sind die Überreste des Palastes **Bijai Mandal** von Jahanpanah, der vierten Stadt Delhis des Herrschers *Muhammed bin Tughlaq*, leicht zu erreichen. Von dem Ende des 14. Jh. erbauten, achteckigen Bauwerk bietet sich ein Rundblick auf das Dorf Begumpur und die Moschee.

Etwa 2 km südöstlich von Begumpur im Stadtteil Khirki Village ist die **Khirki Masjid** interessant, weil sie eine der wenigen geschlossenen Moscheen im Norden Indiens ist. Die nach ihren auffälligen Steingitterfenstern benannte (*Khirki* bedeutet Fenster), festungsartig anmutende Moschee wurde im 14. Jh. erbaut. Vier Lichthöfe erhellen den von Säulen getragenen Innenraum.

Museen und Gedenkstätten

Nationalmuseum

Touristenfreundlich südlich des Connaught Place gelegen, bietet das Nationalmuseum (Tel.: 23019272, Janpath, www.nationalmuseumindia.gov.in) neben dem Prince of Wales Museum in Mumbai und dem Indian Museum in Kalkutta die umfangreichste **Sammlung indischer Kunst.** Die Kunstgegenstände sind hervorragend präsentiert, in den Räumen gibt es sehr informative Erklärungstafeln zu den einzelnen Kunstepochen und -stilen. Die Palette ausgestellter Objekte reicht von vorgeschichtlichen archäologischen Funden bis zu Kostümen der heute noch in Indien lebenden Stammesangehörigen.

Wie immer wirkt ein solch breit gefächertes Angebot zunächst eher erschlagend als informativ, und so bietet es sich an, mit einem bestimmten Epochen- oder Stilschwerpunkt die Ausstellungsräume zu begehen. Hier würden sich z.B. die großartigen buddhistischen Skulpturen aus dem 6.–8. Jh. anbieten oder die exquisit ausgestattete Abteilung der Miniaturmalereien. Wer Zeit hat, sollte öfter kommen. Häufig werden Filmvorführungen zu unterschiedlichen Kunstepochen gezeigt.

■**Öffnungszeiten:** tgl. außer Mo 10–17 Uhr, Eintritt inkl. deutschem Audioguide 300 Rs, Kamera 300 Rs, Video nicht erlaubt, 6x tgl. freie Führungen zwischen 10.30 und 15.30 Uhr. Metrostation Central Secretariat.

Sehenswertes

National Rail Museum

Nicht nur Eisenbahnfans dürften beim Besuch des südlich der Diplomatenenklave Chanakyapuri gelegenen **Eisenbahnmuseums** (Tel.: 26881816) ihre helle Freude haben. Indien ist berühmt für seine exotischen Lokomotiven und auf dem Gelände gibt es einige der skurrilsten Exemplare zu bewundern. Kinder können Bootfahren und den Toy Train besteigen.

■ **Öffnungszeiten:** täglich außer Mo 9.30–17.30 Uhr (Okt.–März), April bis September bis 19 Uhr, Eintritt Erw./Kind 20/10 Rs, Video 100 Rs.

Tibet House

Speziell für jene, die Dharamsala, den Exilsitz des *Dalai Lama* in Himachal Pradesh, oder „Little Tibet" Ladakh auf ihrer Reiseroute haben, lohnt sich ein Abstecher zum in der Nähe der Lodi-Gärten gelegenen Tibet-Haus (Tel.: 24611515, 1 Lodi Rd.). In dem kleinen Museum wird eine interessante Sammlung **tibetanischer Ritualobjekte** ausgestellt. Sehr schöne kunsthandwerkliche Souvenirs aus Tibet verkauft ein Laden im Erdgeschoss.

■ **Öffnungszeiten:** tgl. außer So 10–13 und 14–17 Uhr, Eintritt 10 Rs, Fotografieren verboten. Metrostation JL Nehru Stadium.

Gandhi-Smriti-Museum

Anhand gleichermaßen beeindruckender wie bedrückender Utensilien wie dem berühmten Spinnrad und dem blutverschmierten Leinentuch, das **Mahatma Gandhi** am Tag seiner Ermordung trug, sowie unzähligen Fotos, Zeitungsausschnitten und Filmvorführungen wird hier das von Opferbereitschaft und Wahrhaftigkeit geprägte Leben des „Vaters der Nation" auf eindrucksvolle Weise nachgezeichnet. Er wohnte hier die letzten 4½ Monate seines Lebens bis zu seiner Ermordung am 30.1.1948.

■ **Öffnungszeiten:** tgl. außer Mo 10–17 Uhr, Kamera frei, Video nicht erlaubt, Metrostation Racecourse.

Indira Gandhi Memorial

In der ehemaligen Residenz Indira Gandhis findet sich in erschreckender Parallelität zum Schicksal Mahatma Gandhis an der Safdarjang Rd. der Sari, in den die in Indien gleichermaßen verehrte wie verhasste Tochter *Jawaharlal Nehrus* am Tag ihrer Ermordung gekleidet war. Mindestens ebenso beeindruckend wirkt das Foto, welches ihren später ebenfalls ermordeten Sohn *Rajiv Gandhi* in einem Flugzeug über dem Himalaya zeigt, wie er die Asche seiner verstorbenen Mutter verstreut. Die Stelle, an der Indira Gandhi im Garten ihrer Residenz von zwei Leibwächtern ermordet wurde, ist mit einer von Soldaten flankierten Gedenktafel markiert.

■ **Öffnungszeiten:** täglich außer Mo 9.30–16.45 Uhr. Metrostation Racecourse.

National Gallery of Modern Art

Dieses beim Jaipur Gate südlich des India Gate gelegene Museum (Tel.: 2338 2835, ngmaindia.gov.in) beherbergt die umfangreichste **Sammlung moderner Kunst** in Indien. Neben den verschiedenen Malschulen seit dem 19. Jh. findet sich im sehr schönen Garten auch eine große Skulpturensammlung. Eine der überraschendsten Entdeckungen bilden die Gemälde des weltberühmten bengalischen Dichters und Nobelpreisträgers *Rabindranath Tagore*. Im neuen Flügel werden erstklassige Werke moderner indischer Maler ausgestellt.

■**Öffnungszeiten:** tgl. außer Mo 10–17 Uhr, Eintritt 150 Rs, Foto/Video nicht erlaubt. Metrostation Khan Market.

Vorsicht vor Nepp im Taxi!

Viele Touristen machen gleich zu Beginn ihrer Indienreise eine äußerst unangenehme Erfahrung mit Delhis **Taxifahrern.** Vor allem bei Ankunft in der Nacht versuchen manche Fahrer, die Übermüdung und Unerfahrenheit der Neuankömmlinge auszunutzen. Unter dem Vorwand, das angegebene Hotel sei geschlossen, ausgebucht, abgebrannt oder derzeit nicht anzufahren, da Unruhen in der Stadt herrschten etc., wird man zu teuren und weit außerhalb gelegenen **Hotels** chauffiert, von denen die Fahrer Kommission erhalten. Man sollte deshalb nur die Prepaid-Taxis benutzen und, falls man während der Fahrt nochmals zu einer anderen Hotelwahl überredet werden sollte, ausdrücklich darauf hinweisen, dass man zum Hotel seiner Wahl gefahren werden will und ansonsten die Fahrt nicht bezahlt bzw. den Prepaid-Gutschein nicht aushändigt.

Praktische Tipps

Ankunft

Indira-Gandhi-Flughafen

Meist schon im Flugzeug wird dem Reisenden vom Bordpersonal eine **Embarkation Card** ausgehändigt, auf der die persönlichen Daten einzutragen sind. Bei einigen Airlines geschieht dies nicht. In dem Fall ist das dort ausliegende Formular nach dem Aussteigen vor der Passkontrolle an Metallpulten auszufüllen (es liegt leider nicht immer in ausreichender Menge aus, also etwas beeilen, außerdem einen Stift griffbereit halten). Bei dem Punkt „Adress in India" sollte man das erste Hotel in Delhi angeben. Hat man noch keines reserviert, empfiehlt es sich einfach den Namen eines First-Class-Hotels in Delhi einzutragen – das macht sich immer gut und erspart späteres Nachfragen.

Dieser Formularteil wird bei der Passkontrolle einbehalten. Der kleinere rechte, ebenfalls auszufüllende Teil des Formulars besteht aus der Departure Card, außerdem wird im unteren Abschnitt die Gepäckmenge abgefragt. Dieser Abschnitt der Erklärung ist erst nach dem Einsammeln des Gepäcks und vor dem Verlassen der Abfertigungshalle bei einem dafür zuständigen Beamten abzugeben. (Dieses wie auch das Abgeben des verbliebenen Teils der Boarding Card bei einem Beamten ist jedoch nicht immer erforderlich.)

Wer zu spät kommt, den bestraft das Leben. Dass die Regel auch auf Indien zutrifft, erfährt der Neuankömmling gleich bei der **Passkontrolle,** wenn er sich ans hintere Ende einer langen Schlange von Wartenden einreiht und bis zu einer halben Stunde warten muss, ehe er an einem der vielen Schalter angelangt ist.

Wem es gelingt, zu den ersten am Schalter zu gehören, der hat neben der schnelleren Passkontrolle danach den zusätzlichen Vorteil, sein Geld ohne langes Anstehen bei einem der drei nebeneinander gelegenen **Bankschalter** in der Abfertigungshalle wechseln zu können. Alle sind 24 Std. geöffnet und die Kurse sind nur geringfügig schlechter als in der Stadt (die State Bank of India verlangt im Gegensatz zu Thomas Cook, das zudem schlechtere Raten hat, keine Kommission). Allerdings sollte man sein Wechselgeld nachzählen, da es leider allzu oft vorkommt, dass die Angestellten die Unerfahrenheit und Übermüdung der Touristen auszunutzen versuchen!

Die **Kofferbänder** sind oft überfüllt, sodass es häufig nicht einfach ist, sein Gepäckstück zu finden, besonders, wenn mehrere Maschinen innerhalb kurzer Zeit gelandet sind, was nachts häufig vorkommt. Da die Bediensteten oft jene Gepäckstücke, die beim ersten Umlauf von ihren Besitzern nicht eingesammelt wurden, neben das Laufband stellen, sollte man auch dort auf die Suche gehen.

Nach Verlassen der Abfertigungshalle gelangt man in die Ankunftshalle, wo ein **Informationsschalter des Touristenbüros** untergebracht ist. Leider ist es auch hier keine Seltenheit, dass die Bediensteten Hotels fälschlicherweise als ausgebucht angeben, nur um Unterkünfte zu vermitteln, von denen sie eine Kommission kassieren. So macht es Sinn, das Wunschhotel schon vorher zu kennen.

Fahrt in die Innenstadt:

In der Ankunftshalle sollte man sich nicht aus der Ruhe bringen lassen, sondern sich zu den Prepaid-Schaltern von Delhi Traffic Police begeben (auf der rechten Seite der Ankunftshalle). Dort werden die günstigsten Tarife für die **Prepaid-Taxis** (im Voraus zu zahlen) angeboten und die Sache geht (meist) ohne Nepp über die Bühne. Eine Fahrt mit dem Taxi zum Connaught Place oder Pahar Ganj kostet etwa 310 Rs, nachts zwischen 23 und 5 Uhr 25 % mehr. Auf dem im Voraus bezahlten Gutschein sollte die Nummer des Taxis bzw. die Parkbuchtnummer, wenn auch oft schlecht leserlich, vermerkt sein. Mit diesem geht man zu den Taxis vor der Ankunftshalle und zeigt den Zettel vor. Man sollte den Gutschein außer zum Vorzeigen an der Kontrollstelle beim Verlassen des Flughafens nicht vor dem Erreichen des Fahrtziels aus der Hand geben, sonst kann es passieren, dass man nicht bis zum gewünschten Ziel gefahren wird, da der Fahrer mit dem Schein das Geld ja indirekt schon kassiert hat.

Hat man seinen Abholservice vom Flughafen schon mit dem jeweiligen Hotel oder einem Reisebüro arrangiert, warten die Fahrer mit dem Namensschild des Abzuholenden in der Ankunftshalle. Manchmal ist dem Fahrer der Zutritt aber nicht gestattet, dann ist er meist außerhalb der Halle zwischen den Gates 4 und 6 zu finden. Im Abholungsfall kommt häufig noch der Preis für das Parkticket (140 Rs) und die Zugangsgebühr zum Flughafen für den Fahrer (80 Rs) zum Fahrpreis hinzu.

Zwischen Flughafen und **Inter State Bus Terminus (ISBT)** verkehren in etwa 40-minütigem Abstand klimatisierte **Busse von DTC** (Delhi Transport Corporation, 50 Rs). Sie halten gegenüber dem Centaur Hotel nahe dem Ankunftsterminal. Auf ihrer Route ins Zentrum passieren sie Ashoka Road, Parliament Street, Connaught Place, die Ostseite der New Delhi Railway Station, das Rote Fort und Kashmere Gate. Weitere Linien verkehren nach Vasant Kunj, Vasant Vihar und Saket im Süden Delhis.

Die neue **Metrolinie** vom internationalen Flughafen mit wenigen Zwischenhalten zur **New Delhi Railway Station** operiert derzeit nur zwischen 5 und 23 Uhr, sodass viele Nachtankömmlinge oder -abflieger Bus oder Taxi nehmen müssen. Sie fährt ca. alle 15 Minuten und kostet 80 Rs – der bequemste Weg, ins Stadtzentrum zu gelangen.

Information

■ **Vorwahl:** 011

Alle im Folgenden aufgeführten Touristenämter sind, wenn überhaupt, nur sehr bedingt zu empfehlen. Die Miene der meist recht mürrisch dreinschauenden Bediensteten scheint sich nur aufzuhellen, wenn sie meinen, dem unwissenden Neuankömmling eine viel zu teure Rundfahrt per Mietwagen oder ein Hotel vermitteln zu können – selbstverständlich sind sie daran finanziell beteiligt. Wir haben diverse Klagen von Lesern erhalten, die übervorteilt wurden. Dementsprechend sollte man diese Ämter nur aufsuchen, wenn man genau weiß, was man will und wieviel es in etwa kosten darf – und den kostenlosen Stadtplan gibt es auch woanders ...

■ Das **Büro von India Tourism** (88 Janpath, Tel.: 23320005/8, www.incredibleindia.org) ist Mo–Fr von 9 bis 18 Uhr und Sa von 9 bis 14 Uhr geöffnet. Filialen fin-

□ Übersichtsplan S. 22, Ausschnitte S. 28, 32, 46, 52 **Praktische Tipps** 45

den sich am nationalen (Tel.: 25675296) und internationalen Flughafen (Tel.: 25691 171, 24 Std. geöffnet).

■ **Delhi Tourism (DTTDC)** ist generell eher am Verkauf der Stadtrundfahrten interessiert und weniger ein Informationsbüro. Das Hauptbüro befindet sich an der Baba Kharak Singh Marg um den Emporium Complex (Tel.: 23363607, delhitourism.nic.in, tgl. 7–21 Uhr), dort ist auch das Central Reservation Office für die Rundfahrten. Zusätzlich gibt es Filialen am Nizamuddin-Bahnhof und am Indira-Gandhi-Flughafen (Tel.: 25675609, 8–21 Uhr).

Vorsicht: Leider geben sich auch viele Reisebüros, etwa durch ihre Namensgebung (wie Tourist Information o.Ä.), den Anschein, offizielle Informationsstellen zu sein. So wird man gelegentlich auf der Straße von meist jungen Männern angesprochen, die den unerfahrenen Touristen in eines der vermeintlichen Informationsbüros locken wollen. Jedoch verdienen nur die oben genannten dieses Prädikat, bei den anderen handelt es sich um **private Reisebüros.**

Touristenämter der Bundesstaaten

Die einzelnen Bundesstaaten Indiens besitzen in Delhi eigene Touristenbüros, die meisten rechts und links neben dem Eingang des Janpath Hotel etwas südlich vom Connaught Place. Das Büro von **Haryana Tourism** findet sich im Chandralok Bldg. am Janpath (Tel.: 23324910, Erdgeschoss, hinterer Gebäudeteil). Mehere weitere Büros in der Umgebung sind private Reisebüros. Das Büro für **Punjab, Jammu & Kashmir** findet sich weiter südlich an der Copernicus Marg (B-Block, Business Centre, Punjab Bhawan, Tel.: (0)9711318544, Metrostation Mandi House).

Im wöchentlich erscheinenden **Delhi diary** (15 Rs) findet sich neben einem umfangreichen Adressenteil auch ein sehr interessanter Veranstaltungskalender mit allen wichtigen Ereignissen im Bereich Kunst und Kultur. Das Heft ist, wie auch der etwas aufwendigere, monatlich erscheinende **Delhi City Guide** (20 Rs), an vielen Kiosken erhältlich.

Stadtverkehr

Aufgrund des sich seit Jahren abzeichnenden Verkehrskollapses in Delhi wurden in den letzten Jahren einige einschneidende Veränderungen vorgenommen, die das Chaos organisieren sollen. So ist die **neue Metro** bereits in allen wichtigen Abschnitten in Betrieb. Zudem werden allerorten **neue Straßen** und vor allem sogenannte **flyovers** errichtet, die die neuralgischen Punkte in Delhis ständig dichter werdendem Verkehr überbrücken, was die Fahrzeiten bereits in vielen Fällen reduziert hat. Dies gilt auch für die Strecke zu den Flughäfen.

Immer häufiger sieht man **Verkehrsampeln** an ansonsten kaum zu überquerenden Straßen, etwa dem äußeren Ring des Connaught Place. Außerdem wurden alle motorbetriebenen öffentlichen Verkehrsmittel Delhis, also Busse, Taxis und Rikshas, in den vergangenen Jahren auf Staatskosten von Benzin- bzw Dieselbetrieb auf **Gasbetrieb** umgestellt (erkennbar bei Taxis am grünen Streifen bzw. Grünbemalung bei Rikshas, die früher schwarzgelb waren, die weißen Touristentaxis fahren meist noch mit Diesel/Benzin). Dies hat einmal wegen des geringeren Literpreises für Gas die Preise stabil gehalten oder reduziert und zudem die Luftqualität Delhis merklich verbessert.

Metro

Seit 2010 ist die neue Metro fertiggestellt. Vorteil dieses neuen Verkehrsmittels ist natürlich neben dem **geringen und festgesetzten Fahrpreis** (dies macht das Aushandeln des Fahrpreises wie bei Taxis und Rikshas überflüssig) auch die Unabhängigkeit von den meist überfüllten Straßen und der **hervorragende Zustand,** was sie zu einer sinnvollen Alternative zu anderen öffentlichen Verkehrsmitteln macht. Aufgrund der verschärften **Sicherheitsbestimmungen** werden Metro-Benutzer an allen Zugangsbahnhöfen beim Betreten kontrolliert, d.h. es werden die Taschen durchleuchtet und man muss einen Metalldetektor passieren. Zwei Waggons jedes Zuges sind **für Frauen reserviert,** erkennbar an der rosa Markierung auf den Bahnsteigen.

Praktische Tipps

Praktische Tipps

© Reise Know-How 2013

🟥 Unterkunft

- 5 York Hotel
- 7 Radisson Blu Marina
- 10 The Corus
- 16 Palace Heights Hotel
- 20 Hotel Alka
- 24 Narula Inn
- 35 Hotel Alka Annexe
- 40 Sunny Guest House
- 42 Hotel The Park
- 45 Janpath Guest House
- 55 Hotel Imperial

🟪 Essen und Trinken

- 3 Nirula's
- 6 Veda Restaurant
- 10 Café 100, Bonsai Restaurant
- 11 Zen Restaurant, McDonald's
- 14 Haldiram's
- 15 Zaffran Restaurant
- 17 Embassy
- 18 Wenger's
- 20 Vega Restaurant
- 21 McDonald's, Saravana Bhavan
- 22 Indian Coffee House
- 25 G Restaurant
- 26 El Arab
- 29 Berco's
- 33 United Coffee House
- 34 The Host
- 37 Amber Restaurant
- 41 Fire
- 44 Parikrama Restaurant
- 47 Pizza Hut
- 51 Saravana Bhawan, McDonald's
- 52 Café Coffee Day
- 55 Hotel Imperial, French Pastry Shop

🟪 Nachtleben

- 14 Pegasus Bar
- 19 Rodeo Bar
- 33 QBA
- 41 Aqua Bar
- 56 The Tavern, Bar 1911

🟧 Verkehr

- 4 Kumar Tourist Taxi Service
- 5 Paul Tours
- 8 Jet Airways
- 27 Student Travel Information Centre (STIC)
- 28 Autoriksha-Prepaid-Stand
- 43 Autoriksha-Prepaid-Stand
- 50 Royal Nepal Airlines
- 53 Jagson Air

🟩 Einkaufen

- 1 Music World
- 2 Soma
- 9 Marques & Co, Rikhi Ram
- 12 FabIndia
- 13 Bookworm
- 23 State Emporiums
- 30 Berco's Melody House
- 31 Shankar Market, Piccadilly Book Stall
- 32 M Ram & Sons
- 38 Amrit Bookstore
- 39 Oxford Bookstore (Statesman House)
- 46 Landkarten-Verkaufskiosk
- 48 Rajasthani-Verkaufsstände
- 49 Janpath Market
- 54 Central Cottage Industries Emporium

Ⓤ Metro Zugang

Touristisch wichtig sind derzeit einige Linien vom Connaught Place (Rajiv Chowk) Richtung Norden (Linie 2), wobei auch Old Delhi (Bahnhöfe Chawri Bazaar und Chandni Chowk), die Old Delhi Railway Station sowie der Inter State Bus Terminus (Station Kashmiri Gate) gekreuzt werden. Auch am östlichen Zugang zur New Delhi Railway Station (Station New Delhi) befindet sich ein Metro-Bahnhof, von dem auch die Linie zum Flughafen startet. Dieselbe Linie verläuft Richtung Süden bis zum Rajpath (Station Central Secretariat). Richtung Südosten verläuft die Linie 3 etwa zum Bahnhof Pragati Maidan nahe dem Purana Qila, Bahnhof Mandi House nördlich des India Gate und RK Ashram Marg an der Panchkuian Rd. an der Westseite von Pahar Ganj.

Der **Fahrpreis** beträgt zwischen 8 und 30 Rs, je nach Länge der Fahrtstrecke, für die meisten touristisch interessanten Ziele sind es nicht mehr als 14 Rs. Die Metro beginnt ihren Dienst um 6 Uhr morgens, die letzten Züge fahren, je nach Linie, zwischen 22 und 23 Uhr. Ein- bzw Drei-Tages-Tourist-Cards kosten 100 bzw. 250 Rs (plus 50 Rs Pfand, die bei Rückgabe zurückgezahlt werden).

Die neue **Express-Metrolinie** zwischen New Delhi Railway Station und dem internationalen Flughafen ist fertiggestellt und die billigste (80 Rs) und schnellste (etwa 20 Minuten Fahrtzeit, da keine weiteren Zwischenstopps) Verbindung zwischen Flughafen und Innenstadt. Die Linie verkehrt zwischen 5 und 1 Uhr etwa im 15-Minuten-Takt. Informationen zum letzten Stand der Dinge gibt's unter www.delhimetrorail.com und telefonisch: 23417910, 155370.

Bus

Als eine der wenigen Städte Indiens verfügt Delhi über ein gut ausgebautes Stadtbussystem. Wem es gelingt, an den jeweiligen Startpunkten wie Regal- und Plaza Kino am Connaught Place einzusteigen, hat auch eine recht gute Chance, noch einen Sitzplatz in einem der modernen Busse zu ergattern. Ansonsten muss man für die Ersparnis von einigen Rupien mit einem Stehplatz in den vor allem während der Hauptverkehrszeit überfüllten Bussen vorlieb nehmen. Zudem ist man selbstverständlich beliebtes Beuteobjekt für die in Delhi recht aktiven Taschendiebe. Für jene, die sich davon nicht abschrecken lassen, hier einige nützliche **Busrouten:**

- **Connaught Place nach:** Qutb Minar (505), Rotes Fort (29, 77, 104), Chanakyapuri, der Botschaftsenklave (620, 604, 632), Bahnhof Hazrat Nizamuddin (454, 966).
- **New Delhi Railway Station nach:** Rotem Fort (51, 760), Connaught Place (10, 110).
- **Old Delhi Railway Station nach:** Qutb Minar (502), Connaught Place (29, 77).
- **ISBT-Busbahnhof nach:** Qutb Minar (503, 533), Connaught Place (104, 139, 272).
- **Janpath nach:** Qutb Minar (505).
- Zwischen Flughafen und Connaught Place verkehren **Flughafenbusse** (s.o.: „Fahrt in die Innenstadt" und unten: „Weiterreise").

Autoriksha und Taxi

Der Neuankömmling kann gleich in Delhi die für ganz Indien so charakteristische Weigerung der Riksha- und Taxifahrer studieren, den **Taxameter** einzuschalten. Man kann natürlich beharrlich darauf bestehen, doch meist hilft das auch nichts, d.h. der Preis ist Verhandlungssache, außer man befindet sich an einem der wenigen **Prepaid-Schalter**, wo Fixpreise das Feilschen unnötig machen. Für Autorikshas befinden sich diese am Janpath vor dem India-Tourism-Büro, etwas nördlicher am Connaught Place (Zugang 2 des Palika Bazar) bei der Sansad Marg und vor der New Delhi Railway Station (rund um die Uhr geöffnet).

Einige **Preise** vom Prepaid Counter am Janpath: Vom Connaught Place zum Roten Fort, zur Old Delhi Railway Station, nach Karol Bagh und Humayuns Mausoleum mit der Autoriksha ca. 50 Rs, zum Bahai Tempel 90 Rs, nach Hauz Khas 70 Rs, zu Safdarjang's Mausoleum 60 Rs, zum National Museum, Purana Qila, New Delhi Railway Station und nach Pahar Ganj 30 Rs. Als Richtschnur: Mit dem Taxi kostet es jeweils etwa das Doppelte. Zwischen 23 und 5 Uhr sind nochmal 25 % aufzuschlagen. Da die Tarife alle paar Monate den allgemeinen Preissteigerungen angeglichen werden, sollte man sich über den neuesten Stand im bereits erwähnten „Delhi City Guide" erkundigen, wo die Preistabelle abgedruckt ist.

Gleich in Delhi sollte man es sich zur Regel machen, was für ganz Indien gilt: vor Fahrtantritt sicherzugehen, dass der Fahrer auch wirklich das **Fahrtziel** verstanden hat. Oft fahren sie einfach los, ohne richtig hingehört zu haben, was am Ende viel Zeit, Geld und Nerven kostet.

Mehrere per **Telefon** bestellbare Taxiunternehmen bieten ihre Dienste für meist 20 Rs pro Kilometer an: Mega Cabs (Tel.: 4141 4141, www.megacabs.in), Quick Cabs (Tel.: 45333333, www.quickcabs.in), Easy Cabs (Tel.: 43434343, www.easycabs.in), Meru Cabs (Tel.: 4422 4422). Nach der telefonischen Bestellung erhält man eine SMS mit der Registriernummer des Fahrers und eine weitere zur Bestätigung des ausgemachten Termins. Auch Online-Bestellung ist möglich.

Mietwagen, -Motorräder

Wer die zahlreichen Sehenswürdigkeiten des hektischen Delhi möglichst stressfrei erleben möchte, sollte sich zum Preis für ca. 15 Euro pro Tag einen Mietwagen nehmen.
- **Metropole Tourist Service,** 2424 Defence Flyover Market, New Delhi 110024, Tel.: 24310313, (0)9810 277699, www.metrovista.co.in, 7–19 Uhr. Nicht klimatisierte Fahrzeuge für ca. 900 Rs/Tag. Bei diesem alteingesessenen, verlässlichen Vermieter können auch Rundreisen nach Rajasthan und in andere Regionen organisiert werden.
- **Kumar Tourist Taxi Service,** Connaught Place, K-Block, nahe dem York Hotel, Tel.: 23415930, 41513270, 9–21 Uhr, preiswert und verlässlich.
- **Hertz,** Ansal Chambers-I., GF 29, No. 3, Bhikaji Cama Place, New Delhi 110 066, Tel.: 26877188 (Wagen zum selbst fahren) und am Flughafen (Tel.: 1243014724).
- Für Wagemutige, die im indischen Verkehr unabhängig per Motorrad unterwegs sein wollen, sei der **Jhandewalan Cycle Market,** etwa 500 m westlich von Pahar Ganj, empfohlen, wo sowohl gebrauchte als auch neue Zweiräder feilgeboten werden.

Fahrradriksha

In New Delhi inkl. Connaught Place sind Fahrradrikshas verboten. Viele warten an der Ecke Connaught Place, H-Block/Chelmsford Road, um zum New Delhi Railway Station und Pahar Ganj zu fahren. Für die kurze Strecke zahlen Einheimische nicht mehr als 5 Rs, Touristen mindestens das Doppelte. Für längere Strecken sind im weitläufigen Delhi Autorikshas, Taxis und die Metro zur Fortbewegung sinnvoller.

Unterkunft

Wie bei allen Hauptstädten, liegt auch das Preisniveau der Unterkünfte in Delhi über dem Landesdurchschnitt. Andererseits ist die Auswahl an Unterkünften derart groß, dass, selbst wenn man spätabends eintrifft, meist problemlos eine Übernachtungsmöglichkeit zu finden ist.

Drei Hotelgegenden lassen sich unterscheiden. Das **Basarviertel Pahar Ganj** (Metrostation RK Ashram Marg oder New Delhi, von dort über die Gleisbrücken der New Delhi Railway Station) mit der direkt gegenüber dem New-Delhi-Bahnhof beginnenden Main Bazaar Road als Hauptstraße, an der auf einer Länge von ca. 2 km sicherlich 300 billige und inzwischen auch höherklassige Herbergen liegen, und deren nördlich und südlich abgehenden Gassen ist das in der Traveller-Szene beliebteste Hotelviertel.

Entscheidet man sich für eine Unterkunft am **Connaught Place** (Metrostation Rajiv Chowk), dem kommerziellen Zentrum New Delhis, oder dem nach Süden verlaufenden Janpath, einer teuren Wohngegend, hat man den enormen Vorteil, in unmittelbarer Nähe der wichtigen Fluggesellschaften, Banken, vieler Geschäfte und dem Touristenbüro zu wohnen und sich so die langen Anfahrtswege sparen zu können. Andererseits fehlt hier die typisch indische Atmosphäre wie in Pahar Ganj und die Preise liegen auch deutlich höher.

Die meisten First-Class-Hotels finden sich im Südwesten der Stadt, in der Nähe des noblen **Diplomatenviertels Chanakyapuri** etwa auf halber Strecke zwischen Connaught Place und dem Flughafen. In den letzten Jahren sind viele pensionsartige, meist komfortable bis luxuriöse Unterkünfte mit wenigen Zimmern, die meisten im **Süden Delhis,** hinzugekommen.

Die meisten Hotels bieten einen **Abholservice** vom Flughafen oder Busbahnhof an, um sicherzugehen, dass die Gäste auch zu ihrem Hotel gebracht werden. Dieser Service ist jedoch meist teurer als die Fahrt mit einem normalen Taxi, da der Fahrer auf die Ankommenden warten muss und die Gebühr fürs Parken (140 Rs) sowie den Eintritt (80 Rs) in das Ankunftsgebäude zu entrichten hat. Jeder muss also selbst entscheiden, ob er bereit ist, den Aufpreis zu zahlen, um sicher zum Hotel geleitet zu werden.

Untere Preiskategorie

Connaught Place (Stadtplan S. 46):

Am und um den Connaught Place finden sich nur wenige billige Unterkünfte. Zudem sind sie, verglichen mit den preisentsprechenden in Pahar Ganj, übertreuert.

■ So ist das auch das **Sunny Guest House** €–€€ (152, Scindia House, Tel.: 23312909, sunnyguesthouse1234@hotmail.com) eigentlich kaum zu empfehlen, aber eben immer noch die einzige Billigadresse rund um den Rajiv Chowk. Das Beste am Haus ist die Terrasse.

■ Akzeptable, hinreichend saubere und ruhige Zimmer in vorzüglicher Lage machen das alteingesessene **Janpath Guest House** €€–€€€€ (82–84 Janpath, 2. Stock, Tel.: 23321935, (0)9212019781) zur einzigen wirklich empfehlenswerten Bleibe dieser Preisklasse rund um den Connaught Place, zumal es im Gegensatz zu den anderen die Preise in den letzten Jahren kaum erhöht hat. Zimmer mit TV, teils AC, aber fensterlos.

Pahar Ganj (Stadtplan S. 52):

Aufgrund der starken Konkurrenzsituation bekommt man sehr viel für seine Rupien, meist schon Bad und Farb-TV ab etwa 400 Rs, obwohl gerade in dieser Kategorie die Preise in den letzten Jahren anziehen. Für die meisten Unterkünfte dürfte die Metrostation RK Ashram Marg näher sein als New Delhi. Hier eine kleine Auswahl:

■ Neu ist das **City Palace Guest House** €€–€€€ (Str. No. 7, Chuna Mandi, Tel.: 23583859). Einige der teils klimatisierten, supersauberen Zimmer haben Fenster, alle LCD-Fernseher und ein modernes Bad. Da 50 m eine Gasse von der Rajguru Rd. hinein gelegen, ist es auch ruhig.

■ Etwas weiter östlich auf der anderen Seite der Rajguru Rd. versteckt in den Gassen ist das preiswerte **Hotel Yes Please** €€ (Gali Kaseruwalan, Tel.: 23589922, 41698877) eine ansprechende Alternative.

■ Ebenfalls in dieser Ecke in einer Gasse parallel und südlich der Desh Bandhu Gupta Rd. ist das **Sirswal View** €–€€ (4076 Gali Kaseruwalan, Tel.: 41698467, (0)9899154060) eine preiswerte und ruhige Adresse. Alle makellosen, teils klimatisierten Zimmer haben Außenfenster.

■ Weniger die eher durchschnittliche Zimmerqualität als vielmehr der bemühte Service machen das von zwei äußerst freundlichen und bemühten Brüdern geleitete, alteingesessene **Hotel Namaskar** €–€€ (Tel.: Gali Chandi Wali, 23583456, (0)9811018114, www.hotelnamaskar.com) zu einer noch guten Billigadresse. Die hellen, jedoch etwas schmucklosen Räume sind akzeptabel. Auch das überall bereitstehende, gefilterte Trinkwasser sowie die Möglichkeit, Gepäck umsonst zu lagern, trägt zum positiven Gesamteindruck bei. Schließlich kann man für einen kleinen Aufpreis Zugtickets reservieren lassen und günstige, verlässliche Mietwagen-Arrangements abschließen.

■ Ganz nah sind die sauberen, teils klimatisierten Zimmer mit Fernseher des **Hotel Unique International** €–€€€ (Gali Chandi Wali, Main Bazaar, Tel.: 23589303, (0)9971607409) eine brauchbare Alternative. Die Zimmer mit Fenster sind vorzuziehen.

■ Eine hervorragende Adresse ist das **Anoop Hotel** €–€€€€ (Main Bazaar, Tel.: 23589366, 41541390, www.anoophotel.com). Neben den preisgünstigen und zweckmäßig eingerichteten, inzwischen runderneuerten Zimmern, einige mit AC, überzeugt es auch mit seinem schönen und beliebten Dachrestaurant mit Aussicht. Manche Zimmer sind besser in Schuss als andere.

■ Nicht nur wegen seiner German Bakery im Erdgeschoss ist das in einer kleinen Seitengasse gelegene **Ajay Guest House** €€–€€€ (Main Bazaar, Tel.: 2354 3125, 41541226, www.ajayguesthouse.com) eine beliebte Backpacker-Unterkunft. Nach umfangreichen Renovierungen ist es wieder eine der besten Bleiben im unteren Preisbereich. Alle Zimmer haben eigenes Bad, mehrere AC und TV.

□ Übersichtsplan S. 22, Ausschnitte S. 28, 32, 46, 52   **Praktische Tipps**   51

■ Großer Beliebtheit erfreuen sich auch das preiswerte und gut geführte **Hare Krishna Guest House** €€ (Tel.: 41541340, harekrishnagh@hotmail.com) und das **Traveller Guest House** €-€€ (Tel.: 23584041, travellerguesthouse@hotmail.com) mit sauberen, aber sehr kleinen, im letztgenannten auch klimatisierten Zimmern. Beide am Main Bazaar gelegenen Häuser haben in letzter Zeit den Preis angezogen.

■ Mit den Hotels **Star Palace** €€ (Tel.: 23584849, (0)880 0635463, www.stargroupofhotels.com) und **Down Town** €-€€ (Tel.: 41541529, ltctravel@rediffmail.com) gibt es zwei professionell geführte, einfache Unterkünfte am Ende einer kleinen, südlich vom Main Bazaar abzweigenden Gasse. Allerdings haben viele Räume kaum Streichholzschachtelgröße. Den besten Gegenwert gibt es im Down Town, das Star Palace ist eine Klasse besser und teurer.

■ Seit Jahren ist das große **Hotel Vivek** €€-€€€€ (Main Bazaar, Tel.: 46470555, www.vivekhotel.com) ein Favorit bei Travellern. Die Beliebtheit dürfte neben recht sauberen Zweckzimmern, die teureren mit AC, wohl auch auf das populäre Sam's Café im Erdgeschoss mit Kuchen und Torten wie auch auf das Dachrestaurant zurückzuführen sein.

■ Ein gutes Preis-Leistungs-Verhältnis bietet das **Major's Den Guest House** €-€€ (Tel.: 23629599) in der Lakshmi Narain Street. Von den meisten wird diese kleine Gasse, die nur wenige Meter vom Metropolis entfernt in Richtung der beiden zuvor genannten Unterkünfte rechts abzweigt, übersehen. Neben der für Pahar Ganj relativ ruhigen Lage überzeugt das Haus durch sein freundliches Management und die sehr sauberen Zimmer. Gepäcklagerung und *safe deposit* sind möglich.

■ Das große **Hotel Shelton** €€-€€€ (Main Bazaar, Tel.: 23580575-7, sheltonh@rediffmail.com) liegt mitten im Herzen von Pahar Ganj. Eine Vielzahl unterschiedlicher und erstaunlich preiswerter AC- und Non-AC-Zimmer, alle sehr gut in Schuss, teils geräumig und mit Balkon und Badewanne, machen es zu einer der besten Unterkünfte in Pahar Ganj. Sehr schön sitzt man im Dachrestaurant **Kitchen Café** mit schönem Ausblick, ein luftiger Ort für Frühstück und italienische Kost.

Arakashan Road (Stadtplan S. 52):

Eine große Ansammlung von Budget-Hotels befindet sich knapp 1 km nördlich von Pahar Ganj, in der parallel zur Desh Bandu Gupta Rd. verlaufenden Arakashan Road. In den letzten Jahren sind, ähnlich wie im Main Bazaar, weit über 50 Unterkünfte eröffnet worden, von denen aber nur einige am Ostende der Straße überzeugen können (im untersten Preisbereich bekommt man um den Main Bazaar mehr fürs Geld). Hier wohnen vornehmlich einheimische Handelsvertreter und das Preisniveau liegt etwas höher als im Main Bazaar. Die folgenden Hotels, alle mit TV, bieten eine gute Alternative, insbesondere wenn es im Main Bazaar zu Engpässen kommen sollte. Die nächstgelegene, aber mit gut 1 km Entfernung nicht wirklich nahe Metrostation ist New Delhi.

■ Ausgesprochen angenehm wohnt sich's sowohl im **New Sapan Plaza** €€ (Tel.: 23519062, 2351 9149) als auch im **Hotel Shiva Intercontinental** €€-€€€ (Tel.: 235199 96/7), zwei nahezu preis- und ausstattungsgleiche Unterkünfte mit kleinen, hübsch eingerichteten Zimmern, einige mit Balkon, die teureren sind klimatisiert.

■ Wenn auch teilweise recht klein, hat das **Amax Inn** €€-€€€ (Tel.: 23543813, (0)9811262629, www.amaxinn.com) blitzsaubere Zimmer, WiFi in der Lobby und eine kleine Dachterassse zu günstigem Preis. Zu finden in einer Gasse, die von der Arakashan Rd. nördlich abgeht, deshalb verhältnismäßig ruhig.

Old Delhi (Stadtplan S. 28):

Von westlichen Individualreisenden nur sehr selten genutzt, bietet das lebhafte, muslimisch geprägte Old-Delhi und speziell der Bereich um die Jamia Masjid nur wenige passable und preiswerte Unterkünfte, die auch westliche Touristen aufnehmen. Hier wird Wert auf der entsprechende Kleidung und angemessenes Verhalten gelegt.

■ Wen der morgendliche Ruf des Muezzin nicht stört, dem sei das **Hotel New City Palace** €€-€€€ (Tel.: 23279548) empfohlen. Kleine Einfachzimmer mit Bad, Warmwasser und teilweise Blick auf die Moschee sind hinreichend, hier macht jedoch die hervorragende Lage den etwas überhöhten Preis aus.

■ Ebenfalls ganz nahe der Jamia Masjid, jedoch ohne Ausblick, liegt auch das gute und freundliche **Bombay**

Praktische Tipps

☐ Übersichtsplan S. 22 **Praktische Tipps** 53

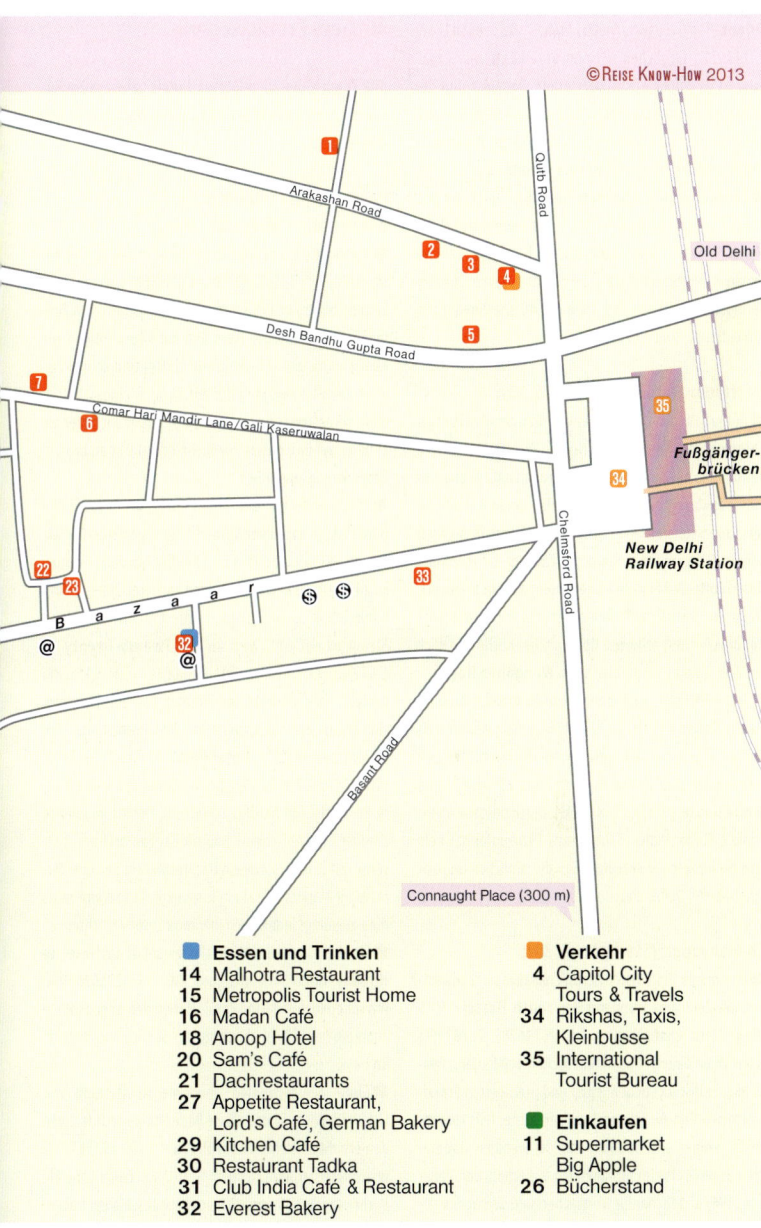

Essen und Trinken
- 14 Malhotra Restaurant
- 15 Metropolis Tourist Home
- 16 Madan Café
- 18 Anoop Hotel
- 20 Sam's Café
- 21 Dachrestaurants
- 27 Appetite Restaurant, Lord's Café, German Bakery
- 29 Kitchen Café
- 30 Restaurant Tadka
- 31 Club India Café & Restaurant
- 32 Everest Bakery

Verkehr
- 4 Capitol City Tours & Travels
- 34 Rikshas, Taxis, Kleinbusse
- 35 International Tourist Bureau

Einkaufen
- 11 Supermarket Big Apple
- 26 Bücherstand

Orient €€–€€€ (Bazar Matia Mahal, Tel.: 43101717, 23242691), verglichen mit den Unterkünften in Pahar Ganj ist es jedoch etwas überteuert. Dennoch sind die einfachen Zimmer mit Bad, die teureren mit AC, TV und Kühlschrank, noch preisgerecht. Das Karim Restaurant liegt gegenüber an der lebendigen Marktgasse.

■ Eine der wenigen Unterkünfte in Old Delhi, die mit etwas Komfort glänzen, ist das leicht teurere **Hotel Al-Hyatt** €€€ (1111, Bazar Matia Mahal, Tel.: 23281529, hotelalhyatt@yahoo.com, ab 1. Stock). Alle kleinen Zimmer verfügen über TV und Bad, viele mit AC. Die Zimmer mit Außenfenster sind vorzuziehen.

Im Norden Delhis (Stadtplan S. 22):

■ Außerhalb des Üblichen wohnt man im als **Tibetan Colony** bekannten Bezirk im Norden Delhis an den Ufern des Yamuna mit Delhi-untypischer, ruhiger Atmosphäre in dieser Enklave tibetanischer Mönche, deren Umgebung für Sauberkeitsfanatiker jedoch ein Problem werden könnte. Die zumeist geräumigen Zimmer der einzelnen Unterkünfte sind einfach eingerichtet und sehr preiswert. Einige der Gasthäuser locken zudem mit Dachrestaurants mit Travellerkost, teilweise tibetanischer Küche und Blick auf den Yamuna. Empfohlen seien **Wongdhen House** €–€€ (Tel.: 23816689, wongdhenhouse@hotmail.com) oder **Peace House** €–€€ (Tel.: 2393 9415). Beim zweiten steigen die Preise mit dem jeweiligen Stockwerk. Weitere Unterkünfte sind **Lhasa House** € (Tel.: 23939888) und **White House** €–€€ (Tel.: 23813999). Durch die neue Metro (Linie 2, Station Vidhan Sabha, etwa 1 km entfernt) ist die Enklave inzwischen akzeptabel an die südlichen touristischen Viertel Delhis angebunden.

Chanakyapuri (Stadtplan S. 32):

■ Im ruhigen Diplomatenviertel Chanakyapuri südwestlich des Zentrums vermietet das **Youth Hostel** €–€€ (5 Nyaya Marg, Chanakyapuri, Tel.: 26116285, 26781969, www.yhaindia.org, YHA-Mitgliedschaft 100 Rs/Jahr, Preise inkl. Frühstück) neben guten und preiswerten Schlafsaalbetten (nur für Männer) auch einfache, teils klimatisierte Zimmer, und ist damit eine der wenigen akzeptablen Unterkünfte im Billigbereich außerhalb von Pahar Ganj. WiFi und Fächer für Wertsachen sind vorhanden.

Mittlere Preiskategorie

Alle Zimmer der aufgeführten Hotels haben selbstverständlich ein eigenes Bad mit 24 Std. Warmwasser und Fernsehgerät.

Pahar Ganj (Stadtplan S. 52, Metrostation RK Ashram Marg):

■ Klasse ist das **Cottage Yes Please** €€€–€€€€ (Laxmi Narayan St., Tel.: 23562100/300, 43081300, www.cottageyesplease.com) im Herzen von Pahar Ganj. Die hellen Zimmer in diesem luftigen Haus sind mit allem Nötigen wie Kühlschrank und LCD-TVs ausgestattet und sehr preiswert. Die Klimaanlage wird auf Wunsch eingeschaltet, dann wird's etwas teurer. Allerdings gilt es auch hier die Zimmer auf ihre unterschiedliche Lautstärke zu prüfen. Reservierung empfohlen.

■ Etwas versteckt in den Gassen südlich der Desh Bandhu Gupta Rd., ist das **Silver Shine** €€€ (Sangartrashan Chowk, Tel.: 23582169, 41698815/6, hindian_dx2000@yahoo.co.in) eine preiswerte Adresse mit sauberen Zimmern mit Kühlschrank sowie einem Dachrestaurant. Nur einen Steinwurf entfernt, wird für das **Twenty-Twenty** €€€ (3972 Gali Kaserwalan, Tel.: 23580074, (0)9310128086) derselbe Tarif verlangt. Die Zimmer, teils mit Fenstern, sind etwas besser in Schuss; leider kein Restaurant.

■ Zentraler liegt das **Hotel Relax** €€€ (Tel.: 23562811, (0)9810005107, vidur109@hotmail.com) in der Ramdwara Rd. mitten im quirligen Zentrum. Hübsch möblierte Zimmer mit Kühlschrank und großer Fensterfront, teilweise mit Balkon, sowie ein Dachrestaurant und eine Terrasse zur Marktstraße sind Pluspunkte. Auf Service muss man allerdings laut Klagen mehrerer Leser verzichten.

■ Eine hervorragende Mittelklassewahl ist das **Hotel de Holiday Inn** €€€–€€€€ (Rajguru Rd., Tel.: 23562690-4, www.hoteldeholidayinn.com). Neben den angenehmen Zimmern mit LCD-TV überzeugt der Service. Internetcafé im Haus.

■ Große Fensterfronten, moderne Ausstattung wie Flachbildschirm-TV und klasse Badezimmer rechtfertigen den erhöhten Preis im **Star Plaza** €€€€ (Tel.: 23581731, www.hotelstarplaza.co.in) im Herzen von Pahar Ganj. Ein Dachrestaurant ist geplant. Nach Preisabschlägen fragen.

■ Als einzige Bleibe in Pahar Ganj kann man beim **Metropolis Guest House** €€€€–€€€€€ (15 Krishna Market, Tel.: 23585032, www.metropolisguesthouse.com) von Luxus sprechen. Die sehr geschmackvoll eingerichteten, gemütlichen Zimmer sind noch spottbillig in diesem erst vor Kurzem restaurierten Gebäude am westlichen Rand von Pahar Ganj. Ein Restaurant war zur Recherchezeit geplant. Reservierung unbedingt empfohlen. Auch das 100 m entfernte „Mutterhaus" **Metropolis Tourist Home** €€€€ (Main Bazaar, Tel.: 23561782, 23585766, (0)9910067855, www.metropolistouristhome.com) ist nach Komplettrenovierung eine hervorragende Bleibe, zumal das Dachrestaurant weiterhin erstklassige Küche serviert.

■ Nur wenig westlich von Pahar Ganj sind die in einem Wohngebiet gelegenen, teils klimatisierten Zimmer des **Yatri Home** €€€€–€€€€€ (Tel.: 23625563, www.yatrihouse.com) inzwischen ein wenig zu teuer geworden, jedoch gemütlich und völlig ruhig, mit kleinem Vorgarten und begrüntem Hinterhof zum Einnehmen der Mahlzeiten. Zugang durch eine Gasse links neben dem Delhi Heart & Lung Institute gegenüber von Metropfeiler 35. Neben der Nähe zu Pahar Ganj (5 Fußminuten) ist die 100 m entfernte Metrostation von Vorteil. Internet ist kostenfrei.

Arakashan Road (Stadtplan S. 52):

■ Eine hervorragende Mittelklassewahl an der nördlich von Pahar Ganj verlaufenden Arakashan Rd. ist das zentral klimatisierte **Hotel Le Grand International** €€€€–€€€€€ (Tel.: 235 46891-8, www.godwinhotels.com). Die gepflegten Zimmer sind geschmackvoll eingerichtet, die teuren haben Kühlschrank. Ein schnelles Internetcafé gibt's im Haus (25 Rs/Std.).

■ Als eines der ersten Hotels dieser Region ist das 40 Jahre alte **Ajanta Hotel** €€€€ (Arakashan Rd., Tel.: 29562097, (0)9818544466, www.ajantahotel.com) immer noch eines der besten in der Mittelklasse. Angenehme Zimmer, alle mit Kühlschrank, exzellenter Service und ein hervorragendes, dekorativ eingerichtetes Restaurant (gutes Frühstücksbuffet ab 6.30 Uhr für 200 Rs) sowie eines auf dem Dach. Zudem verlässliche Dienstleistungen wie Taxianmietung und Tourarrangements für ganz Indien bei Capital City Tours & Travels (Tel.: 29562097, www.tourism-india.com).

■ Wer modernere Ausstattung benötigt, findet im neueren, nur wenige Meter entfernten **Hotel Delhi City Centre** €€€€–€€€€€ (Tel. wie Ajanta sowie (0)9810668881, www.hoteldelhicitycentre.com) eine nur wenig teurere Adresse derselben Betreiberfamilie mit 35 großzügig gestalteten Komfortzimmern und hervorragendem Service.

■ Das **Chanchal Deluxe** €–€€ (Arakashan Rd., Tel.: 44212144, 23683490-4, www.chanchalhotels.com) bietet mit geräumigen und schön möblierten AC- und Non-AC-Zimmern, teils mit großen Fenstern, viel fürs Geld. Das Haus verfügt außerdem über ein gutes Restaurant sowie ein Internetcafé. Etwas besser und etwas teurer ist das wenige Meter entfernte **Balaji Deluxe** €€€€ (Tel.: 4421 2144, 23683491) eine gute, modernere Alternative.

Connaught Place (Stadtplan S. 46):

■ Etwas überteuert, aber noch eines der billigeren am Connaught Place ist das **York Hotel** €€€€ (K-Block, Tel.: 23415769, 23415819, www.hotelyorkindia.com). Das Personal ist bemüht, dem Preis gerecht zu werden. Zimmer nach hinten wählen.

■ Einen gepflegten Eindruck machen die teureren Zimmer des freundlichen **Hotel Alka** €€€€€ (P-Block, Tel.: 23344328, www.hotelalka.com), einige mit holzvertäfelten Wänden. Die billigeren, leicht verwohnten *standard rooms* sind etwas überteuert. Zum positiven Gesamteindruck tragen auch das exzellente vegetarische **Vega Restaurant** im Erdgeschoss sowie der rund um die Uhr geöffnete Coffee Shop bei.

■ Luxuriöser ist das zentral klimatisierte **Hotel Alka Annexe** €€€€–€€€€€ (M-Block, Tel.: 23416680, 23414028, hotelalka@vsnl.com) auf der anderen Seite des Connaught Place mit besserer Qualität zu geringeren Preisen. Mit

---

Besonders bei den Hotels der oberen Preiskategorien kann es sich durchaus lohnen, nach **special offers** zu fragen. Sind die jeweiligen Hotels nicht ausgebucht, lassen sich zum Teil Nachlässe von bis zu 40 % heraushandeln.

Restaurants, Bar, Coffee Shop, WiFi und Terrasse eins der besten Hotels dieser Preisklasse.

Jangpura (Stadtplan S. 32):

■ Das in Süd-Delhi gelegene **K One One** €€€€–€€€€€ (K11 Jangpura Extension, Tel.: 43592583, (0)9810793322, www.parigold.com, Metrostation Jangpura) bietet Safe, kostenlose Computerbenutzung, Trinkwasser und Dachterrasse. In den vier großzügigen, modernen und klimatisierten Apartmentzimmern mit Balkon fühlt man sich eher wie in der eigenen Wohnung, denn in einem Hotel. Frühstück und WiFi ist im Preis inbegriffen.

Im Westen Delhis (Stadtplan S. 22):

■ Ca. 3 km westlich des Connaught Place verfügt das **Master Guest House** €€€€–€€€€€ (Pamposh Rd., R-500 New Rajendra Nagar, nahe Sri Ganga Ram Hospital, Tel.: 28741089, (0)65479947, www.master-guesthouse.com, Metrostation Rajendra Place) über drei gemütlich eingerichtete Zimmer mit erstklassigem Bad. Auch der hübsch dekorierte, von Bäumen umgebene Dachgarten, die ruhige Lage und das zuvorkommende Ehepaar, das die Pension leitet, sprechen für das Master Guest House. Preise inkl. Frühstück und WiFi, Reservierung empfohlen.

Obere Preiskategorie

Connaught Place (Stadtplan S. 46):

■ Das nach Jahren des Dahinvegetierens gänzlich runderneuerte **Palace Heights Hotel** €€€€€€ (26/28 D-Block, Tel.: 43582610/-20/-30, www.hotelpalaceheights.com) ist mit seiner absolut zentralen Lage am inneren Ring des Connaught Place, etwas erhöht vom Straßenlärm, seinen geschmackvoll eingerichteten Zimmern sowie dem sehr guten hauseigenen Zaffran Restaurant eines der besten teuren Hotels am Connaught Place.

■ Preislich und qualitativ ähnlich hochklassig, wenn auch nicht ganz so gut, ist das **The Corus** €€€€€€ (49 B-Block, Tel.: 43652222, www.hotelcorus.com) mit 30

⌄ Main Bazaar in Pahar Ganj

Praktische Tipps

modern eingerichteten Zimmern. Hübsch ist das **Bonsai Restaurant** mit Außenbereich.

■ Das gemütliche **Narula Inn** €€€€€–€€€€€€ (Baba Kharak Singh Marg, P-Block, Daulat Ram House, Tel.: (0)995 3423069, www.narulainn.com) in einem „Heritage Building" von 1939 ist mit geschmackvoll dekorierten, hellen Zimmer mit AC und Kühlschrank eines der günstigsten dieser Preisklasse am Connaught Place. Das **G Restaurant** im Erdgeschoss (11–24 Uhr, 300–600 Rs) ist hervorragend. Hier wird tgl. außer Di traditionelle indische Live-Musik geboten.

■ Nach Komplettrenovierung ist das **Radisson Blu Marina** €€€€€€ (G-Block, Tel.: 469 09090, www.radisson.com) eine erstklassige Bleibe am Connaught Place. Im Preis ist ein Frühstücksbuffet enthalten. Zwei erstklassige Restaurants, Coffee Shop und Bar, High-Speed-Internet und Spa sind selbstverständlich. Wie bei allen Hotels direkt am Connaught Place gibt's auch hier leider keinen Pool.

■ Das traditionsreiche **Hotel Imperial** €€€€€€ (Janpath Rd., Tel.: 23341234, 41501234, www.theimperialindia.com) in unmittelbarer Nähe zum Connaught Place gilt seit vielen Jahren als eine der besten Adressen in Delhi. Nach einer Multi-Million-Dollar-Renovierung gehört es auch preislich zu den Top-Hotels der Stadt. Wegen seiner überschaubaren Größe, des Kolonialstil-Ambientes und seiner schönen Lage inmitten eines gepflegten Gartens ist es eines der empfehlenswertesten First-Class-Hotels.

■ Preislich etwas günstiger ist das moderne **Hotel The Park** €€€€€€ (15 Parliament Street, Tel.: 23743000, www.theparkhotels.com, Metrostation Patel Chowk) nahe dem Jantar Mantar. Das moderne Halbrund protzt mit elegantem Restaurant, erstklassig ausgestattetem Spa und ebensolcher Bar am Pool. Ebenso wie das Imperial liegt es zentral und nur wenige Fußminuten vom Connaught Place entfernt.

New Delhi Zentrum (Stadtplan S. 32):

■ Das Hotel **Le Meridien** €€€€€€ (Windsor Palace, Janpath, Tel.: 23710101, info@lemeridien-newdelhi.com) ist ein Spitzenhotel mit jeglichem dem Preis entsprechenden Luxus sowie einem exzellenten französischen Restaurant.

■ Nicht ganz so luxuriös, aber dafür neuer und moderner ist der gegenüber gelegene Turm des **Shangri-La Eros Hotel** €€€€€–€€€€€€ (19 Ashoka Rd., Tel.: 41191919, www.shangri-la.com).

Nizamuddin (Stadtplan S. 32):

■ Im herrlich authentischen Viertel Nizamuddin im Südosten Delhis kann man beim **B Nineteen** €€€€€€ (B-19 Nizamuddin East, Tel.: 41825500, (0)987088629, www.bnineteen.com) mit Blick auf Humayuns Grab ins Schwärmen geraten. Die herrlich dekorierten Zimmer und die begrünte Dachterrasse in fantastischer Umgebung sind zwar teuer, aber jede Rupie wert. Auf jeder Etage eine Gemeinschaftsküche ist praktisch, vor allem wenn man länger bleibt. Kaum eine Chance ohne Reservierung.

■ Etwa 10 Gehminuten von Humayuns Grab und noch weniger vom Bahnhof Nizamuddin ist auch **Eleven** €€€€€ (11 Nizamuddin East, Tel.: (0)9811088966, www.elevendelhi.com, Frühstück inkl.) eine weitere klasse Herberge in dieser faszinierenden Ecke Delhis. Die modern-gemütlich eingerichteten Zimmer mit elektronischem Safe, der freundliche und hilfsbereite Manager, mehrere geschichtsträchtige Bauwerke in unmittelbarer Nähe, die grüne Umgebung, Internet und WiFi umsonst sowie die moderaten Preise tun ein Übriges, um sich in dieser Oase der Ruhe wohlzufühlen.

Andere Gegenden (Stadtplan S. 22):

■ Ebenfalls etwas Besonderes ist **Bajaj Indian Home Stay** €€€€€–€€€€€€ (8A/34 WEA, Karol Bagh, Tel.: 25736509, (0)9811297604, www.bajajindianhomestay.com, Metrostation Karol Bagh) im Westen der Stadt. Das herrlich stilgerecht einem Haveli nachempfundene Guest House hat acht äußerst gemütliche Luxuszimmer, die mit allen Annehmlichkeiten inkl. WiFi ausgestattet sind. Das Frühstücksbuffet ist inklusive. Immer noch preisgerecht, obwohl die Preise angezogen haben.

■ Ruhe im hektischen Delhi, der liebevoll umsorgende Service und die relative Nähe zum Flughafen sprechen für das **Amarya Haveli** €€€€€€ (P5 Hauz Khas Enclave, Tel.: 41759268, www.amaryagroup.com, Metrostation Hauz Khas). Hervorragend ausgestattete, moderne Zimmer unterschiedlichen Stils, geräumige Badezimmer in ruhiger, grüner Umgebung, Speisen zu jeder Tageszeit und hervorragender Service sind die Pluspunkte in diesem gemütlichen Haus mit Spa. Etwas nördlicher und etwas billiger ist das sehr ähnliche **Amarya Villa** €€€€€–€€€€€€ (A2/20 Safdarjang Enclave, Tel.: 41035184, Metrostation AIIMS). Beide Unterkünfte liegen nicht weit vom Hauz Khas.

■ **The Maidens** €€€€€€ (7, Sham Nath Marg, Tel.: 2397 5464, www.maidenshotel.com, Preise inkl. Frühstück, nahe Metrostation Civil Lines) nördlich von Old Delhi ist ein wunderbares altes Hotel im Kolonialstil inmitten eines riesigen Parks. Wen die zweifelsohne recht ungünstige Lage nicht stört, der findet hier eines der schönsten Hotels dieser Preiskategorie und kann zudem im hauseigenen Swimmingpool baden.

■ Wer immer schon einmal in einem solargeheizten Swimmingpool seine Runden drehen wollte, sollte sich im **ITC Maurya** €€€€€€ (Sadar Patel Marg, Diplomatic Enclave, Tel.: 26112233, www.itchotels.in) einmieten. Es ist eines der mondänsten Hotels Indiens und für seine hervorragenden Restaurants bekannt. In den „Upper Crust Lounges" steht sogar ein persönlicher Butler zur Verfügung – wer's braucht.

■ Luxus in fünf Kategorien stellt **Svelte** €€€€€€ (A3 District Center, Saket, Tel.: 40512000, (0)9811814790, www.svelte.in, Metrostation Malviya Nagar) zur Verfügung. Je nach Größe preislich gestaffelt, verfügen die angenehm modern gestalteten Apartments über allen notwendigen Komfort. Im Süden der Stadt auf der Rückseite der Select Citywalk Mall und umgeben von neuen Verwaltungsgebäuden sind die Suiten mit Kitchenette mit Mikrowelle und Internetanschluss in den Zimmern eine gelungene Alternative zu den Luxushotels. Neben erstklassigem Service und ebensolchem Restaurant überzeugen Dachpool und Fitnesscenter.

Nahe Flughafen (Stadtplan S. 22):

■ Wenig südlich des Flughafens in Gurgaon ist das hervorragende **Zenith Inn** €€€€–€€€€€ (Tel.: 0124-43000774/6, www.zenithinn.com, Preise inkl. Frühstück) eine ideale Unterkunft für den Mittelklasse-Geldbeutel, falls man in Delhi nur die Flugzeuge wechseln will. Supersaubere Komfortzimmer mit WiFi, Kühlschrank und Minibar sowie freundlicher, bemühter Service in diesem modernen Bau.

■ Näher zur Stadt zwischen Flughafen und New Delhi im Stadtteil Vasant Kunj ist das **Chhoti Haveli** €€€€ (Tel.: 26124880, (0)9818337566, www.chhotihaveli.com) in ruhiger Lage eine sehr preiswerte Pension, zumal Frühstück, Internet und WiFi sowie Trinkwasser inklusive ist. Äußerst gemütliche, geräumige Zimmer und viele Pflanzen vermitteln Wohlbefinden.

■ Gut 6 km nördlich des Flughafens ist **Shanti Home** €€€€€€ (A-1/300, Janakpuri, Tel.: 41533366, www.shantihome.com) ein luxuriöses Boutique-Hotel mit angenehm gestalteten Zimmern. Natürlich ist auch hier WiFi inklusive. Weitere Annehmlichkeiten sind Massage und Fitnessraum. Das Dachrestaurant offeriert neben vorzüglichen Speisen auch Kochkurse.

■ Das **Radisson Blu Delhi** €€€€€€ (Sektor 13, Dwarka, Tel.: 30908000, www.radissonblu.com) ist das luxuriöseste Hotel in der Nähe des Flughafens. Zwei Pools, Internet umsonst und weitere Annehmlichkeiten sind in dieser hohen Preisklasse selbstverständlich. Allerdings wird die Straße davor so stark von Schwerverkehr befahren, dass die rückwärtigen Zimmer vorzuziehen sind.

Essen und Trinken

Pahar Ganj (Stadtplan S. 52, Metrostation RK Ashram Marg):

Es gibt eine Vielzahl an Traveller-Restaurants mit einer großen Auswahl indischer, chinesischer und europäischer Gerichte. Alle sind ziemlich ähnlich, wobei sich die Popularität in erster Linie aus der gerade gespielten Hintergrundmusik herzuleiten scheint. Auch preislich ähneln sich alle, die meisten Hauptgerichte kosten zwischen 50 und 100 Rs. Wer an den direkt zur Straße gelegenen Tischen sitzt, bekommt zwar am meisten vom bunten Leben mit, wird jedoch gelegentlich von Händlern und Bettlern angesprochen.

■ Eine der besten Adressen für gutes vegetarisches Essen in Pahar Ganj sind die in der von der Rajguru Marg abgehenden Gasse gelegenen **Malhotra Restaurant** (80–400 Rs). Hervorragende vielfältige, vorwiegend indische Küche zum angemessenen Preis verursachen starken Zulauf.

■ Durch Glas von der quirligen und lauten Ramdwara Rd. geschützt, ist das cleane **Restaurant Tadka** (12–23 Uhr,

70–100 Rs) eine gemütliche und gute Adresse für vegetarische indische (Thalis 140 Rs) und italienische Küche.

■ Recht gut, jedoch auch etwas teurer, sind die beiden Restaurants im **Metropolis Tourist Home** (250–500 Rs). Im Erdgeschoss befindet sich ein voll klimatisiertes Lokal mit Bar. Auf der Dachterrasse kann man unter freiem Himmel speisen. Während im Erdgeschoss besonders die chinesische Kost zu empfehlen ist, sollte man im Dachrestaurant einmal eines der diversen Hühnchengerichte probieren.

■ Besonderer Beliebtheit bei Rucksacktouristen erfreuen sich das **Lord's Café**, das **Appetite Restaurant** gleich nebenan und das billige **Madan Café** für den kleinen Geldbeutel (30–60 Rs). Dem Publikum entsprechend, enthält die sehr umfangreiche Speisekarte die übliche Traveller-Küche.

■ Ein weiterer Favorit der Traveller-Szene ist, neben vielen kleinen, preisgünstigen und meist gut frequentierten Restaurants entlang Main Bazaar, alle mit ähnlichem Angebot, das Dachrestaurant des **Anoop Hotel**. Neben der netten Atmosphäre und den weiten Ausblicken über die Stadt lockt auch hier eine umfangreiche Speisekarte.

■ Wer das pulsierende Leben von Pahar Ganj aus etwas erhöhter Perspektive betrachten möchte, dem sei die Terrasse des modern gestalteten **Club India Café & Restaurant** beim Gemüsemarkt empfohlen. Das Restaurant serviert zwar nur durchschnittliche Travellerkost, doch ist der Ausblick auf die quirlige Gasse des in Innen- und Außenbereich geteilten Restaurants klasse.

■ Die kleine **Everest Bakery**, etwas versteckt ein paar Meter eine Gasse südlich Main Bazaar hinein, hat außer leckeren Kuchen (etwa Lemon Cream Cake), Salaten (z.B. Avocado-Salat), Burgern und diversen Tees auch eine sehr entspannte Atmosphäre zu bieten, ideal, um sich ein wenig von der Hektik auszuruhen, falls man einen Platz erwischt.

■ Von den zahlreichen **German Bakeries** ist jene im Ajay Guesthouse eine der besten.

■ Im Hotel de Holiday Inn an der Rajguru Rd. kann man sich im **Supermarkt Big Apple** mit Obst versorgen.

■ Entlang der Main Bazaar Rd. bieten viele **Straßenstände** frisch gepresste Fruchtsäfte an. Auf Eiswürfel sollte man aus Hygienegründen verzichten.

Connaught Place (Stadtplan S. 46):

Das Preisniveau der Restaurants am Connaught Place ist höher als in Pahar Ganj oder Old Delhi, setzt sich ihre Klientel doch vorwiegend aus indischer Mittelschicht und Touristen zusammen.

■ Hervorragende vegetarische indische Küche (auch Dosas und Thalis) zum kleinen Preis (60–120 Rs) serviert das **Saravana Bhavan** am Janpath etwas südlich des Connaught Place und ist dementsprechend gut besucht. Weitere Filialen am Connaught Place (P-Block) und in Karol Bagh nahe Pahar Ganj in der Desh Bandu Gupta Rd.

■ Eins der erfolgreichsten Lokale am Connaught Place ist das **Nirula's**, eine Art gehobenes Fast-Food-Restaurant im K-Block.

■ Eine Filiale des Stammgeschäfts von **Haldiram's** in Old Delhi findet sich am Connaught Place (L-Block). Indisches Fast-Food und Süßes sind preiswert und gut.

■ Schön sitzt man im **Café 100** im B-Block. Besonders empfehlenswert sind das Mittags- und das Abendbuffet im 1. Stock. Erstaunlicherweise ist es aber nur wenig besucht.

■ Wer etwa 1.500 Rs für ein Hauptgericht zahlen kann, sollte unbedingt einmal auf der Gartenterrasse des **Hotel Imperial** speisen, vielleicht tut's ja auch ein Bier (300 Rs). Obwohl nur wenige Gehminuten vom Connaught Place entfernt, fühlt man sich hier wie in einer Oase der Ruhe. Auch die drei anderen Restaurants im Haus sind hervorragend. Im **French Pastry Shop** des Hotels werden recht günstig feinste Backwaren feilgeboten.

■ Das sich drehende **Parikrama Restaurant** (Tel.: 23721616) an der Kasturba Rd. bietet vom 24. Stockwerk aus atemberaubende Aussichten über die Stadt. Die Umdrehung dauert eineinhalb Stunden. Recht gute indische und chinesische Küche (ca. 250–700 Rs pro Hauptgericht), zwischen 15.30 und 19.30 gibt's nur Snacks.

■ Eine Riesenauswahl an köstlichen Kuchen und Plätzchen hat man im exquisiten **Wenger's** (11–20 Uhr), A-Block, und inzwischen auch Pizza zum Mitnehmen. Naschkatzen sollten sich hier eindecken, ist es doch eine der besten Bäckereien ganz Indiens.

■ Recht gute indische Kost in einem sehr hellen, mit großen Glasfenstern versehenen Restaurant bekommt man im **Embassy** im D-Block.

■ Tiefer muss man im alteingesessenen Restaurant **The Host**, F-Block, in die Tasche greifen, wo man für ca. 300 Rs pro Person sehr gut indisch und chinesisch schlemmen darf.

■ Nicht nur wegen der exzellenten Mughlai- und nordindischen Speisen (300–700 Rs), sondern auch wegen des gelungenen kitschigen Dekors mit Ornamentspiegeln und Kronleuchtern sollte man dem **Veda Restaurant** (H-Block, Tel.: 43582830, 12–24 Uhr) einen Besuch abstatten. Als etwas störend werden manche die recht laute Musik des DJs empfinden. Auch Freunde des Hochprozentigen haben hier reiche Auswahl.

■ Chinesische Köstlichkeiten bietet auch das **Zen Restaurant**, B-Block, ebenfalls in vielseitiger und guter Qualität (ca. 200–300 Rs pro Hauptgericht). Auch hier ist fürs alkoholische Wohl gesorgt. **Berco's** im E-Block ist ähnlich.

■ Eine gute Wahl ist auch das dem Palace Heights Hotel angeschlossene **Zaffran Restaurant** (D-Block, 12–15.30 und 19–24 Uhr, 250–400 Rs) mit schmackhafter Mughlai-Küche, vegetarischen und nichtvegetarischen Gerichten. Einziger Nachteil wie so oft bei indischen Restaurants ist die gnadenlose Klimaanlage.

■ Sehr angenehm sitzt man im **Amber Restaurant** im N-Block bei einem Bier, Cocktail oder Mahl (150–300 Rs).

■ Gleich dreimal rund um den Connaught Place hält **McDonald's** die Fahne der amerikanischen Fast-Food-Ketten hoch (im B-Block, beim Hotel Alka am äußeren Ring und südlich am Janpath, Ecke Tolstoy Marg). Eine weitere Filiale ist am Chandni Chowk in Old Delhi.

■ Mehrere gute Lokale finden sich an der äußeren Ringstraße des Connaught Place, Ecke Sansad Marg. Sehr beliebt sind z.B. die Mittag- und Abendbuffets für 175 Rs im **El Arab**. Wie es der Name schon vermuten lässt, wird vornehmlich die recht schwere und fetthaltige, dafür jedoch auch sehr schmackhafte arabische Kost serviert.

■ Gelobt wird das Restaurant des Park Hotels **Fire**. Trotz des Namens ziemlich kalt klimatisiert, ist das Essen hervorragend. Neben den Dosas sollte man *Mustard fisk tikkas* probieren, lecker.

■ Gegenüber Delhi Tourism (DTTCP) und den Emporiums fühlt man sich im **Indian Coffee House** (Baba Kharak Singh Marg) in eine andere Zeit versetzt. Hier scheint sich in den letzten Jahrzehnten kaum etwas verändert zu haben. Billige indische Snacks, Kaffee und Süßes sind weiterhin klasse.

■ Mein Lieblingslokal in Delhi ist das **United Coffee House** (Tel.: 23411697, 300–400 Rs) im E-Block des Connaught Place. Mit seinen stuckverzierten Decken, plüschigen Sofas und süßlicher Hintergrundmusik wähnt man sich eigentlich eher in einem Wiener Kaffeehaus. Ein idealer Ort, um bei einem der vielen schmackhaften Gerichte (die riesigen vegetarischen und nicht-vegetarischen Kebabs werden gelobt) oder auch einer Tasse Tee den Tag in aller Ruhe ausklingen zu lassen.

Old Delhi (Stadtplan S. 28):

■ Viele kleine Restaurants rund um die Jamia Masjid bieten Hühner-Kebabs, Fisch und weitere einfache und billige Gerichte. Hervorzuheben ist das traditionsreiche **Karim's** (Tel.: 23269880, Bazar Matia Mahal, 12–15 und 18–0 Uhr, 30–110 Rs), ein alteingesessenes und stadtbekanntes Restaurant. Hier wird vorwiegend Mughlai-Küche serviert, empfohlen sei *butter nan*. Es liegt etwas zwischen den vielen Geschäften in den Gassen versteckt, also einfach fragen, jeder dort kennt es. Gleiche Küche, heller und preiswerter ist **Al Jahawar** nebenan.

■ An der Netaji Subash Marg lockt auch das **Moti Mahal Restaurant** (Tel.: 23273661, 100–250 Rs) mit delikat zubereitetem Huhn. Tgl. außer Di wird Livemusik geboten. Besonders am Wochenende reservieren!

■ Das **Chor Bizarre** (Asaf Ali Rd., Tel.: 23272821, 7.30–10, 12–15.30 und 19.30–23.30 Uhr) beim Hotel Broadway hat seinen Namen zurecht, fungiert doch z.B. ein Himmelbett als Tisch. Die Thalis (um 300 Rs) und raffiniert nach Mughlai-Art zubereiteten Huhn-Gerichte lassen das Wasser im Mund zusammenlaufen. Reservieren!

■ Immer gut besucht ist das preiswerte **Haldiram's** (9.30–22.30 Uhr, 60–140 Rs) am Chandni Chowk. Im Erdgeschoss gibt es schmackhafte indische Snacks wie Samosas, Süßigkeiten und Eis zum Mitnehmen oder an Stehtischen, im Obergeschoss können auch umfangreichere Gerichte (Burger, Pizzen, Suppen, Dosas) an Tischen verzehrt werden. Dem gegenüber gelegenen Traditionshaus (seit 1790) **Ghantewala** hat es zwar in den letzten Jahren den Rang abgelaufen, aber auch dort gibt's exquisite Süßigkeiten zum Mitnehmen.

□ Übersichtsplan S. 22, Ausschnitte S. 28, 32, 46, 52 **Praktische Tipps** 61

■ Auch am Chandni Chowk ist das hervorragende, stadtbekannte Restaurant **Jalebiwala.** Hier werden neben indischer und chinesischer Kost Steak und *sizzlers* serviert. Man sollte die köstlichen, süßen *jalebis,* eine sehr fettig gebackene Ei-/Weizen-/Milchsüßigkeit versuchen.

■ In den Bahnhöfen Old Delhi und Nizamuddin stehen Filialen der rund um die Uhr geöffneten Kette **Comesum Multicuisine Food Plaza** zur Verfügung.

New Delhi Zentrum (Stadtplan S. 32):

■ Eins der besten Restaurants der Stadt für Meeresfrüchte ist **Ploof** (Tel.: 24649026, Main Market, Lodi Colony, nicht weit vom Safdar-Jang-Mausoleum, Metrostation Jor Bagh, 12–15 und 19–23 Uhr). Ausgezeichnete Qualität zu entsprechenden Preisen (ca. 250–600 Rs pro Hauptgericht), u.a. köstlich zubereiteter Hummer und Lachs, sind die Gaumenfreuden.

■ Empfehlenswerte Restaurants am Khan Market (Metrostation Khan Market) sind das **Café Turtle,** ein hervorragender Ort, um bei einem Kaffee oder Tee auszuruhen (über dem Full Circle Bookstore), **Latitude,** ein weiteres preiswertes Café, **Amici** mit klasse Pizzen und Burgern, das stylische **Sidewok** mit asiatischer Küche oder auch das gute **Rampur Kitchen** mit köstlichem Tandoori.

■ Ein Ausflug ins Diplomatenviertel Chanakyapuri findet im **New Sikkim House,** Panchsheel Marg, seinen (chinesischen oder tibetanischen) kulinarischen, nicht mal teuren Abschluss. Teurer und herrlich gespreizt ist es im **Basil & Thyme** (Chanakyapuri, Santoshti Shopping Complex, Metrostation Racecourse), etwa bei leckerem Blaubeer-Crêpe.

■ Wunderbar entspannen kann der Flaneur außer in den wunderschönen Lodi-Gärten auch im **Lodi The Garden Restaurant** (Lodi Rd., Metrostation Jor Bagh, 11–23.30 Uhr, Hauptgericht 300–650 Rs) nebenan. Architektonisch gelungen ist der Holzbau mit Terrasse in den rundum angenehmen Garten eingebettet, in dem unter Bäumen ebenfalls gespeist werden kann. Hier wird allerdings zwischen 15.15 und 19.15 Uhr nicht bedient. In dieser Zeit gibt's auch im Haus nur Snacks und Burger. Nicht ganz billig, aber erstklassig, auch die Cocktailkarte ist lang.

■ Ist ein Bus nach Rajasthan vom Bikaner House ausgebucht und man muss auf den nächsten warten, verkürzt ein köstlich zubereitetes Huhn im nur einige Meter südlich auf dem Gelände des Pandora Market gelegenen **Chicken Inn** (12–1 Uhr nachts, 140–400 Rs) oder bei **Pindi** mit Mughlai-Küche (150–350 Rs, bis 2 Uhr geöffnet) die Zeit.

Andere Gegenden (Stadtplan S. 22):

■ Als beste Speiseadresse der Stadt gilt das **Bukhara Restaurant** (Sadar Patel Marg, Tel.: 26112233) des Hotels ITC Maurya. Es serviert nordindische Küche auf höchstem Niveau, wofür mit ca. 600–800 Rs pro Hauptgericht nicht mal sonderlich tief in den Geldbeutel gegriffen werden muss. Auch *Clinton* und *Obama* hat's hier schon geschmeckt. Ohne Reservierung (zwischen 19 und 20 Uhr möglich) hat man kaum eine Chance.

■ Westlich des Qutb Minar lockt **Olive** (Kalka Dass Marg, Mehrauli, Metrostation Qutb Minar, Tel.: 26642552, 12–14.30 sowie 20 Uhr bis Mitternacht, 500–600 Rs) mit etwas Besonderem: Im Stil eines Havelis oder Landhauses gehalten mit gediegenem Interieur, dem man im positiven Sinn die Zeit ansieht, sowie einem luftigen, baumbestandenen Innenhof gibt's vorwiegend italienische Küche vom Feinsten (klasse Pizza, Hauptgericht zwischen 300 und 600 Rs) sowie einige Spezialitäten wie das sonntägliche Buffet (zwischen 12.30 und 14.30 Uhr). Am Freitagabend wird neben dem Mahl auf Wunsch eine Massage serviert und jeden letzten Mittwoch des Monats ab 20 Uhr wird ein Flohmarkt veranstaltet. Das Restaurant befindet sich etwa 200 m westlich des Qutb Minar, auf ein Schild mit der Aufschrift „One Style mile" achten.

■ Eine gute Möglichkeit, die vielfältige Küche der verschiedenen Regionen Indiens auf kleinem Raum und zu kleinem Preis kennenzulernen, bietet der Kunsthandwerksmarkt **Dilli Haat** (Metrostation INA) im Süden der Stadt, auf dessen gemütlichem, baumbestandenem Areal viele **Freiluftrestaurants** ihre preiswerten Spezialitäten anbieten.

■ Eine Vielzahl von Restaurants mit vielfältiger Küche und Cafés mit klasse Frühstück verwöhnen den Gaumen im Hauz Khas Village (Metrostation Hauz Khas) im Süden Delhis. Im 3. Stock des Einkaufsparadieses Hauz Khas residiert **Gunpowder** (12–15 und 19.30–23 Uhr, 100–300 Rs). Der Aufstieg wird belohnt mit herrlichen Blicken über die grüne Oase und den See darunter und vorzüglichen südindischen und speziell auch keralischen Speisen. Die *parathas* sind ein Gedicht. Das Selbstbedienungscafé **Kunzum Travel Café** (T-41, GF, Hauz Khas, 11–19.30 Uhr) kredenzt neben dem offensichtlichen und Kuchen auch Magazine und Reiseliteratur, ist also der ideale Ort zum Austausch von Erfahrungen mit anderen Travellern und zum Relaxen, WiFi umsonst.

Mit den Gaumenfreuden kann man einen Shoppingausflug in die Boutiquen, Galerien und Designershops in den Gassen oder die Entspannung im Park um das Firoz-Shah-Grabmal wunderbar verbinden.

■ Eine Filiale der guten Schnellrestaurantkette **Saravana Bhavan** findet sich am ISBT-Busbahnhof.

Nachtleben

Obwohl Delhi noch weit von Mumbais nächtlichem Vergnügungsangebot entfernt ist, der unangefochtenen Nummer eins auf diesem Gebiet, entstehen auch in der Hauptstadt mehr und mehr Bars, Nachtclubs und Diskotheken sowie Multiplexkinos.

Bars

■ In letzter Zeit sind am Main Bazaar, Pahar Ganj, mehrere meist eher dunkle Bars, gelegentlich mit lauter Musik, eröffnet worden. Am angenehmsten schluckt man aber wohl immer noch in der Bar (7–23 Uhr) des altbekannten **Metropolis Tourist Home.**

■ Am Connaught Place finden sich einige Bars wie die **Rodeo Bar** (A-Block, bis Mitternacht geöffnet, mit umfangreicher Cocktail-Karte), die sich mit einem leicht skurrilen Wildwest-Interieur schmückt, oder die **Pegasus Bar**, L-Block, die zur englischen Pub-Kultur tendiert.

■ Ebenfalls am Connaught Place ist die recht teure **QBA** (1. Stock, 42 E-Block, Tel.: 45173333) die derzeit wohl schickste Trinkstätte rund um den Platz. Bei moderner Einrichtung inkl. Polstersofas zum Versinken und einem Restaurant im Obergeschoss (ab 19 Uhr) fiele das Aufstehen schwer, wenn der Service besser wäre.

■ Wie der Name schon nahelegt, hat **24/7** rund um die Uhr geöffnet. Die Bar des The Lalit Hotel (Maharaja Rajit Singh Marg, Metrostation Barakhamba Road) etwas östlich vom Connaught Place ist also was für späte oder ganz frühe Schluckspechte.

■ In, schick und teuer ist die **Aqua Bar** (11–1 Uhr) im The Park Hotel (Parliament Street, nicht weit vom Connaught Place) am Pool. Ein Kingfisher kostet 250 Rs.

■ Wer jung und hip sein will, findet in der **TGI Fridays** (Vasant Vihar, C-Block) im Süden der Stadt seine coole Entsprechung.

■ In Süd-Delhis South Extension II ist die relaxte **Lizard Lounge** (E-5, bis 0 Uhr geöffnet), ein Ort der Ruhe, um bei einem Bier oder einem Edelwein (hier kann's richtig teuer werden) den Marktbummel nebenan ausklingen zu lassen. Auch als Restaurant ist das Lizard Lounge mit ausgefallener internationaler Küche hervorragend.

■ **Rick's** im Taj Mahal Hotel (Mansingh Rd., südlich des India Gate) wurde modern gestylt, abends Livemusik.

■ **TLR** in 31 Hauz Khas Village (2. Stock, 11–1 Uhr, www.tlrcafe.com, Metrostation Hauz Khas) ist neben einer angesagten Bar und einem Restaurant auch Bühne für Konzerte und Jam-Sessions, an den meisten Abenden ab 21 Uhr. Hier sollte reserviert werden, Tel.: 46080533.

■ Live-Musik wie Jazz und Blues am Wochenende serviert das gemütliche **Haze** (Community Centre, 8 Basant Lok, Vasant Vihar, Tel.: 41669009, 15–24 Uhr), eine für Delhi-Verhältnisse preiswerte Bar, die ab 20 Uhr in Fahrt kommt. Leider recht weit außerhalb im Südwesten der Stadt.

■ Eine traditionsreiche, gar nicht stylishe Alternative aus der Kolonialzeit mit entsprechendem Flair ist die **Cavalry Bar** im Hotel The Maidens, Civil Lines, im Norden der Stadt.

Nachtclubs und Discos

Die angesagtesten Discos finden sich vorwiegend in den Luxushotels und den betuchteren Vierteln im Süden der Stadt. In vielen Nachtclubs/Discos ist neben einem Ein-

> Bunte Mischung: Fahrzeuge auf Delhis Straßen

trittsgeld eine Getränkesteuer von 30 % zu berappen. Wenn man denn eingelassen wird, viele gewähren nur Paaren und Frauen den Zutritt, einzelne Männer haben's gelegentlich schwer. Außerdem ist auf entsprechende Kleidung zu achten. Auch hier wechselt die Beliebtheit der In-Plätze sehr schnell, sodass man sich am besten in Zeitungen wie „Times of India" und „Hindustan Times" sowie den Stadtmagazinen „Delhi diary" und „City Guide City Scan" informiert.

■ Eine der seit Langem angesagtesten Discos ist das **My Kind Of Place** (Sardar Patel Marg, Mi–Sa 18.30–1 Uhr) im Hotel Taj Palace.

■ Das vibrierende **RPM** (12–1 Uhr) über dem Laissez Faire Restaurant, Malcha Marg in Chanakyapuri, ist bei der reicheren und jungen indischen Klientel beliebt.

■ Jeden Abend wird in der **Jazz Bar** im ITC Maurya, Sardar Patel Marg, wie auch im **The Tavern** im Hotel Imperial am Janpath, dies auch ein Restaurant, cooler Jazz celebriert. Im Imperial lockt zudem die **Bar 1911,** benannt nach dem Ernennnungsjahr Delhis zur kolonialen Hauptstadt, mit der umfangreichsten Auswahl an Cocktails (ab 700 Rs) und sonstiger Hochprozenter.

Kinos

Um den Überblick über das kaum überschaubare Tagesprogramm von Delhis unzähligen Kinos zu erlangen, sollte man die schon im Abschnitt „Nachtclubs und Discos" genannten Zeitungen und Magazine zu Rate ziehen. Für die Multiplex-Kinos der PVR-Kinokette, deren cinematografische Vergnügungstempel über die Stadt verteilt sind, ist natürlich auch die Website (www.pvrcinemas.com) hilfreich. Eins der traditionsreichsten Häuser findet sich nahe dem Connaught Place mit dem 1928 gebauten **Regal Cinema** (Tel.: 23362245) im gleichnamigen Gebäude, hier jedoch nur Filme in Hindi. Gleich um die Ecke zeigt das moderne **PVR Rivoli** (Baba Kharak Singh Marg), wie alle PVR-Kinokomplexe, auch englischsprachige Bollywood-Filme. Englischsprachige Versionen sind u.a. auch im **PVR Priya Cinema** (Tel.: (0)981 0708625) in Vasant Vihar, im **Ritz** am Kashmere Gate oder im **Chanakya** in Chanakyapuri zu bestaunen. In Old Delhi ist das **Moti Cinema** am Chandni Chowk bekannt. Internationale, nicht in Hollywood produzierte Filme gibt's sehr selten, bestenfalls in Kulturzentren, zu sehen.

Kulturelle Veranstaltungen

Das kulturelle Leben in Indiens Hauptstadt ist vielfältig. Den kulturellen Veranstaltungskalender entnimmt man am besten den Tageszeitungen (und deren Wochenendbeilagen wie „brides sought"), „First city" (30 Rs), dem „Delhi diary" (25 Rs) und „City Guide City Scan".

Kulturzentren

■ Im traditionsreichen **India International Centre** (40, Max Mueller Marg, Tel.: 24619431, Metrostation Jor Bagh), dem wichtigsten Kulturzentrum der Stadt, im **Triveni Kala Sangam** (Tel.: 23718833) an der Tansen Marg (Metrostation Mandi House) sowie in der **Sangeet Natak Academy** (Rabindra Bhawan, Copernicus Marg, Tel.: 23387246, www.sangeetnatak.org, Metrostation Mandi House) finden regelmäßig Musik- und Tanzveranstaltungen (Kathakali und Bharatnatyam und folkloristischer Tanz) wie auch Lesungen, Filmvorführungen, Kunstausstellungen und Theateraufführungen statt.

■ **Max Mueller Bhawan** – benannt nach dem großen deutschen Indologen (1823–1900) – heißt die indische Version des Goethe-Instituts. Jede Woche organisiert es sehr interessante kulturelle Veranstaltungen wie Autorenlesungen, Konzerte und Filmvorführungen. 3, Kasturbha Gandhi Marg, Tel.: 23329506. Mo–Sa 11 bis 18 Uhr.

■ Die Kulturinstitute anderer Länder wie **Alliance Francaise** (Tel.: 26258128), **British Council** (Tel.: 23711401), **Italian Cultural Centre** (Tel.: 26871901) und **Japan** bzw. **Russian Cultural Centre** (mit dem *Eisenstein Film Club*) und viele weitere bieten Ähnliches.

■ Gelegentlich werden Aufführungen auch vor der eindrucksvollen Kulisse auf dem Gelände des Qutb Minar dargeboten, eine solche Gelegenheit sollte man sich nicht entgehen lassen.

Tanz

■ **Hauz Khas** (Tel.: 23718833, Metrostation Hauz Khas) ist ein herrlicher Ort, bei einem Abendessen oder auch nur einem Drink unter freiem Himmel eine Tanz- oder Musikveranstaltung zu genießen.

■ Bei **Dances of India** (Parsi Anjuman Hall, Bhahadur Shah Zafar Marg, Tel.: 23289464) werden jeden Abend ab 18.45 Uhr etwa einstündige Bharatnatyam- und Kathakali-Tänze aufgeführt (400 Rs).

Musik, Theater

■ Besonders nördlich des India Gate gibt's einige innovative Theater wie das **Kamani Auditorium** (1 Copernicus Marg, Tel.: 4350 3351/2, www.kamaniauditorium.org, Metrostation Mandi House). Neben Theateraufführungen spielt hier gelegentlich das Delhi Symphony Orchestra. Das **Abhimanch Auditorium** (National School of Drama, Bahawalpur House, 1 Bhagwan Das Rd., Tel.: 23382821, 2741, Metrostation Mandi House) zeigt interessante Theater-, Musik- und Tanzdarbietungen.

■ Zentral am Connaught Place/Sansad Marg ist **Attic** (Tel.: 23746050, www.theatticdelhi.org) im Regal Bldg. ein Ort für Ausstellungen sowie klassische Konzerte, Lesungen und Gespräche.

Einkaufen

Keine Frage, Delhi ist neben Mumbai die beste Einkaufsstadt Indiens. Nirgendwo findet sich eine derartige Angebotsvielfalt wie hier auf überschaubarem Raum.

Emporiums

■ Die beste Übersicht über die schier unermessliche Vielfalt der indischen Handwerkskunst kann man sich im **Central Cottage Industries Emporium** (tgl. 10–19 Uhr) verschaffen, das sich an der Ecke Tolstoy Marg/ Janpath befindet. Auf einer Verkaufsfläche von mehreren tausend Quadratmetern findet sich hier auf vier Etagen nahezu alles, was an Skulpturen, Schmuck, Kleidung, Teppichen, Malerei, Möbeln und vielem mehr in Indien hergestellt wird. Selbst wer nichts kaufen will, kann sich in Ruhe umschauen, ohne die sonst übliche Anmacherei. Hier gilt: *Fixed Price,* was einem den Stress des Feilschens erspart. Das Preisniveau liegt etwas über dem Landesdurchschnitt, doch dafür hat man die Garantie, dass alles echt ist.

■ Alle Bundesstaaten Indiens verkaufen in ihren **State Emporiums** (Mo–Sa 11–19 Uhr) entlang der Baba Kharak Singh Marg, ca. 100 m von äußeren Ring des Connaught Place, die typischen Kunsthandwerksartikel ihrer Region. Man findet in Delhi Taxifahrer, die einen gratis zu den State Emporiums bringen, weil sie dort Provision kassieren. Also eventuell das Regal Cinema in der Nähe oder das DTTDC Office als Fahrtziel angeben.

Janpath

■ Kräftiges Feilschen ist bei den zahlreichen **Geschäften** zwischen Connaught Place und Imperial Hotel am Janpath unbedingt erforderlich.

■ In einer kleinen Seitengasse, die westlich vom Janpath abzweigt, bieten auf dem **Janpath Market** (Mo–Sa 10.30–19.30 Uhr), auch Tibet Market genannt, viele Händler ihre bunten Decken, Taschen und Kleider sowie etwas weiter südlich auch Schmuck von eher geringer Qualität den Touristen zum Kauf an. Aufgrund der hier stark vertretenen Kundschaft aus den nahegelegenen Luxushotels sind die Preise astronomisch hoch. Man sollte höchstens ein Drittel des genannten Ausgangspreises zahlen.

Connaught Place

Die **Nobelgeschäfte** am und um den Connaught Place finden ihre Kundschaft vorwiegend in der indischen Mittelschicht, dementsprechend hoch sind auch die Preise. Dafür erhält man jedoch Top-Qualität. Auch viele internationale Marken haben hier ihre Fachgeschäfte.

Umschauen sollte man sich z.B. in einem der vielen **Schuhgeschäfte,** die sich vor allem um den inneren Kreis des Platzes gruppieren. Gut gearbeitete, modische Halbschuhe, die in Westeuropa nicht unter 100 Euro zu haben sind, kosten hier nur die Hälfte.

Gegenüber dem PVR Plaza Cinema offeriert **Soma** (K-Block, 10–20 Uhr) bedruckte Textilien in hoher Qualität zum recht kleinen Preis. Will man sich etwas schneidern lassen, ist dies bei **M Ram & Sons** (E-Block, Tel.: 23416558, Mo–Sa 10–20 Uhr) innerhalb von 24 Stunden möglich.

FabIndia unterhält mehrere Filialen (www.fabindia.com, die meisten 10–22 Uhr). Moderne, erstklassige Kleidung und weitere Textilien in gehobener Preislage sind auch nach der Reise noch tragbar. Filialen u.a. am Connaught Place (28 B-Block, Tel.: 41513371), auf dem Khan Market (Central Hall, oberhalb Shops 20 und 21), bei Greater Kailash I (GK I, 7 N-Block Market, tgl. außer Di).

Außerdem gibt es eine Reihe exzellenter **Buchläden,** in denen man neben anspruchsvoller Literatur auch großformatige Bildbände über Indien findet. Zwei der besten sind der **Bookworm** im B-Block und der **Oxford Bookstore** im Statesman House (10–21.30 Uhr). Wer an Büchern über indische Regionen, Buddhismus, Hinduismus u.Ä. interessiert ist, sollte im **Piccadilly Book Stall** (64 Shankar Market) am Connaught Place vorbeischauen. Auch der 1936 eröffnete **Amrit Bookstore** im N-Block hat eine sehr große Auswahl an Prosa, Reiseführern, Philosophie und Bildbänden.

Am Connaught Place findet sich auch die wohl größte Auswahl an brandaktuellen **Zeitungen und Magazinen** aus Europa in ganz Indien. So erhält man bei den unzähligen Händlern, die ihre Zeitschriften auf den Bürgersteigen auslegen, Magazine wie Stern oder Spiegel.

Wer auf der Suche nach neuen **DVDs und CDs** ist, sollte sich mal im unterirdischen **Palika Bazaar** umschauen. Beim Kauf sollte man erstens handeln und zweitens sich einen Shop aussuchen, in dem die CD oder DVD angespielt werden kann, um sicherzugehen, dass man keine leere und dann auch die richtige gekauft hat. Weitere Geschäfte mit großer Auswahl an Musik-CDs um den Connaught Place sind **Berco's Melody House** (E-Block, bis 19.30 außer So) oder **Music World** beim Plaza Cinema.

Musikinstrumente handelt seit 1918 **Marques & Co** (14 G-Block, Mo–Sa 10.30–13 und 14–18.30 Uhr). Von Tablas (ab 6.000 Rs) bis zu modernen Gitarren reicht Auswahl. Nicht weit entfernt ist **Rikhi Ram** (Tel.: 23327685, www.rikhiram.com, Mo–Sa 11.30–20 Uhr) die richtige Adresse für Sitars, Tablas, Harmoniums und viele andere Instrumente.

Pahar Ganj

Das andere große Einkaufsviertel für Touristen ist Pahar Ganj mit dem **Main Bazaar,** jener quirligen Einkaufsstraße, die sich direkt gegenüber dem Bahnhof von New Delhi auf einer Länge von etwa 2 km erstreckt. Hier reihen sich Hunderte von randvollen kleinen Läden aneinander, die vom Shampoo über ein Vorhängeschloss bis zum Sari und teurem Schmuck alles verkaufen. Ein typisches orientalisch anmutendes Basarviertel, in dem man sich stundenlang treiben lassen kann. Zwischen 10 und 21 sind die meisten Geschäfte geöffnet, Mo viele geschlossen. Während am Connaught Place viele Geschäfte am Sonntag geschlossen sind, ist dies am Main Bazaar einer der geschäftigsten Tage.

Der kleine, namenlose **Bücherstand** an der Main Bazaar Rd. hat ein erstaunlich reichhaltiges Angebot an Second-Hand-Büchern.

Etwa einen Kilometer westlich von Pahar Ganj ist der **Karol Bagh Market** (tgl. außer Mo 10–19 Uhr, Metrostation gleichen Namens) eine weniger touristische Alternative zu Pahar Ganj. Hier gibt es neben Kleidung, Schuhen und Gebrauchsgütern auch Gewürzgeschäfte und viele kleine Restaurants mit typisch indischen Snacks.

Chandni Chowk

Die seit Generationen bekannte und traditionsreichste „Shoppingmeile" Delhis ist der prächtige Chandni Chowk in Old Delhi mit dem Roten Fort am östlichen Ende. *Chandni Chowk* heißt Silbermarkt, doch neben **Schmuck- und Silberläden** finden sich auch unzählige Geschäfte, die alle Arten von indischen **Gebrauchswaren** anbieten.

Herrlich zum Umherstreifen sind auch die umliegenden Straßen und engen Gassen Old Delhis, wo immer noch die alte Ordnung erkennbar ist, nach der die jeweiligen Zünfte ihre Waren im selben Bezirk feilbieten. Viele Geschäfte öffnen erst gegen 11 Uhr ihre Pforten. Im Nordwesten der Altstadt ist der **Gewürzmarkt** an der Kahri Baoli wie auch die Straße selbst (keine 100 m nördlich dem Westende des Chandni Chowk beginnend) unbedingt besuchenswert. Etwas nördlicher kann man auf dem **Kleidermarkt** (Cloth Bazaar) neues Tuch erstehen.

Dilli Haat

Gute Qualität für **Kunsthandwerk** aus allen Regionen Indiens bietet der Freiluftmarkt Dilli Haat im Süden der Stadt an der Aurobindo Marg (Riksha vom Connaught Place etwa 60 Rs, Metrostation INA). Die dort ausstellenden Händler werden nach Wettbewerben in ihren jeweiligen Heimatorten ausgesucht (entsprechend gute Qualität wird feilgeboten) und zweimal monatlich ausgetauscht. Die verlangten Preise auf diesem durch das Eintrittsgeld von 10 Rs ruhigeren Marktes sind nicht so überhöht wie auf den „freien" Märkten, dennoch sollte man auch hier feilschen. Weitere Annehmlichkeit: Die Küche vieler Regionen Indiens kann in den vielen **Freiluftrestaurants** auf dem Areal zu günstigen Preisen gekostet werden.

Der Markt ist tgl. zwischen 11 und 22 Uhr geöffnet und abends und an den Wochenenden am besten besucht. Ein Ausflug dorthin lässt sich gut mit einem Abstecher zum gegenüber gelegenen, hektischen, leicht chaotischen **INA Market** verbinden, auf dem nahezu alles zu haben ist. Besonders dort auf Wertsachen Acht geben!

Khan Market

Südlich des India Gate ist der ruhige Khan Market (Mo–Sa 10.30–20 Uhr, Metrostation Khan Market) besonders bei der indischen Mittelschicht und dem Personal der umliegenden Botschaften beliebt. Entsprechend sind die Preise für die angebotenen Waren – neben modischer **Kleidung** (FabIndia), **Schmuck, Kunsthandwerk, CDs**

Praktische Tipps

und **DVDs** auch **Lebensmittel aus aller Welt** – höher als bei den vorgenannten. Eine besondere Erwähnung verdienen die besonders reichhaltig ausgestatteten **Buchhandlungen**, die u.a. handwerklich aufwendig hergestellte Bände zum Bruchteil des in Europa üblichen Preises verkaufen. Genannt seien Bahri Sons und Full Circle Bookstore.

Hauz Khas Village

Kunsthandwerk, indische Schneiderkunst, Designerkleidung, Möbel oder auch Wein werden im Hauz Khas Village (Mo–Sa 11–19 Uhr, Metrostation Hauz Khas) zu gehobenen Preisen verkauft. **Galerien, Boutiquen** und **Antiquitätenläden** laden zum Bummeln ein. Falls man etwas Größeres findet, wird dies zuverlässig ins Heimatland versendet. Vielfältige Restaurants und Cafés mit hübschen Ausblicken ins Grüne sowie der sich anschließende **Park Hauz Khas** (siehe „Sehenswertes") eignen sich wunderbar, um im hektischen Delhi zwischen Fort, Tempeln und See auszuspannen. Am Wochenende regt der Delhi Drummer Circle zum Mittanzen ein.

Shopping Malls und weitere luxuriöse Märkte

In den letzten Jahren entstanden im gesamten Stadtgebiet von Delhi, wie überall in den größeren Städten Indiens, entsprechend der zunehmenden Kaufkraft der Mittelschicht teils riesige Shopping Malls. Ein Trend geht dahin, die Malls vorwiegend an den Bahnhöfen der neuen Metro, im Süden Delhis und in Vorstädten wie Gurgaon oder Faridabad, die sich im rasanten Umbruch befinden, zu errichten.

Eine der Malls, die es schon vor der Metro gab, ist **Ansal Plaza** (an der Khel Gaon Marg, geöffnet bis 22.30 Uhr, Metrostation Green Park). Neben Gebrauchskleidung internationaler Marken werden auch Parfüm und Schmuck feilgeboten. Obwohl auch hier eher die betuchtere Klientel anvisiert wird, sind die Preise im Durchschnitt bis 50 %

geringer als in Europa. Auch fürs leibliche Wohl ist gesorgt: Neben Fast Food gibt's mit **Geoffrey's** ein hervorragendes Restaurant mit reichhaltiger Getränkekarte.

Ist das nötige Kleingeld vorhanden, kann man sich auf dem **Sunder-Nagar-Markt** (Mo–Sa 10.30–19.30 Uhr) südlich des Purana Qila in den exquisiten **Antiquitätenläden** umschauen. Beim Kauf sollte man jedoch an die Ausfuhrbeschränkungen für Antiquitäten denken. Die meisten der hier dargebotenen „Antiquitäten" sind jedoch handwerklich gut gemachte Imitationen. Zudem sei auf die hervorragenden Teeshops auf dem Markt, etwa **Mittal Tea House**, hingewiesen.

Die gleiche kaufkräftige Kundschaft bedient der **Santoshti Shopping Complex** im Diplomatenviertel Chanakyapuri (Mo–Sa 10–19 Uhr, Metrostation Racecourse). Neben Gemälden bekannter indischer Künstler (im Art Indus) werden Parfüm, Teppiche und hochwertige Kleidung offeriert. Zigarrenliebhaber finden bei Kastro's ihr kostspieliges Paradies.

Auch die **South Extension Markets I** (Lajpat Nagar) **und II** (an der Ring Road) in Delhis Süden (Metrostation Lajpat Nagar) sind, obwohl über eine größere Fläche verteilt, hier aufgeführt, da sie eine ähnliche Kundschaft ansprechen und die international bekannten Marken hier ihre Geschäfte haben. Neben Kleidung werden Schmuck, Schuhe und Taschen verkauft. Wer nach dem Einkauf noch Geld hat, kann in der modernen **Gourmet Gallery** (South Extension II) im Restaurant **Tasveer** bei indischer oder im **Whispering Bamboo** bei chinesischer Kost neue Kraft tanken. Alkoholisch lässt sich der Tank bei **On the Rocks** auffüllen.

Eine der typischen, etwas gesichtslosen Shopping Malls im Süden Delhis ist die brandneue **Select Citywalk Mall** mit Luxusgeschäften vieler westlicher Marken.

Kunsthandwerksmesse Surajkund Crafts Mela

Am südlichen Stadtrand nahe der Ausfallstraße nach Agra findet alljährlich vom 1. bis 15. Februar eine der größten Kunsthandwerksmessen Indiens statt, die Surajkund Crafts Mela im gleichnamigen Stadtbezirk, wo **Holz-, Metall- und Keramikhandwerk** sowie **Textilien** präsentiert werden, ergänzt durch musikalische und folkloristische Darbietungen. Essensstände helfen bei Hunger. Geöffnet ist der Markt von 9.30 bis 17.30 Uhr, Eintritt 20 Rs. Zu erreichen außer mit Taxi oder Riksha auch per Stadtbus 460 vom Connaught Place/Ecke Vivekanand Rd.

Bank

Wechselstuben erübrigen den Gang zu den staatlichen Banken, in denen es meist weit länger dauert, bis man Bares in Händen hält. Die Kurse der privaten Wechselstuben sind nahezu gleich zu den offiziellen Kursen, doch sollte man sich versichern lassen, dass keine Extra-Gebühren berechnet werden.

Auch in Delhi sind die meisten Banken, wie üblich in Indien, Mo bis Fr von 10 bis 14 und Sa von 10 bis 12 Uhr geöffnet, die unten genannten privaten Wechselstuben haben aber wesentlich längere Öffnungszeiten.

■ Zuverlässig ist die Filiale von **Thomas Cook** am Connaught Place (C-Block, 1. Stock, Mo–Sa 9.30–18 Uhr). Weitere Filialen finden sich am Janpath beim Janpath

---

Hände weg vom Schwarztausch!

Vorm Schwarztausch wurde ja schon im Kapitel „Geldangelegenheiten" gewarnt. Leider lassen sich gerade in **Pahar Ganj** dennoch immer wieder Traveller von den vermeintlich günstigen Wechselkursen verführen und tauschen bei Personen, die sie mit „You want to change money?" ansprechen. Bei fast allen handelt es sich um Betrüger, sodass man am Ende nicht mit mehr, sondern weniger Rupien als beim offiziellen Wechseln dasteht oder wertloses **Falschgeld** in Händen hält. Diese illegalen Schwarztauscher sind derart raffiniert, dass man zunächst gar nicht mitbekommt, dass man übers Ohr gehauen wird. Deshalb gerade in Pahar Ganj nochmals die Warnung: Hände weg vom Schwarztausch!

Guest House, an der Panjkuian Rd. westlich von Pahar Ganj im Rishyamook Bldg. (Tel.: 23747404) und am Flughafen (24 Std. geöffnet). Die Wechselkurse sind jedoch nicht die besten. Hier kann auch per Moneygram in wenigen Minuten von/an jedem/n Ort der Welt Geld transferiert werden. Auch bei **Sita World Travels**, F-Block Connaught Place, ist das Letztgenannte per Western Union Money Transfer möglich.

■ Am Connaught Place lockt die kleine Wechselstube von **Pankhuri Enterprises** (A-Block, tgl. 10 bis etwa 18 Uhr), wo gelegentlich noch geringfügig gehandelt werden kann. Dasselbe macht auch **Weizman Forex** im M-Block.

■ In Pahar Ganj ist u.a. **Baluja Forex** (tgl. 9–19.30 Uhr) am Main Bazaar für Bargeld, Travellerschecks und Visa- und Mastercard (3–4 % Gebühr für Plastikkarten) zuständig. Viele weitere finden sich an Main Bazaar, die alle nahezu gleiche Kurse bieten und meist tgl. bis etwa 20 Uhr geöffnet sind.

■ **ATMs** (Geldautomaten) existieren inzwischen überall im Stadtgebiet, wobei die der HDFC- und der idbi-Bank außer den üblichen wie Visa, Master, Maestro auch American-Express-Karten akzeptieren. Auch am **Flughafen** sind ATMs vorhanden.

Post

■ Recht günstig liegt das **Postamt am Connaught Place** (9-A, Mo–Sa 8–20 Uhr).

■ Die **Hauptpost (GPO)** befindet sich etwa 500 m westlich des Connaught Place am Ende der in einen Kreisverkehr mündenden Baba Kharak Singh Marg (Mo–Sa 10–13 und 13.30–16 Uhr). Wer sich dorthin postlagernd etwas schicken lassen will, muss folgende Adresse angeben: Name, Poste Restante, GPO, New Delhi 110001, India.

Wer von der Hauptpost ein **Paket** verschicken möchte, muss dies vorher vorschriftsmäßig in ein weißes Leinentuch verpacken und einnähen lassen. Diese Prozedur erledigt für ein Entgelt von 30–70 Rs (je nach Paketgröße) ein vor dem General Post Office platzierter Näher.

■ Ein **DHL-Büro** findet sich südlich vom Connaught Place an der 11 Tolstoy Marg, Mercantile Building (Mo–Sa 8–20 Uhr, Tel.: 23737587).

Telefonieren

Für die Reisenden, die sich in Indien keine eigene SIM-Karte kaufen, der Hinweis: In den wenigen verbliebenen **Telefonbüros** mit der Aufschrift **ISD/STD**, die meist an ein Internetcafé angeschlossen sind, kostet eine Minute nach Europa 8–10 Rs. Dies ist an einer Anzeige, die während des Gesprächs mitläuft, zu kontrollieren. Man sollte jedoch vor dem Telefonieren unbedingt nach dem Minutenpreis fragen, da einige Anbieter zuätzliche Gebühren verlangen. Oft kann man in Internetcafés mit Breitbandverbindung mittels Net-to-phone oder **Skype** billiger telefonieren. Die meisten sind in den Gassen um Main Bazaar in Pahar Ganj angesiedelt.

Internet, Fotografieren

Internetsurfen kostet in den meisten **Internetcafés** 20–30 Rs/Std. In Pahar Ganj findet man viele einige Meter die Seitengassen des Main Bazaar hinein. Inzwischen haben fast alle Breitbandverbindungen.

■ Am Connaught Place ist **DSIDC Cyber Café** (N-Block, Mo–Sa, nur bis 20 Uhr) eine der wenigen verbliebenen Adressen. Ansonsten gibt's kaum eine weitere Surfmöglichkeit um den Connaught Place.

■ Eine der wenigen Möglichkeiten, in der Altstadt zu surfen, ist das gut ausgerüstete **Z.A. Cyber Café** (Bazar Matia Mahal, Tel.: 232 70745, hier werden auch Digitalfotos auf CD gebrannt) nahe der Jamia Masjid, nur 15 Rs pro Stunde.

■ Im Süden der Stadt ist u.a. **Cyber Graphics** beim Khan Market eine fixe Surfmöglichkeit.

■ Wer seine Digitalfotos brennen lassen will, kann dies am billigsten bei einem der oben genannten, dafür ausgerüsteten Internetcafés tun, da diese nur 45–70 Rs inkl. CD dafür verlangen. Bei **Kodak Express** am Connaught Place (A-Block, Tel.: 2234446) können Ausdrucke (um 5 Rs für ca. 10x15 cm) gemacht werden.

Visumverlängerung

Für eine Visumverlängerung muss man sich zum **Foreigners Regional Registration Office** (**FRRO,** 2. Stock, East Block 8, Secor, Rama Krishna Puram, Tel.: 26195530, Mo–Fr 9.30–17.30 Uhr) im Süden Delhis begeben. Anträge werden aber eher selten bewilligt. Hat man die erforderlichen vier Passfotos nicht dabei, kann man sie von einem der vor dem Gebäude platzierten Fotografen machen lassen. Um sich der nerven- und zeitaufreibenden Prozedur gar nicht erst stellen zu müssen, besorgt man sich am besten bereits vor der Abreise ein sechsmonatiges Visum (siehe „Vor der Reise").

Medizinische Versorgung

- Im Falle einer ernsten Erkrankung sollte man bei der **Botschaft** nach einer Arztadresse fragen.
- Positive Erfahrungen haben viele Reisende mit dem **East West Medical Centre,** B-28 Greater Kailash I, New Delhi 110048 (Tel.: 292437901-3, www.eastwestrescue.

com) im Süden der Stadt gemacht. Die Behandlung hier ist sicherlich nicht billig, doch bei der Gesundheit sollte man bekanntlich als Letztes sparen. Reisekrankenversicherungen werden akzeptiert und es wird mit der Deutschen Botschaft kooperiert, falls das nötig ist.

■ Weitere gute Adressen sind das **Apollo Hospital,** Mathura Rd. (Tel.: 26925858, www.apollohospitals.com, Metrostation Jasola Apollo), und das **All India Institute of Medical Sciences,** Ansari Nagar (Tel.: 26588500, www.aiims.edu, Metrostation AIIMS).

■ Wer Zahnschmerzen und zudem ein gut gefülltes Portemonnaie hat, kann sich an folgende Adresse wenden: **Diplomatic Dental Centre,** B-71, Paschimi Marg, Vasant Vihar, N.D.-57 (Tel.: 26147008).

■ Eine günstig gelegene, 24 Std. geöffnete Apotheke ist **Apollo Pharmacy** am Connaught Place, G-Block, beim Hotel Radisson Blu Marina.

Reisebüros

Speziell in der Umgebung der Tourist Offices bzw. um den Connaught Place treiben sich viele **Schlepper** herum, die einem Rundreisen per Mietwagen oder Billigflugtickets nach Nepal oder Europa andrehen möchten. Da sich viele schwarze Schafe darunter befinden, sollte man sich keinesfalls auf deren Werben einlassen. Je verlockender die Angebote klingen, desto größer ist die Gefahr, dass es sich um Betrügereien handelt.

■ Eine verlässliche Reiseagentur für Rundfahrten in ganz Indien sowie Flug- und Bahnticketbeschaffung und Autoanmietungen ist **Capital City Tours & Travels** (Tel.: 29562097, (0)9990 001122, www.touring-india.com) mit ihrem Büro im Ajanta Hotel in der Arakashan Rd. nahe New Delhi Railway Station.

■ Eine gute, wenn auch etwas teurere Adresse ist das **Student Travel Information Centre (STIC),** G-55 Connaught Place, Tel.: 462 06600, www.stictravel.com), wo Studentenermäßigungen erhältlich sind. Hier kann man seinen Studentenausweis erneuern lassen.

◁ Das alltägliche Durcheinander

■ Im Pahar-Ganj-Viertel ist **Hans Travel Service** (Tel.: 23327629) mit Filialen in mehreren Hotels seit Jahren eines der renommiertesten Reisebüros.

■ Nicht billig, aber sehr zuverlässig ist **Paul Tours** (Tel.: 23415769, (0)9810009261, www.paultours.com), im York Hotel, K-Block, Connaught Place.

■ In Pahar Ganj und rund um den Connaught Place wird man ständig von jungen Männern angesprochen, die umherstreifende Touristen zu einem der Reisebüros in der Nähe locken wollen, welche auf **All-Inclusive-Touren nach Kashmir** spezialisiert sind. Es ist schwer, hier die Spreu vom Weizen zu trennen. Man sollte sich jedoch nur auf Erfahrungen anderer Reisender mit Reiseagenturen verlassen und die jeweilige Sicherheits- und Klimasituation vergegenwärtigen.

Diplomatische Vertretungen

■ **Embassy of Germany,** 6/50G, Shanti Path, Chanakyapuri, New Delhi 110021, Tel.: 44199199 oder in dringenden Notfällen (0)9810004950, www.new-delhi.diplo.de.

■ **Embassy of Austria,** Ep-13, Chandragupta Marg, Chanakyapuri, New Delhi 110021, Tel.: 24192700, new-delhi-ka@bmeia.gv.at.

■ **Embassy of Switzerland,** Nyaya Marg, Chanakyapuri, New Delhi 110021, Tel.: 49959500, ndh.vertretung@eda.admin.ch.

Weiterreise

Flug

Von Terminal 3 des neuen Flughafens **Indira Gandhi International Airport** (Tel.: 0124-3376000, www.newdelhiairport.in) starten alle **nationalen und internationalen Flüge.** Der moderne Verkehrsknotenpunkt verfügt über WiFi und Schlafmöglichkeiten (315 Rs/Std. inkl TV).

Es macht keinen Sinn, Preise für **Inlandsflüge** anzugeben, da diese zum Teil erheblich schwanken. Bei vielen Fluggesellschaften ist die Buchung über die Websites billiger (siehe hierzu Kapitel „Reisetipps A–Z: Verkehrsmittel, Inlandsflüge"). **Check-In** für Inlandsflüge ist mindestens eine Stunde vor Abflug. Über aktuelle innerindische Flugverbindungen aller Airlines informiert www.yatra.com und „Excel's Timetable of Air Services within India" (55 Rs) an einigen Kiosken.

■ Ein **Taxi** zum Flughafen sollte für etwa 310 Rs zu bekommen sein, nach 23 Uhr kostet es 25 % mehr. Fahrten mit Taxis oder **Minibussen**, die von den Hotels für 250 Rs angeboten werden, fahren meist mit 3 bis 6 Fahrgästen los. Informationen zur neuen **Metrolinie** zwischen Flughafen und Innenstadt siehe „Stadtverkehr".

Vom **Inter State Bus Terminus (ISBT)** verkehren Busse der Delhi Transport Corporation zum **Abflugterminal 3** des Flughafens über Kashmiri Gate, vorbei am Roten Fort, LNJB Hospital, New Delhi Railway Station (Gate 2 auf der Ostseite des Bahnhofs, nach Überqueren der Gleisbrücken vom Stadtteil Pahar Ganj aus erreichbar), Connaught Place über Parliament Street und Ashoka Road.

Nationale Fluggesellschaften:

■ **Air India,** Safdarjang Airport, Aurobindo Marg, Tel.: 24622220, 1407, 9–17.30 Uhr, www.airindia.in.
■ **Jet Airways,** G-Block, Connaught Place, Tel.: 29893333, 1800-225522, am Flughafen 25675404, Mo–Sa 9–21, So 9–18 Uhr, www.jetairways.com.
■ **Spice Jet,** Tel.: 1800-180-3333 (gebührenfrei), (0)9871803333, www.spicejet.com.
■ **Jagson Air,** Vandana Bldg., 11 Tolstoy Marg, Tel.: 23721593, Mo–Sa 9.30–18 Uhr.
■ **Indigo Airlines,** Level 1, Tower C, Global Business Park, MG Road, Gurgaon, Tel.: (0)9910383838, www.goindigo.in.

Internationale Fluggesellschaften:

■ Außer **Royal Nepal Airlines** am Janpath (Tel.: 2332 3437, 23321572, Mo–Fr 9.30–17.30, Sa und So bis 17 Uhr) haben alle internationalen Airlines ihre Büros in Gurgaon und/oder am Flughafen.

Bahn

Bahnfahrkarten sollten im speziell für Touristen eingerichteten **International Tourist Bureau** im 1. Stock des New-Delhi-Bahnhofs (Mo–Sa 8–20 Uhr, So 8–14 Uhr, Tel.: 234 05156, 23346804) gekauft werden. Zwar kann es auch im Tourist Bureau bis zu einer Stunde dauern, bis man an der Reihe ist (es sei denn, man kommt gleich morgens, oder – häufig noch besser – etwa eine Stunde vor Geschäftsschluss). Doch dafür geht dort wegen des Aufrücksystems in gepolsterten Stühlen (jeweils eine Reihe auf der linken und rechten Seite des Raums, an die man sich hinten ansetzt und am besten während des Wartens das Reservierungsformular ausfüllt) alles wesentlich übersichtlicher und ruhiger über die Bühne. Die Zeit zwischen etwa 13.45 und 14.30 Uhr ist weniger empfehlenswert zum Ticketkauf, da zwischen 14 und 14.15 Uhr mehrere Schalter Mittagspause machen. Neben dem Eingang hilft ein Auskunftsschalter bei Fragen.

Jeder Ausländer hat beim Kauf eines Zugtickets seinen **Reisepass** vorzulegen. Wer in **Rupien** zahlen will, muss gelegentlich seinen Umtauschbeleg vorlegen. Zahlt man in **Euro oder Dollar,** wird der Restbetrag wiederum in Rupien ausgezahlt. Ist die weitere Reiseroute bereits genauestens durchgeplant, kann man **alle nötigen Fahrkarten** gleich hier erwerben, da es in anderen Städten oft ungleich aufwendiger ist, Tickets zu bekommen.

Wichtig ist es, darauf zu achten, von welchem Bahnhof der Zug losfährt. Außerdem sollte man sich rechtzeitig auf den Weg zum jeweiligen Bahnhof machen. Vom zentral

Ticket-Service im Guest House

Wer sich das Anstehen für Zugtickets ersparen will und nicht auf jede Rupie schauen muss, dem sei der von vielen Guest Houses in Pahar Ganj angebotene Ticket-Service empfohlen. Für eine Gebühr von etwa 100 Rs pro Ticket wird einem der gewünschte Fahrschein besorgt, vorausgesetzt, es stehen noch Plätze zur Verfügung.

gelegenen **New-Delhi-Bahnhof** dürfte es keine Probleme geben, aber speziell während der Hauptverkehrszeiten sollte man etwa eine Stunde Anfahrt von Connaught Place oder Pahar Ganj zur **Old Delhi Railway Station** veranschlagen. Einige wenige Züge fahren auch vom **Nizamuddin-Bahnhof** im Süden New Delhis und von **Sarai Rohilla** im Nordwesten ab. Wichtige **Verbindungen** finden sich im Anhang.

Erwähnt werden soll noch der von Delhi startende Luxuszug **Palace on Wheels,** der eine einwöchige Rajasthan-Rundreise unternimmt, sowie der **The Royal Orient,** der sehenswerte Ziele in Rajasthan und Gujarat anfährt. (Genaueres zu beiden Zügen im Kapitel „Reisetipps A–Z, Verkehrsmittel".)

Bus

Wegen der hervorragenden Anbindung und des bequemeren Reisens setzen fast alle Touristen von Delhi aus die Fahrt mit dem Zug fort. Allerdings werden vom riesigen **Inter State Bus Terminus** (**ISBT,** Metrostation Kashmiri Gate) ca. 1 km nördlich der Old Delhi Railway Station beim Kashmiri Gate alle größeren Städte Nordindiens mit **Direktbussen** angefahren. Die einzelnen Bundesstaaten besitzen dort ihre eigenen Büros, in denen man zwischen 10 und 17 Uhr sein Ticket bis zu sieben Tage im Voraus buchen kann.

Die Abfahrtszeiten wichtiger Ziele von staatlichen Bussen sind unten angegeben. Da die Abfahrtszeiten der Busse Änderungen unterliegen, sollte man sich vor Ort nochmals beim Auskunftsschalter am ISBT unter Tel. 23860290 erkundigen. Einige wichtige Verbindungen sind auch bei http://dtc.nic.in/dt4.htm gelistet. Zu einigen wichtigen Zielen wie Udaipur (Abf. tgl. 18 Uhr, 700 Rs, über Jaipur) setzt DTC auch klimatisierte Volvo-Luxusbusse ein.

Außerdem haben mehrere andere Bundesstaaten Büros am ISBT-Busbahnhof: **Harayana Roadways** (Schalter 35, Tel.: 23861262, www.hartrans.gov.in), **Punjab Roadways** (Schalter 37, Tel.: 23867842, www.punjabroadways.gov.in), **Rajasthan Roadways** (Schalter 36, Tel.: 23386658), **Uttar Pradesh Roadways** (Schalter 33, Tel.: 23868709).

Auch die meisten Guest Houses und Reiseagenturen in Pahar Ganj und um den Connaught Place verkaufen Fahrscheine für Luxusbusse privater Anbieter, z.B. nach Dharamsala (14 Std., 600 Rs) oder Jammu (15 Std., um 500 Rs). Man sollte sich jedoch vergewissern, ob diese wirklich in der Nähe der Unterkunft losfahren.

Wichtige Verbindungen vom ISBT (wenn nicht anders angegeben):

- **Amritsar:** stdl., 10 Std., 500–650 Rs
- **Ajmer:** stdl., 9 Std., Exp. 280 Rs
- **Dharamsala/McLeod Ganj:** 15 Std., 650 Rs
- **Jammu:** stdl. (5–23 Uhr), 15 Std., 500 Rs
- **Jaipur:** stdl., 5 Std., 330 Rs Sup.-Del., 450 Rs AC
- **Jodhpur:** 5 Busse, 13 Std., 330 Rs Exp., 450 Rs Del.
- **Lahore:** tgl. 6 Uhr morgens ab Dr. Ambedkar Terminal (Tel.: 2338180) am Delhi Gate, 1.050 Rs
- **Ramnagar (Corbett-Nationalpark):**
5 Busse (6.45, 7.45, 9.10, 18.30, 20 Uhr), 6 Std., 170 Rs

Auch vom **Sarai Kale Khan Inter State Bus Terminus** (Tel.: 24358092), im Südosten zwischen Bahnhof Nizamuddin und Ring Rd. gelegen, starten und enden Busse nach/aus Agra, Chandigarh und anderen Zielen in Himachal Pradesh.

Vom **Bikaner House** (Pandara Rd., Metrostation Khan Market) südlich des India Gate fahren mehrere Luxusbusse von Rajasthan Roadways/Rajasthan State Transport Corp. nach **Jaipur** (stdl. Abfahrten, 5–6 Std. Fahrtzeit, 330 Rs, AC 450 Rs, AC-Volvo 650 Rs), **Jodhpur** (1 Bus, 11 Std., 500 Rs), **Ajmer** (3 Busse, 9 Std., 400 Rs), **Udaipur** (1 Bus, 15 Std., 750 Rs). Von Jaipur luxuriöse Anschlussbusse zu Zielen in Rajasthan (siehe Jaipur, Weiterreise). Genaue Abfahrtszeiten und Verfügbarkeit von Plätzen können bei Rajasthan Roadways (Tel.: 23382469, Bikaner House, und am ISBT, Schalter 36, Tel.: 23386658) erfragt werden.

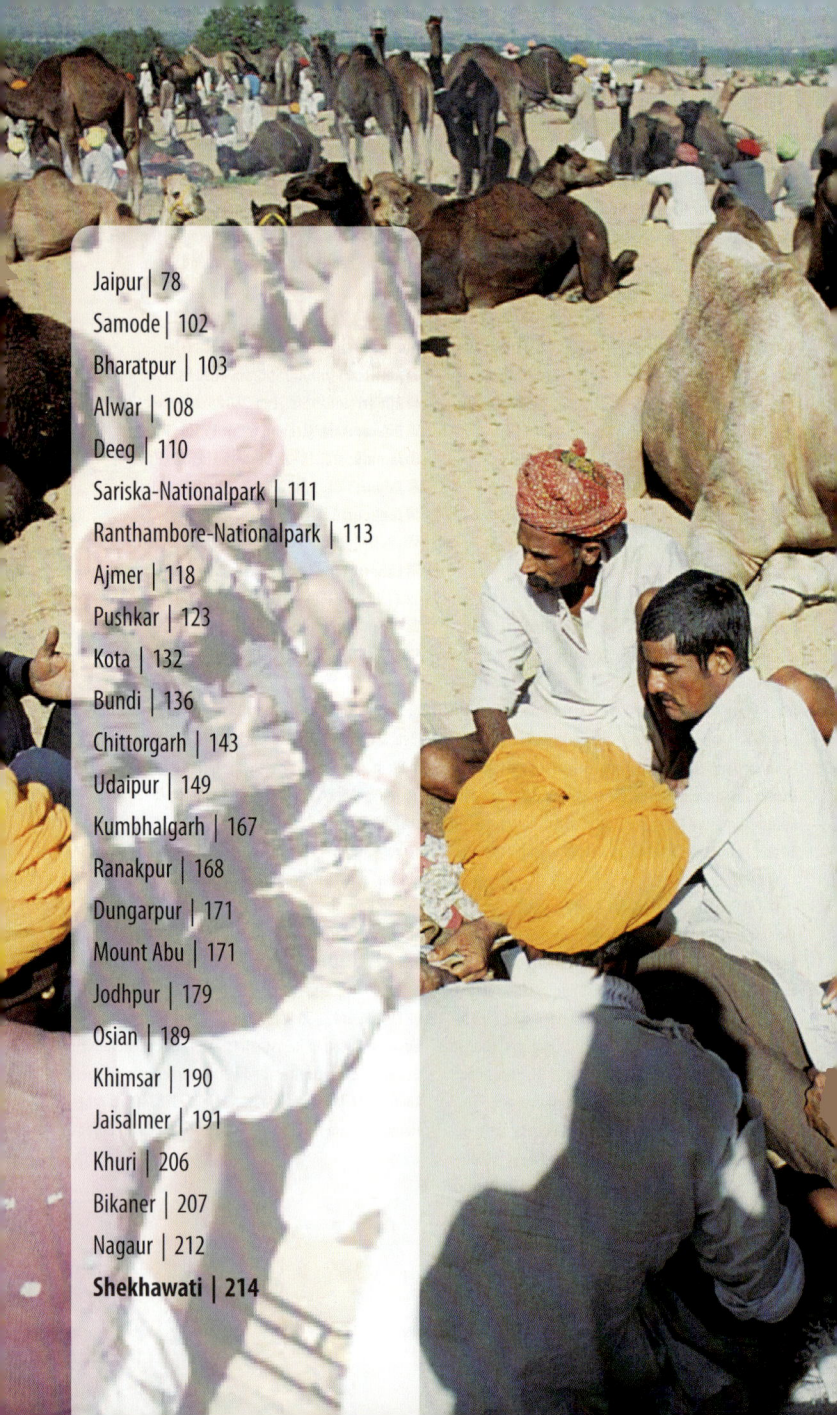

- Jaipur | 78
- Samode | 102
- Bharatpur | 103
- Alwar | 108
- Deeg | 110
- Sariska-Nationalpark | 111
- Ranthambore-Nationalpark | 113
- Ajmer | 118
- Pushkar | 123
- Kota | 132
- Bundi | 136
- Chittorgarh | 143
- Udaipur | 149
- Kumbhalgarh | 167
- Ranakpur | 168
- Dungarpur | 171
- Mount Abu | 171
- Jodhpur | 179
- Osian | 189
- Khimsar | 190
- Jaisalmer | 191
- Khuri | 206
- Bikaner | 207
- Nagaur | 212
- **Shekhawati | 214**

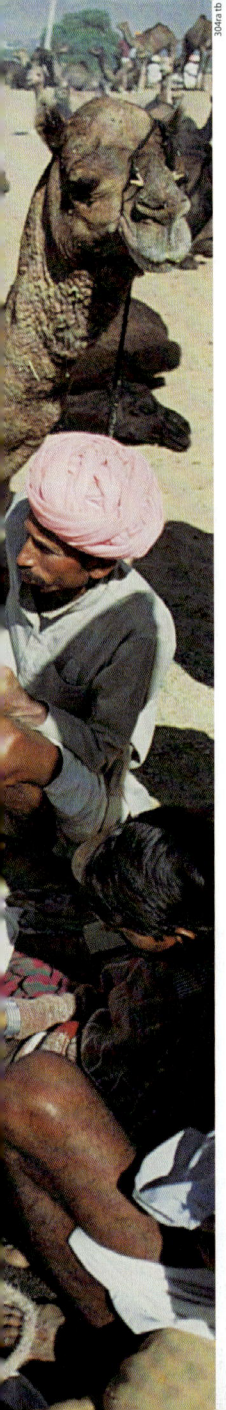

Der zweitgrößte Bundesstaat im Nordwesten des Subkontinents scheint alle Bilder vom Märchenland Indien in sich zu vereinigen.

Rajasthan

Schon in historischen Reiseberichten wird von der landschaftlichen Schönheit, dem sagenumwobenen Reichtum der Rajputen und den exotischen Farben geschwärmt.

◁ Die Pushkar Mela macht die kleine Wüstenoase Pushkar jedes Jahr im November zum größten Wallfahrtsort Indiens

Der nach der Unabhängigkeit aus über 20 selbständigen Fürstentümern neu gegründete Bundesstaat Rajasthan ist mit seinen 57 Mio. Einwohnern **eine der rückständigsten Regionen Indiens.** Grund dafür ist die jahrhundertelange Ausplünderung der Bevölkerung durch verschwendungssüchtige Fürsten.

Eine andere entscheidende Ursache für die schleppende wirtschaftliche Entwicklung des Landes ist jedoch auch in den ungünstigen geografischen Bedingungen zu finden. Über 57 % der Gesamtfläche Rajasthans nimmt die landwirtschaftlich nur sehr begrenzt nutzbare **Wüste Thar** ein. In dieser äußerst regenarmen westlichen Region Rajasthans, in der der Monsun oft jahrelang ganz ausbleibt, müssen über 50 % der Bevölkerung ihren kargen Lebensunterhalt durch Viehzucht verdienen, wobei das Kamel als Arbeitstier von unschätzbarem Wert ist.

Begrenzt wird die Wüste Thar im Osten durch das **Aravallis,** die älteste Gebirgskette der Erde, die Rajasthan in der Mitte durchschneidet und als natürliche Klimascheide fungiert. Die im Osten und Süden des Gebirges gelegenen Landesteile sind weitaus regenreicher als der karge Westen und können so als Ackerland genutzt werden. Dort werden vornehmlich Hirse, Mais und Weizen angebaut. Das einzige bedeutende Industriegebiet

Im Reich der Maharajas

RAJASTHAN – IM REICH DER MAHARAJAS

➡ Highlight*:
Jaipur | 78
Amber | 98
Ranthambore-Nationalpark | 113
Pushkar und sein Pilgerfest | 123, 126
Udaipur | 149
Ranakpur | 168
Meherangar-Fort in Jodhpur | 180
Jaisalmer | 191

➡ Der besondere Tipp*:
Nahargarh Fort zum Sonnenuntergang | 87
Jaigarh Fort | 99
Abhaneri | 101
Stadtpalast von Alwar | 108
Kamel- und Pferdesafaris in Pushkar | 131
Bundi | 136
Fort Begu | 149
Heritage Hotel in Deogarh | 170
Dilwara-Tempel in Mount Abu 174
Ziplining und Altstadtbummel in Jodhpur | 181
Manvar Desert Camp | 187

*Diese Tipps erkennt man im Buch an der gelben Hinterlegung im Kapitel.

HIGHLIGHTS

Mit Gold und Juwelen geschmückte Paläste, Kamelkarawanen vor der Silhouette der untergehenden Sonne inmitten unendlicher Wüstenlandschaften, Frauen mit brokatüberzogenen Saris und Männer mit bunten Turbanen, uralte Karawanenstädte und einzigartige Festtagsumzüge mit geschmückten Elefanten, Gauklern und Musikern – das ehemalige Rajputana, Land der Königssöhne, weckt Fantasien von Tausendundeiner Nacht. Legendär ist der Stolz der Bewohner, die von sich behaupteten, von der Sonne, dem Mond und dem Feuer abzustammen.

Tee und Gebäck am Ende eines langen Tages in der Wüste

Rajasthans konzentriert sich im Südosten um die Stadt Kota.

Dabei ist es gerade die bis heute geringe industrielle Erschließung und das dadurch bedingte Überleben traditioneller Lebensformen, die die eigentliche Faszination Rajasthans vor allem bei westlichen Touristen ausmacht. Natürlich ist der in Indien deutlich spürbare Wandel auch am Land der Königssöhne nicht spurlos vorbeigegangen, doch noch immer bieten sich dem Besucher Bilder unvergleichlicher Schönheit. So ist Rajasthan heute zu Recht der mit Abstand meistbesuchte Bundesstaat Indiens, wobei die Zahl der zu besichtigenden Ziele schier unerschöpflich ist. Letztlich ist es fast egal, ob man sich nun in die märchenhafte Wüstenstadt Jaisalmer aufmacht, ins romantische Udaipur, zum atemberaubenden Meharangarh Fort nach Jodhpur oder in die touristisch noch relativ unentdeckte und gerade deshalb um so faszinierendere Shekhawati-Region – hier wie dort gilt: Rajasthan ist märchenhaft schön.

Tipp: Rajasthan per Mietwagen

Wegen der geringen Entfernungen der einzelnen Städte eignet sich Rajasthan besonders gut, um mit einem Mietwagen (inkl. Fahrer) erkundet zu werden. Auf diese Weise kann man nicht nur relativ viele Orte innerhalb kurzer Zeit besuchen, sondern auch in den landschaftlich schönen Gebieten anhalten lassen, wo es einem gerade gefällt. Mit 15.000 Rs für eine 14-tägige Rajasthan-Tour mit Delhi als Ausgangs- und Endpunkt halten sich die Kosten durchaus in Grenzen, zumal dann, wenn man sie sich mit mehreren Personen teilt. Ausführliche Informationen zu Mietwagen finden sich im Kapitel „Praktische Reisetipps: Verkehrsmittel".

Highlight:
Jaipur
– rosarote Schönheit

V/C3

Rosarote Märchenpaläste, eine orientalisch anmutende Altstadt, mit Menschen und Waren überfüllte Basare, Elefanten und Kamele, die gemächlich durch die quirligen Straßen marschieren – in Jaipur ist das Klischee vom malerischen Indien Wirklichkeit. Die Hauptstadt Rajasthans ist aufgrund der geografischen Nähe zu Delhi und einer hervorragenden touristischen Infrastruktur die nach Delhi und Agra meistbesuchte Stadt Indiens. Die verspielte **Mogularchitektur** mit ihren in zartes Rosa getauchten Häuserfassaden zusammen mit den weitläufigen, boulevardähnlichen Straßen voll orientalischer Lebensfülle faszinierte die Reisenden seit jeher. „Fast könnte man glauben, diese Stadt sei der üppigen Fantasie eines Dichters entsprungen", notierte der Italiener *Luciano Magrini*, der Jaipur in den zwanziger Jahren des 20. Jh. besuchte.

Shilpa Shastra und Prinz *Albert* sind dafür verantwortlich, dass Jaipur heute **eine der beeindruckendsten Städte Indiens** ist. Shilpa Shastra ist nicht etwa ein rajputischer Herrscher, sondern ein altes indisches Lehrbuch der Baukunde und Prinz Albert nicht irgendein britischer Adliger, sondern der spätere König *Edward VII.*

Als sich *Sawai Singh II.* nach dem Tod *Aurangzebs* (1707) und dem dadurch eingeleiteten Niedergang der Mogulherrschaft dazu entschloss, das alte, 700 Jahre als Hauptstadt dienende Amber zu verlassen und seine neue Metropole elf Kilometer weiter südöstlich zu errichten, wollte er seine neugewonnene Unabhängigkeit auch dadurch dokumentieren, dass er sie entsprechend den Regeln des Shilpa

Shastra errichten ließ. Von der Lage der Stadt über die Breite der Haupt- und Nebenstraßen bis zur Zuordnung der verschiedenen Kasten auf die einzelnen Stadtteile ist dort jedes Detail genauestens festgelegt. So entstand eine für indische Verhältnisse im Grunde ganz untypische **Reißbrettstadt** mit sehr breiten, rechtwinklig aufeinander zulaufenden Straßen, die in neun Blöcke unterteilt ist und von einer sechs Kilometer langen, zinnengekrönten Stadtmauer umschlossen ist.

Als Prinz Albert anlässlich eines Staatsbesuches 1876 nach Jaipur kam, wurden ihm zu Ehren alle Häuser der Altstadt mit der Begrüßungsfarbe **Rosa-Orange** gestrichen. **Pink City**, wie die heutige Hauptstadt Rajasthans seither genannt wird, ist in der Altstadt seit den Tagen Prinz Alberts nahezu unverändert geblieben – und wird es auch bleiben, da diese unter Denkmalschutz steht.

Um etwaigen Enttäuschungen vorzubeugen, sollte man sich im Klaren sein, dass in den Außenbezirken all die negativen Aspekte einer indischen Großstadt wie Luftverschmutzung, Lärm und hässliche Zweckbauten das Bild bestimmen. Der Charme der Stadt entfaltet sich ausschließlich in der **ummauerten Altstadt**.

Geschichte

Flagge zeigen, das bedeutet bei den Maharajas von Jaipur mehr als bei allen anderen Herrschergeschlechtern Rajasthans auch heute noch, ihre Besonderheit zu dokumentieren. Als Zeichen der Anwesenheit des Herrschers flattert über dem Stadtpalast von Jaipur zusätzlich zur üblichen mit dem Herrschaftssymbol versehenen Flagge ein weiterer kleiner Wimpel, genau ein Viertel so groß: *Sawai* – ein und ein Viertel, ein Ehrentitel, der *Jai Singh II.*, dem Gründer Jaipurs, bei seinem Antrittsbesuch vom Großmogul *Aurangzeb* in Delhi auf Grund seiner besonderen Leistungen verliehen wurde und der den Führungsanspruch gegenüber den anderen Rajputenstaaten begründen sollte.

Doch schon lange vorher waren die **Kachwahas von Amber,** deren Herrschergeschlecht Sawai Udai Singh II. entstammte, durch besonders enge Beziehungen zu den Mogulen zu Ehre und Wohlstand gelangt. Während andere Rajputenstaaten durch fortwährende Unabhängigkeitskämpfe gegen die Herrscher von Delhi geschwächt wurden (Chittorgarh, Udaipur), war es *Raja Biharimal* aus dem Hause Amber, der 1556 als erster Rajputenfürst seine Tochter Kaiser *Akhbar* zur Frau gab, wofür er und all seine Nachfolger mit lukrativen Posten als Generäle bzw. Gouverneure belohnt wurden. So entwickelten sich die Kachwahas schnell zu einem der mächtigsten Rajputengeschlechter, und die Palastanlage in Amber vermittelt auch heute noch einen lebendigen Eindruck ihres scheinbar unermesslichen Wohlstandes.

Daran sollte sich auch nach dem Niedergang der Mogulen nichts ändern und so konnte Sawai Jai Singh II. an dem von Astrologen festgelegten Datum vom 27.11.1727 den Grundstein für seine neue Hauptstadt Jaipur legen. Auch weiterhin verstanden es die Kachwahas durch geschickte Diplomatie, ihre führende Stellung unter den Rajputenfamilien zu wahren. So standen sie Mitte des 18. Jh. bei der Niederschlagung der indischen Unabhängigkeitsbewegung ebenso auf seiten der Briten wie während des Zweiten Weltkrieges, als der Maharaja von Jaipur als Major in Italien kämpfte. Erst zwei Jahre nach der Unabhängigkeitserklärung wurde Jaipur Mitglied der Indischen Union.

Stadtrundfahrt

■ Vom Bahnhof starten täglich um 8, 11.30 und 13.30 Uhr jeweils fünfstündige Rundfahrten von RTDC (Rajasthan Tourism Development Corporation, Tel.: 22020778), die zum Preis von 150 Rs alle bedeutenden Sehenswürdigkeiten innerhalb Jaipurs wie etwa Hawa Mahal, Stadtpalast, Jantar Mantar ohne die recht lange Mittagspause der Ganztagestour beinhalten.

■ Die **Ganztagestour** von 9 bis 18.30 Uhr (200 Rs) schließt außerdem noch die Besichtigung der königlichen Gräber in Gaitor, des sehenswerten Jaigarh Fort, Amber Fort, des Birla-Planetariums sowie des Nahargarh Fort ein, wo auch eine Mittagspause (jedoch erst recht spät gegen 14.30 Uhr) eingelegt wird. Sicherlich eine gute und zudem relativ preiswerte Möglichkeit, um die vielfältigen Sehenswürdigkeiten der Stadt in kurzer Zeit zu besuchen. Allerdings wirkt alles etwas gehetzt und natürlich wird auch der übliche Stopp in einem Laden eingelegt. Die genannten Preise beinhalten nicht die Eintrittspreise und Kamera-/Videogebühren.

Die Busse beider Stadtrundfahrten nehmen am Tourist Information Bureau am Busbahnhof noch weitere Interessierte auf. Auch hier können Tickets erstanden werden.

■ Zudem wird eine vierstündige **Abendtour Pink City by Night** (18.30–22.30 Uhr) angeboten, die die meist angestrahlten wichtigsten Sehenswürdigkeiten inkl. Amber Fort passiert. Sie beinhaltet ein Abendessen im Nahargarh Fort, das im Preis von 250 Rs enthalten ist.

Alle genannten Preise beinhalten nicht die Eintrittskosten für die Sehenswürdigkeiten.

Altstadt

Im Grunde ist die in ihrer Architektur seit der Gründung vor fast 300 Jahren unveränderte Innenstadt von Jaipur ein einziges Gesamtkunstwerk. Dementsprechend gehört das Schlendern durch die von pulsierendem Leben erfüllten Gassen zu einem der schönsten Erlebnisse in der Stadt. Besonders beeindruckend wirkt die Altstadt am Spätnachmittag,

---

41 Reds Fun Dining, Barista
42 Lassiwala
43 Indian Coffee House
44 Restaurants Niro's und Natraj, Jal Mahal Café, Surya Mahal, Bake Hut
46 McDonald's
52 Rambagh Palace
56 Indian Spice

■ **Verkehr**
11 Central Bus Station, Riksha Prepaid Stand
16 Busse nach Amber
18 Rajasthan Auto Center
19 Rajasthan Royal Tour
20 Railway Reservation Office
23 Jaipur Tower (Travel Care)
27 Air India
48 Lufthansa
55 Air India

■ **Einkaufen**
24 Jodhpur Tailors
27 Ganpati Books
31 Silver Shop
37 Anokhi
45 Books Corner
47 Rajasthali
51 Mojari
56 Gaurav Tower

wenn die Häuserfassaden mit ihren winzigen Fenstern, bogenförmigen Eingängen, geschwungenen Balkonen und Kuppeldächern im Licht der tiefstehenden Sonne in einem satten Rosa erstrahlen.

Unübersehbar ist jedoch auch die in letzter Zeit rasant voranschreitende Verwestlichung und Modernisierung im täglichen Leben der Inder. So gehört das bis vor wenigen Jahren selbstverständliche Bild der vorbeiziehenden Kamelkarren mit ihren stolzen, turbangeschmückten Antreibern inzwischen fast der Vergangenheit an. Dafür bestimmen neben den nach wie vor die Straßen verstopfenden Fahrradrikshas immer mehr PKW und Busse die Szene. Dazu passt es, dass neben traditionellen Produkten wie Gewürzen, Schmuck, Textilien, Gemüse und Obst zunehmend Fernseher, Klimaanlagen und Autoersatzteile angeboten werden. Dieses Nebeneinander von alt und neu verdeutlicht den für ganz Indien charakteristischen Wandlungsprozess von einer agrarischen Dorfgesellschaft zu einer mobilen, zukunftsorientierten Industrie- und Dienstleistungsgesellschaft.

Rundgang

Im Labyrinth der Altstadtgassen verliert man schnell die Orientierung. Wer sich zunächst einen Überblick verschaffen möchte, bevor er sich treiben lässt, dem sei der folgende Rundgang empfohlen. Beginnen wir beim **Singh Pol,** einem jener sieben Eingangstore der Altstadt, welches noch bis zum Anfang dieses Jahrhunderts abends verschlossen wurde. Das sieben Meter hohe und drei Meter dicke Tor hinterlässt mit seinen Türmchen, Balkonen und Schießscharten einen burgähnlichen Eindruck. Mit der rosafarbenen Bemalung und dem bunten Treiben drumherum bildet es ein hübsches Fotomotiv.

Entlang des sich nördlich anschließenden **Khajane Walon Ka Rasta** finden sich zahlreiche **Marmorgeschäfte** und Werkstätten. Die ursprüngliche Einteilung der Altstadt in sogenannte *mohallas*, in denen, ähnlich den mittelalterlichen Zünften in Europa, bestimmten Handwerks- und Händlerschichten spezielle Viertel zugeteilt waren, ist hier noch gut zu erkennen.

Begibt man sich an der Kreuzung zum **Chand Pol Bazar** nach rechts, so gelangt man nach wenigen Hundert Metern zum breiten **Chhoti Chaupar.** Dies ist eine von drei großen Kreuzungen, an denen die Hauptstraßen der Altstadt aufeinander treffen. Die an den Straßenständen von der Dorfbevölkerung der Umgebung feilgebotenen Früchte und die Blumenhändler bieten ein farbenprächtiges Bild.

Neben der oberhalb der Stadt gelegenen Festung Nahargarh Fort fällt der Blick auf das **Iswari Minar Swarga Sal,** das westlich vom Tripolia Gate gelegene, höchste Gebäude innerhalb der Altstadt. Das **Minarett** kann zwischen 9 und 16.30 Uhr über eine Wendeltreppe bestiegen werden (Eintritt 10 Rs, Kamera 10 Rs, Zugang entweder hinter den Geschäften des Chand Pol Bazar 50 m nach Osten oder durch den Durchgang vor dem Tripolia Gate, dann nach Westen). Herrliche Ausblicke über ganz Jaipur belohnen die Mühe. Erbauer

Aussicht auf den Chhoti Chaupar

Ein idealer Ort, um das einzigartig bunte, chaotische Treiben aus erhöhter Perspektive zu beobachten, ist ein kleiner, als solcher kaum erkennbarer **Tempel** an der nordwestlichen Ecke des Platzes Chhoti Chaupar. Über zwei Treppenaufgänge gelangt man zu einer Plattform (10 Rs Eintritt), von wo aus sich **eine faszinierende Aussicht** bietet.

dieses „Minarettes, das den Himmel durchstößt" war *Maharaja Iswari Singh*. Ganz im Gegensatz zu seinem Vater *Jai Singh*, dem Gründer Jaipurs, ging er als schwächlicher Herrscher in die Stadtchronik ein, der seinem Leben durch Selbstmord mittels Schlangebiss ein Ende setzte, um dem Zugriff durch die anrückende Marathen-Armee zu entgehen. Bei seiner Einäscherung 1853 ließen sich 21 Ehefrauen auf dem Scheiterhaufen mitverbrennen.

Kurz hinter dem Minarett gelangt man durch das Tripola Gate nach wenigen Hundert Metern zum Observatorium Jantar Mantar (s.u.). Zurück zum Tripola Bazar, entlang zahlreicher Geschäfte, deren Angebotspalette von Küchenutensilien über Eisenwaren bis zu kleinen Götterfiguren reicht, gelangt man zum **Badi Chaupar**. In der Mitte dieser großen Kreuzung befindet sich ein bereits von Jai Singh angelegter Springbrunnen, der von einem unterirdischen Leitungssystem gespeist wurde. Geht man nach links, also in nördlicher Richtung vom Badi Chaupar, so steht man nach wenigen Metern vor der Fassade des Palastes der Winde (Hawa Mahal, s.u.). Lange wird man hier jedoch wegen der aufdringlichen Bettler und Händler kaum verweilen.

Die Gassen entlang des südlich vom Badi Chaupar verlaufenden **Johari Bazar** sind die traditionelle Heimat der berühmten **Gold- und Silberschmiede**. Über 50.000 Menschen sollen auch heute noch in der Edelsteinverarbeitung Jaipurs, die weltweiten Ruhm genießt, arbeiten. Allerdings befinden sich unter den hier ansässigen Juwelieren auch zahlreiche schwarze Schafe, die sich besonders auf ahnungslose westliche Touristen spezialisiert haben. Also Vorsicht! Wer sich zwischendurch ein wenig stärken will, der sollte sich am Stand vor dem LMB-Restaurant mit einem leckeren *samosa* oder *pakora* verköstigen. Der Johari Bazar wird flankiert von unzähligen Stoffgeschäften, die mit ihren großen, bunten, zur Straße hängenden Decken und Tüchern besonders farbenprächtig erscheinen.

Äußerst fotogen ist auch das am südlichen Ende des Johari Bazar gelegene **Sanganeri Gate**. Biegt man vor dem Stadttor nach rechts, gelangt man zu den besonders bei Rajputenfrauen beliebten Geschäften entlang des **Bapu Bazar** mit vielen Seiden-, Sari- und Schmuckgeschäften. Vorbei am **New Gate**, bei welchem sich auf der anderen Seite der M.I. Road zwei weitere Sehenswürdigkeiten befinden – der Ram Niwas Garden und das darin gelegene Central Museum (s.u.) – führt der Weg über den **Nehru Bazar** zurück zum Singh Pol, dem Ausgangspunkt des Rundgangs.

Palast der Winde (Hawa Mahal)

Obwohl kaum mehr als eine **Fassade**, hinter der sich nur ein **Treppenaufgang** verbirgt, gilt der Palast der Winde heute als das Wahrzeichen Jaipurs und gehört zu den meistfotografierten Gebäuden Indiens. Wie ein überdimensionaler, steinerner Fächer wirkt der Hawa Mahal, und tatsächlich hat er neben dem Aussehen auch einige Funktionen des Fächers wie die des Verbergens übernommen. Das 1799 von *Maharaja Pratab Singh II*. errichtete, fünfstöckige, mit 953 Nischen und Fenstern versehene Bauwerk diente einzig und allein dazu, den Haremsdamen den Ausblick auf die pompösen Festumzüge zu ermöglichen, ohne selbst gesehen zu werden. Damit ist der Palast der Winde wohl das beste Symbol für den verschwenderischen Lebensstil der Rajputenfürsten. Ein Luftschloss im wahrsten Sinne des Wortes mit seinen winddurchzogenen Erkern und Balkonen (daher der Name, der eine weitere Anlehnung an die Idee des Fächers erkennen lässt), das auch durch den Ausblick auf die sich darunter ausbreitende Altstadt bzw. auf die weitläufige, ein Siebtel der gesamten Altstadtfläche einnehmende Palastanlage beeindruckt.

Auf der dem Hawa Mahal gegenüberliegenden Straßenseite versuchen einige clevere Geschäftsleute, die günstige Lage ihrer Läden zu versilbern, indem sie Touristen das Dach ihres Geschäftes als ideale Aussichts- und Kameraplattform angeblich kostenlos zur Verfügung stellen – selbstverständlich nicht, ohne später um so nachdrücklicher auf einen Besuch ihres „very, very cheap and nice" Geschäftes zu drängen.

Der Eingang zum Palast der Winde liegt etwas versteckt auf dessen Rückseite und ist nicht leicht zu finden. Man erreicht ihn, indem man zunächst zur links des Palastes gelegenen Hauptkreuzung geht, sich dort nach rechts wendet und nach wenigen Metern wieder nach rechts in eine kleine, von einem Torbogen überspannte Gasse einbiegt. Nach etwa 30 Metern liegt auf der rechten Seite der Eingang.

■ **Öffnungszeiten:** tgl. außer Mo und Fr 9–16.30 Uhr, Eintritt: 50 Rs, Audioguide 110 Rs, Tel.: 2618862. Wer die Fassade gänzlich im Sonnenlicht erleben möchte, sollte im Winter vor 10 Uhr morgens kommen.

■ Viele Rupien lassen sich durch das neue, zwei Tage gültige **Kombi-Ticket** sparen, das für 300 Rs Zutritt zu Hawa Mahal, Jantar Mantar, Albert Hall, Nahargarh Fort und Amber-Palast gewährt. Studenten zahlen die Hälfte.

Freiluftobservatorium Jantar Mantar (Weltkulturerbe)

Die vielen beim Bau Jaipurs zu verzeichnenden Abweichungen gegenüber den Vorschriften des Shilpa Shastra rühren in erster Linie daher, dass die Stadt beim Tode *Jai Singhs* noch nicht fertiggestellt war und seine Nachfolger sich wenig um dessen Konstruktionspläne kümmerten – angeblich sollen sie später als Packpapier zweckentfremdet worden sein.

Für eine zentrale Veränderung war der Stadtgründer allerdings selbst verantwortlich, ließ der begeisterte Astrologe doch in der Mit-

te der Stadt nicht, wie im Shilpa Shastra vorgegeben, einen Tempel, sondern eine Sternwarte errichten. Von den insgesamt fünf von *Udai Singh* errichteten Observatorien ist dieses zwischen 1728 und 1734 erbaute, im Jahr 1901 restaurierte das beeindruckendste. Es gilt zudem als das größte steinerne Observatorium der Erde.

Einen seltsam faszinierenden Eindruck vermitteln die einzelnen, verstreut liegenden kubischen Konstruktionen, erscheinen sie doch futuristisch und archaisch zugleich. Überhaupt ist der von der Anlage ausgehende ästhetische Reiz weitaus höher einzuschätzen als der wissenschaftliche Wert der meisten **aus Marmor und Sandstein gefertigten Messinstrumente.** So fußte ein grundsätzlicher Konstruktionsfehler in der fälschlichen Annahme, dass mit der Größe der Geräte auch deren Messgenauigkeit zunehmen würde. Das genaue Gegenteil ist jedoch der Fall, wie sich vor allem beim größten Instrument der Anlage, der über 30 Meter hohen **Sonnenuhr,** zeigte, da deren Schatten zu weit und dementsprechend ungenau gestreut wird. Sehr genaue Informationen vermittelte dafür das ausgeklügelte, futuristisch anmutende Jai Prakash Yantra.

Da die Funktionsweise der einzelnen Instrumente auf Informationstafeln erklärt wird, ist es nicht nötig, die Dienste eines Führers in Anspruch zu nehmen. Im Bedarfsfall kann man sich einer der vielen Gruppenführungen anschließen. Schließlich werden vor dem Observatorium diverse Bücher angeboten, die detailliert jedes einzelne Instrument erklären.

■ **Öffnungszeiten:** tgl. von 9 bis 16.30 Uhr, Tel.: 2610494, Eintritt 100 Rs inkl. Kamera und Audioguide. Ein Führer kann für 250 Rs gebucht werden.

◁ Hawa Mahal, der Palast der Winde – Jaipurs Wahrzeichen

Stadtpalast

Kaum anschaulicher könnte das gewandelte machtpolitische Selbstbewusstsein der Rajputen nach dem durch Aurangzebs Tod eingeleiteten Niedergang der Mogulherrschaft zutage treten als beim Vergleich zwischen dem alten Palast der Kachwahas in Amber und dem neuen, von Udai Singh errichteten in Jaipur. Nun hatte man es nicht mehr nötig, seine Palastanlagen auf einem Bergrücken zu erbauen, sondern konnte sich in der Ebene ansiedeln. Nicht mehr der festungsartige, wehrhafte Unterbau, sondern das ebenerdige Nebeneinander der einzelnen Gebäudeteile kennzeichnete von nun an alle neuerbauten Rajputenpaläste.

Dabei zeigt sich, wie geschmacksbildend der **Mogulstil** nach über fünfhundertjähriger Fremdherrschaft auf die Maharajas gewirkt hatte. Darüber hinaus vermittelt der Rundgang durch die verschiedenen Räume, Hallen, Säle und Innenhöfe des Stadtpalastes von Jaipur einen lebhaften Eindruck vom legendären Reichtum der Herrscherfamilien Rajasthans.

Zunächst betritt man mit dem **Mubarak Mahal** („Willkommenspalast") einen großen, quadratischen Innenhof, in dessen Mitte ein schönes zweistöckiges Marmorgebäude steht, welches früher als königliches **Gästehaus** diente. Heute werden hier vornehmlich Kleider und Schmuck der königlichen Familie ausgestellt. Die über und über mit Gold und Edelsteinen besetzten Gewänder zeigen anschaulich den märchenhaften Reichtum der Herrscher von Jaipur. Schwer zu tragen hatte im wahrsten Sinne des Wortes der Maharaja *Madhu Singh I.,* der mit seinen 250 kg Lebendgewicht eine Gürtelweite von 1,80 Metern benötigte. Was zu viel ist, ist zu viel, und so starb der dicke Herrscher bereits im Alter von 32 Jahren.

Die frühere **Residenz der Maharani,** im Südwesten des Hofes gelegen, beherbergt heute das bestausgestattete **Waffenmuseum** ganz Indiens. Wer die Vielfalt der unter Verwendung edelster Materialien bis ins letzte Detail filigran gearbeiteten Waffen gesehen hat, kann sich im Grunde alle weiteren Waffenschauen in den anderen Palastanlagen Rajasthans schenken.

Ein von zwei Marmor-Elefanten flankiertes **Bronzetor** führt vom Mubarak Mahal in einen zweiten Hof mit einer **privaten Audienzhalle** in der Mitte (Diwan-e-Khaz), in welcher der Maharaja seine Minister empfing. Geschmückt wird sie von den zwei größten Silbergefäßen der Welt, je 345 kg schwer, die der Maharaja *Madhu Singh II.* in mehrjähriger Arbeit unter enormem Kostenaufwand einzig und allein zu dem Zweck fertigen ließ, 9.000 Liter Gangeswasser zur Krönung *Edwards II.* nach England zu transportieren. Wie sich die Zeiten ändern: Heute begnügt sich der Herrscher von Jaipur mit Leitungswasser, das freilich aus goldenen Wasserhähnen fließt.

Links von der Audienzhalle führt ein Tor zum **Pfauenhof**, einem kleinen Innenhof mit reich verzierten, die vier Jahreszeiten symbolisierenden Toren. Darüber erhebt sich der siebengeschossige, mit seinen vorspringenden Erkern und Pavillons deutlich von Mogul-Architektur geprägte **Chandra Mahal**, in dem sich heute die Privatgemächer der Maharaja-Familie befinden. Ein ca. 45-minütiger Rundgang (zwischen 9.30 und 17 Uhr möglich) durch bestimmte Teile dieses ansonsten nicht zugänglichen Palastbereichs kostet 2.500 Rs.

Wieder zurück zum Diwan-e-Khaz, findet sich auf der rechten Seite der Eingang zur **öffentlichen Audienzhalle** (Diwan-e-Am) mit monumentalen Kronleuchtern, Wandbehängen und Elefantensänften (*haudas*) in der Mitte. Sie beherbergt auch eine handgeschriebene Miniaturkopie der kompletten „Bhagvad Gita" und anderer heiliger hinduistischer Schriften. Diese sollte im Falle des Falles vor dem Zugriff des islamischen Herrschers *Aurangzeb* versteckt werden können, der mit hinduistischen Heiligtümern nie zimperlich umgegangen ist.

■ **Öffnungszeiten:** tgl. von 9.30 bis 16.45 Uhr, Tel.: 2608055, Eintritt 300 Rs inkl. Audioguide und Kamera, Video 200 Rs. Die zwei Tage gültige Eintrittskarte berechtigt auch zum Besuch des Jaigarh Fort oberhalb des Amber Fort.

Sehenswertes außerhalb der Altstadt

Ram-Niwas-Park und Central Museum

Verlässt man die Altstadt durch das Saganer Gate und überquert die Mirza Ismail Road, gelangt man zu dem ausgedehnten Ram-Niwas-Park. Zwar ist das Areal nicht gerade sonderlich einfallsreich gestaltet, doch dafür bietet es genug Platz, Ruhe und frische Luft zum Ausruhen. Für indische Verhältnisse relativ tierfreundlich ist der auf dem Parkgelände beheimatete **Zoo** gestaltet.

Im Süden des Ram-Niwas-Parks steht die **Albert Hall,** ein beeindruckendes Gebäude im indo-sarazenischen Stil, das wie so viele andere Prunkbauten Jaipurs aus Anlass des Besuches des Prince of Wales erbaut wurde. Heute beherbergt es das **Central Museum,** in dem neben archäologischen Funden und hübschen kunsthandwerklichen Arbeiten aus Rajasthan (Tonarbeiten, Schmuck, Kostüme) auch persische Teppiche aus dem 17. Jh. und eine ägyptische Mumie ausgestellt sind.

■ **Öffnungszeiten** des Museums: tgl. 9.30 bis 17 Uhr, Tel.: 2570099, Eintritt 150 Rs, Audioguide 110 Rs, Fotografieren verboten.

Birla-Planetarium

Das Birla-Planetarium (am Prithviraj Marg/ Statue Circle) bietet täglich um 17 Uhr einstündige **astronomische Vorführungen** in Englisch an. Ein Abstecher kann mit einer Verschnaufpause im angenehm-weitläufigen **Central Park** nebenan verbunden werden.

■ **Eintritt:** 25 Rs, Tel.: 2382267, 2381594.

Lakshmi-Narayan-Tempel

Beim Anblick des in strahlend weißem Marmor vom Industriellen *Birla* errichteten Tempels im Süden der Stadt fühlt man sich unwillkürlich an das Taj Mahal erinnert. Der Tempel ist zwar in recht konventionellem Stil errichtet, beachtenswert sind jedoch die in den Nischen platzierten Skulpturen von Religionsstiftern wie Jesus, Buddha, Zarathustra und Konfuzius, die die Toleranz der Jains gegenüber anderen Religionsgemeinschaften zum Ausdruck bringen sollen.

■ **Öffnungszeiten:** 6.30–12 u. 15–20.30 Uhr.

Der besondere Tipp: Nahargarh Fort zum Sonnenuntergang

1734 ließ Jai Singh das spektakulär auf einem Felsrücken platzierte **„Tigerfort"** als eine Art überdimensionalen Wachturm errichten. Von hier konnten eventuell anrückende Feinde frühzeitig gesichtet und bekämpft werden. Wenn auch von den einzelnen Bauten der 1868 restaurierten und erweiterten Festungsanlage kaum Sehenswertes erhalten geblieben ist, so lohnt der Ausflug (entweder über die 8 km lange Zufahrt oder einen 2 km langen, gewundenen Fußweg) allein wegen des sehr schönen Panoramablickes auf Jaipur und Umgebung. Wer sich etwa eine Stunde vor Sonnenuntergang einfindet, erlebt, wie die Millionenstadt sich nach und nach in ein **Lichtermeer** verwandelt. Das ganze wird untermalt von den in der Ferne ertönenden Gesängen der Muezzine – magisch!

■ **Öffnungszeiten:** 10–17.30 Uhr, Eintritt 30 Rs, Kamera 20 Rs, Video 70 Rs, Tel.: 2671848, 5148044. Die angeschlossene Cafeteria ist 10.30–22.30 Uhr geöffnet.

Praktische Tipps

Information

■ **Vorwahl:** 0141
■ Von den zahlreichen Touristenbüros Jaipurs ist das rund um die Uhr geöffnete **Government of Rajasthan Tourist Information Bureau** (Tel.: 2200778, 2315714 oder 1364, 24 Std. erreichbar, www.rajasthantourism.gov.in) auf Bahnsteig 1 im Bahnhof das beste. Hier ist auch die informative „City Guide Map Jaipur" mit einem sehr übersichtlichen Stadtplan, zahlreichen Adressen und einer knappen Beschreibung der wichtigsten Sehenswürdigkeiten erhältlich. Außerdem ist man bei der Vermittlung von Unterkünften bei Familien *(Paying Guest Houses)* behilflich.
■ Weniger gut ist die **Filiale am Busbahnhof** (Tel.: 5064102) beim Bussteig 3, die offiziell von 8 bis 18 Uhr geöffnet ist.
■ Auch im **IndiaTourism-Büro** (Mo–Fr 9–18 Uhr, Tel.: 2372200, indtourjpr@raj.nic.in) beim Hotel Khasa Kothi erhält man meist nur allgemeine Informationen.
■ Etwas schleppend geht es beim **RTDC Tourist Office** (Sardar Patel Marg/M.I. Rd., Tel.: 5155137, Mo–Fr 9.30–18 Uhr) in Zi. 21 des ehemaligen RTDC Tourist Hotel zu.
■ Staatlich geprüfte **Stadtführer** können über das Tourist Information Bureau am Bahnhof oder über IndiaTourism gebucht werden. 8 Std. kosten für bis zu 4 Pers. 400 Rs, 4 Std. 280 Rs bzw. 530/400 Rs bis bis zu 15 Pers.

■ Eine verlässliche und preiswerte Reiseagentur für Rundreisen in Rajasthan ist **Rajasthan Royal Tour** (New Loco Hasanpura, nahe G.M. Nursing Home, Tel.: 2220146, (0)9929139781, www.rajasthanroyaltour.com).

■ Im **Foreigner's Regional Registration Office** (FRRO, Tel.: 2618508, Mo–Sa 10–17 Uhr) auf dem Gelände des Stadtpalastes hinter dem Hawa Mahal kann man versuchen, sein Visum zu verlängern. Dies dürfte jedoch nur in dringenden Fällen von Erfolg gekrönt sein. Da es nicht ganz leicht zu finden ist, sollte man sich durchfragen.

Stadtverkehr

Riksha:

■ Vom Bahnhof zum Hawa Mahal, zur M.I. Rd. oder zur Albert Hall sollte es mit der Fahrradriksha etwa 30 Rs kosten, mit der Autoriksha höchstens das Doppelte. Zum 15 km vom Zentrum entfernten Flughafen sind bis zu 200 Rs zu zahlen. Für eine halb-/ganztägige Stadtrundfahrt sollten 200/350 Rs anfallen, wofür jedoch feilschen nötig ist. Nach Galta kostet es 200 Rs, wer über die schönere Südroute anreist, zahlt 50 Rs mehr. Ganz früh morgens und spät abends zahlt man um 25 % mehr.

Jaipurs Rikshafahrer gelten neben denen in Agra und Varanasi als die unangenehmsten Vertreter ihrer insgesamt nicht gerade hoch angesehenen Zunft. Auch bei ihnen meint man, eine Registrierkasse in den Augen rattern zu sehen, wenn sie einen der zahlreichen Touristen erspähen. Man sollte grundsätzlich jene meiden, die sich auf westliche Besucher spezialisiert haben und sich gar nicht mehr am normalen Fahrbetrieb beteiligen. Vor allem bei der Ankunft am Bahnhof wird man von ihnen bedrängt, da sie sich eine saftige Hotelkommission versprechen, meist mit dem Angebot: „10 Rs anywhere". Oft weigern sie sich standhaft, eine Unterkunft anzufahren, die nicht am florierenden Schleppergeschäft beteiligt ist. Am Bahnhof und Busbahnhof sollte man auf jeden Fall auf die **Prepaid-Schalter** zurückgreifen, obwohl zumindest der am Busbahnhof auch nicht immer ganz zuverlässig ist. Ganz umgehen kann man das Problem kaum und so tut man gut daran, sich vor der Ankunft auf die nervige Anmache durch Rikshafahrer einzustellen.

Taxi :

■ Alle Fahrten in der Innenstadt kosten nicht mehr als 50–80 Rs. Für die Fahrt zum 15 km entfernten **Flughafen** werden 350 Rs, für das Abholen vom Flughafen 400 Rs verlangt. Am Bahnhofsvorplatz können die Preise auch für weiter entfernte Ziele oder Stadtrundfahrten (s.u.) ausgehandelt werden. Nervenschonender ist meist die Buchung über die jeweiligen Hotels oder Mericar (s.u.), zumal dies eine sichere Abwicklung und bessere Fahrzeuge wahrscheinlich macht.

■ Telefonisch bestellbare Taxiservices: **Jain Taxi Services** (Tel.: (0)9314561919), **Pink City Radio Taxi** (Tel.: 2205000).

■ Am **Busbahnhofseingang** steht ein Prepaid-Counter für Taxis.

■ Will man mit dem Touristentaxi **Jaipur und Umgebung** erkunden, sollte man für 4 Std. mit einem nicht klimatisierten Kleinwagen 550 Rs, für 8 Std. 1.000 Rs rechnen. Für AC-Modelle wird es etwas teurer. Als verlässlich hat sich **Mericar** (Tel.: 4188888, www.mericar.in, 24 Std. erreichbar) erwiesen.

Motorradmiete:

■ Nahe dem Sanganeri Gate in der Altstadt vermietet, repariert und verkauft das **Rajasthan Auto Centre** (Sanjay Bazaar, Tel.: 2568074, www.royalenfieldsalim.com) Motorräder (natürlich auch Enfield-Maschinen) zwischen 400 und 600 Rs/Tag.

Unterkunft

Aufgrund der großen Zahl an Unterkünften und der damit verbundenen Konkurrenz bekommt man in Jaipur in jeder Preisklasse besonders viel fürs Geld. Hier nur eine Auswahl der besten.

Untere Preiskategorie:

■ Die Tourist-Informationen am Bahnhof sowie in der M.I. Rd. haben Informationen über Unterkünfte in Familien *(Paying Guest Houses)*. Gelobt wurde hierbei von Lesern das **Prity Guest House** €–€€ (Kamalkatta Colony, Tal Katora Rd., Tel.: 2633509, prity_guest_house007@hot mail.com) in zentraler Lage nahe dem Stadtpalast. Da nur 3 Zimmer mit Bad zur Verfügung stehen, sollte man reservieren. Recht weit im Westen der Stadt sind auch **Rajputana Paying Guest House** (Tel.: (0)9929113297) und **Jaipur Friendly Villa** hervorragend und freundlich.

■ Das beste Preis-Leistungs-Verhältnis in dieser Kategorie bietet das liebevoll geführte **Hotel Pearl Palace** €–€€€ (Hari Kishan Somani Marg, Tel.: 2373700, 2373752, (0)941 4236323, www.hotelpearlpalace.com) mit erstklassigem Service in einer ruhigen Gasse nahe der Ajmer Rd. Es verfügt über sehr saubere, meist bunt bemalte und bestens ausgestattete AC- und Non-AC-Zimmer mit TV, einige mit Balkon. Das erstklassige, toll gestaltete Dachrestaurant Peacock ist die angenehmste Speiseadresse der Stadt (siehe „Essen und Trinken"). Außerdem gibt's Internet-Zugang im Haus. Der hilfreiche Besitzer vermittelt zudem Mietwagen und Taxis zu günstigen Preisen. Da meist ausgebucht (obwohl oft ein, zwei Zimmer für nicht angemeldete Besucher zurückgehalten werden), sollte man unbedingt reservieren.

■ Als gute Ausweichadresse ist das etwa 100 m entfernte **Sunder Palace** €€€ (Sanjay Marg, Tel.: 2360178, (0)982 8012795, www.sunderpalace.com) zwar nicht ganz so gut, aber immer noch eines der besten. Die geräumigen, liebevoll gestalteten Zimmer sind sauber, die Korbmöbel auf der herrlichen Terrasse laden zum Relaxen ein. Auch hier gibt's Internetverbindung und weitere Annehmlichkeiten.

■ Eine sehr gute Wahl ist das Hotel **Karni Niwas** €€–€€€ (C-5, Motilal Atal Road, Tel.: 2365433, (0)9414769489, www.hotelkarniniwas.com) hinter dem Neelam Hotel. Geräumige, hübsch dekorierte Zimmer mit Bad und je nach Preis mit und ohne AC und Balkon. Auf einer großen Terrasse kann man relaxen oder köstliche Gerichte genießen.

■ Weit billiger ist der Nachbar, das hervorragende **Jwala Niketan** €–€€ (Tel.: 5108303, (0)9829174857). Für den kleinen Preis gibt's angenehme, ruhige Zimmer mit TV in günstiger Lage.

■ Eine akzeptable Billigadresse, wenn auch nicht so ruhig gelegen, ist das **Hotel Aangan** €–€€ (Tel.: 2373449, aangan25@hotmail.com), nicht weit entfernt in der Park Scheme Road.

■ Das im Bani Park an der Shiv Marg gelegene **Jaipur Inn** €€€ (Tel.: 2201121, (0)9829013660, www.jaipurinn.com) verfügt über saubere, etwas klein geratene Zimmer mit TV sowie einen Schlafsaal für 80 Rs. Der Service des Hotels hat in letzter Zeit etwas nachgelassen. Wegen des tollen Rundumblicks lohnt im Dachrestaurant (Abendbüffet mit Voranmeldung) ein Mahl. Interessant für den Langzeitaufenthalt sind die preiswerten Apartments mit Küche.

■ Drei Unterkünfte im Süden der Stadt, eine Gasse von der Moti Dungri Rd. nahe dem Narain Singh Circle hinein, sind eine gute Ausweichmöglichkeit, wenn die Innenstadt ausgebucht sein sollte. Im leicht überteuerten **Ridhi Sidhi Guest House** €€–€€€ (M.D. Rd., Peelwa Garden, Tel.: 2616084) wohnt man in hellen Zimmern mit Bad. Angenehm sind die Rasenfläche und die Terrasse, auf der Frühstück serviert wird. Auch die beiden anderen Herbergen in dieser ruhig gelegenen, kurzen Gasse können empfohlen werden: das **Sumer Niwas** €€ (Tel.: 2618137, (0)9351 560187) mit sauberen Zimmern und Garten zum Sitzen sowie das preisgleiche **Ashirwad Guest House** €€ (Tel.: (0)9887729508) mit sauberen, etwas dunklen Zimmern.

■ Im 1. Stock des Bahnhofs sind die **Retiring Rooms** €–€€€ (Reservierungs-Tel.: 131) passend, falls man gleich am nächsten Morgen seine Reise per Zug fortsetzen will. Vom billigen Schlafsaal (150 Rs, nur für das männliche Geschlecht) über akzeptable, billige und einfache Zimmer bis zu recht komfortablen und ebenfalls preiswerten, größeren Zimmern reicht die Palette.

Mittlere Preiskategorie:

Bereits in dieser Preiskategorie hat man die Auswahl zwischen mehreren alten Kolonialhotels und Rajputen-Residenzen.

■ Als ein luxuriöserer Ableger des Hotel Pearl Palace ist das neue **Pearl Palace Heritage** €€€–€€€€ (54 Gopari Bari, Lane No. 2, nahe Ajmer Rd., Tel.: 2375242, (0)941 4066311, www.pearlpalaceheritage.com) in dessen Nähe eine herrlich gelungene Mischung aus verschiedenen Baustilen und die beste Bleibe dieser Preiskategorie. Individuell gestaltete Komfortzimmer mit Balkon, einige mit Säulen, in einem palastähnlichen Gebäude zu extrem günstigen Preisen erfordern unbedingte Voranmeldung.

Der erstklassige Service des Hotel Pearl Palace kann auch hier erwartet werden.

■ Ausgesprochen angenehm wohnt man trotz seiner inzwischen 94 Zimmer im makellos sauberen, teils klimatisierten **Hotel Arya Niwas** €€€-€€€€ (Tel.: 4073450, 2372456, www.aryaniwas.com) in einer kleinen Seitengasse der Sansar Chandra Rd. Das professionell und freundlich geführte Hotel bietet eine Menge Annehmlichkeiten wie die Möglichkeit zum Geldwechseln, Fahrradverleih, Internetcafé, Dachterrasse, ein luftiges Restaurant mit sehr leckeren vegetarischen Gerichten zu niedrigen Preisen und einen hübschen kleinen Garten zum Draußensitzen (abends oft klassische indische Musik).

■ Seine herrliche Lage inmitten eines großen, sehr schön gepflegten Gartens am Ende einer kleinen Seitengasse der Sawai Ram Singh Marg machen das **Hotel Diggi Palace** €€€€ (Tel.: 2373091, www.hoteldiggipalace.com) zu einer preisgerechten Adresse. Es handelt sich um einen ehemaligen Palast, wobei nur der frühere Wohntrakt der Bediensteten in ein Hotel umgewandelt wurde. Die mit Wandmalereien geschmückten Zimmer mit Terrassen und Sitznischen zum Garten sind gemütlich. Es gibt auch einfachere, recht billige Zimmer. Eine stilvolle und vor allem friedvolle Unterkunft.

■ Ruhig und nicht weit vom Bani-Park liegt das **Anuraag Villa** €€-€€€€ (Devi Marg, Tel.: 2201679, 2206884, www.anuraagvilla.com), ein kleines Kolonialgebäude mit schön eingerichteten, großen Zimmern, alle mit TV, sowie einem Restaurant und Garten für erstaunlich wenig Geld – eine sehr gute Wahl.

■ In der Nähe des Bani-Parks findet sich auch das ausgezeichnete **Hotel Madhuban** €€€€ (Behari Marg, Tel.: 220 0033, www.madhuban.net) mit schönen, großen AC- und Non-AC-Zimmern und Restaurant. Zur ruhigen, familiären Atmosphäre trägt auch der große Garten des Hauses bei.

■ Ganz hervorragend und äußerst preiswert ist das **Umaid Mahal** €€€€ (Bihari Marg, Bani Park, Tel.: 2201952, (0)9314503423, www.umaidmahal.com), nicht weit entfernt. Das in rajasthanischem Stil erbaute Haus besticht mit stilgerecht gestalteten Zimmern mit grünem Marmorboden, Flat-Screen-TV und Firewire, alle Zimmer mit kleinem Balkon. Ein gutes Restaurant, ein Pool im Keller und ein Internetcafé sind zudiensten. Auch das alteingesessene **Umaid Bhawan** €€€€ (am Ende der Bank Rd., Tel.: 2316 184, (0)9314503423, www.umaidbhawan.com), ebenfalls in Bani Park und vom gleichen Besitzer, ist eine sehr schmuckvoll ausgemalte Unterkunft, mit entsprechendem Interieur dekoriert, dessen Zimmer ebenfalls sehr geschmackvoll möbliert sind. Auch das hübsche Dachrestaurant und der Swimmingpool sind Pluspunkte.

■ Eine ausgezeichnete Unterkunft ist das von einem ruhigen Garten mit Pool umgebene Kolonialgebäude des **Hotel Meghniwas** €€€€-€€€€€ (S.J.S. Highway, Tel.: 4060 100, (0)9324507008, www.meghniwas.com) beim Bani-Park. Geschmackvoll eingerichtete Zimmer, ein gutes Restaurant und die nette Atmosphäre runden das Bild ab.

■ Ein Relikt aus den Tagen alter Rajputengröße ist das 1919 von einem lokalen Fürsten erbaute **Hotel Bissau Palace** €€€€ (Tel.: 2304391, www.bissaupalace.com), das etwas versteckt an einer kleinen Straße nördlich des Chand Pol steht. Dieses von dem sehr freundlichen Manager George aus Kerala geführte Palasthotel mit hübschen Wandmalereien vermittelt nicht zuletzt aufgrund seiner überschaubaren Größe eine gemütliche Atmosphäre. Zum inzwischen etwas überteuerten Haus gehören ein Swimmingpool, ein schöner Garten, eine hübsche Bibliothek und ein jedoch mittelmäßiges Restaurant mit Bar.

■ Das **LMB Hotel** €€€€-€€€€€ (Johari Bazar, Tel.: 2565844, www.hotellmb.com) reicht als recht unscheinbares Mittelklassehotel zwar atmosphärisch in keiner Weise an den Charme der zuvor genannten Hotels heran und ist eigentlich überteuert, dafür bietet es als eines der ganz wenigen Hotels in Jaipur den Vorteil, mitten im Herzen der Altstadt nur wenige Hundert Meter vom Hawa Mahal und dem Stadtpalast zu stehen.

■ Großzügig ist die Anlage des zentral gelegenen **Alsisar Haveli** €€€€€ (Sansar Chandra Marg, Tel.: 2368290, 510 7157, www.alsisar.com) mit vielen Terrassen und Erkern. Dem Baustil entsprechend möblierte Zimmer sind luftig und komfortabel, die in den oberen Etagen vorzuziehen. Da die Zimmer alle unterschiedlich ausfallen, sollte man sich umschauen, bevor man wählt. Dies ist auch nach vorheriger Reservierung oft möglich, da einige Zimmer meist zur Auswahl stehen. Morgens und abends Büffet möglich. Verlockend ist der recht große Pool im Gartenbereich (200 Rs für Besucher).

Wer sein eigenes Reich benötigt, hat die Möglichkeit, ganze, sehr komfortable **Apartments** mit gut ausgestatteter Küche auf Tagesbasis oder längerfristig zu mieten. Einmal im **Tara Niwas** €€€-€€€€ (Shiv Marg, Tel.: 2206823, www.taraniwas.com, nur teilweise mit Küchenzeile, 18.000-24.000 Rs monatl.), und im ruhigeren **Om Niwas** €€€€-€€€€€ (Kaushalya Path, Durga Marg, Tel.: 5109090-2, www.omniwas.co.in, Monatsmiete zwischen 25.000 und 38.000 Rs, Strom extra). Beide sind im Bezirk Bani Park gelegen.

Obere Preiskategorie:

Eines der schönsten Hotels Jaipurs ist das bezaubernde **Shahpura House** €€€€€-€€€€€€ (Devi Marg, Tel.: 4089100, 202293, www.shahpurahouse.com) in der Nähe des Bani Park. Die ehemalige Residenz einer Adelsfamilie vereint alle Vorzüge eines Heritage-Hotels: typisch rajputische Architektur, in diesem Falle mit Shekhawati-Einflüssen, Individualität, Tradition, Liebe zum Detail, Sauberkeit, Pool und Dachterrasse – eine Oase im quirligen Jaipur. Herrlich auch das reich dekorierte Restaurant mit Bar (lange Wein- und Cocktailkarte), abends ist das Dachrestaurant (Hauptgericht 500–600 Rs) geöffnet.

Wer kühlen Luxus vorzieht, wird im Stadtzentrum an der Mirza Ismail Rd. vom **Hotel Om Tower** €€€€€€ (Ecke Church Rd., Tel.: 4046666, www.hotelomtower.com) entsprechend und teuer bedient. Zweckmässig eingerichtete AC-Zimmer mit allen für diese Kategorie üblichen Annehmlichkeiten sowie dem sich drehenden **Revolving Tower Restaurant** mit ebenfalls saftigen Preisen und toller Aussicht auf der Spitze des Om Tower.

Das glatte Gegenteil ist der alte Kolonialbau des **Narain Niwas Palace Hotel** €€€€€-€€€€€€ (Narain Singh Rd., Tel.: 2561291, www.hotelnarainniwas.com) mit großen, individuell und geschmackvoll eingerichteten Zimmern im wunderschönen Garten und ebensolchem Swimmingpool – ein Platz mit Atmosphäre. In dem herrlichen Pool können Nicht-Gäste für 150 Rs plantschen.

Das über 200 Jahre alte **Samode Haveli** €€€€€€ (Ganga Pol, Tel.: 2632370, www.samode.com) gehört zu den stilvollsten Unterkünften Jaipurs. Die ehemalige Residenz eines Premierministers Jaipurs diente des öfteren als Filmkulisse und ist eine der ganz wenigen höherklassigen Unterkünfte in der nordöstlichen Ecke der Altstadt. Auch hier ist ein Pool vorhanden. Allerdings sind einige der *standard rooms* nicht mehr als ehemalige Bedienstetenzimmer und ihr Geld nicht wert.

Wer weniger ausgeben will, aber dennoch in einem 200 Jahre alten Haveli wohnen möchte, findet im nicht weit entfernten, riesig wirkenden **Saba Haveli** €€€€€ (Ganga Pol, nahe Zarovar Gate, Tel.: 2630521, (0)9414 069073, www.sabahaveli.com) eine weniger luxuriöse, aber stilvolle Bleibe mit eindrucksvoller Speisehalle mit Außenveranda und einem Garten.

Nicht nur wegen seiner einzigartigen Lage direkt gegenüber vom Jai Mahal an der Amber Rd., sondern auch wegen der schönen, großen Balkonzimmer mit Ausblick und dem vorbildlichen Management, ist das **Trident Jaipur** €€€€€€ (Tel.: 2670101, www.tridenthotels.com) eine ausgezeichnete Unterkunft.

Das fantastische **The Oberoi Raj Vilas** €€€€€€€ (Gooner Rd., Tel.: 2680101, www. oberoihotels.com/oberoi_rajvilas) ist nicht nur das mit Abstand beste Hotels Jaipurs, sondern gehört mit all seiner Pracht zu einem der eindrucksvollsten Hotels ganz Indiens. Architektonisch eine sehr harmonische Synthese rajputischer und islamischer Elemente, bietet es mit seinen 71 Suiten, teils mit Privatpool, und geräumigen Edelzelten einen dem königlichen Preis entsprechenden Luxus. Das Resort liegt eingebettet in einer weitläufigen Parklandschaft gut 5 km außerhalb.

Neben dem Lake Palace Hotel in Udaipur symbolisiert der **Rambagh Palace** €€€€€€ (Bhawani Singh Rd., Tel.: 2211919, www.tajhotels.com), der 1974 in ein 5-Sterne-Luxushotel umgewandelte ehemalige Palast der Maharajas von Jaipur, wie kaum ein anderes Gebäude das Klischeebild vom Märchenland Indien. Selbst die billigsten Zimmer in diesem eleganten Marmorbau, der in einem weitläufigen Parkgelände steht, sind sicher nichts für Budget-Traveller. Doch selbst wer nicht über das nötige Kleingeld verfügt, sollte sich einen Drink auf der majestätischen Terrasse mit Blick auf die im Garten stolzierenden Pfauen gönnen. Auch ein persönlicher Butler ist rund um die Uhr möglich.

Weniger gewaltig, dafür etwas intimer kommt das herrliche **Jai Mahal Palace Hotel** €€€€€€ (Jacob Rd., Tel.: 6601111, www.tajhotels.com) daher. Der ehemalige Palast der Maharajas von Jaipur verbindet den nostalgischen Charme vergangener Tage mit dem Luxus der Neuzeit.

Essen und Trinken

■ Ausgezeichnete, frisch zubereitete Barbecue-Gerichte serviert das gemütliche Restaurant **Handi** (12–15.30 und 18.30–23 Uhr, Hauptgerichte zwischen 140 und 300 Rs) an der M.I. Road schräg gegenüber der Hauptpost. *Chicken tikka tandoori* und das vegetarische *stuffed kulfa* werden empfohlen.

■ Erstklassige rajasthanische Gerichte serviert das nur wenige Meter von der Hauptpost entfernte, elegante Restaurant **Copper Chimney** (M.I. Rd., Tel.: 2372275, 12–15.30 und 18.30–23 Uhr). Neben weiteren indischen Gerichten gibt es auch westliche und chinesische Speisen sowie Bier. Pro Gericht sollte man 100 bis 220 Rs veranschlagen.

■ Seit 1949 verwöhnt **Niro's** (M.I. Rd., Tel.: 2374493, 10–23 Uhr) die Gaumen der Pink City. Gleichbleibend superb ist vor allem die indische Küche (100–350 Rs) in dieser Institution der Stadt.

■ Sicher eines der besten Restaurants Jaipurs ist das **Four Seasons** (Subash Marg, Tel.: 2373700, 12–15.30 und 18.30–23 Uhr, 100–200 Rs, kein Alkohol). Das zweigeschossige Restaurant ist angenehm eingerichtet und hat eine lange Speisekarte mit rajasthanischen und und anderen vegetarischen Gerichten, z.B. Pizza.

■ Das wohl gelungenste Restaurant der Stadt ist das Dachrestaurant **Peacock** (7–23 Uhr) des Hotel Pearl Palace mit eigenwilligen, selbst entworfenen Möbeln und schönem Rundum-Blick auf Jaipur und das nahe Hathroi Fort. Erstklassige vegetarische und fleischliche Küche (indisch, chinesisch, italienisch etc.) zum kleinen Preis (50 Rs für gute Thalis bis etwa 150 Rs für Huhngerichte) in luftiger Höhe lockt allabendlich (dann hübsch mit Lichterketten illuminiert) viele Besucher, sodass oft kaum ein Platz zu finden ist. So sollte man besser reservieren. Völlig unaufdringlich ist auch der Schmuckladen auf dem Dach.

■ Ähnlich wie bei den Hotels gibt es erstaunlicherweise so gut wie keine Restaurants in der Altstadt. Eine Ausnahme bildet das vegetarische Restaurant des **LMB** (11.30–15.30 und 19–23 Uhr, 100–200 Rs pro Gericht) am Johari Bazar. Der Grund für die Attraktivität ist neben der ungewöhnlichen Fünfziger-Jahre-Einrichtung das durchaus schmackhafte Essen. Die allzu offensichtlich auf ein dickes Trinkgeld spekulierenden Kellner wirken jedoch nicht gerade appetitfördernd. Sehr gut ist allerdings der Imbissstand am Eingang mit köstlichen *somosas, pakoras,* Süßigkeiten und diversen Eissorten.

■ Im vegetarischen **Surya Mahal** (M.I. Rd., Tel.: 236 2811, 100–180 Rs, 8–23 Uhr) kann man aus der umfangreichen Speisekarte zwischen südindischen, chinesischen und europäischen Gerichten wählen. Hier sind die Preise sehr moderat und man ist freundlich. Auch das nahe, fast preisgleiche **Natraj** ist zu empfehlen.

■ Hinter dem Surya Mahal sorgt die köstliche **Bake Hut** (Arvind Marg) für den Gebäck-Nachtisch. Weiter westlich Richtung Bahnhof sind die Törtchen, Pralinen und Kekse der **Chocolate Boutique** (68 Gopalbari, Gasse parallel zur Sanjay Marg, Mo–Sa 10–20.30 Uhr, So nur abends) einfach köstlich.

■ Fast-Food-Freunde können wählen zwischen **Pizza Hut** im Ganpati Plaza an der M.I. Rd. sowie **Dominos Pizza** (Zustellservice, Tel.: 2367943-46) und **McDonald's** beim Raj-Mandir-Kino. Gegenüber dem Kino lockt die **Barista Espresso Bar.** Im hinteren Teil des Busbahnhofs verkürzt das saubere **Traffic Jam** bis Mitternacht die Wartezeit auf den Bus, ebenfalls mit Fastfood, indischen Snacks und Thalis.

■ Unbedingt probieren sollte man die köstlichen Lassis im **Lassiwala** an der M.I. Road., Shop 312 ist das Original. Es gibt inzwischen aufgrund des Erfolgs viele Nachahmer dieser mehr als stadtweit bekannten Institution.

■ Eine kleine Filiale von **Baskins & Robbins** (Sanjay Marg/M.I. Rd.) versorgt mit köstlichem Eis. Näher an der Altstadt wässern die Eiskreationen des **Jal Mahal Café** (M.I. Rd., bis 12 Uhr geöffnet) gegenüber von Lassiwala den Mund.

■ Nicht ganz billig, aber gut südindisch isst man im schön eingerichteten **Dasaprakash** (11–23 Uhr) an der M.I. Rd. Snacks kosten um die 90 Rs, Thalis um 150 Rs. Als Nachtisch bieten sich riesige Eiskreationen oder eine große Auswahl an Kaltgetränken an.

■ Billig speist man im wunderbar altmodischen **Indian Coffee House** (tgl. 8–21 Uhr), einen Durchgang von der M.I. Road hinein, kleine südindische Speisen und Snacks (*idli, dosas* etc.) und natürlich Kaffee.

■ Für Reisende, die im Bereich des Bani Park wohnen, ist das **Gayatri's** mit köstlichen indischen Gerichten, von denen die meisten um 100 Rs kosten, eine ausgezeichnete Wahl. Leider wird so gut wie kein Englisch gesprochen.

■ Trotz Erwähnung im Unterkunftsteil sei hier nochmals auf das schöne Restaurant bzw. die grünen, baumbestandenen Rasenflächen des Selbstbedienungsrestaurants vom **Arya Niwas** hingewiesen, das recht preiswert ist.

■ Mit dem **Swaag** und dem **Celebrations** finden sich zwei empfehlenswerte Restaurants im Ganpati Plaza an der M.I. Rd. Das erstgenannte ist bei westlichen Reisenden wegen der umfangreichen Auswahl an indischen, chinesischen und westlichen Gerichten sowie den moderaten Preisen das mit Abstand beliebtere der beiden. Das wesentlich mondänere Celebrations ist ein rein vegetarisches Restaurant und wird in erster Linie von der Upper Class Jaipurs frequentiert.

■ Wem mal wieder nach Pizza und Pasta in moderner Umgebung zumute ist, der sollte das **Little Italy** (Prithviraj Marg, KK Square, 3. Stock, Tel.: 4022444, 12–15.30 und 18.30–23 Uhr) etwas südlich der M.I. Rd. aufsuchen. Die wohl beste italienische (und andere internationale) Küche der Stadt ist mit 170–220 Rs pro Hauptgericht nicht mal besonders teuer.

■ Ausblick aufs Raj-Mandir-Kino gegenüber und das Tiger Fort in der Ferne bei einem Bier, Cocktail oder auch härteren Mischungen im obersten, 5. Stock der Mall 21 im **Reds Fun Dining** (Tel.: 4007710, 11–23 Uhr) sind der perfekte Tagesausklang nach anstrengendem Sightseeing. Außerdem können im coolen rotschwarzen Dekor bei entsprechenden Beats auch vorzügliche indische und chinesische Speisen, Burger und Nudelgerichte verzehrt werden. Für zwei Personen ca. 500–1.000 Rs veranschlagen.

■ Nach ausgiebigen Shopping-Touren in Malviya Nagar im Süden der Stadt ist das **Indian Spice** eine der besten Adressen für gehobene indische Küche. Das exquisit gestaltete AC-Restaurant im Gaurav Tower bietet ebensolche Gerichte zum fairen Preis.

Teil der Sternwarte Jantar Mantar – der ästhetische Reiz dieses steinernen Observatoriums aus dem 18. Jh. ist weit größer als sein wissenschaftlicher Wert

■ Wer sich an einem fürstlichen Abendessen im mondänen Hotel **Rambagh Palace** laben möchte, sollte neben genügend Kleingeld (2.000–3.000 Rs pro Person) auch das angemessene Outfit dabei haben. Besucher in ausgefransten Jeans und Gummischlappen werden nicht eingelassen. Bezahlbar ist der Lychee-Mint-Lassie mit 225 Rs – ein Gedicht. Auch ein Besuch der Polobar (Bier ca. 400 Rs, Cocktail ca. 500 Rs) ist nicht ganz billig.

Einkaufen

Neben (für manche sogar noch vor) Delhi ist Jaipur als touristische Shopping-Metropole beliebt. Dabei ist es sicherlich auch das historische Flair der Altstadt von Jaipur, das vor allem viele gutbetuchte Pauschalreisende zum Kauf animiert. So lassen sich viele gern vom Glanz der prunkvoll ausgestatteten Geschäfte verführen und zahlen astronomisch hohe Preise, zumal die Händler von Jaipur zu den pfiffigsten ihrer Branche zählen. Wer sich also auf einen Kauf einlässt, sollte hart verhandeln können. Kommt man über Rikshafahrer oder von Reiseagenturen und Hotels vermittelt zu einem der Geschäfte, kann man sicher sein, eine heftige Kommission mitzubezahlen.

■ Gerade deshalb sollte man sich vorher einen Überblick über Angebot und Preise verschaffen. Der beste Ort hierfür ist das stattliche und staatliche **Rajasthali** (Tel.: 2367176, Mo–Sa 11–19.30 Uhr) an der Mirza Ismail Rd. gegenüber dem Ajmeri Gate. Wie üblich ist das Angebot riesig und die Preise fixed, d.h. nicht verhandelbar. Wer sich für spezielle Objekte interessiert, sollte die Preise notieren und damit in die entsprechenden Läden der Altstadt gehen.

> Eine Touristenfalle ist der gelegentlich in Jaipur von Männern, die Touristen auf der Straße in ein Gespräch ziehen, mit großen Gewinnaussichten angebotene **Transport** (oder Ankauf und Wiederverkauf im Heimatland) von **Edelsteinen.** Egal, mit welchen Tricks es probiert wird, auf jeden Fall ist dies eine Falle und abzulehnen.

■ Berühmt ist Jaipur über die Grenzen Indiens hinaus für seine juwelenverarbeitende Industrie, in der über 30.000 Menschen beschäftigt sein sollen. Wer sich auskennt, kann sagenhaft günstig einkaufen, wer nicht, wird ebenso sagenhaft übers Ohr gehauen. Eine Vielzahl verlockender **Juweliergeschäfte** findet man in der Haldion-ka-Rasta, einer kleinen Gasse neben dem Johari Bazar, beim Siredeori Bazar beim Badi Chaupar und in der Gopalji-ka-Rasta in der Nähe des Tripolia Bazar.

■ Will man sicher gehen, dass der Schmuck, den man kaufen möchte, echt ist, findet man Hilfe im **Gem Testing Laboratory** (Tel.: 2568221, Mo–Sa 10–17 Uhr, www.gtl jaipur.info) im Rajasthan Chamber Bhawan (2. Stock) an der M.I. Rd. beim New Gate. Wer bis 12 Uhr sein Testobjekt abgibt, erhält am Nachmittag zwischen 16 und 17 Uhr das Ergebnis. Für den Test sind mindestens 550 Rs zu zahlen.

■ Am Bapu Bazar und sich westlich anschließenden Nehru Bazar entlang der südlichen Stadtmauer westlich des Sanganeri Gate und am Kishan Pol Bazar werden **Textilien, Saris und Stoffe,** bei den erstgenannten auch **Parfüm,** die berühmten flachen, *jootis* genannten **Rajasthani-Schuhe,** und **Edelsteine** feilgeboten.

■ Erstklassiges **Rajasthani-Schuhwerk** für erstaunlich wenig Geld (400–800 Rs) verkauft **Mojari** (Shiv Heera Marg, Mo–Sa 11–18 Uhr, www.mojari.com), in einer Gasse von der Sardar Patel Rd. hinein. Träger von Übergrößen werden jedoch nicht fündig. Das UN-gestütze Projekt sichert bis zu 3.500 Arbeitern aus ländlichen Regionen ihre Existenz.

■ Eine weitere Möglichkeit, guten Gewissens zu shoppen, besteht bei **Anokhi** (KK Square, 2. Stock, Mo–Sa 9.30–20 Uhr, So 11–19 Uhr, www.anokhi.com) an der Prithviraj Marg, wo qualitativ hochwertige **Textilien** verkauft werden. Die Produkte werden nahe Jaipur unter ethisch einwandfreien Bedingungen hergestellt. Ein kleines Café und ein guter **Buchladen** sind ebenfalls erstklassig.

■ Maßgeschneidert wird bei den **Jodhpur Tailors** (Motilal Atal Rd., Ksheer Sagar Hotel, nahe der Station Rd., Mo–Sa 9–20.30 Uhr, So bis 17 Uhr, www.jodhpurtailors.com). Ein Hemd kostet um 800 Rs, ein Anzug zwischen 8.000 und 17.000 Rs.

- Wer entspannt hübschen Schmuck einkaufen möchte, kann dies im **Silver Shop** (tgl. 7–22 Uhr) auf dem Dach des Hotel Pearl Palace ohne großes Feilschen zu einem fairen Preis tun.
- Im Vorzeigebezirk **Malviya Nagar**, etwa 6 km südlich der Altstadt, kann man das boomende Indien bestaunen und natürlich shoppen, was das Zeug hält. Neben dem riesigen, futuristischen **World Trade Center** werden hier ununterbrochen protzige Shopping Malls und Wohnkomplexe aus dem Boden gestampft. Viele der großen internationalen Marken haben etwa im **Gaurav Tower** ihre Geschäfte. Eine Riksha aus der Innenstadt sollte nicht mehr als 70 Rs, ein Taxi höchstens 150 Rs kosten.
- Jaipur ist auch ein guter Ort, um seine Reisebibliothek ein wenig aufzufrischen, gibt es hier doch eine ganze Reihe hervorragender **Buchhandlungen.** Eine der besten mit einem großen Angebot an Reisebüchern, Bildbänden, Belletristik, Sachbüchern, aktuellen Magazinen und Zeitungen sind **Universal Books** und **Books Corner** gleich neben Niro's Restaurant. Auch **Ganpati Books** im gleichnamigen Plaza hat eine recht umfangreiche Auswahl.

Bank

- Abgesehen von vielen **ATMs,** die außer Visa-, Visa Electron-, Master-, Maestro-, und Cirruskarten auch AmEx-Karten akzeptieren (in der Altstadt etwa der HDFC-ATM neben dem LMB Hotel), gibt es eine Vielzahl von Banken und Exchange-Countern, großteils an der M.I. Rd.
- **Thomas Cook** ist gleich zweimal vertreten: eine kleine Wechselstube schräg gegenüber dem Hawa Mahal und das Hauptbüro im Jaipur Tower an der M.I. Rd. (Mo–Sa 9.30–17.30 Uhr, Tel.: 2360940, 2360801).
- An der M.I. Road zwischen Singh Pol und Ajmeri Gate ist **UAE Exchange** (Mo–Sa 9.30–18 Uhr, Tel.: 2363919) zuverlässig. Effizient bedient wird man auch bei **VKC Forex** (Mo–Sa 9.30–18 Uhr) an der rechten Seite des Ganpati Plaza und bei **Weizman Forex** (M.I. Rd., Mo–Sa 9.30–18.30 Uhr) ca. 500 m vom Bahnhof entfernt neben dem Jaipur Tower.
- Die **State Bank of India** westlich des Ghat Gate tauscht Bargeld und Travellerschecks.

Medizinische Versorgung

- Das beste Krankenhaus der Stadt ist das private **Santokba Durlabhji Memorial Hospital** (Bhawani Singh Road, Tel.: 2566251-8, www.sdmh.in).
- Für die Notaufnahme und bei Unfällen muss man sich ins größte, staatliche **Sawai Mansingh Hospital,** kurz SMS Hospital (Sawai Ramsingh Road, Tel.: 2560291) begeben.
- Die kleine Praxis von **Kerala Ayurveda Kendra** (Devi Marg nahe Shapura House, Tel.: 4006060, (0)9314643574, Hauptpraxis: Jamnalal Bajaj Marg, beim Rajmahal Hotel, Tel.: 5106743) hilft bei kleineren Beschwerden mit ayurvedischer Medizin und verabreicht recht preisgünstige ayurvedische Massagen.
- Ein **ayurvedisches Krankenhaus** (Tel.: 2672285) findet sich in der Amber Rd. beim Jarawar Singh Gate.
- In den meisten Krankenhäusern gibt es 24 Stunden geöffnete **Apotheken.**
- **Notfall-Nummern** in Jaipur: Polizei: 100, Krankenwagen: 102.

Post und Telefon

- Das **GPO Jaipur** gilt als eine der zuverlässigsten Adressen Rajasthans, um Post in Empfang zu nehmen oder Pakete zu verschicken (Eingang hierfür auf der Rückseite des Gebäudes). Vor dem Gebäude sitzt meist ein Mann, der für das entsprechende Entgelt (je nach Paketgröße zwischen 20 und 60 Rs) das zu verschickende Paket ordnungsgemäß verpackt und versiegelt.
- **DHL** (Tel.: 2361159, G-7A der Geeta Enclave, Mo–Sa 9.30–20 Uhr, www.dhl.co.in) hat in der Vinobha Marg nahe M.I. Rd. hinter der Standard Chartered Bank eine günstig gelegene Filiale.
- Hat man kein eigenes Handy, erledigt man **Telefongespräche**, egal ob inländische oder *long distance,* am besten von einem der vielen privaten Büros. Man sollte sich jedoch zuvor erkundigen, ob der genannte Minutentarif ein Nettopreis ist oder ob diesem noch eine „Bearbeitungsgebühr" hinzugerechnet wird. Der Durchschnittspreis in Jaipur liegt derzeit bei 7 Rs/Min. für ein Gespräch

nach Europa. Gelegentlich ist in Internetcafés das billige Telefonieren über Internet möglich (s.u.).

Internet, Fotografieren

■ Die durchschnittliche Internetgebühr beträgt 20 bis 30 Rs pro Stunde. Einige Internetcafés sind entlang der M.I. Rd. zu finden, etwa **Modern Internet** eine Gasse gegenüber dem Natraj Restaurant hinein und das **Dhoom Cyber Café** wenig weiter östlich im Innenhof, die außerdem billige Net-to-Phone-Telefonverbindungen (4,50 Rs/Min.) anbieten sowie die Möglichkeit, Fotos von Digitalkameras auf CD zu brennen (ca. 100 Rs inkl. CD). Die regulären Fotogeschäfte verlangen hierfür bis zu 200 Rs. Eine Ausnahme ist **Sentosa Colour Lab** im Ganpati Plaza, die auch nur 100 Rs verlangen. Ausdrucke im Format 10 x 15 cm kosten dort 5 Rs. Hier gibt's natürlich auch Filme und Memory Cards.

■ Als eine der ganz wenigen Internetcafés in der Altstadt bietet sich **Shree Ram Communications** an (20 Rs./Std.), nicht weit vom LMB Hotel zwischen den Toren 81 und 82 die Gasse 50 m hinein, zum Surfen an.

Kino

■ Wer sich einmal einen der verschwenderisch inszenierten indischen Filme in einem adäquat opulenten Ambiente zu Gemüte führen möchte, für den ist das herrliche **Raj Mandir** eine der besten Adressen Indiens. Es ist einer jener stuckverzierten, riesigen Kinopaläste, wie es sie in Europa leider schon lange nicht mehr gibt. Trotz eines Fassungsvermögens von mehreren Tausend Personen ist es oft ausverkauft, besonders bei Aufführung ganz neuer Filme. Vorführungen um 12.30, 15.30, 18.30 und 21.30 Uhr, Reservierungen 10–18 Uhr ab eine Stunde vor Aufführungsbeginn bis zu 7 Tage im Voraus (Tel.: 2379372). Ohne Reservierung sind Tickets ab 45 Minuten vor Aufführungsbeginn mit viel Glück und Durchsetzungsvermögen an der Kasse zu ergattern, Ticketpreise zwischen 50 und 110 Rs.

Gegenüber dem Raj Mandir kann man im **Reds** (Tel.: 4007710) in der Mall 21 das Tanzbein schwingen.

■ Inzwischen hat das neue Multiplex-Kino des **Entertainment Paradise,** gut 5 km vom Stadtzentrum entfernt südlich in Malviya Nagar, bei den Einheimischen dem Traditionshaus den Rang abgelaufen. Auch in Indien wird inzwischen mehr Wert gelegt auf genügend Parkplätze und vielfältiges Zusatzangebot, was dort gegeben ist.

Sport und Erholung

■ Für eine gute, entspannende Massage und andere Anwendungen ist **Kerala Ayurveda Kendra** (F30 Jamnalal Bajaj Marg, 8–12 und 16–20 Uhr, Tel.: 5106743, (0)931 4643574, www.keralaayurvedakendra.com) bekannt. Einstündige, fachkundige Massagen kosten 500 Rs inkl. Transport vom/zum Hotel. Anmeldung erforderlich. Auch die Filiale in Bani Park (D 259 Devi Marg) nahe dem Shapura House verkauft ayurvedische Medizin und Produkte.

■ An Meditation Interessierte sollten sich zum **Dhamma Vipassana Meditation Centre** (Tel.: 2680220), etwa 3 km von Jaipur entfernt in Galta, begeben, wo 10-Tages-Kurse auf Spendenbasis angeboten werden.

■ Viele der Mittelklasse- und Luxushotels bieten die Möglichkeit, in ihren **Pools** zu schwimmen. Preiswert und schön sind der Pool des Hotel Megh Niwas (100 Rs/Tag), der zentral gelegene Gartenpool des Alsisar Haveli (200 Rs/Std.) oder der herrliche Gartenpool des Narain Niwas Palace Hotel für 150 Rs/Tag.

■ Wer mit Kindern unterwegs ist, kann sich im **Pink Pearl Fun City** (Main Ajmer Rd., Tel.: 51411210/1), 16 km von Jaipurs Zentrum entfernt, im Wellenpool, mit Wasserrutschen, Go-Kart, Minigolf etc. vergnügen (Eintritt 150 Rs für Erwachsene und 75 Rs für Kinder, 10–19 Uhr). Für Erwachsene sind die Pools der großen Hotels besser.

Feste

■ Das berühmte **Elefantenfestival** findet alljährlich einen Tag vor dem Holi-Fest im Februar/März im Chaugan-Stadion etwas nördlich der Altstadt statt. Die prunkvollen

Umzüge mit bunt geschmückten Elefanten sind bei Einheimischen wie Touristen beliebt und äußerst sehenswert.

■ Ebenfalls ein prächtiger Umzug durch die Straßen Jaipurs steht im Mittelpunkt des zu Ehren von Shivas Gemahlin Parvati veranstalteten **Gangaur-Festivals** im März/April. Tänzer, Trommler, Kamele und Elefanten sorgen für eine ebenso farbenfrohe wie laute Mischung.

■ Das **Teej-Fest** wird jedes Jahr im Juli/August zu Beginn des Monsuns gefeiert und ist der Hochzeit von Shiva und Parvati gewidmet. Vor allem die Rajputen-Frauen feiern das Fest mit farbenprächtigen Umzügen, Gesang und Tanz.

■ Das **Jaipur Heritage International Festival** (Tel.: 2222728, www.jaipurfestival.org) wie auch der **Rajasthan Day** (jedes Jahr 21.–30.3.) setzen sich zum Ziel, die Traditionen Rajasthans mit einer Vielzahl von Veranstaltungen (klassischer Tanz und Musik, Lesungen und Ausstellungen) im gesamten Stadtgebiet und im Amber Fort wachzuhalten.

An- und Weiterreise

Flug:

■ **Flugtickets: Travel Care** (Tel.: 2371832, www.travelcareindia.com) im Erdgeschoss des Jaipur Tower, tgl. außer So 10–19 Uhr, ist ein verlässliches Reisebüro.

■ **Air India,** Nehru Place, Tonk Road, flughafennah, Tel.: 2743500, am Flughafen: 2721 333, www.airindia.com.

■ **Jet Airways,** Flughafen, Tel.: 2725027, www.jetairways.com.

■ **IndiGo,** Tel. am Flughafen: 2743500, www.goindigo.com. Täglich oder mehrmals wöchentlich Flüge von Jaipur nach Delhi, Mumbai, Jodhpur, Udaipur, Kalkutta, Ahmedabad und Udaipur.

■ Über aktuelle innerindische Flugverbindungen aller Airlines informiert **www.yatra.com**.

Bahn:

■ Im **Railway Reservation Office** links vor dem Bahnhof (Inquiry Tel.: 131, 133) ist Schalter 769 u.a. für Touristen vorgesehen. Das Gebäude ist Mo–Sa 8–20 Uhr (15 Min. Pause um 14 Uhr) und So 8–14 Uhr geöffnet. Hier können Tickets nur bis mindestens 5 Stunden vor Abfahrt gebucht werden. Für Buchungen am Tag der Abfahrt muss man sich zum Schalter 10 im nördlichen Teil von Bahnsteig 1 begeben (6–6.30, 14–14.30 und 20–22.30 Uhr) oder ein nicht zu empfehlendes, unreserviertes Ticket an einem der vielen normalen Schalter im Bahnhofsgebäude kaufen.

■ In die **Shekhawati-Region** fahren derzeit nur langsame Passenger-Züge.

■ Wichtige **Verbindungen** sind im Anhang aufgelistet.

Bus:

■ Besonders komfortabel sind die **Deluxe-Busse** und klimatisierten **Luxusbusse** von RTRTC (Rajasthan Roadways, die mit nur wenigen Stopps das jeweilige Ziel anfahren), die von Bussteig Nr. 3 in der rechten hinteren Ecke des Busbahnhofs abfahren. Hier befindet sich auch ein Reservierungsbüro (Tel.: 5116032, 7–21 Uhr tgl.). Eine frühzeitige Buchung ist empfehlenswert, da die Nachfrage während der Hauptsaison sehr groß ist.

■ Nach **Delhi** (5 Std., Non-AC/AC 320/420 Rs, AC-Volvo 550 Rs) fahren tgl. 31 Deluxe- und AC-Volvo-Busse zwischen 5.30 und 1.30 Uhr von Plattform 3, teils zum Bikaner House, teils zum ISBT in Delhi. Zahlreiche Verbindungen bestehen u.a. nach **Jodhpur** (alle 2 Stunden, 7,5 Std., Exp./Del./AC 160/240/305 Rs, AC (6.30 Uhr) und Deluxe-Verbindungen um 13.30 und 23.30 Uhr von Plattform 3), **Agra** (11 Busse, 5,5 Std., Express-/Deluxe-/AC-Busse (140/195/370 Rs) alle über Bharatpur (130 Rs, 4 Std.), rund um die Uhr, viele Deluxe-Verbindungen zwischen 6.30 und 0 Uhr (Plattform 3), **Ajmer** (13 Busse, 2,5 Std., 76/99 Rs, AC 160 Rs), **Alwar** (halbstündig zwischen 4.30 und 22 Uhr), **Chittorgarh** (6 Verb., 7 Std., 210/330 Rs), **Udaipur** (8 Busse, 10 Std., 300 Rs, Volvo AC 600 Rs, Deluxe um 10, 11.15, 13.30 sowie 22 und 0 Uhr), **Bundi und Kota** (5 bzw. 5,5 Std., um 6.45, 8.45 und 15.15 Uhr, 126/161 Rs, AC-Deluxe-Busse (203/239 Rs) von Plattform 3, Express-Busse (150 Rs) von Plattform 2), **Mathura** (6 Busse, 15.45 Uhr auch über Vrindavan, 151 Rs, um 13.30 und 22.30 Deluxe-Verbindungen), **Nawalgarh** und **Jhunjhunu** (4/5 Std., halbstündig Express-Busse und ein Deluxe-Bus um 16.30 Uhr, 95 bzw 140 Rs, Plattform 4, alle via Sikar) und **Bikaner** (nur einfache Exp.-Busse zwischen 5 und 22 Uhr, 8 Std., 182 Rs) über Sikar. Nach **Sawai Madhopur** (Ranthambore, Plattform 2, 6 Std., Plattform 4, nur Exp.-Busse, 101 Rs) um 14.30 und 17.15 Uhr, ansonsten über Tonk (halbstündige Verbindungen). Kein Direktbus nach Mandawa (Shekhawati), umsteigen in Mukundgarh.

■ Zwei Direktbusse nach **Pushkar,** von denen aber nur der Deluxe-Bus um 13 Uhr (Plattform 3) zu empfehlen ist.

■ Weitere **Auskünfte:** Rajasthan Roadways Tel.: 5116 032 (Reservierungen), für Deluxe-Busse Tel.: 2204445, 5116031, für Exp.-Busse Tel.: 2207906, 5116043/4, außerdem das hilfsbereite Tourist Information Bureau im Bahnhofsgebäude und die Filiale am Busbahnhof.

Umgebung von Jaipur

Highlight:
Amber   V/C3

Es gibt kaum einen Besucher Jaipurs, der nicht die nur 11 km nördlich gelegene **Palastanlage** von Amber besucht. Amber war für über sechs Jahrhunderte die Hauptstadt der Kachwahas, bevor sich *Jai Singh II.* 1727 entschloss, seine neue Residenz in Jaipur zu errichten.

Wohl niemand wird diesen Ausflug bisher bereut haben, ja vielen gilt das Fort als die schönste Festung ganz Indiens. Spektakulär ist allein schon der erste Anblick nach der Ankunft, wenn sich die auf einem steilen Berghang gelegene Trutzburg in den Wassern des ihr zu Füßen gelegenen kleinen Sees spiegelt.

Durch den **Mogul-Garten Dil-e-Aram** führt ein steiler, gewundener Kopfsteinpflasterweg zum **Suraj Pol,** dem Haupttor der sehr weiträumigen Anlage.

Hat man das Suraj Pol passiert, befindet man sich in einem weiträumigen, von Souvenirläden, Erfrischungs- und Essensständen gesäumten **Innenhof,** in dem früher die Besucher des Regenten ihre Pferde und Elefanten zurückließen. Von hier führt eine breite Treppe zu einem zweiten Hof mit dem **Audienzsaal** (Diwan-e-Am), in dem der Maharaja die offiziellen Empfänge abhielt. Um dieses Schmuckstück aus Marmor vor dem Zugriff des neidischen Mogul-Kaisers *Jehangir* zu bewahren, soll es *Jai Singh I.* einst mit einer Gipsschicht überzogen haben.

Durch das wunderschön ornamentierte **Ganesha-Tor** (Ganesha Pol) führt der Weg zu den erneut auf einer höheren Ebene angesiedelten **Privatgemächern** der Herrscherfamilie.

Besondere Aufmerksamkeit bei den täglich Tausenden von Besuchern erregt u.a. der kleine, gänzlich mit kleinen Spiegeln ausgeschmückte **Jai Mandir** und der daneben gelegene **Shak Mandir.** Mit seinen filigranen Marmorgitterfenstern gewährt der Shak Mandir einen weiten Blick in das von den Aravalli-Bergketten eingeschlossene Amber-Tal. Den dem Jai Mandir gegenüber gelegenen **Saal der Freuden** *(Sukh Niwas)* durchfloss einst ein Bach. Inmitten der Paläste, Pavillons, Terrassen und Galerien findet sich ein blühender kleiner **Garten.** Auch hier manifestiert sich der Versuch der durch räuberische und grausame Feldzüge zu Macht und Reichtum gelangten Herrscher, ihr Privatleben in einer Ruhe ausstrahlenden Umgebung zu verbringen.

Für die meisten Touristen galt über viele Jahre der **Ritt auf dem Rücken eines Elefanten** hinauf zur Burg als eine der Hauptattraktionen Ambers. Vergessen wurde dabei, dass dies bei der sengenden Hitze für die mit bis zu vier schweren Personen beladenen Elefanten und bis zu fünf Ritten pro Tag nichts anderes als Tierquälerei war. 2005 entlud sich der jahrelang ertragene Schmerz eines Elefanten, indem er einen zufällig vor ihm stehenden einheimischen Reiseleiter gegen eine Mauer schleuderte. Der Tod des Reiseleiters machte

landesweit Schlagzeilen und warf ein Schlaglicht auf das Leid der Elefanten. Seither darf jeder Vierbeiner nur noch dreimal pro Tag zur Burg hinaufschnaufen und das auch nur noch mit zwei statt vier Passagieren. Daher stehen nicht immer Elefanten bereit, auch in der Mittagszeit werden keine Ritte durchgeführt (8–11 und 15.30–17.30 Uhr). Preis für zwei Personen 900 Rs. Am Fuß des Aufstiegs warten Jeeps, die den Fußlahmen für 200 Rs zum Fort hinaufbringen. Ein Aufstieg zu Fuß dauert je nach Kondition etwa 10–15 Min.

■ **Geöffnet** ist der Palast tgl. 9–18 Uhr, Eintritt 200 Rs inkl. Kamera und Video. Ein Audioguide kostet 120 Rs. Am Eingang können **Guides** gebucht werden, 90 Min. kosten 200 Rs/4 Pers.

■ **Anfahrt:** Von Jaipur fahren ständig Busse für 10 Rs vom Badi Chaupar (ab der nordwestlichen Kurve des Platzes), ein paar Meter vom Hawa Mahal entfernt, in knapp einer halben Stunde nach Amber. Eine Riksha sollte für die Hin- und Rückfahrt mit Wartezeit ca. 500 Rs kosten, die einfache Fahrt etwa 150 Rs.

Der besondere Tipp: Jaigarh Fort

Wer nach der Besichtigung des Palastes noch genügend Ausdauer besitzt, sollte sich das oberhalb von Amber gelegene Jaigarh Fort nicht entgehen lassen. Die meisten Gebäude in der 1726 von *Jai Singh* errichteten Festungsanlage sind verfallen, doch auch die Ruinen vermitteln noch einen interessanten Eindruck der ehemaligen Pracht. Zurzeit lässt der Schwiegersohn des Maharajas einige Gebäude restaurieren. Im Übrigen wird man für den ca. 15-minütigen Anstieg mit **herrlichen Ausblicken** in die Umgebung belohnt. Man entgeht hier oben dem Touristenrummel der Palastanlage. Eine kleine Cafeteria bietet sich für Snacks und Getränke an.

Spiegelverzierter Shak Mandir in Amber – der Ort ist gut mit dem Bus zu erreichen und ein lohnender Ausflug von Jaipur

Im östlichen Bereich der Anlage findet sich die ehemalige **Kanonengießerei,** die nach Rückkehr von *Man Singh I.,* General in Akhbars Armee, von einer Reise nach Kabul errichtet wurde. Dort erwarb er die Kenntnisse zum Bau der Kanonen, von denen einige noch heute im Museum des Forts zu besichtigen sind. Die größte, eine 50 Tonnen schwere, *Jaivan* genannte Kanone, ist im Südteil des Forts zu besichtigen. Sie gilt als **größte Kanone der Welt** und hat eine Reichweite von 20 km, kam allerdings, bis auf einen Probeschuss, nie zum Einsatz.

Nördlich von Museum und zwei hinduistischen Tempeln, dem Sri Ram Hari und dem Kal Bhairava, gelangt man zum Palastbereich, von dessen Gärten und Pavillons sich ein herrlicher Blick auf Amber und Amber Fort bietet. Im Mittelpunkt des nationalen Interesses stand das Fort Mitte der 1970er Jahre, als es die damalige Ministerpräsidentin *Indira Gandhi* weiträumig absperren ließ. Hunderte von Polizisten durchsuchten die Katakomben, um das dort angeblich gelagerte, auf mehrere Zigmillionen Rupies, Juwelen und Gold geschätzte Vermögen der Kachhawas von Amber zu konfiszieren. Gefunden wurde nichts.

■ **Geöffnet** ist der Palast tgl. 9–17 Uhr, Eintritt 75 Rs, Kamera/Video 50 Rs. Ein Guide kostet 200 Rs. Das Ticket für den Stadtpalast berechtigt auch zum Besuch des Jaigarh Fort innerhalb von zwei Tagen.

Royal Gaitor

Die **Grabstätten von Gaitor** (Chattris, 9–16.30 Uhr, Eintritt 10 Rs, Kamera/Video 10/20 Rs), etwas nördlich der Stadtmauern Jaipurs, wirken wie kleine **Marmorkunstwerke** in der schönen Gartenlandschaft. In der seit dem 18. Jh. auch als Verbrennungsstätte der Herrscher von Jaipur genutzten Anlage beeindruckt besonders der mit mythologischen Szenen verzierte Kenotaph des Stadtgründers *Jai Singh II.* (50 m rechts vom Eingang eine steile Treppe hinauf), dessen weiße Marmorkuppel auf 20 skulptierten Säulen ruht. Zudem bietet sich hier ein schöner Blick über die Gesamtanlage. Es führt ein Weg zu einem Ganesh-Tempel mit Swastika-Symbol.

Jal Mahal

Auf der Fahrt von Jaipur nach Amber liegt nach ca. 6 km auf der rechten Straßenseite das „Wasserschloss" Jal Mahal. Heute ist es als solches jedoch kaum mehr zu identifizieren, da der das Jal Mahal umgebende See die meiste Zeit im Jahr ausgetrocknet ist. Doch auch so vermittelt das Bauwerk immer noch viel von seiner ursprünglich romantischen Atmosphäre.

Nebenan gelegen, ist die **Maharani ki Chattri** das Pendant zum Royal Gaitor, beherbergen die marmornen Kenotaphe mit prächtigen Blumenmotiven doch die sterblichen Überreste der Frauen der Herrscher von Jaipur.

Sisodia-Gärten

Vorbei am hübschen Vidhyadhar's Garden, der zu Ehren des Architekten Jaipurs errichtet wurde, führt die Straße Richtung Agra zum zierlichen, mit Wandmalereien geschmückten **Sisodia-Rani-Palast.** Auch diese verspielte Palastanlage inmitten gepflegter, terrassenförmig angelegter Gärten stammt aus der Regierungszeit *Jai Singhs.* Der offensichtlich nicht gerade knauserige Herrscher ließ das Schloss für seine zweite Frau erbauen. Heute ist es eines der beliebtesten Ausflugsziele in der Umgebung von Jaipur und an Wochenenden von Einheimischen überlaufen.

Jaipur, Umgebung

Galta

Drei Kilometer östlich von Jaipur findet sich mit der **Schlucht** von Galta, die stufenförmig mit vielen kleinen Tempeln und Teichen ausgefüllt ist, ein Ort ganz besonderer sakraler Atmosphäre. Die unzähligen Tempelaffen werden von den Pilgern eifrig gefüttert, da man sich von ihnen Glück verspricht. Der hoch oberhalb der Schlucht gelegene **Tempel** zu Ehren des Sonnengottes Surya aus dem frühen 18. Jh. ist von Norden aus über einen 2 km langen steilen Anstieg zu erreichen. Die schöne, längere Südzufahrt per Auto führt, vorbei an Sisodia Gardens und durch eine naturbelassene Landschaft mit vielen Tieren, ebenfalls nach Galta.

■ **Geöffnet** von 6 bis 19 Uhr. Gelegentlich wird am Eingang eine Foto-/Videogebühr von 50 Rs erhoben.

Choki Dhani

Eine gelungene Mischung aus Unterhaltung und dem Erleben des traditionellen Lebens Rajasthans ist im 18 km südlich von Jaipurs Zentrum gelegenen Choki Dhani zu erfahren. In diesem einem **rajasthanischen Dorf** nachempfundenen **Vergnügungsgelände** werden neben kulinarischen Genüssen (Rajasthani-Thalis im Eintrittspreis enthalten, weitere Restaurants im Umfeld) Tanzvorführungen, Puppenspiel, Zauberei, Kunststücke sowie Kamel- und Elefantenausritte nicht nur Kinder faszinieren. Die Wochenenden sollte man wegen des starken Zulaufs meiden.

■ **Öffnungszeiten:** 18–23 Uhr, Eintritt Erw./Kind 350/175 Rs. Choki Dhani ist am komfortabelsten per Taxi zu erreichen. Die Hin- und Rückfahrt inkl. Wartezeit sollte nicht mehr als 600 Rs kosten.

Saganer V/C3

Dieses kleine, 16 km südlich von Jaipur gelegene Städtchen mit einem verfallenen Palast und einigen schönen Jain-Tempeln ist überregional für die hier ansässigen **Papier- und Textildruckereien** bekannt. Eine besondere Spezialität der Familienbetriebe Saganers ist der Blockdruck, wobei die verschiedenen Muster in Holz geschnitzt und von Hand auf der ganzen Länge der Stoffbahn gedruckt werden. Ein beliebtes Souvenir sind die dazu verwandten Druckblöcke, die meist nicht viel größer als ein normaler Stempel sind. Man sollte sich den Weg zum Flussufer nicht entgehen lassen, wo die fertigen Stücke in der Sonne trocknen. (Busse vom Ajmeri Gate starten alle 5–10 Min. nach Saganer (10 Rs, eine Std. Fahrtzeit).

Der besondere Tipp: Abhaneri

Das heute unbedeutende, kleine Dorf Abhaneri, etwa 95 km von Jaipur entfernt auf dem Weg nach Agra, war einmal ein bedeutendes hinduistisches Pilgerzentrum. Das innerste Heiligtum des heute verfallenen **Harshat-Mata-Tempels** aus dem 9. Jh. wird über einen breiten Zugang mit fünf Tempelterrassen erreicht, von dem heute nur noch die mit Reliefs versehenen **Säulen** erhalten sind. Diese bilden zusammen mit weiteren wiederverwendeten Reliefblöcken des ehemaligen Tempels auch heute noch eine von der ländlichen Bevölkerung verehrte heilige Stätte. Auf einer der oberen Tempelterrassen wird ein **Shiva-Lingam** verehrt. Zudem lohnen die beiden oberen Tempelterrassen mit **ikonischen Darstellungen** diverser hinduistischer Götter einen Blick.

Anschließend an die Tempelanlage ist auch der **Chand Baoli,** einer der größten **Stufen-**

brunnen Rajasthans, einen Besuch wert. An einer Seite des im 11. Jh. äußerst aufwendig errichteten Bauwerks sind mehrere übereinander gebaute Pavillons zu bestaunen.

Die Sehenswürdigkeiten erreicht man von Jaipur kommend entweder per Bus bis Sikandra und von dort per Jeep die letzten 10 km oder mit dem Bus bis Gular, von wo weitere 5 km zurückzulegen sind. Mit eigenem Gefährt auch über den NH 11 Richtung Agra, vom National Highway abbiegen nach Bandikui hinein und etwa nach 10 km, vor Erreichen des Ortes, an der Kreuzung eines kleinen Dorfes (bei einer Statue mit rotem Turban) rechts abbiegen. Nach nur wenigen Kilometern wird die Tempelanlage passiert.

Samode V/C2-3

Folgt man der alten Karawanenstraße von Jaipur über das Shekhawati nach Bikaner, so gelangt man ca. 35 km nördlich von Jaipur in die kleine Provinzstadt **Chomu**. Wie die von hohen Mauern umstellte Festung vermuten lässt, hat der heute unbedeutende Ort eine abwechslungsreiche Geschichte hinter sich. Biegt man hier rechts ab, so gelangt man entlang einer verlassenen Serpentinenstrecke, die sich durch eine faszinierende Berglandschaft schlängelt, nach 15 km zu einer der bezauberndsten **Palastanlagen** ganz Rajasthans. Hier, sozusagen am Ende der Welt und zu Füßen einer Bergfestung, ließ sich der Finanzminister des Maharajas von Jaipur Mitte des 19. Jh. sein Märchenschloss errichten.

Hat man den imposanten Treppenaufgang hinter sich gelassen, gelangt man in herrlich ausgestattete Räumlichkeiten. Schmuckstück des heute als exquisites **Heritage Hotel** dienenden Prachtbaus ist der **Diwan-e-Khas** mit seinen über und über mit Wandmalereien und kleinen Spiegelchen verzierten Wänden. Als eines von vielen entzückenden Details fallen die verstellbaren Jalousien ins Auge, hinter denen die Damen des Hauses die Geschehnisse der Männerwelt verfolgten. Alles wirkt ein wenig wie eine Filmkulisse und tatsächlich wurden hier schon bedeutende Filmszenen gedreht (zum Beispiel für den Film „Palast der Winde" nach dem Roman von *Paul Scott*).

Unterkunft

■ Das herrliche **Samode Palace Hotel** €€€€€ (Tel.: 0141-2632370, 01423-240014, www.samode.com) gilt als eines der besten Palasthotels des Landes. Ausstattung und Lage der liebevoll eingerichteten 35 Zimmer sind gleichermaßen bezaubernd. Auch die zeltdachüberspannten Bungalows sowie der schöne Garten mit Restaurant und Swimmingpool sind hervorragend. Von Besuchern, die nicht im Hotel wohnen, wird ein Eintrittsgeld von 500 Rs verlangt, der aber mit einem Mahl (ca. 1.000–1.200 Rs) im Restaurant verrechnet wird.

An- und Weiterreise

■ Mehrere **Direktbusse** von Jaipur (Plattform 4) fahren nach Samode, ansonsten über Chomu. Zu **Taxipreisen** von Jaipur aus siehe Jaipur/Information.

■ Auch der **9733/4 Shekhawati Exp.** verbindet tgl. mit Jaipur, Dundhloh, Nawalgarh und Sikar, Busse sind aber wegen eventueller Verspätung des Zuges vorzuziehen.

Bharatpur V/D3

– ein Muss für Ornithologen

Wegen des 5 km südlich vom Stadtzentrum gelegenen **Keoladeo-Vogelschutzparks** gilt Bharatpur heute als Mekka für Ornithologen aus aller Welt. Im 17. und 18. Jh. war es die Hauptstadt eines einflussreichen Regionalreiches, dessen Herrschaftsbereich zeitweise bis an die Grenzen Delhis und Agras reichte.

Noch heute beherrscht das mächtige, von einem Wassergraben umschlossene **Fort** die ansonsten uninteressante Stadt. Seinen Namen Lohagarh („Eiserne Festung") hat es sich verdient, da es erfolgreich verschiedenen Angriffen der Mogul-Heere und später der Briten trotzte. Die beiden großen Festungstürme Jawahar Burj und Fateh Burj sowie zwei von einem erfolgreichen Beutezug aus Delhi mitgebrachte Eingangstore sind die beeindruckendsten Bauelemente des ansonsten deutliche Spuren des Verfalls aufweisenden Forts. Eines der insgesamt drei Palastgebäude innerhalb der Festungsmauern beherbergt allerdings ein interessantes **Museum**.

■ **Öffnungszeiten:** tgl. außer Fr 10–16.30 Uhr, Eintritt 3 Rs, Kamera/Video 10/20 Rs.

Information

■ **Vorwahl:** 05644
■ Den Besuch im **Tourist Reception Centre** (Mo–Sa 10–17 Uhr, jeder 2. Sa geschlossen, Tel.: 222542) am Saras Circle ist bis auf die Aushändigung eines Stadtplans und für Informationen über Bus- und Bahnzeiten nur hilfreich, wenn man etwas insistiert. Wesentlich umfangreichere Informationen zum Vogelpark bekommt man am Eingang desselben, wo auch eine informative Broschüre zum Keoladeo-Nationalpark erhältlich ist.

Stadtverkehr

Bharatpur ist eine sehr weitläufige Stadt. So liegt der Bahnhof 2 km nördlich des Stadtzentrums und 7 km vom Nationalpark entfernt, der Busbahnhof immerhin noch unangenehme 5 km.

■ Mit der **Autoriksha** kostet die Fahrt vom Bahnhof zum Nationalpark für Einheimische maximal 40 Rs, vom Busbahnhof 30 Rs, verlangt wird von Touristen jedoch meist das Doppelte.
■ Ähnliches gilt für die **Fahrradrikshas**, die für die gleiche Strecke eigentlich nicht mehr als 30 bzw 25 Rs verlangen dürften. Meist hat man nur dann eine Chance auf den lokalen Fahrpreis, wenn man ein vom Rikshafahrer empfohlenes Hotel wählt, da dieser dann die Kommission zusätzlich kassiert.
■ Am geeignetsten zur Erkundung des Vogelparks sind die von vielen Hotels verliehenen **Fahrräder** (Preis ca. 50 Rs pro Tag).

Unterkunft

Die meisten Unterkünfte der unteren und mittleren Preiskategorie gruppieren sich um die Verkehrskreuzung **Saras Circle** knapp 400 m östlich vom Parkeingang. Deshalb sollte man aus Richtung Agra und Fatehpur Sikri kommend auf jeden Fall schon an der Kreuzung zum Keoladeo-Nationalpark (Saras Circle) aussteigen, da man sich dann den weiten Rückweg vom Busbahnhof zum Nationalpark sparen kann, für den zudem immer weit überhöhte Rikshagebühren verlangt werden. Von der Kreuzung aus sind die meisten der aufgeführten Unterkünfte zu Fuß erreichbar.

■ Eine sehr kommunikative Atmosphäre herrscht im nahegelegenen **Evergreen Guest House** € (Tel.: 225917) mit Garten. Der gewiefte und humorige Manager bietet einfache, aber völlig ausreichende Zimmer an, alle mit Bad, für wenig Geld – eine gute Wahl. Ein Dachrestaurant ist angeschlossen.

■ Das hübsche kleine **Spoonbill Hotel & Restaurant** €–€€ (Tel.: 223571, www.hotelspoonbill.com) ist nicht mehr das neueste, hat aber recht ansprechende, teils kli-

Bharatpur

matisierte Zimmer im Angebot. Das Open-Air-Lokal wird von einem pensionierten General betrieben, der köstliches Essen zu günstigen Preisen serviert. Nicht weit entfernt hat sein Sohn das gute **New Spoonbill** €-€€ (Tel.: 223571, (0)9414023246, harishsingh@rediffmail.com) mit komfortableren Zimmern eröffnet.

■ Mehr fürs gleiche Geld gibt's im hübschen und relativ ruhigen, weil ein wenig von der Hauptstraße zurückversetzten **Falcon Guest House** €-€€ (Tel.: 223815, www.falconguesthouse.com) mit Gartenrestaurant. Alle Zimmer, teils mit AC, TV und Badewanne, haben einen Balkon.

■ Von einer Wechselstube mit Internetcafé zu einer empfehlenswerten Unterkunft hat sich das **Royal Guest House** €€ (Tel.: (0)9414315 457, www.royalguesthousebharatpur.com) gewandelt. Geld wechseln und surfen kann man immer noch, doch zusätzlich stehen fünf sehr saubere Zimmer zur Verfügung.

■ Von den ruhig an der Rajendra Nagar gelegenen Unterkünften bieten das **Kiran Guest House** € (Tel.: 223845, www.kiranguesthouse.com) und das **The Babbler Guest House** € (Tel.: 226164) große helle Zimmer für wenig Geld, allerdings dauert die Essenszubereitung lange. Auch die neue, kleine **Sanctuary Tourist Lodge** € (Tel.: 233488, www.sanctuarytouristlodge.com) in der Nähe, in der man selbst kochen darf, ist empfehlenswert.

■ Die unmittelbare Nähe zum Parkeingang, das höchste Dachrestaurant und teils recht hübsche und preiswerte Zimmer mit Balkon und TV machen das billige **Hotel Pelican** € (Tel.: 224221) empfehlenswert.

■ Das **Birders Inn** €€€-€€€€ (Tel.: 227346, www.birdersinn.com) hat schöne und ruhige, nach hinten gelegene AC- und Non-AC-Zimmer, einen hübschen baumbestandenen Garten mit Sitzgelegenheiten und ein gutes (und recht teures) Restaurant.

■ Schön möblierte Zimmer mit Terrasse davor, die teureren mit TV, hat das **Eagle's Nest** €€-€€€ (Tel.: 225144) zu bieten.

■ In der Nähe des Parkeingangs liegen zwei neuere Hotels, die die luxuriösesten in Parknähe sind. Beide haben schöne, große AC- und Non-AC-Zimmer mit TV und AC-Restaurant. Das weiträumig von Rasenflächen umgebene **Hotel The Park** €€€-€€€€ (Tel.: 233192) mit Swimmingpool (die Zimmer haben einen Kühlschrank) wirkt aber etwas

■ **Essen und Trinken**
3 The Bagh
15 Spoonbill Restaurant
16 Falcon Guest House

■ **Verkehr**
1 Main Busstand
2 Roadways Busbahnhof

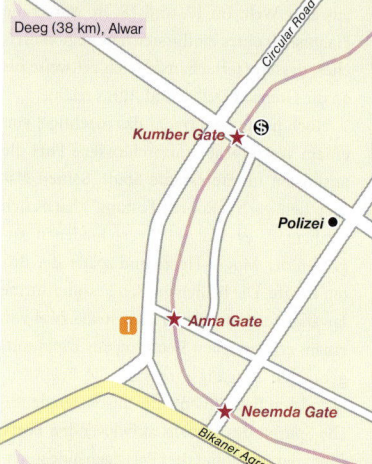

■ **Unterkunft**
3 The Bagh
4 Laxmi Vilas Palace Hotel
5 Kiran Guest House
6 The Babbler Guest House
7 Sanctuary Tourist Lodge
8 Hotel The Park
9 Park Regency
10 Bharatpur Ashok
11 Hotel Pelican
12 Birders Inn
13 Eagle's Nest
14 Evergreen Guest House
15 Spoonbill Hotel
16 Falcon Guest House
17 New Spoonbill
18 Royal Guest House

kühl, während das **Park Regency** €–€€€ (Tel.: 224232, www.hotelparkregency.com) fast nebenan mit zusätzlichem Gartenrestaurant und einer Menge Rosen eine angenehmere Atmosphäre ausstrahlt.

■ Den Vogel außerhalb des Parks schießt das **Laxmi Vilas Palace Hotel** €€€€ (Tel.: 223523, www.laxmivilas.com) ab. Dieser alte Palast mit sehr schön antik möblierten, teils klimatisierten Zimmern mit viel Atmosphäre inmitten einer friedvollen Gartenlandschaft bietet viel fürs Geld, auch ein Swimmingpool ist vorhanden. Einziger Nachteil: Es liegt etwas ab vom Schuss.

■ Noch etwas weiter Richtung Agra liegt das erstklassige **The Bagh** €€€€ (Agra Achmera Rd., Tel.: 225415, www.thebagh.com) inmitten eines großen, vogelreichen Gartens mit Pool. Zwischen 11 und 15 Uhr wird es allerdings recht hektisch, wenn zahlreiche Tourgruppen zur Mittagspause im hauseigenen Restaurant eintreffen.

■ Die mit Abstand teuerste Unterkunft ist das **Bharatpur Ashok** €€€€€ (Tel.: 222760, www.theashokgroup.com) mitten im Park. Umgeben von Vogelstimmen, kann man sich in den renovierten Zimmern oder auf der Terrasse des teuren Restaurants der friedvollen Atmosphäre des Parks hingeben. Die Tiere sind derart an den Hotelbetrieb gewöhnt, dass sie sich ohne Scheu in unmittelbarer Nähe aufhalten. Während der Hochsaison zwischen November und März ist eine Voranmeldung unbedingt erforderlich. Wie üblich bei staatlichen Hotels lässt der Service zu wünschen übrig.

Bank und Internet

■ Etwas östlich von der Kreuzung Saras Circle beim Vogelpark bietet sich das **Royal Forex** (Tel.: 230283, 10–22 Uhr) im Royal Guest House zum Wechseln von Bargeld, Travellerschecks und Kreditkarten (3 % Gebühr) an. Angeschlossen ist ein schnelles **Internetcafé** mit guter Ausrüstung und STD-Laden.

■ Ein weiteres gutes Internetcafé ist das **Book House** nahe dem Birders Inn, wo 50 Rs/Std. verlangt werden. Hier können auch Fotos der Digitalkamera auf CD gebrannt werden.

An- und Weiterreise

Bahn:

Bharatpur liegt verkehrsgünstig an der Strecke von Delhi nach Mumbai sowie an der Strecke Delhi – Agra – Jaipur – Jodhpur – Ahmedabad und bietet dementsprechend eine vielfältige Auswahl an Zugverbindungen. Wichtige Verbindungen finden sich im Anhang.

Bus:

Bharatpur liegt an der Hauptstraße zwischen Agra und Jaipur.

■ Alle Busse von und nach **Fatehpur Sikri** (1 Std.) bzw. Agra passieren die Hotelgegend um den Saras Tourist Bungalow. Es empfiehlt sich, hier auszusteigen, da man ansonsten später den 5 km langen Weg vom Busbahnhof wieder zurückfahren muss – wenig sinnvoll. Auch Deluxe-Busse der Silver Line passieren hier.

■ Stündliche Verbindungen bestehen nach: **Agra** (1,5 Std., über Fathepur Sikri), **Jaipur** (4,5 Std.), **Deeg** und **Mathura** (1,5 Std.) sowie **Delhi** (5 Std.). Außerdem gibt's drei Busse nach **Gwalior**, **Jodhpur** und **Udaipur** sowie weitere nach **Alwar**, **Deeg**, **Vrindavan** und **Lucknow**. Die genauen Abfahrtszeiten können im Tourist Reception Centre in Erfahrung gebracht werden.

Keoladeo-Ghana-Nationalpark V/D3

Das Gebiet des 29 km² großen Nationalparks liegt in einer natürlichen Senke, die sich während der Monsunzeit im Sommer mit Wasser füllt. So sammelten sich hier seit jeher **Wasservögel**, die für die Maharajas von Bharatpur willkommene Beuteobjekte waren. An manchen Tagen sollen bis zu 4.000 Vögel ihrer Schießwut zum Opfer gefallen sein. Um ihrem Hobby ganzjährig frönen zu können und nicht, wie zuvor, nach der Regenzeit, wenn mit dem zurückgehenden Wasserspiegel auch die Vögel abzogen, mit leeren Händen dazustehen, ließen die Herrscher von Bharatpur künstliche Bewässerungskanäle und Dämme errichten. Das so von Menschen gestaltete Feuchtgebiet entwickelte sich rasch zu einem Magnet für die Vogelwelt.

Heute zählt es zu den bedeutendsten **Vogelschutzgebieten** der Erde. Etwa 370 Vogelarten wurden bisher in Bharatpur beobachtet, davon allein über 100 Zugvogelarten aus nordasiatischen Gebieten wie Japan und Sibirien. Speziell in den Wintermonaten November bis Mai und während der Brutzeit in den Monsunmonaten von Juli bis Mitte September sind die beiden großen seichten **Seen** mit den kleinen Bauminseln in der Mitte des Parks Heimatstätte von Zehntausenden von Kormoranen, Reihern, Fasanen, Löfflern, Gänsen, Adlern, Enten und Störchen sowie unzähligen anderen Vogelarten. Wenn man weiß, dass allein die über 2.000 Störche täglich etwa fünf Tonnen Futter benötigen, erstaunt es immer wieder, welch enorme Fischmenge die seichten Gewässer in sich bergen.

Die mit Abstand beste Jahreszeit zum Besuch des Parks sind die Wintermonate Oktober bis Februar. Zwischen März und September ist nur ein Bruchteil der Vögel vor Ort.

■ **Öffnungszeiten:** im Sommer 6–18 Uhr, im Winter 6.30–17 Uhr, Eintritt 200 Rs pro Person (gilt allerdings nur für einen Eintritt pro Tag) plus 3 Rs für ein Fahrrad. Fotokameras sind gebührenfrei, für eine Videokamera müssen happige 400 Rs berappt werden. Guides kosten 150 Rs/Std. bis 5 Personen, ab 6 Personen 120 Rs. Im Park gibt es beim Keoladeo-Tempel einen Kiosk mit Tee/Kaffee und Snacks. Viele Hotels verleihen für bis zu 50 Rs Ferngläser.

Radtour durch den Park

Das von einer mitten durch die beiden Seen führenden Dammstraße durchzogene Gebiet ist ideal, um mit dem Fahrrad erkundet zu werden. Um speziell an Feiertagen und Wochenenden den Besuchermassen zu entgehen, sollte man vornehmlich auf den Nebenstraßen und im südlichen Teil des Parks auf Erkundungstour gehen, da man dort oft stundenlang kaum Menschen begegnet. Zur Abenddämmerung ist besonders die Gegend um den Keoladeo-Tempel interessant, da die großen Wasservögel dort ihre Schlafplätze haben. Fahrräder werden sowohl am Parkeingang als auch in den meisten Unterkünften meist für 30 Rs/Tag vermietet. Statt bei den Händlern vor dem Eingang sollte man sein Fahrrad besser direkt an der Kasse des Nationalpark buchen, da sie hier billiger sind. Da die Nachfrage speziell während der Hauptreisezeit sehr groß ist, empfiehlt es sich, schon einen Tag vorher seinen Drahtesel zu reservieren. Man sollte darauf achten, ein gut gewartetes, relativ neues Rad zu ergattern, da viele Drahtesel uralt, verrostet und kaum fahrbar sind. Wasserflasche nicht vergessen!

Mit der Fahrradriksha

Eine andere Möglichkeit zur Parkerkundung sind die zahlreichen am Parkeingang und um den Tourist Bungalow auf Gäste wartenden Fahrradrikshas an. Allerdings besitzen nur die mit einem gelben Schild an der Vorderseite ausgestatteten Rikshas die Lizenz für den Nationalpark. Viele Rikshafahrer sind äußerst freundliche Zeitgenossen und verfügen über erstaunliche Fachkenntnisse. Der große Nachteil der Rikshas, die hinter dem Fahrer zwei Personen Platz bieten, besteht jedoch darin, dass sie auf dem asphaltierten Hauptweg bleiben müssen, während man mit dem eigenen Fahrrad jeden schmalen Seitenweg benutzen kann. Für eine Rikshafahrt (die Fahrer kommen umsonst in den Park) sollte man zuzüglich Eintrittspreis pro Stunde etwa mit 70 Rs rechnen. Einer von vielen am Parkeingang wartenden Riksha-Fahrern namens *Dilip* (dilip_knpbtp@yahoo.co.in) wurde von zahlreichen Lesern empfohlen.

Bootstour

Alternativ kann man am Eingang für 150 Rs pro Stunde für 2-Sitzer, 75 Rs für 4-Sitzer sowie 25 Rs für größere Boote eine Bootstour auf einem der Seen buchen. Dabei kommt man besonders nah an die Tiere heran, weshalb man sich sehr zurückhaltend verhalten sollte.

Alwar V/C2

Die Ende des 18. Jh. von einem ehemaligen Vasallen Jaipurs, der sich unabhängig gemacht hatte, erbaute Stadt wirkt trotz ihrer Größe recht beschaulich, liegt verkehrsgünstig zwischen Delhi und Jaipur und besitzt einen der schönsten Rajputenpaläste Rajasthans. Schade nur, dass das am Rande des **Aravalli-Gebirges** gelegene Alwar von nur wenigen Touristen besucht wird. Wer von hier, wie die meisten der wenigen Besucher, zum nur 35 km südwestlich gelegenen **Sariska-Nationalpark** aufbricht, sollte zumindest die Gelegenheit nutzen, um den 3 km außerhalb des Stadtzentrums gelegenen Palast zu besichtigen.

Der besondere Tipp: Stadtpalast

Eine Kulisse besonderer Art bietet sich dem Besucher bereits auf dem Palastvorplatz. Unter riesigen Baumkronen haben Schreiber kleine Holztischchen aufgestellt und bearbeiten mit ihren altertümlichen Schreibmaschinen Stapel von Antragsformularen. Die ungeduldig wartenden Bürger eilen schließlich mit den fertiggestellten Dokumenten in den Stadtpalast, der heute zum großen Teil von Behörden genutzt wird und deshalb bei den Einheimischen vornehmlich als „Government-Palast" bekannt ist.

Eher in einem italienischen Rokokoschloss denn in einem Rajputenpalast wähnt man sich, sobald man über die Mitteltreppe in den **Innenhof** des Palastes gelangt ist. In einer höchst gelungenen Synthese aus strenger Symmetrie und verspielter Formgebung finden sich elegant verzierte und ornamentierte Pavillons, geschwungene Bengaldächer, offene Säulenhallen, freilaufende Treppenaufgänge, durchbrochene Marmorfenster, winzige Erker und Balkone. Eine passendere Filmkulisse für die ausufernden, von Herz, Schmerz und wehenden Kostümen geprägten Hindi-Filme lässt sich kaum denken. Ganz deutlich stehen die Bauten unter dem Einfluss des späten Rajputenstils, der stark vom manierierten Mogul-Geschmack beeinflusst wurde.

Prunkstücke des im oberen Stockwerk beheimateten **Museums** sind eine innerhalb von 15 Jahren angefertigte Ausgabe des „Kalisthan", eine Sammlung moralischer Erzählungen des 1292 verstorbenen Dichters *Shadi*, sowie eine 24 Meter lange Rolle mit einer Abschrift der „Bhagavad Gita". Daneben verdient auch die Sammlung hervorragender Miniaturmalereien Beachtung. Insgesamt gehört das Museum zu einem der interessantesten Rajasthans, wenn es auch wegen der Unterschiedlichkeit seiner Ausstellungsobjekte zunächst etwas verwirrend erscheint.

Geht man vom Museum entlang einer kleinen Balustrade um das Gebäude herum, bietet sich eine beeindruckende Aussicht auf den dahinter gelegenen, künstlich angelegten **Palast-**

teich mit seinen Pavillons und Badetreppen. Wer sich vor der reichlich schmalen und wenig Vertrauen erweckenden Umrundung scheut, kann auch von der hinteren linken Ecke des Vorhofs über eine Treppe zum See gelangen. An dessen Südseite steht der marmorne **Chattri** von *Raja Bakhtawar Singh*, dem Herrscher Alwars von 1781 bis 1815. Die Gedenkstätte bildet mit dem umlaufenden Balkon und dem halbkreisförmigen Bengaldach noch einmal ein Beispiel des als indischer Rokoko bezeichneten Baustils Alwars.

Nordwestlich des Sees führt ein schmaler, steiler Weg auf den sich dahinter befindenden **Hügel**, der von den Überresten einer mittelalterlichen Festung gekrönt wird. Da hier ein Radiosender installiert wurde, ist die Besteigung jedoch nur mit einer speziellen Genehmigung erlaubt. Außer einer allerdings sehr beeindruckenden **Aussicht** auf die Stadt gibt es hier kaum etwas zu bewundern.

■ **Öffnungszeiten:** tgl. außer Fr 10–16.30 Uhr.

Fort Bala Quila

Das riesige, 5 x 1,6 km große Fort Bala Quila, 300 m über der Stadt, wurde als eines der wenigen in Rajasthan schon vor der Zeit der Moguln in der Regierungszeit von *Nikumbh Rajputen* im 9. Jh. v. Chr. erbaut. 15 große und 51 kleinere Türme sowie 6 Zugangstore zeigen die Ausmaße der heute verfallenen Anlage. Nach mehreren Eroberungen fiel sie 1775 in die Hände von *Pratab Singh*, dem Begründer des Staates Alwar. Leider kann das Fort, das heute durch einen Radiosendemast verunstaltet ist, nur mit spezieller Genehmigung vom Superintentent of Police (Tel.: 2337453) besichtigt werden. Man genießt jedoch eine Rundum-Aussicht nach einem Aufstieg, der beim Collectorate Office beginnt.

Information

■ **Vorwahl:** 0144
■ Das **Touristenbüro** (Tel.: 2347348) in der Stadtmitte gegenüber dem Company Park ist tgl. außer So 10–17 Uhr geöffnet. Neben Informationen zur Stadt selbst werden bereitwillig Auskünfte zum 35 km südlich gelegenen Sariska-Nationalpark erteilt. Außerdem können **Hotelreservierungen** für Sariska vorgenommen werden.

Stadtverkehr

■ Der Stadtpalast, die Hauptsehenswürdigkeit Alwars, liegt etwa 3 km vom Bahnhof entfernt. Die Fahrt mit der **Autoriksha** sollte nicht mehr als 15 Rs, mit der **Fahrradriksha** 10 Rs kosten.
■ Nahe dem Bahnhof können **Fahrräder** für 20 Rs/Tag ausgeliehen werden.

Bank

■ Geld und Reiseschecks werden in der **State Bank of Bikaner & Jaipur** nahe dem Busbahnhof gewechselt.

Unterkunft, Essen und Trinken

■ Am angenehmsten wohnt man im **Alwar Hotel** €€€€ (Tel.: 2700012, www.alwarhotel.com) mit seinem gepflegten, Ruhe ausstrahlenden Garten, großen Zimmern, einem guten Restaurant und hilfsbereitem Personal.
■ Nur wenige Meter vom Bahnhof entfernt liegt das **Aravali Hotel** €–€€ (Tel.: 2373684) mit einer großen Auswahl qualitativ sehr unterschiedlicher Zimmer. Die Räume nach hinten sind wegen der ruhigeren Lage vorzuziehen. Im Erdgeschoss befindet sich eine düstere Bar, deren arktische Temperaturen leider die lautstarke Stimmung der Gäste nicht abmildert. Das Restaurant ist hingegen gut.
■ Empfehlenswert ist das weiter südlich gegenüber dem Stadion gelegene **Phool Bagh Palace Hotel** €€–€€€ (Tel.: 2347253). Die Preise sind angemessen.

■ Eine empfehlenswerte Adresse in unmittelbarer Bahnhofsnähe ist das **Hotel Natraj** €€-€€€ (Tel.: 2447355). Die Zimmer sind zwar recht spartanisch, doch für eine Nacht akzeptabel. Das große Plus des Natraj ist sein ausgezeichnetes Restaurant.

■ Ein passables Mittelklasse-Hotel ist das staatliche **Hotel Meenal** €€ (Tel.: 2347352). Ebenso passabel ist das angeschlossene Restaurant (*veg* und *non-veg*).

■ Eine gute Wahl ist auch das **New Tourist Hotel** €-€€€ am Manu Marg (Tel.: 2322047). Die Zimmer sind sauber und relativ groß, ein preiswertes Restaurant ist angeschlossen. Preise zwischen 300 und 700 Rs für das Zimmer.

■ Das bei Siliserh, ca. 20 km südwestlich von Alwar, gelegene **Hotel Lake Palace** €€-€€€ (Tel.: 2886322) bietet eine gute Möglichkeit, um für relativ wenig Geld in einem zum Hotel umgewandelten Maharaja-Palast zu wohnen. Das Haus liegt an einem kleinen See wenige Kilometer abseits der Straße, die zum Sariska-Park führt.

■ **Narula's** mit vielseitiger Küche (indisch, chinesisch, westlich) und schönem Ambiente an der Road No. 2 ist empfehlenswert.

■ Zu Recht sehr beliebt ist das **Prem Pavitra Bhojnalaya** beim Busbahnhof. Serviert werden schmackhafte vegetarische Gerichte zu Preisen zwischen 50 und 90 Rs.

An- und Weiterreise

■ **Bahnverbindungen** s. Anhang.
■ Direkte Busverbindungen u.a. alle 30 Min. zum **Sariska-Nationalpark** (ca. 1 Std.), nach **Bharatpur** (ca. 3,5 Std./Exp.), nach **Deeg** (ca. 2,5 Std./Exp.), **Jaipur** und **Mathura** (ca. 3 Std./Exp.) und **Delhi** (4 Std./Exp.).

Deeg V/D2

Für den Durchreisenden stellt sich dieser 34 km nördlich von Bharatpur gelegene Ort nur als verstaubtes Provinznest mit einem etwas zu groß geratenen Busbahnhof dar. Doch der hier Mitte des 18. Jh. vom Herrscher von Bharatpur errichtete **Sommerpalast Suraj Mahal** ist auf jeden Fall einen Besuch wert. Ebenso wie der Stadtpalast von Alwar repräsentiert er einen Baustil, der in seiner stark manieristischen Prägung der Spätzeit der Palastarchitektur zuzuordnen ist. Das beeindruckende Äußere des Palastes diente als Hintergrund bei der Verfilmung von *Hermann Hesses* Roman „Siddharta". Bis in die 1970er Jahre wurde der Palast von dem Maharaja bewohnt.

Gopal Bhawan

Hat man den Palastbezirk von Norden her durch das Singh Pol betreten, befindet man sich in einem sehr schönen, durch vier Wasserläufe gegliederten **Mogul-Garten**. Die Beschwingtheit, die das hierin eingebettete Hauptgebäude der Anlage, der Gopal Bhawan, mit seiner verspielten Architektur ausstrahlt, wird durch dessen von vier Pavillons am Ende der Kanäle flankierten Garten aufgenommen und zusätzlich verstärkt. Insgesamt 500 Fontänen wurden zu speziellen Festen in Betrieb gesetzt und erzeugten mit ihren gefärbten Wassern, künstlich erzeugten Geräuschen und geheimnisvoller Beleuchtung während der Nacht ein einzigartiges Schauspiel. Vor dem Gopal Bhawan steht, herausgehoben auf einer separaten Marmorplatte, eine **Marmorschaukel**. *Suraj Mall*, der Erbauer des Palastes, soll sie 1763 von einem Beutezug aus dem Roten Fort in Delhi mitgebracht haben. Besonders eindrucksvolle Bilder bieten sich, wenn die Rajputen-Frauen in ihren bunten Kleidern zum Wasserholen kommen.

Von den Decken des sich zur Gartenseite öffnenden Gopal Bhawan hängen sogenannte **Pahannas,** lange, reich verzierte Stoffbahnen. Sie dienten nicht nur als dekorativer Blickfang, sondern hatten durchaus praktischen Nutzen. Über Schnüre konnten sie von Dienern bewegt werden und wurden so als manuelle, überdimensionierte Windfächer für die unter der Sommmerhitze leidenden Herrschaften eingesetzt.

Die diversen Räume des **Hauptgebäudes** beeindrucken vor allem durch ihre exquisite Möblierung. Allerdings wirkt vieles etwas heruntergekommen und renovierungsbedürftig.

Besonders beeindruckend wirkt der Palast durch den an seiner Südseite angrenzenden **Gopal Sagar,** einen kleinen, künstlich angelegten See. Speziell mit den beiden flankierenden Pavillons wirkt er wie ein kleiner Wasserpalast. Sehr schön, wenn auch weniger verspielt wirkt der südlich des Teichs von Suraj Mahalls Stiefvater errichtete **Purana Mahal** mit schönen Rajputen- und Mogul-Wandmalereien im Inneren.

■ **Eintritt:** 100 Rs, tgl. außer Fr 10–17 Uhr.

An- und Weiterreise

■ Fast stündliche **Busverbindungen** nach Alwar (3 Std.), Bharatpur (1,5 Std., alle 30 Min.), Mathura (1 Std.) und 1 Direktbus nach Agra über Mathura (3,5 Std.).

Sariska-Nationalpark V/C2

Tragikomisch, aber wahr: Gerade weil die Tigerpopulation durch Wilddieberei im Sariska-Nationalpark ausgerottet war, sind heute die Chancen, hier einen Tiger zu sehen, so groß wie in kaum einem anderen Nationalpark Indiens. Des Rätsels Lösung? In einer Art Wiedergutmachungsaktion für den enormen Image-Schaden entschloss sich die Regierung, fünf Tiger aus anderen Nationalparks in Sariska anzusiedeln. Selbige wurden dann äußerst „touristenfreundlich" mit GPS ausgestattet, sodass diese „ferngesteuerten Raubkatzen" problemlos zu orten sind.

Doch selbst für den Fall, dass man keinen Tiger sichtet, ist der 1979 mit einer Kernzone von 498 km² dem Project Tiger zugeordnete Park wegen seiner zahlreichen anderen Wildtiere und seiner landschaftlichen Schönheit einen Besuch wert. Wer allerdings in seiner Zeit begrenzt ist, sollte den Ranthambore-Nationalpark vorziehen, zumal dort wesentlich bessere Unterkünfte zur Verfügung stehen. In Sariska bieten sich gute Chancen, einen der rund 50 im Park lebenden **Leoparden** zu sichten, denen das felsige Gelände ideale Lebensbedingungen bietet. Besonders faszinierend ist der Anblick der Tiere, wenn sie durch die Ruinen des malerisch auf einem Berg gelegenen Kanwari-Forts (gut 20 km vom Forest Reception Centre entfernt) streifen. Hierfür ist das Mitführen eines Fernglases empfehlenswert, da die gefleckten Großkatzen in den Felsen eine nahezu perfekte Tarnfarbe besitzen und nur schwer aus der Ferne auszumachen sind.

Auch die verlassene Stadt **Bangarh** aus dem 17. Jh. ist einen Abstecher wert. Sie kann außer mit Jeeps auch mit einem der den Nationalpark durchfahrenden Busse zum nahegelegenen Dorf Golaba erreicht werden.

Weitere den Park bevölkernde Tiere sind **Sambarhirsche, Antilopen,** die bevorzugten Beutetiere für den Tiger, sowie **Schakale, Füchse** und **Wildschweine.** Die am Rande des Schutzgebietes gelegenen Seen bei Tekla sind im Winter ein Sammelplatz für viele Arten von **Wasservögeln.** Überdies ist Sariska eines der besten Gebiete, um Indiens Nationalvogel, den **Pfau,** zu beobachten. Die Balzzeit beginnt wenige Wochen vor Eintritt der Regenzeit im Mai/Juni und setzt sich bis Juli/August fort. Daher wird dem wunderschönen Tanz der Pfauenhähne die Kraft zugeschrieben, den Regen herbeizurufen.

Besichtigung
(Vorwahl: 0144)

Alle hier gemachten Angaben sind mit Vorsicht zu genießen, da es sehr wahrscheinlich ist, dass der **Skandal um die gefälschten Tigerbestände** weitreichende Auswirkungen auf die Verwaltung des Parks haben wird. Selbst von einer längerfristigen **Schließung** des Parks war zwischenzeitlich die Rede. Schon jetzt ist ein deutlicher Rückgang der Besucherzahlen zu registrieren.

Wie für die anderen Nationalparks Indiens, stellen auch für Sariska die Monate Oktober bis März die **Hauptreisezeit** dar. Zwischen Dezember und Januar sowie an Wochenenden ist eine Vorbestellung für die Parkunterkünfte unbedingt vonnöten. Da die Hauptstraßen im Park asphaltiert sind und somit auch während der **Regenzeit** befahren werden können, ist Sariska ganzjährig geöffnet, Oktober bis März tgl. 7–16 Uhr, April bis September 6–16.30 Uhr.

Jeeps für die jeweils morgens von 7 bis 9.30 Uhr oder nachmittags von 15 bis 17.30 Uhr bzw. als Ganztagestour durchgeführte **Parkbesichtigung** können beim Forest Reception Centre (Tel.: 2841333) an der Jaipur Rd. gegenüber vom Sariska Palace für 1050 Rs (2,5 Stunden) bis 3.200 Rs (ganzer Tag, max. 5 Personen) gemietet werden. Hinzugerechnet werden muss noch die **Eintrittsgebühr** pro Fahrzeug (250 Rs) und pro Person (450 Rs). Teilt man sich den Jeep mit 5 Personen, kostet die Besichtigung also ca. 1.100 Rs. Die Videokameragebühr beträgt weitere 200 Rs, Fotokamera ist frei.

Unterkunft

Interessierte sollten bedenken, dass in der unmittelbaren Nähe des Parks keine empfehlenswerten Unterkünfte zur Verfügung stehen, sodass man entweder von Alwar oder den in der Umgebung gelegenen Alternativen anreisen muss.

■ Der staatliche **RTDC Tiger Den** €–€€ (Tel.: 2841342) ist die einzige Unterkunft in unmittelbarer Parknähe. Einfache, schmucklose und nicht moskitosichere Zimmer mit Balkon in einem wenig ansprechenden Gebäude können nicht wirklich empfohlen werden.

■ Abgesehen von den allerdings auch nur bedingt zu empfehlenden Hotels in Alwar bietet sich das 20 km vom Park entfernte **Alwar Bagh** (Tel.: 2885231, www.alwarbagh.com) als Alternative an. Ein Heritage Hotel ist es zwar nur dem Namen nach, da die Gäste im Neubau neben dem Palast wohnen, doch die Zimmer sind sehr geräumig und die gesamte Anlage umgibt eine friedvolle Stimmung. Der Service lässt allerdings zuweilen zu wünschen übrig. Touren zum Sariska-Park können hier gebucht werden.

An- und Weiterreise

Der Eingang zum Nationalpark liegt an der Hauptverkehrsstraße zwischen Alwar und Jaipur und entsprechend unproblematisch sind die Verkehrsverbindungen mit dem **Bus.** Allerdings sind die am Forest Reception Centre vorbeifahrenden Busse oft bis zum Bersten gefüllt. Zum gut eine Stunde entfernt gelegenen **Alwar** ist das erträglich, die knapp vierstündige Fahrt zum 160 km südöstlich gelegenen **Jaipur** ist da schon problematischer. Als Alternative könnte man zunächst zum 50 km entfernten Verkehrsknotenpunkt **Shahpura** fahren und dort in einen weniger besetzten Bus umsteigen. Alle Busse nach Jaipur passieren übrigens die nur 11 km nördlich gelegene Festungsstadt **Amber.**

Highlight:
Ranthambore-Nationalpark V/C3
– einer der schönsten Nationalparks Indiens

In seltener Einmütigkeit zählen Naturliebhaber diesen 1957 gegründeten Nationalpark zu einem der schönsten Indiens. Der ehemals nur 392 km² große Wildpark wurde später auf 1.300 km² erweitert, um den Lebensraum des Tigers zu vergrößern. Die geologische Prägung der 275 km² großen Kernzone des Schutzgebietes mit ihren schroffen Felswänden und steilen Hängen haben die Wildnis in Ranthambore über Jahrhunderte vor einer Umwandlung in Ackerland bewahrt. So konnte sich im von kleinen, krokodilbevölkerten Flüssen und Seen durchzogenen Park eine wunderschöne Naturoase entwickeln, die eine einzigartige Faszination ausstrahlt.

Das inmitten des Parks gelegene **Fort,** von dem sich ein wunderschöner Ausblick über die eindrucksvolle Parklandschaft bietet, weist noch heute deutliche Spuren vergangener Kämpfe auf und dokumentiert damit, dass das Gebiet in früheren Jahrhunderten kein unberührtes Naturparadies, sondern ein hart umkämpftes Schlachtfeld war. Die bereits im 10. Jh. errichtete Trutzburg als Mittelpunkt eines lokalen Herrscherhauses wurde mehrfach erobert, so z.B. 1301 durch den Sultan von Delhi und 1569 durch die Truppen *Akhbars*. Später wurde aus dem wildreichen Gebiet das Jagdgebiet der Maharajas von Jaipur.

Ranthambore wurde als einer der ersten Nationalparks dem **Project Tiger** angeschlossen, wobei die Parkverwaltung konsequenter als irgendwo sonst den speziellen Lebensbedürfnissen dieser scheuen Wildkatzen Rechnung trug. Seit dem landesweit Aufsehen erweckenden Skandal im Jahr 2006 wegen gefälschter Zahlen der Tigerpopulation (s. Exkurs „Project Tiger") schätzt man die Tigerpopulation in Ranthambore auf nur noch 30 Tiere. Dementsprechend gering sind die Chancen, einen Tiger zu Gesicht zu bekommen. Nichtsdestotrotz lohnt Ranthambore wie kaum ein anderer Nationalpark einen Besuch, ist es doch gerade die Vielfältigkeit von Natureindrücken und verfallenden Gebäuden, die den besonderen Charme von Ranthambore ausmacht. Besonders häufig sind die **Sambarhirsche** als Hauptbeutetiere des Tigers zu beobachten. Weitere anzutreffende Säugetiere sind die indischen Gazellen, **Chinkaras, Schakale** und **Antilopen.** Äußerst selten werden **Streifenhyänen** und **Leoparden** gesichtet. Darüber hinaus haben über 270 Vogelarten das Gebiet zu ihrer Heimat gemacht. Neben **Geiern** und **Adlern** zählen **Zugvögel** wie der Schwarzstorch, die Streifengans und der Fischadler zu den meistgesehenen Arten.

Besichtigung

Beliebteste **Reisezeit** für Ranthambore sind wegen des milden Klimas die Wintermonate November bis Februar, allerdings sinken die Nachttemperaturen dann manchmal bis zum Gefrierpunkt. Mit Tagestemperaturen von bis zu 40 °C heiß und dementsprechend weniger populär ist die Zeit zwischen März und Juni. Allerdings sind diese Monate für Tierbeobachtungen günstig, weil sich das Leben im

Park dann weitgehend an den Seen konzentriert. Während der Monsunzeit vom 1. Juli bis 1. Oktober bleibt das Reservat geschlossen, da die unbefestigten Wege aufweichen und nicht befahrbar sind.

Man kann eine Safari (3 Std.) in einem **offenen Bus** (10–20 Personen, 812 Rs p.P.) oder per **Jeep** mit maximal 5 Personen (890 Rs p.P.) unternehmen. Es gibt drei Möglichkeiten, die Safaris zu reservieren: persönlich beim **Forest & Project Tiger Office** (Tel.: 223402), etwa 500 m vom Bahnhof der Stadt Sawai Madhopur, gegen einen Aufpreis über das jeweilige Hotel oder online über www.rajasthanwildlife.in. Da es bei der Online-Buchung immer wieder zu Komplikationen kommt und die Buchung vor Ort sehr zeitaufwendig und bürokratisch ist, lohnt sich der recht bescheidene Aufschlag für die Buchung über das Hotel vor Ort. Während der Hauptsaison sind die Jeeptouren jedoch oft ausgebucht. Über die Verfügbarkeit der jeweiligen Touren kann man sich auf der oben genannten Webseite informieren. Abfahrt: Okt.–Feb. 7 Uhr und 14.30 Uhr, März–Juni 6.30 Uhr und 15.30 Uhr. Video 400 Rs, fotografieren frei.

Information

■ **Vorwahl:** 07462
■ Das **Tourist Reception Centre** (Tel.: 220808, Mo–Sa 10–17 Uhr, 30 Min. Pause um 13 Uhr) befindet sich in **Sawai Madhopur** im RTDC Vinayak Tourist Complex, es gibt noch einen Ableger im Bahnhof (Mo–Sa 10–17 Uhr, Tel.: 2220808).

Stadtverkehr

■ Der **Bahnhof von Sawai Madhopur** liegt 12 km vom Eingang zum Nationalpark entfernt. Sobald man den Zug verlassen hat, wird man von Riksha-, Tempo- und Tongafahrern umringt, die einen „for two Rupies only" zu einem Hotel ihrer Wahl fahren wollen – um dann die saftige Kommission zu kassieren. Die Hotels in der Stadt sind alle zu Fuß erreichbar. Vom Bahnhof zum Park sollte es, egal mit welchem Transportmittel, auf keinen Fall mehr als 60 Rs kosten, eher etwas weniger. Fahrräder zum Preis von 40 Rs/Tag verleihen einige Läden vor dem Bahnhof.

Unterkunft

Einfache Unterkunftsmöglichkeiten finden sich in **Sawai Madhopur**, während die besseren an der Straße zum Nationalpark bzw. in der Umgebung des Parks liegen.

■ Sehr schlicht, dafür billig ist das etwa einen halben Kilometer vom Bahnhof entfernte **Hotel Swagat** € (Tel.: 220601). Ähnlich in Preis und Qualität ist das in der gleichen Straße gelegene **Hotel Vishal** € (Tel.: 220504).

■ Besser ist das bei der Bahnüberführung gelegene **Hotel Pink Palace** €–€€ (Tel.: 220722).

■ Empfehlenswert ist das nach 1,5 km folgende Hotel **Ankur Resort** €€€€ (Tel.: 220792). Es überzeugt durch saubere, gepflegte Zimmer, wobei besonders die Cottages zu empfehlen sind, und eine angenehme Atmosphäre. Teil der schön begrünten Anlage ist ein hauseigener Pool.

■ Nach Renovierungen ist auch der nach etwa einem Kilometer folgende **RTDC Vinayak Tourist Complex** €€–€€€ (Tel.: 221333) eine gute Unterkunft mit großen Zimmern. Auch hier gibt es ein Restaurant. Die Rasenflächen und Lagerfeuer im Winter sind ebenfalls einladend.

■ Eine Topadresse ist das etwa 4 km vom Bahnhof Sawai Madhopur entfernte **Tiger Safari Resort** €€–€€€€ (Ranthambore Rd., Tel.: 221137, www.tigersafariresort.com). Die geschmackvoll eingerichteten und sauberen Zimmer (besonders Nr. 114 ist zu empfehlen) mit Wandbemalungen, das gute Dachrestaurant mit Ausblick sowie der aufmerksame Service bieten ein ausgezeichnetes Preis-Leistungs-Verhältnis.

■ Wunderschön in den Bergen, 2 km von der Hauptstraße entfernt, liegt das RTDC-Hotel **Jhoomar Baori Castle** €€€€ (Tel.: 220495). Das ehemalige Jagdschloss des Maharajas von Jaipur verfügt über einen sehr stilvollen Aufenthaltsraum sowie eine Dachterrasse mit fantastischem Ausblick. Leider wirken die Zimmer vernachlässigt und auch das Personal macht einen uninteressierten Eindruck.

■ Mit seinen stilvoll eingerichteten Zimmern, der weitläufigen Gartenanlage, dem tollen Pool und dem exzellenten Service ist das **WelcomHeritage Ranthambore**

Forest Resort €€€€€ (Tel.: 221120/22, www.welcomheritagehotels.com) eine der besten Unterkünfte.

■ Das **Khem Villas** €€€€€ (Tel.: 252099, www.khemvillas.com) vereint so gut wie alle Eigenschaften einer hervorragenden Safari-Lodge. Die Lage inmitten einer von Grasland und Wald umgebenen Naturlandschaft, in der sich die einheimischen Tiere zu Hause fühlen, die fast ausschließlich mit Naturmaterialien eingerichteten Zimmer, Bungalows und Zelte sowie der sich um den Erhalt des Ranthambore-Parks bemühende Besitzer sind vorbildlich.

■ Über einen romantischen Touch verfügt die knapp 500 m weiter Richtung Park gelegene **Sawai Madhopur Lodge** €€€€€€ (Tel.: 220541, www.vivantabytaj.com). Das von einem schönen Garten umgebene Anwesen war früher im Besitz des Maharajas von Jaipur und dementsprechend luxuriös sind auch die Räume ausgestattet. Versteht sich, dass auch die Preise fürstliches Niveau besitzen. Darin enthalten sind jedoch alle Mahlzeiten.

■ Die mit Abstand luxuriöseste, beste (und teuerste) Unterkunft ist das von der noblen Oberoi-Gruppe geführte **Vanyavilas** €€€€€€ (Tel.: 223999, www.oberoihotels.com). Wer in den mit allem Luxus ausgestatteten Zelten inmitten herrlicher Landschaft übernachtet, wird sich in alte Kolonialzeiten zurückversetzt fühlen, wird er doch ständig von einer Schar von Bediensteten verwöhnt.

Bank und Internet

■ Geld und Reiseschecks werden in der **State Bank of Bikaner and Jaipur** (Mo–Fr 10–14 Uhr, Sa 10–12 Uhr) in der Altstadt von Sawai Madhopur zu Rupien gemacht.

■ Da Internetcafés selten sind, ist der Preis mit 60 Rs/Std. auch recht hoch. Möglich ist Surfen etwa bei **Tiger Track** an der Ranthambore Rd.

An- und Weiterreise

Bahn:
Sawai Madhopur liegt an der Breitspurstrecke von Delhi nach Mumbai und der Meterspur nach Jaipur und Bikaner, daher viele Auswahlmöglichkeiten, oft jedoch ungünstige Abfahrtszeiten. Das Reservierungsbüro im Bahnhofsgebäude ist Mo–Sa 8–20 und So 8–14 Uhr geöffnet.

■ Eine schnelle Verbindung nach **New Delhi** über **Bharatpur** bietet der 2903 Golden Temple Mail: Abf. 12.40 Uhr, Bharatpur an 15.15 Uhr, Mathura 16.10 Uhr, New Delhi an 18.35 Uhr. Als Nachtverbindung bietet sich der 9091 Dehra Dun Exp. an: Abfahrt Sawai Madhopur 21.30 Uhr, Ankunft Delhi Hazrat Nizzamuddin 5.15 Uhr. Dieser Zug fährt weiter in den Norden bis Dehra Dun.

■ Täglich mehrere Züge von und nach **Jaipur** in 3 Std., z.B. der 2465 Ranthambore Exp.: Abf. **Sawai Madhopur** 14.35 Uhr, Ank. Jaipur 16.45 Uhr. Der Zug fährt um 17.05 Uhr weiter nach Jodhpur, Ank. 22.35 Uhr. Andere Richtung 2466 Intercity Exp.: Abf. in Jaipur 10.55 Uhr, Ank. Sawai Madhopur 13.15 Uhr. Dieser aus Jodhpur kommende Zug (Abf. dort um 5.55 Uhr) fährt weiter nach Kota, Ujjain und Indore.

■ Nach **Udaipur** empfiehlt sich der 2963 Mewar Exp.: Abf. 23.35 Uhr, Ank. 7 Uhr.

■ **Mumbai** wird über Nacht mit dem 2956 Jaipur Mumbai Central erreicht: Abfahrt 16.10 Uhr, über Kota (an 17.25 Uhr), Ankunft 7.45 Uhr. Dieser Zug startet um 14.10 Uhr in Jaipur, kann also nicht viel Verspätung ansammeln.

Bus:
Generell sind die Zugverbindungen vorzuziehen, da schneller und bequemer.

■ Tgl. mehrere Busse nach **Jaipur** (4,5 Std.), **Kota** (4 Std.), **Bundi** (3,5 Std.) und **Gwalior** (6 Std.). **Agra** und **Delhi** besser mit Umsteigen in Jaipur.

Rettung in letzter Sekunde – Project Tiger

Das Thema Umweltschutz schafft es in die Schlagzeilen der indischen Presse ungefähr so häufig wie Cricket in Deutschland. So kam es auch einem Erdbeben gleich, als Ende 2005 alle großen Tageszeitungen nur ein Thema kannten: Die weltberühmte Tigerpopulation des Landes ist am **Aussterben.** Die Naturschutzbürokratie musste eingestehen, dass in einem der größten Nationalparks, dem **Sariska,** kein Tiger mehr lebt. Die Behörden hatten dies jahrelang vertuscht.

Unter dem Druck von Naturschützern und der Presse, die Reporter in andere Parks ausschwärmen lässt, entpuppen sich Indiens offizielle Tigerstatistiken als **Bilanzskandal** mit ungeahnten Ausmaßen. Über Jahre hatten die Behörden die Öffentlichkeit mit **geschönten Zahlen** ruhig gestellt, denen zufolge Indiens Tigerbestände stabil seien. Premierminister Manmohan Singh machte die Aufarbeitung des Skandals zur Chefsache, indem er den Leiter des Sariska-Nationalparks und mit ihm sieben weitere führende Angestellte feuerte, Krisensitzungen einberief und die Bundespolizei in die Parks schickte, um die Wahrheit herauszufinden.

Pessimisten befürchten, dass es für Indiens Tiger bereits zu spät ist. Sicher ist lediglich, dass die offizielle Zahl von 3.723 Großkatzen im ganzen Land aus der Luft gegriffen ist. Naturschützern zufolge sind es im besten Fall 1.500, vielleicht aber viel weniger.

Indiens Nationalseele wurde von einem Skandal erschüttert, in dem sich all jene negativen Seiten des indischen Alltags spiegeln, gegen die immer mehr Inder rebellieren: **Korruption, eine abgehobene Bürokratie und verbreitete Armut,** gegen die staatlicherseits wenig unternommen wird. Für Normalbürger stehen die Schuldigen außer Zweifel: Es sind die Beamten. Die jahrelange, systematische Täuschung des Landes durch seine Bürokraten ist symptomatisch für deren größtes Manko in den Augen ihrer Untertanen: Ihnen fehlt jedes Verantwortungsgefühl als „Volksdiener". Jahrelang genügte es dem Apparat, den wachsenden Schwund an Tigern seelenruhig zu verwalten, statt Alarm zu schlagen oder einzuschreiten. Viel zu wenige, chronisch unterbezahlte und unbewaffnete Aufseher sind den **Wilderern** nicht gewachsen. Und die Anreize, sich von Wilderern bestechen zu lassen, statt sich ihnen unter Lebensgefahr entgegenzustellen, sind groß: Ein **Tigerfell** ist bis zu 50.000 Dollar wert – das Hundertfache des durchschnittlichen Jahreseinkommens eines Inders.

Die meisten toten Tiere finden den Weg nach **China.** Dort schürt schnell steigender Reichtum die Nachfrage nach Tigerorganen, die in der traditionellen Medizin als **potenzsteigernde Substanzen** gelten. Die Kombination aus Chinas Aberglauben und Kaufkraft mit indischer Laxheit und Korruption konfrontiert das ambitionierte „Project Tiger" mit der realen Gefahr des Scheiterns.

Ins Leben gerufen wurde das Projekt 1973 von Premier *Rajiv Gandhi* – schon damals geboren aus der Furcht, dass der König des Urwalds vom Aussterben bedroht sei. Dabei handelt es sich um eine der weltweit größten Rettungsak-

▷ Bei der Jagd auf die seltenen Wildkatzen waren weder die Briten noch die Maharajas besonders zimperlich

tionen, die je zum Erhalt einer Tierart durchgeführt wurden. Ziel war es jedoch nicht, nur den Tiger, sondern auch seine gesamte **Biosphäre** zu schützen, zu der neben Elefanten und Nashörnern auch seine Beutetiere wie Gazellen und Sambarhirsche gehören.

Die zunächst neun ausgesuchten Tierschutzgebiete sind bis heute auf 23 mit einer Gesamtfläche von über 20.000 km2 erweitert worden, wobei die meisten und bekanntesten von ihnen wie etwa Corbett, Sariska, Ranthambhore und Kanha in Nordindien liegen. Jedes dieser Schutzgebiete besteht aus einer gänzlich geschützten Kernzone und einer Pufferzone, in der den Bewohnern der Umgebung eine eingeschränkte Nutzung wie das Weiden ihres Viehs und das Sammeln von Feuerholz erlaubt ist.

Doch selbst für den Fall, dass man dieser Gefahrenmomente Herr werden sollte, hängt der zukünftige Erfolg des Project Tiger von der Eindämmung des nach wie vor größten Problems des Landes ab – dem rasanten **Bevölkerungswachstum.** Seit dem Start der Rettungsaktion vor fast 30 Jahren ist die indische Bevölkerung um weitere 350 Millionen auf heute ca. eine Milliarde angewachsen. Die meisten Einwohner sind auf Brennholz, Gras für ihr Vieh und Wasser angewiesen. Je mehr die Pufferzonen der Schutzgebiete von Kühen, Büffeln, Schafen, Ziegen und Kamelen abgegrast werden, desto häufiger treiben die Leute ihr Vieh in die noch weitgehend unberührten Kernzonen. Offiziell ist dies verboten, doch die Dorfbewohner berufen sich verständlicherweise auf ihr jahrtausendealtes Gewohnheitsrecht. Zwar verehren sie den Tiger als Inbegriff des Majestätischen, Erhabenen und Machtvollen, doch im täglichen Überlebenskampf sehen sie in ihm in erster Linie ein gefährliches Raubtier, welches ihr höchstes Gut, das Vieh, tötet. In den letzten Jahren kam es immer wieder zu Übergriffen, da die Tiger ihrerseits wegen der zunehmenden Nahrungsverknappung in die angrenzenden Dörfer einfielen.

In der Erkenntnis, dass nur eine Verbesserung der Lebensbedingungen der Parkanwohner den Schutz der Tiger-Refugien gewährleisten kann, wurde daraufhin von Regierungsseite ein Bündel von Maßnahmen beschlossen. Hierzu zählen Projekte zur Verbesserung der Weidequalität, die Anlage leistungsfähiger Bewässerungssysteme und die Zucht ertragreicher Kühe, damit diese heiligen Tiere mehr Milch geben. So bestätigt auch der neueste Skandal die Einsicht, dass es nicht reicht, Mensch und Tier durch hohe Mauern voneinander zu trennen, sondern dass das Überleben des Tigers letztlich vom Wohlergehen des größten „Raubtieres" der Erde abhängt – des Menschen.

Ajmer

V/C3

– das Mekka Indiens

Dieser bedeutendste **Wallfahrtsort der Muslime** in Indien liegt umschlossen von kargen Bergen in einem Hochtal auf 486 m Höhe am Rande eines künstlichen Sees. Seit Jahrhunderten strömen die Pilger aus allen Teilen des Landes zum Grab eines muslimischen Heiligen, der hier im 13. Jh. gewirkt haben soll und seine letzte Ruhestätte fand. Schon die letzten Mogulherrscher *Akhbar*, *Jehangir* und *Shah Jahan* nahmen die beschwerliche Reise zum „Mekka Indiens" auf sich, um am Grab des Sufi für die Erfüllung ihrer Wünsche zu beten. In den engen, verwinkelten, stets von Pilgermassen gesäumten Gassen mit ihren von muslimischen Kaufleuten geführten Geschäften fühlt man sich unversehens in eine arabische Basarstadt in Tunesien oder Marokko versetzt. Trotz seiner pittoresken Altstadt, einer sehr schönen Moschee und dem landschaftlich reizvoll gelegenen See Ana Sagar ist die Stadt für den westlichen Reisenden kaum mehr als ein Tagesausflug vom nur 11 km entfernten Pushkar.

Sehenswertes

Dargarh

Egal, zu welcher Jahreszeit man nach Ajmer kommt, die Altstadtgassen scheinen 365 Tage im Jahr erfüllt von Pilgerströmen, die alle nur ein Ziel zu kennen scheinen: Dargarh, den **Grabbezirk Khwaja-ud-din-Chistis**. Geboren 1145 n. Chr. in Persien, soll er mit den Truppen *Muhammed-e-Ghurs* 1191 n. Chr. nach Indien gekommen sein und fortan bis zu seinem Tode 1236 n. Chr. vornehmlich als Missionar des muslimischen Glaubens tätig gewesen sein. Die tiefe Verehrung, die dieser *Sufi* auch heute noch erfährt, findet ihren Ausdruck in einer Stimmung reger Geschäftigkeit und tiefer Frömmigkeit, die den Bereich um das gewaltige, die umgebenden Häuser weit überragende silberne Eingangstor prägen. Nachdem man Schuhe ausgezogen und seinen Kopf mit einem der überall erhältlichen Muslimkäppchen bedeckt hat (Taschentuch reicht auch), reiht man sich ein in den Strom der Richtung Zentrum ziehenden Pilger.

Zwei große Kessel mit Feuerstellen begrenzen den zu passierenden **Vorhof**. Hier werden die von den reichen Pilgern gespendeten Reisgerichte zubereitet, die danach kostenlos verteilt werden. Daneben fällt eine von *Akhbar* während einer seiner vielen Pilgerfahrten gestiftete **Sandsteinmoschee** ins Auge.

Die religiöse Inbrunst der Pilger erreicht ihren Höhepunkt beim Betreten des inmitten des Haupttores gelegenen weißen **Marmorschreins,** in dem der Sarkophag des Heiligen steht. Viel Zeit zum Schauen bleibt im mit silbernen Platten ausgeschlagenen Heiligtum nicht, denn, eingezwängt zwischen den ekstatisch Betenden, wird man schnell zum Ausgang gedrängt.

Mindestens so beeindruckend wie der Schrein ist die von Shah Jahan aus Marmor errichtete **Moschee** mit sehr schönen persischen Inschriften entlang der Vorderseite.

Gezeichnet von den Strapazen der oft tagelangen Anfahrt, sitzen die Pilger unter den schattenspendenden Bäumen im **Innenhof** und lauschen den Gesängen der verschiedenen die Taten der Heiligen verherrlichenden Sänger. Gelegentlich wird dem westlichen Touristen die friedvolle Stimmung durch aggressive Spendeneintreiber verleidet, die einem vom Eingang bis zum Sarkophag nachstellen.

■ **Geöffnet:** Juli bis März 5–21 Uhr, April bis Juni 4–21 Uhr, wegen Gottesdiensten jeweils 15–16 und Do 14.30–15.30 Uhr geschlossen.

Adai-din-ka-Jhopra-Moschee (Zweieinhalb-Tage-Hütte)

Wendet man sich nach Verlassen des Dargarh nach links, erreicht man nach etwa 300 m Anstieg auf der Hauptbasarstraße eine Moschee, die Ende des 12. Jh. aus den Überresten eines Jain-Tempels errichtet wurde. Der recht merkwürdige Name des Bauwerks, Zweieinhalb-Tage-Hütte, soll sich der Legende nach auf dessen kurze Bauzeit beziehen. Von den Minaretten sind nur noch die Stümpfe erhalten, doch der eigentliche Reiz der Moschee liegt in der siebenbögigen, mit Schrift- und Ornamentverzierungen versehenen Bogenfassade, die vor die von jeweils unterschiedlich verzierten insgesamt 124 Pfeilern gestützte Haupthalle gesetzt wurde.

Obwohl architektonisch von großer Bedeutung (die Moschee gilt als eines der bedeutendsten Beispiele des frühen indo-arischen Baustils), kann der Ort in keiner Weise an die von tiefer Religiosität geprägte Atmosphäre des Dargarh heranreichen. Dafür wird man jedoch auch nicht ständig von Spendeneintreibern belästigt.

Von hier führt ein sehr steiler, drei Kilometer langer Anstieg zum im 12. Jh. erbauten **Taragarh Fort** (Sonnenauf- bis Sonnenuntergang geöffnet), von wo sich eine beeindruckende Aussicht auf Ajmers exponierte Lage in den Aravalli-Bergen genießen lässt.

Akhbars Fort

Etwas versteckt am Ostrand der Altstadt liegt der von *Akhbar* anlässlich einer seiner vielen Pilgerfahrten 1772 erbaute Palast, in dem er dem britischen Gesandten *Sir Thomas Rowe* seine erste Audienz als britischem Gesandten erteilte, ein Vorgang heute etwa vergleichbar mit der Akkreditierung von ausländischen Diplomaten. Der Palast beherbergt neben einigen Verwaltungseinrichtungen das städtische **Museum** (tgl. außer Fr 10–16.30 Uhr), in dem neben der üblichen Waffensammlung u.a. Skulpturen und Gemälde ausgestellt sind. Obwohl das älteste Museum Rajasthans, gehört es sicherlich nicht zu den besuchenswertesten. Alles wirkt reichlich dunkel und lieblos.

■ **Geöffnet:** tgl. außer Fr 10–17 Uhr.

Nasijan-Tempel

Weithin sichtbar ist der große, aus rotem Sandstein gefertigte, jainistische Nasijan-Tempel. Nur ein kleiner Teil des 1865 erbauten zweigeschossigen Gebäudes ist zugänglich, wobei das in der zweiten Etage ausgestellte vergoldete Modell einer jainistischen Idealwelt die meiste Aufmerksamkeit bei den Besu-

---

Ganzjährig, aber vor allem während der großen muslimischen Feiertage sind Ajmers Straßen und heilige Stätten von **Menschenmassen** gekennzeichnet. Im Jahresdurchschnitt besuchen allein den Dargarh jeden Tag 125.000 Pilger. Dementsprechend **laut, eng und hektisch** ist das Treiben. Wer Ruhe und Entspannung vorzieht und Personen, die unter Klaustrophobie leiden, sollten den Ort besser meiden. Im Übrigen sollte man stets auf seine **Wertsachen** achten, da das Getümmel Taschendiebe anzieht.

chern hervorruft. Der freundliche Sohn des Hausmeisters erklärt auf Wunsch die einzelnen Figuren.

■ **Geöffnet:** tgl. 8.30–16.30 Uhr.

Ana Sagar

Im Nordwesten der Stadt an der Straße nach Pushkar liegt dieser im 12. Jh. durch die Aufstauung des Luni-Flusses entstandene **kleine See.** Seine ursprüngliche Funktion als Wasserreservoir für Ajmer konnte er nur bedingt erfüllen, da er während der Sommermonate zeitweilig vollständig austrocknete. Dafür erfreute sich der See vornehmlich bei Mogul-Kaiser Shah Jahan aufgrund seiner idyllischen Lage großer Beliebtheit, und so ließ dieser 1637 an den Ufern des Sees sehr schön ins Landschaftsbild eingepasste Marmorpavillons errichten.

Heute gehört der hierum errichtete **Daulat Bagh** mit seinen teilweise recht kitschigen Freizeiteinrichtungen zu einem der beliebtesten Ausflugsziele der Stadt. Vom angrenzenden Hügel lassen sich speziell bei Sonnenuntergang herrliche Ausblicke in die Umgebung genießen. Auch Tretboote können ausgeliehen werden.

Praktische Tipps

Information

■ **Vorwahl:** 0145
■ Auskunftsfreudig und freundlich ist der Leiter des im Khadim Tourist Bungalow beheimateten **Touristenbüros** (Tel.: 2627426, Mo–Sa 8–12 und 15–18 Uhr, So geschlossen). Stadtpläne und Hotellisten für Ajmer und Pushkar werden kostenlos ausgegeben und Fragen bereitwillig beantwortet.

■ Auch das **Tourist Reception Centre** im Bahnhof (Mo–Sa 10–17 Uhr, um 14 Uhr 30 Min. Pause) ist hilfsbereit.

Stadtverkehr

■ Ajmer lässt sich im Innenstadtbereich problemlos **zu Fuß** besichtigen.
■ Entlang den Hauptstraßen, etwa zwischen dem Hauptbahnhof und dem 2 km entfernten Busbahnhof, verkehren **Tempos,** mit der Autoriksha kostet es ca. 25 Rs.

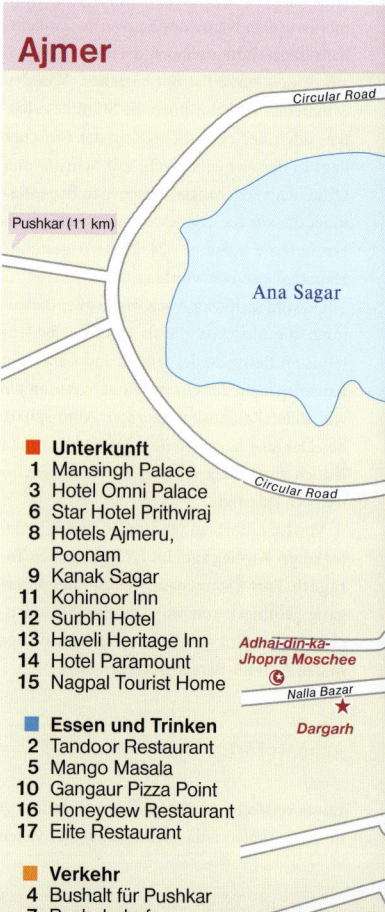

Ajmer

- **Unterkunft**
  1 Mansingh Palace
  3 Hotel Omni Palace
  6 Star Hotel Prithviraj
  8 Hotels Ajmeru, Poonam
  9 Kanak Sagar
  11 Kohinoor Inn
  12 Surbhi Hotel
  13 Haveli Heritage Inn
  14 Hotel Paramount
  15 Nagpal Tourist Home
- **Essen und Trinken**
  2 Tandoor Restaurant
  5 Mango Masala
  10 Gangaur Pizza Point
  16 Honeydew Restaurant
  17 Elite Restaurant
- **Verkehr**
  4 Bushalt für Pushkar
  7 Busbahnhof

Ajmer

Rajasthan

■ Die Strecke zwischen Bahnhof und Tourist Bungalow sollte mit der **Autoriksha** etwa 25 Rs, mit der **Fahrradriksha** 20 Rs kosten.

Unterkunft

Ajmer verfügt über ein breites Spektrum an Unterkunftsmöglichkeiten, doch viele dienen vornehmlich als Übernachtungsstätte für muslimische Pilger. Generell sind die Hotels im nur 10 km entfernten Pushkar vorzuziehen. Beachten sollte man auch die bei den meisten Hotels geltende 24-Std.-Check-Out-Regel. Wichtig könnte Ajmer als Herbergsort während der Pushkar Mela sein.

Untere Preiskategorie:

■ Eine gute Wahl im Budget-Bereich findet sich mit dem neuen **Hotel Ajmeru** €€ (Tel.: 2431103) in einer kleinen Straße links hinter dem Hotel Payal, die durch die Stadtmauer von der Hektik der Hauptstraße abgeschottet wird. Viele Zimmer haben AC und TV.

■ Alternativ kommt gleich nebenan das saubere und helle **Poonam** €-€€ (Tel.: 2621711) in Frage.

■ Für Zugreisende noch empfehlenswert ist das direkt gegenüber dem Bahnhof gelegene **Hotel Paramount** €–€€ (Tel.: 2431347). Von außen sieht der Betonklotz wenig einladend aus, doch die 26 Zimmer sind sauber und, sofern nicht zur Straße gelegen, recht ruhig, allerdings renovierungsbedürftig (AC, Farbfernseher, Cooler). Im Hotel befindet sich ein Restaurant.

■ Eine bessere Unterkunft in Bahnhofsnähe ist das etwas billigere **Nagpal Tourist Home** €–€€ (Tel.: 2429503) in der Nähe des Paramount. Es bietet eine Reihe von frisch renovierten und dementsprechend sauberen Zimmern unterschiedlicher Ausstattung, meist mit TV.

■ Ebenfalls preiswert ist das **Surbhi Hotel** €–€€ (Tel.: 2620822), etwas zurück an der Prithviraj Marg, mit recht billigen und geräumigen AC-Zimmern.

■ Seine Lage in der Nähe des Delhi Darbar Gate und damit in Gehdistanz zum Bahnhof wie auch zum Dargarh, sein überaus freundlicher Service sowie die einfachen, aber makellos sauberen Zimmer machen das **Star Hotel Prithviraj** (Tel.: 3290310, www.ajmer-hotelprithviraj.com) zu einer der besten Unterkünfte der unteren Preiskategorie.

■ Gut ist auch das **Hotel Omni Palace** €€€ (Tel.: 2428503). Die großen, sauberen und freundlichen Zimmer in dem professionell geführten Haus überzeugen ebenso wie das angeschlossene Restaurant. Einziger Nachteil ist die etwas abseitige Lage an der Jaipur Rd.

■ Um einen kleinen, grünen Innenhof angelegt, sind die Zimmer des familiären **Haveli Heritage Inn** €€–€€€ (Tel.: 2621607, www.haveli.biz) eine gute Wahl. Wie der Name schon andeutet, handelt es sich um ein über 100 Jahre altes Kaufmannshaus mit gutem Restaurant. Vorsicht vor dem Schäferhund!

■ Ein sehr gutes Preis-Leistungs-Verhältnis bietet das **Kohinoor Inn** €€–€€€ (Kutcheri Rd., Tel.: 2632464) im Ajmer Tower mit großen und sauberen Zimmern mit Marmorboden und TV.

Mittlere und obere Preiskategorie:

■ Im ganz neuen Bhansa Complex findet sich das gute Mittelklassehotel **Kanak Sagar** €€€–€€€€ (Tel.: 5100427, 2621427). Die meist geräumigen Zimmer, alle klimatisiert mit TV und Balkon, sind ihr Geld wert (besonders die nach hinten).

■ Wie ein kleiner Palastklotz mit einer großen Satellitenschüssel auf dem Dach kommt die einzige höherklassige Unterkunft **Mansingh Palace** €€€€ (Tel.: 2425956) daher. Das an der Umgehungsstraße um den Ana Sagar Richtung Pushkar gelegene, von außen recht ansehnliche Hotel verfügt zwar über alle Annehmlichkeiten eines 3-Sterne-Hotels wie AC, Kabel-TV, Restaurant und Pool, ist jedoch übertreuert.

■ Etwa 90 km von Ajmer entfernt auf dem Weg nach Jodhpur thronen auf einem alten Staudamm, umgeben von den Feldern der örtlichen Bauern, die 11 **Luxuszelte des Chhatra Sagar** €€€€€€ (nahe dem Dorf Nimaj im Distrikt Pali, Tel.: 02939-230118, www.chhatrasagar.com). Die geschmackvoll im Wüstenstil eingerichteten Zelte bieten allen notwendigen Luxus. Die traditionelle Rajasthani-Küche (im Preis inbegriffen) wird auf dem Staudamm mit der entsprechenden prachtvollen Aussicht serviert. Geleitete Ausflüge in die vogelreiche Umgebung und zu den vom Tourismus unbeeinflussten Menschen der Region sind per pedes und Jeep möglich. Alles in allem ein ganz besonderes Angebot.

Essen und Trinken

Gegenüber dem Bahnhof findet sich eine Reihe von einfachen Restaurants, die vor allem die schwere Mughlai-Küche servieren.

■ Bahnhofsnah ist besonders das Restaurant **Honeydew** neben dem Nagpal Tourist Home empfehlenswert. Hier kann auch Poolbillard gespielt werden. Das etwas weiter südlich an der gleichen Straße gelegene **Elite Restaurant** ist stadtbekannt für seine köstlichen Thalis (ca. 70 Rs).

■ Eine große Auswahl an einheimischen wie internationalen Gerichten zu günstigen Preisen bietet das **Mango Masala** am Sardar Patel Marg. Gewöhnungsbedürftig ist das etwas ausgefallene Ambiente.

■ Für Eilige ist der **Gangaur Pizza Point** nahe der Kutcheri Rd., der außer Pizza auch anderes Fast-Food sowie Eiskrem offeriert, der richtige Platz.

■ Da noch östlich des Busbahnhofs gelegen, liegt das **Tandoor Restaurant** nicht gerade „auf dem Weg", es ist aber wegen der in einem ruhigen Garten in kleinen Strohhütten platzierten Tische und des guten Essens (Hauptgericht ca. 100–150 Rs) auf jeden Fall einem Abstecher Wert.

Bank und Internet

■ Neben der **Bank of Baroda** (Mo–Fr 10–15 Uhr, Sa 10–12.30 Uhr) und der **State Bank of India,** die Bargeld und Travellerschecks zu recht guten Raten eintauschen, gibt es zahlreiche **ATMs** im Innenstadtbereich, so einen der ICICI-Bank an der Kutcheri Rd., der Visa-, Master-, Maestro- und Cirruskarten annimmt, sowie einen der HDFC-Bank (in der Nähe des Embassy Hotel), der auch mit AmEx-Karten seinen Dienst versieht.

■ Außerdem gibt es mehrere Internetcafés, z.B. das **J.M.D.** (25 Rs/Std.) im Bhola Hotel und das **Satguru Internet** (30 Rs/Std.).

An- und Weiterreise

Bahn:

Ajmer liegt an der Hauptstrecke Delhi – Jaipur – Ahmedabad, und so bieten sich viele günstige Verbindungen in beide Richtungen. Das Reservierungsbüro ist Mo–Sa 8–20 Uhr, So bis 14 Uhr geöffnet. Da kaum Tourist-Quota-Tickets vorrätig sind, sollte man unbedingt frühzeitig reservieren.

Bus:

■ Häufige Verbindungen nach **Jaipur** (2,5 Std., 110 bzw. 220 Rs für Exp./Del.), **Bharatpur** (8 Std., 195 Rs), **Bikaner** (8 Std., 165 Rs), **Bundi** (5 Std., 110 Rs), **Chittorgarh** (5 Std., 115 Rs), **Delhi** (8 Std., 265/570 Rs für Exp./Del.), **Jodhpur** (155/287 Rs), **Kota** (165 Rs), **Udaipur** (8 Std., 178 Rs sowie 2 AC-Busse) und **Agra** (10 Std., 178 Rs), **Alwar, Abu Rd.** Weitere Infos unter Tel.: 2429398.

■ Darüber hinaus Verbindungen nach **Jaisalmer** (10 Std., 325 Rs), **Ranakpur** und **Sawai Madhopur.**

■ Außerdem viele weitere Abfahrten mit **privaten Luxusbussen.** Die privaten Busunternehmer sitzen fast alle an der Kutcheri Road.

■ Die Busse nach **Pushkar** fahren häufig vom Busbahnhof (Fahrkarten am Extraschalter), sowie fast alle 20 Min. von einem kleinen Extrastand an der Kreuzung beim Nasiyan-Tempel.

Highlight:
Pushkar   V/C3
– hinduistischer Wallfahrtsort

Kennzeichnet die Altstadt Ajmers eine Atmosphäre hingebungsvoller, ja zum Teil ekstatischer Religiosität, so beeindruckt der nur 11 km entfernte, über den steil ansteigenden Schlangenpass zu erreichende uralte **hinduistische Wallfahrtsort** Pushkar mit seiner geruhsamen, fast schon weltentrückten Gelassenheit. Bereits in den hinduistischen Epen wird der kleine Ort um den **heiligen See** als Wallfahrtsort erwähnt, und Anfang des 5. Jh. berichtete der chinesische Reisende *Fa Hsien* von den Pilgerscharen, die hierher aus ganz Indien anreisten. Selbst die großen Mogulherrscher *Akhbar* und *Shah Jahan* sollen ihrer Pilgerreise nach Ajmer einen Besuch in Pushkar angeschlossen haben. Erst der fanatische *Aurangzeb* ließ fast alle der bis dahin über 100 den See säumenden Tempel zerstören.

Im erzähl- und fantasiefreudigen Indien werden Name und Ursprung eines solch religionsträchtigen Ortes selbstverständlich mit einer **Legende** ausgeschmückt. Danach soll dem Schöpfer des Universums Brahma auf der Suche nach einem geeigneten Opferplatz eine Lotusblüte *(pushkar)* aus der Hand geglitten sein. An der Stelle, wo die Blüte den Boden berührte, öffnete sich eine Quelle und ließ einen See entstehen. Diesen Ort nannte er Pushkar.

Tatsächlich regt dieser wie eine Oase inmitten der Wüste gelegene winzige Ort mit unzähligen Tempeln, Ghats und seinen stufenförmig ansteigenden, weiß gekalkten Häuserfronten die Fantasien indischer Pilger genauso an wie die der westlichen Besucher. So ist es kein Wunder, dass viele **Rucksacktouristen** und Aussteiger auf der Suche nach dem ewigen Indien Pushkar neben Rishikesh, Puri und Goa zu ihrem Lieblingsort erkoren haben. Leider verwechseln viele dabei die heiter gelassene Atmosphäre der Stadt mit uneingeschränkter Freizügigkeit und verletzen damit die strikten Moralvorstellungen der Inder. Vor allem unter der einheimischen Bevölkerung führt dies zunehmend zu Verärgerung. Allerdings bedroht auch eine in den letzten Jahren immer deutlicher zu Tage tretende Kommerzialisierung die spirituelle Atmosphäre Pushkars.

Sehenswertes

Ghats

Pushkars Charme beruht auf der einzigartig meditativ-spirituellen Atmosphäre, die das Leben in der Kleinstadt kennzeichnet. Seit alters her scheint sich hier nichts geändert zu

haben. So bieten sich einem immer wieder beeindruckende Bilder zeitloser Schönheit, etwa wenn die Frauen in ihren leuchtenden Saris im Angesicht der aufgehenden Sonne ins Wasser eintauchen oder alte, hagere Männer mit goldglänzenden Messingbehältern ihre Kulthandlungen vollziehen. Die meisten Ghats wurden von den verschiedenen Regionalfürsten angelegt und befinden sich in einem guten Zustand.

Allerdings sollte man beim Besuch der Ghats ein äußerst **zurückhaltendes Verhalten** an den Tag legen. So sollte man Arme und Beine bedeckende Kleidung tragen, die Schuhe ausziehen, nicht rauchen und das strikte Fotografierverbot beachten.

Brahma-Tempel

Wer sich vom geheiligten Ort Pushkar uralte Tempelanlagen verspricht, wird allerdings eher enttäuscht sein. Trotz der in vielen Epen und historischen Reiseberichten belegten, über Jahrtausende zurückreichenden spirituellen Bedeutung des Ortes ist wegen der Zerstörungswut *Aurangzebs* kaum ein Tempel älter als 300 Jahre. Als bedeutendster Sakralbau Pushkars gilt der Brahma-Tempel, der in seiner heutigen Form 1809 von einem Minister des Maharajas von Gwalior errichtet wurde. Zwar ist er nicht, wie immer wieder behauptet wird, der einzige Tempel zu Ehren dieser höchsten hinduistischen Gottheit in ganz Indien, doch die silberne, in den Boden eingelegte Schildkröte am Tempeleingang sowie die viergesichtige Brahmastatue mit den golden leuchtenden Augen im Allerheiligsten lohnen durchaus einen Besuch. Im Übrigen bieten sich von den umlaufenden Mauern der Tempelanlage schöne Aussichten in die Umgebung.

Saraswati-Tempel

Frühmorgens bzw. nachmittags sind die besten Zeiten, um den etwa einstündigen steilen Aufstieg zum südwestlich auf der Spitze des Ratna Gir (Juwelenhügel) gelegenen Saraswati-Tempel in Angriff zu nehmen. Dieser zu Ehren von Brahmas Gattin (und gleichzeitig Tochter) erbaute Tempel ist Ziel ungewöhnlich vieler Männer, da ein hier erbrachtes Opfer garantieren soll, dass die Ehemänner nicht vor ihren Frauen sterben. In Anbetracht des kärglichen Daseins indischer Witwen dürfte dieser Wunsch auch im Sinne der meisten

⌄ Die weltentrückte Atmosphäre des Wallfahrtsortes lockt viele Rucksacktouristen an

Frauen liegen. Egal, ob dieser Wunsch nun in Erfüllung geht oder nicht, einmal sollte man, ganz diesseitig orientiert, den großartigen Blick auf den Pushkar-See genießen, der wie ein schwarzer Diamant inmitten der von Bergketten umsäumten Wüstenlandschaft liegt.

Highlight:
Pilgerfest Pushkar Mela

Jedes Jahr im November windet sich eine unüberschaubare Menschenmasse von Pilgern, Touristen und internationalen Kamerateams von Ajmer aus über den Schlangenpass ins sonst so verschlafene Pushkar, um **eines der faszinierendsten Feste Asiens** zu erleben. Pushkar Mela (Pushkar-Fest) heißt das Zauberwort, welches die kleine Wüstenoase während der letzten Tage bis zur November-Vollmondnacht *(Kartik Purnima)* zum größten Wallfahrtsort ganz Indiens werden lässt. Den Höhepunkt des Festes stellt für die indischen Pilger ein Sünden erlassendes **Bad im heiligen Pushkar-See** in der Vollmondnacht dar.

200.000 Rajputen in ihren verschwenderisch bunten Kleidern und bis zu 20.000 Kamele lassen vor der Wüstenkulisse das so oft bemühte Klischee vom Märchenland Indien ganz real erscheinen. Wie auf einem Laufsteg präsentieren sich die jungen, noch unverheirateten Frauen in ihrer ganzen Schönheit, ist doch die Pushkar Mela nicht nur Pilgerfest, sondern auch Heiratsmarkt und Volksfest, bei dem die strengen Konventionen des wenig abwechslungsreichen Dorflebens für einige Tage abgeschüttelt werden. Unter die Pilger mischen sich Zauberer, Sadhus, Wahrsager, Akrobaten, Musikanten, Sänger, Gurus, Gaukler und Gauner. Von dieser einzigartigen Lebensfülle werden die das Fest besuchenden westlichen Touristen, und das sind jedes Jahr immerhin mehrere Tausend, fast gänzlich absorbiert.

Während die ersten vier Tage des Festes hauptsächlich dem Viehmarkt vorbehalten sind (wobei die ersten Tage wegen der größeren Zahl der Händler am interessantesten sind), ist der zweite Teil der Pushkar Mela vorwiegend den religiösen Zeremonien gewidmet. Man sollte, wenn möglich, schon einige Tage vor Beginn anreisen, da man dann die einzigartige Atmosphäre besser auf sich wirken lassen kann.

■ Die **nächsten Termine** der immer von Halbmond bis Vollmond stattfindenden Pushkar Mela: 9.–17.11.2013, 30.10.–6.11.2014

Praktische Tipps

Information

■ **Vorwahl:** 0145
■ Das **Tourist Information Bureau** (Mo–Fr 10–17 Uhr sowie jeden 1. und 3. Sa) ist hilfsbereit.

Unterkunft

Pushkars jahrzehntelange Beliebtheit gerade bei Rucksacktouristen hat dazu geführt, dass besonders viele Billigunterkünfte zur Verfügung stehen. Die folgende Auflistung beinhaltet nur eine kleine Auswahl. Die Entfernungen innerhalb des kleinen Ortes sind derart gering, dass man sich problemlos mehrere Unterkünfte anschauen kann, bevor man sich entscheidet. Zu beachten ist, dass die Tarife während des achttägigen Pushkar-Festes im November um das Fünf- bis Zehnfache erhöht werden.

Untere Preiskategorie :
■ Das **Hotel Om** € (Tel.: 2772672, www.hotelompushkar.net) ist ein alter Favorit in der Travellerszene. Es verfügt über einen schönen Innenhof und einen hübschen,

kleinen Garten sowie über einen kleinen Swimmingpool. Von ganz billigen und einfachen Schlafstätten bis zu schönen, recht großen Balkonzimmern ist alles zu haben.

■ Ruhige Atmosphäre, einen Garten zum Sitzen und gute, billige Zimmer mit Terrasse, teils mit Gemeinschaftsbad, bietet das **Shyam Krishna Guest House** € (Tel.: 2772461) neben dem Venus Restaurant.

■ Ein Tipp für den untersten Preisbereich ist das etwas abseits der Hauptstraße in der verwinkelten Altstadt gelegene **Hotel Shanti Palace** € (Tel.: 2772422). Das von zwei sympathischen Brüdern geführte Haus vermittelt mit seinen überhängenden Erkern die Atmosphäre eines romantischen kleinen Palastes. Ein weiteres Plus ist das gemütliche Dachterrassen-Restaurant. Die Zimmer sind allerdings sehr einfach.

■ Noch günstiger ist das nur 30 m weiter gelegene **Hotel Sunrise** €.

■ Seinem Namen alle Ehre macht das sympathische **Lake View Guest House** € (Tel.: 2772106, www.lakeviewpushkar.com), liegt es doch direkt am See und bietet von der großen Dachterrasse schöne Ausblicke auf die Bade-Ghats. Obwohl es zu den ältesten Hotels Pushkars zählt, ist es immer noch ein Favorit der Traveller-Szene. Allerdings sind viele Zimmer sehr klein und ohne Fenster, zudem verfügt keines über ein eigenes Bad.

■ In einem mit einem uralten Baum und vielen weiteren Bäumen und Beeten versehenen, riesigen Garten liegt das **Raghav Resort** € (Tel.: 2772207, raghupareek@yahoo.com) desselben Besitzers. Auch die Zimmer und der Dachgarten sind ihr Geld wert, ideal für Kinder.

■ In der Nähe hiervon und vom Marwar-Bushalteplatz befindet sich das populäre **White House** €–€€ (Tel.: 2772147, www.pushkarwhitehouse.com). Das Hotel verfügt über Zimmer unterschiedlicher Größe und ein empfehlenswertes Dachrestaurant. Auch Massage ist möglich (s.u.). Ebenso empfehlenswert ist das nur einen Steinwurf entfernte **Maharaja** €–€€ (Tel.: 2773527).

■ Von außen ein wenig steril wirkt das in der Nähe des Brahma-Tempels gelegene **Hotel Navratan Palace** €–€€ (Tel.: 2772981, 2772145). Dennoch ist es mit seiner Lage unmittelbar am See, dem freundlichen Personal, der Gartenanlage und einem eigenen Pool eines der guten Hotels der Stadt. Die teureren Zimmer haben AC und TV.

■ Auch direkt am See liegt der **Bharatpur Palace** €–€€ (Tel.: 2772320, bharatpur-palace@yahoo.com). Besonders die oberen, allerdings recht einfachen Räume bieten speziell morgens herrliche Aussichten auf das sich direkt darunter ausbreitende bunte Treiben am Ghat.

■ Nordwestlich des Sees, durch die ansteigenden Gassen Pushkars führt der Weg zum etwas versteckt gelegenen **Hotel Paramount Palace** €–€€€ (Tel.: 2772428, palacehotelparamount@hotmail.com). Von badlosen Einzelzimmern bis Balkonzimmern mit schöner Aussicht reicht die Bandbreite des guten Angebots, und das in etwas abgelegener, ruhiger und friedvoller Lage. Auch ein Dachrestaurant ist vorhanden.

■ Im Ostteil des Dorfes an der Heloj Road findet sich mit dem **Venus Holiday Resort** €–€€ (Tel.: 2773217, www.hotelvenuspushkar.com) eine saubere Unterkunft. Helle, recht große Zimmer mit Balkon und weitem Ausblick, einige klimatisiert, sind ihr Geld wert.

Mittlere und obere Preiskategorie:

Immer mehr Hotels werden südöstlich des Sees in großteils recht unberührter bzw. von Rosenfeldern bedeckter Landschaft gebaut, was zwar nicht unbedingt der Landschaft, aber den Gästen durch eine sehr ruhige Atmosphäre zugute kommt. Die meisten liegen preislich im Mittelklassebereich.

■ Pushkars beste Unterkunft im Mittelklassebereich ist das sehr gelungen renovierte Haveli **Inn Seventh Heaven** €€€–€€€€ (Tel.: 5105455, www.inn-seventh-heaven.com). Alle liebevoll und unterschiedlich gestalteten Zimmer, einige mit schöner Aussicht, sind jeden Penny wert. Außerdem trägt der schönste Dachgarten des Dorfes mit gutem Restaurant zum dem Namen entsprechenden Gesamteindruck bei.

■ Das **Sajjan Bagh Resort** €€€€ (Vamdev Rd., Tel.: 2773821, (0)9414006150, www.sajjanbagh.com), etwa 200 m von der Hauptstraße entfernt, offeriert einzeln stehende, zweigeschossige Bungalows, deren schön eingerichtete Zimmer teils klimatisiert sind, sowie saubere Doppelzimmer. Insgesamt ein gutes Preis-Leistungs-Verhältnis.

■ Deutlich in die Jahre gekommen, aber immer noch empfehlenswert ist die Anlage des **New Park** €€€ (Panch

Kund Rd., Tel.: 277464, www.newparkpushkar.com) mit großer Dachterrasse, einem Restaurant und Swimmingpool. Hübsche, wenn auch renovierungsbedürftige Zimmer mit AC, Kühlschrank und TV sowie Balkonausblick runden die Sache ab.

■ Während die ehemals schöne Unterkunft des **Peacock Holiday Resort** €–€€€ (Tel.: 2772414, www.peacockpushkar.com) unter den Jahren gelitten hat und einer Rundumrenovierung bedürfte, ist das neue **Pushkar Villas Resort** €€€ (Panch Kund Rd., Tel.: 2772688/9, www.pushkarvillas.com) desselben Besitzers in der Nähe das mehr an Geld sicher wert. Alle Zimmer mit AC und TV, kleiner Rundpool.

■ Erwähnt werden soll noch, dass der Manager des Tourist Office in Jaipur (Tel.: 0141-2200778) **Privatzimmer** in Pushkar vermitteln kann, auch während der Engpass-Zeit der Pushkar Mela.

■ Ein typisches Beispiel für die in letzter Zeit neu eröffneten hervorragenden Unterkünfte der höheren Preiskategorie ist das ausgezeichnete **Hotel Kishan Palace** €€€€ (Tel.: 2773056, www.kishanpalacepushkar.com). Saubere, helle und hübsch eingerichtete Zimmer und ein ausgezeichnetes Dachterrassenrestaurant machen es zu einer der besten Unterkünfte der Stadt.

■ Eines der teuersten Hotels Pushkars ist der **Jagat Palace** €€€€€ (Tel.: 2772952, www.hotelpushkarpalace.com), etwas vor den Toren des Dorfes. Hinter einer hohen Mauer lockt ein bis ins kleinste Detail mit Steingravierungen einem alten Palast sehr gelungen nachempfundenes Hotel. Die Zimmer sind individuell eingerichtet, alle haben einen Balkon. Leider sind die Betten sehr hart und der Service ist recht unmotiviert. Im herrlich gepflegten Garten steht ein Swimmingpool zur Verfügung.

■ Die Bewertung des **Pushkar Palace Hotel** €€€€ (Tel.: 2773001, www.pushkarpalace.com) fällt nicht leicht. Auf der einen Seite besticht die ehemalige Residenz des Maharaja von Kishangarh durch seine tolle Lage an der Westseite des Pushkar-Sees und auch der begrünte Innenhof und die hübsch eingerichteten Zimmer tragen zum angenehmen Ambiente bei. Jedoch sind die Zimmer teilweise recht klein geraten und die knallharten Betten äußerst unbequem.

Zeltdörfer:

Während der Pushkar Mela bieten viele Privatunternehmer Zelte zur Übernachtung an, die vor den Toren des Dorfes zu kleinen Zeltstädten anwachsen. Hier besteht eine Vielzahl preislich und qualitativ sehr unterschiedlicher Angebote von ca. 1.000 Rs bis 300 US-$. Für weitere Informationen wende man sich an das Tourist Office. Einige Anbieter:

■ Einfach und verhältnismäßig billig ist **Bhadrawati Royal Camps** €€€ (Tel.: (0)9414220301).

■ Teuer bis richtig teuer und mit mehr Komfort sind **Sajjain Desert Camps** €€€€ (Tel.: 2773821), **Raj Resorts** (Tel.: (0)9829 052814), **Royal Desert Camp** (Tel.: 2772957), 125 US-$, und **Royal Tent** (Tel.: 2300603), 200–300 US-$.

Essen und Trinken

Die Auswahl ist riesig und reicht von Müsli über Spaghetti, Apfelstrudel und braunem Brot bis zu guter indischer Küche. Wer in Pushkar nicht auf den Geschmack kommt, ist selbst schuld. Das gilt allerdings nur für Vegetarier, denn ganz Pushkar is(s)t **ausschließlich vegetarisch. Auch alkoholische Getränke wird man vergebens suchen.**

Es gibt unzählige Garten- und Dachterrassenrestaurants, wobei der große Renner die von vielen Restaurants angebotenen **Büffets** zum Mittag- und Abendessen sind. Doch meistens flaut die Schlacht um die oft nur lauwarmen Büffets (jedes Mahl 80 Rs) nach den ersten Tagen erheblich ab, weil alles recht ähnlich schmeckt.

Man sollte bei Joghurt am Morgen vorsichtig sein, mehrere Traveller berichteten über Magenprobleme. Bei den gerade in Pushkar so beliebten **Bhang Lassis,** einer Mischung aus Joghurtgetränk, Eiswasser und Marihuana-Extrakten, ist vor allem bei heißem Wetter Vorsicht geboten – vielen bekommt die Mixtur nicht, was Übelkeit und Erbrechen zur Folge haben kann.

■ Nur allzu oft muss man die Lage mit recht flauem Essen und schlechtem Service bezahlen. Ein Beispiel hierfür ist das **Venus Restaurant,** von dem sich ein interessanter Blick auf das Treiben der Straße bietet.

■ Fast schon idyllisch unter Bäumen sitzt man in dem sehr schönen Garten des **Sun-n-Moon** am Ende einer kleinen Gasse, die von der Straße zum Brahma-Tempel führt. Neben der sehr friedvollen Atmosphäre kann man sich am köstlichen Essen und an den Lassis laben – und das alles zu moderaten Preisen.

■ Gegenüber dem Vishnu-Tempel lockt das **Moon Dance Café** mit gleichbleibend guter italienischer, mexikanischer und indischer Kost (Hauptmahlzeiten 50–120 Rs), die auf Matratzen liegend oder auf bequemem Mobiliar im Garten eingenommen werden kann. Als Nachtisch sollte man einen der köstlichen Kuchen probieren.

■ Sehr empfehlenswert ist auch das mit Pflanzen dekorierte **Raju Terrace Garden Restaurant,** ein typisches Traveller-Restaurant mit schöner Atmosphäre und romantischer Aussicht auf den See. Die einheimischen Gerichte sind eher enttäuschend.

■ Beliebtester Treffpunkt zu Sonnenuntergang ist das direkt neben dem Pushkar Palace Hotel gelegene **Sunset Café.** Bei Apfelstrudel, Käsekuchen, Croissants und Zimtbrötchen, Kaffee oder Tee bietet es tatsächlich eine perfekte Kulisse, um den Tag zu beenden. Allerdings versuchen hier inzwischen auch eine Menge Händler, Schlangenbeschwörer und Musikanten von der Beliebtheit des Platzes zu profitieren.

■ Wesentlich ruhiger, wenn auch ohne Sicht auf den See sitzt man im wenige Meter entfernten Garten des **Bro-Sis Restaurant.**

■ Nicht nur wegen der schönen Atmosphäre auf dem Dach, sondern auch wegen des guten Essens ist das **Inn Seventh Heaven** ein Mahl wert.

Einkaufen

Praktisch jedes Haus entlang der Hauptstraße beherbergt im Erdgeschoss ein Geschäft, welches um die Gunst der Touristen buhlt. Besonders im Angebot sind die hübschen **Rajasthani-Kleider** und knallig bunten Hosen und Hemden im Flower-Power-Look – Goa lässt grüßen. Bevor man sich zum Großeinkauf entschließt, sollte man sich jedoch fragen, ob man das, was in Indien in und modern aussieht, auch zu Hause tragen würde. Die große Auswahl an Geschäften auf engstem Raum bietet den Vorteil, dass man problemlos Angebot und Preise vergleichen kann. Dies ist um so ratsamer, weil Pushkar oftmals bei weitem nicht so billig ist, wie es auf den ersten Blick erscheinen mag. Viele Verkäufer machen sich die lockere Atmosphäre zunutze, indem sie den meist jungen Individualtouristen sehr schnell und elegant einen Tee, „big friendship" und „very special price" anbieten. Nach einigen Tagen stellt der gutgläubige Käufer fest, dass er für das gleiche Souvenir einige Shops weiter nur die Hälfte hätte zahlen müssen.

Wer sich Zeit nimmt und vergleicht, wird sicherlich einige gute und billige Sachen finden. Besonders groß ist die Auswahl an **Silberschmuck** und großen, oft mit kleinen Spiegelchen verzierten **Stoffdecken,** die sich gut als Bettüberwurf und Wandteppich eignen. Mehrere **Musikläden** bieten eine große Auswahl an anspruchsvoller klassischer indischer und meditativer Musik. Weniger zu empfehlen sind jedoch die Raubkopien bekannter westli-

> Leider wird einem die friedvolle Atmosphäre an den Ghats durch dort auf westliche Touristen lauernde **Brahmanen** allzu oft verdorben. Ständig wird man von ihnen zu sogenannten *pujas* eingeladen, bei denen unter anderem Mantras nachgesprochen werden. Am Ende wird einem ein gelb-rotes Bändchen ums Handgelenk gebunden (weithin als „Pushkar Passport" bekannt), was selbstverständlich mit der Bitte um eine Spende einhergeht. Die Höhe wird zunächst mit „as you like" benannt, doch 10 oder 20 Rs sind dem Priester dann doch zu wenig. 200 Rs sollten es schon mindestens sein, häufig werden bis zu 1.000 Rs verlangt. Das ganze hat mit Religiosität nichts zu tun und ist reine **Geschäftemacherei.** Dementsprechend sollte man keine moralischen Skrupel haben, sich auf eine solche Prozedur gar nicht erst einzulassen. Auch die Mädchen und Frauen, die die Haut der Touristen mit **Henna-Verzierungen** bemalen wollen, können unangehm werden, wenn sie ihr Ziel nicht erreichen.

Pushkar

Essen und Trinken
7 Inn Seventh Heaven
9 Sun-n-Moon Restaurant
12 Raju Terrace Garden Restaurant
15 Venus Restaurant
20 Moon Dance Café
21 Sunset Café, Bro-Sis Restaurant

Verkehr
1 Calledé Marvar Busstand
22 Ajmer Busbahnhof

Einkaufen, Sonstiges
13 King's Good Music Zone
14 Vijay Bookhouse
17 Kaka Book Centre
29 Büros für Kamelsafaris

cher Rock- und Popgruppen, da sie oft von miserabler Qualität sind. Wer seine ausgelesenen Bücher gegen neue eintauschen möchte, kann dies bei einem der zahlreichen sehr gut bestückten **Second-Hand-Bookshops** tun, z.B. Vijay Bookhouse nahe der Post.

Bank

Wer Geld wechseln möchte, sollte dies bei einem der privaten Geldwechsler tun, da es dort recht gute Raten gibt und zügig geht, allerdings werden auf Kreditkarten meist recht heftige 3–5 % Gebühr erhoben.

■ Eine gute Adresse ist **King's Good Music Zone** (Varath Ghat, Tel.: 2772465, hier gibt's natürlich auch CDs), wo auch für Visa- und Mastercard Geld ausgezahlt wird.

■ Verlässlich ist auch die **LKP-Forex-Filiale** an der Hauptstraße, allerdings werden bei dieser Kette immer etwas schlechtere Raten als im indischen Durchschnitt ausgezahlt.

■ Die **State Bank of Bikaner and Jaipur** (Mo–Fr 10–17 Uhr, Sa 10–12 Uhr) wechselt Travellerschecks. Hier gibt's auch einen **ATM**. Ein weiterer ist nahe dem Brahma-Tempel nicht weit vom Hotel Navratan Palace zu finden.

Pushkar

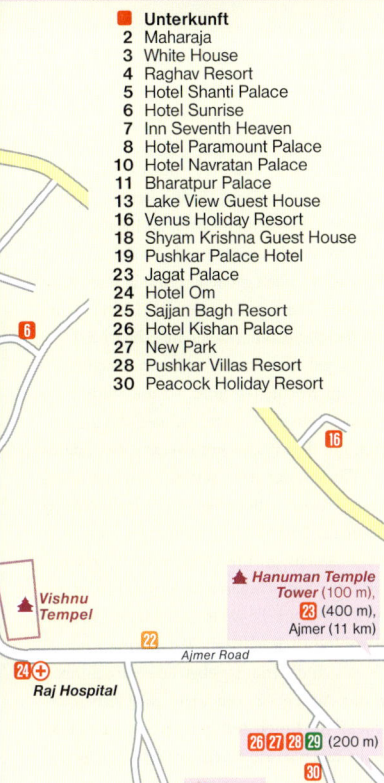

■ **Unterkunft**
2 Maharaja
3 White House
4 Raghav Resort
5 Hotel Shanti Palace
6 Hotel Sunrise
7 Inn Seventh Heaven
8 Hotel Paramount Palace
10 Hotel Navratan Palace
11 Bharatpur Palace
13 Lake View Guest House
16 Venus Holiday Resort
18 Shyam Krishna Guest House
19 Pushkar Palace Hotel
23 Jagat Palace
24 Hotel Om
25 Sajjan Bagh Resort
26 Hotel Kishan Palace
27 New Park
28 Pushkar Villas Resort
30 Peacock Holiday Resort

Ramghat, alle Memory-Chips können gelesen werden. Preis: 50 Rs für die CD, Minimum 150 Rs.

Aktivitäten

Schwimmen und Massage:

■ Wer im heißen Pushkar ein wenig Abkühlung sucht, darf im Pool des **Jagat Palace** für 300 Rs/Tag plantschen.

■ Eine gute Massage gibt's von **Deepak** (Tel.: 2772147) im bzw. auf dem Dach des White House, der auch im Inn Seventh Heaven arbeitet.

Der besondere Tipp: Kamel- und Pferdesafaris

Die äußerst attraktive, abwechslungsreiche Umgebung Pushkars mit hübschen Dörfern macht die Region zu einem mindestens ebenso attraktiven „Kamelsafarigebiet" wie Jaisalmer. Inzwischen gibt es in Pushkar etliche Reisebüros, die Kamel- und Pferdesafaris von einigen Stunden bis hin zu mehreren Tagen anbieten. Viele von ihnen befinden sich in der Panch Kund Road. Als Richtwert für eine viertägige Kamelsafari können 700 Rs pro Tag veranschlagt werden, was drei Mahlzeiten und ein Kamel pro Teilnehmer beinhaltet. Wasser muss man selbst mitbringen. Im Gegensatz zu Jaisalmer ist es hier noch möglich, tagelang unterwegs zu sein, ohne einem „Weißgesicht" zu begegnen. Wer also eine kleine Gruppe zusammenbekommt, sollte die entsprechenden Angebote vergleichen.

Medizinische Versorgung

■ Im Hotel Om findet sich das **Pushkar Raj Hospital** (Tel.: 2772928, 2772672), das tgl. zwischen 8 und 20 Uhr geöffnet ist.

Internet, Fotografieren

Internetcafés sind meist recht langsam, dafür aber zahlreich. Der Durchschnittspreis liegt bei 30 Rs/Std.

■ Eine Möglichkeit, Digitalfotos auf CD zu brennen, bietet **Chanderkant** (Tel.: 2772353) nahe dem Markt,

An- und Weiterreise

Bahn:

■ Gegen eine Durchschnittsgebühr von 90 Rs kann man in einigen Reisebüros Fahrscheine für Züge ab **Ajmer** kaufen. Verbindungen von dort siehe Anhang.

Bus:

■ Die beste An- und Abreise ist die über das nahegelegene **Ajmer,** da es von dort mehr Bus- und auch Bahnverbindungen gibt. Busse nach Ajmer (Fahrtzeit 20 Min., 10 Rs) fahren zumindest alle halbe Stunde vom Pushkar-Busbahnhof. Per Autoriksha kostet die Fahrt etwa 80 Rs, mit dem Taxi etwa 120 Rs. Bei Ankunft am Busbahnhof warten „Träger" mit handgeschobenen Karren, die bei Bedarf das Gepäck den Berg hinaufbefördern (ca. 15 Rs).

■ Das kleine Pushkar hat zwei Busbahnhöfe. Während vom südlichen **Ajmer Busstand** nahe dem Hotel Om die Busse hauptsächlich Ajmer zum Ziel haben (1x stdl. sowie um 14.20 Uhr ein Express-Bus nach Jaipur und 2 Busse nach Chittorgarh um 8.20 und 12.30 Uhr sowie einige Privatanbieter in der Saison nach Udaipur), fahren die meisten Busse vom nördlichen **Callede Marvar Busstand** hauptsächlich in Richtung Norden und Westen, aber auch nach Ajmer und Jaipur (6 Busse, der 16.45-Uhr-Bus ist ein Deluxe-Bus). Weitere Ziele: Bharatpur (8,5 Std.), Bikaner (7 Std., 12 Busse), Delhi (9 Std.), Jodhpur (4,5 Std.), Kota (über Bundi) und Udaipur. Genaue Abfahrtszeiten sind auch im Tourist Office zu erfragen.

■ In Pushkar verkaufen einige Reisebüros Tickets von **privaten Busgesellschaften.** Man sollte versuchen, einen Direktbus von Pushkar zu bekommen, ansonsten muss man in Ajmer umsteigen. Der Zubringerbus von Pushkar zur Abfahrtsstelle in Ajmer ist zwar im Fahrpreis enthalten, doch kostet die ganze Prozedur viel Zeit. Bei einigen Anbietern ist dies auch ein (meist recht vollgepackter) Jeep. Da viele private Gesellschaften Busse mit Video-Dauerberieselung einsetzen, sollte man seine Augenklappen und Ohrstöpsel griffbereit halten.

Kota

XI/D1

Obwohl Bundi und Kota nur 37 Kilometer voneinander entfernt sind, scheinen Welten zwischen den beiden Orten zu liegen. Während im verschlafenen Bundi die Zeit seit dem Mittelalter stehen geblieben zu sein scheint, ist im benachbarten Kota in den letzten Jahrzehnten das Atomzeitalter ausgebrochen.

Das gilt nicht nur im übertragenen, sondern im wörtlichen Sinn, ist die Stadt doch Standort eines Kernkraftwerkes, das zusammen mit den Wasserkraftwerken des Chambal-Flusses, der trotz seiner Verschmutzung noch Krokodile beherbergt, die **Industriebetriebe** der Distrikthauptstadt mit Energie versorgt. Asiens größte Düngemittelfabrik mit ihren weithin sichtbaren Schornsteinen ist nur ein Symbol für die wirtschaftliche Prosperität dieses Industriezentrums Rajasthans.

Da sich die Industriebetriebe vornehmlich in den Außenbezirken angesiedelt haben, erscheint die **Innenstadt** mit ihren vielen Parks und Gärten sowie einem großen künstlichen See trotzdem angenehm. Insgesamt hat die sehr weitläufige Stadt touristisch weit weniger zu bieten als Bundi, unter dessen Oberherrschaft sie bis zum Jahr 1625 stand, als sie durch Verfügung des Mogul-Herrschers *Jehangir* den Status eines selbständigen Fürstentums erhielt. Auf jeden Fall besuchenswert ist Kota während des **Hadoti**-Festivals im Februar, wenn anlässlich eines dreitägigen Volksfestes Musikanten, Tänzer und Akrobaten durch die Stadt ziehen.

Stadtpalast

Nach der Unabhängigkeit von Bundi begann *Rao Madho Singh* mit dem Bau dieses an den

Ufern des Chambal-Flusses gelegenen Palastes. Zwar kann er bei weitem nicht mit der spektakulären Ansicht des Palastes von Bundi konkurrieren, bietet dafür jedoch den großen Vorteil, dass ein Teil zum **Rao Madho Singh Museum** (Tel.: 2385040, tgl. außer Fr 10–16.30 Uhr, Eintritt 100 Rs, Kamera/Video 50/100 Rs) umgewandelt wurde. Gebrauchsgegenstände der Herrscherfamilien, Fotos, Waffen und Mobiliar sind zu besichtigen.

Ebenso wie in Bundi flankieren zwei steinerne Elefanten das Haupteingangstor (Hathi Pol). Insgesamt zeichnet sich das Palastmuseum durch hervorragende englische Erläuterungen aus und bietet neben den üblichen Waffen-, Jagdtrophäen- und Münzabteilungen einen vorzüglichen Einblick in die Bundi-Malschule. Bereits die große Eingangshalle (Chitrashala) schmücken **Wandmalereien** des 17. Jh., wobei auch hier, wie in Bundi, vornehmlich Szenen aus dem Leben Krishnas dargestellt sind. Die schönsten Wandmalereien finden sich jedoch in den nicht zum Museum gehörenden Räumen des Palastes. Für einen Extraobulus von 20 Rs werden diese in einer speziellen Führung gezeigt. Die Erklärungen des vor sich hinschlurfenden Wärters sind zwar wenig hilfreich („Here you see another room"), doch die wunderschönen Wandmalereien, vor allem im Arjun Mahal und Bada Mahal, sind allemal das Geld wert.

Im Übrigen bieten die verschiedenen Balkone und Terrassen interessante **Aussichten** auf die nähere Umgebung. Nördlich vom Palast erstrecken sich die Überreste der urwüchsigen, dicht bewaldeten Flusslandschaft, auf der anderen Uferseite erheben sich die hohen Fabrikschornsteine des Industrieviertels.

■ **Öffnungszeiten** des Stadtplastes: tgl. außer Fr und an Feiertagen 10–17 Uhr, Zugang zum Palast von der Südseite durch das Naya Darwaza (Neues Tor).

Chambal Gardens

Dem Fluss weiter in südwestlicher Richtung folgend, ist besonders der **von vielen Krokodilen bevölkerte Teich** in den Chambal Gardens ein Anziehungspunkt. Von hier starten Boote zu Rundfahrten auf dem Fluss, von denen nach Verlassen des sich unmittelbar anschließenden Industriegebietes eine reiche Fauna, etwa viele Vogelarten und Krokodile, und Flora zu erspähen sind. Die Ausfahrten dauern normalerweise nur 20 Minuten (50 Rs), was eigentlich zu kurz ist. Nach Verhandeln sollte eine einstündige Bootsfahrt nicht mehr als 250 Rs kosten.

Kishor Sagar

Zwischen dem Palast und dem Tourist Bungalow befindet sich ein großer, im 14. Jh. künstlich angelegter See mit dem fotogenen, 1740 erbauten Pavillon Jagmandir in der Mitte, der aber leider für die Öffentlichkeit geschlossen ist. Gut besucht sind dafür die ganz in der Nähe in einem schönen Park gelegenen, kürzlich restaurierten Chattris der Fürsten von Kota.

Dussehra-Festival

Das Festival zu Ehren des Sieges Ramas über Ravana wird in Kota jeweils im Oktober besonders prunkvoll gefeiert. **Die nächsten Termine:** 12.–14.10.2013, 1.–3.10.2014.

Information

■ **Vorwahl:** 0744
■ Die Angestellten des **Tourist Office** (Tel.: 2327695, Mo–Sa 10–17 Uhr, 2. und 4. Sa des Monats geschlossen) im RTDC Chambal Tourist Bungalow sind sehr hilfsbereit.

Stadtverkehr

Kota ist sehr weitläufig, zudem verteilen sich die für die Touristen wichtigen Bereiche wie Bahnhof, Busbahnhof und der Stadtpalast auch noch von Norden bis Süden. Man ist also auf öffentliche Verkehrsmittel angewiesen. Da Englisch kaum verbreitet ist, sollte man sich vor Fahrtbeginn vergewissern, dass der Rikshafahrer das gewünschte Ziel auch tatsächlich verstanden hat, andernfalls landet man eventuell am anderen Ende der Stadt.

■ **Minibusse und Tempos** verkehren u.a. zwischen Busbahnhof und Bahnhof.

■ **Autorikshas** sieht man erstaunlich wenig. Falls man eine erhascht, sollte die Fahrt vom Busbahnhof zum Bahnhof etwa 40 Rs, zum Tourist Bungalow und zum Stadtpalast jeweils 30 Rs kosten.

■ **Fahrradrikshas** sind aufgrund der großen Entfernungen wenig geeignet.

Unterkunft, Essen und Trinken

■ Wer nur ein schmales Reisebudget zur Verfügung hat, ist im **Hotel Shree Anand** € (Tel.: 2462473) gegenüber dem Bahnhof mit hinreichend sauberen und kleinen Zimmern akzeptabel bedient. Wirklich gut ist das hauseigene **Maheshwari Restaurant.**

■ Mit seinen geräumigen, freundlichen Zimmern, der zentralen Lage und dem angeschlossenen Restaurant bietet das **Hotel Surya Plaza** €€–€€€ (Tel.: 5100550, www.suryaplaza.com) an der Kotri Gumanpura Rd. ein gutes Preis-Leistungs-Verhältnis.

■ Empfehlenswert ist das an der Straße zum Bahnhof gelegene **Navrang Hotel** €€–€€€ (Tel.: 2451253). Das Personal ist sehr bemüht, die Zimmer, wenn auch etwas abgewohnt, sind sauber und geräumig. Dem Haus angeschlossen ist ein gutes und preiswertes vegetarisches Restaurant.

■ Reizend ist das in der Nähe des Stadtpalastes gelegene **Palkiya Haveli** €€€€ (Tel.: 2387497, www.palkiyahaveli.com). Das von einer sehr bemühten Familie geführte Haveli besticht neben seiner warmen Atmosphäre und den individuell gestalteten Räumen (alle mit AC) auch durch das sehr gute Restaurant.

■ Eine sehr gute Wahl ist das **Hotel Sukhdam Kothi** €€€€ (Tel.: 2320081, www.sukhdamkothi.com). Die geräumigen Zimmer in dem inmitten eines Gartens gelegenen Kolonialhaus aus der Mitte des 19. Jahrhunderts sind sehr gemütlich. Zu empfehlen ist auch das angeschlossene Restaurant.

■ In dem von dem britischen Stararchitekten *Swinton Jacob* zu Beginn des 20. Jahrhunderts im indosarazenischen Stil entworfenen **Umed Bhawan Palace** €€€€–€€€€€ (Tel.: 2325262, www.welcomheritagehotels/umedbhawan-kota.com) im Norden der Stadt fühlt man sich ins britische Raj zurückversetzt. Eingebettet in eine weitläufige Gartenanlage, wirken die langen Arkadengänge, die riesigen Empfangszimmer, Speisesäle und Schlafzimmer ebenso beeindruckend wie verstaubt und renovierungsbedürftig – auch das Personal macht zuweilen einen recht verspäteten Eindruck.

Bank und Internet

■ Die **State Bank of India** am Chawni Chowk und die **State Bank of Jaipur and Bikaner** wechseln Bargeld und Travellerschecks. Darüber hinaus bieten sich diverse **ATMs** zum Bargeldabheben an, wobei die der HDFC-Bank nahe dem Navrang Hotel und im Bahnhofsgebäude neben Master-, Maestro-, Visa- und Cirrus-Card- auch AmEx-Karteninhaber zufriedenstellen.

■ Internet kostet 40 Rs/Std., das **Shiva Shakti** nicht weit vom Busbahnhof ist recht schnell.

An- und Weiterreise

Bahn:

Kota liegt an der Breitspurlinie Mumbai – Delhi, dementsprechend viele Züge fahren tgl. nach Jaipur und Delhi.

■ Nach **Delhi** (Hazrat Nizzamuddin) benötigt der 2953 Rajdhani Exp. 5,5 Std.: Abf. Kota 5.30 Uhr, über **Sawai Madhopur** (Ranthambore-Nationalpark, an 6.36 Uhr), **Mathura** (an 9 Uhr), Delhi an 10.50 Uhr, oder der 2903 Golden Temple Mail: Abf. 11.25, Ank. in Delhi Hazrat Nizzamuddin um 18.35 Uhr (Zug fährt weiter bis Amritsar). Andere Richtung der 2904 Golden Temple Mail: Abf. New Delhi 7.55 Uhr, über Mathura (ab 10.25 Uhr), Ank. in Kota um 14.45 Uhr. Der Zug fährt weiter bis **Mumbai** (Ank. 5.40 Uhr). Eine weitere gute Verbindung nach Mumbai ist der 2956 Jaipur Mumbai Central Exp.: Abf. 17.35 Uhr, Ank. 7.45 Uhr.

■ Nach Sawai Madhopur (Ranthambore-Nationalpark) und Delhi z.B. der 9019A NMH Kota Exp.: Kota (Abf. 19.45 Uhr), **Sawai Madhopur** (an 21.25 Uhr), **Bharatpur** (an 0.55 Uhr), **New Delhi** (an 6.05 Uhr), **Delhi** (6.30 Uhr).

■ Nach **Jaipur** (Ank. 12.45 Uhr) fährt z.B. der 2955 Mumbai Central Jaipur Exp.: 8.50 Uhr über **Sawai Madhopur** (an 10.05 Uhr), viele weitere Verbindungen.

■ Mit dem 281B Halighati Exp. in 11 Std. bis Agra: 19.30 Uhr ab Kota über **Ranthambore-Nationalpark** (23.35 Uhr), **Fatehpur Sikri** (4.49 Uhr), **Agra** (6.05 Uhr).

■ Außerdem tgl. zwei Verbindungen nach **Bundi** und **Chittorgarh**, z.B.: Abf. 9.05 Uhr, Bundi an 9.36 Uhr, Chittorgarh an 12.05 Uhr mit dem 9020A Dehra Dun Exp.

Bus:

◼ Alle 15 Min. fahren Busse nach **Bundi** (45 Min. Fahrtzeit), halbstündige Verbindungen nach **Ajmer** (6 Std.) und **Jaipur** (6 Std.). Außerdem Busse nach **Chittorgarh** (4,5 Std.), **Udaipur** (6,5 Std.), **Jodhpur** (11 Std.) und **Bikaner** (12 Std.).

Umgebung von Kota

Badoli

55 km südwestlich von Kota an der Straße zum Rama-Pratap-Stausee finden sich mehrere **Shiva-Tempel,** die zu den ältesten noch erhaltenen Tempelanlagen Rajasthans zählen. Obwohl sie zum Teil aus dem 8. und 9. Jh. stammen, weisen sie noch besonders detailliert und gut erhaltene Skulpturen auf. Die Bildhauer versahen die Nischen an den Tempelmauern mit außergewöhnlich schönen Einzelfiguren, die Shiva u.a. als kosmischen Tänzer Natraja zeigen. Das Hauptheiligtum, der über 20 m hohe Ghateshwara-Tempel, ist mit schönen Affenskulpturen geschmückt.

Anreise:

◼ Etwa stündliche Busverbindungen zwischen Kota und Baroli, 1,5 Std. Fahrtzeit. Man sollte den Fahrer bitten und erinnern, am Ausstiegspunkt Bescheid zu sagen. Per Taxi inkl. Rückfahrt sollten 500 Rs genügen.

Der besondere Tipp:

Bundi XI/D1
– rajputisches Kleinod

Im Südosten Rajasthans zwischen den Hügeln des Aravalli-Gebirges gelegen, scheint sich dieses kleine Städtchen hinter der Flanke des sie begrenzenden Bergrückens vor den Verän-

derungen der Neuzeit verstecken zu wollen. Der Wind of Change, der in den letzten Jahren auch das Bild vieler indischer Städte merklich verändert hat, scheint an der ehemaligen Hauptstadt eines kleinen Fürstentums vorbeigezogen zu sein. Beim Durchstreifen der verwinkelten Altstadtgassen, die durch den teils blauen Anstrich der Häuser an Jodhpur erinnern, fühlt man sich um Jahrzehnte zurückversetzt.

Überragt wird die Stadt von der sich am Berghang hochziehenden, riesigen **Palastanlage** und dem auf dem Gipfel erbauten **Fort**. Erst 2005 gewährte die Herrscherfamilie den Zugang zum größten Teil der Anlage, einige andere Sehenswürdigkeiten der Stadt sind nur von außen zu bewundern.

Die meisten der insgesamt nur wenigen Touristen besuchen Bundi im Rahmen einer Tagestour vom nur 37 km entfernten Kota aus. Das ist schade, denn für jeden, der ein Stück unverfälschtes Indien kennenlernen möchte, ist diese scheinbar so welt-entrückte Stadt ein idealer Ort für einen mehrtägigen, entspannenden Aufenthalt, um die Atmosphäre besonders der Altstadt mit ihren gewundenen Gassen und Torbögen, die vielen Tempel und die Märkte genießen zu können.

Geschichte

1241 gründete *Rao Deva,* Anführer der **Hara-Chauhana-Rajputen,** die zuvor aus Delhi und danach aus Ranthambore vor den muslimischen Invasoren flüchten mussten, an der strategisch günstigen Stelle am Rande des Aravalli-Gebirges seine neue Hauptstadt. Zunächst gelang es ihm und seinem Sohn und Nachfolger *Rao Samar* durch Erfolge über benachbarte Fürstentümer (u.a. Kota), das Herrschaftsgebiet erheblich zu erweitern. Doch schon bald wurden sie erneut von den weiter nach Süden vorrückenden Truppen des Sultans von Delhi besiegt, dem gegenüber sie nun tributpflichtig wurden. Mitte des 15. Jh. mussten sie sich den Mewaris unterwerfen, die während der Regierungszeit *Rana Kumbhas* vom benachbarten Chittorgarh aus weite Teile Rajasthans eroberten.

Nachdem *Akhbar* die riesige Festung Chittorgarhs 1568 erobert hatte, fanden sich die *Hara Chauhana* unversehens erneut von den Moguln beherrscht. 1625 erklärte Akhbars Nachfolger *Jehangir* das bis dahin zum Fürstentum Bundi gehörige Kota zum eigenständigen Rajputenstaat, womit Bundi einen schmerzlichen Gebiets- und Bedeutungsverlust erlitten hatte.

Nachdem das Fürstentum 1818 unter die Oberhoheit der Engländer geriet, kämpften seine Truppen während des 2. Weltkrieges auf Seiten der Kolonialmacht im Burmafeldzug. Am 25. März 1948 wurde Bundi Teil der Indischen Union.

Sehenswertes

Bundi Palace (Chitrashala)

Es ist immer wieder erstaunlich zu sehen, wie es sich selbst die Herrscher kleiner und unbedeutender Fürstentümer wie etwa Bundi leisten konnten, solch riesige und aufwendige Palastanlagen zu erstellen. Das kleine Städtchen scheint fast erdrückt zu werden vom gewaltigen, an den Berghang gebauten Palast (Garh Palace) und dem darüberliegenden Taragarh Fort. So dokumentierte der Herrscher

◁ Der Chitrashala besteht aus ineinander verschachtelten Gebäudeteilen unterschiedlicher Baustile, die über etwa 500 Jahre hinweg nach und nach hinzugefügt wurden

auch architektonisch seine uneingeschränkte und allumfassende Macht über seine Untertanen.

Schon *Rudyard Kipling* zeigte sich beim Anblick des Palastes vor über 100 Jahren überwältigt: „Der Palast in Bundi ist, selbst in vollem Tageslicht, ein Palast, wie Menschen ihn sich in ihren Träumen bauen – eher das Werk von Elfen als von Menschen. Er ist in und an den Berg gebaut, gigantisch, Terrasse über Terrasse, und dominiert die ganze Stadt wie eine Lawine aus Mauerwerk, die jeden Augenblick hinabgleiten und die Schlucht blockieren kann."

Es überrascht, wieviele eigenständig **rajputische Stilelemente** der verwitterte Palastbau trotz der jahrhundertelangen Mogul-Herrschaft aufweist. Hierin, wie in vielen anderen Aspekten zeigen sich auffällige Parallelen zum Palastbau der Mewaris von Udaipur. Auf einem festungsartigen, fensterlosen und wenig attraktiven Unterbau erhebt sich ein Neben- und Übereinander ineinander verschachtelter Wohn- und Repräsentationsbauten. Sie wurden von den verschiedenen Herrschergenerationen über einen Zeitraum von fast fünf Jahrhunderten dem ersten, 1342 von Rao Deva errichteten Gebäudekomplex hinzugefügt. Trotz seiner enormen Ausmaße und unterschiedlicher Baustile wirkt der Palast durch die vielen vorspringenden Erker, Balkone, Kuppeldächer und Pavillons nicht im geringsten schwerfällig.

Trotz der zunächt scheinbar undurchsichtigen Anordnung der verschiedenen Bauten lassen sich bei näherem Hinsehen fünf verschiedene Gebäudekomplexe unterscheiden. Von links nach rechts sind dies der **Queens Palace** (eine der größten zusammenhängenden Einheiten, der Palast der Fürstin), daneben der **Phool Mahal** (Blumenpalast), auf dessen Wandgemälden u.a. eine imposante königliche Prozession zu bewundern ist, dann der **Bada Mahal** (Wolkenpalast) mit den drei übereinander hängenden Balkonen und den am besten erhaltenen Wandgemälden mit geometrischen Mustern, Pfauen und Krishna-Darstellungen, daran anschließend der an seinem großen, von zwei Pavillons gekrönten Balkon erkenntliche, recht baufällige **Ratan Daulat** (Edelsteinpalast), die **öffentliche Audienzhalle** (Diwan-i-Am) mit einem weißen Marmorthron und schließlich auf der äußersten rechten Seite der 1644 erbaute, nach seinem Erbauer *Rao Raja Chattra Shabiji* benannte, **Chattra Mahal**.

Bei der außergewöhnlichen Schönheit, die der Palast ausstrahlt, stimmt es traurig, bei näherer Betrachtung die teilweise fortgeschrittenen **Verfallserscheinungen** einzelner Gebäude zu sehen. Mögen die aus Mauern, Treppen und Dächern herauswachsenden Sträucher und Bäumchen noch einen gewissen Reiz vermitteln, ist es umso bedauerlicher, wie die wunderschönen, in ganz Indien einmaligen **Wandmalereien** des Chattra Mahal verkommen.

Die Motive der vollständig mit **Miniaturmalereien** der Bundi-Schule bedeckten Wände und Decken vermitteln einen guten Einblick in das höfische Leben von vor 300 Jahren. Wie in einem Film ziehen Bilder des Maharajas bei der Jagd, bei gefährlichen Schlachten, feierlichen Umzügen und Vergnügungen mit seinen Konkubinen am Betrachter vorbei. Der eigentliche Liebling der unbekannten Maler war jedoch offensichtlich der Gott Krishna, der in allen Aspekten seines verspielten Lebens dargestellt wird. Natürlich fehlt dabei auch nicht jene für das Krishna-Bild so prägende Szene, in der er den im Yamuna badenden Jungfrauen die Kleider stiehlt.

Um den im 18. Jh. von *Rao Ummed Singh* erbauten **Chitrashala** (Ummed Mahal) zu erreichen, wende man sich nach Durchschreiten des Elefantentors (Hathi Pol) nach links und steige den Hang hinauf. Oberhalb des Rang-Vilas-Hofgartens sind mehrere Räume mit herrlichen Malereien und Fresken verziert. Die hinteren Räume bilden den Sheesh Mahal, der trotz schlechten Zustands einige sehenswerte Details bereithält.

Der Weg hinauf zum Palast verläuft über sehr unebenes Steinpflaster. Dies sollte einkalkulieren, wer nicht gut zu Fuß ist. Das Fotografieren mit Blitz ist in den Räumen mit Wandmalereien verboten.

■ **Öffnungszeiten:** tgl. 8–18 Uhr, Eintritt 100 Rs, Kamera 50 Rs, Video 100 Rs. Ein lizensierter Guide verlangt für eine ca. 1,5-stündige Führung 250 Rs. Auch das Ticket für das Taragarh Fort ist hier zu kaufen.

Taragarh Fort

Das oberhalb des Palastes liegende, über einen steilen Aufstieg entlang des Berges zu erreichende Taragarh Fort (Sternenfestung), mit dessen Bau *Rao Deva*, der Gründer Bundis, 1354 begann, erlaubt einen sehr schönen Panoramablick vom Palast über den quadratischen, in der Mitte mit einem Tempel für den Wassergott Varuna versehenen **See Nawal Sagar** hin zur Stadt und in die nähere Umgebung. Außer einigen auf die Stadt gerichteten Kanonen, zwei immer noch Wasser haltenden Reservoirs aus dem Mittelalter, frechen Affen und verfallenen, pflanzenüberwucherten Bauten hat das Fort keine Sehenswürdigkeiten zu bieten. Etwas entfernt am südöstlichen Rand der Anlage steht die riesige **Kanone Garbh Gunjam** auf der im 16. Jh. erbauten Bastion Bhim Burj.

■ **Öffnungszeiten:** tgl. 8–17 Uhr, Eintritt 100 Rs, Kamera 50 Rs, Video 100 Rs.

Raniji-ki-Baori

Bekannt ist Bundi auch für seine einstmals über fünfzig **Tiefbrunnen** *(baori)*, von denen die meisten nicht mehr existieren und die verbliebenen aufgrund des gesunkenen Grundwasserspiegels meist kein Wasser mehr führen. Der eindrucksvollste von ihnen ist nach seiner Erbauerin, der Frau des Maharajas, *Raniji-ki-Baori*, benannt. Ein mit Pavillons bestandener Park umgibt den Eingang zu diesem 1699 erbauten Baori. Mit seinen reich verzierten Torbögen und schönen Wandreliefs sieht der 46 Meter in die Tiefe führende Treppenschacht eher wie der Eingang zu einer unterirdischen Palastanlage aus. Man kann sich unschwer vorstellen, welch lebhaftes Treiben sich früher, als der Baori neben seiner Funktion als Wasserquelle auch noch beliebter Treffpunkt war, entlang der 70 Treppenstufen abspielte. Leider ist der Brunnen heute mit einem massiven Gittergerüst abgedeckt, sodass man sich mit einem Blick in die Tiefe begnügen muss.

Weitere schöne Exemplare sind die beiden Brunnen am See des Nagar Sagar Kund gleich vor der Stadtmauer am **Chogan Gate.** Hier sollte man sich einen Spaziergang durch die umgebenden lebendigen Gassen und Märkte nicht entgehen lassen.

Phool Sagar

Außen vor bleibt man beim etwa vier Kilometer außerhalb der Stadt gelegenen, Anfang der 1940er Jahre erbauten **Palast** am von einem hübschen Garten umgebenen Phool Sagar. Während des zweiten Weltkrieges fungierte der Maharaja von Bundi als persönlicher Sekretär *Lord Mountbattens* im Burmafeldzug und die gefangengenommenen italienischen Soldaten wurden in der Nähe Bundis untergebracht. Quasi als Freizeitbeschäftigung ließ sie der Maharaja in seinem neuen Palast einige **Wandmalereien** ausführen, womit der Phool Sagar wohl der einzige Palast Indiens sein dürfte, den neben Darstellungen Bundis auch italienische Landschaftsgemälde zieren. Von November bis Februar ist der See Heimat vieler Vogelarten, die dort beobachtet werden können.

Weitere Sehenswürdigkeiten

Nördlich der Stadt in der Nähe des Jait Sagar liegt in landschaftlich reizvoller Umgebung mit dem **Shikar Burj,** die heute gern als Ausflugsziel indischer Familien dient, die palastähnliche königliche „Jagdhütte" aus dem 18. Jh. Wenige hundert Meter weiter befindet sich eine weitere Parkanlage (Shar Bagh) mit den Kenotaphen der Herrscher von Bundi. Besonders gelungen sind die Elefantenfriese entlang der Basis des Hauptkenotaphs.

Der in der Regierungszeit von *Rao Raja Vishnu Singh* 1773 erbaute **Sukh Mahal** (tgl. 10–17 Uhr) diente den Herrschern von Bundi als Sommerpalast. Der pittoresk am See gelegene, vor einigen Jahren renovierte Bau diente auch *Rudyard Kipling* während seines Aufenthaltes in Bundi Ende des 19. Jh. als Unterkunft. Angeblich soll ein unterirdischer Tunnel den Sukh Mahal mit dem Taragarh Fort verbinden.

Einen Besuch lohnt auch der ca. einen Kilometer südlich der Altstadt gelegene **Chauras Khambon ki Chattri,** eine Ende des 17. Jh. von *Rao Raja Anirudh Singh* für den Sohn seiner Amme errichtete Totengedenkstätte. Der aus 84 zum Teil hübsch verzierten Säulen gefertigte Bau dient auch als Tempel, wie der Shiva Lingam verdeutlicht.

Das **Maharao Raja Bahadur Singh Museum** (9–13 und 14–17 Uhr, Eintritt 50 Rs, Kamera 50 Rs) im Moti Mahal, dem heutigen Wohnsitz der Herrscherfamilie, gewährt Einblick in die fürstliche Lebensweise der letzten Jahrhunderte.

Festivals

Wer im Juli/August in der Region ist, sollte das **Teej-Fest,** mit dem die Wiedervereinigung von Parvati und Shiva am Beginn des Monsuns gefeiert wird, in Bundi verbringen. Zwar wird es in allen Städten Rajasthans gefeiert, doch in Bundi hat es eine besondere Note. Hauptattraktion ist die **Prozession** der aufwendig dekorierten Statue der Göttin Teej in einer Sänfte vom Naval Sagar zum Azad Park. Die von Tausenden Zuschauern begleitete Prozession wird von prachtvoll geschmückten Elefanten, Kamelen, Musikkapellen und Akrobaten flankiert. Abends treten die Künstler in den hell erleuchteten Gassen der Altstadt auf.

Auch das im Oktober/November gefeierte **Bundi Utsav** mit Musik, Tanz, Feuerwerk und vielen weiteren Attraktionen zieht viele Besucher an.

Praktische Tipps

Information

- **Vorwahl:** 0747
- Das **Tourist Office** (Mo–Fr 10–18 Uhr, um 13.30 Uhr 30 Min. Pause, Tel.: 2443697) ist sehr hilfsbereit. Es befindet sich leider etwas außerhalb des touristischen Zentrums südlich des Busbahnhofs an der Kota Rd.
- In Bundi gibt es mit *Billu* einen selbsternannten lokalen Reiseführer, der **Führungen** durch den Palast, zum Stufenbrunnen und (am besten mit dem Fahrrad) in die hübsche Umgebung macht: Billu Guide, gegenüber dem Wasserturm, Indra Market/Azad Park.

Stadtverkehr

■ Bundi ist klein, und zudem liegt ein Reiz der Stadt gerade darin, die verwinkelten **Altstadtgassen** zu Fuß zu erkunden. Wer dennoch die gut 1 km lange Strecke vom Busbahnhof zum Palast mit der Riksha zurücklegen will, sollte dafür nicht mehr als 20–30 Rs zahlen.

■ Der **Bahnhof** liegt 5 km außerhalb. Per Riksha sind es max. 60 Rs, abends und nachts 50 Rs mehr.

■ **Taxis** können über die Unterkünfte für ca. 800–1.200 Rs pro Tag gemietet werden.

■ Viele Verleiher, z.B. **Shiv Cycle,** und Unterkünfte vermieten für 30–40 Rs/Tag **Fahrräder. Motorroller** und -räder kosten ca. 200–300 Rs.

Unterkunft, Essen und Trinken

■ Besonders das herrliche, preiswerte Gartenrestaurant am Nawal Sagar des **Haveli Uma Megh** €–€€ (Tel.: 2442191) ist einen Besuch wert. Die zum See ausgerichteten, mit Wandmalereien dekorierten Zimmer sind hell,

geräumig und preisgünstig, die anderen recht dunkel. Die Besitzer können Fahrräder besorgen und geben gute Tipps für Ausflüge in die Umgebung.

■ Eine weitere gute Billigadresse ist das **Hadee Rani Guest House** €–€€ (Sadar Bazar, Tel.: 2442903, hadeerani pg@yahoo.com) mit preiswertem exzellenten Restaurant. Auch die billigen Zimmer sind geräumig. Das alte Haveli liegt etwas weiter östlich Richtung Stadtzentrum.

■ Besonders für weibliche Reisende dürfte das **RN Haveli** €/€€€ (Tel.: 2443278, (0)978 4486854, rnhavelibun di@yahoo.com) die richtige Bleibe sein, wird sie doch von einer engagierten Frau mit ihren beiden Töchtern geleitet. Die hübsch eingerichteten Zimmer dieses weitläufigen alten Haveli mit Garten und die köstliche vegetarische Küche sind bemerkenswert. Die klimatisierten Zimmer sind etwas überteuert.

■ Das in einem alten Haveli untergebrachte **Kasera Heritage View** €€–€€€€ (Tel.: 2444679, (0)9983790314, www.kaseraheritageview.com) wird von einer freundlichen Familie geleitet. Man sollte sich in eines der Zimmer mit Palastblick einmieten. Empfehlenswert ist auch das hauseigene Dachrestaurant. Ganz ähnlich in Preis und Leistung und dementsprechend auch empfehlenswert ist das **Kasera Paradise** €€€ (Tel.: 2444679, (0)9929170982, www.kaseraparadise.com) in der Nähe. In beiden sind die meiste Zeit Abschläge auf die Zimmerpreise auszuhandeln.

■ Alternativ bietet sich das **Haveli Katkoun Guest House** €€–€€€€ (Tel.: 2444311, havelikatkoun.free.fr) an, dem man seine Geschichte von außen nicht mehr ansieht. Im Innern wirken die geräumigen Zimmer jedoch gediegen. Schon recht preiswert beginnend, sind es die ruhige Lage, das baumbestandene Gartenrestaurant und die nette Atmosphäre, die den Reiz des Hauses ausmachen. Für die klimatisierten Zimmer im Obergeschoss, teils mit Blick auf den Palast, muss man etwas tiefer in die Tasche greifen.

■ Gelungen renoviert, bietet das **Bundi Haveli Hotel** €€€–€€€€ (Tel.: 2447861, (0)9460447777, www.hotelbundi haveli.com) genügend Komfort für die meisten Ansprüche. Große, helle, geschmackvoll eingerichtete Zimmer, das hübsche Innenhofrestaurant und die Dachterrasse zum Cappuccino-Trinken mit Rundumblick sowie Internetzugang und sorgsamer Service machen es zu einer hervorragenden Komfortadresse.

■ Außergewöhnlich schön und sympathisch ist das direkt unterhalb des Palastes gelegene **Haveli Braj Bhushanjee** €€€€–€€€€€ (Tel.: 2442322, (0)9783355866, www.kip lingsbun di.com). Das knapp 200 Jahre alte viergeschossige Haus ist im Besitz einer freundlichen Familie, welche die Räume geschmackvoll im typischen Rajasthani-Stil renoviert hat. Die Übernachtung ist in den meisten Zimmern allerdings recht teuer. Das gleiche gilt für das hervorragende Essen, welches in dem sehr stilvollen Restaurant im Erdgeschoss oder abends mit Blick von der Dachterrasse über den sich direkt über dem Haveli erhebenden Palast serviert wird. Dort befindet sich auch ein kleiner Laden, in dem man hübsche Souvenirs erwerben kann. Insgesamt die beste Adresse in Bundi.

Mit dem nebenan gelegenen, preiswerteren **Badi Haveli** €€€ (Tel.: 2442322), in dem besonders die nach hinten gelegenen Zimmer herrliche Blicke auf Ort und Landschaft gewähren, bildet es einen Doppelkomplex, der auch durch den begrünten Innenhof mit Bourgainvilleen harmonisch wirkt.

■ Obwohl die meisten Zimmer nicht besonders geräumig sind, rechtfertigt das **Bundi Vilas** €€€€–€€€€€ (Tel.: 5120694, (0)9414175280, www.bundivilas.com, Preise inkl. Frühstück) als luxuriöseste Adresse Bundis durch warme Ausstrahlung und geschmackvolles Design die Erwartungen an dieses 300 Jahre alte Haveli. Es ist über einen kurzen Anstieg von der Straße aus zu erreichen.

Bank und Internet

■ Geldwechsel ist nur bei einer privaten **Wechselstuben,** meist in Reisebüros, etwa in der Charbhuja Rd., möglich. Ein **Geldautomat** der Axis Bank findet sich an Sadan Bazaar etwas nordwestlich des Chokan Gate.

■ Internetsurfen für meist 40 Rs/Std. bieten einige Internetcafés im touristischen Teil unterhalb des Palastes wie **Roksha Tours & Travels,** das auch ein hilfsbereites, zuverlässiges Reisebüro ist, ein weiteres im **A & R Café** oder das **Cyber World** neben dem Kasera Heritage View.

An- und Weiterreise

Bahn:

Das Reservierungsbüro ist Mo–Fr 8–20 Uhr und So 8–14 Uhr geöffnet. Wer sich den weiten Weg zum Bahnhof, 5 km vom Ortszentrum entfernt, sparen will, kann natürlich auch im touristischen Zentrum bei einem der Reisebüros gegen einen kleinen Aufpreis sein Ticket ordern.

■ Tgl. zwei Verbindungen nach **Chittorgarh** (z.B.: 29020 Dehradun Exp, Abf. 9.38 Uhr, Ank. 12.05 Uhr) sowie nach Sawai Madhopur (Ranthambore N.P.) und Delhi, z.B. 29019A NMH Kota Exp.: Bundi ab 17.35 Uhr, über **Kota** (an 18.15 Uhr), **Sawai Madhopur** (an 21.10 Uhr), **Mathura** (an 2.25 Uhr) nach **Delhi Hazrat Nizamuddin** (an 5.12 Uhr).

■ Mit dem 59811 Halighati Exp. in 12 Std. bis Agra: 17.50 Uhr ab **Bundi**, über **Kota** (an 20.20 Uhr), **Ranthambore-Nationalpark** (Ank. 23.28 Uhr), **Fatehpur Sikri** (4.50 Uhr), **Agra Fort** (an 6 Uhr).

■ Von **Kota** aus gibt's viele weitere Bahnverbindungen.

Bus:

Aus Richtung Ajmer und Jaipur kommend, kann man auch schon am Nawal Sagar den Bus verlassen, falls man in diesem Bereich seine Unterkunft wählen möchte. Man erspart sich so den Rückweg vom Busbahnhof. Von dort sind es nur etwa 100 m zu den ersten Unterkünften.

■ Jede Viertelstunde fahren Busse nach **Kota** (alle 15 Min., 45 Min., 20 Rs), alle halbe Stunde nach **Ajmer** (4,5 Std., 111 Rs, morgens um 8.30 Uhr auch ein Direktbus nach **Pushkar**) und **Jaipur** (126 Rs, 5 Std., halbstündig). Außerdem zwei Abendbusse nach Chittorgarh in 4 Std. (110 Rs), vier Busse nach **Sawai Madhopur** (Ranthambore-Nationalpark, 60 Rs, 4,5 Std.), **Jodhpur** (176 Rs, 10 Std., 3 Busse), **Udaipur** (175 Rs, 7 Std., 2 Abendbusse) und **Delhi** (270 Rs, 11 Std., 3 Busse).

Umgebung von Bundi

6 km nördlich befinden sich **Akoda und Thikarda,** zwei Dörfer, in denen Einheimische handwerkliche Produkte (vorwiegend Töpferware) feilbieten. Hierbei ist eher der Weg dorthin durch die liebliche Landschaft, evtl. mit Fahrrad, das eigentlich reizvolle.

22 km westlich auf dem Weg nach Jaipur sollte man einen Zwischenstopp bei **Hindoli** einlegen, falls man mit Taxi oder Mietwagen unterwegs ist. Dort ist neben einem verfallenen Bergfort der große See besuchenswert.

34 km südlich von Bundi beeindrucken einige **Felsmalereien** an einem Flussufer, die über 15.000 Jahre alt sein sollen. Da sie nicht ganz leicht zu finden sind, sollten Interessierte einen Guide engagieren.

Chittorgarh XI/C1

Wie kein anderer Ort repräsentiert die sich 150 Meter aus der Ebene erhebende **Festungsanlage** von Chittorgarh die von Heldentum und Kampfesmut geprägte Geschichte Rajasthans. Nirgends sonst scheint die Vergangenheit so nah wie in ihren Palästen, Tempeln und Siegestürmen. Dass dabei gerade dieser Ort nicht etwa durch ruhmreiche Siege, sondern durch vernichtende Niederlagen in die Geschichtsbücher eingegangen ist, wirft ein bezeichnendes Licht sowohl auf die von achthundertjähriger Fremdherrschaft geprägte Geschichte Nordindiens als auch auf das Selbstverständnis der Rajputen, für die die Erhaltung ihrer Ehre letztlich immer mehr bedeutete als der Tod.

Geschichte

Bei der für die indische Geschichtsschreibung so bezeichnenden Vermischung von historischer Realität und Legenden verwundert es nicht, dass die Anfänge der legendenumwobenen Felsenfestung in die **indische Mythologie** zurückversetzt werden. Danach soll die Gründung auf den König *Bhima* aus dem Mahabharata zurückgehen. Tatsächlich wird der für Verteidigungszwecke geradezu ideale Tafelberg schon früh besiedelt und befestigt worden sein. Historisch nachweisbar ist erst *Bappa Rawal*, Ahnherr der **Sisodias von Mewar,** der das Fort Anfang des 8. Jh. unter seine Kontrolle brachte.

Für weitere sechs Jahrhunderte verliert sich dann wieder die historische Spur, bis die vom Norden vorstoßenden **islamischen Invasoren** Chittorgarh erreichten. Nach der indischen Geschichtsschreibung belagerte *Ala-ud-din-Khalji*, der Sultan von Delhi, die Festung, weil er *Padmini*, die schöne Gemahlin des Herrschers, begehrte. Das klingt allemal romantischer als kriegerische Machtpolitik zur Erweiterung des eigenen Territoriums, die der eigentliche Grund für die Belagerung gewesen sein dürfte.

Ihre aussichtslose Lage vor Augen, kleideten sich die Männer in ihre safrangelben Hochzeitsroben, öffneten die Stadttore und stürmten dem zahlenmäßig weit überlegenen Feind und dem sicheren Tod entgegen, während die Frauen den Freitod auf dem Scheiterhaufen suchten. Noch zwei weitere Male sollte sich dieser grausame, **Jauhar** genannte Ritus wiederholen, der den Mythos von den selbst im Tode unbeugsamen Rajputen begründete.

Doch zunächst eroberten die Sisodias von Mewar Chittorgarh zurück und entwickelten sich zum **führenden Herrscherhaus Rajasthans.** Vor allem während der Regierungszeit *Maharana Kumbhas* (1433–1468) entstanden viele der heute nur noch in Ruinen vorhandenen Bauwerke.

Doch schon wenige Jahre später (1535) nahm der rasche Aufstieg ein ebenso abruptes wie grausames Ende, als der Sultan von Gujarat, *Bahadur Shah,* die Festung stürmte und beim *Jauhar* über 32.000 Krieger abgeschlachtet wurden und 13.000 Frauen auf dem Scheiterhaufen starben. Dieses **ungeheure Blutopfer** erscheint um so sinnloser, wenn man weiß, dass die Eroberer die gerade unter schwersten Opfern eroberte Festung schon zwei Wochen später wegen der aus Norden anrückenden Truppen *Humayuns*, des Sultans von Delhi, fluchtartig wieder verließen. Der noch minderjährige Thronfolger *Udai Singh* konnte nur deshalb gerettet werden, weil seine Amme ihn für ihren eigenen Sohn ausgab und diesen töten ließ.

Dreiunddreißig Jahre später wurde Chittorgarh erneut, diesmal von den **Truppen Akbars,** belagert. Udai Singh verließ die Stadt und legte ihre Verteidigung in die Hände seiner beiden Feldherren *Jaimal* und *Patta*. Nach über viermonatiger Belagerung wurde 1568 die Festung eingenommen; ein letztes Mal bestiegen die Frauen die Scheiterhaufen. Nachdem die Festung gefallen war, ließ Akhbar, der in der Geschichtsschreibung wegen seiner vermeintlich toleranten Führung gern als der neben *Ashoka* größte Kaiser Indiens dargestellt wird, 30.000 wehrlose Bauern wegen ihrer Unterstützung für die Rajputen hinrichten. Damit war die Widerstandskraft Chittorgarhs endgültig gebrochen, denn von nun an sollte die Festungsanlage nie wieder besiedelt werden.

Udai Singh jedoch, der wegen seiner frühzeitigen Flucht von den die romantischen Ehrbegriffe ungefragt übernehmenden Historikern als Feigling gebrandmarkt wurde, gründete noch im gleichen Jahr seine neue Hauptstadt Udaipur und führte von dort aus den Widerstand der stolzen Sisodias von Mewar gegen die islamischen Invasoren fort.

Chittorgarh

Sehenswertes

Beim Durchstreifen der winddurchzogenen Tempel- und Palastruinen des Forts erscheint einem die von Blut und Feuer geschriebene Geschichte auf einmal erschreckend präsent.

Schon beim steilen Aufstieg aus der Ebene über die kurvenreiche Straße ist fast jedes der insgesamt **acht zu passierenden Tore** mit den dramatischen Ereignissen der verschiedenen Schlachten eng verbunden. Neben dem **Padan Pol**, dem ersten Tor, wurde in Gedenken an *Rawal Bagh Singh,* der 1543 bei der zweiten Schlacht gegen den Sultan von Gujarat die Festung anstelle des noch unmündigen Herrschers verteidigte und fiel, ein Gedenkstein errichtet. Zwischen dem **Bhairon Pol**, benannt nach dem Feldherrn *Bhairon Das,* der hier ebenfalls während dieser Schlacht starb, und dem **Hanuman Pol** stehen zwei Chattris. An dieser Stelle soll *Jaimal,* einer der beiden von Udai Singh vor seiner Flucht zur Verteidigung des Forts bestimmten Feldherren, zusammen mit seinem Gefolgsmann *Kalla* gefallen sein.

Ein weiteres Chattri findet sich gegenüber dem Haupttor, dem **Ram Pol**, an der Stelle, wo *Patta,* der neben Jaimal zweite Feldherr, in der Schlacht gegen Akbar gestorben sein soll. Ein mit sehr schönen Inschriften verzierter Gedenkstein erinnert an diesen Helden der rajputischen Geschichte, dessen heldenhafter Mut noch heute in vielen Volksliedern überliefert ist. Steigt man beim Ram Pol auf die Außenmauern bietet sich ein schöner Überblick über Chittorgarh und Umgebung. Die ringförmige Asphaltstraße entlang der Festungsmauer führt zu den insgesamt über 50 verschiedenen Gebäuden, von denen im Folgenden die wichtigsten beschrieben werden sollen.

Wendet man sich hinter dem Ram Pol nach rechts, liegt nach etwa hundert Metern auf der rechten Straßenseite der im 13. Jh. erbaute **Rana-Kumbha-Palast,** der, obwohl nur noch in Ruinen erhalten, einen lebendigen Eindruck von der Schönheit rajputischer Architektur vermittelt. Ebenso wie der Stadtpalast von Udaipur besitzt er ein Tripola- und ein Badi-Pol, und nicht nur wegen dieser Namensgleichheit meinen Kunsthistoriker deutliche Ähnlichkeiten zwischen beiden Palästen erkannt zu haben. Die Sisiodas von Mewar haben den Verlust Chittorgarhs nie verwunden und wollten so wohl zumindest architektonisch die Erinnerung an ihre alte Hauptstadt aufrechterhalten. *Udai Singh,* der spätere Gründer Udaipurs, soll in diesem Palast geboren worden sein, und in einem der zahlreichen unterirdischen Gewölbe soll Padmini, derentwegen *Ala-ud-din-Khalji* angeblich Chittorgarh belagert haben soll, den Feuertod auf dem Scheiterhaufen gesucht haben. Legenden regen bekanntlich die Fantasie an, und so deutet jeder Führer bedeutungsvoll auf eine andere Stelle, wenn es um die genaue Lokalisierung des Tatortes geht.

Die Straße weitergehend, gelangt man an eine Kreuzung, auf deren linker Seite der relativ modern wirkende, Anfang des 20. Jh. errichtete **Fateh-Prakash-Palast** steht, der in ein **archäologisches Museum** umgewandelt wurde. Zu sehen gibt es unter anderem eine Waffensammlung, Skulpturen und Stupas (täglich außer Fr 10–17 Uhr).

Biegt man, vom Rana-Kumbha-Palast kommend, an der Kreuzung rechts ab, erreicht man nach wenigen Metern einen auf der linken Straßenseite liegenden Tempelkomplex. Zunächst betritt man den von einer hohen Tempelmauer umschlossenen **Kumbha-Shyam-Tempel,** der 1449 auf den Grundmauern eines schon im 9. Jh. erbauten, später jedoch von den Moguln zerstörten Tempels errichtet wurde. Im Sanktotum des Tempels findet sich eine Statue, in der Vishnu in seiner Verkörperung als Eber dargestellt wird. Im gleichen Komplex schließt sich südlich der **Tempel der Mirabai** an, benannt nach einer Rajputenprinzessin aus Nagaur, die Anfang des 16. Jahrhunderts an den Hof der Könige von Mewari verheiratet wurde. Nach dem Tod ihres Ehemannes gab sie sich ganz ihrer Liebe zum Gott Krishna hin, dem sie viele Gedichte und Balladen widmete, von denen heute noch einige in Rajasthan gesungen werden. Der Tempel selbst stammt wohl aus dem 15. Jh. und muss ihr so nachträglich gewidmet worden sein. Im Tempelinneren findet sich eine Darstellung *Mirabais* an der Seite Krishnas. Gegenüber steht ein kleines Chattri mit den Fußabdrücken ihres Gurus, der angeblich ein *Harijan* gewesen sein soll.

In unmittelbarer Nähe hierzu steht der 38 Meter hohe **Siegesturm** (Vijay Stambha), das wohl schönste Bauwerk der gesamten Festungsanlage. Der neungeschossige Turm wurde anlässlich des Sieges über die Sultane von Gujarat und Malwa errichtet und 1468 nach siebenjähriger Bauzeit für einen Kostenaufwand von 9 Mio. Rs fertig gestellt. Über eine sehr schmale Treppe mit 157 Stufen ist der von außen fast gänzlich mit detaillierten Szenen aus den beiden großen Hindu-Epen Ramayana und Mahabharata verzierte Sandsteinturm zu ersteigen. Bei der nach einem Blitzeinschlag notwendig gewordenen Renovierung der Turmspitze blieb die Treppe unberücksichtigt, sodass der Aufgang im achten Stock endet. Einige offensichtlich lebensmüde Besucher versuchen dennoch immer wieder, mit halsbrecherischen Kletterübungen auch noch das letzte Stockwerk zu erklimmen, wobei es schon zu einigen schweren Unfällen gekommen ist.

Auf dem Weg zum nur wenige Meter entfernten Samideshwara-Mahadeo-Tempel passiert man einen kleinen, mauerumgrenzten Platz. Bei Ausgrabungsarbeiten wurde hier eine dicke Ascheschicht entdeckt, die von der zweiten **Jauhar** stammen soll, bei der sich 1554 über 13.000 Frauen verbrannten.

Im **Samideshwara-Mahadeo-Tempel,** der zunächst im 11. Jh. vom Maharaja von Malwa errichtet und 1428 vom *Rana Makhal* in einen Shiva-Tempel umgebaut worden sein soll (darum auch unter dem Namen Makhalji-Tempel geführt), findet sich eine sehr schöne Trimurti-Darstellung.

Hinter dem Tempel führt eine steile Treppenflucht hinunter zu einem malerisch, direkt am Felsrand gelegenen **Teich**. Er wird aus einer unterirdischen Quelle gespeist, deren Wasser aus einer als Kuhkopf gestalteten Felsspalte fließt, weshalb er **Gaumukh Kund** (Kuhkopfbrunnen) genannt wird.

Nach etwa anderthalb Kilometern entlang der Hauptstraße in Richtung Süden gelangt man an den romantischsten Ort der Festungsanlage. Umgeben von einer sehr gepflegten Gartenanlage stehen die Überreste von **Padminis Palast,** und inmitten des angrenzenden Sees liegt malerisch ein nur per Boot zu erreichendes Wasserschloss. Der Legende zufolge soll hier *Sultan-Ala-ud-din-Khalji,* auf den Treppenstufen des Palastes schmachtend, das Spiegelbild der sich im Schloss aufhaltenden Padmini gesehen haben. Das klingt nicht nur zu schön, um wahr zu sein, sondern ist es auch ganz sicher nicht, denn „Padminis Palast" wurde nachweislich erst Jahrhunderte nach ihrem Tod erbaut. Heutzutage müsste sich der Sultan mit dem Spiegelbild eines Affen zufriedengeben, denn selbige haben inzwischen die Palastanlage komplett besetzt.

Von hier geht es wieder zurück nach Norden, diesmal jedoch entlang der östlichen Festungsmauer. Vom **Suraj Pol** bietet sich ein beeindruckender Blick auf die flache, dünn besiedelte Landschaft. Etwa auf Höhe des Kumbha-Palastes findet sich mit dem **Kirti Stambha** (Ruhmesturm) das zweite Wahrzeichen Chittorgarhs. Ein reicher jainistischer

Kaufmann ließ den 22 Meter hohen Turm Anfang des 14. Jh. zu Ehren des ersten Tirthankaras, *Adinath*, errichten. Auch dieser Turm ist von der Basis bis zum obersten, siebten Stockwerk mit unzähligen Figuren verziert. Ebenso wie der direkt daneben liegende **Mahavira-Tempel** wurde der Ruhmesturm vor wenigen Jahren aufwendig renoviert, was seinen hervorragenden Zustand erklärt.

Auf der Straße weiter nach Norden befinden sich keine weiteren Sehenswürdigkeiten, sodass man die nach Westen abzweigende Straße benutzen sollte, um wieder zum Ausgangsort der Tour zurückzukehren.

■ **Eintritt:** 100 Rs, geöffnet von Sonnenauf- bis Sonnenuntergang. Eine von Lesern als sachkundig und engagiert empfohlene Führerin für das Fort ist Frau *Sukhwal* (Tel.: 01472-243245, (0)919414110090).

Praktische Tipps

Information

■ **Vorwahl:** 01472
■ Das von freundlichen und hilfsbereiten Mitarbeitern geführte **Touristenbüro** (Tel.: 241089) befindet sich direkt gegenüber dem Bahnhof und ist Mo–Sa von 10 bis 17 Uhr geöffnet. Zwischen 13 und 14 Uhr gönnen sich die gestressten Beamten eine Mittagspause.

Stadtverkehr

■ Vom Bahnhof bis zum Fuß des Forts sind es 6 km. Selbst vom Busbahnhof ist es noch ein langer Weg, zumal der lange Aufstieg und der 7 km lange Rundweg im Fort mitgerechnet werden müssen. **Zu Fuß** dauert die Besichtigung aller Sehenswürdigkeiten der Anlage mindestens 4 Stunden, Hin- und Rückweg nicht mitgerechnet.
■ **Autorikshas** berechnen, egal ob vom Bahnhof oder Busbahnhof, einen Preis von 200–250 Rs für die dreistündige Besichtigung aller Sehenswürdigkeiten. Man sollte sich auf eine zweistündige Fahrt nicht einlassen, da dann viel zu wenig Zeit bleibt, selbst drei Stunden sind noch knapp bemessen. Wer 50 Rs mehr bezahlt, kann dann alles gemütlich in vier Stunden besichtigen.
■ Zwischen Busbahnhof und Stadt verkehren **Tongas**.

Unterkunft, Essen und Trinken

■ Für den kleinen Geldbeutel empfiehlt sich am ehesten das **Hotel Chetak** €–€€ (Tel.: 241679). Die Zimmer mit sauberen, gekachelten Badezimmern mit Warmwasser und teilweise AC bieten viel für wenig Geld. Das klimatisierte Restaurant im Erdgeschoss ist preisgünstig und gut.
■ Eines der besten Preis-Leistungs-Verhältnisse bietet das **Amber Plaza Hotel** €€ (Tel.: 249799, www.hotelamberplaza.com) ganz in der Nähe vom Busbahnhof. Neben den geräumigen, sauberen Zimmern verfügt das Haus über ein Restaurant mit schmackhaften einheimischen Speisen für um die 80 Rs pro Hauptgericht.
■ Günstiger wohnt man im **Panna Tourist Bungalow** €–€€€ (Tel.: 241238), etwa 1,5 km vom Bahnhof Richtung Fort. Auch hier gibt es ein gutes Restaurant.
■ Eine der besten Unterkünfte der Stadt ist das **Hotel Pratap Palace** €€–€€€ (Tel.: 243563, www.hotelpratappalacechittaurgarh.com) mit sauberen und angenehmen, teils klimatisierten Zimmern, allerdings sind die „Superdeluxe"-Zimmer überteuert. Ein weiterer Pluspunkt ist das gute Restaurant zum Garten.
■ Das **Hotel Padmini** €€–€€€ (Tel.: 241718) liegt etwas außerhalb am Beearch-Fluss. Die ruhige Atmosphäre, die freundlichen Bediensteten und das hauseigene vegetarische Restaurant stehen auf der Plusseite, der zuweilen zu wünschen übrig lassende Service nicht.
■ Wer sich etwas Gutes tun will und nicht auf den Geldbeutel achten muss, sollte sich im **Bassi Fort Palace** €€€€–€€€€€ (Tel.: 225321, (0)9414111080, www.bassifortpalace.com), 20 km nordöstlich von Chittorgarh, einquartieren. Dieses Heritage-Hotel ist ein Juwel mit 18 individuell eingerichteten Zimmer-Suiten. Die Besitzer sind auf das Rührendste ums Wohl der Gäste bemüht. Zudem ist das Essen

köstlich und Jeeptouren in die nähere Umgebung können auch gebucht werden.

Bank und Internet

■ Die **State Bank of Bikaner and Jaipur** wechselt nur Bargeld. Am ATM der **State Bank of India** werden alle wichtigen internationalen Kreditkarten bis auf AmEx klaglos akzeptiert.

■ Mit 50 Rs noch recht teuer ist Internetsurfen in der Stadt. Halbwegs fix geht's bei **Sanwariya Computers** neben dem Hotel Meera und im **Mahavir Cyber Café** am Collectorate Circle (bis 22 Uhr).

An- und Weiterreise

Bahn:

■ Eine gute Nachtverbindung nach **Delhi**: 2964 Mewar Exp.: Abf. Chittorgarh 20.50 Uhr, über **Kota** (an 23.30 Uhr), **Sawai Madhopur** (an 1 Uhr), Bharatpur (3 Uhr), an Delhi (Nizamuddin) 6.15 Uhr. Umgekehrt der 2963 Mewar Exp.: Delhi (Nizamuddin) ab 19 Uhr, über **Bharatpur** ab 21.42 Uhr, **Sawai Madhopur** ab 23.45 Uhr, Chittorgarh an 4.45 Uhr. Dieser Zug fährt um 4.55 Uhr weiter nach **Udaipur** (Ank. 7 Uhr).

■ Nach **Jaipur** bietet der 2966 UDZ GWL SUP Exp. (Abf. 0.35 Uhr, Ank. 6 Uhr) eine gute Verbindung. Der Zug fährt weiter über Bharatpur (an 9 Uhr), Agra (an 10.15 Uhr) bis Gwalior (an 12.45 Uhr).

■ Nach Agra auch der 281B Halighati Exp.: Abf. 14.15 Uhr, über **Bundi** (an 17.13 Uhr), **Kota** (an 19 Uhr), **Ranthambore-Nationalpark** (an 23.05), **Fatehpur Sikri** (an 4.49 Uhr), **Agra** (an 6.05 Uhr).

Bus:

■ Verbindungen nach **Bundi** (4 Std., 83 Rs), **Ajmer** (4 Std., 89 Rs), **Jaipur** (8 Std., 155 Rs), **Jodhpur**, **Udaipur** (3 Std., 56 Rs) und **Delhi** (14 Std.).

Der besondere Tipp: Fort Begu

Das **Dörfchen Begu,** 60 km südöstlich von Chittorgarh gelegen, bietet die Möglichkeit, abseits der Touristenströme in einem noch kaum von westlichen Reisenden entdeckten **Palasthotel** zu wohnen. Das erst vor wenigen Jahren in ein Hotel umgewandelte **Fort Begu** €€€€€ (Tel.: 9460920444, www.fortbegu.com) befindet sich in einer Festungsanlage aus dem 15. Jahrhundert und verfügt über gerade einmal vier Zimmer. „Klein, aber fein" ist hier jedoch nicht das Motto, sind doch die Zimmer ebenso geräumig wie gemütlich und geschmackvoll eingerichtet und die Anlage äußerst weitläufig. Das Essen ist absolut köstlich und der Besitzer kümmert sich zusammen mit seinem Sohn rührend um die wenigen Gäste. Neben sehr interessanten Führungen durch die Fortanlage lohnen auch ein Gang durchs Dorf und Ausflüge in die Umgebung.

Highlight:
Udaipur
XI/C1
– die romantischste Stadt Indiens

„Ich stand entzückt und schaute auf das majestätische Panorama, das sich zu meinen Füßen ausbreitete. Ich hatte niemals gehofft, etwas so Schönes zu sehen. Es glich einer der Märchenstädte aus Tausendundeiner Nacht."

Ein gutes Jahrhundert ist vergangen seit dieser Liebeserklärung eines französischen Reisenden an Udaipur, doch geblieben sind die fast einhellig euphorischen Beschreibungen für diese seither im Altstadtkern fast unverändert gebliebene Stadt am Pichola-See. **„Venedig des Ostens"** wird sie genannt und gilt als der romantischste Ort ganz Indiens.

Vor allem dem harmonischen Zusammenspiel von Altstadt, Palast, See und Bergkulisse verdankt die Stadt ihre elegante Schönheit. Die Stadt wechselt ihr Gesicht wie keine andere mit dem sich verändernden Lichteinfall, und zu jeder Tages- und Nachtzeit ist der Blick von den Dächern der Altstadt atemberaubend schön. Morgens erstrahlt die Stadt im leuchtenden Weiß ihrer Häuser, der Sonnenuntergang hinter den sanften Hügeln des Aravalli-Gebirges taucht den See und die Stadt in ein majestätisches Violett und nachts scheint das Lake Palace Hotel inmitten des im Mondlicht schimmernden **Pichola-Sees** zu schweben.

So ist Udaipur inzwischen neben Jaipur und Jaisalmer die **am meisten besuchte Stadt Rajasthans,** wobei aufgrund der entspannten Atmosphäre, der sehr interessanten Ausflugsziele in der Umgebung und der in jeder Kategorie qualitativ außergewöhnlich guten Unterkunftsmöglichkeiten die meisten Touristen weit länger bleiben als ursprünglich geplant. Nachteil dieser Beliebtheit ist natürlich, wie in anderen Städten mit ähnlich starkem touristischen Zulauf, dass typisch indisches Alltagsleben, zumindest aus dem Altstadtbereich, nahezu vollständig verdrängt ist.

Geschichte

Gleichzeitig mit der dritten und letzten Eroberung der Mewar-Hauptstadt Chittorgarh durch *Akhbar* 1568, der noch einmal über 30.000 Menschen zum Opfer fielen, begann die Geschichte Udaipurs. *Udai Singh,* Herrscher der Mewaris, hatte sich schon vor der Erstürmung der Festung abgesetzt und begann noch im gleichen Jahr mit dem Bau seiner neuen, nach ihm benannten Hauptstadt, die strategisch günstig zwischen Hügeln und einem See angesiedelt war.

Udai Singh war der Anführer des ältesten rajputischen Geschlechts, der **Sisodias von Mewar,** die ihre Abstammung auf die Sonne zurückführten. Der sich daraus ableitende besondere Stolz und Unabhängigkeitswille der Mewaris hatte sich schon in ihrer selbst in der Niederlage unbeugsamen Haltung in Chittorgarh bewiesen und war auch mit dem Verlust ihrer ehemaligen Hauptstadt nicht erloschen.

Nichts war den Mewaris wichtiger als die **Reinhaltung ihres Stammbaums,** die Töchter durften nur innerhalb des eigenen Clans verheiratet werden. So musste es zwangsläufig zum Konflikt kommen, als sich *Pratap,* der Sohn und Nachfolger Udai Singhs, entschieden weigerte, eine seiner Töchter mit der Familie Akhbars zu verheiraten. Akhbars Wunsch, durch diese „politischen Heiraten" die feindlichen Rajputenstaaten an sich zu binden, waren zuvor alle wichtigen Rajputenfamilien in Anbetracht der Machtverhältnisse widerwillig nachgekommen.

Doch Stolz war, wie sich in Chittorgarh wiederholt gezeigt hatte, letztlich für die Sisodias von Mewar von größerer Bedeutung als der mögliche Untergang, und so wurde auch dieser Konflikt nicht diplomatisch, sondern auf dem **Schlachtfeld** entschieden. Am 21. Juni 1576 standen sich die Truppen Akhbars und Prataps bei Halighat, 48 km nördlich von Udaipur, gegenüber. Wieder siegte Akhbar, wieder gab es ungeheure Verluste und wieder gingen die Mewaris wegen ihrer tapferen Gegenwehr in die Geschichtsbücher ein. Pratap, der die Schlacht überlebte und bis zu seinem Tode 1597 große Teile Mewars zurückeroberte, ist in einem Park Udaipurs ein Denkmal gewidmet. 1614 musste jedoch Prataps Sohn und Nachfolger *Amar Singh I.* endgültig die Vorherrschaft der Moguln anerkennen.

Die Unabhängigkeit war zwar verloren, doch dafür setzte in den folgenden, vergleichsweise **friedlichen Jahren** eine rege Bautätigkeit ein.

Der Palast wurde erheblich erweitert, der Jagdish-Tempel erbaut und eine erste Blütezeit von Kunst und Kultur setzte ein.

Ein jähes Ende fand diese Periode, als der fanatische Moslem *Aurangzeb* mit seinem Heer durchs Land zog und alles an hinduistischer Kultur und Architektur zerstörte, was ihm in die Hände fiel. Mit seinem Tod begann jedoch auch der endgültige **Niedergang der Mogul-Herrschaft.** Die wiedergewonnene Unabhängigkeit von den Mogulen spiegelte sich auch deutlich in der Architektur, die nun wieder vom Rajputenstil geprägt wurde.

1818 schließlich mussten sich die Mewari der **britischen Oberherrschaft** unterwerfen, seit 1948 ist Mewar mit der Capitale Udaipur Teil der Indischen Union.

Sehenswertes

Stadtrundfahrt

■ Täglich eine **Stadtrundfahrt** veranstaltet das Touristenbüro von 8.30 bis 13 Uhr vom Kajiri Tourist Bungalow (Tel.: 2410501) aus. Die Exkursion kostet 150 Rs (zuzüglich Eintrittsgelder) und umfasst – neben dem üblichen Abstecher in ein Emporium – Moti Magri, Sahelion-ki-Bari, Lok Kala Mandal, Fatheh Sagar, Jagdish-Tempel und den Stadtpalast. In der Hauptsaison ist eine Voranmeldung unbedingt erforderlich.

■ Eine weitere vom Touristenbüro organisierte **Exkursion** führt jeden Nachmittag von 14 bis 19 Uhr (108 Rs) nach **Eklingji, Nathdwara** und **Haldi Ghati.** Da insgesamt drei Fahrtstunden im Bus verbracht werden müssen, sollte man sich eine Teilnahme gründlich überlegen.

■ Als **Stadtführer** kann der geprüfte und gut Englisch sprechende *Narayan Singh Karwar* (Tel.: (0)9828144055, narayansingh78@yahoo.co.in) empfohlen werden.

Stadtpalast

Die wahren Ausmaße dieses **größten Palastes Rajasthans** lassen sich nur von der Seeseite erkennen. Über einen Zeitraum von vier Jahrhunderten verwirklichten hier die verschiedenen Herrschergenerationen ihre von oftmals recht unterschiedlichen Stilepochen beeinflussten Wohn- und Repräsentationsbauten. So entstand am östlichen Ufer des Pichola-Sees ein langgestreckter **Palastkomplex,** der eigentlich aus vier Hauptpalästen und vielen kleinen Zusatzgebäuden besteht. Nur für sich genommen wirkt der Palast im Grunde wenig attraktiv, doch durch seine pittoreske Hanglage über dem Pichola-See und das zarte Weiß seiner Wände, die sich harmonisch in die umgebende Altstadt einfügen, entsteht ein äußerst harmonischer Gesamteindruck.

Auch heute noch dient ein Teil des Palastes als Residenz des Maharajas; der Südflügel wurde in ein Luxushotel umgewandelt, sodass nur das **City Palace Museum** zugänglich ist.

Die besten Orte zum „Seele baumeln lassen"

Im Zuge der in den letzten Jahren immer beängstigendere Ausmaße annehmenden Motorisierung und Kommerzialisierung im Altstadtbereich scheint die vermeintlich „romantischte Stadt Indiens" immer mehr auf der Strecke zu bleiben. Dennoch lassen sich auch heute noch genügend Oasen der Ruhe finden, so zum Beispiel beim **Blick vom Jag Mandir** über den Pichola-See auf den Stadtpalast, beim Müßiggang unter den schattigen Bäumen des Ambrai Restaurant am südlichen Ende der **Brahm-Puri-Halbinsel** oder beim Sundowner in einem der zahlreichen **Dachterrassencafés** in der Altstadt. „Seele baumeln lassen" statt in Hektik die Sehenswürdigkeiten abhaken – das gilt in Udaipur noch mehr als anderswo.

Man betritt den Palast durch das **Badi Pol**, welches zum großen **Innenhof** führt, auf dessen linker Seite sich acht Torbögen finden, unter denen sich früher die Maharajas in Gold aufwiegen ließen, um es danach unter der Bevölkerung zu verteilen. Zu verschenken haben die Maharajas heute nichts mehr, und so findet sich im Innenhof nun ein Restaurant mit überhöhten Preisen. Zur Rechten zeigt sich sozusagen die Schokoladenseite des Palastes. Mit seinen unzähligen Erkern, Balkonen, Gesimsen und Pavillons diente sie oft als Filmkulisse und unterscheidet sich so auffällig von der strengen, festungsartigen Seefassade. Die so wechselhafte, immer auf Eigenständigkeit bedachte Geschichte der Sisodias von Mewar spiegelt sich auch in ihrer Palastarchitektur, die sich in ihrer eher eckigen und kantigen, kräftige Konturen betonenden Linienführung deutlich unterscheidet von der verspielten, runde und gewölbte Formen bevorzugenden Mogularchitektur, die etwa die Palastanlagen von Jaipur und Alwar auszeichnen.

Marmorbetten, Glas- und Porzellansammlungen, Jagdtrophäen und mit Goldfarbe ausgeführte Wandmalereien zieren die unter Verwendung edelster Materialien eingerichteten Zimmer. So beeindruckend diese Pracht der Maharajas dem Besucher auch erscheinen mag, so sollte man nicht ganz vergessen, dass es die hungernden Bauern waren, die zu hohen Abgaben an Steuern und Naturalien gezwungen wurden und mit ihren krummen Rücken das dekadente Leben einer verschwindend kleinen Oberschicht finanzieren mussten.

■ **Öffnungszeiten:** tgl. 9.30–16.40 Uhr, Eintritt 75 Rs, Audiotour 250 Rs, Kamera- und Videogebühr 200 Rs.

▷ Der Stadtpalast von Udaipur thront über dem Pichola-See. Ein Teil ist noch immer Residenz des Maharajas, ein anderer kann besichtigt werden

Pichola-See

Die Verärgerung eines reichen Kaufmanns über die seine Handelswege blockierenden Überschwemmungen in der Monsunzeit ließ ihn Mitte des 15. Jh. einen Damm errichten. Durch das aufgestaute Wasser entstand der Pichola-See, an dessen östlichem Ufer 200 Jahre später der aus Chittorgarh vertriebene *Udai Singh* seine neue Hauptstadt Udaipur gründete. Zu jener Zeit war die umgebende Landschaft noch mit dichtem Wald bewachsen, doch durch die seither betriebene intensive

Abholzung ist davon heute kaum noch etwas übrig geblieben.

Ähnlich wie der Palast wurde auch der See über die Jahrhunderte von den verschiedenen Herrschern mehrfach erweitert und ist heute etwa 4 km lang und 3 km breit. Genau lässt sich das nicht festlegen, da der See äußerst flach ist und während der Trockenzeit bis auf die Hälfte schrumpft.

Malerisch inmitten des Sees liegen zwei jeweils **mit einem Palast bebaute Inseln.** Mit dem Bau des heute nur noch in Ruinen erhaltenen Palastes auf der größeren der beiden, dem **Jag Mandir,** wurde unter der Regentschaft *Karan Singhs* Anfang des 17. Jh. begonnen. Der Palast diente dem späteren Kaiser *Shah Jahan* 1623 als Zufluchtsort, als er nach einer Revolte gegen seinen Vater fliehen musste. Beim Bau des sieben Jahre später unter seiner Regentschaft begonnenen Taj Mahal sollen Ideen des symmetrischen Kuppelpalastes des Jagdish Mandir mit eingeflossen sein. Über 200 Jahre später diente die Insel erneut als Zufluchtsort, als hier 1857 während des Sepoy-Aufstandes europäische Frauen und Kinder Schutz vor den meuternden indischen

Soldaten suchten. Heute suchen und finden Touristen hier herrliche Ausblicke auf den See und den Stadtpalast sowie die Möglichkeit, bei übeteuerten Speisen und Getränken in einem der Restaurants Geld auszugeben.

Wer es noch etwas edler mag, kann auch gleich die ganze Insel nebst internationalen Showgrößen für seine Hochzeitsgala mieten. Es ist keine Seltenheit, dass die Industriellenfamilien Indiens hier ihre Söhne und Töchter inklusive *Shakira* und *Shah Ruk Khan* als Beiprogramm für mehrere Millionen Dollar vermählen – man gönnt sich ja sonst nichts.

Nachts bietet die Silhouette des angestrahlten Ruinenpalastes einen reizvollen Kontrast zu der in glänzendem Weiß erstrahlenden Marmorfassade des die benachbarte Jag-Niwas-Insel gänzlich bedeckenden **Lake Palace Hotel.** Der 1746 fertig gestellte ehemalige Sommerpalast der Maharajas von Udaipur gilt heute als eines der besten Hotels der Welt und diente vor allem wegen seiner einmaligen Lage in vielen Filmen als Kulisse. Der traumhafte Blick von hier auf den Palast und die ihn umgebende Altstadt vermittelt einen Eindruck vom märchenhaften Lebensstil der Maharajas. Ein englischer Kolonialbeamter, der ihn aus nächster Nähe miterlebte, schreibt: „Hier lauschten sie den Erzählungen des Sängers und verschliefen ihren mittäglichen Opiumrausch. Die kühle Brise des Sees wehte den zarten Duft von Myriaden von Lotusblüten heran, die das Wasser bedeckten. Und wenn sich die Wirkung des Gifttrankes gelegt hatte, öffneten sie ihre Augen auf eine Landschaft, zu der nicht einmal ihre Opiumträume etwas Gleichwertiges erfinden konnten. Diese Szenerie bildete den Rahmen für die Zerstreuungen, denen sich zwei Generationen von Sisodia-Prinzen und Herrschern hingaben, indem sie das Geklirr der Waffen gegen die Trägheit eines wollüstigen Lebens eintauschten."

■ Eine einstündige **Bootsfahrt** vom Rameshwar Ghat jeweils zur vollen Stunde kostet 300 Rs (Kinder 150 Rs), die halbstündige (200 Rs) hält nicht auf Jagmandir Island. Die letzte Fahrt startet um 17 Uhr.

Jagdish-Tempel

Mit seinen 32 steil ansteigenden, oben von zwei Elefanten flankierten Treppenstufen und den ihn umgebenden meterhohen Mauern wirkt der nur 150 Meter unterhalb des Palasteinganges gelegene **Vishnu-Tempel** von außen eher wie eine Festungsanlage. Vielleicht war dies mit ein Grund dafür, dass dieser 1651 von *Jagad Singh I.* erbaute Tempel als einer der wenigen der Zerstörungswut *Aurangzebs* entging. In einer Zeit, als fast alle Tempel Nordindiens vom Mogul-Stil geprägt waren, setzten die so auf ihre Unabhängigkeit bedachten Sisodias ein Zeichen, indem sie den Jagdish-Tempel mit dem für damalige Verhältnisse enormen Kostenaufwand von 1,5 Mio. Rs in rein indo-arischem, d.h. vorislamischem Stil errichten ließen. Vor der Säulenhalle befindet sich ein Schrein mit der Abbildung eines Garudas, dem Reittier Vishnus. Im Tempelinneren wird Vishnu in Gestalt des Jagannath, des Herrn der Welt, dargestellt. Beachtenswert sind auch die Steinmetzarbeiten an den Außenwänden. Wer genau hinschaut, erkennt auch einige erotische Darstellungen. Der Tempel ist von 14 bis 16 Uhr geschlossen.

Bagore-ki-Haveli/ West Zone Cultural Centre

Nach dem Stadtpalast ist das **Haveli-Museum** im Bagore-ki-Haveli das interessanteste Museum Udaipurs. Neben einer Ausstellung durchaus sehenswerter zeitgenössischer Bilder und Skulpturen sind es vor allem die Gebrauchsgegenstände, die einen lebendigen Einblick in die Lebensbedingungen vor 100 Jahren bieten. In einer nachgebauten Küche werden beispielsweise Geschirr und Besteck präsentiert, Musikinstrumente sowie ein Diwan mit Schachbrett und Figuren sind im Konferenzzimmer ausgestellt. In Räumen für die Frauen und das Personal sind weitere Dinge des früheren Alltagslebens zu sehen.

Angenehm sind die überall vorhandenen und leicht verständlichen englischen Erläuterungen. Das mehrere Jahrhunderte alte Kaufmannshaus besitzt zudem ein ansprechendes Ambiente. Nicht entgehen lassen sollte man sich den sehr schönen Blick vom Obergeschoss auf die Waschfrauen beim Ghat.

In einem anderen Trakt des Bagore-ki-Haveli ist das **West Zone Cultural Centre** (Tel.: 2422567, wzcccom_jp1@sancharnet.in) untergebracht, das sich um die Förderung der darstellenden Künste, besonders im Verschwinden begriffener, traditioneller Kunstformen im westlichen Indien, kümmert. Dies soll z.B. durch die Organisation von Festivals wie Shilpgram Utsav (s.u.) erreicht werden.

Jeden Abend um 19 Uhr findet Dharohar, eine **Musik- und Tanzvorführung,** statt (siehe „Unterhaltung").

■ **Öffnungszeiten:** tgl. 10–17 Uhr, Eintritt 30 Rs, Fotogebühr 30 Rs.

Bharatiya Lok Kala Museum

Dieses inmitten der Neustadt nahe dem Chetak Circle gelegene **ethnologische Museum** vermittelt einen interessanten Einblick in die vielfältige Kultur Rajasthans. Gezeigt und auf englischen Begleittexten gut erklärt werden **Kleider, Gebrauchsgegenstände und Musikinstrumente.** Bekannt ist das Museum vor allem für seine **Puppensammlung,** die Puppen aller Kontinente beinhaltet. Wer das Museum im Rahmen der morgendlichen Stadtrundfahrt besucht, kommt in den Genuss einer kurzen Vorführung.

■ **Öffnungszeiten:** tgl. 9 bis 17.30 Uhr, Eintritt 50 Rs, Kamera 10 Rs, Video 50 Rs. Längere Vorführungen finden täglich um 12 und 18 Uhr statt (50 Rs).

Fateh Sagar

„The City of Lakes" wird Udaipur auch genannt. Und tatsächlich ist es der gerade im sonst so kargen Rajasthan auffällige Wasserreichtum in Verbindung mit der fast schon tropisch anmutenden Vegetation, der mit zum besonderen Flair der Stadt beiträgt. So findet sich nördlich des Pichola-Sees und mit ihm durch zwei kleinere Seen verbunden der an seinem östlichen Ufer von schönen Parkanlagen flankierte **See** Fateh Sagar. Ursprünglich 1678 von *Maharaja Jai Singh* angelegt, wurde er während der Regierungszeit *Maharajas Fateh Singh* auf seine heutige Größe erweitert.

Auf der in der Mitte des Sees liegenden Insel wurde anlässlich des Geburtstags des ersten indischen Präsidenten am 14. November 1967 der **Nehru-Park** eröffnet, der mit seinen verschiedenen kirmesähnlichen Freizeiteinrichtungen und einem in Form eines Bootes gebauten Restaurant zu einem beliebten Ausflugsziel indischer Familien gehört.

Moti Magri

Ein landschaftlich sehr schöner Weg durch eine elegante Parkanlage mit einem vom Finanzminister Udai Singhs angelegten japanischen Felsengarten führt vom Ufer des Fateh Sagar auf den „Perlenhügel", von wo sich ein sehr schöner Ausblick auf Udaipur und die

umliegende Landschaft bietet. Als Hauptattraktion gilt hier jedoch ein bronzenes **Reiterstandbild** *Pratap Samaks,* der durch seinen heldenhaften Mut in der Schlacht von Haldighat gegen die Truppen *Akhbars* in die Geschichtsbücher einging.

Saheliyon-ki-Bari

Nördlich des Moti Magri befindet sich das „Haus der Freundinnen". Dieser im 18. Jh. zwischen Rosenbeeten angelegte Park mit seinen Wasserspielen, Pavillons, Lotusteichen und lebensgroßen Steinelefanten war ein **Lustgarten,** in dem die Maharajas sich mit ihren Konkubinen trafen. Je nach Jahreszeit konnte sich hier der Potentat im Monsun-, Sommer-, Holi- und Regenwald vergnügen. Wenn per Handklatschen scheinbar wie von Geisterhand die Wasserfontänen sprudeln, so hat – ganz profan für 5 Rs – ein Parkbediensteter am Wasserhahn gedreht. Leider machen die Anlagen in letzter Zeit einen recht vernachlässigten Eindruck. Eintritt: 20 Rs.

Ahar

Allein schon wegen des sehr harmonischen optischen Eindrucks lohnt ein Ausflug zu den 2 km östlich der Stadt gelegenen **Totengedenkstätten** der Sissodias von Mewar. Die über 250 schneeweißen Kenotaphe erinnern mit ihren ebenso weißen Kuppeldächern an die Erinnerungsstätten der Herrscher von Amber in Jaipur.

Monsun-Palast

Der spektakulär auf einer Bergspitze westlich des Pichola-Sees gelegene Palast ist zwar über die Jahrhunderte ziemlich verfallen, doch die grandiose **Aussicht** speziell zum Sonnenuntergang lohnt einen Ausflug.

■ Seit es auf der steilen und kurvenreichen Strecke zu einigen schweren Unfaellen gekommen ist, dürfen **Scooter** nur noch bis zum Eingangstor des den Monsun-Palast umgebenden **Parks Sajjan Garh** fahren. Hier muss eine Eintrittsgebühr von 80 Rs plus 200 Rs für Kamera/Video bezahlt werden. Dann geht es weiter mit bereitstehenden Taxis (100 Rs). Jeden Abend gegen 17 Uhr gehen vom Gangaur Ghat in der Altstadt auch **Sunset-Touren** mit Minivans zum Sajjan Garh (200 Rs pro Person).

Shilpgram

Das drei Kilometer nordwestlich des Fateh-Sagar-Sees gelegene **Freilichtmuseum,** das vom West Zone Cultural Centre gemanagt wird, beherbergt auf einer Fläche von 80 ha insgesamt 27 originalgetreu aufgebaute Häuser aus den Staaten Rajasthan, Gujarat, Maharashtra und Goa. Neben der interessanten Architektur und der kunstvollen Verzierung der in traditioneller Lehmbauweise errichteten Häuser beeindrucken die hier lebenden Bewohner mit ihrer farbenfrohen Kleidung sowie Musik- und Tanzdarbietungen. Ein weiteres Plus sind die lokalen **Handwerker,** denen man beim Herstellen von traditionellem Kunsthandwerk zuschauen kann. Selbstverständlich gibt es auch Möglichkeiten zum Shoppen. Vom 21. bis 30. Dezember findet alljährlich das **Shilpgram Utsav** statt, ein mit Musik-, Tanz- und Theateraufführungen sowie vielerlei Verkaufsständen mit Kunsthandwerk aufwartendes **Festival.** Informationen über das Programm und den Termin erhält man über das Tourist Office in Udaipur. Sehr empfehlenswert ist auch das angeschlossene **Shilpgram Restaurant.**

■ **Öffnungszeiten:** tgl. 11–19 Uhr, Eintritt 50 Rs, Kamera 50 Rs, Rikshafahrt ca. 60 Rs, Tel.: 2431304.

Sajjan Niwas Gardens

Der große, hübsch angelegte Sajjan Niwas Gardens bietet eine gute Möglichkeit zum Verschnaufen oder mit Einheimischen ins Gespräch zu kommen. Allerdings sind die dahindösenden Tiere des kleinen Zoos bemitleidenswert.

Vintage & Classic Car Collection

Cadillac, Rolls Royce oder Ford in Indien? Dem Maharaja war und ist nichts zu teuer, um seinem Autohobby zu frönen. Schön, dass nun auch Normalbürger seine in der Tat beeindruckende Sammlung von über 20 **Oldtimern** nahe des Sajjan Niwas Gardens besichtigen können. Wer den Besuch noch mit einem köstlichen vegetarischen Mittag- oder Abendessen verbinden möchte, kann das angeschlossene Restaurant aufsuchen.

■ **Öffnungszeiten:** tgl. 9–21 Uhr, Eintritt 150 Rs, mit Mittagessen (11.30–15 Uhr) oder Abendessen (7.30–22 Uhr) 250 Rs.

Praktische Tipps

Information

■ **Vorwahl:** 0294
■ Das **Touristenbüro** findet sich im Fateh Memorial Building in der Nähe des Suraj Pol (Tel.: 2411535, 2521971) und ist täglich außer sonntags von 10 bis 17 Uhr geöffnet. Die Bediensteten sind recht freundlich und, wenn man insistiert, auch auskunftsfreudig.

■ Zwei weitere Informationsschalter befinden sich am **Bahnhof** (gleiche Öffnungszeiten) und am **Flughafen** (Tel.: 2655433, Öffnungszeiten nur während der Flugstunden).

Stadtverkehr

■ Ein Taxi vom 25 km nordöstlich des Zentrums gelegenen **Dabok-Flughafen** kostet ca. 450 Rs. Billiger ist es mit einem der öffentlichen Busse, die etwa 500 m vor dem Flughafengelände entlang der Hauptstraße fahren.
■ Die **Rikshafahrer** Udaipurs sind kräftig im Kommissionsgeschäft tätig, sodass man nach der Ankunft am besten nur Jagdish-Tempel als Fahrtziel angibt, da sich die allermeisten Unterkünfte in unmittelbarer Nähe befinden. Vom Busbahnhof zum Jagdish-Tempel sollte es eigentlich nicht mehr als 20 bis 25 Rs kosten, vom Bahnhof ca. 30 Rs. Verlangt wird jedoch meist das Doppelte.
■ Mehrere kleine Geschäfte in der Altstadt, wie zum Beispiel Heera Bicycle Store vermieten **Fahrräder** für ca. 50 Rs, bzw. Motorräder ab 150 Rs pro Tag. Zwar ist die Altstadt etwas hügelig, doch die Umgebung Udaipurs bietet sich geradezu an, mit dem Fahrrad erkundet zu werden.

Unterkunft

Kaum eine Stadt Nordindiens hat eine derart große Auswahl hervorragender Hotels zu bieten wie Udaipur. In jeder der aufgeführten Kategorien finden sich Unterkünfte, die für den jeweiligen Preis einen erstklassigen Gegenwert offerieren. Die meisten der genannten Hotels sind umgebaute Altstadthäuser, Villen oder Paläste und fügen sich so nahtlos in das traditionelle Stadtbild ein. Fast alle besitzen eine Dachterrasse, von wo aus man speziell am Morgen beziehungsweise zum Sonnenuntergang den einzigartigen Blick über die Altstadtdächer auf den Pichola und die liebliche Umgebung in aller Ruhe genießen kann. In der folgenden Auflistung werden deshalb auch, bis auf einige Ausnahmen, nur die in der Altstadt und um die beiden Seen gelegenen Hotels berücksichtigt, da die zahlreichen Unterkünfte in der hektischen Neustadt nichts von der einzigartigen Atmosphäre zu vermitteln vermögen.

Untere Preiskategorie:

■ Ein Klassiker der ersten Stunde ist das nach wie vor beliebte **Lal Ghat Guest House** €€–€€€€ (Tel.: 2525301, www.lalghat.com) mit sehr schönem Blick auf den angrenzenden Pichola-See. Trotz eines Erweiterungsbaus herrscht eine gemütliche Atmosphäre, auch das Restaurant ist zu empfehlen.

■ Eine der beliebtesten Traveller-Unterkünfte in der Jagdish-Gegend ist das **Gangaur Palace** €€–€€€€ (Tel.: 2422303, www.ashokahaveli.com). Die Zimmer variieren von einfach und klein bis großräumig-stilvoll. Vor allem das Dachterrassen-Restaurant mit herrlichem Blick über die Altstadt und den Pichola-See sowie die zentrale Lage tragen zur Popularität des Hauses bei.

■ Das **Anjani Hotel** €–€€€ (Tel.: 2421770, www.anjanihotel.com) bietet auf drei Etagen eine große Auswahl an Zimmern von recht unterschiedlicher Qualität. Die billigeren sind oft etwas dunkel in die Ecken gezwängt, während die teureren schöne Aussichten bieten. Erwähnenswert sind der Swimmingpool und das Dachrestaurant.

■ Eine der beliebtesten Unterkünfte für Reisende mit kleinem Geldbeutel ist das **Nukkad Guest House** €–€€ (Tel.: 2411403). Die Zimmer sind dem Preis entsprechend einfach, aber sauber, die Atmosphäre ist freundlich und das gute hauseigene Restaurant preiswert. Insgesamt ein sehr gutes Preis-Leistungsverhältnis.

■ Etwas versteckt in einem Hinterhof, an der vom Jagdish-Tempel zum See herunterführenden Straße, liegt das hübsche Hotel **Badi Haveli** €€ (Tel.: 2412588). In dem verwinkelten, über 100 Jahre alten Haus in typisch rajasthanischem Stil finden sich auf mehreren Ebenen insgesamt elf unterschiedlich gestaltete Räume, leider alle mit Gemeinschaftsbad. Von den drei Aussichtsterrassen bietet sich ein schöner Blick über die Dächer Udaipurs und den Pichola-See.

■ Die einzig empfehlenswerte Billigunterkunft auf der kleinen, West- und Ostufer verbindenden Brahm-Puri-Halbinsel ist das **Dream Heaven Guest House** € (Tel.: 243 1038, www.dreamheaven.co.in). Die Zimmer, die teureren mit Seeblick, sind durchschnittlich, aber die Atmosphäre und das schöne Dachrestaurant sind zu empfehlen.

■ Direkt am Jagdish-Tempel kann das **Baba Palace** €€–€€€ (Tel.: 2427126, www.hotelbabapalace.com) mit sauberen, teils klimatisierten und mit TV und Badewanne bestückten Zimmern sowie einem guten Dachrestaurant mit Rundblick über die Stadt aufwarten.

■ Das von außen wie ein etwas zu bunt geratener Palast aussehende **Hotel Raj Palace** €–€€€ (Tel.: 2410364, www.hotelrajpalaceudaipur.com) besticht durch einen schönen Palmengarten mit Restaurant und zum Teil sehr hübsche, traditionell eingerichtete Zimmer. Leider zeigt einem das Personal nur recht widerwillig die preiswerteren Räume, obwohl oder gerade weil diese oft sehr viel bieten fürs Geld. Insgesamt hat es mit geräumigen, sauberen und teils klimatisierten Zimmern, von denen die meisten über eine große Badewanne verfügen, eines der besten Preis-Leistungs-Verhältnisse der Stadt.

■ Durch seine sehr attraktive Lage direkt am See bei den Ganghaur-Ghats überzeugt das **Jheel Guest House** €€€–€€€€ (Tel.: 2421352, www.jheelguesthouse.com). Die meisten Zimmer haben einen kleinen, die Ghats und den See überblickenden Balkon, und selbst eine Badewanne fehlt nicht. Auf der Dachterrasse befindet sich ein gutes, rein vegetarisches Restaurant.

Mittlere Preiskategorie:

■ Zu Recht sehr populär ist das **Rang Niwas Palace Hotel** €€€–€€€€€ (Tel.: 2523890/1, www.rangniwaspalace.com) an der Lake Palace Road, wie der Name vermuten lässt, ein ehemaliger kleiner Palast, geführt vom sympathischen Bruder des Maharajas. Dieses um einen schönen Innenhof mit Pool angelegte, zweigeschossige Hotel besteht aus dem alten Flügel und einem nach hinten versetzten modernen Gebäudekomplex sowie einem kleinen, in einem Extragebäude untergebrachten Restaurant, das allerdings eher mäßig ist. Die Zimmer im Obergeschoss sind größer und besser ausgestattet als die im Untergeschoss, die im hinteren Bereich ruhiger als die der Straße zugewandten.

■ Zu recht gelobt wird das im traditionellen Stil errichtete **Mewar Haveli** €€€–€€€€ (Tel.: 2521140, www.mewar

haveli.com). Hübsch eingerichtete Zimmer (alle mit AC) mit tollen Badezimmern, dazu ein sehr hilfsbereiter Service und ein Dachterrassenrestaurant mit schöner Aussicht machen es zu einer der besten Adressen der mittleren Preiskategorie.

■ Sehr empfehlenswert ist das mitten in der Altstadt gelegene **Jaiwana Haveli** €€€€ (Tel.: 2411103, www.jaiwanahaveli.com). Einige Zimmer haben viele Fenster mit Seeblick, die teuren AC, zudem kostenloses WiFi. Besonders schön ist Zimmer Nr. 10 mit herrlichem Seeblick. Auch hier gibt's ein allerdings recht teures Dachrestaurant. Eine gute Alternative ist das daneben gelegene **Aashiya Haveli.**

■ Wegen seiner ansprechenden Zimmer, der attraktiven Lage etwas oberhalb des Gangaur Ghat, dem guten Dachgartenrestaurant und dem ausgezeichneten Management ist das **The Tiger** €€€–€€€€ (Tel.: 242030, www.thetigerudaipur.com) eine der empfehlenswertesten Altstadtunterkünfte.

■ Äußerst pittoresk unmittelbar am Ufer des Pichola-Sees liegt das stilvolle **Jagat Niwas Palace Hotel** €€€€ (Tel.: 2422860, www.jagatniwaspalace.com). Der herrliche, begrünte Innenhof in diesem alten Herrschaftshaus lädt ebenso zum Verweilen ein wie die Liegen in den Nischen und das gute Dachrestaurant.

■ Billiger ist das **Kankarwa Haveli** €€€€ (Tel.: 2411457, www.kankarwahaveli.com) gleich nebenan, ganz ähnlich im Aufbau. Hier gibt es viel Atmosphäre, einfache, aber geschmackvoll eingerichtete Zimmer, viele davon mit schönem Ausblick, den besonders das tolle Dachrestaurant bietet.

■ Ein sehr gutes Preis-Leistungs-Verhältnis bieten wegen der schönen Ausblicke die Eckzimmer des **Wonder View Palace** €€€€ (Tel.: 2432494, www.wonderviewpalace.com) auf der Brahm-Puri-Halbinsel neben dem Lake Pichola Hotel. Besonders Zimmer Nr. 104 und 203 sind zu empfehlen.

■ Eine der besten Unterkünfte dieser Preiskategorie ist das **Udai Kothi** €€€€–€€€€€ (Tel.: 2432810-2, www.udaikothi.com) auf der Brahm-Puri-Halbinsel. Die schönen, wenn auch nicht überragenden Zimmer, das gute Dachrestaurant und der architektonisch gelungene Swimmingpool auf dem Dach des Hauses sind jede Rupie wert.

■ Leicht verwohnt ist das etwa 100 Jahre alte **Lake Pichola Hotel** €€€€ (Tel.: 2431197, www.lakepicholahotel.com) auf der Brahm-Puri-Halbinsel direkt am See. Die mit schönen alten Holzmöbeln, AC, Fernseher und Balkon ausgestatteten Zimmer haben Palastsicht und tragen zur sehr angenehmen Atmosphäre bei. Die Dachterrasse ist ideal zum Erholen.

■ Im Besitz des Maharajas von Udaipur befindet sich das **Shikar Bari Hotel** €€€€ (Tel.: 2583200/1). Das ehemalige Jagdschloss liegt 5 km südlich der Stadt inmitten einer weitläufigen Gartenanlage. Hier werden auch Pferde-Safaris zu allerdings sehr fürstlichen Preisen angeboten.

■ Ausgezeichnet ist das **Karohi Haveli** €€€€–€€€€€ (Tel.: 3290228, www.karohihaveli.com), ebenfalls auf der Brahm-Puri-Halbinsel. Von der schönen Lage mit toller Aussicht auf den Pichola-See und den Stadtpalast über die sehr geschmackvoll eingerichteten Zimmer (besonders Nr. 201 und 205 sind zu empfehlen), zwei exzellente Restaurants bis zum sehr geschulten Service – für diese Preiskategorie ist das Patrizierhaus aus dem 19. Jh. eine sehr gute Wahl!

Obere Preiskategorie:

■ Ganz nah am See, am südlichen Ende der Brahm-Puri-Halbinsel, hat das **Amet Haveli** €€€–€€€€ (Tel.: 2431085, www.amethaveliudaipur.com) 15 Zimmer parat. Alle sind sehr hübsch möbliert und bieten einen schönen Blick auf Stadtpalast und See. Außerdem liegt das gemütliche **Ambrai Restaurant** um die Ecke.

■ Die Zimmer im **Trident Hotel** €€€€€ (Tel.: 2432200, www.tridenthotels.com/udaipur) auf der Brahm-Puri-Halbinsel sind gut, aber nicht überragend, dafür verfügt das bei Gruppen sehr beliebte Haus über eine weitläufige Gartenanlage mit einem schönen Pool. Gutes Preis-Leistungs-Verhältnis.

■ Traumhaft wie ein schwimmendes Schiff inmitten des Pichola-Sees gelegen, ist das **Taj Lake Palace Hotel** €€€€€ (Tel.: 2528800, www.tajhotels.com). Das spektakulärste Hotel Indiens repräsentiert den märchenhaften Lebensstil der Maharajas wie kein anderes Gebäude. Inmitten verschwenderisch verzierter Kuppeln, Säulen und Spiegel fühlt man sich wie in eine andere Zeit versetzt. Wegen der sehr hohen Nachfrage sollte man Monate im Voraus buchen.

■ Das **Shiv Niwas Palace** €€€€€ (Tel.: 2528016, crs@udaipur.hrhindia.com) nimmt den südlichen Teil des Stadtpalastes ein. Vom Ambiente und der Lage her sicherlich eine tolle Unterkunft, doch viele Zimmer sind ihr Geld bei weitem nicht wert. Im selben Komplex befindet sich das kleine, aber feine **Fateh Prakash Palace** €€€€€ (Tel.: 2528008, sales@udaipur.hrhindia.com) mit nur neun exquisit ausgestatteten Zimmern.

■ Ähnlich wie das Amarvilas in Agra gibt's auch in Udaipur vor den Toren der Stadt ein von der Außenwelt durch Mauern und Leerflächen abgeschirmtes Superluxusresort. Im **Udai Vilas** €€€€€ (Tel.: 2433300, www.oberoihotels.com) haben alle Zimmer neben jeglichen sonst denkbaren Bequemlichkeiten einen eigenen Swimmingpool, die teureren auch Ausblick auf die Stadt in der Ferne.

Essen und Trinken

Dachgartenrestaurants sind der Renner, kaum ein Hotelbesitzer, der nicht diese zusätzliche Einnahmequelle genutzt hätte und seinem Hotel oder Guest House ein Freiluftrestaurant aufs Dach gesetzt hätte. Leider hinkt die Qualität des Essens dabei nur allzuoft weit hinter der Aussicht her. Im von Anfang an zum Scheitern verurteilten Wunsch, es allen Nationalitäten recht machen zu wollen, kommt am Ende ein Einheitsbrei heraus, bei dem man kaum noch zwischen *Alu Gobhi* und Lasagne unterscheiden kann.

■ Viele Restaurant Udaipurs werben zu Recht mit ihrer schönen Aussicht. Doch nirgendwo sitzt man derart „weltvergessen" direkt am See unter Bäumen mit herrlichem Blick auf den Stadtpalast bzw. das Lake Palace Hotel wie im **Ambrai Restaurant** (Tel.: 2431085) am südlichen Ende der Brahm-Puri-Halbinsel. Ein idealer Ort zum „die Seele baumeln Lassen". Hier stimmt nicht nur das Ambiente, auch das Essen ist köstlich, wenn auch mit Preisen von 100 bis 250 Rs über dem Durchschnitt. Beliebt ist das Ambrai speziell am Abend – Voranmeldung unbedingt erforderlich!

■ Das **Natural City View Restaurant** oberhalb des Gangaur Ghat zählt zu Recht zu den beliebtesten Adressen unter den unzähligen Dachterrassen-Restaurants. Die ausladende Terrasse bietet insbesondere bei Sonnenuntergang herrliche Ausblicke und auch das Essen kann sich sehen lassen. Das köstliche Thali kostet 120 Rs. Nachteilig ist der fehlende Bierausschank, auch ist das Restaurant wegen seiner Popularität relativ laut und jeden Abend wird per Video, wie auch in vielen anderen Lokalitäten, derselbe James-Bond-Film gezeigt: „Octopussy".

■ Direkt am See sitzt man im **Rainbow Restaurant**. Wer ganz nach oben will, sollte das Dachrestaurant des **Baba Palace Hotel** wählen. Nirgendwo hat man solch tolle Aussicht über Udaipur und Umgebung.

■ Relaxed und gleichzeitig stilvoll mit Blick auf den See und das Gangaur Ghat ist das zu Recht sehr beliebte **Jasmin** bei der Fußgängerbrücke auf der Brahm-Puri-Halbinsel. Die Speisekarte ist ebenso ambitioniert wie weit gefächert (von indisch bis Thai), die Preise (60–100 Rs) für das Gebotene sind sehr moderat.

■ Hübsch sitzt man im Garten des neben dem südlichen Eingang zum Palastgelände gelegenen **Samor Bagh Restaurant**.

■ Seit Jahren zu Recht eine der beliebtesten Adressen bei Travellern ist das kleine **Café Edelweiss** an der Straße zum Gangaur Ghat. Ausgezeichneter Kaffee, leckere Sandwiches und Kuchen sind der Renner. Im Übrigen auch ein schöner Ort zum *people watching*.

■ Ein beliebtes Frühstücksrestaurant ist auch das nahe gelegene **Sunrise**. Man sollte auch einmal die sehr schmackhaften einheimischen Gerichte versuchen. Vom Dach des frisch renovierten Hauses gibt es mit die schönsten Ausblicke auf den See.

■ Recht edel und dementsprechend teuer (Sandwiches 250 Rs) ist das **Pali Khana Restaurant** auf dem Palastvorplatz.

■ Neben dem oben erwähnten Ambrai Restaurant ist das **Gallery Restaurant** im 3. Stock des Shiv Niwas Palace Hotel der beste Ort, um bei prächtiger Aussicht seinen Nachmittagstee zu genießen. Zwar ist die offizielle Teatime (Tee 300 Rs) von 15 bis 17 Uhr, doch wird auch bedient, wer bereits ab 14 Uhr erscheint, was den zusätzlichen Vorteil hat, dass man dann noch die freie Sitzplatz-

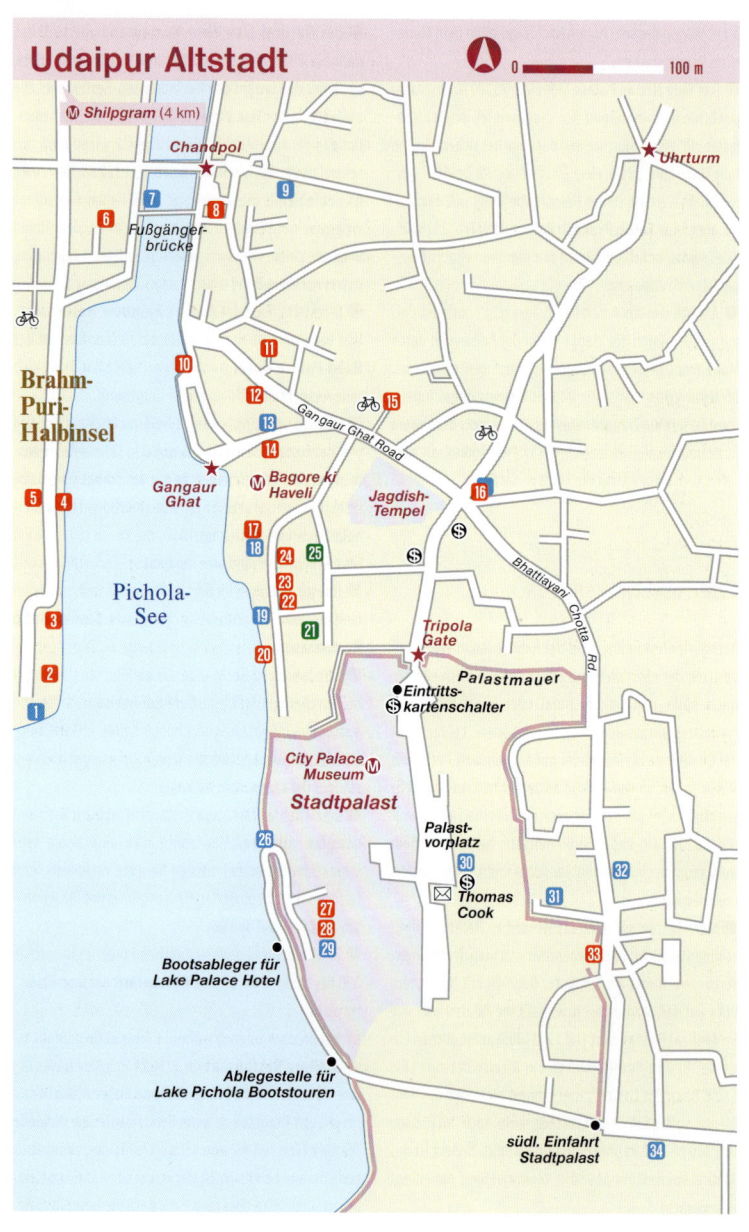

Udaipur

© REISE KNOW-HOW 2013

■ Unterkunft
2 Amet Haveli
3 Wonder View Palace
4 Lake Pichola Hotel
5 Udai Kothi
6 Dream Heaven Guest House, Karohi Haveli
8 Nukkad Guest House
10 Jheel Guest House
11 Anjani Hotel
12 Gangaur Palace
14 The Tiger
15 Badi Haveli
16 Baba Palace
17 Lal Ghat Guest House
20 Jagat Niwas Palace Hotel, Kankarwa Haveli
22 Aashiya Haveli
23 Jaiwana Haveli
24 Mewar Haveli
27 Fateh Prakash Palace
28 Shiv Niwas Palace
33 Hotel Raj Palace

■ Essen und Trinken
1 Ambrai Restaurant
7 Jasmin
9 Savage Garden
13 Café Edelweiss, Sunrise
16 Baba Palace
18 Natural City View Restaurant
19 Rainbow Restaurant
26 Sunset View Terrace
29 Gallery Restaurant
30 Pali Khana Restaurant
31 Whistling Teal
32 Lotus Café
34 Samor Bagh Restaurant

■ Einkaufen
21 Janak Arts
25 Landmark Shoppers Paradise (Internet, Bücher, Süßigkeiten)

auswahl hat. Zum Sonnenuntergang sollte man sich dann nach unten auf die **Sunset View Terrace** begeben, wo man den Tag stilvoll bei einem Drink und Livemusik ausklingen lassen kann.

■ Mit seiner innovativen Speisekarte mit interessanten einheimischen wie internationalen Gerichten (100–200 Rs) gehört das stilistisch sehr gelungene **Savage Garden,** etwas zurückversetzt vom Chandpol, zu den besten Restaurants Udaipurs.

■ Viele positive Bewertungen bekommt das ausgezeichnete **Whistling Teal.** Auch hier stimmt die Mischung aus köstlichen indischen wie internationalen Gerichten (60–200 Rs), gemütlichem Ambiente im Garten und ausgezeichnetem Service.

■ Etwas weniger edel und dementsprechend günstiger (40–80 Rs) geht es in dem ganz in der Nähe gelegenen **Lotus Café** zu. Neben den leckeren Gerichten trägt auch die Musik dazu bei, dass es eines der beliebtesten Traveller-Restaurants der Stadt ist.

■ Wegen seiner „uncoolen" Lage und Einrichtung nur von wenigen Westlern besucht ist **Berry's** am Chetak Circle. Wer mehr Wert auf hervorragende Küche ohne Schnickschnack legt, ist hier gut aufgehoben. Es gibt auch einen Zustellservice: Tel. 2429027.

■ Ebenfalls vornehmlich von Einheimischen besucht ist die Rajasthan-weit für schmackhafte Thalis (50 Rs) bekannte **Natraj Lodge** beim New Bapu Bazaar nahe dem Udai Pol, hinter dem Ashoka-Kino.

■ Hübsch oberhalb des Sees sitzt man im **Café Hill Park** südlich der Sajjan Niwas Gardens.

Einkaufen

Die stetig zunehmende Touristenzahl hat dazu geführt, dass gerade im Altstadtbereich um den Jagdish-Tempel fast jedes verfügbare Häuschen in einen Souvenirladen umgebaut wurde. Mehr Quantität geht auch hier auf Kosten der Qualität, und generell lässt sich sagen, dass man in Jaipur und Pushkar besser und billiger einkaufen kann.

Mit am beliebtesten unter Travellern sind die in unzähligen kleinen Läden oder *Art Galleries,* wie sie sich unter Suggerierung künstlerischer Exklusivität nennen, angebotenen **Miniaturmalereien**. So unterschiedlich wie Qualität und dargestellte Motive sind die Preise. Weit entscheidender als die Größe des Bildes ist deren Detailgenauigkeit und das Material auf dem sie aufgetragen wurden. Bei **Janak Arts** (12, Lal Ghat, Tel.: 2415373) können dreistündige Einführungskurse (200 Rs) in die Miniaturmalerei besucht werden. Es ist erstaunlich, was so alles auf einen Fingernagel passt.

Bei Touristen sehr beliebt sind die vor allem an der Straße vom Jagdish-Tempel zum Palasteingang angebotenen **Puppen**. Nicht zuletzt wegen des in Udaipur ansässigen Museums Bharatiya Lok Kala mit seiner landesweit berühmten Puppenabteilung und Vorführungen gibt es eine große Auswahl zum Teil sehr schöner Puppen. Bevor man sich zum Kauf entschließt, sollte man sich aber Gedanken zum Transport machen, denn die vielgliedrigen Puppen sind äußerst zerbrechlich und kaum zum Verschicken geeignet.

Gut bestückt ist der **Kiosk** am Gleis Nummer 1 auf dem Bahnhof. Aktuelle internationale Bestseller finden sich hier ebenso wie angesehene Sachliteratur zu Indien und europäische Zeitungen.

Ein umfangreiches Sortiment an Romanen und Zeitschriften hat auch **Landmark Shoppers Paradise.**

Bank

■ Die meisten Banken, die neben den privaten Geldwechslern um den Jagdish-Tempel Bargeld, Travellerschecks und für Kreditkarten wechseln, finden sich passenderweise an der Bank Rd. zwischen Delhi Gate und Udia Pole. So wechselt z.B. die **State Bank of India** (Mo–Fr 10–14 und 14–15 Uhr, Sa 10–13 Uhr, Tel.: 2523108) etwas nördlicher beim Court Circle in der Hospital Road schnell und – für indische Verhältnisse – unbürokratisch Bargeld und Travellerschecks oder die **Viyaja Bank** (Bank Rd., Mo–Fr 10–15.50 Uhr, um 14 Uhr 30 Min. Pause, Sa 10–12.30 Uhr) und die **Bank of Baroda** (Mo–Fr 10–14.30 Uhr, Sa 10–12 Uhr), die außerdem Visa- und Mastercard (1 % Gebühr) annehmen.

■ **Thomas Cook** auf dem Palastvorplatz ist Mo–Sa 9–17 Uhr geöffnet.

■ Der dem Jagdish-Tempel nächstgelegene **ATM** ist von der UTI-Bank, er findet sich zwischen diesem und dem Palastzugang und nimmt die wichtigen Kreditkarten außer AmEx an. Die meisten ATMs finden sich an der Bank Rd.

Post und Internet

■ Die **Hauptpost** befindet sich am Chetak Circle hinter dem Kino. Näher am Jagdish-Tempel liegen, auf halber Strecke zwischen Hathi Pol und Stadtpalast, ein kleines Postamt und eine Filiale gleich neben dem Ticketbüro des Palastes (Mo–Sa 10.30–17 Uhr). Die Post kommt an, auch wenn es nicht sehr vertrauenerweckend aussieht. Zum Abholen **postlagernder Sendungen** muss man sich zur kleinen City Post Office an der Kreuzung Hospital Rd./Mandi Rd. begeben.

■ Von den vielen Internetcafés im Altstadtbereich ist das **Landmark Shoppers Paradise** (30 Rs/Std.), das auch Bücher, Zeitschriften und Süßigkeiten verkauft, eines der schnellsten. Hier können auch Digitalfotos auf CD gebrannt werden (100 Rs inkl. CD). Am Chetak Circle ist **Sourabh Enterprises** (30 Rs/Std.) recht zuverlässig.

Notrufnummern

■ **Ambulanz:** 102
■ **Polizei:** 100
■ **Tourist Police:** 2412693

Unterhaltung, Aktivitäten

■ Am günstigsten gelegen und qualitativ ausgezeichnet sind die allabendlichen, **Dharohar** genannten, traditionellen Rajasthani-Musik- und Tanzvorführungen im Bagore-ki-Haveli (siehe „Sehenswertes", Beginn um 19 Uhr, Eintritt 60 Rs, Kinder 30 Rs, Kamera 10 Rs, Video 50 Rs, Tel.: 2423610 nach 17 Uhr).

■ Im Museum Bharatiya Lok Kala wird tgl. zwischen 18 und 19 Uhr eine allerdings eher durchschnittliche **Puppenshow** aufgeführt (Eintritt 40 Rs).

Atlas S. XI, Stadtplan S. 156, Ausschnitt Altstadt S. 162 **Udaipur** 165

■ Ein sehenswertes **Folkloreprogramm** mit traditionellen Tanz-, Musik- und Akrobatikaufführungen gibt es tgl. von 19–20 Uhr im Meera Kala Mandir in der Nähe des Pars Theatre zu sehen. Zum Preis von 60 Rs muss man auch noch die Rikshafahrt von 25 Rs hinzurechnen.

■ Wenn man dran glaubt oder einfach nur zum Vergnügen, kann man sich im Innenhof des Gangaur Palace von *Akhand Pratap Singh* (onlywayisom@indiatimes.com) **aus der Hand lesen lassen,** Kostenpunkt 200 Rs.

■ Besonders die teureren Hotels verfügen über **Swimmingpools.** Um drin zu plantschen, muss man zwischen 100 und 200 Rs. zahlen, wobei der tolle Pool auf dem Dach des Udai Kothi (130 Rs) besonders lohnt.

Medizinische Versorgung

■ Das **Krankenhaus** von Udaipur (Hospital Rd., Tel.: 2528811) liegt in der Altstadt nahe dem Chetak Circle zwischen dem Shaheli Marg und der Ashwani Road.

■ Eine private Klinik ist z.B. das **Soni Hospital,** 4 Sahelion-ki-Haveli, Tel.: 2528811-9). Ein Bereitschaftsarzt ist *Dr. Shailender Singh* (Tel.: 2410212, (0)9829040312.

■ Wer sich einmal für wenig Geld massieren lassen oder ein Heilkräuterbad nehmen will, sollte die **Ayurvedische Klinik** an der Ambamata Rani Rd. aufsuchen.

An- und Weiterreise

Flug:

■ **Air India,** 222/16 Mumal Towers, Saheli Marg, Tel.: 2410999, Flughafen: 2655453.

■ **Jet-Airways,** Tel.: 2561105, am Flughafen: 2656288.

Bahn:

Die Bahnverbindungen sind teilweise eingeschränkt wegen Spurverbreiterungen auf einigen Strecken.

■ Die beste Verbindung nach **Delhi** bietet der tgl. fahrende 2964 Mewar Exp. (ab Udaipur 18.30 Uhr, Chittorgarh an 20.35 Uhr, Bundi an 22.46 Uhr, Kota an 23.45 Uhr, Sawai Madhopur an 1 Uhr, Bharatpur an 3.15 Uhr, Delhi (Nizamuddin) an 6.15 Uhr). In der anderen Richtung (Zug-Nr. 2963) geht es von Delhi (Nizamuddin) um 19 Uhr über Mathura (ab 21.15 Uhr), Bharatpur (ab 21.42 Uhr), Kota (ab 1.40 Uhr) und Chittorgarh (ab 5 Uhr) nach Udaipur (an 7 Uhr).

■ **Jaipur** wird am besten mit der Nachtverbindung 2966 Udaipur City Jaipur Exp. erreicht: Abf. 22.20 Uhr, Chittorgarh (an 23.35 Uhr), Sawai Madhopur (an 4.40 Uhr), Ank. Jaipur 7.10 Uhr. Der Zug fährt weiter bis Bharatpur (an 9 Uhr), Agra (an 10.15 Uhr) und Gwalior (an 12.15 Uhr). Umgekehrt der 2965 Jaipur Udaipur City Exp.: Abf. Jaipur um 22.40 Uhr, über Ajmer (ab 0.50 Uhr), Chittorgarh (ab 4.10 Uhr), Ank. Udaipur um 6.10 Uhr.

■ Nach **Mt. Abu** geht es schneller per Bus.

Bus:

■ Die aktuellen **Abfahrtszeiten** von Udaipur erfragt man besser beim Tourist Office als am chaotischen Busbahnhof (Tel.: 2484191). Die meisten Guest Houses um den Jagdish-Tempel verkaufen Tickets für **Luxusbusse,** die etwa doppelt so teuer sind wie staatliche Busse. (Diese fahren die gleichen Ziele sowie Bundi/Kota, Jaisalmer, Junagardh und Rajkot an.) Gerade auf längeren Strecken dürfte sich diese Mehrausgabe lohnen, doch sollte man zunächst fragen, ob die Busse auch in der Nähe der Guest Houses oder vom Busbahnhof starten.

■ Fahrtziele staatlicher Busse und Zeiten (in Std.): **Agra** (13 Std., 1 Bus, Star Line 14.45 Uhr), **Ajmer** (Pushkar, 7 Std., ca. 25 Busse zwischen 5 und 23.30 Uhr), **Bikaner** (15 Std., 1 Bus, Star Line 16.30 Uhr), **Chittorgarh** (2,5 Std., ca. 20 Busse zwischen 6 und 22 Uhr), **Delhi** (14 Std., Delhi Transport Corporation (DTC) fährt jeden Abend um 18 Uhr mit einem klimatisierten Luxusbus für 790 Rs nach Delhi), **Indore** (10 Std.), **Jaipur** (7,5 Std., ca. 20 Busse), **Jodhpur** (7 Std.), **Ranakpur** (3 Std.).

■ Wer nach **Mt. Abu** (5 Std.) reisen will, sollte sich zunächst erkundigen, ob der jeweilige Bus auch bis auf das Hochplateau oder nur bis Abu Road fährt, von wo aus es noch einmal 27 km steilen Anstiegs sind.

Umgebung von Udaipur

Falls sich mehr als vier Personen zusammenfinden, bieten viele Reisebüros in Udaipur **Ganztagestouren** in die Umgebung an – eine gute Gelegenheit, um stressfrei die zahlreichen sehenswerten Orte zu besuchen. Bewährt hat sich hier Gangaur Tours & Travels (Tel.: 2411476, gangaur@hotmail.com) in der Gangaur Ghat Road. Der Preis beträgt für einen Tagesausflug mit dem Taxi etwa 1.500 Rs.

Nagada und Eklingji   XI/C1

Bei einem Halbtagesausflug zu den 22 km nordöstlich von Udaipur gelegenen Tempelanlagen von Nagada und Eklingji ist schon die Fahrt über den 784 m hohen Chirwa-Ghata-Pass mit schönen Ausblicken auf das **Aravalli-Gebirge** ein Erlebnis für sich. Kurz vor Eklingji biegt an einem kleinen Stausee eine Nebenstraße links ab und führt zu den Tempeln von **Nagada**. Neben dem ältesten, nur noch in Ruinen erhaltenen jainistischen Adbhutji-Tempel steht ein Hindu-Tempelkomplex aus dem 11. Jh. mit dem geheimnisvollen Namen *Sas Bahu* (Schwiegermutter – Schwiegertochter), der vor allem wegen seiner schönen Steinreliefs an den Außenwänden gefällt.

Im nur einen Kilometer entfernten **Eklingji** findet sich inmitten des Tempelkomplexes ein ursprünglich 754 erbauter Tempel, mit einem schönen, viergesichtigen Shiva-Bildnis aus schwarzem Marmor im Allerheiligsten. In seiner heutigen Form entstand der von hohen Mauern umschlossene weiße Marmortempel im 16. Jahrhundert. Eklingjis besonderer Reiz liegt in der pulsierenden religiösen Atmosphäre, die diesen Ort auszeichnet. Sobald sich die Pforten zum Tempel geöffnet haben (4.45–7.30 Uhr, 10.30–13.30 und 17.30–19.30 Uhr, Eintritt frei), setzt eine marktschreierische Betriebsamkeit ein, und die Blumen-, Schriften- und Süßigkeitenverkäufer versuchen, ihre Produkte unters Volk zu bringen. Man sollte diesen Ausflug nachmittags unternehmen, um sowohl an einer Tempelzeremonie teilnehmen zu können als auch gegen Sonnenuntergang in das dann golden leuchtende Udaipur zurückzukehren.

Anreise:
■ Wer nicht im Rahmen der vom Touristenbüro angebotenen Exkursion nach Eklingji fahren möchte: Stündlich fährt ein – allerdings fast immer brechend voller – **Bus** vom Busbahnhof.

Unterkunft:
■ Eine schöne, wenn auch nicht billige Unterkunft ist das auf einem kleinen Berg oberhalb von Nagada gelegene **Heritage Resorts** €€€-€€€€ (Tel.: 0294-2440382).

Haldighat und Nathdwara   XI/C1

Das 48 km nördlich von Udaipur gelegene **Schlachtfeld von Haldighat,** auf dem die Truppen *Pratap Singhs* am 21. Juni 1576 erst nach erbittertem Widerstand den Mogulen unterlagen, ist historisch zwar von großer Bedeutung, zu sehen gibt es allerdings außer einer Gedenkstätte für Pratap Singhs berühmtes Pferd *Chetak* so gut wie gar nichts.

Der 8 km entfernte **Vishnu-Tempel** von Nathdwara stammt aus dem 18. Jh. Im Tempelinneren (für Nicht-Hindus geschlossen) steht ein Abbild Vishnus, das 1669 von Mathuras hierher gebracht wurde, um es vor der Zerstörungswut *Aurangzebs* zu bewahren.

Anreise:
■ Wer die beiden Sehenswürdigkeiten nicht im Rahmen des vom Tourist Office angebotenen Ausfluges besichtigt, kann einen der zu jeder vollen Stunde vom Busbahnhof in Udaipur fahrenden Busse nehmen.

Unterkunft:

■ Im staatlichen **Gokul Tourist Bungalow** €€ (Tel.: 02953-22685) in Nathdwara kann man in sauberen Zimmern nächtigen. Ein Restaurant steht ebenfalls zur Verfügung. Besser wohnt man im **Hotel Utsav** €€–€€€ (Tel.: 02935-22278).

Kumbhalgarh XI/C1

Äußerst pittoresk krönt die gewaltige Burg, einem Vogelhorst ähnlich, einen sich steil über die Ebene erhebenden Felsen. Die von einem mächtigen Mauerring von insgesamt 12 km Länge umgebene Anlage war die nach Chittorgarh **zweitgrößte Festung Rajasthans**. Im Gegensatz zur Heldenstadt der Rajputen, die insgesant dreimal von den vereinten Mogul-Heeren erobert wurde, konnte das 1458 von *Rana Kumbha* angelegte Fort nur ein Mal, Ende des 16. Jh., von den islamischen Eroberern erstürmt werden.

Obwohl Teile der Anlage Anfang des letzten Jahrhunderts renoviert wurden, ist in den einzelnen Räumen, abgesehen von einigen Wand- und Fliesenmalereien, nichts zu sehen. Die eigentliche Faszination Kumbhalgarhs ist der grandiose Gesamteindruck.

Die Räumlichkeiten sind fast völlig leer und die Farbe bröckelt von den Wänden. Wer sich zum Aufstieg entscheidet, sollte Trinkwasser und einen kleinen Snack mitnehmen.

Der steile Aufstieg zur Burg durch die z.T. mit dicken Eisendornen gegen Elefantenangriffe versehenen Tore lohnt aber auch aus einem anderen Grund: Von dem auf 1.100 m Höhe gelegenen Palast bietet sich eine sehr schöne **Aussicht** auf die wild zerklüftete Landschaft des **Kumbhalgarh-Reservats** (Eintritt 100 Rs, Jeep 65 Rs, Guide 200 Rs). Dieses 578 km² große Tierschutzgebiet ist ein Rückzugsgebiet des vom Aussterben bedrohten indischen Wolfes. Außerdem ist er Heimat von Leoparden, Bären und Antilopen. Unterkunft und Jeeptouren werden im Shirika Lake Hotel (Tel.: 02934-285078) in Ranakpur arrangiert. Für den Zugang zum Park benötigt man eine Erlaubnis des Forest Department im nahen Kelwara.

■ **Öffnungszeiten:** 8–18 Uhr, Eintritt zur Festung 100 Rs.

Anreise

■ Da Kumbhalgarh individuell nur unter sehr großem Zeitaufwand erreicht werden kann, besucht man das Fort am besten im Rahmen eines der von vielen Reisebüros in Udaipur angebotenen **Tagesausflüge** in Kombination mit den Jain-Tempeln in Ranakpur oder aber im Rahmen einer Tagestour mit dem **Taxi**, wofür man ungefähr 1.500 Rs veranschlagen sollte (200 Rs mehr, wenn man zudem noch Nagada besichtigen möchte).

■ Wer es dennoch **auf eigene Faust** versuchen will, muss zunächst am frühen Morgen mit einem Bus um 7.30 Uhr nach **Kumbhalgarh** fahren. Dieser fährt jedoch nicht bis zur Burg selbst, sondern setzt einen etwa 8 km entfernt ab. Einige fahren auch näher ans Fort bis zum Hotel The Aodhi. Von dort muss man den Rest des Weges entweder per Anhalter oder zu Fuß zurücklegen. Mit dem Taxi von Udaipur sollte ein Tagesausflug um die 1.200 Rs kosten.

Unterkunft
(Vorwahl: 02954)

■ Am günstigsten, dafür aber auch einfach und relativ weit vom Fort wohnt man im 8 km entfernten Dorf Kelwara im **Hotel Ratandeep** €€ (Tel.: 242217). In Kelwara gibt es das bessere, saubere **Karni Palace Hotel** €€–€€€ (Bus Stand Rd., Tel.: 242033, www.karnipalace.com), von Feldern umgeben.

■ Verglichen mit dem beeindruckenden Äußeren wirken die recht spartanischen Zimmer des **The Kumbhal Castle** €€€€ (Fort Rd., Tel.: 292041, www.thekumbhalcastle.com) recht nüchtern. Angesichts der schönen Aussichten, des bemühten Personals und des verhältnismäßig günstigen Preises ist es dennoch eine empfehlenswerte Unterkunft.

■ Mit dem **Hotel The Aodhi** €€€€ (Tel.: 242341, crs@udaipur.hrh.india.com) findet sich 2 km von der Burg entfernt eine ausgezeichnete Unterkunft. Die in einen Hang gebaute Anlage allein lohnt schon einen Ausflug in diese Gegend. Vom freundlichen Management werden u.a. auch Ausflüge zu Pferd angeboten. Die Zimmer verfügen alle über eine eigene Terrasse mit Ausblick über den hauseigenen Swimmingpool hinweg ins weite Tal. Ein weiterer Vorteil ist die Nähe zum Kumbalgarh Fort. Für den schönen Spaziergang sollte man mit Fotostopps etwa 30 Minuten veranschlagen.

■ Eine preisgünstigere Alternative zum Aodhi ist das gelungene, auf einem Hügel gelegene Hotel **Kumbalgarh Fort** €€€-€€€€ (Tel.: 242057). Die 21 AC-Räume sind groß und angenehm, fast alle verfügen über kleine Balkone mit Aussichten ins Tal. Die gesamte Anlage ist in einem gepflegten Zustand und das Personal sehr bemüht. Auch hier gibt's einen Pool.

Highlight:
Ranakpur
– Traum in Marmor

XI/C1

Zusammen mit dem Dilwara-Tempel in Mount Abu gehören die **Tempel** von Ranakpur zum schönsten, was die **Jain-Kunst** je hervorgebracht hat und damit zu den beeindruckendsten Sakralbauten Nordindiens. Bereits der erste Eindruck der Marmorbauten vor der Bergkulisse, zusammen mit den großen schattenspendenden Bäumen, den lilafarbenen Bougainvillaes, den frechen Affen und den umherstolzierenden Pfauen, nimmt einen sofort für den Ort ein.

Verglichen mit den 200 Jahre früher entstandenen Tempeln von Dilwara bei Mount Abu wirkt der im 15. Jh. nach 60-jähriger Bauzeit fertig gestellte Haupttempel wesentlich größer. Hierin spiegelt sich die veränderte machtpolitische Situation unter dem Mitte des 15. Jh. regierenden *Rana Kumbha* wieder. Nachdem der muslimische Bildersturm, dem so viele hinduistische und jainistische Heiligtümer zum Opfer gefallen waren, Ende des 14. Jh. abflaute und das Reich Rana Kumbhas mit der Hauptstadt Chittorgarh auf dem Höhepunkt seiner Macht stand, besann man sich auf die alte Stärke. Dieses neue Selbstbewusstsein äußert sich in der Monumentalität der Tempel von Ranakpur, die nicht zuletzt auch die Größe und Macht Rana Kumbhas symbolisieren sollen.

Der bedeutendste Tempel des von einer Mauer umschlossenen Komplexes ist der dem Ersten Furtbereiter der Jains, *Adinath*, gewidmete **Chaumukh-Tempel**. Da er an einem westlichen Hügelhang liegt, wurde der Sockel unter dem westlichen Haupteingang deutlich erhöht. Den Türschwellen mit ihren böse Geister abwehrenden Dämonenmasken *(kirthimukhas)* sind ebenso wie in Dilwara halbrunde „Teppiche" zur Reinigung der Seele von negativen Eigenschaften vorgelagert. Daneben sind die bei allen Jain-Heiligtümern im Eingangsbereich zu findenden Muschelhörner zu sehen, deren Klang als heilig gilt und der Silbe „Om" besonders nahe kommen soll.

Die Ausmaße (62x60 m) und Höhe des Heiligtums erinnern den Besucher im Innern zunächst an eine gotische Kathedrale. Der für den Bau verwendete Marmor aus den Steinbrüchen von Sonana und Sewadi reicht nicht an die Wärme und Leuchtkraft des Marmors von Dilwara heran. Die Kultfigur im Innern ist mit vier Gesichtern *(chaumukh)* dargestellt,

Ranakpur

die Himmelsrichtungen und damit den Kosmos beherrschend. Ursprünglich wurde er, wie die meisten anderen Bauten Ranakpurs, im 15. Jh. errichtet. Da jedoch auch hier die religiöse Intoleranz *Aurangzebs* wütete, sind viele der heute so makellos erscheinenden Bauten das Resultat kunstvoller Restaurationsarbeiten. Die quadratisch um das Sanktotum verlaufenden 86 Schreine beinhalten Statuen untergeordneter Gottheiten. Durch die vier den Hof begrenzenden Eckschreine erhält der Bau zugleich die Form eines *pancharatha* (fünfschreiniger Tempel), eine bei den Hindus besonders häufig anzutreffende Tempelgrundform.

Ebenso wie bei der Anlage von Dilwara fasziniert die überwältigende Vielfalt an ungemein **detailgenau gemeißelten Skulpturen.**

⌃ Die Tempel von Ranakpur sind Meisterwerke der Jain-Kunst und beeindrucken durch ihren reichen Skulpturenschmuck

Jeder Zentimeter scheint mit grazilen Tänzerinnen, Göttern, Tieren und Blumenmotiven verziert zu sein. Diese vitale Lebensfreude bildet einen spannungsreichen Kontrast zu den scheinbar weltentrückt in den jeweiligen Nischen sitzenden Jain-Figuren mit ihren gespenstisch silbrigen Augen. Von den insgesamt 1.444 vom Sockel bis zur Spitze ornamentierten Marmorsäulen, auf denen die 29 Dächer der Tempelhallen ruhen, gleicht keine der anderen. Beim näheren Betrachten ist leicht zu erkennen, dass die einzelnen Figuren nicht immer höchstes Ansehen genießen. Sie sollten nicht den Eigenwert betonen, sondern dienten ausschließlich dekorativen Zwecken. Einen besonderen Blickfang bildet die Kuppeldecke der Haupthalle, die in verschwenderischer Ausstattung die sechzehn Göttinnen der Weisheit (Vidyadevi) zeigt.

■ **Geöffnet** ist der Tempel für Nicht-Jains offiziell tgl. von 12 bis 17 Uhr. So genau scheint es jedoch niemand zu

Der besondere Tipp: Heritage Hotel in Deogarh XI/C1

Vor die undankbare Aufgabe gestellt, unter der Vielzahl sehr schöner Heritage-Hotels Rajasthans das schönste auswählen zu müssen, würden wir uns letztlich für das entzückende **Deogarh Mahal** (Tel.: 02904-252777, 253333, www.deogarhmahal.com) entscheiden. Das in ein Hotel umgewandelte Schloss hat all das zu bieten, was das Wohnen in diesen traditionsreichen Häusern zu einem unvergesslichen Erlebnis macht.

Da ist zunächst einmal der in der Mitte der touristischen Hochburgen Jodhpur, Ajmer, Chittorgarh und Udaipur gelegene Ort selbst. Durch seine Lage auf 700 Metern Höhe herrscht ein **angenehmes Klima,** welches dazu einlädt, die auffallend sauberen, mittelalterlich anmutenden Marktstraßen zu durchstreifen und die liebliche, von Hügeln und Seen geprägte Landschaft zu erwandern. Darüber hinaus ist das 1670 vom lokalen Herrscher *Rawat Dwarka Dasji* erbaute **Schloss** in geradezu vorbildlicher Weise restauriert worden. Jeder der insgesamt 50 Räume ist anders geschnitten und mit viel Liebe zum Detail restauriert worden, von den Teppichen über die Nachttischlampen bis zu den herrlichen Miniaturmalereien an den Wänden und Decken, für die Deogarh in ganz Rajasthan bekannt ist. Die hervorragende Küche, das freundliche, wenn auch zuweilen ungeschulte Personal, der architektonisch sehr gelungene Swimmingpool und die Dachterrassen runden das Bild dieses von den sympathischen Söhnen des *Rawat* geführten Kleinodes ab. Die Zimmer kosten zwischen 110 und 230 US-$.

Anreise:
- Jeder der ständig zwischen Udaipur und Jaipur entlang der N8 verkehrenden Busse hält nahe dem kleinen Ort. Von dort aus sind es gerade noch einmal 10 km per Bus oder Taxi (ca. 80 Rs) bis Deogarh.

nehmen, sodass man meist auch schon früher eingelassen wird. Eintritt frei, Kamera 50 Rs, Video 150 Rs.

Unterkunft, Essen und Trinken
(Vorwahl: 02934)

- Hübsche, kleine Bungalows in einem friedvollen Garten, zusammen mit dem sehr hilfsbereiten Besitzer, machen das **Shivika Lake Hotel** €–€€ (Tel.: 285078, shivikalake@rediffmail.com) zur besten Adresse im unteren Preisbereich.
- **The Castle** €€–€€€ (Tel.: 223733) liegt tatsächlich umgeben von einem hübschen Garten wie ein Schloss auf einem kleinen Hügel. Die Zimmer sind recht geräumig. Nicht nur wegen der deutlich geringeren Preise, sondern auch wegen des freundlichen Personals ist das Haus eine Alternative zum teuren Maharani Bagh.
- Das ursprünglich ausschließlich als Restaurant dienende **Roopam Hotel & Restaurant** €€ (Tel.: 223921) an der Ranakpur Rd. vermietet sechs recht hübsche Bungalows in der grünen Gartenoase, in der man Papageien, viele weitere Vogelarten und stiebitzende Affen beobachten kann. Im Restaurant à la carte und Büffet.
- Etwa 10 km entfernt von der Tempelanlage in den Bergen Ranakpurs, bietet das **Aranyawas** €€€€ (Tel.: 0294-2524163, www.aranyawas.com) eine hübsche Mischung aus naturbelassener Friedfertigkeit und modernem Ambiente im Landhausstil. Die sehr geräumigen Zimmer verfügen jeweils über eine Aussichtsterrasse, auch ein hübscher Pool ist vorhanden. Die gesamte Anlage macht einen gepflegten, ruhigen Eindruck, das Personal ist sehr freundlich.
- Die schönste Unterkunft Ranakpurs ist das ganz in der Nähe gelegene, großzügig angelegte **Ranakpur Hill Resort** €€€–€€€€ (Tel.: 286411, www.ranakpurhillresorts.com), ein im Rajasthani-Stil errichtetes Hotel mit liebevoll eingerichteten Zimmern (alle mit AC) und Swimmingpool. Sollten die 15 Zimmer belegt sein, was in der Hochsaison häufig der Fall ist, stehen drei komfortabel eingerichtete Zelte zur Verfügung.
- Der gut 10 km von Ranakpur gelegene, im 17. Jh. erbaute **Palast von Ghanerao** €€€ (Tel.: 02934-284035,

www.ghaneraoroyalcastle.com) besticht durch seinen mittelalterlichen Charme und die verspielte Architektur mit Kuppeldächern und offenen Balkonen. Die 20 Zimmer befinden sich weitgehend noch in ihrem ursprünglichen Zustand.

■ Etwa 10 km entfernt von Ghanerao gibt es in dem verschlafenen kleinen Ort Narlai ein weiteres Heritage Hotel, das **Rawla Narlai** €€€-€€€€ (Tel.: 0291-237410). Die 12 Zimmer dieses im 17. Jh. gebauten Palastes sind im traditionellen Stil eingerichtet.

■ Nicht entgehen lassen sollte man sich die köstlichen Thalis, die jeden Mittag in der Essenshalle des **Dharamsala** gleich links am Haupteingang ausgegeben werden.

An- und Weiterreise

■ Die häufigsten Verbindungen bieten sich vom 98 km südöstlich gelegenen **Udaipur**, wo tgl. fünf **Express-Busse** in 2,5 Std. nach Ranakpur fahren.

■ Einige, aber nicht alle **Deluxe-Busse Udaipur – Jodhpur** legen einen Zwischenstopp in Ranakpur ein.

■ Schließlich bieten viele Reisebüros bei entsprechender Nachfrage in Udaipur einen **Tagesausflug per Minibus** an, der u.a. Kumbhalgarh und Ranakpur beinhaltet. Kumbhalgarh ist 50 km von Ranakpur entfernt.

Dungarpur XI/C1

Der Weg lohnt sich, könnte man in Anspielung auf eine bekannte Zigarettenreklame sagen, wenn man an den im äußersten Südwesten Rajasthans an der Grenze zu Gujarat und Madhya Pradesh gelegenen Ort Dungarpur denkt. Neben dem verschlafenen Charme des nur selten von Touristen besuchten Städtchens lockt vor allem das schöne Heritage Hotel.

Unterkunft

■ Ganz spartanisch kann man im **Pratibha Palace** € (Shastri Colony, Tel.: 230775) unterkommen.

■ **Udai Bilas Palace** €€€€ (Tel.: 02964-230808, www.udaibilaspalace.com), dieses im Besitz des örtlichen Prinzen befindliche Anwesen liegt sehr pittoresk an einem kleinen See und gilt als eines der schönsten Heritage Hotels der Region. Eine ideale Unterkunft, um den ländlichen Charme Rajasthans in einem sehr schönen Ambiente kennenzulernen. Besonders gelungen ist der scheinbar in den See übergehende hauseigene Pool.

Anreise

■ Täglich mehrere Busse von **Udaipur**, die für die 110 km lange Strecke etwa 3 Stunden benötigen. Langsamer, aber gemütlicher ist der kleine Zug, der die Strecke in 5 Stunden bewältigt.

Mount Abu X/B1

Auf einem der für das Dekhan so charakteristischen Inselberge liegt in über 1.200 m Höhe *Rajasthan's only hillstation*. Und tatsächlich durchweht Mount Abu ein Hauch von europäischer Nostalgie, gemischt mit der Vitalität der indischen Mittel- und Oberschicht, für die der Ort ein bevorzugtes **Ferienziel** während der heißen Sommermonate ist. Der Poloplatz in der Mitte des Ortes fehlt ebensowenig wie die christliche Kirche und die Villen im Kolonialstil, die äußerst malerisch in die Berge rund um den kleinen idyllisch gelegenen Nakki-See stehen.

Früher hatten hier die Maharajas von Rajasthan ihre Wohnsitze. Eine der spektakulärsten **Villen,** mit einzigartigem Ausblick über die mit ihren Palmenhainen, Orchideen und ihrer bunten Blumenpracht fast schon mediterran wirkende Landschaft, diente dem britischen Gouverneur von Rajasthan in den Sommermonaten als Amtssitz. Mit dem Abzug der Kolonialherren 1947 rückten die sich kaum weniger snobistisch benehmenden, auf englischen Eliteschulen ausgebildeten indischen Verwaltungsbeamten nach.

Sehr beliebt ist der Ort aufgrund seiner romantischen Atmosphäre vor allem bei jungvermählten Paaren, die sich hier zum ersten Mal näherkommen, in der Hoffnung, dass ihre Eltern die richtige Wahl getroffen haben.

Mount Abu hat jedoch weitaus mehr zu bieten als ein angenehmes Klima und liebliche Landschaft. Schon lange vor der Ankunft der britischen Kolonialherren besaß der Ort eine besondere Bedeutung als **Pilger- und Wallfahrtsort,** und auch heute noch sind die vielen Felsenhöhlen vor allem südlich des Nakki-Sees von Eremiten und Sadhus bewohnt. Schon im großen Heldenepos „Mahabharata" wird die Entstehungsgeschichte Mount Abus mit Shiva in Verbindung gebracht.

Für die Rajputen liegt hier der Legende nach der Geburtsort ihres Clans, und für die Jains ist der Mount Abu einer ihrer vier heiligen Berge. Mit der Dilwara-Tempelanlage errichteten sie eines der schönsten Bauwerke ganz Indiens. Von der spirituellen Atmosphäre dieses Ortes inspiriert, siedelte sich hier schließlich die weltweit vertretene hinduistische Gruppierung der Brahma-Kumaris an.

Obwohl von nur wenigen westlichen Touristen besucht, ist Mount Abu aufgrund seines angenehmen Klimas, seiner fast schon mediterran anmutenden, lieblichen Landschaft, die zu Spaziergängen einlädt, und der einzigartigen Tempel von Dilwara für jeden, der etwas Abstand und Ruhe sucht, ein idealer Ort.

Dies gilt allerdings nicht für die Zeit der großen hinduistischen Feiertage wie Diwali im November, zu Weihnachten/Neujahr und während der heißen Sommermonate Mai bis Juli. Dann stürmen Tausende von indischen Touristen den Ort – von Ruhe und frischer Luft kann keine Rede mehr sein.

Sehenswertes

Stadtrundfahrt

◼ Das **Tourist Office** bietet jeweils morgens von 8.30 bis 13 Uhr und nachmittags von 13.30 bis 17 Uhr eine Stadtrundfahrt (90 Rs) an, die auch die relativ weit außerhalb gelegenen Sehenswürdigkeiten wie Achalgarh und Guru Sikhar einschließt. Eine sehr gute Gelegenheit, um die landschaftlich sehr schöne Umgebung Mt. Abus zu erleben. Die Nachmittagstour ist allerdings vorzuziehen, da dann mehr Zeit für den erst ab 12 Uhr für Nicht-Jains geöffneten Dilwara-Tempel zur Verfügung steht und zudem der Sonnenuntergang vom Sunset Point gegen 18 Uhr vielversprechender erscheint als am Vormittag ... In den Monaten März bis Juni ist die Nachfrage besonders groß, sodass man möglichst schon einen Tag vorher buchen sollte. Neben dem Tourist Office bieten noch mehrere private Veranstalter Rundfahrten an.

Nakki-See

Während des Tages bildet der kleine, malerisch von Bergkegeln umgebene Nakki-See den Mittelpunkt des touristischen Treibens. Seinen Namen bezieht der See von einer Sage, wonach er von den Göttern nur mit ihren Fingernägeln *(nakki)* ausgegraben worden sein soll. Der See ist entlang der ihn umgebenden, kaum befahrenen Straße gemütlich in einer halben Stunde zu umwandern, wobei sich schöne Ausblicke auf Mount Abu und die tropisch wuchernde Natur bieten.

Die in der Mitte des Sees aufragenden bizarren Felsformationen haben die Fantasie der Inder offensichtlich nachhaltig angeregt, denn die ihnen zugedachten Namen sind doch nur recht schwer mit ihrem Aussehen in Verbindung zu bringen. Einzige Ausnahme bildet der *Toad Rock,* denn er erinnert tatsächlich auffallend an eine Kröte auf dem Sprung ins Wasser. Am kleinen, in den See hineingebauten Steg können Tret- und Ruderboote gemietet werden.

Sunset Point

Jeden Nachmittag gegen 17 Uhr setzt sich die halbe Stadt, einem Pilgerzug gleich, in Bewegung, um zum zwei Kilometer entfernten Sunset Point zu gelangen. Ausgangspunkt ist das obere Ende der zum See hinunterführenden Straße. Eine ganze Kolonie kitschig bunt geschmückter Pferde und Kamele (nicht zu vergessen die Bollerwagen) wird dort von ihren Besitzern bereitgestellt, um die weniger Gehfreudigen gegen Bezahlung zum Aussichtspunkt zu transportieren. Die weltabgeschiedene Ruhe während des Tages verwandelt sich dann in einen jahrmarktsähnlichen Trubel. Die Aussicht in die flache Ebene ist sicherlich sehr beeindruckend, doch der Sonnenuntergang verschwimmt allzu häufig im diesigen Horizont.

Interessant und wirklich beeindruckend ist so auch weniger das Objekt der Verehrung selbst, sondern sind die Betrachter. Den Blick nicht nach Westen, sondern nach Osten wendend, offenbart sich einem ein beeindruckendes Bild: Das vielfältige und bunte Spektrum der indischen Bevölkerung scheint hier wie in einem Mikrokosmos vereint in der Verehrung der göttlichen Sonne. Wie auf einem Vogelhorst sitzen die in ihre bunten Saris und Anzüge gekleideten indischen Urlauber auf den steilen Treppenstufen und Terrassen und so bieten sich immer wieder interessante Fotomotive.

Achaleshwar-Mahadev-Tempel

Über 200 Treppenstufen muss man erklimmen, bis man zu dem an einem Berghang gelegenen kleinen Shiva-Tempel gelangt, von wo sich ein herrlicher Ausblick auf das wildzerklüftete Hochplateau des Mount Abu bietet. Um den Ursprung des sich am Fuße des Berges befindenden Tempels rankt sich eine hübsche **Legende:** Als der Mount Abu kurz nach seiner Errichtung noch recht wackelig am Abgrund gestanden hat, soll ihn Shiva durch einen energischen Fußtritt in die heutige, stabile Lage gebracht haben. Dabei verlor Shiva jedoch seinen großen Zeh, und selbiger wird nun in Form eines Felsens am Tempel verehrt. Das sich unter dem Felsen-Zeh abzeichnende Loch, so wird einem versichert, soll bis zum Mittelpunkt der Erde führen. Achtung beim

Balley's Walk

Wer sich der Massenbewegung zum Sunset Point nicht anschließen möchte, dem bietet sich als Alternative ein wunderschöner, etwa anderthalbstündiger **Spaziergang** durch weitgehend unberührte Natur an. Der nach einem britischen Offizier, der im 19. Jahrhundert auf diesem Weg spurlos verschwand, Balley's Walk benannte Weg beginnt am nordöstlichen Ende des **Nakki-Sees.** Nach den ersten recht steilen fünf Fußminuten verläuft der Trampelpfad kontinuierlich und ohne große Höhenunterschiede um den Berg. Man sollte früh genug aufbrechen, um die unterwegs sich immer wieder bietenden grandiosen Aussichten in die steil abfallende Ebene in aller Ruhe genießen zu können. Zur Regenzeit ist der Weg zugewachsen und nur schwer passierbar. Man sollte nicht allein gehen, da es gelegentlich zu Überfällen gekommen ist.

Betreten des sehr niedrigen Tempels – „please watch your head"! Im Tempelhof ist ein sehr schöner Nandi (Shivas Reittier, ein Bulle) aus dem 15. Jh. zu sehen.

Der besondere Tipp: Dilwara-Tempel

„**Ein Traum in Marmor**" sind die Jain-Tempel im fünf Kilometer nordöstlich von Mount Abu gelegenen Dilwara einmal euphorisch und treffend zugleich genannt worden. Doch wer nach einer hübschen Wanderung schließlich am Tempelgelände anlangt, mag zunächst ein wenig enttäuscht sein, weist doch von außen wenig auf die angebliche Pracht des Ortes hin. Eher versteckt zwischen Felsenhügeln und Mangohainen liegen die insgesamt vier Tempel, und auch ihre Fassaden wirken recht schmucklos.

Um so überwältigender ist dann allerdings der Eindruck im Inneren des **Vimala-Tempels,** des ältesten und bedeutendsten der Tempelgruppe. Man weiß gar nicht, wohin man zuerst schauen soll, so überreich sind die Wände, Säulen, Dächer und Arkaden mit kunstvoll aus dem weiß schimmernden, scheinbar durchsichtigen Marmor gehauenen Figuren besetzt. Derart fein sind die Musikanten, vollbusigen Tänzerinnen und Göttergestalten in ihren eleganten Körperhaltungen aus dem Marmor gemeißelt, dass man meint, sie würden schweben. Wenn man dann noch die beinahe jeden Ast und jedes Blatt in all seinen Feinheiten erfassenden Blumen- und Blütenmotive sieht, die sich um die einzelnen figürlichen Darstellungen ranken, kann man ermessen, warum 2.700 Arbeiter und Kunsthandwerker 14 Jahre benötigten, um dieses einmalige Kunstwerk zu erstellen.

Angeblich soll der Bauherr, ein Minister des Königs von Gujarat, nach der Fertigstellung des Tempels im Jahre 1031 so beglückt gewesen sein, dass er die Handwerker mit Silber entsprechend dem Gewicht des während der Bauarbeiten angefallenen Staubes entlohnte.

Trotz der zunächst verwirrenden Vielfalt von Figuren, Hallen und Innenhöfen ist der Aufbau des Tempels im Grunde recht einfach. Im Mittelpunkt steht die Cella mit dem Jain-Heiligen, dem der jeweilige Tempel geweiht ist, in diesem Falle *Adinath*, dem ersten Furtbereiter. Die daran anschließende Vorhalle mit ihren wunderschön geschnitzten Säulen führt in einen großen rechteckigen Innenhof, der von 52 aneinandergereihten Zellen umgeben ist, in denen sich jeweils identisch aussehende Skulpturen der Tirthankaras finden. Die dem Sanktuarium vorgelagerte Zwischenhalle beherbergt eine kleine silberne Pagode, die die himmlische Predigthalle des Tirthankara nach seiner Erleuchtung symbolisieren soll.

Bei aller Vielfalt innerhalb des 33 m langen und 14 m breiten Tempels ragt doch der einzigartige **Tanzpavillon** als Höhepunkt der Anlage heraus. Die acht Säulen des von drei Seiten frei zugänglichen *ranga-mandapa* sind mit floralen, geometrischen und figuralen Motiven überreich verziert und durch geschwungene, bis ins kleinste Detail verzierte Bögen miteinander verbunden. In der Mitte hängt ein Pendentif in Form einer Lotosblüte, ein immer wiederkehrendes Motiv, welches sowohl mikrokosmisch die Erleuchtung des Einzelnen als auch makrokosmisch das All als Ganzes darstellen soll. Wie ein Strahlenkranz umgeben 16 Wissensgöttinnen auf Konsolen das Mittelmotiv.

Die beiden **benachbarten Tempel**, 200 Jahre später entstanden, folgten, von kleinen Abweichungen abgesehen, ihrem Vorbild. Nur der vierte, im 16. Jh. als letzter hinzugefügte **Chaumukh-Tempel** unterscheidet sich deutlich von den drei anderen, reicht jedoch auch bei weitem nicht an deren Niveau heran.

■ **Öffnungszeiten:** Der Tempelkomplex ist für Nicht-Jains täglich von 12 bis 18 Uhr geöffnet. Leider gilt für diesen wunderschönen Tempel ein **striktes Fotografierverbot!** Händler auf dem Weg zum Tempel verkaufen Fotos davon – handeln ist angebracht! Die Anfahrt mit Taxi kostet 50 Rs.

Praktische Tipps

Information

■ **Vorwahl:** 02974
■ Das **Tourist Office** (Tel.: 243151) liegt günstig direkt gegenüber dem Busbahnhof. Zu Individualreisenden ist man jedoch leider weit weniger freundlich als zu gutsituierten Touristen.

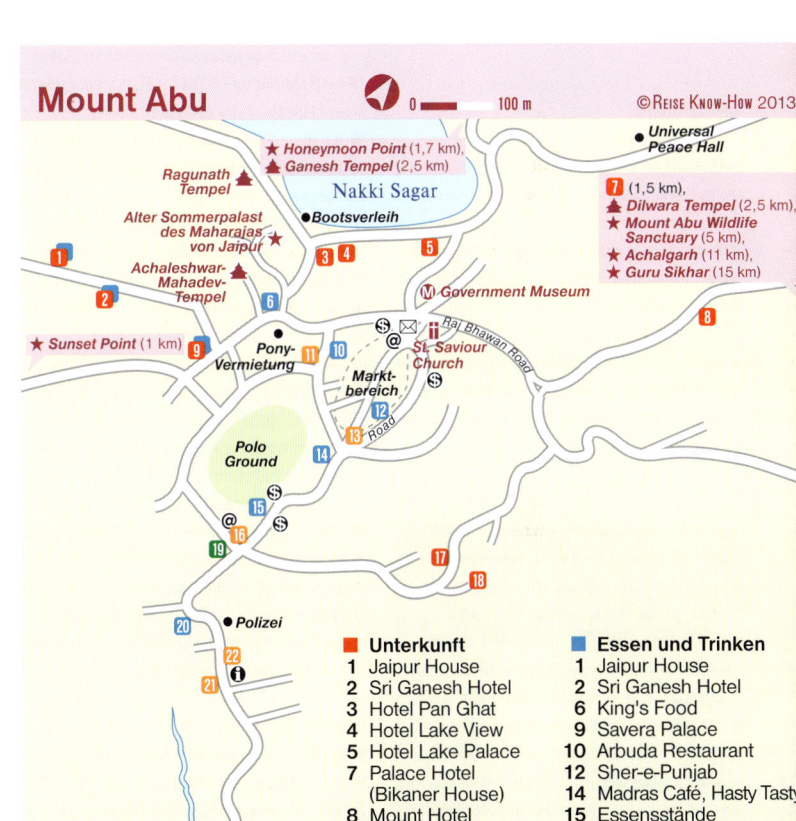

Stadtverkehr

■ Mt. Abu ist eine Stadt, die erwandert werden kann, zumal die Entfernungen gering sind. Autorikshas stehen dementsprechend auch nicht zur Verfügung, dafür jedoch eine Fortbewegungsart, die mir nirgendwo sonst in Indien begegnet ist: **Bollerwagen**. Vornehmlich beim Busbahnhof stehen meist ältere Herren mit diesen kleinen Blechkisten, um entweder das Gepäck oder einen selbst zum Hotel zu schieben. Wem's gefällt ...
■ **Taxis** fahren zum Einheitspreis von 50 Rs.

Unterkunft

Die Auswahl ist mit über 100 Hotels und Guest Houses enorm. Dennoch kann es in der Hauptsaison zwischen Mai und Juli sowie zum Diwali-Fest im November und um Weihnachten zu Engpässen kommen. Speziell zum fünftägigen Diwali explodieren die Preise förmlich. Für ein Zimmer, welches normalerweise 1.000 Rs kostet, muss man dann 3.000 bis 4.000 Rs zahlen.

Außerhalb der Saison stehen dagegen viele Hotels leer. Viel hängt vom persönlichen Verhandlungsgeschick ab, und so können die folgenden Preisangaben der Nebensaison auch nur eine Orientierungshilfe sein. Da Mount Abu nur selten von Westlern oder Geschäftsreisenden besucht wird, liegt der Hotelstandard bis auf wenige Ausnahmen unterhalb des ansonsten in Touristenorten gebotenen Niveaus. Dies gilt speziell im unterem Preissegment.

Untere Preiskategorie:

■ Das mit Dachgarten, Internet, Gästeküche sowie gutem Restaurant versehene **Sri Ganesh Hotel** € (Tel.: 237292, lalit_ganesh@yahoo.co.in) ist beliebt. Die Zimmer sind allerdings von sehr unterschiedlicher Qualität.

■ Das **Hotel Sudhir** €–€€ (Tel.: 243120) in einer ruhigen Seitenstraße bietet eine passable Alternative.

■ Was die See-Nähe betrifft, ist das direkt oberhalb des Nakki-Sees gelegene **Hotel Lake View** €–€€ (Tel.: 238659) unschlagbar. Um diese Lage würden sich sicherlich viele First-Class-Hotels reißen, denn die Aussicht auf den hübschen See und die ihn umgebenden Berge ist wirklich nur traumhaft zu nennen. Die hervorragende Aussicht kompensiert die schmucklose Ausstattung der Zimmer und den renovierungsbedürftigen Allgemeinzustand allerdings nur bedingt.

■ Sehr freundlich ist der Manager des **Hotel Pan Ghat** € (Tel.: 238386) direkt nebenan. Auch diese Unterkunft besticht durch ihre vorzügliche Lage mit einem sehr schönen Blick von der Dachterrasse. Ähnlich wie beim Lake View sind die Zimmer bescheiden eingerichtet.

■ Wen die Lage etwas außerhalb der Stadt an der Straße zu den Dilwara-Tempeln nicht stört, der findet in der unteren Preiskategorie kaum eine schönere Unterkunft als das **Mount Hotel** €–€€ (Tel.: 235150). Friedvolle Atmosphäre, hübsche Zimmer und freundliches Personal, das alles zu einem äußerst günstigen Preis.

Mittlere Preiskategorie:

■ Empfehlenswert und in der Nebensaison ausgesprochen preiswert ist das **Hotel Lake Palace** €€€ (Tel.: 237154, savshanti@hotmail.com), die ehemalige Sommerresidenz eines Maharajas. Die Lage unmittelbar am See, der hübsche Garten und das freundliche Personal – alles zusammen in Verbindung mit dem niedrigen Preis machen es zu einer empfehlenswerten Adresse.

Wer einmal mit einem ebenso engagierten wie informierten und zudem äußerst vertrauenswürdigen und sympathischen Führer die sehr attraktive Landschaft in der Umgebung Mt. Abus kennenlernen möchte, findet mit **Guide Charles** eine ideale Person. Er bietet von Halbtages- (380 Rs) über Eintagestouren (800 Rs) bis zu Treks mit Übernachtung in einem Dorf in der Umgebung (1.500 Rs inkl. drei Mahlzeiten) eine Vielzahl von Touren an, bei denen man einen tiefen Einblick in die Lebensbedingungen der einheimischen Bevölkerung erhält. Charles, der sehr gut Englisch spricht, wird immer wieder von Lesern empfohlen, die beeindruckende Touren mit ihm erlebt haben. Er ist über das Lake Palace Hotel zu kontaktieren, seine Tel.-Nr.: 237154, www.mount-abu-treks.blogspot.com.

■ Unter gleichem Management läuft das an der Straße zum Sunset Point gelegene **Savera Palace** €€-€€€ (Tel.: 238354). Zwar verfügt es nicht über den stilvollen Charme des Lake Palace, bietet dafür jedoch andere Annehmlichkeiten wie z.B. einen Swimmingpool und ein hervorragendes Restaurant. Eine besonders von Familien mit Kindern bevorzugte Unterkunft.

■ Eines der besten Hotels der Stadt ist zweifelsohne das äußerst gepflegte und freundliche **Hotel Hillock** €€€€ (Tel.: 238463, www.hotelhillock.com). Die Zimmer sind hell und geräumig, das Personal sehr freundlich und bemüht, und zudem verfügt das Hotel über ein sehr gutes Restaurant.

■ Etwas preiswerter ist das ebenfalls sehr empfehlenswerte, gegenüber dem Hillock gelegene **Hotel Maharani** €€€ (Tel.: 238510).

■ Wer es eher etwas romantischer mag, dem sei das oberhalb des Hillock gelegene **Sunrise Palace** €€€ (Tel.: 238775) empfohlen. Der ehemalige Sommerpalast des Maharajas von Bharatpur ist zwar etwas in die Jahre gekommen und könnte eine Generalüberholung ganz gut gebrauchen, doch das Flair vergangener Schönheit gibt dem ganzen einen speziellen Reiz.

■ Das nostalgisch schöne **Palace Hotel (Bikaner House)** €€€€ (Tel.: 238673, www.palacehotelbikanerhouse.com) war einst die Sommerresidenz des Maharajas von Bikaner und gehört heute zu den schönsten Hotels von Mount Abu. Die 24 elegant gestalteten Zimmer tragen hierzu ebenso bei wie die schöne Lage in der Nähe des Dilwara-Tempels. Das Haus ist umgeben von einer sehr gepflegten Gartenanlage und verfügt über zwei Tennisplätze. Geleitet wird das Hotel vom sehr sympathischen Schwiegersohn des Maharajas. Es ist vergleichsweise preiswert und dementsprechend oft ausgebucht.

Obere Preiskategorie:

■ Nur wenige Minuten zu Fuß vom Stadtzentrum entfernt liegt das **Connaught House** €€€€€ (Tel.: 238560, www.jodhanaheritage.com), die ehemalige Sommerresidenz des Maharajas von Jodhpur. Während die Zimmer im Hauptgebäude wegen ihres kolonialen Ambientes zu gefallen wissen, verfügen jene im Neubau über eine schöne Terrasse mit Ausblick.

■ Aus Maharaja-Zeiten stammt das **Jaipur House** €€€€-€€€€€ (Tel.: 235176, www.royalfamilyjaipur.com) oberhalb der Stadt mit toller Aussicht auf See, Stadt und Umgebung. Besonders schön sitzt es sich im Garten des auch Nicht-Gästen zugänglichen Dachrestaurants. Leider halten die Zimmer (viele etwas klein geraten und renovierungsbedürftig) und der wenn überhaupt durchschnittliche Service nicht, was das Äußere verspricht.

Essen und Trinken

Ebenso groß wie bei den Unterkünften ist auch die Auswahl beim Essen. Weniger erfreulich ist das Preisniveau, welches erheblich über dem Landesdurchschnitt liegt, unabhängig von Haupt- und Nebensaison.

■ Nicht nur wegen seiner günstigen Lage etwas oberhalb des Busbahnhofs, sondern vor allem aufgrund seiner guten und für Mt.-Abu-Verhältnisse preiswerten südindischen Küche erfreut sich die **Kanak Dining Hall** großer Beliebtheit.

■ Exzellent ist auch das **Sher-e-Punjab-Hotel** beim Gemüsemarkt. Besonders lecker ist das *chicken special.*

■ Im **Madras Café** kann sowohl an der Straße wie auch innen oder auf dem Dach gespeist werden. Gute, aber überteuerte Fruchtsäfte, Eis und Kaffee gibt's im **Hasty Tasty** vor dem Madras Café.

■ Ausgezeichnet ist das **Mayur Restaurant** im 1. Stock des Hotel Hillock. Ausgezeichnete Thalis sowie chinesische Gerichte machen es zum besten Hotel-Restaurant der Stadt.

■ **Kings' Food** bietet kulinarisch nichts Außergewöhnliches, dafür ist es ein guter Ort, um bei einem nachmittäglichen Kaffee das bunte Treiben an sich vorbeiziehen zu lassen.

■ Günstig und lecker und das auch noch in angenehmer Umgebung isst man im **Arbuda Restaurant.** Das Open-Air-Restaurant bietet Gerichte von 50 bis 120 Rs.

■ Gar nicht zu verachten sind die vielen kleinen **Essensstände** entlang der Hauptstraße mit diversen Snacks, z.B. frisch zubereiteten Omelettsandwiches.

■ Aussicht und Essen sind gleichermaßen vorzüglich auf der Terrasse des **Jaipur House**. Selbst wer nicht 200–300

Rs für ein Gericht ausgeben will, sollte zumindest einmal auf einen Drink vorbeischauen (Lassi 125 Rs) und den Ausblick auf den See genießen.

Bank, Internet

■ Die **State Bank of Bikaner & Jaipur** wechselt Bares (hier gibt's auch einen ATM für die wichtigen Kreditkarten bis auf AmEx), die **Union Bank of India** nimmt auch Reiseschecks und die meisten Kreditkarten.

■ Internetsurfen kostet in Mt. Abu 30–50 Rs/Std. In der Nähe des Marktes ist das **Yanj-Ya Cyber Zone** am besten, hier kann man auch CDs oder DVDs brennen. Auch **Shree Krishna Cyber** (9–22 Uhr) ist schnell genug.

An- und Weiterreise

Mt. Abu selbst kann **nur per Bus bzw. Taxi** angefahren werden. Der **nächstgelegene Bahnhof** ist Abu Road am Fuße des Tafelberges, 27 km entfernt. Von dort fahren ständig Busse, die den steilen Anstieg in etwa einer Stunde bewältigen. Da sie jedoch oftmals hoffnungslos überfüllt sind, bieten sich Taxen als Alternative an. Preis ca. 250 Rs, maximal 5 Personen. Egal wie man ankommt, jeder muss beim Passieren der Einlassschranke eine **Gebühr** von 10 Rs zahlen. Generell sind Busverbindungen vorzuziehen, da dann das umständliche und zeitaufwendige Umsteigen in Abu Road entfällt.

Bahn:

Das **Railway Booking Office** in Mt. Abu findet sich über dem Tourist Office (Tel.: 221205, 8–20 Uhr geöffnet). Hier können Reservierungen für Züge ab Abu Rd. vorgenommen werden. Wichtige Verbindungen sind im Anhang aufgelistet.

Bus:

■ Eine Vielzahl von privaten Busgesellschaften bieten Fahrten zu fast allen größeren Städten Rajasthans und Gujarats an. Die Abfahrtszeiten liegen meist um 8.30 Uhr früh für längere Entfernungen. Sechs Busse tgl. nach **Udaipur** (5,5 Std.). Nach **Jaipur** (12 Std.) und **Ajmer** (10 Std.) zwei Busse tgl. Nach **Jodhpur** (7 Std.), **Jaisalmer** (11 Std.) und **Delhi** (18 Std.) jeweils ein Bus.

Jodhpur

IV/B3

– spektakuläre Festung

Mit dem fantastischen Meherangarh Fort, dem Umaid Bhawan, einem gewaltigen, erst Mitte des 20. Jahrhunderts fertig gestellten Palast, und der schönen Altstadt gehört Jodhpur zu den besuchenswertesten Städten Rajasthans und rechtfertigt einen mehrtägigen Aufenthalt, bevor man sich von hier auf den langen Weg in die alte Karawanenstadt Jaisalmer an der Grenze zu Pakistan begibt.

„Stadt des Lichts" wird die zweitgrößte Stadt Rajasthans auch genannt. Und tatsächlich bekommt man hier einen ersten Eindruck vom einzigartigen Licht- und Farbenspiel der **Wüste Thar,** an deren Rand die ehemalige Hauptstadt des Marwar-Reiches liegt. Besonders beeindruckend ist das **Indigo-Blau** vieler Häuser in der Altstadt. Ursprünglich als Farbe den Brahmanen vorbehalten, ist es heute zu einem der markantesten Merkmale der „blauen Stadt" geworden.

Geschichte

1459 sah sich *Rao Jodha* (1451–92), Anführer der **Rathor,** eines der bedeutendsten Fürstengeschlechter Rajasthans, angesichts der von Delhi anrückenden islamischen Invasoren gezwungen, seine Hauptstadt vom wenig befestigten Mandore, das seit 1395 als Hauptstadt gedient hatte, ins nur acht Kilometer südlich gelegene Jodhpur zu verlegen. Hier wurde umgehend mit dem Bau des Meherangarh-Forts begonnen. Schnell konnten die Rathors aus dem Hause Marwar ihre Machtbasis erweitern, woran vornehmlich *Rao Bi Katshi*, einer der Söhne *Rao Singhs*, mit der Gründung der großen Festungsstadt Bikaner im Norden 1488 großen Anteil hatte. *Jodhas* Enkel *Ganga* musste jedoch nach mehreren Niederlagen (an der Seite Chittorgarhs) gegen den ersten Großmogul Babur die **Oberherrschaft der Moguln** anerkennen.

Er trat, wie so viele andere Rajputenfürsten auch, in die Dienste der Herrscher von Delhi. So eroberte *Raja Singh* (1594–1619) im Auftrage *Akhbars* große Teile Gujarats und des Dekhan. Jodhpurs Lage an der den Handel zwischen Delhi und den Hafenstädten Gujarats verbindenden Karawanenroute war der eigentliche Grund für den Aufstieg der Rathors zu einem der bedeutendsten Rajputengeschlechter. *Raja Singhs* Enkel *Jaswant Singh* (1635–78) führte die Truppen *Shah Jahans* gegen dessen aufsässigen Sohn *Aurangzeb*, dem es schließlich 1679 gelang, Jodhpur zu annektieren. Im nun folgenden dreißigjährigen **Befreiungskampf** verbündeten sich die Rathors von Marwar mit den Sissodias von Udaipur, und ein Jahr nach dem Tod *Aurangzebs* im Jahre 1707 bestieg mit *Ajid Singh* wieder ein Rathor den Thron Jodhpurs.

1818 schließlich erkannten die Marwaris unter *Man Singh* die **britische Oberherrschaft** offiziell an, konnten jedoch, zumindest nominell, ihre Unabhängigkeit bewahren. Dies erwies sich schon 1857 als nützlich, als sich die indischen Truppen in der britischen Armee erhoben und auch in der Legion von Jodhpur Meuterei ausbrach. Die Maharajas, den Briten für die gesicherte Position zu Dank verpflichtet, standen ihrem Vertragspartner zur Seite, und so konnte der Aufstand schließlich niedergeschlagen werden. Auch in den beiden Weltkriegen unterstützte Jodhpur die Kolonialherren. So verwundert es nicht, dass Jodhpur nur widerstrebend am 30. März 1949 der Indischen Union beitrat.

Blick vom Meherangarh-Fort auf Jodhpur, die zweitgrößte Stadt Rajasthans

Sehenswertes

Stadtrundfahrt

■ Das **Tourist Office** (Tel.: 2545083, High Court Rd.) führt täglich zwei Stadtrundfahrten von 9–13 und 14–18 Uhr durch. Neben dem Meherangarh Fort, dem Umaid-Bhawan-Palast und dem Jaswant Thada sind darin auch die Mandore-Gärten 9 km außerhalb enthalten. Preis pro Person 90 Rs, ohne Eintrittsgelder, Abfahrt vom Tourist Bungalow.

Highlight: Meherangar-Fort

„Von Titanen erbaut" erschien das gewaltige, inmitten der Altstadt von Jodhpur gelegene Meherangarh-Fort schon *Rudyard Kipling*. Tatsächlich dokumentiert der Anblick dieser im wahrsten Sinne des Wortes alles überragenden **Palastanlage** auch architektonisch die uneingeschränkte und allumfassende Herrschaft der Rajputenfürsten. Wer mochte es angesichts dieser geradezu erdrückenden Macht schon wagen, gegen die Potentaten zu rebellieren?

Vor die schwierige Aufgabe gestellt, unter all den faszinierenden Festungsanlagen Rajasthans die beeindruckendste auszuwählen, würde das Meherangarh-Fort in Jodhpur sicherlich am häufigsten genannt. Geradezu märchenhaft, wie diese riesige, aus einem 120 Meter hohen Felsen scheinbar herauswachsende Palastanlage im Abendlicht rosarot über der Stadt erstrahlt. Genauso beeindruckend ist der morgendliche Blick von den bis zu 32 Meter hohen Festungsmauern auf die Altstadt mit ihren tiefblau bemalten Brahmanenhäusern.

Jedes der insgesamt **sieben Festungstore**, die während des steilen, serpentinenartigen, von hohen Mauern begrenzten Aufstiegs zum Palast zu durchqueren sind, trägt Spuren der ereignisreichen Geschichte des Hauses Mewar. Die farblich markierten Einschläge beim Lakkan-Tor stammen aus den Kanonenkugeln der Truppen Jaipurs, die Anfang des 19. Jh. vergeblich versuchten, das Fort zu erobern. Das heute als Eingangstor zum Fort dienende Jaya Pol (Siegestor) ließ *Maharaja Man Singh* anlässlich dieses Sieges 1809 errichten.

Ein im wahrsten Sinne des Wortes markantes (und makabres) Beispiel des **Sati-Kultes** findet sich mit den 32 Handabdrücken zu beiden Seiten des mit Eisenstacheln übersäten Loha Pol. Hier hinterließen die Prinzessinnen der verschiedenen Maharajas eine letzte Erinnerung, bevor sie sich auf dem Scheiterhaufen ihres verstorbenen Mannes mitverbrennen ließen. Obwohl von den Briten schon Anfang des 19. Jh. verboten, soll sich noch 1953 die letzte Sati aus dem Königshaus von Jodhpur selbst verbrannt haben.

Ähnlich verwinkelt wie der Aufstieg zum **Palast** sind die Treppen und Gänge innerhalb des vor allem durch seine sehr schönen Ornamentierungen beeindruckenden Sandsteinpa-

Audioführung durch das Fort

Ganz ausgezeichnet und unübertroffen in Indien ist die im Preis inbegriffene Audioführung durch das Fort (auch auf Deutsch). Anhand von über 30 ausgewählten Objekten wird der Besucher mit fundierten Informationen durch den Palastkomplex geleitet. Außerdem erhält man hochinteressante Hintergrundinformationen zu Themen wie dem Gebrauch von Opium oder dem Sati-Kult. Darüber hinaus erzählt der derzeit regierende Maharaja von Jodhpur von seinen Erfahrungen während der Krönungszeremonie und berichtet über weitere Erlebnisse seiner fünfzigjährigen Herrschaft.

lastes. Die filigranen Steinmetzarbeiten an den überhängenden Erkern und Balkonen gehören zu den schönsten Rajasthans, ebenso wie die Ausstattung der einzelnen Räume des Palastes mit antiken Möbeln, vergoldeten Sänften, Kostümen, Musikinstrumenten, Kinderwiegen, Waffen und Schmuckvitrinen. Besonders beeindruckend sind dabei die Miniaturmalereien in Umaid Vilas.

Nach Beendigung des Rundganges sollte man auf jeden Fall den einzigartigen **Ausblick** von den mit Kanonen bestückten südlichen Festungsmauern auf die sich weit ausbreitende Altstadt Jodhpurs genießen.

■ **Geöffnet** ist der Palast tgl. 9–13 und 14–17.30 Uhr. Der Eintritt beträgt 300 Rs, Kameragebühr 100 Rs, Video weitere 200 Rs. Ein meist fachkundiger Guide, ebenfalls am Tickethäuschen zu buchen, kostet 100 Rs.

Der besondere Tipp: Ziplining über Jodhpur

Sightseeing mal anders – aus der **Vogelperspektive**. Alles, was man hierfür benötigt, ist ein wenig Abenteuerlust und ein bisschen Kleingeld. Belohnt wird man mit einem einzigartigen Erlebnis! Beim Ziplining hängt man angegurtet an einem **Stahlseil** und „fliegt" etliche Meter über den Boden hinweg. In Jodhpur wurde jüngst eine riesige Anlage installiert: Entlang sechs miteinander verbundener Stahlseile schwebt man an der Nordseite des **Meherangarh Fort** über Paläste, Festungsmauern und Seen hinweg und kommt ob all der grandiosen Aussichten aus dem Staunen gar nicht mehr heraus. Besonders empfehlenswert am Morgen und am späteren Nachmittag, wenn das Licht einen besonderen Farbtupfer setzt. Das Ganze macht einen sehr professionellen und sicheren Eindruck. Mit 1.660 Rs (Kinder 1.330 Rs) für den gesamten Rundkurs (330 Rs für eine Route) ist dieses einmalige Erlebnis jede Rupie wert. Bei Online-Buchung unter www.flyingfox.asia erhält man Ermäßigung und sollte spätestens 30 Minuten vor „Flugbeginn" erscheinen.

Jaswant Thada

Wer der vom Fort in die Stadt führenden Straße folgt, erreicht nach wenigen Hundert Metern eine Abzweigung nach links, die zum **Grabmal** des 1895 verstorbenen *Maharajas Jaswant Singh II.* und aller weiteren nach ihm verstorbenen Herrscher von Jodhpur führt. Die leuchtend weißen Marmorpavillons wecken eher Assoziationen an einen Palast denn an eine Grabstätte und bieten zudem ein hervorragendes Fotomotiv mit dem Meherangarh Fort im Hintergrund.

■ **Öffnungszeiten:** tgl. 10 bis 17 Uhr. Eintritt 30 Rs, Kamera/Video 25/50 Rs.

Der besondere Tipp: Altstadtbummel

Obwohl sie selten von Touristen besucht wird, gehört ein Bummel durch die Altstadt um den sehr lebhaften Gewürz- und Obstmarkt **Sardar Market,** in dessen Mitte der imposante, von den Briten erbaute **Uhrturm** aufragt, zu einem Jodhpur-Aufenthalt unbedingt dazu. Wer das Meherangarh Fort nicht über den Hauptausgang, sondern durch das selten benutzte Südwesttor verlässt, gerät mitten in die von dunkelblau bemalten Häusern bestandenen Gassen entlang der Novechokiya Rd. Ein etwa 30-minütiger Spaziergang voller faszinierender Eindrücke führt von hier entlang einer kleinen Gasse, die bei einem Obstmarkt links vom Hauptweg abzweigt, vorbei an alten

Havelis und Tempelanlagen zum Uhrturm. Wer sich für **Gewürze** interessiert, sollte im Shop 209-B des sehr kenntnisreichen *Mahonlal Verhonal* nahe dem Uhrturm vorbeischauen (Tel.: 2615846, www.mvspices.com).

Umaid-Bhawan-Palast

Beim Blick vom Meherangarh-Fort über die Stadt fällt sofort ein in südöstlicher Richtung auf einer Anhöhe liegendes, riesiges **Palastgebäude** auf. Ausmaß, Baustil, Baujahr – alles erscheint an diesem fünf Kilometer vom Stadtzentrum entfernten Gebäude äußerst ungewöhnlich. Als Anfang der zwanziger Jahre dieses Jahrhunderts nach mehrjährigen Missernten die Bauern ohne Brot und Beschäftigung waren, gab Maharaja *Umaid Singh* als eine Art riesige Arbeitsbeschaffungsmaßnahme den Auftrag zum Bau eines neuen Palastes.

Sicherlich ebenso ausschlaggebend war wohl auch hier, wie bei den meisten Rajputenfürsten Anfang des 20. Jh., der Wunsch, die meist mehrere Jahrhunderte alten Residenzen zu verlassen, um sie gegen neue, den Ansprüchen der Neuzeit genügende Paläste einzutauschen. Über 3.000 Arbeiter und Handwerker benötigten 15 Jahre zur Fertigstellung dieses von einer riesigen Doppelkuppel gekrönten Sandsteinpalastes, der mit seinen 195 mal 103 m und 348 Zimmern wahrlich majestätische Ausmaße aufweist.

Das vom prominenten englischen Architekten *H.W. Lancaster* entworfene Monstrum erinnert an eine Mischung aus Buckingham Palace und Petersdom. Ein Teil des Gebäudes dient als eines der luxuriösesten Hotels Indiens. Der derzeit amtierende Maharaja von Jodhpur „begnügt sich" mit dem kleinen, nur etwa 80 Zimmer umfassenden Südtrakt.

Einige Räume des im Innern etwas düster wirkenden Palastes wurden in ein allerdings nicht sonderlich interessantes **Museum** umgewandelt, wobei die umfangreiche **Uhren- und Porzellansammlung** ins Auge fällt. Während Toilettengänge im übrigen Indien nicht gerade zu den touristischen Höhepunkten zu zählen sind, vermittelt das stille Örtchen im Umaid Bhawan einen lebendigen Ausdruck majestätischen Lebensstils der Maharajas selbst in den profanen Dingen des Lebens.

■ **Geöffnet** ist das Museum tgl. außer Fr von 9 bis 17 Uhr, Eintritt 50 Rs. Für Nicht-Gäste wird für das Hotel ein horrender **Eintrittspreis** von 350 Rs pro Person verlangt, der mit den im Hotel gegessenen Speisen bzw. gekauften Waren verrechnet wird.

Umaid Gardens

Ganz hübsch zum Verschnaufen sind die baumbestandenen **Parkanlagen** des Umaid Gardens im Zentrum. Auch ein kleiner **Zoo** ist vorhanden. Das im Park befindliche **Sardar Government Museum** (Sa–Do 10–16.30 Uhr) mit antiken Waffen, Skulpturen, alten Manuskripten, Miniaturmalereien und leicht angestaubten ausgestopften Tieren ist nicht sonderlich besuchenswert.

Marwar Festival

Alljährlich findet das Marwar Festival statt, mit **rajasthanischem Tanz, Musik und Kamelumzügen.** Das Festival wird auch in Osian, 65 km nördlich von Jodhpur, abgehalten. Während dieser Zeit gibt es zusätzliche, vom Tourist Office organisierte Busse von Jodhpur dorthin.

■ **Die nächsten Termine:**
9.–17.11.2013, 30.10.–6.11.2014

Praktische Tipps

Information

■ **Vorwahl:** 0291
■ Das **Touristenbüro** (Tel.: 2545083) befindet sich an der Highcourt Rd. am Umaid Gardens und ist tgl. außer So 8–20 Uhr geöffnet.

Stadtverkehr

■ Der **Flughafen** liegt nur 5 km vom Stadtzentrum entfernt. Mit dem Taxi sollte es nicht mehr als 200 Rs kosten, mit der Autoriksha max. 100 Rs.
■ Die Preise für die von Touristen am häufigsten befahrenen Strecken vom Bahnhof zum Clocktower, Meherangarh Fort und Umaid Bhawan Palace sollten per **Autoriksha** nicht mehr als 40 bzw. 50 Rs kosten. Verlangt wird vom reichen Sahib natürlich wesentlich mehr.

Unterkunft

Die gute Nachricht: Jodhpur verfügt über eine große Auswahl an Unterkünften aller Preiskategorien. Besonders zu empfehlen sind die in der Altstadt angesiedelten, zu Hotels umgewandelten Havelis. Die schlechte Nachricht: Hier treibt das Kommissionsunwesen der **Rikshafahrer** besondere Blüte. Mit irreführenden Hinweisen (Hotels ausgebucht, schlechtes Essen) werden grundsätzlich nur jene Hotels angefahren, von denen die Fahrer eine saftige Kommissionen (bis zu 50 %) kassieren. Viele der hier aufgeführten Unterkünfte beteiligen sich nicht am Kommissionsgeschäft und werden so von den Rikshafahrern nicht angefahren – es lohnt ein Anruf beim Hotel, welches dann einen kostenlosen Abholservice arrangiert. Im Übrigen befinden sich die allermeisten Hotels in der Altstadt in Gehdistanz zum Uhrturm, sodass man den Rikshafahrer einfach „Clocktower" als Fahrtziel angibt und von dort sein auserkorenes Ziel zu Fuß ansteuert.

Untere Preiskategorie:

■ Eine der schönsten Adressen in der pittoresken Altstadt ist das **Singhvi's Haveli** €–€€€€ (Tel.: 2624293, www.singhvihaveli.com). Das in einem restaurierten Haveli angesiedelte Haus bietet in Größe und Ausstattung unterschiedliche Räume. Alle Zimmer sind ihren Preis wert, doch wer mal fürstlich zu erschwinglichen Preisen logieren möchte, sollte sich in der Maharani Suite einquartieren. Das gemütliche Dachrestaurant bietet köstliche und preiswerte Gerichte. Ein idealer Ort, um die besondere Atmosphäre der Altstadt von Jodhpur in aller Ruhe auf sich wirken zu lassen.

> Besonders im Bereich um den Uhrturm werden westliche Reisende oft von gut gekleideten jungen Männern angesprochen, häufig sogar in gutem Deutsch. Was folgt, ist eine **Einladung in eines der blauen Häuser,** damit man einen Einblick in die traditionelle Wohnweise gewinnen kann, wie es heißt. Klingt gut, sollte aber auf keinen Fall angenommen werden. Viele, die es taten, beklagten hinterher, dass sie in agressiver Weise zur Zahlung eines hohen Eintritts- und Verpflegungsgeldes aufgefordert wurden.

■ Ganz in der Nähe findet sich mit dem **Cosy Guest House** €–€€ (Novechokiya Rd., Tel.: 2612066, (0)982 9023390, www.cosyguesthouse.com) eine weitere sehr empfehlenswerte Billigunterkunft. Nahe dem rückwärtigen Eingang zum Fort gelegen, bietet es saubere, hübsch eingerichtete und preiswerte Zimmer mit TV und schöner Atmosphäre.

■ Viel für wenig Geld bietet auch das **Hotel Haveli** €–€€€ (Tel.: 2614615, www.hotelhaveli.net). Allerdings sollte man sich in einem Zimmer zum Innenhof einmieten, da die nach außen gelegenen Räume sehr unter dem Straßenlärm leiden. Von den nach vorn gelegenen und dem sehr beliebten Dachrestaurant bieten sich schöne Ausblicke auf das Fort und die blau strahlende Stadt. Auch ein Internetcafé ist vorhanden.

Jodhpur

0 — 200 m

■ Unterkunft
1 Singhvi's Haveli
2 Cosy Guest House
3 Raas
4 Yogi Guest House, Krishna Prakash Heritage Haveli
6 Achal Niwas Paying Guest House, Hotel Haveli
7 Pal Haveli
8 Havellee Inn Pal
10 Balsamand Lake Palace
11 The Blue House
14 Govind Hotel
20 Raman Guest House
21 Hotel Ajit Bhawan
23 Umaid Bhawan Palace
25 Ratan Vilas
26 Taj Hari Mahal Palace

■ Essen und Trinken
5 Jhankar Choti Haveli
6 Jharokha
7 Indique
8 Panorama
9 Nirvana Café
17 Kalinga Restaurant
18 Midtown Restaurant
22 On the Rocks

■ Verkehr
13 Busbahnhof
15 Railway Reservation Office
19 Taxistand
24 Air India

■ Einkaufen
12 Sardar Market
16 Saryodava Bookshop

Goyal Hospital (1 km), Rohet (40 km), Udaipur (260 km), Mt. Abu (320 km)

Jodhpur

■ Das alteingesessene **The Blue House** €–€€€ (Tel.: 2621396, www.bluehousejodhpur.com) mitten in der Altstadt, mit Restaurant, bietet sehr unterschiedliche Zimmer, von fensterlosen EZ mit Gemeinschaftsbad bis zu großen, klimatisierten Räumen mit TV.

■ Schöne Zimmer mit Bad und die familiäre Atmosphäre machen das **Achal Niwas Paying Guest House** €–€€€ (Tel.: 2618004, achalniwas_gh@yahoo.com) in der gleichen Ecke zu einer Empfehlung.

■ Wer Wert auf Atmosphäre legt, sollte sich in **Yogi Guest House** €–€€€ (Tel.: 2643436, www.yogiguesthouse.com) einmieten. Obwohl etwas versteckt in einer kleinen Gasse gelegen, ist es recht leicht zu finden, da mehrere Schilder den Weg weisen. Das über 400 Jahre alte Haus verfügt über Zimmer mit Gemeinschaftsbad, AC-Räume mit Balkon und TV sowie ein gutes Dachrestaurant. Einziger Nachteil des ansonsten sehr zu empfehlenden Hauses ist der oftmals bemängelte Service.

■ Das **Govind Hotel** €–€€€ (Tel.: 2622758, www.govindhotel.com) an der Station Road im 2. Stock über einer Bankfiliale hat saubere Zimmer, manche mit TV, manche ohne Fenster. Dafür bietet sich vom guten Dachrestaurant ein toller Blick auf das Meherangarh Fort. Ein billiger Ticket-Service für Bus und Bahn, Internet im Haus, Kamelsafaris im Angebot sowie der sehr hilfsbereite Manager machen es zur besten Wahl dieser Preiskategorie außerhalb der Altstadt. Da dieses Haus nicht von Rikshafahrern angefahren wird (es wird keine Kommission gezahlt), sollte man den nahegelegenen Bahnhof oder das Rail Reservation Office gegenüber dem Hotel als Fahrtziel angeben. Auch privates Wohnen im komfortablen neuen Haus des Besitzers ist möglich.

■ Gut ist das **Raman Guest House** €–€€€ (Shiv Rd., Tel.: 2513980), eine Seitenstraße der Ratanada Rd. hinein, noch in Gehdistanz zum Zentrum. Saubere Zimmer, die teuren mit AC, TV und teils Balkon, freundlicher Service, ruhige Lage, gute Küche und Dachterrasse mit weitem Ausblick sind ein gutes Angebot.

Mittlere Preiskategorie:

■ Eine der schönsten Unterkünfte in der Altstadt ist das entzückende **Pal Haveli** €€€ (Tel.: 2439615, www.palhaveli.com). Das Mitte des 19. Jh. vom Baron von Pali errichtete Herrscherhaus besticht neben seiner stilvollen Atmosphäre durch seine gemütlichen, im typischen Rajputenstil eingerichteten Zimmer und ein ausgezeichnetes Restaurant. Besonders zu empfehlen am Abend bei Kerzenlicht und herrlicher Aussicht über die Stadt.

■ Sehr weitläufig und friedlich wohnt es sich im südlich der Altstadt gelegenen **Ratan Vilas** €€€ (Tel.: 2614418, www.ratanvilas.com). Auch hierbei handelt es sich um eine stilvolle Villa mit hervorragendem Service und ausgezeichnetem Restaurant.

■ Nah am Uhrturm liegt das schöne, 180 Jahre alte **Havellee Inn Pal** €€€ (Tel.: 2612519, www.haveliinnpal.com) mit altem Mobiliar und stilvoller Atmosphäre.

■ In die gleiche Kategorie gehört das **Krishna Prakash Heritage Haveli** €€€ (Tel.: 2633448, www.kpheritage.com) am Fuße des Meherangarh Fort mit 28 Zimmern.

Obere Preiskategorie:

■ Schön ist die Anlage des **Hotel Ajit Bhawan** €€€€€ (Tel.: 2511410, www.ajitbhawan.com) an der Straße zum Flughafen. Die 20 stilvoll eingerichteten Bungalows liegen in einem gepflegten Garten mit Swimmingpool (50 Rs für Nicht-Gäste) und sehenswerter Oldtimer-Sammlung. Jeden Abend findet eine Musik- und Tanzvorführung im typisch rajasthanischen Stil statt.

■ Das strahlend weiße **Taj Hari Mahal Palace** €€€€€ (Tel.: 2439700) ist das Flaggschiff der Taj-Gruppe und bietet inmitten einer weitläufigen Gartenanlage riesige Zimmer mit luxuriösen Bädern und einen sehr schönen Pool. Einzig das Essen entspricht nicht ganz den Erwartungen.

■ Das von der renommierten Taj-Gruppe gemanagte **Umaid Bhawan Palace** €€€€€€ (Tel.: 2510101, www.tajhotels.com) gehört zu den beeindruckendsten Palasthotels der Erde. So ist es auch keine Seltenheit, dass es als Kulisse für in- wie ausländische Filme dient und *Prince Charles* von England ein ebenso häufiger wie gern gesehener Gast ist. Die 64 Suiten sind mit allem Luxus ausgestattet. Ein Augenfang ist allein schon der Swimmingpool.

■ Architektonisch am ambitioniertesten und gleichzeitig gelungensten ist das neu eröffnete **Raas** €€€€€ (Tel.: 2636455, www.raasjodhpur.com). Mitten in der Altstadt und verborgen hinter einem typisch rajputischen Eingangstor öffnet sich ein Boutique-Hotel internationaler

Klasse. Diese Oase der Ruhe besticht durch ihren minimalistischen Stil inmitten traditioneller Baustruktur. Alle 37 Zimmer sind mit modernsten Annehmlichkeiten ausgestattet. Das Restaurant ist ausgezeichnet und ein Spa angeschlossen.

In der Umgebung:

■ Das ehemalige Lustschlösschen **Balsamand Lake Palace** €€€€ (Tel.: 0291-2545991) des Maharajas von Jodhpur ist 8 km von Jodhpur entfernt. Es liegt inmitten einer großzügigen Parklandschaft idyllisch an einem künstlichen See und wurde vor kurzem in eine luxuriöse Unterkunft umgewandelt.

■ **Luni:** Ein stilvolles Heritage Hotel findet sich in dem kleinen Dorf Luni, etwa 30 km südlich von Jodhpur. Das dortige **Fort Chanwa** €€€€ (Tel.: 0291-2532400) ist eine geglückte Umwandlung von historischen Gebäuden in ein hübsches Hotel unter Beibehaltung der typisch rajputischen Atmosphäre. Die 45 Zimmer sind von äußerst unterschiedlicher Qualität und sollten zunächst inspiziert werden. Das Hotel verfügt über einen Pool und organisiert Jeep- oder Kamelsafaris zu den umliegenden Bishnoi-Dörfern.

■ **Sardar Samand:** Eine weitere Möglichkeit, in einem Heritage Hotel ein paar Tage der Erholung einzulegen, bietet das an den Ufern des gleichnamigen Sees gelegene **Sardar Samand Palace Hotel** €€€€ (Tel.: 0291-2545591), ein 1933 als Jagdschloss des Maharajas von Jodhpur im Bauhaus-Stil errichteter Palast.

Der besondere Tipp: Idealer Zwischenstopp – Manvar Desert Camp

■ Ein idealer Ort für einen Zwischenstopp auf halber Strecke **zwischen Jodhpur und Jaisalmer** bietet die sehr hübsche Anlage des **Manvar Desert Camp** €€€€ (Tel.: 0291-2511600, www.manvar.com). Obwohl die meisten Besucher nur einen kleinen Snack bzw. ein Getränk zu sich nehmen, um dann ihre Fahrt fortzusetzen, lohnt sich auch eine Übernachtung in den hübschen, geschmackvoll eingerichteten Lehm-Bungalows. Die gesamte Anlage wurde im typisch rajputischen Stil errichtet und überzeugt durch ihre Ruhe und das freundliche Personal. Im Übrigen bietet sich die wüstenartige Umgebung für **Safaris per Kamel oder Jeep** an. Hierbei erhält man einen hochinteressanten Eindruck der Lebensverhältnisse der Dorfbewohner und kann auf vom Massentourismus noch recht unberührten Sanddünen den Sonnenuntergang bewundern. Im etwa 10 km vom Resort entfernten **Camp** kann man sich in luxuriösen Zelten einmieten.

Essen und Trinken

Eine besondere Spezialität Jodhpurs ist der *makhani lassi* (Butter-Lassi), ein wunderbar cremiges und gleichzeitig erfrischendes Getränk, erhältlich in vielen Restaurants und an Getränkeständen.

■ Was im allgemeinen eher nicht zu empfehlen ist, macht in Jodhpur durchaus Sinn: Essen im Hotel. Die allermeisten Unterkünfte speziell in der Altstadt verfügen über sehr gemütliche **Dachterrassenrestaurants.** Wer möchte nicht bei Kerzenlicht unter dem Sternenhimmel sitzen, mit Blick auf das majestätisch angestrahlte Fort, und dazu klassischer indischer Musik lauschen – das Ganze zu erstaunlich günstigen Preisen? Bei manchen dieser *rooftop restaurants* verspricht das Ambiente wesentlich mehr als das Essen letztlich halten kann. Einige verbinden jedoch Ambiente mit feiner Küche. Zu nennen sind unter anderem das ausgezeichnete **Indique** auf dem Pal Haveli, das **Jharokha** (Hotel Haveli) mit seiner köstlichen vegetarischen Küche und das romantische **Panorama** auf dem Havellee Inn Pal.

■ Ein Liebling der Travellerszene ist das **Jhankar Choti Haveli** in der Nähe des Uhrturms. Mit der umfangreichen Speisekarte von indisch über chinesisch bis europäisch scheint für jeden Geschmack etwas dabei zu sein, bei günstigen Preisen (70–130 Rs), freundlichem Service und toller Aussicht.

■ Ein weiterer Favorit der Individualreisenden ist das **Nirvana Café** in der Ghandi Street. Der eigentliche Clou ist seine Lage inmitten eines bunten Hindutempels. Die Speisekarte ist umfangreich, die Aussicht von der Dachterrasse beeindruckend, das Essen jedoch dem wenig würzigen Geschmack der westlichen Klientel angepasst.

● Weder Schnickschnack noch tolle Aussicht auf irgendwas, dafür authentische indische Gerichte zu günstigen Preisen (80–130 Rs) bietet das **Midtown Restaurant** in der Nähe des Bahnhofs.

● Sehr gut isst man auch im **Kalinga Restaurant** (AC). Dass es sich hierbei um ein authentisch indisches Restaurant handelt, sieht man daran, dass es sich bei den Einheimischen großer Beliebtheit erfreut. Mit Gerichten zwischen 130 und 320 Rs ist es jedoch relativ teuer.

● Umfangreich und zudem in schöner Open-Air-Atmosphäre und bei Volksmusik aus Rajasthan (Beginn 20 Uhr) kann man für 250 Rs im **Hotel Ajit Bhawan** dinieren.

● Für indische Verhältnisse richtiggehend angenehm sitzt es sich im direkt an das Ajit Bhawan angrenzenden und unter gleichem Management befindlichen Restaurant **On the Rocks**. In diesem Gartenrestraurant, zu dem auch eine allerdings recht dunkle Bar gehört, ist die indische Küche sehr schmackhaft. Hauptgerichte 130–340 Rs.

Bank, Post und Internet

● Die **State Bank of India** (Tel.: 2543649, Mo–Fr 10–14 und 15–16 Uhr, Sa 10–13 Uhr) im Gerichtsviertel und die **Bank of Baroda** (Mo–Fr 10–15 Uhr, Sa 10–12.30 Uhr) nahe dem Sojati Pol wechseln Bares und Reiseschecks. Letztere gibt auch auf Visa- und Mastercard für nur 1 % Gebühr Geld. Gegenüber steht ein UTI-Bank-ATM für alle gängigen Karten außer AmEx. Weitere **ATMs** gibt es 50 m rechts vom Govind Hotel in der Station Rd. (ICICI-Bank) sowie einige an der Airport Rd. (an deren Anfang beim Circuit House auch ein LKP-Forex-Büro zu finden ist), wobei der dortige ATM der idbi-Bank auch AmEx-Karten annimmt.

● Die **Hauptpost** nahe dem Bahnhof hat kleinere Ableger in der Altstadt sowie nördlich des High Court an der Mertia Gate Rd. (Mo–Fr 9–15 Uhr, Sa 9–12 Uhr).

● Im Hotelbereich der Altstadt finden sich viele **Internetcafés**, alle durchschnittlich fix zum Stundenpreis von 20–30 Rs. Auch am Clocktower und vor dem Bahnhof gibt's Surfmöglichkeiten.

Medizinische Versorgung

● Das staatliche **M.G. Hospital** (Tel.: 2639851, 2636437, 2636438) wie auch besonders das private **Goyal Hospital** (Residency Rd. gegenüber Rotary Hall, Tel.: 2432144, www.goyalhospital.org) werden empfohlen.

An- und Weiterreise

Flug:

● **Indian Airlines,** 2, West Patel Nagar, Circuit House Rd., Tel.: 2510758, Flughafen: 2512617.

● **Jet Airways,** Tel.: 2625004.

Bahn:

Das **Reservierungsgebäude** liegt etwa 200 m nördlich des Hauptbahnhofs neben der Hauptpost und ist Mo bis Sa 8–20 Uhr geöffnet, So 8–14 Uhr. Schalter 786 ist Touristen vorbehalten.

● Es kommt des öfteren vor, dass der aus Delhi kommende 4059 Delhi Jaisalmer Exp. nach **Jaisalmer** (Abf. Jodhpur 5.15 Uhr, Ank. Jaisalmer 11 Uhr) mehrere Stunden Verspätung hat bzw. ganz abgesagt wird. Deshalb sollte man die im Anhang aufgeführten Verbindungen nach Jaisalmer vorziehen.

● **Mt. Abu** ist, schon weil die Züge nur bis Abu Rd. fahren, wesentlich schneller mit dem Bus zu erreichen.

Bus:

Der leicht chaotische staatliche Busbahnhof findet sich östlich der Innenstadt, während die Busbahnhöfe der Privatanbieter (ehemals am Bahnhof) ca. 2 km weiter nach Südwesten verlegt worden sind. Dennoch befinden sich die meisten ihrer Büros weiterhin in Bahnhofsnähe. Im Folgenden werden staatliche Busverbindungen erwähnt.

● Viele Verbindungen täglich nach **Jaipur** (7 Std.), **Ajmer** (4 Std.) und **Bikaner** (5 Std.).

● Wer nach **Udaipur** will (7 Std.), sollte den Deluxe-Bus nehmen, da dieser über **Ranakpur** fährt, wo die wunderschönen Jain-Tempel einen Zwischenstopp lohnen. Der letzte Bus vom staatlichen Busbahnhof nach Ranakpur (6–7 Std.) fährt um 15 Uhr.

- Von den 15 Bussen, die täglich nach **Jaisalmer** fahren, ist der morgens um 6 Uhr vom privaten Busbahnhof abfahrende Deluxe-Bus einer der bequemsten und schnellsten (5,5 Std.).
- Weitere Verbindungen gibt es nach **Mt. Abu, Kota** (über Bundi) und **Chittorgarh.**

Umgebung von Jodhpur

Mandore   IV/B3

Vorbei am Maha Mandir, einer Siedlung mit einem großen Shiva-Tempel, führt die Straße ins 8 km nördlich gelegene Mandore. Der Ort war für ein halbes Jahrhundert **Hauptstadt der Marwaris,** bevor diese ihre Residenz nach Jodhpur verlegten. Bei Einheimischen ist Mandore mit seinen Rosenbeeten, Wasserläufen, frei umherlaufenden Pfauen und alten Bäumen, in denen sich die Affen austoben, ein beliebtes Ausflugsziel. Inmitten der Gärten am Fuße des alten Forts stehen die äußerst fotogenen Gedenkstätten der ehemaligen Herrscher von Marwar. Die schönsten Chattris wurden *Maharaja Jaswant Singh* und *Maharaja Ajit Singh* gewidmet. In der sogenannten Heldenhalle stehen 16 überlebensgroße, aus dem Fels gemeißelte, bunt bemalte Skulpturen, die historische Figuren und lokale Gottheiten darstellen sollen.

Anreise:
- **Busse** fahren die 9 km lange Strecke zwischen Jodhpur und Mandore den ganzen Tag, der letzte zurück nach Jodhpur etwa um 21.30 Uhr.

Unterkunft:
- Billige Unterkünfte sind das **Deviratan Guest House** € (Tel.: 0291-257 1479) und das **Mandore Guest House** €–€€ (Tel.: 0291-2545620) mit schönem Garten.

Osian   IV/B3

Der heute in der Hitze der Wüste Thar vor sich hin dösende Ort war vom 8. bis 12. Jh. eine lebhafte Handelsstadt am Kreuzungspunkt wichtiger Karawanenstraßen. Aus jener Zeit haben sich insgesamt 16 sehr schöne **Hindu- und Jain-Tempel** erhalten. Die ältesten Sakralbauten stehen auf einer erhöhten Terrasse am Ortsrand und sind in der Tradition des Gupta-Baustils konstruiert. Am beeindruckendsten ist ein sehr fein ornamentierter **Sonnentempel** aus dem 8. Jh. Der in der Nähe befindliche **Stufenbrunnen** war ursprünglich Teil eines Sommerpalastes, von dem jedoch nur noch bescheidene Ruinen erhalten geblieben sind.

Zum **Tempel Sachiya Mata** (Tempel der Wahrhaftigen Mutter), der aus dem 12. Jh. stammt, pilgern vor allem junge Ehepaare und kinderlose Frauen, um bei dieser Fruchtbarkeitsgottheit um die Erfüllung ihres Kinderwunsches zu beten. Besonders gelungen ist der von schön verzierten Torbögen (Toranas) überspannte Treppenaufgang zu dem auf einem Hügel errichteten Tempel. Oben angelangt verdienen die gut erhaltenen Götterfiguren an den Außenwänden der diversen Shikaras Beachtung. Dies gilt insbesondere für die nur selten zu findende Darstellung Shiva und Vishnus in der gemeinsamen Figur der Hari-Hara.

Auch in Osian beeindruckt der große, dem Stifter der Jain-Religion *Mahavira* gewidmete **Jain-Tempel** (7–20.30 Uhr, Eintritt 10 Rs, Kamera 100 Rs) mit einer Fülle an Skulpturenschmuck. Die Götterfiguren, Tempeltänzerinnen, Blumen und Elefantenfriese erinnern an die großartigen Tempelanlagen von Dilwara und Ranakpur. Hauptunterschied der vom Grundriss traditionell gestalteten Anlage ist

Khimsar

IV/B3

das ausschließlich als Baumaterial verwandte rote Sandstein.

Jeweils Ende Oktober findet hier wie auch in Jodhpur das **Marwar Festival** statt, siehe Jodhpur.

Unterkunft

■ Der Tempelpriester der Jain-Tempel vermietet 20 Zimmer in seinem **Guest House** € (Tel.: 02922-273296).
■ Viel Komfort gibt's beim **Camel Camp** €€€€ (Tel.: 0291-2437023). Die auf einer Düne platzierten Zelte belohnen mit angenehmem Wohnkomfort und Blick über den Ort.

Anreise

■ Von Jodhpur fahren halbstündig **Busse** in 1,5 Std. ins 65 km entfernte Osian. Per **Taxi** von Jodhpur müssen inkl. Rückfahrt etwa 600 Rs bezahlt werden.

Ein schöner Ort, um abseits der ausgetretenen Touristenpfade einige Tage der Ruhe und Entspannung im ländlichen Rajasthan zu verbringen, ist der kleine Ort Khimsar, 60 km nördlich von Jodhpur. Khimsar selbst ist ein unscheinbares Dorf, wäre da nicht jenes zum Hotel umgebaute **Fort,** welches zu einem der schönsten **Heritage-Hotels** der Region zählt. Von dem im 17. Jh. erbauten Burghotel Royal Castle lassen sich interessante Ausflüge in die wüstenartige Umgebung unternehmen. Besonders beliebt sind nachmittägliche **Safaris** zu den in der Gegend vorkommenden Antilopen-Herden und den hier besonders zahlreichen Bishnoi-Dörfern. Kehrt man nach dem von der Spitze einer Sanddüne genossenen Sonnenuntergang nach Khimsar zurück, wird einem die zeitlose Schönheit des Ortes bewusst.

Unterkunft

■ Das Heritage Hotel **Royal Castle** €€€€€ (Tel.: 01585-262345, www.khimsarfort.com) ist um einen sehr schönen Swimmingpool herum angelegt. Zum Ausklang des Tages sollte man sich das allabendlich auf den Festungsmauern mit folkloristischer Untermalung angebotene rajasthanische Abendessen nicht entgehen lassen.
■ Der umtriebige Besitzer des Royal Castle hat sieben Kilometer vom Fort entfernt das sehr gelungene **Khimsar Dunes Village** €€€€€ (gleiche Angaben) errichtet. Die 16 äußerst geschmackvoll im Country-Stil eingerichteten Lehmhütten sind um einen kleinen, von Dünen eingerahmten See platziert – eine ideale Kombination aus Wüstenoase und elegantem Wohnen!

◁ Figurenschmuck am Jain-Tempel von Osian

Anreise

■ Alle Busse von **Jodhpur** nach Nagaur passieren auch Khimsar. Sie fahren stündlich zwischen 8 und 20 Uhr.

Highlight:
Jaisalmer
– die goldene Stadt

IV/A3

Goldene Stadt, Traum aus Tausendundeiner Nacht, – solche und ähnliche Vergleiche werden immer wieder bemüht, um den unvergleichlichen Charme dieser inmitten der **Wüste Thar** weitab der nächsten größeren Ansiedlung gelegenen Stadt zu beschreiben. Tatsächlich fällt es schwer, beim Anblick dieser uralten **Karawanenstadt** nicht ins Schwärmen zu geraten. Wie eine Fata Morgana erhebt sich das auf einem achtzig Meter hohen Felsen gelegene und von einer mit 99 Wehrtürmen versehenen Mauer umgebene Fort aus der hitzeflimmernden Wüste.

Dieser Eindruck wird noch verstärkt, betritt man die unterhalb des Forts von einer Stadtmauer eingegrenzte Altstadt. Der allgegenwärtige Wüstenstaub scheint sich hier wie ein Konservierungsmittel über die gänzlich aus gelbbraunen Sandsteinen kunstvoll gefertigten Häuser gelegt zu haben. In den engen Gassen, zwischen den farbenfroh gekleideten Nomaden der umgebenden Wüste, glaubt man sich tatsächlich in eine orientalische Märchenstadt versetzt.

Wenig scheint sich hier seit dem Mittelalter verändert zu haben, als die Kamelkarawanen nach tagelangen, anstrengenden Märschen durch die unbarmherzige Wüste einen langersehnten Zwischenstopp einlegten, bevor sie sich wieder auf den Weg Richtung Vorderer Orient machten, um dort ihre wertvollen Stoffe, Gewürze, Elfenbein und Opium zu verkaufen. Fast nichts, sollte man besser sagen, denn unter das bunte Gemisch der Wüstenvölker hat sich eine typische Erscheinung des 20. Jh. gemischt – der ob all dieser Pracht staunende und allzeit kamerabereite westliche Tourist.

Kein Wunder, dass die jährlich Tausenden von einheimischen wie internationalen Touristen ihre Spuren hinterlassen haben. „Rotenburg ob der Tauber Indiens" ist ein durchaus zutreffender Vergleich, verbergen sich doch hinter den pittoresken Häuserfassaden anstatt kleiner, lokaler Geschäfte inzwischen mehr und mehr Reisebüros, Hotels und Souvenirläden. Gleichzeitig hat das durch den Tourismus in die Stadt fließende Kapital zur Restaurierung vieler vom Verfall bedrohter Patrizierhäuser und Tempel geführt. Insgesamt ist es bei allem Wandel eher erstaunlich, wieviel traditioneller Charme sich in der Goldenen Stadt erhalten hat.

Geschichte

Ähnlich wie die *Rathors* von Jodhpur sah sich 1156 auch der Rajputenfürst *Jaisal* vom Geschlecht der *Bhati* wegen der zunehmenden muslimischen Bedrohung gezwungen, seine mangelhaft befestigte Hauptstadt Lodhruva zu verlassen, um 18 km östlich davon auf einem steil aus der Wüste aufragenden Felsen seine neue Hauptstadt zu errichten. Langsam entwickelte sich Jaisalmer zu einem bedeutenden Stützpunkt an der Karawanen-Route zwischen Indien und dem Vorderen Orient.

Strategisch wie wirtschaftlich wurde die Stadt zu einem begehrten Objekt der muslimischen Eroberer. Nach mehrjähriger Belagerung eroberten 1315 die Truppen *Ala-ud-Din-Khalis* die Stadt. Zuvor hatten sich die Bewoh-

Jaisalmer

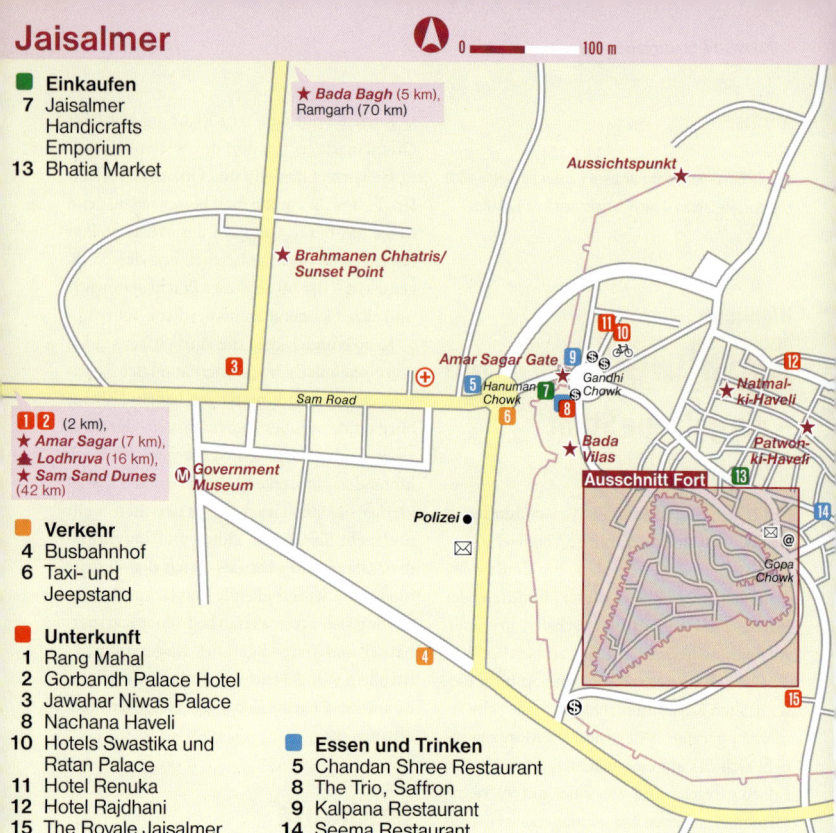

Einkaufen
7 Jaisalmer Handicrafts Emporium
13 Bhatia Market

Verkehr
4 Busbahnhof
6 Taxi- und Jeepstand

Unterkunft
1 Rang Mahal
2 Gorbandh Palace Hotel
3 Jawahar Niwas Palace
8 Nachana Haveli
10 Hotels Swastika und Ratan Palace
11 Hotel Renuka
12 Hotel Rajdhani
15 The Royale Jaisalmer

Essen und Trinken
5 Chandan Shree Restaurant
8 The Trio, Saffron
9 Kalpana Restaurant
14 Seema Restaurant

ner der Stadt, im Angesicht der Hoffnungslosigkeit ihrer Lage, zu dem selbstmörderischen Ritual des *Jauhar* entschlossen. Nach nur zwei Jahren gaben die Eroberer jedoch die Festung wieder auf, und die Bhatis konnten in ihre alte Festung zurückkehren. Weiterhin jedoch blieb Jaisalmer umkämpft, und noch zwei weitere Male zogen ihre Bewohner das grausame Jauhar-Ritual der Unterwerfung vor. Zwischenzeitlich versank die Stadt in Anarchie, wurde zeitweise sogar ganz aufgegeben und verkam zur Geisterstadt.

Erst als sich die Bhatis Mitte des 16. Jh. dem Großmogul unterwarfen und *Maharawal Bhim* den 1562 geschlossenen Vertrag der Verheiratung einer seiner Töchter an den Mogul-Hof besiegelte, trat eine längere Phase des Friedens und **Wohlstands** ein, von dem auch heute noch einige der einzigartigen **Havelis**, der Kaufmannshäuser, zeugen.

1819 schloss auch Jaisalmer unter seinem Herrscher *Rawal Akshey Singh* einen Vertrag mit der East India Company. Doch mit dem Aufkommen Bombays als Umschlagplatz des Seehandels begann Mitte des 19. Jh. der **Niedergang** Jaisalmers. Die alten Handelsrouten verloren mehr und mehr an Bedeutung, zumal das von den Engländern rasch ausgebaute Schienennetz, an das Jaisalmer nicht angeschlossen wurde, die vorher von den Kamel-

disch-pakistanischen Bruderkriege ließen die besondere strategische Bedeutung der Stadt als Vorposten zum Erzfeind Pakistan wieder in den Vordergrund treten. 1968 wurde Jaisalmer ans Schienennetz angebunden, die Straßenverbindungen ausgebaut und eine Militärbasis in der Nähe der Stadt stationiert. Mit dieser **verkehrstechnischen Anbindung** an den Rest Rajasthans kamen auch die ersten Touristen, und heute ist der Tourismus die Haupteinnahmequelle der Stadt – Tendenz: rapide steigend.

Das Fort

Im Gegensatz zu allen anderen Festungsanlagen Rajasthans beherbergte das auf dem 120 m langen und 500 m breiten **Trikuta-Felsen** gelegene Fort zunächst nicht nur den Herrscherpalast, sondern auch alle weiteren Wohn- und Geschäftshäuser der Stadt. Erst Anfang des 17. Jh., als der Platz innerhalb des Forts erschöpft war, mussten sich neuansiedelnde Bürger ihre Häuser unterhalb des Forts errichten. Der damals in Jaisalmer herrschende Wohlstand zog schnell viele Handelsleute in die entlegene Wüstenstadt, sodass diese Neustadt bald größer war als der ursprüngliche Ort.

karawanen durchgeführten Transporte schneller und sicherer abwickelte. Ganz ähnlich wie im Shekhawati, verließen daraufhin die reichen Kaufleute die Stadt und siedelten sich im aufstrebenden Bombay an. Von den 1850 noch über 30.000 Einwohnern in Jaisalmer, bewohnten 100 Jahre später nur noch wenige Tausend Menschen die scheinbar vergessene Stadt. Durch die Abtrennung Pakistans 1947 und den damit einhergehenden Verlust des Hinterlandes schien das Schicksal Jaisalmers endgültig besiegelt.

Doch noch einmal sollte sich das Schicksal der so launischen indischen Geschichte zugunsten Jaisalmers wenden. Die beiden in-

Auch in Jaisalmer wurde der Aufstieg zum Fort aus verteidigungstechnischen Gründen im Zickzackkurs angelegt. Entlang einer windungsreichen, von einigen Souvenirläden flankierten Zufahrt gelangt man schließlich durch das mit reich verzierten Balkonen versehene Hawa Pol auf den großen **Palastvorplatz**. Von dem auf einer Empore neben dem Palasteingang platzierten Marmorthron aus hielt der Rawal von Jaisalmer die Paraden, Feste und Militärzeremonien ab.

Alle Wege innerhalb der Festungsanlage führen zu den das Fort umlaufenden **drei Mau-**

erringen, von wo man besonders bei Sonnenuntergang einen herrlichen Ausblick genießt.

Raj Mahal (Stadtpalast)

Der siebenstöckige, reich verzierte Stadtpalast Raj Mahal besteht aus fünf Gebäudeteilen, die über einen Zeitraum von fünf Jahrhunderten entstanden. Die Wände der Innenräume sind zum Teil mit schönen Malereien versehen, jedoch hat der Palast im Inneren, gerade verglichen mit vielen anderen Rajputenresidenzen, wenig zu bieten. Dafür bietet sich von oben ein sehr schöner Blick über die Altstadtdächer auf die sich anschließende Wüste.

■ **Öffnungszeiten:** 9–18 Uhr, im Eintrittspreis von 150 Rs sind ein Audioguide und Kameragebühr enthalten, Video kostet zusätzlich 150 Rs.

Gassen des Forts

Wenn man vom Palast über den Vorplatz schaut, sieht man hinten rechts eine kleine Straße, die in die extrem engen, kaum Sonnenlicht gestattenden Gassen des Forts führt. Hier scheint sich seit Jahrhunderten nichts verändert zu haben. Offene stinkende Kanäle, Ratten, Hunde und Kühe bestimmen das mittelalterlich anmutende Bild. Viele der oft verfallenen Häuser stehen leer, da die Bewohner in den letzten Jahren aufgrund der dort herrschenden besseren hygienischen Verhältnisse in die unterhalb des Forts gelegene Neustadt gezogen sind.

▷ Die Havelis in Jaisalmer zeichnen sich durch besonders filigrane Steinmetzarbeiten an den Sandsteinfassaden aus

Jain-Tempel

Besonders deutlich wird der Platzmangel bei den fünf Jain-Tempeln, die von den in Jaisalmer stark vertretenen Jains zwischen dem 14. und 16. Jh. erbaut wurden. Die Tempel sind derart ineinander verschachtelt, dass sie wie ein einziges Bauwerk wirken. Wie so oft bei Jain-Heiligtümern zeichnen sich auch diese durch ihre ungemein **reiche Ornamentierung** aus. Blumenornamente, Tänzerinnen, Liebespaare und Tiere bedecken Säulen, Wände und Decken. In den Nischen des Korridors, der das Tempelinnere umgibt, sitzen unzählige, immer gleich aussehende Tirthankaras.

■ **Öffnungszeiten:** tgl. 8–12.30 Uhr, Eintritt 10 Rs, Foto- und Videogebühr 50/100 Rs.

Gyan-Bhandar-Bibliothek

Unterhalb des **Sambhavanath-Tempels,** in dem das mit vollbusigen Tempeltänzerinnen verzierte Tempeldach auffällt, findet sich in einem engen unterirdischen Raum die Gyan-Bhandar-Bibliothek mit wertvollen, z.T. auf Palmblättern geschriebenen **Jaina-Manuskripten.** Von hier soll ein 16 km langer Tunnel zur alten Hauptstadt Lodhruva führen.

■ **Öffnungszeiten:** 8 bis 17 Uhr.

Havelis

Jaisalmer ist ein einziges Freilichtmuseum voller Lebensfülle und exotischer Eindrücke. An jeder Straßenecke bieten sich dem Besucher neue unverwechselbare Motive, und er weiß gar nicht, wo er zuerst hinschauen soll. Dennoch stellen die von reichen Geschäfts-

Jaisalmer

leuten erbauten **Wohn- und Geschäftshäuser** die eigentliche Kostbarkeit Jaisalmers dar. Es gibt diese Havelis zwar auch in anderen Orten Rajasthans, vor allem in der Shekhawati-Region, doch nirgendwo sonst sind sie so betörend schön wie in Jaisalmer. Im weichen und damit leicht zu bearbeitenden Sandstein Jaisalmers haben die muslimischen Handwerker wahre Wunderwerke filigraner Baukunst hervorgebracht, und man muss schon zweimal hinschauen, um zu erkennen, dass es sich tatsächlich um **Steinmetzarbeiten** und nicht um Holzschnitzkunst handelt.

Salim-Singh-ki-Haveli

Eines der auffälligsten Kaufmannshäuser ist das um 1815 erbaute Salim-Singh-ki-Haveli. Der recht schmale Unterbau wird von einem weit auskragenden Obergeschoss mit unzähligen pavillonartigen Kuppeldächern überragt. *Salim Singh Mota* war von 1784 bis 1824 Premierminister, übte jedoch de facto die Macht im Fürstentum aus. Zur Herrschaftssicherung schreckte der Tyrann auch vor der Ermordung zweier seiner Konkurrenten nicht zurück. Um seine herausragende Stellung auch architektonisch zu dokumentieren, plante er, eine Brücke von seinem Haveli zum Palast zu bauen. Schließlich wurde er jedoch von dem bis dahin von ihm abhängigen Maharaja ermordet.

■ Das Haveli ist für einen Obulus von 20 Rs (Video 15 Rs) zwischen 8 und 18 Uhr zugänglich. Ein schöner Blick bietet sich auch vom Dach des gegenüber gelegenen Souvenirshops. Dass der Ladeninhaber für diesen Service nachher eine Besichtigung in seinem Geschäft erwartet, ist selbstverständlich – „just for looking" natürlich.

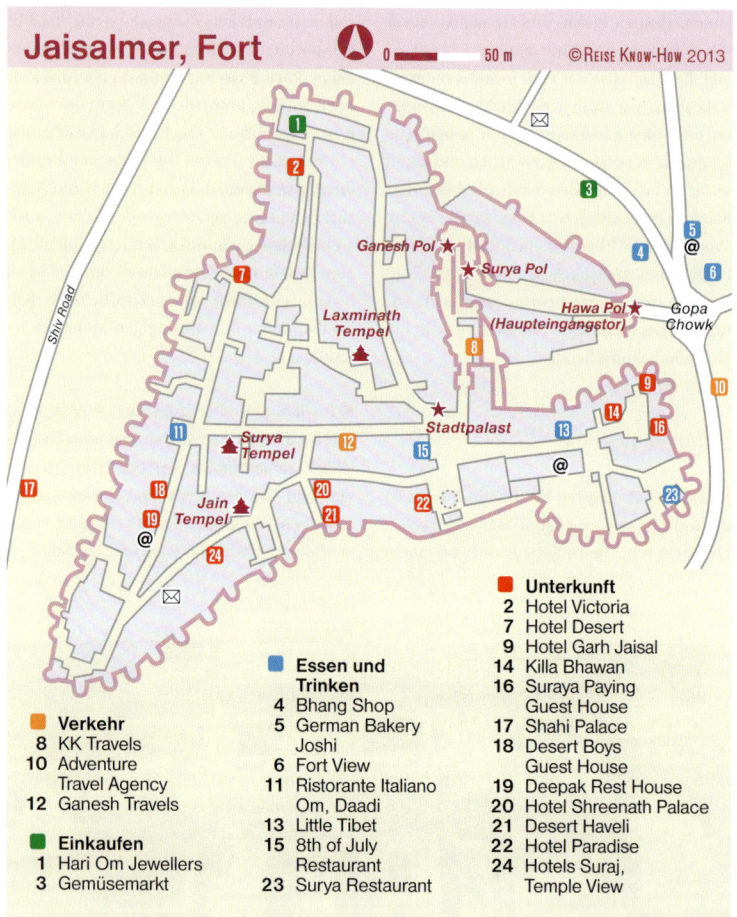

Natmal-ki-Haveli

Auch das 1885 erbaute Natmal-ki-Haveli gehörte einem ehemaligen Premierminister und noch heute wohnen hier dessen Nachkommen. Zwei Brüder waren für die Steinmetzarbeiten verantwortlich. Jeder übernahm einen Flügel des Hauses, und obwohl kein Motiv dieses ungemein detailreich verzierten Gebäudes zweimal vorkommt, wirkt der Bau insgesamt äußerst harmonisch (Eintritt 20 Rs).

Patwon-ki-Haveli

Das mit Abstand beeindruckendste Haveli ist jedoch das von einem Gold- und Silberhändler errichtete Patwon-ki-Haveli. Eigentlich sind es fünf Havelis, die der Kaufmann zwischen 1800 und 1860 für seine fünf Söhne errichten ließ. Kaum zu zählen sind die unvergleichlich reich verzierten Erker, Pavillons und Balkone der einen ganzen Straßenzug einnehmenden Häuserfassade. Das Patwonki-Haveli wurde zu einem kleinen **Basar** umgebaut. Den Innenhof schmücken riesige Wandbehänge. Qualität und Preise sind hier gleichermaßen hoch. Besonders gegen Sonnenuntergang ist der Anblick vom Dach über die Altstadt auf das Fort unvergesslich.

■ **Öffnungszeiten:** 9–19 Uhr, Eintritt 120 Rs, Kamera-/Videogebühr 50/120 Rs.

Weitere Sehenswürdigkeiten

Palast Bada Vilas

Etwas südlich des Haupteingangstors zur Stadt, dem Amar-Sagar-Tor, findet sich der Ende des letzten Jahrhunderts erbaute Palast Bada Vilas der Herrscher Jaisalmers mit dem schönen, pagodenartigen **Tarsia-Turm** in der Mitte. Der Palast ist noch heute Sitz der Maharajas von Jaisalmer und nicht für die Öffentlichkeit zugänglich.

Gadi Sagar

Etwa einen Kilometer südöstlich der Stadt liegt dieser 1367 zur Wasserversorgung angelegte **See**. In seiner Mitte steht ein hübscher kleiner Pavillon, und speziell frühmorgens bietet dieser von vielen Tempeln umstandene See ein idyllisches Bild.

Das mächtige, sehr hübsche **Eingangstor,** welches die kleine Straße zum See überspannt, soll ursprünglich von einer in Jaisalmer geborenen Konkubine während einer ihrer alljährlichen Pilgerreisen erbaut worden sein. Da jedoch auch Angehörige des Hofes den See regelmäßig zu ihren Opferhandlungen aufsuchten und das Passieren des Tores als Schande empfanden, sollte es abgerissen werden. Daraufhin ließ die Konkubine ein Götterbild am Tor anbringen und funktionierte es so zu einem Heiligtum um, das natürlich nicht abgerissen werden konnte. Forthin mussten sich die Hoheiten gezwungenermaßen einen anderen Zugang zum See suchen.

■ Zwischen 8 und 21 Uhr können **Ruderboote, Tretboote** und **Shikaras** (Zweisitzer-Gondeln) ausgeliehen werden. Wer auf den See hinausfährt, wird mit sehr schönen Aussichten belohnt. Alle Boote 50 Rs p.P. für 30 Min., in der Nachsaison billiger.

Folklore-Museum und Desert Cultural Centre

Einen kurzen Besuch lohnt das 1984 von dem pensionieren Lehrer *N.K. Sharma* gegründete Folklore-Museum. Das an der Zufahrt zum Gadi Sagar gelegene Haus bietet in seinen sechs Räumen eine über die Jahre liebevoll zusammengestellte Sammlung **rajputischen Kunsthandwerks.** Besondere Beachtung findet dabei die Region um Jaisalmer. Gezeigt werden u.a. traditionelle Kleidungsstücke, Stickereien, Miniaturmalereien, Opiumbehälter, alte Münzen, Briefmarken, Musikinstrumente und Porträts der Herrscherfamilie von Jaisalmer. Mit dem Besuch erhält man nicht nur einen interessanten Einblick in die Kultur West-Rajasthans, sondern unterstützt auch das Lebenswerk des liebenswerten Herrn Sharma. Übrigens gibt es hier auch einen tollen Fotoblick aufs Fort, speziell bei Sonnenauf- und Sonnenuntergang. In einem zweiten

Museum von Herrn Sharma, dem **Desert Cultural Centre,** sind Exponate rajasthanischer Kultur zu besichtigen. Jeden Abend finden Puppenvorführungen statt (in Englisch 18.30–19.10, Eintritt 30–50 Rs, Kamera 20 Rs, Video 50 Rs). Danach sind jeweils 20 Minuten für den Museumsbesuch vorgesehen.

■ **Öffnungszeiten Folklore-Museum:** 9–13 und 15–18 Uhr, Eintritt 10 Rs.
■ **Öffnungszeiten Desert Cultural Centre:** 10–14 und 16–17 Uhr, Eintritt 10 Rs, Eintritt: 30–50 Rs, Kamera 20 Rs, Video 50 Rs.

Praktische Tipps

Information

■ **Vorwahl:** 02992
■ Das **Tourist Office** (Gadi Sagar Rd., Tel.: 252406) befindet sich recht ungünstig etwa 1 km südöstlich der Altstadt Jaisalmers nahe Gadi Sagar. Geöffnet ist es tgl. außer So von 8 bis 17 Uhr. Die Zweigstelle am Bahnhof sollte zu den jeweiligen Ankunfts- und Abfahrtszeiten der Züge geöffnet sein, ist dies aber nicht immer.
■ Das Tourist Office führt tgl. von 9 bis 12 Uhr sowie von 15 bis 19 Uhr (Sunset Tour) **Wüstenausfahrten** per Jeep (150 Rs p.P., Minimum 5 Pers.) durch. Außerdem werden **Halb- und Ganztages-Kamelsafaris** angeboten.

Stadtverkehr

In Jaisalmer muss jeder Besucher an einer „Mautstelle" vor der Einfahrt in die Stadt 20 Rs **Eintrittsgebühr** zahlen. Jaisalmer ist so klein, dass man alle Sehenswürdigkeiten zu Fuß erreichen kann. Auch vom Bahnhof in die Altstadt sind es kaum mehr als 15 Minuten.
■ **Fahrräder** (3 Rs/Std., 20 Rs/Tag) können an vielen Stellen ausgeliehen werden, sind allerdings im hügeligen Innenstadtbereich nur bedingt von Nutzen.

■ Eine **Rikshafahrt** vom Bahnhof zum Forteingang sollte nicht mehr als 30 Rs kosten, zum Gandhi Chowk höchstens 40 Rs.

Unterkunft

In kaum einer anderen Stadt Nordindiens herrscht ein derart verbissener Wettbewerb um die zahlungskräftigen westlichen Touristen wie in Jaisalmer. Das erfährt der Besucher meist schon kurz vor der Ankunft, wenn er im Bus oder Zug von unzähligen **Schleppern** umringt wird. Am Bahnhof angekommen, wartet dann auch noch eine ganze Armada von Jeeps mit unübersehbaren Transparenten des jeweiligen Hotels auf die noch unentschlossene Kundschaft. Hat man sich erst einmal zu einer Jeepfahrt in die Stadt überreden lassen, wird man von einer Unterkunft zur nächsten gekarrt, bis man sich schließlich genervt irgendwo einquartiert hat, wo man eigentlich gar nicht hinwollte. Zudem darf man noch eine saftige Kommission für die Schlepper zahlen. Im Grunde ist es völlig unnötig, sich auf die ganzen Lockangebote von „free transport" bis „best and cheapest hotel in Jaisalmer" einzulassen, da die Wüstenstadt klein genug ist, um sich in Ruhe nach einem genehmen Hotel umzuschauen.

Der enorme **Konkurrenzkampf** hat für den Kunden auf der anderen Seite natürlich den positiven Effekt, dass das Preisniveau relativ niedrig ist. Andererseits sind viele Hotelbesitzer, die übrigens oft gar nicht aus Jaisalmer stammen, sondern nur während der Hauptsaison von Oktober bis März die Häuser von Einheimischen gemietet haben, unter einem derartigen Kostendruck, dass sie ihre Gäste unbedingt auf die von ihnen angebotenen Kamelsafaris verpflichten wollen. Es hat sogar schon Fälle gegeben, in denen Touristen, die sich darauf nicht einlassen wollten, zum Verlassen des Hotels aufgefordert wurden.

Es ist sicherlich nicht leicht, die schwarzen Schafe immer gleich zu erkennen, doch sollte man mit den hier gegebenen Vorüberlegungen in Ruhe aussuchen. Im Folgenden kann nur eine kleine Auswahl der insgesamt über 100 Hotels und Guest Houses gegeben werden. Die Preise sind gerade in Zeiten geringer Auslastung des jeweiligen Hotels verhandelbar.

Untere Preiskategorie:

Viele Billigunterkünfte finden sich in zwei kleinen Gassen, die gegenüber der State Bank of India am Amar Sagar Gate/Gandhi Chowk abzweigen. Zunächst Unterkünfte außerhalb des Forts:

■ Sehr populär ist das alteingesessene **Hotel Renuka** €-€€ (Chain Pura St., Tel.: 252757, hotelrenuka@rediffmail.com). Das Haus ist im Besitz eines sehr bemühten Ehepaares und bietet vom Dach eine schöne Aussicht. Auch die angebotenen Kamelsafaris werden allgemein gelobt.

■ Der Erfolg des Renuka hat die Familie dazu veranlasst, in der gleichen Straße mit dem **Ratan Palace** € (Tel.: 253615) eine zweite Unterkunft zu eröffnen. Die geräumigen, sauberen Zimmer mit modern gestalteten Badezimmern inklusive heißer Dusche bieten ein ausgezeichnetes Preis-Leistungs-Verhältnis.

■ Viele positive Bewertungen erhält auch stets das **Hotel Swastika** € (Tel.: 252483) am oberen Ende der Chain Pura Street. Man kann wählen zwischen sauberen Zimmern mit Bad und Schlafsaal.

■ Etwas weit weg vom Schuss, aber dafür um so angenehmer wohnt man im **Hotel Rajdhani** € (Tel.: 252746) in der Nähe des Patwon-ki-Haveli. Die Zimmer sind nicht gerade billig, haben dafür jedoch eine heiße Dusche, und man kann sich in aller Ruhe auf die Atmosphäre Jaisalmers abseits des großen Touristenstromes einlassen. Zudem bietet sich speziell am Nachmittag vom Dach des Hauses ein schöner Blick auf das Fort.

Mehr Atmosphäre bieten natürlich die innerhalb des Forts gelegenen Unterkünfte, auch wenn dann naturgemäß der Blick aufs Fort wegfällt. Der Blick in die Ferne ist aber oft umso imposanter.

■ Ein gutes Preis-Leistungs-Verhältnis bieten die 7 Zimmer (4 mit angeschlossenem Bad) des **Hotel Temple View** €-€€ (Tel.: 252832, jaisalmertempleview@hotmail.com). Alle sind liebevoll eingerichtet, besonders zu empfehlen sind die teureren mit Blick auf den Jain-Tempel.

■ Ganz in der Nähe haben schon die billigen der teilweise sehr schön eingerichteten Zimmer des 450 Jahre alten **Desert Haveli** €-€€ (Tel.: 251555) mit gemütlichem Dachrestaurant tolle Ausblicke zu bieten – sicher eine der besten Billigadressen Jaisalmers.

■ Die billigste Unterkunft im Fort selbst bietet das reichlich versteckt direkt an der Fort-Mauer gelegene **Deepak Rest House** € (Tel.: 252665, hoteldeepak@rediff.com). Die verschachtelten und verwinkelten Räume vermitteln einen gemütlichen Eindruck. Von den insgesamt 14 Zimmern, die meisten mit Gemeinschaftsbad, ist die Nr. 9 das schönste, weil es über einen eigenen kleinen Balkon verfügt. Im Schlafsaal kann man ebenfalls nächtigen und unter freiem Himmel auf dem Dach bekommt man den tollen Sternenhimmel fast geschenkt.

■ Ebenfalls sehr preiswert sind die Zimmer, teils mit Gemeinschaftsbad, des **Hotel Desert** € (Tel.: 250602, ajitdeserthotel@yahoo.com), dennoch mit weiten Ausblicken in die Wüste.

■ Das am südwestlichen Ende des Palastvorplatzes gelegene **Hotel Paradise** €-€€€ (Tel.: 252674, hotelparadise_jsm2001@yahoo.co.in) ist eine der alteingesessenen und erfolgreichsten Unterkünfte im Fort. Die Qualität, Größe, Ausstattung und Aussicht der 24 um einen großen Innenhof angelegten Zimmer variiert recht stark, wobei die teureren auch die empfehlenswerteren sind. Insgesamt macht die Anlage einen weitläufigen und großzügigen Eindruck.

■ Eine der schönsten Unterkünfte dieser Preisklasse im Fort ist das **Desert Boys Guest House** €-€€€ (Tel.: 253091, www.desertboysguesthouse.com). Die individuell und sehr gemütlich gestalteten Zimmer mit Bad, Balkon und weitem Blick in die Ferne sowie ein gutes Dachrestaurant sind die Pluspunkte.

■ Mit weiten Ausblicken aus den Fenstern in der Fortmauer, schönen und sauberen Zimmern sowie einem luftigen Dachrestaurant kann das 700 Jahre alte Haveli des **Suraya Paying Guest House** €-€€€ (Tel.: 252558, adventurecamel@yahoo.co.in) aufwarten – viel für wenig Geld.

■ Das vielfach gelobte, von vier Brüdern geführte **Shahi Palace** €-€€€ (Shiv Rd., Tel.: 255920, www.shahipalacehotel.com) bietet geschmackvoll eingerichtete Zimmer, eine ruhige Lage an der westlichen Außenmauer des Forts und tolle Aussichten vom Rooftop. Gute Kritiken erhalten auch die vom Haus angebotenen Kameltouren.

■ Eine der schönsten Adressen innerhalb dieser Preiskategorie ist das im Nordwesten des Forts gelegene **Hotel Victoria** €€ (Tel.: 252150, www.hotelvictoriajaisalmer.

com). Es überzeugt mit hübsch eingerichteten Zimmern, tadellosen Badezimmern und einer angenehmen Atmosphäre.

■ Äußerst familiär und romantisch geht es in den beim Jain-Tempel im Fort gelegenen Hotels **Suraj** €-€€ (Tel.: 251623, www.hotelsurajjaisalmer.webs.com) und **Shreenath Palace** €€ (Tel.: 252907, shreenath52907@hotmail.com) zu. Beide sind um 400 Jahre alte Rajasthan-Häuser, deren große Zimmer mit Holzdecken, Wandgemälden und kleinen Erkern sehr stilvoll eingerichtet sind. Der günstige Zimmerpreis im Shreenath erklärt sich durch die Tatsache, dass keines der Zimmer (alle mit Balkon) über ein eigenes Bad verfügt, was allerdings kaum störend wirkt, da die Gemeinschaftsbäder sehr sauber sind und beide Hotels meist nur wenige Gäste beherbergen.

Mittlere Preiskategorie:

■ Die ruhige und gleichzeitig zentrale Lage etwas zurückversetzt vom Gandhi Chowk, das atmosphärereiche, fast 300 Jahre alte Haveli und die traditionelle Einrichtung der 14 um einen Innenhof angelegten Zimmer machen das Hotel **Nachana Haveli** €€€€ (Tel.: 252110, nachana_have li@yahoo.com) zu einer der besten Adressen in dieser Preiskategorie.

■ Zu Recht blendende Kritiken erhält das in den Außenmauern des Forts angesiedelte **Hotel Garh Jaisal** €€€€ (Tel.: 253836, www.hotelgarhjaisal.com). Die insgesamt nur sieben Zimmer sind im traditionellen Stil mit Erkern und Spiegeldecken sowie typisch rajputischem Mobiliar und kräftigen, erdenen Farben eingerichtet. Der Service ist sehr zuvorkommend und vom Dachterrassenrestaurant bietet sich ein herrlicher Blick.

■ Mit stilecht und komfortabel eingerichteten Zimmern glänzt das neue **The Royale Jaisalmer** €€€€-€€€€€ (Tel.: 252601, (0)9252808707, www.royalejaisalmer.com), ca. 10 Fußminuten vom Fort entfernt. Auch der sehr hübsche Pool, ein Internetcafé, ayurvedische Massagen sowie das gute Restaurant und die Bar sind erwähnenswert.

Obere Preiskategorie:

■ Die mit Abstand beste Wahl innerhalb des Forts ist das hervorragende **Killa Bhawan** €€€€€ (Tel.: 2251204, www.killabhawan.com). Die Kombination aus sehr geschmackvoll eingerichteten Zimmern, diversen mit lokalem Kunsthandwerk dekorierten Erkern und Lounge-Plätzen, der Lage und dem ausgezeichneten Service sind fabelhaft und jede Rupie wert.

■ Einige der besten hochklassigen Unterkünfte befinden sich westlich von Jaisalmer. Etwa 1 km westlich der Stadt bietet der alte, sehr schön restaurierte **Jawahar Niwas Palace** €€€€€ (Tel.: 252288, www.jawaharniwaspalace.co.in) mit prunkvoll ausgestatteten Zimmern Luxus vom Feinsten. Auf der Negativseite steht der nicht gerade saubere Pool (200 Rs für Nicht-Gäste) und das einen recht verschlafenen Eindruck machende Personal.

■ Von den Resorts macht das **Rang Mahal** €€€€€ (Tel.: 250907-9, www.hotelrangmahal.com) ca. 2 km westlich von Jaisalmer den überzeugendsten Eindruck. Die großzügige Anlage, mit Coffee Shop, Traveldesk, Internetcafé, Billard, großem Pool und hervorragenden Büffets, ist trotz der Größe oft ausgebucht, also reservieren.

■ Das um einen schönen Swimmingpool (200 Rs für Nicht-Gäste) angelegte **Gorbandh Palace Hotel** €€€€€ (Tel.: 251511) nebenan bietet ähnliche Ausstattung zu fast gleichem Preis. Die 64 Zimmer des Sandsteinbaus haben traditionelle rajasthanische Architekturmerkmale und sind über verschiedene Gebäudetrakte verteilt.

■ Ähnlich in Preis und Ausstattung ist das ca. 3 km südlich Jaisalmers gelegene **Fort Rajwada** €€€€€ (Tel.: 253233, www.fortrajwada.com).

Essen und Trinken

Dem Ansturm westlicher Touristen folgte der Siegeszug westlicher Essgewohnheiten. Das hat zu dem kuriosen Ergebnis geführt, dass es heutzutage in einer Stadt, die bis vor fünfzehn Jahren kaum ein Westler zu Gesicht bekommen hat, wesentlich einfacher ist, Müsli, Spaghetti, Pizzas und Kuchen zu bestellen als authentisches indisches Essen. Andererseits hat man die Auswahl zwischen einer Reihe sehr schön gestalteter Lokale, wobei sich besonders die Dachgartenrestaurants bei den Touristen großer Beliebtheit erfreuen. Die größte Ansammlung empfehlenswerter Restaurants findet sich am Gandhi Chowk beim Amar Sagar Gate.

■ Am auffälligsten sind dabei das **The Trio** und das **Saffron**, welches auf dem Dach der in einem sehr schönen, alten Haveli untergebrachten State Bank of India platziert ist. In beiden preislich etwas höher anzusiedelnden Restaurants mit Blick aufs Fort werden bei abendlicher Live-Musik köstliche Gerichte serviert.

■ Keine Live-Musik und keine großartigen Ausblicke bietet das **Kalpana Restaurant**, ebenfalls am Gandhi Chowk gelegen. Dafür gibt es sehr leckeres und preiswertes Essen, sodass sich das Lokal in den letzten Jahren zu einem der Favoriten in der Traveller-Szene entwickelt hat.

■ Dasselbe gilt für das **Little Tibet** im Fort, bietet es doch eine Vielzahl sehr schmackhafter Gerichte. Zusätzlicher Vorteil: der Blick vom Dach.

■ Eine gute Restaurantadresse ist das etwas versteckt im 1. Stock gelegene **Seema Restaurant** gegenüber dem Salim-Singh-ki-Haveli (Blick auf eben dieses und aufs Fort). Besonders zu empfehlen sind das superleckere, frisch gebackene Brot aus dem eigenen Lehmofen und das *palak paneer*.

■ Von den diversen **„German Bakeries"** sei besonders das am Gopa Chowk nahe dem Forteingang gelegene **Joshi**, gleichzeitig ein Internetcafé, hervorgehoben.

■ Allein die tolle Aussicht im Dachrestaurant im **Fort View Hotel** lohnt einen Besuch, auch wenn das Essen eher durchschnittlich ist.

■ Wer im „touristendominierten" Jaisalmer authentisch indisch essen möchte, ist im beim Hanuman Chowk gelegenen **Chandan Shree Restaurant** richtig. Hier gibt es weder Müsli noch Pfannkuchen, dafür leckere Thalis, Rotis und *Gulab Jamun* zu vernünftigen Preisen (70–150 Rs).

■ Sehr schön sitzt man im **8th of July Restaurant** direkt oberhalb des Schlossplatzes im Fort. Ein idealer Ort, um bei einem Tee mit Kuchen das gemächliche Leben an sich vorbeiziehen zu lassen.

■ Endlich mal was anderes als Curries? Dafür Pizza, Pasta und köstlichen Kaffee? Dann ist man im **Ristorante Italiano Om** im Fort richtig. Der freundliche Besitzer und die schöne Aussicht von der kleinen Terrasse tragen zum guten Gesamteindruck bei. Ach ja – Curries gibt's auch ...

■ Das **Surya Restaurant** in der südöstlichen Ecke des Forts ist vor allem wegen der gemütlichen Atmosphäre zu empfehlen. Am schönsten sitzt (liegt) es sich auf dem kleinen Balkon mit herrlichem Blick über die Stadt. Das Essen ist eher durchschnittlich.

■ Zu erwähnen ist noch der staatlich zugelassene (!) **Bhang-Shop** am Gopa Chowk. Lassis mit „Schuss" kosten zwischen 30 und 40 Rs. Auch Kekse und anderes Süßes sind geladen, also Vorsicht.

■ Und dann ist da noch Großmutter **Daadi** gegenüber dem Ristorante Italiano Om. Die sympathische alte Dame besaß vor vielen Jahren ein eigenes Restaurant und kocht nun für Interessierte in ihrem kleinen Haus innerhalb der Altstadtmauern absolut authentische indische Gerichte vor den Augen der Gäste. Ihre Spezialität sind vegetarische Thalis. Gegessen wird im Wohnzimmer – eben wie bei Muttern zu Hause.

Einkaufen

Der Tourismusboom zog neben Hotels und Restaurants auch unzählige Souvenirshops im Schlepptau nach Jaisalmer. An Shopping-Versuchungen besteht also kein Mangel, wobei sich die bis zu 3x5 m großen, mit **Spiegelchen verzierten Decken** als besondere Verkaufsschlager erwiesen haben. Je nach Qualität und Größe werden hierfür zwischen 500 und 5.000 Rs verlangt. Eine vielfach gelobte Adresse ist **Jaisalmer Handloom** an der Court Rd., nur wenige Schritte vom Gandhi Chowk entfernt.

Gern gekauft wird auch der schwere **Silberschmuck** der Nomaden, der sich allerdings wohl eher als Dekorationsobjekt denn zum Tragen eignet. Man sollte sich jedoch vor dem Kauf versichern, dass dem Silber nicht ein großer Teil anderer Metalle wie Kupfer beigemischt ist. Ein seit Jahren verlässliches Geschäft für feine Silberarbeiten ist **Hari Om Jewellers** in der nördlichen Ecke des Forts.

Verhältnismäßig billig, zumindest wenn man in den Läden abseits der Hauptstraße kauft, kann man **Kleidungsstücke aus Kamelleder** wie z.B. Hüte, Gürtel und Schuhe erstehen. Ein hübsches, zudem preiswertes Souvenir sind die vielfach leuchtend bunten **Turbane.** Auf jeden Fall sollte man kräftig feilschen und selten glauben, welche Qualitäten den Produkten zugeschrieben werden.

Wer sich zunächst einen Überblick über das Kunsthandwerk Rajasthans verschaffen möchte, sollte sich im

Jaisalmer Handicrafts Emporium am Amar Sagar Gate umschauen.

Bank

■ Die **Bank of Baroda** am Gandhi Chowk und die **State Bank of Bikaner & Jaipur** (Mo–Fr 10–14 und 15–16, Sa 10–12.30 Uhr) tauschen Travellerschecks und Cash.
■ Private Geldwechsler wie **P.S. Securities** (tgl. 10–20.30 Uhr), **Chinnu Forex** und **LKP Forex** (Tel.: 253679, 9.30–19.30 Uhr), alle drei am Gandhi Chowk, wechseln Bares und Reisesschecks, außerdem erhält man gegen 2 % Gebühr auf Visa- und Mastercard Geld. Darüber hinaus gibt es eine Reihe von **ATMs,** die meisten um den Gandhi Chowk.

Post

Briefe und Karten gibt man am besten beim kleinen Postamt am Gopa Chowk direkt im Zentrum ab. Eine weitere Filiale (Mo–Sa 10–15 Uhr) gibt's innerhalb des Forts nahe dem Desert Boys Guest House.

Zwei Touristen beklagten sich darüber, dass ihre in Jaisalmer aufgegebenen Pakete auch nach 5 Monaten noch nicht in der Heimat eingetroffen waren. Vielleicht liegt's an der Abgeschiedenheit der Wüstenstadt. Man wartet also besser bis Jaipur oder Delhi mit dem Verschicken von Souvenirs.

Internet

■ Als typischer Travellerort ist Jaisalmer natürlich gut mit Internetcafés (30–40 Rs/Std.) versorgt. Ein gutes ist das **Joshi Cybercafé** am Gopa Chowk, das praktischerweise auch eine German Bakery betreibt. U.a. ist hier auch das Auslesen des Memorysticks der Digitalkamera und Brennen auf CD möglich.
■ Das kann auch **Desert Cyber Inn** (100 Rs inkl. CD) im Fort, das zudem gutes Equipment zum Surfen für 40 Rs/Std. bereitstellt.

Fest

Ebenso wie das Elefantenfest von Jaipur ist auch das jedes Jahr im Januar/Februar stattfindende **Desert Festival** in Jaisalmer eine Erfindung cleverer Tourismusmanager und beruht nicht auf einem traditionellen Hintergrund. Turban-Wettbinden und Tauziehen sind denn auch nur alberne Entgleisungen, doch ansonsten sind die Kamelrennen und vor allem die herrlich geschmückten Wüstenbewohner schon einen Besuch wert. **Die nächsten Termine:** 23.–25.2.2013, 12.–14.2.2014

An- und Weiterreise

Bahn:
■ Das Reservierungsbüro am Bahnhof (Tel.: 252354, 251301) ist 8–20 Uhr geöffnet.
■ Mit dem 4060 JSM DEE Exp. ab Jaisalmer um 17.15 Uhr, **Osian** (an 21.05 Uhr), **Jodhpur** (an 21.45 Uhr), **Jaipur** (an 4.50 Uhr), Alwar (an 7.17 Uhr) bis **Delhi** (an 11.05 Uhr).
■ Nachts verbindet der 4809 JSM JU Exp. Jaisalmer (Abf. 23.15 Uhr) mit **Jodhpur** (Ank. 5.20 Uhr). Von Jodhpur der 4810 JUJSM Exp.: Jodhpur ab 23 Uhr, über Osian (an 0.04 Uhr), Jaisalmer an 5 Uhr.
■ Der aus **Delhi** (Abf. 17.40 Uhr am Vortag) kommende, in Jodhpur um 5 Uhr haltende 4059 DEE JSM Exp. sollte, wenn möglich, nicht benutzt werden, da er oft viele Stunden Verspätung hat bzw. ganz ausfällt.

Bus:
■ Obwohl der **Busbahnhof** in der Nähe des Bahnhofs liegt, starten alle Busse auch vom City Bus Stand an der Kreuzung vor dem Amar Sagar Gate. Wer sich den zeitaufwendigen Weg zum Busbahnhof zum Buchen des Tickets sparen möchte, kann gegen einen Aufpreis von ca. 30 Rs pro Fahrschein auch über das jeweilige Hotel buchen.
■ Nach **Jodhpur** (6 Std., 100/125 Rs semi-/deluxe) fahren tgl. 8 Express-Busse zwischen 5.30 und 22.30 Uhr.
■ Nach **Udaipur** (12 Std.) und **Chittorgarh** (15 Std.) nur wenige Direktbusse. Alternative: in Jodhpur umsteigen, dort viele Anbindungen.

- Mit einem der tgl. 3 Express-Busse (6.30, 14 und 20.30 Uhr) benötigt man zwischen 6 und 7 Std. nach **Bikaner** (145 Rs für Deluxe-Busse).
- Nach **Jaipur** (260 Rs) über **Jodhpur** und **Ajmer** (9 Std., 200 Rs) sind es mit dem Deluxe-Bus 12–13 Std.
- Nach **Mt. Abu** (11 Std.) tgl. ein Direktbus um 5.30 Uhr.
- Nach **Bikaner** tgl. 3 Busse um 6.30, 14 und 20.30 Uhr in 7 Stunden.
- Nach **Bhuj** (15 Std.) ein Bus tgl., Abfahrt 14.30 Uhr.
- Privatanbieter bieten dieselben Strecken an, allerdings ist häufig ein Umsteigen in Jodhpur nötig, wo man dann evtl. ein Problem mit der Anerkennung des weiter geltenden Tickets haben kann.

Umgebung von Jaisalmer

Eine gute Möglichkeit, die zahlreichen Sehenswürdigkeiten in der näheren und weiteren Umgebung von Jaisalmer im Rahmen einer Tagestour zu erleben, bieten die von diversen Reisebüros angebotenen **Jeeptouren** (Kostenpunkt: um die 1.200 Rs).

Amar Sagar

Die hübsche Gartenanlage im Nordwesten Jaisalmers mit einem kleinen Palast, Tempeln und Chattris stammt aus dem 17. Jh. Der dazugehörige **See** ist nur wenige Monate im Jahr mit Wasser gefüllt. Bis zum nächsten Monsun, wenn sich die Senke wieder auffüllt, werden Seerosen und Gemüse gezogen. Am besten erhalten sind die nach einem aufwendigen Restaurationsvorhaben im alten Glanz erstrahlenden **Jain-Tempel** mit ihrem immer wieder beeindruckenden Skulpturenreichtum (Eintritt 20 Rs, Kamera 50 Rs, Video 100 Rs).

Bada Bagh IV/A3

Die 5 km nördlich, inmitten einer kleinen Oase gelegenen Kenotaphe der Herrscher von Jaisalmer lohnen vor allem am späteren Nachmittag einen Besuch, wenn die Abendsonne die aus gelbem Sandstein gefertigten Pavillons in ein sanftes Licht hüllt. Im Übrigen bietet sich ein schöner Blick auf die am Horizont auftauchende Altstadt von Jaisalmer. Die **Grabsteine** der verstorbenen Adligen zeigen neben einem stolz reitenden Rajputenkrieger auch die – selbstverständlich wesentlich kleiner dargestellten – Umrisse der mit ihm auf dem Scheiterhaufen verbrannten Frauen (Eintritt 30 Rs, Kamera 10 Rs, Video 20 Rs).

Lodhruva IV/A3

Von Lodhruvas ehemaliger Größe als der Hauptstadt der Bhati-Herrscher, bevor sie nach Jaisalmer umzogen, zeugt nur noch ein sehr schön restaurierter **Jain-Tempel.** In seinem Inneren verbirgt sich mit einem Wunschbaum, dem *Kalpavriksha*, eine seltene Kostbarkeit. Zu diesem aus Kupfer gefertigten Baum mit Blättern, Früchten und Vögeln pilgern viele Jains, um für die Erfüllung ihrer Wünsche zu beten. Ansonsten scheinen die aus alten Reiseberichten überlieferten Paläste, Tempel und zwölf Stadttore des 16 km nordwestlich von Jaisalmer gelegenen Lodhruva über die Jahrhunderte im Wüstenstaub versunken zu sein.

Sam Sand Dunes

Sanddünen bis zum Horizont, in goldenes Licht gehüllt vom Schein der untergehenden Sonne – wer diesem **Wüsten-Klischee** frönen will, muss sich zu den 42 km südwestlich von

Kamelsafaris in die Wüste Thar

Mehrtägige Kamelsafaris in die Wüste Thar mit Ausgangs- und Endpunkt **Jaisalmer** gehören für die allermeisten Individualtouristen zu den Höhepunkten, ja fast schon zum Muss einer Nordindienreise. So findet sich denn auch unter den westlichen Besuchern Jaisalmers kaum jemand, der nicht auf dem Rücken eines dieser klassischen Wüstentiere losreiten wollte. Wer dabei aber vom klassischen Lawrence-von-Arabien-Klischee der menschenleeren, sich endlos bis zum Horizont erstreckenden Sanddünen ausgeht, wird am Ende in dieser Beziehung enttäuscht sein. Damit die Reise tatsächlich ein unvergessliches Erlebnis wird, gilt es vor der Buchung einige wichtige Dinge zu beachten.

Zunächst muss man sich im klaren sein, dass Kamelsafaris in Jaisalmer Big Business sind. Der Wettbewerb ist dementsprechend verbissen, und unter den zahlreichen Anbietern befinden sich einige schwarze Schafe. Am besten, man erkundigt sich unter bereits von einer Safari zurückgekehrten Reisenden nach ihren Erfahrungen. Derartige aktuelle Informationen aus erster Hand sind unbezahlbar. Fragen sollte man z.B. nach Menge und Qualität des Essens (immer nur *dhal* und Reis oder eine abwechslungsreiche Küche), nach der täglich zurückgelegten Strecke (es gibt Fälle, in denen man gerade drei Stunden pro Tag reitet und den Rest des Tages nichts zu tun hat) oder der Übernachtungsart (unter freiem Himmel – welche Qualität hat der Schlafsack – oder im Zelt). Generell gilt: Je mehr man zahlt, desto mehr Gegenwert erhält man auch. Man kann z.B. nicht erwarten, für einen Preis von 300 Rs pro Tag, von dem das Hotel oder Guest House auch noch eine Vermittlungsgebühr von 30 % einbehält, täglich drei Festmahle serviert zu bekommen. 600 bis 800 Rs pro Tag muss man mindestens für eine anständige Safari zahlen, mit Zeltübernachtung bis ca. 800 Rs. Bei Allem, was darunter liegt, muss man mit schlechtem, einfallslosem Essen und missgelaunten, weil unterbezahlten Kameltreibern rechnen. Die Kameltreiber bekommen allerdings immer am we-

nigsten ab. Ein Trinkgeld am Ende der Tour ist also sicherlich angebracht.

Unbedingt vor Antritt der Safari sollte man sicherstellen, dass man auch wirklich allein auf dem Kamel sitzt. Das sollte eigentlich eine Selbstverständlichkeit sein, doch bei einigen Billiganbietern mussten sich auch schon zwei Touristen ein Kamel teilen.

Da inzwischen die seit vielen Jahren immer wieder begangenen Routen sehr stark frequentiert werden und man kaum noch die Atmosphäre eines einsamen Wüstenausritts genießen kann, sind viele Anbieter dazu übergegangen (und werben auch damit), zusätzlich zum Üblichen auch „unberührte" Wüstenabschnitte aufzusuchen. Allerdings muss diese Unberührtheit gelegentlich mit Eintönigkeit der Landschaft und weniger Sehenswürdigkeiten bezahlt werden, sodass einige Teilnehmer dieser Touren schon nach zwei Tagen leicht gelangweilt waren. So muss also immer ein Kompromiss zwischen Vielfalt der Landschaft mit Sehenswürdigkeiten in ausgetretenen Pfaden und Unberührtheit in eintönigerer Umgebung gefunden werden. Auch hier hört man sich am besten bei zurückgekehrten Teilnehmern um.

715ra tb

Eine der am häufigsten durchgeführten Safaris dauert zweieinhalb Tage und beginnt am Mittag des ersten Tages mit einer Jeepfahrt zu den **Sam-Sand-Dünen,** wo man meist mit Hunderten von anderen Touristen einen Sonnenuntergang in einer Bilderbuchkulisse erlebt. Während der folgenden zwei Tage, in denen man verlassene Wüstenstädte und Tempelanlagen wie **Amar Sagar, Lodhruva** und **Mul Sagar** passiert, wird das Bild jedoch eher von karstigen, weit weniger spektakulären Landschaften bestimmt. Speziell in der Hauptreisesaison (von November bis März) ist es eher die Regel als die Ausnahme, gelegentlich anderen Karawanen zu begegnen.

Wer beabsichtigt, eine längere Safari zu unternehmen, sollte auf jeden Fall vorher einmal probereiten. **Kamelreiten** sieht romantisch aus, ist jedoch sehr **anstrengend,** besonders für den Rücken und dessen Verlängerung. Es gibt nicht wenige, die deswegen nach euphorischem Beginn bereits am zweiten Tag aufgeben. Gerade deshalb ist es besonders wichtig, eine weiche Sattelauflage wie etwa einen Wollpullover mitzunehmen. Selbiger ist auch für die oft sehr kühlen Nächte unter freiem Himmel nützlich. Außerdem sollte man eine Wasserflasche, Wasserentkeimungstabletten, eine Kopfbedeckung (Turban ist ideal), Taschenlampe und Sonnencreme auf die Tour mitnehmen. Das wichtigste jedoch ist gutes Sitzfleisch.

■ Einen seit Jahren guten Ruf in der Traveller-Szene hat der sogenannte, allerdings auch etwas teurere „Mr. Desert" (Adventure Travel Agency, Tel.: 252558, www.adventurecamel.com), der meist in der Nähe des Eingangstores zum Jaisalmer-Fort auf Kunden wartet. Auch die vom Hotel Renuka veranstalteten Safaris (s. Unterkunft) werden von Travellern gelobt. Die verlässlichsten und aktuellsten Infos über Seriosität und Leistungen der Anbieter erhält man bei gerade von einer Safari zurückgekehrten Reisenden.

Jaisalmer gelegenen Sam Sand Dunes aufmachen, wo das klassische Lawrence-von-Arabien-Klischee mit kilometerlangen Sanddünen die kamerabewehrten Touristen erwartet. Allerdings sollte man sich vorher darüber im Klaren sein, dass Hunderte anderer den gleichen Wunsch haben. Dementsprechend marktschreierisch geht es dort zu: Aufdringliche Kameltreiber sind zugegen, die einen zum Ritt in den Sonnenuntergang überreden wollen, Musiker, die um die Wette fiedeln und singen sowie Verkäufer, die alles – von traditioneller Kleidung über Musikinstrumente bis zu Miniaturmalerei – verkaufen wollen. Da muss man schon weit laufen, um sich dem jahrmarktähnlichen Trubel zu entziehen.

Khuri IV/A3

Das 40 km südwestlich von Jaisalmer gelegene Khuri war lange Zeit eine friedvolle Wüstenoase abseits ausgetrampelter Touristenpfade. Tatsächlich bietet das von **halbnomadischen Bewohnern** aus der Rajputenfamilie der Sodhas bewohnte Dorf einen interessanten Einblick in die Bau- und Wohnweise eines **traditionellen Wüstendorfes** im Westen Rajasthans. Von einer Lehmmauer umgeben, stehen die meisten Häuser inmitten eines kleinen Hofes, der mit einer zementartigen Masse ausgelegt ist, dessen Hauptbestandteil Kuhdung ist. Sehr hübsche geometrische Ornamente verzieren die Eingänge der weiß gekalkten, runden **Lehmbauten**.

Leider hat sich Khuri in den letzten Jahren zu einem zweiten Sam Sand Dunes entwickelt. Auch wenn die Touristenzahlen bei weitem noch nicht so hoch sind, ist die ursprüngliche Atmosphäre einem ungehemmten Profitdenken gewichen. Niemand wird den Einwohnern übelnehmen, dass sie am Touristeninteresse profitieren wollen, doch wer nach Khuri kommt, um unverfälschtes Dorfleben zu sehen, ist hier falsch. Auch aufdringlich bettelnde Kinder erhöhen nicht das Vergnügen. Wer das weiß und darauf eingestellt ist, kann noch immer Gewinn aus dem Besuch ziehen. Besonders der Ritt auf einem Kamel durch die Sandwüste zu den in der Umgebung aufragenden **Sanddünen**, von wo sich ein herrlicher Blick auf die untergehende Sonne bietet, ist für viele ein unvergessliches Erlebnis.

Unterkunft

■ Als eine typische Übernachtungsmöglichkeit steht das vom freundlichen Herrn *Singh* geführte **Badal House** €€ (Tel.: 03014-274042) zur Verfügung. Wie bei allen anderen Unterkünften handelt es sich um Lehmhütten, die um einen Innenhof angelegt wurden. Der Übernachtungspreis schließt drei Mahlzeiten ein. Der Besitzer organisiert auch Kamelsafaris zum Preis von 350 Rs pro Tag.

■ Alternativen, ebenfalls inkl. Mahlzeiten, sind **Sodha Guest House** € (Tel.: 03014-274003) oder **Rajputana Desert Resorts** €, die über einfach ausgestattete Rundhütten verfügen, sowie **Mama's Guest House** € (Tel.: 03014-274023) im Dorfkern.

An- und Weiterreise

■ Vier meist gerammelt volle **Busse** am Tag legen die Strecke (20 Rs) in gut 1 Std. zurück.

Bikaner

IV/B2

Bis vor wenigen Jahren lag die 1488 nach ihrem Begründer *Rao Pikaji*, einem Sohn des Herrschers von Jodhpur, benannte Stadt noch im touristischen Abseits, doch inzwischen profitiert sie quasi als Trittbrettfahrer von der enormen Popularität der 300 km westlich gelegenen Wüstenstadt Jaisalmer. Viele Reisende legen hier, von Delhi oder Shekhawati kommend, einen Zwischenstopp ein und so sind die Touristenzahlen in den letzten Jahren kontinuierlich gestiegen.

Tatsächlich hat sie mit einem der am besten ausgestatteten **Forts** Rajasthans und der in ganz Indien einmaligen, etwa 10 km außerhalb liegenden **Kamelzuchtfarm** auch zwei Sehenswürdigkeiten zu bieten. Insgesamt jedoch wirkt die sehr weitläufige Stadt recht spröde. Allerdings findet auch hier ein sehenswertes **Camel Festival** statt (www.camelfestival.com).

Sehenswertes

Junagarh Fort

Mag Bikaner auch nicht zu den schönsten Städten Rajasthans gehören – der Stadtpalast ist zweifelsohne einer der schönsten überhaupt. Zwei besondere Merkmale unterscheidet das Fort von den meisten anderen Palästen Rajasthans: Es liegt weder erhöht auf einem Bergrücken oder Felsplateau, noch war die Anlage Ausgangspunkt für die sich daran ansiedelnde Stadt, denn sie wurde erst über 100 Jahre nach der Stadtgründung erbaut.

Man betritt die von einem Wassergraben und einer 986 m langen, 20 m hohen und bis zu 9 m breiten Mauer umgebene **Palastanlage** durch das von zwei riesigen Elefanten flankierte Suraj Pol. An den nächsten beiden Toren (Daulat Pol und Karan Pol) finden sich ähnlich wie im Meherangarh Fort in Jodhpur die Handabdrücke der Frauen, die ihren fürstlichen Ehemännern nach deren Ableben auf dem Scheiterhaufen mehr oder weniger freiwillig folgten und so zu **Satis** wurden.

Durch eine kleine Unterführung betritt man den Eingangshof zum Palast. Im nun folgenden Gewirr der unzähligen Empfangsräume, Höfe, Hallen, Schlafräume, Dachterrassen und Tempel wäre der Besucher hoffnungslos verloren, und so wird man von gut ausgebildeten Führern durch die Palastanlage geleitet.

Begonnen wurde mit dem Bau der Palastanlage Ende des 16. Jh. unter *Raja Singh* (1571–1611), der zu einem der mächtigsten Heerführer *Akhbars* zählte. Er und seine Nachfolger, die als letzte treue Vasallen auf Seiten des letzten, verhassten Mogul-Herrschers *Aurangzeb* standen, steckten ihr in Kriegszügen angesammeltes Vermögen in den weiteren Ausbau dieses Palastes.

Besonders sehenswert sind **Phul Mahal** und **Chandra Mahal** (Blumen- und Mondpalast) aus dem 18. Jh. mit ihren sehr schönen Spiegelintarsien und Wandmalereien. Interessant ist auch der **Hari Mandir**, der Haupttempel des Palastes, in dem die fürstlichen Hochzeiten und Geburten zelebriert wurden.

■ **Öffnungszeiten:** 10 bis 16.30 Uhr, Eintritt 200 Rs (inkl. Museum), Kamera 30 Rs, Video 100 Rs, die Audioführung kostet noch einmal 250 Rs extra.

Ganga Golden Jubilee Museum

Dieses etwa 2 km östlich des Forts beim Gandhi-Park gelegene Museum befindet sich in einem Rundbau, der zur Hälfte von Verwaltungsbüros belegt ist. Im Innern finden sich ein buntes Sammelsurium von **archäologischen Funden** aus der Harappa- und Gupta-Periode. Als Einzelstücke fallen ein Seidenumhang des Mogul-Herrschers *Jehangir* sowie eine Miniatureisenbahn mit reich ausgeschmückten Wohn-, Arbeits- und Schlafwaggons ins Auge. Englischsprachige Erläuterungen finden sich leider nirgends, der recht lange Anfahrtsweg lohnt nur für wirklich kulturhistorisch interessierte Besucher.

■ **Öffnungszeiten:** tgl. außer Fr 10–16.30 Uhr.

Jain-Tempel

Der Jain-Tempel stellt eine Besonderheit dar. Ungleich allen anderen bekannten Jain-Tempeln besitzt er keine plastische Ausschmückung, keine Skulpturen. Er ist im Inneren jedoch, ähnlich den Miniaturen in Bundi, mit fantastischen, ausgezeichnet erhaltenen Aufputzmalereien geschmückt. Auch kann der „Turm" bestiegen werden, was ebenfalls ungewöhnlich ist.

Lalgarh-Palast / Sri Sadul Museum

Etwa 3 km nördlich der Stadt liegt dieser zwischen 1902 und 1926 von Maharaja *Ganga Singh* erbaute Palast, der wegen seiner festungsartigen Architektur und seines Baumaterials auch *Red Fort* genannt wird. Äußeres Erscheinungsbild, Bauzeit, Ambiente und heutiger Verwendungszweck des Gebäudes erinnern stark an den Umaid Bhawan in Jodhpur.

Das Bauwerk beeindruckt durch seine exquisite Innenausstattung und perfekte Bearbeitung. Der Lalgarh-Palast ist heute in drei Bereiche unterteilt: die Privaträume des Maharajas, ein Hotel und das Sri Sadul Museum im 1. Stock (Mo–Sa 10–17 Uhr, Eintritt 50 Rs, Video 150 Rs). Bekannt aus vielen anderen Rajputenpalästen sind die Waffen- und Trophäensammlung, wirklich beeindruckend ist jedoch die ausgezeichnete **Fotogalerie,** die einen hervorragenden Einblick sowohl in das private wie öffentliche Leben der Maharajas zur Zeit der britischen Besatzung gewährt.

■ **Öffnungszeiten:** tgl. außer Mi 10–17 Uhr, Eintritt 20 Rs.

Praktische Tipps

Information

■ **Vorwahl:** 0151
■ Das **Touristenbüro** (Tel.: 2544125, tgl. außer So von 9 bis 17 Uhr) befindet sich in der Nähe des Pooram Singh Circle und wird von einem freundlichen und hilfsbereiten Angestellten geleitet. Hier können auch Guides zum Preis von 300 Rs für zwei Stunden vermittelt werden.
■ Sehr informativ ist **www.realbikaner.com.**

Stadtverkehr

■ Vom 3 km nördlich des Stadtzentrums gelegenen Busbahnhof bis zum Bahnhof sollte es mit der **Autoriksha** 30–40 Rs kosten, vom Bahnhof zum Junagarh Fort maximal 30 Rs und ebenso viel zum Tourist Bungalow.
■ **Tempos** verkehren auf den Hauptstrecken zwischen Bahnhof, Altstadt und Busbahnhof.
■ Für ca. 30 Rs pro Tag kann man sich gegenüber vom Bahnhof **Fahrräder** leihen. Eine sehr gute Alternative für Bikaner.

Unterkunft

■ Eine gute Wahl im unteren Preissegment ist das familiäre **Vinayak Guest House** €–€€ (Tel.: 2202634, (0)941 4430948, vinayakguesthouse@gmail.com). Neben den sechs eher einfachen, aber preiswerten Zimmern ist besonders der hilfsbereite und äußerst freundliche Betreiber, der auch individuelle Touren in die Wüste organisiert, zu erwähnen. Da er keine Komission zahlt, wird seine Bleibe ungern von Riksha-Fahrern angefahren, so holt er seine Gäste auch selbst vom Bahnhof ab.

■ Ein ausgezeichnetes Preis-Leistungs-Verhältnis bietet das neue **Hotel Shivam Palace** €€–€€€ (Tel.: 2203112, www.hotelshivampalace.com). Blitzblanke Zimmer und das freundliche Personal sind nur zwei der Pluspunkte. Einziger Nachteil ist die Lage etwa 2 km östlich des Stadtzentrums.

■ Mit dem **Meghsar Castle** €–€€€ (Tel.: 2527315, www.hotelmeghsarcastle.com) findet sich eine für den Preis gut geführte Unterkunft an der Gajner Rd. im Norden der Stadt. Neben großen, wenn auch etwas altmodischen Zimmern verfügt es über ein Gartenrestaurant und Internet-Anschluss.

■ Ein sehr empfehlenswertes Mittelklassehotel ist das **Harasar Haveli** €–€€€ (Tel.: 2209891, www.nivalink.com/harasar) in der Nähe der Karni Singh am Stadion. Da die verschiedenen Zimmer in Größe und Ausstattung stark variieren, sollte man sich zunächst mehrere anschauen. Die Dachterrasse mit Blick auf die Stadt und leckerem indischen Essen bietet sich zum Verweilen an.

■ Ein gutes Preis-Leistungs-Verhältnis bietet das **Hotel Marudhar Heritage** €€€ (Tel.: 2522524) in der Gangashahr Rd., nicht weit vom Bahnhof. Die sauberen Zimmer in dem angenehmen Haus haben teilweise AC.

■ Eine ausgezeichnete Wahl in der mittleren Preiskategorie ist das in einem alten Pratizierhaus untergebrachte **Bhairon Vilas** €€€–€€€€ (Tel.: 2544751, hotelbhaironvilas.tripod.com) an der Westseite des Forts. Die stilvoll eingerichteten Zimmer in dem fast 200 Jahre alten Gebäude, das hervorragende hauseigene Restaurant und die Atmosphäre einer untergegangenen Epoche – das alles zu einem vergleichsweise günstigen Preis!

■ Der nur 300 m vom Lalgarh Palace entfernte **Hotel Basant Vihar Palace** €€€€ (Tel.: 2528162, www.basantviharpalace.com) wurde ursprünglich als Lustschloss errichtet. Es bietet große, komfortable, aber wie bei Hotels dieser Art häufig auch etwas abgewohnte Zimmer. Sehr freundliches Personal.

■ Mitten im Altstadtzentrum liegt das stilvoll renovierte **Hotel Bhanwar Niwas** €€€€–€€€€€ (Tel.: 261880, www.bhanwarniwas.com). Die 26 Zimmer sind mit erlesenem Mobiliar ausgestattet und jedes für sich eine Augenweide. Das in einem schönen Marwari-Haveli untergebrachte Heritage Hotel ist die mit Abstand beste Unterkunft in der Altstadt.

■ Eine gute Wahl ist das in den 1940er Jahren vom Maharaja im Art-déco-Stil errichtete **Karni Bhawan Palace** €€€€–€€€€€ (Tel.: 2524701). Das in einem weitläufigen Garten gelegene, rot-weiße Gebäude hat 20 hübsch eingerichtete, allerdings auch in die Jahre gekommene Zimmer. Wirklich erfreulich sind das sehr engagierte Management und das hilfsbereite Personal.

■ Das **Laxmi Niwas Palace** €€€€€ (Tel.: 2202777, www.laxminiwaspalace.com) ist ein selbst für rajasthanische Verhältnisse überdimensionales Palasthotel. Das stilvoll restaurierte ehemalige Herrscherhaus bietet sehr weitläufige Suiten, teils aus mehreren Zimmern bestehend. Alles atmet noch den Geist des untergegangenen Raj und wirkt zum Teil ein wenig altbacken, doch für Liebhaber alter Palasthotels ist dies sicher die erste Adresse in Bikaner.

■ Etwas außerhalb der Stadt, dafür aber auch in einer Oase der Ruhe wohnt man im **Marudyan Resort** €€€–€€€€

Kamelsafaris

Bikaner hat sich in den letzten Jahren zu einer interessanten Alternative zu Jaisalmer für Kamelsafaris entwickelt. Das Angebot reicht auch hier von ein bis zwei Übernachtungen bis zu ein- (Kichan) oder sogar zweiwöchigen (Jaisalmer) Safaris. Der Durchschnittspreis pro Tag beläuft sich auf 1.300 Rs pro Person. Entsprechend dem deutlich geringeren Touristenaufkommen gibt es wesentlich weniger Agenturen als in Jaisalmer. Das hat jedoch den großen Vorteil, dass die wenigen Agenturen zum größten Teil sehr verlässlich sind. Zwei der empfehlenswertesten:

■ **Camel Man,** Tel.: 2231244, www.camelman.com; **Vinayak Desert Safari,** Tel.: 2202634, www.vinayakdesertsafari.com.

(Tel.: 2101735, www.marudyan.com). Die weitläufige Anlage mit ihren großen, von Schatten gebenden Bäumen bestandenen Rasenflächen und dem Swimmingpool ist genau der richtige Ort, um sich nach einem anstrengenden Besichtigungstag zu entspannen. Man hat die Wahl zwischen Zimmern im Haupthaus oder über die gesamte Anlage verstreuten Bungalows. Teilen muss man sich das Glück mit den zahlreichen Hunden des freundlichen Besitzerehepaares. Die hier gebuchten Kamelsafaris genießen einen sehr guten Ruf.

Essen und Trinken

■ Hübsches Ambiente in schönem Garten, mittelmäßiges Essen – so lässt sich das bei Travellern sehr beliebte **Garden Café** neben dem Handicraft Emporium beschreiben. Serviert werden snackähnliche indische Gerichte, ein Internetcafé ist angeschlossen.
■ Ob vor oder nach dem Besuch des Forts – das beim Eingangstor gelegene **Gallops** ist bei Touristen wegen seiner relaxten Atmosphäre ein Hit. Man hat die Wahl zwischen der Terrasse im Freien und AC im Inneren. Das Essen ist jedoch deutlich dem Touristengeschmack angepasst und zudem recht teuer (Bier 375 Rs).
■ Das saubere und klimatisierte **Metro Restaurant & Beer Bar** südlich des Junagarh Fort versorgt mit indischer und chinesischer Küche sowie Pizza.
■ Mit dem **Deluxe Restaurant** (südindische Küche) und dem vegetarischen **Amber Restaurant** finden sich zwei gute und günstige, bei Einheimischen (immer ein gutes Zeichen) beliebte Restaurants mit authentisch indischem Essen in der Station Rd.

Bank und Internet

■ Die **State Bank of Bikaner & Jaipur** (Ambedkar Circle, Mo–Sa 12–16 Uhr) wechselt Bares und Reisechecks, die **Bank of Baroda** (Mo–Fr 10–14, Sa 10–12.30 Uhr) nur das Zweite. Die **ATMs** der Corporation Bank und der ICICI-Bank verarbeiten die wichtigen Kreditkarten bis auf AmEx.

■ Internet bei **New Horizon,** eine Straße an der Station Rd. hinein, und **Reliance Webworld** an der Station Rd. für 20 Rs/Std.

An- und Weiterreise

Bahn:
Verbindungen finden sich im Anhang. Zurzeit keine Verbindungen nach Delhi.

Bus:
Der staatliche Busbahnhof befindet sich etwa 3 km nördlich der Stadt. Wer also aus dem Süden anreist, sollte sich schon vor Erreichen des Busbahnhofs absetzen lassen. Diverse private Busgesellschaften haben sich an der Südseite des Forts angesiedelt.
■ Da es zurzeit keine Bahnverbindungen nach **Delhi** gibt, muss auf Busse zurückgegriffen werden. Von den täglich drei Verbindungen (Exp. 11 Std.) passieren zwei **Jhunjhunu** im Shekhawati. Diese verlassen Bikaner um 11 und 14.30 Uhr.
■ Viele Verbindungen nach **Ajmer** (7 Std., mehrere über Pushkar), **Jaipur** (7 Std., über Fatehpur und Sikar) und **Jodhpur** (6 Std., alle Jodhpur-Busse halten am Rattentempel von Deshnok).
■ Weitere Verbindungen u.a. nach **Udaipur** (12 Std., Abf. 18.30 Uhr), **Agra** (12 Std., Abf. 5 Uhr) und **Jaisalmer** (8 Std., 2 Direktbusse um 5.30 und 12.15 Uhr).
■ Eine Verbindung täglich um 17.45 Uhr nach **Amritsar** (15 Std.).

Umgebung von Bikaner

Devi Kund IV/B2

Die von einer Mauer eingegrenzten **Totengedenkstätten** für die Herrscher von Bikaner, 8 km östlich der Stadt, wirken mit ihren verspielten Kuppeldächern aus Ziegeln, Sandstein oder Marmor und den sie stützenden reich ornamentierten, freistehenden Säulen eher wie heitere Sommerpavillons. Am beeindruckendsten ist der weiße Marmorchattri von *Maharaja Sardhul Singh* (1943–49).

Anreise:
- Mit der **Autoriksha** sollte die Hin- und Rückfahrt etwa 100 Rs kosten.

Kamelzuchtfarm

Das knapp 10 km nördlich Bikaners gelegene, staatliche **National Research Centre on Camels** ist das einzige seiner Art in Asien und führt die Tradition des legendären Kamelkorps Ganga Rissala fort, mit dem Maharaja *Ganga Singh* im Ersten Weltkrieg an der Seite der Engländer gegen die Türken kämpfte. Auch heute noch werden Kamele für die Einheit der Border Security Force gezüchtet, doch vornehmlich kommen die Wüstentiere bei **Paraden und Filmaufnahmen** zum Einsatz.

- **Geöffnet** 14–18 Uhr, Eintritt 20 Rs, Kamera/Video 30/50 Rs.

Anreise:
- Für Hin- und Rückfahrt mit der **Autoriksha** inkl. einstündiger Wartezeit sollte man mit ca. 150 Rs rechnen, mit dem Taxi 250 Rs.

Karni-Mata-Tempel (Rattentempel) in Deshnok   IV/B2

Einer der bizarrsten Tempel Nordindiens findet sich an der Straße nach Jodhpur, 36 km südwestlich von Bikaner. Abscheu und Neugierde zugleich sind wohl – zumindest für Westler – die beherrschenden Gefühle beim Gang durch die sehr schöne, von Maharaja *Ganga Singh* gestiftete, silberbeschlagene Eingangstür. Ein ekelerregender Gestank und tausendfaches Gequieke beherrschen das Innere des einer Inkarnation der Göttin Durga geweihten Tempels. Hervorgerufen wird diese wenig einladende Atmosphäre von Tausenden von **Ratten und Mäusen,** die im Tempelkomplex verehrt und gefüttert werden. Als besonders glücksverheißend gilt der Anblick der äußerst seltenen weißen Ratten. Manche Reisende finden einen Ausflug interessant, andere weniger.

- **Geöffnet** 4–22 Uhr, Kameragebühr: 20 Rs, Videogebühr 50 Rs.

Anreise:
- **Bahn:** Der 2308a Bikaner Howrah Superfast verbindet mit Jaipur: Abf. 18.58 Uhr, über Nagaur (an 20.16 Uhr), Kuchaman (an 23.36 Uhr) bis Jaipur (Ank. 1.40 Uhr.) Zwei **Busse** stündlich fahren vom Busbahnhof in Bikaner nach Deshnok (Fahrtzeit ca. 1 Std.). Mit dem **Taxi** sind es für Hin- und Rückfahrt inkl. Wartezeit ca. 600 Rs.

Nagaur   IV/B3

Auf dem Weg von Bikaner Richtung Jodhpur erreicht der Reisende nach 110 km die vom Tourismus unberührte, alte **Rajputenstadt** Nagaur. Nur im Januar/Februar, wenn hier ein viertägiger, großer **Kamelmarkt** stattfindet, zu dem Tausende farbenfroh gekleideter Wüstenbewohner strömen, lassen sich in der malerischen Altstadt, die von einer mächtigen Schutzmauer umschlossen ist, einige Westler blicken. Zu diesem Zweck errichtet das Tourist Office eine Zeltstadt für die Unterbringung von Pauschaltouristen. Viele ziehen die **Nagaur Fair** der wesentlich bekannteren Pushkar Fair wegen ihrer ursprünglicheren Atmosphäre vor. Doch selbst wenn man das von jahrmarktähnlichen Vergnügungen begleitete Fest nicht erleben kann, lohnen die

malerische Altstadt und das unter anderem aus Spenden des Ghetty-Fonds und des Maharajas von Jodhpur herrlich restaurierte **Ahichatragarh Fort** (Eintritt 50 Rs, Kamera-/Videogebühr 25/100 Rs) mit einem reich bemalten Palastkomplex im Innern unbedingt einen Besuch.

Unterkunft

■ **Hotel Bhaskar** € (Station Rd., Tel.: 01582-240100) hat einfache, leicht verwohnte Zimmer mit Hocktoiletten für wenige Rupien.

Typisches Anwesen in der Wüste Thar

■ Etwas besser ist das **Hotel Sujan** € (Tel.: 01582-240283) in Fortnähe am Nakash Gate.

■ Neben den oben erwähnten Zelten können zur Nagaur Fair auch die teuren **Royal Tents** €€€€€€ (Reservierung über Balsamand Lake Palace in Jodhpur, Tel.: 0291-2571991, reservation@jodhanaheritage.com, www.jodhpurheritage.com) reserviert werden.

An- und Weiterreise

■ **Bahn:** Eine Tagesverbindung nach Jaipur ist der 2467 Bikaner Jaipur Exp.: Abf. in Nagaur um 6.43 Uhr, über Kuchaman (an 9.27 Uhr), Ank. in Jaipur um 11.35 Uhr. Derselbe Zug in umgekehrter Richtung nach Bikaner ist der 4888 Barmer Kalka Exp., der Nagaur um 14.08 Uhr verlässt und über Deshnok (an 15.26 Uhr) um 16.40 Uhr in Bikaner eintrifft.

■ Es verkehren stündlich **Busse** von und nach Jodhpur, Fahrtzeit etwa 3 Std.

Alle in diesem Abschnitt aufgeführten Städte liegen relativ nahe beieinander, mit Maximalentfernungen von 60 km, und werden häufig von **Direktbussen und Sammeljeeps** angefahren, sodass auf deren Erwähnung im Folgenden verzichtet wird. Ideal zur Erkundung der Shekhawati-Region ist natürlich ein **Mietwagen oder Taxi.** Die Preise hierfür sind Verhandlungssache, es geht los bei etwa 1.500 Rs pro Tag, abhängig von Fahrzeugtyp, Klimatisierung und gefahrenen Kilometern. Bei kürzeren Entfernungen ist auch eine **Riksha** akzeptabel.

Leider verkehren innerhalb des Shekhawati und zu den umliegenden Regionen derzeit nur langsame **Bahnverbindungen** und nur seltene Verbindungen nach Delhi und Bikaner. Von und nach Jaipur bestehen bis zu sechs Bahnverbindungen täglich mit Sikar, Fatehpur, Nawalgarh und Jhunjhunu. In den meisten Fällen sind Bus-, Jeep- oder Taxifahrten vorzuziehen.

SHEKHAWATI

Der Name der **Wüstenrandzone** zwischen Delhi, Bikaner und Jaipur beruht auf dem Rajputenherrscher Rao Shekhaja, der hier 1471 ein kleines Fürstentum gründete. Die Marwaris, wie die Bewohner dieser Region genannt werden, häuften mit der ihnen eigenen Kombination aus Geschäftstüchtigkeit und Sparsamkeit recht schnell einen bescheidenen Wohlstand an. Hierbei schlugen sie vor allem aus der geografisch sehr günstigen Lage ihrer Provinz Nutzen, die am Knotenpunkt bedeutender Handelsrouten lag, die bis nach China, Afghanistan und Persien führten. Durch den intensiven **Handel mit Gold, Juwelen, Seide** und anderen wertvollen Gütern reich geworden, versuchten sich die einzelnen Kaufmannsfamilien durch den Bau prunkvoller Wohn- und Geschäftshäuser, den sogenannten **Havelis,** gegenseitig zu übertrumpfen.

Unterwegs im Shekhawati, der Wüstenrandzone zwischen Delhi, Bikaner und Jaipur

HIGHLIGHTS

Highlight*:
Nawalgarh | 225

Der besondere Tipp*:
Ramgarh | 221

*Diese Tipps erkennt man im Buch an der gelben Hinterlegung im Kapitel.

Jhunjhunu

V/C2

Jhunjhunu, die Distrikthauptstadt, verfügt als eine der größten Städte des Shekhawati mit mehreren Hotels, einer Bank sowie dem einzigen und zudem hervorragenden Touristenamt der Region über eine vergleichsweise gute touristische Infrastruktur. Sie liegt relativ zentral, sodass alle weiteren Städte innerhalb kurzer Zeit zu erreichen sind, und ist zudem nur sieben Stunden Zugfahrt von Delhi entfernt. Schließlich beherbergt die Stadt einige der beeindruckendsten Gebäude im Land der bemalten Havelis. Man nimmt an, dass die Stadt mit dem ungewöhnlichen Namen von den Jats gegründet wurde. Mitte des 15. Jh. wurde sie von *Muhammed Khan*, dem Anführer der Kamikhani-Nawabs, eingenommen, die das herrschende Geschlecht Jhunjhunus blieben, bis 1730 *Sardul Singh*, ein Rajputenfürst, der zu seiner Zeit der ranghöchste Minister am Hofe der Nawabs war, einen Putsch durchführte. Seither ist Jhunjhunu Distrikthauptstadt und einer der wohlhabendsten Orte der Region.

Sehenswertes

Den besten Überblick über die Stadt verschafft man sich von einem festungsähnlichen muslimischen Gebäudekomplex **Badalgarh** unterhalb des hoch aufragenden Kana-Hügels. Ursprünglich Ende des 17. Jh. vom Nawab *Fazl Khan* als Stallung für seine Pferde und Kamele gebaut, denen im Krieg die entscheidende Bedeutung beikam, umschließen die massiven Mauern heute neben mehreren Mausoleen muslimischer Heiliger, einer Moschee und einer Koranschule auch das Grab des Sohnes von *Major Henry Foster*, der Mitte des 19. Jh. nach Jhunjhunu geschickt wurde, um die immer einflussreicher werdenden lokalen Räuberbanden zu eliminieren.

Weiter unterhalb des Grabbereichs steht mit dem **Khetri Mahal** einer der architektonisch beeindruckendsten Bauten des ganzen Shekhawati. Errichtet wurde der elegante Palast 1760 von *Bhopal Singh*, einem Enkel *Sardul Singhs*. Eine Rampe führt im Zickzack durch die verschiedenen Stockwerke, sodass der Hausherr mit seinem Pferd bis zum Dach reiten konnte. Als eine Art natürlicher Klimaanlage wurden anstelle von Wänden meist Marmorsäulen verwendet, sodass der Wind frei zirkulieren konnte. Während die ockerfarbenen Fresken um das Eingangstor und im Innenhof des um 1735 von Sardul Singh errichteten Gopinath-Tempels aus der Frühphase stammen, wurden jene im Inneren, in der Nähe des Schrein erst Ende des 19. Jh. aufgetragen. Das sehr hübsche, um zwei Innenhöfe angelegte Haveli von *Nurudin Farooqi* ist eines der schönsten muslimischen Kaufmannshäuser der Region. Im Unterschied zu den meisten anderen Gebäuden sind hier keine Menschen, sondern nur dekorative Muster und Blumen abgebildet.

Lokal berühmt ist der **Rani-Sati-Tempel**, der einer der Kaufmannsklasse entstammenden Frau gewidmet ist, die 1595 nach dem Tod ihres Mannes zur Sati wurde.

Eines der schönsten Kaufmannshäuser Jhunjhunus ist das **Kaniram Narsinghdas Tibrewala Haveli** aus den achtziger Jahren des 19. Jh. Neben Fresken, die Handwerker bei der Arbeit, Handelsleute und Züge zeigen, findet sich auch ein Europäer mit einem kleinen Hund auf seinem Schoß. Das **Modi Haveli**, einige Meter weiter entlang der Basarstraße, weist schöne Motive an den Außenwänden auf. Während diese 1896 gemalt wurden, müssen die Autoszenen im Innenhof späteren Datums sein.

Jhunjhunu

Besuchenswert ist auch der sehr große **Sri-Bihariji-Tempel,** bei dem besonders die an der Südwand aufgemalten Szenen aus dem Ramayana beeindrucken. Den größten **Stufenbrunnen** der Stadt (Mertanyi Baori) ließ die Witwe Sardul Singhs, *Mertanyi*, 1750 erbauen. Insgesamt 159 Stufen führen zu dem 32 m tiefen und 17 m breiten Baori hinunter. Zweifelsohne ein imposanter Anblick, doch dass der schöne Schein durchaus trügerisch sein kann, verdeutlichen neben dem durch diverse Exkremente hervorgerufenen Gestank die Aufzeichnungen eines britischen Beamten, der 1831 über die Wasserqualität Folgendes zu berichten wusste: „Jene, die das giftige Wasser getrunken hatten, mussten sich innerhalb von zwei Stunden übergeben und starben wenig später." Also: Micropur nicht vergessen!

Information

■ **Vorwahl:** 015972
■ Das **Tourist Office** (Tel.: 232909, tgl. außer So 10–17 Uhr) befindet sich an der Straße nach Mandawa und damit ungünstig, weil recht weit vom Zentrum entfernt.

Stadtverkehr

■ Zwischen Stadtzentrum, Busbahnhof und Bahnhof pendeln sowohl Tempos als auch viersitzige Autorikshas. Eine Autoriksha kostet ca. 20 Rs vom Stadtzentrum zum Busbahnhof und 40 Rs zum Bahnhof.

Unterkunft

■ Recht komfortabel ist das **Shekhawati Heritage** €€ (Tel.: 237134, 235727, (0)9887385177, www.hotelshekhawatiheritage.com), etwa 300 m westlich vom Busbahnhof eine kleine Straße von der Station Rd. abgehend etwa 100 m hinein. Die 20 sauberen Zimmer in ruhiger Lage bieten einen guten Gegenwert.
■ Wer mehr ausgeben kann, ist daneben im freundlichen **Fresco Palace** €€€–€€€€ (Tel.: 395233, (0)9414 902905, fresco_palace@yahoo.com) besser bedient: mehr Komfort und geräumigere, supersaubere Zimmer.
■ Ein gutes Mittelklassehotel ist das **Shiv Shekhawati** €€€ (Tel.: 232651, www.shivshekhawati.com) im Ortszentrum mit 20 geräumigen, um einen Innenhof angelegten, klimatisierten Zimmern.
■ Die mit Abstand schönste Unterkunft ist das **Jamuna Resort** €€€€ (Tel.: 232871, 512696, www.jamunaresort.com) unter gleicher Leitung. Die Anlage besteht aus ca. 10 sehr schönen, im traditionellen Stil erbauten Bungalows, die teureren mit Klimaanlage. Zur angenehmen Atmosphäre trägt neben dem gepflegten Garten auch der Swimmingpool bei. Sehr empfehlenswert ist das angeschlossene Restaurant.

Bank und Internet

■ Die **State Bank of India** (Tel.: 232327) und die **State Bank of Bikaner & Jaipur** (Tel.: 232628), beide in der Station Rd., wechseln Bargeld und Reiseschecks. Erstere hat einen ATM für die wichtigsten Kreditkarten.
■ An der Station Rd. schräg gegenüber dem Busbahnhof ist das **Internetcafé Shalimar** (1. Stock, 9–21 Uhr, 20 Rs/Std.) recht fix.

An- und Weiterreise

■ Abgesehen von den vielen **Bussen** in die benachbarten Orte des Shekhawati bestehen fast stündliche Verbindungen von und nach **Delhi** (7 Std.), **Jaipur** (4 Std.) und **Bikaner** (5,5 Std.). Nach Delhi der letzte Bus um 23.30 Uhr. Da sich die Anfahrt über Gurgaon und die südlichen Stadtteile Delhis besonders in den Abendstunden wegen starken Verkehrs lange hinzieht, sollte man in Delhi baldmöglichst den Bus verlassen und in Riksha, Taxi oder, falls eine Haltestelle in der Nähe ist, am besten in die Metro umsteigen.

Mandawa V/C2

Das 24 km westlich von Jhunjhunu gelegene Wüstenstädtchen Mandawa ist die **meistbesuchte Stadt** des Shekhawati. Wie immer in solchen Fällen sind auch hier die negativen Spuren des Tourismus nicht zu übersehen. Gleichzeitig hat sich Manadawa noch einiges vom alten Charme bewahrt. Beim Wandern durch die teils ungepflasterten Gassen wähnt man sich in einer mittelalterlichen Filmkulisse und kann die zahlreichen dekorierten Havelis wie ein Bilderbuch an sich vorbeiziehen lassen. Alle Sehenswürdigkeiten des kleinen Ortes sind zu Fuß erreichbar. Abends sollte man in Mandawa moskitogeschützt sein.

Sehenswertes

Den Mittelpunkt der Stadt bildet das inzwischen in ein sehr stilvolles Hotel umgebaute **Fort**. Die Bauarbeiten begannen im Jahr der Stadtgründung 1760, doch die meisten Gebäudeteile stammen aus der Mitte des letzten Jahrhunderts. Selbst wer hier nicht wohnt, sollte sich die hübschen Räume anschauen und das **kleine Museum** im Haus besuchen. Im Übrigen bietet sich vom Dach des Hotels ein herrlicher Blick auf Mandawa.

Unter den zahlreichen beeindruckenden Handelshäusern der Stadt ragt das wunderschöne **Gulab Rai Ladia Haveli** heraus. Über und über ist es mit vielfältigen, teilweise erotischen Szenen bemalt. Das um 1870 erbaute Schmuckstück ist in den verwinkelten Altstadtgassen südwestlich des Forts nicht leicht zu finden, doch im touristisch bereits recht erfahrenen Mandawa warten viele Tourist Guides darauf, einen herumzuführen. Allerdings sind sie offensichtlich von den vornehmlich italienischen und französischen Pauschaltouristen derart verwöhnt, dass sie recht abenteuerliche Summen verlangen. Mehr als 20 Rs pro Stunde sollte man dennoch nicht zahlen, da man sonst das Gehaltsgefüge durcheinanderbringt.

Das ebenfalls reich bemalte **Lakshminarayan Ladia Haveli** gleich nebenan weist vor allem religiöse Szenen auf. Zwei weitere sehr schöne Havelis finden sich entlang der Basarstraße mit dem 1910 erbauten **Bansidhar Nerwatia Haveli** und dem älteren **Akhramka Haveli** (1880). Bei der Motivsuche finden sich u.a. Flugzeuge, Fahrräder, Teleskope und ein Junge beim Telefonieren. Aber auch traditionellere Bilder wie Kamele, Pferde und Jagdszenen sind zu sehen.

Im Südwesten Mandawas ist das **Jhunjhunuwala Haveli** einen Abstecher wert. Besonders der überaus reich mit Goldmalerei ausgestattete Empfangsraum beeindruckt.

Von der ursprünglichen Stadtmauer ist kaum noch etwas erhalten geblieben, und so existiert mit dem **Sonilia Gate** nur noch eines der ehemals vier Stadttore. Der Raum in der Spitze des Tores ist mit sehr schönen Wandmalereien des letzten großen Freskenmalers des Shekhawati, *Balu Ram*, geschmückt. Sehr eindrucksvoll wirken auch die unmittelbar neben dem Tor platzierten Chattris lokaler Geschäftsleute.

Unterkunft, Essen und Trinken
(Vorwahl: 01592)

■ Die einzige preiswerte Bleibe Mandawas ist das **Hotel Shekhawati** €–€€ (Tel.: 223036, www.hotelshekhawati.com), in dem jedes Zimmer mit Wandmalereien verziert ist. Die billigen Zimmer sind jedoch recht einfach ausgestattet, erst die teuren klimatisierten sind angenehm, aber leider übertreuert. Nicht sonderlich empfehlenswert ist das hauseigene Restaurant, dieser Eindruck wird jedoch durch den tollen Rundblick vom Dach gemildert. Hier gibt's einen kleinen Innenbereich gegen zu starke Sonnenstrahlen oder Moskitos am Abend.

■ Stilvoll ist das in einem 120 Jahre alten Haveli untergebrachte **Heritage Mandawa** €€€–€€€€ (Tel.: 223742/3, 325177, www.hotelheritagemandawa.com). Auch hier sind die recht günstigen Zimmer mit Wandmalereien verziert, die großen Suiten sind weit teurer. Das obere Stockwerk ist vorzuziehen, ist es im Erdgeschoss doch recht dunkel. Schmackhafte Mahlzeiten gibt's entweder à la Carte oder vom Büffet (Frühstück/Mittag- und Abendessen 175/300–400 Rs). Der hilfsbereite Manager ist bemerkenswert.

■ Die im Gesamtbild stimmigste Adresse Mandawas ist das herrlich restaurierte, eher kleine **Chobdar Haveli** €€€–

€€€€€ (nahe Gulab Rai Ladia Haveli, Tel.: 223262, (0)941 4540318, www.shekhawatimandawahotels.com) im Südwesten des Ortes. Nicht sonderlich aufwendig, aber sehr stilsicher instandgesetzt, sind die komfortablen, unterschiedlichen Zimmer mit erstklassigen Bädern sehr angenehm. Die Mahlzeiten werden im Innenhof oder auf kleinen Terrassen eingenommen. Auch durch den freundlichen, familiären Service und das gute Essen die harmonischste Unterkunft der Stadt.

■ Das **Mandawa Haveli** €€€€-€€€€€ (Tel.: 223088, www.hotelmandawa.com) ist ein geschmackvoll eingerichtetes, 180 Jahre altes Kaufmannshaus und für viele die Unterkunft des Ortes, die am meisten Raj-Feeling hat. Das im Jahr 2000 zum Hotel umgebaute Haus verfügt über zehn mit schönen Wandmalereien verzierte Zimmer. Der exzellente Service, die familiäre Atmosphäre und die friedliche Ruhe runden das äußerst positive Bild ab.

■ Erste Adresse im Ort ist das prächtige **Castle Mandawa** €€€€€-€€€€€€ (Tel.: 223124, www.castlemandawa.com). Sicherlich eine sehr stilvolle Adresse, doch die Zimmer variieren stark, die teureren haben Kühlschrank, die billigeren Einzelzimmer sind recht klein. Schön ist das Abendessen unter freiem Himmel bei Live-Musik. Auch der große Gartenpool ist bemerkenswert.

■ Eine nahezu preisgleiche, sehr schöne Alternative für den Fall, dass das Castle durch Pauschaltouristengruppen belegt ist, bietet das unter gleichem Management stehende Hotel **Mandawa Desert Resort** €€€€€ (Tel.: 223123, 223151, www.castlemandawa.com). Die etwas außerhalb auf einem Hügel gelegene, schön gestaltete Anlage verfügt über einen Pool mit Blick in die Steppe und strahlt eine angenehm, friedvolle Atmosphäre aus. Man sollte eine Übernachtung in den stilvollen Lehmbungalows einem Zimmer im Haupthaus vorziehen.

■ Am Main Market in einem von Mauern versteckten Innenhof lockt das **Paawana** mit authentischer indischer Küche in fröhlicher Atmosphäre. Die Preise liegen zwischen 70 und 200 Rs, ein Thali kostet 120 Rs. Leider ist's etwas fliegenreich.

■ Freundliche Bedienung und gute Küche sind die Merkmale des **Monica Restaurant** (Shekhawat Haveli Ward No. 5, Tel.: (0)9928207523) auf dem Dach eines hübsch bemalten Havelis, eine von der Hauptstraße südlich abgehende Gasse etwa 100 m hinein. Es gibt einen überdachten Innenbereich auf dem Dach. Hauptgericht etwa 200 Rs inkl. Kingfisher-Bier, tgl 9–22.30 Uhr.

■ Besonders bei Touristen findet das **Bungli Restaurant** (Hauptgericht 70–170 Rs) nahe dem Goenka Chowk reichlich Zulauf. Das Freiluftrestaurant mit Grasdach serviert schmackhafte indische Gerichte. Besonders das Tandoori kann empfohlen werden. Hier gibt's auch Bier.

Bank und Internet

■ Die **State Bank of Bikaner & Jaipur** wechselt Bares und Reiseschecks Mo–Fr 10–16, Sa 10–13 Uhr. Es gibt keinen ATM in Mandawa.

■ Am Subash Chowk versorgt **SN Computers** (8–18.30 Uhr) und gegenüber der State Bank of Bikaner & Jaipur **Gayatri Travels** (8–20 Uhr) mit schnellen Verbindungen. Beide verlangen 60 Rs/Std.

An- und Weiterreise

■ Jhunjhunu ist der nächste **Bahnhof** mit Verbindungen nach Jaipur, Sikar und Nawalgarh.
■ Häufige **Busverbindungen** u.a. nach Jhunjhunu, Fatehpur (zwischen 7.30 und 20.35 Uhr, auch vom Goenka Chowk), Mukundhgarh (zwischen 6.15 und 18.30 Uhr) und Nawalgarh (umsteigen in Mukundhgarh) und einige Direktverbindungen zwischen 9 und 16.15 Uhr nach Bikaner (3,5 Std.). Im Zentrum am Subash Chowk wird ein- und ausgestiegen.
■ Am Subash Chowk warten **Jeeps** auf Kundschaft, die nach Jhunjhunu fahren, wenn sie voll sind (20 Rs, 10 Rs pro Gepäckstück). Jeeps nach Fatehpur starten am Goenka Chowk.

Der besondere Tipp:
Ramgarh V/C2

Ein britischer Offizier, der 1841 von Mandawa nach Ramgarh reiste, beschrieb seine erste Begegnung mit Ramgarh wie folgt: „Der erste Eindruck von Ramgarh, wenn man es etwa eine halbe Meile vor der Ankunft über den Sanddünen erspäht, ist einzigartig und scheint alle Träume von Tausendundeiner Nacht Wahrheit werden zu lassen. Die einzelnen mit hübschen Motiven bemalten Häuserwände zusammen mit den Torbögen und Chattris vor dem Hintergrund der Wüste ergeben eine einzigartig entrückende Kulisse." Würde der Kolonialbeamte heute noch einmal das kleine Wüstendorf besuchen, er bräuchte seine Worte nicht zu revidieren. Noch heute sind die Touristen vom unverfälschten Charme der 1791 von einer wohlhabenden Kaufmannsfamilie, den *Poddars*, gegründeten Stadt begeistert. Diese waren vom 20 km nördlich gelegenen Churu hierher übergesiedelt, nachdem der Thakur den für sie besonders lohnenden Woll-Handel mit einer Steuer belegt hatte. In ihrem Stolz gekränkt, legten sie mit dem Bau besonders prachtvoller Havelis ihren Ehrgeiz daran, Churu in den Schatten zu stellen. Dieses Vorhaben ist ihnen voll und ganz gelungen. Kein anderer Ort des Shekhawati, ja wahrscheinlich der ganzen Erde, weist eine derartige Konzentration an (leider nicht in gutem Zustand befindlichen) Wandmalereien auf wie das kleine Ramgarh, das nicht einmal über ein Hotel verfügt.

Berühmt ist das Städtchen darüber hinaus für die Vielzahl der hier hergestellten, meist kunstvoll verzierten **Holzmöbel.**

Sehenswertes

In der Nähe des Busbahnhofs stehen die **Grabstätten** der *Poddars* (Ram Gopal Poddar Chattris), die verschwenderischsten Chattris aller Kaufmannsfamilien im Shekhawati. Leider wurden sie vor einigen Jahren mit einem hässlichen Metalltor verschlossen, sodass die schönen, das Kuppeldach zierenden Fresken mit Motiven aus dem Ramayana nicht zu sehen sind. Man kann dafür die Wandmalereien in den schräg gegenüber liegenden Gedenk- und Grabstätten besichtigen.

Genaues Hinschauen lohnt auch bei den auf den ersten Blick vielleicht nicht so spektakulären Läden entlang der Main Bazaar Road, speziell in der Nähe des Bushalteplatzes. Das ganz in der Nähe beim Churu Gate gelegene kleine **Poddar Haveli** besticht vor allem durch seine kräftigen Naturfarben, die zur Zeit seiner Fertigstellung 1850 besonders beliebt waren.

◁ Ein Haveli in Mandawa

Fatehpur

V/C2

Fatehpur, 10 km westlich von Mandawa, wurde ähnlich wie Jhunjhunu von 1451 bis 1731 von muslimischen Nawabs aus dem Hause *Kamikhani* regiert, ehe der letzte Nawab, *Sadar Khan*, von *Shiva Singh*, dem rajputischen Herrscher Sihars, besiegt wurde. Die jahrhundertealte muslimische Vergangenheit ist auch heute noch sehr lebendig. Die Stadt gehört sicherlich nicht zu den attraktivsten des Shekhawati, ist aber dennoch einen Zwischenstopp wert, zumal die schönsten Havelis auf engem Raum zusammenliegen.

Klein, aber fein ist das um einen einzigen Innenhof errichtete **Mahaver Prasad Goenka Haveli**. Mehr noch als die Wandbemalungen an der Fassade beeindrucken die religiöse Themen aufnehmenden Wandgemälde im Innenraum. Verstärkt wird der Eindruck noch durch die hübschen Spiegelverzierungen, mit denen die Wände geschmückt sind. Leider ist das Haveli oft verschlossen und so nicht zu besichtigen.

Ein besonders anschauliches Beispiel für die sich im Lauf der Zeit auffällig wandelnde Motivwahl der Künstler, weg von religiösen Themen hin zu neuzeitlichen Erfindungen wie Autos, Telefonen und Flugzeugen, ist das **Jagannath Singhamia Haveli**. Während die Malereien auf der Rückseite aus der Zeit um 1850 stammen, wurden die Bilder auf der Fassade und im Vorhof Ende des 19. Jh. aufgetragen.

Kulturhistorisch interessant ist auch ein Bild im Vorhof des **Ram Gopal Ganeriwala Haveli**. Das Motiv – Krishna in einer Tanzszene – ist identisch mit einem Aufkleber, mit dem eine mit Indien Handel treibende Baumwollfabrik aus Manchester in England Werbung betrieb.

Auffällig leuchtend helle Farben haben sich durch den geringen Lichteinfall auch im Keller des etwas weiter nördlich gelegenen **Ram-Lakshman-Tempels** erhalten.

Eines der herausragendsten und größten Havelis war im Besitz der äußerst wohlhabenden Familie der *Tarachand Ghanshyamdas*. Entsprechend dem Baujahr 1853 dominieren auch hier in Ocker gehaltene Wandmalereien die Fassade.

Ein ebenso krasses wie betrübliche Beispiel für die Rücksichtslosigkeit, mit der die **Gier nach Antiquitäten** befriedigt wird, zeigt ein kleines Haveli im Nordwesten Ramgarhs in der Nähe des Churu Gate. Hier wurden die filigran verzierten Fensterrahmen und die Eingangstür einfach herausgebrochen. Bleibt nur zu hoffen, dass solch schändliche Taten durch das Ansteigen des Tourismus in der Shekhawati-Region in den nächsten Jahren nicht noch mehr zunehmen.

Unterkunft

■ Mit dem sehr schön restaurierten **Ramgarh Fresco** €€€€ (Tel.: 01571-240595, www.ramgarhfresco.com) gibt es neuerdings auch eine empfehlenswerte Unterkunft. Die Zimmer sind nicht luxuriös, dafür jedoch groß und mit viel Liebe fürs Detail eingerichtet. Das Essen ist köstlich und die Bediensteten sind sehr freundlich.

An- und Weiterreise

■ Die meisten Direktverbindungen per Bus bestehen von **Fatehpur** und **Mandawa**. Von **Jhunjhunu** kann man zunächst bis **Bissau** fahren und von dort die restlichen 10 km mit einem weiteren Bus.

Havelis – die Paläste der Kaufleute

Das Wort Haveli, eine Bezeichnung für die manchmal fast wie kleine **Paläste wirkenden Häuser rajasthanischer Kaufleute,** stammt aus dem persischen Sprachraum und bedeutet so viel wie „umschlossener Platz". Damit ist auch schon das Gestaltungsprinzip dieser in Rajasthans Wüstenstädten und in der Shekhawati-Region zu findenden Bauten benannt, gruppierten sie sich doch um einen bzw. zwei Innenhöfe. Die größten unter ihnen weisen sogar vier dieser umschlossenen Plätze auf und sind bis zu sechs Stockwerke hoch. Die Gebäude erfüllten sowohl die kaufmännischen Erfordernisse – Lagerung und Schutz der wertvollen Ware – als auch die Abschottung des Wohnbereichs vor der Hitze und dem Staub der Wüste. Darüber hinaus dienten die Havelis der Repräsentation.

Die Wände sind außen und innen reich mit **Fresken** geschmückt. Kulturhistorisch interessant ist dabei der in der Mitte des 19. Jh. deutlich auszumachende Wandel in der Motivwahl. Waren es zunächst vornehmlich religiöse Darstellungen aus der **indischen Mythologie** sowie bäuerliche Szenen, so wurden diese allmählich von typisch westlichen Motiven wie Autos, Zügen und Telefonen verdrängt. Ungefähr zeitgleich mit diesem Wandel benutzten die Maler ab 1860 nicht mehr vornehmlich gelb-braune Naturfarben, sondern aus Deutschland importierte, chemisch hergestellte Anilinfarben mit einem bläulichen Grundton.

Selbst bei Außentemperaturen von über 40 °C herrscht in den um den Innenhof angelegten Räumen ein angenehmes, erfrischendes Klima. Die zur Straße hin gelegenen Repräsentationsräume sind meist zweigeschossig gestaltet, während die Privaträume oft winzig klein sind.

401in mb

Sikar

V/C2

Da das 1687 von *Daulat Singh* gegründete Sikar recht schnell vom 115 km entfernten Jaipur zu erreichen ist und zudem über gute Bus- und Bahnverbindungen nach Bikaner und Delhi verfügt, wird es von einigen Shekhawati-Reisenden als Verkehrsknotenpunkt genutzt. Es gehört zwar nicht gerade zu den attraktivsten Orten der Region, besitzt aber einige interessante Bauwerke.

Auffällig viele Handelshäuser sind mit **blauen Fresken** geschmückt. All diese Havelis können erst nach 1860 bemalt worden sein, da die synthetische blaue Farbe in jenen Jahren von Deutschland nach Indien gelangte. Begierig wurde sie von den statusbewussten Kaufmannsfamilien verwendet, konnte man so doch beweisen, dass man seiner Zeit ein Stück voraus war.

Ein besonders schönes Beispiel hierfür bietet das **Din Dayal Biyani Haveli**. Die **Jubilee Hall** ließ *Ras Raja Madho Singh* 1897 zur Feier der fünfzigjährigen Thronbesteigung *Queen Victoria's* errichten.

Sein Vorgänger, *Pratap Singh*, ließ 1845 den **Palast** erbauen, der heute im Besitz eines Geschäftsmannes ist, dem der hervorragende Zustand des Gebäudes zu verdanken ist. Besonders gelungen ist der heute als Büroraum genutzte Chini Mahal („Zuckerpalast"), der mit außergewöhnlich schönen Porzellankacheln geschmückt ist, auf denen vornehmlich höfische Motive zu sehen sind.

Während das fast vollständig verfallene **Fort** wegen der guten Aussicht von den Mauern einen Besuch lohnt, kann Sikar den besterhaltenen **Stufenbrunnen** des ganzen Shekhawati aufweisen. Das um 1750 erbaute Prachtexemplar ist zwar nicht bemalt, wurde dafür jedoch mit einigen hübschen Steinre-

---

Das **Gopiram Jalan Haveli** unterstreicht mit seinen Fresken aus dem Jahr 1912, wie sehr die Motivwahl jener Zeit von europäischen Ereignissen bestimmt war. So kann man sich u.a. über die Bilder einer europäischen Hochzeitsfeier amüsieren und die Krönungszeremonie von *George V.* miterleben.

Nach umfangreichen Restaurierungsmaßnahmen erstrahlt das **Haveli Nadine Prince** (Tel.: 01571-233024, www.cultural-centre.com) wieder im einstigen Glanz. Das 1802 errichtete Haveli wurde in eine Galerie mit Kulturzentrum (tgl. 10–18.30 Uhr, Eintritt 100 Rs) umgewandelt, in dem ständig einige Künstler arbeiten. Das angeschlossene **Art Café** ist ein angenehmer Ort für einen Snack.

Unterkunft

■ Das **RTDC Haveli Hotel** €–€€ (Tel.: 01571-230293) ist eine akzeptable Unterkunft am südlichen Rand der Stadt. Gut ist das hauseigene Restaurant.

An- und Weiterreise

■ Vom östlich der Stadt gelegenen Bahnhof 3 **Züge** tgl. nach Churu (einer davon weiter nach Bikaner) und in umgekehrter Richtung nach Sikar (2 weiter bis Jaipur).
■ Von den zwei nahe beieinander gelegenen Busbahnhöfen halbstündliche bis stündliche Verbindungen nach Sikar, Churu, Nawalgarh, Ramgarh, Mandawa und Jhunjhunu. Außerdem **Busse** nach Jaipur, Bikaner (3,5 Std.) und Delhi (7 Std.).

▷ Fresken im Bala Qila Fort in Nawalgarh

liefs versehen. Allerdings ist der Baori im Straßengewirr nur sehr schwer zu finden.

Unterkunft, Essen und Trinken

■ Im **Hotel Natraj** €€ gleich beim Bahnhof kann man zwischen einer Reihe von EZ/DZ wählen.
■ Außer dem Restaurant im **Natraj** gibt es in der Bahnhofsgegend eine Reihe weiterer kleiner Lokale.

An- und Weiterreise

■ Täglich drei **Bahnverbindungen** von Sikar über Fatehpur nach Churu. Nach Jhunjhunu über Nawalgarh fünf Züge täglich, von denen der 9735 am Nachmittag eine Express-Verbindung ist. Nach Jaipur sechs Züge.
■ Ständige **Busverbindungen** von und nach Jhunjhunu (2 Std.), Jaipur (2 Busse, 2,5 Std., 7.15 und 7.45 Uhr), Ajmer (5 Busse), Agra (9.45 und 13.45 Uhr), Delhi über Jhunjhunu (zwischen 5.30 und 22.30 Uhr, 9 Std.), Nawalgarh und Mandawa. Churu und Ramgarh werden 6-mal tgl. zwischen 8 und 19.30 Uhr angefahren. Außerdem Verbindungen nach Bikaner (zwischen 5.30 und 0.15 Uhr).

Highlight:
Nawalgarh V/C2

Nach Mandawa und Ramgarh ist das etwa auf halber Strecke zwischen Sikar und Jhunjhunu in einer weiten, spärlich bewachsenen Ebene gelegene Nawalgarh die besuchenswerteste Stadt der Region. Mit über 100 Havelis ist es eine der traditionsreichsten Städte des Shekhawati und verfügt gleichzeitig über eine erstaunliche Zahl sehr schöner Hotels. Gegründet wurde es 1737 vom fünften Sohn *Sardul Singhs*, dem Herrscher Jhunjhunus und be-

deutendsten Machthaber des Shekhawati in jenen Jahren. Viele der in den Gründerjahren errichteten Bauten wie das Fort, der Gopinath-Tempel und die Stadtmauern haben sich bis heute in erstaunlich gutem Zustand erhalten.

Das **Bala Qila Fort** beherbergt heute eine Filiale der Bank of Baroda und sein Innenhof dient als der lokale Marktplatz. Die vier Dungaichi Havelis wurden alle um 1890 erbaut und weisen einige interessante Fresken auf, von denen viele von Binja gemalt wurden, einem der berühmtesten Maler seiner Zeit, der aus Mukundgarh stammte.

Eine außergewöhnlich große Vielfalt an Szenen weist auch das **Anandilal Paddar Haveli** (Eintritt 50 Rs) auf, welches erst recht spät, nämlich 1920, mit Tempera-Malereien verziert wurde. Die Palette der dargestellten Szenen reicht von Tempelprozessionen, prächtigen Festtagsumzügen und Badeszenen bis zu Autos, Zügen und Flugzeugen. Vor allem Fotografen sollten sich dieses außergewöhnliche, heute als Schule dienende Gebäude nicht entgehen lassen, erstrahlen doch alle Wandmalereien nach einer umfangreichen Restauration in hellen Farben. Auch wenn Traditionalisten diese „Modernisierung" der alten Fresken nicht gutheißen mögen, so ist das Haveli doch ein nachahmenswertes Beispiel, wie das großartige Erbe der Shekhawati-Region bewahrt werden kann.

Viele reich bemalte **Kaufmannshäuser** flankieren die vom Roop Niwas Palace Guest House westlich zum Bowari Gate führende Straße. Zwei besonders auffällige Beispiele sind die beiden um 1900 bemalten Havelis **Chokhani** und **Jodharaj Patodia.**

Das hübsche **Shyamnarayan Bansidhar Bhagat Haveli** an der gleichen Straße besticht nebem seiner reich bemalten Fassade mit einigen sehr kunstvollen und detaillierten Fresken im Vorhof. Der aus dem Fenster schauende Mann im **Goenka Haveli** ist ein besonders in Nawalgarh gern verwendetes Motiv – sollte er nicht zurückgrüßen, so ist dies also kein Ausdruck von Unfreundlichkeit.

Frisch renoviert ist das in ein Museum umgewandelte **Dr. Ramnath A Podar Haveli** (geöffnet 8–18 Uhr, Eintritt 100 Rs) im Osten des Dorfes. Das farbenfrohe **Museum** zeigt Ausstellungsstücke des Handwerks der Rajasthani-Kultur.

Stadtverkehr

■ Eine **Riksha** von der Hauptstraße ins Dorf sollte nicht mehr als 25 Rs kosten, zu den Unterkünften, die östlich vom Dorf liegen, nicht mehr als 40 Rs.

■ Nahe der Ausfallstraße nach Dundlodh werden beim **Fahrradverleih Atlas** Drahtesel für 50 Rs/Tag und 5 Rs/Std. vermietet.

Unterkunft, Essen und Trinken
(Vorwahl: 01594)

■ Die Zimmer im **Ramesh Jangid's Tourist Pension** €–€€€ (Tel.: 224060, www.touristpension.com) sind angenehm, doch genauso wie das schmackhafte vegetarische Essen leicht übertetuert. Leider scheint man sich nur dann um die Gäste zu kümmern, wenn der häufig auf Reisen befindliche Besitzer anwesend ist. Die Mahlzeiten in dieser bei westlichen Touristen mit weniger üppigem Geldbeutel beliebtesten Adresse werden vorzugsweise gemeinsam im Innenhof zu festen Zeiten eingenommen.

■ Ein idealer Ort zum Entspannen, wenn man nicht viel Wert auf Komfort legt, ist **DS Bungalow** €–€€ (Tel.: (0)9828828116, (0)9983168916) am östlichen Rand des Dorfs. Das freundliche Ehepaar *Bunty* und *Pinky* vermietet 5 Einfachzimmer mit Blick auf die zum Haus gehörenden Felder. Die herzliche Atmosphäre, die Ruhe und das gute Essen sind eine rundum gelungene Billigwahl.

■ In traditionellem Baustil sind die Lehm-Stein-Bungalows mit Grasdach des **Apani Dhani** €€€ (Tel.: 222239, www.apanidhani.com) inmitten von Feldern ein herrliches Refugium. Auch die preisgleichen Komfortzelte mit Bad sind ihr Geld wert. Die nach ökologischen Kriterien angebauten Früchte werden auch für die erstklassigen Speisen verwendet.

■ Recht angenehm ist das **Heritage Thikana** €€–€€€ (Tel.: 222152, (0)9414082791, www.heritagethikana.com) beim Bawri Gate. Wie der Name schon andeutet, handelt es sich um ein altes Haveli mit sehr geschmackvoll eingerichteten Zimmern und Wandbemalungen in gemütlicher Atmosphäre. Im Übrigen betätigt sich die sehr freundliche Besitzerin Frau *Jyoti Basotia* auch als ausgezeichnete Köchin. Serviert wird auf dem Dach. Kamel- und Jeepsafaris werden arrangiert.

■ Das stilvolle **Roop Niwas Kothi** €€€€–€€€€€ (Tel.: 222008, 224152, www.roopniwaskothi.com), ca. 1 km östlich des Dorfes, ist eine exzellente Wahl. Das ehemalige Landhaus des Fürsten von Nawalgarh ist eines der besten Hotels der Region. Das von einem schönen Garten umgebene Haus bietet komplett zeitentsprechend eingerichtete, sehr große Zimmer, die nicht luxuriös, aber komfortabel sind. Mehrere Terrassen und ein Swimmingpool (300 Rs für Besucher) laden zum Relaxen ein.

■ Das nebenan gelegene, luxuriösere **Club Mahindra Roop Vilas Palace Hotel** €€€€€ (Tel.: 224321, www.roopvilas.com), hat deutlich weniger Flair und ist teurer. Besonders erwähnenswert sind drei Luxuszelte im Garten. Auch hier werden Safaris per Jeep oder Kamel sowie Ausritte auf dem Pferderücken angeboten.

■ 18 herrlich restaurierte, komfortable Zimmer mit antikem Mobiliar und moderner Ausstattung wie AC und Flat-Screen-TV im Kulwala Ki Haveli machen das **WelcomHeritage Koolwal Kothi** €€€€€ (Tel.: 225817, (0)9829167214, www.welcomheritagehotels.com) der WelcomHeritage Group zu einer der stimmigsten Bleiben des Ortes. Umgeben von weiteren, leicht verfallenen Havelis und viel Grün ist dies der ideale Ausgangspunkt für Wanderungen im Ort oder in der Umgebung.

■ Das **Jhorkahka Restaurant** (12–15 und 19–23 Uhr, Hauptgericht 250–300 Rs) des Hotels Grand Haveli ist eine stilvolle Adresse, um indische und internationale Küche zu genießen. Die Zimmer sind zwar ebenfalls klasse, aber übertreuert.

■ Mehrere kleine **Billigrestaurants** im Dorfzentrum und der tägliche **Gemüsemarkt** versorgen zum kleinen Preis.

Bank und Internet

■ Ein ATM der **State Bank of India** findet sich südwestlich des Ortskerns. Er akzeptiert die meisten internationalen Karten.

■ Die beste Ausrüstung zum Internetsurfen hat **Sri Balaji Cyber** (10–20 Uhr), leider etwas ungünstig an der Hauptstraße beim Bushalt gelegen. Bei **Touch & Try** gegenüber dem Uhrturm und dem Podar College (bis 20 Uhr) gibt's schnelle Breitbandverbindungen. Auch im Dorfzentrum nahe der Bank of Baroda ist ein **Cyber Café.**

An- und Weiterreise

■ Vom 2,5 km entfernten Bahnhof nach Jhunjhunu und in umgekehrter Richtung nach Jaipur (über Sikar) tgl. 6 **Züge.**

■ Vom 2 km westlich gelegenen Busbahnhof alle 30 Min. **Busse** nach Jhunjhunu (zwischen 8.15 und 20.45 Uhr, 1,5 Std., via Dundlodh), Mandawa, Sikar und Jaipur (zwischen 6 und 20.15 Uhr), 1 Bus nach Ajmer (5 Std.), 5 Verbindungen nach Jodhpur zwischen 9.15 und 23 Uhr. Nach Fatehpur Busse zwischen 7.30 und 19.15 Uhr, wobei die Verbindungen um 11.45, 13.30 und 19.15 Uhr Mandawa passieren. Busse nach Mukundhgarh und Jhunjhunu starten etwa alle Stunde zwischen 8.15 und 20.45 Uhr von einem anderen Halteplatz näher am Dorf, etwas westlich vom Hotel Koolwal Kothi. Nach Mandawa bis Mukundgarh City (nicht Mukundgarh Mandi) fahren und dort einen Bus nach Mandawa besteigen.

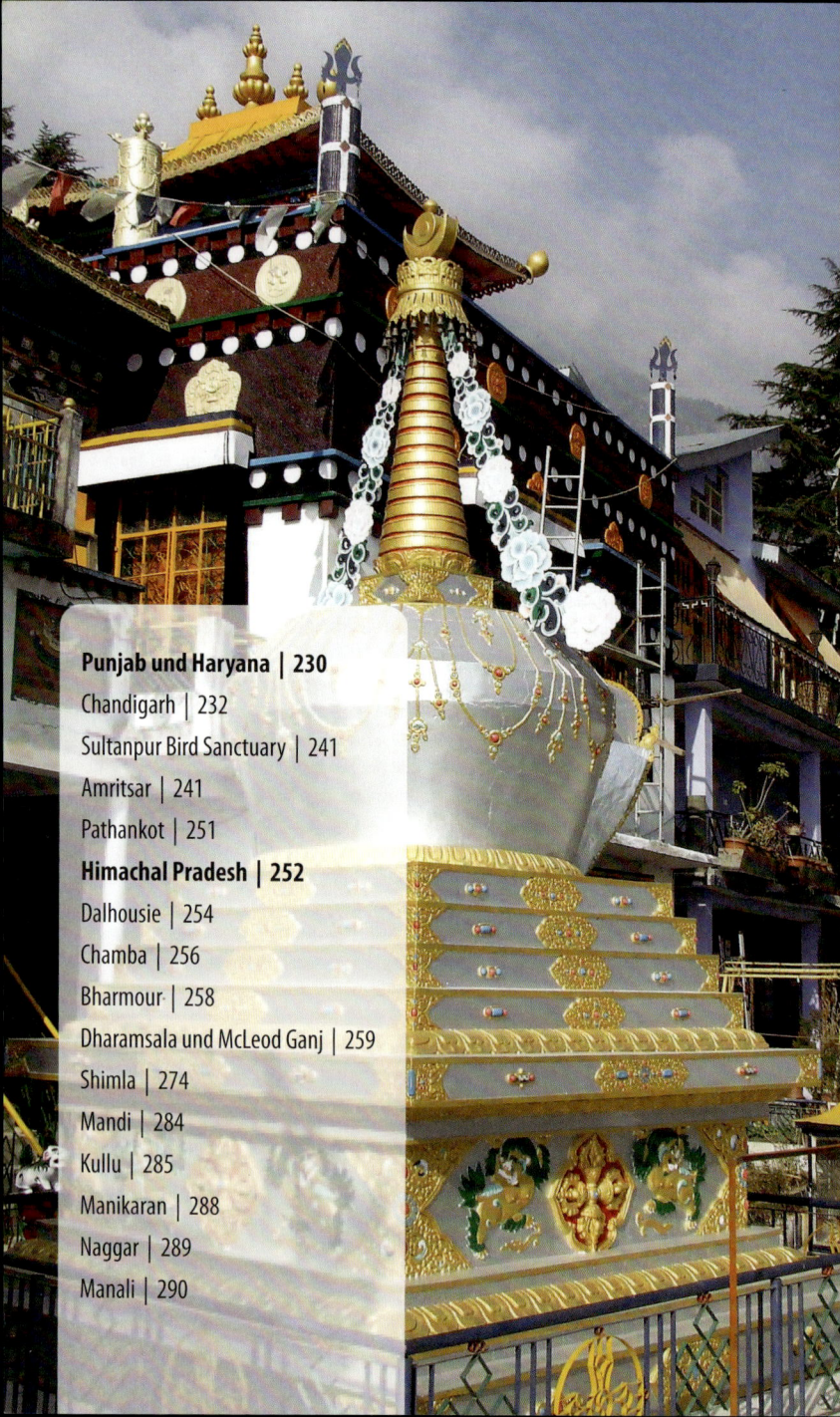

Punjab und Haryana | 230

Chandigarh | 232

Sultanpur Bird Sanctuary | 241

Amritsar | 241

Pathankot | 251

Himachal Pradesh | 252

Dalhousie | 254

Chamba | 256

Bharmour | 258

Dharamsala und McLeod Ganj | 259

Shimla | 274

Mandi | 284

Kullu | 285

Manikaran | 288

Naggar | 289

Manali | 290

Im Norden Indiens nähert man sich dem Dach der Welt. Der am Fuße der Himalayariesen gelegene Gebirgsstaat Himachal Pradesh

Der Norden

ist die Heimat tibetanischer Buddhisten, Dharamsala der Exilsitz des Dalai Lama. Im Punjab steht mit dem Goldenen Tempel von Amritsar das oberste Heiligtum der Sikhs.

◁ Buddhistisches Kloster in McLeod Ganj

Im 3. Jahrtausend v. Chr. lagen hier die Stadtkulturen von Mohenjo Daro und Harappa, und seit dem 1. Jh. n. Chr. war der Punjab das Durchgangsgebiet der von Norden einfallenden Reiterstämme auf ihrem Weg in die fruchtbare Gangesebene. Die Massaker während der Teilung des Landes im Jahre 1947, als Millionen von Moslems, Sikhs und Hindus flüchten mussten, bildeten den bisherigen traurigen Tiefpunkt der an blutigen Schlachten reichen Geschichte der Region.

Schon wenige Jahre später holte den Punjab die Vergangenheit wieder ein, als er 1966 im Mittelpunkt des **1. indo-pakistanischen Krieges** stand. Diesmal erreichten die in ihren Autonomiebestrebungen immer selbstbewusster auftretenden **Sikhs** eine Abspaltung des hinduistisch dominierten Südens. Der neugegründete Staat Haryana wurde allerdings wie Punjab von Chandigarh aus regiert. Ein nicht unbedeutender Teil des Sikh-Staates wurde gleichzeitig dem nördlich angrenzenden Himachal Pradesh zugeordnet.

Die ständig zunehmende Diskriminierung der Sikhs durch die Zentralregierung in Delhi ließ schließlich Mitte der 1980er Jahre den schon lange schwelenden religiös-politischen Extremismus voll zum Ausbruch kommen, als fanatische Sikh-Fundamentalisten den Goldenen Tempel von Amritsar besetzten und die

PUNJAB UND HARYANA

Wie keine andere Region des indischen Subkontinents mussten die beiden Nachbarstaaten Punjab und Haryana (auch Hariyana) unter der von Gewalt und Blutvergießen geprägten Geschichte Indiens leiden. Die Trennungslinie zwischen dem muslimischen Pakistan und dem hinduistischen Indien verlief mitten durch das historische Punjab. Touristisch stellt die Region eher einen weißen Fleck auf der Landkarte Indiens dar. Außer dem beeindruckenden **Goldenen Tempel von Amritsar** und der Hauptstadt **Chandigarh** mit seinem **Rock Garden** bietet der Doppelstaat kaum Erwähnenswertes, und so dient er den meisten auch nur als Durchgangsstation auf dem Weg nach Himachal Pradesh oder Pakistan.

HIGHLIGHTS

➡ **Highlight*:**
Goldener Tempel
  in Amritsar | 242
Grenzschließungszeremonie
  in Wagah | 245

➡ **Der besondere Tipp*:**
Pinjore Gardens
  bei Chandigarh | 240

*Diese Tipps erkennt man im Buch an der gelben Hinterlegung im Kapitel.

Hari Mandir in Amritsar: nicht der einzige vergoldete Tempel, aber der eindrucksvollste

Gründung eines unabhängigen Sikh-Staates Khalistan forderten. Mehrere Jahre war die Hauptstadt Amritsar völlig von der Außenwelt abgeschnitten, **bürgerkriegsähnliche Zustände** bestimmten erneut das Bild. Mit der zweimaligen Erstürmung des Goldenen Tempels, der heiligsten Stätte der Sikhs, durch indische Truppen in den Jahren 1984 und 1988 wurden die vorerst letzten Kapitel in der Geschichte dieses krisengeschüttelten Bundesstaates geschrieben. Seither hat sich die Situation deutlich entspannt.

In Anbetracht all dieser Schicksalsschläge muss es um so mehr erstaunen, dass es den Punjabis gelungen ist, ihr Land zum **wohlhabendsten Bundesstaat Indiens** zu entwickeln. So liegt das Pro-Kopf-Einkommen der Punjabis mehr als doppelt so hoch wie im Landesdurchschnitt. Ein Grund für diesen Erfolg liegt in der äußerst diesseits orientierten, tatkräftigen Lebenseinstellung der Sikhs.

Der zweite Grundpfeiler des punjabischen Wirtschaftswunders wurde während der britischen Kolonialzeit zwischen 1870 und 1930 gelegt, als die fünf den Punjab durchlaufenden Flüsse Ravi, Beas, Satlej, Chenab und Jhelum in einem gewaltigen Bewässerungsprojekt zur Versorgung des ohnehin fruchtbaren Bodens genutzt wurden. Heute sind 90 % des gesamten landwirtschaftlich nutzbaren Bodens künstlich bewässert, womit der flächenmäßig unbedeutende Punjab zur führenden Agrarregion des Landes aufstieg. Die **Kornkammer Indiens** produziert 34 % des indischen Weizenertrages und knapp 30 % der indischen Molkereierzeugnisse. Nicht zuletzt diese Schlüsselposition lässt die Zentralregierung so unnachgiebig auf jegliche Unabhängigkeitsbewegung reagieren.

Chandigarh II/B3
– Indiens Traum von der Moderne

Ob man Chandigarh, die **Hauptstadt Punjabs und Haryanas**, als ein einziges großes Missverständnis oder als klasssisches Beispiel westlicher Arroganz bezeichnet, ist eine Temperaments- oder eine Interpretationsfrage. Weithin unbestritten ist jedoch, dass die Stadt das Ergebnis einer gigantischen Fehlplanung darstellt.

Dabei hätten die Ausgangsbedingungen kaum günstiger sein können. Wann ergibt sich schon einmal die einmalige Gelegenheit, eine Stadt von Grund auf neu zu entwerfen und den Wünschen, Anforderungen und Traditionen eines Landes entsprechend zu erbauen? Genau vor diese reizvolle Aufgabe sah sich die indische Regierung gestellt, als nach der Teilung Indiens 1947 die vormalige Hauptstadt des Punjabs, Lahore, im neugegründeten Staat Pakistan lag.

Indiens erster Ministerpräsident *Jawaharlal Nehru* bestimmte die der Stadtplanung zugrundeliegende Maxime, als er sagte: „Lassen Sie uns eine völlig neue Stadt erbauen, die die Freiheit Indiens, losgelöst von den Traditionen der Vergangenheit, symbolisiert, ein Symbol unseres uneingeschränkten Glaubens an die Zukunft." Ganz im Sinne dieser Philosophie wurde der weltberühmte **Architekt Le Corbusier** mit dem Bau der Stadt beauftragt, und er entwarf eine Metropole, die konsequent vom westlichen Prinzip der Effizienz, Geradlinigkeit und Logik bestimmt wurde.

Bis ins Detail genau wurde alles geplant. Le Corbusier teilte die Stadt in insgesamt **30 rechteckige Viertel** ein, von denen jedes mit allen lebensnotwendigen Einrichtungen versehen wurde. Breite baumbestandene Alleen bildeten die Begrenzung der Betongebäude. Kommunale Einrichtungen wie Busbahnhof und Einkaufszentrum wurden in der geografischen Mitte der rechtwinklig angelegten Stadt platziert. Verwaltungseinrichtungen wie Parlament und Gerichtshof entstanden am nördlichen Ende des Quadrats.

Doch was am Zeichentisch im fernen Europa Sinn machte, wirkte in der indischen Wirklichkeit **künstlich und verloren.** Die großen Rasenflächen zwischen den einzelnen Wohnvierteln, ursprünglich als Freizeit- und Erholungsareale gedacht, verkamen schnell zu Abfallhalden und öffentlichen Toiletten. Der Beton alterte schnell ins Schwärzliche. Auch die Idee, den Bahnhof 8 km außerhalb der Stadt anzulegen, zeugt von der vollständigen Unkenntnis des indischen Lebensalltags, in dem noch immer etwa 80 % aller Menschen auf öffentliche Verkehrsmittel angewiesen sind. Gerade weil alles an dieser Reißbrettmetropole genauestens geplant war und klar festgelegte Grenzen hatte, war es zum Scheitern verurteilt: das perfekte Gegenteil zur chaotischen, bunten und widersprüchlichen Lebenswirklichkeit Indiens.

Chandigarh ist all das, was Indien nicht ist: trostlos, steril und organisiert. So ist die Stadt tatsächlich heute zu einem Symbol geworden, wenn auch in einem gänzlich anderen Sinn, als sich das die Gründungsväter ursprünglich gewünscht hatten. Sie ist steingewordenes Monument und Mahnmal zugleich für die Unmöglichkeit, diesem in jahrtausendealten östlichen Traditionen verwurzelten Land westliche Lebens- und Wertvorstellungen von oben aufpfropfen zu wollen.

Inzwischen wird das ursprüngliche Scheitern dieses Experiments westlicher Prägung durch die Zunahme von Hektik, Verkehr und Kauflust im heutigen Indien gemildert, zumal Chandigarh ein recht bedeutendes Zentrum der Computerindustrie geworden und entsprechend wohlhabend ist, was ebenfalls im Stadtbild Ausdruck findet. Insofern passt sich das heutige Chandigarh seinem misslungenen, von westlichen Werten bestimmten Ursprungskonzept mehr und mehr an.

Sehenswertes

Capitol Complex

Es ist bezeichnend, dass das Scheitern der Architektur Le Corbusiers heute nirgends deutlicher zutage tritt als bei dem als eigentliches Prunkstück der gesamten Stadt gedachten Capitol Complex. Die drei Hauptgebäude in diesem großflächigen Viertel sind den drei Gewalten zugeordnet: **Regierungsgebäude** (Secretariat), Parlament (Assembly/Vidhan Sabha) und Höchstes Gericht (High Court). Das Regierungsgebäude, der mit über 40 m Höhe und 150 m Länge größte Bau Chandigarhs, wirkt dabei am trostlosesten und erinnert in seiner gnadenlosen Zweckarchitektur mit Hunderten von aneinandergereihten Räumen fatal an eine überdimensionale Legebatterie für Hühner. Einzig die vielen vor dem Gebäude umherlaufenden Sikhs verleihen mit ihren bunt leuchtenden Turbanen dem Komplex wenigstens etwas Farbe und Leben.

Kaum anziehender wirkt das unmittelbar daneben gelegene **Parlamentsgebäude.** Daran ändert auch das von Le Corbusier bemalte riesige Eingangstor mit seinen bunt naiven Zeichnungen nichts.

Gänzlich verloren wirkt die einsam im weiten Niemandsland zwischen Parlaments- und Gerichtsgebäude gelegene **Open Hand.** Diese aus rostigen Stahlplatten gefertigte „Offene Hand" ist als Symbol des Gebens und Nehmens im Vielvölkerstaat errichtet worden. In Anbetracht der zahlreichen blutigen Auseinandersetzungen auf dem indischen Subkontinent wirkt sie inzwischen wie ein Monument der Unfähigkeit, die weiter auseinanderklaffenden Interessen der einzelnen Bevölkerungsteile zu vereinen.

■ Der Komplex ist an Werktagen von 9 bis 17 Uhr **geöffnet**. Wer ihn besuchen will, benötigt für das Secretariat und das Vidhan Sabha als Zugangserlaubnis einen **Introductorial Letter**, der im Chandigarh Tourist Centre etwa bei Hr. Vinod Kalia erhältlich ist.

Rock Garden

Eine künstliche Welt ganz anderer Art stellt der südöstlich vom Gerichtsgebäude in einem kleinen Wäldchen angelegte Rock Garden dar. Ebenso einzigartig und bizarr wie der Park selbst ist seine Entstehungsgeschichte. Ende der 1950er Jahre begann der Straßeninspekteur *Nek Chand* in der Umgebung seiner kleinen Hütte Abfälle der Industriegesellschaft zu sammeln und daraus **Tier- und Menschenskulpturen** zu basteln. Hierzu dienten ihm so unterschiedliche Materialien wie Kacheln, Neonröhren, Armreifen, Kohlebricketts, Ölfässer und Tonkrüge, die er mit einer Lehmmischung zusammenfügte. Schließlich hatte Nek Chand über 20.000 seiner skurrilen Objekte gesammelt, was selbstverständlich auch von offizieller Seite nicht unbemerkt blieb. So entstand die Idee zum Bau einer kleinen eigenen Kunstwelt, in der die Skulpturen beheimatet sein sollten. 1965 begann man mit dem Bau des heutigen Rock Garden, der elf Jahre später offiziell eingeweiht wurde. Seither wuchs der mit einer etwa zwei Meter hohen Mauer aus alten Ölfässern begrenzte Park ständig an. Die 14 durch kleine Brücken und Tunnel miteinander verbundenen Höfe stellen mit ihren Wasserfällen, Pavillons, künstlichen Dörfern und unzähligen Tier- und Menschenskulpturen eine Fantasiewelt dar. Heute ist der einstmals unbekannte, inzwischen 85-jährige Nek Chand ein weltweit gefragter Künstler. Seine Schöpfung gilt mit durchschnittlich täglich 2.000 Besuchern als eine der meistbesuchten Sehenswürdigkeiten Indiens.

■ **Öffnungszeiten:** Nov. bis März 9–18 Uhr, April bis Oktober 9–19 Uhr, Eintritt 10 Rs.

Museum und Art Gallery

Den Sektor 10 bestimmte Le Corbusier zum Freizeit- und Erholungsviertel, und so ließ er hier inmitten eines großzügigen Parks das Museum und die angeschlossene Kunsthalle errichten. Als Ausstellungsobjekte finden sich u.a. Miniaturmalereien und Stickereien der dörflichen Landbevölkerung, prähistorische Funde, buddhistische Gandhara-Skulpturen sowie moderne Gemälde.

■ **Öffnungszeiten:** Di–So 10–17 Uhr.

Weitere Sehenswürdigkeiten

Im **City Museum** (Sektor 10, Di–So 10–17 Uhr) zeigen Fotos, Modelle, Architekturzeichnungen und Briefe die Geschichte der Planung und Errichtung Chandigarhs.

In der **National Gallery of Portraits** hinter der **State Library** (Sektor 17, 10–13.30 und 14–17.30 sowie Sa 10–13.30 Uhr außer dem letzten Sa des Monats) geben Fotos und Gemälde Zeugnis von der indischen Unabhängigkeitsbewegung.

Auf dem künstlichen **Sukhna Lake** kann man Paddelboote ausleihen (50 Rs, 30 Min.)

Der schönste der vielen Gärten Chandigarhs ist der **Rose Garden** in Sektor 16, in dem neben Rosen auch viele medizinisch verwertbare Pflanzen wachsen, mit seiner **Musical Fountain,** die meist am frühen Abend „aufspielt". Außerdem ist der **Bougainvillea Garden** in Sektor 3 besonders zur Blütezeit einen Besuch wert.

Praktische Tipps

Information, Stadtrundfahrt

- **Vorwahl:** 0172
- Das hilfsbereite **Chandigarh Tourist Centre** (Tel.: 2704614) liegt etwas versteckt im 1. Stock des riesigen Busbahnhofs. Öffnungszeiten: tgl. 9.30–17 Uhr. Das Büro veranstaltet eine **Stadtrundfahrt** im Doppeldeckerbus (50 Rs, 10–13.30 und 14–17.30 Uhr, Start beim Hotel Shivalik View, Tel.: 2703839). Während der Tour kann man ein- und aussteigen (hop-on, hop-off). Eine gute Wahl, um im weitläufigen Chandigarh die Hauptsehenswürdigkeiten zu sehen.
- Auch die Büros von **Himachal Tourism** (Tel.: 2708569, Mo–Sa 10–17 Uhr, jeden 2. Sa geschl.) und **Uttar Pradesh** (Tel.: 2707649) finden sich hier. **Punjab Tourism** (Tel.: 2711878) ist in Sector 22-C, **Harayana Tourism** (Tel.: 2702955) in Sector 17-B.

Stadtverkehr

- Hinter dem Busbahnhof befindet sich ein **Autorikshastand** mit einem Prepaid-Schalter. Die Tarife-Liste hängt gut einsichtbar aus. Die Fahrer selbst möchten zwar den Preis gerade bei westlichen Touristen lieber persönlich aushandeln, doch man sollte sich nicht darauf einlassen, wenn sie am Ende der Fahrt Nachforderungen stellen. Zum Denkmal Open Hand oder zum Regierungsviertel kostet es 30 Rs, zum Bahnhof 50 Rs und zum Flughafen 100 Rs.
- Für jene, die sich nicht der vom Touristenbüro angebotenen Stadtrundfahrt anschließen möchten, bieten sich die zahlreich vorhandenen **Taxen** an. Innerhalb der Stadt gibt es mehrere Prepaid-Schalter. Zudem gibt es einige Taxiservices, wie etwa Modern Taxi Service (Tel.: 2704621, 2703681), Mega Cabs (Tel.: 4141414) oder den Taxistand Aroma (Tel.: 2700433) nahe dem Hotel The Aroma. Preis: 15 Rs/km.
- Chandigarh verfügt über ein für indische Verhältnisse überraschend gut organisiertes innerstädtisches **Busnetz.** Der Busbahnhof für städtische Verbindungen schließt westlich an den Busbahnhof für überregionale Busverbindungen an, den Inter State Bus Terminus, beide in Sektor 17. Zwischen diesen und dem zweiten überregionalen Mohali Busstand in Sektor 43 verkehren viertelstündig Busse (Nr. 24a und c) von Plattform 36 und 37 des regionalen Busbahnhofs. Bus Nr. 37 fährt zum Bahnhof, Busse Nr. 1 und 18 von Plattform 39 und 40 in die Nähe des Regierungsviertels, Bus Nr. 7 zum Flughafen.
- **Fahrradrikshas** wirken im futuristischen und großflächigen Chandigarh etwas antiquiert und verloren. Wer genügend Zeit zur Verfügung hat, kann sich für ca. 120 Rs innerhalb von 3 bis 4 Std. zu den Hauptsehenswürdigkeiten radeln lassen.

Unterkunft

Chandigarh ist ein teures Pflaster, und so finden sich auch kaum Billigunterkünfte. Falls möglich, sollte man eine Übernachtung vermeiden, da die Preise im Vergleich zu anderen Städten deutlich zu hoch liegen.

Untere Preiskategorie:

- **Hotel Divyadeep** €€–€€€ (22-B, Tel.: 2705191) ist für Chandigarh-Verhältnisse schon ein richtiges Schnäppchen. Zwar wirkt alles etwas duster, weil die meisten Räume keine Fenster haben, doch dafür sind sie wenigstens sauber. Unter gleicher Verwaltung, ist das **Satyadeep** €€–€€€ (22-B, Tel.: 2703103) ganz ähnlich in Preis und Komfort.
- Günstig gegenüber dem Busbahnhof gelegen, gibt's im **Hotel Jullundur** €€€–€€€€ (22-B, Tel.: 2706777, (0)977 9451951, www.jullundurhotel.com) saubere, klimatisierte Zimmer zu etwas überhöhtem Preis.
- Etwas weiter nordwestlich liegen mit dem **Pankaj** €€€ (Tel.: 2709891), **Alankar** €€€ (Tel.: 2708801) und **Amar** €€€

(Tel.: 2703608) drei nahezu preisgleiche Hotels unmittelbar nebeneinander, von denen das Alankar den besten Gegenwert liefert.

Mittlere Preiskategorie:

■ Guten Gegenwert gibt's im **Kwality Regency** €€€€ (22-A, Tel.: 2720205, 5087347), ist es doch ein typisches, zweckmäßiges Mittelklassehotel mit Restaurant und Bar. Auch das in Preis und Leistung fast identische Hotel **Sunbeam** €€€€ (22-B, Tel.: 2708100, www.hotelsunbeam.com) ist eine gute Wahl.

■ Durch klasse ausgestattete Zimmer in zentraler Lage ist das **Corporate Inn** €€€€ (17-A, Tel.: 5003006/9, corporateinn@sify.com) eine hervorragende Mittelklassebleibe.

■ Das alteingesessene **The Aroma** €€€€–€€€€€ (22-C, Tel.: 2700047, 5085001-4, www.hotelaroma.com) mit schönem Restaurant mit Wasserfall bietet neben akzeptablen, etwas dunklen Zimmern zu angemessenem Preis eine Bar

Chandigarh

Chandigarh – Sector 17

Unterkunft
1. Hotel Mountview
4. Hotel Aura Vaseela
5. JW Marriott Hotel
6. Taj Chandigarh
7. Hotel Shivalik View
8. Hotels Kwality Regency, Alankar, Pankaj und Amar
9. Hotel Corporate Inn
29. Hotels Jullundur und Sunbeam
31. The Aroma
33. Hotels Satyadeep, Divyadeep

Einkaufen
11. Music World
15. Ebony Shopping Complex
22. English Bookshop
24. Sindhi Sweets
25. Sindhi Sweets II
27. Fotoläden

Essen und Trinken
2. Mermaid Fast Food
3. Copper Chimney
10. Hot Millions/Down Under
12. Piccadilly Blue Ice Bar & Rest.
13. Indian Coffee House
16. Mr. Bean's Coffee Lounge
23. Mehfil, English Garden Bar
24. Sindhi Sweets
25. Sindhi Sweets II
28. Pomodoro Restaurant
30. Café Coffee Day
32. Singh's Chicken, Tahal Singh
33. Bhoj
34. Sai Sweets Café, Barista Creme
35. Ghazal

Verkehr
14. Aeroflot
17. Singapore Airlines
18. Local Busstand
19. Rail Reservation Office
20. Inter State Bus Terminal
21. Prepaid Riksha Stand
26. Air India

und einen Coffeeshop. Das morgendliche Buffet ist auch für Nicht-Gäste des Hotels zu genießen (250 Rs).

Obere Preiskategorie:

■ Zentral gelegen ist das moderne, teure **Hotel Shivalik View** €€€€€ (17-E, Tel.: 2700001, shivalikview@citcochandigarh.com) mit geräumigen und hellen AC-Zimmern. Dem Hotel sind zwei Restaurants und ein 24-Stunden-Coffeeshop angeschlossen.

■ Etwa auf halber Strecke zwischen Busbahnhof und Regierungsviertel liegt, umgeben von einem schönen Garten, mit dem **Hotel Mountview** €€€€€–€€€€€€ (Tel.: 2740544, mountview@citcochandigarh.com) Chandigarhs ehemaliges Tophotel. Neben einem Restaurant mit morgendlichem Frühstücksbüffet) und Coffeeshop verfügt das Mount View über einen Swimmingpool und Internetverbindung in den Zimmern.

■ Chandigarhs mit Abstand interessanteste Unterkunft ist das in der Nähe des Flughafens (Gratis-Abholung von dort) gelegene **Hotel Aura Vaseela** €€€€€€ (Tel. 527699, www.auravaseela.com). Die um einen Pool angelegten Bungalows im rustikalen, ländlichen Stil sind so ziemlich das genaue Gegenstück zum postmodernen Chandigarh.

■ Das moderne **Taj Chandigarh** €€€€€€ (17-A, Tel.: 6613000, www.tajhotels.com) bietet neben dem für die Taj-Gruppe üblichen erstklassigen Service mit Swimmingpool, Fitnessraum, Spa, mehreren erstklassigen Restaurants und Bar, Plasma-TV und Internetanschluss im Zimmer eine Vielzahl von Annehmlichkeiten.

■ Wer es schick, modern und effizient mag, für den gibt es zurzeit keine bessere Wahl als das neu eröffnete **JW Marriott Hotel** €€€€€€ (Tel.: 3955555, www.marriott.de). Sehr geschmackvoll eingerichtete Zimmer, hervorragende Restaurants, Pool auf dem Dach, freies Internet, freundlicher Service – ein Spitzenhotel.

Essen und Trinken

Die Auswahl ist erfreulich vielfältig, von Fast Food bis zu exzellenter Mughlai-Küche reicht die Bandbreite. Ein weiterer Vorteil ist, dass viele Restaurants sich auf die Sektoren 17 und 22, die Geschäfts- und Shoppingviertel um den Busbahnhof, konzentrieren. Allerdings liegen auch hier die Preise deutlich über dem Landesdurchschnitt.

■ Wer Appetit auf Burger, Pizzas, Sizzlers und Eiscreme hat, für den ist der stets gut besuchte **Hot Millions** genau richtig. Die darunterliegende Disco und Bar **Down Under** ist mit lauter Musik und Poolbillard besonders auf jugendliche Kundschaft aus.

■ Sehr indisch, sehr lecker und zudem sehr preisgünstig isst man im **Bhoj,** dem rein vegetarischen Restaurant im Hotel Divyadeep.

■ Halb Restaurant, halb Bar ist das sehr gestylte **Piccadilly Blue Ice Bar & Restaurant** für die coole, indische Mittelschicht. Die Speisekarte ist ein Allerweltsladen, von europäisch und amerikanisch bis Thai und indisch, die Preise sind recht gesalzen (250–800 Rs). Ähnlich ist die junge Kundschaft der ebenso coolen **Mr. Bean's Coffee Lounge,** wo man sich mit einer der vielfältigen Kaffeekreationen oder einem Eis auf Sofas lümmeln kann.

■ Auch im modernen Chandigarh ist das antiquierte **Indian Coffee House** eine gute Wahl für einen Kaffee in relaxter Atmosphäre. Wer es wiederum mehr jugendlichchick mag, sollte das **Café Coffee Day** versuchen.

■ Mal wieder Appetit auf köstliche Pizza, Nudelgerichte, Risotto oder Tiramisu? Und das in stilvollem Ambiente mit umfangreicher Weinkarte und freundlicher Bedienung? Dann auf ins **Pomodoro Restaurant.** Nicht billig (400–600 Rs), aber jede Rupie wert.

■ Wer köstlichen Kaffee mit für ein Café erstaunlich guten Gerichten (vornehmlich italienischen) verbinden möchte, ist im **Barista Creme** an der richtigen Adresse.

■ Stadtbekannt für seine süßen Köstlichkeiten ist **Sindhi Sweets** (Sektor 17). Im Erdgeschoss gibt's Süßes und Nüsse, Mandeln und teils scharfe Knabbereien, im Untergeschoss können preiswerte Snacks genossen werden. Auch eine Filiale etwas weiter nördlich im selben Sektor ist verlockend.

■ Ebenfalls etwas für Süßmäuler ist das **Sai Sweets Café** in Sektor 22. Hier gibt's eine vielfältige und preisgünstige Auswahl auch aus dem arabischen Raum.

■ Mit Gerichten zwischen 200 und 400 Rs nicht billig, doch bei der gutbetuchten Mittel- und Oberschicht Chandigarhs sehr beliebt, sind das **Ghazal** und das **Mehfil,** zwei Klassiker der Stadt. Serviert wird eine große Auswahl an einheimischem, chinesischem und westlichem Essen. Unterhalb des Mehfil lockt die recht gemütliche **English Garden Bar** mit Hochprozentigem und großer Leinwand.

■ Eine gelungene Synthese aus modernem Ambiente und klassisch indischer Küche erwartet einen im **Copper Chimney.** Daneben gibt es eine Auswahl an internationalen Speisen (500–600 Rs).

■ Die besten Hühnchen-Gerichte serviert **Singh's Chicken.** Sehr populär ist auch das gleich daneben gelegene **Tahal Singh.** Die Tandoori-Gerichte sind ausnahmslos superlecker und kosten zwischen 80 und 250 Rs.

■ Am Sukhna Lake steht in ruhiger, grüner Lage das **Mermaid Fast Food Restaurant & Bar** zur Verfügung.

Einkaufen

Chandigarh eignet sich gut zum Shoppen, da viele indische Händler wie internationale Firmen ihr vielfältiges Angebot auf verhältnismäßig kleinem Raum vor allem in Sektor 17-E um den Udyog Path sowie auf den beiden anschließenden Seiten der Sektoren 22 und 9 angesiedelt haben.

■ Ein typischer Vertreter hiervon ist der **Ebony Shopping Complex** (Sektor 9), in dem eine Vielzahl internationaler Markengeschäfte ansässig ist.

■ Eine hervorragende Möglichkeit, seine Reiseliteratur aufzufrischen, ist der **English Bookshop** (Sektor 17-E) mit großer Auswahl an Romanen und Sachbüchern.

■ Die beste Auswahl an CDs und DVDs gibt's bei **Music World** in Sektor 17.

Nachtleben

■ Die großen Kästen des **KC Cinema** und des **Neelam Cinema** (beide in Sektor 17) zeigen gelegentlich englischsprachige Filme, ansonsten typische Bollywood-Kost.

■ Wer mehr das traditionelle Indien mag, kommt bei klassischer indischer Musik und Tanz im **Tagore Theatre** (Sektor 18) auf seine Kosten.

Bank

■ Die **Punjab National Bank** (Hall 2, Sektor 17-B), **Thomas Cook** (Sektor 9-D), **UAE Exchange** (Sektor 9-D) und **Kapoor Forex** (Sektor 22-B) wechseln Travellerschecks und Bargeld. Inzwischen finden sich viele **ATMs** in Chandigarh, etwa in Sektor 9-D der ICICI- und der HSBC-Bank sowie der State Bank of India am Busbahnhof und der idbi-Bank (Sektor 8), welcher auch AmEx-Karten akzeptiert. Gegenüber dem Mountview Hotel gibt's neben einem ATM der UTI-Bank einen HDFC-ATM, der ebenfalls alle wichtigen Karten nimmt.

Post und Internet

■ Die **Hauptpost** sowie eine Filiale beim Rail Reservation Office mit Speed-Postschalter sind in Sektor 17.

■ Von den erstaunlich wenigen Internetcafés im Innenstadtbereich (durchschnittlich 20–30 Rs/Std.) scheinen das **Deepnet** im Sector 22-B und das **e-net** oberhalb des Indian Coffee House (Sektor 17-E) die schnellsten zu sein.

Medizinische Versorgung

■ Ein gutes Krankenhaus ist das **PGO Hospital** (Sektor 12, Tel.: 2746018).

■ Auch die **Apollo Clinic** (Sektor 9-C, Tel.: 5007111) mit angeschlossener, 24 Std. geöffneter Apotheke macht einen guten Eindruck.

■ Gegenüber dem Busbahnhof finden sich mehrere weitere **Apotheken.**

An- und Weiterreise

Flug :

■ Mit Air India (Sektor 17, Tel.: 2705062, 2656029 (am Flughafen), Mo–Sa 10–17 Uhr) tgl. nach **Delhi** und **Mumbai.**

■ Jet Airways (Sektor 9-D, Tel.: 2740550, 274165, am Flughafen: 2658934) fliegt tgl. von und nach **Delhi.**

■ Zudem haben mehrere internationale Fluggesellschaften in Chandigarh ein Büro: Singapore Airlines (Tel.: 2743774), Aeroflot (Tel.: 2704910).
■ Die **Taxifahrt** zum Flughafen kostet 280 Rs, per Autoriksha 80 Rs.

Bahn:

Generell sind Busse zwar vorzuziehen, zumal der Bahnhof 8 km außerhalb Chandigarhs liegt. Wer dennoch die Zugfahrt bevorzugt, kann sein Ticket im 1. Stock des Busbahnhofs untergebrachten **Rail Reservation Office** (Tel.: 2708573) kaufen. Mo–Sa 8–14 und 14.15–20 Uhr, So 8–14 Uhr, Schalter 941 ist für Touristen zuständig.
■ Wer mit dem Toy Train (in knapp 5 bis knapp 6 Std., je nach Zugtyp) nach **Shimla** hochtuckern möchte, muss zunächst mit dem Bus (die meisten Busse nach Shimla passieren Kalka) oder Taxi ins 25 km nördlich gelegene **Kalka** fahren. Abfahrtszeiten der Züge von dort um 4, 5.30 (*luxury train* mit Verpflegung und Polstersitzen, die schnellste Verbindung), 6 und 12.10 Uhr.
■ Nach **Delhi** z.B. mit dem 4096 Himalayan Queen: Abfahrt 17.28 Uhr, New Delhi an 22.20 Uhr. Außerdem der 2926A Paschim Exp.: Abfahrt 11.35 Uhr, Ankunft in New Delhi 16.30 Uhr.

Bus:

■ Es gibt zwei überregionale Busbahnhöfe in Chandigarh: den zentral in Sektor 17 gelegenen **Inter State Bus Terminus** (ISBT, Tel.: 2704005) sowie den außerhalb in Sektor 43 gelegenen **Mohani Busstand** (Tel.: 2611571). Zwischen beiden verkehren städtische Busse von Plattform 6 des lokalen Busbahnhofs.
■ Hervorragende Verbindungen nach **Amritsar** (6 Std., zwischen 4 und 19.30 Uhr vom ISBT in Sektor 17, von 20 bis 0 Uhr vom Mohani-Busbahnhof in Sektor 43), **Delhi** (ISBT, 5 Std., Plattform 11, 13), **Dehra Dun / Haridwar / Rishikesh** (ISBT, regelmäßige Verbindungen zwischen 6.50 und 20.30 Uhr, 6 Std., Plattform 16), **Dharamsala** (bis mittags viele Busse und einer mit Mitternacht, 9 Std.), **Jaipur** (zwischen 7.40 und 17.10, um 16 Uhr ein Deluxe-Bus, Plattform 11, 13, ISBT), **Manali** (11 Std., zwischen 5 und 21.30 Uhr, die meisten vom Mohani Busstand, der erste und letzte vom ISBT) sowie **Shimla** (ISBT, alle 15 Min., die meisten über Kalka von Plattform 24/25, 4,5 Std., Del.-Busse um 5.15, 9.30 und 12.40 Uhr).
■ Auch private Anbieter fahren zu den meisten oben genannten Zielen, etwa Raja Travels Tel.: 2700119, Sektor 22).

Umgebung von Chandigarh

Der besondere Tipp: Pinjore Gardens

Der ursprünglich im 17. Jh. von *Nawab Fidai Khan* gestaltete, auch **Yadavindra** genannte Mughal-Garten (Eintritt 10 Rs, tgl. 7–22 Uhr) ist auf sieben Ebenen angelegt, um den herrlichen **Wasserspielen** ihr ideales Spielfeld zu geben. Sie sind leider meist nur noch an den Wochenenden zu bewundern. Die mit viel Baumbestand sonnengeschützten Pinjore-Gärten dienten ursprünglich den Mughal-Herrschern und ihren jeweiligen Harems als Erholungsort, heute sind sie ein bei der Bevölkerung beliebter **Picknick- und Ausflugsort.** In der Ferne schimmert das Shivalik-Gebirge in der Sonne. Weitere Attraktionen sind ein kleiner Zoo und ein japanischer Garten. Inmitten eines der Teiche versorgt das Jal Mahal als Café und Bar mit dem Nötigsten. Verkaufs- und Essensstände sind ebenfalls vorhanden.

Jedes Jahr in der ersten Oktoberhälfte (das genaue Datum ist beim Tourist Centre in Chandigarh zu erfahren) findet hier das **Pinjore Heritage Festival** statt, bei dem Künstler aus ganz Indien klassische indische Musik darbieten.

Unterkunft:

■ Wer im Stil der Mughals nächtigen will, kann dies im staatlich geleiteten **Budgerigar Motel** €–€€€ (Tel.: 01733-231877) in tadellosen Zimmern mit Balkon sowie zwei kleinen, billigen Schlafsälen tun.

Anreise:

■ Die Pinjore Gardens sind von Chandigarh mit einem der häufig fahrenden Busse nach Kalka und Shimla in knapp einer Stunde zu erreichen. Per Taxi sollte die gut 20 km lange Fahrt inklusive Wartezeit um 450 Rs kosten. weiter bis **Gurgaon**. Die letzten 15 km mit dem Tempo (20 Rs) oder per Riksha, wofür die Fahrer teure 400 Rs verlangen. Von den Flughäfen Delhis ist das Reservat 25 km entfernt.

Sultanpur Bird Sanctuary V/D2

45 km südwestlich von Delhi auf dem Weg nach Jaipur und 15 km südwestlich von Gurgaon ist das Sultanpur-Vogelservat ein unbedingt empfehlenswerter Zwischenstopp mindestens für diejeingen, die per Taxi unterwegs sind. Als Tagesausflug vom hektischen Delhi lässt sich die friedvolle Stimmung dieser Oase der Ruhe mit **über 250 Vogelarten** besonders genießen. Sowohl Zugvögel wie Sibirische Kraniche, Störche und Ibisse als auch ortstreue Vogelarten wie Flamingos, Bachstelzen und Goldamseln beherbergt das von Waldbestand, Flachwasser und tiefen Seen durchzogene, 145 ha große Terrain, das 1971 zum Vogelschutzgebiet und 1991 zum **Nationalpark** erklärt wurde.

Unterkunft

■ Der staatliche **Rosy Pelican Complex** €€€ (Tel.: 0124-2375242) vermietet etwas heruntergekommene Zimmer und Hütten, Restaurant und Bar sind jedoch angenehm.

An- und Weiterreise

■ Außer mit dem **Taxi** (ein Tagesausflug von Delhi sollte etwa 1.500 Rs kosten) ist das Reservat recht umständlich per **Bus** zu erreichen: zunächst bis Dule Khan, von dort

Amritsar II/A2
– Sikh-Metropole

Der Goldene Tempel von Amritsar ist nach dem Taj Mahal nicht nur das bekannteste, sondern auch **eines der beeindruckendsten Bauwerke Indiens.** Leider ist Amritsar, wenn man einmal von dem tatsächlich sehr sehenswerten Tempel absieht, wie Agra eine wenig ansehnliche Stadt. Vor allem der Bereich zwischen dem Bahnhof und der Innenstadt ist selbst für indische Verhältnisse extrem hektisch und laut. Auch die Luftverschmutzung scheint den bereits unangenehm hohen Pegel nordindischer Städte noch zu übertreffen.

Mehr noch als die perfekte architektonische Gestaltung ist es eine Aura des Geheimnisvollen, die den Ruf des Goldenen Tempels begründet. Hierzu hat sicherlich auch die fast völlige Abschottung Amritsars in den achtziger Jahren beigetragen, als das oberste Heiligtum der Sikhs zum Zentrum des **Kampfes radikaler Fundamentalisten** für einen eigenen Staat Khalistan wurde. Die zweifache Erstürmung des Goldenen Tempels in den Jahren 1984 und 1988 durch indische Truppen und die damit unmittelbar zusammenhängende Ermordung *Indira Gandhis* durch zwei Mitglieder ihrer Sikh-Leibgarde machten weltweite Schlagzeilen. Seit sich Anfang der neunziger Jahre die Lage leicht entspannt hat, dürfen auch westliche Touristen wieder nach Amritsar reisen.

Nicht jedoch der Goldene Tempel, wie man vermuten könnte, sondern der ihn umgebende **Amrit Sagar** (Teich des Nektars der Unsterblichkeit) stand am Anfang der Geschichte Amritsars. 1577 machte ihn der vierte Guru der Sikhs, Guru *Ram Das,* zum Mittelpunkt der immer umfangreicher werdenden Sikh-Gemeinde und benannte den Wallfahrtsort nach diesem Gewässer, dem heilende Kräfte zugesprochen werden. Erst sein Sohn und Nachfolger Guru *Arjun Das* legte den Grundstein zu dem heutigen Goldenen Tempel, als er Ende des 16. Jahrhunderts in der Mitte des Sees einen Tempel mit dem Namen Hari Mandir errichten ließ. Obwohl die Einweihungszeremonie von dem muslimischen Heiligen *Miramaj*, einem engen Freund Guru Arjun Das, durchgeführt wurde, war die Tempelanlage in den folgenden Jahrhunderten mehrfach Schauplatz islamischer Eroberungen. So legte der afghanische Feldherr *Ahmed Shah Durani* Stadt wie Tempel 1761 in Schutt und Asche. Doch schon drei Jahre später hatten die tiefgläubigen Sikhs ihr Heiligtum wieder errichtet. Dem „Löwen von Punjab", Maharaja *Ranjit Singh,* der die Marathen besiegt hatte und ein eigenständiges Fürstentum im Punjab mit der Hauptstadt Amritsar errichtet hatte, blieb es schließlich durch die Verschalung der oberen Stockwerke und des Dachgeschosses mit vergoldeten Kupferplatten vorbehalten, dem Tempel sein charakteristisches Aussehen und den berühmten Beinamen zu verleihen.

▷ Der Goldene Tempel

Sehenswertes

Highlight:
Goldener Tempel

Nachdem man Schuhe und Strümpfe abgegeben, eine Kopfbedeckung im Eingangsbereich ausgeliehen (kostenlos) und durch das große **Haupteingangstor** den eigentlichen Tempelbereich betreten hat, bietet sich ein Bild, das selbst dann, wenn man es schon unzählige Male auf Fotos gesehen haben sollte, immer wieder von neuem fasziniert. Inmitten des silbrig schimmernden Amrit Sagar spiegelt sich die Silhouette des marmorgoldenen **Hari Mandir,** flankiert vom Weiß des den Tempelbezirk umlaufenden Gebäudecarrés und den bunt gekleideten Pilgern. Untermalt wird dieser harmonische Anblick von den über Lautsprecher verbreiteten Gesängen der Ragis, hoch verehrten Sängern, die aus dem „Adi Granth", dem heiligen Buch der Sikhs, zitieren – eine einzigartige Atmosphäre.

Umso verständlicher ist die Empörung der Sikhs, als der Goldene Tempel Mitte der 1980er Jahre durch die indischen Truppen fast vollständig zerstört wurde. Die indische Armee ließ ganze Häuserzeilen der den Tempelbezirk umgebenden Altstadt abreißen, um sich ein freies Schussfeld für den entscheidenden Angriff zu verschaffen.

Umrundet man den See, vom Haupteingang aus kommend, im Uhrzeigersinn, so gelangt man zunächst zu einem von einem Baum flankierten **Bade-Ghat.** Der Legende nach soll an dieser Stelle ein an Lepra erkrankter Pilger durch ein Bad im See geheilt worden sein, und so tun es ihm heute Hunderte von Pilgern nach.

Die heute nur noch verstümmelt erhaltenen **Ramgarhia-Minarette** waren im vorelektronischen Zeitalter mit jeweils einem Ragi besetzt, die die Rezitationen aus dem „Adi

Granth" über den Tempelbezirk hinaus in die Altstadt weiterverbreitten. In den beiden dahinter gelegenen riesigen Speisesälen werden täglich bis zu 80.000 (!) Pilger und Besucher jedweder Kasten- und Religionszugehörigkeit kostenlos verpflegt.

Gegenüber dem Darshan Deori, dem kuppelüberdachten Eingangstor zur Brücke, welche zum Goldenen Tempel führt, findet sich der **Akal Takht,** der Sitz der Tempelverwaltung, in dem sich zwischen 1982 und 1984 der radikale Fundamentalist *Jarnail Singh Bhindranwale* mit seinen Anhängern verschanzt hatte. Dieses Gebäude wurde bei der Operation Blue Star im November 1984 vollständig zerstört, wurde inzwischen aber wiedererrichtet. Im Erdgeschoss des Goldenen Tempels liegt unter einem rosafarbenen, mit Juwelen bedeckten Tuch das „Adi Granth", aus dem die davor platzierten Ragis ununterbrochen rezitieren. Während einer Prozession wird die **Bibel der Sikhs** jeden Morgen um 4 Uhr und abends um 11 Uhr in einer goldenen Schatulle über die Brücke vom Akal Takht zum Hari Mandir bzw. zurück geleitet.

Die sich nach allen vier Himmelsrichtungen öffnenden **Eingangstore** des Tempels sollen die Offenheit und Toleranz der Sikhs symbolisieren, wonach jeder Gläubige, egal welcher Religionsgemeinschaft und Nationalität, im Tempel willkommen ist. Mit ihren wunderschönen Marmoreinlegarbeiten im Erdgeschoss und den gänzlich mit goldfarbenen Blumenmotiven verzierten Wänden und Erkern stellt der Hari Mandir ein klassisches Beispiel hinduistisch-muslimischer Architektur dar.

■ **Öffnungszeiten:** Sonnenaufgang bis ca. 22 Uhr, Eintritt frei, fotografieren ist nur vom Prozessionsweg um den heiligen See aus erlaubt. Mehr Infos zum Goldenen Tempel unter www.aboutgoldentemple.com.

Genug Zeit nehmen für den Goldenen Tempel

Rein, rum, Fotos machen und weg – leider ist dies die Art und Weise, wie viele westliche Touristen Amritsar erleben. Auch wenn die Stadt selbst tatsächlich „zum Weglaufen" ist, sollte man sich für die einzigartige Atmosphäre im und um den Goldenen Tempel Zeit nehmen und **mindestens eine Übernachtung** einplanen. Zu jeder Tageszeit, doch speziell zum Sonnenaufgang, Sonnenuntergang und danach entfaltet die Tempelanlage eine spirituelle Energie, die lange nachwirkt. Besonders beeindruckend ist die jeden Tag gegen 19.45 Uhr stattfindende *Aarti*.

Jallianwala Bagh

Nur wenige hundert Meter entfernt vom Goldenen Tempel führt eine schmale Gasse zu einer gepflegten **Parkanlage.** Dieser heute so friedvolle Ort war am 13. April 1919 Schauplatz eines der grausamsten Ereignisse des indischen **Unabhängigkeitskampfes.** An diesem Tag ließ ein britischer General 150 seiner Soldaten sieben Minuten lang wahllos in eine Menschenmenge von zwanzigtausend Indern schießen, die hier friedlich für die Freilassung eines ihrer wenige Tage zuvor festgenommenen Anführers demonstrierten. Das **Massaker** forderte 400 Menschenleben und über 1.000 Verwundete.

Dem Ereignis kam für den weiteren Verlauf der indischen Geschichte zentrale Bedeutung zu. Das menschenverachtende Vorgehen der britischen Besatzungstruppen führte den bisher gemäßigten Vertretern der indischen Unabhängigkeitsbewegung, zu denen auch *Mahatma Gandhi* gehörte, deutlich vor Augen, dass nur eine zwar friedvolle, dafür jedoch um so kompromisslosere Haltung zum Erfolg führen konnte. So schweißte das tragische Ereignis von Jallianwala Bagh die bis dahin unentschlossene und zerstrittene Unabhängigkeitsbewegung zu einem entschlossenen Kampfbund zusammen und hatte somit entscheidenden Anteil daran, dass die britischen Besatzungstruppen letztendlich in die Knie gezwungen werden konnten. *Richard Attenborough* räumte diesem Ereignis in seinem preisgekrönten Film „Gandhi" großen Raum ein. Die Anlage ist heute als **Erinnerungsstätte** gestaltet, in dem neben einem kleinen Pavillon mit Fotos und Zitaten von Augenzeugen auch der inzwischen überdachte **Brunnen** zu sehen ist, in dem über hundert Menschen starben, nachdem sie auf der panikartigen Flucht vor dem Kugelhagel hineingesprungen waren.

Durgiana Mandir

Dieser kleine **Hindu-Tempel** wird von den Sikhs gerne etwas spöttisch als ärmliche Kopie des Goldenen Tempels bezeichnet. Tatsächlich ist die Ähnlichkeit verblüffend, liegt doch auch dieses Mitte der zwanziger Jahre erbaute Heiligtum inmitten eines kleinen Teiches, ist aus Marmor gestaltet und wird von einer goldenen Kuppel gekrönt. Doch nicht nur aufgrund der übergroßen Hindu-Gottheiten im Tempelinnern, sondern wegen des vernachlässigten Zustandes der Gesamtanlage sind Verwechslungen ausgeschlossen.

Ram Bagh

Dieser weitläufige, gut gepflegte **Park** bietet sich nicht nur als willkommenes Refugium an, um die laute und hektische Altstadt hinter sich zu lassen oder sich von der hektischen Mall Rd. zu erholen, sondern beherbergt im hübschen ehemaligen **Sommerpalast** Maharajas Ranjit Singhs auch noch das interessante **Ram Bagh Museum** (tgl. außer Mo 10–16.45 Uhr). Nicht so sehr die aus Rajputen-Museen schon hinlänglich bekannten Waffen- und Münzsammlungen, dafür jedoch die Ausstellung schöner **Miniaturmalereien** machen einen Besuch lohnenswert.

■ **Öffnungszeiten:** tgl. 10 bis 17 Uhr.

Mata-Tempel

Eine merkwürdig-faszinierende Mischung aus moderner Heiligenverehrung, Disneyland und Kommerz ist der im Nordwesten der Stadt gelegene Mata-Tempel. Der Prozessionsweg führt vorbei an Blumengirlanden, bunten Glasfenstern, Marmorverzierungen und Marmorstatuen über diverse Treppen, durch Wasserwege, Tunnel und Höhlen zur Statue der hier verehrten Lal Devi. Unter den täglich Tausenden von Pilgern finden sich besonders viele Frauen, die sich Kinder wünschen.

Highlight : Grenzschließungszeremonie in Wagah

Ein herrliches Schauspiel ist die täglich um 16.15 Uhr im Winter und um 17.15 Uhr im Sommer mit großem Pomp vollzogene Grenzschließung zwischen **Pakistan** und Indien im 30 km westlich gelegenen **Grenzort Attari.** Beim erstaunlich präzise aufeinander abgestimmten Exerzier- und Imponiergehabe auf beiden Seiten wird selbst das Einholen der jeweiligen Landesflagge zelebriert. Beide Seiten achten peinlichst genau darauf, dass die eigene Flagge nicht zu schnell eingeholt wird und damit tiefer als die der Gegenseite sein könnte. Die theatralische, bisweilen karikaturistische Züge annehmende **Exerzierkunst** der Grenzsoldaten lockt täglich viele Menschen nach Attari/Wagah. Den theatralischen Höhe- und Endpunkt der 20-minütigen Zeremonie bildet das schwungvolle **Zuschmettern der Grenztore.** Man sollte rechtzeitig erscheinen, um einen guten Platz auf einer der Tribünen zu ergattern.

Anreise:

■ Vor Bus und Jeep ist das **Taxi** die wohl bequemste Art, den Ort zu besuchen. Die Hin- und Rückfahrt kostet um 350–400 Rs (Gasbetrieb) bzw. 400–500 Rs (Benzin, je nach Wagentyp). Pro weiterer Person sind je 100 Rs zusätzlich zu zahlen. Die allermeisten Unterkünfte bieten Ausflüge nach Wagah an.

Praktische Tipps

Information

■ **Vorwahl:** 0183
■ Der lange Weg zum **Tourist Office** (Tel.: 2402452, Mo–Fr 9–17 Uhr) lohnt nicht, da man dort nur sehr spärliche Informationen erhält.
■ Sehr freundlich und umfassend beraten wird man im **Informationsbüro** rechts vom östlichen Zugangstor zum Goldenen Tempel auch zu Fragen, die über die Sikh-Religion hinausgehen. Eine informative Broschüre zum Goldenen Tempel wird für 4 Rs verkauft.
■ Sehr informativ ist die Website www.sikhs.org, die detaillierte Informationen zur Geschichte des **Sikhismus** liefert.

Stadtverkehr

■ Speziell die am Bahnhof wartenden Auto- und Fahrradriksahfahrer versuchen, ihr Einkommen als **Schlepper** für diverse Hotels aufzubessern und können dabei z.T. unangenehm aufdringlich werden. Während Rikshas an beiden Ausgängen des Bahnhofs warten, sind **Taxis** nur auf der nördlichen Hauptausgangsseite zu haben. Für die Fahrt zum Goldenen Tempel sollten per **Fahrradriksha** nicht mehr als 15–20 Rs, mit der **Autoriksha** knapp das Doppelte gezahlt werden.

■ Zwischen Bahnhofsvorplatz und Goldenem Tempel verkehren regelmäßig **Busse** der Tempelverwaltung, die die Reisenden kostenlos zum Heiligtum bringen. Die gelben Busse starten ca. alle 45 Min., wenn sie meist mehr als voll sind.

■ Für eine **Taxifahrt** zum 14 km außerhalb gelegenen **Flughafen** sollte man nicht mehr als 200 Rs zahlen, per Autoriksha 100 Rs.

■ Für eine etwa 7-stündige **Stadtrundfahrt per Taxi** müssen etwa 700 Rs für ein gasbetriebenes Taxi hingeblättert werden, für einen Benziner etwas mehr.

Unterkunft

Untere Preiskategorie:

■ Großer Beliebtheit bei Individualtouristen erfreuen sich die von der Tempelverwaltung ausländischen Besuchern zur Verfügung gestellten Räume innerhalb des **Pilgerheims Sri Guru Nanak Niwas** unmittelbar neben dem Goldenen Tempel. Hierbei handelt es sich um saubere Mehrbettzimmer mit Gemeinschaftsdusche. Daneben stehen auch noch im benachbarten **Newahal Rest House** einige wenige Zweibettzimmer mit AC für 300 Rs zur Verfügung. Fast alle loben die freundliche und tolerante Atmosphäre. Neben einem „deposit" von 50 Rs, die am Ende zurückgezahlt wird ist eine kleine Spende beim Verlassen ist sicherlich angemessen, doch niemand ist dazu verpflichtet. Erwartet wird allerdings ein dem heiligen Ort entsprechendes Auftreten. Hierzu zählt u.a. eine zurückhaltende Kleidung und der Verzicht auf Alkohol- und Nikotingenuss. Zur Anmeldung und Unterbringung melde man sich beim Informationsbüro rechts vom Haupteingang zum Goldenen Tempel.

■ Die beste tempelnahe Bleibe im unteren Preisbereich ist das etwas dunkle **Sharma Guest House** €–€€ (Mahna Singh Rd., Tel.: 2551757, 5062309). Besonders die oberen, nach hinten gelegenen Zimmer (Nr. 26, 27, 32 und 33) sind preiswert, sie sind ruhiger und haben Blick auf die Bäume des Jallianwala Bagh. Die meisten Zimmer haben eigenes Bad und TV, ein Restaurant ist angeschlossen.

■ Das **Tourist Guest House** € (Tel.: 2553830) hat sehr unterschiedliche Zimmer von kleinen, billigen Zellen bis zu größeren mit etwas Komfort und Fernseher. Auch hier ist ein Restaurant vorhanden. Eine OK-Unterkunft, weil das Personal bemüht ist – die Straße ist jedoch extrem laut.

■ Eine akzeptable und billige Herberge in Bahnhofsnähe ist das **Hotel Bharat** (Tel.: 2227536, (0)9888142580), die billigsten Zimmer mit Gemeinschaftsbad.

■ An der Mahna Singh Rd. nahe dem Goldenen Tempel finden sich mehrere akzeptable Budget-Unterkünfte fast nebeneinander, von denen das **SK Sood Guest House** €€–€€€ (Tel.: 5093376) zu empfehlen ist, da die geräumigen und hellen Zimmer mit TV einen guten Eindruck machen. Ein Nachteil ist der recht hohe nächtliche Geräuschpegel von der Straße.

■ Fast nebenan hat auch das **Hotel Sitara Niwas** €€–€€€ (Tel.: 2534568, 2543092) den großen Vorteil, in unmittelbarer Nähe des Goldenen Tempels zu liegen. Die teils klimatisierten Zimmer verfügen über TV und Dusche oder Badewanne. Die Deluxe- und Superdeluxe-Zimmer sind nur wenig teurer, aber wesentlich besser, Zimmer 20 C hat Tempelblick. Hier können die aushängenden Preise meist stark heruntergehandelt werden.

■ Ein hervorragender Gegenwert wird im **Shiraz Castle** €€–€€€ (Tel.: 5090861, shirazcastle@yahoo.com) offeriert, sind die Zimmer, alle mit TV, doch hübsch möbliert. Besonders für Einzelreisende interessant, da die Einzelzimmer erstaunlich preiswert sind. Zudem lockt eine Terrasse mit kleinem Wasserfall beim Essen.

■ Das staatliche, in der Nähe des Busbahnhofs gelegene **Hotel Amritsar International** €€–€€€ (Tel.: 2555991) wirkt etwas kühl und unpersönlich, die Zimmer könnten eine Renovierung gut vertragen, allerdings sind die recht geräumigen Zimmer mit AC relativ preiswert.

Mittlere Preiskategorie:

■ Trotz seines „Standortnachteils" gut 3 km außerhalb des Zentrums im Nordwesten ist **Mrs. Bhandari's Guest House** €€€ (Tel.: 2228509, bhandhari_guesthouse@tri pod.com) eine der besten Unterkünfte der Stadt. Das von einer netten Familie geleitete Haus ist von einem schönen Garten umgeben und die Zimmer machen einen gemütlichen Eindruck. Camper können hier ihr Zelt für 180 Rs pro Person aufschlagen. Auch ein Swimmingpool ist vorhanden.

■ Viel Tageslicht gewähren die gut ausgestatteten und sauberen Zimmer des **Hotel Golden Tower** €€€ (Jallianwala Bagh, Tel.: 2534446-8, www.hotelgoldentower.com) in Gehdistanz zum Goldenen Tempel – ein guter Gegenwert.

■ Das **Hari Darshan** €€€ (Galaria Rd., Mel Sewan Bazar,Tel.: 2543500, 5008520) in ruhiger Lage am Rand der Altstadtgassen wird besonders wegen des perfekten Ausblicks auf den Hari Mandir von den Balkonen gelobt, die Zimmer 21 und 22 im oberen Stockwerk gewähren die beste Aussicht. Die ordentlichen Zimmer haben alle TV, Kühlschrank und Balkon.

■ Sehr beliebt ist das schräg gegenüber dem Bahnhof gelegene **Grand Hotel** €€€-€€€€ (Queen's Rd., Tel.: 256 2424, www.hotelgrand.in). Es bietet ordentliche und geräumige, um einen kleinen, begrünten Innenhof gruppierte Zimmer mit TV und Kühlschrank sowie freundliches Personal, ein gutes Restaurant und eine Bar.

■ Ruhiger und insgesamt gepflegter ist das ca. 400 m weiter östlich am Ende einer kleinen von der Queens Rd. abzweigenden Gasse gelegene **Shiraz Continental** €€-€€€ (Tel.: 2566157, 5098614, shirazcontinental@yahoo.com). Die Preise variieren stark je nach Ausstattung der Zimmer.

■ Für ruhige Gemüter ist das **Hotel Astoria** €€€ (1 Queen's Rd., Tel.: 2566046, 2401222) mit gemütlichen Zimmern und Sitzecken der richtige Ort, hat das saubere Haus doch etwas Patina im positiven Sinn angesetzt.

■ Eine gute Wahl ist das Hotel **Oberoi Castle** €€€-€€€€ in der Nähe des Durgiana Mandir. Alle 28 Zimmer verfügen über AC, Kabel-TV, Kühlschrank und Heißwasser.

Obere Preiskategorie:

■ Mit Swimmingpool, Restaurant und zentraler AC und inmitten eines kleinen Parks macht das **Hotel Ritz Plaza** €€€€-€€€€€ (The Mall, Tel.: 2562836, ritzhotel@vsnl.com) von außen einen recht angenehmen Eindruck. Die Zimmer mit Balkon wirken hingegen etwas abgenutzt und renovie-

rungsbedürftig. Angenehm ist das abendliche Dinner am Pool mit Kerzenschein. Auch ein morgendliches Buffet wird serviert (224 Rs).

■ Das moderne **Ista Hotel** €€€€€ (Tel.: 2708888, www.istahotels.com) entspricht mit Pool, Spa und mehreren Restaurants am ehesten internationalem Standard. Wer gern einkauft und ins Kino geht, ist hier richtig, liegt es doch genau neben einem Einkaufscenter und Multiplex-Kino. Die Zimmer sind jedoch ein wenig klein geraten und das Stadtzentrum um den Goldenen Tempel ist gut 3 km entfernt.

■ Die mit Abstand schönste Bleibe Amritsars und eine Oase der Ruhe in der hektischen Stadt ist das **Svaasa Spa Resort** €€€€€-€€€€€€ (Tel.: 2566618, (0)911833104121, www.svaasa.com), eine äußerst gelungen mit Blick fürs Detail in ein Hotel umgewandelte Kolonialvilla. Das mit zeitentsprechenden Möbeln und Dekor und viel Grün gestaltete Juwel am Ende einer von The Mall Rd. abzweigenden Gasse bietet Sauna und fachkundige ayurvedische Massagen an. Reservierung empfohlen.

Essen und Trinken

■ Das **Crystal,** Amritsars kulinarische Top-Adresse an der Cooper Rd., bietet eine große Auswahl köstlicher Gerichte. Das Fish Curry ist ebenso lecker wie das Butter Chicken. Hauptgerichte kosten 160–280 Rs. Offiziell gibt es zwei Crystal, eins im Erdgeschoss, das andere darüber – beide sind gleich gut. Besonders am Wochenende sind beide gerammelt voll, dann kann man schon mal bis zu 30 Minutem auf sein Essen warten. Schräg gegenüber findet sich mit dem **Sagar Ratna** (70–130 Rs) das beste südindische Restaurant der Stadt.

■ Wer sich mit ein wenig Reis, Dhal und Chapati bescheidet, der kann an den drei kostenlosen Pilgerspeisungen in der öffentlichen **Küche des Goldenen Tempels** teilhaben. Eine kleine Spende wäre sicherlich angebracht.

■ Tempelnah ist wohl **New Punjabi Rasoi** die akzeptabelste Adresse für indische vegetarische Kost. Das zur Abendzeit meist stark frequentierte Restaurant ist sauber und ganz gemütlich. Zudem lassen sich leicht Kontakte zu anderen Travellern knüpfen.

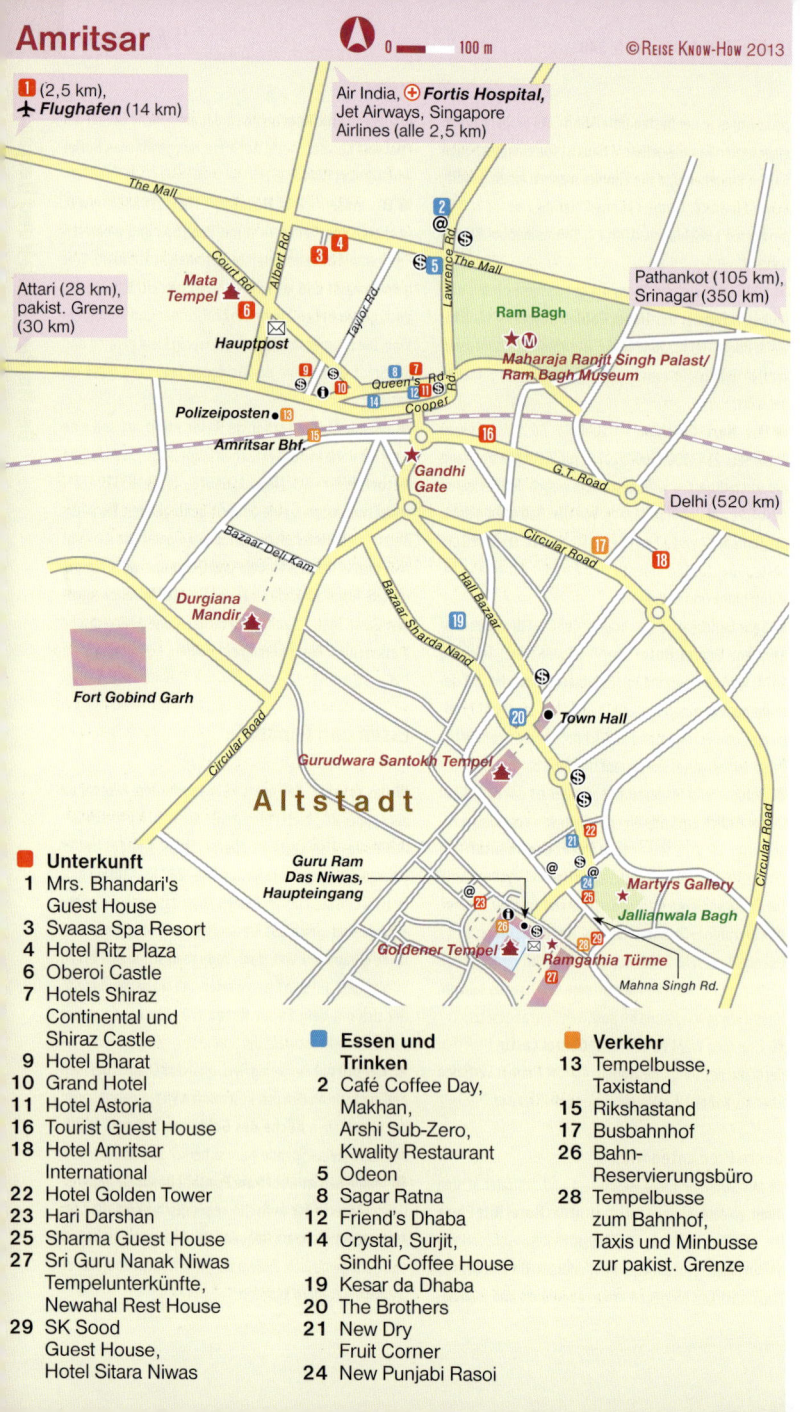

Amritsar

- Die meisten der besseren Restaurants befinden sich entlang der westlich vom Ram Bagh die Queens und Mall Road verbindenden Straße. Gutes, aber auch relativ teueres Essen serviert hier z.B. das **Odeon.**
- Bekannt für seine deftigen Punjabi-Gerichte ist das **Surjit** im Nehru Centre 4. Hauptgerichte kosten zwischen 150 und 250 Rs.
- Vor dem ordentlichen, klimatisierten **Kwality Restaurant** mit empfehlenswertem Essen (um 150 Rs pro Gericht) öffnen abends eine Reihe kleiner **Essensstände,** die leckere Snacks anbieten.
- Weitere empfehlenswerte Restaurants im modernen Teil Amritsars an der Lawrence Road sind das **Makhan** (14–23 Uhr) mit erstklassigen Huhn- und Fischgerichten und das Fast-Food-Restaurant **Arshi Sub-Zero.**
- Recht schmackhafte bodenständig nordindische Kost serviert das **Sindhi Coffee House** beim Ram Bagh.
- Erstaunlich viele Fastfood-Restaurants locken den Hungrigen in Amritsar. Eins der bekanntesten ist wohl **The Brothers.** Nicht sehr weit vom Goldenen Tempel wird Appetit auf indische Snacks, Burger, Pizzas, Shakes und Eiscreme gestillt. Ein ganz ähnliches Angebot hat das etwas versteckt liegende **Kesar da Dhaba** am Chowk Passian.
- Vielseitige indische und chinesische Schnellküche gibt's bei **Friend's Dhaba** an der Queen's Road.
- Ideal, um sich für den Abend oder lange Zug- und Busreisen mit Verpflegung einzudecken, ist die **New Dry Fruit Corner.** Hier gibt's Nüsse, Sultaninen, Kerne, Kekse und andere Trockenware.

Medizinische Versorgung

- Im Notfall gut versorgt ist man im modernen, privaten **Fortis Hospital** (Ranjit Rd., Tel.: 5050222). Eine rund um die Uhr geöffnete **Apotheke** ist angeschlossen.

Post und Internet

- Die **Hauptpost** (Mo–Sa 9–17) liegt auf der Nordseite der Stadt an der Court Rd. Ein kleines **Postamt** findet sich in der den Tempel umgebenden Gebäudezeile Guru Ram Das Niwas.
- Es gibt erstaunlich wenige Internetcafés in Amritsar. **Cyber Net,** Bikanerian Bazar, Opp. Khubi Halwai, 1. Stock, nahe dem Goldenen Tempel, hat eine schnelle ISDN-Verbindung. Die Surfstätten von **sify-i-way,** einmal etwas versteckt in den Altstadtgassen und nördlich der Bahngleise, sind am schnellsten.

Bank

- Für die meisten am günstigsten liegt die **Centurion Bank** im Guru Ram Das Niwas am Goldenem Tempel. Hier werden Bares und Reiseschecks eingetauscht. Der ATM akzeptiert jedoch nur Maestro-Karten. Die **State Bank of India** und die **Central Bank of India** an der Queen's Rd. auf der nördlichen Seite Amritsars wechseln Bargeld und Travellerschecks, die **Punjab & Sind Bank** nimmt nur Bargeld (der Ableger im Guru Ram Das Niwas am Goldenen Tempel nimmt auch Reiseschecks), auch ein ATM ist vorhanden. Von den vielen weiteren **ATMs** weisen die der idbi- und der HDFC-Bank neben den anderen gängigen Karten auch AmEx-Plastik nicht ab.
- Bei **Mehra Forex** (G.T. Rd., Tel.: 2566778) im Mehra Bldg. (2. Stock) gegenüber dem Bahnhof ist neben Geldwechsel auch Moneygram, also elektronischer Geldtransfer, möglich.

An- und Weiterreise

Flug:
- Air India fliegt Di, Mi, Fr und So von und Mo, Di, Do und Sa nach **Delhi.** Jet Airways (Tel.: 2508002–4, (0)9814 054417, 10–17 Uhr) fliegt tgl. nach Delhi.

Bahn:
- Es gibt am Bahnhof sowohl am nördlichen Hauptausgang wie auch am Südzugang und günstig beim Goldenen Tempel **Reservierungsbüros** (Mo–Sa 8–20 Uhr, So 8–14 Uhr).
- Wichtige Verbindungen im Anhang.

■ Zur Recherchezeit gab es keinen direkten Zugverkehr zwischen Amritsar und **Lahore** in Pakistan, was sich aber wieder ändern kann, also nachfragen bzw. im Internet schauen.

Bus:

■ Häufige Verbindungen nach **Chandigarh** (7 Std.), **Pathankot** (2,5 Std.), **Dehra Dun** (10 Std.) und **Jammu** (6 Std., Privatanbieter fahren meist abends zwischen 21.30 und 23.30 Uhr). Von dort Busse nach **Srinagar.** Nur 2 Busse morgens um 5.30 und 7.30 Uhr nach **Shimla** (10 Std.). Nach **Dalhousie** (6 Std.) eine Verbindung (9.15 Uhr), nach **Dharamsala** (8 Std.) tgl. um 11 und 15.30 Uhr, aber einfacher erst per Bahn nach Pathankot und von dort per Bus.

■ Die einzige Direktverbindung nach **Rajasthan** führt über **Ganganagar** (9 Std.).

■ Nach **Delhi** dauert es 10 Std., die Fahrt ist allerdings mit dem Zug wesentlich bequemer. Die Busse der meisten Privatanbieter nach Delhi starten nahe dem Bahnhof um 10 Uhr. Weitere Verbindungen etwa nach Chandigarh und Jammu starten am Gandhi Gate.

Nach Pakistan:

■ Mit dem Bus nach **Pakistan:** Je nach politischer Lage gibt es evtl. eine Busverbindung nach Lahore, die 2x wöchentlich Di und Sa um 9 Uhr morgens vom Busbahnhof an der G.T. Road startet. Außerdem besteht die Möglichkeit, mit einem der alten amerikanischen Dodge-Busse mehrmals täglich bis zum letzten Dorf vor dem Grenzübergang Attari/Wagah (Abfahrt nähe Bahnhof, 8 Rs) zu fahren. Per Taxi kostet die Fahrt ca. 450 Rs. Dort warten Rikshas, die den Reisenden für 20 Rs zur Grenzstation bringen. Von da kommt man mit einem Pick Up zur nächsten größeren Ortschaft, dann weiter per Minibus nach **Lahore.** Bedenken sollte man allerdings, dass die Grenze nur zwischen 9 und 16 Uhr geöffnet ist.

■ **Grenzübertritt nach Pakistan:** Visa zum Grenzübertritt in Attari können zwar auch in der pakistanischen Vetretung in Delhi beantragt werden, dies ist jedoch nur bei entsprechender politischer Lage möglich. So sollte man sein Visum besser schon im Heimatland bei den dortigen Vertretungen beantragen. Die Grenze ist tgl. 10–16 Uhr geöffnet, man sollte jedoch schon mindestens eine halbe Stunde vor Schließung vor Ort sein. Von Wagah, dem Grenzort auf pakistanischer Seite, fahren etwa halbstündig Busse die 30 km nach Lahore zum dortigen Bahnhof, Fahrtzeit ca. 1 Std.

☐ Atlas S. II   **Pathankot**   251

Pathankot II/B2

Viele nutzen diesen ansonsten völlig uninteressanten Ort als **Durchgangsstation** auf dem Weg von Delhi nach Amritsar, Kashmir und Dharamsala, da hier mehrere wichtige Bahnlinien enden. So kann man sich die lange Busfahrt von Delhi in den Norden sparen bzw. abkürzen.

Unterkunft

■ Wer den Anschlusszug bzw. -bus verpasst, dem bieten sich mit dem besseren **Hotel Green** €–€€ und dem **Hotel Tourist** € (Tel.: 0186-220660), beide 100 m östlich vom Bahnhof und nur ca. 400 m vom Busbahnhof entfernt, zwei einfache Unterkünfte.

■ Die beste Bleibe ist das **Venice** €€€€ (Tel.: 0186-2225122, www.venicehotelindia.com) an der Dhangu Road. Alles macht einen äußerst gepflegten, wenn auch etwas sterilen Eindruck. Neben einem Coffee Shop und einem Restaurant bietet sich in der Bar bei einem kalten Bier die Möglichkeit, die mannigfaltigen Sehenswürdigkeiten Pathankots an sich vorbeiziehen zu lassen …

■ Eine Alternative bietet das **Hotel Woodland** €€€–€€€€ (Tel.: 2230023) an der Dhangu Rd.

An- und Weiterreise

Bahn:

■ Von **Delhi** in etwa 10 Std. mit dem 4033 Jammu Mail. (Abf. 21.15 Uhr, Ank. 7.20 Uhr). Von Pathankot nach Delhi derselbe Zug (4034, Abf. 18.50 Uhr, Ank. 5 Uhr). Diese Züge kommen aus bzw. fahren weiter bis **Jammu Tawi.**

■ Wer nach **Jodhpur** in Rajasthan will, kann mit dem 9224 Jammu Tawi Ahmedabad Exp. um 11 Uhr die 19-Std.-Strecke in Angriff nehmen.

■ Nach **Amritsar**: z.B Pathankot ab 16.40 Uhr, Amritsar an 19.10 Uhr (8102 Muri Exp.). Die andere Richtung derselbe Zug: 8101, Amritsar ab 5.45 Uhr, Pathankot an 8.45 Uhr. Dieser Zug fährt weiter nach **Jammu Tawi.**

■ Eine besondere Art, Richtung **Dharamsala** zu gelangen, bietet die **Schmalspurbahn** von Pathankot zum Bahnhof Kangra Mandir bei Gaggal, etwa 20 km von McLeod Ganj entfernt. Abfahrtszeiten der Schmalspurbahn z.B. 10.40 und 12.50 Uhr. Allerdings sollte man genügend Zeit einplanen, da die Fahrt etwa 5 Std. dauert und die meisten von dort noch nach **McLeod Ganj** hinauffahren wollen. Mit dem Taxi kostet das etwa 400 Rs. Ansonsten von Gaggal mit dem Bus nach Dharamsala.

Bus:

■ Vom neuen Busbahnhof viele Verbindungen nach **Amritsar** (2,5 Std.), **Chamba** (3,5 Std.), **Chandigarh** (6 Std.), **Dalhousie** (2,5 Std.), **Manali** (11 Std.), **Shimla** (3 Std., zw. 5.20 und 16.30 Uhr) und **Jammu** (3 Std.).

■ Nach **Dharamsala** tgl. 5 Busse zwischen 5 und 21.30 Uhr (3 Std.). Kommt man mit dem um 9.15 Uhr in Amritsar startenden 4633 Ravi Exp. fahrplanmäßig in Pathankot an, sollte der 12.30-Uhr-Bus nach Dharamsala leicht zu erreichen sein. Wer einen der Busse nach Dharamsala verpasst, kann auch einen der häufigen Busse nach Gaggal nehmen und etwas vor Gaggal an der Kreuzung nach Dharamsala aussteigen. Vorher den Schaffner bitten, Bescheid zu geben, wenn diese Kreuzung erreicht wird. Sie befindet sich kurz hinter der gut erkennbaren Zufahrt zum Kangra-Flughafen. Umsteigen in einen der vielen passierenden Busse hinauf zum noch 11 km entfernten Dharamsala. Einige Direktbusse bis nach **McLeod Ganj** fahren nur morgens zwischen 5.15 und 10.30 Uhr.

■ Zwischen Busbahnhof und Bahnhof warten viele **Taxis** auf Kundschaft. Bekommt man mehrere Reisende zusammen, eine durchaus überlegenswerte Alternative. Wer sich aufs Handeln versteht, kann eine Fahrt nach Dalhousie oder Dharamsala für 3.000 Rs ergattern. Eine Fahrt vom Bahnhof zum 300 m entfernten Busbahnhof sollte mit der **Fahrradriksha** höchstens 20 Rs kosten.

Der Norden: Punjab und Haryana

Schon die britischen Kolonialherren hatten diese mitteleuropäisch anmutende Region zu ihrem Urlaubsziel Nr. 1 erkoren und hier die meisten ihrer übers ganze Land verstreuten **Hill Stations** gegründet. Jedes Jahr im März, wenn sich in den Ebenen die Quecksilbersäule der 40-Grad-Marke näherte, machte sich ein ganzer Troß britischer Kolonialbeamter nebst Tausender von Bediensteten auf den Weg in die **Luftkurorte**. Zur Königin unter den Hill Stations stieg dabei das auf 2.200 m Höhe gelegene Shimla auf, die Sommerresidenz des britischen Vizekönigs.

Der heutige Staat Himachal Pradesh bildete sich erst 1948 aus dem Zusammenschluss von 30 kleinen Bergstaaten des ehemaligen Punjab. 1966, nach dem erneuten Auseinanderfallen des Punjab durch die Gründung Haryanas, erfuhr der Bundesstaat eine territoriale Erweiterung, als ihm die Distrikte Kullu, Kangra und Lahaul/Spiti angegliedert wurden.

Speziell seit der Eskalation der Gewalt in Kashmir entwickelt sich der **Tourismus** neben der Landwirtschaft zur Haupteinnahmequelle des nur 6,9 Mio. Einwohner zählenden Uni-

HIMACHAL PRADESH

Der mit 55.673 km² kaum zwei Prozent der indischen Gesamtfläche einnehmende Bundesstaat Himachal Pradesh umfasst eine der landschaftlich schönsten Regionen Indiens. Der **am Fuße der Himalayariesen** gelegene Gebirgsstaat wird von blühenden Tälern durchzogen, die Erinnerungen an die Schweiz wachrufen.

Westliche Touristen reisen vornehmlich nach **Dharamsala**, dem Exilsitz des **Dalai Lama** und einer umfangreichen tibetanischen Gemeinde. Bei den Indern wie den ausländischen Touristen gleichermaßen beliebt ist **Manali** am nördlichen Ende des wunderschönen Kullu-Tales. In der Stadt selbst sind die negativen Spuren des ungebremsten Tourismusbooms zwar unübersehbar, doch als Ausgangsbasis für spektakuläre Himalaya-Bergwanderungen und für die Überlandstrecke nach Leh, der höchsten Gebirgsstraße der Erde, ist Manali immer noch empfehlenswert. Um die Ruhe und Schönheit des **Kullu-Tals** abseits der großen Touristenorte zu erleben, sollte man jedoch eher das nur knapp 30 km südlich von Manali gelegene **Dorf Naggar** besuchen – noch ein echter Tipp.

HIGHLIGHTS

- **Highlight*:**
  Dharamsala und McLeod Ganj | 259

- **Der besondere Tipp*:**
  Naggar | 289

*Diese Tipps erkennt man im Buch an der gelben Hinterlegung im Kapitel.

Gebetsfahnen im Wald bei McLeod Ganj

onsstaates Himachal Pradesh. Noch immer sind es die von den Briten angelegten Luftkurorte, die mit ihrem angenehmen Klima, britischem Flair, schönen Ausblicken auf die nahen Himalayaberge und die sie umgebende liebliche Landschaft die meisten Urlauber anlocken. Heute sind es die Mitglieder der indischen Mittel- und Oberschicht, die die Mehrzahl der Urlauber stellen.

Dalhousie II/B2

Dieser kleine, im Nordwesten Himachal Pradeshs auf knapp 2.100 Metern Höhe gelegene Ort wurde Mitte des letzten Jahrhunderts vom damaligen Generalgouverneur Indiens, *Lord Dalhousie*, gegründet. Sehr schnell entwickelte sich der über insgesamt fünf Bergrücken verlaufende Ort zu einem beliebten Ferienziel jener, die sich das teure Shimla nicht leisten konnten. Daran hat sich bis heute nicht viel geändert, gilt doch Dalhousie als die billigste Hill Station Indiens. Trotz der schönen Lage mit attraktivem Ausblick über weit auslaufende Täler und die von Schnee bedeckten Gipfel des über 6.000 Meter hohen Dauladhar-Bergmassivs lassen sich hier nur äußerst selten westliche Besucher sehen.

Während die Stadt selbst wenig Attraktives aufzuweisen hat, bietet sich die Umgebung doch für einige erholsame **Spaziergänge und Wanderungen** an.

Vom Subhash Chowk, einem der beiden Hauptplätze Dalhousies, führt in etwa einer halben Stunde ein gut ausgebauter, asphaltierter Fußweg durch einen Pinienwald zum **Gandhi Chowk,** dem Zentrum des Ortes. Auffällig sind dabei die hübschen, bunten, in den Fels gehauenen Reliefs während des ersten Teiles des Weges. Sie sind das Werk der kleinen Gemeinde tibetischer Flüchtlinge, die mit der Besetzung Tibets durch China Ende der fünfziger Jahre nach Dalhousie gelangten. Die meisten von ihnen haben sich inzwischen jedoch mit ihrem Oberhaupt, dem Dalai Lama, im weiter südöstlich gelegenen Dharamsala niedergelassen.

Entlang eines Weges, der südöstlich von Gandhi Chowk abzweigt, passiert man zunächst sieben kleine **heiße Quellen,** bevor man an einen besonders während der Wochenenden beliebten Picknickplatz gelangt. Dieser **Pangpulla** (Fünf Brücken) genannte Ort wurde ursprünglich als Erinnerungsstätte an den indischen Freiheitskämpfer Bhagat Singh errichtet, ist heute jedoch eine ziemlich hässliche Konstruktion aus fünf Betonbrücken, die sich über einen künstlich angelegten Teich spannen.

Inmitten eines dichten Pinienwaldes, zwei Kilometer nördlich der Stadt, befindet sich der ehemalige **Sommerpalast** des Herrschers von Chamba. Das Gebäude ist zwar heute für Besucher nicht zugänglich, doch der schöne Weg dorthin und der den Palast umgebende kleine Park lohnen dennoch einen Ausflug.

Information

- **Vorwahl: 01899**
- Das **Tourist Office** (Tel.: 242136) befindet sich im 1. Stock eines Neubaus direkt am Busbahnhof. Geöffnet Mo–Fr 10–17 Uhr.

Stadtverkehr

- Für ein **Taxi** zwischen Gandhi Chowk und Subash Chowk sollte man nicht mehr als 80 Rs berappen. Ist dem beladenen Reisenden der Aufstieg zu steil, stehen vielerorts Träger bereit, die ihm das Gepäck schleppen.

Unterkunft

Die Auswahl ist groß, Billigunterkünfte sind jedoch rar. Da Dalhousie vor allem von Familien mit Kindern besucht wird, sind Einzelzimmer kaum vorhanden, und Ermäßigung für Einzelreisende wird nur selten gewährt. Wie in allen Hill Stations sind die Preise stark saisonabhängig. Die hier genannten beziehen sich auf die Zwischensaison und sind somit nach oben wie unten variabel.

■ Im unteren Preissegment ist für jene, die ein wenig britisches Kolonialflair atmen möchten, das **Hotel Crags** €€ (Tel.: 242124) die beste Wahl. Große, wenn auch etwas muffige Zimmer mit schöner Terasse zum Relaxen und Bergpanorama. Für den Preis richtig klasse.

■ Ca. 500 m vom Gandhi Chowk entfernt, bietet das **Hotel Monal** €€€ (Garam Sarak, Tel.: 242362) nichts Umwerfendes, ist aber sauber und sehr freundlich, alle Zimmer mit TV.

■ Das nostalgische **Hotel Geetanjali** €€€–€€€€ (Tel.: 242155), nur zwei Minuten oberhalb des Busbahnhofs, bietet sehr geräumige Zimmer mit Kamin, einen Aufenthaltsraum sowie eine hübsche Veranda. Das dem Haus angeschlossene Restaurant sollte man jedoch meiden. Ansonsten für den Preis sehr empfehlenswert.

■ Nostalgisch schön ist das **Hotel Mount View** €€€€ (Tel.: 242120, www.hotelmountview.com). Das weitläufige Hotel vermittelt nicht nur beeindruckende Ausblicke auf die Berge, sondern überzeugt auch mit seinem freundlichen Personal und der gemütlichen Atmosphäre. Einige Zimmer sind allerdings etwas klein geraten, deshalb vor dem Einchecken das richtige aussuchen.

■ Das **Grand View Hotel** €€€€–€€€€€ (Tel.: 240760, www.grandviewdalhousie.com) ermöglicht von seiner großzügigen Terrasse tatsächlich tolle Ausblicke auf die schneebedeckten Berge. Alle Räume dieses gut erhaltenen Oldies verfügen zudem über Kabelfernsehen. Insgesamt die schönste Unterkunft Dalhousies.

■ Das an der Khajjiar Road gelegene **Alps Holiday Resort** €€€ (Tel.: 240775) ist neben dem Grand View das zweite Top-Hotel in Dalhousie.

■ Relativ preiswert und empfehlenswert ist das sympathische **Hotel Fair View** €€ oberhalb des Fußweges zwischen Subhash Chowk und Gandhi Chowk.

■ Alle Räume des modernen **MGM 1 Hotel** €€€ (Tel.: 011-32905173, (0)9810718281, www.hotelchaanakyadalhousie.com) verfügen über ein großes Bad mit Badewanne sowie Telefon und TV. Auch ein Restaurant (Dana Pani) ist vorhanden.

Essen und Trinken

■ Im kulinarisch nicht gerade verwöhnten Dalhousie wartet das **Lovely Restaurant** am Gandhi Chowk noch mit einer der besten Küchen auf. Sowohl die indischen wie die chinesischen Gerichte sind durchweg schmackhaft, der Service ist pünktlich. 70–150 Rs.

■ Wie immer, wenn es um günstige indische und westliche Gerichte wie Burger und Pizza geht, ist das **Kwality** (Gandhi Chowk) eine verlässliche Adresse. Die meisten Gerichte kosten 100–200 Rs.

■ Das am Subash Chowk gelegene **Amritsari Dhaba** bietet leckere nordindische Gerichte um die 80–150 Rs.

■ Nebenan ist eine Filiale der **Shere-e-Punjab-Kette** ähnlich gut.

Bank

■ Die **State Bank of India** beim Busbahnhof und die **Punjab National Bank** südlich der Francis Church wechseln Bares und Reiseschecks.

An- und Weiterreise

Bus:

■ Da das Reservierungsbüro geschlossen ist, sollte man zunächst ins 10 Min. entfernte Banikhat fahren, um sich ein Ticket für Fernbusse zu besorgen. Von dort viele Busse tgl. nach **Chamba** (2,5 Std.).

■ Alle weiteren Ziele wie **Shimla** (12 Std.), **Amritsar** (6 Std.) oder **Dharamsala** (6 Std., 7, 11.50, 14 Uhr) werden zwar jeweils ein- bis zweimal pro Tag mit einem Direktbus angefahren, schneller ist es jedoch, zunächst zum nächstgelegenen Bahnhof in **Pathankot** (3 Std.) zu fahren und dort auf die Bahn umzusteigen. Weitere Busverbindungen: **Delhi** 12 Std., **Jammu** 6 Std.

Taxi:
- Für eine Taxifahrt nach **Pathankot** werden um die 1.600 Rs verlangt.
- Nach **Chamba** mit dem Taxi ca. 1.200 Rs. Hin- und Rückfahrt mit dreistündiger Wartezeit in Chamba sollte für etwa 1.500 Rs mehr zu haben sein.
- Die einfache Fahrt nach **Dharamsala** oder Bahrmour kostet etwa 2.500 Rs.

Reiseagenturen:
- **Treks and Travels** (Tel.: 242160) nahe dem Busbahnhof arrangiert von Tagestouren per pedes (ca. 450 Rs) bis zu Jeeptouren und mehrtägigen Ausflügen kompetent. Auch Zugfahrkarten können hier besorgt werden.
- Letzteres macht auch die **Railway Out Agency** (Tel.: 240503, Mo–Sa 9–17 Uhr) beim tibetanischen Markt am nördlichen Ende der Court Rd.
- **Span Tours & Travels**, ebenfalls beim tibetanischen Markt (Tel. 225341), vermittelt Zug- und Flugtickets und vermietet AC-Wagen u.a. nach Delhi und Dharamsala.

Chamba   II/B2

Im Windschatten hoher Pässe und Berge hat dieser 56 km nordwestlich von Dalhousie idyllisch an einem Berghang oberhalb des Ravi-Flusses gelegene Ort einen ganz eigentümlichen Charme bewahrt. Aufgrund seiner geografischen Abgeschiedenheit konnte sich hier, unbeeinflusst von islamischen Invasoren, eine **jahrhundertealte Kultur** entwickeln, die sich deutlich von der in den übrigen Regionen Himachal Pradeshs unterscheidet.

Die knapp 1.000 Meter hoch gelegene Stadt kann auf eine lange Geschichte zurückschauen, wurde sie doch schon im 9. Jh. gegründet, als *Rajesh Shahil Verma* seine neue Hauptstadt vom 69 km entfernt gelegenen Bharmour hierher verlegen ließ und ihr den Namen seiner Tochter *Chamba* verlieh. Trotz der beschwerlichen und langwierigen Anreise lohnt der verschlafen wirkende Ort wegen seines angenehmen Klimas (mit 920 m liegt die Stadt über 1.300 m tiefer als Dalhousie), des **mittelalterlich anmutenden Stadtbildes,** mehrerer ganz ungewöhnlicher, verschiedene Stilrichtungen vereinigender Tempel sowie der landschaftlich reizvollen Umgebung einen Besuch.

Chowgan

Die 70 Meter breite und 800 Meter lange Rasenfläche bildet den sozialen und kulturellen Mittelpunkt der Stadt. Hier findet der lokale **Markt** statt, werden politische Veranstaltungen und religiöse Zeremonien abgehalten, sportliche Wettbewerbe ausgetragen und die großen Feste gefeiert. Alljährlicher Höhepunkt ist das jeweils Ende Juli, Anfang August stattfindende einwöchige **Minjar-Fest,** bei dem die Bewohner der umliegenden Dörfer in ihren traditionellen Trachten zusammenkommen. Oberhalb des Chowgan thront mit dem **Akhand Chandi Palace** der Mitte des 18. Jh. erbaute Sitz des ehemaligen Raja von Chamba. Der mit seiner orangenen Farbe etwas deplatziert wirkende **Torbogen** (Gandhi Gate) wurde 1900 anlässlich des Besuches von Lord *Curzon,* dem britischen Vizekönig, errichtet.

Lakshmi-Narayan-Tempel

Dieser insgesamt sechs Tempel umfassende Tempelkomplex in der Nähe des durch ein Feuer fast völlig zerstörten ehemaligen Maharajapalastes ist das archäologisch interessanteste der zahlreichen Heiligtümer Chambas. Die jeweils drei dem Götter-Ehepaar Lakshmi und Vishnu geweihten Tempel wurden innerhalb eines Zeitraumes von acht Jahrhunderten erbaut, wobei der älteste aus dem 10. Jh. stammt. Auffällig ist die ganz ungewöhnliche Gestaltung der Tempeldächer in einer nur selten anzutreffenden Kombination von rundem Tempelturm und spitzförmigem Pagodendach. Sehr schön auch die äußerst reichen und detailgenauen **Steinreliefs** an den Außenwänden. Das angeschlossene **Museum** ist Mo–Sa 10–15 Uhr geöffnet.

Weniger seine architektonische Gestaltung als vielmehr seine Lage mit schöner Aussicht auf die pittoreske Stadt und das sich dahinter ausbreitende Ravi-Tal zeichnet den **Chaumunda-Devi-Tempel** aus. Zu erreichen über einen Fußweg hinter dem Busbahnhof.

Buri-Singh-Museum

Neben einer umfangreichen epigrafischen Sammlung und einigen Überresten des bei einem Feuer zerstörten Palastes Rang Mahal beherbergt dieses Museum eine bedeutende Auswahl von **Miniaturmalereien** der Basholi- und Kangra-Schule. Ihren Höhepunkt erlebte diese Schule im 18. Jh., als viele bedeutende Künstler nach der Invasion Delhis durch den persischen Feldherrn *Nadi Shah* Zuflucht und Anstellung bei dem kunstbegeisterten *Raja Govardhan Singh*, Herrscher über das winzige Fürstentum Guler, fanden. Aus dieser Keimzelle entwickelte sich über die Jahrhunderte an den Höfen der verschiedenen Fürstentümer im ganzen Kangra-Tal eine höchst lebendige und eigenständige Malschule, die sich besonders durch die Leuchtkraft ihrer Farben und die Detailgenauigkeit ihrer Portraitstudien auszeichnete.

● **Öffnungszeiten:** tgl. außer So 10–17 Uhr, Eintritt 50 Rs, Kamera 50 Rs.

Information

● **Vorwahl:** 01899
● Im **Himachal Tourist Office** (Court Rd., Mo–Sa 10–17 Uhr, Tel.: 224002) im Hotel Iravati kann man auch für 150 Rs Führer zu den Tempeln mieten.

Stadtführungen und Trekking

● Sowohl Stadtführungen wie auch Trekking-Touren organisiert **Mani Mahesh Travels** (Tel.: 222507, (0)981 6620401) nahe dem Lakshmi-Narayan-Tempel .

Feste

● Das viertägige **Sui Mata Festival** wird alljährlich ab dem 13. April auf der großen Chowgan-Fläche abgehalten. Sui Mata wird verehrt, weil sie sich als Tochter eines Königs der Region opferte, um den anderen Bewohnern des Königreichs das Leben zu retten.
● Das **Minjar Festival** wird seit 935 n. Chr. zu Ehren des Gottes Raghuvira, einer Erscheinungsform Ramas, jeweils um den Monatswechsel Juli/August gefeiert.

Unterkunft

● Für den kleinen Geldbeutel gibt es keine bessere Adresse als das leicht heruntergekommene, aber sympathische **Chamba House Guesthouse** € (Tel.: 222564).
● Annehmbar sind die beiden HPTDC-Hotels **Champak** € (Tel.: 222774) und **Iravati** €€€ (Court Rd., Tel.: 222671). Das Iravati verfügt auch über ein Restaurant.
● Mit kleinen Einzelzimmern bis zu recht geräumigen Doppelzimmern, die billigen mit Gemeinschaftsbad, und einer hübschen Terrasse bietet das **Aroma Palace Hotel** €€–€€€ (Tel.: 225577, www.hotelaromapalace.com) viel fürs Geld.
● Neben dem Iravati ist das beim Lakshmi Narayan gelegene **Akhand Chandi** €€–€€€ (College Rd., Tel.: 222371) Chambas Top-Hotel.

Essen und Trinken

■ Preiswerte indische und chinesische Gerichte sowie alkoholische Getränke serviert das **Ravi View Café** an der Westseite des Chowgan. Hauptgerichte kosten 50–250 Rs, am besten sitzt man auf der Terrasse.

■ Das **Park View Restaurant** an der Museum Rd. lockt mit klasse Thalis. Außerdem gibt's gute Fleischgerichte, das ganze zu sehr günstigen Preisen (50–150 Rs.)

Einkaufen

■ Große Auswahl an kunsthandwerklichen Produkten hat das **Himachal Emporium** (Mo–Sa 10–17 Uhr) im alten Palast (Rang Mahal), insbesondere *rumals*, Kleidungsstücke mit feinen, eingenähten Seidenmotiven.

Bank und Internet

■ Geld und Reiseschecks werden von der **Punjab National Bank** (Hospital Rd.) gewechselt. Nicht weit vom Court House werden Kreditkartenbesitzer beim **ATM** der State Bank of India wieder flüssig.

■ Internet kostet in Chamba um 40 Rs/Std. und ist etwa bei **Cyberia Internet,** nicht weit vom Aroma Palace Hotel, möglich.

An- und Weiterreise

Bus:

■ Häufig Busse von und nach **Dalhousie** (2,5 Std.) sowie etwa stündlich nach **Pathankot** (5 Std.). Nach **Dharamsala** (8 Std.) tgl. 3 Busse (6, 11.30 und 16 Uhr). Von dort auch viele Umsteigemöglichkeiten nach **Chandigarh, Shimla** oder **Manali.** Obwohl die Fahrt nach Bharmour nur 3,5 Stunden dauert, ist sie aufgrund des schlechten und kurvenreichen Streckenzustands ziemlich anstrengend. Außerdem zwei 17 Std. lange Verbindungen nach **Delhi** (12.40 und 15 Uhr).

Taxi:

■ Mit dem Taxi nach **Dalhousie** ca. 1.200 Rs für die einfache und 1.500 Rs für Hin- und Rückfahrt, etwa gleich viel für die Fahrt nach Bharmour.

Bharmour II/B2

Das verschlafene Städtchen 69 km südöstlich von Chamba, auf 2.200 m Höhe gelegen, war bis zum 9. Jh. Hauptstadt des Chamba-Reiches. Von seiner lange zurückreichenden Geschichte zeugen auch die vielen Tempel. Überdies ist Bharmour die **heimliche Hauptstadt der Gaddis,** eines halbnomadischen Hirtenvolks, das mit seinen **Schafherden** entsprechend den jahreszeitlichen Erfordernissen zwischen den Hochalmen und den Tälern umherwandert.

Von den vielen Tempeln des Chaurasi-Tempel-Komplexes ragt der **Lakshma-Devi-Tempel** durch seine besonders hübschen Holzschnitzereien heraus. Der älteste Tempel der Gruppe wurde Anfang des 8. Jh. errichtet. Der größte Tempel Bharmours ist der **Manimahesh-Tempel** mit einer imposanten bronzenen Nandi-(Bullen-)Statue. Etwas zurückgelegen, ehrt der **Narsingh-Tempel** mit seiner Löwenform dem Gott Vishnu.

In den Monaten Juli und August pilgern viele Gläubige in Drei-Tages-Märschen zum 35 km entfernten heiligen **See Mani Mahesh Yatra** unterhalb des 5.650 m hohen Mani Mahesh Kailash. Dort befindet sich ein sehr schöner Tempel zu Ehren Lakshma Devis.

Trekking

■ Das **Directorate of Mountaineering** (Tel.: 01895-225016) organisiert eine Vielzahl von Trekking-Touren in

Highlight:
Dharamsala und McLeod Ganj II/B2

die Umgebung. Auch die **Himalayan Trekking Agency** (Tel.: 01895-225059) bei der Himachal Pradesh State Bank kann empfohlen werden. Pro Tag sind etwa 1.000 Rs für Unterkunft in Zelten, Verpflegung, Träger und Guides zu veranschlagen.

Unterkunft

■ Die geräumigen Zimmer des **Chaurasi Hotel** €€–€€€ (Tel.: 01895-225615) an der Straße zum Tempelkomplex gewähren tolle Ausblicke ins Tal. Auch das Restaurant ist gut.

■ Das kleine **Soma Sapan Guest House** €–€€ (Tel.: 01895-225337) mit schönen Balkonzimmern befindet sich neben dem Directorate of Mountaineering.

An- und Weiterreise

■ Täglich 4 **Busse** verbinden Bharmour mit Chamba (wegen der Ausblicke rechte Sitzreihe wählen!) auf allerdings schlechter Fahrstrecke in ca. 3,5 Std. (50 Rs). **Taxis** verlangen für die einfache Strecke ca. 1.200 Rs, für Hin- und Rückfahrt etwa 1.500 Rs.

■ Von Chamba bestehen regelmäßige Busverbindungen nach **Kharamukh**, von wo die restlichen 16 km mit einem Jeep oder zu Fuß zurückgelegt werden müssen.

Vom gemächlichen Bergkurort hitzegeplagter britischer Kolonialbeamter über den Zufluchtsort des aus Tibet geflohenen Dalai Lama zum Treffpunkt erleuchtungshungriger Rucksacktouristen aus Europa und Amerika – so liest sich komprimiert die kurze, dafür um so ereignisreichere Geschichte dieses am Fuße des Dhauladhar-Gebirges gelegenen Städtchens. Von der ersten Periode ist heute kaum noch etwas erhalten geblieben, da die von den Engländern 1855 gegründete Hill Station 50 Jahre später durch ein verheerendes Erdbeben fast vollständig zerstört wurde. Zu neuem Leben erwachte Dharamsala jedoch 1960, als der **Dalai Lama,** das religiöse Oberhaupt Tibets, und mit ihm Hunderttausende seiner Landsleute ein Jahr nach der Flucht vor den chinesischen Besatzern das Angebot der indischen Regierung annahmen und hier ihr neues und, wie sie hoffen, nur vorübergehendes Domizil aufschlugen.

Im Zuge der **Hippiebewegung** in Europa und Amerika entdeckten viele zivilisationsmüde Blumenkinder diesen vermeintlich spirituellen Ort als Gegenwelt zum rationalen, hochtechnisierten Westen, und so entstand eine skurrile Mischung aus billigen, einfachen Unterkünften, Travellerrestaurants mit Müsli- und Kuchenangeboten, Meditationsschulen, Ganja-Parties und Flohmärkten inmitten eines von zehntausend Tibetern bewohnten Bergdorfs. **Little Lhasa,** wie Dharamsala bei den Indern auch oft genannt wird, entwickelte sich so mehr und mehr zum **Little Goa Nordindiens.**

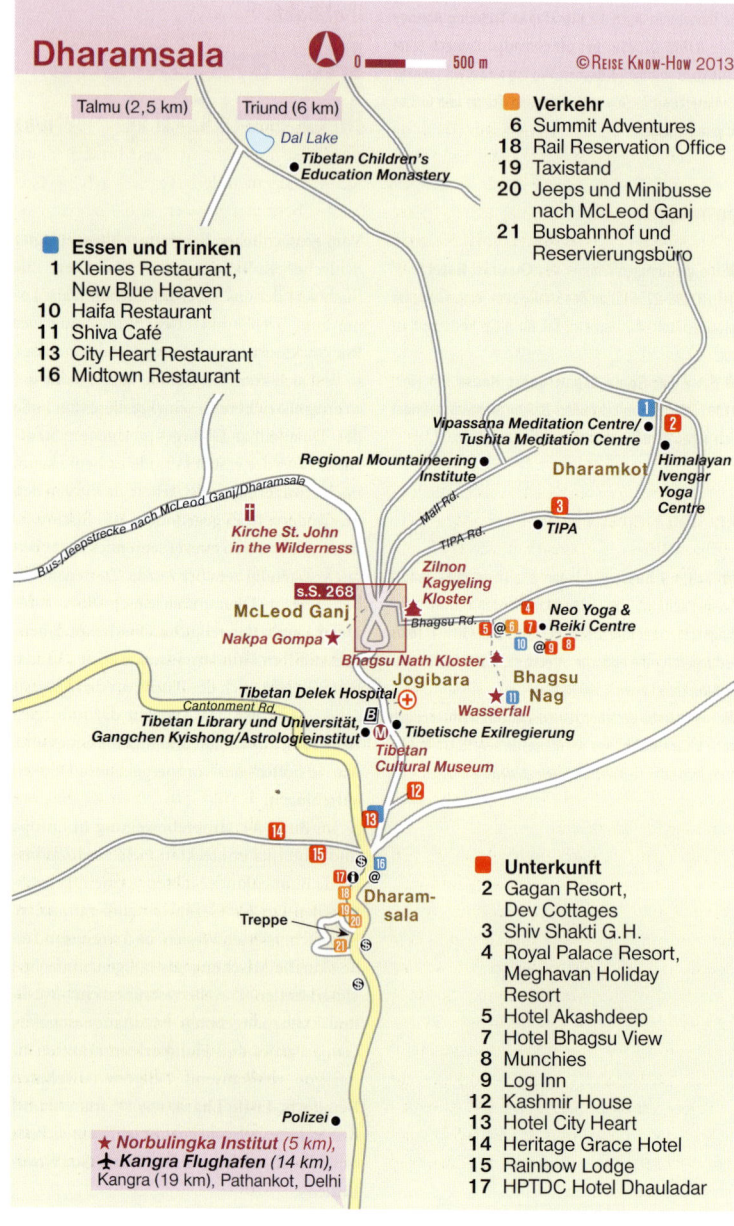

Dabei ist es im Grunde irreführend, von einem Dharamsala zu sprechen, verbergen sich dahinter doch zwei völlig unterschiedliche Städte. Da ist einmal das in 1.250 m Höhe gelegene eigentliche Dharamsala mit der quirligen Lebendigkeit einer typisch indischen Stadt. Über eine steil ansteigende kurvenreiche Straße gelangt man in das 600 m höher gelegene **Upper Dharamsala**, auch **McLeod Ganj** genannt. Obwohl das Taxi kaum 10 Min. benötigt, um die Strecke zu bewältigen, scheinen die beiden Stadtteile Welten zu trennen.

McLeod Ganj ist ein heiterer, friedvoller und toleranter Ort, geprägt vom Gemüt der hier lebenden **Tibeter.** Das Zentrum des Städtchens bildet ein buddhistischer Tempel. Überall begegnen einem in rote Roben gekleidete Mönche, und von den Hausdächern flattern Gebetsfahnen im Wind. So finden sich in McLeod Ganj viele Besucher, die ihren ursprünglich nur für wenige Tage geplanten Aufenthalt schließlich auf mehrere Wochen, ja Monate ausdehnen. Architektonisch ist der kleine, im Grunde nur aus zwei parallel zueinander verlaufenden Hauptstraßen bestehende Ort zwar keine Offenbarung, sind doch fast alle Gebäude recht einfallslose Betonbauten aus den 1960er und -70er Jahren, doch ansonsten kann hier eigentlich jeder nach seiner Fasson glücklich werden.

Zahlreiche **Meditationszentren** in den Wäldern rund um McLeod Ganj und eine hervorragend ausgestattete **Bibliothek** bieten sich für jene an, die sich näher mit dem Buddhismus beschäftigen wollen. Die schöne Umgebung lädt zu Wanderungen oder auch zu mehrtägigen bzw. mehrwöchigen **Trekking-Touren** ein. In den Szenekneipen werden die 1960er Jahre wieder lebendig, und auf den Dachterrassen kann man die schöne Aussicht, die klare Luft und Apfelstrudel genießen, bevor man sich wieder in das Chaos des indischen Lebens stürzt.

Sehenswertes

Klöster

Wer unter anderem deshalb nach Dharamsala gereist ist, um hier im Zentrum der tibetischen Exilgemeinde besonders schöne Beispiele tibetischer Kloster- und Tempelarchitektur zu erleben, der wird wahrscheinlich eher enttäuscht werden. Ebenso wie die Wohn- und Geschäftshäuser in der Stadt, so wurden auch die Sakralbauten innerhalb der letzten zwei Jahrzehnte errichtet. Zwangsläufig lassen sie vieles der über Jahrhunderte gewachsenen religiösen Atmosphäre vermissen, die die Klöster in Ladakh und vor allem Tibet auszeichnet.

Besonders augenfällig zeigt sich dieses beim **Namgyal-Kloster,** dem mit 200 Mönchen größten und bedeutendsten Dharamsalas. Beim Anblick dieses zweigeschossigen Betonklotzes werden selbst beim größten Buddhismusanhänger kaum warme Gefühle entstehen. Beeindruckend sind jedoch die von den Mönchen vor allem morgens im Inneren des Tempels abgehaltenen religiösen Zeremonien. Mittelpunkt der ansonsten recht spartanischen Gebetshalle ist ein erhöhter Thron, auf dem der Dalai Lama zuweilen religiöse Zeremonien abhält.

Im nördlichen Bereich des Geländes befindet sich die von Sicherheitskräften bewachte **Privataudienz des Dalai Lama.** Wegen seiner vielfältigen politischen und religiösen Geschäfte ist das Oberhaupt der Gelbmützensekte allerdings nur relativ selten in Dharamsala anzutreffen. Es besteht jedoch die Möglichkeit, an einer der von ihm vornehmlich im März abgehaltenen öffentlichen Audienzen teilzunehmen. Wegen genauerer Termine und Anmeldungsformalitäten wende man sich an das **Tibetian Welfare Office** an der Straße zum Green Hotel.

Neben dem Namgyal-Kloster gibt es in und um Dharamsala noch weitere fünf Klöster verschiedener buddhistischer Sekten. Sehr schön gelegen inmitten eines Rhododendronwaldes ist das **Tse-Chok-Ling-Kloster,** zu erreichen über einen zehnminütigen steilen Abstieg entlang eines Trampelpfades, der etwas unterhalb des Om-Restaurants beginnt. Das **Nakpa Gompa** ist das einzige tantrische Kloster, wobei die Mönche an ihren langen, zu einem Dutt hochgesteckten Haaren zu erkennen sind.

Zum Zweiten ist im unteren Dorfbereich von Dharamkot das **Himalayan Ivengar Yoga Centre** in einem architektonisch gelungenen, halbrunden, von viel Grün umgebenen Bungalow untergebracht. Die Kurse starten ab April. Genaueres ist auf der informativen Website zu erfahren: www.hiyogacentre.com.

In Bhagsu Nag führt das **Neo Yoga and Reiki Centre** (Tel.: 221084, 9–16 Uhr, neoyoga@yahoo.com) im oberen Stockwerk des Hotel Highland Hata Yoga- sowie Reiki-Unterricht durch.

Meditationszentren

Wer sich näher mit dem Buddhismus beschäftigen möchte, für den ist das etwa zwei Kilometer außerhalb der Stadt inmitten eines Waldes gelegene, schon über 30 Jahre existierende **Tushita-Meditationszentrum** (Tel.: 221866, www.tushita.info) der richtige Ort. In diesem speziell für westliche Studenten eingerichteten Zentrum halten sowohl tibetanische als auch westliche Mönche regelmäßig von März bis Juni und September bis November Vorträge zur buddhistischen Religion und Philosophie. Die Kursgebühren betragen etwa 60 Rs pro Tag. Außerdem besteht die Möglichkeit, für 30 Rs (Schlafsaal) bis 100 Rs (DZ) ein Zimmer zu mieten.

Zwei weitere Meditationszentren befinden sich ganz in der Nähe: einmal das **Vipassana Meditation Centre** (Tel.: 221309, das Büro ist 16–17 Uhr geöffnet, besser vorher anrufen), wie das vorgenannte im Wald neben dem Tushita gelegen. Für die 5- bzw. 10-Tages-Kurse ist auch hier eine Anmeldung erforderlich, die auch per Mail möglich ist. Es werden auch Eintageskurse offeriert. Genaueres hierüber und über weitere interessante Punkte, die das Procedere betreffen, auf der umfangreichen Internetseite www.sikhara.dhamma.org.

Gangchen Kyishong

Wenige Meter unterhalb des Namgyal-Klosters führt rechts ein kleiner, nicht asphaltierter Trampelpfad nach etwa halbstündigem Fußweg mit schönen Aussichten ins Kangra-Tal zur innerhalb des weitläufigen Gebäudekomplexes Gangchen Kyishong gelegenen **Bücherei** (tgl. außer So und jeden 2. und 4. Sa des Monats 9–17 Uhr). Alle Manuskripte, die die Wirren des chinesischen Einmarsches in Tibet überstanden haben, etwa 40 %, wurden hierher gebracht. Mit über 6.000 ins Englische und andere Sprachen übersetzten Büchern über Buddhismus und Tibet ist sie eine der weltweit besten Informationsquellen zum Studium tibetischer Kultur und Geschichte. Außerdem findet sich eine reiche Literatur zu Ladakh. Um Zugang zu erhalten, muss man eine *temporary membership* erwerben (50 Rs), außerdem ist der Pass notwendig.

Im ersten Obergeschoss ist das kleine, interessante **Tibetan Cultural Museum** (9–12 und 13–15 Uhr) untergebracht, in dem neben Hunderten von Bronzefiguren auch tibetanische Thankas, Münzen und Fotos zu sehen sind. Besondere Aufmerksamkeit verdienen der einzige holzgeschnitzte Miniaturaltar und das einzige Holzmandala außerhalb Tibets.

Auch in den Räumen der Bibliothek werden von tibetanischen Lehrern **Kurse** zur buddhistischen Philosophie abgehalten, die ins Englische übersetzt werden. Nähere Informationen zu den einzelnen Seminaren hängen an der Rezeption der Bücherei aus. Innerhalb der Anlage befindet sich auch ein Café und ein weiteres Kloster.

Astrologieinstitut

Unterhalb des Gangchen Kyishong befindet sich des Astrologieinstitut, in dem sich viele westliche Touristen **tibetanische Horoskope** erstellen lassen. Der Spaß ist jedoch nicht gerade billig und zudem zeitaufwendig. Kleine Horoskope kosten 15 Dollar und sind frühestens nach 10 Wochen erstellt. Die wesentlich ausführlicheren mehrseitigen Horoskope zu erstellen dauert bis zu sechs Monaten, sie sind jedoch mit 40 Dollar relativ preiswert. Für die Erstellung benötigen die Astrologen neben dem Geburtsort und -datum die genaue Geburtszeit. Kontakt über das Astro Department (Tel.: 333618, www.men-tsee-khang.org).

Das äußerst interessante angeschlossene **Men-Tsee-Khang Museum** (tgl. außer So 9–13 und 14–17 Uhr) informiert über die traditionelle tibetanische Medizin und deren Heilpflanzen und Minerale.

Tibetan Institute of Performing Arts (TIPA)

Zweck dieses etwas außerhalb gelegenen Instituts (Tel.: 221478, www.tibetanarts.com, 9–12 und 13–16.30 Uhr) ist die Erhaltung der tibe-

Little Lhasa: Dharamsala ist die Hauptstadt der Exil-Tibeter geworden

tischen Künste, vorwiegend der tibetischen **Oper Lhamao,** die am Jahrestag der Gründung von TIPA am 27. Mai alljährlich in einer **dreitägigen Feier** zelebriert wird. Desweiteren werden Handwerk, Musikinstrumentenbau und Malerei gelehrt. Besucher und Interessierte sind durchaus willkommen.

Teppichfabrik

An der Jogibara Rd. befindet sich eine Teppichknüpferei, die in den 1960er Jahren quasi als Arbeitsbeschaffungsmaßnahme eingerichtet wurde, um den tibetanischen Flüchtlingen ein Einkommen zu sichern. Nicht zuletzt aufgrund der regen Nachfrage der Touristen scheint dieses in Tibet selbst fast ausgestorbene Handwerk zu florieren. In den dunklen Produktionsräumen ist jeder Besucher herzlich willkommen, und gerade für den Besucher aus dem hochtechnisierten Westen ist es interessant, bei dieser alten Handwerkskunst zuzuschauen.

Kirche St. John in the Wilderness

Angesichts des heute ganz und gar tibetanischen Charakters der Stadt wirkt diese hübsche kleine **Kolonialkirche,** welche nach einem etwa 10-minütigen Fußmarsch entlang der Hauptstraße nach Lower Dharamsala zu erreichen ist, wie ein Überbleibsel aus längs vergangenen Zeiten. Dabei ist es über 100 Jahre her, seit die britische Kolonialzeit in Dharamsala durch das verheerende Erdbeben im Jahr 1905 abrupt beendet wurde.

Interessanter als das unmittelbar neben der mit hübschen Glasfenstern versehenen Kirche gelegene Grab des britischen Vizekönigs *Lord Elgin,* der hier während einer Dienstreise 1863 verstarb, sind die zum Teil recht amüsanten Grabinschriften auf dem kleinen, etwas rechts von der Kirche gelegenen **Friedhof.** Von hier hat man einen sehr schönen Ausblick auf McLeod Ganj und das darüber gelegene Tse-Chok-Ling-Kloster.

Praktische Tipps

Information

■ **Vorwahl:** 01892
■ Das **Tourist Office** in McLeod Ganj (Tel.: 221205, tgl. 10–18.30, im Sommer 8–20 Uhr) ist, je nach Schalterbeamten, hilfsbereit oder überflüssig. Im ersten Fall bekommt man einen übersichtlichen Stadtplan, Auskunft zu Abfahrtszeiten und Hilfe bei der Unterkunftssuche.
■ Das **HPTDC-Büro** in Dharamsala (im Hotel Dhauladhar, Tel.: 224212) ist, wenn besetzt, zwischen 9.30 und 19.30 geöffnet.

Trekking

Die reizvolle Landschaft um Dharamsala sowie die Berge des Dhauladhar-Gebirges sind ideale Trekkinggebiete. So haben sich viele Agenturen und private Bergführer auf die Organisation ein- und mehrtägiger Touren spezialisiert, wobei in einfachen Bergunterkünften oder Zelten übernachtet wird. Eine beliebte 3-Tages-Route führt nach Triund und zurück, wobei die Anstrengung mit herrlichen Ausblicken in die Bergwelt, dem Passieren eines Gletschers (in 3.300 m Höhe) und prächtiger Vegetation belohnt wird. Außerdem können individuell Touren auch in weiter entfernte Gebiete wie etwa Lahaul, das Spiti Valley, Ladakh oder Manali zusammengestellt werden. Neben den hier erstgenannten alteingesessenen Agenturen sind in den letzten Jahren viele weitere hinzugekommen, von denen hier die verlässlichsten aufgeführt sind.
■ Das **Regional Moutaineering Institute** (Tel.: 221 787) vermittelt geprüfte Bergführer und weitere wertvolle Informationen zu Trekking-Touren. Das Büro liegt etwas außerhalb an der Straße nach Dharamkot und Triund.

- Das verlässliche **Yeti Travels** (Tel.: 221060) öffnet seine Tore erst zur Hauptsaison ab März.
- **High Point Adventure** (Tel.: 221132, 220718) in der Kareri Lodge führt Touren in der näheren Umgebung, aber auch weiter ab Chamba und Manali durch. Auch der Besitzer der **Ekant Lodge** bietet als geprüfter Bergführer verlässliche Trekking-Touren.
- **Summit Adventures** (Tel.: 221679, (0)9418021679, www.summit-adventures.net) mit Hauptbüro in Bhagsu Nag am Hauptplatz (und Zweigstelle in Dharamsala an der Jogibara Rd.) macht einen professionellen Eindruck. Neben individuell geplanten Trekking-Touren und Ausflügen werden auch Jeepsafaris veranstaltet, Taxis vermittelt und Bus-, Bahn- und Flugtickets arrangiert.

Stadtverkehr

- Etwa jede halbe Stunde zwischen 5.15 und 19.30 Uhr fahren **Busse** von Dharamsala nach McLeod Ganj und umgekehrt. Mit einem der vielen **Jeeps** bzw. **Kleinbussen** kostet die Fahrt 10 Rs. Sie starten oberhalb der Treppe, die zum Busbahnhof hinabführt. Da das Gedränge um die Plätze häufig groß ist, muss man seinen Sitzplatz entsprechend einfordern.
- Mit dem **Taxi** kostet die Fahrt 140 Rs. Macht man sich zunächst jedoch zu Fuß auf den Weg und hält nach kurzer Zeit eines der vielen andernfalls leer nach McLeod Ganj zurückfahrenden Taxis an, wird's etwas billiger. Zum Kangra-Flughafen kostet die Fahrt 350 Rs.
- Von McLeod Ganj führt der **Fußweg** vom Namgyal-Kloster im Zickzackkurs in ca. 45 Min. nach Dharamsala.

Feste

- Neben dem oben erwähnten dreitägigen **TIPA Festival** ab 27. Mai ist McLeod Ganj besonders zu **Losar,** dem tibetanischen Neujahrsfest im Februar/März, in besonderer Stimmung. Dabei zelebriert der Dalai Lama öffentlich einwöchige Lehrstunden, die viele Touristen anlocken.
- Auch der 6. Juli, der **Geburtstag des Dalai Lama,** und der 10.–12. Dezember, wenn das **International Himalayan Festival** an die Zuerkennung des Nobelpreises an den Dalai Lama erinnert, sind alljährlich Anlass für Feste.

Unterkunft

Die Auswahl an Guest Houses und Hotels ist, besonders wenn man bedenkt, wie klein McLeod Ganj ist, außergewöhnlich groß. In den letzten Jahren sind mehrere auch höherklassige Unterkünfte entstanden, nachdem der Ort vorher fast ausschließlich auf Rucksacktouristen ausgerichtet war. Auch im 2 km entfernten Bhagsu Nag und im anschließenden Dharamkot wurde zur Recherchezeit an vielen neuen Guest Houses gezimmert, die noch eine ruhigere Alternative zum gelegentlich überlaufenen McLeod Ganj darstellen.

Viele Hotels verfügen über ein breites Spektrum an Räumen, angefangen von winzigen Einbettzimmern ohne Bad und Aussicht für 90 Rs über hübsch eingerichtete, geräumige Zimmer mit heißer Dusche und eigenem Balkon mit Aussicht um 350 Rs bis zu einigen luxuriösen Bleiben. Normalerweise sollte es also kein Problem sein, eine den jeweiligen Wünschen und dem Geldbeutel entsprechende Unterkunft zu finden. Während des tibetanischen Neujahrsfestes Losar, das gewöhnlich im Dezember stattfindet, kann es jedoch zu **Engpässen** kommen. Hauptsächlich dann sind die sonst wenig frequentierten Unterkünfte in Dharamsala begehrt.

Die hier angebenen Saisonpreise fallen vorher und nachher um bis zu 50 %, sodass alle Budget- dann zu Low-Budget-Unterkünften werden. Die teils sowieso schon billigen unter Klosterleitung stehenden Herbergen haben feste Preise, erhöhen sich also in der Hochsaison nicht, was sie besonders dann zu gefragten Schnäppchen macht.

In Dharamsala:

Verständlicherweise übernachten nur wenige Touristen in Dharamsala selbst. Für jene, die erst spät abends ankommen und den letzten Bus nach McLeod Ganj verpasst haben und sich das Geld für ein Taxi sparen wollen oder falls

McLeod Ganj ausgebucht sein sollte, seien hier einige Übernachtungsmöglichkeiten genannt.

■ Die beste Adresse bei den Billigunterkünften ist das **Hotel City Heart** €–€€ (Tel.: 225290, 223761) an der Hauptstraße mit geräumigen und sauberen Zimmern. Die vier Räume verfügen über Warmwasser, die teureren zudem über TV und Balkon. Von den nach hinten gelegenen Zimmern aus kann man einen tollen Ausblick genießen.

■ An zweiter Stelle ist die **Rainbow Lodge** € (Old Chary Road, Tel.: 222467), eine kleine Gasse bei der State Bank of India hinab, zu nennen. Recht große, leider auch etwas verwohnte Zimmer, die meisten mit eigenem Bad, haben riesige Fenster zum Tal.

■ Das **HPTDC Hotel Dhauladhar** €€€ (Tel.: 224926) hat geräumige, saubere Zimmer. Von der Terrasse des hauseigenen Restaurants bietet sich ein schöner Blick ins Tal. Besser, weil ruhig gelegen und wesentlich gediegener, wohnt man im ebenfalls staatlichen **Kashmir House** €€€–€€€€ (Tel.: 222977), einem 100 Jahre alten Kolonialbau. Die runden Zimmer im 1. Stock gewähren nahezu Rundumblick über die Landschaft und sind erstaunlich preiswert. Auch die mit schwerem Holzmobiliar eingerichteten Suiten sind ihr Geld wert. Natürlich gibt's ein Restaurant. Außerhalb der Saison sind hohe Preisabschläge drin.

■ Die mit Abstand schönste Herberge Dharamsalas und McLeod Ganjs ist das **Heritage Grace Hotel** €€€€€ (Old Chary Road, Tel.: 223265, www.welcomheritagegracehotel.com). Für diese gelten die Eingangsbemerkungen sicher nicht, ist der 200 Jahre alte ehemalige Sommersitz eines lokalen Herrschers doch liebevoll in ein herrliches kleines Luxushotel der WelcomGroup umgestaltet worden und nicht mal sonderlich teuer.

In McLeod Ganj:

■ Das mit der knallgrünen Bemalung seinem Namen alle Ehre machende **Green Hotel** €–€€ (Tel.: 221200, www.greenhotel.biz) besitzt einen fast schon legendären Ruf. Entsprechend seiner Popularität entwickelte sich aus dem intimen kleinen Guest House der Anfangszeit durch verschiedene Anbauten über die Jahre ein ziemlich monströses Gebäude mit inzwischen über 50 Zimmern ganz unterschiedlicher Qualität. Die teueren Zimmer mit Bad und heißer Dusche liegen nach hinten, von wo man einen sehr schönen Talausblick hat.

■ In einer weniger bevölkerten Seitengasse, dementsprechend ruhiger und doch gleich um die Ecke vom Zentrum wohnt man im sehr sympathischen **Om Hotel** € (Tel.: 221313). Ein weiterer Pluspunkt ist das angeschlossene Restaurant mit hübscher Terrasse.

■ Bei den vielen preiswerten Herbergen, die unter Klosterleitung stehen, ist besonders die freundliche Atmosphäre ein großes Plus. Selbstverständlich muss man sich bei diesen Unterkünften angesichts des sehr niedrigen Preises auf einfache Einrichtung einlassen. Sehr billig ist etwa das **Shangrila Guest House** € (Tel.: 221969), Zimmer teils mit Gemeinschaftsbad. Die Beliebtheit rührt von den niedrigen Preisen und der angenehmen Atmosphäre des von Mönchen geführten Hauses her. Nebenan ist das ebenfalls unter Klosterleitung stehende, gute **Snow Lion Guest House** € (Tel.: 221298) nahezu preisgleich, die teureren Zimmer mit Balkon. Im angeschlossenen Restaurant mit tibetischer und westlicher Küche ist der tolle Zitronen-Joghurt-Kuchen ein Gedicht.

■ Mit dem **Tibetan Ashoka Guest House** €–€€ (Tel.: 222763, die billigen Zimmer mit Gemeinschaftsbad, erst ab März geöffnet) und dem von Mönchen geleiteten **Drepung Loseling Guest House** € (Tel.: (0)9218923305) finden sich zwei der schönsten Unterkünfte am Ende einer kleinen Gasse, die von der Jogibara Road hinter dem Tibetan Handicraft Centre abzweigt. Beide überzeugen durch ihren tadellosen Zustand, eine angenehme Atmosphäre und eine herrliche Aussicht von der Dachterrasse. Im Ashoka kann man gleich zwischen drei auf verschiedenen Ebenen gestaffelten Terrassen wählen. Ein idealer Ort, um bei einer Tasse Tee und einem Stück Kuchen die herrliche Umgebung und die friedvolle Atmosphäre zu genießen.

■ Nicht nur der als Bergführer tätige freundliche Besitzer, sondern auch die angenehmen und günstigen Zimmer mit Heißwasser machen die schön gelegene **Ekant Lodge** € (Jogibara Rd., Tel.: 221593) zu einer der empfehlenswertesten Unterkünfte.

■ Drumherum finden sich mehrere neu entstandene Herbergen, von denen das **Hunted Hill House** €–€€ (Tel.: 220342, www.huntedhill.com) – alle supergepflegten

Dharamsala und McLeod Ganj

Zimmer mit großen Fensterflächen und Balkon zum Tal – erstaunlich preiswert ist. Auch das thailändische Restaurant auf dem Dach lockt.

■ Im wenige Jahre alten **Pawan Guest House** €€–€€€ (Tel.: 220069) in der Nähe sind die rückwärtigen Balkonzimmer mit weiten Ausblicken, einige mit TV, sowie das Dachrestaurant die hervorstechenden Merkmale.

■ Ausgezeichnet ist das **Cheryton Cottage** €€ (Tel.: 221237) gleich neben dem Chocolate Log. Die sauberen, geräumigen und zudem hübsch möblierten Apartments in ruhiger Lage verfügen alle über Heißwasser. Wegen der Ausblicke und der helleren Räume sollte man ein Zimmer im zweiten Stock wählen.

■ Ähnliches gilt für das sehr empfehlenswerte **Ladies Venture Hotel** €–€€ (Tel.: 222559) an der Jogibara Rd. Besonders schön sind die Zimmer in der oberen Etage mit Panorama-Aussicht in die Umgebung. Je nach Lage, Größe, Aussicht und Ausstattung gestaltet sich der Preis.

■ Das sehr freundliche **Tibet Hotel** €€–€€€ (Tel.: 221426, 221587, htdshala@sancharnet.in) gehört zu den renommiertesten und ältesten Hotels vor Ort. Bis auf die Räume im Keller, die vor allem in der kalten Jahreszeit ungemütlich werden können, lässt es sich in den geräumigen und hübsch eingerichteten Zimmern sehr angenehm wohnen.

■ Verfolgt man die kleine Stichstraße beim Tourist Office weiter, finden sich mehrere recht empfehlenswerte Herbergen unterschiedlicher Preiskategorien. Zunächst die kleine **Kareri Lodge** €€–€€€ (Tel.: 221132, karerihl@hotmail.com). Die teureren der fünf gemütlichen Zimmer, teils mit Balkon und TV, sind unterschiedlich groß. Der Besitzer ist geprüfter Bergführer.

■ Makellose, saubere Zimmer mit großen Fenstern zum Tal und entsprechendem Ausblick sind die vorzüglichen Merkmale des etwas cleanen **Surya Resorts** €€€–€€€€ (Tel.: 221418-20, www.suryaresorts.com), einem 6 Stockwerke hohen, komfortablen Neubau.

■ Mehr Atmosphäre hat das etwas weiter die Straße hinauf gelegene **Pema Thang Guest House** €€€ (Tel.: 221871, www.pemathang.com). Die meisten der gemütlichen, mit Holzdielen und Kochnische versehenen Zimmer des klostergeleiteten Hauses haben einen schönen Balkon. Ein gutes vegetarisches Restaurant ist angeschlossen.

■ Wer einmal die meditative Ruhe und die freundliche Atmosphäre einer tibetanischen Mönchsgemeinde aus nächster Nähe erleben möchte, sollte die Möglichkeit nutzen, in einem der um McLeod Ganj ansässigen Klöster zu wohnen. Einige von ihnen verfügen über ein paar Zimmer, die zwar nicht offiziell als Guest Houses gelten, aber an Touristen vermietet werden. Am schönsten ist das **Kloster Tse Chok Ling** € (Tel.: 221726, 221404, der freundliche Herr Thupten, der gut Deutsch spricht, managt u.a. die Vermietung) in herrlicher Lage inmitten eines Rhododendronwaldes mit insgesamt 20 Zimmern. Die sehr sauberen Gemeinschaftsbäder verfügen sogar über heiße Duschen. Man erreicht das Tse Chok Ling über einen etwa zehnminütigen steilen Abstieg, der wenige Meter hinter dem Om-Hotel rechts abzweigt.

■ Weitere Köster, die Zimmer an Ausländer vermieten, sind das **Zilnon Kagyeling** (kein Tel.), sehr preisgünstig, mit Gemeinschaftsbad und Café zur Verpflegung, auf dem Weg nach Bhagsu Nag, sowie das kleine **Tashi Choeling** und das **Namgyal.**

■ Viel Charme und Atmosphäre vermittelt das in einem schönen Blumengarten gelegene alte Steinhaus des **Hotel Bhagsu** €€€–€€€€ (Tel.: 221091) mit hübschen Zimmern.

■ Blitzsaubere, modern eingerichtete Zimmer mit großen Fensterflächen zum Tal, ein bemühter Service und ein tolles Dachrestaurant machen das **Hotel Asian Plaza** €€€€ (Tel.: 220855, (0)9418015115, www.asianplazahotel.com) zur vielleicht luxuriösesten, aber auch etwas kühlen Wahl der Region. Auf jeden Fall lohnt ein Mahl auf dem Dach nicht nur wegen der Aussicht.

■ Die vielleicht stilvollste Unterkunft in McLeod Ganj, das **Chonor House** €€€€–€€€€€ (Tel.: 221006, www.norbulinka.org) in der Nähe des Namgyal-Klosters, wird von Mönchen gemanagt. Alle Zimmer sind preisgleich. Die in tibetischem Stil eingerichteten, geräumigen Zimmer (alle zum gleichen Preis) sind ihr Geld jedenfalls wert. In dem friedvollen Garten können Mahlzeiten eingenommen werden.

■ Neuerdings gibt es ganz in der Nähe mit dem **Zambala Guest House** €€€€ (Tel.: 221121, www.zambalahouse.com) eine zweite sehr schöne Unterkunft. Die das ganze Haus durchziehende, freundliche Atmosphäre, sehr stil-

Dharamsala und McLeod Ganj

volle, gepflegte Zimmer und die schöne Terrasse sind trotz des gehobenen Preises ein toller Gegenwert.

In Bhagsu Nag und Dharamkot:

Diese beiden Dörfer, etwa 2 km von McLeod Ganj, entwickeln zunehmend touristische Infrastruktur und können als Ausweichmöglichkeit dienen, falls McLeod Ganj wegen eines Festes ausgebucht ist. Während Dharamkot noch recht beschaulich wirkt, ist in Bhagsu Nag ein regelrechter Bauboom ausgebrochen und das kleine Dorf ist, verglichen mit dem Dornröschenschlaf wenige Jahre zuvor, kaum wiederzuerkennen. Hier gibt's neben einer Quelle auch den Schlangentempel **Bhagsu Nath** sowie einen **Wasserfall** in etwa 500 m Entfernung.

Dharamsala und McLeod Ganj

© REISE KNOW-HOW 2013

30 Chonor House
31 Ekant Lodge,
    Pawan Guest House
32 Hunted Hill House

■ **Essen und Trinken**
4 Green Hotel & Restaurant
5 Nick's Italian Kitchen
8 Asian Plaza,
    Mc Llo Restaurant
10 Om Restaurant
11 Kailash Restaurant
14 Jungle Hut
15 Gakyi Restaurant
18 Ashoka Restaurant
19 Yak Restaurant
21 Hungry Hope,
    Moonpeak Espresso
23 Pema Thang Pizzeria, Natraj
25 A Taste of India
26 Chocolate Log
28 Moonpeak Thali Restaurant
31 Mai Thai Restaurant
33 Open Sky Café

■ **Verkehr**
1 Bhagsu Taxi Union, Prepaid
2 Yeti Travels
7 Busse und Jeeps
    nach Dharamsala
8 Ticketverkauf HPTC
    Busse und Busabfahrt
13 Bhagsu Travels
16 Summit Adventures II
21 Everest Tours & Travels
22 High Point Adventure

■ **Einkaufen**
12 Diir Bookshop
20 Bookworm
21 Little Lhasa Bookshop

Bhagsu Nag:

■ Gleich am Ortseingang empfängt das preiswerte **Hotel Akashdeep** €€€ (Tel.: 221482) mit blitzsauberen Zimmern mit TV, die teureren mit Balkon zum Tal.

■ Den Hauptweg des Dorfes hinaufgehend, gelangt man zum **Hotel Bhagsu View** €–€€ (Tel.: 221968). Die großen Zimmer, alle mit Balkon und TV ausgestattet, sind eine gute Wahl. Zudem gibt's ein Restaurant mit German Bakery.

■ Recht neu ist das freundliche **Log Inn** € (Tel.: 221497, 220025), gut 100 m den Anstieg im Dorf hinauf. Die hübsch möblierten Zimmer mit Bad, großen Fenstern und Terrasse zum grünen Garten sind ein Schnäppchen.

■ Ein Tipp, falls man abgelegen wohnen möchte oder wenn etwa bei einem der Feste kaum noch ein Zimmer zu ergattern ist, ist **Munchies** € (Tel.: (0)9817077540), eine kleine Einfachunterkunft im Grünen. Sie ist nur über den im oberen Teil steilen Hauptweg des Dorfes zu erreichen. Also sollte man vorher reservieren, um sich nicht umsonst auf den beschwerlichen Weg zu machen. Die sauberen Zimmer mit Gemeinschaftsbad sind preisgünstig. Das Terrassencafé New Green und das Little Italy Restaurant sorgen für die Verpflegung.

■ Die komfortablen, meist neuen Unterkünfte des Dorfes wirken alle etwas ausdruckslos und sind oft überteuert. Die lohnendsten sind das **Meghavan Holiday Resort** €€–€€€€ (Tel.: 221935, (0)9418096935, www.meghavanholidayresort.com), saubere Zimmer mit TV, die vorderen mit Balkon zum Tal, sowie das höherklassige **Royal Palace Resort** €€€–€€€€€ (Tel.: 220962, (0)9916274260, www.royal palaceresort.com), eine der wenigen Luxusherbergen der Region. Geschmackvoll gestaltete Zimmer mit Balkon zum gepflegten Garten zum Dorfzentrum.

Dharamkot:

■ Kurz nach Passieren des TIPA führt ein Weg links hinauf zum **Shiv Shakti Guest House** € (Tel.: 221875). Große Einfachzimmer mit Bad in abgeschiedener Waldumgebung sind vorwiegend für eremitisch Angehauchte eine ansprechende Bleibe. Wegen der Abgeschiedenheit schützen zwei imposante Hunde das Grundstück des Besitzers. Ein Cottage mit eigener Kochnische ist für Langzeitbleibende interessant.

■ Ganz ordentliche Zimmer mit Balkon und TV in ruhiger Grünlage sprechen für das **Gagan Resort** €€–€€€ (Tel.: 220324, (0)9418018020324). Zudem sind ein Restaurant und ein Internetcafé angeschlossen.

■ Kleine Bungalows mit viel Platz, Balkon und TV in grüner Umgebung sind die Markenzeichen der **Dev Cot-**

tages €€€–€€€€ (Tel.: 221558, 221038). Eine gute Mittelklassewahl.

Essen und Trinken

In Dharamsala:

■ Die neben dem Restaurant des Dhauladhar Hotel empfehlenswerte Adresse fürs leibliche Wohl ist das **Midtown Restaurant** (1. Stock) an der Hauptstraße. Große Auswahl zum kleinen Preis. Ganz ähnlich ist das **City Heart Restaurant** mit Talblick vom oberen Stockwerk aus.

In McLeod Ganj:

Auch kulinarisch wartet McLeod Ganj mit einer großen Auswahl vorzüglicher Restaurants auf. Man hat die Qual der Wahl zwischen tibetanischem, chinesischem, indischem und europäischem Essen.

■ Ähnlich wie das **Green Hotel** ist auch das hauseigene Restaurant bei den Rucksackreisenden sehr beliebt, und dementsprechend schwer ist es oft, einen freien Platz zu ergattern. Die Speisekarte ist zwar recht vielfältig und auch die Preise sind dem Low-Budget-Publikum angepasst; kulinarische Höhenflüge sollte man allerdings nicht erwarten. Dennoch ist es, genauso wie das **Om Restaurant,** ein gemütlicher Ort, um mit Reisenden aus aller Welt zusammenzusitzen und die neuesten Informationen auszutauschen.

■ Gut besucht ist meist auch das **Kailash Restaurant,** von wo man je nach Platz eine sehr schöne Aussicht ins Tal oder auf das rege Treiben entlang der Hauptstraße hat. Zum Frühstück empfehlen sich die guten Omelettes.

■ Für Dharamsala-Verhältnisse recht komfortabel sitzt es sich im **McLlo Restaurant** im Ortszentrum. Die Auswahl ist umfangreich (Pizza, Pasta, indisch, chinesisch und continental), das Essen ist jedoch dem westlichen Geschmack angepasst. Sehr beliebt speziell am Abend. Hier gibt's auch Bier und Hochprozentiges.

■ Ein Neuling auf der kulinarischen Landkarte ist das ausgezeichnete **Moonpeak Thali Restaurant** an der Temple Rd. Die Mischung aus tibetischen und indischen Gerichten sowie das stilsichere Ambiente machen es zu einer der besten Adressen der Stadt. Ein köstliches Thali gibt es auch. 90–200 Rs.

■ Die beliebteste Morgenadresse ist **Nick's Italian Kitchen.** Hier lockt neben dem preiswerten, vielseitigen und guten Essen (italienische Kost ist nur ein Teil des Angebotes) vor allem die große Terrasse, um sich von der Sonne die nächtliche Klammheit aus den Knochen vertreiben zu lassen.

■ In der **Pema Thang Pizzeria** werden erstklassige Pizzas serviert. Besonders einladend ist die allerdings schmale Terrasse mit imposantem Talblick (in der Vorsaison 15–17 Uhr geschlossen).

■ Etwa 500 m Richtung Bhagsu Nag lädt das überdachte Freiluftrestaurant **Jungle Hut** mit gemütlichen Korbstühlen, vielseitiger Speisekarte (tibetische Küche, Tandoori, Huhn und indisch) und weiten Ausblicken ein.

■ Beim Spaziergang um die südliche Spitze von McLeod Ganj oder nach Dharamsala ist das kleine **Open Sky Café** im Süden eine willkommene Unterbrechung mit schöner Fernsicht.

■ Mit seinen leckeren nordindischen Gerichten zu kleinen Preisen (50–100 Rs) ist das kleine **A Taste of India** eines der beliebtesten indischen Restaurants der Stadt.

■ Das **Gakyi Restaurant** ist genau die richtige Adresse für Vegetarier mit einer Schwäche für tibetanische und chinesische Kost. Eine Spezialität des Hauses sind *Sweet and Sour Pishe*, frittierte Teigtaschen mit Gemüse. Zum Frühstück sei das ausgezeichnete Müesli empfohlen.

■ Wem es mal wieder nach Thai-Küche gelüstet, der ist mit dem **Mai Thai Restaurant** an der Jogibara Rd. gut bedient.

■ Wer einmal der westlichen Traveller-Szene entfliehen möchte und dafür unverfälscht lokales Ambiente schnuppern möchte, sollte das urige **Yak Restaurant** schräg gegenüber vom Gakyi aufsuchen. Zu minimalen Preisen gibt es große Portionen typisch tibetanischer und chinesischer Gerichte wie Momos und Nudelsuppen.

■ Ausgezeichnete indische Gerichte serviert das gepflegte **Ashoka Restaurant** an der Jogibara Rd.

■ Indische Schnellgerichte inkl. Thalis und Dosas sowie Burger und Eis stillen hoffentlich im **Hungry Hope** den Hunger. Danach rundet einer der vielen verschiedenen

Kaffees mit Kuchen im nebenan gelegenen **Moonpeak Espresso** das Mahl ab.

■ Das **Malabar Restaurant** in der Jogibara Rd. bietet eine Vielzahl schmackhafter Gerichte, wobei besonders die indische Küche überzeugt. Unter den vorzüglichen Gerichten waren meine Favoriten das cremige *Malai Kofta* und das *Navratan Korma*.

■ Alkoholische Gelüste werden auch in der **Bar des Tibet Hotel** befriedigt.

■ Wer viel Geld ausgeben will, sollte lieber gleich im sehr guten Restaurant des Hotel **Natraj** speisen. 200 Rs für ein abendfüllendes Mahl inklusive Getränke muss man hier zwar schon veranschlagen, doch dafür wird einem neben gediegenem Ambiente und herrlicher Aussicht auch vorzügliches indisches Essen serviert.

■ Ein Renner, gerade bei Europäern, sind die köstlichen hausgemachten Kuchen. Besonders lecker sind sie im **Chocolate Log.**

■ Schon wegen des tollen Rundumblicks ist das Dachrestaurant, auch mit Innenbereich, des **Asian Plaza** am Main Square einen Besuch wert. Zudem speist man im wohl luxuriösesten Restaurant des Ortes.

In Bhagsu Nag und Dharamkot:

■ In Bhagsu Nag steht inzwischen eine Vielzahl von Restaurants zur Verfügung. Neben den Hotelrestaurants ist das über den Hauptweg des Dorfes erreichbare **Haifa Restaurant** zu erwähnen. Hier gibt's neben Pizza indische und westliche Küche. Außerdem sind mehrere German Bakeries mit entsprechendem Angebot verlockend. Besonders erwähnenswert hier das **Shiva Café** oberhalb des kleinen Wasserfalls von Bhagsu Nag.

■ Dharamkot ist lukullisch noch nicht so weit entwickelt. Neben der riesigen, neu angelegten Freiluftterrasse des **New Blue Heaven** mit Blick auf die gegenüber liegenden Hänge sei das **kleine Restaurant** oberhalb des Dorfes und der Meditationszentren erwähnt, wo man sich vor oder nach einer Wanderung durch die Wälder stärken kann.

Bank

■ Die **State Bank of India** im Mount View Complex wechselt nur Bargeld. Auch der ATM ist wählerisch und befriedigt nur VisaCard-Besitzer.

■ Als Alternative bietet sich die **Punjab National Bank** im Dorfzentrum an. Hier werden nebem Barem auch Reiseschecks angenommen. Beide haben auch in Dharamsala eine Zweigstelle.

■ Am schnellsten geht's wohl bei **LKP Forex,** ebenfalls im Mount View Complex. Akzeptiert werden neben den meisten Währungen und Reiseschecks auch Visa- und MasterCard. Am Main Square in McLeod Ganj bietet eine Wechselstube denselben Service, auch für Maestro-Card-Besitzer. Viele weitere Reisebüros bieten Geldwechsel an.

■ In Dharamsala wechselt die obere kleinere Filiale der **State Bank of India** (Ecke Old Cherry Road) Geld und Reiseschecks. Gut 1 km bergab kommen beim **HFDC-ATM** alle Kartenbesitzer inkl. AmEx zu ihrem Geld.

■ In Bhagsu Nag wechselt das **Log Inn Cyber Café** Bargeld und Reiseschecks.

Post und Internet

■ Da der **Postdienst** als nicht sehr zuverlässig gilt und viele Briefe und Postkarten nicht ihren Bestimmungsort erreichen, empfiehlt es sich, wichtige Post in größeren Städten aufzugeben oder jemandem mitzugeben, der nach Europa reist.

■ An der Hauptstraße gegenüber den Gebetsrollen findet sich im 1. Stock ein **DHL-Büro.**

■ Aufgrund der Travellermassen gibt es Unmengen an Internetcafés.

Medizinische Versorgung und Polizei

Viele Besucher aus dem Westen kommen nur deshalb nach Dharamsala, um sich von den ansässigen tibetanischen Ärzten behandeln zu lassen. Besonders bei chronischen Leiden, Hepatitis und Verdauungsstörungen erzielt die tibetanische Naturheilkunde große Erfolge.

■ Als besonders fähige Ärzte gelten **Yeshe Dongden,** der ehemalige Leibarzt des Dalai Lama, der seine Praxis gleich neben der State Bank of India hat, sowie der jetzige Leibarzt des Dalai Lama, **Dr. Tenzin Choedak,** der im Astrologieinstitut praktiziert.

■ Von westlichen, vorwiegend amerikanischen Ärzten geführt wird das **Delek-Krankenhaus** (Tel.: 222053) oberhalb von Gangchen Kyishong. An der Temple Rd. nahe dem Namgyal-Kloster gibt es eine kleine Außenstelle des **Civil Hospital,** die von Dr. Marwar (Tel.: 221106, (0)9816 021106) geleitet wird, sie ist zwischen 12 und 14 Uhr geöffnet.

■ Zuletzt sei auf die **Mahajan Dental Clinic** im Mount View Complex hingewiesen, tgl. außer So 14–19 Uhr.

■ Wer einem Diebstahl oder einem sonstigen Missgeschick zum Opfer fällt, muss sich zur **Polizei** (Tel.: 224883) an der Hauptstraße in Dharamsala begeben, da es in McLeod Ganj noch keinen entsprechenden Ort gibt.

Einkaufen

Keine andere Stadt Indiens bietet eine derart große Auswahl an tibetanischem Kunsthandwerk wie Dharamsala.

■ Im **Handicraft Centre** kann man schöne, handgeknüpfte Teppiche kaufen. Daneben sind auch sehr hübsche tibetanische Jacken, Baumwollblusen und lange, ärmellose Kleider, die *Chupas*, im Angebot. Ein beliebtes, weil hübsches, kleines und verhältnismäßig billiges Mitbringsel sind die typisch tibetanischen, aus Korallen, Türkisen und Silberstücken zusammengesetzten Ketten und Armbänder. Originell und für europäische Winter zudem äußerst praktisch sind die kniehohen Stoffschuhe.

■ Von den zahlreichen Antiquitätenläden ist **Mementos** einer der besten. Der Besitzer hat sich vor allem auf Statuen buddhistischer und hinduistischer Gottheiten sowie auf *Thankas* spezialisiert.

■ Der beste Buchladen ist **Bookworm** (tgl. außer Mo 9– 18.30 Uhr) gegenüber dem Tourist Office. Eine große Auswahl an Prosa und Büchern zum Buddhismus und zu Tibet machen seinen guten Ruf aus. Zudem gibt's einen Stadtplan und Broschüren mit Karten von Dharamsalas Umgebung. Eine weitere gute Quelle für Literatur über tibetische Kultur, Geschichte und Religion ist der von der tibetischen Exilregierung geleitete **Diir Bookshop** (tgl. außer Mo, Jogibara Rd.). Da vieles umsonst ausgegeben wird, sollte eine Spende nicht fehlen.

■ Durch die große Zahl lange ansässiger Individualreisender gibt es auch mehrere **Second-Hand-Buchläden,** etwa Hills Bookshop an der Bhagsu Rd., in denen man recht anspruchsvolle Bücher kaufen oder gegen seine ausgelesene Literatur tauschen kann. Daneben gibt es aber auch eine hervorragende Auswahl an Sachliteratur zur tibetanischen Kultur und Bildbände über Tibet.

An- und Weiterreise

Bahn:

■ Wer sich die 14stündige Busfahrt nach Delhi ersparen möchte, kann zunächst mit einem der stündlich von Dharamsala abfahrenden Busse ins ca. 3 Std. entfernte **Pathankot** fahren. Von dort fahren mehrere Züge in ca. 11 Std. nach **Delhi.**

■ **Fahrkarten** können im 1. Stock des Busbahnhofs in Dharamsala tgl. zwischen 10 und 11 Uhr gekauft werden. Da jedoch nur ein geringes Kartenkontingent zur Verfügung steht, sollte man möglichst früh buchen. Man kann dies auch für einen Aufpreis von 50 Rs von einigen Reiseagenturen in McLeod Ganj erledigen lassen.

■ Eine weitere, geruhsame Möglichkeit, nach Pathankot zu gelangen, ist die in den 1920er Jahren gebaute **Schmalspurbahn** durch das Kangra Valley. In Kangra Mandir Station, 20 km südlich von Dharamsala, kann zugestiegen werden. Die etwa fünfstündige Fahrt führt durch landschaftlich reizvolle Gebiete und gewährt einen Blick in das Dorfleben entlang der Strecke. Damit dauert die gesamte Fahrt jedoch um einiges länger als mit dem Bus. Günstige Abfahrtszeiten z.B. um 9.15 und 12.30 Uhr.

Bus:

■ Fast alle Langstreckenbusse starten vom neuen **Busbahnhof in Dharamsala.** Der erste Bus von McLeod Ganj nach Dharamsala fährt um 4.15 Uhr, sodass genügend Zeit bleibt, um die ersten um 5 Uhr von Dharamsala abfahrenden Fernbusse zu erreichen. Der letzte Bus nach

Dharamsala verlässt McLeod Ganj um 2.30 Uhr. Umgekehrt startet der erste Bus von Dharamsala nach McLeod Ganj um 7.30 Uhr, der letzte um 20.30 Uhr. Nach Pathankot gibt's tgl. fünf Direktverbindungen zwischen 10 und 16 Uhr von McLeod Ganj. Das Ticketbüro (Tel.: 221750) ist am Main Square beim McLlo Restaurant, Busse sind bis eine Stunde vor Abfahrt buchbar.

■ Von Dharamsala: Täglich acht Busse fahren nach **Delhi** (12 Std., zw. 4.55 und 20.15 Uhr), wobei der um 15 Uhr ein Deluxe-Bus ist. Nach **Kullu** (10 Std.) und **Manali** (10 Std.) via Mandi fahren frühmorgens vier Busse sowie zwei am Abend, nach **Shimla** (10 Std., zw. 5 und 21.30 Uhr) und **Chandigarh** (10 Std.) je sechs, nach **Dalhousie** (6 Std.) und **Chamba** (9 Std.) zwei und nach **Pathankot** (3,5 Std., zw. 7 und 17 Uhr) etwa stündlich.

Daneben gibt es zahlreiche weitere Angebote in den Reisebüros in McLeod Ganj. Diese verkaufen u.a. Tickets für AC-Volvo-Luxusbusse nach Delhi, die tgl. zwischen 16.30 und 20 Uhr starten, sowie Luxusbusverbindungen, etwa nach Dehra Dun.

■ Das Ticket-Office am Busbahnhof in Dha-ramsala (Tel.: 224903) ist täglich 5–11.45 Uhr und 14–21 Uhr geöffnet.

Taxi:

■ Etwa 100 m vom Main Square in McLeod Ganj hat die **Bhagsu Taxi Union** (Tel.: 221034) ihr Büro. Hier können Taxis und Kleinbusse (bis 4 Personen) zu Festpreisen, die an einer Preistafel aufgeführt sind, gemietet werden.

Flug:

■ Der nächstgelegene Flughafen ist **Kangra-Airport** (Tel.: 232374) bei Gaggal, gut 10 km südlich von Dharamsala (per Taxi von McLeod Ganj etwa 600 Rs). Diverse Reisebüros in McLeod Ganj verkaufen Flugtickets vom Kangra-Airport.

Umgebung von Dharamsala

Norbulingka-Institut

6 km von Dharamsala entfernt wurde 1892 das Norbulingka-Institut (Tel.: 01892-246402, www.norbulingka.org) gegründet. Aufgrund des starken Wandels der Lebensweisen und des Verschwindens alter Traditionen in Tibet hat sich das Institut die Aufgabe gesetzt, alte Kunstformen und Handwerkskünste zu erhalten. So werden dort **Holzschnitzerei, Stickerei** und auch die **Shangra-Malerei** gelehrt. Die Produkte sind qualitativ hochwertig und werden zu entsprechendem Preis verkauft. Die Erlöse kommen aus Tibet geflohenen Künstlern zugute.

Weiterhin ist der Ort wegen seines buddhistischen Tempels, seines japanischen Gartens und des **Losel Doll Museum** (9–17 Uhr, Eintritt 20 Rs) einen Ausflug wert. In dem Museum wird das tibetische Alltagsleben anhand von Puppen gezeigt.

Unterkunft:

■ Das herrliche **Norling Guest House** €€€–€€€€ (Tel.: 246406, normail@norbulingka.org) kann als ruhiges Ausweichquartier dienen, falls Dharamsala/McLeod Ganj wegen eines Festes ausgebucht sind. Die wunderschön dekorierten Zimmer sind ihr Geld wert.

Anreise:

■ Von Dharamsala per **Bus** Richtung Yol. Die Busse passieren in der Nähe des Instituts die Sacred Heart School bei Sidhpur, dort aussteigen (dem Fahrer Bescheid sagen). Von dort nochmals etwa 15 Fußminuten bis zum Institut.

■ Per **Taxi** kostet die Fahrt von Dharamsala etwa 200/300 Rs (einfache Fahrt/Rückfahrt).

Kangra II/B2

Heute erinnert kaum noch etwas an die historische Bedeutung, die diesem kleinen Ort 18 km südlich von Dharamsala einst zukam. Bereits 1008 überfielen die Truppen *Mahmud-e-Ghaznis* Kangra und plünderten den mit Gold und Silber überzogenen **Brajreshwari-Tempel** im Stadtzentrum. Zwar erholten sich die Herrscher Kangras von dem Überfall, doch 1360 wurde die Stadt erneut, diesmal von *Firoz Thuglag*, erobert. Nach Ende der Mogul-Herrschaft konnte sich das kleine Fürstentum unter der Regentschaft *Sansar Chands* (1765–1823) zu einem der bedeutendsten Regionalreiche entwickeln. Gleichzeitig zog der Regent viele Maler aus Delhi an seinen Hof. Noch heute gilt die **Kangra-Schule**, die sich in dieser Zeit entwickelte, als eine der wichtigsten Epochen in der **Miniaturmalerei**. Ebenso wie Dharamsala wurde auch Kangra durch ein verheerendes Erdbeben im Jahre 1905 zu großen Teilen zerstört. Zwar wurde der Brajreshwari-Tempel wiederaufgebaut, doch der alte Glanz ist dahin. Eindrucksvollstes architektonisches Relikt ist das am Zusammenfluss von Manjhi und Banganga gelegene **Kangra Fort** (Eintritt 100 Rs, geöffnet von Sonnenauf- bis Sonnenuntergang).

Unterkunft:
■ Neben dem **Government Rest House** € stehen weitere Billigunterkünfte wie das **Mount View** € und das **Ashoka** € zur Verfügung. Etwas besser ist das **Royal Hotel & Restaurant** €€ (Tel.: 01892-265013) an der Hauptstraße mit gutem Restaurant. Zimmer nach hinten wählen.

An- und Weiterreise:
■ Zwischen Dharamsala und Kangra verkehren stündlich Busse. Per Taxi sollte die Fahrt um 400 Rs kosten.

▷ Very British: die ehemalige Sommerresidenz Rashtrapati Niwas

Masur II/B2

In dem 15 km südlich von Kangra gelegenen, problemlos mit Bussen zu erreichenden Ort stehen insgesamt **neun Felsentempel** aus dem 8. Jh., von denen einige Steinreliefs aufweisen. Zu erkennen sind vor allem Abbildungen von Shiva und dem Sonnengott Surya, die im Gupta-Stil aus dem Fels gehauen wurden. Zwar halten sie keinem Vergleich mit Höhlenreliefs im indischen Kerngebiet stand, doch in der Himalayaregion sind sie die einzigen ihrer Art.

■ **Öffnungszeiten** von Sonnenauf- bis Sonnenuntergang, Eintritt 100 Rs.

An- und Weiterreise:
■ Am besten erreicht man Masur per **Taxi**, da der Busbahnhof Masurs weit vom Tempelkomplex entfernt ist.

Shimla II/B3

Jedes Jahr im März, wenn sich in Delhi die Quecksilbersäule der 40-Grad-Grenze näherte, schickte man ganze Zugwaggons, vollgestopft mit Haushaltswaren, Aktenordnern, Abend- und Partykostümen, sowie hunderte von Dienern auf den Weg nach Shimla. Die **britische High Society** verlegte für die nächsten vier bis fünf Monate ihren Wohnsitz in den auf 2.200 Meter Höhe gelegenen Ort, der während dieser Zeit zum **politischen und gesellschaftlichen Mittelpunkt** des indischen Subkontinents wurde.

Im **Rashtrapati Niwas,** dem imposanten Sitz des britischen Vizekönigs, wurden die wichtigsten politischen Entscheidungen getroffen. Mindestens ebenso berühmt war jedoch das gesellschaftliche Leben. In privaten

Clubs, auf prunkvollen Bällen und mit großen Paraden versuchte man die Langeweile zu übertünchen. Diese kleine Welt bot einen idealen Nährboden für Eifelsüchteleien, Klatsch und Tratsch. **The Mall,** die Prachtstraße Shimlas, mit ihren vielen typisch englischen Häusern und der herrlichen Aussicht auf die schneebedeckten Himalayaberge in der Ferne, war die Bühne, auf der die Eitelkeiten und Intrigen ausgetragen wurden. So nannte *Rudyard Kipling,* der hier viele Jahre verbrachte, das Zentrum der Mall auch treffend Scandal Corner.

Bei dem Bemühen, britischer als die Landsleute zu Hause zu sein, sollten die dunklen Untertanen nicht stören, und so blieb die Mall bis Ende des Ersten Weltkriegs für Inder gesperrt. Shimla war das, was andere vorgaben zu sein: **Queen of the Hill Stations,** und darauf ist es auch heute noch stolz.

Das Shimla der Engländer, im doppelten Sinne des Wortes **The Upper Shimla,** glänzt immer noch mit viktorianischer Ordnung und vor allem Sauberkeit. Überall finden sich Hinweise auf die Vermeidung von Abfällen, und die Anzahl von Papierkörben in dieser Stadt scheint die Zahl im gesamten übrigen Indien zu übertreffen. Doch die sich direkt um die Mall ausbreitenden und in den letzten Jahrzehnten immer größer werdenden typisch indischen Stadtteile sind laut und hektisch. Geteilt sind auch die Meinungen der meisten Touristen. Während die einen von der schönen Aussicht auf den Himalaya, dem angenehmen Klima und dem britischen Flair der Stadt schwärmen, empfinden die anderen die Stadt als langweilig, weil nur mäßig gelungene Kopie einer mittelenglischen Provinzstadt.

Sehenswertes

Rashtrapati Niwas

Zweifelsohne beeindruckendstes architektonisches Dokument der britischen Kolonialzeit in Shimla ist die **ehemalige Residenz des britischen Vizekönigs,** 45 Gehminuten außerhalb des Zentrums gelegen. In diesem palast-

ähnlichen, fünfgeschossigen, grauen, 1888 fertiggestellten Sandsteingebäude (9–13 und 14–17 Uhr im Winter, bis 19 Uhr im Sommer, Eintritt 50 Rs, halbstündig Führungen) inmitten einer sehr schönen Parkanlage schlug von März bis November das politische Herz des indischen Subkontinents. Über 800 Bedienstete, darunter allein 40 Gärtner, sorgten dafür, dass den weißen Herren jeder Wunsch von den Lippen abgelesen wurde. Die über zehn Meter hohe Eingangshalle des viktorianischen Gebäudes ist mit Teakholz aus Burma getäfelt und ebenso wie der ehemalige Gästeraum, der heute als Lesesaal genutzt wird, für die Öffentlichkeit zugänglich.

Der riesige ehemalige Tanzsaal, in dem früher pompöse Feste gefeiert wurden, wurde 1991 in eine **Bibliothek** umgewandelt. Über Politik wird auch heute noch in den Hunderten von Räumen debattiert, inzwischen jedoch von den Studenten der Universität Shimla, deren politische Fakultät im Gebäude untergebracht ist. Und so ist das Gebäude heute bei den Einheimischen vorwiegend unter dem Namen Institute of Advanced Studies bekannt. Auch der **Botanische Garten** um das Gebäude sollte einen Blick wert sein. Fürs leibliche Wohl sorgt ein kleines Café.

Shimla State Museum

Vom Institute of Advanced Studies wieder zurück entlang der Mall Richtung Zentrum, findet sich nach etwa fünfzehnminütigem Fußweg, gelegen in einer gepflegten Gartenanlage mit herrlicher Aussicht, das 1964 eröffnete Museum. Neben verschiedenen Bronzestatuen, Holzschnitzereien und Steinskulpturen beeindrucken besonders etwa 50 **Miniaturmalereien** der Kangra-Schule.

■ **Öffnungszeiten:** tgl. außer Mo 10–17 Uhr.

Die Mall

Die Mall, Shimlas **Flanier- und Einkaufsstraße,** als Himachals Antwort auf die Pall Mall in London und die Fifth Avenue von New York zu bezeichnen, wie in einer Broschüre des Tourist Office geschehen, scheint denn doch des Guten ein wenig zu viel. Nach wie vor jedoch stellt sie den eigentlichen Mittelpunkt der Stadt dar. Nicht mehr die englischen Gentlemen in Frack und Zylinder und die Ladies in weit ausladenden Kostümen, sondern die kaum weniger modisch gekleideten Mitglieder der indischen Oberschicht bestimmen heute das Bild.

Typisch englische Gebäude sind die alte Post, die Feuerwache mit dem pittoresken Leiterwagen und das Gaiety Theatre, in dem während der Kolonialzeit Stücke von Shakespeare und T. S. Elliot aufgeführt wurden.

Geblieben ist erfreulicherweise auch das Autoverbot, sodass der gesamte Lastenverkehr von Trägern verrichtet wird und eine angenehme Ruhe vorherrscht. Nach Shopping und Abendessen führt der Weg meist in die unterhalb der Mall liegenden Stadtteile im Middle- und Lower Bazar mit ihren engen Gassen, vollgestopft mit Läden, Menschen und Gerüchen – zurück nach Indien.

Jacco Hill

Ein etwa 45-minütiger, zum Schluss steil ansteigender Fußweg von der Mall vorbei an der großen christlichen Kirche führt zu diesem 2.480 m hoch gelegenen **Berggipfel,** der sowohl am frühen Morgen als auch am späten Nachmittag spektakuläre Ausblicke gewährt. Gekrönt wird er von einem **Tempel** zu Ehren des Affengottes Hanuman. Dessen leibhaftige Nachkommen scheinen sich in der luftigen Höhe besonders wohl zu fühlen und verunsichern mit ihrem zum Teil aggressiven Verhalten so manchen Touristen. Die Einheimischen wappnen sich gegen die aggressiven Tiere mit Stöcken, die für 15 Rs entlang des Weges ausgeliehen werden können.

Praktische Tipps

Information

■ **Vorwahl:** 0177
■ Shimla leistet sich den Luxus von zwei Touristenbüros. Das **Tourist Office** (Tel.: 2652561, tgl. 9–18 bzw. 9–20 Uhr in der Hochsaison) mit sehr hilfsbereiten Angestellten liegt im Herzen des kolonialen Shimla an der Hauptgeschäfts- und Flanierstraße The Mall. In einem kleinen Büro nebenan können Bustickets für Busse von HPTDC im Voraus gekauft werden, sodass man sich nicht erst hinunter zum Busbahnhof begeben muss.
■ Das **Tourist Reception Centre** (Tel.: 2654589) befindet sich an der Cart Rd. beim Victoria Tunnel, dort, wo zunächst alle Busse kurz anhalten. Hier erhält man umfassende Informationen, zudem können Hotelreservierungen durchgeführt werden.

Reisebüros und Trekking

■ Für ein- oder mehrtägige Ausflüge und teils anstrengende Trekking-Touren (wegen der Schneeverhältnisse nur zwischen Juni und Oktober) etwa ins Kinnaur Valley, Spiti Valley oder ins weniger anspruchsvolle Papper Valley sind durchschnittlich, abhängig von Personenzahl, Unterkunftsqualität und Transportart (Taxi oder Minibus) um 1.500 bis 2.000 Rs p.P./Tag zu zahlen. Als verlässlich haben sich **Band Box Travels** (Tel.: 2658157, (0)981 6061160, bboxhv@satyam.net.in) und **Span Tours & Travels** (Tel.: 2806534, spantours@gmail.com) erwiesen. Auch Touren nach Ladakh werden organisiert.
■ Auch **Himachal Pradesh Tourism** organisiert Ausflüge und Touren, z.B. eintägige Touren nach Kufri, Naldehra, Fagu und Mashobra (165 Rs).

■ Alternativ sind diese Ziele auch per **Taxi** erreichbar und lassen sich bei den Taxiunternehmen zu Festpreisen (670 Rs/Tag) buchen.

Stadtverkehr

Shimla ist derart verwinkelt und steil an den Hang gebaut, dass man sich nur **zu Fuß** von der Unter- in die Oberstadt bewegen kann. Wer sich den steilen Anstieg ersparen möchte, dem steht etwa 1 km östlich vom Bahnhof ein **Fahrstuhl** zur Verfügung, der einen in zwei Etappen zwischen 8 und 20.45 Uhr zur Mall „liftet" (7 Rs).

Per **Taxi** kosten alle Fahrten im Innenstadtbereich (falls das Ziel überhaupt per Taxi erreichbar ist) 60 Rs, die Mindestgebühr. Die Preise für die weiter entfernt gelegenen Ziele können an gut sichtbaren Preistafeln der einzelnen Taxiunternehmen in Erfahrung gebracht werden. Zum Rashtrapati Niwas etwa kostet es 200 Rs (mit Wartezeit und Rückweg 300 Rs), zum Flughafen 550 Rs.

Am Busbahnhof werden häufig, auch bei nächtlicher Ankunft, **Träger** zudringlich, die neben dem Gepäcktragen natürlich vorwiegend daran interessiert sind, den müden Reisenden in ein Hotel ihrer Wahl zu lotsen, um die Kommission zu kassieren. Falls man also ihre Hilfe in Anspruch nimmt, sollte man nicht ein Hotel, sondern etwa The Ridge als Ziel angeben.

Unterkunft

Shimla ist auch heute noch, was es schon zu britischer Kolonialzeit war: ein Nobelort. Dementsprechend teuer sind die Unterkünfte. Vor allem während der Hauptsaison von Mitte April bis Mitte Juli steigen die **Preise** um das Zwei- bis Dreifache. Dafür kann man in der Zeit von Oktober bis März, abgesehen vom Diwali-Fest im November und Weihnachten, bei entsprechendem Verhandlungsgeschick **Nachlässe** bis zu 50 % der hier genannten Preise herausschlagen.

Die besten Hotels findet man im Bereich um die Mall, dem kolonialen Herzen Shimlas. Dementsprechend teuer ist es hier auch. Je weiter man sich der recht hektischen und lauten Unterstadt um die Cart Road nähert, desto niedriger werden auch Preise und Qualität der Unterkünfte. Die meisten Hotel verfügen nur über Doppelzimmer, gewähren aber Einzelpersonen, die allein ein Doppelzimmer belegen, einen Nachlass.

Untere Preiskategorie:

■ Gut ist das zentral, nur eine Minute von der Mall gelegene **YMCA** €–€€ (Tel.: 2650021, 2652375). Der nostalgisch schöne Kasten verfügt über eine große Palette ganz unterschiedlicher Zimmer, manche mit Gemeinschaftsbad, auch TV und AC. Hierzu muss jedoch noch eine Gebühr von 50 Rs für ein *temporary membership* hinzugerechnet werden. Alle Räume sind sehr sauber und ausgesprochen geräumig. Die überall angebrachten Warnungen, die Fenster wegen der allgegenwärtigen und klaufreudigen Affen geschlossen zu halten, sollte man ernst nehmen. Schon manchem Reisenden ist aus Unvorsichtigkeit die Kameraausrüstung von diesen Langfingern stibitzt worden. Ein großer, gemütlicher Aufenthaltsraum mit Farbfernseher gehört ebenso zum Haus wie ein Billard- und ein Tischtennisraum. Außerdem bietet sich von der großen Terrasse ein wunderschöner Ausblick. Das *YMCA* liegt hinter der großen katholischen Kirche, ein paar Treppenstufen zwischen dem Hotel Mayur und einem Kino hinauf.

■ Im fast ausschließlich auf einheimische Touristen spezialisierten Shimla steigen die meisten Individualreisenden in der gemütlichen **Spars Lodge** €€ (Tel.: 2657908) an der Museum Rd. ab. Neben seinem freundlichen Manager und den hübschen Zimmern liegt dies sicher auch an dem guten, preiswerten Restaurant mit toller Aussicht.

■ Knapp 1,5 km weiter westlich entlang der Mall neben der State Bank of India finden sich mehrere einfache Unterkünfte, von denen das 100 Jahre alte koloniale Holzgebäude des Hotel **Dalziel** €–€€ (Tel.: 2652691, 5534656, hoteldalziel@hotmail.com) einen guten Eindruck macht. Die Aussichtszimmer zum Tal sind die schönsten. Zudem gibt's billige, fensterlose Zellen.

■ In den Gassen des einige Meter nördlich der Mall gelegenen Fingask-Bezirks sind von vielen kleineren Hotels besonders das **Hotel Amba** €€–€€€ (Tel.: (0)9816026215) und das teurere **Hotel Nishat** €€–€€€ (Tel.: 2801318), beide mit sauberen Zimmern und Balkonen mit Aussicht, die beste Wahl.

Mittlere Preiskategorie:

■ Die beste Hotelgegend mit einer Reihe schöner Unterkünfte findet sich im nordöstlichen Bereich der Mall, knapp 10 Min. Fußweg vom Tourist Office entfernt. Gut ist z.B. das **Hotel White** €€€ (Lakkar Bazaar, Tel.: 2656136, 2655275, www.hotelwhiteshimla.com). Alle Zimmer verfügen über Warmwasser und Fernseher und sind hübsch eingerichtet. Die teureren sind sehr geräumig und bieten zudem einen großen Balkon zum Tal. Hier bleiben die Preise unverändert, sodass sie außerhalb der Saison einen guten, in der Saison einen hervorragenden Gegenwert bieten. Ein weiteres Plus ist die begrünte Dachterrasse.

■ In der gleichen Ecke, aber qualitativ etwas besser und dementsprechend auch teurer ist das **Wingait Inn** €€€€ (Tel.: 6451501, www.wingaitinn.com). Seinem Anspruch „Heritage Boutique Hotel" wird es nur teilweise gerecht, da es sich zwar um ein historisches Gebäude aus der britischen Kolonialzeit handelt, ein Großteil davon jedoch völlig neu gebaut wurde. Lage, Zimmer und Service sind aber prima, nur das Restaurant kann nicht überzeugen.

■ Nicht nur für Flitterwöchler, sondern für alle, die eine schöne Lage, freundliches Personal und geräumige Zimmer mit toller Aussicht mögen, ist das **Hotel Honeymoon Inn** €€€€ (Tel.:43101101, www.honeymooninn.net/shimla) eine gute Wahl. Von der Mall ein etwa 20-minütiger Fussweg.

Obere Preiskategorie:

■ Unübersehbar im Zentrum direkt neben dem Lift ragt das moderne **Hotel Combermere** €€€€€ (Tel.: 2651246-8, www.hotelcombermere.com) auf. Von innen wirkt dieser Klotz aber komfortabel und angenehm.

■ Das **Oberoi Clarks** €€€€€–€€€€€€ (Tel.: 2651010, reservations@clarkeshotels.com), zentrumsnah südöstlich der Mall, verfügt über mehr nostalgischen Charme und ist in Design und Ausstattung luxuriöser und moderner.

■ Im 100 Jahre alten, gelungen zum Luxushotel umgestalteten **Oberoi The Cecil** €€€€€– €€€€€€ (Tel.: 2651010-5) werden alle Annehmlichkeiten dieser Preisklasse inkl. Pool zu etwas überhöhtem Preis geboten.

■ Mehr zum etwas geringeren Preis gibt's in der wohl gelungensten Luxusherberge Shimlas, dem **Radisson Shimla** €€€€€€ (Tel.: 2659012-5, www.radisson.com/shimlain), etwa 10 Fußminuten von der Ridge entfernt. Die weiträumig auf mehreren Ebenen am Hang gelegene, im Baustil an ein Schloss angelehnte Anlage lockt mit mehreren Restaurants und Bars, Health- und Recreation Centre, Rundpool mit Talblick und vielerei weiteren Annehmlichkeiten. Natürlich haben alle geschmackvoll möblierten Zimmer Talblick.

■ Das angenehm kleine **Woodville Palace Resort** €€€€€-€€€€€€ (Tel.: 223919, www.woodvillepalacehotel.com) ist sicherlich eine der schönsten Adressen Shimlas. Der ehemalige Palast eines lokalen Fürsten liegt, umgeben von einem schönen Garten, etwa 3 km südlich des Stadtzentrums an der Raj Bhawan Rd. und bietet stilvoll eingerichtete Zimmer.

Essen und Trinken

Hier gilt meist das gleiche wie bei den Hotels: reiche Auswahl, hohe Preise.

■ Himachal Tourism unterhält mit dem Ashiana und dem Goofa zwei Restaurants im gleichen Gebäude direkt auf der Ridge. Das recht schöne **Ashiana** bietet durchschnittliche Kost, dafür eine sehr schöne Aussicht in die Umgebung. Allerdings muss man dafür auch recht tief in die Tasche greifen. Beim ein Stockwerk tiefer gelegenen **Goofa** sitzt es sich nicht ganz so schön, dafür sind die Gerichte nur halb so teuer. Die Speisekarte reicht von Müesli über Thalis bis zu Pizzen.

■ Ähnlich umfangreich im Angebot ist das an der Treppe zwischen Mall und Ridge gelegene **Park Café** mit leckeren Gerichten zu günstigen Preisen. Außerdem gefällt die entspannte Atmosphäre bei guter Rockmusik.

■ Leckere Sandwiches und Burger gibt es im Erdgeschoss des **Restaurant Himanis,** während sich im 1. und 2. Obergeschoss zwei Restaurants befinden. Die Küche ist bei beiden gleich, doch im oberen teurer, da es eleganter eingerichtet ist. Auch **The Devicos** etwas weiter westlich an der Mall hat ein umfangreiches Angebot an indischen Imbissen und Fast-Food westlicher Prägung sowie Eis.

■ Mit mehr Stil erfüllt das traditionell eingerichtete, freundliche **Indian Coffee House** in Shimla noch seine traditionelle Funktion. So treffen sich bei kleinen, recht scharfen Snacks oder Kaffee die Kaufleute und Pensionäre der Stadt zum Diskutieren und Gesehenwerden. Das moderne Gegenstück ist die coole **Barista Espressobar.**

■ Wenige Meter weiter liegt das sehr populäre **Baljee's**, im Erdgeschoss, mit gutem Essen. Das im 1. Stock gelegene **Fascination** scheint Treffpunkt der Yuppies zu sein.

■ Mit seinen naturbelassenen Steinwänden, warmen Farben und mit Stoff eingefassten Sitzecken verkörpert das **Quilaa** (www.facebook.com/quilaashimla) eine gelungene Mischung aus cool und gemütlich. Die Speisekarte bietet eine erstaunliche Bandbreite von indisch über continental bis libanesisch. Obwohl zentral an der Mall gelegen, ist es etwas schwer zu finden, liegt es doch unterhalb der Syndicate Bank.

■ Viel Glas umgibt das luftige **Café Sol** beim Lift. Entsprechend licht können neben Kuchen und Torten auch Pizza, Lasagne und gar Tiramisu genossen werden.

■ Weiter westlich entlang der Mall beim Shimla State Museum wird der Hunger im **Spars Café** mit Snacks und umfangreichen Frühstücksvarianten bis hin zu köstlichen Fischgerichten hervorragend gestillt.

■ Wer tief in die Tasche greifen kann und vorzüglich speisen will, sollte im prunkvollen Restaurant des **Oberoi The Cecil** einkehren. Neben einer langen internationalen Speisekarte beeindruckt das Weinangebot. Für 750/ 1.050 Rs kann man sich an den Frühstücks- bzw. Abendessen-Büffets bedienen.

Einkaufen

Als traditionell reiche Stadt ist Shimla ein gutes Pflaster, um auf kleinem Raum, der Mall, ein recht großes Angebot zur Verfügung zu haben.

■ Im **Himachal Emporium** unweit der Ridge kann Kunsthandwerk der Region erworben werden. Im **Tibe-**

tan Refugee Handloom Shop am südlichen Ende der Mall gibt's Entsprechendes aus Tibet, zudem Kleidung und Teppiche.

■ Die recht umfangreiche Auswahl an Romanen lässt die Reiseliteratur im **Minerva Bookshop** wieder auffrischen. Außerdem gibt's Landkarten der Region.

■ Beim abendlichen Spaziergang über den **Lakkar Bazaar,** nur wenige Fußminuten von der Ridge entfernt, kann man das eine oder andere Souvenir entdecken.

Bank, Post und Internet

■ Will man ins Kinnaur-Gebirge, nach Spiti oder Lahaul, sollte man sich vorher mit genügend Barem eindecken, gibt es doch dort keine offizielle Wechselmöglichkeit. Die **State Bank of India,** zentral an der Mall gelegen, wechselt Bares und Reisechecks. Für AmEx-Schecks muss man zur **Punjab National Bank** an der Mall. Die vielen **ATMs** entlang der Mall akzeptieren die meisten international bekannten Marken, AmEx-Card-Besitzer werden am HDFC-ATM wieder flüssig.

Shimla

- Die **Hauptpost** mit Poste Restante nahe dem Scandal Point an der Mall ist Mo–Sa 10–17 Uhr geöffnet.
- Von einigen Internetcafés um die Mall ist das **Courier Internet Café** (1. Stock, 30 Rs) beim Himanis Restaurant eins der fixesten. Auch im YMCA gibt's ein Internetcafé.

Medizinische Versorgung

- Ein akzeptables Krankenhaus im Notfall ist das **Indira Gandhi Hospital** (Tel.: 2883319) an der Circular Rd.

Anreise

Bahn:

- Von **Delhi Sarai Rohilla** (Abf. 5.45 Uhr) mit dem 14095 Himalayan Queen über **Chandigarh** nach **Kalka** (Ankunft 11.10 Uhr), dort umsteigen auf den **Toy Train** (52455 Himalayan Queen, Abfahrt 12.10 Uhr, 195 Rs), der für die restlichen 100 km weitere 5 Std. benötigt. Zwei weitere Toy-Trains und der Shivalik Deluxe Exp. erklimmen tgl. um 4, 5.30 und 6 Uhr morgens die Strecke **von Kalka nach Shimla**. Ein mit 7 Std. Fahrtzeit langsamerer Nachtzug aus Delhi (12311 Kalka Mail, Abf. 21.25 Uhr) erreicht Kalka um 4.30 Uhr zur Weiterfahrt mit dem komfortablen Shivalik Deluxe Exp. um 5.30 Uhr (nur 1.-Kl.-Tickets, 305 Rs, mit großen Panoramafenstern, vielen weiteren Extras und Frühstück) oder dem 6-Uhr-Toy-Train. Bei allen Toy Trains ist in der 1. Klasse die Verpflegung inklusive.

Bus:

■ Alle Busse halten zunächst beim Osteingang am Tourist Information Centre, wo einen Scharen von Kulis in Beschlag nehmen, die unbedingt das Gepäck zum Hotel tragen wollen. Alle bis auf die vom Touristenbüro eingesetzten Busse fahren jedoch weiter zum **Busbahnhof**, welcher näher zur Innenstadt liegt.

■ Deluxe-Busse von Himachal Tourism fahren von **Delhi** (9 Std., 520 Rs) und **Manali** (10 Std., 500 Rs) über **Kullu** (9 Std.) nach Shimla. AC-Volvo Busse (780 Rs von Delhi) sind komfortabler.

■ Weitere gute Verbindungen bestehen von **Chandigarh** (viertelstündig, 4,5 Std.), **Dharamsala** (10 Std., 295 Rs, 5 Busse), **Haridwar** (10 Std., 265 Rs, 5 Busse), Mandi (stdl., 6 Std., 170 Rs), **Dehra Dun** (9 Std., 240 Rs, 3 Busse), **Rekong Peo** (stdl., 10 Std., 265 Rs).

Weiterreise

Flug:

■ Bis Ende 2012 flog nur Jagson Airlines (Tel.: 2625177) 3x wöchentlich vom 23 km südlich gelegenen Jubbar-Hatti-Flughafen via Kullu nach **Delhi**. Da derzeit jedoch keine Flüge angeboten werden, sollte man sich vor Ort etwa bei Ambassador Travels (Tel.: 2658014, (0)94185 22397) an der Mall oder unter www.yatra.com informieren, ob der Flugbetrieb wieder aufgenommen wurde.

Bahn:

■ Das **Reservierungsbüro** (Tel.: 2652915) ist Mo–Fr 10–17 Uhr, So bis 14 Uhr geöffnet.

■ Insgesamt drei **Toy Trains** (Abfahrtszeiten 10.30, 14.25, 18.15 Uhr) machen sich täglich auf die Fahrt von Shimla nach **Kalka**. Bei der Abfahrt um 10.30 Uhr hat man Anschluss an den 14096 Himalayan Queen (Abfahrt in Kalka 16.50 Uhr) nach Delhi (Ank. 22.40 Uhr). Tickets sind beim Railway Booking Office neben dem Tourist Office oder bei der Bahnstation selbst erhältlich.

■ Alle Züge von Kalka nach Delhi halten in **Chandigarh.** Eine morgendliche Verbindung von Kalka nach New Delhi ist der 22926A Paschim Exp.: Abf. 10.20 Uhr, über Chandigarh (an 11.05 Uhr), Ank. 16.25 Uhr. Der Zug fährt weiter nach Rajasthan und Mumbai.

■ Wem die Gesamtstrecke von Shimla nach Kalka im ebenso pittoresken wie engen Toy Train zu lange dauert, der kann auch schon nach ca. 3 Std. in **Solan** aussteigen und von dort mit dem Bus in 3 Std. nach **Chandigarh** weiterfahren.

Bus:

Neben den von HPTDC eingesetzten und auch dort an der Mall zu buchenden Luxusbussen (Start am Deluxe-Bus-Stand nahe Victoria Tunnel, auch Privatanbieter) nach **Manali** (morgens und abends nur von April bis Juni und Okt./Nov., 10 Std., 500 Rs) und **Delhi** (abends, 9 Std., HRTC-AC-Volvo 780 Rs), fahren täglich stündlich Busse nach Delhi (Ord./AC-Del 280/520 Rs), **Dehra Dun** (3 Verb., 9 Std., 240 Rs) und **Haridwar** (5 Verb., 10 Std., 265 Rs), **Dharamsala** (5 Busse, 10 Std., 295 Rs), **Chandigarh** (4 Std., halbstündig, 180/320 Rs) und **Manali** (5 Busse., Semi-Del./Del. 325/440 Rs) über **Kullu** (9 Std., 290/385 Rs) vom zentralen Interstate Bus Terminus mit computerisiertem Reservierungsbüro an der Cart Road. Die alle 1,5 Std. fahrenden Busse nach **Narkanda** (2 Std., 65 Rs) oder **Rampur** (stdl., 5 Std., 150 Rs), wie alle Busse nach Osten, starten vom **Rivoli-Busbahnhof**. Natürlich werden diese und andere Verbindungen auch von den privaten Reiseagenturen angeboten. Bei Nachtfahrten kann es recht kalt werden.

Taxi:

■ In Shimla bieten mit der **Kalka-Shimla Taxi Union** (Tel.: 2658225) und der **Vishal Himachal Taxi Operators Union** (Tel.: 2657645, 2805164) zwei Taxiorganisationen Fahrten auch zu weiter entfernten Zielen zu Festpreisen an, die jeweils auf Preistafeln einzusehen sind. Preisbeispiele: Chandigarh 1.750 Rs, Kullu 3.000 Rs, Dharamsala/McLeod Ganj 3.600/3.800 Rs, Flughafen 750 Rs.

Die „Spielzeugeisenbahn" am Himalaya – mit dem Toy Train von Kalka nach Shimla

Manchmal kann eine Bankrotterklärung positive Folgen haben. So geschehen bei der **Kalka-Shimla-Schmalspurbahn,** die Eisenbahnfans aus der ganzen Welt anzieht. Das ultimative Gütesiegel erhielt sie im Jahr 2007, als sie von der UNESCO in den exklusiven Club des **Welterbes** aufgenommen wurde.

Ursprünglich gebaut, um Shimla, die Sommerresidenz der britischen Kolonialherren, mit dem indischen Eisenbahnnetz zu verbinden, wurde die Strecke **1903 eröffnet.** Nachdem sich die kalkulierten Kosten während der fünfjährigen Bauzeit verdoppelt hatten, musste die Betreiberfirma Bankrott anmelden. Da blieb der indischen Regierung nichts anderes übrig, als die Gesellschaft samt ihrer enormen Verbindlichkeiten zu übernehmen. Heute, über ein Jahrhundert später, erweist sich diese aus der Not geborene Entscheidung als Glücksfall, blieb damit doch eine der spektakulärsten Eisenbahnstrecken der Nachwelt erhalten.

Die Streckenführung ist abenteuerlich und stellt eine bauliche Meisterleistung dar. Die wegen ihrer geringen **Spurbreite von nur 76 cm** auch als Toy Train („Spielzeugzug") bezeichnete Bahn legt auf ihrer 98 km langen Fahrt einen **Höhenunterschied von über 1.300 m** zurück.

Hierzu mussten über **800 Brücken** gebaut werden, von denen viele architektonische Meisterwerke darstellen. In ihrer mehrstufigen Steinbauweise erinnern sie an römische Viadukte und sind echte Hingucker – kein Wunder, dass die Kameras der einheimischen wie ausländischen Touristen unaufhörlich klicken. Ein besonders schönes Beispiel ist die Brücke mit dem treffenden Namen *Arch Gallery* zwischen Kandaghat und Kanoh.

Die Personenzüge bestehen in der Regel aus der **Diesellok und sechs Waggons.** Da die Strecke teilweise eingleisig ist, kommt es häufig zu Verspätungen, ist doch die Weiterfahrt erst möglich, wenn der Gegenzug passiert hat. Während der (je nach Richtung und Zugklasse) vier- bis sechsstündigen Fahrt werden **18 kleine Bahnhöfe** angefahren. Man lässt die herrliche Landschaft mit den hübschen Tälern und tollen Bergaussichten an sich vorbeiziehen und genießt eine Zeitreise, in der nicht das Motto „schneller, höher, weiter" gilt, sondern, wie es bei Spielzeugeisenbahnen sein muss: „niedlich, idyllisch und klein".

Insgesamt drei Toy Trains machen sich täglich auf die Fahrt von Shimla nach Kalka und umgekehrt (siehe An- und Weiterreise Shimla).

Mandi

II/B2

Seit alters her war Mandi aufgrund seiner verkehrsgünstigen Lage am Knotenpunkt großer Handelsrouten ein wichtiger Handelsplatz. Hieraus leitet sich auch sein Name ab, der Markt bedeutet und auf ladakhische Kaufleute zurückgehen soll. Mandis Bedeutung liegt auch heute noch in seiner ökonomischen Funktion. So hat der Ort trotz seiner romantischen Lage an einer Biegung des Beas-Flusses außer einigen hübschen Tempeln und dem 5 km entfernten **Tarna Hill** (40 Rs per Riksha), von dessen hübschem Rani Amrit Kaur Park sich ein sehr schöner Rundblick genießen lässt, wenig zu bieten. Für die meisten ist er eine **Durchgangsstation** ins berühmte Valley of Gods, das **Kullu-Tal,** an dessen Fuße die Stadt liegt.

Unterkunft

(Vorwahl: 01905)

Die meisten Billigunterkünfte befinden sich im Stadtzentrum um den Indira Market Square herum. Um dorthin zu gelangen, muss man vom Busbahnhof aus über die den Beas-Fluss überquerende Brücke nach Westen gehen.

■ Wer mit dem Auto anreist, ist schon deshalb gut im **Munish Resorts** €€€€ (Tel.: 235035, www.munishresorts.com) aufgehoben, weil es oberhalb der Autobahn liegt. Gleichzeitig macht es einen gepflegten Eindruck, die Zimmer sind zweckmäßig eingerichtet, das hauseigene Restaurant ist gut und der Service sehr zuvorkommend.

■ Wesentlich mehr Atmosphäre hat das **Raj Mahal Palace Hotel** €€€ (Tel.: 222401, www.rajmahalpalace.com), ein nostalgisch schöner Kasten mitten im Zentrum. Die einfachen Zimmer sind recht spartanisch, wohnlicher sind die klimatisierten Deluxe-Zimmer. Ein weiterer Vorteil ist das hauseigene Restaurant im Garten, in dem man exzellente Speisen oder auch ein Bier genießen kann.

■ Empfehlenswert ist auch das **Hotel May Fair** €–€€ (Tel.: 222570, 222777). Alle Räume verfügen über Warmwasser sowie Telefon und Fernsehen. Auch hier steht ein gutes Restaurant zur Verfügung.

■ Das **HPTDC Hotel Mandav** €€–€€€ (Tel.: 235503) liegt direkt oberhalb des Busbahnhofs und ist somit erste Adresse für jene, die ihren Anschlussbus von bzw. nach Kullu und Manali verpasst haben und deshalb in Mandi übernachten müssen. Die günstigeren Zimmer bieten ein gutes Preis-Leistungs-Verhältnis, die teureren sind den Aufpreis nicht wert.

■ Zwei Kilometer außerhalb von Mandi liegt das hübsche **Visco Resort** €€€–€€€€ (Tel.: 225057, www.viscoresort.com). Das zurzeit beste Haus am Ort überzeugt vor allem durch seine schöne, friedvolle Lage oberhalb des Flusses. Fast alle Zimmer bieten mit eigener Terrasse schöne Ausblicke. Das hauseigene Restaurant Mebak serviert ausschließlich vegetarische Gerichte.

Essen und Trinken

■ Das **Carbo Frio Restaurant** im Raj Mahal Hotel ist die beste Adresse, um im angenehmen Ambiente eines Gartenrestaurants leckere Speisen zu günstigen Preisen zu genießen.

■ Etwas unterkühlt im wahrsten Sinne des Wortes, ansonsten jedoch empfehlenswert ist das **The Treat Restaurant** (7–23 Uhr) im Erdgeschoss des Marktgebäudes. Serviert werden chinesische und indische Gerichte, wobei die Preise zwischen 40 und 140 Rs für eine Hauptmahlzeit liegen.

Bank

■ Die **Bank of Baroda** zahlt nur auf Visa- und Mastercard Bares aus. Bargeld oder Reiseschecks werden nicht akzeptiert.

■ Gegenüber dem India Market findet sich im Hotel Evening Plaza ein **Geldwechsler,** der auch Bares (nur Dollar) wechselt. Darüber hinaus befinden sich mehrere **ATMs** im Stadtzentrum.

An- und Weiterreise

■ Der Busbahnhof befindet sich östlich des Flusses. Halbstündlich **Busse** von und nach Kullu (3 Std.), Manali (5 Std.) und zum Bhuntar-Flughafen (2 Std.). Weitere Verbindungen nach Delhi (12 Std.), Shimla und Pathankot (6 Std.) sowie Dharamsala (6 Busse tgl., 7 Std.).
■ Die **Taxifahrt** nach Kullu kostet 1.500 Rs, zum Flughafen nach Bhuntar 900 Rs.

Umgebung von Mandi

Rewalsar-See

Dieser 25 km südwestlich von Mandi gelegene kleine See inmitten einer Berglandschaft ist insofern einmalig, als hier mit einem Sikh-, einem Hindutempel sowie einem buddhistischen Kloster **drei Heiligtümer verschiedener Religionsgemeinschaften** beheimatet sind. Somit ist er Sikhs, Hindus und Buddhisten gleichermaßen heilig. Deshalb stehen an den Ufern des Sees neben einem 1930 erbauten Sikh-Tempel drei Hindu-Tempel und zwei hübsche buddhistische Klöster *(gompas)* mit freundlichen Mönchen.

Besonders verehrt ist der Ort bei den **tibetanischen Buddhisten**, da von hier ihr Religionsstifter *Padmasambhava* aufgebrochen sein soll, um den Glauben in Tibet zu verbreiten. Alle zwölf Jahre findet unter Anführung des Dalai Lama eine Prozession statt. Neben der spirituellen Atmosphäre lohnt ein Ausflug wegen der landschaftlich schönen Strecke. Die meisten Westler besuchen Rewalsar im Rahmen eines Tagesausflugs von Mandi aus, doch lohnt sich wegen der friedvollen Stimmung durchaus ein mehrtägiger Aufenthalt.

Unterkunft:

■ Die günstigste Übernachtungsmöglichkeit bietet das **Drikung Kagyud Gompa** € (Tel.: 280364). In den einfachen, aber gemütlichen Zimmern des von den Mönchen geleiteten **Peace Memorial Inn** kann man es für eine Nacht gut aushalten.
■ Angenehm ist das staatliche **Hotel Rewalsar** €–€€ (Tel.: 240252), solange man ein Zimmer im Neubau wählt. Ein Bett im Schlafsaal kostet 90 Rs.
■ Preislich gleich, dafür neuer und gepflegter ist das nur einen Steinwurf entfernte **Hotel Lotus Lake** €–€€ (Tel.: 240239, hlotuslake@yahoo.com). Die teureren Zimmer bieten schöne Aussichten auf den heiligen See. Empfehlenswert ist auch das hauseigene Restaurant.

An- und Weiterreise:

Rewalsar ist nur von **Mandi** aus zu besuchen. Für die etwa einstündige Fahrt kann man einen der stündlichen Busse nehmen oder die Strecke per Taxi (650 Rs) bzw. Autoriksha (350 Rs, jeweils hin und zurück) zurücklegen.

Kullu

Die auf 1.200 m Höhe am westlichen Ufer des **Beas-Flusses** gelegene Distrikthauptstadt unterteilt sich in zwei von einem Nebenfluss des Beas getrennte Bezirke, die durch eine laute und dreckige Hauptverkehrsstraße verbunden werden. Mittelpunkt des südlichen, Dhalpur genannten Stadtteils bildet der Maidan, eine große Rasenfläche, auf der alljährlich das berühmte **Dussera-Fest** stattfindet, zu dem Tausende festlich gekleidete Bewohner der umliegenden Berge und Täler sowie unzählige ausländische Touristen nach Kullu strömen. Während des sieben Tage andauernden Festes verwandelt sich die Stadt in einen riesigen Jahrmarkt. Die restlichen Wochen bietet die Stadt wenig Interessantes. Allerdings befinden sich in der Nähe einige besuchenswerte Tempel.

Sehenswertes

Erstaunlicherweise ist der oberhalb des Busbahnhofs gelegene **Ragunathji-Tempel** zu Ehren der Hauptgottheit des Kullu-Tals, die im Mittelpunkt des bedeutenden Dussera-Festes steht, ein äußerst unscheinbares Heiligtum.

Interessanter ist da schon der nach einem sechs Kilometer langen, steilen Aufstieg von der gegenüberliegenden Seite des Beas-Flusses zu erreichende Tempel **Bijli Mahadev**, der weithin sichtbar von einer 20 Meter hohen Stahlspitze überragt wird. Diese soll Gewitterblitze anziehen, um dadurch den im Innern des Tempels gelegenen Shiva-Lingam mit einem göttlichen Segen zu versehen. Die Aussicht aus etwa 2.500 Meter Höhe auf Kullu und die Umgebung ist beeindruckend.

Kunsthistorisch am interessantesten ist der 15 Kilometer südlich von Kullu unweit der Stadt Badjaura gelegene Tempel **Basheshwar Mahadev**. Dieser wahrscheinlich aus dem 8. Jh. stammende pyramidenförmige Tempel ist für seine Steinreliefs an den Außenwänden berühmt.

Information

■ **Vorwahl:** 01902
■ Das sehr freundliche **Tourist Office** (Tel.: 222349) befindet sich in Dhalpur beim Maidan hinter dem Taxistand (tgl. 10–17 Uhr). Hier können auch Fahrkarten für staatliche Busse gekauft werden.

Stadtverkehr

■ Vom zentralen Busbahnhof in Sultanpur bis zum Maidan per **Autoriksha** max. 30 Rs. Außerdem viele **Tempos** zwischen Sultanpur und Dhalpur.
■ Bei der Kullu Taxi Operator's Union (Tel.: 222332) fahren Taxis zu Festpreisen in die Umgebung, etwa zum Bhekhli Mahadev (300 Rs), Bijli Mahadev (800 Rs) oder ins Parvati-Tal (1.000 Rs). Ein **Taxi** zum Flughafen nach Bhuntar kostet 300 Rs.

Unterkunft

Die Preise variieren stark zwischen Neben- und Hauptsaison. Von Mai bis Juli und während des zehntägigen Dussera-Festes im Oktober sind kaum Zimmer zu bekommen.

Davor und danach ist es meist kein Problem, und man kann und sollte handeln. Die hier angegebenen Tarife gelten für die Hauptsaison.

■ Das große Plus des **Hotel Bijleshwar** € (Tel.: 222677) ist seine Lage direkt hinter dem Tourist Office. Alle Zimmer im Hauptgebäude verfügen über Warmwasser und große Badezimmer. Die Zimmer im Obergeschoss sind vorzuziehen. Für 150 Rs vermietet der Besitzer einige sehr spartanische Räume in einem Extragebäude.

■ Einen mindestens ebenso gut, doch von westlichen Reisenden so gut wie nie frequentiert ist das ganz in der Nähe, jedoch etwas versteckt hinter Bäumen und zwischen anderen Häusern gelegene **Hotel Vikrant** €–€€ (Tel.: 222756). Zu erreichen ist es über einen kleinen Fußweg rechts vom Tourist Office, der zu einer Holztreppe führt, über die man zum Hotel gelangt. Die hübsch eingerichteten Zimmer mit Bad verfügen über Warmwasser, TV und Cooler.

■ Eine gute Wahl für jene, die in der Nähe des Busbahnhofes wohnen möchten, ist das **Hotel The Nest** € (Tel.: 222685). Die großen, sauberen Zimmer und das hauseigene Restaurant machen es zu einer der empfehlenswertesten Adressen der unteren Preisgruppe.

■ Das **Sandhya Palace** €€€–€€€€ (Tel.: (0)9418281903, www.sandhyapalace.com) ist ein gut geführtes Mittelklassehotel in hübscher Lage oberhalb von Kullu.

■ Das **HPTDC Hotel Savari** €€–€€€ (Tel.: 222471) macht für ein staatliches Hotel einen gepflegten Eindruck. 8 DZ (keine EZ), ein Bett im Schlafsaal kostet 50 Rs.

■ Ruhe und Gemütlichkeit strahlt das kleine **HPTDC Hotel Silver Moon** €€–€€€ (Tel.: 222488) aus, welches etwa 2 km südlich vom Maidan oberhalb der Hauptstraße in einem gepflegten Garten steht. Insgesamt nur sechs Räume.

■ Architektonisch sehr gelungen ist das hübsche **Hotel Shobla International** €€€–€€€€ (Tel.: 222800, www.shoblainternational.com), etwas zurückgesetzt von der Hauptstraße hinter dem Marigold Restaurant. Insgesamt wegen der sehr geräumigen Zimmer und der zentralen Lage ein hervorragendes Preis-Leistungs-Verhältnis. Empfehlenswert ist auch das hauseigene Restaurant.

◁ Auf den Schindeln wird Gemüse getrocknet

Essen und Trinken

■ Besonders bei Rucksackreisenden ist das **Marigold Restaurant** direkt im Ortszentrum sehr beliebt. Der Blick aus dem 1. Stock auf das bunte Treiben darunter ist jedoch beeindruckender als das Essen selbst.

■ Das neben dem Touristenbüro gelegene **Monal Café** ist o.k. für einen Snack.

■ Bei den Süßspeisen im Fastfood-Restaurant **Hot Stuff** links vom Tourist Office besteht Suchtgefahr, so lecker sind sie. Sehr gut schmeckt auch der Espresso.

■ Das gleich daneben gelegene **Planet Food** ist die beste Adresse Kullus für leckere und preiswerte (50–100 Rs) einheimische Kost.

■ Wer es gepflegt liebt, dem sei das gute Restaurant im **Hotel Shobla International** empfohlen.

Bank

■ Die **State Bank of Patiala** wechselt nur Reiseschecks. Ein **ATM** der State Bank of India am Maidan ist für die meisten Kreditkarten zuständig.

An- und Weiterreise

Flug:

■ Wenn Flugverbindungen, dann vom 9 km südlich gelegenen Flughafen Bhuntar. Da es sich um kleine Propellermaschinen handelt, gilt eine 10-kg-Gepäckbeschränkung. Über aktuelle Flugverbindungen aller Airlines informiert übersichtlich die Website www.yatra.com.

Bus:

■ Mindestens halbstündlich nach **Manali** in knapp 2 Std. Hierzu braucht man sich nicht von der Innenstadt zum zentralen Busbahnhof nach Sultanpur zu begeben, da genügend Manali-Busse am Maidan halten. Das gleiche gilt für die umgekehrte Richtung nach Mandi.

■ Direktbusse verbinden Kullu mit **Chandigarh, Delhi, Shimla, Dharamsala, Dalhousie** und **Pathankot**. Alle vom Zentralbahnhof in Sultanpur.

- Von und nach **Delhi, Shimla, Dharamsala** und **Chandigarh** sind jedoch die von Himachal Tourism eingesetzten Luxusbusse der Manali-Strecke, die auch in Kullu halten, vorzuziehen. Buchung beim Tourist Office.
- Wer von Süden ankommt, sollte sich bereits beim Maidan absetzen lassen, da er andernfalls vom Busbahnhof wieder zurück muss.
- Busse nach **Naggar** (1,5 Std.) fahren etwa alle 2 Std. von einem Extra-Busstand in Akhara Baraar, was noch einmal ca. 2 km nördlich des Zentralbahnhofs in Sultanpur liegt. Alternativ kann man auch entlang der Hauptstraße Richtung Manali fahren und in Patli Kuhal bei Katrain einen der tgl. 6 Busse nach Naggar nehmen, das ist jedoch zeitaufwendiger und umständlicher.

Taxi:

- Nach Manali 800 Rs, Mandi 1.200 Rs, Naggar 650 Rs, Manikaran 950 Rs, Dharamsala, Chandigarh und Shimla 4.500 Rs.

Manikaran

Ganz ähnlich wie der kleine Ort Vaishisht wenige Kilometer nordöstlich von Manali übt auch das **Gebirgsdorf** Manikaran im Parbati-Tal eine große Anziehungskraft sowohl auf indische Pilger wie westliche Aussteiger aus. Während die einen wegen der heiligen, heißen Quellen, die hier neben einem **Shiva-Tempel** aus dem Boden sprudeln und gegen Rheuma helfen sollen, die lange Anfahrt vom 45 km entfernten Kullu auf sich nehmen, lockt die anderen eher die weltentrückte Atmosphäre des 1.740 m hoch gelegenen Ortes und das hier großflächig sprießende Marihuana. Die Mischung aus westlichen Freaks, indischen Pilgern, mittelalterlichem Stadtbild und sehr schöner Gebirgslandschaft macht den eigentlichen Reiz Manikarans aus. Das Zentrum wird vom großen, sowohl Hindus wie Sikhs zugänglichen **Sri Guru Nawak Gurudwara** beherrscht.

Unterkunft

(Vorwahl: 01902)

- Von den zahlreichen kleinen Guest Houses, die (oftmals allerdings auch sehr spartanische) DZ ab 100 Rs vermieten, ist das freundliche **Padha Family Guest House** € (Tel.: 273728) eines der besten. Empfehlenswert ist auch das gemütliche Restaurant.
- Manikarans Top-Adresse ist das **Country Charm** €–€€ (Tel.: 273703), wobei besonders die oberen Räume mit Balkon und schöner Aussicht zu empfehlen sind.

Essen und Trinken

- Leckere italienische Gerichte serviert das **Hot Springs Restaurant.**
- Ein weiteres empfehlenswertes Restaurant ist das **Holy Place**. Die umfangreiche Speisekarte weist u.a. chinesische, indische, italienische und israelische Gerichte auf.

Bank

- Die einzige Möglichkeit, Geld zu wechseln, ist **Amar Money Changer** im Bazaar, der jedoch nur Bares akzeptiert.

An- und Weiterreise

- Entweder direkt mit einem der mindestens stündlich fahrenden **Busse** oder zunächst per Bus 1,5 Std. von Kullu nach Bhuntar und von dort 2 Std. mit einem der tgl. 6 Busse nach Manikaran. Nach Manali über Bhuntar oder Kullu.
- **Taxis** nach Bhuntar kosten 1.000 Rs, nach Kullu 950 Rs und nach Manali 1.600 Rs.

Der besondere Tipp:
Naggar II/B2

In diesem kleinen, auf halber Strecke zwischen Kullu und Manali gelegenen, sich steil an einem Berghang hochziehenden Dorf scheint die Welt noch in Ordnung zu sein. Nicht Autolärm und hässliche Hotelneubauten wie in den beiden Haupttouristenorten des Kullu-Tales, sondern **schöne alte Bauernhäuser**, blühende Obstgärten, der Geruch von frischem Heu, freundlich grüßende Dörfler und **hübsche kleine Tempel** bestimmen das Bild. Kaum vorstellbar, dass dieser verschlafene, friedliche Ort über 1.400 Jahre Hauptstadt des Kullu-Tales war, bevor er Mitte des 17. Jh. von Sultanpur, dem heutigen Kullu, abgelöst wurde. Die oberhalb des Ortes auf einem Bergvorsprung heute zu einem Hotel umgebaute Burg mit wunderbarer Aussicht über das Tal ist der sichtbare Ausdruck dieser heute scheinbar längst vergessenen Epoche. Naggar ist ein Ort, um sich von der Hektik indischer Großstädte zu erholen und die Schönheit und Friedfertigkeit des Kullu-Tals zu genießen, die in Manali und Kullu kaum noch zu spüren ist.

Schloss

Mitte des 16. Jh. ließ *Raja Singh* dieses einer mittelalterlichen deutschen Burg ähnliche Schloß als Stamm- und Regierungssitz seiner Dynastie oberhalb der Hauptstadt Naggar errichten. Die Steine zum Bau des Schlosses sollen angeblich von den Resten des zerfallenen Barigar Forts auf der anderen Seite des Beas-Flusses stammen. Seine exponierte Lage auf einem Bergrücken gestattet einen wundervollen Blick ins Kullu-Tal.

In einem der Innenhöfe befindet sich ein kleines **Museum**, in dem vor allem handwerkliche Gegenstände des Kullu-Tals ausgestellt sind, sowie der kleine **Jakti-Patti-Tempel**, über dessen hübsche Entstehungsgeschichte ein Hinweisschild Auskunft gibt.

■ **Öffnungszeiten:** tgl. 7–22 Uhr, Eintritt 15 Rs.

Tempel

Die ehemalige Bedeutung und lang zurückreichende Geschichte Naggars belegen auch drei Tempel direkt im Ortszentrum. Der in einer Senke unterhalb des Postamtes gelegene Shiva-Tempel **Gauri Shankar** aus grauem Sandstein stammt wohl schon aus dem 11. Jh. Vor dem Tempeleingang ist ein kleiner Nandi, Shivas Reittier, platziert. Wenige Meter oberhalb, direkt neben der Poona Mountain Lodge, befindet sich der von einer ungewöhnlichen Holzkonstruktion gekrönte Shiva-Tempel **Chatta Bhuj.** Am schönsten ist jedoch der hölzerne Tempel **Tripura Shundi Devi** direkt neben der Dorfschule, der mit seinem dreistufigen Pagodendach ein wenig an den berühmten Hadimba-Tempel in Manali erinnert.

Roehrich-Galerie

Das Konterfei von Naggars berühmtestem Bürger zierte einst sogar eine Rupienmünze. Der russische Maler, Schriftsteller und Philosoph **Nicolas Roehrich** war nach den Wirren des 1. Weltkrieges nach Indien emigriert und fand in diesem kleinen Dorf des Kullu-Tals Zuflucht und Heimat. Seine letzten Lebensjahre verbrachte er jedoch in Bangalore, wo er 1993 verstorben ist. Obwohl die wichtigsten der über 7.000 Gemälde des „Meisters der Berge", wie Roehrich wegen seines Lieblingsmotivs, des Himalaya, auch genannt wurde, im New Yorker Roehrich Museum ausgestellt sind, finden sich auch in den zwei Räumen der liebevoll eingerichteten Roehrich-Galerie (Tel.: 248290, www.roerichtrust.org) hübsche Exponate. Daneben dokumentieren einige historische Fotos Begegnungen mit *Jawaharlal Nehru* und dessen Tochter *Indira Gandhi.*

Das Museum befindet sich etwa 2 km außerhalb Naggars, vorbei am Schloss,

■ **Öffnungszeiten:** Di–So 10–18 Uhr (Nov. bis März 10–17 Uhr), Eintritt 30 Rs.

Unterkunft, Essen und Trinken
(Vorwahl: 01902)

■ Die allermeisten Besucher wohnen natürlich im altehrwürdigen **HPTDC Naggar Castle Hotel** €–€€€€ (Tel.: 248316). Das schön gelegene Schloss verfügt leider nur über insgesamt 12 Räume und ist dementsprechend oft ausgebucht. Die Qualität der rustikal eingerichteten, großen Zimmer variiert stark. Die vier Zimmer mit Gemeinschaftsbad scheinen überteuert, dafür sind die DZ mit eigenem Bad und die riesige Suite ihr Geld mehr als wert. Leider lassen dabei jedoch die sanitären Anlagen zu wünschen übrig. Die Dining Hall wirkt zwar wenig einladend, doch das Essen ist recht schmackhaft.

■ Sehr viel fürs Geld bekommt man im **Sheetal Guest House** €–€€ (Tel.: 248250) gleich nebenan geboten. Die makellos sauberen Zimmer verfügen über ein hübsches Bad mit Warmwasser sowie Fernseher und einen kleinen Balkon mit schöner Aussicht ins Kullu-Tal. Außerdem gibt es Räume mit Gemeinschaftsbad. Das **Cinderella Restaurant** im Erdgeschoss wirkt zwar etwas steril, ist aber gut.

■ Eine sehr gute Wahl ist das **Hotel Ragini** €€ (Tel.: 248185) mit sehr hübsch eingerichteten Zimmern, von denen die meisten über einen eigenen Balkon verfügen. Zudem lädt das **Kailash Rooftop Restaurant** zu schmackhaftem Essen mit schönen Aussichten ein.

■ Wer eher die italienische Küche bevorzugt, kommt im Garten von **La Purezza** bei Pizza und Pasta zum kleinen Preis auf seine Kosten. Es ist im Winter geschlossen.

An- und Weiterreise

■ Etwa zu jeder Stunde **Busse** von und nach Manali (2 Std.) und Kullu (1,5 Std.) zwischen 6 und 18 Uhr.
■ Mit dem **Taxi** nach Manali oder Kullu muss man etwa 650 Rs zahlen.

Manali II/B2

Wer am Ende einer langen und beschwerlichen Busreise endlich erwartungsfroh im auf 1.829 Meter Höhe gelegenen **Haupttouristenort des Kullu-Tals** angekommen ist, wird zunächst wohl eher enttäuscht sein. Diese ehemals neben Shimla und Darjeeling exklusivste Hill Station hätte man sich doch eher etwas hübscher vorgestellt. Als hier Ende der 1960er Jahre Ministerpräsident *Jawaharlal Nehru* zweimal einen längeren Erholungsurlaub verbrachte, war sie das wohl auch noch. Doch mit dem rasanten Anwachsen der indischen Mittel- und Oberschicht, für die der in einem Talkessel am Fuße des Rothang-Gebirges gelegene Ort eines der meistbesuchten Urlaubsziele ist, schossen schnell hochgezogene Hotelneubauten wie Pilze aus dem Boden. Inzwischen gibt es allein in Neu-Manali, das Mitte des letzten Jahrhunderts südöstlich des historischen Manali gegründet wurde, über 250 offiziell registrierte Hotels, und unvermindert wird an allen Ecken und Enden weitergezimmert und betoniert. Kein Wunder, dass bei diesem Bauboom der ehemalige Charme des Ortes mehr und mehr auf der Strecke blieb.

Einzig im sich nördlich anschließenden **Old-Manali,** das heute vornehmlich von westlichen Rucksacktouristen besucht wird, lässt sich noch der Charme des „alten" Manali erleben.

Wenn Manali dennoch bei indischen wie westlichen Touristen gleichermaßen beliebt ist, so liegt dies neben der hervorragenden Infrastruktur an der die Stadt einrahmenden **pittoresken Landschaft.** Die Stadt bietet sich nicht nur als Standort für geruhsame Tageswanderungen in die unmittelbare Umgebung, sondern auch als Ausgangspunkt für mehrtägige Trekkingtouren an. Seit Beginn der bürgerkriegsähnlichen Unruhen in Kashmir Ende der achtziger Jahre kommt Manali als Ausgangsort für die Übergangsfahrt von Nordindien nach Leh in Ladakh zusätzliche Bedeutung zu.

Die Ruhe und Friedfertigkeit zusammen mit dem in der Umgebung reichlich wachsenden Marihuana hat in den letzten Jahren eine immer umfangreicher werdende Aussteigerszene angezogen, die sich vornehmlich in Vaishisht, einem kleinen Dorf 3 km nordöstlich von Manali (s.u.), angesiedelt hat. Die Verhaltensweise vieler dieser Traveller verärgert die einheimische Bevölkerung.

Sehenswertes

Hadimba-Devi-Tempel

Dieser nach einem etwa eineinhalb Kilometer langen schönen Spaziergang zu erreichende, inmitten eines Pinienwaldes gelegene **Holztempel** aus dem Jahre 1533, der ein vierstöckiges Pagodendach und überaus reiche und filigrane Holzschnitzereien am Eingangstor aufweist, gilt als eines der bedeutendsten Heiligtümer des Kullu-Tales. Die Verehrung Hadimbas geht auf eine Episode im Mahabharata zurück, wonach Bhima, der Anführer der Pandavas, an dem Platz, an dem heute der Tempel steht, den furchterregenden Dämonen Rakshasa in einer Schlacht tötete und daraufhin dessen Tochter Hadimba heiratete – eine interessante Friedensvariante. Die legendäre Bedeutung Hadimbas findet ihren Ausdruck in der besonders herausgehobenen Stellung, die diese Gottheit beim Dussera-Fest in Kullu einnimmt. Alljährlich im Mai ist der Tempel Schauplatz eines großen religiösen Festes.

Tibetanisches Kloster

Im südwestlichen Teil der Stadt, dort, wo Manali zumindest noch ein wenig seines dörflichen Charakters bewahrt hat, steht das Ende der sechziger Jahre von tibetanischen Mönchen erbaute Kloster **Gadhan Thekchokling Gompa.** An den Außenwänden des bunt bemalten Sakralbaus findet sich eine Liste mit Namen von Tibetern, die während der Aufstände gegen die chinesischen Besatzer in den Jahren 1987 bis 1989 ihr Leben ließen.

Old Manali

Wie in eine andere Welt versetzt fühlt sich, wer nach einem etwa halbstündigen Fußmarsch vom lauten, hektischen Zentrum des heutigen Manali, das auf eine Ansiedlung der Engländer Mitte des 18. Jh. zurückgeht, zum historischen Manali gelangt. Abgesehen von einigen Billigunterkünften blieb das Dorf von den Errungenschaften der Moderne weitgehend verschont, und so konnte es sich seinen dörflichen Charakter fast vollständig bewahren. Während die meisten Jugendlichen ins untere Manali abgewandert sind, bestimmen die Alten das **mittelalterlich anmutende Stadtbild.** Hier kann man ermessen, warum

Manali noch Mitte der 1960er Jahre zu einer der lieblichsten und schönsten Städte Nordindiens gezählt wurde.

Vaishisht

Dieses malerische, etwa 3 km nordöstlich von Manali an einem Berghang gelegene Dorf ist für seine heißen Quellen und seine recht umfangreiche **Hippie-Szene** bekannt.

Die Attraktion des mittelalterlich anmutenden Ortes sind seine **heißen Sulfatquellen,** die direkt am Dorfplatz aus der Erde sprudeln. Zwar ist der Eintritt hier frei, dafür macht die gesamte Anlage einen recht schmuddeligen Eindruck. Gleich links am Ortseingang befindet sich eine speziell für Touristen eingerichtete **Badeanstalt.** Hier steht jedem Gast eine eigene Badewanne zur Verfügung, und man kann zwischen einem Ordinary (40 Rs) und einem Deluxe Bad (60 Rs) wählen. Gerade nach einem anstrengenden mehrtägigen Trekking bewirken die heißen Quellen wahre Wunder, und die geplagten Glieder erwachen zu neuem Leben.

Zu Fuß von Manali nach Vaishisht gelangt man am schnellsten, indem man zunächst nach Überquerung des Beas-Flusses der Hauptstraße Richtung Norden folgt. Nach etwa 1,5 km zweigt rechts am **Vishranti Resort Hotel** ein Fußweg ab, der entlang eines Baches steil nach oben führt. Nach gut 10 Min. stößt man auf die Badeanstalt.

Praktische Tipps

Information

■ **Vorwahl:** 01902
■ Das gut organisierte **HPTDC-Touristenbüro** (Tel.: 252175, 258116, 8–21 Uhr im Sommer, 10–17 Uhr im Winter) befindet sich an der Hauptstraße The Mall mitten im Zentrum am Hotel Kunzam. Neben einem ausführlichen Hotelverzeichnis und einer Liste über Taxirouten und Preise gibt es ein großes Schild vor dem Gebäude, auf dem die Buslinien inkl. Abfahrtszeiten und Tarifen angegeben sind. In der Saison veranstaltet das Tourist Office **Tagestouren** u.a. zum Rohtang-Pass, nach Naggar sowie nach Manikaran und Kullu.
■ Beim **Railway Booking Office** (Tel.: 521925) nebenan sind von 8 bis 13.30 Uhr Zugfahrkarten zu erwerben.
■ Im daneben gelegenen **HPTDC Tourist Marketing Office** kann man u.a. Bustickets kaufen und Hotels buchen.

Stadtverkehr

Im Stadtzentrum ist Manali bequem zu Fuß zu besichtigen. Wer sich den ca. halbstündigen **Fußmarsch** nach Old Manali oder nach Vaishisht ersparen will, kann mit einem der vielen gleich neben dem Tourist Office auf Kunden wartenden **Jeeps** fahren. Für beide Ziele gilt ein Festpreis von 40 Rs.

Unterkunft

Mehr noch als in anderen Ferienorten in Himachal Pradesh sind die **Hotelpreise** in Manali **saisonabhängig.** Am teuersten ist es zwischen Mitte April und Mitte Juli und vom 1. Oktober bis 15. November. Während man dann für ein Mittelklassehotel bis zu 900 Rs zahlen muss, kann man im gleichen Haus von Dezember bis Februar für 400 Rs übernachten. Allerdings schließen dann viele Hotels auch ganz ihre Pforten. Welche Tarife in der Zwischenzeit verlangt werden, entscheiden die Hotelbesitzer oft von Tag zu Tag neu, entsprechend der jeweiligen Auslastung. So können die genannten Preise auch nicht mehr als Richtwerte sein. Die meisten Unterkünfte haben nur Doppelzimmer, doch außerhalb der Hauptsaison werden Einzelreisenden meist Ermäßigungen gewährt.

Untere Preiskategorie:

Als einer der Lieblingsferienorte der indischen Mittelschicht ist Manali nicht gerade reich gesegnet mit Billigunterkünften. Die mit Abstand besten Low-Budget-Unterkünfte finden sich in Old Manali, etwa 30 Min. Fußweg vom heutigen Stadtzentrum entfernt.

Eine Qualitätsstufe darüber steht eine sehr große Auswahl an Unterkünften zur Verfügung. Wer erst gegen Abend ankommt, wird sich wohl zunächst mit einem Zimmer im Stadtzentrum zufriedengeben müssen. Generell vorzuziehen sind jedoch jene Hotels, die nordwestlich hiervon auf dem Weg nach Old Manali liegen, da sich hier zumindest noch ein wenig von der ursprünglich dörflichen Atmosphäre erhalten hat.

■ Wer günstig und gut im Stadtzentrum wohnen möchte, dem sei das **Sukhiran Guest House** € (Tel.: 252178) empfohlen. Für die ordentlichen DZ ein gutes Preis-Leistungs-Verhältnis, besonders, wenn man bedenkt, dass man mitten in der Innenstadt wohnt.

■ Im Stadtzentrum selbst ist es noch am ruhigsten und urigsten im Bereich des tibetanischen Klosters. Eines der freundlichen Häuser ist hier das **Hotel Snow Drops** €, wo man sich in angenehmer Atmosphäre einmieten kann.

■ Eine angenehme Landhausatmosphäre vermittelt das auf der gegenüberliegenden Straßenseite erbaute **Sunshine Guest House** €€–€€€ (Tel.: 252320). Das etwas oberhalb der Straße platzierte Holzhaus mit Veranda und hübschem, kleinem Garten ist genau der richtige Ort, um sich für vergleichsweise wenig Geld in die vergangenen Zeiten des beschaulichen Manali zurückzuversetzen.

■ Die meisten Hotels zwischen Old Manali und dem Stadtzentrum sind eher der Budget- und Tourist Kategorie zuzuordnen, doch in der Nebensaison kann man gerade hier sehr schöne Zimmer für ca. 200–250 Rs ergattern. Versuchen sollte man es z.B. einmal im **Everest Hotel** €–€€ (Tel.: 252108) und im **Apna Cottage Guest House** €, wo man in den geräumigen Zimmern mit schönem Badezimmer und TV übernachten kann.

■ Das hübsche **Hotel Kalpna** € (Tel.: 252413) liegt zwar recht weit außerhalb an dem Weg zum Hadimba-Tempel, doch wer den Weg nicht scheut, kann dafür in gemütlichen, großen Zimmern mit Bad und heißer Dusche wohnen. In Manali ein exzellentes Preis-Leistungs-Verhältnis. Die Zimmer im Neubau kosten bis zu 600 Rs.

■ Wer etwas mehr ausgeben kann, ist im etwas außerhalb am Fußweg zum Hadimba-Devi-Tempel gelegenen **Hotel Chetna** €€–€€€ (Tel.: 252245) gut aufgehoben. Die friedvolle Lage und die sehr gemütlich eingerichteten Zimmer machen den ca. 20-minütigen Fußweg zum Stadtzentrum mehr als wett.

△ Buddhistische Mönche beim Gebet

◻ Atlas S. II, Stadtplan S. 293

Der Norden: Himachal Pradesh

■ Etwas weiter südlich beim tibetanischen Kloster liegen die beiden sympathischen Hotels **Aroma** (Tel.: 22243) und **Chandan** (Tel.: 22432).
■ Allein die Lage des **Hotel Rohtang Manaslu** €€€ (Tel.: 252332) auf einem kleinen Hügel inmitten eines herrlichen Gartens lädt zum Verweilen ein. Zudem ist das sehr stilvolle Haus sehr preiswert.
■ Das **Beas Hotel** €€–€€€ (Tel.: 252832) am gleichnamigen Fluss wird vom Tourist Office geleitet und vermietet recht ordentliche, jedoch sterile Zimmer mit Bad und heißer Dusche.
■ Das ca. 3 km nördlich vom Stadtzentrum gelegene Old Manali bietet eine Reihe von speziell auf westliche Rucksacktouristen ausgerichteten Unterkünften. Hier hat sich noch viel vom ursprünglichen Ambiente erhalten. Besonders familiär und friedvoll wirken das **Ashok Mayur Guest House** € und das **Veer Paying Guest House** € (Tel.: 252710), beide mit hübscher Veranda inmitten blühender Obstgärten.
■ Fast schon aus dem bescheidenen Rahmen Old Manalis fällt das **Dragon Guest House** €€ (Tel.: 252790, www.dragontreks.com). Die teureren Zimmer im Obergeschoss bieten sehr schöne Ausblicke in die Umgebung. Angeschlossen sind ein sehr gutes Restaurant, ein Internetcafé und ein Reisebüro.
■ Eine der schönsten Billigunterkünfte Manalis und Newcomer in Old Manali ist das tolle **Drifter's Inn** (Tel.: 251077, www.driftersinn.in). Von den ebenso gemütlich wie freundlich eingerichteten Räumlichkeiten mit schönen Ausblicken über das tolle Café/Restaurant (mit WiFi) bis zu den sehr freundlichen Besitzern – hier stimmt einfach alles. Ein Ort zum Wohlfühlen.

Mittlere und obere Preiskategorie:
■ Empfehlenswert sind auch die rechts der Straße nach Old Manali hinter dem Circuit House gelegenen **Pinewood Hotel** €€€ (Tel.: 252118) und **Negi's Mayflower Guest House** €€€€ (Tel.: 252104), ein Holzgebäude mit herrlichen Zimmern mit Balkon und gutem Service. Beide überzeugen durch stilvolle, aber recht legere Atmosphäre.
■ Das **Woodrock** €€€–€€€€ (Tel.: 252344) ist ein Musterbeispiel für einen optimal an der Landschaft orientierten Hotelneubau. Wäre man auch bei all den anderen Gebäuden des Ortes auf die Idee gekommen, viel Holz und Glas zu verwenden, sähe das Stadtbild heute wesentlich freundlicher aus. Sehr geräumige und lichte Zimmer mit TV, Telefon und heißer Dusche.
■ Ruhige Lage, gemütliche Zimmer, viel Atmosphäre, hervorragender Service und ein sehr gutes Restaurant – das **Johnson Hotel** €€€ (Tel.: 253764, Circuit House Rd., www.johnsonhotel.in) gehört zu den besten Mittelklassehotels Manalis.
■ Sehr empfehlenswert sind auch die Hotels **Tourist** €€ (Tel.: 252297) und **Zarim** €€€ (Tel.: 252225). Auch hier kann man in friedvoller Atmosphäre schöne Ausblicke auf die umliegenden Berge genießen. Beide Häuser verfügen über Restaurants.
■ Die unter der Regie von Himachal Tourism stehenden, äußerst luxuriös und mit eigener Küche ausgestatteten **Log Huts** €€€€ (Tel.: 252407) im äußersten Nordwesten Manalis dürften für Familien mit eigenem Auto in Frage kommen.
■ Zwei weitere Hotels dieser Preiskategorie finden sich mit dem **Ibex** €€€ (Tel.: 252480) und dem **Piccadilly** €€€ (Tel.: 252113) an der Hauptstraße südlich des Busbahnhofs.
■ Am Zusammenfluss des Manalsu und des Beas ist das **Sarovar Portico** €€€€–€€€€€ (ehemals Park Inn, Tel.: 253040/41, mpo@sarovarhotels.com) eine komfortable Wahl mit schönem Restaurant-Café. Neben den 43 Suiten sorgen Health Club und Poolbillard für Wohlbehagen.

Essen und Trinken

■ Ausgezeichnete indische, chinesische und europäische Gerichte in angenehmem Ambiente zu vernünftigen Preisen (Hauptgerichte zwischen 70 und 250 Rs) bei exzellentem Service bietet das **Mayur Restaurant.** Kein Wunder, dass es meist brechend voll mit Travellern ist.
■ Ein weiterer Szenetreff ist das **Mona Lisa** auf der anderen Seite der Hauptstraße. Speisekarte und Preise sind ähnlich dem Mayur.
■ Das **Mount View Restaurant** verdankt seine Popularität nicht nur seiner Lage gegenüber dem Busbahnhof, sondern auch dem leckeren, vornehmlich tibetanischen

und chinesischen Essen sowie der gemütlichen Atmosphäre.

■ Das **Peace Café** ist in der Tat friedlich, gemütlich und serviert eine reiche Auswahl an tibetischen, chinesischen und westlichen Speisen von 60 bis 220 Rs.

■ Das **Chopstick Restaurant** an der Mall gehört zu den Alteingesessenen und ist ein Favorit der Travellerszene. Die umfangreiche Speisekarte deckt alles von chinesischen, tibetischen und japanischen bis zu westlichen Speisen ab. Die meisten Gerichte kosten 80–280 Rs.

■ Köstliche Pizzen und Nudelgerichte (150–300 Rs) in einem traditionsreichen Haus in friedvoller Umgebung auf dem Weg zum Hadimba-Tempel – das **Il Forno** mit tollem Talblick von der Terrasse gehört zu den besten Restaurants der Stadt.

■ Neben der angenehmen Atmosphäre eines Gartenrestaurants überzeugt **Johnson's Café** mit leckeren, etwas überteuerten Gerichten und hervorragenden Desserts.

■ Indische Snacks wie Samosas und Pakoras sowie hervorragenden Kaffee erhält man im **Monty Coffee Corner** schräg gegenüber vom Tourist Office.

■ Sehr gemütlich sitzt man im Restaurant des **Drifter's Inn**, das ausgezeichnete Gerichte serviert.

■ Eine kulinarische Adresse erster Güte im Travellerort Old Manali gibt's mit der hervorragenden **Lazy Dog Lounge**. „Lazy" im Sinne von gemütlich-relaxed geht es im stilvoll eingerichteten Inneren und im Gartenrestaurant zu. Serviert werden köstliche einheimische wie internationale Gerichte zwischen 100 und 350 Rs.

Einkaufen

Weil sie gleichzeitig hübsch, leicht, preiswert, typisch für die Region und auch noch wärmend für kalte Winterabende sind, rangieren **Schals** aus Kullu an erster Stelle der touristischen Souvenirs. Je nach Material, Länge und Qualität kosten sie zwischen 150 und 450 Rs. Sehr beliebtes Mitbringsel sind auch die **Kullu-Kappen** mit ihren sehr hübschen bunten Schärpen, die die Männer des Kullu-Tals tragen. Auch hier variiert der Preis je nach Material und Qualität zwischen 20 und 100 Rs. Zu kaufen gibt es sie überall im Stadtzentrum, vor allem jedoch entlang der Hauptstraße vor dem Busbahnhof und auf einem kleinen Markt direkt hinter demselben.

Weiterreise

Flug:

■ Der nächste Flughafen befindet sich im 50 km entfernten **Bhuntar**. Über aktuelle Flugverbindungen informiert übersichtlich die Website www.yatra.com

■ **Tickets** können im Reisebüro **Ambassador Travels** neben der State Bank of India gekauft werden.

Bus:

Tourist Office und **Busbahnhof** liegen kaum 100 m voneinander entfernt. AC Luxury Coaches und Luxury Coaches starten vom Tourist Office, wo man auch die Tickets kauft, und Ordinary Coaches vom Busbahnhof. Richtig schön indisch-kompliziert.

■ **AC-Busse nach Delhi** (Abf. 6 Uhr, Ank. 22 Uhr) werden nur während der Sommerzeit eingesetzt.

■ **Luxury Coaches** nach **Delhi** und **Shimla** fahren ganzjährig. Nachtbusse kosten 50 Rs bzw. 20 Rs mehr. Die Busse nach Delhi stoppen in **Chandigarh.**

■ Für all diese Busse besteht eine große **Nachfrage,** sodass man einen Tag im Voraus buchen sollte. Wegen der schlechten **Straßenverhältnisse** vor allem auf dem Teilstück Manali – Kullu sollte man die hinteren Sitzreihen meiden, da man sonst extrem durchgeschüttelt wird.

■ Normale **Direktbusse** fahren, abgesehen von den beiden bisher genannten Zielen, u.a. nach **Kullu, Naggar, Mandi, Dharamsala, Amritsar** und **Pathankot.**

Taxi:

■ Nach **Kullu** 600 Rs, nach **Leh** 12.000 Rs. Generell sollte man bei den privaten Anbietern auf Seriosität achten, da die kurvenreiche, holprige und abschüssige Fahrt von Manali nach Süden sehr materialbelastend und unfallträchtig ist.

Das Kashmir-Problem – Gefahr auch für Touristen

Seit 1989 wütet in ganz Kashmir und besonders in Srinagar ein **Bürgerkrieg** zwischen moslemischen Separatisten, die den **Anschluss Kashmirs an Pakistan** erzwingen wollen, und der indischen Armee. Menschenrechtsorganisationen beklagten immer wieder Vergewaltigungen, Folterungen und wahllose Erschießungen durch die indische Armee. Spätestens seit dem Kidnapping und der späteren Ermordung von sechs westlichen Individualtouristen in Kashmir sollte auch dem Letzten klar sein, dass Jammu und Kashmir kein Urlaubsparadies ist. Darum sei an dieser Stelle ausdrücklich darauf hingewiesen, dass, solange sich die politische Lage nicht entspannt, vor Reisen in diese Region nur strengstens gewarnt werden kann!

Mit dem Problem Kashmir plagt sich die indische Regierung schon seit Beginn ihrer Unabhängigkeit herum. Nach dem Ende der britischen Kolonialherrschaft sollten sich die einzelnen Landesherrscher für den Anschluss ihrer Staaten entweder an die Indische Union oder an das islamische Pakistan entscheiden. Dabei mussten sowohl die geografische Lage als auch die Religion des jeweiligen Landes berücksichtigt werden. Außer bei Kashmir vollzog sich die Separation fast reibungslos.

Das Problem des an Pakistan grenzenden Himalaya-Staates Jammu-Kashmir bestand jedoch im folgenden: Obwohl die Mehrheit der Bevölkerung Moslems waren, wurde Jammu-Kashmir von einem Hindu-Maharaja regiert. Nachdem sich der Maharaja nicht für einen Anschluss an eines der beiden Länder entscheiden konnte, fielen pakistanische Moslems in Srinagar ein. Unter ihrer Bedrohung proklamierte der Maharaja den Anschluss seines Staates an Indien – was Pakistan sehr missfiel. Den eingeflogenen indischen Truppen gelang es, den Vormarsch aufzuhalten und die islamischen Krieger in schwere Kämpfe zu verwickeln: Der erste Krieg zwischen Pakistan und Indien war ausgebrochen. 1948 legten die Vereinten Nationen eine **Demarkationslinie** fest. Der Bergstaat Kashmir wurde damit in einen indisch und einen pakistanisch besetzten Teil **gespalten.** Dennoch sollten zwischen den beiden Ländern noch zwei weitere Kriege in den Jahren 1965 und 1971 folgen.

Schon seit Jahren ist Srinagar ein Unruheherd. Militante Moslems sickern von Pakistan über die indische Grenze nach Kashmir ein, um in einem Guerillakrieg den Anschluss Kashmirs an Pakistan zu erzwingen. Aktiv sind an dem Krieg gegen die indische Armee nur wenige Moslem-Fundamentalisten aus Pakistan und Kashmir beteiligt. Die Mehrheit der Bevölkerung scheint jedoch keinen Anschluss an Pakistan zu wollen, sondern würde ein unabhängiges Kashmir bevorzugen.

Uttar Pradesh | 300

Agra | 302

Fatehpur Sikri | 323

Mathura | 328

Vrindavan | 330

Lucknow | 332

Gorakhpur | 343

Kushinagar | 344

Sunauli | 345

Allahabad | 346

Varanasi | 354

Sarnath | 371

Uttarakhand | 374

Dehra Dun | 377

Mussoorie | 380

Haridwar | 383

Rajaji-Nationalpark | 390

Rishikesh | 391

Corbett-Nationalpark | 399

Nainital | 402

Almora | 407

Ranikhet | 409

Kausani | 410

Bageshwar und die Gletscher
 Pindari und Milam | 411

Garhwal | 413

In der Ganges-Ebene finden sich mit dem Taj Mahal in Agra und der heiligen Stadt Varanasi die meistbesuchten Sehenswürdigkeiten Indiens. Aber auch das Quellgebiet des Ganges und das Himalaya-Vorgebirge sind Highlights.

Uttar Pradesh, Uttarakhand

◁ Das Taj Mahal, die marmorne Liebeserklärung von Shah Jahan an seine Lieblingsfrau, wurde zum Inbegriff unvergänglicher Liebe. Dass der Mogulherrscher noch 72 weitere Gattinnen hatte, mag einen kleinen Schatten auf die romantische Verklärung des berühmtesten Bauwerks der Erde werfen

Den größten Teil Uttar Pradeshs nehmen die fruchtbaren **Flussebenen des Ganges** ein, die seit alters her die Kernräume der Besiedlung des indischen Subkontinents bildeten. Hier drängen sich denn auch die meisten der 192 Mio. Bewohner, die den Bundesstaat zu dem mit Abstand **bevölkerungsreichsten** Indiens machen. Wäre Uttar Pradesh ein unabhängiger Staat, gehörte er nach China, Indien, den USA und Indonesien zu den bevölkerungsreichsten Ländern der Erde.

Alle großen Epochen und Herrscher haben hier ihre architektonischen Spuren hinterlassen. Besonders beeindruckend ist die ewige Stadt **Varanasi,** wo sich die Gläubigen durch ein Bad im Ganges die Reinwaschung ihrer Sünden erhoffen. **Sarnath,** der Ort, an dem Buddha die erste öffentliche Predigt nach seiner Erleuchtung hielt, ist Ziel von Buddhisten aus aller Welt. Das **Taj Mahal in Agra** ist nicht nur das großartigste Monument der muslimischen Eroberer, sondern eines der eindrucksvollsten Bauwerke überhaupt – für Viele der Höhepunkt ihrer Indienreise.

UTTAR PRADESH – DIE GANGES-EBENE

Der ehemals viertgrößte indische Bundesstaat Uttar Pradesh („Nördlicher Bundesstaat") ist 1833 durch die Aufteilung Bengalens entstanden. Im Jahr 2000 wurde er selbst geteilt: Aus den Distrikten Kumaon und Garhwal, vormals nordöstlicher Teil von Uttar Pradesh, entstand der neue Bundesstaat Uttaranchal (seit 2007: Uttarakhand). Die Hauptstadt von Uttar Pradesh ist Lucknow.

HIGHLIGHTS

Highlight*:
   Taj Mahal | 303
   Rotes Fort in Agra | 309
   Fatehpur Sikri | 323
   Varanasi | 354

Der besondere Tipp*:
   Die besten Aussichtspunkte
      auf das Taj | 308
   Itimad-ud-Daula in Agra | 312
   Britische Residenz
      in Lucknow | 336

*Diese Tipps erkennt man im Buch an der gelben Hinterlegung im Kapitel.

Rituelles Bad im Ganges in Haridwar

Agra

V/D3

– Heimat des Taj Mahal

Im Grunde unterscheidet sich die ehemalige Hauptstadt der Großmoguln zunächst kaum vom typischen Erscheinungsbild nordindischer Großstädte. Lärm, Hektik und Luftverschmutzung prägen die dicht gedrängten Straßen der Altstadt. Auch die am Bahnhof wartenden Rikshafahrer, die einen für eine gesalzene Kommission zu den, wie sie glauben machen wollen, besten und billigsten Unterkünften transportieren wollen, machen die Stadt nicht gerade sympathischer – doch wen interessiert das schon? Es ist eines der berühmtesten Bauwerke der Erde, welches jährlich Millionen in- wie ausländische Touristen nach Agra strömen lässt – das **Taj Mahal**. Wie wohl kein anderes Monument der Erde repräsentiert das Taj sein Ursprungsland.

Für die allermeisten Besucher ist Agra gleichbedeutend mit dem Taj und sie stellen erst vor Ort überrascht fest, dass die Stadt noch viele weitere großartige Monumente einer knapp 200-jährigen muslimischen Herrschaft beheimatet. Hierzu zählt vor allem das nur 2 km vom Taj entfernte **Agra Fort** und das **Grabmal Kaiser Akhbars** im 10 km nördlich gelegenen Sikandra. Doch auch das auf der anderen Seite des Yamuna-Flusses befindliche Grabmal des ehemaligen Finanzministers der Moguln, **Itimad-ud-Daula,** lohnt einen Besuch.

Ein Muss für jeden Agra-Besucher ist zudem ein Abstecher zu den 40 km entfernt gelegenen Überresten von **Fatehpur Sikri,** jener von Akhbar im 16. Jh. auf einem Felsen errichteten Hauptstadt, die schon recht bald wieder verlassen werden musste.

Wegen seiner großartigen Sehenswürdigkeiten ist Agra zu Recht selbstverständlicher Bestandteil jeder Nordindien-Reise. Abgesehen davon ist es für viele Reisende leider auch ein Ort, den man nur allzu gerne wieder verlässt. Verantwortlich hierfür sind die in Agra besonders ausgeprägten Negativerscheinungen von Touristennepp und die Folgeerscheinungen mangelnder bzw. gänzlich fehlender städtischer Infrastruktur: Dreck allerorten, aufgerissene Straßen, Bettelei und Luftverschmutzung. So sollte man nicht mehr Zeit für Agra einplanen als zur Besichtigung der Sehenswürdigkeiten notwendig sind.

Geschichte

Der Legende nach soll Agra schon als *Agrabana* im „Mahabharata" Erwähnung finden, doch historische Bedeutung erlangte die Stadt erst 1500, als der Lodi-Kaiser Sikandra sie zu seiner Hauptstadt machte. Wichtigste Stadt des Mogul-Reiches wurde Agra 1566, als Akhbar sich entschloss, seine **Hauptstadt** von Delhi hierher zu verlegen. Während Delhi die Schwelle zum Norden bildete, von der man das Land gegen Invasoren verteidigen konnte, repräsentierte Agra den Wunsch der Moguln, nach der Festigung ihrer Machtposition nun den Süden des Subkontinents enger an ihre Herrschaft zu binden. Gleichzeitig ließ sich der Zugang zum Zweistromland gegen jeden verteidigen, der über die Ebene von Malwa, die strategische Drehscheibe Indiens, vorstoßen wollte.

Doch die Mogulherrscher fühlten sich in Agra nie so ganz heimisch. Am deutlichsten zeigte sich dies bei Akhbars Enkel *Shah Jahan,* der zwar mit dem Taj Mahal das großartigste Monument muslimischer Baukunst in Agra errichten ließ, doch gleichzeitig die Grundlage des heutigen Old Delhi schuf, indem er dort die Jamia Masjid und das Rote Fort in Auftrag gab. Wäre er nicht 1658 von seinem Sohn *Au-*

rangzeb entthront und gefangen genommen worden, hätte er die Hauptstadt wohl schon damals nach Delhi zurückverlegt.

Nach dem Niedergang der Moguln wurde Agra Mitte des 18. Jh. innerhalb von nur acht Jahren sowohl von den Jats (einem kriegerischen Stamm aus Mittelindien) als auch von den Marathen geplündert, bevor 1803 die Briten die Macht übernahmen.

Stadtrundfahrt

■ Wer mit dem Taj Express von Delhi anreist, kann bereits im Zug Tickets für die um 10.30 Uhr den Bahnhof passierende **Bustour von Uttar Pradesh Tourism** zu Taj Mahal, Agra Fort und Fatehpur Sikri kaufen. Der Preis beträgt 1.700 Rs (Kinder 300 Rs) inkl. aller Eintrittsgelder und einem Guide. Der Ausflug dauert acht Stunden und endet wieder am Bahnhof, sodass man von dort am gleichen Tag (Taj Express, Abf. 18.55 Uhr) nach Delhi zurückfahren kann. Wer nicht direkt mit dem Zug anreist, sollte bei Uttar Pradesh Tourism am Canttonment-Bahnhof (Tel.: 2421204) oder im Büro an der Taj Road (Tel.: 2226431, agrauptourism@gmail.com) sein Ticket kaufen. Touren für denselben Tag sollte man gegen 9.45 Uhr im Büro am Canttonment-Bahnhof buchen.

■ Es besteht die Möglichkeit, nur den ersten Teil der Tour nach **Fatehpur Sikri** (550 Rs, Kinder 300 Rs, 4 Std.) zu buchen. Auch er startet vom Tourist Office, The Mall, und passiert den Canttonment Bahnhof. Diese Tour endet dann vor dem Osttor des Taj Mahal.

■ Viele weitere **Rundfahrten innerhalb Uttar Pradeshs** werden angeboten, über die man sich auf der informativen Website www.up-tourism.com informieren kann.

Highlight:
Taj Mahal

Rudyard Kipling hatte recht, als er sagte, das Taj Mahal liege jenseits jeglicher Beschreibung. Jeder Besucher, der nach Agra kommt, hat das **Mausoleum** wohl schon unzählige Male zuvor auf Fotos, Postern oder im Fernsehen gesehen, doch schließlich kann sich niemand seiner einzigartigen Ausstrahlung entziehen, wenn er durch das Eingangstor tritt.

Das Taj ist nicht nur das meistbesuchte Bauwerk Indiens, sondern eines der beeindruckendsten der Erde überhaupt. Der fast schon magische Eindruck schwebender Leichtigkeit, die dieses im Grunde so kolossale Monument aus weißem Marmor ausstrahlt, hat viele Betrachter zu lyrischen Vergleichen animiert. „Denkmal unvergänglicher Liebe" ist dabei der wohl meistverwendete. Er bezieht sich auf *Shah Jahan* („Herrscher der Welt"), der das Monument in Erinnerung an seine Lieblingsfrau **Mumtaz Mahal** („die Erwählte des Palastes") erbauen ließ, nachdem diese im Alter von 38 Jahren bei der Geburt ihres 14. Kindes verstarb. Insgesamt 20.000 Arbeiter benötigten 20 Jahre, um diese Liebeserklärung aus Marmor 1653 fertigzustellen.

Obwohl immer wieder europäische Architekten, vor allem aus Frankreich und Italien, als **Baumeister** angeführt wurden, geht man inzwischen davon aus, dass Shah Jahan selbst als Hauptarchitekt fungierte. Die enormen Kosten, die der Bau verschlang, waren für Shah Jahans machthungrigen Sohn *Aurangzeb* ein willkommener Anlass, um den **Sturz seines Vaters** zu legitimieren. Während sich Aurangzeb im Laufe seiner fünfzigjährigen Herrschaft durch seinen fanatischen Feldzug gegen hinduistische Heiligtümer einen wenig glorreichen Nachruf verschaffte, musste sich sein im Roten Fort gefangen gehaltener Vater für die letzten acht Jahre seines Lebens mit dem Blick auf das Taj begnügen.

Eingangstore

Der für das Taj so bezeichnende Eindruck perfekter Harmonie beruht auf einer bis in das kleinste Detail durchgeplanten Abstimmung aller Bauelemente der Gesamtanlage. Farbgebung, Material, Ornamentierung, Größenverhältnisse – nichts blieb dem Zufall überlassen, alles wurde am Prinzip vollkommener Symmetrie orientiert.

Das beginnt bereits bei den drei großen Eingangstoren, die zu einem Innenhof führen, an dessen westlicher Seite sich verschiedene Souvenirläden reihen. Alle drei sind architektonisch und farblich dem Haupteingangstor nachempfunden, welches zur eigentlichen Anlage mit dem Taj Mahal am nördlichen Ende führt. Allerdings ist das heutige **Kupfertor** ein relativ neuer Ersatz für das ehemalige Eingangstor. Dieses bestand aus reinem Silber und war mit 1.100 Nägeln mit Köpfen aus Silbermünzen beschlagen. Nach dem Niedergang der Moguln wurde es neben anderen wertvollen Gegenständen von den Jats, einem lokalen Hindu-Stamm, erbeutet.

Das gewaltige Eingangstor sollte jedoch nicht nur die enormen Schätze innerhalb der Grabanlage schützen, sondern es hatte auch die Aufgabe, die profane Außenwelt von der spirituellen Welt um das Mausoleum herum symbolisch zu trennen. Diesen spirituellen Zweck verdeutlichen auch die **Kalligrafien** an den Außenwänden des Eingangstores, die auf die Bedeutung der sich an das Haupteingangstor anschließenden Gartenanlage hinweisen. Für die aus den wüstenartigen Regionen Asiens stammenden Moguln war der Garten der Inbegriff des Paradieses, und so endet die Inschrift mit dem Vers 89 aus dem Koran, in dem es heißt: „Schließ Dich dem Kreis meiner Diener an und gehe in mein Paradies ein!" Die vermeintlich gleiche Länge der Buchstaben beruht auf einem von den Erbauern verwendeten optischen Trick: Sie verlängerten die Buchstaben proportional zur Entfernung des Betrachters, um den Schein der Harmonie aufrecht zu erhalten.

Der Blick aus dem dunklen Inneren des Eingangstors auf das leuchtend weiße, scheinbar schwebende Taj Mahal gehört zu den unvergesslichsten Eindrücken jeder Indienreise.

Gartenanlage

Zentraler Bestandteil der quadratischen Anlage ist die zwischen Eingangstor und Taj gelegene Gartenanlage. Die zuvor erwähnte Gleichsetzung von „Garten" mit „Paradies" zeigt sich am deutlichsten in der Tatsache, dass im Persischen, der damaligen Amtssprache der Moguln, für beide Begriffe das gleiche Wort verwendet wurde. Das satte Grün der Pflanzen bildet einen gelungenen Kontrast zum Weiß des Taj und zum Blau des Himmels. Besonders der den Garten durchlaufende zentrale **Wassergraben** mit dem sich darin spiegelnden Taj Mahal trägt entscheidend zu dem Eindruck schwereloser Leichtigkeit bei. Gleichzeitig liegt auch diesem Gestaltungsprinzip wieder eine symbolische Bedeutung zugrunde. Während die viergeteilte Gartenanlage (Charbagh) die im Islam „Vollkommenheit" versinnbildlichende Zahl Vier zum Gestaltungsprinzip hat, nimmt die Wasserspiegelung die muslimische Vorstellung auf, das Paradies sei als Spiegelbild der realen Welt anzusehen.

Die in der Mitte des Wassergrabens platzierte **Marmorplattform** dient als begehrter Aussichts- und Fotografierstandort. Hier wurden schon Staatsgäste wie *Heinrich Lübke, Lady Di, Prinz Charles* und *Hillary Clinton* abgelichtet. Heute lassen sich Punjabis, Sikhs, Ladakhis, Rajasthanis, Kashmiris und Tamilen vor der traumhaften Kulisse fotografieren. Das berühmteste Bauwerk Indiens vereint die oft zerstrittenen Völker des Landes zumindest für einen kurzen Moment friedlich miteinander.

Moscheen

Die beiden identischen, das Taj flankierenden Moscheen rahmen mit ihren roten Sandsteinfassaden und den marmornen Kuppeldächern nicht nur das Mausoleum wirkungsvoll ein, sondern korrespondieren wiederum harmonisch mit dem Eingangstor. Nur die westliche der beiden Moscheen kann als solche genutzt werden, da die andere (Jawab) in die falsche Richtung ausgerichtet ist, d.h. nicht nach Mekka. Hier zeigt sich erneut, wie bestimmend das Prinzip symmetrischer Ausrichtung aller Einzelelemente der Gesamtanlage auf das Taj beim Bau der Anlage war, wurde doch die östliche Moschee aus rein ästhetischen Gründen erbaut.

Hauptbau

Das Taj selbst steht auf einer 100 x 100 m hohen Marmorplattform, die an den vier Ecken von 41 m hohen **Minaretten** begrenzt wird. Diese wiederum stehen durch ihre in gleicher Höhe wie beim Hauptbau verlaufenden Simse mit dem Taj optisch in Einklang. Die mit jeweils 58 m identische Größe der beiden entscheidenden Bauelemente des Mausoleums, der Hauptfassade und der deutlich persische Elemente aufweisenden **Kuppel** unterstreichen ebenso den harmonischen Gesamteindruck wie die entlang der Fassadenverkleidung verlaufenden **Kalligrafien,** ein Stilelement, das bereits beim Haupttor Verwendung fand. Auch hier liegen dem architektonischen Gestaltungsprinzip mehrere symbolische Gedanken zugrunde. So versinnbildlicht der Übergang von der quadratischen Plattform über den oktagonalen Körper des Taj zur runden Kuppel den Übergang von der irdischen Welt (Quadrat) zum Himmel (Rund). Die Zahl Acht steht zudem für die acht Stufen des Paradieses. Darüber hinaus erinnert die schneeweiße Kuppel an eine Perle, welche wiederum als Sinnbild für Weisheit und Willen Allahs gilt.

Die architektonischen Ähnlichkeiten zum 100 Jahre zuvor erbauten Grab *Humayuns* in Delhi sind unübersehbar. Den Architekten des Taj Mahals ging es offensichtlich nicht darum, etwas gänzlich Neues zu schaffen, sondern die über Jahrhunderte vorgezeichneten Bahnen der indo-islamischen Bautradition zur harmonischen Vollendung zu bringen.

Die zwei Sarkophage von Shah Jahan und Mumtaz Mahal befinden sich in einer **Gruft** unterhalb des zentralen Hauptraumes. Die beiden zum Verwechseln ähnlichen Grabmäler im Hauptraum selbst sind hingegen Kopien, die dort platziert wurden, um zum einen den Bürgern die Verehrung zu ermöglichen, andererseits aber die Distanz zwischen Bürgern und Herrscher zu wahren. Der Kenotaph von Mumtaz liegt übrigens genau im Zentrum, während der ihres Gatten vom Eingang aus gesehen links daneben steht. Das durch die filigran gearbeitete Marmorfenster einfallende diffuse Tageslicht vermittelt dem Besucher zusammen mit dem Echo der Menschenstimmen auch im Inneren jene magische Stimmung, die das Taj auch von außen ausstrahlt.

Mythos Taj Mahal – Unbekanntes vom bekanntesten Bauwerk der Erde

Seit seinem Bau vor über 300 Jahren ist das Taj Mahal weltweit zum Inbegriff unvergänglicher Liebe geworden. Diese romantische Verklärung des meistfotografierten und wohl berühmtesten Bauwerks der Erde hat dazu geführt, dass eine Reihe von historischen Tatsachen, die dieses Bild stören könnten, bisher kaum bekannt sind.

So war *Mumtaz Mahal,* die mit bürgerlichem Namen *Arjumand Bano* hieß, durchaus nicht die einzige Gemahlin von *Shah Jahan.* Obwohl sie zweifellos seine Lieblingsfrau war, mit der er auch wichtige politische Entscheidungen beriet, hatte er gleichzeitig noch 72 weitere Gattinnen und von mindestens acht von ihnen ebenfalls Kinder. Auch die immer wieder vorgetragene Legende, dass der untröstliche Herrscher nach dem Tod von Mumtaz für zwei Jahre auf jeden Luxus verzichtet und vollkommen zurückgezogen gelebt haben soll, entspricht nicht den Tatsachen. Wein, Weib und Gesang blieben für ihn wie für alle seine Vorgänger die liebsten Beschäftigungen.

Selbst die seit Jahrhunderten gebetsmühlenartig vertretene These, dass das Taj Mahal im Kern eine Liebeserklärung an seine verstorbene Frau sei, darf bezweifelt werden. Shah Jahan war sich der Bedeutung der offiziellen Hofschreibung für die Nachwelt sehr bewusst. Dementsprechend hat er akribisch darauf geachtet, dass die von ihm ausgewählten Schreiber seine Person im besten Licht erscheinen ließen. Dabei setzte er ganz bewusst Emotionen zur ideellen Überhöhung seiner Regentschaft ein. Architektur und Herrschaftsideologie waren bei ihm wie bei keinem anderen Potentaten Indiens aufs Engste miteinander verknüpft. So lag der Hauptgrund für den Bau des Taj Mahal darin, der Nachwelt die Größe und Herrlichkeit der Regentschaft Shah Jahans vor Augen zu führen.

Zur Verklärung des Taj gehört auch die immer vorgetragene Behauptung, der Herrscher habe einen fast identischen Bau aus schwarzem Marmor auf der gegenüberliegenden Seite des Yamuna geplant. So herzerweichend diese Vorstellung auch sein mag – bis heute wurde nicht ein einziger historischer Beleg dafür gefunden.

Während des Baus des Taj Mahal versammelten sich die bekanntesten Musiker und Dichter des Reiches in Agra, um mit Musik, Lesungen und Rezitationen aus dem Koran der Verstorbenen zu gedenken und die Größe Shah Jahans zu preisen. Vor den Toren des Grabmals wurden die Armen gespeist, und an Festtagen sammelte man im Namen der Verstorbenen Geld für soziale Zwecke. An Shah Jahan wird man aber wohl nicht als an einen wohltätigen Monarchen gedacht haben, gab er doch damit nur einen Bruchteil dessen an die Bevölkerung zurück, was er ihr vorher durch eine rigorose Abgabenpolitik abgenommen hatte. Seit mehr als tausend Jahren war es in Indien üblich, dass die Herrscher den Bau eines Tempels, einer Moschee oder eines Grabmals nicht mit ihrem persönlichen Vermögen finanzierten. Shah Jahan ließ den Bau des Taj Mahal zum großen Teil durch Sondersteuern finanzieren, die er den Bürgern aus dreißig Dörfern in der Umgebung von Agra auferlegte.

Der Name *Taj Mahal* wurde wohl erst von den Europäern in Anlehnung an den Ehrentitel der verstorbenen Mumtaz Mahal („Auserwählte des

Palastes") gewählt. Bei den Moguln nannte man das Mausoleum *Rauza-i-Munavara* (beleuchtetes Grab).

Neben den 20.000 Arbeitern, unter ihnen allein 500 Schreiner und 300 Schmiede, wurden beim Bau auch Elefanten, Ochsen, Kamele und Esel zum Transport des Materials eingesetzt. Jeder der insgesamt tausend Elefanten zog bis zu 2,5 Tonnen schwere Marmorblöcke vom 300 Kilometer entfernten Makrana bis nach Agra. Allerdings ist nur ein relativ kleiner Teil des Taj aus reinem Marmor. Das Fundament besteht aus Bruchsteinen, der Korpus aus gebrannten Ziegeln. Dieser Rohbau wurde mit zuvor zurechtgeschnittenen, mit Eisenstiften verzahnten Marmorplatten verkleidet. Während der Bau des eigentlichen Mausoleums bereits nach elf Jahren vollendet war, dauerte es noch weitere neun Jahre, bis die beiden seitlich an den Hauptbau angrenzenden Moscheen, die große Gartenanlage und der weiträumige Eingangsbereich vor dem Haupttor fertiggestellt waren.

Ob sich darüber auch unser verehrter Alt-Bundespräsident *Heinrich Lübke* gefreut hat, als er in den 1950er Jahren – wie jeder hohe Staatsgast in Indien – das Taj Mahal besuchte, muss bezweifelt werden. Nachdem er das Eingangstor durchschritten hatte, benötigte er einige Zeit, um seine Eindrücke in Worte zu fassen. Lange mussten die umstehenden Politiker und Journalisten auf seine ersten, sicherlich von Ehrfurcht und Begeisterung geprägten Worte angesichts des großartigen Anblicks warten. Schließlich wandte er sich zu seiner neben ihm stehenden Frau und sagte: „Wilhelmine, Sauerland bleibt Sauerland."

Der besondere Tipp: Die besten Aussichtspunkte auf das Taj

Auch wenn der Weg durch das Haupteingangstor mit dem weltberühmten Blick auf das scheinbar schwebende Taj Mahal zu den berühmtesten Motiven der Erde gehört, gibt es dennoch eine Reihe weiterer, kaum minder beeindruckende Standorte, um dieses einzigartige Bauwerk auf sich wirken zu lassen. Viele Besucher sind im wahrsten Sinne des Wortes derart fixiert auf den Hauptbau, dass sie die **Hauptachse** vom Eingangstor bis zum Taj nicht verlassen.

Dabei entgehen ihnen beispielsweise die schönen Blicke **aus den Torbögen der Arkaden,** die sich links und rechts vom Haupttor erstrecken. Entlang der beiden parallel zur Zentralachse verlaufenden Wege bieten sich immer wieder bezaubernde Motive des von Bäumen und Blumen eingerahmten Taj. Außerdem sollte man sich auf keinen Fall den imposanten Blick **aus dem Liwan der „Moschee"** auf der östlichen (rechten) Seite des Taj entgehen lassen.

Unvergesslich sind auch die Aussichten **vom Mehtab Bagh,** einem in den letzten Jahren vom Archaeological Survey of India restaurierten Park im Mughal-Stil (Eintritt 100 Rs) genau gegenüber dem Taj auf der **anderen Seite des Yamuna.** Mit der Riksha sollte die Fahrt dorthin inklusive einstündiger Wartezeit nicht mehr als 150 Rs kosten. Besser noch fährt man mit dem Fahrrad (ca. 30 Minuten), da man sich dann soviel Zeit nehmen kann, wie man will. Belohnt wird man für die Anstrengung mit einem herrlichen Ausblick in friedvoller Lage, den man nicht mit Tausenden anderer Besucher teilen muss. Etwas weiter entfernt, dafür im Preis inbegriffen, sind die Aussichten **vom Agra Fort.** Beim Blick über den Yamuna auf das im Hintergrund häufig im Dunst erscheinende Taj klicken die Kameras der Touristen aus aller Welt um die Wette.

Wer schließlich die berühmteste Liebeserklärung der Weltgeschichte ganz relaxed mit einem Drink auf sich wirken lassen möchte, sollte eines der zahlreichen **Dachrestaurants** der Pensionen im Taj-Ganj-Viertel aufsuchen. Besonders zu empfehlen sind die Shanti Lodge und das Saniya Palace Hotel.

Öffnungszeiten und Eintritt

■ Das Taj ist **täglich außer freitags** von Sonnenauf- bis Sonnenuntergang geöffnet. Der Eintritt beträgt **750 Rs.** Vor dem Betreten der Anlage muss man eine penible **Körperkontrolle** über sich ergehen lassen. Es empfiehlt sich, nur das Nötigste zum Besuch des Taj mitzunehmen. Essbares und Kaugummi, Handys, Zigaretten, Feuerzeuge, Streichhölzer sowie alle Arten von spitzen Gegenständen müssen abgegeben werden. Fotografieren innerhalb des Mausoleums ist verboten. Videofans dürfen nur im Bereich unmittelbar um den Eingang filmen (25 Rs) und müssen danach bis zum Verlassen der Anlage ihre **Kamera** bei der Aufsicht deponieren. Der Zutritt ist sowohl durch das meist weit stärker frequentierte Westtor wie auch durchs Osttor möglich. Von hier gelangt man in den äußeren, von hohen Mauern umgebenen Vorhof des Taj.

◁ Das Taj im Hintergrund des dörflichen Indien

Vollmondnächte im Taj

Seit 2004 ist der abendliche Zugang zum Taj Mahal möglich. Dies gilt jedoch nur für **fünf Tage im Monat**, nämlich zur Vollmondnacht und jeweils zwei Nächte vorher und nachher mit Ausnahme des Freitags. Zudem ist der Zugang nur 400 Personen pro Nacht gestattet, die jeweils in Gruppen von 50 Personen zwischen 20.30 und 0.30 Uhr eingelassen werden. Leider kann das Taj dabei nur für eine halbe Stunde und nur aus der Ferne besichtigt werden, man darf also nicht frei auf dem Gelände herumspazieren. Zudem sind nur Kameras, aber kein Video erlaubt. Erwachsene zahlen die üblichen 750 Rs, Kinder 500 Rs. Falls Wolken den Mond verdecken, wird der Eintrittspreis natürlich nicht erstattet. Die Karten müssen mindestens 24 Std. vor Einlass beim Archaeological Survey of India (22 The Mall, Tel.: 2227263) gekauft werden. Ob sich das Ganze lohnt, muss jeder selbst entscheiden. Die Vollmonddaten können auch auf der Website von UP Tourism in Erfahrung gebracht werden.

Highlight:
Agra Fort (Rotes Fort)

Während das Taj Mahal den Höhepunkt muslimischer Baukunst in Indien darstellt, repräsentiert das nur 2 km westlich in einer Biegung des Yamuna gelegene Fort wie kaum ein zweites Bauwerk die uneingeschränkte Machtfülle der Mogulherrscher im 16. und 17. Jahrhundert.

Gewaltige Ausmaße besitzen allein schon die über zwanzig Meter hohen, zwölf Meter dicken, von einem Wassergraben umgebenen Doppelmauern, die auf einer Länge von 2,5 km die Festungsanlage umschließen. Der Eindruck einer gigantischen **Trutzburg** spiegelt die Situation Mitte des 16. Jh. wieder. Zu jener Zeit, als **Akhbar**, der bedeutendste aller Mogulherrscher, mit dem Bau des Forts begann, stand die später uneingeschränkte Macht der Moguln noch auf äußerst wackeligen Beinen. So lag das Hauptaugenmerk der islamischen Eroberer beim Bau ihrer neuen Residenz ganz zwangsläufig auf der Absicherung gegenüber der hinduistischen Bevölkerungsmehrheit.

Baugeschichte

Während das Taj Mahal auf den ersten Blick alle Besucher verzaubert, wirkt die Festungsanlage zunächst eher verwirrend. Im Gegensatz zum Taj, welches innerhalb kurzer Zeit von einem einzigen Herrscher quasi wie aus einem Guss erbaut wurde, ist das Rote Fort während eines Zeitraums von mehr als einem Jahrhundert von mehreren Machthabern errichtet worden. Der Architekturstil der Bauwerke (ursprünglich über 560 auf einem künstlichen Hügel an der Südseite des Yamuna-Flusses) ist so unterschiedlich wie der Charakter der einzelnen Großmogulen. Während die von dem in religiösen Fragen äußerst toleranten Akhbar errichteten Bauten christliche, hinduistische, islamische und jainistische Stilelemente vereinen, spiegelt sich in der Architektur seiner Nachfolger der Einfluss der unter ihnen wieder deutlich die Oberhand gewinnenden islamischen Dogmatiker wieder.

Aus heutiger Sicht noch erstaunlicher als die **gewaltigen Ausmaße** der Paläste, Versammlungshallen, Pavillons und Moscheen ist die Tatsache, dass die architektonischen Kolosse in **Fertigbauweise** hergestellt wurden. Der relativ weiche rote Sandstein wurde bereits im Steinbruch maßgerecht bearbeitet. Danach transportierte man die einzelnen Teile auf Ochsenkarren nach Agra, wo sie in einer Art Baukastensystem zusammengesetzt wurden.

Nachdem Akhbar während seiner 50jährigen Regentschaft sowohl mit militärischer

Agra

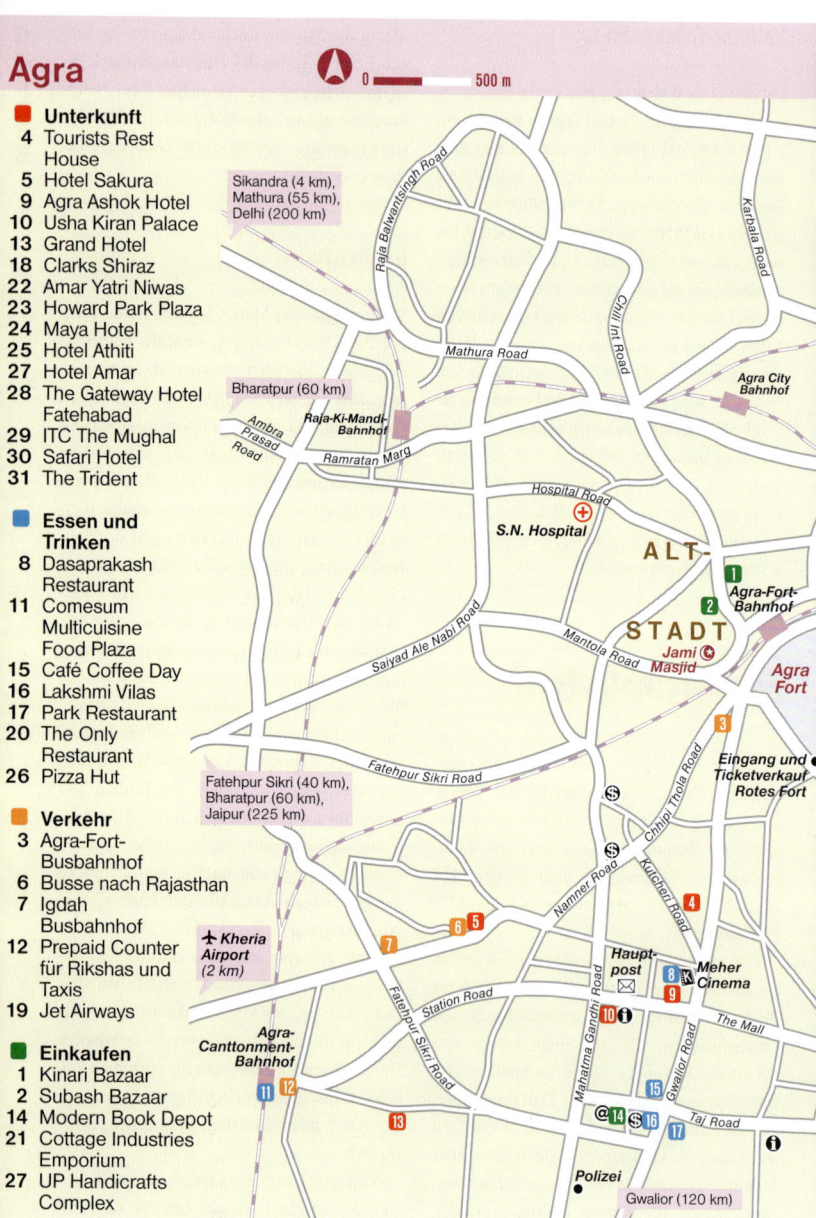

Unterkunft
- 4 Tourists Rest House
- 5 Hotel Sakura
- 9 Agra Ashok Hotel
- 10 Usha Kiran Palace
- 13 Grand Hotel
- 18 Clarks Shiraz
- 22 Amar Yatri Niwas
- 23 Howard Park Plaza
- 24 Maya Hotel
- 25 Hotel Athiti
- 27 Hotel Amar
- 28 The Gateway Hotel Fatehabad
- 29 ITC The Mughal
- 30 Safari Hotel
- 31 The Trident

Essen und Trinken
- 8 Dasaprakash Restaurant
- 11 Comesum Multicuisine Food Plaza
- 15 Café Coffee Day
- 16 Lakshmi Vilas
- 17 Park Restaurant
- 20 The Only Restaurant
- 26 Pizza Hut

Verkehr
- 3 Agra-Fort-Busbahnhof
- 6 Busse nach Rajasthan
- 7 Igdah Busbahnhof
- 12 Prepaid Counter für Rikshas und Taxis
- 19 Jet Airways

Einkaufen
- 1 Kinari Bazaar
- 2 Subash Bazaar
- 14 Modern Book Depot
- 21 Cottage Industries Emporium
- 27 UP Handicrafts Complex

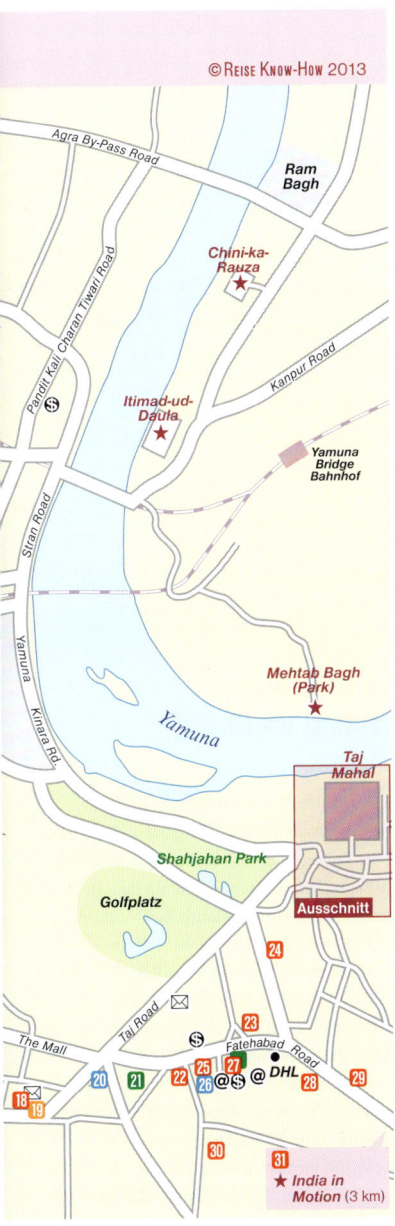

Härte als auch mit diplomatischem Geschick die Grenzen des Reiches um ein Vielfaches erweitert hatte und die Staatseinnahmen in die Höhe geschnellt waren, zeugen die Bauten seiner Nachfolger von zuvor nie gekanntem **Luxus**. Shah Jahan ließ die meisten von seinem Großvater Akhbar errichteten Gebäude abreißen und durch Marmorpaläste ersetzen, weil sie ihm, wie seine Chronisten vermerkten, „zu bescheiden erschienen". Das war jedoch nur die Grundausstattung zu einer Kulisse, die jeden noch so prächtig ausgestatteten Hollywood-Film zu einem Provinztheater degradiert hätte. So wurden die an sich schon sündhaft teuren Marmorplatten mit Goldmalerei und Einlegearbeiten aus Halbedelsteinen verschönert, offene Plätze und Innenhöfe mit Sonnensegeln aus weißgoldener Seide überspannt, die Böden mit Seidenteppichen ausgelegt, und aus den silbernen Springbrunnen sprühte Rosenwasser.

Das Fort war früher eine eigene, in sich abgeschlossene königliche Stadt mit Tausenden von Bediensteten. Der größte Teil der Gebäude ist heute zerstört und zudem lassen sich die Spuren des **Verfalls**, ähnlich wie beim Roten Fort in Delhi, nicht übersehen: Die meisten Räume stehen leer, der Putz bröckelt von den Wänden und Kellergewölbe entpuppen sich als stinkende Abfall- oder Toilettenräume. Die wichtigsten Gebäudeteile des Forts sind jedoch erhalten geblieben und geben einen guten Eindruck der imperialen Architektur während der Mogulherrschaft.

Rundgang

Folgt man dem vom südlichen **Eingangstor** (Amar Singh) steil ansteigenden Hauptweg, gelangt man nach dem Durchqueren einer Gartenanlage zu einem hinter einem Torgebäude gelegenen **Arkadenhof**. An dessen Ostseite befindet sich die öffentliche **Audienzhalle** (Diwan-e-Am), in der die Könige offizielle Empfänge abhielten sowie Petitionen entgegennahmen. Durch die kleine **Juwelenmoschee** (Nagima Masjid) im Norden und den **Basar** (Machi Bhawan), in dem früher die Händler ihre Waren für die Haremsdamen feilboten, führt der Weg zu einer großen **Terrasse**, die einen sehr schönen Blick über den Yamuna und das im Hintergrund gelegene Taj Mahal gewährt. Der kleine, schwarze **Thronsitz Shah Jahans** befindet sich am Ostende.

Südlich hieran schließt sich die aus zwei Räumen bestehende private **Audienzhalle** (Diwan-e-Khas) an, die Shah Jahan 1637 errichten ließ. Hier soll sich auch jener berühmte **Pfauenthron** befunden haben, der schon zur damaligen Zeit zum Inbegriff von märchenhaftem Reichtum, Macht und Verschwendungssucht wurde.

Das Kissen des zwei mal eineinhalb Meter großen, vollständig mit Diamanten bedeckten Throns aus purem Gold war mit 18.000 Perlen und Rubinen bestickt. Zur feierlichen Einsetzung des Möbelstückes in der privaten Audienzhalle trug der Kaiser ein so reich mit Juwelen und Diamanten besetztes Gewand, dass ihn zwei Diener stützen mussten.

Hochmut kommt bekanntlich vor dem Fall, und so wurde Shah Jahan von seinem Sohn *Aurangzeb* wegen seiner Verschwendungssucht abgesetzt und im angrenzenden Saman Burj unter Hausarrest gestellt. Oft muss ihm dabei die trotz der Nähe unüberbrückbare Distanz zu dem kaum einen Kilometer entfernten Taj Mahal unerträglich gewesen sein. „So nah und doch so fern", mögen heute auch viele der Tausende von Touristen denken, die sich täglich in dem kleinen, achteckigen Turm drängeln, in dem Shah Jahan die meiste Zeit seiner achtjährigen Gefangenschaft bis zu seinem Tode verbrachte.

Durch den über und über mit kleinen Spiegeln verzierten **Shish Mahal** und den sehr schönen **Privatpalast Shah Jahans** (Khas Mahal) mit seinen vergoldeten Bengaldächern, der noch einmal eine sehr hübsche Aussicht auf das Taj Mahal bietet, betritt man schließlich mit dem **Jehangir Mahal** den größten privaten Gebäudeteil innerhalb des Komplexes.

Als eines der schönsten Gebäude des Forts gilt die nördlich des Diwan-e-Am gelegene **Perl-Moschee** (Moti Mahal). Leider ist die zwischen 1646 und 1653 erbaute Marmormoschee wegen Restaurationsarbeiten nicht für die Öffentlichkeit zugänglich.

■ **Öffnungszeiten:** tgl. Sonnenauf- bis Sonnenuntergang, Eintritt 300 Rs, Foto- und Videogebühr 25 Rs.

Der besondere Tipp:
Itimad-ud-Daula

Viele Indien-Touristen mit begrenzter Zeit sehen von Agra nur das Taj Mahal und das Rote Fort, bevor sie nach Jaipur oder Delhi weiterhetzen. Dabei entgeht ihnen mit dem Itimad-ud-Daula ein **Juwel islamischer Architektur** in Indien. Mit seinen filigranen Marmorintarsien übertrifft dieses außerhalb Indiens gänzlich unbekannte Bauwerk die Qualität des weltberühmten Taj bei weitem und ist ein Muss für jeden Agra-Besucher.

3 km nordöstlich des Forts auf der anderen Seite des Yamuna befindet sich dieses kleine quadratische **Mausoleum**, welches trotz seines ganz unverwechselbaren Äußeren deutliche Parallelen zum Taj Mahal erkennen lässt.

> Itimad-ud-Daula – ein Juwel islamischer Architektur, das sich hinter dem Taj Mahal nicht zu verstecken braucht

Erbauen ließ es die Frau *Jehangirs*, *Nur Jahan* („Licht der Welt"), für ihren Vater *Mirza Ghiyas Beg*, der unter seinem Schwiegervater eine steile politische Karriere durchlief, die ihn sogar zum Premierminister aufsteigen ließ. Als Anerkennung seiner Verdienste trug er den Titel *Itimad-ud-Daula* („Säule des Staates"). Das in einem 165 m² großen, noch von Ghiyas Beg zu seinen Lebzeiten angelegten Garten errichtete Grabmal spiegelt seine staatstragende Bedeutung gebührend wieder.

Dieses erste gänzlich aus **Marmor** errichtete Mogul-Gebäude besticht vor allem durch seine **filigranen Einlegearbeiten** in derselben Pietra-dura-Technik, die zehn Jahre später beim Taj Mahal verwendet wurde. Jeder Zentimeter ist mit stilisierten Blumen, Weinkrügen und geometrischen Mustern verziert, sodass man den Eindruck gewinnt, der Marmor diene nur als Einfassung für die Halbedelsteine. Die 1628 nach sechsjähriger Bauzeit fertig gestellte Grabanlage vermittelt den Eindruck, als habe man zunächst die Grundstruktur des Taj Mahal in kleinem Rahmen erproben wollen, bevor man schließlich nach gelungener Generalprobe das Meisterwerk anging. Abgesehen von den wesentlich kleineren Ausmaßen liegt der Hauptunterschied in dem statt der Zwiebelkuppel als Aufsatz verwendeten quadratischen Pavillon, der von einem Bengaldach abgeschlossen wird. Dort befindet sich auch der Kenotaph des Verstorbenen und seiner Frau. Die eigentlichen Sarkophage aus orange-gelblichem Marmor finden sich in der zentralen Kammer im Erdgeschoss. Neben den schön verzierten Marmorböden gibt das von außen durch die kunstvoll durchbrochenen Marmorfenster einfallende Licht dem Raum seine sakrale Atmosphäre.

Hat man das eigentliche Grabmal besichtigt, lohnt noch der Gang zum Yamuna-Ufer, von wo sich ein hübscher Blick auf das im Dunst liegende Rote Fort bietet.

■ **Öffnungszeiten:** täglich 6–17 Uhr, Eintritt 110 Rs, Video 30 Rs.

Weitere Sehenswürdigkeiten

Chini-ka-Rauza

Einen Kilometer nördlich des Itimad-ud-Daula-Mausoleums steht das von einer großen Kuppel überdachte **Grabmal** für *Afzal Khan*, der Premierminister unter Shah Jahan war. Der Name Chini-ka-Rauza (Chinesisches Grab) rührt von den hübschen, die Wände verzierenden Blumenornamenten aus Fayencen her.

Jami Masjid

Die in der Nähe des Roten Forts im Gewimmel der Altstadt gelegene Jami Masjid wurde 1648 nach fünfjähriger Bauzeit eingeweiht. Nicht zuletzt die Verwendung von weißem Marmor weist den Bau als architektonische Hinterlassenschaft der Regierungszeit Shah Jahans aus. Ebenso wie bei der Freitagsmoschee in Delhi lobpreist die am Hauptbogen der Moschee zu sehende Inschrift die Regentschaft des Herrschers.

Praktische Tipps

Information

■ **Vorwahl:** 0562
■ Das **IndiaTourism Office** (191, The Mall, Tel.: 2226 368/78, www.incredibleindia.org) befindet sich gegenüber der Post und ist Mo–Fr 9–17.30 und Sa 9–14 Uhr geöffnet. Über dieses Büro können auch offiziell zugelassene Stadtführer geordert werden.
■ Das **Uttar Pradesh Tourism Office** (64, Taj Rd., Tel.: 2226431, www.up-tourism.com, tgl. 10–17 Uhr, jeden 2. Sa sowie So geschlossen) liegt ganz in der Nähe des Hotels *Clarks Shiraz*. Im Bahnhof Agra Canttonment (Tel.: 2421204) befindet sich eine rund um die Uhr erreichbare Filiale. Hier kann auch Kontakt mit der Tourist Police aufgenommen werden. Zusätzlich steht das **UP Tourist Facilitation Centre** am Shilpgram, 1 km vom Osteingang des Taj Mahal, tagsüber zur Verfügung.

Stadtverkehr

In keiner anderen Stadt Indiens ist das **Schlepperwesen** derart ausgeprägt. Sobald man den Zug verlässt, wird man von Riksha- und Taxifahrern umstellt, die einen in das für sie lukrativste Hotel fahren möchten, sprich dorthin, wo sie die höchste Kommission kassieren. Am liebsten legen sie unterwegs noch mehrere Stopps bei Marmor- und Juweliergeschäften ein. Es gibt nicht wenige Touristen, denen durch die ständige Anmache der gesamte Aufenthalt verleidet worden ist.

■ Unglücklicherweise ist man jedoch zumindest bei der Ankunft auf die **Rikshafahrer** angewiesen, da Agra zu weitläufig ist, als dass man die Entfernungen zu Fuß zurücklegen könnte. Dennoch gibt es einige Tricks, um sich die aufdringlichsten unter ihnen vom Halse zu halten. Auf keinen Fall sollte man mit den die Touristen schon auf dem Bahnsteig in Empfang nehmenden Rikshafahrern zum Hotel fahren. Diese sind derart auf Westler spezialisiert, dass sie oft das Vier- bis Fünffache des normalen Fahrpreises verlangen. An der Canttonment-Train-Station sollte man in jedem Fall einen der vor dem Bahnhof befindlichen Prepaid-Schalter für Taxis bzw. Rikshas nutzen. **Prepaid-Preise** für Rikshas vom Canttonment-Bahnhof: Igdah-Busbahnhof und Sadar Bazaar 30 Rs, Taj Mahal und Fathehabad Rd. mit vielen Hotels 50 Rs, Sikandra 80 Rs, Halbtagestour (4 Std.) 200 Rs, Ganztagestour (9 Std.) 400 Rs. Autorikshas dürfen nicht nach Fatehpur Sikri fahren.

■ Vom Agra-Fort-Bahnhof zu den Billighotels im Stadtteil Taj Ganj, nur wenige Meter südlich vom Taj Mahal, sollte man mit der **Fahrradriksha** nicht mehr als 15 Rs zahlen, per Autoriksha werden überhöhte 50 Rs (Prepaid) verlangt. Am Besten gibt man Joney's Place mitten im Zentrum von Taj Ganj oder bei den östlich des Taj gelegenen Unterkünften das Osttor des Taj Mahal als Fahrtziel an. Von dort ist es nicht mehr weit zu den meisten Hotels dieser Region. Mit der Fahrradriksha vom Canttonment-Bahnhof zahlt man für die kurze Fahrt ca. 15 Rs, für Agra Fort und Fathebad Rd. 20 Rs, Halbtagestour 150 Rs.

■ Einige offizielle **Taxipreise** (Non-AC), die für Agra über dem Landesdurchschnitt liegen: Die Prepaid-Gebühr für die Fahrt vom Igdah-Busbahnhof zur Fatehabad Rd. und zum Taj kostet 150 Rs, zwischen den beiden Bahnhöfen Igdah und Fort dasselbe. 4 Stunden Sightseeing zum Roten Fort und Taj Mahal 450 Rs, 8 Std. 700 Rs, die Fahrt nach Fathepur Sikri mit Wartezeit und Rückfahrt (4 Std.) 900 Rs. Besteigt man ein Taxi nicht am Canttonment-Bahnhof, wo sich der Prepaid-Schalter befindet, sollten die genannten Preise als Richtwert dienen. AC-Preise etwa ein Drittel höher.

■ Wer es sich im indischen Verkehr zutraut, kann sich per **Fahrrad** im weitläufigen Agra fortbewegen, die im Taj Ganj noch bei einigen Hotels und Fahrradläden, etwa Raja Cycle Store, für ca. 40 Rs pro Tag auszuleihen sind. Außerdem entledigt man sich auf diese Weise am elegantesten der ständigen Fragerei der Rikshafahrer: „You want to see a nice carpet shop, Sir?"

■ Zum 7 km außerhalb gelegenen **Flughafen** zahlt man mit dem Taxi 140 Rs, mit der Autoriksha ca. 70 Rs. Der Flughafenbus verkehrt nicht mehr.

■ Zwischen 6 und 19 Uhr verkehren zwischen Taj Mahal und Agra Fort und auch östlich zum Shilpgram-Gelände auf breiter, verkehrsberuhigter Straße etwa alle 15 Min. **Elektrobusse**, die von westlichen Touristen umsonst benutzt werden können.

Unterkunft

Die beiden für Touristen interessanten Hotelgegenden sind **Taj Ganj**, sozusagen das Altstadtviertel Agras unmittelbar südlich vom Taj mit einer Ansammlung vieler Billigunterkünfte, und der gesamte sich südwestlich hiervon bis zum Agra-Canttonment-Bahnhof erstreckende Stadtteil, in dem sich vor allem Hotels der mittleren und oberen Kategorie befinden, die meisten an der Fatehabad Road.

Untere Preiskategorie:

Viele der Billigunterkünfte in Taj Ganj sind nur mit Fahrradrikshas zu erreichen, da motorisierte Fahrzeuge wegen der um das Taj gezogenen Bannmeile in diesem Bereich nicht zugelassen sind.

■ Mit eigenem, sehr schönem Garten ruhig nur wenige Meter vom Osttor des Taj Mahal gelegen und erstaunlich preiswert, ist das **Hotel Sheela** €€ (Tel.: 2333074, www.hotelsheelagra.com), das vielleicht beste Angebot in Taj-Nähe. Alle moskitosicheren Zimmer verfügen über eine kleine Terrasse – ein gutes Hotel mit hübschem Gartenrestaurant. Zudem ist es ruhig, da die breite Zufahrtsstraße, an der es liegt, in diesem Abschnitt verkehrsberuhigt ist.

■ Ein relativer Neuling im Taj-Ganj-Viertel und dementsprechend gut in Schuss ist das sehr empfehlenswerte **Saniya Palace Hotel** €–€€ (Tel.: 3270199) in einer ruhigen Seitengasse. Die Zimmer, wenn auch zum Teil etwas klein geraten, machen einen gepflegten Eindruck, das Personal ist freundlich und vom Dachterrassenrestaurant bietet sich die vielleicht beste Taj-Sicht in Taj Ganj.

■ In Taj-Mahal-Nähe und bei Rucksackreisenden seit vielen Jahren beliebt ist die **Shanti Lodge** €–€€€ (Tel.: 2231973, (0)9837540428, shantilodge2000yahoo.co.in). Dabei ist es jedoch weit mehr der wahrlich grandiose Ausblick von der Dachterrasse auf das nahegelegene Mauso-

Betrüger in Scharen

Agra zieht nicht nur Touristen, sondern auch Betrüger in Scharen an – wobei das eine das andere bedingt. Vor allem in der **billigen Wohngegend beim Taj Ganj** treiben sich zwielichtige Gestalten herum, denen es immer wieder gelingt, Individualtouristen zu betrügen. So smart die Männer auf der Straße oder in den Unterkünften auch wirken – man sollte sich auf keinerlei Angebote einlassen. Dies gilt insbesondere bei vermeintlich günstigen Juwelen- oder Marmorkäufen. Mehrere Leser haben auf diese Weise einige Tausend Euro verloren.

leum als die Qualität der z.T. dunklen und muffigen Zimmer, speziell im Untergeschoss des Altbaus, was die Attraktivität des Hauses ausmacht. Die mit Taj-Ausblick sind ihr Geld mehr als wert, wie auch die neuen, nach hinten gelegenen Zimmer.

■ Die empfehlenswerteste Adresse im unteren Preissegment außerhalb des Taj-Ganj-Viertels ist das **Tourists Rest House** €€-€€€ (Sadar Bazaar, Tel.: 2463961, dontworrychickencurry@hotmail.com) an der Kutcheri Rd. zwischen Canttonment-Bahnhof und Taj Ganj Area. Besonders hervorzuheben sind der hervorragende Service und die Hilfsbereitschaft des das Haus leitenden Bruderpaars. Auch die sauberen, um einen als Restaurant fungierenden, begrünten Innenhof angelegten AC- (mit TV und teils Kühlschrank) und Non-AC-Zimmer sind preisgerecht, obwohl sie recht dunkel sind. Zudem werden erstaunlich preisgünstige Taxis und Sightseeing-Touren in die Umgebung Agras wie auch durch Rajasthan vermittelt. Flug- und Bahntickets werden ohne Extragebühr besorgt. Da das Haus keine Kommission zahlt, wird es von Rikshafahrern nicht gern angefahren, man muss also darauf bestehen. Vorsicht: Es gibt einige namensähnliche Unterkünfte.

■ Nach einer Totalrenovierung ist das moderne **Taj Plaza** €€-€€€ (Tel.: 2232515, www.hoteltajplaza.com), etwa 500 m vom Osttor des Taj Mahal entfernt, eine gute Wahl. Zweckmäßige Zimmer mit TV, einige mit Taj-Blick, sind ihr Geld wert. Gut ist auch das hauseigene Dachterrassenrestaurant.

■ Einige hundert Meter östlich ist das saubere **Sheela Inn** €€-€€€ (Tel.: 3293437, (0)9719174344, www.hotelsheelaagra.com), eine weitere gute Alternative. Die Zimmer sind eher klein, ein Dachrestaurant ist vorhanden.

■ Sehr beliebt ist das beim Westtor gelegene **Hotel Sidhartha** €€ (Tel.: 2330901, (0)9719456998, www.hotelsidhartha.com). Die um einen Garten gruppierten Zimmer sind geräumig, allerdings von unterschiedlicher Qualität, die oberen sind vorzuziehen. Auch ein Dachrestaurant ist vorhanden.

■ Etwas entfernt von Taj Ganj liegt das gute, aber seltsamerweise wenig belegte **Safari Hotel** €€ (Tel.: 2333029) an der Shamsad Rd., sind doch die einzelnen Zimmer geräumig und verfügen über den Luxus eines Badezimmers mit Wanne. Vom Dach bietet sich ein schöner Blick auf das Taj in der Ferne. Auch hier wird keine Kommission gezahlt.

■ Vom weißblauen Schmuckkästchen des **Maya Hotel** €€-€€€ (Fatehabad Rd. nahe dem Purana Mandi Circle, Tel.: 2332109, (0)9719107691, www.mayainmagic.com) sind es nur 15 Minuten Fußweg zum Taj Mahal. Die teils klimatisierten und mit Balkon versehenen Zimmer sind wegen der lauten Hauptstraße mit lärmdämmenden Fenstern ausgestattet, sodass ruhiger Schlaf möglich sein sollte. Zudem sind sie gemütlich und mit die saubersten in Agra. Ein Restaurant auf der Dachterrasse mit Kachelmosaiken und Pflanzen unter riesigem Baum sowie ein klimatisierter Innenbereich locken mit schmackhaften Gerichten (z.B. köstliches Butter Chicken, oft auch BBQ) auch viele Gäste anderer Unterkünfte an. Außerdem werden Taxi- und Sightseeingtouren sowie Guides vermittelt.

Mittlere Preiskategorie:

Die meisten Hotels dieser Preiskategorie sind etwas überteuert und finden sich an der Fatehabad Rd. etwa 1,5 km südlich vom Taj.

■ Das **Usha Kiran Palace** €€€€ (Tel.: 2264441-43, www.cosmosmotels.com) richtet sich zwar eher an die indische Mittelschicht, ist aber eines der ganz wenigen Mittelklassehotels Agras, die ihr Geld Wert sind. Zwar wirkt alles etwas steril, aber dafür sind die Zimmer und das angeschlossene Restaurant (150–250 Rs) in Top-Zustand. Zimmer nach hinten wählen.

■ Das **Hotel Atithi** €€€€-€€€€€ (Tel.: 2230040, 4012741, www.hotelatithiagra.com) an der Fatehabad Rd. bietet klimatisierte, allerdings leicht verwohnte Zimmer mit TV, einige mit Kühlschrank. Mit Swimmingpool.

■ Wer im Atithi keinen Platz findet, kann es im nebenan gelegenen, preislich und qualitativ fast identischen **Hotel Amar** €€€€€ (Tel.: 2331884-9, www.hotelamar.com) mit Pool versuchen. Etwas günstiger ist das **Amar Yatri Niwas** €€€€ (Tel.: 2233030-4, www.amaryatriniwas.com), beide nahezu nebeneinander mit akzeptabel sauberen, modern eingerichteten AC-Zimmern.

Obere Preiskategorie:

■ Es war einmal und ist nicht mehr – das beste Hotel am Platz. Das **Clarks Shiraz** €€€€–€€€€€ (Tel.: 2226121, www.hotelclarksshiraz.com) war das erste Fünf-Sterne-Hotel Agras und ist sichtbar in die Jahre gekommen. Der attraktive Preis zusammen mit der ruhigen Lage, den guten Restaurants wie dem Mughal Room (300–1.000 Rs pro Hauptgericht) im Obergeschoss mit Ausblick und den renovierten Zimmern mit Taj-Blick machen es dennoch zu einer guten Wahl.

■ Über Swimmingpool, Fitnessraum und mehrere Restaurants verfügt das große, zentral klimatisierte **Agra Ashok Hotel** €€€€–€€€€€ an The Mall (Tel.: 2361223, www.hotelagraashok.com).

■ Angenehm wohnt man in dem um einen großen Innenhof mit Swimmingpool angelegten Hotel **The Trident** €€€€€ (Fatehabad Rd., Tel.: 2235000, www.tridenthotels.com) – ein gutes Preis-Leistungs-Verhältnis.

■ Selbst in der einfachsten Zimmerkategorie schon sehr komfortabel sind die geschmackvoll gestalteten Räume des **Howard Park Plaza** €€€€€ (Tel.: 2332870-3, www.sarovarhotels.com). Im Dachrestaurant (19–23 Uhr) kann neben exzellenter Küche ein toller Blick aufs Taj genossen werden.

■ Edel ist das **The Gateway Hotel Fatehabad** €€€€€ (Fatehabad Rd. Tel.: 2232423, 6602000, www.tajhotels.com) mit moderner Technik wie WiFi in den Zimmern und Spa, Health Club, Gym sowie großem Gartenpool unter

Palmen. Den besten Gegenwert gibt's in den Executive-Räumen mit Taj-Blick für wenig mehr Geld.

■ Ein Newcomer ist das **Radisson Blue Agra** €€€€€ (Tel.: 4055555, www.radisson.com). Inmitten einer großzügigen Gartenanlage bietet es alle Annehmlichkeiten eines Luxushotels und ist zudem nur 15 Gehminuten vom Taj entfernt.

■ Das kürzlich renovierte **ITC The Mughal** €€€€€€ (Fatehabad Rd., Tel.: 4021700, www.itchotels.com) wirkt im Gegensatz zu vielen anderen Hotels dieser Preiskategorie ganz und gar nicht steril, sondern elegant und freundlich.

■ Mit Abstand die luxuriöseste Unterkunft Agras ist das fabelhafte **The Oberoi Amarvilas** €€€€€€ (Tel.: 2231515, www.oberoihotels.com) nahe dem Osttor des Taj Mahal, das leicht 6 oder 7 Sterne verdient hat. In eine tolle Architekturlandschaft mit Wandelgängen und Wasserspielen eingebettet, muss für diese absolute Luxusherberge allerdings auch ein kleines Vermögen pro Nacht hingeblättert werden.

Essen und Trinken

Für eine Stadt, die jedes Jahr Millionen von Touristen sieht, ist die Restaurant-Auswahl bescheiden. Die meisten Pauschaltouristen speisen in den Hotels, sodass besonders im gehobenen Segment wenig zu finden ist.

■ Selbst wer keinen Hunger verspürt, sollte sich nicht die großartige Aussicht vom Dachrestaurant des **Saniya Palace Hotel** und der **Shanti Lodge** entgehen lassen. Ein besserer Ort, um bei einem kleinen Imbiss oder einem Getränk ein paar Postkarten zu beschreiben und das Taj auf sich wirken zu lassen, lässt sich kaum denken. Gelegentlich sind Händler, die dort eingelassen werden, leider etwas aufdringlich.

■ Keinen Blick, dafür aber exzellente Gerichte (50–150 Rs) in angenehm lockerer Atmosphäre bietet das freundliche **Yash Café** direkt neben der Shanti Lodge.

■ Knallbunt, winzig klein, günstig, sozialer Mittelpunkt der Individualreisenden-Szene und seit über 30 Jahren eine Travellerinstitution – das ist das im Herzen von Taj Ganj angesiedelte **Joney's Café**. Die Speisekarte reicht von typischen Backpacker-Favoriten *(pancake)* über erstaunlich leckeres indisches Essen bis zu cremigen Lassis. Ganz ähnlich, wenn auch nicht so „cool", ist das **Taj Café** in der Nähe.

■ Das beste vegetarische Essen in Taj Ganj bekommt man im schön eingerichteten **Shankara Vegis Restaurant.**

■ Großer Beliebtheit erfreut sich auch das im selben Gebäude gelegene **King's Crown Roof Top Restaurant.**

■ **Stuff Makers** im Hotel Kamal ist wohl hauptsächlich wegen seiner Taj-Ausblicke vom Dach sowie der gemütlichen Strohdächer zu ebener Erde ein weiterer beliebter Treffpunkt der Traveller-Gemeinde. Das Essen ist typisches Travellerfood und eher durchschnittlich, aber preiswert.

■ Angenehm sitzen kann man im **Park Restaurant.** Im Angebot sind neben südindischen Gerichten auch chinesische Speisen.

■ Keine Taj-Ausblicke und auch keine anheimelnde, auf westliche Touristen zugeschnittene Einrichtung, dafür authentisch-leckere südindische Gerichte zu günstigen Preisen (50–100 Rs) bietet das **Lakshmi Vilas** an der Tanj Rd.

■ Eine gediegenere Variante des Lakshmi Vilas ist das ausgezeichnete vegetarische **Restaurant Dasaprakash** beim Meher Cinema, eine stadtbekannte Adresse. Neben dem hübschen Ambiente und dem köstlichen Essen überzeugt es mit seiner riesigen Eisauswahl! Preise zwischen 100 und 170 Rs.

■ Das **The Only Restaurant** an The Mall wird von Indern sehr geschätzt. Das Essen ist okay (um 250 Rs pro Hauptgericht), es wirkt jedoch etwas dunkel und steril. Abends ab 19 Uhr oft Live-Musik.

■ Eine moderne Filiale der **Café-Coffee-Day-Kette** gibt es nun auch im Taj-Ganj-Viertel. Immer eine verlässliche Adresse für cleane Atmosphäre, schnelle Gerichte (Pizza, Burger) und Kuchen inkl. eines Schwarzwälder-Kirsch-Versuchs, Kaffee aus Kolumbien und Ghana sowie Eiscreme – gut für einen Snack.

■ Im **Pizza Hut** neben dem Athiti Hotel gibt's außer dem Restaurant einen Zustellservice (Tel.: 2333051-3) ohne Aufpreis – kein Wunder, sind doch die Pizzas sowieso recht teuer.

■ Im Agra-Canttontment-Bahnhof sorgt das **Comesum Multicuisine Food Plaza** mit Dosas, Thalis und Burgern preiswert Tag und Nacht fürs leibliche Wohl.

Einkaufen

■ Besser als sich in die Hände von Riksha-Fahrern zu begeben, die westliche Touristen hartnäckig in eines der Emporien schleifen wollen (da sie dafür Kommission kassieren), ist es, auf eigene Faust dorthin zu gehen, um Skulpturen, Teppiche, Textilien etc. zu erstehen. Verlässlich kann man im staatlichen **Uttar Pradesh Handicrafts Complex** (Fatehabad Rd., tgl. 10.30–19 Uhr) die dortigen Fixpreise in Erfahrung bringen, um einen Anhaltspunkt zu bekommen, welche Preisspanne für die jeweiligen Produkte angemessen ist. Die Preise dort sind etwas hoch, aber noch in vertretbarem Rahmen, während sie in den privatwirtschaftlich organisierten Geschäften oft von weit überteuerten Einstiegspreisen heruntergehandelt werden müssen. So werden von den äußerst versierten Verkäufern des größten, imposant auf einem Hügel platzierten **Cottage Industries Emporium** weit überhöhte Preise für die qualitativ hochwertigen Produkte aufgerufen, die dann ohne Scheu kräftig heruntergehandelt werden sollten, ohne sich vom edlen Ambiente dieses Kaufpalastes einschüchtern zu lassen.

Natürlich kann man sich trotz der teilweise eindrucksvollen Aufmachung der Geschäfte nie sicher sein, inwieweit die Produkte durch Kinderarbeit hergestellt wurden, obwohl gelegentlich am Eingang etwas anderes suggeriert wird.

■ Erstklassige Auswahl an Romanen und Bildbänden hat das alteingesessene **Modern Book Depot** (tgl. außer Di 10.30–21.30 Uhr, Tel.: 2225695) an Sadar Bazaar.

■ Stellvertretend für die vielen Märkte in der Altstadt, die Obst, Gemüse, Handarbeiten und Kleidung verkaufen, seien der **Kinari Bazaar** und der **Subash Bazaar** für Seidentextilien nördlich der Jamia Masjid genannt. Hier muss natürlich gehandelt werden.

Bank

■ Am schnellsten und unkompliziertesten macht man Travellerschecks oder Bargeld bei einigen privaten Wechselstuben zu Rupien. Zentral gelegen und schnell geht's bei **Thomas Cook** (9.30–17 Uhr) und zu besseren Wechselraten bei **VKC Forex** (Mo–Sa 9.30–18.30 Uhr) gegenüber. Beide liegen an der Fatehabad Rd. in der Nähe vieler Hotels. Auch die **State Bank of India** an der MG Rd. (Mo–Fr 10–16 Uhr, Sa 10–13 Uhr) und die **Central Bank of India** stehen zu diesem Zweck zur Verfügung.

■ **ATMs:** Viele Geldautomaten akzeptieren die meisten international gängigen Karten wie Master, Maestro und Visa, etwa nahe dem Osttor des Taj Mahal von der Axis-Bank, außerdem einer von der HDFC-Bank gegenüber dem Hotel Atithi, der auch American Express akzeptiert.

Post, Telefon und Internet

■ Die **Hauptpost** (Mo–Sa 10–17 Uhr) liegt zentral an The Mall gegenüber von IndiaTourism, Filialen sind im Clarks Shiraz Hotel (Mo–Sa 10–17 Uhr) und an der Taj Rd.

■ Beim Mansingh Palace Hotel ist **DHL** (Tel.: 2234074, www.dhl.co.in) täglich 10–21 Uhr geöffnet.

■ Eine Telefon-Minute nach Europa kostet in Agra um 12 Rs. Manche Anbieter nennen vor dem Telefonat einen geringeren Preis, als dann tatsächlich zu zahlen ist. Also vorher nach dem Endpreis pro Minute fragen und an der digitalen Anzeige während des Gesprächs kontrollieren.

■ Internet kostet durchschnittlich 25–40 Rs/ Std. Schnell sind die diversen Internetcafés der **sify-i-way-Kette** nahe dem Südtor des Taj Mahal, in Sadar Bazaar und an der Mall beim Hotel Ashish Palace, die zwischen 22.30 und 23 Uhr ihre Pforten schließen. Wer's besonders schnell braucht, findet bei **Travel Age** (9.30–21 Uhr), eine Gasse neben UP Handicrafts Emporium und Hotel Atithi hinein, 512-kbps-Highspeed. Billigere (ab 15 Rs) und langsamere Verbindungen gibt es z.B. an 2, Taj Rd.

Medizinische Versorgung

■ Da auch einige der privaten Krankenhäuser Kommission an die Riksha-Fahrer zahlen, sollte man im Falle eines Falles besser ein staatliches Krankenhaus aufsuchen. Hier bieten sich das **S.N. Hospital** (Tel.: 2264428, 2361616) an der Hospital Rd. und das **District Hospital** (Tel.: 2363139, 2361099) an der Kutchery Rd. an.

Akhbar der Große – der geniale Analphabet

Aller Anfang ist schwer – eine Weisheit, die auch für die Großen der Geschichte zutrifft. Als „erhabenes Gicksen" beschrieb der Chronist *Badauni* die Thronrede *Akhbars* am 14. Februar 1556. Mildernde Umstände wird man allerdings leicht für diesen wenig gelungenen Anfang einbringen können, befand sich doch der damals gerade einmal Dreizehnjährige nach dem unerwarteten Tod seines Vaters Humayun im Stimmbruch. Es dauerte nicht lange, bis das „erhabene Gicksen" zur machtvollsten Stimme der gesamten östlichen Welt werden sollte.

Akhbar war von allen islamischen Herrschern Indiens die interessanteste, exzentrischste und widersprüchlichste Persönlichkeit. So vermerkte der hochgelehrte Pater *Monserrate,* dass Akhbar „nicht nur auf erstaunliche Weise über alle Angelegenheiten des Reiches informiert war, sondern darüber hinaus über eine Bildung und über ein Wissen auf allen Gebieten der Philosophie und der Künste verfügte" – wahrlich erstaunliche Fähigkeiten für einen Mann, der Zeit seines Lebens Analphabet war. Abgesehen davon, dass er wie alle Analphabeten ein ausgezeichnetes Gedächtnis besaß, war er ein Büchernarr, der sich täglich aus den 24.000 Bänden seiner Bibliothek vorlesen ließ. Sein besonderes Interesse galt dabei den Schriften anderer Religionen wie dem Hinduismus, Jainismus, Christentum und Judentum. Er lud Gelehrte unterschiedlicher Glaubensrichtungen an seinen Hof, um mit ihnen zu disputieren. Allmählich gelangte er dabei zu der Überzeugung, dass jede Religion ihre Vorteile hat und dementsprechend nicht eine Einzige für sich das Recht beanspruchen kann, die alleinige Wahrheit zu besitzen. Schließlich entwickelte Akhbar sogar seine eigene, „Din-il-Illahi" (Religion Gottes) genannte Lehre, in der er Elemente verschiedener Religionen vereinte. Wie weit er seiner Zeit voraus war, zeigt die Tatsache, dass in seinem Reich absolute Religionsfreiheit herrschte, während im christlichen Abendland blutige Glaubenskriege den europäischen Kontinent um Jahrhunderte zurückwarfen und religiöse Toleranz generell ein Fremdwort war.

Wenn es jedoch darum ging, die eigene Herrschaft zu erweitern, schlug diese vermeintliche Toleranz in unerbittliche Grausamkeit um. So ließ Akhbar 1568, nachdem er die Truppen Chittorgarhs besiegt hatte, ohne jede Not 30.000 Bauern und Söldner massakrieren, weil diese auf Seiten der besiegten Sissodias von Mewar gestanden hatten. Grundsätzlich jedoch zog er weitsichtige Diplomatie aufwändigen Schlachten vor, zumal er wusste, dass sich die muslimische Minderheit auf Dauer nur im Einklang mit der hinduistischen Mehrheit und deren Anführern behaupten konnte. Diese für Akhbar so charakteristische machtpolitische Kalkül war sicherlich auch ein Hauptgrund für seine religiöse Toleranz. Nach dem Motto „Eine Heirat erspart zehn Kriege" ehelichte Akhbar insgesamt 17 Töchter von hochrangigen Rajputenfürsten, die als Belohnung höchste militärische Posten und dementsprechend lukrative Einnahmen erhielten. So standen an der Spitze der Mogularmeen, die Hindu-Aufstände niederschlugen und weite Landstriche für Akhbar und seine Nachfolger eroberten, selbst Hindus, welche dafür fürstlich entlohnt wurden. Hauptnutznießer dieser Strategie war der bis dahin recht unbedeutende Maharaja von Amber, Man Singh, aus dem Geschlecht der Khachhawas von Amber, der späteren Herrscher von Jaipur. Er verheiratete seine Tochter als erster Rajputenfürst mit Akhbar und stieg damit zum mächtigsten und reichsten Herrscher Rajasthans auf. Die 5.000 Frauen seines Harems, unter ihnen russische Amazonen und über 100 Mädchen aus Abessinien, verbrauchten täglich 500 kg Quark für Gesichtsmasken.

Dank der akribischen Hofschreiber wissen wir, dass Akhbar täglich nur eine Hauptmahlzeit zu sich nahm, die, bevor sie ihm mit dem Siegel des Küchenmeisters im Harem serviert wurde, aus Angst vor Gift dreimal vorgekostet worden war. Im Übrigen trank er ausschließlich Gangeswasser und aß leidenschaftlich gern Obst und Eis, welches eigens aus Kashmir angeliefert wurde.

Während seiner monatelangen Reisen musste der Großmogul nicht auf häusliche Annehmlichkeiten verzichten. Die kaiserliche Karawane bestand aus 8.000 Personen, unter ihnen der gesamte Hofstaat und Hunderte Haremsdamen. Damit die hoheitliche Reisegruppe unterwegs auf keinerlei Luxus verzichten musste, wurden Zelte, Moscheen und Bäder transportiert, und „zweitausend Steinmetze, Bergleute und Steinklopfer sowie zweitausend Erdarbeiter sorgten dafür, das Auf und Ab der Straßen vor seiner Majestät zu ebnen." Allein für den Getreidenachschub waren ständig 98.000 Lastochsen unterwegs, für den Transport der kaiserlichen Siebensachen 100 Elefanten, 500 Kamele, 400 Ochsenkarren und 1.000 Träger.

Finanziert wurde dieser märchenhafte Lebensstil zum einen aus den Steuereinnahmen des in Kronländer und sogenannte Dschagirs eingeteilten Reiches. Eine weitere bedeutende Einnahmequelle war der Außenhandel mit Europa. Seide und Edelsteine waren kaiserliches Monopol, bei Gewürzen verdiente Akhbar dreißig Prozent. Um welch enorme Einkünfte es sich dabei handelte, zeigt ein Blick in die Exportstatistik des Jahres 1585, in dem 25.000 Tonnen Pfeffer, 17.000 Tonnen Gewürznelken, Edelsteine für fast zwei Millionen Golddukaten und 27.000 Ballen Seide von Indien nach Europa verfrachtet wurden.

Akhbars langfristig bedeutendste Tat bestand darin, das Mogulreich von einem Militärstaat zu einem zentralistischen Gemeinwesen auf Beamtenbasis umzuwandeln. Als er am 15.10.1605 in Agra starb, hinterließ er nicht nur eines der modernsten und wohlhabendsten Staatswesen der Erde, sondern hatte auch während seiner 50-jährigen Regentschaft eine geistige und religiöse Offenheit praktiziert, wie sie viele Jahrhunderte nicht wieder erreicht werden sollte.

Feste

■ Jedes Jahr vom 18. bis 27.2. findet auf dem Shilpgram ca. 200 m östlich des Osttors des Taj Mahal das bedeutende **Taj Mahotsala Festival** mit Musik und Tanz (internationale Künstler) statt.

Aktivitäten

■ Nahe Mahotsav präsentiert das **Kalakriti Cultural & Convention Centre** (Tel.: 4045 370, (0)9359904075, www.kalakritionline.com) täglich um 18.30 Uhr **Mahabhat the Taj,** eine Show, die die Geschichte des Taj Mahal darstellt (250–750 Rs, ca. 80 Min.).
■ In vielen (nicht nur teuren) Hotels kann man im **Pool** plantschen, man sollte aber telefonisch anfragen, ob er auch gefüllt ist. Die billigste Möglichkeit bietet Lauries Hotel mit großem Pool für 100 Rs, die teuerste Clarks Shiraz für 450 Rs.
■ Östlich des Taj Mahal wurde ein kleiner Naturpark angelegt, in dem sich viele Vogelarten und Schmetterlinge mit dem Taj als Hintergrundkulisse beobachten lassen. Der **Taj Nature Walk** ist 6–18 Uhr geöffnet. Ein kleines Gartenrestaurant gegenüber sorgt fürs Kulinarische.

An- und Weiterreise

Flug:
■ Zur Recherchezeit wurde Agra nicht angeflogen. Ob es wieder Flüge gibt, kann auf der Internetseite www.yatra.com in Erfahrung gebracht werden.

Bahn:
■ Es gibt mit dem **Agra Canttonment** (Tel.: 2364516) und dem **Agra Fort** (Tel.: 2364163, 2364131) zwei Bahnhöfe in Agra. Viele Fernzüge fahren von beiden ab, Züge nach Osten etwas später vom Zweitgenannten, nach Westen von Ersterem etwas später. Im Canttonment-Bahnhof findet sich auch das **Reservierungsbüro** (Tel.: 2421204, der Touristenschalter ist Nr. 1 ganz links), Mo–Sa 8–20 Uhr, So 8–14 Uhr.

■ Die wichtigsten Verbindungen sind in der Tabelle im Anhang aufgelistet.

Bus:
■ Nach **Fatehpur Sikri** und **Bharatpur** fahren viele Busse vom Igdah-Busbahnhof (Tel.: 2420324) an der Ajmer Road. Will man zum Keoladeo-Vogelreservat, sollte man schon einige Kilometer vor Bharatpur an der Kreuzung Saras Circle beim Tourist Bungalow aussteigen, in dessen Nähe sich der Parkeingang und die meisten Unterkünfte befinden, und nicht bis zum 4 km entfernten Busbahnhof Bharatpurs weiterfahren.
Nach **Delhi** (5 Std. zum Busbahnhof Sarai Kale Khan) mit Stopp in Mathura. Nach **Jaipur** (5,5 Std., 6.30 Uhr AC-Verbindung, 150 Rs) und **Gwalior** (2,5 Std.) bestehen stündliche Verbindungen, doch bequemer kommt man mit dem Zug voran. Außerdem Busse nach **Khajuraho** (5 und 17 Uhr, 10 Std., 180 Rs).
■ Vom Biili Ghar Bus Stand westlich des Agra Fort fahren zwischen 6 und 19 Uhr etwa halbstündig Busse in 1,5 Std. nach **Mathura** über **Sikandra.** Klimatisierte Busse nach **Dehra Dun** starten vom 8 km westlich der Stadt gelegenen Inter State Bus Terminus (ISBT) um 8 und 20.30 Uhr (11 Std., Sitzplatz/Schlafplatz 510/580 Rs).
■ Die bequemste Möglichkeit zu Orten in **Rajasthan** (z.B. Jaipur in 6 Std.) zu kommen, bieten die AC-Busse der Golden und Silver Line. Tickets sind am Busbahnhof und im nahe gelegenen Hotel Sakura (allerdings mit Aufpreis), von wo die Busse starten, zu erwerben. Ein vorheriger Kauf ist angeraten, da diese Busse begehrt sind. Allerdings ist darauf zu achten, dass sie nicht überall halten und teilweise den vollen Fahrpreis bis zur Endstation verlangen, auch wenn man vorher aussteigen will.

> Der **Nachtzug** zwischen Agra und Varanasi wird fast jede Nacht von **Trickdieben** heimgesucht, die ahnungslose Traveller ihrer Wertsachen berauben. Während der Fahrt sollte man seine Wertsachen möglichst ständig am Körper tragen!

Umgebung von Agra

Sikandra V/D2-3

Das 10 km nördlich von Agra nahe der Straße nach Mathura gelegene Sikandra geht auf den Lodi-Herrscher *Sikandra Lodi* (1489–1527) zurück, der hier eine neue Hauptstadt errichten wollte. Von seinem ambitionierten Vorhaben ist heute außer einigen Mauerresten so gut wie nichts erhalten geblieben. Dennoch fahren jährlich Tausende von Touristen nach Sikandra, um das prächtige **Grabmal Kaiser Akhbars,** welches in der Mitte einer gepflegten und ummauerten Gartenanlage liegt, zu besuchen.

Man betritt die weiträumige Anlage durch das Südtor. Dieser sehr schöne Bau aus rotem Sandstein mit filigranen Marmoreinlegearbeiten übertrifft das eigentliche Grabmal in seiner künstlerischen Ausgestaltung. Die kunstvollen Kufi-Bänder stammen von *Amanat Khan,* dem gleichen Künstler, der auch für die Kalligrafien des Taj Mahal verantwortlich zeichnete. Ähnlich wie beim Taj wird in den persische Gedichte rezitierenden Spruchbändern auf den Zusammenhang zwischen Garten und Paradies verwiesen. Auffällig sind die vier das Tor an den Eckpunkten flankierenden **Minarette.**

Über eine breite, gepflasterte Allee gelangt man zum vierstöckigen **Mausoleum,** welches mit seiner unorthodoxen Mischung aus unterschiedlichen Stilelementen zunächst etwas verwirrend wirkt. Besoners augenfällig ist der Kontrast zwischen klassisch-islamischen Bögen und den die oberen Stockwerke betonenden offenen Pfeilerhallen, einem typisch hinduistischen Stilelement. Im leider nicht zugänglichen Obergeschoss befindet sich der mit den 99 Namen Allahs verzierte Kenotaph Akhbars. Die sehr eigenwillige Konstruktion des Mausoleums zeigt die für Akhbar so charakteristische Toleranz gegenüber anderen Religionen. Allerdings wurden viele das Gesamtbild prägende Gebäudeteile, wie die Minarette am Eingangstor, nicht von Akhbar selbst, der noch vor der Vollendung seines Grabmals starb, sondern von seinen Nachfolgern errichtet, deren Architekturvorstellungen sich deutlich vom bedeutendsten aller Moguln unterschieden. Ähnlich einer ägyptischen Pyramide führt ein schmaler Gang zur Gruft mit dem **Sarkopharg** Akhbars. Leider wurden die früher die Wände zierenden Malereien übertüncht, sodass die Grabkammer recht steril wirkt.

■ **Geöffnet** ist das Mausoleum tgl. 6 bis 18 Uhr, Eintritt: 110 Rs, Videokamera 25 Rs.

An- und Weiterreise:

■ Die meisten Touristen besuchen Sikandra im Rahmen der vom Tourist Office in Agra angebotenen **Tagestour.**
■ Mit dem **Scooter** sollte man inkl. Wartezeit mit 200 Rs für Hin- und Rückfahrt von Agra rechnen, per **Taxi** sind es ca. 400 Rs.
■ Es besteht auch die Möglichkeit, mit einem **Bus** Richtung Mathura vom Agra-Fort-Busbahnhof für 8 Rs nach Sikandra zu gelangen.

Highlight:
Fatehpur Sikri V/D3
– Akhbars Geisterstadt

Sehr treffend hat man die auf einem Felsrücken knapp 40 km südwestlich von Agra gelegene Geisterstadt einmal als imposantes Monument der Macht und gleichzeitig der Ohnmacht des Mogul-Reiches bezeichnet.

Glaubt man der Legende, kam Akhbar nach Sikri, um bei dem oberhalb der Ortschaft auf einem Felsen lebenden Heiligen *Shaikh Salim Chisti* um den Segen für die Geburt eines männlichen Nachfolgers zu bitten. Nachdem sein Wunsch in Erfüllung gegangen war, erkor er die Einsiedelei des Sufis zum Standort einer neuen Hauptstadt des Mogul-Reiches.

Die Bauarbeiten begannen 1571 zunächst mit der Errichtung der 10 km langen Stadtmauer. Die Moschee wurde auf dem höchsten

Punkt des Felsens errichtet. Nach einem erfolgreichen Feldzug in Gujarat benannte Akbar die neue Hauptstadt in Fatehpur („Stadt des Sieges") um.

Doch ebenso abrupt wie die Geschichte Fatehpur Sikris 1571 begonnen hatte, endete sie kaum 15 Jahre später auch wieder. Als Akbar für mehrere Jahre als oberster Feldherr unterwegs war und die von Anfang an problematische Wasserversorgung endgültig zusammenbrach, verließ der Hofstaat das ehrgeizige Projekt und verlegte sich nach Lahore im heutigen Pakistan. 1619 kehrte *Akhbars* Sohn *Jehangir* noch einmal für wenige Monate nach Fatehpur zurück, um einer in Agra grassierenden Pest zu entfliehen, und dessen Sohn besuchte mehrfach das Grabmal des Heiligen.

Mit dem Niedergang des Mogul-Reiches geriet Fatehpur Sikri endgültig in Vergessenheit. Nur die Bewohner der unterhalb der Anlage liegenden Ortschaft zogen noch Nutzen aus der Geisterstadt, indem sie die Gebäude als willkommenen Steinbruch für ihre eigenen Häuser zweckentfremdeten.

Rundgang

Mit der **Moschee** im Süden und der etwa 100 m nordöstlich sich anschließenden **Palastanlage** wird Fatehpur Sikri in zwei deutlich zu unterscheidende Teile geteilt. In den Innenhof der flächenmäßig größten Moschee Indiens führen zwei Tore, das **Königstor** (Badshahi Dawarza) und das gewaltige, 54 m hohe **Siegestor** (Buland Dawarza), welches Akhbar als eine Art Triumphbogen im Anschluss an den Sieg über die Truppen Ahmedabads in Gujarat im Jahr 1573 errichten ließ.

Hat man das über eine breite Freitreppe zu erreichende Siegestor durchquert, fällt der Blick auf das **Marmormausoleum,** welches Akhbar etwa zehn Jahre nach dessen Tod für den Heiligen *Shaikh Salim Chisti* errichten ließ. Das von einem Baldachin aus Ebenholz überwölbte Kenotaph in der zentralen Kammer des Mausoleums wird von eifrig um möglichst hohe Spendengaben bemühte Grabwächter umstanden. Die die Zentralkammer umlaufenden, filigran durchbrochenen Marmorwände und die mit Voluten und Blattwerk verzierten Pfeiler des Portikus zählen zu den schönsten Arbeiten ihrer Art in ganz Indien. Auffallend viele der heute zum Grabmal des Heiligen pilgernden Gläubige sind Frauen, die, dem Beispiel Akhbars folgend, um die Geburt eines Sohnes bitten. Dazu binden sie kleine, bunte Baumwollfäden um die Sprossen der Marmorfenster. Für die Ehefrauen in Indien ist dies auch heute noch die zentrale Aufgabe, da sie sonst in den Augen ihrer Männer und deren Familien ihrer wichtigsten Verpflichtung im Leben nicht nachgekommen sind.

Die nach Westen gerichtete Front des Hofes wird von der Freitagsmoschee eingenommen, die mit einer Länge von 90 m und einer Breite von 20 m Mitte des 16. Jh. als die größte Moschee des Mogulreiches galt.

Nachdem man die nordöstlich der Moschee gelegene eigentliche Palastanlage betreten hat, befindet man sich zunächst im **Haremsbereich.** Auf der linken Seite steht der nach der Mutter *Jehangirs* benannte **Jodhbai-Palast,** von dem man annimmt, dass er das erste in Fatehpur errichtete Gebäude gewesen ist. Mit seinen hohen Mauern und dem Wächterhäuschen am Eingang erinnert der fensterlose Bau an eine stark gesicherte Festung.

Der Zugang zum Hof liegt axial, damit man von außen nicht den Haremsbereich einsehen konnte. In dem hinduistische und muslimische Elemente vereinigenden Bau, der früher über einen Gang mit dem Privatgemächern des Herrschers verbunden war, lebte ein Großteil der über 300 Konkubinen.

Fatehpur Sikri

Begibt man sich nach Verlassen des um einen großen Innenhof angelegten Baus nach links, so fällt einem das **Haus der Maryam** ins Auge, welches früher wegen seiner prächtigen Wandbemalung „Goldenes Haus" (Sunhara Makan) genannt wurde. Von den meisten einheimischen Führern als Haus der portugiesischen Gemahlin Akhbars beschrieben, die es allerdings nachweislich nicht gegeben hat, diente es aller Wahrscheinlichkeit nach als Residenz der Mutter Akhbars. Im Inneren des von einem Pavillon gekrönten Gebäudes lohnen die hinduistische Motive zeigenden Wand- und Deckenmalereien einen Besuch.

Geht man von hier nach links, entlang der Außenmauer des Jodhbai-Palastes, so gelangt man nach etwa 100 m zu dem zweigeschossigen **Haus von Birbal**, welches der französische Autor *Victor Hugo* einmal mit einer überdimensionalen Schmucktruhe verglich. Obwohl der Bau ausschließlich aus Stein errichtet wurde, erweckt die detailgenaue Verzierung

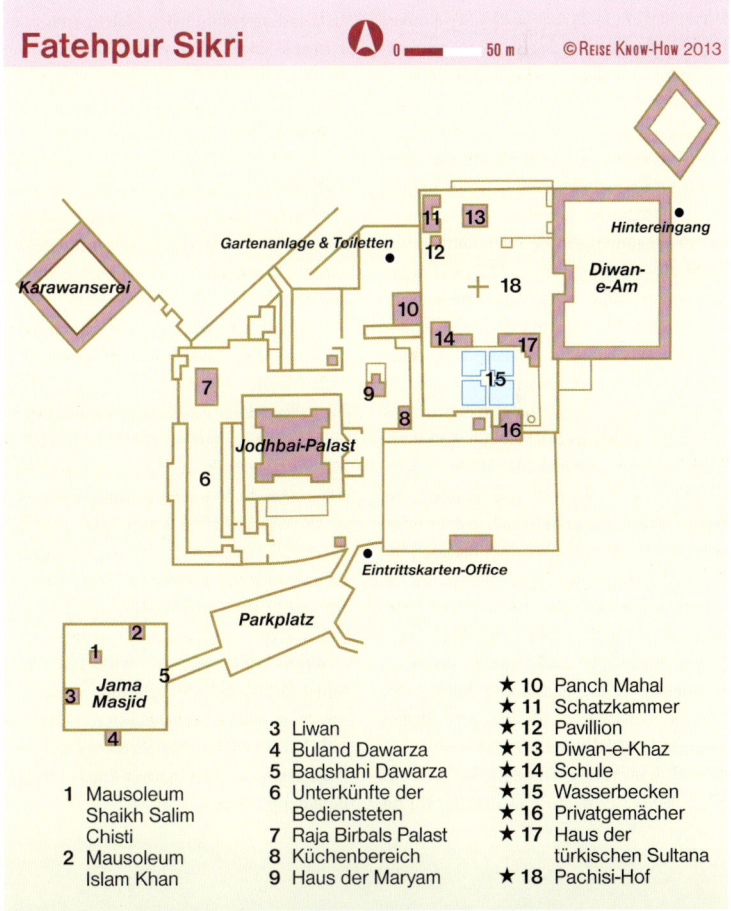

1 Mausoleum Shaikh Salim Chisti
2 Mausoleum Islam Khan
3 Liwan
4 Buland Dawarza
5 Badshahi Dawarza
6 Unterkünfte der Bediensteten
7 Raja Birbals Palast
8 Küchenbereich
9 Haus der Maryam
★ 10 Panch Mahal
★ 11 Schatzkammer
★ 12 Pavillion
★ 13 Diwan-e-Khaz
★ 14 Schule
★ 15 Wasserbecken
★ 16 Privatgemächer
★ 17 Haus der türkischen Sultana
★ 18 Pachisi-Hof

der Außenwände durch die hinduistischen Steinmetze den Eindruck, als handele es sich um einen Holzbau. Auch hier finden sich wieder viele Hindu-Elemente wie das Lotosmotiv, die an einer Kette herabhängende Tempelglocke oder ein Wasserkrug. Die Kuppeln über dem Obergeschoss und die Satteldächer über den Eingangsbauten des Untergeschosses sind zweischalig ausgeführt, um eine übermäßige Aufheizung der Räume im Sommer zu vermeiden – eine „raumklimatechnische" Methode, die unter anderem auch im Roten Fort Anwendung fand.

Der Name *Birbal* bezieht sich auf einen Hindu, der am Hofe *Akhbars* großen Einfluss hatte, wiederum ein Beleg für die oft gepriesene Toleranz *Akhbars*. Man nimmt jedoch an, dass nicht er, sondern Haremsdamen das Haus bewohnten.

Anschließend an den Birbal Bhawan findet sich ein u-förmiger Hof, der lange als Stallung für 200 Pferde und Kamele angesehen wurde. Der damit einhergehende Lärm und Gestank sowie die Anwesenheit von Männern in unmittelbarar Nähe zum Haremsbereich erscheint jedoch mehr als ungewöhnlich, und so geht man heute davon aus, dass es sich um die Unterkünfte der weiblichen Bediensten des angrenzenden Harems gehandelt haben muss.

Zurück zum Haus der Maryam sind es nur wenige Meter zum **Panch Mahal,** dem beherrschenden Bauwerk des **königlichen Palastbereiches.** Die insgesamt 176 Säulen des fünfgeschossigen, sich nach oben verjüngenden Gebäudes weisen in ihrer Ornamentierung erneut viele hinduistische und jainistische Stilelemente auf. Vom dritten Stock (die oberen beiden Stockwerke sind gesperrt) dieses ursprünglich zur Entspannung in luftiger und damit kühlender Höhe für die Haremsdamen erbauten Bauwerkes aus bietet sich ein herrlicher Blick über die gesamte Anlage. Von hier aus eröffnet sich dem Betrachter der für die damalige Zeit ungewöhnliche, fast schon revolutionäre Architekturentwurf Akhbars. Die scheinbar alle Begrenzungen sprengende leichte Anordnung der einzelnen Gebäude bricht mit islamischen wie auch hinduistischen Traditionen und spiegelt so den unabhängigen Geist und selbstbewussten Charakter Akhbars wieder.

Der **Pachisi-Hof,** der wie eine überdimensionale Kopie des gleichnamigen Brettspiels, das der Kaiser hier gespielt haben soll, aussieht, bildet mit dem Wasserbecken an der Südseite den eigentlichen Mittelpunkt der Anlage. Der Überlieferung nach spielte man nicht mit herkömmlichen Holzfiguren, sondern mit Sklavinnen in verschiedenfarbiger Kleidung. Der Hofhistoriker *Abul Fasl* gibt Einblick in die damaligen Spielgewohnheiten: „Zeitweise nahmen mehr als zweihundert Spieler teil, und niemandem war es erlaubt, nach Hause zu gehen, bevor er sechzehn Runden gespielt hatte. Das konnte unter Umständen drei Monate dauern. Wenn einer unter ihnen die Geduld verlor und unruhig wurde, musste er einen Becher Wein trinken."

Die **Privatgemächer** des Kaisers schließen die 175 m lange Hofanlage nach Süden ab. Es bedarf schon einiger Fantasie, um sich den ehemaligen Glanz des dreistöckigen, aus mehreren Gebäudeteilen bestehenden Privatpalastes vorstellen zu können. Wesentlich leichter fällt einem die Vorstellung bei dem vorgelagerten **Wasserbecken Anup Talao.** Auf der durch vier Stege mit dem Ufer verbundenen zentralen Plattform sollen in Vollmondnächten musikalische Darbietungen stattgefunden haben.

Wegen seiner reichen, an das Haus *Raja Birbals* erinnernden Verzierung an Außenwie Innenwänden verdient auch das am nordöstlichen Ende des Wasserbeckens stehende Haus der türkischen Sultana *Ruqaya Begum* Beachtung.

In der nordwestlichen Ecke der Hofanlage findet sich die königliche **Schatzkammer** (Ankh Micholi), von der die um blumige Geschichten nie verlegenen Chronisten des Mogul-Hofes erzählten, dass hier der Kaiser mit seinen Konkubinen Blinde Kuh gespielt haben soll. Ein großartiges Beispiel der einzigartigen Steinmetzkunst und der religiösen Toleranz Akhbars bietet ein direkt vor dem Bau platzierter Pavillon. Die Blumen-, Girlanden- und Tiermotive des sich vom Dach zu den Säulen windenden *Toranas* sind in bester Jain-Tradition ausgeführt und brauchen den Vergleich mit Dilwara und Ranakpur nicht zu scheuen.

Von außen recht schmucklos und zudem unglücklich proportioniert wirkt der angrenzende **Diwan-e-Khaz.** Um so beeindruckender zeigt sich dafür das Innere des Gebäudes. In der Mitte des zweigeschossigen Raumes erhebt sich eine reich ornamentierte Säule, deren weit ausladender Konsolenring die runde Plattform für den Thron des Kaisers trägt. Schmale Brücken gehen zu den vier Ecken der umlaufenden Galerie. Das Gebäude diente wohl in erster Linie als kaiserliches Studierzimmer, in dem sich der Herrscher zuweilen mit berühmten Philosophen des Reiches austauschte. Die **öffentliche Audienzhalle** mit einem großen Innenhof bildet das nordöstliche Ende der Palastanlage.

Sehr eindrucksvoll ist ein Abstecher auf die Nordseite des Palastes zum **Hiran Minar (Elefantenturm).** Der 21 m hohe Turm ist mit steinernen Nachbildungen von Elefantenstoßzähnen gespickt. Es bietet sich ein fantastischer Blick auf die Gesamtanlage sowie die reizvolle Landschaft. Zudem lässt sich hier die Anlage nahezu touristenfrei genießen. Zu erreichen über einen abwärts führenden Weg zum Hathi Pol (Elefantentor) oder indem man einem schmalen Weg östlich des Diwan-e-Am-Hintereingangs um die Anlage herum folgt.

■ Der **Eintritt** in die Jama Masjid ist frei, für die Palastanlage sind 250 Rs zu zahlen, Video 25 Rs. Eine einstündige Führung mit den am Eingang wartenden Guides sollte nicht mehr als 120 Rs kosten.

Unterkunft
(Vorwahl: 05613)

■ Eine der besten Unterkünfte in Fatehpur Sikri ist das **Hotel Goverdhan Tourist Complex** €–€€ (Tel.: 282643, www.hotelfatehpursikriviews.com) mit Garten und sauberen Zimmern mit Heißwasser, die teureren mit TV. Gäste haben 10 Min. Internet tgl. frei. Mit Dachterrassenrestaurant, ein weiteres Restaurant liegt direkt daneben.

■ Ebenfalls in Ordnung ist der staatliche **Gulisham Tourist Complex** €–€€ (Tel.: 282490). Der architektonisch sehr ansprechende Bau, etwa 500 m vom Ort an der Hauptstraße Richtung Agra, bietet geräumige, gepflegte Zimmer, die teuren mit AC. Das hauseigene Restaurant wirkt unpersönlich.

■ Wer im Dorf wohnen will, trifft mit dem **Ajay Palace** € (Agra Rd., Tel.: 282950) eine gute Wahl. Die Zimmer sind einfach, teils mit Gemeinschaftsbad, das Dachrestaurant bietet gute Aussichten und gutes Essen. Ganz billig wohnt man im **Ashoka Guest House** € (Tel.: 284904) in der Nähe.

■ Das **Maurya Rest House** € (Tel.: 282348) direkt unterhalb des Buland Dawarza bietet kleine Zimmer, teilweise mit Balkon, die billigen mit Gemeinschaftsbad.

Tanzende Bären: Tierquälerei

Wer mit dem Auto oder Taxi von Agra Richtung Fatehpur Sikri fährt, begegnet gelegentlich noch Tanzbären am Straßenrand, die speziell für Touristen dort stehen. Man sollte diese Art des Broterwerbs nicht unterstützen, indem man anhält, da die Bären ein recht miserables Leben führen müssen. Richtigerweise wird dies zunehmend von den Behörden unterbunden.

An- und Weiterreise

■ **Bahn:** Die tgl. vier Züge zwischen **Agra** und Fatehpur Sikri sind nicht zu empfehlen, da oft hoffnungslos überfüllt und verspätet.

■ **Bus:** Tgl. sechs Busse vom Igdah-Busbahnhof in **Agra** (1,5 Std.) nach Fatehpur Sikri. Man sollte darauf achten, einen der kleineren Busse nach Fatehpur Sikri Town zu erwischen, da nur diese nah am Mausoleum halten. Die häufigen Busse zum nur 22 km entfernt gelegenen **Keoladeo-Nationalpark** in **Bharatpur,** Rajasthan (45 Min.), fahren knapp 1 km vom Mausoleum entfernt vorbei. Ein Tipp für Busfahrten zum Keoladeo Nationalpark: Alle Busse von Fatehpur Sikri nach Bharatpur passieren den 500 m vom Eingang zum Vogelpark entfernten *Tourist Bungalow* am Saras Circle, um den sich die meisten Unterkünfte gruppieren. Es empfiehlt sich, bereits dort auszusteigen, da der Busbahnhof von Bharatpur weitere 4 km entfernt ist.

Mathura V/D2

Als **Geburtsort des Hindu-Gottes Krishna** gilt die Stadt am Fluss Yamuna als eine der sieben heiligsten Pilgerstätten der Hindus. Seit alters her wurde Mathura wegen des hier herrschenden toleranten Klimas von Vertretern unterschiedlichster Religionsgemeinschaften aufgesucht. Neben Hindus und Jains errichteten auch die Buddhisten bedeutende Heiligtümer. So berichtet der chinesische Pilger *Fa Hsien* im 4. Jh. von 20 Klöstern, in denen 3.000 Mönche gelebt haben sollen.

Abgesehen von seiner religiösen Bedeutung kam der Stadt wegen ihrer günstigen geografischen Lage große ökonomische Bedeutung zu, die sie gleichzeitig zu einem der beliebtesten Beuteobjekt zahlreicher Eroberer werden ließ. Wenn heute nur noch recht wenig vom ursprünglichen Glanz der Stadt erhalten geblieben ist, so liegt dies an den zahlreichen Brandschatzungen, die die Stadt über sich hat ergehen lassen müssen. So plünderte der afghanische Feldherr *Mahmud-e-Ghazni* während einer seiner zahlreichen Beutezüge im Jahre 1017 viele der äußerst reich ausgestatteten Tempel. Fünf Jahrhunderte später tat es ihm *Sikandar Lodi* gleich. Ende des 17. Jh. ließ der letzte Mogul-Kaiser *Aurangzeb* viele hinduistische Heiligtümer niederreißen und errichtete über der Geburtsstätte Krishnas eine Moschee.

Auf diesem historischen Hintergrund erklärt sich auch, warum Mathura heute neben Varanasi und Ayodhya zu einer der Hochburgen des Hindu-Nationalismus geworden ist und viele Moscheen von Polizisten bewacht werden. Die wiederholten Zerstörungen historischer Stätten hatten zur Folge, dass von den einst glorreichen Zeiten heute nur noch wenige architektonische Dokumente erhalten sind.

Sehenswertes

Shri Krishna Janmabhumi Mandir

Unzählige Souvenirhändler mit wunderbar kitschigen Postern des pausbäckig auf einer Wolke schwebenden Krishna drängen sich am Eingang zu diesem wichtigsten Hindu-Tempel Mathuras (5.30–20.30 Uhr). Im Inneren des direkt an die von Aurangzeb errichtete Moschee angrenzenden Heiligtums scharen sich die Gläubigen um jene Steinplatte, die den Ort markieren soll, an dem Krishna, die achte Inkarnation Vishnus, als Sohn von Vasudeva und dessen Frau Devaki geboren wurde. Kamsa, dem tyrannischen Herrscher Mathuras und Bruder Devakis, war geweissagt worden, das achte Kind seiner Schwester würde ihn töten. Deshalb warf er sie und ihren Mann ins Gefängnis und tötete alle ihre Nachkommen direkt nach der Geburt. Durch ein Wunder konnte Krishna entkommen und bei Pflegeeltern aufwachsen. Später konnte er den Tyrannen selbst beseitigen, musste danach jedoch aus Furcht vor der Rache der Verwandten nach Dwarka im heutigen Gujarat fliehen.

Entlang des Yamuna-Flusses

Neben der Geburtsstätte Krishnas vermittelt ein Spaziergang nördlich der Eisenbahnstrecke am westlichen Ufer des Yamuna noch am ehesten einen Eindruck von der religiösen Atmosphäre dieser heute ansonsten recht hektischen Stadt. Die bedeutendste und meistbesuchte der zahlreichen religiösen Badestätten ist das **Vishram-Ghat.** Hier soll sich Krishna nach der Ermordung Kamsas ausgeruht haben. Den direkt daneben gelegenen Sati Burj ließ der Sohn des Maharaja von Jaipur in Gedenken an seine Mutter errichten, nachdem sich diese 1571 zusammen mit ihrem verstorbenen Mann auf dem Scheiterhaufen verbrennen ließ und somit zur Sati wurde. Weiter nördlich ließ der begeisterte Astrologe *Jai Singh* von Jaipur Ende des 16. Jh. eines seiner insgesamt vier Observatorien erbauen, welches jedoch inzwischen gänzlich verschwunden ist. Einige wenige Überreste blieben von dem **Kausqila-Fort** erhalten, das von seinem Vorgänger Rajaman Singh aus Amber erbaut wurde.

Dwarkadish-Tempel und Gita Mandir

Das neben dem Janmabhumi-Tempel bedeutendste Heiligtum der Stadt ist der nach Dwarka, dem späteren Fluchtort Krishnas im heutigen Gujarat, benannte moderne Dwarkadish-Tempel. Noch neueren Datums ist der von der Birla-Familie gestiftete Gita Mandir am nördlichen Rand der Stadt. Von außen wirkt der moderne Tempel zunächst zwar recht nüchtern, beeindruckend ist jedoch der sogenannte Gita Stambha, eine Säule, auf der die gesamten Verse des großen Hindu-Epos Bhagavadgita eingraviert wurden – und das sind nicht weniger als 25.000.

Archäologisches Museum

Das inmitten eines Parks unweit des Tourist Office gelegene Archäologische Museum zeichnet sich vor allem durch eine ungewöhnlich umfangreiche Sammlung archäologischer Funde aus. Besonders beeindruckend sind die Exponate aus der Gupta- und Kushan-Periode.

■ **Geöffnet:** tgl. außer Mo 10–17 Uhr, Eintritt 25 Rs, Kamera 25 Rs.

Praktische Tipps

Information

■ **Vorwahl:** 0565
■ Das **UP Touristenbüro** (Tel.: 2425351) befindet sich beim alten Busbahnhof und ist tgl., außer So und jeden 2. Sa, von 10 bis 17 Uhr geöffnet.
   Achtung: Die meisten Tempel sind von 11 bis 16 Uhr geschlossen.

Stadtverkehr

■ Zwischen den beiden Busbahnhöfen sowie dem Bahnhof und der Innenstadt verkehren **Tempos.** Tempos fahren auch zum 10 km entfernten Vrindavan (10 Rs).
■ Vom alten wie vom neuen Busbahnhof mit der **Autoriksha** zum Bahnhof kostet es max. 15 Rs. Per Autoriksha kostet es zum 13 km entfernten Vrindavan etwa 100 Rs.

Unterkunft, Essen und Trinken

■ Viel fürs Geld bietet das sympathische **International Guest House** € (Tel.: 2423888, 405888) gleich neben dem Shri Krishna Janmabhumi. Einfache, aber recht saubere DZ mit Bad, teilweise mit Cooler. Gut ist auch das hauseigene vegetarische Restaurant **Bhojanalaya.**

■ Empfehlenswert ist das nahegelegene **Agra Hotel** €-€€ (Bengali Ghat, Tel.: 2403318) mit einfachen Zimmern mit TV und Warmwasser, die teureren sind klimatisiert, von manchen Ausblick auf den Yamuna.

■ Das **Modern Hotel** € (Tel.: 2404747) beim alten Busbahnhof bietet akzeptable Zimmer. Das hauseigene Restaurant wirkt etwas unpersönlich, doch das Essen ist schmackhaft und recht preiswert.

■ Eine Preis- und Qualitätsstufe höher ist das Hotel **Brijwasi Royal** €€€€ (Station Rd., Tel.: 2401224-6, www.brijwasiroyal.com) anzusiedeln, dessen klimatisierte Zimmer mit Badewanne teils schöne Ausblicke auf den nahe gelegenen See erlauben. Das angeschlossene, beliebte **Status Restaurant** serviert gute indische Küche, auch die Bar und das Dachrestaurant sind einladend.

■ Etwas weniger bezüglich Preis und Qualität offeriert das **Sheel Gopal Vision** €€€ (Tel.: 3295581, www.hotelsheelgopal.com) gegenüber dem Museum. Das gilt auch fürs angeschlossene Restaurant.

■ Mathuras Top-Hotel ist das zentral klimatisierte, inzwischen jedoch auch recht teure **The Radha Ashok** €€€€€-€€€€€€ (Masani Bypass Rd., NH 2, Tel.: 2530395, www.radhaashok.com, Preise inkl. Frühstück) mit schönen Zimmern und Gartenanlage. Relativ teuer isst man im angeschlossenen Restaurant. Für eine Gebühr von 100 Rs dürfen auch Nicht-Gäste im hauseigenen Swimmingpool im Garten plantschen. WiFi ist natürlich vorhanden.

■ Wer auf Fastfood Appetit hat, gehe zu **Pizza Hut** im Highway Plaza am NH 2, etwas westlich der Stadt.

Bank und Internet

■ Die **State Bank of India** (Station Rd., Mo–Fr 10–16, Sa 10–13.30 Uhr) wechselt Bares und Reiseschecks am Schalter im 1. Stock. Hier gibt's auch einen ATM.

■ Gegenüber dem Zugang zum Sri Krishna Janmabhumi ist ein **Internetcafé** (8.30–13.30 und 15.30–20.30 Uhr).

An- und Weiterreise

■ **Bahn:** Von Mathura bieten sich viele Verbindungen in alle Richtungen. Nach Delhi tgl. über 20 Züge verschiedener Klassen und Preisstufen. Alle Züge nach Bharatpur halten nach zwei Stunden auch in Sawai Madhopur (Ranthambore-Nationalpark) sowie Kota nach gut 5 Stunden.

■ **Bus:** Vom neuen Busbahnhof (Tel.: 2406468) halbstündige Verbindungen nach **Agra** (1,5 Std., 40 Rs), **Bharatpur** und **Deeg** (1,5 Std.), **Alwar** und **Delhi** (4 Std., 110 Rs). Die meisten Busse nach **Govardhan** und **Barsana** starten vom alten Busbahnhof.

Vrindavan (Brindaban) V/D2

Ohne es zu wissen, haben sicher die meisten Indienurlauber irgendwann einmal etwas von dem 13 km nördlich von Mathura gelegenen Ort gesehen. Genauer gesagt, vom Yamuna-Fluss, an dessen westliches Ufer sich das kleine Städtchen anschmiegt. Dieses Ufer ist Schauplatz einer der bekanntesten Szenen der indischen Mythologie. Hier stahl Krishna den Hirtenmädchen (Gopis), während sie im Fluss badeten, ihre Kleider, hier vergnügte er sich mit ihnen in Tanz und Liebesspiel. Diese Szenen sind sicherlich Zigtausende Male in den verschiedensten Ausschmückungen auf Wandmalereien, in Theateraufführungen, Kinofilmen und Comics dargestellt worden. So ist Vrindavan neben Dwarka im äußersten Nordwesten Gujarats, wo Krishna nach der Ermordung des tyrannischen Königs Kamsa lange Jahre im Exil lebte, das **Zentrum der Krishna-Verehrung** in Indien. Folgerichtig steht sich hier das Hauptquartier der **Hare-Krishna-Bewegung** (International Society for Krishna Consciousness, ISKCON, Tel.: 2540 343, www.iskconvrindavan.com) im Krishna Balaram Temple Complex. In dessen marmornen Eingangstor befindet sich das Grab des Gründers der Bewegung, *Swami Prabhupada* (1896–1976).

Ob es tatsächlich über 4.000 Tempel sind, die zu Ehren des berühmten Hindu-Gottes in Vrindavan erbaut wurden, sei einmal dahingestellt. Auf jeden Fall scheint der Ort geradezu gepflastert zu sein mit Heiligtümern. Viele scheinen jedoch nicht viel mehr zu sein als kümmerliche Überreste alter Größe, weil die meisten Tempel den islamischen Eroberern zum Opfer fielen.

Ein trauriges Zeugnis religiöser Intoleranz und Zerstörungswut legt auch der **Govind-Dev-Tempel** ab. Der 1590 vom Herrscher Jaipurs, *Raja Man Singh,* zu Ehren Krishnas erbaute Tempel aus rotem Sandstein büßte während der Regierung *Aurangzebs* drei seiner ursprünglich sieben Stockwerke ein. Wie die meisten Tempel der Stadt, so ist auch dieser zwischen 12 und 15.30 Uhr geschlossen.

Vrindavans größtes Bauwerk ist der 1845 fertiggestellte **Rangayi-Tempel.** Er überrascht durch seine eigentümliche Mischung rajputischer und südindischer Architekturstile sowie einen 15 m hohen goldenen Mast im Sanctotum. Das Tempelinnere ist für Nicht-Hindus verboten.

Weitere sehenswerte Tempel sind u.a. der 1626 erbaute Radha-Ballabh-Tempel, der beim Kali Ghat gelegene Madan-Mohan-Tempel, der in Stil und Ausführung sehr ähnliche, von einem Ratjputenfürsten aus Shekhawati errichtete Gopinath-Tempel sowie der Bankey Bihari, die 1921 entstandene Rekonstrukion eines der ältesten Tempel der Stadt.

Die berühmte Stelle, an der Krishna seine Liebesspiele mit den Gopis vollführt haben soll, hat heute viel von ihrer ursprünglichen Schönheit eingebüßt, da der Yamuna durch eine Verlagerung des Flussbetts weit davon entfernt vorbeifließt.

Information, Bank, Internet

■ Das **Tourist Office** (10–13 und 17–20.30 Uhr) findet sich am Krishna Balaram Temple Complex. Hier gibt's auch einen **Geldwechselservice** (7.30–13 und 16.30–20.30 Uhr) und einen ATM.

■ Einige **Internetcafés** finden sich auf dem Tempelgelände (15 Rs/Std.)

Unterkunft, Essen und Trinken
(Vorwahl: 0565)

■ Die meistfrequentierte Unterkunft des Ortes ist das **ISKCON Guest House** €€–€€€ (Tel.: 2540021/2) der International Society for Krishna Consciousness. Der einzige Nachteil der sauberen und angenehmen Zimmer sind die brutal harten Betten. Ausgezeichnet ist das vegetarische, preiswerte **New Govinda's Restaurant** (8–15 und 17.30–21.30, 60–130 Rs) mit angeschlossener Bäckerei im Erdgeschoss. In der Eingangshalle befindet sich ein Buchladen mit umfangreicher Literatur zur Hare-Krishna-Bewegung.

■ Etwas angenehmer wohnt es sich im nebenan gelegenen **MVT Guest House** €€€ (Tel.: 2540079). Das um einen friedvollen Garten angelegte Haus macht einen sehr freundlichen Eindruck, die Zimmer sind nur durchschnittlich. Ausgezeichnet ist das hauseigene Restaurant.

■ Eine gute Wahl ist auch das angenehme **The Shubham** €€€ (Tel.: 2456525,www.shubhamhotels.in) am Vidyapeeth Crossing nahe dem Bakebihari-Tempel mit ein wenig sterilen, aber sauberen Zimmern mit LCD-TV, die alle klimatisiert sind. Zusätzlicher Vorteil ist die günstige Lage zu den wichtigsten Tempeln. Das hauseigene **Swastik Restaurant** serviert ausschließlich vegetarische Kost

(40–100 Rs). Inzwischen ist das modernere **Hotel Shubham Holidays** €€€€ (Tel.: 2456501), nicht weit entfernt, hinzugekommen.

An- und Weiterreise

■ Vom Shri-Krishna-Janmabhumi-Tempel und vom Bahnhof in **Mathura** fahren ständig **Tempos** für 10 Rs nach Vrindavan. Mit der **Autoriksha** zahlt man ca. 150 Rs. Eine Tagestour von Mathura per Autoriksha für ca. 300 Rs ist aufgrund des Straßenzustandes nur bei gutem Sitzfleisch angeraten.

Lucknow VI/B2

Die von Westlern nur recht spärlich besuchte Stadt bietet wie kaum ein anderer Ort Indiens Einblick in die **muslimische Herrschaft** über Nordindien im 18. und 19. Jh. und die dramatischen Ereignisse im Unabhängigkeitskampf. Die von den Nawabs von Lucknow und den sie ablösenden Briten hinterlassenen Bauten gehören zu den interessantesten architektonischen Hinterlassenschaften der Vergangenheit.

Nach dem Niedergang der Moguln beherrschten die **Nawabs von Oudh** seit 1724 für über ein Jahrhundert das Gebiet Nordzentralindiens und erwarben sich den zweifelhaften Ruf, die dekadenteste unter den für ihren ausschweifenden Lebensstil bekannten Herrscherfamilien Indiens zu sein. Noch heute ist die Bezeichnung „Nawab" ein Schimpfwort für Verschwendungssüchtige.

Die Nawabs, die erst mit ihrem vierten Herrscher, *Assaf-ud-Daula*, ihre Herrschaft 1775 von Delhi nach Lucknow verlegten, waren Schiiten, während die Mehrheit der indischen Muslime Sunniten sind.

Lucknow erlebte während der 80-jährigen Nawab-Herrschaft eine einzigartige **künstlerische Blütezeit,** die sich in großartigen Grab-, Tempel- und Palastbauten ausdrückte und mit ihrer Mischung orientalisch-europäischer Stilelemente der Stadt bis heute ein unverwechselbares Erscheinungsbild verleiht.

Lange konnten sich die **Briten,** die den letzten, dem Schwachsinn verfallenen Nawab, *Wajid Ali Shah*, mitsamt seinen 365 Frauen im Jahre 1856 ins Exil schickten, an ihrem Besitz nicht erfreuen, war doch die Stadt bereits ein Jahr nach ihrer Machtübernahme Schauplatz eines der dramatischsten Ereignisse des indischen Unabhängigkeitskampfes. Über vier Monate wurde die britische Residenz, in der sich 3.000 Menschen verschanzt hatten, während des Sepoy-Aufstandes belagert. Die Spuren der damaligen erbitterten Kämpfe sind noch heute deutlich zu erkennen.

Trotz ihrer Größe wirkt die an den Ufern des Gompti, einem Nebenfluss des Ganges, gelegene Stadt aufgrund ihrer groß angelegten Straßen und weitläufigen Parkanlagen eher provinziell. Allerdings leidet die Stadt speziell während der Wintermonate unter einer selbst für indische Verhältnisse unangenehm hohen Luftverschmutzung. Andererseits bieten die engen Gassen des Basarviertels Aminabad und die luxuriösen Geschäften des modernen Geschäftsviertels Hazratganj gute Einkaufsmöglichkeiten. Zudem ist Lucknow bekannt für seine spezielle, *Dam Pakht* genannte Kochkunst.

Sehenswertes

Stadtrundfahrt

■ Tgl. von 8.30 bis 14 Uhr veranstaltet das Tourist Office (Tel.: 2615005) vom Hotel Gomti aus eine Stadtrundfahrt für 650 Rs pro Person (inkl. aller Eintrittspreise), die bis auf La Martinière alle wichtigen Sehenswürdigkeiten Lucknows beinhaltet. Dies ist eine gute Möglichkeit, da sie weit verstreut liegen, zumal im Preis ein recht sachkundiger lokaler Guide enthalten ist.

■ Highlight des Tourangebots sind jedoch die **Heritage Walks,** die sich kein Lucknow-Besucher entgehen lassen sollte. Per Pedes werden von einem sehr erfahrenen Stadtführer neben mehreren Sehenswürdigkeiten nach Umrundung der Tilewali Masjid das Bara Imambara (in das man zu dieser frühen Stunde meist noch umsonst Zutritt hat), die geheimen Orte und engen Marktgassen im Chowk-Viertel durchschritten, die ansonsten kaum ein Tourist zu Gesicht bekommt. Sie beginnen um 8 Uhr an der Lal Pul, der dem Bara Imambara nächstgelegenen Brücke, und kosten sagenhafte 10 Rs.

Bara Imambara

Glaubt man historischen Berichten, so war es reine Mildtätigkeit, die *Assaf-ud-Daula,* den wohl dekadentesten der Nawaks, dazu veranlasste, den Auftrag zum Bau seines eigenen **Mausoleums** zu geben: So rettete er 25.000 an den Folgen einer Dürreperiode leidenden Menschen das Leben, indem er sie zehn Jahre lang am Bau dieses beeindruckendsten Monuments der Nawab-Periode schuften ließ. Da erfreut es den am Prinzip der Gerechtigkeit orientierten Besucher natürlich, beim Anblick der riesigen Anlage an der Hussainabad Trust Rd. zu sehen, dass der Samariter für diese großartige Tat mit einem standesgemäßen Grabmal belohnt wurde.

Wie so viele muslimische Bauwerke, beeindruckt auch die Anlage Bara Imambara (großes Grabmal) vor allem durch die harmonische Zuordnung der einzelnen Gebäudeteile. Das beginnt bereits mit dem heute außerhalb der eigentlichen Anlage gelegenen Tor (Rumi Dawarza), das früher den Durchgang zur äußeren Begrenzung des Grabmals bildete. Hat man das heutige, dem Hawa Mahal in Jaipur nachempfundene Eingangstor durchschritten, weitet sich der Blick über eine gepflegte **Gartenanlage** auf das am Kopfende gelegene eigentliche Mausoleum.

Mindestens ebenso auffällig wie das Hauptgebäude selbst ist jedoch die rechts den Park begrenzende, über eine elegante Treppenflucht zu erreichende **Assafi-Moschee,** die allerdings nur Moslems offensteht. Zur Linken, etwas versteckt hinter einer Mauer, findet sich ein hübscher **Stufenbrunnen** (Baori), der begangen werden kann.

Das im Inneren sehr schlichte, über 100 m lange, dreigeschossige Mausoleum wird von drei **Gewölbehallen** gebildet, wobei der zentrale, Persian Hall genannte Raum mit den imposanten Ausmaßen von 50 m Länge, 15 m Breite und 16 m Höhe zu den größten seiner Art in der Welt zählen soll. Die eigentliche **Grabstätte** Assaf-ud-Daulas in der Mitte wird einzig durch einen metallenen Zaun markiert und von den meisten Besuchern kaum wahrgenommen.

Von der Außenseite des Gebäudes führt eine schmale Treppe durch ein Labyrinth verwinkelter, dunkler Gänge, dem Bhool Bulaiya (nur mit Führer zu betreten), zum **Dach** des Imambara, wo sich ein sehr schöner Blick über die Anlage und die dahintergelegene Stadt bietet.

■ **Öffnungszeiten:** tgl. 6–17 Uhr, Eintritt 350 Rs (beinhaltet den Eintritt u.a. zum Chhota Imambara). Für Bhool Bulaiya und Stufenbrunnen muss man extra zahlen: 25 bzw. 10 Rs. Offizielle Guide-Gebühren für bis zu 2 Personen: 250 Rs für die Persian Hall, 100 Rs für das für Bhool Bulaiya. Die Preise steigen mit der Teilnehmerzahl.

Rumi Darwarza

1784 ließ Nawab *Asaf-ud-Din* das Rumi Darwarza erbauen. Das Bogengebäude, das auch unter dem Namen **Turkish Gate** bekannt ist und als Kopie des Eingangstors von Konstantinopel erbaut wurde, diente als Zugangstor nach Lucknow.

Tilewali Masjid

Etwas westlich des Bara Immambara auf der gegenüberliegenden Straßenseite nahe dem Gomti findet sich die Tilewali Masjid inmitten

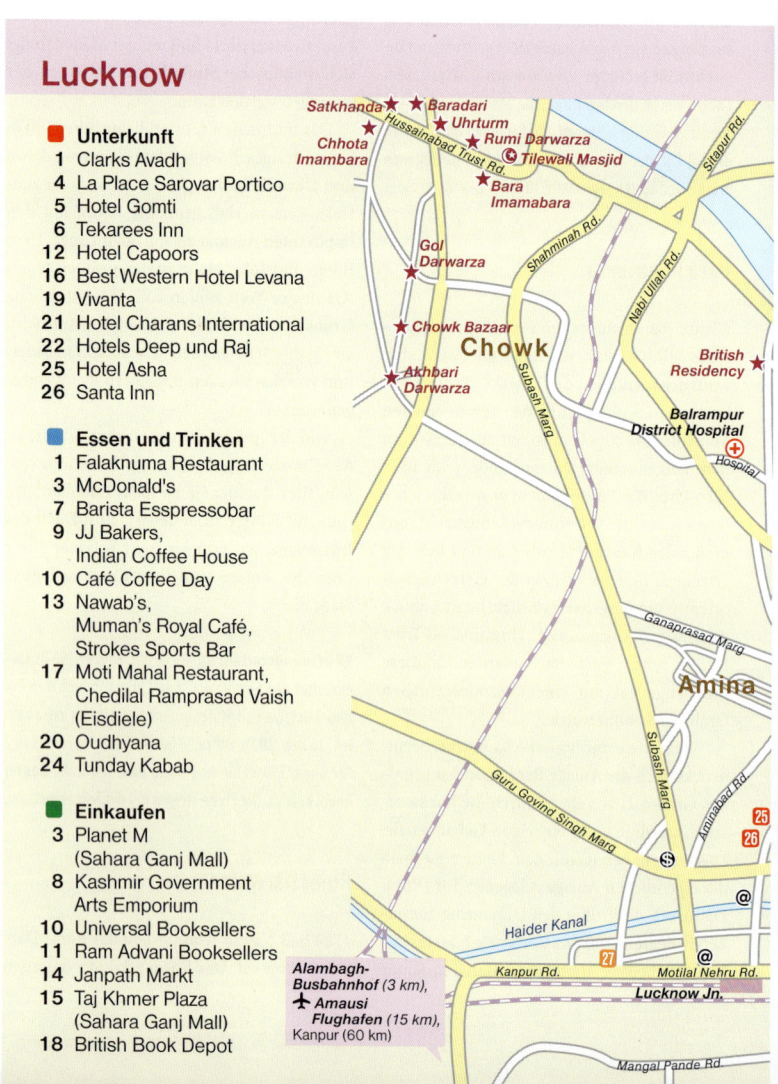

Lucknow

■ **Unterkunft**
1 Clarks Avadh
4 La Place Sarovar Portico
5 Hotel Gomti
6 Tekarees Inn
12 Hotel Capoors
16 Best Western Hotel Levana
19 Vivanta
21 Hotel Charans International
22 Hotels Deep und Raj
25 Hotel Asha
26 Santa Inn

■ **Essen und Trinken**
1 Falaknuma Restaurant
3 McDonald's
7 Barista Esspressobar
9 JJ Bakers,
  Indian Coffee House
10 Café Coffee Day
13 Nawab's,
  Muman's Royal Café,
  Strokes Sports Bar
17 Moti Mahal Restaurant,
  Chedilal Ramprasad Vaish
  (Eisdiele)
20 Oudhyana
24 Tunday Kabab

■ **Einkaufen**
3 Planet M
  (Sahara Ganj Mall)
8 Kashmir Government
  Arts Emporium
10 Universal Booksellers
11 Ram Advani Booksellers
14 Janpath Markt
15 Taj Khmer Plaza
  (Sahara Ganj Mall)
18 British Book Depot

Lucknow

eines blumengeschmückten Gartens. Die Wandmalereien im Innern der vor 350 Jahren von *Fidhaye Khan Kota* erbauten **Moschee** werden jedes Jahr erneuert und sind entsprechend farbenprächtig.

Chhota (Hussainabad) Imambara

Auch *Muhammed Ali Shah* muss ein von äußerster Mildtätigkeit geleiteter Herrscher gewesen sein, ließ doch auch er, glaubt man den

Verkehr
2 Air India
23 Kaiserbagh Busstand
27 Charbagh Busbahnhof

Historikern, sein nur knapp einen Kilometer nordöstlich vom Bara Imambara gelegenes **Mausoleum** zum Wohle seiner unter einer Hungersnot leidenden Bevölkerung erbauen. Dessen Name „Kleines Mausoleum" kann nur als Anspielung auf das tatsächlich noch imposantere Grabmal *Assaf-ud-Daulas* gemeint sein. Imperiale Ausmaße besitzt es dennoch und ist im übrigen, was seinen Innenraum betrifft, weitaus reicher ausgestattet.

Auch hier gruppiert sich die Anlage um eine von einem zentralen Wassergraben durchzogene **Parkanlage**. Das charakteristische Aussehen verleihen ihr jedoch die beiden den Innenhof flankierenden kleinen **Kopien des Taj Mahal**, in denen die Schwester des Herrschers und deren Ehemann ihre letzte Ruhe fanden. Das Ganze wirkt wie die etwas ins Kraut geschossene Indienfantasie eines westlichen Freizeitparkdirektors.

Einen bunten und etwas verspielten Eindruck macht auch das im Gegensatz zum Bara Imambara reich geschmückte Innere des von einer goldenen Kuppel gekrönten Mausoleums. Neben dem auch hier bescheidenen Grabmal des Erbauers finden sich eine Vielfalt großer, von der stuckverzierten Decke hängender Kronleuchter, in vergoldete Rahmen eingefasste Spiegel, hochaufragende Tarsier-Türme aus Sandelholz sowie der reich verzierte Silberthron Ali Shahs.

■ **Öffnungszeiten:** tgl. 6 bis 17 Uhr, Eintritt nur mit dem Ticket für das Bara Imambara.

Weitere Sehenswürdigkeiten

Auf der dem Chhota Imambara gegenüberliegenden Straßenseite war das **Satkhanda** als siebenstöckiges Gebäude geplant. Der Name bedeutet „Siebenstöckiger Turm". Als sein Auftraggeber *Mohammed Ali Shah* vor der Fertigstellung 1840 starb, wurde nicht weitergebaut und man beließ es bei vier Stockwerken.

Auch der **Uhrturm** aus rotem Sandstein ist mit dem Eintrittsticket des Bara Imambara zu besteigen. Der 1880 gebaute Turm ist mit 65 m der höchste Clocktower Indiens.

Ebenfalls nahe werden im 1842 aus rotem Backstein errichteten **Baradari** (Sommerpalast, 7–18.30 Uhr) an einem künstlich angelegten See Porträtgemälde der Nawab-Herrscher gezeigt. Auch die beiden Letztgenannten sind mit dem Ticket des Bara Imambara zugänglich.

Der besondere Tipp: Britische Residenz

An eine gespenstische Filmkulisse für einen Westernfilm erinnern die inmitten eines weitläufigen Parks gelegenen Gebäude – fünf von ursprünglich siebzehn – die im Jahr 1800 für den englischen Statthalter gebauten britischen Residenz. Tatsächlich standen sie während des **Sepoy-Aufstandes** für vier Monate im Mittelpunkt einer der erbittertsten und langwierigsten Schlachten. Kurz nach Ausbruch der Feindseligkeiten im Jahre 1857 fanden in der von einer hohen Festungsmauer umschlossenen Residenz 3.000 britische Zivilisten Unterschlupf vor den meuternden indischen Soldaten. Für die nächsten 87 Tage und Nächte stand sie unter ständigem Kanonen- und Gewehrbeschuss. Dann gelang es einer Entsatztruppe der englischen Armee, zu den verzweifelt um ihr Leben Kämpfenden durchzudringen. Allerdings schloss sich jedoch der Belagerungsring danach erneut für weitere zwei Monate, bis die endgültige Befreiung gelang.

▷ Mausoleum Bara Imambara

Beim Gang durch die von Einschüssen von Kanonenkugeln übersäten Mauern und Kellergewölbe scheinen die dramatischen Ereignisse der damaligen Monate ganz unmittelbar spürbar. Kein anderer Ort Indiens vermittelt einen derart plastischen Eindruck des **Unabhängigkeitskampfes** gegen die britischen Besatzungstruppen wie die Residenz in Lucknow, die genauso erhalten wurde, wie sie zum Zeitpunkt ihrer Befreiung war. Besonders empfehlenswert ist ein Besuch der Ausstellungsräume (Mo–Sa 10–16.30 Uhr, Eintritt 5 Rs) im Hauptgebäude, in denen anhand von Augenzeugenberichten, Zeichnungen und Fotos die verzweifelte Lage der Eingeschlossenen nachgezeichnet wird. Die Kellerräume waren der Zufluchtsort für die meisten Frauen und Kinder während der Belagerung.

Auf dem **Friedhof** der St. Mary's Church liegen etwa 2000 britische Opfer begraben.

■ **Öffnungszeiten** von Sonnenauf- bis Sonnenuntergang, Eintritt 100 Rs, die Ausstellung ist 10–17 Uhr geöffnet. Eine abendliche **Sound- and Lightshow** erinnert tgl. ab 19.30 Uhr für eine knappe Stunde an die dramatischen Ereignisse rund um dieses Gebäude (Eintritt 50 Rs).

La Martinière

Französischer Söldner, Major der East India Company, Berater der Nawabs von Oudh, Architekt und Geschäftsmann – der Franzose *Claude Martin* war sicherlich einer der schillerndsten in der an sich schon bunten Riege ausländischer Abenteurer in Indien. Nachdem er 1761 im südindischen Pondicherry von den Briten gefangengenommen worden war, wechselte er schnell auf die Seiten seiner vormaligen Erzfeinde und fügte an der Spitze einer britischen Armee den islamischen Eroberern bei Mysore eine empfindliche Niederlage bei. Sein untrüglicher Sinn für politischen Einfluss und wirtschaftlichen Erfolg ließen ihn enge Kontakte zu den neuen Herrschern Nordindiens, den Nawabs von Lucknow, knüpfen. 1776 stieg er schließlich zu deren offiziellem Militärberater auf, ohne dabei seine engen Bande zu den Engländern in Frage zu stellen. Als Geschäftsmann häufte er aus dieser einflussreichen Doppelverbindung ein Vermögen an, wozu nicht zuletzt die von ihm entworfenen Paläste für die genusssüchtigen Nawabs beitrugen.

419in mb

Diese offenbar keinerlei stilistischen Zwängen unterworfenen Bauten überlebten den 1800 verstorbenen Franzosen und erscheinen ebenso ungewöhnlich wie dessen Lebenslauf. Das schillerndste Beispiel dieser ungestümen Mischung französischer, griechischer, indischer und muslimischer Baustile findet sich mit dem nach ihm benannten **La Martinière College** an den Ufern des Gompti im östlichen Teil der Stadt. Kein Wunder, dass *Rudyard Kipling,* der viele Jahre in Lucknow als Redakteur der damals hoch angesehenen Zeitung Pioneer arbeitete, diese einmalige Kulisse in seinem berühmtesten Roman verwandte, indem er seinen Romanhelden Kim hier zur Schule gehen ließ. Sehr viel scheint sich seit jenen Tagen gar nicht verändert zu haben, beherbergt La Martinière auch heute noch eine **Eliteschule,** die inzwischen jedoch von den Kindern der indischen Oberschicht besucht wird.

Altstadt

Kein Lucknow-Besucher sollte sich einen Spaziergang durch die **engen Gassen** des Altstadtviertels **Chowk** entgehen lassen, die auch im Rahmen der Heritage Walks (s.o.) eine prominente Rolle einnehmen. Das kaum durchschaubare Geflecht der Gassen lädt ein, sich beim Begutachten unterschiedlichster Verkaufsstände komplett zu verlieren. Um diese Gefahr zu verringern, sollte man die beiden großen **Torbögen** als Orientierung benutzen: im Süden des Viertels am **Akhbari Darwarza** beginnen und als Zielpunkt das nördlich gelegene **Gol Darwarza** wählen. Nicht weit hiervon entfernt findet sich das Bara Imambara.

Ein weiteres **Basarviertel** ist **Aminabad** zwischen Bahnhof und Residency. Einige der alten Handelsgebäude beeindrucken mit prächtiger Fassade und Patina in diesem Irrgarten aus Gassen und Geschäften.

Park Sikandar Bagh

Der kleine, von einer Mauer umschlossene Park Sikandar Bagh an der Rana Pratab Marg im Nordosten der Stadt wurde in der ersten Hälfte des 19. Jh. von *Wajid Ali Shah* für seine Lieblingsfrau *Sikandar Mahal* angelegt. Teile der Mauer, die kleine Moschee und das Eingangstor, das heute verschlossen ist (zugänglich ist der Park vom Seiteneingang aus), sind noch im Orginalzustand. In diesem Park starben während des Sepoy-Aufstandes bei einem heftigen Gefecht zwischen den Engländern und den indischen Aufständischen zahlreiche Menschen. Der Park ist von Sonnenauf- bis Sonnenuntergang geöffnet.

Zoo und State Museum

Auf dem Zoogelände ist das State Museum (Tel.: 2206158, Di–So 10.30–16 Uhr, Eintritt 50 Rs, Kamera 20 Rs) einen Besuch wert, zumal auch der Tierpark selbst (Di–So 8.30–17.30 Uhr) sehenswert ist, da auf baumbestandener Fläche eine Vielzahl von Tieren beobachtet werden kann. Im Museum werden Skulpturen, teils aus dem 3. Jh., ausgestellt, unter denen sich viele erstklassige und anmutige Arbeiten der Bildhauerei zu unterschiedlichen Motiven finden, etwa Szenen aus dem Leben Buddhas. Auch der **Botanische Garten,** nicht weit entfernt, lohnt einen Stopp.

Ebenfalls an der Rana Pratab Marg beeindruckt das **Shah Najaf Imambara,** wo das Grab des 1827 gestorbenen Nawab Gazi-ud-din-Haidar und drei seiner Frauen zu besichtigen ist.

Praktische Tipps

Information

- **Vorwahl:** 0522
- Das **Uttar Pradesh Tourist Office** befindet sich auf der linken Seite im Hotel Gomti (Sabru Marg, Tel.: 2615005, tgl. 9–19 Uhr, www.up-tourism.com). Hier gibt's meist gute Informationen und einen Stadtplan. Von hier startet auch die allmorgendliche Stadtrundfahrt.

Stadtverkehr

- **Taxis** verlangen für die Strecke von der Innenstadt zum 14 km südwestlich gelegenen Amausi-Flughafen von westlichen Touristen teure 400 Rs, per Prepaid-Riksha vom Bahnhof kostet es 105 Rs. Es besteht aber auch die Möglichkeit, vom Charbagh-Bahnhof eines der, allerdings meist sehr vollen **Tempos** zu nutzen.
- Vom Bahnhof nach Hazratganj, etwa zur MG Road, müssen Touristen per **Fahrrad-/Autoriksha** etwa 30/50 Rs hinblättern, zum Bara Imambara etwa 50/80 Rs. Vom Hazratganj nach Bara Imambara wie auch vom Bahnhof zur Residency 40 Rs. Per Autoriksha kostet der halbe Tag am Prepaid-Schalter des Bahnhofs 260 Rs, 8 Stunden 520 Rs.
- **Tempos** sind die zügigsten und billigsten Transportmittel, um sich zwischen den einzelnen Stadtteilen fortzubewegen. Sie verkehren ununterbrochen zwischen dem Charbagh-Bahnhof, Hazratganj, Sikandarbagh (Botanischer Garten), Kaiserbagh (Busbahnhof), Chowk (Imambaras) und Aminabad (Basarviertel). Mehr als 12 Rs sollte man für keine Strecke zahlen. Leider wird's jedoch oft eng.

Unterkunft

- Wer preisgünstig in Lucknow logieren möchte, soweit das halbwegs komfortabel möglich ist, findet im **Hotel Deep** €€–€€€ (Vidhan Sabha Marg, Tel.: 2636441-6) zwischen Bahnhof und Hazratganj eine gute Möglichkeit. Die um einen geschlossenen Innenhof gruppierten Zimmer mit Bad, Minibalkon und TV sind geräumig und sauber, aber nicht eben leise. Die Deluxe-Zimmer mit Kühlschrank sind den Aufpreis wert. Auch das **Hotel Raj** €€–€€€ (Tel.: 2213892) nebenan ist ok und kann als Ausweichoption dienen. Auch hier sind die hinteren Zimmer wegen des Straßenlärms unbedingt vorzuziehen.
- Kleiner und ruhiger gelegen, ist das preisähnliche **Hotel Asha** €€–€€€ (Gautam Budh Marg, Tel.: 2682303) recht gemütlich. Für wenig mehr Rupien bekommt man weit bessere Zimmer, also in diesem Hotel nicht die billigsten wählen.
- Preisähnlich ist das unmittelbar neben der State Bank of India gelegene **Hotel Charans International** €€€ (Vidhan Sabha Marg, Tel.: 2227219), in dem die teureren Zimmer empfohlen werden können, die billigen sind verwohnt. Auch das hauseigene Mehfil Restaurant ist in Ordnung.
- Die meisten Touristen wohnen im **Hotel Gomti** €€€–€€€€ (Sapru Marg, Tel.: 2620624, hotelgomti@up-tourism.com), weniger wegen der akzeptablen, großen Zimmer (die teureren klimatisiert) und eines ebenfalls durchschnittlichen Restaurants, als vielmehr wegen der günstigen Lage zu Sehenswürdigkeiten und Hazratganj. Hier beginnt die Sightseeingtour.
- Sehr zentral an der MG Rd. in Hazratganj gelegen, sind die etwas angegrauten Zimmer des zentral klimatisierten, alteingesessenen **Hotel Capoors** €€€€–€€€€€ (Tel.: 2623958, 4054300, www.hotelcapoors.com) immer noch ein Schnäppchen. Alle Zimmer mit LCD-TV, Kühlschrank, Coffemaker und WiFi. Auch das Nawab's Restaurant und die Bar im 1. Stock sind einladend. Die beste Wahl dieser Preisklasse, so sollte man reservieren.
- Das Gegenteil dieses zeitdurchwirkten Hauses ist das brandneue, moderne Businesshotel **Santa Inn** €€€€–€€€€€ (Gautam Budh Marg, Tel.: 4010716, www.hotelsantainn.com). Die Executive-Zimmer sind wenig teurer, aber viel besser. Seltsamerweise gibt's noch kein WiFi.
- Saubere, gemütliche Zimmer mit Marmorfußboden und Kühlschrank in zentraler Lage machen das **Tekarees Inn** €€€€ (Tel.: 2288928, 3933100, www.tekareesinn.com) zu einer guten Mittelklassewahl.
- Elegante Architektur und luxuriöse, moderne Ausstattung machen das **Best Western Hotel Levana** €€€€€€

(Tel.: 4101111, www.bestwesternpluslevana.com) zum ausgezeichneten Gesamtpaket. Neben der tollen Lage 50 m von Hazratganj in einer ruhigen Gasse überzeugen der Service und das Peeli Kothi Restaurant mit exquisiter indischer Küche.

■ Ein weiteres hervorragendes Business-Hotel ist das **La Place Sarovar Portico** €€€€€€ (Shahnajaf Rd., Tel.: 4004040, www.sarovarhotels.com) in zentraler Lage zu entsprechendem Tarif. In den gepflegten Zimmern mit Aussicht ist Internetanschluss vorhanden. Zudem locken das Dachrestaurant und der 24-Std.-Coffeeshop, es fehlt jedoch der Swimmingpool.

■ Eines der Top-Hotels Lucknows ist das mondäne **Vivanta** €€€€€€ (Vipin Khand, Gomti Nagar, Tel.: 6711000, www.tajhotels.com) im Osten der Stadt. Der luxuriöse, dem Nawab-Stil nachempfundene Prachtbau aus Marmor verfügt über alle Annehmlichkeiten eines internationalen Luxushotels und ist dennoch nicht unbezahlbar.

■ Obwohl von außen eher mit dem Charme eines Betonklotzes gesegnet, ist das **Clarks Avadh** €€€€€€ (8 MG Rd., Tel.: 2620131, www.clarksavadh.com) ebenfalls eines der Top-Hotels. Im Inneren herrscht kühle Eleganz. Von den Zimmern mit Badewanne und WiFi hat man weite Ausblicke über die Stadt und den Gomti. Toll auch der Outdoor-Pool in luftiger Höhe und das Falaknuma Restaurant im Dachgeschoss.

Essen und Trinken

Eine große Auswahl an Imbissständen, Fast-Food-Läden und Restaurants findet sich vor allem entlang der **Mahatma Gandhi Road** in Hazratganj. Eine Besonderheit Lucknows sind die sogenannten *Chat Houses*. Etwa unseren Cafés vergleichbar, trifft man sich hier, um bei kleinen Mahlzeiten *(chat)* einen Schwatz zu halten.

■ Das **Moti Mahal Restaurant** ist eine der beliebtesten Plauschecken am Hazratganj. Etwas versteckt über einem Snack- und Süßigkeitenladen, ist dieses Restaurant aus gutem Grund bei Einheimischen sehr beliebt, weil die Kebabs, lokalen, etwas öligen Köstlichkeiten und Süßspeisen ein Gedicht und preiswert (70–150 Rs) sind. Oft zur Mittagszeit voll, darum früh kommen.

■ Das **Indian Coffee House** an der Ashok Marg, das eine Renovierung nötig hätte, serviert preisgünstige und scharfe südindische Snacks. Wer es neumodischer mag, ist mit dem **Café Coffee Day** um die Ecke besser, aber auch viel teurer bedient. Hier wird neben Kuchen auch Fast-Food serviert. Köstlichen Kuchen, Torten und Snacks zum Mitnehmen gibt's bei **JJ Bakers** (Ashok Marg, bis 21.30 Uhr) nahe dem Indian Coffee House.

■ Seit mehreren Jahrzehnten ist das winzige Straßenlokal **Tunday Kabab** im Basarviertel Aminabad mit seinen köstlichen Hammelfleisch- und Hühnchengerichten eine Institution. Legendäre Köstlichkeiten für den lächerlichen Betrag von 20 bis 60 Rs – ein Muss. Danach lockt ein Verdauungsspaziergang in den sich anschließenden Bazargassen. Aufgrund des Erfolgs des Originals gibt es mehrere weniger gute Nachahmer im Stadtgebiet.

■ Berühmt ist Lucknow für sein besonders leichtes und cremiges **Eis**, das sogenannte *Kulfi*. In diversen Eisdielen an der MG Rd. kann man sich der kalten Verführung hingeben. Hier ist **Chedilal Ramprasad Vaish** hervorzuheben. Auch die Shakes und Säfte sind köstlich.

■ Ausgezeichnete indische und chinesische und viele Geflügelgerichte serviert das neben dem Capoors gelegene **Muman's Royal Café.** Auch der angeschlossene Straßenstand für Snacks ist ausgezeichnet.

■ Im Capoors Hotel serviert das **Nawab's** nicht mal teure, gute Gerichte (80–200 Rs) wie Kebabs und Spezialitäten Lucknows zu Live-Musik ab 20.30 Uhr in gediegener und gemütlicher Atmosphäre.

■ Eine der kulinarischen Top-Adressen Lucknows ist das **Falaknuma Restaurant** (200–500 Rs) im Obergeschoss des Hotels Clarks Avadh. In gediegener Atmosphäre kann man dort bei schöner Aussicht auf die Stadt die in ganz Indien geschätzten Dam-Pakht-Gerichte genießen. Bei dieser auf die Nawabs von Oudh zurückgehenden Kochkunst schmoren die Fleischgerichte unter Zugabe feinster Gewürze über mehrere Stunden im geschlossenen Tontopf. Das Resultat sind äußerst schmackhafte, jedoch nicht scharfe Gerichte. Tgl. außer So kann man sich im Falaknuma am sehr umfangreichen Mittagsbuffet schadlos halten.

■ Getoppt wird das Falaknuma nur noch vom **Oudhyana** im Vivanta der Taj-Gruppe (Tel.: 6715300, 12.30–

14.45 und 19.30–23.30 Uhr). Wer sich die köstlichen nordindischen Speisen in edlem Ambiente gönnen will, muss allerdings mit 800–1.000 Rs pro Hauptgericht ganz tief in die Tasche greifen. Das helle **Latitude Restaurant** des Hotels ist ab 7 Uhr durchgängig geöffnet.

■ Das eigenartige Dekor der **Strokes Sports Bar** (Capoor's, MG Rd., 11–23 Uhr, am Wochenende bis 3 Uhr) schont nicht gerade die Sehnerven, doch ist sie ein guter Ort, um sich spät am Abend bei einem Bier oder sonstigem Getränk aus der vielseitigen Alkoholkarte zu vergnügen. Am Wochenende wird's sehr voll.

■ Fastfood-Anhänger kommen in der Sahara Ganj Mall bei **McDonald's** und **KFC** zu ihren Gaumenfreuden.

Bank

■ Schnell und zuverlässig machen **UAE Exchange** (Cantonment Rd., Tel.: 2234312/3, Mo–Sa 9.30–18, So 9.30–13.30 Uhr, hier auch Moneygram-Geldtransfer) und **Paul Merchants Ltd.** (Cantonment Rd., Tel.: 5543399, tgl. 9.30–19.30 Uhr, Geldtransfer per Western Union) schräg gegenüber Bargeld und Reiseschecks zu Rupien.

■ Zentral am Hazratganj wechseln **Mayfair Airtravel Services** (1. Stock, Mo–Sa 9.30– 18.30 Uhr) und die **ICICI-Bank** (Mo–Sa 8–20 Uhr) mit ATM alle üblichen Währungen und Reiseschecks.

■ Es besteht kein Mangel an **ATMs,** die meisten finden sich an der MG Rd. und der Ashok Marg. Die Geldmaschine von HDFC an der Darwaja Lal Sampur Marg akzeptiert auch AmEx-Karten.

Internet

■ Die meisten der wenigen Internetcafés verfügen über Breitbandanschluss und sind entsprechend schnell, etwa **The Hub** und **Hotline Cyber Café** (Mo–Sa 10–20, So bis 16 Uhr) im Awadh Tower, gegenüber dem Hotel Capoors die Kishare Rd. hinein – gleich zwei Surfadressen im selben Gebäude. Eine recht schnelle Verbindung liefert auch **Cyber Café** (8–22 Uhr) an der Buddha Rd. Eine Stunde Internet kostet meist 30 Rs.

Medizinische Versorgung

■ Ein erstklassiges Krankenhaus ist das **Balrampur District Hospital** (Hospital Rd., Tel.: 2224040), zentral am Kaiserbagh-Busbahnhof gelegen.

Einkaufen

■ **Aminabad** zwischen Gomti-Fluss und Bahnhof und **Chowk** in der Nähe der Jami Masjid sind die beiden Haupteinkaufsviertel in der Altstadt. In diesen orientalisch anmutenden Basarvierteln gibt es vom Hosenknopf bis zu Juwelen alles zu kaufen, und wer sich aufs Handeln versteht (und Fälschungen von Originalen zu unterscheiden weiß), kann sehr gute Geschäfte machen, zumal hier noch kein Touristennepp herrscht. Während die Geschäfte in **Hazratganj** sonntags geschlossen sind, ist in Chowk und Aminabad montags Ruhetag. Moderne Geschäfte prägen das Viertel Hazratganj, vor allem entlang der MG Rd. Für Schuhe und Kleider ist hier die Auswahl besonders gut. Fotogeschäfte bieten einen Schnellservice.

■ Selbst wenn man nichts kaufen will, lohnt ein Besuch des hübschen **Vogelmarktes Nakkhas** im Chowk Bazaar.

■ Die sich gegenüberliegenden Buchläden **British Book Depot** und **Universal Booksellers** sowie **Ram Advani Booksellers** (10–19.30 Uhr) im Mayfair Bldg. an der MG Rd. haben eine große Auswahl an Fiction, Bildbänden und zur Geschichte Lucknows.

Festival

Das alljährlich Ende November bis Anfang Dezember stattfindende **Lucknow Festival** erinnert an die große kulturelle Blütezeit Lucknows unter der Herrschaft der Nawabs von Oudh. Während der zehntägigen Festivitäten bilden die Straßen und Parks der Stadt die Bühne für die Aufführungen traditioneller Mogul-Kunst. Musikveranstaltungen, Tanzvorführungen, Musikgruppen, aber auch Drachenflieger und Hahnenkämpfe gehören dazu. Gerade weil sich kaum westliche Touristen nach Lucknow verirren, wird man um so herzlicher aufgenommen.

Schüler der Eliteschule La Martinière in Lucknow

An- und Weiterreise

Flug:

■ Air India (MG Rd. im Ameen Complex, Tel.: 2620927, am Flughafen: 2620023), IndiGo (Tel.: 1800 1803838, www.goindigo.com) und Jet Airways (Tel. am Flughafen: 2434009, 7–19 Uhr) verbinden Lucknow täglich mit **Delhi**, **Varanasi**, **Kalkutta**, **Patna**, **Ahmedabad**, **Goa** und **Mumbai**.

Bahn:

In Lucknow gibt es zwei wichtige Bahnhöfe, der **Charbagh-Bahnhof** ist der wichtigere, von hier starten die meisten Züge. Vom **Lucknow Junction** nebenan gehen viele Verbindungen nach Mumbai. Das Reservierungsbüro (Tel.: 2635841, 2636132) links vom Lucknow Junction ist Mo–Sa 8–13 und 14–20, So 8–14 Uhr geöffnet. Schalter 601 für Touristen ist ganz links zu finden.

Bus:

Mit dem **Alambagh-Busbahnhof** 4 km südwestlich des Zentrums, dem **Kaiserbagh** (Tel.: 2222503) ca. 2 km nördlich hiervon und der städtischen **Charbagh Bus Station** neben dem Bahnhof besitzt Lucknow drei Busbahnhöfe. Generell sollte man beachten, dass die vielfältigen Zugverbindungen fast immer schneller und bequemer sind. Regelmäßige Busse verkehren zwischen Charbagh-Busbahnhof und dem 4 km entfernten Alambagh.

■ Direktbusse verkehren vom Alambagh-Busbahnhof u.a. nach **Allahabad** (5,5 Std., Del. 135 Rs), **Delhi** (12 Std., Del. 340 Rs), **Varanasi** (8 Std., Del. 200 Rs) und **Agra** (9 Std., 240 Rs). Busse nach **Gorakhpur** und nach Rupaidha, der dem indisch-nepalesischen Grenzort **Jamunaha** nächstgelegenen Ortschaft, verkehren vom Kaiserbagh-Busbahnhof (7 Std.). Schneller, aber mindestens doppelt so teuer sind AC-Busse, ca. 3 Verbindungen zu den meisten genannten Zielen.

Gorakhpur VII/C2

Einzig und allein wegen ihrer Funktion als **Umsteigeplatz** von Delhi oder Varanasi nach **Nepal** ist die Stadt von touristischem Interesse. Zu besichtigen gibt es nichts, und so sollte man, wenn irgend möglich, eine Übernachtung vermeiden, zumal einem die sich hier besonders wohl fühlenden Moskitos das Leben schwer machen. Außerdem übernachten hier einige Touristen auf dem Weg zum nahegelegenen Kushinagar, dem Sterbeort Buddhas.

Information

■ **Vorwahl:** 0551
■ Das **Tourist Office** (Tel.: 2335450), das umsonst einen Stadtplan aushändigt, befindet sich im Bahnhofsgebäude (Bahnsteig 1) und ist tgl. außer So 10–17 Uhr geöffnet.

Unterkunft, Essen und Trinken

Die meisten Reisenden bevorzugen die gegenüber dem Bahnhof gelegenen Hotels wegen der Nähe zum Busbahnhof, von dem frühmorgens die Busse zum Grenzort Sunauli abfahren. Bessere Übernachtungsmöglichkeiten befinden sich jedoch im Stadtzentrum. Bei den meisten Hotels gilt das 24-Stunden-Check-Out-System.
■ Von den vielen großteils wenig überzeugenden Hotels in Bahnhofsnähe ist das **Adarsh Palace** €–€€ (Railway Station Rd., Tel.: 2201912) eines der besten. Vom ganz billigen Schlafsaal (mit Schließfach) bis zu teils klimatisierten Zimmern mit TV reicht die Bandbreite. Auch hier sollte man – wie bei den meisten Hotels in dieser sehr lauten Gegend – eines nach hinten wählen. Das saubere Schnellrestaurant von **Food Plaza** ist wohl die beste Verpflegungswahl in der Bahnhofsgegend.
■ Top-Hotel der Stadt ist das zentral klimatisierte **Clarks Inn Grand** €€€€€–€€€€€€ (6 Park Rd, Civil Lines, Tel.: 2205016-9, www.clarksinngrand.in, Preise inkl. Frühstück und Abendbuffet) etwas südlich des Bahnhofs mit Pool und WiFi. Neben den guten Hotelrestaurants serviert **Dosa Plaza** nebenan erstklassige Dosas aller Art.

Bank und Internet

■ Die **State Bank of India** wechselt Bares und American-Express-Reiseschecks.
■ Eine Std. Internetsurfen kostet um 20 Rs.

An- und Weiterreise

Flug:
■ Jet Airways (Tel. am Flughafen: 2272492, 1800 223020 (gebührenfrei), www.jetairways.com) verbindet Gorakhpur tgl. mit **Delhi.**

Bahn:
■ Gorakhpur liegt am Schnittpunkt mehrerer Bahnlinien, und so bieten sich Anbindungen an alle Städte Zentral- und Nordindiens. Das **Reservierungsbüro** ist ca. 500 m von Bahnhof entfernt.

Bus:
■ Jeden Tag viele Verbindungen vom staatlichen Busbahnhof (Tel.: 200093) nahe dem Bahnhof zum 3 Std. entfernten indisch-nepalesischen Grenzort **Sunauli**

> Gewarnt sei hier ausdrücklich vor den jungen Burschen, die einem bereits bei der Ankunft in Gorakhpur **Bustickets** für die Weiterfahrt bis Pokhara bzw. Kathmandu in Nepal aufzuschwatzen versuchen. Dieses „Paketangebot" ist nicht nur erheblich teurer, sondern oftmals auch purer Schwindel, da das Anschlussticket auf nepalesischem Boden oft nicht akzeptiert wird. Schon mehrere Traveller durften auf diese Weise doppelt zahlen. Im Übrigen ist es meist kein Problem, das Ticket für die Weiterfahrt nach Überqueren der Grenze in Nepal zu besorgen.

(70 Rs). Um dort die Anschlussbusse nach **Kathmandu** bzw. **Pokhara** nicht zu verpassen, sollte man möglichst schon mit dem ersten Bus um 5 Uhr fahren. Weitere Verbindungen bestehen u.a. mit **Lucknow** (7 Std., 105 Rs), **Kushinagar** (2 Std., 38 Rs) und **Patna** (7 Std., 95 Rs).

■ Busse nach **Varanasi** (7 Std., 120 Rs) fahren vom Katchari-Busbahnhof (Tel.:2333685) etwa 2,5 km südlich vom Bahnhof. Per Riksha kostet es ca. 20 Rs von dort zum Stadtzentrum.

Kushinagar VII/C2

In Kushinagar starb Buddha. Aus diesem Grund ist das Städtchen neben Bodhgaya, Sarnath und Lumbini (in Nepal) eine der vier wichtigsten Pilgerstätten der Buddhisten. Neben den Hauptsehenswürdigkeiten, dem Mahaparinirwana-Tempel und der Ramabhar-Stupa, laden viele weitere, moderne Tempelanlagen zum Verweilen ein, darunter der **Wat Thai Complex** (9–11.30 und 13.30–16 Uhr), bestehend aus reich verzierten Tempeln in typisch thailändischer Bauweise in einer herrlichen Gartenanlage.

Kushinagar war ein Zentrum des Malla-Königreichs vom 3. Jh. v. Chr. bis zum 5. Jh. n. Chr. Es wird angenommen, dass die Herrschaft der Malla durch Invasoren ein jähes Ende fand und der Ort danach in Vergessenheit geriet. Die Tempel und Überreste der ehemaligen Stadt waren bei ihrer Entdeckung im 19. Jh. von Geröll und Dornenwald bedeckt.

Im **Buddha Museum** (tgl. außer Mo 10–17 Uhr, Eintritt 10 Rs, Kamera 20 Rs) sind neben Ausgrabungsstücken wie Skulpturen und Münzen auch tibetische *thangkas* (bemalte Gebets- und Prozessionstücher) und Miniaturmalereien der Mughal-Ära ausgestellt.

Spektakulärste Sehenswürdigkeit des buddhistischen, 1927 wiedererrichteten **Mahaparinirwana-Tempels** ist die **Statue Buddhas,** die ihn auf seinem Totenbett liegend darstellt. Das 6 m lange Heiligtum aus dem 5. Jh. wurde 1876 entdeckt und freigelegt. Es ist eine der Ikonen des Buddhismus. Hinter dem Tempel erhebt sich eine 19 m hohe Stupa, weiter entfernt auf diesem weitläufigen Gartengelände eine vom *Dalai Lama* geweihte Glocke.

Die ursprüngliche Form der 15 m hohen **Ramabhar-Stupa** lässt sich nur noch erahnen. Dennoch beeindruckt die Atmosphäre an diesem Ort, der als Verbrennungsort von Buddhas Körper gilt. Mönche und Gläubige meditieren im Schatten der umgebenden Palmen.

Am Standort des **Mathakuar-Tempels** soll Buddha seine letzte Predigt gehalten haben. In dem Schrein befindet sich eine 3 m hohe, sitzende Buddha-Statue aus blauem Stein.

Information

■ **Vorwahl:** 05564
■ Das **UP Tourist Office** (Tel.: 273045, Mo–Sa 10–17 Uhr, jeden 2. Sa des Monats geschlossen) liegt an der Buddha Marg.

Unterkunft, Essen und Trinken

■ Einige der Tempel verfügen über einfache Unterkunft, die sehr billig ist bzw. auf Spendenbasis vermietet wird. Drei Adressen, die auch Touristen aufnehmen, sind der **Linh Shon Temple** € (Tel.: 273093), das **burmesische Dharamshala** € (Tel.: 273105) und der **tibetische Tempel** (auf Spendenbasis).
■ Benötigt man mehr Komfort, steht das etwas teurere **International Guest House** €–€€ (Tel.: 273082) mit akzeptablen Zimmern mit Bad und TV, teils AC, bereit. Ein Restaurant mit Travellerkost ist angeschlossen.
■ Komfortablere Bleibe ist in Kushinagar recht teuer. Dies gilt auch für das **The Royal Residency** €€€€€–€€€€€€ (Buddha Marg, Tel.: 273011, www.theroyalresidency.net).

Die akzeptablen Zimmer sind für den Preis jedoch nur Durchschnitt.

■ Ebenfalls nur akzeptable, etwas billigere Zimmer mit Polstermöblierung vermietet das renovierungsbedürtige **Lotus Nikko Hotel** €€€€€ (Buddha Marg, Tel.: 273025, 274403, www.lotusnikkohotels.com).

■ Typische und preiswerte Travellerkost gibt's im angenehmen **Yama Café** (60–100 Rs). Dies ist ein guter Platz zum Erfahrungsaustausch mit anderen Reisenden.

Bank

■ Geldwechsel ist in Kushinagar nur bei privaten **Wechselstuben** möglich.

An- und Weiterreise

■ Regelmäßige **Busverbindungen** bis etwa 19 Uhr ins 50 km entfernte Gorakhpur (2 Std., 38 Rs). Es ist möglich, am Ortseingang beim dreibogigen Tor an der Hauptstraße, dem Zugang zur Buddha Marg, zu- und auszusteigen.

Sunauli VII/C2

Dieses verschlafene Städtchen ist nur als **indisch-nepalesischer Grenzort** von touristischem Interesse. Nepalesische **Visa** werden rund um die Uhr vom Immigration Office, direkt beim unscheinbaren Grenzübergang, ausgestellt. 14-Tages-, Ein- und Zweimonats-Visa werden auf der nepalesischen Seite für 25/40/80 US-$ *(cash only!)* ausgestellt. Die Bezahlung muss in Dollar erfolgen, zwei Passfotos sind erforderlich. Die Grenze ist rund um die Uhr geöffnet, Fahrzeuge werden jedoch nur bis 22 Uhr durchgelassen. Der Grenzübertritt ist meist in weniger als einer Stunde über die Bühne gegangen.

Wer noch indische Rupees übrig hat, kann diese problemlos auch auf der nepalesischen Seite ausgeben, da dort die indische Währung praktisch überall akzeptiert wird. Im Übrigen stehen viele **Exchange Offices** oder auf nepalesischer Seite die Nepal Rastra Bank (8–18 Uhr), die zu offiziellen Kursen wechselt, zur Verfügung.

Information

■ **Vorwahl:** 05522
■ Noch auf indischer Grenzseite ist das **Nepal Tourism Board Information Centre** (Tel.: 0977-1520197, tgl. außer Sa 10–17 Uhr) hilfsbereit.

Unterkunft

Für alle, die ihre Anschlussfahrt nach Kathmandu bzw. Pokhara verpasst haben, empfiehlt es sich, **auf nepalesischer Seite** zu übernachten, da dort eine quantitativ wie qualitativ bessere Auswahl zur Verfügung steht.

■ Auch wenn es von außen wenig einladend wirkt, ist das **Nepal Guest House** €–€€ (Tel.: 208771) eine akzeptable Adresse. Es steht eine ganze Reihe sehr unterschiedlicher Zimmer zur Auswahl. Das große Plus dieser Unterkunft sind die angenehme Atmosphäre und die Dachterrasse. Recht ordentlich ist auch das hauseigene vegetarische Restaurant.

■ Akzeptabel ist auch der staatliche **Rahi Tourist Bungalow** €–€€€ (Tel.: 238201), wobei die teureren Zimmer, viele mit Balkon zum grünen Garten, über AC verfügen. Eine Übernachtung im Schlafsaal kostet 50 Rs. Das hauseigene Restaurant ist o.k.

An- und Weiterreise

Wenn irgend möglich, empfiehlt es sich, tagsüber nach Kathmandu bzw. Pokhara zu fahren, da man nur dann das großartige Panorama genießen kann.

Allahabad

VI/B3

- Diverse **private Busgesellschaften** fahren tgl. zwischen 5 und 10 Uhr innerhalb von ca. 9 Std. nach **Kathmandu.** Die um 15.30 und 20.30 Uhr startenden Nachtbusse benötigen für die Strecke etwa 2 Std. länger. Die Nachtbusse sind nicht zu empfehlen: Sie kosten mehr, brauchen mehr Zeit, und man verpasst die schöne Landschaft. Gemeinschaftsjeeps sind unwesentlich schneller.
- Nach **Pokhara** sind es 8 Std. Tgl. vier staatliche Busse, um 6.30, 7.30, 18.30 und 19.30 Uhr, starten vom 4 km nördlich von Sunauli gelegenen Busbahnhof in Bhairawa. Wegen der großen Nachfrage muss man für diese Busse meist schon einen Tag im Voraus reservieren. Tickets werden an einem Ticketkiosk beim Hotel Yeti verkauft.
- Per Autorisksha (ca. 50 Rs) oder Jeep zum 4 km von der Grenze entfernten Bhaiwara. Von dort starten die Busse zum 22 km entfernten **Lumbini,** dem Geburtsort Buddhas. Falls man nur diesen Ort in Nepal besuchen will, sind kostenlose Dreitages-Visa an der Grenze erhältlich.
- Weitere Verbindungen, zeitlich jeweils abgestimmt auf die aus Kathmandu und Pokhara eintreffenden Busse, bestehen von Sunauli nach **Varanasi** (9 Std., 100–140 Rs), **Patna** und **Lucknow.** Die Zugfahrt von Gorakhpur ist jedoch bequemer. Busse zum 3 Std. entfernten **Gorakhpur,** von wo sich hervorragende Bahnverbindungen bieten, fahren alle halbe Stunde zwischen 5 und 19 Uhr.
- Einige Unterkünfte, wie etwa das Nepal Guest House, vermieten **Mietwagen** mit Fahrer für ca. 1.200 Rs pro Tag. Wenn sich mehrere Leute zusammenfinden, ist dies eine bequeme und gar nicht mal so teure Alternative, um die Reise nach Pokhara oder Kathmandu fortzusetzen. Per **Taxi** von der Grenze nach Kathmandu kostet es etwa 15.000 nepalesische Rupien.

Allahabad, über 2.000 Jahre eine der heiligsten Städte des Landes, ist seit der Unabhängigkeit auf den Rang einer Provinzstadt zurückgefallen. Ihr ursprünglicher Name, Prayaga, wird in allen bedeutenden hinduistischen Epen wie dem Ramayana, Mahabharata und den Puranas erwähnt. Schon Brahma soll hier am Zusammenfluss von Ganges, Yamuna und dem mysthischen Saraswati am Vorabend der Weltschöpfung rituelle Zeremonien abgehalten haben. Überdies gilt die Stadt als der bedeutendste der insgesamt vier Schauplätze der **Kumbh Mela,** des größten Pilgerfestes der Erde. So ist Allahabad einer der wichtigsten hinduistischen **Wallfahrtsorte,** worauf auch sein historischer Name, *Prayaga,* der Opferplatz bedeutet, zurückzuführen ist. Die nächste Kumbh Mela findet zwischen 14. Januar und 10. März 2013 in Allahabad statt.

Das heutige Gesicht der Stadt ist jedoch geprägt von der **britischen Herrschaft** der zweiten Hälfte des 19. Jh., als Allahabad zur Hauptstadt einer der bedeutendsten Provinzen Britisch-Indiens aufstieg. Sein **Regierungs- und Gerichtsgebäude** und die breiten, von großen Bäumen gesäumten Alleen verleihen der Stadt dennoch kein unbedingt angenehmes Ambiente, ist sie doch laut und luftverschmutzt. Im Gegensatz zum rund 200 km nordwestlich gelegenen Lucknow bieten sich keinerlei wirklich außergewöhnliche Sehenswürdigkeiten.

Die Gleisanlagen des Bahnhofs von Allahabad dienen als Trennlinie zwischen dem **Chowk** und **Civil Lines,** den beiden markanten Stadtteilen von Allahabad. Während der südlich der Bahnlinien gelegene Chowk mit seinen engen Gassen und dem hektischen Markttreiben die Altstadt von Allahabad bildet, wirkt Civil Lines mit seinen breiten, baumbestandenen Straßen, modernen Geschäften und Hotels eher europäisch. Im Südosten der Stadt, am Zusammenfluss von Yamuna und Ganges, liegt das Fort. Die parallel zur Bahnlinie verlaufende Grand Trunk Road setzt sich fort als große, über den Ganges führende Brücke und verbindet Allahabad mit Varanasi.

Abgesehen von ihrer uralten Bedeutung als einer der wichtigsten Pilgerorte der Hindus erwähnt sie auch ein chinesischer Pilger Mitte des 7. Jh. n. Chr. als wichtigen Wallfahrtsort für die in jener Zeit noch einflussreiche buddhistische Religion.

Ihr heutiger Name geht auf König *Akhbar* zurück, der ihr 1584 den Namen Illahabad verlieh. Zwar befand sich die Stadt schon seit dem 12. Jh. in islamischer Hand, doch erst der bedeutendste aller Mogulherrscher baute sie zu dem nach Agra wichtigsten Stützpunkt des Reiches aus. Das besondere Gewicht, das die **Moguln** der strategisch äußerst günstig gelegenen Stadt beimaßen, kommt u.a. dadurch zum Ausdruck, dass stets Söhne der Großmoguln zu Gouverneuren von Allahabad ernannt wurden.

In den turbulenten Jahren nach dem **Niedergang des Mogul-Reiches** wechselten mit den Marathen, den Pathanen und Nawabs von Oudh die Herrscher Allahabads in schneller Folge. Nachdem schließlich die Stadt im Jahre 1801 an die immer einflussreicher werdenden **Briten** abgetreten wurde, erhoben diese sie in den Stand einer Provinzhauptstadt. Nach dem Sepoy-Aufstand war Allahabad Schauplatz der offiziellen Übergabezeremonie Indiens von der East India Company an die englische Regierung.

In den folgenden Jahrzehnten wurde die Stadt zu einem Zentrum der **indischen Nationalbewegung.** Hierzu trug sicherlich auch bei, dass Allahabad Heimatort *Jawaharlal Nehrus* war. Obwohl dieser zum ersten Präsidenten Indiens nach der Befreiung aufstieg, verlor die Stadt mehr und mehr an Einfluss. Einzig als Sitz des obersten Gerichtshofes und anerkannte Universitätsstadt konnte sie ein wenig von ihrer ursprünglichen Bedeutung erhalten.

Sehenswertes

Fort

Auffälligstes Monument der 500-jährigen muslimischen Herrschaft über Allahabad ist das etwa 4 km außerhalb des Stadtzentrums oberhalb des Zusammenflusses von Yamuna und Ganges gelegene Fort. 1583 gab Akhbar den Auftrag zum Bau dieser Festungsanlage, die mit ihren drei von hohen Türmen flankierten Toren weithin sichtbar ist. Über 45 Jahre dauerte die Fertigstellung und beanspruchte den Staatshaushalt mit der für damalige Verhältnisse riesigen Summe von 25 Mio. Rs. Mitte des letzten Jahrhunderts entdeckte man im Innern der Anlage eine knapp elf Meter hohe **Ashoka-Säule** aus dem Jahre 232 v. Chr. Ähnlich wie auf vielen weiteren der tausend über das ganze Land aufgestellten Ediktsäulen ließ der König auch auf dieser moralische und rechtliche Belehrungen an seine Untertanen eingravieren.

Leider ist der größte Teil des Forts seit vielen Jahren von der indischen Armee besetzt, und so muss man sich mit dem allerdings auch so beeindruckenden äußeren Anblick begnügen.

Öffentlich zugänglich durch eine kleine Tür in der östlichen Befestigungsmauer ganz in der Nähe des Ufers ist nur kleiner Bereich, in dem sich zwei bedeutende Pilgerziele finden. Zum einen der **Patalpuri-Tempel** (7–17 Uhr, eine kleine Spende wird als Eintritt erwartet), einer der ältesten Heiligtümer ganz Indiens. Dieser wurde ebenso schon von dem chinesischen Pilger *Hiuen Tsang* erwähnt wie die grauenvollen Selbstopferungen, die sich an dem nicht weit davon entfernt stehenden angeblich unvergänglichen Banyanbaum Akshai Veta abgespielt haben sollen.

Anand Bhawan

Das ehemalige Wohnhaus und die **Residenz der Nehrus,** jener Dynastie, die die Geschicke des unabhängigen Indiens bis zum gewaltsamen Tod *Rajiv Gandhis* im Mai 1991 fast ununterbrochen bestimmten liegt etwa 5 km außerhalb der Stadt. Das prachtvolle Gebäude wurde 1985 von *Indira Gandhi* der indischen Regierung geschenkt und in ein Museum umgewandelt. Bauherr war *Motilal Nehru,* der seinem Sohn und späteren ersten indischen Ministerpräsidenten Jawaharlal Nehru geraten hatte, sich ganz der Politik zu widmen und keine Zeit aufs Geldverdienen zu verschwenden, da er als Jurist selbst an einem einzigen Tag mehr verdiene als sein Sohn in einem ganzen Monat.

Die Erb- und Besitzstreitigkeiten der großen Grundherrn in Allahabad, die zu der Klientel Motilal Nehrus gehörten, brachten üppige Honorare, wie ein Blick in die Zimmer des zweigeschossigen Hauses veranschaulicht.

Zu besichtigen gibt es auch den Raum, in dem *Mahatma Gandhi,* der engste Freund und oftmals auch erbittertste Gegner Nehrus, bei einem seiner häufigen Besuche wohnte. Im sehr schönen Garten des Hauses wurde 1979 ein **Planetarium** errichtet, in dem täglich Vorführungen zu sehen sind.

Im nebenan gelegenen **Swaraj Bhawan,** dem Geburtshaus Indira Gandhis und bis 1930 Wohnhaus der Nehrus, kann man mehrmals täglich, außer montags, einem etwa einstündigen Videovortrag über den indischen Unabhängigkeitskampf beiwohnen.

■ **Öffnungszeiten:** tgl. außer Mo 9.30 bis 17 Uhr, Eintritt 50 Rs.

Sangam

An den **sandigen Ufern** des Zusammenflusses von Ganges und Yamuna unterhalb des Forts versammeln sich alle zwölf Jahre Millionen von Gläubigen zur **Kumbh Mela,** dem größten Fest der Welt. Zu einem von Astrologen genau festgelegten Zeitpunkt nehmen sie ein rituelles Bad an dieser Stelle, um von ihren Sünden befreit zu werden. In dem berühmten Buch „No Full Stops in India" (s. Literaturhinweise im Anhang) des langjährigen BBC-Korrespondenten *Mark Tully* findet sich ein hervorragend geschriebenes Kapitel über dieses einzigartige Pilgerfest. Während der Kumbh Mela (nächster Termin: 14.1.–10.3.2013) ist natürlich kein Bett in der Stadt zu bekommen. Dann werden Zeltstädte von Privatanbietern zu horrenden Preisen und auch von UPTourism errichtet. Preise für Einzelzelte 6.000 Rs, für ein Bett im Schlafsaalzelt 500 Rs.

Das gleiche Schauspiel religiöser Inbrunst lässt sich jedes Jahr zwischen Januar und Februar, wenn auch in wesentlich geringerem Ausmaß, erleben, wenn hier die kleine **Magh Mela** stattfindet (die nächsten Termine: 14.1.–28.2.2014, 5.1.–17.2.2015.)

Die alle sechs Jahre abgehaltene **Ardh Mela** (übersetzt: Halbzeit-Mela) zwischen den Kumbh Melas zog 2007 geschätze 70 Mio. Menschen an und war damit die größte Zusammenkunft, die je stattgefunden hat.

Eine Fahrt mit einem **Ruderboot** vermittelt besonders morgens und beim Sonnenuntergang eine stimmungsvolle Aussicht auf das von Pilgern besuchte Ufer und das dahinter steil aufragende Fort. Allerdings sind die mit „Dollarnoten in den Augen" auf westliche Touristen wartenden Bootsführer recht unangenehm beim Aushandeln des Preises, der eigentlich 50/200–400 Rs (pro Person/Boot) nicht überschreiten sollte.

Khusru Bagh

Auf dem Gelände des von hohen Mauern umschlossenen Khusru Bagh (von Sonnenaufbis Sonnenuntergang geöffnet, Eintritt frei) südwestlich von Allahabad Jn. finden sich die reich verzierten **Grabstätten von drei Moguln** aus dem 17. Jh. *Prince Khusru* war der älteste Sohn von *Shah Jahan*, dem Erbauer des Taj Mahal. Er unternahm einen Versuch, seinen Vater zu töten, das Attentat schlug jedoch fehl. Er wurde geblendet und eingekerkert und starb 1622. Die beiden anderen Gräber gehören seiner Mutter *Shah Begum*, die 1603 wegen der ständigen Auseinandersetzungen zwischen Vater und Sohn Selbstmord beging, und seiner Schwester *Nesa Begum*. Alle drei reich dekorierten Gräber sind sehr unterschiedlich ausgeführt.

Praktische Tipps

Information

■ **Vorwahl:** 0532
■ Ein Besuch im **Uttar Pradesh Tourist Office** (tgl. außer So 10–17 Uhr, Tel.: 2408873) im Hotel Ilawart Tourist Bungalow an der Mahatma Gandhi Marg ist wenig hilfreich.

Stadtverkehr

■ Ähnlich wie in Lucknow verkehren in Allahabad **Tempos**, die die einzelnen Stadtteile miteinander verbinden.

■ Die 6 km lange Fahrt vom Allahabad-Junction-Bahnhof zum Fort und Ganges per **Autoriksha** sollte nicht mehr als 40 Rs kosten. Eine vierstündige Stadtrundfahrt mit der Autoriksha sollte um die 300 Rs kosten.
■ Wer per **Bahn** ankommt und in den modernen Stadtteil Civil Line will, sollte den nördlichen Hinterausgang des Bahnhofs benutzen. Von dort in Sammelrikshas Verbindungen zum Zero Bus Stand und zum Sangam für wenige Rupien.

Unterkunft

Untere Preiskategorie:

Annehmbare einfache Hotels sind in Allahabad schwer zu finden und recht teuer, verglichen mit dem indischen Durchschnitt.
■ So ist das **Royal Hotel** € (Nawab Yusuf Rd., Tel.: 2427201) die einzig empfehlbare Billigunterkunft in Allahabad, auch wenn die hohen Zimmer mit großen Bädern sehr einfach sind. Grund ist das herrliche, alte Gebäude unweit des Bahnhofs mit viel Ausstrahlung.
■ Mehr bietet das **Hotel Tepso** €–€€€ (M.G. Marg, Tel.: 2561408/9) nahe dem Bahnhof, allerdings sind auch hier die sauberen Zimmer mit TV und AC zu teuer. Billig ist der Schlafsaal. Das angeschlossene Restaurant (100–250 Rs) ist gut und vielseitig.
■ Noch bedingt empfehlenswert, besonders wenn wegen der von Dezember bis Mitte Januar vermehrt auftretenden Hochzeiten Bettenmangel herrscht, ist das überteuerte staatliche **Hotel Ilawart Tourist Bungalow** €€–€€€ (Tel.: 2408374), wie schon die vorgenannten an der Mahatma Gandhi Marg. Die recht geräumigen und sauberen, aber atmosphärelosen AC- und Non-AC-Zimmer verfügen teilweise über TV. Ein Schlafsaal für 50 Rs und ein Restaurant stehen zur Verfügung. Vorzuziehen sind die der Straße abgewandten Zimmer.

Mittlere und obere Preiskategorie:

Im mittleren und oberen Preissegment herrscht kein Mangel an empfehlenswerten Unterkünften. Die meisten haben einen Swimmingpool, dessen Benutzung für Nicht-Gäste um 200 Rs kostet. Hier eine Auswahl:

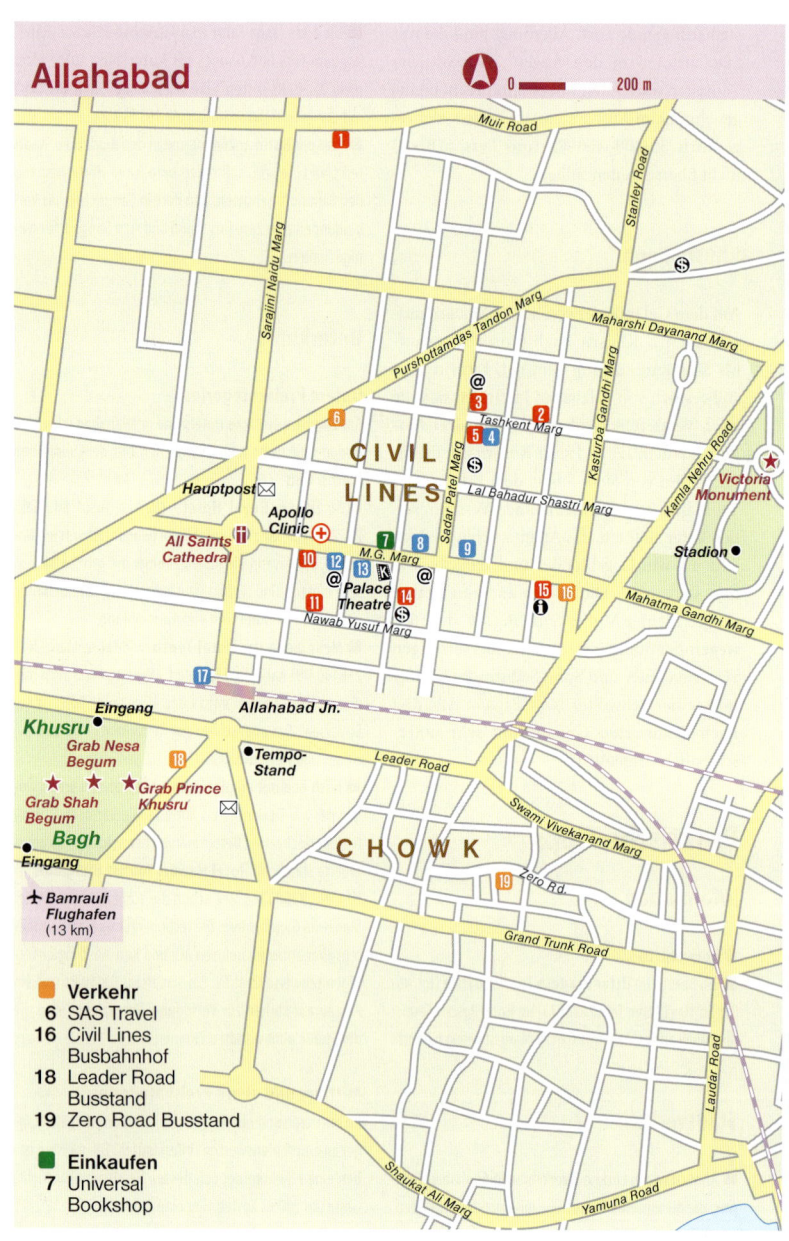

■ Das gepflegte **Allahabad Regency** €€€€ (16, Tashkent Marg, Tel.: 2407835, www.hotelallahabadregency.com) in ruhiger Lage mit großem Garten, Gartenrestaurant und -pool, der Alibi Bar, Gym, Spa und WiFi und das **Hotel Yatrik** €€€€-€€€€€ (Tel.: 2601712/4, www.hotelyatrik.com) bieten geräumige und schön möblierte, klimatisierte Zimmer, teils mit Badewanne. Auch in Letzterem gibt's einen Gartenpool.

■ Mehr fürs Geld gibt's im **Grand International** €€€€€ (Sardar Patel Marg, Tel.: 2260631, www.birhotel.com). Neben den komfortablen Zimmern überzeugen auch Restaurant/Bar und der Gartenpool.

■ Alles überragend, nicht nur an Höhe, sondern auch an Qualität und Preis, ist das **Kanha Shyam** €€€€€-€€€€€€ (Strachey Rd., Civil Lines, Tel. 2560123, www.hotelkanhashyam.com) eine echte Luxusherberge. Gym-Raum und WiFi sind hier selbstverständlich, es fehlt ein Pool.

■ Auf cool-modern gestylt ist das ausgezeichnete **Hotel Milan Palace** €€€€€ (Civil Lines, Tel.: 2421505). Jedes der insgesamt 40 Zimmer verfügt über AC, Flachbildschirm, Minibar und WiFi-Internetanschluss, dazu bieten das hauseigene Restaurant und der Coffeeshop Verpflegung rund um die Uhr. Insgesamt ein hervorragendes Preis-Leistungs-Verhältnis.

Essen und Trinken

■ Das **Shamiana** an der Mahatma Gandhi Marg ist bekannt für seine leckeren Nudelgerichte.

■ Ganz Eilige sollten zum **Food Plaza** am Junction-Bahnhof laufen, denn da bekommen sie Pizza, Burger und Eiscreme etc. (mit Prepaid-Service). Die AC wird einen dann ganz schnell wieder abkühlen.

■ Ähnlich modern ist **El Chico** (100–250 Rs, 12–15 und 19.30–23 Uhr) an der M.G. Marg. Indisch, continental und chinesisch, aber auch Fisch sind ausgezeichnet. Eis oder Kuchen als Nachtisch.

■ Das **Indian Coffee House** serviert billige und würzige indische Snacks in einer alten, angenehmen großen Halle, etwa 50 m von der M.G. Marg entfernt.

■ Exzellente indische Kost serviert das **Tandoor** an der Mahatma Gandhi Marg.

■ In Allahabad gibt es erstaunlich viele Pastry- und Sweets-Shops, man scheint sie dort nötig zu haben. Der beste ist bezeichnenderweise das **Paradise Sweets** mit köstlichen Torten und Keksen, etwas zurück an der M.G. Marg gelegen. Weitere empfehlenswerte Süßwarenläden sind einmal vor dem Hotel Grand Continental das **Muffins**, welches auch mit Snacks und Eiscreme lockt, und das **Kamdhenu Sweets** an der MG Road mit Köstlichkeiten für Süßmäuler zum Mitnehmen aufs Hotelzimmer.

Bank, Post und Internet

■ Die **Hauptpost** nördlich der All Saints Cathedral ist Mo–Fr 10–17 Uhr geöffnet.

■ Die **State Bank of India** (Icachery Rd., Mo–Fr 10–16 Uhr) wechselt Bargeld.

■ Viele **ATMs,** besonders in Civil Lines, nehmen die meisten Kreditkarten dankend in Empfang.

■ Ein hinreichend schnelles Internetcafé ist das **Angelique Cyber Café**, 50 m zurück von der Hauptstraße nahe dem Samrat Hotel zu finden. Schneller ist das von **sify-i-way** an der Sardar Patel Marg etwas nördlich vom Hotel Yatrik.

Medizinische Versorgung

■ Das beste Krankenhaus der Stadt ist die private **Apollo Clinic** (Tel.: 3290507, 2421131, 8–20 Uhr) an der M.G. Marg mit moderner Ausstattung. Eine rund um die Uhr geöffnete **Apotheke** findet sich dort ebenfalls.

An- und Weiterreise

Flug:

Vom Bamrauli-Flughafen, 15 km westlich des Zentrums, (per Autoriksha kostet die Fahrt um 170 Rs, per Taxi etwa das Doppelte) verbinden **Jet Airways** (Tel.: 39893333, www.jetairways.com) und **Air India** (Tel.: 2581370, www.airindia.com) Allahabad mit Ahmedabad, Bangalore, Bhopal, Delhi, Indore, Jaipur und Mumbai direkt sowie mit Bhubaneshwar, Kalkutta, Guwahati, Rajpur und Lucknow mit mindestens einem Stopp.

Bahn:

Allahabads Hauptbahnhof ist **Allahabad Junction** im Stadtzentrum, ganz wenige Züge fahren nur vom Bahnhof Allahabad City, 2 km westlich. Es gibt einen Reservierungsschalter im Hauptgebäude und einen kleineren hinter dem Food Plaza, beide sind Mo–Sa 8–20 Uhr, So 8–14 Uhr geöffnet.

Bus:

■ Vom Busbahnhof Civil Lines neben dem Tourist Bungalow bestehen u.a. regelmäßige Verbindungen nach **Lucknow** (5 Std., 130 Rs), **Varanasi** (3,5 Std., 90 Rs) und **Sunauli** (11 Std., 230 Rs). Busse nach **Chitrakoot** (stdl. zwischen 3 und 21 Uhr, 4 Std., 83 Rs) starten vom Zero Road Bus Stand.
■ Busse nach **Satna** zur Weiterfahrt nach **Khajuraho** fahren vom Leader-Road-Busbahnhof. Doch auch hier gilt wieder, dass die Bahnverbindungen vorzuziehen sind.

Umgebung von Allahabad

Chitrakoot VI/B3

Chitrakoot, der „wunderbare Hügel", liegt in einer sehr naturbelassenen Gegend, umgeben von Wäldern und Flüssen. Die Stadt an den Ufern des Mandakini-Flusses ist ein bedeutender **Wallfahrtsort,** da hier nach der indischen Mythologie Rama und Sita elf ihrer vierzehn Jahre im Exil lebten und Brahma, Shiva und Vishnu wiedergeboren wurden. So finden sich vor allem morgens am **Ramghat** viele Pilger und Sadhus ein, um im Angesicht der aufgehenden Sonne ihre Kulthandlungen durchzuführen. Immer wieder ein für Europäer beeindruckendes Schauspiel, doch wer bereits in Varanasi gewesen ist, muss deshalb sicher nicht mehr den recht langen Anfahrtsweg nach Chitrakoot in Kauf nehmen.

Stadtverkehr:

■ **Tempos und Minibusse** verkehren regelmäßig zwischen dem 10 km vom touristischen Zentrum entfernten Bahnhof zum Ram Ghat, wobei sie den 2 km vom Bahnhof entfernten Busbahnhof, kurz vor Ram Ghat, passieren.

Unterkunft:

■ Mit dem staatlichen **Tourist Bungalow** €–€€€ (Tel.: 05198-224219) in der Nähe des Busbahnhofs gibt's eine hinreichende Bleibe mit billigem Schlafsaal bis zu klimatisierten Zimmern mit Bad sowie ein akzeptables, ebenfalls billiges Restaurant.

An- und Weiterreise:

■ **Bahn:** Die meisten Ankunfts- und Abfahrtszeiten der Chitrakoot passierenden Züge sind sehr ungünstig in der Nacht, wie etwa der 11107 Bundelkhand Exp. nach Varanasi, der um 3:53 Uhr den Bahnhof verlässt und um 10.50 Uhr das Ziel erreicht. Einige Bahnverbindungen sind jedoch schlafschonender, wie der 12289 Mahakaushal Exp.: 23.04 ab Chitrakoot über Jhansi (an 4.10 Uhr), Gwalior (6 Uhr), Agra (8.14 Uhr), Mathura (9.15 Uhr), Ankunft Delhi Hazrat Nizamuddin 11.35 Uhr.
■ **Bus:** Busse verkehren regelmäßig zwischen dem Zero-Road-Busbahnhof im Südteil Allahabads und dem 130 km entfernten Chitrakoot (ca. 4 Std., 84 Rs). Andere Busverbindungen von Chitrakoot sind nicht sehr verlässlich, sodass man sich vor Ort über Verbindungen, etwa nach Khajuraho (4 Std., 78 Rs, meist um die Mittagszeit) und Varanasi (7 Std., 165 Rs), erkundigen sollte.

Highlight:
Varanasi (Benares)
– die Seele Indiens

VI/B3

Was Mekka für Moslems und Jerusalem für Juden und Christen, das ist Varanasi für Hindus – **die heiligste unter allen Städten.** Seit Jahrtausenden strömen Pilger aus allen Teilen des riesigen indischen Subkontinents in diese uralte Stadt an den **Ufern des Ganges,** um beim allmorgendlichen rituellen Bad von ihren Sünden befreit zu werden oder durch die Totenverbrennungen an den **Ghats** den ewigen Kreislauf der Wiedergeburten zu durchbrechen.

Die einzigartige spirituelle Bedeutung der Stadt führte bereits *Siddharta Gautama,* den Buddha, vor über 2.500 Jahren, kurz nachdem ihm in Bodhgaya die Erleuchtung zuteil geworden war, ins nur zehn Kilometer von Varanasi entfernte Sarnath, um dort mit seiner ersten öffentlichen Predigt das Rad der Lehre in Gang zu setzen. Auch der noch von vielen Hindus verwendete mythologische Name Varanasis, Kashi, nimmt Bezug auf die hier angeblich brennende ewige Flamme der Erkenntnis.

Varanasis heutiger Name geht auf seine Lage zwischen Varuna und Asi, zweier Nebenflüsse des Ganges, zurück, der von den Briten als *Benares* missverstanden wurde, eine Verballhornung, die sich dann international verbreitete.

Wohl niemand kann sich der **unvergleichlichen Atmosphäre** der Stadt entziehen. Kein Ort spiegelt in derart konzentrierter Form die einzigartige Vielfalt und Widersprüchlichkeit des indischen Lebens. Geburt und Tod, unbändige Lebensfreude und meditative Versenkung, von Abfällen und Tierexkrementen verzierte Altstadtgassen und goldverkleidete Tempel, erbärmlich entstellte Bettler und schillernde Saris, offene Scheiterhaufen und heitere Sitarmusik – alles scheint gleichzeitig und auf engstem Raum zu geschehen. Was sich nach westlichem Denken unversöhnlich gegenüberstehen müsste, hier ergänzt es sich zu einer ganz unvergleichlichen Melodie des indischen Lebens. Varanasi ist so bunt, grell, laut, spirituell und marktschreierisch wie das Land selbst.

Man sollte sich Zeit nehmen, um das zunächst verwirrende Nebeneinander in aller Ruhe auf sich wirken zu lassen. Wer dies tut und vorurteilsfrei hinschaut, hört, riecht und fühlt, wird dem Geist Indiens in der ewigen Stadt näher sein als irgendwo sonst.

Kein Wunder, dass in dieser indischsten aller indischen Städte die neuzeitlichen Probleme des Kontinents besonders krass zutage treten. Der von den Dächern der Altstadt romantisch anmutende Nebel, der sich mystisch über den Ganges legt, ist nichts anderes als ungefiltert in die Luft abgelassene Industrieabgase. Auch die total überfüllten, dreckigen und lauten Straßen der sich nordwestlich der Altstadt zum Bahnhof ziehenden Neustadt, der von Obdachlosen und Bettlern gekennzeichnete Bahnhofsbereich sowie der von Schwermetallen und Fäkalien durchsetzte, kurz vor dem ökologischen Kollaps stehende Ganges verdeutlichen, dass der jahrtausendealte Glanz der Stadt mehr und mehr von den ökologischen Folgen des Industriezeitalters eingeholt wird.

Exemplarisch für ganz Indien erfährt man in dieser Stadt noch, wie unterschiedlichste Dinge gleichzeitig, nebeneinander und übereinander ablaufen und dieses mit einer absoluten Selbstverständlichkeit geschieht. Varanasi lässt den Besucher nie los, begeistert und erschreckt zugleich. Varanasi ist wie Indien, selten einfach, immer faszinierend.

Geschichte

„Benares is older than history, older than tradition, older than legend and looks twice as old as all of them together." Ähnlich wie schon *Mark Twain*, von dem diese Worte stammen, meint man auch heute noch, die zeitlose Atmosphäre Varanasis überall zu spüren. Wie alt die Stadt allerdings wirklich ist, ob sie etwa tatsächlich, wie immer wieder behauptet wird, der älteste ununterbrochen besiedelte Ort des Subkontinents ist, lässt sich letztlich nicht stichhaltig beweisen. Wie so oft haben sich Legendenbildung und Tatsachen über Jahrhunderte in einem derartigen Knäuel miteinander verwoben, dass die Ursprünge nicht zu entschlüsseln sind.

Es wird angenommen, dass Buddha die erste öffentliche Predigt nach seiner Erleuchtung in Sarnath, also in unmittelbarer Nähe zum damals schon bedeutenden hinduistischen Wallfahrtsort Varanasi abhielt. Die Tagebücher zweier chinesischer Pilger aus dem 4. und 7. Jh. n. Chr berichten von hundert Shiva-Tempeln.

Ihre herausragende Bedeutung als heiligster Ort des Hinduismus musste die Stadt seit Ende des 12. Jh. mit wiederholten **Eroberungen und Zerstörungsfeldzügen** der muslimischen Eroberer bezahlen. Den Anfang der über sechshundertjährigen Fremdherrschaft machte der afghanische Feldherr *Muhammed-e-Ghur*, der die Stadt 1196 plünderte und viele hinduistische Heiligtümer zerstörte. Wieder einmal war es der letzte Großmogul Aurangzeb, der den traurigen Höhepunkt religiöser Intoleranz setzte, als er Ende des 17. Jh. fast alle hinduistischen Heiligtümer Varanasis zerstören und teilweise auf deren Grundmauern Moscheen errichten ließ.

So stammen die meisten der heutigen Tempel aus dem 18. Jh., als die **Marathen** die Macht übernahmen und Varanasi zu einem Zentrum hinduistischer Erneuerung wurde. Die landesweit hoch angesehene Benares-Hindu-Universität geht in ihren Ursprüngen auf diese Hindu-Renaissance zurück, in der die seit über einem halben Jahrtausend von den muslimischen Eroberern unterdrückte hinduistische Kultur zu neuer Blüte erwachte. Durch den forcierten Ausbau des Eisenbahnnetzes ermöglichten es die Briten als die neuen Machthaber Indiens, dass mehr **Pilger** als je zuvor den heiligen Ort besuchen konnten.

Das Zentrum hinduistischer Kultur und Religion liegt heute inmitten einer der rückständigsten, von Überbevölkerung, Umweltzerstörung und Armut geprägten Regionen Indiens. Erneut erscheint Varanasi als Symbol Indiens, repräsentiert es doch eine jahrtausendealte Kulturnation, die sich mit der Bewältigung der Probleme des 21. Jh. mehr als schwertut.

Sehenswertes

Stadtrundfahrt

■ Stadtrundfahrten werden leider von keinem der Tourist Offices mehr angeboten. Es besteht jedoch bei Uttar-Pradesh Tourism die Möglichkeit, ein **Taxi mit Guide** zu buchen. Dies kostet für eine siebenstündige Tour inkl. Guide und Bootsfahrt auf dem Ganges bei bis zu 4 Personen 1.400 Rs. Eine Halbtagestour gibt's für 800 Rs. Da man auch vom jeweiligen Hotel abgeholt wird (so es vom Taxi erreichbar ist), eine sinnvolle Sache für Eilige. Zu buchen mindestens einen Tag vorher.

Ghats

An keinem anderen Ort des Subkontinents fühlt man sich der Spiritualität Indiens derart nah wie an den Ghats von Varanasi. Die so oft beschriebene und beschworene Seele Indiens ist hier kein abstrakter Begriff, sondern hautnah erlebte Wirklichkeit, besonders frühmorgens, wenn die Pilger ihr rituelles Bad im Angesicht der aufgehenden Sonne nehmen und die zum Fluss führenden Treppen in ein stimmungsvolles Licht gehüllt sind.

Es empfiehlt sich, an einem der Haupt-Ghats wie dem Dasashwamedh oder Manikarnika eines der dort überall angebotenen **Ruderboote** zu mieten. Für je nach Verhandlungsgeschick und Nachfrage 50 bis 100 Rs pro Stunde, Person und Boot (verlangt wird zu Beginn der Verhandlungen ein Vielfaches) kann man während einer ruhigen Fahrt die Ghats aus nächster Nähe betrachten und den Bootsmann dort, wo es einem besonders interessant erscheint, anhalten lassen. Allerdings sollte man vor der Abfahrt genau auf die Abfahrtszeit achten, da einem sonst bei einer auch nur geringen Überziehung der Preis schon mal für eine weitere Stunde berechnet wird. Die Bootsleute sind wahre Schlitzohren, und man sollte nur den Preis bezahlen, der am Anfang ausgemacht wurde. Lässt man sich von einem Rikschafahrer zum Bootsfahrer begleiten, kassiert dieser Provision, und der Mietpreis steigt dementsprechend. Vom Dasashwamedh Ghat starten außerdem Motorboote zum Ramnagar-Fort, Preis 100 Rs p.P.

Die meisten der über 80 das westliche Ufer des Ganges zwischen Varuna und Asi säumenden Ghats sind durch das jedes Jahr Schäden anrichtende Monsun-Hochwasser sowie den hohen Schadstoffgehalt des Ganges in einem baulich teils schlechten Zustand. Varanasi hat drängendere Probleme und benötigt die Gelder für akutere Aufgaben als zur Renovierung der Ghats.

Allerdings bemüht man sich, den knapp 4 km langen **Abschnitt zwischen Asi Ghat und Manikarnika Ghat** zu erhalten. Gerade in diesem Bereich konzentriert sich eine religiöse Lebensfülle, die *Arthur Koestler* einmal zu dem äußerst treffenden Vergleich eines „heiligen Irrenhauses" animierte.

Ebenso schillernd und skurril wie das Stück selbst, dass hier allmorgendlich aufgeführt wird, sind seine Haupt- und Nebendarsteller. Dazu gehören die mit ihren golden leuchtenden Messingbehältern zum Fluss strömenden Pilger ebenso wie die wohlbeleibten Brahmanen, die auf ihren kleinen, mit bunten Holzschirmen überspannten Holzplattformen religiöse Dienste anbieten. Weitere Akteure sind die hageren, in tiefer Meditation versunkenen, kaum bekleideten Yogis, die vom bunten Treiben um sie herum gänzlich unberührt zu sein scheinen, die von grauer Asche überzogenen Sadhus, unzählige entlang der Treppen aufgereihte, mit zerrissenen Stoffresten bekleidete Bettler sowie allerlei Scharlatane, die es besonders auf westliche Touristen abgesehen haben. Untermalt wird das Ganze von bunten Gebetsfahnen, dem Geruch von Räucherstäbchen und Scheiterhaufen, den Klängen von Tempelzeremonien. Diese einzigartigen Bilder, Stimmen und Gerüche verschmelzen hier zu einer unvergesslichen Impression des indischen Lebens.

Das bedeutendste der insgesamt 84 Ghats ist das **Dasashwamedh Ghat,** jene Stelle, an der Brahma als höchster Oberpriester zehn *(das)* Pferde *(ahswa)* geopfert *(medh)* haben soll, um die Menschheit vor einer drohenden

> Wäscher am Ganges

Varanasi (Benares)

Dürre zu retten, und damit den mythologischen Grundstein Varanasis legte. Neben unzähligen kleinen Heiligtümern, die das große Areal dieses meistbesuchten Ghats Varanasis säumen, verdient vor allem der sehr kleine und deshalb häufig übersehene, an der Südseite platzierte Schrein zu Ehren der Pockengöttin Shitala Beachtung. Am Ghat findet jeden Abend um 19 Uhr die von vielen Touristen besuchte **Ganga-Aarti-Zermonie** statt.

Von den vielen sich südlich anschließenden Ghats, die meist von Regionalherrschern finanziert worden sind, seien hier einige besondere erwähnt. Nach dem **Rana Ghat,** das von der Maharana von Udaipur erbaut wurde, folgt das **Dhobi Ghat.** Dieses ist heute bei weitem nicht mehr so von den Wäschern geprägt wie noch vor ein paar Jahren. Die traditionelle indische Berufs- und Kastengruppe wird sich wegen der zunehmend in den Haushalten benutzten Waschmaschinen neue Beschäftigungsmöglichkeiten suchen müssen.

Am vom Maharaja von Poona finanzierten **Raja Ghat** sind die höchsten Wasserstände der letzten Jahrzehnte mit Farbe an den Häusern markiert. Das von einem Shiva-Tempel beherrschte **Kedara Ghat** fällt mit seiner bunten Bemalung bereits von weitem auf. Der Name dieses vor allem von Bengalen aufgesuchten Ghats verweist auf den über 3.500 m hoch gelegenen Pilgerort am Fuße des Himalaya. Das nach einem mystischen König benannte **Harishchandra Ghat** gilt als eines der heiligsten Ghats entlang des Ganges. Hier, wo die Bootsleute auf ihren morgendlichen Rudertouren nach Norden abdrehen, steht eines der

elektrischen **Krematorien,** welche in Zukunft an Bedeutung gewinnen werden. Noch werden auch hier die Verstorbenen an den Ufern des Ganges unter freiem Himmel verbrannt.

Oberhalb des **Man Mandir Ghat,** welches sich nördlich an das Dasashwamedh Ghat anschließt, ragt der um 1600 vom Maharaja von Amber erbaute Palast auf. Neben den hier 1710 von *Jai Singh,* dem Gründer von Jaipur, erbauten astrologischen Instrumenten lohnt ein Besuch des Palastes wegen des herrlichen Ausblicks von diversen Balkonen auf den Ganges und das bunte Treiben am Ufer.

Mit seinen zwei weißen Tigern auf der Terrasse und einer Figur Shivas als Mahayogi auf dem Dach ist das sich unmittelbar nördlich anschließende Haus eines der markantesten Bauwerke entlang des Flusses. Hier wohnt Dom Raja, der oberste Cremator von Varanasi und eine der wohlhabendsten Personen der Stadt. Obwohl auch er, wie alle seine Bediensteten (die sogenannten *doms*), aus der Kaste der Unberührbaren stammt, gehört er zu den geachtetsten Bürgern von Varanasi.

Nach dem von einem muslimischen Fakir errichteten **Meer Ghat** und einem nepalesischen Holztempel am Lalitha Ghat, der mit erotischen Schnitzereien versehen ist, gelangt man zu dem von Touristen am meisten besuchten **Jallahsay Ghat,** einem der beiden **Hauptverbrennungsplätze** Varanasis. Hier werden täglich bis zu 50 Tote eingeäschert, bevor sie den Weg in eine der vielen noch zu durchlaufenden Wiedergeburten antreten. Von einer erhöhten Plattform kann man das archaisch anmutende Treiben beobachten, wobei das hier geltende absolute **Fotografierverbot** unbedingt eingehalten werden sollte. Wer meint, während eines unbeobachteten Moments ein schnelles Foto wagen zu können, wird sich umgehend von den wenig zimperlichen Aufpassern umringt sehen. Diese haben nur darauf gewartet, vom Missetäter auf äußerst aggressive Weise ein hohes Strafgeld zu erpressen. Allzu häufig enden die sich daran anschließenden Verhandlungen in handgreiflichen Auseinandersetzungen. Neben moralischen Bedenken sollte also auch die Sorge um die eigene Sicherheit den Finger vom Auslöser fernhalten.

Bevor der Verstorbene auf den Scheiterhaufen gelegt wird, tauchen die Angehörigen dessen Leichnam (Männer sind von einem weißen Laken bedeckt, Frauen von einem goldenen) ins heilige Gangeswasser. Danach umrundet der älteste Sohn den aufgebahrten Leichnam fünfmal als Symbol der fünf Elemente, bevor er Feuer an den Scheiterhaufen legt. Die eigentliche **Einäscherungszeremonie** dauert etwa drei Stunden, wobei der unverbrannte Brustkorb des Mannes sowie die Hüfte der Frauen schließlich dem Ganges übergeben werden. Die für viele unbezahlbar hohen Kosten dieser Art von Beisetzung (etwa 3000 Rs) sowie die dadurch entstehenden hygienischen und ökologischen Belastungen lassen immer mehr die elektronischen Verbrennungsanlagen, die am Harishchandra Ghat, dem zweiten Krematoriumsghat Varanasis, in Betrieb sind, an Bedeutung gewinnen.

Nur auf natürliche Weise Verstorbene dürfen nach hinduistischem Glauben verbrannt werden, da nur sie die Möglichkeit haben, vom Kreislauf der Wiedergeburt erlöst zu werden. Dies geschieht nach einer festen Rangfolge. Im obersten Bereich des jeweiligen Verbrennungs-Ghat werden Brahmanen verbrannt, in vier weiteren Bereichen nach unten zum Fluss hin die Angehörigen der folgenden Kasten bis zur untersten Ebene der Unberührbaren. Menschen, die auf nicht natürliche Weise zu Tode gekommen sind, etwa durch Unfall, Mord oder Selbstmord, dürfen nicht verbrannt werden, da sie ihren Lebenszyklus nicht vollendet haben. Sie können, um die Möglichkeit der Wiedergeburt in einer möglichst hohen Reinkarnationsform zu haben, im Wasser des Ganges bestattet werden.

Nicht nur die Touristen, sondern auch viele Einheimische setzen das Jallahsay Ghat gleich mit dem direkt daneben gelegenen **Manikarnika Ghat**. Neben einem sehr pittoresken, halb im Fluss versunkenen Ganesha-Tempel findet sich an diesem Ghat, welches zu den heiligsten Varanasis zählt, auch ein kleiner Teich, um dessen Entstehung sich eine hübsche Legende rankt. Danach soll hier Parvati ihren Ohrring verloren haben, woraufhin ihr Gatte Shiva auf der Suche nach dem Schmuckstück mit seinen bloßen Händen ein tiefes Loch in den Boden grub. Die Arbeit beanspruchte den besorgten Gatten derart, dass er die Vertiefung mit seinem eigenen Schweiß ausfüllte.

Goldener Tempel (Vishvanatha Mandir)

Wie die meisten anderen Heiligtümer der jahrtausendealten Stadt, so ist auch dieser berühmteste Tempel Varanasis jüngeren Datums. Nachdem *Aurangzeb* den ursprünglichen Tempel niederreißen ließ, errichtete die Maharani von Indore den jetzigen Tempel im Jahre 1776 und benannte ihn nach Vishvanath, der Shiva als universellen Herrscher personifiziert. Ebenso wie beim Goldenen Tempel von Amritsar, fungiert auch hier *Maharaja Ranjit Singh* als spendabler Gönner, indem er 1865 das Dach mit 750 kg Gold verkleiden ließ. Reste des ursprünglichen Tempels sind noch an der rückwärtigen Mauer der unmittelbar daneben gelegenen **Gyanvapi-Moschee** zu finden. Besondere Verehrung bei den Pilgern genießt der Auf der Nordseite des Tempelgeländes gelegene Gyan Kupor, der **Brunnen der Weisheit**. Auf dem Grund des Brunnens soll der Lingam Shivas verborgen liegen, seit man ihn hier platzierte, um ihn vor Aurangzeb in Sicherheit zu bringen. Der Brunnen ist nur Hindus zugänglich.

Leider ist auch der eigentliche Tempel nur für Hindus geöffnet, und so muss sich der Nichtgläubige meist mit einem Blick von den benachbarten Häusern begnügen. Dies scheint jedoch nicht immer ganz strikt gehandhabt zu werden. Aus Angst vor Anschlägen sind die Gassen um den Tempel und der Eingangsbereich stark bewacht. Taschen, Kameras und Mobiltelefone müssen vor Betreten des Tempelareals in Schließfächern (25–50 Rs) untergebracht werden. Das bunte Treiben in den engen und verwinkelten Gassen macht einen Besuch dennoch lohnenswert.

Gleiches gilt für die in unmittelbarer Nähe gelegenen **Annapurna-Tempel**, in der Shivas Gemahlin in ihrer Rolle als Ernährerin verehrt wird.

Alamgir- und Aurangzeb-Moschee

Wie tief die Wunden der sechshundertjährigen muslimischen Fremdherrschaft auch heute noch sind, bezeugen die bewaffneten Soldaten, die diese beiden nördlich des Panchganga Ghat gelegenen Moscheen vor Übergriffen fanatischer Hindus schützen müssen. Beide ließ Aurangzeb anstelle von Hindu-Tempeln errichten, die er zuvor niederreißen ließ. Die über 70 m hohen Minarette der Aurangzeb-Moschee überragen weithin sichtbar die Altstadt, was vielen stolzen Hindus gerade in Varanasi ein Dorn im Auge sein muss. Von der oberen Terrasse der weiter unterhalb an den Ufern des Ganges gelegenen Alamgir-Moschee bietet sich ein schöner Ausblick auf Varanasi und die Umgebung.

Durga- und Tulsi-Manas-Tempel

Etwa 4 km südlich der Altstadt an der Straße Richtung Universität und etwa auf Höhe des Asi Ghat befinden sich diese beiden unmittelbar nebeneinander gelegenen und doch gänzlich unterschiedlichen Tempel. Der Shivas Gattin in ihrer zerstörerischen Form gewidmete Durga-Tempel gilt als einer der heiligsten ganz Varanasis und beeindruckt vor allem durch sein auffälliges, dem nordindischen Nagara-Stil entsprechendes, **pyramidenförmig ansteigendes Tempeldach**. Die fünf übereinander gestaffelten Dächer werden von einem größeren sechsten Dach überragt und sollen so das Aufgehen der fünf Elemente in dem einen Weltenschöpfer Brahma symbolisieren. Wegen der vielen hier beheimateten, z.T. äußerst aggressiven Affen ist der Tempel auch unter dem Namen **Monkey Temple** bekannt.

Keiner Hindu-Gottheit, sondern einem berühmten Hindu-Dichter ist der daneben gelegene moderne Tulsi-Manas-Tempel gewidmet. *Tulsi Das* war ein berühmter, 1623 verstorbener Hindu-Dichter, der an diesem Platz seine noch heute berühmte Version des Ramayana, die sogenannte „Ramcharita Manas", geschrieben haben soll. Die Wände des 1964 erbauten Tempels sind mit Versen und Szenen des Epos verziert. Im 2. Stockwerk des Gebäudes kann man bei der **Herstellung von Skulpturen** aus dem Ramayana-Epos zuschauen.

Benares-Hindu-Universität

„The City of Learning and Burning" gilt wegen ihrer gut sechs Kilometer südlich der Altstadt gelegenen, 1916 gegründeten Universität (www.bhu.ac.in) als eine der wichtigsten Stätten zum Studium hinduistischer Kultur. In den modernen Gebäuden des fünf Quadratkilometer großen Universitätsgeländes werden klassische Künste wie **Musik, Tanz und Philosophie** gelehrt. Auf dem Gelände findet sich mit dem Bharath Kala Bhawan ein kleines **Museum** (Mo–Fr 10–16.30 Uhr, 100 Rs, Kamera 50 Rs), in dessen Räumen u.a. Miniaturmalereien, Skulpturen und Textilkunst gezeigt werden.

Ebenfalls noch zum Universitätsgelände gehörend, doch einen knapp halbstündigen Fußweg vom Eingangstor entfernt liegt der **New-Vishwanath-Tempel** (4–12 und 13–19 Uhr). Er soll eine originalgetreue Kopie des Ende des 17. Jh. von *Aurangzeb* zerstörten Goldenen Tempels sein. Entworfen wurde er vom Gründer der Universität, *Pandit Mahavya*, dessen Philosophie eines reformierten Hinduismus die als künstlich und hinderlich empfundene Kastenordnung ablehnte. Diese tolerante Einstellung kommt dadurch zum Ausdruck, dass hier, im Gegensatz zu den meistem Tempeln Varanasis, alle Gläubigen unabhängig von Religion, Kaste und Hautfarbe willkommen sind.

Per Autoriksha vom Dasashwamedh Ghat etwa 70 Rs, vom Junction-Bahnhof etwa 120 Rs.

Ramnagar Fort

Eine kleine Fähre (10 Rs) bzw. in der Zeit von November bis Juni eine provisorische Brücke verbindet die vom Universitätsgelände zum Fluss führende Ramnagar-Straße mit der gegenüber liegenden Seite des Ganges, welche vom Fort der Maharajas von Varanasi überragt wird. Dieser einer **mitteleuropäischen Burg** ähnliche Bau aus dem 17. Jh. wurde teilweise in ein **Museum** umgewandelt. So finden sich hier viele Utensilien ehemaliger Maharajapracht wie silberverzierte *Haudas* (Elefantensitze), vergoldete Sänften, perlmuttbe-

schlagene Pistolen, Schwerter und Dolche sowie fürstliche Schlafgemächer und amerikanische Oldtimer. Die gesamte Anlage wird aber kaum instandgehalten und wirkt dementsprechend heruntergekommen. Vom Jn.-Bahnhof 140 Rs, von Godaulia ca. 120 Rs.

■ **Öffnungszeiten:** tgl. 9–12 und 14–17 Uhr.

die Prepaid-Schalter auf dem Junction-Bahnhofsvorplatz in Anspruch nehmen. Zum Asi Ghat 70/200 Rs (Autoriksha/Taxi), nach Sarnath 80/250 Rs. Mit dem Taxi kostet die Fahrt zum Flughafen (vor dem Flughafengebäude steht ebenfalls ein Taxi-Prepaid-Schalter bereit) 400 Rs, die wenig empfehlenswerte 22 km lange Fahrt mit der Riksha 200 Rs. In der Gegenrichtung wird es oft billiger, die Fahrer spekulieren auf die Kommission der Hotels.

Praktische Tipps

Information

■ **Vorwahl:** 0542
■ Man hat die Wahl zwischen dem hilfsbereiten, jedoch selten besuchten **IndiaTourism Office** nordwestlich des Bahnhofs (15B, The Mall, Tel.: 2501784, Mo–Sa 9–17.30 Uhr) und **Uttar-PradeshTourism** im Varanasi Jn. (Tel.: 2506670, www.up-tourism.com, tgl. 9–17 Uhr, oft auch schon früher und noch später), wo sich Herr *Umashankar* (Tel.: (0)9415815205) und seine Mitarbeiter als sehr hilfreich in jeder Lebenslage erwiesen haben und immer gute Ansprechpartner bei der Ankunft in Varanasi sind. Hier ist auch der richtige Ansprechpartner für die Polizei (Tel.: 2506670), die blau uniformierte **Tourist Police.**

Das Uttar-Pradesh-Büro im Tourist Bungalow ist wertlos. Ein weiterer Informationsschalter befindet sich am **Flughafen.**

Stadtverkehr

■ Neben Agra und Jaipur besitzt Varanasi die aufdringlichsten und skrupellosesten Riksha- und Taxifahrer Indiens. Wer zu den Billigunterkünften in die **Altstadt** gefahren werden möchte, gibt als Fahrtziel am besten das Dasashwamedh Ghat an, das Hauptbadeghat direkt am Ganges. Von dort sind es nur einige Minuten zu den meisten Hotels. Eine Fahrt mit der Fahrradriksha vom Bahnhof hierher sollte nicht mehr als 30 Rs kosten, mit der Autoriksha (60 Rs) oder Taxi (150 Rs) sollte man auf jeden Fall

Unterkunft

Vier Hotelzonen lassen sich deutlich unterscheiden. Die nördlich der Bahngleise gelegene **Neustadt** (Cantonment) mit ihren weiten Grünflächen, wo sich vornehmlich Hotels der oberen Preiskategorie angesiedelt haben. Im Gebiet **zwischen Bahnhof und Altstadt** finden sich einige Mittelklassehotels. Die mit Abstand authentischste Atmosphäre herrscht jedoch in den verwinkelten Altstadtgassen nördlich und südlich des **Dasashwamedh Ghat** direkt am Ganges. Gab es hier früher fast nur einfache Lodges und Guest Houses, so sind in letzter Zeit auch einige höherklassige Unterkünfte hinzugekommen. Schließlich sei das Asi Ghat im Süden erwähnt, an dessen ruhigen Ghat-Straßen in den letzten Jahren viele Hotels aller Preiskategorien entstanden sind. Die Unterkünfte im Süden am Asi Ghat sind leicht per Fahrzeug zu erreichen, längere Fußwege nicht notwendig. Noch einmal sei an dieser Stelle auf die Praxis der **Rikshafahrer** hingewiesen, möglichst nur solche Hotels anzufahren, von denen sie eine Kommission erhalten. Viele Unterkünfte aller Preisklassen vermitteln **Bootstouren** auf dem Ganges. Diese sind jedoch in der Regel teurer, als wenn man selbst mit den Bootsführern verhandelt.

Untere Preiskategorie:

Während es in der Neustadt (Cantonment) nordwestlich des Varanasi-Junction-Bahnhofs keine abzeptable Billigunterkunft gibt, finden sich umso mehr davon in den Altstadtgassen nahe dem Ganges, wo man aufgrund der starken Konkurrenzsituation schon für wenige Rupien in recht ansprechenden Bleiben logieren kann.

Varanasi (Benares)

In der Altstadt:

Die Zahl der in den Altstadtgassen angesiedelten kleinen Guest Houses und Lodges ist derart groß, dass man, wollte man sie alle aufführen, einen eigenen Stadtführer schreiben müsste. Deshalb kann im Folgenden nur eine Auswahl getroffen werden. Sie sind aufgrund der Enge der Gassen weder mit Auto- noch mit Fahrradrriksha, sondern **nur zu Fuß zu erreichen.** Am einfachsten gelingt dies meist direkt über die Ghats, von wo aus alle 50 bis 100 m steile Treppenaufstiege in die Altstadtgassen und zu den Unterkünften führen. Preislich und qualitativ sind sie sich ähnlich, d.h. Einfachzimmer mit spartanischer Möblierung, eigenem Bad, die billigsten mit Gemeinschaftsbad, fast alle ohne TV. Wer direkt an einem der Ghats wohnen möchte, zahlt bei entsprechenden Ausblicken von den Zimmern reichlich drauf. Etwas zurückgelegene Bleiben gleicher Qualität sind oft weit billiger. Zimmer ohne Bad sind ab 80 Rs, mit Bad ab 200 Rs zu haben, Die meisten Touristen nehmen die Enge der Gassen jedoch gern in Kauf, wird man dafür doch mit der einzigartigen Altstadt-Atmosphäre entschädigt. Zudem haben viele Hotels Dachterrassen, von wo sich schöne Ausblicke auf die Altstadt und manchmal auch den Ganges bieten. Die 5 erstgenannten Unterkünfte sind südlich der Dasashwamedh Road zu finden.

■ Äußerst günstig für den kleinen Geldbeutel ist das in der Nähe des Narad Ghat gelegene, von einem freundlichen Besitzer geleitete **Shiva Ganga Rest House** € (Tel.: 2450904), jedoch verfügt keines der sauberen Zimmer über ein eigenes Bad.

■ Wer etwas mehr ausgeben kann, ist im **Shiva Kashi Guest House** €–€€ (Chausatti Ghat, Tel.: 2450166, (0)923 5590069, shivakashiguesthousevaranasi@gmail.com), etwas weiter nördlich, weit besser bedient. Schon billige Zimmer mit Gemeinschaftsbad und Balkon sowie die meisten mit Bad liegen nur wenige Schritte vom Ganges entfernt.

■ Speziell die neueren Zimmer in den obersten Stockwerken und auf dem Dach sowie die familiäre Atmosphäre machen das **Modern Vision Guest House** €–€€€ (Tel.: 2450007, (0)9935326812) auf Höhe Pandhey Ghat zu einer guten Wahl, zumal sich vom Dach schöne Ausblicke auf den Ganges genießen lassen.

■ Reichlich teuer sind die Zimmer mit Ganges-Blick im **Vishnu Guest House** €€–€€€€ (Pandhey Ghat, Tel.: 2455238), sie seien aber dennoch wegen der tollen Ausblicke hier erwähnt. Die rückwärtigen Räume sind weit billiger in dieser sauberen Bleibe. Perfekt ist das Terrassenrestaurant zum Frühstück, um das Szenario auf dem Ganges an sich vorbeiziehen zu lassen.

■ Eine Ecke teurer, aber wegen der Ausblicke auf den Fluss durchaus zu Recht, ist das **Leela Guest House** €€–€€€€ (Raja Ghat, Tel.: 2452027, (0)9415355635). Hinreichend saubere Zimmer, meist mit Balkon, für einen angemessenen Preis, die teuren mit AC. Hier wurde zur Recherchezeit renoviert.

■ Die beiden folgenden Unterkünfte liegen im nördlichen Teil der Altstadt und etwas oberhalb des Manikarnika Ghat. Das preiswerte **Mishra Guest House** €–€€€ (Tel.: 2401143, (0)9415540233, www.mishraguesthouse.com) lässt Ausblicke auf die Verbrennungsstätten zu. Besonders die oberen Zimmer mit Balkon sind gut, alle Zimmer mit TV. Ein weiteres Plus ist der hilfsbereite Besitzer des Hauses. Eines der alteingesessenen Häuser ist das **Scindhia Guest House** €–€€€€ (Tel.: 2420319, 2393446, scindhiaguesthouse@yahoo.com) ganz in der Nähe. Die sehr unterschiedlichen Räume, teils mit Balkon und Gangesblick (dann allerdings reichlich teuer), wirken zum Teil etwas kühl, doch auch bei dieser Unterkunft bietet die Lage einen großen Vorteil. Allerdings können sich die überall herumturnenden Affen recht aggressiv gebärden, weshalb die Dachrestaurants der Häuser vergittert sind. Breitband-Internetcafés in beiden Häusern vorhanden.

■ Klasse, jedoch besonders für Gangesblick-Zimmer mit Balkon ebenfalls recht teuer, ist das **Ganpati Guest House** €€–€€€€ (Meer Ghat, Tel.:2390059, www.ganpati guesthouse.com), zentral am Meer Ghat gelegen. Einige der um einen pflanzengeschmückten Innenhof gruppierten, liebevoll und individuell eingerichteten Zimmer haben Ganges-Ausblick, die teureren sind klimatisiert, die billigen nach hinten mit Gemeinschaftsbad. Ein weiteres Plus auch hier: das Internetcafé mit Breitbandverbindung.

Am Asi Ghat:

■ Nicht nur Langzeitgäste logieren in der spottbilligen **Tiwari Lodge** € (Tel.: 2315129, (0)9415821033) 200 m

Atlas S. VI, Übersichtsplan S. 361 **Varanasi (Benares)** 365

- **Unterkunft**
  - 1 Scindhia G.H.
  - 2 Jukaso Ganges
  - 3 Mishra Guest House
  - 11 Ganpati Guest House
  - 12 Hotel Alka
  - 13 A Palace on River
  - 15 Shiva Kashi Guest House
  - 16 Modern Vision Guest House
  - 17 Vishnu Guest House
  - 20 Shiva Ganga Rest House
  - 21 Leela Guest House
  - 22 Shiva Ganges View Paying G.H.
  - 26 Surya Uday Haveli
  - 31 Hotel Ganges View
  - 32 Sahi River View Guest House
  - 34 Palace on Ganges
  - 35 Tiwari Lodge

- **Essen und Trinken**
  - 4 Megu Café
  - 5 Ganga Fuji Restaurant
  - 6 Brown Bread Bakery
  - 8 Phulwari Restaurant
  - 9 Keshari Restaurant
  - 10 Keshari Rudikar Vyanjan
  - 14 Dolphin Restaurant
  - 18 Denn's Restaurant
  - 19 VSR Restaurant
  - 23 Lotus Lounge
  - 24 I:ba
  - 25 Bread of Life Bakery
  - 28 Ming Garden, Crystal Bowl
  - 29 Aum Café
  - 30 Vatikaa Café & Pizzeria
  - 36 Open Hand

hinter dem Asi Ghat und damit in einem der touristischen Zentren der Altstadt. Schon für ganz wenig Geld gibt's neben tadellosen Einfachzimmern bei Bedarf auch Kochgelegenheit.

■ Ein wenig seltsam verwinkelt ist das Innere des **Sahi River View Guest House** €-€€€ (Asi Ghat, Tel.: 2366730, (0)9307448501, sahi_rvgh@sify.com). Die angenehme Herberge mit freundlicher Atmosphäre und recht geschmackvoll eingerichteten Zimmern, die teuren mit klasse Aussicht auf den Fluss, auch die ganz billigen mit eigenem Bad, ist zwar um einiges teurer als das vorgenannte, aber immer noch preiswert.

Mittlere Preiskategorie:

■ Eins der schönsten Hotels dieser Preiskategorie ist das von einem älteren, etwas umsatzorientierten Ehepaar geleitete **Shiva Ganges View Paying Guest House** €€€€-€€€€€ (Mansarovar Ghat, Tel.: 2450063, (0)9935307700, www.varanasiguesthouse.com), auch *Red Building* genannt, in einem alten Kolonialgebäude, das mit viel Liebe wieder hergerichtet wurde und mit fantastischen Ausblicken von den gemütlich eingerichteten Zimmern auf den Ganges eines der schönsten Häuser Varanasis ist. WiFi überall verfügbar und umsonst. Leider ist das Haus inzwischen recht teuer. Reservierung angeraten.

■ Nüchterner ist das **Hotel Alka** €€-€€€€ (Meer Ghat, Tel.: 2401681, 2398445) direkt am Ganges mit um einen Innenhof mit Terrasse und Restaurant gruppierten, sauberen Zimmern. Nicht nur wegen der zentralen Lage, sondern auch wegen der akzeptablen Zimmer, teils mit TV und klimatisiert, eine gute Wahl.

■ Von den meisten Mittelklassereisenden wird im Cantonment-Bezirk in der Neustadt das in einer Seitengasse links neben dem Hotel Clarks Varanasi gelegene **Hotel Surya** €€€€-€€€€€ (A-5 The Mall Rd., Tel.: 2508465/6, www.hotelsuryavns.com) bevorzugt. Angenehme, große Zimmer mit Balkon zum Garten, ein gutes, allerdings auch teures Restaurant mit Außenbereich auf großer Rasenfläche, eine Bar und ein schnelles Internetcafé machen das im Kolonialstil gebaute, weitläufige Haus mit Spa und Pool zu einer exzellenten Adresse.

Obere Preiskategorie:

■ Das erste komfortable Hotel am Asi Ghat war **Palace on Ganges** €€€€€-€€€€€€ (Asi Ghat, Tel.: 2315050, www.palaceonganges.com). Jedes der 42 Zimmer ist stilvoll mit typisch indischen Möbeln und Design eingerichtet, manche bieten einen kleinen Balkon zum Fluss. Einziger Nachteil ist, dass einige Zimmer etwas klein geraten sind. Das sehr schöne Dachrestaurant, Spa und Massage runden das ausgezeichnete Gesamtbild ab.

■ Preislich ähnlich und ebenfalls durch seine Lage oberhalb des Ganges überzeugt **A Palace on River** €€€€€-€€€€€€ (Tel.: 2402778, www.palaceonriver.com), auch *Rashmi Guest House* genannt, am Man Mandir Ghat. Allerdings sind die dem Ganges zugewandten Super-Deluxe-Zimmer doppelt so teuer wie die ohne Flussblick und insgesamt fehlt dem Haus etwas Atmosphäre. Sehr schön sitzt es sich auf der Dachterrasse des Dolphin Restaurant.

■ Aus einer alten Kolonialvilla entstanden, vermitteln die herrlich dekorierten Zimmer (ohne TV) des **Hotel Ganges View** €€€€€ (Tel.: 2313218, www.hotelgangesview.com, kein Restaurant, WiFi nur im EG) am Asi Ghat pure Gemütlichkeit. Das gilt auch für die pflanzenbestandene Terrasse im 1. Stock, natürlich mit Gangesblick. Auf das rotgelbe Hotel weist kein Schild hin. Es liegt direkt am Fluss, meist sitzt ein Mann mit Affe vor dem Gebäude.

■ Stilvoll am Ganges wohnen – dies gelingt kaum besser als im brandneuen **Jukaso Ganges** €€€€€€ (Bhosle Ghat, Tel.: 2406666-68, gmvaranasi@jukasi.co.in, www.welcomheritagehotels.com) ganz nah am bekanntesten Verbrennungs-Ghat. Die erste Luxusherberge in der nördlichen Altstadt überzeugt durch klassisch-elegante Zimmer und ist architektonisch sehr gelungen in das umliegende Ghat eingebettet. Alle erwartbaren Einrichtungen wie Schließfach und WiFi sind vorhanden. Aufgrund des beschränkten Platzes an den Ghats sind die 15 Zimmer nicht sehr groß und natürlich gibt's hier keinen Swimmingpool.

■ Über dem Shivala Ghat thront das aus einem alten Haveli hervorgegangene **Surya Uday Haveli** €€€€€€ (Tel.: 2276811, Buchung über Bangalore: 080-41306352, www.amritara.co.in). Klasse Zimmer um einen Innenhof sind zwar angenehm, jedoch verglichen mit der preisentsprechenden Konkurrenz zu teuer. Übertriebenes Sicherheitsgebahren und hohe Preise führen zu einem gemischten Gesamteindruck.

■ Die Ehre der traditionsreichsten Nobelunterkunft Varanasis gebührt dem Hotel **The Clarks Varanasi** €€€€–€€€€€ (The Mall, Tel.: 2501010–20, www.clarkshotels.com) in der Neustadt. Durch einen modernen Erweiterungsbau hat es jedoch viel vom ehemaligen Charme eingebüßt. Dennoch überzeugt es, wie alle anderen Hotels in dieser Gegend, durch seine ruhige Lage in einer weitläufigen Gartenanlage mit herrlichem palmengesäumten Swimmingpool in Tropfenform, Geschäften und mehreren exzellenten Restaurants, wobei WiFi mit 600 Rs/Tag jedoch teuer ist.

■ Für gediegenen Luxus steht Varanasis Top-Hotel **The Gateway Hotel Ganges Varanasi** €€€€€ (Raja Bazaar Rd., Tel.: 6660001, www.thegatewayhotels.com). Luxuriöse Zimmer und der Service sind Spitzenklasse. Fantastisch auch die riesige, baumbestandene Gartenanlage mit Tennisplatz, in der man entspannt spazierengehen oder per Buggy wandeln kann. Mehrere edle Restaurants, Bars und Spa, WiFi (teure 600 RS/Tag) und elektronische Schließfächer sind natürlich auch vorhanden.

Essen und Trinken

■ Exzellente, fantasievolle Küche, etwa Gazpacho-Suppe, klasse Salate und Hähnchengerichte in erstklassiger Qualtät sowie gutes Frühstück und Kuchen machen die **Lotus Lounge** (Tel.: (0)9838567717, 8–22 Uhr) am Mansarovar Ghat zur besten Adresse, mindestens in der Altstadt. Gegessen wird in Korbstühlen oder auf Matten mit Dachterrassenblick auf den Ganges in entspannter Atmosphäre, Hauptgericht um 100–200 Rs. WiFi ist kostenlos.

■ Von vielen einfachen Restaurants im Altstadtviertel ist das wegen seines guten und preiswerten Essens und der freundlichen Atmosphäre zu Recht populäre **Denn's Restaurant** hervorzuheben. Hier war zur Recherchezeit eine Unterkunft in Planung, die den Geldbeutel sicher ebenso wenig strapazieren dürfte wie das Essen.

■ Nicht weit entfernt, speist man im **VSR** (30–70 Rs) einfach und sehr billig rein indische Gerichte vorwiegend mit Einheimischen. Abends gibt's ausschließlich Thalis.

■ Die indischen und europäischen Gerichte im **Dolphin Restaurant** (Meer Ghat) sind schmackhaft (100–300 Rs), die Ausblicke von der Dachterrasse des Hotels A Palace on River auf den Ganges und die Umgebung toll.

■ Ein Ruhepol an der hektischen Godaulia Crossing ist das **Phulwari Restaurant** (8.30–22.30 Uhr), das man durch ein herrlich skulptiertes Tor wenige Meter von der Kreuzung erreicht. Das Freiluftrestaurant, schattig unter Bäumen mit zwei kleinen Tempeln und manchmal einigen wartenden Kühen in der Nähe, serviert auch Pizza aus dem Steinofen.

■ Wer es komfortabler mag, kommt im nahen, supersauberen und hübsch dekorierten **Keshari Rudikar Vyanjan** (1. Stock) über der Daswaswamedh Ghat Rd. mit langer Speisekarte auf seine Kosten (klasse Thalis zu 100 Rs).

■ Namensähnlich und nicht weit entfernt trifft man im **Keshari Restaurant** mehr Einheimische als Touristen. Da das leicht hektische Lokal im Erdgeschoss 50 m von der Dasashwamedh Rd. in einer engen Gasse liegt, kann es nicht mit beeindruckenden Ausblicken aufwarten, doch dafür kann man sich auf das ganz vorzügliche Essen konzentrieren. Zwar gibt's hier auch internationale Küche, man sollte jedoch die indischen Speisen wie Thalis, Dosas, Biryani oder Pulao vorziehen. Die fantastischen Lassis waren zur Recherchezeit nicht zu haben, also nachfragen.

■ Im Souterrain und dementsprechend aussichtslos, ist das im nördlichen Teil der Altstadt gelegene **Ganga Fuji Restaurant** auch wegen der allabendlichen Konzerte zu empfehlen.

■ Nichts für Klaustrophobiker ist die **Brown Bread Bakery** (80–250 Rs, 7–22 Uhr), die Gasse weiter nach Norden. Dennoch werden in diesem recht düsteren Umfeld viele Sorten Käse und Brot und andere internationale Speisen auf engen Tischen im Erdgeschoss und Matratzen im Obergeschoss serviert.

■ Versteckt in den Gassen der nördlichen Altstadt, serviert das japanische **Megu Café** (nahe Goldener Tempel, Gasse beim Spielzeuggeschäft einige Meter hinein) erstklassiges Sushi an nur fünf Tischen.

■ Sehnsucht nach Körnerbrot, Zimtrollen, Apfelstrudel etc.? Auf ins **Bread of Life** an der Shivala Rd.! Daneben gibt's auch einige europäische und chinesische Gerichte.

■ Nur wenig nördlicher, die Querstraße auf der gegenüberliegenden Straßenseite 100 m hinein, lockt **I:ba** mit erstklassiger japanischer, thailändischer und chinesischer Küche in modernem Interieur (90–250 Rs).

■ Im Freien unter Bäumen mit Blick auf den Ganges kann man sich im **Vaatika Café & Pizzeria** am ruhigen Asi Ghat köstliche Pizzas (um 150 Rs), indische Kost (80–130 Rs), Nudelgerichte sowie Kaffee und Kuchen zum Nachtisch schmecken lassen. Tagsüber stören leider die vielen Fliegen den Genuss.

■ Ein klasse Platz fürs Frühstück ist die kleine Terrasse des **Aum Café** (7–17.30 Uhr, Mo geschl.), etwas versteckt in den Gassen hinter dem Asi Ghat. Hier gibt's neben köstlichem Kaffee und *organic tea* auch Salate, Pizza und Kuchen, Fruchtsäfte und Lassis.

■ Ein Stopp mit Kaffee verschiedenster Ausführung, köstlichem Kuchen und Snacks im gemütlichen **Open Hand** (1. Stock, 8–20 Uhr, www.openhand.in), einer Mischung aus Café/Restaurant und Kunsthandwerksverkauf, füllt die Batterien wieder auf. WiFi umsonst.

■ Fünf Minuten Fußweg vom Asi Ghat führen zum **Crystal Bowl** (10.30–22.30 Uhr, 90–150 Rs). In dem klimatisierten Restaurant modernen Stils werden vegetarische indische Köstlichkeiten bester Qualität serviert. Chinesisch kocht man im **Ming Garden** (80–130 Rs) nebenan.

■ Empfohlen seien das vorzügliche Restaurant **Canton Royale** (7–23 Uhr, 100–300 Rs) und das orientalisch anmutende **Mango Tree Café** im 150 Jahre alten Kolonialgebäude des Hotel Surya im Cantonment. Auch auf der Rasenfläche davor wird serviert. Ansonsten überzeugen in der Neustadt nordwestlich des Jn.-Bahnhofs nur die Restaurants der **Luxushotels** (siehe dort). Außerdem haben dort in der **JHC Mall** die einschlägigen Fastfood-Ketten ihren Sitz.

Bank

Viele Wechselstuben an der Dasashwamedh Rd., etwa **RP Travels** (Mo–Sa 8–20, So bis 18 Uhr, mit Internetcafé), und in den Altstadtgassen, etwa **Indica Tourist Point,** wechseln zu ähnlichen Raten. Meist sind sie zwischen 8 und 20 Uhr, häufig auch sonntags geöffnet. Etwa auf Höhe des Pandhey Ghat ist **Indica Travels** (tgl. 9–21 Uhr).

■ Im Cantonment nordwestlich des Jn.-Bahnhofs stehen **Thomas Cook** (Mo–Sa 9.30–18.30 Uhr) und **Radiant Forex** mit besseren Wechselraten (1. Stock, Mo–Fr 9.30–18.30 Uhr), beide im kleinen City Towers rechts neben dem Clarks Varanasi, zur Verfügung.

■ Geld tauschen kann man auch am **Flughafen,** und zwar zum üblichen Kurs.

■ **ATMs** gibt's in Varanasi an fast allen Bankfilialen, jedoch recht wenige in der Altstadt, sodass man sich zur nächstgelegenen Hauptstraße, etwa der Mandapur Rd., begeben muss. Ein günstig gelegener Geldautomat der State Bank of India befindet sich an der Godulia Crossing.

■ Wer sich den Gang zur häufig langsamen Bank sparen will, kann in den meisten höherklassigen **Hotels,** jedoch zu schlechteren Kursen, Geld wechseln.

Post, Telefon und Internet

■ Die **Hauptpost** etwa 2 km nördlich des Vishvanath-Tempels ist Mo–Sa von 10 bis 19 Uhr geöffnet, Paketversand bis 16 Uhr. Vor dem Postamt sind meist mobile *packing services* positioniert, an denen man seine Souvenirs ordnungsgemäß verpacken und versiegeln lassen kann. Auch in den Gassen der Altstadt sind kleine Postämter.

■ Für die wenigen, die keine eigene SIM-Karte in Indien gekauft haben, stehen viele Internetcafés bereit, in denen preiswertes Telefonieren mittels **Net-to-Phone** und **Skype** möglich ist. Auch in den ISD-Läden ist telefonieren für ca. 10 Rs/Min. nach Europa möglich, wobei man die mitlaufende Digitalanzeige beachten sollte, um zu sehen, ob der angegebene Preis auch wirklich stimmt. Während Auslandsgespräche meist problemlos über die Bühne gehen, wird man beim Inlandsgespräch zuweilen auf eine Geduldsprobe gestellt.

■ Eine Stunde **Internet** kostet überall in den Gassen der Altstadt 20 Rs für meist mittelmäßige Verbindungen. Die meisten Internetcafés finden sich an der Hauptgasse in der südlichen Altstadt und am Asi Ghat und sind bis ca. 22 Uhr geöffnet.

◁ An den Ghats von Varanasi

Medizische Versorgung

■ Die wohl beste Adresse für den Notfall ist das private, moderne **Heritage Hospital** (Tel.: 2368888, www.heritagehospital.in) am Eingang der Hindu-Benares-Universität. Hier findet man auch eine 24-Std.-Apotheke.

Einkaufen

Beim Thema Einkaufen in Varanasi fallen einem sofort drei Stichworte ein: Sari, Sitar und Schlepper. In den engen Gassen der Altstadt wimmelt es nur so von **Schleppern** (dies können auch Riksha- oder Taxifahrer, sogar Bootsbetreiber sein), die einen selbstverständlich nur zu einer Tasse Tee in ihr Haus einladen wollen. Dass sich selbiges später als Laden entpuppt, versteht sich ebenso von selbst wie die Tatsache, dass man dort mindestens 30 % mehr als üblich bezahlt.

■ Die beste Auswahl an **Seidensaris,** für die Varanasi im ganzen Land bekannt ist, findet man im Godaulia- und im Chowk-Viertel. Hier reiht sich ein Geschäft ans andere. Leider ist nicht alles 100 % Seide, was als solche verkauft wird, vielfach sind es Seide-Baumwollmischungen. Garantierte Qualität, allerdings zu Fixpreisen, findet man in der **Mehrotra Silk Factory** (Tel.: 2200189, (0)9984 414151, www.mehrotrasilk.in, 10–22 Uhr) nicht weit vom Junction-Bahnhof. Man sollte es beim Namen genau nehmen, da es inzwischen viele namensähnliche Trittbrettfahrer gibt. Hervorragend ist die Auswahl auch bei **Khadi Gramodyog** (Sanskrit University Rd., 7–22 Uhr) etwas weiter nordöstlich.

■ Auch bei **Benares Art & Culture** (Mo–Sa 10–20 Uhr) muss nicht gefeilschlt werden. In dem alten Haveli an der Shivali Rd. werden von **Kunsthandwerkern** aus der Region Skulpturen, Schnitzereien, kleine Gemälde etc. zu Fixpreisen feilgeboten.

■ Als Heimatstadt *Ravi Shankars* und als Zentrum hinduistischer Kultur gilt Varanasi als einer der besten Orte, um **klassische Musikinstrumente** wie Sitar oder Tabla zu kaufen. Die Instrumente lassen sich in einer extra angefertigten Holzbox problemlos nach Hause transportieren. Zwei empfehlenswerte Adressen für indische Instrumente sind **Radhey Shyam Sharma & Co.** (Laxmi Kund, Luxa Rd., Tel.: 2418247, www.radheymusic.com) und das **Ravi Classical Music Centre** (Tel.: (0)9838974705, http://raviclassicalmusic.carbonmade.com) in der Dasashwamedh Rd.

■ In der gleichen Straße gibt es auch viele **Attar Shops**, Läden, die indische Duftöle und Parfüms verkaufen.

■ Ein reiches Sortiment gibt's im **Pilgrim Bookcentre** nahe dem Durga-Tempel, am Asi Ghat im **Harmony Bookshop** (tgl. bis 20 Uhr) und bei **Indica Books**.

Aktivitäten

■ Eine der besten Schulen für **indische Instrumente** wie Tabla und Sitar und auch für klassischen indischen Tanz ist der **International Music Centre Ashram** (Khalishpura, Tel.: 2452303, (0)7376842894, www.musicashram.com), nicht weit von der Shivali Rd. in den Altstadtgassen. Jeden Mittwoch und Samstag um 20 Uhr Live-Aufführungen (100 Rs) in einem der eher engen Räume. Der Stundenpreis beträgt 300 Rs, bei Langzeitlernern sinkt er auf 200 Rs.

Weitere **Schulen**, die regelmäßig Konzerte (Eintritt meist um 40 Rs) veranstalten und klassische indische Musik (Tabla, Sitar, Sarod, Sarangi, Santoor, Violine etc., auch Gesang) unterrichten (wobei man 200 Rs pro Stunde für fachkundigen Unterricht ausgeben sollte) sind u.a. **Taal Music Centre** (Tel.: (0)7376159854, (0)9451627544) südlich Dasashwamedh Rd. nahe der kleinen Post an der Hauptgasse oder **Ankit Music House** (Sakarkand Gali, Tel.: (0)9336567134, ankitmusichouse@hotmail.com) etwas nördlich Dasashwamedh Rd. auf Höhe Meer Ghat.

■ Im selben Gebäude findet sich das **Yoga Training Centre** (Tel.: (0)9919857895, www.yogatrainingcentre.com). Unter fachkundiger Leitung werden auch Neulinge um 8, 10 und 16 Uhr in zweistündigen Sitzungen (200 Rs) in Yoga und außerdem in Massage und Reiki geschult. Enthusiasten können hier Diplome erwerben. Daneben gibt es noch viele private Yogalehrer in der Altstadt.

■ Auch im **International Centre** (Tel.: 2368130, Mo–Fr 10–17 Uhr) der Benares-Hindu-Universität kann man ein- oder mehrwöchige **Yogakurse** belegen, zudem Kurse für Hindi, Sanskrit, theoretische Grundlagen von Ayurveda und einige Handwerke.

■ In den **Swimmingpools** der Hotels Surya (200 Rs), The Clarks Varanasi (300 Rs) und The Gateway Hotel Ganges (350 Rs) dürfen auch Nicht-Gäste plantschen.

An- und Weiterreise

Flug:

■ Air India (Vadunath Marg, Cantonment, Tel.: 2502547/29, am Flughafen: 2622494, Mo–Sa 10–13 und 14–17 Uhr) hat ein nicht mehr wirklich zeitgemäßes Büro im Mint House in der Neustadt. AI verbindet Mo, Mi und Fr **Delhi** mit **Khajuraho** und Varanasi. Eine frühzeitige Buchung für die beliebteste Touristenroute Indiens ist unbedingt erforderlich. Delhi wird wie **Mumbai** tgl. direkt angeflogen. Jet Airways (Tel.: 2622026) verbindet Varanasi tgl. mit Khajuraho.

■ Sehr beliebt sind die Flüge von Air India (Di, Do, Sa, So) nach **Kathmandu**, die den langen und äußerst anstrengenden Überlandweg ersparen.

■ Die Büros aller **Fluggesellschaften** bis auf Air India (s.o.) befinden sich inzwischen am Flughafen Lal Bahadur Shastri in Babatpur, 25 km vom Zentrum entfernt (Riksha/Taxi 200/400 Rs).

■ Aktuelle Flugverbindungen unter www.yatra.com.

Bahn:

Von den drei Bahnhöfen ist **Varanasi Junction** der bedeutendste. Wer von Osten, z.B. Kalkutta und Patna, ankommt und in der Altstadt wohnen möchte, kann bereits am **Bahnhof Kashi** aussteigen. Das hat den Vorteil, dass man den höchst aufdringlichen Rikshafahrern am Junction-Bahnhof entgeht (hier sollte man immer den Prepaid-Schalter für Taxi und Autoriksha, zwei verschiedene Schalter auf dem Bahnhofsvorplatz, in Anspruch nehmen).

Andererseits befindet sich das **Reservierungsbüro** und vor allem das für Touristen wichtige **Foreign Tourist Centre** (Mo–Sa 8–20, So 8–14 Uhr, nur in diesem Büro einige Meter links von Uttar Pradesh Tourism in der Haupthalle des Bahnhofs werden Tourist-Quota-Tickets ausgestellt) im **Hauptbahnhof,** und da viele wichtige

Bahnverbindungen von Varanasi, z.B. nach Agra, frühzeitig ausgebucht sind, sollte man so schnell wie möglich, am besten gleich nach der Ankunft, die Weiterfahrt buchen.

■ Will man nicht die gesamte Strecke nach **Sunauli**, dem Grenzort zu Nepal, mit dem Bus zurücklegen, zunächst mit dem Zug bis **Gorakhpur** und von dort per Bus weiter bis an die Grenze.

■ Nach **Khajuraho** existiert mit dem 21108 BSB-Kuri Link Exp. (Abf. 17.10 Uhr, 12 Std. Fahrtzeit, nur Mo, Mi, Sa) eine direkte Bahnverbindung, ansonsten muss man zunächst per Bahn in ca. 7 Stunden nach **Satna** fahren und von dort mit dem Bus in 4 Std. weiter nach Khajuraho.

■ Der **Nachtzug** zwischen Agra und Varanasi häufig von **Trickdieben** heimgesucht, die ahnungslose Traveller ihrer Wertsachen berauben. Besonders auf dieser Fahrt sollte man seine Wertsachen möglichst ständig am Körper tragen!

■ Einige Fernzüge nach Varanasi halten nicht in einem der Stadtbahnhöfe, sondern im 12 km entfernten **Mughal Sarai.** Für die Weiterfahrt nach Varanasi finden sich am östlichen Bahnhofsausgang an der Überführung Prepaid-Rikshas.

Bus:

Da Varanasi weit von den meisten Sehenswürdigkeiten in Uttar Pradesh entfernt liegt, fährt man bequemer und sicherer mit der Bahn dorthin. Der recht chaotische städtische Busbahnhof befindet sich ca. 500 m östlich des Varanasi-Junction-Bahnhofs.

■ Nach **Haridwar** fährt morgens um 7 Uhr ein Bus (430 Rs). Außerdem halbstündliche bis stündliche Busse nach **Allahabad** (3 Std., 85 Rs), **Lucknow** (8 Std., 200 Rs), **Gorakhpur** (7 Std., 148 Rs).

■ Nach **Sunauli,** Grenzort zu **Nepal,** verkehren regelmäßige Busse zwischen 7 und 20.30 Uhr (10 Std., 210 Rs).

■ Nicht empfehlenswert sind jedoch die von vielen privaten Busgesellschaften und Hotels angebotenen Fahrten per **Luxury Coach** nach **Kathmandu** bzw. **Pokhara,** da sich der versprochene Bus bei zu geringer Belegung plötzlich in einen vollgestopften Jeep verwandeln kann und die Übernachtungsmöglichkeiten in Sunauli sehr primitiv sind.

Sarnath

VI/B3

– buddhistischer Wallfahrtsort

Nur neun Kilometer östlich von Varanasi, der für Hindus heiligsten Stadt Indiens, liegt einer der vier bedeutendsten Orte des **Buddhismus.** Während der Prinzensohn **Gautama Siddharta** im kleinen Städtchen Lumbini im heutigen Nepal geboren wurde, in Bodhgaya nach einwöchiger Meditation unter dem Bodhi-Baum die Erleuchtung erlangte und in Kushinagar als hochangesehener Buddha (Erleuchteter) starb, hielt er in Sarnath seine **erste öffentliche Predigt** nach der Erleuchtung ab. Die ihm hier vor über 2.500 Jahren zuhörenden fünf Gefolgsleute bildeten die Keimzelle seiner Lehre.

König *Ashoka*, der den buddhistischen Glauben zur Staatsreligion erhob, ließ an diesem geheiligten Ort mehrere **Stupas und Klöster** errichten. Die chinesischen Pilger *Fa Hsien* und *Sian Tsang* berichteten im 5. bzw. 7. Jh. n. Chr. von 1.500 Mönchen, die hier gelehrt und gelebt haben sollen, und von einer 100 m hohen Stupa, die heute jedoch nicht mehr existiert.

Ähnlich wie andere buddhistische Stätten verlor jedoch auch Sarnath gegen Ende der Gupta-Periode Mitte des 1. Jh. n. Chr. an Bedeutung. Die Anlage geriet mehr und mehr in Vergessenheit, bevor sie schließlich im Jahr 1194 ebenso wie Varanasi von den Truppen *Muhammed-e-Ghurs* fast vollständig zerstört wurde. Sieben Jahrhunderte vergingen, bis die Überreste 1835 im Zuge einer vornehmlich von den Engländern durchgeführten Restaurierung freigelegt wurden.

Heute ist Sarnath Ziel Tausender buddhistischer Reisender vornehmlich aus dem asia-

Sarnath

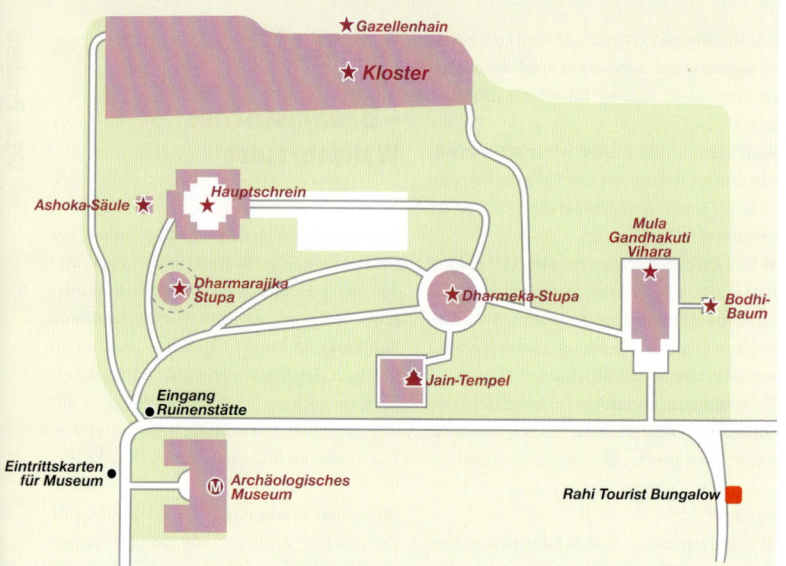

tischen Ausland, die den Ort im Rahmen organisierter **Pilgerfahrten** besuchen. So ist aus dem ehemals beschaulichen Ort ein recht hektisches und geschäftiges Touristenziel geworden. Sicher nicht der richtige Platz, um die von Buddha gelehrten Werte von innerer Ruhe und Friedfertigkeit zu erleben, aber doch allemal einen Tagesausflug von Varanasi wert.

Augenfälligsten Mittelpunkt des weitläufigen, gut ausgeschilderten Ruinenfeldes bildet die 34 m hohe **Dhamekh-Stupa**. Sie markiert die Stelle, an der Buddha seine erste Predigt gehalten haben soll. Der gegenwärtige Bau wird von Archäologen auf das 5. Jh. n. Chr. datiert. Hierauf deuten auch die für die Gupta-Periode typischen Blumenornamente und geometrischen Muster hin, die die Stupa zieren (Eintritt 100 Rs, Video 25 Rs, von Sonnenauf- bis Sonnenuntergang geöffnet).

Von der ursprünglich daneben gelegenen **Dharmaragika-Stupa** ist kaum etwas erhalten, da sie der Raja Jagat Singh von Varanasi als willkommenen Steinbruch für seine eigenen Bauvorhaben zweckentfremdete.

Kaum mehr ist von dem Tempel übriggeblieben, der sich ursprünglich westlich von hier befand und in dem Kaiser *Ashoka* während einer seiner Pilgerfahrten gepredigt haben soll. Auch die davor platzierte, einstmals wohl ca. 20 m hohe **Ashoka-Säule** strahlt kaum etwas vom Glanz vergangener Tage aus, zumal deren eigentliche Besonderheit, das berühmte **Löwenkapitell**, im benachbarten **Archäologischen Museum** (tgl. 9–18 Uhr, Kameras, Mobiltelefone und Handtaschen müssen in Schließfächern deponiert werden) ausgestellt ist. Die vier in alle Himmelsrichtungen schauenden Löwen sind Teil des indischen Staatswappens und finden sich u.a. auf jedem indischen Geldschein. Neben dem Löwenkapitell stehen in den modernisierten Räumen des 100 Jahre alten, hervorragenden Museums u.a. besonders schöne Buddha-Darstellungen und Skulpturen diverser Hindu-Gottheiten.

Die weiter südlich gelegene, ebenfalls verfallene **Chaukhandi Stupa,** auch aus dem 5. Jh., steht dort, wo Buddha seine ersten Schüler getroffen haben soll. Der Eindruck, dass der aufgesetzte Turm nicht recht passen will, wird dadurch bestätigt, dass er gut 1.000 Jahre später als Denkmal für den Besuch Humayuns hinzugefügt wurde.

Der östlich der Hauptstupa stehende **Bodhi-Baum** wurde 1931 aus einem Ableger des Bodhi-Baums aus Anuradhapura in Sri Lanka gepflanzt, der wiederum vom Originalbaum aus Bodhgaya stammen soll, unter dem Gautama Siddharta zum Buddha wurde. Hier ist auch der 1931 von der Mahabodhi Society fertiggestellte **Mulgandha Kuti Vihar** (4–11.30 und 13.30–20 Uhr, Kamera 20 Rs, Video 50 Rs) zu finden, an dem Buddhas erste Predigt als Gesang um 18 bzw. 19 Uhr (jahreszeitabhängig) aufgeführt wird. Ebenso wie in Bodhgaya ließen verschiedene Nationen wie Japan und Thailand, in denen der Buddhismus zur Staatsreligion wurde, in unmittelbarer Umgebung der Ausgrabungsstätte moderne Tempel- und Klosteranlagen errichten.

Information

■ **UP Government Tourist Bureau,** auf dem Tourist Bungalow Campus (Tel.: 0542-2595965) Mo–Sa 10–17 Uhr.

Unterkunft, Essen und Trinken

■ Eine einfache Übernachtungsmöglichkeit bietet der staatliche **Rahi Tourist Bungalow** €€–€€€ (Tel.: 0542-2595965) gegenüber der Post mit akzeptablen Zimmern, die teureren mit AC. Auch die umgebenden Rasenflächen sind ansprechend. Im Schlafsaal kostet die Übernachtung 100 Rs. Im angeschlossenen Restaurant sowie an zahlreichen Essensständen entlang der Dharmapal Road, wie etwa dem **Vaishali Restaurant** (7–21 Uhr), das auch Pizza serviert, kann man seinen Hunger stillen.

■ Etwas südlich findet man das **Friends Corner Tibetan Restaurant** mit entsprechender Küche.

■ **Green Hut** ist eine Mischung aus Café und Restaurant mit Dosas, Huhngerichten und kleineren Mahlzeiten.

■ Etwas mehr Komfort als im Rahi zum nahezu gleichen Preis gibt's im modernen **Agrawal Paying Guest House** €€–€€€ (Tel.: .0542-2595316) mit gepflegtem Garten gegenüber dem tibetischen Tempel. In dessen wie in weiteren Klöstern kann man für wenig Geld, teils auf Spendenbasis, in den Schlafsälen übernachten.

Internet

■ Internet ist an einigen Surfcafés an der **Ashoka Marg** möglich, jedoch aufgrund von häufigen Stromausfällen nicht gerade verlässlich.

An- und Weiterreise

■ Für jene, die Sarnath nicht im Rahmen der nachmittäglichen **Stadtrundfahrt** von Varanasi besuchen, bieten sich als billigste Anreisemöglichkeit die an der Straße vor dem Hauptbahnhof von Varanasi nach Sarnath fahrenden **Busse** an. Geregelte Fahrtzeiten existieren nicht, pro Std. fährt etwa ein Bus, Fahrtzeit 40 Min., 10 Rs.

■ **Autorikshas** berechnen für den einfachen Weg von Godaulia nach Sarnath etwa 80 Rs. Hin- und Rückfahrt mit zweistündiger Wartezeit in Sarnath sollten 200 Rs für zwei Personen kosten. Mit dem **Taxi** sollte man für die einfache Fahrt 250 Rs, mit Wartezeit und Rückfahrt nicht mehr als 400 Rs zahlen.

■ Einige **Züge** von Varanasi Jn. nach Gorakhpur halten in Sarnath. Abfahrtszeiten von Zügen nach Sarnath um 6.50, 11.10, 12.15, 16, 17, und 18.30 Uhr. Abfahrt von Sarnath nach Varanasi Jn.: 8.43, 9.47, 11.31, 11.58, 14.48, 18.53 und 21.13 Uhr. Für diese Züge sollte man ein Ticket ohne Reservierung für ein paar Rupien am Schalter kaufen, Fahrtzeit ca. 20 Min.

Besonders eindrucksvoll sind in Uttarakhand die **Himalayaberge** am Nordrand, die mehrere Gipfel von über sechs- und siebentausend Metern beherbergen. Corbett- und Rajaji-Nationalpark komplettieren das Bild und machen Uttarakhand zum bevorzugten Ziel von Naturliebhabern.

In den Bergen im Norden entspringen viele der von den Hindus als heilig verehrten großen Flüsse Indiens, allen voran **„Mutter Ganges"**. So ist das unter dem Namen Garhwal bekannte Gebiet im Sommer Ziel Zehntausender Gläubiger, die zu den Quellen der indischen Mythologie pilgern.

Das sich südöstlich hieran anschließende Vorgebirge des Himalaya, die Kumaon-Region, war Mitte der 1960er Jahre das Mekka vieler zivilisationsmüder westlicher Pilger, die in den **Ashrams von Rishikesh** in die Welt östlicher Spiritualität eingeführt wurden. Noch heute zieht die klare Bergluft viele Touristen an. Die **Hill Stations Nainital und Mussoorie** haben viel vom kolonialen Charme behalten. Sie dienten den englischen Kolonialherren in den Sommermonaten als Ausweichregion vor der Hitze der Ebenen.

Große Teile der Distrikte Uttar Kashi, Chamoli und Pithoraghar liegen oberhalb von

UTTARAKHAND – KUMAON UND GARHWAL

Uttarakhand entstand im Jahr 2000 als **Abspaltung von Uttar Pradesh,** zunächst unter dem Namen Uttaranchal. 2007 wurde der Bundesstaat offiziell in Uttarakhand umbenannt. Er erstreckt sich auf 53.483 km², was in etwa der Größe der Schweiz entspricht, und umfasst die Regionen Garhwal und Kumaon sowie einen schmalen Streifen der sich nach Süden erstreckenden Ganges-Ebene. Uttarakhand grenzt im Norden an Himachal Pradesh und die Volksrepublik China, im Osten an Nepal und im Süden an Uttar Pradesh. Von Dehra Dun, der vorläufigen Hauptstadt im Südwesten, sind es bis Delhi etwa 250 km, bis Lucknow etwa 500 km.

HIGHLIGHTS

→ **Highlight*:**
Corbett-Nationalpark | 399

→ **Der besondere Tipp*:**
Haridwar | 383

*Diese Tipps erkennt man im Buch an der gelben Hinterlegung im Kapitel.

△ Religiöse Zeremonie im Pilgerort Haridwar

3.000 m. Die Gebirgsketten des Himalaya erreichen weit über 7.000 m (Nanda Devi 7.816 m). In 2.000 bis 3.000 m Höhe befinden sich die Distrikte Tehri Garhwal und Almora sowie die südlichen Teile der Hochgebirgsdistrikte. Die Ausläufer des Himalaya umfassen die Distrikte Pauri und Nainital. Die Distrikte Champawat und Bageshwar bilden in den mittleren Höhen die Grenze zu Nepal. Udham Singh Nagar und die Distrikte Haridwar und Dehra Dun liegen bereits in der Ebene, die auch Uttar Pradesh charakterisiert.

In den dünn besiedelten Hochgebirgsregionen lebt ein Großteil der als **Tribals** bezeichneten Bevölkerung. Die dortigen Gesellschaften sind nicht oder nur schwach in Kasten untergliedert, ihre Religion umfasst neben tibetisch-buddhistischen auch hinduistische Elemente. Die Garhwalis und Kumaonis der mittleren Höhenlagen setzen sich großteils aus einheimischen Brahmanen und Rajputen zusammen. Auch in den Flachlandgebieten dominieren Brahmanen und Rajputen, allerdings leben hier vor allem Punjabis (vorwiegend Sikhs) und Bengalis, die nach der Unabhängigkeit und der Teilung zuwanderten.

Uttarakhand ist ein agrarischer Staat, größere Industriebetriebe gibt es nicht. Die **Landwirtschaft** ist überwiegend auf den Eigenbedarf ausgerichtet. 70 % der Felder sind kleiner als ein Hektar, größere Felder und Plantagen finden sich nur in Udham Singh Nagar. In den Höhenlagen dominiert der Anbau von Hirse und verschiedenen Gemüsesorten (Erbsen). Reis lässt sich nur bis etwa 1.800 m wirtschaftlich anbauen. Besondere Bedeutung besitzen die ausgedehnten **Wälder**.

Große Hoffnungen für die künftige Entwicklung werden in **Wasserkraftwerke** gesetzt. Am Oberlauf des Vishnuganga und bei Tehri werden bereits seit einigen Jahren Kraftwerke gebaut, die allerdings in der Region ähnlich umstritten sind wie das Staudammprojekt im Narmada-Tal. Noch nicht alle Orte sind mit Strom versorgt. Eine Grundschule in maximal drei Kilometern Entfernung ist nur für etwa die Hälfte der Dörfer erreichbar.

Die meisten Einnahmen erwirtschaftet bisher der **Tourismus**. In Garhwal befindet sich neben den Pilgerzielen Gaumukh, Badrinath, Kedarnath und Yamunotri sowie dem religiösen Zentrum Rishikesh auch ein erstes Ski-Resort in Auli. In Kumaon befinden sich mit Almora und Nainital und den Pilgerrouten zum Kailash drei fast ausschließlich von einheimischen Touristen besuchte Attraktionen.

Trekking

Aufgrund der einzigartigen Bergregionen unternehmen viele Touristen in den Sommermonaten, etwa von April bis Oktober, Trekkingtouren. Die besten Ansprechpartner für Ausflüge und Bergtouren sind, besonders in den kleineren Orten im Norden des Bundesstaates, die regionalen Büros des GMVN und KMVN, neben weiteren aufgeführten Agenturen. Auch die Websites sind sehr informativ. Auswahl besteht zwischen viel begangenen Touristenrouten und touristisch kaum erschlossenen Regionen.

■ **GMVN** (Garhwal Vandas Nikas Vikam), Hauptbüro in Dehra Dun, s. dort, www.gm vnl.com.
■ **KMVN** (Kumaon Vandas Nikas Vikam), Hauptbüro in Nainital, s. dort, www.kmvn.org.
■ Hilfreich bei der Tourplanung sind die öffentlich zugänglichen **Karten des amerikanischen Militärs,** abrufbar unter: www.lib.utexas.edu/maps/ams/india.
■ Ist man in Uttarakhand per **Bus** unterwegs, sollte man diesen frühzeitig besteigen bzw. sich bei vorheriger Reservierung einen **Fensterplatz** zuweisen lassen, um die einzigartige Landschaft besser bestaunen zu können.

Dehra Dun V/D1

Die 43 km nördlich von Rishikesh gelegene **Hauptstadt von Uttarakhand** bezieht ihren besonderen Reiz aus der attraktiven Lage in einem Tal, das im Norden vom Himalaya und im Süden von den Bergen der Shivalik-Kette begrenzt wird. Wie die meisten anderen Hill Stations der Briten ist sie heute beliebter **Ferienort der Inder** und lädt zu erholsamen Spaziergängen in die Umgebung ein. Für westliche Touristen bietet der auf 700 m Höhe gelegene Ort darüber hinaus kaum Erwähnenswertes, zumal sich in Dehra Dun heute mehr der wirtschaftliche Aufbruch Indiens spiegelt als die Beschaulichkeit eines Bergortes. Auf mehrere prestigeträchtige Internate Dehra Duns werden traditionell die Kinder der indischen Oberschicht geschickt.

Berühmt ist Dehra Dun für sein in einem großen botanischen Garten untergebrachtes **Forstwissenschaftliches Institut,** welches weltweiten Ruhm genießt. Schon das riesige, von einem 500 ha großen Park umgebene, elegante rote Backsteingebäude aus der Kolonialzeit mit Innenhöfen, Kreuzgängen, der Mogul-Epoche entlehnte Türme, römischen Säulen und Torbögen ist den Besuch wert.

Das angeschlossene **Museum** (Tel.: 275 9382, tgl. 9.30–17.30 Uhr, www.icfre.org, Eintritt 10 Rs, Guide 50 Rs) sollte nicht nur Botaniker faszinieren. In sechs großen Hallen werden die verschiedenen Aspekte der Botanik sowie herrlich detailgenaue Malereien der indischen Tier- und Pflanzenwelt ausgestellt. (Eine Riksha inkl. Wartezeit und Rückfahrt sollte etwa 250 bis 300 Rs kosten. Auch die *vikrams* der Linie 6 an der Gandhi Rd. und 8 vom Connaught Place passieren das Eingangstor des Instituts.)

Eine weitere Sehenswürdigkeit ist das **Ram Rai Darbar** beim Paltan Bazaar, dessen lebendige Atmosphäre ebenfalls nicht versäumt werden sollte. Das aus weißem Marmor errichtete Grabmal für *Ram Rai,* der 1687 starb, wurde vom Mogulherrscher *Aurangzeb* nach dessen Tod in Auftrag gegeben. Ram Rai wurde als Sohn des siebenten Sikh-Guru *Har Rai* von diesem exkommuniziert und gründete daraufhin eine eigene Sekte, die Udasi, deren soziale Einrichtungen noch heute in Dehra Dun betrieben werden. Die kleineren Grabmale auf dem Gelände beherbergen die sterblichen Überreste von Ram Rais vier Frauen. Hungrigen wird gegen eine Spende ein Mittagessen aus Dhal, Reis und Chapati serviert.

Mindrolling-Kloster

Rund um Dehra Dun hat sich eine Exilgemeinde der **Tibetischen Gemeinschaft** niedergelassen, vornehmlich im Mindrolling-Kloster (Tel.: 2649556, www.mindrolling.org) in **Clement Town,** 10 km südlich der Stadt. Das riesige, von einem liebevoll gepflegten Garten umgebene Kloster beherbergt ein College und eine imposante, 60 m hohe, fünfstöckige, weiße **Stupa.** Ebenso beeindruckend ist die dem Dalai Lama gewidmete, 35 m hohe, goldene **Buddhastatue.**

Information

● **Vorwahl:** 0135
● Das **Uttarakhand Tourist Office** (Gandhi Rd., Tel.: 2653217) befindet sich im *Hotel Drona* neben dem Old-Delhi-Busbahnhof, etwa 500 m vom Bahnhof entfernt (Mo bis Sa 10–17 Uhr). Ein Ableger im Bahnhofsgebäude steht von ca. 7 bis 21 Uhr zur Verfügung.
● **GMVN Tourism** (Garhwal Mandal Vikas Nigram, Rajpur Rd., Tel.: 2749308, 2740896, gmvn@sancharnet.in, www.gmvnl.com, Mo– Sa 10–17 Uhr) veranstaltet als kommerzieller Ableger von Garhwal Tourism viele zwi-

schen 4 und 10 Tagen dauernde Trekking- und Ausflugstouren in Garhwal und vermittelt Uttarakhand-Tourism-Unterkünfte.

Stadtverkehr

■ **Autorikshas** vom Busbahnhof oder vom Clock Tower zum Bahnhof kosten 30 Rs. Für längere Strecken von mehreren Kilometern werden 60–100 Rs verlangt. Für Fahrten zwischen ISBT und Stadtzentrum zahlt man 100 Rs. Mietet man eine Riksha für längere Zeit, etwa für eine Stadtrundfahrt, sind ca. 120 Rs zu zahlen, für ein **Taxi** knapp das Doppelte.

■ Gut und billig bewegt man sich mit den ständig zwischen Busbahnhof, Bahnhof und Uhrturm pendelnden **Tempos** bzw. **Vikrams** (3–10 Rs) auf festen Routen. Vikram-Linie 5 pendelt zwischen ISBT, Bahnhof und Rajpur Rd. bis zum 10 km südlich gelegenen Clement Town mit dem Mindrolling-Kloster. Linie 1 verkehrt entlang der Rajpur Rd. bis hinauf nach Harthibarkala im Norden der Stadt.

Unterkunft

Die große Mehrzahl der Hotels findet sich zwischen Busbahnhof und Bahnhof. Eine Ausnahme hiervon bilden die höherklassigen Unterkünfte, welche vornehmlich im Nordwesten an der Straße Richtung Mussoorie angesiedelt sind. Insgesamt ist die Auswahl in der unteren Preiskategorie gering. Die Preise unterliegen starken saisonbedingten Schwankungen.

■ Tatsächlich recht entspannend ist das **Hotel Relax** €€–€€€ (Tel.: 2657776), da es nicht wie die meisten anderen Hotels an der lauten Rajpur Rd., sondern an der ruhigeren Court Rd. im Südwesten der Stadt liegt. Alle Zimmer mit TV, viele mit Balkon.

■ Empfehlenswert ist das villenähnliche **Hotel White House** € (Tel.: 2652765). Der von einem hübschen Garten umgebene dreigeschossige Bau verfügt über 12 Zimmer. Preisähnlich, hat das bessere **Hotel Saurab** €€–€€€ (1 Raja Rd., Tel.: 2728041/2, www.hotelsaurab.com) nahe der Gandhi Rd. über 50 teils klimatisierte Zimmer mit TV zu erstaunlich günstigem Preis. Ein Restaurant ist angeschlossen.

■ Auf dem Gelände des Mindrolling-Klosters in Clement Town, 10 km südlich der Stadt, vermietet das **Devaloka House** €–€€ (Tel.: (0)9759862769) saubere, sehr preiswerte Zimmer mit TV, Balkon und Ausblick auf den hübschen Garten und die 60 m hohe Stupa. Die Rezeption ist im Norjin Restaurant.

■ Ein hervorragendes Mittelklassehotel ist das **Doon Castle** €€€€ (Tel.: 2626166, www.hoteldooncastle.com) am Patel Nagar. Die insgesamt 20 Zimmer machen einen gepflegten, freundlichen Eindruck und verfügen alle über AC, TV und Internet-Anschluss, einige mit Badewanne. Das hauseigene Flavours Restaurant serviert indische und westliche Speisen.

■ Der Name des eleganten Hotel **Great Value** €€€€–€€€€€ (Rajpur Rd., Tel.: 2744086, 3292020, www.greatvaluehotel.com) trifft durchaus zu. Mit viel Sinn fürs Detail, mit Marmor und Pflanzen vermitteln die 53 geschmackvollen Zimmer neben Annehmlichkeiten wie Kühlschrank und WiFi eine gemütliche Atmosphäre in diesem von außen eher kühl wirkenden Hotel.

■ Das beste Preis-Leistungsverhältnis Dehra Duns bietet das stilvolle **Hotel President** €€€€–€€€€€ (6 Astley Hall, Rajpur Rd., Tel.: 2657082, 2657386, www.hotelpresidentdehradun.com) im Shopping Complex des Astley Hall. Trotz dieser wenig einladenden Lage sind die gemütlichen, modernen Zimmer, alle mit Kühlschrank und Minisafe ausgestattet, ein Schnäppchen. Hervorzuheben sind das gute Pavilion Restaurant und die Polo Bar.

Essen und Trinken

■ Eine gute und mit Hauptgerichten um die 200 Rs eher teure Gaststätte ist das **Udipi Restaurant** an der Lytton Rd. In dem zentralklimatisierten Haus werden indische, chinesische und westliche Gerichte serviert.

■ Schmackhafte und preiswerte (50–150 Rs) südindische Gerichte serviert das stets volle **Kumar's Vegetarian & South Indian Restaurant** an der Rajpur Rd.

■ Besonders beliebt bei den gutbetuchten Studenten der vielen Privatschulen scheinen Fastfood-Läden wie das billige **Lakshmi Restaurant** nahe dem Paltan Bazaar mit Dosas und anderen südindischen Snacks sowie klasse Lassis sowie das **Vegetarian** mit Pizzas und Milchshakes zu sein.

■ In der Bäckerei **Grand Bakery** beim Basar gibt es leckere Kuchen und Kekse.

■ Im **Barista** und im **Café Coffee Day** an der Rajpur Rd. werden diverse Kaffeesorten und Snacks offeriert.

■ **Kumar Sweets** am Uhrturm lockt mit ebendiesen zum günstigen Preis.

■ Chinafans kommen im **Yeti Restaurant** an der Rajpur Rd. auf den Geschmack, während das **Motimahal** (ebenfalls Rajpur Rd., 100–300 Rs) für seine Mughlai-Küche sowie traditionelle südindische Speisen und Fischgerichte bekannt ist.

■ Angesagt und modern ist die **Maa Cozy Coffee Lounge** (11–23 Uhr, Rajpur Rd.). In arabischem Stil gehalten, kann man hier genüsslich an der Wasserpfeife ziehen. Außerdem reiche Auswahl an Kaffee, Tee und eine lange Cocktail-Karte.

Einkaufen

■ Faire Preise und herrvorragende Qualität sind die Merkenzeichen des **SARV Handicraft Emporium** (Tel.: 2742141, Mo–Sa 10– 19 Uhr) in der Rajgir Rd. Obwohl etwas außerhalb im Osten der Stadt gelegen, sollte man sich die fantasievollen Muster der Kleidungsstücke und vielerlei Kunsthandwerk wenigstens mal anschauen, zumal mit den erzielten Gewinnen des SARV arbeitslose Frauen der Bergregion unterstützt werden.

■ Das **English Book Depot** (Tel.: 2655192, tgl. 9.30– 20.30 Uhr) bietet eine günstige Gelegenheit, vor einem eventuellen Trip in die Berge oder in andere abgelegene Regionen seine Reiseliteratur aufzustocken. Auch die Auswahl an CDs und Landkarten ist gut.

■ Landkarten der meisten indischen Bundesstaaten sowie Spezialkarten mit Trekkingrouten und digitalisierte Versionen gibt's im **Survey of India Map Shop** (Mo–Fr 9–17 Uhr, www.surveyofindia.gov.in), eine schmale Straße im Norden der Rajpur Rd. hinein.

■ Der verkehrsfreie Bereich um **Paltan Bazaar** ist allabendlich eine beliebte Flaniermeile mit reichhaltigem Angebot an Kleidung (auch fürs Trekking), Souvenirs etc.

Bank, Post und Internet

■ Neben der **State Bank of India** (Mo–Fr 10–16 Uhr, Sa 10–13 Uhr) wechseln mehrere weitere Geldinstitute hauptsächlich an der Rajpur Rd. Bargeld und Reiseschecks. Von vielen **ATMs** entlang der Rajpur Rd. sagt der HDFC-ATM auch bei AmEx-Karten nicht nein.

■ Die **Hauptpost** an der Rajpur Rd. öffnet Mo–Fr 10–18 und Sa 10–13 Uhr ihre Pforten.

■ Für einen Touristenort wie Dehra Dun ist die Menge der Internetcafés eher gering. Der Durchschnittspreis beträgt 30 Rs/Std. Verlässliches sind **Impression Internet** an der Ghali Rd. und Netzone (9–21 Uhr), wenig südöstlich des Uhrturms.

Medizische Versorgung

■ Im Falle eines Falles ist das **Doon College Hospital** (General Mahadev Singh Rd., Tel.: 2760330) westlich der Stadt die hoffentlich richtige Adresse.

An- und Weiterreise

Flug:

■ Vom 20 km östlich der Stadt gelegenen Flughafen Jolly Grant fliegen Air India (Tel: 1800-1801407, ww.airindia.com) 4x wöchentlich und Jet Airways (Tel: 0135-2410142, www.jetairways.com) bzw. eine ihrer Tochtergesellschaften JetLite oder JetKonnect täglich nach **Delhi.**

Bahn:

■ Das **Railway Reservation Office** (Tel.: 2622233) ist Mo–Sa 8–20 Uhr, So 8–14 Uhr geöffnet.

■ Von **Delhi** verkehrt tgl. der 19019 Dehra Dun Exp.: Abf. Delhi Hazrat Nizamuddin 5.40 Uhr, über **Haridwar** (Abf.

15.35 Uhr), Ankunft Dehra Dun 17.35 Uhr. Umgekehrt: 19020 Dehra Dun Exp. Abf. 10.40 Uhr, Haridwar an 12.20 Uhr, Ank. Delhi Hazrat Nizamuddin 21.15 Uhr. Nachts der 14041 Moussouri Exp. Abf. Delhi 22.20 Uhr, über Haridwar (ab 6.20 Uhr), Ank. 8.30 Uhr. Umgekehrt der 14042 Dehra Dun Exp., Abf. Dehra Dun 21.20 Uhr, Ank. Haridwar 22.45 Uhr, Ank. Delhi 7.35 Uhr.

■ Von **Varanasi** der 13009 Doon Exp., Abf. 10.35 Uhr, über **Ayodhya** (ab 14.13 Uhr), **Lucknow** (ab 18.30 Uhr), **Moradabad** (ab 0.25 Uhr), **Haridwar** (ab 5.05 Uhr) bis Dehra Dun (an 7.10 Uhr). Umgekehrt: 13010 Doon Exp., Abfahrt Dehra Dun 20.25 Uhr, Haridwar (an 21.50 Uhr), Lucknow (an 8.20 Uhr), Ayodhya (11.40 Uhr) bis Varanasi (an 16 Uhr). Der Zug fährt weiter bis Kalkutta.

Bus:

Die meisten Busse fahren inzwischen vom neuen, 5 km südlich des Zentrums an der Clement Road gelegenen **Interstate Bus Terminus (ISBT)**. Eine Riksha dorthin kostet 100 Rs, auch Vikram-Linie 5 (10 Rs) und Stadtbus Nr. 3 fahren dorthin.

■ Stündlich Busse von und nach **Delhi** (7 Std., Ord./Del./AC 215/290/390 Rs, zwischen 4 und 22.30 Uhr, Privatanbieter mit Luxusbussen für 600 Rs, eine Luxusverbindung von Uttarakhand Tourism über Nacht vom/zum Kashmere Gate in Delhi für 900 Rs, **Chandigarh** (6 Std., zw. 4 und 22 Uhr stündl., 150 Rs) und **Nainital** (12 Std., 275 Rs, 7 Verb. zw. 5 und 20 Uhr), **Shimla** (10 Std., 6, 8, 10, 11.30 Uhr, 240 Rs), **Uttarkashi** (5 und 8 Uhr morgens, 8 Std., 225 Rs), **Joshimat** (5.30 Uhr, 12 Std., 300 Rs), **Dharamsala** (12.30 und 7 Uhr, 14 Std., 380/700 Rs non-AC/AC) **Manali** (14 Std., 15 Uhr, 425 Rs). Halbstündige Verbindungen nach **Haridwar** (2 Std., 50 Rs), **Rishikesh** (1,5 Std., zw. 5 und 19 Uhr, 35 Rs) und **Mussoorie** (1,5 Std., zw. 6 und 20 Uhr). Die meisten Busse nach Mussoorie starten vom Mussoorie Bus Stand neben dem Bahnhof. Private Anbieter verbinden zudem vom Parade Ground Bus Stand an der Westseite des Parade Ground mit Joshimat (12 Std. Fahrtzeit, 250 Rs, Abf. 7 Uhr) und Uttarkashi (9 Std., 190 Rs, 8.15 und 13 Uhr).

■ Wer zum Corbett-Nationalpark fahren will, nimmt einen der täglich 7 Busse (ab 4.30 Uhr, 7 Std., 200 Rs) nach **Ramnagar.**

Taxi:

■ 500 Rs kostet es offiziell nach **Mussoorie,** 800 Rs nach **Rishikesh** und 950 Rs nach **Haridwar.** Eine Fahrt nach **Delhi** schlägt mit 3.000 Rs zu Buche. Die meisten Taxis finden sich vor dem Bahnhof.

Mussoorie V/D1

35 km nördlich von Dehra Dun gelegen, bieten sich vom 1823 als **Hill Station** auserkorenen, auf 2000 m Höhe liegenden Mussoorie besonders schöne Ausblicke auf das Himalaya-Massiv und ins Doon Valley, falls die seltenen Lücken in den Wolken dies in der meist kühlen Stadt zulassen. Zum Greifen nahe scheint das höchste Gebirge der Welt vom durch eine **Seilbahn** mit der Stadt verbundenen **Gun Hill** (Hin- und Rückfahrtticket 55 Rs, zwischen 10 und 18 Uhr, Sommer und Oktober 8 bis 21 Uhr). Fast jeder Tourist besucht zumindest einmal diesen außergewöhnlichen Aussichtspunkt, und so reiht sich hier ein Souvenir- und Erfrischungsstand an den nächsten.

Etwas geruhsamer sind dagegen die Spaziergänge entlang der Mall, der Hauptgeschäftsstraße, und in die landschaftlich hübsche Umgebung. Hier bietet sich ein Ausflug in das etwa 5 km außerhalb der Stadt gelegene **Tibetan Refugee Centre** im Happy Valley an. Bunte Gebetsfahnen, eine Stupa und ein kleiner am Hang gelegener Tempel erinnern an die Zeiten, als hier nach der Flucht aus ihrem Heimatland noch viele Tibeter lebten.

Eine Tagestour führt zu den 15 km nördlich gelegenen, aus insgesamt fünf Wasserfällen bestehenden **Kempti Falls,** einem beliebten Picknickplatz vor allem an Wochenenden.

Information

- **Vorwahl:** 0135
- Das **Uttarakhand Tourist Office** (Tel.: 2632863, Mo–Sa 10–17 Uhr) befindet sich an der Lower Mall gleich neben der Seilbahn zum Gun Hill.
- **GMVN** (Tel.: 2631281, Mo–Sa 10–17 Uhr) beim Library Bus Stand organisiert kompetent mehrstündige und Tagesausflüge per Bus etwa zu den Kempti-Fällen (ca. 3 Std. für 70 Rs) sowie mehrtägige Trekking- und Ausflugstouren und vermittelt Unterkünfte auch in entfernten Regionen des Bundesstaates. Die Touren von GMVN können auch im Uttarakhand Tourist Office gebucht werden.

Reisebüros und Trekking

- **Trek Himalaya** (Tel.: 2630491, Upper Mall) organisiert kompetent (Mehrtages-)Ausflüge in Bergregionen, nach Har-i-Kund oder zum Gaumukh-Gletscher, aber auch zu den weiter unten erwähnten kürzeren Ausflügen in die Umgebung Mussoories.
- Wer ein Taxi, auch für mehrtägige Rundfahrten, benötigt, ist bei **Kulwant Travels** (Tel.: 2632717, 632507) beim Picture Palace Busstand an der richtigen Adresse.
- Beliebte Spaziergänge und Ausflüge um Mussoorie sind etwa entlang der **Camel's Back Rd.** (deren Name von einer Felsformation am Wegesrand herrührt, die einem Kamel ähnelt). Die etwas östlich vom Gandhi Chowk und ebenfalls etwas östlich vom Kulri Bazaar beginnende, etwa 3 km lange Straße ermöglicht weitere herrliche Aussichten, wenn nicht Wolken oder Dunst den Blick trüben. Die Strecke ist ab Gandhi Chowk auch auf einem **Pferderücken** (200 Rs einfach, 250 Rs mit Rückweg) zu bewältigen.
- Wesentlich anspruchsvoller ist die Strecke zum **Benog Hill** und dessen Jwalaji-Tempel. Die 18 km lange Tour (hin und zurück) beginnt westlich des Gandhi Chowk und verläuft teils durch dichten Wald, bietet aber dennoch herrliche Ausblicke. Mit 12 km etwas kürzer ist die Strecke zum **Everest House**, benannt nach *Sir George Everest*, dem wichtigsten Landvermesser Indiens, der auch Namensgeber für den höchsten Gipfel der Erde ist. Für all diese Touren können Guides bei Trek Himalaya gebucht werden (600 Rs für einen Tag).

Unterkunft

Über 100 Hotels buhlen um die Gunst der fast ausschließlich indischen Touristen. Die hier angegebenen **Preise** beziehen sich auf die **Nebensaison** von November bis März. Während der Hauptsaison in den Monaten April bis Juli sowie zur Hochzeitssaison Oktober/November und Weihnachten/Neujahr erreichen sie mit 300 % Steigerung und darüber ungeahnte Höhen. **Einzelzimmer** sind äußerst selten.

- Sehr schön ist das familiäre **Hotel Valley View** €€–€€€€ (Tel.: 2632324) etwas oberhalb der Mall nicht weit vom Tourist Office. Im Garten kann man neben der herrlichen Aussicht auch die leckeren Kuchen und Kekse aus der hauseigenen Bäckerei genießen. Auch das dem Hotel angeschlossene Restaurant ist zu empfehlen.
- Empfehlenswert und günstig ist auch der 1880 erbaute Holzbau des **Hotel Broadway** €€ (Camel's Back Rd., Tel.: 2632243), die Nummer eins bei Rucksackreisenden. Eine gelungene Mischung aus Modernität und altem Flair.
- Den nostalgisch schönen Charme vergangener Größe kann man im etwas heruntergekommenen **Hotel Prince** €€€–€€€€ (Tel.: 2632674) noch ahnen, oberhalb der Mall ca. 10 Minuten Fußweg vom Gandhi Chowk entfernt gelegen. Es hat offensichtlich schon glorreichere Zeiten gesehen, doch die geräumigen Zimmer und der tolle Ausblick sind das Geld wert. Man sollte natürlich Zimmer zum Tal wählen.
- Sehr angenehm wohnt man im gut geführten **Shiva Continental** €€€€ (Landour Rd., Tel.: 2632174, (0)941 207885, www.shivacon.com), einem intelligent gemachten Mittelklassehotel. Auch das Restaurant mit Außenterrasse ist einladend.
- Gut ist das 1824 erbaute **Kasmanda Palace Hotel** €€€€€–€€€€€€ (Tel.: 2632424, www.kasmandapalace.com), zentral an der Mall Rd. und doch ruhig inmitten eines großen Gartens gelegen, ein Geschichte atmendes Heritage Hotel. Auch das holzgetäfelte Restaurant des Hotels ist vielseitig und erstklassig (120–350 Rs).

■ Nostalgiker werden sich im **Hotel Padmini Nivas** €€€€–€€€€€ (The Mall, Tel.: 2631093, (0)9997095294, www.hotelpadmininivas.com), einem ehemaligen Ferienhaus des Maharajas von Rajpipla, wohlfühlen, was auch für das hauseigene Restaurant zutrifft. Das 1840 von einem britischen Oberst erbaute und später von einem Maharaja erworbene Haus besitzt viel Charme, die hellen Zimmer und Cottages sind exquisit eingerichtet. Der herrliche, 2 ha große Garten trägt ebenfalls zum Wohlfühlen bei.

Essen und Trinken

Die Auswahl an guten Restaurants ist ebenso hoch wie die Preise. Aber das ist man von Hill Stations in Indien ja gewohnt.

■ Wer nordindische und chinesische Speisen (100–300 Rs pro Hauptgericht) in angenehmem Ambiente mag, sollte das hervorragende **The Tavern** beim Kulri Bazaar wählen. Zu abendlicher Live-Musik kann edel Lamm, Fisch und Pizza in angenehmem Ambiente verzehrt werden – Mussoories Top-Restaurant. Eine lange Cocktailkarte verwöhnt mit Alkoholischem.

■ Dieselben Besitzer führen auch das **Imperial Square** (8–23 Uhr, 130–330 Rs) am Gandhi Chowk. Sehr geschmackvoll eingerichtet, kann man an den großen Fenstern zum Gandhi Square neben Huhngerichten auch fette Sandwiches genießen.

■ Ein Muss für Omelette-Freunde ist das stadtbekannte **Lovely Omelette Centre** (The Mall, Kulri Bazaar, 8–21 Uhr, 30–60 Rs).

■ **Le Chef** und das nahegelegene **Chit Chat** sind Fast-Food-Restaurants mit guten Pizzas und fetten Burgern.

■ Teigwaren gibt's bei **Café Coffee Day** und, besser, in der Bäckerei **Le Suisse** neben dem **Kwality Restaurant.** Im Kwality selbst wird indische Schnellküche zu günstigen Preisen serviert.

■ Tandoori-Gerichte serviert das Freiluftrestaurant im Hotel **Mall Palace,** scharfe südindische Küche bietet das **Madras Café.**

Bank, Post und Internet

■ Die besten Raten für Bares und Reiseschecks gibt's bei **Trek Himalaya** an der Upper Mall Rd. Die **ATMs** der Axis-Bank an The Mall und Gandhi Chowk sowie der Bank of Baroda am Kulri Bazaar akzeptieren die meisten internationalen Kreditkarten.

■ Das **Postamt** an der Mall auf Höhe des Kulri Bazaar ist Mo–Sa 9–17 Uhr geöffnet.

■ Obwohl kein Mangel an **Internetcafés** besteht, sind die Preise um 50 Rs/Std. recht hoch.

An- und Weiterreise

Bahn:

Der nächstgelegene Bahnhof befindet sich in **Dehra Dun.** Wer von dort weiterfahren möchte, kann sein Ticket (mindestens 24 Std. im Voraus) in der Northern Railway Booking Agency in der Nähe der Post kaufen (Tel.: 2632846, Mo–Sa 8–11 und 12–15 Uhr, So 8–14 Uhr).

Bus:

■ Vom **Mussoorie Bus Stand** neben dem Bahnhof in **Dehra Dun** starten die Busse nach Mussoorie. Ihr Ziel ist entweder der **Picture Palace Busstand** im Osten oder der **Library Bus Stand** am anderen Ende Mussoories. So sollte man, falls man sein Ziel bzw. seine Unterkunft kennt, schon in Dehra Dun den richtigen Bus wählen, da der Weg vom einen zum anderen Ende Mussoories viel Zeit in Anspruch nimmt.

■ Nach **Dehra Dun** (1,5 Std.) fahren Busse fast stdl. sowohl vom Library- als auch vom Picture-Palace-Busbahnhof. Direktbusse nach **Haridwar** und **Rishikesh** gibt es nicht, sodass man in Dehra Dun umsteigen muss.

■ Wer per Bus (wenige Verbindungen) oder Jeep in die **Bergorte des Gharwal** fahren will, sollte sich zum Library Bus Stand begeben. Recht umständlich ist die Busreise nach Yamunotri: zunächst in 3,5 Std. nach Barkol (140 Rs), von dort weiter bis Hanuman Chatti (2,5 Std., 60 Rs) und von dort weiter per Jeep.

■ Vom Library-Bushalteplatz startet jeden Abend gegen 20 Uhr ein Luxusbus nach **Delhi.**

Haridwar

Taxi:

An beiden Busbahnhöfen warten Taxis auf Kunden. Meist finden sich recht schnell weitere Reisende, die bereit sind, sich den Fahrpreis zu teilen; bei maximal vier Personen eine durchaus überlegenswerte Alternative. Preise sind Verhandlungssache, nach Dehra Dun etwa 500 Rs, Rishikesh 1.300 Rs, Uttarkashi 2.500 Rs.

Der besondere Tipp:
Haridwar V/D1

Seiner geografischen Lage am **Ganges,** am Übergang von den Berghängen des Himalaya in die Ebenen Nordindiens, sowie seiner Erwähnung in der hinduistischen Mythologie, wonach hier einer von insgesamt vier Tropfen der Unsterblichkeit *(amrit)* zu Boden gefallen sein soll, verdankt Haridwar seine Bedeutung als einer der wichtigsten **Pilgerorte** Nordindiens. Alle zwölf Jahre ist Haridwar Schauplatz der **Kumbh Mela,** einem der bedeutendsten Pilgerfeste der Erde mit mehreren Millionen Teilnehmern.

Zusätzliche Bedeutung kommt der Stadt als vielgenutzter Ausgangsort für Pilgerreisen zu den vier heiligen Himalaya-Orten Yamunotri, Gangotri, Kedarnath und Badrinath zu. Hieraus leitet sich auch der Name Haridwars ab, der soviel wie „Tor zu Vishnu" (Hari = Vishnu) bedeutet. Speziell in der Zeit von April bis Juni ist die Stadt Ziel Tausender Wallfahrer.

Das touristisch quasi im Schatten von Rishikesh gelegene Haridwar sollte der Reisende keinesfalls nur als Durchgangsstation ansehen, hat sich doch eben dadurch in diesem kleinen Ort am Ufer des heiligen Ganges (genauer: an einem Seitenkanal des Ganges, der Fluss selbst verläuft etwas weiter östlich) eine so stimmige, von westlichem Tourismus bisher kaum beeinflusste, religiöse Originalität erhalten. Dies gilt besonders für die Region um das Hari-ki-Pauri Ghat und die südlich anschließenden Altstadtgassen. So sollte der Rishikesh-Besucher wenigstens einen Tagesausflug ins nahegelegene Haridwar unternehmen, er wird mit bleibenden Bildern belohnt.

Sehenswertes

Wichtigstes der zahlreichen **Badeghats** ist das **Hari-ki-Pauri.** Ein Bad im Wasser des Ganges genau an dieser Stelle verheißt die Befreiung von allen Leiden, und so drängen sich hier die meisten Pilger. Ein Besuch lohnt sich vor allem nach Sonnenuntergang, wenn die Gläubigen kleine, mit Kerzen versehene Opfergaben auf dem Fluss aussetzen. Im Hauptschrein befindet sich ein angeblicher Fußabdruck Shivas. Um das Hari-ki-Pauri Ghat wird man beim Herumschlendern von Geldsammlern einer der Wohlfahrtsorganisationen, etwa Bharat Scouts & Guides, angesprochen, teils auch bedrängt, eine Spende zu geben. Dies sollte man tun. Wichtig ist es, die Quittung, die man erhält, zu verwahren, da man sie vorweisen kann, wenn man wieder angesprochen wird (dies wird passieren), damit man dann unbehelligt bleibt.

300 Meter oberhalb der Stadt erhebt sich weithin sichtbar der mit einer **Seilbahn** erreichbare, nach der Tochter Shivas benannte **Mansa-Devi-Tempel** (fotografieren im Tempelinnern verboten). Abgesehen von der recht vergnüglichen Seilbahnfahrt (48 Rs für Hin- und Rückfahrt, April bis Okt. 7–19, Nov. bis März 8.30–18 Uhr) lohnt ein Ausflug hierhin vor allem wegen des hervorragenden Ausblicks auf Haridwar und die Gangesebene. Für den Rückweg in die Stadt empfiehlt sich jedoch der schöne Fußweg den Berg hinab.

3 km südöstlich der Stadt liegt der 1929 erbaute **Chand-Devi-Tempel** auf einem Berg, dem Neel Hill. Auch hier gibt es eine Seilbahn (117 Rs hinauf und hinab, 8–18 Uhr). Für beide Tempel inkl. Seilbahnfahrten kann man Kombi-Tickets (165 Rs) erwerben, die zudem eine klimatisierte Busfahrt zwischen den beiden Sehenswürdigkeiten beinhalten.

Information

■ **Vorwahl:** 01334
■ Ein **Informationsschalter** des Tourist Office im Bahnhofsgebäude sollte tgl. außer So und jeden 2. Sa des Monats 8–14 Uhr geöffnet sein. Da der zuständige Angestellte jedoch meist durch Abwesenheit glänzt, muss man sich bei Fragen zum eigentlichen, hilfsbereiten **GMVN-Touristenbüro** (Mo–Sa 10–17 Uhr, Tel.: 2424240) begeben, welches auf Höhe der Laltarao-Brücke an der Hauptstraße zwischen dem Bahnhof und dem Hauptbadeghat liegt. Hier wird auch bei Interesse an Trekking und am Rajaji-Nationalpark weitergeholfen.
■ Das **Uttarakhand Tourist Office** (Tel.: 265304) im staatlichen Ravi Motel, etwa 200 m südlich des Busbahnhofs (Mo–Sa 10–17 Uhr), ist mit seinem jungen Team sehr bemüht und damit die beste Informationsquelle. Hier darf man zudem umsonst im Internet surfen.

Reisebüros und Trekking

■ Bei **The Navigator Wildlife & Nature Tours** (Tel.: 266755, (0)9897626363, www.thenavigator.co.in) wird man umfassend beraten. Jeepsafaris und Ausflüge, etwa in die näheren und auch ferneren Nationalparks, zu den Pilgerorten im Norden oder nach Ladakh, werden den Wünschen entsprechend individuell ausgestaltet. Genaueres auf der informativen Website.
■ Auch **Mohan's Adventure Tours** (Railway Rd., www.mohansadventure.in, 8–22.30 Uhr) ist eine erstklassige Adresse für Aktivitäten wie Rafting, Trekking, Angeln und Touren mit dem Fahrrad oder Motorrad. Beliebt sind die fünf Stunden dauernden, jedoch nicht ganz billigen (2.350 Rs p.P.) Ausflüge in den Rajaji-Nationalpark. Auch der Corbett-Nationalpark steht auf dem Programm (3-Tages-Ausflüge für 7.000 Rs).

Stadtverkehr

■ Entlang der Hauptstraße zwischen Bahnhof, Busbahnhof und Badeghats verkehren **Tempos**.
■ Mit der **Autoriksha** kostet die 2 km lange Strecke etwa 25 Rs, mit der **Fahrradriksha** 15 Rs.

◿ Am Gangesufer

Unterkunft

Die Preise steigen in der Saison von Mai bis Oktober auf teils über das Doppelte des sonst Üblichen, was natürlich nicht für die Ashrams gilt. Die hier angegebenen Preise beziehen sich auf die Nebensaison.

Ashrams:

In mehreren Ashrams sind auch westliche Besucher willkommen. Hier wird meist einfache Bleibe zum kleinen Preis oder auf Spendenbasis sowie einfache indische Kost geboten. Natürlich sind die strikten Regeln des Zusammenlebens und Meditierens unbedingt zu beachten, ansonsten übernachtet man besser in den Hotels der Stadt.

■ Im großen **Shanti Kund Ashram** (Tel.: 260602, 260 403, www.awgp.org) an der Rishikesh Rd. ist besonders die schöne, parkartige Gartenanlage attraktiv, die meisten Zimmer haben eigenes Bad. Sadhana-Meditation sowie frühmorgendliche Mantras gehören zum Tagesablauf.

■ Im gegenüber liegenden **Mohyal Ashram** (Tel.: 261336) lockt ebenfalls der Garten. Hier ist die Unterbringung vom Schlafsaal bis zu Mittelklassezimmern €–€€ wesentlich komfortabler und muss wie das Essen bezahlt werden. Hatha-Yoga-Unterricht kostet 150 Rs/Std., Minimum zwei Personen. Die Regeln sind etwas weniger strikt als in den anderen Ashrams.

■ Einige weitere Ashrams, die westliche Besucher aufnehmen, sind der **Ma Anandmayee Ashram** (Tel.:

246575, 247200), etwa 3,5 km südlich von Haridwar, und der große **Prem Nagar Ashram** (Tel.: 246345, premnagar@vsnl.com) an der Railway Rd., ebenfalls im Süden Haridwars.

Hotels:

■ Die einfachen und relativ sauberen Zimmer, teils mit Balkon, des **Hotel Mansarovar** €(Tel.: 220623), eine Seitenstraße nahe der Shiva-Statue hinein, sind ihr Geld wert. In der gleichen Straße findet sich mit dem **Hotel Panama** €–€€ (Jassa Ram Rd., Tel.: 227506) eine weitere, bessere Billigwahl. Besonders die hellen Zimmer mit Balkon im oberen Stockwerk sind günstig.

■ Ebenfalls in derselben Straße ist das **Hotel Swagat Palace** €€–€€€ (Tel.: 221581) etwas besser und etwas teurer. Die großen, teils klimatisierten Zimmer sind unterschiedlich, also umschauen, bevor man wählt.

■ Etwas versteckt in den Altstadtgassen, nah am Hari-ki-Pauri Ghat, ist das zentral klimatisierte, freundliche **Hotel Alpana** €€€€ (Lower Bazaar, Ram Ghat, Tel.: 224567, www.alpanahotels.com) ein erstklassiges Mittelklassehotel in günstiger Lage.

■ Empfehlenswert ist auch das **Hotel Midtown** €€€ (Railway Rd., Tel.: 227507, www.midtownhotel.in). Hervorragend in Schuss sind die klimatisierten Zimmer mit TV. Internet ist möglich.

■ Wer eine architektonisch sehr gelungene Unterkunft in schöner Lage am Fluss mit einem meditativen Angebot verbinden möchte, dürfte sich im Hotel **Bhaj-Govindam** €€€–€€€€ (Upper Rd., Tel.: 261682, (0)9319010100, www.bhajgovindam.com) im Norden an der Bhimgoda-Brücke wohl fühlen. Man wohnt in kleinen, teils klimatisierten, gemütlichen und komfortablen Zimmern sowie einigen einfacheren Bungalows im gepflegten Garten direkt am Ganges. Im Preis sind Yoga-Lektionen enthalten.

■ Einen guten Gegenwert bietet das nüchterne **Hotel Le Grand** €€€€ (Tel.: 2429250-3, hotellegrand.com). Die geräumigen, sauberen und gut ausgestatteten Zimmer machen die wenig ansprechende Lage des Hauses etwa 1,5 km südlich der Stadt wett. WiFi ist vorhanden, aber nicht kostenlos.

■ Die mit Abstand schönste und stilvollste Herberge in Haridwar ist das in ein Luxushotel umgebaute, über 110 Jahre alte Haveli **Hari Ganga** €€€€€–€€€€€€ (Tel.: 226443, (0)9412074416, www.havelihariganga.com) direkt am Gangesufer und mit eigenem Zugang zum Fluss. Dem Haus entsprechend dekorierte und möblierte Zimmer, die Terrasse zum Fluss sowie Dampfbad und ayurvedische Massage machen das Wohnen in idealer Lage zum Fest.

Essen und Trinken

Alkohol und Fleisch sind in dieser Pilgerstadt tabu!

■ Ziel der meisten westlichen Touristen ist das **Big Ben Restaurant** im Hotel Ganga Azure. Hier kann man sich gemütlich in die Polster schmiegen und eines der guten Gerichte (indisch, continental, chinesisch, 80–150 Rs für ein Hauptgericht) von der vielseitigen Speisekarte genießen. Für feine Ohren könnte das Vergnügen jedoch durch die meist dudelnde Popmusik bis (hinab) zu Modern Talking leicht versalzen schmecken.

■ Sehr gut isst man im **Chotiwala** gegenüber vom GMVN Tourist Office. Besonders zu empfehlen sind dort die leckeren Thalis.

■ Als Institution bei Einheimischen bekannt, serviert das 1937 eröffnete **Hoshiyar Puri Restaurant** (Upper Rd., 11–16 und 19–4 Uhr, Hauptgericht 50–80 Rs) Speisen zum kleinen Preis.

■ Nur etwas südlich in den Gassen des Bara Bazaar versteckt, ist auch das **Prakash Lok** eine Institution. Köstlich cremige Lassis sind der ideale Nachtisch oder eine Erfrischung zwischendurch. Am besten durchfragen, da es jeder kennt.

■ **Sindh Dugh Bhandar** ist ein typisches, von außen nichtssagendes, einfaches Kantinenrestaurant an der Railway Rd., das köstliche Thalis, Curries und Süßpeisen zu sehr geringen Preisen bietet.

■ In den vielen einfachen Restaurants südlich des Hari-ki-Pauri Ghat lässt sich gute indische Küche zu kleinem Preis genießen. Etwas gehobener ist es eine Gasse vom Wasser entfernt im **Jahanvi Motivala Bhoj.**

■ Eine große Auswahl an Speisen, von Pizzas und Thalis bis zu Eiscreme, gibt es im beliebten **Mohan's Fast Food** an der Railway Road, nur wenige hundert Meter vom Bahnhof entfernt.

■ Das nahegelegene **Shivalik Restaurant** bietet neben Thalis eine breite Palette indischer und chinesischer Gerichte.

■ Ausgezeichnet ist das Restaurant des Haveli **Hari Ganga**. Besonders beliebt ist das vegetarische Abendbüffet (450 Rs, 20.30–23 Uhr).

Bank

■ Neben dem effizienten **Sai Forex** (s.u.) werden auch bei der **Canara Bank** an der Railway Rd. Mo–Fr 10–15 und Sa 10–12 Uhr Bares und Reisechecks zu Rupien gemacht.

■ An der Hauptstraße auf Höhe des Clocktower nimmt der **ATM** der State Bank of India Visa- und Mastercard. Näher am Busbahnhof, ist der ATM der State Bank of India neben dem Chitra Cinema nur für Visakarten zuständig.

Post und Internet

■ Das **Foreigner's Registration Office** (Mo– Fr 10–17 Uhr, Tel.: 242980) und die **Hauptpost** (Mo–Sa 10–18 Uhr) findet man nebeneinander an der Railway Rd.

■ Internetcafés sind noch rar gesät im eher selten von westlichen Touristen besuchten Haridwar. Eine schnelle Breitbandverbindung mit guter Ausstattung gibt's bei **Sai Forex** schräg gegenüber dem Om Hotel (40 Rs/Std., etwa 10–21 Uhr außer Mi). Hier ist auch effizienter Geld- und Reisechecktausch möglich. Zudem lässt sich der Besitzer, falls man in der Bredouille steckt, auch zu Hause stören (Tel.: (0)9837120188).

Eine schmale Straße hinter dem Big Ben Restaurant hinein, finden sich nach etwa 100 m zwei weitere, jedoch recht langsame Internetcafés, **Hari Commications** ist eines davon. Das schnellere **Internet Zone iway** an der Upper Rd. ist 10–20.30 Uhr geöffnet.

Medizische Versorgung

■ Ein traditionsreiches Krankenhaus mit guter Reputation ist das **Rishikul Ayurvedic Hospital** (Tel.: 221003) an der Railway Rd. etwas südlich der Stadt.

■ An der Hauptstraße auf Höhe der Canara Bank gibt's gleich mehrere **Apotheken** nahezu nebeneinander. Die Milap Medical Hall verkauft neben der üblichen Medizin auch ayurvedische Produkte.

An- und Weiterreise

Bahn:

Das Rail Reservation Office im Bahnhof ist Mo–Fr 8–20 und Sa 8–14 Uhr geöffnet.

■ Der 18478 Kalinkautkal Exp. benötigt nur knapp 5 Std. von Haridwar nach **New Delhi:** Haridwar ab 6 Uhr, New Delhi an 11.45 Uhr (tgl.). Als Nachtzug bietet sich der 12206 DDN NDLS AC Exp. an: Haridwar ab 0.35 Uhr, Delhi an 5.05 Uhr. Eine weitere schnelle Verbindung bietet der 12018 Shatabdi Exp: Haridwar ab 18.13 Uhr, New Delhi an 22.45 Uhr.

■ Nach **Jaipur** der 19106 HW ADI Mail: Abf. 15.25 Uhr, über **Delhi** (an 21.50 Uhr), Ank. Jaipur 4.10 Uhr.

■ Nach **Lucknow** der 13010 Doon Exp.: Haridwar ab 22.15 Uhr, Lucknow an 8.20 Uhr. Von aus Lucknow weitere 7,5 Std. nach **Varanasi**, Ank. 16 Uhr. Der Zug startet um 20.25 Uhr in Dehra Dun. Andere Richtung der 13009 Doon Exp.: Abf. Varanasi 10.35 Uhr, über Lucknow (ab 18.15 Uhr), Ank. Haridwar 4.35 Uhr.

■ **Rishikesh** und **Dehra Dun** sind schneller per Bus zu erreichen.

Bus:

■ Mindestens stündlich fahren Busse nach **Delhi** (6 Std., 140 Rs), Chandigarh (10 Std., 140 Rs), **Rishikesh** (45 Min., 22 Rs) und **Dehra Dun** (2 Std., 44 Rs). Von dort gibt es auch Anschlussverbindungen nach **Mussoorie**. Volvo-Luxusbusse nach Delhi 350 Rs, Abfahrt 13 Uhr.

■ Mehrere Busse tgl. nach **Agra** (frühmorgens, 12 Std., 300 Rs), **Almora** (10 Std., 370 Rs), **Dharamsala** (14.30 und 16.30 Uhr, 15 Std., 350 Rs), **Shimla** (1.30, 12.30 und

17.30 Uhr, 13 Std., 270 Rs), **Nainital** (frühmorgens und abends, 8 Std., 300 Rs), **Jaipur** (frühmorgens, 12 Std., 310 Rs), und **Ramnagar** (Corbett-Nationalpark, 6 Std., 180 Rs).

■ Nach **Uttarkashi** (5.30, 7.30 und 9.30 Uhr, 200 Rs) und Ranikhet (6 und 17 Uhr, 230 Rs) nur wenige Busse in 10 Stunden.

■ Nach **Chilla,** nahe dem Eingang des Rajaji-Nationalparks, fahren ab 7 Uhr halbstündig Busse. Der letzte zurück nach Haridwar verlässt Chilla um 16 Uhr.

■ Busse in die **Bergregionen** nach Gangotri, Badrinath (über Joshimath) und Kedarnath starten vom GMOU-Busbahnhof, wobei diese Verbindungen während der Monsunzeit oftmals zeitweise unterbrochen sind. Die Abfahrtszeiten sind bei GMOU für Gangotri unter Tel. (0)9897924247, für Kedarnath und Badrinath unter Tel. (0)9364936474 zu erfahren.

■ Privatanbieter fahren u.a. nach **Delhi** (Deluxe 175 Rs, AC-Volvo 400 Rs), **Agra** (um 250 Rs), **Jaipur** (um 450 Rs) sowie **Gangotri** (500 Rs) und **Nainital** (300 Rs). Diese starten beim GMVN Tourist Office am Sikh-Tempel und können über jeden der ortsansässigen Anbieter gebucht werden.

Taxi/Minibus:

Der Taxistand (Tel.: 227338) direkt gegenüber dem Busbahnhof bietet Fahrten zu den umliegenden Orten an. Die Fahrpreise hängen aus, doch sind diese in Zeiten geringer Nachfrage durchaus verhandelbar. Einige offizielle Preisbeispiele vor dem Handeln: Chilla (Rajaji-Nationalpark) 500 Rs, Dehra Dun 1.000 Rs, Rishikesh 760 Rs, Delhi 3.800 Rs, Shimla/Chandigarh 5.200 Rs, Gangotri, Yamunotri und Badrinath jeweils 6.500 Rs. Eine gut einwöchige Rundreise zu den drei letztgenannten Zielen 17.500 Rs.

Haridwar

Rajaji-Nationalpark V/D1

Der Rajaji-Nationalpark (www.rajajinationalpark.in) bei Haridwar erstreckt sich über eine Fläche von 820 km². Das waldreiche Gebiet beherbergt neben Sambahirschen und anderem Wild deren selten gesehene Jäger, Leoparden, Bären und einige Tiger sowie über 300 Vogelarten. Vor allem findet man hier eine große Zahl **wilder Elefanten,** etwa 500 Tiere.

12 km nordöstlich von Haridwar bei Chilla ist der Eingang zum Wildpark, der sich nach Süden bis auf Höhe Haridwars auf der östlichen Uferseite des Ganges erstreckt. Beim Forest Ranger's Office am Eingang des Parks werden **Elefantenausritte** arrangiert. Sie kosten 400 Rs pro Elefant mit bis zu vier Sitzplätzen. Hier heißt es: Wer zuerst kommt, reitet zuerst. Da die Zahl der Elefanten limitiert ist, kann es zu Engpässen kommen.

Dieses Problem besteht nicht, wenn man sich für eine **Jeepsafari** entscheidet. Diese starten ebenfalls am Parkeingang, Preis pro Jeep 500 Rs zzgl. Eintrittspreis für die Insassen. Sie fassen bis zu acht Personen, dann ist es jedoch reichlich eng. Innerhalb des Parks sind Aussichtstürme, ursprünglich für Jäger gebaut, ideale Beobachtungsposten für die Wildtiere.

■ **Eintritt** p.P./Tag 600 Rs. Der Park ist offiziell vom 15. November bis 15. Juni geöffnet. Mithilfe des GMVN-Büros, Mohan's Adventure Tours sowie The Navigator Wildlife & Nature Tours in Haridwar (die jedenfalls die einfachste Möglichkeit bieten, den Park zu besichtigen) gibt's jedoch eine Chance, auch außerhalb dieser Zeiten Touren in den Park zu unternehmen.

Unterkunft

■ Eine akzeptable Bleibe am Parkeingang ist das **Chilla Guest House** €€€–€€€€€ (Tel.: 0138-226678). Die teuren Zimmer sind klimatisiert, das angeschlossene Restaurant serviert gute Qualität zu kleinem Preis.

■ In weiteren Einfachunterkünften um den Parkeingang, etwa in einem der neun **Forest Rest Houses** €€€€ innerhalb des Parks (Tel. des Direktors des Rajaji National Park Office: 0135-2611669, Ansari Marg in Dehra Dun) oder **Saryananayan Rest House,** gibt's leider keine Verpflegung. Wohnt man im Park, gilt der Eintritt für drei Tage.

■ Als eine der wenigen Unterkünfte liegt das nach ökologischen Gesichtspunkten gebaute **Wild Brook Retreat** €€€€€ (Bukundi, Tel.: (0)8449172176, (0)9314880887, www.wildbrookretreat.com) in abgeschiedener Lage innerhalb des Nationalparks. Die komfortablen, geräumigen Cottages mit unverputzten Steinmauern und Terrasse sind gemütlich. Die exzellente Küche richtet sich nach den Wünschen der Gäste, ist allerdings fast fleischlos (Huhn ist möglich). Alles in allem ein feines Gesamtpaket. Der naturliebende Besitzer führt auch zu Jeepsafaris, Wassersport, Rafting und Trekkingausflügen in den Park.

An- und Weiterreise

■ Regelmäßige **Busverbindungen** (1 Std. Fahrzeit, 20 Rs) zwischen Chilla und Haridwar. Der erste Bus startet in Haridwar um 7 Uhr, der letzte um 14 Uhr. Die letzte Rückfahrt nach Haridwar ist um 17 Uhr möglich.

■ Per **Taxi** kostet die Fahrt nach Chilla etwa 500 Rs.

▷ Hängebrücke über den Ganges in Rishikesh

Rishikesh

V/D1

– Yoga capital of the World

Ob Lucy in the Sky with Diamonds nach wie vor über dem Himmel von Rishikesh schwebt, ist zwar nicht bekannt, doch der **Geist der 1960er Jahre,** als hier die **Beatles** von ihrem Guru *Maharishi Mahesh Yogi* in die Welt östlicher Spiritualität eingeführt wurden, ist auch heute noch sehr präsent in Rishikesh, 43 km südlich von Dehra Dun. Der Ansturm zivilisationsmüder Westler ist über die Jahre derart angewachsen, dass sich **Meditationszentren und Ashrams** aneinanderreihen, und so rühmt sich Rishikesh nicht zu Unrecht als „the Yoga Capital of the world".

Die Suche nach einer Alternative zum kommerziellen Westen ist zum Big Business geworden. Dies gilt zumindest im 2 km nördlich des eigentlichen, wenig attraktiven Ortskerns gelegenen Stadtteil **Muni-ki-Reti,** in dem sich hinduistische Tempel und Ashrams an den Ufern des Ganges in bunter Folge abwechseln.

Neben den dort besonders zahlreichen Sadhus bestimmt vor allem in den Monaten September und Oktober, wenn die Yoga-Saison ihren Höhepunkt erreicht, das Rot der **Sanyassins** das Bild. Das zunehmende Interesse vieler Europäer an der Weisheit des Ostens hat indische Spiritualität während der letzten Jahrzehnte zu einem blühenden Geschäftszweig Rishikeshs werden lassen. Trotz Kommerzialisierung und dem Bau neuer Hotels und Ashrams wirkt Rishikesh keineswegs überlaufen und ist immer noch ein hervorragender Ort, um Meditation, Yoga und hinduistische Philosophie zu studieren an den tief in den Fels geschliffenen Ufern des Ganges.

Rishikesh zieht sich entlang den **Gangesufern**, wobei sich der weitaus größere Teil auf der Westseite des Flusses erstreckt. Die eigentliche Stadt befindet sich auf der südlichen Westseite und ist eine typische indische, **pulsierende Kleinstadt**. Hier finden sich die meisten Geschäfte und die Infrastruktur wie Bahnhof, Busbahnhof, Post und Krankenhaus. Weiter bergauf entlang der Hauptstraße nach Norden schließen sich die Ashrams auf beiden Flussseiten an. Sie werden durch zwei **Fußgängerhängebrücken** verbunden, um die sich die meisten Unterkünfte gruppieren. Auf der Ostseite des Flusses verläuft das Leben wesentlich geruhsamer und entspannter. Hier finden sich mehrere, teils recht große **Strände** am Gangesufer, wenn er nicht gerade Hochwasser führt.

Sehenswertes

In der ansonsten uninteressanten Innenstadt lohnt neben dem von hohen Mauern umgebenen, dem Bruder Ramas gewidmeten **Bharat Mandir** nur das **Triveni Ghat** einen Besuch. Besonders nach Sonnenuntergang, wenn viele Inder kleine, mit Räucherstäbchen und Kerzen bestückte Blumengestecke auf dem Ganges aussetzen, strahlt der von Tempeln flankierte Ort eine sehr friedvolle Atmosphäre aus.

Auffälligste Bauwerke im Norden der Stadt sind die beiden den Ganges überspannenden **Hängebrücken Ram Jhula**, wegen dem auf westlicher Seite gelegenen Ashram auch *Shivanand Jhula* genannt, und **Lakshman Jhula**. Am östlichen Ufer der letztgenannten stehen zwei in ihrer orange-roten Bemalung weithin sichtbare elf- bzw. dreizehngeschossige **Tempel**, Swarg Niwas und Shri Trayanbakeshwar. Von beiden bietet sich eine schöne Aussicht, wobei der Aufstieg zur Spitze von zahlreichen Verkaufsständen und bunten Skulpturen zahlloser Hindu-Gottheiten gesäumt wird.

Der auf der Ostseite des Flusses ganz im Süden gelegene **Ashram von Maharishi Makesh Yogi**, in dem die Beatles mehr oder weniger Erleuchtung fanden, ist, seitdem er 1997 verlassen wurde, dem Verfall ausgesetzt. Das verwilderte Gelände wird von einer eher mürrischen Wache patrouilliert, sodass eine Besichtigung in den meisten Fällen jäh unterbrochen wird, wobei ein wenig Bakschisch zur weiteren Erkundung hilfreich sein kann.

Sehr angenehm und empfehlenswert ist der etwa 30-minütige **Fußweg** entlang des östlichen Gangesufers zwischen den beiden nur von Fußgängern und Zweirädern zu passierenden Brücken. Besonders am späten Nachmittag vermitteln die Strahlen der untergehenden Sonne zusammen mit den hier sehr zahlreichen Sadhus eine Atmosphäre meditativer Ruhe und Friedfertigkeit. Die meiste Zeit des Jahres gibt der Ganges auf dieser Flussseite herrliche **Strände** frei, die zum Entspannen einladen.

Praktische Tipps

Information

● **Vorwahl:** 0135
● Das freundliche **UP-Tourist Office** (Dhalwala Bypass Rd., Tel.: 2430209) ist leider recht weit außerhalb an der Ausfallstraße nach Haridwar gelegen. Es ist hilfsbereit und tgl. außer So 10 bis 17 Uhr geöffnet. Im selben Gebäude befindet sich auch das **GMVN-Yatra-Büro**, in dem Broschüren erhältlich sind und Ausflugstouren gebucht werden können.

● Wer, wie die meisten Touristen, im Stadtteil Muni-ki-Reti wohnt, kann sich die lange Anfahrt sparen, da man alle notwendigen Informationen an der **Rezeption des Tourist Bungalow** erhält. Auch **Red Chilli Adventure** und **GMVN** (siehe Trekking) sind behilflich.

Rishikesh

Stadtverkehr

■ **Tempos/Vikrams** verbinden in kurzer Folge das Stadtzentrum mit dem ca. 3 km nördlich gelegenen Stadtteil Muni-ki-Reti (10 Rs) bis zum Wendepunkt nahe der Lakshman Jhula. Man kann auf Handzeichen zusteigen. Mietet man ein Fahrzeug komplett, kostet die Fahrt aus der Innenstadt bis zur Ram Jhula 80 Rs, bis zur Lakshman Jhula nochmal 40 Rs. Die Fahrer versuchen immer, horrende Extrasummen zu verlangen, besonders, wenn kein Inder mehr mitfährt. Hierauf sollte man sich nicht einlassen.

■ Vom Bahnhof bis zum Tourist Bungalow kostet es mit der **Autoriksha** ca. 40 Rs, zur Lakshman Jhula 50 Rs.

■ Ein **Taxi** von der Lakshman Jhula zum Busbahnhof im Ortskern kostet 170 Rs.

■ Will man von einer Flussseite auf die gegenüberliegende, kann man natürlich die Brücken benutzen oder sich von der **Fähre** an der Ram Jhula für 10/15 Rs (einfach/hin und zurück, 7.30–18.30 Uhr) übersetzen lassen.

■ **Motorroller und -räder** können für ca. 300/600 Rs um die Brücke Lakshman Jhula von Privatpersonen angemietet werden, wobei kein Versicherungsschutz besteht.

Unterkunft

Eine kaum überschaubare Menge an vorwiegend auf Rucksacktouristen zugeschnittenen Billigherbergen lassen dem Reisenden die meiste Zeit des Jahres die freie Auswahl. Zudem bieten fast alle Ashrams für Kursteilnehmer Unterkunftsmöglichkeiten verschiedener Qualität. Auf der Ostseite des Ganges wohnt man in nahezu dörflicher Umgebung wesentlich ruhiger als auf der Westseite. Das Angebot an Luxushotels ist gering. Zu beachten ist, dass in der Hauptpilgersaison zwischen April und Juni die Hotelpreise z.T. erheblich ansteigen, wenn sich von Rishikesh aus Zigtausende zu den 400 km nördlich gelegenen Wallfahrtsstätten am Fuße des Himalaya aufmachen.

Untere Preiskategorie:

Auf einer **High Banks** genannten Erhebung im Norden des Ortes gruppieren sich auf kleiner Fläche mit viel Baumbestand mehrere Unterkünfte, die in ihrem jeweiligen Preissegment, meist Budget, alle viel zu bieten haben.

■ Die wenigsten Rupies sind beim einfachen, aber gemütlichen **Mount Valley Mama Cottage** € (Tel.: 2436 833) für die Einfachzimmer mit Bad zu zahlen.

■ Der **Bhandari Swiss Cottage** €–€€€ (Tel.: 2432939) ist zwar eine hervorragende Unterkunft in der unteren Preiskategorie, jedoch durch den Erfolg etwas unpersönlich geworden. Die Zimmer, die teureren klimatisiert, sind sauber, alle mit Terrasse in friedvoller Lage. Auch das hauseigene Restaurant mit vielseitiger Speisekarte und das Internetcafé sind vor allem bei Backpackern beliebt.

■ Kein Wunder, dass der Erfolg die Besitzer dazu veranlasst hat, ganz in der Nähe ein **New Bhandari Swiss Cottage** €–€€€€ (Tel.: 2435322, www.newbhandariswiss cottage.com) zu eröffnen. Dem etwas höheren Preis entsprechend, sind die teils klimatisierten Zimmer mit Fernseher hier komfortabler und freundlicher. Gleich ist die friedvolle Atmosphäre inmitten eines hübschen Gartens und die hauseigene Bäckerei.

■ Die stimmigste Bleibe auf dem Hügel ist das **High Banks Peasant Cottage** €€–€€€€ (Tel.: 2431167). Auf verschiedenen Terassenebenen lädt das Areal zum Relaxen in gemütlichen Korbmöbeln ein. Die teils ganz neuen, komfortablen Zimmer mit Balkon sind makellos. Das Restaurant und der Dachgarten komplettieren einen hervorragenden Gesamteindruck in diesem freundlichen Haus.

■ Schön und günstig an der Lakshman Jhula gelegen mit Ganges-Blick ist das **Ishan Hotel** €–€€€ (Tel.: 2431534) mit sauberen Zimmern, die teureren sehr geräumig, mit Balkon und TV sowie mit besserem Ausblick auf den Fluss – eine gute und beliebte Adresse. Das Restaurant hat die gleiche Qualität.

■ Auf der östlichen Flussseite haben die wenigen Zimmer, teils mit Gemeinschaftsbad, des **Aggarwal Guest House** € (Tel.: 243 3435) ebenfalls Gangesblick. Auch hier ist die Nähe zur Hängebrücke günstig, zudem überzeugt die familiäre Atmosphäre. Nicht weit entfernt, sind die vorderen Balkonzimmer des **Hotel Divya** € (Tel.: 2435 998, 243 4938, divyanew@yahoo.com) ein hervorragender Deal. Je höher, desto besser der Blick.

■ Südlicher machen das **Hotel Raj Palace** €€–€€€ (Tel.: 2440079) mit hellen, durchweg sauberen Zimmern mit

Balkon, teils mit AC und TV, sowie das nahegelegene, etwas preiswertere **Hotel Brijwasi Palace** €-€€ (Tel.: 2440071) mit ähnlicher Ausstattung das beste Angebot in ruhiger Lage.

Mittlere Preiskategorie:

■ Das **Vasundhara Palace** €€€€-€€€€€ (Tel.: 2442345, www.vasundharapalace.com), ein glasverschalter Neubau am Ufer des Ganges, gilt als das modernste Hotel von Rishikesh. Tatsächlich beeindruckt es mit einem Pool auf dem Dach und einem Spa, doch insgesamt wirkt es ein wenig kühl und fehl am Platze.

■ Wer Wert auf mehr Luxus legt, findet mit dem **Great Ganga** €€€€-€€€€€ (Tel.: 2438252, www.thegreatganga.com) eine entsprechende Adresse auf Höhe der Ram Jhula. Tolle Ausblicke vom Balkon und ein erstklassiges Restaurant – eine hervorragende Mittelklassebleibe, inzwischen jedoch leicht übertreuert.

■ Obwohl in den letzten Jahren recht groß geworden, offeriert das **Lakshman Jhula Devine Resort** €€€€€-€€€€€€ (Tel.: (0)9654059367, (0)9560024446, www.dивineresort.com) mit immer noch gemütlichen, teils klimatisierten Zimmern und großen, jedoch auch recht teuren Suiten mit klasse Gangesblick aus den großen Fenstern viel Komfort. Auch Zusatzangebote wie ayurvedische Massage Gym-Raum und das Terrassenrestaurant mit Freiluftbereich untermauern den guten Gesamteindruck.

■ Äußerst angenehm wohnt man im 2 km südlich des Zentrums am Ganges errichteten **Hotel Ganga Kinare** €€€ (Tel.: 224316). Einige der sehr geschmackvoll eingerichteten Zimmer (alle AC) bieten einen schönen Blick auf den Fluss.

Obere Preiskategorie:

■ Wirklichen Luxus gibt's im 18 km nördlich Rishikeshs gelegenen **Ananda Spa** €€€€€€ (Tel.: 01378-227500, www.anandaspa.com). Im mit Preisen überhäuften Resort auf riesiger Parkanlage mit teils privatem Swimmingpool, Golfplatz, Fitnessanlagen, Restauranttischen in den Bäumen und allen erdenklichen Annehmlichkeiten wird besonderer Wert auf Wellnessbehandlung gelegt. WiFi in den Zimmern ist selbstverständlich. Eine Luxusadresse zu Luxuspreisen.

Rishikesh

■ **Unterkunft**
1 Glasshouse on the Ganges
2 Ananda Spa
4 New Bhandari Swiss Cottage
5 Mount Valley Mama Cottage, Bhandari Swiss Cottage
6 High Banks Peasant Cottage
8 Lakshman Jhula Devine Resort
12 Ishan Hotel
13 Aggarwhal Guest House
14 Hotel Divya
22 Great Ganga
24 Tourist Bungalow
25 Vasundhara Palace
26 Hotel Raj Palace
27 Hotel Brijwasi Palace
33 Hotel Ganga Kinare

Rishikesh

■ Nicht ganz so luxuriös, aber komfortabel genug ist das schöne, 23 km nördlich von Rishikesh platzierte **Glasshouse on the Ganges** €€€€€–€€€€€€ (Badrinath Rd., Tel.: 01378-269224, (0)919412076420, glasshouse-on-the-ganges.neemranahotels.com) mit hübschen Zimmern, Cottages und zwei Zelten in einer gepflegten Gartenanlage in völliger Ruhe zu wesentlich moderateren Preisen.

Essen und Trinken

Ebenso wie in Haridwar gibt es im Pilgerort Rishikesh **weder Alkohol noch Fleisch.**

■ Spezialität des optisch wenig appetitanregenden **Chotiwala** auf der östlichen Seite der Ram Jhula. Spezialität des Hauses sind die sehr schmackhaften Thalis für 60 Rs. Inzwischen ist es jedoch sehr touristisch geworden.

■ Warum das angrenzende Restaurant im **Laxmi Hotel** trotz ähnlich guter Küche fast immer gähnend leer steht, ist ein Rätsel.

■ Etwas weiter flussabwärts ist das neue **Green Italian Food** (60–150 Rs für ein Hauptgericht) eine exzellente Adresse für das Genannte.

■ Internationale Küche inkl. Pizza im Bambusrestaurant **Little Buddha Café** (8–23 Uhr, 70–150 Rs) mit Aussichtsetage auf den Ganges lockt viele Touristen an.

■ In Zelten auf Polstern wird im **Pyramid Café** (8–22.20 Uhr) gespeist. Preiswerte westliche Gerichte, tibetanische und indische Küche (40–100 Rs) in friedlicher Atmosphäre auf der Ostseite des Ganges sind bemerkenswert wie auch der WiFi-Anschluss.

■ Etwas südwestlich der Lakshman Jhula sind **Lucky Restaurant** (9–22 Uhr) und **Ganga Beach Restaurant** (8–22 Uhr) zwei preisähnliche (50–120 Rs) Speisestätten am Ganges, das erste im Garten mit Schatten spendendem Baum, im zweiten wird auf der Terrasse serviert.

■ Das **Madras Café** bei der Ram Jhula ist ein alteingesessener Favorit mit einer großen Auswahl vegetarischer Gerichte.

■ Der ideale Platz, um bei einem Kaffee, Backwaren (Apfelstrudel, Croissants) und Snacks den schönen Ausblick über den Fluss zu genießen, ist **Devraj Coffee Corner** gleich bei Lakshman Jhula. Nebenan werden Second-Hand-Bücher verkauft.

■ Empfehlenswert ist auch das **Daana Paani Restaurant** im Hotel Baseera.

Bank

■ Die **State Bank of India** (Railway Rd., Mo–Fr 10–14 und 15–16, Sa 10–13 Uhr), nicht weit vom Bahnhof entfernt, wie auch die kleine Filiale der **Punjab National Bank** (Haridwar Rd., Mo–Fr 10–14, Sa 10–12 Uhr) an der Hauptstraße und die **Indian Overseas Bank** (Lakshman Jhula Rd., gleiche Öffnungszeiten) etwas nördlich wechseln Bargeld und Reiseschecks.

■ Auf der Ostseite des Ganges sind **Ganga Forex** und das **Bureau de Change** fast daneben für Bargeld, Reiseschecks zuständig.

■ Einige **ATMs**, wie der von der UTI-Bank im Ortskern, der von der Bank of Baroda an der Dehra Dun Rd. oder der von der Axis Bank auf der östlichen Flussseite, nehmen die meisten Kreditkarten an.

Post und Internet

■ Die **Hauptpost** ist im Ortskern an der Ghat Rd. Hierher können auch postlagernde Sendungen geschickt werden, Postal Code: 249201. Eine Zweigstelle auf der Ostseite des Ganges findet sich neben dem Chotiwala Restaurant. Beide sind Mo–Fr 10–16 und Sa 10–13 Uhr geöffnet.

■ Eine Stunde Surfen kostet meist zwischen 20 und 30 Rs. Viele Hotels und Guest Houses haben ihre eigene Internet-Verbindung. Auch **Om Telecoms** beim Ishan Hotel und **Blue Hill Travels** (Swarg Ashram, 8–22 Uhr) sind zuverlässig. Bei **Red Chilli Adventures** (bis 21 Uhr) sind die Breitbandverbindungen schnell (30 Rs/Std.). Die gibt's auch im **Riverain Café & Cyberzone** etwas westlich der Lakshman Jhula.

Meditationskurse

Über 20 **Ashrams** haben sich inzwischen in der *Yoga Capital of the World* angesiedelt, und trotz der gerade in letzter Zeit immer lauter werdenden Kritik an der zunehmenden Kommerzialisierung scheinen die meisten westlichen Studenten mit den angebotenen Kursen sehr zufrieden zu sein. Viele bleiben für mehrere Monate oder kommen regelmäßig seit Jahren in den Hauptmonaten September und Oktober aus Europa, Amerika und zunehmend auch aus Japan. Die Meinungen darüber, welcher Ashram die besten Kurse anbietet, sind ebenso vielfältig wie das Angebot selbst.

Empfehlenswert ist es, sich bei schon länger in Rishikesh wohnenden Schülern über die in den jeweiligen Ashrams durchgeführten Kurse zu informieren. Außerdem sollte man zunächst einmal an einigen Übungen teilnehmen, bevor man sich für einen Kurs entscheidet. Die meisten Zentren bieten diese Möglichkeiten.

Bei allen Unterschiedlichkeiten gelten in den meisten Ashrams doch ähnliche **Verhaltensvorschriften.** Hierzu zählen unter anderem Rauch- und Alkoholverbot, das Vermeiden von unnötigem Lärm, zurückhaltende Kleidung, vegetarische Ernährung sowie das Verbot, öffentlich Zärtlichkeiten auszutauschen. Die Meditations- und Yogakurse finden meist frühmorgens gegen 5 Uhr und nach Sonnenuntergang gegen 20 Uhr statt.

Während einige Ashrams, wie etwa Ved Niketan, feste **Kursgebühren** berechnen, sind sie bei anderen frei, doch wird bei Kursende eine Spende erwartet. Fast alle verfügen über eine eigene **Küche,** in der meist sehr einfache Thali-Gerichte zubereitet werden.

■ Mit etwa 120 Zimmern ist der **Ved Niketan** (Tel.: 2430279) der größte und einer der von Westlern meistbesuchten Ashrams Rishikeshs. Die um einen zentralen Innenhof mit der Meditationshalle in der Mitte angelegten Zimmer variieren erheblich in Größe und Einrichtung, wobei die dem Ganges zugewandten wohl die besten sind. Einzelzimmer mit Gemeinschaftsduschen kosten 70 Rs, EZ/DZ mit eigenem Bad 150/250 Rs.

■ Der **Sivanand Ashram** (Tel.: 2430040, www.sivanandaonline.org) der Divine Light Society gilt als einer der besten in Risikesh. Um an den Kursen teilnehmen zu dürfen, bedarf es jedoch einer mindestens zwei Monate vor Kursbeginn erfolgten Anmeldung (PO Shivanandanagar 249192, District Tehri, Garhwal, Uttarakhand, Fax: 2431190).

■ Etwas komfortabler sind die Zimmer (280/850 Rs Non-AC/AC Rs) im **Omkarananda Ganga Sadan** (Muni-ki-Reti, Lakshman Jhula Rd., Tel.: 2430763, www.iyengaryoga.in), in dem einwöchige Iyengar-Yoga-Kurse angeboten werden. Morgendliche eineinhalbstündige Sitzungen, zu denen keine Anmeldung erforderllich ist, beginnen um 6 Uhr.

■ Ein weiteres viel besuchtes Zentrum ist das **Yoga Niketan** (Muni-ki-Reti, Tel.: 2430227, www.yoganiketan ashram.org) etwas oberhalb der Hauptstraße. Hier wird ein Tagessatz von 250– 400 (AC) Rs berechnet, Kursgebühren sowie drei Mahlzeiten pro Tag inbegriffen. In der vielleicht schönsten Ashram-Anlage sind die geräumigen Zimmer mit Bad in den Flachbungalows im grünen Garten ein Ort der Entspannung. Die Mindestaufenthaltsdauer liegt hier bei 15 Tagen.

■ Die recht komfortablen Zimmer im **Shri Sant Seva Ashram** (Tel.: 2430465) am östlichen Gangesufer sind begehrt (150–1.000/1.000–2.500 Rs Non-AC/AC, die teureren jeweils mit Gangesblick), also sollte man frühzeitig buchen. Auch Anfänger sind zu den Morgenkursen von 8.20 bis 10.30 Uhr und abends von 17 bis 19 Uhr willkommen (200 Rs).

Medizinische Versorgung

■ Das **Nirmal Ashram Hospital** (Tel.: 2430942, 2432215) im Ortskern nahe dem Ganges macht einen guten Eindruck. Hier gibt's eine 24 Std. geöffnete Apotheke. Für schwere Fälle ist wohl das 17 km entfernte **Himalayan Institute Hospital** (Tel.: 2471133) kurz hinter dem Flughafen Jolly Grant vorzuziehen.

Reisebüros und Trekking

Natürlich bietet sich Rishikesh für Trekking-Touren an. Hier eine Auswahl verlässlicher Anbieter:
■ Das hellwache Team von **Red Chilli Adventure** (Tel.: 2434021, (0)9412056021, www.redchilliadventure.com, bis 21 Uhr geöffnet) an der Lakshman Jhula Rd. organisiert Ausflüge, Trekking-Touren in die nahe und ferne Umgebung, auch ins Hochgebirge und in den Corbett-Nationalpark, sowie Rafting und Angelsafaris sehr kompetent. Von hoher Qualität ist auch die informative Website.
■ Der staatliche Anbieter **GMVN Trekking and Mountaineering Division** (Muni-ki-Reti, Tel.: 2431799, Mo–Sa 10–17 Uhr, www.gmvnl.com) unternimmt unterschiedlichste Touren zu den Pilgerorten wie auch geführte Trekking- und Klettertouren in hohe Bergregionen.
■ **GMVN Yatra Office** (Dharwala Bypass Rd., Tel.: 2431793, yatra@gmvnl.com) ist für Rafting-Touren etwa vom 40 km entfernten Kaudiyala zuständig. Für eine 12 km lange Strecke auf dem Ganges werden 400 Rs pro Person verlangt. In Kaudilaya steht mit dem GMVN Rafting Camp eine Unterkunft zur Verfügung. Gebucht wird beim GMVN Yatra Office in Rishikesh.
■ Das alteingesessene **Garhwal Himalayan Explorations** (Muni-ki-Reti, Tel.: 2433478, (0)9412050478, www.thegarhwalhimalayas.com) am Kailash Gate bietet Touren von 9 bis 21 Tagen und Rafting in verschieden aufgewühlten Wassern. Natürlich sind auch mehrtägige Touren und viele weitere Exkursionen, etwa zu den Pilgerorten in den Bergen, auf der Angebotsliste. Mehrere weitere Anbieter stehen zur Verfügung.
■ Von vielen Anbietern, die auch mehrtägige **Rafting- und Kayak-Touren** auf dem Ganges anbieten, sind **D-N-Ascent Expeditions** (Tel.: 2442354, www.kayakhimalaya.com) und **Adventure Journey** (Muni-ki-Reti, Tel.: 212855, (0)9837087976, www.theadventurejourney.in) gute Adressen.
■ Benötigt man Ausrüstung für Trekkingtouren und Bergsteigen, ist **Adventure Compass** (Badrinath Rd., Tel.: (0)9999891057, www.adventurecompass.com) im Norden nahe Lakshman Jhula der richtige Anlaufpunkt.

An- und Weiterreise

Flug:

■ Vom 16 km entfernten, zwischen Rishikesh und Dehra Dun gelegenen Flughafen Jolly Grant fliegen Air India (Tel.: 1800-1801407, www.airindia.com) 4x wöchentlich und Jet Airways (Tel.: 0135-2410142, www.jetairways.com) bzw. eine ihrer Tochtergesellschaften JetLite oder JetKonnect täglich nach Delhi.

Bahn:

Das computerisierte Reservierungsbüro im Bahnhof (Mo–Fr 8–20 Uhr, So bis 14 Uhr) verkauft Tickets für alle Verbindungen, nicht nur für Züge ab Haridwar.
■ Züge nach **Haridwar** (tgl. 4) sind nicht zu empfehlen, da sie für die 24 km bis zu 1,5 Std. benötigen. Busse sind fast doppelt so schnell.

Bus:

Rishikesh hat zwei Busbahnhöfe, der wichtigere **Main Busstand** befindet sich im Ortszentrum.
■ Vom Main Busstand alle 30 Minuten Verbindungen mit **Haridwar** (45 Min.), **Dehra Dun** (1,5 Std., 5–22 Uhr) und stündlich nach **Delhi** (7 Std., 6–22.30 Uhr, 165/265 Rs Ord./del.). Ein Luxusbus in 7 Stunden zum Kashmiri Gate in Delhi kostet 350 Rs, Abfahrt 13.30 Uhr. Nach **Mussoorie** muss man in Dehra Dun umsteigen.
■ Morgens um 8 Uhr ein Direktbus nach **Ramnagar** zum Eingang des **Corbett-Nationalparks.** Weitere Direktbusse nach **Nainital** (9 Std.) und **Shimla** (11 Std.).
■ Vom etwas außerhalb gelegenen Yatri Busstand fahren Busse nach **Hanuman Chatti** (8 Std.), **Joshimath** (10 Std.), **Gangotri, Badrinath, Kedarnath** (12 Std.)

Atlas S. V **Corbett-Nationalpark** 399

Uttarakhand: Kumaon

und **Uttarkashi** (7 Std., 150 Rs, 3–12 Uhr). Alle starten zwischen 3 und 9 Uhr.

■ **Privatanbieter** fahren nach Delhi (7 Std., 350 Rs, 13.30 und 21.30 Uhr, Start am Kailash Gate, etwas südlich der Ram Jhula), Jaipur (13 Std., um 800 Rs), Agra (12 Std., 700 Rs) und Pushkar (16 Std., um 800 Rs). Deren Busse starten aber meist in Haridwar. Außerdem ein Nachtbus nach Dharamsala um 16 Uhr (1.100 Rs).

Taxi/Jeep:

■ An mehreren *Taxi Booking Offices,* etwa nahe der Lakshman Jhula oder im Ort an der Kreuzung Haridwar Rd./Ghat Rd. hängen die offiziellen Festpreise aus. Einige Beispiele: **Haridwar** (500 Rs), **Dehra Dun** (650 Rs), **Mussoorie** (1.250 Rs) und **Ranikhet** (Corbett-Nationalpark, 4.300 Rs), **Uttarkashi** (2.000 Rs). Eine wesentlich günstigere Alternative sind die vom Busbahnhof abfahrenden **Sammeltaxis** zu den oben genannten Städten der Umgebung.

■ Billiger sind **Jeeps,** in denen es jedoch recht eng werden kann, da sie erst bei mehr als voller Sitzplatzbelegung abfahren. Die ersten nach Uttarkashi (5 Std. Fahrtzeit, 180 Rs) und Joshimat (8 Std., 250 Rs) starten an der Kreuzung von Dehra Dun Rd. und Dhalwala Bypass Rd. ab 4 Uhr morgens.

Highlight:
Corbett-Nationalpark V/D1

Ob es als gelungene Idee zu bezeichnen ist, den bekanntesten Nationalpark Indiens nach einem britischen Großwildjäger zu benennen, bleibt dahingestellt. Immerhin muss man *Jim Corbett* zugute halten, dass er sich in fortgeschrittenem Alter zum Naturbewahrer wandelte und so im Jahr 1936 entscheidenden Anteil an der Gründung dieses ersten Nationalparks Indiens hatte. Inzwischen ist der vom Ramnaga durchflossene Park auf 521 km² Fläche angewachsen und eines der meistbesuchten Tierreservate Indiens. Das ehemalige **Wohnhaus des Großwildjägers** in Kaladhungi, 25 km östlich von Ramnagar, beherbergt heute ein **Museum** (tgl. 8–17 Uhr, Eintritt 50 Rs). Der Nationalpark ist in fünf Zonen eingeteilt (Bijrani, Dhikala, Jhirna, Domunda und Sonanadi), von denen **Dhikala** diejenige mit dem mit Abstand höchsten Tiervorkommen ist.

Seine geografische Lage im Übergangsbereich von dem Himalayavorgebirge zur Gangesebene beschert dem Reservat eine außergewöhnliche **Tiervielfalt.** Affen, Schakale, Wildschweine, Elefanten, Krokodile und Wild gehören zu den am häufigsten zu beobachtenden Lebewesen. Seit der Ramnagar 1974 trotz ökologischer Bedenken zu einem See aufgestaut wurde, wodurch ein Teil des Lebensraums der Elefanten verlorening, haben sich über 500 verschiedene Vogelarten angesiedelt und machen das Reservat für **Vogelliebhaber** zum interessantesten Park Indiens.

◁ Im Corbett-Nationalpark

Corbetts herausragende Stellung unter den Nationalparks beruht jedoch in erster Linie auf den hier lebenden über 130 **Tigern**. Kein anderes Tierreservat Indiens weist eine derartig hohe Besiedlungsdichte dieser äußerst scheuen Wildkatzen auf. Project Tiger, die großangelegte Aktion zur Rettung des Tigers, wurde hier 1973 ins Leben gerufen. Wegen der Manipulation der Populationszahlen in vielen Tigerreservaten Indiens sind jedoch die Zahlen keinesfalls gesichert.

Aufgrund des im Park vorherrschenden dschungelartigen Waldes und hohen Grases sind die Nationalparks von Sasan Gir und Rathambore allerdings weitaus geeigneter zur Tigerbeobachtung. Die größten Chancen, einen Tiger zu sichten, bestehen noch in den Monaten März bis Juni, wenn sich die Tiere am Ende der Trockenzeit an den wenigen verbliebenen Wasserstellen konzentrieren und die Vegetation weniger dicht ist.

Selbst für den Fall, dass man bei den jeweils etwa zweistündigen **Elefantenausritten** um 6 Uhr und um 16 Uhr (1.000 Rs pro Person, nur von Dhikala und Bijrani aus) keinen Tiger zu Gesicht bekommen sollte, lohnt ein Besuch des Parks wegen seiner landschaftlichen Schönheit allemal. Man muss früh erscheinen, um sicher einen Platz zu ergattern. Neben Dhikala warten auch in Khinnanauli, Gairal und am Jhirna Gate im südlichen Parkabschnitt Elefanten zu den gleichen Zeiten auf Kundschaft. Tagesausflüge im Park auf dem Rücken eines Elefanten sind natürlich extra zu buchen und kosten 3.000 Rs pro Grautier.

Von Ramnagar nach Dhikala

Zunächst ist zu beachten, dass sich alle Besucher in Ramnagar, dem Ort am Haupteingang zum Nationalpark, beim dortigen **Reception Centre** (Tel.: 251489) anmelden und ihr Eintrittsticket erwerben müssen.

● Außerdem sollte man es vermeiden, während der **Hauptreisesaison** von November bis Mai an einem Freitag oder Samstag anzureisen, da dann meist alle Unterkunftsmöglichkeiten in Dhikala, dem Zentrum im Parkinneren, belegt sind. Eine **Voranmeldung** ist in jedem Fall sehr zu empfehlen.

Information und Eintritt

● **Vorwahl:** 05947

● Bei der Anmeldung im **Reception Centre** (Ranikhet Rd., Tel.: 05947-251489, 253977, tgl. 6–16 Uhr, www.corbettnationalpark.in) etwa 50 m oberhalb des Busbahnhofs von Ramnagar im Tourist Bungalow wird einem mit der Bezahlung der Eintrittsgebühr eine sehr informative Broschüre zum Corbett-Nationalpark ausgehändigt. Die Hauptzugänge zum Reservat sind zum einen das Dhangari Gate 18 km nördlich von Ramnagar, durch das man nach Dhikala gelangt, dem touristisch wichtigsten Ort innerhalb des Parks. Hier sind mehrtägige Aufenthalte mit Übernachtung erlaubt. Zum anderen gibt es das Amdanda Gate, 1,5 km nördlich von Ramnagar, für den Zugang zum Bijrani Visitors Centre, 11 km von Ramnagar entfernt. Hier sind nur Eintagesaufenthalte möglich.

● In Dhikala befindet sich eine gut ausgestattete **Bücherei**, in der man sich ausgiebig über Indiens Tierwelt informieren kann. Darüber hinaus werden gelegentlich abends ab 19 Uhr auf einer Leinwand neben dem Restaurant **Videofilme** zu tierspezifischen Themen vorgeführt.

● Die **Eintrittsgebühr** in der Saison beträgt für die ersten 3 Tage pro Person 1.000 Rs, danach für jeden weiteren Tag zusätzlich 450 Rs. Ein-Tages-Eintrittskarten kosten ebenfalls 450 Rs, berechtigen jedoch nur zum Besuch der vier Zonen außer Dhikala. Die Zufahrtgebühr für einen Jeep oder PKW beträgt 1.500 Rs, wenn man über Nacht bleibt, und 500 Rs, falls man den Park am selben Tag wieder verlässt. Gebühr für **Fotoapparat und Videokamera** wird nicht erhoben.

● **Jeeps** (für bis zu 6 Personen) und Maruti Cars (Kleinwagen) können in Ramnagar im Reception Centre gebucht werden. Der offizielle Preis für den halben Tag ist 1.000–1.500 Rs je nach gewünschter Zone, für Ganzta-

Corbett-Nationalpark

gestouren das Doppelte. Ein Fahrzeug nach Dhikala schlägt mit 2.500 Rs zu Buche. Die Preise sollte man vorher im Reception Centre überprüfen, damit man nicht zu viel bezahlt.

■ Der Park ist vom 15.6.–15.11. wegen Unpassierbarkeit der Straßen infolge des Monsuns **geschlossen.** Dies gilt nicht für den südlichen Teil um das Jhirna Gate, der ganzjährig für Tagesausflüge in den Park zugänglich ist. Auch am Amdanda Gate ist zwischen 15. Okt. und 15. Nov. der Zugang für Tagesausflüge per Jeep von 6.30–11 und 15–17.30 Uhr möglich. Eintritt 200 Rs plus Jeep und Guide.

Unterkunft

In Ramnagar:

■ Einfache, aber klasse gewartete Zimmer und etwas billigere Zelte in ruhiger, gepflegter Gartenanlage führen zur besten Beurteilung im unteren Preisbereich. Zudem kann der freundliche Besitzer des **Corbett Motel** €€ (Tel.: (0)9837468933, corbettmotel.com) Jeepsafaris organisieren. Ein empfehlenswertes Paket nicht weit vom Bahnhof.

■ Gut ist auch das **Hotel Everest** €–€€ (Tel.: 251099) beim Busbahnhof, also nah am Parkzugang.

■ Viele teure Resorts wurden entlang der Hauptstraße Richtung Ranikhet auf der östlichen Seite des Nationalparks gebaut. Mit dem **Corbett Jungle Resort** €€€€€€ (Tel.: 251230, www.corbettjungleresort.com) mit klasse Swimmingpool, der **Tiger Tops Corbett Lodge** €€€€ (Tel.: 251957, www.treetopscorbett.com) und dem recht preiswerten, fast dschungelartig bewachsenen **Tiger Camp** €€€€ (Tel.: 2551963, www.tiger-camp.com) am Kosi-Fluss werden hier drei Luxusherbergen stellvertretend genannt, in denen man in elegant eingerichteten Bungalows (inkl. drei Mahlzeiten) wie ein ehemaliger britischer Kolonialherr verwöhnt wird.

■ Etwa 12 km nördlich von Ramnagar ist das **Corbett Hideaway** €€€€€€–€€€€€€ (Tel.: 284132, www.corbetthideaway.com) eine der wohl luxuriösesten Anlagen um den Corbett-Nationalpark. Neben den angenehmen Cottages und dem Pool mit Bar wird man mit vielerlei entspannenden Behandlungen wie Massage, Spa und Reiki verwöhnt.

Im Park (Dhikala):

Unterkünfte innerhalb des Parks werden über das Reception Centre des Nationalparks unter Tel.: 251489 gebucht.

■ Als billigste Übernachtungsmöglichkeit im Park bieten sich die **Log Huts** in Dhikala an. Das sind zwei nebeneinander gelegene Schlafsäle mit jeweils 24 Betten, wobei jeweils drei Betten übereinanderliegen. Nicht gerade luxuriös, dafür mit 400 Rs pro Person relativ preiswert. Die sanitären Anlagen in einem Extragebäude verfügen über Warmwasser. Dieses und die meisten folgenden Unterkünfte sind von einem solar gespeisten Elektrozaun umgeben, der das Eindringen von Wildtieren verhindert.

■ Deutlich teurer sind die **Tourist Hutment** €€€€ mit bis zu sechs Betten pro Zimmer auf demselben Gelände. Für den Schlafsaal benötigt man sein eigenes Bettzeug/Schlafsack.

■ Fast schon luxuriös sind die **Old Forest Rest Houses** €€€€€ und das etwas preiswertere **New Forest Rest House** €€€€, schöne Holzbungalows mit stilvollen Möbeln und einer großen Veranda. Beide sind über das Reception Centre in Ramnagar zu buchen.

■ Nicht weit von Dhikala mitten in der Kernzone des Nationalparks gelegen, ist das **Khinnanauli Rest House** €€€€€€ (Tel.: 0135-2744225) teuer und komfortabel. Hier sind die Mahlzeiten und Ausflüge inklusive. Eine langfristige Voranmeldung ist nötig.

■ Mehrere weitere, eher einfache Bleiben im Park, teils ohne Verpflegung und Elektrizität, um 800–2.000 Rs finden sich in den Dörfern Kanda, Binsar, Sultan Maiani, Lohachaur, Morghatti, Senhikal, Dhela (nahe dem Jhirna Gate), Gairal und einigen weiteren. Nahe dem Amdanda Gate ist das **Bijrani Rest House** €€€–€€€€ (hier sind Elefantenausritte möglich) akzeptabel. Die **Kanda Forest Lodge** €€€€ liegt im Norden des Nationalpark am Ramganga-Fluss auf etwa 1.100 m Höhe, etwa 50 km vom Dhangari Gate entfernt. Das **Gairal Rest House** €€€–€€€€ liegt nahe dem Dhangari Gate am Ramnagar-Fluss. Näher im Zentrum des Reservats liegt das **Sarapuli Rest House** €€€€ nahe Gairal und dem Ramganga-Fluss.

Essen und Trinken

Der Verzehr von Fleisch und der Konsum von Alkohol sind im Park nicht erlaubt.

■ Die zwei **Restaurants** Dhikalas verfügen zwar über eine begrenzte Auswahl, doch die einzelnen Gerichte schmecken gut. Auch in den Rasthäusern in Bijrani und Gairal sind Mahlzeiten möglich.

■ In Ramnagar serviert das saubere **Delhi Darbar Restaurant** nahe dem Busbahnhof indische Gerichte und Pizza zum kleinen Preis (50–100 Rs).

■ Natürlich haben auch alle anderen genannten Häuser teils erstklassige Restaurants.

An- und Weiterreise

Bahn von und nach Ramnagar:
Ramnagars Bahnhof liegt etwa 1,5 km vom Stadtzentrum entfernt.

■ Von Ramnagar existiert eine Nachtverbindung nach **Delhi:** 25014 Corbett Park Link Exp, Abf. Ramnagar 21.55 Uhr, Ank. Delhi 3.55 Uhr. Tagverbindung: der 25036 RMR Dli Link Exp., Abf. 9.50 Uhr, Ank. Delhi 15.20 Uhr. Andere Richtung: 25013 Corbett Park Link Exp., Abf. Delhi 22.30 Uhr, Ank. Ramnagar 4.50 Uhr. Tagverbindung: der 25035 UTR Samprk Exp., Abf. Delhi 15.55 Uhr, Ank. Ramnagar 20.35 Uhr.

■ Ramnagar liegt an der Strecke **Moradabad – Ramnagar.** Sechs Züge pro Tag legen die 79 km lange Strecke in 2 Std. zurück, wobei der 55322 RMR BSB Exp., Abf. in Ramnagar um 20.50 Uhr, über Lucknow (an 7.30 Uhr), direkt nach Varanasi (Ank. 15.35 Uhr) weiterfährt. Moradabad selbst liegt an der Breitspurbahn Delhi – Lucknow – Varanasi, und so bieten sich in beiden Richtungen weitere gute Verbindungen von dort.

■ Kommt man über **Moradabad,** bieten sich (neben Bussen) sechs Verbindungen zur Weiterfahrt nach Ramnagar an: etwa der 55321 MB RMR Pass: Abf. Moradabad 7.10 Uhr, Ankunft Ramnagar 9.35 Uhr oder abends der 25035 UTR Samprk Exp., Abf. 19.05, Ank 20.35 Uhr. Andere Richtung: 25036 RMR Dli Link Exp., Abf. Ramnagar 9.50 Uhr, Ank. Moradabad 11.50 Uhr. Abends der 55322 RMR BSB Exp., Abf. Ramnagar 20.50 Uhr, Ank. Moradabad 22.57 Uhr.

Bus von Ramnagar:

■ Direktverbindungen etwa stündlich nach **Delhi** (7 Std., 150 Rs), **Rishikesh** (6 Std.), **Haridwar** (6 Std., 110 Rs) und **Dehra Dun** (7 Std., 150 Rs) und häufiger nach **Haldwani** (2 Std., 38 Rs). Einige Morgenbusse nach **Ranikhet** (4,5 Std., 80 Rs).

■ Nach **Nainital** (4 Std., 74 Rs) kann man jedoch neben den vier täglichen Direktverbindungen auch erst mit einem der vielen Busse von Ramnagar nach Haldwani oder Kaladhungi (3,5 Std.) fahren und dort die restlichen knapp 30 km mit dem Sammeltaxi (40 Rs pro Person) bzw. einem Anschlussbus zurücklegen.

Nainital VI/A1

Klare Bergluft, angenehmes Klima, hübsche Kolonialstilgebäude, eine Kurpromenade, ein Kricketplatz sowie hervorragende Aussichten auf die Himalayaberge – das auf knapp 2.000 m Höhe gelegene Nainital weist alle Attribute einer klassischen **Hill Station** auf. Seine landschaftlich äußerst reizvolle Lage am Ufer eines kleinen Sees *(tal)*, eingekesselt von sieben dicht bewaldeten Bergen, lässt Erinnerungen an einen **Schweizer Ferienort** aufkommen. Die relativ bequeme Anbindung an Delhi hat diesen 1841 von dem Engländer Barron gegründeten Ort zu einem der beliebtesten Sommerferienziele der indischen Mittel- und Oberschicht werden lassen. Wegen des starken Touristenzustroms in der Hochsaison von Mitte April bis Juli verdienen die meisten Einwohner Nainitals ihr Geld mit dem Tourismus.

Doch ähnlich wie in Manali treten die Schattenseiten dieses ökonomischen Erfolgs immer offener zutage. Vom Lockruf des schnellen Geldes angelockt, werden immer neue Hotels den bereits bestehenden hinzugefügt, die den natürlichen Charme des Ortes mehr und mehr in den Hintergrund drängen. Dennoch ist Nainital einer der angenehmsten Bergkurorte Indiens, in dem man für einige Tage Abstand vom Lärm und der Hektik der Großstädte gewinnen kann.

Nainital ist in den nordwestlichen Bereich oberhalb des Sees, **Mallital** (Kopf des Sees), und den südlichen Bereich **Tallital** (Fuß des Sees) unterteilt. Beide verbindet die 1,5 km lange Mall Road. Der wichtigere Busbahnhof findet sich in Tallital, Unterkünfte liegen in beiden Stadtteilen und auch entlang der Mall.

Naini-See

Nicht nur seinen Namen, sondern auch seine Bedeutung als beliebter Touristenort verdankt der Ort dem kleinen, in der Mitte gelegenen

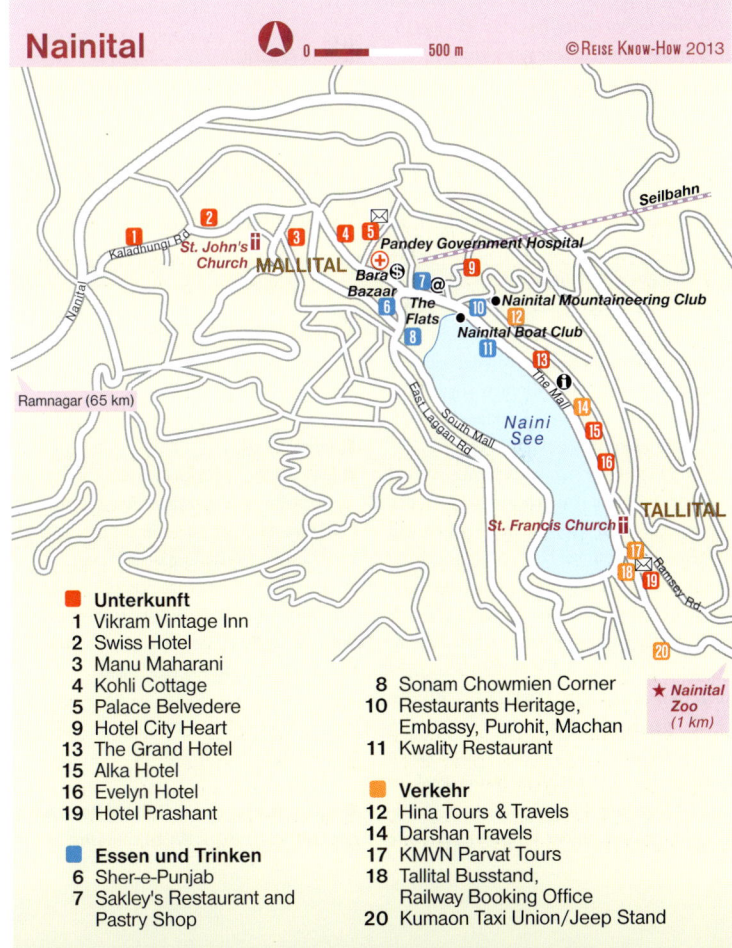

See. Bei dem nicht gerade überwältigenden Freizeitangebot Nainitals bietet er eine willkommene Gelegenheit zu einer geruhsamen **Ruderbootfahrt** (120 Rs pro Std., Tretboote etwa 100 Rs). Der alte **Nainital Boat Club** (10–16 Uhr) weist zwar immer noch mit einem Schild „Members Only" auf seine Exklusivität hin, das kann jedoch nicht darüber hinwegtäuschen, dass er seine frühere Bedeutung als Mittelpunkt des gesellschaftlichen Lebens inzwischen eingebüßt hat. Seine hübsche Lage direkt am See sowie die Bar und die Bücherei vermitteln aber immer noch einen Eindruck vom Flair vergangener Tage. Für 250 Rs (10–16 Uhr) wird man über den See gesegelt.

Seilbahn zum Snow Peak

Zu Fuß, auf dem Rücken eines Pferdes oder in einer Gondel gelangt man zum Gipfel des 2.270 m hoch gelegenen Snow Peak. Zu Fuß geht man gut eine Stunde, auf dem Pferderücken (90 Rs) dauert es nur halb so lange. Auf dem Weg nach oben passiert man ein hübsches **tibetanisches Kloster.** Mit der Seilbahn fährt man gerade vier Minuten (Erw./Kind 150/100 Rs für Hin- und Rückfahrt, das Ticket hat nur einstündige Gültigkeit).

Von oben bietet sich bei schönem Wetter eine **spektakuläre Aussicht,** sowohl auf den wie einen blauen Diamanten zwischen den Bergen schimmernden Naini-See als auch auf das faszinierende **Panorama des Himalaya.** Hat man Glück, kann man Indiens ehemals höchsten Berg (inzwischen kam mit der Annexion Sikkims der 8.579 m hohe Kanchenjunga hinzu), den Nanda Devi (7.817 m), zum Greifen nah heranholen.

Weitergehende Ausflüge zu nahegelegenen Aussichtspunkten wie dem **Naina Peak** in 4 km Entfernung sind möglich. Auch Vogelfreunde kommen in der Umgebung auf ihre Kosten. Per Taxi kostet die Auffahrt zum Snow Peak knapp 200 Rs.

St. John's Church

Ein gut 20-minütiger Fußweg führt zur 1847 von den Briten errichteten Kirche. Die meisten Grabsteine auf dem benachbarten Friedhof tragen das Datum 1880, jenes Jahr, in dem ein verheerender Erdrutsch große Teile des Ortes unter sich begrub.

Nainital Zoo

Ebenfalls 20 Minuten dauert der steile Aufstieg zum Zoo (tgl. außer Mo 10–17 Uhr, 25 Rs Eintritt), in dem neben weiteren Exemplaren der Gebirgstierwelt auch **Tiger** aus der Tundra und **Leoparden** dösen.

Praktische Tipps

Information

■ **Vorwahl:** 05942
■ Einen auffällig großzügigen Eindruck machen die Räumlichkeiten des **Uttarakhand Tourist Office** (Tel.: 235337, Mo–Sa 10– 17 Uhr) an der Mall etwa auf halber Strecke zwischen Mallital und Tallital. Schade nur, dass die Belegschaft scheinbar im Tiefschlaf vor sich hin schlummert und ausländische Besucher offenbar als Ruhestörung empfindet. Die informative Broschüre über Nainital sollte man aber entlocken können.

Reisebüros und Trekking

■ Engagierte Bergsteiger des **Nainital Mountaineering Club** (Tel.: 235051) in Mallital leiten gekonnt ein etwa dreistündiges Klettertraining (200 Rs) im Westen der Stadt und geben fachkundigen Rat für Trekking-Touren.

■ **KMVN Parvat Tours** (Tel.: 235656, 236374, www.kmvn.org) in Tallital vermittelt Unterkünfte, auch in abgeschiedenen Regionen des Kumaon, und organisiert mehrtägige Trekking-Touren.

■ Mehrere Reiseagenturen, wie **Hina Tours & Travels** (Tel.: 2678827, www.hinatour.com) und **Darshan Travels** (Tel.: 235035), beide an der Mall zwischen Mallital und Tallital, offerieren ein- oder mehrtägige Busausflüge, etwa nach Raniketh oder Kausani oder in jede andere Gegend Uttarakhands.

■ Wem Ausrüstung für Bergtouren fehlt, dem sei **Snout Adventures** (Ashoka Cinema Bldg., Mallital, Tel.: 231 749, snoutadventure.com) empfohlen. Auch hier können Touren und Kletterkurse (600 Rs/Tag) gebucht werden.

Stadtverkehr

■ Entlang der knapp 2 km langen Mall zwischen Mallital und Tallital flitzen blankgeputzte **Fahrradrikshas** für einen festgesetzten Preis von 10 Rs von einem Ende zum anderen. Während der Hauptsaison ist die Nachfrage oft so groß, dass man für einige Minuten Schlange stehen muss. **Taxis** sind recht teuer und verlangen im Stadtgebiet zwischen 70 und 180 Rs.

Unterkunft

In Nainital kann man sich manchmal des Eindrucks nicht erwehren, der Ort bestünde aus nichts anderem als Hotels. Dennoch kann es in den Monaten Mai bis Juli vorkommen, dass alle Betten belegt sind. Die hier angegebenen Preise beziehen sich auf die Nebensaison von Mitte November bis Mai. Während des Diwali- bzw. Dussera-Festes steigen die Tarife allerdings um das 2–3-Fache. Im untersten Preissegment ist die Auswahl gering.

■ Etwas oberhalb der Mall liegt das gute **Hotel Prashant** €€ (Tel.: 235347, www.hotelprashantnainital.com) mit schönen Zimmern, großteils mit einem kleinen Balkon, der sich für eine Siesta mit Blick auf den Naini-See anbietet.

■ Ausgesprochen viel fürs Geld erhält man im **Kohli Cottage** €€ (Tel.: 236368) in Mallital, etwa 5 Min. Fußweg vom Kricketplatz entlang der Bazaar-Straße. Alle elf Zimmer in dem von einem sehr freundlichen Sikh geführten Hotel sind geräumig und sehr gepflegt. Von den im Obergeschoss gelegenen Räumen lässt sich ein schöner Panoramablick genießen. Wenn man zudem bedenkt, dass alle Zimmer über Warmwasser verfügen, sind die Preise sehr günstig.

■ Das Flair der Kolonialzeit atmet das 1872 erbaute, altehrwürdige **The Grand Hotel** €€€€–€€€€€ (Tel.: 235406, www.thegrandnainital.com). Die schön eingerichteten und geräumigen, allerdings auch schon deutlich den Zahn der Zeit reflektierenden Zimmer werden in der Nebensaison mit 50 % Nachlass vermietet.

■ Eine der besten Unterkünfte in dieser Preiskategorie ist das **Hotel City Heart** €€€€ (Tel.: 235228). Neben den geräumigen, sauberen und hellen Zimmern, meist mit Balkon, trägt die relaxte Atmosphäre zur Beliebtheit bei Travellern bei. Die teureren Räume verfügen über eine sehr schöne Aussicht. Wer sich in die billigeren einmietet, kann sich dafür auf der schönen Dachterrasse ausruhen und speisen.

■ Empfehlenswert ist auch das nahegelegene **Evelyn Hotel** €€€€–€€€€€ (The Mall, Tel.: 235457, hotelevelynnainital.com) in viktorianischem Stil. Besonders von den oberen Balkonzimmern klasse Ausblicke auf den See. Nachteil: Das Personal fordert gelegentlich Trinkgeld ein. Wer elektrisch heizen möchte, zahlt etwas mehr.

■ Viel kolonialen Touch bietet das 1910 errichtete **Swiss Hotel** €€€€€ (Tel.: 236013, www.swisshotelnainital.com) mit freundlichem Service, klasse Restaurant und herrlicher Gartenanlage. Für alle, die es lieber etwas nostalgischer als modern mögen, ist dies auch nach Komplettrenovierung genau der richtige Ort.

■ Modern und clean kommt das **Vikram Vintage Inn** €€€€ (Tel.: 236177, (0)9873184174, www.hotelvikramnainital.com) daher, ein weiteres der vielen Mittelklassehotels oberhalb Mallitals, mit Freilufterrasse als Restaurant.

■ Ehemals ein Palast, ist das **Palace Belvedere** €€€€€–€€€€€€ (Tel.: 237434, www.welcomheritagehotels.com) in

Mallital ein weiteres Schmuckstück aus kolonialer Vergangenheit. Das 1897 erbaute Haus schmückt seine Wände mit Tierhäuten, der Service ist hervorragend. Das Haus ist jedoch nicht luxuriös, sondern eher mit dem Wort *komfortabel* passend beschrieben.

■ Architektonisch äußerst gelungen, jedoch etwas arm Flair ist das direkt an der Mall gelegene **Alka Hotel** €€€€–€€€€€ (Tel.: 235220, www.alka.in). Jeder einzelne der 50 Räume ist individuell gestaltet. Die verschiedenen Ebenen und Terrassen des Hotels erreicht man über kleine Treppen und Brücken. Das Ganze macht einen verspielten und zugleich gepflegten Eindruck.

■ Nainitals Tophotel ist das moderne, 2006 renovierte **Manu Maharani** €€€€€–€€€€€€ (Tel.: 237341-7, www.themanumaharani.com), hoch über den Bergen Mallitals gelegen. Die luxuriösen Zimmer bieten herrliche Ausblicke. Das Kumaon Restaurant serviert erstklassige Qualität und auch die gemütliche Viceroy Bar sind bei entsprechend gefüllter Börse einen Besuch wert. Wie bei allen anderen Nobelhotels in dieser Region werden auch hier die Gäste bei Anruf unentgeltlich vom Busbahnhof ab geholt.

Essen und Trinken

Neben vielen guten Hotelrestaurants wie etwa im **Alka** finden sich einige empfehlenswerte Lokale an der Mall. Diese sind meist bis 22 Uhr oder etwas länger bereit, Gäste zu empfangen.

■ Ganz ausgezeichnet ist z.B. das **Kwality Restaurant**, das einzige direkt am See gelegene Restaurant der Stadt. Die Inneneinrichtung vermittelt zwar eher den Charme eines Waschsalons, doch dafür sind die indischen Gerichte sehr schmackhaft und preiswert (60–150 Rs), der Service ist freundlich.

■ Die tibetanische Küche im **Sonam Chowmien Corner** (11–19 Uhr, 50–80 Rs) in Mallital schont auch den Geldbeutel.

■ Wer sich noch nicht für die Art des Essens entschieden hat, findet bei der reichhaltigen Speisekarte des **Sakley's Restaurant and Pastry Shop** in Mallital sicher etwas, werden doch z.B. Lamm, Krabben, chinesische Küche und diverse Kuchen serviert (70–300 Rs).

■ Das **Heritage** gilt als das beste chinesische Restaurant Nainitals, während das angrenzende, alteingesessene **Embassy** (100–300 Rs pro Hauptgericht) mit vielseitiger Speisekarte durchschnittlich ist.

■ Das **Purohit** wiederum, gleich daneben, bietet gute vegetarische Kost.

■ Eine reiche Auswahl an indischen, chinesischen und westlichen Speisen bietet das **Machan Restaurant** an der Mall in Mallital gleich gegenüber vom Bootsverleih. Die meisten Gerichte kosten zwischen 100 und 300 Rs.

■ Das **Sher-e-Punjab** im Basarviertel von Mallital hat einfache indische Kost für wenig Geld.

■ Die **Bar des Nainital Boat Club** (10–22 Uhr) entstammt noch den Kolonialzeiten. Obwohl eine schwindelerregende Mitgliedsgebühr (Mann/Frau/Paar 830/415/830 Rs/Tag) zu zahlen ist, lohnen die großartige Einrichtung, das tolle Flair und das große zusätzliche Angebot einen Aufenthalt. Der Dresscode, keine kurzen Hosen, ist einzuhalten.

Bank, Post und medizinische Versorgung

■ Die **State Bank of India** (Mo–Fr 10–16 Uhr, Sa 10–13 Uhr) wechselt Bares und Reiseschecks. Zudem gibt's dort einen ATM für internationale Kreditkarten. Dasselbe tut auch die **HDFC-Bank** an The Mall, gleiche Öffnungszeiten.

■ Die **Hauptpost** ist in Mallital, eine Zweigstelle in Tallital, beide Mo–Sa 10–17 Uhr.

■ Das **Pandey Government Hospital** (Tel.: 235012) ist in Mallital nahe der Mall Rd.

An- und Weiterreise

Bahn:

■ **Tickets** für Züge nach Varanasi vom 35 km südlich von Nainital gelegenen Kathgodam-Bahnhof können bis spätestens 16 Uhr am Tag vor der Abfahrt im Railway Booking Office (Mo–Fr 9–12 und 14–17, Sa 9–14 Uhr) beim Busbahnhof in Tallital gekauft werden. Für die Strecken nach

Delhi, Dehra Dun, Lucknow, Moradabad und Kalkutta ist Tourist Quota möglich.

■ Von Nainital zum Kathgodam-Bahnhof verkehren regelmäßig **Busse und Sammeltaxis.** Ein Taxi kostet etwa 500 Rs.

■ Nach **Delhi** am besten mit dem 5014 Ranikhet Exp.: Abfahrt 20.40 Uhr, Ank. Delhi 4.10 Uhr, umgekehrt: 5013 Ranikhet Exp., Abfahrt Delhi 22.40 Uhr, Ankunft Kathgodam 5.45 Uhr.

■ Der 3020 Bagh Exp. verlässt Kathgodam um 21.55 Uhr und erreicht **Lucknow** um 5.50 Uhr des nächsten Morgens. In umgekehrter Richtung fährt der Zug (Nr. 3019) um 0.30 Uhr in Lucknow ab und erreicht Kathgodam um 9.30 Uhr.

Bus:

■ Direktverbindungen mit **Delhi** (10 Std., 220–430 Rs) und **Lucknow** (8 Std., 180–280 Rs), **Rishikesh** und **Dehra Dun** (10 Std., Morgenbusse) und **Haridwar** (8 Std. Morgenbusse, 240–420 Rs). Häufige Verbindungen mit **Haldwani**, 40 km südlich von Nainital. Um nach Almora, Kausani oder Ranikheth zu gelangen, zunächst nach **Bhowali** (20 Min. Fahrzeit, per Sammeljeep 10 Rs). Von dort viele Verbindungen zu den genannten Zielen.

■ Von und nach **Ramnagar** gibt es nur drei Direktbusse (4 Std., 77 Rs) tgl., dafür aber viele nach Haldwani, wo man in Richtung Ramnagar umsteigen kann.

■ **Privatanbieter** wie Hina Tours (s.o.) fahren mit Komfortbussen von Tallital in ca. 9 Std. nach Delhi (350–500 Rs, AC), meist gegen 9.30 Uhr und abends. Auch Taxis nach Delhi (ab 5.000 Rs) und zu anderen Orten können dort gebucht werden.

Jeeps/Taxi:

■ **Sammeljeeps** fahren ständig für 60 Rs p.P. in 1,5 Std. vom Busbahnhof in Mallital zum Bahnhof von **Kathgodam,** nach **Haldwani** und **Bhowali** (20 Min., 10 Rs), wenn genügend Mitfahrer eingesammelt sind.

■ **Taxis** der Kumaon Taxi Union in Tallital verlangen nach Kathgodam (1,5 Std.) 500 Rs, nach Ramnagar (Corbett-Nationalpark, 3 Std.) 1.200 Rs und nach Almora und Ranikhet (3 bzw. 2,5 Std.) 1.500 Rs.

Almora

VI/A1

Wie so viele andere Hill Stations zieht sich auch das 1.550 m hoch gelegene Almora entlang eines Gebirgsgrates und über zahlreiche Hügel. Anders als bei fast allen anderen Hill Stations gehen die Ursprünge des kleinen Ortes bis weit vor die Ankunft der britischen Kolonialherren zurück. Schon im 6. Jh. wurde es als Hauptstadt des kleinen Chand-Fürstentums gegründet. Aus dieser Zeit finden sich in der Umgebung noch einige **Hindu-Heiligtümer** wie der Chitai-Tempel (6 km) und der Kasar-Devi-Tempel (8 km nördlich, am besten mit dem Gemeinschaftsjeep zu erreichen). Davon abgesehen, bietet der Ort die für Bergkurorte typischen Annehmlichkeiten wie Ruhe und frische Luft und lädt zu Bergwanderungen mit schönen Aussichten auf die Himalayaberge ein.

Etwa 3 km nordöstlich vom Almora ist die **Panchachuli Weavers Factory** (Mo–Sa 10–17 Uhr), in der von Frauen Schals und Teppiche gewebt werden, einen Ausflug wert, zumal die hergestellten Produkte im angeschlossenen Laden gekauft werden können. Die Fabrik nahe der Bageshwar Rd. kann zu Fuß (Richtung Bageshwar, dann dem „Panchachuli"-Schild folgen) oder per Taxi (etwa 150 Rs für Hin- und Rückfahrt) erreicht werden. Das angebundene Geschäft im Dorf ist weniger gut bestückt.

Das kleine **Folklore-Museum** im Ortszentrum ist ebenfalls einen Besuch wert.

Information und Trekking

■ **Vorwahl:** 05962
■ Das **Uttarakhand Tourist Office** an der Upper Mall Rd. (Tel.: 230180) ist Mo–Sa 10–17 Uhr behilflich.

■ Für Trekking-Touren in der herrlichen näheren und ferneren Umgebung, etwa zum Pindari- oder Milam-Gletscher (um 1.800 Rs/Tag p.P.), sind **Discover Himalaya** (Tel.: 236890, (0)9411346550, discoverhimalaya@sancharnet.in) und **High Adventure** (Tel.: 232277, (0)901 2354501) nebenan, beide an der Mall, die richtigen Adressen.

Unterkunft, Essen und Trinken

■ Eine ganz eigene Atmosphäre herrscht im **Kailas International Hotel** €-€€ (Tel.: 230624) nahe der Mall. Schon für wenig Geld gibt's hier ein Schlafsaalbett und teils recht kleine Zimmer und gute Küche.
■ Der Klotz des **Hotel Sikhar** €-€€€€ (The Mall, Tel.: 230253, www.hotelsikhar.com) im Zentrum offeriert eine große Zahl an Zimmern unterschiedlicher Qualität, die teureren mit Balkon und TV sind den Aufpreis jedoch nicht wert. Ein Bett im Schlafsaal ist für 250 Rs zu haben. Das hauseigene **Mount View Restaurant** ist recht gut.
■ Wer es etwas luxuriöser liebt, der steige im **Hotel Konark** €€ (Tel.: 231217) in der Nähe der State Bank of India ab. Hübsch sitzt es sich im angeschlossenen Café.
■ Das **New Soni Restaurant** an der Mall ist zwar nicht unbedingt eine Gaststätte, die man als gemütlich bezeichnen würde, dafür sind die einheimischen Speisen (80–150 Rs), auch Huhn und Hammel, lecker und für Almora-Verhältnisse preiswert.

Bank, Post und Internet

■ Die **State Bank of India** (The Mall, Mo–Fr 10–16 Uhr, Sa 10–13 Uhr) wechselt Bares und Reiseschecks. Der angeschlossene ATM nimmt viele Kreditkarten an. Die **HDFC-Bank** (Mo–Fr 9.30–15.30, Sa bis 13.30 Uhr) tut dasselbe, ihr ATM akzeptiert auch AmEx-Plastik.
■ Das **Postamt**, auch an der Mall, öffnet Mo–Fr 10–17 Uhr und Sa 10–13 Uhr seine Pforten.
■ Von den verbliebenen Internetcafés um den Lalal Bazaar und die Mall ist das **sify-i-way** (7–20.30 Uhr) an der Mall in Mallital eines der schnellsten.

An- und Weiterreise

Bahn:

■ Die nächstgelegene Bahnstation ist das 90 km entfernte **Kathgodam,** von wo Züge u.a. nach Lucknow (13020 Bagh Exp., Abf. 21.55 Uhr) und Delhi fahren, z.B. der 15014 Ranikhet Exp. (Abf. 10.50, Ank. Delhi 3.55 Uhr) und der 15036 Utr Samprak Exp. (Abf. 8.50, Ank. Delhi 15.20 Uhr). Reservierte Tickets können im Rail Reservation Office (Mo–Sa 8–12 und 14–17 Uhr) am KMVN Tourist Holiday Home gekauft werden.

Bus/Jeep/Taxi:

■ Direktverbindungen bestehen von den Busbahnhöfen des KMOU wie von UP Roadways bis ca. 16 Uhr u.a. nach Bhowali kurz vor **Nainital** (2 Std., 45 Rs), **Ranikhet** (2 Std., 45 Rs), **Kausani** (2,5 Std.). Regelmäßige Verbindungen u.a. nach **Rishikesh, Shimla, Chandigarh** und **Agra** bestehen von **Haldwani,** 4 Std. per Bus südlich von Almora. Per gemeinsamem Jeep dorthin kostet es etwa 140 Rs p.P. (Taxi um 1.000 Rs). Delhi wird täglich um 14, 15 und 16 Uhr angefahren (12 Std., 325 Rs).
■ Will man sich selbstständig zu den Gletscher-Treks aufmachen, muss man für den 6 Std. entfernten **Pindari-Gletscher** den Morgenbus um 7.30 Uhr nach Saung besteigen. Mit dem Taxi kostet die Fahrt etwa 1.500 Rs. Nach Munsyari zum **Milam-Gletscher** ist die Fahrt lang (11 Std.), deshalb ist Taxi oder Jeep vorzuziehen.
■ Lion Tours (Tel.: 230860) an der Mall offeriert eine Luxusbus-Nachtverbindung für 350 Rs (11 Std., Start um 19 Uhr) nach **Delhi.**

Umgebung von Almora

Kasar-Devi-Tempel

In den letzten Jahren hat sich das Dorf um den Kasar-Devi-Tempel 8 km nördlich von Almora zu einer **Hochburg für Rucksacktouristen** entwickelt, die dem Touristenstrom ausweichen wollen. Klare Bergluft und herrliche Fernsichten sind der perfekte Ort für Ruhesuchende. Von Almora gelangt man mit dem Gemeinschaftsjeep (18 Rs) oder Taxi (300 Rs) dorthin.

Unterkunft:

■ Beispielsweise im farbenfrohen **Rainbow Guest House** €–€€ (Tel.: (0)9410793473).

Jageshwar

Als Tagesausflug beeindruckt der große **Tempelkomplex** 4 km von Jageshwar und 38 km von Almora entfernt. Die 124 Tempel und Schreine stammen aus dem 7. Jh. (Taxi von Almora etwa 1.000 Rs hin und zurück).

Ranikhet VI/A1

Auch diese pittoreske Hill Station auf 1.829 m Höhe wirbt mit klarer Luft und schönen Aussichten, u.a. auf den Nanda Devi, Indiens zweithöchsten Berg. Neben einigen hübschen Wanderungen durch unberührte Natur u.a. zum 7 km entfernten **Khula-Devi-Tempel** kann man sich die Zeit mit einer Runde Golf auf dem spektakulär gelegenen **Golfplatz** vertreiben und den grandiosen, 300 km weiten Panoramablick auf den Himalaya genießen.

Im von einer Wohlfahrtsorganisation geleiteten **KRC Community Centre** (tgl. außer Mi und So 8.30–16 Uhr) in einer ehemaligen Kirche an der Mall arbeiten die Witwen von Armeeangehörigen. Die Produkte können natürlich gekauft werden.

Information

■ **Vorwahl:** 05966

■ Das **Uttarakhand Tourist Office** (Tel.: 220227) oberhalb des Busbahnhofs ist Mo–Sa 10–17 Uhr geöffnet.

Unterkunft, Essen und Trinken

■ Das **Hotel Rajdeep** €€–€€€ (Sadar Bazaar, Tel.: 220017, (0)9412375768, www.hotelrajdeep.com) am Busbahnhof mit angeschlossenem vegetarischem Restaurant bietet preisgünstige und noch akzeptable Zimmer.
■ Eine gute Wahl ist das **Hotel Meghdoot** €€€–€€€€ (Tel.: 220475, www.hotelmeghdoot.com) an der Mall. Mit großen Räumen, angenehmer Atmosphäre und dem vorzüglichen hauseigenen Restaurant mit pflanzengeschmückter Veranda bietet es ein gutes Preis-Leistungs-Verhältnis.
■ Modern ist das **Ranikhet Inn** €€€€ (Sadar Bazaar, Tel.: 221929, www.ranikhet inn.com). Die eher kleinen, sauberen Zimmer mit Parkettboden haben Balkon und klasse Ausblicke. Auch das **Machan Restaurant** mit indischer Küche und Pizza kann empfohlen werden.
■ Nostalgiker werden das **West View Hotel** €€€€€€ (The Mall, Tel.: 220261, (0)9873184174, www.hotelwestview ranikhet.com) im Süden der Stadt lieben. In diesem ehemaligen Anwesen eines Maharajas stehen allerdings nur DZ zur Verfügung. Herrlich sitzt es sich bei einem Tee im großen Garten des Hauses. Das Hotel ist jedoch recht teuer geworden.
■ Der herrliche hölzerne Kolonialbau des **Ranikhet Club** €€€€€€ (The Mall, Tel.: 226011) strahlt noch viel koloniale Atmosphäre aus. In dem 1860 erbauten, vormals der britischen Armee als Club dienenden Gebäude mit toller Bar und Billardsaal werden nur vier Zimmer vermietet, man sollte reservieren.
■ Am Busbahnhof geht's im **Mayur Restaurant** schnell zum kleinen Preis.

Bank, Post und Internet

■ Die **State Bank of India** am Sadar Bazaar (Mo–Fr 10–16, Sa 10–13 Uhr) wechselt nur Reiseschecks und hat einen ATM etwas oberhalb.

- Am Sadar Bazaar finden sich wenige **Internetcafés** für 30 Rs/Std.
- **Postamt** an der Mall, Mo–Fr 9– 17 Uhr.

An- und Weiterreise

- Vom Busbahnhof UP Roadways im Osten des Ortes drei Nachmittagsverbindungen nach **Delhi** (12 Std., 190 Rs). Nach **Ramnagar** stdl. Verbindungen (4,5 Std., 80 Rs), morgens um 8.30 nach **Haridwar** (10 Std., 195 Rs). Für **Nainital** (nur ein Direktbus um 9.30 Uhr in 4,5 Std., 79 Rs) und für **Kathgodam** zum 10 km entfernten Bhowali, von dort viele Busse bis zum Ziel.
- Direkte Busverbindungen vom KMOU Busstand im Westen des Ortes am Chandni Chowk u.a. nach **Almora** (2 Std., 45 Rs), Ramnagar (4,5 Std., 79 Rs) und **Kausani** (3,5 Std.).
- Privatanbieter wie Hina Tours (Tel.: 220214) am Sadar Bazaar verkaufen Tickets für eine **Luxus-Nachtverbindung nach Delhi** (380 Rs, 12 Std., Abf. 18.30 Uhr).

Kausani III/C3

Zum Greifen nahe scheinen die Himalayagipfel im 53 km nördlich von Almora gelegenen Kausani. Schon *Mahatma Gandhi* ließ sich 1929, als er einige Monate im **Anasakti Ashram** des 1.890 m hohen Ortes verbrachte, von der friedvollen Stimmung Kausanis inspirieren. Dieser einen Kilometer oberhalb des Busbahnhofs gelegene Ashram beherbergt ein **Museum** (6–12 und 16–19 Uhr), das das Leben Gandhis dokumentiert.

Dreieinhalb Kilometer auf dem Weg Richtung **Baijnath** verhilft die **Kausani Tea Estate** (Eintritt frei, Mitte November und März 9–18 Uhr) zum Einblick in die Herstellung und natürlich auch zum Erwerb dieses weltweit exportierten Tees.

Eine der beliebtesten Wanderungen führt zum 18 km entfernten **Tempel von Baijnath,** einem Hindu-Heiligtum aus dem 12. Jh., und dem sich anschließenden kleinen Dorf.

Unterkunft, Essen und Trinken
(Vorwahl: 05962)

- Empfehlenswerte Unterkünfte sind u.a. das bei Rucksacktouristen beliebte **Hotel Uttarakhand** €€€–€€€€ (Tel.: 258012, ()0)9412924222, www.uttarakhandkausani.com, inkl. Internet und WiFi) oberhalb des Busbahnhofs mit großen Zimmern mit Bad und Terrasse mit Ausblick in die Himalayaberge sowie das **Amar Holiday Home** €€–€€€ (Tel.: 245115). Das moderne **Hotel Krishna Mount View** €€€€€–€€€€€€ (Anasakti Ashram Rd., Tel.: 245008, www.kumaonindia.com) ist eine Komfortherberge mit den entsprechenden Standards, jedoch inzwischen recht teuer geworden. Die Zimmer der oberen Etagen haben Balkon und Kühlschrank. Alle drei verfügen über hauseigene Restaurants. Hervorzuheben ist das **Garden Restaurant** des Hotel Uttarakhand, wo man unter Strohdächern neben dem vorzüglichen Essen die herrlichen Ausblicke auf die Himalayaberge genießen kann.
- Schöne Aussichten machen auch das **Hill Queen Restaurant** (Anasakti Ashram Rd.) zu einem der beliebtesten der Stadt. Hier gibt's auch ein Internetcafé (40 Rs/Std.)

An- und Weiterreise

- Direkte **Bus- und Jeepverbindungen** bestehen u.a. nach Almora (stdl., 2,5 Std., 45 Rs), Ranikhet (3,5 Std.) und Nainital (6 Std.). In nördlicher Richtung nach Bageshwar etwa stündliche Verbindung via Baijnath. Gemeinschaftsjeep fahren nach Garur, 16 km nördlich, und weiter nach Gwaldam, von wo Anschlussbusse und -jeeps in die Pilgerorte des Garhwal fahren.
- Mit dem **Taxi** nach Almora kostet es ca 1.100 Rs, nach Nainital 2.100 Rs.

Bageshwar und die Gletscher Pindari und Milam   III/C3

Neben dem von hinduistischen Pilgern besuchten **Bagnath-Tempel** ist das auf 980 m Höhe gelegene Bageshwar (7.900 Einwohner) als Zwischenstopp von touristischem Interesse: zum 35 km entfernten **Saung,** dem Ausgangsort auf dem Weg zum Pindari-Gletscher, und nach Munsiyari für den Milam-Gletscher.

Unterkunft

■ Mit dem **KMVN Bageshwar Tourist Rest House** €-€€ (Tarkul Rd., Tel.: 05963-220034) stehen einfache, aber geräumige Zimmer und ein billiger Schlafsaal zur Übernachtung bereit.

Bank und Internet

■ Im Ort gibt es einen **ATM** der State Bank of India.
■ Internet ist im **Annapurna Communications Café** (9–21 Uhr, 50 Rs) möglich.

An- und Weiterreise

■ Zwei Busse tgl. und Gemeinschaftsjeeps nach **Saung** (2 bzw. 1,5 Std., 35/60 Rs). Ein Taxi kostet ca. 900 Rs.
■ Nach **Munsiyari** benötigt die einzige Morgenverbindung um 9 Uhr 6 Stunden.
■ Busverbindungen nach **Almora und Ranikhet** über Kausani in jeweils 3 Std.. Außerdem häufig Busse nach **Bhowali und Haldwani** in 6 bzw. 7,5 Std. Wer Ziele im Garwhal erreichen will, fahre bis **Gwaldam,** von dort regelmäßig Anschlussbusse.
■ Vom Jeepstand unweit des Bus Stand fahren Gemeinschaftsjeeps regelmäßig nach **Kausani** (1,5 Std., 55 Rs) und Gwaldam (30 Min., 25 Rs).

Trekkingtour von Saung auf den Pindari-Gletscher

Trekkingtouren zum Pindari-Gletscher beginnen in Saung (oder Song) in 1.100 m Höhe, 35 km von Bageshwar entfernt. Die siebentägigen, gut 90 km langen Trekkingtouren führen durch unberührte Landschaft mit wundervollem Bergpanorama und den traditionellen Dörfern der Bergbevölkerung. Der 3 km lange und 350 m breite Gletscher auf 3.350 m ist eingebettet in die Bergwelt des **Nanda Kot** und **Nanda Khat,** beides Riesen von über 6.500 m Höhe. Viele Trekkingagenturen in Saung, aber auch in Almora und Bageshwar führen zum Gletscher.

■ **KMVN** beim Tourist Rest House in Bageshwar organisiert siebentägige All-Inklusive-Trekkingtouren inkl. Übernachtung in staatlichen Rasthäusern für 5.850 Rs p.P. Wer den Weg auf eigene Faust in Angriff nehmen will, findet sehr einfache Bleibe und Verpflegung in **Dhaba Huts** und Schlafsälen für 50–200 Rs entlang des Weges.

Munsiyari und der Milam-Gletscher   III/D3

Eine einzigartige, aber anstrengende Erfahrung ist der 118 km lange Aufstieg von Munsiyari zum Milam-Gletscher. Entlang einer **uralten Handelsroute nach Tibet** geht man durch die unberührte Bergwelt im Osten des 7.816 m hohen **Nanda Devi,** streckenweise entlang dem wilden Ganga-Gori-Fluss. Eine Abzweigung von diesem Weg führt zum Basislager des Nanda Devi, eine zusätzliche, 32 km lange Wegstrecke.

Startpunkt für den Milam-Gletscher ist Munsiyari in 2.300 m Höhe, selbst zwar nicht gerade als hübsch zu bezeichnen, doch die Lage im Johar-Tal, umgeben von hohen Gipfeln, beeindruckt. Achttägige Touren führen zum Gletscher auf 3.450 m Höhe, für die neben einem kostenlosen *Permit* (erhältlich beim District Magistrate in Munsiyari) auch Zelt, Schlafsack etc. sowie Verpflegung mitgenommen werden müssen, da die Dörfer am Wegrand größtenteils verlassen sind.

🟥 Auch hier organisieren Trekkingagenturen wie **KMVN** (Tel.: 05961-231436) oder die privaten **Nanda Devi Tour N Trek** (Birendra Brijwal, Tel.: 05961-222324, (0)9411 130330) und **Johar Tour & Trek** (Tel.: 05961-222752, (0)9885010285, www.joharhilltop.net) für ca. 8.500 Rs die neuntägigen Märsche. Will man nicht in der Gruppe trekken, werden Träger, Koch, Pferde und Bergführer vermittelt.

Typische Häuser in der Bergregion

Unterkunft

🟥 Beste Option in Munsiyari sind die Homestays, wo man in familiärer Atmosphäre einfache Unterkunft und köstliche Verpflegung erhält. Diese werden vermittelt über **Homestay & Nature Tourism,** Malika Virdi, Tel.: (0)9411194041, malika.virdi@gmail.com. Ein Beispiel ist das freundliche **Sarmoli Village Home Stay** €€ im gleichnamigen Dorf nahe Munsiyari.

🟥 Auch das **KMVN Tourist Home** €–€€ (Tel.: 05961-231436), kmvn.gov.in), in dem der neue Trakt und dort die Eckzimmer mit Balkon und Panorama-Aussicht vorzuziehen sind, und die nahe **Pandey Lodge** €–€€€ (Tel.: 05961-222286, (0)9411130316, www.munsyarihotel.com, nicht von der bunten Vorderfront abschrecken lassen!) sind zu empfehlen, mit vielfältiger Auswahl vom billigen Schlafsaal bis zum komfortablen Zimmer, manche mit herrlicher Aussicht, beide im Ortszentrum.

An- und Weiterreise

🟥 **Busse** nach Bageshwar in 6 Stunden (140 Rs), eine Verbindung tgl. nach Almora in 11 Std. (200 Rs).
🟥 **Gemeinschaftsjeeps** nach Thal (3 Std., 100 Rs). Von dort viele Anschlussverbindungen.

Garhwal

III/C3

Wie keine andere Region Indiens symbolisieren die **Pilgerzentren** nördlich von Rishikesh die für den Hinduismus so kennzeichnende Verehrung von heiligen Natursymbolen wie Bergen, Flüssen und Seen. Ganz selbstverständlich werden sie als heilig betrachtet, spielen sie doch in den religiösen Mythen und Legenden eine zentrale Rolle. Durch einen Besuch dieser Orte kann man nicht nur um die Erfüllung von diesseitsorientierten Wünschen wie etwa einer Heirat oder der Geburt eines Sohnes bitten, sondern trägt damit auch ganz entscheidend zur Verbesserung seines Karmas bei, was nach der hinduistischen Philosophie mit der Wiedergeburt auf einer höheren Daseinsstufe im nächsten Leben belohnt wird. So bedeuten die Tausende von Schritten, die auf dem Weg zu den im Schatten der **Himalayaberge** gelegenen Pilgerorten zurückgelegt werden müssen, einen kleinen Schritt auf dem langen Weg ins Nirvana.

Auch für westliche Reisende kann es ein äußerst beeindruckendes Erlebnis sein, sich den **Tausenden von Wallfahrern** anzuschließen, die sich in den Sommermonaten von Rishikesh und Haridwar zunächst per Bus auf den Weg zu den Pilgerorten machen. Allerdings muss man sich darüber im klaren sein, dass sowohl die **Übernachtungssituation** als auch die sanitären Verhältnisse oft problematisch sein können. Oftmals muss man in äußerst spartanischen **Dharamsalas** (Pilgerherbergen) übernachten, da die wenigen Hotels lange im Voraus ausgebucht sind. Deshalb empfiehlt es sich, möglichst frühzeitig ein Zimmer in den staatlichen Tourist Bungalows zu reservieren.

■ Dies tut man am besten beim **Garhwal Mandal Vikas Nigam (GMVN)**, einem speziell für Pilgerorte zuständigen Büro in Rishikesh (Tel.: 0135-2430799, www.gmvnl.com). Auf der informativen Website findet man auch Informationen und Preise zu Trekkingtouren, Rafting und Skifahren. Da die Preise der einzelnen Hotels extrem starken Schwankungen unterliegen, sollte man sich auch diesbezüglich genauer in Rishikesh erkundigen. Der GMVN bietet zwischen April und November 4- bis 14-tägige sogenannte **Char-Dam-Rundfahrten** zu den im folgenden Abschnitt beschrieben Pilgerorten per Bus und Auto an, die in Delhi und Rishikesh starten. Genaueres hierzu unter www.gmvnl.com/newgmvn/tour. Vor Bus- und Jeepfahrten in den Bergregionen sollte man nicht allzu üppig speisen.

Uttarkashi

III/C3

Für die meisten Besucher stellt das auf 1.160 m Höhe, 145 km nördlich von Rishikesh gelegene Uttarkashi, die mit ca. 16.000 Einwohnern **größte Stadt im nördlichen Garhwal,** den Ausgangsort für die Tempelorte und Bergregionen dar. Ausrüstung und Bergführer können hier organisiert werden.

■ Erste Anlaufadresse für Informationen ist das **Nehru Institute of Mountaineering** (Tel.: 01374-222123, 224663, www.nimindia.net, tgl. 10–17 Uhr) auf der dem Markt gegenüber gelegenen Seite des Bhagirathi-Flusses, wo jede notwendige **Ausrüstung** für Trekking- und Klettertouren ausgeliehen werden kann. Das Institut organisiert mehrtägige und -wöchige **Kletterkurse** in verschiedenen Bergtälern und vielen Gletschern der spektakulären Bergwelt des Himalaya. Genaueres auf der ausführlichen Internetseite.

Unterkunft

■ Die beste von vielen Billigbleiben im Ort ist das **Hotel Govind Palace** €–€€ (Tel.: 01374-223815) nahe dem Busbahnhof. Die sauberen Einfachzimmer mit TV und Warmwasser sind preiswert.

■ Teurer und komfortabler ist der **Shivalinga Tourist Complex** €€€–€€€€ (Tel.: 01374-223518, (0)9412077718, www.shivlingauttarkashi.com) 1 km außerhalb an der Straße nach Gangotri. Saubere Balkonzimmer, teils mit Blick auf den Fluss, und geräumige Badezimmer sowie guter Service sind preisentsprechend.

■ Noch etwas weiter Richtung Gangotri, machen hübsche Zimmer mit Balkon, erstklassige Küche und zuvorkommender Service das **Monal Tourist Home** €€–€€€€ (Tel.: 01374-222270, www.monaluttarkashi.com, nahe dem Forest District Office für Zugangsgenehmigungen ins Gaumukh) in herrlicher Lage zur besten preiswerten Wahl nahe Uttarkashi.

An- und Weiterreise

■ Busse starten nach **Gangotri** (6 Std., 95 Rs), **Dehra Dun** (9 Std., 190 Rs) über **Rishikesh** (7 Std., 165 Rs), **Haridwar** (8 Std., 180 Rs, über Rishikesh) und nach **Hanuman Chatti** für Yamunotri (7 Std., 118 Rs) um 7.45 und 10 Uhr.

Gangotri   III/C3

In grauer Vorzeit, als Indien noch nicht vom Ganges durchströmt wurde, unterwarf sich der sagenhafte König Bagirata jahrelangen Opferhandlungen, bis er schließlich von Shiva erhöht wurde, der ihm die Erfüllung eines Wunsches gestattete. Bagirata erbat sich, „dass die Erde besprengt werde mit heiligen Wassern als Himmelsstrom des Ganga". Shiva versprach ihm die Erfüllung seiner Bitte, doch damit „der plötzliche Fall der starken Ganga die Erde nicht in ihren Grundfesten erschüttere, werde ich die Göttin Ganga auf meinem Haupte heruntertragen". So segneten die drei Quellflüsse der Ganga das Land in einem weiten Umkreis, Götter und Göttinnen schritten an ihrer Seite und alles jubelte über das Glück der Erde.

Aus dieser Sage erklärt sich die Heiligkeit des 265 km nordöstlich von Rishikesh auf 3.046 m Höhe gelegenen Pilgerortes Gangotri, soll doch ganz in der Nähe der heiligste der drei **Quellflüsse des Ganges** entspringen. Am rechten Ufer des nach dem legendären König benannten Baghirathi, der Gangotri durchfließt, findet sich ein der Flussgöttin Ganga gewidmeter Tempel. Dieses recht unscheinbare Heiligtum ist während der Sommermonate Ziel Tausender Gläubiger. Von hier pilgern die meisten von ihnen zum 19 km entfernten Gaumukh, wo die eigentliche Quelle des Baghirathi entspringt. Sie wird dort von mehreren Gletschern gespeist.

In drei Tagen sind **Ausflüge** zu einer der Quellen des Ganges, hier Baghirathi genannt, bei **Gaumukh** (zurück über Bhojbasa, 4 km entfernt) in knapp 3.800 m Höhe und 14 km von Gangotri entfernt zu absolvieren (Übernachtung auf dem Hin- und Rückweg im GMVN Tourist Bungalow, s.u.). In dessen Nähe ist auch der imposante **Gaumukh-Gletscher** zu bestaunen. Hier erheben sich die imposanten Gipfel des **Baghirathi Pravat** (6.850 m) und des **Shivling** (6543 m). Träger (500 Rs pro Strecke) und Pferde (900 Rs einfach, 1.300 Rs für beide Wege) können in Gangotri organisiert werden.

■ Da der **Zugang zur Gaumukh-Region** auf 150 Personen täglich limitiert ist, muss vor dem Betreten eine **Genehmigung** beim zuständigen District Forest Office (Tel.: 01374-222444), 3 km nördlich von Uttarkashi, eingeholt werden. Das Permit kostet 600 Rs für die ersten zwei Tage und 250 Rs für jeden Zusatztag. Reisepass mit gültigem Visum mitbringen.

Unterkunft

■ Es bietet sich u.a. der **GMVN Tourist Bungalow** €–€€€ (Bhojbasa, Tel.: 01377-22221) mit Schlafsaal (150 Rs) und etwas höherklassigeren Zimmern an.

Anreise

■ Während der Pilgersaison wird Gangotri mehrfach von **Haridwar** (11 Std., 270 Rs) und **Rishikesh** (11 Std., 250 Rs) und **Uttarkashi** (6 Std., 95 Rs) mit dem Bus angefahren. Außerdem Gemeinschaftsjeeps von und nach Uttarkashi für 150 Rs.

Kedarnath III/C3

Der auf 3.584 m Höhe gelegene, im 8. Jh. erbaute **Shiva-Tempel** von Kedarnath genießt bei den Hindus wegen des darin platzierten Jyotir Lingam besondere Verehrung und zieht jährlich mehr als 100.000 Gläubige an, was zu entsprechenden Begleiterscheinungen führt. Der Tempel ist von **Gaurikund** aus über einen steilen, 14 km langen, von Einfachbleiben und Essensständen gesäumten Aufstieg zu erreichen, für den Träger und Pferde gemietet werden können.

Die meisten verbinden die Pilgerfahrt nach Kedarnath mit einem Besuch des 5 km entfernten **Gandhi Sarovar,** einem See, in den 1948 ein Teil der Asche des ermordeten *Mahatma Gandhi* gestreut wurde.

Unterkunft

■ In Kedarnath kann man im **GMVN Tourist Bungalow** €–€€€ (Tel.: 01364-269202, Schlafsaal (200 Rs) und höherklassige Zimmer mit Bad) nahe dem Tempel einfache Herberge finden.

■ In Gaurikund verhilft ebenfalls ein **GMVNL Tourist Bungalow** €–€€€ (Tel.: 01364-269202) zu einfacher Herberge.

Anreise

■ Von **Haridwar** (12 Std.) und **Rishikesh** (11 Std., 200 Rs) geht es zunächst per Bus nach **Gaurikund.** Will man von dort in die östlichen Gebiete Garhwals, nach Badrinath oder Joshimath, muss der Bus in Rudraprayag gewechselt werden.

■ Ab Mai fliegt *Pawan Hans* (Tel.: 01364-256825, in Rudraprayag: 01364-233901/2) jeden Morgen zwischen 6.30 und 11.10 Uhr, natürlich abhängig von den jeweiligen Wetterverhältnissen, von Agastya Muni, 17 km von Rudraprayag entfernt, per **Helikopter** nach Kedarnath (Flugzeit 45 Min., 4 Flüge tgl., Gepäck ist nur limitiert zugelassen). Bei der Sicherheit dieses Anbieters gibt's aber einige Bedenken.

Yamunotri

Das 3.165 m hoch gelegene Yamunotri wird als Quellort des den Indern heiligen **Yamuna-Flusses** verehrt, obwohl dieser eigentlich aus dem einen Kilometer entfernten **Kalind-Parvat-Gletscher** auf 4.420 m Höhe entspringt, dessen Quelle jedoch nur trainierte Bergsteiger erreichen. Bei den meist eisigen Temperaturen verwundert es nicht, dass die den Tempel von Yamunotri umgebenden heißen Quellen sich bei den durchgefrorenen Pilgern großer Beliebtheit erfreuen.

Yamunotri ist der am wenigsten touristisch erschlossene Pilgerort. Pilgertreks dorthin starten vom 5 km entfernten **Janki Chatti,** 6 km von Hanuman Chatti auf 2.400 m Höhe entfernt. Der Aufstieg dauert etwa 2 Stunden. Zwischen **Hanuman Chatti,** dem Endhaltpunkt der Busse, und Janki Chatti verkehren Gemeinschaftsjeeps (30 Rs).

Unterkunft

■ Sehr einfache Hotels, von denen viele nur während der Pilgersaison geöffnet sind, und **GMVN Tourist Bungalows** €–€€ (www.gmvnl.com) stehen in Hanuman Chatti, Janki Chatti und Yamunotri zur Verfügung.

Anreise

■ Von Rishikesh (10 Std.), Dehra Dun (8 Std.), Mussoorie (6 Std.) und Uttarkashi (7 Std.) bestehen **Busverbindungen** nach **Hanuman Chatti**.

Joshimat   III/C3

Neben seiner Bedeutung als Verbindungsort nach Badrinath, Hemkund und zum Valley of Flowers fungiert Joshimat (1.850 m Höhe) als Ausgangspunkt zum **Trekking am Nanda Devi**, dem mit 7.816 m höchsten Berg Indiens, sowie für den Nanda-Devi-Nationalpark, den Kuari-Pass und den nahen Ski-Ort Auli. Außerdem dient das 13.500 Einwohner zählende Joshimat in den Sommermonaten vielen Pilgern als Durchgangsstation. Der Ort selbst ist wohl nur als hässlich zu bezeichnen.

Viele Trekkingagenturen bieten ihre Dienste an für Ausflüge in die atemberaubende Umgebung des Nanda-Devi-Massivs, das auch per **Seilbahn** nach Auli (s.u.), dem Luftlinie 4 km entfernten Skiort, als kurzer Abstecher zu bewundern ist.

Für Trekkingtouren am Nanda Devi und zum Kuari-Pass benötigt man **Genehmigungen**. Diese werden von den Trekkingagenturen besorgt, ohne deren **Führer** man sich nicht in diesen Gebieten aufhalten darf. Einige Agenturen vermitteln auch Homestays, die großteils recht komfortabel sind. Stellvertretend für mehrere weitere seien hier zwei anerkannte Agenturen genannt:

■ **Eskimo Adventures** (Tel.: 222630) organisiert neben Trekking- und Klettertouren (ca. 1.500 Rs p.P./Tag) auch Wildwasser-Rafting auf dem Ganges und vermietet Kletter- wie auch Skiausrüstung.

■ Ebenso zuverlässig, organisiert **Adventure Trekking** (Tel.: (0)9837937948, www.thehimalayanadventures.com) in etwa dasselbe. Auch weiter entfernte Ziele wie Ladakh werden neben Garhwal und Kumaon bedient.

Information

■ **Vorwahl:** 01389

■ Etwas nördlich der Stadt beim Tourist Rest House ist ein **GMVN Tourist Office** (Tel.: 222181) Mo–Sa 10–17 Uhr geöffnet.

Unterkunft, Essen und Trinken

Die meisten Herbergen in Joshimat sind zu teuer fürs Gebotene, besonders natürlich zur Pilgerzeit.

■ Der staatliche **GMVNL Tourist Bungalow** €–€€ (Main Bazaar, Tel.: 222118) verfügt über einen billigen Schlafsaal sowie saubere Zimmer mit Balkon und Ausblick in die Berge und ist aufgrund des kleinen Preises eine der besten Portemonnaie schonenden Bleiben im Ort.

■ Besonders die neueren Zimmer im Anbau des **Hotel Kamat** €€€–€€€€ (Upper Rd., Tel.: 222155) nahe der Seilbahn sind ordentlich, die im Haupthaus reichlich verwohnt.

■ Ein komfortabler Homestay ist **The Himalayan Abode** €€€€–€€€€€ (Nahe JP Company, Marwari, Chmoli, Tel.: 222252, (0)9412082247, www.thehimalayanabode.com), 5 km von Joshimat entfernt. 6 komfortable Zimmer mit klasse Aussicht sowie 6 Zelte mit Bad im Garten bei entsprechender Witterung, dazu Internet und WiFi, Fahrzeug- und Motorradvermietung und selbstverständlich Trekkingtourenorganisation überzeugen in diesem hervorragenden Gesamtpaket. Die freundliche, hilfsbereite Familie wird allenthalben gelobt.

■ Überall um den Marktbereich servieren **einfache Restaurants** mit Thalis und Dosas (30–80 Rs) Vegetarisches.

Bank und Internet

- Geld bekommt man beim **ATM** der State Bank of India.
- An einige Trekkingagenturen sind **Internetcafés** angeschlossen.

An- und Weiterreise

Aufgrund der steil abfallenden Abgründe ist die Strecke nach Joshimat naturgemäß besonders während der Monsunzeit immer wieder Erd- und Felsrutschen ausgesetzt, was die Ankunftszeiten der Fahrzeuge verzögern kann.
- Busse (50 Rs, 5 Verbindungen zwischen 6.30 und 16 Uhr) und Gemeinschaftsjeeps (60 Rs) fahren vom Badrinath Bus Stand am Ende der Upper Bazaar Rd. in 2 Stunden nach **Badrinath.** Will man einen kompletten Jeep dorthin mieten, kostet dies 650 Rs. Dieselbe Verbindung passiert auch **Govindghat** (für das Valley of Flowers und Hemkund).
- Ebenfalls an der Upper Bazaar Rd. verkauft die kleine GMOU-Bude (4–20 Uhr) reservierte Tickets nach **Rishikesh** (10 Std., 230 Rs) und **Haridwar** (11 Std., 250 Rs). Diese Busse verkehren zwischen 4 und 19 Uhr.
- Für Verbindungen nach **Almora, Kausani** und **Bageshwar** im östlichen Kumaon fährt man mit einem der Busse nach Rishikesh bis Karnaprayag (3,5 Std.) und von dort weiter per Gemeinschaftsjeep. Augen auf, die Landschaft ist reizend.

Auli III/C3

Oberhalb von Joshimat gelegen, ist Auli einer der **bekanntesten Skiorte Indiens.** Auch im Sommer ist der Ort unbedingt sehenswert, bieten sich doch schon vom Ausstieg aus der **Seilbahn** herrliche Panoramablicke auf das umgebende Massiv des Nanda Devi und weitere Bergriesen. (Die Seilbahn wird 8–19 Uhr betrieben, 300 Rs inkl. Rückfahrt nach Joshimat, alle 20 Min.) Für verwöhnte Skifahrer stellt Auli jedoch keine wirkliche Herausforderung dar. Ein Schlepplift von 500 m Länge (Jan.–März, 25 Rs) und ein etwas längerer Sessellift (ganzjährig, 100 Rs) erfüllen nur die Grundvoraussetzungen eines Wintersportortes. Die Schneeverhältnisse sind jedoch die meiste Zeit über hervorragend.

Unterkunft

- Nur zwei Unterkünfte stehen im Ort bereit. Einmal das preiswerte und erstaunlich gute **GMVNL Tourist Rest House** €–€€€€ (Tel.: 01389-223208, www.gmvnl.com) mit ganz billigem Schlafsaal und das **Cliff Top Club Resort** €€€€€€ (Tel.: 01389-223217, www.clifftopclubauli.com), ein recht komfortables, aber sicher nicht luxuriöses Ski-Resort zu weit überhöhtem Preis in herrlicher Lage.
- **Nanda Inn Cottage** €€€€–€€€€€ (Tel.: 01389-221021, (0)9387937948, www.nandainn.com) an der Straße zwischen Joshimat und Auli vermietet gemütliche Zimmer mit toller Aussicht. Vom umsorgenden Service und guten Essen wird geschwärmt.

Anreise

Auli ist über die 14 km lange Straße oder die 4 km lange Seilbahnstrecke von Joshimat zu erreichen.

Kuari-Pass und Nanda-Devi-Nationalpark III/C3

Der Kuari-Pass auf 3.640 m Höhe ist verhältnismäßig gut erreichbar. Der Weg entlang dem Nanda-Devi-Nationalpark belohnt mit fantastischen Eindrücken und Aussichten auf das Bergmassiv und die herrliche Natur mit **Wasserfällen, Seen und kleinen Bergdörfern.** Die gesamte, gut 70 km lange Strecke von **Auli,** dem Ausgangspunkt der Treks, dauert fünf Tage, eine kürzere, dreitägige Version ist möglich, Zielort ist dann Tapovan. Alle notwendige Ausrüstung wie Zelte, Schlafsäcke sowie natürlich ein Guide und die Permits werden von den jeweiligen Trekkingagenturen in Joshimat (s.o.) besorgt. Im Normalfall muss man sich um die Verpflegung selbst kümmern. Nur registrierte Agenturen sind in dieser Region zugelassen.

Erst seit Kurzem ist der Zugang zu Teilen des Nanda-Devi-Nationalparks unter strengen Auflagen möglich (1. Mai bis 31. Oktober), nachdem er 1982 zum Naturschutzgebiet erklärt wurde und seitdem gesperrt war. Aufgrund seiner unberührten Schönheit wurde der Nationalpark 1988 von der UNESCO in die Liste der **Welterbestätten** aufgenommen. Das **atemberaubende Panorama** der schneebedeckten Gipfel von Trishul und Dunagiri, der beiden Gipfel des Nanda Devi und weitere imposante Natureindrücke sind unvergesslich. Täglich nur zwei Gruppen bis zu fünf Personen dürfen den Park betreten. Die Treks werden ausschließlich über den GVMN organisiert.

Badrinath   III/C3

Der kleine, auf einer Höhe von 3.100 m in der **Nähe der tibetanischen Grenze** gelegene Ort ist wohl der meistbesuchte der vier Pilgerorte und scheint geradezu mit Tempeln übersät zu sein. Das von schneebedeckten Himalayabergen überragte Badrinath liegt am Zusammenfluss von Rishi Ganga und Alahananda und gehört, neben Puri im Osten, Dwarka im Westen und Kanyakumari im Süden, zu den vier geografischen Grenzorten Indiens, mit deren Besuch der Gläubige hohe religiöse Verdienste erwirbt.

Der Haupttempel Badrinaths ist Shiva geweiht. Ähnlich wie in Yamunotri sprudelt auch hier eine **heiße Quelle,** der spirituell reinigende Kraft nachgesagt wird. Sehenswert ist auch der 150 m hohe **Vasudhara-Wasserfall,** 4 km entfernt. Obwohl Badrinath von Joshimath innerhalb eines Tages besucht werden kann, sollte man übernachten, um die einzigartige Atmosphäre des Ortes und der Landschaft auf sich wirken zu lassen.

Unterkunft, Essen und Trinken

■ Außerhalb der Hauptsaison im Mai/Juni sind Zimmer in den vielen einfachen Hotels wie dem **GMVN Tourist Bungalow** €-€€ schon für 100 Rs zu bekommen.

■ Die beste billige Bleibe ist wohl das **Govind Sewa Sadam** €-€€ (Tel.: 01381-222408).

■ Ein Hauch von Luxus ist in Badrinath eingezogen. Das moderne **Sarovar Portico** €€€€€ (Tel.: (0)9310333312, www.sarovarhotels.com) vermietet komfortable Zimmer, wirkt jedoch in dieser Region etwas deplatziert.

■ Das vegetarische **Vijay Lakshmi Restaurant** sorgt fürs leibliche und das **Hard Rock Café** fürs „geistige" Wohl.

Anreise

■ Badrinath ist der am einfachsten zu erreichende Pilgerort. Während der Pilgersaison fahren mehrere Tages- und Nachtbusse in ca. 11 Std. vom 300 km entfernten **Rishikesh** den Ort an. Ansonsten gibt es auch von **Joshimath,** das per Bus mit Badrinath verbunden ist, Verbindungen nach Rishikesh (200 Rs) und Haridwar (230 Rs). Sie starten etwa halbstündig zwischen 4 und 19 Uhr ihre 10 bzw 11 Stunden lange Fahrt. Außerdem Verbindungen nach **Govindghat** (für Hemkund und Valley of Flowers).

Valley of Flowers und Hemkund-See

Ausgangspunkt für den Besuch des 1931 von dem britischen Bergsteiger und Botaniker *Frank Smythe* für westliche Augen entdeckten Blumentals und des heiligen Sees der Sikhs, Hemkund, ist das 22 km südlich von Badrinath gelegene **Govindghat**, wo mehrere Einfach-Unterkünfte und an der Straße nach Badrinath das etwas höherklassige Hotel Bhagat €€ (Tel.: 01381-225226) zur Verfügung stehen.

Von dort führt ein gut ausgebauter, 15 km langer, von einfachen Essens- und Trinkbuden gesäumter Pfad ins 3.000 m hoch gelegene **Ghangaria** (auch *Govindham* genannt). Für den etwa vier- bis siebenstündigen Aufstieg stehen Träger fürs Gepäck (etwa 350 Rs) und Ponys bereit (430 Rs), die beim Eco Development Committee Office an der Brücke über den Alahananda gemietet werden können. Übernachtung ist in Ghangaria, etwa im GMVN Tourist Bungalow, möglich. Da es nachts sehr kalt werden kann, sollte man sich genügend Decken geben lassen. Auch das Hotel Priya €-€€ ist akzeptabel. Der Abstieg zurück nach Govindghat dauert etwa vier bis fünf Stunden.

In Ghangaria gabelt sich der Weg. Entlang der nordwestlich abzweigenden Route erreicht man nach 3 km den auf 3.400–3.700 m Höhe gelegenen **Valley of Flowers National Park**. Das Tickethäuschen befindet sich nur etwa 1 km von Ghangaria entfernt, von wo es zum Tal noch weitere 2 km sind. Das 2 km lange und gut 4 km breite Tal wurde 1981 zum Nationalpark deklariert (Eintritt 600 Rs für die ersten drei und 175 Rs für jeden weiteren Tag, 6–18 Uhr geöffnet, letzter Zugang um 15 Uhr). Es ist im Juli und August mit **unzähligen Blumen** übersät. Vor dem Hintergrund der schneebedeckten Himalayariesen bietet sich dem Tagesausflügler von Ghangaria (Camping im Park ist verboten) ein einzigartiges Bild. Der Genuss wird durch den Umstand beeinträchtigt, dass während der üppigsten Blütezeit im Juli/August die heftigsten **Monsunregen** niedergehen, was die Wanderungen erschwert.

Den 4.329 m hoch gelegenen **Hemkund-See** erreicht man über den von Ghangaria nach Norden führenden Pilgerweg. Obwohl nur 6 km lang, benötigt man gut drei Stunden, weil der Weg sehr steil ansteigt. Da der See im heiligen Buch der Sikhs, dem „Guru Granth Sahib", als Meditationsort des 10. Guru *Govind Singh* Erwähnung findet, wird er von Juni bis September von unzähligen **Sikh-Pilgern** aufgesucht. Auch hier erleichtern Ponys den Aufstieg (350 Rs).

An- und Weiterreise

■ **Govindghat** erreicht man während der Pilgersaison mit einem der vielen täglichen **Direktbusse von Rishikesh und Haridwar,** Fahrtdauer 10–11 Std.
■ Zum 20 km entfernten **Badrinath** fahren Busse (1 Std. Fahrzeit) und Sammeljeeps (um 60 Rs). Auch nach **Joshimath** (1 Std.) bestehen regelmäßige Bus- und Jeepverbindungen, von wo viele weitere Anschlüsse möglich sind.

Bihar | 422
Jharkhand | 445
Orissa | 448
Westbengalen | 470
Sikkim | 526
Nordostprovinzen | 539

Der Osten

Die östlichen Landesteile gehören nicht gerade zu den meistbesuchten Regionen Indiens. Doch wer genügend Zeit hat oder die großen Highlights des Subkontinents schon kennt, findet in Westbengalen, Orissa, Bihar und Sikkim außergewöhnliche Orte, die die langen Reisewege lohnen.

◁ Der Toy Train in Darjeeling

Allein bei der Erwähnung des Namens winken die meisten Inder resigniert ab. Nein, von Bihar, dem neuntgrößten Staat Indiens mit 104 Mio. Einwohnern, will man lieber nichts hören. Bihar ist der Verlierer der indischen Geschichte, und Verlierergeschichten hört man auch in Indien nicht gern.

So scheint Bihar heute alle **negativen Aspekte** Indiens auf sich zu vereinen: die höchste Bevölkerungsdichte, die höchste Kindersterblichkeit und eine der höchsten Analphabetenraten. Über 50 % der Bevölkerung leben unter der Armutsgrenze. Überdies hat Bihar den Ruf, der korrupteste Bundesstaat Indiens zu sein und eher von mafia-ähnlichen Organisationen denn von Politikern regiert zu werden. Zudem sorgen weiterhin Separatistengruppen wie die Naxaliten und maoistische Splittergruppen immer wieder für Unruhe in Bihar. Auch die Fortbewegung, zumin-

BIHAR UND JHARKHAND

In Bihar, genauer im kleinen Ort **Bodhgaya,** entstand vor über 2.500 Jahren der **Buddhismus,** als *Gautama Siddharta* nach siebentägiger Meditation unter dem Bodhi-Baum die Erleuchtung zuteil wurde. Nur wenige Hundert Jahre später vereinte der große Maurya-Herrscher *Ashoka* von seiner Hauptstadt Pataliputra, dem heutigen Patna, aus einen Großteil des indischen Subkontinents unter seiner Herrschaft. Durch seine großzügigen Kloster- und Universitätengründungen machte Ashoka Bihar zu einem der bedeutendsten Zentren des Buddhismus. Noch im 6. Jh. sollen sich Tausende von Studenten an der Universität von Nalanda in die buddhistische Lehre vertieft haben. Das nahe gelegene Rajgir gilt den **Jains** als heilig, weil hier ihr Religionsstifter *Mahavir* lange gelebt haben soll.

HIGHLIGHTS

➡ **Highlight*:**
Bodhgaya | 438

***Diese Tipps erkennt man im Buch an der gelben Hinterlegung im Kapitel.**

△ Thailändischer Tempel in Bodhgaya

dest nach Einbruch der Dunkelheit, ist wegen vorkommender Überfälle nicht ungefährlich.

Diese schlechte Bilanz scheint sich durch konkrete Maßnahmen der Regierung jedoch in den vergangenen Jahren zum Positiven zu wenden. Auf der Beliebtheitsskala westlicher Touristen rangiert Bihar zwar noch am unteren Ende, die **buddhistischen Stätten** von Bodhgaya, Nalanda und Rajgir sind aber zunehmend das Ziel asiatischer Besucher. Außerdem ist Bihar eine **Durchgangsstation** auf der viel bereisten Route von Kalkutta nach Kathmandu in **Nepal**.

Im Jahr 2000 wurde der südliche Teil von Bihar abgespalten, daraus entstand der neue Bundesstaat **Jharkhand** (siehe am Ende des Kapitels).

Patna VII/C3

Vom ehemaligen Glanz Patnas, der ehemals unter dem Namen *Pataliputra* bekannten **Hauptstadt Bihars,** ist heute kaum etwas erhalten. Nicht großartige Tempelanlagen, Ausgrabungsstätten und Paläste bestimmen das Bild dieser ehemaligen Hauptstadt des Maurya- und Gupta-Reiches, sondern verstaubte, dreckige und laute Straßen. So dient das sich über 10 km am Südufer des Ganges entlangziehende Patna den meisten Reisenden nur als Zwischenstation auf dem Weg ins 100 km südlich gelegene Bodhgaya sowie als **Ausgangspunkt der Überlandreise nach Kathmandu** in Nepal. Trotz des wenig einladenden Erscheinungsbildes bietet Patna mit einigen interessanten Museen, einem ungewöhnlichen Reisspeicher sowie der Geburtsstätte des 10. Sikh-Guru *Gobind Singh* einige interessante Sehenswürdigkeiten.

Geschichte

Ihre exponierte Lage am Hochufer des Ganges inmitten einer großen fruchtbaren Ebene prädestinierte das heutige Patna von alters her als Zentrum dieser Region. Anfang des 5. Jh. verlegte der Herrscher des Magadha-Reiches, Ajatashatru, seine Hauptstadt vom nahe gelegenen Rajgir hierher und verlieh ihr den Namen Pataliputra. Unter dem Maurya-Herrscher Chandragupta und vor allen Dingen während der Regierungszeit Ashokas bildete Pataliputra das **kulturelle und politische Zentrum Nordindiens.** Ashoka regierte während dieses goldenen Zeitalters der indischen Geschichte, wie es noch heute genannt wird, das erste indische Großreich und verbreitete von hier aus den buddhistischen Glauben in Indien und südostasiatischen Ländern.

Mit dem Wiedererstarken des Hinduismus und dem damit einhergehenden Zurückdrängen des Buddhismus verlor auch Pataliputra an Bedeutung. Der größte Teil der alten Königsstadt wurde durch eine verheerende Überschwemmungskatastrophe im Jahre 750 n. Chr. zerstört. Mitte des 16. Jh. konnte die Stadt unter ihrem neuen Namen *Atsumibad* noch einmal für kurze Zeit an die glorreichen früheren Jahre anknüpfen, als sie der afghanische Feldherr *Sher Shah,* nachdem er *Humayun* besiegt und damit der Mogul-Herrschaft in Indien den endgültigen Todesstoß versetzt hatte, zu seiner Hauptstadt machte.

Nach der Schlacht von Baksar im Jahre 1764 fiel die Stadt an die **Briten.** Unter ihrer Herrschaft entstand die östlich an die historische Altstadt anschließende Neustadt mit der großen Rasenfläche, dem Gandhi Maidan, als Mittelpunkt. Seit 1912 ist Patna die Landeshauptstadt Bihars.

Sehenswertes

Buddha Smriti Park

2010 wurde der Buddha Smriti Udyan an der Fraser Rd. unweit des Bahnhofs vom Dalai Lama eingeweiht. Die liebliche, 22 ha große **Parkanlage** beherbergt ein architektonisch anspruchsvolles Museum, eine Meditationshalle und eine riesige, elegante Stupa. In deren Inneren befindet sich eine gesicherte Kammer mit angeblichen **Reliktien** aus Buddhas Leben und dessen Asche sowie Samen von den Bodhi-Bäumen in Bodhgaya und Anuradhapura auf Sri Lanka.

Leider war der Park zur Recherchezeit aus Sicherheitsgründen nur zwischen 15 und 17 Uhr geöffnet.

Mahavir Mandir

Der unmittelbar vor dem Hauptbahnhof von Patna platzierte Tempel Mahavir Mandir entspricht mit seiner modernen Bauweise und der abendlichen bunten Neonbeleuchtung sicherlich nicht dem, was man sich unter einem klassischen indischen Tempel vorstellt. Wegen der den ganzen Tag über sehr regen religiösen Aktivitäten der Tausende von Gläubigen lohnt ein Besuch des dem Affengott Hanuman geweihten Gotteshauses dennoch. Im Übrigen machte der Tempel 1998 landesweit Schlagzeilen, als hier zum ersten Mal in der indischen Geschichte ein Unberührbarer zum obersten Tempelpriester ernannt wurde.

Golghar

Diesen 29 m hohen, westlich des Maidan gelegenen halbkugelförmigen Bau ließ der englische Kolonialbeamte *Captain John Garstin* 1786 errichten. Er sollte als **Kornspeicher** dienen, um eine Wiederholung der Hungerkatastrophe von 1760 zu verhindern. Wegen schwerwiegender Konstruktionsmängel wurde er in seiner ursprünglich vorgesehenen Funktion jedoch kaum genutzt. Dafür ist er heute das wohl meistbesuchte und -fotografierte Bauwerk Patnas. Von seiner Spitze, zu der sich zwei außen um das Gebäude verlaufende, jeweils 250-stufige Treppen (jeweils für Auf- bzw. Abstieg) hinaufwinden, hat man einen prächtigen Blick auf die Stadt und den Ganges (24 Std. geöffnet).

Har Mandir Takht

Der Löwe von Punjab, Maharaja *Ranjit Singh*, ließ diesen palastähnlichen, dreigeschossigen **Marmortempel** Anfang des 20. Jh. zu Ehren des 10. Gurus der Sikhs, *Govind Singh*, errichten, der 1660 in Patna geboren wurde und die Sikh-Gemeinde in einen religiösen Kampfbund umwandelte. Dieses nach dem Goldenen Tempel von Amritsar bedeutendste Heiligtum der Sikhs beherbergt heute auch ein **Museum**, in dem neben verschiedenen Porträts der Sikh-Heiligen und heiligen Schriften auch persönliche Gegenstände Govind Singhs zu sehen sind.

■ **Öffnungszeiten:** tgl. außer Mo 10–17 Uhr.

Patna Museum

Dieses bedeutendste Museum Patnas an der Buddha Marg (Eintritt 250 Rs) beherbergt schöne Steinskulpturen der Maurya- und Gupta-Periode, Terrakottafiguren, tibetanischen Tankhas und andere archäologische Funde. Auch ein 200 Millionen Jahre altes **Baumfossil**, mit 16 m Länge das angeblich längste der Welt, befindet sich hier. Zudem rühmt sich das Museum mit den angeblichen Überresten der Asche Buddhas. Für diesen Teil des Museums werden weitere 500 Rs Eintritt verlangt.

■ **Öffnungszeiten:** tgl. außer Mo 10 bis 16.30 Uhr.

Kund Baksh Oriental Library

Benannt nach dem bibliophilen *Kunda Baksh*, der die meisten Ausstellungsobjekte zusammentrug, zeigt diese 1900 gegründete **Bibliothek** am Ashok Raj Path eine wertvolle Sammlung arabischer und persischer Schriften, Miniaturmalereien und als Kuriosität eine nur wenige Zentimeter große Koranausgabe. Schmuckstück der gesamten Ausstellung sind jedoch die einzigen Bücher, die vor der Brandschatzung der maurischen Universität von Cordoba im Jahre 1236 während der spanischen Rekonquista gerettet werden konnten.

■ **Öffnungszeiten:** tgl. außer Fr 9–17 Uhr.

Praktische Tipps

Information

■ **Vorwahl:** 0612

■ Eine merkwürdige Logik: Obwohl kaum von Touristen besucht, leistet es sich IndiaTourism, gerade in Patna zwei ihrer fähigsten Mitarbeiter zu „verstecken". In ihrem **Tourist Office** (Institute of Engineering Bldg., Kranti Marg, Mo–Fr 9.30–18 Uhr, Sa bis 13 Uhr, Tel.: 6570640, itopat @bgmail.com, wird man ausgezeichnet beraten sowie mit informativen Papieren zu Bihar und Jharkhand versorgt.

■ Offiziell in der Zeit von Oktober bis März organisiert das **Bihar Tourist Office** (Mo–Sa 10–17 Uhr, Birchand Patel Marg/Gardiner Rd., im Hotel Kautilya Vihar, Tel.: 2225411, www.tourismbihar.org), jeweils Sa und So Ta-

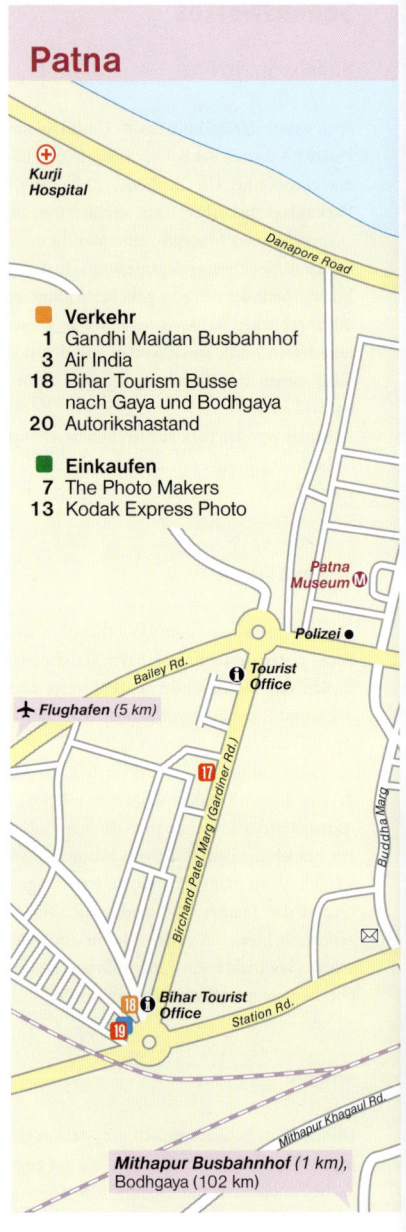

gesausflüge nach Rajgir, Nalanda und Pawapuri. Abf. 8 Uhr vom Tourist Bungalow, Preis 300 Rs. In der Realität finden sich jedoch nur während der Pilgermonate Januar/Februar genügend Interessenten, sodass die Touren auch nur dann tatsächlich durchgeführt werden. Die kleine Filiale an der Fraser Rd. ist wirkunglos, zudem gibt's Büros am Bahnhof und am Flughafen.

Stadtverkehr

■ **Taxis** berechnen für die Fahrt zum 8 km außerhalb gelegenen Flughafen etwa 350 Rs, per Autoriksha kostet es 130 Rs.

■ Zwischen dem Bahnhof und dem Gandhi Maidan Busterminal verkehren regelmäßig **Tempos.**

■ Vom Bahnhof zum Maidan per **Autoriksha** sollte man nicht mehr als 50 Rs zahlen, per **Fahrradriksha** 30 Rs.

Unterkunft

Untere Preiskategorie:

■ Noch neu und damit sehr gut in Schuss sind die teils klimatisierten Zimmer des Glasklotzes **Hotel City Centre** €€-€€€ (Tel.: 2208686, www.hotelcitycentre.in) direkt am Bahnhof und damit der ideale Schlafplatz für die meisten, die in Patna nur eine Nacht auf dem Weg nach Bodhgaya überbrücken. Die nicht klimatisierten Zimmer verfügen nur über Hocktoiletten, WiFi in allen Zimmern.

■ Ebenfalls direkt am Bahnhofsvorplatz ist auch das **Anand Regency** €€-€€€ (Tel.: 2223960, 2223148) dahinter perfekt für Durchreisende platziert. Gute, teils klimatisierte Zimmer, Restaurant und Bar.

■ Teils billiger, aber etwas weniger sauber und weiter vom Bahnhof entfernt sind die Zimmer mit Bad und TV der drei nebeneinander gelegenenen Hotels an der Station Rd.: **Hotel Nand** €-€€ (Tel.: 2322026, hotel_nand @hotmail.com), **Maharaja Inn** €-€€ (Tel.: 2321292, 2321955) und **Magadh** €-€€€ (Tel.: 2321278). Alle verfügen auch über AC.

■ Empfehlenswert ist das **Garden Court Club** €€€ (Tel.: 22049323, 3096229) an der S.P. Verma Rd., alle tadellosen Zimmer mit AC. Auch das hauseigene, begrünte Dachrestaurant trägt zur Popularität des Hauses bei.

Mittlere und obere Preiskategorie:

■ Ein gutes Preis-Leistungs-Verhältnis bietet das in einer Seitengasse von der Fraser Rd. gelegene **Hotel President** €€€-€€€€ (Tel.: 2209203-5, www.hotelpresidentpatna.com) mit sauberen, geräumigen Zimmern, teils mit AC.

■ Schnörkellos und preiswert präsentiert sich das zentral gelegene **Hotel Windsor** €€€-€€€€ (Exhibition Rd., Tel.: 2203250, www.hotelwindsorpatna.com), eine gute Adresse. Alle angenehm möblierten Zimmer mit AC. Auch das hervorragende **Bellpepper Restaurant** und das Internetcafé (25 Rs) im Haus sind Pluspunkte. Man sollte reservieren.

■ Ähnlich gut ist man im zentral klimatisierten **Hotel Sarvodaya** €€€€-€€€€€ (Rajendra Path, Tel.: 2322411-3, www.hotelsarvodaya.com) aufgehoben. Besonders die Deluxe-Zimmer, u.a. mit Kühlschrank und nur wenig teurer, sind lohnenswert. Auch hier ist ein gutes Restaurant angeschlossen.

■ Das **Hotel Chanakya** €€€€€-€€€€€€ (Chand Patel Marg, Tel.: 2223141/2, www.chanakyapatna.com) beim BSTDC Kautilya Vihar ist ein gutes Hotel der oberen Mittelklasse.

■ Patnas Tophotel, das **Maurya Patna** €€€€€ (Tel.: 2203040-57, www.maurya.com) beim Gandhi Maidan, verfügt über die üblichen Annehmlichkeiten dieser Preiskategorie. Nicht-Gäste dürfen für 250 Rs im Gartenpool plantschen.

■ Nicht nur weil es über den schöneren Pool verfügt, sondern auch wegen der ruhigeren Lage bietet das **Hotel Pataliputra Ashok** €€€€€ (Tel.: 2226270, www.ashokpatna.com) ein besseres Preis-Leistungs-Verhältnis.

Essen und Trinken

Mehrere der aufgeführten Hotels verfügen über z.T. sehr gute Restaurants.

■ Zu nennen ist hier vor allem das **Takshila** im Hotel Chanakya. Exquisit sind hier sowohl das Ambiente als auch die köstlichen Speisen, wobei besonders die Mughlai- und Tandoori-Gerichte zu empfehlen sind. Wen wundert es da, dass auch die Preise mit 150–350 Rs für ein Hauptgericht exquisit sind.

■ Köstliche Kebabs, Huhngerichte und chinesische Küche können bei **Tandoor Hut** (70–170 Rs, mittags und abends geöffnet) an der Verma Rd. mitgenommen werden.

■ Sehr gut isst man im Dachrestaurant des **Garden Court Club**. In schöner Umgebung erhält man eine Vielzahl von indischen und chinesischen Gerichten, wobei man für ein Hauptgericht 150–250 Rs veranschlagen sollte.

■ Lobenswert ist auch das klimatisierte **Rajasthan Restaurant** im Hotel Rajasthan, mit dem besten vegetarischen Essen der Stadt. Wie so oft in indischen Lokalen, ist es jedoch im Innern derart dunkel, dass man eine Taschenlampe mitnehmen sollte.

■ Nicht allzu weit vom Bahnhof entfernt, gibt's im klimatisierten **Bansi Vihar** (leckere nord- und südindische sowie chinesische Kost) und im **Family Fair** nebenan (Punjabi, Tandoori und Eis) gute Qualität zu günstigen Preisen.

■ Nicht weit vom Gandhi Maidan ist das **Bollywood Treats** (13–22 Uhr) ein supercleanes Selbstbedienungs-AC-Fastfood-Restaurant mit Snacks, Burgern, Torten und Eisgenuss bei Bollywood Muzak.

■ Kulinarisch wie atmosphärisch ebenfalls exquisit geht es im **Narkali Restaurant** an der Ecke der Frazer Road zur Dak Bungalow Road zu. In dem gänzlich mit bunt verzierten Spiegeln eingerichteten Lokal fühlt man sich ein wenig wie ein Maharaja beim Festmahl.

■ Erfrischende Cocktails (170–230 Rs) in stylishem Ambienter verwöhnen Bihar-Reisende im **Elevens** (Dumraow Kothi, Fraser Rd.). Der Lounge des bekannten Krickettspielers *Kapil Dev* ist ein Restaurant mit vielseitiger asiatischer Küche (150–400 Rs) angeschlossen.

Bank und Internet

■ Der effizienteste Ort zum Geld- und Reisescheck-tausch ist wohl **UAE Exchange** (Mo–Sa 9.30–18 Uhr, So 9.30–13.30 Uhr) an der Exhibition Rd. Hier ist auch schneller Geldtransfer aus dem Heimatland möglich. Auch bei der **State Bank of India** (Mo–Fr 10.30–16, Sa bis 13.30 Uhr) am Gandhi Maidan bekommt man zuverlässig für Währung und Reisescheks Rupien. Nahe an den Travellerhotels an der Station Rd. ist ein ICICI-ATM, zentral positioniert ist der UTI-ATM. Der ATM der idbi Bank, nicht weit entfernt, sagt auch zu AmEx-Plastik nicht nein.

■ Günstig gelegen zu mehreren Travellerhotels, ist das **Cyber World** an der Station Rd. sehr fix und preiswert (20 Rs/Std., bis 21 Uhr). Schnell sind auch alle Internetcafés der **sify-i-way-Kette** (siehe Stadtplan) mit Breitbandverbindungen. Zentral liegt **Yahoo Cyber** im Lokmanyak Bhawan (1. Stock, 20 Rs). Auch im **Jagat Trade Centre** gibt's Breitbandgeschwindigkeit. Bei **The Photo Makers** (Fraser Rd.) werden kompetent Fotos von digitaler Vorlage gedruckt oder auf CD (50 Rs) gebrannt. Natürlich gibt's auch weiteres Fotozubehör.

Medizinische Versorgung

■ Das **Kurji Hospital** im Nordwesten der Stadt (Tel.: 2262516, 2262540) ist eine gute Adresse.

■ Günstiger gelegen und auch okay ist das **Ruban Memorial Hospital** südlich des Gandhi Maidan, Notfallnummer: 2320446/ 04. Dort ist auch eine **24-Std.-Apotheke.**

An- und Weiterreise

Flug:

■ Air India (Gandhi Maidan, Tel.: 2226433, am Flughafen 2223199) und GoAir (Tel.: 2227184) fliegen täglich von Patnas 8 km westlich vom Zentrum entfernten Jaiprakash Narayan International Airport nach **Delhi.** Jet Airways (Tel.: 2223045) fliegt neben Delhi zusätzlich **Kalkutta** an. Indigo (Tel.: 1800-1803838) fliegt neben beiden vorgenannten Zielen auch nach **Mumbai, Lucknow und Ranchi.** Über tagesaktuelle Flugverbindungen informiert www.yatra.com.

Bahn:

Das Reservation Office im rechten Flügel des Bahnhofsgebäudes ist Mo–Sa von 8 bis 20 Uhr, So bis 14 Uhr geöffnet. Schalter 7 im 1. Stock ist der Tourist Counter. Mehrere Halbstundenpausen (11.30, 14 und 16.30 Uhr) stören.

■ Nach **Gaya** bestehen viele Direktverbindungen, die fast alle in Patna starten, also keine Verspätung ansammeln können.

■ Die wichtigsten Verbindungen sind im Anhang aufgelistet.

Bus/Taxi:

Vom **Mithapur-Busbahnhof** (bekannt als New Bus Stand) im Süden der Stadt starten ununterbrochen Busse zu allen größeren Orten Bihars und Uttar Pradeshs. Mit staatlichen Bussen bestehen stündliche Verbindungen nach **Gaya** (60 Rs, 3 Std), **Ranchi** und **Rajgir** (4 Std., 90 Rs). Vom **Gandhi-Maidan-Busbahnhof** Verbindungen nach Ranchi (8 Std., 190 Rs, 20, 21.30 und 22 Uhr) und **Raxaul** (8 Std, 120 Rs um 7.15 und 22 Uhr). Um nach **Nalanda** zu gelangen, muss man zunächst nach Bihar Sharif fahren (2,5 Std.) und dort in einen Anschlussbus umsteigen. Morgenbusse um 8 Uhr nach **Ranchi** (10 Std., 250 Rs). Für weiter entfernt gelegene Ziele sind jedoch die bequemeren Züge vorzuziehen.

■ Eine Ausnahme hierbei bilden die Busse zum **indisch-nepalesischen Grenzort Raxaul.** Mehre Verbindungen täglich, darunter eine um 22 Uhr (8 Std., 120 Rs) sowohl vom Gandhi Maidan Bus Stand als auch vom Mithapur-Busbahnhof um 6, 21.15, 21.30, 22.30 und 22.50 Uhr. Privatanbieter fahren morgens mit Deluxe-Bussen neben dem New Bus Stand ab (300 Rs) nach Raxaul. Auch nach **Ranchi** von beiden Busbahnhöfen (180–200 Rs) zwischen 17 und 22 Uhr in 10 Stunden.

■ Tgl. um 7 und 14 Uhr starten recht komfortable Busse von BiharTourism am Hotel Kautilya, die (mit Zwischenstation in Gaya) **Bodhgaya** 4,5 Stunden später erreichen – die angenehmste Art, preiswert (95 Rs) nach Bodhgaya zu gelangen. Tickets können, am besten einige Zeit vor Abfahrt, bei BiharTourism gekauft werden.

■ Von IndiaTourism und BiharTourism sowie den meisten Hotels können Taxis und Minibusse, etwa nach **Nalanda und Rajgir,** vermittelt werden, Preis 8 Rs pro Kilometer plus 100 Rs pro Person. Auch Thomas Cook im Hotel Maurya Patna Arcade, South Indian Maidan, bietet diesen Service für 6,5 Rs/km (Minimum 200 km). Angesichts der angespannten Sicherheitssituation in Bihar wird nicht gern

nach Sonnenuntergang gefahren. So sollte man so früh wie möglich seine Tagesausflüge starten.
- Ein **Tagesausflug per Taxi** nach Rajgir und Nalanda inkl. aller Kilometer sollte für bis zu 4 Personen etwa 2.000 Rs kosten.

Unterkunft:
- Übernachten kann man im staatlichen **Tourist Bungalow** € (Tel.: 06225-289425) oder dem besseren **Hotel Amrapali Vihar** € (Tel.: 06225-229982) mit Balkonzimmern, teils zum See.

Umgebung von Patna

Vaishali

Ebenso wie Rajgir ist auch dieser 55 km nördlich von Patna gelegene Ort ein von Jains und Buddhisten gleichermaßen viel besuchter Pilgerort. Während die **Jains** das 3 km entfernte Basokund als Geburtsort ihres Religionsstifters *Vardhamana Mahavir* verehren, wallfahren viele **Buddhisten** nach Vaishali, weil Buddha hier während seiner Jahre als Bettelmönch dreimal Station gemacht haben soll. Zudem war Vaishali hundert Jahre nach dem Tod Buddhas Schauplatz des zweiten buddhistischen Konzils, an dem über 700 seiner Anhänger teilgenommen haben sollen.

Neben einer allerdings sehr schönen, von einem Löwenkapitell gekrönten **Ashokasäule**, die der große Maurya-Kaiser im 4. Jh. v. Chr. errichten ließ, den spärlichen Überresten einer Stupa sowie der von Japanern errichteten **Peace Pagoda** (Eintritt 100 Rs) und einem kleinen Museum gegenüber gibt es jedoch nicht viel zu sehen.

Anreise:
- Direkte **Busverbindungen** bestehen nach Patna (2 Std.) und Muzaffarpur.

Sonepur Fair

Zur gleichen Zeit wie der berühmte Kamelmarkt in Pushkar findet alljährlich im 25 km nördlich von Patna gelegenen **Sonepur** eines der sehenswertesten Feste Nordindiens statt. Während sich jedoch in Pushkar Tausende von Touristen und etliche Kamerateams aus aller Welt einfinden, kann man die westlichen Besucher in Sonepur an einer Hand abzählen. Gerade dieser gänzlich unverfälschte Charakter des **größten Tiermarktes Asiens,** bei dem vom kleinen Vogel bis zum ausgewachsenen Elefanten eine einzigartige Auswahl an Lebewesen zum Kauf angeboten wird, macht die Faszination des Sonepur Fair aus. Auch in Sonepur gibt es unzählige Schausteller, Gaukler und Akrobaten, die die Zigtausenden von farbenfroh gekleideten Landbewohnern unterhalten.

Seinen Abschluss findet das Fest in der *Kartika Purnima* genannten **Vollmondnacht** im November, wenn die Pilger am Zusammenfluss von Ganges und Gandaki baden, um von ihren Sünden reingewaschen zu werden.

Unterkunft:
- Das **BSTDC Tourist Office** in Patna (Tel.: 2225411) bietet nur zur Zeit des Festes Unterkunft verschiedener Qualität.

Der Golghar in Patna, ein Kornspeicher aus der Kolonialzeit

Raxaul VII/C2

Das ansonsten uninteressante Raxaul wird hier nur wegen seiner Rolle als **Grenzort zu Nepal** erwähnt. Eigentlich ist der laute, dreckige Ort nur der eine Teil der Doppelstadt, deren anderer Teil, **Birganj,** auf nepalesischem Boden liegt.

Unterkunft

■ Wer hier hängen bleibt, findet im **Hotel Kaveri** €€ (Main Rd., Tel.: 06255-221148) die beste, wenn auch einfache Bleibe.
■ Auch das **Shivam Hotel** € (Tel.: 06255-224552), ebenfalls an der Main Rd., ist akzeptabel.

An- und Weiterreise

■ Busse nach **Patna** starten frühmorgens, die siebenstündige Fahrt kostet 130 Rs. Zudem existieren Zugverbindungen nach **Hajipur** (15202 Raxaul Hajipur Exp., Abf. 5.30 Uhr, Ank. 10.15 Uhr), nicht weit von Patna entfernt, **Kalkutta** (13022 Mithila Exp., Abf. 10 Uhr, Ank. 5 Uhr) und **Gorakhpur** (15273 Satyagraha Exp., Abf. 8.50 Uhr).
■ Vom Bahnhof Raxaul Bazaar zur **indisch-nepalesischen Grenze** kostet eine Riksha etwa 20 Rs. Die Grenze ist auf indischer Seite durchgehend, auf nepalesischer Seite jedoch nur von 5.30 bis 22 Uhr geöffnet. Von der Grenzstation zum ersten Ort auf nepalesischer Seite, Birganj, ist wieder eine Riksha empfehlenswert, 20 Rs. Von Birganj regelmäßige Busverbindungen nach **Kathmandu** und **Pokhara,** jeweils ca. 8 Std. Fahrtzeit, zwischen 350 und 450 nepalesische Rs, je nach Komfort des Busses.
■ **Visa für Nepal** sind nur auf nepalesischer Seite zwischen 6 und 18 Uhr zu erhalten: 15/30/90 Tage für 24/40/100 US-$, Passfoto nicht vergessen.

Nalanda VII/C3

Heute ein unscheinbares Dorf wie hunderttausend andere, war Nalanda einst das **geistige Zentrum** Indiens. Ausgangspunkt bildete ein von Ashoka gegründetes Kloster, aus dem sich über die Jahrhunderte eine der größten und bedeutendsten Universitäten der Erde entwickelte. Der chinesische Missionar *Xuan Zhang* berichtete im 7. Jh. n. Chr. von über 2.000 Lehrern und 10.000 Studenten aus Indien sowie vielen anderen asiatischen Ländern. Gelehrt wurden neben Mathematik, Medizin und Astronomie vor allen Dingen buddhistische Philosophie, Theologie und Literatur. So gingen von hier bedeutende Impulse für die buddhistische Lehre in ganz Asien aus.

Nach einer Blütezeit zwischen dem 6. und 9. Jh. n. Chr. verlor Nalanda jedoch mit dem Erstarken des Hinduismus zunehmend an Bedeutung, bevor es im 12. Jh. von den muslimischen Eroberern zerstört wurde.

Erst Anfang des 20. Jh. wurden die schon fast vergessenen Überreste der ehemals weitläufigen Anlage (9–17.30 Uhr, Eintritt 100 Rs, Video 25 Rs) freigelegt. Neben den eigentlichen Universitätsgebäuden fanden sich auch Überreste der ursprünglichen **Klosteranlage** sowie Stupas und Tempel, die von *Ashoka* und anderen Herrschern, die die Universität großzügig unterstützten, errichtet wurden. Die Gebäude sind durch einen zentralen, von Nord nach Süd verlaufenden Weg unterteilt, wobei die Klosteranlagen östlich von ihm zu finden sind und die Tempel westlich von ihm zu finden sind.

Das im wörtlichen Sinne herausragende Monument der insgesamt nur noch spärlich erhaltenen Überreste ist der **Tempel Nr. 3,** der als Tempel jedoch kaum zu erkennen ist, da der monumentale Backsteinbau das Resultat einer mehrmaligen Überbauung eines wesentlich älteren Heiligtums darstellt. Erhalten blieben drei der ehemals vier Ecktürme sowie einige Nischen, in denen sich einstmals Buddha-Figuren fanden. Von der über einen breiten Treppenaufgang zu erreichenden Spitze des Tempels bietet sich ein schöner Ausblick über die sich im Norden ausbreitende Anlage.

Archäologisch am interessantesten jedoch ist das **Kloster (Vikara) Nr. 1,** mit dem sich um einen zentralen Innenhof gruppierenden Wohnraum der Studenten sowie einem steinernen Sockel, der als Podium der Professoren gedeutet wird. Der Eintritt zu den Ruinen liegt bei 100 Rs, geöffnet ist von 9 bis 17 Uhr.

Gegenüber dem Eingang zur Ausgrabungsstätte liegt das kleine **archäologische Museum** (tgl. 8–17 Uhr) mit einer schönen Sammlung buddhistischer und hinduistischer Bronzefiguren, Steininschriften, Tongefäßen und Münzen. Zwei große Terrakottafässer aus dem 1. Jh. finden sich in einem Innenhof hinter dem Museum.

Das 1951 errichtete **Centre of Buddhist Studies** dient unter Anknüpfung an die frühere Bedeutung Nalandas zu wissenschaftlichen Studien der Pali-Literatur.

2 km südlich erinnert die von den Chinesen gebaute **Yuan Zang Memorial Hall** (8–17 Uhr, Eintritt 100 Rs) an den gleichnamigen Entdeckungsreisenden, der einige Jahre in Nalanda studiert und gelehrt hat.

Unterkunft, Essen und Trinken

■ Einfache **Übernachtungsmöglichkeiten** stehen nur in wenigen einfachen Herbergen, die renoviert werden müssten, zur Verfügung, wie dem **Public Works Department Rest House** €, also besser in Rajgir nächtigen. Fürs leibliche Wohl sorgen einige **Essensstände** am Eingang zum Ausgrabungsgelände.

An- und Weiterreise

Für die genauen Abfahrts- und Ankunftszeiten der beiden tgl. Züge nach Rajgir und Patna siehe Rajgir, Weiterreise.
■ Von **Patna** zunächst per Bus in drei Std. (stündliche Verbindungen) nach **Bihar Sharif,** dort umsteigen in den Bus nach **Rajgir,** der im Dorf Nalanda anhält. Von dort sind es mit Tonga oder Trekker noch einmal 3 km zur Ausgrabungsstätte (20 Rs). Am bequemsten sind die regelmäßig verkehrenden Jeeps (10 Rs) zwischen Rajgir und Nalanda-Dorf.

Rajgir VII/C3

Auch diese 100 km südöstlich von Patna gelegene Stadt lässt heute kaum etwas von ihrer ehemaligen historischen Bedeutung erahnen. Dabei war sie nicht nur die **ehemalige Hauptstadt des Magadha-Reiches,** bevor sie *Ajatashatru* im 5. Jh. nach Pataliputra, das heutige Patna, verlegte, sondern gilt Jains wie Buddhisten gleichermaßen als heiliger Ort. *Mahavir,* der Begründer der Jain-Religion, soll 14 Jahre in der Stadt gelebt haben, die auch als Geburtsort des 20. Furtbereiters, Munisawata, angesehen wird. Viele buddhistische Pilgergruppen legen in Rajgir einen Zwischenstopp auf ihrem Weg ins 50 km südlich gelegene Bodhgaya ein, weil Buddha in der Regenzeit in Rajgir gelebt haben soll und das erste buddhistische Konzil nach seinem Tod hier tagte.

Schließlich ist der Ort wegen seiner **heißen Quellen,** besonders bei unter Rheuma- und Herzbeschwerden leidenden Indern, ein beliebter Kurort.

Ähnlich wie in Nalanda sollte man sich von den **archäologischen Überresten** der ehemaligen Magadha-Hauptstadt nicht allzu viel erwarten. Bis auf die Grundmauern des Gefängnisses, in dem *Ajatashatru* seinen Vater *Bhimbesa* festsetzte, und den Ruinen eines Klosters, das Bhimbesa zu Ehren Buddhas, der ihn persönlich zum Buddhismus bekehrte, errichten ließ, gibt es kaum etwas zu sehen. Noch dürftiger sind die Überreste der insgesamt 26 Jain-Tempel, die auf den die Stadt umgebenden felsigen Hügeln erbaut wurden.

Hauptanziehungspunkt vornehmlich japanischer Reisegruppen ist die etwa 5 km südlich der Stadt auf dem sogenannten Geierhügel errichtete und 1969 eingeweihte **Vishwa Shanti Stupa**. Die Fahrt mit der **Seilbahn** (Hin- und Rückfahrt 30 Rs, 8–13 und 14–15 Uhr) trägt gerade bei den indischen Touristen mindestens ebenso zur Attraktion bei wie die Stupa selbst. In dem etwas oberhalb der Stupa gelegenen Tempel lassen sich zuweilen buddhistische Zeremonien verfolgen. Etwa auf halbem Weg zwischen Stadt und Seilbahn liegt am Fuße des Hügels, wo das erste buddhistische Konzil stattfand, der rosafarbene **Laxminarian-Tempel** mit den heißen Quellen.

Jedes Jahr vom 24. bis 26. Oktober findet in Rajgir das farbenprächtige **Rajgir Dance Festival** statt.

Praktische Tipps

Information

- **Vorwahl:** 06112
- Im Tourist Bungalow Gautam Bihar informiert **Bihar Tourism** (Tel.: 225244).

Stadtverkehr

- Zur Besichtigung der recht weit voneinander entfernten Sehenswürdigkeiten bieten sich **Tongas** an. Sie sollten um die 250 Rs für einen halben Tag kosten.

Unterkunft, Essen und Trinken

Aufgrund der Bedeutung als Pilger- und Kurort stehen verhältnismäßig viele Übernachtungsmöglichkeiten zur Verfügung. Während der **Hauptreisemonate** Dezember und Januar steigen die Preise um das bis zu Dreifache. Einzelzimmer sind fast nirgends vorhanden. Wegen des dort herrschenden Lärms sind die an der Kreuzung beim Busbahnhof gelegenen Hotels weniger empfehlenswert.

- Nicht schlecht ist der **Tourist Bungalow Gautam Vihar** €€ (Nalanda Rd., Tel.: 255273). Wie meistens in staatlichen Hotels wirkt das Personal reichlich desinteressiert, doch dafür sind die Zimmer sauber und geräumig und das Hotel liegt in einer schönen Gartenanlage. Das in einem Extragebäude untergebrachte Restaurant vermittelt die Atmosphäre einer Lagerhalle.

- Hübsch gelegen ist das sympathische **Hotel Rajgir** €-€€ (Tel.: 255266) mit einem schönen Innenhof und passablen Zimmern, deren Preise je nach Größe, Lage und Ausstattung variieren. Gut und billig isst man im angeschlossenen **Amber Restaurant**.

- Etwas außerhalb des Dorfes, zurückversetzt von der Straße in Richtung der heißen Quellen, befindet sich das einfache, aber sehr schön um einen bepflanzten Innenhof gebaute **Siddharth Hotel** €€€-€€€€ (Tel.: 255216, www.siddharthrajgir.com). Die komfortablen, modernen Zimmer mit LCD-TV und WiFi sind hervorragend.

- Eine Klasse für sich ist das luxuriöse, speziell für die gutbetuchten japanischen Pilger ganz im fernöstlichen Stil errichtete **Indo Hokke Hotel** €€€€€-€€€€€€ (Tel.: 255245, centaur@sancharnet.in). Fantastische Ausblicke von den Balkonzimmern und das japanische Badehaus lassen den schwärmenden Gast entspannen. Wer es sich leisten kann, sollte sich an den frischen Spezialitäten des japanischen **Lotus Restaurant** laben. 300 Rs pro Person muss man für diese kulinarische Köstlichkeit allerdings schon veranschlagen.

- Das **Green Restaurant** gegenüber den heißen Quellen serviert beste indische Kost inkl. Thalis für 40–100 Rs.

Bank

■ Gegenüber dem Tempelkomplex akzeptiert ein **ATM** die meisten internationalen Karten.

An- und Weiterreise

■ Fünf schnelle **Zugverbindungen** tgl. nach Patna mit Stopp in Nalanda nach 15 Min. Fahrtzeit. Günstig ist etwa der 12391 Shra: Abf. 8.10 Uhr, Ank. 10.35 Uhr, der Zug fährt weiter über Varanasi (an 15.01 Uhr) und Lucknow (20.45 Uhr) bis New Delhi (an 5.10 Uhr). Die Passenger-Züge nach Patna sind wesentlich langsamer.

■ **Busse** von und nach Bihar Sharif mit Stopp in Nalanda Village und nach Gaya (2,5 Std.) verkehren regelmäßig vom Busbahnhof. Nur eine Verbindung tgl. um 16.30 Uhr (3 Std.) nach Patna. Leider sind die **Sammeljeeps** nach Nalanda (11 Rs) völlig überladen, sodass dies nur für wenige eine Option sein dürfte.

Gaya VII/C3

Die nach Patna **zweitgrößte Stadt Bihars** gilt als einer der bedeutendsten Pilgerorte des Landes, da laut hinduistischer Mythologie eine hier abgehaltene Bestattung dem Toten den direkten Eintritt in den Himmel verspricht. Zentrum der Wallfahrt ist der **Vishnupad-Tempel** an den Ufern des Falgu, den Ende des 18. Jh. die Maharani *Ahalya Bai* von Indore errichten ließ, die auch den Bau des Goldenen Tempels von Varanasi initiierte. Offiziell ist der Tempel zwar nur für Hindus geöffnet, doch gegen ein kleines Trinkgeld wird auch westlichen Touristen zuweilen der Zutritt gewährt. Einen schönen Ausblick über die Stadt bietet der über rund 250 Treppen zu ersteigende **Brahmayuni-Hügel**, dessen Gipfel von mehreren Tempeln bestanden wird.

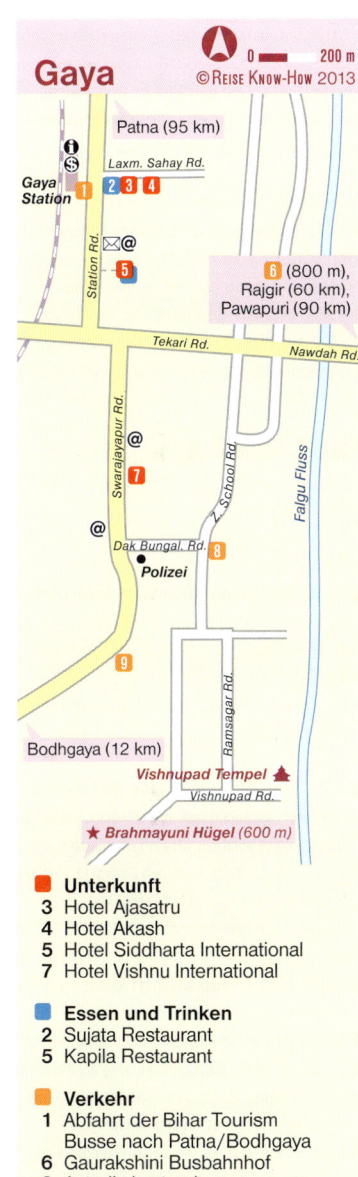

■ **Unterkunft**
3 Hotel Ajasatru
4 Hotel Akash
5 Hotel Siddharta International
7 Hotel Vishnu International

■ **Essen und Trinken**
2 Sujata Restaurant
5 Kapila Restaurant

■ **Verkehr**
1 Abfahrt der Bihar Tourism Busse nach Patna/Bodhgaya
6 Gaurakshini Busbahnhof
8 Autorikshastand
9 Gandhi Maidan Busbahnhof

Ansonsten bietet der staubige und recht unansehnliche Ort jedoch keinerlei Sehenswürdigkeiten, und so dient er den allermeisten Touristen auch nur als **Durchgangsstation auf dem Weg nach Bodhgaya.**

Wer erst spät abends ankommt, sollte lieber eine **Übernachtung in Gaya** einplanen, da es auf der Strecke Gaya – Bodhgaya in den letzten Jahren wiederholt zu nächtlichen **Überfällen** kam. Auch in Gaya selbst ist das Verlassen der Unterkunft nach Einbruch der Dunkelheit nicht zu empfehlen.

Praktische Tipps

Information

■ **Vorwahl:** 0631
■ Die Angestellten des **Bihar State Tourist Office** (Mo–Sa 8–20 Uhr, Tel.: 2223635) im Bahnhofsgebäude sind sehr hilfsbereit.

Stadtverkehr

■ 15–20 Rs kostet es mit der **Fahrradriksha** sowohl vom Bahnhof zum Gaurakshini-Bushalteplatz, von wo die Busse nach Rajgir abfahren, als auch zum Katcheri-Autorikshastand für die Weiterfahrt nach Bodhgaya. Maximal 15 Rs sollten es zum Busbahnhof Gandhi Maidan sein.

Unterkunft, Essen und Trinken

■ Direkt gegenüber vom Ausgang des Bahnhofsvorplatzes stößt man auf das **Hotel Ajasatru** €€ (Tel.: 2434584-66) mit passablen, aber lauten Zimmern (z.T. mit AC). Stark frequentiert wird das **Sujata Restaurant.**
■ In der neben dem Ajatsatru abzweigenden kleinen Seitenstraße gibt's mehrere einfache und ruhiger gelegene Unterkünfte, von denen das alte, aber saubere und gemütliche **Hotel Akash** € (Laxman Sahay Rd., Tel.: 222 2205) den besten Eindruck macht – mit Dach zum Relaxen.
■ Wesentlich teurer ist das versteckt am Ende einer Zufahrt an der Station Rd. gelegene **Hotel Siddharta International** €€–€€€€ (Tel.: 2223352). Das Haus beherbergt auch das gute **Kapila Restaurant.**
■ Den besten Gegenwert der Stadt offeriert das **Hotel Vishnu International** €€–€€€ (Swarajayapur Rd., Tel.: 2224422). Hier sind die teilweise klimatisierten Zimmer mit TV makellos. Der Service ist gut, auch die Dachterrasse ist einladend.

Bank, Post und Internet

■ Im Bahnhof gibt's einen ATM der **State Bank of India,** der nur Visa-Karten akzeptiert.
■ Im 1. Stock des Hotel Gautam an der Station Rd. ist ein **Internetcafé** bis etwa 20 Uhr geöffnet. Mehrere weitere finden sich an der Swarajayapur Rd. (20 Rs). Neben dem Gautam ist das **Postamt.**

An- und Weiterreise

Bahn:
Das Reservierungsbüro im Bahnhof ist Mo–Sa 8–20, Sa bis 14 Uhr geöffnet (14 Uhr Pause). Gaya liegt an der Breitspurstrecke Kalkutta – Delhi, und so gibt es viele Direktverbindungen.

Bus:
■ Vom Busbahnhof Gandhi Maidan fahren stündlich Busse zum 3 Std. entfernten **Patna** (60 Rs), nach Rajgir (2,5 Std., 50 Rs) und **Ranchi** (7 Std., 140 Rs).
■ Alle 2 Std. starten Busse nach **Bodhgaya.** Gegen 7.30 und 14.30 Uhr passieren, aus Bodhgaya kommend, recht komfortable Busse von BiharTourism den Bahnhofsvorplatz von Gaya (knapp halbstündiger Aufenthalt) auf dem Weg nach Patna. In der Gegenrichtung aus Patna fahren sie gegen 9.30 und 16.30 Uhr durch Gaya. Falls noch ein Platz frei ist, wird man mitgenommen.

🟥 Wer nach **Rajgir** (2,5 Std., 60 Rs) bzw. **Nalanda** (jeweils etwa stündliche Verbindungen) will, muss sich zum Gaurakshini-Halteplatz auf der anderen Seite des Falgu-Flusses begeben.

🟥 Für alle **weiter gelegenen Ziele** sind Züge vorzuziehen, da man dann sein von Bodenwellen geschütteltes Rückgrat ein wenig schonen kann – Bihars Straßen sind in einem ähnlich katastrophalen Zustand wie der Bundesstaat selbst.

Tempo/Autoriksha:

🟥 Vom Kacheri-Autoriksha-Halteplatz aus fahren mindestens alle halbe Stunde Sammelrikshas/Tempos (10 Rs) zum 13 km entfernten **Bodhgaya.** Wer seine eigene Autoriksha mietet, muss für die Fahrt je nach Verhandlungsgeschick etwa 80 Rs, für ein Taxi etwa 120 Rs zahlen. Die Fahrer der Sammelrikshas, die auch auf Handzeichen Fahrgäste mitnehmen, wenn noch Platz ist, sind Schlitzohren und versuchen häufig, wenn der letzte indische Fahrgast auf dem Weg nach Bodhgaya das Fahrzeug verlassen hat, von westlichen Touristen den Preis für eine Einzelriksha schon vor Erreichen Bodhgayas einzutreiben oder alternativ damit zu drohen, dass man das Gefährt verlassen müsse. In jedem Fall sollte man erst bei Erreichen Bodhgayas zahlen.

🔼 Straßenszene in Gaya

Highlight:
Bodhgaya VII/C3
– wo Buddha die Erleuchtung erlangte

Der weltweit **heiligste Ort der Buddhisten** liegt nicht etwa in einem klassischen buddhistischen Land wie Sri Lanka, Myanmar (Burma) oder Thailand, sondern in Indien, wo heute weniger als 1 % der Bevölkerung buddhistischen Glaubens ist. Bodhgaya heißt der kleine Ort, in dem der Prinzensohn **Siddharta Gautama** in einer Vollmondnacht des Jahres 483 v. Chr. nach siebentägigem Meditieren unter dem Bodhi-Baum vollkommene Einsicht in das Gesetz des Lebens erlangt haben soll und damit zum Buddha („der Erleuchtete") wurde.

Der Geburtsort einer der bedeutendsten Weltreligionen ist jedes Jahr Ziel indischer wie ausländischer buddhistischer Pilger. Anders als die meisten buddhistischen Ausgrabungsstätten zeichnet sich Bodhgaya durch eine echte **religiöse Atmosphäre** aus. Den Höhepunkt der Pilgersaison bildet der Monat Dezember, wenn der **Dalai Lama** und mit ihm Tausende seiner tibetanischen Landsleute nach Bodhgaya kommen und die Stadt für wenige Wochen zum Little Lhasa wird.

Viele Reisende entschließen sich für einen längeren Aufenthalt, obwohl die Hauptsehenswürdigkeiten problemlos an einem Tag zu erleben sind.

Mahabodhi-Tempel und Bodhi-Baum

Hauptanziehungspunkt aller Besucher Bodhgayas ist der 55 m hohe, pyramidenförmig aufragende Mahabodhi-Tempel. Im Innern des siebenstufigen Heiligtums befindet sich eine **riesige vergoldete Buddha-Statue**. Bis heute ungeklärt ist, wer der ursprüngliche Erbauer des Tempels ist. Angeblich soll an gleicher Stelle Kaiser *Ashoka* eine Stupa zu Ehren Buddhas errichtet haben.

Historisch nachgewiesen ist ein Tempel ähnlichen Ausmaßes bereits aus dem 7. Jh., sodass davon ausgegangen werden kann, dass der Mahabodhi-Tempel das Resultat zahlreicher Veränderungen über einen Zeitraum von mehr als einem Jahrtausend darstellt.

Ein groß angelegtes Restaurationsprojekt leitete der burmesische König ein, nachdem er anlässlich einer Pilgerreise im Jahre 1881 den Tempel in völlig verwahrlostem und halb verfallenem Zustand vorfand. Während die die Außenseiten des Tempels zierenden Buddha-Figuren neueren Datums sind, stammen die insgesamt 85 das Heiligtum umlaufenden, mit schönen Relief-Rosetten versehenen Sandsteinpfeiler zum Teil noch aus der Shunga-Periode (2. Jh. v. Chr.) und stellen somit die ältesten Relikte des ursprünglichen Tempels dar.

Der an der Westseite des Tempels gelegene **Bodhi-Baum** mit seinen bunten Gebetsfahnen befindet sich an der gleichen Stelle, an der einst der ursprüngliche Bodhi-Baum gestanden haben soll, unter dem Buddha Erleuchtung gefunden hat. Der heutige Baum ist ein Ableger des Bodhi-Baums aus Anuradhapura in Sri Lanka, der wiederum vom Originalbaum abstammen soll. Das vor dem Baum platzierte kleine Podest markiert die Stelle, an der Buddha während seiner siebentägigen Meditation gesessen haben soll.

Diese ist nur eine von insgesamt sieben im Tempelbezirk gelegenen heiligen Stellen, die Bezug auf besondere Vorkommnisse während Buddhas Aufenthalt nehmen. Hierzu gehört neben einem **Fußabdruck Buddhas** auch der südlich gelegene Makalinda-See mit der in der Mitte aufragenden **Kobrastatue.** Entsprechend der buddhistischen Mythologie, brach während Buddhas sechsten Meditationstages ein Unwetter aus. Um ihn vor den enormen Wassermassen und Windstürmen zu schützen, schraubte eine Kobra ihren Körper unter den in tiefer Versenkung sitzenden Buddha und breitete ihren Kopf schützend über ihm aus. Die vielen den Tempelbezirk schmückenden Stupas mit ihren Buddha-Figuren wurden von unzähligen Pilgern aus aller Welt errichtet.

Anschließend an den Tempel ist der neue, baumbestandene **Meditation Park** (5–10 und 17–21 Uhr, Eintritt 10 Rs) mit Meditationshütten, Pavillons und einem See einen beruhigenden Abstecher wert.

■ **Öffnungszeiten des Tempels:** 4–21 Uhr, Eintritt frei, Kamera/Handykamera/Video 20/300/500 Rs, www.mahabodhi.com. Am Eingang kann das sogenannte *Electronic Guidance System* (20 Rs) ausgeliehen werden.

Klöster und Meditationszentren

Alle bedeutenden buddhistischen Nationen haben in unmittelbarer Nähe zum Mahabodhi-Tempel Klöster im repräsentativen Stil ihres Landes errichtet. So findet sich in diesem kleinen Ort eine wohl einmalige Ansammlung verschiedener Stilrichtungen von Sri Lanka bis Japan und von Bhutan bis China. Doch was auf den ersten Blick besonders reizvoll erscheinen mag, erweist sich oftmals als sterile Angelegenheit. Der an sich recht gut gemeinte Versuch, die einheimische Architektur so detailgenau wie möglich zu kopieren, lässt viele Gebäude recht deplatziert erscheinen. Auffälligstes Beispiel hierfür ist das 1957 anlässlich des 2.500. Geburtstags Buddhas errichtete **thailändische Kloster.** Abgesehen von einigen Ausnahmen – hier ist vor allem das 1934 erbaute, zweigeschossige tibetanische Kloster mit seiner großen Gebetshalle zu nennen – strahlen die meisten kaum religiöse Atmosphäre aus und dienen meist nur als Fotokulisse für Reisegruppen, die hier einen kurzen Zwischenstopp einlegen.

Eine weitere, vielversprechende Ausnahme scheint das neue, thailändische **World Buddhist Meditation Centre** (Tel.: 2200845, 2200257) südlich des Mahabodhi-Tempels zu werden, das sich zur Recherchezeit noch im Bau befand. Hier wird die Arannavasi-Tradition (Wald-Tradition, im Gegensatz zur Gamavasi-/Stadt-Tradition) des Buddhismus gelehrt.

■ Das **Root Institute** (Tel.: 2200714, www.rootinstitute.com) liegt leicht außerhalb südwestlich des Ortes. Die meisten Interessierten belegen den achttägigen Meditationskurs, der für 4.000 Rs Unterkunft, Verpflegung und Kurse abgedeckt. Das liebliche Gartenareal spricht offenbar vorwiegend westliche und fernöstliche Menschen an. Dreimal die Woche werden in der Hauptsaison Kurse auch für Außenstehende angeboten. Genaueres auf der informativen Website.

■ Beim **International Meditation Centre** (Tel.: 2200707) am westlichen Stadtrand ist der Zugang und das Verlassen der das ganze Jahr hindurch veranstalteten Kurse immer möglich (Minimum 100 Rs/Tag als Spende). Ebenfalls gut zum Hineinschnuppern: Im japanischen **Indosan-Nipponji-Tempel** gibt's tgl. um 6 und 17 Uhr einstündige Meditationssessions.

■ Wer intensivere Kurse bevorzugt, ist im **Bodhgaya International Vipassana Meditation Centre** (Tel.: 220437), etwa 4 km westlich Bodhgayas, gut aufgehoben. Hier werden zweimal monatlich anspruchsvolle, zehntägige Kurse veranstaltet. Auch dieses Zentrum wirtschaftet auf Spendenbasis, eine Mindestspende von 100 Rs/Tag wird erwartet.

Weitere Sehenswürdigkeiten

Etwas groß geraten ist die auf den ersten Blick imposante, 25 m hohe **Buddha-Statue** im

Südwesten des Dorfs, die 1989 vom Dalai Lama eingeweiht wurde (7–12 und 14–17 Uhr). In der Statue sollen sich 20.000 kleine, bronzene Buddha-Statuen befinden.

2010 wurde das **Bodhgaya Multimedia Museum** (8–20 Uhr, Eintritt 100 Rs) neben dem Mahabodhi-Tempelkomplex vom Dalai Lama eröffnet, wo Interessantes zur Geschichte des Buddhismus zu erfahren ist. Manche Besucher klagen über das schwer verständliche Englisch.

Das **Archäologische Museum** (Tel.: 220 0739, tgl. außer Fr 9–17 Uhr) zeigt eine Sammlung von Buddha-Statuen, die in der Umgebung gefunden wurden. Kamera und Video sind nicht erlaubt.

Praktische Tipps

Information

■ **Vorwahl:** 0631
■ Das **BiharTourism-Büro** (tgl. außer So und Mo 10.30–17 Uhr, Tel.: 2200672, (0)9431442547) ist zwar bemüht, aber nicht immer sachkundig, man scheint eher auf asiatische Pilgerreisende denn auf europäische Individualtouristen eingestellt zu sein. Auch die Öffnungszeiten werden nicht ganz so genau genommen.
■ Ein bemühter **privater Guide** für Bodhgaya und die nähere Umgebung ist *Banwari* (Tel.: (0)9234776243, banwari_bodhgaya@yahoo.com).

Stadtverkehr

■ Alle Wege im kleinen Dorf sind problemlos zu Fuß zu machen, ansonsten kann man auf **Fahrradrikshas** für 10–15 Rs zurückgreifen.
■ An mehreren Ständen in Bodhgaya wie etwa Raja Cycles können **Fahrräder** für meist 50 Rs/Tag ausgeliehen werden, eine hervorragende Fortbewegungsart auch für die Ziele der näheren Umgebung.

Bodhgaya

■ **Unterkunft**
3 Deep Guest House
4 Sheetal Guest House
5 Rahul Guest House, Shanti Guest House
8 Kirti Guest House
13 Mahayana Guest House
16 Welcome Guest House
18 Lotus Nikko
20 Hotel Embassy
21 Royal Residency
24 Hotel Sujata
25 Uruvela International
26 Hotel Tokyo Vihar

■ **Essen und Trinken**
1 Old Pole Pole und Original Pole Pole
9 Fujaji Green Restaurant
10 Kalyan
13 Tibet Om Café
14 Restaurants Om und Gautam
15 Sewak Tea Corner
24 Sujata Restaurant

■ **Verkehr**
2 Rikshas nach Gaya
7 Buspark platz, Preistafel für Taxis
11 Archant Tours, Travels & Forex
12 Middle Way Travels
19 Raja Cycles
22 Bihar Tourism Busse nach Gaya und Patna
23 Bahnreservierungsbüro

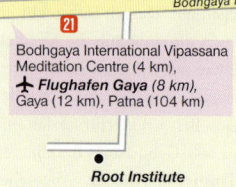

Bodhgaya

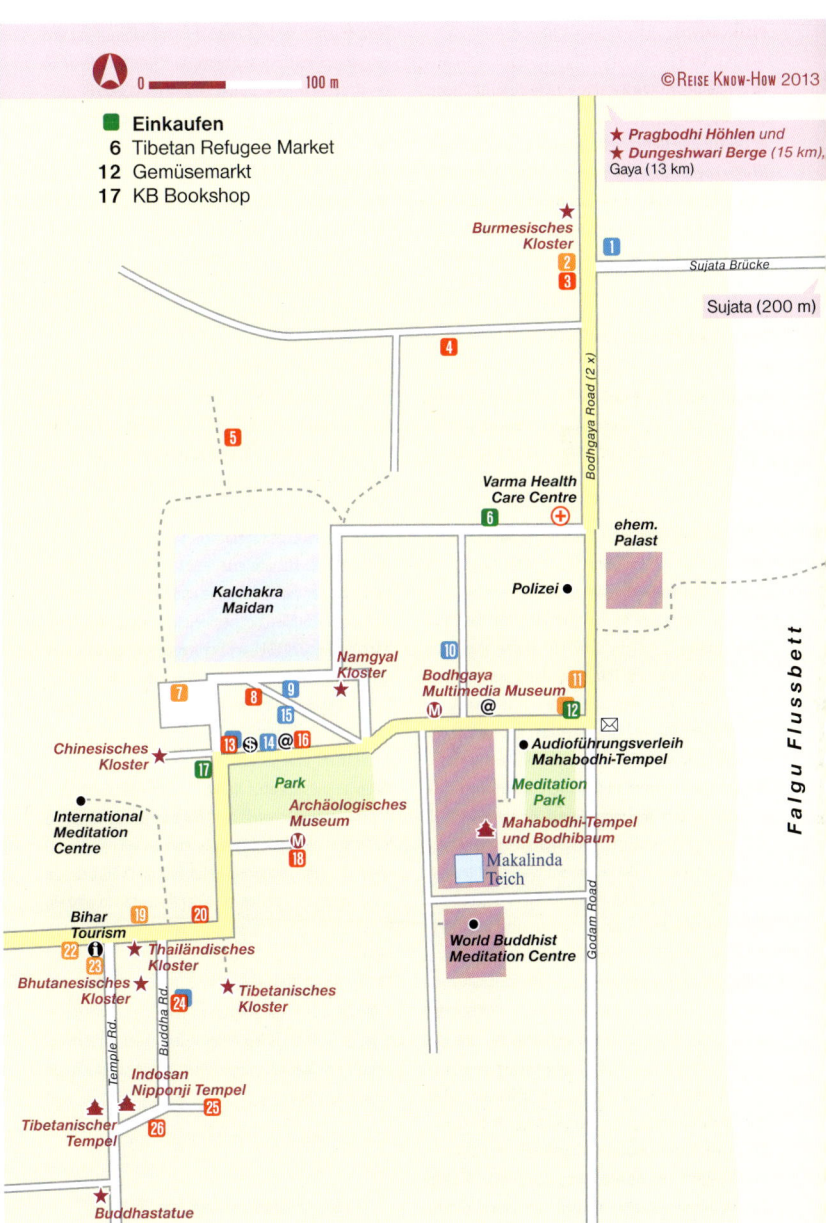

Einkaufen

- Der **KB Bookshop** hat eine gute Auswahl an Secondhand-Literatur.
- Der **Tibetan Refugee Market** (Oktober bis Januar 8–20 Uhr) ist eine hervorragende Gelegenheit, sich mit warmer Kleidung für einen evtl. anstehenden Trip in die Berge auszurüsten. Zudem tut man ein gutes Werk, da die Gewinne der tibetischen Gemeinde zugute kommen.

Unterkunft

- Stark von Rucksachtouristen frequentiert ist das **Deep Guest House** € (Bodhgaya Rd., Tel.: 2200463) an der nördlichen Ausfallstraße des Ortes. Ordentliche Zimmer, teils mit Gemeinschaftsbad sind okay. Leider ist die Straße ab frühmorgens recht laut. Geräuschempfindliche finden in der dort abzweigenden Gasse mit dem **Sheetal Guest House** € (Tel.: 2200433) eine ruhige und angenehmere Adresse, zumal ein Dachgarten lockt.
- Hinter dem großen Kalchakra Maidan liegt das **Rahul Guest House** €–€€ (Tel.: 2200709) etwas abgelegen, macht diesen kleinen Nachteil aber durch seine makellosen Zimmer und die Terrasse zur freien Ebene wett. Das **Shanti Guest House** € (Tel.: 2200129) nebenan ist eine etwas billigere, einfachere, aber gute Ausweichadresse.
- Ein weiterer Favorit in dieser Preiskategorie ist das zentral platzierte **Welcome Guest House** €€–€€€ (Tel.: 2200377, (0)9771081686, www.welcome-guesthouse.com) beim beliebten Om Restaurant. Die etwas teureren Zimmer in dieser sauberen Bleibe haben TV und Balkon.
- Weitere, allerdings sehr spartanische Übernachtungsmöglichkeiten in Gartenumgebung bieten einige der in Bodhgaya ansässigen **Klöster**, wobei das bhutanesische € (Tel.: 2200710, (0)9431085440) und das burmesische besonders populär sind. Gäste sind allerdings nur dann willkommen, wenn sie sich an die strikten Benimmregeln im Kloster halten, wozu u.a. der Verzicht auf Nikotin und Alkohol sowie das Tragen dezenter Kleidung gehören.
- Preiswert ist das **Hotel Embassy** €€€€ (Tel.: 2200799, (0)9430202057, hotelembassybodhgaya.co.in). Saubere Zimmer, alle mit TV, viele mit Balkon, mehrere klimatisiert, in günstiger Lage und die Internetausrüstung sind empfehlenswert. Etwas billiger, aber qualitätsgleich, ist das **Uruvela International** €€€–€€€€ (Tel.: 6940648, (0)9431279530) im Südwesten des Ortes ein Schnäppchen.
- Vom tibetschen Kloster gemanagt, ist das **Kirti Guest House** €€€€–€€€€€ (Tel.: 2200744, (0)9431223016, kirtihouse744@yahoo.com) in zentraler Lage eine klasse Bleibe. Die geräumigen, supercleanen Zimmer haben Balkon, sind inzwischen aber etwas teurer.
- Das **Hotel Sujata** €€€€€ (Tel.: 2200481, www.sujatahotel.com) an der Straße zum tibetanischen Kloster ist eines der besten Mittelklassehotels.
- Bodhgayas beste höherklassige und nicht sonderlich teure Unterkunft ist das herausragende **Mahayana Guest House** €€€€€ (Tel.: 2200756, mahayanagt@yahoo.com) in der Nähe des Mahabodhi-Tempels. Mahlzeiten sind im Preis enthalten. Die wenig teureren Deluxe-Zimmer verfügen über bessere Ausstattung und sind den Aufpreis wert. Auch das vegetarische Restaurant ist gut.
- Makellose, klimatisierte, etwas plüschig möblierte Zweckzimmer mit Badewanne und Dusche, WiFi gegen Aufpreis und Schließfach vermietet das **Hotel Tokyo Vihar** €€€€€ (Tel.: 2201141, www.hoteltokyovihar.com), eine hervorragende Mittelklassebleibe am südwestlichen Rand Bodhgayas. Alle Zimmer sind klimatisiert und haben TV und Balkon. Qualitativ nicht weit von den nachfolgenden entfernt, aber billiger.
- Im luxuriösen **Lotus Nikko** €€€€–€€€€€ (Tel.: 22007090-2, www.lotusnikkohotels.com) mit eigenem Zufahrtsweg hinter dem archäologischen Museum ist ein innenarchitektonisch sehr gelungenes Hotel. Hier gibt's auch riesige Suiten für bis zu 4 Personen. In der Nebensaison wird ein Preisnachlass von 30 % gewährt, dennoch ist es reichlich teuer.
- Das **Royal Residency** €€€€€€ (Dumuhan Rd., Tel.: 2200124, 2201156, www.theroyalresidency.net/bodhgaya) ist Bodhgayas Top-Adresse, mit vielen Holzschnitzereien und Marmor ausgestattet und in schöner Lage 1,5 km außerhalb.

Der Mahabodhi-Tempel am Abend

Bodhgaya

Essen und Trinken

Während das Essensangebot für die meiste Zeit des Jahres nicht gerade breit gestreut ist, ändert sich das mit der Ankunft des Dalai Lama und seiner tibetanischen Landsleute im Januar/Februar schlagartig. Auch kulinarisch wird dann Bodhgaya zum Little Lhasa. Ansonsten muss man sich mit den zahlreichen **Essensständen** an der Hauptstraße oder den bei Travellern beliebtesten Cafés oberhalb des Mahabodhi-Tempels begnügen.

■ Eine Gasse gegenüber dem Tempeleingang hinein, ist das Freiluftrestaurant **Kalyan** unter hohen Bäumen eine sehr einladende Adresse mit vielfältiger Speisekarte zum kleinen Preis.

■ Sehr beliebt bei Travellern sind die **Restaurants Gautam** und **Om** an der Bodhgaya Rd. gegenüber dem Parkeingang mit typischer Travellerkost. Hier kommt man schnell mit anderen Rucksackreisenden ins Gespräch.

■ Das perfekte Frühstück serviert das **Tibet Om Café** (30–100 Rs) im Mahayana Guest House des Namgyal-Klosters. Köstliche Travellerkost inkl. Momos und Pfannkuchen und das gelassene Treiben lassen die Zeit vergessen.

■ Wer besonders preiswert speisen möchte, wird im **Sewak Tea Corner** rustikal und ausschließlich indisch (Idli, Thalis, Lassis, 8–50 Rs) bedient.

■ Viele Zeltrestaurants in Bodhgaya, natürlich ohne Aussicht, servieren Traveller- und auch tibetanische Küche. Einer der besseren Vertreter dieser Sparte ist das **Fujaji Green Restaurant** beim Kalchakra Maidan. Gut besucht sind auch die Zeltrestaurants **Old Pole Pole** und **Original Pole Pole** im Norden des Dorfs (alle ca. 30–100 Rs).

■ Etwas außerhalb im Restaurant des **Root Institute** werden in hübscher Gartenumgebung leckere Mittagessen (90 Rs) serviert. Tibetanische Küche sowie vegetarische Gerichte müssen allerdings um 9 Uhr morgens vorbestellt werden (Tel.: 2200714).

■ Schick und mondän gibt sich das **Sujata Restaurant**, doch leider bewegen sich nur die Preise auf ähnlich hohem Niveau.

Bank

■ Die **State Bank of India** (Mo–Fr 10.30–16 Uhr, Sa 10.30–13.30 Uhr) und mehrere private Wechsler wie **Middle Way Travels** und **Archant Tours, Travels & Forex** (tgl. bis 21 Uhr) mit guten Wechselkursen tauschen Bargeld und Reisescheks. Der **ATM** des erstgenannten Geldinstituts akzeptiert die meisten internationalen Kreditkarten.

Post und Internet

■ Das **Postamt** beim Gemüsemarkt ist Mo–Fr 10–15 und Sa bis 13 Uhr geöffnet.

■ Recht schnell sind die Internetcafés von **Shivam Tours & Travels** und das **Magadh Cybercafé** (30 Rs/ Std.) im Shopping Complex gegenüber dem Botanischen Garten. U.a. beim Letztgenannten werden Fotos des Kamera-Chips für 50 Rs auf CD gebrannt. Auch beim Gemüsemarkt finden sich mehrere fixe Surfplätze.

Medizinische Versorgung

■ Die Notaufnahme des kleinen **Varma Health Care Centre** (Tel.: 2201101) an der Verbindungsstraße ist durchgehend erreichbar, die Praxis von *Dr. Mirsha* ist 6.30–8.30 und 18.30–20.30 Uhr geöffnet.

■ Im Dorf stehen einige **Apotheken** bereit.

An- und Weiterreise

Beim Tourist Office ist ein **Reservierungsbüro** für Bahnreisen in ganz Indien zuständig (Mo–Fr 10–14 Uhr).

■ **Sammelrikshas** vom Autoriksha-Stand gegenüber der Post fahren regelmäßig nach **Gaya** (10 Rs). Mit der eigenen Autoriksha kostet die Fahrt je nach Verhandlungsgeschick 80–120 Rs.

■ Reguläre **Busse** verkehren nach einem relativ undurchsichtigen Zeitplan zwischen Patna, Gaya und Bodhgaya. So verlässt man sich am besten auf die vor dem staatlichen Hotel Siddharta Vihar um 7 und 14 Uhr startenden Busse von BiharTourism, die neben natürlich teureren Taxis die beste Verbindung nach Patna (über Gaya) sind.

■ Eine Preistafel im Dorf (siehe Stadtplan) zeigt die offiziellen **Taxipreise,** die bindend sind. Leider meiden die Taxifahrer diesen Ort wie der Teufel das Weihwasser, da sie lieber einen weit höheren Preis mit den Touristen aushandeln. Man sollte auf die dort angegebenen Preise bestehen.

Umgebung von Bodhgaya

Sujata

Zwei kleine **Tempel** beim Dorf Sujata auf der gegenüberliegenden Flussseite werden gern zusammen mit einer **Stupa** besucht, deren Backsteine jedoch in der Vergangenheit eher als Baumaterialreservoir dienten denn als Sehenswürdigkeit und die entsprechend heruntergekommen ist. Benannt wurde das Dorf nach einer Tochter des Dorfvorstehers, die Buddha auf seinem Weg von den Pragbodhi-Höhlen nach Urevela zum Bodhi-Baum Milchreis nach langer Fastenzeit gab. Die Stupa wurde Sujata zu Ehren erbaut. Zurzeit wird das 11 m hohe Denkmal, das wohl zwischen dem 8. und 10. Jh. errichtet wurde, wieder in den Ursprungszustand zurückgeführt. Der Weg durchs Dorf und das meist trockene Flussbett ist ansprechender als die Tempel und die Stupa selbst.

Pragbodhi-Höhlen

Ein schöner Tagesausflug führt zu den Pragbodhi-Höhlen (*Pragbodhi* = „Vorstufe der Erleuchtung") in den **Dungeshwari-Bergen** (oft werden die Höhlen auch *Dungeshwari Caves* genannt) am Flüsschen Phalgu, etwa 15 km von Bodhgaya entfernt. Hier soll Buddha der Legende nach sechs Jahre als Asket gelebt und meditiert haben, bevor er, vom Ergebnis enttäuscht, über Sujata nach Uruvela, dem heutigen Bodhgaya, wanderte und Erleuchtung fand. An einer der Höhlen, die Buddha als Unterschlupf gedient haben sollen, wird ein kleiner Tempel von tibetanischen Mönchen instandgehalten. Da nur wenige Touristen den Ausflug unternehmen, sind einige Bettler und herumturnende Affen natürlich sehr anhänglich. Steigt man von den Höhlen etwa auf halber Berghöhe bis zum Gipfel hinauf, wird man mit herrlichem Rundumblick entschädigt.

Anreise:

■ Da es noch an einer Brückenverbindung über den Mohane-Fluss mangelt, ist das eigentlich gar nicht mal weit entfernte Pragbodhi, in dessen Nähe die Höhlen liegen, nur recht umständlich über Gaya per **Bus** und natürlich auch per **Riksha** (ca. 200 Rs inkl. Wartezeit und Rückfahrt), Taxi (ca. 600 Rs für Hin- und Rückfahrt inkl. Wartezeit) oder selbst organisiertem Motorradtaxi (für etwa 100 Rs) zu erreichen.

Eine weitere Möglichkeit, die man am besten mit einem Guide unternimmt, den man in Bodhgaya organisiert, ist per Autoriksha nach Khiryama (ca. 6 km) und von dort auf einem etwa 45-minütigen Marsch durch kleine Dörfer zum Fuß des Berges. Der Aufstieg zu den Höhlen dauert etwa 15 Minuten. Besonders für die letzte Variante sollte man sich mit genügend Wasser (2 l) und Snacks eindecken.

Jharkhand

XIII/D1-2, XIV/A2

Am östlichen Rand Zentralindiens gelegen, erstreckt sich der **Bundesstaat** Jharkhand auf 74.677 km². Im Norden grenzt dieser jüngste der 28 indischen Unionsstaaten an Bihar, von dem er abgespalten worden war. Im Osten wird er begrenzt von Westbengalen, im Süden von Orissa (Odisha) und im Westen von Chhattisgarh und Uttar Pradesh.

Im Jahr 2000 wurde der **Bundesstaat Bihar** nach einer kontroversen Debatte des indischen Parlaments **aufgeteilt**: in Bihar im Norden und Jharkhand im Süden. Was bereits Mitte des 19. Jh. begann, war endlich Wirklichkeit geworden: ein separater Unionsstaat Jharkhand. Bereits 1950 hatte sich mit der Jharkhand Party eine parlamentarische Kraft gebildet, die für die in Jharkhand besonders zahlreich vertretene **Adivasi-Bevölkerung** einen eigenen Unionsstaat bilden wollte.

Die Bewegung zur Schaffung Jharkhands erlebte viele Höhen und Tiefen. Bei der Reorganisation der indischen Unionsstaaten in den 1950er und 60er Jahren fanden die Forderungen der Jharkhandis keine Berücksichtigung. Auch in den 1960er Jahren wurden weiterhin große Waldgebiete abgeholzt, Dämme errichtet, Landstriche zu Gunsten von Kohlegruben oder Minen enteignet und nach einem imperialistischen Raubbau verkarstet zurückgelassen. Viele Industrie-Projekte konnten nur realisiert werden, weil Tausende Adivasi-Familien umgesiedelt wurden. Entschädigungszahlungen für die 6,5 Mio. vertriebenen Adivasi gab es oftmals nur auf dem Papier. Auf die Umwelt und den Lebensraum der Adivasi wurde selten Rücksicht genommen. Das trug in den 1970er Jahren zur politischen Radikalisierung bei. Die Jharkhand-Bewegung begann, Streiks zu organisieren und durch die Blockade von Überlandstraßen und Eisenbahnverbindungen die Ausfuhr von Rohstoffen und Industriegütern zu behindern.

Insbesondere unter der Landbevölkerung kam es zur Verbreitung linker Ideologien. Die „Linksparteien" unterstützten zudem die Adivasi-Völker bei ihren Forderungen nach Autonomie. Erst der Wahlsieg der BJP-geführten National Democratic Alliance auf nationaler Ebene im Jahr 1999 ebnete endgültig den Weg zur Selbstbestimmung.

Jharkhand hat 33 Mio. Einwohner. Der Anteil der ehemals als Unberührbare bezeichneten Bevölkerungsgruppe, der Dalits, liegt bei 15–20 %. Mit ca. 27 % gehört mindestens ein Viertel der Einwohner zur indigenen Bevölkerung, den Adivasi. Die Alphabetisierungsquote von 54 % – bei Frauen unter 40 % (!) – ist nach der des Bruderstaates Bihar die zweitniedrigste aller indischen Unionsstaaten. Das immer noch stark feudal geprägte Jharkhand ist einer der **ärmsten Staaten Indiens.** Das spiegelt sich in der sehr schlechten Infrastruktur wieder. So verfügt beispielsweise weniger als ein Viertel aller Dörfer über Elektrizität. Trinkwasser ist ein sehr knappes Gut. Auch in den elektrifizierten Gegenden sind täglich mehrstündige Stromausfälle gewöhnlich. Der größte Teil der Bevölkerung lebt von der Landwirtschaft. Trotz der niedrigen Löhne, hoher Arbeitslosigkeit und der weit verbreiteten Armut ist insbesondere die Chotanagpur-Region mit ihrer landesweit höchsten Konzentration an Mineralien industriell äußerst bedeutsam. Der Großteil der indischen Kohlevorkommen liegt in Jharkhand.

Betla-Nationalpark   XIII/D1

Die einzige wirkliche Attraktion Jharkhands ist der Betla-Nationalpark. Im 160 km westlich der Hauptstadt Ranchi gelegenen, gut

1.000 km² großen Reservat, dessen 230 km² großer Kernbereich den eigentlichen Nationalpark darstellt, fand 1932 die erste Erhebung von Tigerpopulationen in Indien statt. So ist der faszinierende Naturschatz auch einer der ersten, der Teil des **Project Tiger** wurde. Neben Tigern, deren Zahl nach Bekanntwerden der Fälschung der Populationszahlen beim Project Tiger nicht mehr als gesichert angenommen werden kann, ist der Park einer der besten Orte in Indien, wilde **Elefanten** zu Gesicht zu bekommen. Ihre Zahl wird auf über 200 geschätzt. Zudem ist der Nationalpark Heimat von **Leoparden, Bisons** und vielerlei Wildarten, die von leicht wackeligen Aussichtstürmen erspäht werden können.

Im Reservat leben acht Stämme der **Urbevölkerung** in etwa 200 Dörfern.

■ **Öffnungszeiten:** Der Park ist das ganze Jahr über geöffnet, die beste Besuchszeit ist jedoch zwischen Oktober und März anzusetzen, da zu anderer Zeit große Hitze bzw. der Monsun den Besuch erschweren. Der **Eintritt** am Parkeingang (Tel.: 06562-222650, (0)9973819242) beträgt 100 Rs pro Fahrzeug (plus 50 Rs für den obligatorischen Guide), Kamera 100 Rs, Video 500 Rs. Im Park werden etwa einstündige **Elefantenausritte** angeboten, die mit 200 Rs pro Elefant und Stunde (mit bis zu 4 Sitzplätzen) recht preiswert sind. Dies ist die naturgemäßeste Art, um den Tieren besonders nah zu kommen. Auch **Jeepsafaris** (350 Rs pro Stunde) können am Parkeingang arrangiert werden.

■ Aufgrund der prekären Sicherheitslage, besonders in diesem abgelegenen Teil Jharkhands, ist ein Besuch des Nationalparks am besten mittels einer **Reiseagentur in Ranchi** angeraten (s.u.).

Unterkunft

■ Eine gute Wahl ist das staatliche **Hotel Van Vihar** €-€€€ (Tel.: 06567-226513). Meist geräumige, saubere und helle Zimmer mit Bad, einige mit Balkon sind preisgerecht. Auch das billige Restaurant und der Garten sind einladend.

■ Die beste Bleibe ist die renovierte **Forest Lodge** €€€ (Buchung über das Park Office, s.o.). Die großzügigen Zimmer mit ebensolchem Bad, LCD-Fernseher und Balkon sind komfortabel.

An- und Weiterreise

Die Anreise ist recht problematisch, da der Park nur per langer Bus- oder Taxifahrt erreicht werden kann. Auch die **Sicherheitslage** des Bundesstaates stellt ein Problem dar, sodass von der An- oder Abreise nach Einbruch der Dunkelheit eher abzuraten ist. Genauere Informationen hierzu sollte man vor Ort, etwa beim Eingangsbüro des Parks, in Erfahrung bringen.

■ Sechs **Busse** fahren täglich die etwa eine Stunde entfernte Ortschaft **Daltenganj** an. Von dort regelmäßige Verbindungen zum weitere sechs Stunden entfernten Ranchi.

◁ Es wird noch eine Weile dauern, bis auch in den ärmsten Regionen der Wasserbüffel mit Holzpflug durch maschinelle Arbeitsgeräte ersetzt wird

Ranchi

XIII/D2

Die uninteressante, 850.000 Einwohner zählende **Hauptstadt von Jharkhand** dient Touristen als Zwischenstopp auf dem Weg zum Betla-Nationalpark.

Information

- **Vorwahl:** 0651
- Das **Tourist Office** in der Main Road ist den Besuch nicht wert. Entschädigt wird man vom hilfsbereiten **Samridhi Travels** nebenan (Tel.: 2332179, www.samridhitravels.com), in dem auch Zugtickets mit Reservierung gekauft werden können.

Reiseagenturen

- Dreitagesausflüge in den Betla-Nationalpark arrangiert das gute **Suhana Tour and Travels** (Tel.: 3293808, (0)9431171394, Mo–Sa 8–20 Uhr, So bis 14 Uhr) oder **New Maruti Travels** (Tel.: 2462016, (0)9431900008, maruti_travels2000@yahoo.com), beide im Gurunanak Market an der Station Rd. Preis für Zweitagestouren ca. 3.500 Rs p.P. inkl. Transport, Unterkunft, Verpflegung und Safari.

Unterkunft

Falls man in Ranchi hängenbleibt, findet man die meisten Hotels zwischen Bahnhof und Busbahnhof, sie sind aber großteils von geringer Qualität. Dies gilt auch für die zweite Hotelregion entlang der Main Road.

- Halbwegs preiswert und trotzdem gut sind die modernen Zimmer des **Hotel Embassy** €€ (Tel.: 2460449) an der Station Rd.
- Krasse Ausnahme des schlechten Urteils ist das **Chanakya BNR Hotel** €€€€ (Station Rd., Tel.: 2461481,) schräg gegenüber vom Bahnhof. Der Kern des Hauses stammt aus der Raj-Zeit, wurde aber um fast 70 Zimmer erweitert, die dementsprechend neueren Datums sind. Auch der alte Trakt wurde einer gründlichen Renovierung unterzogen. Riesige, gepflegte Zimmer mit Holzfußboden, LCD-TV und tollen Bädern sind erstklassig. Dies stimmt auch für das Restaurant und die Bar. WiFi vorhanden.
- Wer es richtig luxuriös mag, wird das **Radisson Blue Ranchi** €€€€€–€€€€€€ (5 Main Rd. Kadhu Diversion, Tel.: 6602222, www.radissonblu.com) im Herzen der Stadt vorziehen. Spa, Pool, Gym und WiFi etc. sind selbstverständlich in diesem relativ neuen, exzellenten Hotel.

Bank

- Die **State Bank of India** (Main Rd., Mo–Fr 10–15.30 Uhr) wechselt Bares und Reiseschecks.

An- und Weiterreise

- **Flug:** Vom 6 km vom Zentrum entfernten Flughafen Birsa Munda operieren Air India (Tel.: 2503255) und Jet Airways (Tel.: 2250051). Flüge nach Delhi, Kalkutta und Mumbai.
- **Bahn:** Nach Patna vier Verbindungen tgl., z.B. der 18626 Hatia Patna Exp., Start in Ranchi 6.35 Uhr, über Gaya (12.45 Uhr), Ank. in Patna 15.40 Uhr. Dieselbe Strecke nachts: 18624 Hatia Rajendra Bihar, Abf. 19.30 Uhr, Ank. 6.30 Uhr. Nach Kalkutta der 18616 Hatia Howrah Exp., Abf. 21.40 Uhr, Ank. 6.35 Uhr. Nach Varanasi Mo und So eine Nachtverbindung.
- **Bus:** Vom staatlichen Busbahnhof an der Station Rd. fünf Verbindungen nach **Gaya** in 6 Std. zwischen 6.30 und 10.30 Uhr (130 Rs). Ein Bus von dort nach **Patna** (9.30 Uhr, 9 Std., 185 Rs). Mehrere weitere Busse zu diesen Zielen vom Birsa Bus Stand nahe der Old HB Road. Wer zum **Betla-Nationalpark** will, nimmt einen Bus vom Ratu Rd. Bus Stand nach Daltenganj (6 Std., non-AC/AC 100/200 Rs). Vom Birsa Tourist Complex an der Main Rd. zwei Deluxe-Busse nach **Patna** (8 und 9.30 Uhr, non-AC/AC 300/500 Rs).

Der sich südlich von Jharkhand und Westbengalen erstreckende Bundesstaat Orissa wird auf ganz besondere Weise von allen Seiten von der Natur abgeschirmt. Im Osten vom Meer, im Westen von den schwer zu durchdringenden, steil aufragenden Bergen des Ost-Ghats und der Hochebene von Dekhan und im Norden und Süden überschwemmen große, reißende Flüsse das Land.

Während sich die Mehrzahl der 42 Mio. Bewohner um die Flusstäler und Niederungen mit der Hauptstadt Bhubaneshwar in der Mitte konzentriert, leben die in Orissa besonders zahlreichen **ethnischen Minderheiten** vornehmlich in den unwirtlichen und schwer zugänglichen **Bergregionen.** Während diese ihren Lebensunterhalt mehr schlecht als recht mit Jagd und primitiver Feldarbeit verdienen, beheimatet das Land gleichzeitig mit dem Rourkela-Werk eine der modernsten und größten Stahlfabriken der Erde. Speziell in der **Küstenregion um Puri** entwickelt sich in den letzten Jahren der Tourismus zu einem immer lukrativeren Wirtschaftszweig.

Die naturgegebene Abschirmung Orissas, zusammen mit regelmäßig auftretenden

ORISSA

Hauptattraktionen von Orissa, im Jahr 2010 offiziell in **Odisha** umbenannt, sind die Tempelanlagen von Bhubaneshwar, die kilometerlangen Strände im friedvollen Puri und der Sonnentempel von Konark. Alle liegen nicht mehr als eineinhalb Busstunden auseinander. Einen Abstecher lohnt auch der bisher kaum von Touristen besuchte Chilika-See mit seiner Lagunenlandschaft, in der Tausende von Vögeln beheimatet sind. Immer größerer Beliebtheit erfreuen sich in den letzten Jahren die von diversen Agenturen in Bhubaneshwar und Puri angebotenen Exkursionen zu Orissas Adivasi-Stämmen.

HIGHLIGHTS

Highlight*:
Sonnentempel von Konark | 466

Der besondere Tipp*:
Bhubaneshwar | 450
Chilika-See | 468

*Diese Tipps erkennt man im Buch an der gelben Hinterlegung im Kapitel.

Fischer am Strand von Puri

Überschwemmungen der Küstenregion und den alljährlich das Land heimsuchenden, verheerenden Unwettern, brachte es mit sich, dass es kaum je einem Eroberer gelang, seine Herrschaft über Orissa langfristig aufrechtzuerhalten. Hierin liegt auch der Grund, weshalb der 1.565 km² große Staat bis heute so viel an eigenständiger und urtümlicher Kultur bewahren konnte.

Selbst Kaiser *Ashoka,* der das ursprünglich in Orissa beheimatete Kalinga eroberte und dem Erdboden gleichmachte (und danach aus lauter Reue ob der von seinen Truppen angerichteten Gräueltaten zur friedfertigen Religion des Buddhismus konvertierte), konnte seine Herrschaft nur zeitweise ausüben. Nach seinem Tode 232 v. Chr. zerfiel Orissa wieder in viele kleine Fürstentümer, bis es im 4. Jh. n. Chr. noch einmal vom Gupta-Herrscher *Samudragupta* erobert und vereinigt werden konnte. Ab dem 7. Jh. setzte erneut eine Zergliederung ein, bis die Provinz von den Moguln erobert wurde. Doch auch sie übten eine eher indirekte Herrschaft aus, indem sie als ihre Statthalter die Khurda-Dynastie einsetzten, die sich zudem mehr und mehr von Delhi löste. Nach dem Niedergang der Moguln im 18. Jh. folgten zunächst die Marathen als neue Machthaber, bevor die Briten auch in Orissa als die neuen Herren auftraten. Doch auch sie beschränkten sich auf die für den Seehandel lukrative Küstenregion, während sie das Hinterland ihnen ergebenen Lokalfürsten überließen. Nachdem sie Orissa zunächst in die Presidency of Bengal eingegliedert hatten, erhielt es 1936 den Status einer eigenständigen Provinz mit der Hauptstadt Cuttack. 1950 wurde die Hauptstadt ins traditionsreiche Bhubaneshwar verlegt.

Der besondere Tipp:
Bhubaneshwar
XIII/D3

Bhubaneshwar, nach dem Gott Tribhubaneshwar, dem „Schöpfer der Drei Welten" benannt, seit 1950 **Hauptstadt Orissas**, ist im ganzen Land unter dem Beinamen „Temple City of India" bekannt. Von den einst angeblich über 7.000 Tempeln sollen heute immerhin noch 500 erhalten sein. Fast alle stammen aus dem 8. bis 12. Jh. und sind dem Nagara-Baustil zuzuordnen, der zu jener Zeit in Nordindien vorherrschte. Sein charakteristisches Merkmal ist der steil über dem Tempel aufsteigende, von unzähligen Skulpturen geschmückte Tempelturm *(Shikhara).* Ebenso wie die großartigen Tempel von Khajuraho in Madhya Pradesh sind sie steingewordenes Zeugnis einer höfischen Kultur, in der Frömmigkeit, Herrschaftsanspruch und Lebenslust zugleich ihren Ausdruck gefunden haben. Trotz ihres Alters von fast eineinhalb Jahrtausenden faszinieren die Skulpturen auch heute noch durch ihre scheinbar unverbrauchte Frische. Obwohl der wichtigste Tempel nur für Hindus zugänglich ist, stehen viele weitere, kaum weniger beeindruckende Tempel auch dem westlichen Besucher offen. Im Unterschied zum weitab jedweder größeren Stadt gelegenen Khajuraho sind die Tempel in Bhubaneshwar Schauplatz bunten religiösen Treibens.

Von einem einzigen großen Freilichtmuseum kann jedoch nur im südöstlichen Teil der Stadt die Rede sein, wo sich die meisten der **Tempel** um den **heiligen See Bindu Sagar** gruppieren, einem künstlich angelegten Teich, der mit je einem Tropfen aller heiligen Flüsse, Seen und Tempelteiche Indiens gefüllt sein soll und aufgrund der ihm zugesprochenen Heilkräfte verehrt wird. Ansonsten droht die Stille und Friedfertigkeit der Tempelanlagen von der Hektik und den Neubauten der sich rasant ausbreitenden Stadt mehr und mehr in den Hintergrund gedrängt zu werden. So ist Bhubaneshwar wohl nur für Tempelinteressierte einen Besuch wert.

Jedes Jahr im Januar haben die **Volksstämme** Orissas in Bhubaneshwar das Sagen. Mit Kunstausstellungen, Handwerk und Tanz wird ihr kulturelles Erbe auf der **Adivasi Mela** gefeiert.

Sehenswertes

Stadtrundfahrt

■ **Odisha Tourism Development Corporation** (OTDC, Lewis Rd., Tel.: 2430764, und Bahnsteig 1 des Bahnhofs, Tel.: 6524493, (0)9928274772) bietet tgl. außer Mo von 8.30 bis 17.30 Uhr eine **Tour** ab dem Panthaniwas Tourist Bungalow und dem Bahnhof an, die alle bedeutenden Sehenswürdigkeiten innerhalb der Stadt sowie die Höhlen von Khandagiri und Udayagiri, die Ashoka-Ediktsäule in Dhauli und den Nandankanan-Zoo beinhaltet. Im Preis von 160/250 Rs (Non-AC/AC) sind jedoch keinerlei Eintritte enthalten. Bei der *Transport Unit* des OTDC (Tel.: 243 1515) werden **Taxis für Stadtrundfahrten** (1.000 Rs/Tag) und **Ausflüge**, etwa nach Puri und Konark (ca. 2.000 Rs für 11 Std.) vermietet.

■ Weitere **Halbtagestouren** um 7 und 14 Uhr nach Konark (225/300 Rs Non-AC/AC, Minimum 10 Personen) und **Tagestouren** nach Satapada zum Chilika Lake (300 Rs, Abf. 7 Uhr, Rückkehr 17.30 Uhr). Eintrittspreise sind gesondert zu bezahlen.

■ Reisebüros bieten Ausflüge in die Umgebung, so zu Nationalparks und Ethnien an. Es werden sogenannte **Tribal Tours,** etwa zu den Adivasi, durchschnittlich sechstägige Ausflüge meist südwestlich von Bhubaneshwar, veranstaltet, die auch ein Trekking im Dschungel beinhalten. Durchschnittlich kosten diese Touren etwa 60–100 US-$ p.P. und Tag inkl. Unterkunft, Verpflegung und Transport. Stellvertretend seien mit **Swosti Travels** (Janpath, Tel.: 2535773, www.swostiindia.com) und **Alternative Tours** (BDA Market Complex, Palaspalli, Tel.: 2590830, www.travelclubindia.com) zwei alteingesessene Agenturen genannt.

Lingaraja-Tempel

Mit seinem 45 m hohen Tempelturm beherrscht der **bedeutendste Tempel Bhubaneshwars** weithin sichtbar die Stadt. An dem von einer hohen Mauer umgebenen Heiligtum wurde jahrhundertelang gearbeitet, wobei die ersten Bauelemente aus dem 7. Jh. stammen. Der Tempelturm ist so fein gestaltet, dass er trotz seiner gewaltigen Masse sehr elegant wirkt. Umstellt ist der reich verzierte, an der Spitze von 12 Löwensculpturen gekrönte Haupttempel von über 50 kleinen Tempeln.

Gewidmet ist der Lingaraja dem Namensgeber der Stadt, dem Gott Tribhubaneshwar (Herr der drei Welten). Wie das faszinierend vitale Treiben mit der für Indien so typischen Mischung aus Frömmigkeit und Kommerz beweist, ist der Lingaraja eine äußerst lebendige Kultstätte. Leider ist der Zutritt nur Hindus gestattet, und so müssen sich die westlichen Touristen mit dem Blick von einer an der Nordseite errichteten Plattform begnügen.

■ Die sich als Tempelpriester ausgebenden Geldeintreiber auf dem Aussichtspunkt sind oft unangenehm aufdringlich und wollen einen zu großen **Spenden** animieren. So enttäuscht sie auch sein mögen: Man sollte nichts zahlen, da das Geld wohl nicht der Tempelerhaltung oder sozialen Zwecken zugute kommt.

Mukteshwara-Tempel

Bestes Beispiel des frühen Nagara-Baustils und neben dem Lingaraja-Tempel schönstes Bauwerk der Stadt ist der aus der Mitte des

9. Jh. stammende Mukteshwara-Tempel. In seinem **Skulpturenreichtum** übertrifft er noch den Haupttempel Bhubaneshwars. Davon abgesehen hat er den für westliche Besucher entscheidenden Vorteil, auch für Nicht-Hindus frei zugänglich zu sein. So kann man sich aus nächster Nähe von der einzigartigen Erzählfreude gefangen nehmen lassen, der die Steinmetze in den Friesen und an den Säulen freien Lauf ließen. Hindugötter wie Shiva, Parvathi und Ganesha, Tiere wie Krokodile, Schlangen oder Affen, vollbusige Tänzerinnen, eng umschlungene Liebespaare oder das einfache Volk – die ganze Vielfalt der so reichen hinduistischen Vorstellungswelt tritt einem hier in ungeheurer Frische entgegen. Besonders deutlich wird dies in vermeintlichen Randfiguren, bei denen die Bildhauer sich nicht an tradtionelle Vorschriften halten mussten und so nach Lust und Laune arbeiten konnten. Der sehr schöne Torbogen (Torana) vor dem Tempel erinnert mit seinen deutlich buddhistischen Einflüssen an die von Ashoka errichtete Stupa von Sanchi in Madhya Pradesh mit den sie umlaufenden vier Toranas.

Raja-Rani-Tempel

Auch dieser von einem Garten umgebene Tempel beeindruckt durch die Detailgenauigkeit der Darstellungen. Leider sind jedoch viele der Skulpturen stark beschädigt. Was dieses von je zwei Tempelwächtern auf jeder Seite flankierte Heiligtum aus dem 11. Jh. von anderen Tempeln Bhubaneshwars unterscheidet, ist seine **ungewöhnliche Architektur.** Die den 18 m hohen Hauptturm umgebenden kleineren Shikharas finden sich so bei keinem anderen Tempel der Stadt.

■ **Eintritt** 100 Rs, Video 25 Rs, von Sonnenauf- bis Sonnenuntergang geöffnet.

Vaital-Tempel

Im Inneren dieses **tantrischen Tempels** findet sich eine Abbildung Durgas in Form der achtarmigen Chamunda. Die die Nischen des Tempels ausfüllenden Liebespaare gelten als die ersten **erotischen Skulpturen** Orissas. Während das Dach der Vorhalle eingestürzt ist, erhält der Hauptturm des Heiligtums sein charakteristisches Aussehen dadurch, dass er nicht, wie beim Nagara-Stil üblich, pyramidenförmig bis zur Spitze aufsteigt, sondern von einem Flachdach abgeschlossen wird.

Neben den hier beschriebenen gibt es zahlreiche weitere besuchenswerte Tempel in Bhubaneshwar. Eine sehr detailreiche Beschreibung der einzelnen Sehenswürdigkeiten bietet das vom Archaeological Survey of India herausgegebene Buch, welches den Titel der Stadt trägt.

Odisha State Museum und Museum of Tribal Arts & Artefacts

Der Tempelbereich um den Bindu-Sagar-See erscheint zwar wie ein belebtes öffentliches Freilichtmuseum, doch wer sich näher mit der Kunst und Kultur Orissas beschäftigen will, für den sind diese beiden Museen der richtige Ort. Das State Museum (www.odishamuseum.nic.in) beherbergt u.a. eine **Münz- und Waffensammlung,** alte **Palmblattmanuskripte** und **Skulpturen** aus dem hinduistischen Mittelalter. Hervorragende Einblicke in die äußerst vielfältige **Stammeskultur** Orissas (Odishas) bietet das Museum of Tribal Arts & Artefacts im Nordwesten der Stadt.

■ **Öffnungszeiten:** beide Museen tgl. außer Mo 10–17 Uhr, Eintritt State Museum 50 Rs, Kamera/Video 100 Rs, der Eintritt zum Tribal Museum ist kostenlos.

Praktische Tipps

Information

- **Vorwahl:** 0674
- **IndiaTourism** (B-21, BJB Nagar, Tel.: 2432203, goito bhub@ori.nic.in) in der Nähe des State Museum im Paryatan Bhawan ist Mo bis Fr 10–18 Uhr geöffnet.
- **Odisha Tourism** (Tel.: 2432177, Mo–Sa 10.30–18.30 Uhr, www.odishatourism.gov.in) befindet sich im selben Gebäude ein Stockwerk tiefer. Weitere Filialen am **Flughafen** (Tel.: 2534006, (0)9238578358) und am **Bahnhof** (Tel.: 2530715).

Stadtverkehr

- Zum nur 4 km außerhalb gelegenen **Flughafen** kostet es per Taxi ins Zentrum ca. 150 Rs (verlangt werden jedoch bis zu 200 Rs). Mittels Prepaid-Schalter am Flughafen kostet die Fahrt ins Zentrum 130 Rs bzw. teure 280 Rs für AC. Für die Autoriksha zwischen Zentrum und Flughafen zahlt man 100 Rs. Nachteil: Da die Rikshas nicht bis zur Abfertigung fahren dürfen, muss der letzte halbe Kilometer gelaufen werden.
- Mit der **Fahrradriksha** vom State Museum zum Tempelbereich um den Bindu Sagar sollte es eigentlich nicht mehr als 30 Rs kosten, doch auch hier wird von den Fahrern meist der doppelte Preis verlangt. Will man per Autoriksha die Tempel Bhubaneshwars besichtigen, sollten hierfür ca. 300 Rs für drei Stunden ausreichen.
- Im Tourist Office liegt eine Liste aus, in der die genau festgelegten **Taxipreise** für Ziele in der Umgebung wie Dhauli oder Udayagiri eingesehen werden können.
- Vom neuen, 5 km außerhalb gelegenen Baramunda Busbahnhof ins Stadtzentrum fahren sowohl **Busse** als auch **Rikshas** (80 Rs) und **Fahrradrikshas** (50 Rs).

Unterkunft

- Obwohl die meisten westlichen Touristen in dieser Kategorie im **Hotel Bhagwat Niwas** €–€€ (Cuttack Rd., Tel.: 2313708) absteigen, gibt es zu diesem Preis bessere Alternativen in Bhubaneshwar, z.B. das nahe gelegene, recht gute **Hotel Swagat** €€–€€€ (Swagat Lane, Tel.: 2313879, Hinweisschild über der Gassenzufahrt an der Cuttack Rd.), 100 m eine Gasse von der Cuttack Rd. hinein und deshalb ruhig. Geräumige und saubere Zimmer mit TV und klasse Bad zu vernünftigen Preisen.
- Ebenfalls eine gute Wahl zum eher kleinen Preis ist das **Kanchan Plaza** €€–€€€ (Tel.: 2525004), eine Gasse vom Janpath hinein. Die 18 AC- und Non-AC-Zimmer sind makellos sauber.
- Gut 100 m südlich ist das **Kasturi Guest House** €€–€€€ (Janpath, Tel.: 2537054) die beste Adresse dieser Preisklasse. Alle der nur 5 Zimmer, teils mit Balkon, sind bestens in Schuss, die wenig teureren lohnen den Aufpreis. Nachteil ist die tagsüber laute Straße.
- Hundert Meter vom östlichen Ausgang des Bahnhofs ist das **Grand Central** €€€€–€€€€€ (Old Station Rd., Tel.: 2313411-4, www.grandcentral.com) eine nachts ruhige Mittelklassewahl in günstiger Lage. Klimatisierte, hübsch möblierte Zimmer, teilweise mit Balkon, sind preisgerecht.
- Der **Panthaniwas Tourist Bungalow** €€€€ (Lewis Rd., Tel.: 2432314) ist wegen seiner Lage in der Nähe zum Tempelbezirk um den Bindu Sagar, der relativ geräumigen Zimmer (die teureren mit AC und TV) sowie der Tatsache, dass die Stadtrundfahrten von hier starten, eine interessante Adresse. Negativ zu bewerten sind jedoch der verhältnismäßig hohe Preis und der Umstand, dass die Angestellten nicht gerade vor Enthusiasmus sprühen.
- Das beste Preis-Leistungs-Verhältnis der Stadt bietet das **Ginger** €€€€–€€€€€ (Tel.: 666333, www.gingerhotels.com). Das beginnt bei dem ebenso freundlichen wie unaufdringlichen Personal und setzt sich fort über die hellen, mit Kühlschrank, Kaffeemaschine und Flachbildschirm ausgestatteten Zimmer bis zum exzellenten Restaurant.
- Als hervorragendes Business-Hotel ist das klotzige **New Marrion** €€€€€€ (6 Janpath, Tel.: 2380850, (0)9238 022002, www.hotelnewmarrion.com) mit gelungen modern gestalteten Zimmern, natürlich mit WiFi, zu bezeichnen. Neben erstklassigen Restaurants mit südindischer, chinesischer und mexikanischer Küche, The Great

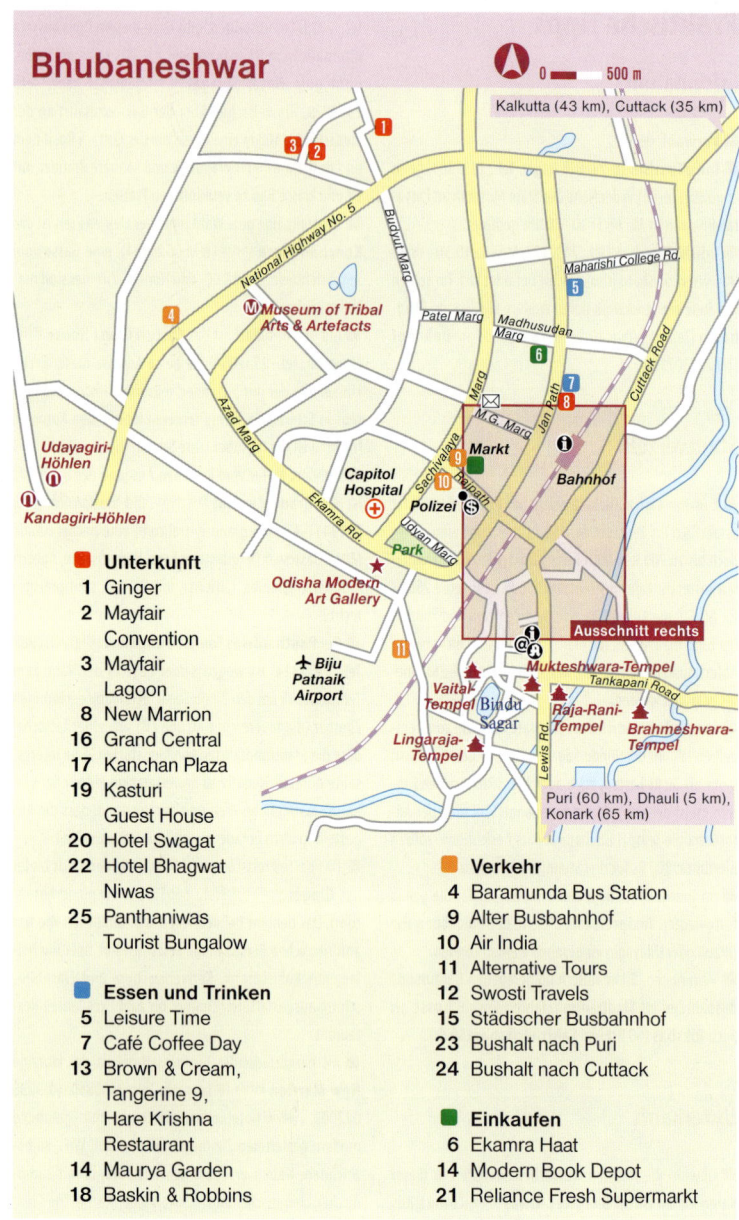

Bhubaneshwar

Kebab Factory und Swimmingpool gibt's ein **Café Coffee Day**.

■ Wer es etwas ausgefallener mag, sollte sich im **Mayfair Lagoon** €€€€€€ (Ekamra Kanana Rd., Javdev Vihar, Tel.: 6660101, www.mayfairhotels.com) einmieten. Dem Namen entsprechend, sind die einzelnen Bungalows innerhalb der weitläufigen, herrlichen Gartenanlage, die ein wenig an Disneyland erinnert, tatsächlich um eine Lagune angeordnet. Zur Anlage gehören mehrere Restaurants und Bars sowie Spa, Tennisplatz, Pool und jede weitere Ausstattung, die sich denken lässt .Absolut erstklassig ist auch das gediegene Schmuckstück **Mayfair Convention** €€€€€€ (Tel.: 2360111/5) gegenüber, ebenfalls ca 3 km nordwestlich des touristischen Zentrums. Riesige Zimmer und Bäder sowie viel Luxus sind bei beiden jedoch richtig teuer.

Essen und Trinken

■ Vom dunklen und unterkühlten Inneren des **Maurya Garden** im bahnhofsnahen Hotel Richi sollte man sich nicht abhalten lassen. Die indischen, chinesischen und westlichen Gerichte (50–160 Rs) sind schmackhaft, zudem steht eine Bar zur Verfügung.

■ Gute Kritiken bekommt das **Leisure Time** im Hotel The Garden Inn. Die Speisekarte reicht von indisch über kontinental bis chinesisch. Die Preise für ein Hauptgericht liegen zwischen 40 und 120 Rs.

■ Ausgezeichnet ist das vegetarische **Hare Krishna Restaurant** beim Hauptbahnhof (eine Gasse etwas nördlich vom Station Square hinein) mit köstlichen vegetarischen Gerichten zwischen 70 und 130 Rs. Es liegt im 1. Stock eines Einkaufszentrums.

■ Mit dem **Tangerine 9** gibt es eine hervorragende Alternative für Freunde der fleischlichen Kost gleich nebenan. Das Angebot reicht von indischen über chinesischen bis zu thailändischen Gerichten. Hauptgerichte kosten zwischen 80 und 160 Rs.

■ Ganz in der Nähe serviert **Brown & Cream** dem Namen entsprechende süße Köstlichkeiten und Burger.

■ Eis isst man in Indien üblicherweise bei **Baskin & Robbins** (Janpath).

■ Selbstversorger sind in den beiden **Reliance-Fresh-Supermärkten** an der Lewis Rd. und an der Cuttack Rd. gut bedient.

Einkaufen

■ Kunsthandwerk der Volksgruppen Orissas und lokale Leckereien offeriert der **Ekamra Haat** (Madhusudan Marg, 10–22 Uhr). Die Stände auf dem Freiluftmarkt innerhalb eines Gartengeländes im Norden Bhubaneshwars öffnen meist etwas später als zum offiziellen Verkaufsbeginn.

■ Braucht man neue Lektüre in Papierform, ist das **Modern Book Depot** (Station Square, 9.30–14 und 16.30–21 Uhr) der richtige Ort. Neben englischsprachiger Fiction auch Landkarten, Postkarten und Bücher über Orissa.

Bank

■ Die **State Bank of India** (10–16 Uhr, Sa bis 14 Uhr) am Raj Path wechselt recht unkompliziert Bargeld und Travellerschecks, auch Visa-Card-Besitzer werden bedient. Auch einige große Hotels sind für Bargeld zu bestenfalls durchschnittlichen Raten ihren Gästen gegenüber wechselbereit.

■ Das kleine Büro von **Thomas Cook** (130 Ashok Nagar, am Janpath, Mo–Sa 9.30–18 Uhr) wechselt Schecks und ausländische Währung.

■ Viele **ATMs,** z.B. von der ICICI-Bank (beim Pen Hospital nahe dem Bahnhof, dort sind auch weitere der idbi- sowie der HDFC-Bank), die auch AmEx-Karten akzeptieren, und ein **UTI-ATM** beim Hotel Pushpak.

Post und Internet

■ Die **Hauptpost** (Mo–Sa 8–19, So 15–19 Uhr) befindet sich westlich vom Bahnhof an der Sachivajaya Marg. Hier können postlagernde Sendungen empfangen werden.

■ Von den zahlreichen Internetcafés in Bhubaneshwar scheint **The Cyber Stop** (10.30–20 Uhr), bahnhofsnah am Janpath, und **Om Cyber** beim Reliance-Supermarkt an der Lewis Rd. am schnellsten.

Medizinische Versorgung

■ Beim **Capitol Hospital** (Sachivajaya Marg, Tel.: 2401983) steht eine rund um die Uhr geöffnete **Apotheke** bereit. Günstiger gelegen sind zwei Apotheken (7–23 Uhr) an der Lewis Road.

An- und Weiterreise

Flug:
■ **Air India** (VII/C-8, Raj Path, Bapuji Nagar, Tel.: 2530533, Mo–Sa 10–17 Uhr, Flughafen: 2596178), **Jet-Lite** (Tel. am Flughafen: 2596176, www.jetlite.com), ein Ableger von Jet Airways, und **IndiGo** (Tel.: 6543547, www.goindigo.in) fliegen tgl. von Bhubaneshwar nach Delhi, Kalkutta und Mumbai.

Bahn:
■ Im computerisierten **Reservierungsbüro** am westlichen Haupteingang des Bahnhofs ist Schalter 2 für Touristen zuständig.

Bus:
■ Von der modernen Baramunda Bus Station (New Bus Stand, Reservierungs-Tel.: 2354769) 5 km westlich des Zentrums starten die meisten Langstreckenbusse wie z.B. ins 437 km entfernte **Kalkutta** (12 Std., zwischen 280 und 410 Rs für non-AC/AC/Schlafplatz), **Konark** (42 Rs, 2 Std.), **Bulgaon** (Chilika-See, 75 Rs, 3 Std.), **Berhampur** (110 Rs, 5 Std.) und Cuttack (1 Std., 15 Rs).
■ Die schnellste Busverbindung nach **Puri** (25 Rs, 1,5 Std.) bieten die außerhalb des wesentlich näher zum Zentrum gelegenen Old Bus Stand abfahrenden Minibusse. Die Busse nach Puri und Konark können auch bei ihrem Halt an der Lewis Road nahe dem State Museum bestiegen werden, wobei es dann natürlich schwierig werden kann, einen Sitzplatz zu ergattern.

■ Wer einen der recht seltenen Minibusse nach **Konark** verpasst, sollte zunächst mit einem der Busse nach Puri bis **Pipli** fahren und dort in einen der häufigen Busse nach Konark steigen.

Taxi:
■ Wer am Flughafen ankommt und Bhubaneshwar umgehen will, bezahlt am dortigen Prepaid-Schalter für Taxis 750 bzw. 940 Rs für die Fahrt nach **Puri bzw. Konark.** Will man preiswerter und komfortabel nach Puri oder Konark, kann man sich auch der **Sightseeing-Tour von OTDC** (s.o.) anschließen und beim Ausstieg Bescheid geben, dass man nicht wieder nach Bhubaneshwar zurückfährt.

Umgebung von Bhubaneshwar

Die nachfolgenden Ziele können im Rahmen einer vom Touristenbüro in Bhubaneswar angebotenen **Tagestour** besucht werden (siehe Stadtrundfahrt).

Udayagiri- und Khandagiri-Höhlen   XIII/D3

Die ca. 7 km westlich von Bhubaneshwar in einen Felsenhügel gehauenen Höhlen gelten als bedeutende Zeugnisse frühjainistischer Kunst in Indien. Die meisten der früher wohl als Klosterstätten dienenden Höhlen entstanden während der Regierungszeit König *Kharavelas* (168–153 v. Chr.), einem Anhänger der Jain-Religion.

Der **Udayagiri** ist der interessantere der beiden direkt gegenüber gelegenen Hügel. Hier finden sich allein 16 der insgesamt 18 Höhlen, wobei die Jaia Vijaya am Fuße des Hügels mit ihrem sehr schönen Bodhi-Baum-Relief über dem Eingang beeindruckt. Geht man von hier weiter nach rechts, führt der Weg entlang der Choti Hathi Gufa mit einem **Elefantenrelief** und mündet schließlich in einen rechteckigen Platz, der zu drei Seiten vom zweistöckigen **Rani-Gufa-Komplex** (Königinnenhöhle) begrenzt wird. In den insgesamt acht Zellen finden sich noch einige Steinreliefs, die u.a. Tänzerinnen und Tänzer sowie religiöse Kulthandlungen erkennen lassen.

Kehrt man zum Haupteingang zurück, führt eine Treppe zur von außen schlichten **Hathi Gufa** (Elefantenhöhle). Im Innern findet sich unter der Decke eine 117-zeilige Inschrift, die die Lebensgeschichte König Kharavelas glorifiziert.

Geht man von hier wiederum nach rechts, erreicht man nach wenigen Metern die reich geschmückten **Ganesh-Höhlen,** in der die Steinmetze vor allem Szenen aus dem höfischen Leben verewigten. Beachtung verdient auch die Bagh Gufa wegen ihres originellen Eingangstores in Form eines Tigers.

Die meisten Gebäude des auf der gegenüber gelegenen Straßenseite befindlichen Khandagiri sind neueren Datums. Einzig die **Ananta-Höhle** reicht mit ihrem sehr schönen Eingangsbogen und den filigran gearbeiteten Blumen- und Tiermotiven im Innern an die Qualität der Höhlen auf dem Udayagiri heran. Von dem die Spitze des Khandagiri krönenden **Parasvanatha-Tempel** bietet sich ein beeindruckender Panoramablick bis zum Lingaraja-Tempel im Zentrum von Bhubaneshwar.

■ Der **Eintritt** zu den Höhlen beträgt 100 Rs, Video 25 Rs. Sie sind tgl. 6–18 Uhr geöffnet.

Anreise:

■ Man kann die Höhlen zwar als Teil der vom *Tourist Office* durchgeführten **Stadtrundfahrt** besuchen, doch bleibt dann für die Besichtigung nur wenig Zeit. Besser man nimmt einen der zahlreichen von Bhubaneshwar nach Cuttack fahrenden **Busse** und steigt am NH 5 an der Abzweigung zu den Höhlen aus. Von dort sind es nur noch wenige Minuten zu Fuß. Mit einer **Autoriksha** sollte man ca. 200 Rs für den Hin- und Rückweg inklusive Wartezeit veranschlagen.

Dhauli   XIII/D3

Eine strahlend weiße **Friedenspagode** (Shanti Stupa) erhebt sich seit Anfang der 1970er Jahre über jenem Berg, an dessen Fuß *Ashoka* um 260 v. Chr. seine berühmten Felsedikte einmeißeln ließ. Nachdem er zuvor Zehntausende von Menschen bei der Eroberung Kalingas hatte abschlachten lassen, konvertierte der große Maurya-Herrscher zum Buddhismus und predigte die Lehre von Friedfertigkeit und Sanftmut. Alle Menschen sind meine Brüder, heißt es u.a. in einer der Inschriften, die erfüllt sind von Scham und Schuldgefühlen gegenüber seinen früheren Taten.

Anreise:

■ Problemlos, da alle Busse nach **Puri** und **Konark** die Abzweigung zu den Felsedikten an der Daya Bridge, 8 km südlich von Bhubaneshwar, passieren. Dort aussteigen und die restlichen 3 km zu Fuß zurücklegen. Von Bhubaneshwar hin und zurück mit Autoriksha/Taxi inklusive Wartezeit solltte man 150/250 Rs veranschlagen.

Nandankanan-Zoo

Hauptattraktion des sehenswerten Nandankanan-Zoos (www.nandankanan.org) sind seine **Weißen Tiger.** Zudem beherbergt er einige Exemplare des seltenen Asiatischen Löwen sowie Nashörner, Krokodile und andere Reptilien, Affen, Damwild sowie den einzigen Orang-Utan Indiens. Spektakulär ist die einstündige **Tiger- und Löwensafari** (30 Rs), die alle 30 Minuten zwischen 9 und 17 Uhr beginnt. Weitere Attraktionen sind ein **Toy**

Train und eine **Seilbahn** (30 Rs) über den See auf dem Zoogelände. Auf halbem Weg kann man ausgesteigen, um den Botanischen Garten nach 300 m Fußweg zu besichtigen. **Ruderboote** stehen ebenfalls bereit.

■ **Eintritt:** 100 Rs, Kamera/Video 20/100 Rs, geöffnet Okt. bis März 8–17 Uhr, April bis Sept. tgl. außer Mo 8.30–17.30 Uhr.

Anreise:

Auch der Zoo ist Teil der täglichen Stadtrundfahrt des OTDC, jedoch ist der einstündige Aufenthalt zu kurz. **Busse nach Nandanakanan,** dem ca. 500 m vom Zooeingang entfernten Dorf, starten regelmäßig vor dem alten Capitol Bus Stand und nahe dem Padma Hotel am Kalpana Square in Bhubaneshwar. **Taxi** von Bhubaneshwar inkl. Rückfahrt ca 350 Rs.

Puri XIII/D3
– Strand- und Pilgerort

Die 60 km südöstlich von Bhubaneshwar am Golf von Bengalen gelegene Stadt ist bei indischen Pilgern, bengalischen Touristen und westlichen Rucksackreisenden gleichermaßen beliebt. Gerade diese Mischung aus tiefer Religiosität, indischer Mittelstandskultur, westlich-alternativen Einflüssen sowie urtümlichem Dorfleben kennzeichnet den eigentlichen Reiz dieser meistbesuchten Stadt Orissas (Odishas). Als eine der vier die geografischen Eckpunkte Indiens markierenden Städte gilt Puri neben Badrinath im Norden, Dwarka im Westen und Rameshwaram im Süden als eine der heiligsten Stätten der Hindus. Hauptanziehungspunkt von täglich Tausenden von Pilgern ist der gewaltige Jagannath-Tempel. Er gilt als einer der meistbesuchten und vermögendsten Tempel Indiens.

Während die Pilger ununterbrochen, 365 Tage im Jahr, nach Puri strömen, beschränkt sich die Badesaison auf die Monate Oktober bis Februar. Der scheinbar endlose **feinsandige Strand** zieht sich östlich der Stadt in Richtung Konark. Nach Goa und Kerala ist Puri der beliebteste Badeort für westliche Rucksacktouristen, und dementsprechend hat sich hier vor allem im östlichen Abschnitt eine gut entwickelte Freizeitindustrie mit billigen Hotels und an westlichen Essgewohnheiten ausgerichteten Restaurants entwickelt.

Jedes Jahr im Juni/Juli ist Puri mit dem **Rath Yatra** Schauplatz einer der großartigsten **Prozessionen** Indiens. Auf riesigen, bis zu 14 m hohen Wagen mit jeweils 16 über 2 m hohen Rädern werden dann die Kultbilder des im Haupttempel verehrten Gottes Jagannath, seines Bruders Balbhadra und seiner Schwester Subhadra von Hunderten von Menschen an dicken Seilen durch die Stadt gezogen.

Jagannath-Tempel

Kaum ein anderes Heiligtum Indiens beherrscht das Bild seiner Heimatstadt derart prägnant wie der riesige, dem Herrn des Universums gewidmete Jagannath-Tempel in Puri. Mit seinem 59 m hohen **Tempelturm** ist er nicht nur der optische Mittelpunkt der Stadt, sondern auch ein entscheidender Wirtschaftsfaktor. Abgesehen von unzähligen Devotionalienhändlern, Hotel- und Restaurantbesitzern, soll die Tempelverwaltung allein 6.000 Menschen beschäftigen, die die vielfältigen Tempeldienste verrichten. Es gibt Schätzungen, wonach etwa 20.000 Menschen von den gewaltigen Einnahmen durch die täglich zu Tausenden eintreffenden Pilger profitieren. Die immensen Bareinnahmen investiert die Tempelverwaltung u.a. in Ländereien, und sie gilt somit als einer der größten Grundbesitzer Orissas. Selbst der fanatische *Aurangzeb* wollte sich diese Einnahmequelle nicht entgehen lassen und ließ das Heiligtum als eines der wenigen hinduistischen Bauwerke unberührt.

Vor dem östlichen Haupteingang des von zwei Mauerringen umgebenen, fast 50.000 m² großen Tempelbezirks steht auf einem ursprünglich aus Konark stammenden Pfeiler ein Garuda, das Tragtier Vishnus. Im Inneren des von etwa 100 kleinen Tempeln umgebenen Haupttempels findet sich der in Form eines groben Holzidols ohne Arme und Beine verehrte Gott Jagannath. Der Tempel dieser Inkarnation Vishnus darf nur von Hindus betreten werden. Leider bietet sich selbst vom Dach der benachbarten **Raghunandan-Bibliothek** (zugänglich Mo–Sa 9–13 und 16–20 Uhr), dem besten Aussichtspunkt, nur ein bescheidener Blick auf die Tempeldächer. Der Zugang sollte mit einer kleinen Spende belohnt werden.

Strände

Dass nicht alles Gold ist, was glänzt, trifft auch auf die Bilderbuchstrände vom Puri zu. Bei näherem Hinschauen entpuppen sich die auf den ersten Blick scheinbar makellosen Strandabschnitte nicht nur als beliebte öffentliche Toiletten, sondern auch als Trockenplatz für Fischernetze. Beides hinterlässt, wie sich denken lässt, unverkennbare Duftnoten. Besonders heimgesucht wird der Bereich um das Fischerdorf im Osten. Die als natürliche Spülung dienende Flut kann da nur bedingt zur Schadensbegrenzung beitragen. Die meisten Touristen bevorzugen den etwa 1 km westlich des Dorfes beginnenden Strandabschnitt, der sich zwar keimfrei, dafür jedoch auch schattenlos präsentiert.

Information und Touren

■ **Vorwahl:** 06752
■ **Odisha Tourism** (Tel.: 222664, Mo-Sa 10-17 Uhr) liegt an der C.T. Road. Eine – zumindest offiziell – 4 Std. lang geöffnete Filiale befindet sich am Bahnhof. Bei beiden ist man hilfsbereit.
■ Das **OTDC** (New Marine Rd., Tel.: 223526, 6.30–21.30 Uhr) veranstaltet tgl. außer Mo einen zwölfstündigen **Tagesausflug** vom Hotel Panthabhavan, Chanakya BNR Hotel und Odisha Tourism (Abf. 6.30 Uhr, Preis Non-AC/AC 250/350 Rs), der folgende Ziele beinhaltet: Pipli, Konark, Bhubaneshwar, Nandankanan Zoo, Dhauli, Udayagiri/Chandagiri. Sinn macht eine solche gedrängte Tour wohl nur für Leute, die sehr wenig Zeit zur Verfügung haben. Ansonsten ist man gut beraten, die Sehenswürdigkeiten auf eigene Faust zu besuchen.

Eine weitere Tour führt zum **Chilika Lake** (tgl. 7 Uhr, Non-AC/AC 150/250 Rs). Diese beinhaltet eine Bootsfahrt.
■ Außerdem werden von Privatanbietern neben **Ausflügen** nach Konark, Chilika Lake und Bhubaneshwar auch **mehrtägige Touren** zu Dörfern der Urbevölkerung, sogenannte *Tribal Tours,* angeboten. Die Preise (ca. 65 Euro pro Person und Tag) beinhalten alle Kosten für Transport, Unterkunft und Verpflegung. Empfohlene Veranstalter sind z.B. die hervorragenden **Heritage Tours** (Tel.: 223 656, (0)9437023656, www.heritagetoursodisha.com, Bürozeiten 9–20 Uhr) im Mayfair Beach Resort und **Grass**

> **Besondere Vorsicht** ist wegen der gefährlichen **Strömung** geboten, für die Puri berüchtigt ist. Jährlich muss eine erschreckend hohe Anzahl in- wie ausländischer Touristen mit dem Leben dafür bezahlen, dass sie die allseits bekannten Gefahren unterschätzt haben. Auf die sich als Bademeister anbietenden Einheimischen ist im Notfall meist kein Verlass. Als besonders gefährlich gilt der **Strandabschnitt um die Jugendherberge,** da durch den hier ins Meer fließenden Kanal unberechenbare Strömungen entstehen.

Routes Journeys (C.T. Rd., Tel.: 226642, (0)9437029698, www.grassroutesjourneys.com, 8–13 und 16–21 Uhr).
■ **Taxis** etwa nach Chilika Lake, kosten um 1.000 Rs, inkl. Bootsfahrt 1.800 Rs für bis zu 4 Personen. Drei- bis vierstündige Ausflüge per Taxi zu Volksgruppen in der näheren Umgebung, sogenannte *Village Tours*, werden Di und Sa veranstaltet. Ca. zehnstündige Ausfahrten nach Bhubaneshwar und Konark kosten für bis 4 Personen 3.000 Rs.

Stadtverkehr

■ Vom nördlich des Stadtzentrums gelegenen neuen Busbahnhof und vom Bahnhof zu den Strandhotels sollte es per **Autoriksha** nicht mehr als 30–40 Rs kosten. Der gleiche Preis gilt für die Strecke Bahnhof – Jagannath-Tempel. Wer sich nicht aufs Handeln versteht, sollte versuchen, einen der **Green Riders** zu erwischen, erkennbar am unteren grünen Teil des Windschutzes. Diese Rikshafahrer nehmen an einem Lernprogramm von Heritage Tours teil, das Rikshafahrern beibringt, dass es auf Dauer in ihrem eigenen Interesse ist, von westlichen Touristen keine überhöhten Preise zu verlangen.
■ Innerstädtische **Busse** fahren vom Busbahnhof zum Bahnhof und zum Jagannath-Tempel in zügiger Folge.
■ **Fahrräder** können für ca. 30–40 Rs, Motorroller/Motorräder für 200–300/300–400 Rs pro Tag in diversen Unterkünften und speziellen Verleihstellen an der C.T. Road gemietet werden.

Unterkunft

Dem buntgemischten Publikum entsprechend, verfügt Puri über eine breite Palette an Unterkünften. Während die meisten Individualtouristen westlich des Fischerdorfes entlang der Chakra Tirtha Road (C.T. Rd.) wohnen, findet sich die Großzahl der Pilgerhotels bzw. Mittelklassehotels für betuchtere indische Touristen westlich hiervon an der New Marine Road und in Richtung des historischen Ortszentrums mit dem Jagannath-Tempel. Auf keinen Fall sollte man den Riksha-Fahrern Glauben schenken, die einem mit fadenscheinigen Begründungen das gewünschte Hotel ausreden wollen. Sie wollen nur die Kommission für „ihr" Hotel einstreichen.

Für jene, die zu zweit oder zu mehreren anreisen, empfiehlt es sich, das Gepäck zunächst in einem der zahlreichen Cafés entlang der Chakra Tirtha Road abzustellen und dann die in Frage kommenden Hotels westlich vom und hinter dem Fischerdorf zu inspizieren. Der Großteil ist auf relativ engem Raum konzentriert, sodass hierfür keine längeren Wege in Kauf genommen werden müssen.

Die im Folgenden genannten **Preise** beziehen sich auf die Hauptreisezeit von Oktober bis Februar. In der Hochsaison von Mitte Dezember bis Mitte Januar sind sie noch höher. Während der übrigen Monate des Jahres sollten, je nach Verhandlungsgeschick, Ermäßigungen um 50 % und mehr im Bereich des Möglichen liegen. Beachten sollte man die in vielen Hotels geltende unchristliche **Check-Out-Zeit** von 7 oder 8 Uhr.

Untere Preiskategorie:

■ Über viele Jahre die beliebteste Unterkunft der westlichen Touristen ist das alteingesessene **Z Hotel** €–€€€ (C.T. Rd., Tel.: 222554, www.zhotelindia.com). Das atmosphärereiche ehemalige Herrscherhaus bietet helle, geräumige Zimmer, teils mit Seeblick. Ein zusätzliches Plus dieses empfehlenswerten Hauses sind die schöne Gartenanlage, die zum Sonnenbaden einlädt, und die Dachterrasse, von der sich ein schöner Seeblick bietet. Die ganz billigen Zimmer sind recht verwohnt und ohne eigenes Bad, die teuren klimatisiert. Guten Service sollte man allerdings nicht erwarten.
■ Das **Pink House** €€–€€€ (Tel.: 222253, (0)9861333178, www.pinkhousepuri.com) ist die perfekte Behausung für den Strandurlaub. Das denken viele und so ist ohne Reservierung kaum eines der Einfachzimmer mit Terrasse zur Rasenfläche und zum Meer zu ergattern. Die teureren sind größer, komfortabler und mit TV ausgestattet. Ein beliebtes Strandrestaurant mit WiFi ist angeschlossen.
■ Eine weitere, ebenfalls meernahe Bleibe für Backpacker ist das **Hotel Nilambu** €–€€. Bunt gestrichene, großteils helle und geräumige Einfachzimmer mit akzeptablem Bad zum kleinen Preis und die gelassene Atmosphä-

re, der sich auch die beiden friedlichen Schäferhunde gern unterwerfen, sind sehr entspannend.

■ Schmucklose, aber helle und geräumige Zimmer an der C.T. Road vermietet das freundliche **Hotel Lotus** €-€€€ (Tel.: 227033), AC ist übersteuert. Wegen der zeitweise recht lauten Straße sollte man ein Zimmer nach hinten wählen.

Mittlere und obere Preiskategorie:

■ Beste Wahl im unteren Mittelklassebereich ist schon wegen der freundlichen Atmosphäre und des erstklassigen Service das **Hotel Gandhara** €€-€€€€ (C.T. Rd., Tel.: 224117, www.hotelgandhara.com) aus kolonialer Zeit. Die hellen, sauberen Zimmer sind teilweise schon sehr billig zu haben. Besonders zu empfehlen sind die Räume mit Terrasse im baumbestandenen Garten und die AC-Zimmer auf dem Dach des rückwärtigen Blocks. Weitere Pluspunkte: Swimmingpool, WiFi und Internetcafé sowie das Dachrestaurant. Einziger Nachteil: Es liegt nicht direkt am Strand.

■ Hervorragend ist das altehrwürdige **Chanakya BNR** €€€€ (C.T. Rd., Tel.: 222063, (0)9778373373, www.chanakyabnrpuri.com, Preise inkl. Frühstück), eines jener nostalgisch schönen Hotels, in denen noch die Atmosphäre längst vergangener Zeiten lebendig zu sein scheint. Riesige, hohe Räume, Säulengänge und breiten Terrassen vermitteln viel Flair.

■ Direkt am Meer liegt das sehr ansprechend gestaltete **Mayfair Beach Resort** €€€€€€ (Tel.: 227800-10, www.mayfairhotels.com, Preis inkl. Frühstück). Es bietet großzügig gestaltete Zimmer mit Parkettboden, eigener Terrasse und WiFi. Die Bungalows in einer schönen Gartenanlage mit Swimmingpool, zwei Restaurants, Spa und Fitnesscenter sind den Aufpreis sicher wert.

■ Das **Toshali Sands Resort** €€€€€ (Tel.: 0674-2547411, 223888, www.toshalisands.com), 8 km nordöstlich des Ortes in Richtung Konark, vermietet komfortable AC-Bungalows, die sich auf einer weitläufigen Anlage mit Swimmingpool, Tennisplatz, Spa, ayurvedischer Massage sowie einem hervorragenden Restaurant verteilen. Man sollte sich erkundigen, ob zur gewünschten Zeit gerade eine Hochzeitsfeier organisiert oder abgehalten wird, und das Resort in dem Fall meiden.

Essen und Trinken

Honey Bee Bakery, Peace Restaurant, Pink House – die Namen der kleinen Restaurants im westlichen Stadtteil spiegeln die Beliebtheit dieser Gegend bei Rucksackreisenden wider. Dementsprechend gibt's hier typisches Traveller-Food wie Pfannkuchen und Müsli, doch auch an köstlichem Fisch zu günstigen Preisen kann man sich laben. Bei nicht ausgezeichneten Fischgerichten sollte man jedoch vor der Bestellung nach dem Preis fragen, da man sonst beim Bezahlen eine „saftige" Überraschung erleben kann.

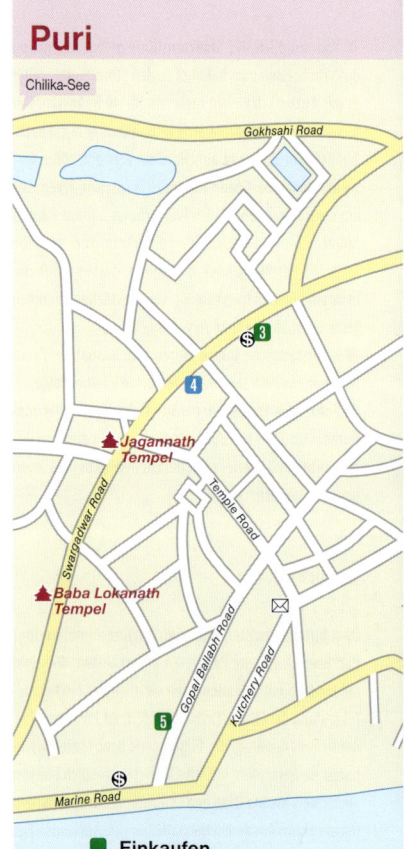

Einkaufen
3 Odisha Art Emporium
5 Souvenirgeschäfte
13 Lokanath Bookshop

Puri

Der Osten: Orissa

■ So bekommt man z.B. im **Peace Restaurant** an der C.T. Road leckeren gebratenen Fisch mit Gemüse serviert, und während der Fangzeit von Oktober bis Januar gibt es köstliche Hummer (100–300 Rs). Im in einer schmalen Gartenanlage gelegenen Restaurant können Reiseerfahrungen mit anderen Travellern ausgetauscht werden.

■ Beliebter Treffpunkt in der Travellerszene ist auch das billige **Garden Restaurant** (7.30–22 Uhr), auch in hübscher Gartenanlage.

■ Ein weiterer beliebter Hangout westlicher Rucksacktouristen ist das Strandrestaurant des **Pink House**. Neben der perfekten Lage locken die preiswerten Gerichte (80–130 Rs) und kostenloses WiFi-Surfen.

■ Wegen seiner erstklassigen Frühstückszutaten (100–250 Rs) ist **Honey Bee Bakery & Pizzeria** (8.30–14 und 18–22 Uhr) an der C.T. Road ein vielbesuchter Tagesöffner. Auch die italienischen Köstlichkeiten (70–270 Rs) am Abend können diesen Standard halten.

■ Sehr preiswerte und hervorragende südindische Gerichte (30–50 Rs) serviert **Dakshin** fast nebenan.

■ Wem es nach einigen Tagen mal wieder nach authentisch indischem Essen gelüstet, der ist allerdings besser in

■ **Unterkunft**
1 Toshali Sands Resort
7 Mayfair Beach Resort
8 Chanakya BNR
10 Hotel Gandhara
12 Hotel Nilambu
14 Hotel Lotus
16 Z Hotel
17 Pink House

■ **Verkehr**
2 Busbahnhof
7 Heritage Tours
9 Fahrrad- und Motorradverleih
15 Grass Routes Journeys

■ **Essen und Trinken**
4 Grand Restaurant
6 Wildgrass, Chung Wah
11 Honey Bee Bakery & Pizzeria
13 Dakshin
15 Peace Rest., Garden Rest.
17 Pink House

der Altstadtgegend aufgehoben. Eine gute Adresse ist das vegetarische **Grand Restaurant** mit Terrassenausblick auf den 100 m entfernten Jagannath-Tempel an der Grand Road.

■ Chinafans sollten dem exzellenten **Chung Wah** im Hotel Lee Garden an der VIP Road einen Besuch abstatten. Die meisten, teils recht scharfen Gerichte kosten zwischen 100 und 180 Rs.

■ Sehr empfehlenswert ist das **Wildgrass** (12–17 und 19.30–23 Uhr) an der VIP Rd., ganz in der Nähe des Chung Wah. Neben den leckeren Gerichten (westliche wie einheimische für 100–200 Rs pro Hauptgericht) ist es die schöne Atmosphäre inmitten eines hübschen Gartens, die zum Verweilen einlädt.

■ Stilvoll geht es im Restaurant des **Chanakya BNR** zu, wo ein vorzügliches Menü mit vier Gängen mit 400–700 Rs zu Buche schlägt.

Einkaufen

Puri ist ein exzellenter Ort, um für Orissa (Odisha) typisches Kunsthandwerk wie ornamentierte Muscheln, Ketten, Steinskulpturen und Holzschnitzereien zu kaufen.

■ Auch hier ist das staatliche **Odisha Art Emporium** an der Grand Road der beste Ort, um sich einen Überblick und – anhand der dort geltenden Festpreise – einen Anhaltspunkt für das Feilschen an den Straßenständen zu verschaffen.

Medizinische Versorgung und Ayurveda

■ Fachkundige ayurvedische Massagen und sonstige Behandlungen verwöhnen bei **Ayurshree** (College Rd., Tel.: (0)8895353960, 9.30–14 und 16–20 Uhr, www.ayurshree.com), eine Straße von der VIP Rd. 100 m hinein.

■ Das **Headquarters Hospital** (Tel.: 223742) findet sich an der Grand Road.

■ **Swapu** (tgl. 7.30–23 Uhr) an der VIP Road ist eine moderne Apotheke mit reicher Auswahl an Pillen.

Bank, Post und Internet

■ Neben der **State Bank of India** (Mo–Fr 10–16 Uhr, Sa bis 14 Uhr) an der C.T. Rd., etwas westlich der VIP Rd., bietet sich **Samikshya Forex** (9–22 Uhr) an der C.T. Rd. mit guten Kursen zum Geldwechseln an. Günstig gelegen sind die **ATMs** der Axis Bank und wenig östlich zwei weitere an der C.T. Rd.

■ Die **Hauptpost** (Kutchery Rd./Temple Rd.) ist Mo–Sa 10–18 Uhr geöffnet.

■ Der durchschnittliche Internetpreis pro Std. beträgt 30 Rs. Das mitten im Hotelbereich gelegene **Nanako.com** (bis 22 Uhr geöffnet) wie auch **Juggernaut Infotech** sind fix.

An- und Weiterreise

Bahn:

■ Während der Pilgersaison von Oktober bis Januar sollte man sein **Ticket** so früh als irgend möglich buchen, da

△ Am Strand von Puri

dann die Züge oft bis zu 10 Tage im voraus ausgebucht sind. Wer sich im Booking Office des Bahnhofs vergeblich um einen Fahrschein bemüht hat, sollte sein Glück beim zweiten Reservierungsbüro an der Grand Road gegenüber der Polizei versuchen, da dort oft noch Restplätze zur Verfügung stehen.

■ Nach **Kalkutta** fährt der 12938 Puri-Howrah Exp. um 20 Uhr und erreicht (über Bhubaneshwar, an 21.40 Uhr) sein Ziel um 4.50 Uhr. Umgekehrte Richtung: der 8409 Sri Jaganath Exp., Abf. Kalkutta 18:35 Uhr, Ank. 5.05 Uhr

■ Nach **Mughal Sarai** bei Varanasi fährt der 12801 Purushottam Exp. um 21.10 Uhr in Puri ab, erreicht Mughal Sarai um 17.10 Uhr (über Bhubaneshwar, an 23.15 Uhr, und Gaya, an 14 Uhr). Umgekehrt fährt tgl. der 12802 Purushottam Exp. um 10.35 Uhr. Er erreicht Puri über Gaya (ab 13.35 Uhr) um 5.30 Uhr am nächsten Morgen.

■ Von und nach **Bhubaneshwar** fährt man schneller und unkomplizierter mit dem Bus. Für Reisen in den Süden Richtung **Chennai** muss man ab Bhubaneshwar oder Khurda Road fahren.

■ Wer von Süden anreist, braucht nicht bis Bhubaneshwar zu fahren, sondern kann bereits im näher gelegenen **Khurda Road** aussteigen und von dort per Bus nach Puri weiterreisen.

Bus:

■ Vom Busbahnhof an der Grand Road häufige Abfahrten u.a. nach **Bhubaneshwar** (1,5 Std., 25 Rs), **Konark** (1 Std., 17 Rs, ab 6 Uhr alle 15 Min., der letzte zurück um 19 Uhr), **Khurda Road** (1,5 Std.) und **Barkul** (4 Std.). Der erste Bus nach **Satapata** (25 Rs) am Chilika Lake startet um 5.45 Uhr, der letzte von dort zurück nach Puri um 18.45 Uhr, Fahrtzeit jeweils 2,5 Std.

■ Viele weitere **private Busgesellschaften** starten bzw. halten an der Kreuzung Grand Road/Hospital Road.

■ Nach **Kalkutta** sind die bequemeren Züge vorzuziehen.

Konark

"Unweit vom Jagannath befindet sich ein der Sonne gewidmeter Tempel. Seine Baukosten entsprechen den gesamten Provinzeinnahmen von 12 Jahren. Selbst der kritischste Besucher ist vom Anblick dieses Tempels überwältigt." Daran hat sich bis heute nichts geändert, steht doch der kamerabewaffnete Tourist genauso fasziniert und staunend vor dem Sonnentempel von Konark wie der Chronist Kaiser *Akhbars,* der diese Zeilen Mitte des 16. Jh. niederschrieb. Das Monument gilt nicht nur als das **Juwel unter den Sakralbauwerken Orissas** (Odishas), sondern als einer der großartigsten Tempel ganz Indiens.

Die meisten Besucher besichtigen Konark im Rahmen eines eintägigen Ausflugs von Puri oder Bhubaneshwar aus. Die dabei zur Verfügung stehende Zeit reicht zwar zur ausführlichen Besichtigung des Tempels, doch erst wenn die Touristen sich am späten Nachmittag wieder auf die Rückreise begeben haben, kann sich die friedvolle Stimmung des Ortes entfalten. Besonders beeindruckend wirkt die Anlage auch zwischen 18 und 21 Uhr, wenn die Tempel angestrahlt werden. Eine Übernachtung in einem der allerdings noch wenigen Hotels ist deshalb sehr zu empfehlen.

Highlight:
Sonnentempel (Black Pagoda)

Wie üblich im mythenumwobenen Indien rankt sich eine **Legende** um die Entstehungsgeschichte. Dennoch ist bis heute ungeklärt, warum gerade hier und zu welchem Zweck das archaisch anmutende Monument des **UNESCO-Welterbe-Tempels,** der ursprünglich näher zum sich später zurückziehenden Meer stand, errichtet wurde. Fest steht nur, dass König *Narasinhadeva* den Tempel Mitte des 13. Jh. erbauen ließ. Nach wie vor wird gerätselt, warum das Heiligtum nur kurze Zeit als Kultstätte genutzt wurde. Einige Archäologen bezweifeln, ob es überhaupt je zu Ende gebaut wurde, da der sandige Grund die gewaltige Masse kaum je hätte halten können.

Auf jeden Fall setzte der **Zerfall** schon im 14. Jh. ein, und das Hauptgötterbildnis wurde in den Jagannath-Tempel von Bhubaneshwar umplatziert. Im Laufe der Jahrhunderte stürzte der ursprünglich wohl 80 m hohe Tempelturm ein, und der Tempelsockel wurde unter den Sandmassen begraben. Dies sollte sich später als großer Glücksfall erweisen, wurden hierdurch doch die großartigen Steinreliefs konserviert. Nachdem der Tempel schließlich auch noch als lokaler Steinbruch herhalten musste, legten erst die Briten Anfang des 19. Jh. der weiteren Zerstörung einen Riegel vor. Erst ein Jahrhundert später begann dann das Archaeological Survey of India hier mit Ausgrabungs- und Renovierungsarbeiten.

Neben seinen kolossalen Ausmaßen und seiner extrem reichen Ornamentierung ist es die bei keinem anderen Tempel Indiens verwendete Grundkonstruktion, die den außergewöhnlichen Ruf des Sonnentempels begründet. Er ist in Form eines von **sieben Pferden** gezogenen, 24-rädrigen **Prozessionswagens** für den Sonnengott Surya gestaltet.

Der obere Teil des Sonnentempels wurde entsprechend dem Nagara-Baustil gestaltet, der auch der Architektur der beiden anderen großen Tempel Orissas in Bhubaneshwar und Puri zugrunde liegt. Konark ist nicht nur der jüngste der drei, sondern gilt auch als krönender Abschluss des Baustils. Während der Hauptturm inzwischen eingefallen ist, blieb der Tempelvorbau erhalten. Um einen weiteren Einsturz zu verhindern, wurde das Fundament bei den Restaurationsarbeiten zum größten Teil mit Füllmaterial aufgeschüttet. Nördlich und südlich wird der Tempel von einer Gruppe von **Steinelefanten** flankiert.

Die mit Abstand faszinierendsten Einzelelemente der Anlage sind die riesigen fast 3 m hohen **Wagenräder,** die den Sockel des Tempels umgeben. Jeder Zentimeter dieser achtspeichigen Räder ist mit filigranen Motiven übersät. Der Eindruck von kolossaler Größe und gleichzeitiger Feinheit der einzelnen Ornamente gehört zum Beeindruckendsten, was die Tempelbaukunst in Indien je hervorgebracht hat.

Daneben und darüber gruppieren sich vom Sockel bis zur Spitze des Tempels Tausende von **Skulpturen,** die in einer einzigartigen Formenfülle den ganzen Mikrokosmos der hinduistischen Welt widerspiegeln. Götter, Musiker, Tänzer, Tiere, Blumen und immer wieder Liebespaare zelebrieren die Vielfalt und Faszination des Lebens. Obwohl über sieben Jahrhunderte seit dem Bau vergangen sind, scheinen die Figuren nichts von ihrer ursprünglichen Vitalität eingebüßt zu haben.

Ein ehemals über dem Eingang des Vorbaus platzierter Schrein befindet sich heute in einem Tempel außerhalb der Anlage. Der Name, **Navagraha Mandir** (9-Planeten-Schrein), bezieht sich auf die in ihm platzierten Skulpturen.

● Der Tempel selbst ist von Sonnenauf- bis Untergang **geöffnet.** Empfehlenswert sind die am Eingang auf Touristen wartenden **Führer,** die einem die einzelnen Figuren im Detail erklären können. Man sollte jedoch nur die offiziellen Guides nehmen, da diese meist wesentlich geschulter sind als die ohne Lizenz. Preis pro Stunde 150 Rs.

Feste

Das alljährlich vom 1. bis 5. Dezember beim Tempel stattfindende **Konark Festival** ist berühmt. Es werden Odissi-Tänze und -Musik sowie Tempelrituale, oft vor dem abends beleuchteten Tempel, aufgeführt.

Ein weiteres Fest ist das **Magha Mela** (Sonnenfestival, im Januar/Februar), bei dem Pilger vor Sonnenaufgang ein rituelles Bad im Meer nehmen, um von dort zum Tempel zu wallfahren. Die genauen Daten sind im Tourist Office zu erfahren.

Strand

Beim Ausflug zum 3 km entfernten Strand, der ruhiger als der in Puri ist, sollte man die starken **Unterströmungen** nicht außer Acht lassen. Zudem wurden Diebstähle verzeichnet, also auf Wertsachen besonders aufpassen.

Information

● **Vorwahl:** 06758
● Im **Tourist Office** (Tel.: 236821, (0)9437232530) beim Yatri Niwas Hotel werden neben Informationen auch geprüfte Guides vermittelt, die man dann beim Tempel treffen kann.

Unterkunft, Essen und Trinken

● Direkt gegenüber vom Eingang zum Tempel steht der **Panthanivas Tourist Bungalow** €€–€€€ (Tel.: 236820, panthanivas.com/konark.html) mit Garten und ordentlichen Zimmern, teils mit AC. Ebenso populär wie das Hotel selbst ist das dem Haus angegliederte, helle **Gitanjali Restaurant.**
● Ein Tipp vieler Traveller ist die ruhige, an der Straße zum Meer gelegene, rosafarbene **Labanya Lodge** €–€€ (Sea Beach Rd., Tel.: 236430, (0)9937073559), wobei sich besonders die Dachterrasse großer Beliebtheit erfreut, die Zimmer sind einfach, teils mit Gemeinschaftsbad. Pluspunkte sind neben der Nähe zum Tempel (5 Fußminuten)

auch das einzige Internetcafé im Ort und der Fahrradverleih (25 Rs/Tag).

■ Empfehlenswert ist auch das **Yatri Niwas** €€-€€€ (Tel.: 236820) vom OTDC mit schönem Garten. Den teils klimatisierten Zimmern mit TV wurde ein neuer Anstrich verpasst.

■ Top-Wahl Konarks ist das **Lotus Eco Village** €€€€€-€€€€€€ (Puri-Konark-Marine-Drive, Ramchandi Beach, Tel.: 236161/2, www.lotusresorthotels.com) nah am Meer, aber 7 km vom Sonnentempel entfernt. Die Auswahl zwischen 23 Cottages und den 4 „Vills" mit Balkon und Strohdächern in weitläufiger Gartenlandschaft fällt zugunsten der schickeren „Vills" aus, die einen leichten IKEA-Touch haben. Spa ist vorhanden, Swimmingpool zur Recherchezeit geplant, noch kein WiFi.

■ Einige weitere, recht gute Restaurants wie das **Sun Temple** (50–200 Rs), hier auch Meeresfrüchte und typische Travellerkost, und **Essensstände** finden sich entlang der Straße zum Yatri Niwas und beim Bushaltaplatz.

An- und Weiterreise

Konark kann zusammen mit Puri im Rahmen der vom Tourist Office in Bhubaneswar angebotenen **Ganztagestour** zum Preis von 300 Rs besucht werden.

■ Wer von **Puri** nach Konark fährt, sollte bei der Ankunft schon am Panthanivas Tourist Bungalow beim Tempeleingang aussteigen, da er sonst vom Busbahnhof hierher zurückwandern muss. Für die Weiterfahrt empfiehlt es sich jedoch, zur Bushaltestelle zu gehen, da man nur dort eine Chance erhält, einen Sitzplatz in den fast immer hoffnungslos überfüllten Bussen zu ergattern.

■ Zwischen Konark und **Puri** (1 Std.) bzw. **Bhubaneshwar** (1,5 Std.) verkehren tgl. bis zu 20 Busse.

Der besondere Tipp:

Chilika-See XIII/D3

Diese gut 100 km südwestlich von Bhubaneshwar gelegene Brackwasserlagune, die durch eine 60 km lange Sandbarriere vom Meer fast vollständig getrennt ist, wird kaum von Individualtouristen besucht, obwohl sie landschaftlich reizvoll ist und zudem ein kleines **Paradies für Ornithologen** darstellt. Zur Monsunzeit im April/Mai schwillt die Lagune von 600 auf über 1.000 km² an. Jedes Jahr zwischen November und Januar ist der von zahlreichen Inseln bedeckte See Ziel Tausender von Zugvögeln, die hier ihr Winterquartier aufschlagen. Richtig für diejenigen, die eine Alternative zum immer geschäftiger werdenden Puri suchen. Mehrere Reiseagenturen in Bhubaneshwar und Puri organisieren mehrtägige Ausflüge inkl. Unterkunft, Verpflegung und Transport nach Chilika Lake.

Satapada

An der südlichen Spitze einer Halbinsel gelegen, die von Norden in den Chilika Lake hineinragt, ist das Dorf Satapada für die meisten Touristen der **Ausgangsort für Bootsausflüge** in die Lagune. Viele Bootsverleiher bieten ihre Dienste an, jedoch haben nicht alle eine Lizenz. Zudem kommt es vor, dass **Delfine** zur besseren Beobachtung zusammengetrieben werden, bevor die Touren starten. Viele Bootsverleiher haben sich in der Dolphin Motor Boat Association zusammengeschlossen und bieten ein- bis achtstündige Bootsfahrten auch zum nahen Nalabana-Vogelreservat und zu einem Tempel auf der Kalijai-Insel zu Fixpreisen an.

Chilika-See

■ **OTDC** (Tel.: 262077) im Yatri Niwas Hotel vermietet Boote um 10.30 Uhr für Gruppen, 100 Rs p.P. Eine Nachmittagstour um 14 Uhr ist bei entsprechender Nachfrage möglich.

■ Neben OTDC informiert das **Chilika Lake Visitor's Centre** (10–17 Uhr, 10 Rs) über Bevölkerung und Tierwelt um den Chilika Lake.

Unterkunft

■ Das **Satapada Yatri Niwas** €€-€€€€ (Tel.: 06752-262077) in der Nähe des Busbahnhofs ist nicht gerade berauschend, Zimmer mit Balkon und Seeblick buchen. Ein Schlafsaal ist billig.

An- und Weiterreise

■ Zwischen Satapada und Balugaon besteht eine tägliche **Fährverbindung** (15 Rs), Abf. Satapada um 13 Uhr, von Balugaon um 7 Uhr morgens.

■ Bestes Fortbewegungsmittel zwischen den Orten um die Lagune sind **Taxis,** die pro Tag ca. 700 Rs kosten.

Barkul und Rambha   XIII/D3

Die Dörfer Barkul an der Westseite des Chilika-Sees und Rambha im Süden sind zwei weitere Dörfer am Wasser, von denen **Boote** in die Lagune fahren.

■ **OTDC** im Tourist Bungalow in **Barkul** startet seine Bootsausflüge bei einer Mindestteilnehmerzahl von 7 Personen. Ein fast lautloses Boot kostet zwischen 450 und 1.600 Rs/Std. **Privatanbieter** fahren ab 500 Rs aufs Wasser. In **Rambha** kosten dreistündige morgendliche Motorboot- und einstündige Speedbootausflüge von OTDC auf den See 1.500 Rs.

Unterkunft

■ Auch in diesen beiden Dörfern unterhält OTDC Unterkünfte, in Barkul den **Panthanivas Tourist Bungalow** €€-€€€ (Tel.: 06756-220488). Komfortable AC-Zimmer mit TV zum hübschen Garten und bessere Cottages am See sind im Angebot. Neuerdings kann man auch auf einem **Hausboot** €€€€€ inkl. Verpflegung und zweistündigem Ausflug auf den See wohnen.

■ Angenehm ist auch der hübsche **Rambha Panthaniwas Tourist Bungalow** €-€€€€ (Tel.: 06810-257346) im kleinen Rambha, 30 km südlich von Barkul, mit Zimmern mit Balkon und TV direkt am See. Ein billiger Schlafsaal, Doppelzimmer mit Balkon und klimatisierte Cottages stehen zur Verfügung. Spezialität des hervorragenden Restaurants sind die vorzüglichen Fischgerichte.

An- und Weiterreise

■ Die von Odisha Tourism vom Büro in **Puri** angebotene **Ganztagestour** nach Chilika ist kaum empfehlenswert, weil man so die friedvolle Stimmung der Landschaft um den See nicht wirklich genießen kann. Viel besser sind die individuell gestalteten, mehrtägigen Ausflüge der privaten Anbieter in Puri (siehe dort).

■ **Bahnverbindungen** zwischen Rambha und Balugaon, wenig nördlich von Barkul, und Bhubaneshwar (2,5–3 Std. Fahrtzeit), z.B. der 18411 Intercity Exp. (tgl. außer Do), Abf. Bhubaneshwar 7 Uhr, oder der langsamere 78419 BBS PSA Pass., Abf. Bhubaneshwar 19.15 Uhr über Balugaon (21.30 Uhr). Umgekehrt nach Bhubaneshwar: Zug 18412, Abf. Rambha 20.27 Uhr, über Balugaon 20.55 Uhr. Nach Puri in knapp 4 Stunden 4x wöchentl. der 17480 Tirupati Puri Exp. über Balugaon (an 11.35 Uhr).

■ Von und nach Barkul bestehen regelmäßige **Busverbindungen** mit Bhubaneshwar (2,5 Std.), Puri (4 Std.) und Berkanpur (1,5 Std.).

Das koloniale Bengalen erlitt nach der Unabhängigkeit Indiens 1947 ein ähnliches Schicksal wie der Punjab im Nordwesten. Auch hier wurde die Trennungslinie zwischen Indien und Pakistan mitten durch das Staatsgebiet gezogen. Der westliche Teil bildete mit der Hauptstadt Kalkutta (in Indien **Kolkata** genannt) einen Teil der Indischen Union, das mehrheitlich von Moslems bewohnte Ostbengalen wurde Pakistan zugeschlagen. Mit der Unabhängigkeitserklärung *Mujibur Rahmans* im Jahr 1971 entstand hieraus der souveräne Staat **Bangladesch.**

Westbengalen

WEST-BENGALEN

Kaum ein anderer Bundesstaat Indiens weist ein derart unterschiedliches Landschaftsbild auf wie das lang gezogene, 88.000 km² große Westbengalen. Der südliche Teil des Landes wird vom flachen **Gangesdelta** geprägt, während der Norden von den Bergen des **Himalaya** überragt wird. Am deutlichsten spiegeln sich diese krassen Gegensätze in den beiden Städten **Kalkutta** und **Darjeeling** wider. Während die Hauptstadt Westbengalens mit Massenelend, überfüllten Straßen und Luftverschmutzung alle Negativbilder Indiens auf sich zu vereinen scheint und viele Touristen entsetzt den Rücken kehren, lockt das 600 km nördlich gelegene Darjeeling mit seiner idyllischen Bergwelt, klaren Luft und friedfertigen Atmosphäre jährlich Tausende von Besuchern an. Darjeeling und Kalkutta bilden die mit Abstand meistbesuchten Ziele Westbengalens. Daneben lohnt jedoch auch ein Besuch des **Sunderbans-Nationalparks**, eines Mangrovensumpfgebietes mit weit verzweigten Wasserwegen im Gangesdelta südlich von Kalkutta.

HIGHLIGHTS

➡ **Highlight*:**
Kalkutta | 472
Darjeeling | 507

➡ **Der besondere Tipp*:**
Howrah-Brücke in Kalkutta | 484
Sunderbans-Schutzgebiet | 499

*Diese Tipps erkennt man im Buch an der gelben Hinterlegung im Kapitel.

In Darjeeling, ganz im Norden von Westbengalen, spürt man die Nähe zu Tibet und Nepal

Highlight:

Kalkutta (Kolkata) – Indien im Brennspiegel

XIV/B2

Irgendwie wird man den Eindruck nicht los, dass Kalkutta (in Indien: Kolkata), die **ehemalige Hauptstadt Indiens,** nie wieder das sein wird, was sie einstmals war: die modernste Stadt des Landes. Delhi, Bangalore und Mumbai boomen, Hyderabad hat sich zum Cyberabad gemausert, doch Kalkutta scheint bloß die Beschwörung des Vergangenen zu bleiben.

Dass die Globalisierung trotzdem nach Kalkutta vorgedrungen ist, zeigt sich ein paar Kilometer weiter, im Osten der Stadt, wo privates Kapital Enklaven geschaffen hat. Der **Salt Lake Electronic Complex** etwa glänzt mit verspiegelten Fassaden, wie man sie aus Bankenvierteln Europas und Amerikas kennt. Das Cyber-Städtchen, in Planquadraten angelegt und auf dem Gelände eines ehemaligen Slums errichtet, wirkt, als sei die digitale Moderne dem Gewebe der Stadt gewaltsam implantiert worden. Dynamische Business-Menschen mit Firmenpässen an der Brust schlendern über Straßen, die für Größeres bestimmt zu sein scheinen.

Oh, Kalkutta! Die Erwähnung des Namens erweckt bei vielen Bilder von Hunger, Krankheit, Elend und Tod. Kalkutta kann den zweifelhaften Ruf für sich in Anspruch nehmen, die Stadt mit dem weltweit schlechtesten Image zu sein. Sie war lange der Inbegriff für das Elend der indischen Unterschichten.

Einst von den Briten für maximal eine Million Menschen geplant, platzt der Albtraum Kalkutta heute aus allen Nähten. Innerhalb von 30 Jahren wuchs die Einwohnerzahl von 4,4 Mio. im Jahre 1961 auf heute über 14 Mio. Nicht nur das allgemeine Bevölkerungswachstum, sondern durch die zunehmende Landflucht verarmter Bauern lassen Kalkutta ständig anwachsen.

Gleichzeitig vollzog sich der wirtschaftliche Niedergang der Stadt. Die dramatischen Folgen dieser brisanten Mischung aus Bevölkerungsexplosion und ökonomischer Talfahrt begegnen einem heute auf Schritt und Tritt. Mit Delhi gehört Kalkutta zu den sieben Städten der Erde mit der schlimmsten **Luftverschmutzung.** Das mörderische, schwül-heiße Klima zusammen mit der abgasgeschwängerten Luft hat dazu geführt, dass viele Bürger an Bronchitis, Lungenentzündung, offener Tuberkulose und anderen Atemwegserkrankungen leiden. Bleihaltig wie die Luft ist auch das Trinkwasser, da die Rohre des städtischen Wassernetzes noch aus dem vorigen Jahrhundert stammen. Allerdings sind ohnehin nur die Hälfte aller Einwohner ans Netz angeschlossen. **Kanalisation** gibt es nur im Stadtzentrum, sodass jedes Jahr zur Monsunzeit die Straßen mit von Exkrementen durchsetztem Hochwasser überspült werden. Da regt das vielerorts täglich zusammenbrechende Stromnetz inzwischen schon niemanden mehr auf.

Am bedrückendsten sind jedoch die Folgen der hoffnungslosen **Überbevölkerung.** Auf einem Quadratkilometer drängeln sich mehr als 30.000 Menschen. Zwei Drittel der Bevölkerung Kalkuttas leben in offiziellen, von der Regierung anerkannten Slumgebieten, den sogenannten **Bustees.** Sie hausen in primitiven Hütten aus Lehm, Wellblech und alten Holzkisten. Das in den Slums oft eng geknüpfte Netz sozialer Bindungen und zumindest einige wenige sanitäre Einrichtungen lassen diese Menschen jedoch zu den Privilegierten zählen. Darunter kommen die Squatters, die als wilde Siedler unter erbärmlichen Verhältnissen in aus Stoff und Plastikplanen gefertigten Behausungen leben, die sie für die Nacht an Hauswänden aufschlagen. Am dreckigsten im wahrsten Sinne des Wortes geht es jedoch den knapp eine Million Menschen, die außer einem Blechnapf allenfalls eine dreckverkrustete Bastmatte besitzen. Auf Gehsteigen, in Hauseingängen, unter Ochsenkarren, neben Abfallbergen und offenen Kanälen, zwischen Ratten und räudigen Hunden fristen sie ihr Dasein. Lärm, Gestank, Massenarmut und das bekannt hitzköpfige Temperament der Bengalis haben Kalkutta zu einem brodelnden Hexenkessel werden lassen.

Und dennoch, trotz alledem und vielleicht gerade deshalb: Kalkutta hat seine wunderbaren Seiten. Der tägliche Überlebenskampf lässt die Bewohner um so mehr jeden Tag als einzigartig erleben. Kalkutta, diese Albtraumstadt, sie scheint vor Lebenslust geradezu zu beben. Optimismus, Vitalität, Humor, Kreativität kennzeichnen die Lebensphilosophie der Bengalis, und man meint diese Lust am Leben, im Angesicht der Katastrophe, geradezu physisch zu spüren. Nirgendwo in Indien wird so ausgelassen gefeiert und gelacht, so intensiv und kontrovers debattiert. Was Bengalen heute denkt, tut morgen ganz Indien, heißt ein indisches Sprichwort. Die Heimat des ersten indischen Nobelpreisträgers, *Rabindranath Tagore,* die Stadt der Philosophen *Ramakrishna, Vivekananda* und *Sri Aurobindo,* Hochburg der indischen Intellektuellen und Revolutionäre, gilt als **Kultur- und Kunstmetropole** des Subkontinents. Nirgendwo werden mehr künstlerisch ambitionierte Filme gedreht, mehr Literaturzeitschriften gedruckt und gelesen, gibt es so viele Theater. Egal, wie oft Kalkutta in den letzten Jahrzehnten auch schon der Untergang vorhergesagt wurde, die Bengalis sind stolz auf ihre Hauptstadt. So stolz übrigens, dass man sogar Prügel bekommen kann, wenn man es wagt, Elendsszenen aufzunehmen.

Kalkutta ist Indien im Brennspiegel, alle Schönheiten und Scheußlichkeiten finden sich hier auf engstem Raum. Westlichen Besuchern fällt es schwer, die Widersprüchlichkeiten zu akzeptieren. Doch wer sich dieser Stadt unvoreingenommen stellt, anstatt ihr angewidert den Rücken zu kehren, kann auch viel über sich selbst erfahren. So gilt für die Stadt mehr noch als für Indien insgesamt: Kalkutta ist, was jeder einzelne daraus für sich macht.

Geschichte

Man muss wahrlich kein Historiker sein, um beim Spaziergang durch die von viktorianisch-neogotischen Bauten geprägte Innenstadt Kalkuttas zu erkennen, dass die heutige Hauptstadt Westbengalens eine **britische Ansiedlung** ist. Es war die Heilung der schwerkranken Tochter *Shah Jahans,* die dem britischen Arzt *Gabriel Boughton* 1636 das Monopol auf den freien Handel in Bengalen einbrachte, doch schon nach dem Amtsantritt *Aurangzebs* im Jahr 1658 mussten die Briten sich für die nächsten drei Jahrzehnte wieder aus Bengalen zurückziehen.

Job Charnock, Gouverneur der East India Company für Bengalen, war es, unter dessen Führung sich britische Kaufleute im August 1690 erneut bei dem kleinen Dorf Kalikata ansiedelten. Mit dem Bau von **Fort William** sechs Jahre später setzten sie gleichzeitig den Grundstein für die spätere Hauptstadt Britisch Indiens. Nachdem die East India Company 1698 vom Hofe Aurangzebs offiziell das Plazet für die Abwicklung ihrer Handelsgeschäfte bekommen hatte, begann für die Stadt am Hooghly eine scheinbar unaufhaltsame ökonomische Blütezeit.

Diese wurde jedoch 1756 abrupt unterbrochen, als der Nawab von Murshidabad die Handelsniederlassung eroberte. Doch schon

Zwischen Hoffen und Bangen – Armut in Indien

„Die Abschaffung von Armut, Unwissenheit, Krankheit und die Schaffung von Chancengleichheit" hatte *Jawaharlal Nehru* in seiner berühmten Rede „Trust with Destiny" einen Tag vor der Unabhängigkeit am 15. August 1947 zu den wichtigsten Aufgaben der Zukunft gezählt. Heute scheint Indien von diesem Ziel immer noch weit entfernt zu sein.

Von den weltweit rund 1,3 Milliarden Armen leben etwa 40 Prozent auf dem indischen Subkontinent. Fast jeder dritte Inder wird von der Regierung als arm eingestuft. Obwohl es seit der Unabhängigkeit gelungen ist, ein stabiles demokratisches System aufzubauen, das Pro-Kopf-Einkommen um ein Vielfaches zu steigern und die Lebenserwartung deutlich zu erhöhen, gehören **Massenarmut und äußerste soziale Ungleichheit** bis heute zu den Grundcharakteristika der indischen Gesellschaft.

Von der etwa eine Milliarde Menschen zählenden indischen Bevölkerung hat über die Hälfte keinen Zugang zu sanitären Einrichtungen, fast ein Viertel keinen Zugang zu sauberem Trinkwasser. Millionen Erwachsene sind Analphabeten. Gesundheitliche Grundversorgung ist für einen Großteil der Inder nicht gegeben und die Unterernährung besonders bei Kindern ist nach wie vor groß.

Die überwiegende Mehrheit der Armutsbevölkerung lebt **auf dem Land.** Aufgrund der schwachen infrastrukturellen Ausstattung ländlicher Gebiete mit Schulen, Gesundheits- und Energieversorgung sowie Kommunikation und wegen mangelnder Beschäftigungsmöglichkeiten bleibt hier einem großen Teil der Menschen der Zugang zu fundamentalen Entwicklungschancen verwehrt. Bemerkenswerterweise ist die Mehrheit der Armen in Indien tatsächlich erwerbstätig. Rund 40 Prozent dieser sogenannten „working poor" sind aber Landarbeiter, die selbst kein eigenes Land besitzen, weitere 45 Prozent arbeiten als Kleinbauern. Ihre Arbeits- und Beschäftigungsverhältnisse sind weder durch Arbeitsgesetzgebung noch durch soziale Sicherungsmaßnahmen geschützt und die Einkommen in diesen Erwerbszweigen extrem niedrig. Da in vielen Fällen noch nicht einmal der gesetzliche Mindestlohn gezahlt wird, verdienen viele trotz harter Arbeit nicht genug, um von ihrem kärglichen Lohn zwei Mahlzeiten pro Tag zu bezahlen. Dies gilt insbesondere für die in Indien besonders von Diskriminierung betroffenen Frauen. Häufig liegt deren Lohn bei gleicher Arbeit bis zu 40 Prozent unter dem der Männer.

Angesichts fehlender Alternativen nehmen instabile, zeitlich befristete Beschäftigungsverhältnisse mit extrem niedrigen Löhnen zu. **Landflucht** ist häufig die einzige Möglichkeit, um den Arbeitsmarktproblemen zu entkommen, was wiederum die Auflösung traditioneller Bindungen zur Folge hat. Wer auf dem Land am Rande des Existenzminimums über die Runden kommen muss, wird – zumindest teilweise – von dem über Jahrhunderte gewachsenen sozialen Kontext der dörflichen Gemeinschaft aufgefangen. Dagegen führt die soziale Entwurzelung im „Dschungel der Großstadt" fast immer zu wesentlich krasseren Lebensumständen.

Vor dem Hintergrund der Größe und Heterogenität Indiens ist es wenig überraschend, dass es enorme **regionale Unterschiede** in der Verteilung von Einkommen und Armut gibt. Mit 55 Prozent weist der Bundesstaat Bihar den höchsten Anteil von Menschen auf, die unterhalb der Armutsgrenze leben. Die nächsten Plätze in dieser wenig schmeichelhaften Rangliste nehmen Orissa (Odisha), Jharkhand und Madhya Pradesh vor dem bevölkerungsreichsten Staat Uttar Pradesh ein. Zusammen mit Rajasthan formen diese Bundesstaaten den **Armutsgürtel Nordindiens.** Die hier genannten Bundesstaaten weisen auch bei anderen Indikatoren wie der Alphabetisierungsquote, der Kindersterblichkeit und der Unterernährung die höchsten Zahlen auf. Auf der anderen Seite ist es in den vier Bundesstaaten Punjab, Haryana, Andhra Pradesh und Kerala gelungen, den Anteil der Armutsbevölkerung um 40 Prozent zu reduzieren. Der überdurchschnittlich hohe Anteil von Dalits, den früheren Unberührbaren, und Ureinwohnern (Adivasi) an der Armutsbevölkerung belegt, dass Armut auch heute noch eng mit der sozialen Hierarchie des **Kastensystems** verbunden ist.

Trotz aller Erfolge privater Initiativen zur Bekämpfung sozialer Benachteiligung können die Lebensbedingungen der Armen letztlich nur durch eine Politik der indischen Regierung verbessert werden, die konsequent den Bedürfnissen der Unterschichten verpflichtet ist.

im folgenden Jahr konnten die Briten unter *Robert Clive* ihre alte Vormachtstellung nicht nur wiederherstellen, sondern sogar erheblich ausbauen, als sie bei der entscheidenden **Schlacht vor Plassey** die Franzosen, ihre alten Konkurrenten um die Vorherrschaft auf dem indischen Subkontinent, entscheidend besiegten. Dabei schlug man zwei Fliegen mit einer Klappe, weil es gelang, den Nawab von Murshidabad, der sich mit den Franzosen verbündet hatte, gefangen zu nehmen.

Von nun an waren die Engländer die unangefochtenen Herrscher Indiens. Das alte Fort wurde abgerissen und durch ein neues, wesentlich größeres ersetzt. Seit 1774 mit *Warren Hastings* der erste Generalgouverneur von der britischen Krone eingesetzt wurde, war Kalkutta nicht nur das ökonomische, sondern auch das **politische Zentrum** des Subkontinents. Unter der straffen Führung Hastings entwickelte sich die East India Company von einer Handelsgesellschaft zu einer perfekt organisierten, quasi-staatlichen Institution, die die Ausbeutung Indiens professionell vorantrieb. Erneut begann eine bis ins 20. Jh. anhaltende Phase wirtschaftlicher Prosperität, die auch durch den Sepoy-Aufstand 1857 (der Kalkutta nicht betraf) und die darauffolgende direkte Unterstellung Indiens unter die englische Krone nicht erschüttert wurde. Die meisten der kolonialen **Prachtbauten** Kalkuttas stammen aus dieser Zeit.

Dennoch entschlossen sich die Briten im Jahr 1911, die Hauptstadt nach Delhi zu verlegen. Neben der geografischen Randlage Kalkuttas waren hierfür vor allem die immer häufigeren, oft gewalttätigen Aufstände der indischen Unabhängigkeitsbewegung verantwortlich, die bei den seit jeher politisch engagierten Bengalen große Sympathie genoss. So schmerzlich dieser politische Rückschlag auch war, ökonomisch hatte er zunächst keinerlei negative Auswirkungen.

Der dramatische **wirtschaftliche Niedergang** Kalkuttas begann mit der Teilung Indiens 1948. Neben dem Punjab hatte Bengalen mit der Hauptstadt Kalkutta am meisten zu leiden, weil die Grenze zwischen Indien und dem neu geschaffenen Ost-Pakistan den Bundesstaat in der Mitte zerteilte. Tausende von Moslems und Hindus schlachteten einander auf offener Straße ab, und Hunderttausende hinduistischer Flüchtlinge aus dem nun muslimischen Ost-Pakistan stellten das damals schon übervölkerte Kalkutta vor schier unlösbare Probleme. Verschärft wurde die Lage dadurch, dass die **Juteproduktion,** eines der wirtschaftlichen Standbeine Kalkuttas, praktisch wegbrach, weil die Juteanbaugebiete in Ost-Pakistan lagen.

Als schließlich auch noch Kalkuttas **Hafen,** in den 1950er Jahren noch einer der umsatzstärksten der Erde, zunehmend versandete, der politische Extremismus immer mehr zunahm und die Kommunisten die Macht übernahmen, wanderte ein Großteil der großen Unternehmen ins ruhigere Mumbai ab, das nun endgültig die wirtschaftliche Führungsrolle übernahm. Kalkuttas Abstieg zum Schmuddelkind, um das man peinlich berührt einen großen Bogen macht, war perfekt.

Orientierung

Trotz seiner enormen Ausdehnung lässt sich das auf einer Länge von ca. 10 km am **Ufer des Hooghly** entlangziehende Kalkutta in einige wenige, leicht überschaubare Viertel unterteilen. **Howrah** am westlichen Ufer ist der größte der zahlreichen Bahnhöfe Kalkuttas und gleichzeitig der Stadtteil mit einigen der schlimmsten **Slumgebiete** Asiens.

Von hier führt die berühmte **Howrah-Brücke** zu den östlichen Stadtteilen mit dem auch heute noch stark von der britischen Kolonialgeschichte geprägten historischen Stadtkern am **BBD Bagh,** dem früheren Dalhousie Square. Hier befinden sich die meist in beeindruckenden Kolonialbauten untergebrachten Ämter und Behörden wie das General Post Office, das West Bengal Tourist Office, das Railway Booking Office und AmEx.

Südlich schließt sich die weitläufige Rasenfläche des **Maidan** an. Abgeschlossen wird der

Neue Straßennamen

Ebenso wie in Mumbai hat man in Kalkutta in den 1980er Jahren viele alteingesessene, noch aus der Kolonialzeit stammende Straßennamen in indische Namen umbenannt. Dies führt immer wieder zu Verwirrung, weil sie bei den Einheimischen bis heute meist noch unter ihren alten Namen bekannt sind. Hier einige der wichtigsten Beispiele:

alter Name	neuer Name
Ballygunge Store Rd.	Gurusday Rd.
Bowbazar St.	Bepin Behary Ganguly
Buckland Rd.	Bankim Ch Rd.
Chowringhee Rd.	Jawaharlal Nehru Rd.
Harrington St.	Ho Chi Minh Sarani
Harrison Rd.	Mahatma Gandhi Rd.
Kyd St.	Dr. M. Ishaque Rd.
Lansdowne Rd.	Sarat Bose Rd.
Lower Chitpur Rd.	Rabindra Sarani
Lower Circular Rd.	Acharya Jagadish Chandra Bose Rd.
Machuabazar St.	Madan Mohan St., Keshab Sen St.
Mirzapore St.	Suryya Sen St.
Theatre Rd.	Shakespeare Sarani
Wesseley St.	Rafi Ahmed Kidwai Rd.
Wellington St.	Nirmal Chunder St.

Maidan vom **Victoria Memorial,** einem der beeindruckendsten Kolonialbauten Indiens.

Östlich zum Maidan und hiervon getrennt durch die J. Nehru Road, die jeder nur unter ihrem ursprünglichen Namen Chowringhee Road kennt, erstreckt sich das **Chowringhee-Viertel,** in dem sich die meisten Hotels, Restaurants, Banken, Reisebüros und das Indian Museum angesiedelt haben. Hier befinden sich auch der **New Market,** Kalkuttas bekanntester Einkaufsmarkt, und die **Sudder Street** mit den meisten Low-Budget-Unterkünften. Am südlichen Ende von Chowringhee, etwa auf Höhe des Victoria Memorial, befindet sich das recht gute Touristenbüro.

Von hier sind es weitere knapp 2 km Richtung Süden zum Stadtteil **Khali Ghat** mit dem berühmten Kali-Tempel und dem von *Mutter Teresa* gegründeten Sterbehaus. Kalkuttas zweiter bedeutender Bahnhof, **Sealdah,** von wo aus die meisten Züge Richtung Norden und Nordosten fahren, befindet sich 2 km östlich vom BBD Bagh an der Chandra Bose Rd.

Sehenswertes

Stadtrundfahrt

■ **West Bengal Tourism Development Corporation (WBTDC),** 3/2 BBD Bagh (Tel.: 44012086, wbtdc@vsnl.com) veranstaltet tgl. außer Mo von 10.30 bis 17.30 Uhr mit einer Mittagspause um 13 Uhr für 250 Rs eine **Ganztagesfahrt** zu folgenden Zielen: BBD Bagh, Indian Museum, Belur Math, Kali-Tempel, Dakshineswar und Jain-Tempel sowie National Library, Vidyasagar Setu, St. Paul's Cathedral, Netaji Bhawan und Esplanade. Obwohl billig, sollte man sich doch überlegen, ob man teilnimmt, wirken diese Touren doch sehr gedrängt, sodass sie nur Eiligen empfohlen werden können. Schon um 7 Uhr werden die letzten Tickets für den jeweiligen Tag verkauft. Zudem muss eine Mindestteilnehmerzahl erreicht werden, damit sie startet.

Geführte Stadtrundgänge

Die beste Art, um die kulturellen, historischen und architektonischen Schätze Kalkuttas auf ebenso unterhaltsame wie informative Weise zu erleben, bieten die von verschiedenen Organisationen angebotenen geführten Stadtrundgänge. Die meisten dauern zwei bis vier Stunden, werden von kundigen Führern geleitet und führen durch die historischen Viertel BBD Bagh und Dalhousie Square, aber auf Wunsch auch in Touristen wenig bekannte Stadtgebiete. Einige empfehlenswerte Anbieter:

■ Mit **Calwalks** (Tel.: (0)9830184030, www.calcuttawalks.com) zu Fuß, mit dem Fahrrad oder dem Motorrad durchs koloniale Kalkutta, über Basare und themenorientierte Wanderungen. Zudem Ausflüge in die Umgebung und auf dem Hooghly-Fluss.

■ **Arch** (Tel.: 23596303, www.centrearch.org), führt durch das Viertel um den Dalhousie Square und veranstaltet Ausflüge ins nördliche Kalkutta.

■ Mit ihrem 1998 begonenen Projekt **Kali Travel Home** (Tel.: 25550581, (0)9432145532, www.traveleastindia.com) führen zwei als Indienreisende erfahrene Australier neben den Touristenattraktionen zu von Touristen selten besuchten Stadtvierteln. Auch individuell gestaltete Ausflüge im Osten Indiens sind ihr Metier. Außerdem werden dreistündige Kochkurse in bengalischer Küche arrangiert.

■ **Help Tourism** (67A Kali Temple Rd., 1. Stock, Tel.: 24550917, (0)9733000445, www.helptourism.com) arrangiert neben Stadtwanderungen Ausflüge zu den Sunderbans, zu Vogelschutzgebieten, nach Orissa (Odisha) und zu vielen weiteren Zielen.

■ Eine etwas andere Art, Kalkutta kennenzulernen, bietet **Backpackers** (Totee Lane, Tel.: (0)9836177140, www.tourdesunderbans.com). Hauptsächlich als Veranstalter für preiswerte Ausflüge in die Sunderbans bekannt, kann man auf dem Rücksitz eines Motorrads die bekannten, aber auch ansonsten nicht erfahrbare interessante Gebiete in der Stadt und nach Norden entlang dem Hooghly besichtigen. Auch Sightseeing mit PKWs ist möglich.

Kalkutta (Kolkata)

Kalkutta (Kolkata)

© REISE KNOW-HOW 2013

- **Unterkunft**
- 11 Chrome Hotel
- 12 Taj Bengal Kolkata
- 23 Tollygunge Club

- **Essen und Trinken**
- 4 Indian Coffee House
- 15 Oh!Calcutta

- **Sehenswürdigkeiten**
- 1 Marble Palace
  Rabindra Bharati Museum
- 2 Nakhoda Moschee
- 3 Ashutosh Museum
- 5 Birla Planetarium
- 6 St. Paul's Cathedral
- 7 Academy of Fine Arts
- 9 South Park Cemetary
- 17 Birla Industrial &
  Technical Museum
- 22 Birla Academy of Art &
  Culture

- **Verkehr, Sonstiges**
- 8 Bangla Desh Biman,
  Konsulat Schweiz
- 10 Konsulat Bangladesch
- 13 Konsulat Nepal
- 14 Manipur Information Center
- 16 Konsulat Bhutan, Druk Air
- 18 Mizoram Information Center
- 19 Konsulat Thailand
- 20 Konsulat Deutschland
- 21 Help Tourism

Vom BBD Bagh zum Victoria Memorial

Als **historisches Regierungsviertel** könnte man den um einen künstlich angelegten See und nach drei bengalischen Freiheitskämpfern *(Benoy, Badal* und *Dinesh)* benannten BBD Bagh bezeichnen. Hier schlug das koloniale Herz Indiens. Jeder Stein der typisch viktorianischen Verwaltungsgebäude, die den früheren Dalhousie Square umsäumen, legt Zeugnis vom Glanz vergangener Tage ab.

Besonders beeindruckend ist dabei die auf der Westseite gelegene, 1868 erbaute **Hauptpost,** ein gewaltiger, 67 m hoher Kuppelbau. Früher stand hier das alte Fort, welches sich bis zum Fluss erstreckte. An der Nordseite der Hauptpost soll sich das „Schwarze Loch" befunden haben, welches als Schauplatz eines bis heute unvergessenen Kriegsverbrechens in die Geschichte Kalkuttas eingegangen ist. In der Nacht vom 20. auf den 21. Juni 1756 sollen, nachdem die Truppen des Nawab von Murshidabad, *Suraj-ud-Daula,* die Stadt gestürmt hatten, 146 britische Gefangene in eine winzige, über 40 °C heiße Zelle des ehemaligen Forts gepfercht worden sein. Am nächsten Morgen hatten gerade 23 von ihnen die Marter überlebt. Ein Jahr später musste Suraj-ud-Daula für seine Gräueltaten selbst mit dem Leben bezahlen, als ihn die Briten gefangen nahmen und hinrichteten.

Das fast die gesamte Nordseite des Platzes einnehmende **Writer's Building** war Wohn- und Arbeitsplatz für die Beamten der East India Company. Der schmucklose, rote Backsteinbau spiegelt die nüchterne Sachlichkeit, mit der nur wenige tausend Beamte das riesige Indien regierten. Heute beherbergen die Räumlichkeiten verschiedene Ministerien der Regierung Westbengalens.

Kaum 100 m südlich des BBD Bagh erhebt sich auf der rechten Seite der West Council

House Street die **St. John's Church** (8–17 Uhr). Auf historische Spurensuche kann man sich auf dem romantisch überwucherten **Friedhof** des Gotteshauses begeben, wo sich die Grabstätten berühmter britischer Persönlichkeiten befinden. Eines der prunkvollsten ist das achteckige Mausoleum des Stadtgründers *Job Charnock*. Recht bescheiden nimmt sich dagegen die Grabstätte des später in seiner Heimat als Kriegsverbrecher angeklagten *Warren Hastings* aus. Der in Erinnerung an die Tragödie des „Schwarzen Lochs" bis zur Unabhängigkeit bei der Hauptpost platzierte Obelisk steht heute in einer Ecke des Friedhofs.

Wiederum nur wenige Meter weiter Richtung Süden entlang der Hauptstraße finden sich mit dem **Rathaus** (Town Hall) und dem einen Häuserblock weiter westlich gelegenen **Gerichtshof** (High Court) zwei weitere typische Kolonialgebäude. Das imposante, 55 m hohe Gerichtsgebäude wurde 1872 nach den Plänen des Rathauses von *Ieper in Flandern* erbaut. Ebenfalls äußerst beeindruckend, für die Öffentlichkeit jedoch leider nicht zugänglich ist der auf der anderen Straßenseite in einer schönen Gartenanlage gelegene Sitz des ehemaligen Gouverneurs von Bengalen, der **Raj Bhawan**.

Weiter entlang der Hauptstraße stößt man schließlich auf einen hübschen, kleinen Park, der von dem riesigen **Ranji Stadium,** einem Stadion für internationale Kricketspiele, geradezu erdrückt zu werden scheint. Der **Eden Park** (12–17 Uhr) war zur Kolonialzeit ein beliebter Treffpunkt der High Society. Die pittoreske weiße **Pagode** inmitten des Sees stammt ursprünglich aus Burma (heute Myanmar) und wurde hier 1856 platziert.

Hinter dem Park erstreckt sich der **Maidan,** eine riesige Rasenfläche, die man weder als Platz noch als Park bezeichnen kann, denn sie wäre groß genug, um einer Kleinstadt Platz zu bieten. Paradox wirkt diese gigantische Platzverschwendung gerade im Zentrum einer Stadt, in der weit mehr als ein Viertel der zumeist ja recht großen Familien qualvoll zusammengedrängt in einem einzigen Zimmer vegetieren muss und rund eine Million Menschen kein anderes Zuhause besitzt als die Straße. Bis Mitte des 19. Jh. konnte der 4 km lange, bis 2 km breite Maidan seine lebensspendende Funktion als grüne Lunge der Stadt allerdings noch weitaus besser erfüllen, war er doch bis dahin noch von dichtem Dschungel überwuchert. 1857 ließen ihn die Briten roden, um Platz und freies Schussfeld für das neue **Fort Williams** zu schaffen, nachdem sich das alte ein Jahr zuvor beim Überfall des Nawabs von Murshidabad als unzureichend erwiesen hatte. 23 Jahre dauerte es, bis das sternförmige, an den Hooghly reichende Fort Williams 1781 eingeweiht werden konnte. Ironie des Schicksals: Seit seiner Fertigstellung ist von den Mauern der für damalige Verhältnisse mit 2 Mio. Pfund gigantisch teuren Verteidigungsanlage kein einziger Schuss abgegeben worden. Heute dient der Maidan sowohl als beliebter Spiel- und Übungsplatz für Jogger, Turner, Akrobaten und Cricket-Fans wie auch als Picknickplatz für Familien, Weideplatz für Kühe und – öffentliche Toilette.

Spötter haben das den Maidan im Süden abschließende **Victoria Memorial** als Missgeburt aus einer Vereinigung von Taj Mahal, Sacre Coeur und Capitol in Washington bezeichnet. Kein schlechter Vergleich. Das schmucklos-schlichte Writer's Building entspricht sicher weit eher der britischen Mentalität als dieser 60 m hohe, marmorne Prunkbau. Vielleicht ist dies ja der Grund für den grimmigen Gesichtsausdruck, den die Bronzestatue Queen Victorias vor dem Denkmal an den Tag legt – *certainly not amused* würden die Briten wohl dazu sagen.

▷ In Kalkuttas Straßen wird es zuweilen eng

Kalkutta (Kolkata)

Andererseits hatten die Kolonialherren tatsächlich allen Grund, sich selbst zu feiern, schließlich hatte sich ihre moderne, bürgerliche Nüchternheit dem feudalen Geist indischer Herrscher als überlegen erwiesen. So ist das Victoria Memorial auch eher ein Victory Monument, ein imposantes Spiegelbild imperialen Selbstverständnisses. Um so erstaunlicher, ja fast schon absurd erscheint es da, dass der 1921 nach 15-jähriger Bauzeit von König *George V.* eingeweihte Bau einzig und allein aus den Privatschatullen indischer Fürsten und Kaufleute finanziert worden sein soll.

Im Innern des vom englischen Architekten *Sir William Emerson* im pompösen Neo-Renaissance-Stil gestalteten Prunkbaus finden sich in 25 Sälen über 3.500 **Ausstellungsstücke zur britischen Kolonialherrschaft** in Indien. Die Palette der Museumsobjekte reicht von Waffen über Schmuck bis zu riesigen Porträtgemälden nahezu aller britischen Kolonialbeamten von Rang und Namen, vom Klavier der Königinmutter über historische Zeichnungen, Aquarelle und Grafiken bis zu Originalverträgen der East India Company aus dem 18. Jh. – eine Fundgrube für Historiker. Darüber hinaus bieten sich hervorragende Ausblicke auf den weitläufigen Maidan.

Vielleicht am beeindruckendsten ist jedoch die Gelassenheit und Selbstverständlichkeit, mit der die Inder sozusagen das Siegesmonument einer Kolonialmacht pflegen, die Indien immer nur als Selbstbedienungsladen verstanden hat. Hier spiegelt sich erneut jenes dem westlichen Denken so fremde Geschichts- und Zeitverständnis der Inder, für die eine 300-jährige Fremdherrschaft mit all ihren Schlachten und Blutvergießen nicht viel mehr ist als ein leichter Wellengang auf dem jahrtausendealten Ozean der indischen Kultur und Geschichte.

■ **Geöffnet** ist das Victoria Memorial tgl. außer Mo von 10 bis 16.30 Uhr. Der Eintritt beträgt 150 Rs. Die tgl. außer Mo veranstaltete **Sound & Light Show** (20 Rs, 19.15 Uhr (Nov.–Feb., März–Okt. 30 Min. später) mit Ereignissen aus der Kolonialgeschichte lohnt einen Besuch.

425in mb

Kalkutta (Kolkata)

St. Paul's Cathedral

Weniger imperiales Imponiergehabe als vielmehr Heimweh zu Mutter Britannien spiegelt die östlich vom Victoria Memorial gelegene Kathedrale an der Cathedral Rd. Die 61 m hohe, 1847 im gotischen Stil errichtete Kirche besticht vor allem mit ihren sehr schönen Glasfenstern, in denen sich speziell nachmittags das einfallende Licht auf faszinierende Weise bricht. Das Ostfenster ist ein Geschenk des Domkapitels von Windsor aus der dortigen St. George's Chapel.

■ **Öffnungszeiten:** tgl. 9–12 und 15–18 Uhr, Gottesdienst So um 7.30, 8.30 und 18 Uhr.

© REISE KNOW-HOW 2013

■ Unterkunft
- 6 Broadway Hotel
- 8 Central Guest House
- 12 Hotel Majestic

■ Essen und Trinken
- 7 Anand Restaurant
- 9 Amber Restaurant
- 10 Song Hay
- 17 Indra Mahal

■ Verkehr
- 1 Foreign Tourist Bureau, Bahnfahrkarten für Touristen
- 2 Fährablegestelle Jetty I und II nach Howrah
- 3 Rail Reservation Office II
- 4 Minibusse zu Gate 1 Flughafen
- 5 Air India
- 13 Straßenbahndepot
- 14 Esplanade Bus Stand
- 15 Abfahrt Flughafenbus

■ Einkaufen
- 11 KC Das Sweet Shop
- 16 Central Cottage Industries Emporium

Birla-Planetarium

Das nur wenige Meter weiter nördlich gelegene Birla-Planetarium (Chowringhee Rd., Tel.: 22231516) ist eine der vielen Stiftungen der ursprünglich aus Rajasthan stammenden Industriellenfamilie. Dreimal täglich finden in dem inzwischen ein wenig baufälligen Planetarium, einem der größten der Erde, Vorführungen in Bengali, Hindi und Englisch (13.30 und 18.30 Uhr) statt. Da die Zeiten häufig wechseln, bitte vor Ort erfragen. Eintritt Erwachsene/Kinder 30/15 Rs.

Kali-Tempel

Die ganze Widersprüchlichkeit des Monstrums Kalkutta vereint auch die **Schutzgöttin und Namenspatronin der Stadt:** Kali. Der ihr geweihte Tempel steht etwa 2 km südlich der St. Paul's Cathedral und ist das wichtigste Hindu-Heiligtum der Stadt. Kali, eine andere Erscheinungsform Durgas, die den zerstörerischen Aspekt Parvatis darstellt, wird mit einer blutroten Zunge und einem Kranz von Menschenschädeln um den Hals als schwarze Schreckensfigur dargestellt. Sie tanzt, heißt es in der indischen Mythologie, auf den Totenäckern, so, wie ihr Gemahl Shiva einmal am Ende dieses Weltzeitalters auf den Trümmern der Erde tanzen wird. Aber hinter diesem grausamen Antlitz der Göttin soll sich gleichzeitig das Urbild der liebenden Mutter verbergen.

Der destruktiven Seite dieser Göttin müssen täglich Opfergaben dargeboten werden, um ihre Begierde zu besänftigen. So ist der stets von Menschenmassen umgebene, 1809 an der Stelle eines wesentlich älteren Heiligtums errichtete Tempel täglich Schauplatz blutiger Tieropferungen. Das Tempelinnere ist zwar nur für Hindus zugänglich, doch auch so bekommt der Besucher einen Eindruck von der faszinierenden Atmosphäre religiöser Inbrunst, die am Tempelbereich herrscht.

Kali Ghat, der Stadtteil, in dem der Kali-Tempel beheimatet ist, hieß früher Kalikata, woraus die Briten dann Calcutta machten.

■ Öffnungszeiten: 5–14 und 16–22 Uhr.

Botanischer Garten

Ein idealer Ort, um dem Moloch Kalkutta zu entfliehen, ist der über 100 ha große Botanische Garten (tgl. 6–17 Uhr, Eintritt 50 Rs), der sich auf einer Länge von etwa 1 km entlang des westlichen Hooghly-Ufers erstreckt. Die 1787 von der East India Company gegründete Anlage profitiert von dem für die Menschen so mörderischen feucht-heißen Wetter Kalkuttas, da so eine enorme Vielfalt subtropischer Pflanzen und Bäume gedeihen kann. Hauptattraktion ist ein 250 Jahre alter **Banyan-Baum,** angeblich der größte der Erde. Sein Wirtsbaum ist zwar längst eingegangen, der weiteren Ausdehnung des urtümlich anmutenden Riesenbaumes scheint dies jedoch keinen Abbruch zu tun. Bescheidener, dafür nicht minder sehenswert ist das Palmenhaus in der Mitte des Gartens. Eine Rundfahrt im Buggy über das Gelände kostet 150 Rs.

■ Mit den **Bussen** Nr. 55 und 56 ist der Park von Chowringhee aus zu erreichen. Stressfreier hingegen ist eine **Bootsfahrt** entlang des Hooghly von Chandpol und Babu Ghat.

South Park Cemetary

Und noch ein Refugium für Zivilisationsgeplagte, sogar inmitten der Stadt: Vier kleine, nebeneinander gelegene **englische Friedhöfe** an der Park Street sind ein herrlicher Ruheort, verbunden mit dem morbiden Charme des untergegangenen britischen Raj. Die Inschriften der z.T. imposanten Grabdenkmäler erzählen manch traurige Geschichte vom einsamen Tod fern der Heimat. Tragikomisch mutet hingegen das Schicksal der unglückseligen *Rose Aylmer* an, die allein deshalb aus dem Leben schied, weil sie ihrer Ananas-Sucht nicht widerstehen konnte.

Der besondere Tipp: Howrah-Brücke

Bis 1994, als nach über 20-jähriger Bauzeit eine zweite Brücke etwas weiter südlich fertiggestellt wurde, war die 1943 eröffnete Howrah-Brücke die einzige Verbindung der Industrievororte im Westen mit dem Zentrum. Mit ihrer massiven Stahlkonstruktion ist sie zum Wahrzeichen Kalkuttas geworden. Durch dieses Nadelöhr zwängen, schieben und drängeln sich täglich bis zu 50.000 Fahrzeuge und eine halbe Million Menschen, womit sie die **meistbenutzte Brücke der Welt** ist.

Jeden Morgen und Abend lässt sich am jeweiligen Ende der Brücke, umgeben von ohrenbetäubendem Hupen, pechschwarzen Abgaswolken, kaum zu ertragendem Gestank, dem Gebimmel unzähliger Fahrradklingeln und dem Stimmengewirr Tausender von Fußgängern ein einzigartiges Schauspiel erleben: Zwischen uralten Straßenbahnen, Ochsengespannen, Heerscharen von Rad- und Motorrollerfahrern, Rikshawallahs und zum Bersten gefüllter, windschiefer, zweigeschossiger Omnibusse ziehen und schieben unter äußerster Kraftanstrengung schweißgebadete und ausgemergelte Tagelöhner völlig überladene Handkarren. Zu beiden Seiten der Fahrbahn bewegt sich, einem Bienenschwarm gleich, eine unübersehbare Menschenmenge, aus der die im Laufschritt Körbe, Koffer, Stangen und Möbelstücke auf ihren Köpfen balancierenden Kulis herausragen – eine Parabel auf das von Ausdauer, Mühsal und ständiger Wiederkehr geprägte indische Leben.

Unbedingt besuchen sollte man auch den auf der östlichen Seite unterhalb der Brücke gelegenen **Blumenmarkt** sowie die dahinter zum Wasser führenden **Ghats** mit ihren zahlreichen Pilgern und Sadhus.

Beim Spaziergang durch die verwinkelten, winzigen, zu beiden Seiten mit kleinen, vollgestopften Geschäften flankierten **Altstadtgassen,** die von der Howrah-Brücke nach Osten verlaufen, lässt sich hautnah die drangvolle Enge und Vitalität Kalkuttas erleben.

Nakhoda-Moschee

Diese zwischen BBD Bagh und Howrah Bridge gelegene größte Moschee Kalkuttas überragt mit ihren beiden 47 m hohen Minaretten die Gassen des Altstadtviertels. Erbaut wurde sie 1921 in Anlehnung an das Grabmal König *Akhbars* in Agra. Bis zu 10.000 Gläubige sollen in der Moschee mit den auffälligen Zwiebelkuppeldächern in der Zakaria Rd. Platz finden.

■ **Öffnungszeiten:** 5–12 Uhr.

Digambara-Tempel

Dieser etwa 4 km nordöstlich des Stadtzentrums gelegene Tempel ist *Shitalnathia,* dem 10. Furtbereiter des Jainismus, gewidmet. Stifter und Bauherr des 1867 errichteten, inmitten eines schönen Gartens gelegenen Heiligtums war ein äußerst vermögender Juwelier, der u.a. den Vizekönig zu seinen Kunden zählte. So findet sich im Tempel eine schier unübersehbare Anzahl von bunten Gläsern, Spiegeln, Kristallen und Halbedelsteinen. Ein faszinierend verwirrender optischer Eindruck.

■ **Öffnungszeiten:** tgl. 6–12 und 15–17 Uhr.

Belur Math

8 km nördlich der Stadt an der Grand Trunk Rd., auf der Westseite des Hooghly, findet sich dieses 1899 von *Swami Vivekananda* gegründete Zentrum der internationalen **Ramakrishna-Bewegung.** *Ramakrishna Paramahansa* gründete Mitte des 19. Jh. eine kulturelle und religiöse Bewegung, die sich, von Bengalen ausgehend, über ganz Indien und darüber hinaus ausdehnte. Diese Erneuerung des Hinduismus predigte äußerste Toleranz gegenüber allen Religionen. Architektonisch spiegelt der Haupttempel der weiträumigen Anlage diese Glaubensphilosophie wider, indem er als eine Kombination aus hinduistischem Tempel, Moschee und christlicher Kirche gestaltet wurde (tgl. 6.30–12 und 15.30–20 Uhr).

Auf der anderen Seite des Flusses, bei der etwas nördlich den Hooghly überspannenden Balby-Brücke, liegt der von zwölf Shiva-Tempeln umgebene **Dakhineshwar-Kali-Tempel.** Hier diente Ramakrishna als Priester.

Indian Museum

Wie kaum ein anderes Gebäude Kalkuttas vermittelt das an der Einmündung zur Sudder Street gelegene Indian Museum den Charme des untergegangenen britischen Kolonialreiches. Imperiale Dimensionen weist schon die 93 m lange Fassade mit ihren opulenten Säulenportalen auf.

Alle bedeutenden Zeit- und Stilepochen Indiens sind in diesem 1875 eröffneten größten Museum Indiens ausgestellt – eine verwirrende Vielfalt. Der Bogen spannt sich von der Ur- und Frühgeschichte Indiens, z.B. der Harappa-Kultur im Indus-Tal (3. bis 2. Jahrtausend v. Chr.) über die berühmten Ediktsäulen *Ashokas* (3. Jh. v. Chr.), den großartigen hinduistischen Nagara-Baustil mit vorzüglichen Beispielen aus Khajuraho und Orissa (1. Jh. n. Chr.) bis zur zoologischen und botanischen Abteilung.

Unübersehbar deutlich sind aber auch die immer drängender werdenden Probleme des Indian Museum. Die Ausstellungsräume sind z.B. oft derart dunkel, dass man eine Grubenlampe bräuchte, um die einzelnen Objekte zu erkennen; einige Ausstellungsstücke sind derart vernachlässigt, dass außer einer dicken Staubschicht kaum etwas zu erkennen ist. Schließlich ist der Besucherandrang speziell an Wochenenden derart gewaltig, dass man sich in den viel zu kleinen Räumen eher auf einer Sportveranstaltung denn in einem Museum wähnt. Vorsicht ist zudem vor Taschendieben geboten.

■ **Öffnungszeiten:** tgl. außer Mo 10–17 Uhr, Eintritt: 150 Rs, Kamera 50 Rs, Video nicht erlaubt, Taschen müssen vor Betreten am Eingang abgegeben werden.

Weitere Museen

■ **Academy of Fine Arts:** Cathedral Rd.; tgl. 15–20 Uhr.
■ **Ashutosh Museum of Indian Art:** Spezialisiert auf Kunst aus Bengalen (College St., www.caluniv.ac.in/museum/museum.html), auf dem Gelände der Kolkata University. Mo–Fr 10.30– 16.30, Sa 10.30–15 Uhr.
■ **Birla Industrial and Technological Museum:** Im Garten eine hübsche botanische Abteilung, sonst vorwiegend Industriekultur. 19A, Gurusaday Road. Tgl. außer Mo 10–17.30 Uhr.
■ **Birla Academy of Art and Culture:** Textilkunst, Gemäldeabteilung (vor allem Bilder von *R. Tagore*). Interessant vor allem die Wechselausstellung moderner indischer Künstler. 109, Southern Avenue. Tgl. außer Mo 16.30–20 Uhr.
■ **Kolkata Panorama:** Multimedia Museum in der Town Hall mit interaktiven Installationen und Ausstellungsstücken aus den letzten 500 Jahren der bengalischen Geschichte (Tel.: 22483085), tgl. außer Mo 11–17 Uhr geöffnet, Eintritt 100 Rs.
■ **Marble Palace Rabindra Bharati Museum:** Der in einem riesigen Garten gelegene Prachtbau (46 Muktaram Babu St.) des märchenhaft reichen bengalischen Kaufmanns *Mullik* erinnert von außen wie innen an den legendären Lebensstil verschwenderischer Rajputenherrscher. Ob Kitsch oder Kunst, ein Fest fürs Auge ist das kunterbunte Sammelsurium aus Marmorsäulen, Statuen, Kristallen und Gemälden (u.a. von *Rubens*) allemal. Tgl. außer Mo und Do 10–15 Uhr, nowendige Besuchserlaubnis beim Tourist Office erhältlich.

Feste

■ Das fünftägige **Durga Puja Festival** (in anderen Landesteilen als zehntägiges Dussehra-Festival gefeiert) im Oktober auf den Straßen Kalkuttas zu Ehren der zehnarmigen Göttin Durga ist eines der farbenprächtigsten und ausgelassensten überhaupt. Die unzähligen Erscheinungsformen der Göttin werden dargestellt und am letzten Tag im Hooghly versenkt. Während des Festes veranstaltet West Bengal Tourism spezielle Touren, die teilweise auch nachts stattfinden.
■ Das **Diwali-Fest,** das Festival der Lichter (immer 21 Tage nach Durga Puja), ehrt die Göttin Kali mit zahllosen Öllampen, Fackeln und Feuerwerk.
■ Ende Januar/Anfang Februar findet auf dem Milan Mela Ground (J.B.S. Haldane Ave) im Osten Kalkuttas die **International Book Fair** statt, welche von vielen weiteren Veranstaltungen wie der Arts and Handicrafts Fair oder Ausstellungen über das ländliche Bengalen begleitet wird. Auf der südlichen Seite derselben Straße kann der moderne **Science City Theme Park** (tgl. 9–21 Uhr, Tel.: 22854343, www.sciencecitykolkata.org.in) mit Planetarium, 3-D-Kino, Picknickgarten und vielen weiteren Attraktionen bestaunt werden.
■ Alljährlich vom 20. bis 25. Januar wird die **Dover Lane Music Conference** veranstaltet. Es wird klassische indische Musik aufgeführt. Genaueres zu all diesen Festen erfährt man im West Bengal Tourism Office.

▷ Im Kali-Tempel wird die Namenspatronin der Stadt verehrt

Praktische Tipps

Information

■ **Vorwahl:** 033

■ Das **IndiaTourism Office** (4 Shakespeare Sarani, Tel.: 22825813, indtour@cal2.vsnl.net.in), etwa auf Höhe des Victoria Memorial gelegen, ist eines der besten Touristenämter ganz Indiens. Die meist freundlichen und hilfsbereiten Mitarbeiter erstellen auf Anfrage Computerausdrucke zu fast allen touristisch interessanten Orten Indiens, in denen die wichtigen Informationen wie Hotels und Sehenswürdigkeiten aufgeführt sind. Geöffnet ist es Mo–Fr von 9 bis 18 Uhr und Sa von 9 bis 13 Uhr.

■ **West Bengal Tourism** (**WBTDC,** 3/2 BBD Bagh, Tel.: 22437260, 44012659, www.westbengaltourism.gov.in) gegenüber der Hauptpost ist Mo–Fr 10–17 Uhr, Sa 10.30–13 Uhr geöffnet. Dieses Büro veranstaltet zu mehreren Terminen in der Saison Mehrtagesausflüge zu den Sunderbans, wobei die dreitägige Variante zu empfehlen ist, da man bei der Zweitagestour die meiste Zeit mit Busfahren zubringt. Außerdem Touren nach Darjeeling, Himachal Pradesh, Sikkim und Bhutan.

■ Beide Informationsstellen haben **Filialen am Flughafen,** West Bengal Tourism zusätzlich am Howrah-Bahnhof (Tel.: 26602518, Mo–Sa 7–19, So 7–12.30 Uhr).

■ Bei jeder der genannten Adressen erhält man die Heftchen „Calcutta This Fortnight" mit zahlreichen kulturellen **Veranstaltungshinweisen.** Die Broschüre „Cal Calling" (45 Rs) informiert über Sehenswürdigkeiten, Clubs, Bars, Einkaufsmöglichkeiten etc.

■ Viele **Bundesstaaten** unterhalten in Kalkutta ihr eigenes Tourist Office. Die genauen Adressen sind im Adressteil am Ende des Kapitels zu finden.

Stadtverkehr

Wer am Howrah-Bahnhof ankommt, gelangt am schnellsten mit einer der alle 15–20 Minuten abfahrenden **Fähren** am unterhalb des Bahnhofs gelegenen Chandpol Ghat auf die andere Uferseite zum Fairlie Ghat. So spart man sich die zeitaufwendige Überquerung über die Howrah-Brücke und kommt in den Genuss einer schönen Flussfahrt. Dies gilt natürlich auch in umgekehrter Richtung. Von mehreren Ablegestellen am Fairlie Ghat starten die Fähren zwischen 8 und 20 Uhr, 5 Rs. Auf der Ostseite des Bahnhofs führt eine Unterführung zu den Ghats.

■ Zum 16 km außerhalb gelegenen **Netaji Subhas Chandra Bose Airport** verkehren wieder regelmäßig klimatisierte Flughafenbusse vom Esplanade Bus Stand im Halbstundentakt (Fahrtzeit ca. 1 Std., 40 Rs). Seltener auch Verbindungen zum Howrah-Bahnhof und nach Tollygunge. Mit dem **Taxi** liegt der Preis bis in die Stadt zur Sudder Street oder zum Oberoi Hotel bei ca. 250 Rs pro Taxi. Bei Ankunft am Flughafen in Kalkutta sollte man ausschließlich mit den im voraus zu bezahlenden Taxis vom Prepaid-Taxistand nehmen. Ganz Sparsame können die Strecke auch mit dem öffentlichen **Bus** Nr. 237 oder 79B für 9 Rs zurücklegen. Will man zum Flughafen, sollte man vor dem KC Das Sweet Shop (stadtbekannt) in eine dieser Linien zusteigen. Zudem fahren vom BBD Bagh aus die rotbraunen Minibusse 151 (Fahrtzeit 1 Std., Fahrpreis

426in mb

10 Rs, Endziel Birati, von dort kurze Rikshafahrt) und Bus 46 vom Esplanade Bus Stand zum Flughafen.

■ Kalkutta verfügt über ein recht umfangreiches innerstädtisches **Busnetz.** Wer die chronische Überfüllung und die gerade in Kalkutta große Gefahr, von Langfingern erleichtert zu werden, nicht scheut, kann z.B. für 3.40 Rs vom Howrah-Bahnhof zur Sudder Street, Ecke Indian Museum fahren.

■ Das berühmt-berüchtigte heißblütige Temperament der Bengalen scheint nirgendwo derart ausgeprägt zu sein wie bei Kalkuttas **Taxifahrern.** Deshalb lässt man sich am besten auch gar nicht auf eine Diskussion über das Einschalten des Taxameters ein: Eine Fahrt von Howrah Station zur Sudder Street kostet 60 Rs vom außerhalb des Bahnhofs gelegenen **Prepaid-Taxistand.** Von der Sudder Street und dem Howrah-Bahnhof zum Flughafen kostet es ca. 230 Rs, vom nördlichsten Metrobahnhof Dum Dum zum 5 km entfernten Flughafen ca. 130 Rs. Während der Hauptverkehrszeiten, nach 22 Uhr und sehr früh oder sehr spät, wenn kaum noch Taxis unterwegs sind, wird jedoch der doppelte Preis verlangt und gezahlt. Falls man doch einmal einen Heiligen als Fahrer erwischt haben sollte, der das Taxameter anstellt, muss der angezeigte Preis verdoppelt und 2 Rs hinzugerechnet werden. Inzwischen gibt's auch Bestellservice, etwa bei Blue Arrow Taxi, Tel.: (0)9830527057, oder Mega Cabs, Tel.: 41414141, www.megacabs.com.

■ Immer noch sind in Kalkutta die **von Menschen gezogenen Rikshas,** eine für Kurzstrecken recht praktische Fortbewegung, im täglichen Gebrauch. Diese für westliche Gemüter zunächst recht befremdliche Art des Transports soll schon seit mehreren Jahren verboten werden, da sie nach Ansicht der Stadtoberen den Verkehrsfluss bremst. Auch aufgrund der Proteste der vielen Menschen, die hiermit nach Abzug der Gebühr für die meist nur gemieteten Gefährte ihren kärglichen Lebensunterhalt verdienen, ist es bisher nicht dazu gekommen. Zwar zahlen westliche Touristen immer eine weit höhere Beförderungsgebühr als Einheimische, es ist aber immer noch spottbillig.

■ Die herrlich antiquierten **Straßenbahnen** Kalkuttas, die eher an fahrende Ölsardinendosen erinnern, eignen sich besser als Fotomotive denn als Fortbewegungsmittel. Seit Jahren kursieren Gerüchte, dass sie abgeschafft werden sollen. Ein Nostalgietrip von Howrah Station zum Indian Museum kann bis zu 2 Std. dauern.

■ Es ist einer der für Indien so charakteristischen Widersprüche, dass jener Ort, der weltweit für den Zusammenbruch urbanen Lebens steht, als erste Stadt des Landes über eine **U-Bahn** verfügte. Noch erstaunlicher ist deren hervorragender Zustand. Verglichen mit dem üblichen Verkehrschaos, fühlt man sich in den sauberen, vollklimatisierten und mit Fernseher ausgestatteten U-Bahn-Stationen wie in eine andere Welt versetzt. Die Fahrpreise zwischen 4 und 8 Rs sind kaum zu unterbieten, die Züge verkehren im Abstand von ca. 6 bis 12 Minuten. Zur Rush-Hour sind sie meist gerammelt voll. Die Metro durchschneidet die Stadt in Nord-Süd-Richtung. Eine Verlängerung bis zum Flughafen ist derzeit im Bau, eine weitere Linie von Howrah über Sealdah weiter nach Osten in Planung. Die Metro fährt Mo–Sa 7–21.45 Uhr und So 2–21.45 Uhr.

■ **Autovermietungen:** Avis Rent A Car, im Oberoi Grand, 15 Jawarhal Nehru Rd. (Tel.: 23351234, www.avis. co.in); A-1 Roger Travel & Tours, 13, G.C. Avenue; Hertz, Annex Bldg. Abhilasha, 2. Stock, Royd St., Tel.: 22275531, 24 Std. geöffnet, www.hertz.co.in.

Unterkunft

Während in Kalkutta die Auswahl an hervorragenden Kolonialstil-, Mittelklasse- und First-Class-Hotels sehr groß ist, besteht ein chronischer **Mangel an Billigunterkünften.** Da überdies viele Zimmer der Low-Budget-Hotels, speziell während der Wintermonate, von freiwilligen Helfern, die bei Mutter Teresa arbeiten, belegt sind, sollte man sich bemühen, zu möglichst früher Stunde in Kalkutta anzukommen. Ansonsten bekommt man meist schon ab 10 Uhr ein bedauerndes *Sorry, we're full* zu hören.

Die mit Abstand größte Hotelansammlung findet sich im Stadtteil Chowringhee und hier vor allem entlang der **Sudder Street,** einer kleinen Straße, die neben dem Indian Museum von der Chowringhee Road abzweigt. Zwar kennen sie alle Taxi- und Rikshafahrer, doch es empfiehlt sich, das Indian Museum als Fahrtziel anzugeben, da man

Kalkutta (Kolkata)

sich von dort selbstständig, d.h. ohne den auf Kommission spekulierenden Chauffeur, auf Zimmersuche begeben kann.

Untere Preiskategorie:

● Wer wenig Geld zur Verfügung hat, sollte sich in einer der drei folgenden Unterkünfte einquartieren, die bei Rucksacktouristen sehr beliebt und deshalb oft ausgebucht sind. Die **Modern Lodge** € (Tel.: 22524960) in der Stuart Lane, einer kleinen Seitenstraße der Sudder Street, hat hinreichend saubere, ruhige und recht geräumige, aber auch spartanische Zimmer, teils mit Gemeinschaftsbad. Die Dachterrasse ist, speziell gegen Sonnenuntergang, ein beliebter Treffpunkt, an dem man sich ein wenig vom Hexenkessel Kalkutta erholen kann.

● Wenige Meter weiter an der Ecke Stuart Lane/Sudder Street vermietet **Hotel Maria** € (Tel.: 22520860), ein weiterer Treffpunkt der Rucksackreisenden, qualitativ und preislich ähnliche, aufs Wesentliche beschränkte Billigzimmer mit angeschlossenem oder Gemeinschaftsbad.

● Das **Hotel Palace** €–€€ (Chowringhee Lane, Tel.: 22526214) in derselben Ecke ist eine klasse Wahl, falls man nicht ganz billig wohnen möchte. Alle recht sauberen Zimmer sind mit Außenfenstern, eigenem Bad und TV ausgerüstet.

● Wenig teurer ist das **Hotel Galaxy** €€ (Stuart Lane, Tel.: 22524565), große, saubere Zimmer mit TV, die oberen sogar mit viel Tageslicht. Reservierungen sind leider nicht möglich.

● Etwas versteckt in einer Gasse, die von der Sudder Street abgeht, ist das **Ashreen Guest House** €€–€€€ (Cowie Lane, Tel.: 22520889, ashreenguesthouse.com) eine ruhige, saubere Bleibe in zentraler Lage. Falls das Hotel, wie meist, voll ist, wird man ins nur wenige Meter entfernte und preisgünstigere **Afridi International Guest House** €€ (Tel.: 28320740) verfrachtet. Dessen Zimmerpalette reicht von fensterlosen Zellen bis zu recht komfortablen, geräumigen Zimmern, alle mit sehr sauberem Bad und TV.

● Überraschend preiswert sind die sauberen Zimmer des **Aafreen Tower** €€–€€€ (Kyd St., Tel.: 22293280, 30283151, www.aafreentower.co.in) südlich der Sudder Street. Die gemütlichen Zimmer haben alle TV, die klimatisierten zudem noch einen Kühlschrank.

● Obwohl es von außen einen eher heruntergekommenen Eindruck macht, ist das in einem alten Kolonialgebäude untergebrachte **Sunflower Guest House** €€–€€€ (Tel.: 22299401, www.sunflowerguesthouse.com) in der Royd Street mit seinen geräumigen, sauberen Zimmern eine gute Wahl. Die Rezeption unterm Dach ist über eine herrliche alte Holztreppe oder einen etwas klapprig anmutenden Lift zu erreichen. Eine Renovierung und Vergrößerung des Hotels in das restliche Gebäude war zur Recherchezeit geplant. Dachgarten mit klasse Rundumsicht.

● Wer der engen und etwas hektischen Atmosphäre der Sudder Street entkommen und mehr im kolonialen Herzen Kalkuttas wohnen möchte, sollte sich in einer der folgenden Unterkünfte einquartieren. Die meisten anderen Hotels in diesem Teil der Stadt sind überteuert. Einen ausgezeichneten Gegenwert bietet das **Broadway Hotel** €–€€€ (Ganesh Chandra Ave, Tel.: 22363930) etwas nördlich in unmittelbarer Nähe zur U-Bahn-Station Chandni Chowk. Die hohen und geräumigen Zimmer in diesem alten Gebäude sind angenehm. Der altmodischen Bar sollte man unbedingt einen Besuch abstatten.

● Gut ist auch der koloniale Klotz des **Hotel Majestic** €€€ (4C Madan St., Tel.: 22126518, hotelmajestickolkata.com) etwas südlich.

● Auch um das BBD Bagh wohnen nur wenige westliche Reisende, sind die Preise doch höher als um die Sudder Street. Für das empfehlenswerte **Central Guest House** €€–€€€ (Tel.: 22374876, 22377905) an der Chittaranjan Avenue (Eingang von der Prafulla Sarkar St.) gilt dies nicht. Die zweckmäßigen Zimmer sind sauber.

Mittlere Preiskategorie:

● Im touristischen Zentrum gelegen, überzeugt das **The Golden Apple** €€€€ (Sudder St., Tel.: 22523092) als perfekte Mittelklassewahl. Man sollte die Standard-Deluxe-Zimmer vorziehen, sind diese doch viel größer und heller als die kleineren, fensterlosen Executive-Räume.

● Ein weiteres Paradebeispiel für die vielen neuen Businesshotels rund um die Sudder Street ist das **Astoria Ho-**

tel €€€€ (Sudder St., Tel.: 22529679, www.astoria.in) nebenan. Die komfortablen Zimmer mit kostenloser WiFi-Verbindung im neuen Flügel sind geschmackvoll möbliert. Der alte Trakt zur Straße sollte zur Recherchezeit durch einen Neubau ersetzt werden.

■ Ein Klassiker unter den Kolonialhotels ist das 1783 gebaute **Fairlawn Hotel** €€€€–€€€€€ (13A, Sudder Street, Tel.: 22521510, www.fairlawnhotel.com). Seit über 70 Jahren bemühen sich die Besitzer, die Zeit des britischen Raj nicht untergehen zu lassen. Das Hotel ist nicht luxuriös, aber sehr gemütlich, wozu auch der grüne Garten vor dem Haus beiträgt. Die Zimmerpreise beinhalten Frühstück. Auf einen Tee im gepflegten Garten vorbeizuschauen, lohnt allemal.

■ Das glatte Gegenteil des Fairlawn stellt das moderne, neue Businesshotel **Kempton** €€€€€ (3 Marquis St., Tel.: 40177888, www.hotelkempton.in) dar. Angenehm möblierte Zimmer mit Kühlschrank und LCD-TV und WiFi sind ihr Geld wert. Die nur wenig teureren Executive-Zimmer sind weit größer und deshalb vorzuziehen.

Obere Preiskategorie:

■ In den letzten Jahren sind in dem früher nur für Billigabsteigen bekannten Gebiet um die Sudder Street einige ansprechende Mittelklasse- und Luxushotels gebaut worden. Ein Paradebeispiel hierfür stellt das **Bawa Walson** €€€€€ (Sudder St., Tel.: 22521512, www.bawahotels.com, Preise inkl. Frühstück) dar. So sind die modernen, klimatisierten Zimmer mit rückenschonenden Matratzen, Kühlschrank, LCD-TV, Safe und edlem Badezimmer sehr gemütlich. Das Freiluftrestaurant liegt leider am Hotelparkplatz und WiFi ist recht teuer.

■ Auch die 71 Zimmer des renovierten und nun modernen **Hotel Lindsay** €€€€€–€€€€€€ (Lindsay St., Tel.: 2252 2237, www.hotellindsay.com) gegenüber New Market sind makellos und zeitgemäß mit WiFi und großen LCD-TVs ausgestattet. Die billigeren Executive-Zimmer bieten eine hervorragenden Gegenwert. Je höher, je besser der Weitblick. Zudem ist das Freiluftrestaurant Blue & Beyond im selben Gebäude verlockend.

■ Ein erstklassiges, modernes Businesshotel ist das gläserne **The Corporate** €€€€€ (Royd St., Tel.: 22267551, 64507010-4, www.thecorporatekolkata.com) mit gleicher Ausstattung, günstig gelegen zwischen Sudder und Park Street. Man sollte sich einige Zimmer ansehen, bevor man wählt, sind doch auch in diesem Haus häufig die billigeren besser und größer als die teureren.

■ Seine vier Sterne hat das **Chrome Hotel** €€€€€€ (AJC Bose Rd., Tel.: 30963096, www.chromehotel.in) sicher verdient, auch wenn die an Bullaugen erinnernden Fenster an einer Fassadenseite zunächst nicht sonderlich einladend wirken. Nichtsdestotrotz sind die Zimmer mit Parkettfußboden erstklassig und modern. Nachteil des Hauses ist die Lage an der lauten Straße.

■ So unscheinbar das **The Oberoi Grand** €€€€€€ (15 Chowringhee Road, Tel.: 22492323, www.oberoikolkata.com) von außen auch wirken mag, von innen entpuppt es sich als ein äußerst stilvolles Hotel, welches auch heute noch als die renommierteste Unterkunft Kalkuttas gilt. Neben den insgesamt vier Restaurants und zwei Bars beeindruckt vor allem der schöne, von Palmen umstandene Swimmingpool. Allerdings ist der Spaß mit selbst für die billigsten Zimmer auch nicht ganz billig.

■ Die unangefochtene Stellung des Oberoi versucht ihm das Super-Luxus-Hotel **Taj Bengal Kolkata** €€€€€ (34B, Belvedere Road, Alipore, Tel.: 22233939, www.tajhotels.com) streitig zu machen. Mit Swimmingpool, vier Restaurants, Fitnessräumen, Business Centre und einem Wasserfall im Foyer.

■ Im geschäftigen Herzen der Stadt liegt das **Hotel The Park** €€€€€€ (17 Park St., Tel.: 22499000, www.theparkhotels.com): modern gestylte Zimmer mit der üblichen Ausstattung dieser Preisklasse, mehrere Restaurants und ein Pool im Haus.

■ Der Preis des idyllischsten Hotels Kalkuttas gebührt dem **Tollygunge Club** €€€€€ (Tel.: 24732316, www.tollygungeclub.org) im Süden der Stadt. Nicht mal sonderlich teuer, liegt das koloniale Juwel umgeben von herrlicher Natur auf dem Gelände eines weitläufigen Golfplatzes, den Hotelgäste nach Zahlung der Aufnahmegebühr benutzen können. Dies gilt auch für viele weitere Sportstätten, die zeitlose Bar und Cafés. Reservierung unerlässlich.

Essen und Trinken

Kalkutta ist kulinarisch eine der besten Adressen des Landes und braucht sich, was Qualität und Quantität der vorhandenen Restaurants betrifft, nicht hinter Delhi und Mumbai zu verstecken. Die Bengalen gelten als die Gourmets Indiens. Die meisten Restaurants und Cafés haben sich im Bereich der Sudder Street angesiedelt.

■ Von morgens bis abends gefüllt mit Individualreisenden ist das **Blue Sky Café,** Sudder Street, Ecke Chowringhee Lane (6.30–22.30 Uhr, 50–180 Rs, 7–22.30 Uhr). Neben hervorragenden und preiswerten Snacks wie gefüllten Toasts *(jaffles),* Fruchtjoghurt, frischen Fruchtsäften und hervorragendem Kaffee gibt's hier die aktuellsten Informationen aus der Traveller-Szene. Der Service in dem klimatisierten Restaurant ist sehr effizient.

■ In einem Innenhof einige Meter von der Sudder Street entfernt besuchen viele Backpacker das **Raj Spanish Café** (8–20 Uhr) mit Freiluftbereich. Zum vielseitigen Angebot gehören Gazpacho, Tortilla, Cannelloni, Pizza, Pasta und Salate (80–130 Rs). WiFi ist umsonst.

■ Als eines der wenigen Dachrestaurant Kalkuttas ist das **Blue & Beyond** (Lindsay St., 12.30–22.30 Uhr, Fahrstuhl vorhanden) in 9. Stock gegenüber New Market abends meist gut besucht. Die indischen, italienischen und chinesischen Gerichte (150–350 Rs) lassen sich mit entsprechendem Fernblick genießen.

■ Wer das Flair von Rajasthan vermisst, findet es im **Teej Restaurant** (Russel St., 1. Stock, tgl. 12–15.30 und 19–22.30 Uhr), einem äußerst bunt, detailliert und überladen bemalten und dekorierten Restaurant – natürlich mit rajasthanischer Küche (150–250 Rs). Die Bar ist 11–23 Uhr geöffnet.

■ Gute einheimische, auch südindische Küche serviert preiswert (100–150 Rs) das **Gangaur Restaurant** (12–15 und 19–22.30 Uhr) ein paar Meter nördlich.

■ Die sehr beliebte Filiale der **Haldiram-Kette** (Ecke Chowringhee / BJC Bose Rd.) serviert vielseitiges Fast-Food indischer und westlicher Prägung in guter Qualität.

■ Suchtgefahr besteht beim Betreten von **Kathleen's Confectionary** (Lindsay St., 9–22 Uhr). Das Angebot an köstlichen Kuchen und Keksen ist derart verlockend, dass man meist viel mehr kauft als beabsichtigt.

■ Gute Thai-Gerichte gibt's im **Waldorf Restaurant** in der Mirza Ghalib Street.

■ Vegetarier sollten einmal das vorzügliche **Anand Restaurant** (tgl. außer Mi 9–21 Uhr) an der Chittaranjan Avenue besuchen. Ambiente wie Essen sind hier gleich appetitanregend und zudem für die gebotene Qualität sehr preiswert (35–100 Rs).

■ Nicht nur wegen der hervorragenden, südindischen Snacks und des guten Kaffees, sondern auch als Treffpunkt der für Debattierlust und linkes Gedankengut bekannten Intellektuellen Kalkuttas ist das in der Nähe der Universität gelegene **Indian Coffee House** einen Besuch wert, das als eines der letzten dieser Kette noch das Flair kolonialer Zeiten bewahrt hat.

■ Unter Einheimischen gilt das vollklimatisierte **Amber Restaurant** (11, Waterloo Street) als eines der besten lokale Kalkuttas. Neben der vorzüglichen indischen Küche (Hauptgericht ca. 100–300 Rs) ist es sicherlich auch die große Auswahl an alkoholischen Getränken, die den guten Ruf des Hauses begründet. Als Nachtisch sollte man eine der zahlreichen Eissorten probieren. Abends stört manchen die Musiklautstärke.

■ Hat man wenig Hunger oder wenig Geld, passt das **Song Hay** (3 Waterloo St., 11–22.30 Uhr), kosten die sowieso schon preiswerten und schmackhaften Gerichte (30–120 Rs) vor 17 Uhr, wenn auf Wunsch halbe Portionen serviert werden, doch nur die Hälfte.

■ Ein Favorit der indischen Mittelschicht ist das **Mocambo** (Mirza Ghalib Rd., 12–22.30 Uhr). Italienische und indische Küche (200–300 Rs), auch etwas Fisch, sind schmackhaft in dieser modernen Speisestätte.

■ Nebenan serviert **Tung Fong** (12–22.30 Uhr) vorwiegend Geschäftsleuten erstklassige chinesische Gerichte (200–350 Rs) in stilechtem, aber kühlem Ambiente mit zentraler goldener Kuppel. Die Alkoholkarte ist lang.

■ Weitere empfehlenswerte Restaurants entlang der Park Street sind das **Blue Fox,** das aus drei Teilen mit jeweils unterschiedlicher Küche bestehende **Bar B Q** (43 Park St., 12–16.30 und 19–23 Uhr, 140–200 Rs) und das traditionsreiche **Peter Cat** (Middleton Row, 120–200 Rs, geöffnet 11–23 Uhr) mit Sizzler und Lammkebabs.

■ Fastfood gibt's z.B. bei **McDonald's** (55 Park St.).

- Im Howrah-Bahnhof versorgt das große **Food Plaza** mit typischer, großteils westlicher Fastfood-Kost.

Gehobene Preisklasse:

Die meisten teureren Restaurants finden sich entlang der Park Street. Mehrere dieser Lokale bieten Live-Musik, die dann von jedem Gast mit einem bis zu hundertprozentigen Aufschlag auf die Rechnung bezahlt wird. Vorher erkundigen!

- Eine der Top-Adressen für ausgezeichnete einheimische, chinesische und westliche Gerichte ist das **Ivory** (www.ivorykitchen.com/kol/) an der 22 Camac Street. Um die 400 Rs für ein Hauptgericht sind für die köstlichen Speisen und das Ambiente eher günstig. Empfehlenswert ist auch das umfangreiche Mittagsbuffet.
- Sehnsucht nach authentischen Nudelgerichten, Pizza und anderen italienischen Köstlichkeiten? Wer das nötige Kleingeld besitzt (Hauptgerichte 300–600 Rs), findet kaum ein besseres italienisches Restaurant im Osten Indiens als das **Fire & Ice** (12–23.15 Uhr) im Kanak Building, 41 Chowringhee Rd.
- Das **Dynasty** im Lytton Hotel in der Sudder Street gilt nach dem fast unbezahlbaren Baan Thai im Oberoi als die beste Adresse für authentische Thai-Küche. Hauptgerichte 250–500 Rs.
- Mit dem **Oh! Calcutta** findet sich eines der besten „Allround-Restaurants" (indisch, chinesisch, europäisch, 12.30–15 und 19.30–23 Uhr) im 4. Stock der Forum Shopping Mall an der Elgin Rd. Die meisten Hauptgerichte in diesem auf kolonial getrimmten Restaurant kosten zwischen 250 und 500 Rs.
- Mit einem künstlichen Wasserfall macht das **Jong's & Zaranj Restaurant** (12–15 und 19.30–23 Uhr) in der Sudder Street einen leicht pompösen Eindruck. Hier speist und zeigt sich die Oberschicht. Das mit Preisen ausgezeichnete, zweigeteilte Restaurant serviert im einen Teil hervorragende indische und im anderen ebensolche chinesische, thailändische und japanische Gerichte (um 400–800 Rs), ebenso teuer wie schmackhaft.

Cafés:

- Berühmt sind die Bengalen für ihre Vorliebe für Süßes. Im **Indra Mahal** an der Chowringhee Road in der Nähe des Oberoi Hotel gibt es eine riesige Auswahl.
- Genauso aussichtslos ist der Fall beim **Nahoum,** der zweiten exzellenten Bäckerei in der Lindsay Street beim New Market.
- **Flury's Swiss Confectionery** in der Park Street ist der richtige Ort, um seinen Afternoon-Tea oder einen der vielen Kaffees mit köstlichem Gebäck in gepflegter Atmosphäre zu genießen.
- Weit weniger stilvoll, jedoch okay ist das **Café Coffee Day** neben dem Peter Cat.
- Obwohl Kaffee überhaupt nicht kredenzt wird, sei **Café Thé** (ICCR Bldg., Ho Chi Mingh Sarani, 10–21 Uhr) hier erwähnt, können doch über 30 Teesorten im hektischen Kalkutta Geist und Körper Kraft verleihen.

Bank

- **Thomas Cook** (Travelex, Tel.: 22830467) hat sein Büro am 196 Shakespeare Sarani (Tel.: 22830467, Mo–Sa 9.30–18 Uhr), wechselt jedoch zu schlechten Raten.
- Im Bereich der Sudder Street gibt es eine Reihe privater **Geldwechsler**, meist die dortigen Reisebüros, wo man schnell und zuverlässig wechseln kann.
- **TT Forex** (Mirza Ghalib St., Mo–Fr 9.30–17.30 Uhr, Sa bis 14 Uhr) und **Globe Travels & Forex** (Ho Chi Minh Sarani, Mo–Fr 10–18.30 Uhr, Sa bis 14.30 Uhr) wechseln effizient südlich der Park Street.
- Praktisch alle Banken haben einen **ATM** (Geldautomaten), sodass kein Mangel besteht. Ein ATM, der neben Visa-, Master-, Maestro- und Cirruskarten auch AmEx-Karten akzepziert, ist am BBD Bagh bei West Bengal Tourism von der HDFC-Bank.

Post, Telefon und Internet

- Der imposante Kuppelbau des **General Post Office** Office (Netaji Subhas Rd., Tel.: 22201451) liegt an der Westseite des BBD Bagh. Der Schalter für **postlagernde**

□ Atlas S. XIV, Stadtplan S. 478, 482, 492 **Kalkutta (Kolkata)** 495

Sendungen ist Montag bis Samstag von 8 bis 20 Uhr geöffnet. Obwohl er einen gut organisierten Eindruck macht, sollte man auch hier unter dem Anfangsbuchstaben des Vor- und des Nachnamens nachschauen. Wer im Chowringhee-Viertel wohnt, kann genauso gut das nahe gelegene **New Market Post Office** an der Mirza Ghalibh Street aufsuchen.

■ Eine **weitere Postfiliale** ist in der Park Street.
■ **DHL,** günstig an der Camac St. in Chowringhee gelegen, ist Mo–Sa von 8 bis 21 Uhr geöffnet.
■ Telefongespräche von den **privaten Telefonläden** nach Europa kosten um die 10 Rs/Min. Während Ferngespräche meist problemlos über die Bühne gehen, bedarf es bei innerstädtischen Gesprächen gelegentlich mehrerer Anläufe. Eine **Telefonauskunft** in Englisch bietet die Nummer 1952.
■ Internet kostet in Kalkutta meist zwischen 20 und 30 Rs/Std. Schnelle Verbindungen gibt's bei **Netfreaks** (Sudder Street/Chowringhee Lane) und bei **Cyber Den** (11–21 Uhr) an der Chowringhee Lane. Auch fix ist das **Cyberia Internet** beim Aafreen Tower. **Cyber Zoom** und **E-Merge** versorgen an der Park Street.

Special Permits

■ **Sondergenehmigungen für Sperrgebiete** wie die Nordostprovinzen Manipur, Arunchal Pradesh und Nagaland sowie Visumverlängerungen (nur mit guter Begründung) können im **Foreigner's Registration Office** (237 AJC Bose Rd., Tel.: 22837034, 22473300/1, Mo–Fr 10.30–17 Uhr) beantragt werden. Für die Permits zu den Nordostprovinzen sollte eine Bearbeitungszeit von ca. zwei Werktagen veranschlagt werden, Preis 1.400 Rs, mindestens vier Antragsteller erforderlich, Pass und die Kopie der Reisepasseite mit Foto und der Visumsseite nicht vergessen! Für die Beantragung von Zugangspermits anderer Nordostprovinzen sind die jeweiligen Touristenämter (s.u.) zuständig. Leider ist es des Öfteren vorgekommen, dass freiwillige Helfer von Mutter Teresa keine Visumverlängerung erhielten, sodass es sich empfiehlt, auf eine diesbezügliche Angabe zu verzichten.

Medizinische Versorgung

■ Empfohlen wird das **Wockhardt Medical Centre** (2/7 Sarat Bose Rd., Tel.: 24754320, 24749164, www.wockhardthospitals.com).
■ Nicht weit von der Sudder Street können in einer kleinen **Praxis** (Marquis Street, Tel.: 22520573, ein Ableger der großen Peerless Hospitals) kleinere Malaisen behandelt werden. Sie ist Mo–Do 10–20 Uhr, Fr und Sa bis 18 Uhr geöffnet. Das Haupthaus ist natürlich durchgehend erreichbar, Notfallnummer: 24622462.
■ Eine Übersicht über medizinische Versorgung liefert www.kolkatainformation.com/diagnostic.html.
■ Weitere Auskünfte erteilt das **Deutsche Konsulat** (s.u.).

Einkaufen

> Man sollte sich auf die auf Touristen spezialisierten **Schlepper,** die sich oft als Tourist Guides ausgeben, nicht einlassen. Wer mit ihnen ein Geschäft aufsucht, zahlt von Anfang an 30 % mehr. Überhaupt gelten die Ladeninhaber als besonders gerissen, und so ist der New Market auch als **Cheater Market** bekannt. Also aufgepasst und kräftig handeln!

■ Der **New Market** ist eine Mischung aus Überbleibseln des 1988 abgebrannten Hogg Market und feschen neuen Geschäften. Zweifellos ist dies immer noch eine der besten Einkaufsadressen der Stadt. Vom Sari bis zum Fernseher wird alles angeboten.
■ Mehrere **Shopping Malls** westlicher Prägung sind in den letzten Jahren eröffnet worden. Für Europäer sind die meisten kaum interessant. Wer dennoch einmal vorbeischauen will – drei der bekanntesten in der Innenstadt sind Forum Shopping Mall (Elgin Rd.), 22 Camac (22 Camac Rd.) und Metro Shopping Centre (Ho Chi Minh Sarani).
■ Wer sich erst einmal in aller Ruhe eine Übersicht über die große Palette an kunsthandwerklichen Produkten ver-

Der Osten: Westbengalen

schaffen möchte, sollte ins **Central Cottage Industries Emporium** (7, Chowringhee Road) gehen. Die Festpreise sind zwar höher als im Landesdurchschnitt, doch dafür ist die Qualität hervorragend, und niemand drängt einen zum Kauf.

■ Die **Lindsay Street** ist eine der besten Einkaufsstraßen, in der sich in den letzten Jahren immer mehr teure Luxusläden angesiedelt haben. Man sollte sich ruhig einmal in einem der eleganten Modegeschäfte umschauen: Modern geschnittene Seidenhemden, die in Europa nicht unter 60 Euro zu haben sind, kosten hier kaum mehr als umgerechnet 15 Euro.

■ Auch die Geschäfte entlang der **Chowringhee Road** sind speziell abends immer gut gefüllt mit den konsumfreudigen Vertretern der indischen Mittelschicht. Vielfach gelten dort Festpreise.

■ Einen Besuch lohnen auch die wie Pilze aus dem Boden schießenden **Schuhgeschäfte**, wo gute Halbschuhe schon für 15 bis 20 Euro zu bekommen sind.

■ **Schuh-** und **Lederwarengeschäfte** finden sich auch in der Bentinck Street in BBD Bagh.

■ Zahllose z.T. sehr gut bestückte Buchläden liegen entlang der Mirza Ghalibh Street, etwa **Bookland.** Bei einigen von ihnen kann man auch seine ausgelesene Reiselektüre in Zahlung geben. Mehr als 100 Rs selbst für begehrteste Bestseller sind aber meist nicht drin. Die beste Adresse für Literatur ist allerdings **Oxford Books** an der Park Street. Auch der **Landmark Bookshop** im Emani Shoppers City an der Lord Sinha Rd. ist gut bestückt. Wer politisch interessiert ist, findet im **Seagull Bookstore** (www.seagullindia.com, Shyama Prasad Muckerjee Rd., im Norden der Stadt) reiche Auswahl.

■ Eine große Auswahl unterschiedlichster Musikrichtungen findet sich bei **Music World** an der Park Street.

Konsulate

■ **Bangladesch,** 9 Circus Avenue, Tel.: 40127500.
■ **Bhutan,** 1A Ballygunge Circular Rd., 51 Tivoli Court, Tel.: 22902628.
■ **Deutschland,** 1 Hastings Park Road, Alipore, Tel.: 24791141.
■ **Nepal,** 1 National Library Av., Tel.: 24561224.
■ **Niederlande,** 5 Rameshwar Shaw Rd., Tel.: 22897676.
■ **Österreich,** 10 Camac St., Industry House, 12. Stock, Tel.: 22871762.
■ **Schweiz,** c/o Titagarh Steels Ltd., 113 Park Street, 10. Stock, Tel.: 22295542.
■ **Thailand,** 18B, Mandeville Gardens, Tel.: 24407836, 24403220.

Touristenämter der Bundesstaaten

■ **Arunachal Pradesh Information Centre,** Block CE-109, Sektor 1, Salt Lake-64, Tel.: 23341243
■ **Assam Information Centre,** im Assam House, 8 Russel Street, Tel.: 22295094
■ **Manipur Information Centre,** Manipur Bhawan, 26 Rowland Rd., Tel.: 24758163
■ **Meghalaya Information Office,** 120 Shantipalli, EM Bypass, Tel.: 24411932-5
■ **Mizoram Information Centre,** Mizoram House, 24 Old Ballygunge Road, Tel.: 24615887
■ **Nagaland Information Centre,** 13 Shakespeare Sarani, Tel.: 22825247
■ **Sikkim Tourist Information Centre,** 1 Middleton Street, hinter dem Sikkim Commerce House, Tel.: 22817905
■ **Tripura Information Centre,** 1 Pretoria Street, Tel.: 22825703

An- und Weiterreise

Flug:

Der **Netaji Subhas Chandra Bose International Airport** (ehemals Dum Dum Airport) befindet sich 16 km nordöstlich des Zentrums. Von hier starten alle Inlands- und internationalen Flüge. Von Kalkutta bestehen Flug-

◿ Essensstand in Kalkutta

verbindungen in alle großen Städte Indiens und die Hauptstädte der Nordoststaaten.

Die meisten **Fluggesellschaften** haben keine Filialen im Stadtgebiet mehr, sondern sind nur noch am Flughafen und online vertreten.

- **Air India,** Airlines House, 39 Chittaranjan Av., Mo–Sa 10–18.30 Uhr, Tel.: 22114433, 22110730, am Flughafen: 25119864, www.airindia.com.
- **Bangla Desh Biman,** 99A Park St., 6 Stock, Tel.: 22266672, www.biman-airlines.com.
- **Druk Air,** 1A Ballygunge Circular Rd., 51 Tivoli Court, 3. Stock, Tel.: 22902429, www.drukair.com.
- **Jet Airways,** 18D Park St., Mo–Sa 9–19, So 9–17 Uhr, Tel.: 39893333, www.jetairways.com.
- **IndiGo,** Tel.: 1800-1803838, www.goindigo.in.
- **SpiceJet,** Tel.: 1800-1803333, www.spicejet.com.
- **GoAir,** Tel: 1800-222111, www.goair.in.
- **Thai Airways International,** 229 AJC Bose Rd., Crescent Towers, 8. Stock, Tel.: 22838865/8, www.thaiairways.co.in.
- **United Airways Bangla Desh,** Ripon St., Tel.: (0)90070095363, www.udbdl.com.

Viele Traveller kommen einzig und allein aus dem Grund nach Kalkutta, weil es hier **die mit Abstand billigsten Tickets** in Indien gibt. Speziell im Bereich der Sudder Street finden sich zahllose Büros, die sich mit Supersonderangeboten nur so überbieten. Die meisten Traveller zieht es nach Thailand. Die meisten Reisenden kaufen ihre Tickets inzwischen online, für Bangladesch ist es jedoch empfehlenswert, das Ticket in einem Reisebüro oder in der Filiale der Fluggesellschaft zu kaufen.

Von absoluten Billigangeboten, die deutlich unter den in der Sudder Street verlangten Preisen liegen, sollte man jedoch die Finger lassen, da sich dahinter meist eine Mogelpackung verbirgt, bei der nur der Verkäufer gewinnt. Flugscheine kauft man besser nicht bei einem dubiosen Anbieter auf der Straße oder in einer Agentur, die aus gerade mal einem klapprigen Schreibtisch in einem Häusereingang besteht.

Sehr beliebt bei Travellern sind die Flüge mit Jet Airways bzw. Bangladesh Biman nach **Dhaka.** Air India fliegt täglich direkt nach **Kathmandu,** Jet Airways und andere nur mit Umsteigen. Druk Air fliegt 4x wöchentlich nach Paro in **Bhutan** und **Singapur.** Das Konsulat von Bhutan befindet sich im selben Gebäude. Für Flüge nach **China** ist China Eastern Airlines (Landmark Bldg., 1. Stock, 228A AJC Bose Rd., Tel.: 40448887, www.flychinaeastern.com) zuständig.

Über aktuelle Flugverbindungen aller Airlines informiert übersichtlich die Website **www.yatra.com.**

Bahn:

Kalkutta besitzt mit dem **Howrah** auf der westlichen Seite des Hooghly und dem **Sealdah** im Osten der Stadt **zwei große Bahnhöfe.** Bis auf die Züge Richtung Darjeeling und in die Nordostprovinzen fahren fast alle Züge vom Howrah. Beide Bahnhöfe sind Tummelplätze für **Taschendiebe,** deshalb sollte man besonders aufmerksam auf seine Wertsachen achten.

Das **Ticket** kauft man am besten im **Foreign Tourist Bureau** (6 Fairlie Place, Tel.: 22224206), da nur dort Foreign Tourist Quota angewendet werden. Das bedeutet, dass der ausländische Tourist selbst bei vollen Zügen fast immer noch einen Platz zugewiesen bekommt. Obwohl die Bediensteten recht professionell arbeiten, sind Wartezeiten von einer Stunde durchaus möglich. Es gilt, möglichst früh, am besten noch kurz vor Öffnung, da zu sein. Gleich beim Eintritt nehme man sich ein an einem der Schalter auszufüllendes Leerformular, auf dem handschriftlich schon die eigene Wartenummer eingetragen ist. Diese wird dann angezeigt. Öffnungszeiten: Mo– Sa von 10 bis 17 Uhr (13 bis 13.30 Uhr Mittagspause), So 10 bis 14 Uhr. Wer mit Rupien bezahlen will, muss seine Wechselquittung vorlegen. **Weitere Railway Reservation Offices** befinden sich u.a. gleich nebenan und in 14, Strand Road und an der U-Bahn-Station Tollygunge. Diese sind länger geöffnet, meist 8–20 Uhr, es kommt allerdings nicht die Tourist Quota zum Einsatz.

Reisebüros etwa um die Sudder St. ersparen den Gang zum Reservierungsbüro und können gelegentlich noch Tickets für eigentlich schon ausgebuchte Zugverbindungen ergattern, wofür jedoch eine unterschiedlich hohe Kommission anfällt.

● **Wichtige Verbindungen** siehe Tabelle im Anhang.

Bus:

Züge sind in fast allen Fällen den längeren und unkomfortablen Busfahrten vorzuziehen.

● Einzig von oder nach **Siliguri** und **Puri** fahren einige wenige Traveller per Bus. Vom Busbahnhof Esplanade kostet die 12-stündige Fahrt nach Siliguri zur Weiterfahrt nach Darjeeling/Sikkim mit einem nächtlichen AC-Luxusbus 700 Rs, weniger komfortable Busse um 350 Rs. Abfahrt ist meist zwischen 18 und 20 Uhr.

● Im Bereich um die Sudder Street fahren Luxusbusse mehrerer privater Anbieter tgl. nach **Dakha in Bangladesch** (Fahrtzeit ca. 13 Std.). Der Preis liegt meist bei 750 Rs im klimatisierten Volvo-Luxusbus. Zu buchen etwa bei Shohagh Paribahan (Tel.: 22520757) in der 21A Marquis St. oder Silk Line (Kyd St., Tel.: 22274433, (0)983 0193044). Die Busse des Letztgenannten starten allerdings bei der Bangla Desh High Commission.

● **Medi Trips Carriers** (3A, Auckland Place, Tel.: 30988048) verbindet mit Puri und Bhubaneshwar (8 Std.) in klimatisierten Luxusbussen.

Der besondere Tipp:

Sunderbans-Schutzgebiet XIV/B3

Die Sunderbans („schöne Wälder"), seit 1997 **Welterbe der UNESCO,** sind eine faszinierende amphibische Welt aus Kanälen, Mangrovenwäldern, Inseln und kleinen Dörfern. Sie liegen im **Mündungsgebiet** der drei wasserreichen Flüsse Ganges, Brahmaputra und Meghua.

Das sich über 10.000 km² erstreckende Delta befindet sich zu etwa einem Drittel auf indischem Territorium und zu zwei Dritteln in **Bangladesch.** Das nur wenige Meter über dem Wasserspiegel liegende Gebiet, von dem 1973 eine 1.130 km² große Kernzone zum **Nationalpark** erklärt wurde, gerät immer wieder durch Naturkatastrophen wie Überschwemmungen und Wirbelstürme sowie durch menschentötende **Tiger** in die Schlagzeilen. Hiervon sind jedoch so gut wie nie ausländische Touristen betroffen, die nur in ganz geringer Zahl die beschwerliche Anreise auf sich nehmen, dafür um so häufiger die einheimische Bevölkerung. Insbesondere die Honigsammler, die sich oft tief in das Mangrovendickicht hineinwagen, um das kostbare Gut zu ernten, werden immer wieder Opfer der ca. 250 bengalischen Tiger, die das weitverzweigte Gebiet auf Beutesuche durchkämmen. Jährlich bis zu 20 Sammler müssen ihren Beruf mit dem Leben bezahlen.

Trotz dieser größten Tigerpopulation aller indischen Nationalparks ist es äußerst unwahrscheinlich, einen der bengalischen Königstiger zu Gesicht zu bekommen. Wesentlich größer sind die Chancen, eines der Beutetiere des Tigers wie **Axishirsche, Wildschweine** und **Rhesusaffen** zu erspähen. Typische Wassertiere, die gelegentlich beobachtet werden können, sind Fischotter, Krokodile, Wasserschlangen und Schildkröten.

Letztlich ist es jedoch nicht so sehr die Tierwelt als die geruhsame **Bootsfahrt,** die die eigentliche Faszination der Sunderbans ausmacht. Insbesondere nach dem brodelnden Kalkutta wähnt man sich hier in einer anderen Welt. Beste Besuchszeit für den Nationalpark ist zwischen September und März.

■ Jeder, der die Sunderbans besuchen möchte, benötigt hierfür eine **Sondergenehmigung,** die gebührenfrei und zumindest für indische Verhältnisse relativ unbürokratisch unter folgender Adresse zu erhalten ist: Forest Department (Tel.: 033-22488271/ 3), G Block, Top Floor, Writer's Building, BBG Bagh, Kalkutta. Diese Prozedur wird von Reiseagenturen abgenommen, falls man mit ihnen die Sunderbans besucht, was auch aufgrund der recht aufwendigen Zufahrt und anderer organisatorischer Schwierigkeiten empfehlenswert ist.

■ **Eintritt und Transport:** Private **Motorboote** liegen am Steg vor dem Rasthaus in Sajnekhali und warten auf Touristen. Zu der Tagesgebühr von 1.300 Rs pro Boot (700 Rs für eine vierstündige Fahrt) müssen noch 200 Rs für den vorgeschriebenen Führer und 50 Rs für die Boots-Zufahrtserlaubnis hinzugerechnet werden. Der **Eintrittspreis** von 150 Rs pro Tag und die Kamera-/Videogebühr von 10/ 300 Rs müssen am Mangrove Interpretation Centre (Tel.: 03218-5528, 8.30–17 Uhr) in Sajnekhali bezahlt werden.

Anfahrt

Sehr zeitaufwendig und umständlich ist die **individuelle Anreise** von Kalkutta, dafür kann man dann aber auch so lange bleiben, wie es gefällt. Man sollte frühmorgens aufbrechen. Am einfachsten per **Bus oder Bahn** von Kalkutta ins 54 km entfernte **Canning** und von dort per Boot nach **Sajnekhali,** dem Zugangsort zu den Sunderbans.

Ansonsten vom Babu Ghat in Kalkutta per Bus in 3 Std. nach Sonakhali, der erste Bus startet um 6.30 Uhr. Von dort fahren etwa stündlich Boote in 1,5 Std. nach **Gosava** (30 Rs). Um 13 Uhr startet von hier ein weiteres Boot nach Sajnekhali, dem Parkeingang. Verpasst man diese Verbindung, muss man eine Fahrradriksha nach Pakhiraca nehmen (45 Min.) und von dort nach Sajnekhali übersetzen. Der täglich letzte Bus von Sonakhali zurück nach Kalkutta startet um 16.30 Uhr.

Touren

Die bequemste Art, die Sunderbans zu bereisen, bieten die von Reiseagenturen und West Bengal Tourism in Kalkutta angebotenen zwei- oder dreitägigen **Touren per Boot** ab 2.300/3.100 Rs. Allerdings wird vielfach beklagt, dass die Hin- und Rückfahrt derart lange dauert, dass viel zu wenig Zeit für die eigentliche Parkbesichtigung zur Verfügung steht. So sollte man die dreitägige Variante vorziehen.

Viele Reiseagenturen bieten **All-Inclusive-Touren** an, wobei die Preise stark variieren. Als Durchschnittspreis für dreitägige Touren können 5.000 bis 15.000 Rs p.P. angenommen werden, pro Zusatztag ohne Extras weitere 1.500 bis 4.000 Rs. Verlässliche Anbieter in Kalkutta sind:
- **Help Tourism,** 67A Kali Temple Rd., 1 Stock, linke Seite des Gebäudes, Tel.: 24550917, (0)9733000445, www.helptourism.com. Gut, aber teuer.
- **Sunderban Tiger Camp,** Mitter House, 2. Stock, 71 Ganesh Chandra Avenue, Tel.: 033-32935749, (0)983 1170453, www.sunderbantigercamp.com.
- **Backpackers/Tour de Sunderbans,** 11 Totee Lane, Tel.: (0)9836177140, www.tourdesunderbans.com, ist weit billiger als die Konkurrenz, aber dennoch engagiert.

Unterkunft

- Als einzige Übernachtungsmöglichkeit in Sajnekhali steht die **Sajnekhali Tourist Lodge** €€ (Tel.: 03218-214960, 236560) zur Verfügung. Wenn man bedenkt, dass der Preis ein Frühstück und eine Hauptmahlzeit beinhaltet, erscheint das Angebot verlockend. Leider macht das ganze Haus einen heruntergekommenen Eindruck und es wäre zu wünschen, dass diesem sehr reizvollen Ziel eine akzeptable Unterkunft hinzugefügt werden könnte.

Eine weitaus schönere Unterkunft ist das **Sunderban Tiger Camp** €€€€–€€€€€ (Tel.: 033-22298606, 32935749, (0)9331092632, www.sunderbantigercamp.com) in Dayapur. Gewohnt wird in komfortablen Hütten, Zelten und Cottages, diese sind teilweise klimatisiert. Im Preis inbegriffen sind neben Unterkunft und Verpflegung die Bootstouren in den Sunderbans, der Guide und die An- und Abreise. Start (um 7 Uhr morgens, ab August um 8.30 Uhr) ist vor dem Priya Cinema im Süden Kalkuttas per Luxusbus und im weiteren Verlauf per Boot. Die Kosten müssen vor der Abreise bezahlt werden. Mehr Informationen gibt's auf der detaillierten Website.

Bishnupur XIV/A2

Zwischen dem 16. und 19. Jh. war das 152 km nordwestlich von Kalkutta gelegene Bishnupur als **Hauptstadt des kleinen Königreiches Mallabhum** die Kunst- und Kulturmetropole der Region. Auffälligste Monumente jener Zeit sind mehrere **Terrakotta-Tempel,** die vornehmlich im 17. Jh. erbaut wurden. Besonders die Verzierung der Außenwände der Tempel mit Kacheln, die mit Szenen aus den großen Hindu-Epen Ramayana und Mahabharata bemalt sind, verleihen den Sakralbauten einen ganz eigentümlichen Charakter. Am auffälligsten sind der pyramidenförmig ansteigende Ras-Mancha-Tempel sowie der Jar-Bangla- und der Madan-Mohan-Tempel wegen ihrer besonders reichen Kachel-Ornamentierung (Eintritt zu den Tempeln 250 Rs, von Sonnenauf- bis Sonnenuntergang geöffnet). Außer den Tempeln gibt es noch einige, allerdings recht bescheidene Überreste des ehemaligen Forts zu besichtigen. Bekannt ist Bishnupur auch für seine **Töpferwerkstätten** sowie die hier produzierten **Saris.**

Unterkunft

■ Neben einigen Billigunterkünften um die beiden Bahnhöfe wie dem **Lali Hotel** €–€€ und der **Monolisha Lodge** €–€€ bietet sich vor allem die ordentliche, weil renovierte **Bishnupur Tourist Lodge** €€–€€€ (College Rd., Tel.: 03244-252013, auch über West Bengal Tourism, Tel.: 03218-214960, oder in Kalkutta zu buchen) mit Garten, Restaurant und Bar als Übernachtungsmöglichkeit an. Reservierung empfohlen.

An- und Weiterreise

■ Zwischen Bishnupur und Kalkutta verkehren tgl. drei **Busse** (Fahrtzeit 5 Std., 90 Rs). Vier Bahnverbindungen tgl. frühmorgens und abends zwischen Bishnupur und Kalkutta-Howrah benötigen 4 Std.

Malda und English Bazaar XIV/B1

Die Stadt am Zusammenfluss von Kalindri und Mahananda teilt sich in das historische Old Malda, einst ein wichtiger Hafen des islamischen Königreiches von Pandua, und das 1771 von den Engländern gegründete English Bazaar, ein bedeutendes Textilzentrum jener Tage. Touristisch sind beide Stadtteile uninteressant, doch die Stadt bietet sich als **Ausgangsort** für Touren in die nahe gelegenen alten **Königsstädte von Gaur und Pandua** an.

Unterkunft
(Vorwahl 03512)

■ Da wohl fast alle Touristen per Bahn an- und abreisen und maximal eine Nacht bleiben, bieten sich die passablen **Railway Retiring Rooms** für 150 Rs (DZ) bzw. 50 Rs (Schlafsaal) an. Gut und billig kann man im Refreshment Room des Bahnhofes essen.

■ Das **Hotel Kalinga** €€–€€€€ (Ramkrishna Palli, NH 34, Tel.: 284503, www.hotelkalingamalda.com) verfügt über 48 funktional eingerichtete Zimmer, von denen die teureren AC haben. Die billigen sind jedoch überholungsbedürftig. Ein Dachrestaurant mit Ausblick, eine Bar und Internetverbidung sind vorhanden.

■ Ruhiger ist das **Pratapaditya** €–€€€ (Tel.: 268104) an der Station Rd., ca. 500 m vom Bahnhof, mit unterschiedlichen Zimmern, die teurere Mittelklasse hat AC. Auch hier steht ein preiswertes Restaurant (40–90 Rs) bereit.

An- und Weiterreise

Bahn:
Malda liegt an der Hauptbahnlinie Kalkutta – New Jalpaiguri und alle Züge entlang dieser Route halten hier.

■ Die beste Verbindung bietet der 13153 Gour Exp.: Abf. **Kalkutta Sealdah** 22.15 Uhr, Malda an 6.15 Uhr. Umgekehrte Richtung der 15658 Kanchenjunga Exp: Abf. Malda 12.35 Uhr, Kalkutta an 19.25 Uhr am Sealdah-Bahnhof.

■ Der ebenfalls in Sealdah startende 12377 Padatik Exp. (Abf. dort um 22.55 Uhr) fährt ab Malda um 5.45 Uhr nach **New Jalpaiguri** (Ank. 9.05 Uhr) zur Weiterfahrt nach Darjeeling per Bus oder Toy Train.

■ Nach **Varanasi** fährt der 13413/13483 Farrakka Exp.: Abf. 19.10 Uhr, über Patna (an 5.20 Uhr) nach Malda, Ank. 11 Uhr am nächsten Morgen. In weiteren 17 Stunden erreicht der Zug **Delhi.**

Bus:
■ Direktbusse fahren u.a. von und nach **Siliguri** (6 Std., 130 Rs) und **Kalkutta** (10 Std., 170 Rs).

Umgebung von Malda

Gaur XIV/B1

Heute nicht viel mehr als ein ausgedehntes **Ruinenfeld,** war das 16 km südöstlich von Malda gelegene Gour mit einer kurzen Unterbrechung für über drei Jahrhunderte die **bedeutendste Stadt Westbengalens.**

Schon unter den hinduistischen Pala- und Sena-Dynastien fungierte sie als Hauptstadt, doch ihre große Zeit begann unter dem islamischen Herrscher *Bakhtiyar Khalji,* der Gour im Jahr 1200 eroberte. Von 1338 bis Anfang des 15. Jh. musste sie zwar die Vorherrschaft ans benachbarte Pandua abgeben, doch danach erstrahlte sie unter dem Namen *Jannatabad* wieder im alten Glanz. 1575 fielen fast alle Bewohner der Stadt einer verheerenden Pestepidemie zum Opfer. Als Akhbar die Stadt ein Jahr später seinem Großreich einverleibte, war die große Zeit Gours beendet.

Den besten Überblick über die weitverzweigte Ausgrabungsstätte verschafft man sich vom 26 m hohen, im 16. Jh. erbauten **Firuz Minar.** Etwas nördlich hiervon erstreckt sich die 1526 von Sultan *Nasrath Shah* errichtete **Moschee Bara Sona.** Mittelpunkt der Anlage ist das großflächige Fort mit einer Länge von 1,5 km. Eine der insgesamt fünf Moscheen innerhalb der Fortmauern ist die **Qadam-Raisul-Moschee,** die über einem Fußabdruck Mohammeds errichtet worden sein soll. In der Nähe des kleinen östlichen Zugangstores zum Fort steht die **Chamhatti-Moschee,** die, obwohl stark beschädigt, im Inneren einige hübsche Einlegearbeiten aufweist.

Anreise:

■ Aufgrund der Abgeschiedenheit und Weitläufigkeit der Anlage und des schlechten Straßenzustands empfiehlt sich ein Ausflug per **Taxi** von Malda aus. Allerdings muss man, inklusive Wartezeit zwischen Hin- und Rückfahrt, mit 1.000 Rs für einen Halbtagesausflug rechnen. Kombiniert man Gaur mit Pandua zu einem Ganztagesausflug, kostet es ca. 1.400 Rs.

Pandua

Nachdem er zuvor das 30 km südlich gelegene Gour besiegt hatte, erklärte der afghanische Feldherr *Fakhr-ud-din* 1338 das kleine Pandua zur Hauptstadt seines Königtums. Die in den folgenden Jahrzehnten fertiggestellten Bauten, wie die imposante, 150 m lange und 80 m breite **Adina-Moschee,** wurden vielfach auf den Mauern alter Hindu-Heiligtümer errichtet. Das Grabmal *Sikander Shahs,* der die Stadt in der zweiten Hälfte des 15. Jh. regierte, findet sich innerhalb der mit schönen Steinmetzarbeiten geschmückten Moschee. Nicht weit von hier steht die Grabstätte *Ghiyath-ud-Dins* (1389–96), die den interessanten Namen „Mausoleum der 100.000 Rupien" trägt.

Anreise:

■ Da sich die wichtigsten Ausgrabungsobjekte alle entlang der Hauptstraße, 18 km nördlich von Malda, gruppieren, kann man sich mit jedem der von Malda Richtung Norden fahrenden **Busse** in Pandua absetzen lassen.

Siliguri und New Jalpaiguri VIII/A2

Die beiden Städte sind ohne erkennbare Grenze entlang der Tenzing Norgay Rd. (auch als Hill Cart Rd. bekannt) zusammengewachsen. Selbst für indische Verhältnisse ist dieser an der Schnittstelle zwischen der nordindischen Tiefebene und Sikkim, Darjeeling und den Nordostprovinzen gelegene Ort laut, stau-

Siliguri und New Jalpaiguri

big und hektisch. Durch ihre exponierte geografische Lage hat sich die Stadt zu einem scheinbar endlos expandierenden **Handels- und Verkehrsknotenpunkt** entwickelt, durch den sich eine Karawane hupender und stinkender Busse und Lkws quält.

Leider führt kein **Weg nach Darjeeling und Sikkim** an Siliguri vorbei, und so sieht die Stadt täglich viele Touristen, die nichts anderes im Sinn haben, als diesen ungemütlichen Ort so schnell als möglich wieder zu verlassen. Ein Unterfangen, welches nur allzu oft mit unliebsamem Stress verbunden ist, versuchen doch die um die Not der Touristen wissenden Rikscha- und Taxifahrer, soviel Profit wie möglich aus der Situation zu schlagen. Drum sei schon hier auf die Prepaid-Schalter am Bahnhof und das aushängende Preisschild für Rikshas vor dem Tenzing-Norgay-Busbahnhof hingewiesen.

Information

■ **Vorwahl:** 0353

■ Das **West Bengal Tourist Office** (M-4 Bldg., Tel.: 2511974/9, (0)9733008785, Mo–Fr 10–17 Uhr) befindet sich an der Hill Cart Rd. Zusätzlich stehen dem Reisenden zwei **Filialen** mit Schaltern am Bahnhof New Jalpaiguri und dem Bagdogra-Flughafen mit Rat und Tat zur Seite.

■ Im **Sikkim Tourist Information Centre** (Hill Cart Rd., Tel.: 2512646, 2251264, Mo– Sa 10–16 Uhr) etwas weiter südlich werden auch Permits für den Besuch Sikkims ausgestellt. Wer morgens mit Pass und Foto in Reisepassgröße im Büro erscheint, sollte in den meisten Fällen kurz vor Schließung seine Besuchserlaubnis ausgehändigt bekommen. Eine weitere, sehr hilfsbereite Informationsstelle von **Sikkim Tourism** (Tel.: (0)9832017545, Mo– Sa 8–19.45 Uhr) findet sich etwas zurückversetzt am Bahnsteig 1 des Bahnhofs New Jalpaiguri.

■ Das freigebige **Assam Tourism** (Mo–Fr 10– 16 Uhr) findet sich an der Pradhan Nagar Rd., die von der Hill Cart Rd. abzweigt.

Stadtverkehr

■ Zwischen dem Bahnhof von New Jalpaiguri und dem Tenzing-Norgay-Busbahnhof verkehren **Autorikshas** (100 Rs, vor beiden genannten Bahnhöfen sind bindende Preisschilder angebracht), **Taxis** (200 Rs) und **Busse** (9 Rs). Wer sich für eine **Fahrradriksha** (60 Rs) entscheidet, sollte sich im Klaren sein, dass man sich und vor allem den Fahrer einer ca. 45-minütigen Tortur entlang einer staubigen, stark befahrenen Straße aussetzt.

■ Vom **Flughafen Bagdogra** zum 12 km entfernten Siliguri sind es gut 200/350 Rs mit Riksha/Taxi.

Unterkunft, Essen und Trinken

Für jene, die ihre Anschlussverbindungen verpasst haben und deshalb in Siliguri übernachten müssen (einen anderen Grund wird es ja wohl kaum geben), stehen auf der ca. 8 km langen Strecke zwischen den beiden Bahnhöfen mehrere Dutzend Hotels und Lodges zur Auswahl.

■ Nur 5 Min. vom New-Jalpaiguri-Bahnhof liegt das akzeptable **Hotel Holydon** €€ (Tel.: 2691335, 2691162) mit ganzen Reihe ganz unterschiedlicher Zimmer. Gut ist auch das angrenzende Miami Restaurant mit leckeren chinesischen und scharfen südindischen Gerichten.

■ Die ruhige Gasse gegenüber dem Tenzing-Norgay-Busbahnhof neben dem Delhi Hotel in Siliguri beheimatet mehrere weitere Unterkünfte, von denen die **Nirwana Lodge** €€–€€€ (Tel.: (0)9832014001) mit sauberen Zimmern mit Bad und TV, die teureren klimatisiert, den besten Eindruck macht. Auch das **Hotel Mount View** €–€€ (Tel.: 2515919) ist eine preisentsprechende Adresse mit recht großen Zimmern mit TV, die teureren klimatisiert.

■ Schmackhafte Punjabi-Kost serviert das Restaurant von **Shere-e-Punjab** gegenüber dem Busbahnhof.

■ Das beste Preis-Leistungs-Verhältnis am Platz bietet der weiße Klotz des **Hotel Conclave** €€€–€€€€ (Tel.: 2516 155, (0)9933096867, www.hotelconclave.in) an der Hill Cart Rd., etwa 500 m südlich des Tenzing-Norgay-Busbahnhofs. Die mit viel Holz angenehm gestalteten Zimmer sind erstaunlich preiswert. Das gilt auch für das gute **Eminent Restaurant.** Versteckt hinter diesem Klotz ist

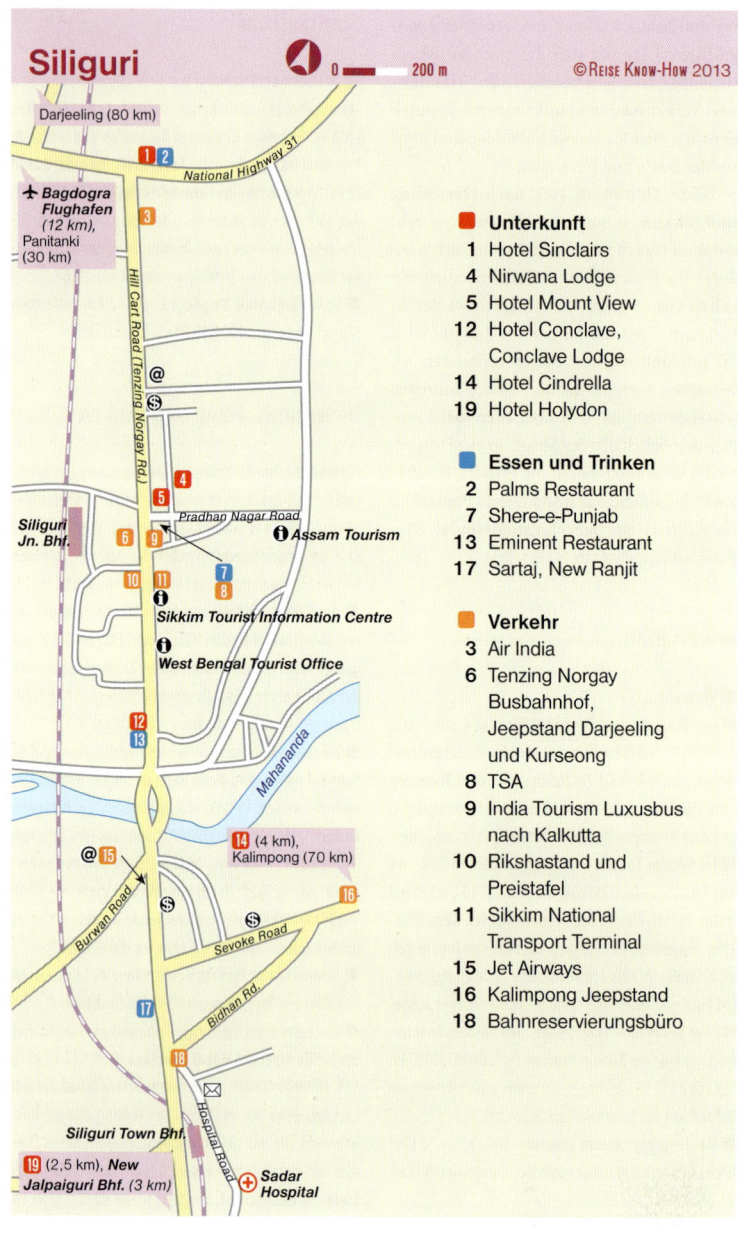

Siliguri und New Jalpaiguri

die **Conclave Lodge** €–€€ (Tel.: 2514102) die wohl beste preiswerte Unterkunft in Siliguri. Angenehme, saubere Zimmer mit TV, die billigen mit Gemeinschaftsbad.

■ Eine recht komfortable Übernachtungsmöglichkeit bietet das moderne **Hotel Sinclairs** €€€€€ (Tel.: 2517674, (0)913322801317-20, www.sinclairshotels.com). Zu den Annehmlichkeiten des gut 1 km nördlich vom Busbahnhof gelegenen Hotels gehört ein Swimmingpool. Gut und dementsprechend teuer mit Preisen von 300 Rs für ein Hauptgericht ist auch das angeschlossene **Palms Restaurant.**

■ 4 km östlich von Siliguri ist das **Hotel Cindrella** €€€€€ (Sevoke Rd., Tel.: 2544130, www.cindrellahotels.com) die luxuriöseste Bleibe dieser Region. Im großen, parkartigen Garten lockt der Pool, auch Sauna und Tennisplatz gehören dazu. Das vegetarische **Amrapali Restaurant** serviert indische, chinesische und europäische Speisen (200–400 Rs).

■ Mit dem **Sartaj** findet sich Siliguris bestes Nicht-Hotelrestaurant an der Hill Cart Rd. Köstliche indische Gerichte kosten zwischen 100 und 200 Rs. Das **New Ranjit** im gleichen Haus eine Etage tiefer serviert vegetarische Speisen (50–80 Rs).

Bank und Internet

■ Die **State Bank of India** (Hill Cart Rd., Mo–Fr 10–15.30, Sa bis 13 Uhr) wechselt Bargeld und Travellerschecks von American Express und Thomas Cook.

■ Mehrere **ATMs** finden sich an der Hill Cart Rd., zwei von der UTI Bank, beim Manila Hotel und beim Kalimpong Jeep Stand, sowie südlich vom Tenzing-Norgay-Busbahnhof von der Centurion Bank.

■ Mehrere Internetcafés an der Hill Cart Rd., etwa **Cyber Space,** oder 400 m nördlich gegenüber dem Busbahnhof **Net-n-Net** (30 Rs/Std.).

An- und Weiterreise

Flug:

■ Air India (Hill Cart Rd., Dr. Ambedkar Market Complex, 2. Stock, Mo–Sa 10–13, 14–16.30 Uhr, Tel.: 2511475, -1401, am Flughafen: 2551666, -1402) fliegt vom 13 km südwestlich gelegenen **Flughafen Bagdogra** 5x wöchentlich nach **Kalkutta und Delhi** sowie 3x die Woche nach **Guwahati** in Assam (Mo und Fr). Jet Airways (im Hotel Vinayak, Tel.: 2435876/7, am Flughafen: 2551589, www.jetairways.com) und SpiceJet (Tel.: 1800-1803333, www.spicejet.com) fliegen tgl. nach Delhi und Kalkutta und 4x wöchentlich nach Guwahati. GoAir (Tel.: 1800-222111, www.goair.in) fliegt täglich nach Delhi und 3x wöchentlich nach Guwahati. Die Fluggesellschaften setzen zu den jeweiligen An- und Abflugzeiten einen Bus von und nach Darjeeling ein.

■ Vom Bagdogra-Flughafen gibt es eine **Hubschrauber-Verbindung** (2.200 Rs, Gepäckbeschränkung auf 10 kg!) täglich um 14.30 Uhr (gut 30 Min.) mit **Gangtok.** Tickets gibt's bei Sikkim Tourism Development Corporation (STDC, Tel.: 03592-203960).

Bahn:

■ Ein **Reservierungsbüro** (Tel.: 2537333), in dem Tickets für Züge von allen drei Bahnhöfen in Siliguri gekauft werden können, befindet sich in der Nähe der Hauptpost an der Straße nach Kalimpong. Mo–Sa 8–20 Uhr (11 und 14 Uhr Pausen), So 8–14 Uhr. Natürlich gibt's Tickets auch im Bahnhof New Jalpaiguri.

■ Von **Kalkutta** aus fährt der 13147 Uttar Banga Exp.: Abf. Kalkutta Sealdah 19.35 Uhr, Ank. New Jalpaiguri 7 Uhr. Oder der 12343 Darjeeling Mail: 22.05 Uhr ab Kalkutta Sealdah, New Jalpaiguri an 8 Uhr. Von hier aus gibt es eine **direkte Verbindung nach Darjeeling** mit dem Toy Train: New Jalpaiguri ab 9 Uhr, Siliguri ab 9.30 Uhr, Darjeeling an ca. 17 Uhr. Eine gute Nachtverbindung von New Jalpaiguri ist der 12378 Padatik Exp.: Abf. 21 Uhr, über Malda (ab 0.40), Ank. in Sealdah 6.45 Uhr.

■ 6x wöchentl. fährt der schnelle 12424 Rajdhani Exp.: **New Delhi** ab 14 Uhr, über Mughal Sarai (nahe Varanasi, ab 23 Uhr), New Jalpaiguri an 10.45 Uhr. Umgekehrt (Zug-Nr. 12423): New Jalpaiguri 13.15 Uhr, über Patna (an

21.40 Uhr), Mughal Sarai (1 Uhr), Allahabad (3.10 Uhr), Ank. New Delhi 10.10 Uhr. Auch diese Schnellzüge verbinden mit Guwahati. Mit Express-Zügen dauert die Fahrt gut 30 Stunden.

■ Der **Toy Train** fährt tgl. um 9 Uhr. Von **New Jalpaiguri** nach Darjeeling und benötigt für die knapp 90 km lange Strecke 8 Std. (1.Kl./2.Kl. 420/245 Rs). Der Zug hält auch in Siliguri Town und Siliguri Junction direkt hinter dem Tenzing-Norgay-Busbahnhof. Da er häufig über Tage ausgebucht ist, sollte man ca. drei Tage vorher reservieren.

■ Ende 2012 war die Strecke von New Jalpaiguri/Siliguri nach Darjeeling wegen **Instandsetzungsarbeiten** nach Erdrutschen nicht in Betrieb. Ob sich dies geändert hat, muss vor Ort in Erfahrung gebracht werden.

Bus:

■ Nur noch wenige staatliche Busse fahren vom Tenzing-Norgay-Busbahnhof nach **Darjeeling.** Deshalb sollte man auf die Jeeps von Privatanbietern zurückgreifen.

■ Nach **Gangtok** (5 Std., 115–210 Rs), der Hauptstadt Sikkims, setzt Sikkim National Transport von seinem Büro an der Hill Cart Road 250 m südlich des Tenzing-Norgay-Busbahnhofs Busse (7.30, 11.30, 12.30 und 13.30 Uhr) ein. Das für Sikkim notwendige Permit ist im dortigen Sikkim Tourist Information Centre (Genaueres im Abschnitt Information) am SNT Terminal erhältlich.

■ IndiaTourism startet tgl. um 19.30 Uhr von einem kleinen Extrastand gegenüber dem Tenzing-Norgay-Busbahnhof mit einem AC-Luxusbus nach **Kalkutta** (12 Std., 900 Rs), eine komfortable Variante. Der Bus kann per Telefonat (Mobilnummer: (0)9832095984) vorreserviert werden. In diesem Fall muss man mindestens eine halbe Stunde vor Abfahrt des Busses dort erscheinen, sonst wird der Sitzplatz anderweitig vergeben.

■ Auch mehrere sogenannte Rocket-Busse der Calcutta State Transport Corporation (CSTC) verkehren zwischen 12 und 22 Uhr zwischen Siliguri und **Kalkutta** (12 Std., 266 Rs, Tickets an Counter 10 des Tenzing-Norgay-Busbahnhofs), ebenso lange dauert die Fahrt nach **Patna** und **Bihar.**

■ Ein Bus der Assam State Transport Corporation fährt täglich um 16 Uhr in 12 Std. nach **Guwahati** (350 Rs).

■ Zur indischen **Grenzstadt Panitanki** starten etwa halbstündig Busse zur einstündigen Fahrt (20 Rs) vom Busbahnhof. Die Grenze ist von indischer Seite durchgängig, von nepalesischer Seite jedoch nur von 7 bis 19 Uhr geöffnet. Vom ersten Ort in Nepal, Karkarbhitta, sind es noch einmal 16 Std. Fahrtzeit bis **Kathmandu.**

Taxi/Jeep:

■ Gemeinschaftsjeeps nach **Darjeeling** warten entlang der Hill Cart Rd. vor dem Busbahnhof und vor dem Conclave Hotel auf Kunden. Sie bewältigen die Strecke in ca. 3 Std., Prepaid-Preis 120 Rs. Taxi exklusiv: 1.000 Rs. In den ebenfalls dort startenden Minibussen kostet die Fahrt 80 Rs.

■ **Vom Flughafen Bagdogra nach Darjeeling** kostet die Fahrt mit dem Taxi (bis 5 Pers.) um 1.375–1.475 Rs, nach Mirik 880 Rs, nach Bhadrapur kurz hinter der nepalesischen Grenze 840 Rs. Alle hier genannten Preise sind fix, also nicht verhandelbar.

■ Sammeltaxis/Jeeps nach **Kalimpong** starten am Kalimpong Jeepstand an der Sevoke Rd., (2,5 Std Fahrtzeit, 90 Rs). Nach **Gangtok** starten Jeeps (142 Rs, 4 Std.) vom Sikkim National Transport (SNT) Terminal südlich des Tenzing-Norgay-Busbahnhofs. Auch nach Kakarbhitta, dem Grenzort auf nepalesischer Seite, fahren von Siliguri Gemeinschaftsjeeps (70 Rs).

Oft gibt es Scherereien mit **Taxis,** die man gleich nach der Ankunft am **Bahnhof in New Jalpaiguri** gebucht hat. Spezielle Vorsicht ist geboten, wenn die Fahrer einen **Vorschuss** von 100–200 Rs für Benzin verlangen. Oft fahren sie nur ins 8 km entfernte Siliguri, wo man aufgefordert wird, in ein anderes Taxi nach Darjeeling umzusteigen – den Vorschuss ist man dann los. Deshalb empfiehlt es sich, zunächst per Taxi oder Riksha von New Jalpaiguri nach Siliguri zu fahren und dort ein Taxi nach Darjeeling zu buchen, zumal die Auswahl dort auch größer ist.

Highlight:

Darjeeling VIII/A2
– schneebedeckte Berge, Mönche und Tee

Darjeeling legt Wert darauf, mehr zu sein als eine Teesorte. Zwar genießt der Ort weltweite Berühmtheit wegen des in seiner Umgebung angebauten **Spitzentees,** doch in Indien selbst ist er mindestens ebenso beliebt als die neben Shimla bekannteste **Hill Station** des Landes. Die Ähnlichkeit zwischen diesen beiden Orten ist denn auch unübersehbar. Beide wurden in den ersten Jahrzehnten des letzten Jahrhunderts von den Briten als Erholungsort für ihre während der Sommermonate unter der Hitze und Schwüle der Tiefebene leidenden Kolonialbeamten gegründet. Nach der indischen Unabhängigkeit lösten Mitglieder der indischen Oberschicht die ehemaligen Kolonialherren ab, wobei in den letzten Jahren die immer zahlreicher werdenden Mitglieder der oberen Mittelschicht das Bild bestimmten. Speziell nach dem Ausfall Kashmirs als Ferienziel konzentrieren sich seit Beginn der neunziger Jahre immer mehr Urlauber auf diese Orte. Die damit zwangsläufig einhergehenden Folgeerscheinungen wie oftmals hässliche Hotelneubauten und steigende Preise bilden die Kehrseite dieses Tourismusbooms.

Auf 2.134 Metern Höhe gelegen, zieht sich Darjeeling über mehrere Kilometer entlang eines steilen Berghanges, wobei die indisch geprägten **Geschäftsviertel** und der alte Bahnhof die unteren Stadtteile kennzeichnen, während die ehemaligen **Villen** der britischen Kolonialherren standesgemäß die attraktiven Viertel der **Oberstadt** bilden. Ein dicht verwinkeltes, kaum überschaubares Netz von steil aufsteigenden Straßen, Gassen und Treppen verbindet die einzelnen Stadtteile.

Wie es sich für eine ehemalige Hill Station gehört, besitzt auch Darjeeling eine Promenade, die den Mittelpunkt des gesellschaftlichen Lebens bildet. Hier sind auch die meisten der alten, heute oft in Hotels umgewandelten Kolonialbauten zu finden. Die Stadt lockt nicht nur mit ihrem **angenehmen Klima,** sondern auch mit hervorragenden Ausblicken auf die angrenzenden Himalaya-Berge, wobei die klarste Sicht in der Zeit von Mitte März bis Mitte September herrscht. Danach kann es mit Temperaturen um den Gefrierpunkt empfindlich kühl werden.

Während der **Hauptreisezeit** zwischen März und Juni sowie Oktober und November, wenn die Stadt während des Diwali-Festes von bengalischen Urlaubern fest im Griff gehalten wird, steigen die Hotelpreise z.T. um das Drei- oder Vierfache.

Eine Hauptattraktion Darjeelings ist der **Toy Train,** dessen Diesellokomotive die 2.000 Höhenmeter aus dem Tiefland von New Jalpaiguri entlang einer landschaftlich äußerst reizvollen Strecke in acht Stunden Fahrt zurücklegt. Als kurze Variante schnauft eine winzige Dampflokomotive nach Kurseong und Ghoom.

Eine weitere Attraktion ist der besonders hohe Anteil von **Bergstämmen** aus dem Himalaya, die der Stadt einen ganz besonderen Stempel aufdrücken. Die meisten dieser von den Briten Ende des vorherigen Jahrhunderts für den Teeanbau ins Land geholten Arbeitskräfte stammen aus Nepal und folgen dem buddhistischen Glauben. Ihre Anwesenheit war Grund für blutige **Auseinandersetzungen** in den 1980er Jahren. Die einheimische Bevölkerung wehrte sich gegen die von ihr beklagte Überfremdung. Die militante Gurkha National Liberation Front (GNLF) lieferte sich einen erbitterten Guerilakampf mit der indischen Zentralregierung um einen autonomen Staat Gurkha-Land. 1988 wurde dem Blutvergießen am Verhandlungstisch ein Ende bereitet, indem der Region größere Autonomie zugesprochen wurde. Inzwischen versucht die aus der GNVL entstandene Partei Gurkha Jamukti Morcha (GJM), noch mehr **Autonomie** für die Gurkhas durchzusetzen. Die Protestmethoden reichen von der Weigerung, Steuern und Rechnungen zu zahlen, bis zu Streiks, bei denen das gesamte öffentliche Leben stillsteht.

Wer die einzigartige Mischung aus britischem Flair, buddhistischen Klöstern, hinduistischen Tempeln, nahen Bergmassiven und schönen Teelandschaften erlebt hat, wird verstehen, warum Darjeeling zu Recht Wert darauf legt, mehr zu sein als eine, wenn auch weltberühmte, Teesorte.

Sehenswertes

Stadtrundfahrt

■ Das DGHC Tourist Office und mehrere private Anbieter veranstalten u.a. zwei dreistündige „**Seven-Point-Touren**" (9.30 und 14 Uhr, mit Zoo, Himalayan Mountaineering Institute, Tibetan Refugee Self-Help Centre und mehreren Aussichtspunkten) für 100 Rs sowie eine **Ganztagestour nach Mirik** (170 Rs). In der Hauptsaison werden auch Tagesausflüge nach **Gangtok, Kalimpong** und zum **Tiger Hill** (Start 4 Uhr morgens, bis 7.30 Uhr) mit Sonnenaufgängen etwa über dem Kanchenjunga durchgeführt. Ob die Touren stattfinden, hängt allerdings davon ab, ob die jeweilige Mindestteilnehmerzahl erreicht wird.

■ Wer eigenständig unterwegs sein will, muss für ein **Taxi** etwa 700 Rs für den halben Tag veranschlagen.

▷ Blick auf das Kanchenjunga-Massiv

Tiger Hill

Darjeelings Hauptattraktion, der Exkursion zum Tiger Hill, kann sich kein Tourist entziehen. Zu nachtschlafender Stunde, morgens um 4.30 Uhr, macht sich ein Konvoi laut knatternder Jeeps (100/150 Rs einfache Fahrt/hin- und zurück, ca. 700 Rs für einen Jeep) auf den Weg zu diesem ca. 11 km südlich von Darjeeling gelegenen Berg, von dessen 2.590 m hohem Gipfel sich ein wunderschöner **Sonnenaufgang über dem Himalaya** erleben lässt. Nur wenige sind es, die sich das Naturschauspiel entgehen lassen, welches sich allmorgendlich vor allem über dem 8.578 m hohen **Kanchenjunga,** dem drittgrößten Berg der Erde, entfaltet. Das einzigartige Farbenspiel, wenn das gewaltige Bergmassiv sich langsam rot, dann rosa und schließlich gelb färbt, ist das frühe Aufstehen und die empfindliche Kälte allemal wert. Bei guter Sicht ist, winzig klein, auch die **Spitze des Mount Everest** sichtbar. Für einen Aufpreis von 40 Rs kann man der morgendlichen Kälte in den beheizten „Lounges" des Viewing Tower entgehen. Am Berg selbst stehen zahlreiche Essens- und Teestände zur Verfügung.

■ Statt Hin- und Rückfahrt zum Tiger Hill mit dem Jeep zu fahren, empfiehlt es sich, nach Sonnenaufgang den **Rückweg zu Fuß** zurückzulegen. Dabei kann man nicht nur **Klöster in Ghoom** besuchen, sondern auch noch Einblick in das Leben der Dörfer entlang des Weges gewinnen. So kommt man in aller Gemütlichkeit vormittags wieder in Darjeeling an, wo man sich den Rest des Tages in einem der schönen Dachterrassenrestaurants bei einem Tee entspannen kann.

Ansonsten können über Reisebüros oder mit einem der am Clubside Taxi Stand wartenden **Jeeps** Ausflüge arrangiert werden. Die Variante, einen der zwischen 4 und 4.30 Uhr von der Laden La Rd. zum Tiger Hill startenden Jeeps zu besteigen, hat den Vorteil, nicht vorbuchen zu müssen und so die jeweils herrschende Wetterlage berücksichtigen zu können. Ein eigenes Fahrzeug kostet etwa 700 Rs inkl. Rückfahrt.

Klöster

Von den zahlreichen buddhistischen Klöstern in der Umgebung Darjeelings ist das 8 km südlich der Stadt nahe **Ghoom** gelegene **Yigacholing-Kloster** das wohl interessanteste. Von außen wirkt es zwar mit seinen Betonmauern wenig einladend, doch die Offenheit und Herzlichkeit der Novizen sowie die schöne Meditationshalle mit einer 5 m hohen Statue des kommenden Buddhas, Maitreya, lohnen auf jeden Fall einen Besuch. Wer fotografieren will, muss pro Foto 10 Rs bezahlen.

Gleiches gilt für das etwa einen Kilometer nördlich von Chowrasta gelegene **Bhutia-Busta-Kloster,** welches ursprünglich in Sikkim beheimatet war. 1879 wurde es in Darjeeling angesiedelt und bildet mit seiner bunten Bemalung und dem Kanchenjunga im Hintergrund ein pittoreskes Fotomotiv.

Himalayan Zoo

Mittlerweile werden die Tiere im Padmaja Naidu Himalayan Zoo artgerechter gehalten. Neben Bewohnern wie **Pandabären** und **Wölfen** aus Tibet, **Tigern** und **Panthern** ist die Aufzuchtstation für **Schneeleoparden** die Hauptattraktion in diesem ca. 20 Fußminuten vom Chowrasta entfernten Tierasyl.

■ **Öffnungszeiten:** täglich außer Do 8.30 bis 17.30 Uhr, Tickethäuschen bis 16 Uhr geöffnet, Eintritt 100 Rs. Per **Gemeinschaftsjeep** kostet es vom Chowk Bazaar 10 Rs, per **Taxi** 60 Rs.

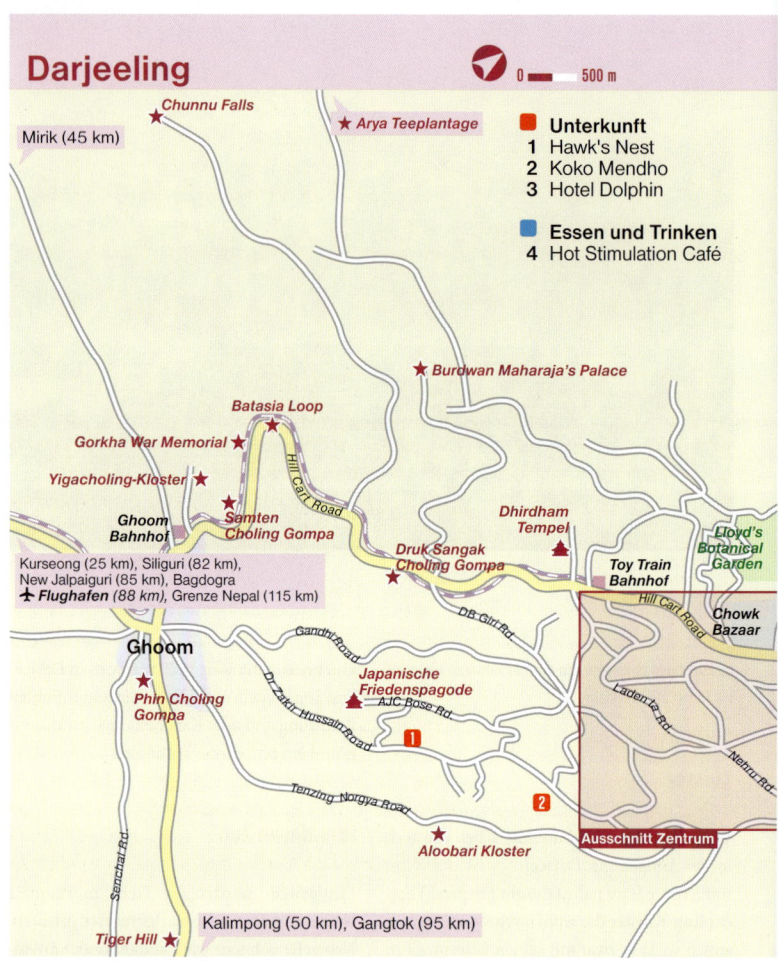

Himalayan Mountaineering Institute and Museum

Interressant ist ein Besuch dieses unmittelbar an den Zoo angrenzenden Instituts (Tel.: 2254087, www.hmi-darjeeling.com), welches von Sherpa **Tenzing Norgay** bis zu seinem Tod im Jahre 1986 geleitet wurde. Eine Statue zu Ehren des Mannes, der zusammen mit *Sir Edmund Hillary* als Erster den Mount Everest bestiegen hat, steht neben dem Hauptgebäude. Das Mountaineering Museum zeigt eine

Darjeeling

gung des höchsten Berges der Erde. Dem Institut ist ein kleines Restaurant angeschlossen.

■ **Öffnungszeiten:** täglich außer Do 8.30–16.30 Uhr. Eintritt für Zoo und das Institut 100 Rs. Zwischen März und September werden teils sehr anspruchsvolle Kletter-, Trekking- und Kanutouren zu festen Terminen veranstaltet. Da die Nachfrage groß ist, sollten sich Interessierte mehrere Monate vorher anmelden.

Tibetean Refugee Self Help Centre

Wie in anderen Städten mit einem hohen Anteil **Tibetern,** die 1953 zusammen mit dem Dalai Lama nach Indien geflüchtet sind, so existiert auch in Darjeeling ein gut organisiertes **Selbsthilfezentrum** (Lebong Cart Rd., tgl. außer So von Sonnenauf- bis Sonnenuntergang geöffnet). Neben sozialen Einrichtungen wie Krankenstation und Altersheim finden sich hier Werkstätten, in denen die **traditionellen Kunsthandwerke** Tibets – wie Teppichknüpferei, Holzschnitzerei und Lederverarbeitung – ausgeübt werden. Der Verkauf der dabei erzeugten Artikel im Showroom (9–17.30 Uhr) sichert nicht nur den Arbeitern ein geregeltes Einkommen, sondern erhält auch traditionelle Herstellungsverfahren, die im Zeitalter der modernen Massenproduktion kaum überlebensfähig wären. Die Preise sind zwar kaum niedriger als in der Stadt, doch dafür bietet sich hier die Möglichkeit, beim Herstellungsprozess zuzuschauen. Es herrscht die für Tibeter so charakteristische freundliche Atmosphäre, und die Aussicht kann man ebenfalls genießen.

ebenso interessante wie kuriose Sammlung diverser Exponate aus der **Geschichte des Bergsteigens.** Das im angrenzenden Raum untergebrachte **Everest Museum** dokumentiert die nach langen und leidvollen vorhergehenden Versuchen 1953 letztlich erfolgreiche Ersteigung

Das Zentrum ist entweder in ca. 20 Minuten zu Fuß erreichbar, wobei der steile Anstieg auf dem Rückweg einkalkuliert werden sollte, oder per Taxi (inkl. Rückweg und Wartezeit ca. 300 Rs).

Happy Valley Tea Estate

Ihrer günstigen Lage nur etwa 20 Gehminuten vom Bahnhof entfernt verdankt es diese Plantage, dass sie die meistbesuchte der insgesamt über 70 **Teeplantagen** Darjeelings ist.

Ein Hauptgrund für die weltweit geschätzte Qualität des Darjeeling-Tees ist das hier angewandte „orthodoxe Verfahren", welches speziellen Wert auf sanfte Verarbeitungsmethoden legt. Dabei werden die Blätter nach dem Pflücken (nur die Triebe und die beiden jüngsten Blätter finden Verwendung) während eines etwa 15-stündigen Welkverfahrens auf dem Rost ausgelegt und durch eine Turbine luftgetrocknet. Danach erfolgen die genau aufeinander abgestimmten Schritte des Rollens, Siebens und Fermentierens. Gegen ein geringes Trinkgeld kann man sich die Verarbeitungsprozesse von einem Angestellten der Fabrik erklären lassen.

Als beste Sorten gelten die gleich zu Beginn der Saison gepflückten First Flush (April/Mai) und Second Flush (Juni/Juli). Besonderer Wert wird im Happy Valley auf den chemiefreien Herstellungsprozess gelegt, wobei der sehr freundliche und auskunftsbereite Manager der Anlage nicht verhehlt, dass dabei auch der Druck der deutschen Aufkäufer eine große Rolle gespielt hat. Die Plantagen Darjeelings produzieren jährlich etwa 10 Mio. kg Tee, was etwa einem Viertel der Gesamtproduktion Indiens entspricht. Ein Besuch der Plantage und Fabrik lohnt jedoch nur von April bis November, da während der übrigen Zeit die Produktion ruht. Eine kleine Spende nach der informativen Führung ist sicher angebracht.

■ **Geöffnet:** tgl. außer So 8–16 Uhr.

▷ Der Toy Train im Wartestand

Toy Train

Eisenbahnfans strömen aus der ganzen Welt nach Darjeeling, um einmal mit diesem berühmten Zug mit zwei Fuß Spurbreite zu fahren, der korrekt **Darjeeling Himalayan Railway** (www.dhrs.org) heißt. Die 1881 in Dienst gestellte Bahnverbindung ist eine der letzten ihrer Art in Indien. Auf der kürzeren Strecke nach **Kurseong** (1,5 Std., 31 km) sind noch die schnaubenden **Dampfloks** aus den Anfangsjahren, die nicht mehr als 10 km/h schaffen, in Betrieb. Auf der gut siebenstündigen 80 bzw. 88 km langen Strecke von New Jalpaiguri und Siliguri ziehen **Diesellokomotiven.** Bergab von Darjeeling dauert die Fahrt knapp eine Stunde weniger.

Außerdem gibt es tgl. drei ca. zweistündige sogenannte **Joyrides** (Abfahrtszeiten zur Hauptsaison 10.40, 13.20 und 16 Uhr) nach **Ghoom** und zurück (240 Rs), wobei die Dampflokomotiven eine halbe Stunde beim **Railway Museum** in Ghoom (10–13 und 14–16 Uhr, Eintritt 10 Rs) und kurz beim **Batasia Loop,** einer fotogenen Spiralkurve der Gleise, halten. Da alle Strecken in der Hauptsaison stark frequentiert sind, sollte man sein Ticket am Bahnhof mindestens einen Tag vorher kaufen oder per Internet (www.irctc.co.in) ordern. Zur Recherchezeit war die Strecke zwischen New Jalpaiguri und Darjeeling wegen mehrerer Erdrutsche nicht in Betrieb. Auf der genannten Internetseite oder vor Ort kann der aktuelle Stand in Erfahrung gebracht werden.

Weitere Sehenswürdigkeiten

Im zwischen Bahnhof und Teeplantagen gelegenen **Lloyd's Botanical Garden** (täglich 6–17 Uhr, Tel.: 2252358) findet sich eine repräsentative Auswahl der Flora der Himalaya-Re-

gion, wobei besonders die Orchideen- und Rhododendronabteilung Interesse verdient.

Erinnerungen an Nepal ruft der unterhalb des Bahnhofs platzierte **Dhirdham-Tempel** wach. Dieser auffälligste Hindu-Tempel der Stadt ist zwar Shiva gewidmet, wurde jedoch dem Pashupatinath-Tempel bei Kathmandu nachempfunden, in dem Vishnu in seiner Erscheinung als Beschützer der Tiere verehrt wird.

Über 40.000, z.T. jedoch reichlich verstaubt wirkende Beispiele aus der Pflanzen- und Tierwelt der Himalaya-Region präsentiert das 1903 gebaute **Bengal Natural Historical Museum** (Bishop Eric Benjamin Rd., tgl. 10–17 Uhr).

Im großen Klotz der **Gorkha Ranga Manch Bhawan** findet in der Hauptsaison eine Vielzahl kultureller und unterhaltender Veranstaltungen statt. Über das aktuelle Programm informiert das DGHC Tourist Office.

Im Nightingale Park werden in der Saison ab etwa 16.30 Uhr **Tanzvorführungen** dargeboten.

Eine **Wanderung zu den Chunnu Falls** südwestlich von Darjeeling sollte man über die steile Bloomfield Road angehen.

Praktische Tipps

Information und Reisebüros

● **Vorwahl:** 0354

● Das **DGHC Tourist Office** (Darjeeling Gorkha Hill Council, Tel.: 2255351, Jawahar Rd. West, April bis Juli 9–18.30 Uhr, Nebensaison Mo–Sa 10–16.30, jeden 2. Sa des Monats 10–13 und So 10–13 Uhr) nicht weit vom Chowrasta entfernt ist eine hilfsbereite und kompetente Informationsquelle. Hier werden auch Rundfahrten, Trekking-Touren und Rafting (Schwierigkeitsgrad II bis IV) nahe Kalimpong angeboten. Filialen befinden sich am Bahnhof und am Flughafen Bagdogra.

● Das **West Bengal Tourist Bureau** im Hotel Bellevue in Chowrasta (Tel.: 2254102, So und Di–Fr 10–16.30 Uhr) ist, falls geöffnet, äußerst hilfsbereit. Hier erhält man neben Stadtplan (5 Rs) und Hotelliste auch Informationen zu Sikkim sowie eine gute Broschüre über Trekking-Routen in der Umgebung.

■ **Clubside Tours & Travels** (J.P. Sharma Rd., Tel.: 2254646/7, www.clubside.in, eine Gasse oberhalb der Post hinein) hat große Erfahrungen bei der Organisation von Trekking- und anderen Touren nach individuellen Wünschen in Westbengalen, Assam und Sikkim. Die Beratung ist sehr ausführlich.

■ Bei **Adventures Unlimited** (Hotel Nordling Complex, 142 Dr. Zakir Hussain Rd., Tel.: (0)9933070013, www.adventuresunlimited.in) können Trekking- und Kayak-Touren sowie Paragliding gebucht und Motorräder gemietet

Darjeeling, Zentrum

■ **Unterkunft**
1 Mayfair Hill Resort
2 The New Elgin Hotel
3 Hotel Windamere
4 Classic Guest House
10 Pineridge Hotel
11 Hotel Bellevue
14 Main Olde Bellevue Hotel
17 Planter's Club Darjeeling
21 Hotel Dekeling
24 Guest House Andy's
32 Revolver
33 Triveni Guest House
34 Aliment Hotel
35 Traveller's Inn,
The Grace Inn
36 Hotel Long Island
37 Hotel Tower View

■ **Einkaufen**
6 Oxford Bookshop
15 DAS Studio
25 Haydan Hall
30 Nathmull's Tea Room

Darjeeling

werden. Außerdem gibt's ein schnelles Internetcafé und Geldwechsel.

■ **Himalayan Travels** (Tel.: 2252254, (0)9434209847, 18 Gandhi Rd., www.himalayantravels.net) ist ebenfalls ein alteingesessener Tourorganisator mit viel Erfahrung. Außerdem werden Autos mit Fahrer vermietet.

■ Die vielleicht verlässlichste Adresse, ein Taxi oder einen Jeep mit Fahrer zu mieten, ist **Juniper Tours & Travels** (Tel.: 2252095, (0)9434143458, juniper@sanchar net.in), zentral an der Laden La Rd. gelegen. Hier kann man auch Flug- und Bahntickets buchen.

Der Osten: Westbengalen

■ **Essen und Trinken**
5 Star Dust Restaurant
13 Shangrila
16 Glenary's,
    Frank Ross Café,
    Hasty Tasty
17 Planter's Club Darjeeling
19 Keventers
22 Restaurants Kunga
    und Devekas
23 New Embassy Restaurant
27 Park Restaurant
34 Aliment Restaurant

■ **Verkehr**
7 Busbahnhof, Taxi Unions,
   Jeeps nach Siliguri, Gangtok
9 Jeeps nach Siliguri
12 Air India
18 Adventures Unlimited
20 Juniper Tours & Travels
26 Samsara Tours, Treks & Travels
28 Hill Cart Rd. Jeepstand
29 Clubside Tours & Travels
31 Himalayan Travels

Trekking in Darjeeling

Die Region nordöstlich von Darjeeling **in Richtung Sikkim** gehört zu den beliebtesten Trekkinggebieten im indischen Himalaya. Entsprechend gut ist die Infrastruktur, vor allem entlang der Hauptwanderwege. **Übernachtungsmöglichkeiten** stehen überall zur Verfügung. Allerdings kann es während der Monate April/Mai und Oktober/November, wenn die meisten Trekker unterwegs sind, zu Engpässen, sodass man auf jeden Fall einen Schlafsack mitnehmen sollte.

Sehr gute **Informationen** aus erster Hand gibt's beim DGHC (Darjeeling Gorkha Hill Council) Tourist Office und in dessen sehr informativem Heft „Himalayan Treks". Dort erhält man auch gute **Trekkingkarten**. Unter Verwaltung von DGHC stehen auch die Berghütten (40 Rs pro Übernachtung mit Bettzeug) an den Wanderrouten. Schlafsäcke sowie Daunenjacken und andere Ausrütung kann billig z.B. bei Adventure Sports Office beim DGHC Lowis Jubilee Complex in der SK Pal Rd. ausgeliehen werden. Neben dem im Folgenden aufgeführten Trek gibt es noch viele weitere interessante, auch mehrwöchige Wander- und Kletterrouten, die man im Übrigen auch organisiert über eine der zahlreichen in Darjeeling ansässigen Trekkingagenturen erkunden kann. Einige der besten sind unter „Information und Reisebüros" aufgelistet.

6-Tage-Trek: Darjeeling – Rimbik – Darjeeling

1. Tag: Busfahrt (5 Std.) zum 2.286 Meter hoch gelegenen Rimbik
2. Tag: 5-stündige Wanderung von Rimbik nach Raman auf 2.560 Meter Höhe
3. Tag: 7-stündiger, z.T. sehr steiler Anstieg nach Phalut (3.600 Meter), von wo sich ein großartiger Ausblick auf den Kanchenjunga und bei klarem Wetter bis zum Mt. Everest genießen lässt.
4. Tag: Von Phalut nach Sandakphu (3.636 Meter) geht es zunächst steil bergab, bevor wieder ein steiler Aufstieg folgt. Erneut wird man hierfür mit einer herrlichen Aussicht belohnt.
5. Tag: Die Rückkehr zum über 1.000 Meter tiefer gelegenen Rimbik dauert ca. 6 Stunden.
6. Tag: Rückfahrt nach Darjeeling

Unterkunft

Wie alle Hill Stations in Indien verfügt auch Darjeeling über eine schier unübersehbare Fülle an Hotels, deren **Preise** je nach der Jahreszeit extremen Schwankungen unterliegen. Von Mitte März bis Mitte Juli und noch einmal während des Dussera-Festes im September/Oktober ist der Ort proppevoll mit gut betuchten Urlaubern aus Kalkutta, und entsprechend teuer ist die Übernachtung. In den kalten Wintermonaten von November bis Februar bekommt man dafür ein gutes Mittelklassehotel zum Preis einer Low-Budget-Unterkunft. Allerdings schließen viele Hotels außerhalb der Saison auch ganz. Generell gilt die Regel, dass die Hotels entlang der beiden Hauptstraßen Nehru Road und Laden La Road am teuersten sind. Je weiter man sich von der Innenstadt nach Südosten entfernt, desto billiger wird es. Entsprechend der vorwiegend gehobenen Klientel Darjeelings ist die Zahl der Billigunterkünfte allerdings verhältnismäßig klein. Die im Folgenden genannten Unterkünfte stellen nur eine sehr kleine Auswahl dar, wobei sich die **Preisangaben** auf die Hauptsaison beziehen.

Untere Preiskategorie:

■ Populär ist das **Triveni Guest House** € (Dr. Zakir Hussain Rd., Tel.: 2253878). Die eher spartanischen Zimmer sind sehr günstig. Angenehm sind die nette Travelleratmosphäre und der schöne Ausblick vom angeschlossenen Restaurant. Nicht weit entfernt ist das **Koko Mendho** € (Tel.: 2256346) sehr preiswert, gemütlich und familiär.

■ Ganz in der Nähe findet sich das sehr freundliche **Aliment Restaurant & Hotel** €-€€ (Dr. Zakir Hussain Rd., Tel.: 2255068, alimentweb@sify.com). Wie es der Name schon vermuten lässt, handelt es sich in erster Linie um ein – übrigens vorzügliches – Restaurant, welches über einige schlichte und saubere Zimmer verfügt.

■ Eine süße Billigunterkunft ist das **Hotel Long Island** € (Dr. Zakir Hussain Rd., Tel.: 2252043, (0)9434 467743). Einfache, aber saubere Zimmer, teils mit Gemeinschaftsbad, in familiärer Atmosphäre und ein hübsches Restaurant machen es zur allerersten Wahl dieser Kategorie.

■ Gegenüber gelegen, ist das **Hotel Tower View** € (Tel.: 2254452) eine ebenfalls hervorragende Billigbleibe, in der jedoch nur die Zimmer mit Aussicht empfohlen werden können. Hier gibt's einen spottbilligen Schlafsaal und ein Restaurant.

■ Eine Qualitätsstufe höher ist das **Guest House Andy's** €-€€ (Dr. Zakir Hussain Rd., Tel.: 2253125) anzusiedeln. Geräumige, saubere Zimmer und der Dachgarten mit Rundumblick locken.

Mittlere Preiskategorie:

■ Hübsch möbliert sind das **Traveller's Inn** €€€-€€€€ (Dr. Zakir Hussain Rd., Tel.: 2258497, www.darjeelingtravellersinn.com) mit holzgetäfelten Wänden und das preiswertere **The Grace Inn** €€-€€€ (Rockville Rd., Tel.: 225 8106, (0)9832092902) nahe dem Sendeturm, beide gut in Schuss, aber ohne viel Aussicht von den Zimmern. Die wird aber von der jeweiligen Restaurantterrasse gewährt.

■ Etwas versteckt hinter der Union Chapel, muss das **Revolver** €€-€€€ (Gandhi Rd., Tel.: 225370, www.revolver.in) als eine der besten Unterkünfte Darjeelings bezeichnet werden. Leider nur fünf gemütliche, bunte Zimmer sind nach je einem Beatle inkl. Manager benannt und entsprechend dekoriert. Klasse sind auch das Restaurant, WiFi in der Lobby, die hilfreiche, freundliche Besitzerin und Heizdecken in den Betten gegen die klamme Kälte zu manchen Jahreszeiten.

■ Im kleinen, an den steil abfallenden Hang gebauten **Hotel Dolphin** €€€€ (Hermitage Mall Rd., Tel.: 6419889, (0)8972475723, www.hoteldophin.in) mit sauberen Zimmern zum Tal und gutem Restaurant ist der morgendliche, meist nicht von Wolken getrübte, fantastische Blick auf das Kanchenjunga-Massiv aus den großen Panoramafenstern der Super-Deluxe-Zimmer wohl kaum zu toppen, aber auch nicht teuer.

■ Eine hervorragende Adresse in dieser Preiskategorie ist das **Hotel Bellevue** €€€-€€€€ (Tel.: 2254075, (0)980 0667148, www.bellevuehotel-darjeeling.com) direkt im Herzen der Stadt am Chowrasta-Platz. Der Zahn der Zeit hat an diesem altmodischen schönen Kolonialhotel, in dessen großen Räumen sich das Tourist Office und das Air India Office befinden, offensichtlich kräftig genagt, doch das macht es nur noch sympathischer. WiFi vorhanden.

■ Ist das Bellevue, wie meistens in der Hauptsaison, belegt, bietet sich als Ausweichadresse das direkt oberhalb erbaute **Main Olde Bellevue Hotel** €€€-€€€€ (Tel.: 2254178) an. Es wird von einem Mitglied der gleichen tibetischen Familie geleitet, die auch für das Bellevue verantwortlich ist. Auch hier stehen große, leicht angegraute Zimmer mit TV zur Verfügung.

■ Viel Charme haben auch die vier Zimmer des **Classic Guest House** €€€ (C.R. Das Rd., Tel.: 2254120, rajn_clas sic@hotmail.com) gleich unterhalb des Chowrasta. Die großen Zimmer mit Balkon und TV sind zwar leicht angegraut, doch machen dies die schöne Einrichtung, das freundliche Management und die tollen Ausblicke in diesem alten Kolonialhaus mehr als wett.

■ Eine sehr empfehlenswerte Unterkunft ist auch das **Hotel Dekeling** €€€-€€€€ (Tel.: 2254159, www.dekeling.com) in der Gandhi Rd. Neben den gemütlich eingerichteten Zimmern und dem sympathischen Manager überzeugt das Hotel durch sein vorzügliches tibetanisches Restaurant im Erdgeschoss. Am besten sind die Eckzimmer der oberen Stockwerke. Wenn es richtig kalt wird, gibt's ne Wärmflasche gratis.

Obere Preiskategorie:

■ Die sympathische Dekeva-Familie des Hotel Dekeling führt auch das herrliche **Hawk's Nest** €€€€€ (Tel.: 2253092, www.dekeling.com), etwa 20 Gehminuten südlich der Innenstadt an der AJC Bose Rd. gelegen. Der Ende des 19. Jh. von einem britischen Kolonialbeamten erbaute Prachtbau ist eine schöne Synthese aus britischem Kolonialstil und tibetanischer Gemütlichkeit. Jede der vier weitläufigen Suiten verfügt über ein modernes Badezimmer, Kamin und tolle Aussichten auf den umliegenden Garten und das Kanchenjunga-Massiv.

■ Wie der Billard-Raum, die Bücherei und die Portraits britischer Würdenträger an den Wänden unschwer erkennen lassen, ist auch der 130 Jahre alte **Planter's Club Darjeeling** €€€€–€€€€€ (Tel.: 2254349) oberhalb der Nehru Road ein sympathisches Relikt der britischen Kolonialzeit. In diesem ehemaligen Sitz des Tea Planter's Club sollte man sich allerdings nur in die im 1. Stock gelegenen, etwas teureren, großen VIP-Räume einmieten, da die im Erdgeschoss dunkel und ungemütlich wirken.

■ Das **The New Elgin Hotel** €€€€–€€€€€ (Tel.: 2257226, www.elginhotels.com, Preise inkl. Mahlzeiten) an der H.D. Lama Road ist wieder eines jener altmodisch schönen Unterkünfte, die man vornehmlich in *Hill Stations* findet. Trotz seines gesegneten Alters von 125 Jahren wirken die Räume sehr hell und freundlich und haben moderne Ausstattung. Der herrliche Garten lädt zum Relaxen beim Afternoon-Tea ein.

■ Zu den besonders empfehlenswerten Unterkünften aus der Kolonialzeit gehört das herrliche **Mayfair Hill Resort** €€€€€ (The Mall, Tel.: 2256376, www.mayfairhotels.com) gegenüber dem *Government House*. Herrlich möblierte Zimmer und viel Blumenschmuck machen den Aufenthalt behaglich. Nach dem Motto „the best of both worlds" kann man hier nicht nur den Charme der „guten alten Zeit" genießen, sondern auch alle Annehmlichkeiten der Neuzeit wie LCD-TV und WiFi.

■ Das oberhalb des Chowrasta Place auf dem Observatory Hill in einer ausgedehnten Parkanlage gelegene **Hotel Windamere** €€€€€ (Jawahar Rd. West, Tel.: 2254041, www.windameerehotel.com) ist nicht nur unbestritten das schönste Hotel Darjeelings, sondern würde auch in jedem Buch über die romantischsten Kolonialhotels Indiens Aufnahme finden. Der Eindruck, dass hier mit dem Abzug der Briten die Zeit stehen geblieben ist, wird auch dadurch bestätigt, dass sich die Besitzer standhaft weigern, neuzeitliche Errungenschaften wie Fernsehen und Zentralheizung einzuführen, um den authentischen Charakter ihres 1862 erbauten Hauses zu bewahren. So kann man sich in den herrlich antiquierten Räumen bei Kaminfeuer und Wärmflasche oder auf der Terrasse bei English Breakfast und herrlicher Aussicht nostalgischen Erinnerungen an die gute alte Zeit hingeben. Wenn möglich, sollte man sich in einen der insgesamt 27 Bungalows oberhalb des Hauptgebäudes einmieten. Im Preis sind alle Mahlzeiten plus *morning tea* enthalten.

Essen und Trinken

■ Zum Frühstück gibt's keine bessere Adresse als die **Keventers** an der Nehru Road. Wer kann schon den herrlichen Käse-Schinken-Sandwiches oder den Milchshakes widerstehen, wenn gleichzeitig die herrliche Aussicht von der Dachterrasse genossen werden kann?

■ Wesentlich stilvoller isst man im großen Speisesaal des **Glenary's**, einem klassischen Kolonialstilgebäude mit Aussicht am oberen Ende der Nehru Road. Ob nun zum Frühstück, zur *Tea Time* mit Kuchen oder zum Dinner mit vorzüglichen Hauptgerichten (120–220 Rs). Nicht auslassen sollte man die köstlichen Kuchen, das braune Brot und den frischen Käse in der Bäckerei. Weiterer Pluspunkt ist die kostenlose WiFi-Anbindung.

■ Für Liebhaber der indischen Küche gibt es in Darjeeling keine bessere Adresse als das **Park Restaurant** im südlichen Bereich der Laden La Rd. Die vorzüglichen Ge-

▷ Buddhistische Kinder

richte lassen einen sogar die grauselig kitschige Inneneinrichtung vergessen.

◼ Ausschließlich tibetische Kost in erstklassiger Qualität wird im **Kunga Restaurant** (60–100 Rs) an der Gandhi Rd. kredenzt. Auch im beliebten **Devekas Restaurant** (60–100 Rs) werden neben chinesischer Küche, Pizza und Burgern tibetische Gerichte serviert. Beide an der Gandhi Road.

◼ Die Terrasse des **Star Dust Restaurant** ist der ideale Ort, um bei südindischen Snacks das bunte Leben am Chowrasta an sich vorbeiziehen zu lassen.

◼ Wen es zur Abwechslung mal wieder nach chinesischem Essen gelüstet, der sollte das **New Embassy Restaurant** im Hotel Valentino aufsuchen.

◼ Das **Shangrila** ist ein gehobenes Mittelklasserestaurant im Zentrum mit einer reichen Auswahl an einheimischen, chinesischen und westlichen Speisen in ansprechendem Ambiente (80–180 Rs).

◼ Wer in der Nähe der Jugendherberge wohnt und den langen Weg ins Stadtzentrum scheut, sollte das sehr gute und preiswerte **Aliment Restaurant** versuchen. Das vornehmlich tibetanische Gerichte servierende Lokal ist ein Treffpunkt der Traveller-Szene.

◼ **Hasty Tasty,** eine Fastfood-Kette, die sich immer mehr in Indien ausbreitet, bietet vegetarische Snacks zu günstigen Preisen (30–80 Rs, Thalis 80 Rs). Ebenfalls zu empfehlen sind der „kleine Bruder" nebenan, das **Frank Ross Café** (60–120 Rs, Frühstück 90–120 Rs).

◼ Wer sich auf dem langen Weg vom oder zum Zoo ein wenig ausruhen möchte, dem sei das **Hot Stimulation Café** empfohlen. Für „Hot Stimulation" sorgt weniger das nur durchschnittliche Essen, dafür jedoch die schönen Aussichten in die Umgebung.

◼ Will man seinen Drink in kolonialer Atmosphäre schlürfen, kommt man dem in der **Bar des Planter's Club Darjeeling** schon recht nahe.

Einkaufen

◼ Die Nehru Road südlich des Chowrasta-Platzes ist während der Hauptreisezeit von **Souvenirständen** flankiert, an denen meist tibetanische Flüchtlinge von dicken, wärmenden Socken bis zum Thanka alles verkaufen. Es versteht sich, dass bei der Menge der angebotenen Waren die wenigsten der kunsthandwerklichen Souvenirs tat-

sächlich, wie immer wieder versichert, antik sind. Überhaupt sollte man nicht den Fehler begehen, zu glauben, dass alles, was von den Straßenständen angeboten wird, billiger ist als in den Läden.

■ Wer einen wunderschönen **Teppich** (ca. 400 US-$ inkl. Zustellung) als Souvenir auf dem heimischen Fußboden platzieren möchte, sollte sich einen aus dem reichhaltigen Katalog des **Tibetan Refugee Self Help Centre** aussuchen. Dieser wird nach Fertigstellung, ca. sechs Monate später, zuverlässig zugestellt. Man findet hervorragende und relativ preisgünstige Exemplare auch in der **Haydan Hall** (Mo–Sa 9–17 Uhr, www.haydenhall.org) in der Laden La Road gegenüber der State Bank of India. Auch hier kommen die Gewinne sozialen Einrichtungen zugute.

■ Als bekanntester Ort für die Teegewinnung muss es in Darjeeling natürlich auch ein entsprechendes Geschäft geben: **Nathmull's Tea Room** (Mo–Sa 9–19.30 Uhr in der Hauptsaison, www.nathmulltea.com) an der Laden La Road verkauft seit über 80 Jahren Tee der Region unterschiedlicher Qualität sowie hübsche, entsprechende Accessoires.

■ Von den zahlreichen guten Buchläden Darjeelings ist der seit 1925 am Chowrasta ansässige **Oxford Bookshop** (Mo–Sa 9.30–19.30 Uhr in der Hauptsaison), u.a. mit hervorragenden Bildbänden über den Himalaya, der beste. Hier gibt es auch indische Tageszeitungen, die jedoch meist zwei Tage alt sind.

■ Bei **DAS Studio** werden qualitativ gute Fotoausdrucke hergestellt. Auch Analogfotografen werden hier gut bedient. Zum CD-Brennen der digitalen Fotos geht man besser in eines der entsprechend ausgerüsteten Internetcafés, ist es doch bei DAS noch recht teuer.

Special Permit für Sikkim

■ Die Reiseerlaubnis für den Besuch Sikkims erhält man normalerweise problemlos beim **Sikkim Tourist Office** (Nehru Rd., Tel.: (0)9832438118). Neben Orginal und Fotokopie von Reisepass und Visum benötigt man ein Passfoto.

Bank, Post und Internet

■ Die **State Bank of India** in der Laden La Rd. (Mo–Fr 10–14 und 15–16 Uhr, Sa 10–13 Uhr) wechselt Bargeld und Reiseschecks von AmEx und Thomas Cook. Zwar sind pro Transaktion 100 Rs fällig, es werden jedoch auch gute Wechselkurse offeriert und alles verläuft erstaunlich fix und unbürokratisch. Zu noch besseren Raten wechselt **Poddar's** (9.30–20.30 Uhr) nebenan in einem Kleidungsgeschäft. Auch Geldtransfer mittels Western Union Money Transfer ist hier möglich. Die **ATMs** der SBI am Chowrasta sowie einer der **ICICI-Bank** in der Laden La Rd. akzeptieren die wichtigsten internationalen Kreditkarten bis auf AmEx.

■ Die **Hauptpost** (Mo–Fr 9–17 Uhr, Sa u. So sind nur Briefmarken erhältlich und können Speed-Post-Pakete verschickt werden) in der Laden La Rd. verfügt über Post Restante und hat einen recht verlässlichen Paket-Service.

■ Von den vielen Internetcafés des Ortes (meist 30 Rs/Std.) sind das **Computel Centre** (Gandhi Rd., 8–20 Uhr) und **Cyber Planet** in der Zakir Hussain Rd. mit Breitbandverbindungen schnelle Vertreter. CD-Brennen kostet inkl. Silberscheibe meist 50 Rs, etwa bei **Inet Cybercafé.**

Polizei und medizinische Versorgung

■ Eine kleine **Polizeistation** (Notfallnummer: 2254422, 2252520) findet sich am südöstlichen Ende des Chowrasta.

■ Eins der besten Krankenhäuser der Stadt ist das private **Yuma Hospital.** Zentraler ist das kleine **D&DMA Planter's Hospital** (Tel.: 2254337, Notfallnr.: (0)93324900262).

■ Das **Tibetan Medical & Astro Institute** (HD Lama Rd., Tel.: 2254735) ist für Alternativmedizin die beste Adresse, tgl. außer Do 9–13 und 14–16 Uhr, Mi 9–13 Uhr.

Reiten und Pferderennen

■ Die zahlreichen **Ponyvermieter** am Chowrasta verlangen von westlich aussehenden Touristen 100 Rs für die Umrundung des Observatory Hill.

In den Monaten von September bis Oktober sowie März, April und Mai finden auf der hübschen Lebong-Rennstrecke, der höchsten Pferderennbahn der Erde, **Galopprennen** statt. Genaue Termine kann man beim Tourist Office erfragen.

An- und Weiterreise

Flug:

- Air India (Hotel Bellevue, Chowrasta, Tel.: 2254230/1, Mo–Fr 10–17.35 Uhr, Flughafen: 0353-2551192) und viele weitere Anbieter fliegen vom 90 km südlich gelegenen **Flughafen Bagdogra.** Nähere Angaben siehe unter Siliguri, Weiterreise. Tickets können für einen geringen Aufpreis bei fast allen lokalen Reiseagenturen gekauft werden.
- Das Tourist Office bietet eine **Busverbindung** zum Bagdogra-Flughafen an, allerdings erst ab zwölf Personen, was selten eintrifft. Falls der Bus nicht von Darjeeling nach Bagdogra gefahren ist, steht er natürlich auch nicht für die Gegenrichtung nach Darjeeling zur Verfügung.
- Ein **Prepaid-Taxi** von Bagdogra zum Busbahnhof in Siliguri kostet 280 Rs, von dort weiter per Bus oder Jeep nach Darjeeling.
- Die gesamte, etwa 2,5-stündige Fahrt vom Flughafen nach Darjeeling kostet mit dem **Taxi** etwa 1.200 Rs für bis zu 4 Personen. In umgekehrter Richtung kann dies auch über die Darjeeling Transport Corportion in der Laden La Road vermittelt werden.

Bahn:

- Der **Toy Train** fährt in New Jalpaiguri um 9 Uhr ab, Ankunft in Darjeeling um 16.15 Uhr (Zug-Nr. 52541). In umgekehrter Richtung: Abfahrt Darjeeling 9.15 Uhr, Ank. New Jalpaiguri 16.50 Uhr (52540). Der sogenannte Joyride nach **Ghoom** kostet recht teure 240 Rs. Der Toy Train verlässt Darjeeling 3-mal tgl. während der Hauptsaison.
- Wer mit dem Bus vom **Busbahnhof in Siliguri** weiterfahren möchte, sollte am dortigen Bahnhof aussteigen, wo der Spielzeugzug jeweils 45 Minuten vorher hält.
- Bezüglich der **Weiterfahrt von New Jalpaiguri** Richtung Kalkutta und Varanasi/Delhi finden sich nähere Informationen im entsprechenden Kapitel An- und Weiterreise bzw. im Anhang.
- Das **Reservierungsbüro** am Bahnhof in Darjeeling ist tgl. 8–14 Uhr geöffnet (pünktlich und kommentarlos werden die Rolläden auch dann heruntergelassen, wenn noch einige Kunden in der Schlange stehen), um 11 Uhr wird eine Pause gemacht.

Bus:

- Vom reichlich chaotischen Bazaar-Busbahnhof bestehen fast stündliche Verbindungen nach **New Jalpaiguri/Siliguri** (4 Std.) und **Kalimpong** (2 Std.). Neben den staatlichen Bussen stehen diverse private Busgesellschaften zur Auswahl.
- Nach **Gangtok**, der Hauptstadt Sikkims, fahren 4 Busse täglich: 2 morgens und 2 gegen Mittag (5 Std.). Außerdem ein Bus von Sikkim Nationalised Transport (SNT) vom Büro an der Laden La Rd. 32 um 13 Uhr. Da die Nachfrage sehr groß ist, sollte man sich für die Strecke rechtzeitig im unterhalb des Hauptpostamtes an der Laden La Road gelegenen Büro ein Ticket besorgen. Täglich eine Verbindung um 10.30 Uhr nach Pelling.
- Ins nahe **Rimbik** in beiden Richtungen nur eine tägliche Busverbindung um 13 Uhr.
- Weitere Direktbusse fahren nach **Kalkutta** (19 Std.), **Patna** (18 Std.) und **Guwahati** (20 Std.). Tickets für schnellere luxuriöse und klimatisierte Busse nach Kalkutta (12 Std., 700–1.000 Rs) und qualitativ einfachere Busse nach Patna und Guwahati von Siliguri aus verkauft Samsara Tours Treks & Travels (Tel.: 2252874) an der Laden La Rd., wobei der Transport nach Siliguri nicht enthalten ist.
- Nach **Kathmandu und Pokhara in Nepal** verkaufen viele private Anbieter Tickets. Diese Paketangebote beinhalten eine Busfahrt nach Siliguri, von wo die Weiterfahrt in einem anderen Bus zur indisch-nepalesischen Grenze erfolgt. Nach Überschreiten der Grenze wartet im nepalesischen Grenzort Kakarbhitta der Bus nach Kathmandu bzw. Pokhara. An der Grenze ist ein Visum mit einmaliger Einreiseberechtigung für 1700 Rs (bzw. 30 US-$) in bar zu erwerben.

Dies stellt sich in der Realität leider allzu oft als sehr ärgerliches Unterfangen heraus, da auf nepalesischer Seite der in Darjeeling gekaufte Fahrschein nicht anerkannt

wird. Deshalb empfiehlt es sich, in Darjeeling nur bei einem renommierten Reisebüro wie z.B. **Samsara Tours, Treks & Travels** (7 Laden La Road, Tel.: 2252874) gegenüber vom Hauptpostamt zu kaufen. Da jedoch auch hier nicht hundertprozentig für eine reibungslose Fahrt garantiert werden kann, sollte man sich überlegen, die Strecke individuell zurückzulegen: Zunächst von Darjeeling nach Siliguri, dann an den Grenzort Paniktani, dann von Kakarbhitta, dem ersten Ort auf nepalesischer Seite, nach Kathmandu oder Pokhara. Zwischen den einzelnen Orten bestehen vielfältige Verbindungen, außerdem ist es so billiger. Die zeit- und nervenschonendste Variante ist natürlich der Flug von Bhadrapur. Mehrere Agenturen in Darjeeling verkaufen Tickets (um 150 US-$).

Taxi/Jeep/Minibus:

Mehrere Taxiorganisationen bieten ihre Dienste an, etwa nach Siliguri oder Gangtok. Die meisten haben ihre Büros rund um den Busbahnhof, etwa Taxi Unions, die nach Siliguri fahren.

■ Eine interessante Alternative zu den strapaziösen Busfahrten bieten die gegenüber vom Busbahnhof an der Hill Cart Rd. in Richtung Kalimpong, Siliguri und Sikkim abfahrenden Jeeps. Die Festpreise für die jeweiligen Fahrtziele hängen aus. Nach **Rimbik** kostet es per Jeep/Minibus 120/110 Rs, nach **Siliguri** (knapp 3 Std. per Jeep, Abfahrt zwischen 6 und 18 Uhr etwa halbstündig) 110/90 Rs. Per Jeep nach **Kurseong** (1,5 Std., 50 Rs), **Kalimpong** (2,5 Std., Abf. zwischen 7 und 15 Uhr) sind 93 Rs zu berappen, nach **Gangtok** (Subhayatra Taxi Syndicate, 4 Std., etwa halbstündig zwischen 6.30 und 15 Uhr) 140 Rs. Am nördlichen Ende des Jeep Stands fahren Jeeps täglich bis ca. 12 Uhr nach **Jorethang** in Sikkim (2 Std., 95 Rs, Permit erforderlich).

Kalimpong

VIII/A2

△ Tiger Hill in Darjeeling:
warten auf den Sonnenaufgang

Der Weg ist das Ziel. Diese für ganz Indien zutreffende Reisephilosophie gilt ganz besonders für den Ausflug zum 52 km östlich von Darjeeling gelegenen Kalimpong. Die Strecke führt zunächst über **Ghoom** hinunter ins Tal zum Testa-Fluss, bevor sich die kurvenreiche Straße während der letzten 16 km wieder auf 1.250 m Höhe windet. Während der dreistündigen Fahrt bieten sich wunderschöne Aussichten auf die von Bergwäldern und Teeplantagen geprägte Landschaft.

Kalimpong selbst gruppiert sich ähnlich wie Darjeeling entlang mehrerer Bergkämme, wobei die einzelnen Hauptstraßen durch kleine Gassen und Treppen miteinander verbunden sind. Hauptattraktion dieser geschäftigen Stadt ist neben zwei etwas außerhalb des Ortes liegenden **buddhistischen Klöstern** der jeweils Mittwoch und Sonnabend stattfindende **Markt.** Obwohl sich die feilgebotenen Waren kaum vom Angebot in Darjeeling unterscheiden, kann man einen ganzen Nachmittag damit verbringen, die aus der näheren Umgebung herbeiströmenden Bergbewohner in ihren unterschiedlichen Trachten zu beobachten. Ansonsten bietet die Stadt jedoch nichts Außergewöhnliches.

Größtes Kloster ist das **Durpin Gompa,** 5 km südlich von Kalimpong. Auf dem 1.373 m hohen Durpin Hill thronend, beeindruckt das 1976 erbaute Kloster durch Wand- und Deckengemälde (Taxi inkl. Rückfahrt ca. 100 Rs).

Näher am Dorf und zu Fuß in einer halben Stunde entlang der KD Prahan Rd. erreichbar, faszinieren vor allem die Buddha-Statuen im 1937 von Mönchen der buddhistischen Gelbmützensekte gebauten **Tharpa Choeling Gompa.** Ebenfalls auf einem Berg errichtet, bieten sich herrliche Himalaya-Ausblicke inmitten unberührter Natur.

Folgt man der steilen Straße weitere 3 km, erreicht man das **Dr. Graham Home,** ein im Jahr 1900 von einem schottischen Missionar gegründetes Waisenhaus, in dem auch heute noch ca 1.300 Kinder von Teepflückern und anderen Bedürftigen unterrichtet werden (Taxi ca. 100 Rs). Beim Rückweg bergab passiert man das Tharpa-Choeling-Kloster.

Ein Ausflug zum 9 km von Kalimpong entfernten **Deolo Hill** lohnt nur bei klarem Wetter, wenn sich grandiose Ausblicke zum Kanchenjunga-Massiv bieten.

Kalimpong

Information und Reisebüros

● **Vorwahl:** 03552
● Das **DGAHC Tourist Reception Centre** (DB Giri Rd., Tel.: 252992) ist hilfsbereit. Auch die Website hilft weiter: www.kalimpong.org. Zudem werden hier Trekking-Touren und Rafting angeboten.
● Professionell gestaltete Ausflüge und Touren in die Berge der Umgebung sowie nach Darjeeling und Sikkim sind mit **Gurudongma Tours & Treks** (Rinkingpong Rd., Tel.: 255204, (0)919434062100, www.gurudongma.com) möglich. Auch Angel-, Mountainbike-, Rafting- und natürlich Trekking-Ausflüge u.a. zur Bergbevölkerung werden individuell ausgearbeitet.
● Touristen benötigen für Reisen nach Sikkim eine Erlaubnis, die jedoch in Kalimpong nicht erhältlich ist. 30 Tage gültige **Permits,** für die drei Passfotos mitzubringen sind, werden kostenfrei im Grenzort Rangpo ausgestellt.

Unterkunft

Wie üblich in indischen Städten, gruppieren sich auch in Kalimpong viele Billigunterkünfte um den Busbahnhof.
● Mit ihren sauberen, wenn auch nüchternen Zimmern mit Bad bietet die **Bethlehem Lodge** €€–€€€ (David Gas Bldg., Tel.: 255185) im Ortszentrum in der Reshi Rd. akzeptable Bleibe in der Billigkategorie.
● Eine gute Wahl ist auch das freundliche **Gompu's Hotel** €€€ (Damber Chowk, nahe DB Giri Rd., Tel.: 255818, popugompu@rediffmail.com). Neben den ordentlichen Zimmern trägt sicherlich auch das sehr gute Restaurant im Erdgeschoss dazu bei, das hier für Traveller die Adresse Nr. 1 in Kalimpong ist.
● Die sympathischen Besitzer der **Deki Lodge** €–€€€ (Tel.: 255095, (0)9434329695, dekilodge@hotmail.com) an der Tripai Road vermieten einfache, dafür blitzsaubere Zimmer, die teureren und neuen mit Warmwasser bieten etwas Komfort. Das Haus in einer Gartenanlage etwas nördlich des Stadtzentrums hat eine herrliche Dachterrasse.
● Nur drei äußerst gemütliche Zimmer mit Holzvertäfelung vermietet das **Cloud 9** €€€ (Rinkingpong Rd., Tel.: 259554) mit gutem Restaurant, das lokale Küche serviert. Ohne Reservierung hat man kaum eine Chance, ein Zimmer zu ergattern.
● Mitten in einem Orchideengarten stehen die fünf Chalets des sehr schönen **Holumba Haven** €€€/€€€€€ (9th Mile, Tel.: 256936, www.holumba.com). Die gemütlichen Zimmer, das sehr freundliche Personal, die herrliche Lage und das angeschlossene Orchid Restaurant machen das Holumba Haven zu einer ausgezeichneten Drei-Sterne-Unterkunft. Die komfortablen, über eine Gartenanlage verstreuten Cottages, die von Quellwasser versorgt werden, sind teurer.
● Ausgesprochen stilvoll wohnt man im **Kalimpong Park Hotel** €€€€ (Rinkingpong Rd., Tel.: 255304, www.kalimpongparkhotel.com), dem ehemaligen Sommerpalast des Maharajas von Dinajpur. Wer die Kolonialstil-Atmosphäre genießen will, sollte sich allerdings nur im Haupthaus und nicht in dem dahinter errichteten Neubau einquartieren.
● Schön, inmitten einer Gartenanlage mit herrlichem Blick auf das Kanchenjunga-Massiv, liegt das koloniale **The Himalayan Hotel** €€€€ (Upper Cart Rd., Tel.: 255248, www.himalayanhotel.com). Hier, nur wenige hundert Meter vom Stadtzentrum entfernt, fühlt man sich in jene Zeit zurückversetzt, als Kalimpong noch ein kleines, verschlafenes Himalaya-Fürstentum war. Inzwischen sind einige weitere Gebäude hinzugekommen. Herrlich die Veranda im 1.Stock.
● Das zurzeit beste Hotel der oberen Preisklasse ist das ausgezeichnete **Elgin Silver Oaks** €€€€€€ (Rinkingpong Rd., Tel.: 255296, www.elginhotels.com). Das alte, von einem großen Garten umgebene Kolonialgebäude vereint den Charme des Raj mit Annehmlichkeiten der Neuzeit wie Spa und WiFi.
● Zwei komfortable Zimmer im Haupthaus und ein Apartment im Anbau vermietet das **Gurudongma House** €€€€€ (Hill Top, Tel.: (0)9434047372), gut 3 km von Kalimpong entfernt. Die köstlichen Mahlzeiten werden gemeinsam im Haupthaus eingenommen. Vom hübschen Garten bieten sich tolle Ausblicke auf die Himalaya-Berge. Die zuvorkommenden Besitzer holen Gäste auf Anfrage von Kalimpong ab.

Kalimpong

Essen und Trinken

- Pizza oder indisch? **Pizza Pan** oder **Shikar?** Beide Restaurants befinden sich im gleichen Haus in der DB Girl Rd. und servieren ebenso schmackhafte wie günstige Pizzen, Kaffee, Momos und Curries.
- Das **Gompu's Bar & Restaurant** im gleichnamigen Hotel serviert gute und preiswerte tibetanische und bhutanesische Gerichte und ist somit bei Einheimischen wie Travellern gleichermaßen beliebt.
- Vegetarier sollten das **Punjab Restaurant** ausprobieren.
- Für preiswertes und recht leckeres indisches Essen empfiehlt sich das **Tripti Hotel.**
- Das **China Garden Restaurant** (Lal Gulli, 70–100 Rs) im gleichnamigen Hotel und das **Mandarin Restaurant** sind zwei typische China-Restaurants in der Innenstadt.
- Trotz seines Namens vorwiegend chinesische Küche serviert **King Thai** (DB Giri Rd.) im 3. Stock eines Supermarkts, aber auch einige exzellente thailändische und indische Gerichte.
- Immer gut für eine kurze Verschnaufpause ist **3 C's** (DB Giri Rd.) mit köstlichem Kuchen.

Bank und Internet

- Geldwechsel ist in Kalimpong offiziell nicht möglich. Es stehen jedoch mehrere **ATMs** für Kreditkarten bereit, z.B. die von der ICICI-Bank und der State Bank of India, beide an der DB Giri Rd.
- Internetzugang bietet etwa **Net Hut** im Zentrum am Motor Stand (30 Rs/Std.)

An- und Weiterreise

- Von und nach **Siliguri** fahren stündlich Busse, die die Strecke in 2,5 Std. (50 Rs) zurücklegen. Zwei Busse tgl. nach **Gangtok** (7.30 und 13.30 Uhr, 3 Std., 80 Rs). Auch Sikkim Nationalised Transport fährt tgl. diese Strecke, Start um 13 Uhr. Außerdem fahren Jeeps der Kalimpong Mainline Taxi Driver's Welfare Organisation regelmäßig u.a. dorthin (100 Rs, 2,5 Std.) und nach Siliguri (80 Rs).
- Zwischen Kalimpong und **Darjeeling** verkehrt nur ein Bus pro Tag (Abf. Darjeeling 8 Uhr, 45 Rs), und der ist derart langsam und überfüllt, dass man die 2,5 Stunden dauernde Fahrt mit einem der am Busbahnhof bereit stehenden Jeeps, etwa mit Kalimpong Motor Transport, für 90 Rs p.P. vorziehen sollte.

Wer lieber mit eigenem Jeep (mit Fahrer) fahren möchte, zahlt nach Gangtok 1.500 Rs, nach Siliguri und Darjeeling 1.400 Rs.

- Zum Grenzort **Kakarbhitta** an der nepalesischen Grenze fährt morgens um 5.45 Uhr (3 Std., 90 Rs) ein Bus. Ein Gemeinschaftsjeep startet um 6.30 Uhr (110 Rs).
- Nach **Bhutan** zum Grenzort Jaigon verkehrt um 8.15 Uhr ein Bus (5,5 Std., 100 Rs), außerdem einige morgendliche Jeeps (5 Std., 130 Rs).
- Beim Kalimpong Railway Out Agency (Mani Rd., Tel.: 259954) ist eine limitierte Menge **Bahnticktes** für Züge vom Bahnhof New Jalpaiguri zu kaufen.

Die **Ureinwohner** Sikkims waren die im 13. Jh. aus Assam eingewanderten animistischen Lepschas, die von Jagd und Ackerbau lebten. Schon sehr bald gerieten sie in Konflikt mit **tibetanischen Einwanderern,** die schließlich die Bevölkerungsmehrheit bildeten und 1641 mit dem vom Dalai Lama eingesetzten *Dhunchoo Numgyal* den ersten König Sikkims stellten. Anfang des 18. Jh. mussten die Tibeter bei mehreren Kleinkriegen gegen die Bhutanesen empfindliche Territorialverluste ihres ursprünglich auch Darjeeling und Kalimpong umfassenden Königreiches hinnehmen. Nach weiteren Kriegen gegen die von Nepal eindringenden Gurkhas schloss Sikkim schließlich einen Schutzvertrag mit der East India Company ab, der die Sicherheit des Königreiches garantierte. Seit die Briten das Land 1861 zu ihrem Protektorat erklärt hatten, verlor der Raja von Sikkim zunehmend an Einfluss.

Unter Billigung der Engländer setzte Ende des 19. Jh. eine massive **Einwanderung von Nepalesen** ein, die die Kolonialherren bei der Kultivierung des bis dahin weitgehend brachliegenden Landes einsetzten. Die in dieser Zeit begonnene Abholzung der dichten Bergwälder Sikkims zur Schaffung von Weide-

SIKKIM

Dem wie ein Puffer zwischen **Nepal** im Westen, **Tibet** im Norden und **Bhutan** im Südosten gelegenen Sikkim ging lange Zeit der legendäre Ruf voraus, eines der sagenumwobenen **Himalaya-Königreiche** zu sein, in dem Berggötter, Natur und Menschen noch in Einklang und Harmonie miteinander lebten. Hierzu trug sicherlich auch die Tatsache bei, dass das ehemalige Königreich aufgrund seiner schwer zugänglichen Lage nur äußerst selten von ausländischen Reisenden besucht wurde. Auch heute noch benötigen Touristen eine Sondergenehmigung, um in das nur 7.200 km² große Sikkim reisen zu dürfen. Diese ist zwar problemlos erhältlich (s.u.), doch die grenznahen Gebiete in Richtung Nepal und Tibet sind darin nicht eingeschlossen.

und Ackerland ist heute so weit fortgeschritten, dass das Land, ähnlich wie Nepal, unter den ökologischen Folgen schwer zu leiden hat. Der weitere Zustrom nepalesischer Einwanderer, die schließlich 75 % der Bevölkerung stellten, führte Ende der 1960er Jahre zu schwerwiegenden, ethnisch begründeten Zusammenstößen.

Nachdem es 1973 zu einem **Putschversuch** der Nepalesen gegen den König gekommen war, ließ die indische Regierung eine Volksabstimmung durchführen, in der sich 97 % der Bevölkerung für den Anschluss Sikkims an Indien aussprachen. Seit 1975 bildet Sikkim

🔼 Der Kanchenjunga in Sikkim ist mit 8.578 m der dritthöchste Berg der Erde den 22. Staat der Indischen Union. Seither befindet sich auch mit dem im Westteil Sikkims gelegenen, 8.578 m hohen **Kanchenjunga** der nach dem Mount Everest und dem K2 dritthöchste Berg der Erde auf indischem Staatsgebiet.

Um den nach wie vor latent vorhandenen ethnischen und wirtschaftlichen Spannungen zwischen den einzelnen Bevölkerungsgruppen, von denen sich 28 % zum Buddhismus und 60 % zum Hinduismus bekennen, den Boden zu entziehen, hat die indische Regierung in den letzten Jahren große Summen zur **Verbesserung der Infrastruktur** ins Land gepumpt. Die wirtschaftliche Entwicklung des Landes zusammen mit ethnischen Spannungen und massiven Umweltzerstörungen haben das Gesicht des **ehemaligen Shangri La** sichtbar verändert. So ist es kein Wunder, dass die regierende Sikkim Democratic Front (SDF) sich den Schutz der Umwelt auf ihre Fahnen geschrieben hat und die indienweit schärfsten **Umweltschutzbestimmungen** hat Gesetz werden lassen. Auch das Pflücken von Blumen ist beispielsweise verboten.

Die geschäftige Hauptstadt Gangtok ist sicherlich ebensowenig ein zweites Kathmandu wie Sikkim **Little Nepal** ist. Dennoch bietet Sikkim für all jene, die nicht die Möglichkeit zum Besuch Nepals haben, eine schöne Alternative sowie die Möglichkeit zu ausgedehnten Bergwanderungen und dem Besuch beeindruckender buddhistischer Klöster.

Special Permits

Für den Besuch Sikkims ist eine **Sondergenehmigung** notwendig. Diese gilt jeweils für 30 Tage und ist einmal, also auf höchstens 60 Tage, verlängerbar. Sie ist entweder bei der Visumbeantragung im Heimatland, an der Grenze zu Westbengalen in Rangpo oder bei den **Foreigner's Registration Offices** in Delhi (Tel.: 011-26195530, frro delhi@hotmail.com, RK Puram, Sector 1, East Block 8, 2. Stock, Mo–Fr 9.30–17.30 Uhr), Kalkutta (Tel.: 033-22837034, 237 AJC Bose Rd., Mo–Fr 11–17 Uhr) und Mumbai (Tel.: 022-22620446, Baddarudin Tyabi Rd., CID Annexe Bldg., 3. Stock) sowie in den **Sikkim Tourist Offices in Darjeeling** (Tel.: 0354-2254266, (0)983 2438118, Hill Cart Rd., Mo–Sa 10–16 Uhr) und **Siliguri** (SNT Terminal, Hill Cart Rd., tgl. 10–17 Uhr) erhältlich. Neben dem Reisepass und einer Kopie sind drei Passfotos vorzulegen. Kommt man eigenständig per Auto nach Sikkim, ist ein Permit auch in Rangpo, einem Grenzort zu Westbengalen, in der Rangpo Tourist Lodge (Tel.: 03592-240818, tgl. 7–19 Uhr) zu bekommen.

Visumverlängerungen sind kostenfrei im Foreigner's Registration Office in Gangtok (Kazi Rd., Tel.: 03592-223041, Mo–Sa 10–16, So und feiertags bis 12 Uhr) bei Vorlage des Reisepasses und des ablaufenden Visums erhältlich.

Will man Trekking-Touren in anderen Regionen Sikkims unternehmen, sind evtl. *Restricted Area Permits (RAP)* bzw. *Protected Area Permits (PAP)* erforderlich, die nur von registrierten Reiseagenturen für mindestens vier Personen erhältlich sind.

Gangtok VIII/A2

Die **Hauptstadt Sikkims** zieht sich auf einer Höhe von etwa 1.600 m entlang eines Grates mit sehr schönen Ausblicken auf das Kanchenjunga-Massiv. Wer jedoch, wie viele Touristen, von Gangtok erwartet, so etwas wie eine kleinere Ausgabe von Kathmandu zu sein, wird sicherlich enttäuscht sein. Die Stadt erlebte in den letzten Jahren einen enormen wirtschaftlichen Aufschwung, der ihr Erscheinungsbild nicht gerade zum Vorteil verändert hat. Nicht verwinkelte Altstadtgassen mit mittelalterlichen Tempeln und bunten Basaren bestimmen das Bild, sondern gesichtslose Neubauten.

So tut man gut daran, die Hauptstadt Sikkims eher als Ausgangspunkt für den Besuch der schönen **buddhistischen Klosteranlagen** (in denen Fotografierverbot besteht) und der **Aussichtspunkte** Hanuman Tok, Ganesh Tok oberhalb der Stadt und Tashi, 4 km nordwestlich Richtung Phodong, zu betrachten. Wegen der guten Fernsicht bilden die Monate November bis Februar die beste Reisezeit, doch dann wird es mit Nachttemperaturen um den Gefrierpunkt auch empfindlich kühl.

Sehenswertes

Stadtrundfahrt

■ Nahezu jeder Taxifahrer und Hotelbesitzer und jede Reiseagentur bietet seine Dienste für Rundfahrten im Stadtgebiet oder darüber hinaus an. Die morgendlichen **3-Punkte-Touren** besuchen die wichtigsten drei Sehenswürdigkeiten der Stadt: Ganesh Tok, Hanuman Tok und Tashi-Aussichtspunkt (500 Rs). Bei der **5-Punkte-Tour** (700 Rs) sind das Namgyal- und Enchey-Kloster eingeschlossen, bei der **7-Punkte-Tour** außerdem noch Alt- und Neu-Rumtek (900 Rs). Die Preise gelten für ein Fahrzeug mit bis zu vier Personen.

Rundflüge

■ Gangtok und Sikkim aus der Vogelperspektive ermöglichen **Hubschrauberflüge** von Sikkim Tourist Development Corporation (STDC, M.G. Marg, Tel.: 203960) für bis zu fünf Personen: ein 15-minütiger Flug über Gangtok kostet 7.600 Rs, ein knapp einstündiger Flug über West-Sikkim 66.000 Rs, eine gute Stunde über Nord-Sikkim 79.000 Rs, einenviertelstündiger Flug zum Kanchenjunga-Massiv (bis vier Personen) 90.000 Rs.

Tsuk La Khang

Dieser bedeutendste **buddhistische Tempel** Gangtoks diente früher als königliches Gotteshaus. Im Innenhof des sehr schönen Gebäudes wurden die Könige inthronisiert und die Hochzeiten des Herrscherhauses feierlich abgehalten. In der mit hübschen Wandgemälden verzierten Gebetshalle finden sich beeindruckende Buddha- und Bodhisattva-Darstellungen. Trotz eines vor dem Eingang platzierten Verbotsschildes darf der Tempel frühmorgens nach vorheriger Bitte bei einer der wachhabenden Personen besichtigt werden. Unbedingt einzuhalten ist jedoch das Fotografierverbot.

■ Die genauen Termine der hier im Januar jedes Jahres stattfindenden spektakulären **Maskentänze** sind beim Tourist Office zu erfahren.

Namgyal Institute of Tibetology und Orchideenpark

Das gut 3 km südlich des Stadtzentrums gelegene, im traditionellen Stil erbaute Institut (Tel.: 281642, www.tibetology.net) stellt eine Art **tibetanischer Universität** dar. In einer der weltweit umfangreichsten **Bibliotheken** mit Literatur über tibetanische Kultur und den Mahayana-Buddhismus können sich in- wie ausländische Studenten mit den jahrtausendealten Traditionen dieses in seinem Ursprungsland vom Untergang bedrohten Volkes beschäftigen. Darüber hinaus sind hervorragende Beispiele **tibetanischer Kunst** zu sehen wie etwa die wunderschönen Seidenthankas und Götterstatuen.

Umgeben ist das Institut von einem sehr schönen Park, in dem es über 500 verschiedene **Orchideenarten** zu bewundern gibt. Die Hauptblütezeiten sind April bis Mai und De-

zember bis Januar, doch auch im Übrigen Jahr blühen stets mindestens zweihundert Arten.

■ **Öffnungszeiten:** tgl. außer So 10–16 Uhr, jeden 2. Sa des Monats geschlossen.

Pondrul Chörten

Einen halben Kilometer oberhalb des Instituts steht, umgeben von heiter im Wind flatternden bunten Gebetsfahnen, ein äußerst fotogener, von 108 Gebetsmühlen umgebener, weißer Chörten, dessen goldene Spitze von vielen Stellen in der Stadt zu sehen ist. Daneben befindet sich ein Kloster mit einer Statue *Padmasambhavas* in seiner Manifestation als *Guru Snang Sid Zilzon*.

Enchey-Kloster

Dieses kleine, recht unscheinbare Klostergebäude liegt etwa 4 km außerhalb der Stadt in einem Wäldchen. Das 200 Jahre alte Kloster ist Sitz der **Nyingmapa-Sekte,** der ältesten der vier Hauptrichtungen des tibetanischen Buddhismus. Besonders lohnenswert ist ein Besuch im Dezember, wenn das Enchey-Kloster Schauplatz ritueller Tänze ist.

■ **Öffnungszeiten:** Mo–Sa 4–16, So 4–13 Uhr.

Aussichtspunkte

Vom Kloster sind es noch einmal etwa 20 Minuten den Berg hinauf und um den großen Sendemast herum bis zum **Ganesh Tok.** Von diesem mit unzähligen bunten Gebetsfahnen geschmückten Aussichtspunkt bieten sich beeindruckende Ausblicke auf Gangtok und Umgebung.

Die Straße gegenüber führt zum sehr weitläufigen **Himalayan Zoological Park** (9–16 Uhr, Eintritt 50 RS, Video 500 Rs), u.a. mit roten Pandas, Bären und Schneeleoparden.

Die Straße am Ganesh Tok weitere 4 km entlang führt zum **Hanuman Tok,** wo weitere herrliche Fernsichten möglich sind. Per pedes ist der Weg dorthin kürzer.

Handicrafts & Handloom Emporium

Wer am Kauf von im typischen Sikkim-Stil hergestellten Teppichen, Decken, Tüchern und geschnitzten Möbeln interessiert ist, sollte sich im etwa einen Kilometer nördlich von Gangtoks Zentrum gelegenen staatlichen Verkaufsladen umschauen.

■ **Öffnungszeiten:** Juli bis März tgl. 10–15.30 Uhr, April/Mai Mo–Sa 10–15.30 Uhr.

Damovar-Seilbahn

Die zweigeteilte Seilbahn startet am Namgyal Institute of Tibetology und führt über den Namnang Jeep Stand zum Zielpunkt, der **Ridge.** Für die Auf- und Abfahrt zu herrlichen Ausblicken zahlt man 60/35 Rs (Erw./Kind), tgl. 9.30–16.30 Uhr zu benutzen.

Praktische Tipps

Information

■ **Vorwahl:** 03592
■ Die Angestellten des **Sikkim Tourist Information Centre** (M.G. Marg, Tel.: 204408, 225647) können tgl. 8–20 Uhr, außerhalb der Saison 10–16 Uhr, aufgesucht werden, sind aber vorwiegend an geschäftlichen Unterneh-

mungen interessiert. Mehr Hilfe erfährt man durch das an vielen Kiosken erhältliche „Now Travelmate".

Reiseagenturen

Von den vielen Agenturen, die **Trekking-Touren** oder andere Ausflüge in Sikkim und Bhutan anbieten, akzeptiert nur ein Bruchteil ausländische Touristen. Empfohlen seien diejenigen, die der Travel Agents Association of Sikkim angehören und sich damit zu ökologisch und kulturell rücksichtsvollem Tourismus verpflichtet haben. Natürlich ist neben guter Kondition auch entsprechende Kleidung und Ausrüstung für die jeweiligen Ausflüge unerlässlich.

Die meisten bieten zudem **Rafting, Biking und Bergsteigen** sowie **Yak-Ausflüge** etwa zum Tschangu-See in 4.000 m Höhe an. Einige der Ziele in Gangtok sind ohne professionelle Führung kaum erreichbar. Viele der Reisebüros organisieren außerdem einen Ausflug zum Nathula-Pass an der chinesischen Grenze in knapp 5.000 m Höhe, 55 km von Gangtok entfernt. Auch auf dieser Tour wird der Tschangu-See besucht, für den eine spezielle Zugangserlaubnis *(Restricted Area Permit)* nötig ist, die die Reiseagenturen innerhalb eines Tages besorgen (2 Passfotos sind notwendig).

■ **Yak & Yeti Travels** (Zero Point, National Highway, Tel.: 201319, (0)9233522344, www.yaknyeti.com), eine hervorragende Adresse.

■ **Modern Treks & Tours,** M.G. Marg (Tel.: 204670, www.modern-hospitality.com).

■ **Tashila Trekking & Travels,** National Highway 31 A (Tel.: 202978, (0)9434153567, www.tashila.com).

■ **Blue Sky Tours & Travels,** M.G. Marg, Tourism Bldg. (Tel.:205113, (0)9475916222, www.himalayantourism online.com).

Unterkunft

An Übernachtungsmöglichkeiten mangelt es sicher nicht, doch viele der im Innenstadtbereich speziell um die MG Road angesiedelten Hotels genügen kaum niedrigsten Ansprüchen. Angesichts der während der Wintermonate oftmals eisigen Temperaturen sollte man sich vor dem Einchecken erkundigen, ob heißes Wasser zur Verfügung steht. Über zentralgeheizte Zimmer verfügen nur wenige Hotels. Die aufgeführten Preise gelten für die Hochsaison. In der Nebensaison sind Abschläge bis zu 50 % möglich.

Untere Preiskategorie:

■ Sehr beliebt in der Rucksackszene wegen seiner relaxten Atmosphäre ist die an der Tibet Rd. gelegene **Modern Central Lodge** € (Tel.: 221081, info@modernhospitality.com). Die Zimmer (die billigeren ohne Aussicht und Bad) sind allerdings recht bescheiden. Das hauseigene Lokal mit seinen leckeren Gerichten zu kleinen Preisen ist einer der beliebtesten Traveller-Treffpunkte. Ebenso beliebt ist die **New Modern Central Lodge** € (NH 57/MG Rd., Tel.: 201361), ein wenig billiger und etwas geringere Zimmerqualität.

■ Seit vielen Jahren beliebt ist das **Green Hotel** €–€€ (Tel.: 223354) oberhalb des Busbahnhofs an der Mahatma Gandhi Road. Die Zimmer der unteren Preisklasse haben nur ein Gemeinschaftsbad, die teureren ein eigenes Bad und eine heiße Dusche. Das Restaurant im Erdgeschoss ist ein vielbesuchter Treffpunkt. Besser ist jedoch das gegenüber gelegene House of Bamboo mit leckeren chinesischen und tibetanischen Gerichten.

■ Wie bei vielen Hotels in Gangtok sollte man die oberen Etagen im **Hotel Pandim** €–€€€ (Bhanu Path, Tel.: 207540, (0)9832080172, www.hotelpandim.com) vorziehen. Die gemütlichen und gepflegten Zimmer haben alle TV und einen Balkon. Für Sparsame gibt's einen Schlafsaal. Das hübsch und bunt gestaltete Restaurant im obersten Stockwerk mit Außenbereich wartet neben guter Küche mit tollem Fernblick auf. WiFi ist kostenlos.

Mittlere und obere Preiskategorie:

■ Die komfortablen, etwas kleinen Zimmer mit klasse Ausstattung des **Chumbi Residency** €€€–€€€€ (Tibet Rd., www.thechumbiresidency.com) sind ebenso empfehlenswert wie die angeschlossene Mischung aus Bar und Restaurant.

■ Das **Mintokling Guest House** €€€€ (Banu Path, Tel.: 204226, www.mintokling.com) ist eine umgebaute alte Villa am Stadtrand, etwa 10 Min. Fußweg zur Haupteinkaufsstraße. In einem schönen Garten gelegen, überzeugt es durch gemütliche Zimmer, die Lage und die ruhige Atmosphäre.

■ Im Hotel **Sonam Delek** €€€–€€€€€ (Tel.: 202566, www.hotelsonamdelek.com) an der Tibet Rd. sind besonders die Zimmer in den oberen Stockwerken mit Blick zum Kanchenjunga ihr Geld wert, während man die Standard-Zimmer im Erdgeschoss (auch wegen fehlender Heizgeräte zu kalten Zeiten) meiden sollte. Eine Dachterrasse sorgt für weiten Überblick. WiFi ist kostenlos.

■ Architektonisch äußerst gelungen ist das im traditionellen tibetanischen Stil erbaute **Hotel Tibet** €€€€–€€€€€ (Paljore Stadium Rd., Tel.: 203468, www.hoteltibets.com) neben der Post. Die beheizten und sehr hübschen Zimmer mit TV sind gemütlich eingerichtet. Man sollte nach den rückwärtigen Zimmern fragen, da der Blick auf den Kanchenjunga von dort am beeindruckendsten ist. Das hauseigene Snow Lion Restaurant mit Bar gilt als das beste Restaurant der Stadt. Für ca. 100–200 Rs pro Gericht hat man die Auswahl zwischen indischen, tibetischen und japanischen (!) Speisen.

■ Ähnlich dem Hotel Tibet wurde auch das **Hotel Tashi Delek** €€€€€ (M.G. Marg, Tel.: 202991, 202038, www.hoteltashidelek.com) im traditionellen tibetischen Baustil errichtet. Neben seiner äußerst gelungenen architektonischen Gestaltung und den schönen Zimmern überzeugt es durch sein sehr freundliches Personal und ein vorzügliches Dachrestaurant, von dem sich neben den kulinarischen Genüssen eine tolle Fernsicht genießen lässt.

■ Das elegante **Elgin Nor-Khill** €€€€€€ (Paljore Stadium Rd., Tel.: 205637, www.elginhotels.com) ist das ehemalige Gästehaus der Herrscherfamilie Sikkims. Viel vom alten Charme wurde bei der Umwandlung dieses 1932 gebauten Schmuckkastens in ein Luxushotel erhalten. So wundert es nicht, dass reichlich Prominenz eingekehrt ist.

Essen und Trinken

■ Neben den zuvor genannten Hotelrestaurants sei das hervorragende **Rasoi (Blue Sheep) Restaurant** oberhalb des Tourist Office genannt. Es überzeugt durch sein angenehmes Ambiente und seine vorzüglichen indischen und chinesischen Gerichte. Das Buffet für 140 Rs ist besonders zu empfehlen.

■ Gangtoks Top-Restaurant ist das **Tangerine** im Erdgeschoss des Chumbi Residency Hotel an der Tibet Rd. Neben köstlichen indischen Gerichten (120–200 Rs) steht auch eine sehr gelungen eingerichtete Bar zur Verfügung.

■ Immer gut besucht ist **Taste of Tibet** (M.G. Marg, 1. Stock, 40–80 Rs), bekannt und beliebt für seine Momos. So sitzt man selten allein am Tisch.

■ Besser als die nur durchschnittlichen Zimmer des **Golden Pagoda** (M.G. Marg, www.hotelgoldenpagoda.com) ist dessen Dachrestaurant mit weiten Ausblicken. Köstliche Rajasthani- und Gujarati-Thalis für wenig Geld (90–120 Rs) sind den Aufstieg wert.

■ Bester Anlaufpunkt fürs Frühstück mit Croissants, Kuchen sowie Pizza ist **Bakers Café** (M.G. Marg, 8–20 Uhr, 70–150 Rs).

■ Wer den etwa 3 km weiten Weg zur neuen Seilbahn nicht scheut, wird im **Little Italy** mit erstklassigem Essen aus eben jenem Land verwöhnt (100–150 Rs pro Hauptgericht). In der angeschlossenen Bar lässt sich das Mahl abrunden.

■ Hervorragende fleischlose, südindische Küche (60–120 Rs) inkl. Thalis zur Mittagszeit ist das Markenzeichen des **Parivar Restaurant** an der M.G. Marg.

Post, Bank und Internet

■ Die **Hauptpost** an der P.S. Rd. (Mo–Sa 9–17, So bis 15 Uhr) ist verlässlich, auch bzgl. Paketverschickung und Postempfang (Poste restante).

■ Die **State Bank of India** (M.G. Rd, Mo–Fr 10–14 und 15–16, Sa 10–13 Uhr), **Silk Route Tours & Travels** (M.G. Marg) und die **Axis-Bank** (M.G. Marg, Mo–Fr 9.30–15.30 Uhr, Sa bis 13.30 Uhr), beide mit ATM, wechseln Bargeld und Reiseschecks. Dies ist auch in einigen höherklassigen Hotels zu schlechteren Raten möglich. Man sollte sich vor einem Trip in die Berge schon hier mit genügend Barem versorgen. Auch der **ATM** der UTI Bank ist für die meisten internatonalen Karten zuständig.

■ Es herrscht kein Mangel an **Internetcafés** mit mittelmässiger Geschwindigkeit zu meist 30 Rs/Std.

Polizei und medizinische Versorgung

■ Die **Polizei** ist an der Ecke Church Rd./National Highway 31A beheimatet (Tel.: 202033).
■ Ein akzeptables Krankenhaus ist das **STNM Hospital,** auch am National Highway (Tel.: 222059).

An- und Weiterreise

Flug:

■ U.a. bei der Agentur **Silk Route Tours & Travel** im 1. Stock des Green Hotel (Tel.: 203354) oder Josse & Josse (Tel.: 204682) können Tickets für Flüge nach Delhi, Kalkutta und Guwahati vom 124 km südwestlich von Gangtok gelegenen **Flughafen Bagdogra** gebucht werden.

Der Flughafen in Bagdogra wird mit dem **Helikopter** von Sikkim Tourist Development Corporation (STDC, M.G. Marg, 30 Min., 2.300 Rs, Tel.: 203960) um 11 Uhr angeflogen, wenn es genügend Interessenten gibt. Rückflug von Bagdogra um 14.30 Uhr.

■ In **Pakyong**, 35 km von Gangtok entfernt, ist ein Flughafen geplant, der 2013/14 fertiggestellt sein soll.

Bahn:

■ Der nächstgelegene Bahnhof ist New Jalpiguri. Mo–Sa 8–14 und So bis 11 Uhr können am computerisierten **Bahnschalter** (Tel.: 202014, 561555) beim **SNT-Busbahnhof** Tickets gekauft werden.

Bus:

■ Vom Busbahnhof in der Paljore Stadium Rd. setzt Sikkim Nationalised Transport tgl. acht Busse nach **Siliguri** (4,5 Std., 120–220 Rs, zwischen 6 und 13 Uhr) ein, einen morgens um 7 Uhr nach **Darjeeling** (7 Std.) und zwei (8.30 und 13.30 Uhr) nach **Kalimpong** (4 Std., 80 Rs) sowie nach **Kakarbittha** an der Grenze zu Nepal (4,5 Std. 160 Rs). Auch **Namchi, Pelling** und **Jorethang** werden morgens angefahren.

■ Auf jeden Fall sollte man sein **Ticket** zumindest einen Tag vor der Abfahrt im SNT Booking Office am Busbahnhof (Auskunfts-Tel.: 222016, tgl. 9.30–12 und 13–14 Uhr) kaufen, da die Nachfrage das Angebot bei Weitem übersteigt.

■ Abgesehen von den hier genannten Abfahrten, gibt es noch eine ganze Reihe weiterer Verbindungen mit **privaten Busgesellschaften,** die alle vom Private Busstand starten.

■ Wer von Gangtok nach Siliguri fährt, um von dort mit der Bahn weiterzufahren, sollte sich jedoch vorher erkundigen, ob zwischen der Ankunftszeit seines Busses und der Abfahrtszeit seines Zuges genügend Zeit bleibt, um **von Siliguri zum Bahnhof in New Jalpaiguri** zu gelangen. Das ist oft, gerade bei den am frühen Nachmittag von Gangtok abfahrenden Privatbussen, nicht der Fall. Im Übrigen sollte man genügend zeitlichen Spielraum für die immer wieder auftretenden Verspätungen einplanen.

Jeep/Taxi:

■ Generell kommt man mit den am privaten **Deorali Jeepstand** (31 A National Highway, 2 km vom Zentrum entfernt) bereitstehenden Jeeps schneller und bequemer voran als per Bus. Die meisten starten ab 6.30 Uhr, für weiter entfernte Ziele bis ca. 14 Uhr. Folgende Ziele werden per Jeep und einigen Minibussen von dort angefahren: Siliguri (4 Std., 142 Rs, einige der Jeeps fahren weiter bis zum Bahnhof in New Jalpaiguri), Darjeeling (5 Std., 140 Rs), Kalimpong (3,5 Std., 140 Rs). Jeweils ein Jeep fährt morgens um 6.30 Uhr nach Karkarbhitta an der Grenze zu Nepal (4 Std., 180 Rs) und einer nach Jaigaon an die bhutanesische Grenze um 8 Uhr (4 Std., 230 Rs).

■ Jeeps nach West-Sikkim starten vom **Southwest Jeepstand.** Ab 7 Uhr morgens meist halbstündig Verbindungen z.B. nach Pelling (5 Std., 180 Rs), Jorethang (3 Std., 110 Rs), Yuksom (4 Std., 180 Rs) und Geyzing (4,5 Std., 140 Rs).

■ Jeeps nach Rumtek (1 Std., 40 Rs) fahren vom **Lal Bazaar** zwischen 8 und 15 Uhr.

■ Jeeps Richtung Norden können am **North Jeepstand** etwa 3 km außerhalb bestiegen werden, nach Phensang (1 Std., 40 Rs) oder Phodong (2 Std., 65 Rs).

■ **Taxis** verlangen für die Fahrt nach Rumtek 300 Rs, nach Siliguri und Bagdogra 1.700 Rs, nach Darjeeling 1.600 Rs und nach Kalimpong 1.500 Rs.

☐ Atlas S. VIII

Klöster in Sikkim

Kloster Rumtek   VIII/A2

Der Sitz des aus dem 11. Jh. stammenden **Kagyu-pa-Ordens** ist heute so etwas wie das Vorzeigekloster Sikkims. Es gibt wohl kaum einen Besucher, der die 24 km südöstlich von Gangtok gelegene Runtek Gompa (www.rumtek.org) nicht besichtigt. Tatsächlich ist es jedoch optisch wegen seines relativ neuen Baudatums durchaus nicht so beeindruckend wie viele andere, von Touristen weit weniger besuchte Klöster in Sikkim. Erbaut wurde es erst Anfang der 1960er Jahre nach der Besetzung Tibets durch die Chinesen. Architektonisch ließ es das Oberhaupt der Kagyu-pa-Sekte, *Gyalwa Karmapa*, der hier bis zu seinem Tode 1982 regierte, als originalgetreue Kopie des Heimatklosters in Tibet errichten. Besonders augenfällig sind neben der vergoldeten und mit Türkisen verzierten Stupa die religiösen **Malereien.** Zur Besichtigung (6–18 Uhr, Eintritt 10 Rs) dieses bewachten Klosters müssen der Reisepass und das Permit für Sikkim vorgelegt werden.

Zweimal im Jahr ist Rumtek Schauplatz berühmter tibetischer **Maskentänze.** Im Dezember/Januar, wenn beim Winterfest der Sieg des Guten über das Böse gefeiert wird, und während des Sommerfestes Drupchen im Mai/Juni, wenn Legenden aus dem Leben *Padmasambhavas* erzählt werden, finden sich neben vielen Einheimischen und Touristen auch Kamerateams aus der ganzen Welt ein. Exakte Termine gibt's beim Touristenbüro.

Weitere knapp 3 km oberhalb von Rumtek finden sich zur Linken zwei weitere **Klöster.**

Unterkunft, Essen und Trinken
(Vorwahl: 03592)

■ Das **Sangay Hotel** € (Tel.: 252238) hat spartanische, aber saubere Zimmer (die billigen mit Gemeinschaftsbad).

■ Gegenüber vom Eingang zum Kloster liegt das **Kunga Delek Hotel** € und Restaurant.

■ Eine gute Wahl ist das **Sungay Guest House** €–€€ (Tel.: 252221) am Zugangstor Rumteks mit Garten, wobei die hübschen DZ mit Bad und Balkon den recht spartanischen EZ vorzuziehen sind. Einheimische wie auch westliche Gerichte können serviert werden.

■ Wesentlich angenehmer wohnt man im 5 km von Rumtek entfernten **Martam Resort** €€–€€€ (Tel.: 223314). Die gelungene Anlage mit 14 Cottages liegt beim Dorf Martam. Im Preis sind drei Mahlzeiten enthalten. Das Hotel organisiert auch Pferde-Safaris in die Umgebung.

■ Rumteks bestes Hotel ist das **Bamboo Retreat** €€€€€ (Tel.: 252516, (0)92325130090, www.bambooretreat.in, Preise inkl. Mahlzeiten). Die zwölf herrlichen, themenorientiert dekorierten Zimmer sind sehr gemütlich. Massage, Kräuterbäder, Yoga und Meditation verwöhnen die Gäste. Ein Fahrradverleih ist vorhanden. Die Besitzerin aus der Schweiz legt viel Wert auf umweltschonenden Tourismus.

An- und Weiterreise

■ Nur ein **Bus** tgl. verkehrt zwischen Gangtok und dem 26 km entfernten Rumtek und das auch noch zu einer äußerst ungünstigen Zeit. Da er Gangtok erst um 16.30 Uhr verlässt und am nächsten Morgen um 8 Uhr von Rumtek zurückfährt, müssen all jene, die diese Transportmöglichkeit wählen, in Rumtek übernachten.

■ Alternativ besteht die Möglichkeit, in Gangtok ein **Taxi** für einen Tagesausflug zu mieten für etwa 600 Rs. Sammeljeeps vom Lal Bazaar Jeep Stand sind etwas billiger. Der letzte der stündlich fahrenden Jeeps nach Gangtok (30 Rs) verlässt Rumtek gegen 15 Uhr.

■ Schließlich wird das Kloster auch bei einem der **Tagesausflüge** des Tourist Office von Gangtok aus besucht.

Klöster Phodong und Labrang

Entlang einer windungsreichen Schotterstraße vorbei am **Tashi-Aussichtspunkt** mit hervorragender Aussicht auf das Kanchenjunga-Gebirge (links sitzen) führt der Weg in Richtung des 35 km nördlich von Gangtok gelegenen Phodong-Klosters, eines der sechs wichtigsten ganz Sikkims. Das 1740 gebaute Kloster mit einer schönen Gebetshalle bewohnen Mönche der **Gelbmützensekte.** Man sollte den Busfahrer bitten, einen an der Abzweigung aussteigen zu lassen, von wo der Fußweg nach etwa 15 Minuten zum Kloster führt.

Das zweigeschossige, relativ neue Gebäude wirkt zwar weitaus weniger spektakulär als Rumtek, strahlt dafür jedoch auch eine wesentlich ruhigere Atmosphäre aus. Zuweilen ist die Haupthalle verschlossen, doch einer der anwesenden Mönche zeigt einem gerne die sehr schönen **Wandmalereien** im Innern des Klosters. Eine kleine Spende ist in diesem Fall allerdings angebracht.

Weitere 30 Minuten und 3 km weiter bergauf liegt, verwunschen an einen Wald angrenzend, das 1884 gebaute Labrang-Kloster, in dem etwa 100 Mönche wohnen. Wer mit öffentlichen Verkehrsmitteln unterwegs ist und noch am gleichen Tag von Phodong nach Gangtok zurückfahren möchte, dem bleibt nur äußerst wenig Zeit für den Abstecher nach Labrang. Besser ist es in diesem Fall, eine Übernachtung vor Ort einzuplanen.

Unterkunft
(Vorwahl: 03592)

■ Einfach ist das Hotel **New Northway** € (Tel.: 262953) mit sauberen Zimmern (Gemeinschaftsbad).
■ Ein wenig komfortabler und dementsprechend auch etwas teurer wohnt man im **Yak & Yeti Hotel** € (Tel.: 262844), 2 km oberhalb der Abzweigung zum Kloster.

An- und Weiterreise

■ Um nach Phodong zu gelangen, muss man einen der drei tgl. um 8.00, 14 und 16 Uhr von Gangtok **Richtung Mangan** startenden Busse besteigen. Auch hier ist eine Reservierung am Morgen des gleichen Tages empfehlenswert, da Mangan ein von Einheimischen stark frequentiertes Reiseziel ist. Auf dem Rückweg passieren die von Mangan kommenden Busse die Hauptstrecke unterhalb des Phodong-Klosters etwa gegen 10 und 16 Uhr. Die Fahrtdauer beträgt ca. 2 Std.
■ Per **Taxi** bzw. **Jeep** kostet der Tagesausflug von Gangtok nach Phodong 120 Rs, falls genügend Passagiere zusammenkommen. Sonst muss man mit 1.200 Rs für einen exklusiv gemieteten Jeep rechnen.

Kloster Phemayangtse bei Pelling

Das von schneebedeckten Bergen umgebene, wunderschön gelegene Phemayangtse-Kloster (7–17 Uhr, Eintritt 20 Rs) ist die Heimat des **Nyingmapa-Ordens,** einer der traditionsreichsten Sekten des tibetanischen Buddhismus. Ursprünglich Anfang des 18. Jh. erbaut, wurde es durch verschiedene Erdbeben des Öfteren fast vollständig zerstört und musste so mehrfach wiederaufgebaut werden. Auch hier finden normalerweise im Februar zum Neujahrsfest Losar **Maskentänze** statt, über deren genaue Termine das Touristenbüro in Gangtok Auskunft erteilt.

> Obwohl die Buddhisten heute nur noch in der Minderheit sind, gehört Sikkim zu den am stärksten buddhistisch geprägten Regionen Indiens

Klöster in Sikkim

Information und Reiseagenturen

■ Viele Reisebüros in Pelling organisieren ein- oder mehrtägige Ausflugstouren in die nähere und weitere Umgebung. Beliebt ist eine Tour zum Khecheopalri-See oder zum Pemayangtse-Kloster. Pro Jeep und Tag kosten sie um 2.300 Rs. Stellvertretend für viele sei hier **Lets Go Tours & Treks** (Upper Pelling, Tel.: (0)959398057, (0)973 3018237, www.gopelling.com) als Anbieter genannt.

Unterkunft, Essen und Trinken
(Vorwahl: 03592)

■ Das dem Kloster am nächsten gelegene, elegante **Elgin Mount Pandim** €€€€€€ (Monastery Rd., Tel.: 250756, www.elginhotels.com, Preise inkl. Mahlzeiten) ist mit Aussicht auf den Kanchenjunga gleichzeitig mit Abstand die teuerste und beste Übernachtungsmöglichkeit der Region. Alle Luxusattribute außer einem Pool sind vorhanden: Spa, WiFi, große LCD-TVs etc. Das erstklassige Restaurant mit herrlichem Bergblick ist natürlich auch im Preis Spitze.

■ Im 2 km von Pemayantse entfernten Pelling bietet sich das **Hotel Garuda** €–€€€ (Upper Pelling, Tel.: 258319, (0)9424184401, garuda_pelling@yahoo.com) als beliebte Unterkunft an. Die Zimmer mit TV und warmer Dusche sind zwar nicht luxuriös, aber sauber und geräumig. Außerdem überzeugt das Hotel durch ein gutes Restaurant und sehr freundliches Personal. Ein billiger Schlafsaal ist vorhanden. Das Management des Hauses veranstaltet einige interessante Ausflüge in die Umgebung Pellings.

■ Als Ausweichmöglichkeit bietet sich das 100 m bergauf gelegene, von zwei Brüdern geleitete **Hotel Kabur** €–€€ (Upper Pelling, Tel.: 258504, (0)9832427723) an, mit passablen Räumen und einem angeschlossenen Restaurant. Die billigsten Zimmer sind aussichtslos und im Winter kalt, die teureren mit Heizgeräten bestückt. Auch hier starten einige Tagesausflüge für durchschnittlich 2.000 Rs/Tag.

■ Eine bessere Wahl ist das direkt beim Busbahnhof gelegene **Hotel Phamrong** €€€€–€€€€€ (Upper Pelling, Tel.:

258281, (0)9733085318, www.hotelphramrong.com). Alles macht einen gepflegten und professionellen Eindruck, wobei die Zimmer der oberen Etagen wegen des besseren Ausblicks natürlich vorzuziehen sind. Sehr gut ist auch das hauseigene Restaurant mit einer großen Auswahl an Gerichten zwischen 100 und 300 Rs. Ein weiteres Plus ist ein nahes Internetcafé

■ Steigt man wieder ab nach Lower Pelling, gibt das freundliche **Alpine Restaurant** mit Momos und Nudelgerichten eine willkommene Einkehrmöglichkeit ab.

■ Im ca. 15 Fahrminuten von Pelling entfernten Dorf Darap ist das kleine **Cherry Village Resort** €€€€ (Tel.: (0)9733235441, Preise inkl. Halb- oder Vollpension) ein wundervoller Ort der Ruhe. Einzeln stehende, rustikale Holzbungalows, teilweise zweistöckig mit Rundumbalkon, sind gemütlich. Zum Zeitvertreib gibt's neben herrlichen Fernsichten Tischtennis, Billard und Lagerfeuer. Außerdem werden preiswerte (durchschnittlich 2.500 Rs pro Fahrzeug/Tag) Tagesausflüge zu Sehenswürdigkeiten der Region angeboten.

An- und Weiterreise

■ Zwei **Busse** tgl. machen sich um 7 und um 13 Uhr auf die 6–7 Std. lange Fahrt von Gangtok nach **Genzing.** Auch hier ist eine frühzeitige Reservierung unbedingt ratsam. Zurück nach Gangtok geht es normalerweise um 8 und um 14 Uhr von Genzing, doch diese offiziellen Zeiten scheinen sehr unzuverlässig, deshalb sollte man noch einmal vor Ort nachfragen.

■ Von Genzing **nach Siliguri** 1 Bus tgl. um 7 Uhr.

■ Um nach **Darjeeling** zu gelangen, muss man zunächst um 8 oder um 10 Uhr nach **Jorethang** fahren (2 Std.) und von dort in weiteren 2 Std. mit dem Sammeljeep (50 Rs pro Person) nach Darjeeling. Privatanbieter fahren die Strecke nach Darjeeling natürlich direkt, etwa Simvo Tours & Travels (Upper Pelling, Tel.: 258549, (0)97330764571, gegenüber dem Garuda Hotel) oder Father Jeep Service (Tel.: 258219). Des weiteren nach **Gangtok und Siliguri.** Pro Fahrzeug ca. 2.000–2.500 Rs für die genannten Ziele.

NORDOST-
PROVINZEN

Wie ein Fremdkörper wirken die nur durch einen äußerst schmalen **Landkorridor** mit Indien verbundenen nordöstlichen Provinzen. Tatsächlich sind sie es auch. Die große Mehrzahl der insgesamt fast 40 Mio. Einwohner der sieben Staaten gehören zahlreichen **Stammesverbänden** an, die sich in ihrer Kultur und Religion deutlich vom Rest Indiens unterscheiden. Sehr darauf bedacht, an ihren Lebensformen festzuhalten, wehren sie sich gegen jede allzu starke Bevormundung aus dem fernen Delhi. Dort wiederum ist man ängstlich darum bemüht, die Zügel in dieser **sensiblen Grenzregion** fest in der Hand zu halten. Zu keinem der die Nordostprovinzen nahezu einschließenden Länder – Tibet, also China, Bangladesch und Myanmar (Burma) – pflegt Indien als freundschaftlich zu bezeichnende Beziehungen.

Die ethnischen und territorialen Gegebenheiten dieser sieben 1947 aus dem kolonialen Assam hervorgegangenen Staaten Assam, Arunachal Pradesh, Nagaland, Meghalaya, Manipur, Mizoram und Tripura trugen von Anfang an den Keim für schwerwiegende **Probleme mit der indischen Zentralregierung** in sich. Schon in den 1960er und 1970er Jahren hatten sich diverse Untergrundorganisationen gebildet, die mit terroristischen Gewaltanschlägen für die **Unabhängigkeit** ihrer Region kämpften, so etwa die Tripura National Volunteers. Mehrfach wurde von der indischen Regierung die umstrittene President's Rule angewendet, d.h. die Landesregierung abgesetzt, und der Unionsstaat der Zentralregierung untergeordnet.

Zur Eskalation der Gewalt kam es jedoch erst Mitte der 1980er Jahre durch den Zustrom Tausender von Bangladeschis, die vor den Repressalien und den wirtschaftlichen Nöten in ihrem Heimatland flüchteten. Zwischen der um ethnische Identität und wirtschaftliche Privilegien fürchtenden einheimischen Bevölkerung und den Immigranten bauten sich immer bedrohlichere Spannungen auf, die sich schließlich 1983 in regelrechten Massakern entluden. Tausende von Menschen wurden auf offener Straße abgeschlachtet.

Als dann auch noch die neu gegründete United Liberation Front of Assam (ULFA) der indischen Armee in ihrem Kampf für ein **unabhängiges Assam** empfindliche Niederlagen zufügte und 1991 erneut Tausende von Flüchtlingen, diesmal aus Myanmar (Burma), nach Mizoram, Meghalaya und Nagaland flohen, schien die gesamte Region in Aufruhr. 1999 wurden fast täglich Anschläge auf öffentliche Einrichtungen und Bahnhöfe verübt. Auch 2008 flammten Unruhen auf, die etwa 50 Menschenleben forderten. Die Lage beruhigte sich nach Einsatz der indischen Armee wieder.

In den letzten Jahren ist es **ausländischen Touristen** zunehmend gestattet worden, die Nordostprovinzen zu besuchen. Hierfür sind Genehmingungen erforderlich, sogenannte **Restricted Area Permits** (RAP). Dennoch kann die Sicherheitslage blitzschnell umschlagen, wie sich im Juli 2012 zeigte, als es in Assam völlig überraschend wieder zu Unruhen zwischen muslimischen Einwandern aus Bangladesch und Bodos kam, einer von über 200 Volksgruppen in den Nordoststaaten, bei denen Dörfer niedergebrannt wurden, Zehntausende Menschen in Flüchtlingslagern Zuflucht suchten und ca. 20 Menschen getötet wurden. Ein Besuch ist also immer noch **nicht ganz ungefährlich**.

Special Permits

Guwahati, der Kaziranga- und Manas-Nationalpark, Shillong und einige andere Gebiete können **eigenständig besucht werden.** So sind für Assam, Meghalaya und Tripura zurzeit keine *Restricted Area Permits (RAP)* für die Einreise erforderlich, für die anderen Bundesstaaten des Nordostens ist dies jedoch notwendig. Zudem darf man dorthin nur in Gruppen ab vier Personen einreisen. Da es teils recht aufwendig ist, eigenständig die Permits zu erhalten, ist es ratsam, diese Bundesstaaten mittels einer von einem Reisebüro organisierten **Gruppenreise** durchzuführen, zumal sachkundige Reiseagenturen besser zu den teils abgelegenen Volksstämmen und Sehenswürdigkeiten finden.

Will man dennoch auf eigene Faust reisen, wende man sich an das Ministry of Home Affairs in Delhi (Jaisalmer House, 26 Man Singh Rd., Tel.: 011-23385748, Mo–Fr 9–11 Uhr), das zuständig für die Ausstellung der Permits ist. Auch beim Foreigner's Registration Office in Kalkutta (237 AJC Bose Rd., Tel.: 033-22837034, Mo–Fr 11–17 Uhr) werden *Restricted Area Permits* ausgestellt. Hier ist man jedoch zurückhaltender bzgl. bestimmter Bundesstaaten wie Mizoram und Nagaland. Zu den in Guwahati ansässigen Büros der einzelnen Bundesstaaten sollte man sich als Ausländer nicht begeben, da dort keine Unterstützung zu erwarten ist. Man sollte die Permits frühzeitig, mindestens einen Monat vorher, beantragen, da die Bearbeitung einige Zeit dauern kann und die Ausstellung nicht sicher ist. Die Permits sind zehn Tage gültig (Arunachal gewährt inzwischen 30-tägige-Zugangserlaubnis) und erlauben das Reisen in den darin angegebenen Gebieten. Weiß man schon vor der Abreise, wann genau man die entsprechenden Gebiete besucht, ist auch eine Erlaubnis bei der jeweiligen Botschaft im Heimatland erhältlich. Jedenfalls muss man in den beantragten Gebieten bleiben, eine Reiseplanänderung während der Reise ist nicht erlaubt. Bei einer organisierten Tour werden diese Formalitäten vom Reisebüro erledigt.

Über die zeitweise schwierige **Sicherheitslage** in Teilen der Nordostprovinzen kann man sich bei der zuständigen indischen Vertretung erkundigen:

- für **Arunachal Pradesh:** in Delhi, Tel.: 011-23013915; Kalkutta, Tel.: 033-23341243; Guwahati, Tel.: 0361-2452859.
- für **Mizoram:** in Delhi, Tel.: 011-23016101; Kalkutta, Tel.: 033-24757887; Guwahati, Tel.: 0361-2529411.
- für **Manipur:** in Delhi, Tel.: 011-23344026; Kalkutta, Tel.: 033-21747087; Guwahati, Tel.: 0361-2540707.
- für **Nagaland:** in Delhi, Tel.: 01123017123; Kalkutta, Tel.: 033-22820725; Guwahati, Tel.: 0361-2338426.
- Weitere Informationsstellen sind die **Websites** der Assam Tribune (www.assamtribune.com) oder der Nordostprovinzen (www.rediff.com/news).

Assam VIII/B2

Mit 78.000 km² ist Assam zwar nur der zweitgrößte Staat der Nordostprovinzen, beheimatet jedoch mit über 25 Mio. Menschen knapp Dreiviertel der Gesamtbevölkerung. Weltweiten Ruf genießt der hier angebaute **Spitzentee,** der 60 % der gesamten indischen Teeproduktion ausmacht. Insgesamt verfügt Assam allein schon wegen seiner strategisch zentralen Lage als Nadelöhr zum Rest Indiens über eine gut entwickelte Infrastruktur.

Touristisch am interessantesten sind die beiden **Wildreservate** Kaziranga und Manas in diesem vom Brahmaputra durchzogenen Bundesstaat, die fast 80 % der weltweiten Nashornpopulation beheimaten. Die beste Besuchszeit für Assam ist zwischen November und April.

Guwahati (Gauhati) VIII/B2

Ähnlich wie etwa Gangtok, die Hauptstadt Sikkims, hat auch Guwahati einen rasanten ökonomischen Aufschwung erlebt, der sich deutlich im Stadtbild niederschlägt. Der hiermit einhergehende Bauboom hat Guwahati nicht gerade schöner werden lassen. Zwar weist die am östlichen Ufer des Brahmaputra gelegene Metropole einige hübsche Tempel auf, doch mehr als maximal zwei Tage braucht man sich nicht aufzuhalten.

Stadtrundfahrt

■ Täglich veranstaltet Assam Tourism zwei leicht unterschiedliche, um 7 Uhr beginnende zwölfstündige Stadtrundfahrten ab 300–450 Rs (Preis abhängig von der Teilnehmerzahl, mindestens vier Personen), die mit einer kurzen **Fahrt auf dem Brahmaputra** auf dem Ausflugsschiff „Jolporee" enden.

Sehenswertes

Hübsch gelegen auf der bewaldeten Pfaueninsel inmitten des Brahmaputra liegt der Shiva geweihte **Umananda-Tempel**. Das über eine Fähre (10 Rs, vom Kachari Ghat an der M.G. Rd., halbstündige Abfahrten zwischen 8 und 16.30 Uhr) zu erreichende Heiligtum ist jedes Jahr im März Ziel von Tausenden von Pilgern, die hier zu Ehren des Gottes ein nächtliches Fest feiern. Um das Tempeltor warten zahme Goldlanguren auf eine Gabe der Besucher.

Der etwas außerhalb auf dem Chitrachal-Hügel gelegene **Nawagarh-Tempel** erinnert an Guwahatis frühere Bedeutung als Zentrum der Astrologie in Indien. Im Innern sind die neun Planeten durch neun große Monolithen dargestellt.

Der berühmteste Tempel der Stadt, der **Kamakshya** (Eintritt ohne Warten 500 Rs, bei kurzer Warteschlange 100 Rs, bei langer Warteschlange umsonst, 8–13 und 15 Uhr bis Sonnenuntergang), ein wichtiges Zentrum des Tantra, steht auf dem Nilachall-Berg, 8 km westlich. Sein Ursprung findet sich in der hinduistischen Mythologie, wonach die Yoni (weibliches Geschlechtsteil) Satis nach ihrem Tode hier zu Boden gefallen sein soll, während ihr trauernder Ehemann Shiva sie auf einer Pilgerreise durch Indien trug. Heilige Orte, die sich auf diese Legende zurückführen lassen, finden sich über ganz Indien verstreut. Ab Juni zelebriert die Ambuchbachi Mela mit tantrischen Ritualen und Tieropfern das Ende des Menstruationszyklus' der Göttin. Ziegen und Büffeln werden vor dem Tempel die Köpfe abgeschlagen.

Das **Assam State Museum** (tgl. außer Mo 10–16.30 Uhr, Eintritt 5 Rs, Kamera 10 Rs, Video 100 Rs) lohnt den Besuch, es zeigt Skulpturen, Gemälde und archäologische Funde des Nordostens. Im oberen Stockwerk wurden Häuser der Volksstämme nachgebaut, die Einblick ins Alltagsleben dieser Kulturen geben.

Der staatliche **Zoo/Botanische Garten** (tgl. außer Fr 8–16.30 Uhr), Eintritt 50 Rs, Kamera/Video 20/200 Rs) lohnt eigentlich nur einen Besuch, wenn man keine Gelegenheit findet, die beiden großen Tierschutzparks von Assam zu besuchen. Das 130 ha große Areal liegt etwa 5 km südöstlich, ist also recht weit vom Zentrum entfernt (Riksha etwa 100 Rs).

Information

■ **Vorwahl:** 0361

■ **IndiaTourism** hat sein Büro (Assam Paryatan Bhawan, Paltan Bazaar, A.K. Azad Rd., Tel.: 2737554, indtour guwahati@.nic.in) zentrumsnah, Mo bis Fr 9–17 und Sa 9–13 Uhr.

Etwas weiter nördlich ist das **Assam Tourist Office** (Tel.: 2542748, Mo–Fr 10–16.15 Uhr, jeden 2. Sa bis 17 Uhr von Mai bis Oktober, www.assamtourism.org) in der Prashaanti Tourist Lodge in der Station Road zu finden. Hier gibt es u.a. nähere Auskünfte über Anfahrt und Unterbringung im Manas-Nationalpark, für den man sich zudem vorher anmelden muss.

■ Auch **am Flughafen** haben beide Organisationen ein Informationsbüro (Tel.: 2544475).

Reiseagenturen

Die meisten Touristen besuchen die Bundesstaaten im Nordosten im Rahmen einer organisierten Tour. Die Reiseagenturen besorgen die Zugangsgenehmigungen.

■ Ein Zweitagesausflug zum Kaziranga-Nationalpark veranstaltet **Traveller's Point** (Tel.: 2604018, ansässig in der Prashaanti Tourist Lodge wenig nördlich vom Bahnhof, wenn sich genügend Interessierte zusammenfinden. Preis ab 3.000 Rs inkl. Parkeintritt und Elefantenausritt. Weitere Ausflugstouren in Assam und nach Meghalaya sind möglich.

■ **Jungle Travels India** (Dirang Arcade, GN Bordoloi Rd., Tel.: 2602186, 2667871-3, (0)9207042330, www.jungletravelsindia.com) ist eine hervorragende Adresse für Touren zu Volksstämmen in Arunachal Pradesh, Nagaland und Mizoram, für Trekking, Fischen und Rafting sowie Luxusbootsfahrten auf dem Brahmaputra. Genaueres auf der informativen Website.

■ Auch **Network Travels** (17 Paltan Bazaar, G.S. Rd., Tel.: 2605335, (0)9435154638, www.networktravelsindia.net) arrangiert professionell Touren in die Nordostprovinzen und die Nationalparks.

Unterkunft

■ Die **Prashaanti Tourist Lodge** €€ (Station Rd., Tel.: 2544475, (0)9207047841) befindet sich ganz in der Nähe des Bahnhofs und einfache, saubere Balkonzimmer, die teureren klimatisiert. Im Gebäude ist auch ein Tourist Office sowie ein Restaurant angesiedelt.

■ Das **Hotel Samrat** €€-€€€ (Tel.: 2541657) in der A.T. Rd., 3 km vom Bahnhof entfernt, ist neben dem ruhigeren **Sunderban Guest House** €€-€€ (M.E. Rd., Tel.: 2730722), einer freundlichen, sauberen Bleibe, etwas versteckt in einer Gasse wegen seiner geräumigen und sauberen Zimmer das beste Hotel in der unteren Preisklasse.

■ Das größte Plus des empfehlenswerten **Hotel Nandan** €€€€ (Tel.: 2540855, 2634797, www.hotelnandan.com, Zimmer mit WiFi) in der G.S. Rd. ist seine zentrale Lage beim Bus- und Zugbahnhof. Zudem finden sich im Haus zwei ausgezeichnete indische Restaurants.

■ Eine akzeptable Mittelklassebleibe ist das **Prag Continental** €€€€ (Motilal Nehru Rd., Pan Bazaar, Tel.: 254 0850, www.hotelpragcontinental.com) in ruhiger Lage, gut 1 km vom Bahnhof entfernt. Saubere, modern möblierte Zimmer mit Holzfußboden und LCD-TV sind wohnlich. Einige Gäste klagen über nachlässigen Service und das recht dürftige Frühstück, das im Preis inbegriffen ist.

■ Zentral 500 m vom Bahnhof gelegen ist der schmale Turm des **Hotel Raj Mahal** €€€€€ (A.T. Rd., Tel.: 25119141-6, www.hotelrajmahal.in). Alle Zimmer sind modern eingerichtet und haben AC. Das Haus verfügt über zwei Restaurants, eine Bar und einen Coffee-Shop sowie Swimmingpool im 10. Stock mit Blick über die Stadt.

■ Das zentral an der S. S. Rd. gelegene **Dynasty Hotel** €€€€€–€€€€€€ (Tel.: 2516021, 6110555, www.dynastyhotel.in) bietet 76 komfortable AC-Zimmer. WiFi, elektronische Minisafes in den Zimmern, Spa und Health Club, eine Bar und eine Bäckerei im Erdgeschoss sind weitere Annehmlichkeiten. Ausgezeichnet ist das **Tandoori Restaurant** (200–300 Rs), in dem an flachen Tischen bei Tabla-Musik serviert wird.

■ Nach wie vor eines der Spitzenhotels von Guwahati ist das am Brahmaputra gelegene **Hotel Brahmaputra Ashok** €€€€€–€€€€€€ (M.G. Rd., Tel.: 2602281-4, www.hotelbrahmaputraashok.com). Die hellen, geräumigen Zimmern (man sollte sich eines mit Blick auf den Fluss aussuchen) mit WiFi-Anschluss sind teilweise renoviert.

Essen und Trinken

■ Wer einmal die ganz eigenständige Küche des Nordostens (100–200 Rs) probieren möchte, findet kein besseres Lokal als das **Paradise Restaurant** in der GN Bordoloi Rd.

■ Am Sukreswar Ghat, M.G. Rd., stechen die von Assam-Tourism gemanagten Schiffe **Jolporee** und **Alfresco** allabendlich in See bzw. auf den Brahmaputra. Leider stechen beim Abendessen auf dem Schiff auch die Mücken, also vorsorgen.

■ Mit Brahmaputra-Ausblick kann man im **JB's** (Ferry Ghat) an der M.G. Rd. delikate vegetarische indische Küche sowie Salate und Kuchen genießen.

Bank

Bargeld sollte schon in Guwahati beschafft werden, wenn man weiter in die Nordostprovinzen reisen will, da dies andernorts recht schwierig ist.

■ Die **State Bank of India** (M.G. Rd., 3. Stock, Mo–Fr 10–14 und 15–16 Uhr) wechselt Bargeld und Reiseschecks. Der angeschlossene ATM akzeptiert die meisten internationalen Karten. Auch die **HSBC Bank** an der GN Bordoloi Rd. hat einen Geldautomaten.

Post und Internet

■ Die **Hauptpost** findet sich nahe der M.G. Road auf Höhe der State Bank of India.

■ Eine Stunde Internetsurfen kostet meist 20 Rs. Von mehreren Gelegenheiten sei **Web Net** genannt, zentral beim Telegraph Office gelegen.

Polizei und medizinische Versorgung

■ Die **Polizei** hat ihr Hauptbüro an der H.B. Road, Tel.: 2540126.

■ Im Notfall ist das **Guwahati Medical College Hospital** (Tel.: 2529457), etwa 5 km südlich der Stadt, wohl die beste Adresse.

An- und Weiterreise

Flug:

Der **Flughafen** Lokpriya Gopinath Bordoloi (Tel.: 2452859) ist 25 km von Guwahati entfernt. Ein Prepaid-

Taxi/Gemeinschaftstaxi/Bus kostet 500/100/70 Rs. Aus Guwahati zum Flughafen starten sie beim Hotel Mahalaxmi an der G.S. Road.

■ **Air India** (G.S. Rd., etwa 4 km südlich vom Zentrum in Ganeshgiri, Dispur, Tel.: 2264420, Flughafen: 2842363) fliegt tgl. von und nach **Kalkutta, Delhi, Agartala, Aizawl, Bagdogra** (3x wöchentlich), **Dimapur**, viermal die Woche nach **Imphal**.

■ **Jet Airways** (G.S. Rd., Christian Basti, Bhagwati Commercial Bldg., 2. Stock, Tel.: 2343320/1, am Flughafen: 2840600) verbindet mit Agaratala, Aizwal, Dibrugarh, Imphal, Jorhat, Delhi und Kalkutta. **IndiGo** (www.goindigo.com) verbindet mit Delhi, Kalkutta, Imphal und Mumbai. **SpiceJet** (Tel.: 1800-1803333. www.spicejet.com) verbindet mit Agartala, Bagdogra, Delhi und Kalkutta.

■ Außerdem stehen mit Pawan Hans Helicopters (Tel.: 2842174, www.pawanhans.co.in) und Meghalaya Helicopters Service (Tel.: 2223129) zwei **Hubschrauber-Anbieter** zur Verfügung: nach Shillong (45 Min., 1.200 Rs), Tura (50 Min., 1.130 Rs), Itanagar (75 Min., 3.000 Rs).

Bahn:

■ Die günstigste Verbindung von **New Jalpaiguri** bietet der 12506 North East Exp. um 8.35 Uhr, der um 16.45 Uhr in Guwahati eintrifft. In umgekehrter Richtung der 12505: Abf. Guwahati 9.45 Uhr, Ank. New Jalpaiguri 17 Uhr.

■ Für die lange Strecke von und nach **Delhi** benötigen mehrere schnelle Rajdhani-Expresse 30 Stunden.

■ Von **Kalkutta** aus bietet sich der 12345 Saraighat Exp. an, der um 15.50 Uhr in Kalkutta startet und über Malda Town (ab 21.45) und New Jalpaiguri (Abf. 2 Uhr) um 9.30 Uhr im 991 km nordöstlich gelegenen Guwahati einfährt. Dieser Zug fährt weiter bis Dimapur und Dibrugarh. Umgekehrte Richtung der 12346: Abf. Guwahati 9.45 Uhr, über New Jalpaiguri (Ank. 19.10 Uhr), Malda Town (an 23.30), Kalkutta an 5.10 Uhr.

Bus/Taxi/Jeep:

Bundesstaaten, für die Touristen ein **Permit** benötigen, können per Zug problemlos ohne Genehmigung durchquert werden, bei der Durchreise per Bus muss für die jeweiligen Bundesataaten jedoch eines vorhanden sein.

■ Die meisten Verbindungen starten am **Interstate Bus Terminus**, 8 km östlich des Zentrums. Busse zu allen größeren Städten im Nordosten, wie z.B. Shillong in 3,5 Std. (90–110 Rs), Dimapur und Kohima (Nagaland, 11/13 Std., 280/330 Rs), Itanagar (Arunachal Pradesh, 12 Std.), Imphal (Manipur, 20 Std., 700 Rs) und zum Kaziranga-Nationalpark (6 Std., 280 Rs). Auch nach Siliguri regelmäßige Verbindungen (13 Std., 320 Rs), dorthin komfortabler natürlich per Bahn. Auch private Busgesellschaften verkehren auf diesen Strecken. Verlässlich sind **Network Travels** (Tel.: 2522007), **Deep Travels** (HPB Rd., Tel. 2152937) und **Royal Tours & Travels** (G.S. Rd., Tel.: 2519094).

■ Vor dem Paltan Bazaar Busstand starten **Sammeljeeps** und Minibusse nach Shillong (130/170 Rs).

Umgebung von Guwahati

Sualkuchi

Wer an Kunsthandwerk interessiert ist, sollte sich einen Ausflug zum 32 km entfernten Sualkuchi nicht entgehen lassen, ist das Dorf doch eines der größten **Webzentren** der Welt. In den Fabriken wird die berühmte, natürlichgoldene **Muga-Seide** verarbeitet. Der ganze Ort ist zugepflastert mit Geschäften, in denen man beim Weben zuschauen und die Produkte dieser speziellen Handarbeit kaufen kann.

Anreise:

■ Regelmäßige **Busverbindungen** vom Kacheri Bus Stand in Guwahati nach Sualkuchi, gut 1 Std. Fahrtzeit, 60 Rs.

Hajo

Dieser kleine, etwa 30 km von Guwahati entfernte Ort am **Nordufer des Brahmaputra** wird von den drei großen Religionen Hinduismus, Buddhismus und Islam als heilig

Assam

verehrt. Während Hindus und Buddhisten im Hayagriba Madhava Mandir im Dorfzentrum beten, begeben sich Muslime auf den Berg oberhalb der Stadt, um sich in der Poa-Mecca-Moschee ihrem Gott würdig zu erweisen.

Anreise:
■ Hajo wird regelmäßig von **Bussen** aus Guwahati vom Adari Bus Stand angefahren, 1 Std. Fahrtzeit, 50 Rs.

Pobitora-Naturreservat

Das mit 39 km² kleine Naturreservat, knapp 50 km entfernt von Guwahati, hat die dichteste **Nashornpopulation** der Erde. Neben knapp 100 dieser Tiere beherbergt der Park Leoparden, Damwild, Wildbüffel und viele Vogelarten. Nach Überquerung des den Park begrenzenden Flusses gelangt man zu einer **Elefantenstation,** von wo einstündige Ausritte den Spuren der Grautiere folgen. Beste Besuchszeit ist zwischen November und März.

■ **Eintritt:** 250 Rs, Kamera 500 Rs, Video 1.000 Rs.

Kaziranga-Nationalpark   IX/C2

Das 430 km² große, zu zwei Dritteln mit bis zu fünf Meter hohem Elefantengras bedeckte Gebiet am Ufer des breiten Brahmaputra wurde 1974 zum Nationalpark erklärt. Weltweiten Ruhm genießt es als letztes Refugium für das einhörnige Rhinozeros, von dem etwa 1.900 Tiere, d.h. 70 % des Weltbestandes, hier leben. Anfang dieses Jahrhunderts galt das **Panzernashorn** bereits als ausgestorben. Wegen seines Horns, von dem sich schlaffe Männer bereits verloren geglaubte Wirkungen verspre-

chen, steht es bei Wilderern ganz oben auf der Abschussliste. Trotz etwa 100 bewaffneter Wildhüter muss immer noch durchschnittlich ein Tier pro Woche die menschliche Skrupellosigkeit mit dem Leben bezahlen. Diese Zahl wird durch die Geburtenüberschüsse jedoch wieder ausgeglichen.

Es ist keine Seltenheit, dass man bei den etwa einstündigen Elefantenausritten (jeweils frühmorgens zwischen 5.30 und 8.30 Uhr, sie müssen beim Kaziranga Tourist Complex (Tel.: 03776-268095) am Eingang zum Park gebucht werden) bis zu 20 Nashörner zu Gesicht bekommt. Ein wunderschönes Bild, speziell im Winter, wenn sich der Nebel in der höher steigenden Sonne rasch auflöst und den Blick auf die schneebedeckten Himalayaberge freigibt.

Der Park bietet daneben u.a eine Heimat für über 600 Elefanten, 700 Arnis (Wildbüffel) und Tiger, die man jedoch wegen der hohen Vegetation nur äußerst selten zu Gesicht bekommt. Aus eben diesem Grunde sind auch die Beobachtungsausflüge auf dem Elefantenrücken denen im gepolsterten Autositz vorzuziehen. Nur hoch zu Elefant bietet sich der notwendige Überblick, um die beeindruckende Tierwelt und Landschaft zu genießen. Der Preis von 1.050 Rs pro Ausritt ist allerdings unverschämt hoch. Das gleiche gilt für die knapp zweistündige Rundfahrt mit dem Jeep.

■ Der **Eintrittspreis** beträgt 250 Rs zuzügl. 150 Rs für einen am Parkeingang bereit stehenden Jeep, der zum Tourist Complex zum Start der Elefantenausritte befördert, 500 Rs Kamera- und happige 1.000 Rs Videogebühr.

Der Kaziranga-Nationalpark (7.30–12 und 14.30 Uhr bis Sonnenuntergang) bleibt während der **Monsunzeit** von Ende April bis Anfang November geschlossen, da das Gebiet dann wegen der extrem hohen Niederschläge (zwischen Mai und September durchschnittlich 1.600 mm) und wegen des über die Ufer tretenden Brahmaputra unpassierbar ist.

Die Verlierer des Fortschritts – Indiens Ureinwohner vom Aussterben bedroht

2001, bei der letzten offiziellen Volkszählung, wurden knapp 60 Millionen Inder (7 % der Gesamtbevölkerung) unter der Rubrik **Adivasi** (wörtl.: erste Siedler) aufgeführt. Hinter diesem Sammelbegriff verbirgt sich eine Vielzahl **austro-asiatischer und drawidischer Stämme,** deren Vorfahren den indischen Subkontinent bewohnten, lange bevor sie vor über 3.500 Jahren von den aus Zentralasien einwandernden Indoariern aus ihren angestammten Siedlungsgebieten vertrieben wurden.

Heute leben sie weit verstreut und meist in kleinen Gruppen in nahezu allen Regionen des Landes. Auffällig ist jedoch, dass die **Siedlungsschwerpunkte** dieser Ureinwohner vornehmlich dort liegen, wo sich noch größere zusammenhängende **Waldgebiete** erhalten haben. Besonders signifikant ist dies in den Nordostprovinzen, wo sie vielfach weit über die Hälfte der Gesamtbevölkerung stellen.

Während die Ureinwohner im Nordosten vornehmlich mongolischer Abstammung sind, ist das ausgedehnte Hügelgebiet westlich von Kalkutta Heimat vieler drawidischer Ethnien. Die **Gond und Bhil,** zwei der größten Stammesvölker, leben im zerklüfteten Hochland des Dekhan in Zentralindien. Die West- und Ostghats sind die Rückzugsgebiete drawidischer und weddischer Waldbewohner.

Bei aller ethnischen und geografischen Differenzierung verbinden doch all diese Stammeskulturen einige auffällige Gemeinsamkeiten, die sie gleichzeitig deutlich von der Hindu-Bevölkerung unterscheiden. Im Selbstverständnis der Ureinwohner ist die **Natur** nicht in erster Linie ein Rohstofflieferant, den die Menschen ausbeuten dürfen, sondern Sitz der Götter, den diese den Erdbewohnern quasi treuhänderisch zur Pflege übergeben haben.

Dementsprechend werden alle Lebewesen als gleichberechtigte Partner in einem auf Gemeinschaft gegründeten System behandelt. Da die Wirtschaft der Stammesangehörigen auf Selbstversorgung angelegt ist, werden Überschüsse in Form von Festmahlzeiten und Opfergaben unter der Dorfgemeinschaft verteilt. Ob nun bei der Rodung eines Waldstückes zum Erschließen einer neuen Ackerfläche, beim Sammeln von Waldfrüchten, bei der Treibjagd, beim Hüttenbau oder dem täglichen Wasserholen – alles geschieht in größeren Gruppen und unter gegenseitiger Hilfestellung. In dieser gänzlich auf **Gemeinschaft** basierenden Ordnung sind die trennenden Kastenschranken der hinduistischen Gesellschaft unbekannt, und auch die Frauen genießen eine wesentlich gleichberechtigtere Stellung; so ist etwa die Wiederverheiratung nach dem Tode des Ehemannes erlaubt und auch das im Übrigen Indien so viel Unheil anrichtende Mitgiftsystem wird nicht praktiziert.

Doch zu Beginn des 21. Jh. ist die Welt der Adivasi vom Aussterben bedroht. Im zunehmend harten Konkurrenzkampf um Land, Kapital und Bildung stehen die seit Jahrtausenden unterdrückten Ureinwohner zunehmend auf verlorenem Posten. Je schneller Indien zu einer mächtigen Industrienation wächst, desto mehr Adivasi-Land fällt Bergwerken, Staudämmen, Industriekomplexen und Abholzunternehmen zum Opfer.

So hat die Mehrzahl der Ureinwohner längst ihre traditionellen Lebensgrundlagen verloren und schlägt sich als rechtlose Landarbeiter oder Kulis in den Slums der Großstädte durchs Leben. Statt Wurzeln und Beeren sammeln sie heute Papier- und Plastikfetzen. Am Ende der jahrtausendealten Geschichte von Diskriminierung, Vertreibung und Ausbeutung, von Armut, Krankheit, Unwissenheit und Alkohol steht schließlich auch der Verlust ihrer kulturellen Identität. Im täglichen Überlebenskampf der anonymen Großstädte gleichen sie sich gezwungenermaßen zunehmend der Hindubevölkerung an und verlernen schließlich sogar ihre eigene Sprache.

Im offensichtlichen Widerspruch zu dieser Entwicklung heißt es in Artikel 46 der indischen Verfassung: „Der Staat soll mit besonderer Aufmerksamkeit die schulischen und wirtschaftlichen Interessen der schwächeren Gesellschaftsgruppen vertreten, insbesondere die der registrierten Kasten und Stämme und sie vor sozialer Ungerechtigkeit und allen Arten von Ausbeutung schützen."

Tatsächlich besitzt Indien, was den Schutz von Minderheiten betrifft, eine der besten Verfassungen der Erde. So wurden den Ureinwohnern und den Unberührbaren, die auf der untersten Stufe der Gesellschaftspyramide stehen, spezielle Privilegien eingeräumt. Im Staatsdienst, im Parlament und an Schulen und Universitäten werden ihnen entsprechend ihrem Anteil an der Gesamtbevölkerung Plätze freigehalten. Doch, wie so oft in Indien, erweisen sich diese wohlgemeinten Gesetze in der Realität als Papiertiger, weil sie die betroffenen Gruppen nicht vor der unverminderten ökonomischen, sozialen und kulturellen Benachteiligung bewahren können und so letztlich die Wurzeln des Übels unangetastet lassen.

Unterkunft
(Vorwahl: 03776)

Man sollte sein Zimmer reservieren, wofür viele Hotels jedoch eine Vorauszahlung erwarten. Die meisten bieten neben Übernachtung und Verpflegung Parkausflüge an.

■ Am billigsten wohnt man in der **Kunjaban Lodge** €€ und der **Bonoshree Lodge** €€. Beide bieten einfache, doch für ein paar Nächte akzetable Zimmer mit Badezimmer und Ventilator oder AC. Beide sind über die Bonani Lodge zu buchen.

■ Mindestens eine Klasse besser ist die **Bonani Lodge** €€€ (Tel.: 2662423). Die Zimmer sind zwar auch nicht besonders einladend, doch dafür gefällt die friedvolle Atmosphäre in dieser alten Villa mit umlaufendem Garten. Das angeschlossene Restaurant serviert indische Küche.

■ Angenehm wohnt es sich in der **Aranya Resort** €€ (Tel.: 262429), wobei man die etwas teureren Bungalows den Zimmern, alle mit Balkon bzw. Terrasse zum Garten, vorziehen sollte. Recht gut ist das angeschlossene Restaurant, allerdings nur zum Frühstücken, die Getränkeauswahl der Bar ist beschränkt – es gibt nur Bier. Leider wird auf Instandhaltung nicht sonderlich viel Wert gelegt.

■ Eingangsnah, sind die 14 Cottages rund um das koloniale Haupthaus des **Bonhabi Resort** €€€–€€€€ (Tel.: 262575-675, (0)9435504268, www.bonhabiresort.com) mit viel Grün drumherum gemütlich. Das Resort bietet auch mehrtägige Ausflugstouren in den Nationalpark.

■ Die 4 km östlich des Parkeingangs gelegene **Wild Grass Lodge** €€€€€ (Tel.: 262085, (0)9954416945, wild grasskaziranga@gmail.com) ist eine der gemütlichsten und komfortabelsten Bleiben Kazirangas. Man hat die Wahl zwischen Zimmern im Hauptgebäude, Bungalows und komfortabel eingerichteten Zelten in gepflegter Gartenumgebung mit palmengesäumtem Swimmingpool. Natürlich werden Ausflüge in den Park angeboten.

■ Als idealer Ausgangsort für Safaris bietet sich der riesige Komplex des **Iora-The Retreat** €€€€€ (Tel.: 252411, (0)9957193550, www.kazirangasafari.com) östlich direkt neben dem Parkingang an. Große, hübsch eingerichtete Zimmer, mehrere Restaurants, Swimmingpool mit Bar, Jacuzzi, WiFi (umsonst, nicht in den Zimmern) entsprechen dem modernen Anspruch.

An- und Weiterreise

■ Abzuraten ist von den in Guwahati angebotenen Ausflügen, da man von den zwei Tagen die meiste Zeit im Bus verbringt. **Busverbindungen** von Kaziranga nach Guwahati (5 Std. zwischen 7.30 und 16.30 Uhr, ca. 300 Rs), Shillong (8 Std., ca. 500 Rs) und Dibrugarh (6 Std., ca. 300 Rs).

Manas-Tigerreservat VIII/B2

Das 1973 zum Tigerschutzgebiet erklärte, 2.800 km² große Reservat (www.manasassam.org) mit einer Kernzone von 360 km² gilt als einer der landschaftlich schönsten, weil abwechslungsreichsten Tierparks Nordindiens. Geprägt wird die im Norden von Bhutan begrenzte Naturoase durch die sie von Nord nach Süd durchlaufenden Flüsse Manas und Behi. Insgesamt 19 vom Aussterben bedrohte Säugetierarten bevölkern Manas, wobei die Chancen, einen Tiger zu sichten, ähnlich wie in Kaziranga sehr gering sind. Eine besondere Attraktion stellen die **Goldlanguren** dar, äußerst scheue, fast ausschließlich in hohen Bäumen lebende Affen. Die Gesamtzahl dieser erst 1953 entdeckten Tiere wird auf 700 bis 800 geschätzt.

Leider ist die Zahl der **Panzernashörner** gering, nachdem diese über Jahre hinweg Wilderern zum Opfer fielen und sie in Manas ausgestorben waren. 2008 wurden 18 Tiere vom Pabitora-Wildreservat nach Manas gebracht, die noch am Leben sein sollen. Besonders reichhaltig ist die Vogelwelt mit **Nashornvögeln, Webervögeln und Pelikanen.** Diese sind besonders im östlichen Teil des Parks (Kaklabari) vertreten. Eine weitere Attraktion bildet die Zeit der **Orchideenblüte** in den Monaten Mai und Juni.

Die klimatisch angenehmste Besuchszeit für den Park ist zwischen November und

März. Während der **Monsunmonate** Juni bis September bleibt der Park zur Sicherheit geschlossen.

■ **Eintritt:** 250 Rs p.P., Fahrzeug 300 Rs, Kamera/Video 500/1.000 Rs. Ähnlich wie in Kaziranga finden morgens und abends **Elefantenausritte** statt. Eine weitere Möglichkeit zur Tier- und Landschaftsbeobachtung bieten von der Parkverwaltung durchgeführte **Bootsausflüge.**

Unterkunft

Da der Kernbereich des Reservats (Bansari) recht schlecht mit dem östlichen, vogelreichen Gebiet (Kaklabari) verbunden ist, ist ein zweigeteilter Besuch des Parks angeraten, wenn man beide sehen will. Einige Forest Lodges in Barpeta Rd. und Bansari können über die Parkverwaltung oder Smiling Tiger gebucht werden.
■ Etwas Luxus gibt's in der **Bansari Lodge** €€€€ (in Bansbari, für die Kernzone, Tel.: 0361-2602223, 2540 995). Hier kann man auch Rundum-Pakete inkl. Verpflegung und Parkausflügen buchen.
■ Für den östlichen Teil des Reservats liegt das **Manas Jungle Camp** € (Tel.: 033-24550917) günstiger.

Sicherheitshinweis

Weil der Manas-Park als Unterschlupf für die um Unabhängigkeit von Assam kämpfenden **Bodo-Rebellen** genutzt wird, rät das Tourist Office von einem Besuch ab. Über den aktuellen Stand der Dinge erkundige man sich vorher bei der **Parkverwaltung** in Barpeta Rd., Tel.: 03666-261413, oder bei **Smiling Tiger** in Barpeta Rd., Tel.: 03666-260288, 261413.

An- und Weiterreise

Leider ist die Anfahrt zum Manas-Reservat vom 176 km entfernten Guwahati recht umständlich. Das Tourist Office in Guwahati hilft mit näheren Informationen zur Anreise.
■ Der nächstgelegene Bahnhof ist **Barpeta Rd.,** etwa 40 km vom Parkeingang entfernt. Dieser ist u.a. durch den 15960 Kamrup Exp. mit Guwahati verbunden: Abfahrt 7.50 Uhr in Guwahati, Ank. in Barpeta Rd. um 10.15 Uhr. Umgekehrt der 15959, Abf. in Barpeta Rd. um 12.41 Uhr, Ank. Guwahati 15.45 Uhr.
■ Busse zwischen Guwahati und Kokrajhar passieren etwa 3 km von Barpeta Rd.
■ **Jungle Travels India** (siehe Guwahati, Reisebüros) organisiert Ausflüge zum Manas-Tigerreservat.

Meghalaya VIII/B3

Der sich im Süden an Assam anschließende Bundesstaat Meghalaya („Ort der Wolken") mit 2,3 Mio. Einwohnern, der 1972 bei der Abspaltung von Assam entstand, findet sich in fast jedem statistischen Standardwerk, da hier mit dem 56 km südlich der Hauptstadt Shillong gelegenen Cherrapunjee der **regenreichste Ort der Erde** liegt. Bei einer durchschnittlichen Niederschlagshöhe von 1.150 cm jährlich sitzt hier niemand auf dem Trockenen. Es versteht sich, dass auch in den übrigen Regionen Meghalayas die Verdurstungsgefahr recht gering ist. Das Klima scheint auch Blumen zu bekommen, gibt es in diesem mit gut 22.000 km² eher kleinen Bundesstaat doch über 300 **Orchideenarten.** *Scotland of the East* wird der an der Grenze zu Bangladesch liegende Staat oft genannt. Das hat jedoch nicht nur klimatische, sondern auch religiöse Gründe, da schottische Missionare unter der hier besonders zahlreichen Stammesbevölkerung reichlich Zulauf hatten.

Shillong VIII/B3

Auch Shillongs Gesicht hat sich in den letzten Jahren des Aufschwungs stark verändert, die Einwohnerzahl auf 260.000 fast verdoppelt. Viele alte Gebäude wurden abgerissen, sodass der einstige Charme der Hauptstadt Meghalayas nur noch vereinzelt zu erkennen ist. Große Sehenswürdigkeiten gibt es zwar nicht zu bewundern, doch die 1.496 m hoch gelegene ehemalige Hill Station bietet eine angenehme Atmosphäre, schöne Aussichten und Ausflüge in die Umgebung. Bis 1972, dem Jahr der Abspaltung Meghalayas von Assam, war Shillong die Hauptstadt ganz Assams.

Shillong ist bekannt für seine vielen Parkanlagen, die zu schönen Spaziergängen einladen, so der **Botanische Garten** mit dem daneben gelegenen Ward-See in der Stadtmitte. Einer der schönsten ist der 2 km außerhalb des Zentrums gelegene **Lady Hydari Park** (Ka Pan Nongliat Park, tgl. außer Mo 8–17 Uhr, Eintritt 5 Rs, Kamera 10 Rs, Video 100 Rs) mit einem angeschlossenen kleinen Zoo. Nicht weit entfernt lockt der **Crinolene-Wasserfall** mit Freiluftschwimmbecken (10 Rs).

Wenn es mal wieder regnet, bietet sich ein Besuch im **State Museum** an, in dem die lokale Kultur unter besonderer Berücksichtigung der hier besonders zahlreichen Bergstämme in Form von Trachten, Haushaltswaren, Schmuck u.a. dargestellt wird. Die hübsche **St. Paul's Cathedral** ist eine der ältesten christlichen Kirchen im Nordosten.

Einen herrlichen Ausblick über die Stadt und die immergrüne Umgebung bietet sich vom 1.960 m hohen **Shillong Peak.** Der 10 km außerhalb gelegene Berg ist am einfachsten per Taxi für ca. 500 Rs (Hin- und Rückfahrt inkl. Wartezeit) zu erreichen. In gleicher Richtung etwas weiter entfernt, sind die imposanten **Elephant Falls** (9–16 Uhr zu besichtigen) einen Abstecher wert.

Information

■ **Vorwahl:** 0364
■ **Meghalaya Tourism** (Jail Rd., Tel.: 2226054, www.megtourism.gov.in) befindet sich gegenüber dem Busbahnhof, Mo bis Sa 7.30–18 Uhr, So 7.30–12 Uhr.
■ **IndiaTourism** hat sein Büro an der Tirot Singh Sylem Rd. (Tel.: 2225632, goitoslg@shillong.meg.nic.in, Mo–Fr 9.30–17.30 Uhr, Sa 10–14 Uhr) am Police Bazaar.
■ Bei der Khasi Hills Tourist Taxi Cooperative an der Kacheri Rd. können **Maruti-Minibusse** gechartert werden. Für halbtägige Stadtrundfahrten werden um 800 Rs, für einen Ausflug nach Cherrapunjee etwa 1.800 Rs verlangt.

Unterkunft, Essen und Trinken

Außerhalb der Hauptsaison sind hohe Preisnachlässe auszuhandeln, denen jedoch eine Steuer von 20 % zuzurechnen ist.

■ Das unter der Leitung von *Meghalaya Tourism* stehende **Hotel Orchid** €€–€€€ (Oakland Rd., Tel.: 2224935) bietet ordentliche und für das recht teure Pflaster Meghalaya preiswerte Zimmer.
■ Das beste am **Hotel Broadway** €€–€€€€ (G.S. Rd., Tel.: 2226996, hotelbroadway.net) ist sein angeschlossenes, beliebtes Restaurant (indisch, chinesisch, thailändisch). Die Zimmer mit viel Holz sind etwas klein geraten, aber für ein paar Nächte o.k.
■ Das beste Mittelkassehotel Shillongs ist das moderne **Centre Point** €€€ (Tel.: 2225210) an der GS Rd., ganz in der Nähe des Police Bazaar. Mit den geräumigen, sauberen und hellen Zimmern bietet es ein ausgezeichnetes Preis-LeistungsVerhältnis. Ausgezeichnet ist zudem das angeschlossene **Restaurant La Galerie,** in dem vorzügliche indische Speisen (140–200 Rs pro Hauptgericht) serviert werden. Die **Cloud 9 Bar** im obersten Stockwerk serviert thailändische Küche und natürlich Alkoholisches.
■ Shillongs traditionsreichste Unterkunft ist das altehrwürdige, Anfang des 20. Jh. erbaute **Pinewood Hotel** €€€€–€€€€€ (Rita Rd., Tel.: 2223146, http://megtourism.gov.in/hotels/pinewood.pdf) unter staatlicher Leitung. Die sehr geräumigen, noch den Charme des Raj ausstrahlen-

den Zimmer sind, zumindest die billigeren, überteuert. So sollte man den Aufpreis für die Executive-Zimmer in Kauf nehmen. Das hauseigene Restaurant mit seiner gemütlichen Atmosphäre und englischer Küche (Roastbeef etc.) lohnt einen Besuch.

■ Ebenfalls kolonialen Hintergrund hat das 1920 gebaute **Royal Heritage Tripura Castle** €€€€€ (Tel.: 2501111, www.megtourism.gov.in), ein ehemaliger Sommersitz eines Maharajas von Tripura, 3 km außerhalb des Zentrums. Die stilecht eingerichteten, großen Zimmer mit Messingofen befinden sich jedoch im neuen Gebäudeteil, der dem Palast gelungen nachempfunden ist.

■ Alle genannten Hotels verfügen über ein hauseigenes Restaurant. Darüber hinaus kann man seinen Hunger u.a. am Police Bazaar im **Kiron's** stillen.

■ Das ganz in der Nähe des Tourist Office gelegene **Eee Cee Restaurant** bietet preisgünstige und schmackhafte indische und chinesische Küche.

Bank, Post und Internet

■ Die **State Bank of India** an der Kacheri Rd. wechselt Bargeld und Reiseschecks Mo–Fr 10–16 und Sa 10–13 Uhr. Dort auch einer von vielen ATMs.

■ Ganz in der Nähe findet sich die **Hauptpost.**

■ Die schnellste Internetverbindung gibt's im LDB Bldg. an der GS Rd. bei **Cyberzone** (30 Rs/Std.).

An- und Weiterreise

■ Air India (über Shaba Travels im Hotel Magnum am Police Bazaar Point, Tel.: 2226222, Flughafen: 2577271) verbindet vom 35 km nördlich von Shillong gelegenen Barapani Aiport (ca. 600 Rs per Taxi) tgl. mit **Kalkutta.**

■ Vom **MTC-Busbahnhof** an der Jail Rd. stündliche Verbindungen mit Guwahati (4 Std., 90 Rs). Außerdem Busse für Ziele innerhalb Meghalayas wie Cherrapunjee (2,5 Std., 55 Rs). In weitere Nordostprovinzen wie nach Sichar (10 Std.), Dimapur (15 Std.), und Agartala (17 Std., 320 Rs) verkehren Nachtbusse. Komfortablere Busse zu diesen Zielen schickt Network Travels (Tel.: 222747) beim Police Bazaar (Geschäft 44 im MUDA Complex) auf die Piste.

■ Für Eilige hat **Pawan Hans Helicopter Service** (Tel.: 2223129) tägliche Verbindungen nach Guwahati. Hier hat jedoch die Sicherheit nicht immer die höchste Priorität. Das Büro findet sich im Gebäude von Meghalaya Transport Corporation an der Jail Rd. Hier steht auch ein computerisiertes **Bahnreservierungsbüro** zur Verfügung.

Cherrapunjee VIII/B3

Das 56 km von Shillong entfernte, auch Sohra genannte Städtchen ist mit 1.150 cm (!) Niederschlag der regenreichste Ort der Erde. So sind neben dem hübschen Khasi-Markt die **Wasserfälle** der Umgebung die eigentliche Attraktion. Die größten sind der Nohkalikai Fall, vierthöchster Wasserfall der Erde, und die Nohsngithiang-Fälle, 5 km südlich von Cherrapunjee, naturgemäß besonders imposant während und nach der Regenzeit von Mai bis Oktober.

Etwas weiter südlich ist das **Mawsmai-Höhlensystem** (Eintritt 10 Rs, Kamera 15 Rs, Video 50 Rs) mit Stalagmiten und Stalagtiten nicht nür für geologisch Interessierte beeindruckend. Verfolgt man diese Straße weiter bis Dawki, gelangt man zum **Thang Kharang Park** (tgl. 8.30–16.30 Uhr), der herrliche Ausblicke über das anschließende Bangladesch erlaubt.

An- und Weiterreise

■ Regelmässige **Busverbindungen** mit Cherrapunjee von Shillong.

Weitere Bundesstaaten

Arunachal Pradesh IX/C-D1

Der mit 84.000 km² größte Bundesstaat im Nordosten, Arunachal Pradesh (1,1 Mio. Einwohner, Hauptstadt Ittanagar), ist eines der abgelegensten Gebiete Indiens. Der nur **sehr schwer zugängliche Gebirgsstaat** wird im Norden von Tibet, im Süden vom Brahmaputra, im Westen von Bhutan und im Osten von Myanmar (Burma) begrenzt. So bildet er ein ideales Rückzugsgebiet für die schon von den indo-arischen Einwanderern vor Jahrtausenden aus der fruchtbaren Gangesebene verdrängte **Stammesbevölkerung.** Über 20 verschiedene Ethnien haben sich in dieser wilden und unverdorbenen Provinz angesiedelt. Die **unberührte Natur** bietet zudem vielen seltenen Vögeln, Elefanten, Schneeleoparden, Pandas und Moschusochsen Schutz.

Nagaland IX/C-D2

Auch die mit 17.000 km² zweitkleinste Provinz im Nordosten (2 Mio. Einw.) verfügt über ein buntes Kaleidoskop unterschiedlicher Stammeskulturen. Die Missionierung der schottischen Priester fiel hier auf besonders fruchtbaren Boden, bekennen sich doch 80 % der Bevölkerung zum **christlichen Glauben.** Hierin ist auch die für indische Verhältnisse hohe Alphabetisierungsrate begründet. Landschaftlich ähnelt es mit seinen zerklüfteten Bergen, wilden Flüssen und der artenreichen Fauna der nördlichen Nachbarprovinz Assam.

Kohima, die auf 1.500 m Höhe gelegene Hauptstadt, war im 2. Weltkrieg Schauplatz einer erbitterten Schlacht, als die Briten die vordrängenden Japaner besiegten. Unglücklicherweise markierte dies nicht das Ende gewalttätiger Auseinandersetzungen, gilt doch Nagaland auch heute wieder als eine der unruhigsten Regionen Indiens.

■ **Info:** Nagaland Tourism, Kohima, Tel.: 2243124, tourismnagaland.com.

Manipur IX/C3

Das südlich von Nagaland gelegene Manipur (2,4 Mio. Einwohner, 22.327 km²) gilt als eine der traditionsreichsten Regionen des indischen Subkontinents, existiert die Hauptstadt **Imphal** der Legende nach schon seit 309 v. Chr. Das Panorama der dichten Bergwälder vor dem Hintergrund schneebedeckter Berge hat Manipur den Beinamen „Schweiz Indiens" eingetragen. Rund zwei Drittel der auch hier mehrheitlich christlichen Bevölkerung sind in der Forstwirtschaft beschäftigt. Berühmt in ganz Indien sind die **traditionellen Tänze** Manipurs.

■ **Info:** India Tourism, Imphal, Jail Rd., Tel.: 221131; Tourist Information Centre, Imphal, Tel.: 224603, manipur.nic.in/tourism

Mizoram XV/D1-2

Das Land der **Bergmenschen** (*Mizo*: Bergmensch, *Ram*: Land) an der Grenze zu Myanmar und Bangladesch ist mit rund 900.000 Einwohnern die bevölkerungsärmste Nordostprovinz (21.081 km², Hauptstadt Aizawl).

Weit über 80 % der Bergmenschen sind christlichen Glaubens. Wegen seiner ungewöhnlich vielfältigen Flora gilt Mizoram als **Paradies für Botaniker.**

■ **Info:** www.mizotourism.nic.in

Tripura   XV/C1-2

Die mit 10.500 km² kleinste Nordostprovinz wird fast völlig von Bangladesch umschlossen. Die meisten der insgesamt 3,2 Mio. Einwohner gehören auch hier unterschiedlichen Stämmen an. Eine üppige Vegetation, durchsetzt mit romantischen Seen, und eine noch sehr vielfältige Tierwelt bieten ideale Voraussetzungen, um sich in unberührter Natur und klarer Luft von der Hektik indischer Großstädte zu erholen, zumal die Hauptstadt Tripuras, Agartala, kaum eineinhalb Flugstunden von Kalkutta entfernt liegt. Um so bedauerlicher, dass ausländische Touristen so gut wie nie eine Einreiseerlaubnis bekommen.

■ **Info:** www.tripuratourism.in

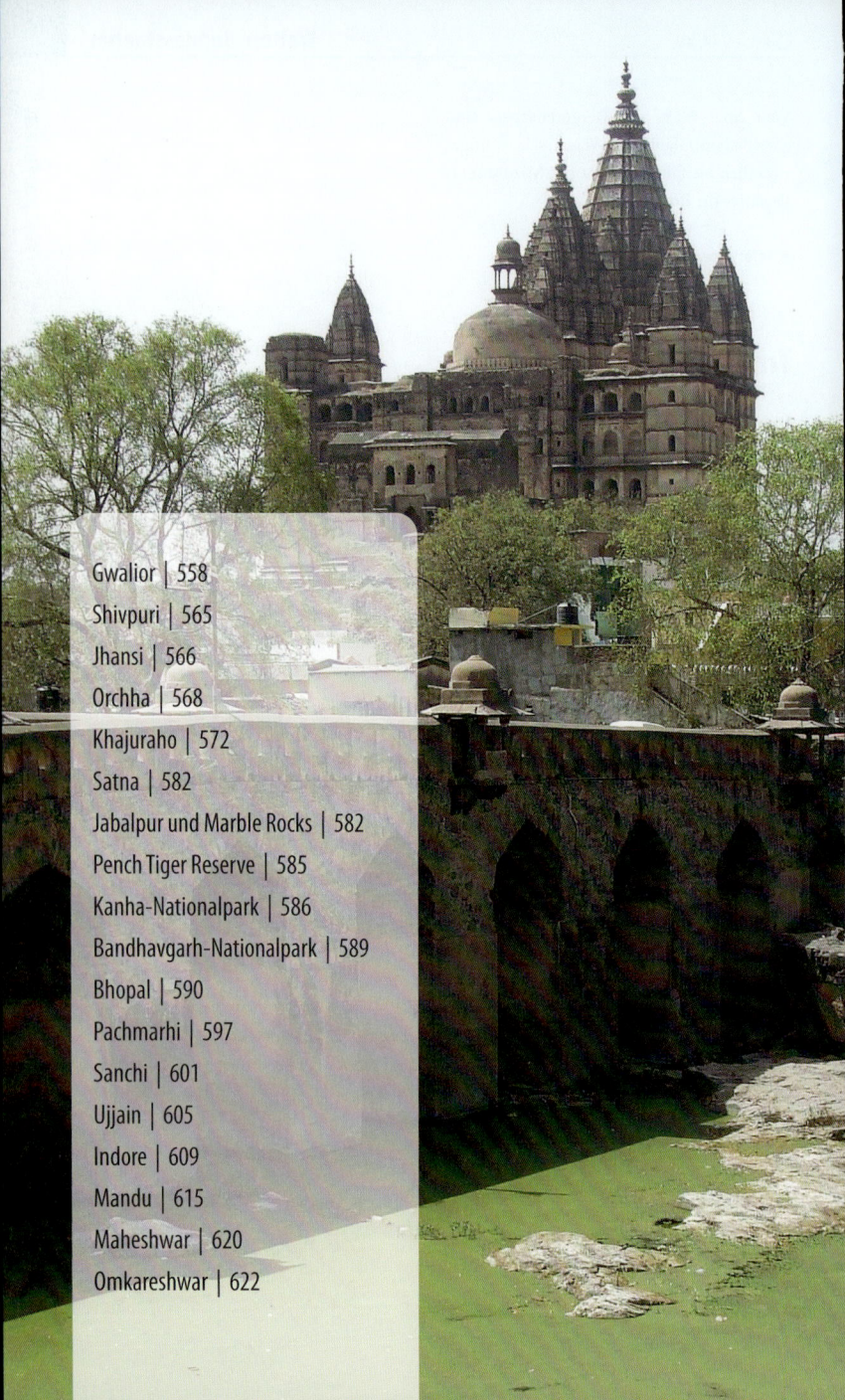

Gwalior | 558
Shivpuri | 565
Jhansi | 566
Orchha | 568
Khajuraho | 572
Satna | 582
Jabalpur und Marble Rocks | 582
Pench Tiger Reserve | 585
Kanha-Nationalpark | 586
Bandhavgarh-Nationalpark | 589
Bhopal | 590
Pachmarhi | 597
Sanchi | 601
Ujjain | 605
Indore | 609
Mandu | 615
Maheshwar | 620
Omkareshwar | 622

Das zerklüftete Hochland des Dekhan bildet das Zentrum des indischen Subkontinents. Die Anreise zu den Sehenswürdigkeiten ist oft beschwerlich, doch die Tempelanlagen von Khajuraho oder Sanchi gehören zu den kulturhistorisch bedeutsamsten Stätten Indiens.

Madhya Pradesh

◁ Chaturbhuj-Tempel in Orchha

Zwischen 930 und 1050 n. Chr. regierten im Norden des historisch als Mahra bekannten Madhya Pradesh die Chandellas und errichteten die einzigartigen **Tempelanlagen von Khajuraho.** In den nächsten sechs Jahrhunderten lieferten sich Hindus und Moslems erbitterte Schlachten, um den Zugang zur Westküste, dem heutigen Gujarat, zu kontrollieren. Letztlich erwies sich jedoch das **Hochland von Dekhan** mit seiner zerklüfteten Landschaft für die Moguln immer wieder als unüberwindliche Hürde bei dem Versuch, ihre Herrschaft auch auf den Süden des Subkontinents auszuweiten.

Diese nur schwer zu durchdringenden, dünn besiedelten Regionen haben Madhya Pradesh auch zu einem idealen Rückzugsgebiet der vor den indo-arischen Eroberern ge-

MADHYA PRADESH – ZENTRALINDIEN

Der 308.000 km² große Bundesstaat Madhya Pradesh liegt zentral inmitten des Subkontinents. Geprägt wird er vom zerklüfteten Hochland des Dekhan, welches seit alters her die natürliche geografische Schwelle zwischen den Flussebenen des Nordens und den Küstenregionen bildet. Wem es gelang, diese Barriere zu überwinden, der hatte Zugriff auf den Gewinn bringenden Seehandel. So war hier eine heiß umkämpfte Region, in der viele große Eroberer der indischen Geschichte ihre Spuren hinterließen. Dazu gehörte auch Ashoka (274–232 v. Chr.), der große Maurya-Kaiser und Förderer des Buddhismus, der in **Sanchi,** heute eine der Hauptattraktionen Madhya Pradeshs, den Grundstein für die buddhistischen Anlagen legte.

Langweilig ist nur der Name: Stupa 1 in Sanchi

HIGHLIGHTS

Highlight*:
Khajuraho | 572
Sanchi | 601

Der besondere Tipp*:
Orchha | 568
Mandu | 615

*Diese Tipps erkennt man im Buch an der gelben Hinterlegung im Kapitel.

flüchteten **dravidischen Urbevölkerung** werden lassen. Noch heute lebt hier ein besonders hoher Anteil dieser offiziell als *Scheduled Tribes* bezeichneten Stammesgruppen, die zu den am meisten benachteiligten Schichten der indischen Gesellschaft zählen. Hieraus erklärt sich auch die mit 43 % hohe Analphabetenrate und der mit 75 % sehr hohe Anteil der Landbevölkerung.

Die flächenmäßige Ausdehnung und geologische Zerklüftung der Provinz bringt es mit sich, dass die einzelnen Sehenswürdigkeiten oftmals weit auseinander und zudem auch noch in abgelegenen Regionen liegen. Hier ist neben **Khajuraho** im Norden und dem **Kanha-Nationalpark** im Südosten vor allem die spektakulär auf einem aus der Ebene aufragenden Tafelberg gelegene Festungsstadt von **Mandu** im Südwesten von Madhya Pradesh zu nennen. Weit weniger aufwendig, weil nur knapp eineinhalb Zugstunden südlich von Agra gelegen, ist der Besuch der imposanten Festungsanlage von **Gwalior.**

Die Hauptstadt von Madhya Pradesh, **Bhopal,** die wegen des Giftgasunglücks von 1984 weltweit traurige Berühmtheit erlangte, gehört ebenso wie die nur wenige Kilometer entfernten buddhistischen Stätten von **Sanchi** zu den weiteren Sehenswürdigkeiten dieses indischen Herzlandes.

Bundesstaat Chhattisgarh

Im Jahr 2000 wurde der **östliche Teil von Madhya Pradesh abgespalten,** wodurch der neue Bundesstaat Chhattisgarh entstand, einer der ärmsten ganz Indiens. Die Bevölkerung (26 Mio.) besteht überwiegend aus Adivasis. Raipur ist Hauptstadt des 135.194 km² großen Staates, der keine besonderen Sehenswürdigkeiten zu bieten hat.

Gwalior V/D3

Als „eine Stadt aus Tausendundeiner Nacht, eine zwischen Traum und Wirklichkeit schwebende Stadt, Stätte des Zaubers und der Zauberei", wie sie noch Anfang des 20. Jh. der Italiener *Luchiano Margrini* beschrieb, wird der Reisende diese im äußersten Nordwesten Madhya Pradeshs gelegene Stadt heute kaum erleben. Zwar verfügt sie über eine **schöne Altstadt,** doch bestimmt inzwischen die wenig beeindruckende Neustadt das Bild der in den letzten Jahren schnell gewachsenen Metropole.

Dass Gwalior dennoch eine der meistbesuchten Städte Madhya Pradeshs ist, hat es seinem gewaltigen, auf einem **Tafelberg** gelegenen **Fort** mit den darin befindlichen Tempeln und Palästen zu verdanken. Der imposante Anblick des über 100 m aus der Ebene herausragenden Sandsteinfelsens mit seinen Ausmaßen von 2 km Länge und bis zu 850 m Breite faszinierte schon den Mogulkaiser *Babur,* der es die Perle unter allen Festungsanlagen Hindusthans nannte. Ein Großmogul belässt es selbstverständlich nicht bei dieser Schwärmerei, und so eroberten seine Truppen die Stadt kurz darauf.

Neben dem Fort lohnen noch der Ende des 19. Jahrhunderts von den Scindia-Herrschern erbaute Jai-Vilas-Palast und die schönen Grabmonumente zweier Muslim-Heiliger in der Altstadt einen Besuch. Wer sich bei einem Besuch Gwaliors auf diese Hauptsehenswürdigkeiten beschränken will, kann die Stadt innerhalb eines **Tagesausfluges von Agra** aus bereisen bzw. als Zwischenstopp auf dem Weg dorthin.

Gwalior

Geschichte

Gwalior erinnert nicht nur durch den die ganze Stadt überragenden Tafelberg stark an die Heldenstadt Chittorgarh in Rajasthan. Beiden gemeinsam ist auch eine höchst abwechslungsreiche Geschichte voller Siege und Niederlagen. Und natürlich wird auch die Entstehungsgeschichte Gwaliors genau wie die Chittorgarhs mit einer **Legende** verherrlicht, um die besondere Bedeutung der Stadt herauszustellen. Danach soll im 8. Jh. der an Lepra erkrankte Fürst Suraj Sena aus dem Geschlecht der Kachchapaghata während eines Jagdausflugs auf dem Tafelberg Gopalgiri durch einen ihm vom Einsiedler Gwalipa dargebotenen Schluck Wasser geheilt worden sein. Aus Dankbarkeit legte er auf dem Gopalgiri den Grundstein für eine neue, nach dem Einsiedler benannte Stadt. Der Eremit verlieh ihm den Namen *Suraj Pal* und weissagte ihm, dass sein Geschlecht so lange an der Macht bleiben würde, wie es den Beinamen *Pal* tragen würde. Über 400 Jahre taten sie genau dies, doch als der 84. Thronfolger seinen Namen in *Tej Karan* änderte, so endet dieses schöne Märchen, bedeutete dies das Ende der Kachchapaghatas von Gwalior.

Historisch erwiesen ist die Besiedelung des Felsens seit Ende des 14. Jh., als die **Tomar-Rajputen** Gwalior zum Zentrum ihres Fürstentums machten. Unter *Raja Man Singh* (1486–1516), dem einflussreichsten Herrscher des Geschlechts, auf den auch der Bau des bedeutendsten Palastes innerhalb des Forts zurückgeht, konnte 1505 der Angriff der muslimischen Eroberer aus Delhi noch einmal zurückgeschlagen werden, doch 1516 musste sich sein Sohn nach einjähriger Belagerung dem 30.000 Mann starken Heer *Ibrahim Lodis* unterwerfen.

Für die nächsten 250 Jahre blieb die Festung unter **muslimischer Herrschaft,** bis sie nach deren Niedergang Mitte des 18. Jh. von den von Süden aufkommenden **Marathen** eingenommen wurde. In den folgenden Jahren stritten diese mit den Jats und den Briten in erbittert geführten Schlachten um diesen strategisch bedeutenden Ort. 1805 schließlich wurde Gwalior vertraglich an das Marathen-Geschlecht der Scindias überantwortet, wobei jedoch die **Briten** die machtpolitischen Fäden in der Hand behielten.

Noch einmal 50 Jahre später, während des Sepoy-Aufstands, stand Gwalior im Mittelpunkt der indischen Geschichte, als hier die Rani von Jhansi auf Seiten der meuternden Truppen des Maharajas von Scindia gegen die Briten kämpfte und als Mann verkleidet in vorderster Front ums Leben kam. Ein Denkmal im Stadtzentrum erinnert an diese Freiheitskämpferin.

Sehenswertes

Das Fort

Man sollte für den gesamten **Rundweg** etwa drei Stunden berechnen und berücksichtigen, dass es auf dem weitläufigen Areal der Festungsanlage keinerlei Verpflegungsmöglichkeiten gibt. Tickets für das Fort sind nur im nordöstlichen Bereich der Anlage beim Man-Singh-Palast erhältlich.

Nach dem steilen, etwas holprigen Aufstieg von der Altstadt gelangt man nach Durchschreiten von fünf Zugangstoren und dem abschließenden **Hathika Pol** (Elefantentor) zur eigentlichen, aus fünf Gebäuden bestehenden **Man-Singh-Palastanlage.** Der zwischen 1486 und 1516 von *Raja Man Singh* erbaute Palast ist das beeindruckendste Bauwerk des Forts. Seine 20 m hohen Rundtürme mit der blauen Kachelverzierung und Tiermotiven verleihen dem 1881 restaurierten Palast ein ganz ungewöhnliches Äußeres, das ihn deutlich von allen anderen Palästen Indiens unterscheidet. Um so überraschender wirkt dann jedoch die totale Leere im Palastinneren. Die beiden unterirdischen Geschosse, die eigentlich als Refugien gegen die gleißende Sonne gebaut worden waren, wurden während der Mogul-Herrschaft zu Folterkammern umfunktioniert. So ließ *Aurangzeb* in einem der gruseligen Räume seinen Bruder nach fünfjähriger Gefangenschaft ermorden.

Lohnenswert ist auch ein Besuch des kurz vor dem Almagiri-Tor gelegenen **Archäologischen Museums** (tgl. außer Mo 10–17 Uhr, Eintritt 100 Rs, Kamera 50 Rs, Video 200 Rs). Es ist im von Man Singh im 15. Jh. für seine Lieblingsfrau errichteten **Gujari Mahal**, dem „Palast der Armreifen", untergebracht. Im sehr schönen Innenhof und den sich daran anschließenden 24 Galerien findet sich eine umfangreiche Skulpturensammlung hinduistischer, buddhistischer und jainistischer Figuren. Da die Beschriftung der einzelnen Objekte sehr zu wünschen übrig lässt, lohnt der Kauf des kleinen, vom Archaeological Survey of India herausgegebenen Büchleins, in dem die einzelnen Skulpturen näher beschrieben werden.

Ein Weg auf der östlichen Seite des Forts führt Richtung Süden zu den beiden nebeneinander gelegenen **Sas-Bahu-Tempeln**. Der größere dieser Ende des 11. Jh. erbauten Vishnu-Tempel erreicht eine Höhe von 30 m. Beide gefallen durch ihre schönen Verzierungen.

Vorbei an einem Sikh-Tempel (Gurudwara) sieht man schon von Weitem einen 30 m hohen Turm. Der **Teli-ka-Mandir** wurde im 9. Jh. erbaut und ist architektonisch wohl das interessanteste Bauwerk der gesamten Anlage. Während das 9 m lange Elefantenrückendach ein typisch südindisches Stilelement darstellt, folgt die reiche Dekoration der Außenwände indo-arischen und damit nordindischen Traditionen. Der über dem 10 m hohen Eingang platzierte Garuda weist den Tempel als Vishnu-Heiligtum aus.

Schräg gegenüber liegt der **Suraj Kund**, aus dessen Wasser dem legendären *Suraj Sena* eine wundersame Heilung zuteil geworden sein soll.

Eine der eindrucksvollsten Sehenswürdigkeiten der Anlage begegnet dem Besucher während des steilen Abstiegs vom Fort durch das Okawahi-Tor an der westlichen Fort-Mauer. Zu beiden Seiten entlang der Straße stehen in verschiedenen Nischen aus dem Fels geschlagene, bis zu 17 m hohe, nackte **Jain-Skulpturen**, die die Verkörperungen der 24 Furtbereiter des Jainismus darstellen. Von den insgesamt fünf um den gesamten Berghügel verteilten Gruppen sind die den Südwesteingang flankierenden die beeindruckendsten, weil am besten restauriert. Schon kurz nach ihrer Errichtung im 15. Jh. ließ der Großmogul *Babur* diese Götzenbilder, wie er sie nannte, zerstören. Doch die Jains bauten sie in den nächsten Jahrzehnten wieder auf.

● **Öffnungszeiten:** täglich von Sonnenauf- bis Sonnenuntergang geöffnet, der Eintritt zum Fort beträgt 100 Rs, Video 25 Rs. Ein Guide für zwei Stunden kostet 150 Rs.

Lohnenswert ist auch der Besuch der jeden Abend von Nov. bis Febr. um 19.30 Uhr (März bis Okt. um 20.30 Uhr) in englischer Sprache beim Amphitheater des Man-Singh-Palastes gezeigten **Sound and Light Show**. Hier wird die wechselvolle Geschichte des Forts nacherzählt. Eintritt hierzu 250 Rs. Insektenspray nicht vergessen!

Jai-Vilas-Palast und Scindia Museum

Von außen wie innen äußerst bizarr wirkt der 1874 von den Scindias von Gwalior erbaute Palast in der Neustadt Laskar. Der Versuch des italienischen Architekten, eine Kopie des Buckingham Palace zu erstellen, ergab eine

Gwalior

amüsante Mischung aus viktorianischen und Renaissance-Stilelementen.

Wie viele Rajputen-Paläste ist auch dieser unterteilt in die Privaträume der heute noch hier wohnenden Scindia-Familie, ein Hotel und ein Museum, welches 35 der insgesamt 500 Räume des Palastes einnimmt. Neben einigen sehr schönen Exponaten verschiedener Miniaturmalschulen bietet auch dieser Palast das Beispiel einer Fürstenfamilie, die ihre politische Bedeutungslosigkeit mit unvorstellbarem Luxus zu übertünchen versuchte.

Beispiele gibt es genug: juwelenbesetzte Schuhe der Maharani, zwei 3,5 t schwere Kronleuchter im mit Goldfarbe bemalten, 35x22 m großen Gästesaal oder auch eine silberne Miniatureisenbahn, die, mit Whisky und Süßigkeiten beladen, entlang einer 20 m langen Trasse über den mit Staatsgästen besetzten Tisch fuhr und immer dann automatisch anhielt, wenn die Whiskyflasche geöffnet wurde – Hollywood lässt grüßen.

■ **Öffnungszeiten:** tgl. außer Mi 10–17.15 Uhr, Eintritt 250 Rs, Foto/Video 50/100 Rs.

Weitere Sehenswürdigkeiten

Etwa 1 km östlich des Forts befindet sich das **Grabmal** des von Babur hochverehrten Heiligen *Mohammed Gauz*. Mit seinen gewaltigen Ausmaßen von 30 m Seitenlänge und dem imposanten, früher von außen gänzlich mit blauen Fliesen verkleideten Kuppeldach wirkt der quadratische Bau wie eine Palastanlage. Auf dem gleichen Gelände findet sich mit dem wesentlich kleineren Grab von Akhbars Hofsänger *Tansen* ein zweites schönes Beispiel früher Mogul-Architektur. Das Kauen der

Blätter des neben dem Grabmal stehenden Tamarindenbaumes soll der Stimme angeblich jene Lieblichkeit verleihen, die die Lieder Tansens auszeichnete. Anlässlich des gewöhnlich im November/Dezember hier stattfindenden Musikfestivals, zu dem Hunderte von Sängern aus ganz Indien sich hier in Gwalior versammeln, dürfte der Baum wohl kahl gefressen werden.

Praktische Tipps

Information, Stadtrundfahrt

● **Vorwahl:** 0751
● Das bemühte **Madhya Pradesh Tourism** (Tel.: 2234557) befindet sich auf dem Gelände des Hotel Tansen Residency und ist Mo– Sa 10 bis 17 Uhr geöffnet. Eine von 9 bis 13 und 15 bis 19 Uhr geöffnete **Filiale** am Bahnhof (Tel.: 4040777) hilft dem Reisenden leider kaum weiter.
● Am Hotel Tansen Residency beginnt eine **ganztägige Stadtrundfahrt** (täglich 10.30–18.30 Uhr inkl. einundhalbstündiger Mittagspause um 14.30 Uhr, die Tour kostet nur 75 Rs zuzüglich Eintrittspreisen und Verpflegung), im an ein Spielzeug erinnernden Bus. Alle wichtigen Sehenswürdigkeiten Gwaliors werden besichtigt.

Stadtverkehr

● Rikshas/Taxis berechnen für die Fahrt zum 12 km außerhalb gelegenen **Flughafen** etwa 150/250 Rs.
● Mit der **Autoriksha** sollte keine Fahrt im Stadtgebiet mehr als 25 bis 50 Rs kosten.
● Im großflächigen Gwalior pendeln **Tempos** zwischen den Bahnhöfen, der Tansen Marg, dem Stadtteil Laskar und dem Nordostaufgang des Forts (Linien 3 und 17, 3–7 Rs) in unregelmäßigen Abständen hin und her.

◁ Jain-Skulpturen am westlichen Fortaufgang

Unterkunft

● Die ruhige Lage in einer schmalen, von der Tansen Rd. abgehenden Gasse, der freundliche Service und akzeptable Zimmer machen das **Hotel Mayur** €–€€ (Tel.: 232 5559) zur besten Adresse für Sparsame im nicht gerade umfangreichen Angebot dieser Preisklasse. Recht saubere, teils klimatisierte Zimmer mit Bad und TV sind okay für eine Nacht. Ganz billig ist der Schlafsaal, der ausschließlich männlicher Kundschaft vorbehalten ist.
● Ein passables Mittelklassehotel in der Nähe des Bahnhofs ist das gegenüber vom Indian-Airlines-Büro gelegene **Hotel Shelter** €€€–€€€€ (Tansen Rd., Tel.: 2326209-11, 4011208, hotelshelter_gwalior@yahoo.co.in). Die Super-Deluxe-Zimmer haben den besten Gegenwert. Das angeschlossene Blue Fox Restaurant serviert vielseitige, auch indische Küche und eine reiche Auswahl Alkoholisches in angenehmem Ambiente.
● Besser und teurer ist das elegante Hotel **Gwalior Regency** €€€€–€€€€€ (Link Rd., Tel.: 2340670-4, www.hotelregencygroup.com) beim New Bus Stand. Alle Zimmer haben Kühlschrank, Badewanne und TV, die Deluxe-Zimmer den besten Gegenwert. Mit Fitnessclub, Pool, Restaurant und Coffeeshop bietet es den Standard eines sehr guten Mittelklassehotels.
● Nur wenig übertreuert sind die geschmackvoll eingerichteten Zimmer mit Aussicht des **Hotel Landmark** €€€€ (Manik Vilas Colony, Tel.: 4011271-3, www.hotellandmarkgwalior.com) unweit vom Bahnhof. Entspannend ist das gute **Swad Restaurant** mit internationaler Küche.
● Die AC-Zimmer bieten den besten Gegenwert im **Tansen Residency** €€€€ (Gandhi Rd., Tel.: 4056789, 2340370, tansen_residency@rediffmail.com). Alle schön möblierten Zimmer verfügen über einen Kühlschrank. Viel Grün im Gebäude und Bäume im gepflegten Garten gestalten den Aufenthalt angenehm. Ein gutes Restaurant ist angeschlossen. Auf dem Gelände ist Madhya Pradesh Tourism.
● Die modernste Unterkunft Gwaliors ist das schicke, zentral klimatisierte **The Central Park** €€€€€–€€€€€€ (Madhav Rao Singh Marg, Tel.: 2232440-3, www.thecentralpark.net). Das moderne Business-Hotel bietet mit seinen geschmackvoll eingerichteten Zimmern, Pool, Gym und mehreren Restaurants sehr viel fürs Geld.

■ Purer Luxus ist das neben dem Jai-Vilas-Palast gelegene, teure **Usha Kiran Palace Hotel** €€€€€€ (Tel.: 244 4000-5, www.tajhotels.com). Für Liebhaber alter Maharaja-Paläste ist dies sicherlich die schönste Unterkunft Gwaliors, zumal die gelungen renovierten, individuell gestalteten Zimmer über alle modernen Annehmlichkeiten wie Flachbildschirm-TV und WiFi verfügen. Wie bei vielen Maharaja-Palästen ist der große, das Hotel umgebende Garten eine Oase der Ruhe. Dort sind zwei herrliche Cottages mit zwei Schlaf- und Badezimmern sowie jeweils eigenem kleinen Pool eingebettet. Mehrere Restaurants kredenzen erstklassige internationale Küche. Sehr gelobt wird die Wellness-Abteilung des Jiva Spa.

Essen und Trinken

■ Von den zahlreichen einfachen Lokalen in der Bahnhofsgegend ist das **Indian Coffee House** (7–22.30 Uhr) der beste Ort, um in angenehmer Atmosphäre und bei leckeren kleinen Mahlzeiten den Hunger und die Wartezeit zu vertreiben.

■ Eine gute Wahl ist das **Blue Fox** im Hotel Shelter. Nomen est Omen, beeindruckt es doch durch sein trendiges, ganz in Blau gehaltenes Inneres. Die schmackhaften einheimischen wie europäischen Gerichte kosten zwischen 40 und 120 Rs.

■ Besser als das Fastfood wie Nudelgerichte, Pizza und Burger sind die preiswerten, vegetarischen indischen Gerichte im modernen **Zayka** (MLB Rd., 40–120 Rs). Nicht weit entfernt in der DD City Mall befriedigt eine **McDonald's-Filiale** strikte Fastfood-Freunde.

■ Das **Silver Saloon Restaurant** (7–11, 12.30–15 und 19.30–22.30 Uhr, 350–800 Rs) im Usha Kiran Palace bietet schmackhafte indische, nepalesische und internationale Gerichte zu hohen Preisen. Allerdings sitzt es sich im Garten unter Bäumen angenehmer als in jeder der zuvor genannten Gaststätten. Für den anschließenden Absacker gibt's keinen besseren Ort als die stilvolle **Bada Bar** (17–23 Uhr, Bier 250 Rs, Cocktail um 500 Rs).

Bank, Post und Internet

■ Die **State Bank of India** am Bada Chowk (Mo–Fr 10–16 Uhr, Sa 10–13.30 Uhr) wechselt Bares und Travellerschecks, die beiden ATMs der **idbi-Bank** (High Court Rd., MLB Rd.) akzeptieren alle wichtigen internationalen Kreditkarten. Die **ICICI-Bank** (Tansen Rd.) neben dem Hotel Shelter wechselt zwar nur Bargeld, ist aber lange (Mo–Fr 8–20 Uhr, Sa 9–14 Uhr) geöffnet. Der ATM akzeptiert die meisten Karten.

■ Die **Hauptpost** an der Station Rd. (Tel.: 4010555) ist Mo–Fr 9.30–17 Uhr, Sa bis 13.30 geöffnet. Eine **DHL-Filiale** (Tel.: 4701234), etwa 500 m vom Bahnhof entfernt, bedient von 9 bis 18.30 Uhr.

■ Zwei schnelle Internetcafés sind **Gwalior Cyber** und **Cyber City** an der Tansen Rd., beide bis 21 Uhr geöffnet. Auch **Fun Stop Cyber** an der MLB Rd. (bis 22.30 Uhr) näher am Zentrum ist recht fix.

An- und Weiterreise

Flug:

■ Air India (Tansen Marg/MLB Road, Tel.: 2376820, Flughafen: 2376872, Mo–Sa 10–17 Uhr) fliegt tgl. nach **Delhi und Mumbai.**

Bahn:

Die Bahn ist das beste Transportmittel, um von Gwalior weiterzureisen, da kaum eine andere Stadt Zentralindiens über derart vielfältige Verbindungen verfügt. Wie üblich ist das Reservierungsbüro Mo–Sa 10–20 und So 10–14 Uhr geöffnet. Für **Khajuraho** und **Orchha** nimmt man zunächst einen der vielen Züge nach **Jhansi**. Von dort Anschluss per Bahn, Bus, Tempo oder Riksha. Die wichtigsten sind im Anhang zu finden.

Bus:

Wer trotz der hervorragenden Bahnverbindungen mit dem Bus weiterreisen möchte, dem bieten sich vom New Bus Stand zahlreiche Möglichkeiten.

■ Regelmäßige Verbindungen bestehen u.a. mit **Agra** (3,5 Std., zwischen 5 und 19.30 Uhr, 85 Rs) und **Jhansi**

(3 Std., 65 Rs), **Shivpuri** (2,5 Std., zwischen 6 Uhr und 20.45 Uhr, 70 Rs), **Ujjain** (11 Std., 240 Rs), **Indore** (12 Std., 300 Rs) und **Bhopal** (11 Std., 7.30 und 20.45 Uhr, 260 Rs).

■ Nach **Jaipur** (10 Std.) in Rajasthan regelmäßige Busse zwischen 7.15 und 18.30 Uhr sowie vier Deluxe-Busse um 6.30, 7.15, 18.30, 19.30 Uhr (Sitzplatz/Schlafplatz 250/330 Rs).

■ Tgl. 3 Direktbusse fahren um 7.25, 8.30 und 21.30 Uhr in 8 Std. über Jhansi zum 285 km entfernten **Khajuraho** (190 Rs).

Shivpuri V/D3

Die ehemalige Sommerresidenz und das Jagdgebiet der Scindias von Gwalior strahlt auch heute noch viel von der beschaulichen Ruhe vergangener Tage aus. Hauptattraktion sind die inmitten sehr gepflegter Mogul-Gärten stehenden **Marmorgrabstätten der Scindia-Dynastie** (Eintritt 40 Rs, Kamera 10 Rs, Video 40 Rs, 8–12 und 15–20 Uhr). Besonders die beiden sich gegenüberliegenden Chattris des Maharajas von Gwalior, *Rao Scindia*, und seiner Mutter, *Maharani Sakhya Rayi Scindia*, wirken mit ihren Sikhara-Türmen, Mogul-Pavillons, durchbrochenen Wänden und auf freistehenden Säulen platzierten viktorianischen Lampen wie verspielte kleine Paläste. Speziell wenn die Grabstätten nachts angestrahlt werden, vermitteln sie einen äußerst romantischen Eindruck.

Ebenfalls sehr harmonisch wirkt der auf einem kleinen Hügel erbaute, pinkfarbene **Madhav-Vilas-Palast**, die Sommerresidenz der Scindias. Von den das Gebäude an allen vier Ecken begrenzenden Türmchen bietet sich ein schöner Blick auf Shivpuri und die Umgebung.

Idyllische Ruhe strahlt auch der nahe gelegene, 354 km² große **Madhav-Nationalpark** aus (Tel.: 222350, madhavpark@rediffmail.com, Eintritt 150–200 Rs, falls man den Park zu Fuß oder mit Zweirad betritt, mit einem Kraftfahrzeug 1.000–1.500 Rs, Kamera/Video 50/200 Rs, Guide 150 Rs, geöffnet 6–11 und 15 Uhr bis Sonnenuntergang). Das ehemalige Jagdgebiet der Scindias und der Briten wird vor allem von Leoparden, Panthern, Antilopen, Sambarhirschen, Gazellen und Rehen sowie Schlangen und Krokodilen im Sakhya Sagar bewohnt. Eine Rundfahrt auf dem ca. 20 km langen, den Park durchziehenden Weg dauert etwa drei Std. Ein außerhalb des Parks gemieteter Jeep sollte nicht mehr als 600 Rs pro Tag kosten. Beste Besuchszeit des ganzjährig geöffneten Parks mit dem George Castle ist November bis März.

Unterkunft

■ Von den vielen Hotels der Stadt seien nur das hübsche **Chinkara Motel** €–€€ (Tel.: 07492-221297) in traditionellem Baustil an der Agra Mumbai Road erwähnt sowie das staatliche, teils klimatisierte **Tourist Village** €€–€€€ (Tel.: 07492-233760), das sogar einen Pool inmitten der baumbestandenen Gartenanlage hat, der leider oft trockenliegt. Es findet sich 5 km außerhalb des Stadtzentrums.

An- und Weiterreise

■ Der 12198 Gwalior Bhopal Intercity Exp. verlässt Gwalior tgl. außer So und Mi um 6.15 Uhr, Ank. 8.25 Uhr. in umgekehrter Richtung startet der 59821 Kota Bix Passenger in Shivpuri um 8.10 Uhr, Ank. 11.55 Uhr.

■ Shivpuri ist mit mehreren **Direktbussen** tgl. von Gwalior aus zu erreichen. Die 100 km lange Fahrt dauert knapp 3 Std., 80 Rs. Auch von Jhansi dauert die 90 km lange Fahrt 3 Std., 70 Rs.

Jhansi

VI/A3

Verwaltungstechnisch gehört diese Stadt noch zu Uttar Pradesh, doch in ihrer Funktion als meistbenutzter **Umsteigeplatz nach Khajuraho und Orchha** wird sie an dieser Stelle erwähnt. So ist Jhansi einer jener Orte, von denen die Touristen nur die Bahnhofsgelände zu sehen bekommen. Man verpasst dabei kaum etwas, denn von der jedem indischen Schulkind geläufigen Vergangenheit spiegelt sich im heutigen Stadtbild kaum etwas wider.

Einzig das 1613 von Maharaja *Bir Singh Deo* errichtete **Jhansi Fort** (Eintritt 100 Rs, Sonnenauf- bis Sonnenuntergang geöffnet) vermittelt noch das Geschichtsträchtige des Ortes. Das **State Museum** (tgl. außer Mo 10.30–16 Uhr, jeden 2. So des Monats geschlossen) unterhalb des Forts zeigt Miniaturmalereien, Terrakotta-Skulpturen sowie historische illustrierte Manuskripte und Porträts von früheren Herrschern und Politikern.

Information

■ **Vorwahl:** 0517
■ Sowohl **Uttar Pradesh Tourism** mit desinteressierten Mitarbeitern als auch das hilfreiche **Madhya Pradesh Tourism** (Tel.: 2442622, Mo–Sa 10–17 Uhr) unterhalten Informationsbüros auf Bahnsteig 1 am Bahnhof. Besser ist das **Uttar Pradesh Tourist Office** (Tel.: 2441 267, Mo–Sa 10–17 Uhr) im Hotel Veerangana.

Stadtverkehr

■ Vom Bahnhof am Westrand der Stadt zum ca. 4 km entfernten Busbahnhof im Osten sollte man per Autoriksha etwa 30 Rs zahlen. Mit dem Tempo: 5 Rs. Innerhalb des Stadtgebiets sind per Riksha keinesfalls mehr als 20 Rs zu zahlen.

Unterkunft, Essen und Trinken

■ Mit viel Komfort, großzügigen und geschmackvoll eingerichteten Zimmern mit TV und sauberem Bad ist das neue **Hotel Tulsi** €€–€€€ (Tel.: 6451533, (0)9415113076) im Zentrum, etwa 1 km vom Bahnhof, die mit Abstand beste Wahl der Stadt. Auch das angeschlossene Restaurant mit vielseitiger, langer, vorwiegend indischer Speisekarte ist gut.
■ Das moderne und saubere **Hotel Yatrik** €€–€€€€ (Tel.: 2370999) ist eine teurere Alternative zum Tulsi. Die meist klimatisierten Zimmer dieser Mittelklassewahl sind geräumig und hell, die AC-Zimmer größer. Das angeschlossene **Treat Restaurant** serviert auch fleischliche Kost.
■ Kulinarisch ist man in Jhansi am besten im **Holiday Restaurant** am Sadar Bazaar aufgehoben: einheimische und chinesische Gerichte zu günstigen Preisen (30–50 Rs) sowie angenehme Atmosphäre.

Bank und Internet

■ Die **State Bank of India** (Mo–Fr 10–16, Sa 10–13 Uhr) an der Elite Rd. wechselt Bargeld aller Art, aber nur AmEx-Travellerschecks. Zwei **ATMs** nahezu nebeneinander an der Elite Rd. kommen mit fast allen Kreditkarten zurecht.
■ Von wenigen schnellen Breitband-Internetcafés ist **Netblast I** direkt westlich der Bahnunterführung rechts einen Durchgang hinein ziemlich schnell (20 Rs/Std., 9–21.30 Uhr). Bessere Ausrüstung hat **Netblast II** (bis 21 Uhr) weiter östlich eine schmale Straße von der Elite Rd. ca. 100 m hinein.

An- und Weiterreise

Der **Bahnhof** liegt im Westen der Stadt, der **Busbahnhof** etwa 1 km östlich außerhalb der Stadtgrenzen, sodass Jhansi für die Weiterfahrt per Bus nach Ankunft mit dem Zug durchquert werden muss.

Bahn:

■ Jhansi liegt an der Hauptbahnlinie Delhi – Agra – Bhopal – Mumbai bzw. Allahabad – Varanasi – Patna, und so bieten sich tgl. zahlreiche Zugverbindungen in alle bedeutende Städte Zentralindiens an. Seine Anfahrt sollte man zeitlich so planen, dass man rechtzeitig in Jhansi eintrifft, um mit dem um 11 Uhr vom Bahnhof nach **Khajuraho** abfahrenden Luxusbus mitfahren zu können.

■ Viele Verbindungen von und nach **Delhi,** etwa der superschnelle 12002 New Delhi Bhopal Exp.: Abf. New Delhi 6 Uhr, über **Mathura** ab 7.29 Uhr, **Agra** an 8.11 Uhr, **Gwalior** an 9.35 Uhr, Jhansi an 10.45 Uhr (dieser Zug fährt weiter nach Bhopal). Bei eventuellen Verspätungen wartet der Bus nach Khajuraho.

■ Eine tägliche langsame Passenger-Train-Verbindung nach **Khajuraho** (Ank. 12.30 Uhr) über Orchha (Ank. 7.30 Uhr) startet in Jhansi um 7 Uhr. Etwas schneller ist der 12966 Udaipur Khajuraho Exp., Abf. 14.35 Uhr, Ank. 19.35 Uhr. Da er schon eine lange Strecke hinter sich, kann es hier zu Verspätungen kommen.

Bus:

■ Busse ins 170 km entfernte **Khajuraho** (6 Std. Fahrtzeit, 130 Rs) fahren um 5.30, 6, 7, 8, 9, 11, 12 und 14 Uhr vom Busbahnhof ab. Verpasst man einen, kann man auch einen der häufigeren Busse bis Bamitha nehmen (5 Std., 95 Rs) und von dort die letzten 11 km nach Khajuraho per Gemeinschaftsjeep zurücklegen (11 Rs).

Nach Orchha (5 Rs) gibt's etwa alle 20 Minuten Busverbindungen, die jedoch nicht alle bis ins Dorf fahren, sondern teilweise den ca. 5 km entfernten National Highway Orchha passieren. Der Rest muss dann per Tempo oder Riksha zurückgelegt werden. Also nachfragen, welcher Bus bis ins Dorf fährt.

■ Viele der **von Khajuraho** kommenden Busse halten auch ca. 100 m vom Bahnhof entfernt.

■ Vom chaotischen Busbahnhof Jhansis bieten sich weitere Direktverbindungen an, z.B. nach **Delhi, Agra** (3 Busse um 12.30, 12.45 und 14 Uhr, 140 Rs, 6 Std.) und **Gwalior** (zwischen 6.30 und 21 Uhr, 3 Std., 70 Rs), doch all diese Orte sind bequemer per Bahn zu erreichen.

Tempo:

■ Für die 18 km lange Fahrt nach **Orchha** bieten sich die an der Straße vor dem Busbahnhof abfahrenden Tempos als zügige, aber volle Verkehrsmittel an (15 Rs). Da es dauern kann, bis die wenigen Tempos nach Orchha genügend Passagiere eingesammelt haben, um zu starten, kann es Sinn machen, auf ein meist sehr frühzeitig gemachtes Angebot des Tempofahrers einzugehen, das Tempo als Riksha zu benutzen und für 100 Rs ohne zusätzliche Passagiere nach Orchha kutschiert zu werden. Dies ist zudem komfortabler und schneller als in einem der oft vollen Busse. Die Tempos starten etwa 50 m östlich vom Busbahnhof, das letzte gegen 21 Uhr. Es ist nicht ganz leicht, das richtige Tempo für Orchha herauszupicken, da nicht ersichtlich ist, welche wohin fahren. Man muss sich also durchfragen.

Riksha:

Für die Fahrt vom Bahnhof Jhansi zum 18 km entfernten Orchha werden 200 Rs verlangt, für Hin- und Rückfahrt inkl. 6-stündiger Wartezeit 450 Rs. Das ist teuer, es handelt sich jedoch um einen offiziellen Prepaid-Preis.

Taxi:

Am Bahnhof wird man nach Verlassen des Zuges meist sofort von Taxifahrern angesprochen. Sie wollen den ankommenden Reisenden direkt nach Orchha bringen, wofür sie teure 400 Rs verlangen, doch auch dieser Preis ist auf der Prepaid-Tafel vor dem Bahnhof zu ersehen. Für die Hin- und Rückfahrt inkl. Wartezeit werden 800–850 Rs aufgerufen. Dennoch handelt es sich um einen weit überteuerten Preis, den man herunterhandeln kann, indem man darauf hinweist, mit dem Tempo vom Busbahnhof für einen Bruchteil der Summe nach Orchha zu kommen.

Ein Taxi nach Khajuraho kostet 2.000 Rs (AC 2.400 Rs), nach Gwalior 1.200 Rs (AC 1.500 Rs), nach Agra per Indicar etwa 2.500 Rs (AC 3.000 Rs). Diese sind z.B. auch über das verlässliche Sona Travels (Elite Rd., Tel.: 2449953, (0)9336517746) im Stadtzentrum zu buchen, müssen aber mindestens 2 Std. vorher bestellt werden.

Der besondere Tipp:
Orchha VI/A3

Heute erscheint es kaum vorstellbar, dass Orchha vor gut 450 Jahren der Mittelpunkt eines der bedeutendsten Regionalreiche Zentralindiens war. Der Ort teilt das Schicksal manch anderer Städte, die sozusagen im Windschatten bedeutenderer Sehenswürdigkeiten liegen und deshalb eher selten von ausländischen Besuchern bereist werden. Hunderte Touristen fahren auf ihrem Weg von Jhansi nach Khajuraho nichts ahnend nur wenige Kilometer an dem geschichtsträchtigen Ort vorbei. Zwischen 11 und 14 Uhr halten viele Busse auf dem Weg von und nach Khajuraho in dem Städtchen am Betwa-Fluss. Wer den Charme Orchas noch relativ unverfälscht erleben möchte, sollte seine Besuchszeit danach einrichten.

Gegründet wurde Orchha 1531 von *Raja Rudra Pratap Singh,* dem Anführer des Rajputen-Clans der Bundelas. Auf dem Höhepunkt der Macht standen die Bundelas unter *Bir Singh Deo,* dem Enkel Pratap Singhs. Dieser war einer der engsten Weggefährten des Mogul-Prinzen *Salim,* und als dieser 1605 als Nachfolger *Akhbars* zum Kaiser *Jehangir* aufstieg, begann auch das goldene Zeitalter Orchhas. Jehangir zeichnete seinen alten Jugendfreund, der ihm zuvor in vielen Schlachten zur Seite gestanden hatte, mit vielfältigen, lukrativen Privilegien aus. Nach dem Tod Jehangirs 1627 fiel *Bir Singh Deo* allerdings bei dessen Nachfolger *Shah Jahan,* dem die Machtfülle des Rajputenfürsten ein Dorn im Auge war, recht bald in Ungnade. Vom Heer des damals erst sechzehnjährigen Sohnes *Shah Jahans,* dem späteren Kaiser *Aurangzeb,* wurde *Bir Singh Deo* aus Orchha vertrieben und später ermordet.

Sehenswertes

Bedeutendstes architektonisches Zeugnis der Regierungszeit *Bir Singh Deos* ist der anlässlich des Besuches Kaiser *Jehangirs* errichtete **Jehangir Mahal.** Vom obersten Stockwerk des hoch aufsteigenden Palastes, der mit seinen vielen kleinen Chattris und Balkonen einen verspielten Eindruck macht, bieten sich sehr schöne Ausblicke auf Orchha und Umgebung.

Schmuckstück des neben dem Palast und dem darin untergebrachten Schlosshotels (Sheesh Mahal) gelegenen **Raj Mahal** sind dessen Wandmalereien mit sehr schönen Naturszenen und höfischen Motiven. Die Türen dieser ehemaligen Residenz *Madhukar Shahs,* des Vorgängers Bir Singh Deos, sind meist verschlossen, doch ein Wärter wartet nur darauf, Touristen für ein Trinkgeld herumzuführen.

Den **Raj Pravin Mahal** unterhalb des Jehangir Mahal, der von einem hübschen Garten umgeben ist, ließ *Raja Indraman* 1672 für seine Lieblingsfrau *Raj Pravin* bauen.

Im Reich der Legende wird man wohl die Geschichte ansiedeln dürfen, wonach Kaiser *Akhbar* von deren Schönheit so angetan war, dass er sie in seinen Hof nach Delhi lud, um ihr seine Verehrung zu gestehen. *Raj Pravin* soll sich jedoch dem Werben Akhbars verwehrt haben und schließlich treu zu ihrem Ehemann nach Orchha zurückgekehrt sein. Von Erzählungen dieser Art wimmelt es geradezu in der regionalen Geschichtsschreibung Indiens, denn sie dienen immer wieder gern als Anlass, das Hohelied der ihrem Mann bis in den Tod treu ergebenen indischen Frau anzustimmen.

Auch mit dem **Dinman-Herauls-Palast** verbindet sich eine Legende. Danach soll der

▷ Der Stadtpalast Jehangir Mahal

hier für eine Zeit residierende Sohn Bir Singh Deos Selbstmord begangen haben, um seine Unschuld in einer ihm zur Last gelegten Affäre mit der Frau seines Bruders zu beweisen – in Indien immer eine Geschichte, aus der Helden geboren werden. So gilt dem Unglücklichen auch heute noch die Verehrung als Märtyrer in vielen Tempeln der Region.

Einen Besuch lohnen auch die etwas abseits vom Palast gelegenen **Sommergärten** (Phul Bagh) sowie die sehr romantisch an den Ufern des Betwa-Flusses stehenden, insgesamt 14 Chattris der Herrscher von Orchha.

Der bedeutendste Tempel Orchhas stammt aus dem 16. Jh. und ist auch heute noch Ziel Tausender Gläubiger. Der **Ram-Raja-Tempel** (8–12 und 20–22 Uhr) war ursprünglich ein Palast, in dem die Gattin des Herrschers von Bundela ein Bildnis Ramas platzieren ließ, welches sie von der Wallfahrt aus Ayodhya mitgebracht hatte. Als die Statue später in einen Tempel überführt werden sollte, erwies sie sich jedoch als zu schwer für den Transport und so verblieb sie bis heute in dem Palast.

Der ursprünglich zur Aufbewahrung des Rama-Bildnisses errichtete **Chaturburj-Tempel** überragt die Stadt und steht auf einer Plattform, die über eine steile Treppe zu erreichen ist. Der von hohen Mauern umgebene, festungsartige Tempel liegt am Ende eines Schotterweges und ist in seinen drei Hallen mit ursprünglich sicher schönen, inzwischen jedoch leider sehr beschädigten Wandmalereien geschmückt.

■ An der Rezeption des Hotels Sheesh Mahal kann man sich für eine Gebühr von 50 Rs (plus 500 Rs Pfand) einen **Audioguide** ausleihen und sich so eine Stunde lang

431ln mb

durch die diversen Paläste führen lassen, eine lohnende Ausgabe. Für den Palast und die meisten anderen Sehenswürdigkeiten des Ortes wird ein **Kombiticket** für 250 Rs nur am Ticket-Office (8–18 Uhr) am Palastzugang verkauft, ein Guide verlangt ca. 100 Rs, Kamera/Video 25/200 Rs. Allabendlich um 20.30 Uhr findet im Freilufthof des Palastes eine einstündige, englischsprachige **Sound- and Lightshow** zur Geschichte Orchhas statt, Eintritt 250 Rs.

Orchha Nature Reserve

Ein gut ausgeschilderter Weg durch das Orchha Nature Reserve beginnt auf der östlichen Flussseite nach Überqueren der Brücke. Im vom Betla- und dem Jamini-Fluss eingerahmten, 44 km² großen Naturreservat leben u.a. verschiedene **Affenarten**, **Damwild** und eine Vielzahl von Vögeln, etwa **Pfauen**. Ideal für die Erkundung des 12 km langen **Nature Trail** sind Fahrräder.

■ Der **Eintritt** von 150 Rs wird beim Tickethäuschen (8–18 Uhr) hinter der Brücke bezahlt. Das Waldgebiet ist problemlos auf eigene Faust zu erkunden, es können jedoch auch Führer für 200 Rs angeheuert werden.

Praktische Tipps

Information

■ **Vorwahl:** 07680
■ Die Rezeption des Hotels Sheesh Mahal fungiert auch als **Touristenbüro** (Tel.: 252624, (0)9329975085, smorchha@mptourism.com). Neben einigen Informationen werden Broschüren zu Orchhas Geschichte und historischen Gebäuden verteilt. Zudem können Mietwagen arrangiert werden (s. Weiterreise).

Täglich von 13 bis 18 Uhr wird in Orchha der **Strom abgeschaltet,** auch zu anderen Zeiten kann es zu Stromausfällen kommen.

Stadtverkehr

■ Alle Ziele im Dorf sind bequem zu Fuß zu erreichen. Für Ausflüge in die Umgebung steht ein **Fahrradverleih** (8–18 Uhr, 40 Rs/Tag) im Ortszentrum zur Verfügung.

Unterkunft, Essen und Trinken

■ Der große Vorteil der Unterkünfte zwischen Hauptstraße und Fluss sind die oft klimatisierten Zimmer nach hinten, von denen sich ein herrlicher Ausblick auf das Schloss und die Flusslandschaft genießen lässt. Diese Zimmer sind komfortabler und meist zwei- bis dreimal so teuer wie die ohne Aussicht, welche meist nur einfache Ausstattung, aber alle TV und Heißwasser haben. Typische Vertreter sind das **Deep Regency** €-€€€ (Tel.: 25207, (0)9977467728, die Zimmer zum Fluss mit AC) oder das **Fort View Guest House** €-€€€ (Tel.: (0)9425342319).

■ Sind diese Zimmer mit Aussicht schon vergeben, wohnt man mindestens ebenso komfortabel auf der gegenüberliegenden Straßenseite in den geräumigen, aber aussichtslosen Zimmern mit TV des **Hotel Heritage** €-€€€ (Tel.: 252711, (0)9425342346), die klimatisierten sind jedoch zu teuer.

■ Am stilvollsten nächtigt man natürlich in den insgesamt acht Zimmern des im Jehangir Mahal Palace untergebrachten Hotels **Sheesh Mahal** €€€-€€€€ (Tel.: 252624). Bedenken sollte man allerdings, dass die günstigeren Zimmer im Erdgeschoss etwas muffig riechen. Richtiggehend fürstlich, allerdings auch reichlich teuer wohnt man in den beiden angebotenen Suiten. Insgesamt strahlt das Hotel eine angenehme Atmosphäre aus, auch wenn der Service im hauseigenen Restaurant manchmal recht schleppend wirkt. Drei Buffetts sind auch für Nicht-Gäste eine Verlockung: morgens zwischen 7.30 und 9.30 Frühstück für 150 Rs, mittags 12–15 Uhr 300 Rs und abends 19–21 Uhr 300 Rs.

■ Nur die komfortablen Zelte im Garten sind ihr Geld wert im von MP-Tourism geleiteten **Betwa Retreat** €€€-€€€€ (Tel.: 252618, bcorchha@rediffmail.com), die Zimmer und riesigen Suiten sind leicht verwohnt und übertuert.

■ Schön und stilvoll wohnt man im **Bundelkhand Riverside** €€€€-€€€€€ (Tel.: 252612, www.bundelkhandriverside.com) neben den Chattris der Herrscher von Orchha. Die naturnahe Anlage nördlich des Dorfes strahlt nicht zuletzt wegen des auch von den 29 Zimmern zu genießenden Blicks auf den Betwa-Fluss eine friedvolle Atmosphäre aus. Ein weiteres Plus ist der hauseigene Pool. Klagen wegen mangelnder Hygiene gab es jedoch bzgl. des hauseigenen Restaurants. Ausflüge zu den benachbarten Dörfern werden arrangiert.

■ Die beste Bleibe Orchhas ist das **Amar Mahal Orchha** €€€€-€€€€€ (Bypass Rd., Tel.: 252101, www.amarmahal.com). Die großzügig gestaltete, einem Palast nachempfundene Anlage mit hübschem Pool, gutem Service und erstklassig möblierten Zimmern ist erstaunlich preiswert. Hier gibt's zudem hohe Preisabschläge außerhalb der Hochsaison.

■ Neben den bereits genannten Hotelrestaurants bieten mehrere einfache Restaurant nahe der Zugangsbrücke zum Schloss Travellerkost. So servieren **Betwa Tarang** (klasse Thalis), **Ram Raja** oder **Milan** eine große Auswahl einheimischer und internationaler Gerichte zum kleinen Preis.

■ Ein herrlicher Platz fürs Frühstück ist **Didi's Café**, etwas nördlich vom Zentrum.

Bank und Internet

Alle genannten Einrichtungen befinden sich direkt an oder nur wenige Schritte von der Hauptkreuzung des Dorfes entfernt.

■ Geldwechsel ist bei der **Canara Bank** von 11.30 bis 14.30 Uhr möglich. Es werden Cash und Reiseschecks akzeptiert. Wenige Schritte südlich steht ein **ATM** der State Bank of India für Master- und Maestro-Karten bereit.

■ Aufgrund der täglichen Stromabschaltung ist Internetsurfen tagsüber nicht möglich. Auch sonst kann es zu Stromausfällen kommen, sodass man häufig zwischenspeichern sollte. Am schnellsten ist **Dhrubh Cyber Café** etwas nördlich der Kreuzung.

▷ Holzsammlerinnen am Betwa-Fluss

An- und Weiterreise

■ Zwischen Orchha und dem Busbahnhof von Jhansi bestehen regelmäßige **Bus- und Tempoverbindungen.** Der letzte Bus nach Jhansi verlässt Orchha gegen 21 Uhr. Mit der Riksha ca. 150–200 Rs. Wer von Khajuraho nach Orchha reisen will, braucht nicht bis Jhansi zu fahren, sondern kann bereits an der von der Hauptstrecke zwischen Jhansi und Khajuraho nach Orchha abzweigenden Straße aussteigen und dort in die vorbeifahrenden Busse oder Tempos umsteigen. Leider funktioniert das in den seltensten Fällen in umgekehrter Richtung, da die Busse an der Hauptstraße von Jhansi nach Khajuraho nur selten auf Handzeichen anhalten.

■ Wer mit **Mietwagen oder Taxi** weiterreisen will, kann beim Madhya-Pradesh-Büro, der Rezeption des Sheesh Mahal, einen fahrbaren Untersatz ordern. Es handelt sich meist um Indica-Autos. Einige Preisbeispiele: nach Khajuraho 2.100 Rs (AC 2.500 Rs), Agra 3.600 Rs (AC 4.200 Rs), Ranthambore NP 7.300 Rs, Varanasi und Jaipur um 8.200 Rs, Gwalior und Shivpuri 1.800 Rs (AC 2.000 Rs), Jhansi 500 Rs.

■ Vom 4 km außerhalb gelegenen **Bahnhof** fährt täglich ein langsamer Passenger Train nach Khajuraho (Abf. in Jhansi 7.25 Uhr, Abf. in Orchha etwa 30 Min. später, keine Reservierung möglich, General Ticket am Bahnhof kaufen), Fahrtzeit gut 4 Stunden.

Highlight:
Khajuraho XII/B1
– erotische Tempelkunst

Wer die langwierige Anreise zu diesem weitab aller Hauptverkehrswege gelegenen Ort hinter sich gebracht hat, befindet sich an einer der **bedeutendsten kulturhistorischen Stätten** ganz Indiens. Das heute so verschlafen wirkende Städtchen inmitten recht trostloser Landschaft war ab dem 7. Jh. **Hauptstadt des Chandela-Reiches.** Diese Rajputenfamilie beherrschte von hier aus große Teile Zentralindiens. Auf dem Höhepunkt ihrer Macht errichteten die Chandelas zwischen 950 und 1080, also innerhalb nur eines Jahrhunderts, insgesamt über 80 Tempel, die als die bedeutendsten Beispiele indo-arischer Architektur in Indien gelten.

Der Weg zu den von einer gepflegten Parklandschaft umgebenen Bauten der westlichen Gruppe entwickelt sich zu einem **Lehrpfad der klassischen indischen Architekturgeschichte.** Um sie gegenüber der profanen Welt hervorzuheben, wurden die Tempel auf einer hohen Plattform platziert. Alle sind in Ost-West-Richtung ausgerichtet, dabei zeigt der Eingang nach Osten, zur aufgehenden Sonne. Exemplarisch lässt sich der innerhalb von nur einem Jahrhundert (950–1050) vollzogene Wandel des *Shikhara* genannten Tempelturmes vom einfachen und einteiligen zur komplizierten geometrischen Form des mehrteiligen Shikhara nachvollziehen.

Die **großen Tempel** des hier in perfekter Ausformung zu bewundernden nordindischen **Nagara-Stils** verfügen mit einer kleineren (Mandapa) und einer Haupthalle (Mahamandapa) sowie einem Portikus (Andramandapa) und einem schmalen Vorraum (Antarala) vor der Kultzelle über mehrere dem Haupturm vorgelagerte Räume. Um das Sanktuarium verläuft ein im Uhrzeigersinn zu begehender, schmaler Umwandelungsgang (Pradakshina). Die **ornamentalen und figürlichen Darstellungen** um die Plattformen und Außenwände der Tempel herum sind in ihrer hierarchischen Anordnung ein Spiegelbild des Universums. Von der Basis bis zur Spitze finden sich Lotosblätter, Floralmuster, amphibische Tiere und Fabelwesen, Tiere wie Elefanten, Pferde und Löwen, Menschen, gottähnliche Herrscher und Götterdarstellungen. Der für die Steinmetze besonders leicht zu bearbeitende weiche Sandstein wurde aus dem 80 km entfernten Panna herbeigeschafft.

Vor allem ihr einmaliger **Skulpturenreichtum** hat den Ruhm der Tempel begründet. Wie in einem Kaleidoskop mittelalterlichen Lebens ziehen auf den die Tempel umlaufenden Relieffriesen und der die Dächer überdeckenden Einzelskulpturen (Tänzer, Musiker, Bauern, Könige, Götter, Krieger, Elefanten, Kühe und tausend andere Motive) am staunenden Auge des Betrachters vorbei. Khajuraho repräsentiert eine Bauform, in der die Skulpturen nicht nur dekorative Funktion haben, sondern integraler Bestandteil der Tempel sind.

Was letztlich jedoch jährlich Zehntausende von Besuchern anlockt, sind die in unvergleichlicher Detailgenauigkeit dargestellten **erotischen Szenen.** Leider wird dabei vollkommen übersehen, dass die Darstellungen körperlicher Vereinigung nur einen geringen Teil der Plastik Khajurahos ausmachen. Das lustvolle Über-, Unter- und Nebeneinander der offenkundig höchst engagierten Darsteller zeugt von ebenso reicher Fantasie wie von fast schon olympiareifer Akrobatik. Oft ist ein zweiter Blick erforderlich, um herauszufinden, wer mit wem und wie. Die Darstellung erotischer Szenen im Hinduismus ist an sich gar nichts Unübliches, doch nirgends geschieht es mit derselben Exzessivität wie in Khajuraho.

Dabei steht die dargestellte unerschrockene Offenheit **in krassem Widerspruch zum prüden Indien von heute.** So werden von den sittenstrengen Indern auch die haarsträubendsten Erklärungen konstruiert, um die „zügellosen Ausschweifungen" in einem anderen Licht erscheinen zu lassen. Ungewollt komisch wirkt die allerdings sehr ernsthaft vorgetragene These, die erotischen Skulpturen an den Außenwänden der Tempel sollten das Gotteshaus vor Blitzeinschlag schützen. Die mit erhobenem Zeigefinger vorgetragene Ermahnung, die dargestellten Liebespaare sollten den Besucher vor Betreten des Tempelinneren im wahrsten Sinne des Wortes plastisch vor Augen führen, dass man allen fleischlichen Gelüsten zu entsagen habe, um zum eigentlichen Sinn des Lebens, dem Göttlichen, vorzudringen, zeugt hingegen von jener körperfeindlichen indischen Sexualmoral, die das Resultat einer unglücklichen Verbindung von orthodoxem Hinduismus und puritanischem Viktorianismus ist.

Dabei ist die Darstellung von Liebespaaren ein bedeutender Aspekt der im Hinduismus tief verwurzelten **vorarischen Fruchtbarkeitskulte.** Danach wird in der sexuellen Ekstase das Göttliche und damit das letztendliche Ziel eines jeden Lebewesens erfahren. So sind die Gesichter der Liebenden auch nicht von Anspannung, sondern von einer fast schon weltentrückten Ruhe und Gelassenheit gekennzeichnet. Von der im schmucklosen Inneren des Tempelturmes ruhenden Götterstatue geht die Kraft aus, die sich an den Außenwänden des Tempels zum Tanz des Lebens steigert. Die Vereinigung ist hier kein in erster Linie körperlicher Akt, sondern eine religiöse Form der Gotteserfahrung. Khajuraho zelebriert in geradezu triumphaler Weise die allen archaischen Religionen eigene sinnliche Erfahrung der körperlichen Vereinigung als spirituellem Akt.

Besichtigung

Die über ein Gebiet von etwa 20 km² verteilt stehenden Tempel werden entsprechend ihrer Lage in je eine westliche, östliche und südliche Gruppe unterteilt. Nur für die westliche Tempelgruppe muss Eintritt gezahlt werden, die anderen sind frei zugänglich.

Westliche Gruppe

In dieser umzäunten und gepflegten, mit Bougainvillea bepflanzten Parkanlage befinden sich die schönsten und besterhaltenen Tempel Khajurahos. Ein asphaltierter Rundweg führt vom Eingang entlang der einzelnen Heiligtümer, die hier im Uhrzeigersinn beschrieben werden.

Mit dem **Lakshmi-** und dem **Varaha-Tempel** finden sich auf der linken Seite des Weges zunächst zwei weniger bekannte Tempel. Unmittelbar neben dem Vishnu in seiner Inkarnation als Eber geweihten Varaha-Tempel steht außerhalb der Umzäunung der **Matangeshvara-Tempel.** Obwohl einer der schlichtesten Tempel Khajurahos, ist er der am meisten verehrte. Hierhin ziehen die Wallfahrer, um für die Erfüllung ihrer großen und kleinen Bitten zu beten, bevor sie sich auf die Weiterfahrt machen.

Der auffälligste der vier unmittelbar beim Eingang platzierten Tempel ist jedoch der **Lakshmana-Tempel.** Obwohl als einer der ersten der Anlage erbaut (zwischen 930 und 950), ist der 30 m hohe Tempel als einziger in seiner ursprünglichen Form erhalten geblieben, d.h. auch mit den vier begrenzenden

Eckschreinen und wird damit dem Panchayatana-Typus zugeordnet. Geweiht ist es Lakshman, einem Halbbruder Ramas, der siebten Inkarnation Vishnus. Besonders beeindruckend sind die den Eingang zur Cella schmückenden Steinmetzarbeiten, in denen Vishnu vierarmig und mit Menschen-, Eber- und Löwenkopf dargestellt ist. Sehr schön auch die den Sockel umlaufenden Friese mit ihrer Vielzahl an dargestellten Szenen. Für besonderes Interesse sorgt dabei ein abgebildeter **Reitersmann,** der die Liebe zu seinem Pferd allzu wörtlich nimmt, während die umstehenden Personen entsetzt die Hände vors Gesicht schlagen.

Der nördlich hiervon auf einer Plattform zusammen mit zwei weiteren Tempeln gelegene 31 m hohe **Kandariya-Mahadev-Tempel** gilt als der schönste Khajurahos und ragt schon von weitem deutlich sichtbar aus der Parklandschaft heraus. Seine harmonischen Proportionen, die ihn trotz seiner Größe nie klobig wirken lassen, wie auch die ungemein anmutigen Skulpturen machen ihn zum Schmuckstück der gesamten Anlage. Nicht weniger als **872 Figuren** zieren die Innen- wie Außenseite des Tempels, die meisten von ihnen annähernd einen Meter hoch. Besonders am Hauptturm und den ihn umgebenden 84 kleinen Türmchen scheint fast jeder Zentimeter mit Göttern, Musikern und Fabelwesen sowie grazil sich beugenden Frauenkörpern bedeckt zu sein.

Vom daneben stehenden Shiva-Schrein sind nur noch spärliche Überreste erhalten. Dafür zeugt der auf dem gleichen Sockel gelegene **Devi-Jagadambi-Tempel** noch einmal von den außergewöhnlichen künstlerischen Fähigkeiten der Chandela-Steinmetze. Dieser ursprünglich Vishnu, später Kali geweihte Tempel ist kleiner als der Mahadev, doch für viele übertrifft er diesen noch in der Feinheit der erotischen Darstellungen.

Als Nächstes folgt der nicht mehr zur Dreiergruppe gehörende **Chitragupta-Tempel,** der als einziger dem Sonnengott Surya gewidmet ist. Im Allerheiligsten findet sich eine sehr schöne **Abbildung Suryas,** der auf einem

von sieben Pferden gezogenen Wagen zu sehen ist.

Auf dem Weg zurück zum Eingang steht links der Shiva geweihte **Vishvanath**, eines der schönsten Bauwerke der Anlage. Zwei von Löwen bzw. Elefanten flankierte Aufgänge führen auf den Tempelsockel, auf dem gegenüber dem Tempeleingang ein **Nandi-Bulle** steht. In der Vielfalt und Detailgenauigkeit seiner Skulpturen ähnelt er stark dem Kandariya Mahadeva, hat aber überdies noch zwei seiner ursprünglich vier Eckschreine vorzuweisen.

Ebenfalls noch zur Westgruppe zählt der etwa 300 m südwestlich des Parks gelegene **Causath Yogini**, der älteste Tempel Khajurahos. Als einziger liegt er in Ost-West-Ausrichtung und wurde nicht aus Sandstein, sondern aus **Granit** erbaut. Nur noch 35 der ehemals 64 *(chausath)* Kultzellen der Yoginis, der Dienerinnen der Göttin Kali, sind erhalten.

■ **Öffnungszeiten:** Sonnenauf- bis Sonnenuntergang. Eintritt: 250 Rs, Videokamera: 25 Rs. Es besteht die Möglichkeit, sich einen Audioguide mit lohnenswerten Informationen zu den einzelnen Tempeln auszuleihen, Preis 50 Rs. Die hohe Kaution von 500 Rs wird häufig nicht verlangt. Allabendlich um 19 Uhr (Nov.–Febr.) bzw. 18.30 Uhr (März–Okt) wird innerhalb des Areals der westlichen Tempelgruppe die mit 300 Rs Eintrittspreis jedoch reichlich teure **Sound and Light Show** aufgeführt. Es werden Szenen aus der viertausendjährigen Geschichte Khajurahos dargestellt.

◁ Die erotischen Skulpturen von Khajuraho werden im prüden Indien viel besucht

Archäologisches Museum

Wer noch einmal einen Blick aus nächster Nähe auf die einzigartigen **Skulpturen** Khajurahos werfen möchte, sollte das schräg gegenüber vom Eingang zur westlichen Gruppe platzierte archäologische Museum aufsuchen.

■ **Öffnungszeiten:** täglich 9–17 Uhr. Die Eintrittskarte zur Westgruppe beinhaltet bereits die Gebühr für den Besuch des Museums – dennoch versucht das Personal zuweilen, westlichen Besuchern ein Extra-Eintrittsgeld abzuknöpfen.

Östliche Gruppe

Diese aus insgesamt sieben Tempeln bestehende Gruppe kann in zwei Sektionen unterteilt werden: Drei zusammenhängende, von einer Tempelmauer umschlossene Jain-Tempel sowie vier verstreut um das Dorf Khajuraho in der Landschaft stehende Heiligtümer.

Sowohl der **Brahma**- als auch der **Vamana-Tempel** können trotz einiger schöner Skulpturen wohl nur wegen ihrer altersbedingten Patina erfreuen. Anders der kleine **Javari-Tempel**, der mit seinen außergewöhnlich schönen Steinreliefs und seinen in überdachten Nischen sitzenden Götterfiguren deutlich an den zur gleichen Zeit erbauten Sas-Bahu-Tempel im Fort von Gwalior erinnert. Südlich hiervon, auf der anderen Seite des Dorfes, befinden sich die Ruinen des **Ghantai-Tempels**, bei dem die mit Glöckchen und Ketten skulptierten Säulen ins Auge fallen.

Die drei von einer hohen Mauer umgebenen, eng aneinander stehenden **Jain-Tempel Parswanath, Adinath und Shantinath** bilden das Zentrum der östlichen Gruppe. Größter dieser drei und einer der schönsten Khajurahos ist dabei der Daswanath-Tempel. Neben den erotischen Darstellungen sind es hier vor allem die verschiedenen Göttergestalten, die gefallen. Besonders auffällig sind die vielen hinduistischen Götterfiguren.

Südliche Gruppe

Die beiden einzelnen, südlich der Jain-Tempel gelegenen Tempel gehören der Spätphase Khajurahos an und lassen den Glanz und Skulpturenreichtum der übrigen Bauwerke weitgehend vermissen. Besonders deutlich zeigt sich dies bei dem **Duladeo-Tempel.** Die einzelnen Figuren dieses 1150 entstandenen Heiligtums strahlen bei weitem nicht die für Khajuraho so charakteristische Leichtigkeit und Lebendigkeit aus. Etwa 2 km weiter südlich, jenseits des Khudar-Flusses, befindet sich der **Chaturbija-Tempel,** das einzige Heiligtum Khajurahos ohne jegliche erotische Darstellung. Im Innern steht eine knapp 3 m hohe Shiva-Figur.

Praktische Tipps

Information

■ **Vorwahl:** 07686
■ **Madhya Pradesh Tourism** (Tel.: 274051) hat ein Büro nördlich des Dorfes und einen Ableger am Busbahnhof (Tel.: 274163). Beide sind Mo bis Sa 10–20 Uhr, gelegentlich auch So geöffnet (jeden 2. und 3. Sa des Monats geschlossen). Eine weitere Filiale befindet sich am Flughafen.

Stadtverkehr

■ Das Kommissionsgeschäft treibt in Khajuraho besonders prächtige Blüten, und so wird man schon bei der Ankunft am Busbahnhof von vielen Rikshafahrern in Beschlag genommen, die einen zu ihren Hotels fahren wollen. Man sollte ihrem z.T. recht aufdringlichen Werben eine klare Absage erteilen, da fast alle Hotels problemlos zu Fuß zu erreichen sind und man so die Kommission spart.
■ Durchaus überlegenswert ist hingegen eine Rikshafahrt vom 5 km außerhalb gelegenen **Flughafen**, die eigentlich nicht mehr als 50 Rs kosten sollte. Zum **Bahnhof**, 9 km außerhalb, kostet's 80 Rs. Zum Flughafen verlangt die Yashowaran Taxi Union einen Fixpreis von 150 Rs, zum Bahnhof 250 Rs.
■ Die beste Art, um die diversen, recht weit verstreut liegenden Tempelgruppen zu erkunden, ist, sich ein **Fahrrad** auszuleihen. Man bekommt es für 20–30 Rs pro Tag an verschiedenen Stellen im Ortszentrum und in einigen Hotels.

Unterkunft

Bedenkt man, dass Khajuraho nicht viel mehr als ein kleines Nest mit mehreren Tempeln ist, so verfügt die Stadt über eine erstaunliche Anzahl von Hotels aller Preiskategorien. Dementsprechend stark schwanken auch die Zimmerpreise. Die Hotelbesitzer scheinen ihre Tarife jeweils täglich entsprechend der Auslastung ihres Hauses neu festzulegen. Einzige Ausnahme hiervon sind die drei staatlichen Hotels.

Untere Preiskategorie:

■ Etwas versteckt um einen kleinen Platz liegt die **Yogi Lodge** € (Tel.: 274158) mit großen, sauberen Zimmern, Dachterrasse, Tempelblick sowie billigem Restaurant. Die beste Billigwahl der Stadt.
■ Einen insgesamt guten Eindruck macht das **Hotel Zen** €€–€€€ (Jain Temples Rd., Tel.: 274228, (0)9425143575, www.hotelzenkhajuraho.co.in) mit blumengeschmücktem Garten und Internetcafé, welches sich im Besitz eines Tempelführers befindet. Obwohl die Zimmer eine Auffrischung vertragen könnten, sind besonders die teils klimatisierten und mit TV versehenen der oberen Etagen zu empfehlen, das Restaurant ist allerdings übertreuert.
■ Sehr zu empfehlen ist das sich dem Hotel Zen anschließende **Hotel Surya** €€–€€€ (Tel.: 274145, (0)9425146203,

www.hotelsuryakhajuraho.com). Auch hier haben einige der teils sehr geräumigen und klimatisierten Zimmer mit LCD-TVs Balkone mit schöner Garten- und Fernsicht. Morgens um 7 Uhr Yoga, auch Massage ist möglich, WiFi vorhanden. Besonders hier, aber auch bei den anderen Hotels in Khajuraho, ist die selbstständige Buchung notwendig, da ansonsten die Gebühr für einen Schlepper aufgeschlagen wird.

■ Beim Maharaja Memorial findet sich das **Royal Chandela** €€ (Tel.: 274582), dessen große Balkonzimmer mit Marmorboden uneingeschränkt empfohlen werden können. Auch ein Dachrestaurant sowie Internetcafé sind vorhanden.

■ Sicher eine der besten Unterkünfte dieser Preisklasse ist der **Marble Palace** €€-€€€ (Tel.: 274353, (0)942 5342160, www.hotelmarblepalace.com) hinter dem Gole Market, der seinem Namen alle Ehre macht. Die z.T. sehr großen und geschmackvoll eingerichteten Zimmer sind teils mit Badewanne versehen, die oberen haben gute Aussicht.

■ Eins der besten Hotels an der Jain Temples Road ist das gepflegte **Hotel Harmony** €€-€€€ (Tel.: 274238, www.hotelharmonyonline.com) mit hellen und hübsch möblierten Zimmern, teils klimatisiert, alle mit Balkon und TV. Besonders empfehlenswert sind die im 2. Stock gelegenen Räume mit schönem Ausblick auf den hauseigenen Garten. Yoga, Massage und Internet möglich.

■ Viel Platz bieten die teils klimatisierten und mit Badewanne versehenen Zimmer, alle mit TV, des **Hotel Siddharth** €€€ (Tel.: 274627, hotelsiddharth@rediffmail.com). Das direkt gegenüber den Tempeln gelegene Hotel bietet vom Dachrestaurant entsprechend schöne Aussicht auf diese.

■ In einer schönen Gartenanlage mit Swimmingpool liegt das leicht verschlafene, von MP Tourism geleitete **Hotel Payal** €€€ (Tel.: 274076, www.mptourism.com), ein Flachbau mit bunter Bemalung. Das Gebäude macht einen gepflegten und sympathischen Eindruck und verfügt über ein recht gutes Restaurant.

Mittlere und obere Preiskategorie:

Ein Bauboom bei den Hotels der oberen Preiskategorie hat in den letzten Jahren ein Überangebot entstehen lassen. Davon profitieren die Touristen, weil die Besitzer, abgesehen von den absoluten Spitzenzeiten wie über Weihnachten und Neujahr oder zum Tanzfestival, sich gezwungen sehen, bis zu 30 % Rabatt gewähren zu müssen. Alle der folgenden Unterkünfte haben Swimmingpool, für dessen Benutzung Nicht-Gäste meist 150 Rs hinblättern müssen.

■ Beste Bleibe im Mittelklassesegment ist das Hotel **Isabel Palace** €€€-€€€€ (Jhansi Rd, Tel.: 280864, (0)998 1295738, www.hotelisabelpalace.com). Das neue, große Haus überzeugt mit makellosen, hellen, gemütlichen und klimatisierten Zimmern mit Marmorfußboden und Balkon ins Grüne. Auch das Restaurant hält diesen hohen Standard zum erstaunlich kleinen Preis.

■ Empfehlenswert, wenn auch nicht überragend sind die im Süden Khajurahos angesiedelten Unterkünfte, wie das etwas abgeschottete **Radisson Jass Hotel** €€€€€-€€€€€€ (Bypass Rd., Tel.: 272777, www.radisson.com) und das **Hotel Chandela Taj** €€€€€-€€€€€€ (Jhansi Rd., Tel.: 272355-64, www.tajhotels.com). Beide bieten den für diese Preisklasse üblichen Service wie Kühlschrank im Zimmer, Fitnessclub, Tennisplatz, eleganten Swimmingpool, mehrere Restaurants und Souvenir-Shop.

■ **The Lalit Temple View** €€€€€€ (Main Rd., Tel.: 272111/333, www.thelalit.com), einzige komfortable Herberge nördlich der Tempel, wartet mit exklusiven, geräumigen Zimmern mit herrlich geschnitzten Möbeln, Terrasse vor jedem Raum und einem Außenpool auf. Der Luxus und der exzellente Service machen das Haus zur teuersten Unterkunft in Khajuraho.

Essen und Trinken

Fast alle Restaurants haben sich, um die Gunst der zahlreichen Touristen buhlend, an der Hauptkreuzung beim Eingang zur westlichen Tempelgruppe angesiedelt. Die meisten werben mit *Specialized in Italian, Chinese and Continental Food,* und dementsprechend kommt auch oft eine undefinierbare Mischung heraus, die es allen recht machen will. All diese Restaurants sind verglichen mit dem touristischen Durchschnitt stark überteuert, dies gilt auch für die den Hotels angeschlossenen Restaurants.

Eine lobenswerte Ausnahme ist das einfache, aber freundliche **Madras Coffee House** im Zentrum. Hauptsächlich indische Gerichte und etwas Traveller-Kost zu kleinen Preisen (30–70 Rs, 8–21.30 Uhr) sind zu empfehlen.

Das **Raja's Café** (8–22 Uhr), seit über 30 Jahren eine Institution in Khajuraho, wartet mit angemessenen Preisen und gutem Essen (80–200 Rs) auf. Der Innenhof unter großen Bäumen ist der inoffizielle Treffpunkt sowohl der Einheimischen als auch der nach einem Schweiß treibenden Tempelbesuch nach einem kühlenden Getränk dürstenden Touristen. Besonders schön sitzt es sich auf der Dachterrasse mit Blick auf die Tempelanlage. Hier können auch staatlich geprüfte Guides für die Tempelanlagen gebucht werden.

Im **Blue Sky Restaurant,** einem kleinen Baumhausrestaurant mit bestem Blick auf die Tempel wird neben schmackhafter italienischer und indischer auch japanische Küche serviert (100–200 Rs pro Hauptgericht).

Eine gute Aussicht von seiner Terrasse und leckeres italienisches Essen inkl. Pizza, Pasta und Huhn bietet das Restaurant **Mediterrano Italian Chef** (Jain Temples Rd., Tel.: 272246, 150–300 Rs, 8–22 Uhr).

Ähnlich ist das **Terrazza Roof Garden Restaurant,** wobei man hier neben Pizza und Pasta auch nordindische Gerichte bestellen kann. Auch im **Agrasen** in der Jain Temples Rd. gegenüber dem Hotel Harmony gibt's Pizza, allerdings preiswerter (60–200 Rs, 7.30–22.30 Uhr) als bei den vorgenannten, außerdem Thalis (all you can eat).

Kulinarisch die besten Adressen sind die Restaurants in den Top-Hotels der Stadt, wie dem **Radisson Jass** und dem **Chandela Taj.** Allerdings ist diese Schlemmerei auch nicht gerade billig.

Feste und Veranstaltungen

■ Zwei bedeutende Festivals werden alljährlich in Khajuraho veranstaltet: zum Ersten das alteingesessene, sieben Tage andauernde **Khajuraho Dance Festival** mit Prominentenpräsenz Ende Februar/Anfang März, zum Zweiten das gewöhnlich im Dezember stattfindende **Musik- und Tanzfestival Lok Ranyan,** das auf der Freifläche zwischen Busbahnhof und Dorf gefeiert wird. Hier werden Gesangs- und Tanzdarbietungen mit Künstlern aus dem gesamten asiatischen Raum aufgeführt sowie Kunsthandwerk gezeigt und verkauft. Der Eintritt ist frei.

■ Das **Kandariya Art & Culture** (Jhansi Rd., Tel.: 274031) ist ein recht komfortabler, klimatisierter Veranstaltungsort, in dem jeden Abend zwischen 19 und 20 sowie 20.45 und 21.45 Uhr eine einstündige Vorführung von Tänzen der verschiedenen Regionen Indiens dargeboten wird (350 Rs). Danach wird man in den angeschlossenen Verkaufsläden gebeten.

■ Auch das staatlich geleitete Kulturfest **Shilpgram** (Tel.: (0)9425143528, Okt.–März allabendlich 19–21.30 Uhr) will mit Aufführungen von Volkstänzen und klassischer indischer Musik die kuturellen Traditionen erhalten.

Bank

■ Die **State Bank of India** (Mo–Fr 10.30–16.30 Uhr, Mittagspause 14.30–15 Uhr, Sa 10–13.30 Uhr) mitten im Dorf wechselt Bargeld und Travellerschecks.

■ Die **Canara Bank** beim Busbahnhof (Mo–Fr 10–14 Uhr, Sa 10–12 Uhr) gibt Geld nur auf Visa- und Mastercard, wechselt hingegen kein Bargeld oder Travellerschecks.

■ Zwei **ATMs** an der Main Road neben dem Raja's Café und gegenüber dem Shiv Sagar sind für internationale Kreditkarten zuständig.

Post und Internet

■ Die **Post** beim Busbahnhof ist Mo–Sa 10–16 Uhr geöffnet, Paketdienst nur bis 14 Uhr.

■ Eine Minute Internet kostet 40 Rs/Std., Skype 50 Rs/Std. Schnell genug ist das **Cybercafé** im ersten Stock gegenüber der Yogi Lodge, das **Krishna Cybercafé** und **Raja's Café** (bis 23 Uhr).

Medizinische Versorgung und Polizei

■ Das **Krankenhaus** Khajurahos ist etwa 150 m östlich vom Busbahnhof gelegen. Neben dem Busbahnhof finden sich ein **homöopathischer Arzt** und ein **Arzt für klassische Medizin** (Link No. 2 Rd., Tel.: 274274, tgl. 8–14 und 17–21 Uhr).

■ Auch die **Polizei** (Tel.: 274032) ist busbahnhofsnah zu finden, eine Außenstelle für Touristen (Tel.: 272680, 6–22 Uhr) gegenüber der westlichen Tempelgruppe.

An- und Weiterreise

Flug:

■ Zurzeit fliegt Air India (Jhansi Rd., Tel.: 274035, 272587, Mo–Sa 10–17 Uhr, Mittagspause 13–14 Uhr) Mo, Mi, Fr von **Delhi** nach Khajuraho und weiter nach **Varanasi**. Jet Airways (Büro am Flughafen, Tel.: 274406-8, tgl. 10–15.30 Uhr) verbindet Khajuraho tgl. über Varanasi mit Delhi.

■ Über aktuelle Flugverbindungen aller Airlines informiert übersichtlich die Website www.yatra.com.

Bahn:

Am Busbahnhof ist ein computerisiertes **Reservierungsbüro** (Tel.: 274416) für Bahntickets Mo–Sa 8–12 und 13–16, So bis 14 Uhr geöffnet. Der Bahnhof ist 9 km vom Dorf entfernt.

■ Nach **Varanasi** fährt Di, Fr und So der 21107 Bundelkhand Exp.: Abf. in Khajuraho 23.40 Uhr, über **Allahabad** (an 6.45 Uhr), Ank. in Varanasi 10.50 Uhr.

■ Eine günstige Bahnverbindung nach **Jhansi** und Rajasthan ist der 12965 Khajuraho Udaipur Exp.: Abf. in Khajuraho 8.55 Uhr, über Jhansi 13.45 Uhr, **Gwalior** 15.45 Uhr, **Agra** 17.35 Uhr, **Bharatpur** 19 Uhr, **Jaipur** 22.20

Uhr und weiter über **Ajmer** und **Chittorgarh** bis **Udaipur** (an 6.10 Uhr am nächsten Morgen). Da er in Khajuraho seine Reise beginnt, kann er keine Verspätung „ansammeln".

■ Nach **Orchha** besteht eine langsame Passenger-Verbindung (4,5 Std., ohne Reservierungsmöglichkeit, General Ticket am Bahnhof kaufen, Zug fährt weiter bis **Jhansi**), die um 12.30 Uhr in Khajuraho startet.

Bus:

■ Drei Busse fahren täglich am frühen Morgen von Khajuraho nach **Jhansi** (5.30, 7.30 und 9 Uhr, 130 Rs, 5 Std. Fahrtzeit, sie passieren die Abzweigung 5 km von **Orchha** entfernt, von wo eine anzuhaltende Sammelriksha die restliche Strecke für ca. 10 Rs bewältigt). Von dort Anschlusszüge in alle Richtungen.

■ Nach **Satna** (ca. 4 Std., 110 Rs) gibt's nur zwei Direktverbindungen tgl. um 14 und 15 Uhr. Von dort zahlreiche Anschlussverbindungen per Bahn.

■ Verpasst man den letzten Bus nach Khajuraho in Satna, kann man auch mit einem der vielen Busse nach **Bamitha** am Highway 75 fahren und von dort die letzten Kilometer per Jeep oder Taxi zurücklegen. Dies gilt natürlich auch in umgekehrter Richtung. Falls man keine Direktverbindung von Khajuraho nach Gwalior, Satna und Jhansi mehr bekommt, zunächst per Gemeinschaftsjeep (Abfahrt zwischen 7 und 19 Uhr vom Busbahnhof, 10 Rs) ins 11 km entfernte Bamitha und von dort Anschlussbusse in die genannten Orte.

Taxi:

■ Für all jene, die nicht auf den Pfennig achten müssen, bieten Taxis eine interessante Alternative. Bei der Yashowaran Taxi Union (Tel.: (0)9425143774, Büro im Dorfzentrum) gelten folgende Fixpreise (Non-AC, AC ca. 20 % mehr): nach **Orchha** und **Jhansi** 2.900 Rs, **Satna** 2.000 Rs, Panna-Nationalpark 1.500 Rs, Bandhavgarh-Nationalpark 4.800 Rs, **Varanasi** 6.800 Rs, **Agra** 7.000 Rs, **Delhi** 9.000 Rs. Kann man die Kosten mit zwei oder drei Mitreisenden teilen, eine echte, weil bequeme und gar nicht mal teure Alternative. Außerhalb der Saison sollte man versuchen, den Preis herunterzuhandeln, während der Saison ist es aussichtslos.

Umgebung von Khajuraho

Panna-Nationalpark XII/B1

Dieses 45 km östlich von Khajuraho gelegene, 540 km² große Waldgebiet wurde 1981 zum Nationalpark erklärt und kann vom 16. Oktober bis 30 Juni 5.30–10 und 14.30–17.30 Uhr im Rahmen eines **Tagesausflugs** besucht werden. Wer den Aufwand und die Kosten nicht scheut, wird dafür mit unverdorbener Landschaft und mit dem Anblick von **Sambarhirschen, Bären, Affen, Antilopen** und (sehr unwahrscheinlich) einem der ganz wenigen verbliebenen Tiger im Park belohnt. 2 km westlich des Parkeingangs ist das Interpretation Centre (Tel.: 07732-275231) eine nützliche Adresse für Informationen zum Tierbestand und zur Geschichte des Parks.

■ 3.200 Rs per **Jeep** bis zu sechs Pers. von Khajuraho, Verpflegung und Guide müssen extra bezahlt werden. 30-minütige Ausfahrten in sechssitzigen **Booten** auf dem den Park durchfließenden Ken-Fluss 600 Rs p.P.

Unterkunft:

■ Als Unterkunft bieten sich das 3 km vom Park entfernte **Giles Tree House & Jungle Camp** €€ (Tel.: 07732-275220 oder Tel. des Raja Café in Khajuraho: 07686-272307) sowie die allerdings überteuerte **Ken River Lodge** €€€€ (Tel.: 07732-275235) an.

Anfahrt:

■ Regelmäßige **Busse** von Madla, dem dem Parkeingang nächstgelegenen Ort, verbinden mit Khajuraho (1 Std.) und Satna (3 Std.), wobei man für Satna gelegentlich in Panna umsteigen muss.

Raneh Falls

19 km nördlich von Khajuraho im Ken River lässt sich der 30 m hohe Raneh-Wasserfall be-

wundern, was jedoch nur nach Regenfällen lohnt. Dort kann man **Boote** ausleihen. Will man die hohe Zufahrtsgebühr für Fahrzeuge nicht zahlen und zu Fuß zu den Fällen, muss man vom 3 km entfernten Ticketbüdchen laufen. 8 km von diesem kann man im **Ken Gharial Sanctuary** (tgl. 9–17 Uhr außer während der Monsunzeit) Ghariale, eine seltene Krokodilart, besichtigen.

■ **Anfahrt** von Khajuraho zu den Wasserfällen per Riksha (ca. 300 Rs) oder Jeep/Taxi (500 Rs). **Eintritt** zu Fuß oder mit dem Fahrrad 150 Rs, Motorrad 200 Rs, Riksha 400 Rs, Kraftfahrzeug 1.000 Rs. Das Ticketbüdchen ist 3 km vom Wasserfall entfernt.

Satna XII/B1

Satna ist nur als **Verbindungsort nach Khajuraho** (117 km entfernt) und zu den Nationalparks Kanha, Bhandavgarh und Panna von touristischer Bedeutung. Der Bahnhof liegt ca. 3 km vom Busbahnhof entfernt (ca. 20 Rs mit der Fahrradriksha, 30 Rs mit der Autoriksha). Das Tourist Office (Tel.: 225471, Mo–Sa 10–17 Uhr) im Bahnhofsgebäude ist nicht hilfreich, da man dort nicht einmal die richtigen Abfahrtszeiten der Busse nach Khajuraho kennt. Ein ATM gegenüber dem Busbahnhof gibt Geld für das meiste Kreditplastik.

Unterkunft
(Vorwahl 07672)

■ Direkt gegenüber dem Bahnhof findet sich das für eine Nacht akzeptable, weil saubere, wenn auch laute **Mahamaya Hotel** €–€€ (Tel.: 233470).
■ Nahe dem Busbahnhof sind zwei akzeptable Unterkünfte zu nennen, beide haben auch AC-Räume: einmal das billigere **Rajdeep Hotel** €–€€€ (ca. 100 m vom Busbahnhof entfernt) und das etwas teurere und bessere **Hotel Savera** €€–€€€ (Tel.: 225231) mit gutem Restaurant, weitere ca. 50 m entfernt.

An- und Weiterreise

■ Direkte **Bahnverbindungen** gibt es zu vielen Städten Nordindiens (siehe Anhang). Wer zum Bhandavgarh-Nationalpark will, muss zum nahegelegenen Umaria fahren. Sechs Züge tgl. nach Varanasi.
■ Der erste **Bus nach Khajuraho** fährt um 6.30 Uhr, der letzte um 14.30 Uhr (ca. alle 2 Std., 5 Std. Fahrtzeit, 75 Rs). Ansonsten via Panna, der letzte Bus dorthin um 18 Uhr. Die Strecke ist durch Bauarbeiten in einem teilweise katastrophalen Zustand. Wenn man Pech hat, wird das Fahrvergnügen durch kurz vor dem Auseinanderfallen stehende Busse nicht gesteigert. Das Busticket sollte deshalb schon vorher am Ticketschalter gekauft werden, da man dann, wenn noch frei, einen Sitzplatz zugewiesen bekommt, was besonders nach einer langen vorherigen Bahnfahrt wichtig ist.

Jabalpur und Marble Rocks XII/B2

Jabalpur kann auf eine recht lange Geschichte zurückblicken und besitzt heute als Sitz wichtiger Verwaltungseinrichtungen sowie als Militärstützpunkt überregionale Bedeutung. Touristisch ist die hektische Stadt jedoch nur als Ausgangspunkt für den Besuch der 22 km entfernt gelegenen Marmorschlucht des Narmada-Flusses, einer der meistbesuchten Sehenswürdigkeiten Madhya Pradeshs, von Bedeutung. Andere Besucher benutzen die Stadt auch als Ausgangspunkt für die 200 km entfernt gelegenen Nationalparks Kanha und

Bandhavgarh. Die Stadt teilt sich in den moderneren südlichen Teil, die Civil Lines, und den Altstadtbereich nördlich der Gleise mit Napier Town und Old Bazaar, in dem sich die meisten Hotels befinden.

Information

● **Vorwahl:** 0761

● Besonders jene Reisenden, die von Jabalpur zum Kanha-Nationalpark weiterreisen wollen, sollten sich an das im Bahnhofsgebäude beheimatete **Madhya Pradesh Tourist Office** (Tel.: 2677690, 9–20 Uhr) wenden, um dort eine der staatlichen Unterkünfte zu buchen. Zwar gilt die Regel, dass man eigentlich nur bis spätestens vier Tage im voraus buchen darf, doch das wird normalerweise nicht allzu eng gesehen. Falls doch, sollte man nachfragen, welche Unterkünfte zur Verfügung stehen. Eine vorherige Buchung empfiehlt sich auch für den Tourist Bungalow bei den Marble Rocks, da dort nur 4 Zimmer sind.

Stadtverkehr

● Die meisten der hier genannten Hotels liegen alle in zu Fuß zu bewältigender Distanz zum Bus- und Zugbahnhof, sodass man sich bei der Ankunft gar nicht erst in die Klauen der hier besonders geldgierigen Rikshafahrer zu begeben braucht. Die etwa 4 km lange Strecke zwischen den beiden Bahnhöfen sollte mit der **Autoriksha** maximal 40 Rs kosten, mit der Fahrradriksha etwa die Hälfte.

Unterkunft, Essen und Trinken

● Von den vielen Billigunterkünften am Russell Chowk kann nur die **Lodge Shivalaya** €–€€ (Tel.: 2625188) empfohlen werden. Einfache Zimmer mit Bad und TV gibt's schon für wenige Rupien.

● Das **Hotel Sidhart** €€–€€€ (Napier Town, Tel.: 227580, 4007779) ist ein gutes Mittelklassehotel zwischen den beiden Bahnhöfen am Russell Chowk. WiFi vorhanden.

● Wer mehr ausgeben kann, findet im **Prestige Princess** €€€€–€€€€€ (Nagrath Square, Tel.: 2627550, www.prestigehotels.in) eine angenehme Bleibe mit Komfortzimmern.

● Ruhig wohnt man im modernen, von Madhya Pradesh Tourism geleiteten **Hotel Kalchuri Residency** €€€€ (Residency Rd., Tel.: 2678491, kalchuri@mptourism.com, www.mptourism.com, Preis inkl. Frühstück) nahe dem Bahnhof. Die hübsch möblierten, hellen Zimmer sind recht unterschiedlich, viele mit Balkon. Das angeschlossene Restaurant und die Bar sind akzeptabel. Pluspunkte sind auch der Pool und der Gym-Raum. Insgesamt die beste Wahl dieser Kategorie in Jabalpur.

● Liebhaber alter Kolonialhotels sollten sich im stilvollen **Narmada Jackson's Hotel** €€€€–€€€€€€ (South Civil Lines, Tel.: 4001122, www.jacksons-hotel.net) einquartieren. Die Zimmer dieser besten Bleibe im Ort sind groß, das Essen in den drei Restaurants ist hervorragend (eines auf dem Dach). Dennoch ist das Gesamtpaket trotz **19th Century Bar,** WiFi in den Zimmern und Health Club wegen des nachlässigen Service und teils mangelnder Sauberkeit etwas zu teuer.

● Wen Pop- und Bollywood-Musik nicht stört, der findet im modern gestalteten **Options Restaurant** (Vined Talkies Rd.) etwas nördlich von Russell Chowk ein hervorragendes vegetarisches Restaurant mit indischer und chinesischer Küche (40–100 Rs, 11–23 Uhr).

Aktivitäten

● Nahe Jabalpur kommen Wasserfreunde auf ihre Kosten: im **Seaworld** (Tel.: 4917601, Eintritt Erw./Kinder 150/80 Rs, 10–19 Uhr), 14 km entfernt, mit Wasserrutschen und mehreren Becken, sowie im 32 km entfernten **Wassersportzentrum** von Madhya Pradesh Tourism in Bargi.

Bank und Internet

● Geld und Reiseschecks können bei der **State Bank of India** (South Civil Lines, Mo– Fr 10.30–16.30, Sa 10–

13 Uhr) umgemünzt werden. Ein **ATM** dieser Bank steht dort und beim Bahnhof zur Verfügung.

■ Schnelle Verbindungen hat **Net Space Cyber** in der Vinoba Talkies Rd. (bis 22 Uhr).

Medizinische Versorgung

■ Das **City Hospital** (Civil Lines, Tel.: 2628154) versorgt im Notfall.

An- und Weiterreise

Flug:

■ Vom gut 20 km nordwestlich der Stadt gelegenen Flughafen hat Air India (Tel.: 6459333) 4x wöchentlich Verbindungen nach **Delhi.** Büro am Flughafen.

Bahn:

■ Um zum **Bandhavgarh-Nationalpark** zu gelangen, zunächst mit dem 18233 Narmada Exp. (Abf. Jabalpur 6.40 Uhr) nach **Umaria.**

■ Über 10 Verbindungen täglich nach **Satna,** wobei nur der erste Zug um 7.30 Uhr früh genug eintrifft, um von Satna aus eine Bus-Direktverbindung nach **Khajuraho** zu erwischen. Ansonsten von Satna per Bus nach Panna oder oft auch zusätzlich über Bamitha Junction und von dort mit einem Gemeinschaftsjeep die 11 km nach Khajuraho.

Bus:

■ Außer zum **Kanha-Nationalpark** (tgl. zwei Direktbusse in 5,5 Std., Abfahrt um 7 und 11 Uhr) ist die An- und Weiterreise per Zug vorzuziehen. Zum **Pench Tiger Reserve** gelangt man mit Bussen Richtung Nagpur und verlässt diese nach ca. 5 Std. in Khawasa. Von dort die letzten 12 km im Gemeinschaftsjeep.

■ Täglich gibt es mehrere Busverbindungen nach **Allahabad** und **Khajuraho** (je 11 Std.), **Bhopal, Rajpur** und **Varanasi** (je 12 Std.). Die um den Busbahnhof gruppierten privaten Busgesellschaften sind dem staatlichen MP State Transport wegen der deutlich besseren Busse vorzuziehen und preislich ähnlich.

■ Zum 22 km westlich von Jabalpur gelegenen **Marble Rocks** fahren Busse vom Busbahnhof in 45 Min. (15 Rs) bis zum Abzweig nach Marble Rocks bzw. Bhedaghat. Von dort die letzten 5 km per Tempo (12 Rs) zum Panchvati Ghat, von wo die Boote zu den Marble Rocks ablegen.

Marble Rocks XII/B2

Hunderte von Souvenirshops und Tausende von vornehmlich indischen Besuchern machen deutlich, dass die 22 km westlich von Jabalpur gelegene Marmorschlucht eine der **wichtigsten Touristenattraktionen Madhya Pradeshs** ist. Zweifelsohne ist der Anblick der aus dem glasklaren Wassern des Narmada-Flusses herauswachsenden und sich in ihnen spiegelnden **schneeweißen Marmorfelsen** beim Dorf Bedhaghat äußerst beeindruckend, doch durch den Andrang der unzähligen Touristen geht die den Ort eigentlich auszeichnende friedvolle Atmosphäre nur allzu oft völlig verloren. Dies gilt insbesondere für Vollmondnächte und an den Wochenenden.

Hierauf sind auch die oftmals gänzlich widersprüchlichen Bewertungen westlicher Touristen zurückzuführen. Es kommt halt ganz darauf an, zu welchem Zeitpunkt man das Naturschauspiel aufsucht. Wer unter der Woche die Marble Rocks besucht, ist fast immer von der natürlichen Schönheit und angenehmen Stimmung des Ortes angetan. Speziell am Abend, wenn die Marmorfelsen angestrahlt werden und ein Großteil der Touristen schon wieder auf dem Weg nach Hause ist, entfaltet die eineinhalb Kilometer lange Marmorschlucht ihren ganzen Charme.

Die beste Möglichkeit, um die verschiedenen Felsformationen zu erleben, bieten die vielen **Motorboote**, die den ganzen Tag zwischen 7 und 19 Uhr (zu Vollmond von Oktober bis Ende Juni auch zwischen 20 und

Pench Tiger Reserve XII/B2

24 Uhr, 15. Juni bis 15. Oktober sind die Marble Rocks wegen der Monsun-Regenfälle geschlossen) vom Landesteg Panchvati Ghat am Fuße der Marmorschlucht ablegen. Im Preis von 20 Rs pro Person ist auch eine Audio-Erklärung (auf Englisch) zu den einzelnen Sehenswürdigkeiten inbegriffen. Ein eigener Guide sollte um 100 Rs kosten. Wer sein eigenes Boot möchte, kann eines für ca. 200–300 Rs (je nach Größe) mieten.

Einen Ausflug wert ist der beim Landungssteg beginnende, 1 km lange Anstieg zum **Rundtempel Chausath Yougini** aus dem 10. Jh. am Wegesrand. Etwas weiter ist der **Dhuandhar**, ein kleiner Wasserfall, zu bestaunen. Eine kurze **Seilbahn** verbindet beide Seiten der Schlucht (60 Rs inkl. Rückfahrt).

Unterkunft

■ Das preiswerteste Hotel in der Nähe des Marmorfelsens ist das sehr gelungene, von Madhya Pradesh Tourism geleitete **Motel Marble Rocks** €€–€€€ (Tel.: 0761-2830424) in Bhedaghat mit nur vier Zimmern zur Verfügung. Wegen der begrenzten Bettenzahl des stilvollen Hauses empfiehlt es sich, bereits beim Madhya Pradesh Tourism Office am Bahnhof in Jabalpur vorzubuchen. Dem Hotel ist ein gutes Restaurant angeschlossen.

■ Alternative ist das **Hotel River View** €€€–€€€€ (Tel.: 6942004) beim Chausath Yougini. Von den sauberen, geräumigen Zimmern und vom angeschlossenen Restaurant zeigen sich herrliche Ausblicke auf den Fluss. Der Service lässt leider Wünsche offen.

An- und Weiterreise

■ Zwischen Jabalpur und einer Kreuzung 5 km vor Bhedaghat, dem Ort, bei dem die Marble Rocks liegen, verkehren ständig gut gefüllte **Tempos** (12 Rs) und **Busse** (15 Rs). **Autorikshas** berechnen für die Hin- und Rückfahrt inkl. zweistündiger Wartezeit 250 Rs, **Taxis** 500 Rs.

Im Satpura-Gebirge ist das kleine Pench Tiger Reserve (Tel.: 223794, www.penchnationalpark.com) im Süden Madhya Pradeshs wegen seiner extrem großen Menge an **Wild** einen Besuch wert. Zudem locken etwa 50 **Tiger** sowie **Leoparden** und 250 Vogelarten in dieses nur 760 km² große Juwel. Im Gegensatz zu Bandhavgarh und Kanha ist das Reservat bisher kaum vom Tourismus entdeckt, was den eigentlichen Reiz eines Besuchs ausmacht. Der Eingang des Reservats ist 3 km von **Turia** entfernt.

■ Anfang Oktober und Ende Juni täglich von Sonnenaufbis Sonnenuntergang geöffnet. **Eintritt** 2.230 Rs, ein Jeep zusätzlich ca. 1.200 Rs. Teil der **Jeepsafaris** in den Park sind 15-minütige **Elefantenausritte** für teure 600 Rs, die jedoch zurückgezahlt werden, wenn kein Tiger gesichtet wird. Will man die Jeepkosten mit anderen Reisenden teilen, muss man aufs Glück vertrauen, dass einer der den Parkeingang passierenden Jeeps nicht pauschal gemietet wurde und man noch zusteigen kann. Ansonsten stehen bei Kipling's Court die Chancen am besten, einen Jeepplatz zu ergattern. Ausfahrten ins Reservat von Sonnenaufgang bis 12 Uhr sowie nachmittags von 15 Uhr bis Sonnenuntergang.

Unterkunft
(Vorwahl: 07695)

Die meisten Unterkünfte liegen an der Straße zwischen Turia und dem 3 km entfernten Parkeingang.

■ Preiswert ist **Kipling's Court** €€/€€€€–€€€€€ (Tel.: 232830, kcpench@mptourism.com, Preise inkl. Verpflegung) zwischen Turia und dem Parkeingang. In diesem staatlich geleiteten Hotel stehen angenehme Mittelklassezimmer in einem Garten mit Aussichtsturm und Bar/Restaurant sowie mehrere preiswerte Schlafsäle für Budget-Reisende zur Verfügung.

■ Wesentlich luxuriöser sind das **Pench Jungle Camp** €€€€€€ (Tel.: 232817, (0)9630222417, 011-30988460 (Delhi), www.wildlife-camp-india.com) mit herrlichen, geräumigen Zelten mit Marmorfußboden und Cottages sowie das teurere **Baghvan** €€€€€€ (Tel.: 232829, 011-66503559 (Delhi), baghvan.pench@tajhotels.com, www.tajhotels.com), beide beim Dorf Avarghani. Alle 12 AC-Cottages haben Aussichtstürme sowie geschütze Verbindungswege zwischen Wohn-/Schlafraum und Badezimmer mit Innen- und Außendusche. Natürlich lädt ein Pool zum Plantschen ein.

An- und Weiterreise

■ Der nächstgelegene **Bahnhof und Flughafen** ist Nagpur in Maharashtra, 80 km von Khawasa entfernt, das wiederum 12 km von Turia entfernt liegt.

■ **Busse** fahren vom 12 km von Turia entfernten Khawasa in etwa 2,5 Std. nach Nagpur (50 Rs), nach Jabalpur dauert es etwa 3,5 Std. (130 Rs), Privatanbieter verlangen 230 Rs (5 Busse tgl.).

Kanha-Nationalpark XII/B2

Dieses bekannteste Tierschutzgebiet Zentralindiens (www.kanhanationalpark.com) wird oft als **Kipling Country** bezeichnet, weil einige Episoden aus seinem berühmten Dschungelbuch hier angesiedelt sein sollen. Ironischerweise entspricht das weitgehend von trockenem Laubwald geprägte Gebiet ganz und gar nicht den üblichen Vorstellungen von einem echten indischen Dschungel. Verwundern kann dies kaum, wenn man weiß, dass Kipling sein Dschungelbuch in Amerika schrieb.

Sei's drum, auf jeden Fall zählt das 175 km südöstlich von Jabalpur gelegene Tierreservat zu einem der lohnenswertesten Reiseziele in Madhya Pradesh. Das 1955 zum Nationalpark erklärte Gebiet wurde 1973 dem **Project Tiger** angeschlossen und ist mit einer Kernzone von 940 km² einer der größten Nationalparks Indiens, der gesamte Park umfasst 1.945 km². Seit Beginn des Project Tiger hat sich die Population von 43 auf heute offiziell über 200 Tiger vergrößert.

Doch auch andere Tiere, wie etwa der Leopard, der Gaur und der Sambarhirsch profitierten von den Schutzmaßnahmen. Besonders bemerkenswert ist dies beim **Gaur,** dem größten Wildrind der Erde, dessen Bestand durch die Rinderpest ernsthaft gefährdet schien. Heute soll die Population wieder auf über 600 Exemplare angewachsen sein, womit Kanha einer der besten Orte ist, um dieses mächtige Tier, das nahezu 1.000 kg auf die Waage bringt, zu beobachten.

Ein anderes Tier, um dessen Erhalt sich der Kanha Nationalpark große Verdienste erworben hat, ist der Barasingha oder **Zackenhirsch.** Nachdem seine Zahl Anfang der siebziger Jahre auf unter 70 Exemplare gefallen war, leben heute wieder über 500 Tiere im Park.

Man sollte also auch in Kanha nicht den Fehler begehen, einzig unter der Maxime der Tigerbeobachtung anzureisen, da man damit sein Blickfeld unnötig einengt und die äußerst vielfältige Schönheit der Tier- und Pflanzenwelt aus den Augen verliert. Allerdings ist die Chance, einen dieser Könige der Wildnis leibhaftig erleben zu dürfen, in Kanha besonders groß.

Mehr noch als in der relativ großen Verbreitung der Tiger liegt der Grund hierfür in der in Kanha praktizierten **Tiger Show.** Bei diesem äußerst professionell organisierten Unternehmen durchkämmen Mahouts in aller Frühe mit ihren Elefanten das Gebiet und finden meist aufgrund ihrer jahrelangen Erfahrung recht bald einen Tiger. Per Sprechfunk melden sie dann ihre Position nach Kanha, von wo sich die dort wartenden Touristen mit dem Jeep in die Nähe fahren lassen. Dort stehen Reitelefanten bereit, auf denen die restlichen Meter bis zum Tiger zurückgelegt werden. Die Tiger haben sich derart an dieses alltägliche Ritual gewöhnt, dass sie meist an ihrem Platz verweilen und die Show geduldig über sich ergehen lassen. Hat man die obligatorischen Fotos geschossen, geht's schnell wieder zurück zur Straße, wo schon die nächsten Touristen darauf warten, den scheinbar gar nicht so wilden Raubkatzen in die Augen zu schauen.

Die Tiger-Show ermöglicht es vielen Menschen, die zuvor in den anderen Nationalparks vielleicht vergeblich gesuchten Tiger zu Gesicht zu bekommen. Andererseits geht der Reiz eines mehrstündigen Elefantenausritts fast völlig verloren. Außerdem bekommt man den Tiger immer nur für ganz kurze Zeit zu sehen.

Die Show ist allerdings nicht gerade billig (s.u.). Da die Nachfrage nach Fahrzeugen in der Hauptsaison zuweilen höher als das Angebot ist, sollte man sich gleich bei der Ankunft in Khatia oder Kisli einen Platz sichern. Hat man keinen Jeepplatz über sein Hotel reserviert, sollte man versuchen, eine Gruppe bis zu sechs Personen zusammenzubekommen, da der Jeeppreis und der Jeepzugang zum Park pro Fahrzeug, nicht pro Person abgerechnet wird. Es gibt zwei Zugangszeiten für **Jeepsafaris:** täglich zwischen 6 und 11 sowie 15 und 18 Uhr. Bei den morgendlichen Ausflügen ist die Chance größer, einen Tiger zu sichten. Die kurzen **Elefantenausritte** (600 Rs, die zurückgezahlt werden, wenn kein Tiger gesichtet

wird) finden nur im morgendlichen Zeitfenster statt. Im Übrigen sollte man nicht vergessen, **warme Kleidung** mitzunehmen, sonst zittert man speziell am frühen Morgen nicht vor Aufregung, sondern wegen der empfindlichen Kälte, was einem die Tour verderben kann.

Der **Haupteingang** zum Park ist das Khatia Gate im Dorf Kisli. 4 km weiter beim **Kisli Gate** betritt man die Kernzone. Ein etwas abgelegener Zugang ist das Mukki Gate, ca. 35 km entfernt.

■ Das Reservat ist von Sonnenauf- bis Sonnenuntergang geöffnet (während der Regenzeit vom 1. Juli bis zum 15. Oktober bleibt es geschlossen). **Eintritt:** 2.250–3.250 Rs p.P. (abhängig von der besuchten Zone) und 2.800 Rs pro Fahrzeug. Die Preise werden häufig verändert, meist erhöht, sodass hier nur die zum Recherchezeitpunkt gültigen angegeben werden können.

■ In Khatia, Mukki und Kanha (das informativste, es befindet sich innerhalb der Parkgrenzen) gibt es drei sehenswerte **Visitor Centres,** in denen die Besucher in hervorragenden Ausstellungen über Indiens Tierwelt im Allgemeinen und den Kanha-Nationalpark im speziellen informiert wird. **Geöffnet** sind sie jeweils 8–11 und 15.30–17 Uhr (15. Okt. bis 15. Febr.), 7.30–10.30 und 16.30–18 Uhr (16. Febr. bis 15. Apr.) sowie 7–10.30 und 15.30–19 Uhr (16. Apr. bis 30. Juni). Info-Tel.: 07642-250760.

Unterkunft, Essen und Trinken
(Vorwahl: 07649)

Die meisten der teuren Unterkünfte bieten Pauschalangebote, wobei der „American Plan" nur Unterkunft und Verpflegung beinhaltet, der „Jungle Plan" zusätzlich zwei Parkbesuche per Jeep am Morgen und Nachmittag.

Aufgrund der sehr großen Nachfrage empfiehlt es sich, speziell an Wochenenden für die drei erstgenannten Unterkünfte eine **Vorbestellung** beim Tourist Office in Jabalpur vorzunehmen. Fast alle Unterkünfte befinden sich

Kanha-Nationalpark

entlang der Straße von Jabalpur zum Hauptparkeingang bei Kisli. Kommt man mit dem Bus, sollte man sich exakt an der richtigen Stelle absetzen lassen, da man ansonsten einen Großteil der langen Strecke zu Fuß zurücklegen muss.

■ Beim Haupteingangstor in Kisli und schon innerhalb des Nationalparks befinden sich die beiden von Madhya Pradesh Tourism geleiteten Unterkünfte Tourist Hostel und Baghira Log Huts. Für beide ist eine Voranmeldung unumgänglich. Internetseite für beide: www.mptourism.com. Das **Tourist Hotel** €€–€€€ (Kisli Gate, Tel.: 277310) verfügt über drei Schlafsäle mit jeweils acht Betten. Ein guter Preis, wenn man bedenkt, dass darin drei (vegetarische) Mahlzeiten enthalten sind und man im angeschlossenen Bad heiß duschen kann.

■ Das **Baghira Log Huts & Tourist Hotel** €€€€€ (Tel.: 277227), ebenfalls am Kisli Gate, ist dagegen für die allerdings recht schönen Zimmer teuer, befindet sich aber als einizige Unterkunft in der Kernzone des Parks und bietet sowohl von den Zimmern als auch vom beliebten Restaurant mit Bar Ausblicke auf die Tiere auf den umgebenden Wiesen. Mahlzeiten sind im Preis nicht inbegriffen, doch die Gerichte sind recht gut und preiswert.

■ Beste Billigbleibe in Kisli ist das **Panther Resort** €–€€€ (Tel.: 277233, (0)9993037027). Die Zimmer sind einfach, aber hinreichend gemütlich, der Besitzer ist sehr freundlich und auskunftsbereit. Das Essen wird am offenen Feuer zubereitet.

■ Im unteren Preisbereich überzeugt das **Motel Chandan** €€€ (Tel.: 277220, www.motelchandan.com), eine herrliche Anlage ebenfalls am Khatia Gate. Dem Haus ist selbstverständlich ein Restaurant angeschlossen. Optional können verschiedene All-Inclusive-Pakete in den Nationalpark sowie Ausflüge die nähere Umgebung hinzugebucht werden.

■ Ein hervorragendes Preis-Leistungs-Verhältnis bietet das **Mogli Resort** €€€€–€€€€€ (Tel.: 277228, mogliresorts.com) mit kleinem Swimmingpool. 30 hübsche Bungalows, eine friedvolle Lage und das sehr freundliche Personal machen es zu einer der empfehlenswertesten Unterkünfte im Nationalpark zu moderatem Preis.

■ Luxuriös wohnt und speist man im **Kipling Camp** €€€€€€ (Dorf Mocha, Tel.: 277218, www.kiplingcamp.com), einer der besten Unterkünfte Kanhas. Im zunächst exorbitant hohen Preis sind alle Mahlzeiten sowie eine Parkexkursion und Ausflüge zu nahen Dörfern und Märkten etc. enthalten. Die Safari in den Park, Eintritts- und Zufahrtsgebühren sind gesondert zu bezahlen. Voranmeldung ist unbedingt erforderlich.

■ In einer weitläufigen, baumbestandenen Anlage überzeugen die schönen Bungalows des 5 km von Kisli entfernten **Wild Chalet Resort** €€€€€ von Indian Adventures (Dorf Mocha, Tel.: 277205, www.indianadventures.com).

■ Ebenfalls beim Dorf Mocha liegt die weitläufige Anlage des **Tuli Tiger Resort** €€€€€€ (Tel.: 277221, www.tulihotels.com) mit luxuriösen Cottages mit Terrasse zum Garten und fabelhaften Zelten am Ufer des Bajar-Flusses. Spa und Gartenswimmingpool sind weitere Annehmlichkeiten.

In Mukki:

■ Die **Kanha Safari Lodge** €€€€ (Tel.: 07636-290715, www.mptourism.com) liegt beim abgelegenen und deshalb eher ruhigen Zugang zum Park im 36 km von Khatia entfernten Mukki. Die Zimmer dieser ebenfalls staatlich geleiteten, bewaldeten Anlage sind eher einfach, ein Restaurant ist angeschlossen.

■ Wer mehr Komfort benötigt, findet in der 4,5 ha großen **Kanha Jungle Lodge** €€€€€€ (Tel.: 011-26853760 (Delhi), www.kanhanationalpark.com/places-stay-kanha.html) mit vielen schattenspendenden Bäumen eine ansprechende und teure Bleibe. Auch die luftigen Backstein-Bungalows mit Terrassen sowie das Freiluftrestaurant sind angenehm.

An- und Weiterreise

■ Täglich drei Direktbusse verbinden das Khatia Gate mit **Jabalpur** (5,5 Std., 6, 12.30 und 18 Uhr, 98 Rs). Die Busse passieren auch das Kisli Gate.

■ Werden diese Busse verpasst, kann man auch eine der fünf Verbindungen bis **Mandla** (zwischen 6 und 18 Uhr, knapp 3 Std., 45 Rs, drei der Busse um 6, 12.30 und 18 Uhr fahren weiter bis Jabalpur) nehmen. Von dort weitere Busse nach Jabalpur (letzter Bus um 20.30 Uhr, 2,5 Std.,

65 Rs). Von Mandla außerdem viele Busse zwischen 8 und 23 Uhr nach **Nagpur** (8 Std., 180 Rs, diese passieren nahe dem Pench-Nationalpark) und **Pajpur** (8 Std., 200 Rs, 9, 12, 16.15, 21 Uhr). Fährt man von Jabalpur über Mandla zum Kanha-Nationalpark, stehen fünf Verbindungen zwischen 10 und 16.15 Uhr zur Verfügung.

Bandhavgarh-Nationalpark XII/B1

Wie viele andere Nationalparks in Indien, ging auch dieses 190 km nordöstlich von Jabalpur in der Vindhya-Bergkette gelegene Tierreservat (www.bandhavgarhnationalpark.com) aus dem ehemaligen **Jagdgebiet** eines Maharajas hervor. Erst 1968, als das Gebiet zum Nationalpark erklärt wurde, nahm die Jagd auf den Tiger ein Ende. Wie zahlreich die Tiger in dieser Region früher einmal gewesen sein müssen, lässt sich daraus ablesen, dass 1923 und 1924 insgesamt 144 dieser Wildkatzen offiziell erlegt wurden. Heute schätzt man ihre Zahl in der 105 km² großen Kernzone des insgesamt 449 km² großen Parks auf etwa 55 Tiere, auch die Zahl der Leoparden ist wieder auf über 20 Tiere angestiegen, sodass die Chance, eine Raubkatze zu Gesicht zu bekommen, inzwischen recht hoch ist. 1951 nahm man in der Nähe des Bandhavgarh den bisher letzten in freier Wildbahn gesichteten weißen Tiger gefangen. Wer sich das legendäre Tier einmal näher betrachten möchte, kann dies in der inzwischen zu einem Hotel umgebauten ehemaligen Hunting Lodge des Maharajas in Tala tun. Keine Angst, da der Tiger inzwischen ausgestopft ist, hat er einiges von seiner früheren Gefährlichkeit verloren.

Im hohen, dichten Gras der Sumpfwiesen, welche große Teile des Parks bedecken, lassen sich die Tiger einerseits recht schwer ausmachen. Da jedoch in Bandhavgarh, ebenso wie im von wesentlich mehr Touristen besuchten Kanha-Nationalpark, Elefanten für die **Tiger-Show** eingesetzt werden, ist auch hier die Chance recht groß, einen Tiger zu Gesicht zu bekommen. Ob diese Art der „Wildkatzen-Präsentation" allerdings gefällt, steht dabei auf einem anderen Blatt.

Wer etwas mehr Zeit zur Verfügung hat, sollte sich die Besteigung des auf einem abfallenden Plateau gelegenen uralten **Forts** nicht entgehen lassen. Die hierfür erforderliche Genehmigung kann problemlos vom Manager des Jungle Camps in Tala eingeholt werden.

■ **Jeeps** können für 700 Rs (insgesamt 6 Personen) am Parkeingang in Tala gemietet werden. Hinzurechnen muss man noch den **Eintrittspreis** (2.280 Rs p.P., für den Jeepzugang 1.000/1.500 Rs, Tala Gate/Maghdi Gate). Anders als in Pench und Kanha müssen **Elefantenausritte**, falls gewünscht, einen Tag im Voraus gebucht werden. Man hat in Bandhavgarh jedoch länger Zeit (1 Std./2 Std. 1.500/3.000 Rs), um den Streifenkatzen ganz nahe zu kommen. Der Besuch eines Aussichtsturms schlägt mit 2.000 Rs zu Buche.

■ **Madhya Pradesh Tourism** hat ein Informationsbüro in der White Tiger Forest Lodge (Tel.: 265308).

■ Bandhavgar bleibt während der **Regenzeit** vom 1. Juli bis 15. Oktober **geschlossen.**

Unterkunft
(Vorwahl: 07653)

Die Auswahl an Übernachtungsmöglichkeiten ist gering und beschränkt sich auf den kleinen Ort **Tala** am Parkeingang.

■ Die beste Billigunterkunft ist das passable **Kum Kum House** € (Tel.: 265324) mit zehn geräumigen, aufs Nötigste beschränkten Zimmern.

■ Das beste Preis-Leistungs-Verhältnis bietet die von Madhya Pradesh Tourism geleitete **White Tiger Forest**

Lodge €€€–€€€€ (Tel.: 07627-265406, www.mptourism.com). Die Lage direkt am Fluss, in dem die Elefanten gebadet werden, könnte nicht besser sein und auch die leicht verwohnten Zimmer sind ihr Geld noch wert. Hierzu kommen ein gutes Restaurant, ein Swimmingpool und freundliches Personal. Wer sich das nicht entgehen lassen möchte, sollte vorbuchen: entweder direkt anrufen oder über das Tourist Office am Bahnhof in Jabalpur.

■ Falls die White Tiger Lodge ausgebucht sein sollte, bietet sich als gute Alternative das **Tiger's Den Resort** €€€€–€€€€€ (Tel.: 265353, Delhi: 011-27049446) an, zumal auf dem grünen Gelände auch ein herrlicher Pool wartet.

■ Auch in Bandhavgarh besteht die Möglichkeit, in einem ehemaligen Maharaja-Palast zu übernachten, und zwar in der **Bandhavgarh Jungle Lodge** €€€€–€€€€€ (Tel.: 265317, Delhi: 011-2685 3760, www.tiger-resorts.com). Das Vergnügen in den 13 einzeln stehenden Cottages und 8 Zimmern u.a. mit Kaminfeuer muss man sich allerdings auch leisten können – im Preis ab 450 US-$ pro Tag für zwei Personen sind alle Mahlzeiten und eine Parkbesichtigung im Jeep und per Elefant enthalten.

■ Den meisten Luxus offeriert die **King's Lodge** €€€€€€ (Tel. Gurgaon: 0124-4222657, (0)8800637711, www.kingslodge.in). Die erstklassigen Stelzenhütten sowie einige Cottages mit großen Terrassen auf dem von einem Kanal durchzogenen, 4 ha großen Gelände lassen nichts zu wünschen übrig, zumal ein toller Swimmingpool und Massagebehandlungen den Aufenthalt komplettieren. Im hohen Preis sind Jeepsafaris, Parkeintritte und Ausflüge enthalten.

An- und Weiterreise

Bandhavgarhs Abgeschiedenheit gestaltet die Anreise äußerst umständlich. Über die aktuellen An- und Abfahrtszeiten erkundigt man sich am besten beim Tourist Office in Jabalpur.

■ Von **Tala** fahren Busse (1 Std., 25 Rs) zum nächstgelegenen Bahnhof in **Umaria.** Ein Taxi nach Umaria kostet 500 Rs, eine Riksha 300 Rs. Von dort mehrere Zugverbindungen, etwa eine Nachtverbindung über Agra nach **Delhi** (18507 Vishakapatnam Amritsar HKG Exp., Mo, Do, Fr, Abf. 23.35 Uhr, 15 Std.). Vom Bahnhof in Umaria fährt nur ein Morgenbus um 6.30 Uhr nach Tala. Vom Busbahnhof in Umaria startet der letzte Bus um 19.30 Uhr nach Tala. Ansonsten per Taxi oder Riksha (Preise s.o.)

■ Mehrere Züge fahren tgl. in 1,5 bis 2 Std. von **Jabalpur** nach **Katni,** von wo man mit einem Anschlusszug in weiteren 1,5 Std. nach **Umaria** gelangt. Von hier ist es noch einmal 1 Std. mit dem Bus oder Jeep zum Parkeingang nach **Tala.**

Bhopal XII/A2

Bhopal – wer würde bei der Erwähnung dieses Namens nicht sogleich an jenes **Giftgasunglück** denken, durch welches die Stadt zu weltweit trauriger Berühmtheit gelangte. Als am Morgen des 2. Dezember 1984 über 4.000 Tonnen hochgiftigen Methylisocyanats auf die Slums rund um die Pflanzenschutzmittel produzierende Fabrik des amerikanischen Chemiemultis Union Carbide niedergingen, bedeutete dies für Tausende von Menschen den sofortigen Tod. Doch für viele andere war es erst der Beginn einer qualvollen Zukunft. Noch heute leiden Menschen an den Folgen dieses indischen Hiroshima.

Die Einwohner Bhopals werden verständlicherweise immer noch nicht allzu gerne an dieses traurige Datum erinnert und verweisen stattdessen auf die lang zurückreichende Geschichte Bhopals. Gegründet wurde die Stadt im 11. Jh. unter dem Namen Bhojapal von Raja Bhoja, der auch die beiden Seen, die heute das Stadtbild prägen, angelegt haben soll. Während der Mogul-Herrschaft war Bhopal eine der bedeutendsten Provinzen des Reiches. Nach dem Tode *Aurangzebs* wurde die Stadt zwischen 1709 und 1740 von dem afghanischen Präfekten *Dost Mohammed* regiert. Mangels männlicher Nachkommen wurde sie

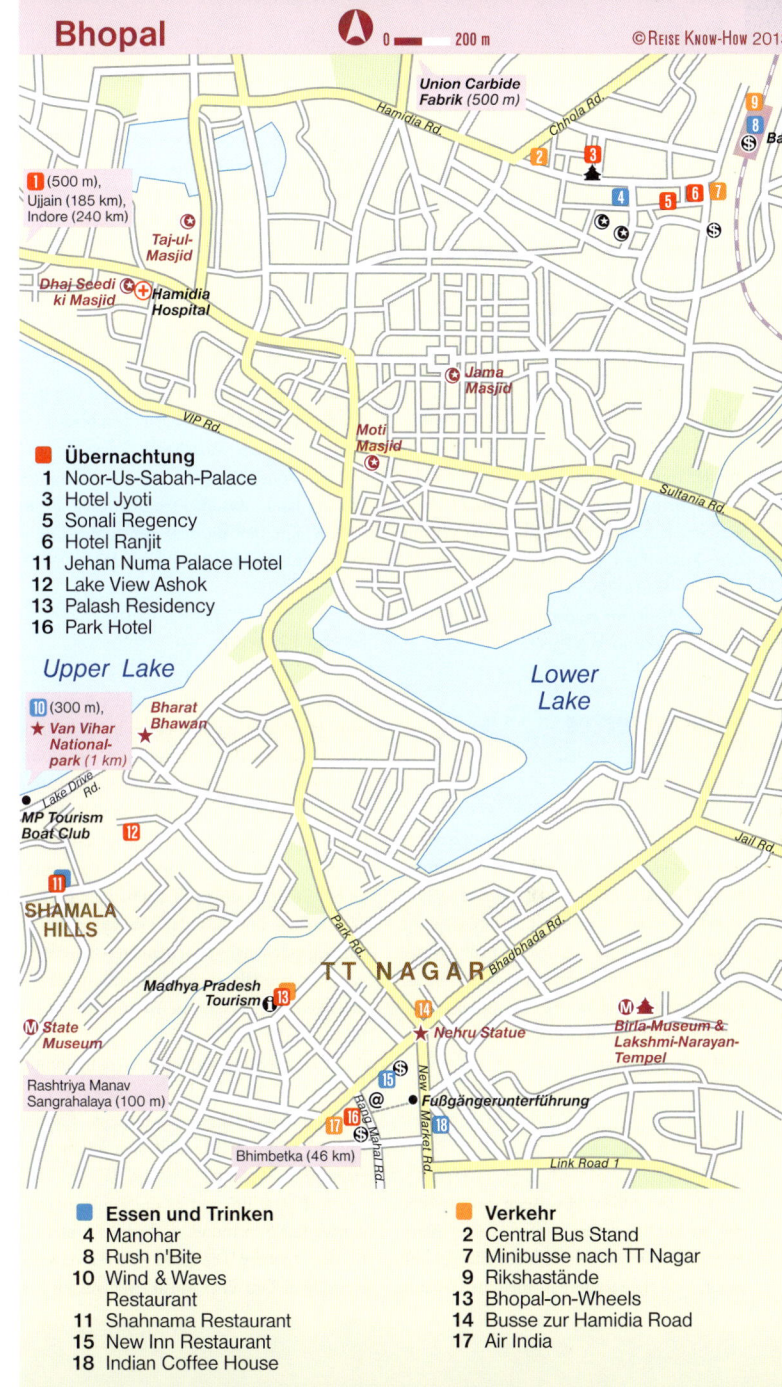

1819 bis 1926 von weiblichen Regentinnen geführt. Als nach der Unabhängigkeit die britischen Zentralprovinzen mit ihren vielen Fürstentümern zum Bundesstaat Madhya Pradesh zusammengeschlossen wurden, machte man Bhopal zur Hauptstadt des neuen Staates.

Die eigenwillige Mischung aus jahrhundertelanger muslimischer Vergangenheit, moderner Verwaltungshauptstadt und Industriemetropole verleiht der Stadt ein sehr vielschichtiges und interessantes Erscheinungsbild. Die Altstadt mit der hoch aufragenden Taj-ul-Masjid und ihren geschäftigen Gassen wird mit der von modernen Verwaltungsgebäuden und breiten Alleen geprägten Neustadt durch die zwei künstlich angelegten Seen verbunden. Zusammen mit zwei herausragenden Museen verdient Bhopal, mehr zu sein als nur ein Zwischenstopp zu den buddhistischen Sehenswürdigkeiten von Sanchi.

Sehenswertes

Stadtrundfahrt

■ Mindestens fünf Personen sind notwendig, damit der einer Miniatureisenbahn ähnelnde **Bus mit Freiluftdeck** die Stadtrundfahrt (Tel.: 3295040, Erw./Kind 60/30 Rs) am Hotel Palash Residency beginnt. Die gut dreistündige, **Bhopal-on-Wheels** genannte Tour von Madhya Pradesh Tourism schlängelt sich durch die Shamala-Hügel im Südwesten und die Altstadt. An der Taj-ul-Masjid, dem Madhya Pradesh Boat Club und den Rashtriya Sangrahalaya werden Stopps eingelegt.

Taj-ul-Masjid

Als eine der größten **Moscheen** Indiens überragt sie mit ihren zwei rosafarbenen Minaretten und drei weißen Kuppeln die gesamte Stadt. Wie viele weitere historische Gebäude Bhopals, wurde die Moschee während der Regierungszeit der Fürstin *Shah Jehan* erbaut. Als diese im Jahre 1901 starb, waren die Bauarbeiten unvollendet und konnten erst 1971 wieder aufgenommen werden. Freitags kein Zugang für Nicht-Muslims.

Jama Masjid und Moti Masjid

Ebenfalls in der Altstadt, nicht weit von den Taj-ul-Masjid entfernt, liegen diese beiden im 19. Jh. erbauten **Moscheen**. Zwei goldene Spitzen krönen die 1837 von *Qudsia Begum* erbaute Jama Masjid. Ihre Schwester *Jehan* ließ im Jahre 1860 die der Großen Moschee in Delhi ähnliche Moti Masjid errichten.

Bharat Bhawan

Namen wie Bauhaus, Mies van der Rohe und Miró kommen einem als erstes beim Anblick dieses bedeutendsten **Museums zeitgenössischer Kunst** in Indien in den Sinn – alles Vertreter moderner Kunst, die man wohl kaum mit Indien in Verbindung bringt. Doch gerade die perfekte Integration dieser Museumsanlage mit ihren modernen Flachbauten, großen Glasflächen und aus der Gartenlandschaft aufsteigenden, naiv-bunt bemalten Betonkuppeln vor dem Hintergrund der silbrig schimmernden Seen macht die Faszination dieses hervorragenden Kunsthauses aus. Eine optisch gelungenere Synthese aus Tradition und Moderne, als sie hier dem bekanntesten zeitgenössischen Architekten Indiens, *Charles Correa*, gelungen ist, lässt sich kaum vorstellen.

Das Bharat Bhawan ist das Zentrum moderner Kunst in Indien und genießt internationales Ansehen. Die ganze Palette moderner Kunst, von Tanz über Musik, Malerei, bis hin zur Videokunst wird hier ausgestellt und dargeboten. Im Übrigen war Bharat Bhawan (Haus Indiens) der erste Ort, wo die Künste der verschiedenen Ethnien einen gleichberechtigten Rang eingeräumt bekamen und besonders gefördert wurden. Eine Fotoausstellung zeigt Bilder weltberühmter Künstler und Politiker, die das Kulturzentrum anlässlich der vielen Vorstellungen und Ausstellungen besuchten.

■ **Öffnungszeiten:** tgl. außer Mo 13–19 Uhr (Nov.–Jan.) bzw. 14 bis 20 Uhr (Febr.–Okt.).

Rashtriya Manav Sangrahalaya

Ganz in der Nähe des Bharat Bhawan und ebenfalls im Nobel- und Villenviertel des Shamala-Hügels, mit schönem Blick auf See und Altstadt, befindet sich dieses sehr interessante, Anfang der 1990er Jahre eröffnete **Freilichtmuseum.** Der ambitionierte Versuch, die über 450 verschiedenen Ethnien Indiens in ihren verschiedenen Kulturen und Lebensweisen darzustellen, ist gelungen. Besonders beeindruckend ist die umfangreiche Rekonstruktion traditioneller Wohnhäuser der vielfältigen Stammeskulturen Indiens.

Man kann die einzelnen Ansiedlungen zu Fuß besichtigen. Da das Gelände jedoch sehr weitläufig ist, macht es durchaus Sinn, sich eine Autoriksha zu mieten, sodass man seine Energien für die eigentliche Besichtigung der nach verschiedenen Regionen unterteilten Dörfer spart.

■ **Öffnungszeiten:** tgl. außer Mo 10–17 Uhr (Sept.–Febr.) bzw. 11–18.30 Uhr (März–Aug.), Eintritt 10 Rs, Video 50 Rs.

State Museum

Eine hervorragende Zusammenstellung von **Tempelskulpturen** und jainistischen Bronzen zeigt das State Museum.

■ **Öffnungszeiten:** tgl. außer Mo 10.30–17.30 Uhr, Eintritt 100 Rs, Kamera/Video 50/200 Rs.

Van-Vihar-Nationalpark

Nicht weit vom Museum of Man liegt dieser über 400 ha große **Zoo** in den Shamala Hills, dessen Besuch wohl eher für Einheimische als für westliche Reisende von Interesse sein dürfte. Es sind u.a. Löwen, Tiger, Leoparden und Krokodile zu besichtigen.

■ **Öffnungszeiten:** März bis Sept. tgl. außer Fr 7–17.30 Uhr, Okt. bis Febr. ab 8 Uhr, Eintritt 200 Rs, Kamera/Video 40/300 Rs.

Birla-Museum und Lakshmi-Narayan-Tempel

Der ockerfarbene Lakshmi-Narayan-Tempel (Arera Hills) ist im Grunde ein recht gewöhnlicher Hindu-Tempel und insofern von nur geringem Interesse, doch der Blick von dem den Tempel umgebenden Garten auf die im Tal liegende Altstadt lohnt einen Besuch.

Direkt daneben befindet sich das kleine, aber sehr feine Birla-Museum, benannt nach der Industriellenfamilie aus Gujarat, auf deren Konto im wahrsten Sinne des Wortes Hunderte anderer Museen- und Tempelbauten in ganz Indien gehen. Der zweigeschossige Rundbau beherbergt in vier getrennten Nischen **archäologische Funde,** vornehmlich aus Bhopal und der näheren Umgebung. Neben den z.T. hervorragend erhaltenen **Vish-**

nu- und Shiva-Skulpturen aus dem 6. bis 13. Jh. ist die Bhimbethka-Halle von besonderem Interesse. In ihr werden Felsmalereien aus den erst 1952 entdeckten Höhlen von Bhimbethka gezeigt.

■ **Öffnungszeiten:** tgl. außer Mo 10–17 Uhr.

Den Namen Bhopal verbinden auch heute noch Menschen auf der ganzen Welt mit dem Giftgasunglück von 1984

Praktische Tipps

Information

■ **Vorwahl:** 0755
■ Das Hauptbüro von **Madhya Pradesh Tourism** liegt in TT Nagar im staatlichen Hotel Palash Residency (Tel.: 2550588, 2774340, Mo–Fr 10–20 Uhr, Sa und So bis 17 Uhr). Freundlich sind die Bediensteten des Touristenbüros im Bahnhofsgebäude (Tel.: 2746827, tgl. 9.30–17 Uhr). Mehrere weitere Filialen, etwa am Flughafen im Gebäude ankommender Flüge.

Stadtverkehr

■ Nach der Ankunft am Bahnhof sollte man, um größere Umwege zu vermeiden, den Ausgang auf Gleis 4 und 5 nehmen. So gelangt man auf kürzestem Wege zur Hotelgegend um die Hamidia Rd.
■ Eine **Riksha** bzw. ein **Taxi** von einem der vielen Hotels an der Hamidia Road zum 16 km entfernten **Flughafen** sollte nicht mehr als 120/220 Rs kosten.

☐ Atlas S. XII, Stadtplan S. 591 **Bhopal** 595

■ Zwischen Hamidia Road, Busbahnhof und Neustadt TT Nagar verkehren häufig **Tempos und Minibusse** (5 Rs).
■ Relativ billig sind **Autorikshas.** So kostet z.B. eine Fahrt vom Bahnhof in die Neustadt 40–50 Rs. Mit etwa dem gleichen Betrag sollte man zum Bharat Bhawan rechnen.

Unterkunft

Die meisten billigen Hotels in Bhopal reihen sich entlang der Hamidia Road zwischen Bahnhof und Bus Stand und sind problemlos zu Fuß zu erreichen. Da die Hamidia eine extrem stark befahrene und damit laute und luftverpestete Straße ist, sollte man die in den Seitengassen angesiedelten Unterkünfte vorziehen oder in TT Nagar nächtigen.
■ Einfache, aber saubere Zimmer mit TV und Dusche zu vernünftigen Preisen vermietet das **Hotel Ranjit** €€–€€€ (3 Hamidia Rd., Tel.: 2740500, ranjeethotels@sancharnet.in). Als eine der besten ganz billigen Unterkünfte Bhopals verfügt es außerdem über ein gutes Restaurant mit Bar.
■ Beste billige Bleibe der Bahnhofsregion ist das Hotel **Sonali Regency** €€–€€€ (Radha Talkies Rd., Tel.: 2740880, www.hotelsonaliregency.com) in einer ruhigen Gasse, die parallel zur Hamidia Road verläuft. Von recht billigen Zimmern ohne AC bis zu teureren mit AC und Balkon zur Gasse reicht die Palette. Auch das preiswerte Restaurant wird gelobt.
■ Ebenfalls hervorragend, wartet das **Hotel Jyoti** €€–€€€€ (53 Hamidia Rd., Tel.: 2477458, jyotihotel.com) mit gepflegten, teils mit AC versehenen Zimmern auf. Es bietet viel fürs Geld, zumal es, eine Gasse von der lauten Hamidia Rd. hinein, schön ruhig liegt. Kein Wunder, dass es oft bereits um 10 Uhr ausgebucht ist. WiFi und Fitnessraum sind weitere Vorzüge.
■ Beste Unterkunft zu kleinem Preis ist im Bereich New Market das **Park Hotel** €€–€€€ (TT Nagar, Tel.: 4057717): helle, gemütliche, saubere Zimmer in günstiger Lage mit Marmorfußboden und Balkon zum geschäftigen Viertel.
■ Modern und durchdacht wirken die Komfortzimmer des **Palash Residency** €€€€ (TT Nagar, Tel.: 2553006, www.mptourism.com) in der Neustadt. Große Zimmer mit Balkon und Flachbildschirmfernseher sind gemütlich und makellos. Zwischen 13 und 15 Uhr Lunch-Büffet.
■ Ganz standesgemäß befinden sich die besten Hotels Bhopals im Nobelviertel Shamala Hills. Das stilvollste ist das **Jehan Numa Palace Hotel** €€€€€ (Shamala Rd., Tel.: 2661100, www.hoteljehanumapalace.com), ein ehemaliger Palast.
■ Ein in ganz Indien Seinesgleichen suchendes Haus ist das **Noor-Us-Sabah-Palace** €€€€€–€€€€€€ (V.I.P. Rd, Koh-e-Fiza, Tel.: 2749101, 4223333, www.noorussabahpalace.com) an der Nordseite des Upper Lake. Es wurde in den zwanziger Jahren im Bauhausstil von einem lokalen Maharaja für seine älteste Tochter errichtet. Mehrere Restaurants wie das Dynasty-Freiluftrestaurant verwöhnen den Gaumen. Natürlich gibt's einen herrlichen Pool, WiFi und viele weitere Annehmlichkeiten.
■ Das moderne **Lake View Ashok** €€€€€–€€€€€€ (Shamala Hills, Tel.: 2660090, lakeviewashok.com) bietet hervorragende Ausblicke auf den See. Swimmingpool, mehrere ausgezeichnete Restaurants, Health Club, Fitnessraum und WiFi sind in dieser Preisklasse inzwischen selbstverständlich.

Essen und Trinken

■ Sehr gut und dementsprechend stark besucht ist das Restaurant im **Hotel Jyoti.** Wen die eiskalte Klimaanlage und die schummerige Atmosphäre nicht abhalten, kann dort vorzüglich und preiswert vegetarisch essen.
■ Äußerst romantisch sitzt man im gleich oberhalb des Upper Lake platzierten **Wind & Waves Restaurant.** Essen und Service sind nur durchschnittlich, doch speziell abends ist dies der ideale Ort für ein kühles Bier.
■ Preiswerte indische Küche, auch Huhn und Thali, sowie Burger zum kleinen Preis (30–80 Rs, 8–23 Uhr) schmecken im modernen Selbstbedienungsrestaurant **Manohar** in der Hamidia Rd.
■ Zu Recht gelobt wird das in der Neustadt gelegene **New Inn Restaurant** (Bhadhbhada Rd., New Market, 8–22 Uhr), wo ausgezeichnete indische und chinesische Gerichte zu günstigen Preisen (50–150 Rs pro Hauptgericht) serviert werden.

Madhya Pradesh

■ Tagsüber bietet sich das altmodische **Indian Coffee House** (Hamidia Rd.) für eine kleine Zwischenmahlzeit an. Die Filiale in TT Nagar (3. Stock) an der New Market Rd. ist moderner.

■ Ganz vorzüglich und mit romantischem Ausblick auf den Bhopal-See speist man im Hotel **Lake View Ashok** und im **Shahnama Restaurant** des Jehan Numa Palace Hotel. Mit 300–900 Rs für ein Hauptgericht muss man hier selbstverständlich tiefer in die Tasche greifen.

■ Im **Rush n'Bite** im Bahnhofsgebäude (rund um die Uhr geöffnet) verkürzen Snacks, Meals und Kaffee die Wartezeit.

Bank und Internet

■ Geldwechsel und Reiseschecktausch ist im 1. Stock der **State Bank of India** (Rang Mahal Rd., TT Nagar, Mo–Fr 11–17, Sa 11–14 Uhr) möglich. In derselben Ecke um die New Market Rd. finden sich mehrere ATMs für die wichtigsten Kreditkarten. Außerdem gibt es einen ATM im Bahnhofsgebäude.

■ In derselben Ecke findet sich unter anderem **Thunderball** (20 Rs/Std.) beim Indian Coffee House zum Internetsurfen oder das **Computera** in Busbahnhofsnähe.

An- und Weiterreise

Flug:

■ Air India (Airlines House, Bhadbhaba Rd., TT Nagar, Tel.: 2770480, Tel. am Flughafen: 2646123, Mo–Sa 10–13 und 14–17 Uhr) und Jet Airways (Tel. am Flughafen: 2645676) fliegen tgl. von Bhopal nach **Delhi, Mumbai** und **Indore,** Jet Airways fliegt auch nach **Ahmedabad, Chandigarh, Kalkutta** und **Rajpur.** Flüge können auch im Hauptbüro von Madhya Pradesh Tourism gebucht werden.

Bahn:

■ Wichtige Verbindungen sind im Anhang aufgeführt. Fünf Züge starten tgl. Richtung **Sanchi**, doch haben diese häufig Verspätung, deshalb sind Busse vorzuziehen.

Bus:

■ Aufgrund der hervorragenden Bahnverbindungen macht speziell für längere Strecken die Weiterfahrt mit dem Bus vom zentralen Busbahnhof an der Hamidia Rd. wenig Sinn. Dies gilt nicht für die in 4 Std. (220 Rs) vom Hotel Palash Residency (TT Nagar, Reservierungs-Tel.: 3295040), um 6.15, 7, 8, 12, 14, 15.30 und 18 Uhr nach **Indore** fahrenden AC-Luxusbusse von Madhya Pradesh Tourism.

■ Da sich die Züge nach **Sanchi** oft verspäten, gelangt man mit dem Bus problemloser und schneller ans Ziel. Wichtig ist es, einen der allerdings häufig fahrenden Direktbusse zu erwischen (1,5 Std., zwischen 5 und 21.30 Uhr, 34 Rs), da andere Busse oft weite Umwege fahren und doppelt so lange unterwegs sind.

■ Nach **Bhimbethka** regelmäßige Verbindungen in einer Stunde zwischen 6 und 18 Uhr, 30 Rs. Außerdem sechs Busse tgl. nach **Pachmarhi** (6 Std., zwischen 5.15 und 14.30 Uhr, 140 Rs).

Umgebung von Bhopal

Bhimbethka

1952 entdeckte man in einem felsigen Waldgebiet rund 45 km südlich von Bhopal eine archäologische Rarität erster Güte: rund 40 **steinzeitliche Wandmalereien** in über 700 Höhlen (Eintritt für Fußgänger 100 Rs, mit Motorrad oder Auto 200 Rs, mit der Riksha 400 Rs, von Sonnenauf- bis Sonnenuntergang geöffnet). Die ältesten der vornehmlich in Rot und Weiß gemalten Szenen werden auf über 12.000 Jahre geschätzt und zählen somit zu den ältesten Spuren menschlichen Lebens in Indien. Umso bemerkenswerter ist deren z.T. erstaunlich guter Zustand. Als Motive dienten den Künstlern Bilder des täglichen Lebens: Feste, Tiere, Jagdszenen sowie lokale Gottheiten und Landschaften.

Anreise:

■ Aufgrund der abgelegenen Lage sind die Höhlen am besten per **Taxi** zu erreichen, wofür in Bhopal 1.000 Rs für eine Tagestour verlangt werden. Im **Bus** von Bhopal sollte man den Schaffner bitten, gut 6 km hinter Obaidullaganj am Abzweig nach Bhimbethka zu halten. Von dort sind es nochmals etwa 3 km bis Bhimbethka. Für die Rückfahrt sollte man versuchen, einen der an der Hauptstraße passierenden Busse oder ein anderes Fahrzeug anzuhalten. Für eine **Riksha** von Obaidullaganj mit Wartezeit und Rückfahrt zahlt man etwa 250 Rs. Zwischen Obaidullaganj und Bhopal regelmäßige Busverbindungen.

Pachmarhi XII/A2

Nur sehr wenige westliche Besucher machen sich auf den recht langen Weg zum 210 km südöstlich von Bhopal in einem lieblichen Tal gelegenen Pachmarhi. Schade eigentlich, denn „Madhya Pradeshs only Hill Station" auf 1.057 m Höhe, die 1857 von dem Engländer *Captain Forsyth* entdeckt wurde, ist ein äußerst friedvoller Ort mit kleinen britischen Reminiszenzen wie etwa dem Postamt und der Kirche. Zudem gibt es Gelegenheit zu ausgiebigen **Wanderungen** bei klarer Luft in die von Wasserfällen, Felsenhöhlen, lieblichen Flüssen und Seen geprägte Umgebung. Wer sich einmal hierher „verirrt" hat, ist meist völlig eingenommen von der friedvollen Atmosphäre inmitten einer der schönsten Mittelgebirgslandschaften Indiens und bleibt deutlich länger als ursprünglich geplant.

Jedes Jahr im Februar ist Pachmarhi Ziel Tausender von Sadhus, die zu dem von ihnen als heilig angesehen **Shiva-Tempel** pilgern, der oberhalb des Ortes auf dem Mahadeo-Hügel steht. Die den Ort kennzeichnende Synthese aus landschaftlicher Idylle und spiritueller Atmosphäre erinnert ein wenig an Mt. Abu in Rajasthan.

Satpura-Nationalpark

Eine weitere Attraktion ist der wenig westlich gelegene, 1.427 km² große Satpura-Nationalpark. Neben wenigen Tigern und Leoparden ist das Naturreservat Heimat von Rehwild sowie vieler Affenarten und unzähliger Vogelarten.

■ **Geöffnet** 19. Oktober bis 30. Juni 6.30–17 Uhr, **Eintritt** 200 Rs p.P., Tickets können nur im Verkaufsbüro neben der Bison Lodge erworben werden. Dort können auch Jeepsafaris arrangiert werden, die 1.500 Rs pro Jeep für ausländische Besucher kosten. Eintritt und der obligatorische Guide (320 Rs) sind hinzuzurechnen.

■ Falls man im Park übernachten will, steht mit dem **Forest Rest House** €€€€€ eine akzeptable Bleibe zur Verfügung.

Information

■ **Vorwahl:** 07578

■ **Madhya Pradesh Tourism** am Busbahnhof (Tel.: 252029, Mo–Fr 10–17 Uhr) hilft nicht nur mit Informationen und Broschüren über Pachmarhi und Umgebung, sondern vermittelt auch Unterkünfte und organisiert Exkursionen zu den vielen Naturschönheiten der Umgebung. Eine Filiale gibt es im 2 km südwestlich gelegenen Jaistambha (Tel.: 252100).

Unterkunft

In und um Pachmarhi erfüllen erstaunlich viele von Madhya Pradesh Tourism geleitete Unterkünfte in der jeweiligen Preisklasse hohe Ansprüche. Die ansprechendsten sind umgewandelte Kolonialgebäude, von denen sich die meisten in Jaistambha, 2 km südlich der Stadt, befinden.

Bhopal ist überall – Umweltzerstörung in Indien

Seit dem 2. Dezember 1984, als mehrere Tausend Menschen an den Folgen eines Giftgasunglückes in einer zum amerikanischen Großkonzern Union Carbide gehörenden Chemiefabrik im zentralindischen Bhopal starben, wurde auch der westlichen Öffentlichkeit klar, dass Indien in der Rangliste der umweltgefährdeten Nationen einen der vordersten Plätze einnimmt. Die wahre **ökologische Katastrophe,** auf die das Land seither mit riesigen Schritten zuläuft, ist hingegen viel unspektakulärer und findet auch kaum noch Erwähnung in der internationalen Presse. Es sind die sich täglich wiederholenden Hunderte von kleinen Bhopals, die wesentlich mehr Unheil anrichten als das „Hiroshima Indiens", wie es von der Presse schnell werbewirksam tituliert wurde.

Die Hauptursachen für die rasante Zerstörung der natürlichen Lebensgrundlagen Indiens sind das nach wie vor ungehemmte **Bevölkerungswachstum** und die zunehmende **Industrialisierung.** Hinzu kommt eine stetige Verwestlichung weiter Teile der Gesellschaft, die ein gesteigertes Konsumdenken nach sich zieht. Den Kern dieser fatalen Entwicklung hatte der große Mahner *Mahatma Gandhi* bereits 1928 erkannt, als er seine Landsleute eindringlich warnte: „Gott behüte uns davor, dass Indien sich je nach westlichem Vorbild industrialisiert. Der ökonomische Imperialismus eines kleinen Insel-Königreiches (England) hält heute die Welt in Ketten. Falls eine ganze Nation von 300 Millionen Menschen den gleichen Weg gehen sollte, würde sie die Welt kahl fressen wie Heuschrecken."

Auf welch fatale Weise Gandhis Prophezeiung seitdem, währenddessen sich die indische Bevölkerung vervierfacht hat, Realität geworden ist, beweist allein die Tatsache, dass an den einstmals dschungelüberwucherten Hügeln des Himalaya heute unter 2.000 Meter nur noch **wenig Wald** existiert. Der ständig größer werdende **Energiebedarf** der immer mehr werdenden Menschen, für die das Feuerholz des Waldes die einzige Energiequelle darstellt, hat hier tatsächlich alles kahl gefressen. Jedes Jahr verwandelt sich ein Prozent der indischen Landmasse in Wüste.

Als die größten Umweltsünder erweisen sich dabei vor allem die zwischen 200 und 400 Millionen frei umherstreunenden **Rinder** des Landes, die auf ihrer nimmermüden Suche nach Essbarem selbst das zarteste Pflänzchen nicht unverschont lassen. Zudem kommen auf jeden Baum, der neu gepflanzt wird, 30 bis 40, die illegal gefällt werden. Hier zeigt sich auf exemplarische Weise, wie wenig die im Grunde vorbildlichen Umweltschutzgesetze der indischen Verfassung in der Praxis wert sind, da die unterbezahlten Forstbeamten für ein entsprechendes Schmiergeld von den großen Holzfirmen nur allzu gern beide Augen bei der **illegalen Abholzung** in ihrem Distrikt zudrücken.

Geht die Entwicklung im selben Tempo weiter, wird es in absehbarer Zeit außer in Naturschutzgebieten keinen Wald mehr in Indien geben. Hieraus erklärt sich auch, dass jedes Jahr während der Monsunzeit Hunderte, oft Tausende von Menschen in den **Flutwellen reißen-**

der Ströme ertrinken, da die Wassermassen nicht mehr von Wäldern zurückgehalten und reguliert werden. Zudem werden jedes Jahr etwa sechs Millionen Tonnen Humus weggeschwemmt, die doppelt soviel Nährstoffe enthalten wie die gesamte Düngemittelproduktion des Landes. So wird kultivierbarer Boden unfruchtbar – und das in einem Land, dessen Bevölkerungszahl jährlich um 18 Mio. wächst.

In der Landwirtschaft ist ein Anstieg von **Pestiziden,** wie zum Beispiel DDT, festzustellen, die im Westen schon lange verboten sind. Es sind jedoch gerade europäische Unternehmen, die sich mit dem Verkauf dieser Giftstoffe in Indien eine goldene Nase verdienen.

Der Himmel über den Großstädten, in die immer mehr verarmte Landarbeiter umsiedeln, wird speziell während der Wintermonate fast ständig durch eine dicke graue **Smogwolke** verdeckt. Mit zunehmendem Alter leiden viele Großstädter unter Bronchitis und Asthma.

Problemlos ließen sich noch weitere Beispiele dieser Art anführen. Doch das Leid der Millionen von Armen, die am meisten unter den Umweltsünden zu leiden haben, ist nicht spektakulär genug, um im täglichen Wettlauf um die verkaufsträchtigste Schlagzeile konkurrieren zu können.

Anfang der 1990er Jahre erregte Indien mit dem zunächst von der Weltbank massiv unterstützten **Narmada-Projekt** wieder internationales Aufsehen. Bei diesem gigantischen Bauvorhaben sollen bis Mitte des 21. Jh. insgesamt 30 große und mehr als 100 kleine **Staudämme** in den Narmada-Fluss, der sich durch die Staaten Gujarat, Madhya Pradesh und Maharashtra windet, hineinbetoniert werden. Allein durch die Errichtung des Sadar-Sarovar-Dammes wurden 35.000 Hektar Wald und Ackerland überflutet und 300.000 Menschen mussten umgesiedelt werden. Besonders hart betroffen hiervon sind die in dieser Region überproportional vertretenen Ureinwohner, für die das Land nicht nur ihre einzige Lebensgrundlage darstellt, sondern auch als Sitz ihrer Ahnen und Götter verehrt wird. Aufgrund massiver Proteste zahlreicher internationaler Naturschutz- und Menschenrechtsorganisationen stellte die Weltbank zwar ihre Zahlungen ein, doch die indische Regierung ließ nicht davon ab, das Mammutprojekt voranzutreiben und Indien einen Schritt weiter auf dem Weg zu einer der führenden Industrienationen der Erde zu führen.

Pachmarhi

■ Beste preiswerte Bleibe der Stadt ist das **Hotel Saketh** €–€€€ (Tel.: 252165) im Zentrum des Ortes. Von billigen, ganz einfachen, aber sauberen Zimmern bis zu komfortableren, die teuren mit AC, reicht die Auswahl. Etwas zurück von der lauten Patel Rd. in einer Gasse gelegen, ist es verhältnismäßig ruhig.

■ Liebevoll ausgestattete Bungalows in einer herrlichen Gartenanlage mit Swimmingpool bilden das koloniale **Evelyn's Own Heritage Home** €€€–€€€€€ (Tel.: 252056), ca. 4 km südlich vom Zentrum Richtung Satpura Retreat. Eine Stunde freies Internet pro Tag, alle drei Mahlzeiten als Büffet.

■ Besonders hervorzuheben ist auch das Kolonialhotel **Satpura Retreat** €€€€ (Mahadev Rd., Tel.: 252097, satpura@mptourism.com, www.mptourism.com), noch etwas weiter vom Ort entfernt. Neben dem Evelyn's Own ist es wegen seiner schönen Lage inmitten eines gepflegten Gartens mit Swimmingpool die vielleicht empfehlenswerteste Unterkunft vor Ort.

■ Sowohl im **Champak Bungalow** €€€€ (Tel.: 285315, champak@mptourism.com, www.mptourism.com) beim Padmini-See wie auch im **Glen View** €€€–€€€€€ (Raj Bhawan Rd., Tel.: 252533, gview@mptourism.com, www.mptourism.com) gruppieren sich um ein Haupthaus aus britischer Zeit mit komfortablen Zimmern klimatisierte Luxuszelte in den gepflegten Gartenanlagen.

■ Bestes Haus am Platz ist das **Rock-End Manor** €€€€€ (Vam Dev Rd., Jaistambha, Tel.: 252079, rem@mptourism.com, www.mptourism.com) mit riesigen Zimmern und ebensolchen Balkonen im kolonialen Stil.

Bank

■ Der **ATM** der State Bank of India an der Patel Rd. nimmt die meisten Kreditkarten.

Post und Internet

■ Das imposante **Postamt** öffnet Mo–Sa zwischen 10 und 18 Uhr seine Pforten.

■ Ebenfalls in der Patel Rd. ist **Bagri Internet** von 7 bis 23 Uhr geöffnet.

An- und Weiterreise

■ Von Bhopal aus fahren tgl. 7 **Busse** in 6 Std. (140 Rs) nach Pachmarhi. Mindestens genauso schnell und bequemer ist es jedoch, zunächst einen der jede Stunde nach Pipariya (2 Std., 50 Rs) startenden Busse zu nehmen und die restlichen 50 km von dort per **Gemeinschaftsjeep** (50 Rs pro Person) zurückzulegen. In umgekehrter Richtung ebenfalls 7 Verbindungen zwischen 7 und 18.30 Uhr.

■ Von Pipariya aus gute **Bahnanbindung** an Varanasi, Bhopal und Jabalpur. Im Reservierungsbüro (tgl. 8–14 Uhr) westlich von Jaistambha neben dem Woodlands Adventure Camp kann m an reservierte Fahrkarten kaufen.

■ Für einen halben Tag kostet ein **Gemeinschaftsjeep** 150 Rs p.P.

■ Beim Misty Meadows Hotel (Patel Rd., Tel.: 252136) können **Motorräder** für 50/350 Rs pro Stunde/Tag gemietet werden, Baba Cycles an der Subash Rd. vermietet **Fahrräder.**

Highlight:
Sanchi – buddhistisches Kleinod

XII/A2

Mit seinen knapp 7.000 Einwohnern macht das 70 Kilometer nordöstlich von Bhopal gelegene Städtchen selbst – auf den ersten Blick – einen recht verlorenen Eindruck, und man wird sich fragen, was diesen Ort so besuchenswert erscheinen lässt. Sanchis Geheimnis lüftet sich nach der Besteigung des am Ortsrand gelegenen, etwa 90 Meter hohen Felsenhügels. Die **Stupa von Sanchi** gehört zu den bedeutendsten und schönsten buddhistischen Stätten der Erde. Außerdem lässt die überaus entspannte Atmosphäre der abseits der Haupttouristenrouten gelegenen Ausgrabungsstätte den Besucher sich die friedliebende Lehre des Buddhismus auf besonders anmutige Weise vergegenwärtigen. Unbedingt sehenswert!

Von oben bietet sich ein beeindruckender **Panoramablick** über die Umgebung, die in ihrer Unberührtheit nichts ahnen lässt vom Leben, welches hier vor zwei Jahrtausenden pulsierte. Zu jener Zeit war der nahe gelegene, heute unscheinbare Ort Vidisha eine der mächtigsten Städte des Großreiches von Kaiser *Ashoka,* der den Buddhismus im 3. Jh. v. Chr. zur Staatsreligion erklärt hatte.

Die ersten Gebäude von Sanchi entstanden schon mit Beginn der Ausbreitung der buddhistischen Lehre in Indien im 4. Jh. v. Chr. Doch erst unter *Ashoka* begann die wirkliche Bedeutung Sanchis. Über die Jahrhunderte wurden den zu Beginn errichteten Stupas weitere Tempel, Säulen und Klöster hinzugefügt, bis mit dem Niedergang der buddhistischen Lehre im 8. Jh. die Anlage für ein Jahrtausend in Vergessenheit geriet. Erst 1818 wurde die Stätte wiederentdeckt und bei den letzten Restaurationsarbeiten 1936 auch die Überreste der Klosteranlage.

Die Kultstätte von Sanchi ist einer jener Orte, denen man mehr Zeit widmen sollte, als zur reinen Besichtigung eigentlich notwendig wäre. Anstatt in einer Stunde die Sehenswürdigkeiten abzuhaken, sollte man sich mindestens einen ganzen Tag nehmen, um die friedliche Atmosphäre dieses Ortes aufzunehmen.

Stupa 1

Ausgang und Mittelpunkt der gesamten Anlage ist die Stupa 1, deren Grundstein wohl schon von Kaiser Ashoka gelegt wurde. Seine heutige Form und Größe, mit rund 37 Metern Durchmesser und einer Höhe von 17 Metern, erhielt dieses schlichte, bildlose Bauwerk während der Shunga-Epoche im 2. Jh. v. Chr. Nach der Wiederentdeckung der Anlage im 19. Jh. richteten Archäologen und Schatzsucher im Innern der Stupa erhebliche Schäden an. Im Gegensatz zu den Stupas 2 und 3 fanden sich jedoch keinerlei Gegenstände.

Die Stupa als die klassische Form buddhistischer Architektur symbolisierte modellartig den Kosmos. Während die steinerne Halbkugel selbst die Erdkugel darstellt, symbolisiert die daraus hervorwachsende Spitze mit den drei übereinander liegenden Chattras und dem umlaufenden Steinzaun die Weltachse mit dem Himmel und dem Wohnsitz der Götter.

Vier Tore (Toranas)

Umgeben ist die Stupa 1 von einem **Steinzaun**, wobei die jeweils nach den vier Himmelsrichtungen ausgerichteten Eingangstore zu einem Prozessionsgang führen, der auf halber Höhe die Stupa umgibt und den Kreislauf der Gestirne symbolisieren soll – und dementsprechend im Uhrzeigersinn umgangen werden sollte. Diese massiven, jeweils etwa 10 Meter hohen, *Toranas* genannten Zugänge, auf deren Pfeilern und Querbalken in Steinreliefs Leben und Wirken Buddhas dargestellt sind, gelten als die großartigsten Ausdrucksformen buddhistischer Kunst in ganz Indien und machen die eigentliche Bedeutung der Stadt Sanchi aus.

Wenn es noch eines Beweises dafür bedurft hätte, dass auch stumme Zeugen sprechen können – die **Reliefs** von Sanchi würden ihn liefern. Auf den langen Balken der Tore und den senkrechten Pfeilern wird pausenlos erzählt; jeder Zentimeter ist mit Steinreliefs verziert. Sinnbild reiht sich an Sinnbild, Ereignis an Ereignis. Die Einheit der Schöpfung, die keinen Unterschied zwischen Mensch und Tier, Pflanzen und Gegenständen kennt, tritt einem hier in ihrer ganzen, ungebrochenen Lebensfülle entgegen.

Neben Göttern, Geistern und Dämonen faszinieren vor allem die von den Bildhauern in einzigartiger Detailgenauigkeit aus dem Sandstein gehauenen **Alltagsszenen**. Wie in einem Bildband nimmt der Besucher teil am dörflichen Leben von vor fast 2000 Jahren. Da ziehen Festtagsprozessionen und Fußgänger am Auge des Betrachters vorbei, wir sehen einen Bauern beim Pflügen und eine Hausfrau beim Wasserholen und Kochen. Dies alles sind Szenen, wie man sie im „Ewigen Indien" auch heute noch in fast jedem Dorf erleben kann. Gleichzeitig offenbart sich in den Reliefs eine Lebensfreude, die im auffälligen Gegensatz zu der (falschen) westlichen Darstellung der buddhistischen Philosophie als Lehre des Leidens steht.

Angesichts des Bilderreichtums übersieht man leicht, dass jener, dem die gesamte Anlage gewidmet ist, nämlich der Religionsstifter selbst, nirgends abgebildet ist. Zu jener Zeit wurde **Buddha,** der jede Art von persönlicher Verehrung nach seinem Tode untersagt hatte, nicht in Menschengestalt, sondern **symbolisch dargestellt**. Die vier wichtigsten Stationen seines Lebens (Geburt, Erleuchtung, erste öffentliche Predigt und Tod) werden durch die immer wiederkehrenden Symbole Lotosblume, Bodhibaum, Rad und Stupa versinnbildlicht.

Am **Osttor** ist der Abschied Buddhas, hier symbolisiert als Pferd, vom Elternhaus und der Aufbruch seiner Suche nach dem wahren Sinn des Lebens dargestellt. Szenen von Buddhas Geburt und von Ashoka als frommen Buddhisten finden sich auf den Reliefs des südlichen Toranas, welche als das älteste der vier gilt. Die sieben verschiedenen Inkarnationen Buddhas finden sich am **westlichen Tor,** wobei man das Verbot der figürlichen Darstellung umging, indem man ihn dreimal als Stupa und viermal als Baum darstellte. Eines der meistverwendeten Symbole der buddhistischen Kunst, das Rad des Lebens, krönt das **Nordtor**, das besterhaltene der vier Toranas. Gleichzeitig ist es das am reichsten und abwechslungsreichsten gestaltete Tor, wobei vor allem, wie schon am Westtor, Szenen aus seinen verschiedenen Inkarnationen dargestellt werden.

Stupas 2 und 3

Neben der Hauptstupa wurden im Laufe der Jahrhunderte noch unzählige weitere Stupas errichtet. Allein acht sollen von Kaiser Ashoka stammen. Keine der heute noch erhaltenen reicht in Größe oder künstlerischer Bedeutung an Stupa 1 heran. Einige sind nicht mehr als kleine runde Steinhügel. In Stupa 3, welche um 150 v. Chr. entstand, fand ein britisches Ausgrabungsteam 1853 **Reliquien** von zwei

Schülern Buddhas. In Kolonialmanier schafften sie die Objekte nach England, wo sie in einem Londoner Museum ausgestellt wurden, ehe sie 100 Jahre später wieder an ihren Ursprungsort zurückgebracht wurden.

Die etwas abseits gelegene und am besten auf dem Rückweg in die Stadt zu besichtigende Stupa 2 hat zwar keine Toranas, doch sehenswert ist der die Stupa umgebende Steinzaun mit seinen sehr schönen **Tier- und Blumenreliefs.**

Ashokasäule

Große Kunst gilt bekanntlich im eigenen Land oft nicht viel. Dieser Tatsache fiel im letzten Jahrhundert auch eine der vielen von Ashoka während seiner Regierungszeit zur Belehrung und Ermahnung seiner Untertanen aufgestellten Säulen zum Opfer, als sie von einem ahnungslosen Bauern als Zuckerrohrpresse zweckentfremdet wurde. Die Überreste dieser Steinsäule finden sich direkt neben dem Südtor der Hauptstupa.

Weitere Gebäude

Neben den hier näher beschriebenen Stätten finden sich noch weitere Überreste ehemaliger Tempel und Klöster innerhalb der Anlage. So stößt man unmittelbar gegenüber dem Südtor auf zwei **Tempel** aus der Gupta-Zeit, von denen jedoch nur noch einige Säulen stehen geblieben sind. Nur noch die Grundmauern sind auch von den beiden **Klosteranlagen** östlich und westlich des Haupttores zu erkennen. Kunsthistoriker datieren ihre Entstehungszeit in die Endphase der buddhistischen Lehre in Indien, da sie schon deutlich hinduistische Bauelemente aufweisen.

Archäologisches Museum

Am Fuß des Hügels findet sich ein Museum, in dem eine Vielzahl von Funden aus Sanchi zu bewundern sind, unter anderem ein Löwenkapitell *Ashokas*.

■ **Öffnungszeiten:** tgl. außer Fr 8–17 Uhr. Der Eintrittspreis zur Ausgrabungsstätte beträgt 250 Rs und beinhaltet auch den Eintritt zum Archäologischen Museum. Wer an weiteren Informationen zu der Gesamtanlage und zu ihren einzelnen Bauwerken interessiert ist (die den Rahmen dieses Buches sprengen würden), sollte sich das kleine Heftchen „Archaeological Survey of India" kaufen, das am Museumseingang erhältlich ist.

> Sanchi ist zu jeder Tageszeit einen Besuch wert. Am friedvollsten und spirituellsten ist die Atmosphäre jedoch zum **Sonnenaufgang** auf dem Gelände des Archäologischen Museums. Wer sich dieses eindrucksvolle Erlebnis nicht entgehen lassen möchte, erwirbt sein Ticket sicherheitshalber bereits am späten Nachmittag zuvor. Gleichzeitig sollte man die Bediensteten darauf aufmerksam machen, dass Selbiges auch zum Sonnenaufgang am nächsten Morgen Gültigkeit besitzt.

Praktische Tipps

Unterkunft, Essen und Trinken
(Vorwahl: 07482)

■ Mittelklasseansprüchen genügt das **Gateway Retreat** €€€€ (Tel.: 266723, www.mptourism.com, Preise inkl. Frühstück), 200 m vom Ortskern entfernt. Die komfortablen Bungalows in einer gepflegten Gartenanlage und das hübsche Restaurant mit dem für staatliche Unterkünfte üblichen schleppenden Service sowie Swimmingpool machen es zur besten Bleibe in Sanchi.

■ Die **Gateway Cafeteria** €–€€ (Monuments Rd., Tel.: 266743) an der Straße vom Bahnhof zum Felsenhügel ist in erster Linie ein Restaurant, in dem vor allem Tagesausflügler aus Bhopal einkehren. Dem modernen Flachbau angeschlossen sind jedoch zwei makellos saubere und hübsche Zimmer.

■ Äußerst spartanisch, dafür sauber sind die um einen hübschen, begrünten Innenhof angelegten Räume des **Sri Lanka Mahabodhi Society Guest House** €–€€ (Monuments Rd., Tel.: 262739), nur wenige Meter vom Bahnhof entfernt. Da der Eingang meist unbesetzt ist, sollte man bis zum Innenhof durchgehen und nach dem Verwalter fragen. Es gibt nur ein Gemeinschaftsbad.

■ Gegenüber gleich neben dem Bahnhof vermietet die **New Jaiswal Lodge** €–€€ (Tel.: 266508) vier sehr gemütliche Zimmer, die teureren sind klimatisiert.

Bank und Internet

■ Geld und Reiseschecks können in Sanchi nicht zu Rupien umgemünzt werden. Auch der nächstgelegene **ATM** ist erst in Vidisha zu finden.

■ Ein **Internetcafé** gibt's beim Busbahnhof, **Sanjeev Net** (9–22.30 Uhr) liegt beim Markt.

An- und Weiterreise

■ Sanchi liegt an der Bahnlinie Delhi – Mumbai, doch die meisten Züge rauschen an Sanchi vorbei, ohne dort zu halten. Nach **New Delhi** fährt der 11057 DR Amritsar Exp., Abf. 16.05 Uhr, über **Jhansi** (an 20.30 Uhr), **Gwalior** (an 22.17 Uhr), **Agra** (an 0.08 Uhr), Ank. New Delhi 4.10 Uhr, der Zug fährt weiter bis **Amritsar** (an 16.30 Uhr).

■ Die tgl. fünf zwischen **Bhopal** und Sanchi verkehrenden Züge benötigen für die 46 km lange Strecke knapp 1 Std. und sind damit schneller als die etwa jede Std. fahrenden Busse. Da die meisten Züge jedoch von weither anreisen und auf der Fahrt meist Verspätungen von bis zu 3 Std. ansammeln, sind langsamere, kurz vor Sanchi startende Passenger-Züge (speziell der 51632 Bina Bhopal Pass, Abf. 19.10 Uhr, Ank. 21.05 Uhr) und **Busse** (zwischen 6 und 22 Uhr, 25 Rs) vorzuziehen. Man sollte allerdings darauf achten, einen der Direktbusse (1,5 Std.) zu nehmen, da jene über Raisen doppelt so lange unterwegs sind.

Umgebung von Sanchi

Vidisha   XII/A2

Das nur 10 km nordöstlich von Sanchi gelegene Vidisha war während der Gupta-Periode eine der bedeutendsten Städte der Region. In den Ruinen eines hier im 2. Jh. v. Chr. erbauten Tempels haben Archäologen die früheste Verwendung von Zement als Baumaterial in Indien nachgewiesen. In der Zeit vom 10. bis 12. Jh. n. Chr., als die Stadt von islamischen Eroberern regiert wurde, erlangte sie erneut Bedeutung.

In den Räumen des **archäologischen Museums** (Sagar Vidisha Rd., tgl. außer Mo 10–17 Uhr, 20 Rs) von Vidisha können Objekte aus der Blütezeit besichtigt werden.

An- und Weiterreise:
■ Regelmäßig **Busse** in etwa 20 Min. von Sanchi oder per **Fahrrad** in gut einer halben Stunde bis Vidisha.

Udayagiri-Höhlen

Vom 5 km entfernten Vidisha kann man mit einer Tonga oder Autoriksha (40 Rs hin und zurück, von Sanchi aus etwa 250 Rs mit Wartezeit und Rückfahrt) zu den 21 in einen Sandsteinfelsen gehauenen Höhlen von Udayagiri fahren, die, wie Steininschriften belegen, aus dem 4. und 5. Jh. stammen. Besonderes Interesse verdienen die beiden mit **Jain-Inschriften** versehenen Höhlen 1 und 20 sowie die Höhle 5, die Vishnu in seiner Inkarnation als Eber zeigt, der auf einem seiner Stoßzähne die Erdgöttin Prithvi in die Lüfte erhebt. Leider sind beide derzeit wegen unsicherer Dachkonstruktion nicht zu besichtigen.

Ujjain

XI/D2

Dieser von westlichen Touristen kaum besuchte Ort ist für die Hindus eine der heiligsten Städte Indiens. Seine Bedeutung beruht auf der Legende von der Suche nach dem Trank der Unsterblichkeit *(Amrit),* der nach jahrelangen vergeblichen Versuchen schließlich vom Sohn des Himmelsgottes Indra gefunden wurde. Verkleidet als Krähe flog er, verfolgt von den Dämonen, die ihm den Nektar entreißen wollten, um die Erde, bis er nach zwölf Tagen das Paradies erreichte. Während der wilden Verfolgungsjagd fielen vier Tropfen des wertvollen Trankes auf die Städte Haridwar, Nasik, Prayag (das heutige Allahabad) und Ujjain. Alle zwölf Jahre findet an diesen vier Orten mit der **Kumbh Mela** das größte Pilgerfest Indiens statt – in Ujjain an den Ghats des Shipra-Flusses, an dessen östlichem Ufer sich die Stadt erstreckt (die nächste vom 22. April bis 21. Mai 2016). Im Nov./Dez. wird in Ujjain das neun Nächte dauernde **Navratri Festival** vor Dussehra besonders prächtig zelebriert.

Geschichte

Aufgrund ihrer strategisch bedeutenden Lage an der Haupthandelsroute von Norden nach Malwa war die Stadt seit altersher heiß umkämpft, und so kann sie auf eine wechselvolle Geschichte zurückschauen. Ausgrabungen förderten über **4000 Jahre alte Siedlungsreste** zutage, und schon im 6. Jh. v. Chr. soll sie unter dem Namen Awantika in buddhistischen Texten erwähnt sein. Im 9. Jh. n. Chr., als die Paranas die Kontrolle über das Malwa-Reich erlangten, machten sie Ujjain zeitweilig zu ihrer Hauptstadt.

Als jedoch der letzte Parana-Herrscher, *Siladitja,* von muslimischen Herrschern aus Mandu gefangen genommen wurde, begann eine Zeit des Niedergangs, die 1234 mit der Eroberungs Ujjains durch *Altamish* und der Zerstörung vieler Tempel einen traurigen Höhepunkt erreichte.

Unter *Akhbar* wurde eine neue Stadtmauer mit vier Eingangstoren errichtet, von der aber kaum noch etwas erhalten geblieben ist. Nach dem Niedergang der Moguln wurde Maharaja *Jai Singh* im Jahr 1730 Gouverneur von Malwa und ließ in Ujjain eines seiner insgesamt fünf Observatorien erbauen.

Als schließlich die Scindias, die neuen Herrscher, ihre Verwaltungshauptstadt Anfang des 19. Jh. nach Gwalior verlegten, begann der wirtschaftliche Niedergang der Stadt, von dem sie sich scheinbar bis heute nicht erholt hat.

Sehenswertes

Mahakaleshwar-Tempel

Dieser große, in eine Senke hineingebaute **Shiva-Tempel** ist der bedeutendste der zahlreichen Tempel Ujjains und bildet den Mittelpunkt der religiösen Verehrung während der Kumbh Mela. Hauptanziehungspunkt der Gläubigen ist der Lyotir Lingam, einer von insgesamt zwölf Shiva-Lingams in ganz Indien, von dessen Verehrung sich die Pilger besonders starke Heilkräfte versprechen. Wie die meisten der insgesamt 84 Tempel Ujjains ist auch auch der Mahakaleshwar mehrfach zerstört worden, so 1234 beim Einfall des türkischen Feldherrn *Altamish*. Die letzte Restauration, der die heutige Tempelanlage zugrunde liegt, erfolgte durch die Scindias Anfang des 19. Jh.

Bade-Ganeshji-ka-Mandir

Nur wenige Meter vom Mahakeleshwar-Tempel an der Straße, die rechts vom Eingang am Tempel hinunterführt, liegt dieser in seiner Buntheit und Verspieltheit für den Hinduismus typische kleine Tempel. Im Eingangsbereich sitzt der bei den Indern äußerst beliebte Glücksgott **Ganesha** mit seiner roten Hose, goldenen Gewändern und dem rosaroten Elefantenkopf mit riesigen Ohren. Dies ist jedoch erst der Auftakt eines wahren Panoptikums bunt-schriller Hindu-Götter, die im Tempelinneren auf einen warten.

Gopal Mandir

Dieser wunderschön inmitten der Innenstadt gelegene, von Marktständen umgebene **Krishna-Tempel** entstand im 19. Jh. unter den Scindias. Mit seinem das Gebäude beherrschenden Kuppeldach, seinen Marmoreinlegearbeiten und den silberbeschlagenen Türen im Inneren ist er ein hervorragendes Beispiel marathischer Architektur. Die Silbertür im Innern des Tempels soll ursprünglich im Sonnentempel von Sommnath in Gujarat installiert gewesen sein, von wo sie von *Mahmud-e-Ghazni* nach Afghanistan überführt wurde, bis sie schließlich über Lahore in Pakistan im 19. Jh. ihren vorerst letzten Bestimmungsort in Ujjain erreichte.

Observatorium (Vedh Shala)

Im Süden der Stadt liegt das von Maharaja *Jai Singh* während seiner Regierungszeit als Statthalter von Malwa im Jahre 1733 errichtete

Observatorium. Von den insgesamt fünf Sternwarten, die dieser begeisterte Astronom errichten ließ (die übrigen vier stehen in Jaipur, Delhi, Mathura und Varanasi) ist diese eine der wenigen, die noch heute in Gebrauch ist. Auch wenn es bei weitem nicht vergleichbar mit den beiden Meisterwerken Jai Singhs in Delhi und Jaipur ist, so lohnt sich doch aufgrund der romantischen Lage an den Ufern der Shipra ein Besuch.

■ **Öffnungszeiten:** 8–17.30 Uhr, Eintritt 5 Rs.

Ram Ghat

Vom Gopal Mandir kommend führt ein abschüssiger Weg durch die schönen Altstadtgassen zu der auf beiden Seiten von vielen **Badeghats** umgebenen Shipra. Das meistbesuchte und größte ist das von unzähligen weißgetünchten Tempeln umgebene Ramghat. Auch wenn die Atmosphäre am Ganges in Varanasi viel spektakulärer ist, so zeigt sich doch auch hier ein buntes, friedvolles Treiben von Pilgern, Badenden, Wäscherinnen und Sadhus.

Praktische Tipps

Stadtrundfahrt

■ Vom **Hotel Shipra Residency** startet nach Voranmeldung eine Stadtrundfahrt (Tel.: 2551495, 45 Rs, 8–12.30 Uhr), wenn mindestens 10 Personen teilnehmen.

Stadtverkehr

■ Mit der **Autoriksha** zum Shipra Residency sollte man keinesfalls mehr als 20 Rs zahlen, ins Stadtzentrum zum Gopal Mandir sind es höchstens 35 Rs. Am Bahnhof und Busbahnhof gibt es ein Prepaid-System mit festgelegten Preisen. Man sollte sich jedoch vor Fahrtantritt vergewissern, dass auch wirklich das gewünschte Ziel verstanden wurde, da sich die Tour andernfalls oft zu einer nerven- und zeitaufreibenden Odyssee entwickelt. Eine vierstündige **Rundfahrt** zu den wichtigsten Tempeln sollte um 100 Rs kosten. Wer es naturverbundener mag, ist mit Tongas gut unterwegs.

Unterkunft, Essen und Trinken
(Vorwahl: 0734)

■ Für Preisbewusste ist das das **Hotel Rama Krishna** €–€€ (Subash Rd., Tel.: 2553012/7) schräg gegenüber dem Bahnhof eine gute Adresse. Da Qualität und Ausstattung der teilweise renovierten Zimmer, manche mit LCD-TV, schwanken, sollte man sich einige zeigen lassen, bevor man auswählt. Empfehlenswert ist das vegetarische Restaurant **New Sudama** (40-80 Rs) im Erdgeschoss. Nur wenig teurer, kann das **Kabir Hotel** €€ (Tel. 2556791), 100 m entfernt, als Ausweichquartier dienen.

■ Bestes Hotel nahe den meisten Tempeln und der Altstadt ist das **Pleasure Landmark** €€–€€€ (Mahakal Marg, Tel.: 2557867). Angenehme, recht kleine, aber saubere und hübsch möblierte Zimmer rechtfertigen den Preis.

■ **Hotel Grand Tower** €€€ (Vikram Marg, Tel.: 2553699) ist ein moderner Zweckbau auf der gegenüberliegenden Bahnhofsseite. Große, tadellose AC-Zimmer, die teureren mit Kühlschrank, die billigen mit etwas weniger Ausstattung, werden gut gepflegt. Das **Zharokha Restaurant** (multi-cuisine, 7–15.30 und 19–23 Uhr, 60–100 Rs) mit Terrasse zur recht lauten Straße ist hervorragend, jedoch ist nicht alles in der Karte auch wirklich im Angebot.

■ Das von Madhya Pradesh Tourism verwaltete **Hotel Shipra Residency** €€€€ (University Rd., nahe Madhev Club, Tel.: 2551495/6, www.mptourism.com) liegt in einer ruhigen Wohngegend und verfügt über 30 angenehme, klimatisierte Zimmer, die teureren mit Coffeemaker und Balkon. Vorzüglich ist auch das Restaurant. Frühstück ist im Zimmerpreis bereits enthalten. Um direkt nach Ankunft am Bahnhof zu beiden letztgenannten Hotels zu gelangen, sollte man den Ausgang am Bahnsteig Nr. 7 benutzen.

■ Nicht nur für sein erstklassiges indisches Frühstück, auch für erstklassige Hauptgerichte wie Kebabs, Koftas und Thalis ist das vegetarische **Shivam Restaurant** (Mahakal Marg, 40–90 Rs) im Untergeschoss des Hotel Satyam in der Altstadt zu Recht beliebt und entsprechend gut besucht.

Bank und Internet

■ Mehrere **ATMs,** etwa der State Bank of Indore am Uhrturm oder beim Hotel Grand Tower, geben Rupien ab.

■ Die besten und ganz billigen Internetverbindungen stellen **Infinity Cyber** (bis 22 Uhr) in der ersten Gasse

Indore

XI/D2

östlich des Uhrturms und **friends cyber café** (bis 23 Uhr), nicht weit entfernt, beide in der Neustadt, bereit.

An- und Weiterreise

Bahn:

■ Nach **Mumbai** verbindet der 12962 Indore Bombay Central Exp., Abf. 17.35 Uhr, über **Vadodara** (23.45 Uhr), Ank. in Mumbai Central 6.10 Uhr.
■ Nach **Bhopal** der 12919 Malwa Exp.: Abf. 14 Uhr, Ank. 17.25 Uhr. Dieser Zug fährt weiter über **Jhansi, Gwalior** und **Agra** bis **Delhi Hazrat Nizamuddin.**
■ Nach Rajasthan der 12465 Ranthambore Exp. (Abf. 8.05 Uhr), über **Kota** (an 12.25 Uhr), **Sawai Madhopur** (14.25 Uhr), **Jaipur** (16.45 Uhr) bis **Jodhpur** (22 Uhr).
■ Nach **Indore** gelangt man schneller per Bus.

Bus:

■ 2 Busse tgl. fahren nach **Bhopal** (6 und 7.30 Uhr, Fahrtzeit 5 Std., 130 Rs) und 4 Busse um 6, 8, 11 und 16 Uhr nach **Omkareshwar** (4 Std., 93 Rs). **Indore** wird viertelstündig (2 Std., 33 Rs) angefahren. Nicht viel weniger sind es nach **Nagda**, der Bahnstation für Züge Richtung Gujarat und Mumbai.
■ Nach **Mandu** kommt man nur mit Umsteigen in **Dhar** (vier Verbindungen um 5.30, 8.30, 9 und 9.45 Uhr, Fahrtzeit 4 Std., 80 Rs).

Trotz zweier Paläste und eines ungewöhnlichen Tempels hat die Stadt selbst touristisch recht wenig zu bieten. Aufgrund ihres umfangreichen Hotelangebotes bietet sie sich jedoch als **Ausgangspunkt** für den Besuch der 80 km südwestlich gelegenen alten **Festungsstadt Mandu,** eine der Hauptsehenswürdigkeiten Madhya Pradeshs, an. Falls möglich, sollte man jedoch gleich nach Mandu weiterfahren, da dort sowohl die Sehenswürdigkeiten als auch die entspannte Atmosphäre viel mehr zum Verweilen einladen.

Indore ist ein typisches Beispiel für jene Millionenstädte, deren Gesicht deutlich von der immer umfangreicher werdenden kaufkräftigen indischen Mittelschicht bestimmt wird. Einkaufszentren, Fastfood-Restaurants und Motorroller bestimmen das Bild dieser weitläufigen Stadt. Der auffällige **Wohlstand** rührt zum einen von der Textilindustrie, die hier eines ihrer Produktionszentren hat, und zum anderen vom nahe gelegenen „Detroit Indiens", Pitampur, wo viele der großen indischen Motorenwerke beheimatet sind.

Zwar war Indore schon unter dem ursprünglichen Namen Indrishwar Teil des Gupta-Reiches, doch historische Bedeutung erlangte die Stadt erst, seit sie 1753 unter die Herrschaft des Gründers der Holka Dynastie, *Maharao*, geriet. Ende des 18. Jh. wurde sie für einige Jahrzehnte von einer Frau, *Akalji Bai*, regiert, die bis zu ihrem Tode in Indien zahlreiche bedeutende Tempel errichten ließ, so unter anderen 1777 den berühmten Goldenen Tempel in Varanasi. Eine Statue ihr zu Ehren befindet sich heute im Zentrum der Stadt vor dem Rajwada-Palast. In der Zeit der britischen Herrschaft, zu deren verlässlichsten Partnern die Holkar-Dynastie zählte, diente

Indore als Hauptquartier der britischen Truppen in Zentralindien.

Sehenswertes

Rajwada-Palast

Im Zentrum der Altstadt, umgeben von den verwinkelten Gassen des Basarviertels, steht der siebenstöckige **Palast der Holkar-Könige**. Von den insgesamt drei großen Feuersbrünsten, die das Gebäude innerhalb seiner 200-jährigen Geschichte heimsuchten, richtete das letzte im Jahr 1984 die größten Schäden an, sodass heute kaum mehr als die Vorderfront des Palastes, in dem die städtische Behörden Platz gefunden haben, erhalten ist. Auf der Rückseite des Palastes führen freilaufende Treppen ins oberste Stockwerk, von wo aus man einen schönen Ausblick auf die Altstadt hat. Auf dem kleinen, von Palmen umgebenen Vorplatz findet sich eine schöne Statue der Maharani *Akalji Bai*.

Lal Bagh Palace

Der zwischen 1886 und 1920 erbaute Lal-Bagh-Palast im Westen der Stadt stellt das besterhaltene Relikt der Holkar-Herrschaft dar. Das inmitten einer schönen, 28 ha großen Parkanlage platzierte Schloss beherbergt jene für die Verschwendungssucht der Maharajas so typischen Objekte wie riesige Empfangssäle, von deren Decken gewaltige Kronleuchter hängen, goldverzierte Bilderrahmen, Tigertrophäen und marmorne Springbrunnen.

■ **Öffnungszeiten:** tgl. außer Mo 10–17 Uhr, Eintritt 100 Rs, Kamera/Video 10/50 Rs.

Kanch Mandir

In Gehdistanz zum Rajwada-Palast, inmitten des Kajuri-Basars, befindet sich der von außen recht unscheinbare und damit leicht zu verfehlende **Jain-Tempel** Kanch Mandir, auch bekannt unter dem Namen seines Erbauers Hukanchand Mandir. Wände, Türen, Geländer und vor allem die drei Statuen des Gründers der Jain-Religion, *Mahavira*, sind über und über mit Millionen bunter Mosaikspiegel verziert. Nur zu schade, dass dieser Raum mit seinen imposanten Lichtspiegelungen und den zahllosen Gemälden, auf denen den Sündern ihre im Jenseits zu erwartenden Strafen drastisch vor Augen geführt werden, nicht fotografiert werden darf.

■ **Öffnungszeiten:** tgl. außer Mo 10–17 Uhr.

Central Museum

Im Altstadtbereich zeigt das Central Museum eine der schönsten Sammlungen mittelalterlicher und früherer hinduistischer **Skulpturen, Waffen und Handwerksutensilien**. In dem geschichtsträchtigen Gebäude der Holkars kam es während des ersten Aufstands der Unabhängigkeitsbewegung Mitte des 19. Jh. zu Kämpfen.

■ **Öffnungszeiten:** tgl. außer Mo 10–17 Uhr.

Chattris

Die **Gräber** der ehemaligen Holkar-Dynastie stehen heute etwas verlassen an den Ufern des Khan-Flusses. Zum Teil überwuchert von der tropischen Natur und eingebettet in die romantische Flusslandschaft bilden die kleinen Pavillons eine schöne Kulisse für einen abendlichen Spaziergang. Am beeindruckendsten und auffälligsten ist dabei das Grabmal *Maharao Holkar I.*, des Gründers der Holkar-Dynastie, während das Chattri der großen Maharani *Akalji Bai* sehr bescheiden ausfällt.

Bada-Ganapati-Tempel

Dieser Tempel am westlichen Ende der M.B. Rd. bezieht seine Berühmtheit aus der 8 m hohen, **knallbunten Ganesha-Statue** im Inneren: Weltrekord!

Praktische Tipps

Information

- **Vorwahl:** 0731
- Das **Tourist Office** (Tel.: 2499566, indore@mptourism.com, tgl. 8–17 Uhr, Büro am Flughafen Tel.: 262 0404) befindet sich im Gebäude des Tourist Bungalow.

Stadtverkehr

- Eine Taxifahrt zum 5 km westlich gelegenen **Flughafen** sollte nicht mehr als 200 Rs kosten. Autorikshas verlangen um die 100 Rs. Innerhalb der Stadt sollte keine Fahrt mehr als 20–30 Rs kosten.
- **Autorikshas** sind billig, und so lohnt es kaum, auf die entlang der innerstädtischen Hauptstraßen verkehrenden **Tempos** zurückzugreifen, zumal Indores Straßennetz recht unübersichtlich ist. Vom Bahnhof zum Rajwada Palast in der Altstadt kostet es ca. 15 Rs. Erfreulich viele Rikshafahrer schalten bereitwillig den Taxameter ein. Da die meisten jedoch kaum ein Wort Englisch sprechen, sollte man sich genau versichern, dass sie das gewünschte Fahrtziel auch wirklich verstanden haben.

Unterkunft

Indore ist ein Beispiel für jene Städte, in denen es sich lohnt, etwas mehr Geld für eine der reichlich vorhandenen und qualitativ hervorragenden Budget-Unterkünfte auszugeben, als sich die Nacht in schäbigen Billighotels um die Ohren zu schlagen. Zwar verfügt die Stadt über zwei gute Low-Budget-Unterkünfte, doch diese sind oftmals schon am frühen Vormittag belegt. Nicht einlassen sollte man sich auf die um die Bahnhofsgegend schleichenden **Schlepper,** von denen sich einige unangenehm aufdringlich verhalten.

- Ganz o.k. ist das **Hotel Neelam** €–€€ (Patel Bridge Corner, Tel.: 2466001, 4046633) gegenüber vom Sarwate Bus Stand mit etwas klein geratenen, aber ordentlichen Zimmern. Durch seine Lage in einer Gasse ist es hier etwas ruhiger als bei den meisten in diesem Bereich.
- In der Altstadt im Süden ist das **Hotel Chanakya** €€–€€€ (Tel.: 2704497) eine gute, billige Bleibe. Zimmer mit Fenster und ohne Teppich wählen. Im selben Haus verlockt das Z Shop mit köstlichem Gebäck und Süßigkeiten.
- Viel fürs Geld bietet das moderne, teilweise klimatisierte **Hotel Surya** €€€–€€€€ (Surya Circle, Nath Mandir Rd., Tel.: 2517701, 4079111, www.suryaindore.com) mit Restaurant und Bar. Der geringe Aufpreis für die Executive-Zimmer lohnt allemal.
- Als Alternative ist das **Hotel Kalinga** €€€–€€€€ (South Tukoganj, Nath Mandir Rd., Tel.: 2524920-4, www.hotelkalingaindore.com) mit Freiluftrestaurant und Bar, nur 100 m nördlich, eine saubere Alternative. Man sollte den kleinen Aufpreis für die Executive-Zimmer nicht scheuen.
- Stilistisch ein wenig in den Achtzigern steckengeblieben wirkt das **Hotel Shreemaya** €€€€ (RNT Marg, Tel.: 2515555, 4234888, www.shreemaya.com, Preise inkl. Frühstück). Es ist aber wegen der gepflegten Zimmer mit WiFi und LCD-TV ansprechend.
- Eine Top-Adresse ist das mondäne Fünf-Sterne-Hotel **Fortune Landmark** €€€€€ (Tel.: 3988444, www.fortunehotels.in). Das an die Meghdoot-Gärten angrenzende Haus verfügt über drei Restaurants, einen Health Club, Jacuzzi, WiFi und einen Swimmingpool.
- Hochmodern und erstklassig im Herzen der Stadt gelegen, kann das Atrium-Hotel **Lemon Tree** €€€€€–€€€€€€

(R.N.T. Rd., Tel.: 4423232, www.lemontreehotels.com, Preise inkl. Frühstücksbüffet) als beste Bleibe Indores bezeichnet werden. 100 Zimmer und Suiten, alle mit WiFi und moderner Ausstattung, dazu ein exzellentes, indisches Restaurant, ein Kebab-Restaurant und ein Café sowie Fitnessraum, Spielezimmer mit Playstation, Poobillard, Schach etc.

Essen und Trinken

Das kulinarische Angebot ist hervorragend, speziell entlang der Mahatma Gandhi Road, wo vom Fastfood über vegetarische Thalis bis zur meist fleischhaltigen Mughlai-Küche alles zu haben ist.

■ Köstliche Rajasthan-Thalis sind die Spezialität des **Status Restaurant.** Mittags kann man sie unter freiem Himmel neben einem Springbrunnen einnehmen.

■ Leckere chinesische Gerichte serviert das **Restaurant Atithi** an der Mahatma Gandhi Road oberhalb des Bata-Schuhgeschäftes.

■ Für alle, die es lieber südindisch scharf mögen, ist das **Ding Dong**, ebenfalls an der Mahatma Gandhi Road, oder das **Indian Coffee House** (MG Rd., 7.30–22 Uhr, 30–80 Rs) für Snacks und Thalis die richtige Adresse.

■ Besonders bei der Mittelklasse-Jugend ist **Celebrations** (Tuko Ganj, 40–120 Rs, 7.30–22.30 Uhr) im Untergeschoss des Hotel Shreemaya wegen billiger Snacks, südindischer Gerichte, Pizza, Burgern und Gebäck angesagt. Auch das Restaurant des Hotels ist gut.

■ An der Shisha-Pfeife ziehen, Kaffee trinken und Snacks verzehren in kolonialer Umgebung: bei **Mr. Beans** (MG Rd., 9–23 Uhr).

■ Preiswerte indische Gerichte (50–80 Rs), Bier und stärkere Kaliber serviert das **Apna** (10–23 Uhr) schon seit einem halben Jahrhundert gegenüber dem Saraswate-Busbahnhof.

■ Treasure Island, eine Shopping Mall an der östlichen MG Rd., ist der richtige Ort für Fastfood bei **McDonald's** und **Pizza Hut**.

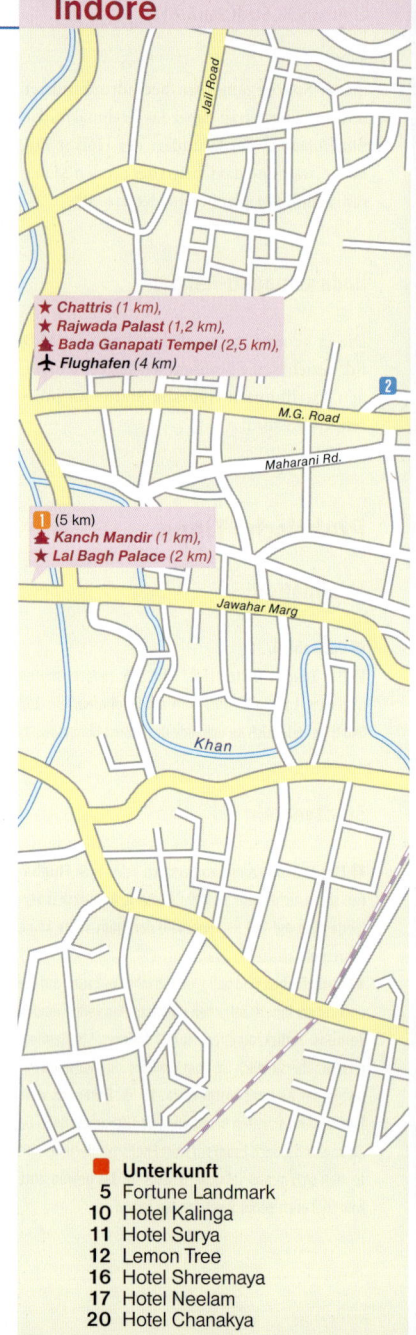

★ **Chattris** (1 km),
★ **Rajwada Palast** (1,2 km),
▲ **Bada Ganapati Tempel** (2,5 km),
✈ **Flughafen** (4 km)

1 (5 km)
▲ **Kanch Mandir** (1 km),
★ **Lal Bagh Palace** (2 km)

■ **Unterkunft**
5 Fortune Landmark
10 Hotel Kalinga
11 Hotel Surya
12 Lemon Tree
16 Hotel Shreemaya
17 Hotel Neelam
20 Hotel Chanakya

Bank und Internet

■ Nicht weit von der Hauptpost findet sich die **State Bank of India** (A.B. Rd., Mo–Fr 10.30–16.30 Uhr, Sa 10.30–14.30 Uhr), die für Bares und Reiseschecks zuständig ist. Hier auch ein ATM. **Thomas Cook** (1,9 Royal Gold, Yeshwant Niwas Rd., Mo–Sa 9.30–18.30 Uhr) hat längere Öffnungszeiten, jedoch etwas schlechtere Wechselraten. **ATMs** gibt's auch von der Centurion Bank (Tagore Rd.) und UTI-Bank (Yeshwant Niwas Rd., auch AmEx-Karten).

■ Bis Mitternacht geöffnet ist **Cyber Zone** mit guter Ausrüstung beim Hotel Royal Residency. Schnelle Verbindungen hat auch **007 Cyber Gallery** (9–11 Uhr) in der Silver Mall gegenüber Hotel Surya.

Medizinische Versorgung

■ Bestes Krankenhaus Indores ist das **Bombay Hospital** (Indore Ring Rd., Tel.: 4077000, www.bombayhospitalindore.com). Dort auch eine rund um die Uhr geöffnete **Apotheke.**

An- und Weiterreise

Flug:

■ Air India (Race Course Rd., Tel.: 2431594/5, Mo–Sa 10–13 und 14–17 Uhr, am Flughafen: 2620758) fliegt tgl. nach **Delhi** und **Mumbai.**

■ Jet Airways (Race Course Rd., Vidhyarati Complex, Tel.: 2544590-2, Mo–Sa 9.30–18 Uhr, am Flughafen Tel.: 2620454) fliegt dieselben Ziele sowie **Jaipur, Jodhpur, Lucknow, Rajpur** und **Ahmedabad** direkt an. Auch SpiceJet und IndiGo fliegen nach Delhi, Indigo auch nach Mumbai.

Bahn:

■ Das **Reservierungsbüro** schräg gegenüber vom Bahnhof hat Mo–Sa 8–20 Uhr und So 8–14 Uhr geöffnet.

■ Die wichtigsten **Bahnverbindungen** sind in der Tabelle im Anhang aufgeführt.

Bus:

Indore besitzt mit **Sarwate** (Tel.: 2465688) schräg gegenüber dem Bahnhof und dem **Gangwal** (Dhar Rd., Tel.: 2380688) 5 km westlich zwei Busbahnhöfe.

■ Von Sarwate fahren alle halbe Stunde Busse nach **Ujjain** (2 Std., 40 Rs, zwischen 6 und 22 Uhr), **Omkareshwar** (2,5 Std., 125 Rs, zwischen 7 und 16.30 Uhr) und **Bhopal** (5 Std., 130 Rs, 5–0 Uhr). Für **Maheshwar** zunächst bis Dhamnod und dort mit Anschlussbus in 30 Min. nach Maheshwar.

■ Eine Std. schneller und wesentlich komfortabler gelangt man mit einem der vom Tourist Bungalow abfahrenden **AC-Luxusbusse nach Bhopal** (6.15, 8, 9.30, 12, 14, 15.30 und 18 Uhr, 4 Std., Vorbuchen notwendig, Tel.: 2499466) – zum Preis von 220 Rs.

■ Zur Festungsstadt **Mandu** muss man in Dhar (3 Std., 45 Rs, zwischen 6.30 und 22 Uhr, Busse ab dem Gangwal Bus Stand) umsteigen. Von dort eine weitere Stunde bis Mandu, letzter Bus um 19 Uhr. Kleinbusse vor dem Bahnhof fahren zum 5 km entfernten Gangwal Bus Stand.

Taxi:

■ Madhya Pradesh Tourism und Privatanbieter vermitteln **Mietwagen**, etwa nach Mandu und Omkareshwar/Maheshwar. Beide Touren kosten ca. 1.500 Rs. Auch vor dem Bahnhof und Busbahnhof können Taxis gemietet werden, wobei Verhandlungsgeschick gefordert ist.

Der besondere Tipp:
Mandu
XI/C2
– ein Juwel abseits ausgetretener Pfade

Shadiabad, „Stadt der Freude" wurde Mandu von seinen islamischen Eroberern genannt – eine auch heute, 500 Jahre später, noch sehr zutreffende Bezeichnung, ist doch der von nur wenigen Individualtouristen besuchte Ort eines der schönsten Ziele in Zentralindien. Kulturhistorisch **hochinteressante Bauwerke** inmitten einer sowohl spektakulären als auch lieblichen Landschaft sowie eine **ruhige Atmosphäre** abseits der ausgetretenen Touristenpfade machen den außergewöhnlichen Reiz Mandus aus. Wem es gelingt, sich in einem der schön am See gelegenen Bungalows einzumieten, der bleibt meist mehrere Tage – ein herrlicher Ort, um die Seele baumeln zu lassen.

Die **verlassene Festungsstadt** liegt auf einem 20 km² großen Felsplateau, das 700 m hoch aus einer grandiosen Landschaft emporragt. Um diesen romantischen Ort mit seinen weiträumigen Palästen, Moscheen, Tempeln, Seen und Bädern ranken sich unzählige Legenden. Obwohl beliebtes Ziel vor allem italienischer und französischer Pauschaltouristen, wirkt die Stadt gerade wegen ihrer Weitläufigkeit nie überfüllt, und so finden sich genügend Orte und Plätze, um die friedvolle Atmosphäre Mandus zu erleben.

Die beste Reisezeit für den Besuch Mandus sind die **Monsunmonate** Juli bis September, wenn die üppige Natur an den moosüberwucherten Palästen und den prall gefüllten Seen besonders zur Geltung kommt.

Geschichte

Aufgrund seiner hervorragenden natürlichen Gegebenheiten wurde das Felsplateau schon frühzeitig zu Verteidigungszwecken genutzt, so im 11. Jh. vom Gründer Bhopals, *Raja Bhoja*. Historische Bedeutung erlangte es jedoch erst mit Beginn des 15. Jh., als der Gouverneur von Malwa, *Dilawar Khan,* den Zusammenbruch des Sultanats von Delhi nutzte, um hier sein eigenes Reich zu gründen.

Seit sein Sohn *Hoshang Shah* die Hauptstadt des als strategische Drehscheibe Mittelindiens heiß umkämpften Malwareiches von Dhar nach Mandu verlegte, erlebte die Stadt eine wechselvolle Geschichte. Während der dreißigjährigen Regierungszeit *Hoshang Shahs* entstanden mit der großen Moschee und seinem imposanten Grab zwei der auffälligsten Bauwerke Mandus.

Nachdem *Mahmud Kalji* 1436 durch die Ermordung von Hoshangs Sohn an die Macht gekommen war, konsolidierte er während seiner 35-jährigen Regierungszeit, die durch viele erfolgreiche Schlachten gegen die umliegenden Fürstentümer gekennzeichnet war, die Stellung Mandus.

Sein Sohn und Nachfolger, *Giyas-ud-Din,* erlangte weniger wegen seiner militärischen Erfolge Berühmtheit, sondern vielmehr aufgrund seines überdurchschnittlich großen Harems, der angeblich bis zu 15.000 Frauen umfasst haben soll. Der offensichtlich recht rüstige Herr, der im Alter von 80 Jahren von seinem Sohn vergiftet wurde, fand neben seinen privaten Verpflichtungen noch genügend Zeit, mit dem Jahaz Mahal und dem Hindola Mahal zwei der bedeutendsten Gebäude Mandus errichten zu lassen.

Mit der Ermordung Giyas-ud-Dins begann Anfang des 15. Jh. der Niedergang Mandus als eigenständigem Königreich. Nachdem es 1526 von *Bahadur Shah,* dem Gouverneur Gujarats, eingenommnen worden war, wechselten in den folgenden Jahrzehnten noch mehrmals die Eroberer, bis schließlich 1561 *Akhbars* Truppen der Unabhängigkeit Mandus endgültig ein Ende setzten, indem sie es in das Mogul-Reich integrierten. Zwar wurden in den folgenden Jahrhunderten noch einige kleinere Gebäude hinzugefügt, doch als nach dem Niedergang der Mogul-Herrschaft Anfang des 18. Jh. die neuen Herrscher Mandus, die Marathen, die Hauptstadt Malwas wieder nach Dhar zurückverlegten, verkam die einstmals stolze Festung mehr und mehr zu einer Geisterstadt.

Sehenswertes

Die meisten der während des goldenen Zeitalters Mandus zwischen 1401 und 1526 entstandenen Gebäude lassen sich drei Gruppen zuordnen: die unmittelbar an die drei Haupttore im Norden angrenzende königliche Enklave, die Gebäude innerhalb des Dorfes sowie im äußersten Süden der Rewakund-Komplex.

Die königliche Enklave

Wer unmittelbar nach der Durchquerung der drei Haupttore im Norden in die Straße rechts, d.h. nach Westen, abbiegt, stößt auf den größten zusammenhängenden Gebäudekomplex Mandus, der gleichzeitig das eigentliche politische Machtzentrum der Festungsstadt darstellte. Hier residierten, regierten und repräsentierten die Herrscher des Malwa-Reiches.

Spektakulärstes Gebäude Mandus ist der **Jahaz Mahal** (Schiffspalast), der aufgrund seiner eigenwilligen Ausmaße von 110 m Länge, aber nur 15 m Breite sowie seiner Lage inmitten zweier künstlicher Seen tatsächlich an ein riesiges, steinernes Schiff erinnert. Erbaut wurde er im 15. Jh. vom lebensfrohen *Giyas-ud-Din,* dem er nicht nur als Quartier für seinen riesigen Harem diente, sondern auch als Kulisse für seine vornehmlich in Vollmondnächten abgehaltenen rauschenden Feste, für die Mandu im ganzen Reich bekannt war.

Nördlich schließt sich der **Hindola-Palast** an, aufgrund seiner charakteristisch geschwungenen Pfeilerkonstruktion auch „schwingender Palast" genannt. Über eine große Rampe konnte der König, auf einem Elefanten sitzend, in dieses wohl vornehmlich als riesige Empfangshalle dienende Gebäude einreiten.

Westlich davon liegt eine unterirdische Anlage, die mit einem sehr schön gestalteten **Tiefbrunnen** (Champa Baori) und seinen Bademöglichkeiten während der heißen Sommermonate Abkühlung bot.

■ **Öffnungszeiten:** tgl. außer Fr von Sonnenauf- bis Sonnenuntergang, Eintritt 100 Rs, Kamera 25 Rs.

Die Gebäude im Dorf

Unmittelbar im Zentrum des kleinen Dorfes, umgeben von einem kleinen, lebhaften **Markt,** befinden sich drei Bauwerke, die alle Mitte des 15. Jh. entstanden. Das bestimmende Gebäude ist die 1451 erbaute **Jami Masjid,** welche als eines der schönsten Beispiele afghanischer Architektur in Nordindien gilt. Über einen Treppenaufgang gelangt man durch eine Eingangshalle in einen großen Innenhof, an dessen Ende die von drei großen, harmonisch nebeneinander platzierten Kuppeln überdachte Freitagsmoschee liegt.

Direkt daneben schließt sich das **Grabmal** des 1435 verstorbenen *Hoshan Shah* an, angeblich Indiens erstes Marmorgebäude überhaupt. Auch hier wieder betritt man das Gebäude durch einen Kuppelvorbau, dessen

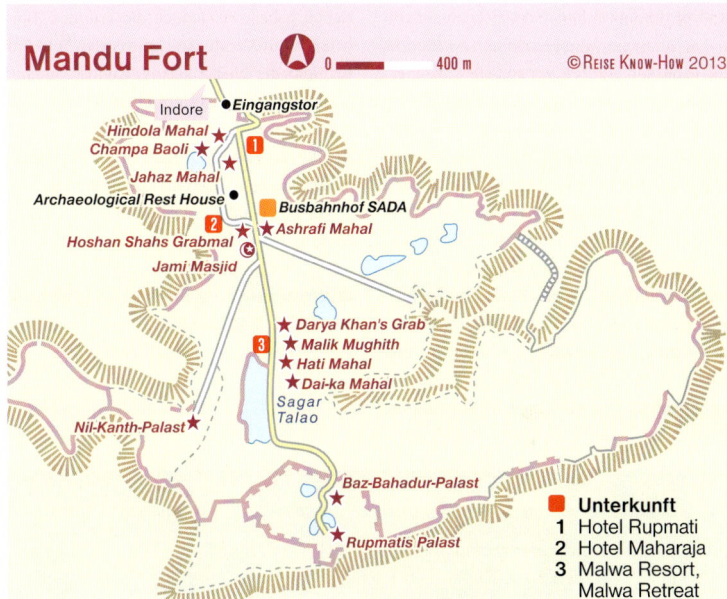

schöne Innenverzierungen deutlich hinduistische Einflüsse erkennen lassen. Das von einem quadratischen Kuppelbau überdachte Grab befindet sich auf einer erhöhten Plattform im Innenhof.

Gegenüber der Moschee finden sich auf der anderen Straßenseite die spärlichen Überreste einer ehemaligen **Koranschule** (Ashrafi Mahal), die *Mahmud Kalji* später zu seinem **Mausoleum** erweitern ließ, und eines ursprünglich siebengeschossigen **Siegesturms**, den *Mahmud Shah* anlässlich eines erfolgreichen Feldzuges gegen die Herrscher von Chittorgarh errichten ließ. Von der über die Freitreppe zu erreichenden ehemaligen Eingangshalle des Mausoleums bietet sich ein sehr schöner Blick auf die gegenüberliegende Freitagsmoschee sowie das kleine Dorf Mandu.

■ **Öffnungszeiten:** von Sonnenauf- bis Sonnenuntergang, Eintritt 100 Rs, Video 25 Rs.

Rewakund-Komplex

Folgt man der asphaltierten Straße vom Dorf Richtung Süden, vorbei an Sagar Talao zur Rechten, erreicht man nach etwa 3,5 km den Rewakund-Komplex, benannt nach einem kleinen heiligen **See,** der auch heute noch für die Bewohner der nahe liegenden Ansiedlung Mittelpunkt des sozialen Lebens ist. Ihm gegenüber befinden sich die Überreste des um einen großen Innenhof angelegten **Baz-Bahadur-Palastes.** Die Bezeichnung dieses sowohl rajputische als auch Moguleinflüsse aufweisenden Gebäudes ist insofern irreführend, als er nicht von *Baz Bahadur*, dem letzten einigermaßen unabhängigen Herrscher von Mandu, der 1561 von *Akhbar* vertrieben wurde, errichtet wurde, sondern schon etwa fünfzig Jahre zuvor von *Nasir-ud-Din,* jenem Herrscher, der seinen lebenslustigen Vater *Giyas-ud-Din* im Alter von 80 Jahren vergiften ließ.

Einen weiteren Kilometer steilen Anstiegs Richtung Süden bedarf es, um zum romantischsten Ort Mandus zu gelangen, dem **Rupmati-Pavillon,** um dessen Entstehung sich eine schöne Legende rankt. Danach soll *Baz Bahadur* diesen palastähnlichen Bau als Ausdruck seiner hingebungsvollen Liebe zu seiner Lieblingsfrau und Hofsängerin *Rupmati* errichtet haben. Als jedoch die Truppen *Akhbars* 1561 in Mandu einmarschierten, und *Baz Bahadur* die Flucht gelang, wählte *Rupmati* aus treuer Liebe zu ihrem Ehemann den Freitod, anstatt in die Hände des sie begehrenden *Akhbar* zu fallen. Schade nur, dass längst nachgewiesen ist, dass die Gebäude schon lange vor *Baz Bahadurs* Regierungszeit errichtet wurden ...

■ **Öffnungszeiten:** von Sonnenauf- bis Sonnenuntergang, Eintritt 100 Rs, Video 25 Rs.

Mandu

Praktische Tipps

Stadtverkehr

■ Am besten und billigsten (außer zu Fuß), erkundet man die weitläufige Gegend mit im Zentrum auszuleihenden **Fahrrädern** für 30 Rs pro Tag.
■ Ansonsten findet man eventuell eine **Autoriksha,** die für eine drei- bis vierstündige Tour etwa 200 Rs kostet.

Unterkunft
(Vorwahl: 07292)

Wer besonders in der Hauptsaison zwischen November und Januar nicht schon von Indore aus ein Zimmer in einem der beiden von *Madhya Pradesh Tourism* geleiteten Hotels vorgebucht hat, läuft Gefahr, mit einer der wenigen anderen, sehr einfachen Unterkünfte vorlieb nehmen zu müssen.
■ Das **Hotel Maharaja** € (Jahaz Mahal Rd., Tel.: 263288) ist eine sehr einfache Unterkunft mit schlichten Räumen und Gemeinschaftsbad. Der Preis hängt von der Nachfrage wie auch vom Verhandlungsgeschick ab.
■ Das in der Nähe des Eingangs zur Royal Enclave gelegene **Hotel Rupmati** €€–€€€ (Main Rd., Tel.: 263270) bietet neben den staatlichen Unterkünften die beste Übernachtungsmöglichkeit in Mandu. Einige der Zimmer sind klimatisiert, die Badezimmer könnten etwas aufgefrischt werden. Das beste ist neben dem hilfsbereiten Angestellten jedoch der klasse Ausblick auf den Narmada. Schön sitzt es sich auch auf der Terrasse des Restaurants. Reservierung ist angeraten.
■ Mit Abstand am schönsten wohnt man in den 20 idyllisch und ruhig oberhalb des Sagar Talao gelegenen, teils klimatisierten und komfortablen Cottages des **Malwa Resort** €€€€ (Tel.: 263235) zwei Kilometer südlich der Stadt. Der runde Swimmingpool in der weiten Gartenanlage ist leider nicht immer wassergefüllt. Sehr zu empfehlen ist das Essen im hauseigenen Freiluftrestaurant.
■ Ähnlich in Ausstattung und Preis ist das **Malwa Retreat** €€€–€€€€ (Tel.: 263221, mretreatm@mptourism.com). Hier gibt's jedoch keinen Pool.

Essen und Trinken

■ Preiswert und nicht schlecht isst man im **Khalsa Restaurant** und im **Relax Point Restaurant** (hier nur Snacks, Main Rd., 8–40 Rs), beide im Ortszentrum.
■ Mehr Komfort und schmackhafte Gerichte serviert das **Shivani Restaurant** an der Main Rd. Neben indischer und chinesischer Küche gibt's auch lokale Kost (50–70 Rs pro Hauptgericht), Thalis (50–120 Rs) und Lassis.

◁ Der Jahaz Mahal in der Festungsstadt Mandu

An- und Weiterreise

Taxi:

■ Am bequemsten, aber auch am teuersten besucht man Mandu von **Indore** aus per Taxi. Für 1.100 Rs (plus 250 Rs für den Fall einer Übernachtung) kann man eines der beim Bahnhof auf Kunden wartenden Taxis mieten – eine überlegenswerte Möglichkeit, zumal dann das Transportproblem im weitläufigen Mandu selbst gelöst ist.

Bus:

■ Wer die teurere Taxi-Variante nicht nutzen möchte, kann von **Indore** aus einen der tgl. drei Direktbusse nehmen oder zunächst in 1,5 Std. bis **Dhar** fahren und von dort in die stündlich Richtung Mandu startenden Busse umsteigen. Umgekehrt gilt das gleiche, wobei die vier Direktbusse nach Indore (3,5 Std.) um 9, 9.30 und 15.30 Uhr von Mandu losfahren. Sicherheitshalber sollte man diese Zeiten vor Ort überprüfen.

■ Nach **Maheshwar und Omkareshwar** zunächst bis Dhar (1 Std.), von dort weiter bis Dhamnod in 2 Stunden. Ab Dhamnod in weiteren 3,5 Std. nach Omkareshwar (letzter Bus um 19 Uhr) oder nach Maheshwar in 30 Min. (letzter Bus um 23 Uhr).

Maheshwar XI/C2

Schon in den heiligen Schriften „Mahabharata" und „Ramayana" ist Maheshwar unter seinem alten Namen *Mahishmati* erwähnt. So besitzt die 90 km südwestlich von Indore am **Ufer des Narmada** gelegene Stadt auch heute noch starke Anziehungskraft für Pilger und Sadhus aus ganz Indien. Sie strömen zu den vielen großteils zur Blütezeit des Ortes im 18. Jh. während der Holkar-Dynastie errichteten Tempeln. Diese und der Palast stellen auch für westliche Touristen die Hauptattraktion dar. Das imposante **Fort** aus dem 16. Jh., in dessen Mauern der Palast liegt, überragt die 24.000 Einwohner zählende Stadt.

Der romantische Ort mit seinen **bunt bemalten Häuserfronten** mit überhängenden Balkonen und reich verzierten Toren und seiner lebendigen, spirituellen Atmosphäre rund um die **Ghats** lädt zu einem längeren Aufenthalt ein. Maheshwar diente schon manchem Bollywood-Film als Kulisse, obwohl der Ort sich durch den Bau eines großen Staudamms im Rahmen des Narmada-Staudamm-Projekts in den letzten Jahren verändert hat.

Sehenswertes

Sari-Weberei

Seit dem 5. Jh. wird in Maheshwar gewebt. Die Stadt ist für ihre Saris bekannt, die in spezieller Webtechnik und farbenfrohen, einfachen geometrischen Mustern gefertigt werden. Die Herstellung kann bei der 1978 gegründeten **Rehwa Society** (www.rehwasociety.org), zwischen Palast und den beiden Haupttempeln gelegen, besichtigt werden (tgl. außer Di 10–18 Uhr), einem von mehreren gemeinnützigen Projekten, dessen Erlöse der Schulausbildung, der medizinischen Versorgung und der Unterstützung der etwa 130 Weberinnen zugute kommen. Das angeschlossene Geschäft mit Webwaren aus Seide, Wolle und Baumwolle ist täglich geöffnet. Wer dem Projekt helfen will, ist herzlich willkommen.

Fort und Palast

Das riesige **Ahilya-Fort** am Ufer des Narmada-Flusses wurde im 16. Jh. unter der Herrschaft *Akhbars* erbaut. Seine Mauern beherbergen den während der Regentschaft (1767–95) der berühmten Holkar-Herrscherin *Rani Ahilyabai* Ende des 18. Jh. erbauten **Maheshwar-Palast.** Im Hof wird eine Statue *Ahilyabais* auf dem Thron sitzend verehrt, da sie sich neben der Errichtung vieler Tempel auch für die Belange der Bevölkerung eingesetzt hat. Ein nahe gelegener **Shiva-Tempel** mit einem Schrein eines goldenen Lingams ist Ausgangspunkt für Prozessionen zu Ehren ihres Geburtstags und zu Dusshera. Nur ein Teil des Forts ist zu besichtigen, der andere wurde in ein Luxushotel umgewandelt.

Tempel

Von den über 100 Tempeln des Ortes sind Kaleshwar, Rajarajeshwara, Vithaleshwara und Ahileshwar mit ihren kunstvollen **Schnitzereien** die sehenswertesten. Auf einer kleinen Insel in der Mitte des Narmada-Flusses ist der **Baneshwar-Tempel** vom Duft der Räucherstäbchen umwölkt (erreichbar per Boot vom Ghat für 10 Rs mit Rückfahrt, für das gesamte Boot 100 Rs). Am vorgelagerten Ghat, an dem die Dhobi-Wallahs ihrer Arbeit nachgehen, beeindrucken zwei große Tempel. Im rechten, mit einem Elefantenfries versehenen sind Abbildungen von *Ahilyabai* zu besichtigen.

Praktische Tipps

■ **Vorwahl:** 07283

Unterkunft

■ Wer billig und dennoch akzeptabel wohnen möchte, findet im einfachen **Akash Deep** €€ (Kila Rd., Tel.: (0)942 5334138, Zimmer mit TV) mit Sonnenterrasse ganz nah am Forteingang die beste Option.
■ Nebenan hat das im Antikstil erbaute **Hansa Heritage** €€-€€€ (Kila Road, Kalidas Marg, Tel.: 273296, (0)982 7857097, www.hansaheritage.com) teils sehr geräumige und klimatisierte Zimmer mit hübscher Bemalung der Lehmwände und geschmackvollem Mobiliar.
■ Schönste Übernachtungsmöglichkeit Maheshwars ist **Laboo's Café** €€€ (Tel.: 273329, (0)9229125267). Neben dem einladenden Restaurant sind die fünf unterschiedlich und geschmackvoll dekorierten Zimmer, in der oberen Etage zwei mit eigener Terrasse an der Fortmauer, sehr einladend. Auch Flussfahrten werden arrangiert. Das sechste Zimmer auf der gegenüberliegenden Straßenseite ist weit weniger ansprechend.
■ Ist es hier voll, kann das gegenüberliegende **Aashray Guest House** €€ (Tel.: 201741, (0)9926055878) mit sauberen Zimmern als gutes Ausweichquartier dienen.
■ Angenehme AC-Zimmer mit großer Terrasse zum gepflegten Garten in einem ruhigen Privathaus bietet das **Kanchan Recreation** €€ (Sahastradhara Rd., Tel.: 273 430, (0)9926732557, www.kanchanrecreation.com). Vegetarische Mahlzeiten sind möglich. Einziger Nachteil: Es liegt etwas abseits im Westen der Stadt.
■ Top-Adresse Maheshwars ist das **Ahilya Fort** €€€€€ (Tel.: 273329, Reservierung über Delhi, Tel.: 011-415 51575, www.ahilyafort.com, Preise inkl. Mahlzeiten), ein Teil des Palastes, der in ein Luxushotel umgewandelt wurde. Die prächtigen Zimmer mit Ausblick auf den Fluss machen den Aufenthalt zum Genuss. Swimmingpool, perfekte Gartenanlage, Massage, Internet und WiFi sind selbstversändlich. Das Maharaja-Zelt mit Privatgarten schmückt ein eigener kleiner Pool. Das Ganze hat natürlich seinen Preis. Dies gilt auch für das abendliche Menü (1.500 Rs), das auch Nicht-Gäste bei entsprechender Bekleidung und vorheriger Anmeldung genießen dürfen.

Internet

■ Mehrere **Internetcafés** stehen im touristischen Zentrum meist bis ca. 21 Uhr bereit.

An- und Weiterreise

■ Vom gut 1 km vom Fluss entfernten Busbahnhof regelmäßige Verbindungen nach **Omkareshwar** zwischen 9 und 17.30 Uhr (2,5 Std.). Einige Busse nach **Indore** (4 Std.) und zum 30 Minuten entfernten **Dhamnod** zwischen 7 und 23 Uhr. Von dort weitere Busse nach **Indore** (der letzte um 21 Uhr). Nach **Mandu** zunächst bis Dhamnod. Von dort siehe Omkareshwar, Weiterreise.

Omkareshwar XI/D2

Omkareshwar als „Mini-Varanasi" zu bezeichnen, wie es häufig geschieht, ist nicht falsch, wenn man den ersten Teil des Wortes betont. Viele Pilger besuchen diese **Insel im Narmada-Fluss** 75 km südöstlich von Indore, die ihren Namen wegen ihres charakteristischen Umrisses trägt, der aus der Vogelperspektive einem Om-Zeichen ähneln soll. Die knapp 2x1 km große Insel ist über zwei Brücken und eine Fähre vom Festland aus zu erreichen.

Hauptanziehungspunkt der Gläubigen ist der **Shiva-Tempel** Shri Omkar Mandhata. Auf dem 7 km langen **Pilgerweg**, der die Insel durchzieht, wandern die Gebete rezitierenden Gläubigen. Weitere Jain- und Hindu-Tempel bzw. deren Überreste – die meisten wurden im 11. Jh. von islamischen Invasoren zerstört – und der Palast der ehemaligen Maharajas von Omkareshwar befinden sich auf der Insel.

Der Bau eines **Staudamms** als Teil des Narmada-Staudamms-Projekts (Infos unter www.narmada.org) etwa einen Kilometer östlich hat die Insel zwar verändert, sie ist aber immer noch ein angenehmer, gelassener Ort, der sich in den letzten Jahren zu einem gut besuchten **Treffpunkt von Rucksackreisenden** entwickelt hat.

Leider sind die Benennungen der Tempel und des Ortes selbst verwirrend. So heißt die Insel gemeinhin Omkareshwar, manchmal wird aber auch der gesamte Ort so genannt, obwohl **Mandhata** die richtige Bezeichnung ist. Dasselbe gilt für viele Tempel, die teilweise unterschiedliche Namen haben.

Der größte Teil des Alltagslebens spielt sich nicht auf der Insel ab, sondern im **vorgelagerten Ort** um den Getty Chowk, von wo die Old Bridge über den Fluss zum Tempel Shri Omkar Mandhata führt. Nahe dem Ghetty Chowk verläuft die Mamaleshwar Road zum Busbahnhof am Ortsrand im Südwesten. Folgt man der Straße in entgegengesetzter Richtung, gelangt man zu den alten Ghats. Von dort startet eine kleine **Fähre** auf die Insel (5 Rs). Im Westen sind die neu errichteten Ghats weniger eindrucksvoll.

Sehenswertes

Herrliche Friese und Säulengänge zieren den Shiva gewidmeten Sandsteintempel **Shri Omkar Mandhata,** dessen wichtigster Teil der **Schrein des Jyotir-Lingams** darstellt. Seine religiöse Bedeutung beruht darauf, dass sich in ihm einer der zwölf besonders verehrten Jyotir-Lingams Indiens befindet.

Viele weitere **Tempel** auf der Insel, wie der Amreshwar-Tempel oder Mamleshwar Jyotirlinga, in dem eine spezielle Form der Puja abgehalten wird, sind unbedingt sehenswert. Man sollte sich genug Zeit nehmen, in den engen, von Pilgern und Touristen bevölkerten **Marktgassen** herumzulaufen und evtl. eine der drei täglich abgehaltenen Pujas im Tempel besuchen, obwohl man gelegentlich aufdringlich dazu gedrängt wird.

Geht man nach Überqueren der **Old Bridge** am Abzweig zum nahen Shri Omkar Mandhata nach Norden, führt der Weg über 280 Stufen auf eine Anhöhe zum **Siddhanath-Tempel** aus dem 11. Jh. mit einem kunstvoll gemeißelten Elefantenfries auf der Außenseite. Von dort hat man weite Ausblicke auf die Landschaft und eine gut 20 m hohe Shiva-Statue in der Nähe. Steigt man auf der anderen Seite der Erhebung hinab, kann man Sadhus beobachten, die im Narmada-Fluss ihr heiliges Bad nehmen.

Praktische Tipps

■ **Vorwahl:** 07280

Unterkunft, Essen und Trinken

■ Neben vielen von der Klosterverwaltung des Ahilyabai Charity Trust geleiteten einfachen Dharamsalas warten etliche sehr einfache Billigunterkünfte auf Gäste. Von diesen können das **Manu Guest House** € (Tel.: (0)982 6749004), das **Yatrika Guest House** € auf der Insel und das **Maharaja Guesthouse** € (Tel.: 271237) nahe dem Ghetty Chowk für wenige Rupien (ohne eigenes Bad nahezu umsonst) noch am ehesten empfohlen werden.

■ Ein weiteres bevorzugtes Domizil der neuen digitalen Hippie-Generation ist das etwas bessere **Ganesh Guest House** € (Tel.: 271370). Die zentrale Lage über den alten Ghats, die weiten Ausblicke vom Dach über den Fluss auf Mandhata und das hübsche Gartenrestaurant mit Travellerkost lassen die dürftige Möblierung der Zimmer fast vergessen. Man sollte die Zimmer der unteren Stockwerke vorziehen, da etwas besser ausgestattet und geräumiger.

■ Wird mehr Komfort benötigt, sind die recht sauberen, teils klimatisierten Zweckzimmer mit Bad und TV des **Shri Radhe Krishna Resort** €€–€€€ (J.P. Chowk, Tel.: 271251, www.radhekrishnaresort.com) mit vegetarischem Restaurant und Internetcafé akzeptabel.

Bank und Internet

■ Nahe dem Busbahnhof spuckt der **ATM** der State Bank of India Geld aus.

■ An kleinen **Internetcafés** besteht kein Mangel. Da die langsamen Verbindungen recht unzuverlässig sind, sollte man längere Mails häufig zwischenspeichern.

An- und Weiterreise

■ Für **Mandu** zunächst in 3,5 Stunden nach **Dhamnod** (Busse zwischen 6 und 17 Uhr). Von dort fahren alle Busse Richtung Dhar bis zu einer Oonera genannten Kreuzung (ca. 2 Std. Fahrtzeit bis dort), 14 km vor Mandu. Dort kann man per Handzeichen einen der häufig passierenden Busse nach Mandu anhalten.

■ Busse nach **Indore** (Abfahrt zwischen 6 und 18 Uhr, 75 km) benötigen 2 Std., nach **Maheshwar** (zwischen 6 und 16.30 Uhr) 2,5 Std. Vier Busse fahren ins 133 km entfernte **Ujjain** (6, 11.30, 14.30 und 18 Uhr, 4 Std.).

- Ahmedabad | 628
- Bhavnagar | 641
- Palitana | 644
- Insel Diu | 646
- Veraval und Somnath | 654
- Sasan-Gir-Nationalpark | 657
- Junagadh | 659
- Porbandar | 664
- Dwarka | 665
- Jamnagar | 669
- Rajkot | 672
- Bhuj | 676
- Mandvi | 685

Obwohl Gujarat verkehrgünstig auf der Strecke von Mumbai nach Delhi liegt, besuchen nur relativ wenige Touristen diese Region. Das ist erstaunlich und schade zugleich, bieten doch vor allem die Halbinsel Kathiawar und der Rann of Kutch eine außergewöhnlich vielfältige Palette an Sehenswürdigkeiten.

Gujarat

◁ An der felsigen Küste der Insel Diu

Ein Blick auf die Karte genügt, um zu erkennen, dass Gujarat, das mit knapp 2 Mio. km² gut halb so groß ist wie Deutschland, aus drei völlig unterschiedlichen Regionen besteht: das östliche Kernland mit der größten Stadt des Landes, **Ahmedabad,** die hiervon duch den Golf von Cambay getrennte **Halbinsel Kathiawar** und im Nordwesten der an Pakistan grenzende **Rann of Kutch.** Entsprechend den unterschiedlichen klimatischen und geografischen Bedingungen ist Gujarat eine der landschaftlich abwechslungsreichsten Regionen Indiens. Der Rann of Kutch (auch Kachchh) mit seiner karstigen, flachen Trockenlandschaft grenzt im Norden an die Wüste Thar in Rajasthan und bildete über Jahrhunderte ein ideales Rückzugsgebiet für nomadisierende Stämme Zentralasiens. Die Halbinsel Kathiawar (auch Saurashtra) wird durch die Aravalli-Berge um Junagadh und die Palmenstrände von Diu geprägt. Hier ist im Gegensatz zum Rann of Kutch, wo aufgrund der geringen Niederschläge nur Viehwirtschaft betrieben werden kann, eine bescheidene Agrarwirtschaft möglich.

Im Jahr 2001 wurde vor allem der Norden Gujarats von einem verheerenden **Erdbeben** heimgesucht, das starke Zerstörungen und

Zu Unrecht im Abseits

GUJARAT – ZU UNRECHT IM ABSEITS

HIGHLIGHTS

➜ **Highlight*:**
  Palitana | 644
  Sasan-Gir-Nationalpark | 657

➜ **Der besondere Tipp*:**
  Navratni Dance Festival | 628
  Geführte Stadtrundgänge
    in Ahmedabad | 629
  Modhera und Patan | 640
  Fischerdorf Vanakbara
    auf Diu | 647
  Junagadh | 659
  Dwarka | 665
  Tarnetar und sein Fest | 675
  Rann-Mahotsav-Fest in Bhuj | 679

*Diese Tipps erkennt man im Buch an der gelben Hinterlegung im Kapitel.

Go west! Das galt nicht nur für die ersten westlichen Einwanderer auf dem amerikanischen Kontinent, sondern sollte auch das Motto für die Erkundung Gujarats sein. Während das östliche Kernland mit dem Ballungsgebiet Ahmedabad von dem rasanten wirtschaftlichen Boom der letzten Jahre geprägt ist, entfaltet sich die ethnische und kulturelle Besonderheit des Bundesstaates, je weiter man Richtung des im äußersten Westen gelegenen Rann of Kutch gelangt. Hier spannt sich der Bogen von der südeuropäisches Ambiente ausstrahlenden, ehemaligen portugiesischen Kolonie Diu mit ihren schönen Palmenstränden über den Sasan-Gir-Nationalpark, das letzte Rückzugsgebiet des asiatischen Löwen, bis zur romantischen Wüstenstadt Bhuj. Hinzu kommt, dass Gujarat die Heimat der Jains ist. Nirgendwo sonst in Indien findet sich eine derartige Konzentration an heiligen Stätten dieser Religionsgemeinschaft. Schließlich ist der sehr karge, im äußersten Westen gelegene Rann of Kutch die Heimat einer Vielzahl vornehmlich von der Viehzucht lebender Ethnien, die für ihr hochwertiges Kunsthandwerk Weltruhm genießen. Will man abseits der Touristenpfade ein faszinierendes Stück Indien erleben, ist Gujarat ein echter Tipp.

◸ Im Hafen von Veraval auf der Halbinsel Kathiawar

den Verlust vieler Menschenleben zur Folge hatte und auch touristische Ziele in Mitleidenschaft zog. Zwar sind seither enorme Wiederaufbauarbeiten unternommen worden, doch vielerorts sind die Beschädigungen noch heute deutlich erkennbar.

Der besondere Tipp: Navratni Dance Festival

Um den Monatswechsel September/Oktober wird in Gujarat Navratni gefeiert, ein „neunnächtiges" **Tanzfestival** zu Ehren der Göttin Durga, das zum Dussehra-Fest hinführt. Jede Nacht sind Straßen und Plätze von herausgeputzten Tänzern, die sich bis in die Morgenstunden in Trance tanzen, und Menschenmassen gefüllt.

Alkoholfreie Zone

Gujarat, die Heimat der Jains, ist ein „dry state". Offiziell gibt es alkoholische Getränke, außer in der ehemals portugiesischen Kolonie Diu, nirgends zu kaufen. Doch wäre Indien nicht Indien, wenn es nicht auch hier eine **Ausnahme** gäbe. Ausländern werden unter Vorlage ihres Passes in staatlichen anerkannten *Liquor Stores* oder in *Wine Shops*, die häufig Mittel- oder First-Class-Hotels angeschlossenen sind, *alcohol permits* ausgestellt. Offiziell sind diese für einen Monat gültigen Ausnahmegenehmigungen kostenlos, doch werden nicht selten bis zu 500 Rs „Bearbeitungsgebühr" verlangt. Damit darf man innerhalb eines Monates bis zu 20 Flaschen Bier erwerben. Da das Konsumieren von Alkohol **in der Öffentlichkeit verboten** ist, sollte man sich jedoch ins stille Kämmerlein, spricht Hotelzimmer, zurückziehen.

Ahmedabad X/B2
– pulsierende Industriemetropole

Lang, lang ist es her, dass Ahmedabad in der Mitte des 16. Jh. in einem Atemzug mit den schönsten Städten Indiens genannt wurde. Heute sind es vom Verkehr verstopfte Straßen und in den Himmel ragenden Schornsteine der weit über 60 Textilfabriken, die das Bild der Stadt prägen. Das „Manchester of the East", wie diese riesige **Industriemetropole** oft genannt wird, hätte in einem Wettbewerb um die lauteste und hektischste Stadt Indiens beste Siegeschancen. So produzieren die Bürger etwa 600 Gramm Müll pro Person und Tag, ein Müllentsorgungs- oder Recyclingsystem existiert nicht, die Luftverschmutzung erreicht kritische Werte. Hinzu kommen die für indische Millionenstädte so charakteristischen Begleiterscheinungen wie Lärm, Verkehrsstaus und Massenarmut.

Dennoch lässt sich eine sehr vitale Grundstimmung spüren und die meisten der angereisten Touristen sind positiv überrascht von der lebensvollen Kraft, die diese sechstgrößte Stadt Indiens ausstrahlt. Außerdem ist Ahmedabad für kunsthistorisch Interessierte eine Reise wert. Nirgendwo sonst finden sich derart vorzügliche Beispiele des **indo-sarazenischen Baustils**, in dem die Verschmelzung zweier so grundsätzlich unterschiedlicher Stilrichtungen wie der hinduistischen und der muslimischen ihren höchst reizvollen Ausdruck findet. Leider haben einige Bauten beim Erdbeben 2001 mehr oder weniger gelitten.

Darüber hinaus befinden sich in der Neustadt auf der Westseite des Sabmarti-Flusses mehrere hochmoderne, im Stil der europäischen Bauhaustradition errichtete Geschäfts-

Geschichte

Ahmedabad verdankt seine Gründung einem Feldherrn, der als Eroberer kam und sich in der reichen Küstenniederung festsetzte. Sultan *Ahmed Shah II.*, Führer des von Delhi unabhängig gewordenen Sultanats Gujarat, gründete die Stadt 1411 am strategisch wichtigen Übergang über den Fluss Sabmarti, um den von Norden heranziehenden Eroberern die Küstenniederung, welche die Machtbasis des Sultanats bildete, zu versperren. Aufgrund ihrer hervorragenden geografischen Lage gewann die Stadt schnell an ökonomischer Bedeutung. Zur Regierungszeit des Gründerenkels *Mahmud Degara* (1458–1517) galt die Stadt als eine der wohlhabendsten ganz Indiens. Mit der Eroberung durch *Akhbars* Truppen, der zwei grausame Feldzüge vorangegangen waren, verlor das Sultanat zwar seine Unabhängigkeit, doch blieb Ahmedabad als Provinzhauptstadt weiterhin von Bedeutung.

Während der Marathenherrschaft geriet die Stadt mehr und mehr in Vergessenheit. Und hätten es die Briten nach ihrer Annektion im Jahre 1817 nicht recht bald zu einem bedeutenden Textilzentrum ausgebaut, dann wäre vielleicht Vadodara zur bedeutendsten Stadt dieser Region aufgestiegen.

und Museumsbauten, in denen sich der Erfolg Ahmedabads als eines der Zentren des modernen indischen Kapitalismus spiegelt.

Sehenswertes

Der besondere Tipp: Geführte Stadtrundgänge

Mehrere hochinteressante geführte Stadtrundgänge ermöglichen dem Besucher einen tieferen Einblick in diese auf den ersten Blick ebenso hektische wie unübersichtliche Stadt.

■ **Municipal Corporation** (Tel.: 25391811, (0)982 4032866) startet täglich um 8 Uhr einen **Heritage Walk** ab dem Swami-Narayan-Tempel durch die engen Altstadtgassen (Dauer ca. 2,5 Std., 50 Rs). Er endet an der Jami Masjid am Manek Chowk. Zur Einstimmung in die englisch kommentierte Führung gibt's eine kurze Diashow.

■ Das Hotel **House of M.G.** (Tel.: 25506946) hat eine 80-minütige **Audioführung** zusammengestellt, die an der Rezeption des Hotels unter Vorlage des Passes zwischen 8 und 23 Uhr für 100 Rs ausgeliehen werden kann. Sie beschreibt eine andere Route als die oben angegebene, startet am House of M.G. und endet beim Bholant Divetia Haveli. Auch Abendstreifzüge durch die Gassen der Altstadt und ärmeren Viertel Ahmedabads unter fachkundiger Leitung können über das House of M.G. oder niru panchal@yahoo.co.in (auch für Einzelteilnehmer) arrangiert werden. Sie beginnen beim Mangaldas ni Haveli (Tel.: 22140416) um 22 Uhr.

■ Die **Geschäfts- und Museumsgebäude im Bauhausstil** sind das Faible des Rikshafahrers *Mohammed Gulab Nabi Malik* (Tel.: (0)9825945393), der als interessierter Laie diese Corbusier-Bauten und einige weitere architektonische Schätze der Stadt (etwa das heute leer stehende Gebäude der Ahmedabad Textile Mill's Association) wie seine Westentasche kennt und dem Interessierten gern für 500 Rs für eine Tagestour anbietet – eine unbedingt lohnende Erfahrung.

Jami Masjid

Diese 1423 vom Stadtgründer *Ahmed Shah II.* erbaute Moschee gilt als eine der schönsten ganz Indiens. Durch die Verwendung von

Säulen aus zerstörten Hindu-Tempeln und die Ausführung der Bauarbeiten durch hinduistische Handwerker ist diese **Freitagsmoschee** ein besonders schönes Beispiel des indo-sarazenischen Baustils. Die 64 x 29 m große Gebetshalle wird von 260 Säulen gestützt und ist in 16 Quadrate unterteilt, von denen jedes von einer Kuppel gekrönt wird. Die sehr elegant und harmonisch wirkende Moschee ist leicht zu übersehen, da die Minarette während eines verheerenden Erdbebens im Jahre 1818, dem große Teile der Stadt zum Opfer fielen, einstürzten (auch das Beben von 2001 hat Schäden verursacht). Direkt östlich an die Moschee grenzen die Gräber des Stadtgründers sowie seines Sohnes und Enkelsohnes, deren Innenbereich von Frauen nicht betreten werden darf.

Rani-Sipri-Moschee

Trotz der Jami Masjid gilt diese kleine, etwas südwestlich des Stadtzentrums gelegene Moschee als das schönste Sakralbauwerk Ahmedabads. Auch *Masjid Enajira* (Juwel einer Moschee) genannt, soll sie 1514 von der Frau des Sultans *Mahmud Degara* gestiftet worden sein, nachdem dieser seinen Sohn hatte töten lassen. Das Grabmal der Stifterin befindet sich direkt neben der Moschee.

Sidi-Saiyit-Moschee

Diese von einem ehemaligen Hofherrn *Ahmeds I.* erbaute Moschee in der Dr. Tankaria Rd. war früher Teil der alten Stadtmauer und bildet heute eine Insel inmitten des tosenden Verkehrs am Ende der Tilak Road, unmittelbar vor dem Übergang zur Nehru-Brücke. Von außen wirkt sie zwar recht klein und unscheinbar, doch das auf ihrer Rückseite befindliche durchbrochene Fenster gilt wegen seiner filigran gearbeiteten baumförmigen Motive als eines der Meisterwerke indischer Marmorarbeit. Eine Holzkopie befindet sich sogar im Victoria Albert Museum in London.

Neben den hier genannten gibt es noch zahlreiche weitere besuchenswerte Moscheen, so die **Ahmed-Shah-Moschee,** die kurz nach der Gründung der Stadt im Jahre 1414 vermutlich an der Stelle eines ehemaligen Hindu-Tempels errichtet wurde, und die **Sidi-Bashir-Moschee** gleich neben dem Bahnhof mit ihren berühmten Minaretten, die zum Schutz vor Erdbeben schwingend konstruiert wurden.

Calico-Textilmuseum

Die Stadt, die ihre Stellung als einer der größten Industriemetropolen Indiens in allererster Linie der Baumwollverarbeitung verdankt, beheimatet auch eines der weltweit bedeutendsten Textilmuseen (Shahibag, Tel.: 22868172). Herausragenste Exponate dieses äußerst besuchenswerten, 1949 erbauten Museums etwa 4 km nördlich der Stadt gelegenen sind die riesigen sakralen Tempelwandbehänge sowie eine wunderschöne Sammlung dekorativer Mogul-Zelte. Der das Museum umgebende Shahi Bagh Garden ist zudem einer der ganz wenigen Ruhe ausstrahlenden Orte im sonst so brodelnden, hektischen Ahmedabad.

■ **Öffnungszeiten:** tgl. außer Mi 10.30–12.30 Uhr (letzter Einlass 11 Uhr) und 14.30– 16.45 Uhr (letzter Einlass 15.15 Uhr). Besichtigung nur im Rahmen eines geführten Rundgangs: tgl. 10.45 und 14.45 Uhr. Zu erreichen ist das Museum außer mit der Autoriksha (ca. 30 Rs) mit Bus Nr. 101, 102 und 105.

Shreyas Folk Museum

In modernen Räumlichkeiten bei ausgezeichneten englischen Erklärungen bietet dieses an der westlichen Stadtgrenze gelegene Museum einen hervorragenden Einblick in das **Kunsthandwerk** Gujarats, besonders der Halbinsel Kathiawar. Gezeigt werden u.a. kunstvolle Kostüme, Handwerks- und Haushaltsgeräte, Schmuck, Musikinstrumente und antike, geschnitzte Möbel.

■ **Öffnungszeiten:** täglich außer Mi und Do 10.30–17.30 Uhr, Eintritt 45 Rs, Tel.: 26743755.

Teen Darwaja

Ein beeindruckender Torbogen findet sich im Herzen der Altstadt. Der von *Ahmed Shah* erbaute, stark ornamentierte, dreibögige Teen Darwaja diente dem Herrscher als Zugang zum Maidan Shahi (Royal Square) und um die Prozessionen vom Palast zur Jami Masjid zu verfolgen. Heute ist er der Zugang zur Altstadt. Das 2001 beim Erdbeben stark in Mitleidenschaft gezogene Tor ist inzwischen wieder instandgesetzt.

Etwa 250 m südwestlich des Teen Darwaja beherbergt das **Bhadra Fort,** 1411 von Ahmed Shah erbaut, heute Regierungsbüros. Touristisch interessant ist die Möglichkeit, das Dach zu besteigen (nachfragen). Von dort hat man schöne Ausblicke auch auf die Struktur des Gebäudes. Zwei Türme sind beim Erdbeben eingestürzt.

Sabarmati-Ashram (Gandhi-Ashram)

Sieben Kilometer nördlich des Stadtzentrums, idyllisch am Westufer des Sabmati-Flusses gelegen, gründete *Mahatma Gandhi* 1915 kurz nach seiner Rückkehr aus Südafrika seinen Ashram. Trotz der Proteste seiner Freunde und Gönner, die das Anwesen finanziert hatten, nahm er die von ihm *Harijans* (Kinder Gottes) genannten Unberührbaren in seine Gemeinschaft mit auf. Von hier startete er auch 1930 seinen Salzmarsch, eine der berühmtesten und wirkungsvollsten Aktionen der indischen Unabhängigkeitsbewegungen. Gandhis bescheidenes, nur mit einer Bettrolle, einem Schreibpult und einem Spinnrad ausgestattetes Wohnquartier wurde so wie zu seinen Lebzeiten erhalten. Darüber hinaus sind in der stilvoll eingerichteten Gedenkstätte mit großformatigen Fotos wichtige Aktionen des Unabhängigkeitskampfes dokumentiert. Im Übrigen ist die reich ausgestattete Bibliothek für Gandhianer eine unerschöpfliche Quelle.

Auf der gegenüberliegenden Straßenseite stellt die zum Ashram gehörende **Papierfabrik** (Mo–Sa 11–17 Uhr) weiterhin Papier her (beim Ashram um Zutrittserlaubnis fragen).

■ Verglichen mit dem Hexenkessel rund um die Relief Road fühlt man sich im **Gandhi Ashram Guest House** €€–€€€ (Tel.: 27559342) in eine andere Welt versetzt. Ruhe und Friedfertigkeit bestimmen die Atmosphäre der renovierten Zimmer (alle mit Balkon) gegenüber dem Gandhi-Ashram. Für Unterkunft beim Gandhi Ashram ist auch das Tourist Office behilflich. Check-Out ist schon um 9 Uhr.
■ **Geöffnet** ist der Ashram tgl. von 8.30 bis 18.30 Uhr. Tgl. um 19 Uhr findet eine ca. einstündige Filmvorführung (Sound & Light Program) statt (So, Mi, Fr jeweils in Englisch), in der die bedeutendsten Stationen in Gandhis Leben dokumentiert sind. Zu erreichen ist der Ashram außer mit Riksha (ca. 40 Rs) oder Taxi (ca. 70 Rs) auch mit den Buslinien 81, 84/1, 80/9, 13/1 und 13/2 von der Ashram Rd. Wer von Norden per Zug Richtung Ahmedabad fährt, kann auch schon eine Station vor Ahmedabad in Sabarmati aussteigen.

SEWA

Die 1972 gegründete **Frauenorganisation** SEWA (Self-Employed Women's Association) hat sich zum Ziel gesetzt, Frauen am Wirtschaftsprozess teilhaben zu lassen und damit unabhängig Geld verdienen zu können, die sonst keine Chance dazu hätten. In einem geschlossenen Wirtschaftskreislauf ist ein Teil der Frauen für die Herstellung der Waren (wie Tontöpfe, Webwaren und indische Zigaretten), eine zweite Gruppe für den Verkauf auf der Straße und in Geschäften und eine dritte für die Organisation zuständig.

Außerdem werden Informationsmaterialien wie Filme und Bücher produziert, um die Ziele von SEWA – die Stärkung der **Selbstständigkeit** indischer Frauen in den ländlichen Gebieten – zu propagieren. Für weitergehende Infomationen steht das SEWA Reception Centre (Tel.: 25506477, 25506444, www.sewa.org) an der Ostseite der Ellis Bridge zur Verfügung. Es ist für Besucher Mo-Sa 10–18 Uhr geöffnet. Außerdem werden hier Gebrauchsgegenstände aus eigener Produktion verkauft.

Uttarayan Kite Festival

In den großen Orten Gujarats, aber speziell in Ahmedabad, wird jedes Jahr am 14. Januar das Uttarayan-Drachenfest veranstaltet. Tausende bunter **Papierdrachen** füllen den Himmel, es herrscht eine ausgelassene Stimmung. Mittelpunkt der Aktivitäten ist der ca. 1,5 km lange Bereich zwischen Gandhi- und Nehru-Brücke entlang des Sabarmati-Flusses. Auch Wettbewerbe finden statt. Informationen unter www.gujaratkitefest.com.

Praktische Tipps

■ **Vorwahl:** 079

Stadtverkehr

■ Ahmedabads **Rikshafahrer** haben einen sehr schlechten Ruf. Sie fahren auch mit Meter, allerdings ist darauf zu achten, dass er bei Fahrtbeginn auf „0" steht. Auch das Ablesen scheint nicht immer einwandfrei zu laufen. So verlangen sie vom Bahnhof zur Hotelgegend um die Nehru-Bridge 50 Rs – Einheimische zahlen für die gleiche Strecke maximal 15 Rs. Vom Busbahnhof sind es normalerweise nicht mehr als 8 Rs, zum **Flughafen** sollten es eigentlich nicht mehr als 150 Rs sein, doch werden auch bis zu 300 Rs verlangt. 300 Rs. Maximal soviel sollte es mit dem **Taxi** kosten. Auch die oft vollen Buslinien 104 und 105 fahren zum Flughafen, am besten am Lal-Darwaja-Busbahnhof einsteigen.

■ **Automiete** ist bei Mukesh Travels (Tel.: 2460373, 2408881), ABS Travels (Tel.: 26577477) oder BK Travels (Tel.: 2444028) möglich.

Unterkunft

Bis auf einige Hotels beim Bahnhof finden sich die meisten Unterkünfte in der Nähe der Sidi-Saiyit-Moschee am westlichen Ende der sehr lauten und abgasgeschwängerten Tilak Road. Die Auswahl an auch nur einigermaßen akzeptablen Low-Budget-Unterkünften ist äußerst gering. Falls möglich, sollte man diese Kategorie meiden.

Untere Preiskategorie:

■ Eine der besten Herbergen des unteren Preisbereichs ist das **Hotel Volga** €€-€€€ (Tel.: 25509497, www.hotelvolga.com), eine Gasse von der Relief Rd. hinein und damit ruhig gelegen. Einige der teils klimatisierten Zimmer verfügen über große Fenster, viele sind fensterlos. Alle sind angenehm möbliert und sauber. Auch der Service lässt nichts zu wünschen übrig.

■ Besser als der Aufgang vermuten lässt, sind die sauberen Zimmer des **Alka Hotel** €-€€ (ab 2. Stock, Tel.: 2550

0830, 25509475). Selbst die billigen sind angenehm und ruhig, die größeren, klimatisierten Super-Deluxe-Zimmer ein Schnäppchen.

■ Die Lage direkt neben dem House of M.G., die sauberen Zimmer und der freundliche Service machen das **Hotel Good Night** €€–€€€ (Tel.: 25506866, www.hotelgoodnight.co.in) zu einer der besten Adressen der unteren Preisklasse. Ein weiterer Pluspunkt ist das beliebte Restaurant im Erdgeschoss.

■ Beim Bahnhof wohnt sich's im **Hotel Shakunt** €€–€€€ (Tel.: 22144515) angenehm. Alle Zimmer verfügen über Warmwasser, TV, einige mit überteuertem AC. Nachteil: keins der Zimmer hat ein Fenster. Wer die große Dachterrasse zu einer gemütlichen Nachmittagssiesta nutzen möchte, sollte sich vorher mit Ohropax und Gasmaske ausrüsten. Einen gepflegten Eindruck macht auch das nur zwei Gehminuten weiter westlich gelegene, ebenfalls teils klimatisierte **Moti Mahal Guest House** €€–€€€ (Kapasia Bazar, Tel.: 22121881-4). Das angeschlossene Restaurant ist meist recht gut frequentiert.

■ Ebenfalls günstig gelegen und besser, als es von außen den Anschein hat, ist **Hotel Serena** €€ (Mirzapur Rd., Tel.: 25510136). Saubere Zimmer mit TV, manche mit Badewanne sind preiswert. Zimmer nach hinten wählen wegen der lauten Straße.

■ **Hotel Metropole** €–€€€ (Tel.: 25507988/9) an der Relief Rd. liegt zentral. Die einfachen, sauberen Zimmer mit TV sind preiswert.

■ Ebenfalls zentral liegt **Hotel Balwas** €€–€€€ (Tel.: 25507135) mit hellen Zimmern mit TV sowie teilweise AC und Balkon (allerdings zur lauten Relief Rd).

Mittlere Preiskategorie:

■ Die beste Wahl des oberen Budget-Bereichs bietet das Mittelklassehotel **Ritz Inn** €€€€ (Tel.: 22123842-9, www.hotelritzinn.com) beim Kapasia Bazaar in Bahnhofsnähe. Klasse eingerichtete Zimmer, alle mit großem Fernseher und zentral klimatisiert, von den oberen Etagen mit gutem Ausblick sowie ein gutes vegetarisches Restaurant zu einem fairen Preis.

■ Das alteingesessene **Ambassador Hotel** €€€–€€€€ (Khanpur Rd., Tel.: 25502490, www.ambassadorahmedabad.com) kann zwar immer weniger mit den eleganten Hotels, die hier während der letzten Jahre erbaut worden sind, konkurrieren, doch dafür überzeugt es nach wie vor mit seinem sehr freundlichen Personal, geräumigen und sauberen Zimmern und zivilen Preisen.

■ Von einigen Mittelklassehotels westlich der Ellis Bridge ist das **Hotel Kanak** €€€€ (Tel.: 26468822) nahe dem Gujarat College eine hinreichende Wahl für jene, die komfortabel wohnen möchten. Geräumige, hübsch möblierte Zimmer mit AC, Kühlschrank und Badewanne zu leicht überhöhtem Preis.

Obere Preiskategorie:

■ Mein persönlicher Favorit ist das mitten im Zentrum gelegene **The House of M.G.** €€€€€–€€€€€€ (Tel.: 25506946, www.houseofmg.com). Dieses Boutique-Hotel wartet mit zehn unterschiedlich geschnittenen und individuell eingerichteten Zimmern auf, einige mit Hängeschaukeln und Balkon. Besonders gelungen in diesem prächtigen und verwinkelten Kolonialbau sind die sogenannten Veranda-Suiten. Neu sind fünf sehr geräumige Suiten im gleichen Stil. Reservierung ist dringend angeraten. Weiterer Vorteil: das schöne Green House Restaurant sowie das ebenfalls gute Dachrestaurant Agashiye im Haus.

■ Von mehreren empfehlenswerten Hotels in der Khanpur Rd. bietet das **Cama Park Plaza** €€€€€ (Tel.: 25601234, www.camahotels.com) eines der besten Preis-Leistungs-Verhältnisse. Alle Zimmer verfügen über AC, TV, Badewanne, die meisten über Balkon, auch Garten mit Swimmingpool und Liquor Shop sind vorhanden. Etwas seltsam wird's einem, wenn man von den Luxuszimmern aus auf die direkt vor diesen Hotels gelegenen Slums am Flussufer schaut.

■ Preiswert ist das zentralklimatisierte **Quality Inn Rivera** €€€€€–€€€€€€ (Tel.: 25601111, www.qualityinnrivera.com) für die geräumigen und „pieksauberen" Zimmer, alle mit Badewanne. Weitere Vorteile sind das freundliche Personal, der kleine Garten und das gute hauseigene Restaurant.

■ Die „Gnade der späten Geburt" macht das neueröffnete und daher blitzblanke **Royal Orchid Central** €€€€€–€€€€€€ (Tel.: 30912345, www.royalorchidhotels.com) gegenüber dem Gujarat College zu einer der besten Adressen in der oberen Preiskategorie. Im Vergleich zum House of M.G.

Ahmedabad

fehlt ihm zwar jeglicher nostalgischer Charme, doch dafür überzeugt es mit seinem minimalistisch-klassischen Dekor und allen Annehmlichkeiten eines internationalen Spitzenhotels.

Essen und Trinken

Ahmedabad ist bekannt für seine ebenso schmackhaften wie preiswerten vegetarischen Thalis und Dosas.

● Eines von mehreren klassischen Thali-Restaurants Ahmedabads ist die **Gopi Dining Hall** in der Ashram Rd. westlich der Ellis Bridge gegenüber der Town Hall. Erstklassige, preiswerte Gerichte (Thalis 70–100 Rs) in bahnhofsähnlicher Atmosphäre werden von 10 bis 15 und 18 bis 22 Uhr serviert.

● Konkurrenz ist durch die **Toran Dining Hall** (11–15 und 19–22 Uhr) entstanden, die ebenfalls erstklassige Thalis und vielseitige Gujarati-Küche serviert.

● Für Dosa-Liebhaber bietet sich das **Sankalp Restaurant** im 5. Stock des Samir Building in der C.G. Rd. an. Im Übrigen gibt es auch hier schmackhafte Thalis.

● Etwa auf halber Strecke zwischen Bahnhof und Nehru Bridge findet sich neben dem Krishna-Kino das für seine exzellenten Thalis stadtbekannte **Chetna Restaurant**. Tatsächlich ist es bei den Gujaratis derart beliebt, dass man zu den Hauptspeisezeiten zuweilen Schlange stehen muss, um einen Platz zu ergattern. Das Warten lohnt jedoch auch, zumal die Thalis sehr preisgünstig sind.

● Das schräg gegenüber gelegene **Havmor Restaurant** ist ideal für eine kleine Zwischenmahlzeit wie Samosas oder Pakora sowie einen erfrischenden Milchshake.

● Erstklassige Tandoori- und Paneer-Gerichte sorgen vorwiegend abends im klimatisierten **Hotel ZK** (Relief Road) für regen Zulauf, sodass gelegentlich kaum ein Platz zu ergattern ist. Ein klassisches, recht dunkles Restaurant mit exzellenten Gerichten zu günstigen Preisen (Hauptgerichte 90–170 Rs).

● Wer bereit und in der Lage ist, für ein echtes kulinarisches Erlebnis in stilvollem Ambiente deutlicher tiefer in die Tasche zu greifen, findet mit dem **Green House** und dem **Agashiye** (12–15 und 19–23 Uhr) zwei der besten Restaurants Ahmedabas im selben Haus. Auf dem Dach des herrlichen House of M.G. Hotel findet sich das vorzügliche Agashiye. Die täglich wechselnden Gerichte in diesem geschmackvoll eingerichteten Dachrestaurant sind ihr Geld allemal wert (400/500 Rs Mittag-/Abendessen). Das im Untergeschoss befindliche, offene und begrünte Restaurant Green House ist wegen der verkehrsreichen Straße nicht gerade ruhig, aber dennoch angenehm. Es serviert köstliche Vor- und Nachspeisen (um 100 Rs, Frühstück bis 10.30 Uhr, Hauptgericht 150–200 Rs). Entweder als Dessert nach dem Agashiye zu empfehlen oder als eigenständiges Abendessen, indem man gleich mehrere dieser um 100 Rs billigen Köstlichkeiten verspeist.

● Gut für einen Zwischenstopp ist das **Trupti Restaurant**, wo man auch an der Straße sitzen kann. *Masala dosas* und Fastfood sind preiswert.

● Südindische Kost bekommt man im **Sanman Restaurant** an der Gandhi Road gegenüber der Jami Masjid serviert. Wer sich bei den meist recht scharf gewürzten Gerichten die Zunge verbrennt, sollte als Feuerlöscher einen der köstlichen Lassis probieren. Abkühlung kann man sich auch in der oberen AC-Etage verschaffen.

● Köstliche Sandwiches, Pizza, Falafel, Kuchen, Cocktails und die Wahl zwischen verschiedenen Kaffeesorten? Das alles in einem friedvollen Garten bei relaxter Musik und zumeist einem aufgeschlossenen, meist jugendlichen Publikum? Das hervorragende **Zen Café** (www.zencafe.info) bietet all dies. Das „Original" liegt leider etwas außerhalb an der University Rd.

● Eines der „In-Restaurants" für die westlich orientierte Mittel- und Oberschicht ist das in der C.G. Rd. gelegene **Tomatos**. In diesem – wie die Geschäftsleitung stolz verkündet –, „only American Diner Restaurant in India" gibt's alles, vom Alloo Ghobi über Nachos bis zu Pizza. Auf der gleichen Welle schwimmt das ebenso populäre **Freezeland**, ebenfalls an der C.G. Road.

● Eine kleine Insitution ist das **Vishalla** (Tel.: 26602422, 11–15 und 20–23 Uhr, 80–200 Rs) knapp 10 km südlich des Zentrums. Man nimmt die landestypischen Gerichte auf dem Boden sitzend ein. Mittagessen 125 Rs, Abendessen 180 Rs (hierbei Puppen- oder Zaubervorführungen und traditionelle Musik). Per Riksha mit Wartezeit und Rückfahrt etwa 90 Rs.

Das recht saubere Schnellrestaurant von **Comesum Food Plaza** versorgt im Hauptbahnhof zum kleinen Preis rund um die Uhr.

Medizinische Versorgung

■ Im Falle von Krankheit bzw. Unfall stehen u.a. die staatlichen Krankenhäuser **Civil Hospital** (Tel.: 2268 3721/2) und **Sterling Hospital** (Gurukul Rd., Tel.: 2748 5767, Notfallnr.: 27418282) zur Verfügung.

Bank

■ **Thomas Cook** (Travelex) befindet sich in der C.G. Rd. in dem neuen Supermal-Gebäude (Mo–Sa 9.30–17.30 Uhr). Ebenfalls in der C.G. Rd. im Surya Complex gelegen ist die Filiale des für gute Raten bekannten **UAE Exchange** (Mo–Sa 9.30–18 Uhr, So 9.30–13.30 Uhr, Tel.: 26442139).

■ Außerhalb der üblichen Geschäftszeiten können im **Photoshop** (Tel.: 27540237) mit LKP-Forex-Lizenz im Agrawal Centre, Ashram Rd., Geld und Reisesches gewechselt werden, allerdings sind die Raten etwas unterdurchschnittlich.

Internet

■ Erstaunlicherweise existieren nicht sehr viele Internetcafés, besonders im Altstadtbereich. Zentral 20 m einen Durchgang an der Relief Rd. schräg gegenüber dem *ZK Hotel* hinein ist das **Planet Cyber Café** (10.30–23.30, So 12–22 Uhr, 30 Rs/Std.) die beste Wahl. Hier ist auch billiges Net-to-Phone-Telefonieren nach Europa möglich.

■ Akzeptabel ist das etwas östlich Richtung Busbahnhof im Souterrain gelegene **Cyber Point**.

■ Auf der westlichen Seite des Sabarmati hat **Reliance Webworld** die schnellste Breitbandverbindung.

Legende Stadtplan Ahmedabad

■ **Unterkunft**
1 Gandhi Ashram Guest House
14 Hotel Kanak, Royal Orchid Central
18 Quality Inn Rivera
19 Cama Park Plaza
20 Ambassador Hotel
21 Hotel Serena
22 The House of M.G., Hotel Good Night
23 Hotel Metropole, Hotel Volga
28 Hotel Balwas
29 Alka Hotel
33 Ritz Inn
34 Hotel Shakunt
35 Moti Mahal Guest House

■ **Essen und Trinken**
3 Zen Café
7 Sankalp Restaurant
9 Toran Dining Hall
11 Tomatos
12 Freezeland
15 Gopi Dining Hall
24 Green House und Agashiye
25 Hotel ZK
27 Trupti Restaurant
30 Chetna Restaurant
31 Havmor Restaurant
32 Sanman Restaurant
36 Comesum Food Plaza
38 Vishalla

■ **Verkehr**
2 Jet Airways
5 Punjab Travels
6 Air India
16 Punjab Travels
17 Patel Tours & Travels
26 Lokaler Busbahnhof
37 Busbahnhof

■ **Einkaufen**
4 Banascraft
8 Garvi Gurjari
10 Bandhej
13 Law Garden Night Market

Einkaufen

Kein Wunder, dass die **Textilhauptstadt Indiens** ein hervorragender Ort zum Kauf von äußerst kunstvoll verzierten Saris, Schals, Bettüberwürfen und Wanddecken ist.

■ Qualitativ ausgezeichnete traditionelle und moderne Damenmode bietet das edle **Bandhej** (Mithakali Six Rd., 10–20 Uhr) im Erdgeschoss des Shree Krishna Complex zu entsprechenden Preisen.

■ Nirgendwo in Ahmedabad macht Shopping soviel Spaß wie an den Ständen des **Law Garden Night Market** auf der westlichen Seite des Sabarmati-Flusses etwas nördlich des Gujarat College. Nach Sonnenuntergang findet sich hier eine große Auswahl an vor allem aus dem Rann of Kutch stammenden, spiegelverzierten Decken und anderen kunsthandwerklichen Produkten West-Gujarats. Unter den Hängelampen funkeln auch Juwelen.

■ Im staatlichen **Garvi Gurjari** (10–19 Uhr) an der Ashram Rd. werden qualitativ teils hochwertiges Kunsthandwerk und Kleidung, auch Seidensaris, zu Fixpreisen verkauft.

■ **Banascraft** (Chandal Complex, C.G. Rd., Mo–Sa 10.30–20 Uhr, So bis 18.30 Uhr) ist der Verkaufsraum von SEWA. Hier werden Schals, sonstige Kleidungsstücke und Wandbehänge verkauft, deren Erlös den produzierenden Frauen zugute kommt.

An- und Weiterreise

Flug:
■ **Air India,** Lal Dawaja, Tel. 25505198.
■ **IndiGo,** Tel. (0)9910383838, www.goindigo.in.
■ **Jet Airways,** Ratnanabh Complex, Ashram Rd., gegenüber Gujarat Vidhyapith, Tel.: 39893333, am Flughafen: 22868307/8.
■ **Spice Jet,** Tel. 1800-1803333, www.spicejet.com.

Bahn:
Der Schalter Nr. 6 im rechts vom Kalupur-Hauptbahnhof gelegenen **Booking Office** verkauft Touristen-Tickets, und dementsprechend schnell und effizient wird man selbst dann bedient, wenn man noch einen Fahrschein für den gleichen Tag benötigt. Auch im Gandhigram-Bahnhof westlich der Ashram Rd. werden Tickets verkauft. Beide sind Mo–Sa 8–20 Uhr (14 Uhr eine halbe Stunde Mittagspause) und So 10–14 Uhr geöffnet.

Bus:
■ Vom **Long Distance Bus Stand** (Auskunfts-Tel.: 2546 3360/82) fahren ständig Busse zu allen größeren Orten Gujarats sowie Orten im südlichen Rajasthan und westlichen Madhya Pradesh. Zwar ist man mit dem Bus oftmals schneller am Ziel als per Zug, doch dafür ist diese Art des Reisens auch erheblich anstrengender.

■ Wer sich dennoch für die Busreise entschließt, sollte die **privaten Busgesellschaften** wie z.B. **Punjab Travels** (Tel.: 26569200, 9–21 Uhr), die insgesamt vier Filialen in Ahmedabad betreiben, vorziehen. Sie sind schneller und meist komfortabler. Auch **Patel Tours & Travels** (Shroff Chambers, Paldi, www.pateltoursandtravels.com) ist verlässlich.

■ Einige **Busfahrtzeiten:** Bhuj (8 Std.), Diu (nur ein Bus um 8 Uhr), Jamnagar (7 Std.), Junagadh (8 Std.), Mumbai (13 Std.), Indore (10 Std.), Bhavnagar und Rajkot (4,5 Std.), Palitana (7 Std., ein Bus um 7 Uhr), Vadodara (2 Std., alle 15 Min.), Mt. Abu und Udaipur (beide 7 Std., 100/110 Rs, Bussteig 5), Jodhpur und Ajmer (11 Std).

Beim Reisen über Land: Bargeld mitnehmen

Bevor man seine Reise von Ahmedabad aus in die ländlichen Gebiete Gujarats antritt, sollte man genügend indische Rupien in Bargeld bei sich haben, da es nur in wenigen größeren Städten möglich ist, Traveller-Cheques, egal, von welchem Geldinstitut, zu wechseln. Eine Bargeldauszahlung auf Kreditkarte ist so gut wie nirgends möglich und auch ATMs finden sich nur spärlich.

Umgebung von Ahmedabad

Sarkhej

Die im nur 8 km südlich vom Zentrum, im Stadtteil Sarkhej, um einen künstlichen See angelegten **Mausoleen** islamischer Herrscher und Heiliger finden bei Kunsthistorikern besonders deshalb Beachtung, weil sie in fast reinem Hindu-Stil erbaut wurden. Deutlich wird diese Eigentümlichkeit z.B. durch das Fehlen des für die islamische Architektur so typischen Bogenelements. Alle Grabstätten Sarkhejs stammen aus dem 15. Jh.

Gandhinagar X/B2

Nachdem der alte Bundesstaat Mumbai 1960 in Gujarat und Maharashtra aufgeteilt wurde, meinten die Politiker die Notwendigkeit einer völlig neuen, am Reißbrett geplanten Hauptstadt erkannt zu haben. So entstand 25 km nordöstlich der alten Hauptstadt Gujarats, Ahmedabad, die **Reißbrettmetropole** Gandhinaghar. Während ihr großes Vorbild, Chandigarh, zumindest grandios misslungen und insofern durchaus einen Besuch wert ist, stellt Gandhinagar nur eine billige Kopie dar. Einzig der neu errichtete, riesige, jainistische **Aksharmdham-Tempel** (Ja Rd., Sect. 20, tgl. außer Mo 9.30–18.30 Uhr) lohnt einen Abstecher.

Anreise:
■ Wenigstens halbstündig pendeln meist total überfüllte Busse zwischen Ahmedabad und Gandhinagar. Taxis verlangen 200 Rs für die einfache, 300 Rs für die Hin- und Rückfahrt.

Vogelschutzgebiet Nalsarovar X/B2

Das 65 km südwestlich von Ahmedabad gelegene, 130 km² große Vogelschutzgebiet mit seinem seichten See ist im Winter Ziel zahlreicher nordischer Zugvögel. Bisher wurden 250 Vogelarten beobachtet, wobei die Ansammlungen der großen **Flamingos** besonders auffällig sind. Beste Zeiten für die Vogelbeobachtung sind der frühe Morgen ab 5 Uhr oder abends vor Sonnenuntergang. Der durchschnittlich nur 60 cm tiefe See trocknet in extremen Dürrejahren vollständig aus. Landschaftlich ist die Umgebung leider recht reizlos.

Unangenehm sind die bei westlichen Touristen besonders geldorientierten Bootsführer. 100 Rs pro Boot und Stunde – mehr sollte es nicht kosten. Mit viel Verhandlungsgeschick kann man die Bootsleute aber auch deutlich herunterhandeln. Um nahe genug an die weit vom Uferrand siedelnden Flamingos heranzukommen, benötigt man allerdings für Hin- und Rückfahrt 4 Stunden. Während der Wochenenden sollte man das Vogelschutzgebiet meiden, weil es dann von Tausenden von Tagesausflüglern heimgesucht wird.

Unterkunft:
■ Übernachten kann man im **Forest Rest House** €€ (Tel.: 079-26589172) in Hütten direkt am Seeufer, aber noch außerhalb des Schutzgebiets. Von dort werden auch organisierte **Tagesausflüge** durchgeführt.

Anreise:
■ Mit dem **Taxi** von Ahmedabad muss man für die Hin- und Rückfahrt mindestens 1.000 Rs zahlen. Per Bus von Ahmedabad dauert es ca. 2,5 Std., 48 Rs.

Lothal

Archäologisch sind die Ausgrabungen dieser ehemaligen Hafenstadt 80 km südwestlich

Ahmedabad, Umgebung

von Ahmedabad von allergrößter Bedeutung. Im 3. vorchristlichen Jahrtausend war sie Hauptumschlagplatz für Waren in den Vorderen Orient. Heute ist die ca. 7,5 ha große Anlage wichtigstes Zeugnis der **Harappa-Kultur** auf indischem Boden. Archäologen haben deutliche Parallelen zu den beiden großen, von einem strengen Ordnungsprinzip gekennzeichneten Städten der Indus-Kultur, Mohenjo Daro und Harappa, festgestellt. Allerdings dürfte sich ein Ausflug zu dem Ruinenfeld nur für archäologisch besonders Interessierte lohnen, da außer einigen Mauerresten und Brunnenanlagen nicht viel zu sehen ist. Das **Archäologische Museum** auf dem Gelände ist tgl. außer Fr 10–17 Uhr geöffnet.

Anreise:

■ Jeden Morgen fährt um 7 Uhr ein Direktbus innerhalb von 3 Stunden von Ahmedabad nach Lothal. Dort angekommen, kehrt er nach 30 Minuten zurück nach Ahmedabad. Da es in Lothal keine Unterkünfte gibt, muss man sich per Anhalter oder zu Fuß 3 km zurück zur Nationalstraße begeben und einen der zahlreichen dort passierenden Busse nach Ahmedabad anhalten. Von Ahmedabad ist Lothal auch per Bahn erreichbar: Um 7.50 Uhr Abfahrt in Ahmedabad, 3 Stunden später erreicht der Zug Bhurkihi. Von dort die letzten 6 km per Riksha oder Bus.

Der besondere Tipp: Modhera   X/B1

Modhera und Patan zählen nicht nur für kunsthistorisch Interessierte zu den schönsten Zielen Nordwestindiens. Von westlichen Touristen nur ganz selten besucht, bieten sie sich als ideale Ausflugsziele für all jene an, die einmal abseits ausgetretener Touristenpfade **kunsthistorische Schätze** erster Güte entdecken möchten. Beide Ziele können problemlos miteinander verbunden werden und sind am besten per Mietwagen von Ahmedabad aus zu besuchen.

Modhera ist nach Konark in Orissa der bedeutendste **Sonnentempel** Indiens (tgl. 8–18 Uhr zugänglich). Der große Solanki-König *Bhimdur* ließ ihn 1026 errichten. Nur wenige Jahre nach seiner Fertigstellung wurde er vom afghanischen Feldherrn *Mahmud-e-Ghazni* fast vollständig zerstört. Abgesehen vom Dach der Haupthalle sind heute jedoch die Hauptbauelemente restauriert. Schmuckstück des an einem von Stufen gesäumten See gelegenen Tempels ist seine Tanzhalle mit den sehr schön dekorierten Säulen und Decken. Auch der sich östlich anschließende Haupttempel entfaltet an seinen Außenwänden die für die hinduistische Baukunst so kennzeichnende Vielfalt figürlicher Darstellung. Jeder Zentimeter scheint übersät mit einer atemberaubenden Fülle an Götterfiguren, Tierprozessionen, Musikanten und Blumenornamenten. Jeweils in der dritten Januarwoche findet das dreitägige **Modhera-Tanzfestival** (jeweils Fr bis So) auf dem Tempelgelände statt.

Unterkunft:

■ Es gibt keine Hotels, doch kann man im Notfall im **PWD Rest House** übernachten.

Anreise:

■ Ein **Direktbus von Ahmedabad** bewältigt die 80 km lange Strecke in knapp 3 Std. Falls man diesen verpasst, kann man zunächst mit einem der vielen Busse oder Züge nach **Mahesana** fahren, von wo aus es relativ viele Anschlussbusse nach Modhera gibt.

Der besondere Tipp: Patan   X/B1

Die etwa 25 km nördlich von Modhera gelegene Ortschaft Patan, heute ein völlig un-

☐ Atlas S. X

Bhavnagar   X/B2

– Hafenstadt auf dem Weg nach Palitana

scheinbares Dorf, war unter dem Namen *Anahillavada* für annähernd sechs Jahrhunderte **Hauptstadt der Solanki-Dynastie.** Zwischen dem 8. und 14. Jh. wurde hier eine Vielzahl von Tempeln und Stufenbrunnen erbaut. Die meisten sind heute aufgrund zahlreicher muslimischer Raubzüge zerstört.

Auch der Mitte des 11. Jh. von *Udaymati,* der Frau des Solanki-Königs *Bhimdeva,* errichtete **Rani-Ki-Stufenbrunnen** (Eintritt 100 Rs, tgl. 8–18 Uhr) lag bis in die 1960er unter einer Schicht aus Lehm begraben. Nach jahrelangen, aufwendigen Restaurationsarbeiten durch das Archaeological Survey of India erstrahlt er inzwischen wieder in seinem alten Glanz und gilt als der **schönste Stufenbrunnen Indiens.** Der 64 m lange, 20 m breite, in Ost-West-Richtung ausgelegte Brunnen begeistert – wie der Sonnentempel von Modhera – durch die überwältigende Zahl und Detailgenauigkeit der dargestellten Skulpturen und Friese. Vom Eingang bis zum 27 m tiefer gelegenen Grund sind Torbögen, Pfeiler, Querbalken und Korridore in einem geradezu überwältigenden Gestaltungseifer von den Steinmetzen verziert worden. Wie so häufig bildet die ganze Vielfalt des hinduistischen Pantheons den Rahmen für Prozessionen und Szenen aus dem Mahabaratha und Ramayana sowie für tierische und pflanzliche Darstellungen. Besonders beeindruckend ist der Blick vom Grund aufwärts durch den sich nach oben verjüngenden Brunnen zum sonnendurchfluteten Dach.

Unterkunft:

■ Das **Surya Palace Hotel** €€ (Tel. 02766-329872) in der University Street bietet saubere Zimmer und ist für eine Nacht die beste Unterkunft der Stadt.

Anreise:

■ **Busse** von/nach Ahmedabad fahren im Stundentakt und benötigen 3,5 Std., 80 Rs.

Die 1723 gegründete Hafenstadt ist wegen der ansässigen Baumwoll- und petrochemischen Industrie ein bedeutender regionaler Handelsplatz. Obwohl der sich deutlich in Altstadt und Neustadt unterteilende Ort keinerlei bedeutende Sehenswürdigkeiten aufzuweisen hat, stranden hier immer wieder einige Touristen, die auf ihrem Weg zum nur 50 km entfernt gelegenen Jain-Pilgerort Palitana den letztmöglichen Anschluss verpasst haben.

Wirklich lohnenswert ist ein Spaziergang durch die engen **Altstadtgassen,** in denen sich noch einige alte Holzhäuser und sehr viel typisches indisches Leben erhalten haben. Über die Wartezeit ebenso hinweghelfen kann der Aufstieg zu dem auf einem Hügel gelegenen **Takhdeshwar-Tempel.** Interessant ist dort weniger der Shiva-Tempel selbst als die schöne Aussicht auf die Bucht und den Hafen.

Nur für echte Gandhi-Fans bietet sich noch der Besuch im **Ghandi Smriti** an. *Mahatma Ghandi* war für einige Jahre Schüler im College Bhavnagar, und aus diesem Anlass wurde eine umfangreiche fotografische Sammlung zu seinen Ehren angelegt.

■ **Öffnungszeiten:** tgl. außer Mo 9–12.30 und 14.30–18.30 Uhr. Außerdem jeden 2. und 4. Sa des Monats geschlossen.

Unterkunft, Essen und Trinken
(Vorwahl: 0278)

■ Sehr unterschiedliche Leserbeurteilungen ruft das freundliche **Hotel Mini** € (Tel.: 2512915) auf der rechten

Seite der Station Road vom Bahnhof hervor. Lange Zeit die einzig wirklich empfehlenswerte Billig-Unterkunft der Stadt, sollte man sich die Zimmer zunächst anschauen, bevor man sich einmietet. Angeschlossen ist ein einfaches Lokal, welches günstige und leckere Thalis serviert.

■ Mit dem **Jubilee Hotel** €€€ (Tel.: 2420045) und dem **Blue-Hill** €€€ (gegenüber Pill Garden, Tel.: 2426298, blue hill@ad1.vsnl.net.in) sind zwei professionell geführte Mittelklassehotels in sehr ruhiger Lage zu finden. Das Blue Hill ist zentral klimatisiert und bietet freundlich eingerichtete Zimmer mit Telefon, heißer Dusche und Satellitenfernsehen. Besonders empfehlenswert sind die Zimmer mit Balkon zum angrenzenden Park. Das gleiche gilt für das etwas preiswertere Jubilee. Beide Hotels verfügen über ausgezeichnete Restaurants.

■ Etwas günstiger und kaum schlechter wohnt man in dem mitten im Stadtzentrum gegenüber vom Busbahnhof gelegenen **Hotel Apollo** €€-€€€ (Tel.: 2515655, 2425250), obwohl die Zimmer, teils mit Balkon, schon bessere Zeiten gesehen haben.

■ Mit seinen sauberen, recht geräumigen Zimmern, dazu zwei guten Restaurants und einem Internetcafé bietet das **Sun'n Shine** €€€ (Tel.: 2516131) das beste Preis-Leistungs-Verhältnis der Mittelklassehotels.

■ Ein neues, architektonisch sehr gelungenes Hotel mit professionellem Service, schön eingerichteten Zimmern und Pool zu vergleichsweise günstigen Preisen – genau das, was Bhavnagar seit Jahren fehlte, bietet nun das neueröffnete **Top3 Lords Hotel** €€€ (Tel. 2883071, www.lordshotels.com). Zweifelsohne die zurzeit beste Unterkunft der Stadt. Einziger Nachteil ist seine Lage 8 km außerhalb.

■ Inmitten eines Parks mit frei umherlaufenden Pfauen steht die ehemalige Maharaja-Residenz **Nilambag Palace** €€€€ (Tel.: 2424241, www.nilambagpalace.com). Von außen wirkt das Herrscherhaus etwas gräulich, die Zim-

408in mb

mer sind jedoch einladend. Während es immer wieder Klagen über das wenig zuvorkommende Personal gibt, erhält das Gartenrestaurant gute Kritiken. Auch der Pool ist ein Plus. Eine günstigere Alternative bieten die einfachen, aber hübschen Zimmer des im ehemaligen Verwaltungsgebäude des Nilambag Palace untergebrachten **Narayani Heritage** €€€ (Tel. 2513535).

■ In zentraler, angenehmer Lage speist es sich im **Rasoi Restaurant** (11–15 und 19–23 Uhr): vorwiegend Thalis (all you can eat, 80 Rs) und billige Punjabi- und chinesische Küche.

■ Etwas außerhalb an der Straße nach Palitana liegt das sehr gute **Bageecha – The Restaurant**. Neben dem angenehmen Ambiente in dem geschmackvoll eingerichteten Gartenrestaurant überzeugen die schmackhaften einheimischen Gerichte mit Preisen zwischen 80 und 150 Rs.

An- und Weiterreise

Flug:

■ Zum 5 km außerhalb gelegenen Flughafen sind es ca. 130 Rs per Autoriksha und 200 Rs per Taxi. Mehrfach täglich Verbindungen von/nach Mumbai.

Bahn:

■ Nichts für Eilige sind die tgl. drei innerhalb von 2 Std. von und nach **Palitana** fahrenden Passenger-Züge.

■ Von und nach **Ahmedabad** sind es 5,5 Std. mit dem 2971/2 Bhavnagar Bandra Exp. (Abf. Bhavnagar 18.05, Ank. Ahmedabad 23.17 Uhr, weiter bis Mumbai) bzw. in Gegenrichtung der 207 Bhavnagar Okha Passenger (Abf. 21.30 Uhr) nach **Rajkot** (an 6.10 Uhr), **Jamnagar** (an 9 Uhr), Dwarka (an 11.54 Uhr) und **Okha** (an 13.20 Uhr).

Bus:

■ Zwischen **Palitana** und Bhavnagar verkehren tgl. etwa 10 Busse (1,5 Std.).

◁ Feldarbeit mit einfachen Mitteln im ländlichen Gujarat

■ Nach **Una** (6 Std., 100 Rs), wenige Kilometer von Diu entfernt, fahren 7 Busse.
■ Von und nach **Ahmedabad** dauert es 6 Std., Verbindungen etwa alle 2 Std.

Umgebung von Bhavnagar

Velavadar-Nationalpark   X/B2

Der nur 34 km² große Velavadar-Nationalpark (auch Blackbuck-Nationalpark genannt) bezieht seinen Reiz auch dadurch, dass er vom Tourismus nahezu unberührt ist. Zwischen zwei nur in und nach der Regenzeit wasserführenden Flüssen gelegen, ist das 65 km nördlich von Bhavnagar gelegene Grasland-Reservat vor allem für seine ca. 3.500 Exemplare zählende, *Blackbuck* genannte **Antilopenart** bekannt, deren Männchen mit bis zu 60 cm langen, spiralförmigen Hörnern ausgestattet sind. Eine Vielzahl von **Vogelarten** machen Velavadar auch für Ornitholgen zum interessanten Ziel. Das Reservat ist sowohl per pedes als auch per Jeep zu durchstreifen. Leider stehen nur wenige englischsprachige Führer zur Verfügung.

■ **Öffnungszeiten:** 15. Oktober bis 15. Juni 7.30–18 Uhr. Pro Person sind 250 Rs Eintritt zu zahlen, für einen Jeep nochmal dasselbe, Guides kosten für 4 Std. ebenfalls 250 Rs wie auch das Mitführen einer Kamera. Videobewehrte müssen mit 2.500 Rs tief in die Tasche greifen.

Unterkunft:
■ Luxus im Grasland bietet die **Black Buck Lodge** €€€€€€ (Tel.: (0)9328 274094, www.campsofindia.com, Preise inkl. Verpflegung und Safari ins Wildreservat). 14 Cottages in der weiten Landschaft sind teuer und gediegen.

Anreise:
■ Für einen Tagesausflug per **Taxi** von Bhavnagar sollte man mit ca. 2.500 Rs rechnen.

Highlight:
Palitana
X/B3
– Aufstieg zu den Göttern

Die Besteigung des knapp 600 m hohen, den Pilgerort Palitana überragenden **Shatrunjaya** („Sieg über den Feind"), einer der vier **heiligsten Berge der Jains**, zählt nicht nur geografisch zu den Höhepunkten einer Reise durch Gujarat. Der Aufstieg erfolgt über einen ca. 3,5 km langen, mit 3.000 Stufen versehenen **Pilgerweg**, der ungefähr 2 km nördöstlich des Zentrums von Palitana beginnt.

Man sollte mit dem etwa 1,5-stündigen **Aufstieg** frühmorgens beginnen, da wegen der Mittagshitze schon mancher Pilger auf halber Strecke umkehren musste. Da während des Weges keinerlei Verpflegungsmöglichkeiten zur Verfügung stehen, sollte man sich mit genügend Trink- und Essbarem eindecken, zumal zeitlich – wenn auch die beiden Tempelberge besichtigt werden – etwa vier Stunden zu veranschlagen sind. Für jene, die sich die Mühen des Aufstiegs ersparen wollen, um den Berg mit seiner einzigartigen Vielfalt an Tempeln ausgeruht besichtigen zu können, empfehlen sich die am Fuße des Berges auf Kunden wartenden Träger (ca. 300 Rs). Vier Einheimische benötigen bis zum Tempeleingang etwa zwei Stunden, um den an zwei Bambusholmen hängenden Sitz (*doli*), in dem der Getragene im Schneidersitz ausharrt, nach oben zu tragen.

Der Blick auf die zwei **Gipfel des Tempelberges**, die, wie bei allen Jain-Heiligtümern üblich, von einer hohen Mauer umschlossen werden, öffnet sich erst kurz vor Erreichen des Zieles. Fast am Ende des Aufstiegs gabelt sich der Weg. Durch das links gelegene Ram Pole gelangt man in den Haupttempelbereich. Den besten Überblick hat jedoch, wer zunächst nach rechts geht und die beeindruckende Aussicht über den Pilgerberg und die sich darunter ausbreitende Ebene genießt. Hat man das Ram Pole durchschritten, scheint einen die verwirrende Vielzahl von Hallen, Kuppeln, Dächern und Terrassen zunächst zu erschlagen. Insgesamt sind es 836 Marmortempel, die hier im Laufe von neun Jahrhunderten errichtet wurden. Schon im 4. Jh. sollen die ersten erbaut worden sein, und im Laufe der Jahrhunderte entstanden einige hundert weitere, die aber größtenteils von den muslimischen Eroberern im 14. und 15. Jh. zerstört wurden. So sind die meisten der Tempel kaum mehr als vier Jahrhunderte alt, wobei der im linken (nördlichen) Bezirk gelegene Haupttempel dem ersten der insgesamt 24 Furtbereiter gewidmet ist und aus dem 12. Jh. stammen soll.

Das scheinbar systemlose Nebeneinander der vielen hundert Sakralbauten folgt durchaus einem genau durchdachten Plan. Insgesamt stehen auf den verschiedenen Ebenen der beiden Gipfel neun Haupttempel, die von vielen kleineren umstellt sind.

Dem wichtigsten Grundsatz ihrer Religion, dem Tötungsverbot *(ahimsa)* folgend, tragen viele der in weiße Gewänder gekleideten Gläubigen einen Mundschutz, um das Einatmen von Insekten zu vermeiden. Die Tausenden kleiner Jain-Figuren, die einen aus ihren silbrigen Augen mit merkwürdig entrücktem Blicken anstarren, verbreiten eine geheimnisvolle Aura. Über verschiedene Freitreppen kann man auf die Dächer und Kuppeln klettern und den einzigartigen Gesamtanblick der vor dem tiefblauen Himmel weiß schimmernden Marmorlandschaft genießen. Hier wird auch der letzte Besucher verstehen, warum nach 19 Uhr alle Menschen, auch die Priester, den ummauerten Gipfel verlassen müssen – die Götter wollen unter sich bleiben.

Palitana

● **Öffnungszeiten:** Die Tempel sind zwischen 6.30 und 19.45 Uhr zu besichtigen. Am Eingang wird eine Kameragebühr von 40 Rs erhoben.

Stadtverkehr

● Vom Busbahnhof und den beiden Hotels sind es ca. 3 km bis zum Fuße des Shatrunajaya. Wer sich seine Kräfte für den Aufstieg sparen möchte, kann sich mit einer **Pferdekutsche** oder einer **Riksha** für ca. 30 Rs hinfahren lassen.

Unterkunft, Essen und Trinken
(Vorwahl: 02848)

Abgesehen von den vielen Dharamsalas, die allerdings normalerweise keine westlichen Touristen aufnehmen, stehen nur zwei billige Unterkünfte zur Verfügung. Die mit Abstand schönste Unterkunft findet sich einige Kilometer außerhalb.

● Die billigere der beiden ist das **Hotel Shravak** € (Tel.: 252428), direkt gegenüber dem Busbahnhof, mit relativ großen Zimmern, TV und einem Schlafsaal nur für Männer. Leider sind die Zimmer düster und nicht moskitosicher. Neben dem Hotel findet sich das ständig von hungrigen Pilgern belagerte **Jaguri Restaurant.**

● Etwas teurer, dafür aber auch besser ist das knapp 200 m entfernte, von Gujarat Tourism geleitete **Shrinath Guest House** €-€€ (Tel.: 252327, ehemals Hotel Sumeru). Es bietet geräumige und ruhige, wenn auch etwas verwohnte Zimmer mit Balkon in der oberen Etage sowie billige Schlafsaalbetten. Im vegetarischen Restaurant kann man sich für den kraftraubenden Aufstieg stärken.

● Weit besser ist der kleine ehemalige Palast **Vijay Vilas Palace** €€€€-€€€€€ (Tel.: 282371, www.vijayvilaspalitana.com). Das familiengeführte Haus, 11 km westlich von Palitana, vermietet hübsch dekorierte und dem Baujahr entsprechend möblierte Zimmer in ruhiger Lage in einem authentischen Dorf. Ein weiteres Plus des sympathischen Heritage-Hotels sind die köstlichen Speisen. Wer will, kann den Shatrunjaya auch direkt von hier über einen kürzeren (2.700 Stufen), wesentlich weniger frequentierten, aber auch steileren Aufstieg besteigen.

● Provisorische **Essenstände** gibt es zuhauf am Fuße des Shatrunjaya.

● Gelobt für ihre schmackhaften und preiswerten Thalis wurde vor allem die **Solnali Dining Hall** (nur 12–16 und 19–23 Uhr).

An- und Weiterreise

Flug:
● Air India fliegt täglich vom 5 km vom Zentrum entfernten Flughafen nach **Mumbai**. Ein Taxi zum Flughafen kostet 100 Rs, eine Riksha 60 Rs.

Bahn:
● Drei Züge täglich verbinden Palitana mit Bhavnagar (2 Std.). Von dort geht's in 6 Std. im 2979 BVC BDTS Exp. (Abf 18.05 Uhr) bis **Ahmedabad** (Ank. 23.17 Uhr). Dieser Zug fährt weiter bis **Mumbai** (Ank. in Bhandra Terminus 7.45 Uhr). In Gegenrichtung der Nachtzug 207 BVC Okha Pass (Abfahrt in Bhavnagar 21.30 Uhr) über **Rajkot** (Ank. 6.10 Uhr) und **Jamnagar** (Ank. 9 Uhr) bis **Dwarka** (an 11.54 Uhr) und **Okha** an der Westküste.

Bus:
● 1,5 Std. dauert es von Palitana nach **Bhavnagar** (Busverbindungen etwa stündlich).

● Zum 220 km entfernten **Ahmedabad** ist man knapp 5 Std. unterwegs.

● Zwei Direktbusse nach **Una** (5 Std.) in der Nähe von **Diu** verlassen Palitana um 5.30 und 13.30 Uhr. Wer den Bus verpasst, muss sich in 3 Etappen bis Diu durchboxen. Zunächst in 1,5 Std. bis **Talaja**, umsteigen und in 6 Std. nach Una oder Diu auf rücken- und gesäßprüfender Rüttelstrecke.

Insel Diu

X/A-B3

– ein Hauch von Portugal

Obwohl nur durch einen knapp hundert Meter breiten Kanal vom Festland getrennt, meint man beim Betreten der 11 km langen und 3 km breiten Insel, auf einen anderen Kontinent geraten zu sein. Beim Wandern durch die durch das Fort im Osten und die Stadtmauer im Westen begrenzte Altstadt fühlt man sich tausende Kilometer weiter westlich in ein portugiesisches Provinznest versetzt. Herausragende Sehenswürdigkeiten gibt es nicht zu bewundern, doch beim Bummel über den von **Kolonialbauten** umgebenen kleinen Platz mit seinen Cafés, kleinen Läden und Reisebüros und durch die verwinkelten, hügeligen Gassen mit ihren teils noch leuchtend pastellfarben gestrichenen alten Kolonialvillen (von denen das herrliche **Nagar Seth Haveli** nahe der Vaiya Street ein besonders prächtiges Beispiel abgibt), vorbei am bunten Markt, katholischen Friedhöfen und strahlend weißen Kirchen kommt ein beschwingtes und entspanntes Urlaubsgefühl auf, das bei vielen Urlaubern dazu geführt hat, dass ihr Abstecher nach Diu wesentlich länger ausfiel, als ursprünglich geplant.

Geschichte

Dieses heute so verschlafen wirkende Tropenparadies war über Jahrhunderte Streitobjekt von Rajputen, Türken, Arabern, Parsen und Portugiesen, ehe es die Inder 1961 in einer Militäraktion unter ihre Herrschaft brachten.

Bevor es im 14. Jh. von den Ottomanen erobert wurde, regierten die zwei Rajputenklans der Chandas und Vaghelas hier. Für die Türken war die Insel, neben ihrer strategischen Bedeutung, auch ein wichtiger Handelsplatz. Nachdem die Parsen auf ihrer Flucht vor den Moslems aus Persien im Jahre 1503 mit ihren Schiffen auf der Insel landeten, doch schon drei Jahre später Richtung Mumbai weiterzogen, war es die Bedeutung Dius als Handelsplatz, die das Interesse der aufstrebenden Seemacht Portugal weckte. Waren sie noch 1531 bei ihrem ersten Eroberungsvesuch gescheitert, brachten sie das 38 km² kleine Eiland drei Jahre später unter ihre Kontrolle und sicherten ihre Stellung durch einen offiziellen Vertrag mit dem Mogul-Herrscher Humayun, der sie zur Abstellung von 500 Soldaten verpflichtete.

Für über 400 Jahre unterstand Diu nun dem portugiesischen Gouverneur von Goa, und obwohl es 1670 von Arabern aus Mascat geplündert wurde, brachte es den Kolonialherren vor allem als Ausfuhrhafen für Opium hohe Gewinne.

1961 schließlich ließ *Nehru* gleichzeitig in Goa, Daman und Diu Truppen einmarschieren und machte so der jahrhundertelangen Fremdherrschaft ein Ende.

Sehenswertes

Es wurde bereits erwähnt – Dius eigentlicher Reiz vermittelt sich weniger durch spektakuläre Sehenswürdigkeiten, als vielmehr durch ein Klima gelassener Freundlichkeit. Für die meisten indischen Touristen ist es jedoch ein Relikt aus portugiesischen Zeiten, welches Dius Hauptattraktivität ausmacht: der freie **Alkoholausschank.** Gerade im „trockenen" Gujarat übt das auf viele eine fast schon magische Anziehungskraft aus.

Beim nachmittäglichen Spaziergang lohnt ein Besuch der beiden oberhalb der Altstadt gelegenen katholischen **Kirchen St. Thomas** und der größeren **St. Paul,** einige Meter weiter

Insel Diu

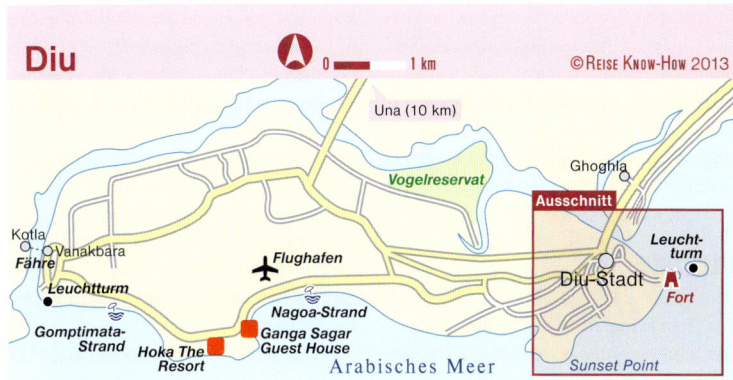

südöstlich. Besonders die auf einer Anhöhe stehende St. Thomas Church, welche auch das kleine **Diu Museum** mit einigen Statuen katholischer Geistlicher beherbergt (8–21 Uhr, Eintritt frei, Spende erwünscht), vermittelt mit ihrem strahlenden Weiß vor den tiefblauen Himmel einen majestätischen Anblick. Vom Portal des im gotischen Stil errichteten Gotteshauses bietet sich ein wunderschöner Fernblick auf die Altstadt und das sich dahinter ausbreitende Meer. Jeweils am 1. November sorgt eine hier begangene Messe dafür, dass das Gotteshaus sich zum Bersten füllt.

Das von drei Seiten vom Meer umspülte **Fort** (8–18 Uhr, Eintritt frei, in einem kleinen Teil am Eingang ist das örtliche Gefängnis untergebracht) ließen die Portugiesen zwischen 1535 und 1541 errichten. Beim Bummel über die mit rostigen Kanonen besetzten Verteidigungsmauern sollte man jedoch auf die zuweilen unerwartet sich auftuenden, tiefen Löcher achten. Eine gute Aussicht über Diu und das Meer bietet sich vom **Leuchtturm** und den umgebenden Mauern und Terrassen.

Wer an der 100 m parallel zur Stadtmauer verlaufenden Verbindungsstraße vorbeikommt, wird einen Abstecher zu den **Naida-Höhlen** nicht bereuen. Die durch Abbau von Fels zur Gewinnung von Baumaterial entstandenen, eigenartigen Höhlen sollten auf keinen Fall nach Anbruch der Dunkelheit besucht werden, da einige ungesicherte Löcher und Abstürze vom darüber verlaufenden Zugangsweg dann eine große Gefahr darstellen. Auf Kinder sollte auch tagsüber acht gegeben werden. Gegenüber dem Zugangsweg zu den Höhlen wird die **Water Fall Fountain** zur Abenddämmerung in Betrieb genommen.

Kurz vor erreichen Nagoas sollte man unbedingt das **Shell Museum** (tgl. 9–18 Uhr, Eintritt 10 Rs) besuchen. Die Vielfalt der ausgestellten Muscheln aus aller Welt und die Sachkundigkeit des engagierten Betreibers, eines ehemaligen Marinekäpitäns, der seit über 50 Jahren seiner Sammelleidenschaft nachgeht, sind sehr interessant.

Der besondere Tipp: Fischerdorf Vanakbara

Ganz im Westen der Enklave Diu bietet das Fischerdorf Vanakbara einen faszinierenden Einblick ins indische Alltagsleben der überaus freundlichen Bewohner. Besonders morgens ab 8 Uhr, wenn die zurückkehrenden **Fischerboote** im Hafen einlaufen, sowie auf dem nachfolgenden **Fischmarkt** sind tolle Impressionen und natürlich Fotos zu gewinnen. Auch die Dämmerungszeit, wenn die Boote auslaufen, ist ein schönes Erlebnis.

Strände

Die Strände innerhalb der Stadtmauern von Diu sind aufgrund vieler schroffer Felsen nicht zum Baden geeignet. Die dem Ort am nächsten gelegenen Badestrände sowie der Sunset Point sind über die südliche Zufahrtsstraße schnell zu erreichen. Der erste Strand ist **Jallandhar**, direkt hinter dem südlichen Stadtmauertor, an dem die Zufahrtsstraße verläuft. An seinem Ende führt die Straße weiter zum **Sunset Point,** einer Aussichtsplattform, die besonders abends gern besucht wird. Der etwas nördlichere, nahezu unberührte Strand **Chakratirth** liegt malerisch zwischen zwei Felsformationen in der Sonne, verfügt aber über keinen natürlichen Schutz vor ihren sengenden Strahlen. Nur das einfache Sea Village Resort verhilft den Gästen sowie Restaurantbesuchern zu Unterschlupf.

Seitdem die neu erbaute Straße den Zugang zu den oben genannten Stränden erleichtert hat, ist der 8 km westlich gelegene Palmenstrand von **Nagoa** nicht mehr der einzig interessante Ort für ein paar erholsame Strandtage. Das Erstaunlichste an diesem in einer lang gezogenen Bucht gelegenen Strand, vielerorts mit schattenspendenden Palmen, ist seine scheinbare Unberührtheit: Auf den ersten Blick vermag man überhaupt keine Unterkunft auszumachen. In den letzten Jahren sind jedoch mehrere Herbergen entstanden, die sich harmonisch in die Landschaft einfügen. Der etwas gräulich wirkende Strand kann zwar mit den meisten Stränden in Goa nicht konkurrieren, doch dafür hat man hier noch viel Platz für ausgiebige Strandwanderungen Richtung Westen über die Dünen zu anderen kleinen Buchten und wird nicht von stampfenden Disco-Klängen am Einschlafen gehindert. Etwas störend, hauptsächlich für Frauen, können die besonders an Wochenenden vorwiegend zum Alkoholkonsum anreisenden Männer werden. Dies gilt besonders für Nagoa, ist aber auch an anderen Stränden und Orten nicht auszuschließen.

Wer es noch etwas ruhiger möchte, sollte etwa 30 Minuten weiter westlich wandern, wo man zum noch fast gänzlich unerschlossenen, allerdings auch nahezu schattenfreien **Gomptimata-Strand** gelangt. Hier ist die westliche Seite des langen Strandes beim Dorf **Vanakbara** zum Baden ungeeignet, da sie seit jeher als Toilette der einheimischen Fischer dient. Es schließt sich das Fischerdorf Vanakbara an (s.o.).

Praktische Tipps

Information

● **Vorwahl:** 02875
● Im **Tourist Office** (Tel.: 252653, Mo–Sa 9.30–13.30 und 14.30–18 Uhr) auf halber Strecke zwischen der Festlandsbrücke und dem Stadtzentrum in der Bunder Rd. gelegen, erhält man auf Anfrage die genauen Abfahrtszeiten der staatlichen Busse von Diu und Una sowie eine ebenso aufwendige wie überflüssige Hochglanzbroschüre über Diu und Daman, in der man u.a. die Telefonnummern des stellvertretenden Hafenmeisters nachlesen kann.

Von Oktober bis März startet die **Diu by Night Ferry Cruise** (110 Rs inkl. Drink) täglich um 19.30 Uhr von der

▷ Diu war unter portugiesischer Herrschaft Ausfuhrhafen für Opium

Jetty Richtung Nagoa im Westen und Pani Kotha, die östlich vorgelagerte Insel mit Leuchtturm, die ehemals das Gefängnis war. (Dorthin sind auch Bootstrips vom Hafen aus für 25 Rs möglich, wenn die See nicht zu rau ist.) Eineinhalb Stunden später erreicht das Schiff wieder seinen Ausgangsort. Live-Musik sorgt für entsprechende Stimmung, Snacks können geordert werden.

Unterkunft

In Diu-Stadt:

Besonders außerhalb der Saison purzeln die Preise auf die Hälfte bzw. können heruntergehandelt werden.

■ Was könnte es Schöneres geben, als in einer Kirche mit herrlichen Ausblicken auf die Stadt und den azurblauen Ozean zu wohnen? Leider ist das **Hotel Sao Tomé Retiro** €-€€ (Tel.: 253137, (0)9426236588) in der St.-Thomas-Kirche etwas zu teuer, rieselt doch die Farbe beständig von den Wänden, was den Aufenthalt nur bedingt empfehlenswert macht. Die dennoch gemütlichen Zimmer sind eher spartanisch, dafür geräumig. Zudem sind billige, kleine Zimmer mit externem Bad und Toilette zu haben. Das vom sehr freundlichen Manager und seiner Familie zubereitete, köstliche Essen wird auf Wunsch neben der Kirche im grünen Garten serviert. Auch Gäste sind nach vorheriger Anmeldung willkommen, die vielseitige einheimische Küche zu genießen. Hier wird jedoch gelegentlich gern über den Durst getrunken.

■ Eine nette, familiäre Alternative bieten die acht hübschen Zimmer der **Herenca Goesa** €-€€ (Tel.: 253851). Besonders empfehlenswert sind jene im Obergeschoss mit Meeresblick. Gelobt werden auch die schmackhaften Fischgerichte zum Abendessen.

■ Im Ortszentrum stehen mehrere preiswerte, saubere Unterkünfte in unmittelbarer Nachbarschaft zur Verfügung. Ihr Angebot ist sehr ähnlich. Sehr preiswert sind die super cleanen, luftigen und hellen Zimmer des zentral gelegenen **Super Silver Guest House** €-€€ (Tel.: 255011) im Zentrum. Hervorzuheben sind der hilfsbereite Besitzer, der auch Fahrräder vermietet, das Internetcafé im Haus und weitere in unmittelbarer Nähe. Ganz ähnlich in der Qualität, in der Saison etwas übertreuert ist der Nachbar, das **Uma Shakti Hotel** €€-€€€ (Tel.: 252120) mit teils klimatisierten Zimmern mit TV und Balkon sowie Dachrestaurant.

409in mb

Insel Diu

■ Etwas teurer und komfortabler sind das gegenüber gelegene **Hotel Samrat** €€-€€€ (Collectorate Rd., Tel.: 252354, samrat_diu@yahoo.co.in) und das etwas unpersönliche **Ankur** €€-€€€ (Tel.: 252388, 253135) mit geräumigen Zimmern – zwei gute Mittelklassehotels, angenehm und sauber. Im Samrat sind die vorderen, nicht klimatisierten Zimmer mit Balkon und Blick über die Bucht weit besser als die teureren klimatisierten, aber aussichtslosen ohne Balkon nach hinten.

■ Das an der Straße Richtung Fort erbaute **Hotel Sanman** €€€ (Tel.: 252342) ist eine der empfehlenswertesten Unterkünfte Dius. Sehr angenehm sitzt es sich besonders abends auf der zur See gewandten Veranda oder dem Roof-Top-Restaurant.

■ Zwischen dem Fort und dem Ortszentrum finden sich mit dem **Hotel Ashiana** €€€-€€€€ (Tel.: 252340) und dem **Apana Guest House** €€€ (Fort Rd., Tel.: 253650, (0)932 8693296) zwei recht gute Hotelneubauten mit allerdings etwas übertreuerten Zimmern, die teureren nach vorn mit Balkon und Seeblick. Beide verfügen über gute Restaurants.

■ Das ganz in der Nähe platzierte Hotel **Pensao Beira Mar** €€-€€€ (Tel.: 253031) ist eine in ein Hotel umgewandelte, alte portugiesische Villa mit vier großen, allerdings recht abgewohnten Zimmern, zwei riesigen Suiten und einem hübschen Dachrestaurant.

■ Nicht weit vom Jallandhar Beach gibt's im bunten **Jay Shankar Guest House** €-€€ (Tel.: 252424, (0)9879 137528) akzeptable Zimmer mit Bad. Die obere Etage sollte wegen der helleren Zimmer mit Balkon und westlicher Toilette vorgezogen werden. Das angeschlossene Restaurant ist ausblicksfrei, aber dennoch recht gemütlich, zumal Portwein lockt.

Die **folgenden Unterkünfte** befinden sich entweder auf dem Weg nach oder am Strand von **Nagoa,** 8 km westlich von Diu-Stadt:

■ Mondän kommt das **Hotel Kohinoor** €€€€-€€€€€ (Tel.: 252209) gleich außerhalb der Stadtgrenze auf dem Weg zum Nagoa-Strand daher. Alle Zimmer und Villen der pflanzenreichen Anlage sind um einen Swimmigpool arrangiert, das angeschlossene Restaurant bietet vorzügliche Gericht zu recht hohen Preisen.

■ Gegenüber hat das brandneue, hochmoderne **Azzaro Resort & Spa** €€€€€ (Tel.: 255421, www.azzarodiu.com) dem Kohinoor den Rang in Sachen Komfort abgelaufen. Eine erstklassige Ausstattung (wie Flachbildschirm-TV, Internetanschluss in den Zimmern, klasse Service, Fitnessraum, Spa und ein moderner Pool) macht es zur luxuriösesten Bleibe Dius. Die Anlage wirkt aber auch reichlich cool. Angenehmer ist das hervorragende Opus Restaurant (Hauptgericht 250 – 500 Rs).

■ Das **Hoka The Resort** €€€ (Tel.: 253036) in Nagoa setzte den Trend für die in den Folgejahren erbauten Mittelklasse-Hotels zwischen Diu und dem Nagoa-Strand. Das von einem bemühten Manager geleitete Resort verfügt über zehn gelungen eingerichtete Zimmer mit angegliedertem Bad und kleiner Terrasse sowie drei weiteren Räumen mit Gemeinschaftsbad. Zu der in Pastellfarben bemalten Anlage gehören außerdem ein hübsch angelegter Innenhof mit Palmen sowie im hinteren Bereich ein Platz mit Hängematten zum „Seele-Baumeln-Lassen". Das sehr gute Essen (Fischgerichte um 180–250 Rs) im angenehmen Terrassendachrestaurant und der freundliche Besitzer, der eine Menge Interessantes über Diu zu berichten weiß, sind erstklassig.

■ Nicht nur preislich ein bis zwei Kategorien höher anzusiedeln ist das ausgezeichnete, ganz in der Nähe gelegene **Radhika Beach Resort** €€€€-€€€€€ (Tel.: 252553-5, (0)9824 418555, www.radhikaresort.com). Die 42 schön gestalteten Zimmer gruppieren sich um den hübschen Pool. Insgesamt die komfortabelste Unterkunft am Nagoa-Strand, zumal auch das hauseigene Restaurant mit seinen hervorragenden, wenn auch nicht gerade billigen Fischgerichten einen Besuch lohnt. Auch ein Fitnessraum und Poolbillard helfen, die Zeit zu vertreiben.

■ Konkurrenz in Sachen Komfort ist das neue, supercleane **Paramount Beach Resort** €€€€ (Tel.: 290665, (0)9904746944), es kann jedoch vom Ambiente her nicht mithalten. Nach vorn Seeblick von den Balkonen, nach hinten Blick in die Felder von den Terrassen. Flachbildschirm-TV und Klimatisierung sind selbstverständlich.

■ Nach wie vor eine der beliebtesten Traveller-Unterkünfte am Nagoa Beach ist das verwinkelte, direkt am Strand gelegene **Ganga Sagar Guest House** €€-€€€ (Tel.: 252249), das inzwischen jedoch zu teuer geworden ist.

Insel Diu

Keines der um einen Innenhof angelegten Zimmer vefügt über ein eigenes Badezimmer, doch das tut der Attraktivität der alten Villa keinen Abbruch, zumal die sanitären Anlagen mehrmals am Tag gesäubert werden. Die Räume im 1. Stock sind denen im Erdgeschoss wegen der besseren Aussicht vorzuziehen.

Etwas abseits des Ortes am kleinen Koddilar Beach mit einigen Sonnenschutzdächern (hier wird vom angeschlossenen Restaurant bedient) findet sich mit dem **Hotel Palms Beach Cottages** €€€–€€€€ (Tel.: 253974, 320488) eine kleine Bungalowanlage. Die komfortablen, teils klimatisierten Cottages mit Terrasse sind ruhig und sauber. Etwa 200 m Fußweg sind es bis zum Gomptimata-Strand. Wahrscheinlich werden einige weitere Unterkünfte in den nächsten Jahren hinzukommen.

Essen und Trinken

Kaum ein besserer Ort für ein Frühstück lässt sich denken als das Gartenrestaurant **O'Coquiero** (Tel.: (0)9824 681565, 7.30–22.30 Uhr). Neben Travellerkost wie Müsli und Fix-Breakfast können in entspannter Umgebung unter Bäumen auch Fischgerichte und beste indische Küche am Abend zum kleinen Preis genossen werden. Freundliche Bedienung und die Möglichkeit, mit anderen Travellern Erfahrungen auszutauschen, machen das O'Coquiero zur schönsten Speiseadresse Dius.

Kurz hinter der westlichen Ortsausfahrt von Nagoa Richtung Vanakbara ist das **Bon Appetite** ein guter Tipp. Unter Palmen genießt man Fischgerichte, indische Küche und ab 20.30 Uhr Barbecue, geöffnet 10–22.30 Uhr.

Eines der besten ist das klimatisierte **Deepee Restaurant** im Stadtzentrum. Die Speisekarte hält sich zwar in Grenzen, doch dafür schmecken die einzelnen Gerichte, ob nun Spaghetti, Chicken Curry oder Käsesandwich, sehr lecker.

Besonders angenehm speist man im Gartenrestaurant des **Apana Foodland**, wo es ausgezeichneten frischen Fisch in Mega-Portionen und eine große Vielfalt einheimischer wie westlicher Gerichte für wenig Geld gibt.

Köstliche Fischgerichte sind die Spezialität des Restaurants im **Hotel Samrat.**

Leckere kleine Gerichte und nette Atmosphäre bietet das **Jay Shankar Restaurant** nahe Jallandhar Beach.

Ein Ort zum Relaxen bei schöner Aussicht und einem köstlichen Fischgericht ist das Freiluftrestaurant **Night Heron Restaurant** zwischen Hafen und Bunder Rd. Die meisten Gerichte kosten zwischen 70 und 150 Rs.

Das gleiche, allerdings ohne Essen, gilt für das direkt am Meer gelegene **Sea Village Resort.** Als Unterkunft nur bedingt geeignet, bietet sich die Terrasse am Nachmittag für ein Bier oder einen Cocktail an.

Heranca Goesa (Tel.: 253851) serviert gutes Frühstück bis 12 Uhr und köstliche Fischgerichte am Abend in einer hübschen Villa (dafür muss reserviert werden). Ein Hauptgericht kostet um 150 Rs.

Das Gartenrestaurant mit dem einladenden Namen **La Dolce Vita** bietet sich als Zwischenstopp auf dem Weg zum Jallandhar Beach an. Besonders die Frühstücksauswahl (Sandwiches, Müsli, Fruchtsalat, Pfannkuchen, Kaffee) lädt zum Müßiggang ein. Mittags und abends gibt's das übliche Breitbandangebot von Pizza über Nudelgerichte bis Curries.

Nahe dem Jallandhar Beach gelegen, lohnt das neue **Village Restaurant** eine kurze Stippvisite vom Strand aus, zumal das neue Restaurant preiswert und gemütlich ist. Im hinteren Teil werden im **Kashya Home** € (Tel.: (0)9824946590) spartanische Zimmer zu kleinem Preis vermietet.

Wer den allabendlichen **Fischmarkt** zwischen 18 und 20 Uhr in Goghla auf der Festlandseite besucht, sollte sich danach bei erstklassigen Fischgerichten in der **Falcon Bar** am Wasser stärken. Neben vorzüglicher Küche auch Alkoholausschank.

Leckere und qualitativ erstklassige Fischgerichte sowie indische Speisen zu recht günstigen Preisen (180–250 Rs), und das in angenehmer Atmosphäre auf einer Freiluftterrasse, bietet das Restaurant des **Hoka The Resort** am Nagoa-Strand.

Internet

Diverse **Internetcafés** im Bereich des Basarviertels und des Zentrums um die Hauptpost bieten Service für etwa 30–40 Rs pro Stunde an. Schnell sind das **Uma Cyber Café** im Uma Shakti Hotel im Ortskern (auch billiges Netto-Phone-Telefonieren möglich) und das Internetcafé im Super Silver Guest House gegenüber (beide bis 22.30 Uhr).

Fortbewegung auf Diu

■ Schmucke **Autorikshas** warten am Bushalteplatz und im Stadtzentrum. Die sonst in Indien übliche Feilscherei fällt hier Gott sei Dank einmal weg, da es zu allen Zielen auf der Insel Festpreise gibt, die von den Fahrern auch korrekt eingehalten werden. Ziele innerhalb des Ortes kosten nicht mehr als 20 Rs, zum Nagoa Beach etwa 70 Rs. Nach Una zahlt man ca. 100 Rs. Rikshafahrer aus Una dürfen nur bis zum Busbahnhof in Goghla fahren, können also nicht Unterkünfte oder weiter entfernte Ziele auf Diu ansteuern.

■ Eine gute Alternative bieten die in einigen Läden im Stadtzentrum für 40–50 Rs pro Tag vermieteten **Fahrräder. Mopeds, Scooter** und **Motorräder** sind für 100–200 Rs pro Tag auszuleihen (Kaution 200–1.000 Rs).

■ Zwischen Diu-Stadt, Nagoa und Vanakbara im Westen verkehren **Busse.** In Diu verlassen sie den Jethebai Busstand um 7, 11 und 16 Uhr. In umgekehrter Richtung wird Nagoa (Abf. nahe der Polizeistation) Richtung Diu um 13, 17.30 und 19 Uhr passiert (7 Rs).

An- und Weiterreise

Flug:

■ **Jet Airways** (Tel. am Flughafen: 253542, 255030) fliegt tgl. außer Sa von und nach **Mumbai** (über Porbandar). Tickets gibt es bei Oceanic Travel (Tel.: 252180, 9–13 und 15–19 Uhr) am Gandhi Bhavan direkt im Stadtzentrum. Da stets eine große Nachfrage nach den nur 18 zur Verfügung stehenden Plätzen pro Flugzeug herrscht, muss man sich unbedingt frühzeitig anmelden.

Bahn:

■ Versteckt auf der Rückseite eines Gebäudes an der Hafenstraße etwas östlich der Tankstelle liegt das **Reservation Office** der Western Railway (Fort Rd., Tel.: 252122, Mo–Sa 10–14 Uhr). Hier erhält man Tickets für Zugverbindungen in ganz Indien.

■ Vom 8 km entfernt gelegenen **Delvada** fährt tgl. um 8.10 Uhr ein Zug in 4 Std. nach **Veraval,** die nach 2 Std. Gir (für **Sasan Gir**) passiert. Eine Sammelriksha dorthin kostet 30 Rs.

Bus:

■ Wesentlich zahlreichere Busverbindungen als von Dius **Jethebai-Busbahnhof** bestehen vom 10 km entfernten

Einkaufen
1 Fischmarkt
4 Fischmarkthalle
10 Markt

Insel Diu

Gujarat

Una (halbstündig zwischen 5.30 und 22 Uhr dorthin, per Sammelriksha/Autoriksha etwa 15/80 Rs, von Una nach Diu Busse zwischen 6.30 und 20 Uhr). Allerdings gibt's auch einige Direktverbindungen von Diu zu weiter entfernt gelegenen Städten wie **Ahmedabad** (7 Uhr, über Bhavnagar), **Bhavnagar** (einige Busse zwischen 5 und 20.30 Uhr) **Rajkot** (zwischen 4 und 14 Uhr), **Jamnagar** (5.30 Uhr, über Veraval), **Junagadh** (zwischen 4 und 15 Uhr, alle über Veraval) oder **Porbandar** (5.30 und 13 Uhr, meist über Somnath und Veraval). Eine Liste mit den aktuellen Abfahrtszeiten liegt im Tourist Office aus.

Darüber hinaus bieten viele **private Busgesellschaften,** deren Büros in Dius Stadtzentrum liegen, vielfältige Verbindungen zu fast allen größeren Städten Kathiawars. Am Busbahnhof ist das Büro von **Ekta Travels** (Tel.: 253474, (0)9426133112), die Mumbai täglich im Sleeper-Bus anfahren. Goa Travels bei Oceanic Travels (Bunder Rd., Tel.: 252180, (0)9824846667, goatravels@hotmail.com) setzt tgl. um 10.30 Uhr einen Luxusbus nach Mumbai (22 Std.) ein.

Essen und Trinken
1 Falcon Bar
7 Night Heron Restaurant
8 Deepee Restaurant
12 Apana Foodland
16 O'Coquiero
18 Herenca Goesa
19 La Dolce Vita
21 Village Restaurant, Jay Shankar Restaurant
23 Sea Village Resort

Unterkunft
2 Hotel Kohinoor
3 Azzaro Resort & Spa
11 Hotel Ashiana, Apana Guest House
13 Hotel Sanman
14 Super Silver Guest House, Uma Shakti Hotel
15 Hotel Samrat
17 Hotel Sao Tomé Retiro
20 Jay Shankar Guest House
22 Kashya Home
23 Sea Village Resort

Verkehr
5 Jethebai Bus Stand, Ekta Travels
6 Rail Reservation Office
9 Oceanic Travels (Goa Travels)

Veraval und Somnath – hinduistischer Strandtempel

X/A3

Das an der Südseite Kathiawars gelegene Veraval war in der ersten Hälfte dieses Jahrtausends der bedeutendste Hafen des indischen Subkontinents für die Pilgerfahrt nach Mekka. Heute hat Veraval immer noch einen umsatzstarken Fischereihafen, doch touristisch ist es nur als Ausgangspunkt für die 6 km südlich gelegene Tempelanlage von Somnath interessant.

Auf der Fahrt dorthin passiert man zunächst mit dem imposanten **Junagadh-Tor**, das uralte, einzige noch erhaltene Stadtor des historischen Somnath. Etwas weiter entlang des Weges lohnt unbedingt eine Besichtigung des **Hafens von Veraval,** um beim Bau der an die Anfänge der Seefahrt erinnernden Holzsegelschiffe *(Dhau)* zuzuschauen. Viele der größeren Dhaus fahren noch heute in den Mittleren Osten. Angesichts der sich bietenden zahllosen Fotomotive ist es wirklich ein Jammer, dass im Hafen das Fotografieren verboten ist.

Somnath-Tempel

Der malerisch etwas erhöht am Meer liegende Tempel von Somnath, einer der zwölf heiligsten **Shiva-Tempel** Indiens, spiegelt mit seiner äußerst ereignisreichen Vergangenheit die für die indische Geschichte so prägende, jahrtausendealte Feindschaft zwischen Moslems und Hindus. Seine Ursprünge reichen weit in die mythische Vergangenheit zurück. So soll er zunächst vom Mondgott aus Gold, danach aus Silber, schließlich aus Stein erbaut worden sein. Historische Quellen belegen den unvorstellbaren Reichtum des Heiligtums um die Jahrtausendwende. So berichtet ein arabischer Reisender in seinen Reisenotizen von nicht weniger als 2.000 Brahmanen, 500 Tänzerinnen und 300 Musikern, die die Kulthandlungen durchführten.

Nicht zuletzt diese Berichte waren es, die den afghanischen Feldherrn *Mahmud-e-Ghazni,* der als Prototyp des mordenden und brandschatzenden islamischen Eroberers in die indische Geschichte eingegangen ist, im Jahre 1024 zur Eroberung der Tempelstadt veranlassten. Seine Chronisten berauschten sich am Bild „der Ungläubigen, die er wie einen Teppich auf dem Boden als Speise für wilde Tiere" hingestreckt habe. Mahmuds Truppen hätten so viel Beute und Gefangene gemacht, „dass die Finger müde wurden, sie zu zählen".

Dies war jedoch erst der Anfang einer Kette von sechs weiteren islamischen Zerstörungen, denen jeweils die Wiedererrichtung durch hinduistische Gläubige folgte. Der letzte muslimische Feldzug erfolgte 1706 durch den fanatischen *Aurangzeb,* der die Tempelanlage völlig zerstören ließ. Diesmal dauerte es fast 250 Jahre, bis das Heiligtum auf Anordnung von *V. Patel,* im Freiheitskampf die rechte Hand *Gandhis* und später Indiens erster Innenminister, wiederaufgebaut wurde. Ihm zu Ehren wurde auf dem Tempelvorplatz eine große Statue errichtet. Da der den großen Tempelvorplatz begrenzende Zaun extrem spitz ist, sollte man besonders Kinder warnen und achtgeben.

Von der ursprünglichen Schönheit des Tempels ist heute, obwohl er nach Originalplänen wieder aufgebaut wurde, leider nicht viel übrig geblieben. Trotz seiner schönen Lage wirkt der Tempel merkwürdig steril. Nur gegen Abend, wenn sich viele Pilger auf der den Tempelbezirk vom Meer trennenden Mauer zusammenfinden, um der untergehenden Sonne zu huldigen, meint man, die spirituelle Kraft des Ortes zu spüren. Im Allerheiligsten steht einer der insgesamt nur zwölf Jyotir-Lingams, jenes Fruchtbarkeitssymbol, welches Shivas führende Stellung unter allen indischen Göttern symbolisieren soll.

Entlang einer kleinen Gasse rechts vom Tempeleingang gelangt man zum reichlich vernachlässigt wirkenden **Old Prabhas Patan Museum,** in dessen Innenhof u.a. Originalbauteile der verschiedenen Somnath-Tempel zu sehen sind.

■ **Öffnungszeiten:** tgl. außer Mi und Fr 9–12 und 15–18 Uhr. Jeden Abend um 20 Uhr wird mittels einer „Sound-and-Light-Show" die Geschichte des Tempel zum Leben erweckt (Eintritt 20 Rs.)

Stadtverkehr

■ Zwischen dem Bahnhof und dem Busbahnhof, die knapp 2 km auseinander liegen, verkehren **Tempos.** Mit der **Autoriksha** sind es ca. 15–20 Rs.
■ Die an ihrer blau-weißen Lackierung zu erkennenden, staatlichen **Busse** fahren etwa halbstündlich zwischen 5 und 22 Uhr vom Busbahnhof zum 5 km entfernten Somnath. Nach zähem Handeln kostet die Rikshafahrt 50 Rs.

Unterkunft, Essen und Trinken

(Vorwahl: 02876)

Nur wenige werden die Übernachtung in Veraval wählen, die meisten fahren gleich weiter nach Somnath bzw. Diu. Die Hotelauswahl in Veraval ist recht spärlich. Die besten finden sich an der Straße am Busbahnhof in Gehdistanz zu diesem.

■ Das Richtung Uhrturm liegende **Hotel Satkar** €–€€ (Tel.: 220120, 243114, satkar11@rediffmail.com), einige Meter eine Seitengasse hinein, hat geräumige, teils klimatisierte Zimmer mit TV, die gemütlich sind, aber leicht riechen wegen des Teppichbodens. Hervorzuheben sind die glasumschlossenen Balkone. Heißwasser gibt's morgens im Eimer. Am besten die ruhigeren Zimmer nach hinten wählen. Der Besitzer ist sehr freundlich und hilfsbereit.

■ Abgesehen von seiner ungünstigen Lage ca. 2 km westlich vom Stadtzentrum bietet das staatliche **Toran Tourist Bungalow** €€ (Tel.: 246588) wegen der sauberen, geräumigen und ruhigen Zimmer (jene mit Seeblick und Balkon wählen!) ein gutes Preis-Leistungs-Verhältnis.

■ An der Veraval Junagadh Rd. liegt mit dem **Hotel Park** €€€–€€€€ (Tel.: 242703, www.hotelpark.in) das lange Zeit beste Hotel in Veraval. Es hat ein Business Centre und einen Pool mit nettem Garten drumherum.

■ Die beste Wahl bietet das neue **Lords Inn Hotel** €€€–€€€€ (Tel. 232072, www.lordshotels.com/somnathhotel) an der Verval-Somnath-Umgehungsstraße. Das architektonisch gelungene Haus ist in exzellentem Zustand, die Einrichtung geschmackvoll und der Service professionell. Abgerundet wird der positive Gesamteindruck durch das ausgezeichnete **Coriander Restaurant** im Erdgeschoss.

■ Eine akzeptable Billigadresse in Somnath ist das **Hotel Nani** €€, einige Meter die Gasse an der Nordseite des Tempels hinein. Von den oberen Etagen der sauberen Zimmer mit Bad und TV bieten sich Blicke auf Tempel und Meer.

■ Dasselbe gilt für das **Hotel Shivam** €€–€€€ (Tel.: 231451) eine Gasse weiter östlich. Die Zimmer sind sauber, alle mit TV; die helleren mit Fenster sind vorzuziehen. Auf der anderen Gassenseite bietet das klimatisierte **New Bhabha Restaurant** Gujarati-, Punjabi- und chinesische Küche sowie Thalis.

■ Etwas weiter östlich ist das bunte **Hotel Krishna** €–€€ (Tel.: 232245, (0)9925872542) eine weitere gute Billigbleibe. Auch hier machen die sauberen Zimmer mit TV einen guten Eindruck, die oberen haben Ausblick zum Tempel. Fast identisch ist das **Hotel Avadh** €–€€€ (Tel.: 231800, (0)9228765898), noch einen Steinwurf weiter östlich. Die Zimmer mit supersauberen Badezimmern, einige recht dunkel, sind ihren Preis wert. AC ist hier übertuert.

■ Das kleine **Shiv Bhojnalay Restaurant**, die Gasse an der Nordseite des Tempels einige Meter hinein, ist gemüt-

■ Als Tagesverbindung fährt der 1087 Veraval Pune Exp. (Abf. 6.25 Uhr) in 5,5 Std. über **Junagadh** (an 7.50 Uhr) nach **Rajkot** (10.30 Uhr) und **Ahmedabad** (15.20 Uhr).

Bahn von Somnath:

■ Von Somnath aus gibt es nur wenige Verbindungen. Eine touristisch relevante ist der 1464 Jabalpur Somnath Exp. aus **Bhopal** (Abf. dort um 18.55 Uhr) über Ahmedabad (Abf. 8.20 Uhr), Rajkot (ab 13.08 Uhr), Veraval (ab 17.15 Uhr), der um 17.50 Uhr in Somnath einläuft. Umgekehrte Richtung der 1465 Somnath Jabalpur Exp.: Abf. 9.40 Uhr, Veraval (9.50 Uhr), Junagadh (11.43 Uhr), Rajkot (13.55 Uhr), Ahmedabad (18.25 Uhr), Vadodara (20.40 Uhr), Ujjain (4 Uhr), Ankunft Bhopal 8.30 Uhr.

■ Ein **Railway Booking Office,** ganz tempelnah, ist Mo–Sa 8–15, So bis 14 Uhr geöffnet. Auskunfts-Tel.: (0)9979023528.

Bus von Veraval:

■ Zum **Sasan-Gir-Nationalpark** fahren jeden Morgen um 6.45 und um 10.30 Uhr Busse (1,5 Std.), zwei weitere am Nachmittag.

■ Nach **Porbandar** (3 Std.) und **Una** (2 Std.) sowie **Junagadh** (alle 1 bis 2 Std.), **Jamnagar** (7 Busse zwischen 6 und 15 Uhr, 2 Std.) und **Rajkot** (4 Std.) kann man neben den zahlreichen staatlichen Bussen auch die vor dem Busbahnhof auf Gäste wartenden privaten Minibusse benutzen.

■ Nach **Diu** sind die privaten Busgesellschaften vorzuziehen, da die meisten bis auf die Insel fahren und nicht nur bis **Una,** 10 km vor Diu auf dem Festland. Eine gute Adresse ist Patel Tours & Travels (Tel.: 222863, (0)9428 188099).

lich und sehr preiswert. Klasse Thalis und indische Küche in freundlicher, meist einheimischer Gesellschaft. Nicht von den "Snakes" in der Karte abschrecken lassen, es sind Snacks gemeint!

An- und Weiterreise

Bahn von Veraval:

■ Zwei Züge machen sich täglich um 9.15 und 15 Uhr auf den etwa 90-minütigen Weg zum **Sasan-Gir-Nationalpark.**

■ Vier Stunden benötigt ein von Veraval um 16.15 Uhr abfahrender Zug für die 100 km nach **Delvada**, 8 km von **Diu** entfernt.

■ Der 9222 Somnath Exp. (Abf. 19.30 Uhr) fährt über Junagadh (Ank. 21.05) und Rajkot (an 23.30 Uhr) in 9 Std. zum 380 km entfernten **Ahmedabad** (Ank. 4 Uhr). Umgekehrt verlässt der 9921 Ahmedabad um 22 Uhr und erreicht Veraval um 6.15 Uhr.

↑ Der nach Originalplänen wieder aufgebaute Shiva-Tempel von Somnath

Bus von Somnath:

■ Regelmäßige Busverbindungen von und nach **Veraval** zwischen 4 und 23.30 Uhr. Zu beachten ist, dass nicht alle in Veraval startenden Busse bis zum Busbahnhof Somnaths in der Nähe des Tempels fahren, sondern nur den etwa 1,5 km vom Busbahnhof entfernten National Highway passieren. Der Rest muss in diesem Fall zu Fuß oder per teurer Riksha zurückgelegt werden. Also vorher fragen.

- Nach **Diu** zwei Direktverbindungen täglich um 9.45 und 13.45 Uhr auf ziemlich schlechter Strecke. Ansonsten muss man in einen der von Veraval nach Diu bzw. Una fahrenden Busse am National Highway zusteigen.
- Nach **Jamnagar** Busse um 5.45 und 19 Uhr, häufige Verbindungen nach **Junagadh.** Nach **Porbandar** zwischen 5.40 und 15.45 Uhr sowie ein Spätbus um 0 Uhr. Nach **Bhuj** gibt es um 13.45 und 17 Uhr zwei Busse.
- Mehrere **Privatanbieter,** die ihre Büros großteils tempelnah im Shopping Complex haben, fahren die meisten Städte Gujarats täglich an. HK Travels (Tel.: (0)9879793030) fährt täglich um 13 Uhr nach Mumbai, um 19 Uhr nach Bhuj, um 19 und 20 Uhr nach Ahmedabad, um 7.30 und 14.30 Uhr per Kleinbus (120 Rs) nach Dwarka. Dieselben Ziele sowie Porbandar (14.30 Uhr) und weitere in Rajasthan fährt auch Mahasagar Travels (Tel.: (0)9904033974, (0)9724337144) an, wobei es hier noch eine Morgenverbindung nach Ahmedabad gibt (6 Uhr, 270 Rs). Patel Tours & Travels (Tel.: (0)9227222863) fährt täglich um 21 Uhr nach Ahmedabad (Sleeper/AC 190/ 270 Rs).

Highlight:
Sasan-Gir-Nationalpark X/A3
– im Angesicht des Tigers

Für jeden Gujarat-Urlauber ist der Besuch dieses landschaftlich besonders reizvollen und, was die Beobachtung von Wildtieren betrifft, hochinteressanten Nationalparks ein absolutes Muss. Das 1.412 km² große, trockene und hügelige Waldgebiet, etwa 40 km von der Küste des Indischen Ozeans entfernt, ist das letzte Rückzugsgebiet des asiatischen Löwen. Die ursprünglich aus Griechenland über Kleinasien, die Arabische Halbinsel, Irak, Iran und Afghanistan nach Indien eingewanderten Tiere waren derart beliebte Jagdobjekte, dass 1884 der letzte Löwe außerhalb des Gir Forest erlegt wurde. Im Park selbst konnten sie nur deshalb überleben, weil die herrschenden Nawabs von Junagadh sie weitgehend von der Jagd verschonten und pro Jahr nur wenige Tiere zum Abschuss freigaben. Während um die Jahrhundertwende nur noch gut ein Dutzend Löwen gezählt wurde, lebten Ende der 1990er Jahre in der 1969 zum Nationalpark erklärten Kernzone von 259 km² wieder über 400 Exemplare.

Dieser Erfolg der Tierschützer ging allerdings zu Lasten der Maldharies, den alteingesessenen Büffelzüchtern der Region. Durch das Verbot, Vieh im Nationalpark zu weiden, ist für sie das Land heutzutage knapp geworden. Viele von ihnen wurden umgesiedelt, andere müssen immer häufiger mit ansehen, wie ihre Tiere von den Löwen, die auf der Suche nach Beute den Park verlassen, erbeutet werden. Schließlich gibt es immer wieder Fälle, in denen Bewohner der angrenzenden Dörfer von Löwen angegriffen und getötet werden.

Ein Grund hierfür ist zunehmend die Tatsache, dass Sasan Gir zu klein geworden ist für die Zahl der Löwen und dementsprechend harter Nahrungswettbewerb zu diesen Übergriffen führt. Außerdem begeben sich durch Mangel an Holz aufgrund von Rodungen außerhalb des Reservats vermehrt Menschen hinein, um sich Brennmaterial zu verschaffen, wobei sie gelegentlich Opfer der hungrigen Löwen werden. Ein Angebot von Madhya Pradesh, einen Teil der Raubkatzen (200 Tiere) in dessen Nationalpark Pilpur Kuno zu übernehmen, wurde jedoch von der Regierung Gujarats abgelehnt.

Neben den Löwen (sie sind an Menschen gewöhnt und lassen die fotobewehrten Touristen bis auf 10–15 m heran) leben im Park ebenso viele **Leoparden, Büffel, Krokodile, Pfauen, Hyänen** und natürlich vielerlei Wildarten. Während die Leoparden selbst auf die Jagd gehen, kommen den Streifenhyänen und Goldschakalen die vielen Beutereste der Wildkatzen zugute. Weitere häufig anzutreffende Tiere sind u.a. **Axishirsche, Gazellen, Antilopen und Wildschweine.** Außerdem wurden über 300 Vogelarten gezählt.

Safaris

Jeeps mit zwei Sitzreihen für je drei Leute inkl. Fahrer und Führer kosten um die 1.000 Rs. und können am Parkeingang oder in den allermeisten Lodges gebucht werden. Hinzurechnen muss man die am Parkeingang zu zahlenden 40/50 US-$ (Mo–Fr/Wochenende) für die **Fahrzeugzulassung** *(permit)* und eine **Fotogebühr** von stolzen 10 US-$. Schließlich wird am Ende der Fahrt, speziell, wenn ein Löwe gesichtet wurde, was besonders in den Monaten Februar bis Juni recht häufig der Fall ist, ein ordentliches Trinkgeld erwartet. Obwohl die Preise in Dollar ausgezeichnet sind, wird in Rupien bezahlt.

Sehr gelobt wurde ein Fahrer namens *Miners,* dessen offenen Maruti-Geländewagen man jeden Morgen gegen 6.15 Uhr beim dann noch geschlossenen Forest Office buchen kann. Wochenenden sollten, wenn möglich, wegen des sehr starken Besucheraufkommens gemieden werden. Jeden Tag werden drei Safaris um 6.30, 9 und 15 Uhr angeboten. Frühaufsteher werden belohnt, sind doch die Chancen auf Tigerbeobachtung bei den Morgensafaris deutlich höher als später am Tag. Da es dann empfindlich kühl auf den offenen Geländewagen werden kann, sollte man sich „warm einpacken".

Man kann auch an der **Gir Interpretation Zone** in Devalia, 12 km westlich von Sasan Gir und damit im westlichen Teil der Schutzzone, seinen Parkausflug beginnen. In diesem Fall bringt einen ein Fahrzeug von der Hauptstraße in Sasan Gir für 150 Rs nach Devalia. Leider bekommt man hier nur eine gute halbe Stunde Zeit, die Wildtiere zu beobachten. Da in dieser gut 4 km² großen Kernzone die Wildtierdichte jedoch besonders hoch ist, stehen trotz der limitierten Zeit die Chancen gut, etwa einen Löwen zu Gesicht zu bekommen.

Information

● **Vorwahl:** 0285
● Das **Gir Orientation Centre** (tgl. 9–18 Uhr) zeigt Schautafeln zu den Tieren des Nationalparks und jeden Abend um 19 Uhr einen interessanten Einführungsfilm.

Unterkunft, Essen und Trinken

● Das **The Gateway Hotel Gir Forest** €€€€–€€€€€ (Tel.: 285551, www.thegatewayhotels.com/girforest) bietet klassischen Charme mit modernem Service und Ambiente in friedvoller Parklandschaft. Das von der Taj-Gruppe gemanagte Haus am Fluss bietet sehr schöne Zimmer mit Balkon und ein gutes Restaurant.

● Die professionell geführte **Club Mahindra Safari Lodge** €€€€€ ist die einzige Unterkunft innerhalb des Parks. Man hat die Wahl zwischen geräumigen Zimmern im Haupthaus oder individuellen Steinbungalows, welche auf dem weitläufigen Gelände verstreut liegen. Das sehr engagierte Personal organisiert vielfältige Freizeitaktivitäten und der Swimmingpool dient zur Abkühlung. Sehr empfehlenswert, wenn auch etwas übertuert ist das hauseigene **Restaurant Machan.**

● Ausgezeichnet ist das neue **Fern Gir Forest Resort** €€€€–€€€€€ (www.ferngirforestresort.com), etwa 2 km vom Parkeingang entfernt. Da relativ neu, macht die Anlage einen gepflegten Eindruck. Man hat die Wahl zwischen Bungalows und komfortabel eingerichteten Zelten. Der einzige Nachteil der ansonsten sehr empfehlenswerten Zelte ist der Lärm von der recht nahen Straße. Ein Pool sowie zwei Restaurants stehen ebenfalls zur Verfügung.

● Ähnlich in Preis und Leistung ist das sehr empfehlenswerte **Amidhara Resort** €€€€–€€€€€ (Tel. 285950, www.amidhararesorts.com). Auch hier hat man die Wahl zwischen schicken Zimmern im Haupthaus und Bungalows, ein Pool steht ebenfalls zur Verfügung.

● Im passablen, jedoch sehr schlichten **Rajeshri Guest House** € (Tel.: 285505) werden auch einfache, preiswerte Gerichte serviert.

● Die **Gir Birding Lodge** €€€€–€€€€€ (Bhamba Phor Naga, Tel.: 02877-295514, (0)9723 971842) liegt an der Grenze des Wildparks, jedoch nicht am Haupteingang, sondern an Zugangs-Gate 2. Die angenehmen Zimmer und Cottages (ohne TV) in grüner, vogelreicher Umgebung machen diesen Nachteil wett, zumal von den Terrassen aus die Tiere beobachtet werden können.

■ Mit 2 km Entfernung von der Forest Lodge ist die **Gir Jungle Lodge** €€€€€ (Sasan Junagarh Rd., Tel.: 285600, (0)9810020252, www.girjungle.com, Preise inkl. Mahlzeiten) näher am Parkeingang. Sie verfügt über recht nüchterne, aber saubere Komfortzimmer mit TV, manche klimatisiert.

■ Die 21 geräumigen Luxuszelte des **Lion Safari Camp** €€€€€ (nahe dem Hiraneshwar Check Dam, Tel.: 295507, www.campsofindia.com, Preise inkl. Mahlzeiten und einer Safari) am Hiran-Fluss sind herrlich in eine gepflegte Parklandschaft integriert. Das erstklassige Open-Air-Restaurant, hervorragender Service und einige Extras wie Picknick-Arrangements am Fluss machen den Aufenthalt angenehm und teuer.

■ Angestellte der Parkverwaltung vermieten **Privatzimmer** mit Bad und Balkon für 150– 200 Rs.

An- und Weiterreise

■ Zwei **Züge** tgl. fahren um 11.53 und um 15.57 Uhr in 2 Std. nach **Veraval**, ein weiterer in 3 Stunden nach Delwada nahe Diu. Um 17.33 Uhr startet eine Lok nach **Junagadh,** wo sie um 20 Uhr einläuft.

■ Über die genauen An- und Abfahrtszeiten der Sasan Gir auf dem Weg von und nach **Veraval** (1,5 Std.) und **Junagadh** (2 Std.) passierenden **Busse** (bis zu 8x tgl.) informiert man sich am besten in einer der Teestuben am Busstand.

■ **Taxis** von Junagadh nach Sasan Gir kosten höchstens 600 Rs.

Der besondere Tipp:
Junagadh   X/A3
– Provinzstadt mit Flair

Für die meisten der wenigen Touristen, die die inmitten von Berghügeln gelegene Stadt besuchen, ist sie nicht viel mehr als eine Zwischenstation auf dem Weg zum 70 km entfernten Sasan-Gir-Nationalpark. Das ist schade, ist Junagadh doch mit dem sehr weiträumigen, die Stadt überblickenden Fort, einzigartigen Grabbauten aus dem 18. Jh., dem nahe gelegenen Girnar-Hügel, einem der vier heiligen Berge der Jains, den historisch bedeutenden Ashoka-Inschriften sowie mit seiner mittelalterlich anmutenden Altstadt die sehenswerteste Stadt Gujarats. Leider verfallen viele der historischen Gebäude langsam, da sie von ihren ehemaligen Besitzern verlassen wurden und sich keine neuen Käufer gefunden haben. Oft steht nur noch die Fassade der ehemals prächtigen Bauten. Man scheint darauf zu warten, dass sie genügend vom Zahn der Zeit zerfressen werden, um Platz für neue, bunte Bauklotz-Sünden zu bekommen.

Sehenswertes

Uparkot Fort

Am Ende der etwa 2 km aufsteigenden schmalen Dahl-Straße, die auf beiden Seiten von vielen kleinen Geschäften und einmündenden Gassen flankiert wird und so allein schon eine längere Entdeckungsreise wert wäre, gelangt man durch das Westtor in die von **hohen Mauern** umschlossene Festung (Eintritt stolze 2 (!) Rs). Wären da nicht die auf die Stadt gerichteten riesigen Kanonen, so würde man sich in der weitläufigen von **Gärten** und Buschwerk überzogenen Anlage wohl eher in einer hoch gelegenen Parkanlage wähnen. Kleine Pfade führen zu den einzelnen Sehenswürdigkeiten, die Ausdruck über die bewegte Vergangenheit dieser Festungsanlage geben.

Auf über 1.500 Jahre schätzt man das Alter der zweigeschossigen, **buddhistischen Meditationshöhle** im Nordwesten der Anlage. Während der Restaurationsarbeiten wurde das Dach entfernt, sodass die aus mehreren Räumen und Hallen bestehende Höhle nach oben offen ist. Auf der unteren Etage finden sich sechs Säulen, deren angeblich kunsthistorisch bedeutende Gravierungen jedoch wohl nur von Fachleuten als solche zu erkennen sind (den separaten Eintritt von 100 Rs kann man sich also sparen).

Oberhalb und etwas nördlich der Höhlen liegen die Ruinen der 1472 vom König von Gujarat aus den Überresten eines ehemaligen Hindu-Tempels erbauten **Jami Masjid** (Freitagsmoschee). Entsprechend ungewöhnlich ist ihre Architektur, etwa die drei achteckigen Deckenöffnungen. Es wird angenommen, dass einstmals darüber auf Säulen ruhende Kuppeldome errichtet waren.

Der weiche, leicht zu bearbeitende Sandstein, auf dem das Fort erbaut wurde, eignete sich neben dem Bau von Höhlen auch vorzüglich zum Bau der gerade in Gujarat so kultivierten **Stufenbrunnen.** Im Osten der Anlage finden sich zwei sehr schöne Beispiele hierfür: der Adi Chadhi, dessen verschiedene Ebenen über lange Treppenfluchten zu erreichen sind, sowie der Naughan mit seiner schönen Wendeltreppe. Neueren Datums und nach wie vor in Gebrauch sind die beiden großen **Wasserreservoirs** im Südosten des Forts, von denen man einen schönen Blick auf den Girnar hat.

> Ein Pumpturm im Uparkot Fort

Wieder in der Nähe des Westtors angelangt, sind zwei riesige, 1531 in Ägypten gegossene **Kanonen** zu bewundern. Die größere der beiden, die von einem Schutzgitter umgebene, über fünf Meter lange Neelam-Kanone, soll während der Schlacht um Diu von den Türken eingesetzt worden sein. Auch die kleinere Manek-Kanone sowie die nach Süden ausgerichtete, knapp vier Meter lange Kadanal-Kanone wurden ursprünglich 1538 bei einer Seeschlacht der Türken gegen die Portugiesen eingesetzt und später auf das Fort gebracht.

■ **Öffnungszeiten:** Das Fort ist tgl. außer jeden 2. und 4. Sa im Monat 6.30–18.30 Uhr geöffnet.

Mahabad Maqbara

Diese im südlichen Teil der Stadt gegenüber dem Gerichtsgebäude gelegenen **Gräber** der Nawabs von Junagadh als „hervorragende Beispiele islamischer Architektur" zu bezeichnen, ist kunsthistorisch gesehen sicherlich zu-

treffend, doch beim westlichen Besucher werden sich beim Anblick dieses knallbunten Gebäudes mit seinen geschwungenen Minaretten und freilaufenden Wendeltreppen sicherlich auch Assoziationen an Disneyland einstellen. Leider sind diese zwischen 1878 und 1892 entstandenen Mausoleen stark renovierungsbedürftig. Man kann nur hoffen, dass sich ein Spender findet, der die einzigartigen Gebäude vor dem Verfall bewahrt.

Durbar-Hall-Museum

Inmitten der schönen Altstadt am Diwan Chowk fällt der ehemalige **Palast** der Nawabs neben den übrigen prächtigen mittelalterlichen Gebäuden kaum auf. Auch hier wurden Teile des Palastes in ein Museum umgewandelt, in dem sich die üblichen Ausstellungsstücke wie Jagdtrophäen, Porträtgemälde, umfangreiche Waffen- und Münzsammlungen sowie mehrere Sänften finden. Am interessantesten erscheint noch die **Fotogalerie,** die den letzten Nawab, umgeben von seinen so heiß geliebten Hunden, zeigt. Der Museumseingang befindet sich auf der Rückseite des Palastes.

■ **Öffnungszeiten:** tgl. außer Mi und jeden 2. und 4. Sa von 9 bis 12 und 15 bis 18 Uhr, Eintritt 5 Rs.

Ashoka-Inschriften

Etwa einen Kilometer nördlich der Stadt auf der Straße zum Girnar-Berg wurden 1822 in einem großen **Granitblock** Inschriften des ersten, gesamtindischen Kaisers *Ashoka* aus dem 3. Jh. v. Chr. entdeckt. Wie schon seine über ganz Indien verteilten Ediktsäulen dienten auch diese Pali-Inschriften zur moralischen Belehrung seiner Untertanen. Es finden sich u.a. Verbote zur Tötung von Tieren zu Opferzwecken, Ermahnungen zu religiöser Toleranz und Harmonie und die Aufforderung zum Leben in Einklang mit der buddhistischen Lehre. Weitere in Sanskrit verfasste Inschriften wurden u.a. 450 n. Chr. von Chandragupta, dem König des Maurya-Reiches, hinzugefügt. Zum Schutz vor Umwelteinflüssen wurde der Granitblock überdacht.

■ **Öffnungszeiten:** 8–13 und 14–18 Uhr, Eintritt 100 Rs. Am einfachsten und billigsten fährt man für 5 Rs mit **Bus Nr. 3** vom Busbahnhof.

Girnar-Berg

Neben dem Shatrunjaya bei Palitana, Mount Abu in Rajasthan und dem Shamesjikara in Bihar gehört der Girnar zu den vier heiligen Bergen der Jains. Auf ihm wird u.a. dem *Nemiantah,* dem 22. Tirthankara (Furtbereiter) gehuldigt, der dort ins Nirvana eingegangen sein soll.

Man sollte mit dem **Aufstieg** am frühen Morgen beginnen und für den gesamten Ausflug von Junagadh einen vollen Tag veranschlagen. Von unten erscheint der Berg extrem steil, doch über die gut ausgebauten, fast 10.000 Stufen ist der Gipfel in gut zwei Stunden zu erreichen. Nachdem man ein kleines Wäldchen durchquert hat, beginnt der eigentliche Aufstieg beim Damodawar Kund, einem heiligen, künstlich angelegten Teich. Entlang des Weges finden sich immer wieder kleinere Erfrischungsstände, welche nicht nur von den Pilgern und Touristen als willkommene Rastplätze wahrgenommen werden, sondern auch von den gerade hier besonders zahlreichen Affen als idealer Beuteplatz auf ihrer nimmermüden Suche nach Essbarem. Bevor man den ummauerten Tempelbezirk auf etwa 700 m Höhe erreicht, gilt es noch eine sehr spektaku-

Junagadh

Unterkunft
1 Hotel Indralok
2 Lotus Hotel
4 Relief Hotel
7 Hotel Paramount
9 Shikhar Palace

Essen und Trinken
1 Rajbogh Restaurant
6 Swati Restaurant
8 Yummi Bite/Monginis Cake Shop, Santoor Restaurant

Verkehr
3 Bahnhof für Fernbusse
5 City Bus Stand

läre, eng an der Felswand gelegene Stelle zu passieren.

Wichtigster und ältester der insgesamt sechzehn Marmortempel ist der nach dem 22. Furtbereiter benannte **Nemiantah-Tempel**. Sein schwarzes Kultbild findet sich im Innersten des Heiligtums. Hinter diesem Haupttempel steht ein Dreifachtempel aus dem Jahre 1177, in dessen Mittelschrein Maliantha, der 19. Furtbereiter, verehrt wird. Es bedarf eines weiteren halbstündigen steilen Anstiegs, um zum Gipfelheiligtum, dem der hinduistischen Weltenmutter Amber Mata gewidmeten Tempel, zu gelangen. Hierher pilgern besonders viele jung verheiratete Paare, da sie sich von der Anbetung im Tempel eine glückliche Ehe versprechen. Verheiratet oder nicht, der letzte Anstieg zum Gipfel lohnt sich für alle, da der Ausblick für alle Mühen entschädigt.

■ **Anfahrt** mit Buslinien Nr. 3 und 4 vom Busbahnhof in Junagadh zum 4 km östlich der Stadt gelegenen Beginn des Aufstiegs. Mit dem Taxi kostet es etwa 60 Rs.

Praktische Tipps

■ **Vorwahl:** 0285

Stadtverkehr

■ Das Relief Hotel und ein kleiner gelber Bretterverschlag schräg gegenüber dem Bahnhof vermieten für 20 Rs pro Tag **Fahrräder**.

Unterkunft

■ Wegen seiner zentralen Lage an der Dhal Road ist das ordentliche **Relief Hotel** €-€€ (Tel.: 2620280) die beliebteste Unterkunft für Traveller. Die eher dunklen, geräumigen Zimmer sind sauber, einige mit TV. Positiv zu vermerken sind neben der optimalen Lage und dem hauseigenen Restaurant auch die an der Rezeption ausliegenden Broschüren über Junagadh und Umgebung, der ansonsten hilfsbereite Besitzer sowie dem Fahrradverleih im Haus.

■ Das beste Preis-Leistungs-Verhältnis im unteren Preissegment bietet das neue **Lotus Hotel** €€-€€€ (Tel. 2658500, www.thelotushotel.com) an der Station Rd. Blitzblanke, geräumige und helle Zimmer in zentraler Lage – was will man mehr? Einziger Nachteil ist der Geräuschpegel von der stark befahrenen Straße.

Junagadh

■ Eines der besten Budget-Hotels im Zentrum ist das Hotel **Shikhar Palace** €€–€€€ (Jayshree Rd., Tel.: 2626596, (0)9898155796) auf der gegenüberliegenden Straßenseite im 3. Stock des Shikhar Complex. Die klimatisierten, hübschen Zimmer verfügen über etwas mehr Komfort als die ohne AC.

■ Nur wenig fällt das **Hotel Paramount** €€–€€€ (Tel.: 2622119, www.hotelshreeparamount.com) am Kalwa Chowk dagegen ab und ist somit ebenfalls empfehlenswert. Einige Zimmer mit Badewanne.

■ Ist es in beiden voll, kann man im bunten Bauklotz des **Hotel Indralok** €€–€€€€ (nahe Majevadi Gate, Tel.: 2658511/2, (0)9724495555, hotelindralok@hotmail.com) an der Railway Station Rd. ebenfalls recht komfortabel wohnen, obwohl es nicht in der Altstadt liegt. Flachbild-TV und WiFi sprechen für das moderne, etwas gesichtslose Haus. Die meisten der geräumigen Zimmer sind klimatisiert.

Essen und Trinken

Junagadh ist nicht gerade als lukullische Hochburg zu bezeichnen, die Auswahl an guten Restaurants ist nicht berauschend.

■ Leckere vegetarische Gerichte serviert das im 1. Stock eines unscheinbaren Gebäudes an der Jayshree Rd., westlich vom Kalwa Chowk, gelegene **Swati Restaurant** (11–15 und 17.30–22.30 Uhr).

■ Freunde vegetarischer Kost sollten das **Santoor Restaurant** an der MG Rd. in der Nähe des Kalwa Chowk aufsuchen: authentisch-indische Speisen zu günstigen Preisen (30–70 Rs) bei freundlichem Service.

■ **Yummi Bite** (1. Stock, 10–23 Uhr) serviert in sauberem Speiseraum Fastfood in guter Qualität und Eis. **Monginis Cake Shop** im Erdgeschoss bringt den Kuchen auch hinauf, damit man ihn beim Kaffee genießen kann. Gute Qualität zum kleinen Preis.

■ In für Junagadh Verhältnisse gepflegtem Ambiente kann man im **Rajbogh Restaurant** eine kulinarische Weltreise antreten. Das im Erdgeschoss des Hotel Indralok angesiedelte Restaurant bietet indische, chinesische und westliche Speisen zu 100–200 Rs für ein Hauptgericht.

■ Speziell in der Zeit von November bis Januar sollte man die an vielen **Straßenständen** angebotenen Mangomilchshakes probieren, die zu den besten Indiens zählen.

An- und Weiterreise

Bahn:

■ Das **Reservierungsbüro** am Bahnhof ist von Mo bis Sa 8–13 und 15–20 Uhr, So 8– 14 Uhr geöffnet.

■ Der um 19.30 Uhr in Veraval startende 9222 Somnath Exp. passiert um 21.08 Junagadh und fährt über **Rajkot** (an 23.25 Uhr) in 7 Std. zum 380 km entfernten **Ahmedabad** (Ank. 4 Uhr). Umgekehrt (Abfahrt in Ahmedabad um 22 Uhr) erreicht der 9221 über Rajkot (Abf. 2.20 Uhr) um 4.22 Uhr Junagadh und fährt einige Minuten später weiter nach **Veraval** (Ank. 6.15 Uhr).

■ Der 1463 Somnath Jabalpur Exp. (Abf. 11.45 Uhr) benötigt nach **Rajkot** (Ank. 13.55, fährt weiter bis Ahmedabad, Ank. 18.25 Uhr) und in umgekehrter Richtung nach **Veraval** (Abf. 11.15 Uhr) knapp 3 Std. Drei weitere Züge täglich.

■ Zum **Sasan-Gir-Nationalpark** fährt tgl. ein Zug um 7 Uhr in 2,5 Std. Er fährt bis **Delvada** (Diu) weiter (Ank. 13.30 Uhr).

Bus:

■ Häufige Direktverbindungen vom Long Distance Bus Stand oder mit einem der vielen davor auf Kunden wartenden Privatbusse bestehen u.a. stündlich nach **Porbandar** (8–14 Uhr, private bis 20 Uhr, 3 Std.) und **Rajkot** (2 Std.), sowie nach **Veraval** und **Una** (2,5 Std., zwischen 6 und 19.30 Uhr). Eine Verbindung um 5 Uhr nach **Palitana, Dwarka** (weiter bis Okha) um 7 und 16 Uhr. **Jamnagar** wird zwischen 11.15 und 20.30 Uhr angefahren. Direktbusse nach **Diu** um 14.30 und 15 Uhr. Nach **Bhuj** 5 Busse täglich (10.15, 11, 11.45, 14.30 und 16.30 Uhr). Ein Bus nach **Udaipur** um 13 Uhr, zwei nach **Ahmedabad** um 6 und 7 Uhr. Mehrere Privatanbieter fahren zwischen 7 und 23 Uhr in Gujarats Metropole.

■ Zum **Sasan-Gir-Nationalpark** gibt es ab 6 Uhr stündlich Verbindungen. Fahrtdauer 2 Std. Mit dem **Taxi** (viele warten gegenüber dem Busbahnhof auf Kunden) sollte man nicht mehr als 600 Rs zahlen.

■ Viele Büros der **privaten Busgesellschaften** befinden sich auch beim Kalwa Chowk. Wenn einer der ankommenden Privatbusse etwas außerhalb der Stadt seine Fahrt beendet, wird man per Minibus in die Innenstadt weiterbefördert.

Porbandar X/A2
– Mahatma Gandhis Geburtsstadt

Der beißende Geruch von getrocknetem Fisch und die Abgase der Industrieschornsteine machen diese für Gujarat typische Provinzstadt nicht gerade zu einem Muss auf der touristischen Landkarte. Wenn sich dennoch immer wieder einige Westler hierher verirren und der Name der Stadt wohl allen Indern ein Begriff ist, so liegt dies daran, dass hier am 2. Oktober 1869 *Mahatma Gandhi* das Licht der Welt erblickte.

Kirti Mandir

Eine schöne Marmorstatue auf einem hohen Sockel, Mahatma Gandhi in seiner typischen, auf einen Stock gebeugten Haltung, nur mit Sandalen und Umwurf bekleidet, findet sich am Ende der Mahatma Gandhi Road auf einem kleinen, von schönen alten Häusern umstellten Platz.

Wer von hier rechts abbiegt und nach etwa 50 m durch einen Maueringang tritt, befindet sich in einem kleinen, mit Marmorkacheln ausgelegten Innenhof, vor sich den hässlichen Protzbau der **Mahatma Gandhi Memorial Hall**. Die anlässlich der Einweihung 1956 angebrachten Gedenktafeln lassen erkennen, dass es hierbei mehr um die Selbstdarstellung der bei der Einweihungsfeier anwesenden Politiker ging, als um die Ehrung Gandhis. Das links daran anschließende **Geburtshaus** Gandhis (Kirti Mandir) wirkt neben dem architektonischen Monstrum fast verloren. Die 17 Räume des 215 Jahre alten, dreigeschossigen Geburtshauses sind bis auf drei Porträtgemälde von Mahatma Gandhi und seinen Eltern unmöbliert. Wäre da nicht die Swastika an der Stelle, wo Gandhi das Licht der Welt erblickte, so bliebe die historische Bedeutung dieses Gebäudes völlig im Dunkeln. Tatsächlich vermitteln die Gandhi-Gedenkstätten in Mumbai, Delhi und Ahmedabad einen interessanteren Einblick in Leben und Werk des Politikers und Philosophen, und so scheint mir ein Abstecher nach Porbandar auch nur für echte Gandhianer lohnenswert.

■ **Öffnungszeiten:** 7.30–19 Uhr, Eintritt frei.

Stadtverkehr

■ Von der Railway Station zum Stadtzentrum entlang der Mahatma Gandhi Road sollte man mit dem **Scooter** nicht mehr als 15 Rs, mit der **Fahrradriksha** 10 Rs zahlen.

Unterkunft, Essen und Trinken
(Vorwahl: 0286)

Egal in welcher Preiskategorie, die Auswahl an auch nur geringen Maßstäben gerecht werdenden Unterkünften ist äußerst dürftig.

■ Die einzig wirklich empfehlenswerte Billigunterkunft von Porbandar ist das von außen recht nüchtern wirkende **Moon Palace** €–€€€ (MG Rd., Tel.: 2241172, moonpalace @porbandaronline.com). Besonders die teureren Räume sind ihr Geld wert. Ein gutes und zudem überraschendes Restaurant ist angeschlossen.

☐ Atlas S. X   **Dwarka**   **665**

Gujarat

■ Komfortabel sitzt man im **Restaurant Swagat** (1. Stock, 8.30–15 und 18–22 Uhr) an der MG Rd. mit einer recht großen Auswahl an nordindischen und chinesischen Speisen.

■ Leicht seltsam ist die Architektur des **Hotel Indraprasth** €€-€€€€ (ST Cross Rd., Tel.: 2242681/2, www.hotelindraprasth.biz) gegenüber dem Swami-Narayan-Tempel, doch die angenehmen Zimmer, manche mit Wandbemalungen, sind ihr Geld wert. Besonders Einzelreisende sind gut bedient, bekommen sie doch sehr preiswert kleine Zimmer mir Bad und TV. Die teureren sind klimatisiert.

■ Ganz ähnliche Qualität offeriert das **Hotel Natraj** €-€€€€ (MG Rd., nahe der UTI Bank, Tel.: 2215658, www.hotelnatrajp.com) zu identischen Preisen. Nicht nur die geräumigen Suiten sind hübsch möbliert. Die kleinen Einzelzimmer sind auch hier sehr preiswert.

■ Bestes Haus am Platz ist derzeit das **Hotel Sheetal** €€-€€€€ (Tel.: 2247596, hotelsheetal@rediffmail.com) gegenüber der Hauptpost. Angenehme, geräumige Zimmer mit TV und Kühlschrank, guter Service und ein hübsches Restaurant ... – und das alles zu relativ kleinem Preis.

■ Sehr schmackhafte südindische, Punjabi- und chinesische Küche serviert das neue, gelungen dekorierte **Shanti Restaurant** (10–15 und 18–23 Uhr, 30–120 Rs pro Hauptgericht) in der Ramtekri Rd.

■ Besonders durch seine Lage am Chowpatty Beach im Südwesten Porbandars vermittelt das **Hotel New Oceanic** €€-€€€ (Tel.: 22640717) ein angenehmes und wohnliches Ambiente. Es ist von einem hübschen Garten umgeben und bietet von der großen Terrasse und einigen Zimmern Ausblicke aufs Meer.

Bank und Internet

■ Geldwechsel ist nur bei **Thankys Tours & Travels** (MG Rd., nahe dem Dreamland Cinema, Tel.: 2247153) möglich, also bei keiner staatlichen Bank. So sind die Raten nicht die besten. Der **UTI-Bank-ATM,** zentral an der Mahatma Gandhi Road, ist mit den meisten Kreditkarten einverstanden.

■ **Sify-i-way** an der SV Patel Rd. stellt die schnellsten Verbindungen zur Verfügung.

An- und Weiterreise

Flug:

■ Die Autoriksha zum Flughafen kostet ca. 40 Rs. Thankys Tours & Travels (Jeevan Jyot, MG Rd., Mo–Sa 9–20 Uhr, So 10–13.30 Uhr, Tel.: 2244344) ist eines der Reisebüros, über das man Flugtickets buchen kann.

Bahn:

■ Die beste Verbindung nach **Mumbai** (Ank. 19.15 Uhr) bietet der 9216 Saurashtra Exp. (Abf. 20.25 Uhr), der die 960 km lange Strecke mit Stopps in **Jamnagar** (3 Std.), **Rajkot** (4,5 Std.), **Ahmedabad** (9,5 Std.), **Vadodara** (13 Std.) und **Bharuch** (16 Std.) in 23 Std. zurücklegt.

■ Mi und Do fährt der 2905 Porbandar Howrah um 6.40 Uhr dieselbe Strecke bis **Ahmedabad** (Ank. 15.20 Uhr) über **Jamnagar** (an 9.03 Uhr) und **Rajkot** (an 10.30 Uhr).

Bus:

■ Vom Busbahnhof wie auch mit privaten Busgesellschaften, die ihre Büros alle entlang der Mahatma Gandhi Road in der Nähe des Flamingo Hotels haben, bieten sich Direktverbindungen u.a. nach **Junagadh** (3 Std.), **Rajkot** (5 Std.), **Veraval** (3 Std.), **Jamnagar** und **Dwarka** (je 4 Std.). Die meisten Veraval-Busse fahren weiter bis **Diu.**

Der besondere Tipp:

Dwarka   X/A2
– Pilgerstadt mit Charme

„Dwarka is different from India and the rest of the world", sagte mir mein Rikshafahrer *Bhagat*, nachdem er mir zwei Stunden lang jeden Winkel seiner Heimatstadt gezeigt hatte und sich schließlich entschieden weigerte, auch nur eine Rupie anzunehmen. Friendship, nicht Geld sei für ihn wichtig, antwortete er mir auf meine wiederholt vorgetragene Bitte, doch wenigstens sein verfahrenes Spritgeld er-

Zwischen Anspruch und Wirklichkeit – Mahatma Gandhis Lehre von der Gewaltlosigkeit

Keine Stadt in Indien, in der nicht eine Hauptverkehrsstraße nach ihm benannt wäre, kein Tag, an dem nicht irgendwo im Lande eine Statue von ihm eingeweiht würde, und vor allem keine Sonntagsrede eines Politikers, in der er nicht erwähnt wird. Mahatma Gandhi, „der nackte Fakir", wie ihn *Winston Churchill* einst auf Grund seines nur spärlich bekleideten Äußeren abschätzig nannte, ist nicht nur der meistverehrte und meistzitierte Politiker Indiens, sondern weltweit zu einem Symbol für Gewaltlosigkeit und Bescheidenheit geworden.

Man kann sich jedoch des unguten Gefühls nicht erwehren, dass mit der Mythisierung Gandhi nur von der Tatsache abgelenkt werden soll, dass der Vater der Nation mit seinen Lehren schon zu Lebzeiten gescheitert war. Er selbst war einer der Ersten, die dies erkannt hatte, als er im Juli 1946 sagte: „Ich weiß, Indien ist nicht mehr auf meiner Seite. Ich habe nicht genug Inder von der Wahrheit der Gewaltlosigkeit überzeugt."

Bertrand Russells Kommentar „das unabhängige Indien hat Gandhi zu einem Helden gemacht und alle seine Lehren ignoriert" hat die Diskrepanz zwischen Anspruch und Wirklichkeit am treffendsten beschrieben.

Wie vergänglich Personen und Ideen im politischen Leben Indiens sein können, zeigt ein Rückblick auf das Jahr 1915. Damals warteten Tausende von Indern im Hafen von Mumbai erwartungsfroh auf die Rückkehr des am 2. Oktober 1869 in dem Hafenstädtchen Porbandar geborenen *Mohandas Karmachand Gandhi.* Der Sohn eines einflussreichen und wohlhabenden Politikers war 1895 nach einem vierjährigen Jurastudium in England als Rechtsanwalt eines Handelshauses seiner Heimatstadt nach Südafrika gegangen. In den folgenden 20 Jahren hatte er sich dort als Führer seiner gegen die Rassendiskriminierung kämpfenden Landsleute einen weit über die Grenzen Südafrikas hinausgehenden Namen gemacht. So war er bei seiner Rückkehr bereits ein Held, und viele Inder glaubten, in ihm endlich den lang ersehnten Retter aus über 500-jähriger Fremdherrschaft gefunden zu haben.

Tatsächlich stand er auch sehr bald an der Spitze der indischen Unabhängigkeitsbewegung gegen die britischen Kolonialherren, die er durch seine Aktionen des **gewaltlosen Widerstandes** mehr und mehr in die Defensive drängte. Besondere Berühmtheit erlangte hierbei sein legendärer **Salzmarsch,** bei dem ihm 1930 Hunderttausende seiner Landsleute in einem beispiellosen Triumphzug durch die Wüsten Gujarats zum Meer folgten, um mit dem dort gewonnenen Salz den symbolischen Sieg über das britische Salzmonopol zu feiern.

Kaum war die **Unabhängigkeit** errungen, wurde der Traum vom freien, selbstbestimmten Indien zum Albtraum. Millionen von Hindus und Moslems schlachteten sich auf offener Straße mit Äxten und Messern ab, und in den Wochen nach dem 15. August 1947, dem Tag der Unabhängigkeit, „floss mehr Blut als Regen", wie es ein Reporter der New York Times formulierte.

Hier bewahrheitete sich auf fatale Weise die von Gandhi immer wieder vertretene These, dass der politischen Freiheit die ethisch-moralische Freiheit jedes einzelnen vorausgehen müsse. Zur Einübung dieses von aktiver Nächstenliebe, Gewaltlosigkeit und materieller Enthaltsamkeit geprägten Lebensstils, für den er den Begriff *Satyagraha* (Festhalten an der Wahrheit) prägte, gründete er den noch heute bestehenden **Satyagraha-Ashram** in Ahmedabad. Entschieden wandte er sich auch gegen die Diskriminierung der Unberührbaren, die er in den Ashram integrierte und den Namen *Harijans* (Kinder Gottes) verlieh. Hier zeigt sich, dass Gandhis eigentliches Interesse viel mehr soziales Engagement als die große Politik war. So nahm er am Tag der Unabhängigkeit auch bezeichnenderweise nicht an den offiziellen Feierlichkeiten teil, sondern diente weitab von Delhi in einem kleinen Dorf den Armen.

„Experimente mit der Wahrheit" nannte er programmatisch seine **Autobiografie,** wohl wissend, dass sein Weg zuweilen mit Irrtümern gepflastert war. Aus heutiger Sicht gehört hierzu sicherlich auch seine **Verklärung des indischen Dorflebens,** wenn er z.B. dazu aufforderte „alles zu verlernen: Eisenbahnen, Telegrafen, Krankenhäuser, Advokaten, Doktoren, all dies muss verschwinden; und die sogenannten besseren Kreise müssen bewusst, gläubig und gezielt das einfache Bauernleben lernen, im Wissen, dass dieses Leben das wahre Glück bringt."

Sein langjähriger Weggefährte und Indiens erster Ministerpräsident *Jawaharlal Nehru* erteilte dieser Verklärung des indischen Dorflebens eine klare Absage: „Gandhi denkt immer nur in Kategorien von persönlichem Heil, während in unserem Denken das Wohl der Gesellschaft zuoberst steht. Es genügt ihm, die Herzen zu verändern. Das ist eine rein religiöse Haltung zum Leben und seinen Problemen. Mit Politik, Ökonomie und Soziologie hat das nichts zu tun."

setzen zu dürfen. Auch meinen Hinweis, er habe schließlich fast einen ganzen Nachmittag für mich geopfert, ließ er nicht gelten: „We have plenty of time here!"

Nach zwei weiteren Tagen in dieser kleinen, am äußersten **Nordwestzipfel Kathiawars** gelegenen Stadt konnte ich Bhagat in der Beurteilung seiner Heimatstadt nur zustimmen: eine solch angenehme und friedvolle Stadt findet sich nur äußerst selten.

Es ist wohl der Geist Krishnas, des lebensfroh verspielten Hindu-Gottes, der sich hier widerspiegelt. Der Legende nach soll er, vor der Rache der Angehörigen des Königs Kamsa, den er zuvor getötet hatte, aus seiner Hauptstadt Mathura fliehend, in Dwarka vor 3.400 Jahren seine neue Hauptstadt gegründet haben. Unzählige Tempel sind ihm gewidmet, und im August/September strömen Zehntausende von Pilgern zum Janmashtami-Fest nach Dwarka, um den Geburtstag Krishnas zu feiern.

Dwarka, neben Mathura, Ujjain, Ayodhya, Hardwar, Varanasi und Kanchipuram eine der sieben großen Pilgerstätten Indiens, ist aber auch ganzjährig Anziehungspunkt von Pilgergruppen. Selbst für diejenigen, die schon mehr als genug Tempel gesehen haben, ist die Stadt aufgrund ihrer heiter gelassenen Atmosphäre einen Besuch wert.

Sehenswertes

Dwarkandish-Tempel

„Stadt der Tempel" wird Dwarka ob seiner enormen Anzahl von Hindu-Tempeln auch genannt. Der Dwarkanadish-Tempel, den wichtigsten und größten von allen, soll Krishna innerhalb nur einer Nacht errichtet haben. Der fünfgeschossige, von 60 Säulen getragene **Tempelturm** ist weithin sichtbar und bildet neben dem Leuchtturm das Wahrzeichen Dwarkas.

■ **Öffnungszeiten:** täglich 7–8, 9–12.30 und 17–21.30 Uhr.

Weitere Tempel

Interessante Tempel sind der **Rukmini-Tempel**, 1 km östlich des Dwarkanisk-Tempels mit herrlichen Schnitzereien, und der **Sabha-Mandapa-Säulentempel**, der 2.500 Jahre alt sein soll. Viele weitere Tempel liegen direkt an der **Küste** bzw. sind ihr vorgelagert und können, wenn überhaupt, **nur bei Ebbe** erreicht werden. Der Legende nach sollen sie aus Überresten der bei Krishnas Tod im Meer versunkenen Stadt erbaut worden sein. Weitere für die Hindus bedeutende Tempel befinden sich auf der dem Festland vorgelagerten Insel Okha.

■ Auf einer zweimal täglich durchgeführten, fünfstündigen **Bus-Bootsfahrt** (8 und 14 Uhr, 40 Rs ohne Bootsticket) können diese und weitere auf dem Weg liegende Tempelstätten sowie die Insel Bet im Norden besichtigt werden. Tickets gibt's bei Dwarka Darshan (Büro am Gemüsemarkt). Per **Taxi** sollte die Besichtigung der Hauptsehenswürdigkeiten etwa 500 Rs kosten.

Leuchtturm

Einen sehr beeindruckenden Blick auf die Stadt und ihre wunderschöne Lage am Meer bietet der Leuchtturm (6 Rs), der zwischen 17 und 18.30 Uhr für Touristen geöffnet ist. Fotografieren ist seltsamerweise nicht erlaubt.

Praktische Tipps

Unterkunft, Essen und Trinken
(Vorwahl: 02892)

■ Die große Auswahl an geräumigen und sauberen Zimmern sowie das freundliche Personal und die korrekten Preise machen den staatlichen **Toran Tourist Bungalow** €€ (Tel.: 234031) zu einer guten Wahl.

■ Eine der besten Billig-Unterkünfte ist das **Hotel Guruprerna** €€–€€€ (Tel.: 234512, guruprerna@nivalink.com) gegenüber vom Bhadrakali-Tempel. Für die blitzblanken und geräumigen Zimmer (die teureren mit AC) bietet das Haus ein hervorragendes Preis-Leistungs-Verhältnis. Abgesehen vom Manager spricht niemand im Hause Englisch. Das angeschlossene **Sharanam-Restaurant** serviert südindische und Punjabi-Gerichte.

■ Mit seinem freundlichen Service, den einfachen, aber sauberen Zimmern und der Innenstadtlage bietet das **Hotel Nand Nandan** €€€ (Jodah Manej Rd., Tel.: 235040) ein gutes Preis-Leistungs-Verhältnis.

■ Gleich am Ortseingang findet sich das rustikale **Meera** €–€€€ (High Way Rd., Tel.: 234031) mit einfachen und sauberen Zimmern, von denen die billigen im Obergeschoss den luftigsten Eindruck machen. Die teureren Deluxe-Zimmer sind komfortabel und klimatisiert. Meiden sollte man die im Erdgeschoss neben der großen Küche gelegenen Räume. Im angeschlossenen Restaurant scheint sich halb Dwarka an den sehr preiswerten und schmackhaften Thalis zu laben.

■ Die mit Abstand beste Unterkunft ist das neueröffnete **Dwarkadhish Lords Inn** €€€–€€€€ (Tel.: 235925, www.lordshotels.com). Die frisch und modern eingerichteten Zimmer mit Flachbildschirm und Meeresblick, das gute Restaurant **Blue Coriander** und das professionelle Management heben es deutlich von der Konkurrenz ab.

An- und Weiterreise

Bahn:
■ Der 9006 Saurashtra Mail fährt von Dwarka (Abf. 13.03 Uhr), mit Stopp u.a. in **Jamnagar,** (an 15.28 Uhr),

Rajkot (17.20 Uhr), **Ahmedabad** (22.25 Uhr), **Vadodara** (0.37 Uhr) und Bharuch (1.38 Uhr) in 20 Std. nach **Mumbai**. In der umgekehrten Richtung startet er (Zug-Nr.: 9005) in Mumbai um 20.25 Uhr, Ahmedabad (ab 4.55 Uhr), Rajkot (ab 10.10 Uhr), Jamnagar (ab 12.15 Uhr), Ank. in Dwarka um 15.07 Uhr.

Bus:
● Direktbusse verkehren u.a. zwischen Dwarka und **Jamnagar** (stündliche Verbindungen, 3,5 Std.), **Junagadh** (alle 2 Std., 6 Std.), **Rajkot** (6 Std.) und **Somnath** (7 Std.).

Jamnagar X/A2
– florierende Industriestadt

Früher muss das von den Jadeja-Rajputen gegründete Jamnagar einmal eine schöne Stadt gewesen sein, wurde es doch um den **Ramnal-See** mit dem malerisch in dessen Mitte gelegenen Lakotha-Fort und der Kotha-Bastion angelegt. Von seinem histoischen Kern scheint es sich jedoch heute ungeordnet in alle Richtungen auszubreiten und vermittelt den Eindruck einer aufstrebenden, wenig ansehnlichen Industriestadt. Dennoch bietet Jamnagar einige hübsche Sehenswürdigkeiten und verfügt über eine in Teilen **malerische Altstadt,** die einen kurzen Zwischenstopp lohnen.

Sehenswertes
Kotha-Bastion und Lakotha-Fort

Malerisch und scheinbar uneinnehmbar in der Mitte des Ranmal-Sees liegen die ehemals als Zeughaus genutzte Kotha-Bastion sowie das zum **Museum** (Mo–Fr sowie jeden 1. und 3. Sa im Monat 10–17 Uhr, Eintritt 50 Rs) umgebaute Lakotha-Fort. Gezeigt werden **Skulpturen und Töpferwaren** aus Kathiawar, alte Manuskripte, Inschriften und eine Münzsammlung.

● **Geöffnet** täglich außer Mi 9–12 und 15–18 Uhr.

Bala-Hanuman-Tempel

Einen Besuch lohnt auch der an der Südostseite des Sees gelegene Bala-Hanuman-Tempel, in dem seit dem 1. August 1964 24 Stunden täglich – jahrein, jahraus – die heiligen Worte Shri Ram, Jai Ram, Jai Jai Ram („Sieg dem erlauchten Rama") von Priestern rezitiert werden. So hat es denn auch das unbedeutende Jamnagar zu einem Eintrag im Guiness-Buch der Rekorde gebracht. Das Viertel um den Tempel erwacht am Abend, wenn sich hier viele Inder an den Essensständen zusammenfinden und am Seeufer promenieren.

Altstadt und Jain-Tempel

Der sehenswerte Bereich der Stadt liegt im Altstadt-Bezirk **Chandi Bazaar** zwischen den beiden imposanten Jain-Tempeln Adinath und Shantinath Mandir, dem Darbar Gadh sowie der nordöstlich angrenzenden, runden Markthalle. Hier in den Straßen herumzustreunen ist ein bleibendes Erlebnis mit vielen Fotomotiven. Teilweise glaubt man sich in der Zeit zurückversetzt. Die beiden Jain-Tempel sind zu leider nicht festgesetzten Zeiten zu besichtigen. So sollte man sich durchfragen, bis eine wohlwollende Person gefunden ist. Herrlich ist auch die kleine Halle des **Subash Market** am südlichen Ende der KV Rd. Sehr stimmungsvoll ist auch das halbrunde, reich verzierte und ins Alltagsleben eingebundene Gebäude des Darbar Gadh.

Sansani-Tempel

Für westliche Vorstellungen recht seltsam geht es im Sansani-Tempel im Norden der Stadt zu. Einen Tempel dieser Art gibt es wohl nur in Indien, handelt es sich doch um einen kleinen Park mit unzähligen farbenfrohen **Gipsfiguren,** die höchst unterschiedliche Personen darstellen. Von Gandhi über Nehru, Jesus und Buddha bis zu Shiva und Parvati spannt sich der Bogen. Ist man am Ende dieser bunten Skulpturenwelt angelangt, steht man vor einem kleinen, unscheinbaren Gebäude, welches sich bei näherem Hinschauen als ein mit modernster Technik ausgestattetes Krematorium entpuppt.

Ayurvedische Universität

Die einzige ayurvedische Universität Indiens (Tel.: 2770103, Mo–Sa 6–12 und 15–19 Uhr Außenstehenden zugänglich) bietet **Ausbildungskurse** für Fortgeschrittene in **ayurvedischer Medizin, Hatha Yoga** und vielen anderen Disziplinen an, die mit einem Diplomabschluss beendet werden können. Kursgebühren für die bis zu 12 Wochen dauernden Einführungslehrgänge betragen bis zu 15.000 Rs. Genaueres auf der informativen Internetseite www.ayurveduniversity.com.

Praktische Tipps

■ **Vorwahl:** 0288

Stadtverkehr

■ Vom 10 km entfernten **Flughafen** ins Stadtzentrum sollte man per **Autoriksha** nicht mehr als 70 Rs zahlen, mit dem **Taxi** maximal das Doppelte. Vom Busbahnhof in der Innenstadt mit der Riksha zahlen Einheimische 20–30 Rs, zum neuen, 4 km nördlich des Zentrums gelegenen Bahnhof etwa 50 Rs.

Unterkunft

■ Das recht zentral beim Teen Batti Chowk gelegene **Hotel Kirti** €€ (Teen Batti Rd., Tel.: 2558602, 2550604) ist die beste Wahl in der unteren Preiskategorie. Die günstigeren Zimmer sind für eine Nacht o.k., wirklich empfehlenswert sind die großen, schön möblierten AC-Deluxe-Zimmer. Eine gute Ausweichmöglichkeit bietet das **Hotel Trimurti** €-€€ (Teen Batti Rd., Tel.: 2550703) nebenan. Sehr preiswerte AC- und Non-AC-Zimmer, alle mit Bad und TV sind ein Schnäppchen.

■ Auch das **Hotel Ashiana** €-€€€ (Pancheswar Tower Rd., Tel.: 2559110, www.ashianahotel.com, Zugang von der Innenseite des Gebäudes) im 4. Stock des hässlichen New Super Market ist eine gute Billig-Adresse. Das Hotel ist nicht leicht zu finden, zumal man in dem Durcheinander von Reklamewänden kein Hotelschild ausmachen kann. Am besten, man fragt einen der vielen Ladenbesitzer, die es alle kennen. Die Qualität der Zimmer schwankt entsprechend der sehr unterschiedlichen Preise. Am besten sind die riesigen Suiten mit guter Ausstattung. Internetbenutzung ist am PC des freundlichen Besitzers möglich. Ein weiteres Plus ist die große, mit Topfpflanzen verschönerte Dachterrasse.

■ Die 40 zentralklimatisierten Zimmer des **Kalatit International** €€€ (Teen Batti Chowk, nahe DPS Bungalow, Tel.: 2771000, www.kalatitinternational.com) machen einen gepflegten Eindruck. Das hauseigene **Rajbog Restaurant** mit einheimischer wie internationaler Küche so-

☐ Atlas S. X **Jamnagar** 671

Gujarat

wie der Swimmingpool und Fitnessraum runden den positiven Gesamteindruck ab.

■ Das etwas in die Jahre gekommene **Hotel President** €€–€€€€ (Teen Batti Chowk, Tel.: 2557491, www.hotelpresident.in), Jamnagars renommiertestes Innenstadthotel, hat geräumige, teils mit Balkon versehene und klimatisierte Zimmer, alle mit TV. Jedoch bieten nur die nicht klimatisierten Zimmer und die Suiten einen preisentsprechenden Gegenwert. Angeschlossen ist das gute **7 Seas Restaurant**.

■ Am stilvollsten wohnt man in Jamnagar in dem etwa auf Höhe der Ayurverdic University gelegenen **Hotel Aram** €€–€€€ (Pandit Nehru Marg, Tel.: 2551701-5, www.hotelaram.com). Geschmackvoll möblierte Zimmer und ein gutes Restaurant in dem alteingesessen, bestens instandgehaltenen Haus sorgen für Wohlbefinden. Einzig die zu klein geratenen Zimmer der unteren Preiskategorie sind zu bemängeln. Sehr großzügig gestaltet sind dagegen die Suiten.

Essen und Trinken

■ Trotz seines Namens ist das **Hotel Swati** (1. Stock, 11–15 und 17–23 Uhr) ein Restaurant, zudem eines der besten der Stadt. Serviert werden ausgezeichnete vegetarische Gerichte zu vernünftigen Preisen (um die 80–130 Rs).

■ In der Nähe finden sich mit dem **Kalpana** und dem **Rangoli** zwei weitere recht gute indische Restaurants.

■ Reichlich düster, doch ansonsten sehr empfehlenswert ist das **7 Seas Restaurant** im 1. Stock des Hotel President. Die Vielfalt und Qualität der Gerichte (100–200 Rs) ist ausgezeichnet.

■ Köstliche südindische Gerichte in modernem Ambiente bietet das **Sankalp** am Neo Square. Versuchen sollte man einmal das köstliche *Mysore Chatpatra Dosa* (würziger Dosa mit Koriander und Knoblauch, 110 Rs) oder die leckeren *Uthappa*, eine auch als indische Pizza bekannte Pfannkuchenart.

■ Eine große Auswahl sowohl nord- und südindischer Gerichte als auch einiger westlicher Speisen serviert das rustikale und populäre **Madras Hotel** (40–100 Rs).

■ Klimatisiert-kühl ist das saubere **Fresh Point Restaurant** (10–15 und 18–23 Uhr). Laut Speisekarte gibt's indische, chinesische und Punjabi-Küche (50–100 Rs).

■ Leckere und preiswerte Snacks bekommt man allabendlich an den **Garküchen** beim New Super Market und dem gegenüber gelegenen Kino.

Bank

■ Eine Filiale von **Thomas Cook** (Tel.: 2664578, (0)9825006838, Mo–Sa 9.30–18.30 Uhr) auf der Nordseite des Teen Batti Chowk gegenüber dem Hotel President wechselt effizient, aber nicht zu den besten Raten. Nebenan ist der **ATM** der UTI-Bank mit den meisten Kreditkarten zufrieden. Das gilt auch für den der **Bank of Baroda.** Die Bank selbst wechselt, sobald die jeweils aktuellen Raten vorliegen, was dauern kann. Schließlich sei der **HDFC-ATM** an der Südseite des Shantinath Mandir genannt, der alle wichtigen Karten annimmt.

Post und Internet

■ Die **Hauptpost** liegt etwas östlich der beiden Jain-Tempel. Ein **DHL-Büro** am Teen Batti Chowk ist Mo–Sa 9–21 Uhr geöffnet.

■ Zwei von zahlreichen **Internetcafés** (beide 10–23 Uhr): sify-i-way (K.V. Rd., 1. Stock) und Royal Cyber World and Game (Madhav Square).

An- und Weiterreise

Flug:

■ Air India fliegt tgl. von und nach **Mumbai.**

Bahn:

■ Der 9006 Saurashtra Mail verbindet Jamnagar (Abf. 15.30 Uhr) u.a. mit **Rajkot** (2 Std.), **Ahmedabad** (7 Std.), **Vadodara** (9 Std.) und **Mumbai** (15 Std.). Umgekehrt fährt der Zug (Nr. 9005) um 20.25 Uhr in Mumbai los und fährt ab Jamnagar (Ank. 12.15 Uhr) weiter über **Dwarka** bis **Okha** (Ank. 16 Uhr) an der Westküste.

Bus:

■ Busse nach **Rajkot** (2,5 Std.) fahren etwa stündlich, weitere Direktverbindungen bestehen nach **Junagadh** (4,5 Std., halbstündlich), **Dwarka** und **Porbandar** (4 Std.) und **Ahmedabad** (7,5 Std.).

■ Nach **Bhuj** fährt man besser zunächst nach **Rajkot** und von dort aus weiter.

■ **Privatanbieter** fahren neben Ahmedabad (u.a. Ashwamegh Travels, Tel.: 2670613, 26920405, ca. 200 Rs, 7 Std.) auch Bhuj, Mandvi und Rajkot (Patel Travels, Pancheswar Tower Rd., Tel.: 2552419), Mt. Abu (12 Std.) und Udaipur (14 Std.) in Rajasthan (Srinath Travels, Town Hall Circle, Tel.: 2553333) an. Mahasagar Travels (Tel.: 266556, 2554747) hat neben AC-Volvo-Bussen nach Ahmedabad (350 Rs) 6 Verbindungen tgl. nach Bhavnagar, Junagadh (80 Rs, auf teils schlechter Strecke) und alle 2 Stunden nach Rajkot. Viele Busse fahren nicht vor ihren Büros, sondern außerhalb ab. Also rechtzeitig auf den Weg machen.

Rajkot   X/A2

Ebenso wie das 90 km nordöstlich gelegene Jamnagar hat auch die ehemalige Hauptstadt des kleinen Fürstentums Kathiawar touristisch recht wenig zu bieten und ist nicht viel mehr als ein Zwischenstopp auf dem Weg in die Wüstenstadt Bhuj.

Gandhi-Haus

Im Jahre 1876 wurde Gandhis Vater *Karamchand (Kaba) Gandhi* zum Chefminister des Fürstentums Saurashtra ernannt, und so zog er mit seiner Familie von Porbandar nach Rajkot. *Mahatma Gandhi* verbrachte hier einen Großteil seiner Jugend, bevor er 1888 zum Studium nach England aufbrach. Das in den Gassen der Altstadt nur schwer zu findende **Haus der Familie Gandhi** (Kaba Gandhi no Delo, Ghee Kanta Rd., Mo–Sa 9–12 und 15–17.30 Uhr, Eintritt frei) wurde 1969, zum hundertsten Geburtstag Gandhis, in ein **Museum** verwandelt. Der Reiz des Museums liegt aber vor allem darin, Einblick ein in die Lebensbedingungen der indischen Oberschicht widerspiegelndes Haus zu bekommen.

Watson Museum

Der Eingang zu diesem skurrilen Museum im Jubilee Garden wird von zwei Löwen flankiert. Nach dem Motto *You name it, we have it* wird hier um das im Erdgeschoss original wiederaufgebaute Wohnzimmer des *Colonel Watson* herum eine offenbar von keinen Hemmungen gebremste Auswahl an Objekten gezeigt: ein römischer Diskuswerfer aus Marmor, Gemälde aus dem 19. Jh., verschiedene Turbanformen, Vögel, Schlangen, Affen, Krokodile (alle ausgestopft), Musikinstrumente, Hirschgeweihe, eine Miniatureisenbahn aus Silber, historische Fotos von Gandhi, eine Münzsammlung und, als Höhepunkt, Queen Victoria in Marmor, in voller Lebensgröße auf einem Thron sitzend, mit Blechkrone, Zepter und Weltkugel. Ihr gequälter Gesichtsausdruck allein ist die 3.300 Pfund wert, die dieses 1899 erstellte Kunstwerk gekostet haben soll. Die an den Wänden zu lesende Ermahnung „Please walk slowly!" ist allerdings überflüssig, kommt doch angesichts dieser zweifellos außergewöhnlichen Ausstellung niemand auf die Idee, die nötige Aufmerksamkeit vermissen zu lassen ...

■ **Öffnungszeiten:** tgl. außer So und jeden 2. und 4. Sa des Monats 9–13 und 14–18 Uhr, Eintritt 50 Rs.

Rajkot

Unterkunft
2 Platinum Hotel
3 Imperial Palace
5 The Galaxy Hotel
6 Himalaya Guest House
10 Hotel Samrat International
12 The Grand Regency

Essen und Trinken
1 Lord's Banquet, Temptations
4 Adingo
7 Rainbow Restaurant
8 Bukhara Woodlands Restaurant
11 Kanchan Restaurant

Verkehr
9 Busbahnhof

Information

■ **Vorwahl:** 0281

■ Da Rajkot nur von wenigen Touristen besucht wird, hat man das **Tourist Office** (Tel.: 2234507) folgerichtig im 1. Stock hinter der State Bank of Saurashtra versteckt. Geöffnet ist es tgl. außer So und jeden 2. und 4. Sa von 10.30 bis 18 Uhr.

Unterkunft

■ Die Auswahl an akzeptablen Billigunterkünften ist sehr dünn. Gerade noch akzeptabel ist das spartanische, dafür jedoch freundliche und saubere **Himalaya Guest House** € (Tel.: 222880). Man findet es oberhalb des Eingangs zu einer Einkaufspassage in der Lakhajraj Road. Im Erdgeschoss liegt das günstige **Rainbow Restaurant** mit vegetarischer Küche.

■ Ein Tipp wegen seiner günstigen, sauberen und geräumigen Zimmer ist das **Hotel Samrat International** €€–€€€ (Tel.: 2222269, 2232274) an der Karanpara Rd. hinter dem Busbahnhof, obwohl einige Zimmer etwas bunt geraten sind.

■ Eine gute Wahl ist das im 4. Stock eines recht unansehnlichen Bürogebäudes an der Jawahar Road gelegene **The Galaxy Hotel** €€€–€€€€ (Tel.: 2222905-8, www.thegalaxyhotelrajkot.com). Mit seinem professionellen und freundlichen Personal sowie den sauberen und geräumigen Zimmern war es lange das beste Mittelklassehotel der Stadt.

■ Moderner, wenn auch etwas steril ist das **Platinum Hotel** €€€–€€€€ (Jawahar Rd., Tel.: 2232000). Alle der 76 zentral klimatisierten Zimmer verfügen über WiFi, das hauseigene Restaurant bietet eine große Auswahl an einheimischen und internationalen Gerichten. Einzig der Service wirkt zuweilen ein wenig langsam.

■ Den zurzeit wohl besten Gegenwert für sein Geld bietet das neueröffnete **Pradhyuman Lords Inn** €€€–€€€€ (Everest Park, Kaladav Rd., Tel.: 2562880, www.lordshotels.com/rajkot). Die 64 zentral klimatisierten Zimmer und Badezimmer machen einen freundlichen, gepflegten und hellen Eindruck, das hauseigene **Blue Coriander**

Restaurant bietet schmackhafte Gerichte in freundlichem Ambiente und die Dachterrasse bietet schöne Aussichten. Einziger Nachteil ist die Lage etwa 5 km vom Zentrum im Südwesten der Stadt. Dafür ist es auch wesentlich ruhiger als im Zentrum.

■ Mehr Luxus offeriert das **The Grand Regency** €€€€–€€€€€ (Dhebar Rd, Tel.: 2240100, www.hotelthegrandregencyrajkot.com). Besonders die Zimmer um den Lichthof im obersten, Gardenia Floor genannten Stock sind klasse. Ein Pool fehlt allerdings.

■ Den und viele weitere Annehmlichkeiten gibt's im besten Haus am Platz, dem **Imperial Palace** €€€€€–€€€€€€ (Dr. Yagnik Rd., Tel.: 2480000, www.theimperialpalace.biz) im Zentrum. Angenehme Zimmer mit WiFi, Flachbildschirm-TV sowie Jacuzzi, Fitnessraum und Massage sind die üblichen Vorteile dieser hohen Preisklasse.

Essen und Trinken

■ Populär ist das **Bukhara Woodlands Restaurant** (Kanak Rd., 11.30–15 und 19–23 Uhr). Neben den Gujarati-Thalis sind es vor allem die leckeren Paneer-Gerichte, die die einheimische Kundschaft anziehen (um 50–130 Rs pro Hauptgericht).

■ Für Freunde scharfer südindischer Gerichte ist das **Rainbow Restaurant** in der Nähe des Himalaya Guest House die richtige Adresse.

■ Das **Kanchan Restaurant** (Kanta Shree Vikas Rd.) gilt als eines der besten vegetarischen Lokale der Stadt.

■ **Adingo** am Limda Chowk serviert erstklassige Thalis (70 Rs) auf zwei Etagen. Unten mit Lederinterieur, oben heller und farbiger.

■ Erstklassige vegetarische Küche gibt's im alteingesessenen **Lord's Banquet** (Kasturba Rd., 12.30–15.30 und 19.30–23.30 Uhr). Punjabi, chinesisch und westliche Gerichte schmecken ausgezeichnet. Unter gleichem Management befindet sich das in unmittelbarer Nähe gelegene **Temptations**. Die Speisekarte ist eine kulinarische Weltreise und reicht von mexikanisch über italienisch bis zu südindisch, das Ambiente ist modern und freundlich (120–200 Rs).

Bank und Internet

■ Die **State Bank of India** (Tel.: 2226416) und die **State Bank of Saurashtra** wechseln Bargeld und Travellerschecks. Auch einige Hotels wechseln Bares. Am westlichen Ende der Lakhajraj Rd. akzeptiert der ICICI-ATM die wichtigsten internationalen Kreditkarten bis auf AmEx.

■ Die beiden besten Internetcafés sind leicht versteckt platziert: das **Buzz Cyber Café** im Alaukik Bldg. an der Kasturba Marg und das **Interlink Cyber Café** gegenüber Bapuna Bawala an der Lakhajiraj Rd. (bis Mitternacht).

An- und Weiterreise

Flug:

■ Air India fliegt tgl. nach **Mumbai** und **Vadodara.** Jet Airways (7–8 Bilkha Plaza, Kasturba Road, Tel.: 2445912, 2442930) bietet täglich Flüge von und nach Mumbai. Für die Fahrt zum 4 km nordwestlich des Zentrums gelegenen Flughafen sind per Riksha etwa 30 Rs zu zahlen.

Bahn:

■ Der 9006 Saurashtra Mail verbindet Rajkot (Abf. 17.40 Uhr) u.a. mit **Ahmedabad** (Ank. 22.25 Uhr), **Vadodara** (0.40 Uhr) und **Mumbai** (7.15 Uhr). Umgekehrt der 9005: Abf. Mumbai 20.25 Uhr, über Ahmedabad (ab 5.15 Uhr), **Wankaner** (9.15 Uhr), Ank. Rajkot 10.10 Uhr, weiter nach **Hapa, Jamnagar, Dwarka** und **Okha.**

■ Mehrere Verbindungen tgl. nach **Ahmedabad**, etwa der 1463/1465 Rajkot Jabalpur Exp.: Abf. 14 Uhr, Ank. 18.25 Uhr.

■ Das Reservierungsbüro ist Mo–Sa 8–20, So 8–14 Uhr geöffnet.

Bus:

■ Direktbusse vom Busbahnhof oder von den Büros der direkt dahinter ansässigen privaten Busgesellschaften fahren u.a. von und nach **Ahmedabad** (5 Std.), **Junagadh** und **Jamnagar** (2,5 Std.), **Dwarka** (6 Std.), **Diu** (8 Std.) **Mumbai** (14 Std.), **Veraval** (5 Std., via Junagadh) und **Bhuj** (6 Std.). Info-Tel. für aktuelle Verbindungen: 2235025/6, 2235026.

■ **Privatanbieter** fahren außer Zielen in Gujarat auch Rajasthan und Mumbai an. Verlässlich ist Shiv Shakti Travels (Kanak Rd., Tel.: 2234210, 2234201).

Taxi:
■ Für 50 Rs kann man mit Sammeltaxis, die beim Busbahnhof auf Kunden warten, nach **Junagadh** fahren.

Umgebung von Rajkot

Der besondere Tipp: Tarnetar und sein Fest

Jedes Jahr im August/September ist der kleine Ort Tarnetar, 75 km nordöstlich von Rajkot, Schauplatz eines Festes, welches mit seiner Buntheit und Ausgelassenheit zu einem der schönsten Nordindiens zählt. Geprägt wird das dreitägige Fest von den 50.000 Gujarati in ihren **farbenfrohen Kleidern** – eine Art Pushkar-Fest ohne westliche Touristen. Szenen, Gerüche, Klänge einer mit lebensfroher Begeisterung dargebotenen **ethnischen Vielfalt** machen das Tarnetar-Fest zum Aushängeschild des bis heute im Kern in jahrhundertealter Tradition verankerten Gujarat. Neben einem riesigen **Jahrmarkt** mit zum Teil mittelalterlich anmutenden Karussells, Schaustellern, Gauklern und Sadhus betören die Gerüche der Essensstände und vor allem die **Tänze und Musikgruppen** alle Sinnesorgane gleichzeitig.

Die in erster Linie als Heiratsmarkt dienende Tarnetar Fair geht in ihrem Ursprung auf den im Stadtzentrum gelegenen Trilocana-Shiva-Schrein zurück, der dem dritten Auge Shivas gewidmet ist. Der Legende nach soll Shiva dieses magische Auge hervorgezaubert haben, als seine geliebte Parvati ihm im Spiel beide Augen zuhielt.

■ **Die nächsten Termine:** 9.–11. September 2013, 29.–31. August 2014

Wankaner X/B2

Der knapp 40 km nördlich von Rajkot gelegene Ort wäre keiner weiteren Erwähnung wert, wäre da nicht jenes verwunschene **Schloss des Maharajas** von Wankaner. Auf den ersten Blick traut man seinen Augen nicht, wirkt der 1907 eingeweihte Prachtbau doch wie eine – je nach Charakter und Gemütslage des Betrachters – gelungene, kitschige oder grauenvolle Mischung griechisch-römischer, gotischer und indischer Stilelemente.

■ Das Schloss ist in ein luxuriöses Heritage-Hotel (**The Palace Wankaner** €€€€–€€€€€, Tel.: 02828-220000/3) mit Swimmingpool umgebaut worden. Unter anderem werden Pferdesafaris angeboten.
■ Gäste des Maharajas wohnen in den zauberhaften Gästehäusern des **Royal Oasis** €€€€–€€€€€ (Tel.: 02828-220000/1, info@wankanerheritagehotel.com). Ebenfalls von palastähnlichen Ausmaßen und im Empire-Stil erbaut, steht das Herrscherhaus inmitten eines großen Gartens mit alten Bäumen und vielen Vögeln am Machhu-Fluss. Zum Dinner wird man in den Palast gefahren und speist mit dem Maharaja persönlich. Gerade weil alles ein wenig operettenartig, an der Zeit vorbei und voller Wehmut über vergangene Pracht und Herrlichkeit wirkt, ist es ein einzigartiges, wenn auch nicht gerade billiges Erlebnis.

Bhuj

X/A2

– Wüstenstadt im Wilden Westen Indiens

„Jaisalmer Gujarats" wurde die einzige größere Stadt dieses östlichsten Teils Gujarats bis zu den verheerenden Folgen des Erdbebens vom Januar 2001 oft genannt. Tatsächlich gibt es auffällige Parallelen zwischen beiden Städten. Weit entfernt von der nächsten größeren Stadt, muss man anstrengende, stundenlange Busfahrten durch scheinbar menschenleere Einöden auf sich nehmen, bevor Bhuj wie eine **Oase** inmitten der Wüste auftaucht. Die Wüste macht erst vor den sie umgebenden Stadttoren halt.

Beide Städte waren früher bedeutende Handelszentren an den Karawanenrouten zwischen Afghanistan und dem Indischen Ozean. Doch mit der zunehmenden Bedeutung der Seefahrt, dem Aufstieg Mumbais als führender Wirtschaftsmacht und schließlich der Teilung Indiens im Jahre 1947, die die alten Handelsrouten zerschnitt, verloren sie endgültig ihre einstmalige wirtschaftliche Bedeutung. Die gleiche geografische Lage, die einst ihrem Wohlstand zugrunde gelegen hatte, führte nun dazu, dass sie, scheinbar vergessen im äußersten Westen der Union liegend, von der übrigen wirtschaftlichen Entwicklung ausgeschlossen blieben.

Doch noch einmal sollte die so wechselhafte indische Geschichte das Schicksal beider Städte entscheidend beeinflussen. Die zunehmenden Spannungen zwischen Indien und Pakistan, die sich schließlich in den beiden Bruderkriegen 1965 und 1971 entluden, rückte auf einmal wieder die strategische Bedeutung dieser beiden Außenposten an der Grenze zum Erzfeind ins Bewusstsein. So beherbergen heute beide Städte wichtige Luftwaffenstützpunkte, und die dadurch einfließenden Gelder haben nicht unbeträchtlich zu ihrem wirtschaftlichen Aufschwung beigetragen.

Doch bei allen Gemeinsamkeiten zeigen sich sowohl in der historischen Entwicklung als auch im heutigen Stadtbild deutliche Unterschiede, sodass jede der beiden Städte ihren ganz eigenen, spezifischen Charakter besitzt. Zwar kann Bhuj nicht mit den großartigen Kaufmannshäusern Jaisalmers aufwarten, dafür aber ist die Stadt vom Massentourismus bisher kaum berührt worden.

Das verheerende Erdbeben von 2001 hat besonders Bhuj schwere Schäden zugefügt. Das alte Bhuj ist mit dem Erdbeben verschwunden. Nicht mehr die engen, verwinkelten Gassen, wo die Zeit seit Jahrhunderten stehen geblieben zu sein schien, sondern Zweckbauten prägen das Stadtbild. Dennoch verströmen auch die neu gebauten Häuser in den engen Gassen um den Shroff Bazaar und die Gemüse-Markthalle der Altstadt ihren Charme, nicht zuletzt durch die Herzlichkeit ihrer Bewohner.

Sehenswertes

Prag Mahal

Schon nach Durchschreiten des massiven Eingangstores werden die Schäden, die das Erdbeben von 2001 angerichtet hat, überdeutlich. Besonders auf der rechten Seite türmen sich noch die Trümmer, als sei seit den Erschütterungen kaum etwas passiert. Hat man den von massiven Mauern umgebenen Palastbereich durch das Haupttor betreten hat, ragt zur Linken ein rötlichbrauner **Palastbau** auf. Äußerlich weniger beschädigt als die weniger stabil konstruierten älteren Palastteile Aina Mahal und Durbar Gadh, werden auch hier bei der Besichtigung der für Besucher zugänglichen Räume die Schäden des Erdebebens offensichtlich. Im Innern des im vorigen Jahrhundert erbauten Prag Mahal (Palast des Prag) sind alle goldverzierten Fresken, Spiegel und das Mobiliar der **Durbar Hall** zerstört, Tauben nisten in den Räumen, die mit Dreck und Vogelhinterlassenschaft einen wenig imposanten Eindruck machen. Der von breiten Rissen durchzogene Glockenturm kann nicht mehr besichtigt werden. Diente die riesige Durbar Hall früher als Gerichtssaal, so bietet sie heute mit den verbliebenen, auf dem Boden aufgereihten oder an den Wänden hängenden Jagdtrophäen ein makaberes Beispiel für die Schieß- und Geltungssucht der Maharajas, deren verstaubte Porträts die Wände der ansonsten gänzlich leeren Halle „schmücken".

■ **Geöffnet** ist der Palast täglich von 9 bis 12 und 15 bis 18 Uhr, Eintritt: 100 Rs, Kamera 100 Rs, Video 200 Rs.

Aina Mahal

Verlässt man den Prag Mahal nach links und überquert den Innenhof, so gelangt man zu dem im 18. Jh. erbauten Aina Mahal (Spiegelpalast), in dessen Eingangsbereich sich auch das Touristenbüro befindet. Dieser kleine, im traditionellen Stil erbaute Palast gehört zu den schönsten Maharaja-Palästen Indiens, vor allem weil er einen ganz eigenen, sympathisch altmodischen Baustil repräsentiert und sich damit wohltuend von den oftmals überbordenden Riesenpalästen in Rajasthan unterscheidet. Eine wunderschöne, mit filigranen Einlegearbeiten verzierte **Elfenbeintür** ist sicherlich eines der schönsten Einzelstücke.

⊡ Ruinen des vom Erdbeben zerstörten Aina Mahal

Auch diese Gebäude wurden stark vom Erdbeben beschädigt, doch ist das Erdgeschoss weiterhin intakt. Das Obergeschoss ist durch das Erdbeben zerstört worden.

Herausragender Mittelpunkt der zum Großteil zerstörten Palastanlage ist die **Spiegelhalle**, in der heute die geretteten Reste aus Prag Mahal und Aina Mahal besichtigt werden können. Ehemals ein architektonisches und handwerkliches Meisterstück in Planung und Ausführung, spiegelte sie gleichzeitig im wahrsten Sinne des Wortes die ungezügelte Verschwendungssucht der Maharajas. Die Marmorwände zierten vergoldete, reich ornamentierte Spiegel, und als Beleuchtung dienen gleichfalls vergoldete, von der Decke hängende Kerzenhalter, deren Glas aus Venedig importiert wurde. Der eigentliche Clou des Spiegelpalastes besteht darin, dass er, abgesehen von einem schmalen Gang entlang der Wände, ein **Wasserbecken mit Springbrunnen** beherbergt. In der Mitte des mit aus China importierten Fliesen ausgelegten Pools befindet sich ein nur über eine schmale Brücke zu erreichender **Marmorthron**. So bildete die Spiegelhalle ein ideales Refugium gegen die unbarmherzige Hitze und den alles durchdringenden Staub des Sommers.

Die südlich beim Haupteingangstor sich anschließenden Teile des ältesten Palastteils **Durbar Gadh** sind nahezu komplett zerstört. Die herabgefallenen Brocken liegen noch heute am Boden, als sei seit 2001 kaum etwas geschehen.

■ Der verbleibende Teil des Aina Mahal, der das **Museum** mit den geretteten Artefakten des Palastes und des Aina Mahal beherbergt, ist Mo–Sa 10.30–18 Uhr geöffnet, Eintritt 10 Rs, Kamera/Video 30/100 Rs. Hier ist auch das **Tourist Office** des äußerst erfahrenen und engagierten *Mr. Jethi* (s. Information).

Sharad-Bagh-Palast

Außerhalb der Altstadt, im Südwesten, liegt ein weiterer Palast, in dem der letzte Maharaja von Bhuj wohnte. Das dritte Stockwerk ging größtenteils beim Erdbeben verloren. Auf der Rückseite des Gebäudes, das an eine neoklassizistische Villa in Italien erinnert, ist der Sarg aufgebahrt, in dem der 1991 in London verstorbene Maharaja nach Bhuj überführt wurde. Neben den üblichen Porträtgemälden und Fotos von Männern, die sich am Ende einer Safari mit stolzgeschwellter Brust, die abgeschossene Beute zu Füßen, bewundern lassen, finden sich kleine Souvenirs aus Norwegen und Chile, wo der Maharaja als Botschafter Indiens fungierte. Interessanter als der eigentliche Palast dürfte jedoch die ihn umgebende wunderschöne **Parkanlage** sein. Bevor der Palast vor 150 Jahren erbaut wurde, lag hier der erste Botanische Garten Gujarats. Für jeden, der einmal etwas Abstand von der quirligen Altstadt sucht, ist dies ein geradezu idealer Ort – zumindest dann, wenn einen die von den Palmen hängenden Fledermäuse nicht gruselig stimmen.

Chattris

Die **Grabstätten** der letzten Herrscher von Bhuj befinden sich auf einer kleinen Anhöhe südlich des Sees. Die meisten Kuppelbauten sind verfallen, doch im Innern des kürzlich restaurierten größten Pavillons findet sich ein höchst interessantes und makabres Steinrelief. In der Mitte thront der Herrscher stolz auf seinem Pferd. In pyramidenförmiger Abstufung, gemäß ihres Ranges im Harem, flankieren ihn seine Konkubinen, die sich mit ihm auf dem Scheiterhaufen verbrennen lassen mussten.

Swaminarayana-Tempel

Die Swaminarayana-Sekte gründete sich Mitte des 19. Jh. aus den Anhängern eines in ganz Gujarat als Heiliger verehrten Wanderpredigers. Die Sekte betonte vor allem das Gewalt- und Tötungsverbot gegenüber allen Lebewesen und lehnt deshalb auch die Tötung von Tieren zu Opferzwecken strikt ab. Die zwei bedeutendsten Tempel der Sekte wurden in Bhuj errichtet.

Der 1879 zwischen Palastanlage und See erbaute alte Tempel unterteilt sich in den eigentlichen Tempelbereich und die Wohn- und Schlafquartiere der etwa 180 Mönche, die hier ständig lebten, bevor sie in den neuen Tempel im Süden der Stadt umzogen. Der fast vollständig aus Holz erbaute, dreigeschossige Tempel mit seinen bunt bemalten **Holzschnitzereien** weist selbst für indische Verhältnisse ungewöhnliche Vielfalt an Einzelskulpturen auf. Die rechte der beiden überaus reich verzierten Eingangstüren führt in den Innenbereich mit insgesamt vier Heiligtümern, in denen der Sektengründer Shrijee Swaminarayana sowie Krishna mit seiner Frau Radha verehrt wurden. Dieser Tempel wird heute nicht mehr als Gotteshaus benutzt.

Mit vier Swastikas auf dem marmorglänzenden Kuppeldach ist der 1992 nach siebenjähriger Bauzeit fertig gestellte **neue Swaminarayana-Tempel** in der Nähe der Chattris im Süden der Stadt weithin sichtbar. Die ganze Vielfalt des indisches Götterhimmel spiegelt sich in dem in vier ringförmigen Kreisen mit unzähligen Bildern unterteilten Kuppeldach. Auch hier fasziniert wieder die einzigartige Erzählfreude.

Kutch Museum

Neben dem Shreyas Folk Museum in Ahmedabad bietet das 1877 vom Gouverneur von Mumbai, *Sir James Ferguson*, gegründete Kutch Museum (College Rd.) den besten Einblick in die reiche und vielfältige Kunst dieser Region im äußersten Westen Indiens. Zum Teil vorzügliche einführende Erläuterungen verdeutlichen den historischen und soziokulturellen Hintergrund der einzelnen Abteilungen. Obwohl einzelne Ausstellungsobjekte einen etwas angestaubten Eindruck machen, sind die meisten wohl überlegt ausgewählt und repräsentieren jeweils wichtige Aspekte in der Kultur von Kutch. Besonders interessant ist die **anthropologische Abteilung,** die einen Einblick in die außergewöhnlich vielfältige ethnische Zusammensetzung dieser Halbinsel gibt.

■ **Geöffnet** tgl. außer Mi und jeden 2. und 4. Sa 10–13 und 14.30–17.30 Uhr, Eintritt 50 Rs, Fotografieren und Video nicht erlaubt.

Der besondere Tipp: Rann-Mahotsav-Fest

Jedes Jahr im Dezember zu **Vollmond** wird die Rann Mahotsav oder auch *Kutch Mahotsav* als Ausdruck der Lebensfreude im Rann of Kutch gefeiert. Bewohner der Dörfer des nördlichen Kutch bieten ihre **Handwerkskunst an**, **Musik und Tanz** dieser Region werden aufgeführt. Diese ideale Gelegenheit, die einzigartige kulturelle Vielfalt der Rann-of-Kutch-Völker aus nächster Nähe zu erleben, sollte sich niemand entgehen lassen, der sich in der Gegend aufhält.

■ **Die nächsten Termine:** 15.–17. Dez. 2013, 5.–7. Dez. 2014 und 25.–27. Dez. 2015.

680 Bhuj

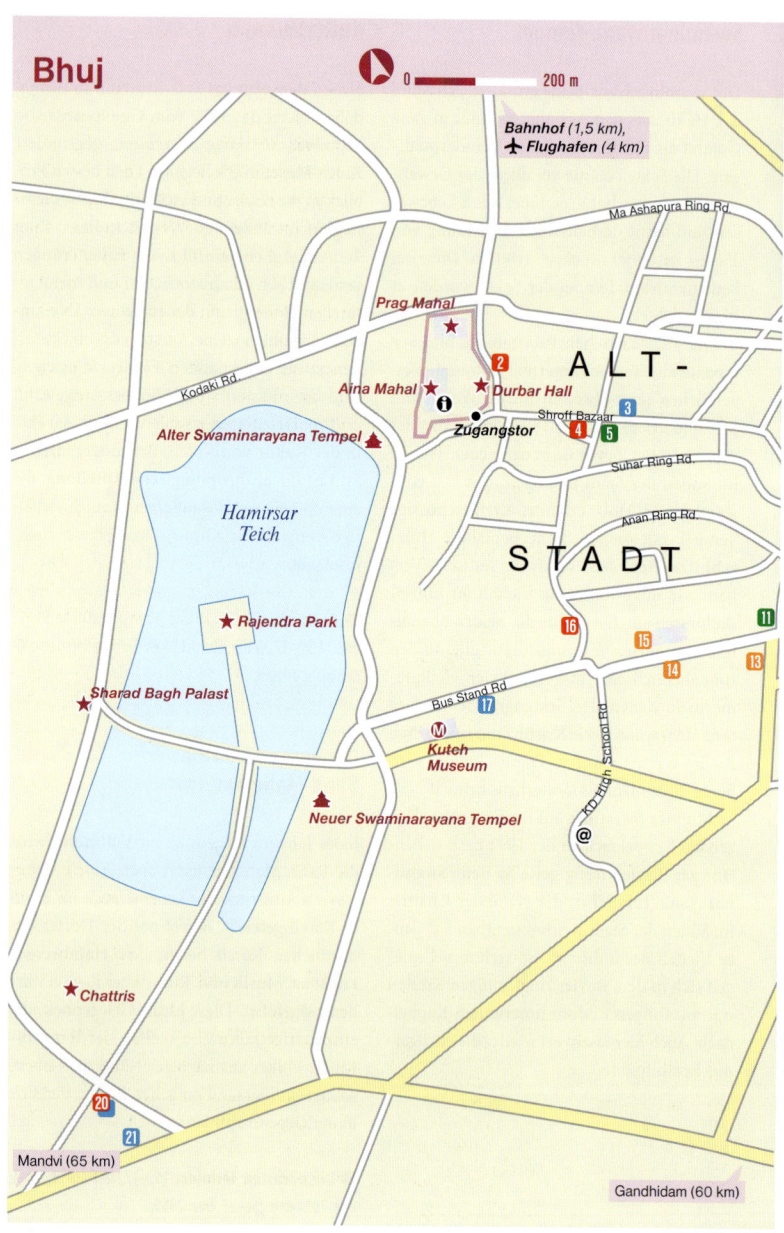

Bhuj

Praktische Tipps

Information

- **Vorwahl:** 02832
- Das **Tourist Office** (Tel.: 291702, (0)9374 235379, pkumar_94@yahoo.com, tgl. außer Sa 9–12 und 15–18 Uhr) befindet sich im Aina Mahal und wird vom überaus freundlichen und hervorragend informierten Herrn *Pramod J. Jethi* geleitet. Mit dem „Kutch Guidebook" (50 Rs) hat er ein sehr informatives Büchlein über den Norden Gujarats geschrieben. Er organisiert auch Touren in die Umgebung, etwa zu den Dörfern nördlich von Bhuj, wo die alten Handwerkskünste der Region zu bestaunen sind, und zu weiter entfernten Zielen Nord-Gujarats.

Stadtverkehr

- Vom **Bahnhof** zum City Guest House im Altstadtkern sollte es per Riksha eigentlich nicht mehr als 25 Rs kosten, doch reiche Europäer kommen selten unter 30 Rs davon. Zähes Verhandeln ist also gefordert.
- Das gleiche gilt für die Fahrt zum 5 km außerhalb gelegenen **Flughafen.** 50/130 Rs vom Stadtzentrum mit Riksha/Taxi sollte ein Richtwert sein.

Unterkunft

Während des Rann Mahotsav Festival (s.u.) im Dezember wird es schwer, ein Bett zu bekommen, und die Hotelpreise ziehen deutlich an.

- Eines der beliebtesten Hotels der Rucksackszene ist das freundliche, billige und hinreichend saubere **City Guest House** €(Langa St., Tel.: 221067). Zwar verfügen nur zwei Zimmer über ein eigenes Bad, doch die sanitären Anlagen machen einen hygienischen Eindruck. Besser die hellere obere Etage wählen. Da das Hotel im Gewirr der Altstadtgassen nur schwer zu finden ist, sollte man sich entweder bei der Ankunft in Bhuj mit dem Scooter hinfahren lassen oder nach dem Aina Mahal fragen, in dessen Nähe es sich befindet.

■ Falls das City Guest House belegt sein sollte, bietet sich als einzige Alternative in dieser Preisklasse das freundliche **Hotel Annapurna** €(Tel.: 220831, hotelannapurna@yahoo.com) in etwas ungünstigerer Lage im Nordosten des Ortes beim Bhid Gate an. Zwar sind die Zimmer (teilweise Gemeinschaftsbad) nicht gerade luxuriös, doch dafür gibt sich der freundliche Besitzer alle Mühe, seine Gäste zufrieden zu stellen. Zudem befindet sich im Erdgeschoss ein preiswertes und gutes Restaurant.

■ Mehr Komfort gibt's im **Hotel Gangaram** €€ (Tel.: 224231), an der Palastmauer sehr zentral positioniert. Angenehme Zimmer mit Bad und TV sowie eine Sitzecke mit Ausblick machen es gemütlich. Man sollte die seitlichen Zimmer wählen, die heller sind als die rückwärtigen. Frühstück und kleinere Mahlzeiten werden bereitet.

■ In der Station Rd. ist das **Hotel Anjali** €–€€€ (Tel.: 254033, hotel_anjali_bhuj@yahoo.com) eine gute Adresse besonders für Einzelreisende, die Komfort benötigen. Den besten Gegenwert bieten die nicht klimatisierten Zimmer. Leider ist die Straße recht laut.

■ Mehr fürs Geld gibt's im brandneuen **Anjali Palace** €–€€€ (Vijay Nagar, Tel.: 251033, E-Mail s.o.) vom selben Besitzer, aber leider nicht zentral, sondern unweit des Krankenhauses im Süden. Eine klasse Adresse für diejenigen, die komfortabel und ruhig wohnen wollen, liegt das Hotel doch gut 50 m von der Hauptstraße entfernt. Auch hier moderne und gemütliche Zimmer mit allem Komfort für erstaunlich wenige Rupien und ein freundlicher Besitzer.

■ Das beste Angebot der Stadt ist das ebenfalls neue **Shiv Hotel** €€–€€€ (Tel.: 221999, (0)9979796999, www.shivhotel.com) im südlichen Bereich der Altstadt. Makellose, sehr angenehm möblierte Zimmer – die großen Deluxe-Zimmer und Suiten bieten den besten Gegenwert – um einen geschlossenen Innenhof mit moderner Ausstattung sowie guter Service, das alles in günstiger zentraler Lage sind kaum zu toppen.

■ Teurer, aber nicht komfortabler präsentiert sich das **Hotel Prince** €€€–€€€€ (Tel.: 220370), an der Station Road. Alle Zimmer in diesem professionell geleiteten, freundlichen Haus sind in gutem Zustand, die Deluxe-Zimmer und großen Suiten jedoch etwas zu teuer.

■ Das wohl beste Preis-Leistungs-Verhältnis in dieser Preisklasse bietet das **Hotel Mangalam** €€€–€€€€ (Mangalam Cross Rd., www.mangalamhotels.com). Wen die Lage etwas außerhalb nicht stört, der wohnt in freundlich gestalteten Zimmern mit Flachbildschirm-TV und WiFi und kann im ausgezeichneten hauseigenen Restaurant speisen.

■ In den letzten Jahren haben sich mehrere Mittelklassehotels in Bhuj angesiedelt. Speziell das **Seven Sky** €€€€ (Ring Rd., www.sevensky.co.in) liegt deutlich über dem Standard der zuvor genannten Hotels, kann jedoch wegen seiner Lage weit westlich vom Zentrum nur bedingt empfohlen werden. Das **Ilark** €€€ (Station Rd., Tel.: 258999) kommt zwar recht modern daher, die Zimmer zeigen jedoch bereits deutliche Verfallserscheinungen. Das **KBN** €€€–€€€€ (Station Rd., Tel. 227251) wirkt ein wenig altbacken, liegt jedoch recht zentral.

Essen und Trinken

■ Die mit Abstand beste, wenn auch teuerste (150–200 Rs) Adresse für ausgezeichnete indische Küche ist das von Starkoch *Sajeev Kapoor* beratene **Yellow Chilli Restaurant** im Hotel Mangalam. Besonders zu empfehlen ist das umfangreiche Büffet, doch auch die A-La-Carte-Gerichte der nordindischen Mughlai-Küche sind sehr gut.

■ Ebenfalls nordindische Küche, wenn auch nicht so herausragend wie im Yellow Chilli, dafür aber wesentlich günstiger (50–120 Rs) serviert das **Neelam Restaurant** neben dem KBN Hotel.

■ Auch in Bhuj kann die in ganz Indien und vor allem in Gujarat vertretene Filiale des **Sankalp Restaurant** an der New Station Rd. empfohlen werden. Ausgezeichnete südindische Gerichte (60–130 Rs) in sehr ansprechendem Ambiente.

■ Hervorragende vegetarische Küche serviert das **Green Hotel** (9–22.30 Uhr, um 40 Rs, ab 18.30 Uhr ist auch die Dachterrasse geöffnet), gegenüber der Markthalle am Shroff Bazaar einige Meter hinein. Abends ist es meist so gut besucht, dass es zu Wartezeiten kommen kann. Ebenfalls gute Ableger sind in der Hospital Rd. im Süden der Stadt das **Greenland** (11–15 und 19–22.30 Uhr) und das **Green Rock** (gleiche Öffnungszeiten) am Busbahnhof.

■ Eines der besten und zudem recht preisgünstigen Restaurants befindet sich **oberhalb der VRP Lodge** beim

Busbahnhof. Mittags wie abends ist es immer gut gefüllt mit vielen Indern, die sich entweder an dem vorzüglichen Thalis oder einem der vielen anderen Gerichte der sehr umfangreichen Speisekarte laben.

■ Exzellente Thalis sind auch die Spezialität des **Hotel Annapurna** im Norden der Station Road.

■ Das **Hotel Prince** serviert als eines der ganz wenigen Lokale der Stadt auch Fleischgerichte.

■ Am südwestlichen Stadtrand bekommt der Hungrige im **Royal Café** (Mandvi Rd., 10–15 und 18–22 Uhr, um 50 Rs) köstliche vegetarische Gerichte im Freien in kleinen offenen Hütten.

Bank und Internet

■ Geldangelegenheiten erledigt man in Bhuj am besten in der Hospital Road im Süden der Stadt, in der sich alle nachfolgend genannten Institute befinden. Am schnellsten lassen sich bei **UAE Exchange** (eine weitere Filiale in der Lal Tekari Rd. neben Jet Airways) und **Thomas Cook** (beide Mo–Sa 9.30–18 Uhr) Reiseschecks und Bares zu Rupien konvertieren. Wenig nördlich wechselt die **State Bank of India** (Mo–Sa 10–16 Uhr und Sa 10–13 Uhr) zu etwas besseren Raten als die vorgenannten, sie hat zudem einen **ATM**. Gegenüber ein weiterer der ICICI-Bank für die meisten Karten bis auf Amex.

■ Ebenfalls in diesem Teil der Stadt finden sich die meisten **Internetcafés**.

An- und Weiterreise

Flug:
■ Täglich mehrere Flüge von/nach Bhuj über **Rajkot** oder **Jamnagar.**

Bahn:
■ Mehrere **Reisebüros** am Busbahnhof besorgen für eine Gebühr von ca. 50 Rs Fahrkarten vom Bahnhof. Da man so die 30 Rs teure Hin- und Rückfahrt mit der Riksha zum Bahnhof spart, ist dies eine durchaus sinnvolle Investition. Wer es selbst machen will: Das **Reservierungsbüro** ist von 8 bis 20 Uhr, So von 8 bis 14 Uhr geöffnet.

■ Nach **Mumbai** bietet sich außerdem der 9132 Kutch Exp. (Abf. 20 Uhr) über **Vadodara** (an 5 Uhr) an (Ank. Mumbai Bandra 11.30 Uhr); umgekehrt der 9131 Kutch Exp.: Abf. in **Mumbai** 17.10 Uhr, über **Bharuch** (22.46 Uhr), **Vadodara** (23.44 Uhr), Ank. um 9.20 Uhr.

■ Von **Ahmedabad** u.a. der 9115 Bandra Bhuj Exp.: Abf. 23.59 Uhr, Ank. in Bhuj 7.40 Uhr. Dieser Zug startet bereits in Mumbai. Umgekehrt der 9116 Bhuj Bandra Exp.: Abf. Bhuj 22.15 Uhr, Ank. 5.05 Uhr. Der Zug fährt weiter bis **Mumbai Bandra** (Ank. 13.55 Uhr).

■ Von allen anderen Städten Kathiawars geht es schneller per Bus.

Bus:
■ Mit staatlichen Bussen vom STC Bus Stand zu allen **größeren Städten Kathiawars** und auch nach **Ahmedabad** (8 Std., 10 Verbindungen zwischen 5 und 21 Uhr), so nach **Dwarka** (10.15 Uhr, 20.30 Uhr), **Palitana** (ein Bus um 18.45 Uhr), **Jamnagar** (7 Verb. zw. 8.45 und 21.15 Uhr), **Rajkot** (6 Busse zw. 5.15 und 14 Uhr), **Junagadh** (6.15, 8.40, 20.30 und 21.30 Uhr), **Somnath** (8.40 und 16.30 Uhr) per Direktbus. Regelmäßige Verbindungen auch zu den Dörfern im Norden des Kutch.

■ Nach **Mandvi** halbstündlich Busverbindungen vom Busbahnhof. Der letzte zurück nach Bhuj startet in Mandvi um 18 Uhr.

■ Viele **private Busgesellschaften,** deren Büros meist an der Bus Stand Rd. oder in einer der südlich abgehenden Seitenstraßen sind, fahren alle größeren Städte Gujarats an.

Taxi, Jeep:
■ Gegenüber dem STC-Busbahnhof können Jeeps angemietet werden. Die Fahrt nach **Mandvi** und zurück kostet 1.200 Rs. Weiter östlich im geschäftigen Zentrum warten Sammeljeeps, die ebenfalls nach Mandvi fahren, wenn sie voll sind (40 Rs). Ebenfalls dort auf der anderen Straßenseite warten Taxis auf Kunden. Für einen Tagesausflug werden, je nach Kilometern, 1.200 bis 1.500 Rs verlangt. Ein Ausflug nach Mandvi mit Wartezeit kostet etwa 600 Rs, die einfache Fahrt die Hälfte.

Exkursionen zu den ethnischen Minderheiten des Rann of Kutch

Der Rann of Kutch (auch: Kachchh), ein über 10.000 km² großes, **wüstenähnliches Gebiet** im äußersten Westen Indiens, zeigt während der verschiedenen Jahreszeiten ein ganz unterschiedliches Gesicht. Liegt die schildkrötenförmige („Kachchh") Region in der Regenzeit unter Wasser, verwandelt sie die gnadenlose Sonne während der Trockenzeit in eine ausgedörrte Mondlandschaft. Nicht selten sind Trockenperioden von mehreren Jahren, in denen so gut wie gar kein Niederschlag fällt. In den Sommermonaten sind Temperaturen von weit über 40 °C mehr die Regel, denn die Ausnahme.

Erstaunlicherweise bildet diese wenig einladende Landschaft die Heimat einer Vielzahl von hochinteressanten Ethnien. Der Rann of Kutch war jahrhundertelang ein Durchgangsgebiet zwischen Indien und Zentralasien. Hieraus erklärt sich die **Mischung der Volksgruppen,** die aus so unterschiedlichen Ländern Mittel- und Zentralasiens wie Pakistan, Afghanistan, Russland, Türkei und Iran einwanderten. Auch wenn sich heute fast alle in kleinen Dörfern angesiedelt haben, prägt nach wie vor der nomadische- bzw. **halbnomadische Lebensstil** ihr Leben. Während die Männer viele Monate des Jahres als Seefahrer auf dem arabischen Meer oder auf Überlandrouten nach Pakistan und Zentralasien unterwegs waren, oblag den Frauen die gesamte Verantwortung für den familiären und häuslichen Bereich.

Bei aller sprachlichen, kulturellen und ethnischen Verschiedenheit verbindet die einzelnen Volksgruppen eine außergewöhnliche **kunsthandwerkliche Fertigkeit.** Dabei reicht die Bandbreite von Silberarbeiten über Holzschnitzereien und Lackarbeiten bis zur Töpferei. Was aber Reisende aus der gesamten Welt anzieht, ist die einzigartige **Vielfalt und Qualität der Textilverarbeitung.** Die in der Region gewebten, geknüpften und gefärbten Blusen, Röcke, Kissen und Wandbehänge ziehen Experten, Kunsthandwerker und Händler aus vielen Ländern an.

Wer sich selbst ein Bild dieser einzigartigen landschaftlichen, ethnischen und kulturellen Mischung machen möchte, sollte die von diversen Hotels und Reisebüros angebotenen **Ausflüge in die Umgebung von Bhuj** buchen. Neben der Gastfreundschaft der in reich verzierten, traditionellen Kleidern auftretenden Bewohner faszinieren die mit Spiegelarbeiten verzierten Lehmhütten.

Angeboten werden Tagesausflüge zu Orten in der unmittelbaren Umgebung wie dem **Weberdorf Bhujodi** und dem verlassenen **Kloster Than,** 60 km nordwestlich von Bhuj, wie auch mehrtägige Fahrten. Die Preise liegen je nach Fahrzeug und zurückgelegten Kilometern zwischen 1.200 und 1.500 Rs pro Tag.

Mandvi X/A2

Das 60 km südwestlich von Bhuj gelegene Mandvi, eine pittoreske, **mittelalterlich anmutende Hafenstadt**, ist ein Tipp für all jene, die einige Tage Ruhe und Erholung abseits ausgetretener Touristenpfade suchen. Zwar hat auch hier das Erdbeben schwere Narben im Stadtbild hinterlassen, dennoch sind zahlreiche alte Gebäude erhalten geblieben. Mandvi hat zwei lang gezogene Strände, von denen der rechts hinter dem Ort gelegene besonders attraktiv ist. Zu ihm kommt man, indem man am Leuchtturm, an mehreren Windrädern und am sogenannten „Sunset Point" vorbeigeht. Zwar verbringen die im ersten Abschnitt busweise herangekarrten Inder die Zeit ihres kurzen Aufenthalts am Strand mit Kamel- und Pferderitten, doch etwas weiter findet sich genügend ruhiger Platz zum genüsslichen Sonnenbaden. Sehr schön ist auch der links vom Haupttor abgehende Strand, doch wird man dort recht häufig von Einheimischen „begafft".

Für 20 bis 30 Rs kann man überall **Fahrräder mieten,** um Ausflüge in die Umgebung oder zu einsamen Strandabschnitten zu unternehmen. Für jene, die eine längere Tour nicht scheuen, empfiehlt sich ein Ausflug nach **Tundavand,** wo die dort lebenden Rabari, eine alte Kameltreiber-Kaste, sehr interessante Behausungen im traditionellen Baustil errichtet haben.

Unterkunft, Essen und Trinken
(Vorwahl: 02834)

■ Das **Rukmavati Guest House** €-€€ (Tel.: 223558, (0)9429040484, hotelrukmavati@gmail.com) gleich am Anfang des Ortes ist ein zu einem Hotel umgewandeltes ehemaliges Krankenhaus. Recht saubere Zimmer mit Bad, die teureren mit TV und Balkon, und ein freundlicher Manager machen es zu einer sauberen und preiswerten Adresse. Frühstück kann serviert werden. Außerdem darf man selbst warme Mahlzeiten zubereiten.

■ Gute Aussicht, besonders vom Dach auf die im Bau befindlichen Holzschiffe, und akzeptabel saubere Zimmer mit Bad und TV sind die Pluspunkte des **Sea View** €€-€€€ (Jain Dharmshala Rd., Tel.: 224481).

■ Ganz neu und doch leicht deplaziert zwischen den alten Gebäuden, ist das **Mahir Palace** €€-€€€€ (Tel.: 222090), ganz zentral am südlichen Ende des Bhid Bazaar gelegen, die komfortabelste Bleibe in Bhuj.

■ Fünf Kilometer westlich von Mandvi lockt purer Luxus. Der **Vijay Vilas Palace** €€€€€ (zu buchen über Ahmedabad, Tel.: 079-26302031, (0)9824072075, www.mandvibeach.com) auf 450 ha großem Gelände am Meer war ehemals der Sommersitz der Maharajas von Kutch. Auf dem Gelände werden 10 Luxuszelte mit Veranda zwar überteuert, aber mit herrlich geschnitzten Betten vermietet. Das **Dolphin Restaurant** steht auch Besuchern offen, die den imposanten Palast besichtigen. Am Privatstrand stehen Liegen, Barbecue und andere Annehmlichkeiten bereit.

■ Ausgezeichnete und günstige Thalis gibt es im **Zorba The Buddha Restaurant** (11–15 und 19–22 Uhr, ca. 40 Rs) im Zentrum von Mandvi. Dies lockt die einheimische Bevölkerung in Scharen.

Internet

■ An der Straße zum Strand, ca. 150 m östlich vom Leuchtturm, sorgt das kleine **Divine Cyber Café** bis höchstens 20 Uhr (30 Rs/Std.) für schnelle Verbindungen.

An- und Weiterreise

■ Regelmäßige **Busverbindungen** nach Bhuj (alle halbe Stunde, der letzte um 18 Uhr, Halt u.a. vor dem Rukmavati Guest House). Außerdem warten etwa beim Hotel Sea View **Sammeljeeps.** Patel Tours & Travels, auch an der Dharmshala Rd., setzt **Minibusse** nach Bhuj ein. Ein Ausflug von Bhuj inkl. Rückfahrt kostet per **Taxi** etwa 600 Rs.

➲ Der besondere Tipp*:
Basarviertel |698

*Diese Tipps erkennt man im Buch an der gelben Hinterlegung im Kapitel.

Orientierung | 689

Geschichte | 690

Sehenswertes | 691

Praktische Tipps | 702

Insel Elephanta | 725

Die Atmosphäre einer jungen, zukunftsorientierten Stadt in einem Land, das in jahrtausendealten Traditionen wurzelt – diese Widersprüche machen Mumbai

Mumbai

zu einer fesselnden Metropole. Wer die Stadt nicht gesehen hat, hat ein faszinierendes Stück Indien nicht gesehen.

◁ Alltagsleben in Mumbai vor dem Bahnhof Victoria Terminus

Mumbai
– Stadt der Träume und Alpträume

Lumpige zehn Pfund Jahresgebühr waren der britischen Regierung die sieben moskitoverseuchten Inseln wert, die sie 1668 an die East India Company verpachteten. Auf ihnen steht heute **Bombay** bzw. Mumbai, wie die Stadt seit 1981 hochoffiziell heißt. Heute würde man für das Geld gerade mal ein paar Quadratzentimeter der Straßen bekommen, von denen man sagt, sie seien mit Gold gepflastert.

Der Aufstieg der heutigen **Hauptstadt Maharashtras** vom unbedeutenden Fischerdorf zum Finanz-, Handels- und Industriezentrum Indiens erscheint tatsächlich so märchenhaft wie einer der 150 abendfüllenden Kinofilme, die jährlich in den Studios von Mumbai gedreht werden. Diese glorifizieren das süße Leben in Mumbai und locken damit jugendliche Ausreißer und Armuts-Migranten aus allen Ecken des Landes in die Stadt. **Bollywood,** wie Mumbai oft scherzhaft genannt wird, hat sich zum Hollywood am Arabischen Meer gemausert.

Viele Bewohner verweisen aber lieber darauf, dass die Stadt nicht nur den größten Flughafen, sondern auch den umschlagkräftigsten Hafen des Landes beherbergt, in dem 50 % aller indischen Exportwaren verladen werden. Nebenbei besitzt die Stadt eine der größten Textilindustrien der Welt – auch wenn mittlerweile viele Werke aus Kostengründen aus der Stadt verlegt werden. Besonders stolz ist man darauf, dass ein Drittel der gesamten Einkommensteuern Indiens in Mumbai erwirtschaftet werden. Die Silhouette der kühn in den Himmel ragenden Glas- und Betontürme, der Bürogebäude am Nariman Point, dem „Manhattan Mumbais", ähnelt mehr und mehr der von Singapur oder Hongkong. „Money Makes the World Go Round" heißt hier die Devise und viele träumen unverdrossen den Traum „Vom Tellerwäscher zum Millionär". Ihre Heroen sind nicht mehr Rama, Krishna oder Hanuman, sondern Helden der Kinowelt wie *Shah Rukh Khan, Amitabh Bachchan* oder *Sanjay Dutt.*

Doch genauso wie die **Glamourwelt** der Filmindustrie wegen ihrer tiefen Verstrickung mit der Unterwelt Mumbais in letzter Zeit tiefe Risse bekommen hat, treten die Schattenseiten dieser rücksichtslosen Ellbogengesellschaft immer deutlicher zutage. Während die wenigen Privilegierten in ihren luxuriösen Villen auf dem Malabar Hill die Aussicht auf die Skyline genießen, fristen gleichzeitig Millionen anderer ein Leben am Rande des Exis-

Neue Straßennamen

Erschwert wird die Orientierung vielfach dadurch, dass in den letzten Jahren viele der noch aus der Kolonialepoche stammenden Straßennamen indisiert wurden. Die neuen Namen wurden jedoch bisher von der Bevölkerung kaum angenommen. Hier einige der wichtigsten Beispiele:

Alter Name	Neuer Name
Colaba Causeway	Shahid Bhagat Singh Rd.
Flora Fountain	Hutatma Chowk
Fort Street	Walchand Hirachand Marg
Marine Drive	Netaji Subhash Chandra Bose Marg
Rampart Row	K. Dubash Marg
Strand Road	P.J. Ramchandani Marg
Warden Road	Bhulabhai Desai Road

tenzminimums. Über die Hälfte der Stadtfläche gilt heute schon als **Slumgebiet**. Zwei Millionen Einwohner verfügen über keine Toilette – die daraus resultierenden hygienischen Verhältnisse lassen sich unschwer erahnen. Hinzu kommt die nach Delhi und Kalkutta höchste **Luftverschmutzung** Indiens, teilweise verursacht durch die in den Außenbezirken angesiedelten Industrieunternehmen. Der besonders stark betroffene Vorort Chembur wird oft zynisch als Gas Chamber (Gaskammer) bezeichnet.

Obwohl Mumbai mit seinen ca. 16,5 Mio. Einwohnern schon jetzt zu einer der dichtbesiedeltsten Städte der Erde zählt, strömen nach wie vor täglich Hunderte von Zuwanderern aus dem Hinterland in die City of Gold, um ihren Anteil am großen Kuchen zu erhaschen. Prognosen für das Jahr 2020 sagen eine Bevölkerung von alptraumhaften 25 Millionen voraus. Mit dem **Bevölkerungswachstum** ist der Boden inzwischen zum teuersten Gut geworden. Mumbais verfeindete Mafia-Banden kämpfen heute weniger um Anteile am Drogen- und Prostitutionsgeschäft als um profitträchtige Makler-Deals.

Mumbai gleicht in den letzten Jahren zunehmend einem Dampfkessel, der jeden Moment zu explodieren droht. Gewalt und Friedfertigkeit, Glanz und Elend, prachtvolle Strandvillen und erbärmlich stinkende Slums – sie alle liegen auf Tuchfühlung beieinander.

Im November 2008 wurde die Stadt von schweren **Terrorattacken** mit über 170 Todesopfern und vielen Verletzten heimgesucht – wie schon mehrere Male seit 1993. In diesem Fall waren jedoch vorwiegend touristische Einrichtungen wie Luxushotels, der Victoria Terminus und das Café Leopold Ziel der Angriffe, womit der Terrorismus in Indien eine neue Eskalationsstufe erfuhr. Dennoch kehrte in der Millionenmetropole relativ schnell wieder der Alltag ein.

Orientierung

Mumbai wirkt zunächst recht unüberschaubar, doch im Innenstadtbereich lässt sich die Stadt in drei leicht voneinander zu unterscheidende Bezirke unterteilen. **Colaba** ist der Stadtteil im Süden, in dem sich mit dem **Gateway of India** und dem Taj Mahal Palace Hotel zwei der berühmtesten Wahrzeichen Mumbais befinden. Zwischen der direkt hinter dem Hotel verlaufenden Mereweather Road und dem Colaba Causeway, der Haupteinkaufsstraße Colabas, haben sich die meisten Billighotels sowie viele Restaurants angesiedelt.

Nördlich an Colaba schließt sich **Mumbai Fort** an, so benannt, weil hier früher das alte Fort stand. Hier finden sich die meisten der großartigen Kolonialbauten aus dem letzten Jahrhundert wie die Universität, das Postamt, Chhatrapati Shivaji Terminus (Victoria Terminus) und Churchgate sowie zwei der drei großen Bahnhöfe der Stadt. Von Süd nach Nord wird Mumbai Fort von einer großen Rasenfläche durchzogen, dem Maidan, der heute vornehmlich als Cricket-Übungsplatz Verwendung findet.

Westlich an Mumbai Fort schließt sich **Back Beach** an, jener Bereich, der erst Anfang dieses Jahrhunderts durch gewaltige Landaufschüttungen entstand. Abgeschlossen wird er heute vom Meer durch den imposanten Bogen des sechsspurigen Marine Drive. Das südliche Ende dieser Prachtstraße wird vom Nariman Point beherrscht, einem großen, kreisrunden Platz mit vielen modernen Wolkenkratzern wie dem Air-India-Gebäude oder dem Oberoi Hotel.

Der Marine Drive führt weiter nördlich zum Chowpatty Beach und dann im Halbkreis weiter zum Malabar Hill, dem Wohnviertel der Oberschicht. Mumbai Central, der dritte Großbahnhof Mumbais, liegt ca. 2,5 km nördlich vom Chowpatty Beach. Der Chhatrapati Shivaji International Airport befindet sich 30 km nördlich des Stadtzentrums.

Geschichte

Niemand wäre 1537, als die **Portugiesen** in der sogenannten „Treaty of Bassein" sieben Inseln vom Sultan von Gujarat zugesprochen bekamen, auf die Idee gekommen, hier einen Hafen zu errichten. Dazu waren die Verbindungen zum Hinterland einfach zu ungünstig. Die sich unmittelbar im Osten anschließenden Berge der West-Ghats schienen unüberwindbar, zumal kein Fluss diese Gebirgskette durchbrach.

Ganz anders war dies beim nur 250 km nördlich gelegenen **Surat,** dem bedeutendsten Hafen des Mogul-Reiches. Das Tal des Tapi-Flusses, an dem Surat liegt, verband die Stadt mit den Niederungen Gujarats. Zudem war die Hauptstadt Delhi über das Plateau von Malwa leicht zu erreichen. Jedes Jahr verließen Hunderte von voll beladenen Schiffen die Stadt und nahmen Kurs auf Arabien. Das begann sich allmählich zu ändern, als Surat auf dem Höhepunkt der Mogul-Macht unter *Aurangzeb* 1664 vom Marathen-Führer *Shivaji* gebranntschatzt wurde. Mehr und mehr erwiesen sich Surats Vorteile als Nachteile. Die guten Verbindungen zum Hinterland bedeuteten nämlich auch, dass die Stadt für die von Osten anrückenden Eroberer, die es auf die enormen, für den Export im Hafen gelagerten Schätze abgesehen hatten, leicht zugänglich war. Hinzu kam, dass die Groß-Mogul keine Kriegsflotte von Bedeutung besaßen.

Mumbais Hafen hingegen ließ sich ebenso leicht gegen das Hinterland abschirmen, wie er gegen Angriffe von See zu verteidigen war.

Die **Briten** waren 1661 durch die Mitgift *Katharina von Braganzas,* die König *Charles II.* geheiratet hatte, in den Besitz der sieben Inseln gekommen. Sie boten den reichen Kaufleuten Surats in Mumbai ihren Schutz an. Langsam, aber stetig entwickelte sich nun die kleine Provinz, die den Namen **Bombay Presidency** trug. 1787 wurde der Hauptsitz der East India Company, die das Gebiet für einen Jahresbetrag von 10 Pfund von der britischen Regierung gepachtet hatte, von Surat nach Mumbai verlegt.

Der große Durchbruch zur unangefochtenen **Handelsmetropole** Indiens ließ jedoch noch gut eineinhalb Jahrhunderte auf sich warten. Zwei Ereignisse waren letztlich für den Erfolg verantwortlich. 1854 wurde die erste **Eisenbahnverbindung** von Mumbai nach Pune (Poona) fertiggestellt. Deren weiterer Ausbau ermöglichte es nun, die für die zukünftige wirtschaftliche Entwicklung so zentrale Anbindung ans Hinterland und damit die Versorgung mit Rohstoffen, vor allem Baumwolle, sicherzustellen.

Als zweiter Glücksfall für Mumbai sollte sich der amerikanische Bürgerkrieg erweisen. Da die britische **Textilindustrie** nun ihren Bedarf in Indien statt in Amerika deckte, stieg die bis dahin noch am Anfang stehende Baumwollindustrie Mumbais innerhalb kürzester Zeit zur größten Indiens auf. Heute ist Mumbai eines der bedeutendsten Textilzentren der Erde.

1862 wurde der weiteren wirtschaftlichen Expansion ein in wörtlichem Sinn solides Fundament gelegt, als durch ein gewaltiges **Landgewinnungsprojekt** die sieben Inseln zu einer einzigen verbunden wurden. Von nun an stand dem märchenhaften Aufstieg zu Indiens führender Handels- und Industriemetropole nichts mehr im Wege.

Sehenswertes

Stadtführungen

■ Tägliche regelmäßige Stadtrundfahrten werden nur von **privaten Anbietern** veranstaltet. Diese haben ihre Verkaufsschalter nahe dem Gateway of India. Überall um das Gateway of India wird man von Schleppern wegen Stadtrundfahrten angesprochen, die je nach Teilnehmerzahl in Minibussen oder Pkw zu recht hohem Preis durchgeführt werden. Skepsis ist jedoch angebracht, die Erklärungen sind häufig nur in Hindi und die Eintrittspreise müssen extra bezahlt werden.

■ **Maharashtra Tourism** (Nariman Point, Tel.: 2202 4482, 22026713) veranstaltet nur noch am Wochenende zwei einstündige Stadtrundfahrten per Doppeldeckerbus (die erste um 7 Uhr, die zweite um 8.15 Uhr, 120 Rs oberes Deck, 50 Rs unteres Deck), die die Sehenswürdigkeiten im Innenstadtbereich passieren. Sie starten bei der Filiale am Gateway of India (Tel.: 22841877). Außerdem noch eine **Abendtour** (19 bis 20.15 Uhr), die die wichtigsten Sehenswürdigkeiten passiert. Abfahrt 19 Uhr am Gateway of India, wo in der Ticketbude von Maharashtra Tourism Karten gekauft werden können. Außerdem gibt's zweimal tgl. außer Mo die **Mumbai Museum Bus Tour** (9.30–14 und 13.30–18 Uhr, Reservierung über Tel.: 22841877, 22845678), welche einige wichtige Museen der Stadt beinhaltet. Preis inkl. Eintritt für die Museen 500 Rs, Startpunkt ist das Gateway of India.

■ An Wochenenden und Feiertagen werden einstündige **Open-Deck-Tours** angeboten, die um 19 Uhr und um 20.30 Uhr im Innenstadtbereich wichtige angestrahlte Sehenswürdigkeiten passieren (70 Rs).

■ Transway International (Tel.: 26146854) veranstaltet eine **Bombay-by-Night-Tour** für 25 US-$.

■ Wesentlich billiger erlebt die Stadt, wer mit einem **Doppeldeckerbus** der Linien 132, 133 oder 138 fährt. Letzterer verkehrt zwischen World Trade Centre und Victoria Terminus.

■ Einstündige **Hafen-Besichtigungsfahrten** per Boot starten regelmäßig am Gateway of India (30 Rs).

■ Stadtrundgänge zu den wichtigsten Sehenswürdigkeiten im Stadtbereich werden von **The Bombay Heritage Walks Society** auf Anfrage an Sonntagen (außer während der Monsunzeit) für 1.500 Rs (bis drei Personen, 500 Rs für jede weitere Person), durchgeführt. Details: Tel.: 26835856, 23690992, www.bombayheritagewalks.com.

■ Eine Vielzahl ungewöhnlicher Ausflüge organisiert **Reality Tours & Travels** (Tel.: (0)9820822253, www.realitytoursandtravels.com). Am ungewöhnlichsten ist wohl der Besuch des größten Slumgebietes Dharavi und seiner Arbeitswelt (2½-Std.-Tour 500 Rs, 4½-Std.-Tour 1.000 Rs), wobei jeder selbst entscheiden muss, inwieweit dies angemessen ist. Ein Großteil der Erlöse dieser Tour werden an ein Sozialprojekt im Slum weitergegeben. Eine weitere Tour führt zu mehreren großen Märkten der Stadt (inkl. Crawford Market), eine andere mit öffentlichen Verkehrsmitteln etwa zum Dhobi Ghat, Victoria Terminus und zu drei großen Märkten. Eine morgendliche Fahrradtour (ab 6.15 Uhr, bevor der starke Verkehr beginnt) steuert bekannte Sehenswürdigkeiten im Fort-Bereich an, lotst aber auch zu sonst nicht von Touristen besuchten Orten wie einem Sammelplatz von Kühen im Innenstadtbereich. Die meisten Touren starten am Regal Cinema in Colaba.

■ Will man sich von einem erfahrenen **Guide** auch die etwas unbekannteren Ecken Mumbais (natürlich auch die bekannten) zeigen lassen, ist Herr Raju Chudasama (Tel.: (0)9324231077, raju2india@yahoo.com) der Richtige. Der in Bombay geborene Guide kennt sich bestens in allen Winkeln aus und führt auch zu Orten am Rande Mumbais. Dies geschieht per pedes, per Auto oder in Vorortzügen, wenn es gewünscht wird. Zudem ist er sehr preiswert. Am besten einen Tag vorher einen Termin mit ihm verabreden. Seine Agentur Atlanta Tourist Service bietet auch weitere touristische Dienste an.

■ Bei India Tourism können mehrsprachige **Stadtführer** für 600/750 Rs pro Halb-/Ganztagestouren angeheuert werden. Für Führungen in nicht englischer Sprache werden 200 Rs zusätzlich verlangt.

■ Jeden Sonntag (außer in der Monsunzeit) wird eine einstündige Bahnfahrt nach Thane im **historischen Heritage Train,** einer alten Dampflok, mit einem kurzen

Mehrunissas Klagen werden nicht erhört – Mumbai vertreibt seine Slumbewohner

Mehrunissa steht inmitten der Überreste von dem, was sie vor ein paar Stunden noch ihr Zuhause genannt hat. Umgeknickte Metallpfosten, aufgeschichtete Backsteine, zerbrochene Holzlatten, zerfetzte Pappkartons, verbeulte Kochtöpfe, zersplitterte Spiegel übersäen den lehmigen Boden. Toiletten, Waschmaschinen, Videorekorder, Kühlschränke und Lampen sucht man hingegen vergebens. Solche Selbstverständlichkeiten der westlichen Überflussgesellschaften sind Lichtjahre entfernt von den Lebensbedingungen der indischen Slumsiedlung, in der Mehrunissa die letzten zwölf Jahre mit ihrem Mann und ihren vier Kindern in einer Einzimmerhütte gewohnt hat. Sie beschimpft die Männer mit ihren Abrissmaschinen: „Warum haben sie uns nicht gewarnt, als wir hier unsere Hütten aufgebaut haben? Wo sollen wir nun hingehen, wo sollen unsere Kinder übernachten?" Ihr Wehklagen ist ebenso verzweifelt wie laut, doch Gehör findet es in dieser Stadt der Spekulanten und Profiteure kaum.

Rechtlich gesehen, sind die Slumbewohner in der Tat im Unrecht, siedeln sie doch auf städtischem Grund und Boden, den sie weder mieten noch ihr Eigentum nennen. Tatsächlich sind sie jedoch die Unschuldigsten in einer typisch indischen Geschichte aus Betrug, Täuschung und Korruption, in der letztlich immer die Skrupellosesten und Mächtigsten den größten Nutzen ziehen. Slums sind in einer derart übervölkerten Stadt wie Mumbai „big money". Die sogenannten „Slumlords" bauen, nachdem sie Polizei und lokale Politiker bestochen haben, auf freien Flächen, die sie in kleine Parzellen unterteilen, primitivste Hütten. Diese verkaufen sie an die Ärmsten der Armen zu Preisen zwischen 50.000 und 300.000 Rs. Eine Goldgrube, wenn man bedenkt, dass bis zu 1.000 Hütten in einer solchen Siedlung errichtet werden. Selbst der Abriss ist Teil der Rechnung, wird die Siedlung danach doch wieder aufgebaut und die Hütten können erneut verkauft werden.

Slums und sogenannte Shantytowns sind seit Jahrzehnten selbstverständlicher Teil des Stadtbildes von Mumbai. Bereits 1976 wurden in einer offiziellen Statistik zwei Millionen der damals 5,9 Mio. Einwohner als Slumbewohner geführt. 30 Jahre später leben nach wie vor ca. 50 % der heute 16,5 Mio. Einwohner in Armensiedlungen. Viele sind Zuwanderer aus den ärmsten Bundesstaaten Indiens wie Uttar Pradesh, Bihar und Andhra Pradesh. Entgegen eines weit verbreiteten Vorurteils sind die meisten nicht arbeitslos, sondern verrichten einfache, schlecht bezahlte Jobs als Bauarbeiter, Lastenträger, Rikshafahrer, Wäscher, Lumpensammler, Kindermädchen, Gemüseverkäufer und Haushaltshilfe. Bei den geringen Einkommen und den für indische Verhältnisse extrem hohen Mieten bleibt ihnen keine andere Wahl, als in zusammengeschusterten Hütten zu wohnen.

Die meisten Häuser in den älteren Slumsiedlungen Mumbais wie Dharavi, Byculla und Khar sind aus Backstein und Zement errichtet. Kaum ein Haus verfügt über eigenen Wasseranschluss oder Toilette. Eine der besten Beschreibungen der Lebensbedingungen in diesen Siedlungen hat der Schriftsteller Rohinton Mistry in seinem großartigen Roman „Im Gleichgewicht der Welt" vorgelegt.

Dennoch zählen die Bewohner noch zu den Privilegierten gegenüber den Millionen, die in aus Sperrholz und Pappkartons zusammengeschusterten Hütten entlang der Bahnlinien leben. Ganz zu schweigen von den etwa 5 %, die gänzlich auf der Straße wohnen. 60 % der 1.200 km des städtischen Straßennetzes verwandeln sich in der Nacht in Schlafstätten.

Die Shantytowns sind ein Schandfleck in den Augen der ehrgeizigen Politiker und Stadtplaner, die Mumbai in den nächsten Jahren auf einer Stufe mit Shanghai und Tokyo sehen. Wenn Geschäftsleute vor ihrer Landung auf dem Santa-Cruz-Flughafen über ein Meer von Plastik- und Blechdächern fliegen, sehen sie ein urbanes Geschwür, das ihnen den Traum von einem angenehmen, sicheren und gesunden Alltag zum Albtraum verkommen lässt.

Als am 26. Dezember 2004 der Tsunami große Teile der südostindischen Küste verwüstete, waren auch die begüterten Bürger Mumbais von den Fernsehbildern zerstörter Siedlungen erschüttert und spendeten Millionen für die obdachlosen Fischer. „Doch für den menschengemachten Tsunami, die Zerstörungsaktion, die gleichzeitig unter ihren Fenstern ablief, hatten sie kein Auge", sagt ein Beamter der Slum-Behörde. „Im Gegenteil, sie begrüßten diese."

Über 100.000 dieser Ansiedlungen sind in der größten Abrissaktion in der Geschichte Mumbais dem Boden gleichgemacht worden. In der chronisch unter Platzmangel leidenden Stadt verschärft sich ein Konflikt mit erheblichem Gewaltpotenzial. Auf der einen Seite stehen Städteplaner, Immobilienmakler, Firmeninhaber und Politiker mit ihren durchaus gerechtfertigten Forderungen nach Bauland für neue, moderne Siedlungen, Industrieansiedlungen und die Erweiterung und Modernisierung des Schienen- und Straßennetzes. Auf der anderen Seite die täglich über 2.000 vor dem Hunger und der Armut iherer Heimatdörfer flüchtenden Dorfbewohner, die auf ihrer Suche nach einer besseren Zukunft in die vermeintliche Traumstadt flüchten. Ihre einzigen Verbündeten sind einige Journalisten sowie Menschenrechtsorganisationen, die allerdings oftmals im Ausland mehr Gehör finden als in Indien selbst.

Zwar gibt es bereits einige Neubausiedlungen in den Außenbezirken für die aus ihren Hütten vertriebenen Bewohner. Doch so sehr lokale Politiker und die Presse auf diese in der Tat lobenswerten Maßnahmen hinweisen, so kann dies doch nicht darüber hinwegtäuschen, dass es sich dabei um kaum mehr als den berühmten Tropfen auf den heißen Stein handelt. Dies umso mehr, als selbst von offizieller Seite nicht bestritten wird, dass durch die Abrissaktionen ein abschreckendes Beispiel für mögliche neue Zuwanderer gegeben werden soll. Das traurige Beispiel Mehrunissas und der Millionen anderer Slumbewohner, die über Nacht ihr gesamtes bescheidenes Hab und Gut verlieren, für welches sie Jahre gearbeitet haben, wird noch viele Worte des Bedauerns und der Trauer in Büchern, Zeitungen und bei einigen auf Wahlstimmenfang befindlichen Politikern finden – wirklich helfen tut ihnen letztlich niemand.

Aufenthalt und Rückfahrt veranstaltet. Abfahrt in Mumbai CST um 15.35 Uhr, Rückkehr um 18 Uhr, 100 Rs Non-AC, 200 Rs AC. Die Tickets sind an den Bahnhöfen Mumbai CST und Thane erhältlich.

■ Einen Einblick in das koloniale Reisen gewährt der **Deccan Odyssee** (Tel.: 46868686, www.deccanodyssey.com). Der voll klimatisierte Zug mit elegantem, zeitgerechtem Dekor, aber auch neuen Errungenschaften wie Flachbildfernsehern sowie einem Spa-Waggon mit Sauna und Ayurveda fährt in einer einwöchigen Rundreise einige wichtige Ziele Maharashtras an wie Sindhudurg und Tarkarli, Ajanta und Ellora, Kolhapur sowie Old Goa/Panjim. Start- und Zielort ist Mumbai. Preis p.P. in der Einzelkabine ab 650 US-$, Doppelkabine ab 500 US-$. Buchungen über Maharashtra Tourism Developmet Corp (MTDC, Tel.: 22027667, www.maharashtra tourism.gov.in).

Rundgang durch das koloniale Mumbai

Gateway of India

Beginnen wir unseren Rundgang an jener geschichtsträchtigen Stelle, an der 1911 mit König *George V.* zum ersten Mal ein britischer Monarch den Boden des indischen Kaiserreiches betrat. Der zu seiner Begrüßung in aller Eile errichtete Pavillon aus weißem Gips wurde später durch den Gateway of India, das heutige **Wahrzeichen Mumbais,** ersetzt. Der 1924 eingeweihte, 26 m hohe **Triumphbogen** strahlt immer noch viel vom imperialen Selbstbewusstsein jener Tage aus. Gleichzeitig repräsentiert er wie kaum ein anderes Bauwerk Indiens das letztliche Scheitern der Kolonialmacht, verließen doch nur 23 Jahre später die letzten britischen Truppen durch eben diesen Torbogen Indien.

Im kleinen angrenzenden **Park** steht das Reiterstandbild des Marathen-Fürsten *Shivaji* (1627–1680), der zum Führer des Widerstandskampfes gegen die Mogul-Herrschaft aufstieg und heute als Idol nationaler Eigenständigkeit verehrt wird. Schräg gegenüber befindet sich das Denkmal des Hindu-Reformers und Mitbegründers der Ramakrishna Mission *Swami Vivekananda.*

Besonders gegen Abend, wenn sich neben den Souvenirverkäufern und kleinen Garküchen Hunderte von Einheimischen einfinden, bildet das angestrahlte Gateway of India einen der beliebtesten Treffpunkte Mumbais. Übrigens auch für Taschendiebe ein lukrativer Arbeitsplatz, also Vorsicht!

Taj Mahal Palace Hotel

Überragt wird der „indische Triumphbogen" vom **renommiertesten Hotel Indiens,** dem Taj Mahal Palace. Bauherr war der indische Industrie-Mogul *J.R. Tata,* der sich, nachdem man ihm den Zugang zu einem Hotel mit dem Hinweis „For Europeans only" verwehrt hatte, kurzerhand entschloss, das beste Hotel Mumbais zu errichten. Das Vorhaben ist ihm mehr als gelungen. Die Luxusherberge mit ihren unzähligen Restaurants und Bars, Swimmingpool, Fitnessclub und Business Centre ist nicht nur das berühmteste Hotel Indiens, sondern weltweit eines der renommiertesten überhaupt. Dem Charme des 1903 eröffneten Gebäudes konnte auch der Bau des 1973 hinzugefügten 20-geschossigen Erweiterungsbaus nichts anhaben. Allerdings hat dadurch das unmittelbar davor platzierte Gateway of India viel von seiner einstmals imposanten Ausstrahlung eingebüßt. Das Hotel war eines der Hauptziele der Terroranschläge im November 2008.

▷ Taj Mahal Palace Hotel

Colaba Causeway

Folgt man der vom Gateway of India nach Nordwesten verlaufenden Chetrapati Shivaji Marg, vorbei am Government Emporium mit einer der umfangreichsten Paletten an Kunsthandwerk ganz Indiens, gelangt man nach knapp 100 m zum Wellington Circle. Die von hier nach Süden abzweigende **Shahid Bhagat Singh Road** (bekannter unter ihrem früheren Namen Colaba Causeway) entwickelt sich vornehmlich nach Sonnenuntergang, wenn hier unzählige Straßenhändler auf den schmalen Bürgersteigen ihre Verkaufsstände aufbauen, zu einem vielbesuchten **Night Market.** Das Angebot ist stark auf den Touristengeschmack zugeschnitten und die Preise sind bei weitem nicht so günstig, wie es einem die cleveren Verkäufer weismachen wollen. Die bunte Mischung aus Restaurants, Kneipen, Geschäften, Straßenverkäufern und Touristen aus aller Welt macht den Colaba Causeway zu einem der beliebtesten **Einkaufs- und Flanierboulevards** der Metropole.

Wer mehr am echten indischen Leben als an Shopping interessiert ist, sollte den Colaba Causeway Richtung Süden wandern. Je weiter man sich vom Touristenviertel zwischen Wellington Circle und Arthur Bunder Rd. entfernt, desto bunter und „ländlicher" werden die Eindrücke. Besonders der Bereich um den **Sassoon Dock** und den **Colaba Market,** ca. 1,5 km südlich des Wellington Circle, bietet einen spannenden Einblick in die Enge und Vitalität des täglichen Lebens im Hexenkessel Mumbais. Mit Erlaubnis des Mumbai Port Trust (Tel.: 56565656, www.mumbaiporttrust.com) können die Docks besichtigt werden.

Prince of Wales Museum (Chhatrapati Shivaji Maharaj Vastu Sanghralaya)

Nur wenige Meter nordwestlich des Wellington Circle befindet sich der Eingang zu dem in einem Park gelegenen Prince of Wales Museum (K. Dubash Marg, themuseummumbai.com). Das 1923 eröffnete Gebäude zählt neben dem Indian Museum in Kalkutta und dem National Museum in Delhi zu den drei bedeutendsten des Landes. Der im indo-sarazenischen Stil errichtete Bau beherbergt u.a. eine Textil- und eine Waffensammlung, Elfenbeinschnitzereien und eine kleine Abteilung nepalesischer Kunst. Berühmt sind vor allem die ausgestellten **Miniaturmalereien** sowie die **archäologische Abteilung.** Die vielen kunsthistorischen Epochen werden auf speziellen Hinweisschildern fachkundig erläutert, die Ausstellungsstücke machen fast durchweg einen gepflegten Eindruck.

■ **Öffnungszeiten:** Di–So 10 bis 18 Uhr, Eintritt 300 Rs (inkl. Audioguide), Kamera 30 Rs, Video 200 Rs, Tel.: 23757943.

Jehangir Art Gallery

Im gleichen Park findet sich mit der 1952 erbauten Jehangir Art Gallery eine der wichtigsten Stätten **zeitgenössischer Kunst** in Indien. Ergänzend zu den überwiegend älteren Ausstellungsobjekten des Prince of Wales Museum rundet ein Besuch der Galerie das Bild indischer Kunst der letzten drei Jahrhunderte ab.

■ **Öffnungszeiten:** tgl. 11 bis 19 Uhr, Tel.: 22843989.

Keneseth-Eliyahoo-Synagoge

Einige Schritte nördlich des Wellington Circle, versteckt in den Gassen von Kala Ghoda, steht die kleine, blaue Keneseth-Eliyahoo-Synagoge (Tel.: 22831502, Dr. V.B. Gandhi Marg, dieselbe Gasse etwas weiter hinein, in der auch das Hotel Lawrence zu finden ist). Das mit kunstvollen Säulen geschmückte Gotteshaus, 1884 von der Sassoon-Familie erbaut, wird liebevoll instandgehalten und auch noch genutzt. Man besucht es wegen der farbenfrohen Fenster am besten im Nachmittagslicht.

Universität

Folgt man der am Museum entlang führenden Mahatma Gandhi Road Richtung Norden, steht auf der linken Seite die 1874 vom englischen Architekten *Sir Gilbert Scott* im französischen Stil erbaute Universität. Der imposante Prachtbau wird von dem sich 80 m hoch über der Universitätsbibliothek erhebenden **Rajabai-Turm** überragt. Zu Zeiten der britischen Kolonialherrschaft wurde in dem Uhrturm viermal am Tag „God save the Queen" gespielt. Im Gegensatz zum Turm können die Universitätsbibliothek und die Invokationshalle besichtigt werden.

Direkt neben der Universität schließt sich der 1879 in venezianischem und neogotischem Mischstil errichtete Bau des **Obersten Gerichtshofes** (High Court, Eldon Rd.) mit seiner 170 m langen Fassade an. Man sollte sich auch im Gebäude umsehen, um ins quirlige Treiben der Juristerei einzutauchen.

Flora Fountain

Die Mahatma Gandhi Road öffnet sich nun zu einem länglich ovalen Platz. Wegen der **Was-**

serfontäne in Form einer Blume in seiner Mitte, die zu Ehren des von 1862 bis 1867 in Mumbai regierenden Gouverneurs *Sir Bartle Frere* errichtet wurde, hieß der Platz zunächst Flora Fountain. In Erinnerung an die Opfer des Kampfes um einen unabhängigen Bundesstaat Maharasthra benannte man ihn in den sechziger Jahren in **Hutatma Chowk** (Märtyrer-Platz) um. Im Volksmund ist er jedoch wegen der vielen hier ansässigen Banken und internationalen Firmen auch unter dem Namen **Piccadilly Circus** bekannt.

Veer Nariman Road

Die von hier nach Westen verlaufende Veer Nariman Road führt entlang dem Telegrafenamt und unzähligen auf den Bürgersteigen aufgebauten **Bücherständen,** die von Hitlers „Mein Kampf" über „Was Sie schon immer über Sex wissen wollten" bis zum neuesten Ikea-Katalog eine ungewöhnliche Angebotsvielfalt aufweisen, zu einer lang gezogenen, unbebauten Rasenfläche, die sich nördlich und südlich der Straße erstreckt. An der westlichen Seite des heute vornehmlich als Cricket-Platz dienenden **Maidan** fällt das sehr schöne **Railway Administration Building** gegenüber der **Churchgate Station** auf, von der täglich Hunderttausende mit Vorortzügen in die nordwestlichen Stadtteile Groß-Mumbais pendeln.

Die hübsche, restaurierte **St. Thomas Church** (Veer Nariman Rd., 6.30–18 Uhr) vereint verschiedene architektonische Stile. Die 1672 begonnene und erst 1718 fertiggestellte Kathedrale ist das älteste noch erhaltene Gebäude der Kolonialgeschichte Mumbais. Im hellen Inneren sind Relikte aus der kolonialen Vergangenheit ausgestellt.

Victoria Terminus (Chhatrapati Shivaji Terminus)

Kehrt man zurück zur Flora Fountain und folgt der Dadabhai Naoroji Road (D.N. Rd.) entlang weiterer schöner Kolonialbauten, gelangt man nach etwa einem Kilometer in Richtung Norden zum stets menschen- und autoüberfüllten **Nagar Chowk.** Optisch beherrscht wird er vom Chhatrapati Shivaji Terminus, der mit seinem alten, weiterhin gebräuchlichen Namen *Victoria Terminus* heißt, einem der meistbenutzten und architektonisch **beeindruckendsten Bahnhöfe der Welt.** Der über und über verzierte, braune Sandsteinbau aus dem Jahre 1888 gilt als der schönste Bau viktorianischer Gotik in Indien. Nur knapp 100 m östlich des Victoria Terminus schließt sich das nicht minder beeindruckende **Hauptpostamt** (GPO) an.

Wer will, kann hier den Stadtrundgang durchs koloniale Mumbai beenden, indem er über die gegenüber vom GPO nach Süden verlaufende Mint Road nach Colaba und zum Gateway of India zurückkehrt. Man kommt vorbei am **Horniman Circle,** in dessen Mitte ein hübscher, kleiner Park zum Verweilen einlädt, und passiert auch die **Town Hall,** die eine der größten Bibliotheken Indiens beherbergt. Alternativ gelangt man durch die quirligen Gassen des Forts und des Bankenviertels zurück zum Wellington Circle.

Rathaus

Wer noch weiter auf den Spuren des kolonialen Mumbai wandeln möchte, sollte sich das gegenüber dem Victoria Terminus gelegene Rathaus (Municipal Corporation Building) nicht entgehen lassen. Der im orientalisch-gotischen Mischstil erbaute Prachtbau wirkt mit seinem 71,50 m hohen Turm ebenso imponie-

rend wie das Bahnhofsgebäude. Den Mittelgiebel des Rathauses krönt in vier Metern Höhe eine Frauenstatue.

Crawford Market

Am nördlichen Ende der Dadabhai Naoroji Road, Ecke Tilak Marg, liegt der Crawfort Market (Mahatma Phule Market), einer der faszinierendsten Orte ganz Mumbais. Stunden könnte man damit verbringen, durch die von vielen Jahrzehnten des Handelns gezeichneten **Markthallen** zu schlendern und sich von den Farben, Formen und Düften von Obst, Gemüse, Gewürzen, lebenden Vögeln und Fisch verführen zu lassen. Gelegentlich wird man am Haupteingang auf der Südwestseite am Uhrturm von Männern angesprochen, die wohl eine Art Eintrittsgeld kassieren wollen oder sich als Führer anbieten, was ein Versuch ist, dem unwissenden Touristen etwas Geld abzuknöpfen. Dieses Spiel lässt sich umgehen, indem man durch den nordöstlichen Hintereingang von der D.N. Rd. aus den Markt betritt, wo man nicht belästigt wird.

Der besondere Tipp: Basarviertel

Wer auf den Geschmack gekommen ist, sollte sich in das nördlich und westlich an den Crawford Market anschließende Basarviertel mit seinem Gewirr enger Gassen begeben, wo die verschiedenen Handwerkszünfte ihren Sitz haben. Besonders faszinierend ist dabei der an der Mauhana Shankatali Road in der Nähe der Ali Road gelegene **Chor Bazaar** (Diebesbasar). Hier wird nahezu alles verscherbelt, von antiken Möbelstücken über wertvolles Chinaporzellan bis zur Rolex, die vom Handgelenk eines reichen Touristen auf verschlungenen Wegen hierher gelangte. Damit man in den engen, stets von Menschen gefüllten Gassen nicht selbst Opfer des Diebesmarktes wird, sollte man seine Wertsachen stets aufmerksam im Auge behalten.

Vom Nariman Point zum Malabar Hill

Nariman Point

Steht das Gateway of India für die Kolonialgeschichte Mumbais, so spiegeln die Glitzerfassaden der Luxushotels und Verwaltungsgebäude am Nariman Point die nachkoloniale Erfolgsgeschichte der Stadt. Auffälligstes Gebäude dieses „Manhattan Mumbais", wie es stolz genannt wird, ist das **Oberoi**, ein Superluxushotel, welches mit seinen beiden Türmen den Himmel der Metropole beherrscht.

Marine Drive

In unmittelbarer Nähe zum Chor Bazaar, an der Abdul Rahman Street, steht der von einem großen, heiligen Teich umgebene, der Schutzgöttin Mumbais gewidmete **Mumbadevi-Tempel**. Ursprünglich befand sich der Tempel dort, wo heute der Victoria Terminus steht. 1737 musste er jedoch der Erweiterung des alten Forts weichen. Der heutige Tempel soll aus dem Jahre 1753 stammen.

Beeindruckend ist etwas südlicher das quirlige Gassenviertel rund um die alles überragende Jamia Masjid, nordwestlich des Crawford Market. Im **Cloth Market,** in dem nichts als Stoffe feilgeboten werden, kann man sich für wenig Geld und viel Erlebnis ein **Kleidungsstück schneidern lassen.** Zunächst sucht man sich einen Stoff aus und bezahlt ihn. Dann wird man zu einem Schneider geführt, der einem daraus das gewünschte Kleidungsstück nach Maßabnahme meist am selben, spätestens zum nächsten Tag näht.

Sonntags sind die meisten Geschäfte im Viertel geschlossen und es ist deshalb weit weniger beeindruckend.

Etwas weiter nördlich entlang des Marine Drive, der imponierenden sechsspurigen Küstenstraße, findet sich das moderne **Air-India-Hochhaus.** 1993 wurde es durch einen von insgesamt sechs Sprengsätzen, die innerhalb nur weniger Minuten im Stadtzentrum explodierten, erheblich beschädigt. Alle Prachtbauten entlang der Marine Drive oder Netaji Subash Chandra Bose Marg, wie Mumbais berühmteste **Promenadenstraße** heute heißt, seit sie in den achtziger Jahren zu Ehren des Freiheitskämpfers umbenannt wurde, stehen auf einer Landmasse, welche erst 1940 künstlich aufgeschüttet wurde.

Allabendlich zum Sonnenuntergang ist der Marine Drive ein beliebter Treffpunkt von Bewohnern und Touristen, die schlendernd den Sonnenuntergang genießen. In letzter Zeit finden sich auch mehr und mehr gesundheitsbewusste Inder zum abendlichen Walken ein.

△ Am Marine Drive

Chowpatty Beach

Von hier ist es nicht mehr weit zur Chowpatty Beach, die sich in einem Halbbogen vor der Marine Drive erstreckt. Sonnenanbeter und Wasserratten sind hier allerdings fehl am Platze, da der Strand ebenso wie die See gleichermaßen verdreckt sind. Dafür ist Chowpatty besonders gegen Abend, vor dem Hintergrund der hell erleuchteten Skyline, ein stimmungsvoller Ort, an dem sich Hunderte von Indern einfinden. Erfrischungsstände, Karussells und Gaukler vertreiben ihnen die Zeit.

Historische Bedeutung erlangte Chowpatty, weil hier während des indischen Unabhängigkeitskampfes viele große Demonstrationen stattfanden, an denen mehrere Hunderttausend Menschen beteiligt waren. Auch heute noch wird er von den Parteien als Schauplatz ihrer Wahlveranstaltungen genutzt.

Jedes Jahr im September finden sich Tausende ein, um **Ganesh Chaturhi,** den Geburtstag des beliebten Elefantengottes, zu zelebrieren. Dabei werden kunstvoll bemalte, oft meterhohe Tonskulpturen Ganeshas nach Abhaltung ausgiebiger Kulthandlungen im Meer versenkt.

■ H20 Watersports (Tel.: 23677546, sailing@h2osports.biz) veranstaltet zwischen 10 und 22 Uhr am Strand z.B. **Speedboat- und Motorboot-Fahrten** (175 bzw. 100 Rs p.P.) und Rundfahrten (200 Rs p.P. bis 19 Uhr und 280 Rs ab 19 Uhr) in die Bucht. Außerdem werden Wasser- und Jetski (1.000 Rs für 10 Min.) sowie Windsurfen angeboten.

Malabar Hill

Die Marine Drive setzt sich, hinter Chowpatty nach Westen abbiegend, in der Walkeshwar Road fort, die über die steil aufsteigende Bal Gangadhar Kher Marg zum Malabar Hill führt, einer **Landzunge,** die wie ein Daumen ins Meer hinausragt. Malabar Hill ist so etwas wie das Beverly Hills Mumbais, da hier in frischer Seebrise die oberen Zehntausend der Stadt ihren Reichtum mit **herrschaftlichen Villen** zur Schau stellen.

Kamala Nehru Park

Die besten Ausblicke auf Chowpatty und Marine Drive bieten die auf der Spitze des Berges gelegenen Hanging Gardens und der Kamala Nehru Park. Der 1952 angelegte Park ist eine Art **Freizeitpark** für Kinder und wurde nach der Frau des ersten indischen Ministerpräsidenten benannt.

Hanging Gardens und Türme des Schweigens

Die direkt gegenüber gelegenen, über einem Wasserreservoir errichteten Hanging Gardens (neuer Name Pherozeshah Mehta Gardens) gewähren einen Blick in Richtung der Türme des Schweigens, jenem **Bestattungsort,** wo die Parsen ihre Toten den Vögeln zum Fraß vorlegen. Die in der Luft kreisenden Geier sind allerdings das einzige, was man von der Bestattungszeremonie zu Gesicht bekommt, da die Türme selbst durch dichte Bäume vor den neugierigen Blicken Fremder verdeckt sind. Ein Modell kann im Prince of Wales Museum besichtigt werden. Der Grund für diese Bestattungsmethode ist das oberste Gesetz der Parsen, welches besagt, dass die Reinheit der Elemente nicht durch die Bestattung von Toten in der Erde oder ihre Verbrennung beschmutzt werden soll (siehe „Land und Leute: Religionen").

Raj Bhavan und Walkeshwar-Tempel

Am Ende der Landzunge des Malabar Hill steht Raj Bhavan, einst herrschaftliche Residenz des britischen Gouverneurs und heute **Sitz des Gouverneurs** von Maharashtra.

Der ganz in der Nähe gelegene Walkeshwar-Tempel, ein beliebter **Wallfahrtsort** der Hindus, stammt aus dem Jahre 1715. Er war ursprünglich im 11. Jh. erbaut, danach jedoch mehrfach zerstört worden. Glaubt man der Legende, so soll der Tempelteich entstanden sein, als Rama einen Pfeil in den Boden schoss, um seinen Durst zu löschen.

Haji Ali's Tomb

Der Pavillon zum Andenken an *Haji Ali*, der während einer Pilgerfahrt nach Mekka ertrank, liegt äußerst pittoresk auf einer Felsenklippe mitten im Meer. Zu erreichen ist er während der Ebbe über einen ca. 100 m langen **Damm,** der zu beiden Seiten von erbarmungswürdig aussehenden Bettlern gesäumt wird, die auf eine milde Gabe der täglich Tausenden von Pilgern hoffen.

Mani Bhawan

In der schattigen Labarnum-Gasse liegt das hübsche, dreigeschossige Haus mit vorspringenden Holzbalkonen, in dem **Mahatma Gandhi** während seiner zahlreichen Besuche in Mumbai zwischen 1917 und 1934 wohnte. Heute befindet sich in den Räumlichkeiten ein **Museum,** in dem neben berühmten Utensilien wie etwa dem Spinnrad und den Sandalen auch beeindruckende Fotos über den indischen Unabhängigkeitskampf zu sehen sind.

■ **Öffnungszeiten:** tgl. 9 bis 18 Uhr, Tel.: 23805864.

Victoria Gardens, Zoo und Victoria and Albert Museum

Vor allem am Wochenende sind die gepflegten, weitläufigen **Jitamata Udyan,** auch noch bekannt unter dem alten Namen Victoria Gardens, im Norden von Central Mumbai mit dem auf dem Areal befindlichen Zoo ein beliebtes und dementsprechend überlaufenes **Ausflugsziel.** Der Zoo beherbergt u.a. Tiger, Löwen, Leoparden, Elefanten, Nashörner, Krokodile, Affen und Zebras.

Das Victoria and Albert Museum (seit einigen Jahren heißt es offiziell Dr. Bha Daji Lad Museum) befindet sich ebenfalls auf dem Gelände der Victoria Gardens und lohnt u.a. wegen einer sehr anschaulichen Fotoausstellung zur **Stadtgeschichte** einen Besuch.

■ **Öffnungszeiten:** Der Zoo ist 9–18 Uhr geöffnet, das Museum (Tel.: 23757943) 9.30–17 Uhr. Beide sind Mi geschlossen.

Mahalaxmi Dhobi Ghat

Wer einmal sehen möchte, was mit seiner Wäsche passiert, nachdem er sie morgens im Hotel abgegeben hat, dem sei geholfen. Im Mahalaxmi Dhobi Ghat, dem „Ufer der Wäscher" im Stadtteil Mahalaxmi, wringen, prügeln und malträtieren Hunderte von *dhobis* seit bald 150 Jahren die ganze Wäsche Mumbais. Die Wäscher arbeiten jeweils in nebeneinander gelegenen, von niedrigen Zementmauern umgebenen kleinen Parzellen, an denen das zum Waschen benötige Wasser vorbeifließt. Der beste Ausblick auf das Treiben bietet sich von einer Brücke an der vorbeiführenden Hauptstraße.

Zur Anfahrt nimmt man einen Vorortzug von der Churchgate Station bis zum Bahnhof Mahalaxmi. Der Zug sollte ein Slow Train

△ Die Waschküche Mumbais: Mahalaxmi Dhobi Ghat

sein, da die meisten Expresszüge Mahalaxmi ohne Halt durchfahren. Die Dhobi Ghats liegen direkt an der Ostseite des Bahnhofs.

Es herrscht **Fotografierverbot!** Vorsicht: Personen, die sich als „Government Officials" ausgeben, behaupten, dass gegen Zahlung von 100 Rs an sie die Erlaubnis zu erhalten sei.

Praktische Tipps

Information

● **Vorwahl:** 022

● Das **India Tourism Tourist Office** (Tel.: 22033144/5, 22074333, www.incrediblein dia.org) im 1. Stock in 123, Maharshi Karve Road, gegenüber der Churchgate Station, ist eines der besten Informationsbüros ganz Indiens. Neben einem übersichtlichen Stadtplan erstellen die freundlichen Bediensteten auf Anfrage auch aktuelle Computerausdrucke zu fast allen touristisch interessanten Orten Indiens. Geöffnet ist es Mo–Fr von 8.30 bis 18 Uhr, Sa und an Feiertagen von 8.30 bis 14 Uhr. Hier können auch Privatzimmer bei Familien (um 1.000 Rs/Nacht) vermittelt werden. **Filialen** befinden sich am nationalen (Tel.: 26156920) und internationalen Flughafen (Tel.: 26829248). Staatlich geprüfte Stadtführer können unter Tel. 22036854 gebucht werden.

Praktische Tipps

■ **Maharashtra Tourism Reservation Office (MTDC)** in den CDO Hutments, Madame Cama Rd., Nariman Point (Mo–Sa 9.30–17.30 Uhr, Tel.: 22845678, www.maharashtratourism.gov.in), und eine Infobude am Apollo Bunder (Di–So 8.30–15.30 Uhr, am Wochenende zusätzlich 17.30–20 Uhr, Tel.: 22841877), veranstaltet neben Stadtrundfahrten, die an diesen Punkten beginnen (s.u.), diverse mehrtägige Rundreisen zu Zielen in Maharashtra.

■ „**Mumbai – This Fortnight**" ist ein hervorragendes, 66 Seiten starkes Heftchen mit einer Fülle von Informationen über Mumbai. Neben Hotel- und Restaurant-Adressen finden sich u.a. Einkaufstipps, Flugpläne, wichtige Adressen von Botschaften und Fluggesellschaften sowie ein Veranstaltungskalender.

■ Über aktuelle Veranstaltungen, Restaurants, Nachtleben, Filmprogramm und viele weitere kulturelle Events informiert **www.timeoutmumbai.net**.

■ Wer sich länger in Mumbai aufhält, findet im an vielen Kiosken erhältlichen **Stadtplan** von Eicher (250 Rs) einen präzisen Begleiter.

Reisebüros

■ Verlässlich ist **Akhbar Travels** (Tel.: 2263 3434, Mo–Sa 10–19 Uhr) an der Dadabhai Naoroji Rd.

■ Ebenfalls an der D.N. Rd. findet sich das Hauptbüro von **Thomas Cook** (Tel.: 2204 8556, Mo–Sa 9.30–18 Uhr).

■ In Colaba ist **Balaji Tours & Travels** (Tel.: 22824346, (0)9820292453, Mo–Sa 9–19.30 Uhr) an der Best Marg nicht nur eine gute Geldwechseladresse, sondern vermittelt auch zuverlässig Taxis, arrangiert Ausflugstouren und Bahn- und Flugtickets.

Stadtverkehr

Verbindungen zu den Flughäfen

Flughafenbusse:

■ **Busse vom nationalen zum internationalen Flughafenteil** verkehren alle 30 Min. und sind für Besitzer eines Anschlusstickets umsonst.

■ Der von vielen Individualtouristen benutzte Flughafenbus vom Air-India-Gebäude am Nariman Point zum Chhatrapati Shivaji International Airport ist **eingestellt worden**.

■ **Kleinbusse** vor der Ankunftshalle des internationalen Flughafens verbinden kostenlos mit dem nationalen Flughafen und Hotels in Juhu.

Taxi vom/zum Flughafen:

■ Taxipreise vom 30 km entfernten **Flughafen Chhatrapati Shivaji International** (dessen alte Namen nationaler Teil (Terminals 1A, 1B und 1C) als **Santa Cruz** und internationaler Teil (Terminal 2A) als **Sahar** weiterhin geläufig sind) nach Colaba, zur Fort-Area und zum Marine Drive betragen per Prepaid-Taxi vom nationalen Teil 450 Rs (mit AC 520 Rs), vom internationalen 520/640 Rs, nach Juhu 260/310 Rs und Bandra 330/390 Rs und zur Mumbai Central Station 420 Rs. Zwischen Mitternacht und 5 Uhr zusätzlich 25 %, pro größerem Gepäckstück weitere 10 Rs. Das Taxi-Ticket wird an einem **Prepaid-Schalter** am Ausgang des Ankunftsgebäudes bezahlt. Man erhält eine Quittung, welche einem speziellen Taxi zugewiesen ist. Die ganze Prozedur hat den Vorteil, dass einem die übliche Feilscherei um den Fahrpreis erspart bleibt. Vorsicht: Auch bei den Prepaid-Schaltern gibt es schwarze Schafe, die zunächst sehr viel mehr verlangen.

Die Fahrt in die Innenstadt dauert nachts (wenn die meisten internationalen Flüge aus Europa landen) etwa 45 Min., tagsüber können es auch 1½ oder 2 Stunden werden. Es stehen auch private Taxis bereit, die aber kaum für einen geringeren Fahrpreis ins Zentrum fahren. Eine Sea-Link genannte Umgehungsbrücke zwischen den Stadtteilen Worli und Bandra verkürzt die Fahrzeit zwischen Flughafen und Innenstadt um etwa 15–20 Minuten, was den Vorteil der schönen Aussicht übers Meer und den Nachteil von 50 Rs Brückenbenutzungsgebühr mit sich bringt.

S-Bahn/Autoriksha vom/zum Flughafen:

■ Eine der billigsten und zudem schnellsten Möglichkeiten, von der Innenstadt Richtung Flughafen zu gelangen: Zunächst von Churchgate oder Victoria Terminus in etwa 40 Min. mit einem der ständig zwischen 4.30 und 24 Uhr verkehrenden **Vorortzüge** Richtung Ville Parle (nationaler Teil des Flughafens) oder Andheri (internationaler Teil) und von dort mit einer der bereitstehenden **Autorikshas** für ca. 50 Rs weiter zum Flughafen. Diese Alternative funktioniert natürlich auch in umgekehrter Richtung, wenn man bei Tageslicht landet, da die Vorortzüge nachts nicht fahren und abends nicht ungefährlich sind. Auch mit viel Gepäck ist dies eine nicht zu empfehlende Option.

Zeit vor dem Abflug einplanen

Da insbesondere die Flüge von Mumbai nach Europa häufig überbucht sind und die oft chaotischen Zustände am Flughafen zusätzlich für Verzögerungen sorgen, empfiehlt es sich unbedingt, spätestens **drei Stunden vor Abflug** am Schalter **einzuchecken.** Wenn man bedenkt, dass die Fahrt von der Innenstadt zum Flughafen mindestens eine Stunde dauert und die Maschinen nicht selten mit Verspätung abfliegen, muss man von der Abfahrt vom Hotel bis zum ersten Essen im Flugzeug fünf bis sechs Stunden rechnen. Wer die enorm hohen Preise für Essen und Trinken am Flughafen nicht zahlen möchte, sollte sich einen **kleinen Snack** bzw. eine **Flasche Wasser** bereits vorher kaufen.

Autoriksha

■ Autorikshas sind **nur in den Vororten** erlaubt und so für Touristen als Transportmittel nur dort von Nutzen. Wer sie benutzt, muss hart verhandeln, da nur selten der Taxameter eingeschaltet wird. Die offiziell gültigen Preise (Stand Oktober 2012) können jedoch als Anhaltspunkt dienen: Die Mindestgebühr beträgt 15 Rs, pro Kilometer sind knapp 10 Rs zu zahlen, ab Mitternacht 25 % mehr. 5 km kosten tagsüber 49 Rs (Taxameter-Anzeige: 2,70 Rs mechanisch, 36 Rs elektronisch).

Taxi

■ Aufgrund ihrer Quasi-Monopolstellung im Innenstadtbereich sind die insgesamt 40.000 (!) Taxis das neben Bussen meistbenutzte Transportmittel Mumbais. Tagsüber schalten die meisten Fahrer ohne Murren den **Taxameter** ein, eine für Indien ganz ungewöhnliche Erfahrung. Bei Fahrtende sollte man sich jedoch nicht zu früh über den angezeigten Fahrpreis freuen, da dieser mit dem Faktor 20 (Stand Oktober 2012, der neueste Stand ist bei www.go4mumbai.com/mumbai_taxi_tarrif.php einzusehen) multipliziert und 1–2 Rs hinzugerechnet werden müssen. 2,50 Rs auf der Uhr kosten also schließlich 51 Rs. Jeder Taxifahrer muss eine Umrechnungstabelle, die sogenannte Taxi Tarif Card, bei sich führen und auf Verlangen vorzeigen. Vom Gateway of India zum Victoria Terminus zahlt man ca. 50 Rs, zum Malabar Hill etwa 100–120 Rs.

Von 0 bis 5 Uhr wollen die meisten Fahrer einen **Nachtzuschlag** (ca. 25 %) herausschlagen und sind kaum bereit, mit Uhr zu fahren. Dann gilt es also wieder, zäh zu verhandeln.

Leider sollen die gelb-schwarzen, klapprigen und oft nicht mehr ganz verkehrssicheren Taxis in den nächsten Jahren durch neue Modelle komplett ersetzt werden.

Blaue AC-Taxis, die sogenannten **Cool-Cabs,** sind um ca. 30 % teurer und können auch unter Tel.: 28246216, 28227006 angefordert werden. Ihre Taxameter zeigen den korrekten Preis an. Auch beim zuverlässigen **Meru Cabs** (Tel.: 44224422, www.merucabs.com) können klimatisierte Taxis (erster Kilometer 27 Rs, jeder Folgekilometer 20 Rs, nachts 25 % mehr) bestellt werden.

Bus

■ Mumbai besitzt das beste innerstädtische Busnetz ganz Indiens. Die äußerst pittoresken, dunkelroten **Doppeldeckerbusse** sind meist in einem relativ guten Zustand und zudem auch nur während der Hauptverkehrszeiten vollgestopft. Dennoch sollte man sich vor den zahlreichen **Taschendieben** in Acht nehmen, da ansonsten die Fahrt letztlich wesentlich teurer ausfällt als gedacht.

Die meisten Strecken kosten kaum mehr als maximal 2 Rs. Ein kleines Heftchen, in dem alle 300 (!) verschiedenen Routen aufgeführt sind, gibt es an vielen Kiosken zu kaufen.

■ Einige für Touristen interessante **Routen** sind die Linien 1, 6-Ltd., 7-Ltd., 103 und 124 vom Victoria-Bahnhof nach Colaba. Vom Mumbai-Central-Bahnhof fahren die Busse Nr. 43, 70, 124, 125 nach Colaba. Von Colaba über den Chowpatty Beach zum Malabar Hill fahren u.a. Linien 106 und 108, zu den Hanging Gardens 103 und 106, zum Chowpatty Beach 103, 106, 107 und 123, zum Crawford Market vorbei am Victoria Terminus Linien 1, 3, 21, 103 und 124.

■ Mit **Ltd.-(Limited Stops-)Bussen** kommt man schneller ans Ziel, da sie seltener halten.

■ Wer mit dem Zug am **Mumbai-Central-Bahnhof** ankommt bzw. von dort losfährt, kann mit einem der alle 5 Min. von und nach Churchgate fahrenden Busse ins Stadtzentrum fahren. Der Preis ist im Bahnticket enthalten. Allerdings gilt auch hier: Vorsicht vor Langfingern!

Unterkunft

Mumbai ist zweifellos eine der interessantesten Städte Indiens, doch für viele Reisende mit schmalem Geldbeutel entwickelt sich die Unterkunftssuche oft zu einem Alptraum. Es wäre noch untertrieben zu behaupten, in der Stadt bestünde ein **Mangel an Billigunterkünften**. Faktisch gibt es so gut wie gar keine. Ein auch nur einigermaßen akzeptables Doppelzimmer unter 400 Rs zu ergattern, ist so gut wie unmöglich.

Auf die wenigen billigen Unterkünfte stürzen sich jeden Morgen neben westlichen Travellern auch viele indische, afrikanische und arabische Touristen. Wer in den Monaten Oktober bis März nach 12 Uhr mittags in Mumbai eintrifft, kann seine Hoffnung auf ein billiges Zimmer für die kommende Nacht gleich begraben. Erreicht man die Stadt morgens per Flugzeug, sollte man bereits am Flughafen eine **telefonische Zimmerreservierung** vornehmen. Auf die Bediensteten des Tourist Office ist dabei allerdings nur wenig Verlass, da diese meist versuchen, Touristen in den teuren Hotels unterzubringen, wo sie Kommission kassieren. Besser ist es also, selber anzurufen. Auch die meisten Taxifahrer möchten sich gern einige Rupien hinzuverdienen, indem sie Touristen zu einem Luxushotel chauffieren. Insofern sollte man ihren Hinweisen, dass das gewählte Hotel abgebrannt o.Ä. sei, auch keine Bedeutung beimessen.

Auch die im Folgenden genannten Tarife sind mit Vorsicht zu genießen, da sich die Preisspirale unaufhörlich dreht. 10–20 % Zuschläge pro Jahr sind fast schon die Regel. Reist man zu zweit und möchte sich in einem Zimmer in Colaba hinter dem Taj Hotel einquartieren, wo viele Billig- und Mittelklassehotels liegen, empfiehlt es sich, das Gepäck unter Aufsicht der einen Person in einem Café abzustellen, während der andere sich unbeschwert auf die Suche machen kann. Viel Glück dabei!

Untere Preiskategorie

In Colaba:

■ Wie heiß begehrt das von der Heilsarmee (Salvation Army) betriebene **Red Shield Salvation Army Hostel** €€–€€€ (30, Mereweather Rd., Tel.: 22841824, red_shield@vsnl.net, Preise inkl. Mahlzeiten) ist, davon kann man sich jeden Morgen um 10 Uhr ein Bild machen, wenn eine Traube von Individualtouristen sich um eines der wenigen Betten bemüht. Tatsächlich sind besonders die sauberen Schlafsäle für 195 Rs pro Person (inkl. Frühstück) die billigste Übernachtungsmöglichkeit, die es in Mumbai gibt. Einige geräumige Doppel- und Dreibett-Zimmer (AC, nur Gemeinschaftsbad) stehen ebenfalls zur Verfügung, der wesentlich höhere Preis beinhaltet drei obligatorische Mahlzeiten. Ein kleiner Balkon und der Aufenthaltsraum sind beliebte Treffpunkte für die bunte Mischung von Travellern aus aller Welt. Die *safe deposit lockers* (Schließfächer) zum Preis von 3 Rs pro Tag (+ 50 Rs Pfand) sollten vor allem die benutzen, die im Schlafsaal übernachten. Am besten ist man schon um 9.30 Uhr da, dann steigen die Chancen, in dieser einzigen guten Gewissens zu empfehlenden Low-Budget-Unterkunft Mumbais unterzukommen.

■ Für Mumbai-Verhältnisse gar nicht mal schlecht ist das vorwiegend bei altgedienten Indienreisenden beliebte, klapprige **Carlton Hotel** €€–€€€€ (12, Mereweather Road, Tel.: 22020642), wo auch Drei- und Vierbett-Zimmer zur Verfügung stehen. Verglichen mit anderen Städten zweifelsohne übertuert, doch dafür herrscht in dem alten Holzbau eine angenehme Atmosphäre und vom Wäscheservice bis zum Bus- und Flugticketverkauf bietet der geschäftstüchtige Manager eine Menge Extras an.

■ Die besten Angebote dieser Preisklasse machen **Hotel Kishan** und **Aga Beg's P. Guest House** €€–€€€€ (12, Walton St., Tel.: 2284 2227 [Kishan], 66356758/9 [Aga Beg's]). Besonders die teilweise neuen Zimmer des Aga Beg in den oberen Etagen mit sauberen, teils klimatisierten Zimmern, viele geräumig und mit Fenster, manche mit Blick zum rückwärtigen Park oder in die Bäume. Die billigeren Zimmer haben sauberes Gemeinschaftsbad und oft auch TV. Zudem gibt's billige, fensterlose Zellen nur mit Bett und TV.

■ Nur ein Querstraße südlich hat auch das **Apollo Guest House** €€€ (Garden Rd., Tel.: 22041302, apo.gh@hotmail.com) einige etwas teurere Zimmerzellen mit Fenster und sauberem Gemeinschaftsbad. Außerdem gibt's teurere, teils klimatisierte Zimmer mit Bad, die das Apollo zu einer für Mumbai guten Billigwahl machen. Dieses Hotel nicht verwechseln mit dem **Apollo Guest House** €€€ (Tel.: 22045540, hotelapollogh@hotmail.com) am Colaba Causeway unter dem Hotel Causeway, eine weitere billige Herberge mit einfachen Zimmern ohne und besseren mit Bad und TV.

■ Zwei Hotels übereinander befinden sich im Kamal Mansion, eine kleine Gasse an der Arthur Bunder Rd. hinein: im 2. Stock das **India Guest House** €€ (Tel.: 22833769) mit einfachen DZ inkl. TV, AC und Fenster Richtung Hafenbecken sowie Badezimmer, außerdem fensterlose DZ ohne TV. Das Gemeinschaftsbad ist annehmbar sauber. Recht laut, aber für eine Nacht wohl o.k. Darüber vermietet das bessere **Sea Shore** €€–€€€ (Tel.: 2287 4237/8) Räume mit sauberem Gemeinschaftsbad. Die Zimmer mit Fenster haben einen schönen Blick zum Hafenbecken.

■ Wenn ansonsten absolut keine billige Bleibe in Colaba zu finden ist, kann der Suchende auch mit dem **Delight Guest House** €–€€ (Bhaskar Rao Katgutkar Marg, Parallelgasse zur Arthur Bunder Rd., ab 4. Stock, Tel.: 22872693) Vorlieb nehmen. Die meisten Zimmerzellen ohne Fenster und TV mit Gemeinschaftsbad sind im Notfall für eine Nacht ausreichend.

Nähe Victoria Terminus/Fort-Bereich:

Eine ganze Ansammlung passabler Hotels drängt sich im Bereich der Kreuzung von S.B. Singh Road und P.D. Mello Road nahe dem Hauptpostamt, kaum fünf Gehminuten vom Victoria Terminus entfernt.

■ Das **Hotel Manama** €€€ (221/5, P.D. Mello Rd., Tel.: 22613412, info@hoteloasisindia.com) ist dem leicht billigeren **Hotel Oasis** €€–€€€ (276, S.B. Singh Road, Tel.: 22697887, www.hoteloasisindia.com) vorzuziehen, weil die Zimmer (mit AC) wesentlich heller und etwas geräumiger ausfallen.

■ Akzeptabel ist das **Hotel Tourist International** €€€ (Walchand Hirachand Marg, Tel.: 22619770), die meisten Zimmer mit TV, die billigeren mit Gemeinschaftsbad.

■ Ein Tipp ist das **Hotel Lawrence** €€–€€€ (K. Dubash Marg, 3. Stock, Tel.: 22843618, 56336107) am Südende des Fort-Bereichs in einer kleinen Seitengasse gegenüber dem Prince of Wales Museum (beim Restaurant Chetana 50 m in die abzweigende Gasse). Spartanische, aber saubere Zimmer, teils mit Gemeinschaftsbad, sind für die Lage günstig. Nicht vom Treppenhaus abschrecken lassen.

■ Ein wenig übertuert, dafür jedoch in einer ruhigen und dennoch zentralen Ecke Mumbais zwischen Azad Maidan und D.N. Rd. gelegen, sind die teils klimatisierten Zimmer des **Hotel Outram** €€–€€€ (Marzaban Rd., Tel.: 22094937, 22004322) zwar etwas dunkel (die billigeren mit Gemeinschaftsbad), dies wird durch den freundlichen Service jedoch aufgewogen.

■ IndiaTourism kann **Unterkunft in Familien** (Homestays) ab 800 Rs aufwärts vermitteln.

Mittlere Preiskategorie

In Colaba und Marine Drive:
■ Die Zimmer im **Bentley's Hotel** €€€€ (Oliver Rd., Tel.: 22841474, 22882890, www. bentleyhotels.com) sind zwar nicht billig, aber sehr stilvoll, teils mit schönem Mobiliar und Balkon, doch für Mumbai recht preiswert und deshalb meist ausgebucht.

■ Ein hervorragender Ableger des Bentley's ist **Bed & Break Fast** €€€€ (Henry Rd., Tel.: 22881706) in einer alten Villa nicht weit entfernt. Große Zimmer mit dunklem Holzmobiliar, oft mit geschlossenem Balkon sowie mit Gemeinschaftsbad sind erstaunlich billig, zumal das Frühstück im Preis enthalten ist.

■ Zentral in Colaba gelegen, ist das **Garden Hotel** €€€€€ (Tel.: 22841476, www.hotelgarden.co.in) eine zweckmäßige Mittelklassebleibe. Ein erstklassiges Frühstück kann im man Erdgeschoss des nebenan gelegenen Hotel Godwin einnehmen.

■ Besser ist das teurere **Hotel Godwin** €€€€€ (Tel.: 22841226, www.hotelgodwin.co.in) nebenan. Die hübsch möblierten, luftigen Zimmer mit großen Fensterfronten, die von den oberen Etagen weite Ausblicke über die Stadt gewähren, sind sehr angenehm. Zudem lockt das herrliche Dachrestaurant mit Weitblick.

■ Das vielleicht beste Preis-Leistungs-Verhältnis dieser Kategorie gibt es beim **YWCA** €€€€ (Tel.: 22025053, 23071567, Seiteneingang, 1. Stock). Sehr ordentliche Zimmer mit Frühstück sind ein Schnäppchen für diese Lage, was leider dazu führt, dass man ohne längerfristige Reservierung kaum die Chance hat, eines der begehrten Zimmer zu ergattern. Natürlich sind auch männliche Wesen willkommen.

■ In günstiger Lage, jedoch leicht verwohnt, lohnen im **Hotel Cowies** €€€€ (Tel.: 2284 0232, 22840279) dennoch besonders die Zimmer mit Balkon und Fenstern den für Colaba recht günstigen Preis.

■ Supersaubere Zimmer in zentraler Lage in einem von sehr freundlichen und ehrlichen Bediensteten geführten Haus zu relativ günstigen Preisen – all das bietet das **Chateau Windsor Hotel** €€€€€ (Tel.: 266 224455, www.chateauwindsor.com) in der Veer Nariman Rd. neben dem Ambassador Hotel.

■ Eine sehr gute Wahl ist das **Suba Palace** €€€€€ (Tel.: 22020636, www.hotelsubapalace.com) in der Battery Rd. ganz in der Nähe des Gateway of India. Nicht nur die zentrale Lage, sondern auch die attraktiv gestalteten Räume dieses AC-Hotels sind ihr Geld wert.

■ Besonders die exklusive Lage am Marine Drive macht die beiden im gleichen Haus (145 A, Marine Drive) untergebrachten Hotels **Sea Green** €€€€ (Tel.: 66336525, 22822294, www.seagreenhotel.com) und **Sea Green South** €€€€ (Tel.: 22821613, 66336535, www.seagreensouth.com) erwähnenswert. Die klimatisierten Zimmer sind jedoch recht teuer fürs Gebotene.

■ Im stilvoll renovierten **Regent Hotel** €€€€€ (8, Best Marg, Tel.: 22871853/4, www.regenthotelcolaba.com) ist eine Übernachtung nicht billig, doch dafür ist das Frühstück inbegriffen und man wohnt zentral und in angenehmen Zimmern (AC).

■ Erstaunlich preiswert sind die meist sehr großen Zimmer des **Hotel Moti International** €€€€–€€€€€ (Best Marg, Tel.: 22025714, hotelmotiinternational@yahoo.co.in). Auch der freundliche Besitzer und der kleine Sitout am Eingang machen diese altehrwürdige Kolonialvilla zu einem Schnäppchen, das eben deswegen meist ausgebucht ist, also unbedingt reservieren.

■ Leider nicht mehr sonderlich gut in Schuss ist das **Strand Hotel** €€€€–€€€€€ (P.J. Ramjandani Marg, Tel.: 22882222, www.hotelstrand.com) in erstklassiger Lage an der ehemaligen Strand Road. So können nur die etwas zu teuren Zimmer mit Meerblick empfohlen werden. Weit mehr für wenig mehr Geld gibt's im darüber gelegenen **Hotel Harbour View** €€€€€ (Tel.: 22821089, www.viewhotelsinc.com) ab 3. Stock. Die weit besseren Zimmer sind gut in Schuss, wobei die mit Balkon nach vorn die beste Wahl sind. Internetbenutzung ist frei. Außerdem lockt das Dachrestaurant (7.30 Uhr bis Mitternacht) mit Hafenblick.

■ Wer es vorzieht, in der Gegend um den Churchgate-Bahnhof in der Nähe des Nariman Point zu wohnen, dem sei das sehr gute, preisgünstige **Astoria Hotel** €€€€–€€€€€ (4, J.T. Road, Tel.: 66541234, www.astoriamumbai.com) empfohlen. Eine hervorragende Mittelklassewahl.

© REISE KNOW-HOW 2013

🟧 Unterkunft
- 3 YWCA
- 8 Suba Palace, The Gordon House
- 20 Carlton Hotel
- 22 Taj Mahal Palace
- 25 Regent Hotel, Hotel Moti International
- 28 Red Shield Salvation Army Hostel
- 32 Hotel Prossers
- 33 Bed and Break Fast
- 35 Hotel Oliver
- 36 Hotel Cowies
- 37 Hotel Kishan & Aga Beg
- 38 Bentley's Hotel
- 40 Ascot Hotel
- 42 Hotel Godwin
- 43 Garden Hotel
- 44 Apollo Guest House
- 45 Sea Palace Hotel
- 46 Strand Hotel und Harbour View
- 48 Delight Guest House
- 49 India Guest House, Sea Shore
- 51 Fariyas Hotel

🟩 Einkaufen
- 6 Central Cottage Industries Emporium
- 9 Sahakari Bandar Supermarkt
- 11 Shankar Book Stall
- 12 Search Word Bookshop
- 19 Cottonworld Corp.
- 23 Nalanda Bookshop
- 26 Insha Allah Mahsa Allah
- 31 Cottage Industries Emporium

🟦 Essen und Trinken
- 2 flag's
- 4 Falafel's
- 5 Barista Espressobar, Sportsbar Express
- 6 Henry Tham's, Alibaba's Klay Oven
- 8 Polly Esther's, Disco
- 10 Majestic
- 11 Café Mondegar
- 12 McDonald's
- 13 Gokul Bar
- 14 Bade Miyan
- 15 Olympia Coffee House
- 16 Café Leopold
- 17 Indigo
- 18 Busaba
- 21 Insomnia Bar & Nightclub, Shamiana
- 29 Piccadilly, Kamat
- 34 Café Churchill, Wich Latte
- 39 Theobroma
- 41 Basilico
- 47 Barista Creme
- 50 Kailash Parbat

🟧 Verkehr
- 1 Jet Airways, Gujarat Tourism
- 7 Ticketverkaufsbude Elephanta Island, Mandwa, MTDC Infobude
- 24 Bootsabfahrt nach Elephanta und Mandwa
- 27 Balaji Tours & Travels
- 30 Colaba Bus Depot

Nähe Victoria Terminus/Fort-Bereich:

🟥 Besonders seine günstige Lage direkt gegenüber dem Victoria Terminus (1. Stock, eine leicht zu übersehende Treppe hinauf) machen das **Hotel City Palace** €€€–€€€€ (Tel.: 22615515, 22614759) zu einer Empfehlung. Die Zimmer, alle mit TV, sind recht klein und nicht billig, trotzdem meist ausgebucht.

🟥 Eine gute Wahl ist das **Hotel Benazeer** €€€–€€€€ (Tel.: 22611725, 40024949-51, www.benazeerhotelmumbai.com) mitten im quirligen Zentrum des Forts mit sauberen AC-Zimmern. Auch das fast preisgleiche **Residency Hotel** €€€€ (Tel.: 66670555, 22625525-9, residencyhotel@vsnl.com) ganz in der Nähe ist in Ordnung. Viele Zimmer haben durch Renovierung an Qualität und leider auch im Preis zugelegt. Hübsch ist die Dachterrasse oberhalb der Marktgasse.

🟥 Das **Railway Hotel** €€€–€€€€ (Tel.: 302 22300-5) hat hinreichend saubere, nicht sonderlich große AC-Zimmer mit TV und wird hier wegen seiner Lage in V.T.-Nähe erwähnt.

■ Trotz einer Rundumerneuerung vermittelt das nostalgisch schöne **Grand Hotel** €€€€€ (17, Sprott Rd., Ballard Estate, Tel.: 22618211, www.grandhotelbombay.com) immer noch viel von jener vergangenen Zeit, als die Touristen der großen Überseedampfer an Land gingen. Das aufpolierte Holzmobiliar in den kleinen, um einen Lichthof gebauten Räumen und die marmornen Badezimmer verbreiten eine gemütliche Atmosphäre. Ein weiteres Plus sind die freundlichen Bediensteten und die Tatsache, dass hier fast immer Zimmer frei sind.

Obere Preiskategorie

■ Das legendäre, 1903 erbaute **Taj Mahal Palace** €€€€€€ (Apollo Bunder, Tel.: 6665 3366, www.tajhotels.com) galt lange Zeit als eines der zehn besten Hotels der Welt. Wenn auch nicht mehr das modernste, so ist es doch immer noch das renommierteste Hotel Indiens. Im Foyer tummelte sich eine V.I.P.-Parade aus „Bollywoods" Filmstars, arabischen Scheichs und Geschäftsleuten – tatsächlich filmreif. Vorzug des neueren Erweiterungsbaus **Taj Mahal Towers** sind die besseren Ausblicke, es fehlt jedoch das koloniale Flair.

Das Hotel war eines der Hauptziele der **Terrorattakken** in Mumbai im November 2008. Dabei wurde der alte Trakt des Taj durch Brände und Explosionen stark beschädigt. Falls eine Besichtigung dieses Wahrzeichens Mumbais möglich ist, sollte man sich dies nicht entgehen lassen. Eintrittsbedingung für das Hotel, die erstklassigen, teuren Restaurants und den Insomnia-Nachtclub ist jedoch ordentliche Kleidung.

■ Das steil aufragende **Oberoi/Trident Towers** €€€€€€ (Nariman Point, Tel.: 66325757 (Oberoi) und 23890555, 66324343 (Trident), www.oberoimumbai.com, www.tridenthotels.com) am Marine Drive, im einen Teil von der Oberoi-Gruppe, im anderen von der Trident-Gruppe gemanagt, ist wohl die luxuriöseste Nobelherberge in Mumbais Zentrum. Allein die elegant gestaltete Eingangshalle mit dem riesigen Shopping-Komplex lohnt einen Besuch. Ebenso wie im Taj gehören Swimmingpool, mehrere Spezialitätenrestaurants, Business-Centre und Spa, Sauna und Diskothek zu dem über 1.000 Betten verfügenden Doppelkomplex. Auch das Oberoi Trident war Ziel der Terroranschläge im von 2008, es wurde jedoch nicht so gravierend beschädigt wie das Taj.

■ Eine interessante Alternative, weil etwas preiswerter und dennoch „Five-Star", wohnt man im guten **Hotel Taj President** €€€€€€ (Tel.: 56650808, 24042501, president.mumbai@tajhotels.com) in der Cuffe Parade, ganz in der Nähe des World Trade Centre. Allerdings sind die Einzelzimmer zum Teil recht klein. Mit vorzüglichem Thai-Restaurant.

■ Erstklassige, teils sehr große Zimmer machen das luxuriöse **Ascot Hotel** €€€€€€ (Garden Rd., Tel.: 66385566, ascothotel@vsnl.com) im Herzen Colabas zur hervorragenden Unterkunft. Die Zimmer nach hinten sind ruhiger.

■ Das freundliche **Fariyas Hotel** €€€€€€ (25, Off Arthur Bunder Road, Tel.: 61416141, www.fariyas.com) bot lange wegen seiner privaten Atmosphäre eine Alternative für jene, die sich in den riesigen Bettenburgen nicht wohl fühlen. Nach wie vor ist es ein gutes Hotel, doch mit deutlich gestiegenen Preisen nur noch bedingt empfehlenswert, zumal einige Zimmer recht klein geraten sind.

■ Auch wegen seiner zentralen Lage bietet das alteingesessene **Ambassador Hotel** €€€€€€ (Tel.: 22041131, www.ambassadorindia.com) an der Veer Nariman Rd. mehr fürs Geld.

■ Trotz seines bescheidenen Äußeren ist das **Hotel Marine Plaza** €€€€€€ (Tel.: 22851212, www.hotelmarineplaza.com) eines der luxuriösesten Hotels der Innenstadt. Neben den makellosen Zimmern und dem freundlichen Personal gefällt die Lage direkt am Marine Drive ganz in der Nähe des Nariman Point.

Juhu, Bandra und Flughafen-Hotels

Im Stadtteil Bandra ist in den letzten Jahren eine lebendige Club- und Restaurantszene entstanden, die das neue Indien widerspiegelt. Die unmittelbar angrenzenden Stadtteile sind auch wegen ihrer Nähe zu den Flughäfen sinnvolle Unterkunftsregionen für diejenigen, die nur einen kurzen Stopp in Mumbai einlegen und per Flug weiterreisen.

■ Im nördlich an Bandra angrenzenden Juhu sticht das hoch aufgeschossene **Iskcon Hotel** €€€-€€€€ (Hare Krishna Lane, Tel.: 26206860) im Hare Krishna Complex schon durch seine Farbe ins Auge. Geräumige Zimmer mit Balkon und ein gutes Restaurant (Büffet) sind ansprechend.

■ Neu ist das Business-Hotel **Suba Galaxy** €€€€-€€€€€ (NS Phadke Rd., Andheri, Tel. 26831188, www.hotelsubagalaxy.com) nahe dem Andheri-Bahnhof und etwa 4 km von den Flughäfen entfernt. Hochmoderne Ausstattung (inkl. Breitbandinternet) in mit dunklem Holz möblierten, aber hellen Zimmern.

■ Eine ähnliche und preiswerte Adresse in Bandra ist das **Hotel Metro International** €€€€-€€€€€ (Ramdas Nayak Rd., Tel.: 6694 1010, www.brightgroupofhotels.com). Die komfortablen Zimmer verfügen über Balkone, der Service ist erstklassig.

Wer die Nacht in der Nähe des Flughafens verbringen will, dem stehen eine ganze Reihe von Hotels zur Verfügung. Die meisten finden sich in unmittelbarer Nähe zum Inlandsflughafen Santa Cruz, im Bereich der Nehru Rd. Im Folgenden kann nur eine kleine Auswahl genannt werden, wobei die Qualität in Relation zu den aufgeführten Preisen steht. Insgesamt gilt, dass man den Standortvorteil recht teuer bezahlen muss, da alle Flughafen-Hotels, verglichen mit dem gebotenen Standard, deutlich über dem ohnehin schon sehr hohen Preisniveau in der Innenstadt liegen. So erhält man für etwa 1.800 bis 2.000 Rs kaum mehr als ein bescheidenes Zimmer.

■ Die **Airport Restrooms** €€-€€€ (Tel.: 26156500 oder Flughafenauskunft: 2615 6600) am Santa-Cruz-Flughafen (Terminal 1B) gewähren Gästen mit Anschluss-Flugticket innerhalb von 24 Std. Unterkunft, sind aber häufig ausgebucht sind.

■ In der Tarifklasse um 2.000 Rs für ein Doppelzimmer befinden sich u.a. folgende Hotels: **Airlink** (Tel.: 26184220, www.hotelair link.com), **Jayshree** (Tel.: 26183232/3), **Ashwin** (Tel.: 28300845) und **Airlines International** (Tel.: 26260714, airlines@goldenswan.com).

■ Noch einmal 500 Rs mehr für ihre AC-Räume verlangen die Hotels **Atithi** (77, Nehru Rd., Tel.: 26116124, atithi@bom8.vsnl.net.in) und **Transit** (Tel.: 26128882, transit@vsnl.com) in einer Seitengasse der Nehru Rd.

■ Das **Bawa International** €€€€€ (Tel.: 2611 3636, bawaintl@vsnl.com) ist ein hervorragend geführtes Hotel. Im Haus befindet sich auch die Avalon, „the best Discotheque having perfect Police licence", wie das Management betont ...

■ Ausgezeichnet ist das Fünf-Sterne-Hotel **The Orchid** €€€€€-€€€€€ (Tel.: 26164040, www.orchidhotel.com). Beim Bau wurde besonderer Wert auf die Verwendung natürlicher Materialien gelegt, woraus sich die Bezeichnung „Asia's first certified ecofriendly 5 Star Hotel" ableitet – warum einfach, wenn's auch kompliziert geht.

■ Wer es sich in der Nähe des internationalen Flughafens gut gehen lassen möchte, sollte sich im **The Leela Kempinski** €€€€€€ (Tel.: 66911234, www.theleela.com) einquartieren. Swimmingpool, vier Restaurants, drei Bars und Tennisplätze sorgen neben den an- und abfliegenden Flugzeugen dafür, dass keine Langeweile aufkommt.

Essen und Trinken

Mumbai hat mit Abstand die größte Auswahl an Restaurants in Indien. An jeder Straßenecke warten gleich mehrere Gaststätten auf Kunden. Die hohe Anzahl beruht auf der ungeheuren Zahl von Pendlern in der Stadt, die oft 4, 5 oder 6 Stunden täglich aufwenden müssen, um zwischen Wohnort und Arbeitsstätte hin- und herzufahren. Für ein Essen zu Hause bleibt vielen gar keine Zeit. Außerdem hat Mumbai eine solide Mittel- und Oberschicht, deren Mitglieder es sich leisten können, gepflegt zu speisen.

In Colaba und am Nariman Point

■ Erstklassige vegetarische süd- und nordindische Küche inkl. sättigender Thalis zur Mittagszeit serviert das Restaurant **Kamat** am Colaba Causeway zum kleinen Preis. Das immer gut besuchte Restaurant hat zwei Stockwerke, das obere mit AC.

■ Neben dem Kamat hat das kleine Restaurant **Piccadilly** eine weit größere Speisekarte, als es den Anschein hat, z.B. gutes Schawarma und viele weitere Köstlichkeiten. Vorsicht bei den grünen Chilis!

■ Dem Namen Entsprechendes gibt's im **Falafel's** ganz nah beim Wellington Circle in ausgezeichneter Qualität.

■ Das **Majestic** (Colaba Causeway) ist ein langgedienter Favorit in Colaba, zumindest bei Leuten, die extrem auf den Geldbeutel achten müssen. In dem großen, anspruchslosen Speisesaal gibt es recht gute Thalis zum Niedrigpreis.

■ Braucht man nach schweißtreibendem Wandern in den Gassen des Fort-Bereichs eine Pause, ist das im Herzen des Forts nahe Flora Fountain gelegene **Mocambo Café** eine erstklassige, nicht ganz billige und klimatisierte Adresse für einen Snack inkl. Pizza, Steak und Lamm sowie einer recht umfangreichen Weinkarte. Außerdem gibt es viele leckere Torten.

■ Das **Kailash Parbat** (Shahid Bhagat Singh Rd., Ecke 1st Pasta Lane), eines von mehreren vegetarischen Restaurants im südlichen Colaba, genießt seit Jahren einen ausgezeichneten Ruf bei den Einheimischen, von Touristen scheint es jedoch noch nicht entdeckt worden zu sein. Es befindet sich ca. 500 m südlich des Regal Cinema, an der Hauptstraße durch Colaba. Serviert wird die vegetarische Küche der Sindhis, der aus Pakistan eingewanderten Händlerkaste. Das Essen ist preiswert und köstlich, so ist es mittags und abends gerammelt voll. Eine Mahlzeit für zwei Personen dürfte ca. 100–150 Rs kosten.

■ Das 1871 gegründete **Café Leopold** (Shahid Bhagat Singh Rd.) mitten im Herzen von Colaba ist *der* Traveller-Teffpunkt, obwohl niemand genau weiß, warum. Hier trifft man Leute, denen man zuletzt vor mehreren Monaten in Dharamsala, Varanasi, Puri, Bangkok oder auf Bali begegnet ist. Durchsetzt wird die Traveller-Gemeinde von afrikanischen Seeleuten, die irgendwie hängen geblieben sind, Arabern mit unislamischen Absichten und zunehmend auch von Einheimischen.

Das Essen des Leopold ist allerdings von wechselhafter Qualität und zudem teuer. Es scheint aber genügend Leuten zu schmecken, der Laden ist immer total voll. Außerdem gibt es Bier, das hier zu jeder Tageszeit in Strömen zu fließen scheint. Zapfenstreich ist erst um 24 Uhr, relativ spät für Mumbai. Die im Obergeschoss befindliche Disco (Eingang über Seitenstraße Nawroji F Rd.) ist meist noch länger geöffnet. Das Café Leopold war Ziel der Terroranschläge vom November 2008.

■ Das ca. 100 m weiter nördlich an der gleichen Straße (etwas südlich des Wellington Circle) gelegene **Café Mondegar** hat ein ähnliches Ambiente. Die Atmosphäre ist hier noch etwas ausgelassener, was wohl nicht zuletzt an der ständig dudelnden Jukebox liegt. Allerdings hört man in letzter Zeit des öfteren Klagen darüber, dass die Ober hier wie auch im Leopold recht unfreundlich werden, wenn man nur für einen Drink hereinschaut, ohne etwas essen zu wollen, und man mehr oder weniger sanft zum Gehen aufgefordert wird.

■ Schräg gegenüber dem Leopold wartet ein weiteres Irani-Restaurant auf, das **Olympia Coffee House,** das sehr gemütlich eingerichtet ist. Kulinarisch geht es eher deftig zu, da die diversen Mughlai-Speisen oft scharf und fettig sind.

■ Ein neues, recht angesagtes Restaurant am Colaba Causeway ist das **Café Churchill**, billiger als Leopold, mit ähnlichem Angebot. Es ist sehr klein, deshalb meist voll.

■ Ca. 50 m südlich vom Churchill kredenzt das neue **Wich Latte** (Tel.: 65254827, www.wichlatte.com) teils seltsam bezeichnete Gerichte wie *Renwick Reiben* (Corned Beef) *Tuscan Verde* sowie gute Salate – etwa mit Sauerkraut –, Pizza, Tiramisu, Kuchen und Eis. Was *Clinton's Wich* ist, sollte der Neugierige selbst herausfinden.

■ Eine weitere Alternative zum teuren Leopold, wenn auch nur etwas billiger, ist das keine 100 m südlich gelegene **Food Inn** (9.30– 0.30 Uhr) mit vielseitiger Karte: sea food, Sandwiches, Pizza, Nudeln, Milchshakes, Chicken, Tandoori.

■ Das gepflegte **Basilico** in der Arthur Bunder Rd. wird für seine italienische Küche gelobt (z.B. Gnocchi in Koriander-Limetten-Pesto). Leider ist das Basilico sehr teuer geworden, für ein Hauptgericht sollte man um 500 Rs veranschlagen, außerdem gibt's zum Frühstück frische Baguettes, Croissants und Espresso. Wechselgeld zählen.

■ Erstklassige Kebabs, aber auch indische Küche in vorzüglicher Qualität serviert **Alibaba's Klay Oven** an der Shivaji Marg zwischen Wellington Circle und Gateway of India.

- In einem der wenigen Dachrestaurants Mumbais sollte man sich das Frühstücksbuffet auf dem Dach des **Godwin Hotel** (190 Rs) mit weiten Ausblicken über die Stadt nicht entgehen lassen oder seinen Sundowner zum Abendessen dort genießen.
- Wer im schicken **Indigo** (Mandlik Rd., Tel.: 66368980, Hauptgerichte ab 600 Rs, nur mittags und abends geöffnet) speisen möchte, muss reservieren. Die erstklassige europäische Küche und eine exquisite Weinkarte machen jedes Mahl zu einem lukullischen Genuss, der auch auf dem Dach bei Kerzenschein möglich ist. Bekommt man keinen Platz, lockt die gut ausgestattete Bar. Frühstück für den gehobenen Anspruch gibt's beim exzellenten **Indigo Delicatessen** (Pheroze Bldg., Shivaji Marg) in der Nähe.
- In ganz Mumbai bekannt für seine ausgezeichneten Barbecue-Gerichte ist **Bade Miyan** in der Tulloch Rd., einer kleinen Gasse zwischen Gateway of India und Café Leopold. Dabei handelt es sich um ein jeden Abend ab 19 Uhr neu aufgebautes Open-Air-Restaurant, welches aus nicht viel mehr als ein paar aufgestellten Tischen besteht. Neben den vorzüglichen und zudem günstigen Gerichten gefällt hier die lockere Stimmung, die bis spät in die Nacht andauern kann. Nebenan verwöhnt eine kleine fleischlose Abteilung auch Vegetarier.
- Wer danach noch in einer vor allem von Indern besuchten, rauchigen und stimmungsvollen Kneipe sein Glück suchen will, sollte die schräg gegenüber angesiedelte **Gokul Bar** aufsuchen, wo auch kleinere, leckere Snacks serviert werden.
- Gute und billige nordindische Kost ohne viel Schnickschnack bietet das in der Nawroji-F. Rd. gelegene Restaurant **New Apollo.**
- Das **Golden Gate** (Amarchand Mansion, Madame Cama Rd., Tel.: 22026306, 22027989), rechts neben dem YWCA International Guest House gelegen, bietet sowohl Fleisch- als auch vegetarische Gerichte. Sie sind allesamt sehr gut, vor allem leicht zubereitet. Zwei Personen müssen bei vegetarischen Gerichten mit mindestens 400 Rs rechnen, bei Fleischkost mit ca. 600 Rs.
- Das **Shamiana,** der Coffee Shop im Erdgeschoss des Taj Mahal Palace, ist eine alteingesessene Institution in Colaba, in der sich der luxusgewöhnte Geschäftsmann ebenso einfindet wie der knausernde Low-Budget-Traveller, der einmal 5-Sterne-Luft schnuppern möchte. Halbwegs dezente Kleidung ist allerdings anzuraten. Rund um die Uhr geöffnet.
- Nicht ganz so gelungen eingerichtet, aber auch viel billiger ist das empfehlenswerte **Nosh,** gleich neben dem Regal Cinema am Colaba Causeway.
- Nebenan lockt eine kühle Filiale von **Barista Espressobar** mit Fensterfronten und diversen Kuchen, Snacks und Kaffeesorten. Ein Ableger hiervon ist **Barista Creme** im südlichen Colaba an der Arthur Bunder Rd.
- Fast-Food-Freunde kommen im **McDonald's** am Colaba Causeway zu ihrem Recht, weitere Ableger gibt's u.a. gegenüber dem Victoria Terminus.
- Das **Theobroma,** ein gemütliches, kleines Café auf der ruhigeren Seite des Colaba Causeway, lockt mit köstlichen Kuchen und diversen Kaffees zum Nachtisch.
- Selbstversorgern seien schließlich zwei in der letzten Zeit entstandene Supermärkte nach westlichem Muster ans Herz gelegt: in Colaba am Wellington Circle der **Sahakari Bandar Supermarket,** an dessen Ausgang zur Nethalai Paresh Marg der **Monginis Cake Shop** Gebäck und Torten offeriert, und der **Suryodaya Market** beim Churchgate-Bahnhof.

Im Fort

Wegen der vielen Büros in der Gegend weist der Stadtteil Fort ein Riesenangebot an guten Restaurants auf. Zur Mittagspause sind sie gerammelt voll und schließen spätestens um 21 Uhr. Sonntags bleiben sie ganz geschlossen.

- Eines der besten Restaurants im Viertel ist das vegetarische **Vaibhav** (Mahatma Gandhi Rd.). Besonders gut sind die Paneer-Gerichte, aber auch alles andere ist von höchster Qualität. Kostenpunkt ca. 100–150 Rs für zwei Personen.
- Das hübsche, im Stil eines Schweizer Chalets errichtete **Ankur** in der von der M.P. Shetty Rd. abgehenden Tamarind Lane gilt als die beste Adresse für Fischgerichte im Stil der Südwestküste. Man sollte für ein Gericht mindestens 300 Rs veranschlagen. Nur 100 m weiter südlich ist

das **Trishna Restaurant** (Sai Baba Marg, 180–550 Rs) eine weitere hervorragende Adresse für Fischfreunde.

■ Gediegen ist das 1921 eröffnete **Café Universal** (Tel.: 22613985) nicht weit vom Victoria Terminus. Das für seine Sizzler-Gerichte berühmte Restaurant in der SBS Singh Rd. hat zudem Steak, Geflügel und chinesische Küche sowie ein umfangreiches alkoholisches Angebot. Abends meist gerammelt voll mit Einheimischen – ein gutes Zeichen.

■ Gleich sechs Restaurants nahezu nebeneinander, alle in der K. Dubash Marg nördlich des Prince of Wales Museums, müssten jeden Gaumen befriedigen. Hinsichtlich Ambiente und Preis sind alle auf die Klientel des sich nördlich anschließenden Bankenviertels ausgerichtet. Man muss bei den meisten mit 300–500 Rs für ein Hauptgericht rechnen. Das zwar gelungen, aber auch etwas „glatt" gestaltete **Joss** serviert außer hervorragenden Fisch- und Fleischgerichten auch Vegetarisches mit Tofu. Alteingesessen ist das **Chetana,** etwas weiter östlich an derselben Straße, das besonders bei Gujaratis und Rajasthanis beliebt ist, da die vegetarische Küche ihrer Heimat serviert wird. Mittags gibt es die leicht süßen Gujarati-Thalis zu 120 Rs, bei denen bis zum Abwinken nachgefüllt wird. Das **Copper Chimney** (Tel.: 22041661, 2244468) bietet exklusive Mughlai-Küche. Zwei Personen müssen bei vegetarischen Gerichten mit ca. 400 Rs rechnen, ansonsten mit ca. 600 Rs. An Wochenenden empfiehlt sich eine Vorbestellung. Etwa zum halben Preis der vorher genannten (um 150 Rs pro Hauptgericht) kann man im **The Silk Route** chinesische Küche, aber auch Fischgerichte speisen. Auch einen Zustell-Service gibt's, Tel.: 23826633. Die modern-glatt gestaltete **Noodle Bar** serviert thailändische und italienische (viel Geflügel), **Bombay Blue** indische Küche.

■ Noch weiter östlich am K. Dubash Marg befindet sich das ausgezeichnete **Khyber** (Tel.: 2272227-8, 2271605, 2273973, 12.30–15.30 und 19.30–23.30 Uhr). Schon das Interieur ist äußerst stilvoll, das ganze Ambiente erinnert an den Speisesaal eines Maharaja-Palastes. Auf der umfangreichen Speisekarte finden sich exquisite Gerichte, alles ist von höchster Qualität, dazu kommt ein freundlicher und unaufdringlicher Service. Auch Alkoholika sind in reicher Auswahl vorhanden. Sehr empfehlenswert! Das Restaurant ist oft ausgebucht – gelegentlich von Filmstars, die hier exklusive Partys zelebrieren. Telefonische Voranmeldung ist anzuraten.

■ Erstklassig ist das Restaurant **flag's** (Tel.: 22828200) in der Madame Cama Rd. nahe Colaba. Hervorragende internationale und indische Küche (Hauptgericht um 400 Rs), eine umfangreiche internationale Weinkarte (Flasche ca. 3.000 Rs) sowie vielfältige Cocktails vom Absolute Love bis zum Frozen Mudslide (meist um 800 Rs) und Whiskeys sollten viele Gaumen erfreuen.

■ Genau gegenüber vom Khyber, im gleichen Haus wie die Jehangir Art Gallery, befindet sich das **Samovar.** Es ist weniger für seine exquisite Küche bekannt, denn als Treffpunkt Mumbais Intellektueller. Die Snacks wie *samosa* und *roti kebab* sind sehr gut.

■ Das vielleicht beste Restaurant für Meeresfrüchte und Fisch in Mumbai befindet sich etwas versteckt zwischen Flora Fountain und dem GPO. Das **Bharat** (Mint Rd., Tel.: 22618991) spezialisiert sich auf die traditionellen Seafood-Gerichte von Mangalore, die als besonders schmackhaft gelten. An Wochenenden ist telefonische Voranmeldung ratsam. Ca. 250–400 Rs für zwei Personen.

Am Victoria Terminus

■ Das kleine, aber sehr gute und saubere **Shivala Restaurant** (Walchand Hirachand Marg) befindet sich schräg gegenüber Victoria Terminus Station. Es gibt vegetarische Gerichte wie Masala Dosas und sehr gute Thalis (15 Rs), Fruchtsäfte und Vegetable Burgers, alles sehr preiswert und lecker.

■ In einer kleinen Seitenstraße parallel zur Dadabahai Naoroji Road, ca. 100 m westlich Victoria Terminus, befindet sich das **Vitthal,** Mumbais berühmtestes Restaurant für *bhelpuri* und *pani puri* – die typischen Mumbai-Snacks, die mit Minz- und Tamarinden-Soße serviert werden. Ca. 100–200 Rs für zwei Personen.

Am Crawford Market

■ Genau gegenüber dem Crawford Market (Mahatma Phule Market) ist Mumbais bekanntester Fruchtsaftladen, **Badshah Cold Drink Annexe**, angesiedelt. Es gibt zahlreiche Fruchtsäfte und Milchshakes, dazu sehr gute, hausgemachte Eiscremes und Obstsalate.

■ In der quirligen Marktstraße links neben dem Badshah Cold Drink Annexe versteckt sich das kleine **Rajdhani Restaurant**, bekannt in der Gegend für seine guten und reichhaltigen, süß-scharfen Gujarati-Thalis.

■ Auf der dem Markt gegenüber liegenden Straßenseite der D.N. Rd. ist das **Abhiruchi Restaurant** eine akzeptable Adresse für eine schnelle Zwischenmahlzeit.

An Churchgate Station und Marine Drive

■ Auch wenn die Qualität der Speisen etwas nachgelassen hat, ist das **Samrat** (Prem Court, Jamshetji Tata Rd.), ca. 300 m südlich der Churchgate Station, immer noch eine gute Adresse für vielseitige indische Küche. Das gemütlich eingerichtete Lokal bietet vegetarische nordindische und Gujarati-Küche, dazu einen sehr aufmerksamen und effizienten Service. Unter anderem stehen typische Gujarati-Gerichte auf der Speisekarte, die es fast nirgendwo anders gibt, z.B. *patra*. Die beliebten Gujarati-Thalis im Samrat sind äußerst reichhaltig. Ansonsten kostet eine volle Mahlzeit etwa 220–300 Rs.

Angeschlossen sind **Relish** (ab mittags geöffnet) mit vielseitiger Speisekarte von libanesischer bis mexikanischer Küche und das Freiluftcafé **210°C** mit preiswerten Backwaren und Kaffee, auch zum Mitnehmen.

■ An der Veer Nariman Road wartet das **Gaylord** auf. Es gibt einige gute westliche Gerichte und Backwaren, aber auch nordindische Thalis. In dem Vorbau an der Straße lässt es sich recht gut sitzen und das Straßengeschehen beobachten.

■ **The Pizzeria**, in attraktiver Lage an der Ecke Veer Nariman/Marine Drive, bietet das, was der Name verspricht.

■ Schräg gegenüber in der Veer Nariman Rd. wartet das rein vegetarische **Shiv Sagar**. Alles schmeckt vorzüglich und der Service ist effizient und unaufdringlich. Im Restaurant gibt es auch Alkoholausschank. Ab ca. 150 Rs für eine Mahlzeit pro Person.

■ Wenige Meter weiter im gepflegten **Indian Summer** gibt es vegetarische und nichtvegetarische Gerichte (um die 200 Rs). Hier wird tgl. zwischen 12 und 15.30 Uhr ein Mittagsbüffet für 300 Rs kredenzt.

■ In der Umgebung der Churchgate Station besteht auch kein Mangel an billigeren Restaurants. In der Seitenstraße gleich links neben dem Bahnhof liegt das ordentliche **Satkar**, in der Maharishi Karve Road an der Ostseite des Bahnhofs das ebenso gute **Sahyadri**; noch eine Seitenstraße weiter östlich, in der V. Thackersey Road, finden sich die preiswerten **Sanman**, **Suruchi** und **Balwas**.

■ Zurzeit die wohl angesagteste lukullische Adresse Mumbais ist das **Koh** im Hotel Intercontinental (Marine Drive). Trotz der gehobenen Preise (500–1.000 Rs) sind die köstlichen Thai-Gerichte jede Rupie wert. Auch das hochprozentige Angebot ist umfangreich und verlockend.

■ Ein absoluter Tipp für Touristen ist das **Shri Thakker Bhojanalaya** (Mo–Sa 11.30–15 und 19–22 Uhr, So 11.30–15 Uhr). Die seit über 50 Jahren servierten, schon mehrfach ausgezeichneten Thalis sind ein Genuss. Nicht ganz leicht zu finden im 1. Stock eines ziemlich heruntergekommenen Gebäudes, ist das blitzsaubere Restaurant an einem Abzweig der quirligen Kalbadevi Rd., die schmale Dadysett Agiary Lane hinein, gegenüber dem Adarsh Palace Hotel zu finden. Jeder kennt die Institution in Sachen Thali, also durchfragen. Mit 250 Rs kann man sich für Mumbai-Verhältnisse billig den Bauch vollschlagen – all you can eat. Falls Taxifahrer sich wegen der abendlichen Staus weigern, dort hinzufahren, kann man auf Buslinien 9 und 124 umsteigen, die vor dem kaum beworbenen Restaurant halten.

■ Will man im angesagten **Salt Water Grill** (Tel.: 22365485, (0)9892578494, 16.30–19 und 19.30–22 Uhr) am Chowpatty Beach einen Platz bekommen, sollte man reservieren, sind die Plätze des über dem Wasser positionierten Restaurants doch äußerst begehrt. Falls man keine Reservierung hat, kann man bestenfalls an der Bar seinen Kummer runterspülen.

■ Im neuen Gewand präsentiert sich das 50 Jahre alte **Cream Centre** (Marine Drive, 11.30–23.30 Uhr) der Mittelschicht-Klientel entsprechend modern mit italienischer, mexikanischer und indischer Küche und vielerlei Eissorten. Viel schlichter und billiger ist das **Café Ideal** nebenan.

■ Nur ein paar Meter südlich sind **Café Coffee Day** und **Gelato Italiano** einen Zwischenstopp wert, um die Batterien bei Kaffee, Kuchen und Snacks bzw. Eis aufzufüllen.

Andere Gegenden

■ Eine wunderbar gelassene Atmosphäre in erstklassigem Ambiente und exquisite Küche sowie Alkoholisches kredenzt **Olive Bar & Kitchen** (Tourist Hotel, Union Park, Khar, Pali Hill, Tel.: 26058228/9, 19.30–0.30 Uhr, So zusätzlich 12.30–16.30 Uhr) nahe Bandra.

■ Im Herzen Bandras ist **Pot Purry** (nur mittags und abends geöffnet) die beste Adresse für Freunde der westlich ausgerichteten Küche. Auch das Alkoholangebot kann sich sehen lassen.

■ Auf dem Dach im 7. Stock des Shoppers Stop wird im **Sheesa** (Bandra, Linking Rd., nahe der Swami Vivekanada Rd., nur mittags und abends geöffnet) arabische und indische Küche stilgerecht auf Polstern in Nischen serviert.

Bars

Colaba

■ Die **Sportsbar Express** am Colaba Causeway nahe dem Regal Cinema mit Poolbillard ist eine In-Bar, in der man mit einem Bier oder Cocktail – auch härterer Stoff ist zu haben – bei meist guter Rockmusik den Tag ausklingen lassen kann. Abends ist nicht nur deren Pegel jedoch oft recht hoch.

■ Neben dem edlen Indigo Restaurant wird auch das **Busaba** (Mandlik Marg, Colaba, 12–15 und 19–0.30 Uhr, Tel.: 22043779) von der In-Crowd Mumbais frequentiert, die Cocktailkunstwerke sind aber preiswerter.

■ Mindestens ebenso angesagt, vor allem bei der Schickeria und den Bollywoodstars, ist das **Henry Tham's** (Tel.: 22023186, Apollo Bunder, 19–1.30 Uhr) an der Straße zum Gateway of India, eine spartanische Mischung aus Bar und Restaurant.

■ Abends fungiert das meist voll besetzte **Café Mondegar** für den kleineren Geldbeutel vorwiegend als Bierbar. Die jugendliche Klientel vergnügt sich bei Bollywood- und westlicher Popmusik.

Marine Drive

■ Auch wenn im Restaurant des **Saltwater Grill** am Chowpatty Beach meist kein Platz mehr zu bekommen ist, verlockt die angeschlossene Bar (19.30–1.30 Uhr), der perfekte Platz für ein abendliches Bier oder einen Cocktail, nachdem man am Marine Drive den Sonnenuntergang genossen hat.

■ Auf dem Dach des Hotel Intercontinental ist das **Dome** (Marine Drive, Tel.: 39879999, 18–1.30 Uhr) die vielleicht edelste Bar Mumbais mit atemberaubendem Blick über die Stadt. Auch hier stolpert man gelegentlich über einen Bollywoodstar.

Andere Gegenden

■ **Ghetto** (Bhulabhai Desai Marg, Tel.: 23538414, 19–1.30 Uhr) in derselben Gasse wie der Mahalaxmi-Tempel ist das richtige Domizil für die verbliebenen Rocker. Nichts für Nichtraucher!

■ Dem Stadtteil entsprechend gestylt, ist **Zensi** (Waterfield Rd., 11.30–1.30 Uhr) in Bandra der richtige Ort für alkoholische Genüsse in Neonlicht mit entsprechendem Publikum.

Bank

■ **Thomas Cook** an der D.N. Road nördlich des Flora Fountain (Mo–Fr 9.30–19 Uhr, Sa bis 18 Uhr) wechselt verlässlich und schnell. Eine für die meisten Touristen günstig gelegene Filiale mit langen Öffnungszeiten (Mo–Sa 9.30– 18 Uhr) findet sich am Colaba Causeway. Eine weitere Filiale ist unweit des Chowpatty Beach und Marine Drive in der Judith Rd. (gleiche Öffnungszeiten).

■ Längere Öffnungszeiten und bessere Raten sprechen für **Balaji Foreign Exchange** (Mo – Sa 9–19.30 Uhr) an der Best Marg.

■ Bei **UAE Exchange** (Tel.: 32542184) an der S.B. Singh Rd. können Bargeld und Reiseschecks zu etwas besseren Raten zu Rupien gemacht werden: Mo–Sa 9.30–18 Uhr. Weitere Filialen u.a. in Bandra (Tel.: 32491254) und in Andheri (Tel.: 32011935), letztere ist auch sonntags geöffnet. Bei den vorgenannten ist schneller elektronischer Geldtransfer (Moneygram) aus dem Ausland möglich.

■ Auch an den **Flughäfen** gibt es zuverlässige Geldwechselstuben, u.a. von Thomas Cook. Dennoch sollte man bei allen das Nachzählen nicht vergessen.

■ An **Geldautomaten** herrscht kein Mangel. Die der HDFC-Bank nehmen neben den üblichen internationalen Kreditkarten auch American Express (etwa der ATM rechts neben dem Regal Cinema).

Post

■ Das imposante **General Post Office (GPO)** liegt direkt neben dem Victoria-Bahnhof am Nagar Chowk. An Schalter Nr. 1 können Mo–Sa 9–18 Uhr, feiertags 11–17 Uhr gegen Vorlage des Passes postlagernde Sendungen in Empfang genommen werden. Die Anschrift für das GPO: Poste Restante, Mumbai GPO, Mumbai 40001, India.

■ Das **Paketpostamt** findet sich rechts hinter dem Hauptgebäude in einem Hinterhof, zu dem man über die P.D. Mello Road gelangt. Geöffnet ist es Mo–Sa 10 bis 16.30 Uhr. Auf dem Bürgersteig vor dem GPO kann man sein Paket von den dort platzierten Schreibern ordnungsgemäß verpacken, versiegeln und beschriften lassen. Auch die notwendigen Formulare erhält man hier. Der Service kostet je nach Größe des Pakets und Verhandlungsgeschick zwischen 20 und 50 Rs.

■ Ein kleines, wenig frequentiertes **Postamt** findet sich touristengünstig in der Henry Road in Colaba.

■ Die Postämter in den beiden **Flughäfen** sind offiziell rund um die Uhr geöffnet. Besetzt sind sie, zumindest am Santa Cruz Airport, durchaus nicht immer.

Telefon und Internet

■ Telefonieren ohne eigenes Handy ist am einfachsten und billigsten in einem der vielen privaten **Telecommunication Offices (ISD)** möglich, die meist an ein Internetcafé angeschlossen sind, etwa in Colaba. Hier werden derzeit 11 Rs/Min. nach Europa verlangt. Das inzwischen häufig mögliche Net-to-Phone-Verfahren kostet nur 4 Rs/Min.

■ Die überall vorhandenen **Internetcafés**, besonders in Colaba dicht gesät, verlangen durchschnittlich 30–40 Rs für die Stunde Surfen und 10 Rs für den E-Mail-Check. Vorsicht: wenige nehmen auch noch 80 Rs/Std., ohne dies mitzuteilen. Also besser vorher die Preise erfragen. Schnelle Breitbandverbindungen hat das Internetcafé in der Mahakavi Bhushan Marg (einen schmalen Durchgang hinein, bis 23 Uhr geöffnet), Pick-Up-Commications beim Hotel Oliver sowie das der Sify-i-way-Kette in Colaba, die Al Allana Rd. neben dem Piccadilly Restaurant hinein (1. Stock, 40 Rs/Std., hier ist auch billiges Net-to-phone-Telefonieren möglich, eine weitere Filiale findet sich beim Churchgate-Bahnhof). Um die Ecke des Sea Shore und India Guest House finden sich mit AsiaNet und Perfect Internet zwei schnelle Surfmöglichkeiten, die erst um 1 bzw. 2 Uhr nachts ihre Pforten schließen.

Auch im Fort-Bereich gibt's einige Surfmöglichkeiten. Schnell ist z.B. Meghdoot Communications (9–21 Uhr). Das New Cyber Café im Eingangsbereich des Royale Park Hotel an der D.N. Rd. gegenüber von Victoria Terminus macht zwar nicht den Eindruck, neu zu sein, dennoch ist es recht fix.

Medizinische Versorgung

■ Das empfehlenswerteste Krankenhaus Mumbais und gleichzeitig eines der besten ganz Indiens ist das **Breach Candy Hospital** (Tel.: 23633651, 23671888, www.breachcandyhospital.org) an der Bhullabhai Desai Rd. Näher an Colaba und Fort ist das **Bombay Hospital** (Tel.: 22067676, New Marine Lines, www.bombayhospital.com) nördlich Churchgate.

■ An **Apotheken** besteht kein Mangel, sowohl am Colaba Causeway, etwa Shahakari Bhandar Chemists (Tel.: 23648435), wie auch im Fort- und Bazaar-Gebiet. Lange geöffnet ist Kemps im Taj Mahal Palace Hotel. Viele Apotheken nahe den Krankenhäusern, z.B. Royal Chemists (Maharishi Karve Rd., Tel.: 22004041) beim Bombay-Hospital, sind 24 Std. geöffnet.

Konsulate

■ **German Consulate in Mumbai,** Hoechst House, 10. Stock, Nariman Point, 193 Backbay Reclamation, Tel.: 022-22832422, 22831517, 22832661 oder in dringenden Notfällen Tel.: (0)9821016877, www.germanconsulatemumbai.org.
■ **Austrian Consulate in Mumbai,** 26, Maker Chambers VI, 2. Stock, Nariman Point, Tel.: 022-22851734, 22851774, 22851066.
■ **Swiss Consulate in Mumbai,** 102 Maker Chambers IV, 10. Stock, 222, Jamnalal Bajaj Marg, Nariman Point, Tel.: 022-228845-63/-64/-65 oder 22831738.

Visumverlängerung

■ Wer sein Visum verlängern muss, begibt sich, adrett gekleidet und mit Pass, Wechselquittungen, vier Fotos und viel Geduld ausgerüstet, in den 3. Stock des **Foreigner's Regional Registration Office** (Tel.: 22620446, Sayed Badruddin Rd.) beim Deputy Commissioner of Police gegenüber dem Crawford Market (Mo–Fr 10.30 bis 12.30 und 13.30 bis 15.30 Uhr). Dort schlägt die indische Bürokratie gnadenlos zu. Trotz aller doppelt und dreifach auszufüllenden Formulare sollte man immer schön freundlich bleiben, sonst dauert es doppelt so lange. Normalerweise sollte man eine Visumverlängerung am nächsten Tag bekommen.

Einkaufen

Staatliche Geschäfte

■ Wie in Delhi und Kalkutta, so bietet sich auch dem Neuankömmling in Mumbai mit dem staatlichen **Central Cottage Industries Emporium** an der Mahakavi Bushan Marg, nur etwa 200 m vom Gateway of India entfernt, ein idealer Ort, um sich einen Überblick über die ganze Vielfalt des indischen Kunsthandwerks zu verschaffen. Die Auswahl an prächtigen Seidenstoffen, Möbeln, Teppichen, Götterstatuen, Schmuck und vielem mehr ist einzigartig. Die Festpreise liegen über dem Landesdurchschnitt, doch dafür ist alles von garantierter Qualität und man kann sich in aller Ruhe ohne Anmache von Schleppern umschauen. Zudem wird auf Wunsch alles nach Hause geschickt.
■ Auch die meisten **indischen Bundesstaaten** unterhalten in Mumbai Geschäfte.

Basare

Weit weniger geordnet, dafür orientalisch-lebendig geht es auf den verschiedenen Basaren zu, für die Mumbai berühmt ist. Hier muss man handeln, was das Zeug hält (mit den Preisen im Government Emporium hat man einen ersten Anhaltspunkt) und zudem sollte man im Menschengewimmel seine Wertsachen gut verwahren.

■ Dies gilt besonders für den **Chor Bazaar** neben der Grant Road. Dieser Diebes- und Flohmarkt ist besonders für Antiquitäten und Lederwaren bekannt.

■ Im **Javeri Bazaar** in der Nähe des Crawford-Marktes finden sich unzählige Schmuck- und Juwelengeschäfte. Ein faszinierendes Viertel auch für jene, die nicht über das nötige Kleingeld verfügen.

■ Viele Straßenstände öffnen gegen Sonnenuntergang entlang des Colaba Causeway, speziell im Bereich von Wellington Circle bis Best Street. Verkauft wird hier alles, was für Touristen interessant sein könnte: Schuhe, Kleidung, Souvenirs u.Ä. Die Preise sind meist hoch, die Qualität schlecht: keine gute Kombination. Eine Ausnahme bilden allerdings oftmals Hemden, die schon für 50 Rs zu haben sind.

Buchläden

■ Ganz ausgezeichnet bestückt ist der **Nalanda Bookshop** im Taj Mahal Palace Hotel. Von anspruchsvoller Wissenschaftsliteratur über internationale Bestseller und aktuelle Zeitungen aus aller Welt, Postkarten, Musikkassetten, CDs bis hin zu Kalendern findet sich alles. Das Geschäft ist bis Mitternacht geöffnet und so kann man im rund um die Uhr geöffneten Coffee Shop des Hotels gleich ein wenig in der neu erstandenen Lektüre schmökern. Leider ist der Zugang zum Hotel durch Sicherheitsmaßnahmen erschwert.

■ Mumbais bekannteste Adresse für Bücherkauf ist neben dem vorgenannten der **Strand Book Stall** (Sir P. M. Rd., Tel.: 22661719, www.strandbookstall.com) östlich von Flora Fountain. Eine hervorragende Auswahl, schnelle Bestellung sowie hohe Preisabschläge auch auf neue Titel zeichnen ihn aus.

■ Mumbais wohl größter Buchladen ist **Crossword** (Tel.: 24920253) in Breach Candy, 22, Bhulabhai Desai Road (nahe Mahalaxmi-Tempel). Es gibt jede Menge englischsprachige Romane, Reiseliteratur, Sachbücher etc. Während das Crossword jeden Tag von 10 bis 20 Uhr geöffnet hat, ist der **Shankar Book Stall** im Abubaker Mansion neben dem Regal Cinema sonntags geschlossen.

■ Eine sehr gute Auswahl besonders für aufwendige Bildbände verschiedener Themenbereiche sowie Prosa, Reisebücher und Magazine findet sich im nahe gelegenen **Search Word Bookshop** (Tel.: 22852521) am Colaba Causeway.

■ Zum Schluss sei die **Magna Book Gallery** im Sassoon Bldg. (MG Rd., 2. Stock) wegen des sehr vielfältigen Angebots erwähnt.

◁ Verkaufsstand im Cloth Bazaar

Weitere Einkaufstipps

■ Modische und gut verarbeitete **Schuhe** kaufen die meisten Touristen in einem der vielen Läden am Colaba Causeway. Hier zahlt man gewöhnlich den Touristenpreis, jedenfalls in den nicht markengebundenen Geschäften. Die Sportartikel-Geschäfte der international bekannten Marken haben ihre Läden entlang dem Colaba Causeway und östlich von Flora Fountain. Hier gelten Fixpreise.

■ Erstklassige Adressen für hochwertige **Kleidung** indischer Produktion sind **FabIndia** (Jeroo Bldg., 137, MG Rd., Kala Ghoda, tgl. außer Mo 10–20 Uhr) sowie **Kala Niketan** (95, MK Rd., www.kalaniketangroup.com, 12.30–23.30 Uhr), wo ausschließlich Saris aller Preisklassen feilgeboten werden.

■ **Indische Modeschöpfer** präsentieren ihre Kollektionen im **Courtyard** (SP Centre, 40, Minoo Desai Marg, 11–19.30 Uhr) und in den Boutiquen von **Mélange** (33, Altamount Rd. in Kemp's Corner, etwas nördlich vom Chowpatty Beach).

■ **Antiquitätensammler** sollten sich in einem der vielen Geschäfte in Colaba und im Bereich der W. Hirachand Road in der Nähe der Hauptpost umschauen. Beim Kauf beachte man die Ausfuhrverbote (s. „Vor der Reise"). Gegenüber dem Regal Cinema ist Phillips (Woodhouse Rd., Tel.: 22020564, www.phillipsantiques.com) ein alteingesessenes Geschäft der oberen Preis- und Qualitätsstufe aus der spätviktorianischen Ära.

■ Ein Riesenangebot an qualitativ hochwertigen Waren hält das **Oberoi Shopping Center** neben dem Oberoi Hotel bereit. Auf drei Etagen gibt es zahllose Geschäfte mit Lederwaren, Schuhen, Kleidung, Schmuck, Handwerksartikeln, Teppichen, Edelsteinen, alten Uhren und alten Grammophonen. Eine tolle Auswahl zu immer noch erträglichen Preisen.

■ Weniger Ambiente versprüht das staatliche **Khadi Village & Industries Emporium,** das noch aussieht, als hätten die Briten gerade erst Indien verlassen. In dem alten Gebäude in der 286 Dadabhai Naoroji Road (nahe American Express) werden Handwerks- und Textilartikel aus ganz Indien angeboten.

■ Mumbai gilt als einer der besten Plätze Indiens, um **Musikinstrumente** zu kaufen. Zwei empfehlenswerte Adressen sind das **Hiro Music House** in der Sir Phirozshah Rd. und das **Rhythm House** (Tel.: 22842835, www.rhythmhouseindia.com, täglich bis 20.30 Uhr geöffnet), K. Dubash Marg, gegenüber dem Max Mueller Bhawan. Hier gibt's neben Instrumenten auch eine hervorragende CD- und DVD-Auswahl an Filmen und klassischer indischer Musik wie auch indischer und westlicher Rock- und Popmusik. Eine weitere gute Adresse ist **Planet M** gegenüber dem Churchgate-Bahnhof.

■ Bisher gibt's im Zentrum Mumbais erstaunlicherweise keine großen **Shopping Malls,** obwohl diese sogar in den meisten mittelgroßen indischen Städten an der Tagesordnung sind. So sind für den täglichen Bedarf im Innenstadtbereich der eher kleine **Asiatics Department Store** gegenüber dem Churchgate-Bahnhof und das **Akhbar Alleys** nahe Flora Fountain mit umfangreicherem Sortiment zuständig. Die bislang größte Shopping Mall Mumbais ist **Crossroads** (Pandit MM Maliya Rd., Breach Candy, 10–20 Uhr) im Norden, wo nahezu alles Erdenkliche verkauft wird, man aber leicht den Überblick verliert.

■ Wer ein Präsent für die Daheimgebliebenen sucht, sollte im **Bombay Store** stöbern, wenn etwas mehr Geld zur Verfügung steht. Die Auswahl ist reichhaltig, von Silberschmuck und Accessoires über Textilien bis zu Möbeln reicht die Palette.

■ Eine Reihe von **Fotoläden** liegt entlang der D.N. Road, zwischen Victoria Terminus und Flora Fountain. Bei den meisten ist Feilschen unerlässlich.

■ Will man **orientalische Düfte,** etwa als Souvenir, erstehen, ist man im **Insha Allah Mahsa Allah** (Ecke Best Marg/Colaba Causeway) gut, weil recht preiswert, bedient und beraten.

■ Die Riesenauswahl an preiswerter Freizeitkleidung und rajasthanisch angehauchter Kleidung sowie an Taschen, Schuhen und Schmuck zum kleinen Preis sind der Renner bei der indischen Jugend in den etwa 150 Geschäften und Ständen entlang der **Fashion Street,** einer Einkaufsmeile gegenüber dem Azad Maidan an der MG Rd. Die Stände sind zwischen 11 und 20 Uhr geöffnet. Die beste, da nicht so überlaufene Besuchszeit ist wohl zwischen 12 und 17 Uhr. Handeln ist hier unerlässlich.

Kultur und Unterhaltung

Kulturelle Veranstaltungen

■ Das **National Centre of Performing Arts** (Tel.: 22833737, Tickets von 50–300 Rs) am Nariman Point ist einer der in ganz Indien bestangesehenen Veranstaltungsorte im Bereich Theater, Ballett und Musik. National wie international bekannte Künstler treten hier auf. Eine gute Gelegenheit, um eine Aufführung von internationalem Format zu einem Bruchteil des in Europa üblichen Eintrittspreises zu sehen.

Genauere Informationen über Ort und Zeit finden sich im beim Tourist Office alle zwei Wochen ausgegebenen Veranstaltungskalender und im Internet.

■ Englischsprachige Theateraufführungen finden im **Nehru Centre** (Tel.: 24933340) und im **Prithvi Theatre** (Juhu Church Rd., Tel.: 26149546, www.prithvitheatre.org) am Juhu Beach (hier auch Stücke in Hindi) statt.

■ Bei **Not Just Jazz By The Bay** (Eintritt 150 Rs, Tel.: 22851876) am Marine Drive treten genau dem Namen entsprechende Bands auf: meist Jazz, aber auch Blues, Rock und Popmusik an den meisten Abenden der Woche.

■ Jedes Jahr im Februar ist **Kala Ghora Fair** eine vielseitige Kunsthandwerksmesse mit unterschiedlichsten Veranstaltungen um den Wellington Circle und im Park des Horniman Circle. Die Erlöse werden für einen guten Zweck verwendet.

Kino

Gelegentlich suchen Bollywood-Headhunter auf den Straßen, vorwiegend in Colaba, **Komparsen aus westlichen Ländern** für ihre Filmproduktionen. Interessierte können neben einem kleinen, bei mehreren Tagen Beschäftigung auch größeren Lohn einen Einblick in die Produktionsbedingungen indischer Filme gewinnen.

■ Das **Regal Cinema** (Tel.: 22021017, Tickets 80–150 Rs) am Wellington Circle, Ecke Colaba Causeway, zeigt internationale Kinofilme (meist Hollywood) in Englisch.

■ **Eros Cinema** (Tel.: 22030303) gegenüber Churchgate zeigt neben Bollywood-Streifen englischsprachige Filme.

Discos

■ In mehreren der First-Class-Hotels wie dem Oberoi und dem Taj Mahal Palace gibt's Nobeldiskotheken, etwa das **Insomnia** (Tel.: 22023366, 66666653, 20–3 Uhr) im Taj, in denen sich die Yuppie-Generation Mumbais trifft. Wer da, wo die Erfolgreichen sich selbst feiern, nicht fehlen will, zahlt 600 Rs Eintritt (1.500 Rs am Wochenende, um 500 Rs für Cocktails) und muss ganz trendy sein.

■ Das In-Lokal der nicht ganz so Betuchten ist derzeit das **Razzberry Rhinoceros** im Juhu Hotel. In dieser Mischung aus Pub und Disco trifft sich Mumbais westlich beeinflusstes Jungvolk. An manchen Abenden Bands.

■ Trotz oder gerade wegen der etwas altmodischen Rock-, Pop-, und Discomusik der 70er und entsprechenden Dekors ist der Nightclub **Polly Esther's** (Colaba, Battery St., Tel.: 22871122, geöffnet 22–2.30 Uhr) im Gordon House Hotel immer gut besucht. Wechselnde Eintrittspreise, abhängig von Wochentag und Uhrzeit, meist zwischen 800 und 1.000 Rs.

Erholung

■ Weniger cool, dafür aber sehr entspannend ist ein Tag im **Breach Candy Club** (Tel.: 23674381) an der Bhulabhai Desai Road in der Nähe des Haji Ali's Tomb. Ein besserer Ort, um sich unter Palmen, auf einem Liegestuhl am Swimmingpool vom brodelnden Mumbai zu erholen, lässt sich kaum denken. Mit 100 (Mo–Fr), 150 (Sa) und 300 (So) Rs ist der Spaß allerdings auch nicht billig. Geöffnet ist von 7 bis 23 Uhr, beim Einlass muss man den Ausweis vorlegen.

Cricket und Pferderennen

■ Das große **Wankhede Stadion** (Tel.: 22811795) ist Austragungsort der nationalen (Saison von Oktober bis April) und internationalen Cricketmatches. Um Tickets muss man sich frühzeitig bemühen, Veranstaltungshinweise im Internet.

Meist am Sonntag und Donnerstag finden auf dem **Mahalaxmi Racecourse** (Tel.: 23071401) Pferderennen statt, am Ende der Saison auch am Wochenende. Eintritt 30 Rs.

Weiterreise

Flug

Air India und die privaten Anbieter fliegen vom komplett renovierten **Chhatrapati Shivaji International Airport** (www.csia.in) die meisten Flughäfen Indiens täglich, teils mehrmals, an, Genaueres auf den jeweiligen Internetseiten. Der Flughafen besteht aus drei nationalen Terminals (1A, 1 B und 1C) und einem internationalen Terminal (2A). Ab 2014 soll ein neuer Terminal T2 sowohl nationale wie internationale Flüge abfertigen. Die jetzigen nationalen Terminals werden dann zum Frachtflughafen.

Mumbai ist zwar immer noch das Ziel von weit mehr nationalen und internationalen Flügen als etwa Delhi und Kalkutta, doch kein guter Ort, um billige Flugtickets zu kaufen. Mit 450 US-$ nach Europa muss man schon rechnen, und auch in andere asiatische Länder wie Thailand ist es mit 250–300 US-$ nicht billig. Über aktuelle **Flugverbindungen** aller Airlines informiert sehr übersichtlich die Website www.yatra.com. Hier Adressen von **Reisebüros,** die sich als relativ preiswert oder zuverlässig erwiesen haben:

■ **Transway International,** Pantaky, 3. Stock, 8 Maruti Cross Lane, Fort, Tel.: 22626066.
■ **Space Travel,** Nanaboy Mansion, 4. Stock, Sir P.M. Road, Tel.: 22663258.
■ **Students Travel Information Centre** (STIC), 6 Maker Arcade, Cuffe Parade, Tel.: 2211431.
■ **Thomas Cook,** Dhadabhai Naoroji Rd., Mo–Sa 9.30–18 Uhr, Tel.: 22078556.

Fluggesellschaften:

■ **Air India,** Air India Building, Nariman Point, weitere Büros finden sich an den beiden Flughäfen. Tel. Inlandsflüge: 22023031, 27580777, internationale Flüge: 22796666, 1800-227722 (gebührenfrei), Flughafen: 283188888, www.airindia.com.
■ **Austrian Airlines,** Tel.: 1800-1025838, Flughafen: 26829909-11, www.austrian.com.
■ **Go Air,** Hauptbüro in Andheri, Paper Box House, Tel.: 55420082, 1800-222111, Flughafen: 26264789, www.goair.in.
■ **IndiGo,** Tel.: 1800-1803838, www.goindigo.com.
■ **Jet Airways,** Amarchand Mansion, Madam Cama Rd., Tel.: 39893333, 22855788, Flughafen: 61211000, www.jetairways.com.
■ **Lufthansa,** Tel.: 1800-1025838, Flughafen: 66859898, www.lufthansa-india.com.
■ **Spice Jet,** Tel.: 1800-1803333, Flughafen: (0)987103333, www.spicejet.com.
■ **Sri Lankan Airlines,** STIC Travels, Andheri, Tel.: 40401515, Flughafen: 26828965, www.srilankan.com.
■ **Swiss International Airlines,** Vashani Chambers, 2. Stock, 9 New Marine Lines, Mo–Sa 9–17.30 Uhr, Tel.: 67137200, www.swiss.com.
■ **Thai International,** 2 A Mittal Towers, A-Wing, Nariman Point, Tel.: 61395599, www.thaiair.com.

Bahn

■ In Mumbai gibt's mit dem Chhatrapati Shivaji Terminus (CST), meist besser bekannt unter dem alten Namen Victoria Terminus (V.T.), dem Mumbai Central und Churchgate **drei große Bahnhöfe,** wobei nur die ersten beiden von Fernzügen angefahren werden. Im Victoria Terminus fahren die Fernzüge im östlichen, die Nahverkehrszüge im westlichen Bereich des Gebäudes ab. Mumbai Central befindet sich nicht in der Innenstadt, sondern im Norden.
■ Tickets für alle Züge sind sowohl im modernen **Reservation Office von Central Railway** im Victoria Terminus (CST, das Reservierungsbüro befindet sich im östlichen Teil des Gebäudes, tgl. 8–20, So 8–14 Uhr, Touristen-

▷ Einer der schönsten Bahnhöfe der Welt: Victoria Terminus

schalter ist Nr. 52 im 1. Stock, Treppe hinauf und geradeaus) als auch im **Western Railway Booking Office** zu kaufen. Letzteres befindet sich im selben Gebäude wie IndiaTourism (Touristenschalter Nr. 28, 1. Stock, Mo–Sa 9.30–16.30 Uhr).

■ Man kann sich grundsätzlich an jedem Schalter anstellen, nachdem man die in Kästen bereitliegenden **Reservierungsformulare** ausgefüllt hat (genauere Informationen im Kap. „Reisetipps A–Z: Verkehrsmittel"). Man sollte jedoch die Touristenschalter vorziehen, da es hier meist schneller geht und zudem die **Tourist-Quota-Tickets** verkauft werden, die auf ein speziell für Touristen reserviertes Kontingent an Karten zurückgreifen, was bei viel befahrenen Strecken, etwa nach Goa, ein unschätzbarer Vorteil ist. Speziell bei diesem Fahrtziel sollte man sein Ticket in jedem Fall einige Tage vor Zugabfahrt erstehen, um einen Platz zu ergattern. **Auskunft-Tel.: 134.**

■ Täglich fünf Direktverbindungen nach **Goa,** davon zwei vom Victoria Terminus. Oftmals sind diese Verbindungen ausgebucht, sodass ein möglichst frühzeitiger Fahrkartenkauf unbedingt erforderlich ist.

■ Noch ein **Tipp:** Wer mit dem Zug am Bahnhof **Lokmanyak Tilak** ankommt (z.B. aus Gokarna), muss von dort entweder mit dem Taxi (die Fahrer fallen beim Aussteigen in Heerscharen über Touristen her) in die City fahren oder er fährt mit einem Vorortzug vom ca. 1 km entfernten Kurla-Bahnhof in die Innenstadt, mit Gepäck auch nicht ohne Umstand. Darum ist es ratsam, aus dem überregionalen Zug bis Lokmanyak Tilak schon vorher in **Thane** auszusteigen (falls der Zug dort hält) und von dort per Vorortzug ins Zentrum weiterzufahren. So erspart man sich den langen Fußweg von Lokmanyak Tilak bis Kurla-Bahnhof bzw. die teure Taxifahrt ins Zentrum.

■ Wichtige **Verbindungen** sind im **Anhang** aufgelistet.

Bus

■ Die **staatlichen Überlandbusse** starten vom riesigen, unübersichtlichen **State Transport Terminal** gegenüber vom Mumbai-Central-Bahnhof, Bellasia Road. Organisation scheint hier ein Fremdwort zu sein, englische Hinweisschilder sind auch nur selten zu finden.

Buchungen bis zu 30 Tage im Voraus können tgl. zwischen 8 und 23 Uhr in den Büros der einzelnen, dort ansässigen staatlichen Busgesellschaften vorgenommen werden. Am häufigsten von Reisenden frequentiert sind die Strecken nach Pune (Poona) in Maharashtra (3½ Std.) und Aurangabad (12 Std.) sowie nach Goa (15 Std.).

■ Eine bessere, wenn auch teurere Alternative bieten die von Maharashtra Tourism (CDO Hutments, Madame Cama Rd.) am Nariman Point eingesetzten **Deluxe-Busse** nach Maharashtra und Goa. Mit 350 bis 650 Rs zahlt man zwar etwas mehr als vom Busbahnhof, doch dafür spart man sich die lange und kostenaufwendige Anfahrt dorthin. Aus dem gleichen Grund buchen die meisten Individualtouristen ihre Bustickets gleich in den jeweiligen Hotels in Colaba.

■ Auch viele Privatanbieter fahren nach Goa. Bewährt hat sich z.B. Paulo Travels (Tel.: 26452624, 26433023, www.paulotravels. com), ca. 13 Std., 800 Rs *(sleeper),* 700 Rs *(seater).*

Boote

■ Vom Gateway of India starten täglich ab 8.15 Uhr Boote nach **Mandwa** mit Weiterfahrt per Bus bis **Alibag.** Das letzte Boot startet um ca. 18.30 Uhr. Tickets können an den Verkaufsständen von Maldar Catamarans und PNP Maritime Services am Gateway of India erstanden werden (Preis für die einfache Fahrt auf dem Oberdeck 110 Rs, Unterdeck 80 Rs, mit Rückfahrt das Doppelte). Interessant sind diese Fahrten für diejenigen, die an der Maharashtra-Küste nach Süden fahren und evtl. in Ganpatipule Halt machen wollen, ersparen sie sich doch die lange Busfahrt zunächst nach Norden, um Mumbai zu verlassen, und danach wieder nach Süden an die Küste.

Insel Elephanta

Der Ausflug zu der 10 km östlich vom Gateway of India gelegenen Insel Elephanta mit ihren acht Felsenhöhlen gehört zum Standardprogramm jedes Mumbai-Besuches. Falls irgend möglich, sollte man die ca. 7 km² große Insel jedoch an Wochenenden und Feiertagen meiden, da sie dann von Tausenden picknickfreudiger Städter heimgesucht wird.

Den Namen erhielt die Insel, als im 16. Jh. die Portugiesen dort landeten und beim Dorf Gharapuri einen riesigen **Steinelefanten** vorfanden. Allzu großen Respekt schien ihnen das Tier jedoch nicht eingeflößt zu haben, denn in den nächsten Jahrzehnten nutzten sie die Felsentempel ausgiebig als Schießanlage. Trotz aller Restaurierungsmaßnahmen wurde der Anlage dadurch ein nicht wieder gutzumachender Schaden zugefügt. Heute legen die Touristenboote an einem künstlich geschaffenen Landungssteg im Norden der Insel an, von wo ein steiler Weg entlang unzähliger Souvenirstände zum Zentrum der im 7. Jh. erbauten **Höhlentempel** führt.

Das meistbesuchte Heiligtum ist der ca. 50 x 50 m große **Mahesha-Felstempel**. Dieser am reichsten ausgestattete Shiva-Tempel beeindruckt neben seinen überlebensgroßen, detailreichen Skulpturen besonders durch die von ihm ausgehende geheimnisvolle Atmosphäre, die durch das von drei Seiten einfallende Licht verursacht wird. Es erhellt die einzelnen Shiva-Darstellungen äußerst effektvoll. Zu sehen ist Shiva u.a. in seiner androgynen Form als Ardhanarishvara, in der er und seine Gemahlin Parvati in einer Gestalt vereint sind. Andere Skulpturengruppen zeigen ihn als tanzenden Shiva Nataraja oder als meditierenden Shiva Yogishvara. Im Allerheiligsten steht ein fast meterhohes *lingam*, der Shiva symbolisierende Phallus, bewacht von acht fast vier Meter großen Türwächtern.

Es lohnt sich, auch noch die anderen Tempelhöhlen zu besuchen und dies mit einem kleinen Inselrundgang zu verbinden. Wer nicht so gut zu Fuß ist (es sind viele Stufen zu erklimmen, Trageservice für 400 Rs vorhanden), kann mit einem Mini-Train vom Bootsausstieg zum Höhleneingang fahren (10 Rs).

■ Der **Eintritt** zu den Sehenswürdigkeiten von Elephanta beträgt 250 Rs, montags geschlossen.

Anreise

■ **Ausflugsboote** vom Apollo Bunder neben dem Gateway of India fahren täglich (außer während der Monsunzeit) zwischen 9 und 14.30 Uhr etwa alle halbe Stunde. Die Überfahrt dauert etwa eine Stunde. Die letzte Rückfahrt von Elephanta startet um 17.30 Uhr. Ein Rückfahrtticket ohne Führer kostet 120/ 100 Rs (lux./economy), Kinder 80/70 Rs.

Allgemeine Reisetipps | 732
Panaji | 736
Old Goa | 745
Mapusa | 749
Fort Aguada und Candolim | 751
Calangute und Baga | 756
Anjuna | 762
Vagator und Chapora | 765
Arambol | 769
Margao (Madgaon) | 773
Dudhsagar Falls | 776
Benaulim | 777
Palolem | 782
Agonda | 788

Die Blumenkinder der sechziger Jahre haben die Palmenstrände der alten portugiesischen Kolonie zu ihrer Winterheimat gemacht. Heute wird das Urlaubsparadies Goa gern für einen erholsamen Zwischenstopp bei anstrengenden Sightseeing-Touren besucht. Abseits von Beach- und Party-Leben finden sich noch ruhige Flecken und einsame Buchten.

Goa

◁ Ob in den Touristenzentren oder abseits – die Atmosphäre ist relaxed

Goa ist zwar der kleinste indische Bundesstaat, gleichzeitig jedoch nach Rajasthan der am meisten von Ausländern besuchte. Jene, die nicht direkt aus Europa einfliegen, kommen ins „gelobte Land", um sich an den insgesamt fast 100 km langen Sandstränden von ihren bisherigen Reisestrapazen zu erholen. Ein besserer Ort lässt sich hierfür wahrlich kaum denken, zumal Goa weit mehr zu bieten hat als nur Sonne, Sand und Meer.

Zwar wurde die 451-jährige **Kolonialherrschaft der Portugiesen** 1961 mit dem Einmarsch indischer Truppen beendet und 70 % der Einwohner sind Hindus, dennoch prägt das **mediterrane Flair** nach wie vor die Atmosphäre. Hierzu tragen nicht nur die weiß gekalkten christlichen Kirchen, die portugiesisch anmutenden Häuserfassaden und der alljährliche Karneval bei, sondern auch die auffallend selbstbewussten, westlich gekleideten Frauen und die im übrigen Indien ganz unübliche Vorliebe für alkoholische Getränke, welche zudem auch noch äußerst preiswert sind. Insgesamt macht Goa für indische Verhältnisse einen geradezu wohlhabenden Eindruck; Slums und Bettler auf den Straßen sind

Strandparadies mit Hippie-Tradition

GOA – STRANDPARADIES MIT HIPPIE-TRADITION

500is mb

Nicht nur die Strände, auch andere faszinierende Landschaften lassen Goa wie ein klassisches Tropenparadies erscheinen: tiefgrüne Reisfelder, liebliche Palmenhaine und Nationalparks mit einer interessanten Tierwelt, vor allem vielerlei Vogelarten. Im Osten schließen sich die dschungelbewachsenen Berge der West-Ghats an. Darüber hinaus sind es die einzigartige Mischung von indischer und europäisch geprägter Lebensart sowie eine Vielzahl eindrucksvoller Prachtvillen und Sakralgebäude besonders in Old Goa und in der Hauptstadt Panjim, die das kleine Goa zu einem der vielseitigsten Reiseziele Indiens machen.

HIGHLIGHTS

➡ **Highlight*:**
Old Goa | 745
Patnem Beach | 787

➡ **Der besondere Tipp*:**
Benaulim | 777
Agonda | 788

*Diese Tipps erkennt man im Buch an der gelben Hinterlegung im Kapitel.

△ Typisches Strandlokal

eine Seltenheit und 84 % der Bevölkerung sind des Lesens und Schreibens mächtig.

Wie so häufig waren es auch hier Individualtouristen, die dieses traumhafte Fleckchen Erde „entdeckten" – genauer gesagt die Blumenkinder der 1960er Jahre. Wenn es ihnen im Herbst in Kathmandu zu kalt wurde, zogen sie 1.000 km weiter nach Süden, um bei psychedelischer Musik und dem problemlos zu konsumierenden Marihuana den Erleuchtungsweg fortzusetzen. Schnell haftete Goa der Ruf des **skandalträchtigen Hippieparadieses** an, was natürlich sofort die Aufmerksamkeit der internationalen Medien auf sich zog. Was folgte, waren indische Touristen, die die nackten Hippies beobachten wollten und westliche Pauschaltouristen, die das eigentlich auch wollten, aber nicht zugaben.

Später kamen die inzwischen erwachsen und wohlsituiert gewordenen ehemaligen Hippies und schließlich deren Kinder, die Goa zu einem weltweiten Zentrum der **Techno-Szene** machten. Kein Wunder, dass es inzwischen ein wenig voll geworden ist.

Auf die negativen Auswirkungen dieses **touristischen Massenansturmes** für die einheimische Kultur und Umwelt ist in den letzten Jahren zu Recht vielfach hingewiesen worden. So ist wohl kaum ein Bundesstaat Indiens so durchsetzt von **Korruption** wie Goa. Polizisten zahlen hohe Bestechungssummen, um hierher versetzt zu werden, da die Möglichkeiten für illegale Nebeneinnahmen im von reichen Touristen besuchten Goa immens sind und auch gern wahrgenommen werden. Auch das gelassene Lebensgefühl der Goaner hat unter dem Jahrzehnte andauernden Geldfluss der westlichen Touristen schon leichten Schaden genommen. Was dabei meist unerwähnt blieb, ist Goas einzigartige Fähigkeit, dieses kunterbunte Gemisch unterschiedlicher Nationen, Kulturen und Lebensstile problemlos zu beherbergen. Goas Erfolgsgeheimnis besteht bis heute gerade darin, dass hier jeder für sich bleiben, jeder nach seiner Fasson glücklich werden kann.

Zweifelsohne hatte die Entwicklung einige negative Begleiterscheinungen wie steigende Preise und hässliche Hotelneubauten zur Folge, doch die Behauptung, Goa stände vor dem touristischen Kollaps, ist völlig irreführend. Noch immer gibt es genügend einsame Buchten, in denen man ungestört baden und seine Ruhe finden kann. Die **Hippies von einst** haben sich an die weniger erschlossenen Strände im äußersten Norden wie etwa Arambol zurückgezogen, die Bettenburgen der **Pauschaltouristen** stehen in Candolim, Calangute und Baga, die inzwischen zahm gewordenen Individualtouristen lassen in Benaulim und Palolem die Seele baumeln und die Techno-Szene hat sich in Anjuna, Chapora und Vagator angesiedelt.

Einmal in der Woche trifft sich diese Multi-Kulti-Truppe auf dem berühmten **Flohmarkt von Anjuna,** inzwischen zusätzlich durch **Ingo's Nightmarket** bereichert. Bei aller Unterschiedlichkeit vereint Inder und Westler das, was Goa auch in Zukunft zu einem der attraktivsten Reiseziele Asiens machen wird: Sonne, Sand, Palmen, köstliches Essen, reichlich zu trinken, (noch) günstige Preise und die seit Jahrhunderten praktizierte Toleranz und Leichtlebigkeit der Goaner, die hoffentlich unter dem andauernden Ansturm der Touristen und den damit verbundenen Begleiterscheinungen keinen weiteren Schaden nimmt.

Ob Vor- oder Nachteil, muss jeder selbst entscheiden: Seit einiger Zeit wird man beim Sonnenbaden in Goa nicht mehr von den Obst oder Saris feilbietenden Frauen besucht. Diese dürfen ihre Waren nur noch in Hütten hinter den Stränden verkaufen.

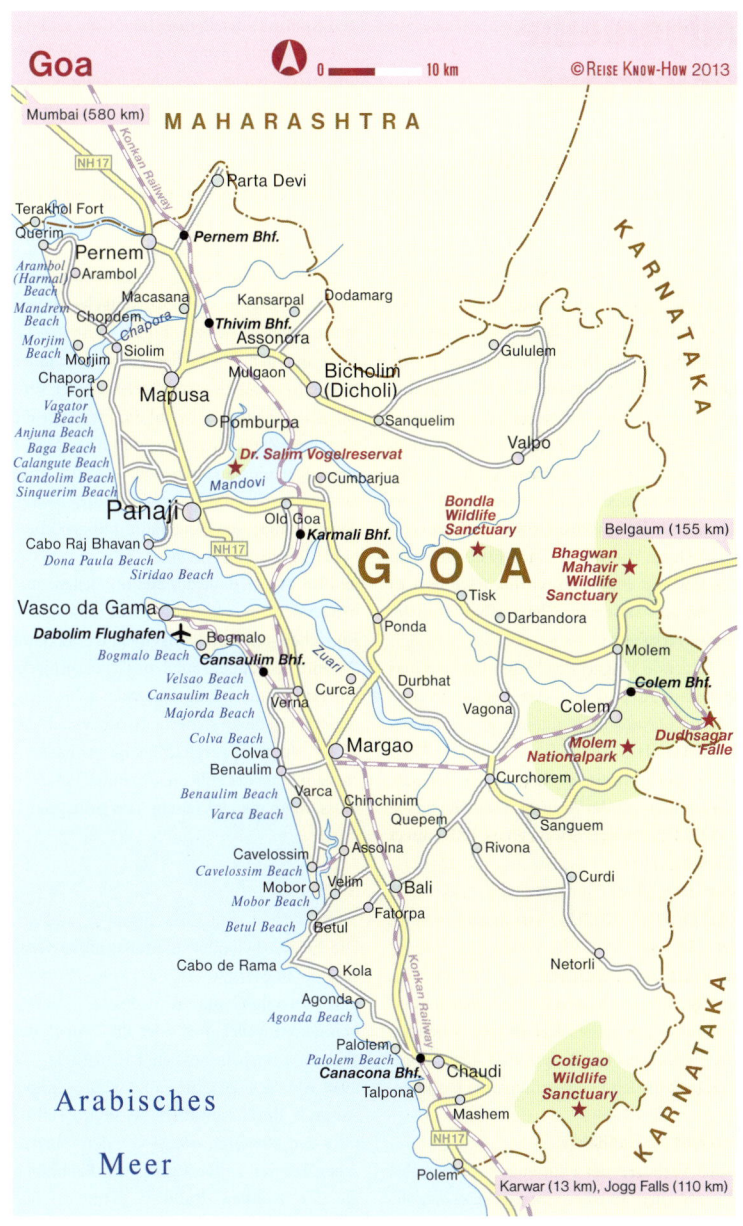

Allgemeine Reisetipps

An- und Weiterreise

Flug

Der 29 km südlich der Bundeshauptstadt Panaji gelegene **Dabolim-Flughafen** wird täglich sowohl von Air India und Jet Airways als auch von Charterflügen internationaler Airlines von Europa angeflogen. Außerdem fliegen die unten aufgeführten Fluggesellschaften direkt oder mit Umsteigen zu nahezu allen wichtigen Städten Indiens. Über aktuelle Flugverbindungen aller Airlines informiert übersichtlich die Website www.yatra.com.

Noch ein Hinweis: Es ist nicht erlaubt, vom Ausland mit einem **Linienflug** nach Goa zu fliegen und mit einem **Charterflug** Goa wieder zu verlassen.

Folgende Fluggesellschaften fliegen Goas Dabolim Airport an: **Air India** (Dempo House, Dayanand Bandokar Marg, Panaji, Tel.: 2431101-3, Flughafen: 2541115, www.airindia.com), **Indigo** (Tel.: 1800-1803838, www.indigo.in), **Jet Airways** (Tel. Flughafen: 2542026/7, www.jetairways.com), **JetKonnect** (General Bernhard Guedes Rd., Tel.: 2541211, www.jetkonnect.com), **Go Air** (Tel.: 1800 222111, (0)9223222111, www.goair.in), **Spice Jet** (Tel.: 18001803333, (0)9871803333, indienweit, www.spicejet.com). Die an allen größeren Badeorten wie Colva, Benaulim und Calangute ansässigen **Reisebüros** verkaufen die Flugtickets ohne Aufpreis, da sie die Kommission von den Fluggesellschaften kassieren.

Ankunft am Flughafen:

Nach Verlassen des Flugzeugs sind zunächst die üblichen Prozeduren wie Passkontrolle und Kontrolle der *Embarcation Card* und natürlich Gepäckeinsammeln und -durchleutung zu überstehen, was mehr als eine Stunde Wartezeit bedeuten kann. In der Ankunftshalle steht eine Wechselstube der State Bank of India bereit (schleppender Service), die zu den tagesüblichen Kursen tauscht. Das Nachzählen des Geldes nicht vergessen und Aushändigung der Quittung verlangen!

Die vor dem Flughafen bereitstehenden **Taxis** sind nach einem genau festgelegten System organisiert. Der Fahrgast muss die Tickets an einem der beiden **Prepaid-Schalter** in der bzw. gleich nach Verlassen der Eingangshalle kaufen. Obwohl die Preise für die einzelnen Ziele festgelegt sind und auf einer aushängenden Tafel eingesehen werden können, versuchen die Ticket-Verkäufer häufig, den ahnungslosen Neuankömmlingen überhöhte Tarife zu berechnen. Also aufgepasst und im Zweifelsfalle auf den offiziellen, aushängenden Preis bestehen! Hat man seinen Fahrschein erhalten, wird einem das Taxi mit der entsprechenden, auf dem Ticket vermerkten Taxi-Nummer zugeteilt. Man sollte diese Nummer jedoch sicherheitshalber mit der Ticket-Nummer vergleichen, da man ansonsten am Ende der Fahrt noch einmal bezahlen muss, wenn man ins falsche Taxi gestiegen ist.

Bahn

Die beiden bedeutendsten Bahnhöfe Goas sind die in **Margao** (Tel.: 2712790, 2712940) und **Vasco da Gama** (Tel.: 2501223). Tickets können entweder dort oder im 1. Stock des Kadamba-Busbahnhofs in Panaji (Tel.: 271 2940, Mo–Sa 8–20 Uhr), in Reisebüros (gegen Aufpreis, durchschnittlich 50 Rs pro Ticket) oder den kleineren, etwas von den touristischen Zentren entfernt gelegenen Bahnhöfen an der **Konkan Railway** (Thivim, Tel.:

2298682, Karmali, Tel.: 2285798, u.a.) gebucht werden.

Seit der Einweihung der Konkan Railway hat sich die Fahrtdauer **von Goa nach Mumbai** von 24 auf 12 Stunden reduziert. Obwohl inzwischen viele Züge auf der Konkan Railway Goa mit Mumbai in durchschnitlich zehn bis zwölf Stunden verbinden, sind sie dennoch fast immer über mehrere Tage ausgebucht, sodass es schwierig ist, einen Sitzplatz zu ergattern. Dies ist für westliche Touristen meist nur über das für Touristen bereitgestellte Platzkontingent in jedem Zug, die sogenannten Tourist Quota Tickets, möglich. Frühzeitige Buchung ist also unbedingt erforderlich. Die wichtigsten Bahnverbindungen sind im Anhang unter „Madgaon" und „Vasco da Gama" zu finden.

Bus

Von allen größeren Städten Goas wie Panaji, Margao, Vasco da Gama und Mapusa bestehen direkte Busverbindungen nach **Mumbai** und in die größeren Städte der Nachbarstaaten Maharashtra und Karnataka. Genaueres siehe Ortsbeschreibungen.

Man hat die Wahl zwischen der staatlichen **Kadamba-Busgesellschaft** und sehr vielen **privaten Anbietern,** die ihre Büros fast alle in unmittelbarer Nähe der örtlichen Busbahnhöfe haben. Die privaten sind zwar etwas billiger, doch muss man diesen Preisvorteil fast immer mit unsäglichen Videovorführungen im Bus bezahlen, die einem jeglichen Schlaf rauben. In den Kadamba-Bussen ist man dieser Marter meist nicht ausgesetzt, doch sicherheitshalber sollte man sich beim Ticketkauf danach erkundigen. Die Fahrt nach **Mumbai** dauert gewöhnlich 14–16 Stunden, wobei mehrstündige Verspätungen leider immer wieder vorkommen. Die meisten Busse starten abends gegen 18 Uhr, sodass man Mumbai am nächsten Morgen erreicht. Die Fahrt per *luxury bus* kostet ca. 350 Rs, mit einem luxuriösen Volvo-AC-Bus um 700 Rs.

Verkehrsmittel in Goa

Bus

Alle Strände und Städte Goas sind mit den staatlichen Kadamba-Bussen untereinander verbunden. Darüber hinaus gibt es noch zahlreiche private Busgesellschaften, die um die Gunst der Kunden buhlen. Die Wartezeiten betragen selten mehr als eine halbe Stunde. Da die Fahrpläne auf den Busbahnhöfen und die Hinweisschilder an den jeweiligen Bussen meist in Englisch sind, fällt die Orientierung relativ leicht.

Genaue Verbindungsinformationen gibt's in den jeweiligen Abschnitten zu An- und Weiterreise.

Tel.-Vorwahl für Goa: 0832
Notfallnummer für Polizei, Arzt, Feuerwehr: 108

Goa im Internet:
- www.goa-tourism.com
(offizielle Internetseite von GoaTourism)
- www.goa-world.com
- Eine Übersicht über die kulturellen Veranstaltungen des jeweiligen Monats sowie viel weiteres Informatives vermittelt das monatlich erscheinende Heft „Find All Goa" (10 Rs), das auch im Internet unter www.findall-goa.com vertreten ist.
- www.goacom.com informiert unter „Whats on" u.a. über kulturelle und andere Veranstaltungen.

Taxi

Taxi- und auch Riksha-Fahren ist in Goa, verglichen mit den anderen Bundesstaaten Indiens, teuer, für westliche Verhältnisse aber immer noch recht billig. Als Faustregel für Taxis gilt: pro erstem Kilometer sind 16 Rs (AC 24 Rs), für die folgenden 10 Rs zu zahlen. Nach 22 Uhr ist ein Nachtaufschlag von 100 Rs, nach 23 Uhr von 200 Rs fällig. Die Rückfahrt zum Ausgangsort muss auch dann, und zwar zur Hälfte, bezahlt werden, wenn das Taxi leer zurückfahrt (dies gilt auch für Rikshas) und davon geht der Fahrer bei einfacher Fahrt selbstverständlich aus. Hinzu kommen noch kleine Zuschläge für größere Gepäckstücke und im Bedarfsfall Übernachtungs- oder Wartezeitzuschläge. Eine sechsstündige Fahrt inkl. 80 km kostet 1.300 Rs, mit AC-Taxis müssen 500 Rs mehr berappt werden.

Gelegentlich gibt es, wie etwa am Flughafen Dabolim oder am Bahnhof von Margao, Prepaid-Schalter, die das Feilschen um den Preis unnötig machen.

Die schnellste Form der Fortbewegung sind die **Taxi-Motorräder,** deren Fahrer erstaunliche Mengen von Gepäck zuladen können. Diese Alternative ist speziell für Einzelreisende preislich interessant, die sich eine Taxifahrt nicht mit anderen teilen können oder wollen. Für eine Fahrt vom Bahnhof in Margao bis Colva oder Benaulim, 6 km entfernt, werden 40 Rs verlangt. Der offizielle Preis beträgt hingegen nur 8 Rs für den ersten und 4 Rs für die folgenden Kilometer. Erkennbar sind sie an den gelben Kotflügeln. Auch viele Privatleute nutzen diese Möglichkeit, etwas hinzuzuverdienen, allerdings oft zu noch überhöhteren Preisen. Rikshas (offizieller Preis: 8 Rs für den ersten und jeweils 5 Rs für die folgenden Kilometer) verlangen bis 80 Rs für die Fahrt. Auch diese Art der Fortbewegung ist gerade während der Saison für Touristen weit teurer als im übrigen Indien, der Meter wird so gut wie nie eingeschaltet. Will man den Tarif auch nur in die Nähe des im restlichen Indien für westliche Touristen Üblichen herunterhandeln, wird man weggeschickt.

Mietmotorrad

Nirgendwo sonst in Indien ist es derart unkompliziert, ein Motorrad auszuleihen, wie in Goa. Dementsprechend viele Westler knattern mit Motorrollern oder **Motorrädern** (die legendären Enfields sind nur noch selten im Angebot, meist sind es heutzutage japanische Fabrikate) durchs friedvolle Tropenparadies oder humpeln mit Gipsbeinen durch die Gegend – wenn sie Glück haben, denn jedes Jahr treten mehrere Motorrad-Liebhaber die Heimreise in einer hölzernen Kiste an. Man sollte also schon über Erfahrung verfügen, um die auftretenden Gefahren zu meistern.

Die Motorräder weisen zum Teil erhebliche **technische Mängel** auf, sodass eine genaue Überprüfung vor Fahrtantritt unbedingt zu empfehlen ist. Nicht nur aufgrund der teils **schlechten Straßenverhältnisse,** sondern auch wegen der immer wieder unvermittelt über die Straße laufenden Kinder und Tiere ist eine möglichst zurückhaltende Fahrweise unbedingt zu empfehlen – dies gilt insbesondere nach Eintreten der Dunkelheit. Außerdem sind die meist vor und in Ortschaften in die Straße eingebauten **Speedbreaker** manchmal kaum oder nur sehr spät zu erkennen, was zu Unfällen führen kann. Bei Unfällen sind Ausländer fast immer die Schuldigen – unabhängig davon, ob sie tatsächlich die Verursacher waren. Zudem sollte man wissen, dass kaum eines der vermieteten Motorräder versichert ist. Das bringt nicht nur zusätzliche Probleme bei Unfällen, sondern auch bei den häufigen Motorraddiebstählen.

Die durchschnittlichen **Tagespreise** für Motorroller liegen bei ca. 350 Rs/Tag und 1.800 Rs/Woche bzw. für Motorräder bei 500 Rs/Tag und 2.500 Rs/Woche während der Saison. Außerhalb dieser Zeiten und für langfristige Anmietung sollten natürlich je nach Verhandlungsgeschick mehr oder weniger hohe Rabatte ausgehandelt werden.

Mietwagen

Von mehreren Firmen ist **Wheels** (in Bardez, Tel.: 2224304, (0)9822391888, www.goawheels unlimited.com) und **Joey's Car Rentals** (in Panaji, Tel.: 2228989, (0)9822102829, www.goacarrental.com), zu empfehlen. In Candolim und Panaji hat sich **Vailankanni Car Rentals** (Tel.: 2489568, (0)9822101598, www.vailankannigroups.com) als zuverlässig bewährt. Am Flughafen in Dabolim: **Sai Service Rent a Car** (Tel.: 2541644). Auch **GoaTourism** kann das Anmieten von Autos oder Minibussen mit Fahrer arrangieren (Tel.: 2436666, 2434001-3).

Durchschnittliche **Preise** pro Kleinwagen für 4 Personen und 8 Std.: 12–22 Rs/km, 100 Rs/Std. Versicherung, mit Übernachtung 150–300 Rs. Als Pauschalpreis für Kleinwagen für 8 Std. inkl. 80 km sind zwischen 1.100 und 1.700 Rs üblich, pro zusätzlichem Kilometer 10–15 Rs, pro zusätzlicher Stunde 50 Rs. Selbstfahrer zahlen etwa 50 % weniger.

Saison und Preise

Egal, für welchen Strand man sich entscheidet, in der **Weihnachtszeit** von Mitte Dezember bis Mitte Januar ist es vielerorts schwierig, noch ein freies Zimmer zu ergattern. Während dieser vier Wochen wird Goa nicht nur von vielen Zehntausenden europäischen Touristen heimgesucht, sondern zunehmend auch von vielen Indern. Kein Wunder, dass dann die Hotelpreise in die Höhe schnellen. Die genannten Zimmerpreise beziehen sich auf die „normale" Saison von Anfang Oktober bis Mitte November bzw. Mitte Januar bis März. Davor und danach sind hohe Abschläge auszuhandeln.

Sicherheit

Gerade in den billigeren Unterkünften sollte man seine Wertsachen gut verstauen, da dort besonders viel **gestohlen** wird. Türen wie Fenster sollte man immer mit seinem eigenen **Vorhängeschloss** absichern. Auch nachts ist Vorsicht geboten, da viele Traveller bei offenem Fenster schlafen und die Langfinger mit Stangen die Wertsachen aus der Wohnung angeln. Deshalb empfiehlt es sich, alles, was einem lieb und teuer ist, möglichst weit vom Fenster zu deponieren. Wer seine Wertsachen mit zum Strand nimmt und während des Badens unbeaufsichtigt lässt, ist selbst Schuld.

Nacktbaden

Nacktbaden ist an allen Stränden Goas **verboten**. Einige Reisende scheint dies nicht zu interessieren (indische Voyeure umso mehr) und so kommt es immer wieder zu unschönen Szenen, wenn einige von ihnen am „Tatort" von der Polizei verhaftet werden. Was früher eher als Kavaliersdelikt galt, muss heute mit saftigen **Geldstrafen** teuer bezahlt werden. Doch eigentlich sollte jedem auch so klar sein, dass man im zugeknöpften Indien die Moralvorstellungen der Einheimischen nicht mit Füßen treten sollte.

Konsulate

■ In Panaji findet sich die **Vertretung der Bundesrepublik Deutschland** (Tel.: 0832-2235526, 2223261, 2223263, 2223264, CMM Building) in der Rua de Ourem (Mo– Do 10–12 und 15–17 Uhr, Fr 10–12 Uhr). Das Honorarkonsulat sollte eher morgens oder nach telefonischer Rücksprache aufgesucht werden, da nachmittags gelegentlich kein hilfsfähiges Personal mehr da ist.
■ Eine **österreichische Vertretung** gibt es in Vasco da Gama im 3. Stock des Salgaocar House in der Dr. F. Louis Gomes Rd. (Tel.: 0832-2513816 oder 2513811).
■ Für Visaverlängerungen mit gutem Grund wende man sich in Panaji an das **Foreigner's Registration Office** (Tel.: 2426545) bei der Polizei nahe dem Azad Maidan.

Panaji

Seit die Portugiesen ihre Residenz Mitte des 18. Jh. vom kaum zehn Kilometer entfernten Alt-Goa hierher verlegten, hat sich **Panjim**, wie Panaji gemeinhin ausgesprochen wird, zur **bedeutendsten Metropole Goas** gemausert.

Die erste schriftliche Erwähnung findet Panjim im 11. Jh. als Gebiet, welches von den Kadamba-Königen regiert wurde. *Yusuf Adil Shah* war es, der der Stadt durch den Bau seiner Sommerresidenz Ende des 15. Jh. zu politischer Bedeutung verhalf. Lange konnte er sich an seinem Prachtbau nicht erfreuen, wurde seine Dynastie doch bereits 1510 von den portugiesischen Truppen unter der Führung von *Alfonso de Albuquerque* geschlagen. Aufgrund der strategischen Bedeutung entschloss sich Albuquerque zum Ausbau der Stadt. Damit war der Grundstein für die über 400-jährige Kolonialherrschaft der Portugiesen gelegt. Dennoch stand Panjim für die nächsten 100 Jahre noch im Schatten von Alt-Goa. Erst als die Bewohner wegen der dort grassierenden Epidemien die Flucht ergriffen und die Vizekönige ab 1759 von Panjim aus regierten, stieg sie zur bedeutendsten Stadt Goas auf. 1843 wurde sie auch offiziell zur neuen **Hauptstadt von Portugiesisch-Indien** erklärt.

Heute bildet die am südlichen Ufer des Mandovi-Flusses erbaute Stadt das politische, kulturelle und wissenschaftliche Zentrum Goas. Die meisten westlichen Touristen passieren Panaji nur auf ihrem Weg zu den diversen Stränden bzw. zur Erledigung administrativer Dinge, doch lohnt der Ort durchaus eine Besichtigung.

Trotz der rasanten Entwicklung hat Panaji viel vom mediterranen Charme der Anfangsjahre bewahrt, als es nur ein unbedeutender Vorort Alt-Goas war. Speziell in den Altstadtgassen des östlichen Teils der Stadt mit seinen bunten Häuserfassaden, windschiefen Balkonen und unzähligen Kneipen und Cafés fühlt man sich in eine schläfrige portugiesische Provinzstadt versetzt.

Sehenswertes

Wie in fast allen größeren Städten Goas befindet sich auch im Zentrum von Panjim mit dem **Municipal Garden** ein begrünter, rechteckiger Stadtpark. Von der südöstlichen Ecke des Stadtparks sind es nur etwa 100 m zur Kirche **Our Lady of Immaculate Conception** (Kirche unserer lieben Frau der unbefleckten Empfängnis), der bedeutendsten Sehenswürdigkeit der Stadt. Die von Palmen flankierte Barockkirche mit ihrer schneeweißen Fassade und der weit ausladenden Treppenanlage wurde 1619 errichtet. Im Inneren entpuppt sich das von außen so imposante Gotteshaus als einschiffiger Saalbau. Von den insgesamt vier Altären gefällt besonders der Hauptaltar mit einer Darstellung des Abendmahls und den Skulpturen der Heiligen Peter und Paul. Die Statue der verehrten Frau von Fatima wird jedes Jahr am 13.10. in einer feierlichen Prozession auf einer Sänfte zum Bischofssitz getragen. Tausende von Gläubigen können dann ihre mit Perlen und Edelsteinen besetzte Goldkrone sehen.

Von der Kuppe des hinter der Kirche ansteigenden Hügels bietet sich ein schöner Blick über die pittoresk zwischen dem Mandovi und den dicht bewachsenen Hügeln des Umlandes gelegene Stadt.

Folgt man der links von der Kirche verlaufenden Straße Richtung Norden, gelangt man zum **Secretariat,** dem zweiten beeindruckenden Bau der portugiesischen Periode. Dieses profane Pendant zur Kirche steht an jener Stelle, an der ursprünglich *Yusuf Adil Shah* Ende des 15. Jh. seinen Palast erbaut hatte. Nachdem dieser bei der Eroberung durch die Truppen Albuquerques zum großen Teil zerstört worden war, ließen ihn die Portugiesen wieder neu errichten. Als Idalco-Palast diente er zunächst den aus Portugal anreisenden Würdenträgern als Gästehaus. Ab 1759 residierten hier die Vizekönige. Heute dient er als Sitz der Legislative – viele Limousinen mit gelangweilt auf ihre Vorgesetzten wartenden Chauffeuren stehen auf dem Vorplatz.

Etwa 100 m weiter östlich stößt man auf die etwas merkwürdige Skulptur eines Mannes, dessen ausgestreckte Hände in dramatischer Geste auf eine ihm zu Füßen liegende Frauenfigur weisen. Dabei handelt es sich um ein 1945 aufgestelltes **Denkmal** zu Ehren des Goaners *Josè Custodia de Faria* (1756–1819). Die schillernde Persönlichkeit erlangte als Theologe, Mediziner, Hypnotiker und Politiker erst in Goa und später in Europa Berühmtheit.

Für viele Besucher ist die eigentliche Sehenswürdigkeit Panajis die **Altstadt** mit den stark von der portugiesischen Kolonialzeit geprägten Stadtteilen Fontainhas und Sao Tomè, die von der UNESCO zum **Weltkulturerbe** erklärt wurden. Beim Bummel durch die verwinkelten, zum Teil noch mit Kopfsteinpflaster ausgelegten Gassen mit neoklassizistischen Villen wähnt man sich eher in einer portugiesischen Provinzstadt als an der Westküste Indiens. Das schwül-heiße Klima nagt an den Fassaden der mit hübschen **Holzbalkonen** ausgestatteten Häuser, doch das unterstreicht noch den morbiden Charme des Viertels.

Neben den alten **Kirchen,** wie der im Zentrum auf einem Hügel errichteten Church of our Lady of Immaculate Conception und der Chapel of San Sebastian im Altstadtviertel Fontainhas, lohnt auch der Besuch des **Goa State Museum** (Mo–Fr 10–17 Uhr, www.goamuseum.nic.in, Eintritt frei). Auch der 1817 zu Ehren Lakshmis, der Frau Vishnus, erbaute **Mahalakshmi-Tempel** ist sehenswert.

Wer es eher bunt und lebendig mag, sollte den ebenso farbenfrohen wie lautstarken städtischen **Markt** besuchen. Auf dem Dach des Junta House in der Swami Vivekanand Rd. (tgl. 7–21 Uhr von November bis Mai) ist das **Observatorium** der richtige Ort für Sterngucker. Die entlang dem Mandovi anlässlich des Internationalen Filmfestivals angelegte **Promenade** lockt zum Abendspaziergang.

Der nächstgelegene Strand nahe Panaji ist in **Miramar**, 3 km südwestlich – ein hübscher Abendausflug mit Blick auf das Aguada Fort auf der gegenüberliegenden Seite der Mandovi-Flussmündung.

Praktische Tipps

Information

- **Vorwahl** (für ganz Goa): 0832
- Ganz hilfreich ist **IndiaTourism** im blauen Communicade Bldg. (1. Stock, Tel.: 2224132, Mo–Fr 10–18 Uhr, Sa 10.30–13.30 Uhr) am Municipal Garden, wenn man insistiert. Hier können Stadtführer für 350/500 Rs für den halben/ganzen Tag gebucht werden.
- **GoaTourism** im Patto Tourist Home (Dr. Alvares Costa Rd., Tel.: 2438750/1, 2424001-3, www.goa-tourism.com, Mo–Sa 9.30–17.30 Uhr) in Busbahnhofsnähe dagegen macht einen lethargischen Eindruck. Beide verfügen über Filialen am Interstate Bus Terminus (Tel.: 225620) und am Flughafen (Tel.: 2540031).

Stadtrundfahrten

- Das Büro von **GoaTourism** (s.o.) wie auch in der Panaji Residency bietet eine Vielzahl von Ausflugstouren an, die meist um 9.30 Uhr, wenige auch um 8.30 Uhr starten und um 18 Uhr enden. Dazu zählen Ganztagestouren (9.30–18 Uhr, Non-AC/AC 200/250 Rs) in den Süden Goas (Old Goa, Dona Paula Bay, Margao, einige Tempel) und in den Norden (gleiche Preise, nach Mapusa, mehrere Strände, Fort Aguada, Hindu-Tempel in Narva und ein Handicraft Emporium). Ebenfalls interessant ist eine Tour nach Old Goa, zum Dudhsagar-Wasserfall und zu einem Hindu-Tempel (Non-AC 750 Rs inkl. Mittagessen, Mi und So 9–18 Uhr). Weitere Ausflüge werden angeboten.

Bootsfahrten

Eine schöne Möglichkeit, den Sonnenuntergang zu erleben, bieten die von diversen Veranstaltern offerierten Bootsfahrten auf dem **Mandovi-Fluss.** GoaTourism (GTDC, außer in ihrem Tourist Office z.B. im Hotel Panaji Residency vertreten, Tel.: 2227103) startet vom Santa Monica Jetty (auch dort eine Ticketverkaufsbude, Tel.: 2437496) gleich neben der New-Patto-Brücke. Um 18 und 18.30 (Dusk Cruise) sowie um 19.15 und 19.45 Uhr (Sundown Cruise) starten etwa einstündige Fahrten (150 Rs), bei denen manchmal laute, manchmal ruhigere Livebands die vornehmlich indischen Gäste malträtieren. Eigentlich ist diese „Lärmbelästigung" eine Zumutung, liegt doch der Reiz einer solchen Fahrt in der friedvollen Abendstimmung. Außerdem gibt's zweimal wöchentlich **Dinner Cruises** mit Buffet und Snacks (450 Rs), eine **Goa by Night Tour** (200 Rs, Di und So 18.30–21.30 Uhr, Ziele: Dona Paula Bay, Adil-Shah-Palast, mehrere Kirchen und Tempel und natürlich Kreuzen die Schiffe auf dem Mandovi-Fluss), zweistündige Delfinausfahrten (Mi, Sa und So jeweils um 8.30 Uhr, 250 Rs) sowie weitere Touren. Ähnliche Angebote offerieren auch viele der privaten Anbieter.

Stadtverkehr

- Die Innenstadt ist problemlos zu Fuß zu erwandern. Ansonsten bewegt man sich am besten mit einer der zahlreichen **Motorrikshas,** es muss jedoch eisern verhandelt werden. Von der Innenstadt zum Kadamba-Busbahnhof werden 50 Rs verlangt. Nach Calangute muss man mit 300 Rs rechnen, etwa 150 Rs mehr nach Colva und Benaulim.
- Für die etwa 45-minütige Taxifahrt zum 29 km südlich von Panaji gelegenen **Dabolim-Flughafen** sind es ca. 450 Rs. Günstiger, allerdings auch wesentlich zeit- und nervenaufreibender ist die Fahrt zunächst mit einem öffentlichen Bus zum ganz in der Nähe des Flughafens gelegenen Vasco da Gama und von dort weiter mit Bus oder Motorriksha. Auf die Flughafenbusse ist leider kein Verlass. Mit Taxi/Riksha von Panaji nach **Old Goa** kostet es teure 300/150 Rs.

Unterkunft

Untere Preiskategorie:

- Ganz billig, aber auch sehr einfach sind die Räume des **Udupi Boarding & Lodging** € (Tel.: 2228047), alle Zimmer mit Gemeinschaftsbad, ein Restaurant ist angeschlossen.

Panaji

■ Ebenfalls billig und auch nicht gerade sauber, aber mit eigenem Bad versehen und teils mit Balkon mit weiten Ausblicken aufwartend, sind die leicht runtergekommenen Zimmer des **Elite Guest House** €€ (31st of January Rd., Tel.: 2422093).

■ Recht gut ist für etwas mehr Geld das **Orav's Guest House** € (Tel.: 2426128) in derselben Straße. Die vorderen Zimmer haben Balkone und TV und sind geräumig. Die nach hinten gelegenen, billigeren sind sehr viel einfacher, alle mit eigenem Bad.

■ Um den Municipal Garden im Stadtzentrum findet sich eine Vielzahl von Unterkünften verschiedener Qualität und Preislage. Am billigsten ist das **Hotel Garden View** €€ (Tel.: 2227844). Nicht ganz saubere Zimmer, teils mit AC und Balkon mit weitem Blick, sind dennoch das Geld wert. Das nahe gelegene, etwas teurere **Hotel Aroma** €€–€€€ (Tel.: 2228311, www.hotelaromagoa.com) hat auch bessere Zimmer.

■ Weitere akzeptable Unterkünfte dieser Preisklasse sind **Keni's Hotel** €€ (Tel.: 222 4581) und **Check Inn** €€ (Tel.: 2228477), beide in der 18th June Rd.

Mittlere Preiskategorie:

■ Von einer freundlichen Besitzerin wird das Kolonialhaus des **Afonso Guest House** €€–€€€ (St. Sebastian Rd., Tel.: 2222359) in der Altstadt geleitet, sehr hübsch möblierte Zimmer, alle mit angeschlossenem Bad und einem einladenden Dachgarten, auf dem neben Softdrinks auch Frühstück serviert wird. Alles zu einem moderaten Preis, was eine Resevierung notwendig macht.

■ Eine hervorragende Adresse ist das **Casa Paradiso** €€€–€€€€ (Tel.: 2420297, casaparadisogoa.com) bei der Church of Our Lady Of Immaculate Conception im Ortszentrum. Die sauberen Zimmer sind geschmackvoll möbliert, modern ausgestattet und erstaunlich billig.

■ Sehr schön ist das große, alte **Palacio de Goa** €€€–€€€€ (Gama Pinto Rd., Tel.: 2424289, (0)9823151881, www.palaciodegoa.com), an den Hang gebaut. Viel Atmosphäre und tolle Ausblicke in den zum Mandovi ausgerichteten, einwandfreien, teils klimatisierten Zimmern, alle mit TV und Balkon.

■ Auf der gegenüberliegenden Seite des Municipal Garden sind ab dem 4. Stock weite Blicke aus den Zimmern des **Hotel Manvin's** €€€–€€€€ (Tel.: 2228305, (0)976 6316024, www.goamanvins.com) möglich, dessen AC-Zimmer jedoch zu teuer sind. Schön ist der Dachgarten.

■ Ein gutes Mittelklassehotel ist das **Delmon** €€€€ (Caetano de Albuquerquw Rd., Tel.: 2226846/7, www.hoteldelmongoa.com). Alle hübsch möblierten Zimmer mit großem TV und Schreibtisch, auch die geräumigen AC-Zimmer sind hervorragend in Schuss.

Obere Preiskategorie:

■ Die Kolonialvilla des **Panjim Inn** €€€€–€€€€€ (31th of January Rd., Tel. für dieses und beide folgenden: 2226523, (0)9823025748, www.panjiminn.com) in der Altstadt besitzt viel Charme mit seinen wuchtigen geschnitzten Holzmöbeln, Kühlschrank, TV und jeweils eigener großer Terrasse. Es ist oft ausgebucht, deshalb sollte man reservieren. Das ganz in der Nähe befindliche, preisgleiche **Panjim Pousada** €€€€€, eine alte Kolonialvilla unter gleicher Leitung, ist noch gediegener. Auch ein hübsches begrüntes Hofrestaurant gibt's. Etwa zum doppelten Preis kann man im **Panjim Peoples** €€€€€€, einer ehemaligen Schule, vier riesige, herrlich antik möblierte Luxuszimmer genießen.

■ Einen ausgezeichneten Gegenwert bietet das zentral gelegene **Hotel Nova Goa** €€€€– €€€€ (A.B. Rd., Tel.: 2226231-7, www.hotelnovagoa.com). Zwar nicht das teuerste, aber sicherlich vom Komfort her das beste der Stadt, wobei die Deluxe-Zimmer nur unwesentlich teurer sind, aber wesentlich mehr Komfort bieten. In punkto Service und Restaurant ist es ebenfalls von hoher Qualität, auch ein Swimmingpool ist vorhanden.

■ Das ehemalige Tophotel der Stadt, **Hotel Mandovi** €€€€–€€€€€ (D.B. Marg, Tel.: 2426270-3, www.hotelmandovigoa.com) hat höhere Preise, ist aber immer noch in Ordnung. Die Zimmer sind jedoch inzwischen in die Jahre gekommen.

Essen und Trinken

■ Einige der besten Restaurants der Stadt befinden sich in Hotels. Zu nennen ist hier u.a. das Doppelhotel Golden Nova/Nova Goa, in dessen Räumen mit dem **Shivrak** (ve-

Panaji

■ Unterkunft
- 3 Delmon
- 5 Hotel Palacio de Goa
- 6 Keni's Hotel
- 7 Check Inn
- 10 Hotel Nova Goa
- 19 Casa Paradiso
- 21 Hotel Aroma
- 22 Hotel Mandovi
- 25 Hotel Garden View
- 27 Hotel Manvin's
- 31 Elite Guest House
- 32 Orav's Guest House
- 33 Udupi Boarding & Lodging
- 36 Afonso Guest House
- 37 Panjim Pousada
- 38 Panjim Inn
- 39 Panjim Peoples

■ Essen und Trinken
- 9 Goenchin Restaurant, A Pastelaria
- 10 Shivrak, Macao, Lotus
- 12 Shere-e-Punjab, Safkar Restaurant
- 15 Restaurant Quarterdeck
- 17 Restaurant Moti Mahal
- 18 Domino's Pizza
- 20 New Punjab Restaurant
- 23 Restaurant Riorico
- 24 Café Coffee Day
- 26 Mr. Baker 1922
- 28 Kamat Restaurant
- 29 Venite Restaurant
- 34 Horseshoe A Ferradura
- 35 Viva Panjim

Verkehr
1 Air India
4 JetLite
8 Joey's Car Rental
14 Shipping Terminal
16 MGM Tours
22 Aero Mundial
30 Konkan Tours & Travels
40 Santa Monica Jetty
41 Jet Airways
42 Interstate Bus Terminus
43 Paulo Travels
44 Railway Reservation Office, Busreservierungsbüros der Bundesstaaten

Einkaufen
2 Markt
11 Padmavati Towers
13 Broadway Book Centre

getarisch), dem **Macao** (chinesisch) und dem **Lotus** (goanisch und westlich) gleich drei sehr gute Lokale zur Auswahl stehen.

■ Das **Restaurant Riorico** im Mandovi Hotel gilt als beste Adresse für goanische Küche.

■ Nicht nur wegen seiner gediegenen Inneneinrichtung zählt das **Venite Restaurant** in der Altstadt mit seinen kleinen Balkonen zur Gasse im 1. Stock zu den beliebtesten Adressen der Altstadt. Goanische, indische und vor allem italienische Gerichte sind gleichermaßen lecker. Das gemischte Publikum verleiht dem Ort eine angenehm entspannte Atmosphäre, sodass er sich auch ideal für ein nachmittägliches Bier, einen Wein oder härteren Stoff anbietet.

■ Etwas versteckt, eine kleine Gasse hinter dem Alonso Guest House hinein, liegt das hübsche **Viva Panjim** (31st January Rd., 11.30–15 und 19–23 Uhr) mit traditioneller goanischer Küche. Die Tische in kolonialer Atmosphäre an der Altstadtgasse sind abends immer voll belegt.

■ Das **Horseshoe A Ferradura** an der Rue de Querim (mittags und abends ab 19 Uhr geöffnet) serviert portugiesische Küche (100–150 Rs pro Hauptgericht) wie auch Fischgerichte (200–500 Rs). Zudem ist die Auswahl an Weinen, Cocktails und harten Alkoholika umfangreich.

■ Das kleine **Kamat Restaurant,** auch in der Altstadt an der Dom Joao Castro Rd. im 1. Stock (7–22 Uhr geöffnet), ist zwar nicht besonders hübsch, aber authentisch und serviert köstliche Dosas und Thalis sowie weitere indische Gerichte schnell, zu kleinem Preis und bei freundlichem Service.

■ Gute Küche in gepflegter Atmosphäre bietet das **Restaurant Moti Mahal** in der 18th June Rd. Hauptgerichte in dem AC-Restaurant kosten zwischen 70 und 100 Rs.

■ Für China-Fans, die nicht auf den Cent zu achten brauchen, empfiehlt sich das hervorragende **Goenchin Restaurant,** das unter dem Management des Mandovi-Hotels steht.

■ Ideal für einen süßen Nachtisch ist die angrenzende Bäckerei **A Pastelaria.**

■ Bei **Café Coffee Day,** zentral an der MG Rd. im 1. Stock mit beliebter Terrasse, gibt's wie immer bei dieser Kette verschiedene Kaffees, Kuchen, Torten und kleine Snacks.

■ Das **Shere-e-Punjab** im 1. Stock des Hotels Aroma ist bekannt für seine feine nordindische Küche, wobei u.a. die Tandoori-Gerichte zu empfehlen sind.

■ Ähnlich, nicht nur was die Namensgebung betrifft, ist das **New Punjab Restaurant** in den Municipal Gardens. Auch hier hat man sich auf die deftige nordindische Kost spezialisiert.

■ Das **Safkar Restaurant** neben dem Shere-e-Punjab im 1. Stock mit vielseitiger Speisekarte (Punjabi-, südindische und chinesische Küche sowie Eis und Fruchtsäfte) macht einen guten Eindruck.

■ Ein großes Freiluftrestaurant am Mandovi unter Bäumen ist das **Quarterdeck**. Es serviert Multicuisine-Küche.

■ **Mr Baker 1922** am Municipal Garden wartet mit köstlichen Kuchen, Gemüsetaschen und anderen Gebäck-Versuchungen auf, einige Tische laden zum Kaffee ein. 8–13 und 15.30–19.45 Uhr.

■ Für eine schnelle Pizza zwischendurch bietet sich **Domino's Pizza** (11–23 Uhr) beim Muncipal Garden an. Es gibt auch einen Zustellservice (Tel.: 1600-111-123).

Kultur und Unterhaltung

■ Klassische indische Musik und Tanz sowie Theateraufführungen und Kunstausstellungen finden regelmäßig in der **Kala Academy** in Campal (Tel.: 2420451, www.kalaacademy.org, Dr D Bandodkar Rd.) statt. Informationen zu den Veranstaltungen entweder dort, in den Tageszeitungen, unter www.goa com.com oder im Booklet „Find All Goa" (10 Rs).

■ Ende November findet im Stadtteil Campal das zweitägige **Goa Heritage Festival** mit klassischem Tanz und Musik sowie Ständen mit südindischem Essen statt.

■ Wer gern zockt oder die Nacht durchmacht, sollte das **Casino Royale** (Tel.: 6519471, www.casinoroyalegoa.com, 18–8 Uhr) besuchen oder eines der beiden anderen **Casinoschiffe**, die gegenüber dem Mandovi Hotel an der Panaji Jetty allabendlich in See stechen. Im Preis (Mo–Do 3.000 Rs, Fr–So 5.000 Rs, später in der Nacht wird's billiger) sind Spielchips im Wert von 2.000 Rs und Getränke enthalten. Von den 5.000/6.000 Rs für die Dinner Cruise

Panaji

können 3.000 Rs in Form von Chips am Roulettetisch verspielt werden.

■ Im modernen **INOX Multiplex** (Tel.: 2420999, www.inoxmovies.com) nahe der Kala Academy werden englischsprachige und Bollywood-Filme gezeigt.

Bank

■ Zwei effiziente Wechselstuben in einem Gebäude im Westen der Stadt sind **Thomas Cook** (Tel.: 2221312, Mo–Sa 9.30–18 Uhr) und **UAE Exchange** (Tel.: 2422961, Mo–Sa 9.30–18 Uhr, So bis 13 Uhr) in der Dayananad Bandodkar Marg. Beide ermöglichen auch einen schnellen Geldtransfer-Service aus dem Ausland.

■ Auch **LKP Forex** (MG Rd., Mo–Sa 9.30–19 Uhr), im Magnum Centre, nicht weit entfernt, ist verlässlich.

■ Von vielen **ATMs** in der Stadt akzeptieren die beiden der HDFC-Bank (18th June Rd.) und der idbi-Bank neben Visa-, Visa Electron-, Master-, Maestro- und Cirrus-Card auch AmEx-Karten.

Post und Internet

■ Die **Hauptpost** befindet sich in der Nähe der Pato-Brücke. Der Poste-Restante-Schalter ist Mo–Sa 9.30–13 und 14–17.30 Uhr geöffnet.

■ Ein **DHL/FedEx-Büro** (tgl. 9–18 Uhr, D.B. Marg) ist im gleichen Gebäude wie AmEx und Thomas Cook untergebracht.

■ Von vielen Internetcafés sind in der Altstadt nur eher langsame und teure zu finden, während im Stadtzentrum schnellere und bessere aufwarten. Da ist einmal **sify-I-way** mit Breitbandverbindungen zu nennen, das rund um die Uhr geöffnet ist, das kleinere im Erdgeschoss nur bis 18 Uhr. Außerdem gibt's mit **Dishnet The Hub** eine weitere sehr verlässliche und schnelle Verbindung (Seiteneingang, 3. Stock, 9.30–19 Uhr, Restzeit wird beim nächsten Mal verrechnet). Beide kosten nur 25 bzw 20 Rs die Stunde. Auch **Log Inn** (1. Stock, 9–23 Uhr, 30 Rs) neben dem Hotel Check-Inn ist mit DSL-Verbindung fix. Zuletzt sei das Internetcafé am Busbahnhof erwähnt (8–19 Uhr).

Medizinische Versorgung

■ Das **Government Hospital** an der Avenida Dom Joao Castro hat keinen guten Ruf und sieht auch entsprechend aus. Wesentlich besser ist das **Apollo Victor Hospital** in Margao oder auch das **Goa Medical College** (Tel.: 2223010, 2458700) in Bambolim, 7 km südlich von Panaji.

Reisebüros

Von den zahlreichen Anbietern drei Adressen, die sich über die Jahre als zuverlässig erwiesen haben:

■ **Aero Mundial,** Hotel Mandovi, Dr. D. Bandodkar Rd. (Tel.: 2223773).

■ **MGM Tours,** Mamai Camotin Building (Tel.: 22251509).

■ **Paulo Travels,** Cardoza Bldg., nahe dem Busbahnhof, Tel.: 2438531, www.paulotravels.com.

An- und Weiterreise

Flug:

Air India und Jet Airways (bzw. deren Tochtergesellschaften JetLite oder JetKonnect) fliegen oft mehrfach täglich vom 29 km südlich gelegenen **Dabolim Airport** u.a. nach Mumbai, Kalkutta, Chennai, Lucknow und Delhi. Speziell während der großen Feste wie Weihnachten/Neujahr, Divali und Deepavali sollte man frühzeitig reservieren. Obwohl die meisten Airlines dann Zusatzflüge anbieten, sind die Maschinen häufig ausgebucht. Über tagesaktuelle Verbindungen informiert www.yatra.com.

■ **Air India,** Dempo House, EG, D.B. Marg, Tel.: 2431101-3, Flughafen 2541115.

■ **Jet Airways,** am Flughafen, tgl. 9.30–17.30 Uhr, Tel.: 2541211.

Bahn:

■ Das **Railway Reservation Office** (Tel.: 2285798) befindet sich im 1. Stock des Kadamba-Busbahnhofs und ist Mo–Sa 8–20 Uhr geöffnet. Der Panaji nächstgelegene

Bahnhof ist **Karmali** nahe Old Goa, wo die meisten von und nach Mumbai, Madgaon und Karnataka fahrenden Züge einen kurzen Zwischenstopp einlegen.

Bus:

Die staatlichen Busgesellschaften von Goa (Tel.: 2438034-7), Maharashtra (Tel.: 2438253) und Karnataka (Tel.: 2438256) operieren vom **Kadamba-Busbahnhof**, 1 km östlich des Zentrums im Stadtteil Patto.

Abgesehen von den staatlichen Bussen gibt es noch eine Vielzahl von **privaten Anbietern,** deren Büros im Umkreis des Kadamba-Busbahnhofs liegen (etwa Paulo Travels, nahe und etwas nördlich vom Kadamba-Busbahnhof, Tel.: 2438531-7, www.paulotravels.com, und Konkan Tours & Travels, 31st January Rd., Tel.: 6520338, (0)9823195245). Tickets können entweder dort oder über Reisebüros und Guest Houses gebucht werden. Besonders häufig werden von ihnen die Städte Bangalore, Hampi, Mumbai und Pune angefahren. Zum Einsatz kommen Luxusbusse, inzwischen auch komfortable und teurere AC-Volvo-Busse, die fast ausschließlich nachts fahren – nicht unbedingt empfehlenswert, da die Unfallgefahr dann besonders hoch ist und einem zudem das Erlebnis der Überlandfahrt bei Tageslicht entgeht. Der **Busbahnhof der privaten Anbieter** (Interstate Bus Terminus) befindet sich unmittelbar neben den Mandovi-Brücken.

■ Die in vielen Unterkünften angebotenen „**Super-Deluxe-Sleeping-Busse**" (700–800 Rs) nach **Hampi** sind bei weitem nicht so attraktiv wie es auf den ersten Blick erscheint. Super Deluxe sind oft nur die Preise, während die mit einzelnen Kabinen versehenen Busse häufig einen klapprigen Eindruck machen. Zum Schlafen kommt man in den Hühnerkäfigen nur sporadisch, zumal man sie sich fast immer mit einem Mitreisenden teilen muss.

■ Wesentlich angenehmer ist es, einen der beiden täglich fahrenden Direktbusse um 9.30 oder 10.30 Uhr nach **Hospet** zu nehmen und von dort mit einem Lokalbus die letzten 13 km nach **Hampi** weiterzufahren. Falls die Hospet-Busse ausgebucht sind, kann man ohne großen Zeitverlust zunächst bis Hubli fahren, von wo es jede Stunde Verbindungen nach Hospet gibt.

■ Inzwischen kann man recht komfortabel mit dem Bus nach **Mumbai** fahren: Sowohl die staatlichen als auch private Anbieter fahren für 700–1.500 Rs mit Luxus-/Volvo-AC-Luxusbussen mit liegeplatzähnlichen Sitzen bzw. Kojen in der Nacht, wobei die Sitzliegeplätze bei Nachtfahrten vorzuziehen sind, da man in ihnen mehr Halt zum Schlafen hat und weniger herumgescheudert wird als in den Kojen. Dennoch ist diese Option nur sinnvoll, wenn Züge ausgebucht sind, da sie teurer, etwas langwieriger (12–14 Std.) und mit mehr Stress verbunden ist.

■ Weitere touristisch wichtige Ziele von GTDC (Privatanbieter offerieren weitere Verbindungen): Nach **Badami** zwei Direktbusse um 9.30 und 11.30 Uhr (Letzterer Semi-Deluxe, 190 Rs, 10 Std.), nach **Bangalore** gibt's mehrere Luxusbusse für 550–800 Rs, 13 Std. Fahrtzeit. Privatanbieter verlangen für den AC-Volvo-Luxusbus 800–1.200 Rs (Sleeper). Nach **Bijapur** (16 Std., 320 Rs), **Hubli** (halbstündig, 6 Std., 150 Rs), **Mahabaleshwar** (16.30 Uhr, 12 Std.). Um nach **Gokarna** zu gelangen, erst nach Margao, von dort weiter mit dem Bus um 13 Uhr (Fahrtzeit von dort: 5 Std.). Viele Busse nach **Pune** zwischen 7 und 21 Uhr, wobei die 7- und 19-Uhr-Busse Semi-Deluxe (400 Rs, Sleeper 450 Rs, 13 Std.) sind.

■ Zu den größeren Städten Goas wie **Vasco da Gama, Margao, Old Goa, Calangute** und **Mapusa** (von dort etwa alle 20 Min. Busse nach Arambol, 20 Rs, über Siolim, Chopdem, Madrem) gibt es mindestens alle halbe Stunde Abfahrten vom Kadamba-Busbahnhof. Wer zu den südlichen Stränden Goas reisen möchte, muss jeweils nach Margao und dort umsteigen.

■ Kommt man am **Karmali-Bahnhof** an, sollte man zunächst per Motorradtaxi/Riksha für 50–70 Rs bis zum 4 km entfernten **Old Goa** fahren und von dort mit den nahe dem Kreisverkehr haltenden, häufig fahrenden Bussen bis Panaji (12 km, 8 Rs) weiterfahren.

Taxi:

■ Für einen Ausflug nach **Old Goa** per Motorradtaxi bzw. Taxi sind 80 bzw. 300 Rs zu berappen. Eine Taxifahrt nach Old Goa mit Wartezeit zur Besichtigung und Rückfahrt kostet um 450 Rs, je nach Verhandlungsgeschick. Zum **Flughafen** sollten nicht mehr als 450 Rs gezahlt werden. Nach **Margao** kostet es mit dem Taxi 520 Rs, mit der Riksha 200 Rs.

Highlight:
Old Goa

Ein „Muss" für jeden kunsthistorisch Interessierten ist ein Besuch von Alt-Goa, der glanzvollen **Hauptstadt der portugiesischen Kolonie** 9 km östlich von Panaji. Kein anderer Ort Indiens vereint eine derartige Vielzahl großartiger **portugiesischer Bauwerke**, wobei die meisten in der Blütezeit der Machtentfaltung von der Mitte des 16. bis zur Mitte des 17. Jh. errichtet wurden.

Handelsmetropole und Erzbistum

Reisende wie *Duarte Barbosa* berichten Anfang des 16. Jh. von einer wohlhabenden Stadt mit reichen Kaufmannshäusern, Gärten und Basaren, in denen Händler verschiedenster Nationen prächtige Geschäfte machten. Bei dieser äußerst lukrativen mittelalterlichen Form des Import/Export brachten Schiffe aus Hormus, Mekka und Aden arabische und persische Pferde, die sie unter hohen Gewinnen an die Herrscher der im Hinterland angesiedelten Regionalreiche verkauften. Besonders die Machthaber des Vijayanagar-Reiches von Hampi erwiesen sich als ebenso interessierte wie zahlungskräftige Kunden. Zurück ging es voll beladen mit den Schätzen des Orients wie **Gewürzen, Reis, edlen Stoffen und Edelsteinen.** Die Geschäfte liefen so prächtig, dass jedes Jahr über 1.000 Schiffe zwischen Goa, Java, Macao, Japan, China, der arabischen Halbinsel und Portugal verkehrten. Schnell wurde aus Velha Goa, dem alten Goa, das Dourada, das Goldene Goa, das als Hauptsitz des portugiesischen Übersee-Imperiums der Krone allein schon durch die Hafenzölle beträchtliche Gewinne brachte.

Zu jener Zeit sollen bis zu 300.000 Menschen in der **heute fast unbewohnten Stadt** gelebt haben, womit sie seinerzeit größer war als London oder Lissabon. Goa wurde Sitz des Vizekönigs und Erzbistum. Religiöse Orden wie die **Franziskaner** und die **Jesuiten** zog es in die aufstrebende Kolonie. Das „Goldene Goa" wurde in einem Atemzug mit Lissabon und Rom genannt. Andere sahen in ihr sogar die glanzvollste Metropole jener Zeit, wie das seinerzeit berühmte Zitat belegt: „Wer Goa gesehen hat, braucht nicht mehr nach Lissabon zu fahren". Portugals Nationaldichter *Luis Vaz de Camões* betitelte es als „la Senhora de todo o Oriente", als die „Herrin des ganzen Orients".

„Abstieg" zum Weltkulturerbe

Strukturelle sowie innen- und außenpolitische Veränderungen führten jedoch dazu, dass der so hell strahlende Stern Goas langsam an Kraft verlor. Für diesen „komentenhaften Abstieg" von einer der bedeutendsten Städte der Welt zu einer **„Geisterstadt"** gab es vielfältige Gründe. Sie reichten vom Untergang des Vijayanagar-Reiches von Hampi, einem der bedeutendsten Handelspartner, über mehrere **Cholera- und Pestepidemien,** die die Bevölkerung allein im Jahr 1635 halbierten, bis hin zu militärischen Niederlagen gegen die **Marathen** und später die **Engländer.**
Ende des 17. Jh. lebten nur noch 20.000 Einwohner in Alt-Goa, 1759, als die Hauptstadt nach Panaji verlegt wurde, waren es nur noch 2.000. Die ehemaligen Patrizierfamilien waren nach dem Zusammenbruch derart verarmt, dass sie sich gezwungen sahen, ihre Villen als Baumaterial zu verkaufen. So kann es auch nicht verwundern, dass von den Profanbauten aus der großen Zeit Goas heute nichts mehr erhalten ist. Dafür zeugen die 1986 von der UNESCO zum **Welterbe** erklärten **Kir-**

chen und **Klöster,** von denen viele aufwendig restauriert wurden, von jener Zeit, als Goa eine der wohlhabendsten Städte der Erde war.

Stadtrundgang

Triumphbogen

Beginnen wir unseren Stadtrundgang sozusagen an königlicher Stelle. Das Ufer des Mandovi mit dem dort angesiedelten Hafen war jener Ort, von wo der Vizekönig die Stadt betrat. Zu seinen Ehren wurde ein Jahrhundert nach der Entdeckung des Seeweges nach Indien durch **Vasco da Gama** der Triumphbogen der Vizekönige erbaut. Der 1954 restaurierte Torbogen ist das Einzige, was von der Prachtstraße, die vom Ufer ins Stadtzentrum führt, noch erhalten ist. Die **Statue** des berühmten Seefahrers in einer Nische desselben blickt zum Meer, während auf der Rückseite die heilige **Katharina von Alexandria** über ihren römischen Peiniger triumphiert. Interessant ist dabei die Darstellung des Peinigers, welcher als Mohr zu erkennen ist – eine eindeutige Anspielung auf den Sultan von Bijapur, dessen Truppen 1510, am Namenstag der heiligen Katharina, von den portugiesischen Truppen unter dem Befehl *Alfonsos de Albuquerque* aus Goa vertrieben wurden.

Reste des Adil-Shah-Palastes

Wenige Meter südwestlich führt ein kleiner Fußweg zu einem links des Weges zu erkennenden **Tor.** Dabei handelt es sich um das einzige Relikt des einst hier errichteten Adil-Shah-Palastes. Der 1820 zerstörte Palast diente nach Abzug der Shah-Truppen bis 1695 als Residenz des portugiesischen Gouverneurs von Goa.

St.-Cajetan-Kathedrale

Am Ende des Weges steht man vor der 1661 nach 11-jähriger Bauzeit fertig gestellten St.-Cajetan-Kathedrale. Das nach dem Ordensgründer der Theatiner, *Cajetano da Thiene,* benannte Gotteshaus lässt in der Fassadengestaltung deutliche Ähnlichkeiten mit **St. Peter in Rom** erkennen. Dies gilt insbesondere für die korinthischen Säulen und Pilaster, den Portikus und die Fenster- und Türlaibungen. Interessant sind die barocke Innengestaltung, die abgedeckte Quelle sowie der Torbogen an der Seite des Gebäudes, der ehemals der Eingang zu einem Palast von *Adil Shah* war, dem Herrscher über Goa vor der Ankunft der Portugiesen.

Sé-Kathedrale

Wieder zurück zur einstigen Prachtstraße und von dort ca. 100 m weiter Richtung Südwesten, steht man vor der Sé-Kathedrale, die im 17. Jh. als größte Kirche Asiens galt. Es dauerte über 100 Jahre, bis der 1563 in Auftrag gegebene Prachtbau fertig gestellt war. Als architektonisches Vorbild diente die allerdings wesentlich kleinere **Kathedrale von Portalegre** in Portugal. 1776 wurde einer der beiden Glockentürme bei einem Blitzeinschlag zerstört.

Einen interessanten Kontrast im Inneren des dreischiffigen Kirchengebäudes mit je vier Seitenkapellen bilden die sich von den weißen Wänden abhebenden, reich verzierten und vergoldeten Altäre. Einen besonderen Blickfang bietet der Hochaltar mit Darstellungen aus dem Leben der heiligen Katharina. Ihre goldene Glocke gilt als eine der größten der Welt. Die Kirche beherbergt 14 Kapellen. Von der als letzte im maurischen Stil erbauten wird gesagt, dass auf ihrem Kreuz im Jahr 1919 ein Abbild Christus' erschienen sei.

St.-Francis-Kirche

Die sich südwestlich anschließende St.-Francis-Kirche wurde 1661 erbaut. Das von außen unscheinbare Gebäude entpuppt sich im Inneren durch seine **barocke Ausgestaltung** als kunstvoll ausgestattetes Gotteshaus. Besonders beeindruckend sind dabei der vergoldete Hochaltar und die ihn flankierenden Gemälde, auf denen die Lebensstationen des heiligen Franziskus dargestellt sind. Stimmungsvoll wirkt die in den letzten Jahren aufwändig restaurierte Kirche, wenn das durch die Fenster einfallende Licht das Innere in eine sakrale Atmosphäre taucht.

Direkt anschließend an die St.-Francis-Kirche wurde der **Franziskaner-Konvent** erbaut, der heute das **Archäologische Museum des Antikendienstes** (tgl. außer Fr 10–17 Uhr) beherbergt. Anhand der zahlreichen Exponate wird die abwechslungsreiche Geschichte Goas anschaulich nachgezeichnet. Zudem sind Fragmente von Skulpturen hinduistischer Tempel ausgestellt.

Ehemals vor der Sé-Kathedrale platziert, hat die **Statue von Luiz Vaz de Camões** inzwischen ebenfalls im Museum seine Heimat gefunden. Mit seiner imposanten Statur, dem rüstungsähnlichen Anzug und der Positionierung auf einem hohen Sockel erscheint der bekannteste portugiesische Dichter des 16. Jh. zunächst wie ein Feldherr. Die Schriftrolle in seiner rechten Hand soll sein Hauptwerk „Os Lusiades" darstellen, aus dem er mit großer Emphase vorliest. Die „Lusiaden" sind ein Hohelied auf die portugiesische Eroberung und Kolonisierung Goas und glorifizieren den Sieg des Christentums über die „Heiden".

Im Museum kann man auch das vom Archaeological Survey of India herausgegebene Büchlein „Old-Goa" erwerben, in dem die Gebäude detailliert beschrieben werden.

Basilika Bom Jesus

Die Basilika Bom Jesus gilt als die bedeutendste Kirche Goas. Das 1605 nach 11-jähriger

Bauzeit fertiggestellte Gotteshaus, das heute teilweise verfallen ist, birgt die sterblichen Überreste des **heiligen Franziskus Xavier.** Der 1506 in Navarra geborene Schüler von *Ignatius von Loyola* erreichte am 6.5.1542 Goa und bekehrte innerhalb kürzester Zeit Tausende von Menschen, die meisten davon allerdings in Kerala. Seine **Missionierungstätigkeit** weitete er auf andere asiatische Länder wie Japan und das heutige Malaysia aus. Bei seinem Versuch nach China zu segeln, um auch dort das Christentum zu verbreiten, starb er am 3.12.1552 auf der kleinen Insel Sancian vor der Küste Kantons. Als sein Leichnam zwei Jahre später nach Goa überführt wurde, strömten Tausende von Gläubigen zusammen, um von ihm Abschied zu nehmen.

1622 wurde der bei der Verbreitung der christlichen Lehre in seinen Methoden wenig zimperliche *Francisco Xavier* von *Papst Gregor dem XV.* heilig gesprochen. Seit 1636 liegt sein Leichnam, der nach mehr als einem Jahrhundert nach seinem Tod kaum verwest war, in einem schmuckvollen **Silberreliquiar,** das von goanischen Silberschmieden hergestellt wurde. Der Sarkophag wurde 1698 von dem toskanischen Herzog *Cosmas III.* Medici gestiftet. Seit Mitte des 19. Jh. werden die Gebeine Xaviers alle zehn Jahre den Gläubigen gezeigt (das nächste Mal im Jahr 2014). Das Innere der auf einem kreuzförmigen Grundriss stehenden Kirche wird vom **vergoldeten Holzaltar** beherrscht. Die **Wandgemälde** zeigen Szenen aus dem Leben des Heiligen Xavier.

Turm St. Augustine

Von der ehemals größten Kirche in Old Goa existiert heute nur noch der 46 m hohe Turm. Die Kirche St. Augustine wurde 1602 erbaut und 1835 aufgrund von repressiven Maßnahmen der portugisischen Regierung, die wichtige religiöse Regeln außer Kraft setzte, aufgegeben. Dies führte zum Verfall der Kirche, den nur der Turm überstand.

Konvent der hl. Monika

Der zwischen 1606 und 1627 fertiggestellte und nur neun Jahre später nach einer Feuersbrunst neu erbaute Konvent der hl. Monika galt einst als das größte **Nonnenkloster** Asiens. Der dreigeschossige Gebäudekomplex ist nur nach Voranmeldung zu besuchen, da er noch heute als Nonnenkloster für verschiedene Kongregationen dient. Das angeschlossene **Museum of Christian Art** (tgl. 9.30–17 Uhr, 30 Rs, christianartmuseum.goa-india.org) beherbergt Bilder und Skulpturen der portugiesisch-christlichen Geschichte in Goa.

Königliche Kapelle

Die 1543 fertig gestellte Königliche Kapelle des hl. Antonius ist dem Nationalhelden Portugals geweiht. Der heutige Bau geht auf umfangreiche Erweiterungsarbeiten Ende des 19. Jh. zurück.

Kirche Our Lady of the Rosary

Die Mitte des 16. Jh. eingeweihte Kirche Our Lady of the Rosary weist eine ungewöhnliche Mischung unterschiedlicher Stilrichtungen auf. Von außen der **manuelischen Bauweise** verhaftet, finden sich im Inneren deutliche Anklänge an die **Spätgotik.** Ein Besuch lohnt aber auch wegen der schönen Lage und dem sehr beeindruckenden Blick, der von hier über den Mandovi und die tropische Vegetation bis nach Panaji reicht.

Praktische Tipps

Unterkunft

Die meisten besuchen Old Goa im Rahmen eines Tagesausflugs, deshalb nur eine Unterkunft für die wenigen, die hier auch übernachten wollen.

■ Das **Old Goa Heritage View** €€–€€€ (Tel.: 2285327, (0)9323058910, www.goaheritageview.com) südöstlich des Kreisverkehrs bietet 45 atmosphärefreie, teils klimatisierte Zimmer mit Bad und ein Restaurant.

Anreise

■ Old Goa wird etwa alle 15 Minuten vom Kadamba-Busbahnhof in Panaji aus per **Bus** (staatliche wie private) angefahren (8–12 Rs, 25 Min. Fahrtzeit). Busse von Old Goa nach Panaji halten an der Old Goa Rd. nahe dem Kreisverkehr vor dem Tourist Inn.

■ Goa-Tourism in Margao und Panaji offeriert tägliche **Ausflugstouren** nach Old Goa, meist in Verbindung mit anderen Sehenswürdigkeiten. Alle größeren Reiseagenturen verkaufen Tagesausflüge.

■ Ein **Taxi** von Panaji nach Old Goa kostet 300 Rs, eine Riksha die Hälfte.

Mapusa

Mapusa, das umgangssprachlich *Mapsa* ausgesprochen wird, hat kaum Sehenswürdigkeiten zu bieten. Einzig der jeden Freitag abgehaltene **Wochenmarkt** lohnt sicherlich einen Besuch. Wegen der Bedeutung als wirtschaftliches und verkehrstechnisches Zentrum des Nordens von Goa versorgen sich viele der in privaten Unterkünften wohnenden Individualtouristen aus Anjuna, Chapora und Arambol in den örtlichen Geschäften oder nutzen die Direktbusse, die von hier Richtung Mumbai fahren.

Wer in der dritten Woche nach Ostern in der Umgebung weilt, kann das **Fest zu Ehren Unserer Wundertätigen Frau** besuchen. Mittelpunkt des farbenfrohen Spektakels, zu dem auch ein großer Jahrmarkt gehört, ist die ursprünglich 1594 von den Franziskanern erbaute Kirche Our Lady of Miracles.

Stierkämpfe gehören zu den Leidenschaften goanischer Männer

Information

■ Hilfsbereit ist der Leiter von **GoaTourism** (Tel.: 226 2390), etwas versteckt hinter dem GTDC Mapusa Residency einen Durchgang hinein, 9.30–17.45 Uhr (13–14 Uhr Mittagspause) geöffnet. Der Schalter in der Lobby des Mapusa Residency verkauft **Sightseeing-Touren** innerhalb Goas (siehe Panaji).

Unterkunft, Essen und Trinken

Die meisten werden nicht in Mapusa übernachten, darum nur drei akzeptable Möglichkeiten in Busbahnhofsnähe:
■ Die **GTDC Mapusa Residency** €€–€€€ (Tel.: 2262794) hat gute Zimmer im oberen Preisbereich (Deluxe), während die unwesentlich billigeren Standardzimmer verwohnt sind. Alle verfügen über TV, nach hinten ist es sogar recht ruhig. Falls man im riesigen hauseigenen Restaurant den Kellner entdecken sollte, kann man dort auch essen.
■ Für wenig Geld bietet das freundliche **Hotel Vilena** €–€€ (Tel.: 2263115, 260650) viel. Keine 5 Fußminuten vom Busbahnhof entfernt an der Straße Richtung Arambol gelegen, haben die Zimmer teilweise eigenes Bad, auch TV ist möglich, außerdem gibt's ein Dachrestaurant.
■ Wer es luxuriöser möchte, sollte sich in Mapusas Top-Hotel, dem **Satyaheera** €€€ (Tel.: 2262849), einquartieren. Sehr angenehm sitzt es sich in dem im obersten Stock befindlichen **Ruchira Restaurant.** Von hier oben sieht die an sich hässliche Stadt sogar ganz ansehnlich aus. Zu essen gibt es indische und chinesische Gerichte.
■ Die **Betsy Bar & Restaurant** serviert sowohl vegetarische wie nichtvegetarische Kost.

Bank und Internet

■ Bargeldwechsel und Reisescheckeinlösung ist in der **State Bank of India,** busbahnhofsnah, im 1. Stock von 10 bis 13.45 Uhr, Sa von 10 bis 12 Uhr möglich.
■ Beim Braganza Hotel gegenüber dem Busbahnhof gibt's einen **UTI-ATM** und ein schnelles **Breitband-Internetcafé** (10–22 Uhr). Ein weiterer ATM ist an der Straße nach Arambol den Berg hinauf zu finden, ebenfalls nicht weit vom Busbahnhof entfernt. Beide nehmen alle wichtigen Kreditkarten außer AmEx. **Cyberzone** ist ein weiteres, recht fixes **Internetcafé** neben dem Hotel Satyaheera.

An- und Weiterreise

Bus:

Vom **Kadamba-Busbahnhof** im Stadtzentrum zahlreiche Verbindungen zu allen größeren Städten der Umgebung sowie innerhalb Goas.
■ Alle Busse, die von **Mumbai** nach Goa (und natürlich auch umgekehrt) fahren, passieren Mapusa. Für Reisende, die zu den nördlichen Stränden wie Arambol, Calangute, Vagator oder Anjuna wollen, empfiehlt es sich, bereits hier auszusteigen, da man sonst bis Panaji fährt und danach die gleiche Strecke wieder zurück. Die meist gegen 18 Uhr in Panaji startenden Busse nach Mumbai nehmen hier etwa eine halbe Stunde später Fahrgäste auf.
■ Die meisten **Reisebüros** für Busreisen sind aufgereiht an der Nordseite des Busbahnhofs, dort z.B. Paulo Travels (Tel.: 2256808) und Konkan Tours & Travels.
■ Alle im Folgenden genannten Fernziele fahren abends los (nach Mumbai zusätzlich morgens um 7 Uhr). Auf den langen Strecken können jedoch nur die AC-Volvo-Verbindungen empfohlen werden, da Fahrten mit den einfacheren Bussen ziemlich anstrengend sind und besser per Bahn bewältigt werden. Nach **Mumbai** (12–14 Std., 800–1.300 Rs, Sleeper, AC Volvo Luxury Bus, Privatanbieter 1.500–2.000 Rs), **Hospet** (Hampi, 10 Std., 700 Rs, Semi-Deluxe Sleeper), **Bangalore** (staatlich um 17 Uhr, 12 Std., 550 Rs, Privatanbieter AC Volvo Luxury Bus, Sleeper 1.600–2.000 Rs), **Pune** (10 Std., staatl. 380–600 Rs, Privatanbieter 1.200–1.500 Rs).

■ **Verbindungen innerhalb Goas:** Mindestens alle 20 Min. fahren staatliche Busse nach Panaji, nach Margao (zu diesen beiden Zielen verkehren nahezu preisgleich auch Privatanbieter, die seltener halten, teilweise ohne Halt bis Panaji durchfahren), Chapora (via Anjuna und Vagator) sowie Arambol alle 30 Min. (einige auch weiter bis Que-

Fort Aguada und Candolim

rim und zur Fähre nach Terakhol), Mandrem (25 Min.) und Morjim (30 Min.).

● Busse nach **Thivim Dorf** (von dort nochmals 6 km zum Bahnhof) fahren alle 10 Min. Riksha bzw. Taxi zwischen Mapusa und Thivim, dem mit 12 km Entfernung nächstgelegenen **Bahnhof der Konkan Railway,** kosten etwa 200 bzw. 250 Rs.

Taxi/Motorriksha:

● Wer mit der Motorriksha von Mapusa nach Calangute oder Anjuna fahren möchte, muss dafür um die 60 Rs berappen. Mit dem Taxi wird es etwa doppelt so teuer, nach Margao 800 Rs, nach Arambol 400 Rs, Anjuna und Calangute kosten 200 Rs. Außerhalb des Busbahnhofs macht ein Preisschild für Taxis zähes Verhandeln überflüssig.

Der nördliche Teil von Goas Küste, fast durchgängig von Sandstrand gesäumt, wird im Süden von Fort Aguada abgeschlossen. Fort Aguada auf der Panaji gegenüber liegenden Mündungseite des Mandovi-Flusses wurde 1612 von den Portugiesen erbaut, um die damalige 10 km landeinwärts/flussaufwärts gelegene Hauptstadt Old Goa vor Angriffen feindlicher Flotten von See aus zu schützen.

Das gut erhaltene Fort, auf dem mehrere Süßwasserquellen entspringen, die in früherer Zeit den aus Übersee anlandenden Seefahrern sehr willkommen waren, ist wegen der schönen Ausblicke einen Besuch wert (8.30–17.30 Uhr geöffnet).

Der nahe dem alten gelegene neue **Leuchtturm** steht tgl. zwischen 15 und 17.30 Uhr Besuchern offen. Im östlich dem Fort über dem Mandovi gelegenen **Aguada-Gefängnis** sitzen hauptsächlich wegen Drogendelikten verurteile Gefangene, auch Westler, ein.

Seit Ende der 1970er Jahre ist der nördlich dem Fort sich anschließende **Sinquerim Beach** als einer der ersten Goas für betuchte Touristen erschlossen, was zum Bau einer Vielzahl mehrgeschossiger Hotelburgen führte, die das Goa-typische Feeling natürlich nicht gerade beförderte. Nördlich des Sinquerim Beach schließt sich der hauptsächlich von Pauschaltouristen aus England und Skandinavien frequentierte **Candolim Beach** an. Entsprechend der hier vertretenen Klientel ist der **Ort Candolim** außer mit Unterkünften übersät von Läden und Verkaufsständen für Kunsthandwerk, Kitsch und Beachwear sowie Freiluftcafés und Restaurants. Auch die Strände sind gepflastert mit Sonnenliegen und -schirmen, Paragliding und Jetski werden angeboten. Goa-typische Erscheinungen wie Fischerboote oder goanische Architektur gehen in diesem Touristencocktail unter. Allerdings finden sich etwas zurück von den zumeist strandnahen Auswüchsen einige hübsche und verhältnismäßig preiswerte Unterkünfte und alte Kolonialvillen.

Unbedingt sehenswert ist **Calizz** (tgl. 10–17 Uhr, in der Hochsaison 10–21.30 Uhr, Eintritt 300 Rs, Kinder umsonst, Tel.: 3250000, www.calizz.com) an der Fort Aguada Rd. in Candolim, in dem typisch goanisches Leben vor der Zeit des Tourismus zu bestaunen ist. Informativ sind auch die 45-minütigen Führungen durch die traditionellen Häuser und Handwerksstätten und das angeschlossene Museum.

Unterkunft

Bei der Beschreibung der Unterkünfte wird von Nord nach Süd vorgegangen.

■ Eine einfache, billige und freundliche Unterkunft ist das **Lobo's Guest House** € (Tel.: 3290415) im eher ruhigen Dorfbereich mit großer Veranda.

■ Im Norden des Dorfs findet sich mit dem **Julia Guest House** €€ (Tel.: 2277219) eine für seinen Preis komfortable Unterkunft mit Garten. Die ineinander übergehenden Zimmer haben Parkettboden und Balkon. Auch der Strand ist nah.

■ Direkt am Strand, auch im nördlichen, ruhigeren Dorfbereich gibt's im bunten **D'Mello** €€€ (Tel.: 2489650) mit Garten eher kleine, aber hübsch dekorierte Zimmer und einen Gemeinschaftsbalkon zum Meer als abendlichen Treffpunkt. Man sollte natürlich die Zimmer im zur See ausgerichteten Gebäude vorziehen.

■ Das etwas billigere **Dona Florina** €€–€€€ (Tel.: 2489051, www.donaflorina.co.in) ist schon wegen des Panoramablickes übers Meer sein Geld wert.

■ Nur wenig südlicher am Strand ist das **Shanu Guest House** €€–€€€ (Tel.: 2276899) preisähnlich, die großen Zimmer im Anbau sind vorzuziehen.

■ **Sea Shell Inn** €€€ (Tel.: 2489131, www.seashellgoa.com) schräg gegenüber der Canara Bank an der Hauptstraße ist nicht nur wegen der blitzsauberen Zimmer, sondern auch wegen Freiluftrestaurant und *deposit service* ein guter Deal. Nur etwas teurer ist das **Casa Sea Shell** €–€€€ (Tel.: 2479879) in einer Gartenanlage neben der Nossa-Senora-da-Buona-Successa-Kirche, 200 m südlich. Große Zimmer mit Bad in einer Gartenanlage und hilfsbereites Personal.

■ Die Straße südlich der genannten Kirche hinein bis zum Strand, erreicht man das **Tidal Wave** €€€ (Tel.:

▷ Typische Hotelanlage der gehobenen Klasse

2276884, newmanwarren@rediffmail.com). Schöne Zimmer mit Seeblick im neuen Trakt, zudem einige kleine Apartments mit Kochnischen überzeugen.

■ Saubere Zimmer mit Bad in Strandnähe und ein gemütlicher Garten machen das backsteinerne **Tropicana Beach Resort** €€ (Tel.: 2277732) zu einer exzellenten Wahl. Ist dieses voll, kann man es im fast nebenan gelegenen **Diorio's Guest House** €€ (Tel.: 2279164), nur etwas teurer, in familiärer Atmosphäre versuchen.

■ Das **Pretty Petal Guest House** €€–€€€ (Tel.: 2276184) ist eine große Villa, ebenfalls mit großem Garten und ebensolchen Zimmern. Die teureren haben Balkon, AC und Kühlschrank.

■ Die familiengeführte **Villa Ludovico** €€–€€€ (Tel.: 2479684), ein typisch goanisches Haus, hat gemütliche Zimmer mit Bad, auch Frühstück wird serviert.

■ Das wunderbar restaurierte, ganz im Süden nahe beim Fort gelegene **Marbella Guest House** €€€€ (Tel.: 2479551, www.marbellagoa.com) ist eine alte portugiesische Kolonialvilla. Geräumige Zimmer mit wunderschönem Dekor und altem, mit Schnitzereien verziertem Holzmobiliar in ruhiger Umgebung – was will man mehr.

■ Topadressen sind natürlich die drei Fünf-Sterne-Luxusresorts (alle €€€€€€) der Taj-Gruppe (Tel.: 6645858, www.tajhotels.com, reservations.goa@tajhotels.com). Einmal das **Vivanta Holiday Village** am Sinquerim Beach und, innerhalb der Außenmauern des Alten Forts, das **Vivanta Fort Aguada** mit auf großer Fläche verteilten sogenannten Chalets, mehreren Swimmingpools, große Wassermengen verschlingenden Rasenflächen und sonstigen in dieser Preisklasse üblichen Annehmlichkeiten.

Essen und Trinken

Die Palette an Restaurants ist in Candolim so vielfältig wie die der Unterkünfte. Von einfachen Strandrestaurants bis zu edlen Speisetempeln (wo meist entsprechende Garderobe erwartet wird) ist für jeden Geschmack etwas dabei.

■ Eins der vielen Strandrestaurant fällt wegen des hervorragenden und vielseitigen Angebots aus dem üblichen Rahmen. Bei **Pete's Shack** gibt es frische Salate italienischer Art (Mozzarella, Olivenöl etc.), Sizzler und Seefrüchte.

■ Im goanischen Landhaus des **Stonehouse** werden Fleisch- und Fischgerichte zu Bluesmusik bei gedämpftem Licht und zu angenehmem Preis serviert. Im südlichen Candolim an der Hauptstraße.

218is tb

■ Hervorragend in Ambiente und Küche ist auch das **Santa Lucia**, ein italienisches Restaurant etwas südlich.

■ Die lange Speisekarte des **Sheetal** umfasst neben hervorragender Mughlai-Küche auch Huhn, Hammel und Vegetarisches, serviert von Obern in traditioneller Garderobe.

■ Im Holzkohleofen werden die Tandoori-Gerichte im Restaurant des **Casa Sea Shell** zu moderaten Preisen gebrutzelt. Auch nordindische, chinesische und westliche Gerichte gibt's.

■ Freunde der thailändischen Küche sind bei Chefkoch *Chawee* im **Oriental** bestens aufgehoben (ca. 500 Rs für ein Hauptgericht). Kochkurse inkl. 5-Gänge-Menu sind am Mo Nachmittag möglich.

■ Gourmets kommen im Toprestaurant des Taj Aguada, dem **Caravella**, auf ihre nicht geringen Kosten. Hervorragende Köche zaubern Träume aus Fisch in kolonialen Fortruinen mit Meerblick. Auch die Weinkarte ist erlesen. Hauptgericht nicht unter 1.000 Rs.

■ Schon ab 18.30 Uhr (sowie von 13 bis 14.30 Uhr) ist das **After Eight** zwischen Candolim und Calangute geöffnet. Durch den ruhigen Garten ein gelungener Ort, um den Tag bei Fisch, Steak (um 250 Rs) oder vegetarisch und einem der vielen angebotenen Weine ausklingen zu lassen. Die Gasse nahe der kleinen Kapelle Richtung mehr hinein.

■ Ein guter Tipp ist das 3 km östlich von Candolim zu findende **Amigo** bei der Nerul Bridge, wohin sich kaum ein Tourist verirrt. Hervorragende frische Früchte des Meeres in rustikaler Einrichtung.

Bank und Internet

Viele Private und Reisebüros bieten Geld- und Reisescheckstausch zu ungünstigen Wechselkursen. Für bessere Raten sollten man auf Calangute ausweichen (siehe dort).

■ Der **ATM** der UTI-Bank beim Hotel Dona Alcina, Candolim, akzeptiert alle wichtigen Kreditkarten bis auf AmEx.

■ Internetsurfen ist z.B. bei **The Web**, zentral gelegen, aber recht teuer (50 Rs/Std.), oder im Norden bei **Online World** gegenüber dem Lawande Centre bei geringeren Preisen und schnelleren Verbindungen möglich.

Medizinische Versorgung

■ Als Krankenhaus bietet sich das **Bosio Convent Hospital** (Tel.: 2276034) an der nördlichen Ausfallstraße nach Panaji an.

Sport und Unterhaltung

■ Viele Anbieter verlangen für etwa einstündige **Bootsausflüge zu den Delfinen** etwa 300 Rs. Halbtägige Ausfahrten mit Mittagessen und Getränken kosten bei John's Boat Tours (Tel.: 6520190, (0)9822182814, www.johnboattours.com) 600 Rs. Weitere Ausflüge wie eine **Krokodiltour** sowie eine Nachtfahrt auf den **Backwaters** in einem keralischen Hausboot und zum Anjuna-Flohmarkt sind im Angebot.

■ **Paragliding** für etwa 1.300 Rs/20 Min. sowie das Ausleihen von **Jetski** für 1.000 Rs/ 20 Min. ist am Strand möglich.

■ Gute Aufführungen von **klassischem indischen Tanz** finden jeden Samstag im Tamarind Restaurant des Dom Francisco Hotel statt.

An- und Weiterreise

■ **Busse** nach Panaji halten am Bushalt an der Kreuzung gegenüber dem Casa Sea Shell. Einige fahren nach Süden Richtung Fort Aguada Beach Resort. Von dort regelmäßige Verbindungen nach Panaji über Nerul. Außerdem regelmäßige Verbindungen nach Calangute 2 km nördlich.

■ Ein **Taxi** nach Panaji kostet 150 Rs, zum Flughafen 550 Rs. Weitere Preise für Taxifahrten in Goa sind der Tabelle am Anfang des Goa-Kapitels zu entnehmen.

■ Wer einen **Motorroller** oder ein **Motorrad** mieten will (200 bzw 300 Rs/Tag in der Saison, Discounts für lange Mietzeiten, wobei Verhandlungsgeschick gefragt ist) muss sich darauf einstellen, dass es in der Hauptsaison zu Engpässen kommen kann und dann auf das nördlich gelegene Calangute ausweichen muss.

Fort Aguada und Candolim

Calangute und Baga

Kein anderer Ort Goas repräsentiert den Wandel vom Geheimtipp der Hippies zum Ferienparadies in derart exemplarischer Weise wie dieser **sieben Kilometer lange Strandabschnitt** zwischen den beiden Orten Calangute im Süden und Baga im Norden. Wo früher nur vereinzelt einige bescheidene Unterkünfte den Weg säumten, reihen sich heute entlang der Baga Road unzählige **Hotels, Restaurants, Kneipen und Souvenirläden**. Waren es früher zivilisationsmüde Aussteiger, sind es heute europäische Pauschaltouristen, die den Ton angeben. Das ist durchaus wörtlich zu verstehen, denn während der reichliche Marihuana-Genuss die Blumenkinder meist in relaxtem Dahindösen „animierte", ist die bierselige Laune der meist britischen Pauschaltouristen mancherorts kaum zu überhören. Verglichen damit nehmen sich die immer zahlreicher werdenden einheimischen Touristen sehr friedlich aus. Alle zusammen tragen dazu bei, dass die letzten verschwiegenen Ecken Hotelklötzen weichen müssen, die obendrein keinerlei Bauplanung unterliegen. In Calangute hat die Tourismusindustrie erbarmungslos zugeschlagen und die ehemals verschlafenen Fischerdörfer in hektische **Vergnügungszentren** verwandelt.

Woher die Popularität gerade dieses Strandabschnitts rührt, bleibt angesichts des **dreckigen, rötlichen Sandes** und der gefährlichen Unterströmungen ein Rätsel. Wenn überhaupt, dann lassen einige Stellen im noch nicht ganz so durchkommerzialisierten Baga etwas von der früher herrschenden Atmosphäre erahnen, zieht es doch weiterhin eher Rucksacktouristen an, die sich bei den seltener werdenden Partys im etwas nördlich hiervon gelegenen Anjuna vergnügen wollen. Nirgendwo sonst in Goa existiert eine derartige Dichte an Restaurants, Cafés und Geschäften. Darüber hinaus steht eine kaum noch zu überschauende Zahl an Unterkünften aller Preiskategorien zur Verfügung.

Ausflüge, Reisebüros

■ **GoaTourism** bietet viele Tagesausflüge zu Sehenswürdigkeiten in Goa an, die meisten starten in Panaji (Genaueres siehe dort). Eine der Touren startet in Calangute bei der Calangute Residency (Tel.: 2276024, 2276109), wo auch Tickets erworben werden können. Es handelt sich um die jeweils Mi und So stattfindende Dudhsagar Special (9–18 Uhr, Non-AC 750 Rs inkl. Mittagessen), die außer Indiens zweithöchsten Wasserfällen auch Old Goa und Tempelbesichtigung beinhaltet.

■ Als guter Veranstalter für Ausflugstouren hat sich **Day Tripper** (Tel.: 2276726, www. daytrippergoa.com, nahe dem Kamat Complex) bewährt. Eine Vielzahl von Ausflügen in Goa und auch außerhalb wird angeboten. Auch **MGM Travels** (Tel.: 2276249), ebenfalls in Calangute, hat sich als zuverlässig erwiesen.

Unterkunft

Weit über 150 Hotels, Beach Resorts und Guest Houses säumen die Straße von Calangute bis Baga und die von ihr abzweigenden Gassen Richtung Strand. Im Folgenden kann selbstverständlich nur eine kleine Auswahl vorgestellt werden. Außerhalb der inzwischen auch von der indischen Mittelschicht stark frequentierten Saisonzeiten sind hohe Preisabschläge nicht nur bei den Unterkünften auszuhandeln. Es werden hier Saisonpreise angegeben, nicht Hochsaisonpreise um Weihnachten und Neujahr, die noch einmal auf das Doppelte steigen können. Die Beschreibung der Unterkünfte erfolgt von Nord nach Süd.

■ Einige einfache Unterkünfte nördlich des Baga-Flusses sind über eine kleine Brücke mit Baga verbunden. Von hier ist's zu Fuß über den Kliffweg nicht weit bis Anjuna.

Calangute und Baga

Da ist einmal das idyllisch gelegene **Divine Guest House** €€–€€€ (Tel.: 2279546, www.indivinehome.com), ca. 3 Min. zum Strand, mit kleinen, hellen Zimmern, teils mit Gemeinschaftsbad. Zum zweiten sei das **Nani's & Rani's Guest House** €€€ (Tel.: 2276313, www.naniranigoa.com), ganz in der Nähe, genannt. Einfache Cottages hinter einem Kolonialgebäude, einige mit Bad, andere mit Außendusche sowie Internetanschluss und Quellwasser sind was besonderes. Das **Melissa Guest House** €€ (Anjuna Rd., Tel.: 2279583) bietet saubere Zimmer mit Bad.

■ Diesseits des Flusses gleich hinter einer kleinen katholischen Kirche und einer schönen, alten Kolonialstilvilla stehen die von einer sehr freundlichen Familie geleiteten **Alidia Beach Cottages** €€€€ (Tel.: 2276835, www.alidiabeachcottages.com) in palmen- und pflanzenbestandenem Garten mit Swimmingpool. Alles macht einen äußerst gepflegten und liebevollen Eindruck und die Hektik der Baga Road scheint meilenweit entfernt.

■ Das Mittelklassehotel **Cavala Seaside Resort** €€–€€€€ (Tel.: 2276090) mit Swimmingpool macht mit seiner Backsteinarchitektur von außen einen schönen Eindruck. Die Zimmer, alle mit Balkon, sind ebenfalls ansprechend, doch auch hier gilt wegen der angrenzenden Straße der Tipp: die nach hinten gelegenen Zimmer mieten. Die wenigen Zimmer ohne AC sind sehr preiswert.

■ Sehr beliebt, besonders bei langjährigen Goa-Besuchern, ist das **Villa Fatima Beach Resort** €€ (Tel.: 277418), welches sich inmitten eines kleinen tropischen Gartens mit rückwärtigem Strandzugang befindet.

■ Von der Hauptstraße in eine Gasse Richtung Strand erreicht man nach wenigen Metern auf der linken Seite das **Ancora Beach Resort** €€–€€€ (Tel.: 2276096), ausgezeichnetes Preis-Leistungs-Verhältnis in der unteren Kategorie.

■ Auch in dieser Gasse und im Zentrum Bagas nahe Tito's ist das **Angelina Beach Resort** €€–€€€ (Tel.: 2279145) ebenfalls eine gute Wahl mit großen Balkonzimmern in gutem Zustand.

■ Empfehlenswerte Mittelklasse ist das **Colonia Santa Maria** €€€€€ (Tel.: 6657000, www.csmgoa.com) am Ende einer kleinen Gasse, die von der Baga Road Richtung Strand abzweigt. Saubere und angenehme Suiten mit kleiner Kochnische, Kühlschrank in den Cottages sowie ein eigenes Restaurant, Internet und Swimmingpool. Zum Strand sind es nur wenige Meter. Im Colonia Santa Maria mit herrlichem Palmengarten sind drei Tage Mindestaufenthaltsdauer. **Capt. Lobos Beach Hideaway** €€€€ (Tel.: 2276103) nebenan ist ebenfalls okay, aber über Weihnachten/Neujahr weit überteuert.

■ In Bagas Zentrum befindet sich das etwas gehobenere, im portugiesischen Stil erbaute **Ronil Beach Resort** €€€€ (Tel.: 2276101) mit Swimmingpool und guten, sauberen AC-DZ. Während der Hauptsaison viele Pauschaltouristen.

■ Das **Royal Heritage Resort** €€–€€€ (Calangute-Candolim Rd., Tel.: 2277172) verfügt über einen kleinen Pool und ein recht gutes Restaurant. Ruhig und schön gelegen, 10 Min. Fußweg bis zum Strand und einfache, gemütliche Zimmer. Um Neujahr steigen auch hier die Preise auf das Doppelte bis Dreifache und sind dann zu hoch.

■ Am Ende einer Gasse, die im nördlichen Calangute von der Hauptstraße abzweigt, ist **Johnny's Hotel** €–€€ (Tel.: 2277458, (0)9225900653, www.johnnys_hotel.com) eines der besten Billighotels. Abgesehen von der unmittelbaren Strandnähe bietet es ein Roof-Top-Restaurant, freundliches Personal und saubere Zimmer.

■ **Martins Guest Rooms** €€–€€€ (Tel.: 2277306, (0)982 2184621) befinden sich in einer großen, hübschen, gelb-grün gestrichenen Villa und werden vom freundlichen Besitzerehepaar *Desmond* und *Marlette Martins* geleitet. In den nach hinten gelegenen der geräumigen Zimmern schläft es sich – da ohne Straßenverkehrslärm – wesentlich ruhiger.

■ Sehr empfehlenswert ist auch die am Ende der gegenüber von Martin's abgehenden Straße, strandnah gelegene **Villa Goesa** €€€€ (Tel.: 2277535, alobo@goatelecom.com). Die um einen gepflegten Garten angelegten, aber nicht sonderlich großen Zimmer sind ihren Preis am oberen Ende dieser Kategorie noch wert.

■ Das **Joanita Guest House** €€ (Tito's Rd., Tel.: 2277166) in Baga und **Garden Court Resort** €–€€ (Tel.: 2276054) im Zentrum Calangutes – einige Zimmer verfügen über AC und Kochnische – sind zwei Billigdomizile im Dorfzentrum Calangutes. Im Zweitgenannten gibt's außerdem Apartments mit bis zu drei Schlafzimmern. Preisnah in der gleichen Gegend ist das **Popeye's G.H.** €€ (Tel.: 2279296). Die Zimmer in dem von einer netten Familie geführten Haus sind einfach, aber hübsch eingerichtet.

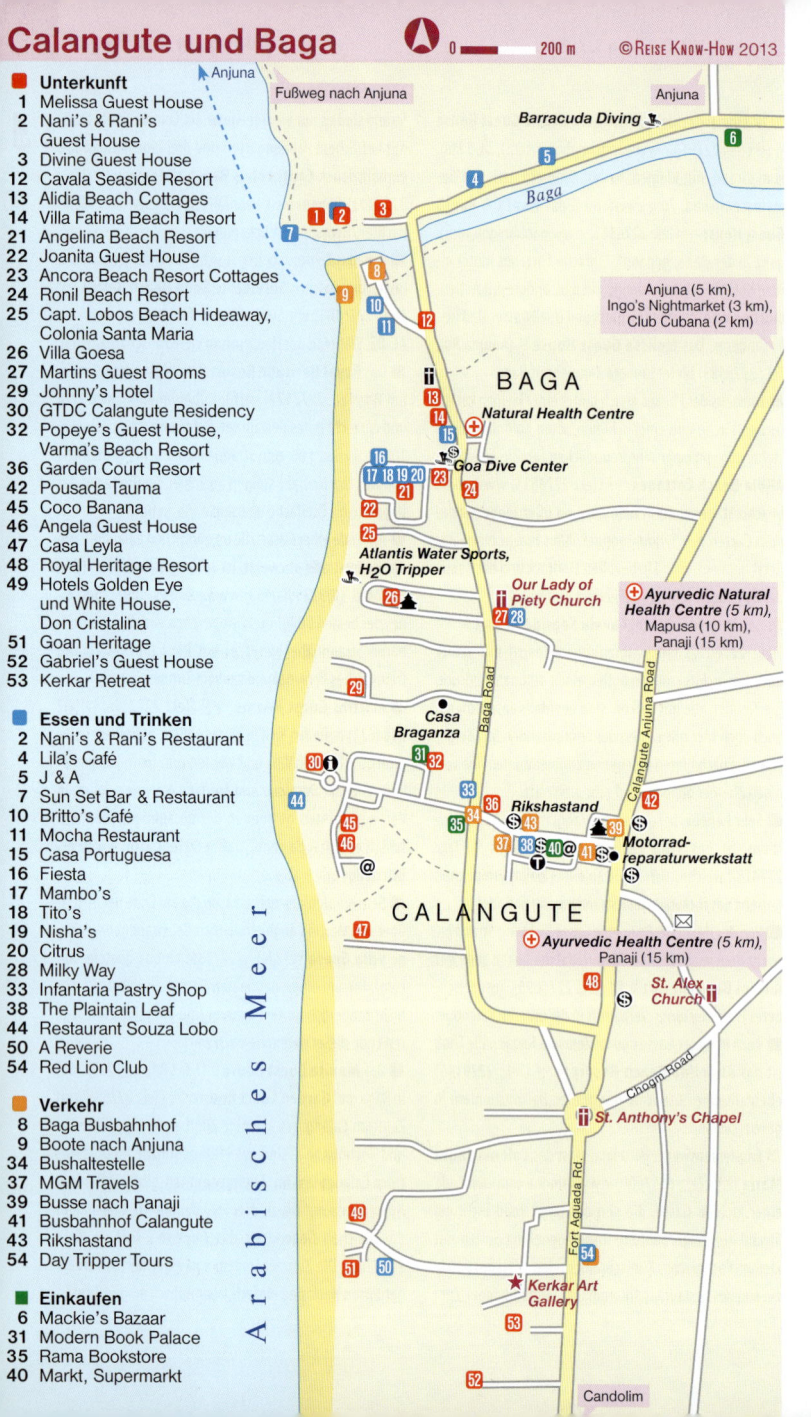

■ Teurer ist die nahe gelegene Oase **Varma's Beach Resort** €€€–€€€€ (Tel.: 2276077, (0)9822164977, www.calangutebeach.com) in der Mittelklasse. Alle Zimmer der von einer äußerst freundlichen Familie geführten Anlage sind um einen hübschen Innenhof mit Pool angelegt, manche haben eine kleine Veranda.

■ **Coco Banana** €€€ (Tel.: 2279068, www.cocobananagoa.com) liegt tarif- und qualitätsmäßig eine Stufe tiefer. Es bietet einwandfreie Cottages mit Bad, um einen Garten angelegt, in ruhiger Lage, ebenfalls am Strand. Wird mehr Platz benötigt, sind die zwei nahen Apartments des **Casa Leyla** unter derselben Leitung das Richtige.

■ Für Reisende mit kleinerem Geldbeutel empfehlen sich einige einfache Unterkünfte, die entlang der schräg gegenüber des Bushaltplatzes bei der Calangute Residency Richtung Süden abzweigenden Straße gelegen sind. Besonders hervorzuheben ist das sympathische **Angela Guest House** € (Tel.: 2277269, (0)9822154640), ein alter Favorit der Backpacker-Szene. Es hat Zimmer mit Gemeinschaftsbad.

■ Im südlichen Calangute am Ende der Holiday St. sind das **Hotel Golden Eye** €€€€€ (Tel.: 2277308, www.hotelgoldeneye.com) und das billigere **White House** €€€€ (Tel.: 2277938) zwei gute Domizile der oberen Mittelklasse. Die Zimmer mit Balkon und Meerblick, in ruhiger Lage direkt am hier ruhigen Strand sind sehr empfehlenswert. Das ebenfalls makellose **Dona Cristalina** €€ (Tel.: 2297012) an derselben Straße ist nochmal um einiges billiger.

■ Das **Kerkar Retreat** €€€€ (Tel.: 2276017, www.subodhkerkar.com/retreat.html) bei der Kerkar Art Gallery ist etwas ungünstig an der Hauptstraße gelegen, hat aber sehr gelungen eingerichtete und farbenfroh dekorierte Zimmer in modernem Stil.

■ Strandnahe Balkonzimmer, ein klasse Dachrestaurant und ein einladender Garten sowie hilfsbereites Management sprechen für das **Gabriel's Guest House** €€ (Tel.: 2279486) ganz im Süden Calangutes.

■ **Pousada Tauma** €€€€€€ (Tel.: 2279061-3, www.pousada-tauma.com, Preise inkl. Mahlzeiten) ist eine luxuriöse 5-Sterne-Unterkunft etwas östlich von Calangute. Doppelstöckige Backsteinhäuser, um einen Pool gruppiert in grüner Umgebung, sind teuer. Außerdem gibt's ein gutes Restaurant und ein ayurvedisches Gesundheits-Center.

■ Nur wenig teurer ist das **Nilaya Hermitage** €€€€€€ (Tel.: 2276793/4, www.nilaya.com), 6 km landeinwärts, eines der luxuriösesten Hotels Goas. Diese Jet-Set-Herberge (indische Filmstars und *Richard Gere* sollen hier übernachtet haben) verfügt über alle in dieser Kategorie üblichen Annehmlichkeiten. Die extrem hohen Preise beinhalten alle Mahlzeiten sowie Zugang zu allen Wellness- und Sporteinrichtungen.

Essen und Trinken

Calangute und Baga bieten zweifelsohne die größte Auswahl an empfehlenswerten Restaurants in Goa. Die kleine Auswahl wird von Nord nach Süd beschrieben.

■ **Lila's Café** (tgl. außer Di 8.30–18 Uhr, 120–250 Rs) nördlich des Baga-Flusses ist ein wunderbarer Ort fürs Frühstück: selbstgebackenes Brot, Croissants, diverse Müslis in friedvollem Garten.

■ **J & A**, auch auf der Nordseite des Flusses, ist eines der besten italienischen Restaurants/Cafés Bagas. Köstliche Pizza, Pasta und Lasagne sowie gute Weine in Gartenumgebung einer protugiesischen Villa sind um 300–450 Rs pro Hauptgericht zu genießen. Urig und billig sitzt und speist man in der **Sun-Set Bar & Restaurant** (8–22.30 Uhr), nicht weit weg.

■ Ein gutes Strandrestaurant ist **Mocha**, ein schön gestylter Ort mit Liegepolstern und flachen Tischen zum Genießen des Sonnenuntergangs. Diverse Kaffeesorten, Kuchen und auch kleine Gerichte und Alkoholisches werden offeriert.

■ Das alteingesessene **Britto's** (bis Mitternacht, 100–250 Rs) am Strand ist immer noch gut, mit goanischer (Fischgerichte!) und westlicher Küche sowie Kuchen und gelegentlich Live-Musik.

■ **Nisha's** ist schon wegen der Lage direkt bei Tito's immer voll. Frische, einfach zubereitete Fischgerichte gibt's für um 300 Rs.

■ Die **Casa Portuguesa** ist eine schöne, alte portugiesische Villa, in der man täglich ab 18.30 Uhr in stilvoller Atmosphäre zwischen goanischen und portugiesischen Gerichten auswählen kann, die allerdings in den letzten Jahren reichlich teuer geworden sind.

■ Sehr schön sitzt es sich auch auf der weit ausladenden Holzterrasse des dem Hotel Baia do Sol angeschlossenen **Valerio's Restaurant.** Getrübt wird das Vergnügen jedoch durch die gesalzenen Preise, zumal das Essen eher mittelmäßig ist.

■ Wer einmal unter Palmen in einem sehr schön gestalteten Garten bei romantischer Musik für indische Verhältnisse ausgezeichnete italienische Pasta und Pizza genießen möchte, für den ist das **Fiesta** (Tel.: 2279894) nahe Tito's die ideale Adresse. Für das Gebotene sind 200–300 Rs für ein Hauptgericht völlig gerechtfertigt. Abends sollte man reservieren.

■ Ebenfalls dort ist **Citrus** ein modernes vegetarisches Restaurant mit einfallsreicher Speisekarte.

■ Seit Jahren eine der beliebtesten Adressen in Calangute ist das **Souza Lobo Restaurant** direkt am Strand. Die Popularität rührt nicht nur von der perfekten Lage her, die allabendlich zum Beobachten des Sonnenuntergangs einlädt, sondern auch von der guten Küche. Neben leckeren Fischgerichten kann man sich auch an deftiger Kost wie etwa einem Steak laben.

■ Eine gelungen renovierte Kolonialvilla gibt den stilvollen Rahmen für hervorragende, umfangreiche und erstaunlich günstige Fisch- und Fleischgerichte im **Casandre** (8.30–15 und 18–0 Uhr, 70–150 Rs) in Calangute.

■ Nahe der Calangute Residency befindet sich das **Trip In,** welches ebenso wie das **Milky Way** an Calangutes frühere Jahre als Hippie-Hochburg erinnert.

■ Neben der St. John's Chapel lockt der **Infantaria Pastry Shop** u.a. mit frischen Croissants und köstlichem Apfelkuchen, also ein hervorragender Ort fürs Frühstück, obwohl die Preise, goatypisch, in den letzten Jahren in die Höhe geschossen sind.

■ Hervorragende fleischlose indische Küche serviert das **The Plaintain Leaf,** Thalis, Dosas und Samosas zum kleinen Preis.

■ Im **A Reverie** (Holiday St., 19–2 Uhr) nahe dem Goan Heritage zahlt man auch für die Ausstattung, so lockt es eher die reiche Klientel. Doch auch die fantasievollen kulinarischen Kreationen sind schon was Besonderes (ca. 300–600 Rs pro Hauptgericht).

Nightlife

■ Es herrscht kein Mangel an Vergnügungsmöglichkeiten, überall sind kleine Bars und Tanzlokale zu finden, etwa der **Red Lion Club** im Süden Calangutes. Immer noch angesagter Szene-Treff ist **Tito's** (www.titos.in) in Baga, nahe am Strand am Ende der kleinen Straße, die hinter der Villa Bonfim abzweigt. Ambiente, Lage und Essen sind hier gleichermaßen delikat, wofür man jedoch auch einiges berappen muss. Die Eintrittspreise für Music-Events mit DJs, Varieté oder Modeschauen variieren je nach Wochentag und Saison. Frauen haben freien Eintritt. Ab 20 Uhr bis weit in die Nacht geöffnet in der Hochsaison, zu anderen Zeiten bis 23 Uhr. Absoluter Favorit der Szene ist derzeit **Café Mambo's** (Tel.: (0)9822765002, Eintritt 500 Rs) fast nebenan.

■ Gut 2 km außerhalb von Baga Richtung Arpora ist das neuere **Club Cubana** (Tel.: (0)9158257000, www.clubcubanagoa.com, ab 21.30 Uhr) eher für die betuchtere Klientel, großteils aus Russland, gedacht. Dafür spricht schon der Eintrittspreis von 900 Rs für Männer und 600 Rs für Frauen, in dem dann aber die Drinks enthalten sind. Die DJs an den Wochenenden (Fr/Sa) von 21 bis 4 Uhr geöffneten Clubs spielen Hip-Hop und Rythm & Blues (keinen Techno), wozu auf der kleinen Tanzfläche am beleuchteten Pool getanzt wird.

Sport und Unterhaltung

■ Kaum zu glauben, aber wahr: Im vergnügungssüchtigen Calangute kann man sich tatsächlich an klassischer indischer Kultur erfreuen. Zweimal in der Woche, jeweils Di und Do, sowie an einigen Wochenenden veranstaltet die **Kerkar Art Gallery** (Tel.: 2276017, www.subodhkerkar.com) im Süden der Stadt eine 90-minütige Aufführung klassischen indischen Tanzes und ebensolcher Musik. Für einen gelungenen Rahmen sorgt die schön geschmückte Bühne. Die Darbietenden sind Studenten der angesehenen Kala Academy in Panaji. Beginn 18.30 Uhr. Gesponsert werden die Veranstaltungen vom angeschlossenen **Waves Restaurant** (11–15 und 19–2 Uhr), in dem man ausgezeichnet speisen kann (300–500 Rs pro Hauptgericht).

■ Zwischen Calangute und Baga am Strand verleihen **Atlantis Water Sports** (Tel.: (0)9890047272) und **H$_2$O Tripper** (Tel.: 2277907) **Jetski** (1.000 Rs für 15 Min.) und machen **Bootsausflüge**. Auch **Wasserski** (1.200 Rs für 15 Min.) und **Paragliding** (1.000/1.800 Rs als Tandemflug) ist möglich.

■ Der jeden Mittwoch in Anjuna stattfindende, goaweit bekannte **Flohmarkt** wird morgens ab etwa 9 Uhr bis Sonnenuntergang von Fischerbooten angefahren. Der Preis für die 20-minütige **Bootsfahrt** hängt von der Menge der Passagiere und der Tageszeit ab (um 200 Rs). Wer diese Variante wählt, dorthin zu gelangen, sollte bedenken, dass es bei etwas aufgewühlter See nass werden kann und seine Kamera und evtl. auch sich selbst entsprechend schützen.

■ Nordöstlich von Baga Richtung Arpora ist **Barracuda Diving** (Tel.: 2269409-14, (0)9822182402, www.barracudadiving.com) im Hotel Sun Village seit Jahren Experte für professionelle Tauchgänge.

■ Etwa 3 km nördlich von Baga bei Arpora hat sich mit **Ingo's Nightmarket** nahe dem Chorianginath-Tempel zusätzlich zum **Anjuna Fleamarket** ein weiterer Flohmarkt etabliert. Der von vielen inzwischen favorisierte Markt bietet Live-Musik, Tanz, Verkaufs- und Essensstände mit vielfältiger Küche, Feuerschlucker und vielerlei andere Vergnügungen. Er findet jeden Samstag von 18 bis 2 Uhr morgens statt. Eine kleinere Variante ist **Macky's Bazaar** auf der nördlichen Baga-Flussseite.

Ayurveda

■ Professionelle ayurvedische Anwendungen und Yoga bietet das **Ayurvedic Natural Health Centre** (Chogm Rd., Tel.: 2409275, www.healthandayurveda.com) in Saligao, 5 km ins Landesinnere hinein. Viele der Busse nach Mapusa halten in Saligao.

■ Eine erstklassige Adresse für ayurvedische Behandlungen ist die Praxis von **Dr. Ruhit** neben Lila's Café nördlich des Baga-Flusses. Der erfahrene Arzt nimmt sich Zeit für seine Patienten und behandelt fachkundig.

Bank

■ **Wall Street Finances** in Calangute ist der beste Ort, um Bargeld und Reiseschecks zu wechseln; geöffnet Mo–Sa 9.30 bis 18 Uhr.

■ Bürokratischer und dementsprechend langsamer ist die **State Bank of India,** nur wenige Meter weiter Richtung Hauptstraße.

■ Als Alternative bietet sich die **Bank of Baroda** (Mo–Fr 9.30–14.15 Uhr, Sa 9.30–12 Uhr, So 9.30–14 Uhr) an, wo Visa-Karten-Inhaber Bargeld ausgezahlt bekommen (1 % Gebühr plus 100 Rs für Bestätigungsanruf).

■ Schnell und effizient wird bei **Thomas Cook** (Mo–Sa 9–18 Uhr) nahe der St. Anthony's Chapel bedient, die Wechselraten sind aber schlechter.

■ Die **ATMs** der UTI-Bank im Benson Complex und der ICICI-Bank am Markt akzeptieren die wichtigen Kreditkarten.

Zweiradvermietung

■ **Motorräder, Motorroller und Mofas** werden an unzähligen Ständen und in Guest Houses vermietet. Die in ganz Goa üblichen Tagesmieten von 300 bis 400 Rs bei Motorrädern (je nach Zustand und Größe) gelten auch hier. Gelegentlich sind auch **Fahrräder** für meist 50 Rs pro Tag auszuleihen.

Polizeikontrollen

Diejenigen, die mit gemieteten Motorrädern und -rollern nach Arpora oder Anjuna anreisen, sollten wissen, dass gerade zu Flohmarkt-Zeiten häufig Polizeikontrollen an den Hauptzufahrtsstraßen auf der Lauer liegen, um die Fahrerlaubnis und die Fahrtüchtigkeit des Gefährts (und natürlich bzgl. Drogendelikten) zu überprüfen. Hat man keinen Führerschein dabei, kann es teuer werden. Ein Taxi kostet nach Arpora etwa 100 Rs.

An- und Weiterreise

■ **Busse** nach Panaji und Mapusa fahren alle halbe Stunde vom kleinen Busbahnhof im Zentrum. Wer von dort kommt, sollte möglichst nicht im Zentrum aussteigen, sondern erst an der Abzweigung Richtung Baga – so ist man näher am Strand und bei den Hotels. Nicht alle Busse fahren bis dorthin, d.h. man sollte sich vorher beim Schaffner erkundigen.

■ Für die 20-minütige **Taxifahrt** von Calangute oder Baga nach Panaji muss man mit etwa 250 Rs rechnen.

Anjuna

Als Baga und Calangute in den 1980er Jahren zu bürgerlich wurden, zogen sich die Hippies und jene, die sich dafür hielten, in das sich nördlich anschließende, nur durch eine Felsklippe abgetrennte Anjuna zurück. Seitdem sind einige Pop- und Techno-Wellen über Anjuna hinweggezogen, die nun offenbar verebbt sind. Tausende von Vergnügungssüchtigen auf den berühmten Strandpartys mit infernalisch lauter Musik sind ein Phänomen der Vergangenheit. Dem **ehemaligen Eldorado der Techno-Freaks** wurde nach Klagen der Bevölkerung und in der Presse wie auch von Politikern durch Auflagen der Behörden (z.B. dem Verbot lauter Musik im Freien nach 22 Uhr) die Grundlage entzogen. Inzwischen übernehmen **Yoga-Anhänger** das Zepter.

Berühmt ist Anjuna vor allem für seinen mittwochs stattfindenden **Flohmarkt,** zu dem Touristen aus ganz Goa anreisen. Unter dem Motto „Sehen und Gesehen werden" präsentieren sich dann die schrillsten Gestalten und man fühlt sich unvermittelt in die Flower-Power-Zeit zurückversetzt. Dieser sehr kommerzielle Markt lohnt vor allem wegen der vielen Eindrücke und um Fotos zu schießen. Die verkauften Produkte der gelegentlich aufdringlichen Händler sind reichlich übertreuert. Es ist zu beachten, dass zu diesem Anlass häufig Polizeikontrollen an den Zugangsstraßen postiert sind, um Fahrzeuge und Fahrerlaubnis zu kontrollieren, also aufpassen, sonst kann's teuer werden.

Das eigentlich beschauliche, etwas weitläufige Anjuna ist zu einem typisch goanischen **Badeort** mit einem nach Süden breiter werdenden Strand mutiert, der von der Steilküste mit sehenswertem Aussichtspunkt abgeschlossen wird. Nachdem es zu mehreren schweren Unfällen von Schwimmern mit Motorbooten und Jetski gekommen ist, wurde ein Teil des strandnahen Meeres mit einem Netz vom offenen Wasser abgeschirmt, was das Badevergnügen nicht fördert.

Unterkunft

Wer sich in den günstigen Guest Houses unmittelbar am Kliffrand einquartiert, sollte sich im Klaren darüber sein, dass man für die dort verlangten Preise von 100 bis 150 Rs kaum mehr als ein kleines, dunkles und nicht unbedingt sauberes Zimmer, häufig ohne eigenes Badezimmer, erwarten darf.

■ Wer billig strandnah wohnen möchte, findet im **Florinda's Guest House** €-€€ (Tel.: (0)9890216520) eine einfache, saubere Wunscherfüllung mit hübschem Garten und überflüssigem Minipool. Nur ein paar Meter südlich sind die geräumigen und geschmückten Zelte mit komfortablem Bad von **Faiz'd** €€ (Tel.: (0)9619855350), ebenfalls in hübscher Gartenanlage, die bessere, aber meist ausgebuchte Wahl. Beide nur einen Steinwurf vom Strand entfernt.

■ An der Hauptstraße vermietet das **Paradise** €€-€€€ (Tel.: (0)9922541714) hinter einem Kolonialgebäude saubere Zimmer in ländlicher Idylle mit Hühnern und Katzen. Internetservice und Geldwechsel sind vorhanden, anderes kann arrangiert werden.

■ Eine Stichstraße am nördlichen Ortsausgang nach Vagator hinein findet sich das gute und meist gut gefüllte **Anjuna Beach Resort** €€–€€€ (Tel.: 2274499, (0)982 2176753, www.anjunabeachresort.com), ein zweigeschossiges Gebäude mit sauberen, teils großen Zimmern mit Terrasse. Das gegenüber gelegene, einfachere **Hill View Guest House** €–€€ (Tel.: 2273235, (0)9822482035) wirkt, da oft kaum belegt, zwar etwas tot, ist jedoch sauber und kann als Ausweich dienen, wenn das erstgenannte voll ist.

■ Das in einer alten Villa untergebrachte **Red Cab Inn** €–€€ (Tel.: 2274427) in ruhiger Lage ist sein Geld wert. Neben den gemütlichen Zimmern lockt das hauseigene Restaurant mit guter Küche.

■ Die relaxte Atmosphäre des **Rene's Guest House** €–€€ (Tel.: 2773405, (0)9850462217) ist nicht sein einziger Pluspunkt, auch die sauberen Zimmer mit Bad, eingebettet in einen Garten in ruhiger Lage, sind ihr Geld wert.

■ Sehr angenehm ist das gleich hinter der St. Anthony's Chapel gelegene **White Negro** €–€€€ (Tel.: 2273326, dsouzawhitenegro@rediffmail.com). Es bietet kühle Zimmer mit Terrasse zum Innenhof. Trotz seiner Strandnähe (drei Min. Fußweg) wirkt die gepflegte Anlage unter Bäumen ruhig und das angeschlossene überdachte Freiluftrestaurant bietet leckere Gerichte. Nebenan gibt's mit dem **Sailor's Guest House** €–€€ eine einfachere Alternative, natürlich auch in guter Lage, falls das White Negro voll ist.

■ Sowohl räumlich als auch preislich außerhalb der bisher genannten Unterkünfte liegt das **Laguna Anjuna** €€€€€ (Tel.: 2274131, www.lagunaanjuna.com). Die angenehm eingerichteten, individuell gestalteten Cottages der um einen Pool angelegten und mit vielen Pflanzen bestückten Anlage machen einen sehr geschmackvollen Eindruck.

■ Die perfekt instand gehaltenen Zimmer des herrlichen **Palacete Rodrigues Holiday Home** €€€ (Tel.: 2273358, www.palacetegoa.com), einer 200 Jahre alten Kolonialvilla nicht weit von den Oxford Stores, haben mit ihren alten, schweren Holzmöbeln und Accessoires viel von der kolonialen Atmosphäre bewahrt – wunderbar und erstaunlich günstig. Nach hinten gibt's zudem zwei billigere Zimmer. Ein Pool ist geplant.

■ An der Ausfallstraße Richtung Siolim, ca. einen Kilometer vom Ortszentrum entfernt, liegt das prachtvoll in Schuss gehaltene **Bourgainvilla/Granpa's Inn** €€€€ (Tel.: 2273271, www.granpasinn.com) aus Kolonialzeiten, dessen großzügige Zimmer alle zum gepflegten Garten mit kleinem Swimmingpool gerichtet sind.

■ Kombiniert man Yoga, Luxus und grüne Gesinnung, kommt **Yoga Magic** €€€€€ (Tel.: 6523796, www.yogamagic.net, Preise inkl. Frühstück) heraus. Solarkollektoren, ökologischer Anbau von Gemüse und ebensolche Abfallverwertung, nicht zu vergessen die fantastisch im Rajasthani-Stil dekorierten Luxuszelte mit Palmblattdächern und ein toller Pool auf palmenbestandener Anlage lassen guten Gewissens im Luxus schwelgen. Hier hat man den Trend der Zeit erkannt und umgesetzt. Knapp 2 km von Anjuna entfernt.

Essen und Trinken

Die Auswahl an guten und preiswerten Restaurants ist groß, wobei aus oft unerfindlichen Gründen manches Lokal brechend voll ist, obwohl es in der vorhergehenden Saison meist gähnend leer war. Da heißt es schon etwas, wenn sich eines seit Jahren der Gunst der Touristen erfreuen kann.

■ Hierzu zählen das 20 Jahre alte **Xavier's Restaurant** hinter dem Flohmarkt, bekannt für hervorragende Fischgerichte (150–300 Rs pro Hauptgericht), und das **Munchee's**, ein 24 Std. geöffneter Imbiss, besonders in Partynächten zum Auftanken bei Kaffee und Fruchtsäften beliebt.

■ An der Mapusa-Anjuna Rd. ist **Blue Tao** (Hauptgerichte 100–200 Rs) besonders bei Einheimischen wegen der exzellenten, ökologisch arbeitenden Küche beliebt.

■ Von den vielen Restaurants im südlichen Strandbereich seien das meist gut besuchte **Lilliput** und das **Sound of the Waves** mit guten Fischgerichten erwähnt.

■ Freunde italienischer Küche sind bei **Basilico** (Tel.: 2273721) am besten aufgehoben. Pizza, Pasta, Spaghetti und Salate im Garten sind ab 19 Uhr zu haben.

■ Nachdem sich die Techno-Szene anderweitig orientiert hat, ist einer ihrer angesagtesten Treffs zu einem erstklas-

sigen Restaurant mutiert, in dem auf Polsterliegen gespeist wird. Die **Shore Bar** überzeugt mit guter Küche (100–400 Rs), kunstgeschmückten Wänden und tollen Ausblicken übers Meer.

■ **Lafranza's,** etwas hinter dem Strand an der Straße zum Markt, ist ein zu Recht beliebtes Lokal, vor allem wegen der großen Portionen für wenig Geld. Besonders lecker sind die vegetarischen Gerichte.

■ Leckere, vielseitige Küche serviert die **Wunderbar,** natürlich unter deutscher Leitung, an der Hauptstraße.

■ Der ideale Ort für ein reichhaltiges, leckeres Frühstück in ruhigem Ambiente ist **Martha's Breakfast Home,** ein beschauliches Gartenrestaurant etwa 200 m südwestlich des Lafranza's.

■ Näher an Vagator als in Anjuna liegt das traditionsreiche **Beam me up Soya Station** nahe einer ehemaligen Tankstelle und ist bei seiner motorisierten Klientel auch weiterhin angesagt. Hier kommen Veganer und Vegetarier in einer entspannenden Gartenanlage zu ihrem Recht (120–250 Rs, 8–16 und 19–23 Uhr). Ebenso angenehm sind die erdfarben gehaltenen **Zimmer** €–€€ (Tel.: 2273 635) mit und ohne Bad.

■ Nett sitzt man in einem schönen Garten bei **The Jam Connection** hinter der Post, von einer Österreicherin geführt. Die Speisekarte bietet leckere Salate und Kuchen.

■ Ein Renner sind die köstlichen Kuchen und Plätzchen der **German Bakery,** eine gewundene Straße gegenüber Martha's hinein; dazu gibt es schmackhafte Hauptgerichte, Suppen, Müsli etc. Man sitzt äußerst bequem in Korbsesseln oder liegt auf Matratzen zu Ambient- und Trance-Musik. WiFi kostet 100 Rs/Std.

■ Etwas weiter folgt das **Haystack Restaurant,** wo man sich freitagabends für 200 Rs nicht nur am reichhaltigen Buffet laben, sondern gleichzeitig die dargebotenen Folklore- und Musikaufführungen genießen kann.

■ Selbstversorger finden in den gut ausgestatteten **Oxford Stores** bzw. gegenüber in den **Orchard Stores,** beide im Osten des Dorfs, sowie in der **Oxford Arcade** an der Straße nach Vagator nahzu alles Nötige. Ein weiterer kleiner Supermarkt befindet sich beim Postamt.

Sport und Unterhaltung

■ Yoga-Interessierte sollten sich etwa im 4 km östlich von Anjuna und Vagator gelegenen **Purple Valley Yoga Centre** (142 Bairo Alto, Assagao, Bardez, Tel.: 2268364, www.yogagoa.com, Unterkunft möglich, Mai bis Oktober geschlossen) oder bei **Brahmani Yoga** (Tel.: (0)937 0568639, www.brahmaniyoga.com, beim Hotel Bourgainvilla) informieren. An den meisten Kursen in Hatha-, Asthanga- und Pranayama-Yoga kann auch ohne vorherige Anmeldung teilgenommen werden.

■ Vornehmlich am Mittwoch zum Fleamarket wird am Südende des Strandes auf dem Kliff **Paragliding** (um 1.500 Rs) veranstaltet.

Reisebüros

Von vielen Reisebüros seien einige seit Jahren verlässliche genannt. Bei den meisten ist auch Geldwechsel und Reisescheckeinlösung möglich.

■ **MGM Travels,** Tel.: 2273939, Mo–Sa 9.30–18 Uhr.
■ **Connexions Travels,** an der Hauptstraße, Tel.: 227 4347, tgl. 10–21 Uhr.

Bank, Post und Internet

■ Die **Bank of Baroda** akzeptiert nur Visa- und MasterCard; Bargeld oder Travellerschecks werden nicht gewechselt. Das macht z.B. MGM Travels (s.o., hier ist auch schneller Geldtransfer aus Europa möglich) oder Connexions Travels (s.o.).

■ Die **Post** liegt etwas östlich des Zentrums. Poste Restante Code: 403509.

■ Ein schnelles Internetcafé der **Sify-i-way-Kette** (bis 22.30 Uhr) findet sich beim Postamt östlich des Zentrums. Hier ist auch billiges Telefonieren (4 Rs/Min.) nach Europa möglich. Auch Connexions Travels hat ein Internetcafé.

An- und Weiterreise

■ Zahlreiche **Busse** nach Mapusa und Calangute vom Busbahnhof am nördlichen Dorfende. Wer nach Anjuna fährt, sollte bis zur Endstation durchfahren, da es von dort recht nah bis zu den Unterkünften am Strand ist.

Vagator und Chapora

Die drei beschaulichen **Strände Vagators** gehören zweifellos zu den schönen Goas. Sie haben die auch hier, nur einige Kilometer nördlich der Hochburg Anjuna, zu verzeichnenden Auswüchse der inzwischen wohl abgeebbten Techno- und Rave-Welle gut überstanden. Es scheint, dass sich auch Vagator wieder zu einem typisch goanischen Badeort zurückent-

wickelt, der vor allem besser betuchte Europäer wie auch die indische Mittelschicht als Hauptklientel anziehen möchte, wie die Bauweise der Hotelneubauten der letzten Zeit andeutet. Es bleibt abzuwarten, inwieweit dieses Kalkül aufgeht. Hier wie auch in anderen Ecken Goas vergnügen sich inzwischen viele russische Touristen.

Für **Chapora,** kaum einen Kilometer entfernt, scheinen die Aussichten weniger rosig. Nicht mit einem Strand beschenkt, ist es heute eins der letzten Refugien der **Techno-Szene** in Goa. Tagsüber wird das Bild hauptsächlich von auf die nächste Party wartenden, in den gerade angesagten Bars und Restaurants abhängenden Ravern und Hanfkonsumenten sowie einigen gestandenen, von Bar zu Bar wankenden Trinkern aus Europa bestimmt.

Pittoresk wirkt das nur selten von Touristen besuchte, im 18. Jh. von den Portugiesen auf einem Felsvorsprung erbaute **Chapora-Fort.** Nahezu jeder Tourist ist mit einem gemieteten Motorrad oder -roller ausgerüstet, dementsprechend enervierend knattern sie im eher weitläufigen Vagator und Chapora herum oder fahren zum nahegelegenen Anjuna.

Unterkunft

Zwar wohnen viele Individualtouristen in Privathäusern, die sie oft für mehrere Monate anmieten, doch wurde vor allem in Vagator eine Reihe von recht hübschen Hotels und Pensionen eröffnet.

Vagator:

■ Die einfachen Bambus-/Palmblatthütten von **Paradise on the Beach** €-€€ (Tel.: 2273012, www.moondance.co.nr) auf Stelzen direkt am Little Vagator Beach sind zwar etwas teuer, zumal sie kein eigenes Bad haben, die Lage ist jedoch exzellent. Dasselbe gilt natürlich für die besseren, gemauerten Zimmer dahinter. Ein Restaurant mit German Bakery ist angeschlossen.

■ Einen schmalen Weg von der Hauptstraße hinab, liegt das **Dolrina Guest House** €€ (Tel.: 2272282) abgelegen im Tal. Gute Zimmer, teilweise mit Gemeinschaftsbad, in friedvoller Umgebung mit Gartencafé zu kleinem Preis sind empfehlenswert.

■ Nicht nur 15 saubere Zimmer mit Bad um einen von Bäumen beschatteten Hof, auch Yoga- und Meditationskurse werden in der **Zambala** €-€€ (Tel.: 2273479) zu moderatem Preis geboten. Das Restaurant mit täglich wechselndem *fixed menu* ist gut.

■ Eine abzweigende Straße zwischen Vagator und Chapora hinab, liegt ganz ruhig das **L'Amour Guest House** €€ (Tel.: 2774180). Das von einem freundlichen Golf-Heimkehrer geführte Haus bietet saubere Zimmer mit Bad und Terrasse. Weiter unten im Tal haben Familien einfache Zimmer für wenig Geld in ihren Privathäusern.

■ Mit reichlich Grün ist das **Jackie's DayNite** €€ (Tel.: 2274320) im Dorfzentrum versehen. Große, gepflegte, ein bisschen dunkle Zimmer sind preisentsprechend. Ein gutes Freiluftrestaurant ist auch sehr gut angeschlossen.

■ Von den drei Herbergen mit *Jolly* (www.hoteljollygoa.com) im Namen ist die eng gebaute **Jolly Jolly Roma** €€€ (Tel.: 2273001) zu teuer fürs Gebotene. Gegenüber liegt die wesentlich preisgünstigere **Jolly Jolly Lester** €€-€€€ (Tel.: 2273620). Die hübsche Anlage des **Julie Jolly** €€-€€€ (Tel.: 2273357) mit viel Grün bietet viel fürs Geld. Alle haben Zimmer mit AC und TV.

■ Das **Hill Top Motel** €-€€€ (Tel.: 2273665) ist eine akzeptable Anlage Richtung Anjuna mit Garten und Restaurant. Das Angebot reicht von spartanischen Zimmern mit Gemeinschaftsbad bis zu klimatisierten Zimmern mit Bad, die letzteren überteuert.

■ Schon wegen der tollen Lage über dem südlichen Vagator-Strand ist das auch ansonsten empfehlenswerte **Alcove Resort** €€€-€€€€ (Tel.: 2774491, (0)9822158052, www.alcovegoa.com) mit komfortablen und geräumigen Zimmern mit TV, teils mit AC, sowie hervorragendem Freiluftrestaurant über den Klippen eine gute Wahl. Meist ausgebucht, also reservieren.

■ Eine der besten Unterkünfte der höheren Preisklasse ist das gepflegte **Leoney Resort** €€€€-€€€€€ (Tel.: 2273634, (0)8888884892, www.leoneyresort.com), inmitten einer hübschen Gartenanlage um einen Swimmingpool angelegt. Die Anlage im Dorfzentrum verfügt über geschmackvoll eingerichtete Zimmer mit Kühlschrank und TV.

Chapora:

■ Als Billigoption sind **Helinda's Bar & Restaurant** € (Tel.: 2274345) und das **Sea View Guest House** € mit Zimmern mit Terrasse zum Garten, der sich bis zum Wasser erstreckt, einfach, aber die beste Wahl in Chapora.

■ Eine Ausnahme von den üblichen Billigbehausungen Chaporas ist das von einem freundlichen alten Ehepaar geleitete **Casa de Olga** €€€ (Tel.: 2274355, (0)9822 157145) an der ruhigen Ausfallstraße zum Hafen. Von einfacheren und billigeren Zimmern mit Gemeinschaftsbad bis zu geräumigen mit Bad und Balkon, manche sogar mit Kochnische, reicht die Palette.

Essen und Trinken

■ An kleinen Strandrestaurants herrscht kein Mangel, **Lobo's** und **Lily's** am Vagator Beach bieten billige Travellerkost an.

■ Superfrisch und superlecker sind die Gerichte im **Thalassy** (Tel.: (0)9850033537, 200–400 Rs pro Hauptgericht) zwischen Little Vagator und Ozran Beach. Griechische Spezialitäten, aber auch italienische Küche in fleischlicher und fleischloser Ausführung sind so angesagt, dass man reservieren sollte.

■ Das gute, von einem Franzosen geführte **Le Bluebird** (Tel.: 2273695) beim Little Vagator Beach hat neben indischer Küche auch gute Pasta sowie Steaks und Wein und auch Vegetarisches im Angebot (Preis pro Hauptgericht etwa 200–350 Rs).

■ Das **Marrakesh** nicht weit entfernt hat arabische Kost wie diverse Kebabs zu meist guter Musik.

■ Nicht gerade zentral gelegen, gibt's im **Dipti Restaurant** an der Hauptstraße hervorragendes und preiswertes Essen, eine Bar und einen imposanten Haushahn. Nach hinten sitzt man erhöht auf einer Empore zum Grünen.

■ Hervorragend und entsprechend beliebt in schöner Lage über den Klippen ist das Freiluftrestaurant des **Alcove Resort.** Eine lange Speisekarte mit Fischgerichten, italienischer Küche und leckerem Kuchen sowie eine gut ausgerüstete Bar locken. Eine Hauptgericht kostet um 250–300 Rs, Fisch um 400 Rs.

■ In Chapora bieten sich eine Vielzahl kleiner Restaurants und Bars rund um die Kreuzung und den Banyan-Baum, wie das **Mohan Restaurant** und das gemütlichere **Noble Nest Restaurant** an der Kreuzung Richtung Vagator. Es macht wenig Sinn, eines besonders hervorzuheben, da sie preislich und qualitativ alle etwa das Gleiche bieten. Die Raver-Szene schlendert von einem zu anderen. **Paulo's Antique Bar** war zur Recherchezeit besonders angesagt.

■ Etwas abseits liegt **Leema's Place,** ein perfekter Ort fürs Frühstück, hier gibt's auch thailändische Küche.

Bank, Post und Internet

■ Es gibt keine offizielle Möglichkeit, in Chapora oder Vagator Geld zu tauschen, also muss man auf **Soniya Travels** oder das **Bethany Inn** (hier auch Vorauszahlung für Visa- und MasterCard gegen 3 % Gebühr) zurückgreifen. Beim zweiten gibt's ein schnelles Breitband-Internetcafé, bei Soniya ein langsameres. Ansonsten stehen die **Bank of Baroda** oder die Reisebüros in Anjuna zur Verfügung.

■ Das **Postamt** liegt an der Verbindungsstraße nach Anjuna und Chapora.

■ Neben dem Leoney Resort hat das **Moondance Cybercafé** (bis 23 Uhr) schnelle Breitbandverbindungen.

An- und Weiterreise

■ Die wenigen, die nicht mit gemietetem Gefährt unterwegs sind, können etwa halbstündig in die **Busse** zusteigen, die an den beiden östlichen Kreuzungen in Vagator (die Busse halten auf Handzeichen) sowie beim Banyan-Baum in Chapora sowohl Richtung Mapusa als auch Richtung Anjuna vorbeifahren.

Arambol

Das etwas abgeschieden im Norden Goas nahe der **Grenze zu Maharashtra** gelegene Arambol mit seinem kilometerlangen Sandstrand Richtung Süden war ehemals ein Geheimtipp der Travellerszene, hat aber über das letzte Jahrzehnt immer mehr **Rucksacktouristen** angezogen und ist heute dementsprechend, besonders im nördlichen Bereich des Strand-Ortes vor den Klippen, mit Guest Houses, Restaurants, Reisebüros, Internetcafés sowie kleinen Läden und Verkaufsständen gepflastert. Weiter nach Süden Richtung Mandrem wird es immer ruhiger und menschenleerer. Fast jeder Tourist und Anwohner ist mit einem knatternden Motorroller (Scooter) oder Motorrad unterwegs. Es gibt zwar keine Hotelburgen in Arambol, mit der Abgeschiedenheit ist es aber vorbei. Dennoch ist Arambol schon wegen seines fantastischen kilometerlangen Sandstrands immer noch ein angenehmer Urlaubsort für Backpacker.

Unterkunft

Wie häufig an Goas Stränden gibt's auch in Arambol in direkter Strandnähe viele, fast identische **Bambushütten** für durchschnittlich 300 Rs/Tag in der Hauptsaison (zu anderen Zeiten sind hohe Abschläge auszuhandeln). Diese Art Unterkünfte werden hier nur beschrieben, wenn sie etwas mehr als die Grundausstattung bieten. Luxusunterkünfte sucht man in Arambol vergebens.

■ Zehn Bambushütten um den als Restaurant fungierenden, mit Palmen bestandenen Innenbereich gibt's im **Residensea Huts** €–€€ (Tel.: 5629629, pkresidensea_37@hotmail.com), teils mit Gemeinschaftsbad, recht hübsch und nahe dem Zentrum, aber etwas überteuert.

■ Das den halben Hügel über dem Kliff einnehmende, aus einzeln stehenden, doppelstöckigen kleinen Häusern mit jeweils sechs Zimmern bestehende **Om Ganesh Guest House** €€ (Tel.: 2292488, (0)9404435447) hat einfache Zimmer mit tollem Blick von den Terrassen/Balkonen über Felsen und Meer zu bieten, keine schlechte Wahl. **Sunny Guest House** €€ (Tel.: 3094265), umrahmt vom vorherigen, bietet nahezu dasselbe etwas weiter unten am Hügel.

■ Am Beginn des nächsten, sich nördlich hinter den Klippen anschließenden Strandes besteht die bisher einzige Unterkunft, das **Sweetlake Huts & Restaurant** € (Tel.: (0)9822138947, (0)9822131374), aus einfachen, den Hang hinaufgebauten Bambushütten auf Stelzen mit kleinen Balkonen davor, alle mit Gemeinschaftsbad.

■ Trotz seiner Nähe zum geschäftigen Kernbereich liegt das versteckt gelegene (eine kleine Gasse hinein) **Rudresh Guest House** €–€€ (Tel.: 2292634) recht ruhig und ist besonders bei Langzeitlern beliebt. Die billigeren Zimmer haben Gemeinschaftsbad.

■ Die Zimmer des **Padmavati Holiday Home** €–€€ (Tel.: 2292334) sind geräumig, alle mit Terrasse um einen Garten angelegt, eine gute Billigwahl.

■ Im südlichen, ruhigeren Strandbereich von Arambol, 100 m zum Strand, ist zunächst das gute **Ave Maria Guest House** €–€€ (Tel.: 297674, 297724, avemaria@satyam.net.in) mit sauberen Zimmern mit Bad zu nennen. Oft ausgebucht, deshalb ist Reservierung angeraten. Nutznießer der Beliebtheit des Ave Maria ist das **St. Anthonys** € gleich um die Ecke, das die Überzähligen in sauberen Zimmer mit Terrasse gern aufnimmt.

■ Als einzigste Unterkunft Arambols bietet das daneben gelegene, rosafarbene **Vailannkanni Guest House** €€–€€€ etwas mehr Komfort. Der um einen Innenhof gruppierte Komplex hat einfachere Zimmer ohne Meerblick bis zu sehr sauberen mit AC und Balkon zu bieten.

Auch in Arambol ist es nach Sonnenuntergang unerlässlich, eine **Taschenlampe** dabei zu haben: an vielen schlecht beleuchteten Stellen, etwa ums Kliff, an abgelegenen Wegen oder wegen der gelegentlich auftretenden Stromausfälle.

Arambol

■ Noch etwas weiter südlich, etwa 100 m hinter dem Strand unter Palmen, finden sich einige schöne Guest Houses für Ruhesuchende. An erster Stelle sind hier das preisgünstige **Ivon's Holiday Calm Guest House** € (Tel.: 2292672, (0)9822127398) und das ebenso saubere **God's Gift Guest House** €€ (Tel.: 2292391) mit Balkonzimmern und Kochnische gleich nebenan zu nennen. Die oberen Zimmer des Ivon's haben Balkon mit Palmenblick, das teurere und komfortablere God's Gift hat außerdem ein Restaurant.

■ Ganz in der Nähe hat **Luigi's Guest House** € (Tel.: 562 1792) einfache und billige Zimmer für Leute, die sehr auf ihr Budget achten müssen. Teils mit Gemeinschaftsbad.

■ Einen unschlagbaren Standort direkt am Strand unter Schatten spendenden Bäumen hat das **Horizon Residency** €€ (Tel.: (0)9822 982768). Ebenfalls südlich des Trubels gelegen sind die zwar etwas windschiefen, aber erstaunlich komfortablen und geräumigen Hütten mit Bad sehr begehrt, also vorbestellen. Auch *deposit service* und guter Service sind hervorzuheben.

■ Das neue, von einem Italiener geführte **Samsara** €–€€ (Tel.: (0)9822688471, samsa ra_arambol@hotmail.com) auf einem Sandhügel am Strand verfügt außer über etwas eng gebaute, aber ganz gemütliche Bambushütten mit Gemeinschaftsbad noch über einige gemauerte Zimmer mit Bad und ein hervorragendes Restaurant mit italienischer Küche und Fischgerichten.

■ Noch weiter südlich, zwischen Arambol und Madrem, sehr ruhig gelegen und deshalb gern für Yogakurse genutzt, ist das preiswerte **Regy's Guest House** € (Tel.: 2292190) eine angenehme, kleine, saubere und strandnahe Unterkunft, alle Zimmer mit eigenem Bad.

Essen und Trinken

An Restaurants besteht kein Mangel in Arambol. Fast alle haben das übliche Travellerfood, die meisten auch Fisch und chinesische sowie italienische Küche im Angebot.

■ Ab 20 Uhr immer brechend voll sind die Strandrestaurants am Ende der Beach Road wie **21 Coconuts Inn,** wohl weil die meisten nach dem Heruntersteigen vom Motorrad zu bequem sind, noch einige Schritte zu tun.

■ Am Nordende des Strandes mit Strandblick ist besonders das **Smile of Bhuddha** in angenehmer Lage und mit guter Küche zu nennen, auch das nebenan gelegene **Rice Bowl** ist in Ordnung. Einige dort haben einen Pool-Billard-Tisch.

■ Das alteingesessene und gute **Fellini,** wie auch das Folgende mit hauptsächlich italienischer Küche und Fischgerichten, streitet sich mit dem neuen, von einem Italiener geführten **Samsara** am Strand auf einem Sandhügel um den Titel für das beste Tiramisu Goas. Beide sind empfehlenswert.

■ **La Moella** hat auf Anhieb Zuspruch gefunden auf dem heiß umkämpften Markt in Arambol, da die *pastas*, *quiches* und *hummus* von arabischen Köchen zubereitet werden (um 150 Rs pro Hauptgericht). Klasse sind auch die Shakes.

■ Kaum zu schlagen ist die tolle Lage des **Outback Restaurant** (80–150 Rs) über den nördlichen Kliffs mit entsprechendem Ausblick zum Meer. Das Essen ist durchschnittlich gut.

■ Durch seine frischen Croissants, diverse Müslis und die leckeren Kuchen und Torten unter Palmen ist das **Double Dutch** (100–300 Rs) ein idealer Frühstücksort.

■ Etwas südlich des Trubels liegt das **Full Moon** direkt am Strand mit Travellerkost, Fischgerichten und dem idealen Sunset-View.

■ Zwei kleine **Supermärkte** an der Hauptstraße stehen für Selbstversorger bereit.

Bank, Post und Internet

■ Die meisten der sehr vielen **Reisebüros** offerieren auch Geld- und Reiseschecktausch, aber nicht zu Superkursen, wie sich denken lässt. Ansonsten muss man sich zur **State Bank of India** in Mapusa bemühen (siehe dort), der nächste **ATM** findet sich in Siolim.

■ Die **Post** liegt im Dorf selbst, also etwa 1 km von den Strandunterkünften entfernt, Mo–Fr 9–17 Uhr (Mittagspause 13.30–14.30 Uhr). Dort kann auch Post empfangen werden (Poste Restante Code: 403524).

■ Keins der besonders im nördlichen Bereich des Ortes zu findenden, massenhaft vorhandenen Internetcafés ist in punkto Geschwindigkeit hervorzuheben, vielleicht das **Valentino's** (10–23 Uhr) im Blue Fin Guest House am Strandende wegen des guten Equipments. Alle verlangen 40 Rs/Std. Im Valentino's können auch für 60 Rs (inkl. CD) Digitalfotos von Speicherkarten gebrannt werden.

Unterhaltung

■ Jeden Mittwochmorgen starten Boote zum **Anjuna-Flohmarkt**. Die Fahrt kann bei Wellengang recht nass werden und dauert etwa 90 Minuten, Tickets zum Preis von 200 Rs für Hin- und Rückfahrt sollten vorher, etwa beim Welcome Restaurant am Strand, gekauft werden.

■ Vielerorts, so etwa im **Loeki's** an der Beach Road wie auch im **Liquid Sky** am Strand, wird regelmäßig, meist abends ab 19/20 Uhr, **Live-Musik** zum besten gegeben.

■ Weitere 200 m südlich hinter den ersten Dünen gibt's im **Surf Club** (flyingfishbarbados@hotmail.com) mit Bar und Disco sowie einen **Open-Air-Club** mit Techno- und Rock- oder auch Bluesmusik. Dienstags und freitags jeweils Party mit Live-Musik und Buffet (100 Rs Eintritt). Auch das umfangreiche Getränkeangebot (diverse Weine und Whiskey-Sorten, Cocktails etc.) und eine lange Speisekarte machen diesen neuen, gelungenen Club zu einem sicheren Tipp.

Sport und Aktivitäten

■ **Paragliding** (Tel.: (0)9822580104) ist bei entsprechenden Windverhältnissen von den Klippen im Norden möglich und mit 1.600 Rs für 15–20 Min. nicht billig. Interessierte sollten sich beim Sweet Lake Huts melden. Es sind keine Vorkenntnisse notwendig (Tandemflüge).

■ Der **Surfclub**, etwa 1 km südlich des touristischen Kerns, von zwei Deutschen gemanagt (Tel.: (0)985 0475241, (0)9822867570), verleiht Kite-Ausrüstung und bietet auch Lehrstunden für 800 Rs pro Stunde.

■ In der **Arambol Music Academy** (Tel.: (0)932 6131395) können Interessierte Tabla und klassischen indischen Tanz erlernen.

■ Gut 1 km südlich von Arambol ist das **Himalaya Iyengar Yoga Centre** (www.hiyogacentre.com) ein von November bis März geöffneter Ableger der in Dharamsala anerkannt guten Yogaschule für Hatha Yoga. Nahe dem Piya Guest House südwestlich der Kirche, den orangefarbenen Schildern folgen, auch vom Strand aus erreichbar. 5-Tage-Kurse 3.000 Rs bei ca. 3 Std. Übungen täglich.

■ Zudem werden vielerorts **Yoga-Kurse** angeboten, etwa beim Double Dutch. Um sich einen Überblick zu verschaffen, ist auch das dortige Schwarze Brett von Nutzen.

Notfälle

■ Einen **Polizeiposten** gibt's am Anfang der Beach Rd.

■ **Dr. Milton**, ein ayurvedischer Arzt, der auch Notfälle vorbehandelt sowie den Transport zum Krankenhaus organisieren kann, ist ebenfalls an der Beach Road zu finden (Sprechzeiten von 8 bis 22 Uhr, Notfall-Tel.: (0)9422 593470, (0)9822688538, 24 Std.).

An- und Weiterreise

■ Die vielen **Reisebüros** des Ortes verkaufen nationale und internationale Flug- und Bahntickets, Letztere mit goatypisch recht hohen Aufschlägen von 100 Rs für eine Person und 75–50 Rs pro Ticket ab zwei Personen.

■ **Bus:** Der Bushalt nach Mapusa befindet sich im eigentlichen Dorf, etwa 1 km vom touristischen Bereich entfernt gegenüber dem Postamt. Es fahren alle 30 Minuten Busse von dort ab (20 Rs, Fahrtzeit etwa 1,5 Std.). In die Gegenrichtung nach Querim und zur Fähre nach Terakhol sehr viel seltener, die meisten der halbstündig aus Mapusa kommenden Busse fahren weiter nach Pernem.

■ **Taxi:** An der Strandstraße zwischen den Verkaufshütten gibt's einen Parkplatz mit stets auf Kunden wartenden Taxis (die für die gut 1 km kurze Strecke zum Dorf mindestens 50 Rs verlangen) und Minibussen. Ein Taxi nach Panaji kostet 650 Rs, zum Flughafen Dabolim 970 Rs.

Margao (Madgaon)

Die Distrikthauptstadt Margao ist der bedeutendste **Handels- und Verkehrsknotenpunkt** des Südens und nach Panaji die zweitgrößte Stadt Goas. Für jene Besucher, die ihren Badeurlaub in Colva bzw. Benaulim verbringen wollen, ist dies die nächstgelegene größere Stadt. Sie ist per Bus und Zug mit allen Orten Goas sowie den größeren Städten der benachbarten Bundesstaaten verbunden. Seit Margao der wichtigste Haltepunkt der Konkan Railway in Goa ist, sieht die Stadt immer mehr westliche Reisende. Insgesamt macht sie einen angenehmen Eindruck, lohnt aber wohl nur dann einen Besuch, wenn man diesen mit Erledigungen wie Geldwechsel oder Bahnticketkauf kombiniert.

Mittelpunkt Margaos ist der **Agha Khan Park / Municipal Garden,** ein kleiner Stadtpark mit Rasenfläche und Blumenbeeten, um den sich die touristisch wichtigen Einrichtungen wie Hauptpost, State Bank of India, Busbahnhof und das Tourist Office gruppieren.

Zwischen dem Stadtpark und dem alten Bahnhof im Südosten erstreckt sich der **MMC New Market.** Beim Bummel durch die schmalen Gänge des überdachten Großmarkts taucht man ein in die ganze optische und aromatische Vielfalt der Tropen. Berge von Früchten, Gewürzen und Stoffen schmeicheln Auge und Nase. Im Übrigen findet sich eine Reihe von Ständen mit hübschen Souvenirs zu recht günstigen Preisen.

Einen Besuch lohnt auch die im Norden der Stadt Richtung Kadamba-Busbahnhof erbaute **Heiliggeist-Kirche.** Das ursprünglich 1565 erbaute und 1675 nach mehrfachen Zerstörungen wieder aufgebaute Gotteshaus vermittelt zusammen mit dem weiß getünchten **Monumentalkreuz** in der Mitte des Kirchplatzes mit den umstehenden **lusitanischen Stadthäusern** ein angenehm mediterranes Ambiente. Alljährlich im Mai steht das Gotteshaus im Mittelpunkt eines großen Festes, das zusammen mit dem dann veranstalteten Jahrmarkt Tausende von Menschen anzieht.

Information

■ Das Touristenbüro von **Goa Tourism** (Tel.: 2715096, www.goa-tourism.com) befindet sich im Erdgeschoss des von Goa Tourism gemanagten Margao Residency (Mo–Sa 8–20 Uhr, So 8–14 Uhr), ein weiteres im Bahnhofsgebäude (Tel.: 2715851). Es werden vor allem Ausflugstouren angeboten (siehe Panaji), als Informationsquelle ist es nicht sonderlich nützlich.

Unterkunft

■ Eine der besten Billigunterkünfte Margaos ist das **Hotel Poonam** €–€€ (Tel.: 2732945) an der Station Rd. im Stadtzentrum. Einfache, recht saubere Zimmer mit Bad und TV.

■ Tadellose, helle und teils klimatisierte Zimmer mit TV und Balkon, besonders der oberen Etagen, machen das **Hotel Woodlands** €€€ (Tel.: 2715522, www.goawoodlandshotel.com) in der Loyaola Furtado Rd. zu einer guten Wahl. Ein Restaurant ist angeschlossen. **Hotel Saaj** €€–€€€ (Tel.: 2711757), einen Steinwurf entfernt, bietet die gleiche Ausstattung zu ähnlichem Preis, ebenfalls empfehlenswert.

■ Wer hoch hinaus will, ist im **Hotel Tanish** €€–€€€ (Reliance Trade Centre, Tel.: 2735656) im obersten Stock einer Shopping Mall unweit des Municipal Garden bestens bedient. Supersaubere Zimmer und geräumige Suiten mit Fernblick in modernem Gewand sind die beste Wohnmöglichkeit in Margao. Man sollte nach Zimmern nach außen fragen.

Essen und Trinken

■ Seine angenehme Atmosphäre und die ausgezeichneten Gerichte zu recht günstigen Preisen machen das **Longuinhos,** schräg gegenüber vom Tourist Hotel, zu einem beliebten Restaurant. Man fühlte sich ein wenig in ein portugiesisches Lokal versetzt, wären da nicht die ebenso köstlichen wie scharfen indischen Gerichte.

■ Schmackhafte indische Kost serviert auch das **Nial Restaurant** an der Kreuzung rechts vom Hauptpostamt. Im Gegensatz zum Longuinhos am Municipal Garden, ideal für ein Bier in den heißen Stunden des Tages, verfügt es jedoch über keine besondere Atmosphäre.

■ Hervorragend ist das vegetarische **Tato Restaurant** etwas östlich des Municipal Garden. Hier gibt's große, schmackhafte Thalis für wenig Geld.

■ Verlass ist wie immer auf die in ganz Indien vertretene **Kamat-Kette,** die ihre Filiale am südöstlichen Ende des Agha Khan Garden besitzt. Hier kehren auch Einheimische sehr gern ein. Eine weitere Filiale befindet sich schräg gegenüber vom Bahnhof.

■ Freunde der chinesischen Küche sollten das klimatisierte **Gaylin** nordöstlich des Stadtparks aufsuchen. Bei der reichhaltigen Speisekarte sollte für jeden etwas dabei sein.

■ Indische und chinesische Küche vom Feinsten sowie arabische Gerichte werden bei **Raissa's Herbs & Spices** (Rafael Pereira Rd., Pridarchini Apartments) kredenzt, ca. 100–150 Rs pro Hauptgericht.

■ Am edelsten und feinsten isst man im **Banjara** in der Valaulikar Rd. Das geschmackvoll eingerichtete Lokal serviert leckere nordindische Mughlai-Küche. Mit 90–150 Rs für ein Hauptgericht ist das Vernügen allerdings auch nicht gerade billig.

Bank, Post und Internet

■ Der effizienteste Ort zum Geldwechseln ist das **Thomas-Cook-Büro** (Tel.: 2232536/7, Mo–Sa 9.30–18 Uhr), zentral beim Municipal Garden gelegen. Außer Barem und allen gebräuchlichen Travellerschecks werden auch Visa- und MasterCard (gegen 2 % Gebühr) eingemünzt.

Die **State Bank of India** gegenüber an der Westseite des Municipal Garden (Mo–Fr 10–14 Uhr, Sa 10–12.30 Uhr) wechselt Travellerschecks und Bargeld im 1. Stock. Der **ATM** der HDFC-Bank im Zentrum akzeptiert alle internationalen Kreditkarten, während die ATMs der UTI-Bank und der Centurion-Bank keine AmEx-Karten annehmen.

■ Das **Main Post Office** liegt direkt nördlich des Stadtparks. Aber Achtung: Der Poste-Restante-Schalter befindet sich in einem Extragebäude, etwa 200 m westlich in der Rua Diogo da Costa.

■ Das **Reliance Cyber** (9.30–19 Uhr) im 1 Stock des Reliance Trade Centre ist modern. **Goa Space** etwas östlich des Municipal Garden hat bis 23 Uhr geöffnet. Auch im Bahnhof gibt es im hinteren Raum des Kiosks auf Bahnsteig 1 ein ordentliches Internetcafé.

Medizinische Versorgung

■ Das wohl beste Krankenhaus Goas ist das neue **Apollo Victor Hospital** (Tel.: 2728888, 2862952/3, Notfall: 2726272, 2726081) in der Station Road auf Höhe des alten Bahnhofs. Hervorragende Ausstattung und guter Service machen es zur hilfreichen Adresse im Notfall.

An- und Weiterreise

Bahn:

■ Margaos Bahnhof, 2 km südöstlich des Zentrums, ist der wichtigste Bahnhof in Goa für die Konkan Railway. Das Reservierungsbüro im 1. Stock ist Mo–Sa 8–20 Uhr und So 8–14 Uhr geöffnet. Wer eines der heißbegehrten Tickets nach **Mumbai** ergattern möchte, sollte möglichst früh erscheinen. Genauere Informationen erhält man unter Tel.: 2712790. Wichtige Verbindungen sind im Anhang unter „Madgaon" aufgeführt.

Eine Alternative zur Busfahrt bietet die ca. 50-minütige Zugfahrt nach **Chaudi,** von wo es nur ein paar Kilometer nach **Palolem** sind. Wie bei allen Fernzielen ist (auch für die Fahrt nach Hospet/Hampi) die Bahn vorzuziehen, erstens wegen der schönen Ausblicke während der Tagesfahrt, zweitens weil es wesentlich weniger anstrengt.

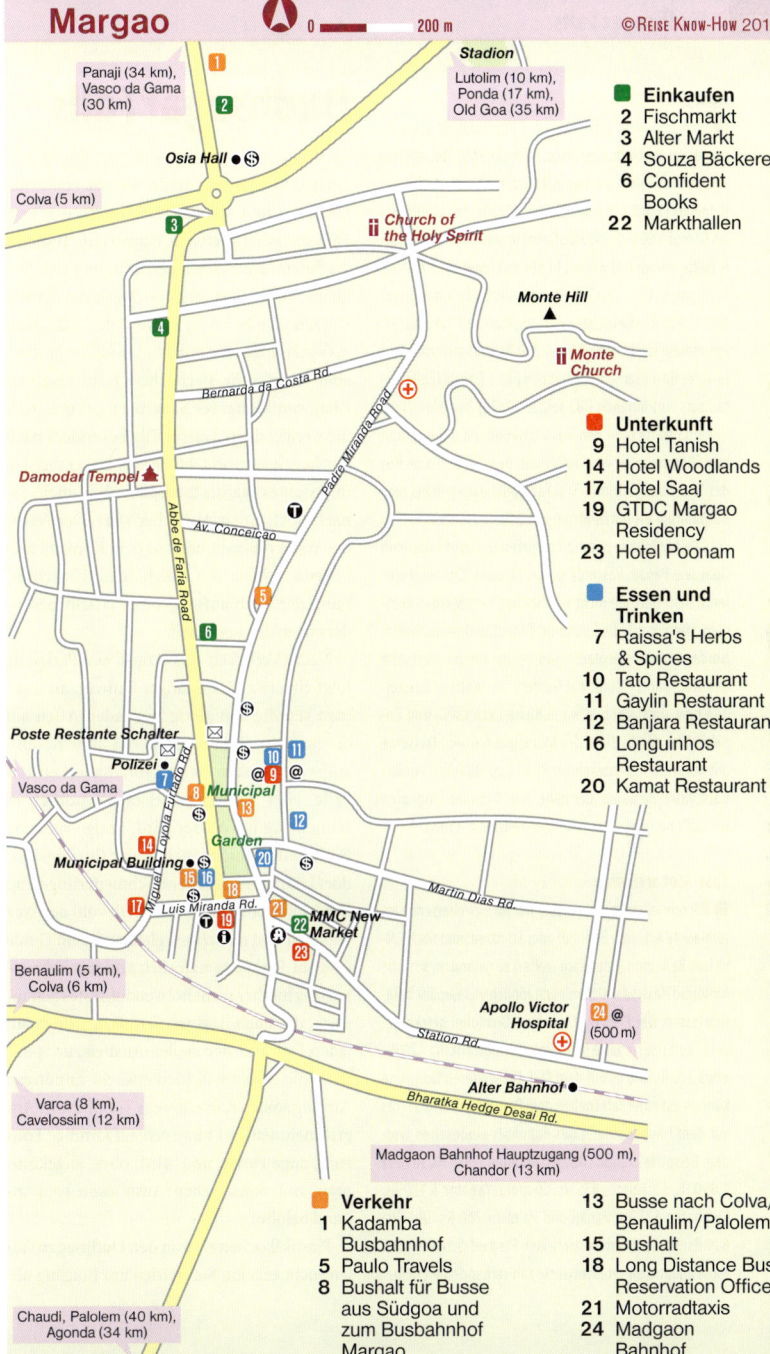

Bus:

■ Vom Kadamba-Busbahnhof, 3 km nördlich des Zentrums, u.a. Verbindungen nach: Bangalore (14 Std., 400 Rs, 1 Abendbus, Privatanbieter in 13 Std. für 1.000–1.400 Rs), Belgaum (5 Std.), Hospet (9 Std., 250 Rs, Privatanbieter bis Hampi 1.000–1.200 Rs), Ganpatipule, Hubli (6 Std., alle halbe Stunde), Mumbai (14 Std. mit luxuriösen AC-Volvo-Bussen für 500/700 Rs Sitz/Bett, Privatanbieter 800–1.400 Rs, die meisten nachts), Pune (12 Std., 400 Rs, Privatanbieter 11 Std., 800–1.200 Rs). Als zuverlässiges privates Busunternehmen hat sich Paulo Travels (Bella Vista App., Luis Miranda Rd., Tel.: 2702922) bewährt. Nach Gokarna sollte man den Bus vorziehen, da der Bahnhof von Gokarna recht weit außerhalb liegt, der einzige Bus des Tages um 13 Uhr (5 Std. Fahrtzeit) dagegen bis zum Busbahnhof ins Dorfzentrum von Gokarna fährt.

Darüber hinaus ständig Abfahrten zu Zielen innerhalb Goas wie Panaji, Vasco da Gama, Mapusa, Chaudi (Palolem). Reisende, die nicht von Norden nach Margao kommen, können sich die Fahrt zum Kadamba-Busbahnhof im Norden Margaos ersparen und bereits an der Westseite des Stadtparks (Municipal Garden) im Zentrum aussteigen bzw. umsteigen, etwa in Busse nach Colva und Benaulim an der Ostseite des Municipal Garden. Dasselbe gilt natürlich in umgekehrter Richtung. Stündlich ein Bus nach Vasco da Gama, der nahe dem Dabolim-Flughafen bei Aufforderung stoppt (45 Min. Fahrtzeit, 35 Rs).

Taxi/Motorriksha:

■ Die schnellste, preislich aber nur für Einzelreisende interessante Art, vom Bahnhof oder Stadtzentrum nach Colva und Benaulim (oder auch weiter) zu gelangen, sind die Motorrad-Taxis, die sich mit erstaunlich viel Gepäck beladen lassen. Der Preis bis Colva bzw. Benaulim beträgt jedoch weit überteuerte 90 Rs, mit der Motorriksha 120 Rs, etwa 220 Rs sind es mit dem Taxi. Die weiteren Taxipreise können auf einer Tafel neben dem Prepaid-Schalter rechts vor dem Hauptausgang des Bahnhofs eingesehen werden. Beispiele: Agonda 820 Rs, Arambol 1.370 Rs, Anjuna 1.090 Rs, Calangute 975 Rs, Chapora/Vagator 1.120 Rs, Flughafen 525 Rs, Panaji und Palolem 760 Rs, Old Goa 830 Rs. Im Zentrum existiert kein Prepaid-Schalter, also muss anhand dieser Richtwerte zäh verhandelt werden.

Dudhsagar Falls

Die Dudhsagar Falls an der Grenze zu Karnataka ganz im Osten Goas sind nach den Jogg Falls die **zweithöchsten Wasserfälle Indiens.** Nachdem die Wasser des Mandovi das Dekhan-Hochplateau hinter sich gelassen haben, stürzen sie hier 600 m in die Tiefe. In der südöstlichen Ecke des mit 240 km² zwar großen, aber nicht sehr tierreichen Naturreservats **Bhagwan Mahaveer Sanctuary** gelegen, sind die dreigeteilten Wasserfälle besonders nach der Regenzeit von Oktober bis Dezember ein imposantes Naturschauspiel, aber auch danach noch einen Abstecher wert. Der Name der Wasserfälle stammt aus dem Konkani und bedeutet „Meer aus Milch", eine Umschreibung der hoch aufsteigenden Gischt besonders nach der Regenzeit.

Nach Verlassen des Autos am Parkplatz folgt ein etwa 15-minütiger Fußweg, auf dem man ständig von gierig lauernden Affen auf der Suche nach Fressbarem beäugt wird (also aufpassen!), zum tiefen Auffangbecken der Fälle. Hier wird gern gebadet, wodurch es schnell eng im Wasser wird. Einige ruhigere **Badestellen** finden sich etwas flussabwärts, dort können auch schöne Schmetterlinge und Eisvögel beobachtet werden. Obwohl der Weg teils steil und manchmal glatt ist, ist ein Guide (die am Parkplatz natürlich anderes behaupten) bis hierher nicht notwendig, festes Schuhwerk, das auch nass werden darf, jedoch auf jeden Fall. Wer den steilen Anstieg zur Spitze der Fälle wagen will (den etwa 90-minütigen Anstieg sollten nur halbwegs Trainierte in Angriff nehmen), ist hingegen auf kundige Führung angewiesen und wird, oben angekommen, mit fantastischen Ausblicken weit ins Land belohnt.

Plastikflaschen sind an den Dudhsagar-Fällen nicht erlaubt. Sie werden am Eingang abgenommen und beim Verlassen des Geländes zurückgegeben.

An- und Weiterreise

■ Dudhsagar ist nur schwer mit öffentlichen Verkehrsmitteln zu erreichen: Zweimal pro Woche wird **Colem** von Zügen aus Margao und Vasco da Gama und natürlich auch von Bussen angefahren. Von dort fahren **Jeeps oder Taxis**, die am Bahnhof bereitstehen, in ca. 30 Minuten für etwa 300 Rs pro Person (inkl. Eintritt und Kameragebühr) bzw. etwa 1.800 Rs für einen Jeep zu den Fällen.

■ Eine neunstündiger **Tagesausflug** u.a. zu den Dudhsagar Falls (mit Panaji, Old Goa und Tambdi Surla Temple) wird von GoaTourism (Tel.: 2224132) Mi und So von Panaji und Calangute aus (Start 9 Uhr bei der GTDC Panaji Residency) für 750 Rs inkl. Mittagessen angeboten. Zudem bieten vermehrt auch die großen Hotels und Reisebüros All-inklusive-Tagesausflüge zu den Fällen an, die gewöhnlich vom frühen Morgen bis etwa 20 Uhr dauern.

■ Ein **Taxi** von den Strandorten kostet, je nach Entfernung, zwischen 1.500 und 2.500 Rs.

Der besondere Tipp:

Benaulim

Das sich knapp zwei Kilometer südlich Colvas anschließende Benaulim ist der ideale Ort für all jene, die einen geruhsamen Strandurlaub verbringen wollen. Es gibt sicherlich „trendigere" Strände (Palolem) mit „hippiegerem" Nightlife (Anjuna) und luxuriöseren Hotels (Candolim/Fort Aguada). Was Benaulim dafür auszeichnet, ist die gute touristische Infrastruktur ohne extreme Auswüchse eines Individual- oder Pauschaltourismus, die andere Gegenden Goas an den Rand der Belastbarkeit geführt haben.

Hinzu kommt ein herrlich breiter Sandstrand, auf dessen südlichem Teil die **Fischer** wie vor Hunderten von Jahren ihre großen hölzernen **Auslegerboote** abstellen. Jeden Nachmittag werden diese dann mit vereinten Kräften der Einheimischen und der herbeigerufenen Urlauber ins Meer bugsiert. Viele Traveller mieten sich **Fahrräder** und fahren auf dem breiten, zum Wasser hin festen Strand gen Süden. Je weiter man kommt, desto einsamer wird die dann nur noch von Möwen und wenigen Fischerleuten bevölkerte Landschaft.

Leider haben auch die internationalen Tourismusmanager das bisher kaum genutzte Potenzial dieses südlichen Teils Goas erkannt. Im südlich von Benaulim gelegenen Strandbereich um **Varca** wurden bereits mehrere Luxusresorts errichtet. Auch in den Reisfeldern entlang der Hauptzufahrtsstraße zum Strand wurden einige eröffnet – ein unübersehbares Zeichen dafür, dass es mit den harmonischen Zeiten in Benaulim bald vorbei sein dürfte. Bisher ist aber die gelassene Atmosphäre nur wenig getrübt.

Unterkunft

■ Will man in Benaulim möglichst nahe am Meer wohnen, hat man die Wahl zwischen den beiden am Ende der Strandstraße gelegenen Hotels L'Amour Beach Resort und O'Palmar. Das **L'Amour Beach Resort** €€-€€€ (Tel.: 2770404) verfügt über qualitativ unterschiedliche, meist große Zimmer, von recht einfachen und hellhörigen bis zu klimatisierten. Das gegenüber gelegene **O'Palmar** €€ (Tel.: 2770631, opalmar@sancharnet.in) macht einen weit weniger durchorganisierten Eindruck, zumal es über keinerlei Restauration verfügt. Dafür sind die in Bungalows untergebrachten Zimmer, die alle über kleine Terrassen verfügen, sehr geräumig. Außerdem steht ein Internet-Service zur Verfügung. Beide genannten Unterkünfte sind nichts für Geräuschempfindliche, stören doch an vielen Abenden die lauten Bässe der Musikanlagen der um-

Benaulim

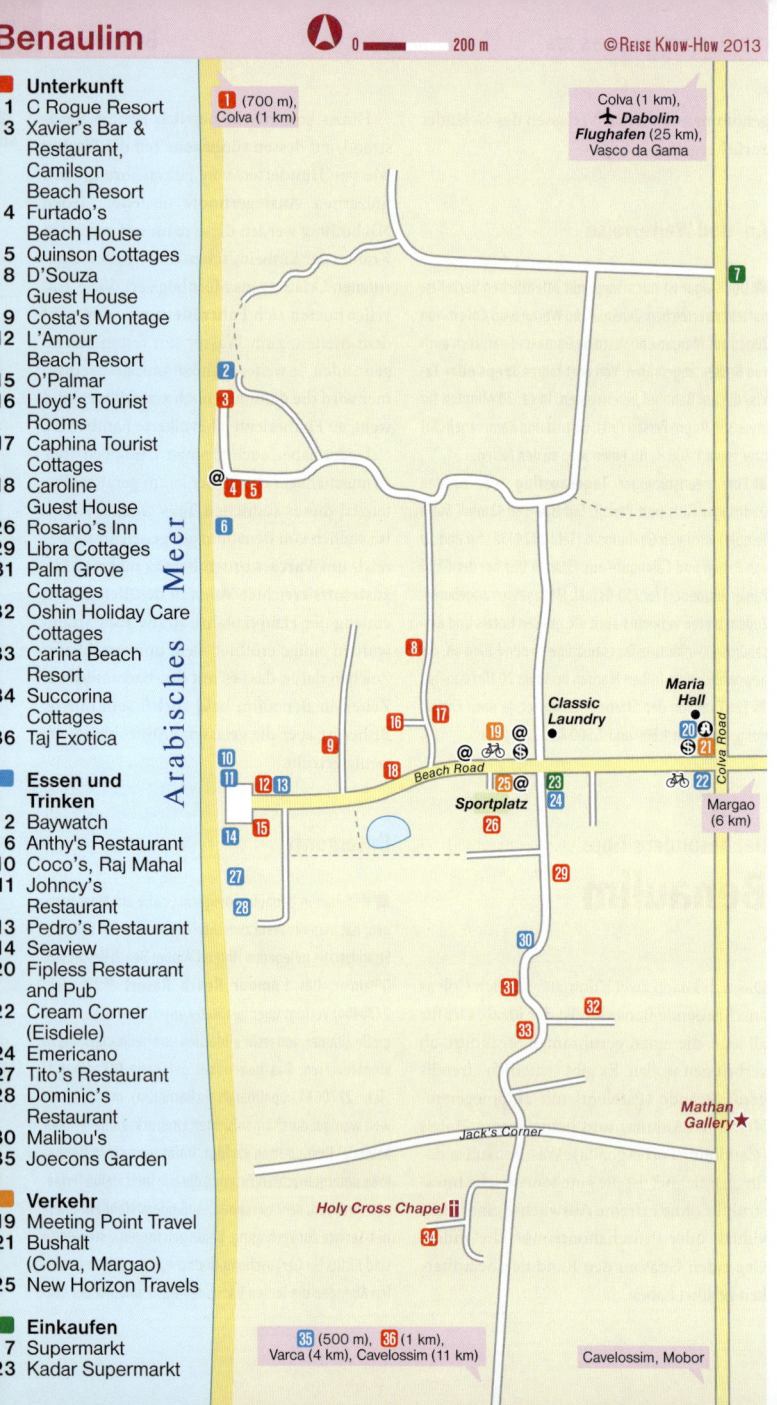

- **Unterkunft**
- 1 C Rogue Resort
- 3 Xavier's Bar & Restaurant, Camilson Beach Resort
- 4 Furtado's Beach House
- 5 Quinson Cottages
- 8 D'Souza Guest House
- 9 Costa's Montage
- 12 L'Amour Beach Resort
- 15 O'Palmar
- 16 Lloyd's Tourist Rooms
- 17 Caphina Tourist Cottages
- 18 Caroline Guest House
- 26 Rosario's Inn
- 29 Libra Cottages
- 31 Palm Grove Cottages
- 32 Oshin Holiday Care Cottages
- 33 Carina Beach Resort
- 34 Succorina Cottages
- 36 Taj Exotica

- **Essen und Trinken**
- 2 Baywatch
- 6 Anthy's Restaurant
- 10 Coco's, Raj Mahal
- 11 Johncy's Restaurant
- 13 Pedro's Restaurant
- 14 Seaview
- 20 Fipless Restaurant and Pub
- 22 Cream Corner (Eisdiele)
- 24 Emericano
- 27 Tito's Restaurant
- 28 Dominic's Restaurant
- 30 Malibou's
- 35 Joecons Garden

- **Verkehr**
- 19 Meeting Point Travel
- 21 Bushalt (Colva, Margao)
- 25 New Horizon Travels

- **Einkaufen**
- 7 Supermarkt
- 23 Kadar Supermarkt

gebenden Restaurants und Resorts die Nachtruhe bis nach Mitternacht empfindlich.

■ An der Straße zwischen Dorf und Strand liegt mit dem einfachen und preiswerten **Caroline Guest House** € (Tel.: 2770590, Zimmer teils mit Gemeinschaftsbad) eine typische, gute Billigunterkunft in günstiger Lage.

■ Ganz ähnlich sind die tadellosen Zimmer der **Libra Cottages** €–€€ (Tel.: 2770598) im Dorfzentrum, einige größere Zimmer haben Kochmöglichkeit.

■ Weitere Unterkünfte befinden sich im Ortskern etwa einen Kilometer vom Strand. Man hat die Wahl zwischen einer Reihe von privat geführten Guest Houses, die von Standard und Qualität her alle recht ähnlich sind. Die Entfernungen sind so gering, dass man sich in Ruhe nach einer geeigneten Schlafstätte umschauen kann. Zu den empfehlenswertesten Adressen gehören **Rosario's Inn** €–€€ (Tel.: 2740636) mit einfachen und billigen Zimmern hinter einem staubigen Sportplatz, das altmodische **D'Souza Guest House** €–€€ (Tel.: 2770583) mit gemütlichen Balkonzimmern zum hübschen Garten, das **Lloyds Tourist Rooms** €–€€ (Tel.: 2771492), eine kleine Gasse hinein, sowie **Caphina Tourist Cottages** €€ (Tel.: 2770573), wo außer normalen Balkonzimmern auch zwei mit Küche, Kühlschrank und TV im Angebot sind. Die drei Letztgenannten sind im nördlichen Benaulim.

■ Wer Ruhe der unmittelbaren Nähe zum Strand vorzieht, sollte sich in den Unterkünften der von der Dorfkreuzung nach Süden verlaufenden Straße einquartieren. Zum Strand sind es maximal 10–15 Minuten zu Fuß, dafür ist man nicht von Geschäften und Autolärm, sondern von „Palmengeräuschen" und Vogelgezwitscher umgeben. Eine empfehlenswerte Unterkunft, nicht nur in dieser Region, ist das alteingesessene **Palm Grove Cottages** €€€€ (Tel.: 2770059, www.palmgrovegoa.com). Neben einigen einfacheren Räumen verfügt die in einem schönen Garten gelegene Anlage auch über anspruchsvollere Zimmer. Sehr empfehlenswert ist auch das hauseigene Restaurant.

■ Pittoresk oberhalb von Reisterrassen, etwa 100 m zurückversetzt von der Straße, liegt **Oshin Holiday Care** €–€€ (Tel.: 2770069, (0)985046864, oshin.benaulimgoa.com). mit recht spartanisch eingerichteten Zimmern in völliger Ruhe. Wegen der herrlichen Lage und der günstigen Tarife eine empfehlenswerte Adresse.

■ Das weitläufige **Carina Beach Resort** €€€–€€€€ (Tel.: 2770413/4, www.carinabeachresort.com) ist eine recht hübsche Anlage mit Swimmingpool, in der vornehmlich Pauschaltouristen zu wohnen scheinen.

■ Noch etwas weiter südlich und dementsprechend ruhig wohnt man in den zehn sauberen und hellen Zimmern der **Succorina Cottages** €–€€ (Tel.: 2712072) im südlichen, kaum touristischen Dorfteil, 100 m von der Holy Cross Chapel entfernt.

■ Eine gute Alternative zum Dorf sind einige Unterkünfte in ruhiger Lage 500 m nördlich von Benaulim am Sernabatim Beach, die über eine von der Colva-Benaulim-Straße abzweigende Stichstraße und natürlich über den Strand zu erreichen sind. Recht günstig und gemütlich sind die nur einige Meter vom Strand zurück gelegenen **Quinson Cottages** € (Tel.: 2771490, 2702444).

■ Etwas nördlich finden sich mit dem **Xavier's Bar & Restaurant** €€–€€€€ (Tel.: 2771489) und dem etwas teureren **Camilson Beach Resort** €€–€€€€ (Tel.: 2788722) zwei schöne Mittelklassealternativen ganz nah am Strand. Bei Ersterem gibt's auch *family rooms* für bis zu vier Personen.

■ Eine abgeschlossene Anlage nördlich der Beach Road ist das **Costa's Montage** €€€–€€€€€ (Tel.: 2770047, 273 5294, costas@satyam.net.in). Die einzige wirkliche Luxusherberge in Benaulim mit viel Rasenflächen und Blumen ist hervorragend in Schuss, wirkt aber ein wenig steril. Auf einer sehr gepflegten Gartenanlage und verteilt auf mehrere Bungalows, werden Apartments von 50 bis 135 m² Größe mit allem Drum und Dran vermietet, die auch für Familien genügend Platz bieten. Ein großer Pool ist ebenfalls vorhanden. Bei Buchungsbestätigung wird 50 % Vorkasse erwartet.

Essen und Trinken

■ Unter den vielen Strandrestaurants in Benaulim ist **Johncy's** seit Jahren wegen seiner Lage in unmittelbarer Nähe zur Straße und der umfangreichen Speisekarte der absolute Renner. Zudem kann man bis spät in die Nacht hinein das hier besonders gut schmeckende Bier bestellen, was schon so mancher teuer (nicht nur pekuniär) bezahlen musste.

- Großer Beliebtheit erfreut sich auch **Dominic** wegen seiner schmackhaften Fischgerichte. Leider wird das in den letzten Jahren recht groß gewordene Restaurant des sehr geschäftstüchtigen Inhabers mit Musik beschallt, was den schönen Meerblick etwas schmälert. Dienstags und donnerstags auch Live-Musik.
- Wer es etwas ruhiger mag, ist im weniger auffälligen und näher an der Strandstraße gelegenen **Tito's** und **Sea View** besser aufgehoben, um den Sonnenuntergang zu genießen. Die Fischgerichte sind ebenso gut und etwas preiswerter.
- Auch **Anthy's Restaurant**, ebenfalls am Strand, ist für hervorragende Küche bekannt.
- **Pedro's Bar & Restaurant** war vor Jahren das erste Lokal in Benaulim und gehört nach wie vor bei Touristen wie Einheimischen zu den beliebtesten, wobei vor allem die vorzüglichen Fischgerichte zu empfehlen sind.
- Köstliches Essen in einer äußerst friedvollen Atmosphäre offeriert das in einem hübschen Garten gelegene Restaurant der **Palm Grove Cottages.**
- Nur wenige Meter nördlich ist das **Malibou's** eine gemütliche Adresse nicht nur zum Frühstück, sondern auch für indische und italienische Küche.
- Beim Kadar-Supermarkt gelegen, ist das **Emericano** eine erstklassige Speisestätte für Pizza, Pasta, aber auch indische Gerichte.
- Schleckermäuler kommen bei **Cream Corner** im Dorfzentrum zu ihrem Genuss. Es gibt Eis vom indischen Ableger von Langnese. Eine Kreuzung weiter Richtung Margao verwöhnt **Baskin & Robbins** mit Eis.
- An der Kreuzung im Dorf steht mit dem **Kadar Supermarket** eine Adresse für Selbstversorger bereit, deren Preise von der Person, die jeweils an der Kasse sitzt, abzuhängen scheinen.

Nightlife

- Südlich Benaulims nicht weit vom Taj Exotica ist das **Joecons Garden** (Tel.: (0)9822 102255, www.joeconsgarden.com) eine gelungene Mischung aus Restaurant, Bar und Disco. Nicht billig und erst ab 17 Uhr bis ca. 23.30 Uhr geöffnet.
- Eine angesagte Bar und Disco ist **Baywatch** (Tel.: 2772795) zwischen Colva und Benaulim am Serbatim Beach. Nur in der Hauptsaison geöffnet.
- Etwas kleiner ist **Fipless Restaurant and Pub** bei Maria Hall.

Sport und Aktivitäten

- Wie auch in anderen Strandorten Goas werden auch hier von vielen Anbietern **Bootsausflüge** angeboten, etwa zum Fischen aufs Meer oder als morgendliche Dolphin Cruise. Die lohnenswerte Tour startet um 8.30 Uhr, kostet meist 300 Rs und dauert eine gute Stunde. Auch **Schwimmen bei den Delfinen** (so sie es zulassen und nicht stiften gehen) ist möglich.
- **Fahrräder** (50 Rs), **Motorroller** (200 Rs) oder **Motorräder** (ca. 300 Rs in der Saison) können an vielen Stellen im Dorf ausgeliehen werden. Für lange Mietzeiten sollten discounts ausgehandelt werden.

Bank und Internet

Wie üblich tuscheln einem die überall entlang der zum Strand führenden Straße ansässigen Kashmir-Händler ein „you want to change money?" hinterher.

- Am effizientesten wird man im **L'Amour Beach Resort** oder im **Meeting Point Travel** bedient. Bares und Reiseschecks wie auch viele Kreditkarten werden akzeptiert. **GK Travels** und **New Horizon** an der Kreuzung westlich von Maria Hall nehmen für Visa- und MasterCard 2 % Gebühr. Bei der Bank of Baroda gibt's einem **ATM** für die meisten international wichtigen Kreditkarten.
- Schnelle Breitbandverbindungen der **Sify-i-way-Kette** kosten 30 Rs/Std., einmal im GK Tourist Centre und, bis 24 Uhr geöffnet, hinter Meeting Point Travel. Etwas näher zum Strand hilft **Tansi Online**. Strandnah ist das Internetcafé im **O'Palmar** (bis 18 Uhr). Auch am nördlichen Sernabatim Beach gibt's bei **Dominick's Travels** (Tel.: 2772867), einem Reisebüro, das außerdem Flug-, Bahn- (100 Rs Aufpreis) und Bustickets verkauft, ein Internetcafé (60 Rs/Std.).

Medizinische Versorgung

■ Im Dorf ist **Dr. Edgar Bosco Vas** (Tel.: (0)9823 238108) Allgemeinmediziner und Hals-, Nasen-, Ohrenarzt. **Dr. Midosha Vas** (Tel.: (0)9823293400) ist für die Zähne zuständig.
■ In schweren Fällen sei das **Apollo Victor Hospital** in Margao empfohlen.

An- und Weiterreise

■ Wichtige **Bahnverbindungen** vom nahegelegenen Bahnhof Madgaon (Margao) sind im Anhang aufgeführt.
■ **Busse** von und nach Margao, Colva und Cavelossim halten etwa alle Viertel- bis halbe Stunde an der Kreuzung Maria-Hall-Kirche. Von hier sind es ca. 10 Minuten zu Fuß zum Strand. Für 15 Rs fährt eine **Riksha.**
■ **Minibusse** fahren mittwochs zum Anjuna Fleemarket vom großen Platz in Colva, Genaueres siehe dort. Jeden Samstag existiert eine Busverbindung zu Ingo's Nightmarket bei Arpora zwischen Anjuna und Baga etwas landeinwärts, der zwischen 18 Uhr und 2 Uhr nachts stattfindet. Der Bus startet um 17.15 Uhr vor dem Baywatch nördlich von Benaulim. Preis pro Person inkl. Rückfahrt nach 4 Std. 200 Rs, Kontakttel.: (0)982258 1353. Ein **Taxi** verlangt für beide Fahrten inkl. Wartezeit etwa 900 Rs.

Südlich von Benaulim

Fast ausschließlich **Luxusunterkünfte** haben sich südlich von Benaulim Richtung **Varca** und darüber hinaus an den ganz ruhigen Bilderbuchstränden angesiedelt. Die in dieser Preisklasse übliche Luxusausstattung von mindestens einem Pool und gelegentlich auch einem **Golfplatz** schluckt natürlich enorme Mengen an kostbarem Wasser und Energie.

Unterkunft, Essen und Trinken

■ Das erste Resort zwischen Benaulim und Varca ist das **Taj Exotica** €€€€€€ (Tel.: 6683333, exotica.goa@tajhotels.com). Aller Luxus inkl. Golfplatz, Health Club und Ayurveda und mehrere Swimmingpools auf einer etliche Fußballfelder großen Anlage sind mehr als genug für Goa.
■ Etwas landeinwärts befindet sich **Michette Holiday Care** €€–€€€ (Tel.: 2745732, (0)9822792275, michetteholidaycare@rediffmail.com) in Zalor südlich Varca in abgeschiedener Dorflage. Es vermietet neben sauberen Zimmern mit Bad auch zwei Apartments mit Kühlschrank. Einige recht gute Restaurants im Haus und in unmittelbarer Nähe, ca. 400 m zum Strand.

Noch weiter südlich am Ende dieses 27 km langen, durchgängigen Strandes liegen **Cavelossim** und **Mobor** an der Südspitze. Auch hier finden sich vorwiegend Luxusherbergen an Stränden, die mit den typischen Strandrestaurants und Sonnenliegen und -schirmen verziert sind. Wie häufig bei diesen Hochpreisunterkünften halten sich die Touristen meist innerhalb ihrer Anlagen auf, sodass die malerischen Strände erstaunlich leer sind. In **Assolna** sind einige Kolonialvillen wie die gut erhaltene Casa dos Costa Martins zu bewundern. Für Motorradfahrer ist die Strecke an der Küste etwa von Colva oder Benaulim über **Betul** in den Süden Goas nach Palolem oder zum verlassen liegenden **Cabo da Rama** (schöne Ausblicke von dem ansonsten verfallenen Fort) – die eindeutig schönere Variante als auf dem National Highway 17.

Unterkunft, Essen und Trinken

■ Das familiengeführte **Dona Sa Maria** €€– €€€ (Tel.: 2745290, www.donasamaria.com) im ruhigen Dorf Tamborim nahe Varca ist eine der Ausnahmen in diesem Hochpreisgebiet. Leider trennen inzwischen vom Grün zurückeroberte, große Betonanlagen, die ehemals der indischen

Luftwaffe zu Übungszwecken dienten, das Hotel vom etwa 400 m entfernten Strand. Das Hotel mit hilfsbereiten Besitzern strahlt eine sehr gemütliche Atmosphäre aus: hübsche Zimmer, ein kleiner Pool und ein gutes Restaurant mit Fischgerichten und auch Steak. Inzwischen hat sich dieser Tipp herumgesprochen, so ist Reservierung anzuraten. Es werden morgendliche Ausflüge zum lohnenswerten Bird Watching in der Umgebung angeboten.

■ Eine sehr hübsche, billige Wohnmöglichkeit stellt das familiengeführte **Mariner's Inn** €€ (Tel.: 2745732) dar, makellose Zimmer und kleine Apartments mit Küchenecke für Selbstversorger sind ein guter Deal.

■ Das **Sao ingos Guest House** €€€–€€€€ (Tel.: 2871629, (0)9822153527, www.saodomingosgoa.com) mit dem angeschlossenen Luciana's Residency in Cavelossim ist nahezu preisgleich und mit schön möblierten, großen Balkonzimmern ebenfalls sein Geld wert.

■ Die 4-Sterne-Anlage des **Holiday Inn** €€€€€€–€€€€€€ (Cavelossim, Tel.: 2871303, (0)9881000484, www.holidayinngoa.com) ist strandnah und bildet mit Tennisplatz, mehreren Restaurants und Pools den Preis- und Luxusstandard der teuren Preisklasse.

■ Eines der luxuriösesten Resorts Goas und schon bei den billigen Zimmern etwa doppelt so teuer wie das vorgenannte ist das nebenan gelegene **The Leela Goa** €€€€€€ (Tel.: 6621234, www.theleela.com), eine auf riesiger Fläche erbaute Anlage mit 7 Restaurants, Riesenpool, Casino und Golfplatz.

■ Neben The Leela Goa gelegen, ist **Betty's Place** (Tel.: 2871456) eine gemütliche Strandadresse unter Palmen für herrliche Fischgerichte (ausführliche Speisekarte auf der Website www.bettysgoa.com) oder einen Drink. Auch hier können die Ausflugtouren gebucht werden (s.u.).

Aktivitäten

■ Über die letzten Jahre hat sich **Betty's Cruise** (Tel.: 2871456, www.bettysgoa.com, Abfahrt für alle Touren vom Pier am Sal-Fluss) in Mobor einen hervorragenden Namen gemacht. Angeboten werden z.B. zweistündige Delfinausflüge, ganztägige, sehr beliebte Bootsausflüge in die Backwaters von Goa (Day-Out-Cruises, 800 Rs inkl. hervorragenden Fischgerichten, sehr frühzeitig buchen) oder Sunset Cruises (300 Rs) auf dem Sal. Genaueres auf der informativen Website.

An- und Weiterreise

Die meisten Touristen in diesem Gebiet sind mit Motorrad oder Motorroller unterwegs, zumal die Anbindung mit öffentlichen Verkehrsmitteln eher schlecht ist.

■ Einige **Taxipreise:** Dabolim-Flughafen: 600 Rs, Panaji 850 Rs, Benaulim 300 Rs, Dudhsagar-Wasserfälle 1.450 Rs (hin und zurück mit Wartezeit).

■ Eine **Fähre** verbindet Cavelossim mit Assolna auf der Ostseite der breiten Mündung des Sal-Flusses. Die über eine schmale Straße am Kirchplatz hinein durch Reisfelder zu erreichende Fähre verkehrt alle 20 Minuten, die letzte von Cavelossim um 20.30 Uhr, die letzte von Assolna um 20.40 Uhr.

Palolem

Das ist er also, der ultimative **Südsee-Traum** von Goa. Der sichelförmige, etwa zwei Kilometer lange, von zwei bewaldeten Landzungen, zum Hinterland von sich im Wind wiegenden Palmenhainen begrenzte, schneeweiße Strand würde jedem Hochglanzprospekt alle Ehre machen. Lange blieb das Idyll aufgrund seiner versteckten Lage im äußersten Süden Goas vom Tourismus unentdeckt. Die Einwohner lebten hauptsächlich vom Fischfang und von Tätigkeiten, die sich um die Herstellung und den Vertrieb von Kokos-Feni (Schnaps aus Palmwein) drehen. Eigentlich erstaunlich, dass es bis Anfang der 1990er Jahre dauerte, ehe die ersten Westler den Weg hierher fanden.

Was folgte, ist die immer wieder gleiche Geschichte von der Zerstörung gewachsener

Dorfstrukturen durch den Ansturm des internationalen Tourismus – sagen viele, die Palolem vor der Erschließung kennen. Jene, die das erste Mal kommen, sind immer noch verzaubert von der landschaftlichen Schönheit, dem Charme, der Ruhe – es ist eben alles eine Frage des Standpunkts und der Erwartungen. Zweifellos gehört Palolem für all jene, die Ruhe und Erholung suchen, immer noch zu den schöneren Orten Goas.

Auch in Palolem ist ein Teil des strandnahen Meeres mit einem Netz vom offenen Wasser abgeschirmt, nachdem es zu mehreren schweren Unfällen von Schwimmern mit Motorbooten und Jetski gekommen war.

Unterkunft

In den Anfangsjahren des Tourismus waren es ähnlich wie ehemals in Anjuna und Vagator fast ausschließlich einfache Zimmer in den Häusern der Fischerfamilien, die als Unterkunftsmöglichkeiten zur Verfügung standen. Mit dem rapiden Anstieg der Besucherzahlen sind einfache **Bambushütten** auf Stelzen entstanden, die aus nicht viel mehr als ein oder zwei Bettgestellen und einer Bastmatte als Boden bestehen. Alle wurden in dem unmittelbar an den Strand angrenzenden Kokospalmenhain erbaut und werden in unregelmäßigen Abständen wegen der meist fehlenden Baugenehmigung wieder dem Erdboden gleichgemacht. Unterschiede zwischen den einzelnen Hütten sind kaum auszumachen, sie kosten um 350 Rs pro Nacht in der Hauptsaison. Eine detaillierte Erläuterung erübrigt sich also. Die gelungensten Unterkünfte finden sich an den beiden Strandenden sowie etwas zurückversetzt vom Strand. Wer länger als eine Woche bleibt, kann meist einen *discount* von bis zu 30 % heraushandeln.

■ Die perfekte Strandlage machen die großen, komfortablen Bambushütten mit Balkon von **Fernandes Wooden Cottages** €€€ (Tel.: 2643743, (0)9822151364, www.fernandeswoodencottages.com) mit oft gelobtem Restaurant mit Liegepolstern zu einem idealen Urlaubsdomizil. Mehr Komfort bieten die Hütten, ebenfalls mit Bad und Terrasse, des **Alessandra Resort** €€€–€€€€ (Tel.: 2644312) fast nebenan, für die tiefer in die Tasche gegriffen werden muss. Auch hier gibt's ein Strandrestaurant.

■ Ebenfalls überdurchschnittlich sind die teils auf Stelzen, teils ebenerdig gebauten Hütten von **Dream Catcher** €€–€€€€€ (Tel.: 2644873, (0)9822137446, www.dreamcatcher.in). Die einfacheren haben sauberes Gemeinschaftsbad, die teuren und großen sind komfortabler und mit Terrasse und eigenem Bad ausgestattet. Alles in relaxter Umgebung unter Palmen am Nordende des Strandes mit Restaurant und Bar. Hier werden auch Yoga und Massage angeboten. Sehr begehrt, also vorbestellen.

■ Abgeschieden hinter einer Meeresenge hinter dem nördlichen Strandende gelegen und bei Flut nur mittels eines Zugboots zu erreichen, ist das ruhige **Ordo Sounsar** €€€–€€€€ (Tel.: (0)9822488769, www.ordosounsar.com) mit großen Bambushütten in schöner Anlage, einen flachen Hang hinauf gebaut. Ein schönes Freiluftrestaurant/Bar ist ebenfalls vorhanden – eine tolle Wohnstätte.

■ Wem eine Strandentfernung von 500 bis 800 m nichts ausmachen, der findet südlich hinter dem Strand drei empfehlenswerte Unterkünfte in ruhiger Lage: das von einem Deutsch-Inder geleitete, komfortable **Paradias Apartments** €€€ (Tel.: 2644049, fishcurryrice@web.de). Die nette Atmosphäre des **Maria Guest House** €€ (Tel.: 2643732, mariaguesthouse@yahoo.com) mit Dachterrasse wiegt das spartanische Zimmer, einige mit Balkon, wieder auf. Es gibt's ein Internetcafé. Zudem isst man nirgends so köstliche einheimische Gerichte wie hier. Zu guter Letzt das **Palolem Guest House** €€€–€€€€ (Tel.: 2644 880, www.palolemguesthouse.com). Komfortable Zimmer mit sauberem Bad und Balkon zum grünen Garten und Hütten im Garten mit Gemeinschaftsbad. Außerdem gibt's in jedem Raum einen kleinen Safe und im Garten ein gutes Restaurant.

■ Ebenfalls etwas zurück vom Strand und südlich Palolems bei Colom ist auch das **Oceanic Hotel** €€€€–€€€€€ (Tel.: 2643059, www.hotel-oceanic.com) eine gute Alternative zu den Strandbehausungen. Die ansprechenden, hübsch eingerichteten, teils klimatisierten Zimmer mit WiFi und das gute Restaurant sind empfehlenswert. Der Nachteil der Strandferne wird durch den fantastischen Pool mit herrlicher Holzterrasse im Garten fast wieder aufgewogen.

■ Etwas abseits, aber dafür ruhig wohnt man im **Pritham's Cottage** €€ (Tel.: 2643320) im Dorfzentrum. Die geräumigen Zimmer haben alle eigenes Bad, von der Gemeinschaftsterrasse Blick in die Palmen. Der erste Stock ist zu bevorzugen.

■ Das **Palolem Beach Resort** €€€–€€€€ (Tel.: 2643054, 2645775, www.cubagoa.com) war die erste Strandunterkunft in Palolem und ist während der Hauptsaison immer gerammelt voll. Der ummauerte Komplex besteht aus einer Vielzahl von Zelten mit Standventilator, Beleuchtung und Schließfach sowie zehn kleinen Holzhütten und teils klimatisierten Zimmern mit eigenem Bad sowie einem angeschlossenen Restaurant (übeteuert und eher mittelmäßig) mit Bar. Die Inhaber machen einen bemühten Eindruck, doch die Enge und Hektik wirken störend.

■ Die wohl schönste Unterkunft von Palolem ist das **Bhakti Kutir** €€€–€€€€€ (Tel.: 2643469/72, www.bhaktikutir.com). Zu erreichen sind die komfortabel mit antiken Möbeln eingerichten und individuell (keine gleicht der anderen) gestalteten Hütten in pflanzenstrotzendem Garten über einen etwa 10-minütigen Fußweg, der vom südlichen Strandende zum kleinen Fischerdorf Colom führt und über eine Straße zum Dorf Colom. Die herrliche Lage oberhalb der von Felsen bestandenen Landzunge, das hervorragende deutsch-goanische Management und die angenehme Atmosphäre sowie das ausgezeichnete Restaurant sind den für Palolem hohen Preis wert.

■ Das daneben gelegene **Bridge & Tunnel** €€€–€€€€€ (Tel.: 2643262, (0)9822177450, www.bridgentunnelgoa.com) hat keine so schöne Gartenanlage und Hütten, ist aber um einiges billiger und sicher schon wegen des kleinen Preises eine hervorragende Ausweichmöglichkeit. Die teuren Hütten sind für bis zu 4 Personen bewohnbar.

■ Etwa in der Mitte des Palolem-Strandes locken die gemütlichen und palmenbeschirmten Hütten von **Ciaran's** €€€€ (Tel.: 2643477, www.ciarans.com, Preise inkl. Frühstück) mit erstklassiger Ausstattung, tollen Badezimmern und herrlicher Deko. WiFi umsonst. Unbedingt reservieren.

Essen und Trinken

■ Nicht nur, weil die meisten zu faul sind, sich weiter am Strand zu einem der anderen Restaurants zu bewegen, ist das Strandrestaurant **Droopadi** abends immer bis zum letzten Platz gefüllt. Allerdings ist auch das Essen hervorragend. Die meist indisch nach Mughlai- oder Tandoori-Art gegarten Fischgerichte sind köstlich und kosten um 150–200 Rs pro Hauptgericht.

■ Neben dem alteingesessenen **Dylan** ist das zweigeschossige **Joy Inn** eine etwas luxuriösere Variante der typischen Starndrestaurants.

■ Ein äußerst beliebtes Frühstücksrestaurant ist das **Brown Bread** an der Hauptstraße. Selbstgebackenes, dunkles Brot, riesige Müslis, Croissants, Kuchen und frische Säfte ziehen westliche Touristen magisch an.

■ **Magic Italian** wird von vielen als das beste italienische Restaurant Goas angesehen. Entsprechend gut gefüllt ist es die meiste Zeit. Die Pizzas, Ravioli, Tagliatelle etc. sind ein Muss für Freunde dieser Küche.

■ Ein angenehmer Ort, nicht nur zum Frühstücken, ist das **Cesa Fiesta** mit vielseitiger Speisekarte in gelungenem Garten und zu fairen Preisen (70–200 Rs pro Hauptgericht). Der gute Service und viele mexikanische Gerichte sind verlockend.

■ Gegenüber ist **Smugglers Inn** die richtige Adresse, falls man mal wieder opulent europäisch frühstücken, sich ein fettes Steak einverleiben oder bei einem aktuellen Fußballmatch mit einem Bier in den Polstern fleezen will. Auch die Bar ist gut ausgestattet.

■ Wirklich ausgezeichnet ist das gediegene **Classic** an der Straße zu den Coco Huts. Hier gibt's eine unwiderstehliche Auswahl an köstlichen goanischen Hauptgerichten, superleckeren Kuchen und gutem Kaffee.

■ Auch **Hotel Jackson** an der Hauptstraße serviert hervorragende Fischgerichte und und ist trotz weniger ansprechender Lage gut besucht – ein gutes Zeichen.

■ The **Cheeky Chapati** an der Hauptstraße kredenzt als eines von wenigen Lokalen neben Fisch und Burgern auch noch eine große Auswahl an indischen Gerichten.

■ Ausschließlich indische Küche zu kleinem Preis gibt's im **Hira Restaurant,** auch an der Hauptstraße. Gewöhnlich essen dort nur Einheimische.

Palolem

■ Die Restaurants des **Bhakti Kutir** (ausgesuchte Zutaten, guter Service in grüner Ruhe) und des **Cozy Nook** am nördlichen Strandende mit goanischer und nordindischer Küche und köstlich zubereiteten Fischgerichten sind empfehlenswert.

■ Ausgezeichnete einheimische Speisen zu günstigen Preisen in angenehmer Atmosphäre bietet das **Sun 'n' Moon**. Kein Wunder, dass es speziell abends schwer ist, einen freien Platz zu ergattern.

■ Der derzeit angesagteste Platz für einen Drink ist die **Cuba Beach Bar,** allerdings nicht am Strand, sondern beim Abfahrtpunkt der Busse an der Zufahrtsstraße zum Strand. Auch die Küche ist gut.

Sport und Unterhaltung

■ Überall am Strand und in Restaurants wird man angesprochen, einen der **Bootsausflüge** vom Strand aus mitzumachen. Es werden der lohnenswerte Standardausflug Dolphin Watch (300 Rs, *no see – no pay*), Ausfahrten zum Fischen mit Barbecue oder Schnorcheln, zur nahe gelegenen Butterfly Island, zur Monkey Island und ein Sunset Trip offeriert. Am nördlichen Strandende wartet Anand (Tel.: 2643365) den ganzen Tag auf Kundschaft (meist zu kleineren Preisen). Seine Boote haben ein Sonnendach.

■ Am südlichen Ende des Strandes von Palolem werden **Kanus** ab 50 Rs/Std. vermietet.

■ Abgesehen von den vielerorts zu mietenden **Motorrädern und -rollern** (300 Rs/Tag und 1.500 Rs/Woche bzw. 200 Rs/Tag und 1.000/Woche in der Saison, Discounts für Langzeitmieter), ist der einzig verbliebene **Fahrradverleih** SKS Cycle Shop (7–21 Uhr, 5 Rs/Std., 60 Rs/24 Std.) mit recht guter Ausrüstung an der Hauptstraße zu finden.

Bank, Post und Internet

■ Abgesehen von vielen privaten Geldwechslern (meist Travel Agencies), die nur zu schlechten Kursen tauschen und gelegentlich Kreditkarten akzeptieren, gibt es in Palolem bei **Thomas Cook Forex** (Mo–Sa 9.30– 18.30 Uhr, Mittagspause 13–15 Uhr) am Eingang des Palolem Beach Resort nur eine offizielle Möglichkeit, zu akzeptablen Raten Geld und Reiseschecks zu wechseln oder Geld auf Kreditkarten zu erhalten. Der nächstgelegene **ATM** im 3 km entfernten Chaudi von der State Bank of India ist für die meisten international üblichen Kreditkarten zuständig.

■ Palolem hat kein eigenes **Postamt,** das nächstgelegene ist in Chaudi.

■ Die meisten **Internetcafés** sind im Nordbereich des Dorfs entlang der Straße zum Strand zu finden. Alle nehmen 40 Rs/Std. Moderne Ausstattung haben z.B. Bliss Travels (Tel.: 2643456) und Patron Travels (9 Uhr bis Mitternacht), beide nicht weit vom Strandzugang an der Hauptstraße. Sie fungieren auch als Reisebüro. Direkt am Strand lässt es sich bei Networld rund um die Uhr surfen.

Medizinische Versorgung

■ An der Straße nach Agonda, etwa 500 m hinter der Abzweigung, findet sich mit dem kleinen und privaten **Dhavalikar Hospital** (Tel.: 2643147, 26443910) das nächstgelegene Krankenhaus. Für schwere Fälle ist das hervorragende **Apollo Victor Hospital** in Margao vorzuziehen.

■ An der Hauptstraße findet sich im Notfall eine kleine **Zahnklinik.**

An- und Weiterreise

Bus:

■ Täglich fahren etwa halbstündig Busse vom Ortszentrum in Palolem an der Kurve der Strandstraße nach Margao (und umgekehrt) über den 4 km entfernten Canacona-Busbahnhof (einige fahren vorher noch über Patnem, Rajbag und Chaudi). Der erste verlässt Palolem dort um 6.30 Uhr, der letzte um 17.15 Uhr. Die letzte Verbindung nach Margao von Canacona ist um 19.10 Uhr. Auch von Margao nach Canacona etwa halbstündige Verbindungen. Von dort sind es noch 4 km, für die mit der Motorriksha 50 Rs verlangt werden. Vom Canacona-Busbahnhof kurz vor Chaudi gibt's viele weitere Verbindungen innerhalb Goas und nach Karnataka (z.B. nach Gokarna um 14 Uhr, nach Ankola und Karwar auch spätere Busse).

Viele private Anbieter fahren zu Zielen in Karnataka und nach Mumbai. Nach Hampi kostet die Fahrt in klimatisierten Bussen um 600 Rs, mit luxuriösen AC-Volvo-Bussen 1.000 Rs (Privatanbieter sind etwas teurer), ein Aufpreis, den man nicht scheuen sollte. Verlässlich ist Paulo Travels, in Palolem u.a. durch Manlicka June Travels (Tel.: 2644533) am Ende der Strandstraße vertreten.

Taxi:

■ Schließt man sich mit mehreren Personen zusammen, macht es Sinn, eines der von diversen Unterkünften angebotenen Taxis zum Flughafen Dabolim für 1.300 Rs zu mieten. Ein Taxi von/nach Margao kostet 900 Rs, ein Motorradtaxi 370 Rs. Für eine Riksha nach Chaudi und zum Canacona-Busbahnhof werden teure 50 Rs verlangt.

Bahn:

■ Am Canacona-Bahnhof, 3 km von Palolem entfernt, halten nur wenige für Touristen interessante Züge. Das Reservierungsbüro (tgl. 10–12 und 15–17 Uhr) verkauft nur Fahrkarten für Züge, die in Canacona halten. Wichtig dürfte der 16345 Netravati Exp. (Abf. 23.40 Uhr) nach Trivandrum (Ank. 18.40 Uhr) in Kerala (über Kannur an 7.25 Uhr, Calicut 9.15 Uhr, Thrissur 12.15 Uhr, Ernakulam 14.10 Uhr, Alapuzzha 15.27 Uhr, Quilon 17.10 Uhr, Varkala 17.38 Uhr) sein. In der anderen Richtung nach Mumbai Lokmanyak Tilak Zug 16346, Abf. 5 Uhr (über Madgaon und Ratnagiri, an 9.50 Uhr, Mumbai an 16.40 Uhr). Als Nachtzug nach Mumbai Lokmanyak Tilak bietet sich der 12620 Matsyagandha Exp. an (Abf. 19.50 Uhr, Mumbai an 6.35 Uhr). Für die Fahrt nach Gokarna ist der 56641 MAO MAQ Pass (Abfahrt 14.22 Uhr, Ank. Gokarna Rd.15.27 Uhr) die richtige Verbindung. Für diesen Zug kann nicht reserviert werden, man steigt einfach zu, was gelegentlich zu Überfüllung führt. In entgegengesetzter Richtung fährt der 56640 MAQ MAS Pass um 11.38 Uhr nach Margao und Karwar. Für andere Tickets und Zugverbindungen muss man sich nach Margao begeben oder ein Reisebüro bemühen.

Strände südlich von Palolem

Highlight: Patnem Beach

Der dem Palolem Beach südlich folgende Strand Colomb Beach ist kaum als solcher zu bezeichnen. Eigentlich ist es nur die Verbindungsbucht zum darauf folgenden, noch recht leeren, ursprünglicheren Bogen des Patnem Beach, einem echten Tipp, ist doch der Palolem Beach inzwischen reichlich zugebaut mit Restaurants und Unterkünften.

Unterkunft, Essen und Trinken:

■ Etwas Anspruchsvolleren genügen die **Parvati Huts** €€€ (Tel.: (0)9822189913, www.hutspalolem.com), deren ebenerdige Rundhütten mit Bad und Moskitonetz leicht über dem sonst üblichen Standard für diese Art Behausungen liegen. Auch badlose, billigere Hütten.

■ Das sehr gelungene **Home** €€€ (Tel.: 2643916, www.homeispatnem.com), von einer Schweizerin geleitet und die meiste Zeit des Tages mit „cooler Muzak" beschallt, wartet mit recht komfortablen Zimmern unter Bäumen zu höherem Preis und einem guten Restaurant auf. Hängematten und Liegepolster laden zum Entspannen ein. Außerdem gibt's eine Bar und Poolbillard. Für Ruhesuchende ist das Home jedoch nicht zu empfehlen.

■ Die schönste Unterkunft am Patnem Beach ist das ausgezeichnete **Papaya's** €€€€–€€€€€ (Tel.: (0)9923079447, www.papayasgoa.com) hinter dem Casa Fiesta Café. Sehr hübsch gestaltete, gemütliche Bungalows mit viel dunklem Holz in einem tropischen Garten in schöner, ruhiger Lage. Inzwischen ist's ein bisschen teuer geworden, dennoch weiterhin sehr zu empfehlen. WiFi umsonst.

■ Beim **Om Shanti Retreat** €€–€€€€ (Tel.: (0)985 0781663, www.omshantipatnem.in) gibt's außer einigen gemütlichen Hütten mit Balkon, teils mit Gemeinschaftsbad, Mo und Fr auch Live-Musik am Abend im vegetarischen Strandrestaurant (hauptsächlich italienische Küche und Salate). Die Hütten zum Strand sind weit teurer.

- Kaum ein besserer Ort als das **Star Restaurant** (auch als Goyan & Goyan bekannt) am Ende der Zufahrtsstraße zum Patnem Beach lässt sich für ein Abendbier, Wein oder die erstklassige indische Küche mit vielen Fischgerichten und gutem Service denken.
- Auf einer Anhöhe über dem nördlichen Patnem Beach ist **Little Haven** eine herrlich gelegene Speisestätte.
- Eine der schönsten Unterkünfte entlang des Patnem Beach sind die sehr gelungenen **Beach Front Bungalows** €€€ (Tel.: (0)9969 016989, www.goyam.net). Die hübsche Lage und die schön gestalteten Bungalows sind den Aufpreis allemal wert.

Internet:

- Internetsurfen ist bei **Eddy's Cyberpoint** an der Zufahrtsstraße zum Patnem Beach möglich.

Rajbag und Talpona Beach

Eine Klippe weiter schließt sich der komplett von dem riesigen Luxusresort International The Grand eingenommene Rajbag Beach an. Die mit allem Luxus, der sich denken lässt, den man aber für Goa nicht unbedingt wünschen sollte (etwa einem 18-Loch-Golfplatz), ausgestattete Herberge ist selten auch nur annähernd belegt, was den Vorteil hat, dass der vorgelagerte Strand fast immer nahezu menschenleer ist.

Um an den folgenden, völlig einsamen Talpona Beach zu gelangen, muss man sich für ein paar Rupien zunächst von einem an den Ufern des Talpona-Flusses hockenden Fischer übersetzen lassen, der die beiden Strände trennt. Dort gibt's noch keine Behausung für Touristen.

Galijbag Beach

Noch weiter südlich, 16 km von Chaudi entfernt, ist der völlig abgelegene Galijbag-Strand ab November die Brutstätte von seltenen Schildkröten, die heutzutage unter strengem Schutz stehen. Auch dieser Strand kann auf längerem Fußmarsch, mit dem Bus von Canacona (letzter um 15.30 Uhr) oder über den National Highway 17, 2 km entfernt, erreicht werden. Außer einem Café im Dorf Galijbag gibt's hier keine touristische Infrastruktur.

Der südlichste Strand Goas bei **Polem** ist bisher noch kaum vom Tourismus erschlossen – sicher nicht mehr lange.

Der besondere Tipp:
Agonda

Agonda, 7 km nördlich von Palolem, ist touristisch längst nicht erschlossen. Bis vor kurzem noch ein absoluter Geheimtipp, gibt es auch heute noch kein Hinweisschild an der Abzweigung der Verbindungsstraße zwischen Palolem und Cabo da Rama, das auf das von dort etwa 1,5 km entfernte Agonda hinweist. Ein noch nahezu unberührter, gut 2 km langer **Bilderbuchstrand**, etwa 25 Unterkünfte und einige Restaurants stellen die touristische Infrastruktur dieses Kleinods dar. Man sollte jedoch beim Baden die nicht ungefährliche Unterströmung beachten.

Agonda war Anfang der 1980er Jahre von Investoren aus Delhi auserkoren, mit einem 5-Sterne-Hotelkomplex mit Golfplatz verschandelt zu werden, was aber von den Dorfbewohnern nach Beginn der Bauarbeiten (deren Reste heute verfallen) verhindert werden konnte. Heute steht Agonda wohl vor einer Welle von Bautätigkeit, zwar in kleinerem Maßstab, aber in größerem Umfang. So könnte es mit der idyllischen Ruhe bald vorbei sein, zumal Palolem inzwischen sehr angesagt ist. Ausweichmöglichkeiten werden in Goa immer gesucht, man sollte also die Gunst der Stunde nutzen, bevor es zu spät ist.

Unterkunft, Essen und Trinken

Während der Strandbereich südlich des Dorfs unberührt, aber auch kahl wirkt, da nur wenige Bäume vorhanden sind, ist er nördlich fast als bewaldet zu bezeichnen. Die Unterkunftsbeschreibung verläuft von Süd nach Nord.

■ Am noch sehr abgeschieden wirkenden Südbereich des Strandes finden sich drei empfehlenswerte Unterkünfte, einmal das **Eldfra Beach Guest House** €€ (Tel.: 2647378) mit einfachen Zimmern mit Bad in abgeschiedener Lage und familiärer Atmosphäre. Ganz strandnah bietet das **Caferns** €€ (Tel.: 2644267) saubere Zimmer mit Bad, recht abgeschieden gelegen. Auch das am und auf den Felsen im Süden gebaute **Sun Set Bar** €–€€ (Tel.: 2647796) ist empfehlenswert, besonders der Ausblick vom Restaurant. 200 m zum Strand.

■ Das **Sea Rock** €–€€ (Tel.: 2647367) am Strand hat einfache Stelzenhütten (Gemeinschaftsbad), zwei gemauerte Zimmer mit Bad und ein einfaches Strandrestaurant.

■ Sehr geschmackvoll am zurückliegenden Hang gebaut, ist das neue **Palm Beach Lifestyle Resort** €€–€€€ (Tel.: 2647783, (0)9422450380, www.palmbeachgoa.com) unter Palmen, 100 m vom Strand entfernt. Aufgrund der traditionellen Bauweise heizen sich die lehmverputzten, terrakottafarbenen Einzelbungalows mit Terrassen, komfortablem Bad und Moskitonetzen nicht auf. Ein Freiluftrestaurant ist angeschlossen.

■ Einen hervorragenden Gegenwert bietet das **Fatima Guest House** €€ (Tel.: 2647477) im Zentrum, 200 m zum Strand, mit sehr komfortablen Zimmern mit klasse Bad.

■ Das **Simrose** €–€€ (Tel.: 2647259) im Dorfzentrum hat außer den Bambushütten mit Supermeerblick neue Zimmer mit Bad und ein Restaurant in familiärer Atmosphäre.

■ Nahe der Kirche sind die Stelzenhütten unter Palmen des **Tito's Guest House** € (Tel.: 2647274) eine hervorragende Billigwahl.

■ Mehr Komfort für mehr Geld gibt's im **Madhu Hotel** €€–€€€ (Tel.: (0)9423813442), 10 Saisonhütten mit Bad nahe der Kirche.

■ Schon als alteingesessen zu bezeichnen ist das leicht verwohnte, aber durch seine unmittelbare Strandlage und den hübschen, baumbestandenen Garten empfehlenswerte **Forget Me Not** €–€€ (Tel.: 2647611). Zimmer mit Bad sowie Stelzenhütten.

■ Äußerst gemütlich sind die von einem deutsch-indischen Ehepaar geführten, sehr geräumigen und inzwischen sehr komfortablen Rundhütten des **White Sand** €€€€ (Tel.: 2647831, www.agondawhitesand.com), mit erstklassigen Bädern, WiFi, teils mit Küchennische zur Selbstversorgung sowie Terrasse. Unter Bäumen direkt am Strand gelegen – eine klasse Anlage.

■ Ebenfalls völlig ruhig ist das **Abba's Gloryland** €€€ (Tel.: 2647822) nur wenig nördlicher. Die durch ihre Bauweise immer angenehm kühlen Zimmer mit Bad sind geräumig.

Post und Internet

■ Agonda hat kein eigenes **Postamt**. Das nächstgelegene ist in Chaudi.

■ Es gibt nur ein **Internetcafé** im Dorfzentrum bei der Jasmine Video Library.

An- und Weiterreise

■ Wer nicht, wie sicherlich die meisten, per gemietetem Motorrad nach Agonda gelangt, fährt mit dem etwa stündlich (der letzte schon um 15.30 Uhr, So nur ein Bus um 14.30 Uhr) nahe der St. Anne's Church abfahrenden **Bus** bis zum Canacona-Busbahnhof kurz vor Chaudi. Der letzte von Canacona fährt um 18.15 Uhr. An der Hauptstraße zwischen Palolem und Cabo da Rama, etwa 1,5 km vom Dorf entfernt, verkehren regelmäßig weitere Busse nach Canacona und Margao.

■ **Taxis und Rikshas** sind nur vereinzelt anzutreffen, was sich aber mit der zunehmenden touristischen Bedeutung Agondas in Kürze ändern dürfte. Für ein Taxi zum Canacona-Busbahnhof und auch nach Palolem sind etwa 150 Rs zu zahlen. Per Riksha kostet es ein Drittel weniger.

Diplomatische Vertretungen | 792
Informatiostellen | 792
Indien im Internet | 793
Ein- und Ausreisebestimmungen | 794
Anreise | 796
Geldfragen | 799
Reisegepäck | 804
Gesundheitsvorsorge | 807
Versicherungen | 810

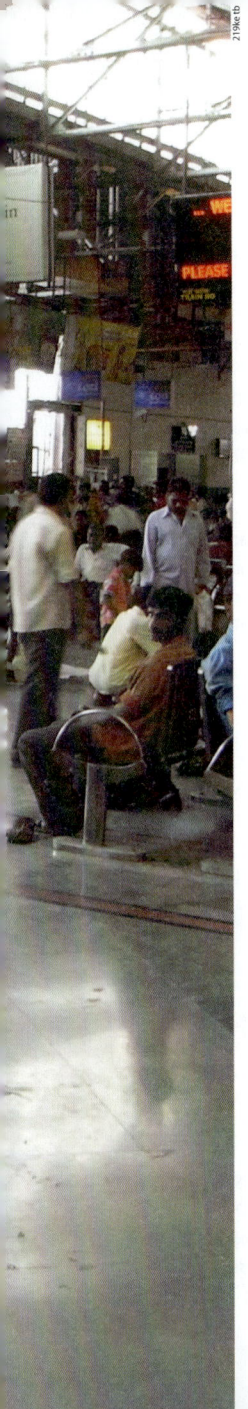

Dreh- und Angelpunkt einer Reise nach Nordindien ist Delhi. Von hier lassen sich alle interessanten Regionen gut erreichen. Aber

Vor der Reise

auch Mumbai eignet sich als Startpunkt einer Rundreise, wenn man vor allem den Westen und Rajasthan als Ziel hat.

◁ Im Victoria-Bahnhof in Mumbai

Diplomatische Vertretungen

In Deutschland:

- **Indische Botschaft,** Tiergartenstr. 17, 10785 Berlin, Tel.: 030-257950, Fax: 25795102, www.indianembassy.de.
- **Indisches Generalkonsulat,** Friedrich-Ebert-Anlage 26, 60325 Frankfurt/M., Tel.: 069-1530050, Fax: 554125.
- **Indisches Generalkonsulat,** Graumannsweg 57, 20087 Hamburg, Tel.: 040-338036, Fax: 323757.
- **Indisches Generalkonsulat,** Widenmeyerstr. 15, 80538 München, Tel.: 089-2102390, Fax: 21023970.

In Österreich:

- **Indische Botschaft,** Kärntner Ring 2, 1015 Wien, Tel.: 01-5058666, Fax: 5059219, www.indian embassy.at.

In der Schweiz:

- **Indische Botschaft,** Kirchenfeldstr. 28, Postfach 406, 3000 Bern 6, Tel.: 031-35011310, Fax: 3511557, www.indembassybern.ch.
- **Indisches Generalkonsulat,** Bahnhofplatz 9, 8001 Zürich, Tel.: 043-3443214, Fax: 2685102.
- **Indisches Generalkonsulat,** Rue du Valais 9, 1202 Genf, Tel.: 022-9068686, Fax: 9068696.

Heimatvertretungen in Indien

Im Folgenden die Anlaufstellen vor Ort für den Notfall. Wird der Reisepass gestohlen, muss man dies bei der örtlichen Polizei melden. Die Botschaften bzw. Konsulate stellen einen Ersatzpass aus, nachdem die Identität geklärt ist. Beste Voraussetzung dafür ist eine Kopie des Originals. Auch in dringenden Notfällen, z.B. medizinischer oder rechtlicher Art, sind die Vertretungen bemüht zu helfen.

Botschaften in Delhi (Chanakyapuri):

- **Embassy of Germany,** 6/50G, Shanti Path, Chanakyapuri, Tel.: 011-44199199 oder in dringenden Notfällen (0)9810004950.
- **Embassy of Austria,** Ep-13, Chandragupta Marg, Chanakyapuri, Tel.: 011-24192700.
- **Embassy of Switzerland,** Nyaya Marg, Chanakyapuri, Tel.: 011-49959500.

Konsulate in Mumbai (Nariman Point):

- **Deutschland:** Hoechst House, 10. Stock, 193 Backbay Reclamation, Tel.: 022-2283-2422/-1517/-2661 oder in dringenden Notfällen Tel.: (0)9821016877.
- **Österreich:** 26 Maker Chambers VI, 2. Stock, Tel.: 022-22851734, 22851774, 22851066.
- **Schweiz:** 102 Maker Chambers IV, 10. Stock, 222 Jamnalal Bajaj Marg, Tel.: 022-228845-63/-64/-65 oder 22831738.

Konsulate in Kalkutta:

- **Deutschland:** 1 Hastings Park Road, Alipore, Tel.: 033-24791141.
- **Österreich,** 10 Camac St., Industry House, 12. Stock, Tel.: 033-22871762.
- **Schweiz:** c/o Titagarh Steels Ltd., 113 Park Street, Tel.: 033-22295542.

Konsulate in Goa:

- **Deutschland:** Cosme Matias Menezes Ltd., Rua de Ourem, Panaji, Tel.: 0832-2235526, 2223261, 2223263, 2223264.
- **Österreich:** Salgaocar House, 3. Stock, Dr. F. Louis Gomes Rd., Vasco da Gama, Tel.: 0832-2513816 oder 2513811.

Informationsstellen

- **IndiaTourism,** Baseler Str. 48, 60329 Frankfurt/Main, Tel.: 069-242949-0, Fax: 242949-77, www.india-tourism.de. Man kann online Kataloge bestellen.
- **Deutsch-Indische Gesellschaft** (Bundesgeschäftsstelle), Oskar-Lapp-Str. 2, 70565 Stuttgart, Tel.: 0711-

297078, Fax: 2991450, www.dig-ev.de. Zweigstellen gibt es in 33 deutschen Städten.

Auswärtige Ämter

Informationen zur aktuellen allgemeinen Sicherheitslage und Warnungen vor besonders gefährdeten Gebieten erhält man hier:

- **Deutschland:** www.auswaertiges-amt.de (Reise & Sicherheit), Tel.: 03018-17-2000, Fax: 03018-17-51000.
- **Österreich:** www.bmeia.gv.at (Bürgerservice), Tel.: 05-01150-4411, Fax: 05-01159-0 (05 muss immer vorgewählt werden).
- **Schweiz:** www.dfae.admin.ch (Vertretungen), Tel.: 031-3238484.

Touristeninformationen vor Ort

Die staatlichen Touristenämter werden von den Touristenbüros der einzelnen Bundesstaaten und von **IndiaTourism** geleitet, deren kleinere Filialen oft auch *Tourist Facilitation Centre* oder *Tourist Reception Centre* heißen. Neben allgemeinen Informationen bieten sie die Organisation von Ausflügen oder Taxifahrten für Touristen. Die Qualität der einzelnen Ämter variiert von Ort zu Ort stark. Manche Mitarbeiter sind sehr hilfsbereit, bei vielen scheint hingegen die Vermittlung der von ihnen angebotenen Touren im Mittelpunkt zu stehen.

Um Kunden anzulocken, geben sich viele private Reisebüros Namen, die denen der staatlichen Informationsstellen ähneln, um sich den Anstrich von Seriosität zu verleihen. Nicht alle von ihnen sind schlecht, aber man sollte im Auge behalten, dass es sich um gewinnorientierte Privatunternehmen handelt.

Indien im Internet

- Die offizielle Website des Indischen Fremdenverkehrsamts mit einem breiten Informationsangebot auf Deutsch, umfangreichen Reiseinformationen zu allen Bundesstaaten, Einreisebestimmungen und Gesundheitstipps, Hilfe zur Routenplanung und Stadtführer, Adressen von Hotels, Reisebüros, Fluggesellschaften u.v.m.: **www.india-tourism.de.**
- Auf der Homepage von Indian Railways sind die wichtigsten innerindischen Zugverbindungen einzusehen, Informationen für Touristen, das Streckennetz, ein historischer Abriss und einiges mehr: **www.indianrail. gov.in.**
- Eine indische Suchmaschine mit einigen Chat-Rooms, Nachrichten, Wetterbericht u.v.m.: **www.123india.com.**
- Das National Informatics Centre (NIC) der indischen Regierung hat ein weiterverweisendes Verzeichnis staatlicher indischer Websites (Ministerien, Botschaften, Unionsstaaten, Organisationen etc.): **www.nic.in.**
- Aktuelle Nachrichten (auch nach Unionsstaaten geordnet), Archiv und mehr beim indischen Nachrichtendienst Rediff On the Net: **www.rediff.com.**
- Ein breit gefächertes Internetforum zu Indien mit praktischen Infos, aktuellen Meldungen aus Politik und Zeitgeschichte, einem Forum zum Austausch von Fragen und Meinungen, einem Kalender für alle im Fernsehen zum Thema Indien gezeigten Sendungen sowie touristische Beiträge: **www.indien-aktuell.de.**
- Das deutsche Indien-Magazin berichtet informativ und kompetent über das moderne Indien – aktuelle Entwicklungen aus Politik, Wirtschaft und Gesellschaft. Filme und Bücher werden ausführlich besprochen und Restaurantkritiken und Kochtipps sorgen für das leibliche Wohl. Ein Veranstaltungskalender und eine Link-Liste runden das Angebot ab: **www.indien-newsletter.de.**
- Landkarten von Indien zu verschiedenen Themen sowie Stadtpläne findet man unter: **www.mapsofindia.com.**

Ein- und Ausreisebestimmungen

Die genannten Einreisebestimmungen sind Stand Ende 2012. Man sollte sich unbedingt vor der Reise bei der indischen Botschaft bzw. in Deutschland auch beim zuständigen Konsulat (s.o.) erkundigen, ob sie noch gelten.

Visum

Visaanträge werden nicht mehr von den indischen Botschaften und Konsulaten, sondern von zwei **Agenturen** bearbeitet, die jeweils für unterschiedliche Regionen zuständig sind. Die Beantragung kann nur noch **online** erfolgen. Dies bedeutet, dass zunächst das Antragsformular auf den jeweiligen Webseiten ausgefüllt werden muss.

Für Nord- und Westdeutschland ist die Agentur **Indo-German Consultancy Services (IGCS)** zuständig: www.igcsvisa.de (den Button „Visabeantragung" anklicken). Für Süd- und Ostdeutschland ist es die **Cox & Kings GmbH:** www.in.de.coxandkings.com/berlin1/apply_visa.html (bzw. „munich1" bei Beantragung in Süddeutschland). Man folgt den Anweisungen auf dem Bildschirm. Am Ende dieser Prozedur ist das online ausgefüllte **Formular auszudrucken** und bei Vor-Ort-Beantragung zusammen mit zwei Fotos im ungewöhnlichen Format 5x5 cm und der Visumsgebühr in bar mitzunehmen. Bei postalischer Beantragung ist das ausgedruckte Formular zusammen mit zwei Fotos und dem Einzahlungsbeleg der Visagebühr und einem frankierten Rückumschlag per Einschreiben an die zuständige Agentur zu senden. Selbstverständlich ist in beiden Fällen auch der Reisepass, der ab dem Ankunftsdatum in Indien noch mindestens sechs Monate gültig sein muss, einzureichen bzw. zu versenden.

Visabeantragungen vor Ort dauern in der Regel **drei Werktage.** In dringenden Fällen kann das Visum auch bei Abgabe am frühen Vormittag bis zum Nachmittag des darauf folgenden Tages ausgestellt werden. Hierfür wird jedoch keine Garantie übernommen. Bei postalischer Beantragung sollte man von ca. zehn Tagen ausgehen. Weitere Anweisungen finden sich auf den angegebenen Webseiten.

Öffnungszeiten der Cox & Kings-Büros für Visaanträge: Mo-Fr 8.30–14.30 Uhr, Abholung zwischen 16.30 und 17.30 Uhr (Abgabe ist immer nur vormittags, Abholung nur nachmittags möglich). Anträge über die Indo-German Consultancy Services (Mo-Fr 9.30–11.30 und 14–16 Uhr) können vor- und nachmittags sowohl abgegeben als auch abgeholt werden. Die Öffnungszeiten sollten online oder telefonisch auf eventuelle Änderung hin überprüft werden.

Zuständige Agenturen

- Für **Ostdeutschland** (Berlin, Brandenburg, Sachsen, Thüringen, Sachsen-Anhalt, Mecklenburg-Vorpommern): **Cox & Kings GmbH,** India Visa Application Center, Wichmannstr. 6, 10787 Berlin, Tel.: 030-26949750, Fax: 26949751, www.in.de.coxand kings.com.

- Für **Süddeutschland** (Bayern, Baden-Württemberg): **Cox & Kings GmbH,** India Visa Application Center, Bruderstr. 5a, 80538 München, Tel.: 089-23231590, Fax: 23231591, www.in.de.coxand kings.com.

- Für **Westdeutschland** (NRW, Hessen, Rheinland-Pfalz, Saarland): **Indo-German Consultancy Services (IGCS),** Friedrich-Ebert-Anlage 3, 60327 Frankfurt, Tel.: 069-7422200, Fax: 7422200180, www.igcsvi sa.de.

- Für **Norddeutschland** (Hamburg, Schleswig-Holstein, Bremen, Niedersachsen): **Indo-German Consultancy Services (IGCS),** Mundsburger Damm 6, 22087

Ein- und Ausreisebestimmungen

Hamburg, Tel.: 040-2880560, Fax: 2885629, www.igcsvisa.de.

Visagebühren

Eine Bearbeitungsgebühr von 11,78 Euro ist jeweils hinzuzurechnen:

- **Transitvisum,** gültig für 15 Tage (zur ein- oder zweifachen Einreise): 25 Euro
- **Touristenvisum,** 6 Monate gültig ab Datum der Ausstellung, berechtigt zur mehrmaligen Einreise: 50 Euro (bis zu einem Jahr 80 Euro)
- **Geschäftsvisum,** gültig für ein Jahr ab Datum der ersten Einreise: 145 Euro (länger 235 Euro)
- **Studentenvisum,** gültig für die Dauer des Studiums oder maximal fünf Jahre, ein Nachweis der indischen Universität ist erforderlich: 90 Euro
- **Entry- und Arbeits-Visum,** gültig ein halbes Jahr, spezielles Visum für Vielfach-Indien-Besucher und Geschäftsleute, entsprechende Nachweise erforderlich: 95 Euro (bis zu einem Jahr 160 Euro)

Visumverlängerung

Wer sein im Ausland erhaltenes Visum in Indien voll ausgeschöpft hat, braucht sich gar nicht erst der bürokratischen Mühe einer Visumverlängerung auszusetzen, da man als Tourist nur 180 bzw. 360 Tage des Jahres in Indien verbringen darf. Erst wieder nach einem halben Jahr darf man erneut einreisen.

Ansonsten sind für Visumverlängerungen in Großstädten die sogenannten **Foreigners Regional Registration Offices,** in Distrikthauptstädten die lokalen Polizeibehörden zuständig. Eine Verlängerung wird aber so gut wie nie gewährt, außer man hat seinen Reisepass und Visum verloren. Dann bekommt man ein neues, 14 Tage gültiges **Ersatzvisum,** das nur zur Ausreise bestimmt ist.

Österreich und Schweiz

Der Ablauf der Visabeantragung für Österreich und die Schweiz ist derselbe wie für Deutschland. Nur die zuständigen Agenturen und Gebühren sind andere:

Für Österreich:
- **BLS International Visa Services Center,** Hegelstr. 17 (nahe Schwartzenbergplatz), 1010 Wien, Tel.: 01-94372720, www.blsindia visa-austria.com, Mo–Fr 9–13 Uhr (Abgabe des Antrags), 16–17 Uhr (Abholung des Visums). Ausfüllung des Antrags unter www.indianvisaonline.gov.in/visa. Die Visagebühren sind die gleichen wie in Deutschland. Es kommen 10,50 Euro Bearbeitungsgebühr hinzu.

Für die Schweiz:
- **VSL Global,** India Visa Application Centre, Seilerstr. 25, 3011 Bern, 8.30–14 Uhr (Abgabe des Antrags), 16–17.30 Uhr (Abholung des Visums). Ausfüllen auf des Antrags unter in.vfsglobal.ch/english/guidance.html, dann den Anweisungen folgen. Gebühren: Transitvisum 45 SFr, Touristenvisum 6 Monate 80 SFr, Geschäftsvisum 150 SFr, Studentenvisum 140 SFr. Zu den Visagebühren jeweils noch 30,80 SFr Bearbeitungsgebühr hinzurechnen.

Ein- und Ausfuhr

In Indien gelten die international üblichen **Zollbestimmungen,** d.h. man darf neben Artikeln des persönlichen Bedarfs u.a. 200 Zigaretten oder 50 Zigarren sowie Geschenke bis zu einem Wert von 800 Rs einführen.

Spezielle Beschränkungen gibt es für **elektronische Geräte** wie z.B. Kameras, Videogeräte oder Laptops. Wer mehr als eine Kamera mit zwei Objektiven und 30 Filme dabei hat, muss diese auf einem speziellen Formular offiziell deklarieren, welches bei der Ausreise wieder vorzulegen ist. Hiermit soll verhindert werden, dass man seine Reisekasse mit dem

Verkauf dieser Waren aufbessert. Uns ist jedoch kein einziger Fall bekannt geworden, bei dem man bei der Ausreise tatsächlich nach dem Formblatt gefragt hätte.

Es darf **keine indische Währung** ein- oder ausgeführt werden. Reisende, die mehr als 5.000 US-Dollar (bar oder Reiseschecks) einführen wollen, müssen diese auf der *Currency Declaration Form*, die sie bei der Einreise erhalten, angeben. Bei Verstößen hiergegen und gegen Zollvorschriften droht Verhaftung bei der Ausreise.

Einfuhrbestimmungen für Europa

Bei der **Rückeinreise** gibt es auch auf europäischer Seite Freigrenzen, Verbote und Einschränkungen. Folgende Freimengen darf man zollfrei einführen in die EU und die Schweiz:

- **Tabakwaren** (für Personen ab 17 Jahren): 200 Zigaretten oder 100 Zigarillos oder 50 Zigarren oder 250 g Tabak oder eine anteilige Zusammenstellung dieser Waren.

Die kleinen indischen **Beedis-Zigaretten** werden bei der Einreise in Europa einzeln gezählt, also nicht nach ihrem geringen Gewicht berechnet, sodass man schnell die erlaubte Einfuhrmenge überschritten hat. Dann muss zu dem zusätzlichen Zoll für die überschrittene Menge auch noch die Strafgebühr hinzugezahlt werden. Es ist bei der Zollkontrolle nicht mehr möglich, die überzähligen Zigaretten einfach zurückzulassen.

- **Alkohol** (für Personen ab 17 Jahren) in die EU: 1 l Spirituosen (über 22 Vol.-%) oder 2 l Spirituosen (unter 22 Vol.-%) oder eine anteilige Zusammenstellung dieser Waren, und 4 l nicht-schäumende Weine und 16 l Bier; in die Schweiz: 2 l bis 15 Vol.-% und 1 l über 15 Vol.-%.
- **Andere Waren** in die EU: bis zu einem Warenwert von insgesamt 430 Euro, Reisende unter 15 Jahren 175 Euro bzw. 150 Euro in Österreich; in die Schweiz: neu angeschaffte Waren für den Privatgebrauch bis zu einem Gesamtwert von 300 SFr. Bei Nahrungsmitteln gibt es innerhalb dieser Wertfreigrenze auch Mengenbeschränkungen.

Wird die Wertfreigrenze überschritten, sind **Einfuhrabgaben** auf den Gesamtwert der Waren zu zahlen und nicht nur auf den die Freigrenze übersteigenden Anteil. Die Berechnung erfolgt entweder pauschal oder nach dem Tarif der einzelnen Ware zuzüglich sonstiger Steuern.

Einfuhrbeschränkungen bestehen u.a. für Tiere, Pflanzen, Arzneimittel, Betäubungsmittel, Feuerwerkskörper, Lebensmittel, Raubkopien, verfassungswidrige Schriften, Pornografie, Waffen und Munition; in Österreich auch für Rohgold und in der Schweiz auch für CB-Funkgeräte.

Nähere Informationen:

- **Deutschland:** www.zoll.de oder unter Tel.: 0351-44834510.
- **Österreich:** www.bmf.gv.at oder unter Tel.: 01-51433564053.
- **Schweiz:** www.ezv.admin.ch oder unter Tel.: 061-2871111.

Anreise

Nonstop-Verbindungen aus dem deutschsprachigen Raum nach Nordindien bieten derzeit nur Air India und Lufthansa von Frankfurt nach Delhi und Mumbai, Lufthansa von München nach Delhi und Mumbai, Austrian Airlines von Wien nach Delhi und Swiss von Zürich nach Delhi und Mumbai. Die Flugzeit beträgt **etwa 7 Stunden.**

Daneben gibt es interessante **Umsteigeverbindungen** von vielen Flughäfen in Deutschland, Österreich und der Schweiz mit Aeroflot (über Moskau), Air France (über Paris), British Airways (über London), Emirates (über Dubai), Etihad Airways (über Abu Dhabi), Gulf Air (über Bahrain), KLM (über Amsterdam), Kuwait Airways (über Kuwait City), Qatar Airways (über Doha), Royal Jordanian (über Amman), Sri Lankan Airlines (über Colombo) und Turkish Airlines (über Istanbul). Die Umsteigeverbindungen können zwar billiger sein als die Nonstop-Flüge, aber man muss hier auch eine längere Flugdauer einkalkulieren. **Internationale Flughäfen** sind Delhi und Mumbai, aber auch Amritsar (für Flüge mit Qatar Airways von Berlin, Frankfurt und München über Doha, mit Uzbekistan Airlines von Frankfurt über Taschkent und mit Turkmenistan Airlines von Frankfurt über Aschgabad).

Flugpreise

Je nach Fluggesellschaft, Jahreszeit und Aufenthaltsdauer in Indien bekommt man ein Economy-Ticket von Deutschland, Österreich und der Schweiz hin und zurück nach Delhi oder Mumbai **ab 600 Euro** (inkl. aller Steuern, Gebühren und Entgelte). Am niedrigsten sind die Flugpreise im Zeitraum von Mitte Januar bis Mitte Juni und von Anfang September bis Ende November. Die Hauptsaison, in der die Flüge deutlich teurer sind, ist im Juli/August und Dezember/Januar.

Preiswertere Flüge sind mit **Jugend- und Studententickets** (je nach Airline bis 29 Jahre und Studenten bis 34 Jahre!) möglich. Außerhalb der Hauptsaison gibt es einen Hin- und Rückflug von Frankfurt nach Delhi oder Mumbai ab etwas über 500 Euro. **Kinder** unter zwei Jahren fliegen ohne Sitzplatzanspruch für 10 % des Erwachsenenpreises, ansonsten werden für ältere Kinder die regulären Preise je nach Airline um 25–50 % ermäßigt. Ab dem 12. Lebensjahr gilt der Erwachsenentarif oder ein besonderer Jugendtarif.

In Deutschland gibt es von Frankfurt aus die häufigsten Verbindungen nach Delhi und Mumbai. Tickets für Flüge von und nach anderen deutschen Flughäfen sind oft teurer. Da kann es für Deutsche attraktiver sein, mit einem **Rail-and-Fly-Ticket** per Bahn nach Frankfurt zu reisen (entweder bereits im Flugpreis enthalten oder 30 bis 60 Euro extra).

Man kann auch einen preiswerten Zubringerflug der gleichen Airline von einem kleineren Flughafen buchen. Außerdem gibt es **Fly & Drive-Angebote,** wobei eine Fahrt zum und vom Flughafen mit einem Mietwagen nur einen geringen Zuschlag kostet.

Buchung

Für die Tickets der Linienfluggesellschaften kann man bei folgendem zuverlässigen Reisebüro meistens günstigere Preise als bei vielen anderen finden:

■ **Jet-Travel,** In der Flent 7, 53773 Hennef, Tel. 02242-868606, Fax 868607, www.jet-travel.de. Buchungsanfragen oder Onlinebuchungen auf der Website unter „Flüge".

Last-Minute-Flüge

Wer sich erst im letzten Augenblick für eine Reise nach Indien entscheidet oder gern pokert, kann Ausschau nach Last-Minute-Flügen halten, die von einigen Airlines mit deutlicher Ermäßigung ab etwa 14 Tage vor Abflug angeboten werden, wenn noch Plätze zu füllen sind. Diese Last-Minute-Flüge lassen sich nur bei Spezialisten buchen.

■ **L'Tur,** www.ltur.com, Tel.: 00800-21212100 (gebührenfrei aus Europa); 165 Niederlassungen europaweit.
■ **Lastminute.com,** www.lastminute.de, (D-)Tel.: 01805-777257 (0,14 Euro/Min.).
■ **5 vor Flug,** www.5vorflug.de, (D-)Tel.: 01805-105105 (0,14 Euro/Min.), (A-)Tel.: 0820-203085 (0,14 Euro/Min.).
■ **Restplatzbörse,** www.restplatzboerse.at, (D-)Tel.: 0991-29679653, (A-)Tel. 01-580850.

Kleines „Flug-Know-how"

Check-in

Nicht vergessen: Ohne **gültigen Reisepass und Visum** kommt man nicht an Bord eines Flugzeugs in Richtung Indien. Bei den meisten internationalen Flügen muss man **zwei bis drei Stunden vor Abflug** am Schalter der Airline eingecheckt haben. Viele Airlines neigen zum Überbuchen, d.h. sie buchen mehr Passagiere ein, als Sitze im Flugzeug vorhanden sind, und wer zuletzt kommt, hat dann möglicherweise das Nachsehen.

Wenn ein **vorheriges Reservieren** der Sitzplätze nicht möglich war, hat man die Chance, einen Wunsch bezüglich des Sitzplatzes zu äußern.

Bei Flügen in Indien: Bevor man sich am Check-in-Schalter anstellt, gilt es noch einige Formalitäten zu erledigen, die bei der auf vielen indischen Flughäfen herrschenden chronischen Desorganisation oftmals recht langwierig ausfallen können. Überzähliges **indisches Geld** kann aber nun gegen Vorlage einer Bankquittung, die bestätigt, dass man den Betrag offiziell getauscht hat, an einem Bankschalter in der Abfertigungshalle gegen westliches Geld zurückgetauscht werden. Da es immer wieder vorkommt, dass einige Bankangestellte dabei etwas schummeln und in ihre eigene Tasche wirtschaften, sollte man den ausgezahlten Betrag genau nachzählen.

Schließlich gilt es noch sein **Gepäck** durchleuchten und versiegeln zu lassen. In der Regel ist der Name des Zielflughafens am Röntgengerät angebracht. Wer vergessen hat, sein Gepäck versiegeln zu lassen, wird am Check-in-Schalter nicht abgefertigt.

Das Gepäck

In der Economy-Class darf man in der Regel nur **Gepäck bis zu 20 kg** pro Person einchecken (steht auf dem Flugticket) und zusätzlich ein Handgepäck von 7 kg in die Kabine mitnehmen, welches eine Größe von 55x40x23 cm nicht überschreiten darf. In der Business Class sind es meist 30 kg pro Person und zwei Handgepäckstücke, die insgesamt nicht mehr als 12 kg wiegen dürfen. Man sollte sich beim Kauf des Tickets über die Bestimmungen der Airline informieren.

Aus **Sicherheitsgründen** dürfen Taschenmesser, Nagelfeilen, Nagelscheren, sonstige Scheren und Ähnliches nicht mehr im Handgepäck untergebracht werden. Diese sollte man unbedingt im aufzugebenden Gepäck verstauen, sonst werden sie bei der Sicherheitskontrolle

einfach einbehalten und weggeworfen. Darüber hinaus gilt, dass Feuerwerke, leicht entzündliche Gase (in Sprühdosen, Campinggas), entflammbare Stoffe (in Benzinfeuerzeugen, Feuerzeugfüllung) etc. nichts im Passagiergepäck zu suchen haben.

Flüssigkeiten oder vergleichbare Gegenstände in ähnlicher Konsistenz (z.B. Getränke, Gels, Sprays, Shampoos, Cremes, Zahnpasta, Suppen) dürfen nur noch in der Höchstmenge von jeweils 0,1 Liter als Handgepäck mit ins Flugzeug genommen werden. Die Flüssigkeiten müssen in einem durchsichtigen, wiederverschließbaren Plastikbeutel transportiert werden, der maximal einen Liter Fassungsvermögen hat.

Rückbestätigung

Bei den meisten Airlines ist heutzutage die **Bestätigung des Rückfluges** nicht mehr notwendig. Allerdings empfehlen alle Airlines, sich dennoch telefonisch zu erkundigen, ob sich an der Flugzeit nichts geändert hat, denn kurzfristige Änderungen der genauen Abflugzeit kommen beim zunehmenden Luftverkehr heute immer häufiger vor.

Wenn die Airline allerdings eine Rückbestätigung *(reconfirmation)* **bis 72 oder 48 Stunden vor dem Rückflug** verlangt, sollte man auf keinen Fall versäumen, kurz anzurufen, sonst kann es passieren, dass die Buchung im Computer der Airline gestrichen wird; der Flugtermin ist dahin. Das Ticket verfällt aber nicht dadurch, es sei denn, die Gültigkeitsdauer wird überschritten. Unter Umständen ist aber in der Hochsaison nicht sofort ein Platz auf einem anderen Flieger frei.

Die **Rufnummer** kann man von Mitarbeitern der Airline bei der Ankunft, im Hotel oder im Telefonbuch erfahren.

Geldfragen

Indische Währung

Die indische Währungseinheit ist die indische **Rupie,** die in 100 Paisa unterteilt wird. Auf Preisangaben ist das Wort Rupie meist als Rs angegeben. Die **Münzen** gibt es in Stückelungen von 5, 10, 25, 50 Paisa und 1, 2, 5 und 10 Rupien, wobei die kleinsten Münzeinheiten kaum noch in Umlauf sind. **Banknoten** gibt es in Werten von 5, 10, 20, 50, 100, 500 und 1.000 Rupien.

Reiseschecks, Karten oder Bargeld?

„The wind of change" hat auch im ewigen Indien in den letzten Jahren eine ganz neue, für Reisende sehr erfreuliche Richtung eingeschlagen. Das bargeldlose Zahlen bzw. Geld Abheben per Karte hat stark zugenommen. Der gute alte Reisescheck verliert dadurch immer mehr an Bedeutung. Dennoch lohnt die Mitnahme eines kleinen Betrages in Schecks für Gegenden, wo das bargeldlose Zahlen noch nicht Einzug gehalten hat. **Bargeld** sollte man für den **Notfall** dabei haben, etwa wenn Banken geschlossen sind oder, was in abgelegenen Orten gelegentlich noch vorkommt, überhaupt keine Umtauschmöglichkeit besteht. Dann kann man die fällige Hotel- oder Restaurantrechnung meist problemlos mit dem guten alten Dollarschein bezahlen.

Auch bei der Frage der **Ausstellungswährung** sollte man eine elegante Doppellösung wählen, schlägt man so doch zwei Fliegen mit einer Klappe. Es ist es sinnvoll, etwa die Hälfte des Reisebudgets in Euro bzw. Schweizer Franken mitzunehmen, da man dann den doppelten Umtauschverlust (zunächst in Dollar und dann in Rupien) vermeidet. Anderererseits ist der Dollar nach wie vor die Weltwährung Nr. 1 und im Zweifelsfall auch in Indien immer noch lieber gesehen als anderes Geld. Überdies besitzt diese Kombinationslösung den enormen Vorteil, dass man Kursschwankungen von Euro oder Dollar elegant für sich ausnutzen kann.

Wegen des in Indien chronischen Mangels an großen Geldscheinen empfiehlt es sich, bei der **Stückelung** auf die Mitnahme allzu großer Schecks zu verzichten, weil man sonst nach dem Geldwechsel mit einem riesigen Bündel Geldscheine die Bank verlässt. Schecks in kleinerer Stückelung sollte man bis zum Ende der Reise aufbewahren, da man diese im Falle eines Einkaufs kurz vor dem Abflug verwenden kann. Ansonsten müsste man große Schecks anbrechen und das nicht ausgegebene Geld unter nicht unerheblichen Verlusten wieder zurücktauschen.

Es empfiehlt sich, die Reiseschecks zu Hause von einem international anerkannten Geldinstitut ausstellen zu lassen, da anderenfalls die Gefahr besteht, dass sie nicht akzeptiert werden. Zudem erhält man im Falle des Verlustes bei internationalen Banken wesentlich zügiger und unproblematischer Ersatz. American Express und Thomas Cook sind für Indien die wohl empfehlenswertesten Geldinstitute.

Kaufbeleg und Quittung müssen unbedingt von den Schecks getrennt aufbewahrt werden. Beide müssen zusammen mit dem Polizeibericht bei eventuellem **Verlust** vorgelegt werden. Ist das nicht möglich, dauert die Rückerstattung selbst bei den oben genannten Geldinstituten zermürbend lang.

Kreditkarten der bekannten Geldinstitute AmEx, Visa und MasterCard sind in Hotels, Restaurants, vielen Geschäften und bei Fluggesellschaften ein gern gesehenes Zahlungsmittel. Leider wird es in Indien wie in vielen anderen asiatischen Ländern in letzter Zeit immer üblicher, bei der Bezahlung mit Kreditkarte einen Aufpreis von bis zu 5 % zu verlangen. Inzwischen kann selbst in kleineren Städten mit der **EC-(Maestro-)Karte** bezahlt werden. Debitkarten mit dem neuen **V-PAY-Logo** funktionieren nicht außerhalb Europas!

Geldautomaten, in Indien **ATMs** genannt, sind selbst in kleineren Städten vielerorts zu finden, wobei nicht alle die international üblichen Kreditkarten akzeptieren. Ist dies der Fall, kann man meist problemlos mit Visa-, Master-, Cirrus-, und Maestro-(EC-)Karten, seltener auch mit American-Express-Karten, natürlich unter Eingabe der Geheimnummer (PIN), Geld abheben. Die Gebühren werden leider nicht angezeigt und variieren stark je nach Kreditinstitut.

Ob und wie hoch die **Kosten für die Barabhebung** sind, ist abhängig von der kartenausstellenden Bank und von der Bank, bei der die Abhebung erfolgt. Man sollte sich daher vor der Reise bei seiner Hausbank informieren, mit welcher Bank sie vor Ort zusammenarbeitet. Im ungünstigsten Fall wird pro Abhebung eine Gebühr von bis zu 1 % des Abhebungsbetrags per Maestro-Karte oder gar 5,5 % des Abhebungsbetrags per Kreditkarte berechnet. Für das **bargeldlose Zahlen per Kreditkarte** werden ca. 1–2 % für den Auslandseinsatz berechnet.

Gute Adressen, um mit seiner Kreditkarte Bargeld abzuheben, sind die effizient arbeitende Bank of Baroda und auch größere private Geldwechsler wie das für zügigen Service bekannte UAE Exchange oder Thomas Cook.

Warnung: Acht geben sollte man auch bei der Bezahlung selbst. Immer häufiger gibt es **Trickbetrügereien** mit kopierten Karten oder gefälschten Rechnungen, deren unangenehme Folgen man dann oft erst beim Blick auf den Kontoauszug nach der Rückkehr erkennt. Als Vorbeugung sollte man die Karte bei der Abrechnung nie aus den Augen lassen.

Geldfragen

Diebstahl und Verlust

Bei Verlust oder Diebstahl der Kredit- oder Maestro-(EC-)Karte sollte man diese umgehend sperren lassen. Für deutsche Maestro- und Kreditkarten gibt es die einheitliche Sperrnummer 0049-116116 und im Ausland zusätzlich 0049-30-40504050. Für österreichische und schweizerische Karten gelten:

- **Maestro-Karte,** (A-)Tel.: 0043-1-2048800; (CH-)Tel.: 0041-44-2712230, UBS: 0041-848- 888601, Credit Suisse: 0041-800-800488.
- **MasterCard,** internationale Tel.: 001-636-7227111 (R-Gespräch).
- **VISA,** internationale Tel.: 001-410-581- 9994.
- **American Express,** (A-)Tel.: 0049-69-9797-2000; (CH-)Tel.: 0041-44-6596333.
- **Diners Club,** (A-)Tel.: 0043-1-501350; (CH-)Tel.: 0041-58-7508080.

Bei **Maestro-(EC-)Karten** muss man für die computerisierte Sperrung seine Kontonummer nennen können. Nur wenn man den Kaufbeleg mit den Seriennummern der **Reiseschecks** sowie den Polizeibericht vorlegen kann, wird der Geldbetrag von einer größeren Bank vor Ort binnen 24 Stunden erstattet. Also muss der Verlust oder Diebstahl umgehend bei der örtlichen Polizei und auch bei American Express bzw. Travelex/Thomas Cook gemeldet werden. Die Rufnummer für das jeweilige Reiseland steht auf der Notrufkarte, die man mit den Reiseschecks bekommen hat.

Geld wechseln

War es früher eine zeit- und nervenaufreibende Prozedur, seine Reiseschecks oder Bargeld in einer indischen Bank gewechselt zu bekommen, ist dies inzwischen, auch durch das Aufkommen vieler privater Geldwechselketten wie Thomas Cook, UAE Exchange oder LKP Forex und auch bei den Banken eine meist unkomplizierte Angelegenheit. Dennoch gilt es einige Dinge zu beachten, wenn man seinen Stapel Rupien ausgehändigt bekommt. Zunächst sollte man vor allem prüfen, ob dem Geld eine offizielle Umtauschquittung beigelegt ist. Diese ist beim eventuellen späteren Rücktausch ebenso vorzulegen wie für den Fall, dass man bei Fluggesellschaften oder offiziellen Touristenschaltern an Bahnhöfen mit einheimischer Währung bezahlen will. Der Staat will mit dieser umständlichen und letztlich auch völlig sinnlosen Vorschrift den Schwarzmarkt eliminieren.

Tauscht man größere Beträge, sollte man darum bitten, sein Geld hauptsächlich in **500- oder 1.000-Rupien-Scheinen** ausgezahlt zu bekommen, da man ansonsten schon beim Gegenwert von 100 US-$ ein dickes Bündel Geldscheine in der Hand hat. Nach der Übernahme des Geldes empfiehlt es sich, nachzuzählen. In Indien ist das eine Selbstverständlichkeit und wird nicht, wie eventuell hierzulande, als Misstrauen gedeutet. Keinesfalls sollte man allzu **schmutzige oder zerfledderte Scheine** annehmen, die gerade westlichen Touristen gern untergejubelt werden. Die Inder selbst meiden solches Geld wie der Teufel das Weihwasser, und so wird man es dann später nicht mehr los. Schließlich sollte man

Wechselkurse

1 Euro = 73 Rs, 100 Rs = 1,36 Euro
1 Schw. Franken = 60 Rs, 100 Rs = 1,66 SFr
1 US-$ = 55 Rs, 100 Rs = 1,82 US-$

(Stand: Anfang 2013)

um genügend **Kleingeld** bitten, da Indien auch in dieser Beziehung unter chronischen Mangelerscheinungen leidet. „Sorry, no change" sind die wohl meistgehörten Worte eines Indienreisenden. Oftmals ist es schon unmöglich, einen 50-Rupien-Schein gewechselt zu bekommen. Zwar ist dies vielfach nur ein Trick, um das Restgeld als zusätzliches Trinkgeld einzustecken, doch wer sich gleich beim Geldwechseln in der Bank genügend kleine Scheine bzw. Münzen aushändigen lässt, braucht sich auf das Spiel gar nicht erst einzulassen.

Wer in **Hotels der oberen Preisklasse** wohnt, kann dort fast immer Reiseschecks und Bargeld zu einem nur um etwa 2 % unter dem offiziellen Kurs liegenden Wechselkurs eintauschen.

Schwarztausch

Vor allem an beliebten Touristenorten wird man häufig angesprochen: „You want to change money?" Bekanntermaßen war das Schwarztauschen immer **strafbar,** doch sollte man angesichts des nur äußerst geringen Gewinns und dem Risiko, übers Ohr gehauen zu werden, erst recht die Finger davon lassen. Der angebotene Kurs liegt nur maximal 5 % über dem offiziellen Bankkurs. Bedenken sollte man auch, dass man bei dieser Art des illegalen Geldwechsels selbstverständlich keinerlei Wechselquittung erhält, die bei vielen offiziellen Transaktionen wie etwa beim Bahn- oder Flugticket-Kauf vorzulegen sind, wenn man in einheimischer Währung bezahlen möchte. Ein weiterer Grund, die Finger vom Schwarztausch zu lassen, ist der Umstand, dass immer mehr Falschgeld in Umlauf kommt.

Überweisungen im Notfall

Wer dringend eine größere Summe ins Ausland überweisen lassen muss, wegen eines Unfalles, Diebstahl oder Ähnlichem, kann sich auch nach Indien über **Western Union** Geld schicken lassen. Für den Transfer muss man die Person, die das Geld schicken soll, vorab benachrichtigen. Diese muss dann bei einer Western-Union-Vertretung (in Deutschland u.a. bei der Postbank) ein entsprechendes Formular ausfüllen und den Code der Transaktion telefonisch oder anderweitig übermitteln. Mit dem Code und dem Reisepass geht man zu einer beliebigen Vertretung von Western Union in Indien (siehe Telefonbuch oder unter www.westernunion.com), wo das Geld nach Ausfüllen eines Formulars binnen Minuten ausgezahlt wird. Je nach Höhe der Summe wird eine Gebühr ab derzeit 10,50 Euro erhoben. Einen ähnlichen Service bieten auch UAE Exchange und Thomas Cook mittels Moneygram an.

Preise und Kosten

Obwohl die Preise in den letzten Jahren zum Teil erheblich gestiegen sind, gilt Indien immer noch als **günstiges Reiseland.**

Um die aufgeführten Preise in das innerindische Gehaltsgefüge einordnen zu können, sollte man sich das **Einkommensniveau** vor Augen führen:

- **Mindestlohn pro Tag** für ungelernte Arbeiter in Tamil Nadu: 150 Rs
- **Monatseinkommen Hausmeister:** 4.000–5.000 Rs
- **Monatseinkommen Busfahrer:** 11.000–15.000 Rs
- **Monatseikommen Lehrer/Bankangestellter:** 10.000–25.000 Rs

Geldfragen

- **Monatseinkommen Programmierer:** 40.000–60.000 Rs
- **Monatseinkommen Flugbegleiter** auf internationalen Strecken: 90.000 Rs

Durchschnittliche Preise

Die im Folgenden aufgeführten Durchschnittspreise für gängige Waren und Dienstleistungen beinhalten zur Veranschaulichung auch Preise wie Transportkosten, die nicht verhandelbar sind. Es versteht sich von selbst, dass sie Schwankungen unterliegen und zudem von Region zu Region unterschiedlich sind. Dementsprechend können sie, ebenso wie die oben genannten durchschnittlichen Einkommen, nur als Anhaltspunkt dienen:

100 km Bahnfahrt (2. Kl., Express)	35 Rs
Flug Mumbai – Delhi	50 US-$
1 l Benzin/Diesel/Gas	4/71/35 Rs
Glas Tee in Teebude	6 Rs
Flasche Bier im Spirituosenladen	70 Rs
Softdrink am Kiosk	50 Rs
Packung Zigaretten/Beedis	45/10 Rs
1 kg Reis (mittlere Qualität)	50–100 Rs
Portion Reis und Curry	50 Rs
Kinoticket im Multiplex-Kino	150 Rs
1 l Milch	30 Rs
Haarschnitt	30–100 Rs

Feilschen

Preise, das ist weithin bekannt, sind fast überall in Asien Verhandlungssache, und da macht Indien keine Ausnahme. Das dem Europäer oftmals unangenehme, ja peinliche Feilschen ist Bestandteil einer solch kommunikativen Gesellschaft wie der indischen. So gehört Handeln hier eben nicht nur zum Geschäft, sondern ist selbstverständlicher Teil des Lebens, ob nun auf dem Basar, am Straßenrand oder in vielen Geschäften. Im Grunde steht der westliche Tourist sogar noch weit mehr unter dem Zwang, den Preis aushandeln zu müssen, sehen doch viele Verkäufer in ihm einen laufenden Dukatenesel auf zwei Beinen und verlangen oftmals astronomische Summen.

Generell lässt es sich schwer sagen, wieviel man vom Ausgangspreis herunterhandeln kann, doch mit 30 bis 50 % liegt man meist ganz gut. Andererseits sollte man bedenken, dass in gewissen Bereichen, wie etwa bei öffentlichen Verkehrsmitteln und Restaurants, Festpreise gelten.

Im Übrigen gilt es zu akzeptieren, dass man als reicher Westler immer ein bisschen mehr zahlt als ein Einheimischer. Allein die Tatsache, dass man es sich leisten kann, vom fernen Europa nach Indien zu reisen, macht einen in den Augen der Inder reich, und das sicher nicht ganz zu Unrecht. So wirkt es auf mich auch immer wieder peinlich, zu erleben, wie manche Traveller um den Preis eines Kilos Bananen minutenlang feilschen, weil der Verkäufer sie partout nicht für 2 Rs verkaufen will. Je länger man sich im Lande aufhält, desto mehr bekommt man ein Gespür für das einheimische Preisniveau.

Bakschisch und Trinkgeld

Bakschisch hat in Indien eine wesentlich weitergehende Bedeutung als unser deutsches Trinkgeld. Mehr noch als gutes Servieren in einem Restaurant zu belohnen, hilft es, einen kurz zuvor noch angeblich total überfüllten Flug zu bekommen oder eine Genehmigung innerhalb weniger Tage, auf die man ansonsten Monate gewartet hätte. Bakschisch lässt die notorisch unterbezahlten und damit oftmals wenig einsatzfreudigen Beamten urplötzlich wahre Wunder vollbringen.

Während viele Reisende durchaus bereit sind, hierfür ab und zu in die Tasche zu greifen, sitzt bei ihnen die Rupie für Trinkgeld im europäischen Sinne wesentlich weniger locker. Dies mag mit daran liegen, dass bei vielen Restaurants ein in der Speisekarte als *service charge* vermerkter Aufschlag von vornherein erhoben wird.

Davon sehen die Kellner, für die es eigentlich gedacht war, herzlich wenig, und so sollte man trotzdem ein wenig tip zusätzlich geben. Dies gilt insbesondere für einfache Restaurants, wo die Ober meist ein lächerlich geringes (und oftmals so gut wie kein) Gehalt zwischen 1.000 und 2.000 Rupien erhalten und dementsprechend auf das Trinkgeld angewiesen sind. Man sollte auch bedenken, dass die Speisen gerade deshalb so extrem billig sind, weil der Kostenfaktor Bedienung praktisch wegfällt. So ist es also nur gerecht, ein Trinkgeld zu geben. Zwischen 5 und 10 % ist meist angebracht, mehr nur bei herausragendem Service. Taxifahrer hingegen erwarten kein Trinkgeld und freuen sich um so mehr, wenn sie welches bekommen.

Reisekosten

Im Land der Extreme kann auch der westliche Tourist zwischen Bahnfahrt 3. Klasse oder Flugzeug 1. Klasse, einem Bett in einer moskitoverseuchten Absteige oder einer luxuriösen Schlafstätte in einem Maharaja-Palast, einem Teller *dhal* im Bahnhofslokal oder einem Festmahl in einem Nobelrestaurant wählen. Insofern ist es unmöglich, eine allgemeine Aussage über die Reisekosten zu machen, mit der Ausnahme, dass, egal auf welchem Niveau man reist, der Gegenwert fast immer extrem gut ist.

Einzelreisende können bei niedrigem Ausgabenniveau mit täglichen Ausgaben von 10 bis 15 Euro für Unterkunft und 5 bis 10 Euro für Verpflegung rechnen, bei mittlerem Ausgabenniveau sind 15 bis 50 Euro für Unterkunft und 10 bis 20 Euro für Verpflegung anzusetzen. Luxus ist auch in Indien teuer und so findet man zumindest in den Touristenhochburgen und vor allem in den Metropolen Hotels und Restaurants, deren Preisniveau auf einer Stufe mit dem in europäischen oder amerikanischen Großstädten liegt. Bei Doppelzimmerbenutzung liegt der Preis für die Unterkunft z.T. erheblich niedriger, da Doppelzimmer oft nur wenig teurer sind als Einzelzimmer.

Reisegepäck

Wer auf Reisen eine unbeschwerte Zeit verbringen will, sollte seine Reisetasche oder seinen Rucksack nicht unnötig überladen. Bei der Frage nach der mitzunehmenden Ausrüstung sollte man dementsprechend nach dem Prinzip „so viel wie nötig, so wenig wie möglich" verfahren. Selbst wenn man nach der Ankunft in Indien feststellt, dass man etwas vergessen hat, ist das kein Beinbruch, lässt sich das meiste doch auch im Lande selbst und zudem noch wesentlich billiger kaufen.

Viele westliche Besucher zeigen sich immer wieder überrascht, dass sie vor Betreten eines **Tempels die Schuhe ausziehen** müssen. Wer aus hygienischen oder gesundheitlichen Gründen nicht barfuß durch die weitläufigen Hallen, Flure, Höfe und Korridore gehen möchte, die oftmals vom Unrat der zahlreichen Pilger gekennzeichnet sind, sollte stets „**Tempelsocken**" griffbereit haben, mit denen man fast überall problemlos Einlass bekommt.

Kleidung

Die Auswahl der richtigen Kleidungsstücke hängt in erster Linie von der Reisezeit, der Reiseregion und der Reiseart ab und kann dementsprechend völlig unterschiedlich ausfallen. Generell sollte man bedenken, dass es in der Hauptreisezeit von Oktober bis Februar nachts auch in Mittelindien recht kühl werden kann. Speziell bei längeren Bus- und Zugfahrten ist zumindest ein **warmer Pullover** oder eine Jacke ratsam. Bei allen Kleidungsstücken sind schweißaufsaugende Naturmaterialien synthetischen Textilien vorzuziehen.

Auch ein Paar **feste Schuhe** sind bei den oftmals schmutzigen Straßen empfehlenswert. Wer des öfteren in Billigunterkünften mit Gemeinschaftsdusche übernachtet, sollte ein Paar **Badelatschen** dabeihaben. Gegen die pralle Sonne hilft eine **Kopfbedeckung** oder auch ein **Regenschirm**. Einem Mitteleuropäer mag der Gedanke, sich mit einem Regenschirm vor der Sonne zu schützen, recht albern vorkommen, doch viele Inder machen es genauso. Im Übrigen ist ein Regenschirm während der Monsunzeit ein unverzichtbares Utensil.

Schludrige Kleidung sieht man in Indien generell nicht gern, bei vermeintlich reichen Westlern schon gar nicht. Man sollte also zumindest eine Garnitur gepflegter Kleidung mit sich führen, allein schon, um bei Behördengängen oder privaten Einladungen einen seriösen Eindruck zu hinterlassen. Lange Hosen und langärmelige Oberbekleidung sind nicht nur zum Besuch von Tempeln, Moscheen und anderen heiligen Stätten angebracht, sondern dienen auch als Schutz vor Moskitos (s. auch „Praktische Reisetipps: Verhaltenstipps/Kleidung").

Toilettenartikel

Übliche **Hygieneartikel** wie Shampoo, Zahnpasta, Deo und Rasierschaum sind problemlos und sehr preiswert in Indien zu bekommen. Viele indische Seifen sind recht alkalisch, so sollte man auf die etwas teureren ayurvedischen Produkte zurückgreifen, die in fast allen größeren Städten erhältlich sind. Auch Produkte international bekannter Marken sind meist problemlos zu bekommen.

Toilettenpapier ist inzwischen fast im ganzen Land zu bekommen, mit etwa 20 Rs pro Rolle jedoch relativ teuer. Wo es keines gibt, ist man auf die indische Methode angewiesen: einen Wasserkrug in die rechte Hand, säubern mit der linken. Händewaschen wird danach niemand vergessen ...

Sonnenschutzmittel sind in den größeren Städten erhältlich, allerdings zu einem recht hohen Preis. So schadet es nicht, diese schon aus dem Heimatland mitzubringen.

Während der trocken-heißen Jahreszeit von März bis Juli sind eine **Hautcreme** und ein **Lippenpflegestift** sehr nützlich, da Haut und Lippen sonst sehr schnell spröde werden.

Zum **Schutz vor Mücken** empfiehlt sich die Mitnahme eines entsprechenden Präparates. Es gibt allerdings auch in Indien brauchbare, preiswerte Mittel.

Tampons sind in Indien relativ unbekannt und wenn vorhanden teuer. Deshalb empfiehlt es sich, genügend von zu Hause mitzunehmen.

Karten

Eine gute Landkarte für den Nordwesten Indiens ist im world mapping project bei Reise Know-How erschienen: **„Indien Nordwest"** im Maßstab 1:1,3 Mio. Entsprechend gibt es die Karte **„Indien Nordost"** im gleichen

Maßstab. Eine **Indien-Gesamtkarte** im Maßstab 1:2,9 Mio. aus der gleichen Reihe ist ebenfalls erhältlich. Die Karten sind GPS-tauglich und haben ein ausführliches Ortsregister sowie farbige Höhenschichten.

In Indien selbst gibt es in vielen Buchhandlungen eine große Auswahl an Landkarten und Stadtplänen, diese sind jedoch meist veraltet und zudem oftmals recht ungenau. Eine Ausnahme bilden die sehr guten, vom Eicher-Verlag herausgegebenen Karten zu Delhi. Nicht kaufen sollte man Pläne von Straßenhändlern, da diese speziell von Touristen meist den doppelten bis dreifachen Ladenpreis verlangen.

Sonstiges

■ Wegen der immer wieder auftretenden Stromausfälle ist auf Zugfahrten und bei nächtlichen Spaziergängen eine **Taschenlampe** unverzichtbar.

Zeit lassen für die Eingewöhnung

Wer sich schon zu Hause in **großen Städten** nicht wohl fühlt, sollte sie in Indien erst recht **meiden.** Menschenmassen, Luftverschmutzung, Dreck, Elend, Hektik, Lärm – all die negativen Begleiterscheinungen urbaner Entwicklung sind in Indien, wo so etwas wie Stadtplanung kaum existiert, besonders ausgeprägt. Vor allem zu Beginn einer Reise, wenn Klima-, Zeit- und Essensumstellung schon genug Anpassungsschwierigkeiten bereiten, empfiehlt es sich nur so kurz wie irgend möglich in Städten wie Delhi oder Mumbai zu bleiben. Hat man die ersten Wochen der Eingewöhnung hinter sich, sind Geist und Seele besser auf die Negativaspekte vorbereitet.

■ **Wasserflasche und Wasserentkeimungstabletten** (Mikropur) machen unabhängig vom teuren und im Übrigen auch nicht ganz sicheren Mineralwasser. Zudem produziert man mit dem Kauf von Plastikwasserflaschen auch unnötig Müll.

■ **Kondome** schützen nicht nur gegen ungewollte Schwangerschaft und Geschlechtskrankheiten, sondern auch gegen das in Indien weit verbreitete Aids.

■ Die indischen Busse der unteren Preisklassen sind meist hart gefedert, die Sitze schlecht gepolstert und die Straßen holprig. Ein **aufblasbares Kissen** lässt einen die Schläge besser ertragen.

■ Nicht so sehr als Wärmeschutz, sondern vor allem, um unabhängig von der oftmals nicht gerade persilreinen Bettwäsche in Hotels zu sein, empfiehlt sich ein **Jugendherbergsschlafsack** – auch auf Nachtfahrten im Zug von großem Vorteil.

■ In Hotels sollte man sein Zimmer mit einem eigenen **Vorhängeschloss** versperren. Auch ein kleineres Schloss für den Rucksack ist sinnvoll. Will man sein Gepäck in der Gepäckaufbewahrung eines Bahnhofs abgeben, wird die Annahme oft verweigert, wenn das Gepäckstück nicht verschlossen ist.

■ Zum Schälen von Obst, Öffnen von Flaschen, Schneiden von Brot – das **Schweizermesser** ist immer noch die Allzweckwaffe eines jeden Travellers (beim Flug nicht im Handgepäck verstauen!).

■ Wer seine Wäsche selbst waschen möchte, sollte eine **Wäscheleine** nebst einigen Klammern mitnehmen. Hierzu gehört auch ein **Waschbeckenstopfen**, um nicht ständig bei laufendem Wasser waschen zu müssen.

■ In Hotelzimmern, auf langen Zugfahrten und in vielen anderen Situationen sind im lauten Indien **Ohrenstöpsel** von unschätzbarem Wert.

■ Zur sicheren Verwahrung von Papieren, Geld und Tikkets: **Bauchgurt, Brustbeutel** und **Geldgürtel** mit Sicherungsverschluss.

■ **Weiteres:** mehrere Passfotos, Sonnenbrille, Ersatzbrille für Brillenträger, Tagesrucksack, Sprachführer Englisch/Deutsch und Deutsch/Hindi, Nähzeug, Sicherheitsnadeln, Bindfaden, Ladegerät für Batterien, Wecker sowie Kopien von allen wichtigen Dokumenten wie Pass, Reiseschecks und Tickets.

Gesundheitsvorsorge

Der Hauptgrund, warum viele Indienreisende krank werden, ist, dass sie Angst haben, krank zu werden. Dritte-Welt-Länder im Allgemeinen und Indien im Speziellen rufen im Westen immer noch Angst vor Ansteckung und Krankheiten hervor. Es besteht aber kein Grund zu meinen, dass nur deshalb, weil man auf dem Subkontinent Urlaub macht, die Krankheitsgefahr besonders hoch ist. Man sollte nämlich – wie bei jeder Reise – insbesondere in der ersten Woche nach dem Motto „weniger wäre mehr gewesen" nicht gleich von einer Sehenswürdigkeit zur nächsten reisen, sondern Geist, Körper und Seele Zeit zur Eingewöhnung lassen. Das ist viel wichtiger, als sich mit unzähligen Medikamenten vollzustopfen, die den Körper nur noch zusätzlich belasten.

Im Übrigen sind es nicht die klassischen Tropenkrankheiten, sondern ganz banale Unpässlichkeiten wie Erkältungen oder Magen-Darmerkrankungen, die einem das Reisen in Indien zuweilen erschweren. Man schützt sich am besten, indem man sich den Hals und das Gesicht vor dem Betreten eines klimatisierten Raumes oder Busses abtrocknet und einen Pullover anzieht und sich bei allzu scharfen Gerichten zunächst zurückhält.

Weitergehende Informationen zum Thema Gesundheit finden sich im Kapitel „Reisetipps A–Z, Medizinische Versorgung" und im Anhang unter **„Reise-Gesundheits-Information Indien"**.

Impfungen

Für Indien sind keine Impfungen vorgeschrieben, es sei denn, man reist aus einem Gelbfieber-Gebiet ein. In jedem Fall sollte man sich frühzeitig vor Reisebeginn (ca. zwei Monate) bei einem Arzt oder Tropeninstitut über empfohlene Impfungen und besonders auch Malariaschutz informieren.

Reiseapotheke

Neben den Medikamenten, die man sowieso regelmäßig einnehmen muss, sollten die folgenden Mittel auf jeden Fall im Gepäck sein:

- **Mückenschutz**
- **Mittel** gegen Schmerzen/Fieber, Durchfall, Übelkeit/Erbrechen, Allergie/Juckreiz, Insektenstiche
- **Antibiotika**
- **Antibiotische Salbe**
- **Wundsalbe**
- **Desinfektionsmittel**
- **Augentropfen**
- **Zur Wundversorgung:** Mullbinden, Heftpflaster, Wundpflaster, elastische Binden, Alkoholtupfer, steril verpackt, Sicherheitsnadeln und Pinzette, möglichst steril verpackt
- **Fieberthermometer**

AIDS

Derzeit sind etwa 2,3 Mio. Personen HIV-infiziert, die Dunkelziffer liegt wohl um einiges höher. Die daraus zu ziehenden Konsequenzen dürften auf der Hand liegen.

Aufgrund der weit verbreiteten Furcht vor der Krankheit erlebt Indien derzeit einen wahren **Kondom-Boom**. Gab es früher nur die unbeliebten, billigen „Government-Gummis" namens *Nirodh,* so sind heute einige

Ganesha, steh mir bei! – oder vom Abenteuer des Gewöhnlichen

Es gehört zu den Charakteristika des Reisens, dass sich die Dinge des täglichen Lebens, die man im Heimatland wegen ihrer Banalität gar nicht mehr wahrnimmt, in der Fremde zu einer Herausforderung, ja einem echten Abenteuer entwickeln können. Dies gilt insbesondere für ein in seinen täglichen Lebensäußerungen derart extremes Land wie Indien.

Als ein Beispiel von vielen sei das **Überqueren einer Straße** genannt. In Mitteleuropa nichts einfacher als das: Man positioniert sich an der Ampel, wartet auf Grün und geht los. In Indien ist alles anders. Zunächst einmal gibt es **kaum Ampeln,** die wenigen funktionieren so gut wie nie und selbst für den Fall, dass man eine intakte Ampel erwischt, hilft dies nichts, weil sich niemand danach richtet und bei Rot anhält.

Doch ist dies nur der Beginn des Problems. Das **Ignorieren jeglicher Verkehrsregeln** im Neben- und Durcheinander von Fußgängern, Lastenträgern, Ochsenkarren, heiligen Kühen, Kamelen, Fahrradrikschas, Autorikschas, Scootern, PKWs und LKWs, dazu der ohrenbetäubende Lärm und die im wahrsten Sinne atemberaubende Luftverschmutzung, das alles bei 30 Grad Celsius und mehr lassen einen an das berühmte Zitat von Indien als „der einzig funktionierenden Anarchie der Erde" denken.

Doch wie begegnet ein an Recht und Ordnung gewöhnter Mitteleuropäer diesem täglichen Chaos? Tatort Hyderabad. Die Lust auf ein kühles Getränk und Ruhe nach einem anstrengenden Recherchetag zieht den Autor in ein hübsches Café auf der anderen Straßenseite. Doch zwischen meinem Wunsch und dessen Erfüllung liegt die vierspurige Himayathnagar Road wie die Hölle vor dem Paradies.

In der einzigen von allen akzeptierten Verkehrsregel Indiens, dem **Recht des Stärkeren,** rangieren Fußgänger auf der untersten Stufe und werden wie Freiwild behandelt. Selbst die Kühe sind besser dran, muss doch jener, der ein heiliges Tier überfährt, 30 US-$ an den Besitzer und die Kosten für die Beseitigung zahlen. Shiva, der Gott der Zerstörung, hat hier eindeutig die Oberhoheit. „Rette sich wer kann" ist das oberste Gebot des Fußgängers.

Ich mache mir Mut mit der alten Weisheit, dass jede Reise mit dem ersten Schritt beginnt. Die Frage ist nur wie, angesicht der erbarmungslos an mir vorbeijagenden Meute. Die erste Verkehrsregel, die wir unseren Kindern beibringen, lautet: Schaue zuerst nach links, dann nach rechts, bevor Du die Straße betrittst. Doch da ist der erste Haken: In Indien herrscht **Linksverkehr.** Todesmutig setze ich meinen Fuß auf die Straße – und werde fast von der offen stehenden Tür eines der selbst in Indien für ihre rücksichtslose Fahrweise bekannten Privatbusse ins Jenseits befördert. Der nächste Versuch. Diesmal schaffe ich es bis zur Hälfte der einen Straßenseite, wobei ich wie eine Slalomstange von Scootern und PKWs umkurvt werde, die Zentimeter vor einer Berührung nach links oder rechts ausscheren. Dabei scheinen sie keine Miene zu verziehen, selbst wenn sie in letzter Sekunde einem riesigen, stinkenden LKW ausweichen müssen. Autofahren in Indien ist Millimeterarbeit und wenn ich nicht ständig um mein Leben fürchten müsste, würde ich diese Todesmutigen für ihre Akrobatik bewundern. Doch so habe ich ständig den Eindruck, dem Teufel soeben von der Schüppe gesprungen zu sein.

Wissend, dass laut Statistik versagende Bremsen die häufigste Unfallursache auf Indiens Straßen sind, bleibt mir in meiner Verzweiflung nichts anderes, als laut zu rufen: „Ganesha, steh mir bei!!!" Der drollige Elefantengott, in ganz Indien als Beschützer auf allen Wegen verehrt, scheint mein Flehen erhört zu haben, stehe ich doch plötzlich auf der durch einen Zaun gekennzeichneten Straßenmitte. Nie hätte ich gedacht, dass ich mich inmitten des ohrenbetäubenden Lärms und der bleiverseuchten Luft derart wohl fühlen könnte, als ein kaum bekleideter Junge an meinem Hosenzipfel zieht und „Paisa please" ruft.

Unvermittelt stellt sich bei mir Mitleid ein, der Wunsch, ihn unversehrt auf die andere Seite zu bringen – bis mir klar wird, dass ich es bin, der Mitleid und seine Hilfe benötigt. Zehn Rupien sollst Du haben, wenn Du mich lebend hinüberbringst. Sogleich soll sich zeigen, was für ein ausgefuchstes Kind dieser Junge ist, der wahrscheinlich sein ganzes Leben auf der Straße verbracht hat. Mit stoischer Gelassenheit leitet er mich zu einer wie eine Festung in der Schlacht in der Straßenmitte ruhenden heiligen Kuh. Gemütlich vor sich hinkauend, erweist sie sich als ein Schutzwall vor den anprallenden Geschossen. Nach einer kurzen Verschnaufpause nimmt mich mein neuer Freund an die Hand und wir stehen schweißgebadet auf der anderen Straßenseite.

Hurra, wir leben noch, mein Retter um zehn Rupien reicher, ich erschöpft und glücklich, dass auf Ganesha immer Verlass ist.

Dutzend Marken im Angebot. Eine nennt sich passenderweise *Kama Sutra*, nach dem alten indischen Liebeshandbuch.

Warnung vor Tollwut

Eine häufig unterschätzte Gefahr stellt die Ansteckung durch Tollwut dar, denn Indien weist die **weltweit höchste Tollwutrate** auf. Dies ist umso alarmierender, als für jeden Indienreisenden der Anblick streunender, übel zugerichteter Hunde zum Alltag gehört. Dementsprechend hört man immer wieder von Reisenden, die von Hunden gebissen wurden. Nach einem Biss ist die Wunde sofort mit fließendem Wasser, Seife und – falls vorhanden – Wasserstoffsuperoxyd zu reinigen. Danach muss so schnell wie möglich ein Arzt aufgesucht werden. Da Tollwut häufig tödlich verläuft, empfiehlt es sich dringend, bereits vor Reiseantritt eine **Impfung** durchführen zu lassen!

Von Frauen wird in Indien das Tragen dezenter Kleidung erwartet – es kann auch mal ein Sari sein

Versicherungen

Für alle abgeschlossenen Versicherungen sollte man die **Notfallnummern notieren** und mit der **Policenummer** gut aufheben! Bei Eintreten eines Notfalles sollte die Versicherungsgesellschaft sofort telefonisch verständigt werden!

Der Abschluss einer **Jahresversicherung** ist in der Regel kostengünstiger als mehrere

Einzelversicherungen. Günstiger ist auch die **Versicherung als Familie** statt als Einzelpersonen. Hier sollte man nur die Definition von „Familie" genau prüfen.

Auslandskrankenversicherung

Die Kosten für eine ärztliche Behandlung in Indien werden von den gesetzlichen Krankenversicherungen in Deutschland und Österreich nicht übernommen, daher ist der Abschluss einer privaten Auslandskrankenversicherung unverzichtbar.

Bei Abschluss der Versicherung – die es mit bis zu einem Jahr Gültigkeit gibt – sollte auf einige Punkte geachtet werden. Zunächst sollte ein **Vollschutz ohne Summenbeschränkung** bestehen, im Falle einer schweren Krankheit oder eines Unfalls sollte auch der Rücktransport übernommen werden. Diese Zusatzversicherung bietet sich auch über einen Automobilclub an, insbesondere wenn man bereits Mitglied ist. Sie bietet den Vorteil billiger Rückholleistungen (Helikopter, Flugzeug) in extremen Notfällen.

Wichtig ist auch, dass im Krankheitsfall der Versicherungsschutz über die vorher festgelegte Zeit hinaus **automatisch verlängert** wird, wenn die Rückreise nicht möglich ist.

Schweizer sollten bei ihrer Krankenversicherungsgesellschaft nachfragen, ob die Auslandsdeckung auch für Indien inbegriffen ist. Sofern man keine Auslandsdeckung hat, kann man sich kostenlos bei Soliswiss (Gutenbergstr. 6, 3011 Bern, Tel.: 031-3810494, www.soliswiss.ch) über mögliche Krankenversicherer informieren.

Zur Erstattung der Kosten benötigt man ausführliche **Quittungen** (mit Datum, Namen, Bericht über Art und Umfang der Behandlung, Kosten der Behandlung und Medikamente).

Andere Versicherungen

Ob es sich lohnt, weitere Versicherungen abzuschließen wie eine Reiserücktrittsversicherung, Reisegepäckversicherung, Reisehaftpflichtversicherung oder Reiseunfallversicherung, ist individuell abzuklären. Gerade diese Versicherungen enthalten viele Ausschlussklauseln. Die **Reiserücktrittsversicherung** lohnt sich nur für teure Reisen und für den Fall, dass man vor der Abreise einen Unfall hat, schwer erkrankt, schwanger wird, gekündigt wird oder nach Arbeitslosigkeit einen neuen Arbeitsplatz bekommt, die Wohnung abgebrannt ist u.Ä. Es gelten hingegen nicht: Terroranschlag, Streik, Naturkatastrophe etc.

Die **Reisegepäckversicherung** lohnt sich seltener, da z.B. bei Flugreisen verlorenes Gepäck oft nur nach Kilopreis und auch sonst nur der Zeitwert nach Vorlage der Rechnung ersetzt wird. Wurde eine Wertsache nicht im Safe aufbewahrt, gibt es bei Diebstahl keinen Ersatz. Kameraausrüstung und Laptop dürfen beim Flug nicht als Gepäck aufgegeben worden sein. Gepäck im unbeaufsichtigt abgestellten Fahrzeug ist ebenfalls nicht versichert. Die Liste der Ausschlussgründe ist endlos. Überdies deckt häufig die Hausratversicherung schon Einbruch, Raub und Beschädigung von Eigentum auch im Ausland. Für den Fall, dass etwas passiert ist, muss der Versicherung als Schadensnachweis ein **Polizeiprotokoll** vorgelegt werden.

Hat man eine **Unfallversicherung,** sollte man prüfen, ob diese im Falle plötzlicher Arbeitsunfähigkeit aufgrund eines Unfalls im Urlaub zahlt. Auch durch manche (Gold-) Kreditkarten ist man für bestimmte Fälle schon versichert. Die Versicherung über die Kreditkarte gilt jedoch meist nur für den Karteninhaber.

- Behinderte | 814
- Einkaufen und Souvenirs | 814
- Elektrizität | 817
- Essen und Trinken | 817
- Fotografieren | 824
- Frauen unterwegs | 825
- Internet | 826
- Mit Kindern reisen | 826
- Medizinische Versorgung | 827
- Nachtleben | 829
- Öffnungszeiten | 830
- Post | 830
- Sicherheit | 831
- Telefonieren | 836
- Trekking | 838
- Unterkunft | 839
- Verhaltenstipps | 843
- Verkehrsmittel | 845
- Zeitungen und Zeitschriften | 861
- Zeitverschiebung | 861

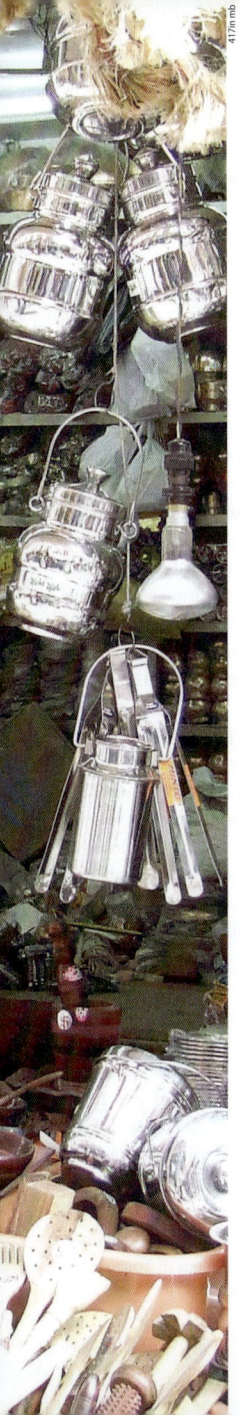

Indien ist noch immer kein einfaches Reiseland, auch wenn es sich seit Jahren in einem gewaltigen Umbruch befindet.

Praktische Reisetipps A–Z

Wer auf eigene Faust unterwegs ist, sollte sich gut vorbereiten und einige Dinge beachten. Dann sind die kleinen und großen Schwierigkeiten des Reisealltags gut zu bewältigen.

◁ Geschäft in der Altstadt von Haridwar in Uttarakhand

Behinderte

Indien gilt zu Recht als eines der für Individualtouristen am schwierigsten zu bereisenden Länder der Erde. Um so problematischer (um nicht zu sagen unmöglich) gestaltet sich eine Reise für gehbehinderte Personen. Das allgemeine Durcheinander auf Bahnhöfen und Straßen, die Mühen beim Besteigen eines Busses oder Zuges, ganz zu schweigen von den fast ständig hoffnungslos überfüllten öffentlichen Verkehrsmitteln – dies alles macht eine Indienreise für Behinderte zu einem kaum zu bewältigenden Unterfangen. Wie in fast allen Ländern Asiens sind in Indien behindertengerechte **Einrichtungen fast völlig unbekannt.** Herabgesenkte Bordsteinkanten, Rampen oder Aufzüge findet man äußerst selten. Dies ist umso problematischer, als viele Tempel und Pagoden auf Hügeln oder in unwegsamen ländlichen Gebieten errichtet wurden. Die Hilfsbereitschaft der Inder lässt zwar viele Hindernisse überwinden, doch ohne eine mitreisende Begleitperson, die sich ganz in den Dienst des Behinderten stellt, muss von einer Indienreise abgeraten werden.

■ Ein **Reiseveranstalter,** der sich auf Reisen mit Behinderten in Indien spezialisiert hat, ist die in Jaipur ansässige Agentur **Aasma Tours** (www.aasmatoursandtravels.com).

Erübrigen sollte sich eigentlich der Hinweis, dass **Tierfelle, Elfenbeinarbeiten, Korallen** und Ähnliches als Souvenir absolut tabu sind. Die Einfuhr solcher Produkte ist in Deutschland strafbar.

Einkaufen und Souvenirs

Während Bangkok, Hongkong und Singapur als Einkaufsparadiese weltweit bekannt sind, gibt es wohl kaum ein anderes Land dieser Erde, welches eine derart **große Auswahl an Kunsthandwerk** zu bieten hat wie Indien. Jede einzelne der vielen Volksgruppen des Landes hat ihre eigene Handwerkstradition entwickelt, wobei die unterschiedlichsten Materialien Verwendung finden. Dem Lockruf von Gold, Silber, Juwelen, Seide und Marmor folgten schon vor Jahrtausenden die Kaufleute aus Übersee, die ganze Schiffsladungen mit nach Hause nahmen. Etwas bescheidener gibt sich da der neuzeitliche Tourist, doch wie die übervollen Koffer und Taschen beim Rückflug belegen, kann auch er dem reichen Angebot nur schwerlich widerstehen.

Allerdings steht der Neuankömmling ob dieser großen Auswahl zunächst einmal vor der Qual der Wahl. Den besten Ort, um sich einen Überblick zu verschaffen, bieten die **Government Cottages** oder **Emporiums,** staatliche Läden, von denen sich die größten und schönsten in Delhi und Mumbai befinden. Hier werden auf überschaubarem Raum hochwertige Produkte aus ganz Indien zu festgesetzten Preisen angeboten. Selbst für diejenigen, die nicht kaufen wollen, empfiehlt sich ein Besuch, bekommt man hier doch einen Anhaltspunkt zum Preisniveau und hat so später beim Handeln auf Basaren und in Geschäften eine bessere Ausgangsposition.

Selbstverständlich ist, dass derjenige, der sich von einem **Schlepper** in den Laden locken lässt, einen z.T. erheblichen Aufpreis zu zahlen hat. Dies ist vor allem in Touristenorten zu bedenken.

Schmuck

Nicht nur viele indische Frauen, für die er eine Kapitalanlage für das Alter darstellt, sondern auch eine große Zahl westlicher Reisender kaufen gern und häufig Schmuck. Besonders beliebt sind dabei der schwere **Nomadenschmuck aus Rajasthan** und der filigranere **Silberschmuck der Tibeter**. Gerade wegen ihrer Beliebtheit bei westlichen Touristen sind diese Arten von Schmuck inzwischen über das ganze Land verteilt in Geschäften zu erhalten. Wie die oftmals extrem niedrigen Preise vermuten lassen, ist dabei vieles, was als reines Silber angeboten wird, kaum mehr als billiges Metall. Wen das jedoch nicht stört, der findet besonders in Jaipur, Pushkar und Goa eine große Auswahl.

Jaipur ist auch die Hochburg für die **Edelsteinverarbeitung.** Großhändler aus aller Welt decken sich hier ein. Der verführerische Schein der edlen Klunker hat schon manchen Touristen tief in die Tasche greifen lassen, der später enttäuscht feststellen mußte, dass der Edelstein eine billige Glaskopie war. Am größten ist die Gefahr, minderwertige oder unechte Ware angeboten zu bekommen, bei den fliegenden Händlern. Wer führt schon Rubine und Saphire in einem schäbigen Holzkoffer mit sich?

Brillen

Indien ist ein Schlaraffenland für Brillenträger. Zu einem Bruchteil des Preises in Europa können sowohl **Brillenrahmen** wie auch gute **Gläser,** auch aus Kunststoff, gekauft werden. Die Auswahl an ansprechenden Rahmen ist groß. Die Brille ist häufig bereits am Tag der Anprobe oder am nächsten fertig. Zu empfehlen sind Verkaufsketten wie *Frames and Lenses,* aber auch viele Einzelhandelsoptiker haben große Auswahl. Auch **Kontaktlinsen** der international bekannten Firmen sind sehr preiswert zu haben.

Teppiche

Einen weltweit hervorragenden Ruf genießen **Kashmirteppiche,** doch auch in **Uttar Pradesh** und **Rajasthan** existiert eine lebhafte und qualitativ hochstehende Teppichproduktion. Aufgrund des faktischen Zusammenbruchs des Tourismus in Kashmir finden sich viele kashmirische Händler über ganz Indien verteilt, sodass das Angebot sehr vielfältig ist. Bereichert wird die Palette noch durch die tibetanische Exilgemeinde in Indien, die auf eine lange Teppichknüpftradition zurückschauen kann. Viele westliche Touristen bevorzugen **tibetanische Teppiche** wegen der charakteristischen farblichen Gestaltung. Die heimliche Hauptstadt der Tibeter in Indien, Dharamsala, und die Hauptstadt Sikkims, Gangtok, bieten hier die größte Auswahl.

Entscheidende Qualitätsmerkmale und damit preisbestimmend sind neben den verwendeten Materialien (Wolle, Seide und eine Mischung aus beidem) die Knotendichte, Knotenart und die verwendeten Farben (natürlich oder synthetisch). Ärgerlich ist es jedoch, nach der Rückkehr im Heimatland festzustellen, dass der lokale Großhändler den gleichen Teppich, den man im Urlaubsland gekauft hat, 20 % billiger anbietet – gerade bei Teppichen eine nicht selten gemachte Erfahrung. Daher ist es ratsam, vor Abflug die Preise zu Hause zu checken.

Antiquitäten

Ein Land mit einer derart reichen Vergangenheit an Kunsthandwerk und pompösen Herrscherhäusern, die ihre Paläste bis unters Dach vollstopften mit antiken Kostbarkeiten, müsste eigentlich eine Fundgrube für Antiquitätenliebhaber sein. Ist es auch, doch hat die Sache zwei Haken: Zum einen ist die Ausfuhr von Gegenständen, die älter als 100 Jahre sind, nur mit einer **Sondergenehmigung** erlaubt und zum anderen ist der einstmals so reiche Markt inzwischen von ausländischen Händlern so gut wie abgegrast. Zwar sind die Antiquitätenläden in Delhi und Mumbai noch immer gut bestückt, doch vieles von dem, was dort angeboten wird, ist nicht viel mehr als eine – allerdings z.T. hervorragende – Imitation. Altersschätzungen ebenso wie Ausfuhrgenehmigungen kann man beim **Archaeological Survey of India** in Mumbai, Srinagar und Kalkutta einholen.

Malerei

Kaum eine andere Kunstart hat einen derartigen Aufschwung durch den Tourismus genommen wie die **Miniaturmalerei,** die nach dem Untergang der alten Rajputenreiche lange Zeit in Vergessenheit geraten war. Zwar werden die Miniaturbilder inzwischen wegen ihrer Beliebtheit vielerorts angeboten, doch die größte Auswahl hat man nach wie vor in ihrem Heimatland Rajasthan. Auch hier variiert die Qualität erheblich, wobei neben der Detailgenauigkeit auch die verwendeten Farben und das Material eine Rolle spielen. Neben den auf Bürgersteigen in Mumbai oder Delhi angebotenen Massenprodukten aus reinem Papier, die für 200 bis 300 Rupien pro Stück zu haben sind, gibt es auch exquisite Einzelstücke aus Seide, die ein kleines Vermögen kosten. Vorsicht ist auch hier wieder bei angeblich antiken Bildern geboten.

Holz- und Metallarbeiten

Jeder staatliche Laden führt eine große Abteilung von Holzarbeiten, wobei es eine riesige Variationsbreite in Größe, Form und Material gibt. Von winzigen, besonders in Kashmir hergestellten, oftmals lackbemalten Schmuckkästchen über Paravents und Möbelgarnituren bis zu Elefanten im Maßstab 1 zu 1 reicht die Bandbreite des Angebots. Besonders beliebt sind die ausdrucksstarken indischen **Götterskulpturen** wie Kali, Krishna oder Vishnu, die es sowohl aus edlem Sandel- oder Rosenholz geschnitzt als auch in Metall gegossen gibt.

Vielfach werden einem von privater Hand **alte Tempelschnitzereien** angeboten. So schön diese auch manchmal sein mögen, man sollte von dem Kauf auf jeden Fall Abstand nehmen, unterstützt man doch andernfalls den eh schon verheerenden Handel mit gestohlenen Tempelschätzen und trägt so aktiv zum Ausverkauf einer Jahrhunderte alten Kultur bei.

Kleidung und Lederwaren

Indien bietet eine große Auswahl an qualitativ hochwertigen Kleidungsstücken. Auch hier profitiert das Land wieder von seiner territorialen Größe und ethnischen Vielfalt. Kashmir ist berühmt für seine **Wolle** und **Schals,** Assam für seine **wilde Seide,** Varanasi für seine **Brokatseide,** Rajasthan und Gujarat für seine eingearbeiteten **Spiegelornamente.** Daneben gibt es unzählige andere Varianten. Neben dieser lokalen Tradition ist Indien jedoch auch Heimat der größten Textilindustrien der Erde mit einem hohen Exportanteil.

Moderne Kleidung in vorzüglicher Qualität findet sich in guten Geschäften der Metropolen, aber auch vieler Mittelstädte zu einem Bruchteil des Preises in Europa – eine günstige Möglichkeit, sich vor dem Rückflug noch einmal rundum einzukleiden. Gleiches gilt für **Schuhe.** Für etwa 40 Euro bekommt man bereits erstklassige Qualität.

Extrem billig ist auch die **Maßanfertigung** bei einem Schneider – ein Luxus, den man sich bei uns kaum noch leisten kann. Allerdings scheinen viele Schneider mit der modischen Entwicklung nicht ganz mitgehalten zu haben und pflegen einen etwas antiquierten Schnitt. Außerdem lässt die Verarbeitungsqualität manches Mal zu wünschen übrig. Ein Katalogfoto des gewünschten Anzuges und genügend zeitlicher Spielraum für Reklamationen ist also angebracht.

Die meisten der vor allem in Delhi angebotenen **Lederjacken** und **Taschen** stammen aus Kashmir und variieren stark in Preis und Qualität. Wer sich Zeit nimmt, kann immer noch eine hübsche Lederjacke für 40 Euro ergattern. Doch so etwas soll es ja auch im Winterschlussverkauf in Deutschland geben.

Elektrizität

Wie in Europa wird in Indien Wechselstrom von 230 bis 240 Volt und 50 Hz benutzt. Elektrogeräte wie Rasierapparat, Radio oder Akkuladegerät können also problemlos betrieben werden. Vielfach finden dreipolige Steckdosen Verwendung, mit denen jedoch nicht alle europäischen Zweipolstecker kompatibel sind. Will man ganz sicher gehen, empfiehlt sich die Mitnahme eines internationalen **Adapters,** der für wenig Geld in Elektrogeschäften erhältlich ist.

Da **Stromausfälle** speziell am frühen Abend in Indien immer noch vorkommen, gehört eine Taschenlampe zur Standardausrüstung jedes Indienreisenden.

Essen und Trinken

Neben der chinesischen und thailändischen hat sich die indische Küche hierzulande zur beliebtesten asiatischen Küche entwickelt. So wissen inzwischen viele, dass sich hinter dem Wort Curry nicht ein Gewürz, sondern eine höchst aufwendige Kräuter- und Gewürzmischung verbirgt.

Manche Vorurteile hingegen halten sich nach wie vor hartnäckig. So z.B. jenes, dass indisches Essen grundsätzlich scharf sei, Reis das Hauptnahrungsmittel darstelle und Tee das beliebteste Getränk ist. Richtig hingegen ist, dass im Norden eher würzig als scharf gegessen wird und Brot die eigentliche Nahrungsgrundlage bildet, während man im Süden wesentlich mehr Kaffe als Tee trinkt.

Ursache für diese regionalen Unterschiede sind die verschiedenen historischen Prägungen und unterschiedlichen klimatischen Bedingungen der beiden Landesteile. Der klimatisch kühlere Norden ist auch heute noch stark beeinflusst durch die sechshundertjährige muslimische Fremdherrschaft, die bekanntlich im tropischen Süden nie so recht Fuß fassen konnte. Als Folge hiervon findet man in Nordindien auch die Küche der Moguln, verhältnismäßig schwere, fettreiche Kost mit viel Fleisch, während im Süden vegetarisches und leichteres, aber auch schärferes Essen bevorzugt wird. So findet man eine Vielfalt an Gerichten und Geschmackserlebnissen, die einmalig ist.

Warum es dennoch immer wieder Touristen gibt, die sich während ihrer gesamten Indienreise mit Spaghetti, Fried Rice und Pommes Frites durchschlagen, ist wirklich schleierhaft. Überdies schmeckt **westliches Essen in Indien** fast immer langweilig bis lausig und ist zudem meist viel teurer als das einheimische.

Gesundheitliche Gründe können bei der selbstauferlegten Abstinenz auch keine Rolle spielen. Hält man sich an einige einfache Grundregeln, wie keine rohen Salate, Gemüse und Schweinefleisch zu essen bzw. das in fast allen Restaurants bereitgestellte Trinkwasser zu meiden, dann sind Gaumenfreuden in Indien genauso unbedenklich wie in Thailand, Hongkong oder Singapur.

Restaurants

Im Unterschied zu vielen Ländern Südostasiens wie etwa Thailand, Malaysia oder Indonesien, in denen man an fast jeder Straßenecke über mobile Garküchen stolpert, kann es in kleineren Orten Indiens vorkommen, dass man längere Zeit suchen muss, um seinen Hunger stillen zu können. Zwar finden sich auch in Indien viele **Essensstände**, doch diese offerieren meist nur kleinere Snacks oder Süßigkeiten.

Als Helfer in der Not bieten sich da *Dhabas* bzw *Bhojanalayas* (wörtl.: „Ort der Speise") an, sehr einfache, meist zur Straße hin offene Lokale, die sich vor allem um Bahnhöfe gruppieren. Die einzelnen Gerichte befinden sich in großen Töpfen, unter denen ständig eine Gasflamme brennt. Zwar sind sie äußerst preisgünstig, doch aufgrund der ununterbrochenen Erhitzung oft auch etwas fad im Geschmack. Zudem hat man ihnen die meisten Vitamine regelrecht ausgebrannt.

Eine preiswerte Alternative bieten die häufig allerdings sehr schlichten **Bahnhofsrestaurants,** in denen man selten mehr als 50 Rs für ein sättigendes Mahl berappen muss. Englische Speisekarten sind in diesen Restaurants zwar nicht die Regel, kommen aber mehr und mehr in Gebrauch. Oftmals wird an der Kasse speziell für Besucher eine bereitgehalten. Diese Speisekarten haben jedoch zuweilen den Nachteil, dass dort nur solche Gerichte aufgeführt sind, die man des westlichen Gaumens würdig hält. Dabei fehlen oft gerade die so schmackhaften lokalen Spezialitäten. Auf manchen dieser Speisekarten fehlen jegliche Preisangaben. In diesem Fall sollte man vor der Bestellung den zu zahlenden Betrag abklären, um späteren Missverständnissen vorzubeugen.

Der **Service** ist bei all diesen Restaurants eher bescheiden, manchmal geradezu unfreundlich. Essen wird in Indien in erster Linie als notwendige Nahrungszufuhr verstanden und weit weniger als kulturelles Erlebnis. So strahlen viele Restaurants den Charme einer Bahnhofshalle aus. Kaum hat man den letzten Bissen heruntergeschluckt, wird einem die Rechnung unter die Nase gehalten.

In den letzten Jahren hat in den Metropolen und Touristenhochburgen eine Vielzahl von exzellenten **Nobelrestaurants** ihre Pforten geöffnet. Die Klientel setzt sich dabei in erster Linie aus der indischen Mittel- und Oberschicht sowie Geschäftsleuten zusammen – ausländische Touristen sind eher die Ausnahme. Preis und Leistung sind gleichermaßen hoch und entsprechen zum Teil schon internationalem Standard. Das gleiche gilt für die Restaurants der First-Class-Hotels in den Großstädten, bei denen besonders die üppigen Mittags- und Abendbuffets zu empfehlen sind.

Wie wird gegessen?

Einen Kulturschock besonderer Art erleben viele Europäer, wenn sie das erste Mal ein einheimisches Restaurant betreten und sehen, dass in Indien traditionell **mit der Hand gegessen** wird. Das wirkt auf viele zunächst reichlich unappetitlich. Es sei jedoch daran erinnert, dass es umgekehrt den Indern nicht

Essen und Trinken

anders ergeht, wenn sie die „zivilisierten" Europäer mit solch martialischen Metallwerkzeugen wie Messer und Gabel im Essen herumstochern und -schneiden sehen.

Letztlich ist es Geschmackssache und so wird es in Indien auch praktiziert. In fast jedem Restaurant wird dem westlichen Touristen selbstverständlich **Besteck** ausgehändigt und so kann man an seinen Gewohnheiten festhalten. Im Übrigen wird auch in den höherklassigen Hotels inzwischen von vielen Indern mit Messer und Gabel gegessen.

Einige üben sich dennoch, zunächst aus Neugierde, in der indischen Art der Nahrungsaufnahme und stellen dabei überrascht fest, dass das Essen so viel besser schmeckt. Wer zum ersten Mal mit den Fingern isst, wird sich dabei zunächst wahrscheinlich recht ungeschickt anstellen und nicht so recht wissen, wie er die Speisen in den Mund bekommt, ohne zu kleckern; doch eigentlich ist es recht einfach: Man bildet mit den Fingern der rechten Hand eine Rinne, durch die man das Essen mit dem Daumen in den Mund schiebt (die linke Hand gilt als unrein, da sie in Indien traditionell als Ersatz für Toilettenpapier benutzt wird). Vor und nach dem Essen wäscht man seine Hände in dem in jedem Restaurant bereitstehenden Waschbecken.

Gewürze

Indiens Ruf als Heimat einer der besten Küchen der Welt beruht auf der unvergleichlichen Anzahl unterschiedlicher Gewürze. Dafür ist Indien im Westen schon seit langer Zeit berühmt. Namen wie Pfeffer, Kardamom, Zimt und Ingwer übten auf die europäischen Kaufleute eine ähnliche Faszination aus wie Gold, und so sandten sie ihre Schiffe rund um den Erdball, um die heißbegehrten Gewürze heranzuschaffen.

Curry, jener Begriff, der heute als Synonym für die indische Küche gilt, stand jedoch nicht auf ihren Fahndungslisten verzeichnet. Das konnte er auch gar nicht, gab es das Wort doch zu jener Zeit noch gar nicht. Erst die englischen Kolonialherren machten aus *karhi* – was lediglich Soße bedeutet – den Namen für jenes Einheitsgewürz, als welches es inzwischen weltweit bekannt ist. In Indien selbst ist unser „Curry" als **garam masala** bekannt. Man muss den Briten, deren Beitrag zur internationalen Küche bekanntlich ja recht unbedeutend ist, allerdings zugestehen, dass sie von Anfang an einfach überfordert waren, die überaus raffinierte und komplizierte Küche Indiens zu verstehen.

Die Mischung macht's

Im Grunde gibt es Hunderte verschiedener *karhis*. Die Mischung der verschiedenen Gewürze ist das große Geheimnis jeder indischen Hausfrau. Bei aller Unterschiedlichkeit beinhalten fast all die geheimnisvollen Mixtu-

> Knoblauch und Chilis sind Grundbestandteile der indischen Küche

ren die Zutaten **Koriander, Zimt, Kümmel, Nelken, Kardamom und Pfeffer.** Die gelbe Färbung erhält Curry durch den **Gelbwurz** *(haldi)*, eine medizinische Pflanze, die desinfizierend wirkt.

Jedes indische Gericht hat sein spezielles **Masala,** denn es sind die Auswahl, die Menge und die Mischung der einzelnen Gewürze, die den individuellen Geschmack eines Gerichtes ausmachen. Eine kulinarische Entdeckungsreise in Indien ist schon deshalb mit einem „Risiko" verbunden, weil sich hinter jedem Masala oder Curry ein anderer Geschmack – und Schärfegrad – verbergen kann. Es kommt eben ganz auf die Mischung an.

Brot

Diverse Fladenbrotsorten sind Hauptbestandteil der indischen Essgewohnheiten – im Norden des Landes kommt Brot gar eine noch wichtigere Stellung zu als Reis.

Fladenbrotsorten

■ **Chapati** ist die einfachste, populärste und billigste Brotsorte. Im Grunde ist es nichts weiter als ein dünner, auf heißer Herdplatte gebackener Fladen aus Wasser und Mehl.

■ **Paratha** sieht im Gegensatz zum dünnen, knusprigen Fladenbrot eher wie ein dicklicher Pflaumenkuchen aus. Der Vollkornfladen wird mit geklärter Butter *(ghi)* in der Pfanne gebacken und oft mit einer Kartoffelfüllung angeboten *(alu paratha)*.

■ **Puris** sind Fladen aus Mehl, Wasser und Salz, die in Öl schwimmend gebacken werden, wobei sie sich aufblähen wie Luftballons. Keine sehr weit verbreitete Variante, aber sehr schmackhaft.

■ **Naan** ist dagegen wesentlich fettärmer, da es im Tonofen *(tandur)* bei offenem Feuer gebacken wird. Das große, dreieckige Fladenbrot gibt es in verschiedenen Varianten, z.B. mit Butter bestrichen *(butter naan)* oder mit Käse gefüllt *(cheese naan)*.

■ **Papad** (oder *papadam*) ist ein hauchdünner, oftmals scharf gewürzter Fladen, der meist als Appetitanreger vor der Hauptmahlzeit serviert wird.

Reis

Obwohl der Reis im Norden als Grundnahrungsmittel nicht die dominierende Stellung einnimmt wie im Süden, ist er natürlich trotzdem überall selbstverständlicher Bestandteil des Speiseplans. Es gibt ihn in den vielfältigsten Varianten vom **plain rice** über den besonders bei Travellern beliebten **fried rice** (gebraten) bis zu den **biriyanis.** Dies ist eine köstliche Reis-Gemüse-Mischung, die mit Nüssen und Trockenfrüchten wie z.B. Rosinen angereichert wird und häufig auch mit Fleisch, speziell Lamm, serviert wird. Die schlichtere Form des *biriyani*, gedünsteter Reis mit Erbsen, *pulau* oder *pilaw* genannt, wird in Indien gern mit Safran gekocht, was ihm seine charakteristisch gelbliche Farbe verleiht.

Eine seltene, aber sehr feine Variante ist **dahi rice.** Dabei handelt es sich um mit Joghurt versetzten, gekochten Reis. Der in Europa so beliebte, weil naturbelassene braune Reis ist in Indien weitgehend unbekannt. Nur die Nachfrage in größeren Touristenorten hat dort den für das indische Auge schmutzigen Reis salonfähig gemacht.

Vegetarisches Essen

Kein anderes Land bietet eine derartige Vielfalt an vegetarischen Köstlichkeiten wie Indien. Hier kann sich das eigentliche Geheimnis der indischen Küche, die unvergleichliche Vielfalt an orientalischen Gewürzen, richtig entfalten. So zaubern indische Köche selbst aus den banalsten Nahrungsmitteln wie Linsen oder Kartoffeln himmlische Leckerbissen. Da verwundert es nicht, dass viele Reisende sich während ihrer mehrmonatigen Indienreisen zu Vegetariern wandeln. Der Umstieg auf fleischlose Kost wird einem außerdem noch dadurch versüßt, dass diese die Reisekasse weit weniger belastet als Fleischliches. Ein köstliches und magenfüllendes vegetarisches Gericht ist fast überall für weniger als umgerechnet einen Euro zu bekommen.

Das meistgegessene vegetarische Gericht der Inder ist **Thali.** Hierbei handelt es sich um eine reichhaltige Mahlzeit, die auf einem Metallteller serviert wird. Um den in der Mitte angehäuften Reis sind kleine Metallschälchen platziert, die verschiedene Currys, Gemüse, scharfe Pickles und würzige Soßen enthalten. Das alles wird mit der (rechten!) Hand zu einem äußerst schmackhaften Gemisch vermengt. Meist kosten diese magenfüllenden Gerichte nicht mehr als 60 Rs. In fast jeder Stadt gibt es ein Restaurant, welches ausschließlich Thali serviert.

Vegetarische Gerichte

- **Alu dum** – Kartoffel-Curry
- **Alu ghobi** – Kartoffeln und Blumenkohl
- **Matter paneer** – Erbsen und Käse
- **Palak paneer** – Spinat und Käse
- **Shahi paneer** – Rahmkäse in Sahnesoße, Rosinen und Mandeln
- **Dhal** – Linsenbrei (Allerweltsgericht)
- **Baigan pora** – gebratene Aubergine
- **Navratan korma** – Gemüse und Fruchtmischung mit würziger Soße
- **Malai kofta** – Gemüsebällchen in Sahnesoße
- **Shahi mirch** – gefüllte Paprikaschote in pikanter Soße

Fleisch

In einem Land, in dem täglich Millionen von Menschen nur mit Mühe ein karges Mahl auf den Teller bekommen, bedarf es keiner großen Fantasie, um sich auszumalen, wie es um die Gesundheit der meisten Tiere bestellt ist. Verwundern kann es da kaum, dass so manches vermeintliche Fleischgericht weniger aus Fleisch als aus Haut und Knochen besteht, die in einer fettigen, scharfen Soße herumschwimmen. Im Schatten der dominierenden vegetarischen Küche Indiens fristet die Fleisch enthaltende Kost ein eher kümmerliches Dasein. Hierzu haben auch die unterschiedlichen Essenstabus der verschiedenen Religionsgemeinschaften beigetragen. Allseits bekannt ist, dass die Hindus kein Rindfleisch essen und die Moslems kein Schweinefleisch (welches auch bei den Hindus selten verspeist wird und wegen der Trichinosegefahr ohnehin zu meiden ist).

Während einem als Vegetarier oft gerade in kleinen, bescheidenen Lokalen die schmackhaftesten Gerichte serviert werden, sollte man beim Fleischessen die **gehobenen Restaurants vorziehen.** Hier sind nicht nur die hygienischen Verhältnisse vertrauenerweckender, sondern die Köche verfügen auch über mehr Erfahrung im Zubereiten von Fleischgerichten, da sich diese der kleine Mann kaum leisten kann. Das gilt besonders für Restaurants, die sich auf die **Mughlai-Tradition** berufen, eine Kochkunst, die mit den Mogulm vor über 800 Jahren nach Indien kam und die größte Erfahrung in der nicht-vegetarischen Küche Indiens aufweist.

Fleischgerichte

- **Tandoori** – typisch für Mughlai-Gerichte, im Lehmofen *(tandur)* zubereitet. Das Fleisch wird vorher in Jo-

ghurt und Gewürzen mariniert; ein sehr würziges, fettarmes und nicht scharfes Gericht.
- **Vindaloo** – eine südindische Spezialität, die jedoch auch im Norden gern gegessen wird; ein scharfes, mit Essig zubereitetes, üppiges Gericht
- **Korma** – Curry-Gericht aus geschmortem Fleisch
- **Kofta** – Hackfleischspieß, meist in Curry zubereitet
- **Mutton** – Ziegenfleisch, auch wenn es meist als Hammelfleisch angegeben wird
- **Sizzler** – eine moderne Kreation: auf glühend heißer Steinplatte serviertes, kurz gebratenes Fleisch
- **Tikka** – geschnetzeltes Fleisch ohne Knochen
- **Murgh** – Huhn
- **Gosht** – eigentlich Lammfleisch, oft jedoch auch Ziegenfleisch
- **Kebab** – marinierte Fleischspießchen

Fisch

In den Küstenprovinzen und hier vor allem in Goa, Mumbai und Bengalen ist Fisch für Nichtvegetarier die wichtigste Kost. Thunfisch, Garnelen, Krabben, Haifisch und Hummer sind hier ein selbstverständlicher Bestandteil der Speisekarte guter Restaurants – und für einen Bruchteil des hierzulande üblichen Preises zu haben.

Trotz seiner Lage inmitten eines noch immer fischreichen Ozeans wird in Indien der Flussfisch den Meeresfischen vorgezogen. Im Landesinneren allerdings sind frische Fische eine Rarität, weil dort traditionell wenig Fisch gegessen wird.

Fischgerichte

- **Pomfret** – eine Spezialität Mumbais. Dieser köstliche Plattfisch ähnelt einer Mischung aus Scholle und Butt.
- **Fish Curry** – die beliebteste Zubereitungsart an der Westküste. Eine Mischung von Chili und anderen Gewürzen sowie Kokosraspeln sind wichtiger Bestandteil.
- **Hilsha** – die Fischspezialität Bengalens, die den Geschmack von Lachs und Forelle auf einzigartige Weise verbindet – ein Leckerbissen. Der einzige Wermutstropfen sind die vielen Gräten.
- **Machhe jhol** – ebenfalls aus Bengalen, mit Senfkörnern gewürzt
- **Jhingri** – große Krabben, satt in Curry schwimmend

Zwischenmahlzeiten

Ideal für kurze Pausen während langer Zug- und Busfahrten sind die von kleinen Garküchen auf dem Gehsteig oder vor Bahnhöfen angebotenen Snacks.

Kleine Gerichte

- **Pakora** – gebackene Teigtaschen mit einer scharfen Gemüsefüllung aus Zwiebeln, Blumenkohl, Kartoffelstückchen, Aubergine und vielem mehr
- **Samosa** – frittierte Teigtaschen mit einer Kartoffelfüllung
- **Cutlet** – mit Gemüse vermischtes und gebratenes Hackfleisch, ähnlich einer Frikadelle
- **Dosas** – vor allem in Südindien äußerst beliebte, hauchdünn gebackene, knusprige Teigrollen, gefüllt mit Gemüse
- **Sambar** – leicht säuerliche, mit Gemüse angereicherte Linsensuppe
- **Mumbai bhelpuri** – Puffreis, Linsen, Zwiebeln, Kartoffelpaste, Chili-Schoten und gehackte Kräuter, übergossen mit einer Minze- und Tamarindensoße – köstlich!

Süßspeisen

Die Auswahl an Nachspeisen und Süßigkeiten ist schier unerschöpflich, wobei Kuh- oder Büffelmilch vielfach die Basis bildet. Sie muss mit verschiedenen Ingredienzen langsam gekocht werden, bis sie eindickt. Zimt, Kardamom, Safran, zerlassene Butter, Nüsse, Rosinen und vor allem viel, viel Zucker sind die wichtigsten Zutaten. Die gängigsten Sorten der süßen Masse kann man auf dem Basar kaufen, umhüllt von hauchdünner Silberfolie und verpackt in bunte Kartons.

Typische indische Desserts

- **Gulab jamun** – kleine Bällchen aus eingedickter Milch, Zucker und Mehl, gewürzt mit Kardamom und Rosenwasser
- **Rosgulla** – Frischkäsebällchen in Sirup
- **Bebinca** – Mischung aus Mehl, Eiern, Kokosnussmilch, Butter und Zucker
- **Kulfi** – Eiscreme mit Pistaziengeschmack
- **Halwa** – Süßigkeit mit Nüssen
- **Shrikhand** – Joghurt mit Safran und Kardamom
- **Chaler payesh** – Reispudding
- **Barfi** – aus Kokosnuss, Mandeln und Pistazien zubereitet

Getränke

Im Gegensatz zur raffinierten indischen Kochkunst sind die Trinksitten in Indien eher bescheiden. Man trinkt, um den Durst zu stillen und nicht, um das Getränk zu genießen.

Die meisten Inder bevorzugen zum Essen schlicht **Wasser**, welches einem dementsprechend immer als erstes ungefragt auf den Tisch gestellt wird. Da das Wasser jedoch, wie bereits erwähnt, selbst in besseren Hotels fast nie vorher abgekocht wurde, lasse man besser die Finger davon und trinke lieber das in Plastikflaschen abgefüllte **Mineralwasser,** welches inzwischen vielfach erhältlich ist. Allerdings ist es mit gut 10 Rupien nicht gerade billig, mitnichten „Mineral"wasser und, wie neueste Untersuchungen ergaben, auch nicht so keimfrei wie behauptet. Außerdem: Wo landen bloß all die Millionen Plastikflaschen? Am besten reaktiviert man die gute, alte Wasserflasche und füllt sie mit durch Entkeimungstabletten oder Abkochen sterilisiertem Leitungswasser.

Den köstlichen indischen **Tee,** mit viel Zucker, Milch und Gewürzen wie Ingwer, Zimt, Kardamom und Nelken gekocht, bekommt man meist nur dann, wenn man ausdrücklich *masala chai* ordert, andernfalls wird einem normaler Tee serviert. Der ist jedoch immer noch besser als der **Kaffee,** den man selbst in besseren Hotels zu trinken bekommt. Am besten schmeckt er wohl noch in den Filialen der über ganz Indien verbreiteten Indian Coffee Houses. Echte Kaffeeliebhaber sollten lieber nach Südindien fahren, wo es sogar ganz vorzügliche Kaffeesorten gibt.

Als hervorragender Durstlöscher bietet sich der vielfach an Straßenständen angebotene Saft der frisch geschlagenen **Kokosnuss** *(nariyel)* an. Sehr lecker, erfrischend und wirksam gegen Durst ist auch **Lassi,** ein in vielfachen Varianten (z.B. mit Früchten) erhältliches Joghurtgetränk, das jedoch oft mit nicht abgekochtem Wasser versetzt ist.

> Besonders in Pushkar beliebt sind **Bhang Lassis.** Hier sind dem Joghurtgetränk Eiswasser und Marihuana-Extrakte beigesetzt, was vor allem bei heißem Wetter Übelkeit und Erbrechen hervorrufen kann.

Erfrischend ist **Lemon Soda:** Der prickelnde Geschmack des Mineralwassers zusammen mit dem Saft einer frisch gepressten Limone und einer Prise Salz wirkt nicht nur äußerst belebend, sondern ist auch hervorragend zum Durstlöschen geeignet. Allerdings ist das „Soda" oft nichts anderes als Leitungswasser, das mit Kohlensäure angereichert wurde. In klei-

Fotografieren

nen Städten kann man oft „Fabriken" sehen, in denen ein rostiger alter Gaszylinder an die Wasserleitung angeschlossen ist. Man halte sich folglich an die bekannten Marken, wie z.B. Bisleri.

Sehr lecker sind auch die mit Hilfe von Pressen gewonnenen **Zuckerrohrsäfte,** wobei man auch hier wiederum darauf achten sollte, dass der Saft nicht mit Leitungswasser vermischt ist bzw. der gepresste Saft nicht über einen Eisblock läuft, bevor er ins Glas gegossen wird.

Alkoholische Getränke, lange Zeit verpönt, kommen gerade mit dem Aufstieg der westlich geprägten Mittelschicht immer mehr in Mode. Besonders deutlich zeigt sich diese Entwicklung beim **Wein,** welcher bis vor einigen Jahren in Indien fast gänzlich unbekannt war. Inzwischen gibt es sogar einige vor allem im Süden des Landes ansässige Weinbauern. **Bier** ist bis auf den alkoholfreien Bundesstaat Gujarat überall in Indien problemlos zu erhalten. Der Alkoholgehalt der bekanntesten Biersorten wie Shivalik, Black Label und Kingfisher liegt bei 5 %. Die meisten einheimischen Marken verwenden als Konservierungsmittel Glycerol, welches Kopfschmerzen verursachen kann.

Speziell in den Küstenregionen werden die hochprozentigen, aus Palmsaft hergestellten **Toddy** und **Arak** getrunken. Wem das immer noch nicht reicht, der sollte ein Schnapsglas **Feni** (Kokos- oder Cashew- Schnaps, eine Spezialität aus Goa) hinter die Binde kippen – ein im wörtlichen Sinne umwerfender Erfolg ist garantiert!

Das **Fotografieren von militärischen Anlagen** wie Flughäfen, Staudämmen, Brücken, Militärkolonnen und Kasernen ist verboten. Wo man sich sonst noch mit der Kamera zurückhalten sollte, erfährt man unter „Verhaltenstipps: Fotografieren".

Fotografieren

Es gibt kaum ein Land der Erde, welches eine derartige Vielfalt an wunderschönen Motiven anbietet wie Indien. Ob nun die abwechslungsreiche Landschaft vom Traumstrand in Goa bis zu den Himalayariesen, die Sakralbauten der Buddhisten, Jains, Hinduisten und Moslems, das bunte Völkergemisch mit seiner unvergleichlichen Vielfalt an Kleidern, Kopfbedeckungen und Schmuck oder die ständig wechselnden Szenen im abenteuerlichen indischen Alltagsleben, ganz zu schweigen vom meistfotografierten Bauwerk der Erde, dem Taj Mahal – der Finger scheint geradezu am Auslöseknopf zu kleben.

Digitalfotografie wird inzwischen von den meisten Reisenden favorisiert. Dementsprechend gibt es mittlerweile in den meisten größeren bzw. touristisch bedeutenden Orten immer mehr **Fotogeschäfte** und auch **Internetcafés,** die mit Speicherkarten-Reader ausgestattet sind. Die Preise für **Ausdrucke** liegen um 10 Rs pro Stück, wenn man die Bilder des gesamten Chips ausdrucken lässt. Will man selektiv Fotos ausdrucken, kostet das um 12 Rs pro Bild. Dies sollte man wegen eventueller Reklamationen besser in den Fotogeschäften durchführen lassen. Für das Brennen der Bilder auf **CD** ist man in den entsprechend ausgerüsteten Internetcafés billiger bedient, die dafür inkl. CD um 60 Rs verlangen, während Fotoläden etwa das Doppelte nehmen. Nahezu alle weltweit gängigen **Speicherkarten** sind zumindest in größeren Städten und Touristenzentren erhältlich.

Extrem wichtig bei einer Indienreise ist eine gut gepolsterte und staubdichte **Kameratasche.** Gerade hier wird oft am falschen Ende gespart. Was nützt der beste Fotoapparat, wenn er nach kurzer Zeit aufgrund der gerade in Indien enormen Belastung seinen Dienst aufgibt? Die nicht zu vermeidenden Erschütterungen auf den langen Bus- und Bahnfahrten sowie die Staubentwicklung in der Trockenzeit setzen den hochsensiblen Geräten enorm zu. Während der Regenzeit benötigt man natürlich eine wasserfest ausgerüstete Kameratasche.

Frauen unterwegs

Für Frauen, ob alleine oder zu zweit, ist Indien kein leichtes Reiseland. Der Anblick westlicher Frauen kehrt bei vielen indischen Männern den Don Juan hervor. Selbst Frauen, die mit einem männlichen Partner reisen, bleiben nicht unbehelligt. Meist begnügt „mann" sich mit Rufen oder Schnalzen, um auf seine offensichtlich nicht sehr attraktive Persönlichkeit aufmerksam zu machen, oder macht einige anzügliche Bemerkungen. Gelegentlich kommt es aber auch zu Grabschereien, ein Problem, mit dem auch die indischen Frauen leben müssen. Nicht umsonst gibt es z.B. in den Vorortzügen in Mumbai **spezielle Waggons nur für Frauen.**

Derzeit erlebt Indien den Ansatz einer bescheidenen „sexuellen Revolution", ausgelöst durch das ausländische Satelliten-Fernsehen wie auch durch das immense AIDS-Problem, das eine offene Diskussion des Themas Sex nötig macht. An der Spitze der Liberalisierung stehen die Städte Mumbai, Delhi und Bangalore. Der Kurzzeiteffekt der wachsenden Freizügigkeit scheint aber nicht unbedingt positiv, denn der Sprung von einer stark traditionsgebundenen zu einer freiheitlicheren Gesellschaft lässt manchen die Maßstäbe verlieren.

Derzeit scheint es, dass die Belästigungen in der jüngsten Vergangenheit eher etwas zu- als abgenommen haben.

Frauen können ihren Teil dazu beitragen, möglichst wenig behelligt zu werden. Dass keine provozierende Kleidung getragen werden sollte – dazu zählen in Indien eben auch Shorts, kurze Röcke oder ärmellose Hemden – versteht sich von selbst. Zudem sollte „frau" den Blickkontakt mit fremden Männern meiden. Einem fremden Mann in die Augen schauen, das tun, so meint „mann", nur Prostituierte, der offene Blick wird als Einladung zur Kontaktaufnahme verstanden. Außerdem ist auf allzu große Freundlichkeit gegenüber Kellnern, Hotelangestellten und Verkäufern zu verzichten – die indische Frau aus guter Familie (auch der Mann) sollte mit solch „niedrigstehenden" Personen nicht mehr reden als unbedingt nötig. Tut „frau" es doch, fordert sie dadurch Annäherungsversuche heraus. Als Frau heißt es **Distanz zu fremden Männern wahren,** alles andere kann leicht falsch ausgelegt werden.

Verstärkte Probleme ergeben sich in Gebieten, in denen der **Islam** vorherrscht. So vor allem in Kashmir, Hyderabad sowie einigen Landstrichen in Uttar Pradesh, Bihar und Westbengalen. Durch die starke Tabuisierung von Sex in der islamischen Gesellschaft stehen viele Kessel unter Hochdruck. Ein Sonderfall ist **Kashmir.** Dort sind schon viele Ausländerinnen Beziehungen zu Kashmiris eingegangen, eine Tatsache, die in Männerkreisen natürlich die Runde macht. Folglich wird Touristinnen mit besonderem Gusto nachgestellt.

Internet

In den touristisch stark frequentierten Metropolen und Regionen gibt es Internetcafés zuhauf. Sie sind überwiegend mit schnellen DSL- und Breitbandverbindungen ausgestattet und schließen meistens zwischen 21 und 22 Uhr. In kleineren Orten, aber auch touristisch wenig frequentierten, großen Städten kann es gelegentlich schwierig sein, Internetcafés zu finden. Es kommt dort auch heute noch häufiger zu Überlastungen des Netzes. Manchmal muss man eine Viertelstunde warten, aber das ist eher die Ausnahme. Allerdings gibt es oft einen recht langsamen Seitenaufbau, wenn zuviele PCs an ein Modem angeschlossen sind.

Durchschnittlich liegen die Preise für Internetsurfen bei 15–30 Rs pro Stunde, in einigen Touristenorten mit hoher Nachfrage haben sich die örtlichen Anbieter oft auch auf einen Einheitspreis von 40 bis 60 Rs geeinigt, Konkurrenz wurde also ausgeschaltet. Auch die schnellen DSL- und ISDN-Verbindungen sind mit bis zu 60 Rs gelegentlich teurer. In Hotels zahlt man erheblich mehr. Da Stromausfälle mancherorts immer noch regelmäßig vorkommen, sollte man beim Abfassen von Dokumenten oder E-Mails immer wieder zwischenspeichern.

Alle großen Kommunikationsfirmen in Indien wie Airtel, Reliance, BSNL und Tata indicom bieten **USB-Internetsticks** an. Die Sticks kosten um 3.000 Rs, bei Prepaid-Verträgen sind sie meist im Vertragspreis enthalten. Ähnlich wie bei Prepaid-Handy-Verträgen kann man bei Firmen wie Reliance, Airtel, Tata oder BSNL für **Tablet-PCs** Internetverträge erwerben (Pass und Passfotos mitbringen) und landesweit per **WiFi** surfen. Je nach Datentransfer kostet der Zugang ab 800 Rs für 3 GB und 1.500 Rs für 15 GB im Monat. Für IPad-Benutzer bieten die gleichen Anbieter das sogenannte 3 G an.

Mit Kindern reisen

Während es in vielen Ländern Südostasiens wie Thailand, Malaysia und Indonesien nicht mehr außergewöhnlich ist, dass Eltern mit ihren **Kleinkindern** individuell durchs Land reisen, stellt dies in Indien immer noch eine Ausnahme dar. Und so wird es wohl auch noch eine Weile bleiben, gilt doch Indien zu Recht als eines der am schwersten zu bereisenden Länder. Die weiten Entfernungen auf verstaubten, von Schlaglöchern übersäten Straßen in kaum gefederten und überfüllten Bussen sind kleinen Kindern sicherlich ebensowenig zuzumuten wie die oftmals wenig einladenden sanitären Einrichtungen. Die Hitze und das alltägliche Elend auf den Straßen kommen zu den täglichen Belastungen hinzu.

Anders sieht es da schon bei Kindern **über zwölf Jahren** aus. Für sie bietet das bunte Alltagsleben mit den faszinierenden Märkten, durch die Straßen stolzierenden Elefanten, Schlangenbeschwörern und bunten Festen eine exotische Welt, die sie wohl nur aus Märchenbüchern kennen.

Allerdings sollte man gerade wegen der Vielzahl der Eindrücke immer wieder einige Ruhetage einlegen und in höherklassigen **Hotels** übernachten, um so Zeit zum Verarbeiten und zur Erholung einzuräumen. Fast alle besseren Hotels bieten die Möglichkeit, für einen geringfügigen Aufpreis das Kind im Zimmer der Eltern übernachten zu lassen. Geradezu

ideal ist ein Aufenthalt an den **Stränden von Goa**, wo man seit Jahrzehnten auf die Wünsche westlicher Touristen eingestellt ist.

Ermäßigungen für Kinder im Alter von bis zu zwölf Jahren (1–4 Jahre frei, 5–12 Jahre 50 %) geben nicht nur die indische Eisenbahn, sondern auch die inländischen Fluggesellschaften. Ist man mit Kindern unterwegs, bietet sich als bestes Fortbewegungsmittel der **Mietwagen** an, da man so die fast ständig überfüllten öffentlichen Verkehrsmittel vermeidet und zudem besser auf die individuellen Wünsche der Kinder eingehen kann.

Auch bei der Wahl des **Restaurants** lohnt es sich, etwas tiefer in die Tasche zu greifen. Nur bessere Restaurants verfügen über eine Auswahl an europäischen Gerichten, falls die in der Regel recht scharfen indischen Speisen nicht nach dem Geschmack des Kindes sind. Sollte ein Kind **erkranken,** besteht zunächst kein Grund zur Panik, gibt es doch in jedem größeren Ort einen Englisch sprechenden Arzt. Fast immer handelt es sich um leichtere Erkrankungen, für die auch die eventuell notwendigen Medikamente problemlos zu besorgen sind. Dennoch kann es nicht schaden, wenn man eine bereits zu Hause besorgte Auswahl der gängigsten Medikamente in der Reiseapotheke mitführt. Im Falle einer ernsthaften Erkrankung gilt bei Kindern das gleiche wie bei Erwachsenen: auf keinen Fall in ein Provinzkrankenhaus gehen, sondern in eines der hervorragenden Krankenhäuser von Mumbai oder Delhi – oder gleich abreisen.

Medizinische Versorgung

Einige große Städte wie Delhi, Mumbai (Bombay) und Kalkutta verfügen über hervorragende **Krankenhäuser mit internationalem Standard.** Das kann jedoch nicht darüber

◩ In Läden mit der Aufschrift „ISD-STD" kann man telefonieren

Die nationale Leidenschaft: Kricket

Dass Indien ein Land voller Widersprüche und Leidenschaften ist, spiegelt sich nicht zuletzt in seinem **Nationalsport** Kricket. Ob Hindu oder Moslem, Parse oder Christ, Jain oder Buddhist, Bengale oder Rajasthani, Tamile oder Sikh – die Leidenschaft zu diesem in Europa fast gänzlich unbekannten Sport eint die sonst in religiöse und ethnische Gruppen zersplitterten Inder. Wenn die indische Nationalmannschaft aufläuft, vereint sich die ganze Nation hinter dem Fernseher, die Straßen sind leer gefegt, das öffentliche Leben scheint still zu stehen. Egal wo und zu welcher Zeit, es gibt wohl keine Stadt in Indien, wo nicht jeden Tag zu jeder Zeit eine Gruppe Jugendlicher ihrer Leidenschaft für den roten Ball nachgeht.

Es scheint geradezu paradox, dass es diesem von den verhassten Briten nach Indien importierten Spiel vorbehalten war, die Einheit des Landes über alle Gegensätze zu verwirklichen. Ebenso erstaunlich ist, dass Kricket gerade zu einer Zeit seine einzigartige Popularität erlangt hat, da mit den nun auch in Indien verbreiteten neuen Kommunikationsmedien Werte wie Schnelligkeit und Wandel gerade unter den Judendlichen immer größere Bedeutung gewinnen.

Ein Match erstreckt sich über fünf Tage, von der Frühe bis kurz vor Sonnenuntergang, unterbrochen jeweils nur von einer Stunde Mittagspause und 20 Minuten Teatime. Häufig scheint stundenlang (fast) nichts zu passieren, weil Werfer *(bowler)* und Schläger *(batsman)* sich belauern. Und schließlich enden viele Testmatches nach fünf Tagen mit einem Unentschieden. So gab es in den 1950er- und 1960er Jahren in 15 Auseinandersetzungen zwischen Indien und Pakistan nur einmal einen Gewinner.

Eine Wissenschaft für sich sind die **Spielregeln**, wobei es die vielen Ausnahmen sind, die das Spiel Nichteingeweihten so komplex erscheinen lassen. Kricket ist entfernt mit dem Baseball verwandt. In der Mitte des ovalen Spielfeldes – etwa so groß wie ein Fussballplatz – stehen zwei ca. 20 m voneinander entfernte Hölzer, die sogenannten wickets. Die zwei Mannschaften wechseln sich mit Werfen *(bowling)* und Schlagen *(batting)* ab. Jeweils zwei Spieler der battenden Mannschaft stehen an den Hölzern. Der eine versucht, mit einem Schläger *(bat)* den ihm mit einer Geschwindigkeit von über 100 km/h zugeworfenen Ball so im Feld zu platzieren, dass er mit seinem Partner die Positionen zwischen den wickets wechseln kann, ehe die gegnerische Mannschaft den Ball zu den Hölzern zurückwirft. Dies bringt zwischen ein und drei Punkte ein. Gelingt es dem Batsman, den Ball über die äußere Markierung zu schlagen, ohne zu laufen, erhält seine Mannschaft vier Punkte. Gelingt ihm das Gleiche, ohne dass der Ball den Boden berührt, bricht grenzenloser Jubel im Stadion aus. Dieser sogenannte **Homerun** ist gleichzusetzen mit einem Tor im Fußball und wird mit sechs Punkten honoriert. Die werfende Mannschaft, die sich vollständig auf dem Feld verteilt hat, versucht, den Ball so schnell wie möglich wieder zu den Hölzern zurückzuwerfen. Werden diese berührt, bevor der laufende Batsman sie erreicht hat, scheidet er aus, ebenso wenn der von ihm geschlagene Ball von der gegnerischen Mannschaft gefangen wird oder der Bowler die Hölzer direkt trifft. Dann wird er vom nächsten Batsman seiner Mannschaft ersetzt, bis alle elf an der Reihe waren und der Durchgang *(inning)* zu Ende ist. Nun muss die andere Mannschaft versuchen, mehr Runs zu erzielen als der Gegner.

Der Durchbruch des Krickets zum Nationalsport erfolgte Anfang der 1970er Jahre mit der Einführung des Fernsehens. Bis dahin war Feldhockey die Sportart Nummer 1 im Lande. Heute ist Kricket **Big Business.** An fast jeder Straßenecke lächelt einer der Stars von einer überdimensionalen Reklametafel herunter. Das Vermögen von *Sachin Tendulkar*, dem Superstar des indischen Kricket, wird auf weit über 10 Mio. US-Dollar geschätzt. Es vergeht praktisch kein Tag, an dem nicht einer der großen Sender ein Match überträgt. Kricket ist wie geschaffen fürs Fernsehen. Mit geringen Kosten wird ein ganzes Tagesprogramm abgedeckt. Abends werden dann die Highlights in einer zweistündigen Zusammenfassung wiederholt – selbstverständlich unterbrochen durch umfangreiche Werbeblöcke.

Ähnlich wie beim Pferderennen gehören Kricket und **Wetten** eng zusammen. So werden heute allein in Mumbai, der Hauptstadt der Wettkönige, an einem Spieltag bis zu 50 Mio. Euro Umsatz gemacht. Bei derartigen Summen und den damit verbundenen Verlockungen, ein Spiel zu seinen Gunsten zu beeinflussen, ist es kein Wunder, dass die Kricketwelt im Jahr 2000 von einem gewaltigen Wettskandal heimgesucht wurde. Nachdem der Kapitän der südafrikanischen Nationalmannschaft zugegeben hatte, für ein Entgelt von mehreren Zehntausend US-Dollar, gezahlt von indischen Buchmachern, Spiele manipuliert zu haben, brach eine Lawine weiterer Enthüllungen los, die ein weit verzweigtes Netz von Betrügereien und Bestechungen innerhalb der indischen Nationalmannschft offenlegte.

So sehr die Ereignisse die Kricketwelt erschütterten, konnten sie doch letztlich der Popularität des Sports gerade in Indien, das sonst keinerlei Weltklassesportler aufzuweisen hat, keinen Abbruch tun. Und so werden auch in Zukunft die Kinder in den Hinterhöfen und auf den Dorfstraßen wie gebannt auf den kleinen roten Ball schauen und den Traum vom Kricketstar träumen.

hinwegtäuschen, dass die meisten Städte und erst recht die kleineren Orte bei weitem nicht über die medizinischen Versorgungsmöglichkeiten verfügen, wie man sie im Westen gewohnt ist. Die **hygienischen Zustände** sind in vielen Krankenhäusern noch weit hinter den in Europa üblichen zurück. Das mag bei kleineren Untersuchungen noch zu ertragen sein; wem jedoch seine Gesundheit lieb und teuer ist, der sollte sich bei ernsthafteren Erkrankungen so schnell wie möglich zur Behandlung in eines der wenigen guten Krankenhäuser des Landes begeben. Deren Anschriften sind in den jeweiligen Städtekapiteln genannt. Im Übrigen verfügen die Botschaften bzw. Konsulate über Listen von empfehlenswerten **Privatärzten,** bei denen die Honorare dann allerdings auch dementsprechend hoch sind.

Nachtleben

Indien ist zwar immer noch kein idealer Ort für Nachtschwärmer, aber in den letzten Jahren hat sich sehr viel getan. Zwar sind in den kleineren Städten Cafés, Kneipen und Diskotheken sowie kulturelle Abendveranstaltungen kaum bekannt, aber in Metropolen wie Delhi und Mumbai haben diese kulturellen Errungenschaften aufgrund der hohen Nachfrage der indischen Mittelschicht einen ungeahnten Aufschwung genommen. Hier wie auch in den touristischen Zentren Rajasthans hat sich in den letzten Jahren eine umfassende Freizeit- und Unterhaltungskultur entwickelt. Andernorts ist meist gegen 22 Uhr Zapfenstreich. In diesen Orten bleibt einem abends nur ein mit der Zeit zunehmend frustrierendes „Abhängen" an den meist wenig einladenden Hotelbars. Kinos sind jedoch selbst im kleinsten Dorf anzutreffen.

Öffnungszeiten

Banken sind in der Regel wochentags durchgehend von 10 bis 14 Uhr geöffnet. Da Bankangestellte in Indien nicht gerade einsatzfreudig sind, öffnen sie ihre Schalter gerne 15 Minuten später bzw. schließen etwas früher. Manche internationalen Banken in Großstädten haben verlängerte Öffnungszeiten (Adressen siehe Städtekapitel). Alle Banken sind am 31. März und am 30. September geschlossen. Meist sind die großen privaten Wechselstuben wie Thomas Cook, UAE Exchange oder LKP Forex tagsüber wesentlich länger und teils auch sonntags geöffnet und zudem effizienter.

Behörden sind in der Regel zwischen 10 und 16 Uhr geöffnet, mit einer Mittagspause zwischen 13 und 14 Uhr. Ebenso wie die Bankangestellten schlafen indische Beamte lange und gehen gerne früh ins Bett, d.h. es kann sich auch alles um eine halbe Stunde nach hinten oder vorne verschieben.

Postämter sind Werktags meist durchgehend von 10 bis 17 Uhr geöffnet, samstags 10 bis 12 Uhr. **Telefonzentralen** *(Telecommunication Centers)* sind meist 24 Stunden am Tag geöffnet.

Geschäfte haben keine geregelten Öffnungszeiten. Vor 10 Uhr morgens wird man jedoch auch hier fast immer vor verschlossenen Türen stehen. Zwischen 21 und 22 Uhr werden dann die Rollläden wieder heruntergelassen. Auch die Mittagspausen werden variabel gehandhabt, meist schließt man zwischen 12 und 14 Uhr, manchmal jedoch auch gar nicht. Zwar gilt der Sonntag als offizieller Ruhetag, doch viele Läden haben auch dann geöffnet und in manchen Basarvierteln ist der Sonntag sogar der lebhafteste Tag.

Post

Briefe und Postkarten

Die wichtigste Regel beim Verschicken von Briefen bzw. Postkarten lautet: **Niemals in den Briefkasten werfen,** sondern immer persönlich beim Postamt abgeben und dort vor den eigenen Augen abstempeln lassen. Erstens weiß man nie, wann und ob der Briefkasten überhaupt geleert wird, und zweitens kommt es auch in Indien wie in anderen Ländern Asiens vor, dass die Postler nicht abgestempelte Briefmarken ablösen, um sie wieder zu verkaufen.

In den meisten Postämtern gibt es mit dem **stamps counter** für den Briefmarkenverkauf und dem **cancellation counter** für das Abstempeln zwei unterschiedliche Schalter. Speziell vor dem *stamps counter* bilden sich oft lange Warteschlangen. Es empfiehlt sich deshalb Briefmarken auf Vorrat zu kaufen.

Die Beförderungsdauer von Indien nach Europa beträgt etwa 10 Tage, gelegentlich aber auch noch wesentlich länger. Von Delhi und Mumbai aus kann es aber auch mal schneller gehen. Inlandsbriefe sind mit 1 Rs, Postkarten mit 0,75 Rs zu frankieren.

Eine **Postkarte** nach Europa kostet 12 Rs, ein **Brief bis 20 g** 20 Rs, ein **Luftpostbrief** 15 Rs. Post auf dem Seeweg benötigt etwa 2 bis 4 Monate bis zum Empfänger, per Luftpost etwa 1 bis 3 Wochen.

Pakete

Kleine Pakete bis 100 g kosten 40 Rs, für jede weitere 100 g zahlt man 30 Rs, Höchstgrenze 2 kg. **Größere Pakete** können bis 20 bzw. 30 kg verschickt werden. Die Gebühren hierfür sind abhängig von Art der Versendung (See- oder Luftfracht) sowie ziel- und gewichtsabhängig.

Das Versenden von Paketen ist in Indien eine sehr **aufwendige Prozedur,** die unter Umständen mehrere Stunden in Anspruch nehmen kann. Das beginnt bereits mit der Verpackung. In Indien geht man mit Paketen äußerst unsanft um und so gilt es, die verschiedenen Gegenstände so stabil wie möglich zu verpacken. Hierzu bieten sich entweder Holzkisten an, die man z.B. in Obstläden für wenige Rupien erhält, oder, noch besser, Metallkoffer, die es auf vielen Basaren in unterschiedlichen Größen zu kaufen gibt. Danach muss das Paket **in Stoff eingenäht und versiegelt** werden, ansonsten wird es von der Post nicht angenommen. Am besten lässt man dies von einem Schneider oder einem Packing Service, der häufig vor den Postämtern anzutreffen ist, erledigen. Je nach Paket zahlt man **zwischen 15 und 50 Rs.**

Danach begibt man sich mit dem versiegelten Paket zum **Paketschalter,** wo einem eine Paketkarte und mehrere **Zolldeklarationsformulare** ausgehändigt werden, auf denen u.a. der Inhalt näher spezifiziert werden muss. All dies ist gut lesbar, am besten in Druckbuchstaben, auszufüllen. Bei der zu beantwortenden Frage nach dem Inhalt am besten *gift* bzw. *cadeau,* d.h. Geschenk, ankreuzen. Außerdem sollte der **Wert des Pakets** mit nicht mehr als 1.000 Rs angegeben werden, da sonst ein spezielles *bank clearance certificate* verlangt wird. Man kann die Sendung zwar für ein paar Rupien versichern lassen, doch in der Praxis ist das nicht mehr wert, als das Papier, auf dem es geschrieben steht.

Schriftstücke/Buchsendungen sind per International Book Post bis 5 kg für 350 Rs zu verschicken. Auch diese müssen eingenäht werden, sind jedoch an einer Seite zur Inhaltskontrolle geöffnet zu lassen.

Seefrachtpakete sind nach Europa gewöhnlich etwa zwei Monate unterwegs, es kann jedoch noch länger dauern. **Luftpostpakete** sollten innerhalb von 15 Tagen ihr Ziel erreichen. Außerdem gibt's die Möglichkeit, per **Speedpost** zu versenden. Damit sollte die Sendung innerhalb von 6 Tagen den Empfänger erreichen. Preise: je nach Zielland (Deutschland, Österreich, Schweiz) kosten die ersten 250 g zwischen 705 und 900 Rs, jede weiteren 250 g zusätzlich zwischen 80 und 100 Rs. Für aktuelle Preise ist die Website der indischen Post zu Rate zu ziehen: www.indiapost.gov.in.

Vorsicht ist geboten, wenn von privaten Händlern das Angebot gemacht wird, die eingekaufte Waren per Post ins Heimatland zu senden. Hier hat die Ware manches Mal nicht ihren Empfänger erreicht. So sollte man den Postversand selbst in die Wege leiten. Ausnahme hiervon sind die staatlichen Government Emporiums, bei denen der Versand in der Regel komplikationslos vonstatten geht.

Sicherheit

Indien ist, auch wenn es nicht immer so scheint, ein **relativ sicheres Reiseland.** Bedenkt man, welche ungeheuren sozialen Spannungen im Lande herrschen und dass 40 % der Bevölkerung unter der sogenannten Armutsgrenze leben, kann man sich nur wundern, dass alles im Grunde so friedlich ist. Die Religion übt sicher einen die Kriminalität dämpfenden Einfluss aus: Man fügt sich lieber in sein Karma, als sich mit Brachialgewalt in eine bessere finanzielle Position zu bugsieren. Herrschten dieselben sozialen Verhältnisse in Europa, könnte wohl niemand mehr vor die Haustür gehen.

Verständlicherweise gibt es in punkto Sicherheit **regionale Unterschiede**. Die Bundesstaaten Uttar Pradesh, Bihar und Westbengalen sind allgemein etwas risikobehafteter als der Rest. Überfälle und Diebstähle scheinen dort häufiger vorzukommen als anderswo. Auch ist der allgemeine Umgangston in diesen Gebieten etwas rauer. An den von Travellern besonders frequentierten Stränden in **Goa** wie Vagator, Chapora und Anjuna kommt es häufig zu Diebstählen und Betrügereien.

Sicherheitslage für Indienreisen

Das Auswärtige Amt sieht Ende 2012 keinen Anlass, von Reisen nach Indien generell abzuraten. Die folgenden **Warnungen** werden aber ausgesprochen: Mit Anschlägen in Indien muss gerechnet werden. Ziele können auch von Touristen bevorzugte Orte sein. Es wird daher generell zu erhöhter Wachsamkeit geraten, besonders beim Besuch von Märkten, öffentlichen Plätzen und großen Menschenansammlungen sowie Regierungsgebäuden und nationalen Wahrzeichen.

Die Heftigkeit von **Bombenanschlägen** und gewalttätigen Auseinandersetzungen hat durch den Angriff auch auf touristische Ziele in Mumbai im November 2008 eine neue Qualität bekommen. Viele Anschläge jüngeren Datums stehen im Zusammenhang mit dem Pakistan-Konflikt, sie werden islamistischen Terroristen zugeschrieben.

Mumbai hat die wahrscheinlich größte Polizeipräsenz des Landes – ist irgendetwas los, taucht in Kürze aus dem Nichts eine Patrouille auf, oft in Zivil. Nachts werden an Straßensperren Fahrzeugkontrollen durchgeführt; dabei geht es weniger um die Bremsbeläge als um Schmuggelware, Waffen u.Ä. Obwohl bei den jüngsten Attacken auch touristische Ziele betroffen waren, muss man die Gefahr eines Mumbai-Besuchs sicher nicht allzu hoch einschätzen.

Die Stadt beherbergt eine ganze Reihe von mafiaähnlichen Banden, die ihre relative „Unantastbarkeit" der Protektion durch Lokalpolitiker verdanken. Die Banden scheinen sich allerdings gegenseitig ausrotten zu wollen. Bandenkriege, oft spektakulär wie in einem Hollywood-Thriller, gehören fast zum Alltag. Reisende sind davon nicht betroffen, es geht einzig und allein um unterweltinterne Querelen. Mit Ausnahme von einigen Slum- und Rotlichtvierteln, die man meiden sollte, kann Mumbai nicht als besonders unsicher eingestuft werden.

Über die aktuelle Sicherheitslage informiert das Auswärtige Amt unter **www.auswaertiges-amt.de.**

Nicht zu empfehlen ist derzeit die Reise nach **Kashmir,** wo diverse, oft untereinander verfeindete Separatistengruppen für die Unabhängigkeit des Gebietes bzw. dessen Anschluss an Pakistan kämpfen. Vor der Gefahr terroristischer Gewalttaten wird weiterhin gewarnt, wenn sich die Lage in letzter Zeit in dem seit Jahrzehnten schwelenden Konflikt auch zu entspannen scheint. Nach wie vor besteht ein **stark erhöhtes Sicherheitsrisiko.** Weiterhin sollten die unmittelbaren **Grenzregionen zwischen Indien und Pakistan** gemieden werden. Zudem sind zumindest zeitweise einige Gebiete Indiens nicht unter der Kontrolle der Sicherheitskräfte. Dies gilt nicht nur für **Bihar/Jharkand,** wo etwa die Naxaliten eine zunehmende Bedrohung der staatlichen Ordnung darstellen. Auch bei Reisen in die **Nordostregion** Indiens besteht wegen der seit Jahren andauernden Unruhen mit terroristischer Gewalt in Assam, Manipur, Tripura und Nagaland ein Sicherheitsrisiko. Von Reisen dorthin wird abgeraten.

Betrug

Vorsicht ist bei der **Bezahlung mit Kreditkarten** geboten. Abgesehen von staatlichen Geschäften, seriösen Läden und First-Class-Hotels, kommt es immer wieder zu Trickbetrügereien, die man oftmals erst bemerkt, wenn man wieder im Heimatland ist – und dann ist es zu spät.

Eine ähnlich unliebsame wie häufige Überraschung mussten Touristen erleben, die sich auf das Versprechen von Verkäufern verließen, die als besonderen Service die erstandene Ware **per Post** nach Hause zu schicken vorgaben. Für viele entwickelte sich das sehnsüchtige Warten auf die vielen schönen Souvenirs zum Warten auf Godot. Am besten ist es immer noch, man gibt die Pakete persönlich bei der Post auf oder nimmt sie selbst mit nach Hause.

Damit kein Missverständnis entsteht: Hier soll nicht allgemeinem Misstrauen gegenüber indischen Geschäftsleuten Vorschub geleistet werden – aber Geld ist nun mal verführerisch, vor allem in einem Land, in dem die Armut groß ist. Die Tricks der Betrüger, ihre Opfer in Sicherheit zu wiegen, sind vielfältig. Generelle Vorsicht ist bei allzu **verlockenden Geschäften** geboten, besonders solchen am Rande der Legalität oder gar Gesetzesverstößen (z.B. Schwarztausch oder Schmuggel). Hier wird besonders gern betrogen, da sich das Opfer nicht an die Polizei wenden kann.

Diebstahl

Das Delikt, das am ehesten zu erwarten ist, sind Diebstähle in **Hotelzimmern** oder Taschendiebstähle. Verlässt man sein Zimmer, sollten alle wertvollen Gegenstände verschlossen werden. Zu „wertvollen Gegenständen" können auch Kugelschreiber, Feuerzeuge, Taschenrechner u.ä. gerechnet werden. Wer ganz sicher gehen will, sollte auch seine Kleidung nicht im Zimmerschrank ablegen, sondern im Gepäck belassen: Ein schönes T-Shirt oder ein teurer BH kann auf manche(n) Hotelangestellte(n) eine unwiderstehliche Anziehungskraft ausüben. Dabei geht es den Dieben weniger um den materiellen Wert des Objektes, als darum, ein ausländisches (bzw. im Ausland hergestelltes) Kleidungsstück zu besitzen. *Foreign* ist „in".

Wer Parterre wohnt, sollte dafür sorgen, dass keine Gegenstände durchs Fenster „erangelt" werden können. Zimmertüren sollten nachts gut verschlossen sein. Zur doppelten Sicherheit kann man von innen ein batteriebetriebenes **Alarmgerät** an die Türklinke hängen. Fasst jemand von außen an die Klinke, ertönt ein schriller Alarm. Das Gerät lässt sich mit dem gleichen Effekt auch in verschlossenen Gepäckstücken unterbringen.

Gegen **Taschendiebstähle** ist das allerbeste Mittel, gar nichts Wichtiges in den Hosentaschen herumzutragen. Geld, Schecks und Pass sollten in einem **Bauchgurt** untergebracht werden, den man unter der Kleidung tragen kann. Da der fast permanent auftretende Schweiß oft durchdringt, empfiehlt es sich, den Inhalt noch einmal in eine Plastikhülle zu packen. Brustbeutel sind zum einen deutlich sichtbar, lassen sich zum anderen auch zu leicht abnehmen – am liebsten vom Besitzer, wenn er in der indischen Hitze schwitzt. Geldgürtel sind auch nicht schlecht, für Pässe allerdings zu schmal. Außerdem sollten sie diskret genug sein, um nicht als solche erkannt zu werden.

Vor der Reise sollten von allen Dokumenten (Pass, Visum, Scheckquittungen, Tickets) mehrere **Fotokopien** angelegt und an verschiedenen Stellen verstaut werden. Geld und Schecks sollte man nicht an einer Stelle unterbringen.

Sicherheit

Überfälle

Weitaus seltener als Diebstähle sind Überfälle. Gelegentlich – sehr selten – kommt es zu Überfällen auf Busse oder Züge. Sich dagegen zu schützen ist fast unmöglich; im unwahrscheinlichen Falle einer solchen Attacke gilt es aber, nicht den indischen Filmhelden spielen zu wollen. Inder, auch Kriminelle, haben Respekt vor westlichen Ausländern, und wahrscheinlich wird man behutsamer behandelt als die Einheimischen.

Bahn

Bahnhöfe und Züge sind ein ideales Jagdrevier für Diebe, weil dort oftmals chaotische Zustände herrschen. Zudem führt der Tourist während des Reisens meist seine gesamten Wertsachen mit sich. Besonders beliebt bei Gaunern sind häufig bereiste Strecken wie z.B. Delhi – Agra, Delhi – Varanasi oder Jodhpur – Jaisalmer. Vorsicht ist vor allem in den Minuten vor der Abfahrt des Zuges und während der oft langen Zwischenstopps geboten, da dann ein ständiges Kommen und Gehen herrscht. Wer jedoch einige Grundregeln konsequent befolgt, ist vor Diebstahl so gut wie sicher.

Die wichtigste Regel ist: Nie die **Wertsachen**, d.h. Flugticket, Reiseschecks, Bargeld, Pass, Kreditkarte und Kamera, aus den Augen lassen. Am besten macht man es sich zum Prinzip, den Geldgurt während einer Zugfahrt nie abzulegen. Die **Kameratasche** sollte man nachts am besten im Kopfbereich ablegen. Viele Traveller in Indien schließen ihre Rucksäcke oder Koffer mit einer **Metallkette** ans Bett an. Das ist sicher sinnvoll, doch die Diebe haben es mittlerweile meist sowieso auf die wertvollen kleinen Gegenstände abgesehen.

Besonders gefährdet sind naturgemäß **Einzelreisende**. Schließlich ist es gerade während der oftmals langen Zugfahrten unmöglich, ständig hellwach zu bleiben. In einem Notfall sollte man vorher eine vertrauenerweckende Person (Frauen, Familienväter) darum bitten, für die Zeit der Abwesenheit auf das Gepäck zu achten.

Achtgeben sollte man auch, wenn sich eine Gruppe junger, auffällig modisch gekleideter Männer um einen versammelt, besonders, wenn sie mit einem großen Gegenstand, etwa einer Holzplatte oder einem Bild, hantieren. Oft schon wurden solche Objekte nur zur Tarnung eines Diebstahls zwischen den Besitzer und seinen Rucksack geschoben.

Bus

Bei den staatlichen Bussen stellt die übliche Gepäckaufbewahrung **auf dem Dach** ein echtes Sicherheitsrisiko dar. Man sollte auf jeden Fall darauf achten, das Gepäck gut festzuzurren und es möglichst mit einer eigenen Kette sichern. Gerade während der vielen Teepausen sollte man immer mal wieder einen prüfenden Blick auf sein Gepäck werfen. Besser ist es jedoch seine Habseligkeiten im **Businneren** zu deponieren. Platz findet sich eigentlich immer, ob nun unter den Sitzbänken, im Gang oder neben der Fahrerzelle. Gern gesehen wird das zwar meist nicht, doch nach einigem Insistieren stört sich dann meist keiner mehr daran. Bei privaten Busgesellschaften kann man sein Gepäck in der Regel sicher verstauen.

> Menschenmassen unterwegs –
hier muss man mit Taschendieben rechnen

Demonstrationen, Menschenansammlungen und Feste

Inder sind die meiste Zeit zwar sehr umgängliche und freundliche Zeitgenossen, diese Regel kann sich gelegentlich aber auch in Sekundenschnelle umkehren. Das gilt vor allem bei großen Menschenansammlungen, Demonstrationen u.Ä. Sind die Gemüter erhitzt, kann eine friedliche Versammlung in Windeseile in eine Massenkeilerei, einen „Religionskrieg" oder sonstiges Chaos ausarten, bei dem die Polizei manchmal sehr brutal eingreift. Bei politischen Versammlungen oder ähnlichen Menschenansammlungen hält man sich am besten am Rande des Geschehens auf, um notfalls schnell aus der Gefahrenzone verschwinden zu können.

Ähnliches gilt auch bei den ausgelassenen Festen, vor allem beim **Frühlingsfest Holi.** Gelegentlich stellt die Alkoholisierung einzelner Männer ein Belästigungspotenzial dar. Zu Holi berauschen sich viele Inder mit Alkohol oder Bhang, einem Getränk aus Milch, Zucker, Gewürzen und Marihuana. Traditionell bewerfen die Feiernden ihre Mitmenschen mit bunten Farbpulvern, wobei Ausländer bevorzugte Zielscheiben darstellen. Farbpulver wären ja nicht schlimm, leider wird das Fest aber von Jahr zu Jahr rowdyhafter – im Vollrausch wird gelegentlich schon mal mit Lackfarbe und Exkrementen geworfen. Zu Festen wie Holi gilt es, die Atmosphäre des Ortes auszuloten. Machen zu viele rabaukenhafte Jugendliche die Straßen unsicher, zieht man sich lieber in sein Hotelzimmer zurück. Diese Vorsichtsmaßnahme gilt im erhöhten Maße für Frauen.

Anzeige erstatten

Ist es zu einer Straftat gekommen, sollte auf der nächsten Polizeiwache *(thana)* Anzeige erstattet werden *(darj karana)*. Das kann jedoch zu einem Hindernislauf ausarten. Indische Polizisten können sehr hilfreich, oft aber auch völlig unkooperativ sein. Ihre Landsleute müssen nicht selten erst einen Obulus entrichten, ehe der Fall bearbeitet wird.

Ausländer werden in der Regel zuvorkommender behandelt. Falls man bei den niederen

Polizeirängen auf Probleme stößt, sollte man darauf bestehen, mit einem höheren Polizeioffizier zu sprechen. Das kann der *Inspector (thanedar)* sein oder der *Sub Inspector (daroga)*. Bei sexuellen Vergehen können Frauen bitten, mit einer Polizistin *(pulis ki mahila sipahi)* zu sprechen. Ob es auf der Wache eine gibt, und falls ja, ob sie Englisch spricht, ist wiederum eine andere Sache. Bei Erstattung einer Anzeige ist am Ende ein **Protokoll** *(vigyapti)* zu unterschreiben. Das ist je nach Ort des Geschehens wahrscheinlich in Hindi, Marathi, Tamil oder einer sonstigen Regionalsprache verfasst, seltener in Englisch. Man hat also im Normalfall keine Ahnung, was man unterschreibt. Danach gibt es einen Zettel mit der **Registriernummer** *(panjikaran sankhya)* des Falles, auch dieser wahrscheinlich in der Regionalsprache. Im Falle von Diebstählen muss der Versicherung *(chori bima)* daheim eine Kopie des Verlustprotokolls und eventuell die Registriernumer des Falles vorgelegt werden. Für eine **amtliche Übersetzung** hat der Geschädigte selbst zu sorgen. Normalerweise erstellen die Heimatbotschaften solche Übersetzungen, allerdings nicht umsonst.

Falls der Missetäter auf frischer Tat ertappt worden ist, sollte man sich nicht wundern, wenn er auf der Wache gleich mit ein paar saftigen Ohrfeigen bedacht wird – das ist normale Polizeipraxis. Was weiter in der Zelle passiert, lässt sich nur erahnen.

Vorwahlnummern

- **Indien:** 0091

Von Indien nach:
- **Deutschland:** 0049
- **Österreich:** 0043
- **Schweiz:** 0041

Telefonieren

Auslandsgespräche

Verglichen mit vor ein paar Jahren geht dies heute fast schon paradiesisch einfach über die Bühne. Die wenigen Reisenden, die sich in Indien keine eigene SIM-Karte kaufen bzw. über Skype vom eigenen Tablet-PC telefonieren, sollten sich zu den verbliebenen, dennoch meist in jeder Stadt vorhandenen **ISD/STD-Läden** begeben oder, meist unproblematischer, ihr Gespräch in einem Internetcafé mit Telefon führen. Meist befindet sich in der Telefonzelle eine Leuchtanzeige, auf der der bereits vertelefonierte Betrag fortlaufend angezeigt wird.

Eine Minute nach Mitteleuropa kostet zwischen 7 und 15 Rs (abhängig von der Konkurrenzsituation der Telefongesellschaften am Ort, das heißt: je größer der Ort, desto billiger der Minutenpreis). Dieser Preis gilt den ganzen Tag, es wird sekundengenau abgerechnet. Selten verfahren Telefonläden noch nach dem alten System, wonach man mindestens drei Minuten telefonieren und bezahlen muss. Leider nur selten gibt es in Internetläden die Möglichkeit, per Internet nach Europa zu telefonieren. Diese Methode nennt sich „net to phone" und kostet nur 7,25 Rs pro Minute.

Es ist möglich, über den Telefon-Direkt-Service **R-Gespräche** von Indien nach Hause zu führen. Dazu muss man die Direkt-Nummer für Deutschland (0049/17), Österreich (0043/17) oder die Schweiz (0041/17) wählen und wird dann mit einem Operator verbunden, der die Angerufenen in Deutschland fragt, ob sie die Gebühren für die Verbindung übernehmen wollen. Der Anrufer zahlt dann die Gebühren für ein indisches Ortsgespräch in Rupien, den Rest zahlt der Angerufene. Der Spaß ist aber nicht gerade billig, da allein der

Tarif für den Operator pro Gespräch bei ca. 6 Euro liegt. Hinzurechnen muss man noch 0,59 Euro für jede Minute.

Wer diese Kosten nicht den Angerufenen, sondern der eigenen Telefonrechnung in Deutschland aufbürden will, kann sich bei der Telekom eine **Telekarte** mit persönlichem Kennwort kaufen. Dem Operator wird dann bei jedem Anruf das Kennwort mitgeteilt. Bei längeren Gesprächen spart man mit dieser Methode Geld. Die Minutengebühr ist mit 0,59 Euro günstiger als die in Indien berechneten 62 Rs (über 1,50 Euro).

Gespräche innerhalb Indiens

Telefongespräche im Festnetz sind in den Hauptzeiten immer noch **problematisch** und kommen, wenn überhaupt, oft erst nach mehreren Versuchen zustande. Obendrein ist die Verbindung häufig schlecht. Hinzu kommt, dass noch lange nicht alle Orte in Indien per Direktwahl zu erreichen sind. In diesen Fällen muss man sich von einem Operator verbinden lassen. Ortsgespräche kosten 1 Rs für 2 Min.

Will man eine **Handynummer** eines indischen Anbieters anrufen, ist vor der meist mit „9" (gelegentlich auch mit „8", selten mit „6" oder „7") beginnenden Handynummer eine **„0" zu wählen,** falls man von **außerhalb des Bundesstaates** anruft, in dem das Handy angemeldet ist, das erreicht werden soll.

Handy

Alle deutschen, österreichischen und Schweizer Provider haben Roamingpartner in Indien. D.h. wenn es die Vertragsart erlaubt, kann man mit seinem Mobiltelefon auch in Indien telefonieren. Man muss jedoch mit **hohen Roaming-Kosten** rechnen. Preiswerter geht es, wenn man bei seinem Provider nachfragt oder auf der Website nachschaut, welcher der Roamingpartner in Indien am preiswertesten ist und diesen per **manueller Netzauswahl** bei den Telefonaten voreinstellt. In Indien nutzt man üblicherweise 900 MHz GSM wie in Europa (seltener 1800 MHz).

Falls das eigene Mobiltelefon **SIM-lock-frei** ist (keine Sperrung anderer Provider vorhanden ist) und man viele Telefonate innerhalb Indiens führen möchte, kann man sich eine indische **Prepaid-SIM-Karte** besorgen. In diesem Fall ist neben der Kopie des Reisepasses und ein, manchmal zwei Passfotos oft auch eine schriftliche Bestätigung mit Stempel des jeweiligen Gasthaus-/Hotelmanagers über die dortige Übernachtung vorzulegen.

Hat man kein eigenes, in Indien funktionsfähiges Handy mitgenommen, kann man sich auch in Indien für einen etwas geringeren Preis als in Europa eines zulegen.

Gespräche **indischer Prepaid-Anbieter** innerhalb Indiens sind mit 1 Rs ins Festnetz und zwischen 2 und 4 Rs in andere Handy-Netze konkurrenzlos günstig. Per Handy nach Europa zahlt man ca. 10 Rs, wobei der Angerufene oft einen eigenen Anteil bezahlt. Eine SMS schlägt mit durchschnittlich 2 Rs, nach Europa mit 5 Rs zu Buche. Ruft man von außerhalb des Bundesstaates an, in dem man die Prepaid-Karte erworben hat, fallen zusätzlich zu den Gesprächskosten noch Roaming-Gebühren an. Dies gilt auch für Gespräche ins Ausland.

Kauft man sich also eine Prepaid-SIM-Karte eines indischen Anbieters, sind meist 100 bis 150 Rs Grundgebühr zu zahlen, man erwirbt jedoch meist mit der Prepaid-Karte auch gleich das erste Gesprächsguthaben, wobei sich der Gesamtpreis gewöhnlich auf etwa 1.000 Rs beläuft, von denen 800 bis 900 Rs eine bestimmte Zeitdauer, abhängig vom jeweiligen Anbieter, zu vertelefonieren sind. Die bekanntesten Firmen für Prepaid-Verträge auf dem hart umkämpften indischen Markt sind Airtel, Hutch, Reliance und BSNL, die alle ihr jeweils eigenes Netz in Indien haben, sodass ein Anbieter in einer Gegend Indiens, ein anderer Anbieter in einer anderen die bessere Verbindungsqualität hat. So sollte man sich vor Ort erkundigen, welcher Anbieter für die jeweils bereiste Region die beste Verbindungsqualität aufweist.

Neben den Kiosken und Geschäften, in denen das Guthaben durch ein Telefonat des Kioskbesitzers mit der Zentrale des Anbieters aufgestockt werden kann, ist die Aufladung in den Vertragsgeschäften der Anbieter, etwa Vodaphone, auch per zu kaufender Prepaid-Karte zu bewerkstelligen, indem man die Nummer freirubbelt und den Nummerncode eingibt, wodurch man die volle gekaufte Summe vertelefonieren kann. Die zweite Methode ist also die sicherere. Bei der ersten sollte man sich auf jeden Fall schon beim Erwerb der SIM-Karte beim jeweiligen Anbieter erkundigen, welche Aufladesummen die vollständige Sprechzeit *(talktime)* garantieren, auch in anderen Bundesstaaten als dem, in dem die Karte gekauft wird. Vor Ort wissen es die Zuständigen (häufig Kiosk- oder Ladenbesitzer) oft nicht. Wenn man dann eine frei gewählte Summe durch ein Telefonat unter Angabe der eigenen Telefonnummer aufladen *(top-up)* lässt, bekommt man teilweise eine erheblich geringere Sprechzeit als die bezahlte Summe. Die Aufladung wird wenig später durch eine SMS bestätigt.

Gelegentlich gibt's Probleme mit dem Versenden von SMS, die zwar gesendet, aber dann für längere Zeitabschnitte nicht vom Gegenüber beantwortet werden können. Zum Kauf einer Prepaid-Karte wird in den meisten Geschäften die Vorlage des Ausweises verlangt, der dann kopiert wird.

Diebstahl und Verlust

Sollte das Mobiltelefon im Ausland verloren gehen oder gestohlen werden, sollte man bei einem **Laufzeitvertrag**, aber auch bei bestimmten **Prepaid-Abonnements** die Nutzung der SIM umgehend beim Provider sperren lassen (nicht immer kostenfrei!). Für deutsche Betreiber kann man das über die zentrale Sperrnummer **0049-116116** machen, die auch zur Sperrung von Maestro-(EC-), Kredit- und Krankenkassenkarten gilt. Dazu muss man in der Regel **folgende Angaben** machen können, die man sich vorab irgendwo notieren sollte: Rufnummer, SIM-Kartennummer (auf SIM vermerkt), Kundennummer oder Kundenkennwort.

Trekking

Durch den ungebremsten Trekking-Boom in Nepal sind dort inzwischen viele der beliebtesten Strecken überlaufen. So ist es kein Wunder, dass immer mehr Bergwanderer in den letzten Jahren auf die indische Seite des Himalaya ausweichen, wo eine fast unberührte Natur mit zahlreichen noch nicht von Touristenmassen ausgetretenen Wanderwegen zu schönen Trekkingtouren einlädt. Besonderer Beliebtheit erfreut sich hierbei der Bundesstaat **Himachal Pradesh** an der Grenze zu Ladakh mit den beiden Zentren Dharamsala im Dhauladhar-Gebirge und Manali im lieblichen Kullu-Tal. Im Nordosten Indiens bietet sich das an den Füßen des Kanchenjunga-Massivs gelegene **Darjeeling** als Ausgangspunkt an.

Die beste Jahreszeit zum Trekken sind die Monate unmittelbar vor und nach dem Monsun (April/Mai und September/Oktober). Informationen bezüglich Strecken, klimatischen Bedingungen, Ausrüstung und detaillierter Karten erteilen die in allen drei genannten Orten ansässigen staatlichen Mountaineering-Institute. Zusätzlich haben sich dort private Trekking-Veranstalter niedergelassen, bei denen man organisierte Touren buchen kann.

Unbedingt beachten sollte man jedoch, dass alle notwendigen **Ausrüstungsgegenstände** wie Rucksack, Bergsteigerschuhe, Isomatte und Schlafsack bereits von zu Hause mitzubringen sind, da diese in Indien, wenn überhaupt, nur in minderwertiger Qualität zu bekommen sind. Ein ausgeklügeltes Verleihsystem von Bergsteigerutensilien wie etwa in Nepal gibt es in Indien nirgends.

Unterkunft

Wer die Wahl hat, hat die Qual. Diese alte Weisheit gilt bei der Wahl der Unterkunft in Indien wohl noch mehr als anderswo. Die Zahl der Möglichkeiten ist schier unbegrenzt und reicht vom stickigen, moskitodurchsetzten Schlafsaal bis zum fürstlichen Schlafgemach in einem ehemaligen Rajputenpalast.

Die in diesem Buch beschriebenen Unterkünfte sind in **drei Haupt-Preiskategorien** unterteilt, welche wiederum in jeweils zwei Unterkategorien gegliedert sind, und werden durch hochgestellte Eurozeichen (€€€€) symbolisiert.

Untere Preiskategorie

€ (bis 600 Rs):
Naturgemäß kann man bei einem Maximalpreis bis 10 Euro keine allzu hohen Ansprüche stellen. Speziell in den Metropolen bekommt man für diesen Billigtarif selten mehr als ein kleines, spartanisch möbliertes, nicht sonderlich sauberes, oft fensterloses Zimmer mit pritschenartigen Betten und Neonröhre, teils mit Gemeinschaftsbad. Etwas mehr fürs Geld gibt es da schon in manchen Travellerhochburgen.

Empfehlenswert sind kleine, wie **Privatpensionen** geführte Unterkünfte. Da hier der Besitzer meist noch selbst Hand anlegt, wirkt alles gepflegt und sauber, die Atmosphäre ist freundlich und man kann leicht Kontakt zu Gleichgesinnten knüpfen. Doch auch hier gilt, dass im unteren Preissegment die Zimmer kaum mehr sind als einfache Schlafstätten ohne jeglichen Komfort.

€€ (600 bis 1.000 Rs):
In dieser Kategorie gehören ein eigenes Bad, große Betten und meist auch ein Fernseher zum Standard. Gerade in dieser Preisklasse ist das Angebot in den meisten Städten besonders umfangreich. Wenn im Einsterne-Bereich die Auswahl eher bescheiden ist, sollte man ein paar Rupien drauflegen, denn oftmals ist der Unterschied zwischen einer 500- und einer 800-Rupien-Unterkunft gravierend. Andererseits fehlt den etwas besseren Quartieren oftmals das Flair der Billigunterkünfte.

Dies gilt auch für die von den staatlichen Touristenorganisationen geleiteten **Tourist Bungalows**. Meist kann man aus einer großen Anzahl unterschiedlicher Zimmer auswählen. Oft verfügen sie über ein Restaurant. Außerdem ist ihnen vielfach das lokale Touristenbüro angeschlossen, sodass man nicht nur hilfreiche Informationen erhält, sondern z.B. auch Stadtrundfahrten vor der Haustür starten. Leider werden diese Vorteile nur allzu oft durch den miserablen Service, der die Tourist Bungalows „auszeichnet", zunichte gemacht.

Zimmersuche – worauf ist zu achten?

Bei Vorabreservierungen bekommt man bei der Ankunft, besonders in den billigeren Bleiben, oft ein weniger gutes Zimmer zugewiesen. Also sollte man vor Ort darauf dringen, noch andere Zimmer inspizieren zu dürfen, vielleicht ist etwas Besseres dabei.

■ **Sanitäre Anlagen:** In diesem Bereich gibt es am meisten zu beanstanden. Toilettenspülungen funktionieren oft nicht, aus der Dusche rinnen nur ein paar Tropfen oder es fehlt der Duschkopf und das heiße Wasser entpuppt sich als laue Brühe. Alles checken und reklamieren. Für viele wichtig: Gibt es ein „europäisches" WC oder ein indisches „Hock-Klo"?

■ **Betten:** Sie sind so etwas wie eine Visitenkarte. Ist die Bettwäsche schmutzig bzw. die Matratze mit Flöhen durchsetzt oder durchgelegen, braucht man gar nicht weiter zu verweilen. Eine Liegeprobe zeigt auch, ob das Bett lang genug für europäische Lulatsche ist. Vielfach ist es das nicht. Der häufig vorkommende Grauschleier lässt jedoch eher auf die vorsintflutlichen Waschmethoden schließen als auf nicht gewaschene Bettwäsche. Oft verströmen die Matratzen einen sehr eigenartigen Geruch, der keine Nachtruhe aufkommen lässt.

■ **Zimmer mit Teppich** mögen einen gemütlichen Eindruck erwecken, sind jedoch in Hotels der unteren und zum Teil auch noch mittleren Preisklasse zu meiden. Die Teppiche werden, wenn überhaupt, nur sehr oberflächlich gereinigt und sind ein idealer Nährboden für Mikroben.

■ **Moskitonetze:** Selbst im angenehmsten Bett kann die Nacht zur Qual werden, wenn man ständig von Blutsaugern heimgesucht wird. Wer also kein eigenes Moskitonetz dabeihat, sollte darauf achten, dass eines vorhanden ist. Ebenso wichtig ist, dass es keine Löcher aufweist. Viele Moskitonetze versprühen eine derart unangenehme Duftnote, dass man darunter kaum Luft bekommt. In diesem Falle sollte man sie auswechseln lassen.

■ **Klimatisierung:** Einen **Ventilator** gibt es in Indien in fast jedem Hotelzimmer. Funktioniert er auch? Und wenn ja, wie? Manche sind so träge, dass sich kein Lüftchen bewegt, andere lösen einen mittleren Wirbelsturm aus und donnern wie ein Hubschrauber im Tiefflug. Funktioniert die Stufenschaltung?

Die nächste Stufe wäre ein **cooler** – eine direkt im Zimmer untergebrachte kleine Klimaanlage, die teilweise gegen einen Aufpreis extra angebracht wird. Nichts für Geräuschempfindliche!

Eine Klimaanlage **(air conditon, AC)** ist dagegen wesentlich ruhiger – es sei denn, man hat sein Zimmer direkt in der Nähe ihres Gebläses.

■ **Lautstärke/Lage:** Inder sind wesentlich lärmunempfindlicher als Europäer. Oft liegen die Zimmer direkt an einer ununterbrochen von Brummis befahrenen Hauptverkehrsstraße. Auch sollte man darauf achten, dass der Nachbar kein Fernsehnarr ist. Inder lieben es, bei voller Lautstärke in die Röhre zu glotzen. Oft befinden sich im Erdgeschoss von Hotels Restaurants, deren Lärm und Gerüche einen am Einschlafen hindern. Also empfiehlt es sich, sein Zimmer möglichst weit weg von Straße und Restaurant zu wählen. Im Notfall helfen Ohrenstöpsel.

■ **Schließfach-Service:** Es ist sehr angenehm, einmal ausgehen zu können, ohne ständig auf seine Wertsachen achtgeben zu müssen. Viele Hotels bieten einen sogenannten deposit service an, bei dem man seine Wertsachen an der Rezeption deponieren kann. Allerdings sollte man sich immer eine Quittung über die abgegebenen Wertsachen ausstellen lassen.

■ **Fernseher:** Viele Hotels werben mit dem Empfang internationaler Programme wie BBC und CNN. Da man in indischen Zeitungen nicht gerade mit internationalen News verwöhnt wird, checken einige Traveller zwischendurch ganz bewusst in solche Hotels ein, um auf dem Laufenden zu bleiben. Doch oft ist nur ein verschwommenes Bild zu empfangen.

■ **Check-Out-Zeit:** Viele Hotels in Indien verfahren nach dem 24-Stunden-System, d.h. man muss den Raum genau einen Tag nach dem Einchecken wieder verlassen. Das ist von Vorteil, wenn man erst abends eincheckt, weil man dann noch den ganzen nächsten Tag zur Verfügung hat. Umgekehrt ist das unangenehmer: Wer ganz früh morgens ankommt, muss am nächsten Tag auch wieder früh aus den Federn. Andere Hotels verfahren nach der in Europa üblichen 9- bzw. 12-Uhr-Regel. Man sollte gleich zu Beginn fragen, welches System angewandt wird.

Mittlere Preiskategorie

€€€ (1.000 bis 2.000 Rs):
Ab 1.000 Rs sind möblierte Zimmer mit heißer Dusche, Fernseher, Telefon und Zimmerservice üblich. Viele Hotels dieser Kategorie sind speziell auf die Bedürfnisse indischer Geschäftsleute wie kleinerer Handelsvertreter zugeschnitten. So sind die meisten Häuser eher **zweckmäßig eingerichtet** und besitzen ein eigenes Restaurant, in dem vornehmlich einheimische Gerichte angeboten werden.

€€€€ (2.000 bis 4.000 Rs):
In der Viersterne-Kategorie bekommt man schon eine ganze Menge fürs Geld. Zusätzlich zu den in der Dreisterne-Kategorie genannten Annehmlichkeiten sind hier Air Condition und Satellitenfernsehen eine Selbstverständlichkeit.

Obere Preiskategorie

€€€€€ (4.000 bis 10.000 Rs):
First-Class-Hotels finden sich durchaus nicht nur in den großen Metropolen, sondern in allen Millionenstädten, von denen es in Indien über 30 gibt. Swimmingpool, Spa und Healthclub sowie WiFi in den Zimmern, dies besonders in den Business-Hotels, sind in dieser Preisklasse, gerade im oberen Bereich, meist Standard.

€€€€€€ (über 10.000 Rs):
In dieser Preiskategorie wird der **international übliche Standard** geboten. Neben den Annehmlichkeiten der vorherigen Preisklasse sind hier meist mehrere exquisite Restaurants, Sportmöglichkeiten, angeschlossene Shoppingmalls etc., gelegentlich ein persönlicher Butler und eigener kleiner Pool schon ein bisschen viel des Guten. Besonders vertreten in dieser Kategorie sind Luxusketten wie Meridien, Taj, Oberoi und Hyatt. Empfehlenswert sind in dieser Preiskategorie die zu Hotels umfunktionierten ehemaligen Privatunterkünfte oder **Paläste fürstlicher Familien.** Hier durchweht noch ein Hauch der „guten alten Zeit" die Räumlichkeiten, wozu auch die stilvolle Möblierung beiträgt (siehe hierzu weiter unten im Kasten: „Wohnen in Heritage Hotels").

Preise

Das Preissystem indischer Hotels ist oftmals sehr verwirrend. In vielen, selbst kleineren Hotels hat man oft die Auswahl zwischen bis zu zehn verschiedenen Preiskategorien. So kostet das billigste Zimmer z.B. 400 Rs und das teuerste 1.500 Rs. Die Gründe für diese Abstufungen sind dabei oft nur minimal. Ein wenig mehr Holz an der Wandverkleidung begründet ebenso eine veränderte Preisstufe wie die Größe des Fernsehers oder die Höhe des Stockwerkes.

Mindestens ebenso verwirrend ist die allseits beliebte Praxis, auf den Zimmerpreis noch unzählige **Steuern und Zuschläge** aufzuschlagen. *Service charge, government tax* und *luxury tax* heben die Preise oft um bis zu 50 %. Speziell die **service charge** ist nichts weiter als ein Versuch des Managements zusätzlich abzukassieren, da das Personal, dem das Geld eigentlich zugute kommen sollte, meist kaum etwas davon sieht. Vielfach leiden die Angestellten sogar darunter, da viele Urlauber wegen der *service charge* kein zusätzliches Trinkgeld mehr zahlen. Man sollte immer nach dem Endpreis fragen, da einem andernfalls oft zunächst ein wesentlich geringerer Preis genannt wird. Die unangenehme Überraschung kommt bei der Bezahlung der

Wohnen in Heritage Hotels

Keine andere Region Indiens bietet dem Reisenden die Möglichkeit, den Charme der guten alten Zeit bei der Wahl der Unterkunft gleich mitzubuchen, wie **Rajasthan**. Heritage Hotels heißen jene etwa 100 offiziell von der Tourismusbehörde anerkannten Palasthotels, die sich in **ehemaligen Rajputenpalästen** beziehungsweise Adligenhäusern befinden und auf einmalige Weise die Atmosphäre der britischen Kolonialzeit mit den Errungenschaften des 20. Jh. verbinden. Herausragende Beispiele sind der Umaid Bhawan in Jodhpur, der Ramgarh Palace in Jaipur und das märchenhaft wie ein Schiff inmitten des Pichola-Sees gelegene Lake Palace Hotel in Udaipur. Doch auch viele kleinere und dementsprechend intimere Heritage Hotels wie etwa das Royal Castle in Khimsar oder der Bissau Palace im Shekhawati vermitteln einen lebendigen Eindruck von jener Zeit, als noch nicht Effizienz und Sachlichkeit, sondern Muße und Legenden das Leben bestimmten.

Eine Reihe von Besitzern bedeutender Heritage Hotels haben sich in einer Organisation zusammengeschlossen, über die weitere Informationen erhältlich sind:

■ **Heritage Association of India,** 9, Sadar Patel Marg, C-Scheme, Jaipur 302001, Tel.: 0141-381906, Fax: 382214.

rufsbezeichnung gern *tourist guide* an. Das ist im Grunde sogar zutreffend, verdienen sie ihr Geld doch damit, Touristen zu den Hotels zu führen, von denen sie für ihre Dienste eine Kommission von ca. 30 % bekommen. Wer den Mehrpreis am Ende bezahlt, ist klar – der Tourist. Schlepper führen einen entgegen ihren Beteuerungen also durchaus nicht zu den preiswertesten und schönsten, sondern zu den am besten zahlenden Unterkünften. Will man zu einem Hotel, welches nicht mit ihnen zusammenarbeitet, heißt es meist, es sei voll oder geschlossen oder abgebrannt. Am besten ignoriert man sie also und lässt sich gar nicht erst auf ein Gespräch ein, andernfalls können sie sehr „anhänglich" sein.

Nur für den Fall, dass man spät abends in einer Stadt angekommen ist und nach nervenaufreibender Suche keine Schlafstätte finden konnte, sollte man den grundsätzlich sehr zweifelhaften Service in Anspruch nehmen. Irgendwo werden sie schon noch ein Plätzchen auftreiben, schließlich liegt es ja in ihrem eigenen Interesse. Am nächsten Tag kann man sich dann selbstständig und ausgeruht auf die Suche nach einer aufpreisfreien Unterkunft begeben, so zahlt man nur eine Nacht die Kommission mit.

Rechnung am Ende. Die in diesem Reiseführer genannten Preise beinhalten bereits eventuelle Zuschläge.

Schlepper

Sie sind meist auffällig chic gekleidet, sprechen oft gut Englisch, scheinen magnetisch von westlichen Touristen angezogen zu werden, halten sich vorwiegend an Bahnhöfen oder in Hotelgegenden auf und geben als Be-

Tipp: Hotelpreise aushandeln

Wie alles in Indien, so sind auch Hotelpreise Verhandlungssache. Das gilt nicht nur für die auch in anderen Ländern übliche Unterscheidung zwischen Hoch- und Nebensaison, sondern zudem für die jeweilige Auslastung des Hotels. Ist eine Unterkunft nur zur Hälfte belegt, lassen sich vor Ort zum Teil erhebliche Nachlässe aushandeln. Und im Übrigen sollte man sich beim Einchecken immer an die alte Weisheit erinnern: Fragen kostet nichts.

Verhaltenstipps

Dass die Inder zumeist wenig dramatisch auf falsches oder sogar verletzendes Verhalten von Touristen reagieren, liegt durchaus nicht daran, dass sie diesbezüglich unempfindlich sind, sondern an ihrer ausgeprägten **Toleranz.** Hinzu kommt, dass man von dem Gast aus dem Ausland gar nicht erwartet, dass er sich in dem ritualisierten Verhaltenskodex der indischen Gesellschaft bis ins Kleinste auskennt. So billigt man ihm schon von vornherein ein Vorrecht auf Irrtum zu, vorausgesetzt, er beansprucht es nicht fortlaufend.

Lächeln

Der erste Eindruck ist bekanntlich immer der wichtigste, und da wirkt nichts erfrischender und einnehmender als ein freundliches Lächeln. Gerade in so einem kommunikativen Land wie Indien ist es von unschätzbarem Wert, eine angenehme Atmosphäre zu verbreiten. Wer erst einmal die Herzen der Menschen durch ein fröhliches Auftreten geöffnet hat, dem öffnen sich auch viele sonst verschlossene Türen.

Gute Miene zum manchmal gerade in **Amtsstuben** frustrierend langsamen Fortkommen zu machen führt letztlich auch immer weiter als die Faust auf dem Tisch.

Gestik und Körpersprache

Sexualität und Körperlichkeit sind in Indien immer noch ein Tabuthema, und dementsprechend sollte man sich mit **Zärtlichkeiten in der Öffentlichkeit** so weit wie möglich zurückhalten. Zwar gehören die Zeiten, da ein eng umschlungenes westliches Pärchen einen mittleren Volksauflauf hervorrief, der Vergangenheit an, gern gesehen wird es dennoch auch heute noch nicht.

Küsse oder weitergehende Berührungen vor fremden Blicken sollten im prüden Indien möglichst unterlassen werden. Dies wird zwar von vielen Touristen anders gesehen und gehandhabt, doch zum Reisen in anderen Kulturen gehört eben auch, dass man die dort herrschenden Moralvorstellungen gerade dann akzeptiert, wenn man sie nicht teilt. Andernfalls sollte man lieber zu Hause bleiben.

Ganz unverfänglich und dementsprechend selbstverständlich ist dagegen das **Händchenhalten** zwischen Personen gleichen Geschlechts, bekundet man dadurch doch nur die gegenseitige Freundschaft.

Zur traditionellen indischen **Begrüßung** legt man die Hände etwa in Brusthöhe senkrecht aneinander und sagt dabei in Verbindung mit einem leichten Kopfneigen „Namasté", eine sehr schöne und anmutige Geste, die ähnlich auch in vielen anderen asiatischen Ländern praktiziert wird. Nur in den großen indischen Städten bürgert sich im Zuge der Verwestlichung die Sitte des Händeschüttelns mehr und mehr ein.

Streng verpönt ist es dabei, einem **die Linke** entgegenzustrecken. Da in Indien traditionell kein Toilettenpapier benutzt wird, sondern zu diesem Zweck die unbewaffnete linke Hand und ein Krug Wasser dienen, gilt links als unrein. So sollte man nie Gegenstände wie etwa Geschenke mit der Linken überreichen bzw. entgegennehmen. Verstärkt gilt das Gebot „Right Hand Only" selbstverständlich beim Essen. Die Linke bleibt während des gesamten Essens möglichst unter der Tischkante.

Ebenso wie die linke Hand gelten auch die **Füße und Schuhe** als unrein. Fußsohlen sollte man nicht auf Menschen oder heilige Stätten richten, Schuhe vor dem Betreten eines Raumes ausziehen.

Selbst Langzeitreisende in Indien ertappen sich immer wieder dabei, dass sie die indischen Gesten für **Ja und Nein** missdeuten. Die Geste für Ja sieht unserem Nein sehr ähnlich, allerdings wird der Kopf dabei eher locker von einer Schulter zur anderen geschlenkert. Das recht ähnliche Nein wird durch ein seitliches Zucken des Kopfes nach links und rechts ausgedrückt, häufig unterstützt durch abfälliges Schnalzen oder eine abfällige Handbewegung.

Kleidung

Niemand wird erwarten, dass man in einem Land wie Indien, in dem viele Menschen kaum mehr als einen Fetzen Stoff am Leibe tragen, mit Schlips und Kragen herumlaufen sollte. Andererseits ist jeder Inder, der es sich leisten kann, bemüht, **gepflegte und saubere Kleidung** zu tragen. Der besonders von Rucksacktouristen geliebte Schmuddellook ist den Indern ein Gräuel.

Gleiches gilt für das Zurschaustellen von zuviel **nackter Haut.** Während man sich über Männer in Shorts noch eher amüsiert, gelten Frauen in kurzer Hose bzw. Rock und dazu vielleicht noch mit einem ärmellosen Hemd in den Augen der Inder als leichte Mädchen. Wer einmal gesehen hat, dass indische Frauen nach wie vor in voller Montur, d.h. mit Sari, zum Baden ins Meer gehen, der kann sich vorstellen, welchem Kulturschock die jungen Inder vor allen Dingen in Goa ausgesetzt sind, wo es an manchen Stränden immer noch als „in" gilt, hüllenlos zu baden. So ist es als Beitrag zur Beachtung einheimischer Moralvorstellungen kaum zuviel verlangt, zumindest die Badehose anzulassen.

Vor dem **Betreten von Heiligtümern,** egal welcher Religion, sind grundsätzlich die Schuhe auszuziehen. Zudem dürfen in Jain-Heiligtümer keine Gegenstände aus Leder mitgenommen werden, und in Sikh-Tempeln und vielen Moscheen ist eine Kopfbedeckung obligatorisch. Im Tempel selbst sollten keinerlei heilige Gegenstände berührt werden. Gleiches gilt auch für Hausaltäre. Dezentes Auftreten und vor allem zurückhaltende Kleidung, d.h. zum Beispiel lange Hosen und bedeckte Schultern, sollten selbstverständlich sein.

Bettler

Das Bild vom Lumpen tragenden und verkrüppelten Bettler gehört ebenso zum klassischen Indienbild wie der märchenhafte Zauber des Taj Mahal. Jeder Indienreisende ist innerlich darauf vorbereitet, und doch packt ihn, wenn er das Elend an fast jeder Straßenecke vor sich sieht, wieder das schlechte Gewissen. Vor lauter Mitleid greift er dann tief in die Tasche, um zumindest seinen kleinen Teil zur Linderung der Armut zu leisten. Psychologisch ist das allzu verständlich, doch schafft er damit oftmals mehr Probleme, als er löst.

Jeder muss für sich selbst entscheiden, ob und wieviel er geben soll. In dem Dilemma stecken nicht nur die Westler, sondern auch die Inder selbst. Es kann nicht sinnvoll sein, dass Kinder vom Schulbesuch ferngehalten werden, weil sie beim Betteln mehr verdienen als ihre Eltern mit täglicher, schwerer Arbeit. Am sinnvollsten scheint es, nur solchen Personen etwas zu geben, die offensichtlich nicht arbeitsfähig sind, d.h. Kranken, Älteren und Krüppeln.

Fotografieren

Wenn an den Leichenverbrennungsstätten in Varanasi die Toten auf den Scheiterhaufen gelegt werden, an den Türmen des Schweigens in Mumbai, dem Bestattungsort der Parsen, die Geier einfliegen oder stimmungsvolle Tempelfeste gefeiert werden, dann ist mit Sicherheit ein kamerabewehrter Tourist nicht weit. Das exotische Geschehen soll so hautnah wie irgend möglich auf Film gebannt werden. Dazu wird geblitzt, geknipst und gezoomt, was das Zeug hält, und falls sich einmal ein unaufmerksamer Inder versehentlich vor das Objektiv stellt, wird er mit grimmiger Miene zum Weitergehen aufgefordert. Immer diese störenden Einheimischen!

Man stelle sich das ganze einmal in Deutschland vor: Ein Inder mischt sich ungefragt unter eine Trauergemeinde, um ein Foto vom blumenbekränzten Sarg zu schießen, oder ein Blitzgewitter geht bei der Weihnachtsmesse über Altar und Krippe nieder. Recht unchristliche Zurechtweisungen wären wohl noch die harmlosesten Konsequenzen, die der Mann zu erwarten hätte.

In jedem Fall sollte man Fotografierverbote und den Wunsch mancher Personen, nicht fotografiert zu werden, respektieren. Zumindest durch einen Blick sollte man sich der Zustimmung vergewissern, bevor man mit der Kamera „draufhält".

Psychologische Einstellung

Indien ist ein Land, das schon manchen Reisenden aus der Balance geworfen hat. Geschichten von Travellern, die Monate bleiben wollten und das Land nach zwei Wochen „nicht mehr ertragen" konnten, hört man immer wieder. Mehr als die weit verbreitete Armut oder die überwältigend fremde Kultur sind es oft die dubiosen Charaktere (Schlepper, Schnorrer, raffgierige Händler, Neugierige, Aufdringliche etc.), die die Besucher zur Weißglut bringen. Durch derlei Negativkontakte, die auf die Dauer natürlich zermürben können, vergeht manchem die Lust auf jegliche Bekanntschaft im Land. Es gilt, die Negativerfahrungen zu relativieren und sie nicht wichtiger zu nehmen, als sie sind. Wer sich den ganzen Tag aufregt, weil er um zwei Rupien betrogen wurde, wer aus der Haut fährt, nur weil er schon wieder angestarrt wird, macht sich selber das Leben schwer. **Positives Denken** und **innere Gelassenheit** sind beim Reisen in Indien wichtiger als anderswo. Aber auch hier gilt, dass Südindien diese Phänomene weniger stark aufweist als der Norden.

Buchtipp:
■ *Rainer Krack:* „**KulturSchock Indien**", erschienen im Reise Know-How Verlag.

Verkehrsmittel
Inlandsflüge

Die riesigen Entfernungen innerhalb des Landes sowie die äußerst zeitaufwendigen und ermüdenden Reisen in Bussen und Bahnen machen das Fliegen in Indien zuweilen selbst für diejenigen zu einer echten Alternative, die normalerweise nur on the road reisen. Selbst wer sehr aufs Geld achten muss, sollte sich fragen, ob es nicht sinnvoller ist, einmal 50 Euro zu investieren, statt lustlos und erschöpft auf dem Landweg weiterzureisen. Fliegen ist in Indien immer noch verhältnismäßig billig und zudem in den letzten Jahren wesentlich unkomplizierter geworden.

■ **Kinder** unter 2 Jahren zahlen 10 % des Erwachsenenpreises, Kinder von 2 bis 12 Jahren 50 %.

■ **Stornierungsgebühren:** mehr als 48 Std. vor Abflug: 10 %; zwischen 48 und 24 Std. vorher: 20 %; 24 bis 1 Std. vor Abflug: 25 %.

- Eine **Rückbestätigung** für Inlandsflüge ist nicht erforderlich, kann aber dennoch nicht schaden (72 Stunden vor Abflug), um sich über eventuelle Verschiebungen zu informieren. Bei Flügen ins Ausland ist sie jedoch unbedingt nötig!
- Auf Inlandsflügen herrscht **Rauchverbot.**
- **Check-In-Zeit** bei Inlandsflügen: 1 Stunde.

Vor Betreten des Flughafengebäudes müssen alle Reisenden ihr **Flugticket** und ihren **Pass** vorweisen. Fehlt eines dieser beiden Dokumente, wird einem der Zutritt in das Gebäude verweigert. Gerade wer mit den immer mehr Verwendung findenden elektronischen Tickets reist, sollte deshalb unbedingt einen Ausdruck mit sich führen.

Fluggesellschaften

Neben der staatlichen Gesellschaft **Air India** (welche 2011 mit der den einheimischen Flugverkehr bedienenden Indian Airlines zusammengelegt wurde) gibt es viele private Fluggesellschaften. Da Air India als staatliche Gesellschaft flächendeckend operieren muss, verfügt sie immer noch über das dichteste Streckennetz. Der Markt ist aber sehr in Bewegung, Abweichungen von den Preisen und in den Verbindungen oder gar die Einstellung einer Linie sind immer möglich.

Aufgrund der verschärften Konkurrenzsituation durch die **vielen neuen Fluglinien**, die in den letzten Jahren gegründet wurden, herrscht ein harter Kampf um Marktanteile, der vorwiegend über möglichst geringe Flugpreise ausgetragen wird. Durch die ausschließlich nach den Gesetzen von Angebot und Nachfrage orientierte Strategie der einheimischen Fluggesellschaften ist Fliegen zwar billiger, aber auch komplizierter geworden. Ähnlich dem mitteleuropäischen Markt werden unrentable Flüge kurzfristig gestrichen bzw. erfolgversprechende Routen über Nacht angeboten. Ticketpreise schwanken zum Teil erheblich. So kann der gleiche Flug am Nachmittag deutlich günstiger oder teurer sein als zu Beginn des Tages.

Kingfisher Airlines scheint den scharfen Wettbewerb am indischen Flugmarkt nicht überstanden zu haben. Jedenfalls konnten Ende 2012 keine Flüge mehr gebucht werden. Ob diese Airline ihren Betrieb wieder aufnimmt bzw. welche Flugverbindungen von anderen Airlines übernommen werden, stand zur Zeit der Drucklegung noch nicht fest. Nachfolgend eine Liste der wichtigsten Fluggesellschaften, die innerindische Flüge anbieten.

- **Air India,** www.airindia.com
- **Jet Airways,** www.jetairways.com
- **Spice Jet,** www.spicejet.com
- **IndiGo,** www.goindigo.in

Ausgebuchter Flug?

Auch heute kommt es noch oft vor, dass Strecken ausgebucht sind und man sich zunächst

In dem täglich wechselnden Angebot des innerindischen Flugverkehrs bieten die Websites **www.yatra.com, www.cleartrip.com** und **www.cheapairticketindia.com** eine übersichtliche Orientierungshilfe. Hat man die gewünschte Flugroute und den Flugtag eingegeben, werden alle für den Tag angebotenen Flüge nach Preis sortiert aufgeführt. Selbstverständlich bietet sich hier auch die Möglichkeit, ein Ticket per Onlinebuchung zu kaufen. Hat man dort die für seine Reisepläne beste Verbindung gefunden, empfiehlt es sich jedoch, den Flug selbst auf der Website der jeweiligen Fluggesellschaft zu buchen, da man sich hiermit die zum Teil nicht geringen Vermittlungsgebühren spart.

auf die **Warteliste** setzen lassen muss. Dabei sollte man selbst dann nicht den Mut verlieren, wenn einem gesagt wird, dass die Chancen gleich Null sind, da schon zig andere vorgemerkt sind. Nicht selten passiert es, dass sich Flüge, die noch am Tag zuvor als hoffnungsvoll überfüllt galten, schließlich als halb leer erweisen. Vielfach reservieren ausländische Reisegruppen zur Sicherheit halbe Flugzeuge im Voraus, die sie schließlich nur zum Teil wahrnehmen. Manchmal werden auch kurzfristig Sondermaschinen eingesetzt.

Besondere Angebote

■ Air India offeriert zusammen mit Jet Airways das Ticket **Discover India,** welches zu unbeschränktem Fliegen auf allen Strecken berechtigt. Ein verlockendes Angebot für Reisende mit begrenzter Zeit, um so viel wie möglich vom Land zu sehen. Allerdings ist der Preis mit 630/895 US-$ für 15/21 Tage recht happig und lohnt sich nur für absolute Vielflieger. Zudem hat das Angebot auch einen Haken: Für Kunden mit Billig-Tickets ist es oft schwieriger, eine Reservierung zu bekommen. Wegen der Ausbuchung vieler Flüge ist es daher sehr zu empfehlen, möglichst alle Flugtermine gleich beim Kauf des Tickets zu reservieren.
■ Weniger sinnvoll ist der Kauf des Tickets **India Wonder Fares** (300 US-$), mit dem man innerhalb von 7 Tagen entweder zwischen 17 Stationen im Westen, 11 Stationen im Süden, 14 im Osten oder 19 im Norden unbegrenzt fliegen kann. Das Ticket ist einfach geografisch wie zeitlich zu eng begrenzt, als dass es sich wirklich auszahlen könnte.
■ Reisende, die mit Air India von Sri Lanka oder den Malediven nach Indien fliegen, erhalten auf allen Strecken innerhalb Indiens in den ersten 21 Tagen nach der Ankunft eine **30-prozentige Ermäßigung.**
■ Schließlich gewährt Air India allen Personen **unter 30 Jahren** 25 % Rabatt. Air India und Jet Airways geben Personen **über 65 Jahren** einen Rabatt von 50 bzw 25 %. Dennoch können die Angebote von Billigfliegern preisgünstiger sein.

Bahn

Sie wollen ihren Urlaub in vollen Zügen genießen? Na dann nichts wie auf nach Indien! Indiens Züge sind immer voll. 11 Mio. Reisende sind täglich auf Achse. 8.000 Lokomotiven fahren entlang dem 66.366 km langen Streckennetz und nehmen an den über 7.000 Bahnhöfen des Landes neue Passagiere auf. Mit 1,6 Mio. Angestellten ist die indische Bahn der größte Arbeitgeber der Erde.

Die Bahn ist nicht nur das wichtigste und **meistbenutzte Transportmittel** Indiens, sondern auch ein Stück Kultur des Landes. Die Bilder der den Karawansereien früherer Tage ähnelnden, menschenüberfüllten Bahnhöfe und die Rufe der Teeverkäufer in den Abteilen hinterlassen genauso unvergessliche Indien-Erinnerungen wie das Taj Mahal oder die Strände von Goa. Bahnfahren ist das indischste aller indischen Fortbewegungsmittel. Nirgends sonst ist man dem Alltagsleben so nah, kann die Ess-, Schlaf- und Schnarchgewohnheiten so hautnah miterleben wie in den engen, meist gut gefüllten Waggons der 2. Klasse.

Dabei liegen Lust und Frust oftmals so nahe beieinander wie die Passagiere selbst. Lärm, Dreck, Hitze und die oft katastrophalen hygienischen Verhältnisse stellen die Geduld der Reisenden ebenso auf eine harte Probe wie die fast gänzlich fehlende Privatsphäre. Auch die teilweise ewig langen Aufenthalte auf Provinzbahnhöfen und die chronischen Verspätungen tragen nicht gerade zum Fahrvergnügen bei – umso mehr, als Bahnfahrten in dem riesigen Land meist viele Stunden, nicht selten sogar Tage und Nächte dauern. Doch wer mit der in Indien stets hilfreichen Reisephilosophie „Man reist doch nicht, um anzukommen" unterwegs ist, dem kann all dies eigentlich nichts anhaben.

Bahnfahren in Indien will gelernt sein. Fahrpläne, Zugklassen, Reservierungen, Ticketkauf – all das scheint auf den ersten Blick ein Buch mit sieben Siegeln. Im Folgenden kann aus Platzgründen nur eine kleine Hilfe zum „Einstieg" gegeben werden. Doch keine Angst, hat man erst einmal die erste Fahrt erfolgreich hinter sich gebracht, wird man Indien in vollen Zügen genießen.

Zugtypen und Geschwindigkeit

Geschwindigkeit ist bei indischen Zügen ein sehr relativer Begriff. Mehr als 50 km/h durchschnittlich legen die allermeisten nicht zurück. Andererseits werden seit Jahren Milliardeninvestitionen in den Ausbau des Schienennetzes und den Einsatz moderner, schneller Züge getätigt. Speziell die Metropolen wie Delhi, Mumbai, Kalkutta und Bangalore werden an ein modernes Schienennetz angeschlossen, was das Reisen mit der Bahn nicht nur wesentlich bequemer, sondern auch schneller macht. So verbinden die selten anhaltenden, vollklimatisierten Rajdhani- und Shatabdi-Expresse etwa Delhi mit Kalkutta bzw. Mumbai in 17 bzw. 16 Stunden. Nur Fliegen ist schöner. Mit dem etwa 3–4-fachen des Preises eines 2.-Klasse-Tickets für Express-Züge sind sie jedoch entsprechend teuer.

Klassen und Preise

Zunächst scheint alles ganz simpel, gibt es doch offiziell nur zwei Beförderungsklassen: 1. und 2. Klasse. Doch Indien wäre nicht Indien, wenn es das Einfache nicht verkomplizieren würde.

In der **1. Klasse** gibt es die Unterscheidung zwischen **klimatisierten** (AC) und nicht klimatisierten Zügen. AC-Züge werden jedoch nur auf Hauptstrecken eingesetzt und sind mehr als doppelt so teuer wie die normale 1. Klasse – zu teuer, wenn man überlegt, dass eine Fahrt von Delhi nach Mumbai in der 1. Klasse gerade mal 40 % billiger ist als ein Flug mit Air India und teurer als ein Flug mit einer Billigfluggesellschaft. Da sollte man sich besser gleich ins Flugzeug setzen.

Des Weiteren gibt es die **Chair Car** (und die doppelt so teuren, komfortableren **Executive Chair**), die unseren IC-Großraumwagen ähnelt und etwa 40 % der AC 1. Klasse kostet. Auch diese Waggons werden nur auf wenigen Strecken eingesetzt, bieten jedoch wegen ihres hervorragenden Preis-Leistungs-Verhältnisses eine exzellente Alternative zur 1. Klasse.

Spottbillig sind die *general coaches* für die armen Bevölkerungsschichten. Diese Waggons am Anfang bzw. Ende eines jeden Express-, Mail- oder Passenger-Zuges mit unreservierten Plätzen platzen im Regelfall aus allen Nähten und sollten möglichst gemieden werden. Schon mehr Komfort bietet die nicht ganz so volle **2. Klasse**, die bei Nachtzügen durch Hochklappen der mittleren Rückenlehne als mittlere Pritsche zur um ca. 30 % teureren **Sleeper Class** wird. Ab dieser Klasse ist eine Reservierung notwendig.

Schließlich gibt es noch bei allen Klassen außer der AC-Chair-Variante die **Schlafwagenklasse**. Schlafwagen der ersten Klasse (AC 1. Cl.) bestehen meist aus gepolsterten Betten in geräumigen, zum Gang abgeschlossenen Abteilen, die tagsüber in der Regel sechs, nachts vier Personen Platz bieten. Bei den Schlafwagen der 2. Klasse unterscheidet man noch zwischen den Unterklassen **2-tier** und **3-tier**, was bedeutet, dass, ähnlich wie im europäischen Liegewagen, zwei oder drei Personen auf Pritschen übereinander schlafen können. Tagsüber dienen diese Schlafwagen wieder als normale Abteile, beim 3-tier wird lediglich die mittlere Pritsche heruntergeklappt. Selbst wenn man eine reservierte Sitznummer hat, kann man das Bett nur nachts

JA! Bitte senden Sie mir kostenlos

☐ den 180-seitigen TARUK Jahreskatalog

☐ Afrika-DVD mit Filmdokumentationen zu Südafrika, Namibia, Botswana, Tansania

☐ Amerika-DVD mit Filmdokumentationen zu Peru, Chile, Argentinien

☐ Asien-DVD mit Filmdokumentationen zu Kamboscha-Vietnam-Laos und Indien

Vorname .... Name ....

Straße ....

PLZ .... Stadt ....

e-Mail ....

Bei TARUK International

❱ reisen Sie in kleinen Gruppen von maximal 12 Teilnehmern
❱ an der Seite einer engagierten, deutschsprachigen Reiseleitung
❱ auf ausgefallenen kreativen Reiserouten
❱ und logieren in ausgewählten Unterkünften mit persönlicher Note

Entgelt zahlt Empfänger

Deutsche Post
ANTWORT

TARUK International
Johannes Haape
Krughof 38
14548 Caputh

**Individuell in die Ferne –
Reisen mit 2 bis 12 Personen**

**17 Tage Nordindien ausführlich
und authentisch: „Ganesha"** ab € 2.899,–
**15 Tage Südindien:
Keralas Traumlandschaften und Strand** ab € 2.899,–
Deutsch geführt, max. 12 Teilnehmer

Individuelle Verlängerungsprogramme:
3 Tage Stop Over im Emirat Dubai ab € 360,–
5 Tage Amritsar und Exilheimat des Dalai Lama ab € 595,–
9 Tage Baden in Kerala ab € 550,–

exklusiv für sich reklamieren. Tagsüber okkupieren z.T. bis zu acht Personen die untere Pritsche. Schlafwagen kosten etwa 20–30 % mehr als normale Sitze. **Bettwäsche** kann man in der 2. Klasse nur in wenigen Zügen beim Schaffner ausleihen. Ein eigener Schlafsack sollte also in jedem Fall zur Grundausrüstung gehören.

Es gibt eine Vielzahl von Personengruppen, die **ermäßigungsberechtigt** sind. So zahlen *senior citizens*, Personen über 60 Jahre, 30 % weniger in allen Klassen. Für Behinderte, Künstler (!) und Journalisten werden Ermäßigungen von 50 bis 70 % (je nach Zugklasse) gewährt.

Verbindungssuche und Ticketkauf im Internet

Um sich über die aktuellen Abfahrtszeiten der sich ständig ändernden Fahrpläne zu informieren, sind folgende Websites von Nutzen. Zunächst sei auf die offizielle Website der indischen Eisenbahn **www.indianrail.gov.in** hingewiesen. Hier kann man nach Anklicken des Links „Trains between important Stations" den jeweils gewünschten Start- und Zielort aus vorgegebenen Listen aussuchen und dann die vorhandenen Verbindungen abfragen. Nicht alle Städte sind aufgelistet, sondern nur die Bahnhofe der größeren Orte. Findet man seinen Start- oder Zielort nicht, sollte man die Website **www.cleartrip.com** zu Rate ziehen, auf der nach Anklicken des Links „Trains" der jeweilige Start- und Zielort eingetippt werden kann, d.h. auch solche Verbindungen, die nicht in der Liste der erstgenannten Website aufgeführt sind.

Hierbei ist zu beachten, dass die Schreibweise der Orte gelegentlich von der offiziellen etwas abweicht. Wenn also nach Abfrage keine Auflistung der Verbindungen erfolgt, sollte man es mit einer abgewandelten Schreibweise des Ortsnamens erneut versuchen oder nur die ersten drei oder vier Buchstaben eingeben. Danach ist der gewünschte Ort aus einer angebotenen Liste auszuwählen.

Hat man seine Verbindung herausgesucht und über das Icon „availability" die Auslastung des jeweiligen Zuges überprüft, geht es zur **Buchung per Kreditkarte.** Cleartrip verlangt als privater Anbieter eine Vermittlungsgebühr, die jedoch selten über 20 Rs liegt. Bedenkt man, wieviel Zeit und Nerven man sich damit gegenüber dem herkömmlichen Weg spart – die lästige und meist auch mit Kosten verbundene Prozedur der Anfahrt zum Bahnhof, das zum Teil stundenlange Anstehen am Schalter und die Rückfahrt –, ist dies sicher ein akzeptabler Preis. Wenn man einmal registriert ist, eine Visa- oder Mastercard besitzt und sich vielleicht schon mal vor der Abreise durch ein paar Seiten geklickt hat, kann man auf diesem Weg nicht nur Fahrkarten buchen, sondern diese auch jederzeit von Neuem aus-

Preise für Express-Züge (in Rs)

	AC 1. Cl.	AC 2-tier	AC 3-tier	Exec. Chair	Chair Car	2. Klasse
100 km	541	322	267	424	212	65
300 km	1077	633	473	764	382	115
500 km	1499	879	650	1040	520	150
1.000 km	2451	1432	1048	1490	760	230

drucken, stornieren oder sich über die jeweilige Auslastung des Zuges informieren.

Alternativ bieten sich in vielen Touristenorten **Reisebüros** an, bei denen man für eine je nach Anbieter schwankende Gebühr von ca. 30–80 Rs pro Ticket einen Fahrschein kaufen kann.

Ticketkauf und Reservierung am Bahnhof

Wer sich für den „traditionellen" Weg des persönlichen Ticketkaufs am Bahnhof entscheidet, sollte Folgendes bedenken: Ob man nun ein normales Ticket für den gleichen Tag kaufen oder eine Reservierung vornehmen will, beides ist in Indien zeitaufwendig und nervenstrapazierend. Mit etwas Pech kann die Prozedur schon ein oder zwei Stunden in Anspruch nehmen. Zunächst einmal gilt es den richtigen **Schalter** für die verschiedenen Klassen und Züge (Mail, Express oder Passenger) zu finden. Um zu vermeiden, dass man am Ende einer langen Anstehrei schließlich beim falschen Fahrscheinverkäufer landet, sollte man also unbedingt vorher durch beharrliches Nachfragen den richtigen ausmachen. Auf jedem Bahnhof gibt es einen *station master*, der fast immer freundlich und hilfsbereit Auskunft gibt. Für Frauen gibt es manchmal spezielle *ladies counters*, die meist weit weniger frequentiert sind als die normalen Schalter. Die Fahrkarten für männliche Mitreisende können mitbesorgt werden.

An Bahnhofskiosken wird gelegentlich noch für 40 Rs das Heftchen „Trains at a Glance" angeboten. Darin sind viele wichtige Zugverbindungen aufgelistet.

Für Fahrten im **Schlafwagen** ist eine Reservierung unbedingt erforderlich, speziell in der 2. Klasse, da hier die Nachfrage am größten ist. Oftmals sind die Züge in dieser Klasse auf Hauptstrecken für Wochen, ja Monate im Voraus ausgebucht, d.h. man sollte so früh wie möglich reservieren! Reservierungen müssen meist in **railway reservation offices** oder **buildings** durchgeführt werden, die oftmals neben dem eigentlichen Bahnhof in einem Extragebäude untergebracht sind. Für eine Reservierung muss ein Antragsformular, das sogenannte *reservation form*, ausgefüllt werden. Hierin werden neben einigen persönlichen Angaben wie Name, Alter, Geschlecht und Passnummer auch der Zugname, die Nummer des Zuges sowie Abfahrts- und Zielort und Reisedatum eingetragen.

Mit dem entsprechend ausgefüllten Formular stellt man sich dann erneut an, wobei man unbedingt darauf achten sollte, ob es eventuell einen speziellen **Touristenschalter** gibt. Da dort nur ausländische Touristen abgefertigt werden, geht alles viel schneller über die Bühne. Es empfiehlt sich, möglichst viele Tickets auf einmal zu kaufen, um die langwierige Prozedur nicht immer wieder neu durchlaufen zu müssen.

Die **Reservierungsgebühr** beträgt 15 Rs für die Erste Klasse und 10 Rs für die Zweite. Auf dem Ticket sind die Wagen-, Sitz- und Bettnummer vermerkt. Beim Betreten des Waggons hängt neben der Eingangstür noch einmal eine provisorisch angebrachte Reservierungsliste, auf der man seinen Namen unter der jeweiligen Platznummer finden sollte. Der eigene Name ist zwar oft leicht entstellt wiedergegeben (*Barkegeier, Harketeur*), doch normalerweise funktioniert das System gut.

Falls der gewünschte Zug ausgebucht ist, kann man sich auf eine **Warteliste** setzen lassen oder, besser noch, ein sogenanntes RMC-Ticket erwerben, welches einem auf jeden Fall einen Platz garantiert. Hat man ein solches Wartelisten-Ticket, kann man dessen jeweiligen Status selbst unter www.indianrail.gov.in unter dem Button „PNR Status" mittels Eingabe der oben links auf dem Ticket aufgedruckten PNR-Nummer in Erfahrung bringen. Außerdem besteht die Möglichkeit, auf die *tourist quota* zu pochen, eine speziell für Touristen zurückgehaltene Anzahl von Plätzen.

Bei **ausgebuchten Zügen** sollte man auf jeden Fall ein Ticket auch auf Warteliste erwerben, wenn man kein Tourist-Quota-Ticket bekommt, da in den meisten Fällen bis zur Abfahrt des jeweiligen Zuges ein Sitz- oder Schlafplatz zugewiesen wird und man in den seltenen Fällen, wo dies nicht gelingt, das Geld für sein Ticket gegen einen geringen Abschlag zurückbekommt.

Seit einigen Jahren gibt es ein sogenanntes **TATKAL-Ticket,** das wichtig ist, wenn über den normalen Verkauf kein Platz im Zug mehr zu bekommen ist und auch Tourist-Quota-Tickets aufgebraucht oder am jeweiligen Bahnhof nicht verfügbar sind. Für 150–300 Rs zusätzlich, abhängig von der gewählten Zugklasse, kann man an bestimmten Bahnhöfen, meist nur in größeren Städten, ein TATKAL-Ticket erwerben (frühestens zwei Tage vor Abfahrt, Reisepasskopie erforderlich), welches die Chance auf einen Platz im Zug erhöht bzw. nahezu garantiert, obwohl es auch hier eine Warteliste gibt. Nachteil der TATKAL-Tickets ist die Stornogebühr, es werden nur 25 % des Ticketpreises erstattet und das nur bis mindestens 24 Std. vor Zugabfahrt, danach gibt's nichts. TATKAL-Tickets werden nur für bestimmte Züge ausgegeben, sodass nicht für jede Verbindung ein sicherer Platz erworben werden kann.

Rückerstattung

Die Rückerstattung von nicht genutzten reservierten Tickets ist möglich, jedoch mit Kosten verbunden, deren Höhe von der Beförderungsklasse und dem Zeitpunkt der Stornierung abhängt. Wer sein Ticket länger als einen Tag vor dem Abfahrtstermin storniert, muss für die 2. Klasse 20 Rs Gebühr, für die *sleeper class* 40 Rs, AC 2-tier und 3-tier 60 Rs und AC 1. Klasse 70 Rs zahlen. Bis zu vier Stunden vor dem geplanten Abfahrtszeitpunkt zahlt man 25 %. Die Stornierung von Wartelistentickets, RAC-Ticktets und TATKAL-Tickets auf Warteliste kostet 20 Rs.

Nicht reservierte Fahrscheine können bis drei Stunden nach Abfahrt des Zuges für eine Gebühr von 5 Rs in Zahlung gegeben werden.

Hat man sein **Ticket verloren,** besteht generell zunächst kein Recht auf Rückerstattung. Doch natürlich gibt es hierbei Ausnahmen: Wem ein reserviertes Ticket für eine Strecke von unter 500 km abhanden gekommen ist, der kann unter Vorlage seines Personalaus-

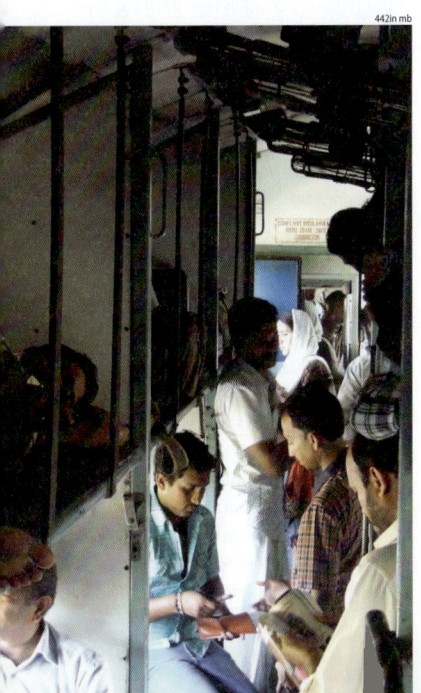

Bahnfahren in der Sleeper Class

Ruhe mitten im Chaos – Impressionen auf einem indischen Bahnhof

Ein scharfer Geruch liegt in der Luft, es ist schwülheiß, stickig und laut. Ich betrete den Bahnhof einer typischen indischen Großstadt und bahne mir einen Weg zu den Gleisen. Indien in seiner unbändigen Vielfalt, Widersprüchlichkeit und Sinnlichkeit breitet sich vor Augen, Ohren, Nase aus. Männer hocken neben den Schienen und urinieren, Bettler bitten um eine Spende, dazwischen spielen Kinder und laufen herrenlose Hunde herum. Züge rattern vorbei, Schuhputzer bieten ihre Dienste an, Chaiwallahs verkaufen für vier Rupien köstlichen Tee in kleinen Tongefäßen. Mit ihren Uniformen und roten Hüten wie Lotsen in der Brandung erscheinen die Kofferträger. Ein klassischer Masala-Mix, jenes für Indien so typische kunterbunte Durcheinander von Gerüchen, Farben, Geräuschen, Impressionen, Menschen und Situationen.

„May I have your attention please" – eine blecherne Stimme aus den uralten Lautsprechern kündigt eine 40-minütige Verspätung des Zuges aus Ahmedabad an. Die Hunderte Wartenden auf dem Gleis nehmen es mit Gelassenheit hin. In Indien ist man daran gewöhnt, hat nichts anderes erwartet und geht wesentlich relaxter mit Zeit und Raum um als in Europa. Der Ordnung vortäuschende Bahnhofssprecher wirkt wie eine kafkaeske Inszenierung inmitten des sich bei aller Chaotik doch letztlich immer wieder selbst regelnden indischen Alltagslebens.

Die Menschen um mich herum haben ihr ganzes Hab und Gut und sich selbst auf dem Bahnsteig ausgebreitet und machen es sich bequem. Drei, zum Teil vier Generationen sitzen eng zusammen, versammeln sich um die Mütter und Großmütter, welche die *dabbas* öffnen. In diesen übereinander geschichteten, von einer Klammer zusammengehalten Metallschalen verbirgt sich die ganze Köstlichkeit der indischen Küche. Jede Schale beeinhaltet ein anderes Gericht. Ich entdecke einen Linsenbrei *(dhal)* und eine würzige Kartoffel-Blumenkohl-Mischung *(aloo ghobi)*, ein Gemüse-Curry *(vegetable curry)* sowie Fladenbrote *(roti)* und Chutney. Der köstliche Geruch umhüllt die Familie und lässt auch mir das Wasser im Mund zusammenlaufen.

Bei aller scheinbaren Andersartigkeit und Fremdheit erkennt man bei genauerem Hinschauen auch Vertrautes. Während die Mädchen brav auf ihr Essen warten, drängeln sich die Jungen nach vorn, schnappen sich in aller Eile ein in den Linsenbrei gestipptes Brot, um dann einander nachjagend über den Bahnsteig zu rennen. Als einer der Jungen vom genervten Vater eine Ohrfeige erhält, findet er Trost bei seiner Mutter, die ihn gleich in den Arm nimmt. Kurz darauf ist er schon wieder im Gewimmel verschwunden. Derweil sitzen die Mädchen friedlich zusammen und kämmen sich gegenseitig das lange, schwarze Haar. Der rote Plastikkamm macht den Eindruck, als ob er schon seit Generationen von der gleichen Familie benutzt wird – Sparsamkeit ist in Indien keine Tugend, sondern Notwendigkeit.

Mitten im Durcheinander vertreiben andere sich die Zeit, indem sie in aller Seelenruhe eine Zigarette rauchen, Zeitung lesen oder ein Pläuschchen mit Verwandten halten. Eine bewundernswerte Ruhe und Gelassenheit! Ihrem inneren Kompass folgend, haben die Inder die Fähigkeit entwickelt, trotz des vermeintlichen Chaos den Weg nicht zu verlieren.

Ermüdet von all den Eindrücken richte ich meine Augen nach unten. Mein Blick fällt auf

zwei Mädchen, die wenige Zentimeter neben meinen Füßen auf dem Boden liegen und seelenruhig schlafen. Die jüngere der beiden, vielleicht gerade mal zwei Jahre alt, schmiegt sich in gekrümmter Haltung an den Rücken der großen Schwester, als wolle sie sich vor den Füßen der Passanten schützen. Die beiden würden wahrscheinlich erschreckt aufwachen, wenn der sie umgebende Lärm abrupt abbräche.

Die bewundernswerte Gelassenheit inmitten von Menschenmassen, Lärm und Schmutz ist das Resultat eines auf engstem Raum in Großfamilien verbrachten Lebens. Privatsphäre im westlichen Sinne muss man sich leisten können. Was dem Ruhe und Ordnung gewöhnten Europäer als laut und chaotisch erscheint, ist für den Inder der Rhythmus eines im Einklang mit der Umwelt gelebten Lebens.

Meinen Blick wieder aufrichtend, sehe ich neben mir auf einem Reklameschild die Werbung für „Sukhant, Megacity of the 20th century". Zu erkennen sind auffallend hellhäutige Menschen mit schicken Autos und dahinter verglaste Hochhäuser in makellos sauberen Parkanlagen. Gleich daneben strahlt mich Indiens Film-Superstar *Shah Ruk Khan* an, der offenbar ganz begeistert ist von seinem Mobiltelefon, das er elegant ans Ohr hält.

Wenige Minuten später fährt der Zug ein. Jetzt gibt es kein Halten mehr. Ein von keiner sozialen oder moralischen Norm gebändigter Egoismus bricht sich Bahn. Männer, die bereits auf die Trittbretter aufgesprungen waren, hängen aus den Türen und nehmen Koffer der auf sie wartenden Angehörigen an. Wie von einer Urgewalt getrieben, strömen Väter, ihre Kleinkinder und Koffer auf den Köpfen balancierend, zu den Eingängen und Fenstern. Menschen werden gestoßen und gequetscht, Alte und Frauen gedankenlos zur Seite gedrängt – ein Spiegelbild des alltäglichen indischen Überlebenskampfes. Für Rücksichtnahme ist kein Platz. „Bin ich nicht unter den ersten, bin ich schnell der Letzte" – und das hieße Tage auf dem Boden zwischen Kisten, Säcken und Unrat verbringen. Der Zug fährt ab und gibt die Sicht frei auf das dahinter liegende Gleis. Dort zeigt sich das gleiche Bild, verwirrend wie anziehend, beängstigend wie anheimelnd.

Am Abend komme ich zurück. Der Bahnhof ist nun wie ausgestorben – und Shah Rukh Khan lächelt immer noch so unwiderstehlich, dass man keinen Zweifel haben kann: Die schöne neue Konsumwelt wird nun auch Indien erobern. Es kann nur noch ein paar Jahre dauern, bis die Szenen des ewigen Indien auf den Bahnhöfen von der sterilen Modernität des Westens verdrängt sind. Die Entzauberung hat dann auch Indien fest im Griff.

weises für einen Aufpreis von 25 % des ursprünglichen Preises die Fahrt wahrnehmen.

Indrail Pass

Auch die indische Eisenbahn sieht die Möglichkeit des Kaufes von **Netzkarten** vor, die es ausländischen Touristen erlauben, für einen bestimmten Zeitraum unbegrenzt viele Kilometer auf Achse zu sein.

Rein finanziell macht der Indrail Pass keinen Sinn, dazu ist Bahnfahren in Indien einfach zu billig. Für den Kaufpreis von 80 US-$ für den 7 Tage gültigen Pass (2. Klasse) müsste man ziemlich genau 25.000 km zurücklegen, damit sich die Karte auszahlt. Bei einer Durchschnittsgeschwindigkeit der indischen Eisenbahnen von 50 km/h ein ziemlich aussichtsloses Unterfangen. Auch der oft angeführte Vorteil, dass man mit dem Indrail Pass das unangenehme Warten beim Ticketkauf umgehen könne, trifft nur teilweise zu, weil es ja zumindest für Nachtfahrten immer noch einer Reservierung bedarf.

Wirklich von Vorteil ist der Pass aber in dem Fall, dass alle Züge ausgebucht sind. Inhaber finden selbst dann einen Platz, wenn normalerweise gar nichts mehr geht. Gerade in Zeiten der großen Familienfeste, wenn das ganze Land unterwegs zu sein scheint, ist dies ein enormer Vorteil. Es bleibt zu fragen, ob das den enormen Aufpreis wert ist.

Die Karte kann an verschiedenen Bahnhöfen Indiens gekauft werden, muss jedoch in ausländischer Währung bezahlt werden. Außerdem besteht die Möglichkeit, sie schon vor dem Abflug in Deutschland unter folgender Adresse zu erwerben:

■ **Asra-Orient Reisedienst,** Kaiserstraße 50, 60329 Frankfurt/M., Tel.: 069-253098, Fax: 069-232045, info@asraorient.de.

Bahnhofs-Service

Die meisten Bahnhöfe in Indien verfügen über sogenannte **cloak rooms,** in denen man sein Gepäck für bis zu 24 Stunden deponieren kann. Eine gute Möglichkeit, um sich nach Ankunft in einer Stadt ohne den lästigen Rucksack auf Zimmersuche zu begeben. Wichtig ist es, das Gepäckstück mit einem kleinen, von außen sichtbar angebrachten Schloss abzugeben, da es sonst nicht angenommen wird. Die Aufbewahrungsgebühr pro Stück beträgt maximal 2 Rs pro Tag.

Während der oftmals langen **Wartezeiten** auf verspätete Züge bietet sich die Möglichkeit den Warteraum aufzusuchen, den es auf fast jedem Bahnhof für die 1. und 2. Klasse gibt. Manchmal muss man hierzu am Eingang sein Ticket vorzeigen. Meist sind die angeschlossenen **Toiletten** in wesentlich besserem Zustand als die öffentlichen.

Viele Bahnhöfe verfügen über die sogenannten **railway retiring rooms,** einfache, doch meist saubere und günstige Unterkunftsmöglichkeiten. Die Zimmer sind vor allem wegen ihres sehr günstigen Preises (oft nicht mehr als 70 Rs pro DZ, EZ stehen nicht zur Verfügung) bei Indern sehr beliebt und deshalb oft ausgebucht. Eine besonders ruhige Lage kann man am Bahnhof allerdings nicht erwarten.

Luxuszüge

Es gibt zwei Luxusvarianten, den Nordwesten Indiens mit der Eisenbahn kennenzulernen. Die Rundfahrten mit einem Luxuszug aus der Kolonialzeit sind jedoch nicht gerade billig. In Rajasthan fährt der **Palace on Wheels** folgende Ziele an: 1. Tag Start in New Delhi, 2. Tag Jaipur, 3. Tag Jaisalmer, 4. Tag Jodhpur, 5. Tag Ranthambore-Nationalpark und Chittorgarh,

6. Tag Udaipur, 7. Tag Bharatpur (Keoladeo-Vogelpark) und Agra, 8. Tag Ankunft in Delhi. Für weitergehende Informationen stehen folgende Ansprechmöglichkeiten zur Verfügung: Sr. Manager, Palace on Wheels, Bikaner House, Pandara Rd., New Delhi-110011, Tel.: 23381884, Fax: 23382823, powrtdc@mantra mail.com, oder in Jaipur: Rajasthan Tourism Development Corporation, RTDC Hotel Swagatam, Jaipur-302006, Tel.: 2415777, 2203531, Fax: 2201045, www.palaceonwheelsindia.com. Auch in Deutschland gibt es eine Kontaktadresse: Asra Orient Reisen, Tel.: 069/253098, info@asra orient.de.

Die zweite Möglichkeit bietet der **The Royal Orient** für Gujarat und Rajasthan. Folgende Ziele werden angefahren: 1. Tag Abfahrt Delhi nach Jaipur, 2. Tag Abstecher nach Agra/Fathepur Sikri, 3. Tag Aufenthalt in Jaipur, 4. Tag Chittorgarh und Udaipur, 5. Tag Ahmedabad und Sarkhej, 6. Tag Modehera und Patan, 7. Tag Devigarh, 8. Tag zurück nach Delhi. Weitere Informationen: Central Reservation Office in Delhi im State Emporia Building, Baba Kharak Singh Marg, Tel.: 23744015, Fax: 23367050, www.gujarattourism.com.

Busse

Kaum eines der insgesamt 700.000 indischen Dörfer wird nicht von irgendeinem Bus angefahren. Für viele in entlegenen Grenzgebieten wohnende Inder ist es überhaupt das **einzige öffentliche Verkehrsmittel,** so z.B. im nepalesischen Grenzgebiet, in Himachal Pradesh und Sikkim.

Darüber hinaus kommt man in Gebieten, wo die Bahn nur auf Schmalspurbreite operiert, wie z.B. in weiten Teilen Rajasthans und Bihars, mit dem Bus **wesentlich schneller** voran. Gleiches gilt auch für besonders von Touristen stark frequentierte Strecken wie Agra – Jaipur und Mumbai – Goa. Überhaupt ist Busfahren auf kürzeren Strecken der Fahrt mit dem Zug vorzuziehen, da vor allem Langstreckenzüge oft stundenlange Verspätung haben.

Andererseits gibt es gute Gründe, warum die meisten Reisenden den Zug dem Bus vorziehen. Neben allgemeinen Erwägungen wie größerer Bewegungsfreiheit und mehr Kontaktmöglichkeiten ist vor allem die **mangelnde Verkehrssicherheit** zu nennen. Indien ist das Land mit der höchsten Rate an Verkehrstoten der Erde im Verhältnis zur Verkehrsdichte. Dass das keine abstrakten Zahlen sind, kann man tagtäglich auf Indiens Straßen auf anschauliche Weise erleben. Bei fast jeder längeren Busfahrt sieht man mindestens ein Autowrack im Straßengraben liegen. Verwundern kann das bei dem oft schrottreifen Zustand der Fahrzeuge und dem Kamikaze-Stil der Fahrer nicht. Wer die Frage nach dem Leben nach dem Tod noch nicht unbedingt in allernächster Zukunft konkret beantwortet haben möchte, sollte die mittleren Reihen denen ganz vorne vorziehen. Die hinteren Reihen sind dagegen nicht so zu empfehlen, weil man dort wegen der Kombination von harten Federn und schlechten Straßen zu viele Luftsprünge macht.

Wer nachts mit Bus oder Zug unterwegs ist, sollte immer einen **Pullover** und vielleicht auch ein Tuch für Hals und Kopf griffbereit haben, da es in Indien selbst nach einem heißen Tag nach Sonnenuntergang **empfindlich kühl** werden kann. Im Übrigen ist es meist nicht möglich, die Fenster richtig zu schließen, sodass häufig ein unangenehmer Durchzug herrscht. Sollte der zusätzliche Schutz nicht nötig sein, kann man den Pullover immer noch als Kopfstütze verwenden.

Staatliche Busgesellschaften

Etwas weniger Todesverachtung scheinen die Fahrer der staatlichen Busgesellschaften zu verspüren. Auch der technische Zustand ist hier im Allgemeinen besser als bei privaten Gesellschaften, welche aufgrund des enormen Konkurrenzdrucks zuerst an neuen Bremsen und profilbereiften Rädern zu sparen scheinen. Jeder Bundesstaat betreibt seine eigene Busgesellschaft, wobei deren Qualitäten sehr unterschiedlich sind.

Dabei macht es auch kaum einen Unterschied, ob man nun **Ordinary, Express, Semi Deluxe** oder **Deluxe** fährt. Das einzige, allerdings wichtige Unterscheidungsmerkmal ist, dass die Semi-Deluxe- und Deluxe-Busse wesentlich seltener anhalten als die Ordinary-Busse, die jedes noch so kleine Dorf anfahren. Von innen sehen sie alle gleich einfach aus: zweimal drei Sitzplätze pro Reihe mit äußerst einfacher Polsterung, auf denen sich neben bis zu zehn Personen auch noch Hühner, Kartoffeln und Chilis zusammenpferchen. An dieser

Lebensfülle ändert sich auch dann nicht viel, wenn man eine (nur recht selten mögliche) Reservierung vornimmt. Meistens muss man sich den Platz bei der Einfahrt des Busses in den Busbahnhof eh schon durch einen Sprint und Muskelkraft erkämpfen. Beim Ansturm auf die heißbegehrten Sitzplätze werden die Inder wohl nur noch von den kampferprobteren Chinesen geschlagen. Hie wie dort scheint es jedoch als geheiligte Grundregel anerkannt zu sein, dass derjenige einen Sitzplatz erhält, der ihn zuvor mit einer Zeitung oder einem Taschentuch schon von außen durch eine offene Fensterscheibe reklamiert hat.

Private Busgesellschaften

Für denjenigen, der sich an der Schlacht nicht beteiligen möchte, scheinen wiederum die meist um die Bahnhöfe angesiedelten Privatgesellschaften eine Alternative zu sein. Hier ist **Reservierung** üblich und jeder bekommt garantiert seinen ihm versprochenen Platz. Das ist den Aufpreis von ca. 30 % gegenüber den staatlichen Bussen durchaus wert. Ein weiterer Vorteil von Privatgesellschaften, die oft mit Minibussen operieren, ist die Möglichkeit, das Gepäck sicher zu verstauen.

Preise

Busfahren in Indien ist spottbillig. So zahlt man etwa für die achtstündige Fahrt mit dem *Express-Bus* von Jodhpur nach Jaipur 105 Rupien, im *Deluxe-Bus* 119 Rupien. Ein *Ordinary-Bus* kostet noch einmal 30 % weniger als ein Express.

◁ Schultransport auf Indisch

Luxusbusse

Auf vielen Hauptstrecken werden klimatisierte Luxusbusse eingesetzt. (Sie werden in den einzelnen Ortskapiteln erwähnt.) Diese sind um einiges teurer als die Deluxe-Busse, bieten aber auch entsprechenden Komfort und sind besonders für Strecken bis etwa 300 km eine **gute Alternative zu Zügen,** die oft verspätet abfahren. Für diese Busse muss in den meisten Fällen (Ausnahme oft bei Busabfahrten in kurzer Folge) zunächst eine **Reservierung** am Startort, meist am Busbahnhof, vorgenommen werden, da sie häufig bis zum letzten Platz ausgebucht sind.

Mietwagen

Mit dem Mietwagen und Chauffeur durch Indien? Was auf den ersten Blick wie purer (und unbezahlbarer) Luxus aussieht, macht beim näheren Hinsehen durchaus Sinn. Die **Vorteile** eines Mietwagens gegenüber öffentlichen Verkehrsmitteln liegen auf der Hand. So muss man sich nicht in überfüllte, unbequeme Busse oder Züge quetschen, die allzu oft an interessanten Straßenszenen und Fotomotiven vorbeifahren, sondern kann jederzeit bequem zu jedem beliebigen Ort fahren und anhalten lassen, wann und wo man möchte. Zudem muss man am Ende eines langen, anstrengenden Reisetages nicht noch per Riksha oder Taxi vom Bahnhof oder Busbahnhof zum Hotel fahren, sondern lässt seinen Fahrer unmittelbar vor die Haustür halten. Natürlich muss man für diese Bequemlichkeit tiefer in die Tasche greifen, doch wenn sich z.B. vier Personen einen Mietwagen für 1.600 Rs pro Tag teilen, erscheint der Preis für das Gebotene durchaus angebracht.

Fast alle Mietwagen in Indien werden **mit Fahrer** angemietet und das ist wohl auch gut so: Die mehr als rustikale Fahrweise der Inder, von denen so gut wie niemand eine Fahrschule besucht hat, ist mehr als gewöhnungsbedürftig. Die erschreckend hohe Zahl an Verkehrstoten sollte auch die Wagemutigsten zu der Einsicht gelangen lassen, dass Indien absolut **kein Land für Selbstfahrer** ist. Hinzu kommt, dass der Preis für Mietwagen mit Fahrer kaum höher ist als der ohne.

Mietwagen lassen sich in allen größeren Städten anmieten. Vermittelt werden sie von Hotels oder Reisebüros, oft findet sich in der Stadt auch ein spezieller Haltepunkt für die Wagen. Die Preise sind erschwinglich, sodass ein Mittelklasse-Tourist problemlos eine längere Indien-Tour im Mietwagen absolvieren kann. Budget-Reisende könnten sich einfach mit ein paar Leuten zusammentun.

Die **Tarife**, allesamt mit Fahrer, sind von Ort zu Ort unterschiedlich. Zudem differenzieren sie sich noch, je nachdem ob der Wagen Klimatisierung hat oder nicht und ob er mit Diesel oder Benzin fährt. Dieselwagen sind etwas billiger, machen dafür aber auch mehr Lärm. Ein klimatisierter Wagen mit Fahrer kostet 1.500 bis 2.000 Rs pro Tag. Dies kann nur ein Richtwert sein und variiert je nach Saison, Nachfrage und natürlich Streckenlänge. Man sollte vor Fahrtantritt alle im Fahrpreis inbegriffenen Leistungen genauestens abklären und in einem Vertrag festhalten.

In Städten wie Delhi und Mumbai ist mit ca. 7 bis 8 Rs pro Kilometer zu rechnen, in kleineren Orten kann der Preis auf 4 bis 5 Rs sinken. Einige Unternehmer beharren auf einer täglichen Mindestkilometerzahl (meist 150 oder 200 km), deren Kosten man zu tragen hat, auch wenn man weniger fährt.

Unternimmt man längere Touren, kommen noch **Extragebühren** hinzu. Für jede Übernachtung muss eine *overnight charge* von ca. 150 Rs bezahlt werden, zuzüglich einer Fahrergebühr, der *driver batta*, von ca. 100 Rs. Bei einer täglichen Fahrtzeit von ca. sechs bis acht Stunden sollte man mit etwa 30 bis 35 Euro pro Tag hinkommen.

Um spätere Schwierigkeiten zu vermeiden, sollte man seine **Rechnung** jeweils am Ende eines Fahrttages begleichen, gegen Quittung versteht sich, auf der der Kilometerstand zu Anbeginn und am Ende der Tagesfahrt vermerkt ist sowie alle o.g. Zusatzausgaben. Am nächsten Morgen ist dann zu überprüfen, ob der Kilometerstand mit dem des Vorabends übereinstimmt – mancher Fahrer übernimmt nächtens private Spritztouren.

Bei der **Auswahl des Fahrers** sollte man eine gewisse Sorgfalt an den Tag legen. Für eine längere Tour sollte man nicht den Erstbesten anheuern, sondern einen, mit dem man mindestens schon einen Tagesausflug unternommen hat. Sonst entpuppt sich der Fahrer womöglich als nicht Englisch sprechender Kamikaze-Pilot, der einen mindestens zweimal pro Tag in ein Geschäft schleusen will und dann am Abend noch auf deftiges Trinkgeld pocht – keine gute Kombination ...

In Delhi gibt es neben einigen schwarzen Schafen eine Reihe seriöser Firmen, die z.B. eine 14-tägige Rajasthan-Rundtour für 15.000 Rs, alles inklusive, anbieten (siehe im Kapitel Delhi: „Praktische Tipps, Stadtverkehr, Mietwagen, -Motorräder").

Taxis

Abgesehen von den größten Metropolen wie Delhi, Mumbai oder Kalkutta sind Taxis eher selten, ganz einfach weil sie für die allermeisten Inder viel zu teuer sind. Für an europäische Preise gewöhnte Touristen ist Taxifahren in Indien hingegen immer noch billig.

Zwar verfügen die meisten Taxis über einen **Taxameter,** doch scheinen nur die wenigsten Fahrer gewillt zu sein, diesen auch einzuschal-

ten. Meist helfen sie sich mit dem Argument, das Gerät sei *broken,* also defekt. Eine wundersame Heilung tritt oft dann ein, wenn man damit droht, ein anderes Taxi zu nehmen. Sehr oft zeigen jedoch selbst funktionierende Taxameter nicht den richtigen Fahrpreis an, weil sie noch nicht der letzten oder vorletzten Fahrpreisänderung angeglichen worden sind. In Mumbai zum Beispiel ist der tatsächliche Tarif elfmal so hoch wie der angezeigte. Für diesen Fall muss jeder Taxifahrer eine Umrechnungstabelle mit sich führen, die er auf Verlangen vorzuzeigen hat.

Die in diesem Buch genannten Preise sind nur als Orientierungshilfe gedacht. Letztlich hängt es vom jeweiligen Verhandlungsgeschick ab, wieviel man im konkreten Fall zu zahlen hat. Da viele Taxifahrer, wenn überhaupt, nur sehr wenig Englisch sprechen, sollte man sich vor Fahrtbeginn vergewissern, ob das gewünschte Fahrtziel auch wirklich verstanden wurde. Andernfalls kann es vorkommen, dass die eigentlich kurze Fahrt zum nächsten Hotel zu einer halben Stadtbesichtigung ausartet. Wer am Ende die Zeche hierfür zahlt, dürfte klar sein.

Autorikshas (Scooter)

Eine Art „Taxi des kleinen Mannes" sind jene dreirädrigen, luftverpestenden Vehikel, die wegen ihres tuckernden Geräuschs in Thailand den Namen **Tuk Tuk** tragen, in Indien aber allgemein Scooter genannt werden. Ähnlich wie ihre thailändischen Kollegen sind auch die indischen Fahrer wahre Hasardeure, die sich einen Spaß daraus machen, auch die kleinste sich bietende Lücke mit Vollgas zu

Die Autoriksha – das Taxi des kleinen Mannes

durchrasen. Tatsächlich sind Autorikshas wegen ihrer Wendigkeit, gerade während der Stoßzeiten in größeren Städten, **wesentlich schneller als Taxis** und zudem auch ca. 30 % billiger. Dafür zahlt man jedoch auch mit Blei in der Lunge und einem ramponierten Rückgrat. Wie beim Taxi sollte man Fahrpreis und Ziel vor der Fahrt genau abklären.

Die im Buch angegebenen **Fahrrad- und Autoriksha- sowie Taxipreise** stellen einen für den westlichen Reisenden normalen, eher niedrigen Preis dar. Inder fahren gewöhnlich zu weitaus geringeren Preisen, für die die meisten Droschkenkutscher westliche Touristen nicht kutschieren würden. Es gibt in dem Bereich also so etwas wie eine Zweiklassengesellschaft. Dies gilt natürlich nicht, wenn man sein Gefährt mittels eines Prepaid-Schalters bucht, oft an Bahnhöfen und Flughäfen vorhanden. Diese sind im Buch erwähnt.

Tempos

Tempos sind eine Art überdimensionale Autorikshas mit Platz für bis zu **acht Personen,** d.h. in Indien kann es auch schon mal ein gutes Dutzend werden. In mittleren und größeren Städten fahren sie entlang **festgelegter Routen,** z.B. vom Bahnhof ins Stadtzentrum. Auf der Strecke halten sie dort an, wo Passagiere ein- oder aussteigen möchten. Tempos sind neben Bussen die billigste Fortbewegungsart im innerstädtischen Verkehr. Die Preise variieren je nach Streckenlänge von 1 bis 5 Rs. Sie kommen allerdings nur für Reisende mit ganz wenig oder besser gar keinem Gepäck in Frage, da der zur Verfügung stehende Platz pro Person minimal ist. Im Übrigen ist die Preisersparnis gegenüber den Autorikshas, besonders wenn man zu zweit reist, derart gering, dass diese Transportart nur von wenigen Touristen genutzt wird.

Fahrradrikshas

Fahrradrikshas, **dreirädrige Fahrräder** mit dem Fahrer vorn und einer kleinen Sitzbank für zwei Personen dahinter, wurden in den letzten Jahren aus den Zentren mehrerer Großstädte verbannt, doch in den meisten Orten sind sie das meistbenutzte Transportmittel. Hier gibt es selbstverständlich keinen Taxameter und gerade in großen Touristenorten gilt es besonders hartnäckig zu handeln. Der offizielle Rikshapreis pro Kilometer beträgt 3 Rs, Minimalpreis ist 7 Rs, allerdings wird meist wesentlich mehr verlangt und man muss kräftig feilschen, um auch nur halbwegs in die Nähe dieses Preises zu gelangen.

Hinzu kommt, dass viele Rikshafahrer im Kommissionsgeschäft engagiert sind und versuchen, den Neuankömmling in jenes Hotel zu bringen, wo sie am meisten Prozente bekommen. Oft ist das die Hälfte des Übernachtungspreises. Besondere Vorsicht ist bei Fahrern geboten, die einen bei der Frage nach dem Fahrpreis mit der Antwort „As you like" zu locken versuchen. Es ist immer unkomplizierter (und billiger) vor Fahrtantritt den exakten Tarif festzulegen. Auch hier können die im Buch gegebenen Preise nur als Anhaltspunkt dienen.

Tongas

Mit Tonga werden einfache **Pferdegespanne** bezeichnet, die sich gelegentlich, vor allem in kleineren Orten, noch finden.

Zeitungen und Zeitschriften

Für jeden ausländischen Besucher, der sich längere Zeit in Indien aufhält, bieten die **englischsprachigen Tageszeitungen** eine hervorragende Möglichkeit, sich näher mit den großen wie kleinen Problemen des Landes vertraut zu machen. Gerade ein Blick in den Lokalteil oder die traditionell am Sonntag erscheinenden Heiratsanzeigen vermitteln wesentlich tiefere Einblicke in das indische Alltagsleben als mancher wissenschaftliche Aufsatz. Die wichtigsten englischsprachigen Tages- und Wochenzeitungen:

- **Times of India,** das etwas in die Jahre gekommene Flaggschiff, mit einer Auflage von über 3 Mio. die weltweit auflagenstärkste englischsprachige Tageszeitung, ist noch immer die seriöseste und ausführlichste Tageszeitung des Landes. www.timesofindia.com.
- **Hindustan Times,** das in Delhi verlegte Blatt entstand aus der indischen Unabhängigkeitsbewegung, hat aber in den letzten Jahren einiges an seiner früheren Seriosität verloren. www.hindustantimes.com.
- **The Hindu** ist so etwas wie das südindische Gegenstück zur „Hindustan Times". Das Gros der Leserschaft des in Chennai verlegten Blattes findet sich in Tamil Nadu. Vielen gilt sie noch vor der „Times of India" als die beste Zeitung des Landes.

Wochenblätter und Magazine

- **Sunday Observer** und **Sunday Mail** – zwei sehr gute, sonntags erscheinende Wochenblätter, die fundiert auf die Hintergründe der Schlagzeilen der vergangenen Woche eingehen.
- **India Today** – Keine andere Publikation bietet derart umfangreiche wie fundierte Hintergrundreportagen. Das etwa 90 Seiten starke, im Stil von „Times" und „Newsweek" gestaltete Blatt ist das meistverkaufte Magazin Indiens. www.india-today.com.
- **Outlook** – Verglichen mit dem alteingesessenen „India Today" ist der dem linken Spektrum zugerechnete „Outlook" noch ein recht junger Spund und hat in den letzten Jahren mit dem Aufdecken vieler Skandale eine breite Leserschaft gefunden. www.outlookindia.com.
- **Tehelka** – Investigativer Journalismus mit Speerspitze gegen die Großen und Mächtigen macht die erst 2003 gegründete Wochenzeitung zur momentan wohl spannendsten Lektüre der indischen Presselandschaft. www.tehelka.com.

Zeitverschiebung

Nach der im ganzen Land geltenden **Indian Standard Time** (IST) gehen die indischen Uhren der Mitteleuropäischen Zeit in der Sommerzeit (Ende März bis Ende Oktober) um 3,5 Std. voraus, zur Winterzeit 4,5 Std. 12 Uhr in Indien entspricht also 8.30 bzw. 7.30 Uhr in Mitteleuropa. Zeitdifferenzen zu asiatischen Nachbarländern (Indien 12 Uhr):

- **Pakistan:** 11.30 Uhr
- **Nepal:** 12.15 Uhr
- **Bangladesch:** 12.30 Uhr
- **Thailand:** 13.30 Uhr
- **Malaysia, Singapur, Indonesien:** 14.30 Uhr

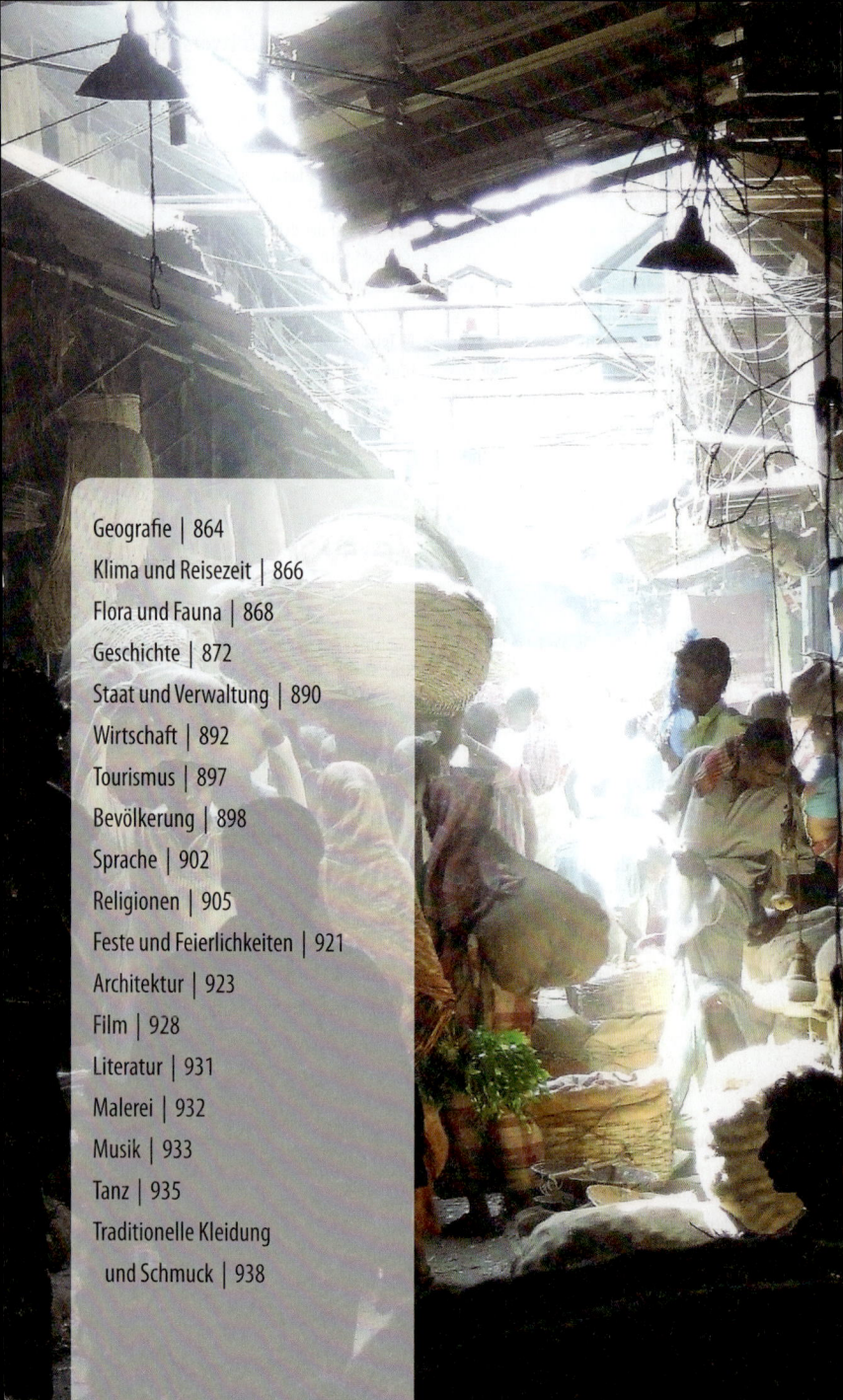

Geografie | 864
Klima und Reisezeit | 866
Flora und Fauna | 868
Geschichte | 872
Staat und Verwaltung | 890
Wirtschaft | 892
Tourismus | 897
Bevölkerung | 898
Sprache | 902
Religionen | 905
Feste und Feierlichkeiten | 921
Architektur | 923
Film | 928
Literatur | 931
Malerei | 932
Musik | 933
Tanz | 935
Traditionelle Kleidung
 und Schmuck | 938

Das flächenmäßig siebtgrößte Land der Erde wird nicht umsonst als „Subkontinent" bezeichnet: vom Himalaya bis zum Indischen Ozean umfasst es mehrere Klimazonen und eine ungeheure Vielfalt an Landschafts- und Vegetationsformen. Seine Bevölkerung hat die Milliardengrenze längst überschritten.

Land und Leute

◁ Marktszene in Kalkutta

Geografie

Mit einer Fläche von 3,29 Mio. km² und einer maximalen Nord-Südausdehnung von 3.214 km (bzw. 2.933 von Ost nach West) ist Indien das siebtgrößte Land der Erde und etwa neunmal so groß wie Deutschland. Der indische Subkontinent, von dem Indien den weitaus größten Teil einnimmt, wird von drei großen Landschaftszonen geprägt.

Himalaya

Die Nordgrenze bildet der sich von Südost nach Nordwest auf einer Länge von 2.500 km hinziehende Himalaya, der das Land von seinen nördlichen Nachbarn China, Nepal und Bhutan trennt. Dieses höchste Gebirge der Welt besteht eigentlich aus fünf parallel hintereinander liegenden Gebirgszügen, die durch landschaftlich oft verwegen schöne **Täler** voneinander getrennt sind. Das Kulu-Tal in Himachal Pradesh und vor allem das Hochtal von Kashmir sind nur zwei Beispiele hierfür. Im Nordwesten bildete der Khyber-Pass über Jahrhunderte die einzig passierbare Stelle und war so das klassische Einfallstor der zentralasiatischen Eroberer. Der **höchste Berg** Indiens und der nach dem Mount Everest in Nepal und dem K2 in Pakistan drittgrößte der Erde ist der in Sikkim gelegene **Kanchenjunga** mit 8.528 m. Vor der Annexion Sikkims durch Indien im Jahre 1975 gebührte diese Ehre dem **Nanda Devi** (7.817 m) im Grenzgebiet von Indien, Nepal und China.

Nordindische Tiefebene

Kaum krasser könnte der Übergang zur sich unmittelbar südlich an die höchste Gebirgskette der Erde anschließende zweite Großregion sein. Nur wenige Meter über dem Meeresspiegel liegen die von den drei großen Flüssen Indus, Ganges und Brahmaputra gebildeten **Stromtiefländer.** Seit jeher war dieses fruchtbare Schwemmland das bedeutendste Siedlungsgebiet, und so finden sich hier auch viele der bedeutendsten kulturhistorischen Stätten Indiens. Seit der Abtrennung Pakistans im Jahre 1947 liegt ein Großteil des **Indus** heute außerhalb der indischen Staatsgrenzen.

Der im Himalaya entspringende **Ganges** bildet den Lebensnerv der nordindischen Tiefebene, die auch heute noch die mit Abstand am dichtesten besiedelte Region des Landes ist. Noch bis ins 19. Jahrhundert war ein Großteil dieser Region von dichtem **Dschungel** überwuchert. Durch den enormen Bevölkerungsdruck und die zunehmende Industrialisierung finden sich heute nur noch in entlegenen Grenzgebieten wie in Assam große zusammenhängende Waldgebiete, während der Rest völlig **entwaldet** ist. Eine Entwicklung mit katastrophalen ökologischen und klimatischen Auswirkungen, wie die jährlich wiederkehrenden oftmals Tausende von Toten fordernden verheerenden Überschwemmungen nur allzu deutlich aufzeigen.

Hochland von Dekhan

Die flächenmäßig größte und geologisch interessanteste der drei Regionen ist die sich in Form eines Dreiecks südlich an die Gangesebene anschließende und von dieser durch die **Vindhyas**, ein langgestrecktes Mittelgebirge, abgegrenzte **Dekhan-Scholle.** Vor Jahrmillionen Teil des großen Urkontinents **Gondwana,** zu dem auch Teile Südamerikas, Australiens und Afrikas gehörten, legte sie sich vor 250 Millionen Jahren an das asiatische Festland.

Durch diesen Aufprall entstand das Faltengebirge des Himalaya, ebenso wie die **Ost- und Westghats**, zwei parallel zur Küstenlinie verlaufende Gebirgszüge, die steil zum Meer abfallen.

Ein weiteres Zeugnis der damaligen geologischen Verwerfungen in Verbindung mit der intensiven Verwitterung des Gesteins durch abwechselnd heftige Niederschläge und extreme Trockenheit sind die für diese Region so

Geografische Begriffe

Die aufgeführten Begriffe machen viele Ortsnamen transparenter. *Ramnagar* ist somit die „Stadt des Ram", *Shivpur* die „Stadt des Shiva". Der *Nanga Parbat* ist der „nackte Berg" und Bansgaon das „Bambusdorf". *Uttar Pradesh* heißt nichts weiter als „Nordprovinz", *Madhya Pradesh* „mittlere Provinz".

Bag / Bagh	Park
Ban / Van	Wald
Bandar / Bunder	Hafen
Bandh	Damm
Basar / Bazar	Markt (-platz)
Basti	Siedlung, Dorf
Chowk / Chauk	Platz
Chowrasta/Chaurasta/ Chauraha	Kreuzung (vier Straßen)
Dariya	Bach, Fluss
Desh	Land (Nation)
Galli	Gasse
Ganj / Gunj	Markt (-platz)
Gao / Gaon / Gau / Gaum	Dorf
Garh / Gadh	Fort, Festung
Ghat	Uferanlagen; Hügelgebiet zwischen Flachland und Hochplateau
Ghati	Tal
Gir / Giri	Berg
Gram / Grama	Dorf
Jangal	Wald
Jheel / Jhil	(Binnen-) See
Jheelka / Jhilka	Teich
Kot / Kota	Fort, Festung
Kund / Kunda	(Binnen-) See
Mahasagar	Ozean
Mahanagar	Großstadt, Metropole
Maidan	Rasenplatz
Marg	Weg, Straße
Nadi	Fluss
Nagar	Stadt
Nalla	Bach
Pahar	Berg, Hügel
Parbat / Parvat	Berg
Path	Weg, Pfad, Straße
Pradesh	Bundesstaat, Provinz
Pul	Brücke
Pur / Pura / Puri / Pore	Stadt
Qila	Fort, Festung
Rasta	Weg, Pfad
Sagar	Meer / See
Samudra / Samundar	Meer
Sangam	Zusammenfluss mehrerer Flüsse
Sarak / Sadak	Straße
Sarovar / Sarowar	(Binnen-) See
Shahar	Stadt
Tal	(Binnen-) See
Talab	Teich, Weiher
Taluk / Taluka	Distrikt
Tinrasta	Kreuzung (drei Straßen)
Udyan	Garten, Park
Zilla	Bezirk

charakteristischen **Tafelberge**. Diese steil aus der Ebene aufsteigenden Felsplateaus wie zum Beispiel Mandu in Madhya Pradesh, Mount Abu und Chittorgarh in Rajasthan eigneten sich vorzüglich für den Bau groß angelegter Festungsanlagen. Das **Tafelland,** das im Süden bis 1.300 m ansteigt, wird von den westlich am Arabischen Meer fließenden Flüssen Narmada und Tabti und den in den Golf von Bengalen mündenden Flüssen Mahanadi, Godawari, Krishna und Kauveri durchschnitten und entwässert. Im Laufe der Jahrhunderte erwies sich das Dekhan-Hochplateau immer wieder als **unüberwindliche Schwelle** für die muslimischen Eroberer aus Delhi bei ihrem Versuch, auch den Süden des Landes unter ihre Kontrolle zu bringen. So konnte die von den indoarischen Eroberern zwischen 1500 und 500 v. Chr. in den Süden abgedrängte drawidische Urbevölkerung wesentlich mehr an kultureller Identität bewahren als die von fünfhundertjähriger Fremdherrschaft geprägten Völker Nordindiens. Erst als mit der Seefahrt die natürlichen Grenzen ihre Bedeutung verloren, konnte auch der Süden durch die Europäer mit Beginn des 16. Jahrhunderts kolonisiert werden.

Klima und Reisezeit

In unserer hochtechnisierten und industrialisierten Welt haben wir uns so weit vom Wetter unabhängig gemacht, dass wir darüber meist nur dann reden, wenn es an anderen, wichtigeren Gesprächsthemen mangelt. In einem dominant agrarischen Land wie Indien sind die Unbilden der Witterung noch echte Schicksalsfragen. Vom rechtzeitigen Eintreffen der Regenzeit hängen Ernte, Gesundheit, ja Überleben eines Großteils der Bevölkerung ab. Zwar sind gerade in den letzten zwei Jahrzehnten viele Talsperren und Kanäle gebaut worden, die die Landwirtschaft von den Zufällen des Monsunregens unabhängig machen sollen, doch insgesamt ist der größte Teil des Landes auf den jährlichen Regen angewiesen.

Jahreszeiten

Diese Abhängigkeit vom jährlichen Regen verdeckt jedoch die Tatsache, dass der Monsun im Grunde ein extremes Element im sonst eher ruhig verlaufenden Wandel der indischen Jahreszeiten darstellt. Trotz aller regionalen Schwankungen in diesem Land lassen sich drei Jahreszeiten unterscheiden: Sommer, Regenzeit, Winter.

Sommer

Mit Sommer bezeichnet man in Indien die heißen und trockenen Monate von März bis Mai. Nicht verwechseln sollte man diese Jahreszeit mit dem mitteleuropäischen Sommer, tritt er in Indien doch mit viel größerer Entschiedenheit auf. Es regnet dann so gut wie gar nicht mehr. Dafür steigt die **Hitze** bis Ende Mai auf über 45°C an. Gerade in den extremen Trockengebieten im Nordwesten erschweren schwere **Sandstürme** das Leben. Insgesamt leidet das gesamte Land unter der Hitzeglocke, und wer immer es sich leisten kann, entflieht speziell im April und Mai in die Bergregionen des Himalaya. Kashmir, das Kulu-Tal und Darjeeling erleben jetzt den Ansturm der indischen Mittel- und Oberschicht.

Regenzeit

Der etwa Anfang Juni vom Südwesten her mit dem Monsun eintreffende **Regen** wird von den Menschen wie eine gottgesandte Erlösung empfunden. Der Himmel öffnet seine Schleusen, entstaubt im wahrsten Sinne des Wortes die Luft, sodass man endlich mal wieder richtig durchatmen kann. Zwar ist die unerträgliche Hitze überstanden, dafür bedrückt nun ein feuchtes, **schwülwarmes** Klima das Leben der Menschen. Während der **Südwestmonsun** etwa Mitte September den Rückzug antritt, wird die Südostküste noch einmal von Oktober bis Dezember vom **Nordostmonsun** berührt, sodass hier im Vergleich zum restlichen Indien überdurchschnittlich hohe Niederschlagswerte zu verzeichnen sind.

Der Monsun kommt durch den jährlichen Wechsel der Winde zustande, die durch die Temperaturschwankungen zwischen Land und Wasser sowie die unterschiedliche Sonnenbestrahlung der Erde entstehen. Im Sommer blasen die Winde aus Südwest, im Winter aus Nordost. Sie transportieren riesige Wolkenmassen, die sich dann als Monsunregen über dem Festland ergießen. Das eigentliche Problem besteht jedoch darin, dass seine Zeit und Ergiebigkeit kaum vorhersehbar ist und er zudem unregelmäßig auftritt. Kommt es an Ganges und Brahmaputra immer wieder zu riesigen **Überschwemmungen** mit Tausenden von Toten, leiden die Menschen im Südwesten, in Gujarat und Rajasthan, unter jahrelangen **Dürreperioden**, in denen kein Tropfen Wasser fällt.

Winter

Die angenehmste Jahreszeit beginnt im Oktober und reicht bis Februar. Winter ist, zumindest was die Tagestemperaturen betrifft, ein recht irreführender Begriff, liegen sie doch meist noch um 25 °C. Richtig kalt hingegen wird es in den Bergregionen des Himalaya mit nächtlichen Tiefsttemperaturen um den Gefrierpunkt, speziell im November/Dezember.

Die beste Reisezeit

Allgemein lässt sich sagen, dass die Wintermonate von **Oktober bis Februar** mit angenehmen Temperaturen, viel Sonnenschein und wenig Regen die beste Reisezeit darstellen. Gerade in den Monaten Oktober/November kurz nach der Regenzeit erstrahlt die Natur in voller Blüte. Allerdings wird es im hohen Norden sehr kalt, dafür ist die Fernsicht in dieser Jahreszeit am besten. Bedenken sollte man, dass es vor allem in Westbengalen und Orissa aufgrund des Nordostmonsuns zu überdurchschnittlich hohen Regenfällen kommt. Zudem kann es in der Hauptreisezeit an einigen Haupt-Touristenorten wie etwa Agra, Jaipur und Varanasi oder Jaisalmer zu Schwierigkeiten kommen, Unterkunft zu finden.

Der indische Sommer – speziell die Monate **April/Mai** – ist wegen seiner erdrückenden Hitze und Feuchtigkeit als Reisezeit nicht zu empfehlen. Himachal Pradesh mit seinen wunderschönen Himalayatälern ist in dieser Zeit wohl noch die angenehmste Region. Für Tierliebhaber ist es allerdings eine günstige Zeit, weil sich die Tiere auf die verbliebenen Wasserstellen konzentrieren und damit leicht zu beobachten sind.

Obwohl die **Monsunzeit** von Juni bis September wegen der vielen Regenfälle, hoher Luftfeuchtigkeit, vieler Insekten und der Überflutung von Verkehrswegen meist von Touristen gemieden wird, bietet sie doch gewisse Vorteile. Der Wechsel zwischen Regen- und Sonnenzeiten (meist regnet es nur einige

Stunden pro Tag, danach kommt wieder die Sonne durch) bietet faszinierende Farbenspiele. Nach monatelanger Dürre scheint die Natur geradezu zu explodieren. Duft und Farben der Pflanzen sind in dieser Zeit besonders intensiv. Auch das Shekhawati in Rajasthan mit seiner verfallenen ehemaligen Pracht strahlt in dieser Zeit einen besonderen Reiz aus.

Flora und Fauna

Pflanzenwelt

Nur auf eine semantische Kuriosität ist es zurückzuführen, dass knapp 10 Prozent der indischen Landesfläche offiziell als **Dschungel** klassifiziert werden. Das Wort Dschungel leitet sich von dem Hindiwort *Jangal* ab und bedeutet auch in anderen indischen Sprachen ganz allgemein Wald. In Indien ist also jeder Wald ein *Jangal*. Dschungel, wie man ihn aus historischen Reiseberichten oder den literarischen Werken *Rudyard Kiplings* kennt, Dschungel mit Baumriesen, Schlingpflanzen, dichtem Unterholz und Wegelosigkeit gehört jedoch in Indien inzwischen fast der Vergangenheit an. Nur noch in den feuchten **Regenwaldzonen** der Western Ghats und den Grenzgebieten des Nordostens, vor allem in Assam, gibt es noch Überreste. Dichter Wald ist in den Mittelgebirgszügen der Vindhyas bis hin nach Orissa erhalten geblieben.

Insgesamt knapp 1.200 **Baumarten** kommen in Indien vor. Der für westliche Touristen klassische Tropenbaum, die Palme, findet sich in Indien vor allem im Süden. Besondere Bedeutung kommt der **Kokospalme** zu, weil die Kokosnuss äußerst vielseitig verwendbar ist. So ist die Kokosmilch als guter Durstlöscher sehr beliebt, das Fruchtfleisch wird in Süßspeisen und Currys verarbeitet. Das hochwertige Kokosöl wird zum Kochen und Backen ebenso verwandt wie zur natürlichen Körperpflege, das minderwertige in Seifen und Kerzen verarbeitet. Doch mit der Verarbeitung des Inhalts ist der Nutzen der Frucht noch lange nicht erschöpft. So werden aus den Holzfasern Seile gesponnen, die wiederun zu Säcken, Matten, Teppichen, Netzen und Bürsten verarbeitet werden. Die Schalen dienen zur Herstellung von Bestecken und Souvenirs oder als Brennmaterial. Aus dem Palmholz schließlich lassen sich Möbel fertigen, und die Palmwedel dienen oftmals als Hausabdeckungen. So verwundert es wenig, dass die etwa zwei Millionen Kokospalmen in Goa einen erheblichen Wirtschaftsfaktor in der Region darstellen.

An der Malabarküste wachsen die bei den Indern so beliebten **Arecanüsse** *(Areca catechu)*, wichtigster Bestandteil des **Betelbissens.** Als Kau- und Genussmittel hinterlassen sie überall in Indien unübersehbare rötliche Flecken. Zu den wertvollsten Edelhölzern gehören **Sandel**- und **Rosenholz**, die wegen ihres Wohlgeruches auch als Räucherstäbchen Verwendung finden.

Einer der wohl bekanntesten Bäume Indiens ist der **Bodhi** (Pipal-Baum, *Ficus religiosus*). Unter diesem Baum soll der Prinzensohn Siddharta Gautama nach siebentägiger Meditation zum Buddha, d.h. zum Erleuchteten, gereift sein. Seither gilt der Baum allen Buddhisten als heilig.

Ebenso wie der Bodhi gehört auch der wegen seines spektakulär anmutenden Aussehens berühmte **Banyan** (Würgfeige, *Ficus bengalesis*) zur Gattung der Feigenbäume. Mit seinen weit ausgreifenden, bis zu zwei Metern aus dem Boden aufragenden Luftwurzeln mit unzähligen Verästelungen und Verzweigungen macht der Parasit, der sich um die Stämme anderer Bäume legt, einen urweltlichen Eindruck.

Die vor allem in Bengalen (Darjeeling) und im Nordosten (Assam) von den Engländern Ende des 19. Jh. angelegten **Teeplantagen** haben Indien zu einem der weltweit größten Teeexporteure aufsteigen lassen. Gleichzeitig jedoch mussten dafür Waldgebiete gerodet werden.

Umweltverträglicher sind die **Gewürzgärten** an der tropischen Südwestküste. Der Geschmack von Pfeffer, Zimt, Kardamon und Ingwer lockte einst die Europäer nach Indien und folglich sind Gewürze heute noch einer der bedeutendsten landwirtschaftlichen Exportprodukte Indiens.

Tierwelt

Die dem Hinduismus immanente Auffassung von der Einheit allen Lebens, in der der Mensch nur ein Teil des Ganzen ist, mag auch die Tierwelt länger vor Verfolgung bewahrt haben als anderswo. Spätestens mit dem Einzug der Moderne war dies jedoch vorbei. Neben dem Bevölkerungsdruck, der die Menschen immer tiefer in die angestammten Lebensräume der Tiere eindringen ließ, dem Eisenbahn- und Straßenbau, der die Wanderwege der Tiere zerschnitt, und dem Einsatz von Pestiziden, der ihre Nahrungsgrundlagen zerstörte, trug auch die wilde Schießwut der weißen Kolonialherren und indischen Rajas zur Dezimierung des Wildbestandes bei. Vor allem die sogenannten *Big Five*, der indische **Löwe**, der **Tiger**, der **Elefant**, das **Panzernashorn** sowie das **Gaur,** das größte Wildrind der Erde, waren akut vom Aussterben bedroht. Angesichts dieser dramatischen Lage setzte Anfang der siebziger Jahre ein Sinneswandel bei den Verantwortlichen ein. Vor allem das Programm zur Rettung des Tigers erregte weltweites Aufsehen.

Heute zählt Indien weltweit zu einem der vorbildlichsten Länder auf dem Gebiet des Tierschutzes. Indiens Tierwelt ist sehr artenreich, auf 2,2 % der Landmasse der Erde sind 8 % aller Säugetiere, 14 % aller Vogelarten und 9 % aller Reptilienarten beheimatet.

Immer wieder ein faszinierendes Bild ist es, einen **Arbeitselefanten** mit einem *Mahout* in aller Seelenruhe inmitten des brodelnden Verkehrs der indischen Großstädte marschieren zu sehen. Zunehmend weniger dieser beliebten Großtiere Indiens werden allerdings zu Arbeitstieren abgerichtet.

Nachdem neben dem Elfenbein auch der Export von **Krokodilleder** strengstens verboten ist, verzeichnet auch die Population dieser so martialisch anzuschauenden Tiere einen Aufwärtstrend.

◁ Attraktion für Touristen: Elefantenausritte, hier am Fort von Amber bei Jaipur in Rajasthan

Die heilige Kuh – geschlagene Heilige

Die Kuh ist in Indien heilig, das weiß jedes Kind. Aber wie heilig ist sie den Indern eigentlich wirklich? Wenn man die abgemagerten Gerippe durch die Straßen streunen sieht, wo sie auf ihrer nimmermüden Suche nach Essbarem die Abfallhaufen durchwühlen und allzuoft mit Stockhieben vertrieben werden, scheint diese Frage gar nicht so abwegig.

Ein Blick in die Geschichte beweist, dass die Verehrung der Kuh durchaus nicht immer selbstverständlich war. Der Verzehr von Rindfleisch war für die nomadisierenden arischen Hirten, die vor Jahrtausenden in Nordindien einfielen, eine Selbstverständlichkeit, und auch die Opferung von Rindern zu religiösen Zwecken war gang und gäbe, wie Auszüge aus den „Veden", den heiligen Schriften der Arier, belegen. Dies änderte sich erst, als die Einwanderer sesshaft wurden und geregelten Ackerbau betrieben. Von nun an war nicht mehr das Pferd, sondern das Rind das wichtigste Tier des Menschen.

Diese Bedeutung hat es bis heute behalten, da sich die Lebensbedingungen eines Großteils der indischen Bevölkerung in den letzten Jahrtausenden nicht grundlegend verändert haben. Vor allem die unzähligen Mittellosen der indischen Gesellschaft profitieren von den kostenlosen Produkten der Millionen Straßenkühe. Die meisten der scheinbar herrenlos durch die Großstädte streunenden Rinder besitzen ein festes Zuhause, zu dem sie allabendlich zurückkehren. Während sie dort die bereitgestellte Mahlzeit bekommen, werden sie von den Besitzern gemolken.

Auch zum Pflügen der Felder und als Zugtier ist das Rind unverzichtbar. Die Milch der Kuh bedeutet für die Unterschicht eine wichtige, weil nährstoffreiche und vor allem kostenlose Ernährung. Der Dung ist als Düngemittel der Felder genauso nützlich wie als Brennmaterial; darüber hinaus findet er als Mörtel zur Errichtung von Lehmhütten Verwendung, zumal er auch noch

Flora und Fauna

insektenabweisend wirkt. Als weitverbreitetes Desinfektionsmittel wird auch der Urin der Cebu-Rinder genutzt, und in den indischen Städten dienen die etwa 200 Millionen freilaufenden Kühe als Müllentsorger.

Die existentielle Bedeutung des Rindes hatten die indoarischen Einwanderer sehr schnell erkannt, weshalb sie es unter Tötungsverbot stellten. Die Verehrung der Kuh hatte also zunächst rein pragmatische Gründe. Die religiöse Überhöhung als lebensspendende Mutter *(go mata)* setzte erst einige Jahrhunderte später ein, vor allem mit dem buddhistischen Prinzip der Nichtverletzung des Lebens *(ahimsa)*.

Nein, vergöttern im eigentlichen Sinne des Wortes tun die Inder ihre Kühe nicht, und heilig sind sie ihnen nur insofern, als sie ihnen das Überleben ermöglichen. Auch für die Kastenlosen, die außerhalb der hinduistischen Gesellschaft stehen, besitzen die Kühe einen enormen Nutzen. Da sie nicht an die hinduistischen Regeln gebunden sind, dienen diesen Ärmsten der Armen das Fleisch, die Knochen und das Leder als wichtige Ernährungs- und Einkommensquelle.

Der gerade im Westen immer wieder vorgebrachte Einwand, das Tötungsverbot der Kuh sei angesichts der Millionen unterernährten Inder unverantwortlich (gepaart mit der Forderung nach Hochleistungs-Rinderzucht), entbehrt übrigens jeder Grundlage. Gerade die breite Masse der Bevölkerung könnte sich die durch die Aufzucht zwangsläufig anfallenden höheren Kosten für die Tiere und deren Produkte nicht leisten und müsste so auf ihren Nutzen verzichten. Im Übrigen stehen die dafür notwendigen Weideflächen im überbevölkerten Indien gar nicht zur Verfügung.

Ebenso wie der Tiger in den letzten Jahren vor dem Aussterben gerettet werden konnte, scheint dies auch bei dem **Löwen** zu gelingen. 250 leben heute im Gir-Nationalpark im Bundesstaat Gujarat. Der **Gepard** gilt hingegen seit 1952 als ausgestorben.

Die beliebtesten Beutetiere der Wildkatzen wie **Antilopen, Gazellen** und **Hirsche** finden sich in fast jedem Wildpark Indiens zuhauf. Unter den Hundearten finden sind der **Dekhan-Rothund,** der **Goldschakal** und der Bengalfuchs relativ häufig, während der äußerst scheue indische **Wolf** vom Aussterben bedroht ist.

Ebenso erging es lange Zeit dem **Panzernashorn,** welches wegen der Zusammensetzung seines Horns, von dem sich abgeschlaffte asiatische Männer wundersame Kräfte versprechen, eines der begehrtesten Jagdobjekte der Wilderer war. Heute gibt es weltweit etwa wieder 1.500 der beeindruckenden Tiere, von denen etwa 70 % in Terai im Süden Nepals und im Kaziranga-Nationalpark in Assam beheimatet sind.

Ein absolut gewöhnlicher Anblick in Indien sind die **Affen,** die häufig in Tempeln anzutreffen sind. Hier scheinen sie sich besonders heimisch zu fühlen und sind dementsprechend selbstsicher, was zuweilen jedoch in Aggressivität umschlagen kann. Von den in Indien vertretenen neunzehn Rassen sind die Rhesusaffen und die Languren sehr häufig. Besonders die **Rhesusaffen** können recht agressiv werden, gerade wenn sie Essbares in den Händen der Menschen erspähen. So sollte man in deren Nähe darauf verzichten, genüsslich eine Banane oder Sonstiges zu verspeisen.

Vogelliebhaber kommen in Indien voll auf ihre Kosten, beherbergt der indische Subkontinent doch über 1.200 **Brutvogelarten,** von denen 176 nur hier vorkommen. Rechnet man noch die im Winter aus dem nördlichen und mittleren Asien einfliegenden **Zugvögel** hinzu, so können ingesamt mehr als 2.000 Vogelarten nachgewiesen werden. Besonders häufig sind **Eulen, Spechte, Nashorn-** und **Nektarvögel, Kuckucke, Reiher, Störche** und **Kraniche.**

Der indische Nationalvogel ist der **Pfau.** Er ist nicht nur in der Wildnis weit verbreitet, sondern wird in vielen Dörfern als halbzahmer Vogel verehrt und gefüttert. Souvenirs aus dekorativen Pfauenfedern können übrigens ohne Bedenken gekauft werden, da die Vögel ihre Schmuckfedern während der Mauser im Winter verlieren.

Weniger erfreulich klingt die Zahl der ca. 4.500 jährlich in Indien durch Schlangenbisse getöteten Menschen. Die Zahl der **Schlangenarten** liegt bei 230, davon sind 55 giftig. Die Tigerpython ist mit bis zu sechs Metern Länge die größte Schlangenart Indiens. Zu den gefährlichen **Giftschlangen** zählen hauptsächlich Kobra, Kettenviper und Sandrasselotter. Bei 90 % der Bisse durch gefährliche Giftschlangen ist die injizierte Menge zu gering, um tödliche Folgen zu haben. Opfer finden sich meist unter der verarmten Landbevölkerung, da viele die Nacht auf dem Boden verbringen müssen und dabei versehentlich mit einer Giftschlange in Berührung kommen.

Ganz harmlos und zudem sehr nützlich ist dagegen der freundliche Zeitgenosse, der fast jeden Abend an der Wand des Hotelzimmers nach einer leckeren Mahlzeit Ausschau hält – der **Gecko.** Der kleine Kerl mit seinen reichlich groß geratenen Glubschaugen hält sich besonders gern in der Nähe von Lampen auf, da hier die Chancen für einen fetten Leckerbissen in Form eines Insekts besonders hoch sind. Schade nur, dass er sich in Mitteleuropa nicht recht wohl fühlt.

Geschichte

Ähnlich der europäischen Geschichte, die gewöhnlich in die drei deutlich voneinander zu unterscheidenden Perioden alte, mittlere und neue Geschichte unterteilt wird, hat sich auch die indische Geschichtsschreibung an einer Dreiteilung orientiert: die alte indische Geschichte geprägt vom Hinduismus, die Zeit der islamischen Herrschaft und die britische Fremdherrschaft. Diese simple Kategorisierung erfreute sich sicherlich nicht nur deshalb so lange großer Beliebtheit, weil sie die jahrtausendealte, äußerst vielschichtige indische Geschichte in einen sehr übersichtlichen Rahmen presste, sondern auch, weil sie den Wunsch der nationalistischen Historikerzunft befriedigte, der goldenen Zeit der alten Geschichte die Epoche der Fremdherrschaft, die bereits mit den islamischen Dynastien begann, gegenüberzustellen. In dem Wissen, dass letztlich jede Periodisierung willkürlich bleiben muss, soll hier als Orientierungshilfe eine Aufteilung in zehn Epochen gewählt werden, um der Vielfalt der indischen Geschichte wenigstens ansatzweise gerecht zu werden.

Zeitalter der Induskultur (2250–1750 v. Chr.)

Es ist mehr als bezeichnend für den Verlauf der der von Gewalt und Teilung geprägten indischen Geschichte, dass die Schauplätze der ersten indischen Hochkultur heute außerhalb des Staatsgebietes im pakistanischen Industal liegen. Etwa um 2250 v. Chr. hatten sich in dem fruchtbaren Schwemmland mit den beiden ca. 600 km voneinander entfernten Metropolen **Harappa und Mohenjo Daro** zwei streng hierarchisch gegliederte Stadtkulturen entwickelt, die für ca. 5 Jahrhunderte die Zentren der Indus-Zivilisation bildeten. Da bis heute die Schrift nicht entziffert werden konnte und man so auf die Interpretation der materiellen Kulturzeugnisse angewiesen ist, lassen sich nur sehr vage Aussagen über die Kultur und politische Gliederung dieser Gesellschaften machen. So ist auch die immer wieder aufgestellte These, dass es sich um eine Sklavengesellschaft gehandelt haben soll, durchaus nicht erwiesen.

Archäologische Funde lassen vermuten, dass Weizen, Gerste und Hülsenfrüchte angebaut wurden sowie Sesam für die Ölerzeugung. Steinwerkzeuge wurden neben solchen aus Bronze und Kupfer noch vielfach verwendet, und die Töpferkunst war hoch entwickelt. Kultbilder aus Stein lassen bereits Ähnlichkeiten mit den späteren Hindugottheiten erkennen. Außerdem meinen die Wissenschaftler, Anzeichen für die später beim Hinduismus so charakteristische Führungsrolle der Priester ausgemacht zu haben.

Auch über die Ursachen für den **plötzlichen Untergang** der Stadtkulturen lassen sich nur Vermutungen anstellen. Unbeerdigte Leichen in der obersten Schicht Mohenjo Daros lassen auf ein gewaltsames Ende schließen. Ob dafür jedoch Überschwemmungen oder kriegerische Auseinandersetzungen verantwortlich waren, wird wohl nie eindeutig beantwortet werden können.

Einwanderung der Arier und Formierung des Hinduismus (1750–500 v. Chr.)

Das bis heute bedeutendste Ereignis der frühen indischen Geschichte war die Einwanderung **nomadisierender Rinderhirten** aus Zentralasien, die etwa um 1750 v. Chr. einsetzte und sich über ca. fünf Jahrhunderte in mehreren Völkerwanderungen fortsetzte. Woher die neuen Herren Indiens kamen und wer sie waren, ist auch heute noch eine offene Frage. Sie selbst nannten sich, wenig bescheiden, *Arya*, die Edlen. Man nimmt an, dass sie ursprünglich im südlichen Zentralasien beheimatet waren. Ihr Einfallstor zum indischen Subkontinent war wie für alle weiteren in der Folgezeit aus dem Norden eindringenden Eroberer der **Khyberpass,** der sich wie ein Korridor durch die westlichen Ausläufer des ansonsten unüberwindbaren Himalayas legte. Über das Leben der **Arier** sind wir weit besser informiert als über das der Menschen der Induskultur. Als Geschichtsquelle von unschätzbarem Wert erweisen sich hier die großen Epen der Arier, die **Veden**. Diese heiligen Schriften wurden zwischen 1500 und 800 v. Chr. verfasst und enthalten trotz ihrer auffallend legendenhaften Ausschmückung viele Hinweise über Organisation und Kultur im Indien des zweiten vorchristlichen Jahrtausends.

So machten die Arier zunächst den Punjab zu ihrem Brückenkopf in Indien, von dem sie erst mehrere Jahrhunderte später, vermutlich zwischen 1000 und 600 v. Chr., in die mittlere Gangesebene bis zum Yamuna vordrangen. Die Verwendung von Eisenwaffen, welche um 1000 v. Chr. Verbreitung fanden, zusammen mit ihrer beweglichen Kriegstechnik ließen die Arier schnell auf allen Gebieten die Vormacht erlangen.

Ob sie allerdings bei ihrem Vormarsch auf die dunkelhäutigen Drawiden trafen, die in der Fachliteratur lange Zeit als die Urbevölkerung angesehen wurden, gilt nach neuesten wissenschaftlichen Untersuchungen nicht mehr als gesichert. Glaubt man diesen Erkenntnissen, so erreichten die **Drawiden** erst nach den Ariern, über den Seeweg vom Irak kommend, den Subkontinent und ließen sich vornehmlich in Südindien nieder. Sollte sich

Brahmanen und Unberührbare – die Kasten zwischen Tradition und Auflösung

Seine Ursprünge hat das indische Kastensystem in der Zeit des Brahmanismus (ca. 1000–500 v. Chr.). Nach dem Einfall der Arier aus dem südlichen Zentralasien entstand eine in vier Klassen geteilte Gesellschaft. An ihrer Spitze standen die **Brahmanen** (Priester), denen die **Kshatriyas** (Krieger und Adel) und die **Vaishyas** (Bauern, Viehzüchter und Händler) folgten. Ihnen untergeordnet waren die nichtarischen **Shudras** (Handwerker und Tagelöhner).

Das Sanskrit-Wort für diese Klassen lautet *varna* (Farbe). Das deutet darauf hin, dass die hellhäutigen, arischen Eroberer die **dunkelhäutige Urbevölkerung** aufgrund ihrer Hautfarbe isolierte. Welche Bedeutung auch heute noch der Hautfarbe zukommt, kann man den sonntäglichen Heiratsannoncen entnehmen, in denen immer wieder der Wunsch nach einem möglichst hellen Teint auftaucht. Deshalb erfreuen sich auch Puder und Cremes bei unverheirateten Frauen großer Beliebtheit.

Die von den Brahmanen verfassten heiligen Schriften erklären und legitimieren diesen hierarchischen Gesellschaftsaufbau mit einem Gleichnis. Danach entstanden die Brahmanen bei der Opferung des Urriesen aus dessen Kopf, die Kshatriyas erwuchsen aus seinen Armen, die Vaishyas aus seinen Schenkeln und die Shudras aus dem niedrigsten Körperteil, den Füßen. Rechtfertigung erhielt das Kastensystem auch durch die Karma-Lehre, nach welcher der Status im gegenwärtigen Leben direktes Resultat der Taten in einem vorangegangenen Leben ist.

Das heute gebräuchliche Wort „Kaste" prägten die Portugiesen im 16. Jh., als sie die verschiedenen gesellschaftlichen Gruppen als *castas* (Gruppe, Familie) bezeichneten. Mit der wirtschaftlichen Entwicklung kam es zu einer Differenzierung der gesellschaftlichen Unterschiede, indem die **Berufsgruppen** in Unterkasten aufgeteilt wurden. Von diesen den europäischen Zünften vergleichbaren Unterkasten, die als *jatis* bezeichnet werden, soll es heute über 3000 in Indien geben. Da man in diese Kasten hineingeboren wird und ein Aufstieg in eine nächsthöhere Kaste ausgeschlossen ist, kann der einzelne dieser Apartheid nicht entkommen.

Außerhalb dieses Kastensystems stehen die sogenannten **Unberührbaren**, die bis Mitte des 20. Jh. als derart unrein galten, dass sich ein Brahmane aufwendigen Reinigungsritualen unterwerfen musste, wenn auch nur der Schatten eines Unberührbaren auf ihn gefallen war.

Der Klassenstatus löst den Kastenstatus ab

Heute, wo in Indien über eine Milliarde Menschen auf engem Raum zusammenlebt und die Wirtschaft sich im harten Konkurrenzkampf auf dem internationalen Markt behaupten muss, entscheidet nicht mehr die Kaste, sondern Ausbildung und Leistung über die Vergabe eines Arbeitsplatzes.

Kasten- und Klassenstatus mögen früher einmal identisch gewesen sein – heute sind sie es längst nicht mehr. Unter den oberen Schichten der Gesellschaft muss man die Brahmanen mit der Lupe suchen; hier dominieren die Händler- und Bauernkasten. Erst danach finden sich die früher so dominierenden Brahmanen, die heute eher mittlere Gehaltsempfänger sind und vielfach höhere Verwaltungsposten besetzen. Allerdings befinden sie sich hier manchmal bereits in Konkurrenz mit Angehörigen der früheren Unberührbaren, die ihren Aufstieg einer systematischen Förderung der Regierung verdanken und deshalb nicht selten als „Regierungs-Brahmanen" bespöttelt werden.

Bedeutet all dies, dass das einstmals alles beherrschende Kastensystem im Indien von heute praktisch keine Rolle mehr spielt? Die Antwort lautet, wie so oft in Indien, nicht ja oder nein, sondern sowohl als auch. So ist es auch für die meisten westlich geprägten Inder, denen sonst im Alltag die Kastenschranken kaum noch etwas bedeuten, undenkbar, ihre Kinder mit Angehörigen einer niedrigen Kaste zu verheiraten.

Kasten als sozialer Rückhalt

Was einem nach den Prinzipien von Individualität und Selbstverwirklichung erzogenen Europäer als ungerecht erscheinen mag, erhält im Lichte der sozialen und kulturellen Realität Indiens eine völlig andere Bedeutung. Schließlich sollte man nicht übersehen, dass diese im Westen wie selbstverständlich propagierten Ideale gleichzeitig ein **soziales Netz** erfordern, welches jene, die auf dem schmalen Grat der freien Entscheidung straucheln, auffängt. Die Funktion eines in Indien so gut wie unbekannten staatlichen Sozialsystems übernimmt das Kastensystem.

Diese wirtschaftliche Komponente ist aber nur einer der im Westen immer wieder verkannten Vorteile der Kastenordnung. So haben die über Jahrtausende tradierten Werte und Verhaltensvorschriften innerhalb der einzelnen Kasten zu einer Art **kulturellem Heimatgefühl** geführt, auf welches die meisten Inder bis heute allergrößten Wert legen. Dementsprechend treffen sich die einzelnen Kastenmitglieder im Privatleben fast ausschließlich untereinander und halten damit eine Ordnung aufrecht, die im öffentlichen Leben kaum noch eine Rolle spielt.

Die Kastenlosen – geborene Verlierer

Vor allem in den Hunderttausenden von indischen Dörfern, die seit jeher als die Hochburgen des Kastensystems gelten, haben sich die alten Traditionen noch weitgehend erhalten. Dort ist es immer noch üblich, dass die Brahmanenhäuser, geschützt unter hohen Bäumen, im Zentrum stehen, während sich die anderen Bewohner, abgestuft nach ihrer Rangordnung, weiter Richtung Dorfrand ansiedeln.

Außerhalb der Dorfgrenze haben die Kastenlosen ihre schäbigen Hütten aufgeschlagen. Trotz aller staatlichen Fördermaßnahmen, die ihnen unter anderem entsprechend ihrem Anteil an der Gesamtbevölkerung einen Prozentsatz an Stellen im öffentlichen Dienst zusichern, zählen die 150 Millionen Kastenlosen nach wie vor zu den Ausgestoßenen der Gesellschaft.

Die Zeiten, dass ein Paria vor Betreten der Stadt die Höherkastigen durch das Schlagen einer Trommel *(parai)* vor seinem Erscheinen warnen musste, damit diese sich nicht durch seine Nähe verunreinigten, gehören zwar der Vergangenheit an, das Betreten des Dorftempels oder die Wasserentnahme aus dem Dorfbrunnen ist ihnen jedoch auch heute noch untersagt.

Dass jahrtausendealte Traditionen weit schwerer wiegen als bürokratische Entscheidungen im fernen Delhi musste auch *Mahatma Gandhi* erkennen, der sich vehement für die Besserstellung der Unberührbaren einsetzte und ihnen den Namen *Harijans* (Kinder Gottes) verlieh. Aufsteiger kommen zwar vor, die große Mehrzahl der Kinder Gottes verdient ihren kargen Lebensunterhalt jedoch mit dem Säubern von Latrinen, dem Enthäuten von Kadavern oder als Müllmänner. Als Abfall der Gesellschaft ist der Abfall der Höherkastigen für sie gerade gut genug. Bei diesen geborenen Verlierern, den Ärmsten der Armen, zeigt sich die hässliche Seite des Kastensystems auf besonders krasse Weise.

diese Theorie bestätigen, wäre eine zentrale Konstante der indischen Geschichtsschreibung, wonach die Drawiden von den Ariern unterjocht und als unterste Schicht im Kastensystem eingegliedert worden seien, hinfällig.

Nach der Etablierung ihrer Macht bildeten die Arier eine Vielzahl kleiner **Königtümer,** die sich zumeist gegenseitig befehdeten. Neben dem König etablierten sich immer mehr die **Brahmanen** (Priester) als die eigentlichen Herrscher im Staat.

Erst durch die immer komplizierter werdenden rituellen Handlungen, die nur die Brahmanen durchzuführen wussten, erhielt der König die zur Amtsführung notwendige überirdische Legitimation. Auch musste der Herrscher vor jeder bedeutenden Entscheidung die Priester zu Rate ziehen. So waren die Brahmanen letztlich sogar mächtiger als der König, zumal sie nicht dessen Risiko im Kampf um die Macht zu tragen hatten. Gleichzeitig verstanden es die Priester, ihre gesellschaftliche Stellung zu zementieren, indem sie sich als oberste der vier Hauptkasten an die Spitze der sich immer deutlicher zementierenden Kastengesellschaft setzten. Mit dem sich herausbildenden **Kastensystem** sowie einer Bauernkultur, deren Grundlage der kleinbäuerliche Familienbetrieb war, etablierten sich zwischen 1500 und 500 vor Chr. zwei zentrale Grundpfeiler der indischen Gesellschaft, die in ihrem Kern bis in die heutige Zeit hinein Bestand haben.

Das erste indische Großreich und der Aufstieg des Buddhismus (500–150 v. Chr.)

Die Zeit um 500 v. Chr. ist eine bedeutende Zeitenwende in Indien: Zum ersten Mal stehen fast alle Teilregionen Nordindiens in Beziehung zueinander. Zudem bricht sich die **Eisenzeit** erst jetzt richtig Bahn, eine entscheidende Voraussetzung für die Kultivierung der unteren Gangesebene, die sich von nun an in eine fruchtbare **Reislandschaft** verwandelte.

Als drittes epocheprägendes Element wirkte das Aufkommen neuer religiöser Strömungen, des Jainismus und vor allem des **Buddhismus.** Es ist sicherlich kein Zufall, dass sich der Buddhismus gerade in jener Zeit ausbreitete, als der Hinduismus durch die vom einfachen Volk immer weniger nachvollziehbaren Opferrituale der Priesterkaste zunehmend an Einfluss verlor. Entscheidender war jedoch, dass der Buddhismus mit seinen vielen Klöstern wesentlich großflächigere **Missionserfolge** verzeichnen konnte als die an die Königshöfe gebundenen Brahmanen.

Buddhismus, Reis und Eisen waren die drei entscheidenden Elemente, aus denen die **Maurya-Dynastie** (322–185 v. Chr.), das erste Großreich Nordindiens mit der Hauptstadt *Pataliputra*, dem heutigen Patna, hervorgehen sollte. Als bedeutendste Figur des Maurya-Reiches und einer der größten Herrscher der indischen Geschichte überhaupt gilt **Kaiser Ashoka** (274–232 v. Chr.). Nachdem seine Truppen das Kalinga-Reich im heutigen Orissa (Odisha) unterworfen und dabei Tausende von Menschen abgeschlachtet hatten, konvertierte er reumütig zur friedfertigen buddhistischen Religion und erklärte sie gleichzeitig zur Staatsreligion. Er ließ nicht nur im gesamten Herrschaftsbereich, der von Delhi über Gujarat, Uttar Pradesh, Bihar und Orissa bis nach Sanchi ins heutige Madhya Pradesh reichte, unzählige seiner berühmten Ediktsäulen aufstellen, in denen er seine Untertanen zu moralischem Handeln im Einklang mit der buddhistischen Lehre ermahnte, sondern sandte auch Missionare seines Hofes in andere asiatische Länder. Die religiöse Klammer des

Buddhismus schuf ein prosperierendes Gemeinwesen, in dem der Staat zum ersten Mal in der indischen Geschichte über den Bereich kleiner Territorialreiche hinaus weitgehende Verwaltungseinrichtungen schuf, den Handel förderte, die Handelswege beherrschte und Münzen in Umlauf setzte. So besteht die historische Bedeutung des Maurya-Reiches und vor allem ihres Universalherrschers Ashoka darin, zum ersten Mal eine überregionale kulturelle Einigung Indiens geschaffen zu haben.

Zerfall des Großreichs und Entstehung vieler Regionalreiche (150 v. Chr.–300 n. Chr.)

Wie sich jedoch nach dem Sturz des letzten Maurya-Kaisers 185 v. Chr. durch den General *Pushyamitra* aus der Sunga-Dynastie zeigte, war die territoriale und herrschaftspolitische Einbindung großer Teile Nordindiens in einem Großreich unter Ashoka eine historische Ausnahmeerscheinung. Nach dem Untergang des Maurya-Reiches wurde das machtpolitische Vakuum durch **unzählige Regionalreiche** aufgefüllt, wobei sich vier Hauptakteure herauskristallisierten: die bereits erwähnten *Sungas* im Norden, *Kalinga* (Orissa) im Osten, das unter *Kharasvela* wieder zu bedeutender Macht aufstieg, die *Satavahanas* im zentralen Hochland und im Nordwesten die *Shakas* (Skythen), die von Zentralasien über Afghanistan in das Industal eingedrungen waren und bald ihre Herrschaft bis nach Gujarat ausdehnten.

So unterschiedlich diese einzelnen Reiche in ihrer ethnischen Zusammensetzung und politischen und religiösen Organisation auch waren, allen gemeinsam war doch, dass sie sich kaum länger als maximal 200 Jahre halten konnten. Die Jahrhunderte vor und nach Christi Geburt waren in dieser Beziehung eine der turbulentesten Perioden der indischen Geschichte. Das Phänomen solcher kurz aufblühender und rasch wieder verschwindender Reiche erklärt sich dadurch, dass sich regionale Herrscher einem siegreichen Eroberer beugten und seine Oberherrschaft anerkannten, praktisch jedoch in ihren Herrschaftsrechten kaum beschränkt wurden. Da sich viele der neuen Regionalfürsten immer wieder ihre Herrschaft durch die Brahmanen legitimieren lassen mussten und der Buddhismus unter dem Verlust der Patronage des Maurya-Reiches litt, gewann der Hinduismus langsam wieder seine alte Bedeutung zurück.

Das goldene Zeitalter des indischen Mittelalters (300–1200 n. Chr.)

Nach den turbulenten Zeiten der vorherigen Periode war die Zeit vom 3. bis zum 12. Jh. bei aller Rivalität verschiedener regionaler Machthaber doch durch eine, zumindest für indische Verhältnisse gewisse **innere Stabilität** gekennzeichnet.

Außer den iranischen **Hunnen,** die zwischen 500 und 527 unter ihrem Führer *Toramana* in weiten Teilen Nordindiens herrschten, fielen keine bedeutenden Eroberer von Norden nach Indien ein, und so spielten sich die Machtkämpfe zwischen innerindischen Dynastien ab.

Diese innere Stabilität trug wesentlich zur Ausprägung eines allgemein verbindlichen **höfischen Herrschaftsstils** bei. Die für den europäischen Feudalismus so charakteristischen Treue- und Lehensverhältnisse fehlten hier, wurden aber oft durch verwandtschaftliche oder quasi-verwandtschaftliche Beziehungen ersetzt. Vasallen wurden als Brüder oder Schwestern bezeichnet und der Hof selbst des kleinsten Vasallen nach dem Vorbild des Königs gestaltet.

Diese auch als indisches Mittelalter bezeichnete Epoche wird gern als Goldenes Zeitalter der indischen Geschichte bezeichnet, weil sich **Kunst und Kultur** ungestört von kriegerischen Auseinandersetzungen mit Unterstützung regionaler Herrscher entfalten konnten. Einige der großartigsten Bauwerke sind in jener Zeit entstanden, wobei die zwischen 950 und 1050 erbauten Tempel von Khajuraho das berühmteste Beispiel sind.

Die bedeutendste Macht dieser Epoche war die **Gupta-Dynastie,** die die Nachfolge der Mauryas und Sungas angetreten hatte und die Ostregion der Gangesebene zur Ausgangsbasis ihres Großreiches machte. Die Gupta-Zeit und hier speziell die Regierungsjahre der großen Könige *Samudragupta* (340–80) und *Chandragupta II.* (380–414) gilt auch als die glanzvollste Epoche der höfischen Kultur.

Zur gleichen Zeit findet eine **indische Kolonisierung Südostasiens** statt. Diese Kolonisierung erfolgt jedoch nicht durch die Ausdehnung indischer Herrschaft, sondern durch eine Übertragung von Herrschaftsstil, Schrift, Baukunst und religiösen Ideen sowohl des Hinduismus wie des Buddhismus. In Java, Sumatra, Vietnam und Kambodscha entwickelten sich Königreiche, in denen Hinduismus und Buddhismus nebeneinander existierten.

Allerdings geschieht dies paradoxerweise zu einer Zeit, als der **Buddhismus** in seinem Mutterland selbst fast völlig bedeutungslos geworden ist. Um das 7. Jh. n. Chr. bekennt sich nur noch im heutigen Bihar, dem einstigen Kernland des großen buddhistischen Kaisers *Ashoka,* ein Großteil der Bevölkerung zum Buddhismus.

Zwar gelingt es den *Pratikaras* unter ihrem berühmten König *Bishoja* (836–90) noch einmal, Teile Nordindiens ihrem Herrschaftsgebiet einzuverleiben, doch um die Jahrtausendwende sind die verschiedenen Teilregionen Nordindiens wieder unter **verschiedene Dynastien** aufgeteilt, von denen keine die Vormacht erlangt.

Der erste Vorbote einer neu anbrechenden Zeitepoche ist der Sultan *Mahmud-e-Ghazni* (997–1030), der von seiner afghanischen Heimat in mehreren **Raubzügen** bis tief in die nordindische Ebene und nach Gujarat vorstößt und dort u.a. den Sonnentempel von Somnath plündert und zerstört. Im Gegensatz zu seinen muslimischen Nachfolgern ging es ihm jedoch nicht um territoriale Machtentfaltung, sondern ausschließlich um materielle Güter, und so zogen sich seine Truppen, reich beladen mit Gold und Juwelen, in die afghanische Heimat zurück.

Das Sultanat Delhi (1200–1500)

Die politische Zersplitterung Indiens lud islamische Herrscher aus Zentralasien geradezu ein, zunächst in **sporadischen Eroberungszügen** ins Land einzufallen, um schließlich die sagenhaften Reichtümer der einzelnen Regionalreiche zu erbeuten. Wer aber Indien beherrschen wollte, musste die außerindische Machtbasis aufgeben und sich dafür entscheiden, in Indien selbst sein Hauptquartier zu errichten.

Diese Entscheidung fiel mit der Errichtung des Sultanats von Delhi durch *Qutb-ud-din-Aibak* im Jahre 1206. *Aibak* war ein Sklave *Mohammed von Ghurs* (1150–1206), der im 12. Jh. in Nordindien eingefallen war, mehrere Hindukönige nördlich von Delhi geschlagen und 1194 Varanasi eingenommen hatte, sich dann aber wieder nach Afghanistan zurückgezogen hatte. Er hatte Aibak zum Statthalter von Delhi eingesetzt, und dieser machte sich selbständig, als sein Herr in Afghanistan ermordet wurde.

Damit war das Fundament der über 500-jährigen **islamischen Herrschaft** über Indien gelegt. Das Sultanat Delhi hielt sich über mehr als zwei Jahrhunderte unter verschiedenen Dynastien, die sich durch Mord und Usurpation ablösten.

Auf dem Höhepunkt ihrer Macht konnten die Sultane um die 100.000 Pferde und einige tausend Elefanten in die Schlacht schicken. Dieser geballten Schlagkraft konnten die zersplitterten Hindukönigreiche nichts Gleichwertiges entgegensetzen. Innerhalb von nur 20 Jahren beherrschten die Sultane von Delhi die gesamte nordindische Region. Besonders *Ala-ud-din-Khalji* (1295–1316) konnte seine Herrschaft durch viele erfolgreiche Feldzüge entscheidend erweitern. Wichtiger noch als seine militärischen Erfolge war jedoch seine Fähigkeit, das Reich administrativ zu durchdringen. So schuf der Sultan einen streng zentralistischen Staat mit einem großen stehenden Heer, effizienter Steuererhebung und scharfen Preiskontrollen.

Auf dieser Basis konnte die nächste Dynastie des Sultanats, die der **Thuglags**, den Herrschaftsbereich bis in den Süden ausdehnen und so ein Großreich errichten, das in seinen Ausmaßen weder vor noch nach ihnen je eine indische Macht erreicht hatte. *Muhammed Tughlag* (1325–51) trug der geografischen Ausdehnung dieses Riesenreiches Rechnung, indem er die Hauptstadt von dem nun an der Pheripherie gelegenen Delhi nach Daulatabad im zentralen Hochland Indiens verlegte. Mit seinem Versuch, das Land mit kontinentalen Ausmaßen in einem Zentralstaat zusammenzufassen, scheiterte er jedoch wie alle seine Nachfolger. 1329 musste er seine imperialen Ambitionen wieder aufgeben und nach Delhi zurückkehren, weil er sonst den Norden verloren hätte, der nach wie vor das Fundament seiner Hausmacht bildete.

Dieser erzwungene Rücktritt von seinen Großmachtzielen und die offenkundige **Verwundbarkeit des Sultanats** nahmen viele zuvor loyale Gouverneure zum Anlass, sich von ihren ehemaligen Herren zu lösen und eigene, unabhängige Reiche zu gründen. Hilflos musste die Zentralmacht mit ansehen, wie sich das Land in viele **selbständige Regionalreiche** auflöste und somit erneut jene für indische Geschichte so charakteristische Territorialisierung des Reiches einsetzte.

So mussten sich die folgenden Dynastien der *Sayyids* (1414–51) und *Lodis* (1451–1526) nolens volens wieder mit dem Großraum Delhi begnügen. Gleichzeitig mit dem Niedergang des Sultanats von Delhi entstand mit dem Reich Vijayanagar im Süden Indiens eine Großmacht, die die bis dahin selbstverständliche Vorrangstellung des Nordens in Frage stellte.

Die Moguln (1500–1750)

Erst mit den Moguln, einer **türkischen Dynastie**, die im 16. Jh. die Bühne der indischen Geschichte betrat, wurde der weiteren territorialen Zerstückelung des Landes Einhalt geboten. Wie kein anderer Name symbolisieren die Moguln den Glanz des imperialen Indien. Dabei waren ihre ersten Gehversuche dort weit weniger glorreich, als man meinen könnte. Nachdem der erste Großmogul *Babur* (1483–1530) den letzten Lodi-König 1526 besiegt und damit dem Sultanat Delhi den endgültigen Todesstoß versetzt hatte, musste sein Sohn und Nachfolger Humayun (1530–56) nach zwei Niederlagen gegen den von Osten anrückenden Feldherrn *Sher Shah* 1540 beim König von Persien Zuflucht suchen. Erst als dessen Nachfolger sich untereinander befehdeten, konnte Humayun wieder nach Delhi zurückkehren, wo er jedoch schon wenig später, 1556, starb.

Die große Stunde der Moguln brach erst mit seinem Sohn und Nachfolger **Akhbar** an, der nahezu ein halbes Jahrhundert über Indien herrschte (1556–1605). Das Reich Akbars ist das einzige indische Großreich, das sich in Idee und Anspruch mit dem *Ashokas* vergleichen lässt.

Wie zwiespältig die Person des großen muslimischen Herrschers war, zeigt sich besonders deutlich bei dem ihm immer wieder zugesprochenen Streben nach **religiöser Toleranz.** Tatsächlich war er an einer friedlichen Koexistenz von Hindus und Muslimen interessiert, die er mit einer von ihm konzipierten Religion, der *Din-il-Ilahi* (Gottesglaube) zusammenführen wollte. Der wahre Hintergrund dieser scheinbar so friedfertigen Idee war jedoch die von machtpolitischem Kalkül getragene Überlegung, dass nur dort, wo eine graduelle Partizipation der Hindus am Staat erfolgte, die zahlenmäßig weit unterlegenen Muslime ihre Machtstellung langfristig stabilisieren konnten. Hier findet sich also wieder jenes Prinzip von „teile und herrsche", welches schon so viele Könige vor Akbar angewandt hatten, um das Riesenreich unter ihre Kontrolle zu bekommen. Perfektioniert wurde es schließlich von den Briten.

Es war Akbars besondere Fähigkeit, die militärisch unterworfenen Gebiete durch eine straffe, administrative Kontrolle zu beherrschen, die seinen Erfolg begründete. Ein weiterer Faktor war die **strategische Überlegenheit,** die sich aus der Nutzung von Feuerwaffen ergab. Die Hindu-Herrscher konnten gegen diesen Ansturm moderner Kriegsführung nichts ausrichten, und so drangen Akbars Truppen weiter nach Süden vor. Dennoch stießen die Moguln dort zunehmend auf erheblichen Widerstand, und so reichte die Grenze von Akbars Reich, das im Nordwesten Afghanistan umfasste und im Osten Bengalen, im Süden nur bis zu einer Linie, die sich etwa auf der Höhe von Mumbai von Küste zu Küste erstreckte.

Akhbars Nachfolger **Jehangir** (1608–27) und **Shah Jahan** (1627–58) widmeten sich weitgehend der friedlichen Konsolidierung des ererbten Reiches und der Förderung der Künste. Das weltberühmte Taj Mahal, jenes Grabmal, welches Shah Jahan zu Ehren seiner Gemahlin *Mumtaz* in Agra hatte errichten lassen, ist das großartigste Zeugnis jener kulturellen Blütezeit.

Es waren gerade jene aufwendigen Bauwerke, die den Staat an den Rand des finanziellen Ruins führten, die Shah Jahans machthungrigem Sohn **Aurangzeb** (1658–1707) als willkommenes Argument zum Sturz und zur anschließenden Gefangennahme seines Vaters dienten. Aurangzeb mochte sich auf dem Höhepunkt der Macht wähnen, als er mit einer rücksichtslosen Kreuzzugs-Politik Tausende von Hindu-Heiligtümern zerstören ließ und gleichzeitig versuchte, als erster gesamtindischer Kaiser in die Geschichte einzugehen, indem er versuchte, auch den bis dahin weitgehend unabhängig gebliebenen Süden zu unterwerfen.

Damit hatte er jedoch den Bogen seiner Macht bei weitem überspannt und leitete den **Niedergang der Mogul-Macht** in Indien ein. Mit seinem militant religiösen Fanatismus brachte er selbst bis dahin loyale Untertanen gegen sich auf. Diese landesweite Aufstandsbewegung verstärkte sich noch, als er seine Hauptstadt, ähnlich wie *Muhammed Thuglag* dreieinhalb Jahrhunderte zuvor, in den Süden verlegte. Bei der Verfolgung seiner ehrgeizigen Pläne hatte der letzte Großmogul die Ressourcen seines Reiches erschöpft.

Nach dem Tod Aurangzebs setzte erneut eine **Phase der Regionalisierung** und des Zerfalls in viele kleine Herrschaftsbereiche ein. Die schwachen Nachfolger Aurangzebs konnten sich nicht mehr durchsetzen und regierten jeweils nur für eine kurze Zeitspanne. Der Einfall *Nadir Shahs,* eines Heerführers aus

Persien, der 1739 Delhi eroberte und den gesamten Thronschatz plünderte, markierte das endgültige Ende der einstmals als unbesiegbar geltenden Moguln.

Während der Feldherr sich wieder in seine Heimat zurückzog, etablierten sich im Westen und Norden die **Marathen**, ein lokales Herrschergeschlecht, welches seine Hausmacht im Gebiet um Puna besaß und bereits seit Mitte des 17. Jh. den Moguln einige empfindliche Niederlagen beigebracht hatte. Das Marathen-Reich konnte jedoch das Mogul-Reich nicht ersetzen, eben weil es gar nicht den Versuch unternahm, einen großen Territorialstaat aufzubauen. So scheiterten letztlich auch die Moguln daran, dass das riesige Land von keiner noch so mächtigen und gut organisierten Zentralmacht zu regieren war.

Doch schon standen mit den **europäischen Nationen**, die bereits über verschiedene Handelsniederlassungen ihre Interessen in Indien vertraten, neue Interessenten bereit, um das Machtvakuum auszufüllen und, mehr noch, den enormen Reichtum des Indischen Subkontinents auszubeuten.

Indien unter europäischer Kolonialherrschaft (1750–1947)

Da der Handel mit den begehrten Gütern Indiens fest in asiatischen Händen lag, waren die aufstrebenden europäischen Seefahrernationen daran interessiert, den direkten Seeweg nach Indien zu finden. Bekanntlich war Christoph Kolumbus bis zu seinem Tod davon überzeugt, bei seiner Entdeckung Amerikas die Schatzkammer Indien geöffnet zu haben, und so nannte er die dortigen Ureinwohner auch Indianer.

Mit Vasco da Gama blieb es einem **portugiesischen Seefahrer** vorbehalten, den Seeweg nach Indien zu entdecken. So waren es die Portugiesen, die zunächst 1510 mit Goa und danach mit Daman und Diu im heutigen Gujarat die ersten europäischen Handelsposten an der indischen Westküste errichteten. Für ein knappes Jahrhundert besaßen sie das Monopol auf den europäischen Indienhandel. Letztlich verfügte das kleine Land jedoch nicht über genügend Mittel, um das Riesenreich Indien zu kontrollieren, und so mussten die Portugiesen Anfang des 17. Jh. den Franzosen, Holländern und Engländern das Feld überlassen.

Die **East India Company,** die im Jahr 1600 von *Elisabeth I.* das Monopol über den britischen Indienhandel zugesprochen bekommen hatte, eröffnete 1612 in Surat ihren ersten Handelsposten, dem schon bald jene in Madras (1640), Mumbai (1668) und Kalkutta (1690) folgten. Der Osten als Zentrum der Baumwollherstellung wurde vor allem deshalb mehr und mehr kolonialisiert, da sich der Vertrieb der überall in Asien sehr begehrten indischen Textilien noch vor Gewürzen und Tee als besonders profitabel erwies. Für die Briten wurde die Beteiligung am innerasiatischen Handel derart lukrativ, dass sie mit den Gewinnen jene Güter kaufen konnten, die sie nach Europa verschickten. So blieb die East India Company für lange Zeit das, was sie als ihre eigentliche Aufgabe ansah, ein höchst profitables Wirtschaftsunternehmen. Ein territoriales Engagement war dabei weder erforderlich noch erwünscht. Der Handel gedieh prächtig, da konnten politische oder gar militärische Verstrickungen nur Unheil anrichten. „Viele Festungen, viel Ärger und wenig Profit", war das Motto jener Tage.

Umso misstrauischer beäugte man den Aufstieg des alten Erzfeindes **Frankreich,** der sich auch ein Stück von der fetten Beute Indien einverleiben wollte und 1672 in Pondcherry an der Südostküste den ersten Handelsposten eröffnete. Die Franzosen versuch-

ten, die von den Briten sorgsam austarierte Machtbalance zwischen Fürsten und Kolonialherren zu unterlaufen, indem sie die Lokalherrscher mit lukrativen Versprechungen für sich zu gewinnen suchten. 1746 gelang es ihnen sogar, Madras zu erobern, welches sie jedoch schon drei Jahre später wieder an die Briten abtreten mussten.

Den entscheidenden Übergang von dem zunächst rein am Profit orientierten East-India-Handelsunternehmen zur **politischen Ordnungsmacht** in Indien markiert das Jahr 1757, als der Nawab von Bengalen Kalkutta eroberte und dabei viele Briten ermorden ließ. Ein Jahr später nahmen die Briten unter der Anführung des wagemutigen Feldherrn *Robert Clive* in der Schlacht von Plassey nicht nur blutige Revanche an dem Lokalherrscher, der es gewagt hatte, eine Weltmacht herauszufordern, sondern schlugen gleichzeitig die mit ihm verbündeten Franzosen. Der Wandel von Händlern zu Feldherren war endgültig vollzogen.

In den folgenden Jahrzehnten gelang es den Briten in einer Reihe **erfolgreicher Feldzüge** gegen aufständische Regionalstaaten ihre Stellung auszubauen. Anfang des 19. Jh. waren sie die unumschränkten Herrscher Indiens, womit das Land zum ersten Mal in seiner Geschichte unter einer **Zentralgewalt** vereint war. Wichtiger noch als ihre militärischen Siege war für die Festigung ihrer Macht die am Prinzip von „teile und herrsche" orientierte Taktik, den mächtigen Lokalfürsten *(Maharajas)* formal ihre Unabhängigkeit zu belassen, sie faktisch jedoch der Oberherrschaft der europäischen Kolonialmacht zu unterstellen.

Als letztlich entscheidend für den Erfolg der Engländer erwies sich jedoch ihre Fähigkeit, als erste Herrscher der indischen Geschichte das riesige Land unter die einheitliche Verwaltung festbesoldeter Beamter zu stellen, die jederzeit versetzbar waren und sich deshalb keine regionale Hausmacht aufbauen konnten. So wurde eine rationale **Bürokratie** bürgerlich kapitalistischer Herkunft einer alten Agrargesellschaft aufgestülpt, die rücksichtslos ausgebeutet wurde.

⌃ Britische Offiziere (Foto von John Burke, 1879)

Die Briten selbst weisen auch heute noch gern auf die unter dem Begriff *steel frame* zusammengefasste, positive Hinterlassenschaft ihrer Kolonialherrschaft hin. Hierzu gehören der Aufbau einer funktionierenden Verwaltung, ein weitverzweigtes Eisenbahnnetz, die Einführung eines Rechts- und Bildungswesens sowie die Etablierung demokratischer Grundwerte.

Viel schwerer wiegen jedoch die **negativen Folgen des Kolonialismus**: die Unterdrückung traditioneller Bildungs- und Rechtsvorstellungen, die Zerstörung der einheimischen Textilindustrie, die Degradierung des Landes zu einem reinen Rohstofflieferanten sowie die Entstehung eines riesigen Heeres von Proletariern. Paradoxerweise waren es gerade Mitglieder der indischen Oberschicht, die an den von den Briten geschaffenen Hochschulen ausgebildet worden waren, die die Ausbeutung ihres Mutterlandes als erste anprangerten und damit zum Träger der indischen Unabhängigkeitsbewegung wurden.

Die indische Unabhängigkeitsbewegung (1850–1947)

Die erste Phase des indischen Nationalismus wurde mit dem **Sepoy-Aufstand** von 1857 eingeläutet, als genau die Hälfte der insgesamt 74 indischen Bataillone in Nordindien gegen die britischen Besatzer revoltierte. Während der rund viermonatigen erbitterten Kämpfe, die ihre Zentren vor allem in Lucknow, Delhi und Meerut hatten, kamen mehrere Tausend indischer und englischer Soldaten ums Leben. Vorübergehend geriet das britische Kolonialreich ernsthaft ins Wanken. Während die Nationalisten den Aufstand der indischen Sepoys (Soldaten) als ersten Unabhängigkeitskrieg gegen die europäische Fremdherrschaft feierten, weisen die heutigen Historiker darauf hin, dass die Revolte von vornherein zum Scheitern verurteilt war, da es ihr an jeglicher Koordination und Führung fehlte. Gleichzeitig war damit ein erstes sichtbares Zeichen gesetzt, dass die britische Herrschaft überwunden werden konnte, wenn es gelang, alle Kräfte des Landes auf dieses Ziel zu vereinen.

Auf Seiten der Engländer hatte der Aufstand weitreichende Konsequenzen zur Folge, die darin gipfelten, dass die East India Company aufgelöst und Indien **direkt der Krone unterstellt** wurde. 1876 ließ sich *Queen Victoria* zur Kaiserin von Indien küren, und der Posten des Generalgouverneurs, der als eine Art Diplomat des englischen Königshauses bereits seit Ende des 18. Jh. in Indien tätig war, wurde in den Rang eines Vizekönigs erhoben. Während die Briten so nach außen deutlich machten, dass sie keinesfalls bereit waren, die Zügel der Macht aus der Hand zu geben, öffneten sie gleichzeitig Posten im Verwaltungsapparat zunehmend auch für Mitglieder der aufstrebenden indischen Oberschicht, die an den von liberalem Gedankengut geprägten Universitäten ausgebildet worden waren.

Immer deutlicher kristallisierte sich im Lager der Unabhängigkeitsbewegung, die sich 1885 im *Indian National Congress* organisiert hatte, eine Spaltung zwischen „Gemäßigten" und „Extremisten" heraus. Die Gemäßigten glaubten, dass nur durch eine schrittweise Demokratisierung und einen allmählichen Übergang der Macht in indische Hände aus der vielfältig gegliederten Gesellschaft eine moderne Nation werden konnte. Die Extremisten hingegen wollten sich der kolonialen Zwangsjacke so schnell wie möglich, wenn nötig auch mit Gewalt, entledigen, um das angestammte Recht auf Freiheit und Selbstbestimmung zu erlangen. Die Kluft zwischen den beiden Gruppen verstärkte sich noch, als die Briten durch mehrere halbherzige Verfassungsreformen, die u.a. ein sehr eingeschränktes Wahlrecht beinhalteten, den Druck aufzufangen versuchten.

In dieser Situation bedurfte es einer solch außergewöhnlichen Führungspersönlichkeit wie **Mahatma Gandhi,** der 1915 aus Südafrika nach Indien zurückgekehrt war, um diese beiden Pole zu vereinen und zudem die bis dahin allein im Bildungsbürgertum verankerte Unabhängigkeitsidee ins breite Volk zu tragen. 1920 übernahm er die Führung der **Congress Party,** die er innerhalb kürzester Zeit von einem lockeren Zusammenschluss divergierender Kräfte zu einer straff organisierten Partei formte. Seine Methoden des gewaltlosen Widerstandes, der Nicht-Zusammenarbeit und anderer Boykottmaßnahmen fanden breite Unterstützung in der Bevölkerung.

1921/22 führte er eine **erste Massenbewegung** gegen die als völlig unzureichend empfundenen Reformzugeständnisse an, die er jedoch abbrechen ließ, als gewalttätige Unruhen ausbrachen. Trotzdem ließen ihn die Briten verhaften und verurteilten ihn zu sechs Jahren Gefängnis, von denen er jedoch nur zwei Jahre verbüßen musste.

Der legendäre **Salzmarsch,** mit dem Gandhi 1930 symbolisch das Salzmonopol der Briten brechen wollte, wurde ein überwältigender Erfolg. Das Ergebnis waren zwei Konferenzen am „Runden Tisch" in London, in denen schließlich die Abhaltung freier Wahlen beschlossen wurde. Mehr als ein Teilerfolg war jedoch auch dieses Zugeständnis nicht, da die Inder nur über die Zusammensetzung der Provinzparlamente abstimmen konnten, während die Zentralregierung weiterhin von den Engländern gestellt wurde.

1936 brachten **die ersten gesamtindischen Wahlen** einen überwältigenden Erfolg für die Congress Party, während die Partei der indischen Muslime weit abgeschlagen wurde.

Das Ergebnis verstärkte die Furcht der **Muslime** vor einer Majorisierung durch die Hindus und vor dem Verlust ihrer Identität in einem Hindu-Staat. Diese Angst wurde während des 2. Weltkrieges, als der Freiheitskampf weitgehend auf Eis lag, von dem Führer der Muslim-Liga *Ali Jinnah* kräftig geschürt.

Mehr und mehr entwickelte sich hieraus eine Massenbewegung, die einen **eigenständigen Muslim-Staat Pakistan** forderte. Seitdem es im Gefolge des 16. August 1946, dem sogenannten *Direct Act Day,* den Jinnah in Kalkutta ausrufen ließ, um der Forderung eines Separatstaates Nachdruck zu verschaffen, zu schweren Massakern zwischen Hindus und Moslems gekommen war, führte kein Weg mehr an der von Gandhi und seinen Anhängern befürchteten Zerstückelung Indiens vorbei.

Das Ende des Krieges und die geschwächte Position Englands führten schließlich zu einer raschen, ja überstürzten Machtübergabe der Engländer, die gleichzeitig die **Teilung des Landes** in ein muslimisches Ost- und West-Pakistan und das hinduistische Indien bedeutete.

Der von *Lord Mountbatten,* dem letzten Vizekönig Englands in Indien, festgelegte Tag der langersehnten **Unabhängigkeit,** der 15. August 1947, stand im Zeichen grausamer **Massaker** zwischen Hindus und Moslems, bei denen über 200.000 Menschen auf offener Straße abgeschlachtet wurden. Besonders betroffen hiervon war der Punjab, dessen Staatsgebiet in der Mitte zerschnitten wurde. Wie schon so oft in der Geschichte des Subkontinents offenbarte sich hier auf tragische Weise die Unmöglichkeit, das Riesenreich friedlich zu vereinen.

▷ Mahatma Gandhi und Jawaharlal Nehru während des Salzmarsches (Wandgemälde)

Das nachkoloniale Indien

„Vor langen Jahren haben wir einen Pakt mit dem Schicksal geschlossen und nun naht die Zeit, da wir unser Gelöbnis einlösen werden." Dieser Pakt mit dem Schicksal, von dem Indiens erster Ministerpräsident und langjähriger Gefährte Mahatma Gandhis, **Jawaharlal Nehru**, in der Nacht zum 15. August 1947 sprach, meinte einen Staat, der auf den Grundwerten der Toleranz, Demokratie, Pluralität, Friedfertigkeit und vor allem des Säkularismus aufgebaut sein sollte.

Wie kurzlebig der Schicksalspakt des gerade erst unabhängig gewordenen Landes war, wurde der indischen Bevölkerung bereits am 30. Januar 1948 schlagartig vor Augen geführt, als der Vater der Nation, **Mahatma Gandhi**, von dem fanatischen Hindu *Nathuram Godse* **erschossen** wurde. Hier offenbarte sich auf fatale Weise, dass religiöser Fanatismus und politischer Separatismus, die bereits die Geburtsstunde des unabhängigen Indien überschattet hatten, letztlich die indische Realität weit mehr prägen als Toleranz und Friedfertigkeit.

Während es die politischen Führer Indiens während der Zeit des Kalten Krieges lange Jahre verstanden, das Land durch eine geschickte **Neutralitätspolitik** aus weltweiten Konflikten herauszuhalten, wurden die Beziehungen zu den Nachbarstaaten, allen voran dem **Erzfeind Pakistan,** anstatt von friedlicher Koexistenz durch militärische Auseinandersetzungen bestimmt.

Hauptstreitobjekt war hier **Kashmir,** ein Fürstenstaat im Nordwesten Indiens mit einer Hindu-Dynastie und einer Muslim-Mehrheit, den beide Staaten für sich beanspruchten. Nachdem es bereits 1948 in Kashmir zu Kämpfen zwischen Indien und Pakistan gekommen war, die erst durch einen von der UNO vermittelten Friedensschluss beendet wurden, nutzte Pakistan die innenpolitische Schwäche Indiens nach dem Tod Nehrus 1964 zum **zweiten indo-pakistanischen Krieg.** 1966 wurde er durch die Friedensverhandlungen von Tashkent, während deren Nehrus Nachfolger *Shastri* starb, beendet.

Mit **Indira Gandhi,** der Tochter Nehrus, übernahm nun eine Politikerin für die nächsten 16 Jahre die Führung des Landes, die die durch das unaufhaltsame Bevölkerungswachstum im Innern hervorgerufenen sozialen Konflikte sowie die außenpolitischen Herausforderungen durch eine kompromisslose Politik der Härte zu bewältigen suchte. So gab sie die strikte Neutralitätspolitik ihrer Vorgänger auf, als sie 1971 als Reaktion auf das pakistanisch-amerikanische Bündnis einen Freundschaftsvertrag mit der Sowjetunion abschloss. Im gleichen Jahr entsandte sie Truppen ins benachbarte Ostpakistan, wo sie den aufständischen Rebellen unter *Mujibur Rahman* zur Gründung eines unabhängigen Staates **Bangladesch** verhalf.

Dieser große außenpolitische Erfolg ermöglichte der seit 1948 ununterbrochen regierenden Congress Party 1971 einen überwältigenden Wahlsieg. Als weiteres Zeichen machtpolitischer Stärke verkündete Indien 1974 den ersten **Atomtest,** womit das Land in den exklusiven Club der Atommächte eintrat.

Eine rücksichtslose **Zwangssterilisationskampagne,** mit der ihr jüngerer Sohn *Sanjay,* den sie als ihren Nachfolger auserkoren hatte, das Bevölkerungswachstum in den Griff bekommen wollte, ließ den Popularitätswert Indira Gandhis, der bereits in den Jahren zuvor durch zahlreiche Skandale gelitten hatte, endgültig auf den Nullpunkt sinken. Als sie schließlich für das Frühjahr 1977 Neuwahlen ansetzte, um ihre Notstandsgesetze von der Bevölkerung absegnen zu lassen, erlitt die Congress Party eine klare Niederlage und wurde von der in aller Eile aus fünf Oppositionsparteien zusammengezimmerten **Janata-Partei** unter dem neuen Ministerpräsidenten *Morarji Desai* abgelöst.

Doch die Koalition zerfiel recht bald wieder und aus den im Januar 1980 abgehaltenen Neuwahlen ging erneut Indira Gandhi als Siegerin hervor. Im Juni 1980 wurde ihr Sohn Sanjay Opfer eines Flugzeugabsturzes. Der Verlust des von ihr geliebten, geradezu verehrten Sohnes stand wie ein schlechtes Omen über der letzten Regierungszeit Indira Gandhis, die vor allem durch die **gewaltsamen Autonomiebewegungen** verschiedener Landesteile in den Nordost-Provinzen Sikkim und Kashmir geprägt wurde.

Die größten Sorgen bereiteten der Bundesregierung jedoch der **Sezessionskrieg der Sikhs** für einen eigenen Staat Khalistan. Nachdem sich die Terroristen im Goldenen Tempel von Amritsar, dem Haupttheiligtum der Sikhs, verschanzt hatten, befahl Indira Gandhi dessen Erstürmung, wobei der Anführer *Bhindranwale* und etliche seiner Gefolgsleute ums Leben kamen.

Wenige Monate später, am 31. Oktober 1984, wurde Indira Gandhi **Opfer eines Attentates** zweier ihrer Sikh-Leibwächter. Fassungslos und entsetzt war die ganze Nation. „Indira Gandhi zindabad" – hoch lebe Indira Gandhi – schrien die Massen an ihrem Grab, aber auch „Blut für Blut". Damit war die Szenerie für die kommenden Tage abgesteckt: Allein in Delhi wurden mehrere Tausend Sikhs von aufgebrachten Hindus ermordet.

Um eine Ausweitung der Unruhen zu vermeiden, wurde hastig Indira Gandhis bis dahin kaum in Erscheinung getretener Sohn **Rajiv Gandhi** zum Nachfolger erklärt. Erst nachträglich gaben die Partei und schließlich bei den Wahlen am 24. Dezember 1984 das gesamte Volk ihre überwältigende Zustimmung. Rajiv wurde zur Symbolfigur für einen fundamentalen **Neubeginn,** denn mit ihm kam eine neue Generation an die Macht, die nicht mehr am Unabhängigkeitskampf beteiligt gewesen war und die dem Computerzeitalter näher stand als den Palastintrigen der Moguln. Rajivs Anspruch war Effizienz, seine Mission die längst überfällige **Modernisierung** Indiens.

Die von der neuen Regierung eingeführten Maßnahmen zur Öffnung des bis dahin durch hohe Schutzzölle weitestgehend abgeschotteten Inlandsmarktes, die Förderung zukunftsweisender Industrien und die allmähliche Privatisierung unrentabler Staatsbetriebe ließ viele vor allem junge Inder euphorisch an die Verwirklichung eines modernen, dynamischen, an westlichen Werten orientierten Indiens glauben.

Außerdem wurde nun auch Rajiv Gandhi immer tiefer in die wieder aufflammenden **terroristischen Unabhängigkeitskämpfe** in Kashmir, den Nordost-Provinzen und dem Punjab verstrickt. Erneut ließ er, wie schon seine Mutter, den Goldenen Tempel von Amritsar stürmen, wodurch alte Wunden erneut aufgerissen wurden. Seine Entscheidung, die im Norden Sri Lankas für einen unabhängigen Staat kämpfenden **Tamilen** durch die Entsendung indischer Truppen zur Aufgabe zu zwingen, machte ihn im weitgehend tamilischen Südindien zu einem verhassten Mann.

Wirtschaftlicher und sozialer Aufbruch

Die **Ermordung Rajiv Gandhis** durch ein Mitglied der tamilischen Befreiungsbewegung **Tamil Tigers** während einer Wahlkampfveranstaltung 1991 markierte nicht nur das vorläufige Ende der Nehru-Gandhi-Dynastie, die fast ein halbes Jahrhundert die Fäden der indischen Politik in der Hand gehalten hatte. Mehr noch als der Tod Indira Gandhis bedeutet die Ermordung ihres Sohnes einen tiefen Einschnitt in der indischen Geschichte.

Dennoch schien mit der Übernahme der Regierung durch die **Kongresspartei** unter dem erfahrenen *P. V. Narasimha Rao* 1991 zunächst eine Phase der Ruhe und Konsolidierung anzubrechen. Doch schon bald darauf sah sich Indien einer seiner schlimmsten **Finanzkrisen** ausgesetzt. Rao und sein Wirtschaftsminister *Manmohan Singh* beschlossen daraufhin eine Kehrtwendung von der sozialistisch geprägten Protektionswirtschaft hin zur Öffnung Indiens für **ausländische Investoren**. Mittlerweile fließt vermehrt ausländisches Geld ins Land, das Devisenpolster wächst stetig an. Der dank der wirtschaftlichen Öffnung durchs Land wehende „wind of change" ist allerorten sichtbar. Westliche Waren, noch bis Anfang der neunziger Jahre so gut wie gar nicht erhältlich, füllen die Auslagen der Geschäfte. Das Straßenbild wird inzwischen mehr von schmucken Privatautos geprägt als durch die heiligen Kühe, riesige Einkaufszentren schmücken die Vororte der Metropolen und Verkäufer von Großbildschirmen, welche die schöne neue Konsumwelt in nahezu jede Hütte tragen, verzeichnen Rekordabsätze.

Von dieser Entwicklung profitiert in allererster Linie die neue, **aufstrebende Mittelschicht**, deren Zahl inzwischen auf etwa 350 Mio. geschätzt wird. Für die große Masse der unteren Mittelschicht und **Unterschicht** hingegen bedeutet die mit der Liberalisierung der Wirtschaft einhergehende Inflation (2011 bei 9 %) eine Verschlechterung der Lebensbedingungen.

Die Probleme Indiens bleiben gigantisch, auch wenn sich das durchschnittliche Pro-Kopf-Einkommen in den vergangenen Jahren verdoppelt hat, auch wenn die indische Mittelschicht so schnell wächst wie keine vor ihr in der Weltgeschichte und auch wenn dank des stetigen Wirtschaftswachstums der letzten Zeit jedes Jahr Millionen der Armut entkommen konnten.

Dennoch leben noch immer 300 Millionen Inder unter der Armutsgrenze – also fast ein Viertel der Gesamtbevölkerung. Noch immer gilt die Hälfte aller Kinder unter fünf Jahren als unterernährt. Noch immer verhindert das Kastensystem die Entwicklung einer gerechten Gesellschaft. Und noch immer gelangen

Korruption: Aufruhr gegen die tödliche Krake

In Indien gibt es derzeit viele Menschen, die nicht gut schlafen. Gemeint sind nicht jene Zigmillionen, die ihr Nachtlager neben Ratten und streunenden Hunden auf stinkigen Bürgersteigen aufschlagen müssen. Ganz im Gegenteil: Die Rede ist von jenen Bürokraten, Politikern und Geschäftsleuten, die das kuschelige Bett in ihren Villen von schäbig bezahlten Dienern gemacht bekommen. Was ist der Grund für das Ungemach im herrschaftlichen Hause? Was ist passiert?

Seit 2010 wird Indien von einer Welle ungeheurer Korruptionsskandale heimgesucht, deren Ausmaß alles Bisherige bei Weitem überschreitet. Eine kleine Chronologie, die nicht ansatzweise Anspruch auf Vollständigkeit erhebt:

Die im Oktober 2010 in Delhi veranstalteten Commonwealth Games waren überschattet von zahlreichen Skandalen. Inzwischen geht man davon aus, dass von den 8 Mrd. Euro Kosten (zunächst waren 50 Mio. Euro veranschlagt worden) mindestens 3 Mrd. in dunkle Kanäle geflossen sind. Als Bauernopfer wurde schließlich der Chef des Organisationskomitees inhaftiert.

Einen Monat später musste der Premierminister von Maharashtra zurücktreten, weil fast alle der ursprünglich für die Witwen von Soldaten in Mumbai erbauten Appartementhäuser von Angehörigen hochrangiger Beamter bewohnt waren.

Im Februar 2011 musste Kommunikationsminister *Andimuthu Raja* seinen Hut nehmen, nachdem herausgekommen war, dass er 2008 über 80 der 121 zu vergebenden Mobilfunklizenzen weit unter Preis verkauft hatte. Der entstandene Schaden für den indischen Staat wird auf 30 Mrd. Euro geschätzt.

Dass Raja als Zögling einer südindischen Regionalpartei ohne jegliche Sachkenntnisse bis an die Spitze eines der wichtigsten Ministerien der größten Demokratie der Erde gelangen konnte, spricht Bände. Kleinparteien, die nicht selten von einzelnen Familienclans oder entlang von Kasten gesteuert werden, verschaffen sich Macht, bilden Koalitionen, kaufen Stimmen, füllen die Kassen ihrer Führer und sichern deren Einfluss – auch zum Nutzen ausgewählter Unternehmen, die dafür zahlen.

Tragikomisch wurde es dann einen Monat später, als der Vorsitzende der Antikorruptionsbehörde zum Rücktritt aufgefordert wurde. Der vom Obersten Gericht vorgebrachte Anklagepunkt: Korruption.

Dabei ist „Bakshish" für erbrachte Dienste durchaus nicht auf die Spitze des Staates beschränkt, sondern durchzieht die gesamte Gesellschaft wie ein tödliches Netz. Die wenigen nicht korrupten Staatsdiener unter den insgesamt 18 Millionen indischen Beamten lassen sich an einer Hand abzählen. Jeder Inder ist davon betroffen, zahlt notgedrungen seinen Obolus und hält damit die gigantische Korruptionsmaschine in Gang.

Korruption ist nicht Teil des Systems, sondern das System selbst. „50 % unseres Bruttosozialprodukts werden von der schwarzen Wirtschaft erfasst, sie pervertiert alle Aspekte unseres Lebens", meint der indische Ökonomieprofessor *Arun Kumar* von der Nehru-Universität in Delhi, Autor eines viel zitierten Buches über die Korruption im Lande. Kumar macht dafür einen „dreigliedrigen Kern aus korrupten Politikern, Geschäftsleuten und der Exekutive aus Bürokratie, Justiz und Polizei" verantwortlich.

Tatsächlich ist der dem indischen Staat entstandene Schaden astronomisch hoch. Unabhängige Schätzungen gehen davon aus, dass auf Schweizer Bankkonten mehr als 1,5 Trillionen Euro indischen Schwarzgeldes lagern. Allein die durch den Mobilfunklizenzen-Skandal entgangenen Einnahmen entsprechen dem Sechsfachen des Gesundheitsbudgets Indiens – einem Land, in dem jährlich zwei Millionen Kinder aufgrund mangelnder Gesundheitsversorgung sterben. Mit anderen Worten: Die Veruntreuung von Steuergeldern tötet jeden Tag Tausende unschuldiger Menschen.

Anders jedoch als in China und anderen asiatischen Ländern, die immer wieder Schauprozesse mit hohen Strafen gegen Korruptionssünder durchführen, ist in Indien bisher niemand wegen Korruption ernsthaft bestraft worden. Dass sich dies jetzt zumindest ansatzweise ändert, ist zwei Phänomenen zu verdanken, die das neue und das alte Indien repräsentieren. Zahlreiche neue, rund um die Uhr berichtende, miteinander um Einschaltquoten konkurrierende Nachrichten-TV-Kanäle haben in den letzten Jahren einem investigativen Journalismus die Bahn geebnet, der auch alte und einflussreiche Interessengruppen nicht mehr verschont.

Das gleiche gilt für den charismatischen Bürgerrechtler *Hazare*. Dem 72-Jährigen ist es gelungen, Zehntausende Anhänger für seinen Kampf gegen die ausufernde Korruption zu gewinnen. Er hat angekündigt, sich notfalls zu Tode zu hungern, um Indiens Politiker zu zwingen, härtere Regeln gegen Bestechung zu schaffen. Von seinen Anhängern respektvoll *Anna* („großer Bruder") genannt und stets mit dem traditionellen weißen Khadi-Dress der Nehru-Dynastie gekleidet, erinnert er an Indiens Nationalhelden *Mahatma Gandhi,* der ebenfalls den Hungerstreik als politisches Mittel nutzte. Zehntausende Menschen im ganzen Land unterstützen seinen Protest mit Lichterketten, Mahnwachen und Kundgebungen. Die sozialen Netzwerke Facebook und Twitter sind voll von Solidaritätsbekundungen für den Reformer. Auch Bollywood-Stars und TV-Moderatoren haben sich hinter ihn gestellt. „Die Regierung ist betrunken von der Macht und der Korruption, und das Volk muss sie wieder nüchtern machen", sagt Hazare unter dem Beifall Tausender, die sich vor ihm versammelt haben.

Die hohen Herren in ihren herrschaftlichen Villen werden sich auf weitere schlaflose Nächte einstellen müssen.

nur 10 % aller Subventionen zu den Bedürftigen. Der große Rest verschwindet in der Bürokratie und den Taschen der Beamten.

Gerade wegen dieser kolossalen Herausforderungen konnte Indien nichts Besseres passieren als dieses reife **Votum für Stabilität und Kontinuität.** Indien bewegt sich bei seinem Aufstieg zur Weltmacht behäbiger als China, dafür aber mit nachhaltigeren Schritten. Als Demokratie hat es einen **moralischen Vorsprung** vor der wegen seiner Wirtschaftsmacht vom Westen hofierten Diktatur Chinas und verdient dafür endlich die lange überfällige Beachtung und den Respekt der vorgeblich so sehr den Menschenrechten verpflichteten Regierungen Europas und Amerikas.

Staat und Verwaltung

Indiens offizieller Landesname lautet seit der Unabhängigkeit am 15.8.1947 *Bharat Juktarashtra*, was soviel wie **„Republik Indien"** heißt. Mit Inkrafttreten der indischen Verfassung am 26. Januar 1950 wurde ein Paradox staatsrechtlich verankert. Der junge Staat, der seine neu gewonnene Freiheit und Unabhängigkeit gerade erst nach jahrzehntelangen Kämpfen gegen die Briten errungen hatte, übernahm nahezu unverändert alle politischen Institutionen der Kolonialmacht. Der Freiheitskampf hatte nicht zu einer Revolution geführt, sondern letztlich zur Erhaltung des vorher so erbittert bekämpften Systems.

So orientieren sich die allgemeinen Bestimmungen der den Prinzipien der **parlamentarischen Demokratie** verpflichteten indischen Verfassung am Westminster-Modell. Ebenso wie in England existieren in der Indischen Union mit dem Unter- und dem Oberhaus zwei Zentralparlamente. Hier wie dort ist das **Oberhaus** *Rajya Sabha* (Staatenkammer) nicht viel mehr als eine recht harmlose Zusammenkunft betagter Männer, die nur sehr geringen Einfluss auf die Tagespolitik ausüben. Gewählt werden die 250 Mitglieder nicht direkt vom Volk, sondern nach einem komplizierten Quotensystem durch Vertreter der einzelnen Länderparlamente.

Eine wesentlich breitere Legitimation besitzen die 552 Mitglieder des **Unterhauses** *Lok Sabha* (Volkskammer), die alle fünf Jahre in freier und geheimer Wahl vom Volk gewählt werden. Stimmberechtigt sind alle Bürger über 18 Jahre. An der Spitze der Regierungsmannschaft steht der **Premierminister** als Chef der stärksten Partei, der auch die Richtlinien der Politik bestimmt und somit die stärkste politische Figur des Landes darstellt.

Formal ihm übergeordnet steht der **Präsident** an der Spitze des Staates, dem jedoch in der Verfassung, ähnlich dem deutschen Bundespräsidenten, eher repräsentative Aufgaben zugewiesen sind. Gewählt wird der Präsident für jeweils fünf Jahre von einem Wahlausschuss, der sich aus Vertretern der beiden Zentralparlamente sowie den insgesamt 29 Landesparlamenten der einzelnen Bundesstaaten zusammensetzt.

An der Spitze jedes **Bundesstaates** steht ein vom Präsidenten eingesetzter **Gouverneur,** wobei der **Chief Minister** an der Spitze seines Kabinetts die politischen Fäden in der Hand hält. In der Gesetzgebung sind bestimmte Bereiche wie auswärtige Beziehungen, Verteidigung, Verkehr und Atomenergie dem Zentralparlament vorbehalten, andere wie Polizei, Gesundheitswesen und Erziehung den Länderparlamenten.

Auf welch wackligen Beinen die theoretisch scheinbar reibungslos funktionierende Ordnung der Indischen Union jedoch steht, zeigt die **President's Rule,** der umstrittenste, weil meistmissbrauchte Artikel der indischen Verfassung. Danach besitzt die indische Zentralregierung unter bestimmten Bedingungen das Recht, die jeweiligen Landesparlamente aufzulösen und den Unionsstaat der Zentralregierung unterzuordnen. Insgesamt jedoch ist man in Indien zu Recht stolz darauf, trotz all der großen Herausforderungen während der letzten Jahrzehnte niemals ernsthaft an den Grundfesten der Demokratie gerüttelt zu haben.

Staatssymbole

Die **Nationalflagge** ist eine waagerecht gestreifte Trikolore – oben tief safrangelb, in  der Mitte weiß und unten dunkelgrün. Nach offizieller Deutung stehen die Farben für Mut, Frieden und Wahrheit. Im weißen Feld befand sich vor der Unabhängigkeit das Ghandische Spinnrad. An seine Stelle ist später die *Chakra Varta*, das Rad der Lehre, getreten.

Das Motiv ist dem **Löwenkapitell von Sarnath** entnommen, welches zugleich das nationale Emblem bildet. Das Löwenkapitell wurde im 3. Jh. v. Chr. durch Kaiser *Ashoka* an jenem Ort errichtet, an dem Buddha zum ersten Mal seine Lehre in einer öffentlichen Predigt verkündete. Das Wappen soll die religiöse Toleranz des nachkolonialen Indien symbolisieren. Die Säulenplatte ruht auf einer voll erblühten **Lotusblume,** die für Hindus wie Buddhisten das Symbol für Reinheit, Schönheit und ewiges Leben ist und die Nationalblume Indiens darstellt. Die am Fuße des Sockels eingravierte Inschrift lautet: „Die Wahrheit allein siegt". Als Nationaltier gilt der **Tiger,** als Nationalvogel der **Pfau.**

Parteien

Die indische Parteienlandschaft ist aufgrund häufiger Absplitterungen, Neugründungen und Verschmelzungen bestehender Parteien sowie des Parteiwechsels selbst prominentester Parteimitglieder außerordentlich unübersichtlich. Wenn man unter diesem Gesichtspunkt das Spektrum der wichtigsten politischen Parteien Indiens betrachtet, sollte man bedenken, dass westliche Vorstellungen von rechts und links, von Ideologie und Programm nur sehr bedingt übertragbar sind.

Die großen indischen Parteien

■ **Indian National Congress** (Congress (I) Party) – Die Kongresspartei regierte seit der Unabhängigkeit, abgesehen von einigen kurzen Unterbrechungen das Land seit der Unabhängigkeit. Die Partei wurde so eng mit der Regierungsmacht identifiziert, dass alle anderen Parteien unter der Bezeichnung Oppositionspartei zusammengefasst und sozusagen entsorgt wurden. Dabei war der Nationalkongress in den ersten Jahren seiner Gründung 1885 eher ein loses Bündnis junger, bürgerlicher Intellektueller, die sich zusammenfanden, um die britische Fremdherrschaft abzuschütteln. Erst seit etwa 1920 entwickelte sich der Congress unter der Leitung *Mahatma Gandhis* zu einer gut organisierten Massenorganisation im Kampf für die Unabhängigkeit Indiens.

Trotz gelegentlicher linker Lippenbekenntnisse hat die Partei immer einen vorsichtig **konservativen Kurs** gesteuert und war im ganzen Land verankert. Überall gelang es ihm, die lokalen Eliten wie Großgrundbesitzer, Bildungsbürgertum und Industrielle für sich zu gewinnen. Die Folge war eine tiefgreifende Entfremdung von der Basis und eine damit einhergehend zunehmend **unsoziale Politik.** Wenn Politik in Indien heute mit Korruption und Vetternwirtschaft gleichgesetzt wird, so liegt dies in allererster Linie an der Machtbesessenheit der Kongressabgeordneten. Leider nur allzu oft missbrauchen diese ihren Wahlkreis als Selbstbedienungsladen und lassen gleichzeitig die Polizei auf verarmte Bauern und entwurzelte Ureinwohner einschlagen, die für ihre Rechte demonstrieren.

■ **Bharatiya Janata Party** (BJP, Indische Volkspartei) – Wie keine andere konnte diese 1979 gegründete Partei von dem zunehmenden Imageverlust des Congress während der letzten Jahre profitieren. Eine Welle des Erfolges brachte die BJP zunächst auf Regionalebene und schließlich auch landesweit an die Macht. Das erklärte Ziel der BJP, die Politik zu hinduisieren und den Hinduismus zu militarisieren, rüttelt an den demokratischen und säkularistischen Grundsätzen der indischen Verfassung und stellt eine ernst zu nehmende Gefahr für die Einheit und Integrität Indiens dar.

Die **Scharfmacher** innerhalb der Partei setzen Hinduismus und Nationalismus gleich und brandmarken die Muslime als antinationale Kräfte, um über die tatsächlichen Krisen des Landes hinwegzutäuschen. Unter diesem Aspekt ist auch das 1998 von der BJP in Gang gesetzte atomare Wettrüsten mit Pakistan und der Krieg um das bei Kashmir gelegene Kargil im Herbst 1999 zu sehen. Religiöse und nationale Minderheiten geben auch in Indien ideale Sündenböcke ab.

■ **Communist Party of India** (CPI) – Am anderen Ende des politischen Spektrums steht die 1920 gegründete **marxistische Partei.** Von allen indischen Parteien ist sie wohl die einzige, die ein klar definiertes Parteiprogramm besitzt. Obwohl sie auch heute noch am Ziel einer klassenlosen Gesellschaft unter Führung der Arbeiterklasse festhält, gab sie sich seit jeher weit weniger ideologisch als z.B. die osteuropäischen Kommunisten und war sogar für einige Jahre Juniorpartner in einer vom Congress geführten Regierung.

■ Die 1964 durch Absplitterung des pro-chinesischen Flügels der CPI entstandene **Communist Party of India (Marxist)** (CPIM) orientiert sich heute eher an sozialdemokratischen Zielen und stellt die Landesregierungen in Bengalen und Kerala.

■ **Janata Party** (Volkspartei) – Diese 1977 aus fünf mehr oder weniger **sozialistischen bzw. sozialdemokratischen Parteien** geformte Bündnispartei ist ein Produkt der für indische Verhältnisse so typischen Parteiabsplitterungen und Parteiwechsel. Ebenso vage wie die formulierten Ziele ist auch ihr innerer Zusammenhalt. Als kleine Partei jedoch stellt sie seit 1983 in Karnataka den Ministerpräsidenten und ist in einigen weiteren Unionsstaaten aktiv.

■ Neben den hier genannten gibt es noch eine große Zahl **weiterer kleiner Parteien,** die sich als Interessenvertretungen einzelner Volksgruppen bzw. sozialer Schichten verstehen und in den letzten Jahren zunehmend an Einfluss gewinnen. Ohne sie kann keine mehrheitsfähige Regierung mehr gebildet werden und so gewinnen sie als „Zünglein an der Waage" eine politische Bedeutung, die in keinem Verhältnis zu ihrem eigentlichen Stimmenanteil steht.

Wirtschaft

12 % der arbeitenden Bevölkerung Indiens sind in der Industrie beschäftigt. Hauptzweige stellen Maschinenbau, Eisen- und Stahlproduktion sowie die Herstellung von Nahrungsmitteln und Bekleidung dar. Zu den Wachstumsbranchen zählen die Kfz-Industrie, die Telekommunikationsindustrie und die vor allem im Großraum Bangalore angesiedelte **Software-Industrie.** Der Hightech-Export trägt bereits einen beträchtlichen Teil zu den insgesamt 151 Mrd. US-$ Exporterlösen bei. Indiens wichtigste Handelspartner sind die USA (ca. 15 %), China (9 %), die Vereinigten Arabischen Emirate (9 %) sowie Großbritannien, Hongkong und Deutschland (jeweils ca. 4 %).

Bei der weiteren wirtschaftlichen Entwicklung des Landes werden vor allem einige der chronischen Strukturprobleme Indiens, wie beispielsweise das völlig veraltete und **unzureichende Transportwesen** und die **mangelhafte Energieversorgung,** gelöst werden müssen. Tatsächlich hat die indische Regierung ein gewaltiges **Investitionsprogramm** zum Aus- und Neubau von Autobahnen und Flughäfen in Gang gesetzt. Jedes Jahr werden 22 Mrd. US-$ investiert. In den letzten Jahren hat man die Großstädte mit zum Teil sechsspurigen Autobahnen miteinander verbunden. Das gleiche gilt für die Modernisierung der Energiewirtschaft.

Indiens Weg zur führenden Hightech-Nation

Indiens Helden von heute heißen nicht mehr *Mahatma Gandhi* und *Jawaharlal Nehru,* sondern *Azim Premji* und *Narayana Murthy*. Beide wohnen im südindischen **Hightech-Paradies Bangalore** und sind Symbolfiguren des neuen Indien, welches nicht mehr als das Armenhaus, sondern als eine der größten Technologie-Nationen der Welt internationale Schlagzeilen macht. Premji mit seiner Firma Wipro gehört zu den fünf reichsten Männern der Erde, Murthy ist der ebenfalls milliardenschwere Chef des Technologie-Riesen Infosys Technologies.

Ihre Jünger sind die westlich orientierten, auf individuelle Entfaltung, Konsum und Globalität setzenden Jugendlichen der Großstädte. Mit dem phänomenalen Aufstieg der indischen Computerindustrie geht ein **fundamentaler Wertewandel** einher, der das über Jahrtausende in festen Kastenschranken verharrende Gefüge innerhalb weniger Jahrzehnte aus den Angeln hebt.

Rasanter Aufschwung der Computer-Industrie

Mit jährlichen Wachstumsraten von über 50 % ist die Software-Industrie zu einem der wichtigsten Wirtschaftssektoren des Landes geworden. „Die industrielle Revolution haben wir verpasst, jetzt ruht unsere gesamte Hoffnung auf der Revolution der Informationstechnologie". So wie ein führender indischer Soziologe denkt eine ganze Generation von ambitionierten Jugendlichen, die in die „Technologieschmieden" von Bangalore, Hyderabad und Chennai drängen. Ein Grund für die phänomenalen Wachstumsraten ist, dass die Software-Industrie von den für den Rest der indischen Wirtschaft so typischen Entwicklungshemmnissen wie veralteter Infrastruktur, Bürokratismus und Kastendenken weitgehend unberührt bleibt.

Nord-Süd-Gefälle

Auffällig bei der geografischen Verteilung der Technologie-Schwerpunkte ist ein deutliches Nord-Süd-Gefälle, allerdings umgekehrt zu dem, welches wir aus Europa kennen. Die im

> Die breite Masse der arbeitenden Bevölkerung ist vom Aufschwung wenig betroffen

Süden gelegenen, reicheren Bundesstaaten Maharashtra, Andhra Pradesh, Tamil Nadu und Karnataka mit den „Cybercities" Bangalore und Hyderabad an der Spitze setzen energisch auf den weiteren Ausbau der Software-Industrie und investieren in Straßen und vor allem in das marode Bildungswesen. Mit ihren hohen wirtschaftlichen Wachstumsraten, die zum Teil bis zu 10 % jährlich erreichen, vergrößert sich der Abstand zu den überbevölkerten und **unterentwickelten Agrarstaaten des Nordens** wie Rajasthan, Uttar Pradesh, Bihar und Orissa immer mehr. Führende Politiker warnen bereits vor der politischen und sozialen Sprengkraft des wachsenden Einkommensgefälles zwischen Süd und Nord.

„Computer-Inder"

Die Software-Industrie ist für die Generation junger, gebildeter Inder das Eintrittstor in eine goldene Zukunft. Jedes Jahr bildet Indien **75.000 Informationstechnologie-Studenten** aus. Die meisten denken jedoch bereits über die nationalen Grenzen hinaus und sehen die Beschäftigung in einer indischen Computer-Firma als Sprungbrett für eine **Anstellung im Ausland.** Als Schlaraffenland gelten hier die USA, welche bei Umfragen unter Hochschulabsolventen mit großem Abstand die Nummer eins unter den begehrtesten Arbeitsplätzen einnehmen. Neben den hervorragenden Aufstiegsmöglichkeiten und dem hohen Lohnniveau spielt hierbei auch die Tatsache eine große Rolle, dass Englisch bei den meist aus der Mittel- und Oberschicht stammenden indischen Computerprofis – Durchschnittsalter 26 Jahre – wie eine Muttersprache gepflegt wird.

Rund 80 % der Absolventen aus den sechs Elite-Hochschulen der IIT (Indian Institute of Technology) werden von Hochschulen und Unternehmen in den USA unter Vertrag genommen. Welche **hervorragende Qualifikation** die in den USA arbeitenden Software-Spezialisten besitzen, belegt allein die Tatsache, dass von den 2.000 Gründerfirmen im amerikanischen Silicon Valley 40 % von Indern geleitet werden. Nur wer in Nordamerika keine Anstellung findet, versucht eventuell in Deutschland einen Job zu ergattern.

Motor der wirtschaftlichen Entwicklung

Die enormen Wachstumsraten des letzten Jahrzehnts haben dazu geführt, dass der Anteil der Software-Industrie am Bruttoinlandsprodukt inzwischen 7 % beträgt. Fast 3 Mio. Inder sind in der IT-Industrie beschäftigt. Damit ist die Software-Industrie endgültig die Wachstumslokomotive der indischen Wirtschaft. Mindestens ebenso bedeutend ist der mit dem wirtschaftlichen Aufschwung einhergehende **soziale Wandel,** der fast schon revolutionär zu nennende Veränderungen der traditionellen indischen Gesellschaft nach sich ziehen wird.

Armut

„Indien ist ein Skandal!" Was wie eine provokante These klingt, ist – leider – für Hunderte Millionen Inder täglich am eigenen Leibe erfahrene Wirklichkeit. Von dem seit dem Jahrtausendwechsel im westlichen Blätterwald große Aufmerksamkeit erregenden indischen Wirtschaftsboom mit seinen glitzernden, riesigen Einkaufszentren, die Straßen verstopfenden Privatautos und einer halben Milliarde Handys profitieren neben der alten Oberschicht vor allem die konsumorientierte Mittelschicht der Metropolen. Die unmittelbar daneben angrenzenden **Slums** mit einem Heer von Hoffnungslosen und das **Elend der Dörfer** zeichnen ein gänzlich anderes Bild.

Nach einer neuen Studie leben immer noch mehr als ein Drittel der weltweit als bitterarm eingestuften Menschen in Indien. Fast eine halbe Milliarde Inder leben in der täglichen Angst, nicht zu wissen, ob sie am nächsten Tag genügend zu essen haben. Sie müssen ihre Notdurft im Freien verrichten, hausen in **Behelfsunterkünften** ohne Wasseranschluss, müssen ihre Kinder in Schulen schicken, in denen diese in völlig überfüllten Klassenräumen auf dem Boden sitzend unterrichtet werden und verrichten entwürdigende Arbeiten für einen **Hungerlohn.** An den Anblick und den beißenden Gestank von Müllbergen, die von Ratten, Schweinen und Lumpensammlern durchstöbert werden, haben sie sich ebenso gewöhnt wie an korrupte Polizisten, Beamten und Politiker. Das fast völlige Versagen öffentlicher Einrichtungen und die alle staatlichen Institutionen zersetzende **Korruption** sind die offensichtlichsten Gründe für dieses Elend.

Die letztlich entscheidenden Ursachen liegen jedoch tiefer. Die alle Bevölkerungsschichten kennzeichnende **Akzeptanz sozialer Ungleichheit** geht im Kern auf das die indische Gesellschaft seit Jahrtausenden prägende **Kastensystem** zurück. Der Gedanke, dass das Schicksal jedes Hindus das Resultat seiner Taten im vorherigen Leben und somit gerecht ist, prägt bis heute die Weltsicht der Inder. Mitgefühl für die sozial Schwachen oder das Dringen auf eine gerechte Sozialpolitik haben in dieser Weltsicht keinen Platz. So ist es kein Wunder, dass es bisher fast ausschließlich nicht-indische Glaubensrichtungen wie der Katholizismus *(Mutter Teresa)* oder Ideologien wie der Marxismus waren, die soziale Gerechtigkeit auf ihre Fahnen geschrieben haben. Zwar finden sich auch unter westlich geprägten Indern vermehrt Stimmen, die die krassen Gegensätze anprangern, doch von einer größeren Protestbewegung kann keine Rede sein.

Landwirtschaft

All dies ändert nichts daran, dass Indien trotz industrieorientierter Entwicklungsstrategie und Wirtschaftspolitik auch ein **Agrarland** ist, dessen Konjunktur mehr vom pünktlich eintreffenden Monsun und den davon abhängigen Ernten bestimmt wird als von industriellen Zyklen.

Hauptanbauprodukte sind Zuckerrohr, Reis, Weizen, Hülsenfrüchten und Baumwolle. Indien ist der weltgrößte Produzent von Jute, Hülsenfrüchten, Hirse und Sesam. Mit einer Gesamtproduktion von 700.000 Tonnen, wovon etwa 250.000 Tonnen exportiert werden, ist Indien der mit Abstand **führende Teeproduzent** der Erde. Bedeutende Exporterlöse werden auch mit Gewürzen, Cashewnüssen und Kaffee erwirtschaftet.

In der Besitzstruktur dominieren **kleine und kleinste Betriebe.** Über die Hälfte der landwirtschaftlichen Betriebe bewirtschaften weniger als einen Hektar Land. Rund ein Drittel der ländlichen Haushalte besitzt keinen Boden. Obwohl insgesamt 60 % aller Erwerbstätigen in der Landwirtschaft beschäftigt sind, erarbeiten sie nur 18 % des Sozialprodukts des Landes. Allein diese Zahlen verdeutlichen die mangelnde Rentabilität der Landwirtschaft.

Vom Schmuddelkind zum hofierten Star – Indien auf dem Weg zur Wirtschaftsmacht

Der Riese ist erwacht. **Über eine Milliarde Inder** haben ihr über Jahrzehnte von Naturkatastrophen, Hungersnöten, Schmutz und Elend geprägtes Image abgelegt und richten sich mit stolzgeschwellter Brust an die Welt: Wir sind endlich wer. Die Lethargie ist überwunden, eine neue Epoche hat begonnen. Indien ist zu einer selbstbewussten Nation geworden.

Und der Westen hat es nun auch bemerkt. Schlagzeilen von der neuen Superpower neben China auf dem Parkett der Großmächte zieren fast täglich die Schlagzeilen von Zeitungen und Magazinen. Ein jährliches **Wirtschaftswachstum von 8 %** und Devisenreserven, die die 100-Milliarden-Dollar-Marke erreicht haben (Anfang der 1990er Jahre wurde Indien vom Weltwährungsfond für kreditunwürdig erklärt), sind nur zwei von unzähligen Erfolgsstatistiken, die den einzigartigen Umschwung belegen.

Einher mit dem allgemeinen wirtschaftlichen Erfolg geht eine wahre **Konsumexplosion.** Noch vor einigen Jahren musste man oft monatelang auf einen Motorroller warten. An ein Auto war kaum zu denken, in den Regalen der Geschäfte gab es kaum Auswahl. Heute gehören Verkehrsstaus in den Großstädten zum Alltagsbild, gibt es in manchen Orten mehr Fernseher als Toiletten, werden jeden Monat 16 Millionen neue Mobilfunknutzer registriert. Nicht mehr die Tempel mit ihren Göttern wie Krishna, Vishnu und Shiva, sondern riesige Einkaufscenter wie die Metropolitan Mall vor den Toren Delhis sind die Anziehungspunkte der neuen Generation. Starbucks, McDonald's und Walmart haben das siebtgrößte Land der Erde als neues Konsumparadies entdeckt. Früher war es verpönt, Schulden zu machen, inzwischen ist der Kauf auf Raten fast zur Selbstverständlichkeit geworden. „Genieß heute, zahl später" heißt das neue Mantra. Die junge Bildungselite verdient in IT-Firmen, Banken, Call-Centern und ausländischen Firmen mit Mitte zwanzig mehr als ihre Väter in zwanzig Arbeitsjahren.

Ein Stützpfeiler des Aufschwungs ist die **Bevölkerungsstruktur:** Das Durchschnittsalter beträgt 25 Jahre, jeder dritte Inder ist unter 15. Alle zwei Jahre strömen damit so viele zusätzliche Arbeitskräfte auf den Markt, wie in ganz Deutschland vorhanden sind. Ihnen Beschäftigung zu verschaffen, zählt zu den größten Herausforderungen der Politik. Eine bessere Infrastruktur, die Lockerung des restriktiven Arbeitsrechts und schnellere Fortschritte bei der Schulausbildung sind dazu unverzichtbar.

Indiens anschwellendes Heer **junger Arbeitskräfte** wendet sich von einer Bürde zunehmend in einen Vorteil, der die Produktivkräfte, den Konsum und damit das Wachstum stärkt. Die Binnenwirtschaft erlebt bereits einen kräftigen Nachfrageschub: Das Bruttoinlandsprodukt pro Kopf nimmt inzwischen um rund sechs Prozent pro Jahr zu, jedes Jahr steigen etwa 25 Millionen neu in die Mittelschicht auf. Nach indischer Zählweise umfasst die Konsumentenklasse bereits 350 Millionen Menschen. Legt man an westlichen Niveaus orientierte Einkommensmesslatten an, sind es 80 Millionen.

Das macht Indien zu einem nur mit China vergleichbaren **Zukunftsmarkt.** Der Absatz von Autos, Motorrädern und Fernsehern verdoppelt

Tourismus

Indien erlebt in den letzten Jahren einen **Tourismusboom.** Nachdem das Land lange Zeit südostasiatischen Konkurrenten wie Thailand, Myanmar und Vietnam weit hinterherhinkte, hat es sich inzwischen an die Spitze dieser Wachstumsbranche im asiatischen Raum gesetzt. Wachstumsraten von bis zu 15 % und Deviseneinnahmen von über 3 Mrd. US-$ jährlich lassen die lange arg gebeutelte Tourismusbranche strahlen. Der Tourismus ist der zweitgrößte Devisenbringer des Landes. Über fünf Millionen Inder sind in der „weißen" Industrie tätig, indirekt abhängig sind 12 Mio.

Nach wie vor zieht es die meisten Touristen nach Rajasthan und in die klassischen Stätten des Nordens wie Khajuraho, Varanasi und Agra. Die mit Abstand höchsten Zuwachsraten verzeichnet jedoch der Süden des Landes. Besonders der Bundesstaat Kerala ist Anlaufpunkt Tausender westlicher Reisender. Neben seiner landschaftlichen Schönheit ist es besonders der Ajurveda-Boom, der Scharen von Touristen in dieses kleinste Bundesland Indiens im äußersten Südwesten zieht.

Auch für die Zukunft geben sich Indiens Tourismusmanager recht optimistisch und rechnen mit Wachstumsraten von durchschnittlich 10 % jährlich. Tatsächlich gibt es einige gute Gründe, die diese Hoffnung untermauern – hier sind vor allem die **verbesserten Transportbedingungen** zu nennen. So ist ein halbes Dutzend privater Fluggesellschaften in Konkurrenz zur vorher allein den Markt beherrschenden Indian Airlines (heute Air India) getreten. Waren Inlandsflüge früher über Monate ausgebucht, hat das Angebot der Privaten dazu geführt, dass man, abgesehen von der Zeit um Weihnachten und Diwali, meist problemlos einen Platz bekommt. Auch die

sich alle fünf Jahre, spätestens 2017 wird der Konsumbedarf so groß sein wie heute in China. Um ihn mit lokaler Fertigung zu bedienen, stampfen Investoren aus dem Ausland neue Fabriken entlang der Küsten aus dem Boden.

Die **neue Mittelschicht** lebt freier als frühere Generationen, die wirtschaftliche Öffnung hat die indische Gesellschaft grundlegend verändert. Liebesheiraten, obwohl immer noch die Ausnahme, nehmen deutlich zu, ebenso wie Scheidungen und Ein-Kind-Familien. Man schaut „Sex and the City", junge Frauen tragen wie selbstverständlich Jeans statt Sari, gehen mit Freundinnen in die Disco und wollen zunächst Beruf und finanzielle Unabhängigkeit, bevor sie sich für einen Mann entscheiden.

Der eigentliche revolutionäre Wandel, der das ganze Land und somit auch die Unterschichten erreicht hat liegt hierin: Man ergibt sich nicht mehr lethargisch dem eigenen Schicksal, sondern fordert lautstark Verbesserungen. Die größte **Demokratie** der Welt ist politisch gefestigt, trotz ihrer religiösen, ethnischen und sprachlichen Vielfalt. Indien ist ein Rechtsstaat mit verlässlichen Institutionen, seine offene Gesellschaft fördert Kreativität und privates Unternehmertum. Ein Ineinandergreifen von Kapitalismus, Demokratie, günstiger Demografie und Globalisierung verleiht Indiens Wirtschaft eine Dynamik, die von einem schwerfälligen politischen Apparat nicht zu stoppen ist.

indische Eisenbahn trug mit der Einführung mehrerer vollklimatisierter Luxuszüge auf Hauptstrecken wie Delhi – Mumbai und Delhi – Kalkutta und dem Bau völlig neuer Routen wie der Konkan-Railway von Mumbai nach Kerala zur positiven Entwicklung bei.

Nicht zuletzt in der **Hotelindustrie** ist ein deutlicher Trend zu mehr **Luxus** und **besserem Service** unübersehbar. Selbst in mittelgroßen Städten entstehen immer mehr First-Class-Hotels, die durchaus internationalen Standard erreichen.

Das enorme Potenzial Indiens für ausländische Besucher mit seiner landschaftlichen Vielfalt, einigen der großartigsten Baudenkmäler der Erde, einer jahrtausendealten, weitgehend intakten Kultur und seinen unvergleichlichen Festen wird so nun endlich auch von einer touristischen Infrastruktur getragen, die auch wegen der zunehmenden einheimischen Reiselust optimistisch in die Zukunft schauen lässt.

Indien auf einen Blick

- **Staatsname:** Republik Indien
- **Regierungsform:** Parlamentarische Demokratie
- **Verwaltungsgliederung:** 28 Bundesstaaten
- **Amtssprachen:** Hindi und Englisch
- **Unabhängigkeit:** 15. August 1947
- **Fläche:** 3,29 Mio. km²
- **Bevölkerung:** 1,2 Mrd.
- **Bevölkerungswachstum:** 1,5 %
- **Bevölkerungsdichte:** 382 Einw./km²
- **Aphabetisierungrate:** 72 %
- **Lebenserwartung:** 70 Jahre
- **Durchschittsalter:** 25 Jahre
- **Religionen:** 80,5 % Hindus, 13,5 % Muslime, 2,3 % Christen, 2 % Sikhs, 0,8 % Buddhisten, 0,5 % Jains

Bevölkerung

1951, im Einführungsjahr des großen Familienplanungsprogramms, lebten 351 Mio. Menschen in Indien. Heute sind es **1,2 Mrd.** Bei einem jährlichen Bevölkerungswachstum von 1,5 % wächst die indische Bevölkerung jährlich um etwa 18 Mio. Bei gleich bleibender Geburtenrate wird Indien im Jahre 2030 China als bevölkerungsreichstes Land der Erde ablösen. Zwar ist vor allem die sinkende Sterberate für diesen dramatischen Bevölkerungszuwachs verantwortlich (so stieg die durchschnittliche **Lebenserwartung** innerhalb von nur 50 Jahren von 30 auf heute ca. 70 Jahre), doch insgesamt ist es nicht gelungen, die **hohe Geburtenrate** den Erfordernissen entsprechend zu senken.

Tatsächlich ist Indien ein klassisches Beispiel dafür, dass **staatliche Familienpolitik** scheitern muss, solange die Ursache des Übels – traditionelle Wertvorstellungen und soziale Ungerechtigkeit – nicht beseitigt sind. Hierzu gehört gerade in Indien das über Jahrtausende tradierte Bild der Frau als unterwürfige Dienerin des Mannes, die Anerkennung und Daseinsberechtigung erst dadurch erlangt, dass sie möglichst viele Kinder, vor allem aber Jungen, zur Welt bringt.

Diese einseitige **Bevorzugung von männlichen Nachkommen** und die damit einhergehende Benachteiligung der Mädchen hat dazu geführt, dass Indien eines der ganz wenigen Länder dieser Erde ist, in dem es einen deutlichen **Männerüberhang** gibt, wobei diese Diskrepanz in den letzten Jahrzehnten sogar deutlich zugenommen hat.

Überdies sind Kinder nicht nur billige Arbeitskräfte, sondern fungieren in Dritte-Welt-Ländern ohne bzw. mit nur sehr geringen staatlichen Sozialleistungen natürlicherweise als die beste, weil einzige Altersversorgung. So

Kinder in Old Delhi

zeigt sich auch in Indien, dass die Bereitschaft zur **Geburtenkontrolle** mit einer Reihe von Entwicklungsindikatoren wie Einkommens- und Alterssicherung sowie Ausbildungsgrad eng zusammenhängt. Während zum Beispiel in Kerala, dem Staat mit der höchsten Alphabetisierungsrate, die Geburtenrate jährlich landesweit am niedrigsten liegt, ist sie in den zwei rückständigen Gebieten Rajasthan und dem östlichen Mizoram, wo kaum 10 % der Frauen lesen und schreiben können, extrem hoch.

Hier zeigt sich, dass die Verbesserung sozialer Rahmenbedingungen und die landes- und klassenübergreifende Anhebung des Bildungsstandes die langfristig aussichtsreichsten Mittel sind, um das bedrohliche Bevölkerungswachstum zumindest einzugrenzen. Dies bestätigen auch Untersuchungen unter Mitgliedern der indischen Mittel- und Oberschicht in westlich geprägten Städten wie Mumbai, Bangalore oder Chennai, bei denen der Slogan „Zwei Kinder sind genug", mit dem auf Plakaten und in Schulen für die Familienplanung geworben wird, schon längst Allgemeingut ist.

Ähnlich wie in Kerala und im gesamten Küstenraum beeinflussten hier schon früh von außen kommende Normen und Ideen die traditionelle indische Gesellschaft. Insgesamt lässt sich ein **Nord-Süd-Gefälle** feststellen, welches ungefähr entlang einer Linie Mumbai – Kalkutta verläuft. Die Bundesstaaten im Norden und Westen weisen gegenüber den südlichen Regionen schlechtere Werte auf. Die Unterschiede, insbesondere in der Alphabetisierungsquote der Frauen, verweisen auf gesellschaftlich bedingte Einstellungen und

Mitgiftmord und andere Grausamkeiten – Frauen in Indien

„Ein Mädchen großzuziehen, ist etwa so, als würde man die Pflanzen im Garten des Nachbarn gießen." In konsequenter Umsetzung dieses indischen Sprichwortes beginnt in Indien die Geschlechterdiskriminierung bereits vor der Geburt. **Sex Determination** heißt die Zauberformel, mit der durch eine Fruchtwasseruntersuchung (Amniozentese) das Geschlecht des Fötus ermittelt werden kann. Eigentlich als eine Methode zur Früherkennung von Missbildungen gedacht, dient sie heute in erbarmungsloser Weise dazu, weibliche Embryos zu erkennen und abzutreiben. Die für die Untersuchung zu zahlende Summe von 100–200 US-$ ist eine zukunftsträchtige Investition, sparen die Eltern doch so später das Vielfache für die Mitgift der Tochter. Die Regierung hat die Amniozentese bereits 1994 offiziell verboten und im Jahr 2002 wegen der alarmierenden Zunahme illegaler Abtreibungen die Strafen nochmals erhöht (bis zu drei Jahre Gefängnis und 10.000 Rs), doch hat dies kaum praktische Folgen gehabt.

Schätzungen gehen von 11 Mio. Abtreibungen in den letzten 20 Jahren aus, fast alle davon betrafen Mädchen. Diese grausame Praxis bleibt nicht ohne Auswirkung auf die Bevölkerungsstatistik. So ist Indien eines der ganz wenigen Länder der Erde mit einem deutlichen **Männerüberschuss** (933 Frauen auf 1.000 Männer).

Für die dennoch das Licht der Welt erblickenden Mädchen beginnt mit der Geburt ein Prozess **lebenslanger Benachteiligung.** Während die Söhne verwöhnt werden, müssen die Töchter schon von frühester Kindheit an die Lasten des Haushalts mittragen, können so viel seltener die Schule besuchen und werden nur im äußersten Notfall ärztlich versorgt. Die Folgen sind auch statistisch belegbar: Von Kindern bis neun Jahren sterben 60 % mehr Mädchen als Jungen, 71 % der Mädchen gegenüber 28 % der Jungen leiden an Unterernährung, und von den Sechs- bis Vierzehnjährigen besuchen 84 % der Jungen eine Schule, dagegen nur 54 % der Mädchen, sodass heute immer noch die Analphabetenrate unter Frauen fast doppelt so hoch ist wie bei den Männern.

Unter rein ökonomischen Gesichtspunkten betrachtet, stellen Mädchen tatsächlich eine enorme Belastung dar, denn während sich die Brauteltern bei der Verheiratung ihrer Tochter für die an ihren zukünftigen Mann zu zahlende **Mitgift** (dowry) oft lebenslang verschulden, steigert ein Sohn umgekehrt ihr Vermögen. Im Zuge des gerade in den letzten Jahren verstärkt um sich greifenden Konsumdenkens, vor allem in der indischen Mittel- und Oberschicht, ist die *dowry* zum Bereicherungsinstrument verkommen. Videorekorder, Motorroller, Waschmaschine und dazu noch ein ordentlicher Batzen Bares als Mitgift sind selbst in der unteren Mittelschicht schon die Regel.

Oft begnügt sich der Ehemann jedoch selbst damit nicht, fordert im Nachhinein Nachbesserungen und schreckt im Falle der Nichterfüllung auch vor **Mord** nicht zurück, kann er doch bei der angestrebten Wiederverheiratung mit einer neuen großzügigen Mitgiftzahlung rechnen. Beinahe täglich finden sich in den indischen Zeitungen Meldungen über vermeintlich tragische Küchenunfälle, bei denen die Frau am Kerosinkocher den Flammentod fand. Es ist ein offenes Geheimnis, dass sich hinter einer solchen Meldung einer der jährlich Tausenden von Mitgiftmorden verbirgt, doch da sich schlagkräftige

Beweise so gut wie nie erbringen lassen, kommt der mordende Ehemann fast immer straffrei davon.

Die Mitgiftpraxis ist seit 1961 **verboten,** und das Mitte der 1980er Jahre von *Rajiv Gandhi* eingerichtete Ministerium für Frauenangelegenheiten stellt den staatlichen Versuch dar, der zunehmenden Diskriminierung der Frau einen Riegel vorzuschieben.

Demütige und klaglose Erfüllung ihrer Rolle als dienende, fürsorgliche Ehefrau prägt dann auch ihren Ehealltag, obwohl sie – gerade auf dem Lande – allzu oft als Arbeitstier missbraucht wird. Sie bekocht den Mann und isst, was er übrig lässt, besorgt auf oft stundenlangen Fußmärschen Wasser und Brennmaterial, hält Haus und Hof sauber und zieht die Kinder groß. Überdies verrichten Frauen als Tagelöhnerinnen in der Landwirtschaft und im Straßenbau die körperlich schwersten Arbeiten. Ihr Lohn ist dabei bis zur Hälfte niedriger als der der Männer, bei gleicher Arbeit.

Mit dem Tod ihres Mannes scheint auch die Existenzberechtigung der Ehefrau erloschen zu sein. Die meisten **Witwen** führen ein bemitleidenswertes Leben am Rande der Gesellschaft, da die Familie ihres Ehemannes sie nur noch als Last empfindet.

Erste Auflösungserscheinungen dieses seit Jahrtausenden unveränderten Frauenbildes sind allerdings in den großen Metropolen unverkennbar. Selbstbewusst auftretende junge Frauen, gekleidet in Jeans und T-Shirts, die auf feschen Bajaj-Motorrollern zur Arbeitsstelle fahren, wo sie als Sekretärin, Hotelangestellte oder Stewardess, aber zunehmend auch als Ärztin oder Jungunternehmerin tätig sind, finden sich immer öfter im Straßenbild. Und wer die zahlreichen Nachrichtensender im Fernsehen einschaltet, stellt fest, dass Reporterinnen und Moderatorinnen dort schon fast die Mehrzahl stellen. In dieses hoffnungsvolle Bild passt auch, dass in Delhi im Jahre 2010 das erste Mal mehr Mädchen als Jungen geboren wurden.

🔼 So fotogen es auch aussieht – das Wassertragen ist mit viel Mühe und Anstrengung verbunden

Verhaltensweisen, die einem nachhaltigen Geburtenrückgang entgegenstehen.

Auch heute noch gehören zwei Drittel der Bevölkerung der Unterschicht an und wohnen in den 638.000 Dörfern des Landes. Zwar prägt das von den Medien verbreitete Bild von den unter menschenunwürdigen Bedingungen zu Millionen in den Slums der Großstädte dahinvegetierenden Menschen das Indienbild im Ausland und tatsächlich hat das Land mit Delhi, Mumbai, Kolkata (Kalkutta), Chennai (Madras) und Bangalore die größte Anzahl sogenannter **Megastädte** mit über 5 Mio. Einwohnern (34 Städte haben über 1 Mio. Einwohner), insgesamt jedoch liegt es mit einer **Urbanisierungsquote** (Anteil der in Städten mit über 20.000 Einwohnern lebenden Bevölkerung) von 28 % im internationalen Maßstab am unteren Ende, sogar hinter Afrika (30 %).

Mit inzwischen 382 Menschen pro Quadratkilometer ist Indien eines der **am dichtesten bevölkerten Länder** dieser Erde, wobei es jedoch auffällige regionale Unterschiede gibt. Wie seit alters her, ist das fruchtbare Ganges-Tiefland zwischen Delhi und Kalkutta am dichtesten besiedelt. Hier drängelt sich etwa ein Drittel der gesamten Bevölkerung, während sich in den abgelegenen Nordost-Provinzen gerade mal um die 20 Einwohner pro Quadratkilometer verlieren.

Besonders zukunftsweisend ist die **demografische Zusammensetzung** der indischen Gesellschaft. 50 % der Inder sind **unter 25**, 65 % sogar unter 35 Jahre alt. Bei der gerade unter den städtischen Jugendlichen zu beobachtenden zunehmenden Verwestlichung und der damit einhergehenden Auflösung traditioneller Werte, welche bisher die enormen kulturellen und sozialen Gegensätze der indischen Gesellschaft nur bedingt haben zum Ausbruch kommen lassen, steht die indische Gesellschaft vor einem tiefgreifenden sozialen, ökonomischen und kulturellen Umbruch.

Sprache

Ebenso wie es vor der Ankunft der Briten keinen geschlossenen Zentralstaat mit dem Namen Indien gab, existierte **keine einheitliche indische Sprache** und das ist bis heute so geblieben. Während sich das durch die Engländer zusammengeschweißte Kunstprodukt Indien seit nunmehr 50 Jahren über die Runden quält, ist das Land sprachlich so zersplittert wie eh und je. Welche politische Bedeutung das Sprachproblem in Indien besitzt, zeigte sich bei der Grenzziehung der einzelnen Unionsstaaten, die weitgehend nach sprachlichen Gesichtspunkten vorgenommen wurde.

Indien hat **neben Englisch und Hindi 23 gleichberechtigte Amtssprachen.** Man schaue sich einmal einen beliebigen indischen Geldschein an. Da ist der Notenwert zunächst

Die wichtigsten Sprachen Indiens

Sprache	Gebiet	Anteil
Hindi		41,3 %
Bengali	West-Bengalen	8,1 %
Telugu	Andhra Pradesh	7,2 %
Marathi	Maharashtra, Goa	7,0 %
Tamil	Tamil Nadu	5,9 %
Urdu	(Muslime u. Pakistani)	5,1 %
Gujarati	Gujarat	4,9 %
Kannada	Karnataka	3,7 %
Malayalam	Kerala	3,2 %
Oriya	Orissa	3,2 %
Punjabi	Punjab	2,8 %
Assamese	Arunachal Pradesh, Assam	1,3 %

groß in Englisch und Hindi aufgedruckt. Daneben ist eine Kolumne zu sehen, auf der der Wert in den anderen Regionalsprachen steht.

Am ehesten könnte man noch **Hindi** als Nationalsprache bezeichnen, doch nur in den Kernstaaten Madhya Pradesh und Uttar Pradesh wird es von der Mehrheit der Bevölkerung gesprochen. Etwa 30 % der Bevölkerung Indiens haben Hindi als Muttersprache. Zwar sind wiederholt Versuche unternommen worden, Hindi als indische Nationalsprache einzuführen, doch scheiterte dies letztlich immer wieder am entschiedenen Widerstand des stark auf seine Eigenständigkeit bedachten Südens. Dort wehrt sich die mehrheitlich dravidische Bevölkerung gegen diesen nach ihrer Meinung sprachlichen Kolonisationsversuch durch den indogermanischen Norden.

Dies ist umso verständlicher, wenn man weiß, dass die **dravidischen Sprachen** gegenüber den vom Sanskrit abstammenden **indogermanischen Sprachen,** zu denen auch das Hindi gehört, einen eigenen, völlig unabhängigen Sprachstamm bilden, der schon lange vor der Ankunft der Arier in Indien beheimatet war.

Neben den vier großen dravidischen Sprachen Tamil, Malayalam, Kannada und Telugu, die in den Bundesstaaten Tamil Nadu, Kerala, Karnataka und Andhra Pradesh gesprochen werden, gibt es noch eine ganze Reihe von Stammesidiomen (Gondi, Parji, Kurukh, Toda u.a.), die vor allem auf abgelegene Gegenden konzentriert sind.

Schriftsysteme

Hindi, Marathi und Sanskrit (sowie Nepali) werden gleichermaßen im Devanagari-Alphabet geschrieben, alle anderen Sprachen benutzen ihr eigenes Schriftsystem. Einige Lokalsprachen benutzen je nach Gebiet gar mehrere

Alphabete gleichzeitig. So wird z.B. das Konkani in Goa in lateinischem Alphabet geschrieben, in Maharashtra im Devanagari und in Karnataka im Kannada-Alphabet.

Englisch als Verkehrssprache

Die gerade im sprachlichen Bereich sehr auf ihre Unabhängigkeit bedachten Südinder und speziell die Menschen in Tamil Nadu weigern sich entschieden gegen die Einführung des von der Regierung in Delhi seit Jahrzehnten vorangetriebenen Versuches, **Hindi als Landessprache** durchzusetzen. Da jedoch auch sie darauf angewiesen sind, sich mit ihren Landsleuten im Norden unterhalten zu kön-

◸ Schriftmuster Hindi

Ein paar Worte Hindi

Guten Tag, hallo	namaste
Danke!	shukriya, dhanyawad
ja/nein	hañ/nahi
Wie teuer?	kitne paise?
Das ist teuer	Yeh bahut mehnga hai
Wo ist ein Hotel	hotal kahañ hai?
Wie weit ist …?	… kitne dur hai?
Wie komme ich nach …?	… ko kaise jana parega?
Wie heißen Sie?	apka shubh nam?
Medizin	dawa
Früchte	phal
Gemüse	sabzi
Wasser	pani
Tee	chai
Zucker	chini
klein/groß	chota/bara
eins	ek
zwei	do
drei	tin
vier	char
fünf	pañch
sechs	chhe
sieben	sat
acht	ath
neun	nau
zehn	das
hundert	san

Diese im Grunde paradoxe Situation, in der sich die Bürger über die Grenzen ihrer jeweiligen Unionsstaaten hinaus vornehmlich in der Sprache ihrer früheren Kolonialherren unterhalten, wird sich in Zukunft mit dem zunehmenden Bildungsniveau noch verstärken. Dies gilt umso mehr, als die Beherrschung der englischen Sprache im Kasten- und Klassenbewusstsein Indiens heute mehr denn je zu einem **Statussymbol** geworden ist, mit dem sich die Mittel- und Oberschicht gegenüber der ungebildeten Unterschicht abzuheben versucht. In vielen Familien der Oberschicht wachsen die Kinder bereits mit Englisch als erster Sprache auf. Dies ist ein weiteres Zeichen dafür, wie sehr sich diese die zukünftige Entwicklung entscheidend mitgestaltende Bevölkerungsgruppe von den traditionellen Wurzeln der indischen Gesellschaft entfremdet hat. Für Touristen hat die Entwicklung natürlich den ungemeinen Vorteil, dass man sich mit Englisch landesweit gut verständigen kann. Leider ist es in weniger gebildeten Kreisen, zu denen z.B. Taxi- und Rikshafahrer zählen, wenig verbreitet.

nen, hat sich im Süden noch weit mehr als im Norden **Englisch als zweite Hauptsprache** neben der jeweiligen Regionalsprache durchgesetzt. Dies gilt insbesondere für Goa und Kerala, die seit Jahrhunderten rege Handelsbeziehungen mit dem Ausland pflegen und zudem über eines der höchsten Bildungsniveaus in ganz Indien verfügen.

Literaturtipps

Weitergehende praktische Hilfe leisten die **Sprechführer** „Hindi – Wort für Wort", „Gujarati – Wort für Wort", „Marathi – Wort für Wort" und „Bengali – Wort für Wort" aus der **Kauderwelsch-Reihe**. Die handlichen Büchlein aus dem Reise Know-How Verlag bieten eine auf das Wesentliche reduzierte Grammatik und viele Beispielsätze für den Reisealltag. Ebenfalls nützlich ist der in der gleichen Reihe erschienene Band „Englisch für Indien". Mit der Sprache der Bollywood-Filme macht der Titel „Hindi für Bollywoodfans" vertraut. Begleitende Audio-CDs – die **AusspracheTrainer** – sind zu fast allen Büchern der Reihe erhältlich. Nach und nach erscheinen sie auch auf CD-ROM als **Kauderwelsch digital**.

Religionen

Für kaum eine andere Region der Erde gilt der Grundsatz, dass die Religion den Schlüssel zum Verständnis des Landes bildet, mit der gleichen Ausschließlichkeit wie für Indien. Der Glaube durchdringt nach wie vor fast jeden Aspekt des indischen Lebens. Dies gilt insbesondere für die Hindus, die mehr als 80 % der Bevölkerung stellen.

Die Muslime bilden mit 13,5 % den zweitgrößten Bevölkerungsanteil, gefolgt von 2,3 % Christen. Etwa 2 % der Inder sind Anhänger des Sikhismus, sie leben vorwiegend im nordindischen Punjab. 0,8 % der Gesamtbevölkerung Indiens bekennen sich zum Buddhismus. Die 4,5 Mio. (0,5 %) Jains sind vorwiegend im nordwestlichen Bundesstaat Gujarat zu Hause. Mit 60.000 Anhängern die kleinste indische Religionsgemeinschaft sind die Parsen.

Hinduismus

Von den Reinigungsvorschriften über die Ernährungsweise, Heiratsgebote und Bestattungszeremonien bis hin zur Wiedergeburt im nächsten Leben – im wahrsten Sinne des Wortes von der Wiege bis zur Bahre wird das Leben jedes einzelnen Hindus von seiner Religion bestimmt. Bei der Suche nach den Wurzeln der indischen Gesellschaft straucheln die meisten westlichen Besucher recht bald im undurchsichtigen Dschungel des Hinduismus. Tatsächlich muss sich der Europäer angesichts eines Glaubens, der weder einen Stifter noch einen Propheten, weder eine Organisation noch einen Missionsanspruch, weder allgemeinverbindliche Dogmen noch eine heilige Schrift, dafür jedoch das Nebeneinander vieler verschiedener Lehrbücher und Hunderttausender Götter kennt, ziemlich verloren vorkommen.

Ein „ismus" im Sinne einer einheitlichen Lehre oder Ideologie ist der Hinduismus nicht. Vielmehr verbirgt sich hinter dem Begriff ein äußerst vielschichtiges und **komplexes Gedankengebäude** philosophischer, religiöser und sozialer Normen, welches sich im Laufe von Jahrtausenden durch die Entstehung und Verschmelzung unterschiedlicher Strömungen herausgebildet hat.

Allein das Wort Hinduismus ist bereits eine irreführende Bezeichnung. *Hindu* ist das persische Wort für die Menschen jenseits des Sindhu, dem Indus – also die Bezeichnung der muslimischen Eroberer für die Inder. Erst viel später gingen die Inder dazu über, sich selbst als Hindus zu bezeichnen.

Arische und dravidische Ursprünge

Die Ursprünge dessen, was man heute Hinduismus nennt, gehen über drei Jahrtausende zurück, als die aus Zentralasien nach Indien eindringenden **Arier** die **dravidische Urbevölkerung** unterwarfen. Während die Arier militärisch eindeutig die Oberhand gewonnen hatten, wurde die indoarische Religion in den folgenden Jahrhunderten in hohem Maße von den Glaubensvorstellungen der besiegten Ureinwohner durchdrungen.

Besonders deutlich zeigt sich diese Synthese bei der Herausbildung des hinduistischen **Götterhimmels.** Standen zunächst die arischen Naturgottheiten wie etwa *Surya* (Sonne), *Candra* (Mond) und *Indra* (Gewitter) im Mittelpunkt der Verehrung, so wurden diese in der Folgezeit mit den bereits in der vorarischen Zeit in Indien verehrten Göttern vermischt. So ist etwa die mit dem Shivaismus in Verbindung stehende Lingam-Verehrung eine

Weiterentwicklung des bereits im 3. Jahrtausend v. Chr. in Harappa nachgewiesenen Phalluskults.

Durch das Singen von Hymnen, Opferungen und magische Rituale versuchten die Menschen, ihre Götter für die Erfüllung ihrer Wünsche zu gewinnen. Die Hymnenliteratur ist in heiligen Schriften, den **Veden,** zusammengefasst. Nach diesen frühesten, im 2. Jahrtausend v. Chr. verfassten Schriften wurde diese erste Phase des Hinduismus, die etwa von 1500 bis 1000 v. Chr. reichte, als Vedismus bezeichnet.

Entstehung des Kastensystems

Auf den Vedismus folgte der **Brahmanismus** (ca. 1000–500 v. Chr.). Diese Phase ist gekennzeichnet durch die Ausbildung aller zentralen, im Kern bis heute gültigen Glaubensprinzipien des Hinduismus. Mit dem Aufkommen des allumfassenden Schöpfergottes *Brahma* verloren die alten Naturgottheiten mehr und mehr an Bedeutung. Gleichzeitig wuchs mit den immer komplizierter werdenden **Opferritualen,** die allmählich die zentrale Rolle in der Religionsausübung einnahmen, die Macht des Priesterstandes.

Die **Brahmanen** standen aufgrund ihres Wissensmonopols an der Spitze der hierarchisch geordneten Gesellschaft. Ihnen folgten die **Kshatriyas** (Krieger und Adel) und **Vaishyas** (Bauern, Viehzüchter, Händler), denen die unterworfenen nicht-arischen **Shudras** (Handwerker, Tagelöhner) untergeordnet waren. Aus diesen vier Gruppen entstand das heute noch immer gültige Kastensystem.

Herausbildung des Hinduismus

Doch je weniger die große Masse des Volkes Zugang zu den für sie kaum noch nachzuvollziehenden Opferritualen der elitären Priesterkaste fand, desto empfänglicher wurden die Menschen für andere Glaubensrichtungen. So ist es kein Zufall, dass gerade zu jener Zeit mit dem **Jainismus** und dem **Buddhismus** zwei neu entstandene Religionen großen Zulauf fanden, die vom Priestertum unabhängige Wege zur Erlösung aufzeigten. Unter der Patronage des großen Maurya-Königs *Ashoka* (274–232 v. Chr.) entwickelte sich der Buddhismus sogar zur führenden Religion des Landes. Wiederum als Reaktion hierauf erfolgte im Hinduismus eine Rückbesinnung auf die Ursprünge der Veden, die in der Verschmelzung mit den Erkenntnissen des Brahmanismus zur Herausbildung des bis heute praktizierten **Hinduismus** führte.

Grundprinzipien

Kerngedanke des Hinduismus und das Herzstück traditionellen indischen Lebens ist der Glaube an einen ewigen Schöpfergeist oder eine **Weltseele** *(brahman)*, aus der alles Leben und die gesamte Weltordnung hervorgeht. Den zweiten Grundpfeiler bildet die Vorstellung von der Reinkarnation, d.h. der **Wiedergeburt** der unsterblichen Seele in einem neuen Körper. Danach durchläuft jeder Mensch, oder richtiger jede Seele, unzählige Wiedergeburten, sodass der Tod nur eine Zwischenstation auf dem Weg zu einer neuen Existenz darstellt. Hieraus erklärt sich auch, warum für den Hindu der Tod ein weit weniger einschneidendes Erlebnis ist als für einen Menschen aus dem westlichen Kulturkreis, der von der Endlichkeit und Einzigartigkeit seiner Existenz überzeugt ist.

Ziel jedes Lebewesens oder jeder Einzelseele *(atman)* ist *moksha*, die **Erlösung aus dem Geburtenkreislauf** und die Vereinigung mit dem *brahman*. Den Weg zu diesem Ziel kann jeder Einzelne selbst bestimmen, indem er sich in jedem seiner Leben so weit wie möglich an die Regeln der göttlichen Ordnung *(dharma)* hält. Wer diesen Dharma-Gesetzen entsprechend lebt, rückt mit jeder Wiedergeburt auf einer höheren Stufe der Erlösung jeweils einen Schritt näher. Fällt die Gesamtbilanz am Lebensende jedoch negativ aus, so wird dies mit einer niederen Wiedergeburt im nächsten Leben bestraft.

Dieses **Karma** genannte Vergeltungsprinzip bildet auch die Erklärung für das Kastenwesen, das jedem Menschen entsprechend seinen Verdiensten bzw. Verfehlungen im vorigen Leben einen festen Platz in der sozialen Rangordnung zuweist. Jede der insgesamt über 3000 Kasten- und Unterkasten hat ihr eigenes *dharma*, dementsprechend sich das jeweilige Kastenmitglied zu verhalten hat.

Welche Pflichten im einzelnen zu erfüllen sind, beschreiben die **Dharma-Bücher,** unter denen das Gesetzbuch des Manu das bekannteste ist. Hindus sehen in diesem ab dem 2. vorchristlichen Jahrhundert entstandenen Werk eine Offenbarung des Schöpfergottes an den Urvater des Menschengeschlechts Manu. Bis ins kleinste Detail wird dort dharma-gerechtes Verhalten aufgelistet. Als Haupttugenden gelten die Heirat innerhalb der eigenen Kaste, die Ausübung eines nur für die eigene Kaste erlaubten Berufs und das Einnehmen der Mahlzeiten nur mit Mitgliedern der eigenen Kaste.

Entsprechend der Vergeltungskausalität des Karma, nach der jeder durch seine Taten im vorherigen Leben für sein jetziges Schicksal selbst verantwortlich ist, gehört die klaglose Akzeptanz dieser Vorschriften zu einem der Grundmerkmale hinduistischen Glaubensverständnisses. So heißt es im **Mahabharata,** einem aus 18 Büchern mit insgesamt 100.000 Doppelversen bestehenden Hindu-Epos aus

Die Andacht vor dem Tempel – für die allermeisten Inder ein tägliches Ritual

330.000 Möglichkeiten – die indische Götterwelt

Du sollst keine anderen Götter neben mir dulden – dieses für Juden, Christen und Muslime gültige Gebot des Monotheismus steht im krassen Gegensatz zur hinduistischen Götterwelt. Nicht weniger als 330.000 Götter stehen den Hindus angeblich zur Auswahl! Tatsächlich symbolisiert der hinduistische Götterhimmel die einzigartige Vielschichtigkeit des Phänomens Indien auf geradezu klassische Weise.

Für Außenstehende ist es nur sehr schwer nachvollziehbar, dass die Götter im Hinduismus, ebenso wie die Menschen, zahlreiche Reinkarnationen durchlaufen, die dann wiederum als eigenständige Gottheiten verehrt werden. Hinzu kommt, dass viele von ihnen heiraten und Kinder bekommen, welche dann ebenfalls Aufnahme in den hinduistischen Pantheon finden. Schließlich gibt es auch noch unzählige lokale Gottheiten. So gelingt es nicht einmal den Indern selbst, all ihre Götter zu identifizieren.

An der Spitze des Pantheons steht die als **Trimurti** bezeichnete Dreieinigkeit der Götter Brahma, Vishnu und Shiva. **Brahma** wird als Schöpfer der Welt und aller Wesen angesehen, bleibt jedoch im Schatten Vishnus und Shivas, denn anders als diese wurzelt er nicht im Volksglauben. Nur ganz wenige Tempel Indiens, wie etwa in Pushkar, sind ihm direkt geweiht, doch als einer unter vielen Göttern ist er in fast jedem Heiligtum anzutreffen. Dabei wird er meist mit vier in die verschiedenen Himmelsrichtungen blickenden Köpfen und seinem Tragtier, dem Schwan, dargestellt. Brahmas Gattin **Sarasvati** gilt als die Göttin der Künste; ihr werden die Erfindung des Sanskrit und des indischen Alphabets zugeschrieben. Zwei immer wiederkehrende Attribute Sarasvatis sind ein Buch und eine Gebetskette.

Vishnu, der neben Shiva bedeutendste Gott im Hinduismus, gilt als der Erhalter der Welt, der in seinen bisher insgesamt neun Inkarnationen *(avataras)* immer dann auftritt, wenn es gilt, die Erde vor dämonischen Gewalten zu schützen. Seine bekanntesten Inkarnationen sind die als Rama, Krishna und Buddha. Vishnus Tragtiere sind entweder eine Schlange oder ein Garuda. Seine Gattin **Lakshmi** verkörpert Schönheit und Reichtum und ist oft Mittelpunkt der vielen indischen Tempel, die von der Industriellenfamilie Birla gestiftet wurden.

Shiva wird oftmals als das Gegenstück Vishnus bezeichnet, was jedoch nur zum Teil stimmt, da sich in ihm verschiedene, äußerst widersprüchliche Wesenselemente vereinen. Laut der indischen Mythologie soll er unter nicht weniger als 1.008 verschiedenen Erscheinungsformen und Namen die Erde betreten haben. Einerseits verkörpert er die Kräfte der Zerstörung, andererseits gilt er auch als Erneuerer aller Dinge. Besonders augenfällig zeigt sich diese Vereinigung von Gegensätzen in seiner Manifestation als kosmischer Tänzer Nataraja, der in einem ekstatischen Tanz inmitten des Feuerkranzes einer untergehenden Welt zu sehen ist, womit er jedoch bereits die Energien für ein neu zu errichtendes Universum schafft.

Ebenso widersprüchlich (zumindest nach westlichen Vorstellungen) wie er selbst ist die ihm zur Seite gestellte Göttin **Parvati**, die auch in ihren Inkarnationen als Annapurna, Sati, Durga und Kali bekannt ist und unter diesen Namen ganz verschiedene Wesenszüge aufweist. Ihre zerstörerische Seele spiegelt sich am offenkundigsten in der blutrünstigen, vor allem in Bengalen verehrten Kali, während sie als Sati die ihrem Mann bis in den Tod ergebene Gattin verkörpert, die sich nach dem Tod Shivas auf dem Scheiterhaufen verbrennen lässt. In Shiva-Tempeln steht das *lingam* (Phallus), das Shiva als kraftvollen Schöpfer symbolisiert, aufrecht auf der *yoni* (Vulva), dem Symbol der Gattin. Wie auch bei den anderen Göttern gibt es eine ganze Reihe von Emblemen, an denen man Shiva und Parvati erkennen kann. Bei Shiva sind dies der Dreizack, ein Schädel oder die ascheverschmierte, grau-blaue Haut, bei Parvati in ihrer Form als **Kali** die um ihren Hals hängende Totenkopfkette. Wichtigstes Erkennungsmerkmal sind jedoch auch hier die Tragtiere, bei Shiva der Nandi-Bulle und bei Parvati ein Löwe.

Einer der populärsten Götter ist der dickbäuchige, elefantenköpfige **Ganesha**, Sohn von Shiva und Parvati. Eine Legende besagt, dass Shiva – nach langer Abwesenheit zurückgekehrt – seinem Sohn im Zorn den Kopf abgeschlagen haben soll, nachdem er diesen fälschlicherweise für einen Liebhaber Parvatis hielt. Voller Trauer ob seines Missgeschicks und im Bemühen, dieses so schnell als möglich zu beheben, beschloss er, seinem Sohn den Kopf jenes Lebewesens aufzusetzen, das ihm als Erstes begegnen würde. Seither ziert Ganesha jener charakteristische Elefantenkopf. Sein rundlicher Bauch lässt darauf schließen, dass er schon in vorarischer Zeit ein Fruchtbarkeitsidol verkörperte. Dass nun ausgerechnet eine Ratte für das Schwergewicht als Tragtier herhalten muss, passt zu dieser drolligen und liebenswerten Götterfigur. Als Glücksbringer und Beseitiger von Hindernissen jeglicher Art ziert er praktischerweise das Armaturenbrett vieler Busse und LKW.

Neben Ganesha ist **Krishna**, die achte Inkarnation Vishnus, die beliebteste Gottheit des Hinduismus und zudem auf Bildern die am meisten dargestellte. Die schelmischen und erotischen Abenteuer des jugendlichen Hirtengottes boten den Miniaturmalern reichlich Stoff, um ihren Fantasien freien Lauf zu lassen. Die bekannteste Szene zeigt Krishna, wie er den im Yamuna-Fluss bei Vrindaban badenden Hirtenmädchen *(gopis)* die Kleider stiehlt. Mit seiner Hirtenflöte und der charakteristischen blauen Hautfarbe ist er einer der am einfachsten zu identifizierenden Götter.

Wie keine andere Heiligenfigur symbolisiert **Rama**, die siebte Inkarnation Vishnus, die ungebrochene Verehrung, welche die jahrtausendealten hinduistischen Götter im heutigen Indien immer noch genießen. Der meist dunkelhäutig und mit Pfeil und Bogen dargestellte Rama ist die Hauptfigur des großen hinduistischen Heldenepos Ramayana, das aus 24.000 Doppelversen besteht.

In ganz Südindien und hier speziell in Tamil Nadu finden sich auf freien Feldern Gruppen von Pferdeskulpturen. Sie gehören zum Kult des **Aiyanar**, des Schutzgottes der Tamilen, der nachts mit seinen Pferden über die Felder reitet und die bösen Geister verscheucht. Die Pferdefiguren können bis zu zwei Meter hoch sein, meist sind sie aus Ton geformt. Während ihr Körper weiß gehalten ist, werden Sattelzeug, Mähne, Geschirr und Zaumzeug oft farbig hervorgehoben. In Kerala ist der Sohn Shivas und Mohinis (der weiblichen Form Vishnus) auch unter dem Namen *Ayappa* bekannt.

◁ Krishna mit seiner Hirtenflöte

dem 2. Jh. v. Chr.: „Tu deshalb ohne Hinneigung immer das, was deine Pflicht dir vorschreibt, denn indem der Mensch so handelt, erreicht er das Höchste". Das sich klaglose Fügen in sein Schicksal schließt individuelle Selbstentfaltung außerhalb der eng begrenzten Schranken des Kastensystems aus, würde diese doch das oberste Gebot, die Aufrechterhaltung der göttlichen Ordnung, bedrohen.

„Fatalistische" Grundstimmung

Diese Sicht der Welt schlägt sich in einer allgemeinen Grundstimmung nieder, die oftmals allzu undifferenziert als **fatalistisch** bezeichnet wird. Nach hinduistischer Philosophie ist die Welt wie ein riesiger Strom, der seit alters träge dahinfließt. Jeder Mensch hat seinen Platz in diesem Strom, in dem die scharfen Konturen der Vergangenheit, der Gegenwart und der Zukunft verschwimmen, da das Leben des einzelnen nicht durch Geburt und Tod fest umgrenzt ist. Die Welt ist, wie sie ist, ihre Gesetze sind vom Menschen nicht zu beeinflussen. Der auf die Zukunft gerichtete Wille zur Veränderung und zur Mehrung irdischer Güter konnte sich in dieser gesellschaftlichen Atmosphäre nicht so durchsetzen wie im neuzeitlichen Europa. Hieraus erklärt sich auch der auffällige wirtschaftliche Erfolg kleiner Religionsgemeinschaften wie der **Jains**, der **Sikhs** und der **Parsen**, die mit ihren mehr diesseits orientierten Glaubensvorstellungen einen **ökonomischen Wertevorsprung** gegenüber den Hindus besitzen.

Ganzheitliche Weltsicht

Die Wiedergeburt in eine der vielen Tausend Kasten stellt jedoch nur eine Möglichkeit der Reinkarnation dar. Da für die Hindus alles Leben auf Erden Ausdruck der göttlichen Ordnung ist, kann der Mensch durch Fehlverhalten auch als Tier oder Pflanze wiedergeboren werden, wie es das Gesetzbuch des Manu höchst drastisch veranschaulicht: „Wenn man Korn stiehlt, wird man eine Ratte, Wasser ein Wassertier, Honig eine Mücke, Milch eine Krähe und Süßigkeiten ein Hund".

Mag dies zunächst auch eher belustigen, so verbirgt sich dahinter mit der Vorstellung, dass letztlich alle Lebewesen gleichwertig sind, eine ganzheitliche Weltsicht, welche kaum unterschiedlicher zum christlichen Glauben sein könnte, in dem der Mensch als Krönung der Schöpfung gilt. Die universelle Auffassung von der **Einheit allen Lebens**, in der der Mensch nur ein Teil des Ganzen ist, hat in Indien zu einem grundsätzlich **behutsameren Umgang mit der Natur** geführt, die nicht als Um-, sondern als Mitwelt verstanden und erfahren wird. In solch einer ganzheitlichen Weltsicht stehen Mikro- und Makrokosmos, Himmel und Erde, Gott und Mensch in unmittelbarem Bezug zueinander.

Religiöses Alltagsleben

Dementsprechend gehört es für jeden Hindu zu den Selbstverständlichkeiten des Lebens, dass er durch tägliche **Kult- und Opferhandlungen** *(puja)* die Götter gnädig zu stimmen versucht. So befindet sich in jedem Hindu-Haus ein kleiner Altar mit dem Bild der verehrten Gottheit. Mindestens einmal täglich wird ihm mit dem Umhängen von Blumengirlanden, dem Entzünden von Räucherstäbchen und einer kleinen Andacht gehuldigt. Das gleiche Ritual vollzieht sich in größerem Rahmen in den Dorftempeln, in denen an speziellen Feiertagen aufwendige *pujas* abgehalten werden. Zu diesen Anlässen werden den Götterbildern liebevoll zubereitete Opfergaben wie Kokosnüsse, Süßigkeiten und Blumen dargeboten. Dadurch, dass die Gottheit die Essensgaben symbolisch isst, werden sie zu *prasad,* d.h. heiligen Speisen, die danach wieder an die Pilger verteilt werden.

Die Offenheit der hinduistischen Religion bringt es mit sich, dass dem Gläubigen viele weitere Möglichkeiten offenstehen, um sich dem Göttlichen zu nähern. Dazu gehören u.a. verschiedene Arten der **Meditation**, das Leben als wandernder Asket oder Einsiedler *(sadhu)* oder die Teilnahme an oftmals langwierigen und kräftezehrenden **Pilgerreisen** zu bedeutenden Plätzen der indischen Mythologie.

Hinduistische Toleranz in Gefahr

Die Annahme der Einheit aller Lebewesen gilt für die Hindus auch gegenüber Mitgliedern anderer Religionsgemeinschaften wie Buddhisten, Christen, Sikhs, Parsen oder Muslime. Alle Religionen werden als legitime Wege zum ewigen Schöpfergott angesehen. Für Hindus gibt es dementsprechend so viele Wege zu Gott, wie es Gläubige gibt. Inquisitionen oder Kreuzzüge im Namen des Hinduismus hat es nie gegeben. Diese Toleranz ist allerdings in letzter Zeit vor allem gegenüber den **Muslimen** durch die Wunden jahrhundertealter Fremdherrschaft und die Zunahme **sozialer Spannungen,** die zudem von skrupellosen Politikern noch geschürt werden, stark gefährdet. Hier bleibt nur zu hoffen, dass sich die Hindus zurückbesinnen auf jene vier Haupttugenden, die in den hinduistischen Lehrbüchern zur Erlangung der *moksha* gefordert werden: **Wohlwollen, Mitleid, Mitfreude und Gleichmut.**

Islam

Mahmud-e-Ghazni, ein Heerführer aus dem heutigen Afghanistan, der im Jahre 1001 den ersten seiner insgesamt 17 Raubzüge durch Nordindien durchführte, wurde für die Hindus zum Prototyp des **islamischen Eroberers,** der mordend und brandschatzend durchs Land zieht und im Namen der Religion die heiligen Stätten zerstört. Seither ist die indische Geschichte von blutigen **Glaubenskriegen zwischen Hindus und Muslimen** geprägt, wobei die Teilung des Subkontinents 1947 in das islamische Pakistan und das hinduistische Indien nur den vorläufigen traurigen Höhepunkt darstellt.

Auch zu Beginn des dritten Jahrtausends stehen sich die Anhänger der beiden Religionen unversöhnlicher denn je gegenüber. Die in Indien lebenden Muslime stehen gerade im Zeichen eines immer radikaler und intoleranter werdenden Hindu-Fundamentalismus vor einer mehr als unsicheren Zukunft. Tatsächlich lässt sich ein größerer Gegensatz als zwischen dem strikt monotheistischen und bilderfeindlichen Islam und den Millionen von Göttern, die die hinduistischen Tempel voll üppiger Erzähl- und Darstellungsfreude zieren, kaum denken.

Indische Ausprägung: Sufismus

Keine Abspaltung vom eigentlichen Glauben, sondern eine Antwort auf die zunehmende Ritualisierung der religiösen Zeremonien war der Sufismus, der gerade unter den indischen Muslimen viele Anhänger fand. Durch eine strenge **Askese**, tiefe **Meditation** und Rückzug aus der Welt wollte man die im orthodoxen Glauben verloren gegangene Einheit mit Gott wiederherstellen. Ähnlich wie den Gurus im Hinduismus wurden auch hier spirituellen

Lehrmeistern magische Kräfte zugesprochen. Die Grabstätten dieser Sufis genannten Heiligen wurden später zu **Pilgerorten**. Das bedeutendste Beispiel in Nordindien findet sich mit dem Grabmal Khwaja-ud-din-Chistis in Ajmer.

Sikhismus

Obwohl sie nur wenig mehr als 1 % der indischen Bevölkerung ausmachen, haben die Sikhs unser Bild des Inders mehr geprägt als alle anderen Volks- und Religionsgruppen. Frisch gebügeltes weißes Hemd, silberner Armreif, gepflegter Vollbart und kunstvoll gebundene Turbane, so sah Hollywoods Vorzeigeinder aus, und er war immer ein *Sikh* (wörtl.: Schüler) aus dem fruchtbaren Punjab (Fünfstromland) im Nordwesten. Das ist im Grunde paradox, legen doch die Sikhs selbst großen Wert darauf, sich vom Rest der indischen Bevölkerung zu unterscheiden. Die Männer dokumentieren dies traditionell durch die sogenannten **Fünf K**: das nicht geschnittene, unter einem Turban getragenen Haar *(kes)*, ein Kamm aus Holz oder Elfenbein *(kangha)*, ein Dolch *(kirpan)*, ein stählerner Armreif *(kara)* und eine kurze Kniehose *(kaccha)*. Allerdings sind auch an den stolzen Sikhs die Zeichen der Zeit nicht spurlos vorbeigegangen, und so verschwindet die *Kaccha* heute meist unter langen Hosen, der Kamm ist aus Plastik und der Dolch wird fast nur noch zu Festlichkeiten getragen. Alle Tugenden, die gemeinhin gerade nicht mit Indern in Verbindung gebracht werden – er schien sie zu verkörpern: Disziplin, Fleiß, Stolz, Pragmatismus.

Doch spätestens seit 1984 zwei Sikhs aus der Leibwache Indira Gandhis die damalige Ministerpräsidentin ermordeten, hat dieses makellose Bild erhebliche Risse erhalten. Seither verbindet man eher den von Terror und Mord gekennzeichneten Kampf der Sikhs um einen eigenen unabhängigen Staat *Khalistan* mit ihrem Namen.

Dabei wird jedoch übersehen, dass der Konflikt in seiner jetzigen Form erst Ende des 20. Jh. entbrannte und Sikhs und Hindus bis dahin über fünf Jahrhunderte friedlich nebeneinander lebten. An sich sind die Glaubensgrundsätze beider Völker durchaus miteinander vereinbar, und so war es auch kein religiöser Antagonismus, sondern ihre von ständigen Abwehrkräften gegen die Zentralregierung in Delhi geprägte Geschichte, die die Sikhs ihre Eigenständigkeit immer mehr betonen ließ.

Die Ursprünge des Sikhismus gehen auf den Hindupediger *Guru Nanak* (1469–1539) zurück, der aus einer Kaufmannnskaste aus dem Punjab stammte und eine **Synthese von Hinduismus und Islam** anstrebte. Er übernahm zwar vom Hinduismus die Lehre vom Weltschöpfer *(Brahman)*, von der Seelenwanderung und vom *Karma,* lehnte jedoch mit der Vielgötterei, dem Ritualismus und vor allen Dingen mit dem Kastenwesen drei seiner Kernelemente ab. Ebenso wie der Islam ist der Sikhismus streng monotheistisch und glaubt an einen unsichtbaren Gott. Als Ausdruck ihrer aufgehobenen Kastenzugehörigkeit tragen alle männlichen Sikhs den gleichen Namen – *Singh* (Löwe).

Ferner geht der Sikhismus von der Möglichkeit der Erlösung durch moralisches Handeln und weltliche Pflichterfüllung aus. Bedingt durch diese egalitären und diesseits orientierten Wertvorstellungen zeichnen sich die Sikhs im Gegensatz zu den oft zum Fatalismus neigenden Hindus durch eine pragmatische und dynamische Lebenseinstellung aus.

Nanaks vierter Nachfolger *Guru Arjun Dif* ließ 1577 den **Goldenen Tempel** erbauen, der von nun an das spirituelle Zentrum der Sikhs

bildete. Hier befindet sich auch das heilige Buch des Sikhismus, der *Adi Granth* (wörtl. „Urbuch", auch als *Guru Granth Sahib*, „das hochverehrte Buch", bekannt), welches *Arjun Dif* aus den Schriften und Lehren seiner Vorgänger zuammenfasste.

Im Verlauf der **zunehmenden Verfolgung** der Sikhs durch die muslimischen Machthaber in Delhi wurden sowohl *Arjun Dif* als auch der neunte Guru *Tik Bahadur* hingerichtet, worauf dessen Sohn die Reformsekte zu einem religiösen Kampfbund, *Khalsa* genannt, umformte. Ferner verfügte er, dass nach seinem Tode niemand seine Nachfolge antreten sollte und dafür die heilige Schrift *Adi Granth* als oberste Autorität des Glaubens die Position der Gurus einnehmen sollte.

Mit dem Zerfall des Mogulreiches erstarkten die Sikhs und konnten 1801 unter *Ranjit Singh* als Maharaja ihr **eigenes Königreich** im Punjab errichten, welches jedoch nach zwei erbitterten Schlachten 1849 von den Briten erobert wurde.

Als mit der Unabhängigkeit Indiens am 15. August 1947 gleichzeitig auch die Abtrennung Pakistans in Kraft trat und die neue Grenzlinie der beiden Staaten mitten durch den Punjab lief, kam es hier zu den schlimmsten Massakern zwischen Sikhs, Hindus und Moslems im ganzen Land. Von nun an wurden die Stimmen für einen von Hindus und Moslems gleichermaßen **unabhängigen Staat** immer lauter. Noch jedoch wurden die Forderungen durch die 1921 gegründete Sikh-Partei *Akali Dal* (Bund der Unsterblichen) auf demokratische Weise vorgebracht.

Als sich die ökonomische Situation im bis dahin als Wirtschaftswunderland geltenden Punjab, das einen bedeutenden Anteil zu Indiens wirtschaftlicher Entwicklung beigetragen hatte, in den 1960er Jahren radikal verschlechterte und die Zahl der landlosen Arbeiter verdoppelte, fanden die fundamentalistischen Parolen des Sektenführers *Bhindranwale*, der zur Errichtung eines unabhängigen Staates **Khalistan** (Land der Reinen) aufrief, vor allem unter den desillusionierten Jugendlichen schnellen Zulauf. Seine Anhänger verbreiteten unter der Hindu-Bevölkerung im Punjab durch terroristische Gewalttaten Angst und Schrecken.

◩ Weißes Hemd und Turban – Sikhs beim Gebet

Als Bhindranwale schließlich seinen eigenen Staat Khalistan ausrief und sich 1982 mit seinen Anhängern im Goldenen Tempel von Amritsar verschanzte, waren die Türen für eine friedliche Lösung des Punjab-Konfliktes endgültig zugeschlagen.

Versuchte Indira Gandhi zunächst noch vergeblich, durch die Ernennung eines Sikhs als Staatsoberhaupt den Konflikt zu entschärfen, geriet sie von den Hardlinern in ihrem Kabinett unter immer stärkeren politischen Druck und entschloss sich schließlich zur **Operation Blue Star.** Nach generalstabsmäßiger Planung wurde der Goldene Tempel am 30. Mai 1984 von 15.000 Soldaten erstürmt, wobei die meisten der über 3.000 Besetzer getötet wurden, unter ihnen auch Bhindranwale.

Diese Schändung ihres Heiligtums war ein Fanal für die strenggläubigen Sikhs. Befanden sich die **Fundamentalisten** bis dahin innerhalb der Sikh-Gemeinde noch deutlich in der Minderheit, so radikalisierten sich jetzt auch jene, die bisher nur für eine größere politische wie wirtschaftliche Autonomie gegenüber Delhi eingetreten waren.

Von nun an beherrschte eine Spirale von **Gewalt und Gegengewalt** die Lage in Punjab. Die Ermordung *Indira Gandhis* und die sich anschließenden Massaker an Sikhs in Delhi, Terroraktionen verschiedener Untergrundorganisationen gegen hinduistische Politiker, brutales Vorgehen der indischen Polizeitruppen in Amritsar, erneute Erstürmung des Goldenen Tempels 1988, fehlgeschlagener Anschlag auf *Rajiv Gandhi* aus seiner Sikh-Leibgarde, die Unterstellung des Punjab unter direkte Kontrolle Delhis – die Liste der Gewaltakte zwischen Hindus und Sikhs seit 1980 ließe sich noch endlos verlängern.

Die Gefahr vor Augen, die Abspaltung des Punjabs könnte weiteren, schon lange schwelenden Unabhängigkeitsbestrebungen in Assam, Tamil Nadu und vor allem in Kashmir neuen Auftrieb geben und damit den Bestand der indischen Union gefährden, ließ die indische Zentralregierung lange Zeit keinen Millimeter von ihrer kompromisslosen Haltung abgehen, während die Sikhs wegen des brutalen Vorgehens der indischen Truppen weiterhin auf ihre Unabhängigkeit pochten.

Anfang der 1990er Jahre entspannte sich die Lage jedoch auf beiden Seiten. Im Gegensatz zu Kashmir, wo eine friedliche Konfliktlösung in den nächsten Jahren nur schwerlich vorstellbar ist, scheint der Wunsch vieler Punjabis, statt politischem Extremismus wirtschaftlichem Aufschwung Priorität einzuräumen, langfristig die Lage im Punjab zu beruhigen.

Buddhismus

Bei der Frage nach dem Ursprungsland des Buddhismus würde wohl kaum jemand auf das klassische Land des Hinduismus – Indien – tippen. Tatsächlich jedoch verbrachte **Buddha,** der vor über zweieinhalb Jahrtausenden auf dem Indischen Subkontinent geboren wurde, den größten Teil seines Lebens in der nordindischen Tiefebene. Zudem war die nach ihm benannte Lehre für fast ein Jahrtausend die Staatsreligion des Landes. Das sieht heute ganz anders aus, bekennen sich doch nur gerade mal 0,8 % der Gesamtbevölkerung zum buddhistischen Glauben.

Siddharta Gautama

Zu den Heiligtümern des Buddhismus zählt das im heutigen Südnepal gelegene Lumbini, jener Ort, wo Buddha als Prinzensohn *Siddharta Gautama* wahrscheinlich 560 v. Chr. geboren wurde. Entsprechend seiner adeligen Herkunft führte der spätere Religionsstifter in seinen jungen Jahren ein sorgenfreies, ja luxuriöses Leben und wurde im Alter von 16 Jahren standesgemäß mit seiner Kusine *Jashudara* verheiratet.

Zunehmend stellte sich der tiefsinnige Prinz jedoch die Frage nach der wahren Bedeutung des Lebens, wobei ihm die Sinnlosigkeit eines an materiellen Werten orientierten Lebens immer bewusster wurde. Diese Überlegungen verstärkten sich, als er bei drei heimlichen Ausflügen aus dem väterlichen Schloss seine realitätsferne Welt verließ und menschlichem Leid in Gestalt eines Greises, eines Kranken und eines Verstorbenen begegnete. Den letzten Anstoß, sein bisheriges Leben im Überfluss aufzugeben, gab ihm die Begegnung mit einem wandernden Asketen.

So verließ er im Alter von 29 Jahren in der Nacht der großen Entsagung heimlich Eltern, Frau und Kind und vertauschte das luxuriöse Bett in seinem Palast mit einer Lagerstätte unter freiem Himmel. Als er nach insgesamt sieben Jahren unter strengster Askese, die ihn an den Rand des physischen Zusammenbruchs führte, seinem Ziel der Erkenntnis nicht näher gekommen war, wählte er als dritte Möglichkeit zwischen extremem Überfluss und Askese den mittleren Weg: **meditative Versenkung** als Loslösung von den Begierden der materiellen Welt.

Grundprinzipien

Schließlich gelangte Siddharta Gautama nach sieben Tagen ununterbrochener Meditationssitzung unter einem Feigenbaum im kleinen Ort Gaya, im heutigen Bihar, zur Erleuchtung, indem er die **vier edlen Wahrheiten,** die zum Nirvana führen, erkannte:

- Alles Leben ist Leiden.
- Alles Leiden wird durch Begierden hervorgerufen.
- Alles Leiden kann durch die Auslöschung der Begierden vernichtet werden.
- Leid und Begierden können durch die Praktizierung des achtfachen Pfades überwunden werden.

Wer hiernach sein Leben an den **Prinzipien des achtfachen Pfades,** also der rechten Anschauung, Gesinnung, des rechten Redens, Tuns, der rechten Lebensführung, des rechten Strebens, Überdenkens und der rechten Versenkung ausrichtet, wird im nächsten Leben auf einer höheren Daseinsstufe wiedergeboren. Geht man diesen Pfad konsequent, d.h. unter strenger Selbstdisziplin, zu Ende, durchbricht man schließlich den Kreislauf der Wiedergeburten und tritt in einen **Zustand ewiger Seligkeit** ein und wird somit zum Buddha. So übernimmt auch der Buddhismus die Vorstellung von **Karma und Wiedergeburt,** lehnt jedoch das Kastenwesen entschieden ab, da er die individuelle Selbsterlösung zum obersten Prinzip erklärt.

Buddhismus wird indische Staatsreligion

Gaya, der Ort, an dem aus dem Prinzensohn Siddharta Gautama der Buddha, d.h. der Erleuchtete, wurde, heißt seitdem **Bodhgaya** und zählt zu den vier heiligsten Orten des Buddhismus. Die folgenden 45 Jahre seines Lebens zog Buddha als Wanderprediger durchs Land, wobei seine Anhängerschaft stetig zunahm. Als er schließlich im Alter von 80 Jahren bei Kushinagar in Uttar Pradesh mit den Worten „Wohlan ihr Mönche, ich sage euch, alles geht dahin und stirbt, aber die Wahrheit bleibt, strebt nach eurem Heil" verstarb, hatte er die Grundlagen für eine landesweite Ausdehnung seiner Lehre gelegt.

Entscheidender weltlicher Wegbereiter nach seinem Tode wurde **Kaiser Ashoka**

(272–232 v. Chr.), der einzige Herrscher bis zum Aufkommen der Moguln, der einen Großteil des Indischen Subkontinents unter einer zentralen Herrschaft vereinigen konnte. Nachdem er selbst zum Buddhismus konvertiert war, erklärte er die Lehre zur Staatsreligion und förderte ihre Verbreitung durch großzügige Spenden für Klöster und heilige Stätten. Zudem entsandte er Mitglieder des Königshauses in benachbarte asiatische Länder, die dort die buddhistische Lehre verbreiteten. So war es sein Sohn *Mahinda*, der als Begründer des Buddhismus auf Ceylon (Sri Lanka) gilt. Zur schnellen Verbreitung des Buddhismus trug sicherlich bei, dass der Hinduismus gerade zu jener Zeit durch die alles beherrschende Rolle der Brahmanenkaste in einem Ritualismus erstarrt war, der vom einfachen Volk kaum nachzuvollziehen war.

Hinayana-Buddhismus

Ähnlich wie der Islam oder Jainismus spaltete sich auch der Buddhismus nach dem Tode seines Stifters in verschiedene Glaubensrichtungen. Der Hinayana-Buddhismus („Kleines Fahrzeug") gilt als die ursprüngliche Form, weil sie den von Buddha gewiesenen Weg jedes Einzelnen unter strenger Beachtung der vorgegebenen Prinzipien betonte. Diese ältere Form des Buddhismus betont die mönchische Lebensordnung und wird auch **Theravada** genannt, was soviel wie „Weg der Älteren" bedeutet. Die konservative Richtung wird heute vor allem in Myanmar, Sri Lanka, Thailand und Kambodscha gelehrt.

Mahayana-Buddhismus

Der Mahayana-Buddhismus („Großes Fahrzeug") schließt, wie es der Name schon andeutet, alle Gläubigen ein, weil hier Mönche und Laien das Nirvana erlangen können. Die im 5. Jh. gegründete und 1197 n. Chr. durch die Muslime zerstörte Universität Nalanda im heutigen Bundesstaat Bihar war einst die Hauptlehrstätte dieser Glaubensinterpretation. Eine zentrale Rolle im Mahayana-Buddhismus spielen die sogenannten **Bodhisattvas**, erleuchtete Wesen, welche selbstlos auf den Eingang ins Nirvana verzichten, um anderen auf deren Weg dorthin zu helfen. Die Lehre vom Großen Fahrzeug hat heute Vorrang in China, Japan, Korea und Vietnam.

Vitchuayana-Buddhismus

Die dritte große Schulrichtung des Buddhismus bildet der Vitchuayana-Buddhismus („Diamantenes Fahrzeug"), welcher im 7. Jh. entstand. Bekannter ist sie im Westen unter dem Namen **Tantrismus**. Nach dieser esoterischen Auslegung kann man mit Hilfe von Riten *(tantras)*, dem wiederholten Rezitieren heiliger Sprüche und Formeln *(mantras)* und der Ausführung ritueller Gebete zur Erlösung gelangen. Diese Form des Buddhismus hat heute in China, Japan und vor allem in Tibet eine große Anhängerschaft.

Hinduismus gewinnt die Oberhand

Zwar überdauerte der Buddhismus auch den Tod seines unermüdlichen Protegés König Ashoka, doch schließlich erstarkte der Hinduismus, zumal er von den nachfolgenden Herrschern unterstützt wurde. Hier rächte sich jetzt auch eine Entwicklung, die einst dem Hinduismus zum Nachteil geriet. Während zu Beginn die Botschaft der buddhistischen Göttermönche über den Pomp der großen brahmanischen Opferrituale gesiegt hatte, war die

Zahl der buddhistischen Klöster im Laufe der Zeit mächtig angewachsen und den Gläubigen zu einer Last geworden, während der Unterhalt der Brahmanenfamilien weit weniger Aufwand erforderte. Spätestens im 9. Jh. hatte der Hinduismus die Oberhand gewonnen, während die Lehre des Mittleren Weges nur noch in ihrem Heimatgebiet, in Bihar und Bengalen, von der Mehrheit der Gläubigen befolgt wurde. Letztlich waren es jedoch nicht die Hindus, sondern die Muslime, die im 12. Jh. mit der **Zerstörung buddhistischer Klöster und Heiligtümer** die Religionsphilosophie des ehemaligen Prinzensohns Gautama Siddharta in Indien fast gänzlich zur Bedeutungslosigkeit degradierten.

Jainismus

Ebenso wie der Buddhismus entstand auch der Jainismus im 6. Jh. v. Chr. als **Reformbewegung** gegen die autoritären Strukturen des Brahmanismus. Während jedoch der Buddhismus später zu einer der bedeutendsten Religionen der Erde aufstieg, konnte sich der Jainismus nicht über die Grenzen seines Ursprungslandes ausdehnen. Von den etwa 4,5 Mio. Anhängern dieser Religionsgemeinschaft (0,5 % der Gesamtbevölkerung) leben die meisten im Nordwesten des Landes, hier speziell im Bundesstaat Gujarat.

Askese

Der Stifter *Varda Mana*, später *Mahavira* (Großer Held) genannt, verließ im Alter von 28 Jahren Frau und Kinder, um das Wanderleben eines nackten Asketen zu führen. Schon zwei Jahre später erlangte er vollkommene Einsicht in die Gesetzmäßigkeit des Lebens

Jain-Pilger in Ranakpur. Einige Gläubige tragen Mundschutz, um nicht versehentlich ein Insekt zu verschlucken, denn die unbedingte Schonung jeglichen Lebens ist oberstes Gebot der Jains

und verbreitete von nun an als Wanderprediger seine Lehre, deren letztendliches Ziel der **Austritt aus dem ewigen Kreislauf des Lebens** ist. Auch hier wieder zeigen sich deutliche Parallelen zum Buddhismus.

Jina (Weltüberwinder), wie er von seinen Jüngern nun genannt wird, gilt jedoch nur als letzter von insgesamt 24 *tirthankaras* (Furtbereiter) des Jainismus, die einen Weg aus dem Kreislauf des Lebens gefunden haben. Die 24 *tirthankaras* verkörpern die Götter des Jainismus und ihnen zu Ehren wurden die Tempel meistens an Orten erbaut, wo einer von ihnen geboren, erleuchtet oder ins Nirvana eingegangen ist. Die bekanntesten Tempelanlagen befinden sich auf den als heilig angesehenen Bergen in Gujarat und Rajasthan, doch auch in Südindien liegen einige bedeutende Jain-Kultstätten wie z.B. Sravanabelgola.

Erhaltung jeglichen Lebens

Oberstes von den Gläubigen einzuhaltendes Gebot auf dem von den Tirthankaras gewiesenen Weg aus dem Kreislauf der Wiedergeburten ist *ahimsa,* die unbedingte Schonung jeglichen Lebens. Dieses Gebot resultiert aus der vom Hinduismus übernommenen Idee der Einheit allen Lebens. So liegt es im ureigensten Interesse jedes Lebewesens, anderen kein Leid zuzufügen, schadet es sich dadurch doch letztlich nur selbst. Einige Gläubige verfolgen dieses Gebot derart strikt, dass sie einen Mundschutz tragen, um nicht versehentlich ein Insekt zu verschlucken.

Wohlstand und Konsumentsagung

Diese uneingeschränkte Achtung vor dem Leben hat bis heute tief greifende Auswirkungen auf die Lebens- und Arbeitsbedingungen der Jains. Selbstverständlich sind alle **strikte Vegetarier** (manche essen sogar nichts, was in der Erde gewachsen ist, weil beim Herausziehen Kleinlebewesen getötet werden könnten), doch darüber hinaus verbietet ihnen ihr Glaube die Ausübung von Tätigkeiten wie etwa in der Landwirtschaft oder im Militär, die das Tötungsverbot missachten.

So finden sich Jains heute vor allem in **kaufmännischen und akademischen Berufen**, was zur Folge hat, dass sie zu den wohlhabendsten und bestausgebildeten Schichten der Gesellschaft zählen. Die im Jainismus geforderte innerweltliche Askese hat dazu geführt, dass sie ihren materiellen Wohlstand nur in geringem Maße zum persönlichen Konsum verwenden, dafür jedoch umso großzügiger den Bau bzw. die Erhaltung ihrer Heiligtümer unterstützen. Hieraus erklärt sich auch, dass die Marmortempel von Palitana, Dilwara und Ranakpur zu den schönsten Heiligtümern Indiens zählen.

Parsismus

Die Lehre Zarathustras

Die Ursprünge der zahlenmäßig sehr kleinen Glaubensgemeinde der Parsen gehen auf den altiranischen Propheten **Zoroaster** (lat.: *Zarathustra*) zurück, der mit seinen Lehren Mitte des 7. Jh. v. Chr. eine der ältesten Religionen der Erde begründete. Mit Parsismus im engeren Sinne bezeichnet man die zweite Entwicklungsphase des Zoroastrismus, als die Anhänger auf der Flucht vor den Persien erobernden Muslimen im 7. Jh. nach Nordwestindien auswanderten, wo sie sich nach ihrem Ursprungsland Parsen nannten.

Im Mittelpunkt der Lehre steht dabei eine streng dualistische Weltsicht, wonach die Geschichte ein ständiger Kampf zwischen dem

Reich des Guten und dem **Reich des Bösen** ist. Während *Ahura Mazda* (auch *Ormazd* genannt) als der allwissende höchste Gott, umgeben von seinen sechs Erzengeln *(A mesha Spentas),* unermüdlich für den Erhalt und die Förderung des Lebens streitet, steht ihm in *Angra Mainyu* (auch *Ahriman* genannt) der Anführer des Reichs der Finsternis gegenüber. Die prinzipielle Entscheidung jedes einzelnen Gläubigen für das Gute und die Forderung, all sein Handeln an lebensfördernden sittlichen Werten wie Friedfertigkeit, Gewaltfreiheit, Wahrhaftigkeit und Fleiß zu orientieren, bildet die Voraussetzung für den Eingang ins Paradies.

Bestattungstürme und Feuertempel

Alle Elemente wie Luft, Wasser, Erde und Feuer gelten den Parsen als heilig und eine Verunreinigung auch nur eines dieser Elemente wird mit der Hölle bestraft. Hieraus leitet sich auch die eigentümliche **Bestattungszeremonie** der Parsen ab. Da eine Feuer- bzw. eine Erdbestattung diese heiligen Elemente verunreinigen würde, legen sie ihre Verstorbenen auf den sogenannten **Türmen des Schweigens** *(dakhma)* den Geiern zum Fraß vor.

Ein weiteres charakteristisches Bauwerk der Parsen sind die **Feuertempel,** niedrige, fensterlose Gebäude, in deren Innern auf einem Stein in einem metallenen Gefäß das heilige Feuer brennt, welches sie als göttliches Symbol verehren.

Wirtschaftlicher Erfolg und Sozialleistungen

Obwohl sie mit nur noch knapp 60.000 Anhängern nicht einmal 0,01 % der Gesamtbevölkerung Indiens ausmachen, gehören die Parsen in **Mumbai,** wo fast alle von ihnen beheimatet sind, zu den wirtschaftlich erfolgreichsten Gruppen. Bestes Beispiel hierfür ist die Familie *Tata,* die mit ihrem weitverzweigten Industrieimperium mit Hunderttausenden von Beschäftigten das größte Familienunternehmen des Landes besitzt. Der Grund für den ökonomischen Erfolg der Parsen ist ihre wirtschaftsfreundliche Religionsphilosophie, wonach zum Gedeihen des Reichs des Guten auch eine florierende Wirtschaft gehört und somit der **persönliche Wohlstand** als Beweis der Gottgefälligkeit angesehen wird.

Außerdem hatten sich die Parsen den Grundstein zum Erfolg schon zu britischen Zeiten gelegt. Da die Hindus mit den Briten aufgrund deren Vorliebe für Rindfleisch keinen Handel treiben wollten und die Muslime den Kolonialisten wegen deren Schweinefleisch- und Alkoholkonsum fernblieben, traten die Parsen auf den Plan. Sie trieben fleißig Handel mit den Briten und wurden reich.

Doch die Parsen scheffeln nicht nur, sie geben auch. „Ahura gibt demjenigen das Reich, der die Armen unterstützt", besagt eine Passage in einer heiligen Parsen-Schrift und folglich tun die Parsen sich als generöse Philanthropen hervor. Sie unterhalten das mit Abstand **beste Kranken- und Sozialwesen** aller Glaubensgemeinschaften; Arme und Gebrechliche werden unterstützt, heiratswillige Paare erhalten Wohnungszuschüsse.

Insgesamt zeigen sich in ihrer Wirtschafts- und Sozialphilosophie zahlreiche Parallelen zum europäischen Calvinismus, der den Grundstein für den modernen Kapitalismus setzte. In Kleidung und Lebensstil sehr **westlich orientiert,** finden sich unter den Parsen viele konfessionsübergreifende Ehen, wodurch die kleine Gemeinde vom Aussterben bedroht ist. Der Parsenklerus erkennt nur solche Kinder als Parsen an, bei denen zumindest der Vater Parse ist – eine in der Glaubensgemeinschaft nicht unumstrittene Auslegung der Schriften. Gemäß dieser Regel hätte auch *Rajiv Gandhi* Parse werden können: Seine Mutter *Indira Gandhi* war zwar eine Hindu, sein Vater *Feroze Gandhi* aber Parse. *Rajiv* hatte aber nie die Initiation vollführen lassen.

Christentum

Missionierung durch die Kolonialherren

Die Ursprünge der Christianisierung in Indien gehen zurück auf das Wirken des **Apostels Thomas**, dessen Martyriumsstätte in der Hafenstadt Chennai (Madras) noch heute verehrt wird. Den größten Einfluss hatten jedoch die westlichen Missionare, die mit den **portugiesischen** und später **britischen** Kolonialherren nach Indien gelangten. Hierin liegt auch der Grund, warum selbst heute noch mehr als die Hälfte der 27 Mio. Christen (2,3 % der Bevölkerung) im Süden leben, also dort, wo die „weißen Männer" zuerst anlandeten. So bekennen sich im südwestlichen Bundesstaat **Kerala** gut 20 % und im Tropenparadies **Goa** ca. 35 % zum christlichen Glauben, während es in klassischen Hindu-Gebieten wie Uttar Pradesh oder Rajasthan nicht einmal jeder Tausendste ist.

Eine Ausnahme von dieser Regel bilden jedoch die Nordost-Provinzen und hier vor allem Nagaland und Mizoram, wo knapp 80 % der Gesamtbevölkerung Christen sind. Der Grund liegt in dem dort extrem hohen Anteil von Ureinwohnern, die traditionell zu den untersten Schichten der hinduistischen Gesellschaft gehören. Die christliche Botschaft von Gleichheit, Menschenwürde, Nächstenliebe und Befreiung von Kastenwesen und Leibeigenschaft fiel hier naturgemäß auf besonders fruchtbaren Boden.

Besonders auffällig ist der Zusammenhang von Christentum und **Bildungsniveau**. So liegen z.B. Goa und Kerala mit 84 % bzw. 94 % Alphabetisierungsrate an der Spitze aller indischen Bundesstaaten, was auch statistisch die herausragende Bildungstätigkeit der christlichen Mission belegt.

Integration

Mit dem Ende der britischen Herrschaft verlor das Christentum in Indien sowohl den Vorzug als auch das Stigma der Verbundenheit mit den fremden Machthabern. Eine bemerkenswerte Wandlung im Selbstverständnis vieler Christen war die Folge. Der Wunsch, die Folgen der Kolonialgeschichte zu überwinden und nicht länger als Ausländer im eigenen Land zu gelten, führte dazu, dass sich die christlichen Gemeinden **wie Kastengruppen** in die vielfältig gegliederte indische Gesellschaft einfügten.

Soziale Spannungen

Gleichzeitig blieb bei vielen Hindus angesichts der gerade bei Mitgliedern der Unterschichten und Kastenlosen nicht unerheblichen Missionierungserfolge der Christen ein latentes Misstrauen bestehen. In den 1990er Jahren brandmarkten die **Hindu-Fundamentalisten** die Christen mit dem Vorwurf, durch ihre Aufklärungskampagnen das von ihnen als heilig angesehene Kastensystem zu unterminieren. Der auf diese Weise gesäte Hass entlud sich auf erschreckende Weise in zahlreichen **Attentaten.** Auch wenn sich die Situation inzwischen beruhigt hat, zeigen diese erschreckenden Vorfälle, wie Politiker religiöse Ressentiments als politisches Mittel missbrauchen.

Feste und Feierlichkeiten

Indische Feste sind so bunt und ungestüm wie das Land selbst. Zwar haben die meisten Feierlichkeiten religiöse Ursprünge, doch gerade die für Indien so typische Einheit von Religion und Alltagsleben macht ihre eigentliche Faszination aus. Prozessionen und Feuerwerk, Theatervorführungen auf öffentlichen Bühnen und farbenfrohe Tänze, nächtliche Jahrmärkte mit Karussels, Akrobaten und verführerischen Essensständen sowie infernalische Lautsprechermusik sind die typischen Bestandteile. Ein Augenschmaus sind sie immer, dafür auch allzu oft eine Pein für unsere Ohren.

Die Vielfalt der Religionen beschert dem Land eine unübersehbare Anzahl von Festen und Feiertagen. Neben den landesweiten existieren noch unzählige, nicht minder beeindruckende Regionalfeste. Jeder Reisende, der auch nur wenige Wochen im Land unterwegs ist, wird wahrscheinlich Augen- und Ohrenzeuge einer solchen Feierlichkeit werden.

Feste bringen nicht nur Abwechslung in das gerade von der Landbevölkerung oftmals als relativ ereignisarm angesehene Leben, sondern besitzen in einer derart reglementierten Gesellschaft wie der indischen, in der die meisten Entscheidungen des Alltags durch die Kastenordnung vorgegeben werden, eine wichtige Ventilfunktion. Man darf sich gehen lassen und Dinge tun, die sonst verpönt sind.

Indischer Festkalender

Von den vielen Hundert indischen Festen kann hier nur eine kleine Auswahl aufgeführt werden. Da sich die meisten religiösen Feste nach dem **Mondkalender** richten und regional oftmals leicht variieren, kann auch nur eine ungefähre Zeitangabe gemacht werden.

Januar/Februar:

■ 1. Januar; **Neujahr** – Gesetzlicher Feiertag

■ 26. Januar; **Tag der Republik** – Gesetzlicher Feiertag. Wer es irgend einrichten kann, sollte sich die große Parade zum Tag der Republik in Delhi nicht entgehen lassen. Das ganze unvergleichliche Kaleidoskop der Völker und Stämme diese kontinentalen Landes zieht in ihren bunten Trachten, begleitet von Musikkapellen, geschmückten Elefanten und Kamelen über den Raj Path, die Prachtstraße vor dem Parlament. Indiens ehemalige Größe scheint hier unter dem Motto „Einheit in der Vielfalt" wieder lebendig zu werden.

■ **Vasant Panchami** – Zu Ehren von Saraswati, der Göttin der Gelehrsamkeit, werden im ganzen Land, vornehmlich jedoch in den intellektuellen Hochburgen Westbengalens, Prozessionen durchgeführt (im Januar/Februar).

◁ Beim Elefantenfest in Jaipur

■ **Maha Shivaratri** – Nächtliche Tempelprozessionen, vor allem in Varanasi, Khajuraho und Delhi, stehen im Mittelpunkt dieses dem Gott Shiva gewidmeten Festes (im Februar).

Februar/März:
■ **Holi** – Gesetzlicher Feiertag. Eines der fröhlichsten, ausgelassensten und vor allem farbenfrohsten Feste ganz Indiens. Zur Begrüßung des Frühlings wirft man ausgelassen mit Farbpulver um sich, wobei Touristen die begehrtesten Opfer abgeben. Ist gerade keine Farbe mehr vorhanden, begnügt man sich auch mit Schlamm. Leider wird das Fest vielerorts immer rowdyhafter, siehe daher das Kapitel „Sicherheit".

März/April:
■ **Mahavir Jayanti** – Gesetzlicher Feiertag. Das bedeutendste Fest der Jains zu Ehren des 24. und letzten Furtbereiters Avira wird vor allen Dingen in den Jain-Hochburgen Gujarat und hier speziell auf den heiligen Bergen bei Girnar und Palitana mit prächtigen Umzügen gefeiert.

■ **Ramanawami** – Gesetzlicher Feiertag. Der Geburtstag Ramas, der siebten Inkarnation Vishnus, der gerade in den letzten Jahren als Symbolfigur des Hindu-Fundamentalismus besondere Verehrung erlangte, wird in Großstädten sowie Ayodhya, seinem Geburtsort, und Rameshwaram gefeiert.

■ **Karfreitag** – Gesetzlicher Feiertag.

Mai/Juni:
■ **Buddha Purnima** – Gesetzlicher Feiertag. Buddhas Geburtstag wird vor allem in Bodhgaya gedacht, einem kleinen Ort in Bihar, an dem der Prinz Gautama Siddharta unter dem Bodhi-Baum seine Erleuchtung erlangte.

Juli/August:
■ **Naga Panchami** – Typisch indisch, könnte man sagen. Ein Fest zu Ehren der Schlangen, welche nach hinduistischem Glauben Feinde von Haus und Hof fernhalten. Es wird vor allem in Mathura, Delhi, Agra und Rajasthan begangen.

■ **Muharram** – Dieses bedeutendste muslimische Fest erinnern an eine Schlacht im Jahre 680 v. Chr., bei der der Enkel des Propheten Mohammed getötet wurde. Es wird vor allem in Lucknow, Delhi, Bhopal, Kashmir und Mumbai gefeiert und bietet leider oft Anlass zu Ausschreitungen zwischen Schiiten und Sunniten.

■ **15. August; Unabhängigkeitstag** – Gesetzlicher Feiertag.

■ **Janmashtami** – Gesetzlicher Feiertag. Der Geburtstag Krishnas, einer der beliebtesten Götter des hinduistischen Pantheons, wird landesweit, vor allem an seinem Geburtsort Mathura sowie in Dwarka, Delhi und Varanasi, gefeiert (im August).

September/Oktober:
■ **Ganesh Chaturthi** – Dem volkstümlichen Elefantengott Ganesha, Sohn Shivas und Parvatis, gewidmet. Im ganzen Land, vornehmlich jedoch in Mumbai und Westbengalen, werden Tonfiguren des Gottes des Wohlstandes und der Weisheit auf Umzügen durch die Stadt gefahren, bevor sie im Meer bzw. im Fluss versenkt werden (im September).

■ **Dussehra** – Dauer 10 Tage, davon 2 gesetzliche Feiertage. Das bedeutendste aller indischen Feste bezieht sich auf das Ramayana-Epos, in dem Sita, die Gattin Ramas, vom Dämon Ravana nach Sri Lanka entführt, am Ende jedoch von Rama wieder befreit wird. In Delhi wird das Epos abends als Ramlila auf vielen Freilichtbühnen aufgeführt. Daneben überall kirmesähnliche Vergnügungsangebote mit Musik, Essensständen und Schaustellern. Ravanas Figur aus Papier und Holz wird am eigentlichen Festtag gegen Abend in Brand gesteckt. In Westbengalen, speziell in Kalkutta, wird das Fest als Durga Puja gefeiert. Besonders schön und farbenfroh mit Umzügen ist das Fest im schönen Kulu-Tal in Himachal Pradesh. Hier steht jedoch nicht Rama, sondern seine Reinkarnation Ragunatji im Mittelpunkt.

■ **2. Oktober; Geburtstag Mahatma Gandhis** – Gesetzlicher Feiertag.

Oktober/November:
■ **Diwali** – 5 Tage, davon ein Feiertag. Eigentlich *Depavali* genannt (Lichterkette), ist es eher ein ruhiges, beschauliches Fest, vergleichbar mit unserem Weihnachtsfest. Auch in Indien ist es in den letzten Jahren zu einem

reinen Konsumfest verkommen, wobei der eigentliche Anlass, nämlich die symbolische Heimleuchtung Ramas bei seiner Rückkehr aus dem Exil, völlig in den Hintergrund getreten ist.

November/Dezember:
■ **Govardhan Puja** – Gesetzlicher Feiertag. Das gibt es nur in Indien: Alle öffentlichen Institutionen haben geschlossen zu Ehren der Kuh, dem heiligen Tier im Hinduismus.
■ 25. Dezember; **Weihnachten** – Gesetzlicher Feiertag.

Architektur

Hinduistische Architektur

Wie die anderen Kunstformen war auch die Architektur in ihren Anfängen **reine Sakralkunst** und ist dies zum großen Teil bis heute auch geblieben. So waren es Priesterarchitekten, die bereits im 1. Jahrtausend v. Chr. in speziellen Architekturlehrbüchern genaue Bauvorschriften vorgaben, deren Ziel es war, einzelne Gebäude, aber auch ganze Städte als steinerne Abbilder der göttlichen Weltordnung zu planen. Dabei stößt man auf ganz einfache Gesetzmäßigkeiten, vor allem das Quadrat und das rechtwinklige Dreieck. Hieraus ergibt sich ein strenges Muster, das fast allen Sakralbauwerken zugrunde liegt.

Im Zentrum der hinduistischen Architektur steht der **Tempel,** der als Sitz der Götter verehrt wird. Die ältesten frei stehenden Hindu-Tempel stammen aus dem 7. Jh. n. Chr., wobei die einzelnen Steinblöcke ineinander verzahnt und aufgeschichtet wurden. Die größeren unter ihnen bestehen aus mehreren Gebäudeteilen, deren Zuordnung genauestens festgelegt ist. An den nach Osten, Richtung aufgehender Sonne ausgerichteten Eingang schließen sich entlang einer Längsachse je eine Versammlungs-, Tanz- und Opferhalle an.

Die Cella

Abschluss und **Zentrum** jedes Tempels bildet die Cella *(garbhagriha),* in deren Mitte sich das **Kultbild** des dem Tempel geweihten Gottes befindet. Im Gegensatz zu den dem Turmbau vorgelagerten Hallen ist die Cella ein schlichter, unbeleuchteter Raum. Die Bewegung vom Licht ins Dunkel, von der Vielfalt der Erscheinungen zum Einfachen, versinnbildlicht den stufenweisen Weg zur Befreiung. Der Grundriss der Cella entwickelt sich in der Regel über einem Quadrat. In der klassischen Zeit (nach 800 n. Chr.) wird diese Grundform langsam aufgelöst. Äußere Nischen werden axial angefügt, um Kultbilder und Wächter der Himmelsrichtungen aufzunehmen. Weitere vertikale Vorsprünge *(ratha)* lösen die Kanten so weit auf, dass nahezu kreisförmige Grundrisse entstehen.

Der Tempelturm

Die von der Cella ausstrahlende göttliche Kraft und Energie versinnbildlicht der über ihr aufsteigende, weithin sichtbare Tempelturm *(shikhara),* der als Verkörperung des heiligen Berges Meru gilt. Seine Außenwände sind oftmals mit zahlreichen **Skulpturen** verziert. Die Anordnung der Götterplastiken erfolgt dabei entsprechend der Hierarchie im hinduistischen Pantheon, in dem jede einzelne Gottheit ihren genau zugewiesenen Platz einnimmt.

In der Gestaltung der einzelnen Skulpturen konnten die ansonsten von strengen Regeln eingeschränkten Künstler ihrer Fantasie und ihrem Schaffensdrang freien Lauf lassen. Als Quelle dienten ihnen dabei die Erzählungen der großen hinduistischen Epen wie **Ramayana** und **Mahabharatha.** Die bunte, zum Teil geradezu ausschweifende Lebensfreude, die von vielen der gänzlich mit Götter- und Fabelwesen ausgeschmückten Tempeltürme ausgeht, steht dabei in einem spannungsreichen Kontrast zur meditativen Ruhe, welche die darunter befindliche Cella kennzeichnet.

An frühen Höhlen- und frei stehenden Tempeln ist der Themenkreis figürlicher Darstellung auf die Glorie der Hochgötter in ihren verschiedenen Aspekten und die Verherrlichung göttlich inspirierter Seher und Weiser *(rishis und munis)* bezogen. Diese verstehen sich als Ahnherren der Priester-(Brahmanen-)Geschlechter, als Götter in Menschengestalt, als Hüter des heiligen Wissens *(veda)* und Rituals sowie als unentbehrliche Mittler zwischen Mensch und Gott.

Im Laufe der Jahrhunderte führten die Auseinandersetzungen der verschiedenen theologischen Systeme zur Erfindung neuer Mythen und Legenden und damit zur Erweiterung des Götterhimmels. Als Zugeständnis an die breiten Volksmassen wurden auch Gottheiten niederer Stände, Lokal- und Volksgötter sowie Dämonen, vielfach als schreckliche Abwandlungen der Hochgötter, ins Pantheon aufgenommen und an den Tempelbauten abgebildet.

Figürliche Ausschmückungen

Da der Hinduismus zwischen sakral und profan nicht scharf trennt, wird besonders in der Sockelzone großer Tempel der Darstellung des weltlichen und religiösen Lebens der Gottkönige *(devarajas)* und ihrer göttlichen Ahnen breiter Raum gewidmet. Außer Götterfiguren überziehen Ornamente, Tiere, Fabelwesen und Dämonenmasken als Glückszeichen, Sinnbilder oder Schmuck und zur dekorativen Unterteilung alle Bauglieder eines Tempels.

Zu den beliebtesten Glücks- und Heilszeichen gehören Hakenkreuz, Vase, Spiegel, Fische und andere Tiere sowie Fabelwesen. Das **Hakenkreuz,** welches erstmals auf Siegeln und Terrakotten der vorarischen Induskultur (2800–1500 v. Chr.) auftaucht, steht wie in vielen anderen Kulturen in Verbindung mit Feuer und Sonne und verheißt Glück und Heil. Die **Vase** *(kalasha)* birgt den Trunk der Unsterblichkeit *(amrita).* Das Motiv des vollen **Kruges** *(purnakumbha)* bildet vor allem an Säulen und Pfeilern ein wichtiges Bauglied und steht für Lebensfülle, Fruchtbarkeit und Überfluss. **Fische** *(mina und matsya)* versinnbildlichen das Entgleiten der Seelen aus den Fesseln der Wiedergeburten. Der **Spiegel** *(darpana)* gilt als Zeichen der Schönheit und wird häufig in Verbindung mit anmutigen Tänzerinnen und himmlischen Nymphen dargestellt. Gleichzeitig symbolisiert er die Welt als Illusion *(maya)* und die Notwendigkeit zu deren Überwindung auf dem Weg zum *moksha,* der Erlösung aus dem Geburtenkreislauf.

Bei den Tieren gelten Elefanten, Pferde und Löwen als besonders kraft- und machtvoll und dementsprechend glücksverheißend. Der majestätische **Elefant,** traditionell das Tragtier der Könige bei großen Umzügen, wird im gesamten asiatischen Kulturkreis als Sinnbild für die Beständigkeit einer Dynastie und des Reiches angesehen. **Pferde** stehen für die Dynamik und den damit einhergehenden Expansionswillen einer Dynastie. Der ebenso furchteinflößende wie majestätische **Löwe** wird als eine Art Tempelwächter zur Abwehr äußerer Feinde eingesetzt und symbolisiert gleichzeitig die Macht und militärische Stärke des Königs. Weitere glücksverheißende Tiersymbole sind die *makaras*. Dabei handelt es sich um Fabelwesen, die Elemente von Fischen, Delfinen und Krokodilen aufweisen und wegen ihrer Verbindung mit dem lebensspendenden Element des Wassers auch als Fruchtbarkeitssymbole verehrt werden.

Ähnliches gilt für **Schlangen** und **Lotosblumen**, die besonders häufig zur Ausschmückung von Decken, Türrahmen und Friesen sowie bei der Untergliederung figürlicher Darstellungen verwendet werden. Sie symbolisieren die Entstehung der materiellen Welt aus dem Urozean. **Blüten, Girlanden und Zweige**, ebenfalls beliebte Motive zur Ausschmückung von Tempeln, versinnbildlichen üppige Lebensfülle und die sich im Reichtum der Natur spiegelnde Größe des göttlichen Schöpfungsaktes.

Zwei der am häufigsten bei der Ausschmückung von Tempelschwellen verwendeten Stilelemente sind der Lotos und das Muschelhorn. Besonders der **Lotos** ist eine im gesamten asiatischen Kulturkreis hoch verehrte Blume, die vor allem im Hinduismus und Buddhismus mit einer vielfältigen Symbolik behaftet ist. Da er sich kerzengerade und in „unschuldigem" Weiß über Schlamm und Schmutz aus den Wassern erhebt und seine Knospe zur Sonne öffnet, gilt er als **Sinnbild der Reinheit** und geistigen Erleuchtung. Im Mahabharata entsprießt der Lotos als erste Gestaltwerdung des Absoluten dem Nabel des im kosmischen Schlaf ruhenden Vishnu-Narayana. Der Ton des **Muschelhornes** gilt als erste und zarteste Manifestation des Absoluten in der empirischen Welt. Dementsprechend führen sowohl der Lotos als auch das Muschelhorn dem Gläubigen beim Betreten des Tempels vor Augen, dass er von der profanen Welt in die sakrale Sphäre der Götter eintritt.

Unterschiedliche Stile

Bei der Gestaltung der Tempelanlagen haben sich im Laufe der Jahrhunderte drei verschiedene Formen herausgebildet. Beim **nordindischen Nagara-Stil** wird die Cella von einem sich konisch verjüngenden Turm überragt, mit einem runden Stein in Form der Myroblan-Frucht *(amalka)* als Abschluss. Darauf steht eine Amrita- oder Nektar-Vase *(kalasha)*, die Unsterblichkeit verheißt und in die Transzendenz weist. Beim **südindischen Vimana-Stil** erheben sich die Türme terrassenförmig über dem Allerheiligsten bis zur Spitze, die von einem halbkugelförmigen Schlussstein *(stupika)* gebildet wird. In Südindien wird der Tempelbezirk von einer großen Tempelmauer umgeben, die mit ihren riesigen Eingangstoren oftmals noch den Tempelturm überragt. Der südindische Stil wurde in zahlreichen südostasiatischen Kulturen aufgenommen und weiterentwickelt.

Beide Bautypen erreichten ihre Blütezeit zwischen 1100 und 1300, wobei im Norden die mit erotischen Skulpturen geradezu übersäten Tempel von Khajuraho sowie der Sonnentempel von Konark in Orissa die herausragendsten Beispiele sind, während im Süden Madurai und Tiruchirapalli zwei der bedeutendsten Tempelanlagen beherbergen. Der südindische Stil wurde in zahlreichen südostasiatischen Kulturen aufgenommen und weiterentwickelt.

Indoislamische Architektur

Der Einfall der muslimischen Eroberer bedeutete für die hinduistische Kultur im Allgemeinen und die Architektur im Speziellen einen tiefgreifenden Einschnitt. Den von religiöser Intoleranz getragenen Eroberungsfeldzügen der neuen Herrscher fielen unzäh-

lige hinduistische Bauwerke zum Opfer. Gleichzeitig jedoch brachten die Eroberer neue Ideen und Architekturformen mit, welche dem Land einzigartige Prunkbauten bescherten.

Mausoleen

Zu den schönsten islamischen Bauwerken zählen die Mausoleen, allen voran natürlich das Taj Mahal, die Krönung der Mogul-Architektur. Mausoleen waren den Hindus bis dahin völlig unbekannt, da einer ihrer Glaubensgrundsätze die Wiedergeburt ist und sie so ihren Toten keine Denkmäler errichteten. Die kunstvolle Einbeziehung der vor dem eigentlichen Grabmal gelegenen, viergeteilten **Gartenanlage** *(garbagh)* ist ein weiteres typisch islamisches Bauelement, durch das man versucht hat, Architektur und Landschaft zu einer harmonischen Gesamtkomposition zu vereinigen.

Moscheen

Das zweite hervorstechende architektonische Monument islamischer Herrschaft in Indien sind die übers ganze Land verteilten Moscheen. Im Gegensatz zu hinduistischen Tempeln dienten die größeren, **Jami Masjid** (Große oder Freitags-Moschee) genannten Gotteshäuser jedoch nicht nur als Kultstätte, sondern auch als Ort **politischer Kundgebungen.** Wie bei allen Moscheen war auch bei der

Architektur

Jami Masjid die Ausrichtung der Gebetsrichtung *(kibla)* nach Mekka das oberste Gebot bei der architektonischen Planung.

Minarette finden sich in Indien vor allem in Form zweier Rundtürme, die den Haupteingang flankieren. Arabische Schriftzeichen und stilisierte Arabesken zieren dabei häufig die Fassaden, während die Säulen des Umgangs vielfach aus geschleiften Hindu- oder Jain-Tempeln stammen und deshalb naturalistische Motive und Menschendarstellungen aufweisen, die in der islamischen Ikonografie eigentlich verboten sind.

◥ Ein Beispiel für die grandiosen Palastbauten der Moguln: der Jehangir Mahal von Orchha in Madhya Pradesh

Palastbauten

Schließlich errichteten die muslimischen Eroberer im Laufe ihrer jahrhundertelangen Herrschaft riesige Festungs- und Palastanlagen. Die beeindruckendsten Beispiele stehen in Gulbarga und Bijapur im Norden von Karnataka. Besonders gelungen und heute noch zu sehen bei diesen Monumentalbauten ist die harmonische Synthese aus wehrhafter Trutzburg und romantischen Privatgemächern.

Nirgendwo sonst ließen sich die Hindu-Fürsten von den fremden Eroberern derart beeinflussen wie im Palastbau. Hatten sie ihre Macht und ihr Prestige bis dahin vornehmlich durch den Bau großer Tempelanlagen dokumentiert, so ließen auch sie sich nun großzügige Palastburgen bauen. Typisch für diese Paläste ist der festungsartige Charakter der unteren Stockwerke, die nur wenige Fenster aufweisen. Dieser schmucklose, lediglich zu Verteidigungszwecken dienende Unterbau wird durch einen verschwenderisch gestalteten Überbau ergänzt, der mit seinen Terrassen, Balkonen, Pavillons, kleinen, künstlich angelegten Gartenanlagen und riesigen, mit Gold und Silber verzierten Empfangs- und Gästesälen den Ruf vom märchenhaften Reichtum der Maharajas mitbegründete.

Bauhütten

Den größten Einfluss auf die Durchdringung zweier im Grunde so gegensätzlicher Architekturrichtungen wie der hinduistischen und der islamischen hatten die sogenannten Bauhütten. In diesen von islamischen Herrschern betriebenen **Handwerksstätten** arbeiteten über Generationen hinweg muslimische und hinduistische Handwerker Seite an Seite, was eine höchst fruchtbare Synthese zur Folge hatte. Islamische Stilelemente wie das Gitterfenster, Spitzbögen und florale Ornamentik wurden mit hinduistischen zusammengeführt. Beispiele für den sich hieraus entwickelnden indosarazenischen bzw. indoislamischen Baustil finden sich nicht nur in den Metropolen, sondern auch in der Provinz und hier vor allem in Gujarat mit der Bundeshauptstadt Ahmedabad.

Moderne Architektur

Die Schwierigkeiten des nachkolonialen Indien bei der Identitätssuche spiegeln sich nicht zuletzt in seinen Bauwerken, bei deren Gestaltung die Architekten scheinbar orientierungslos zwischen Postmoderne und der Rückbesinnung auf Traditionen schwanken. Ein besonders krasses Beispiel liefert dabei Chandigarh, die in den 1960er Jahren aus dem Boden gestampfte neue Hauptstadt des Punjab. Die vom französischen Star-Architekten **Le Corbusier** entworfene Stadt sollte ein architektonisches Symbol für ein neues, an westlichen Idealen orientiertes Indien sein. Mit ihrer gnadenlosen Zweckarchitektur hinterlässt die Stadt heute jedoch nur noch einen trostlosen Eindruck.

Eine perfekte Synthese aus Tradition und Moderne gelang hingegen dem indischen Architekten **Charles Correa** mit dem Bharat Bhawan, einem Museumsbau im zentralindischen Bhopal. Bleibt zu hoffen, dass sich der an den Traditionen des Landes orientierende Stil des einheimischen Correa gegenüber westlichen Erneuerungsversuchen im Sinne eines Le Corbusier durchsetzen wird.

Film

Nicht, wie allgemein angenommen, die USA, sondern Indien und hier vor allem der Süden des Landes stellt die **produktivste Filmindustrie der Welt**. Indiens Traumfabriken in Chennai, Bangalore, Hyderabad, Trivandrum und vor allem Mumbai produzieren die unglaubliche Zahl von etwa 1.300 abendfüllenden Spielfilmen pro Jahr, das heißt mehr als drei pro Tag. Die Filmindustrie ist so nicht nur im Inland ein bedeutender Wirtschaftsfaktor, sondern mit einem Export in inzwischen über 100 Länder auch ein gern gesehener Devisenbringer.

Der schöne Schein des Zelluloid ist zu einer **Massendroge** vieler Inder geworden. Täglich strömen über 15 Mio. Menschen in die 12.000 Kinos des Landes, um wenigstens für durchschnittlich 230 Minuten pro Film die Mühsal des Alltags zu vergessen. Ihre Sehnsucht nach einer heilen Welt wird, das ist von Anfang an gewiss, nicht enttäuscht. Indien im Kommerzfilm – das ist eine Welt aus Luxus und Macht, riesigen Villen, romantischen Tälern, verführerischen Frauen, glitzernden Kostümen, opulenten Mahlzeiten, europäischen Sportwagen und strahlenden Helden.

Die Strickmuster all dieser Filme wiederholen sich ständig; es scheint, als gäbe es nur etwa 20 Standardhandlungen, die in leicht abweichenden Varianten immer wieder durchgespielt werden. Das Ganze wird melodramatisch mit einer Mischung aus Liedern, Tanzeinlagen, Verfolgungsjagden und Intrigen gewürzt. Wegen dieser „bunten Mischung" wird diese Filmart auch **Masala-Film** genannt – *masala* heißen die indischen Gewürzmischungen. Die Parallelen zum Ramayana-Epos sind dabei unübersehbar, und im Grunde ist der indische Kommerzfilm nichts anderes als die ständige Wiederholung der **alten Mythen** in neuen Kleidern. Genau dies ist ein Hauptgrund für seinen einzigartigen Erfolg. Die Verquickung von Mythos und Realität mit ihren höchst ritualisierten Handlungs- und Gefühlsmomenten sowie die klare Unterteilung in Gut und Böse entspricht so sehr dem kollektiven Verständnis des Vielvölkerstaates, dass sie über alle Kultur- und Sprachgrenzen hinweg verständlich ist.

So hat der Masala-Film eine ganz eigene, charakteristische Ästhetik entwickelt. Seine Erzählstruktur ist nicht auf psychologisch stimmige Charaktere, plausible Handlungen oder kompositorische Geschlossenheit angewiesen. Von der Gewissheit ihres Wertesystems ausgehend, ist der indische Film unter westlichen Filmkritikern als wirklichkeitsfremd, kitschig und ausufernd verpönt – eine herablassende Beurteilung, die auf einer sehr beschränkten Sicht der Realität beruht und das Reich des psychologisch Realen – dessen, was man als Innenleben empfindet – ausschließt.

Einen **Kinobesuch** sollte sich kein Indienreisender entgehen lassen. Das Maß der Identifikation mit ihren Helden lässt sie all deren Höhen und Tiefen mitfeiern bzw. miterleiden.

■ **Buchtipp:** Mit der Sprache der Bollywood-Filme macht der Titel **Hindi für Bollywoodfans** aus der Sprechführer-Reihe Kauderwelsch vertraut (erschienen im REISE KNOW-HOW Verlag, Bielefeld).

Karriere in Showbiz und Politik

Allein in Mumbai erscheinen jede Woche zwölf verschiedene Filmmagazine, die zur Glorifizierung von **Stars und Sternchen** kräftig beitragen. In Tausenden von Fanclubs wird der Starkult gepflegt. Die großen Stars, wie etwa *Aamir Khan, Shah Rukh Khan* oder *Amitabh Bachchan,* sind nicht nur vielfache Millionäre (Dollar-Millionäre wohlgemerkt), sondern werden von ihren Anhängern geradezu abgöttisch verehrt – und das ist durchaus wörtlich zu verstehen.

Selbst wer auf seiner Indienreise kein Bollywood-Movie schaut, wird den Stars des indischen Kinos auf Schritt und Tritt begegnen. An fast jeder Straßenecke lächeln sie auf riesigen Reklametafeln Göttern gleich dem einfachen Volk entgegen und verdienen sich als Werbe-Ikonen für Satellitenfernsehen, Autos, Banken, Versicherungen und IT-Firmen eine goldene Nase. Welche astronomischen Summen sich damit verdienen lassen, offenbart ein Blick in die Steuererklärung von *Shah Rukh Khan*. Danach hat er 2010 fast 40 Mio. US-$ verdient, wovon nur ein geringer Teil aus Filmhonoraren stammt.

Die **schauspielerische Qualität** vieler Mimen lässt allein schon deshalb zu wünschen übrig, weil sie gleichzeitig bei einem Dutzend Filmen im Einsatz sind. So rasen sie von einem Filmset zum nächsten, wechseln Kostüme und Launen im Laufschritt. Das ist gut fürs Portemonnaie; der Auseinandersetzung mit der gerade verkörperten Rolle ist es sicherlich nicht förderlich. Kein Wunder, dass ihre schauspielerischen Leistungen oft von einer müden Eintönigkeit geprägt sind, ganz egal, welche Rolle sie spielen.

Viele Mimen nutzen ihre ungeheure Popularität für eine **politische Karriere.** Bekanntestes Beispiel ist *M.G. Ramachandran,* der seine Beliebtheit als Helfer der Armen, Beschützer der Frauen und Rächer der Entrechteten auf der Leinwand begründete und schließlich 1977 zum Chefminister Tamil Nadus aufstieg. Nach seinem Tod übernahm seine Muse, die ehemalige Filmgröße *Jayalitha,* die Macht im südlichsten Bundesstaat Indiens. *N.T. Rama Rao* war Chefminister von Andhra Pradesh.

Die schmutzige Seite der Glitzerwelt

Allerdings hat die scheinbar so heile Glitzerwelt des indischen Kinos in den letzten Jahren erhebliche Risse bekommen. Es ist ein offenes Geheimnis, dass ein Teil der Filme mit **Geldern aus der Unterwelt** finanziert wird, die dadurch ihr mit Drogenhandel, Prostitution und illegalen Grundstücksgeschäften verdientes Geld reinwäscht. Die Verstrickung in die Unterwelt hat in den letzten Jahren einige namhafte Regisseure das Leben gekostet. Hinzu kommt, dass – nicht zuletzt wegen der enormen Gagen für die Superstars – die wenigsten Filme ihre hohen Produktionskosten einspielen. Hierzu trägt auch die Konkurrenz des privaten Fernsehens bei, welches durch die **Ausstrahlung westlicher Serien** und Hollywoodfilme für viele Inder eine ganz neue Welt eröffnet.

Um dem Konkurrenzdruck standhalten zu können, werden im indischen Kino zwei Aspekte immer offener zur Schau gestellt, die noch bis vor wenigen Jahren absolute Tabuthemen waren: **Sex und Gewalt.** Noch bis vor wenigen Jahren verbannten die sittenstrengen Zensoren sogar Kussszenen von der Leinwand. Die einfallsreichen Drehbuchautoren umschifften das Problem, indem sie Szenen schrieben, in denen Äpfel schmachtend von einem Mund zum nächsten gereicht oder Eistüten zu zweit gelutscht wurden. Ständig fielen Hauptdarstellerinnen in einen See oder liefen durch einen Monsunregen, damit sich die durchnässten Saris möglichst durchsichtig an den Körper schmiegten. 1997 schrieb die Schauspielerin *Rekha* in dem Kinohit „Aastha" mit dem ersten Orgasmus auf einer indischen Leinwand Kinogeschichte – dabei musste sie allerdings nicht einmal ihren Sari lüften.

Autorenfilm

Neben der Glitzerwelt des Kommerzkinos hat sich ein **Alternativkino** entwickelt. Die Anfänge dieser dem europäischen Autorenfilm vergleichbaren Kunstform gehen bereits auf die 1950er und 1960er Jahre zurück, die auch als das „Goldene Zeitalter" des indischen Films bezeichnet werden. Der bekannteste dieser ambitionierten Filmemacher war der bengalische Regisseur *Satyajit Ray,* der mit seiner Apu-Trilogie viele Preise bei den Filmfestspielen in Venedig, Berlin und Cannes gewann. Letztlich kam er jedoch in Indien selbst nie über den Status eines bei der intellektuellen Oberschicht beliebten Stars hinaus und blieb der breiten Masse unbekannt. Seine „Enkel" heißen heute *Rahul Bose, Mrinal Sen, Deepa Mehta, Rituparno Ghosh* und *Anurag Basu* und haben unter den Begriffen **Art Cinema** oder *Parallel Cinema* den aufklärerischen Ansatz Rays aufgenommen.

Nicht Verklärung, Wirklichkeitsflucht und strahlende Helden, sondern das **Engagement gegen soziale Missstände** sowie komplizierte, widerspruchsvolle Charaktere stehen im Mittelpunkt ihrer Filme. Themen wie Korruption, Umweltzerstörung, Unterdrückung der Frau oder Verlust traditioneller Werte versuchen die Regisseure einem breiteren Publikum näherzubringen. In den letzten Jahren erfreuen sich diese Autorenfilme bei der zahlenmäßig immer bedeutender werden jungen Mittelschicht in den Großstädten wachsender Beliebtheit.

Literatur

Indische Romane sind in Mode. Der indische Subkontinent wird zum Zentrum von Bücherwochen, Diskussionen und literarischen Zirkeln. Autoren wie **Arundhati Roy, Rohinton Mistry, Sashi Taroor, MG Vassanji, Aravind Adiga** oder **Amitav Ghosh** erobern die Bestsellerlisten in Europa und den USA mit sprachgewaltigen Büchern voll bildhafter Exotik. Sie treten damit in die Fußstapfen von **Salman Rushdie,** der mit seinem Roman „Mitternachtskinder" die Bresche schlug für die Wiederentdeckung der indischen Literatur im Westen.

Augenfällig ist, dass bis auf Arundhati Roy fast ausschließlich im Westen lebende Schriftsteller internationale Anerkennung finden. Dabei stehen die Bücher der indischen Autorin **Sashi Deshpande** jener ihrer berühmten Kollegen um nichts nach, sind aber in Europa bestenfalls einem kleinen Kreis von Lesern bekannt. So beklagen denn auch viele in Indien lebende Schriftsteller, dass die in englischer Sprache schreibenden Kollegen Themen behandeln, die ihr Mutterland nur verzerrt widerspiegeln. Hierin zeigt sich, dass der indische Subkontinent gerade in Zeiten der wirtschaftlichen und kulturellen Öffnung nach seiner literarischen Identität sucht.

So wird die Sprache zu einem zentralen Streitpunkt, was denn eigentlich „indisch" ist. Ist Shalman Rusdie, der Inder im Exil, weniger indisch als Shashi Deshpande? Und der Nobelpreisträger und britische Staatsbürger **V.S. Naipaul** mit seiner indischen Familiengeschichte und seiner Vorliebe für indische Themen überhaupt indisch? Nicht zu Unrecht wird gerade von einheimischen Schriftstellern behauptet, dass die in englischer Sprache geschriebenen Bücher im Ausland lebender Inder vornehmlich moderne Themen behandeln, während die in indischen Sprachen verfassten Werke meist traditionelle Geschichten erzählen. Andererseits zeichnen sich gerade die Werke von Roy und Ghosht durch ihre detailgenauen Schilderungen indischer Familiengeschichten aus.

So verbirgt sich hinter dem vordergründigen Sprachenstreit (neben unausgesprochenen materiellen Neidgefühlen) ein Konflikt der Generationen. Es fällt auf, dass vornehmlich jüngere unter den international gerühmten indischen Autoren vertreten sind.

Bei allem Streit um Sprache und Identität wird gänzlich übersehen, dass sowohl die „zuhause Gebliebenen" als auch die Exilschriftsteller aus der **jahrtausendealten Literaturtradition** Indiens schöpfen. Wohl kein anderes Volk ist in seinen Denk- und Verhaltensweisen derart stark von seiner Literatur geprägt worden wie die Inder. Schon vor drei Jahrtausenden begann mit der Formierung der Kastengesellschaft die Niederschrift der **Veden,** meist religiöse Schriften anonymer Autoren. Neben Hymnen an die Götter und Beschreibungen der hochkomplizierten priesterlichen Opferrituale finden sich detaillierte Anweisungen zu den der jeweiligen Kaste entsprechenden Verhaltensweisen. Noch heute bestimmen die penibel ausgeführten Vorschriften über Berufsausübung, Heirat, Essverhalten und Reinigungszeremonien, Opferhandlungen und Beerdigungsrituale den Alltag der allermeisten Inder.

Die beiden Klassiker der altindischen Literaturgeschichte sind jedoch die ausufernden Helden- und Göttersagen **Mahabharata** und **Ramayana**. Mit seinen über 100.000 Versen gilt das Mahabharata als das umfangreichste Werk der Weltliteratur. Vor dem Hintergrund des Kampfes zwischen den mythischen Völkern der Pandawas und Kausawas wird eine verschachtelte Handlungsstruktur aufgebaut, in deren Verlauf die verschiedenen Götter in ihren zahlreichen Inkarnationen auftreten. Die im Kampf zwischen Gut und Böse entwickelten Glaubens- und Moralvorstellungen prägen bis heute das Leben der Inder. „Wir verdanken ihnen", sagt der Schriftsteller *Gangada Gangije*, „all unsere Inspirationen. Sie sind tief in unser Leben eingedrungen."

Malerei

Keine andere Kunstform Indiens wurde derart intensiv durch den Einfluss der muslimischen Invasoren aus dem Norden geprägt wie die Malerei. Jene oft nur wenige Quadratzentimeter großen **Miniaturmalereien**, die dem Touristen in fast jedem Maharaja-Palast und Souvenirladen begegnen, gab es allerdings schon vor der Ankunft der Moguln. Bei den ältesten erhaltenen Miniaturmalereien handelt es sich um Illustrationen von Jain-Schriften aus dem 12. Jh., die auf Palmblättern gemalt wurden. Doch erst mit dem Machtantritt der Großmoguln, die mehrere berühmte persische Miniaturmaler mit an ihren Hof nach Delhi brachten, erwuchte diese Kunstrichtung zur vollen Blüte. Entscheidend hierzu trug sicherlich die auch von ihnen in Indien eingeführte Kunst der **Papierherstellung** bei. Hierdurch öffneten sich nicht nur neue Möglichkeiten für das Bildformat, sondern auch für die Farbgebung, denn nicht alle Farben hafteten auf der Palmblattunterlage.

Während die Bilder früher als reine Textillustrationen gedient hatten, erhielten sie nun ein immer größeres Eigengewicht. Als Motive dienten vielfach Szenen aus der indischen Literatur, die immer wieder den verspielten Krishna zum Mittelpunkt hatten. Besonders beliebt war die Badeszene am Fluss Yamuna in Vrindavan, bei dem Krishna die Kleider der gerade badenden Hirtinnen versteckt.

Neben hinduistischen Szenen traten jedoch mehr und mehr Landschaftsmotive und höfische Szenen in den Vordergrund. Besonders bei der figürlichen Darstellung zeigte sich ein deutlicher Wandel. Wurde zunächst darauf geachtet, dass die Figuren keine Ähnlichkeiten mit lebenden Personen aufwiesen, wurde dieser unpersönliche, die Idealvorstellungen jener Epoche nachzeichnende Stil zunehmend abgelöst von Personendarstellungen, die erste Ansätze einer **Porträtmalerei** erkennen lassen. Besonders die beiden kunstsinnigen Herrscher *Akhbar* und *Jehangir* ließen auch europäische Einflüsse in der Hofmalerei zu. So lässt sich die Verwendung von Körperschatten und Perspektive erkennen, die den Miniaturen Plastizität verleihen.

Themenauswahl, Farbgebung und andere Details bestimmten fast immer die jeweiligen Auftraggeber, oft sogar der Großmogul selbst. Die meisten Maler gehörten niederen Kasten an und hatten so gut wie gar keinen Einfluss auf die individuelle Ausgestaltung ihrer Werke. Oft entstanden die Malereien sogar in Teamarbeit: Ein erster Künstler entwarf die Komposition, ein anderer trug die Farben auf und ein dritter kümmerte sich um die Feinarbeiten.

Aber nicht nur die Mogul-Herrscher, sondern auch die Potentaten der unzähligen Fürstentümer fanden Gefallen an der Miniaturmalerei. Besonders die Herrscherhäuser in Rajasthan und Punjab wurden zu großzügigen Gönnern, wobei sie die Mogul-Traditionen aufnahmen, sie jedoch gleichzeitig mit eigenen Traditionen ergänzten. Eine besondere Blütezeit erlebte die Miniaturmalerei noch einmal Anfang des 19. Jh., als die neugewonnene Unabhängigkeit gegenüber den Moguln ihren Ausdruck in besonders farbenfrohen und heiteren Bildern fand.

Mit dem Aufkommen **moderner europäischer Techniken,** vor allem der Fotografie, erlahmte jedoch bei vielen Maharajas das Interesse an der Miniaturmalerei. Nun zierten die Wände ihrer neuerbauten Paläste nicht mehr Szenen aus dem mittelalterlichen Hofleben, sondern Fotos von solch faszinierenden Erfindungen wie dem Auto und dem Telefon. Erst die vor den Errungenschaften der Moderne in den sechziger Jahren nach Indien fliehenden Europäer entdeckten die auf wenige Quadratzentimeter komprimierte Romantik des mittelalterlichen Indien auf den Miniaturmalereien neu und erweckten die Kunstgattung zu neuem Leben.

Musik

„Die Chinesen und die Inder würden eine der unseren ähnliche Musik haben, wenn sie überhaupt eine besäßen, aber diesbezüglich stecken sie noch in der tiefsten Finsternis der Barbarei und sind in einer geradezu kindlichen Unwissenheit befangen, in der sich kaum vage Ansätze zu einem Gestaltungswillen entdecken lassen. Außerdem sprechen die Orientalen von Musik da, wo wir höchstens von Katzenmusik sprechen …" Der französische Komponist *Hector Berlioz* stand mit dieser 1851 geäußerten Meinung über indische Musik durchaus nicht allein da. Für die meisten Europäer war die klassische indische Musik nie viel mehr als ein stechender Grundton, ein monotoner Klang ohne polyphone Elemente und Harmonie – „Katzenmusik" eben.

Das sollte sich erst ändern, als Mitte der 1960er Jahre im Zuge der Flower-Power-Bewegung viele westliche Musiker wie die Beatles und Rolling Stones nach Indien pilgerten. Von nun an ergoss sich eine Welle von Räucherstäbchen, Meditationskursen und indischen Klängen auf den von der Sinnkrise gebeutelten Westen. Der globale Siegeszug indischer Musik hatte begonnen, kein Musikfestival mehr ohne Sitar und Tabla. Wer mit indischer Musik im Ohr und dem Joint in der Hand in mystische Sphären entschwebte, war allemal in und modern. Da machte es auch nichts, wenn das begeisterte Publikum versehentlich schon mal das Stimmen der Instrumente beklatschte – so geschehen beim Auftritt *Ravi Shankars* im „Concert for Bangladesh".

So unterschiedlich *Hector Berlioz'* schon fast physische Abneigung gegen indische Musik und deren Huldigung durch die Blumenkinder auch war, so verband sie doch eine Gemeinsamkeit: Beide hatten das Wesen indischer Musik nicht verstanden. Verwunderlich ist das nicht, äußert sich doch in der klassischen indischen Musik, deren Wurzeln bis ins 5. Jh. v. Chr. zurückgehen, sehr viel von den religiösen Vorstellungen der Hindus. Ursprung und Ziel indischer Musik ist es, Musiker wie Zuhörer in den Zustand geistig-seelischer Harmonie zu versetzen, in eine **meditative Versenkung in Gott.** So ist die Musik nichts anderes als eine Art Gottesdienst.

Raga und Tala – Melodie und Rhythmus

Raga und *tala* bilden den Rahmen indischer Musik. *Tala* könnte man dabei mit Rhythmus, *raga* mit Melodie gleichsetzen. Bei *ragas* handelt es sich um genau festgelegte **Tonskalen,** innerhalb welcher der Musiker unter Beachtung bestimmter Regeln ein Thema improvisiert. Diese Tonskalen, von denen es über 1.000 geben soll, sind jeweils bestimmten Stimmungen zugeordnet. So gibt es *ragas* für spezielle Tages- oder Jahreszeiten, Frühlings-

Ragas oder Nacht-Ragas ebenso wie solche für das Wetter oder für menschliche Gefühle.

Die eigentliche Kunst des Musikers besteht darin, die *ragas* so zu spielen, dass die beabsichtigte **Stimmung** dem Zuhörer perfekt vermittelt wird. Nicht umsonst umschreibt der Begriff *raga* eine ganze Palette menschlicher Gefühle: Begierde, Leidenschaft, Sorge, Schmerz, Ärger, Boshaftigkeit, Feindschaft, Hass und Liebe. Nebenbei bedeutet das Wort auch Farbe, Farbschattierung, Farbmittel oder Einfärben – tatsächlich soll sich der Musiker bei seinem Spiel auch wie in einer Meditation mit dem Göttlichen „einfärben", mit ihm eins werden.

Als klassisches Raga-Instrument gilt gewöhnlich der **Sitar**, das im Westen wohl bekannteste indische Instrument. Genauso kann ein *raga* jedoch von einer Flöte oder Violine gespielt werden.

Indische Musikinstrumente

Indische Instrumente sind oft reich verziert und stellen für sich schon kleine Kunstwerke dar.

- **Der Sitar,** das bedeutendste Musikinstrument Südasiens, erlangte erst im 19. Jh. seine heutige Form. Auf dem rund einen Meter langen Hals sitzen insgesamt siebzehn verschiebbare Messingbünde. Darüber verlaufen zwei bis vier Spielsaiten. Ihre Schwingungen werden von einem Steg aus Knochen auf den Resonanzkörper übertragen, einen ausgehöhlten Kürbis mit Holzdecke. Neben den Spielsaiten verlaufen vier weitere Bordunsaiten, die nicht abgegrifffen, sondern zwischen dem Greifen der Spielsaiten angeschlagen werden. Ein separates System von elf Resonanzsaiten verläuft unter den Bünden. Auf dem Sitar lassen sich alle Feinheiten der indischen Musik zur Geltung bringen. Eine Veränderung der Tonhöhe kann nicht nur durch das Abgreifen der Bünde, sondern auch durch seitliches Wegziehen der Spielsaiten erzielt werden.
- **Der Tambura** ist eine Art bundlose, meist mit vier Saiten bespannte Langhalslaute. Auf ihm wird ein Halteton als Grundton und unveränderlicher Bezugspunkt des Raga gespielt.
- **Die Tabla** besteht aus einer zylindrischen Holztrommel für die rechte Hand, die meist auf den Grundton gestimmt ist, sowie einer halbkugelförmigen, in verschiedenen Tonhöhen gestimmten Metalltrommel für die linke Hand. Mit Hilfe der Blöckchen, die unter den Haltebändern angebracht sind, wird sie exakt gestimmt. Die Tabla repräsentiert im raga das durch die verschiedenen Anschlagtechniken außerordentlich differenzierte rhythmische Element.
- **Der Sarod** hat einen halbkugelförmigen, mit einer Decke aus Tierhaut bespannten Klangkörper aus Holz. Das bundlose Griffbrett auf dem breiten Hals besteht aus einer polierten Metallplatte. Die vier Spielsaiten werden mit einem Plektron gezupft. Daneben erklingen ein doppelchöriges Saitenpaar mit dem Grundton sowie siebzehn Resonanzsaiten.
- **Die Santur** (wörtl.: Einhundert Saiten), ein Hackbrettinstrument, fand erst recht spät Eingang in die klassische indische Musik. Sie besteht aus einem hölzernen, trapezförmigen Resonanzkasten, über dessen Decke mittels zweier Stegreihen 18 bis 25 Metallsaitenchöre geführt werden, die mit zwei an der Spitze aufwärts gebogenen Klöppeln angeschlagen werden.
- **Die Shahnai**, ein oboenartiges Instrument mit vollem, stark näselndem Klang, fand erst in den 1950er Jahren volle Anerkennung in der klassischen Musik. Ursprünglich von islamischen Eroberern und später in hinduistischen Tempeln gespielt, verdankt sie ihre Aufwertung zum Konzertinstrument der Ragamusik, vor allem dem großen Virtuosen *Ustad Bismillah Khan*. Die Shahnai ist ein Doppelrohrblattinstrument. Der konische Holzkörper ist mit einem Metallschalltrichter und sieben Löchern ausgestattet und kann sämtliche Verzierungen der indischen Musik entfalten.

Der rhythmische Kontrapunkt zum *raga* ist **tala**, gewöhnlich von Handtrommeln, den **Tablas**, gespielt. Wie bei den *ragas*, so gibt es auch von den *talas* Hunderte.

Der besondere Reiz eines Konzerts besteht im **Dialog zwischen Raga- und Tala-Interpreten**. Jeder interpretiert und improvisiert im Rahmen der ihm vorgegebenen Regeln sein Thema und immer dann, wenn die beiden Virtuosen es schaffen, sich im rhythmischen Zyklus zu treffen, erheben sich begeisterte Wah-Wah-Rufe aus der mitgehenden Zuhörerschaft.

Unterlegt wird das Spiel von einem **Grundton**, der meist von einer Tambura gespielt wird. Genau dies ist die für indische Musik so typische Klangkomponente, die für westliche Ohren stechend, ja penetrant klingt. Dieser Grundton dient vornehmlich zur Wahrnehmung kleiner und kleinster Intervalle. Immerhin muss der indische Musiker innerhalb einer Oktave **22 Haupttöne** und **30 Mikrotöne** unterscheiden. Nur durch den unveränderlichen Bezugspunkt des Grundtons wird es möglich, solch geringe Intervallunterschiede zu erkennen und präzise zu setzen.

Aufführungen und Alltagsklänge

Ein weiterer signifikanter Unterschied zu westlichen Aufführungen liegt in der scheinbar nicht enden wollenden Dauer indischer Konzerte. Fünf Stunden und mehr sind keine Seltenheit. Zeit hat in Indien eine ganz andere Dimension als im Westen und so gibt es kein dynamisches Voranschreiten im Andante oder Allegro, dafür umso häufiger ein meditatives Verweilen bei einem einzigen Ton. Sich nie von der Uhr versklaven lassen: ebenfalls ein Stück asiatischer Lebensphilosophie.

Indische Musik findet jedoch nicht nur im Konzertsaal statt und so sollte sich der nicht grämen, der keine Aufführung besuchen konnte. Der einmalige Reichtum des **Klangkörpers Indien** ist überall zu erfahren. Wer sich die Zeit nimmt (immer eine entscheidende Voraussetzung, um das Phänomen Indien kennenzulernen) und an einem beliebigen Ort in Indien – die Augen geschlossen – auf die Geräusche der Umgebung achtet, wird die akustische Vielfalt des Landes unmittelbarer denn je erfahren. Nur ein Beispiel: Überall in Indien findet man die *dhobis*, Wäscher, die morgens an den Ufern der Flüsse stehen und rhythmisch den Schmutz aus der Wäsche schlagen. Oder das Gemurmel einer Tempelzeremonie, das Vorbeifahren eines Ochsenkarrens, das Stimmengewirr auf dem Marktplatz. Im Vergleich dazu ist unsere eigene Klangsphäre arm, reduziert fast nur noch auf diffuse Motorengeräusche.

Tanz

Ob Jesus jemals getanzt hat? Wir wissen es nicht. Die Bibel jedenfalls gibt keinerlei Auskunft darüber und überhaupt ist dies im körperfeindlichen Christentum schwerlich vorstellbar, schrieb doch schon Anfang des 5. Jh. *Augustinus*: „Der Tanz ist ein Kreis, dessen Mittelpunkt der Teufel ist".

Ganz anders in Indien. Tanz war von Anfang an integraler Bestandteil der **religiösen Kulthandlungen** und so sind viele Hindu-Tempel nicht nur mit einem speziellen Raum für die Abhaltung der rituellen Tänze ausgestattet, sondern von außen geradezu übersät mit Skulpturen grazilier, kaum bekleideter Tänzerinnen in schwungvollen Posen – *devadasis* wurden diese Tempeltänzerinnen früher genannt. Sie wohnten wie die Brahmanen-

Priester im Tempel und lebten von den Gaben der Gläubigen.

Indischer Tanz ist **Göttertanz**. Die Menschen tanzen für die Götter und als Götter, imitieren sie oder werden von ihnen besessen, mehr noch: selbst die Götter tanzen. Shiva, einer der Hauptgötter des hinduistischen Pantheon, ist zugleich Nataraja, der König der Tänzer. In wildem Tanz inmitten eines Feuerkreises, zu Füßen der Zwerg Asmara, der für die Ich-Befangenheit des weltlichen Menschen steht, tanzt der vielarmige Shiva den Tanz der Zerstörung und gleichzeitigen Erneuerung *(tandava)*. Die hinduistische Vorstellung vom Tanz als spirituelle Vereinigung mit dem Kosmos findet hier ihren Ausdruck. Keine andere Kunstform Indiens ist derart innig mit der Religion verwoben wie die Tanzkunst, in der die indische Hochkultur ihre wohl reifste Ausdrucksform gefunden hat.

Angesichts dieser uralten Tradition verwundert es nicht, dass Indien die umfangreichste **Tanzliteratur** der Welt vorzuweisen hat. Als Vater nahezu aller nachfolgenden Tanztheoretiker gilt *Bharata*, vermutlich der legendäre Verfasser des indischen Lehrbuchs des Tanzes *(Narashastra)* aus dem 2. Jh. n. Chr. Minutiös werden dort alle wesentlichen Aspekte der indischen Tanzkunst behandelt, wobei die Kernelemente bis heute den indischen Tanz prägen.

Von besonderer Bedeutung sind dabei die vier Darstellungsmittel, derer sich die Tänzer bedienen sollten, nämlich körperlicher *(angika)*, akustischer *(barika)*, dekorativer *(aharja)* und ästhetisch-psychischer *(satrika)* Ausdrucksformen. Angika umfasst die **Bewegungen** von Kopf, Hals, Armen, Händen, Beinen und Füßen, aber auch **Gebärden und Mimik.** Insgesamt werden 13 verschiedene Kopfdrehungen, 64 Fußbewegungen, 108 Körperhaltungen, 64 Handgesten und 36 verschiedene Blicke ausgeführt. Vieler Jahre intensiven Trainings bedarf es, um diese hochkomplizierte Ausdruckssprache zu beherrschen. Dafür kann der Tänzer dann nicht nur Objekte wie Tiere, Musikinstrumente oder Waffen darstellen, sondern auch Gefühle, Situationen und sogar abstrakte Begriffe wie zum Beispiel

---

Indische Tänze

Heute unterscheidet man mehrere klassische Tänze bzw. Tanzstile, die sich im Laufe der Jahrhunderte in verschiedenen Landesteilen entwickelt haben.

- Der bekannteste ist wohl der ursprünglich aus Tamil Nadu stammende **Bharat Natyam**. Da dieser Stil besonders präzise Bewegungsabläufe erfordert, bedarf es einer jahrelangen Ausbildung, bis man ihn beherrscht. Getanzt wird er ausschließlich von Frauen, wobei die Szenen zumeist aus dem legendären Leben Krishnas stammen.
- Der **Kathakali** aus Kerala ist vor allem wegen seiner äußerst farbenfrohen Masken bekannt. Die aufwendige Schminkprozedur der Tänzer – er wird nur von Männern getanzt – nimmt oftmals mehrere Stunden in Anspruch. Der Kathakali gilt als der dramatischste indische Ausdruckstanz.
- Aus dem Zentrum Nordindiens stammt der **Kathak**. Da hier für viele Jahrhunderte das Zentrum der Moghulherrschaft lag, sind persische und islamische Einflüsse nicht zu übersehen und vor allem nicht zu überhören – der Kathak ist für seine ausgefeilte Fußarbeit bekannt, und eine dementsprechend große Rolle spielen die Fußglöckchen.
- Der **Manipuri** ist ein farbenfroher Gruppentanz aus dem Nordosten des Landes.
- Eine Art getanzte Liebeserklärung an Krishna ist der äußerst gefühlsbetonte **Odissi**. Wie es der Name schon vermuten lässt, stammt dieser weibliche Solotanz aus Orissa und wurde angeblich schon vor Jahrtausenden im Jaganath-Tempel von Puri getanzt.

Unwissenheit und Zukunft ausdrücken. Wohl wissend, dass selbst erfahrene Zuschauer bei einer derartigen Vielzahl von Symbolen unmöglich den Sinn aller Zeichen erkennen können, werden besonders dort, wo ausländische Zuschauer anwesend sind, vor Beginn der Veranstaltung der Inhalt des Stückes und die Bedeutung zentraler Gesten und Körperhaltungen erklärt.

Fast kein indischer Tanz kommt ohne **Musikinstrumente** aus, wobei das Harmonium, die beidseitig zu schlagene Mrindanga-Trommel und vor allen Dingen Fuß- und Armglöckchen Verwendung finden. Die innige Verbindung von Musik und Tanz zeigt sich auch darin, dass im Narashastra für Gesang, Tanz und Instrumentalmusik eine gemeinsame Bezeichnung verwendet wird: *sangita*, ein Wort, das heute nur noch Musik bedeutet.

Kennzeichnend für die Tanzvorführung ist die extreme Überzeichnung der Charaktere: Die Guten sind besonders gut, die Bösen besonders böse und niederträchtig. Hierzu eignen sich besonders die **dekorativen Elemente**: Kostüme, Masken, Bühnenbilder und Requisiten. Im Narashastra finden sich genaueste Anweisungen, wie etwa ein Gott oder ein Dämon auszusehen hat. So werden etwa Götter- und Heldendarsteller bevorzugt in weiße oder orangefarbene Kostüme gekleidet, Böse hingegen meistens in schwarz oder tiefblau.

Wichtigstes aller vier vorgeschriebenen Darstellungsmittel sind jedoch die ästhetisch-psychologischen. Im Unterschied zu unserer abendländischen Auffassung von darstellender Kunst, nach der künstlerische Artikulation fast immer als direkte mimische und körperliche Vermittlung individueller Gefühle und Erlebnisse aufgefasst wird, sucht der indische Künstler sich in **emotionale Haltungen** (*baras*) zu versetzen und diese so „echt" hervorzubringen, dass sie beim **Zuschauer** entsprechende Gefühlszustände (*rasas*) auslösen.

Auch hier wird also wieder die Vereinigung von Künstler und Publikum als überindividuelle Einheit angestrebt. Dann erst stellt sich jenes höhere religiöse Erlebnis ein, das letztlich das Ziel aller Kunst in Indien ist.

An Themen besteht kein Mangel, bietet doch die überreiche **indische Mythologie** eine schier unerschöpfliche Quelle an Heldengeschichten. Szenen aus dem Ramayana oder Mahabharata bilden heute wie zu alten Zeiten die Grundlagen der Aufführungen, wobei Krishna, Rama, Hanuman und Sita die strahlenden Helden verkörpern.

Episch wie die Sagen sind auch die Aufführungen selbst, nehmen sie doch oft mehrere Nächte in Anspruch. Wie bei indischen Mu-

◿ Traditioneller Tanz in Rajasthan

sikkonzerten, so äußert sich auch hier das gänzlich andere Zeitverständnis der Inder. So dramatisch die Handlung auch immer wieder zwischen Gut und Böse hin und her zu schwanken scheint, auf eines kann sich der Zuschauer letztlich verlassen – ein Happy End.

Traditionelle Kleidung und Schmuck

Sari

Kaum ein anderes Kleidungsstück wird derart eng mit seinem Ursprungsland identifiziert wie der Sari, das klassische Kleid der indischen Frauen. Er ist mit Indien so untrennbar verbunden wie das Taj Mahal und die heilige Kuh. Das farbenfrohe Bild des elegant um den Körper geschlungenen Tuches gehört zu den eindrucksvollsten Erinnerungen jedes Indien-Reisenden. Der Sari verleiht der indischen Frau eine immer wieder beeindruckende Würde und Grazie.

Länge, Tragart, Farbe, Stoff und Muster dieses äußerst wandelbaren Kleides variieren von Region zu Region. So misst die gewöhnlich sechs Meter lange Stoffbahn in Maharashtra 8,20 m und wird von hinten durch die Beine gezogen. Die Gujarati-Frauen legen das Sari-Ende über die rechte anstatt, wie üblich, die linke Schulter. In Kerala und Assam besteht der Sari aus zwei Teilen. Als besonders graziös gilt der Bengal-Stil, bei dem das auffallend lange Sari-Ende *(pallu)* zunächst über die linke Schulter geworfen wird, um danach über den Rücken, wieder unter dem rechten Arm nach vorne und schließlich erneut über die linke Schulter geführt zu werden. In Rajasthan wird mit einem weiten, bis zu den Knöcheln reichenden Faltenrock *(ghagra)*, einer eng anliegenden Bluse *(choli)* und dem das Gesicht bedeckenden *ghunghat* ein dreiteiliges Ensemble getragen, welches nur noch vage an den klassischen Sari erinnert.

Bei den Farben kann die Frau ihrem persönlichen Geschmack folgen. Allerdings gibt es gewisse Anlässe wie Tod (weiß) und Heirat (rot), bei denen die Sarifarbe vorgegeben ist. Ebenso groß wie die Vielfalt der Farben und Muster ist die der Materialien. Ein Sari kann aus Seide, Baumwolle, Chiffon oder den immer größere Verbreitung findenden synthetischen Materialien gefertigt werden. Dementsprechend unterschiedlich sind auch die Preise, die von 300 bis 30.000 Rs pro Stück reichen können.

Wie Erwähnungen in alten Epen und Skulpturen an den Tempeln von Khajuraho und Konark belegen, gehen die Ursprünge des Sari mehrere Tausend Jahre zurück. Man geht davon aus, dass er sich aus dem auch heute noch von vielen Männern getragenen Beinkleid, dem *dhoti*, entwickelt hat, welcher ursprünglich von Männern wie Frauen gleichermaßen getragen wurde. Das Wort Sari leitet sich ab von dem Sanskrit-Wort *sati*, welches soviel wie „Stück Stoff" bedeutet.

Der seit dem 15. Jh. mit der Ankunft der Moguln in ganz Indien zu verzeichnende, tief greifende kulturelle Wandel ließ auch den Sari nicht unberührt. Das ursprünglich wesentlich kürzere Kleidungsstück wurde unter den strengeren Moralvorschriften der neuen Herr-

> Der kunstvoll geschlungene Sari ist das klassische Kleidungsstück indischer Frauen

scher verlängert, sodass das schleierartige, zunächst über die Schulter gezogene Sari-Ende das Gesicht der Frau bedeckte.

Statt des Sari tragen immer mehr junge Frauen den *salwar kameez*, eine ursprünglich aus dem Punjab stammende Kombination, bei der ein knielanges, an den Seiten eingeschlitztes Hemd über eine leichte, an den Versen gebundene Hose fällt.

Turban

Verglichen mit den Frauen wirkt die entsprechende männliche Bekleidung eher nüchtern. Neben dem traditionellen, in Falten gelegten, rockartigen Beinkleid (**dhoti**), seit *Mahatma Gandhi* der Inbegriff des traditionellen indischen Beinkleides der Männer, und dem kragenlosen Hemd (**kurtha**) finden immer mehr synthetische Hemden und Hosen westlicher Prägung Verbreitung.

Dennoch verfügen die Männer Rajasthans mit dem Turban über ein Kleidungsstück, welches ebenso wie der Sari zu einem Sinnbild Indiens geworden ist. Die schillernden Farben und geschwungenen Formen verschmelzen mit den scharfkantigen Gesichtern der Rajputen zu einem eindrucksvollen Bild stolz zur Schau getragenen Selbstbewusstseins. Der Turban hat sich wegen seiner für die wüstenartige Region äußerst funktionalen Aspekte zur meistgetragenen Kopfbedeckung entwickelt. Er schützt vor der sengenden Sommersonne ebenso wie vor der Kälte der Winternächte und dient als Gesichtsschutz bei Wüstenstürmen. Gleichzeitig kann er als Kopfkissen, Decke, Handtuch und im Notfall als Seil genutzt werden.

Während die Turbanformen ebenso wie beim Sari regionale Varianten aufweisen, ist die Wahl der Farbe abhängig von der Jahreszeit und dem jeweiligen Anlass, zu dem er getragen wird. Orangefarbene Turbane werden vor allem von Wandermönchen, Sadhus und Brahmanen getragen. Gelb, orange und rot gelten als glücksverheißend, dementsprechend häufig sind sie bei Heiraten anzutreffen. Blau, grünblau, khaki und weiß sind die Trauerfarben, schwarz die Farbe des Protestes.

Generell wird der vom Turban vermittelte Ausdruck von Respekt und Ehre mit dem des Trägers gleichgesetzt. So kommt es einer schweren Beleidigung gleich, den Turban eines anderen mit Füßen zu treten; ein Austausch von Turbanen jedoch besiegelt eine lebenslange Freundschaft. So ist es auch heute noch üblich, dass die Brauteltern bei der Verlobung den Bräutigam und seine unmittelbaren Verwandten mit Turbanen beschenken.

Der weit über seine Funktion als Kleidungsstück hinausgehende Symbolcharakter des Turbans zeigt sich in letzter Zeit jedoch auch in einer Form, die die zunehmende **Verwestlichung** des Landes widerspiegelt. Galt es noch vor wenigen Jahren als unschicklich, in der Öffentlichkeit ohne Turban zu erscheinen, so ist es in den vergangenen Jahren vor allem in städtischer Umgebung üblich geworden, ohne Kopfbedeckung aufzutreten. Kunstvoll gebundene und reichhaltig geschmückte Turbane findet man fast nur noch auf Festlichkeiten. Bei den Jugendlichen ist dieser Prozess der Verwestlichung bereits so weit fortgeschritten, dass das Tragen eines Turbans als Ausdruck von Rückständigkeit angesehen und belächelt wird. Eine Entwicklung, die angesichts der in Jeans und engen T-Shirts durch die Straßen Mumbais und Delhis fahrenden jungen, selbstbewussten Inderinnen auch den Sari in den nächsten Jahren zunehmend aus dem Straßenbild verdrängen wird.

Alltagsschmuck: Bindi, Tilaka, Mehndi und Bangles

So weit verbreitet die Armut in Indien auch heute noch ist – ohne Schmuck, fast immer aus **Gold** – würde eine Inderin nie ihr Haus verlassen. Dabei sind es vielmehr soziale als modische Gründe, die sich dahinter verbergen: Da nur die Söhne alles Land vererbt bekamen, wurde den Frauen traditionell bei der Heirat Schmuck geschenkt, sozusagen als Absicherung.

Entgegen einer weit verbreiteten Meinung handelt es sich bei dem *Bindi* genannten **Punkt auf der Stirn** nicht um ein Zeichen der Kastenzugehörigkeit, sondern im modernen Indien um ein reines Schmuckelement, das

⬆ ▶ Auffälliger Schmuck ist keine Frage von Alter oder Klassenzugehörigkeit

Traditionelle Kleidung und Schmuck

quer durch alle sozialen Schichten getragen wird. So gibt es die Punkte denn auch in verschiedensten Varianten (rund, länglich, waagerecht, rot, braun oder vielfarbig) ganz praktisch selbstklebend an fast jedem Kiosk zu kaufen.

Ursprünglich war es ein von Tempelpriestern den Gläubigen **auf die Stirn getupftes Segenszeichen,** welches das an dieser Stelle gelegene Energiezentrum, das „dritte Auge", schützt. Dieses spirituelle, *Tilaka* genannte Stirnzeichen ist bis heute integraler Bestandteil jedes Tempelbesuches. Wesentlich aufwendiger sind jene Tilakas, welche die Angehörigen der zwei Hauptrichtungen des Hinduismus unterscheiden. Während die Anhänger Shivas drei waagerechte, meist aschgraue Striche tragen, malen Vishnu-Pilger ein U-ähnliches Zeichen auf die Stirn, das bis zur Nasenwurzel reicht.

Das in den letzten Jahren auch im Westen immer beliebtere **Bemalen von Händen und Füßen** wird in Indien *Mehndi* genannt. Diese Kunstform stammt aus Persien und gelangte mit den islamischen Eroberern nach Indien. Die speziell zu Hochzeiten und Feiertagen aufgetragenen Glückssymbole aus Henna verblassen, anders als echte Tätowierungen innerhalb von zwei bis drei Wochen.

Ein weit verbreitetes Modeaccessoire jung verheirateter Frauen sind die oftmals sehr detailreich verzierten **Armreifen** *(Bangles),* **Nasenringe** und **Nasenstecker,** Symbole für die Reinheit und die Heirat der Frau. Ein roter, **den Mittelscheitel zierender Strich** *(Sindur)* kennzeichnet die frisch verheiratete Frau und entspricht dem hierzulande getragenen Ehering.

Glossar | 944
Reise-Gesundheits-
  Information Indien | 950
Literaturtipps | 954
Hilfe! | 962
Wichtige Bahnverbindungen | 964
Register | 974
Die Autoren | 980

Anhang

Die Pushkar Mela in Rajasthan ist zugleich Pilgerziel, Viehmarkt, Volksfest und Heiratsmarkt – bis zu 20.000 Kamele nehmen teil

Glossar

Zusätzliche **geografische Begriffe** finden sich im Kapitel „Geografie".

Adivasi: Bezeichnung für die ca. 60 Mio. Ureinwohner Indiens, die z.T. noch in Stammesgemeinschaften leben, trotz staatlicher Fördermaßnahmen zu den unterpriviligierten Schichten der Gesellschaft gehörend
Alu Dum: Kartoffel-Curry
Amalaka: rad- oder scheibenförmiger Stein mit seitlichen Rippen, der den ⇨*shikhara* nordindischer Tempel bekrönt
Apsaras: himmlische Nymphen, die häufig als Tempelausschmückung verwandt werden
Ashram: religiös fundierte Lebensgemeinschaft, in der eine als heilig verehrte Persönlichkeit ihre Schüler unterrichtet
Antarala: Raum zwischen Sanktuarium und Mandapa
Ardha-mandapa: kleiner Pfeilersaal vor dem ⇨*mandapa*, der die Vorhalle eines Tempels bildet
Arya: Arier, indo-europäisches Volk, das im zweiten vorchristlichen Jahrtausend in Nordindien einwanderte
Atman: individuelle Seele, Urprinzip des Universums, steht im Gegensatz zum ⇨*Brahman*
Ayurveda: wörtl. „Wissenschaft vom langen Leben"; indische Medizin, eine alte Heilkunde, die sich nur pflanzlicher und mineralischer Produkte bedient. Besonders bei der Landbevölkerung beliebt, da die Medikamente äußerst billig sind.
Baba: ehrende Anrede, die in in Hindi soviel wie „Väterchen" bedeutet und vor allem gegenüber Amtspersonen, Älteren und Fremden verwandt wird
Bada: Sockel des ⇨*shikhara* eines Tempels
Bagh: Park
Baithak: Empfangsraum in einem ⇨*Haveli*

Bakshish: Trinkgeld, Almosen
Beedi: dünne Zigarette, die aus einem zusammengerollten und getrockneten Blatt eines Strauches besteht, mit einer Füllung aus kleingehacktem Tabak im Inneren
Betel: Kaumixtur, die aus dem Blatt des Betelbaumes, dem kleingehackten Samen der Areka-Palme, einer Kalkpaste aus Kalkstein und Muscheln sowie Gewürzen und anderen Zutaten besteht. Der beim Kauen entstehende tiefrote Saft verfärbt Zähne und Mund und hinterlässt die überall in Indien zu „bewundernden" Spuckflecken auf Gehwegen und Häuserwänden.
Bhagavadgita: wörtl. „Das göttliche Lied"; religiöses Lehrbuch, welches in das Mahabharata-Epos eingefügt ist. Held dieses wichtigsten Lehrbuches des Hinduismus ist ⇨*Krishna,* der in einem langen Monolog gegenüber seinem Schüler *Arjuna* die zentrale Lehre vertritt, dass jeder Mensch genau dort seine Pflicht zu erfüllen habe, wo ihn das Schicksal, welches er selbst durch seine Taten im vorherigen Leben bestimmt hat, hingestellt hat. Damit war die theoretische Grundlage des Kastensystems gelegt.
Bhakti: Gottesliebe, vertrauensvolle Hingabe an die Erlösergabe eines Gottes, Erlösungsweg der ⇨*Bhagavadgita*
Bhawan: Haus, Palast
Bhoga mandir: für die Darbietung von Opfergaben bestimmter Saal vor einem Heiligtum im ⇨*Nagara*-Stil
Bodhi-Baum: der Pipal-Baum, unter dem der Fürstensohn *Siddharta Gautama* im 6. Jh. v. Chr. nach siebentägiger Meditation in Bodhgaya im heutigen Bihar zum ⇨*Buddha* (Erleuchteten) wurde und der deshalb in allen buddhistischen Ländern religiöse Verehrung genießt
Bowry, Baori: Brunnen
Brahma: eine der drei Hauptgottheiten des Hinduismus

Brahman: bezeichnet im ⇨Vedismus das Gebet, später die Weltseele, das höchste Prinzip; aus dem Gegensatz zum ⇨*atman* entsteht der philosophische Diskurs.

Brahmane: Mitglied der höchsten hinduistischen Kaste; der für die Ausführung der Rituale und die Darbietung der Opfer zuständige Priester

Buddha: der „Erleuchtete", Beiname des *Siddharta Gautama,* der in der zweiten Hälfte des 6. Jahrhunderts v. Chr. die buddhistische Lehre verkündete

Burj: Turm

Caitya: buddhistischer Betsaal mit Apsis

Cakra: wörtl. „Scheibe, Rad". In der hinduistischen Mythologie Symbol für die göttliche Weltordnung *(⇨Dharma),* deren Hüter ⇨*Vishnu* ist. Dementsprechend ist das *cakra* auch eines seiner Attribute.

Calukya: mittelalterliche Herrscherdynastie in Südindien

Candella: mittelalterl. Herrscherdynastie im nördlichen Dekhan, Hauptstadt: Khajuraho

Candrashala: nordindische Bezeichnung für ⇨*kudu*

Cella: das Allerheiligste eines Tempels; ⇨*garbhagriha,* Sanktum

Chapati: Fladenbrot

Chattri: Totengedenkstätte in Form eines offenen Schreins, pfeilertragender Baldachin

Chowk: Prachtstraße

Claustra: kunstvoll durchbrochene Steinplatten, die eine Fensteröffnung schmücken; ⇨*Jali*

Cola: mittelalterliche Herrscherdynastie in Südindien, Hauptstadt: Tanjore (Tanjavur)

Crore: zehn Millionen

Dalai Lama: Oberhaupt des buddhistischen Gelbmützenordens, Oberhaupt Tibets; der jetzige *Dalai Lama* lebt seit 1959 im indischen Exil

Dargarh: Schrein eines Muslimheiligen

Darwaza: Tor, Torweg

Devadasi: Tempeltänzerin

Devanagari: Schrift der Hindu-Sprache

Dhal: Linsenbrei, indisches Standardgericht

Dharamsala: Pilgerherberge

Dharma: Weltgesetz, allgemeinverbindliche kosmisch-ethische Ordnung, an die sich jedes Lebewesen zu halten hat

Dhobi: Wäscher

Dhoti: traditionelles Beinkleid der Männer aus Baumwolle, welches etwas oberhalb der Knie endet

Diwan-i-Am: öffentliche Audienzhalle am *Moghul*-Hof

Diwan-i-Khas: private Empfangshalle des *Moghul*-Kaisers

Dooli: Tragestuhl zur Beförderung von Pilgern zu abgelegenen Tempeln

Dowry: Mitgift

Dravida-, dravidischer Stil: Stil der südindischen Architektur

Drawiden: die nicht indoarische Urbevölkerung des indischen Subkontinents

Durga: hinduistische Muttergottheit, entspricht ⇨*Kali,* eine Form der ⇨*Parvati*

Dvarapala: Torwächter eines hinduistischen oder buddhistischen Tempels

East India Company: britische Handelskompanie mit Monopol für den Indienhandel, gegr. 1600. Betrieb die Kolonialisierung Indiens, bevor das Land 1857 direkt der Herrschaft der britischen Krone unterstellt wurde.

Falsches Gewölbe: Gewölbe, das aus vorkragenden Steinen mit horizontalen Parallelfugen gemauert ist

Ganesha: hinduistischer Gott mit Elefantenkopf, Sohn ⇨*Shivas*

Ganja: Marihuana (Hanf, Cannabis)

Garbhagriha: „Schoß-Haus"; die ⇨*Cella,* ⇨*Sanktum* oder das Allerheiligste eines Tempels

Garh: Fort, Tempel

Garuda: Sonnenvogel, Reittier ⇨*Vishnus*

Gavaksha: nordindische Bezeichnung für ⇨*kudu*

Glossar

Ghat: Treppenstufen, die zu einem Fluss, Teich oder See hinabführen und an denen gewaschen wird oder Verbrennungszeremonien bzw. Kulthandlungen stattfinden. Außerdem die Bezeichnung für ein Gebirge, wie etwa die Ost- und Westghats im Süden Indiens

Ghee: flüssiges Butterschmalz

Gopi: Kuhhirtin, die ⇨*Krishna* in seiner Funktion als Seelenhüter begleitet. In der Miniaturmalerei ist eine gemeinsame Darstellung beider am beliebtesten.

Gopura: Torturm, der in den heiligen Bezirk eines dravidischen ⇨*Tempels* führt

Gumpha: Höhle

Guru: Das Wort bedeutet in ⇨Sanskrit soviel wie „Lehrmeister", womit jedoch nicht nur, wie im Westen oft angenommen spirituelle Lehrer gemeint sind, sondern Lehrmeister jedweder Art, also etwa auch Musik-, Tanz- oder Sprachlehrer.

Hadsch: Wallfahrt nach Mekka, eine der Grundpflichten im Islam

Hanuman: Affengeneral aus dem ⇨*Ramayana*, Verbündeter *Ramas*

Hari-Hara: gemeinsame Darstellung von ⇨*Vishnu* und ⇨*Shiva* in einer Figur

Harijan: Der Begriff bedeutet „Kinder Gottes" und wurde den Kastenlosen von *Gandhi* verliehen, um sie auch sprachlich aufzuwerten.

Hauda, Howdah: Elefantensitz

Haveli: meist reich geschmücktes und verziertes, um einen oder mehrere Innenhöfe angelegtes Handelshaus in Rajasthan

Hill Station: Bergort, der von den Briten als Sommerresidenz benutzt wurde

Hoysala: Herrscherdynastie im südlichen Dekhan. Die von ihr geförderte Architektur zeichnet sich durch üppigen Skulpturenschmuck aus.

Imam: Vorbeter in der Moschee; religiöses Oberhaupt der *Ulema* (religiösen Gemeinschaft)

Inkarnation: „Herabstieg" (⇨Sanskrit: *avatara*) einer Gottheit in der Gestalt einer anderen Person

Jaya: Sieg

Jagamohan: Bezeichnung für den ⇨*mandapa*, Versammlungs- oder Tanzsaal in den Hindu-Tempeln von Orissa

Jainismus: eine der drei Haupt-religionen Indiens, gegründet von ⇨*Mahavira*, der den Beinamen *Jina*, „der Siegreiche", erhielt

Jali: durchbrochen gearbeitete Steinplatte, die eine Wandöffnung schmückt und durch deren Öffnungen Licht (und Luft) in einen geschlossenen Raum fällt; ⇨*claustra*

Jami Masjid: Große oder Freitags-Moschee

Jauhar: kollektiver Selbstmord des rajputischen Kriegeradels in Anbetracht einer sicheren militärischen Niederlage. Zentraler Bestandteil des rajputischen Ehrbegriffes.

Kailasa: heiliger Berg, der dem Gott ⇨*Shiva* und seiner Gemahlin ⇨*Parvati* als Wohnsitz dient; Weltenberg in der hinduistischen Kosmologie

Kalasha: Vase, die als Symbol der Fruchtbarkeit das Dach eines (nordindischen) Tempels bekrönt

Kali: furchterregende Erscheinungsform der ⇨*Parvati*, Ehefrau ⇨*Shivas*

Karma: einer der wichtigsten Glaubensgrundsätze des Hinduismus, wonach die Summe aller Taten im jetzigen Leben das Schicksal und die Kastenzugehörigkeit im nächsten Leben bestimmen

Kibla: Gebetsrichtung und -wand, bis zum Jahr 623 nach Jerusalem ausgerichtet, danach nach Mekka. Verstorbene werden mit dem Kopf nach Mekka beerdigt.

Konsole: ⇨Kragstein

Kragstein: vorkragender Stein, als Stütze für Bogen und Gesims, aber auch für Figuren

Krishna: achte Inkarnation ⇨*Vishnus*, meist als Kind oder flötenspielender Hirtengott dargestellt

Kshatriya: zweite der vier vedischen Gesellschaftsgruppen; Krieger- und Herrscherklasse
Kudu: Fenster in Form eines Hufeisenbogens. In verkleinerter Form ist es Bestandteil des Dachaufbaues indischer Tempel; hier erscheinen im *kudu* dann oft Menschen- und Tierköpfe und geometrische Motive.
Kuli: Tagelöhner, Gepäckträger
Kund: künstliches Wasserbecken
Lakh: Die Zahl 100.000
Lakshmi: hinduistische Göttin für Wohlstand und Glück
Lassi: Getränk aus Milch und Joghurt, salzig oder auch süß, z.T. mit Früchten
Linga: Phallussymbol ⇨*Shivas*, das gewöhnlich im ⇨*Sanktum* eines shivaitischen Tempels aufgestellt ist
Mahabharata: größtes indische Helden-epos mit mehr als 100.000 Doppelversen, beschreibt den Kampf zweier befeindeter Stämme, mit vielen eingeschalteten Erzählungen wie der ⇨*Bhagavad Gita*
Mahal: Palast
Maharaja: Herrscher über ein Fürstentum
Maharani: Gemahlin des ⇨*Maharaja*
Mahavira: Stifter der ⇨jinitischen Religion, der zur gleichen Zeit wie ⇨*Buddha* wirkte und dessen Lehre große Ähnlichkeiten mit dem Buddhismus aufweist
Mahout: Elefantenführer
Maidan: Grünfläche in einer Stadt
Makara: der Sage entsprungenes Ungeheuer, das Gliedmaßen des Krokodils, des Delphins und des Elefanten in sich vereint; Symbol des Wassers und der ungeordneten Natur
Mandala: „Kreis"; aus Kreisen und Rechtecken bestehendes symbolisches Diagramm, das die Welt in ihrer kosmischen Entwicklung darstellt
Mandapa: Pfeiler- oder Säulensaal eines hinduistischen Tempels, der Versammlungen und religiösen Tänzen diente
Mandir: Tempel
Mantra: mystische Silben und Formeln mit magischer Funktion, die den ⇨Veden entnommen sind
Masjid: Moschee
Mela: Fest, Messe, Jahrmarkt
Meru: mystischer Weltenberg, der, von Meeren und Gebirgen umgeben, den Mittelpunkt der Welt darstellt; Wohnsitz der hinduistischen Götter
Mihrab: in die Kiblawand eingelassene Gebetsnische
Mithuna: oft als erotisch empfundenes, eng umschlungenes Liebespaar, verkörpert alte kosmologische Gegensätze von Himmel und Erde, Licht und Dunkelheit, Yoni und Lingam. Ikonografisch personifiziert als ⇨*Shiva/Parvati* und ⇨*Vishnu/Lakshmi*.
Moksha: Erlösung
Nagara-Stil: Bezeichnung für den nordindischen Tempeltyp
Nandi: Stier, der ⇨*Shiva* als Reittier dient
Natraja: „König des Tanzes", Beiname des Gottes ⇨*Shiva* in seiner Funktion als Schöpfer und Zerstörer der Welt
Nat mandir: für den Tanz bestimmter Saal in ostindischen Tempeln des ⇨*Negara*-Stils
Navratan Korma: Gemüse und Fruchtmischung mit würziger Soße
Nilakantha: „blaue Kehle", Beiname ⇨*Shivas*, als er das bei der Quirlung des Milchmeeres entstandene Gift schluckte und so die Welt rettete
Nawab: Herrschertitel eines muslimischen Fürsten, vergleichbar mit dem ⇨*Maharaja*
Niwas: Haus
Pakora: gebackene Teigtaschen mit einer scharfen Gemüsefüllung
Parvati: hinduistische Göttin, wohlwollende Erscheinungsform der Gattin ⇨*Shivas*
Pallava: mittelalterliche Herrscherdynastie in Südindien
Pancharatha: Tempel mit vertikal fünf Wandabschnitten

Pancayatana: Bezeichnung für eine Fünfer-Gruppe von Tempeln mit einem großen zentralen Tempel und vier kleineren, in einem Rechteck um den zentralen Tempel angeordneten Nebenschreinen
Pol: Tor
Puja: religiöse Zeremonie, verbunden mit Gebeten und Opfergaben
Rai: lokaler Herrscher niederen Ranges
Raj: Herrschaft
Raja: Titel der südindischen Herrscher
Ramayana: eines der beliebtesten und mit 24.000 Doppelversen umfangreichsten Heldenepen des Hinduismus, in dessen Mittelpunkt *Rama,* die siebte Inkarnation ⇨ *Vishnus* steht, der seine Frau *Sita* aus den Klauen des Dämonen *Ravana* befreit
Ratha: 1.: Prozessionswagen für den Transport der Götterbilder; davon hergeleitet die Bezeichnung für die aus dem Fels gearbeiteten Schreine von Mahabilipuram, 2.: Vor- und Rücksprünge *(⇨paga)* an den Außenfassaden eines Tempelturmes
Rupie: indische Währungseinheit. „Rupien" genannte Münzen wurden zum ersten mal 1542 unter der Herrschaft *Sher Khans* in Nordindien geprägt.
Sadhu: brahmanischer Asket, Einsiedler
Sagar: künstlich angelegter See
Samosa: frittierte Teigtaschen mit einer Kartoffelfüllung
Sanktum: das Allerheiligste eines Tempels; ⇨*Cella* und ⇨*Garbhagriha*
Sanskrit: die heute nur noch von wenigen Priestern und Gelehrten beherrschte Sprache erlebte ihre Blütezeit im 4. Jh. v. Chr. und bildet die Grundlage aller heute in Nordindien gesprochenen Sprachen. Alle wichtigen Hindu-Schriften sind in ⇨Sanskrit verfasst.
Sati: Gattin ⇨*Shivas. Sie* verbrannte sich selbst, weil ihr Vater es versäumt hatte, ihren Gatten einzuladen. Damit wurde sie zum Vorbild für ungezählte Frauen im Hinduismus, die sich nach dem Tod ihres Ehemannes auf dem Scheiterhaufen verbrennen ließen und so zur „Sati" wurden (*Sati*-Kult).
Sepoy: heute nicht mehr gebräuchlicher Begriff für indische Soldaten
Shikhara: „Gipfel"; stufenförmiger Tempelturm
Shiva: hinduistischer Gott der Zerstörung und Erneuerung, erkennbar an seinem Haarknoten
Shudra: vierte und niedrigste der vedischen Gesellschaftsgruppen; Klasse der Untergebenen, die nicht zum Studium der ⇨vedischen Texte zugelassen sind
Sthapaka: Architekt und Bautheoretiker, der den Plan eines Tempels entwirft
Sthapati: Baumeister, der das Gebäude nach den theoretischen Vorgaben und dem Plan des ⇨*sthapaka* entwirft
Stupa: Grabhügel, der im Buddhismus das Gesetz des ⇨*Buddha* symbolisiert und Reliquien des Religionsstifters (oder anderer bedeutender Persönlichkeiten) enthalten kann
Sarusandri: Nymphe
Sufi: islamischer Mystiker
Tambur: zylindrisches Zwischenstück zwischen Unterbau und Kuppel
Tamile: Bewohner Südindiens; Angehöriger eines dravidischen Volkes hinduistischen Glaubens, das immer weiter in den äußersten Süden der indischen Halbinsel und nach Sri Lanka zurückgedrängt wurde
Tantra: „Gewebe"; magisch-mystische Schriften Indiens, die sakrale Symbole und Riten zum Inhalt haben
Tantrismus: Geheimlehre von Ritualen im Hinduismus und in einigen buddhistischen Schulen; Lehre, die sich auf die Diagramme der ⇨*mandalas* und der ⇨*yantras* stützt, die Grundlage für bestimmte Körperübungen (⇨*yoga*)
Thali: ein rundes Metallbrett mit mehreren Vertiefungen, in denen verschiedene, meist

vegetarische Gerichte serviert werden, auch Begriff für diese Gerichte

Tilak, Tika: dieses zwischen den Augen mit Farbe aufgetragene Stirnmal kann ein Zeichen für Kasten- und Sektenzugehörigkeit sein, ist heute jedoch meist eher ein schmückendes Mal ohne weitere Bedeutung

Tiratha: Turmheiligtum mit drei ⇨*rathas*

Tirbhanga: bei den meisten Götterskulpturen anzutreffender dreifacher Körperknick, Kontrapost

Tirthankara: „Furtbereiter", einer der insgesamt 24 Meister, die die Grundlagen des ⇨Jainismus geschaffen haben. Bekanntester und meistverehrter ist ⇨*Mahavira*, der Gründer der Glaubensgemeinschaft.

Tonga: zweirädrige Pferdedroschke zur Personenbeförderung

Trimurti: Bezeichnung für die Dreiergruppe von ⇨*Brahma*, ⇨*Vishnu* und ⇨*Shiva*, die die Schöpfung, Erhaltung und Zerstörung des Universums symbolisieren

Tympanon: Bogenfeld über einer Tür oder Giebelfeld eines Daches

Torana: wörtl. „Tor". Meint nicht nur das eigentliche Eingangstor, sondern den gesamten Eingangsbereich mit dem figürlichen und ornamentalen Schmuck

Vahana: Reit- bzw. Tragtier einer hinduistischen Gottheit.

Vaishya: dritte der vier ⇨vedischen Gruppen; Klasse der Bauern und Händler

Veden: wörtl. „Heiliges Wissen". Die ältesten heiligen Schriften Indiens unterteilen sich in vier Texte (wichtigster ist die Rigveda), die im ersten Jahrtausend von unbekannten Autoren verfasst wurden.

Vedika: Zaun, der ein Heiligtum umgibt

Vesara: Mischstil mit dravidischen und ⇨*Nagara*-Stilelementen

Vihara: Kloster, buddhistischer Versammlungsort

Vilas: Haus, Palast

Vina: Zither mit zwei Kalebassen als Klangkörper

Vishnu: Wichtiger hinduistischer Gott, Welterhalter. Wichtige Inkarnationen sind *Rama* und ⇨*Krishna.*

Vorkragung: durch übereinandergeschichtete und vorkragende Elemente wird ein falscher Bogen oder ein ⇨falsches Gewölbe errichtet

Yantra: symbolisches und mystisches Diagramm zur Bezeichnung einer Gottheit; im ⇨*Tantrismus* „Werkzeug" zur Stimulierung der Meditation

Yoga: „Anlegen des Joches"; körperliche Schulung, um den Geist durch die Beherrschung von Bewegung und Atmung zu erlösen

Yoni: weibliches Geschlechtsteil, Symbol ⇨*Parvatis*, der Frau ⇨*Shivas* und der weiblichen Energie

Zenana: den Frauen vorbehaltener Bereich eines Palastes (Harem)

Reise-Gesundheits-Information Indien

Stand: 22.01.2013, © Centrum für Reisemedizin 2013

Die nachstehenden Angaben dienen der Orientierung, was für eine geplante Reise in das Land an Gesundheitsvorsorgemaßnahmen zu berücksichtigen ist. Die Informationen wurden uns freundlicherweise vom Centrum für Reisemedizin zur Verfügung gestellt. Auf der Homepage: www.crm.de werden diese Informationen stetig aktualisiert. Es lohnt sich, dort noch einmal nachzuschauen.

EINREISE-IMPFVORSCHRIFTEN:

Bei Direktflug aus Europa: keine Impfungen vorgeschrieben. Bei einem vorherigen Zwischenaufenthalt (innerhalb der letzten 6 Tage vor Einreise) in einem der unten aufgeführten Länder (Gelbfieber-Endemiegebiete) wird bei Einreise eine gültige Gelbfieber-Impfbescheinigung verlangt (ausgenommen Kinder unter 9 Monaten). Gelbfieber-Impfung kann gelegentlich auch bei Einreise aus südafrikanischen Ländern (z.B. aus Simbabwe) verlangt werden.

Gelbfieber-Impfbescheinigung erforderlich bei Einreise aus:

Angola · Äquatorialguinea · Argentinien · Äthiopien · Benin · Bolivien · Brasilien · Burkina Faso · Burundi · Ecuador · Elfenbeinküste · Franz. Guayana · Gabun · Gambia · Ghana · Guinea · Guinea-Bissau · Guyana · Kamerun · Kenia · Kolumbien · Kongo, Rep. · Kongo, Dem. Rep. · Liberia · Mali · Mauretanien · Niger · Nigeria · Panama · Paraguay · Peru · Ruanda · Senegal · Sierra Leone · Sudan · Suriname · Togo · Trinidad & Tobago · Tschad · Uganda · Venezuela · Zentralafr. Rep.

EMPFOHLENER IMPFSCHUTZ:

Generell: Tetanus, Diphtherie, Hepatitis A, Polio, Typhus. Je nach Reisestil und Aufenthaltsbedingungen im Lande außerdem zu erwägen:

Impfschutz	Reisebedingung 1	Reisebedingung 2	Reisebedingung 3
Cholera	x		
Hepatitis B (a)	x		
Tollwut (b)	x		
Jap. Enzephalitis (c)	x		
Meningitis (d)	x		

(a) bei Langzeitaufenthalten oder engerem Kontakt mit der einheimischen Bevölkerung
(b) bei vorhersehbarem Umgang mit Tieren
(c) bei besonderen Aufenthaltsbedingungen in bestimmten ländlichen Gebieten
(d) Nur bei engerem Kontakt zur einheimischen Bevölkerung. In den letzten Jahren gab es im NO (Meghalaya, Tripura, Mizoram) vermehrt Ausbrüche.

Reise-Gesundheits-Information Indien

Reisebedingung 1:
Reise durch das Landesinnere unter einfachen Bedingungen (Rucksack-/Trecking-/Individualreise) mit einfachen Quartieren/Hotels; Camping-Reisen, Langzeitaufenthalte, praktische Tätigkeit im Gesundheits- o. Sozialwesen, enger Kontakt zur einheimischen Bevölkerung wahrscheinlich

Reisebedingung 2:
Aufenthalt in Städten oder touristischen Zentren mit (organisierten) Ausflügen ins Landesinnere (Pauschalreise, Unterkunft und Verpflegung in Hotels bzw. Restaurants mittleren bis gehobenen Standards)

Reisebedingung 3:
Aufenthalt ausschließlich in Großstädten oder Touristikzentren (Unterkunft und Verpflegung in Hotels bzw. Restaurants gehobenen bzw. europäischen Standards)

Wichtiger Hinweis:
Welche Impfungen letztendlich vorzunehmen sind, ist abhängig vom aktuellen Infektionsrisiko vor Ort, von der Art und Dauer der geplanten Reise, vom Gesundheitszustand sowie dem eventuell noch vorhandenen Impfschutz des Reisenden. Da im Einzelfall unterschiedlichste Aspekte zu berücksichtigen sind, empfiehlt es sich immer, rechtzeitig (etwa 4 bis 6 Wochen) vor der Reise eine persönliche Reise-Gesundheits-Beratung bei einem reisemedizinisch erfahrenen Arzt oder Apotheker in Anspruch zu nehmen.

Unter **www.crm.de** finden Sie Adressen von:
- Apotheken mit qualifizierter Reise-Gesundheits-Beratung (nach Postleitzahlgebieten)
- Impfstellen und Ärzten mit Spezialsprechstunde Reisemedizin (nach Postleitzahlgebieten)
- Abruf eines persönlichen Gesundheitsvorsorge-Briefes für die geplante Reise.

MALARIA:
Malaria-Risiko: ganzjährig mit saisonalen Schwankungen.

Übertragungsrisiko abhängig von Ökologie und Klima, speziell betroffen sind ländliche Regionen während und kurz nach Regenperioden. Der Monsunregen zieht zwischen Mai und November von SW nach NO über das Land und dauert jeweils 3–4 Monate; im S gibt es meist eine 2. Regenzeit zwischen Okt. und Dez.;
- **mittleres Risiko** (höher in der Regenzeit, geringer in der Trockenzeit) in den zentralen Landesteile, im N im Regenwaldgürtel entlang der nepalesischen Grenze (Terai), sowie auf den Andamanen und Nikobaren; relativ am höchsten mit hohem Anteil von P. falciparum ist das Risiko im Hügelland von Orissa und in den tiefer gelegenen Gebieten der Bundesstaaten im NO (nördlich und östlich von Bangladesh);
- **geringes Risiko** (höher in der Regenzeit, geringer in der Trockenzeit) im N entlang des Ganges (Teile von Uttar Pradesh, Bihar und östliches West-Bengal), im NW (Rajasthan), an der Westküste einschließlich Goa, im S südlich der Linie Madras-Goa (gesamtes Kerala, Tamil Nadu, der W von Karnataka, der SO von Andhra Pradesh);

Reise-Gesundheits-Information Indien

- in den Stadtgebieten ist mit einem **geringen Risiko** in der Regenzeit zu rechnen, 2009 und 2010 kam es zu Ausbrüchen von Malaria tropica u.a. in Mumbai und Hyderabad;
- **malariafrei** sind die Höhenlagen oberhalb 2.000 m von Jammu und Kashmir, Himachal Pradesh, Sikkim, Arunchal Pradesh sowie die Lakkadiven.

Vorbeugung:

Ein konsequenter Mückenschutz in den Abend- und Nachtstunden verringert das Malariarisiko erheblich (Expositionsprophylaxe). Ergänzend ist die Mitnahme von Anti-Malaria-Medikamenten zur notfallmäßigen Selbstbehandlung (Stand-by-Behandlung) zu empfehlen. Zu Art und Dauer der Behandlung fragen Sie Ihren Arzt oder Apotheker bzw. informieren Sie sich in einer qualifizierten reisemedizinischen Beratungsstelle. Malariamittel sind verschreibungspflichtig.

Die wichtigsten Maßnahmen sind:

- In der Dämmerung und nachts Aufenthalt in mückengeschützten Räumen (Räume mit Aircondition, Mücken fliegen nicht vom Warmen ins Kalte).
- Beim Aufenthalt im Freien in Malariagebieten abends und nachts weitgehend körperbedeckende Kleidung (lange Ärmel, lange Hosen).
- Anwendung von insektenabwehrenden Mitteln an unbedeckten Hautstellen (Wade, Handgelenke, Nacken). Wirkungsdauer ca. 2–4 Std.
- Im Wohnbereich Anwendung von insektenabtötenden Mitteln in Form von Aerosolen, Verdampfern, Kerzen, Räucherspiralen.
- Schlafen unter dem Moskitonetz (vor allem in Hochrisikogebieten).

AKTUELLE MELDUNGEN:

Darminfektionen: Risiko für Durchfallerkrankungen landesweit. Mit Cholera ist regional zu rechnen. Typhus, Paratyphus sowie die oral übertragenen Formen der Hepatitis treten im ganzen Land regelmäßig auf. Milzbrand kommt sowohl in der cutanen wie in der intestinalen Form immer wieder bei Einheimischen vor. Hygiene und Impfschutz (Typhus) beachten.

Poliomyelitis: Mitte März hat die WHO Indien von der Liste der polioendemischen Länder gestrichen. Der einzige im Jahr 2011 in Indien registrierte Fall trat im Januar ebenfalls in West Bengal auf. 2010 traten in Indien noch 42, 2009 noch 741 Erkrankungen auf. Die WHO untersucht derzeit 117 Verdachtsfälle in der Stadt Indore im Staat Madhya Pradesh (NW). Hygiene und Impfschutz weiterhin beachten.

Tollwut: Indien gehört weltweit zu den Ländern mit den höchsten Fallzahlen bei Tieren und Menschen. Hauptüberträger ist der (streunende) Hund. Betroffen sind auch die Großstädte. Bei verdächtigen Tierkontakten sofort Arzt aufsuchen und auf Verwendung moderner Gewebekultur-Impfstoffe achten. Eine vorbeugende Impfung ist für alle Reisenden empfehlenswert.

Chikungunya (CHIC), Dengue (DEN): Beide grippeähnliche Erkrankungen kommen in Indien regelmäßig vor. In diesem Jahr wurden bis Ende November offiziell landesweit über 37.000 DEN-Erkrankungen und 227 Todesfälle gemeldet. Während es DEN in Indien schon immer gab, führte CHIC in den letzten Jahren zu größeren regionalen Ausbrüchen. Bis zum Herbst dieses Jahres wurden über 11.000 Fälle registriert. Schutz vor tagaktiven Überträgermücken (Aedes-Arten) beachten.

Literaturtipps

● **Behr, Hans-Georg: Die Moguln.** Standardwerk zur Geschichte des aus Afghanistan stammenden Herrschergeschlechtes.

● **Berg, Hans Walter; Indien. Traum und Wirklichkeit.** Zwar trauert der langjährige Indienkorrespondent, der unter Journalistenkollegen als Maharaja von Whiskeypur einen legendären Ruf genoss, unverkennbar den kolonialen Zeiten hinterher, doch bietet sein Buch interessante Einblicke ins Indien der fünfziger und sechziger Jahre.

● **Clermont, Lothar: Jainismus.** Textlich wie fotografisch ausgezeichnetes Buch zum Jainismus und den Tempeln in Mount Abu und Ranakpur.

● **Collins, Larry/Lapiere, Dominique; Gandhi – Um Mitternacht die Freiheit.** Musterbeispiel eines gelungenen historischen Romans, in dem Indiens Weg in die Unabhängigkeit ebenso spannend wie kenntnisreich geschildert wird. Unter seinem Originaltitel „Freedom at Midnight" ist das Buch in den meisten Buchläden Indiens erhältlich.

● **Cooper, Illay: The painted towns of Shekawati.** Einer der ausführlichsten Führer über die Region der bemalten Havelis im Nordwesten Indiens.

● **Dubois, Abbé Jean Antoine: Leben und Riten der Inder,** REISE KNOW-HOW Verlag, Bielefeld. Eine Landesbeschreibung von 1807. Der Klassiker wurde erstmalig ins Deutsche übersetzt.

● **Hörig, Rainer: Indien ist anders** und **Selbst die Götter haben uns beraubt.** Zwei ebenso unausgewogene wie hervorragende politische Reisebücher, welche v.a. die Vergessenen und Entrechteten der Gesellschaft wie die Ureinwohner, Unberührbare und Frauen zu Wort kommen lassen.

● **Kade-Luthra, Veena** (Hrsg.); **Sehnsucht nach Indien.** Ein Lesebuch von Goethe bis Grass: Anhand von Textausschnitten geht die Herausgeberin den Gründen für die seit Jahrhunderten besonders bei deutschen Philosophen und Literaten zu konstatierende Indiensehnsucht nach.

● **Kantowsky, Detlev; Von Südasien lernen.** Der Konstanzer Soziologe beschreibt auf beeindruckende Weise seine Abkehr von dem Glauben, der „Dritten Welt" und speziell Indien mit Methoden westlicher, fortschrittsorientierter Wissenschaft und Technologie helfen zu können. Stattdessen sieht er in der ganzheitlichen hinduistischen und buddhistischen Weltsicht ein Beispiel, in dem der sinnentleerte Westen von den asiatischen Gesellschaften lernen kann.

● **Keilhauer, Anneliese und Peter: Die Bildsprache des Hinduismus.** Die indische Götterwelt und ihre Symbolik.

● **Kipling, Rudyard; Kim.** Der Roman des englischen Autors, der die meiste Zeit seines Lebens in Indien verbrachte, wurde lange Zeit von der Literaturkritik als Plädoyer zugunsten der englischen Kolonialherrschaft abgelehnt. Inzwischen gilt die Geschichte des irischen Waisen Kim und des tibetanischen Mönchsjungen Tashoo Lama als am besten gelungenes Werk Kiplings, welches die unterschiedlichen Lebensphilosophien der beiden Hauptdarsteller, die als Repräsentanten ihrer Kulturen agieren, zum Mittelpunkt hat.

● **Krack, Rainer; Hindi – Wort für Wort,** REISE KNOW-HOW Verlag, Bielefeld, aus der Kauderwelsch-Reihe. Die handlichen Sprechführer bieten eine auf das Wesentliche reduzierte Grammatik und viele Beispielsätze für den Reisealltag. In der gleichen Reihe erschienen: **Gujarati – Wort für Wort, Marathi – Wort für Wort, Bengali – Wort für Wort** sowie **Englisch für Indien** und **Hindi für Bollywoodfans.** Audio-CDs als **AusspracheTrainer** sind zu allen Büchern erhältlich.

● **Krack, Rainer; KulturSchock Indien** und **KulturSchock Mumbai,** REISE KNOW-HOW Verlag, Bielefeld: Die Bücher des Verfassers zahlreicher Reisehandbücher über asiatische Länder und jahrelangen Indienkenners empfehlen sich als handliche Reiselektüre für all jene, die mehr über das indische Alltagsleben erfahren möchten. Behandelt werden u.a. Themen wie die Bedeutung der Großfamilie, Aberglaube, Sexualität, der Gegensatz von Stadt- und Landleben oder Eunuchen in Indien.

● **ders.: Hinduismus erleben,** Praxis-Reihe des REISE KNOW-HOW Verlages, Bielefeld.

● **Lutze, L.; Als wäre die Freiheit vom Himmel gefallen.** Hindilyrik der Gegenwart.

● **Naipaul, V.S.; Indien. Ein Land in Aufruhr.** Kein anderer Schriftsteller hat seine Hassliebe zu Indien in derart faszinierender und erhellender Weise zu Papier gebracht wie der in Trinidad geborene Sohn indischer Eltern. Auch dieses Buch Naipauls, welches eine Mischung zwischen einem politischen Reisebuch und einer unkonventionellen soziologischen Analyse ist, hat wieder die Frage nach der Identität Indiens zum Mittelpunkt. Seine Stärke liegt nicht zuletzt darin, dass Naipaul nicht der Versuchung erliegt, das chaotische Neben- und Durcheinander der politischen, kulturellen und religiösen Sub-Identitäten des Landes künstlich zu einem Ganzen zusammenzuschweißen.

■ *Neumann-Denzau, Gertrud/Denzau, Helmut:* **Indien. Reiseführer Natur.** Detailgenaue Vorstellung der indischen Nationalparks.

■ *Riemenschneider, Dieter:* **Shiva tanzt. Das Indien-Lesebuch.** Aufschlussreiche Texte indischer Autoren zu Geschichte, Kunst, Kultur und Alltagsleben.

■ *Roberts, Gregory David:* **Shantaram.** Mit viel Leidenschaft, voller Wahrheit und Poesie erzählt der Roman in fiktionaler Form die Geschichte von Roberts' eigenem Leben: Ein Australier, auf der Flucht vor Interpol, strandet in Mumbai.

■ *Rothermund, Dietmar;* **Indische Geschichte in Grundzügen.** Dem bekannten Heidelberger Indologen ist es gelungen, die ereignisreiche und komplexe indische Geschichte auf 150 Seiten zusammenzufassen. Der Zwang zur Komprimierung geht allerdings zu Lasten der alten und der mittleren Geschichte, während der Neuzeit, speziell die Kolonialgeschichte, ausführlich analysiert wird.

■ *Roy, Arundhati:* **Das Ende der Illusion.** die weltberühmte Autorin als engagierte Kämpferin für die Unterdrückten und ausgebeuteten der indischen Atom- und Großmachtpolitik.

■ *dies.:* **Der Gott der kleinen Dinge.** Aufsehenerregendes Erstlingswerk der jungen, aus Südindien stammenden Autorin, in dem sie das Kastensystem und die Unterdrückung der Frau in der indischen Gesellschaft anprangert.

■ *Rushdie, Salman:* **Des Mauren letzter Seufzer.** Dieser vielschichtige Roman des ebenso berühmten wie umstrittenen Autors der „Satanischen Verse" verwebt auf faszinierende Weise mehrere Generationen einer in Indien lebenden jüdisch-christlichen Gemeinde mit der indischen Geschichte.

■ *Scott, Paul;* **Das Reich der Sahibs.** Niemand hat die Dekadenz und den Untergang des britischen Kolonialreiches überzeugender literarisch verarbeitet als Paul Scott in seinem vierbändigen Epos.

■ *Stierlin, Henri/Vohlwasen, Andreas:* **Indien. Bauten der Hindus, Buddhisten und Jains** und **Islamisches Indien.** Zwei Standardwerke zur Baugeschichte Indiens.

■ *Strasser, Robert;* **Rajasthan, Gujarat, Indien.** Obwohl inzwischen veraltet, ist dieser Band aus der verdienstvollen Reihe des Indoculture-Verlages immer noch ein Standardwerk für all jene, die sich ausführlich mit der Geschichte, Landeskunde und Kulturgeschichte Rajasthans beschäftigen möchten.

■ *Tharoor, Shashi:* **Der große Roman Indiens.** Der indisch-amerikanische Autor beschreibt in seinem Roman die vielschichtigen Probleme des Subkontinents. Die Bedeutung von Tradition und Religion im alltäglichen Leben werden auf unterhaltsame, manchmal parodistische Weise dargestellt.

■ *Tölle, Gisela;* **Kasturba Gandhi – Die Frau im Schatten des Mahatma.** Der Titel ist Inhalt und Himweis zugleich für das Schicksal fast aller indischer Frauen.

■ *Tully, Mark;* **No fullstops in India.** Ein großartiges Buch in dem der langjährige BBC-Reporter in 10 Kapiteln so unterschiedliche Themen wie eine Dorfhochzeit, den Besuch bei einem südindischen Bildhauer, die Kumbh Mela in Allahabad oder die kommunistische Regierung in Kalkutta beschreibt. Wie ein roter Faden zieht sich dabei der Vorwurf durch seine brilliant geschriebenen Analysen, dass die indische Mittel- und Oberschicht, die Entscheidungsträger der indischen Gesellschaft dersrt verwestlicht seien, dass sie die Wünsche und Forderungen der Masse der Bevölkerung unberücksichtigt lasse und so das Land seiner kulturellen Wurzeln beraube.

www.diamir.de

INDIEN
selbst erleben...

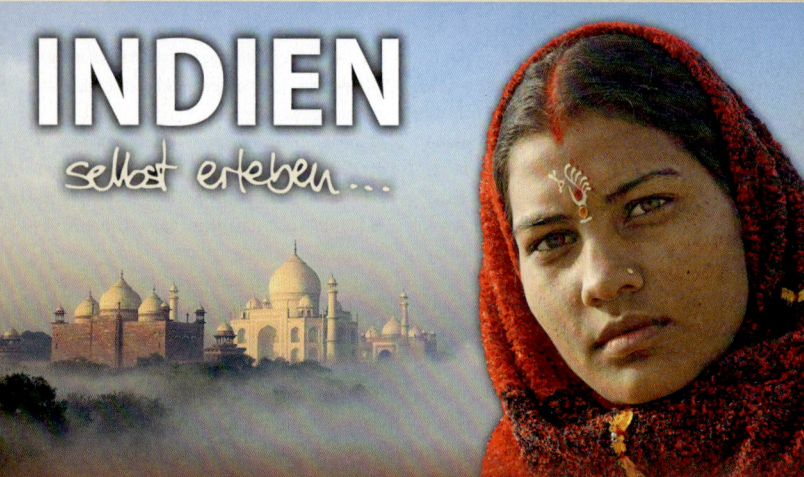

Kleingruppenreisen und individuelle Touren

▲ **Indien zum Kennenlernen**
  8 Tage Kultur- und Naturrundreise ab 1590 € inkl. Flug

▲ **Zauberhaftes Rajasthan**
  17 Tage Kulturrundreise ab 2190 € inkl. Flug

▲ **Trekking im Markha-Tal und buddhistische Klöster**
  17 Tage Trekking- und Kulturreise ab 2490 € inkl. Flug

▲ **Tempel, Tiger, Traditionen**
  14 oder 18 Tage Kultur- und Safarirundreise ab 2590 € inkl. Flug

▲ **Große Zanskar-Druchquerung im Land der Bergklöster**
  22 Tage Trekkingrundreise ab 2650 € inkl. Flug

▲ **Große Kalindi-Khal-Überschreitung**
  18 Tage Trekkingrundreise ab 2990 € inkl. Flug

Natur- und Kulturreisen, Trekking, Safaris, Fotoreisen und Expeditionen in über 100 Länder weltweit

Katalogbestellung und Beratung:
DIAMIR Erlebnisreisen GmbH
Berthold-Haupt-Straße 2 · 01257 Dresden
Tel.: (0351) 31 20 734 · Fax: (0351) 31 20 76
E-Mail: indien@diamir.de · www.diamir.de

Ihr Take OFF nach Indien
Deutschsprachig geführte Kleingruppen- und Individualreisen
Langjährige Erfahrungen in der Organisation von Reisen nach Indien
Erfahrene Reiseberater und ein großes Reiseangebot

Indien für Einsteiger
Von Delhi und Amritsar zum spirituellen Indien an den Ganges
Eine gute Reise zum Einsteigen in die faszinierende Welt Indiens.
11 Tage ab/bis Frankfurt ab € 1.755,-

Indien mit Chauffeur
Von Delhi bis Mumbai
Entdecken Sie die landschaftlichen und kulturellen Höhepunkte Nordindiens ganz individuell mit Ihrem privaten Fahrer.
15 Tage ab Delhi/bis Mumbai € 1.395,-

Rajasthan und Nordindien
Von Delhi bis Rajasthan
Erleben Sie die Höhepunkte Rajasthans und hinduistische Riten am Ganges mit einem Abstecher abseits der Touristenrouten.
21 Tage ab/bis Frankfurt ab € 2.295,-

Südindien – Die große Vielfalt
Mit eigenem Fahrer vom Osten über die grüne Bergwelt bis ins tropische Kerala
Bunte Saris, scharfe Currys, herzliche Gastgeber.
17 Tage ab Madras/
bis Trivandrum ab € 1.655,-

Südindien bunt und würzig
Gründe Landschaften, hinduistische Kunst, Tempel und Strände
Diese ausführliche Gruppenreise bringt Sie in exotische Regionen Südindiens.
22 Tage ab/bis Frankfurt ab € 2.695,-

Indien West Privatreise
Vom arabischen Meer zu alten Königreichen im Dekkan
Möchten Sie in die Geschichte Indiens eintauchen? Dann sind Sie im Dekkan richtig.
15 Tage ab Mumbai/bis Goa ab € 1.650,-

Ladakh und Srinagar
Von Delhi über Amritsar nach Leh und Srinagar
Diese Gruppenreise spricht nicht nur die Kenner unter Ihnen an, auch alle, die ein ganz anderes Indien erleben möchten.
20 Tage ab/bis Deutschland ab € 2.995,-

Uttaranchal
Indiens verborgene Schätze
Sie möchten Indien ohne viele Menschen erleben, durch Dörfer mit gesundem Wohlstand wandern? Auf dieser Privatreise ist es möglich!
14 Tage ab/bis Delhi ab € 1.285,-

Fordern Sie unseren kostenlosen Katalog an:
TAKE OFF REISEN · Dorotheenstr. 65 · 22301 Hamburg
Tel. + 49 - (0)40 - 422 22 88 · Mail: info@takeoffreisen.de
www.takeoffreisen.de

Privatreisen von Geoplan
Die individuelle Art des Reisens

Sie lieben es, wahrer Entdecker fremder Kulturen abseits touristischer Pfade zu sein, suchen das besondere Erlebnis und möchten mit Stil entspannt reisen?

Seit mehr als 20 Jahren kreiert das kompetente Team von Geoplan als Berliner Fernreisenspezialist Ihre ganz persönliche, private Reise nach Asien, Arabien, Lateinamerika, Ozeanien oder ins südliche Afrika.

Fordern Sie unseren Katalog an oder lassen Sie sich von unseren Reisespezialisten beraten.

Geoplan Touristik · Mohriner Allee 70 · 12347 Berlin
Telefon: 030 / 79 74 22 79 · team@geoplan.net
www.geoplan-reisen.de

Kultur • Erlebnis • Trekking • Safari

• Indien • Kambodscha • Vietnam • Myanmar • Sri Lanka •
• Tibet • Bhutan • Nepal • Usbekistan • Mongolei •
• Thailand • China • Laos • Jordanien •

Katalog & Info: Tel. 02261-501990, reisen@auf-und-davon-reisen.de

www.auf-und-davon-reisen.de

ASIEN - intensiv erleben -

Privatservice für Indien, Nepal, Bhutan & Tibet
Jederzeit ab 2 Pers. zu Ihren Wünschen.
Z.B. 14 Tage Rajasthan ab Euro 1.425 zzgl. Flug

Weitere Reiseziele:
Ägypten, Iran, Äthiopien, Ghana, Uganda, Tansania und Namibia

BLUE PLANET
Erlebnisreisen GmbH
Suckweg 83, 22419 Hamburg
040-38612311, www.blue-planet-reisen.de

Mit Reise Know-How ans Ziel

Landkarten aus dem world mapping project™ bieten beste Orientierung – weltweit.

Landkarte Indien, Nordost (1:1.300.000)

ISBN 978-3-8317-7192-9

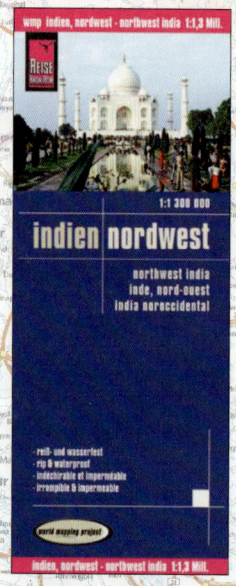

Landkarte Indien, Nordwest (1:1.300.000)

ISBN 978-3-8317-7179-0

- Aktuell über 180 Titel lieferbar
- Optimale Maßstäbe ▪ 100%ig wasserfest
- praktisch unzerreißbar ▪ beschreibbar wie Papier ▪ GPS-tauglich

Lebe deinen Traum!

z.B. von Nordindien & Rajasthan

24 Tage Erlebnisreise ab € 2.299,-
Inklusive Flug, Rundreise, Eintrittsgeldern, deutschsprachiger Reiseleitung

„Stehe fasziniert vor dem Taj Mahal oder mittendrin in prächtigen Palästen der Rajputen. Reite auf Kamelen durch die Wüste und streife durch unentdeckte Dörfer abseits der Touristenpfade. Rieche exotische Gewürze auf bunten Märkten und erlebe am Ganges geheimnisvolle Zeremonien. Erlebe Indien auf andere Art!"

Harendra Singh Rathore ist einer unserer 250 deutschsprachigen WORLD INSIGHT-Reiseleiter, die Ihnen ihre Heimat mit viel Herz und Wissen nahebringen.

Weitere Beispiele von Erlebnisreisen auf dem indischen Subkontinent aus unserem Programm:

- **Indien der Süden** .... 20 Tage ab € 2.170,-
- **Bhutan und Indien** .... 20 Tage ab € 3.150,-
- **Nepal mit Trekking** .... 24 Tage ab € 2.099,-
- **Ladakh** .... 22 Tage ab € 2.799,-
- **Sri Lanka** .... 20 Tage ab € 2.099,-

Kataloge kostenlos anfordern:
www.world-insight.de, Deutschland: 0800 1130114*,
Österreich: 01 3101230   *Freecall aus Deutschland

Kleine Gruppe. Anders. Günstig.

KulturSchock
ANDERE LÄNDER – ANDERE SITTEN

Die **Reihe KulturSchock** bietet breitgefächerte Informationen zu regionaler Lebensweise, Tradition & Religion, Tabus, dem Verhältnis von Mann und Frau, Unterschiede zwischen Stadt- und Landleben. Praxisnahe und realitätserprobte Verhaltenstipps können helfen, Missverständnisse und unangenehme Situationen zu vermeiden. Hintergründe und Entwicklungen zum jeweiligen Land werden skizziert, um heutige Denk- und Lebensweisen zu erklären und stellen dadurch eine wichtige Orientierungshilfe im fremden Alltag dar.

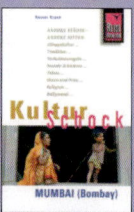

Rainer Krack
KulturSchock Mumbai (Bombay)
252 Seiten
14,90 Euro [D]

Rainer Krack
KulturSchock Indien
228 Seiten
14,90 Euro [D]

HILFE!

Dieser Reiseführer ist gespickt mit unzähligen Adressen, Preisen, Tipps und Infos. Nur vor Ort kann überprüft werden, was noch stimmt, was sich verändert hat, ob Preise gestiegen oder gefallen sind, ob ein Hotel, ein Restaurant immer noch empfehlenswert ist oder nicht mehr, ob ein Ziel noch oder jetzt erreichbar ist, ob es eine lohnende Alternative gibt usw.

Unsere Autoren sind zwar stetig unterwegs und versuchen, alle zwei Jahre eine komplette Aktualisierung zu erstellen, aber auf die Mithilfe von Reisenden können sie nicht verzichten.

Darum: Schreiben Sie uns, was sich geändert hat, was besser sein könnte, was gestrichen bzw. ergänzt werden soll. Nur so bleibt dieses Buch immer aktuell und zuverlässig. Wenn sich die Infos direkt auf das Buch beziehen, würde die Seitenangabe uns die Arbeit sehr erleichtern. Gut verwertbare Informationen belohnt der Verlag mit einem Sprechführer Ihrer Wahl aus der über 220 Bände umfassenden Reihe „Kauderwelsch". Bitte schreiben Sie an:

REISE KNOW-HOW Verlag, Peter Rump GmbH | Postfach 140666 | D-33626 Bielefeld
oder per E-Mail an: info@reise-know-how.de

Danke!

Kauderwelsch Sprachführer*
Freies Sprechen – Echte Konversation

ISBN 978-3-89416-084-5

ISBN 978-3-89416-388-4

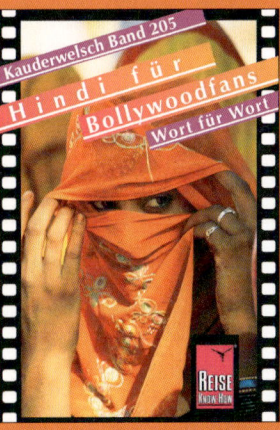

ISBN 978-3-89416-374-7

- Erste Einblicke in die Sprache gewinnen
- Wichtige grammatikalische Grundlagen
- Wort-für-Wort-Übersetzung
- Viele situationstypische Sprachbeispiele
- Wörterliste mit etwa 1000 Einträgen

*Begleitendes Tonmaterial erhältlich

www.reise-know-how.de

Wichtige Bahnverbindungen

Der **fett gedruckte Ort** ist jeweils der Abfahrtsort. Um eine Verbindung zwischen zwei Städten ausfindig zu machen, sollte man nicht nur den jeweiligen Ausgangs- und Zielbahnhof beachten, sondern auch bei den Bemerkungen nachschauen, wodurch sich weitere Zielorte zeigen oder möglicherweise eine für den jeweiligen Bedarf angenehmere und bessere Verbindung findet.

Abu Road	Abfahrt	Ankunft	Zugbezeichnung, Bemerkungen
Ahmedabad	17:10	22:10	19708 Aravali Exp., über Sabarmati (an 21:25)
Bikaner	4:31	15:35	14708 Ranakpur Exp., über Marwar (an 7:41), Jodhpur (9:55), Nagaur (12:31), Deshnok (14:41)
Delhi	14:51	5:05	19105 Haridwar Mail, über Ajmer (an 20:25), Jaipur (23:00), Alwar (1:34), weiter bis Haridwar (12:15)
Delhi	22:05	10:10	12915 Ashram Exp., über Ajmer (an 2:18), Jaipur (4:30), Alwar (6:36)
Jaipur	10:02	18:45	19707 Aravali Exp., über Ajmer (an 16:13)
Jodhpur	15:22	20:00	19223 Ahmedabad Jammu Tawi Exp., weiter nach Deshnok, (an 0:30), Bikaner (1:45) und Jammu Tawi
Mumbai	17:10	6:45	19708 Aravali Exp., über Ahmedabad (an 22:10), Vadodara (0:25), Ank. in Bandra, weitere Verb.

Agra	Abfahrt	Ankunft	Zugbezeichnung, Bemerkungen
Amritsar	8:38	20:15	12715 Sachkhand Exp., über Delhi (an 20:10)
Bhopal	23:35	6:30	12156 Bhopal Exp., über Gwalior (an 1:10), Jhansi (2:33), viele Verb.
Bikaner	20:10	8:00	12307 Howrah Bikaner Exp., über Bharatpur (an 21:14), Jaipur (0:05), Merta Rd. (3:32), Nagaur (5:05), Deshnok (6:22), Start in Agra Fort
Delhi	7:35	11:40	12192 Mahakaushal Exp., über Mathura (an 8:30 Uhr), viele weitere Verb.
Delhi	20:30	22:30	12001 Ndls Shatabdi Exp., über Mathura (an 21:03 Uhr)
Gwalior	12:25	14:00	12618 Mangala Lakshadweep Exp., viele weitere Verb., weiter nach Jhansi (an 15:25) und Bhopal (19:45)
Jodhpur	6:20	17:00	14853/14863 Marudhar Exp., tgl. außer Do, über Bharatpur (an 7:13), Mandawar (8:35), Jaipur (11:15), Kuchaman (13:20), Start Agra Fort Bhf.
Jodhpur	20:10	6:00	12307 Howrah Jodhpur Exp., über Bharatpur (an 21:14), Jaipur (0:05), Start Agra Fort Bhf., von Merta Rd. als 22307 statt Ziel Jodpur nach Nagaur, Deshnok und Bikaner
Mumbai	8:55	7:35	12138 Punjab Mail, über Gwalior (an 10:35), Jhansi (12:25), Bhopal (16:55), Jalgaon (0:08)
Udaipur	17:40	6:10	12965 Kurj Udz Sup. Exp., tgl. außer Do, über Bharatpur (an 19:00), Mandawar (20:12), Jaipur (22:20), Ajmer (0:40), Chittorgarh (3:50)

Ahmedabad	Abfahrt	Ankunft	Zugbezeichnung, Bemerkungen
Bhuj	23:59	7:25	19115 BDTS Bhuj Exp., Gandhidham (6:05)
Delhi	18:30	10:10	12915 Ashram Exp., über Sabarmati (an 18:45), Abu Rd. (21:55), Ajmer (2:20), Jaipur (4:30), Alwar (6:38)
Jaipur	17:45	2:45	12957 Swarna Rajdhani Exp., über Abu Rd. (an 20:50), Ajmer (0:55), weiter bis New Delhi (an 7:30)
Jodhpur	11:20	20:00	19223 Adi Jat Exp., über Sabarmati (an 11:35), Abu Rd. (15:12), weiter über Nagaur, Deshnok, Bikaner, Pathankot (Dharamsala) bis Jammu Tawi
Mumbai	7:00	16:25	19012 Gujarat Exp., über Vadodara (an 9:00), Bharuch (10:02)

Wichtige Bahnverbindungen

Mumbai	22:00	6:25	12902 Gujarat Mail, über Vadodara (an 0:06), Bharuch (0:59), weitere Verb.
Okha	5:05	15:45	19005 Saurashtra Mail, über Wankaner (an 9:05), Rajkot (10:00), Jamnagar (12:05), Dwarka (14:46)
Porbandar	20:05	5:50	19215 Saurashtra Exp., über Rajkot (an 1:40 Uhr), Jamnagar (3:00 Uhr)
Udaipur	23:00	9:20	19944 Adi Udz Exp.

Ajmer	**Abfahrt**	**Ankunft**	**Zugbezeichnung, Bemerkungen**
Abu Rd.	11:25	17:00	19708 Aravali Exp., weiter über Vadodara und Ahmedabad bis Mumbai (Ank. in Bandra um 6:45)
Agra	3:50	11:05	12966 Udz Kurj Sup Exp., über Jaipur (an 6:00), Bharatpur (9:11), weiter über Gwalior und Jhansi bis Khajuraho
Ahmedabad	22:50	8:50	12916 Ashram Exp., über Abu Rd. (an 3:35), Sabarmati (7:03)
Delhi	15:50	22:40	12016 Shatabdi Exp., über Jaipur (an 17:45), Gurgaon (21:40)
Delhi	20:50	5:46	19105 Ahmedabad Delhi Mail, über Jaipur (an 23:00), Gurgaon (4 :01), mehrere weitere Verb.
Jaipur	15:25	17:25	09720 All Jaipur Exp., viele weitere Verb.
Jodhpur	14:30	19:30	54802 All Ju Fast Passenger, über Marwar (an 16:55)
Mumbai	20:30	14:35	22996 All BCT Superfast Exp., Di, Do, Sa, über Chittorgarh (an 23:30), Vadodara (7:50), Bharuch (9:02), Vapi (11:35, für Daman)
Udaipur	0:50	6:10	12965 Kurj Udz Sup Exp., über Chittorgarh (an 3:50 Uhr)

Allahabad	**Abfahrt**	**Ankunft**	**Zugbezeichnung, Bemerkungen**
Dehra Dun	17:45	13:10	14163 Sangam Exp., über Moradabad (an 7:05), Haridwar (11:05)
Delhi	20:10	5:00	12397 Mahabodhi Exp., viele weitere Verb.
Gaya	7:35	13:30	12802 Purushottam Exp., über Mughal Sarai (an 10:20), weiter über Bhubaneshwar bis Puri
Gwalior	22:25	8:55	11108 Bundelkhand Exp., über Jhansi (an 6:40)
Kolkata	17:30	7:55	12312 Kalka Mail, über Mughal Sarai (20:10), Gaya (23:25)
Lucknow	6:00	10:10	14215 Ganga Gompti Exp., mehrere weitere Verb.
Mumbai	15:10	14:15	11094 Mahanagari Exp., über Satna (Khajuraho), an 18:15), Jabalpur (21:20), Jalgaon (6:53), Nasik Rd. (9:53)
Puri	7:35	5:30	12802 Purshottam Exp., über Mughal Sarai (an 10:25), Gaya (13:30), Bhubaneshwar (3:25)
Satna (Khajuraho)	8:25	12:15	3201 RJPP LTT Exp., weiter bis Mumbai Lokmanyak Tilak, weitere Verb.
Varanasi	6:00	8:30	12562 Swatantrta S Exp., weitere Verb.

Alwar	**Abfahrt**	**Ankunft**	**Zugbezeichnung, Bemerkungen**
Ahmedabad	18:03	7:40	12916 Ashram Exp., über Jaipur (an 20:25), Ajmer (22:40), Abu Rd. (3:30)
Ajmer	8:40	12:40	12015 Shatabdi Exp., über Jaipur (an 10:30)
Delhi	6:38	10:10	12915 Ashram Exp.
Delhi	18:40	21:55	12413 All Jammu Exp., viele weitere Verb., weiter bis Jammu Tawi
Jaipur	7:15	10:00	12414 Jammu All Exp., weiter bis Ajmer
Jodhpur	23:56	7:30	12461 Mandore Exp., über Jaipur (an 2:10), Merta Rd. (5:33)

Amritsar	**Abfahrt**	**Ankunft**	**Zugbezeichnung, Bemerkungen**
Delhi	5:00	11:15	12014 Amritsar Shatabdi Exp., über Ludhiana (an 6:58)
Delhi	7:15	15:10	12460 Amritsar New Delhi Exp., weiter nach Lucknow, viele weitere Verb.
Jaipur	17:50	7:30	19782 Amritsar Jaipur Exp., nur Fr, So, über Alwar (an 4:35)
Pathankot	8:20	10:50	18101 Tata Jat Exp., weiter bis Jammu Tawi
Vadodara	8:10	8:15	12926 Paschim Exp., über New Delhi (an 16:25), Mathura (19:10), Sawai Madhopur (22:00), Kota (23:32), weiter bis Mumbai Bandra

Varanasi	18:45	16:40	3006 Amritsar Howrah Mail, über Moradabad (an 4:35), Lucknow (10:30), weiter über Patna bis Kolkata

Bharatpur

	Abfahrt	Ankunft	Zugbezeichnung, Bemerkungen
Agra	9:13	11:05	12966 Udz Kurj Sup Exp.
Ajmer	6:10	11:45	12195 AF All Exp., über Jaipur (an 9:30), mehrere weitere Verb.
Delhi	6:15	10:40	12925 Paschim Exp., über Mathura (an 7:45), weiter bis Amritsar
Jaipur	19:00	22:20	12965 Kurj Udz Sup Exp., weiter über Ajmer (an 0:40), Chittorgarh (3:50) bis Udaipur (6:10)
Jodhpur	7:15	17:00	14853/14863/14865 Marudhar Exp., über Jaipur (an 11:15), Kuchaman (13:19), Merta Rd. (14:51)
Khajuraho	9:13	19:45	12966 Udz Kurj Sup Exp., über Agra (an Gwalior (12:45), Jhansi (14:25)
Mumbai	10:45	5:35	12904 Golden Temple Mail, über Sawai Madhopur (Ranthambore), Kota (14:25), Vadodara (23:12)
Sawai Madhopur (Ranthambore)	10:30	13:01	12904 Golden Temple Mail, weiter über Kota (an 14:25), Vadodara (23:05) bis Mumbai (an 5:25)
Udaipur	21:42	7:20	12963 Mewar Exp., über Sawai Madhopur (an 23:48), Kota (an 1:10), Chittorgarh (4:45)
Varanasi	19:06	8:35	14854/14864/14866 Marudhar Exp., über Agra Fort (an 20:55), Lucknow (2:50), Ayodhya (5:25)

Bhopal

	Abfahrt	Ankunft	Zugbezeichnung, Bemerkungen
Agra	21:22	4:50	12155 Bhopal Exp., über Jhansi (an 1:35), Gwalior (3:03), viele weitere Verb., weiter bis Delhi Hazrat Nizamuddin (8:05)
Ahmedabad	18:55	7:55	11464 Jabalpur Somnath Exp., über Ujjain (an 22:45), Vadodara (5:15), weiter über Rajkot (13:10), Junagadh (15:51) nach Somnath (17:55)
Delhi	21:22	8:05	12155 Bhopal Exp., Ank. in Hazrat Nizamuddin, über Jhansi (an 1:35), Gwalior (3:03), Agra (4:47)
Delhi	9:40	21:15	12137 Punjab Mail, über Jhansi (an 14:20), Gwalior (16:00), Agra (17:50), Mathura (18:47), Delhi Hazrat Nizzamuddin (20:51)
Lucknow	21:15	8:40	12534 Pushpak Exp., über Jhansi (an 1:58)
Madgaon (Goa)	19:55	20:30	12618 Lakshadweep Exp., über Nasik Rd. (an 5:40), weiter bis Kerala
Mumbai	6:15	20:15	12618 Mangla Lakshadweep Exp., über Jalgaon (an 0:08)

Bhubaneshwar

	Abfahrt	Ankunft	Zugbezeichnung, Bemerkungen
Delhi	23:20	4:50	12801 Purushottam Exp., über Gaya (an 14:00), Mughal Sarai (17:10), Allahabad (19:35)
Kolkata	10:55	17:45	12704 Falaknuma Exp.
Kolkata	23:55	8:10	18410 Srijagannath Exp., viele weitere Verb.
Lucknow	12:30	13:15	12875 Neelachal Exp., Di, Fr, So, über Mughal Sarai (an 6:27), Varanasi (7:28), weiter bis New Delhi
Puri	10:50	12:50	18303 Sambalpur Puri Int Exp.

Bikaner

	Abfahrt	Ankunft	Zugbezeichnung, Bemerkungen
Agra	18:45	6:15	22308 Bikaner Howrah Superfast, Ank. in Agra Fort, über Deshnok (an 19:12), Nagaur (20:45), Kuchaman (0:02), Jaipur (an 2:00), Bharatpur (4:50), weiter über Allahabad, Mughal Sarai nach Kolkata
Delhi	9:15	17:25	22471 Bikaner Intercity Exp., Ank. in Delhi Sarai Rohilla, über Churu (an 12:10), Loharu (14:12)
Jaipur	6:00	12:35	12467 Bikaner Jaipur Intercity Exp., über Deshnok (an 6:26), Nagaur (7:42), Marwar (7:58), Merta Rd. (8:40), Kuchaman (10:32)

Wichtige Bahnverbindungen

Jaisalmer	23:25	4:30	14702 Bikaner Jaisalmer Exp.
Jodhpur	9:30	14:45	4707 Ranakpur Exp., über Deshnok (an 10:02), Nagaur (11:21), weiter nach Abu Rd. (an 19:45), Ahmedabad (0:35) und Mumbai Bandra (an 9:40)
Kota	23:00	9:45	09733 Hanumangarh Jaipur Special, über Nagaur (an 0:50), Jaipur (5:30), Sawai Madhopur (7:45)

Chittorgarh	Abfahrt	Ankunft	Zugbezeichnung, Bemerkungen
Delhi	20:30	6:35	12964 Mewar Exp., Ank. in Nizzamuddin, über Bundi (an 22:40), Kota (23:40), Sawai Madhopur (1:06), Bharatpur (3:17), Mathura (4:25)
Jaipur	8:42	13:25	12991 Udaipur Jaipur Exp., über Ajmer (an 11:25)
Khajuraho	0:35	19:30	19666 Udaipur Khajuraho Exp., über Ajmer (an 3:40), Jaipur (6:00), Bharatpur (9:08), Agra (10:58), Gwalior (12:45), Jhansi (14:25)
Mumbai	0:10	14:30	12996 Udz Bdts Superfast Exp., Di, Do, Sa, über Vadodara (an 7:45), Ank. in Bandra
Udaipur	5:45	8:35	59605 Cor Udaipur Pass, viele weitere Verb.

Delhi	Abfahrt	Ankunft	Zugbezeichnung, Bemerkungen
Agra	7:10	10:05	12280 Taj Exp., über Mathura (an 9:08), weiter über Gwalior bis Jhansi
Agra	18:40	21:45	12616 GT Exp., über Mathura (an 20:50), weiter über Gwalior, Jhansi bis Bhopal, viele weitere Verb.
Ahmedabad	15:20	7:40	12916 Ashram Exp., über Alwar (an 18:01), Jaipur (20:25), Ajmer (22:45), Abu Rd. (3:30)
Ajmer	6:05	12:40	12015 Ajmer Shatabdi Exp., über Alwar (an 8:40), Jaipur (10:30), mehrere weitere Verb., auch von Old Delhi
Amritsar	7:20	13:25	12029/12031 Swarna Shatabdi Exp.
Amritsar	19:05	5:45	12903 Golden Temple Mail, Start in Hazrat Nizamudin, viele weitere Verb.
Bhopal	9:20	19:45	12618 Lakshadweep Exp., über Agra (an 12:20), Gwalior (14:00), Jhansi (15:25), viele weitere Verb., weiter bis Goa
Chandigarh	5:45	10:25	14095 Himalayan Queen Exp., weiter nach Kalka (11:10 Uhr), weitere Verb.
Chittorgarh	19:40	5:13	12981 Chetak Exp., Start in Sarai Rohilla, weiter bis Udaipur
Dehra Dun	6:50	12:40	12017 Dehra Dun Shatabdi Exp., über Haridwar (an 11:22)
Jaipur	15:20	20:25	12916 Ashram Exp., über Alwar (an 20:53), weiter über Ajmer und Abu Rd. (an 3:40) bis Ahmedabad
Jaisalmer	17:30	11:00	14659 Delhi Jaisalmer Exp., über Alwar (an 20:52), Jaipur (23:35), Jodhpur (4:45), Osian (6:08), gelegentlich verspätet
Jodhpur	20:55	7:30	12461 Mandore Exp., über Alwar (an 23:55), Jaipur (2:10)
Kalka	21:25	4:30	12311 Howrah Delhi Kalka Mail, über Chandigarh (an 3:05)
Kolkata	17:00	9:55	12302 Kolkata Rajdhani Exp., tgl. außer Do, über Allahabad (23:42), Mughal Sarai (1:45), Gaya (4:01)
Kolkata	15:05	16:30	12372 Jaisalmer Howarah Superfast Exp., über Moradabad (18:15), Lucknow (23:35), Varanasi (5:15)
Kota	21:55	7:15	19020 Dehra Dun Exp., über Mathura (1:35), Bharatpur (2:15), Sawai Madhopur (5:20), Start in Delhi Hazrat Nizamuddin
Lucknow	21:50	7:20	13414/13484 Farakka Exp., weiter über Varanasi Richtung Nordosten, viele weitere Verb.
Mumbai	7:40	5:35	12904 Golden Temple Mail, über Bharatpur (an 10:43), Sawai Madhopur (13:03), Kota (14:30), Vadodara (23:20), viele weitere Verb.
Patna	23:40	14:45	14056 Brahmaputra Mail, über Allahabad (an 8:25), Mughal Sarai (für Varanasi, 11:20), weiter nach New Jalpaiguri für Darjeeling und in die Nordostbundesstaaten
Ramnagar (Corbett)	22:40	4:55	15013 Ranikhet Exp., Achtung: zweigeteilter Zug

Wichtige Bahnverbindungen

Udaipur	19:05	7:20	12963 Mewar Exp., Start Delhi Hazrat Nizamuddin, über Mathura (an 21:10), Bharatpur (21:40), Sawai Madhopur (23:48), Chittorgarh (4:45)
Varanasi	18:55	7:30	12560 Shiv Ganga Exp., über Allahabad (an 3:35), mehrere weitere Verb.

Gaya	Abfahrt	Ankunft	Zugbezeichnung, Bemerkungen
Ajmer	6:33	2:45	12987 Sealdah Ajmer Exp., über Mughal Sarai (an 9:52), Allahabad (12:35), Agra Fort (19:10), Bharatpur (20:46), Jaipur (23:45)
Dehra Dun	5:00	7:10	13009 Doon Exp.über Varanasi (an 10:20), Lucknow (18:15), Moradabad (0:25), Haridwar (4:35)
Delhi	14:30	5:00	12397 Mahabodhi Exp., über Mughal Sarai (an 17:37), Allahabad (20:00)
Delhi	22:54	10:20	12313 Sealdah Rajdhani Exp., über Mughal Sarai (an 1:10)
Kolkata	23:28	7:55	12312 Kalka Mail., mehrere weitere Verb.
Puri	13:35	5:30	12802 Purushottam Exp., über Bhubaneshwar (3:35), weiter bis Mumbai
Satna (Khajuraho)	5:25	14:50	12321 Howrah Mumbai Mail, über Mughal Sarai (an 8:20), Allahabad (11:15), weiter über Jabalpur bis Mumbai

Gorakhpur	Abfahrt	Ankunft	Zugbezeichnung, Bemerkungen
Amritsar	12:35	12:10	5707 Katiar Amritsar Exp., über Lucknow (an 17:50), Delhi (2:50)
Dehra Dun	21:10	14:00	15005 Gorakhpur Dehra Dun Exp., Mi, Fr, über Moradabad (an 8:35), Haridwar (11:50)
Delhi	17:05	6:30	12553 Vaishali Exp., über Lucknow (an 22:05), mehrere weitere Verb.
Varanasi	6:35	12:45	15008 Lucknow Mandhuadi Exp.

Guwahati	Abfahrt	Ankunft	Zugbezeichnung, Bemerkungen
Delhi	7:05	10:10	12423 Rajdhani Exp., über New Jalpaiguri (an 13:05), Patna (21:40), Mughal Sarai (1:00), Allahabad (2:55)
Dibrugarh	16:05	5:45	15959 Kamrup Exp., über Dimapur (an 21:30)
New Jalpaiguri	9:45	17:00	12505 North East Exp., weiter nach Patna (Bodhgaya) und Mughal Sarai (Varanasi) bis New Delhi
Kolkata	12:45	5:10	12346 Saraighat Exp., über New Jalpaiguri (an 19:10), Malda Tn. (23:30)

Gwalior	Abfahrt	Ankunft	Zugbezeichnung, Bemerkungen
Agra	5:50	8:15	12189 Mahakaushal Exp., viele weitere Verb., weiter über Mathura bis Delhi Hazrat Nizamuddin
Amritsar	6:32	20:25	12715 Sackhand Exp., über Agra (an 8:33), Mathura (9:30), Delhi Hazrat Nizamuddin (11:45), New Delhi (12:10)
Bhopal	10:40	16:50	12138 Punjab Mail, über Jhansi (12:25), weiter bis Mumbai, weitere Verb.
Delhi	15:20	20:45	11077 Jhelum Exp., über Agra (an 17:15), Mathura (18:15), weitere Verb.
Indore	0:35	12:50	12920 Malwa Exp., über Jhansi (an 2:25), Bhopal (7:25), Ujjain (11:05)
Jabalpur	20:35	7:05	12412 Gondwana Exp., über Jhansi (an 21:55)
Jhansi	10:40	12:25	12138 Punjab Mail, weiter bis Mumbai
Khajuraho	12:50	19:30	19666 Udaipur Khajuraho Exp., über Jhansi (an 14:25)
Udaipur	15:50	6:10	19965 Khajuraho Udaipur Superfast, über Agra (an 17:35), Bharatpur (19:00), Jaipur (22:20), Ajmer (0:40), Chittorgarh (3:50)
Varanasi	20:45	10:50	11107 Bundelkhand Exp., über Jhansi (an 22:25), Chitrakoot (3:51), Allahabad (6:45)

Indore	Abfahrt	Ankunft	Zugbezeichnung, Bemerkungen
Bhopal	6:55	10:55	19323 Intercity Exp.
Delhi (Hazrat Nizzam.)	16:20	5:40	12415 Nizzamuddin Exp., über Ujjain (an 17:55), Kota (22:55), Sawai Madhopur (0:19), Bharatpur (2:43), Mathura (3:25)

Wichtige Bahnverbindungen

Jodhpur	6:10	22:00	12465 Ranthambore Exp., über Ujjain (an 7:55), Kota (12:25), Sawai Madhopur (14:25), Jaipur (14:45), Merta Rd. (20:12)
Mumbai	16:05	6:10	12962 Avantika Exp., über Ujjain (an 17:30), Vadodara (23:45)
Satna (Khajuraho)	23:30	13:15	19305 Shipra Exp., Di, Do, Sa, über Ujjain (an 0:50), Bhopal (4:05), weiter über Allahabad, Sawai Madhopur bis Kolkata
Udaipur	8:05	19:00	19657 Udaipur City Exp., über Ujjain (an 9:50), Chittorgarh (an 16:30)

Jabalpur	**Abfahrt**	**Ankunft**	**Zugbezeichnung Bemerkungen**
Ahmedabad	12:00	7:55	11464 Jabalpur Somnath Exp., tgl. außer Mo, Sa, über Bhopal (an 18:45), Ujjain (22:40), Vadodara (5:40), weiter über Rajkot bis Somnath
Delhi (Nizzam.)	15:55	7:10	12411 Gondwana Exp.über Agra (an 4:14), Mathura (5:00)
Jaipur	20:25	11:50	12181 Dayodaya Exp., über Kota (an 8:25), Sawai Madhopur (10:10)
Lucknow	20:40	9:30	15010 Chitrakoot Exp., über Satna (Khajuraho, an 23:35), Chitrakoot (2:06)
Mumbai	21:30	14:15	11094 Mahanagri Exp., über Jalgaon (an 6:50)
Varanasi	16:30	4:40	11093 Mahanagri Exp., über Satna (an 19:20), Allahabad (0:15)

Jaipur	**Abfahrt**	**Ankunft**	**Zugbezeichnung, Bemerkungen**
Agra	15:00	19:25	12988 Ajmer Sealdah Exp., Halt in Agra Fort, weiter über Allahabad und Gaya bis Kolkata Sealdah
Ahmedabad	20:35	7:40	12916 Ashram Exp., über Ajmer (an 22:40), Abu Rd. (3:30)
Ajmer	9:00	11:15	19708 Aravalli Exp., weiter über Abu Rd. (an 17:00), Ahmedabad (22:10), Vadodara (0:25), nach Mumbai Bandra (6:45), viele weitere Verb.
Bikaner	15:00	21:40	12468 Jaipur Bikaner Intercity Exp., über Kuchaman (an 16:40), Merta Rd. (18:10), Nagaur (19:20), Deshnok (20:45),
Delhi	23:15	5:05	19105 Haridwar Mail, weiter bis Haridwar (an 12:15)
Delhi	4:40	10:10	12915 Ashram Exp., über Alwar (an 6:36)
Indore	11:05	22:25	12466 Intercity Exp., über Sawai Madhopur (an 13:15), Ujjain (20:30)
Jaisalmer	23:45	11:00	14659 Delhi Jaisalmer Exp., über Jodhpur (an 4:45) Osian (6:08), gelegentlich stark verspätet)
Jodhpur	17:00	22:00	12465 Ranthambore Exp.
Khajuraho	6:15	19:40	19666 Udaipur Khajuraho Exp., über Bharatpur (an 9:08), Agra (11:00), Gwalior (an 12:45), Jhansi (14:25)
Mumbai	14:10	7:50	12956 Jaipur Mumbai Superfast, über Sawai Madhopur (an 16:00), Kota (17:25), Halt in Mumbai Central
Udaipur	22:20	6:10	12965 Khajuraho Udaipur Sup Exp., über Ajmer (an 0:40), Chittorgarh (an 3:50), mehrere weitere Verb.
Varanasi	15:45	10:30/8:35 /9:30	14854/14864/14866 Marudhar Exp., über Bharatpur (an 19:04), Agra Fort (20:39), Lucknow (2:50)

Jammu Tawi	**Abfahrt**	**Ankunft**	**Zugbezeichnung, Bemerkungen**
Amritsar	14:30	19:10	18110 Muri Exp., über Pathankot (an 16:25), weiter bis New Delhi (an 4:30)
Delhi	20:35	6:10	12446 Utar S Kranti Exp., mehrere weitere Verb.
Jaipur	18:15	10:00	19224 Jammu Ajmer Exp., über Delhi (an 3:55), Alwar (7:11)
Jodhpur	7:40	5:35	19224 Jammu Tawi Ahmendabad Exp., über Pathankot (an 10:25), Bikaner (0:25), Deshnok (1:02), weiter über Abu Rd. bis Ahmedabad
Rishikesh	18:35	8:00	14610 Hemkunt Exp., über Haridwar (an 6:40)

Jhansi	**Abfahrt**	**Ankunft**	**Zugbezeichnung, Bemerkungen**
Amritsar	5:05	20:20	12715 Sachkhand Exp., über Gwalior (an 6:25), Agra (8:35), Mathura (9:27), New Delhi (12:05)
Delhi	13:45	20:45	11077 Jhelum Exp., über Gwalior (an 15:15), Agra (17:05), Mathura (3:50)

Delhi	23:42	6:20	12615 Grand Trunk Exp., über Gwalior (0:57), Agra (2:45), weitere Verb.
Khajuraho	14:35	19:30	19666 Udz Kurj Exp.
Mumbai	15:35	9:25	12618 Mangla Lakshadweep Exp., über Bhopal (an 19:35), weiter über Madgaon (Goa) bis Kerala
Udaipur	13:55	6:10	19665 Kurj Udz Exp., über Gwalior (an 15:45), Agra (17:30), Bharatpur (18:58), Jaipur (22:20), Ajmer (0:40), Chittorgarh (3:50)
Varanasi	22:30	10:50	11107 Bundelkhand Exp., über Allahabad (an 6:45)

Jodhpur	Abfahrt	Ankunft	Zugbezeichnung, Bemerkungen
Agra	20:30	6:15	12308 Jodhpur Howrah Superfast Exp., Ank. in Agra Fort, über Jaipur (an 4:50), Bharatpur (4:50), weiter über Allahabad (14:00), Mughal Sarai (16:50), Gaya (20:13) bis Kolkota
Abu Rd.	14:45	19:57	14707 Ranakpur Exp., über Marwar (17:45), bis Mumbai Bandra (10:55)
Ahmedabad	6:00	15:00	19224 Jammu Tawi Ahmedabad Exp., über Marwar (an 7:55), Abu Rd. (10:37), Sabarmati (14:18)
Bikaner	10:05	15:35	14708 Ranakpur Exp., über Merta Rd. (an 11:41), Nagaur (an 12:36), Deshnok (14:15)
Delhi	20:00	6:25	12462 Mandore Exp., über Merta Rd. (an 21:30), Jaipur (0:50), Alwar (3:04)
Jaipur	9:50	15:25	14854/14864/14866 Marudhar Exp., über Merta Rd. (an 11:21), Kuchaman (12:46), weiter über Bharatpur (an 18:48), Agra (21:00), Lucknow bis Varanasi (8:35)
Jaisalmer	8:30	15:30	54820 Jodhpur Jaisalmer Pass, über Osian (an 9:53)
Jaisalmer	23:45	5:30	14810 Jodhpur Jaisalmer Exp., über Osian (an 0:48)
Kota	5:45	14:45	12466 Intercity Exp., über Osian (an 7:16), Jaipur (8:35), Sawai Madhopur (an 13:15), weiter über Ujjain (20:35) bis Indore (22:35), weitere Verb.
Mumbai	18:45	11:45	12479 Suryanagari Exp., Ank. in Bandra, über Abu Rd. (23:33), Ahmedabad (3:30), Vadodara (5:35)
Kalka (Shimla)	10:45	5:50	14888 Barmer Kalka Exp., über Merta Rd. (an 12:21), Nagaur (13:13), Deshnok (an 15:01), Bikaner (16:25), Chandigarh (5:00)
Varanasi	9:45	8:35/9:30/ 10:30	14854/64/66 Marudhar Exp., über Merta Rd. (an 11:26), Jaipur (an 15:30), Agra (22:55), Lucknow (2:50)

Kalka	Abfahrt	Ankunft	Zugbezeichnung, Bemerkungen
Delhi	23:55	6:30	12312 Kalka Mail, über Chandigarh (an 0:25), weiter über Allahabad, Gaya bis Kolkata
Bharatpur	10:20	16:25	22926 Paschim Exp., über Chandigarh (11:05), New Delhi (16:25), Mathura (19:10), weiter bis Mumbai
Jodhpur	21:45	15:45	14887 Kalka Barmer Exp., über Chandigarh (22:15), Bikaner (10:50), Deshnok (11:35), Nagaur (13:02)

Kalkutta	Abfahrt	Ankunft	Zugbezeichnung, Bemerkungen
Agra	23:30	19:45	2307 Howrah Jodhpur Bikaner Exp., über Gaya (an 6:15), Mughal Sarai (Varanasi, 9:35), Allahabad (12:10), weiter über Jaipur bis Jodhpur
Allahabad	22:00	11:10	12321 Howrah Mumbai Mail, über Gaya (an 5:24), Mughal Sarai (8:10)
Bhubaneshwar	7:25	13:50	12703 Falaknuma Exp., weiter nach Balugaon (Chilika Lake)
Bhubaneshwar	23:45	6:15	12839 Howrah Chennai Mail, viele weitere Verb.
Delhi	16:55	9:55	12301 Rajdhani Exp., tgl. außer So., über Gaya (an 22:36), Mughal Sarai (0:50), Allahabad (2:45)
Delhi	19:40	20:45	12311 Howrah Kalka Mail, über Mughal Sarai (Varanasi, an 6:17), Allahabad (an 9:20), weier über Delhi, Chandigarh bis Kalka
Guwahati	15:50	9:30	12345 Saraighat Exp., über Malda (an 21:30), New Jalpaiguri (1:40)

Wichtige Bahnverbindungen

New Jalpaiguri	22:05	8:00	12343 Darjeeling Mail, Start in Sealdah, über Malda (an 4:05), viele weitere Verb.
Lucknow	19:10	15:15	13005 Amritsar Mail, über Patna (an 4:10), Varanasi (9:12)
Patna	20:35	6:05	12351 Danapur Exp., tgl. außer So.
Puri	6:00	14:20	12821 Dhauli Exp., über Bhubaneshwar (an 12:40)
Varanasi	20:35	10:20	13009 Doon Exp., über Gaya (an 5:05), weiter nach Lucknow, Dehra Dun

Kota	Abfahrt	Ankunft	Zugbezeichnung Bemerkungen
Agra	14:50	21:50	19037 Avadh Exp., Mo, Mi, Do, Sa, über Sawai Madhopur (an 16:15), weiter über Lucknow (an 6:25) bis Gorakhpur
Chittorgarh	9:00	12:05	29020 Dehradun Exp., über Bundi (an 9:36)
Delhi	23:55	6:30	12964 Mewar Exp., über Sawai Madhopur (an 1:06), Bharatpur (3:17), Mathura (4:25), Ank. in Hazrat Nizamuddin
Jaipur	8:50	12:50	12955 Bombay Central Jaipur Exp., über Sawai Madhopur (an 10:30), mehrere weitere Verb.
Mumbai	17:35	7:50	12956 Jaipur Bombay Central Superfast, mehrere weitere Verb.
Udaipur	1:25	7:20	12963 Mewar Exp., über Bundi (an 2:02), Chittogarh (4:45)

Lucknow	Abfahrt	Ankunft	Zugbezeichnung, Bemerkungen
Agra	15:45	21:35	12179 Lucknow Agra Intercity
Bhopal	0:40	7:05	11016 Kushinagar Exp., über Jhansi (auch für Khajuraho, an 7:05), weiter bis Mumbai
Chandigarh	22:30	10:00	12231 Lucknow Chandigarh Exp., über Moradabad (an 3:45)
Dehra Dun	18:30	7:10	13009 Doon Exp.über Moradabad (an 0:15), Haridwar (4:35)
Delhi	5:25	14:00	12419 Gomti Exp.
Delhi	22:45	7:00	12225 Kaifiyat Exp., über Aligarh (an 4:!5), viele weitere Verb.
Jodhpur	0:30	17:00	14853/14863/14865 Marudhar Exp., über Agra Fort (an 5:55), Bharatpur (7:17), Jaipur (11:25), Kuchman (13:23), Merta Rd. (15:01)
Kolkata	10:50	7:20	13006 Amritsar Howrah Mail, über Varanasi (an 16:40), Patna (21:40)
Varanasi	8:05	13:00	12238 Begampura Exp.
Varanasi	21:50	4:45	14258 Kashi V Exp., viele weitere Verb.

Madgaon/Canacona/Vasco d.G.	Abfahrt	Ankunft	Zugbezeichnung, Bemerkungen
Mumbai (ab Madg.)	9:30	21:40	10104 Mandovi Exp., über Karmali (ab 10:02), Thivim (10:28)
Mumbai (ab Madg.)	18:50	4:25	12134 Mumbai Exp.
Mumbai (ab Canacona, Palolem)	19:48	6:35	12620 Matsyaganga Exp., bis Mumbai Lokmanyak Tilak, über Madgaon (ab 20:40), mehrere weitere Verb.
Hospet (ab Vasco)	7:10	14:53	18048 Vasco Howrah Exp., Di, Do, Fr, So, über Madgaon (ab 7:50)

Mathura	Abfahrt	Ankunft	Zugbezeichnung, Bemerkungen
Agra	8:05	9:00	55337 Kasganj Mathura Pass
Agra	20:20	21:50	12404 Mathura Allahabad Exp., viele weitere Verb.
Amritsar	9:33	20:20	12714 Sachkhand Exp., über New Delhi (an 12:10)
Delhi	9:20	11:25	12189 Mahakaushal Exp., Ank. in New Delhi Hazrat Nizamuddin
Delhi	19:55	22:00	12279 Taj Exp., Ank. in New Delhi Hazrat Nizamuddin, viele weitere Verb.
Lucknow	22:00	6:20	13240 Kota Patna Exp., über Agra (an 23:05), weiter über Mughal Sarai (Varanasi) bis Patna
Udaipur	21:15	7:20	12963 Mewar Exp., über Bharatpur (an 21:40), Kota (1:10), Bundi (2:02), Chittogarh (4:45)

Moradabad	Abfahrt	Ankunft	Zugbezeichnung, Bemerkungen
Allahabad	23:30	9:55	14512 Nauchandi Exp., über Lucknow (an 5:05)
Amritsar	21:40	8:55	13005 Amritsar Mail
Dehra Dun	7:20	13:10	14163 Sangam Exp., über Haridwar (an 11:03)
Delhi	0:30	3:55	25014 Corbett Link Exp., viele weitere Verb.
Jaipur	8:20	17:40	14311/14321 Bareilly Bhuj Exp., über Delhi (an 11:25), Alwar (14:50), weiter über Ajmer, Marwar, Abu Rd., Ahmedabad bis Bhuj
Varanasi	18:20	5:45	19407 BSB Exp., über Lucknow (an 23:35), viele weitere Verb.

Mumbai	Abfahrt	Ankunft	Zugbezeichnung, Bemerkungen
Ahmedabad	13:40	21:25	12933 Karnavati Exp., über Surat (17:35), Vadodara (19:25), viele Verb.
Delhi	16:40	8:30	12951 Mumbai Rajdhani Exp., über Vadodara (an 21:07), Kota (3:20), viele weitere Verb.
Delhi	21:30	18:35	12903 Golden Temple Mail, Ank. in Hazrat Nizamuddin, über Kota (an 11:05), Sawai Madhopur (12:25), Bharatpur (15:02), Mathura (16:20)
Indore	19:05	8:50	12691 Avantika Exp., über Vadodara (0:52), Ujjain (7:05)
Jaipur	18:50	12:50	12955 Bct Jaipur Exp., über Vadodara (an 0:30), Kota (8:40), Sawai Madhopur (10:30)
Jodhpur	13:30	6:30	12480 Suryanagari Exp., ab Bandra, über Vadodara (an19:20), Ahmedabad (21:15)
Madgaon (Goa)	6:55	18:45	10103 Mandovi Exp., über Pernem (an 16:40), Karmali (17:18)
Madgaon	22:15	7:00	12133 Mangalore Exp.
Madgaon	5:10	14:10	12051 Jan Shatabdi Exp., über Ratnagiri (an 10:40), Thivim (13:02)

Patna	Abfahrt	Ankunft	Zugbezeichnung, Bemerkungen
Delhi	18:00	8:35	12393 S Kranti Superfast Exp.
Gaya	11:40	13:45	18625 Pnbe Hte Exp., weiter bis Ranchi (an 20:35)
Siliguri	1:00	14:05	14084 Mahananda Exp., über New Jalpaiguri (an 13:30)
Kolkata	21:10	6:35	12352 Danapur Exp., mehrere weitere Verb.
Rajgir	7:30	10:10	12392 Shramjeevi Exp., über Pawapuri Rd. (an 9:25), Nalanda (9:38)
Varanasi	10:50	15:02	12391 Shramjeevi Exp., weiter über Lucknow (an 20:25) nach New Delhi (an 5:10)

Satna	Abfahrt	Ankunft	Zugbezeichnung, Bemerkungen
Bhopal	22:50	7:35	11072 Kamayani Exp., über Jalgaon (an 15:23), weiter bis Mumbai
Delhi	21:10	11:35	12189 Mahakaushal Exp., über Chitrakoot (22:58), Jhansi (3:55), Gwalior (5:45), Agra (8:15), Mathura (9:15)
Jabalpur	15:00	17:55	12321 Howrah Mumbai Mail, weiter bis Mumbai, viele weitere Verb.
Lucknow	23:45	9:30	15010 Chitrakoot Exp.
Mumbai	12:35	10:20	13201 Rajendanagar Lokmanyak Tilak Exp., über Jabalpur (an 15:40)
Umaria (Bandh. NP)	19:05	22:14	15159 Sarnath Exp.
Varanasi	7:30	14:25	12791 Secunderabad Patna Exp., über Allahabad (an 10:55), weiter bis Patna, mehrere weitere Verb.

Siliguri/New Jalpaiguri	Abfahrt	Ankunft	Zugbezeichnung, Bemerkungen
Delhi	13:15	10:10	12423 Rajdhani Exp., über Patna (an 21:40), Mughal Sarai (1:00)
Guwahati	8:35	16:20	12506 North East Exp.
Guwahati	11:05	17:20	12424 Rajdhani Exp., weiter bis Dibrugarh
Kolkata	20:00	6:00	12344 Darjeeling Mail, mehrere weitere Verb.
Kolkata	9:50	19:40	12364 Haldibari Kolkata Exp., Mi, Fr, So, über Malda Tn. (an 13:20)

Wichtige Bahnverbindungen

Udaipur	Abfahrt	Ankunft	Zugbezeichnung, Bemerkungen
Ahmedabad	17:45	4:25	19943 Udaipur Ahmedabad Exp.
Chittorgarh	17:20	19:15	12982 Chetak Exp., weiter über Ajmer bis Delhi, viele weitere Verb.
Delhi	18:15	6:35	12964 Mewar Exp., Ank. in Nizzamuddin, über Chittorgarh (an 20:30), Kota (23:40), Sawai Madhopur (1:06), Bharatpur (3:17), Mathura (4:25)
Khajuraho	22:20	19:30	19666 Udaipur Khajuraho Exp., über Chittorgarh (an 0:15), Ajmer (3:40), Jaipur (6:00), Bharatpur (9:11), Agra (11:00), Gwalior (12:45), Jhansi (14:25)
Mumbai	21:35	13:40	22902 Udaipur Bandra Superfast Exp., Mi, Fr, So, Ank. in Bandra, Zug 12996 an Di, Do, Sa

Ujjain	Abfahrt	Ankunft	Zugbezeichnung, Bemerkungen
Ahmedabad	0:30	8:45	19310 Indore Gandhinagar Exp., über Vadodara (an 6:20), viele Verb.
Bhopal	7:40	11:25	19711 Jaipur Bhopal Exp., viele weitere Verb.
Delhi	18:00	5:40	12415 Nizzamuddin Exp., über Kota (an 22:55), Bharatpur (2:43)
Gwalior	14:00	23:27	12919 Malwa Exp., über Bhopal (17:25), Jhansi (21:47), weiter bis Agra und Delhi
Indore	6:30	8:20	19330 Udaipur Indore Exp., viele weitere Verb.
Jodhpur	8:05	22:00	12465 Ranthambore Exp., über Kota (an 12:25), Sawai Madhopur (14:25), Jaipur (16:45)
Mumbai	17:40	6:10	12962 Avantika Exp.

Varanasi	Abfahrt	Ankunft	Zugbezeichnung, Bemerkungen
Amritsar	9:27	8:55	13005 Amritsar Mail, über Lucknow (an 15:15), Moradabad (21:15)
Bhopal	15:50	7:35	11072 Kamayani Exp., über Allahabad (an 19:00), Satna (Khajuraho, 22:25)
Dehra Dun	10:30	7:10	13009 Doon Exp., über Lucknow (an 18:15), Moradabad (0:15), Haridwar (4:35)
Delhi	0:40	12:30	12561 Swatantrata Sainani Exp., über Allahabad (an 3:25), Aligarh (10:00)
Delhi	19:15	7:40	12559 Shiv Ganga Exp., über Allahabad (an 22:05), viele weitere Verb.
Gwalior	18:05	8:55	11108 Bundelkhand Exp., über Allahabad (an 22:00), Chitrakoot (0:59), Jhansi (7:05)
Jodhpur	17:20/ 17:45/ 18:15	17:00	14853/14863/14865 Marudhar Exp., über Lucknow (an 0:05), Agra Fort (5:55), Bharatpur (7:14), Jaipiur (11:20), Kuchman (13:20), Merta Rd. (15:00)
Khajuraho	18:05	5:15	21108 Bsb Kurj Link Exp., Mo, Mi, Sa, über Allahabad (an 22:00), Chitrakoot (1:00)
Kolkata	16:15	6:55	13010 Doon Exp., über Gaya (an 21:17)
Kolkata	18:10	7:30	12334 Vibhuti Exp., über Patna (an 22:25)
New Jalpaiguri	5:45	21:05	15667/15635 Kamakhya/Guwahati Exp., Fr, Sa, über Patna (an 10:40)
Puri	20:10	17:10	12876 Neelachal Exp., Di, Fr, So, über Gaya (an 0:25), Bhubaneshwar (15:05), viele weitere Verb. von Mughal Sarai
Rajgir	2:40	10:10	12392 Shramjeevi Exp., über Patna (an 7:29), Pawapuri (9:25), Nalanda (9:35)

Register

A
Abhaneri 101
AC 840
Adivasi 445, 546, 558
Agenturen Visum 794
Agonda 788
Agra 302
Ahmedabad 628
AIDS 807
Ajmer 118
Akhbar der Große 320
Alkohol 824
Allahabad 346
Almora 407
Alwar 108
Amar Sagar 203
Amber 98
Amritsar 241
Anjuna 762
Anreise 796
Antilopen 643
Antiquitäten 815
Anzeige erstatten 835
Arambol 769
Architektur 923
Armut 474, 894
Arunachal Pradesh 552
Ärzte 829
Ashoka 876
Ashrams 391
Askese 917
Assam 540
ATMs 800
Auli 417
Aurangzeb 880
Auslandskranken-
 versicherung 811
Ausrüstung, Trekking 839
Auswärtige Ämter 793
Autorikshas 859

B
Bada Bagh 203
Badoli 136
Badrinath 418
Baga 756
Bageshwar 411
Bahn 847
Bahnhof 852
Bahnhofs-Service 854
Bakschisch 803
Bandhavgarh-
 Nationalpark 589
Bangladesch 470, 499, 886
Barkul 469
Bauhütten 927
Beatles 391
Behinderte 814
Benares 354
Benaulim 777
Bergstämme 507
Betla-Nationalpark 445
Betrug 833
Bettler 844
Bevölkerung 898
Bhang Lassis 823
Bharatpur 103
Bharmour 258
Bhavnagar 641
Bhimbethka 596
Bhopal 590
Bhubaneshwar 450
Bhuj 676
Bhutan 527
Bier 824
Bihar 423
Bikaner 207
Bishnupur 500
Blackbuck 643
Bodhgaya 438
Bollywood 688, 929
Bombay 687
Botschaften 792
Brahmanen 874
Brahmaputra 499
Briefe 830
Brillen 815
Brindaban 330
Brot 820
Buchung 797
Buddha 344, 371, 438, 914
Buddhismus 876, 914
Bundi 136
Busse 855

C
Calangute 756
Candolim 751
Cella 923
Chamba 256
Chandigarh 232
Chapati 820
Chapora 765
Check-in 798
Cherrapunjee 551
Chhattisgarh 558
Chilika-See 468
Chitrakoot 353
Chittorgarh 143
Choki Dhani 101
Christentum 920
Computer-Industrie 893
Congress Party 884
Corbett-Nationalpark 399
Curry 819

D
Dalai Lama 259, 438
Dalhousie 254
Darjeeling 507
Deeg 110
Dehra Dun 377
Dekhan 556, 864
Delfine 468
Delhi 17
Deogarh 170
Desert Camp Manvar 187

Deshnok 212
Desserts 823
Deutsch-Indische
 Gesellschaft 792
Devi Kund 211
Dhal 821
Dharamsala 259
Dhauli 458
Dhikala 400
Diebstahl 801, 833
Diplomatische
 Vertretungen 792
Diu 646
Dokumente 794
Dosas 822
Dudhsagar Falls 776
Dungarpur 171
Dussehra-Festival 133, 922
Dwarka 665

E

East India Company 881
EC-Karte 800
Ein- und Ausfuhr 795
Einkaufen 814
Einreisebestimmungen 794
Eklingji 166
Elefantenausritte 400, 545
Elefantenfestival 96
Elektrizität 817
Elephanta 725
Emporiums 814
Englisch 902
English Bazaar 501
Erdbeben 626
Erotische Tempelkunst 572
Essen 817
Ethnische Minderheiten 684

F

Fahrradrikshas 860
Fatehpur 222
Fatehpur Sikri 323

Fauna 868
Feilschen 803
Fest Rann Mahotsav 679
Fest von Tarnetar 675
Feste 921
Film 928
Finanzkrise 887
Fisch 822
Flamingos 639
Fleisch 821
Flora 868
Flug 797
Flug-Know-how 798
Flug, Inland 845
Fluggesellschaften 846
Flughafen Goa 732
Flughafen Mumbai 703
Flughafen Delhi 43
Fort Aguada 751
Fotografieren 824, 844
Frauen 900
Frauen unterwegs 825
Fremdenverkehrsamt 792

G

Galijbag Beach 788
Galta 101
Gandhi, Indira 885
Gandhi, Mahatma 42,
 666, 884
Gandhi, Rajiv 886
Gandhinagar 639
Gandhi, Mahatma 664
Ganesha 808
Ganges 499
Ganges-Ebene 301
Gangotri 414
Gangtok 528
Garhwal 413
Gastronomie 818
Gauhati 541
Gaumukh 414
Gaur 502, 586

Gautama Siddharta 371
Gaya 435
Gehbehinderte 814
Geldautomaten 800
Geldfragen 799
Geldkarten 800
Geografie 864
Geografische Begriffe 865
Gepäck 798, 804
Geschichte 872
Gestik 843
Gesundheit 829, 950
Gesundheitsvorsorge 807
Getränke 823
Gewürze 819
Ghangaria 419
Ghats 356
Ghoom 508
Giftgasunglück 590
Gletscher Pindari und
 Milam 411
Glossar 944
Goa 727
Gorakhpur 343
Götterwelt 908
Government Cottages 814
Govindghat 419
Grenzschließungs-
 zeremonie, Wagah 245
Gujarat 625
Gurkhas 507
Guwahati 541
Gwalior 558

H

Hajo 544
Halbinsel Kathiawar 626
Haldighat 166
Handbemalung 941
Handy 837
Hare-Krishna 331
Haridwar 383
Haryana 231

Havelis 194, 223
Hemkund-See 419
Heritage Hotel, Deogarh 170
Heritage Hotels 842
Hill Stations 252, 402, 507
Himachal Pradesh 253
Himalaya 253, 374, 507, 527, 864
Hindi 902
Hinduismus 873, 905
Hippies 730
Hochland von Dekhan 556, 864
Höhlen Pragbodi 444
Höhlen Udayagiri 604
Höhlen Udayagiri und Khandagiri 457
Holi-Fest 835
Hotels 839
Howrah 484
Hygieneartikel 805

I

Impfungen 807, 950
IndiaTourism 792
Indien auf einen Blick 898
Indore 609
Indrail Pass 854
Induskultur 872
Inflation 887
Informationsstellen 792
Inlandsflüge 845
Insel Diu 646
Insel Elephanta 725
Internet 793, 826
Islam 911

J

Jabalpur 582
Jageshwar 409
Jahreszeiten 866
Jaigarh Fort 99
Jain-Kunst 168

Jainismus 917
Jains 644
Jaipur 78
Jaisalmer 191
Jal Mahal 100
Jamnagar 669
Jehangir 880
Jhansi 566
Jharkhand 445
Jhunjhunu 216
Jodhpur 179
Joshimat 416
Junagadh 659

K

Kaffee 823
Kalimpong 523
Kalka 283
Kalkutta 472
Kamelsafaris 131, 204, 209
Kamelzuchtfarm 212
Kanchenjunga 508, 528
Kangra 274
Kanha-Nationalpark 586
Karten 805
Kashmir 297, 832, 885
Kasten 874, 895, 906
Kathiawar-Halbinsel 626
Kausani 410
Kaziranga-Nationalpark 545
Kebab 822
Kedarnath 415
Keoladeo-Ghana-Nationalpark 106
Khajuraho 572
Khandagiri-Höhlen 457
Khimsar 190
Khuri 206
Kinder 826
Kite Festival Uttarayan 632
Kleidung 805, 816, 844, 938
Klima 866

Klimatisierung 840
Klöster in Sikkim 535
Kloster Phemayangtse 536
Klöster Phodong und Labrang 536
Kloster Rumtek 535
Kolkata 472
Kolonialherrschaft 881
Konark 466
Konsulate 792
Konsulate, Goa 736
Konsulate, Kalkutta 496
Konsulate, Mumbai 718
Körpersprache 843
Korruption 888
Kosten 802
Kota 132
Krankenhäuser 827
Krankenversicherung 811
Krankheiten 950
Kreditkarten 800, 833
Kricket 828
Kriminalität 833
Krishna 328, 331
Kuari-Pass 417
Kuh, heilige 870
Kullu 285
Kullu-Tal 284, 290
Kumaon 375
Kumbhalgarh 167
Kunsthandwerk 684, 814
Kushinagar 344

L

Lächeln 843
Landkarte 805
Landwirtschaft 895
Lassi 823
Last-Minute-Flüge 797
Le Corbusier 232, 928
Leoparden 111, 585
Literatur 931
Literaturtipps 954

Little Lhasa 259
Lodhruva 203
Lothal 639
Lucknow 332

M

Madgaon 773
Madhav-Nationalpark 565
Madhya Pradesh 555
Maestro-Karte 800
Mahabharata 931
Maharajas 77
Maharashtra 688
Maheshwar 620
Malaria 951
Malda 501
Malerei 816, 932
Manali 290
Manas-Tigerreservat 548
Mandawa 218
Mandi 284
Mandore 189
Mandu 615
Mandvi 685
Manikaran 288
Manipur 552
Manvar Desert Camp 187
Mapusa 749
Marathen 881
Marble Rocks 582, 584
Margao 773
Marmorfelsen 584
Marwar Festival 182
Masur 274
Mathura 328
Mausoleen 926
McLeod Ganj 259
Meditationszentren 391, 439
Medizinische
 Versorgung 827
Meghalaya 549
Meghua 499
Mietwagen 857

Milam-Gletscher 411
Minderheiten 684
Miniaturmalerei 816, 932
Missionierung 920
Mitgiftmord 900
Mittelschicht 897
Mizoram 552
Mobiltelefon 837
Modhera 640
Moguln 879
Monsun 867
Moscheen 926
Mount Abu 171
Mount Everest 508
Mumbai 687
Mündungsgebiet
 Sunderbans 499
Munsiyari 411
Musik 933
Musikinstrumente 934
Muslime 118, 911
Mussoorie 380

N

Naan 820
Nachtleben 829
Nagada 166
Nagaland 552
Nagaur 212
Naggar 289
Nainital 402
Nalanda 432
Nalsarovar-
 Vogelschutzgebiet 639
Nanda Devi 411
Nanda-Devi-
 Nationalpark 417
Nandankanan-Zoo 458
Narmada-Fluss 622
Narmada-Projekt 599
Nashörner 545
Nathdwara 166
Nationalflagge 891

Nationalpark
 Bandhavgarh 589
Nationalpark Corbett 399
Nationalpark Kanha 586
Nationalpark Kaziranga 545
Nationalpark Madhav 565
Nationalpark Panna 581
Nationalpark Rajaji 390
Nationalpark
 Ranthambore 113
Nationalpark Sariska 111
Nationalpark Sasan Gir 657
Nationalpark Satpura 597
Nationalpark Velavadar 643
Navratni Dance Festival 628
Nawalgarh 225
Nehru, Jawaharlal 885
Nepal 527
Nepalesen 526
New Jalpaiguri 502
Nordostprovinzen 539, 832
Notfall 802

O

Odisha 449
Öffnungszeiten 830
Old Goa 745
Omkareshwar 622
Orchha 568
Orissa 449
Osian 189

P

Pachmarhi 597
Pakete 830
Pakistan 297, 885
Pakora 822
Palastbauten 927
Paläste 223
Palitana 644
Palolem 782
Panaji 736
Pandua 502

Panna-Nationalpark 581
Panzernashorn 545
Papierdrachen-Fest 632
Parsismus 918
Parteien 891
Patan 640
Pathankot 251
Patna 424
Patnem Beach 787
Pelling 536
Pench Tiger Reserve 585
Pferdesafaris 131
Pflanzenwelt 868
Pichola-See 152
Pilgerfest Pushkar Mela 126
Pindari-Gletscher 411
Pinjore Gardens 240
Porto 830
Portugal 646
Post 830
Pragbodhi-Höhlen 444
Preise 802
Preise, Unterkunft 841
Preiskategorien 839
Project Tiger 116
Punjab 231
Punkt auf der Stirn 940
Puri 459
Pushkar 123
Pushkar Mela 126

R
Rajaji-Nationalpark 390
Rajasthan 75
Rajbag Beach 788
Rajgir 433
Rajkot 672
Ramayana 931
Rambha 469
Ramgarh 221
Ranakpur 168
Ranchi 447
Raneh 581

Ranikhet 409
Rann of Kutch 626, 684
Rann-Mahotsav-Fest 679
Ranthambore-
 Nationalpark 113
Rattentempel 212
Raxaul 432
Regenzeit 867
Reis 820
Reise-Gesundheits-
 Information 950
Reiseapotheke 807
Reisegepäck 804
Reisekosten 802
Reiseschecks 799
Reisezeit 866
Religionen 905
Restaurants 818
Restricted Area Permits 539
Rewalsar-See 285
Riksha 859
Rishikesh 391
Royal Gaitor 100
Rückbestätigung 799
Rupie 799

S
Saganer 101
Salzmarsch 666, 884
Sam Sand Dunes 203
Samode 102
Samosa 822
Sanyassins 391
Sanchi 601
Sanitäre Anlagen 840
Sari-Weberei 620
Sariska-Nationalpark 111
Sarkhej 639
Sarnath 371
Sasan-Gir-Nationalpark 657
Satapada 468
Satna 582
Satpura-Nationalpark 597

Saung 411
Schlepper 814, 842
Schmuck 815, 938
Schriftsysteme 903
Schwarztausch 802
Scooter 859
See Chilika 468
Shah Jahan 880
Shangri La 528
Shekhawati 215
Shillong 550
Shimla 274, 283
Shivpuri 565
Sicherheit 831
Sicherheitslage 832
Siddharta
 Gautama 438, 914
Sikandra 323
Sikar 224
Sikhismus 912
Sikhs 241, 886
Sikkim 527
Siliguri 502
Sisodia-Gärten 100
Sitar 934
Skulpturen 816, 923
Slums 692, 895
Somnath 654
Sondergenehmigung 528, 540
Sonepur Fair 431
Souvenirs 814
Special Permits 528, 540
Sprache 902
Staat 890
Staatssymbole 891
Stämme 546
Staudämme 599
Strom 817
Stupa von Sanchi 601
Sualkuchi 544
Sufismus 911
Sujata 444

Sultanpur Bird
   Sanctuary 241
Sunauli 345
Sunderbans-
   Schutzgebiet 499
Süßspeisen 822

T

Tabla 934
Tageszeitungen 861
Taj Mahal 303
Talpona Beach 788
Tamilen 887
Tandoori 821
Tanz 935
Tanzfestival
   Navratni 628
Tarnetar 675
Taxis 858
Tee 507, 823
Telefonieren 836
Tempel 923
Tempos 860
Tenzing Norgay 510
Teppiche 815
Thali 821
Thar-Wüste 191, 204
Tibet 527
Tibeter 259, 511
Tiermarkt 431
Tierwelt 869
Tiger 113, 116, 400, 585, 657
Tiger Hill 508
Tigerreservat Pench 585
Tigerschutzgebiet
   Manas 548
Toilettenartikel 805
Tollwut 810, 952
Tongas 860
Tourismus 897
Tourist Bungalows 839
Touristeninformationen 793
Toy Train 283, 512

Trekking 838
Trekking, Darjeeling 516
Trinkgeld 803
Tripura 553
Turban 939

U

Überfälle 834
Überweisungen 802
Udaipur 149
Udayagiri-Höhlen 457, 604
Ujjain 605
Umweltzerstörung 598
Unabhängigkeit 890
Unabhängigkeits-
   bewegung 883
Unberührbare 874
UNESCO 283, 418, 466,
   499, 745
Unterkunft 839
Urbevölkerung 546, 558
Uttar Pradesh 301
Uttarakhand 375
Uttaranchal 375
Uttarkashi 413

V

V-PAY 800
Vagator 765
Vaishali 431
Valley of Flowers 419
Vanakbara 647
Varanasi 354
Vegetarisches Essen 820
Velavadar-Nationalpark 643
Veraval 654
Verhaltenstipps 843
Verkehrsmittel 845
Verlust, Geldkarten 801
Verlust, Handy 838
Versicherungen 810
Verwaltung 890
Vidisha 604

Visum 794
Visumverlängerung 70, 718
Vogelreservat Sultanpur 241
Vogelschutzgebiet
   Nalsarovar 639
Vogelschutzpark
   Keoladeo Ghana 106
Volksgruppen 684
Vorwahlnummern 836
Vrindavan 330

W

Wagah 245
Währung 799
Wankaner 675
Wasser 823
Wechselkurse 801
Wein 824
Weiße Tiger 458
Welterbe 283, 418, 466,
   499, 745
Westbengalen 471
Western Union 802
WiFi 826
Wirtschaft 892
Wirtschaftswachstum 896
Wüste Thar 191, 204

Y

Yamunotri 415
Yoga 391

Z

Zarathustra 918
Zeitungen 861
Zeitverschiebung 861
Zimmersuche 840
Ziplining, Jodhpur 181
Zollbestimmungen 795
Zoo Nandankanan 458
Züge 847

Die Autoren

Thomas Barkemeier (links), Jahrgang 1958, verbringt seit 1982 jedes Jahr mehrere Monate in Asien. Nach ausgedehnten Reisen in nahezu alle asiatischen Länder führte ihn der Weg 1987 zum ersten Mal nach Indien, und zwar ausgerechnet in das berühmt-berüchtigte Kalkutta.

Seither hat er mehr als vier Jahre in Indien verbracht und während der über 35.000 Kilometer, die er auf Straße und Schiene zurücklegte, fast jeden Winkel des Landes kennengelernt. Neben der einzigartigen ethnischen, kulturellen und landschaftlichen Vielfalt des Landes sind es die dem mitteleuropäischen Denken oftmals entgegengesetzten Wertvorstellungen der Inder, die ihn immer wieder aufs Neue in dieses ebenso faszinierende wie schwierige Reiseland ziehen.

Zwischen seinen Reisen führte er sein Studium der Geschichte, Politik und Philosophie zu Ende. Er arbeitet als Referent für asienspezifische Themen, Reisebuchautor sowie als Studien-Reiseleiter in Asien. Auch in Zukunft wird er sich beruflich und privat vornehmlich in seiner zweiten Heimat Asien aufhalten.

Martin Barkemeier, Co-Autor und Zwillingsbruder von Thomas, wohnt in Berlin. Er studierte Architektur und Philosophie, arbeitete bei Siemens-Nixdorf und war danach selbstständig im Bereich Marketing tätig. Seit fast eineinhalb Dekaden recherchiert er mehrere Monate jährlich für die Indien-Reiseführer des REISE KNOW-HOW Verlags in allen Regionen des faszinierenden Landes.

Im REISE KNOW-HOW Verlag erschienen von Thomas und Martin Barkemeier weiterhin die Reiseführer „Indien – der Süden", „Rajasthan mit Delhi und Agra" und „Kerala mit Mumbai und Madurai".

Danksagung:

Danken möchten wir unserer Lektorin Caroline Tiemann, die mit ihrem Wissen und nimmermüden Einsatz viel zum Gelingen dieses Projektes beigetragen hat.

Blattschnitt, Zeichenerklärung

Atlas

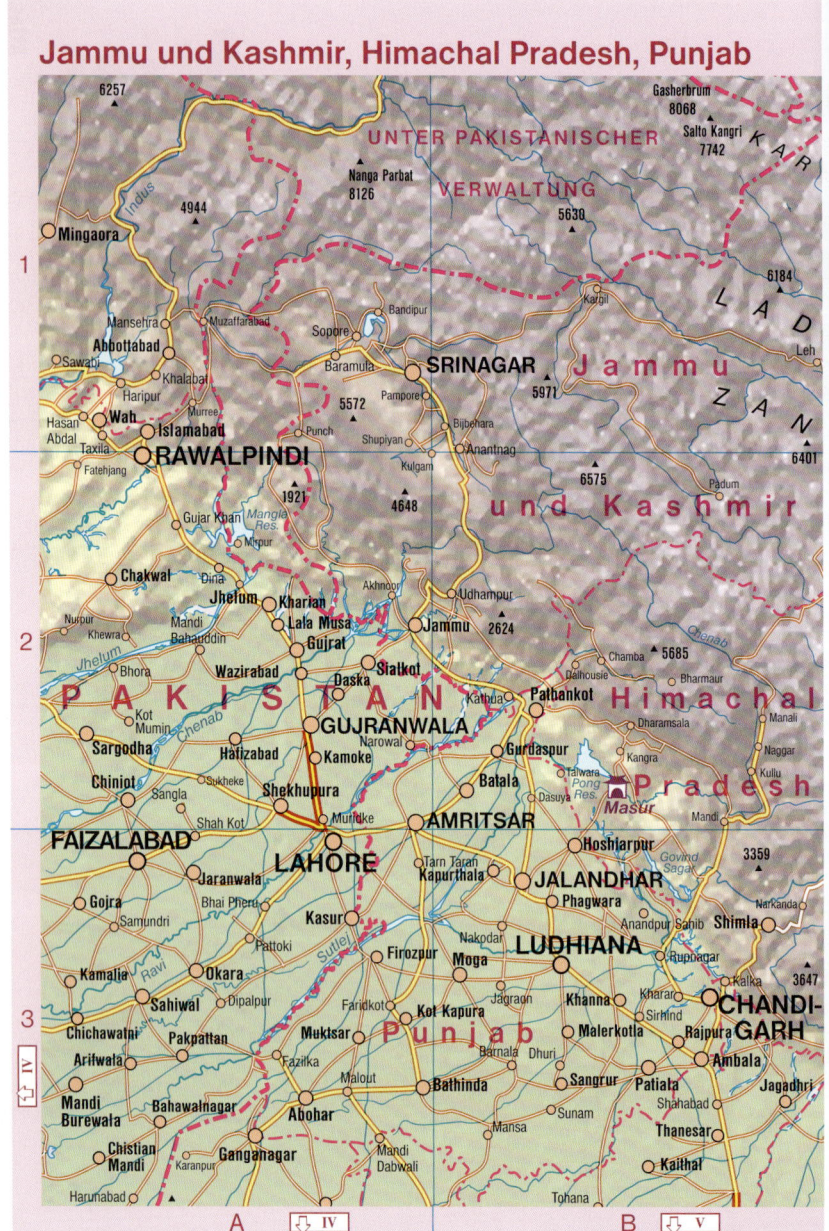

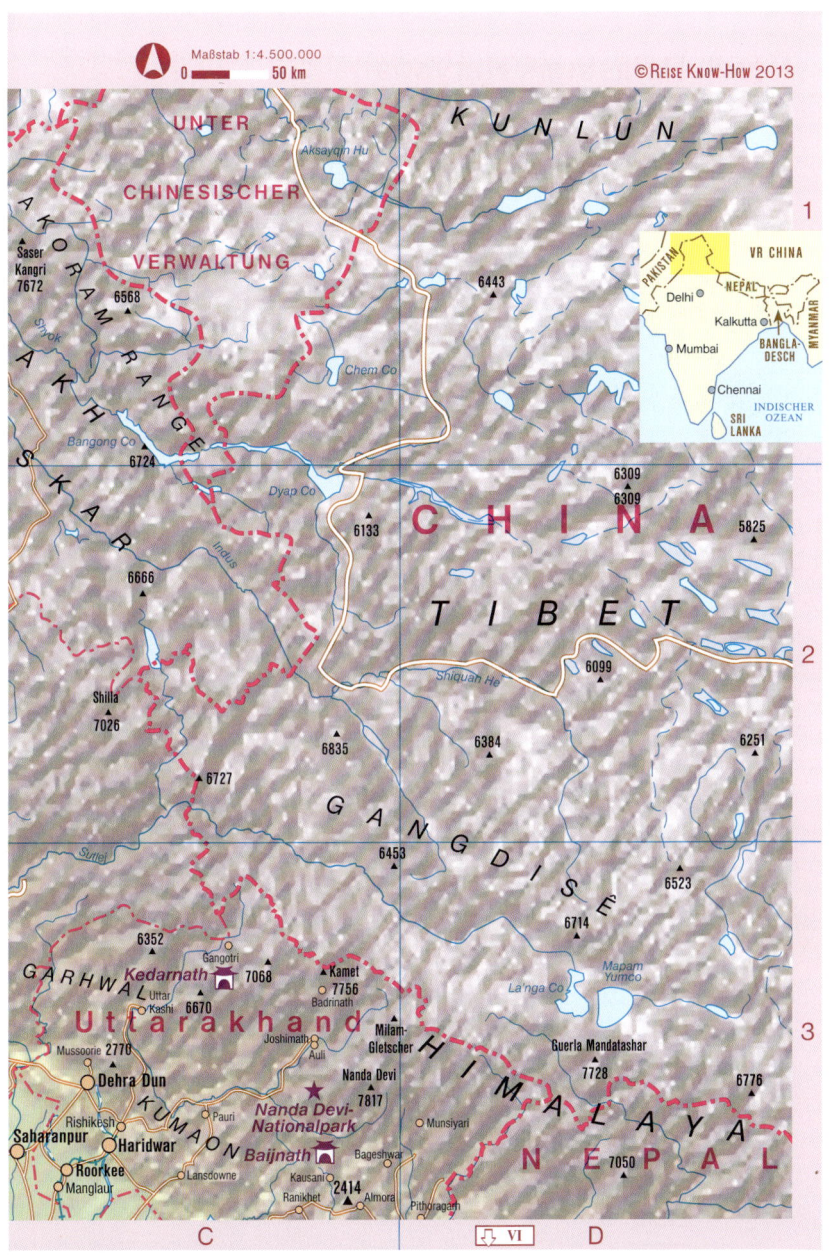

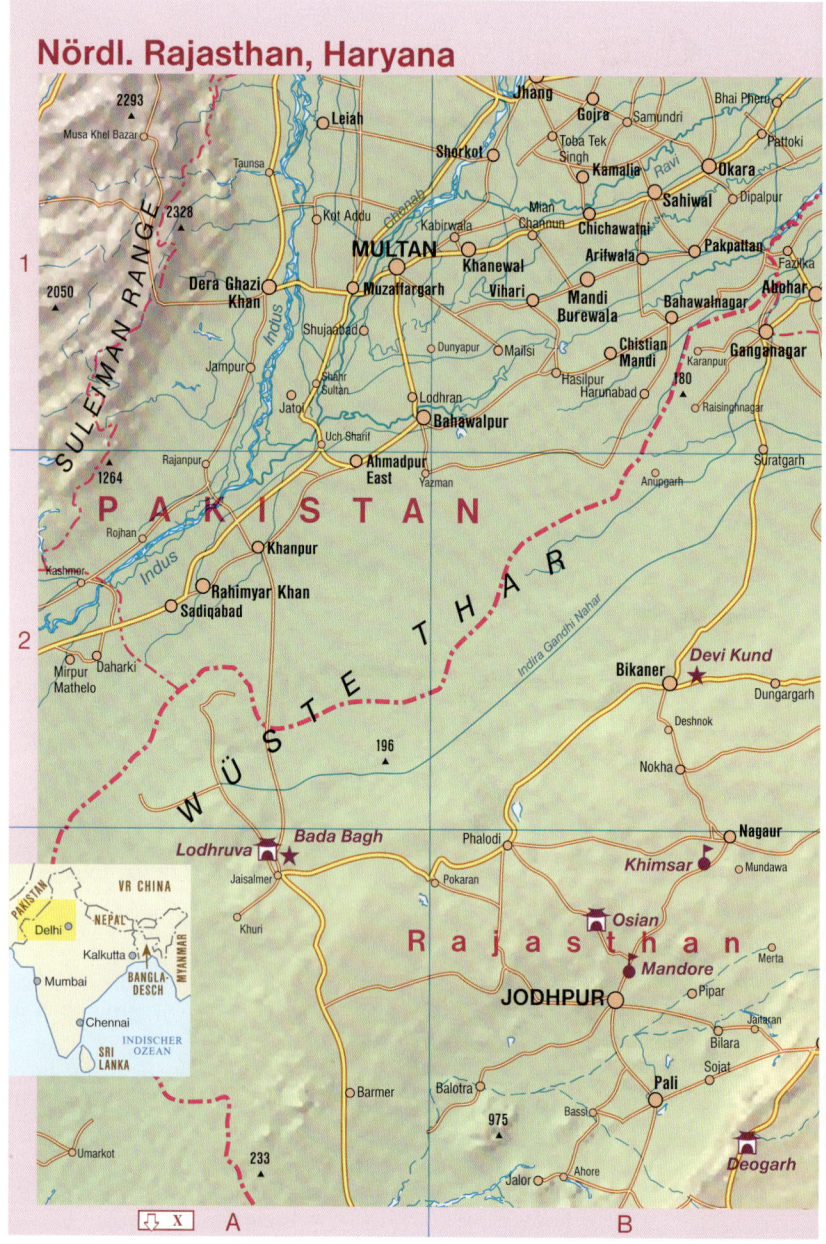

Ranthambore-NP, Sariska-NP, Shekhawati

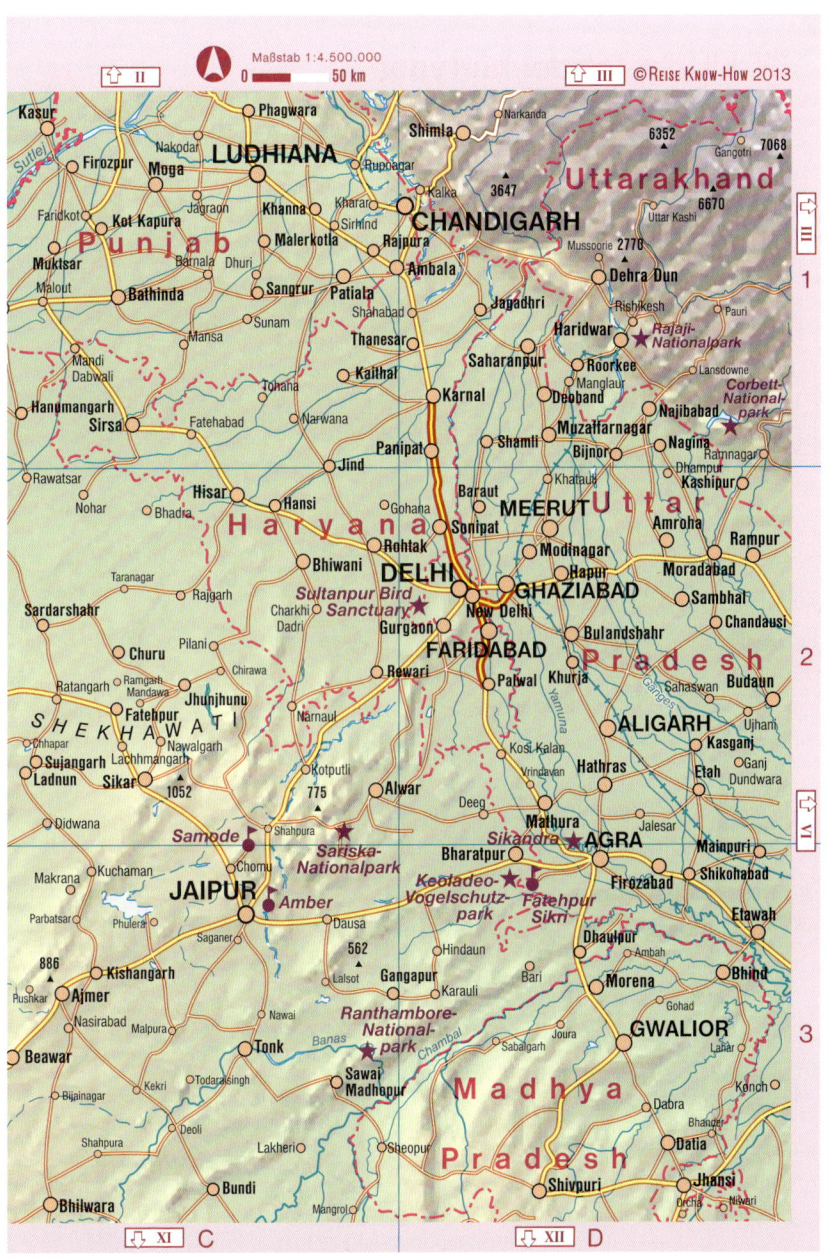

Östl. Uttar Pradesh, Nepal

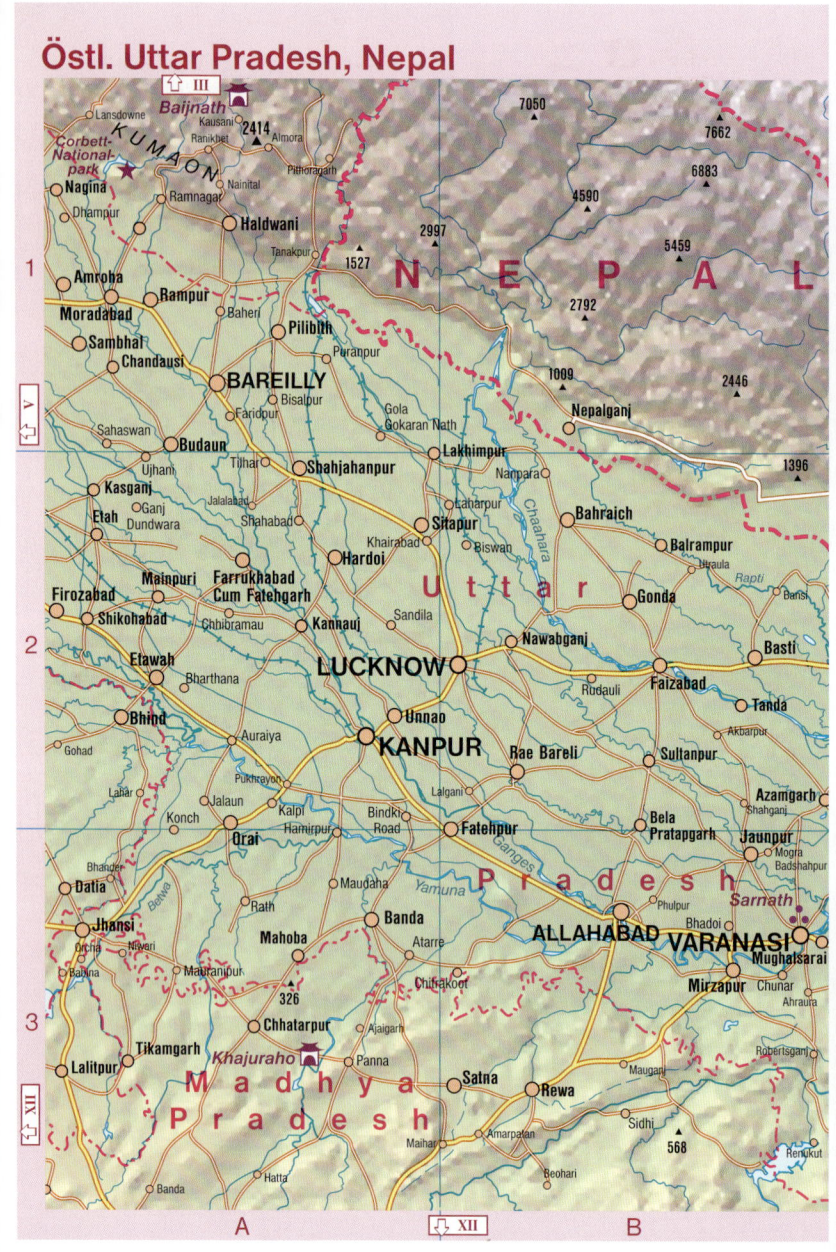

Lucknow, Patna, Varanasi

Assam, Darjeeling, Gangtok, Guwahati, Manipur, Meghalaya, Nordostprovinzen, Sikkim, Bhutan

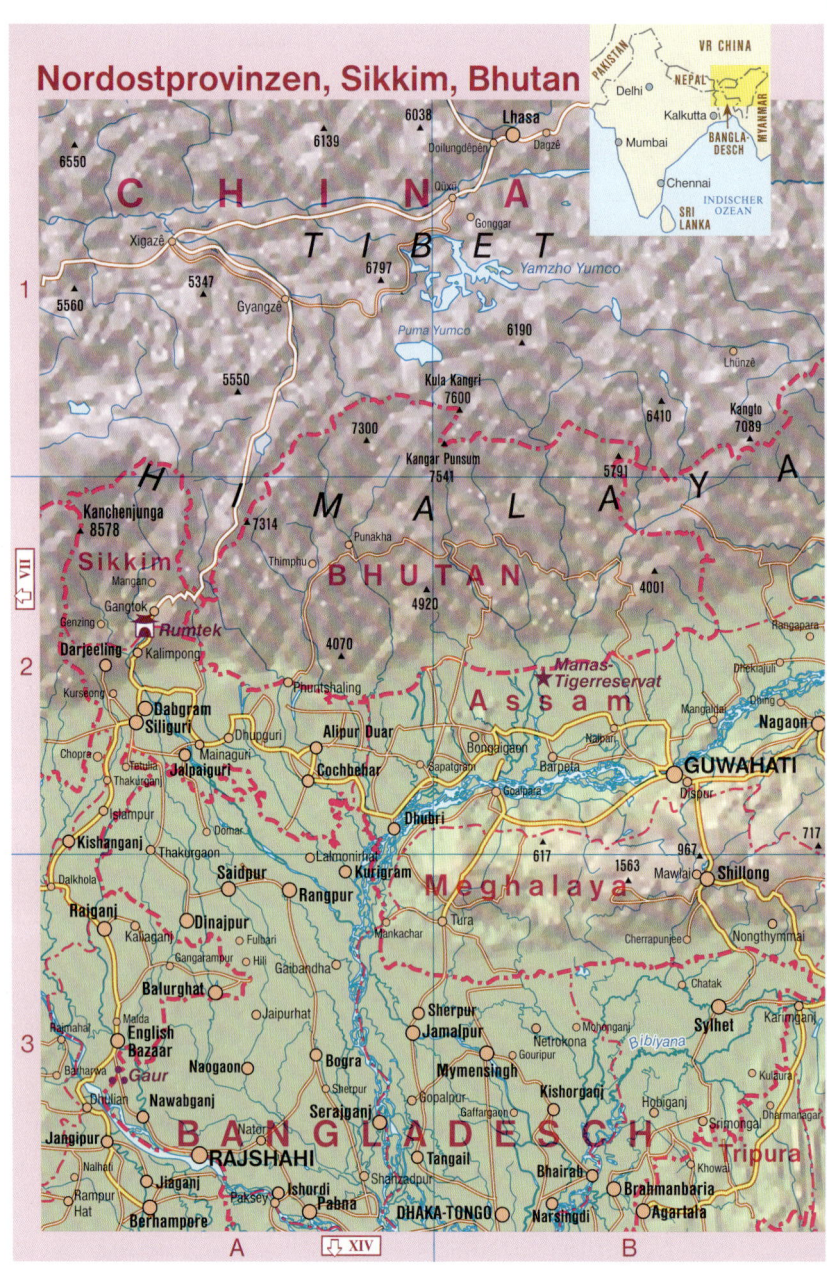

Nagaland, Siliguri, Shillong

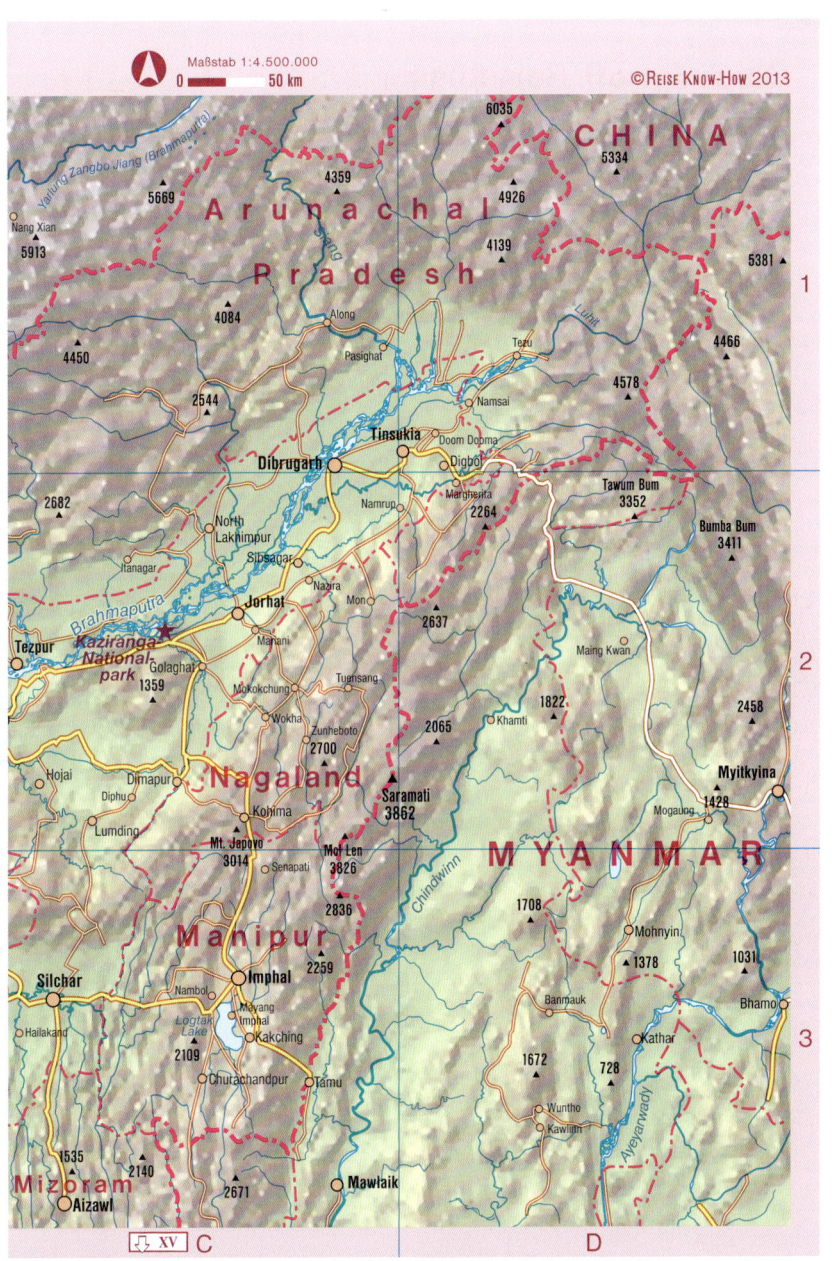

Ahmedabad, Bhopal, Bhuj, Diu, Indore, Kathiawar-Halbinsel, Kota,

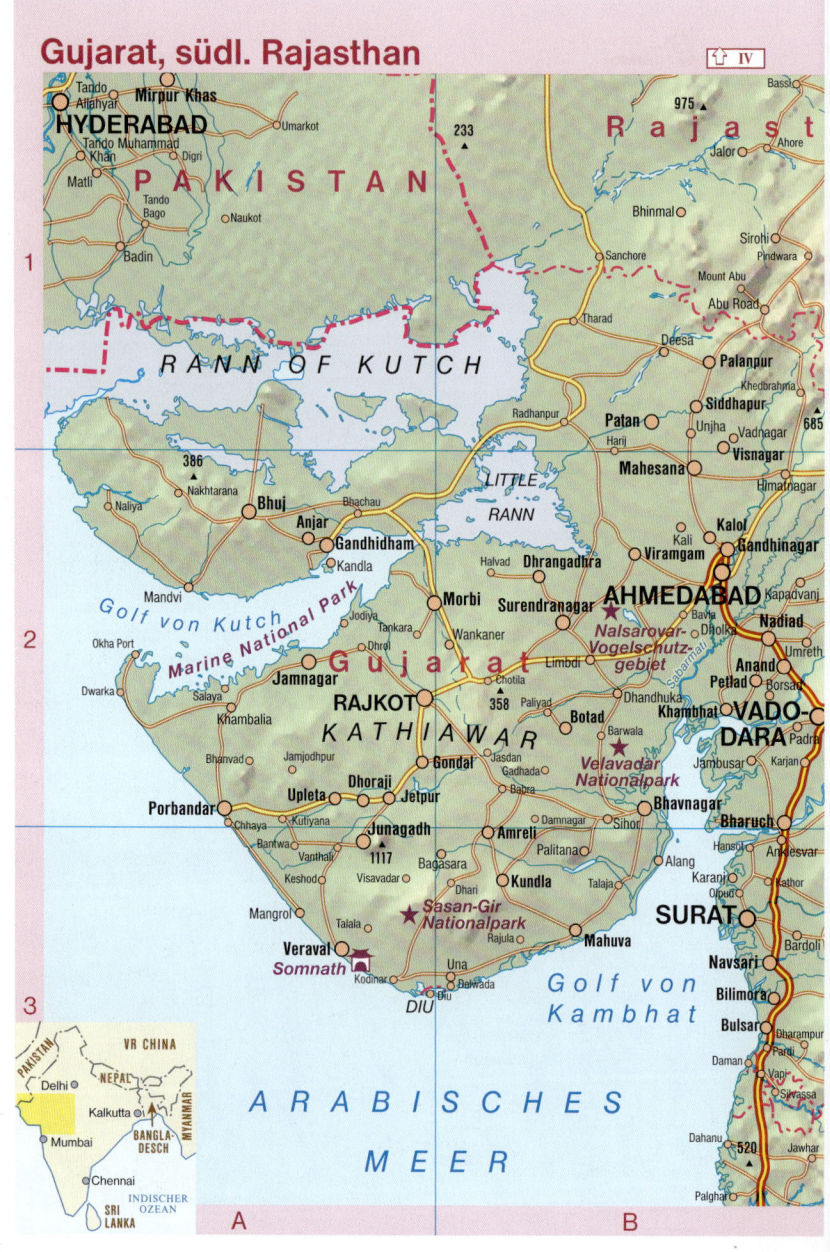

Rann of Kutch, Udaipur, Vadodara

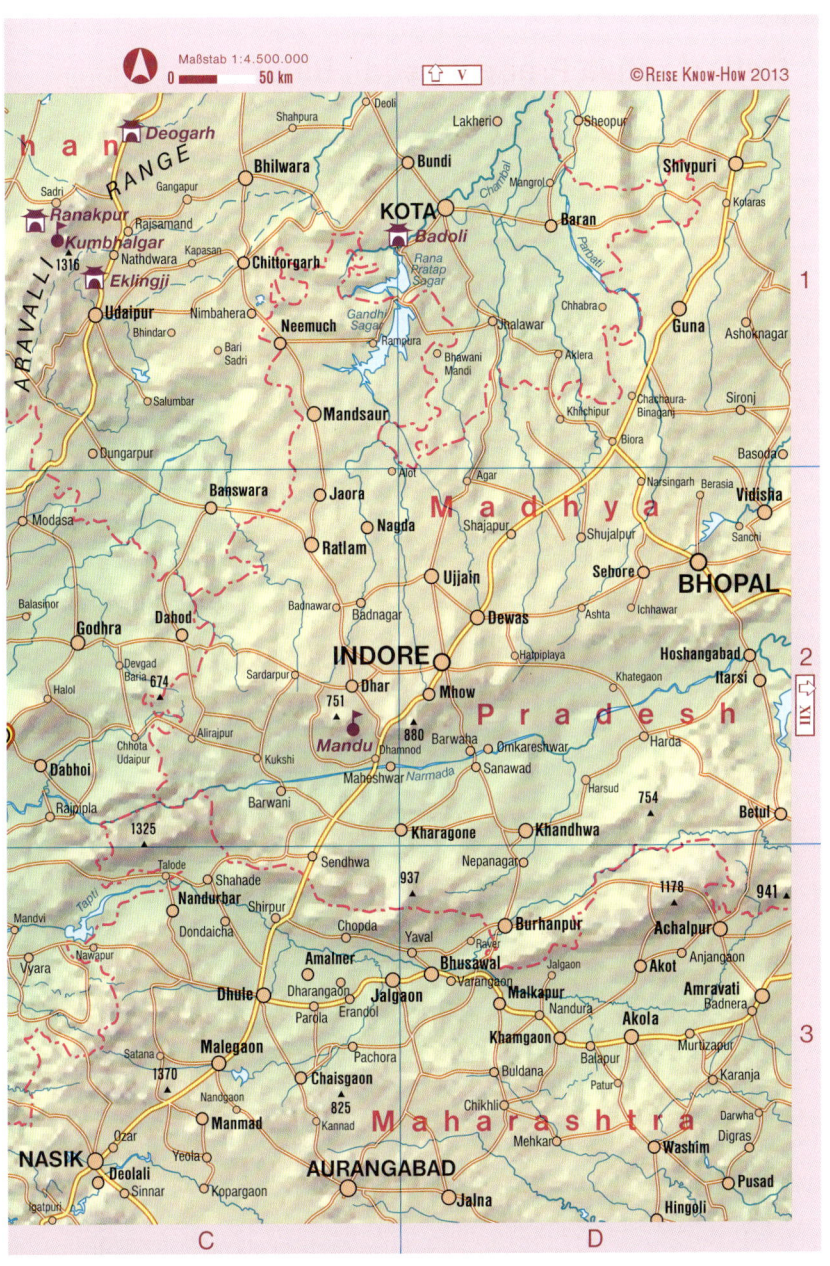

Bandhavgar-NP, Bhopal, Bhubaneshwar, Bodhgaya, Gaya, Jabalpur,

Östl. Madhya Pradesh, südl. Bihar

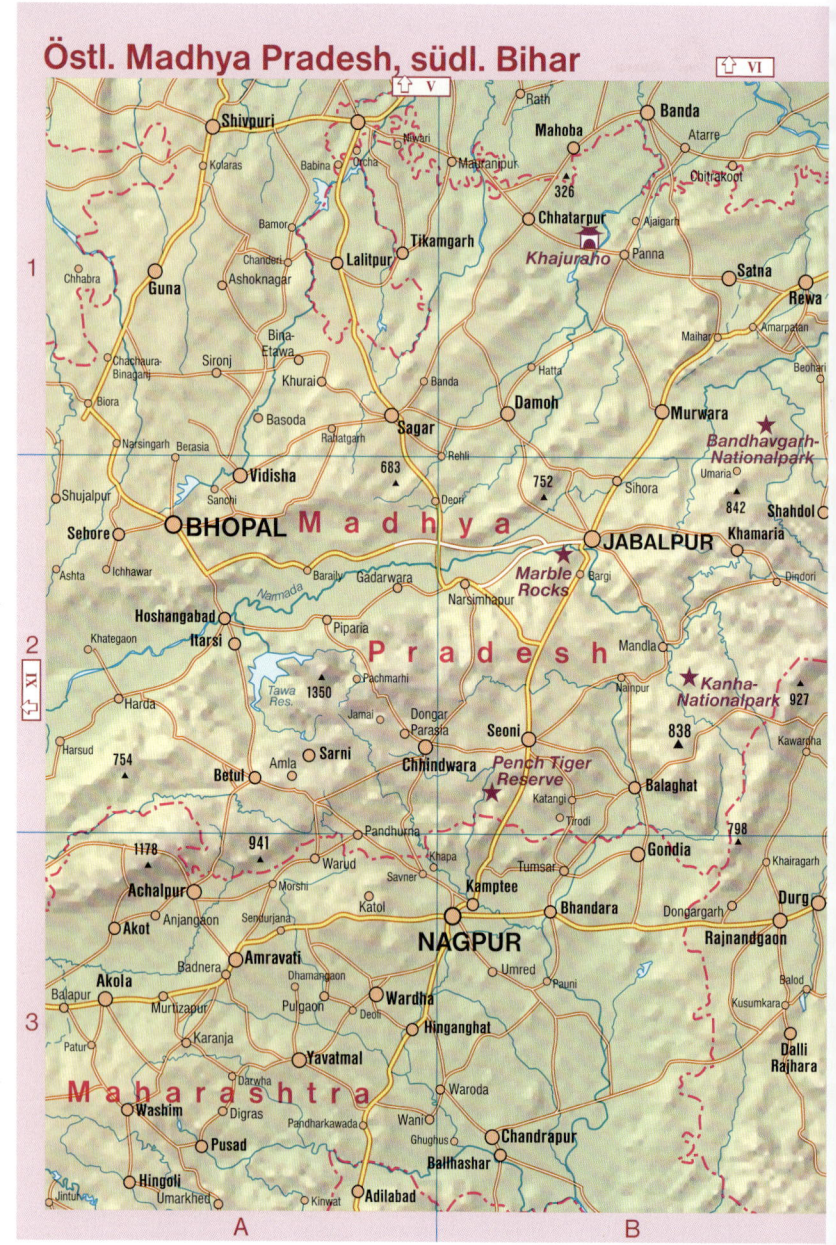

Kanha-NP, Khajuraho, Nagpur, Nalanda, Ranchi, Varanasi

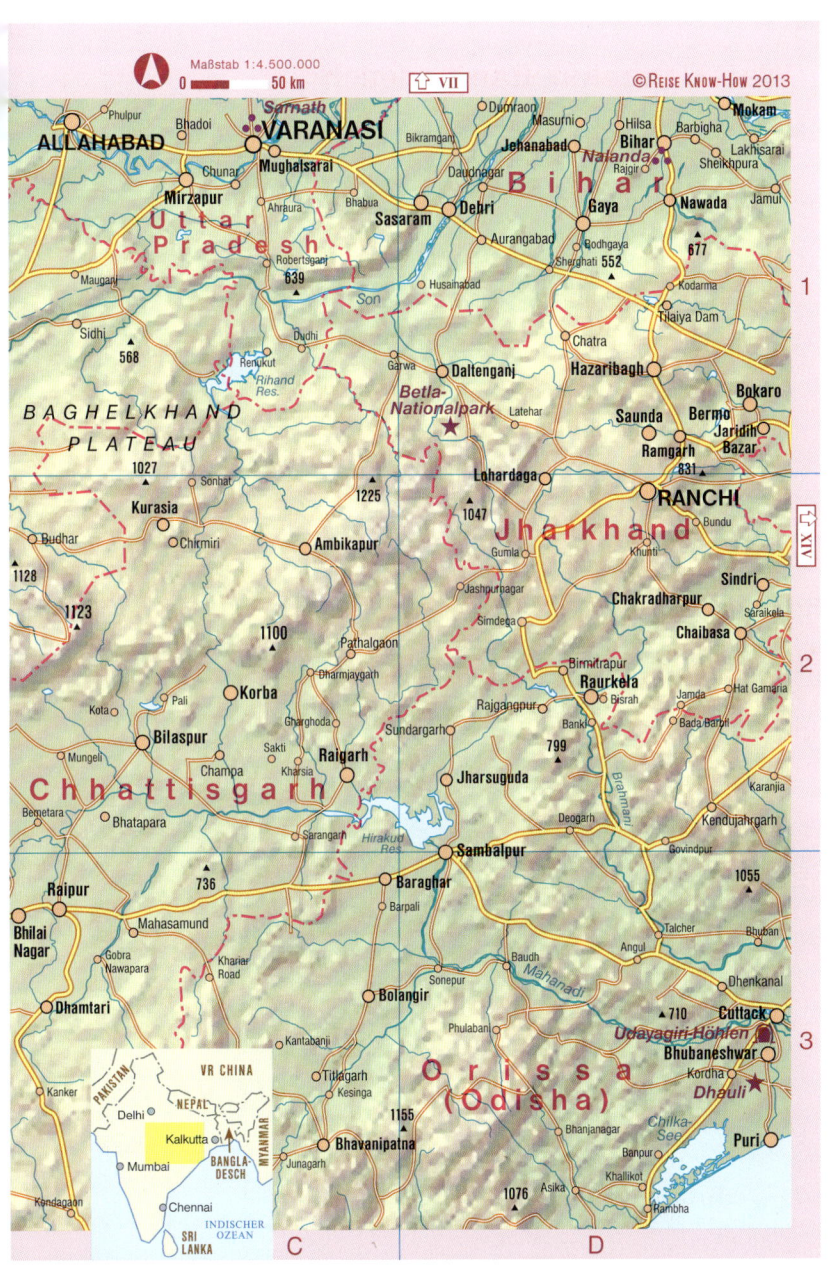

Sunderbans, Tripura

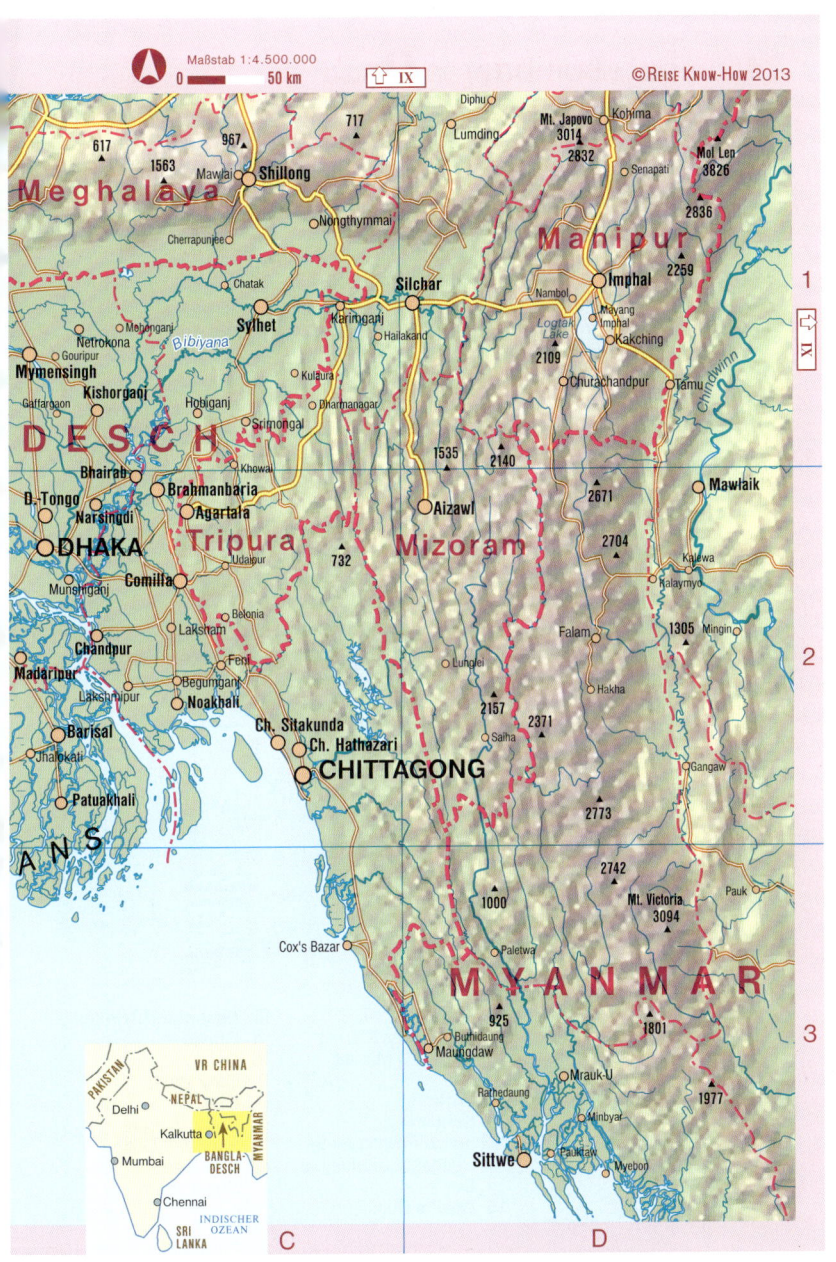

Mumbai

Unterkunft
7 Hotel Kemp's Corner
14 Fariyas Hotel

Einkaufen
2 Crossroads
5 Crossword Buchladen
6 Mélange
10 Chor Bazaar

11 Javeri Bazaar, Mangaldas Market
13 Crawford Market

Verkehr
3 Busbahnhof Fernbusse Privatanbieter
4 Busbahnhof Mumbai Central
15 Colaba Busstand

Essen und Trinken
1 Ghetto
8 Gelato Italiano, Café Ideal, Café Coffee Day, Cream Centre
9 Saltwater Grill
12 Shri Thakker Bhojanalaya